江西企业年鉴

JIANGXI ENTERPRISE YEARBOOK

2004

总第3期

江 西 省 人 民 政 府 主 办
国家统计局江西省企业调查队 编

序

中共江西省委副书记、常务副省长 吴新雄

企业是经济的主体。随着市场经济的发展，企业在促进我省经济社会发展中的作用更为强大，其乘数效应更加显著。坚持不懈地培育、发展、壮大企业，争创新产品真名牌，坚定不移地走新型工业化道路，既是加快江西经济发展的重要举措，也是实现全面小康目标的必由之路。

近年来，我省企业改革开放的步伐进一步加快，大批企业按照建立现代企业制度的要求进行了公司制、股份制改组改造，同时通过实施“走出去、请进来”的战略，大力宣传江西的企业发展环境，举办了一系列投资项目推介会，已吸引多家国内乃至国外的知名企业来赣投资，江西企业的总体水平得到较快的发展。但跳出江西看江西，与发达省市相比，还有一定的差距。如何缩小差距，加快企业发展，促进江西经济的崛起，是摆在全省人民面前的一项重大而又紧迫的任务。因此，坚持企业优先，做大做强企业是我省的基本策略，培育市场竞争主体是调整优化我省经济结构、加快发展的着力点和关键所在。

《江西企业年鉴》一书以其权威的调查数据，忠实地记载和宣传了江西企业改革与发展成就，介绍江西企业概况，多角度、全方位地展示各类企业和行业的风采，研究市场动向，积累江西省经济史料，在微观上沟通了企业之间的技术协作和横向经济联合，交流企业成功经验，扩大企业的社会影响和知名度，推动江西企业走向全国和世界。是我省唯一一本全面反映企业和行业发展动态的大型历史性资料型年刊，为全省各级党政机关及企业经营管理者进一步认识江西省情，了解企业改革进程，充分发挥江西企业优势起到了积极的作用。编辑出版这样一本大型资料书，《江西企业年鉴》编辑委员会各成员单位密切配合，通力协作，特别是国家统计局江西省企业调查队的许多同志同心协力，不辞辛劳，倾注了大量心血，做了不少卓有成效的工作。相信本书一定会引起所有关注江西企业发展的同志的研究兴趣。

企业是在竞争中发展壮大的，在国内竞争国际化、规模竞争垄断化、全面竞争立体化、无情竞争两极化的大背景下，江西的广大企业即面临着机制、体制、活力差异等方面的无情竞争和挑战，同时也迎接着前所未有的发展机遇。我相信，只要全省上下坚持以“三个代表”重要思想为指导，牢牢把握发展这个第一要务，坚定不移地实施以工业化为核心战略、以大开放为主战略，全力营造安全文明的法制环境、诚实守信的人文环境、开明开放的政策环境，高效快捷的政务环境、优美舒适的人居环境，进一步解放思想，开拓创新，积极对接“长珠闽”融入全球化，实现优势互补和经济的共同发展，就一定能够实现“江西在中部地区崛起”的宏伟目标。

二〇〇四年九月十四日

《江西企业年鉴—2004》编辑委员会

主任委员：吴新雄　省委副书记、常务副省长

副主任委员：虞中一　省经贸委主任

王建农　省统计局局长

姚木根　省政府副秘书长、办公厅主任

委　　员：张　剑　省委宣传部副部长

张桃生　省发改委副主任

梁南江　省财政厅助理巡视员

王中阳　省外贸厅副厅长

林加奇　省国资委副主任

刘柏林　省工商行政管理局副局长

徐光辉　省质量技术监督局副局长

谢碧联　省中小企业局局长

曾　飞　省国税局副局长

余木来　省地税局副局长

金国庆　省信息产业厅副厅长

杨贵平　省科技厅副厅长

帅雨发　省出版集团公司副总经理

游会龙　省企业调查队队长

特邀委员：（排名不分先后）

李豆罗　南昌市市长

蔡晓明　九江市市长

虞国庆　景德镇市代市长

邝小平　萍乡市市长

汪德和　新余市市长

胡　宪　鹰潭市市长

王昭悠　赣州市市长

杨宪萍　宜春市市长

刘和平　上饶市市长

胡长林　吉安市市长

谢亦森　抚州市市长
李天鸥　省国资委党组书记、副主任
姚迪明　省投资公司总经理
胡　健　省企业联合会/企业家协会会长
金祖光　省女企业家协会会长
吴　浈　省食品药品监督管理局局长
李懋奎　省有色金属行业管理办党组书记、主任
贯善来　省对外经济技术合作办公室主任
毛日峰　省电力公司总经理
林喜发　江西省吉安功阁水电有限公司董事长
任新华　核工业瑞丰生化有些责任公司总经理
于忠国　中国石化江西石油分公司总经理
黄光明　贵溪化肥有限责任公司总经理
余小斌　月兔集团董事长
施嘉良　新余钢铁有限责任公司董事长
张　平　长运集团董事长
揭国雄　江西省烟草专卖局党组书记
徐绍芳　萍乡矿业集团董事长
田　民　洪都航空集团公司董事长
杨金槐　昌河集团公司董事长
史书愚　江西省稀有稀土金属钨业集团公司党组书记
邓盛平　省统计局副局长
孙菊生　省统计局副局长
彭师怀　省统计局纪检组长
彭道宾　省统计局副局长
郑美银　瑞昌市市长
吴龙强　乐平市市长
郑卫平　广丰县县长
王家林　鄱阳县县长
魏建新　东乡县县长
刘建平　大余县委书记
罗宗祺　全南县县长

黄春平　南昌市副市长、南昌高新技术开发区管委会主任
杨雍谨　于都县委副书记
苏青生　兴国县县长
戴龙华　永丰县县长
梅黎明　永新县县长
徐云发　临川区区长

总　编　辑：游会龙　江西省企业调查队队长
副 总 编 辑：李广友　江西省企业调查队巡视员

特 邀 总 编 审：（以姓氏笔划为序）

丁　剑	丁晓东	尹小明	王江云
王国庆	王金华	付典银	叶木英
叶松青	刘国宁	刘晓平	刘滇鸣
江绍平	许小菲	许云鹏	吴汉波
吴锦萍	张泽根	李金梅	李顺平
李晓民	李桃生	李　淼	杨友盛
汪自梅	谷建忠	邱　岩	陈冠平
陈　勇	周南昌	钟蔚恒	罗海清
郑小平	郑晓勇	郑　群	胡棠洪
贺卫忠	赵元泰	饶振华	凌成卫
涂水泉	郭培祥	郭　曙	崔保卫
黄六根	黄志清	彭江毅	焦三梓
谢桂生	敖铁成	蔡海流	樊哲本
鞠桂忠			

《江西企业年鉴—2004》编辑部

主　　编： 何　勇

副 主 编： 刘　凡

特约主编审： 徐　辉

编　　审：（以姓氏笔划为序）

何　勇　吴兴华　余　靖　李白云　李寿木　杨建如　邵　华　陈一新
罗金华　胡　钰　徐月娥　秦建华　曹志霞　梁　冰　龚奇明　曾庆炎
舒建鸿　董卫平

特 邀 编 审：（以姓氏笔划为序）

万世维　贝建生　何晓敏　张　捷　杜张琼　陈一和　罗小璋　罗中锦
金　绮　涂琼理　彭勇平　廖裕良　刘晓红

编　　辑：（以姓氏笔划为序）

王庆喜　叶晓芳　刘　凡　吕惠珍　吴　强　吴德明　李　俊　花志兴
陈翠妤　欧阳琴　罗　凯　胡　博　饶云青　涂志强　郭余平　高建寅
康健林　麻红英　黄建平　黄　珺　龚小俊　龚建华　舒　伟　廖宣彪
廖超群

特 邀 编 辑：（以姓氏笔划为序）

罗旭生　杨金华　杨桂发　夏旭辉　张国庆　蒋定平　李光荣　李　颖
郑少昆　段建阳　欧阳可为　肖志伟　宋　华　宋细妹　胡冬生　徐小林
李小群　陈雪萍　陈新宇　尚金华　曹志宏　杨小妹　赖育民　廖　文
贺清一　邓新华　张私超　顾东方　廖桂才

设 计 制 作： 李　俊　饶云青　聂亚三　易　赟

电 脑 排 版： 李　俊　饶云青

《江西企业年鉴—2004》宣传发行部

主　任： 罗朝辉

副主任： 罗　鸿　傅兴祥

成　员： 谢心明　李贵平　胡　晴　黄建华　李　枚　熊纯红　龚柏平
汪志刚　彭　煜　蔡海宏　李　琴　陈巧玲　熊丽娟　邓情情
闵剑贞

《江西企业年鉴—2004》协办单位

南昌市人民政府
九江市人民政府
景德镇市人民政府
萍乡市人民政府
新余市人民政府
鹰潭市人民政府
赣州市人民政府
宜春市人民政府
上饶市人民政府
吉安市人民政府
抚州市人民政府

《江西企业年鉴—2004》协编单位

江西省电力公司
江西省烟草专卖局
江西省质量技术监督局
江西省企业联合会/企业家协会
江西省女企业家协会
江西省食品工业协会
江西省对外经济技术合作办
南昌市质量技术监督局
赣州市质量技术监督局
会昌县质量技术监督局
贵溪化肥有限责任公司
月兔集团
新余钢铁有限公司
江西长运集团
萍乡矿业集团
昌河集团公司
洪都航空集团公司
江西省稀有稀土金属钨业集团公司
中国石化江西石油公司分公司
江西省吉安功阁水电有限公司
核工业瑞丰生化有限责任公司
江西省食品药品监督管理局
中国石油天然气股份有限公司南昌市销售分公司

《江西企业年鉴—2004》承办单位

江西省日升信息传播广告有限公司

编　辑　说　明

一、《江西企业年鉴—2004》是一部由江西省人民政府主办，国家统计局江西省企业调查队编辑出版的全面反映江西企业总体概况和发展情况的大型资料性年刊。该年刊主要以图文并茂的方式，宣传江西企业改革与发展成就，多角度展示各类典型企业风采，详细介绍与企业运行密切相关的政策法规和服务指南，将对社会各界全面了解我省企业改革进程和发展现状，研究探索我省未来经济发展趋势，推动江西社会经济的发展发挥积极的作用，同时还将对江西企业了解宏观经济发展态势、研究市场动向和积极参与市场竞争起到有益的作用。

二、《江西企业年鉴—2004》共分为六个篇章：赣企总览、市企博览、分析研究、工业园区、知名企业家、知名企业、企业产品库，附录一：工商服务指南、附录二：政策法规指南。

三、本年鉴资料来源大部分是年度和季度统计报表，一部分来自抽样调查和专项调查。

四、本年鉴各表中有关全表的注解均在该表上方，对表中部分指标的注解在该表下方，凡带续表的资料，对表中部分指标的注解在最后一张续表的下方。

五、本年鉴引用的统计数字均按国家统一规定，表中符号的使用说明："..."或"-"表示数据不足本表最小单位数；"空格"表示该项统计指标数据不详或无该项数据；"#"表示其中的主要项；"*"表示本表下有注解。

六、《江西企业年鉴—2004》在编辑出版过程中，得到省委、省政府、各设区市、县(市、区)政府、省直有关单位、省统计局有关处(室)、各中心城市企业调查队、各有关企业以及兄弟省市企调队的大力支持，参与文稿编撰、审定的同志付出了大量的辛勤劳动，在此一并致以诚挚的感谢。

七、本年鉴第三次编辑出版，内容广泛，编辑时间短，工作中疏漏和错误之处在所难免，敬请广大读者批评指正，并希望对本年鉴今后的编辑工作提出改进建议。

国家统计局江西省企业调查队

二〇〇四年十一月

编 目 索 引

编 目 起始页码

江西要崛起 企业是关键

风采 展示

- 江西省电力行业专版
- 江西省知名企业家
知名企业光荣榜
- 江西省服务企业专版
- 江西省医药行业专版
- 江西省企业家论坛
- 江西省企业产品库专版

昌河飛机

CHANGHE AIRCRAFT

昌河飞机工业（集团）有限责任公司创建于1969年，现有员工1万余人，资产总额70亿元，2003年实现销售收入43.9亿元，是中国最大500家工业企业和国家520家重点企业之一。也是中国直升机科研生产基地和国家汽车定点骨干生产企业之一。集团本部在景德镇市，同时在九江市、安徽省合肥市设有分部，总占地面积480多万平方米。经过35年的建设和一系列改革，昌河现已发展成为以产品为龙头，以资本为纽带，多方投资合作生产经营、跨三省四市、跨所有制、军民结合的国有大型现代企业集团，已与日本铃木公司合资生产汽车，与美国西科斯基公司合作生产直升机。

昌河集团主导产品为直升机、汽车及零配件，具有批量生产直升机和年产16万辆汽车的能力。直升机先后获得军工产品质量体系认证证书、中国民用航空总局直升机“型号合格证书”（TC）和“生产许可证书”（PC），汽车先后获得汽车产品质量体系认证证书和中国强制性产品认证证书（3C认证）。直升机产品现有直8、直11、新型机三个平台十余个产品系列及国际合作项目S—92直升机部件，直11型中继航拍机在交付中央电视台的两年时间里已累计飞行420多个小时，多次圆满完成航拍任务，为昌河树立了良好的品牌形象。汽车产品形成昌河电喷微型客车（“海豚”前凸车、“海象”前凸车、平头碰车）、电喷微型卡车（单、双排）、“北斗星”多功能轿车、“爱迪尔”轿车四大系列60多个品种，各车型的排放均达到欧II标准，同时满足了国家安全碰撞法规的要求。昌河“利亚纳”两厢和三厢两款新轿车也将于明年面市。

2003年10月29日，年产15万台发动机和10万辆轿车的九江一期工程隆重开工，预计2005年一季度投入生产，标志着昌河“巩固大本营，开辟新天地”发展战略的全面实施。2003年10月30日，昌河与其它3家企业作为主要成员单位的中国航空科技工业股份有限公司（简称中航科工）H股在香港联交所主板正式挂牌交易，标志着昌河集团继A股成功上市后，又成功地打开了通向国际资本市场的融资渠道。2003年昌河集团通过了ISO14001环境管理体系认证。

在新世纪里，昌河集团将秉承“诚信经营、品质一流”理念，继续坚持“军民结合，用户第一，改革创新，持续发展”的经营方针和“质量第一，顾客至上，不断改进，追求卓越”的质量方针，发扬“团结拼搏、求实创新”的昌河精神，加快技术创新和产品结构调整，大力拓展国内外市场，高质量、高速度、高水平地发展直升机及汽车两大主业，迎接我国加入WTO和知识经济时代的新挑战，贡献社会、造福人类。

团结开拓　追求卓越

江西省企业调查队

JIANGXISHENGQIYEDIAOCHADUI

江西省企业调查队是适应建立社会主义市场经济体制的需要，经国务院批准于1997年成立的大型调查机构，是国家统计局直属的独立行使统计调查、统计报告、统计监督行政职能并依照国家公务员制度进行管理的副厅级事业单位。

江西省企业调查队在全国企业调查队国家－省－地（市）三级网络构架中处于承上启下的中间环节，下设五个处，即：综合调查处、产业调查处、企业监测处、专项调查处、组织指导处（办公室）；十一个设区市分别设立了企业调查队。我们现有一批经验丰富的专、兼职调查队伍，有千家工商业景气调查和百家大公司、大集团企业跟踪监测调查网络，并与全国各大中城市的调查机构有着广泛的业务联系，可完成全国性企业与市场调研项目的总体策划、问卷设计、调查实施、数据处理及提供中英文研究报告。是目前我省涉及面最广、信息量最大的企业与市场专业调查研究和信息

1

2

■1:1997 年 1 月 28 日江西省企业调查队正式成立
时任江西省常务副省长黄智权同志出席大会

■2:江西省企业调查队队长游会龙

■3:江西省企业调查队巡视员李广友

■4:1997 年首次全省企调队长会议在南丰召开

■6:江西企业资讯网（http://www.jxei.org.cn）

5

咨询机构。近年来已完成企业和社会各界委托的江西用户购物首选品牌、市场占有率最高品牌调查等项目，由于调查结果具有科学性、客观性、代表性、实用性，因而深受客户的信赖和好评。

--跟踪改革进程，服务于决策，服务于企业，准确及时，精干高效，是企业调查队的运作特色；

--采用国际先进的理论和方法，发扬严谨求实的工作作风，追求一流，开创我省企业调查和咨询事业的新局面，是企业调查队的使命和目标。

今后，我们将本着"科学、准确、高效、灵活"的服务宗旨，竭诚为工商企业及社会各界提供诸如：企业品牌调查、市场潜力调查、广告媒体及效果调查，企业与市场跟踪监测调查、投资可行性调查等多项服务，热诚欢迎广大客户前来洽谈业务，我们将成为你可信赖的、理想的合作伙伴。

▲国家企调总队宋跃征总队长来江西调研与江西省企调队长游会龙同志合影留念

主要职能和任务

1.对遍布全省城乡的二、三产业中各种经济类型、各种经济规模的企业，特别是小型企业和个体经济定期进行抽样调查，对涉及企业的重要统计数据质量进行检验与评估。

2.组织开展各类企业专项调查，特别是与企业改革和发展市场体系密切相关的专项调查。

3.准确、及时地搜集、整理和编印企业抽样调查和专项调查资料。

4.开展统计分析研究工作，特别是与企业和市场密切相关的宏观决策及微观经济管理问题的专题分析研究，向各级党政领导和社会各界提供有关企业的信息和咨询服务。

5.承接社会各界委托的与企业和市场有关的各类调查、咨询和研究项目，探索为企业走向市场提供咨询服务的新领域，发挥企业调查工作为微观服务的新功能。

3

4

6

地址：南昌市二七南路759号
办公室电话：0791-6160614
综合处电话：0791-6160434
监测处电话：0791-6160641
产业处电话：0791-6161024
专项处电话：0791-6160410
E-mail: jxqddbgs_jx@stats.gov.cn
邮编：330002

江西省质量技术监督局

局党组书记 局长
朱秉发

服务经济建设再上新台阶

2003年，江西省质量技术监督局在省委、省政府和国家质检总局的正确领导下，认真贯彻落实党的十六大和省委十一届四次全会精神，紧紧围绕江西在中部地区崛起，全面建设小康社会的目标，坚持把发展作为第一要务，牢记“两个务必”，践行“三个代表”，按照“忠于职守，勇于负责，严格把关，保国安民”的总要求，团结和带领全系统广大干部职工解放思想，开拓进取，与时俱进，扎实工作，经受了非典、体制改革和政务环境“双评”工作的考验，全系统保持了良好的发展势头，质监事业得到进一步发展，为江西的经济和社会发展作出了积极的贡献。

服务经济作用明显增强。全面实施“质量振兴江西，质量服务经济”十大工程，制定了《关于进一步发挥质量技术监督职能，促进江西经济发展的若干意见》即“17条措施”；培育了1个“中国名牌”产品、1个原产地域保护产品、2个国家免检产品，评价确认了105个江西名牌产品、83个省重点保护产品；对28类工业产品发放了生产许可证；223家企业的730余种产品通过强制性产品质量认证；永修、崇仁两县的“质量兴市”工作得到了国家质检总局的表彰；省局荣获“中国名牌战略推进成果展览会”的最佳组织奖。

规范市场秩序作用突出。全省质监系统共查办制售假冒伪劣商品违法案件6723起，移送公安机关17起。查获假冒伪劣商品标值总额8115.4万元，销毁假冒伪劣商品标值总额871.3万元。受理产品质量申诉846件，为企业和消费者挽回经济损失109.8万元。全年共对3995家企业的5016批次产品进行省级产品质量监督检查，抽样合格率为73.4%，并及时对外公布了抽查结果，积极培育了消费市场。

安全监察工作进一步强化。建立了全省特种设备动态数据库，开展了气瓶普查整治试点和压力管道的普查试点工作，实施特种设备（锅炉、压力容器、电梯、起重机械、客运索道、游乐设施）日常安全检查制度，清理整顿“土锅炉”，共检查各类设备24231台，提高了特种设备的定检率，基本实现了特种设备未发生重、特大事故的工作目标。

精神文明建设成效显著。新余市局被评为全国创建文明行业工作先进单位；省局稽查总队、省工业陶瓷质量监督检验站被团省委命名为2002年度省级青年文明号；省锅检所被直团工委命名为2002年度省直青年文明号；胡智同志被授予“江西省勤政廉政先进典型”荣誉称号；省局龙南扶贫点被省委组织部和老建办评为先进单位单位。

召开全省质监系统局长会议研究布置全省质监工作

为保障节日期间安全，质监人员正在对大型公共场所的自动人行道进行认真、细致地检测

前进中的江西省企联

省委书记孟建柱高度重视企业家队伍建设，连续4年（2001—2004年）亲临省企联年会暨表彰大会并发表重要讲话。

省委书记孟建柱代表省委、省政府向获奖的优秀企业、优秀厂长、经理表示热烈祝贺并为获奖企业家颁奖。

近年来，江西省企联在省委、省政府的正确领导下，在省经贸委的具体领导下，在全省会员企业及社会各界的大力支持下，以邓小平理论和“三个代表”重要思想为指导，遵循服务宗旨，开拓创新，积极发挥桥梁纽带作用，努力开展为全省企业、企业家服务的各项工作，为推进企业深化改革、制度创新、技术创新、管理创新提供了广泛的智力服务；为协调劳动关系，推进劳动关系三方协商机制建设，发挥了企业代表组织功能；为维护企业、企业家的合法权益做出了不懈努力。

江西省企业联合会/江西省企业家协会会长胡健主持年会暨表彰大会。

中共江西省委书记孟建柱高度重视全省企业家队伍建设，连续4年（2001—2004年）亲临省企联年会暨表彰大会，为优秀企业和企业家颁奖并发表重要讲话，企业家们心情舒畅，热情高涨，劲头十足，为江西工业经济的持续稳定快速健康发展作出了重要贡献。与此同时，省企联的凝聚力和社会声誉也进一步得到提升，影响力进一步扩大。今后，我们将进一步解放思想，大胆创新，为企业和企业家提供更多更好的服务。

年会暨表彰会举办的鸡尾酒会上，企业家们欢聚一堂，欢庆自己的节日。

年会会场外景

用足用好税收政策 促进开放型经济发展

局领导研究促进开放型经济发展的税收举措

诚恳听取外资企业对税收工作的意见

江西省国税局在省委、省政府和国家税务总局的正确领导下，自觉地把税收工作置于社会和经济发展的大局之中研究落实，认真执行税收政策，有力地促进了全省外向型经济发展，被省政府评为“服务开放型经济先进单位” 和“利用外资先进单位”。

建立高效的退税机制。全面推行出口退税信息化，积极向国家税务总局争取出口退税计划，设立大米出口退税“绿色通道”，加快出口退税速度，及时将国家税务总局分配的退税计划全部退到出口企业。全年依法办理出口退税额达到14.85亿元，增长64%，增退5.83亿元，有力地促进了外贸出口。

加强涉外税收管理。制定进一步落实优惠政策、优化税收服务的11项措施，办理13户外商投资企业税前弥补亏损2.86亿元，审批15户外商投资企业政策退免增值税、所得税4020万元，审核30户外商投资企业购买国产设备抵免企业所得税1.03亿元。

优化税收服务。全省112个办税服务厅全部实现了“一窗式办理、一站式办结、一户式查询，一条龙服务”；全省90%以上的企业纳入了纳税信用等级管理；为纳税人提供了网上办税、网上辅导、网上咨询等服务，江西国税互联网站被评为全省政府门户网站一等奖。在全省政务环境评议评价工作中，省局和11个设区市局均荣获先进单位称号。

江西省食品药品监督管理局

加强食品药品安全监管　维护人民群众健康权益

江西省食品药品监督管理局领导班子

检查药品生产企业 GMP 实施情况

开展药品快速检测技能比重

药监部门查获假劣药品销毁现场

江西省药品监督管理局成立于 2000 年 9 月。四年来，全省药监系统广大干部职工以“三个代表”重要思想为指导，认真贯彻“以监督为中心，监、帮、促相结合”的工作方针，加强全系统作风建设、基础建设、基层建设，勤奋工作、开拓进取，各项工作取得了明显成效。

大力整顿和规范药品市场秩序。近三年，全省共查处无证经营药品案件 2682 起，查处假劣药品案件 18745 件，涉案总值 5360.97 万元，移交司法机关处理 116 人。全省药品市场抽验合格率从 1999 年的 85.0%，上升到 2003 年的 95.85%，药品质量水平持续上升，群众用药安全感不断增强。

开展农村药品“两网”建设。在全省开展农村药品监督网络和供应网络建设（简称“两网”建设），为农村群众创造安全、经济、方便的用药服务。现已建立乡镇药品配送站 301 个，设立乡镇药店 2295 家、村级药店 601 家，村级药品服务点 6485 个，做到了乡乡镇镇有药店。据抽样调查，全省农村药品配送价格平均下降了 3.95%，零售价格平均下降了 17.28%，农民从中得到了实惠。

加快实施药品生产企业 GMP 认证步伐。至 2004 年上半年，全省投入改造资金 25.6 亿元，已有 76 家企业完成了 GMP 认证，预计年底全省通过 GMP 认证的企业达到药品生产企业总数 93.23%。通过实施 GMP，有力促进了医药产业结构调整，药品生产企业从整体上步入现代化行列，医药工业成为我省重点发展和扶植的 6 大支柱产业之一。

2004 年 2 月，经省委、省政府批准，在原药品监督管理机构基础上，组建各级食品药品监督管理局。食品药品与我们每个人都息息相关，事关千家万户幸福安康。今后，省食品药品监督局将承担起食品、化妆品、保健品“综合监督、组织协调和依法组织对重大食品安全事故的查处”新职能，任务更加艰巨，责任更加重大，使命更加光荣。我们定将不负重托、勇挑重担，上下齐心、励精图治，致力于保障人民食品药品安全。努力促进我省经济的发展，推动食品药品监管工作更上一层楼。

地址：南昌市北京西路 104 号　邮编：330043

电话：0791—6264396　6272516(FAX)

邮箱：http:// www.jxda.gov.cn

江西省投资公司

江西省投资公司，是经江西省人民政府批准成立的具有法人地位的国有独资公司，是江西省人民政府授权的政府投资主体和国有资产经营主体，公司的投资经营范围是江西的基础设施和基础产业项目，以及支柱产业和高技术产业项目。

江西省投资公司成立于1989年2月，现有资产140多亿元，净资产76亿元。公司下属的全资子公司有房地产公司、进出口公司、经营公司等；控股的大型企业有一家上市公司“江西赣能股份有限公司”和丰城、新余、东津三个发电有限责任公司；参股的大型企业有景德镇、井冈山华能、九江三期发电有限责任公司和昌九化工集团公司、贵溪化肥有限责任公司等。

公司以“产权经营”为核心，以阶段性持股为经营方式，积极推进“控股经营、集约经营、资本经营”。坚持“立足于效益，着眼于退出”，在股权流动中实现资本的增值。公司通过集中债权、资产置换、债转股以及联合、兼并、转让等方式不断调整优化资产结构，特别是通过产权转让和各种融资方式，大量筹集资金，不断开辟新的投资领域。目前，公司除了巩固电力产业优势外，还积极渗透金融证券业、投资高科技产业和收费性基础设施项目。同时，做大房地产业和进出口业务，努力实现公司产业结构的升级。公司和其他企业合作，先后发起创立了江西高技术产业投资股份公司和江西高新技术发展有限责任公司，参股了国盛证券公司，目前正在积极发起创立注册资金为10亿元的“江西金融租赁公司”。

江西省投资公司真诚地期待海内外工商界人士和我们携手合作，收购资产、增资参股、开发项目均竭诚欢迎。我们的理念是优势互补、实现“双赢”、相互促进、共同发展，共创江西美好的明天。

总经理：姚迪明

公司领导班子

与时俱进的

南昌经济技术开发区国家税务局

领导班子

南昌经济技术开发区国家税务局成立于2001年10月，位于南昌昌北下罗，主要负责南昌经济技术开发区和红谷滩新区的税收征管。设有5个机关科室和7个管理科，现有在职干部职工45人。其中，中共党员20名占44%，45岁以下人员占76%，大专以上文化程度占93%。

区局自成立以来，坚持与时俱进，注重打牢基础求发展，改革创新谋发展，坚持狠抓内部管理，带队伍树形象，以优化税收执法服务促税收收入增长。全局干部职工齐心协力，顽强拼搏，用忠诚、用辛勤的汗水向洪城市民交出了满意的答卷：税收收入逐年攀升，2001年度实现税收8219万元，2002年度实现税收11100万元，2003年度实现税收16351万元，2004年上半年实现税收11397万元，实现了二年翻一番。与此同时，区局政风行风建设、精神文明建设也取得了令人瞩目的成绩：2003年，在当地政府组织的行风评议中，被评为优胜单位；获南昌市国税系统2003年度目标管理优胜单位；江西省国税系统2003年度党风廉政建设先进单位，江西省国税系统2003年度先进领导班子。

办税服务厅

国税文化

知识更新

税务培训

纳税辅导

江铃汽车集团公司

JIANGLINGQICHEJITUANGONGSI

陆风车

江铃宝典

单排轻卡厢货车

全顺特种车

江铃汽车出口仪式

江铃汽车集团公司是一家集汽车整车、零部件研发、制造、销售于一体，业务涉及汽车改装、进出口、财务金融、房地产等多元化、综合性的大型企业集团。2003年列全球轻卡销量排名第20位、列中国大型工业企业第160位。

江铃集团前身是1967年11月成立的“江西汽车制造厂”，1985年在国内率先引进日本五十铃公司轻型车制造技术，生产“江铃”牌汽车。1997年，与美国福特联合开发生产“全顺”汽车；2002年自主开发并将“陆风”汽车推向市场。汽车整车产品涵盖轻型客车、轻型货车、多功能越野车，并形成了全顺、JWC、陆风三大品牌，主导产品已发展到四大系列530个品种，年产整车能力达13万辆，并拥有汽车发动机、变速箱、车身、车架、前桥、后桥六大总成及其他零部件自主配套能力。近年依靠自身技术创新能力完成了全顺卡车、全顺新款车、宝典匹卡、运霸车、宝威车、江铃凯运、陆风系列车的开发，企业先后通过了ISO9002、QS-9000、ISO9001质量体系认证和ISO14001环境管理体系认证。

通过全体江铃员工团结进取、改革创新，江铃逐渐形成了独特的企业文化，并以优秀的文化和高科技产品实现了“诚信经营、追求品位、持续发展、回报社会”的企业价值观。公司目前正全力打造企业核心竞争力，努力把江铃建设成为具有全球竞争力的汽车集团。

全顺总装线

匹卡生产线

JMC轻卡生产线

全面领先 市场首选
企业形象
招生招聘培训
电信通讯
医疗保健品
电脑及设备
服装鞋类
房地产
汽车
化妆品
家用电器
日常用品
江南都市报
打开江西市场首选媒体
江南都市报是江西日报社主办的一份综合性都市生活类报纸，发行量、阅读率、广告收入在江西报纸中遥遥领先，2003年收入首破亿元，成为江西报业当之无愧的强势品牌，是打开江西市场的首选媒体，也是正在崛起的江西走向全国的一张“文化名牌”。
地址：江西省南昌市阳明路190号新闻大厦一层
邮编：330006 电话：0791-6849601
传真：0791-6849866 E-mail：jndsb@163.net

信息日报
高端读者最多的主流媒体
新闻观点
江西要闻
信报车城
信报楼市
本报策划
证券周刊
热线117
江西民生
财富星期三
经济新视线
信息荟萃
信报周末
品牌栏目　精彩纷呈
新闻热线：6849117
发行热线：6847000
全国第一张综合信息类日报
“全国十佳报纸”之一
发行量名列全国同类报纸前茅
是江西省在全国影响最大的强势媒体
信息日报由江西日报社主办，创办于1984年，是全国第一张以实用经济报道、时尚生活资讯为主的综合信息类日报，开创了我国信息类报刊之先河，荣膺“全国十佳报纸”，是江西省高端读者最多的主流媒体媒体。
江西日报社江南信息广告中心
地址：南昌市阳明路190号一层　邮编：330006
电话：0791-6849601　传真：0791-6849866　邮箱：jnxxgg@263.net

PetroChina
中国石油

中国石油天然气股份有限公司
江西销售分公司

中国石油天然气股份有限公司（简称中国石油）系中央直属特大型国有控股企业，拥有资产超过3000亿元，员工约48万人；2004年，中国石油世界500强最新排名第52位，中国500强排名第2名；作为亚洲最赚钱的公司之一，每年向国家上缴利税近千亿元。2000年4月6日和4月7日，中国石油分别在纽约、香港两地成功挂牌上市。

中国石油天然气股份有限公司按照中央和国务院有关指示精神，承担起振兴中国石油民族工业的重任，2002年3月中国石油在江西南昌成立江西销售分公司（简称中油江西公司）。

中油江西公司自成立以来，始终秉承“服从规划、接受管理、服务江西、造福赣鄱大地”的原则和“爱国、创业、求实、奉献”的企业精神和“诚信、创新、业绩、和谐”的核心经营理念，坚持“诚信为本，服务永恒”的宗旨，大力进行加油站和油库开发，截止到2004年底，公司在江西已累计合同投资数亿元；每年为江西提供成品油资源近百万吨；向国家和地方政府上缴税收数千万元；为江西提供就业岗位数千个。预计到2007年，公司总投资将超过10亿元人民币；成品油资源供应将超过百万吨；年上缴税收将超过1亿元；为社会提供就业岗位3100多个。

中国石油江西公司总经理张军代表全体员工竭诚邀请社会各界精诚合作，我们将继续本着诚信、信誉、互利的原则，与各界共创辉煌前程。

总经理：张军

公司地址：江西省南昌市青山湖区湖滨东路66号
邮　　编：330077
电　　话：0791-8153678　8153680
传　　真：0791-8153680
网　　址：www.petrochina.com.cn

江西月兔企業集團有限公司

JIANGXI YUETU QIYE JITUAN YOUXIANGONGSI

省委书记孟建柱在广丰芦林工业园与月兔集团董事长余小斌亲切交谈

昂扬向上的月兔团队

江西月兔企业集团有限公司是一个以卷烟生产、销售为主业兼多元化经营，跨地区、跨行业、跨所有制的现代企业集团。集团前身是创办于1988年的广丰卷烟厂，1998年正式组建运作。2003年，集团总资产达12亿元，实现销售收入18.5亿元。

经过十多年艰苦创业，集团现已跻身国内千强企业行列，成为江西工业企业10强之一、上饶市的龙头骨干企业和第一税利大户、广丰县财政的支柱企业。企业还荣获“全国五一劳动奖状”、“全国精神文明建设工作先进单位”、“江西工业优强企业”、“江西省突出贡献企业”、“江西省文明单位”等殊荣。“月兔”商标已成为“江西省著名商标”、国内知名品牌，“月兔”产品被认定为“江西省名牌产品”。2004年，经国家权威评估机构认定，“月兔”品牌价值18.03亿元人民币。

发展是硬道理。面对市场经济的挑战，4000余名月兔人今后将继续秉承“为社会进步创造财富，为民众生活奉献精品”的经营理念，自我加压、敢为人先，为把集团建设成为实力雄厚、效益显著、形誉俱佳的现代大型企业而潜心创业，不断开拓，努力实现月兔集团在中国工业企业500强的快速崛起。

公司地址：江西省广丰县芦林工业区　电话：0793—2620655　传真：0793—2620658　邮编：334600

广丰卷烟厂厂貌

长运万里 永续发展

江西长运股份有限公司

JIANGXI CHANGYUN CO.,LTD.

董事长 张平

江西长运股份有限公司成立于1993年4月，2002年7月经中国证监会批准在上海证券交易所发行上市。公司简称：江西长运，股票代码：600561，注册地址为江西省南昌市广场南路118号。公司主要从事公路旅客运输、旅游服务、汽车租赁和物业管理等业务，是我国上市公司中第一家以公路客运为主业的上市公司。

江西长运坚持以实现投资者价值最大化为目标，深化改革，锐意进取，实现了企业经营规模和经济效益的持续、稳定增长，成长为江西省公路客运行业中规模最大、效益最好、实力最强的骨干企业，承担着全省高速公路旅客运输60%以上的业务及南昌地区跨省跨区客运80%以上的业务。截止2004年6月30日，公司总资产为5.97亿元，净资产2.99亿元，分别是公司设立之初的12.9倍和18.1倍。

江西长运先后荣获"中国500家最大服务企业公路运输行业第50位"、"全国五一劳动奖状"、"全国交通系统先进集体"及省、市优秀企业等荣誉称号，2001年公司被交通部评为公路客运二级资质企业，2003年被国家工商总局列入为全国第二批"守合同重信用"公示企业。

24小时服务热线：（0791）6226000

网 址：http://www.jxcy.com.cn

订票热线：0791—6226000 6214969

快件运输：0791—6243454 6202397

先锋软件

陈苏
先锋软件董事长兼 CEO

南昌先锋软件股份有限公司

南昌先锋软件股份有限公司是国家规划布局内重点软件企业，国家重点高新技术企业。公司创立于1994年，一直从事应用软件的研发与推广，主营计算机软件、网络技术、系统集成及交通电子工程等，目前注册资本4710万，所从事的软件领域主要分布于电子政务、电子商务、企业信息化、军事软件等领域，是国际知名的知识管理（KM）软件供应商，也是全方位支持以LINUX开源软件为代表的国产软件体系的国内著名软件企业。

先锋国际软件园

先锋国际软件园是先锋软件主动参与国际竞争的需要，在国家及省、市各级政府及有关部门的支持下，先锋在南昌湾里区投资兴建的国际化的软件产业基地，软件园距离南昌市和昌北机场高速公路距离分别为29公里和12公里，园区一期规划面积约3.3平方公里，主要由山丘和湖泊构成。园区集软件研发、生产、教育、培训和旅游、休闲为一体，依托独特的山、水、园林自然风光，营造优美的绿色环境，建立与国际接轨的技术支撑体系和社会化的综合服务体系，提供和谐舒适的人文办公、生态家居场所以及品位高尚的旅游、休闲设施，吸引国内外致力于软件产品研发、生产的企业和软件业界精英入园发展创业。

先锋学院一期校园鸟瞰图

先锋国际软件园综合办公楼远

江西先锋软件职业技术学院

江西先锋软件职业技术学院是经江西省人民政府批准、国家教育部备案的具有独立颁发国家承认高等教育学历文凭的普通高等院校，是由国家重点软件企业先锋软件股份有限联合中科院研究生院软件学院、国家外专局中国国际人才交流基金会等单位创办的国家示范性软件职业技术学院，学院面向全国招收参加全国统一高考的学生，并开办第二专业学历教育。学院座落于南昌梅岭国家森林公园内的先锋国际软件园，学院占地面积980亩，校园环境优美，设施齐全。

先锋软件研发大楼全

萍乡矿业集团有限责任公司

Pingxiang mining industry group Co.,Ltd.

徐绍芳

十届全国人大代表

源股份公司董事长

乡矿业集团有限责任公司董事长

萍乡矿业集团有限责任公司是国有大型综合性企业，江西省重要骨干企业。

多年来，萍乡秉承优良的革命传统，大力弘扬“义无反顾、再创辉煌”的企业精神，坚持“以煤为本、多业并举、综合发展”的发展战略，企业不断发展壮大，现拥有7对生产矿井，20家工厂公司。企业总资产34亿元。生产经营范围涉及煤炭、玻璃、管道、客车与客车空调、建筑安装、电力、国外工程、电焊条、矿山机械、炸药、矿泉水等10多个行业，并形成了以煤炭、玻璃及玻璃深加工、客车及客车空调、建筑安装、国外工程为支柱的产业集群，是江西省最大的煤炭生产企业和玻璃及玻璃深加工基地。

2004年萍矿销售收入将突破20亿元。萍矿连续十多年被评为全国煤炭工业优秀企业和江西省优秀企业，2002年和2003年连续两年获“江西工业崛起十强企业”荣誉称号，2003年获全国五一劳动奖状。

萍矿在党的十六大和十六届三中全会精神的鼓舞下，正以崭新的姿态谋求新一轮发展，努力在新的世纪创造新的辉煌，为江西在中部地区崛起作出新的更大贡献。

省长黄智权视察浮法玻璃生产二线

地址：萍乡市昭萍东路27号　邮编：337003　联系电话：0799-6333803

新余钢铁有限责任公司

新余钢铁有限责任公司（简称新钢公司）是集矿石采选、钢铁冶炼、钢材轧制于一体，普钢特钢兼有，运输、动力、机修等配套齐全的国有大型钢铁联合企业。资产总值97.29亿元，固定资产原值62.73亿元。主要产品年生产能力：生铁270万吨、钢350万吨、钢材坯270万吨。2003年，完成工业总产值（90年不变价）38.98亿元，实现销售收入79.80亿元，获“2003年度江西工业崛起十强企业”。在2003年度全国大型工业企业和全国钢铁企业销售收入排名中，分列第138位和第23位。

新钢公司主要产品有普钢、特钢、铁合金、金属制品、化工制品、炭素制品等 6大产品系列，100多个品种，2000多个规格。主要产品有中板、线材、热轧带肋钢筋、薄板、高炉锰铁、圆钢、钢管、钢带、钢丝、金属制品等。新钢公司产品质量优良，主要产品通过ISO9001质量管理体系认证。计量检测体系通过国家认证，中心试验室通过国家实验室认可。普通碳素结构钢热轧厚钢板、船体用结构钢板、Cr_{12} 型锻制圆钢等8个产品获国家冶金产品实物质量金杯奖，热轧带肋钢筋为国家质量免检产品。

“十五”期间，新钢公司对生产工艺进行改造，全面提升工艺装备水平。已建成和在建主要重点工程项目有2#焦炉、8#高炉、转炉（一期）、高线和5#烧结机、7#高炉、转炉（二期）、20000Nm^3/h制氧机、3800mm厚板轧机。预计在“十五”末期，新钢公司将形成年产生铁430万吨、钢500万吨、钢材坯470万吨的生产能力，实现资产总值、销售收入双百亿元，朝着中国南方建材精品基地目标奋进。

地址：江西省新余市冶金路　邮编：338001
电话：（0790）6292919　传真：（0790）6294999
网址：www.xinsteel.com.cn
电子信箱：xygtgs3@publicl.xyptt.jx.cn

115m^2烧结机

8#1050m^3高炉

炼钢厂厂房

中板轧机

高线轧机

史书愚 党组书记 总经理

选矿厂外景

冶炼厂离子交换系统

钨精矿、仲钨酸铵、黄钨、钨粉

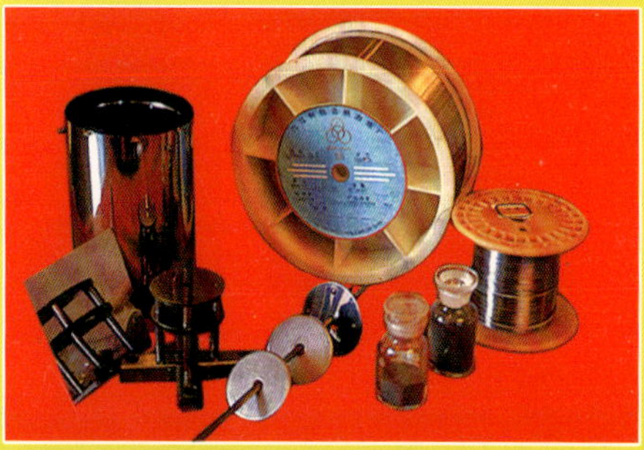

钽粉、钽丝、钽棒、钽片、钽制品

稀土荧光粉、单一稀土氧化物

江西省烟草专卖局（公司）

江西省烟草专卖局（公司）1984年1月正式组建，现内设12个职能部门、4个专业公司和5个专业部门，下设南昌等11个市局（分公司），1个驻铁路烟草专卖局和南昌、赣南、井冈山3个直属卷烟厂以及87个县级局（营销中心），属行业管理的还有广丰、兴国2个地方卷烟厂，石城、峡江、波阳等3个烟叶复烤厂。全省系统从业人员1.3万余人，固定资产总额21.62亿元。

自组建以来，在国家烟草专卖局和省委、省政府的高度重视和正确领导下，江西烟草干部职工解放思想，上下同欲，坚持以市场为导向，以省产烟为重点，以效益为中心，突出"四个大抓一条红线"，在困难中探索，在挫折中奋起，走出了一条以品牌的发展壮大带动整体良性循环、推动持续快速增长的路子。2003年，江西烟草继续坚持狠抓产销结构调整，狠抓网络建设，狠抓整顿规范，狠抓队伍建设，大力实施技术创新、市场创新、体制创新和管理创新，努力提高江西烟草行业总体竞争实力，取得了新的成绩和发展。

经济增长质量和效益大幅攀升。2003全省销售卷烟100.6万箱，比上年增长5.8%；实现工商税利34.03亿元，比上年增长22.64%。

两个网络建设继续得到强力推进。南昌市参加全国36个重点城市网建联动取得明显成效，全省网建水平取得实质性的进步。到2003年底，全省网络所辖零售户达163568户，专卖稽查大队106个、中队303个；营销部124个，电话订货部70个，电话订货率达58.88%，配送中心96个，农村访送一体批发部16个。积极开展"双诚信"和"千家万户共铸诚信"活动。现代流通模式初步确立。

财经秩序和卷烟体外循环专项治理整顿成效明显，规范经营水平提高。严格执行国家局"五条纪律"，实行省内卷烟准运证网上开具和到货确认制度，强化了生产经营行为监督。认真组织开展财经秩序和卷烟体外循环自查、复查工作，对发现的问题及时进行了整改。围绕"打团伙、破网络、端窝点、查源头"的总体要求，继续深入开展卷烟打假打私。

烟叶生产稳步发展。烟叶年收购由2000多担发展到基本稳定在国家计划的35万担左右。近年开发仿国际型优质烟叶基地，烟叶生产水平整体提高。上等烟占31.16%。

队伍建设不断加强。2003年全省系统共有大专以上学历职工1977人；具有高级专业技术职称的23人，中级技术职称的391人；有技师28人、高级工104人、中级工464人。全省烟草热心社会公益事业，积极支持希望工程、慈善事业和其他社会公益事业，精神文明单位不断涌现。2003年全省系统有省局（公司）机关等15个单位被评为全省第九届文明单位。

2004年江西省烟草专卖局以"三个代表"重要思想和党的十六届三中全会精神为指导，树立和落实科学发展观，坚持"做精做强主业，保持平稳发展"的行业指导方针、落实"深化改革、推动重组、走向联合、共同发展"的行业主要任务，继续狠抓结构调整，大力推进信息化建设，全面规范生产经营管理，提升网络建设水平，创新和完善专卖管理，加强人力资源开发，抓好领导班子建设，改进思想政治工作，强化党风廉政建设，努力实现烟叶种植15万亩，收购烟叶35万担。系统内生产卷烟59.3万箱，力争62万箱，实现税利40亿元，保持江西烟草的全面、协调、可持续发展。

江西核工业瑞丰生化有限责任公司

REYPHON
瑞丰生化

总经理：任新华

袁隆平

通讯地址：江西省新干县683信箱
邮编：331307
电话：0796-2676082
传真：0796-2676027
网址：www.reyphon.com
电子信箱：reyphon@263.net

江西核工业瑞丰生化有限责任公司创建于1990年，具有独立法人资格和外贸出口权。公司位于江西省中部的新干县城南工业区，为“江西省区外高新技术企业”。现有员工500余人，总资产1个多亿，主要生产“瑞丰”牌赤霉素（俗称九二〇）、“瑞兆丰”牌井冈霉素等系列产品。多年来，公司坚持“办一流企业、树一流品牌、创一流产品”的发展方向，经过连续技术改造，目前已成为世界最大的赤霉素专业生产厂家。

公司始终坚持以科技兴企的发展战略，先后自主开发了《GA_3纯化技术》、《发酵促进剂》等70多项科研成果的赤霉素生产新工艺、新技术，其中多项成果获得省部级一、二、三等奖，并有部分技术填补了国内空白，“瑞丰”牌赤霉素产品质量超过美国FCC标准。1999年在全国同行中率先通过ISO9002 国际质量体系认证，2002年4月被中国贸易促进委员会和法国科技质量监督评价委员会指定为“向欧盟推荐的中国高质量产品”，为牵头起草《赤霉素国家标准》和唯一提供国家标准品的企业。

公司的主导产品赤霉素销售辐射国内26 个省（市），出口产品一直畅销东南亚、欧美等二十多个国家。目前“瑞丰” 牌赤霉素已经成为蕴含多项独创技术的著名品牌，企业先后获得“全国用户满意企业”、“全国重合同、守信用企业”、“江西省优秀企业”、“江西省名牌产品”等荣誉称号。

公司坚持立足生化，以振兴民族现代农业为己任，潜心打造世界知名品牌，追求与天和、与物和、与人和的“和谐”境界，面对激烈的市场竞争，发挥规模优势降成本，依靠科技创新增效益，坚持与时俱进、不断创新之精神， 为早日使瑞丰生化成为世界品牌而努力。

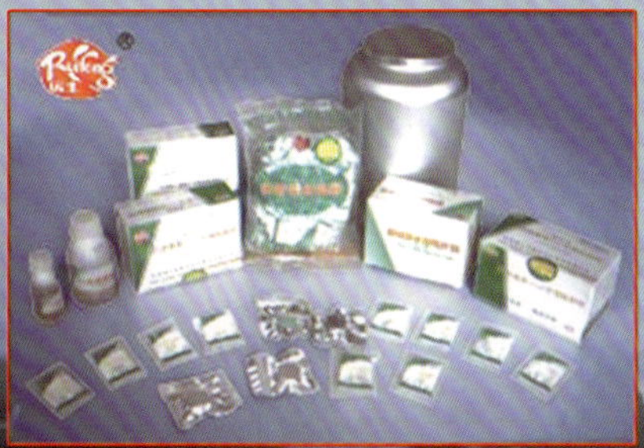

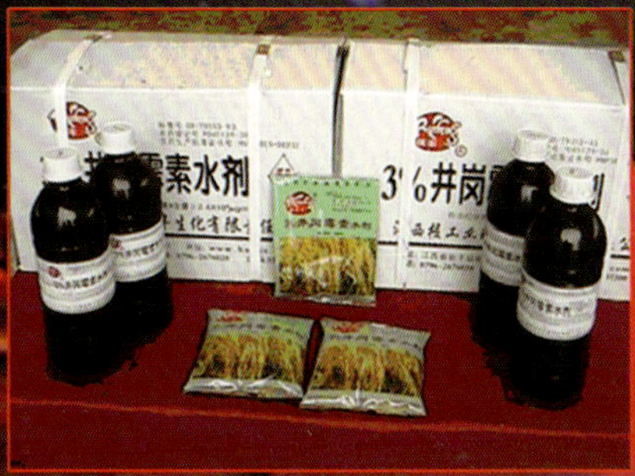

蓝星化工

BLUE STAR CHEMICAL

中国化工集团总经理任建新（左四）在厂长郑重（左三）陪同下，视察五万吨有机硅合成控制室。

高能火箭燃料为我国国防和航空航天事业作出了重要贡献。

70kt/a 有机主体装置

大力发展有机硅民族工业

为江西星火有机硅厂题

二〇〇二年八月

邹家华

江西星火有机硅厂前身为化工部星火化工厂，始建于1968年，是国家重点国防化工和化工新材料生产大型企业，经过30多年的建设，特别是加盟中国蓝星（集团）总公司以来，企业面貌发生了翻天覆地的变化，现已发展为拥有10万吨／年有机硅、7.5万吨／年烧碱等生产装置的企业。1997年企业通过ISO9002质量体系认证，部分产品出口欧美、东南亚、日本、韩国等国家和地区，形成了以有机硅系列产品为主导的较为完整的生产体系。

我厂从七十年代初开始生产国防化工产品——高能火箭燃料，为“神州1号”至“神州5号”飞船的发射成功作出了特殊贡献。八十年代初开始进入化工新材料领域，九十年代初建成了国内最大的万吨有机硅生产装置。如今有机硅单体及其中间产品已成为主导产品，产品产量始终占全国同类产品的最大份额，产品销售遍及全国各地。

2000年5月，以江西星火有机硅厂为主体的蓝星化工新材料股份有限公司成功上市，为企业快速发展壮大注入了新的活力。随着生产技术的不断提高，企业产品产量、工业产值及销售收入实现了逐年稳步增长，有机硅甲基单体合成技术已达世界先进水平。

为迎接WTO的挑战，确保企业在国内有机硅行业的领航地位，江西星火有机硅厂正致力于10万吨／年有机硅单体装置的建设工作，预计到2006年，有机硅年产量将达到20万吨，跻身世界前列。与此同时，与美国卡博特公司合资在星火工业园内兴建5000t/a气相二氧化硅项目已正式签约，并将于不久的将来建成投产，从而进一步提高星火厂产品的市场竞争力。

蓝星化工新材料股份有限公司
江西星火有机硅厂

DW—B—2200—150瓦楞纸电脑生产流水线

江西嘉成包装有限公司

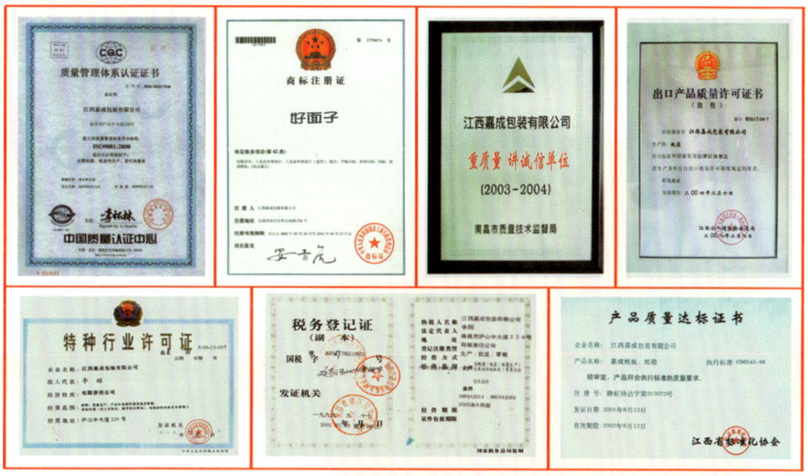

公司地址：
国家经济技术开发区青岚大道
电　　话：
0791—3812288　3811199
传　　真：
0791—3812200
法人代表：
李 辉

江西嘉成包装有限公司，一九九九年三月创立，个私民营企业，国家一类瓦楞纸箱生产基地，中国200强先进包装企业，江西省出口商品（含危包容器）定点企业，江西省优秀包装企业。公司地处国家级经济技术开发区——南昌经济技术开发区青岚大道（南昌二环），占地32000平方米，交通便利，基础设施完备，享受国家级开发区各项优惠政策。

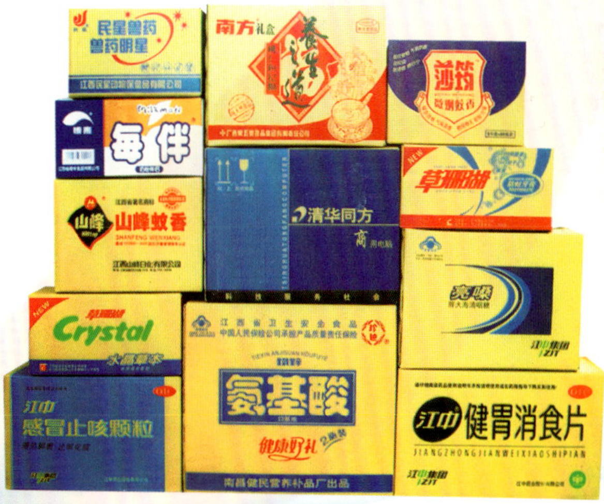

优质的产品

县城全景图

全南县

工业园二区一角

长城集团办公楼

飞腾鞋业公司

梅子山百盛塔

瑞典客商投资的合隆制衣（全南）有限公司

安徽省
湖北省
浙江省
江西省
湖南省
福建省
广东省
九江市
景德镇市
上饶市
鹰潭市
贵溪市
抚州市
樟树市
新余市
宜春市
萍乡市
吉安市
井冈山市
赣州市
南康市
梨温高速（御锦公司独家代理路段）
已通车高速
建设中高速

御锦户外传媒
13970090000

御锦户外传媒
13970090006
御锦户外广告
13307082799

御锦公司部分媒体实景

上饶工业园区
赣浙经济技术合作开发区

中国移动通信
CHINA MOBILE
移动通信专家
全球通
GoTone
选择名牌
选择放心

科华水泥

御锦传媒
13970090006

润田

勤勉务实拓新路

——江联公司董事长、党委书记丁杰同志事迹

与瑞士欧持力公司总裁亲切交谈

近年来，江联公司步入良性发展轨道。2003，发展势头更为强劲，完成工业总产值3.1亿元，实现销售收入3亿元，货款回收达3.3亿元，创历史最好水平。今年1至8月，进一步延续了良好的发展势头，各项经济指标全面刷新历史同期最好纪录。

运筹帷幄抓营销

1992年江联公司成立以来，江联公司董事长、党委书记丁杰同志一直负责企业的销售工作。受经济大环境的影响，江联公司的销售形势一度非常严峻，丁杰同志化压力为动力，逐步扭转了公司销售形势的被动局面，2000年江联公司改制成立江西江联能源环保股份有限公司。2003年，丁杰同志任江联公司董事长、党委书记，根据市场情况和企业实际，就市场营销提出了“五点”策略。一、做好基点；二、扩大亮点；三、狠抓重点；四、攻克难点；五、占领新点。为了抢占市场，丁杰同志还制定了旨在鼓励销售人员的政策，实行奖罚并重。

措施得力抓产品

江联公司有两大主打产品，一是锅炉，二是压力容器。丁杰同志提出锅炉产品开发要实行差异化战略，压力容器产品要实行专业化战略，经过实践，证明其战略是可行和有效的。

科技人才是企业的宝贵财富，丁杰同志爱才、惜才、用才。为科技人才提供了良好的工作环境，启动“项目经理制”，极大地改善了科技人才的物质待遇。在用好现有人才的同时，丁杰同志还启动了三项工程，一是引智工程。二是育人工程。三是激励工程。

管理创新上台阶

江联公司是个老牌企业，丁杰同志经常考虑如何找到新的管理模式，赋予企业新的生命力，在自己不断探索的同时，也力促公司管理层及车间管理人员带队赴外地先进企业学习取经，初步形成了江联公司独特的管理模式和企业文化特色。

职工冷暖挂心上

丁杰同志一方面努力抓经济，一方面又不遗余力地抓党建和思想政治工作，旗帜鲜明地提出了“三个一”工作目标，即：一个支部就是一座堡垒，一个党员就是一面旗帜，一名干部就是一个楷模。把开展思想政治工作同解决职工的实际困难结合起来，在生产资金比较紧张的情况下，一次性退还所有职工的管道煤气集资款，解决了职工的部分医药费，职工住房漏雨问题也得到了全面解决。

丁杰同志认识到，江联公司跟国内同行业先进企业相比还有较大的差距，他奋斗的宏伟目标是：两到三年内，做大做强江联，跻身全国同行业前六名。

胡锦涛总书记考察江联公司时，寄予了殷切希望：“江联公司的工作干得不错，你们要坚持发扬井冈山精神和艰苦奋斗的优良传统，不断推进企业的技术进步，不断改善职工的生活水平和生活条件。”丁杰同志深信，在省、市政府的大力扶持下，通过广大员工的不懈努力，江联公司一定能在不远的将来拥抱更美好灿烂的辉煌。

江西省优秀女企业家

文明经商 照章纳税

开拓创新 与时俱进

乐善好施 奉献爱心

江西省大华贸易有限公司总经理：涂桂英

命运曾把涂桂英抛到农村广阔天地，吃过苦，在最艰难的日子，她也仍然相信自己终能成就一番事业，能报答她深深热爱的神州热土。

回城以后，端过铁饭碗，后来又下岗，她一直在生活中寻找适合自己的位置。

终于，她于 1995 年创建了江西省大华贸易有限公司，靠在洪城大市场做服装生产起家，历尽艰辛，苦学苦熬，创出了事业的一片天地。她看准市场，把服装定位在中老年龄段，穿是一种内涵，一种品味。她希望中老年妇女漂亮、神采奕奕、生活中阳光明媚、色彩绚丽。又于 1999 年创办分支机构江西省大华服饰批发中心，她想一定要把最好的款式，最实惠的价格，献给这些最美丽的中老年母亲。

涂桂英在张开思绪的翅膀遨翔，她又总在脚踏实地地开拓事业，于是她不断地学习、不断地思索。她说最重要的不是赚钱，但必须赚钱，力求实实在在地为社会、为人民多作贡献。她解决了 30 多名“4050”下岗失业妇女，帮助各地市下岗失业妇女开了数十家分店，给她们培训业务，每年为国家上交数万元利税，她一贯热爱公益事业，富了不忘贫困姐妹，有一颗火热的心。

2001 年捐赠壹仟件新衣给江西慈善总会；

2002 年捐赠价格十万元的中档秋冬服装给市妇联下岗姐妹；

2004 年捐赠江西慈善总会超市 1000 件新衣。

同时，资助了数名贫困失学女童，为她们支付了看病医药费，共数万元，由于她无私奉献爱心，受到各级组织好评，被中华爱国工程联合会评为 2003 年社会各界促进中国公益事业发展“公益之星”、南昌市优秀女企业家、南昌市“巾帼文明纳税户”、南昌市巾帼建功个人先进个人、省市消费者协会“诚信、放心单位”、南昌市妇联“再就业基地”。

同时，她还担任香港慈善总会名誉会长、江西女企业家协会常务理事、江西慈善总会常务理事、南昌市女企业家副会长。

涂桂英身为女性，她发挥了女性的特长，对企业精打细算，与客户坦诚相见，对部下体谅关心。热爱美、追求美的涂桂英和创造美、宣扬美的企业是相通的。

愿她带着大华的下岗姐妹们的点点情、缕缕爱，飞去千家万户，为姐妹美好的生活服务到永远，美丽到永远。

江西華绿集團

JIANG XI HUA LV JI TUAN

全国五一劳动奖章获得者　享受国务院特殊津贴专家
公司总经理：研究员徐建生

江西华绿保健食品集团有限公司是一个集农、牧、科、工、贸为一体的综合性企业集团。是目前唯一被国家卫生部批准的保健蛋生产企业。华绿牌产品在全国同行业中享有很高的声誉，为江西省著名商标之一；公司实现了饲料—种鸡—种蛋—商品鸡—绿壳鸡等的一条龙生产；建立了产、供、销一体化经营体系。所属东乡黑羽绿壳蛋鸡原种场现存栏东乡绿壳蛋种鸡近10万羽，健全了原种场、繁殖场和实验场等完善的绿壳蛋鸡繁育体系。几年来共推广到全国各地的东乡绿壳蛋鸡种苗200万羽，销售华绿保健蛋2000余万枚。

集团在发展壮大过程中，造就了懂管理、会经营、善于开拓、讲团结、乐于奉献的管理队伍；培养锻炼和凝聚了动物营养、遗传育种、畜牧兽医、食品加工、医药保健等各学科科技人员近57名，同中国农大动科院、江西中医学院、江西农科院等科研院所建立了长期的科技协作关系。

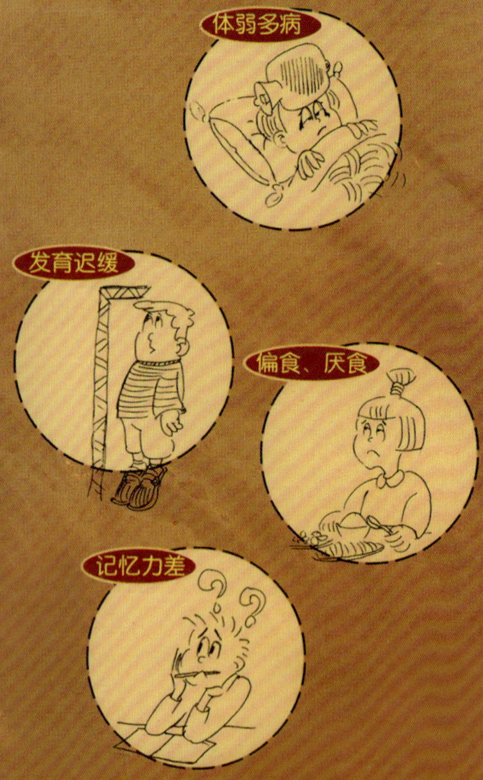

由于环境污染日益严重，世界卫生组织忠告：人类摄取营养安全第一，建议公民尽量食用绿色食品。

九汉华绿宝贝蛋所获主要奖项
95江西省新专利、新发明、新产品博览会金奖
第二届中国农业博览会保健蛋质量第一
首届中国国际食品博览会金奖
首届中国国际农业科技年会精品金奖
98年江西省科技进步二等奖

天然健康食品

保健食品
卫食健字［1998］第 447 号

绿色食品
LB-21-9601141591

江西伟业医药有限公司

董事长：马伟伟

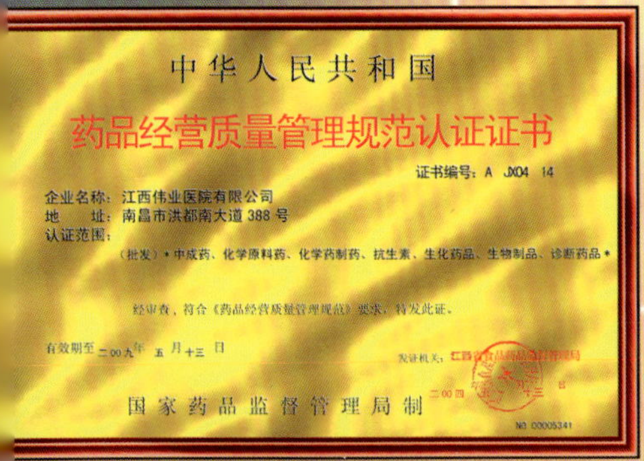

江西伟业医药有限公司成立于2000年底，地处环境优美、交通便利的南昌市洪都南大道388号，清澈美丽的玉带河从公司旁经过。

公司机构设置为董事会领导下的总经理负责制。董事长马伟伟，总经理朱建国。公司下设七个职能部门：质量管理部、业务采购部、客户服务部、仓库管理部、储运部、财务部、行政部。现有职工77人，其中各类专业技术人员27名，占职工总人数35.1%，高级专业技术人员3名，中级12名，初级12名。质量管理人员5人，占总人数6.5%。业务经营实行微机管理、电脑开票，做到准确、及时。

公司办公经营面积近1000m2，营业大厅200m2，办公辅助用房600m2，仓库面积2000m2，养护室近100m2，为保证冷藏药品质量还增设冷库面积达30 m2。

公司注册资金450万元，主要经营：化学原料药及制剂、抗生素、生化药品、生物制品诊断药品、中成药、医疗器械、营养保健品等近3000个品种规格。2003年度销售额达7000万元。

公司组建五年来，坚持以为医药事业的发展，满足人们的防病治疗、康复保健为主营目标；坚持以品种全、数量足，“质量第一，顾客至上”为经营宗旨，抓管理，促经营，求发展，努力开拓医药市场。在大力加强内部管理的情况下，建立了一整套较完善的质量、财务、安全管理等规章制度。

按国家有关规定我公司做好了GSP认证工作，2004年上半年经省药监局认证验收合格，取得了GSP认证证书。

电话：0791—8235313　　传真：0791—8235193

江西鹰鹏礦業有限公司
江西鹰鹏化工有限公司

总经理：蒋中洪

江西鹰鹏始创于1997年1月，是英属维尔京群岛茂业集团独创办，由江西鹰鹏矿业有限公司和江西鹰鹏化工有限公司（1999注册）组成，是一家集萤石开采、精选、深加工为一体的现代企，累计投资480万美元，座落在会昌县城西，占地100余亩。公司于2002年1月通过ISO9001：2000质量管理体系认证，主要产品有萤石精粉、氟化氢、工业氢氟酸、氟化氢铵，年可创产值7000万元，税费可达700万元，解决社会就业500余人。近年来，有省领导钟起煌、傅克诚、朱英培、潘逸阳等亲临公司视察指导工作，连年被市、县评为“先进工业企业”、“纳税大户”、“一级纳税信誉企业”。

化工公司氟化厂

江西鹰鹏奉行“奉献、博爱”的企业精神，以“共产主义理想，社会主义福利，资本主义管理，中国文化精神”的文化理念，凭借江西优越的资环境，不断扩大规模，做强做大“鹰鹏”品牌，建成江西氟化工业基地。

地址：江西省会昌县城西楼台岽　邮编：342600　电话：0797—5639805　传真：0797—5639815

中国储备粮管理总公司江西分公司

2003年10月26日，原中共中央政治局常委、中纪委书记尉健行同志在华有良总经理陪同下视察共青城直属库。

中国储备粮管理总公司江西分公司于2000年9月26日正式成立，负责管理江西省中央储备粮油和中央储备粮直属库。

主要职责是：受总公司委托，负责辖区内中央储备粮油的购销、进出口、轮换、调运和信息统计，中央储备粮油安全保管工作，粮油科技项目的研究与开发；直属库仓库建设、设施维修、技术改造计划和项目投资的具体组织落实；中央储备粮油财政补贴资金的管理和监督，直属库的财务管理和监督，所属国有资产经营管理的审计监督；指导辖区内直属库企业改革工作，直属库领导班子的考核、任免和人事、劳资的管理；委托地方粮库和社会仓库代储中央储备粮油的管理等。

地址：南昌市四纬路29号　　邮编：330006
联系电话：（0791）6810815

中国银河证券有限责任公司南昌管理部

总经理　喻根平

中国银河证券有限责任公司成立于2000年8月20日。公司经中国证监会批准，国家工商行政管理局注册登记，注册资本金45亿元人民币，性质为国有独资。

中国银河证券有限责任公司南昌管理部为中国银河证券有限责任公司下属分支机构，辖三家营业部（南昌广场南路证券营业部、南昌广场东路证券营业部、南昌井冈山大道证券营业部）。业务范围包括：证券代理买卖；代理还本付息、分红派息、证券代保管、鉴证、代理登记开户等。南昌管理部所辖三家营业部交易环境舒适、交易方式多样、交易品种齐全、交易速度快捷、信息资源丰富、服务质量优越，是广大投资者值得信赖的投资场所，目前代理证券交易量在江西省券商中排名前列。

中国银河证券有限责任公司南昌管理部共辖三家营业部，其中南昌广场南路证券营业部的交易量在全省券商单个营业部中名列前例。南昌广场南路证券营业部和南昌广场东路营业部多次被江西省证券业协会评为"先进证券营业部"的光荣称号。

"规范发展、稳健经营、以客户为中心"是南昌管理部的宗旨，南昌管理部将继续秉承此宗旨，为断开拓进取，为广大客户提供更好的服务。

南昌管理部总经理喻根平携所辖三家营业部全体员工竭诚欢迎广大投资者的光临。

地址：江西省南昌市广场南路415号　　邮编：330002
联系电话：（0791）6260002　　网上交易网址：www.chinastock.com.cn

中国家装航母——广东星艺装饰

始创1991，170多家分支机构遍布全国各地

广东星艺装饰有限公司成立与1991年，主要从事家居、别墅、写字楼、商铺、酒楼、宾馆等方面的装修设计、施工一条龙服务，十余年来，公司凭着"诚信、优质、高品位"三大优势，迅速成为广州乃至全国装饰界的领军企业，着力引导装饰潮流，把最好的装饰奉献给广大市民。历年来多次荣获国家同行业协会的嘉奖。目前在全国范围内已设有170多家分支服务机构，并已取得：IFDA国际装饰协会理事单位、广州市建筑装饰协会会员、中国室内装饰设计协会会员、广州市建筑装饰协会理事单位、国家建筑装饰装修工程二级企业、国家建筑装饰设计二级企业资质证书，装饰界消费者信得过品牌三连冠企业，公司于2002年通过ISO9001质量体系论证！

星艺装饰 XINGYI DECORATION
广东星艺装饰（南昌）分公司
HTTP://WWW.XYDEC.COM.CN

把装修交給我們　您放心上班去

地址：八一大道472号（青山路口）　咨询电话：6827588　6816836

江西第二电力设备有限公司

JXED

陈胜山
总经理　经济师

江西第二电力设备有限公司是在原江西第二变压器有限责任公司，江西洪都变压器有限责任公司的基础上、经过自身滚动式的发展，通过兼并、重组，经江西省工商局批准，南昌市工商局注册的具有高起点，高科技的现代企业。是国家经贸委、国家电力公司、国家机械联合会批准定点生产变压器的专业厂家。产品被列入《全国电网改造所需主要设备及生产企业推荐目录》。公司连续被南昌市工商局评为"重合同、守信用"先进单位，被江西省消费者协会评为"诚信单位"，连年获得"江西省机械行业优秀企业"称号。

公司拥有一批从事变压器生产经营二十多年的懂市场、会管理、技术精的专业人才，组建后又吸纳一批高学历、高职称的技术管理人才，使公司技术力量更加雄厚、管理更加科学，具有独立研制、电脑设计、微机管理及完善的ISO—9001质量认证体系的现代新型企业。

江西第二电力设备有限公司坚持"以人为本、满足顾客、追求高效、持续发展"的质量方针、奉行"产品一流、服务一流、质优价廉、诚实可信"的经营宗旨。承诺"一切为了用户"的原则，不断为中国电力市场投入更多、更高档次的产品，为中国电力事业的发展贡献力量。

地址：江西省南昌市长堎外商投资工业区工业四路26号（新建北郊）
电话：0791—3708866　传真：0791—3708868　手机：13007215233
邮编：330100

江西港兴实业开发有限公司欢迎您！

公司简介：

江西港兴实业开发有限公司为南昌市招商引资重点外资企业，总部为香港兴远国际投资集团有限公司，本公司在昌主要开发项目占地2500亩，投资约3.4亿人民币开发香港工业园，其中一期1000亩招商引资工作已基本完成，入园企业已基本满园。下属公司有：江西港兴物业管理有限公司、江西港兴房地产开发有限公司。他们将以一流的服务为您企业今后发展排忧解难。南昌香港工业园位于南昌市青山湖区，该园区依托大京九，距南昌火车站仅5公里，地处由南向北进入南昌第一条外环线——昌东大道与胡惠元大道交口处。地理位置优越，交通便利，园区内基础设施完善，实现全封闭式管理。入园企业不但享受省、市有关民营企业的优惠政策，而且还享有南昌市青山湖区人民政府制定的关于客商前来南昌昌东开发区投资兴业的优惠政策。

本园区按国际化、高起点、新模式的框架强调超前的设计标准和生态环境以及可持续发展的理念，发挥其品牌效应，产业聚集效应的优势。以利用外资为主、新兴工业为主、出口创汇为主、建成产业档次高，产品附加值高的外向型产业区，着力提升自身品位，加快一批具有服务性、专业性、功能性、前瞻性的项目建设，成为海外投资者、沿海发达地区产业梯度转移的优秀民营加工型企业发展的一片沃土，香港工业园是一块风水宝地。

“今天的良机，明天的惊喜”。优越的区位、优惠的政策、优质的服务、廉价的劳力，无一不为国内外客商的投资兴业发展铺就金光大道。南昌香港工业园将营造成“成本最低、回报最快、效率最高、信誉最好”的企业家的天堂，投资者的乐园！“香港工业园”是镶嵌在江西南昌的一颗璀灿的明珠。

“香港工業園”是鑲嵌在江西南昌的一顆璀璨明珠

香港工业园一期介绍

香港工业园一期用地1000亩招商工作全面结束，入园企业共十四家，其中：香港亚欧纺织发展有限公司，投资总额为1.5亿人民币，可提供8000人的就业岗位，主要产品大部分为出口产品，另外连云港汇源科技发展有限公司用地298.2亩，主要从事农业科技产品开发及农副产品精加工等，入园企业还来自香港、深圳以及其它大中城市的企业，主要产品有高科技产品、纺织、服装产品、机电、印刷、工艺产品加工制造等。

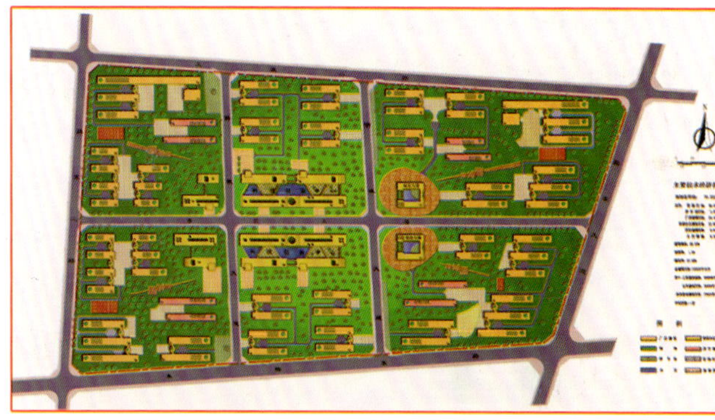

南昌香港工业园二期规划图

二期规划

经济技术指标：

规划总用地：70.25公顷

总建筑面积：727220M^2

容 积 率：1.04

绿 地 率：47.65%

规划范围： 香港工业园专案宗地位于南昌市青山湖区规划用地．（朱桥东路以北，昌东大道以西，昌东二路以东，工业二路以南）

用地性质： 为一类工业用地。

规划空间布局： 规划采用格网布局，能够最大充分利用土地资源，适合各种大小不同的厂房和科研办公房的布置，有利于多渠道招商引资。

道路结构规划： 园内睡网为环形结构布局，交通便捷，功能完善。

原则及目标：

产业定位： 利用外资为主，新兴工业为主，建成产业档次高、科技含量高、产品附加值高的外向型产业区。

开发利用： 规模开发，富有弹性、可分可合，灵活利用开发。

一期入园主要企业名单：

香港亚欧纺织发展有限公司
连云港汇源科技发展有限公司
南昌市昌鑫实业有限公司
深圳伟丰针织服装实业有限公司
江西创业投资有限公司
江西仁仁彩印包装有限公司
洪安电器实业有限公司
江西祥生实业有限公司
江西德昌实业有限公司
龙威塑料制品有限公司

2003“港兴杯”中美女篮巡回挑战赛在江西省体育馆成功举办，赛后中美女篮球员与本公司全体人员集体合影

优惠政策：

- 入园企业增值返还地方财政所得税，前2年内由地方财政奖励给企业，用于扩大再生产。
- 入园企业所得税地方财政所得部分，前2年先征后奖，第3年至第5年减半给企业。
- 且当年增幅达到15%以上的外资企业法人代表，经区财政审定，将其本人当年所得交纳的个人所得税税款全额奖励给其本人。采取一年一核定的办法予以兑现。
- 在园内投资500万元以上自建厂房的生产性企业，所得税地方财政所得部分，前5年奖励给企业。
- 工业园内企业新建技术开发和生产经营用房，投资方向调节税实行零税制。

董事长：郑鸿锦　　总经理：林晨曦

电　话：0791-6733311　0791-8372666　传　真：0791-6732522

网址：www.gx-hk.com　　邮　编：330008

地址：南昌市太平洋D座商务大厦1009—1011室

崭新的江西，在晨曦中崛起！

香港工业园，企业腾飞的摇篮！

九江清源实业集团有限公司

九江汇源食品饮料有限公司 PET 无菌冷灌装生产线投产

九江汽车工业园昌河汽车（九江）有限公司

九江经济技术开发区

的九江企业

全国最大有机硅生产基地

全国500家最大企业之一
中国石化股份有限公司九江分公司

高新技术企业—清华同方713厂

华中最大电力基地—九江火力发电厂

江西亚东水泥有限公司

江西省电力公司
JIANGXI PROVINCIAL ELECTRIC POWER CO
坚持科学发展观

江西省电力公司

江西省电力公司党组书记、总经理：毛日峰

江西省电力公司是国家电网公司华中电网有限公司的全资子公司，管理以省内输变电为主的电网资产，是经营输配电业务的电网企业。公司的主要任务是：规划、建设、管理江西电网，确保电网安全、稳定运行，为江西省国民经济发展、社会进步和人民生活需要提供可靠电力和优质服务，并实现国家及华中电网公司界定范围内国有资产的保值增值。现有所属企业33个（地市供电公司12个，调度中心、试研院，设计、施工、修造企业5个，调峰电厂1个，学校2所，各类公司10个），员工达2.6万余人。

江西电网以南昌为中心，北起九江，南接赣州，东至上饶，西抵萍乡，覆盖全省16.69万平方公里。截止2004年9月，全网统调发电装机容量达到614万千瓦，其中火电机组容量500万千瓦、水电机组容量108.68万千瓦。电网主网架以220千伏为主，通过两回500千伏线路和一回220千伏线路与华中电网联网。全网现有500千伏变电站3座，容量225万千伏安，开关站1座（正在改为变电站）；500千伏线路5条，长550千米。220千伏变电站36座，容量720万千伏安；220千伏线路105条，长4788千米。公司资产总额190亿元。

江西电网正在由220千伏电压等级向500千伏稳步迈进。到2010年，江西电网将形成南昌为中心的Y型500千伏主网架，以三回线向北和湖北鄂东相连；东至上饶西达新余南延赣州。展望2020年，江西电网各地区将全部通过500千伏电网实现电力交换。

近年来，江西省电力公司以“三个代表”重要思想为指导，牢记“人民电业为人民”的行业宗旨，确立了以服务为核心的管理理念，千方百计缓解电力供需矛盾，保证了重点城市、重要用户、重大节日、重大活动和广大居民的正常供电，2003年被省政府授予“江西在中部地区崛起贡献奖”。

省委书记孟建柱在省电力公司视察

省长黄智权一行到省电力调度中心控制室慰问保电员工

英文名称：JIANGXI PROVINCIAL ELECTRIC POWER CO.

公司法人代表：毛日峰

公司通讯地址：南昌市湖滨东路66号

邮编：330077

网址：//10.234.14.74/

总值班电话：0791—7494139

传真电话：0791—7493139

省电力调度控制中心

诚信服务

冒雨抢修

建设现代化江西电网企业

吉安功阁水电有限公司

JIANGONGGESHUIDIANYOUXIANGONGSI

吉安功阁水电有限公司是广东韶关慧泰投资有限公司的全资子公司，管理项目为吉安县境内的功阁水电站。

功阁水电站位于赣江一级支流禾水中游，是一座以发电为主，兼有航运、灌溉的综合水利水电工程。该电站装有3x5000kw灯泡贯流机组，年均发电量6000万kw.h，大坝、厂房均采用微机监控和微机保护，项目总投资约人民币1.3亿元。

由吉安功阁水电有限公司出资，新建自功阁水电站至吉安敦厚变电站110kv线路一回并入省网。

公司管理层理念先进，充分吸收国内同行的成功经验，通过行使决策、计划、组织、协调、控制等职能，确保管理目标的实现。电站技术力量雄厚，公司财务管理、行政管理、后勤管理制度严谨。

功阁水电站集发电、生态环境、防洪、灌溉等方面的效益为一体。它的建成，为促进吉安工农业的发展、增加国家和地方的财政收入、扩大生产、增加就业、造福老区人民起到了积极作用。

董事长　林喜发

1992年荣获“广东省十佳青年”称号。近年来承建的韶关市人大常委会办公楼、市财政局办公楼、广东陆军预备役炮团团部建筑工程获省“样板工程奖”。即将竣工的韶关大学图书馆工程，正在申请国家“鲁班奖”。

总经理（工程师）　李桃生

1981年至1992年在井冈山市水电局工作，参加井冈冲电站建设，任厂房工区主任。1993年至1998年在广东韶关孟洲坝水电站（装机4.8万kw）任工程部副部长、副厂长。1998年在广东韶能集团钓鱼台水电厂（装机2.5万kw）任厂长。2001年受集团公司委派到湖南耒阳，任耒中水电站（在建，装机4万kw）总经理兼总工和瑶田水电厂（装机5万kw）常务副厂长。现受聘于功阁水电有限公司。

公司宗旨：

求实、求新、求发展

安全、高效、创一流

公司通讯地址：吉安县庐陵大道28号

邮编：343100

传真：0796—8446896

电话：0796—8446968

E—mail：jaggdz@21cn.com

南昌供电公司

求真务实　开创南供公司持续健康发展新局面

南昌供电公司系国有大一型企业，担负着五县五区一场的供电任务，供电区域8471平方公里，供电客户约80万户，是江西电力对外的一个重要窗口。近年来，南昌供电公司以“三个代表”重要思想为指导，以发展为主题，以效益为中心，加强管理、深化改革、完善电网、规范服务、努力营造安全可靠、优质高效的供电环境和团结和谐、健康向上的人文环境，两个文明建设取得了显著成绩，为南昌经济和社会发展，率先在江西崛起作出了贡献。公司先后获得国家电力公司文明单位、江西省文明单位、江西省优秀企业、江西省电力公司“十佳文明单位”等称号。在当前深化电力体制改革，建设现代化电网新形势下，如何结合南供公司实际，转换经营机制，促进企业持续健康发展方面，谈谈我们工作思路。

（一）、深化体制改革，积极探索企业发展新路子，努力建设现代化的电网企业。改革的根本目的就是促进发展、解放生产力。通过改革，推动和促进电力企业的发展，不断满足经济发展和人民生活水平提高对电力的需求。通过改革，推动和促进电力企业的发展，不断满足经济发展和人民生活水平提高对电力的需求。

（二）强化电网建设，适度超前发展电网，努力为地方经济发展提供可靠的动力支撑。要着力抓好“科学发展观”宣传教育，深刻领会科学发展观精神实质、思想内涵和基本要求，努力引导职工把思发展、谋发展、促发展观念转变为职工的自觉行动。“发展是硬道理”。只有生产发展了，企业才会有效益，职工才会有收益，南昌电网才会有更广阔的前景。而加快电网发展，建设一个坚强的输电网架和配电网络，保证充足电力供应，则是增强电网抵御事故能力、保证电网安全、保障可靠供电和深化电力体制改革的重要基础。

（三）强化优质服务，树立南供公司良好企业形象。电力行业是关系国计民生的重要基础产业和公用事业，既为国民经济和社会发展提供必需的能源供应，是各行各业的生产资料，又是人民生活不可缺少的生活资料，与人民群众日常生活密切相关。这一行业特点，决定了必须搞好电力的优质服务。实践“三个代表”的重要思想，为供电优质服务的开展标明了方向，增强了搞好供电优质服务的紧迫性和重要性。

（四）、顺应改革要求，提高多种经营运行质量和整体效益，做大做强多种产业。积极适应电力体制改革的要求和市场经济发展的需要，不断调整多种产业结构，发展、壮大多种经营。尽管公司多种产业在规模经济上持续数年位居全省同行之首，纵向比较也跃上了一个新的发展平台，但体制、机制和产业结构等深层次方面的问题远未解决，这些都直接影响多种产业的新一轮发展。

（五）提高员工队伍素质，努力营造一种南供公司健康发展的良好企业氛围。在商品经济转轨到知识经济时代，市场竞争就是知识的较量、人才的竞争。

建设现代化南昌电网在于求真务实，树立南供公司良好企业形象在于求真务实，保障南供持续健康发展在于求真务实。求真务实，真抓实干，团结协力，开拓进取，就能开创南供公司发展的新局面。

江西省供电公司总经理助理
南昌供电公司总经理　滕富连

江西省电力设计院

江西省电力设计院成立于1958年，是国家大型甲级勘察设计院。主要承担电力系统规划设计，大中型火力发电、水力发电、核能发电、新能源发电（含风力和太阳能）、超高压输变电、电子、通信、工民建、环保、市政等工程的勘测设计、咨询、监理、总承包。

该院技术力量雄厚，专业设置齐全，设计技术先进，技术装备精良。现有职工480人，其中：具有中、高级专业技术人员为162人和135人，各类注册建筑师、结构师、造价师和监理师80余人。1996年建成高速企业级计算机网络系统，上网微机近500台，全面应用计算机进行辅助设计和信息管理；引进了英国PDMS三维工厂设计系统，并在工程设计中得到很好的应用。拥有GPS全球定位仪（双频含DTK）、NA2+GPM3精密水准仪、全站仪、三轴仪、工程地震仪、土工试验微机数据采集系统等勘测装备；拥有激光照排、大型工程扫描仪、绘图仪、晒图机、大型复印机等现代化设计出版设备。

建院40多年来，该院共完成国内外主要电力工程勘测、设计、监理和总承包700多项，其中发电装机容量630多万千瓦，变电总容量800多万千伏安，高压输电线路1万多公里。在国外承接实施了印尼爪哇邮报集团1×25MW燃煤自备电厂、印尼东加里曼丹政府2×25MW燃煤电厂工程总承包等工程项目。

改革开放以来，该院积极进取，严格管理，不断提高勘测设计质量和水平，为业主提供满意的勘测设计产品和服务，在工程勘测设计、科研与技术开发利用、质量管理等方面共获国家级奖励19项、省（部）级奖励42项、（网）省局奖励48项。其中主要有：九江电厂一期2×125MW油改煤工程获国家优秀设计奖、国家质量奖、国家优秀工程银质奖；江西丰城发电厂4×300MW燃煤机组获2002年国家优秀工程设计金奖；华能井冈山电厂2×300MW机组获2003年度全国电力勘察设计行业（火电）优秀工程设计奖；“九江地区电网调度自动化系统设计”等9个质量管理小组分别获得1992年至2000年国家优秀质量管理小组，取得“九连冠”的殊荣；1992年被建设部评为全国甲级勘测设计单位推行全面质量管理先进单位；1999年获全国电力行业QC小组活动优秀企业；1996年通过GB/T19001—ISO9001质量体系认证，2002年通过2000版转换复评；1999年档案管理晋升为国家一级标准；2000年被江西省科委指定为“江西省CAD应用工程示范企业”；2002年江西省优秀企业、江西省用户满意企业、江西省和全国电力行业质量效益型先进企业；1994年至2002年获连续四届江西省文明单位；2002年进入全国工程项目管理和工程总承包“双百强”。

面对新世纪设计体制改革、市场竞争激烈的挑战，该院以“团结务实、改革创新、拼搏进取”的企业精神，以“科技为先、质量为本、服务至上”的经营理念，以“立足江西、面向全国、走向世界”的市场定位，不断拓宽设计领域、扩大业务范围，逐步建成符合现代企业制度要求的为工程建设全过程提供全方位、多功能、技术性、管理性服务的国际通行的工程咨询设计股份公司。

地址：南昌市南京西路369号
邮编：330006
电话（传真）：0791-6374592
网址：www.jxepdi.com.cn

局长　陈大清

书记　蔡声标

奋进中的江西省火电建设公司

江西省火电建设公司始建于1958年，属国家一级资质建筑业企业，具有电力工程施工总承包一级、管道工程专业承包一级、机电设备安装工程专业承包一级、环保工程专业承包一级资质。公司以大型火力发电设备安装、调试与检修工程为主营业务，可独立承担国内外各种类型的火力发电厂（含燃煤、燃气、燃油）、风力电站、太阳能电站、核电站常规岛安装工程的施工，各种电压等级的输电线路和变电站整体工程施工，各类管道工程及其配套工程的施工。还可承担300MW及以下发电机组的调试、125MW及以下机组火电厂整体建筑工程、电站锅炉及工业设备检修改造、机电设备安装、防腐保温工程、压力容器和钢结构制作安装、大件运输以及16层以下、24m跨度以内的工业和民用建筑的施工、中频弯管加工、焊工培训等。

本公司承建了江西、广东、天津、江苏、浙江、湖北、安徽等省（市）一大批大、中、小型电站工程，截止2003年底，共安装火电机组104台。装机总容量达661.18万千瓦。承建的主要工程有：350MW机组2台，300MW机组7台，200MW机组4台，125MW机组14台，410t/h循环流化床锅炉和配套的汽轮发电机组2台。承担过多座变电站及输变电线路工程施工，并派人员参与了非洲诸国的电力工程建设。

公司质量体系完善，通过了ISO9001：2000质量管理体系、OHSMS18000职业卫生安全管理体系和ISO14000环境管理体系的认证。极其严格的质量管理贯穿至工程中取得了突出的成绩：九江电厂一期（2×125MW）工程荣获国家优质工程银质奖；贵溪电厂一期（4×125MW）三号机组以工期、质量、安全总评分98分的好成绩在全国5000MW竞赛评比中，被授予功臣单位；福建漳州后石电厂两台600MW机组#5、#6炉热控安装及分系统调试以其精湛的质量工艺获得业主的好评；丰城电厂（4×300MW）工程、井冈山华能电厂（2×300MW）工程、九江电厂三期（2×350MW）工程均通过基建达标投产验收，丰城电厂（4×300MW）工程被国家电力公

全国五一劳动奖状

证　书

中华全国总工会决定

授予江西省火电建设公司

全国五一劳动奖状

司评为“火电优质工程”，2002年度被评为国家优质工程银质奖。

本公司几年来经济效益与社会效益同步增长，1994年跻身于中国建筑业500家最大经营规模企业之列；1995—1999年连续被评为江西省优秀企业；1995年以来连续被中国建设银行江西分行评为特级信用企业（AAA）；1998—2002年被江西省政府评为双文明先进单位；1999年被国家经贸委、国家技术监督局等15个部委评为98年度全国实施用户满意工程先进单位；2000年、2001年连续2年又被中国质量管理协会、全国用户委员会评为“二000年度全国用户满意服务单位”、“二00一年度全国用户满意服务单位”；2001年被江西省政府省总工会授于江西省五一劳动奖状，2002年被中华全国总工会授予“全国五一劳动奖状”。在丰城电厂（4×300MW）一、二号机组施工中，公司的锅炉吊装队、热控安装调试队分别获江西省、建设部、国家电力公司、共青团中央、国家计委授予的“青年文明号”光荣称号。

创一流的速度、一流的质量和一流的服务是公司的一贯宗旨。建一个工程，创一个精品，拓一片市场，交一方朋友是公司的经营理念。立足江西、面向全国、走向世界是公司的发展战略。公司正以深化改革、坚持开放、强化管理、拓展市场的稳健步伐，与各界朋友携手合作，互利互惠，共创明天的辉煌。

法人代表：罗建国

地址：江西省南昌市井冈山大道2号

电话：0791—5224543

传真：0791—5215534

江西省电力设备总厂

厂领导集体班子

江西省电力设备总厂隶属于江西省电力公司，始建于1958年10月，经过46年风雨历程和艰苦创业，已发展成为拥有7家控（参）股的主体多元化的有限责任公司，以生产电气与电器类产品为主、输电线路器材和电站配件与辅机两大类产品为辅的中型企业，现有职工680人，各类专业技术人员200人，是国家电力公司重点电力修造企业之一和江西省最大的电力修造厂家。

企业工厂在计划经济时期经营状况较好，取得了一定的经济效益和社会效益。自进入市场经济以后，特别是在由计划经济转轨迈入市场经济的初始阶段，由于主观因素和客观因素的影响，曾一度在低谷中徘徊。自1997年以来，在江西省电力公司的正确领导下，以发展为主题，以改革为动力，以稳定为前提，以市场为导向，以经济效益为中心，以招商引资为重点，以产品结构调整为主线，以产权制度创新为核心，大力弘扬“励精图治、重塑自我、以质取胜、不懈追求”企业精神，积极挖掘企业优势：行业品牌优势——身处电力行业；地理资源优势——地处省会城市。大力实施招商引资，通过寻求与具有综合实力的经济实体的诚信合作，进行优势互补的资本嫁接，以全面带动企业体制及其机制的创新，带动产品结构及其技术的创新，带动基础管理及其企业文化的创新，先后与上海电器股份有限公司合资组了江西森田电力设备有限公司，与浙江正泰集团合资组建了江西正泰电力设备有限公司，与宁波东方集团合资组建了江西东方线缆有限公司，与江西永利工贸公司合资组建了江西永利电力物流有限公司。与此同时，按照建立现代企业制度要求对内部经营机制进行了公司化改造，实现了企业由车间管理制到规范的公司制转换。

企业在抓好物资文明建设的同时，把精神文明建设放在同等重要位置，始终坚持物资文明建设和精神文明建设两手抓的方针，先后荣获江西省、南昌市、省直机关等文明单位称号。

法人代表：张建国　　联系电话：8370841　　13970035995
联系地址：南昌市罗家集　　邮编：330012

南昌圣达电力发展有限公司

南昌圣达电力发展有限公司，注册资金900万元人民币，公司注册地址为南昌高新技术开发区，拥有办公及生产房屋面积5820平方米。经营范围：工业设备安装、检修、小水电开发、高压电器及防火低压电器产品制造等。是集多种产品开发、生产、经营为一体的高新技术综合体。

本公司技术力量雄厚，拥有较先进的生产设备和一流的高压电缆施工、试验设备，是江西省实力雄厚的专业电缆施工企业，同时还生产高、低压电器设备。我公司开发出SD—DFW 10/630/200高压电缆分支箱及SD—DFW6—10/630A环网柜新产品以及10KV氧化锌避雷器以通过型式试验，本公司研制生产的FCX99LA—40W/R型系列保安（阻燃）电表箱、DZ15LE。40—63G/2901型系列防火漏电短路器均获得国家技术专利，并通过中国电工产品委员会武汉低压电器检测站和江西消防产品质量检测站检测合格，获得了3C认证，产品已进入江西“两网”改造产品目录名册。该产品已通过省级鉴定，已获江西优秀新产品证书。以上产品已在南昌地区普遍使用，由于本公司产品技术性能稳定、质量可靠、保护动作灵敏、准确且外观新颖，受到广大用户的赞誉。

本公司产品起点高、技术含量大、发展趋势好。目前，正加大科技投入、与科研机构广泛合作，不断开发高科技产品、促进企业科技创新。今后，本公司将继续奉行“以质量为圣，靠科技腾达，至用户满意，为根本宗旨”的质量方针，全面贯彻实施IS09001质量保证体系，不断强化现代化企业管理，以更优的产品，更佳的服务，让“昌圣达”品牌屹立于名牌之林。

董事长：朱仲扬　　电　话：0791—6249220、8111476（基基地）　　传　真：0791—6249249、8111476

地　址：南昌高新技术开发区火炬大道高新变电站内　　邮　编：330029

高安市供電有限責任公司

高安市供电有限责任公司现有正式职工 471 人，长期聘用工 155 人，村电工 288 人，下设 9 个科室，24 个基层供电所，一个多经实体。近几年来，共投入 1.2917 亿元用于农村电网建设与改造，使全市供电网络结构日趋合理，供电质量得到提高。目前，高安市境内共有 220KV 变电站 1 座，110KV 变电站 4 座，35KV 变电站 8 座，35KV 输电线路 160.8 公里，10KV 线路 1681.6 公里，10KV 配电台区 2370 座。

该局以内强素质、外树形象为重点，加快推进创国网公司一流县级供电企业进程，致力于夯实各项基础管理，规范内部管理，提高员工素质，优化服务质量，实现企业经济效益和社会效益的全面提高，成为全省九个一流县级供电企业之一。先后被原电力部授予电力“三为”服务达标单位和农村电气化达标县（市），连续四届被评为江西省文明单位，是国家电力公司授予的双文明单位，江西省电力公司授予的首届“十佳”县级供电公司和农电“十强”企业，省经贸委、省委宣传部授予的职工职业道德建设先进单位。经理易刚谋被省电力行协评为江西省电力系统优秀厂长（经理）。2004 年 1—6 月份，实现转供电量 9020 万千瓦时，比上年同期增长 26%，上缴国家税收 265 万元，盈利 51.7 万元，员工收入普遍提高，企业繁荣兴旺，呈现出一派生机盎然的景象。

经理：易刚谋　电话（传真）：0795—5282931　地址：江西省高安市瑞州路 15 号　邮编：330800

浮梁县供电有限责任公司

浮梁县供电有限责任公司成立于 1999 年 4 月 12 日，是由省电力公司控股的县级供电企业。公司现有员工 295 人，其中具有高级技术职称 1 人，中级 6 人，初级 34 人，技师 14 人，高级工 29 人，中共党员 80 人。公司现拥有 110KV 变电站 1 座，主变容量 20000KVA，35KV 变电站 6 座，主变容量 21150KVA，35KV 线路 153Km，10KV 线路 1860Km，固定资产 9236 万元。2004 年 1—8 月份，供电量 5840 万 Kwh，与去年同比增长 36%，预计今年年供电量达到 8500 万 Kwh，销售收入 4200 万元。

该公司自成立以来，为了适应市场经济发展的需要，内强员工素质，外树企业形象，全面加强企业管理，提高企业生产、经营、技术、服务水平和整体素质，各项工作步入了法制化和规范化轨道，实现了安全、经济、文明、高效的发展目标，促进了公司物质文明、政治文明、精神文明协调发展。

公司先后荣获国家电力公司电力“三为”服务达标单位、省电力公司首届农电“双文明单位”、省电力系统“模范职工之家”，“电力市场整顿和优质服务年活动、诚信工程”先进集体、“走千家、访万户”优质服务活动先进集体、创建农村供电营业规范化窗口“先进单位”、江西省第九届“文明单位”。该公司洪源供电所荣获国家电力公司“农电优质服务标兵”，鹅湖供电所荣获省电力公司“十佳乡镇供电所”。公司员工朱润元同志先后荣获省电力公司“十佳诚信服务标兵”、国家电网公司“优质服务十大标兵”、江西省“十大井冈之子”。

法人代表：胡康平　经　理：胡东潮　电　话：0798-2626521　传　真：0798-2625226
地址：浮梁县城御旧中路 98 号　邮编：333400

丰城市供电有限责任公司

经理：范海霖

丰城市供电有限责任公司于二00一年挂牌成立，担负着全市100多万农村人口的电力管理与服务。公司拥有固定资产1.87亿元，正式职工735人。二00三年，公司供电量达到1.2亿千瓦时，销售收入5603.88万元。近年来，在公司经理范海霖的带领下，丰城市供电公司抢抓机遇，走出困境并得到长足的跨越式发展，各项工作已步入规范化并逐步与大网接轨，两个文明建设硕果累累，两个效益稳步增长。目前，丰城市供电公司已步入持续健康发展的快车道，正信心百倍地朝着一流县级供电企业目标迈进。

江西万载县供电有限责任公司

万载县供电有限责任公司于二000年十月十九日挂牌成立，是万载县电网的经营管理企业，承担公司所属电网供电区域内的电力电量购销业务。现拥有35KV变电站8座，主变压器11台，主变总容量44850千伏安，配电变电器812台，容量58630千伏安，35KV以上输电线路109、78公里，用电客户达到112147户，年供电量达1亿千瓦时。

公司员工在公司班子带领下，团结拼搏，锐意进取，以求新务实的工作作风，遵循"人民电业为人民"的宗旨，把"创造优良供电环境，塑造良好企业形象"作为重要工作，紧紧围绕"促进万载经济发展与腾飞" 这一主题，大力开展"诚信工程"活动。各基层供电所建立文明规范服务示范"窗口"，以优质、高效、真诚的服务接待用户。近年来，公司通过开展农网改造，使全县供电质量有了明显提高，农村电价得到下降，实现了城乡居民生活用电"同网同价"，进一步减轻了农民负担。

公司连续几年荣获省、市、县三级"文明单位"称号和省电力公司"双文明单位"称号。此外，还分别被上级评为"全省供电营业规范化服务窗口"、"企业档案目标管理国家二级"达标单位、"省级青年文明号"、"市级优质服务单位"、"县文明规范服务示范窗口"、"县目标管理工作先进单位"、"县服务地方经济建设先进单位"等荣誉称号。

目前，公司员工正以高昂的热情、一流的服务、一流的管理，朝着创建国家电力公司县级一流供电企业这一更高的目标而共同努力。

法人代表：廖中兴　　经　理：邹　峰

公司地址：万载县城金山角　　电话号码：0795—8903223　　传　真：0795—8902922

靖安县供电有限责任公司

靖安县供电有限责任公司成立于1999年4月，是由江西省电力公司和靖安县人民政府共同出资组建，注册资本金1500万元（其中省电力公司900万元，靖安县600万元），现有在册职工495人。拥有35KV变电站8座，35KV线路114KM，10KV配电线路408KM，农村低压线路980KM，年供电量为1亿千瓦时。担负着全县的建筑电气安装、输变电工程安装以及全县居民和工农业生产用电的供应任务。

靖安县供电有限责任公司凭借良好的发展环境，以深化电力改革为动力，以现代企业制度为准则，以优质服务为宗旨，强化管理，锐意创新，取得了较好的经济效益，为广大客户提供了"优质、方便、规范、真诚"的供电服务，树立了良好的企业形象，先后荣获了省电力公司"双文明单位"和市、县级"文明单位"、"先进企业"等称号，创建了省级农电规范化服务示范窗口3个，国家级农电规范化服务示范窗口1个。是全省率先实施"两改一同价"工作试点县之一。目前，全县通电率达100%，一、二期农网改造工程已全面完工，实现了农村供电服务"四到户"（供电、抄表、收费、服务到户）。

经理：符芳茂　　电话：0795—4668088

泰和县供电有限责任公司

泰和县供电有限责任公司于2001年2月25日挂牌成立，现有员工456人（含农电工221人），党员101人（含农电工党员59人），一个党总支，四个党支部（经2004年3月20日县委常委会研究决定，同意成立泰和县供电局党的基层委员会）。泰和县供电有限责任公司是全县电网管理、调度、建设、经营的国有企业，是泰和县唯一取得了供电营业许可证赣J—074的直供供电企业。肩负着全县50多万人民的生产生活供电重任。公司已形成由上田110KV变电站为枢纽，9个35KV变电站为主干的全县供电网络，变电总容量为32000KVA，年供电量10079万KWH。泰和县供电有限责任公司农网改造建设工作在上级领导和相关部门的关心支持下，取得了阶段性成效。全县完成农网改造建设投入7748万元，占批复资金95.7%，截止2003年12月底，新建并投入运行35KV变电站4座，改造35KV变电站2座。新建改造10KV线路577KM，新建改造低压线路1159KM，新建改造10KV配电台区585台/36805KVA，进户工程改造69000多户，公司建成调度自动化系统、营销信息自动化系统、会计电算化系统并已投入运行，自2003年7月1日起全面实施城乡居民生活用电同网同价每度为0.56元，半年来为全县农民减轻负担200多万元。农网改造后的泰和县电网布局合理，科技含量大大提高，随着企业改革的深入，泰和县供电有限责任公司将进一步规范管理，搞好优质服务，为泰和的经济腾飞作出应有的贡献。公司党政工团齐抓共管，团结拼搏，求真务实，公司正朝着创建省公司双文明单位和一流县级供电企业的目标迈进。

法人代表：黄吉明　　书记：周征江　　联系电话：0796—5332336

渝水區供電有限責任公司

渝水区供电有限责任公司于1999年4月15日挂牌成立，由省公司控股，委托赣西供电公司代管的股份制电力企业，现有在职员工340人，其中管理人员58人，负责全区17个乡镇、街道办事处的农电管理工作。现拥有35KV变电站6座，主变12台，容量36200kvA；35kv输电线路92、07km；5座10kv开闭所，配电变压器1390台，58330kvA；6—10kv输电线路1127.71185km，380v输电线路1152.888865km；年售电量1亿kwh左右，固定资产总额10273.3万元，年销售收入6762万元，电费回收率100%，综合线损率10.77%。

2000—2001年度被新余市委、市政府、渝水区委、区政府授于文明单位。2000—2004年被赣西供电公司委员会、赣西供电公司授于文明单位。2003年度被江西省电力公司评为“走千家，访万户”供电优质服务活动先进单位，2003年被新余市国税局、地税局授于诚信纳税双十佳企业。

法定代表人：梅太平　　经理：段绿

电话：0790—6227192　　传真：0790—6227192

地址：新余市劳动南路42号　　邮编：338025

新干县供电有限责任公司

经理：甘星明

新干县供电有限责任公司2001年3月16日正式挂牌成立，现有正式职工463人，辖区有15个供电所，2座110KV变电站，5座35KV变电站，3个经济实体。2003年公司供电量达到8740万千瓦时，上交税收190.1263万元。2001年至2003年，新干供电公司共投入6188.6288万元，新建改造35KV变电站5座，新建35KV输电线路32.2KM。新建改造10KV线路642.6KM，新建改造10KV配电台区42353KVA/705台，新建低压线路1326KM，集装户表64272户。

宜春市袁州区供电有限责任公司

宜春市袁州区供电有限责任公司座落在美丽的秀江河畔，于1999年11月26日正式挂牌运作，是从事电力输、配、售的有股份制企业。

公司供电营业区覆盖袁州区二十二个乡镇、二个街道及城市周边地区，面积为2637平方公里，拥有客户15.765万户。州电网共有35千伏变电站11座，变电容量为46850千伏安，35千伏线路总长度为175.45公里，10千伏线路总长度1609.53里，10千伏配电台区1760台，容量128312KVA。公司现有职工640人，其中大中专以上人员106人，占公司总人数17%。司班子成员带领全体员工发扬“敬业、务实、创新、向上”的企业精神，齐心协力、不畏艰难，2003年完成售电量1亿千时。同时，公司双文明建设取得丰硕成果，荣获2002年度江西省电力公司文明单位、2003年度江西省人民政府文明单位号。

公司大力发展第三产业，公司隶属的三产企业宜春市银峰电力有限责任公司业务范围包括：电力工程安装、水电开发、业管理、电力器材物资、装饰材料生产销售等项目，2003年银峰公司实现营业收入1075万元，为更进一步做大做强银峰牌，公司热忱欢迎社会各界朋友投资合作。

2004年，袁州区供电有限责任公司力求适应时代的发展，以“农电安全效益年”、“发展环境创优年”两个工程为载体，大限度满足社会用电需要，为把宜春建设成赣西强市和生态名城作出更大的贡献。

理：熊朴勤

址：江西宜春市秀江西路89号　邮政编码：336000　电话：0795—3222396　传真：0795—3226403

江西省服务企业专版

- 省质量技术监督局
- 省委台办
- 省林业厅
- 省工商局
- 省委统战部
- 省食品工业协会
- 政协江西省委员会
- 南昌海关
- 省女企业家协会
- 省对外经济技术合作办
- 省农业厅
- 省财政厅
- 省经济贸易委员会
- 省机械行业管理办
- 省中小企业局
- 省发展绿色领导小组
- 省发展和改革委员会

强化质监功能
提升产品市场竞争力

江西省质量技术监督局局长　朱秉发

党的第十六届三中全会提出了全面、协调、可持续的发展观，表明我国经济工作重点向安全、环保、健康、卫生等可持续发展的方向转变。这是一条促进人与自然的和谐，推动整个社会走上生产发展、生活富裕、生态良好的文明发展道路，它赋予了作为整顿规范市场经济秩序的主力军质监部门新的职能，新职能的重要内容之一，就是实施"以质取胜"战略，会面提高江西省产业、企业和产品在国内外市场的竞争力。

一、 提高江西省产品市场竞争能力必须以质监技术为支撑

二十多年来在赶超动力驱动下，我们基本上是走一条靠高投入实现数量和规模扩张之路，造成了大量低水平的重复建设，产业结构趋同，生产能力过剩，造成了稀缺资源的巨大浪费，也导致了产品竞争力的下降。

目前，缺少知名品牌和市场占有率高的产品，是制约我省经济发展的一个重要因素。江西很多产品曾在全国是有一定知名度的，有的产品在全国都具有先导性，但后来因各种原因有些产品在市场上销声匿迹了。江西现有的工业产品中，市场占有率高并比较知名的产品不多。相对而言，江铃汽车、昌河面包车、凤凰照相机、华意无氟压缩机有一定的知名度，但规模都很小。近年来我省商贸市场出现的问题不容乐观。南昌市商场日用品主要是上海、浙江、江苏等地产品，耐用家用电器主要是广东货。我省许多有特色的传统工业产品的市场占有率不到1%。江西外贸出口连续几年形势严峻。一些传统的优势品种也不容乐观，如大米、生猪、陶瓷、钨矿等均出现了下滑的趋势。2002年江西出口总额仅为10.5亿美元，只有安徽的43%，湖南的58.5%，湖北的50%。2002年江西经济增长在中部名列前茅，而出口增长却是最低，只有1.3%。茶叶出口是我省传统出口品种，但近年来，由于在茶叶加工质量、品牌包装和销售渠道等方面与周边省份相比有一定差距，致使我省茶叶出口数量明显下降。我省蔬菜、水果等品种难以达到国际市场有关农产品安全质量检验检测规定的标准，农药残留超标以致出口受阻，蔬菜出口下滑明显。

造成这种状况的一个重要原因是江西省产品品质质量不适应社会经济的发展和居民生活水平的提高，不适应人们对产品日益趋向优质化、多样化、个性化和安全化的需求，质量标准体系不健全，难以形成综合竞争能力。当今市场的竞争主要是产品质量的竞争，没有品质保证的产品，即使便宜也很难有市场。满足消费者偏好和需求结构新变化的标准化生产，已经成为市场经济的一种必然趋势。因此，提高我省产品市场竞争能力必须以质检技术为支撑，以质检技术为保障。

二、 大力实施以质取胜战略，推进江西省产品质量全面提升

我国正处于经济发展和全面建设小康社会的关键时期，建设小康不仅需要量的大发展，更需要质的大提高。质量意味着市场，意味着效益，意味着经济竞争力和经济发展的驱动力。面对我国社会主义市场经济体制的不断完善和全球经济一体化步伐不断加快的趋势，面对我省经济相对欠发达、产品质量还不高的现状，从现在起，我们要大力实施以质取胜战略，质监系统要以提高江西产品的市场竞争力为着力点，大力推行扶优扶强措施，推进我省产品质量全面提升。

用抓工业的思路抓农业，务必抓出实效。各级质量技术监督部门要继续抓好棉花、食品等专项打假和计量监督、质量抽查工作。组织开展以打击假种子、假化肥、假农药及低劣农用工具等农资产品为重点的打假保农业行动；进一步加大标准化、计量工作服务于效益农业的力度。健全农产品安全检测网络，推进无公害农产品的生产和消费；开展无公害农产品认证工作，实行无公害农产品的标志管理，逐步过渡到无公害农产品报验制度。积极拓展原产地域保护工作，在原产地域范围内加紧组建各级保护机构。积极引导农业企业争创农业名牌产品，促进农业产业结构调整，推动农业产业化进程。做好江西名牌产品的评价和认定工作，不断增加农业名牌数量，做好中国名牌产品的培育和推荐工作。还要加大质量工作宣传，形成“人人关心质量、全员参与质量振兴”的氛围。

三、 应对市场经济挑战，做好质量技术监督工作

新的形势对质监工作提出了新的更高的要求，也提供了很好的发展机遇。各级质检部门要乘势而上，遵循市场经济规律，探索自身改革和发展的新途径，充分发挥技术优势，把职能发挥好。

全面做好质量技术监督工作，是我们贯彻“三个代表”重要思想的具体体现。增强我省产品在国内外市场的竞争力，为断促进我省生产力发展水平的提高，就是代表了先进生产力发展的要求；我们通过提高质量管理水平，打击假冒伪劣，创立精品名牌，倡导质量诚信，营造质量文化，在全社会形成了人人关心质量、人人重视质量、质量振兴人人有责的良好氛围，就是代表了先进文化的发展方向；我们努力强化质量监管，狠狠打击制假售假违法行为，整顿和规范市场经济秩序，优化服务质量，提高服务水平，为广大企业和人民群众营造良好的消费环境、市场环境和投资环境，保障国家经济安全、社会稳定和人民群众生命健康，就是代表了最广大人民群众的根本利益。

围绕各地党委和政府的工作重点及当地经济社会发展中的突出问题，把质量技术监督的各项工作紧紧地贴上去。做好服务大文章，要服务地方经济的深度上下功夫，广度上动脑筋。比如，全省正在实施把我省建设成为东南沿海优质农副产品供应基地、扶持 10 个优质农产品生产基地、20 个优质农产品品牌和 100 家农业产业化龙头企业的战略，作为质监部门，应紧紧围绕该战略来开展农业标准化工作。

积极拓展质量技术监督工作的新领域，建立健全制度，实行制度管人。要建立健全一系列科学实用的管理制度，促进各项工作迈上制度化、规范化的轨道。各项工作都应纳入制度化管理，没有就抓紧制定，有但不适应形势的就尽快完善。制度一旦制定出台，就要严格按制度办事，用制度管人。大力弘扬埋头苦干、敬业奉献、狠抓落实的良好风尚，坚决克服摆花架子、做表面文章的各种类型的形式主义和官僚主义。要大兴调查研究之风，各级领导都要带头深入基层，搞好调查研究。把涉及人民群众健康和生命财产安全的主要产品、重大案件及重点区域制假售假问题作为打假工作的重点切实抓好。强化教育和培训，打造一支过硬队伍。要加大对在职人员的教育培训力度，提高全员素质，要采取多层次、多形式的方式，用三年时间完成全员培训目标，以全面提高队伍的政治素质和业务素质。同时要加强基层特别是县区局的建设，完善干部考核、考评工作机制，加大考核、考评工作力度，积极推行干部交流、竞争上岗告示办法。

扩大开放　优化环境
大力开展省际经济技术合作交流

2001年以来，江西全省上下努力实施扩大开放的主战略，改善和优化投资环境，大力开展省际经济技术合作交流，积极、合理、有效地利用省外资金，全省横向经济联合协作取得了显著成绩。2001年—2003年，共签订了经协合同项目15444项，合同引进省外资金2765.97亿元，实际引进省外资金1308.99亿元。2004年上半年，全省共签工业合同项目2421项，合同引资696.05亿元，实际进资457.46亿元，实际进资比去年同期增长94.5%。

2004年7月14-17日在广州成功举行的首届"泛珠三角"区域经贸合作洽谈会（简称首届珠洽会）上，我省充分利用首届珠洽会交流与合作的平台，着力推进了江西省与珠三角地区的经济合作，进一步强化了合作关系，拓宽了合作领域，提升了合作层次，加大了合作力度，取得了丰硕成果。会上共签约经济合作合同项目46个。其中内资30个，占65%；外资16个，占35%。项目总投资101.28亿元。其中内资69.23亿元，占68.4%；外资32.05亿元，占31.6%。这些项目全部是投资超亿元的项目，而且全部来自"9+2"地区，项目涵盖工业、农业、科技、商贸、文教、卫生、旅游各个领域。在我省与珠三角地区经济合作洽谈会上签约了115个项目，项目总投资41.64亿元。在我省举办的5个专场推介会上，共推介项目864项，签约意向协议28项，项目投资22亿元。赣州、九江、吉安等市在自行举办了项目推介洽谈会上，签约了一批经济合作项目，其中合同项目23项，项目投资15.59亿元和5950万美元。

2001年以来我省横向经济合作呈现以下特点：**一是引资规模不断扩大**。2001年至2003年全省引资超亿元的项目有489项，合同引资额1081.99亿元，实际进资额294.01亿元。合同引资和实际进资额分别占全省的39.1%和22.5%。中国普天、旺旺、娃哈哈、统一等一大批投资规模大、聚集效应强的国内知名企业和知名品牌的产业项目在江西落户；**二是结构明显改善**。2001年全省实际引资182.97亿元，一、二、三产分别为13.78亿元、96.02亿元、73.17亿元，分别占7.5%、52.5%、40%。2002年全省实际引资426亿元，一、二、三产分别为50.52亿元、212.15亿元、163.33亿元，分别占11.9%、49.8%、38.3%。2003年全省实际引资700.02亿元，分别为42.49亿元、423.53亿元、234亿元，分别占6.1%、60.5%、33.4%；此外，农业项目有较大突破，基础设施项目有较多增加，教育、卫生、旅游及其他服务业项目有较大拓展，初步形成了宽领域的招商引资格局；**三是独资、合资、合作等占项目总数的比重大**。2001年至2003年，独资、合资、合作项目达到98.9%，占全部项目投资额的97.3%；**四是合同引进民营企业资金比重大**。2001年至2003年，全省合同引进民营企业资金达到2371.07亿元，占全省合同引资总额的85.7%，实际引进民营企业资金1308.99亿元，占全省实际进资总额的91%；**五是项目开工和进资速度加快**。2001年至2003年全省签订合同项目15444项，已实施项目14860项，开工率96.2%，合同引资2765.97亿元，实际进资1308.99亿元，相对进资率为47.3%。

2001年以来是江西实施合作项目最多、引进省外资金最大、合作成效最好的时期。这是全省上下求真务实、开拓进取的结果。

解放思想的学习教育活动为扩大招商引资提供了强大的动力。在省委、省政府的领导下，全省各地积极开展了以“三个代表”重要思想为指针，弘扬井冈山革命精神，学习兄弟省市改革开放先进经验，走加快江西经济发展新路为主题的解放思想学习教育活动。2001年，省委、省政府分别制订和颁发了《关于进一步解放思想加快经济发展的若干意见》和《关于落实〈中共江西省委关于进一步解放思想加快经济发展的若干意见〉的实施办法》。省直64个部门制定和公布了简政放权、优化环境的政策承诺，省直18个部门公布了规范的行政审批事项及工作规程。解放思想，转变观念，扩大开放，加快发展已成为全省广大干部群众的共识，形成了全民招商的浓厚社会氛围，为进一步加强横向经济联合协作，扩大招商引资提供了强大动力。

实施扩大开放的主战略，给招商引资拓展了更加广阔的运作空间。省委、省政府提出进一步扩大对内对外开放，实行省外、境外、国外资金一起抓，以大开放促大开发、促大发展，把江西建成沿海发达地区产业梯度转移的基地、优质农产业供应基地、劳务输出基地和旅游休闲的后花园，努力实现江西在中部地区崛起的目标。全省上下采取走出去、请进来的方式，进一步扩大对内对外开放，大力拓展招商引资和经济技术合作。省委书记孟建柱、省长黄智权率全省四套班子和省直有关部门、各设区市主要领导以及部分重点企业的主要负责同志先后赴广东、上海、江苏、湖南、湖北、浙江、福建访问考察，组织大型招商引资活动。与广东、上海、湖南、湖北、浙江、福建共同签署了《关于进一步加强经济技术合作的协议》。全省各市县区也把招商引资工作列为经济发展的头等大事，一把手亲自抓招商，当了“主攻手”，促进了大批项目落户江西。

投资环境的整治和优化，增强了招商引资的吸引力。全省各地都把整治和优化投资环境作为党政“一把手”工程来抓。省、市、县均对历年发布的招商引资文件、规章进行了全面清理，及时废止了不利于对内对外开放、过时失效的规章制度，并与时俱进，进一步修订、完善了招商引资优惠政策和管理办法。绝大多数市县区设立了客商统一办证服务中心，实行一个窗口对外，一个地点办证收费，一条龙全程服务，提高了办事效率和服务水平。多数市县区设立了客商投诉举报受理中心，大力治理了“三乱”，查处了一批损害投资环境的典型案件，整顿了经济秩序，保障了客商的合法权益。全省对内对外开放的政策环境、人文环境、社会环境、市场环境、工作和生活环境不断得到改善和优化，增强了招商引资的吸引力，提高了客商来赣投资兴业的积极性。

城市功能的健全和发挥，对招商引资的拉动作用不断增强。城市中蕴含着巨大的投资潜力。运用市场经济的手段，把城市当作企业来经营，吸引省外投资者参与城市基础设施建设，形成多元化投资和建设体制，增加了有效投入，促进了城市建设。而城市建设的发展，城市功能的发挥，城市品位的提升，又拉动了招商引资的发展。特别是城市工业园区的兴建，扩大了引资载体和招商平台。全省各地充分发挥工业园区政策、管理、环境上的优势和聚集、幅射效应，承接沿海发达地区的产业转移，吸引了更多的高新技术企业、知识技术密集型项目和企业落户工业园区，有效地促进了招商引资和经济技术合作的发展。

大力开展对台招商　促进江西开放型经济发展

2003年，中共江西省委台办紧紧围绕省委省政府“实施大开放主战略，努力提高江西经济发展的外向度，把充分发挥江西的资源优势与更好地引进外部资金、技术、人才紧密结合起来，以大开放促进大发展”的发展战略，充分发挥台办与台湾工商界人士和大陆台商联系广的优势，解放思想，奋力开拓，积极开展对台招商引资，取得了显著成效。

对台招商形势喜人，台商投资强劲增长

2003年全省新引进台资项目122个，总投资额8.15亿美元，合同台资额7.22亿美元，比2002年分别增长6%、118%和107%，创我省利用台资历史最高水平。截至2003年年底，全省累计引进台资项目1515个，总投资34.3亿美元，合同台资26.5亿美元。

2003年台商投资我省呈现出以下特点：

一是台资大项目明显增多。新落户我省的台资项目平均规模达592万美元，比2002年增长96%。其中超1000万美元的项目17个，同比增长467%。台湾东元电机投资8800万美元在南昌高新技术开发区设立东元家电工业园，台湾成功控股有限公司、台湾惠华集团分别投资5000万美元在南昌高新区生产移动PC机和在赣州市黄金开发区设立华夏金属线制品公司。

二是台商投资质量提高。台资企业的产业结构由劳动密集型企业向资金、技术密集型企业发展，信息、通讯、生态农业等产业已成为台商投资我省的新热点。前几年落户我省的台资企业多为工艺品、灯饰、竹木加工和餐饮、娱乐业等，而2003年台资项目的资金含量和科技含量大为提高，一大批高科技企业进驻我省，如落脚南昌市的福昌电子科技有限公司、百脑汇（南昌）实业有限公司和进入赣州于都县的佳音电子有限公司、赣县的协胜电器（赣州）有限公司等，都是高科技类的企业，且台商投资额都在1000万美元以上。

三是聚集效应明显。台商投资从选点上来说，是多向工业园区聚集。2003年我省新引进的台资项目，尤其是大项目，绝大多数落户于各地的工业园区。这说明台商看好工业园区的投资环境。从地域分布上来说，各设区市都有，但相对而言是多向南昌和赣州聚集。2003年南昌市引进台资2.57亿美元，占全省35.6%；赣州市引进台资2.39亿美元，占全省33%。在新引进的17个1000万美元以上的大项目中，落户南昌的有6个，落户赣州的有8个。赣州和南昌已成为台商投资我省一南一北两大热点。

四是台资企业增加投资，在原有基础上扩大生产规模形成热潮。由于全省投资环境不断改善，台资企业在这方热土上扎根容易、成长迅速、回报丰厚。如“亚东水泥”产品在建材市场上以质取胜，十分抢手，其二期工程竣工投产后，产量比原来翻了一番，但在市场上仍然供不应求。台湾统一集团在我省投资“南昌统一”，投产仅仅两年，产销业绩却后来居上，跑在了统一集团在大陆40多家企业的最前面。“泰丰轮胎”经营业绩一年一个新台阶，2003年更是出现了强劲增长的势头，其产品热销海外市场，全年创汇2700多万美元，成为南昌市的创汇企业大户。台商尝到了投资江西的甜头，因而纷纷增资扩产。“泰丰轮胎”增资500万美元，九江东盟实业有限公司增资845万美元，赣州华坚国际工业城增资919万美元，全省共有15家台资企业增资，增资额达8004.2万美元。台资企业出现增资热潮，反映了台商对投资江西充满信心，台商亲身感受到投资江西大有可为。

围绕中心，服务大局，积极探索对台招商的新路子

2003年我省对台招商引资之所以取得突破性进展，首先得益于近两年来我省经济发展提速，各项建设事业一日千里，城乡面貌变化日新月异，跨越式发展的“江西现象”引起了海内外的广泛关注。具有区位优势、资源优势、生态优势、低成本优势的江西对台商的吸引力越来越大。其次，全省各级党委、政府加大了招商引资工作力度，积极推行招商引资目标责任制和项目落实责任制，“走出去，请进来”，精简审批事项，完善监督机制，强化服务意识，优化投资环境，“亲商、安商、富商”在全省已经蔚然成风。对台招商取得显著成效，同时也是全省各级台办紧紧围绕经济建设这个中心，服务经济建设这个大局开展对台工作，与时俱进、开拓创新、奋斗拼搏的结果。

（一）精心组织、实施2003年赣台经贸合作研讨会。举办赣台经贸合作研讨会是省委、省政府交给我们的一项重要任务。在大会组委会的领导下，我们制定了周密的工作方案，积极争取国台办领导的大力支持和省内各有关部门、各设区市的密切配合，有计划、有步骤扎扎实实地开展各项筹备工作。9月21日至25日，2003年赣台经贸合作研讨会隆重举行。来自岛内外的600多名台商参加了这一盛会，其中有台湾48家大企业集团和上市公司的董事长、总经理，30多位全国各地的台协会长。全省各设区市、近50个省直有关部门和10家国有大型企业都组团参会，规模达1800余人。“研讨会”上签约合同台资项目39个，总投资额4、11亿美元，台商投资额3、76亿美元，同时还达成了20多个合作意向。更重要的是，通过“研讨会”，我省广交了朋友，与会台商加深了对江西的了解，为我省今后进一步扩大利用台资创造了条件。2003年赣台经贸合作研讨会取得了园满成功。对此，省委书记孟建柱给予了充分的肯定，他在“研讨会”总结报告上高兴地批示：“省台办围绕中心，服务大局，工作积极主动，成效是明显的。此次赣台经贸合作研讨会的成功举行，省台办的同志们付出了辛勤的劳动，特向同志们致以衷心的谢意，望再接再厉，不断总结经验，进一步开创工作的新局面。”

（二）走出去，积极组团赴台招商。2003年，我们组织了以市县领导、招商部门、工业园区、国营大型企业负责人为主的经贸考察团11个102人次赴台，深入考察台湾各类企业，和台湾工商界人士进行广泛的接触，引进了一批项目，达成了一批合作意向。12月初，吴新雄常务副省长亲自率江西省经贸考察团赴台，考察了许多大财团、大企业，取得丰硕的引资成果。一些大公司的决策者们，如中亚集团董事长刘宝棋、幸福水泥陈两传、“台一国际”总经理许守信等，随着吴副省长刚返抵江西的脚步就接踵而至，前来我省考察、洽谈几个大型投资项目。与此同时，我们还派出了小分队至上海、昆山、苏州、东莞、深圳、中山等地招商，宣传江西投资环境，动员有内迁意向的台资企业来江西落户。

（三）有目的、有针对性地邀请台商来我省参观考察，争取对方投资办厂。在对台工作中，我们注意观察台商投资动态和收集台商投资信息，在认真分析的基础上，主动邀请通过工作可能促成投资项目的台商来我省参观考察。一年来，我们先后邀请了联华电子曹兴诚、台一国际许守信、信益陶瓷林荣德、微路电子罗应明等10余批100多位台商考察江西，取得了良好的效果。沈阳台协会长张扬先生被邀请考察我省，惊喜地发现我省投资环境完全超出他的想象，当即与新余市政府签订合作意向，在仙女湖投资10亿元人民币开发旅游观光农业。

（四）积极参加省政府组织的招商活动，加强省市联动，支持设区市对台招商。2003年8月，省政府举行香港招商会。事前，我们通过香港、澳门中联办台工部邀请香港澳门台商参会。招商会开幕前夕，办领导提前赴港，拜访香港台商社团，登门邀请香港台商到会。厦门招商会、大连恳谈会也都邀请了不少台商参加，对密切赣台经贸合作，起到了积极的推动作用。对于各设区市组织的一些重要招商活动，我们也给予了大力支持，如赣州市举办的“赣州经济社会发展（广州）推介会”，我们帮助邀请了广州、深圳、东莞等地50多名台商参会，增强了广东地区台商对赣州市的了解。

（五）热情、周到为台商服务，促进台资企业健康发展。我们坚持经常联系、走访台资企业，认真协调解决和积极反映他们在生产经营中遇到的实际问题。我们和省人大外侨民宗工委联合召开了全省台商代表座谈会，听取台商对我省贯彻实施《江西省‹实施中华人民共和国台湾同胞投资保护法›办法》情况的意见和建议。全年受理台商投诉案件56件，已结案52起，结案率达92%，依法维护了台商的合法权益。

再接再厉，扎实工作，开创对台招商工作新局面

引进利用台资是密切赣台关系、促进祖国统一大业的有效途径，也是提高我省对外开放水平、实现在中部地区崛起的重要手段。在今后的工作中，我们要把赣台经贸合作放在更加突出的位置，采取更加有力的措施，推动对台招商工作实现新突破。

要把引进台资工作与我省产业调整紧密结合起来。围绕汽车航空及精密制造产业、特色冶金和金属制品产业、中成药和生物医药产业、电子信息和现代家电产业、食品工业、精细化工及新型建材产业六大支柱产业吸引台资。积极规划一些相关的交流研讨活动，组织部分专业性强、合作机会大、有实质内容的团组赴台交流考察，促进赣台产业合作。

要以开发区为载体，抓好重点龙头项目引进，努力建立台资企业产业链。尤其是要集中力量，重点引进台资大企业、大项目，并以此为龙头，建立产业链，争取引进一个，吸引一批，带动一片。支持条件成熟的开发区设立专门的台商投资园区。

要创新招商引资方式，坚持走出去与请近来相结合，省与市县相结合，大团组与小分队相结合，全面招商与重点招商相结合，网上招商与会展招商相结合，不断拓展招商思路，不仅要引进台湾的资本，还要引进台湾的技术、人才、信息和管理，更要引进台湾先进的全球营销网络。进一步拓宽利用台资的领域，引导台商采取合资嫁接、强强联合，相互参股、兼并收购等多种形式，参与我省国有企业、特别是大型国有企业的改革。抓住台资“北上”的机遇，积极承接沿海台资企业向我省转移。

要夯实招商引资的基础性工作。加强对台湾企业投资动向的研究，把握台资流动新趋势，创造引进台资新优势。对有投资意向的大企业、大财团，要成立专门的工作组，全力做好跟踪联络和配套服务工作，力促项目成功。

要认真协调处理台商投诉案件，加强与司法部门的沟通，健全全省投诉协调网络，特别要重视积案、难案的解决，依法保护台商的合法权益。发挥台资企业协会在沟通政府、有关部门与台商、台资企业联系的桥梁作用，鼓励其在促进赣台经济关系健康发展上有所作为。

加快"对接"和"融入"努力开创江西农业对外开放工作新局面

省农业厅党委书记萧茂普在香港招商引资会上推介项目

省农业厅厅长毛惠忠在"泛珠三角"会上推介项目

江西省农业厅是主管全省农业、农村经济发展和综合管理种植业、畜牧业、渔业以及农业机械化的政府组成部门。近年来，我们紧紧围绕省委、省政府提出的"三个基地、一个后花园"战略定位和"江西在中部崛起"奋斗目标，坚持把开放型农业作为全省农业跨越式发展的战略突破口，把招商引资作为农业工作的重中之重来抓。围绕这个中心，我们从规范制度入手，着重在提高服务开放型农业工作的质量和层次上做文章，开放型农业工作取得了明显成效。2003 年，全省农业招商引资成效明显，共引进国内外农业项目 1141 个，合同金额 125 亿元，实际进资 42.6 亿元；出口创汇总计 10010 万美元。2004 年上半年，全省共引进农业外资项目 322 个，同比增长 15%，合同金额 54.5 亿元，同比增长 12.8%，实际进资 15.4 亿元，同比增长 10.8%；出口创汇总额 9500 万美元，同比增长 120%。开放型农业工作步伐的加快，促进了农业和农村经济持续快速发展，为农业增效和农民增收作出了重要贡献。我们的主要做法是：

一、党委重视，领导带头。我厅对开放型农业工作极为重视，专门成立了以厅长毛惠忠同志任组长的开放型农业工作领导小组，设立了办公室，并把开放型农业工作列入重要议事日程，做到定期专题研究和分析，及时解决工作中遇到的各种问题。尤其是厅主要领导，坚持做到亲历亲为。党委书记萧茂普同志多次在全省农业局长会议上就做好开放型农业工作提出明确要求，并亲自带队参加 2004 年 4 月在香港举办的农业招商活动，与客商进行了广泛的接触，使客商倍感亲切。厅长毛惠忠同志作为开放型农业领导小组组长，亲自带队参加"泛珠三角"区域经贸合作洽谈会，还多次召集开放办的同志研究工作，手把手的教。在招商经费方面也给予大力的扶持，保证了招商活动的正常开展。张忠平副厅长作为分管的领导，事必躬亲，带领开放办的同志努力工作，高质量地完成了厅里交给的各项任务。2003 年被省政府评为服务开放型经济工作先进单位。2004 年 7 月初，针对开放型农业工作发展情况，厅里还组织召开了全省开放型农业工作座谈会，分析形势，研究对策，鼓舞斗志。正是由于党委、领导的高度重视，才使开放型农业工作步入了良性轨道。

二、健全制度，规范机制。为进一步规范全省开放型农业的工作机制，我们着重抓了以下几项制度的落实。一是抓好人才队伍建设。省厅在成立开放办的基础上，对工作人员进行了充实调整，对工作任务进行了更加明确。同时要求各设区市农业局也都明确一名领导分管，并配备了素质高的专职人员从事这项工作，并且要求每年各地都必须落实一定的办公经费。二是有关数据和重要情况报告制度。为了及时了解和掌握全省开放型农业的总体情况，我们要求各级农业部门实行统计月报制度，每月及时向省厅报告各地招商引资、出口创汇及大项目跟踪实施情况，并通过《农牧渔业情况》每季出一期特刊，向省委省政府领导、省直各部门、全省农业系统通报。三是完善细化考核评比制度。为引进工作激励机制，对考核评比标准进行了明确和细化，并定期组织对各地的开放型农业任务完成情况进行综合评比，实事求是地作出评价，从而增强了大家主动干好工作的自觉性。四是建立领导负责制。狠抓项目的跟踪落实，重大项目由主要领导挂帅，实行重点跟踪，重点督查，并实行首问负责制。对在谈重点项目和意向签约项目做好跟踪，尽快促成项目签合同，对已签合同项目促成项目尽快开工和资金的到位。

三、转变思想，创新方式。在创新招商方式上，我们做了以下工作：一是明确了招商的重点地域。我们针对近年来外商到我省投资农业的情况，一改过去无目标招商，坚持把港澳台、东南亚、日、韩及欧、美、加等作为海外的招商重点；把浙江、福建、广东、上海、江苏、北京等地区作为国内的重点地域。二是拓展了招商领域。根据资本流动和产业转移的不同特点，我们重点引进了一些出口型、规模型、高科技型的外商投资企业来投资农产品深加工、运销、贮藏，科技含量高的新品种、新技术开发利用，规模化农业生产，生态农业，环保型农业等。三是搞好以商引商。为发挥当地民营企业家和投资客商的宣传带动作用，我们做好了宣传鼓动工作，积极鼓励民营企业家和客商把他们的客人和资金引进来。四是抓好小分队招商。除统一组织的活动外，各地都根据项目的情况，主动派出小分队去进行招商对接，使项目投资能尽快落实。五是网络招商。通过网络、电视、广播等媒体宣传江西农业、推介农业招商项目。目前已筛选了各行业市场前景好、开发潜力大的400余个项目，在江西投资招商网、中国江西新闻网和江西农业信息网上发布。同时还编排了30个中英文对照农业招商项目，制成招商项目活页，组成了精美的《江西农业投资指南》，利用大型活动之机进行宣传散发。六是搞好了名片库建设。我们积极想办法，主动搜集各地客商的名片，尤其是在大型经贸活动期间，不错过向客商索取名片的机会，同时将收集到名片资料进行归纳整理，并建立数据库，以备查找。

省农业厅党委书记萧茂普与客商交谈

省农业厅厅长毛惠忠与客商交谈

四、精心组织，谋划活动。充分利用江西农业绿色环境优势和资源丰富优势进行招商引资。近几年，省政府高度重视开放型经济工作，每年都要在海内外举行形式多样的经贸洽谈和招商引资项目推介活动，农业部门是活动的主要成员单位之一。我们高度重视省政府组织赴各地的活动，利用这个平台架起招商引资的桥梁。同时，精心谋划和组织参加国家有关部委举办的各项经贸活动，如香港招商引资会、“珠洽会”、“中国投资贸易洽谈会”、“农交会”等。除此外，我们每年还单独组织一至两次全省农业部门参加的赴沿海地区农业专题招商引资会，积极向各地客商宣传和推介，扩大招商战果。

五、发展外贸，增加创汇。农业的外贸出口，是农业经济的一个重要增长极，我们非常重视抓农业的出口创汇工作。一是进一步加强了对重点企业和重点农产品的支持力度。积极帮助企业发展生产，增强企业的竞争实力，并帮助企业做好出口退税等各项优惠政策的落实工作。二是搞好了本地出口产品的自我加压。加强出口产品的质量体系建设，并在此基础上，做好产品通过ISO国际质量体系认证等主要进口国各种通行证的申请工作，以不断增强攻破贸易壁垒的能力。三是着手建立农产品贸易快速反应的机制。为保护我省农业的安全，全省各级农业部门正积极配合国家及省有关部门着手建立贸易快速反应机制，并运用农产品的准入限制、产品技术质量标准、反补贴等符合国际规则的保护手段应对国外倾销起诉，以保护我省农产品出口企业的合法权益。

六、搞好服务，优化环境。环境是最大的品牌。开放型农业经济的竞争，说到底就是环境的竞争。省厅专门制订了农业招商引资的优惠政策，并指导各地相应制订优惠政策，以此来吸引更多客商，并留住投资客商。注重研究解决客商的需求问题，对客商反映的问题，一个都不放过，做到深入细致，认真解决，真正让客商倍感亲切，从而为以商引商奠定了基础。

兴办绿色银行 壮大林业经济

省林业厅党组书记　严金亮

省林业厅厅长　刘礼祖

江西地处长江中下游南岸，全省土地总面积2.5亿亩，其中林业用地1.57亿亩，占全省土地总面积的62.9%，是南方重点集体林区省份。改革开放以来，在省委、省政府的正确领导下，经过全省人民的共同努力，我省林业建设取得了显著成绩。目前，全省有林地面积达1.43亿亩，活立木蓄积量2.9亿立方米；森林覆盖率达59.7%，居全国第二位；2003年全省实现林业总产值220亿元，居全国第八位。林业在维护生态安全、调整农业和农村经济结构、扩大城乡就业、增加农民收入等方面发挥了重要作用。

在新形势下，如何加快我省林业建设，促进经济社会可持续发展，省委、省政府审时度势，针对我省林业建设的实际，把林业建设的生态效益和经济效益有机结合起来，创造性地确定了“山上办绿色银行”的重大战略，在积极培育和严格保护森林资源的前提下，充分利用我省广大山区有着丰富的自然资源和良好的生态条件，大力发展林业产业，提高林业经济，实现资源保护与利用“双赢”。从江西的实际情况看，我们确立了竹产业、油茶、森林旅游、木材加工、林木花卉、森林食品与森林药材等六大产业作为“山上办绿色银行”的主导型产业。

一、竹产业。充分利用我省的毛竹林优势，以提高毛竹经营效益、增加农民收入为目标，以竹材加工企业为龙头，带动毛竹丰产林基地的稳步发展，促进毛竹产业发展。力争到2010年，改造毛竹低产林800万亩，新造竹林100万亩，全省丰产、优质、高效竹林基地达到并稳定在900万亩以上。全面实施“2151工程”，即全省培植20个毛竹重点县，100个毛竹重点乡镇，50个产值过5000万元的毛竹龙头企业，到2010年全省竹产业的产值突破100亿。

二、油茶产业。通过改造现有低产油茶林，新造一批高产优质的无性系油茶林，提高产油率。同时，大力培植油茶加工龙头企业，创建一批精炼茶油、茶皂素知名品牌，抢占国际、国内市场，提高油茶的经济效益。力争到2010年，建成优质油茶丰产林基地700万亩，其中新造40万亩，改造660万亩，重点培植发展油茶加工龙头企业4—5家。

三、森林旅游产业。充分挖掘林业文化底蕴，加快森林公园和自然保护区建设，依托林区特有的水文、气候和自然景观资源优势，大力发展生态旅游业。到2010年，全省森林公园总数达到100处，自然保护区数量达到200处。加强重点景区景点的开发建设，推出一批旅游精品，形成比较完整的森林旅游网络体系。实现年接待森林旅游人数达到3000万人次，森林旅游

孟建柱书记（右一）、黄智权省长（右二）、国家林业局雷加富副局长（右三）参观全省林业成就展

2004年5月25日，省林业厅举办"上山办绿色银行"论坛

综合社会产值达到160亿元。

四、木材精深加工产业。抓住实施速生丰产用材林基地工程的契机，以大型林产加工企业为龙头，加快工业原料林基地建设，力争到2010年，新建高标准集约经营速生丰产工业原料林基地1200万亩。通过实施扶强限劣战略，鼓励和支持以森林资源精深加工为重点的人造板业、木竹制浆造纸业、家具制造业、林产化工业，延长产业链，提高资源利用率，实现多次增值。

五、林木花卉产业。以市场为导向，以树立品牌为重点，加快优良野生观赏植物品种的引种、育种和开发利用，形成一批有品牌的绿化苗木、特色花木盆景、鲜切花培育基地和交易市场，为创建花园城市和美化家庭生活提供基础。力争到2010年，建成林木种苗花卉基地50万亩。

六、森林食品与森林药材产业。综合开发利用山区森林食品、林果品、茶叶、中药材、食用菌和森林蔬菜等资源，到2010年，建成森林食品、森林蔬菜、森林药材等特色林业基地150万亩。重点开发绿色野生淀粉、绿色山野菜、食用菌等森林食品，以及黄栀子、杜仲、吴茱萸等特色中草药基地及其产品，提高山区非木质资源的经济价值。

2004年6月7日，省委省政府召开全省林业工作会议

围绕崛起目标 加大财力保障 全力以赴促进开放型经济发展

党组书记 厅长 胡幼桃

2004年，在省委、省政府的正确领导下，江西省财政厅紧扣开放型经济发展这一主题，充分发挥财政职能作用，进一步加大资金支持力度，完善促进开放型经济政策，有力地推动了全省开放型经济发展。

加大支持招商引资力度，提升开放型经济水平。一是结合财力可能，统筹安排招商引资工作所需经费，为全省性招商引资活动提供支持。二是在省外贸厅2004年的预算中安排50万元经费，专项用于奖励开放型经济工作年度目标任务考核先进单位。三是在用好用足财税优惠政策的同时，省财政安排100万元经费用于扶持江西留学人员创业园，促进创业园尽快成为聚集、孵化前沿及优势企业的增长极。

加大支持外贸出口力度，促进外贸出口持续增长。一是从2004年起，省和市县财政负担的出口退税款在预算中足额安排，确保不发生新欠。2004年，省财政安排5700万元资金，用于负担超基数部分的出口退税，并从省级切出一定比例的出口退税基数调剂给市县。二是省财政安排2000万元作为省级外贸出口发展基金，用于：对省属企业省产品出口贴息，基数内每美元贴息2分钱人民币，其中机电和高新技术产品贴息2.5分钱；超基数部分贴息4分钱，其中机电和高新技术产品贴息5分钱；对省属企业加工贸易出口给予每美元1分钱的贴息；对省属企业出口信用保险保费按实际缴纳保费给予20%的资助。三是为促进我省机电产品的出口，省财政安排100万元资金，专项用于机电产品的新产品研究开发、开拓国际市场等方面。四是积极争取中央财政支持，中央财政共下达我省中部地区外经贸发展促进资金、机电产品技术更新改造项目贷款贴息、高新技术产品更新改造项目贷款贴息、中小企业国际市场开拓资金、出口机电产品研究开发项目资金等外贸发展资金8164万元。

加大扶持工业园区建设力度，创造产业聚集良好环境。2004年，为鼓励招商引资和提升工业园区集约化开发建设水平，实施了五个方面的激励措施：继续加大财税支持力度，鼓励和吸引海内外有实力的经济实体来我省收购、参股或单独经营工业园区开发项目；鼓励省内大中型骨干企业创办特色工业小区；鼓励县乡到市、县工业园区发展项目；运用国有土地出让金收入及新增建设用地土地有偿使用费，加快市县土地开发，盘活土地资源，加快工业园区基础设施建设；省财政安排1亿元专项奖励资金，用于县城工业基础设施建设。

加大改进服务作风力度，优化开放型经济发展环境。全省财政系统坚持以政务环境评议评价活动为契机，以“服务树形象、创新兴财政”为理念，认真履行“八项服务承诺”，全力塑造财政部门新形象，为开放型经济营造公平、公正、有序的发展环境。截止目前财政共清理行政事业性收费、政府性基金项目54项，降低标准38项，转为经营性收费管理51项。2004年，省财政厅被省委授予机关党的建设“红旗单位”，并获得省直机关第二届“金圣杯”十佳文明机关、省直机关第二届文明单位、省直机关作风建设活动先进单位、省直机关基层党建“红旗单位”、省直单位政务环境评议评价先进单位等荣誉称号。

服务开放　促进发展

江西省发展和改革委员会是省政府负责国民经济和社会发展的宏观调控部门。

省发展改革委深刻认识发展开放型经济重要意义，坚决贯彻实施大开放战略，认真履行职责，把服务开放型经济作为重要工作来抓，取得明显成效，被评为2003年“江西省服务开放型经济工作先进单位”。

一、引导规范，推进发展。一是抓好重大规划、重大政策措施的制定、落实，引导和规范开放型经济发展。为引导产业投向和工业园区发燕尾服，明确我省未来产业发展方向，研究制定了《江西省六大支柱产业发展规划》、《江西省工业园区发展规划》、《江西省特色工业园区认定评审标准（试行）》。适应加快发展需要，提出了《关于优化江西开放型经济法制环境的若干建议》、《关于我省社会信用体系建设的建议》。推进公路投资市场开放，激活各方面投资建设的积极性，建立多元化的投资渠道，推动公路管理体制改革，加快我省公路建设步伐。二是按照既要金山银山，更要绿水青山的要求，牵头建立资源环保型产业联席会议制度，对全省资源环保型项目实行宏观管理，为经济社会可持续发展把好关。为加强森林资源保护，实现可持续发展，起草了《关于促进林产工业持续快速健康发展的若干意见》；三是规范收费行为。出台并公布了《江西省行政事业性收费、政府基金项目及标准目录》，制定了《江西省土地使用权交易服务收费标准》，进一步规范了收费行为，营造良好的收费环境。四是为推动投融资机制创新，充分发挥价格和收费政策融资功能，鼓励和引导民间资本投向城市基础设施建设。促进收费性基础设施和公用设施经营权转让，加快公用事业发展。

二、协调推进，服务发展。一是加强了对外协调与合作。推动了中日长江中下游—阪神・神户区域经济合作机制的形成；联合建立九省（区）联席会议制度，积极参与泛珠三角区域合作与发展，加强了与周边省区的经济联系和交流。二是加强重大项目协调服务。所有重大外资项目，根据业主的需要纳入重点工程建设服务范畴，对工程建设的全过程进行日常跟踪协调服务，解决工程建设中设在的问题；建立重大项目调度会制度，按照定时间、定目标、定责任、定奖惩，保证按时落实项目和签定合同，保证按时开工建设和投产见效的“四定两保”原则，协调推进九江星火化工厂年产10万吨有机硅单体，蓝星集团60万吨甲醇等重大项目；围绕推进LCOS数字显示芯片及光学引擎产业化项目，牵头成立LCOS项目办公室，多次协调解决建设中的问题。三是建立发改委与金融部门联系机制，加大对工业园区的融资支持，与金融部门联合下发《关于建立和完善我省工业园区金融服务体系的若干意见》。

三、创新工作，促进发展。一是为加速形成开放型经济格局，更好地为外商投资服务，率先在全省开通江西投资招商网，在网上介绍投资环境、宣传投资政策、发布投资信息、提供投资咨询服务、推介投资项目，当年实现40多个项目在网上洽谈。二是在我省组织的2003年江西（香港）招商引资项目推介会、赣台合作研讨会、中国“五会”（南昌）经贸恳谈会、上海恳谈会、大连恳谈会、第七届中国（厦门）投资贸易洽谈会等重大活动中，省发改委主动推介，为企业牵线搭桥，圆满完成了项目筛选、调度、推介和投资政策、投资环境咨询等各项工作任务。其中在8月举办的2003年江西（香港）招商引资项目推介会上，省发改委组织的项目签约额为3.18亿美元，占全省签约外资18.2%，占省直签约外资75.2%。三是积极开辟新的开发项目空间，为推动科技成果转化，架起我省科研单位与企业联系的金桥，连续两年举办了“江西省科研成果与企业见面推介会”。推介会规格高、人气旺、反响大、效果好，这在我省尚属首创，共促进联姻项目178个，签约总投资67.5亿元。四是加大招商项目开发力度，成立了项目开发研究小组，谋划重大招商项目，建立项目储备源，为招商引资准备好一批对客商有吸引力的项目，项目库已成为招商引资的重要载体。及时跟踪、发布国家投资政策和投资信息，据此动态调整、指导各设区市、各部门组织项目开发、推介推进项目前期工作，使项目可谈、可签、可实施。

在今后的工作中，江西省发改委将进一步发挥好经济宏观调控的职能作用，想大事、议大事、谋大事、真抓实干，推动江西开放型经济稳健、快速地向前发展。

围绕江西崛起　积极服务企业

党组书记、局长 **朱张才**

2003年，江西省工商行政管理局认真学习贯彻党的十六大精神，坚定不移地按照省第十一次党代会确定的发展战略，创造性地开展工作，全面完成各项工作任务。

依法规范企业登记行为，完善了“经济户口”管理制度，严禁“黄、赌、毒”以及破坏环境和危及群众生命安全的项目进入市场。目前全省有内资企业97254户，外商投资企业2939户。

严格依法行政，规范行政审批。在全系统实施了“阳光执法”工程，全面落实了案件核审制等。连续两年被省政府评为“行政执法责任制先进单位”和“优秀单位”。

优化服务，提高工作效率，为经济建设服务取得显著成效。对企业注册开辟了“绿色通道”。大力支持促进个私经济发展，创历史发展最高增速，2003年全省实有私营企业48995户，从业人员932967人，注册资本5283665万元，同比分别增长25.7%、29.51%、68.61%；个体工商户593816户，从业人员1429264人，注册资金951925万元，同比增长8.69%、10.37%、24.27%。全省个私经济当年纳税56.92亿元，占全省财政收入20.04%，个私经济国内生产总值569.9亿元，占全省GDP总量的20.1%。指导企业争创全国驰名商标，“金圣”、“华意”、“四特”、“施大壮”等4件商标被认定为中国驰名商标。争取了国家工商总局授予我省上饶等5个设区市工商局外商投资企业核准登记权。

大力做好下岗人员再就业工作，下岗人员持证申办个体户19290户；为其减免行政性收费和垫付工本费共1002万元，引导个私经济吸收下岗失业人员再就业10.17万人次。

加大执法力度，当年全系统组织开展了20次市场专项整治行动，查处各类违法违章案件26885起，总案值达28388万元，捣毁制假窝点321个，移送司法机关案件13件。

坚持纠建并举，队伍建设明显加强。在全系统开展了创建“文明窗口”活动、“党员示范岗”活动。严格做到文明执法、公正执法。全系统有48个市、县工商局被评为省、市级文明单位。在全系统严格执行国家工商总局“六项禁令”。省局出台了“坚决纠正执收执罚不规范行为”、“执法办案十条纪律”等规定。加大了纠风工作力度，全系统查处了43件违纪案件。一支为民、务实、清廉的工商行政管理队伍正在积极建设中。

在全省招商引资工作大潮中，全省工商行政管理系统充分发挥工商行政管理职能，按照“解放思想、主动跟进、提前介入、上门服务”的指导思想，在为引入企业的登记注册、商标注册与保护、广告宣传、合同订立、法规咨询等方面发挥了积极的作用。坚持诚信为本，营造良好的投资环境，全面推行“六项特色服务”。一是“一站式服务”：实行“受理——审查——核准——发照”一个窗口全部办妥；二是“工商特快服务”：凡属招商引资的企业或项目，凭引资单位证明，登记机关实行特事特办、急事急办、“办事无节假日”；三是“电话预约服务”：凡外来投资者需要工商部门提供服务的，只要拨打工商部门专门设立的服务热线电话，就派专人上门或在办公室等候服务；四是“应邀协办服务”：凡客商需要到上级或外地工商部门办理有关事宜，及时派专人协助办理；五是“日常咨询服务”：凡服务对象向工商部门提出的咨询内容，热情、耐心、细致地予以解答，并做到“一口清”；六是“跟踪回访服务”：对引资企业，指定专人跟踪服务，定期回访，为外商及时解决生产经营中的实际问题。

全省工商部门积极参与招商引资，去年共引进省外私营企业1432户，引入省外资金45亿元。

锐利进取 与时俱进

2003年以来，在省委、省政府的正确领导下，全省经贸系统认真贯彻党的一系列方针政策，全面落实省委、省政府的工作部署，同心协力、扎实工作，全力协调解决工业改革、发展中的矛盾和问题，各项工作都取得了重大进展。

（一）工业生产高速增长，运行质量大幅度提高。2003年全省规模以上工业完成增加值同比增长21.0%；工业经济效益综合指数首次突破百点大关，达到107.5%；实现利税156.6亿元，增长44.2%，其中利润52.1亿元，增长1.19倍。今年上半年各项主要指标又创历史新高，工业增加值同比增长26.1%；实现利税91.3亿元，增长40.5%，其中利润32.6亿元，增长82.2%；工业经济效益综合指数为123.0%。

（二）培育支柱产业，促进工业结构调整升级。制定、发布《江西省六大支柱产业发展规划实施意见》，六大支柱产业发展不断加快。2003年，六大支柱产业规模以上企业工业增加值、销售收入、实现利润、分别占全省规模以上工业的67.3%、66.1%、71.9%。今年上半年，六大支柱产业已实现利润27.8亿元，占全省规模以上工业的85.3%。

（三）坚持深化国企改革，积极推进现代企业制度建设。围绕"三年六大目标"，全力推动省属企业改革改制。完成了萍钢国有产权招商转让、中国五矿集团与江钨集团合作组建江西钨业集团有限公司、上海复星集团与萍矿集团合作组建安源金龙客车有限公司等一批重大重组项目。

（四）进一步加快技术进步步伐，增强工业发展后劲。技术改造投入持续高速增长。2003年工业更新改造完成投资131亿元，增长59.6%，其中实施超亿元项目63个。今年上半年，工业固定资产投资完成159.3亿元，占全部固定资产投资的34.3%，同比上升2.1个百分点。技术创新的机制和体系进一步建立和完善。

（五）努力壮大开放型经济，规范发展工业园区。积极组织企业参加重大招商活动，不断加大工商领域的招商引资力度。着力引导工业园区规范发展。截至6月底，全省工业园区累计入园工业企业6102个，其中投产企业4212个，同比增加856个；安置就业68.9万人，增长2倍。上半年招商引资实际到位资金、销售收入、实现利润、上交税金分别增长34%、69.3%、80%和59.9%。

（六）抓住"五百工程"，发挥重点企业和重点项目带动作用。我们把工作着力点放在抓好"五百工程"，上半年，100个重点企业对全省工业的贡献率达到47.4%，拉动规模以上工业销售增长18.9个百分点；100个重点技改项目，完成投资38.3亿元，已有14项建成投产；100项重点招商引资项目，进资1.1亿美元、15.1亿元人民币；100项重点新产品中， 22项重点新产品试产项目，已实现销售收入7.18亿元，利税9900万元；100个重点民营企业，工业增加值、销售收入、实现利润、实交税金分别增长28%、32.1%、18%和26%，同比净增就业岗位2680个。

下半年，省经贸委将继续按照主攻"三个突破口"、努力保持"三个更高于"、基本实现"三年翻一翻"的目标要求，继续坚持科学的发展观，努力保持强劲的好势头，振奋精神，抓住机遇、开拓创新，克服困难，全面完成年初确定的各项工作任务。

发挥统一战线优势　促进开放型经济发展

省委统战部经过思想大解放的洗礼，与时俱进，创新理念，调整思路，把服务经济建设摆上统战工作的中心位置，并适应我省实施大开放主战略和发展开放型经济的要求，把参与招商引资作为服务经济建设的重要工作来抓，取得了一定的成绩，积累了一些工作经验。

我们发挥统一战线联系广泛、朋友众多的优势，以统战性社团为主要依托，以牵线搭桥、铺路搭台为主要手段，探索出了统战部门服务招商引资的两种基本方式。一是配合政府招商。招商引资是一个邀请、接待、服务和留住客商的过程，我们一方面在这三次招商活动的邀请客商工作中发挥了重要的作用，而且还以踏实干事、真诚待人的作风，在招商活动期间和前后，做了大量耐心细致而又卓有成效的联系、接待和服务客商工作，赢得了海内外企业界人士的信任和友谊，对留商、安商生产了积极的影响。二是牵头策划和参与组织招商。去年10月份成功举办了中国“五会”（南昌）经贸恳谈会。这是我省统战系统积极探索由非政府组织和地方政府合作招商新路子的首次尝试，这次活动不仅引进了54个项目和77.6亿元资金，形成了60多个投资意向和150亿元的投资预期，更重要的是，向海外充分展示了江西人求新思变、开明开放、诚实守信、善谋实干的新形象，使统战部门服务开放型经济的广度、深度和力度得到了极大的提升，并在交友联谊、共谋发展中促进了港澳台侨和非公人士的统战工作，因而赢得了中国“五会”和省委、省政府众多领导的交口称赞和高度评价。省委书记孟建柱在我们的总结报告上批示：“省委统战部联合我省‘五会’充分发挥人民团体联系各界的优势，组织统一招商，成效显著，既引进了项目，又扩大了江西对外形象，实属工作中的一个创新。”省长黄智权也批示：“这次大会的成功举办，说明省委统战部和省‘五会’工作很得力，统战工作的协调机制很管用；更说明省委统战部思想解放，与时俱进。”在最近召开的全国统战部长会议上，中央统战部安排我省作了统战工作服务经济建设方面的典型发言，中央政治局常委、全国政协主席贾庆林在讲话中还特意用相当的篇幅介绍了这次活动，反复强调我省的经验很能说明统一战线在促进经济社会发展方面，“有独特优势和广阔前景”，“大有用武之地”。

我们在服务招商引资方面，之所以能取得一定的成绩，主要是因为统战工作协调机制得到了逐步健全，统战性社团作用得到充分发挥，一支善谋实干的统战干部队伍开始成长起来。我们在部机关中坚持了领导带着大家干和大家帮着领导想相结合、各处室献计和部务会决策相结合，坚持使用干部看能力，提拨干部重实绩，从而使一批善谋实干的统战干部迅速成长起来，为服务开放型经济发展创造了比较过较过硬的主体条件。

今后，我们将继续发掘和运用统一战线的社会优势、资源优势、政治优势和功能优势，紧紧依托统战性社团和工商社团等非政府组织，开拓视野，创新工作，为我省发展开放型经济作出新的贡献。一是根据服务市县、省市联动的原则，以四大活动为载体，配合有关设区市搞好招商活动：以省“五会”的名义邀请客商参加在赣州举办的第十九届世界客家恳亲大会和景德镇举办的置镇千年庆祝活动；以吉安市申报中国光彩会重点联系地区获得成功为契机，争取全国工商联、中国光彩会的支持，由省工商联、省光彩会组织省内外同营企业家，开展一次大规模的“光彩事业吉安行”活动；支持省侨联配合中国侨联，搞好由海外侨领参加的上饶集中营爱国主义教育基地揭牌仪式。二是以省“五会”名义，组织统战系统干部到省外、境外和国外去，加强与兄弟省市“五会”以及境外重要工商社团的互访，深入交友联谊，广泛宣传江西，组织一批重点项目与海内外客商进行务实性的洽谈和推介，为我省各级政府的招商引资工作作好铺垫。三是争取中国“五会”和省委、省政府高度重视“中国五会”的品牌价值，继续培育、完善和运用好这一品牌，在充分协商的基础上，正式与中国“五会”签署合作协议，定期在江西合作举办“中国‘五会’经贸恳谈会”，形成地方政府和非政府组织之间长期稳定的合作机制。四是在去年与中央统战部沟通协商并达成初步意向的基础上，争取在今年内举办一次20—30人规模的中国科学院、中国工程院党外院士来赣考察联谊活动，安排他们到风景名胜区观光休假，并在这个过程中穿插进行以下活动：对江西经济、科技和社会发展关系重大的专场学术报告；省委、省政府领导与院士召开座谈会；聘请一部分院士担任我省高校、科研院所、大中型企业、决策咨询机构的顾问或荣誉性领导职务，为以后引进技术、项目和人才创造条件。

围绕崛起　服务企业

省委副书记、常务副省长吴新雄（右二），副省长凌成兴（右一）亲临省机械行业办视察工作

2003年，江西省机械行业共有规模以上企业505个，比上年增加3%；从业人员17667，比上年增加5.4%；实现工业产值（不变价）2360163万元，比上年增长9.67%；实现工业增加值660846万元，比上年增长10.1%；完成销售收入2751386万元，比上年增长22%；实现利税238655万元，比上年增长29%；利润总额（盈亏相抵）114456万元，比上年增长62%。机械工业在全省工业中的重要地位进一步凸显，主要经济指标增幅均高于全省工业增长水平：完成销售收入、利税分别占全省工业的19.82%和17.14%，其中实现利润占全省工业的21.96%，各项指标占比比上年均有较大幅度提高。销售收入超亿元的企业有33家，其中超十亿元的企业有3家，超40亿元的有两家：江铃汽车集团（73亿元），昌河飞机工业（集团）有限责任公司（43亿元）。行业经济运行质量进一步趋好，资产总额增长大于负债总额增长，全行业资产总额同比增长9%，达到436.3亿元；资产负债趋于合理，资产负债率下降至63.3%，利税增长高于销售收入和工业总产值增长。生产集中度提高，优势企业对行业经济拉动作用更加突出。另据海关统计，2003年，我省机电产品出口21614万美元，增长44.3%，超额27.1%完成了国家机电办下达的1.7亿美元的预期目标。主要产品以载重车增长幅度最大，增长614.3%；行业办直属的省机械设备进出口公司出口创汇3852万美元，名列全省外贸公司第四位；江西捷德智能卡系统有限公司，位居全省外商投资企业机电产品出口第一名。

2003年，全省机械行业以加快发展开放型经济为契机，以招商引资促改革，牢牢抓住产权制度改革这个牛鼻子，行业改制工作卓有成效。有的以资本为纽带，通过兼并、重组、收购等措施，优化产品结构，扩大市场份额，提高竞争能力，做优做强了机械企业。如：北海银河科技股份有限公司投资1.3亿元收购江变科技股份有限公司85%股权，河北中兴汽车集团投资6800万元收购江西富奇汽车总厂。有的通过出售、拍卖、经营者控股买断等产权转让方式，加大国有资产退出步伐，放开搞活中小企业，改制面进一步扩大，达95%以上。

2003年，结合行业的实际情况，省机械行业办成立了招商引资办公室，设立了招商引资专项基金，提出了《江西省机械行业管理办公室关于进一步加强招商引资工作的意见》，组织行业企业积极参与江西省与浙江、上海、广东等省市的经贸合作洽谈会，并多次组团到浙江温州、台州、永康等地参观考察，多次邀请客商来赣洽谈。据不完全统计，全行业引资项目96个，合同引资33亿元，到位资金21亿元。主要项目有：中泰凯马股份有限公司投资3亿元，在昌北开发区组建机电工业园；投资2亿元组建江西百路佳客车有限公司等。同时，实施对外与对内开放并举，实行省、县联动，大力合建特色工业园：省机械行业办与都昌县人民政府协商达成协议，共同建设江西（都昌）汽车零部件工业园，与南昌市西湖区政府、新建县人民政府协商，拟共同建设机电工业园。另外，还与香港动力（亚洲）有限公司本着互利互惠的原则，拟共同投资合作兴建汽车零部件工业园，与奥地利盖特公司达成意向协议，由奥方租赁和收购江西方向机厂。

2003年，全省机械行业着力用高新技术和先进适用技术改造提升传统产业，积极建立以企业为主体的技术创新体系，推进技术进步。

2003年，省机械行业办努力实践“三个代表”重要思想，认真履行省委省政府赋予的职能，按凌成兴副省长关于“力争行业创优势，直属单位增实力”的要求，进一步转变观念和作风，牢固树立“以企业为主体”和“管理就是服务”的意识，“无中生有”创造性地为企业及直属单位开展“贴近企业、贴心服务”。继续坚持对全行业实行28项公开承诺报务，得到了企业的好评。省直机关作风建设活动第13周简报以《省机械行业办围绕崛起服务企业转变作风》为题，对机械行业办为企业服务给予了充分肯定。

地址：省府大院南一路3号　　电话：0791—6350368

强化行业协会作用 大力推进食品工业发展

江西省食品工业协会作为食品工业的行业管理机构，负责全省食品工业的行业管理和指导，协调食品工业各行业、地区、部门之间的关系，为企业的发展提供服务，在企业与企业、企业与政府和有关部门之间发挥桥梁和纽带作用，促进江西食品工业的健康有序发展。

2003年，全省食品工业运行保持了健康平稳的发展态势，全部国有企业和年销售收入500万元以上非国有企业累计完成工业总产值152.46亿元（现价）；工业增加值62.36亿元；实现销售收入149.48亿元；实现税利总额为34亿元，其中利润6.94亿元。

2003年江西食品工业得到了省委、省政府的高度重视，被列为江西省六大支柱产业之一；企业做大做强有了新的突破，一批企业进入全国食品工业强优行列。食品工业精加工比重加大，经济效益大幅提高。饮料制造业实现利税比上年增长32.14%；食品行业安全监管力度加大，在全省建立了食品放心工程联席会议制度。特色食品工业园区建设欣欣向荣。

2003年我们坚持以“三个代表”重要思想为指导，围绕省委、省政府“三个基地、一个后花园”和以推进工业化为核心的发展战略，主要开展了以下几个方面的工作。

1、认真开展调研工作，为行业发展提出参谋意见。

（1）在全省范围内进行了大量的现场调查研究工作。

（2）在广泛调研的基础上根据省计委和省经贸委关于六大支柱产业发展规划要求，分别编制了食品工业五年规划和发展规划实施意见。

2、转变观念，搞好服务。

（1）坚持每月对全省重点食品企业和全行业生产调度。

（2）配合省计委开展国家级农业产业化示范工程项目的申报、答辩、评审工作。

（3）组织企业参加全国性的推荐评比活动，提高企业的知名度。

（4）组织技术培训、考察，提高企业的技术水平。

（5）配合省质技监局集中骨干力量，做好食品行业“老五类”企业中实行“QS”认证工作和对白酒生产企业进行生产许可证发证工作。

（6）发挥行业协会信息广、渠道多、产学研联系密切、专家集中的优势。

（7）抓食品行业特色工业园区建设。

（8）成立省食品工业协会食品添加剂与食品配料分会，召开了首届分会会员大会。

（9）组织进行全省肉禽制品行业优质食品和十佳企业评选。

3、抓科技创新，实施“科技兴食”战略。

（1）牵头组织2002年省优秀新产品奖的申报、评审活动。

（2）协助省经贸委完成了南昌亚啤技术中心省级验收、认证，该企业中心已于12月20日授牌。

（3）努力推广新技术、新工艺、新装备，加快传统产业的现代化进程，组织企业参加新含气调理加工技术研讨会。

4、协助做好市场贸易方面的工作。

（1）协助委市场处在南昌市举办2003年全省食品工业展销洽谈会。

（2）开展“产优质啤酒、树诚信作风，共建规范市场经济秩序”主题宣传活动。

（3）组织企业参加第四届全国食品博览会和2003中国（厦门）国际食品采购博览会。

（4）在《江西食品工业》杂志上组织“2002年江西食品展销洽谈会优秀产品”、“2003年江西食品名牌产品”专栏宣传活动。

5、加强信息工作，开展电子政务。

（1）做好江西食品网网站的维护及建设工作。

（2）充分利用江西食品网的信息优势，为企业宣传、促销。

（3）《江西食品工业》杂志全年出刊5期（含蜂产品增刊壹期），共出版发行5万8千册。

（4）积极开展电子政务，在网上公示我办的各项活动和工作动态。

6、加强机关自身建设，坚持思想政治教育和党风廉政建设。

（1）为适应形势的需要，食品工业协会正式在省民政厅登记，发展团体会员110多名，按民间组织机制运行。

（2）坚持政治学习不放松，支部在学习上做到年初有计划，学习有内容。

（3）坚持党建工作，在认真学习，提高认识的基础上，积极培养党的新鲜血液，本年度发展1名预备党员。

（4）抓党风廉政建设。按照省经贸委的统一安排，认真组织政务环境评议评价工作，组织学习有关文件，提高大家的认识，查排存在问题，此外还制定了《省食品办专业技术人员职业道德和工作质量评估办法》，并对今年申报专业技术职称人员进行了评估。

高度重视中小企业 大力发展中小企业

谢碧联
省中小企业局党组书记、局长

近年来，我省在大力推进“以工业化为核心，以大开放为主战略”的进程中，中小企业得到了快速发展，其创造的工业产值、税收和出口额分别占全省工业的70%、60%和50%左右，中小工业企业职工数占全省工业企业职工的91.5%，已成为拉动经济增长的重要力量，成为吸纳社会就业的主要载体。但工业化程度不高仍然是我省经济社会发展中的突出矛盾和问题。解决这一矛盾和问题，就是要牢固树立和落实科学的发展观，按照省委、省政府的要求，坚定不移地推进工业化，坚持走新型工业化道路，把中小企业的发展摆上应有的位置，发挥中小企业在工业化进程中不可替代的作用。

中小企业在工业化进程中的作用表现为：第一，大企业的发展离不开中小企业。中小企业为大企业提供配套和协作，提高大企业的核心竞争力，促进大企业的发展。第二，中小企业活力强，成为技术与机制创新的有效组织形式。第三，中小企业可以发展成大企业，大企业都是由中小企业发展而成的。第四，中小企业在国民经济和社会发展中的作用越来越突出。因此，高度重视中小企业，大力发展中小企业，是实现江西在中部地区崛起、全面建设小康社会的必然选择。

（一） 实施园区战略。中小企业依托园区发展能显示很大的优势。

（二） 落实政策。一是落实《中小企业促进法》执法主体。二是落实财政扶持政策。三是减轻中小企业的税收负担。

（三） 加强体系建设。一是建立政府扶持体系。二是建立事业性的中小企业服务机构。三是要培育建立中小企业自律性组织。四是要建设面向全社会开放的信息服务体系。

（四） 破解融资难题。中小企业尤其是规模较小、实力较弱的中小企业，普遍存在着贷款难、担保难等问题。

（五） 重视人才培训。一是要着力提高企业家的自身素质。二是要加强中小企业管理人才和技术创新人才的引进和培养。三是要加强熟练工人的培训。

围绕中心　服务大局
大力促进江西开放型经济发展

大力发展开放型经济，是我省迅速扩大增量，做大经济规模，做强经济实力的现实选择，是实现江西在中部地区崛起的战略举措。2003 年，省委、省政府提出了招商引资工作要突出重点，瞄准港澳台商和东南沿海的民营企业作文章，我们充分发挥政协港澳台侨委员会海内外联谊广泛、朋友众多的优势，积极参与省政府 3 月初在北京举行的“江西与全国政协港澳委员和知名企业家共谋发展联谊会”、4 月份在上海举行的“江西与跨国公司驻沪代表恳谈会”和“江西与上海、江苏、浙江知名企业家恳谈会”以及 8 月份在香港举行的 2003 江西（香港）招商引资推介会，协助做好邀请客商等方面的工作，取得显著成绩，得到省委、省政府主要领导的充分肯定和高度评价，因此省政协港澳台侨委员会被省政府评为 2003 年全省服务开放型经济先进单位。我们作重做了以下工作：

一是热情邀请客商、努力确保推介会卓有成效。

去年 3 月，省委、省政府果断决策利用全国“两会”召开之际，召开江西省与全国政协港澳委员、知名企业家委员共谋发展联谊会。省委、省政府的果断决策在省政协马上变成了快捷的行动。省政协主席钟起煌在我省全国政协委员离开南昌赴京的动员会上，要求我省的全国政协委员尽力发挥联系面广的优势，争取多邀请一些委员参加。省政协港澳台侨委员会的同志在联谊会协调小组的统一领导下，积极做好客商邀请和接待工作。这次，邀请到会的全国政协港澳委员和知名企业家委员有 213 人，大大超过原来的预计。会后的总结会上，省委、省政府的有关领导同志对省政协的工作给予了很高的评价，他们说，做这样的工作还真离不开省政协的参与。

在上海召开的两个“恳谈会”，邀请上海、江苏、浙江参会的政协委员的任务又落在了省政协港澳台侨委员会的身上。我们派人奔走于沪、苏、浙，使应邀的客人大都如期参加了两个“恳谈会”这其中有全国政协委员、知名企业家王均瑶，江苏省政协常委、月星集团总裁丁佐宏、台湾太平洋集团执行总裁等知名企业家。

8 月份的香港招商引资推介会，省政协港澳台侨委员会派出了三人工作组，全力以赴开展这次推介会客商邀请工作，通过我们的努力，邀请到 142 位港澳地区有一定身份的客商参加，约占省直客商（450 人）的三分之一，由于工作到位，有些港澳委员组团参加者这次省直推介会。

二是积极宣传江西，不断提升红土地在海外的知名度。

为了更好地宣传江西、推介江西，扩大江西在海外的知名度，我们发挥政协联系面广、朋友多的优势，想方设法利用各种场合和机会宣传江西，在拜访各个商会，全国政协港澳委员和“三胞”知名人士时，我们都认真介绍我省近年来发生的巨大变化和取得的各种成就，大力宣传我省对外开放，投资成本最低、投资回报最快、信誉最好和办事效率最高的招商引资政策，并向客商发送江西省情的 VCD 宣传片、发放江西投资指南和项目册 500 多份。

三是主动服务客商，全力营造亲商、爱商、富商、乐商的气氛。

在省政协港澳委员和重点“三胞”人士在赣投资中遇到困难时，我们都积极与有关部门协调，尽力为他们排忧解难，使问题尽快得到解决，并保证投资者来的安心、放心、有信心。我们的港澳委员和一些“三胞”人士都把政协当作他们娘家，有事就会想起娘家人，这也是我们努力工作的结果。

做好招商引资工作，是政协围绕中心，服务大局的重要内容，是充分发挥政协优势和特色的重要作用，也是扩大政协影响，联谊交友的需要。

政协具有联系面广的优势，具有特殊的人缘、网络优势，今后我们要为江西引进海外资金、人才和技术，引进海外大财团，管理经验和信息以及海外市场网络和关系等方面，发挥更大的作用。

崛起的绿色产业

江西生态环境优美，自古就有“物华天宝，人杰地灵”之美誉。森林覆盖率高达59.7%，水能储藏华东第二，森林覆盖全国第二，淡水面积全国第三，风景名胜美不胜收，发展绿色食品产业具有得天独厚的优势。

随着绿色食品事业的不断发展和政府机构改革的逐步深化，为了加强对全省绿色食品工作的领导，2003年，省政府调整了省发展绿色食品领导小组组成人员。危朝安副省长出任该组组长、成员由省政府等二十四个职能部门组成。

2003年，尽管“非典”肆虐,洪涝无情，干旱连年，但是在省委、省政府和中国绿色食品发展中心的正确领导和大力支持下，在“三个基地、一个后花园”战略定位和“大力发展以绿色食品为主的食品工业”精神的指导下，全省绿色食品生产企业和广大绿色食品工作者辛勤劳动，无私奉献，取得了令人瞩目的成绩。截止2003年底，全省绿色食品开发企业148个，有效使用绿色食品标志产品数182个，认证总数进入全国前八强，环境监控面积500多万亩；有机食品生产企业28个，有效使用有机食品标志产品数42个，自农业部正式启动有机食品认证工作以来，我省通过有机食品认证的产品数、企业数均位居全国第一；实现销售收入40.1亿元人民币，出口创汇2400万美元。在全国范围内掀起了江西绿色食品潮，树立了江西省绿色食品大省形象。在全省省级农业产业化企业中，绿色（有机）食品企业28家，占27%；在全省国家级农业产业化龙头企业中，绿色（有机）食品企业3家，占33%。2003年我省绿色（有机）食品主要特点有：

一、有机食品发展迅速

2003年5月，中绿华夏有机食品认证中心江西分中心正式挂牌成立。我省通过有机食品认证的产品数42个，企业数28个，均位居全国第一；实现销售收入40.1亿元人民币，出口创汇2400万美元。

二、展示成果，树立形象

2003年我办按照农交会江西筹备领导小组的工作部署，积极组织南昌利达、赣南果业共50家绿色、有机食品企业参加首届中国国际农产品交易会。江西展团共签订合同协议金额7.25亿元人民币，并荣获组委会颁发的最佳组织奖；此次交易会，集中展示了江西省委、省政府实施“三个基地、一个后花园”战略以来所取得的丰硕成果，鲜明反映了中国最大的有机茶生产基地在江西，中国最大的绿色、有机茶油基地在江西，中国最大的绿色脐橙基地、水产品基地、有机矿泉水和纯净水基地全在江西。

总结我省绿色食品产业发展经验，主要有以下几点：

一、统一认识，加强领导

我省1993年成立了省发展绿色食品领导小组。省政府把发展绿色食品产业纳入重要议事日程，制定并下发《江西省绿色食品产业发展实施方案》，确定了发展目标和重点，建立了有效的推进机制和支撑保障体系。各级政府也将绿色食品产业发展作为结构调整和区域经济发展重要的新的经济增长点，加大了推进力度，形成了双重管理、有序开发、立体推进的新格局。

二、创造政策环境，加快绿色食品产业发展

我省加大了对绿色食品产业的扶持力度，促进了我省绿色食品产业的发展。我省出台了奖励绿色食品企业的政策。各地市金融部门加大对了绿色食品开发项目的信贷扶持力度。此外，各部门的资金，也正在逐渐向绿色食品产业倾斜。

三、发挥区域优势，走产业化道路，做大做强绿色食品产业

全省各地在开发绿色食品中注重发挥区域优势和产业优势，把发展绿色食品与农业结构调整结合起来，加快了优势农产品的发展，增强了我省农产品的比较优势。全省的绿色食品区域优势越来越明显，绿色食品产业带格局已基本形成。

四、建设市场体系，搞活绿色食品流通

省绿办经常组织绿色食品生产企业参加国际、国内绿色食品展销活动，取得了显著的轰动效应，在全国掀起了江西绿色食品潮，确立了我省绿色食品大省的地位。并经常给绿色食品企业牵线搭桥，向国内外客商介绍我省绿色食品，拓宽我省绿色食品销售网络。

五、依靠科技进步，开发和推广绿色食品新技术

我省积极鼓励和支持有关单位和科技人员发展绿色食品，开发新技术、新产品，建立种植、养殖技术标准。对于绿色食品科研项目和技术推广项目，各科技和农业部门优先纳入了重点科研计划和重点推广计划。

六、加大宣传力度，增强全社会的绿色意识

全省一些市、县农业部门和绿色食品企业，通过报刊、电视、杂志等新闻媒体，大力宣传当地的绿色食品企业和产品，不断拓宽绿色食品消费市场。积极向报社、电台、电视台、网站等新闻媒体提供绿色食品、有机食品的报导材料，多渠道地宣传我省绿色食品、有机食品的新成就，引导消费者认知绿色食品，放心消费绿色食品。

围绕崛起　服务企业

省领导孟建柱、吴新雄给南昌海关关员授衔

2003年，南昌海关认真贯彻海关工作“依法行政，为国把关，服务经济，促进发展”的方针和“政治坚强、业务过硬、值得信赖”队伍建设要求，强化管理，整合创新，抢抓机遇，趁势而为，推行风险管理，制订关区风险管理实施方案，完善和落实服务措施，全面加强公共关系，兑现承诺，加强关（警）务公开，巩固和优化政务环境，主动服务江西在中部地区崛起战略，继续为江西“对接长珠闽、融入全球化”战略建言献策。

【突出税收“轴心”地位，税收任务提前超额完成】　关区坚持向服务要货源，向管理要税收，向方法措施要效益。加强税源调研，努力巩固老税源，培植新税源。关区征收关税和进口环节税2.78亿元，比上年增长23.41%，提前19天完成2.62亿元的年度税收任务。

【积极拓展业务】　2003年，关领导带队深入地市、行业主管部门和重点企业进行货源、税源调研，促进了业务量的大幅增长。全年监管进出口货物总值5.08亿美元，增长34.1%；监管进出口货物总量32.14万吨，增长176.7%；加工贸易备案合同747份，备案金额2.5亿美元，分别增长7.33%和80.5%。

【认真落实进口税收优惠政策】　南昌海关依法为符合国家产业政策的企业技改、科教用品和外商投资项目办理减免税，全年办理减免税5.86亿元。批准增设保税工厂2家和保税仓库1家。全省加工贸易进出口达2.26亿美元，比上年增长42.1%。

【整合创新监管模式，提升通关效率和监管效能】　在“大通关”、“大监管”、“大关税”和“大缉私”的理念引导下，南昌海关初步形成了职能部门牵头，各相关部门参与，层级负责和集中管理相结合的通关应急处理机制、打击价格瞒骗、企业分类管理、风险管理等协调配合机制。加强通关环节的业务协调和分析，进出口报关单平均审结用时分别比上年缩短50 %和40 %，通关总体效率继续提升。

【继续保持反走私高压态势】　落实“打防结合、综合治理、突出重点、坚持不懈”的打私工作方针和全国、全国海关和全省打私会议精神，运用刑事、行政执法两种手段，集中力量组织开展了“破案会战”等专项斗争和联合行动，全年查处走私案件6起。实施反走私综合治理，走访业务量大的A类企业，进一步促进关企合作互动。

【进一步发挥海关统计工作服务海关业务管理和地方经济作用】　南昌海关及时发布统计数据，积极做好统计对外咨询服务工作。深入开展调研和专题分析，及时向地方党政报送统计分析报告。

【大力提高科技应用水平】　全面完成了H2000系统切换，加大了科技投入，对关区计算机网络扩容改造、系统升级和计算机购置。关区网络扩容提速，计算机系统的安全性和稳定性进一步增强。政务信息化建设平稳推进，红机网应用范围不断扩大，开辟了政工网、监审网、H2000专栏等网页。

【顺利完成首次关衔评授工作】　南昌海关对关区181名关员首次评授了关衔。严格按照关衔评授的原则、条件和规定，并突出抓了“四个一”活动：一次“增强荣誉感，树立新形象”的主题教育活动，一周全员军训，一次隆重的授衔仪式，一次“立党为公，执法为民，整肃纪律，树立良好形象”的作风纪律整顿。

【投入抗击“非典”工作】　2003年上半年，面对“非典”疫情，南昌海关坚持一手抓防治“非典”不松劲，一手抓把关服务不动摇，做到“防治工作不放松、业务工作不间断，服务标准不降低，关区上下无病例”。面对2003年夏季持续40多天的高温，关区上下坚守岗位正常工作，保证高温状态下通关效率不降低。

【继续狠抓素质能力的培养和提高，全面加强关区队伍建设】　努力为实现关区队伍的“思想理念现代化、业务技能现代化、精神风貌现代化”。为建成正规化、现代化、准军事化海关队伍，南昌海关在队伍建设中突出了“四抓”：抓班子，关区各级领导班子建设不断加强；抓作风纪律，队伍的精神风貌进一步提升；抓主题教育，思想政治工作深入开展；抓反腐倡廉，队伍的拒腐防变能力不断增强。

江西省女企业家协会

江西省女企业家协会（简称女企协，英文名称：JIANG XI PROUICE ASSOUIATION OF WOMEN ENTREPRENEURS ）成立于1986年10月，是由全省各行业中女性经营者和管理者自愿联合组成的，从事研究、传播、推广现代企业制度，推进企业改革和发展的法人社会团体，是非营利性社会组织。本会接受江西省妇联和江西省民政部门的业务指导和监督管理，独立开展活动。本会是中国女企业家协会的团体会员，是江西省企业联合会的团体会员。

本会的宗旨是：坚持以邓小平理论和“三个代表”重要思想为指导，遵守宪法、法律、法规和国家政策，遵守社会道德风尚。坚持服务大局、服务企业、服务女企业家，激励女企业家为全面建设小康社会和实现江西在中部地区的崛起贡献聪明才智。

本会的业务范围是：一、组织女企业家认真贯彻党和政府的方针、政策、法律、法规，认真学习邓小平理论和“三个代表”的重要思想，全面落实党的十六大和十六届三中全会精神，坚持以人为本，促进城乡、区域协调和人的全面发展，团结和带领女企业家积极投身中国妇女九大提出的“创造新岗位、创造新业绩=创造新生活”（以下简称“三创）的实践，充分发掘女企业家的聪明才智，为加快江西工业化、城市化的进程做出新贡献；二、围绕在深化企业改革，加强企业管理中遇到的新情况、新问题，组织女企业家开展报告会、研究会、交流会等多种活动，推动企业改革与市场经济发展，增强女企业家的创新能力、应变能力和竞争能力；三、开展区域间企业经济交流与合作的横向联系与联谊活动；四、举办不同形式的岗位培训和商贸培训，提高女企业家的综合素质；五、推动妇女创业与再就业，与社会多种媒体合作，宣传女企业家参与“三创”实践的先进事迹和成功经验，表彰获得“三创”优秀成果的女企业家；六、组织会员参加国内外学术交流和交往活动，促进中外女企业家的合作与友谊；七、反映女企业家的意愿和正当要求，维护女企业家的权益；八、接受江西省妇联和有关职能部门委托的各项工作；九、指导和帮助基层女企协开展工作。

2004年5月26日召开了第四届会员大会进行了换届选举，现有会员156名。省政府副省长凌成兴担任名誉会长，省妇联主席李亚平、副主席潘玉兰担任荣誉会长，原省妇联主席、省科协主席金祖光担任会长。本届理事会聘请顾问5人，副会长有11人，常务理事31人。本协会人才济济，完全有能力开展好本协会业务范围内的各项工作。欢迎有志者加入本协会。

联系地址：南昌市八一大道415号　江西省妇联妇女发展部
联系人：俞庆江　13879152301
　　　　龚根英　0791—6217130（电话　传真）
邮　编：330046

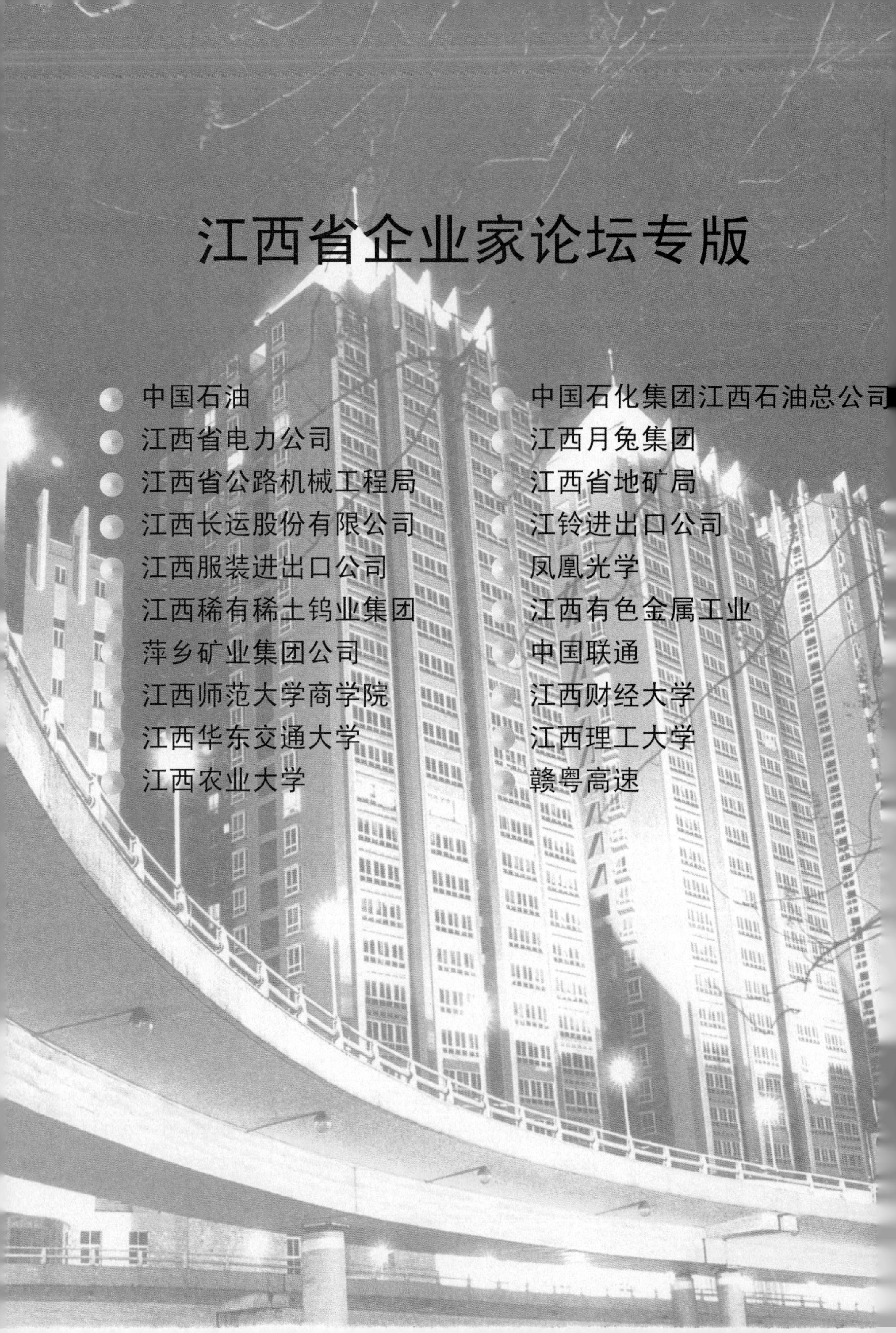
江西省企业家论坛专版
中国石油
江西省电力公司
江西省公路机械工程局
江西长运股份有限公司
江西服装进出口公司
江西稀有稀土钨业集团
萍乡矿业集团公司
江西师范大学商学院
江西华东交通大学
江西农业大学
中国石化集团江西石油总公司
江西月兔集团
江西省地矿局
江铃进出口公司
凤凰光学
江西有色金属工业
中国联通
江西财经大学
江西理工大学
赣粤高速

树立正确的业绩观、发展观、人才观
——谈企业领导者落实科学发展观

中国石油江西销售分公司总经理　张军

在党的十六届三中全会上，中央明确提出："要坚持以人为本，树立全面、协调、可持续的发展观，促进经济社会和人的全面发展。"当前，大到整个国家，小到一个企业都应该"抓住机遇，进一步深化改革、扩大开放、加快发展"。可以说，抓住机遇，加快发展既是新的历史形势对中国企业提出的时代要求，更是各企业谋求自身生存、发展与壮大的现实要求。但是，越是加速发展，越要注重科学发展。

因此，企业领导者尤其是国有企业的领导者都应该按照中央领导提出的"面对新形势新任务，必须牢固树立和落实科学发展观"。企业领导者树立和落实科学发展观，重点是要树立正确的业绩观、发展观和人才观。

首先，在制定事关企业前途和未来的重大决策过程中，企业领导者要有正确的业绩观。客观地讲，凡是有事业心的企业领导者都希望企业有发展，个人也有发展。但是，在制定企业发展战略过程中存在两种情形，一种是把个人业绩放在优先地位，另一种是把企业业绩放在优先地位。如果把个人的业绩放在优先地位，则决策者往往比较容易受个人和外界等因素的影响与干扰，在研究和分析有关问题时难免有欠科学和周全，在这种情景下制定出来的企业发展策略必然带有功利性的，甚至成为领导者谋求个人业绩的工具，即所谓的搞个人"政绩工程"、"形象工程"等，严重还会作出有损于企业发展的决策。相反，如果是后者，则决策者能够保持清醒的头脑，站在客观的立场，科学地分析、研究市场、环境和相关资料，为企业制定出科学、合理、可行的企业重大发展决策，使企业因此而得到发展，并在此基础上促进领导者自身得到发展，最终实现企业与个人的共同发展。

树立正确的业绩观，就是要求企业的领导者既要把谋求企业的发展当成自己的事业，又不能完全当成自己的事业。把企业的发展当成自己的事业，有利于增强领导者的使命感和责任心，把精力和心血一心一意放在企业发展上；不完全当成个人的事业，有助于领导者跳出狭隘思维，始终站在全局和战略的高度看待企业的发展，不至于因决策失误造成企业损失，阻碍企业发展。

其次，在决策执行过程中，企业领导者要有正确的发展观。当决策进入执行阶段后，由于具体执行者大多不是决策本人，所以难免对决策的理解产生偏差，从而造成决策执行失真。例如有的执行者把企业发展简单的等同于企业某一指标如经济指标在数量的增加，忽视了该指标质量或其它指标量与质的增长。在决策执行阶段，企业的领导者也由决策的制定者转变为决策执行的检查者和监督者，因此，企业领导者必须要有正确的发展观，能够辨证地看到企业发展中的质和量的增长关系，及时纠正决策执行过程出现的只求量的增加而忽视质的保证，或者只重视质的保证而不求量的增加等现象，尤其当企业处于高速发展时期，领导者坚持正确的发展观就显得越发重要。如果领导者没有正确的发展观，对企业中存在的各种畸形发展模式或现象视而不见，那么即使有再好的企业发展政策，最终也可能造就一批"豆腐渣"工程。

树立正确的发展观就是要求企业的领导者坚持企业发展的量的增长和质的保证相统一，坚持在适度规模增长的基础上对企业实行精细化管理。只有在企业发展中坚持量和质的协调统一，才能推动企业稳扎稳打，一步一个脚印向前发展，使企业每一个阶段的发展都能成为其更大发展的坚实基石。

最后，在企业发展的全过程，企业领导者要有正确的人才观。人才作为现代企业最重要的战略性资源，是所有企业不可或缺的资源，离开了人才，企业的发展无从谈起，得人才者，企业得发展。因此，在人才的使用上，各企业特别是企业的领导者要坚持"以人为本"的正确人才观，一方面，坚持"以人为本"是科学发展观的本质和核心，企业只有坚持"以人为本"，将每一位人才安排在合适岗位，才能做到适才适用，人尽其才，为企业创造最大的效益。

另一方面，从小处讲，坚持"以人为本"，能够充分调动每一位人才的积极性和能动性，充分挖掘并发挥人才的潜能，使之为企业发展服务；从大处讲，坚持"以人为本"的科学人才观，能够为企业创造一个健康、和谐的用人环境，为人才营造一个良性、有序的竞争氛围，从而齐心协力，共同推动企业向前发展。

当然，树立和落实科学发展观，还需要企业领导者对环境、资源等其它涉及企业发展的要素有正确的认识和科学客观的把握，但正确的业绩观、发展观和人才观是企业持续协调发展的基础，是落实科学发展观和推动企业良性发展的根本保障。

树立科学发展观　打造油品大市场

为实现江西在中部地区崛起加油

中国石化江西石油分公司经理
中国石化集团江西石油总公司经理　于忠国

中国石化股份有限公司江西石油分公司前身为江西省石油总公司，成立于1950年10月，是江西省专营成品油的国有控股大型企业，担负着全省成品油市场供应任务。1998年10月成建制划转中国石油化工集团公司。2000年2月，主业重组改制为中国石油化工股份有限公司江西石油分公司（简称中国石化江西石油分公司）；辅业组建中国石油化工集团公司江西石油总公司。

目前，中国石化江西石油分公司下辖12个市级公司、83个县级支公司（经营部），拥有加油站1000余座；现有总资产50多亿元，职工10000余名。

近年来，中国石化江西石油分公司以“三个代表”重要思想为指导，在中国石化集团公司和省委、省政府的领导下，动员全体干部职工团结一心、振奋精神、求真务实、开拓创新，努力实现全系统改革发展新突破，各方面都取得了喜人的成绩。每年成品油经营总量以10%速度递增，2004年1-8月经营总量比去年同期递增23%，利税从1998年的3000万元到2003年的5.87亿元，实现了江西石油发展的大飞跃。

改革经营体制，为打造成品油大市场奠定坚实的基础

作为江西省成品油经营最大企业，2003年，江西石油公司新一届领导班子，紧紧围绕经济效益这一中心，从深化企业体制、机制改革入手，全面推进企业各项管理。一是加大区域重组的力度，推进市县一体化改革，并实行“收支两条线”，使经营机构更趋精简、合理。二是精简机关，完善全员竞聘机制。省公司机关大力压缩处室，由14个处室合并为9个。省公司机关中层正职竞聘上岗，中层副职面向全系统选聘，并首次引入末位淘汰制；机关职工全员竞争上岗，大大改善了省公司机关人员的知识、年龄和专业结构。各分公司通过定编定岗定员大力推行竞聘上岗。三是深化分配制度改革。将分公司领导班子成员纳入省公司绩效考核范围，“按效益论赏”，拉开了分配差距，调动了积极性，提高了业绩，增加了收入。四是进行了小站改革。178座单站销量500吨以下、地处偏远的加油站（点）实行了不同形式的改革。五是部分存续企业实行了改制分流。上饶、鹰潭、抚州等分公司将适合个体经营的“三类”资产进行置换，改制分流，关停了县级公司和部分分公司规模小、效益差的实体。

调整经营结构，为打造成品油大市场增强核心竞争力

随着全省成品油经营形势的不断变化，如何构筑全省的营销市场，成为江西石油加强核心竞争力的关键。2003年受国际原油、成品油价格和国内经济增长较快的影响，成品油市场比预测的要复杂得多，困难比预料的艰巨得多。但我们始终坚持以市场为导向，不断调整经营结构和经营策略，合理安排资源。积极组织资源，强化调运，确保了重点用户，经受住了复杂市场的考验，保障了市场供应，驾驭市场的能力明显提高，真正验证了主导市场的地位，也为提高经济效益创造了条件。

第一，加强市场基础工作。通过建立周报、月报分析制度，强化了市场分析，增强了市场预测能力。加大了对业务二期系统的开发与运用，不断提高信息化建设水平，为营销现代化打下了基础。

第二，强化资源调运，优化了库存。近年来，成品油市场变幻难测，资源需求难料，炼厂发货不均，铁路运力不足，加之江西遭遇百年不遇的旱情，赣江水位下降到历史低位，调运工作面临极大考验。但我们克服各种困难，及时将资源入库，保持了合理库存，实现了保障市场、降低费用、优化库存的目标。

第三，以零售为龙头，强化直销、配送，改善了经营结构，提高了经营质量。通过认真分析零售、直销经营情况和市场动态，及时掌握市场情况，捕捉市场机遇，实现了零售、直销、配送量的大幅上升。特别是全省开展高标号汽油宣传月活动，推动了高标号汽油销售。

第四，加大加油站“达标创新”管理力度。近年，我们加强管理，对不符合要求的星级加油站给予了摘牌，提升了加油站的管理和服务水平。同时，在大多数加油站实行吨油工资、费用包干为主要形式的联量、联费、联利计酬办法。完善了激励机制，调动了员工的积极性，提高了销量。全省38个县经营部零售量超过了万吨。

开展市场整顿，为打造成品油大市场规范经营秩序

在省政府的领导下，我们积极配合有关部门开展成品油市场整顿工作，较好地贯彻落实了国家和总部的精神。为搞好成品油市场整顿工作，各分公司都设置了专职部门并抽调责任心和对外协调能力都很强的同志，积极主动，密切配合政府开展工作。各分公司一把手重视市场整顿工作，重大问题亲自过问，关键时刻亲自出马，分管领导具体布置各项工作并狠抓落实，有效地保证了各项工作的顺利开展。在成品油市场整顿中，我们认真学习和正确掌握国家有关政策，对工作认真负责，严格自律，向政府提供人、财、物方面的支持，与政府建立了正常的沟通渠道，取得了政府及有关部门的高度信任。在配合当地政府开展工作的同时，及时反映专项整治工作中存在的问题，起到了“站岗放哨”的作用，使很多问题消灭在萌芽状态，取得了较好效果。目前，我省成品油市场整顿工作已取得明显成效，基本实现了规划布局基本合理、中石化竞争力明显提高的目标，成品油市场逐步走向规范。

提升企业管理水平，为打造成品油大市场增强动力

管理是生产力，管理出效益。我们通过加强管理，提升企业竞争力。去年，公司机关制订了相关工作规则，各职能部门出台了20多个规章制度，减少了管理漏洞，避免了效益流失。营销、零售、财务管理工作进行垂直化，并将其纳入省公司统一的绩效考核，减少了环节，提高了员工的积极性。

其二，规范财务和资金管理。从2003年1月起，在分公司实行了增值税统一缴纳，进一步完善收支两条线，实行了收、支分户的严格管理，取消了县公司独立核算，实行报账制，保障了资金的安全。加大审计与监察力度，全年完成审计项目240个，审减金额280多万元，效能监察立项1 4项，为企业效益的增长起到了保驾护航的作用。

其三，以安全为重点，认真落实安全生产责任制。去年，省公司多次派工作组检查油库、加油站，检查了加油站671座。投入了3700多万元进行油库隐患治理，加大了隐患治理。完善了安全绩效考核制度和考核办法，加强了安全知识培训，提高了领导和职工的HSE意识。

其四，完善油品数质量管理体系，严把数质量关。重新制定了加油站管理台帐，完善了加油站质量、货款回笼、票证管理体系，加强了加油站损溢管理。统一了油库管理台帐，做好零库存管理数量方面的准备工作。确保了所售油品数量充足、质量合格，维护了中石化的品牌形象。

树立科学发展观，打造油品大市场，为实现江西在中部地区崛起加油

纵观国内外环境，我们既有大好的发展机遇，也面临着严峻的挑战。一方面，随着我国履行加入WTO的承诺，今年底，我国成品油零售市场将对外资放开，2006年批发市场放开，我国成品油市场竞争将进一步加剧。另一方面，国内国民经济仍将保持持续健康快速增长态势，强劲的经济增长将继续为石油石化行业的发展提供充足的动力。特别是近年来，随着省委省政府提出“实现江西在中部崛起”的目标之后，江西的经济发展进入了一个快速发展轨道，工农业生产出现了喜人的局面，对成品油保持着旺盛的需求。在这种形势下，担负全省成品油供应主渠道的中石化江西石油分公司，必须树立科学发展观，打造成品油大市场，按照中国石化集团公司“效益最大化和回报最大化”原则，求真务实，创新管理，以市场为导向，以效益为中心，以改革为动力，以发展为目标，不断提高市场占有率与控制力，全面提升企业经营与管理水平，打造中石化江西石油新形象，为江西经济持续快速健康发展和实现在中部地区崛起再做新贡献。

建设现代化电网企业的目标和路径

江西省电力公司总经理　毛日峰

精心锻造“软硬件”

现代化的电网企业，以管理水平高、竞争能力强、经济效益好为主要特征。从硬件方面来讲，要有现代化的电网作支撑，要有合理的电网布局、坚强的电网结构和先进的技术装备。从软件方面看，要有先进的管理理念、高效的运作机制、高素质的员工队伍。

建设现代化的江西电网企业，需要着力从硬件和软件两方面下功夫。就江西电网的现状而言，无论是在硬件方面，还是在软件方面，距离现代化的电网企业目标均有较大差距，其中电网网架薄弱、管理水平不高、思想观念落后是主要薄弱环节。

在硬件建设方面，要紧紧抓住江西经济快速发展、三峡电站投运、大西南水电开发及全国联网的良好机遇，精心谋划江西电网发展规划，积极推进500千伏电网建设，使各电压等级电网协调发展。要抓住三峡配套外送工程给江西电网发展500千伏主网架带来的难得机遇，确保江西500千伏“两站三线”工程在今年全部建成投产。在此基础上，我们还要力争2005年初建成吉安—赣州500千伏输电线路，先期降压运行，同时加快推进新余—赣州500千伏输变电工程前期工作，力争年内开工建设。

2004年至2010年，是江西电网500千伏主网架形成和电压等级网络协调发展的关键时期。2010年前，江西将规划建设6座500千伏变电站和近2000千米500千伏输电线路。同时，要建成南昌桃苑等45座220千伏变电站，新建220千伏输电线路4000余千米。届时，江西将形成与华中网三回500千伏联络线，省内则形成以南昌为中心东至上饶、南接赣州、西抵新余的500千伏双回路大母线结构。

今明两年在加快500千伏主网架建设的进程中，要扩大220千伏电网覆盖面，重点加强南部赣州、东部上饶、西部宜春、萍乡与主网的联系。要配合贵溪电厂扩建和余干电厂新建，跟进相关地区的电网规划与建设，进一步完善江西220千伏电网结构。“十一五”期间，全省要以500千伏骨干网形成为依托，配套跟进并逐步形成220千伏分层、分区的供电网络，形成结构合理、安全可靠、满足市场化运营的电网。

在这一时期，江西电力要建设现代化的技术支持系统，进一步完善电网继电保护和安全自动装置，保持江西电网继电保护正确动作率在国内的先进水平；加快江西电网主干光纤通信网的建设，在2005年底前实现光纤通信网覆盖各供电公司和主要220千伏变电站；努力建设江西电网三级数据网，进一步提升江西电网调度自动化应用水平。同时，要加强省公司与各供电公司信息系统的互联，完善生产经营管理平台和电力营销服务平台，实现对用电客户的可靠供电和优质服务。通过上述努力，使江西电力尽早实现“保护装置微机化，主干通道光纤化，数据传输网络化，运行指标国际化，专业管理现代化”的目标。

另一方面，省公司还应强化现代管理提高员工素质。当前，全国联网已拉开序幕，高电压、大容量已是大势所趋，电力市场也在不断发生新的变化。江西电网主网架正处在由220千伏向550千伏电压等级过渡的关键期，粗放、松散的管理模式和做法已经不能适应现代企业管理的需要。因此，我们要按照现代企业制度，坚持以人为本，以效益为中心，以建设现代化的电网企业为目标来创新管理思路。我们将在公司系统建立科学的选人用人机制，将有本事、肯干事、干好事的人才选拔到重要岗位，完善工作标准、技术标准、管理标准，实现从“以人管人”到“以制度管人”的转变，真正形成政令畅通、流程规范、运作快捷的企业工作秩序。

创建“一流电网指挥部”

建设现代化的江西电网企业，我们必须以“三个代表”重要思想为指导，以更新观念为先导，以作风建设为重点，以体制、机制转换为动力，以提升员工素质为基础，全面开展“一流电网企业指挥部”的创建工作，全面提升公司本部的管理水平。

我们所要打造的“一流电网企业指挥部”，应该具有现代化的思想理念、科学化的管理体制、集约化的经营方式、公司化的运作机制、规范化的办事程序、系统化的服务体系、和谐化的人文环境、实干化的工作氛围；要有高起点的战略思路、高效率的工作作风、高水平的办事质量、高素质的员工队伍、高信誉的品牌形象、高含量的工作业绩、高效益的财务状况、高质量的生活水平；是全公司系统名符其实的战略规划中心、资本运营中心和调度指挥中心。

在创建“一流电网企业指挥部”中要注重人员素质的进步。公司本部的每位员工都要努力做到思想素质好、业务能力强、工作作风硬。为此，公司要切实加强员工的思想作风建设，不断推进学习创新，实施企业文化战略，使本部员工在思想上树立正确的世界观、人生观和价值观，在行动上自觉维护企业利益，做到令行禁止。公司各部门要切实加强员工的能力建设，不断强化素质训练，提升业务水平。

在改革不断深化的形势下，公司本部还应形成与时俱进、开拓创新的思想观念和以“卖电、收费、服务”为龙头的经营理念以及适应市场经济的经营方式，努力追求企业利益的最大化；要通过深化公司本部改革，建立健全内部运作机制大力推行员工绩效管理体系，实篱新型的用工机制和分配机制，实行目标管理，强化岗位责任，加大考核力度，不断激发员工的工作责任感和使命感，不断提高工作效率和工作质量。

当前，公司正在抓紧研究制定具体的实施办法的阶段目标，并将标准逐一分解落实，层层明确责任，同时将近落实情况纳入年度三项责任制考核。公司本部各部门要发动全员参与，通过层层保证和层层展开，做到人人有目标，个个有责任，确保创建“一流电网企业指挥部”目标的实现。

分段实现企业战略目标

力争在2010年全面实现建设现代化江西电网企业的战略目标，必须做好各项基础工作，同时要分阶段、分步骤地向前推进。

第一阶段：到2005年售电量达到300亿千瓦时以上，资产总额达到300亿元，形成江西电网500千伏初期网架，与华中电网通过2条500千伏输电线路联络，同时保证220千伏电网、城网、农网协调发展。2004年要力争省公司和100%的地市供电公司成为江西省文明行业。

第二阶段：2008年实现售电量400亿千瓦时以上，资产总额达370亿元，基本形成江西电网500千伏主网架，220千伏电网网架坚强，城网、农网供电可靠率、电能质量均达到一流企业标准，管理水平达到一流标准，基本实现现代化电网企业目标。2006年，江西省电力公司力争成为国家电网公司双文明省公司。

第三阶段：2010年售电量500亿千瓦时以上，资产总额430亿元，形成江西电网500千伏双回路大母线主网架，与华中电网通过3条500千伏输电线路联络。220千伏及以下电网都形成结构合理、运行可靠经济的坚强网架。省电力公司的综合实力达到华中用全国的平均水平。

建设现代化的电网企业是一项系统工程，需要付出艰辛的努力。2004年是江西实现“建设现代化的电网企业”目标的重要一年。公司系统必须努力实现全体员工在思想观念、精神风貌和综合素质上和明显变化，同时实现江西电网企业的管理水平和经营效益的明显变化，为建设现代化电网企业这一战略目标打下坚实基础。

月兔：诚信经营　心系民众

——月兔企业集团董事长、总经理　余小斌

在市场经济大潮中，企业之舟如何稳健航行？江西月兔集团牢固树立“诚信也是竞争力”的观念，坚持用诚信的经营理念来提升企业的生产力水平和竞争力，从而使企业在日益激烈的市场竞争中永葆生机和活力。2003年，月兔集团实现销售收入达18.5亿元，上交税金2.54亿元。

月兔人认为，市场经济是信用经济，成功的企业必定是个诚实守信的企业。秉承“为社会进步创造财富，为民众生活奉献精品”的经营理念，月兔把诚信文化、诚信经营渗透到经营管理的各个环节，构建了完善的企业内部信用管理体系。

在月兔，产品就是人品。月兔倡导“素质与素养同在，人品与精品共存”，要求员工“做月兔人，扬月兔名”、“在岗一分钟，尽责六十秒”，努力为经销商和消费者生产优质产品，提供优质服务，自觉维护企业形象。为保证产品质量“零缺陷”，月兔下属企业均实施并通过了ISO9001：2000国际质量体系认证。近几年，随着“月兔”系列产品的走俏市场，一些不法分子也把销售假冒伪劣产品的目光投向“月兔”。对此，月兔专门成立“打假办”，协同公安部门和司法机关对此进行严厉打击，从而维护了企业声誉，保障了消费者的权益。

创造优质产品、提供优质服务，需要诚实守信、敬业爱岗的员工队伍。月兔通过广纳八方贤才、培训在岗员工、深化三项制度改革等举措，合理配置人力资源，营造出“竞争、健康、向上”的公平竞争氛围，保证每个月兔员工都能发挥其专长。同时，对员工的各项承诺，集团给予件件落实，言必行，行必果，在今年2月集团召开的一届四次职代会上，面对近400名员工代表，月兔董事长余小斌不仅庄严许诺今年要为员工办6件实事，还逐项通报了在上年职代会上对员工作的4项承诺的践诺情况。

企业发展离不开社会各界的支持和关爱。在生产经营过程中，月兔恪守诚信原则，与各级银行、税务、工商等业务合作伙伴建立了良好的合作关系，合同履约率达100%，其依法纳税、诚实守信的形象一直有口皆碑。近三年来，月兔获得了江西省重合同守信用AAA企业、诚信纳税企业、用户满意企业等荣誉称号。

作为一个富有社会责任感的企业公民，月兔近几年累计捐款400万元，用于文化教育、济困扶贫等社会公益事业，如：为救助遭受'98特大洪涝灾害的灾民捐款160多万元；捐资近100万元用于上饶革命烈士纪念馆重建；捐资60万元赞助第三届“全国武术之乡”武术比赛；出资近10万元捐给“烛光工程”；捐赠10万元用于抗击“非典”；为10名援建阿富汗的遇难者家属捐助5万元等。这一系列诚信奉献、回报社会的举动，树立起月兔良好的企业形象，显著提升了月兔的知名度和美誉度。今年5月，经国内专业评估机构评估认定，“月兔”品牌价值为18.03亿元。

诚信为本，企业兴旺。诚信经营助推月兔跳跃发展，使月兔由原先一个不知名的小作坊快速跃入江西工业企业前8强。从1992年至今，月兔上交给国家的税金总额已超过16亿元，累计为当地社会提供了4500多个就业岗位，员工年人均收入实现了逐年增长，去年超过1.5万元。“月兔”品牌成为省名牌产品、著名商标，其影响力辐射全国。今日月兔，企业呈现出“领导有正气，员工有士气，产品有名气，企业有生气”的良好局面。

江西省公路机械工程局

局长：周连尧

党委书记：晏友华

江西省公路机械工程局是国家公路工程一级总承包及路基、路面、桥梁一级专业承包施工企业，一级资信企业，交通工程施工企业，是当前江西省一级施工资质最全、在全省交通施工系统首家通过ISO9002国际质量标准认证、有关施工资格条件最完备的公路工程施工企业。

伴随着国家的繁荣昌盛，特别是近年来我省交通建设的飞速发展，在艰苦拼搏的风雨沧桑历程中，该局已发展成为一支拥有七个工程处、一个修理厂、一个劳动服务公司等九个下属单位。拥有一批技术过硬、经验丰富的项目经理、施工管理人员和技术人员、拥有原值达亿元机械设备；主要从事公路路基、路面、桥梁、附属设施建设，城市、机场道路建设，码头、房建等土木工程建设，走技术领先、科技兴局发展道路的高度机械化、专业化工程施工企业。成为省内一支实力强劲的公路工程施工骨干企业。

内部管理　该局全面贯彻ISO2000版国际质量标准，实行现代企业管理制度和管理模式。局机关设6个经营管理科室，下属9个单位全部实行内部独立核算。全局各级专业技术人员188人，具有资质项目经理43人。

机械设备　该局拥有强大的沥青砼路面、水泥砼路面、路基土石方等机械设备。如从英国进口的省内首台大功率、大吨位、高质量、环保型、价值1500万元的3000型沥青拌和楼一套，价值同样在千万元以上的意大利马莲尼大型沥青拌和楼一套，各类进口沥青摊铺机、大型砼拌和楼、路拌机、大吨位压路机、自卸车、吊车、大型平地机、装载机、推土机、钻机等公路及桥梁工程配套设备以及先进的试验设备，为从事各类工程施工提供了强有力的基础保障，显示出强大的施工能力。

工程业绩　近年来，该局在各级公路工程建设中，特别是在重点高等级公路工程建设中，取得了令人瞩目的可喜成绩：参与了昌樟高速公路、温厚高速公路、梨温高速公路、胡傅高速公路、昌北机场高速公路、广东揭普高速公路、京福高速公路、昌金高速公路、乐温高速公路、昌厦一级公路、九景公路、都蔡公路、105、320、323、319、316国道改建工程、上分线工程、景德镇市政工程、武宁大桥引道工程、南昌市一江两岸工程等公路桥梁工程建设，工程合格率100%，优良率90%以上，年均产值超亿元。仅2002年，该局中标工程量6亿余元，完成工程建设总量近3亿余元。多年的施工中，该局及所建工程获得不少殊荣，荣获了优秀施工单位、交通质量年活动优秀单位，“重合同、守信用单位”、优秀项目经理部等各种荣誉称号。

利用高起点的优势，依托强大的设备力量和技术支撑，采取先进科学的管理模式，突出施工质量、信誉，是该局大跨步向前发展的成功所在。该局一如既往坚持“创管理一流，争质量第一”的思想，全面按ISO2000国际质量标准要求设置机构、配置人员、规范管理、建立质量保证体系；注重引进、消化、借鉴、创新国内外高新工程技术，大力推广应用新技术、新材料、新工艺、新设备。凭借自身资质条件和雄厚实力，坚持“立足本省、快步走出省门、国门”的长远战略。使企业朝品种、质量、效益型道路快速发展。

面对以知识经济、科技进步为主流的工程建设市场，该局将进一步倡导科技、尊重人才，进一步以技术创新作为企业发展的杠杆支点，以实现质量效益的新突破为目标，把企业建设成为一支财力雄厚、装备精良、人才密集、作风过硬、能征善战的现代化优秀施工企业，努力再创企业新的辉煌。

地址：江西省南昌市下罗昌北开发区　　电话（传真）：0791—3811408

江西省地质矿产勘查开发局

局党委书记、局长：王小烈

危朝安副省长在西藏视察地质工作

江西省地质矿产勘查开发局（简称江西省地矿局）为省人民政府直属正厅级事业单位。我局的专业和产业优势主要是地质勘查和与其相关的建设工程施工、环境地质、灾害地质、矿业开发等延伸产业，此外新型建材和餐饮、宾馆、旅游、房地产等也具有一定规模。

建局40多年来，各项地质工作取得了令人瞩目的成就，为江西省的经济发展提供了大量的矿产和地质信息资料，使江西成为全国矿产资源大省。经我局发现、勘查、评价的德兴铜矿，已建设成亚洲第一大铜矿；赣南钨矿享誉世界，被称为“世界钨都”；赣南稀土矿在世界也占有很高地位。多年来有近200项地学科研成果获国家、部、省科技成果奖和国家特级科技进步奖，有4个单位获国家和部级“功勋地勘单位”光荣称号，67名专家享受国务院特殊津贴。

近年来，我局积极主动融入地方经济建设，不断解放思想，深化改革，实施产业、所有制和队伍的结构调整，现已形成了以地质找矿为主的江西省地质调查研究院，国家一级施工企业——江西地质工程总公司，工程勘察综合类甲级资质的企业——江西省工程勘察设计研究院，测绘类甲级资质的企业——江西省地矿测绘院，以及一大批有产业规模、有市场竞争力、有自我发展能力的多种经营骨干企业。至2004年7月，全局拥有资产总量13.89亿元，净资产5.08亿元。

“对接长珠闽，融入全球化”，江西省地矿局正以崭新的姿态，坚持树立和实践科学发展观，以人为本，改革创新，不断加快实现“富民强局”的步伐，为江西在中部地区崛起作出不懈努力。

长运发展靠人才

江西长运股份有限公司董事长 总经理　张平

江西长运公司作为中国公路客运第一股，十年来，用各种各样办法培养人才、选拔人才、使用人才，才有今天这样一支适应股份制运作的经营管理队伍，所以我们公司能在这样一个复杂的环境当中，在国有企业经营普遍不怎么好的情况下还能逆势而上，与时俱进，发展壮大。

股民买股票是看我们的过去买我们的未来。长运公司十年来是保持直线式的稳定持续增长，靠的就是人才，靠的就是扎扎实实按规律办事情。能做的事情赶快去做，能前进一步就不只前进半步，该克服的困难一定要努力去克服。当然，有机会该的冒风险也要去冒，什么样的事都是一点一点做起来的，要用平常心去做企业、做工作。市场竞争当中时刻在发生变化的，我们要时刻研究我们公司的经营战略，既要研究内部环境，又要研究外部环境；既要研究自己，又要研究我们的竞争对手；既要研究我们的供应商，又要研究我们的客户，还要研究潜在的进入者。董事会是上市公司的决策层。董事是公司经营决策人员，是公司里最重要的企业经营管理人才，受股东的委托代理股东们行使公司的经营决策权、经营权和收益权。国有企业是经理厂长负责制，在公司制企业里经理人员是受聘于董事会，《公司法》规定的很明确。一个现代企业制度下的企业，只有执行层是绝对不够的，一定要有一个很好的董事会决定公司的发展方向，研究公司的战略管理和发展的问题，这才是保证一个企业长盛不衰的根本办法。

现在摆在长运公司面前的路是：不停地利用我们雄厚的财力去收购企业。收购完毕后你必须要有这个管理能力，有后期整合的能力才能把资源变成利润，要有一支企业经营管理人才队伍，要有一个很好的董事队伍，到哪里做董事就能做好这个董事，就能成为公司的决策者，成为一个公司的战略研究者和执行者。董事是职业企业家这一点我们要明白，企业经营管理人才职业化即职业经理人。政策给所有人开出了一条康庄大道，人人都有可能成为企业优秀的经营管理人才，成为优秀分子，以经营管理他人资产作为自己终生职业。

管理是一门学问，管理不一定是从书本上学到的，事实上人人都在管理。一个家庭二口人日常生活就出现了管理问题：谁听谁的，如是三口人又复杂了。企业的管理就更重要了，管理涉及社会经济生活的各个方面、各个层面。管理问题一定是存在的，这种管理不一定是去上学读书学到的，未学管理学的人也可以做好管理的，你的职务也不一定表示你的管理水平。有的人有管理的天赋，不管他是有职位或无职位他就有一种权威，有非权威影响力。我们公司有一句话：优秀工人可以当领导干部，但优秀的工人不能当一般的管理人员。一个合格的董事，

第一要有法律意识。

第二要有战略管理意识。

第三，战略管理是一个体系，是企业管理体系当中一个很特殊的组成部分、统揽全局的部分。

子战略是什么？公司战略里讲了：财务管理子战略、市场营销子战略、人力资源子战略。

1.财务战略管理。

2.人力资源管理不要神秘化，搞成封闭的、保守的小圈子。

3.实现公司战略目标一个很重要的方面是市场营销战略。

南昌市的发展速度是很快的，人口要从 180 万达到 300 万左右，市区面积由 60 平方公里发展到 300 平方公里，许多大的建设项目将要建成。人员的交流、流动也很大，由此形成的人流、物流都很大，这都是我们的机会，公司的发展势头非常好，每个人都会承担更重要的责任。公司的发展需要更多的人才，同时，公司的发展也为人才提供了更多的发展机会。

江铃进出口有限责任公司

江铃进出口有限责任公司是国家外经贸部批准的外贸型进出口公司，成立于1993年，是一家年轻、充满活力的企业，多数高层管理人员年龄在40岁左右，具有多年的外贸工作经验和丰富的外贸知识及高强的业务能力。它的前身为江铃汽车集团进出口公司。

多年来，江铃进出口公司一直坚持在互惠互利、共同发展的基础上，为江铃集团和其他工业企业积极引进国外先进技术和装备，并把国内优质产品---例如江铃的全顺商务车、JMC宝典匹卡、陆风越野车等汽车和拖拉机---输送国外。创造了年出口额超过2800万美元；年进口量及引进技术也在7000万美元以上。

江铃进出口公司设有进口部、出口部（包括中东和欧美部）和一条龙服务的储运部。能为客户办理进出口的一切业务。

江铃进出口有限责任公司是外贸型的进出口公司，能经营和代理各 类商品及技术进出口业务；经营进料加工和“三来一补”业务；经营对销贸易和转口贸易。

公司具有众多实力雄厚的企业为后盾，如：江铃汽车股份有限公司、江铃五十铃汽车有限公司、江铃拖拉机有限责任公司、南昌齿轮有限责任公司和昌河昌铃汽车制造有限公司等是公司的主要生产基地，同时公司与国内外许多生产企业建立了稳定的贸易关系。

公司将全面推行“市场多元化、产品多元化、贸易方式多元化”的国际化经营策略，使公司建设成为国内具有一定实力的外贸型公司。

江铃进出口有限责任公司地址：

江西省南昌市沿江北路88号凯莱大酒店6楼

电话： 0086-791-6738769

传真： 0086-791-6738577

邮编： 330008

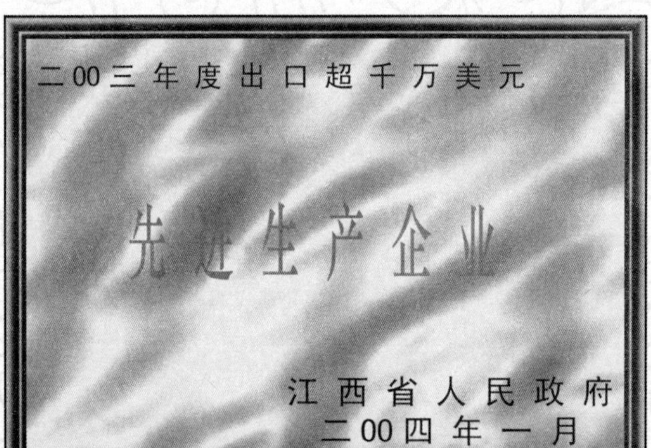

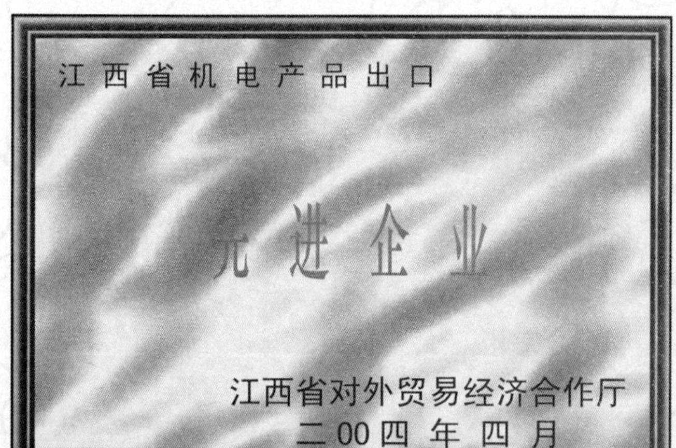

江西省
服装进出口有限责任公司

江西省服装进出口有限责任公司是经国家外经贸部批准并按照省外经贸厅企业改革精神改制而成的一家股份制专业外贸企业。注册资金2348万元人民币，主要经营范围为：自营和代理服装、纺织品、轻工工艺、机械设备等各类商品的进出口业务。其产品远销北美洲、南美洲、非洲、大洋洲、亚洲等国家和地区。它的前身是1987年成立的江西省服装进出口公司。

江西省服装进出口有限责任公司经过十几年的实践锻炼和发展壮大，培养和造就了一大批年富力强、专业高效的人才。公司现有员工100人，平均年龄35岁。大专以上学历的员工占总人数的82%。长期以来公司业绩显著，出口创汇和利润连年攀升。2002年出口创汇6037万美元。2003年出口创汇10436万美元。公司资金雄厚、资信良好，在省内同行业中享有较好的信誉和资金优势。

江西省服装进出口有限责任公司设有总经理办公室、财务部、综合业务部、业务一部、业务二部、业务三部、宏大公司，能为客户提供托运、报关、商检、退税一条龙服务，并在进出口业务各工作流程上具备了高效、快捷、准确的专业优势，可以为客户办理一切进出口业务。

我们将本着和合作伙伴共同发展的经营理念，对内加强管理，对外做好服务，以达到公司和合作伙伴双赢的目的。我们真诚地希望能与有识有城之士携手合作、共谋发展，创造美好明天。

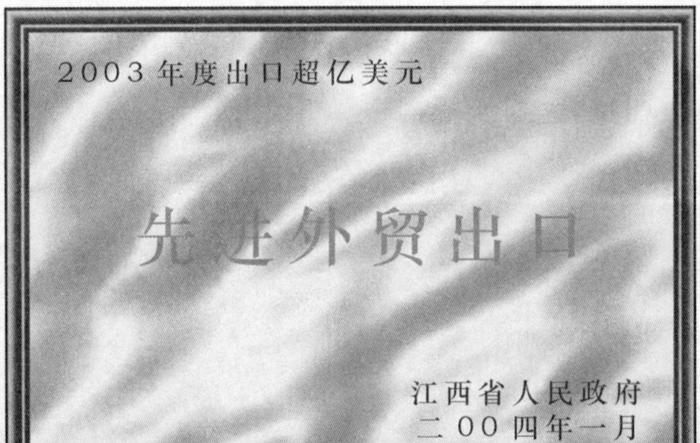

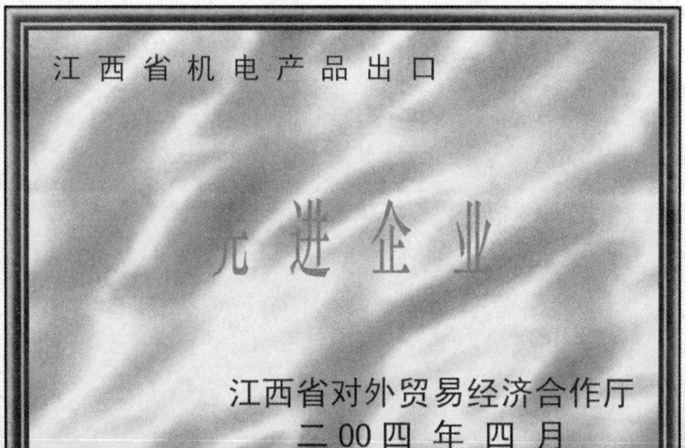

江西省服装进出口有限责任公司地址：
江西省南昌市井冈山大道548号服装大楼
传真：0086—791—5214985　　5214986
电话：0086—791—5214981　　5214990
邮编：330001

江西凤凰光学进出口有限公司

江西凤凰光学进出口有限公司是江西凤凰光学仪器（集团）有限公司下属的全资子公司，自1992年开始经营本集团产品的进出口业务，主营八大种类的光学仪器产品，包括有：照相机、光学镜头镜片、单体焦平面快门、显微镜、光学引擎、影视设备、测绘仪器、光学设备等，均已通过CE及TUV论证。

2000年，江西凤凰光学进出口有限公司成为国家批准的，能够自营和代理各类商品及技术进出口业务的外贸公司。公司业务经验丰富，拥有一大批高素质、高效率的外贸专业人员；公司在美国、香港、深圳、上海均设有分支机构，国际营销网络遍布全球，与海内外众多客商建立了长期稳定的贸易关系。

公司除经营集团公司的产品外，还积极与国内外客商开展各类商品的来料、进料加工，收购代理出口、代理进口、订仓、商检、报关、运输等一条龙服务。2003年公司年出口额达3494万美元，进口800万美元；2004年预计全年出口突破1亿美元大关。良好的业绩使公司多次获得江西省政府及省外经贸厅的各项荣誉。2002年5月，公司通过了ISO9001:2000体系认证。

江西凤凰光学进出口有限公司一贯坚持客户服务第一、互惠互利的经营原则，遵纪守法、灵活守信的经营政策，在品牌信誉及充裕资金的可靠保障下，提供周到详尽、适合客户实际需要的服务。

坚持把发展作为第一要务 全力推进集团公司做优做强

江西稀有稀土金属钨业集团公司

党组书记 总经理 史书愚

2003年，是不平凡的一年。在省委、省政府的正确领导下，江钨集团广大干部职工革故鼎新，励精图治，战胜了体制转轨、市场低迷等重重困难，取得了生产经营和改革发展的新胜利：完成工业增加值3.3亿元，同比增长13.8%；实现利税1.14亿元，同比增长38.1%，其中利润3520万元，同比增长75.7%。集团上下政通人和，广大职工生活在希望之中。

一、着眼全局，挖掘内潜，切实把基础筑牢。

江钨集团是一个由28户成员企业组成的有机整体。为保障公司的正常运转，求取整体利益，我们眼睛向内，妥善处理好全局与局部、调控与放活的关系，切实把生产经营工作做实做好。

1、保障持续稳产。从严从紧从早从实编制和落实好生产经营计划；抓紧重点维简工程的建设，促使各成员企业主业生产渐入佳境。全年生产钨精矿15276吨，与上年持平；钨化合物4652吨，同比增长36.5%；稀土金属1938吨，同比增长7.4%；氧化钽42吨，同比增长121.1%。冶炼产品与矿产品的产值比由1999年的0.5：1上升到2003年的1.3：1。

2、舞活销售“龙头”。对钨精矿销售实行了“四统一”（统一对外签约，统一组织发货，统一对外结算，统一回笼货款）的原则，杜绝贱卖资源，积极引导市场，提高了集团公司对市场的竞争力、控制力以及对用户的吸引力。全年实现销售收入14.1亿元，同比增长34.3%；出口创汇7054万美元，创历史新高。

二、依托优势，突出重点，倾心把特色做亮。

江钨集团有资源优势。然而，由于多种因素的影响，集团的资源优势尚未有效转变成为产业优势、经济优势。为此，我们坚持“科技兴企”方略，全力促进这一转变。

1、加大产品开发力度，不断向深加工、高附加值产品延伸。成员企业江西南方稀土高技术股份有限公司10KA电解槽技术成果获江西省科技进步一等奖，金属钕、金属镝被中国磁性材料与器件行业协会授予优秀产品称号。

2、以技术改造为主，推动生产要素向优势产业集中。全年完成重点工程投资7800万元。江西南方稀土高技术股份有限公司承建的国家高新技术产业化示范工程——《高性能永磁及储氢材料用稀土金属》项目通过国家验收。盘古山钨矿盲竖井深部开拓一期工程等十大项目相继投产。

三、把握定位，着眼未来，大力把产业做强。

1、积极靠大联强。在省委、省政府的直接领导下，12月28日，集团公司与五矿有色金属股份有限公司合资组建的江西钨业集团有限公司在南昌隆重挂牌。新公司的成立，实现了江西稀有稀土金属资源优势与大企业资金和市场优势的有效对接，迈出了变江西资源优势为产业优势和经济优势的实质性步伐，倍受全球同行的瞩目。

2、推进关闭破产。大吉山钨矿等9户企业关闭破产预案通过了全国企业兼并破产和职工再就业工作领导小组以及财政部的审核。重组后的江西西华山钨业有限公司和江西小龙钨业有限公司生产经营势头良好，经济效益稳步攀升。

3、搞好对外合作。与天津特精液压股份有限责任公司合资建设的赣州江钨钨合金有限责任公司形成了年产钨铁6000吨的能力，全年生产钨铁3745吨，出口3102吨，占据了国内生产和出口的半壁江山。

四、与时俱进，以人为本，真诚把队伍带好。

各成员企业“以加速集团跨越式发展”为已任，在改革上做文章，在发展上探新路，不断创新党建工作和思想政治工作，党组织的政治核心作用和党员的先锋模范作用得到充分发挥。大吉山钨矿实行“党员挂牌上岗”，认真抓党建、全力促发展的事迹经人民日报、中央电视台等媒体传播后得到广泛赞许。

坚定不移地做大做强江西有色金属工业

党组书记、行办主任：李懋奎

江西省有色金属行业管理办公室经省委同意、省政府决定，由中国有色金属工业南昌公司两次更名而成，为省政府直属正厅级事业单位，对全省有色金属工业实行行业管理。在新的管理体制下，江西省有色金属行业管理办公室将围绕做大做强江西有色金属工业这一中心，履行行业职能，强化服务，为把有色金属工业做大成为全省工业的主要支柱产业之一做出应有的贡献。

2003年，江西有色金属工业快速发展，呈现出增长较快、效益较好、活力较强的特点。全行业工业产品实现销售收入165.07亿元，比上年增长46.52%，高出全国有色金属行业平均增幅15.56个百分点，位次在2002年前进一位的基础上，继续前移两位，列全国同行业第七位。工业增加值38亿元，比上年增长32.08%。利税总额13.30亿元，比上年增长66.87%（利润4.68亿元，比上年增长246.67%）。工业经济效益综合指数为108.13%，比上年提高19个百分点。

2004年，江西有色金属工业将在2001年底的基础上实现销售收入、工业增加值、利税总额全面翻一番，全行业工业产品销售收入将达到180亿元，工业增加值50亿元，税收12亿元，利润4亿元。到2007年，全行业十种有色金属产量达到50万吨，有色加工材达到30万吨。全省有色金属行业实现销售收入260亿元，力争300亿元，销售收入进入全国前六强；工业增加值70亿元；利税20亿元。为实现这一目标，我们工作的基本要求是：以邓小平理论和“三个代表”重要思想为指导，认真贯彻落实党的十六届三中全会精神，以全面、协调、可持续的科学发展观，落实“第一要务”，锁定“三年翻番”目标不动摇，狠抓薄弱点，培育增长点，壮大经济总量，增强发展后劲，确保2004年全省有色金属行业全面实现“三年翻番”目标，为2007年再上新台阶奠定扎实基础。全行业确定的工作重点是：**一是抓扶持龙头企业和骨干企业的发展，提高产业的集中度，提升企业的竞争力**。坚持把规模以上企业做优做强的工作方针，重点扶持龙头企业和骨干企业的发展。在继续扶持江铜集团、江钨集团2户龙头企业的同时，重点扶持一批科技含量高、经济效益好、竞争能力强的企业。**二是抓好重点项目建设，努力扩大经济总量**。2004年重点抓的工程项目30个，总投资54.23亿元，全年预计完成投资15亿元，其中：续建项目15项，总投资29.44亿元；开工项目4项，总投资3.43亿元；前期准备项目11项，总投资33.87亿元。可竣工项目8项，总投资10.16亿元。**三是抓好企业的改制重组，加快整合，提升竞争力**。大力推进国有企业股份制改造，实现产权多元化，形成规范的法人治理结构，理顺母子公司的管理体制，推动企业经营机制的转换，形成企业自我发展的内在动力。积极稳妥地推进矿山关闭破产工作，积极推动稀土重组，在江西稀土行业形成拳头。重组后加大技改力度，完善稀土产业链，力争江西稀土产业为2007年全行业再上新台阶做出应有的贡献。**四是加快产业结构调整，促进产业升级**。按照省政府在有色建成“三个基地”的构想，大力发展和优化冶炼加工。铜工业要优化产品结构，实现电铜在省内加工增值。重点是发展电子、电力、家电、建筑行业用铜精深加工产品。钨工业重点是调整创新，集约经营，规模发展。要抓好钨精矿总量控制，引导产品价格。发展钨的深加工产品和应用产品，调整产品结构，提高产品的附加值，使高新技术、高附加值的钨冶炼粉末产品，条、棒、丝、合金及工具系列产品销售额超过总销售额的35%。稀土工业进一步控制原矿总量，完善产业链，使江西稀土开采、分离、冶炼的产能年内达到平衡。抓好高纯稀土氧化物、高纯稀土金属、稀土发光材料、永磁材料、三基色稀土节能灯、贮氢材料和重稀土合金等高新技术产品的生产和开发，形成江西的特色，缩小江西在稀土材料工业上与省外企业的差距。钽铌工业要加大技术改造力度，引进技术，更新设备，大幅度提高生产装备的技术水平，提高产品技术含量，提高产品质量，优化产品结构，降低生产成本，实现规模效益，缩小与国内外企业的差距。稳定超高纯氧化钽氧化铌、高比容电容器级钽粉产品质量，进一步降低产品中杂质含量，推进超高比容钽粉的产业化。尽快形成全省钽铌原料采选、冶炼加工、直至高科技产业一条龙体系，实现钽铌工业的产业化。**五是抓好地质勘探和矿山建设**。着力抓好新一轮找矿，特别是抓好钨、稀土、铜等紧缺矿种的战略找矿，为可持续发展提供资源接替重点是抓好成矿条件好、地质勘查程度低、找矿远景大的区域找矿。力争发现并探明一批有色金属矿产的后备资源基地。抓好老矿山的储量升级和深部边部找矿，为矿山持续生产提供保证。强化生产接替和资源的综合利用。

（江西省有色金属行业管理办公室：李懋奎）

萍乡矿业集团有限责任公司

第十届全国人大代表
安源股份公司董事长
萍乡矿业集团有限责任公司董事长
徐绍芳

萍乡矿业集团有限责任公司是国有大型综合性企业，江西省重要骨干企业。

多年来，萍乡秉承优良的革命传统，大力弘扬“义无反顾、再创辉煌”的企业精神，坚持“以煤为本、多业并举、综合发展”的发展战略，企业不断发展壮大，现拥有7对生产矿井，20家工厂公司。企业总资产34亿元。生产经营范围涉及煤炭、玻璃、管道、客车与客车空调、建筑安装、电力、国外工程、电焊条、矿山机械、炸药、矿泉水等10多个行业，并形成了以煤炭、玻璃及玻璃深加工、客车及客车空调、建筑安装、国外工程为支柱的产业集群，是江西省最大的煤炭生产企业和玻璃及玻璃深加工基地。

进入新世纪以来，在新一届省委省政府的正确领导下，新一代萍矿人坚持科学的发展观，锐意改革、勇于创新，积极开创资源型企业可持续发展新路，在稳产煤炭生产同时，加快发展非煤产业的步伐，积极为江西在中部地区崛起作贡献。

一是重新审视并确立了煤炭的基础产业地位。萍矿的祖业是煤炭，但非煤产业销售收入占全公司的78%，随着煤炭价格的恢复性上涨，萍矿把稳定煤炭生产作为稳定职工就业和确保矿区稳定的重要举措，通过加大矿井投入，深挖老矿潜力，有力保证了煤炭的可持续发展。为延长煤炭链，提高煤炭产品附加值，同时也为重振原江南第一大矿—高坑矿区的经济，2004年萍矿投资1亿元在高坑破产矿区建设了一座设计年产30万吨的焦化厂，并实行煤电焦化产业链经营，煤气用于毗邻的矸石电厂发电，预计今年11月投产，投产后年可增加销售收入4亿元，萍矿煤炭产业年销售收入可达8亿元。

二是调整非煤产业发展思路，大力发展资金技术密集型产业，构建新的产业发展格局。继2001年投资2亿元建设浮法玻璃二线、2002年投资8000万元建成管业公司投产后，2003年萍矿又投资2.7亿元，建设第3个高科技项目——安源工程玻璃厂。该项目属玻璃深加工项目，技术及设备均从国外引进，生产低辐射玻璃、中空玻璃、夹层玻璃、汽车玻璃等节能、环保高档玻璃深加工产品，目前该厂所有产品调试已完成，全面投产后年销售收入可达5—6亿元，萍矿玻璃产业总销售收入可达10亿元。目前，萍矿正在招商引资，与国内大型玻璃生产企业合作，再建一条优质玻璃生产线，使玻璃销售收入达15亿元，济身全国玻璃生产企业前6位。

三是统筹兼顾，把改善职工生活质量作为企业可持续发展的重要内容。策应党的十六大提出的全面建设小康社会的目标，萍矿提出了“牵着矿工的手共同奔小康”的口号，并努力为建设小康萍矿而奋斗。通过大力发展第三产业，近两年创造了1700多个岗位安置下岗职工和特困职工子女就业，增加他们的收入，改善他们的生活。大力实施矿区危房改造工程，千方百计筹集资金，降低造价，以优惠价卖给职工，已完成两个小区1000多户住房建设，2004年正在实施4个小区近4000户住房建设。通过实施危房改造，有力改善了矿工居住条件，改变了矿区环境和面貌。另外，萍矿正在建设一座22层的医疗大楼，并通过引进先进的医疗设备和人才，提高广大职工家属的医疗保障水平，改善就医环境。

近几年，萍矿销售收入增长均在20%以上，2003年增幅达33.3%，并呈现出跨越式发展态势，预计2004年萍矿销售收入将突破20亿元。萍矿连续十多年被评为全国煤炭工业优秀企业和江西省优秀企业，2002年和2003年连续两年获“江西工业崛起十强企业”荣誉称号，2003年获全国五一劳动奖状。

当前，萍矿在党的十六大和十六届三中全会精神的鼓舞下，正以崭新的姿态谋求新一轮发展，努力在新的世纪创造新的辉煌，为江西在中部地区崛起作出新的更大贡献。

迅速崛起的江西联通

中国联通江西分公司

黄智权省长出席中国联通
成立10周年暨江西联通广场落成典礼

中国联合通信有限公司是中央直接管理，部分资产在国际资本市场上市的国有大型骨干企业。如今的中国联通已成长为拥有世界第三大移动通信用户群、国内外两个融资渠道，并受到境内外资本市场多重监管的特大型国有控股电信企业，是我国唯一经营综合电信基本业务和增值业务的电信运营商，是中国唯一一家在纽约、香港、上海三地挂牌上市的电信运营企业。

中国联通江西公司是中国联通在江西省的分支机构，负责江西联通的工程建设、网络运行和业务经营，是江西省内第一家整体通过ISO9001：2000质量管理体系认证的电信运营企业。江西联通目前主要经营的有：移动通信（包括GSM、CDMA）、国际国内长途通信、数据通信（ATM和IP）、无线寻呼、互联网与电子商务及各种电信增值业务。

在短短的7年中，通过江西联通人的艰苦创业，从无到有，从小到大，实现了超常规跳跃式发展。目前已在全省建成了“八大精品网络”工程——CDMA网、GSM网、干线传输网、本地传输网、193长途网、数据网、互联网、支撑网。移动电话网上用户达130多万户，全省形成以“吉祥”、“如意133”、“开心”、“环保”四大系列为主的CDMA业务套餐品牌体系和以“购机送话费”、“集团网中网”为主的CDMA业务促销方式，形成了开心系列、如意系列、自由系列、新锐先锋、四大类GSM业务资费套餐品牌体系。长途通信网、数据通信网、IP电话网及互联网已在全省各地开通并与全国连网，业务高速增长。

目前，江西联通已形成130/131/133移动电话、127/129/192/199无线寻呼、193长途电信、17910/17911IP电话、165互联网等综合业务经营的新格局，CDMA1X、视频会议系统、可视电话系统等综合业务的一体化服务已走进千家万户和各行各业。

在江西联通的发展历程中，江西联通形成了开拓创新、团队拼搏、忠诚敬业、争创一流、追求卓越的企业文化。

千帆竞发正当，万丈豪情著华章。站在新的历史飞跃阶段，江西联通正以“必胜的志气，蓬勃的朝气、开拓的锐气、高昂的士气”，紧紧抓住“江西在中部地区崛起”的机遇，坚持以邓小平理论和“三个代表”重要思想为指导，全面贯彻十六大和十六届三中全会精神，坚持“移动为主、综合发展、两网协调、差异经营、效益领先、做大做强”的经营方针，坚持以人为本，牢固树立理性、扎实、奋进的工作作风，认真落实全面、协调、可持续的科学发展观，深化改革，加强体制创新和管理的创新，全面实施市场优化、网络优化和管理优化，锻造精品服务，打造精品网络，发挥规模效益，全面提高企业的综合实力，使之发展成为江西电信市场上与主导企业旗鼓相当，并具有自身特色的竞争主体，成为国际一流的电信企业。

江西师范大学商学院

江西师范大学商学院创建于1995年，奉行“创新、务实、超越、博大”的院训。原江西省委书记、现任中共中央政治局常委的吴官正同志在学院成立时专门写信祝贺，原省委副书记钟起煌出任学院荣誉教授。学院成立9年来，以灵活创新的办学机制，快速高效的管理模式，求真务实的社会形象呈现校内外。学院聘请了省内外40多位成果卓著、知名度高的专家学者以及企业家为客座教授和兼职教授。

学院现有工商管理硕士点和企业经济与管理、企业文化、市场营销、人力资源管理研究生方向；有工商管理、人力资源管理、电子商务、市场营销、国际经济与贸易等本科专业和方向；品牌专业为工商管理；精品课程为国际贸易理论与实务、市场营销、公共关系与礼仪。

教师47人，其中副教授以上职称21人，博士（生）7人。拥有统招本科生近1000人。

2003年6月经学校批准，成立“创业教育中心”。创业教育中心的成立，不仅是教育观念和教育体系的改变，也改善了人才结构和人才培养模式，是高教改革的新尝试。2004年6月省教育厅将其作为江西高等院校的创业教育试点单；7月被国家劳动和社会保障部、教育部列为“创办你的企业”（SYB）培训课程试点单位。

创业教育中心集教学培训、研究开发、实践孵化、社会服务为一体，下设相应的机构，聚集了博士、海归和全国重点大学研究生毕业的高素质专职人才。现已开展的工作有：对大学生进行创业公共课和专业课程的教学、对大学生和下岗待业人员进行“创办你的企业”的培训、进行创业教学与培训的教材建设和教改实验、进行创业和创业教育研究、开展创业计划竞赛、举办“首届大学生创业咨询日”活动、开办创业论坛、进行创业项目的论证评价等。接受创业教学与培训的大学生已有700人左右，接受咨询的大学生和下岗待业人员1500余人，参加创业计划大赛的有30个左右团队。

中心接受了江西师大与江西省劳动与社会保障厅“双百工程”的任务，并以优势中标了该厅的大学生免费培训项目；与南昌市劳动与社会保障局在联合国劳工组织的SYB培训项目、创业咨询、创业调研等方面有着很好的合作，共同创办了“江南创业管理学院”。与江西人民出版社结成战略联盟，并先期策划出版《创业者丛书》。与北京航空航天大学创业管理培训学院结成姊妹学院。

创业教育中心的成立和工作的开展受到了媒体和社会各界的关注，中国青年报、江西电视台、大江网、江南都市报等均有报导，也吸引了一些人前来洽谈合作。商学院胸有蓝图，信心百倍，将以更宽广的舞台用于为增强经济发展的活力、为创建更多就业岗位、为技术成果的转化、为提高国民的创业能力服务，培养更多更合格的创业人才。

学院继续教育和培训工作全面展开，有自学考试、函授教育、职业技能培训、社会培训、对外合作的研究生班等项目。

商学院“当代管理咨询研究院”，面向社会开展咨询服务，项目有市场调查、商业计划书、申报项目书、企业诊断、会展、企业内训、对外教育交流等。

奋发向上的江西财经大学会计学院

江西财经大学会计学院是中国会计学会和中国审计学会的会员单位，也是全国开设审计和会计电算化专业及专门化最早的学科点之一。现任院长为留学归国人员、博士生导师张蕊博士，党总支书记为罗福根教授。

本院会计学专业于 1985 年获硕士学位授予权；1996 年获得面向社会招收在职人员申请硕士学位的资格；是江西省"九五"、"十五"重点学科；并于 1999 年在学校产业经济博士点招收"产业经济核算与监督"方向的博士研究生，2004 年在管理科学与工程博士点招收"会计理论与方法"方向的博士研究生。

领导班子

院长：张蕊教授（左三） 院党总支书记：罗福根教授（左四）副院长：章卫东副教授（左五） 副院长：蒋尧明教授（左二）副院长：余新培教授（左六） 院党总支副书记：项震（左一）

师资队伍

经过二十多年的发展，学院现有专职教师 79 人（其中教授 17 人，副教授 35 人；博士 9 人，在读博士 14 人，硕士 42 人），有 4 人享受政府特殊津贴，4 人为省（部）级学术（学科）带头人。二十多年来，有老一辈资深的会计审计学家裘宗舜，又有新的一批潜心研究、成果丰硕的中青年会计审计学者等，初步形成了一支结构合理、水平较高、富有潜力的学术梯队。

本科教育

学院设有会计学、财务管理、注册会计师三个本科专业（专门化），现有全日制在校本科生有 2700 多人。

学院长期坚持"以本科教学为主体"的办学方针，主动适应社会发展的需要，不断明确办学的指导思想，牢固确立本科教学在学院工作中的中心地位、基础地位、教学改革的核心地位，突出抓本科教学质量，明确提出"培养创业管理型的会计人员"的培养目标，把大量的精力、财力投向本科教学工作建设，取得可喜成绩，并形成自己的特色。

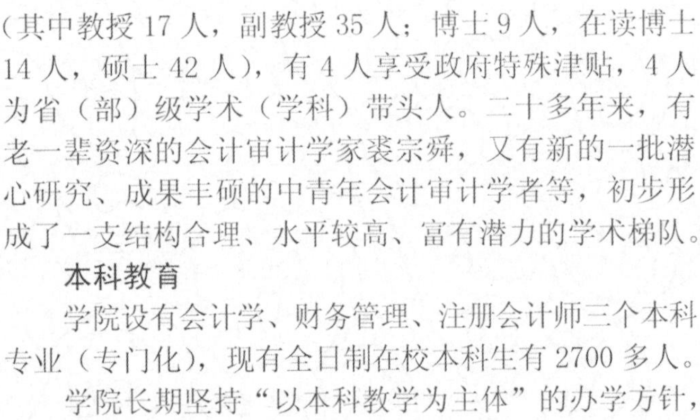

院长：博士生导师、归国留学人员教授张蕊

研究生教育

学院已有 18 年的招收会计学专业硕士研究生的历史，现有博士生导师 2 人、硕士生导师 32 人；有在校博士生 8 人、硕士生 114 人，十八年来，共培养了 209 名硕士毕业生。

为贯彻学校的办学宗旨，学院硕士点的课程设置在培养研究生理论基础的同时，十分注重其实践能力的提高，开设了大量的实践专题课程作为选修课，并在学校率先推出研究生校外导师授课制，有效地实现了教学资源共享。由于工作出色，学院硕士点被江西省教委评为示范性硕士点。

学科研究

在会计理论与方法的研究中，取得了世人瞩目的研究成果。以裘宗舜教授编著的《会计信息论》等系列成果的出版和推出为标志，与厦门大学葛家树教授等率先提出了会计是一个"经济信息系统"的观点，成为国内影响最大的学术流派之一；本学科点对"龙门账"的研究被认为是我国最具权威的解释以及会计史研究的重大突破（杨纪琬）；由成圣树教授编写的《会计审计大辞典》被翻译成英文、日文、法文等多国文字并在海外发行，倍受海内外赞誉。另外，在保值会计、金融工具会计、养老金会计、实证会计研究等方面取得了一系列研究成果；

审计理论与方法是本学科专业点最具研究优势的一个研究方向，在该研究方向上，对诉讼会计、注册会计师民事责任、审计史、审计理论体系的研究取得了许多有影响研究成果；

财务管理理论与方法也是本学科专业点十几年来非常重视的研究领域，在该研究方向上，对公司理财、公司经营业绩评价、国有控股问题等的研究也取得了许多重大的研究成果。

创交大经管特色　育社会栋梁人才

----前进中的华东交通大学经济管理学院

学院现任领导正在研究学院发展规划

左起为：总支副书记万国栋、副院长王芸、总支书记刘小丽、院长史焕平、常务副院长张诚、院长助理邹全胜

华东交通大学经济管理学院成立于1983年。在学校和社会各界的大力支持下，经过全体经管人20多年的不懈努力，已发展成初具规模，颇具实力和特色的学院。近年来，学院坚持“以质量求生存，以特色求发展，巩固经济学科，积极发展管理学科；办学层次以本科为主，积极发展研究生教育及在职培训”的办学方针，以创建高水平经管学院为目标，以培养高素质复合型人才为己任，在学科建设、人才培养、教学科研、社会服务等诸方面取得了丰硕成果。

学院目前拥有一支素质较高、业务能力较强的师资队伍。现有专兼职教职工102人，其中教师89人。现有教师中有：教授16人，副教授18人，讲师46人；博士（含在读）18人，硕士（含在读）62人；获政府特殊津贴6人，铁道部“火车头”奖章获得者2人，6人获得省部级科技拔尖人才称号，2人获得省部级优秀教师称号，27人被评为校二级优秀主讲教师。

学院始终把学科建设作为生存发展的首要工作贯穿于整体工作之中。经过20多年的努力，现拥有会计学、经济学、统计学、人力资源管理、国际经济与贸易、工商管理、市场营销、金融学、信息管理与信息系统等9个本科专业；拥有劳动经济学、会计学、统计学、企业管理学等4个硕士点，1个工程硕士（交通运输管理学）学位授予权；拥有2个江西省重点学科--劳动经济学和企业管理学，1个江西省人文社科重点研究基地--交通运输与经济研究所，2个院级研究所—金融证券与投资研究所和人力资源开发研究所。

据不完全统计，建院以来，全院承担科研课题230多项，其中国家级项目1项，省部级项目116项，获铁道部、人事部和江西省奖励40余项；撰写专著、主编、参编教材60多部；公开发表论文1000多篇。在已完成或鉴定的项目中，80%的研究成果被单位采纳；部分成果在理论上有较大创新，达到国内领先水平；部分学术论文被中国人民大学资料复印中心收入和SCI检索。

学院教学设施齐全，教师、研究生、本科生机房拥有计算机200多台，并通过校园网与因特网相连；资料室藏书7万余册、中外期刊达200多种；设有人才测评实验室，会计模拟实验室、电子商务模拟实验室等，创造了较好的教学科研条件。

截止2004年7月，学院已为社会培养了本（专）科经济管理专业人才6126多名，硕士研究生113人。目前在校本科生达2568名，统招研究生165人，在职研究生288名。20多年来，学院积极开拓渠道为社会服务，先后累计为铁路系统和地方各企事业单位开办了财务会计、市场营销、人力资源管理、企业发展战略与策划、统计、审计等诸多方面专业知识培训班200多期，培训各级各类人员达10000人次。学院的教育和培训质量得到了社会广泛的赞誉。

创交大经管特色，育社会栋梁人才。经济管理学院正高举“树立科学发展观”的旗帜，以改革创新、开拓进取的青春步伐迈向美好的明天。

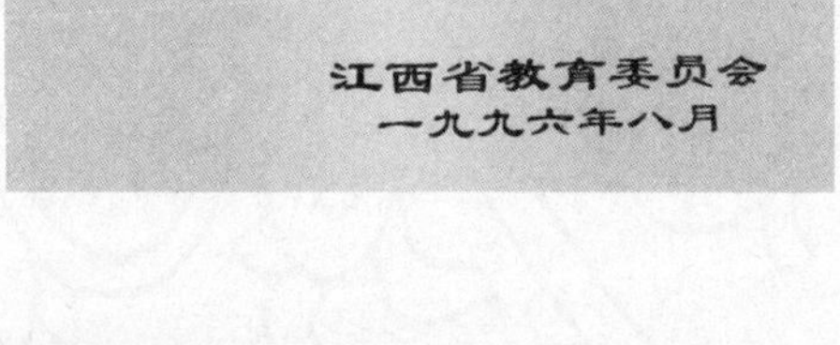

江西理工大学经济管理学院

江西理工大学经济管理学院拥有一批在经济、管理研究方面较有影响的学术带头人。现有教职工58人，其中博士3人，硕士23人，教授4人，副教授21人，讲师23人，聘请了国内外一批知名学者来院讲学。学院设有工程管理、工商管理、会计学、金融学、电子商务五个专业教研室，一个实验中心。江西理工大学工程经济研究所和江西理工大学经济管理培训中心挂靠在经济管理学院。

经济管理学院经过全体教职工的不懈努力，形成了自己的办学特色。

一、认真研究国内外教育形势，办学思路清晰，定位明确

改革开放，中国的教育事业发生了巨大的变化，各高校在迎来蓬勃发展机遇的同时也面临着更大挑战。经济管理学院在认真研究国内外教育形势的基础上，明确了自己的办学思路：发挥工科院校优势办好经济管理学科，立足行业、立足地方，面向经济建设主战场，培养应用型人才。

二、致力搞好学科建设，通过学科建设推进办学水平提高

经济管理学院在办学过程中，树立了以学科建设为龙头，带动科研、教学、育人等方面工作的开展，促进专业结构优化，探索人才培养模式的改革，提高学生的综合素质。在学科建设方面，经济管理学院认真制订了“九五”、“十五”经济管理学院学科建设规划，现在学院已拥有工程造价管理、房地产经营管理、工商管理、会计学、金融学、电子商务六个本科专业以及管理科学与工程、企业管理二个硕士点。其中工程造价管理专业为“九五”省级重点建设学科，2002年被列为省级品牌专业。电子商务专业是教育部批准全国第一批96所开办电子商务专业高校之一。2004年会计专业被列为江西省级品牌专业。特别值得一提的是工程造价管理专业在全国工程造价管理行业颇具影响力，为该学科全国本科办学最早，规模最大，培养了近700名本科毕业生，广泛分布在北京、深圳等发达省市，并深得用人单位好评。该专业从1995年开始招收硕士研究生，在全国开创了该专业高层次人才培养的先河。

在品牌专业工程造价管理专业教育体系研究方面，本学科点在国内最早开始“工程造价管理”本科教育，有关教学研究成果获省优秀成果奖，在《工程造价管理》等权威刊物上发表了10多篇论文。本学科点是国家人事部、建设部指定的注册造价工程师培训单位。在国内工程造价管理领域知名度甚高，是中国建设工程造价管理协会理事单位。

三、持续地进行教学改革，通过教学改革促进教学质量的提高

2003年，教育部组织专家对我校进行了教学质量水平评估，评估等级为良好，经济管理学院通过这次评估，狠抓教学质量，教学管理更加规范，教学质量稳步提高。在教学方面主要的改革举措有：

加大对教学设施的投入。近年来我院累计投入230多万元，成立了经济管理学院实验中心，建立了证券模拟实验室，会计模拟实验室，工程实验室和案例讨论室，拥有微机150台，加强师生教学交流，开好学生对教学意见的反馈座谈会，并将合理建议反馈给相关教师。

四、积极开展国际学术交流和国际办学合作，学习国际先进办学思想

应对全球化挑战，积极开展国际学术交流和国际合作办学，拓展师生知识视野也是经济管理学院的办学努力之一。近年来，我院每年与泰国宋卡王子大学、香港理工大学、荷兰HBO大学互访和学术交流。通过开展国际学术交流，提高了我院的国际知名度，学习了国外同行办学的先进理念，师生因此也获得了更多的国际学术信息，提高了英语语言能力，使我院更快地同国际接轨，培养更符合时代要求的毕业生。

五、努力造就一支甘于奉献，热爱山区高校教育的师资队伍

师资队伍的稳定与建设是办好教育的基础，学院通过一手抓建设一手抓稳定，使学院师资队伍从2000年的39人上升到2004年有58人，师资结构也得到了较好改善，2000年到2004年我院新增副教授11人，博士研究生2人，硕士13人。在师资队伍方面取得了令人满意的成绩。

展望未来，我们的发展目标力求2008年在校本科生规模达到2500人，专业六至七个；硕士生规模200人，硕士点四到五个；在博士点申报上取得突破。在师资队伍建设方面教师总数达到90人，硕士以上学历教师比例达到80%，建立一支结构合理，业务精干，即年轻又有活力的高学历的教师队伍。科研上争取上更多国家级和省部级项目，取得更高等级奖项。教学上精益求精，为社会培养更多优秀人才。

江西农业大学经济贸易学院

我院中小企业发展与管理研究中心的教师和研究人员正在为企业进行营销策划。该中心现有工商管理研究和咨询人员 12 人，其中教授 3 人，副教授 6 人，博士 5 人。该中心可为各类企业，尤其中小企业提供管理诊断、管理咨询、市场调查和营销策划等服务。

我院电算化会计实验室装备了先进的会计软件和财务管理软件，现正在为企业会计人员进行电算化会计培训。

江西农业大学经济贸易学院的前身是 1960 年江西农学院和 1961 年江西共产主义劳动大学总校设立的农业经济系，恢复于 1984 年，1994 年 6 月经江西省教委批准成立经济贸易学院。全院现有农林经济管理、工商管理、经济学、国际贸易四个系以及农村经济研究所和中小企业发展与管理研究中心，设有工商管理、会计、政治经济学、国际经济学、农林经济管理、财政金融、计量、国际贸易等八个教研室；设有工商管理模拟实验中心、会计模拟实验室、电算化会计实验室、证券交易模拟实验室、国际贸易实务模拟实验室和经济分析中心，装备有 ERP、SPSS、人力资源管理、电子商务、银行业务、证券交易、进出口业务、财务管理等 11 套教学软件。学院的主干学科农业经济与管理学科于 1993 年被批准为硕士授予点，1996 年列为省重点建设学科；2001 年被评为省“十·五”重点学科。

我院现有农业经济管理和林业经济管理 2 个硕士点，教职工 66 人，其中正教授 12 人，副教授 18 人，博士 14 人（含在读 6 人），有硕士研究生导师（含兼职）25 人。教师队伍中具有硕士学位以上者占 43.5%，中青年教师占 70% 以上。自 1984 年以来，出版专著 10 多部，主编（著）出版教材 53 部，副主编和参编出版教材 36 部；主持研究各类课题 115 项，其中国家自然科学基金和国家社科基金课题 20 项，省部级课题 40 多项，发表学术论文 460 多篇，其中国家级 70 多篇。科研成果获得省部级优秀成果二、三等奖共 21 项。

我院已形成系统的以工商管理为主体的学科体系，具有培养普通本科、硕士研究生，以及自考、函授、高职本专科生和在职研究生的综合能力。现已培养毕业硕士研究生 53 人，本科生 1152 人，专科生 1289 人，自考专科生 809 人。学院现有在读研究生 46 人，研究生课程班学员和农业推广硕士 300 多人，本科生 1760 余人。

我院 2010 年发展规划目标是力争获批 1 个博士点、8 个硕士点（含专业学位点），设置 8—10 个本科专业，在校博士研究生和硕士研究生达到 80—100 名，本科生达到 1800—2000 名。

赣粤高速：

为江西崛起插上腾飞的翅膀

江西赣粤高速公路股份有限公司董事长：吴绍明

省交通厅党委书记程受锭（左四）在赣粤公司董事长吴绍明（左一）等陪同下视察公司信息中心工作

江西赣粤高速公路股份有限公司（股票代码600269，简称赣粤高速）系江西省唯一的公路上市公司，属于基础设施建设和经营管理行业。经营范围为项目融资、建设、经营、管理公路、桥梁设施的投资、建设、管理、收费等。公司总股本为7.78亿股，注册资本为7.78亿元。截止2004年9月底公司总资产63.7亿元，净资产34.2亿元。公司1.2亿股A股于2000年5月18日在上海证券交易所挂牌上市交易。2002年12月，公司配股3600万股。两次融资共募集资金近17亿元。为我省交通基础设施建设开辟了新的融资渠道。

公司自1998年成立，严格按照《公司法》、《证券法》、《上市公司治理准则》等法律法规要求，强化内部管理，提高服务质量，加强收费管理和成本控制，取得了显著的经济效益和社会效益，高速公路主营业务收入逐年上升，连续6年持续增长。同时，公司充分利用资本经营手段，重点拓展主营业务，围绕主业相关的领域积极稳妥地探索公司发展路子，推动公司资产结构调整，积极寻找新的效益增长点和利润增长点，提高公司业务的科技含量和经营业绩。目前，公司经营管理的高速公路有390公里，占全省高速公路通车里程的27.43%。公司现有江西昌樟高速公路有限责任公司、江西昌泰高速公路有限责任公司、江西方兴科技有限公司等控股子公司12家，江西国盛证券有限责任公司、湖南湘邮科技股份有限公司等参股公司4家。在2000年中国上市公司有关指标排序中，赣粤高速在1000多家上市公司中综合绩效排在第91位，以优良的业绩、良好的财务状况、稳健的成长性赢得了中国证券市场的认同。2002年，在《经济观察报》推出的中国上市公司董事会治理评价排序中排名第9。2003年，在《上海证券报》推出的中国上市公司董事会价值报告中排名第41，在全国交通企业100强中排列第58。2004年7月，公司被江西省科技厅授予“高新技术企业”称号。

公司企业文化建设硕果累累。昌九高速公路被命名为“青年文明号”一条路，建省级文明单位11家、省级青年文明号20家。艾城收费所被评为全国精神文明建设工作先进单位和全国杰出青年文明号，邹家河收费所被评为全国五一劳动奖状、全国职工职业道德建设先进单位。单位及个人累计获得国家级、省部级荣誉20多项。

目前，赣粤高速公路这条纵贯南北、承东启西的交通大动脉已全面贯通，为江西实施“对接长珠闽、融入全球化”的大开放主战略提供，快捷的交通条件。江西交通的率先崛起，为赣粤高速的进一步发展带来了新契机。抓住机遇、迎接挑战、加快发展、回报社会，是赣粤高速人共同的使命和职责。作为从事交通基础设施经营管理的上市公司，公司将以争创效益为中心，以做好投、融资工作和高速公路经营管理为重点，发挥自身优势，不断探索公司发展空间，提高盈利能力；建立健全规范的公司化运作机制，提升管理水平；努力打造服务品牌，提升服务质量；培育团队精神，建设富有生命力和时代感的企业文化；全面贯彻实施ISO9001：2000、ISO14001：1996及GB/T18001：2001管理体系。向社会奉献畅洁绿美、文明诚信、务实高效、服务一流的高速通道，竭诚为广大投资者和车主用户提供最佳的回报。把赣粤高速打造为管理规范、经营稳健、业绩优良的蓝筹股，保持股东、长久、丰厚的投资回报。

一条路带活一方经济，一条路托起一个梦想。在江西实现中部崛起、建设小康社会的进程中，赣粤高速将为全省经济发展插上腾飞的翅膀。

宁都县供电有限责任公司

宁都县供电有限责任公司于一九九九年五月三十日挂牌成立，现有职工 960 人，其中：正式职工 343 人，聘用农电工 496 人，大集体职工 80 人，临时工 43 人。公司下设 10 个职能科室，二级机构 7 个，供电所 28 个。拥有 35KV 变电站 19 座，主变 21 台，主变容量 54000.59KVA，35KV 线路 272km，10KV 线路 2246km，配电台区 1746 人，用电客户达 137016 户。

该公司自改制以来，按照现代化企业管理制度，创新机制，内强素质，外树形象，实现了企业经济效益和社会效益的全面提高。供、售电量年增长率 20% 以上，至 2003 年，年供、售电量超 1 亿千瓦时，总资产超 1 亿元。2004 年 1—9 月实现供电量 9547kwh，售电量 8551kwh，销售收入 4520 万元，实现利润 132 万元，上交税金 450 万元。通过几年的农网改造与建设，使全县供电质量得到明显提高，农村电价得到大幅度下降，在全省内提前一个月实现城乡居民生活用电“同网同价”，进一步减轻了农民负担。优质服务水平得到社会各界的好评。

公司先后获得省、市公司“双文明单位”，“供电营业规范化服务农电示范窗口”等荣誉称号。同时，公司连续几年被市公司和县级政府评为先进单位，公司经理朱佳荣也连续几年被评为赣州市优秀厂长（经理）。目前公司开展电力“三为”服务达标与创一流活动，正向县级供电一流企业迈进。

法人代表：余霜鸿　　公司地址：宁都县梅江镇梅江南路 1 号

经理：朱佳荣

电话：0797—6831011　　传真：0797—6828151

抚州市临川区供电有限责任公司

抚州市临川区供电有限责任公司于1999年6月4日正式挂牌成立，归口省电力公司委托抚州供电公司管理、撤市设区后，又更名为临川区供电有限责任公司。公司现有职工615人（其中：正式职工425人，农村聘用电工190人），公司下设8个部室，一个电力服务公司，20个供电所。

供电辖区内输配电网络情况为：35KV线路4条，共69.98KM，35KV变电站4座，主变容量共20100KVA，10KV线路1941KM，配电变压器2032台，容量108000KVA，担负着全区26个乡镇（共151000户）及200多家中小型企业的生产和生活用电。

2003年供电量为9544.2万千瓦时，2004年供电量将突破1亿千瓦时。资产总计11414万元，其中固定资产9172万元，流动资产2237万元。

临川供电公司内抓管理，外树形象，坚持“优质、方便、规范、真诚”的服务方针，努力营造出“优质、可靠、安全、稳定”的供电环境。被中共临川区委、区政府评为工作目标管理先进单位，被江西省电力公司评为供电营业规范化服务示范窗口。

总经理：刘明虎　　地址：抚州市临川区抚临路38号　电话（传真）：0794—8422671

婺源縣供電有限責任公司

婺源县供电有限责任公司成立于1999年7月，是江西省电力公司的控股公司，其前身为集发、供、用电管理于一体的县属国有企业——婺源县电力公司。

公司主要担负全县电力生产、销售和维护任务，拥有注册资金1800万元（省电力公司投资1080万元占60%股份，县国资局投资720万元占40%股份），资产总额11468万元；从2000年6月开始，历经4年，共投入贷款资金8893.5万元，对全县电网和居民用户进行了建设和改造：现有6.3万KVA110变电站1座，110KV高压输电线路61.5公里，35KV变电站7座，容量32550KVA；35KV高压输电线路179.36公里，配电变压器1200多台，容量为5.5KVA；10KV输电线路1600公里，低压线路1850公里。

公司现有正式员工357人，农村电工287人；下辖6个基层供电所和3个三产多经单位，服务范围遍及全县各个乡镇自然村。公司年均售电量约9千万度，供电量约1.1亿度，2003年完成销售收入10744万元，利润总额1405.34万元，上交县财税1375.34万元。

瑞昌市供电有限责任公司

总经理　王石

瑞昌市供电有限责任公司成立于1999年4月，为国有中型企业，现有职工412人，技术人员12人，注册资金909万元，资产总额9077万元。公司下设11个供电营业所，一个多经公司，负责瑞昌市26个乡、镇、场、街道、管理区电力供应工作，承担电力设备维修，电线电缆加工，电力工程安装，电力器材销售，小水电生产业务。辖有35KV变电站6座，总变电容量19100KVA，35KV输电线路162KM，10KV线路812KM，10KV配电变压器1021台，总容量为39060KVA，低压线路15671KM。主要产品：电力供应，电力器材加工销售，公司入选了中国优秀企业数据库。在优质服务行风建设上获得了国家电力公司"电力市场整顿和优质服务年"先进集体，中国质量万里行质量诚信跟踪荣誉企业，江西省电力公司"诚信工程"先进单位，九江市诚信建设先进企业，瑞昌市服务地方经济建设先进单位；"三个代表"学习教育分别获得全国、全省先进集体，双文明创建获江西省电力公司双文明先进单位、九江文明行业、九江市文明单位。

面对新的形势，瑞昌市供电公司在经理王石带领下，以"团结拼搏、勤俭创业、求真务实、自强不息"的企业精神，秉承"始于客户需求、终于客户满意"的服务理念，始终坚持"安全优质供用电、人民电业为人民"的服务宗旨，以安全文明生产为基础，以经济效益为中心，以技术创新、管理创新、改革创新为手段，内强企业素质，外树企业形象，不断向建设国网公司一流县级供电企业迈进。

峡江县供电有限责任公司

峡江县供电有限责任公司于1999年4月份挂牌成立，现有职工208人，下设4个部室，11个基层供电所，一个经济实体。主要承担全县13个乡镇场的电力供应、设计、安装、检修维护和电网的规划建设、管理等工作。目前，峡江县境内共有110kv变电站2座，35kv变电站6座，35kv输电线路84km，10kv线路623km，10kv配电台区1078座，用电客户达到4万3千多户，年供电量60多万千瓦时。

公司员工在公司班子带领下，与时俱进，锐意创新，本着严谨务实的工作作风，使企业的社会效益和经济效益逐步得到提高，近几年来，公司连续获得县、市级"文明单位称号"省电力公司"双文明单位"称号、并被上级评为"县文明规范化服务窗口"、"县服务地方经济建设先进单位"、"省级青年文明号"、"企业档案目标管理国家二级"达标单位、"全省供电营业规范化服务窗口"等荣誉称号，与此同时，员工的收入也普遍得到提高。

展望未来，公司上下将以更加饱满的热情，认真践行"人民电业为人民"的服务宗旨，以创国家电力公司县级一流供电企业为目标，进一步提高企业的经济效益和社会效益。

经理：袁义甫　　电话（传真）：0796—3690092

地址：峡江县新县城百花路　　邮编：331409

余江县供电有限责任公司

余江县供电有限责任公司于1996年6月3日挂牌成立。公司下辖14个乡（镇、场）供电营业所、拥有6座35ＫＶ变电站、35ＫＶ输电线路85km、10ＫＶ输电线路1270km，县城电网最大供电能力为12696——22480ＫＷ。预计2004年公司供电量将突破1.1亿千瓦时，比去年增长近60%。公司本部机构设置为10部一中心，职工人数为583人，其中正式正编职工385人，农村聘用电工198人。

近年来，公司进一步强化管理，更新观念，真抓实干，全公司呈现出了前所未有的发展好势头，为全县的经济发展和人民生活水平的提高做出了积极的贡献。目前公司正为创建一流县供电企业而努力奋斗。

总经理：吴静茂　　地址：余江县果喜大道

电话（传真）：0701—5881402　　邮编：335200

目 录

第一篇:赣企总览

第二篇：市企博览

第三篇：分析研究

第四篇：工业园区

第五篇:知名企业家、知名企业

第六篇:企业产品库

附录一:工商服务指南

附录二:政策法规指南

第一篇：赣企总览

内容概要：

- ◉第一章：赣企概览
- ◉第二章：景气监测
- ◉第三章：企业集团
- ◉第四章：企业改制与上市公司
- ◉第五章：规模以下工业企业概况

1/148

南昌陶氏化工实业有限公司

南昌陶氏化工实业有限公司是一家从事化工涂料的研制、生产、销售的股份制公司。本公司拥有近二十年的涂料销售和应用经验，采用集生产、销售、贸易、施工、监理、服务一体化的经营模式：为配合市场开发，本公司在南昌设有一个生产基地、二个涂装公司、六个销售公司，并在省内各个地区设有销售公司及专卖店，拥有一套完善的售后服务体系。

下属的生产基地位于南昌市郊扬子洲，距赣江大桥1.5公里，公路直达厂区，交通便利。全厂占地10000平方米，主要生产丙烯酸内外墙乳胶漆、水泥漆、醇酸系列油漆及各类防腐防火油漆等14大类300多个花色品种，年生产能力5000吨以上，注册商标为江西省著名商标“海洋牌”和“江中牌”！

法人代表：陶桂松

下属销售公司作为国内多个品牌一级代理商，秉承优质、高效、严谨、创新、以诚待人、以质取胜的一贯宗旨，使其代理的产品在市场上取得了较好的销售业绩，并取得了较高的市场占有率，在同行业中取得了较高的知名度。

本公司除了为市场提供一流的产品外，同时还配备了装备精良的施工队伍，拥有一批训练有素、高效敬业的专业技术人员，可承接各种室内外装修工程，进行大规模工程施工，将随时热情为所有的客户提供一套成熟、完善规范的专业服务

本公司依靠持久的高水准服务和长期的信用承诺，赢得了顾客及供应商的充分信赖，并期望能与更多的朋友合作，在良好的合作环境中不断地加深我们的友谊。为适应新的市场竞争，我们将继续发扬开拓进取、以诚待人的精神，用高质量的产品，优良的服务和最具竞争力的价格去满足客户的需求，并愿意付出加倍的努力，使我们的顾客和合作伙伴得到完善的超值的服务。

公司地址：南昌市青扬路北段
联系电话：0791—8671071　　传真：0791—8671803

质量管理体系认证证书
南昌陶氏化工实业有限公司
GB/T19001-2000-ISO9001:2000标准

CERTIFICATE OF QUALITY MANAGEMENT SYSTEM CERTIFICATION
NANCHANG TAOSHI CHEMICAL INDUSTRY CO.,LTD.
GB/T19001-2000-ISO9001:2000 Standard
PRODUCTION, SALE AND SERVICE OF ALKYD SERIES PAINTING, INSIDE AND OUTSIDE WALL EMULSOID PAINTING

第一章　赣　企　概　览

2004 年江西省 200 家最大企业概述

随着经济全球化趋势的不断增强，国际竞争日益激烈，大企业在世界经济舞台上扮演着越来越重要的角色，起着举足轻重的作用，扶持和培育一批具有自主开发能力、主业突出的大型企业和集团是推进产业结构优化升级、提升地区经济实力的关键。参照世界500强的评判标准，江西省企业调查队根据调查结果，排出 2004 年江西省 200 家最大企业（以下简称200 强）。结果显示，2003 年，全省在调整工业结构，加快开放步伐，实现江西经济中部崛起的思想指导下，江西企业 200 强实现了整体实力强大，产业结构进一步优化，六大支柱产业迅猛发展的良好势头，同时存在着地区和行业分布不均衡、前十强以国有垄断性行业为主，可持续创新能力不足等问题。

一、200 强前十位实力雄厚，龙头收入超百亿

2003 年，我省企业在积极的财政政策和对外开放外部环境的拉动下，江西省冶金集团公司、江西铜业集团公司、新余钢铁有限责任公司、江铃汽车集团公司、萍乡钢铁有限责任公司、南昌钢铁有限责任公司、昌河飞机工业（集团）有限责任公司、江西省建工集团、江西省医药集团公司和南昌卷烟厂 10 家企业在全省企业中脱颖而出，成为 200 强企业中的前十位。江西省冶金集团公司以资产总额 160 亿元，年销售收入 145 亿元荣登 200 强榜首，江西铜业集团公司资产总额 137.7 亿元，年销售收入为 106.5 亿元，屈居第二。前两位企业的年销售收入均超百亿元，为推动我省社会进步，拉动经济发展作出了突出的贡献。从其所属行业来看，前十家企业有 7 家属冶金、航空、烟草等资源垄断性行业。

二、第二产是主体，六大支柱产业占居重要地位

在 200 强企业中，二、三产业 3:1 分成，第一产业无一进入 200 强。从三大产业的分布来看，从事第二产业为主的有 153 家，完成销售收入 1298.5 亿元，占 200 强企业年销售收入的 85.4%，总资产为 1782.9 亿元，占 200 强企业的 88.8%，从业人数 63.0 万人，占 200 强企业的 92.9%，从事第三产业为主的有 47 家，完成销售收入 221.8 亿元，占 200 强企业年销售收入的 14.6%，资产总额为 225.0 亿元，占 200 强企业的 11.2%，从业人数 4.8 万人，占 200 强的 7.1%。

六大支柱产业占居 200 强企业的重要地位。为加速工业化进程，2003 年，我省将汽车航空及精密制造业、特色冶金及金属制品业、中成药和生物医药业、电子信息和现代家电业、食品工业、精细化工及新型建材业这六大产业确立为加快发展、重点扶植的支柱产业。共有 86 家企业进入 200 强，完成销售收入为 983.6 亿元，占 200 强企业的 64.7%，资产总额为 1246.5 亿元，占 200 强的 62.1%。前十强企业有 9 家为六大支柱产业所属企业。其中，特色冶金及金属制品行业成为最耀眼的产业，200 强企业中江西省冶金集团公司、江西铜业集团公司、新余钢铁有限责任公司、萍乡钢铁有限责任公司、南昌钢铁有限责任公司、分别位居前三位及五、六位。仅此五大冶金企业就现实销售收入占 200 强销售收入总额的 27.8%，拥有资产总额占 200 强总资产的 23.9%。

三、区域分布不均，南昌独占半壁江山

200 强企业的地区分布不均衡，主要集中在北部和南部的南昌、九江、景德镇、赣州四个经济发达地区。南昌优势最为明显，独占 200 强企业的半壁江山，有 99 家企业入主 200 强，完成销售收入 892.1 亿元，占 200 强企业的 58.7%，拥有资产总额 1100.7 亿元，占 200 强企业的 54.8%。九江有 21 家，完成销售收入 79.7 亿元，占 200 强企业的 5.2%，拥有资产总额 166.8 亿元，占 200 强企业的 8.3%。景德镇有 15 家，完成销售收入 90.3 亿元，占 200 强企业的 5.9%，拥有资产总额 159.0 亿元，占 200 强企业的 7.9%。从各地市 200 强企业平均销售收入来看，鹰潭居第一，为 18.2 亿元，新余其次，为 16.7 亿元，萍乡以 12.4 亿元居第三，其余均未超过 10 亿元。从平均资产总额来看，位次仍未改变，鹰潭、新余、萍乡以 24.5 亿元、18.0 亿元和 16.9

亿元位居前三甲，南昌以11.1亿元的均值名列第四。（详见表1）

四、国有经济占居主体地位，大中型企业起主导作用。

国有企业依然居200强主体地位。垄断性行业表现突出，国有企业控制着关系国计民生的能源、交通（航空、铁路）、通讯、金融等命脉。200强企业的前20位中，有12家企业属于此列。实现的销售收入和资产总额均占200强企业的绝对优势地位。

五、200强企业收入反差大，做大做强仍是发展主题

200强企业的整体发展也存在着不均衡的现象，此次进入200强的最低销售收入门槛为1.1亿元，与位居榜首的江西省冶金集团公司相差122.9倍。年销售收入超过10亿元的企业共有31家，其销售收入占200强企业销售收入的64.2%，资产总额占63.5%。年销售收入3亿元至10亿元的企业有68家，其销售收入占200强企业销售收入的23.4%，资产总额占23.8%。其余50.5%的企业仅拥有12.7%的资产，实现12.4%的销售收入。

200强企业与世界500强、全国500强比差距明显。2003年江西200强企业完成销售收入为1520.3亿元，按8.2766：1的汇率计算，相当于183.7亿美元，仅是2003年世界500强排名第一的沃尔玛公司的6.98%，全国最大企业的40.1%；平均规模来看，江西省200强企业平均销售收入仅相当于2003年全国500强企业平均销售收入的5.46%。企业经营效益为本，如何提高经济效益、提高核心竞争力，做大做强一批骨干企业，以缩短与全国仍至全球500强的差距，将是我省200强企业发展的主题。

表1：　　江西200强企业区域分布情况

地区	企业数（个）	资产总额（亿元）		销售收入（亿元）	
		总额	平均值	总额	平均值
南昌	99	1100.7	11.1	892.2	9.0
景德镇	15	159.0	10.6	90.3	6.02
萍乡	6	101.6	16.9	74.5	12.4
九江	21	166.8	7.9	79.7	3.8
新余	6	108.2	18.0	99.9	16.7
鹰潭	7	171.4	24.5	127.5	18.2
赣州	13	48.9	3.8	36.3	2.8
吉安	7	30.6	4.4	19.7	2.8
宜春	12	26.2	2.2	43.0	3.6
抚州	4	20.6	5.2	8.9	2.2
上饶	10	73.9	7.4	48.3	4.8

江西省200强企业区域分布比重图

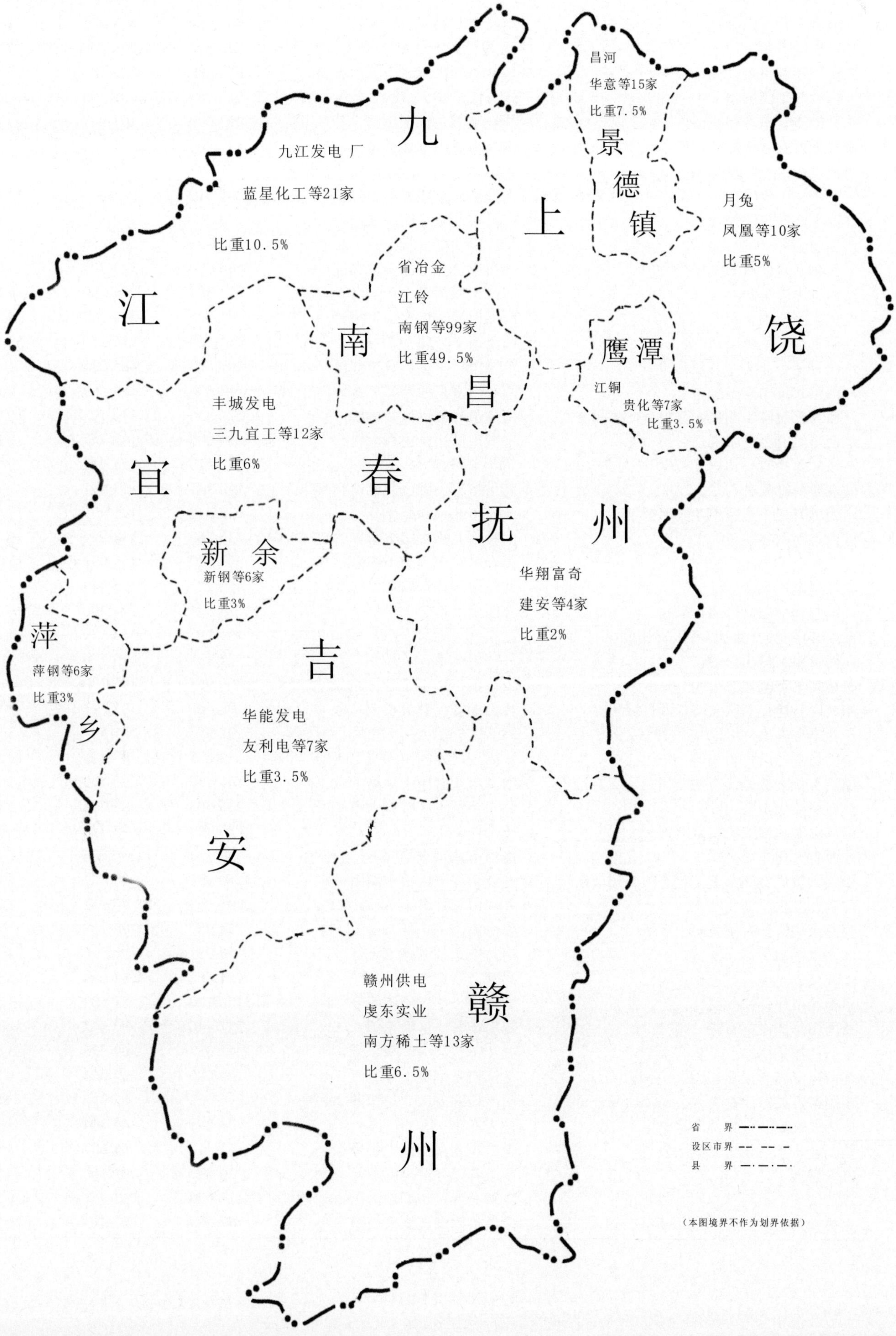

江西省重点企业名录库(200强)

(2003年)

企 业 名 称	通 讯 地 址	资产总额（万元）	销售收入（万元）	员工人数（人）
江西省冶金集团公司	南昌市北京西路118号	1 603 689	1 454 370	51 154
江西铜业集团公司	贵溪市冶金大道15号	1 376 645	1 065 408	32 912
新余钢铁有限责任公司	新余市渝水区城关镇冶金路	874 488	802 183	29 752
江铃汽车集团公司	南昌市迎宾大道509号	913 753	721 353	16 325
萍乡钢铁有限责任公司	萍乡市湘东区团结路	492 029	461 857	9 460
南昌钢铁有限责任公司	南昌市青山湖区罗家镇	443 406	448 780	10 941
昌河飞机工业(集团)有限责任公司	景德镇市珠山区朝阳路535号	701 690	438 839	9 906
江西省建工集团	南昌市北京西路176号	204 519	375 860	12 289
江西省医药集团公司	南昌市北京西路104号	422 157	334 178	27 607
南昌卷烟厂	南昌市西湖区抚生路118号	241 492	327 726	1 430
江西移动通信有限责任公司	南昌市桃苑小区金源大厦	680 000	313 709	4 296
江西省出版集团	南昌市阳明路310号出版大厦	324 984	294 750	6 808
汇仁集团有限公司	南昌市迎宾中大道1189号	81 526	217 344	4 878
江西省煤炭集团公司	南昌市丁公路115号	714 608	216 214	52 092
江西月兔企业集团有限公司	上饶市广丰县芦林工业区	107 820	185 035	4 400
江西正邦集团有限公司	南昌市南京西路277号	32 336	175 585	2 000
江西洪都航空工业集团有限责任公司	南昌市青云谱区新溪桥	514 356	170 103	16 737
江西丰城发电有限责任公司	丰城市尚庄街道石上村	90 000	162 757	1 083
萍乡矿业集团公司	昭萍东路27号	347 510	153 413	19 668
诚志股份有限公司	南昌市青山湖区昌北枫林大道	159 247	147 491	1 670
江西稀有稀土金属钨业集团公司	南昌市北京西路118号	249 349	141 471	18 726
江西省纺织集团公司	南昌市北京东路125号	336 669	138 959	9 138
江西省电子集团公司	高新区京东大道168号	333 622	135 993	15 776
九江发电厂	九江市滨江东路45号	460 272	125 049	2 703
江西省针棉织品进出口公司	井冈山大道717号	24 571	124 486	162
江西江中制药(集团)有限责任公司	高新区火炬大道888号	181 797	114 149	4 959
江西省服装进出口公司	井冈山大道548号	23 731	110 576	169
景德镇华意电器总公司	景德镇市珠山区新厂路28号	306 964	105 130	2 350
中国联合通信有限公司江西分公司	青山湖区火炬大道566号	298 465	102 173	2 967
江西丰源电力(集团)有限责任公司	高新区火炬大街188号	197 957	101 599	3 982
南昌昌夏建设工程集团公司	青云谱区井冈山大道703号	9 435	100 190	13 186
南昌百货大楼股份有限公司	南昌市东湖区中山路1号	51 450	96 179	2 300
江西赣州供电公司	赣州市章贡区红旗大道27号	236 503	95 792	1 691
南昌洪城大厦股份有限公司	北京西路156号	50 453	95 746	822
江西省石化集团公司	南昌市北京东路98号	394 727	94 086	10 666
中铁大桥局集团第五工程有限公司	九江市浔阳区白水湖20号	50 961	91 437	3 880
江西九江供电公司	九江市长虹大道74号	201 663	90 952	1 326
江西南华医药有限公司	象山南路230号	39 984	90 255	843
江西洪都钢厂	南昌市北京东路138号	56 921	88 796	2 706
江西联创光电科技股份有限公司	高新区京东大道168号	154 688	87 034	6 129
景德镇市焦化煤气总厂	景德镇市昌江区历尧乡	156 170	83 903	3 558
井冈山华能发电有限公司	吉安市青原区河东镇	237 446	82 147	291
中铁四局集团第五工程有限公司	九江市长虹大道968号	62 037	69 226	3 553
江西凤凰光学仪器(集团)有限公司	上饶市光学路1号	125 080	67 365	4 336
中国东方航空股份有限公司江西分公司	南昌市西湖区北京西路208号	6 622	67 310	670
中国人民武装警察部队水电第二总队	仙来西路	73 271	66 344	3 493
核工业华东建设工程集团公司	南昌市北京西路134号	51 318	65 687	3 808
赣南卷烟厂	南康蓉江办宝林路1号	70 592	65 360	983
江西清华泰豪科技集团有限公司	高新开发区正高新大街	113 678	63 731	1 573
南昌铁路工程(集团)有限责任公司	南昌市西湖区二七南路109号	67 389	62 463	8 214

续表 1

企业名称	通讯地址	资产总额(万元)	销售收入(万元)	员工人数(人)
江西赣能股份有限公司	南昌市火炬大街199号	150 691	58 416	1 325
江西水泥厂	上饶市万年县陈营镇	213 606	58 188	3 019
江西省贵溪火力发电厂	鹰潭市贵溪市东门41号	72 256	57 833	2 042
新华金属制品股份有限公司	新余市高新技术经济开发区	47 828	57 199	921
江西贵溪化肥有限责任公司	鹰潭市贵溪市化工大道1号	136 009	56 978	2 009
南昌印钞厂	南昌市岱山车路9号	68 089	56 576	1 172
江西省畜产进出口有限公司	站前路200号	18 217	56 105	101
江西华源江纺有限公司	南昌市东湖区塘山乡	57 602	55 866	5 715
安源实业股份有限公司	萍乡安源后埠街昭萍东路3号	142 077	54 700	6 581
南昌海尔工贸有限公司	经济开发区庐山南大道555号	4 863	53 404	351
江西涤纶厂	南昌市解放路378号	110 714	52 663	1 798
江西亚东水泥有限公司	瑞昌市码头镇亚东大道6号	206 360	52 637	496
蓝星化工新材料股份有限公司	九江市永修县艾城	100 813	49 409	1 309
江西景德镇发电有限责任公司	景德镇市珠山区青塘	78 740	47 823	1 669
江西济民可信集团	南昌青山湖区顺外路98号	36 634	46 035	1 053
南昌市建筑工程集团有限公司	南昌市民德路255号	62 266	45 166	10 186
TCL王牌电器(南昌)有限公司	南昌青山湖区火炬三路198号	8 644	44 652	10
江西四特酒业集团有限公司	樟树市药都北大道7号	16 410	44 134	1 630
九江化纤股份有限公司	九江市庐山区姑塘镇	67 938	42 992	3 314
江西新余发电有限责任公司	新余市渝水区城北办	78 071	42 559	1 300
江西上饶供电公司	上饶市中山东路1号	103 944	41 103	898
中国有色金属进出口江西公司	北京西路118号	4 278	40 722	33
江西省交通工程集团公司	南昌市西湖区广场南路136号	51 076	40 295	2 896
江西月兔丰华产业股份有限公司	广丰县芦林工业园x号	12 174	39 709	440
江西上饶信江实业集团公司	上饶市南环路002号	84 235	39 615	1 290
南昌市黄庆仁栈华氏大药房有限公司	象山南路230号	14 886	37 385	5 731
丰城矿务局	丰城市上塘镇建设大道145号	24 844	37 028	12 088
江西南昌发电厂	南昌市青山支路57号	45 210	36 117	2 122
江西泰丰轮胎有限公司	西湖区上海路(上海路)	32 513	35 830	816
江西思创科技产业有限公司	八一大道465号	10 049	35 405	155
江西格力空调销售有限公司	福州路268号	21 837	35 391	32
南昌统一企业有限公司	南昌市青山湖北大道388号	17 705	35 110	800
三九宜工生化股份有限公司	袁州区环城西路1号	21 168	34 810	1 513
友利电电子(江西)有限公司	吉安市吉州区工业园	6 167	34 637	4 000
江西桑海集团有限责任公司	南昌市新建县新祺周	56 480	33 814	7 276
江西新洪客隆工贸发展总公司	八一大道358号	23 236	33 516	497
江西运通汽车贸易有限公司	洪都中大道145号	6 267	33 425	53
南昌水业集团有限责任公司	南昌市抚河路294号	97 742	32 912	2 008
江西捷德智能卡系统有限公司	南昌市青山湖区	35 372	31 644	246
江西金苹果农业发展有限公司	黄金开发区潭东镇东坑村	6 129	31 548	560
江西锅炉化工石油机械联合有限责任公司	云谱区迎宾大道913号	65 728	31 523	1 585
江西省机械设备进出口公司	北京西路54号	8 232	31 470	63
药都樟树医药集团公司	宜春市樟树市药都南路3号	14 465	31 449	986
江西九江国家粮食储备库	九江市滨江东路232号	19 493	31 000	361
江西昌南建设工程集团公司	西湖区司马庙立交桥西南侧	15 976	30 909	2 325
江西省医药保健品进出口公司	站前路200号	5 730	30 908	123
江西无线电厂	九江市十里大道869号	22 634	30 731	1 574
江西太平洋购物广场有限公司	中山路177号	11 087	30 053	350
江西联合重工业集团	南昌市迎宾大道913号	65 728	30 023	2 180
江西化纤化工有限责任公司	景德镇乐平市镇桥	70 746	29 641	2 902

续表 2

企业名称	通讯地址	资产总额（万元）	销售收入（万元）	员工人数（人）
江西景德镇供电公司	景德镇市珠山西路	48 965	29 628	598
中国石油化工股份有限公司江西鹰潭分公司	鹰潭市月湖区南站路63号	8 199	29 291	160
弋阳江治有色加工厂	弋阳县弋江镇双亭北路100号	27 981	29 199	3 395
江西省纺织品进出口公司	井冈山大道548号	19 513	28 947	140
江西变压器科技股份有限公司	南昌市新建县乐化镇	34 381	28 601	868
江西电化有限责任公司	景德镇市乐平塔山	43 678	28 543	840
江西大众汽车销售维修服务有限公司	北京东路399号	5 615	28 133	158
中铁大桥集团第七工程有限公司	九江市滨江东路148号	28 790	27 934	1 575
江西天施康中药股份有限公司	鹰潭市建设路21号	34 011	27 651	2 388
赣州博达公路有限公司	关刀坪1号东外办事处关刀坪	21 191	27 583	1 400
江西省火电建设公司	南昌青云谱区井冈山大道2号	28 229	27 072	3 466
江西长运集团	南昌市广场南路118号	81 593	26 230	1 802
江西海扬纺织集团有限公司	九江市开发区官牌夹	37 743	26 213	4 918
江西中恒建设集团公司	南昌市西湖区船山路711号	20 023	25 497	5 031
江西华翔富奇汽车有限公司	抚州市临川区西大街8号	18 709	24 955	500
江西汪氏蜜蜂园有限公司	南昌市新建县长凌镇	24 654	24 011	650
南昌市公共交通总公司	南昌市西湖区站前西路176号	42 560	23 952	4 462
江西黑猫碳黑股份有限公司	景德镇市昌江区历尧	39 156	23 562	336
江西省樟树粮油公司	樟树市药都北大道15号	3 584	23 463	1 005
江西东风药业股份有限公司	景德镇市乐平镇15号	27 178	23 292	2 542
江西省柘林水电开发有限责任公司	九江市滨江路961号	137 494	23 027	1 166
江西药都仁和制药有限公司	樟树市药都路	6 200	22 862	138
南昌亚洲啤酒有限公司	南昌青云谱区三店西路183号	29 329	22 737	1 300
江西临川建筑安装总公司	抚州市临川区抚临路20号	25 266	21 671	3 056
江西抚州供电公司	抚州市临川区赣东大道78号	135 899	21 531	1 025
南昌供水有限责任公司	青云谱区抚河南路294号	32 205	21 305	1 084
江西洪宇建设工程集团公司	西湖区建设西路99号	41 765	20 833	2 739
果喜实业集团有限公司	鹰潭市余江县白塔中路35号	81 756	20 681	1 562
江西省抚州市建筑工程有限公司	抚州市临川区荆公路104号	26 320	20 537	4 697
南昌赣新油脂有限公司	南昌市新建县长凌镇	3 045	19 860	122
江西国力汽车服务有限公司	洪都北大道360号	2 938	19 602	72
江西阳光乳业有限公司	南昌市青云谱区岱山东路1号	12 788	19 446	563
江西上饶县新丰铜业有限公司	上饶县枫岭头镇黄源村	3 729	19 355	45
南昌市赣江溶剂厂	南昌市青山湖区扬子洲乡	10 354	19 349	200
江西武冠新材料股份有限公司	萍乡市安源区白源街道办事处	14 717	19 235	580
江西井冈山卷烟厂	吉安市吉安县赣中大道3号	18 154	19 073	871
赣州虔东实业(集团)有限公司	赣州市章贡区七里镇	22 407	18 798	660
江西江联能源环保股份有限公司	南昌青云谱区迎宾大道913号	34 228	18 650	1 328
江西国药有限责任公司	南昌市解放西路80号	43 761	18 213	2 160
江西中景集团有限公司	景德镇市新厂陶阳路76号	20 773	18 128	887
九江三棉印染有限责任公司	九江市浔阳东路36号	15 996	18 013	1 744
巨石集团九江有限公司	九东市庐山区前进东路450号	33 354	17 962	2 387
江西中基进出口有限公司	桃苑大厦二区C座6栋	4 440	17 895	33
江西南方稀土高技术股份有限公司	赣州市章贡区青年路36号	29 723	17 887	804
新余市良山钢管有限责任公司	新余市渝水区良山镇	4 117	17 828	678
江西煌上煌集团有限公司	南昌市西湖区二七南路539号	10 233	17 642	782
丰城市兰丰集团公司	丰城市尚庄街北坑村	16 748	17 621	990
南昌大众印染总厂	南昌市西湖区解放西路454号	7 615	17 505	350
赣县世瑞矿产品有限公司	赣县茅店镇洋塘村	4 695	17 480	252
江西东维汽车销售有限公司	洪城路688号	2 711	17 271	24

续表 4

企业名称	通讯地址	资产总额（万元）	销售收入（万元）	员工人数（人）
江西泰和大北农饲料有限公司	吉安市泰和县澄江镇	2 582	17 120	229
江西省投资进出口有限责任公司	福州路金昌利大厦	7 187	17 047	35
江西德宇集团	景德镇市瓷都大道 11 号	15 314	17 027	400
江西省汽车销售技术服务总公司	省府北二路 102 号	4 973	16 934	185
江西省瑞康医药有限责任公司	文教路 289 号	6 721	16 932	69
新干县粮油经营公司	中山路 2 号	1 113	16 882	650
江西省天顺纺织品有限公司	奉新县冯田工业区	361	16 755	183
大余县伟良钨业有限公司	大余县南安镇石桥下街	16 891	16 743	118
江西龙源实业有限公司	鹰潭市贵溪市雄石镇 41 号	5 437	16 680	1 600
新干县鑫达金属实业有限公司	城北工业园	8 724	16 539	139
江西省智通汽车销售服务公司	洪都北大道 336 号	15 155	16 467	145
南昌硬质合金有限责任公司	南昌市双港村 1 号	17 460	16 257	765
江西省陶瓷出口公司	景德镇市珠山西路	23 864	16 077	76
江西景德房地产建设集团有限公司	景德镇市珠山广场北路 7 号	13 642	16 000	7 798
江西赣北公路工程有限公司	九江市三里街 199 号	18 279	15 951	1 245
江西安源铝业有限公司	萍乡市湘东区湘东姚家洲	7 297	15 924	410
江西三元冶金有限责任公司	北京西路 118 号	2 588	15 892	24
江西晶安高科技股份有限公司	南昌市安义县万埠镇八宝山	11 681	15 871	688
江西第三制药厂	余干县黄埠镇	5 048	15 809	118
江西际洲建设工程有限公司	上饶市信州区带湖路 38 号	11 189	15 731	3 947
赣州钴钨有限责任公司	赣州章贡区东外五龙岗 103 号	44 522	15 671	1 308
江西共青鸭鸭集团	九江市共青开放开发区	69 226	15 299	2 680
彭泽县棉麻公司	彭泽县龙泉路	45 982	14 790	232
赣州铝厂	章贡区水东镇农技校对面	10 288	14 524	689
赣州江钨钨合金有限公司	赣县梅林大街	6 575	14 518	182
九江市邮政局	九江市交通路 12 号	23 276	14 320	1 696
江西省泰和玉华水泥有限公司	吉安市泰和县上田镇	16 118	14 148	630
九江清源实业集团有限公司	九江市开发区九瑞大道 99 号	28 173	14 000	1 432
四通(江西)电机有限责任公司	西湖区井冈山大道 1028 号	42 643	13 767	1 244
江西分宜海螺水泥有限责任公司	湖泽镇闹洲	19 857	13 758	404
南昌电缆有限责任公司	青云谱区井冈山大道 516 号	7 956	13 681	381
江西燕京啤酒有限责任公司	吉安市吉安县白云街 42 号	16 899	13 656	657
江西沙神集团公司	进贤县温圳镇永安路 191 号	1 921	13 511	436
北京华联(江西)综合超市有限公司	上海路 19 号	11 612	13 434	450
赣州华兴钨制品有限公司	章贡区水西乡马房下 58 号	10 030	13 433	256
江西英岗岭矿务局	高安市建山镇枫林	10 537	13 399	5 363
江西省踏浪实业发展有限公司	八一大道 197 号	2 043	13 361	42
南昌齐洛瓦电器集团总公司	南昌市昌北开发区蛟桥麦园	42 831	13 319	1 020
江西宁振纸业有限公司	章贡区水西乡桑园 168 号	9 451	13 289	1 395
江西泰豪电器城有限公司	青山南路 1 号	7 097	13 217	38
新余市永盛供贸有限公司	新余市渝水区城北办望城村委	4 684	13 164	110
江西省邮电供应工业公司	丁公路 38 号	13 778	13 058	117
江西省九江长途汽车运输总公司	九江市庐峰路 2 号	25 257	13 032	1 290
江西庐山海螺水泥有限公司	九江市庐山区海会镇	11 830	13 028	650
乐平矿务局	景德镇市乐平后港镇	31 067	13 021	4 052
江西纸业集团公司	南昌市东湖区董家窑 112 号	204 370	12 809	574
江西信达电子有限公司	景德镇珠山区瓷都大道 636 号	11 967	12 710	1 233
南昌市第一建筑工程公司	南昌市西湖区孺子路 260 号	27 890	12 708	7157
江西盐矿有限责任公司	宜春市樟树市吴家巷	38 172	12 438	1 409
江西大茅山集团有限责任公司	上饶市德兴市花桥镇金山	56 016	11 836	1 460

江西省企业经济运行综述

（2003年）

2003年，突如其来的“非典”疫情给我省社会经济生活带来一些负面影响，特别是对部分行业产生了短期冲击，但从全年总体上看，并没有改变我省经济发展和企业经济运行态势良好的格局。由于各级政府正确地把握和处理防治非典型肺炎和推动经济发展的关系，坚持一手抓防治非典型肺炎这件大事，一手抓经济建设这个中心不动摇，在政府扶持和企业自救的共同作用下，保持了社会经济的稳定发展和企业经济的平稳运行，把损失减少到了最低限度。统计资料显示，2003年企业景气指数处于景气区间运行，工业生产增势强劲，企业改革稳步推进，企业投资热度不减，非公有制企业排难而进。种种迹象表明，我省企业经济运行正在逐步走出非典型肺炎影响的阴影。

一、全年企业经济运行的基本特征

（一）企业景气指数先扬后抑再扬，企业经济处于景气区间运行

2003年，我省企业景气指数出现了一定幅度的波动，但企业经济总体运行状况依然良好，企业景气指数和企业家信心指数保持在景气区间运行。年初，我省的企业经济承接上年的良好发展势头，企业生产经营实现了良好开局，企业景气指数攀升，运行质量得到改善。一季度全省企业景气指数为112.97点，比去年第四季度提高7.66点。由于受“非典”影响，二季度企业景气下滑了14.4点，为105.1点。三季度略作调整后，景气指数在四季度攀升至126.7点，创近五年来新高。从综合景气状况看，一季度企业生产总量、盈利水平、流动资金、劳动力需求和企业固定资产投资等指标比上年同期有所好转，二季度除流动资金外多数指标有所下降，但平均下降幅度不大。下半年，各项指标均表现突出，出现“非典”后的快速增长。

（二）工业生产增势强劲，活力十足

2003年，全省规模以上工业累计完成工业增加值440.31亿元，比上年增长21.01%，增幅加快4.91个百分点。一、二、三季度工业企业景气指数分别为116.6点、118.9点、119.30点，四季度攀升至129.25高点。即使在“非典”疫情最为严重的时期，工业生产仍保持两位数的增速。工业生产增长呈现以下特点：一是非公有制企业高速增长，外商及港澳台投资企业、私营企业工业增加值分别增长34.97%、46.62%；二是依托工业园区办工业的新路已开始发挥作用。12月末，全省在工业园区内的规模以上企业659家，实现工业增加值73.37亿元，比上年增长40.0%，占全省规模以上工业的16.66%，增速是全省平均水平的1.9倍。其中今年新开工投产185家，新开工企业实现现价工业总产值38.21亿元；三是大型骨干企业的“旗舰”作用明显。统计数据表明，2003年，江铃、萍钢、新钢实现利润分别达5.76亿元、4.76亿元、2.08亿元，比上年同期均有较大幅度增长。

规模以下工业也生产快速增长，速度逐季提升。全年全省规模以下工业实现总产值比上年同期增长20.43%，增幅比去年同期提高0.6个百分点。纵观各季度的生产速度，呈现逐季提升的趋势。当年1－3月总产值的增幅为23.37%；受“非典”疫情的影响，1－6月的增幅有所回落，但仍保持快速的增长趋势，为16.34%；1－9月，“非典”过去，增幅开始回升，为18.0%；1－12月，在良好的基础作用下，随着生产旺季的到来，增幅达20.43%。

（三）房地产开发投资高速增长，技改投资力度进一步加大

城乡居民收入的提高和住房需求的增加，刺激了我省房地产市场的持续升温。2003年以来我省房地产开发快速增长，商品房市场供销两旺，房地产业景气指数连续三个季度都在122点以上，四季度略有回调至116点。全年全省房地产开发投资完成173.78亿元，增长82.2%。商品房屋施工开工面积为2507万平方米，比去年同期增长72.8%；房屋竣工面积同比增长了98.2%；商品房销售面积755.07万平方米，增长92.3%；商品房空置比2002年减少15.86万平方米。

我省技术改造工作按照中央关于“做好投资工作，促进经济发展”的精神，沉着应对“非典”对技术改造的影响，进一步加大了投资力度，保证了重点技术改造项目的建设。2003年，全省技术改造完成投资194亿元，比去年同期增长45.4%。

（四）企业改革稳步推进，改制效果进一步显现

2003年，全省各地认真贯彻落实党“十六大”精神，以开放的理念、创新的思路努力推动企业产权制度、经营体制和管理机制的改革，改革效果进一步显现。据省企调队对全省100家省级重点企业跟踪监测统计结果显示，我省重点企业继续加大了改制力度，企业改制面达78%，同时经济效益继续好转。2003年，全省100家重点企业共实现营业收入627.3亿元，比去年增长32.3%。其中，有限责任公司、港澳台企业和股份有限公司增长速度较快，分别增长41%、41%和29%。完成出口销售总额26.6亿元，比去年增长26.2%。信息传输、计算机服务和软件业出口销售增幅达38.5%。实现利润26.4亿元，比去年增加63%，有7家企业盈利在1亿元以上，其中江西铜业股份有限公司、萍乡钢铁有限责任公司和南昌卷烟厂实现利润位居前列。100家重点企业全年上缴税金合计64.7亿元，其中应交所得税10.5亿元，应交增值税30.4亿元，均比头年有较大幅度增加。

（五）金融机构对企业经济运行的扶持力度进一步增强

2003年，全省金融机构努力发挥金融的核心作用，改变经营理念，突出信贷支持重点，调整信贷结构，优化贷款品种，为促进江西经济的快速发展作出了积极的贡献。据统计，截至12月末，全省金融机构各项贷款余额2545.28亿元，比年初增加407.76亿元，比2002年全年的贷款投放量还多163.72亿元，贷款增量再创历史新高。各金融机构进一步加大了对重点行业、重点企业的信贷支持力度，工业贷款增加51.07亿元，对环保、电子信息、生物医药、新型材料等新型产业，只要符合贷款条件，能提供可行的担保，不论企业属何种经济类型，银行均优先发放生产所需的流动资金和技术改造贷款。对工业园区基础设施建设所需资金，降低门槛、简化手续、延长期限；对园区内科技含量高，产品具有国际竞争力的企业，尽力满足其资金需求。同时，金融机构还加大了中长期贷款的投入数量，支持企业引进先进设备和先进生产工艺，提高了我省企业生产的技术装备水平和产品技术含量，全年基本建设贷款增加172.86亿元，技术改造贷款增加7.18亿元。金融机构在增加贷款投放时，注重突破瓶颈制约，着力解决中小、个私企业贷款难问题。特别是地方中小金融机构，把经营重点定位在为地方中小企业服务上，信贷资金主要用于支持地方中小企业、个私民营经济的发展。

（六）非公有制经济健步发展

今年以来，全省上下在齐心协力抗击“非典”的同时，大力抓好非公有制经济的发展，各级党委、政府出台了一系列鼓励、引导个私经济加快发展的政策、措施，全省个私经济保持了强劲发展的势头。截止2003年底，全省实有私营企业户数达4.90万户，从业人员93.29万人，注册资本528.37亿元，同比分别增长25.7%、29.51%、68.61%。实有个体工商户达59.38万户、从业人员142.92万人、注册资金95.19亿元，分别同比增长8.69%、10.37%、24.27%。全省私营企业、个体工商户户均注册资本增加，产业结构渐趋合理，个私企业已成为吸纳新增就业人员和安置下岗失业人员再就业的主要渠道。

二、“非典”对我省企业经济运行的影响

“非典”疫情主要从三个方面对企业经济运行产生不利影响：一是防治“非典”的自我保护意识使人们外出消费的活动大幅减少，抑制了消费品市场的繁荣和活跃；二是恐慌心理和必要的检查登记制度阻碍了人流、物流的畅通，导致产品积压，库存增加；三是有控制的人员流动限制了一些商务活动的开展和效率。

“非典”疫情爆发后，我省餐饮、商贸、交通、旅游等行业确实受到了较大的打击，但现在看来，它并未对我省企业经济总体运行趋势构成破坏性影响，其带来的不利影响是短期的、局部的、有限度的。事实上，受到冲击的大多数行业5月下旬开始已逐渐出现恢复性增长，“非典”疫情造成的损失降低到了最低限度。特别需要指出的是，少数行业甚至因此而获得了新的发展机遇。疫情爆发之初，不少人担心疫情的发展会严重阻碍我省的利用外资工作，但统计数据表明，2003年全省累计批准外商投资企业759家，新签合同外资额23.3亿美元，实际利用外资16亿美元。内资合同引资1389.9亿元，同比增长38.3%；实际进资700.02亿元，同比增长64.3%，创造了历史最高水平，外贸出口奋力追赶，数月内连迈几个台阶，前11月增幅由上年同期中部省份的第六位跃升到第一位。这一方面表明我省的招商引资工作是卓有成效的，另一方面也说明我省的企业经济运行仍然是稳定、健康的。我省大多数行业之所以能经受住“非典”不利影响的冲击和考

验,主要得益于我省各级党委、政府防治“非典”的坚强决心和有力措施以及企业应对“非典”的自救行动。政府对民航、旅游、餐饮、出租车等行业实施减免行政事业性收费和适当的财税优惠政策等措施,无疑大大推动了受“非典”影响较大的行业的复苏进程。

(一)餐饮业遭重创后迅速回升。我省“非典”形势最为严峻的5月份,各地的大小餐馆、酒店人气清淡,顾客稀少,一些酒店甚至关门歇业,营业额锐减。当月全省餐饮业仅实现零售额4亿元,比上年同期下降25.7%,比上年同期回落38.5个百分点,全省51家限额以上餐饮企业零售额比上年同期下降36.8%。1—5月累计实现零售额仅增长4%。“非典”疫情得到有效控制后,我省许多餐饮企业新开张和重新开业,外出就餐人数明显增加,人气趋旺,6月份一举扭转了5月份下降的局面,经营状况得到明显改善,营业额迅速回升。当月实现零售额6.1亿元,比5月份增长54.6%,比上年同月增长7.6%。上半年,全省餐饮企业累计实现零售额32.5亿元,比去年同期增长4.7%。

(二)社会服务业经受冲击后逐步复苏。为防止疫情的进一步扩散,国家取消了“五一”长假,加上人们自我保护意识的增强,纷纷放弃了外出旅游的计划,旅游景点游客急剧下降,门票收入剧减,使旅游服务中介机构和旅游接待企业经营状况恶化。社会服务业景气指数由一季度的138.46点下降至二季度的38.46点,住宿和餐饮业景气指数从94.64点下降至30.12点。据了解,“五一”期间绝大部份旅游景点的接待人数和门票收入下降幅度在60%以上,与春节黄金周两位数的增长形成巨大反差。从四月下旬开始,绝大部份星级宾馆客房出租率维持在10% -30%左右,下降幅度在50% -90%之间,营业收入降幅超过50%。五月下旬,我省旅游业已出现明显复苏迹象。5月24日至30日,全省共接待入境旅游者较前一周增长76.9%;国际旅游住宿设施接待国内旅游者4.2万人次,较前一周增长15.38%。大多数设区市的星级宾馆客房出租率有了一定程度的增长。其中九江、赣州、景德镇、鹰潭、新余等市增长率超过了5%。

(三)交通运输业损失较大,但回暖步伐也快。交通运输是受“非典”冲击最为明显的行业之一,陆路、水路、航空运输企业客源大大减少,二季度该行业景气指数急剧下滑至60.3点,分别比一季度和上年同期回调80.1点、55.5点。进入4月中旬以来,南昌铁路局管内旅客列车日均客流下降60%以上;昌北机场原先每天有40多个航班、4000多人进出,到4月份减少了75%的航班,仅4月份亏损就达到600多万元。整个5月份旅客的人数仅有2.4万人次,还不及去年“五一”黄金周的人数;江西长运公司原先每天可发送1237个班次,日运送旅客1.5万人次左右。但从4月21日起客源急剧下降,旅客人数减少了65%,班次减少了51%,实载率下降30%,到5月21日止,公司累计亏损达500多万元。疫情得到有效控制后,原先取消的运输线路和班次逐渐恢复,各运输企业的客源和吞吐量快速回升,整个行业回暖步伐逐渐加快。

正如古人所言“祸兮,福所倚”,疫情的发生也给部分行业带来了正面效应,从而获得了新的发展机遇。首先,医药行业可谓一枝独秀,而中药行业的得益尤为明显。西药中常用药缺乏对抗“非典”的特效产品,而中药中的抗病毒类药物如板兰根,则因其广谱性而大受欢迎。非典期间,全省各医药工业企业积极安排好原料购进,开足马力生产预防和治疗非典的药品,保证市场供应。赣南海欣药业股份有限公司满负荷生产转移因子,从4月18日开始,由原来每天生产4.5万支增加到9万支,仍然供不应求,5月份该公司进一步挖潜,把日产量增加到10万支。其次,电信行业不仅免疫于非典,而且因此而间接受益。由于厂商和消费者对于直接接触的畏避,通过电话、网络等方式进行商务活动和日常交流的间接接触大大增多,使固定电话、移动电话、电话会议、视听会议等高附加值的业务量出现较强的需求;再次,健康意识的增强激发了人们对于康体产品、体育休闲服务的消费欲望,为这些行业的发展创造了新的发展机遇。

三、加快我省企业经济发展的几点建议

(一)进一步改善企业投资经营环境

企业投资经营环境的好坏,不仅关系到招商引资的成效,更关系到整个企业经济运行的质量和效率。当前,改善投资环境最重要的是如何保持在江西投资风险最小、成本最低、效率最高、服务最好四方面的优势。这就要求我们,凡是阻碍发展和开放的思想观念要敢于冲破,凡是影响发展和开放的体制弊端要敢于革除,凡是束缚发展和开放的规定做

法要敢于摒弃。改善企业经营环境，当务之急是要求政府部门真正转变作风、真正敢于牺牲部门利益为企业服务，形成严格依法行政、高效廉洁办事的工作机制，同时善于运用市场的办法，最优配置政府资源，为企业生产经营活动营造良好的软、硬件环境。

（二）推进结构调整，增强发展后劲

我省企业经济运行中的结构性矛盾仍然存在，产业结构和产品结构不合理，自主创新能力低，生产技术水平不高。这些问题如不加以解决，将影响企业经济运行的质量和经济发展的后劲。因此，当前和今后一段时期，要进一步加大结构调整的力度。一是积极培育和扶持新的经济增长点，大力发展高新技术产业，不断增强高新技术产业的带动作用，特别要适应城乡居民消费结构的变化趋势，加快发展市场需求量大、科技含量多、产业关联度高、带动作用强的产业、产品和服务；二是加快用高新技术改造传统产业。传统产业是我省经济中占有较大比重，是我省参与市场竞争的比较优势所在。要紧紧抓住世界产业重组和沿海产业梯度转移的重要机遇，围绕增加品种、改善质量、提高效益，加大技术改造的力度，提升和振兴传统产业。要采取积极有效的措施，努力培育、扶持好汽车、建材、食品、冶金等六大传统支柱产业。根据“非典”发生后人们对绿色健康食品的庞大需求，充分利用我省的自然资源优势，超常发展符合现代消费潮流的无污染、无公害绿业食品产业。

（三）加快企业信用体系建设步伐

企业信用要求企业在现行法律法规和社会道德规范的基础上诚实经营、诚实管理、诚实服务，它既包括对经营合作伙伴和消费者的诚实守信，也包括对国家和企业员工诚实履行义务。“非典”期间面对面的商务活动受到较大限制，企业信用水平在经营活动中重要性进一步凸显出来。一些信用水平较高的企业，其原料采购、货物交收等经营活动可以凭借相互之间的信任正常进行，免受或少受“非典”带来的不利影响，大大降低了交易成本。然而，由于我省企业信用体系还不健全，企业的信用水平参差不齐，一些企业特别是小型企业信用观念不强，失信现象普遍存在，货款拖欠、合同欺诈、产品（服务）质量低劣等情况常有发生，不少企业为此付出沉痛的代价。因此，要抓住全省上下深入开展“树立江西人新形象”思想教育活动的有利时机，进一步加快企业信用体系建设步伐。一方面要加强法制和思想道德方面的宣传教育，提高企业经营者和管理人员的职业道德素质和信用意识，营造诚实守信的社会氛围；另一方面要以现有的银行、税务等部门、行业评价为基础，制订科学、系统的企业信用综合评价和管理办法，由一个专业的中介机构对全省企业信用状况进行动态的综合评价，并建立完善的企业信用管理数据库，推进我省企业信用建设的系统化和规范化。

（四）大力推进国有经济布局战略性调整和国有企业改革重组

一方面，要适应国有资产管理制度改革的需要，根据现有国有经济布局状况和企业生存状况，按照市场经济规律，通过资本运作等方式将国有资本从一些非关键领域和企业中退出，注入到重要行业和关键领域，提高国有经济的控制力、影响力和国有资本经营效益。另一方面，要以企业为主体，以市场为导向，通过收购兼并等方式，继续培育和发展一批具有较强竞争能力的大企业和大集团，充分发挥它们的带动、辐射作用。

江西企业在全国位置

项　　目	2003 年			2002 年位次
	总　量	占全国比重(%)	位　次	
一、企业单位数(个)				
1. 规模以上工业	3 051	1.55	17	18
2. 建筑业	1 058	2.17	19	19
3. 限额以上批发和零售贸易、餐饮业法人企业	478	1.44	23	21
(1) 批发业	241	1.61	22	21
(2) 零售业	188	1.52	23	23
(3) 餐饮业	49	0.83	25	23
二、业务总量(万元)				
1. 规模以上工业总产值(当年价)	14 723 300	1.03	22	22
2. 建筑业总产值(当年价)	3 593 356	1.56	21	23
3. 限额以上批发和零售贸易业销售总额	5 793 000	1.19	20	21
4. 餐饮业营业收入	607 000	1.71	20	21
三、从业人员(万人)				
1. 规模以上工业	96.12	1.67	20	20
2. 建筑业	57.47	2.38	14	19
3. 限额以上批发和零售贸易、餐饮业	8.00	1.54	23	23
(1)批发业	3.47	1.94	22	22
(2) 零售业	3.15	1.38	23	23
(3)餐饮业	1.38	1.22	20	21

注:2003 年建筑业统计范围为具有新资质等级和新资质等级申报待批的独核算建筑业企业(后表同)。

江西企业与部分省市企业比较

（2003年）

项目	江西	福建	山西	河南	湖南	湖北	安徽
一、企业单位数(个)							
1. 规模以上工业	3 051	9 208	3 474	9 091	5 967	6 271	4 158
2. 建筑业	1 106	1 606	1 101	1 905	1 593	1 746	1 713
3. 限额以上批发和零售贸易、餐饮业法人企业		2 143			932		
(1)批发业	240	1 060	306	1 030	414		388
(2)零售业	188	769	360	1 931	385		243
(3)餐饮业	49	314	93	515	160		55
二、业务总量(亿元)							
1. 规模以上工业总产值(当年价)	1 472.33	4 953.74	1 717.88		2 611.45	4 030.11	2 610.21
2. 建筑业总产值(当年价)	359.81	557.31	446.95		818.84	876.26	623.04
3. 限额以上批发和零售贸易业销售总额	579.28	1 775.36	1 016.81	1 412.19	1 038.24	1 391.10	1 024.08
4. 餐饮业营业收入		233.86	86.39	37.43	28.30	25.81	9.50
三、从业人员(万人)							
1. 规模以上工业	96.12	221.35	181.54	319.87	158.45	198.60	149.01
2. 建筑业	57.70	59.99	50.00	93.44	111.95	108.82	91.18
3. 限额以上批发和零售贸易、餐饮业							
(1)批发业	2.99	6.53	4.64		5.95		5.87
(2)零售业	3.15	5.86	7.16		7.66		5.17
(3)餐饮业	1.38	4.89	2.18	4.72	4.48		1.46

各类企业经济活动总量所占比重

项　　　　目	2002 年	2003 年
一、总产出(亿元)	**2 450.48**	**2 830.46**
第二产业	951.77	1 227.38
工业	693.18	849.14
建筑业	258.59	379.28
第三产业	962.73	1 041.61
#商业、饮食业	214.19	243.42
二、总产出构成(%)	**100.00**	**100.00**
第二产业	38.80	43.40
工业	28.30	30.00
建筑业	10.50	13.40
第三产业	39.30	36.80
#批发和零售贸易、餐饮业	8.70	8.60
三、增加值(亿元)		
第二产业	951.77	1 227.38
工业	693.18	849.14
建筑业	258.59	379.28
第三产业	962.73	1 041.61
农林牧渔服务业	7.74	8.25
地质勘探、水利管理业	8.73	9.04
交通运输、仓储、邮电通讯业	243.61	261.11
批发和零售贸易餐饮业	214.19	243.06
金融保险业	91.93	82.15
房地产业	125.27	138.02
社会服务业	61.62	69.38
四、增加值构成(%)		
第二产业	100.00	100.00
工业	72.83	69.18
建筑业	27.17	30.90
第三产业	100.00	100.00
农林牧渔服务业	0.80	0.80
地质勘探、水利管理业	0.90	0.90
交通运输、仓储、邮电通讯业	25.30	25.00
批发和零售贸易餐饮业	22.20	23.30
金融保险业	9.60	7.90
房地产业	13.00	13.20
社会服务业	6.40	6.60

各类企业单位数

单位:个

项　　目	2002 年	2003 年	2003 年比 2002 年增长(%)
一、工业	**263 472**	**211 251**	**-19.82**
(一)规模以上工业	3 076	3 051	-0.81
1.按注册类分			
国有企业	1 306	878	-32.77
集体企业	281	201	-28.47
股份合作企业	131	135	3.05
联营企业	15	10	-33.33
有限责任公司	303	346	14.19
股份有限公司	42	78	85.71
私营企业	783	1 155	47.51
港、澳、台商投资企业	131	144	9.92
外商投资企业	77	92	19.48
其他企业	7	12	71.43
2. 按轻重工业分			
轻工业	1 445	1 365	-5.54
重工业	1 631	1 686	3.37
(二) 规模以下工业	260 396	208 200	-20.04
# 个体工业户	229 796	177 200	-22.89
二、建筑业	**1 047**	**1 106**	**5.64**
1. 按注册类型分			
国有企业	225	213	-5.33
集体企业	335	317	-5.37
股份合作企业	44	39	-11.36
联营企业	6	2	-66.67
有限责任公司	158	208	31.65
股份有限公司	111	122	9.91
私营企业	154	189	22.73
其他企业			
港、澳、台商投资企业	11	11	0.00
外商投资企业	3	5	66.67

续表 1

项　　目	2002 年	2003 年	2003 年比 2002 年增长(%)
2. 按行业分			
土木工程建筑业	775	790	1.94
# 房屋建筑业	628	607	-3.34
线路、管道和设备安装业	121	143	18.18
# 设备安装业	86	130	51.16
装修装饰业	151	169	11.92
三、 批发和零售贸易、餐饮业(网点)	**554**	**477**	**-13.90**
(一)批发贸易业	295	240	-18.64
按注册类型分			
# 国有企业	214	161	-24.77
集体企业	16	14	-12.50
股份合作企业	5	5	0.00
联营企业	2	1	-50.00
有限责任公司	24	24	0.00
股份有限公司	22	25	13.64
私营企业	11	9	-18.18
港、澳、台商投资企业	1	1	0.00
外商投资企业			
(二)零售贸易企业	177	188	6.21
按注册类型分			
# 国有企业	100	91	-9.00
集体企业	4	3	-25.00
股份合作企业	6	6	0.00
联营企业	2	1	-50.00
有限责任公司	20	28	40.00
股份有限公司	15	20	33.33
私营企业	27	38	40.74
港、澳、台商投资企业	3	1	-66.67
外商投资企业			
(三)餐饮业	82	49	-40.24

续表 2

项　　　目	2002 年	2003 年	2003 年比 2002 年增长(%)
按注册类型分			
#国有企业	18	3	-83.33
集体企业	3	3	0.00
股份合作企业	4		-100.00
联营企业	2	2	0.00
有限责任公司	5	2	-60.00
股份有限公司	3	33	1 000.00
私营企业	30	3	-90.00
港、澳、台商投资企业	5	3	-40.00
外商投资企业	12		-100.00
四、外商投资企业	**2 478**	**2 939**	**18.60**
(一)按投资方式分			
#中外合资企业	1 221	1 288	5.49
中外合作企业	141	150	6.38
外资企业	1 115	1 498	34.35
中外股份公司	1	3	200.00
(二)按行业分			
采掘业	24	29	20.83
制造业	1 428	1 685	18.00
电力、煤气及水的生产和供应	16	30	87.50
建筑业	91	93	2.20
地质勘探、水利管理业	2	3	50.00
交通运输、仓储、邮电通讯业	26	29	11.54
批发和零售贸易餐饮业	116	143	23.28
金融保险业			
房地产业	396	473	19.44
社会服务业	245	255	4.08
卫生体育和社会福利业	3	6	100.00
教育、文化艺术及广播电影电视业	1	4	300.00
科学研究和综合技术服务业	12	18	50.00
其他	36	63	75.00

规模以上工业分行业企业单位数和总产值(当年价)

(2003年)

项目	企业单位数(个)	总产值(万元)
总计	**3 051**	**14 723 335**
# 煤炭开采和洗选业	64	316 735
黑色金属矿采选业	8	14 428
有色金属矿采选业	71	155 489
非金属矿采选业	48	79 561
农副食品加工业	242	595 389
食品制造业	92	231 757
饮料制造业	84	221 670
烟草制品业	8	475 764
纺织业	206	570 851
纺织服装、鞋、帽制造业	52	94 773
皮革、皮毛、羽毛(绒)及制品业	32	145 029
木材加工及木、竹、藤、棕、草制品业	124	193 181
家具制造业	16	9 592
造纸及纸制品业	78	134 213
印刷业和记录媒介的复制	65	220 645
文教体育用品制造业	33	30 342
石油加工、炼焦及核燃料加工业	14	877 471
化学原料及化学制品制造业	257	732 127
医药制造业	125	848 663
化学纤维制造业	10	143 171
橡胶制品业	25	68 642
塑料制品业	48	63 674
非金属矿物制品业	382	841 245
黑色金属冶炼及压延加工业	43	1 784 536
有色金属冶炼及压延加工业	94	1 350 343
金属制品业	63	170 400
通用设备制造业	122	274 736
专用设备制造业	70	180 429
交通运输设备制造业	103	1 645 322
电气机械及器材制造业	74	429 794
通信设备、计算机及其他电子设备制造业	44	319 634
仪器仪表及文化、办公用机械制造业	27	98 554
工艺品及其他制造业	44	85 742
废弃资源和废旧材料回收加工业	2	2 012
电力、热力的生产和供应业	187	1 231 488
燃气生产和供应业	7	4 714
水的生产和供应业	86	81 161

各类企业业务总量

单位:亿元

项　　目	2003 年
一、工业总产值	**2 440.59**
(一)规模以上工业	1 472.33
1. 按注册类型分	
# 国有企业	548.03
集体企业	40.04
股份合作企业	32.64
联营企业	6.18
有限责任公司	321.35
股份有限公司	72.75
私营企业	268.58
其他企业	4.35
港、澳、台商投资企业	53.03
外商投资企业	125.39
2. 按轻重工业分	
轻工业	435.88
重工业	1036.46
(二)规模以下工业	968.26
# 个体工业户	517.7
二、建筑业总产值	359.81
1. 按注册类型分	
# 国有企业	147.06
集体企业	90.91
股份合作企业	8.18
联营企业	0.5
有限责任公司	66.1
股份有限公司	23.76
私营企业	21.67
其他企业	
港、澳、台商投资企业	1.35
外商投资企业	0.27
2. 按行业分	
房屋和土木工程建筑业	322.91
# 房屋建筑业	214.96

续表1

项　　　　　　　　目	2003年
线路、管道和设备安装业	30.22
#设备安装业	25.49
装修装饰业	10.06
三、批发和零售贸易、餐饮业	
(一)限额以上批发零售贸易业销售总额	
(1)按注册类型分	
#国有企业	374.64
集体企业	12.11
股份合作企业	10.62
联营企业	3.02
有限责任公司	60.15
股份有限公司	84.51
私营企业	23.29
港、澳、台商投资企业	2.57
(2)按行业分	
批发业	
农畜产品批发业	10.40
食品、饮料及烟草制品批发业	155.92
米、面制品及食用油批发业	17.10
烟草制品批发业	130.37
纺织、服装及日用品批发业	41.25
服装批发业	17.41
文化、体育用品及器材批发业	12.51
医药及医疗器材批发业	35.59
矿产品、建材及化工产品批发业	123.81
煤炭及制品批发业	0.99
石油及制品批发业	98.70
金属及金属矿批发业	18.46
建材批发业	1.28
化肥批发业	1.74
机械设备、五金交电及电子产品批发业	103.51
汽车、摩托车及零配件批发业	75.81

续表 2

项　　　　　　　　　　目	2003 年
家用电器批发业	12.94
计算机、软件及辅助设备批发业	3.54
贸易经纪与代理	
其他批发业	6.57
零售业	
综合零售业	39.81
百货零售业	33.74
超级市场零售业	6.08
食品、饮料及烟草制品专门零售业	1.40
纺织、服装及日用品专门零售业	2.01
服装零售业	0.35
文化、体育用品及器材专门零售业	8.39
体育用品零售业	0.00
图书零售业	7.66
医药及医疗器材专门零售业	10.37
药品零售业	10.21
汽车、摩托车、燃料及零配件专门零售业	19.57
汽车零售业	14.84
机动车燃料零售业	4.73
家用电器及电子产品专门零售业	7.89
家用电器零售业	6.11
计算机、软件及辅助设备零售业	0.48
通讯设备零售业	1.30
五金、家具及室内装修材料专门零售业	0.25
无店铺及其他零售业	0.04
邮购及电子销售业	
(二)餐饮业营业收入	
1. 限额以上餐饮业	
正餐	8.41
快餐	1.27
其他	
2. 限额以下及个体餐饮业	

各类企业从业人员

单位：人

项　　　　　目	2002 年	2003 年	2003 年比 2002 年增长(%)
一、工业			
(一)规模以上工业	957 232	961 219	0.42
1. 按注册类型分			
国有企业	441 921	375 432	-15.05
集体企业	53 619	46 099	-14.02
股份合作企业	27 296	26 901	-1.45
联营企业	4 017	3 491	-13.09
有限责任公司	211 792	188 631	-10.94
股份有限公司	31 812	38 400	20.71
私营企业	117 399	191 658	63.25
港、澳、台商投资企业	31 787	42 881	34.90
外商投资企业	37 200	46 202	24.20
其他企业	389	1 524	291.77
2. 按轻重工业分			
轻工业	351 489	338 020	-3.83
以农产品为原料	213 599		
以非农产品为原料	137 890		
重工业	605 743	623 199	2.88
采掘工业	123 652		
原料工业	261 799		
加工工业	220 292		
(二)规模以下工业	2 284 157		
# 个体工业户	1 347 406		
二、建筑业	**433 449**	**577 000**	**33.12**
1. 按注册类型分			
国有企业	162 199	158 000	-2.59
集体企业	133 089	166 500	25.10
股份合作企业	14 536	12 800	-11.94
联营企业	3 723	1 000	-73.14
有限责任公司	52 374	156 600	199.00
股份有限公司	39 014	41 800	7.14
私营企业	27 539	38 900	41.25
其他企业			
港、澳、台商投资企业	683	1 100	61.05
外商投资企业	292	300	2.74
2. 按行业分			

续表 1

项　　目	2002 年	2003 年	2003 年比 2002 年增长(%)
房屋和土木工程建筑业	393 577	530 700	34.84
#房屋建筑业	324 651	373 600	15.08
线路、管道和设备安装业	27 782	99 900	259.59
#设备安装业	20 726	29 400	41.85
装修装饰业	12 090	13 900	14.97
三、批发和零售贸易、餐饮业	**75 576**	**66 224**	**-12.37**
(一)批发贸易业	36 223	29 934	-17.36
按注册类型分			
#国有企业	26 809	24 228	-9.63
集体企业	1 552	1 721	10.89
股份合作企业	513	1 215	136.84
联营企业	97	13	-86.60
有限责任公司	2 990	2 895	-3.18
股份有限公司	3 721	4 113	10.53
私营企业	476	342	-28.15
港、澳、台商投资企业	65	65	0.00
外商投资企业		19	
(二)零售贸易业	27 815	31 481	13.18
按注册类型分			
#国有企业	11 550	9 879	-14.47
集体企业	473	433	-8.46
股份合作企业	830	838	0.96
联营企业	166	158	-4.82
有限责任公司	8 860	9 407	6.17
股份有限公司	3 080	5 666	83.96
私营企业	2 396	4 204	75.46
港、澳、台商投资企业		896	
(三)餐饮业	11 538	13 801	19.61
按注册类型分			
#国有企业	2 069	2 754	33.11
集体企业	162	433	167.28
股份合作企业	555	513	-7.57
联营企业	225	68	-69.78
有限责任公司	907	507	-44.10
股份有限公司	329	347	5.47
私营企业	5 130	5 512	7.45
港、澳、台商投资企业	565	1 496	164.78
外商投资企业	1 596	2 171	36.03

规模以上工业企业从业人员概况

单位:人

项　　目	2002年	2003年	2003年比2002年增长(%)
总　　计	**957 232**	**961 219**	**0.42**
一、按登记注册类型及隶属关系分			
国有企业	441 921	375 432	-15.05
中央企业	66 136	68 384	3.40
地方企业	375 785	307 048	-18.29
集体企业	53 619	46 099	-14.02
股份合作企业	27 296	26 901	-1.45
联营企业	4 017	3 491	-13.09
有限责任公司	211 792	188 631	-10.94
股份有限公司	31 812	38 400	20.71
私营企业	117 399	191 658	63.25
港、澳、台商投资企业	31 787	42 881	34.90
外商投资企业	37 200	46 202	24.20
其他企业	389	1 524	291.77
在总计中:国有控股企业	661 102	565 081	-14.52
在总计中:农村工业	41 149	41 425	0.67
二、按轻、重工业分			
轻工业	351 489	338 020	-3.83
重工业	605 743	623 199	2.88
三、按企业规模分			
大型企业	199 311	217 161	8.96
中型企业	280 555	294 112	4.83
小型企业	477 366	449 946	-5.74
四、按工业行业分			
煤炭开采和洗选业	64 642	65 134	0.76
烟煤和无烟煤的开采洗选	64 642	65 134	0.76
黑色金属矿采选业	637	1 050	64.84
铁矿采选	637	1 050	64.84
有色金属矿采选业	29 196	28 052	-3.92
常用有色金属矿采选	2 638	2 460	-6.75
贵金属矿采选	2 532	2 850	12.56
稀有稀土金属矿采选	24 026	22 742	-5.34
非金属矿采选业	13 264	13 247	-0.13
土砂石开采	7 805	8 876	13.72
化学矿采选	699	635	-9.16
采盐	2 705	2 521	-6.80
石棉及其他非金属矿采选	2 055	1 215	-40.88
其他采矿业		60	
农副食品加工业	27 708	25 752	-7.06

续表1

项　　　　　　　　目	2002 年	2003 年	2003 年比 2002 年增长(%)
谷物磨制	9 793	7 878	-19.55
饲料加工	5 304	5 532	4.30
植物油加工	1 184	828	-30.07
制糖	2 214	2 204	-0.45
屠宰及肉类加工	7 136	6 131	-14.08
水产品加工	384	523	36.20
蔬菜、水果和坚果加工	541	371	-31.42
其他农副食品加工	1 152	2 285	98.35
食品制造业	15 738	18 391	16.86
焙烤食品制造	1 457	1 233	-15.37
糖果、巧克力及蜜饯制造	93	86	-7.53
方便食品制造	5 012	6 475	29.19
液体乳及乳制品制造	1 718	2 856	66.24
罐头制造	2 136	2 978	39.42
调味品、发酵制品制造	1 944	1 664	-14.40
其他食品制造	3 378	3 099	-8.26
饮料制造业	16 645	14 908	-10.44
酒的制造	14 338	11 720	-18.26
软饮料制造	855	2 003	134.27
精制茶加工	1 379	1 157	-16.10
烟草制品业	7 388	7 380	-0.11
烟叶复烤	288	132	-54.17
卷烟制造	7 100	7 248	2.08
纺织业	80 554	80 527	-0.03
棉、化纤纺织及印染精加工	50 401	44 347	-12.01
毛纺织和染整精加工	1 129	1 105	-2.13
麻纺织	6 416	6 635	3.41
丝绢纺织及精加工	5 295	4 240	-19.92
纺织制成品制造	1 795	3 763	109.64
针织品、编织品及其制品制造	15 518	20 437	31.70
纺织服装、鞋、帽制造业	11 060	14 879	34.53
纺织服装制造	11 010	14 879	35.14
皮革、毛皮、羽毛(绒)及其制品业	13 077	14 665	12.14
皮革鞣制加工	131	538	310.69
皮革制品制造	4 352	8 884	104.14
毛皮鞣制及制品加工		195	
羽毛(绒)加工及制品制造	8 594	5 048	-41.26
木材加工及木竹藤棕草制品业	18 446	19 524	5.84
锯材、木片加工	1 374	1 103	-19.72

续表 2

项　　　　目	2002 年	2003 年	2003 年比 2002 年增长(%)
人造板制造	10 988	11 156	1.53
木制品制造	4 431	4 402	-0.65
竹、藤、棕、草制品制造	1 653	2 863	73.20
家具制造业	2 662	2 032	-23.67
木质家具制造	2 597	1 967	-24.26
其他家具制造	65	65	0.00
造纸及纸制品业	16 060	12 899	-19.68
造纸	12 690	9 959	-21.52
纸制品制造	3 370	2 940	-12.76
印刷业和记录媒介的复制	11 353	10 941	-3.63
印刷	10 980	10 886	-0.86
装订及其他印刷服务活动	373	55	-85.25
文教体育用品制造业	1 952	4 086	109.32
文化用品制造	1 158	1 730	49.40
体育用品制造	104	160	53.85
玩具制造	690	2 028	193.91
游艺器材及娱乐用品制造	0	168	
石油加工、炼焦及核燃料加工业	7 844	7 562	-3.60
精炼石油产品的制造	3 945	3 768	-4.49
炼焦	3 764	3 794	0.80
化学原料及化学制品制造业	53 436	54 139	1.32
基础化学原料制造	16 849	18 077	7.29
肥料制造	7 592	7 035	-7.34
农药制造	3 197	2 862	-10.48
涂料、油墨、颜料及类似产品制造	1 640	1 657	1.04
合成材料制造	4 047	634	-84.33
专用化学产品制造	17 596	21 039	19.57
日用化学产品制造	2 515	2 835	12.72
医药制造业	40 541	45 174	11.43
化学药品原药制造	7 384	7 535	2.04
化学药品制剂制造	6 702	6 156	-8.15
中药饮片加工	613	714	16.48
中成药制造	15 933	17 935	12.57
兽用药品制造	892	1 130	26.68
生物、生化制品的制造	2 386	2 201	-7.75
卫生材料及医药用品制造	6 631	9 503	43.31
化学纤维制造业	7 336	7 326	-0.14
纤维素纤维原料及纤维制造	5 040	5 004	-0.71
合成纤维制造	2 296	2 322	1.13

续表 3

项　　目	2002 年	2003 年	2003 年比 2002 年增长(%)
橡胶制品业	6 528	4 221	-35.34
轮胎制造	1 235	1 894	53.36
橡胶板、管、带的制造	758	1 208	59.37
橡胶零件制造	296	65	-78.04
再生橡胶制造	696	342	-50.86
日用及医用橡胶制品制造	0	512	
橡胶靴鞋制造	139	200	43.88
塑料制品业	6 787	6 662	-1.84
塑料薄膜制造	1 331	1 084	-18.56
塑料板、管、型材的制造	810	690	-14.81
塑料丝、绳及编织品的制造	2 977	3 349	12.50
泡沫塑料制造	95	105	10.53
塑料包装箱及容器制造	0	846	
日用塑料制造	0	157	
其他塑料制品制造	378	271	-28.31
非金属矿物制品业	89 406	97 045	8.54
水泥、石灰和石膏的制造	37 739	37 968	0.61
水泥及石膏制品制造	3 075	3 822	24.29
砖瓦、石材及其他建筑材料制造	7 592	9 269	22.09
玻璃及玻璃制品制造	8 917	10 154	13.87
陶瓷制品制造	28 107	29 946	6.54
耐火材料制品制造	1 693	3 615	113.53
石墨及其他非金属矿物制品制造	2 283	2 271	-0.53
黑色金属冶炼及压延加工业	55 101	57 593	4.52
炼铁	452	490	8.41
炼钢	11 167	10 969	-1.77
钢压延加工	43 389	46 024	6.07
铁合金冶炼	93	110	18.28
有色金属冶炼及压延加工业	38 603	38 700	0.25
常用有色金属冶炼	22 876	22 377	-2.18
贵金属冶炼	261	389	49.04
稀有稀土金属冶炼	7 457	8 140	9.16
有色金属合金制造	1 140	791	-30.61
有色金属压延加工	6 869	7 003	1.95
金属制品业	12 740	11 866	-6.86
结构性金属制品制造	3 768	4 079	8.25
金属工具制造	1 515	992	-34.52
集装箱及金属包装容器制造	1 834	1 513	-17.50
金属丝绳及其制品的制造	1 942	2 114	8.86

续表4

项　　目	2002年	2003年	2003年比2002年增长(%)
建筑、安全用金属制品制造	1 840	2 721	47.88
不锈钢及类似日用金属制品制造	1 094	185	-83.09
其他金属制品制造	102	103	0.98
通用设备制造业	36 775	28 228	-23.24
锅炉及原动机制造	6 461	5 211	-19.35
金属加工机械制造	6 186	5 018	-18.88
起重运输设备制造	5 120	4 845	-5.37
泵阀门压缩机及类似机械的制造	3 981	3 033	-23.81
轴承齿轮传动和驱动部件的制造	5 268	2 848	-45.94
风机衡器包装设备等通用设备制造	2 496	1 428	-42.79
通用零部件制造及机械修理	3 662	2 911	-20.51
金属铸、锻加工	3 317	2 783	-16.10
专用设备制造业	17 545	17 640	0.54
矿山、冶金、建筑专用设备制造	7 368	8 671	17.68
化工木材非金属加工专用设备制造	187	187	0.00
食品饮料烟草及饲料生产专用设备	771	720	-6.61
印刷制药日化生产专用设备制造	1 365	1 238	-9.30
纺织服装和皮革工业专用设备制造	795	449	-43.52
电子和电工机械专用设备制造	2 320	2 502	7.84
农、林、牧、渔专用机械制造	4 262	2 304	-45.94
医疗仪器设备及器械制造	0	1 147	
环保、社会公共安全专用设备制造	477	422	-11.53
交通运输设备制造业	70 002	73 050	4.35
铁路运输设备制造	998	966	-3.21
汽车制造	41 286	46 960	13.74
摩托车制造	2 989	2 137	-28.50
自行车制造	94	90	-4.26
船舶及浮动装置制造	6 382	4 615	-27.69
航空航天器制造	18 144	18 243	0.55
交通器材及其他交通运输设备制造	109	39	-64.22
电气机械及器材制造业	22 388	21 733	-2.93
电机制造	5 384	5 164	-4.09
输配电及控制设备制造	4 286	4 239	-1.10
电线、电缆、光缆及电工器材制造	4 885	4 119	-15.68
电池制造	740	955	29.05
家用电力器具制造	3 569	3 612	1.20
照明器具制造	3 524	3 594	1.99
通信设备、计算机电子设备制造业	21 960	23 592	7.43
通信设备制造	3 513	3 465	-1.37

续表 5

项 目	2002 年	2003 年	2003 年比 2002 年增长(%)
广播电视设备制造	348	411	18. 10
电子计算机制造	92	143	55. 43
电子器件制造	5 866	10 943	86. 55
电子元件制造	9 733	6 766	-30. 48
家用视听设备制造	1 976	1 542	-21. 96
其他电子设备制造	432	322	-25. 46
仪器仪表及文化、办公用机械制造业	13 197	13 244	0. 36
通用仪器仪表制造	3 938	4 223	7. 24
专用仪器仪表制造	2 817	2 417	-14. 20
钟表与计时仪器制造	1 300	1 508	16. 00
光学仪器及眼镜制造	4 548	4 537	-0. 24
文化、办公用机械制造	200	199	-0. 50
其他仪器仪表的制造及修理	394	360	-8. 63
工艺品及其他制造业	13 859	14 846	7. 12
工艺美术品制造	9 451	9 961	5. 40
日用杂品制造	4 066	4 549	11. 88
煤制品制造	342	292	-14. 62
其他未列明的制造业	0	44	
废弃资源和废旧材料回收加工业	0	56	
金属废料和碎屑的加工处理	0	26	
非金属废料和碎屑的加工处理	0	30	
电力、热力的生产和供应业	78 637	89 064	13. 26
电力生产	22 141	28 893	30. 50
电力供应	56 496	60 171	6. 50
燃气生产和供应业	1 157	1 183	2. 25
水的生产和供应业	15 350	14 768	-3. 79
自来水的生产和供应	15 350	14 768	-3. 79
五、按地区分			
南 昌 市	191 899	196 112	2. 20
景德镇市	77 305	80 581	4. 24
萍 乡 市	57 230	59 330	3. 67
九 江 市	108 371	102 282	-5. 62
新 余 市	72 584	64 310	-11. 40
鹰 潭 市	35 938	38 812	8. 00
赣 州 市	107 863	114 525	6. 18
吉 安 市	60 518	58 743	-2. 93
宜 春 市	95 687	95 602	-0. 09
抚 州 市	60 315	54 751	-9. 22
上 饶 市	64 610	70 603	9. 28

工业产品产量

项　　目	单　位	2002 年	2003 年	2003 年比 2002 年增长(%)
原 煤	万 吨	853.24	951.66	11.53
洗 精 煤	万 吨	82.18	108.84	32.44
硫铁矿生产量(折含硫 35%)	万 吨	111.49	119.96	7.60
钨精矿折含量(折三氧化钨)	万 吨	3.64	4.52	24.18
原 盐	万 吨	13.99	15.28	9.22
木 材	万立方米	279.87	354.24	26.57
配混合饲料	万 吨	111.80	118.54	6.03
机 制 糖	万 吨	1.17	1.22	4.27
乳 制 品	吨	6 550	13 822	111.02
罐 头	万 吨	0.75	0.86	14.67
软 饮 料	万 吨	5.11	8.82	72.60
白 酒	万 吨	6.16	6.88	11.69
啤 酒	万 吨	40.02	45.31	13.22
精 制 茶	吨	1 980	3 358	69.60
卷 烟	万 箱	61.56	60.44	-1.82
纱	万 吨	11.50	14.87	29.30
布	万 米	17 759	22 095	24.42
1. 纯棉布	万 米	8 246	12 439	50.85
2. 棉绲纺交织布	万 米	9 384	9 072	-3.32
3. 纯化纤布	万 米	130	584	349.23
印 染 布	万 米	6 994	8 136	16.33
毛 线	吨	337	193	-42.73
呢 绒	万 米	45	15	-66.67
丝	吨	732	1 020	39.34
丝 织 品	万 米	2761	3 311	19.92
针棉织品折用纱线量	万 吨	0.97	0.78	-19.59
服 装	万 件	9 911	11534	16.38
皮 鞋	万 双	89.50	266.30	197.54
人 造 板	万立方米	64.72	119.35	84.41
机 制 纸	万 吨	15.45	15.24	-1.36
# 新 闻 纸	万 吨	4.91	3.16	-35.64
家 具	万 件	24.08	32.42	34.63
原油加工量	万 吨	296.87	311.90	5.06
焦 炭	万 吨	223.63	236.35	5.69
硫 酸(折合 100%)	万 吨	78.13	103.29	32.20
烧 碱(折合 100%)	万 吨	19.63	19.91	1.43
电石(折合量)	万 吨	8.21	6.91	-15.83
合 成 氨	万 吨	45.90	46.84	2.05
化学肥料(折有效成份 100%)	万 吨	46.84	47.90	2.26
氮 肥	万 吨	35.91	36.59	1.89
磷 肥	万 吨	10.93	11.30	3.39

续表1

项　　目	单　位	2002年	2003年	2003年比2002年增长(%)
化学农药	吨	8 858	9 657	9.02
纯 苯	吨	11 235	14 934	32.92
油 漆	吨	530	972	83.40
塑料树脂及共聚物	万 吨	12.95	14.29	10.35
肥 皂	万 吨	0.14	0.09	-35.71
合成洗涤剂	吨	8 669	17 141	97.73
火 柴	万 件	8.06	15.11	87.47
化学原料药	吨	2 374	2 457	3.50
中 成 药	吨	22 556	27 937	23.86
化学纤维	万 吨	8.53	10.02	17.47
1.粘胶纤维	万 吨	3.17	3.70	16.72
2.合成纤维	万 吨	5.35	6.33	18.32
轮胎外胎	万 条	114.85	205.41	78.85
塑料制品	吨	39 455	37 628	-4.63
水 泥	万 吨	1 547	2 172	40.40
平板玻璃	万重量箱	472	575	21.82
日用玻璃制品	万 吨	3.66	3.89	6.28
玻璃保温容品	万 个	867.92	1 335.90	53.92
釉 面 砖	万平方米	25	44.85	79.40
墙 地 砖	万平方米	1 606.24	3 404.31	111.94
日用陶瓷	万 件	45 214	44 588	-1.38
耐火材料制品	万 吨	5.62	11.58	106.05
生 铁	万 吨	453.05	496.40	9.57
钢	万 吨	547.91	599.53	9.42
1.普 通 钢	万 吨	485.06	531.86	9.65
2.优 质 钢	万 吨	62.85	67.66	7.65
成品钢材	万 吨	531.70	655.37	23.26
#普通大型钢材	万 吨	0.68	0.83	22.06
普通中型钢材	万 吨	17.77	20.60	15.93
普通小型钢材	万 吨	206.11	277.38	34.58
优质钢型材	万 吨	35.64	41.77	17.20
线 材	万 吨	136.36	163.22	19.70
中厚钢板	万 吨	84.76	95.01	12.09
薄 钢 板	万 吨	0.28	0.25	-10.71
硅 钢 板	万 吨	9.65	9.55	-1.04
钢 带	万 吨	12.81	14.42	12.57
无缝钢管	万 吨	14.34	17.47	21.83
焊接钢管	万 吨	11.79	12.69	7.63
十种有色金属	万 吨	27.53	39.98	45.22
铁 合 金	万 吨	7.23	7.33	1.38
搪瓷制品	吨	1 500	576	-61.60

续表 2

项　　目	单　位	2002 年	2003 年	2003 年比 2002 年增长(%)
工业锅炉	蒸发量吨	764	1 022	33.77
内燃机生产量	万千瓦	11.05	14.44	30.68
金属切削机床	台	3 281	4 023	22.62
#数控机床	台	743	802	7.94
泵	万 台	2.95	2.84	-3.73
风 机	万 台	0.41	0.26	-36.59
气体压缩机	台	1 409	2 224	57.84
轴 承	万 套	778	865	11.18
矿山设备	吨	3 158	4 793	51.77
化工设备	吨	5 421	6 506	20.01
小型拖拉机	万 台	0.47	0.39	-17.02
汽 车	万 辆	20.75	18.52	-10.75
#载货汽车	万 辆	19.59	16.63	-15.11
农用运输车	万 辆	0.38	0.44	15.79
摩托车	万 辆	3.74	5.10	36.36
自 行 车	万 辆	0.15	0.40	166.67
民用钢质船舶	综合万吨	3.48	3.67	5.46
发电设备	万千瓦	20.18	21.19	5.00
交流电动机	万千瓦	93.06	119.82	28.76
变压器	万千伏安	816	1 357	66.30
通讯电缆	公 里	85 447	104 158	21.90
钢芯铝铰线	吨	1 238	552	-55.41
原电池(折干电池)	万 只	7 405	9 776	32.02
冷冻箱	台	27 500	43 849	59.45
家用电冰箱	万 台	37.95	29.95	-21.08
电风扇	万 台	5.47	17.20	214.44
灯 泡	万 只	4 130	3 937	-4.67
电话单机	万 部	0.29	9.71	3 248.28
微型电子计算机	部	24 330	105 557	333.86
电子元件	万 只	80 341	84042	4.61
电 视 机	万 台	41.49	64.10	54.50
#彩色电视机	万 台	41.49	64.10	54.50
录放音机	万 台	59.35	58.09	-2.12
大型及大型专用衡器	台	153	186	21.57
照 相 机	万 架	35.50	41.47	16.82
发电量总计	亿千瓦小时	247.99	320.94	29.42
1. 火力发电	亿千瓦小时	186.48	273.30	46.56
2. 水力发电	亿千瓦小时	61.51	47.64	-22.55

各类内资企业工商登记注册情况

（2003 年）　　单位：个

项　　目	年末企业单位合计	#法人企业	注册资金（万元）	本年开业数	本年注销数
总　　计	**97 254**	**45 509**	**17 281 643**	**6 066**	**13 688**
一、按注册类型分					
#国有企业	36 332	14 539	8 508 606	1 567	4 488
集体企业	40 187	18 526	1 271 613	1 371	7 597
联营企业	251	141	43 471	4	38
股份合作企业	2 319	1 961	155 864	121	264
公司	17 239	10 277	7 286 254	2 955	1 278
其它企业	926	65	15 835	48	23
二、按行业分					
#采掘业	1 633	1 066	779 184	100	166
#煤炭采选业	649	428	239 571	18	57
黑色金属矿采选业	66	44	9 053	2	1
有色金属矿采选业	280	183	485 679	15	30
非金属矿采选业	442	304	27 002	40	54
其它矿采选业	137	71	11 878	25	15
木材及竹材采运业	49	33	5 601		7
制造业	15 883	12 233	3 669 696	630	2 054
#食品加工业	1 627	1 167	181 979	103	243
食品制造业	618	465	59 996	30	110
饮料制造业	654	548	211 020	57	117
烟草加工业	14	10	15 661		2
纺织业	520	441	154 062	39	34
服装及其他纤维制品制造业	515	394	60 164	14	77
皮革、皮毛、羽绒及制品业	365	277	92 684	9	20
木材加工及竹、藤、棕、草制品业	981	751	80 884	30	174
家具制造业	376	270	18 720	5	64
造纸及纸制品业	348	277	87 503	9	49
印刷业、记录媒介的复制	784	609	69 616	18	70
文教体育用品制造业	150	112	6 845	3	12
石油加工及炼焦业	39	31	82 307	1	2
化学原料及化学制品制造业	730	612	196 996	35	122
医药制造业	214	163	199 484	15	22
化学纤维制造业	27	22	52 125	1	2
橡胶制品业	145	112	14 979	4	4
塑料制品业	410	318	45 186	9	60
非金属矿物制品业	1 712	1 388	429 502	65	268
黑色金属冶炼及压延加工业	195	153	179 027	4	17
有色金属冶炼及压延加工业	223	181	109 781	10	27
金属制品业	718	584	99 200	22	68
普通机械制造业	902	752	201 168	47	77
专用设备制造业	526	409	83 398	28	56
交通运输设备制造业	868	577	476 870	21	83
电器机械及器材制造业	437	369	120 603	9	26
电子及通讯设备制造业	225	180	146 606	17	8
仪器仪表及文化、办公用机械制造业	144	117	50 787	3	5

续表1

项 目	年末企业单位合计	#法人企业	注册资金（万元）	本年开业数	本年注销数
其他制造业	1 414	942	141 501	22	235
电力、煤气及水的生产和供应业	1 833	945	1 334 227	275	177
#电力、蒸汽、热水的生产和供应业	1 457	679	1 176 522	246	149
煤气生产和供应业	121	72	36 143	10	9
自来水生产和供应业	255	194	121 562	19	19
建筑业	3 876	2 730	1 436 116	324	485
#土木工程建筑业	2 713	2 002	1 276 368	237	379
线路、管道和设备安装业	624	397	104 559	33	58
装修装饰业	539	331	55 189	54	48
地质勘察、水利管理业	245	198	85 858	35	34
# 地质勘察业	164	131	66 636	29	13
水利管理业	81	67	19 222	6	21
交通运输、仓储及邮电通信业	5 725	1 565	3 187 879	402	511
#铁路运输业	72	28	2 406 288	2	8
公路运输业	1 627	858	187 722	86	253
水上运输业	191	130	42 520	9	5
航空运输业	15	10	51 284		
交通运输辅助业	430	235	22 115	30	20
其他交通运输业	102	61	63 776	4	15
仓储业	320	147	38 822	12	19
邮电通信业	2 962	92	374 895	259	191
批发和零售贸易、餐饮业	41 744	14 678	2 199 773	2 312	7 526
#食品、饮料烟草家庭日用品批发业	9 861	4 845	800 313	484	1 588
能源、材料和机械电子设备批发业	6 077	3 368	773 753	226	659
其他批发业	4 733	1 878	206 685	271	826
零售业	18 465	3 850	334 284	1 222	3 986
商业经纪与代理业	189	80	5 800	18	27
餐饮业	2 419	657	78 938	91	440
金融、保险业	7 764	1 588	446 449	336	863
#金融业	6 791	1 546	433 062	179	792
保险业	973	42	13 437	157	71
房地产业	2 075	1 488	930 696	295	101
#房地产开发与经营业	1 415	1 062	827 291	210	74
房地产管理业	582	362	75 929	70	18
房地产经纪与代理业	78	64	27 476	15	9
社会服务业	8 683	4 423	843 011	795	1 173
#公共设施服务业	596	405	222 180	86	80
居民服务业	1 758	692	39 227	91	339
旅馆业	1 596	755	172 415	75	246
租赁服务业	138	60	11 930	24	50
旅游业	395	321	59 890	43	45
娱乐服务业	397	144	10 740	26	71
信息、咨询服务业	2 091	1 282	190 194	192	191
计算机应用服务业	317	179	39 186	60	5
其他社会服务业	1 395	585	97 249	198	146

外商投资企业工商登记注册情况

项　　目	年末企业数(个)		注册资本(万美元)		投资总额(万美元)	
	2002 年	2003 年	2002 年	2003 年	2002 年	2003 年
总　计	**2 478**	**2 939**	**483 533**	**706 453**	**986 867**	**1 366 740**
一、按投资方式分						
#合资企业	1 221	1 288	224 152	269 108	454 058	525 047
合作企业	141	150	43 596	64 210	78 555	117 099
独资企业	1 115	1 498	205 167	310 427	368 989	587 239
二、按行业分						
采掘业	24	29	1 669	3 932	2 105	4 503
制造业	1 428	1 685	239 904	381 539	553 284	734 253
#食品制造业	47	44	4 903	4 044	8 275	6 685
饮料制造业	48	52	7 466	8 337	11 299	13 327
纺织业	62	71	9 714	12 601	13 043	16 790
服装及其他纤维制品	146	262	14 457	36 888	18 479	50 504
家具制造业	28	29	3 235	3 312	5 455	5 678
石油加工及炼焦业	8	8	968	968	1 283	1 283
化学原料及化学制品制造业	105	111	11 246	18 320	16 073	27 616
医药制造业	52	53	10 812	11 843	14 928	17 872
塑料制品业	55	58	5 891	6 217	9 797	10 332
非金属矿物制品业	98	116	22 426	27 608	35 751	44 137
黑色金属冶练及压延加工业	5	5	284	35 362	382	36 378
普通机械制造业	30	37	14 623	17 725	15 516	21 317
交通运输设备制造业	62	66	36 823	43 914	121 098	129 728
电气机械及器材制造业	54	49	5 095	5 080	7 326	7 910
电子通信设备制造业	92	93	15 547	24 610	20 111	35 240
电力、煤气及水的生产和供应业	16	30	4 615	9 462	8 646	16 021
建筑业	91	93	24 738	29 429	53 597	65 273
地质勘查和水利管理业	2	3	460	859	870	1 269
交通运输业	26	29	40 316	48 683	78 641	100 657

续表 1

项目	年末企业数(个)		注册资本(万美元)		投资总额(万美元)	
	2002 年	2003 年	2002 年	2003 年	2002 年	2003 年
批发和零售贸易餐饮业	116	143	12 770	18 650	18 103	29 410
房地产业	396	473	97 294	132 339	161 368	281 391
社会服务业	245	255	41 436	45 797	74 899	74 192
三、按国别(地区)分						
1. 亚洲	2 093	2 457	399 381	598 169	842 997	1 200 253
# 印度尼西亚	18	21	2 240	2 450	2 526	2 769
日本	85	91	19 005	23 398	28 868	32 809
马来西亚	21	25	8 204	10 781	10 173	14 043
菲律宾	20	25	4 411	5 485	5 825	8 572
新加坡	56	65	25 463	39 708	42 701	76 551
韩国	31	35	2 646	3 622	3 292	4 316
泰国	27	35	4 424	5 838	7 820	10 186
2. 非洲	16	16	2 712	3 019	4 944	5 417
3. 欧洲	81	116	14 694	23 599	23 413	33 670
# 比利时	1	1	12	12	16	16
英国	22	30	5 283	6 274	6 263	7 654
德国	9	12	3 743	4 481	8 293	7 231
法国	9	11	653	2 009	938	3 917
意大利	4	6	479	947	652	1 142
荷兰	3	10	1 128	2 786	2 628	4 517
西班牙	2	7	101	3 036	143	3 820
瑞士						
4. 拉丁美洲	16	17	2 835	2 772	4 286	4 307
5. 北美洲	222	276	40 993	65 161	57 258	99 834
# 加拿大	34	45	2 579	4 850	3 425	7 365
美国	158	199	25 837	44 441	38 553	71 736
6. 大洋洲	50	57	22 918	13 733	53 969	23 259

大中型建筑企业概况

(2003 年) 单位:万元

企业名称	登记注册类型	企业总收入
江西省建工集团公司	国有	2 112
江西省机械施工公司	国有	474
江西省第三建筑有限责任公司	其他有限责任公司	3 013
江西省第二建筑工程公司	国有	13 949
江西省第一建筑有限责任公司	国有独资公司	14 194
江西省工业设备安装公司	国有	1 216
江西省地质工程总公司	国有	5 676
江西有色工程有限公司	其他有限责任公司	2 550
江西省火电建设公司	国有	2 707
江西省第四建筑工程公司	国有	573
江西省交通厅航务管理局港航工程处	国有	984
江西省交通工程集团公司	国有独资公司	4 024
南昌道桥工程总公司	国有	1 328
南昌铁路建筑工程公司	国有	1 534
江西省水电工程局	国有	4 626
南昌市第二民用建筑工程公司	集体	457
南昌市第五建筑安装工程公司	股份合作	1 547
南昌市第三建筑工程公司	国有	1 076
南昌市市政工程开发有限公司	国有	4 484
南昌市第一建筑工程公司	国有	1 271
南昌市第二建筑工程公司	集体	1 879
南昌通源实业总公司	集体	1 410
南昌市房屋建筑综合工程公司	集体	808
南昌市昌北第一建筑工程公司	集体	383
南昌市第九建筑工程公司	集体	939
南昌市第六建筑工程公司	集体	1 255
江西省水利水电建设总公司	国有	707
江西中恒建设集团公司	集体	2 550
江西嘉业建设工程集团公司	集体	653
江西洪宇建设工程集团公司	国有	2 038
南昌县第四建筑工程公司	集体	813
江西昌厦建设工程集团公司	集体	10 019
南昌县第八建筑工程公司	集体	3 091
南昌县第五建筑工程公司	集体	2 487
江西省送变电实业公司	集体	623
江西进贤县第一建筑工程公司	集体	898
江西省宏顺建筑工程公司	集体	684
景德镇市第二建筑工程公司	集体	489
江西昌源实业有限公司	股份有限公司	573
萍乡矿业集团建筑安装总公司	国有	2 595

续表 1

企 业 名 称	登记注册类型	企业总收入
萍乡公路桥梁工程公司	国有	1 713
中铁大桥局集团第五工程有限公司	其他有限责任公司	9 144
九江市住宅建设公司	集体	551
江西省九江市水电建筑公司	国有	385
九江市第一建筑工程公司	国有	1 533
九江第三建筑工程公司	集体	783
九江石化建筑安装工程公司	国有	436
都昌县建筑工程总公司	集体	922
都昌县阳峰建筑工程公司	集体	832
江西省新宇建设工程有限责任公司	股份合作	820
都昌县兴昌建筑工程公司	集体	862
南昌铁路第三工程有限责任公司	国有	1 707
江西省新余市建筑工程总公司	国有	2 461
中国人民武装警察部队水电第二总队	国有	6 639
赣西新源实业总公司	集体	1 072
中国第四冶金建设公司	国有	5 300
赣州宏远建筑工程公司	集体	804
江西省赣州公路工程公司	国有	3 098
江西省宜春市第二建筑工程有限责任公司	其他有限责任公司	1 103
江西省宜春市建筑总公司	国有	2 000
江西省送变电建设公司	国有	3 967
江西省矿山隧道建设总公司	国有	2 612
江西省上饶路桥工程总公司	国有	1 724
上饶市第一建筑工程公司	国有	339
广丰县建筑劳务输出公司	集体	605
江西省吉安市建筑安装工程总公司	国有	1 519
吉安铁路建筑安装工程公司	国有	733
抚州市赣东建筑工程公司	国有	824
抚州市建筑工程公司	国有	2 054
临川建筑安装工程总公司	国有	2 167
临川建筑工程公司	国有	990
江西恒发建筑工程有限公司	私营股份有限公司	713
江西省第五建筑工程有限公司	其他有限责任公司	1 460
江西省交通厅航备管理局疏浚工程处	国有	439
江西省公路桥梁工程局	国有	4 591
上饶地区建筑工程总公司	国有	2 186
江西省路桥工程有限公司	私营股份有限公司	1 369
江西利达装饰工程有限公司	股份有限公司	1 500
江西海源实业集团有限公司	其他有限责任公司	1 349
南昌市辉煌建筑工程有限公司	私营有限责任公司	475

2003年江西省商品销售收入超亿元的贸易企业

（2003年度）

企业名称	企业名称
江西江铃汽车销售总公司	江西省石油总公司萍乡分公司
江西省烟草公司南昌分公司	江西江铃汽车销售有限公司
江西省烟草公司抚州市分公司	江西省纺织品进出口公司
江西省粮油食品进出口公司	药都樟树医药公司
江西省针棉织品进出口公司	江西省烟草公司鹰潭分公司
江西省服装进出口公司	中国石油化工股份有限公司江西鹰潭分公司
九江石化三鑫总公司	江西瑞昌石油化工分公司
中国石油化工股份公司江西南昌石油分公司	中国石油化工股份有限公司江西新余分公司
中国石油化工股份有限公司江西赣州石油分公司	江西济民堂医药有限公司
江西省新华书店	江西省烟草公司丰城市公司
江西南华医药有限公司	江西省烟草公司新余分公司
中国石油化工股份有限公司抚州分公司	鹰潭市医药公司
江西江中医药贸易有限责任公司	南昌TCL电器销售有限公司
中国石化集团江西宜春石油分公司	江西中基进出口有限公司
江西省石油总公司吉安分公司	江西省彭泽县棉麻公司
江西省烟草公司九江分公司	江西省投资进出口有限责任公司
江西省萍乡市金属材料总公司	江西省瑞康医药有限责任公司
江西省烟草公司赣州分公司	江西省智通汽车销售服务公司
中国石油化工股份有限公司江西九江公司	南昌百货大楼股份有限公司
江西省畜产进出口有限公司	南昌洪城大厦股份有限公司
南昌海尔工贸有限公司	南昌市黄庆仁栈华氏大药房有限公司
江西省烟草公司宜春分公司	江西新洪客隆工贸发展总公司
中国有色金属南昌供销公司	江西运通汽车贸易有限公司
江西省景德镇市烟草公司	江西太平洋购物广场有限公司
中国有色金属进出口江西公司	江西大众汽车销售维修服务有限公司
萍乡市烟草公司	江西国力汽车服务有限公司
江西省烟草公司吉安分公司	江西东维汽车销售有限公司
江西思创科技产业有限公司	江西省汽车销售技术服务总公司
江西格力空调销售有限公司	江西省青龙集团商厦有限公司
中国石油化工股份有限公司景德镇石油分公司	北京华联（江西）综合超市有限公司
江西省机械设备进出口公司	江西泰豪电器城有限公司
江西省石油公司上饶分公司	南昌亨得利钟表眼镜公司
江西省医药保健品进出口公司	南昌市新华书店

第二章 景 气 监 测

2003年江西省企业景气状况综述

2003年是江西省实现在中部崛起的关键一年，全省进一步扩大对外开放，加大招商引资的力度。在年中遭遇“非典”疫情的不利形势的情况下，我省企业顶住压力，经济运行呈现良好态势。第一季度企业经济延续了上年良好走势，企业家信心指数和企业景气指数创造历史新高；二季度受“非典”影响企业景气状况明显回落，企业在第三、第四季度一举摆脱“非典”带来的阴霾后，企业家信心指数分别高居历史第一、第二水平，企业景气指数两次突破历史新高，显示企业生产经营状况持续稳定发展，企业家对宏观经济发展信心十足。

四个季度的企业家信心指数分别为125.08、113.63、128.07、127.09，较上年同期分别增长了4.71、11.88和6.38点。企业景气指数分别为119.05、105.13、120.58、126.66，其中第一、第三、第四季度的企业景气指数较上年同期分别增长了7.05、7.53和9.44点，这表明排除不利因素影响，企业的投资、市场环境不断优化，企业的经营显示了良好的发展势头。

各行业景气状况

工业保持强劲发展势头，成为一大亮点。2003年全省各地继续以工业化为核心，加大招商引资力度，工业园区建设取得突出成效，推动了全省工业生产加速发展。企业家信心指数和企业景气指数连续四个季度较上年同期均有所增长，处于历史高位运行。工业盈利（亏损）变化景气指数自2002年二季度开始步入上升轨道，于2003年四季度达到121.35，创历史最好水平。从四个季度的平均水平与上年相比较来看，本年工业企业生产总量提高，产品订货增长，产品销售量和销售价格稳步提升，产成品库存趋于合理，贷款拖欠下降，劳动力需求增加，科技创新拖入增多，流动资金紧张程度缓解，企业盈利增加。

建筑业持续走强。2002年建筑业企业景气指数一直在景气临界值附近徘徊，今年一季度小幅回调，二季度开始发力上行，持续三个季度上升并稳定在景气区间运行，四季度突破上季度的历史高点，创近年历史最好水平，达117.84，同时企业家信心指数达到119.77，这两项指数均突破110，彻底摆脱了建筑业长期在景气临界值附近徘徊的局面。与上年相比，建筑工程量、新开工工程量、盈利情况、劳动力需求、固定资产投资等指标均有较好的表现。表明建筑行业总体运行态势良好，运行质量较高。

房地产业，信息传输计算机服务和软件业景气指数处于领跑位置。房产业企业家信心指数和企业景气指数全年平均值分别为148.97，121.63，信息传输计算机服务和软件业为161.31、174.93，远高于其它行业。全年四个季度，房地产业商品房销售面积和商品房销售价格一路走高，四季度景气指数分别为127.08、131.25，创下近年历史新高。土地开发面积不断增加，三季度景气指数达到历史最高点122.92，四季度则有一定幅度回调。表明我省房地产业发展保持较快的发展势头，房价依旧坚挺。

四大行业接受考验后全面回升。二季度受“非典”影响的交通运输仓储和邮政业、批发和零售业、社会服务业、住宿和餐饮业，在三季度全面复苏，四季度继续运行在景气区间，较好地完成一年表现。其中交通运输仓储和邮政业、社会服务业表现尤佳，企业景气指数和企业家信心指数恢复到较高水平，除去在第二季度中受“非典”影响因素，其余三个季度的企业景气指数平均值分别为135.03和133.33。

其他分类

从各经济类型来看，全年四个季度的企业家信心指数平均值高于总体平均水平的是有限责任公司、股份有限公司、外商及港澳台商投资企业，低于总体平均水平的有国有企业、集体企业、股份合作企业，私营企业等；全年四个季度的企业景气指数高于总体平均水平的是股份合作企业、有限责任公司、股份有限公司、外商及港澳台商投资企业，接近平均水平的是国有企业、私营企业，距平均水平差距较大的是集体企业和其它内资企业。

从企业规模来看，总大型企业的企业家信心指数和企业景气指数最高，四个季度均值分别为142.16、143.14，远高于其它规模企业。在中小型企业中，中型企业的企业家信心指数和企业景气指数也均高于小型企业。调查表明，国家重点企业和上市公司对行业的推动作用明显，在对国家重点企业、乡镇企业、上市公司、国有控股企业的比较中，数据显示国家重点企业的企业家信心指数最高，四季度均值分别达到185.74，其他三类企业企业家信心指数分别为131.65。、157.67、120.80；国家重点企业的企业景气指数四个季度平均值为158.78，上市公司紧随其后，为153.59，乡镇企业、国有控股企业分别为120.19、118.41。

综合景气指数反映的一些情况

1、两大景气指数的发展状况。自2001年起，企业家信心指数和企业景气指数两项指标一直在100至130之间运行，呈逐年稳定上升的趋势，但突破"较景气区间"，进入“较强景气区间”运行动力还有待进一步积累，与外省相比还有一定的差距。从行业情况来来看，工业发展是领头羊，企业景气指数和企业家信心指数自2002年下半年开始发力上行，其后几个季度屡创新高，表明我省以工业化为核心的战略成效显著；房地产行业的景气状况也呈逐年上升之势，仅在南昌市，随着招商引资的不断深入，近年来已有多家外地房地产运营商进入市场，数十个商品房小区建设项目相继开工并交付使用，房地产市场竞争进入良性循环，企业家信心指数也自1999年初的100逐步平稳提升到了2003年底的147.92。

2、原材料及能源供应紧张价格上涨，企业生产成本景气状况恶化。由于钢铁、原煤、电力、燃料等产品的价格大幅上扬，工业原材料及能源购进价格景气指数持续下滑，四季度景气指数为43.1，创下近五年新低，表明原材料及能源购进价大幅上涨。其中四季度黑色金属冶炼及压延加工业、化学纤维制造业、橡胶制品业、金属制品业等行业的原材料及能源购进价景气度达景气指数最低点0；从行业上看，特大型企业的景气度为0，小型企业是各规模企业中最高水平，景气度为49.6。建筑业同样受到很大影响，建筑材料购进价格逐季快速走高，四季度景气指数进入严重不景气区间。工程结算成本随之上升，四季度景气指数滑入较强不景气区间。交通运输仓储和邮政业的营业成本景气指数也不容乐观，四个季度的指数分别是51.38、64.21、58.83、57.18，处于“较不景气”区间。

3、企业资金运营景气状况仍有待改善。突出体现在流动资金、贷款拖欠景气指数一直在低位徘徊。其中，流动资金景气指数在2003年的平均值仅为74.3，货款拖欠景气指数的平均值为99.93，景气状况均有待改善。在资金运营不景气的行业中，最为突出的是建筑业，其流动资金和贷款拖欠景气指数四个季度的平均值仅为53.87和65.08。受房地产商拖欠工程款、施工企业垫资等因素影响，建筑业资金短缺的现象比较严重。由于房地产业是近期提升综合景气指数的重要行业，与之相辅相成的建筑业出现资金短缺情况，一定程度上会为房地产业的发展带来不良影响。行业间的关系千丝万缕，为使各行业都能有良好的发展环境，不能忽视其中的任何一个环节。

4、劳动力需求需进一步提高。2003年四个季度的劳动力需求景气指数平均值为92.45，虽然较前几年有较大上升，但仍然处于不景气区间，作为经济发展领头羊的工业劳动力需求景气指数虽逐年上升，但从未突破过景气临界值。值得可喜的是，作为信息代表的信息传输、计算机服务和软件业劳动力需求状况处于各行业之首，景气指数全年平均为119.36，表明我省高科技行业发展具有较大的就业潜力空间。

2004年企业景气状况预期与建议

预计2004我省企业经济继续保持稳定上升态势，企业家信心指数和企业景气指数在本年高位运行的基础上还可能继续创出历史高点，企业运行质量的将进一步改善。近年来，随着沿海发达省份将众多制造行业引入江西，我省的外商直接投资不断增加,也为全省的经济发展带来了良好的契机。但应当引起注意的是,其中多数是逐步被沿海省份淘汰的利润率逐步降低的行业,它们转入江西的主要原因,除了我省的投资环境在近几年有大幅度提高外,还因为我省劳动力资源丰富,劳动力工资水平偏低,在随后的经济发展中,江西将逐步丧失在廉价劳动力方面的优势。寻找新的经济增长契机,充分发掘资源,带动产业升级,是我省在今后发展经济过程中需要注意的问题。

撰稿:詹亦宁　廖超群

审稿:邵　华

2002-2003年企业家信心指数和企业景气指数走势图

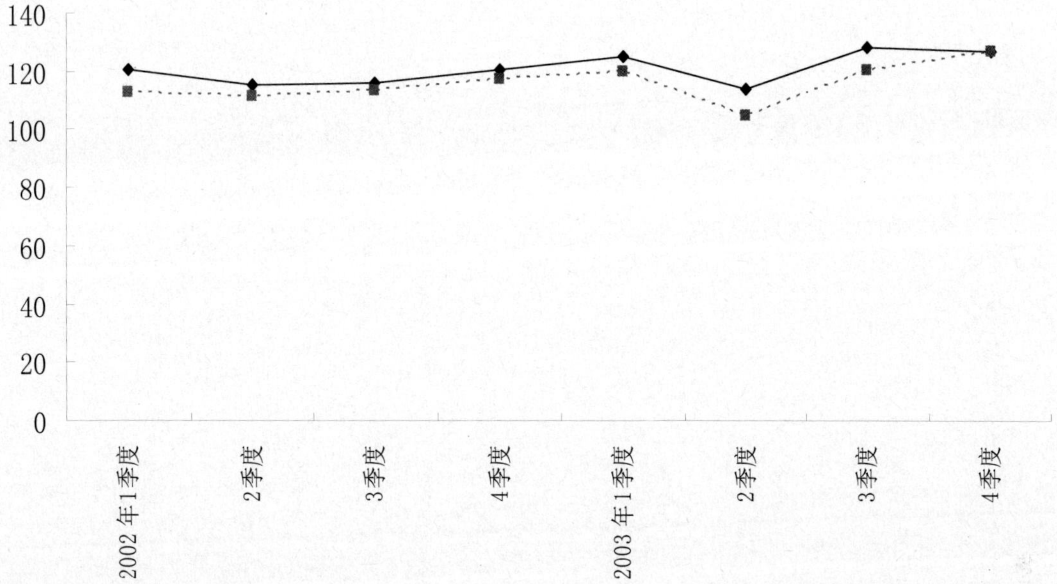

2002-2003年工业景气指数走势图

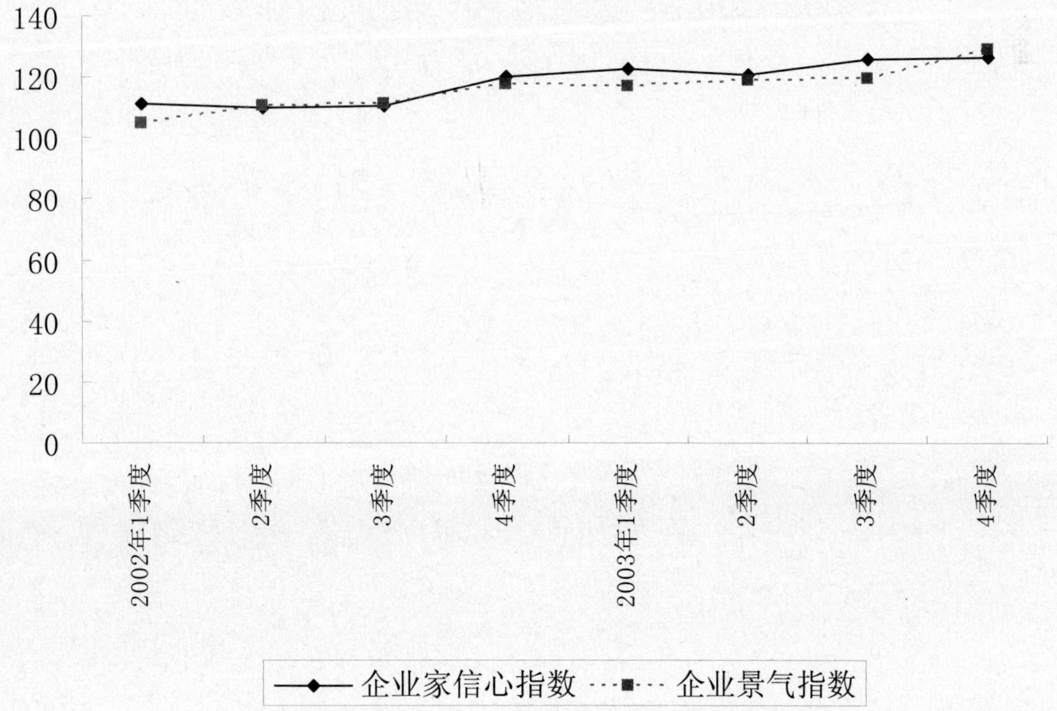

2002-2003年建筑业景气指数走势图

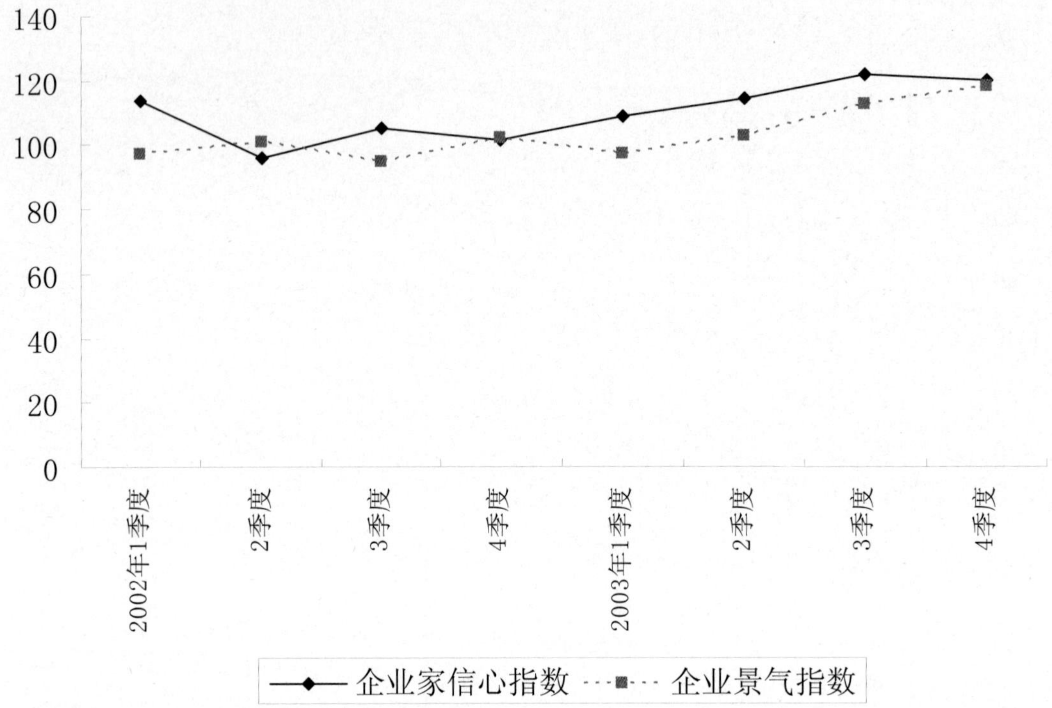

2002-2003年交通运输、仓储和邮政业景气指数走势图

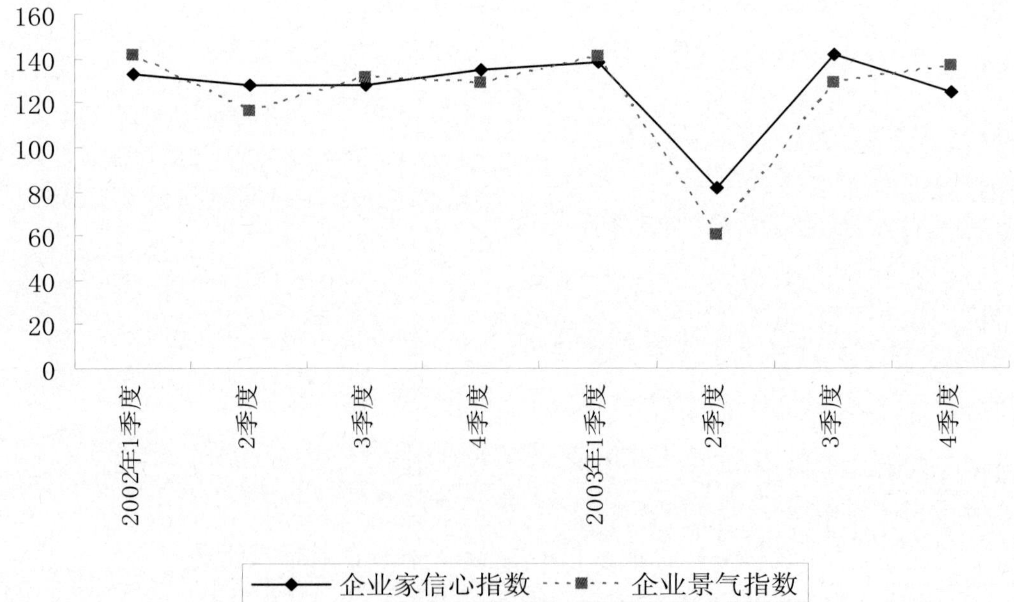

2002-2003年批发和零售业
景气指数走势图

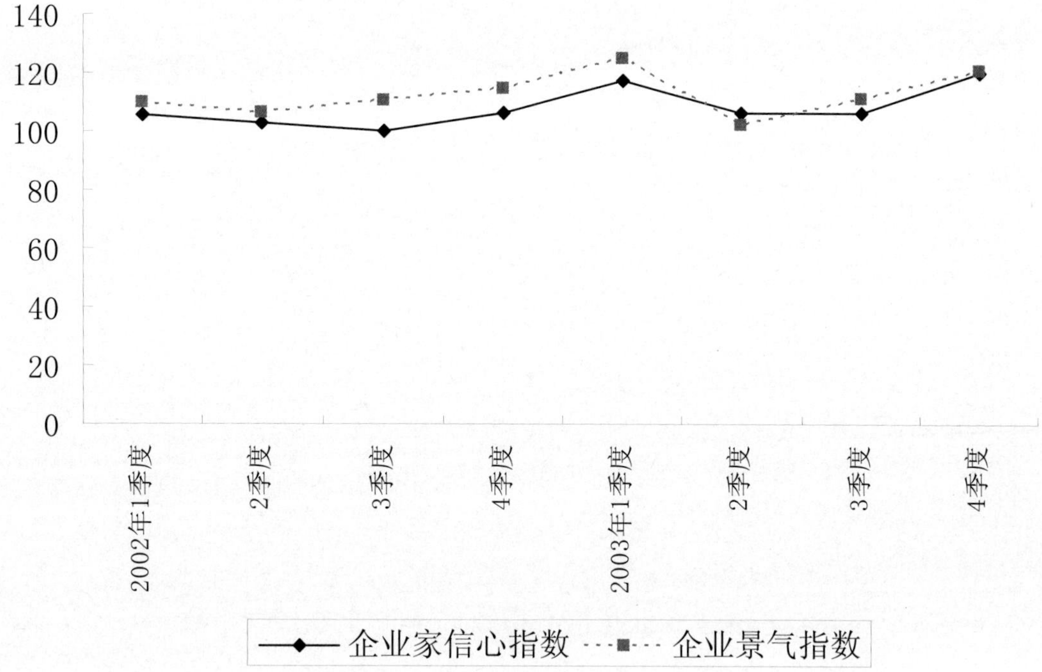

2002-2003年房地产业景气指数走势图

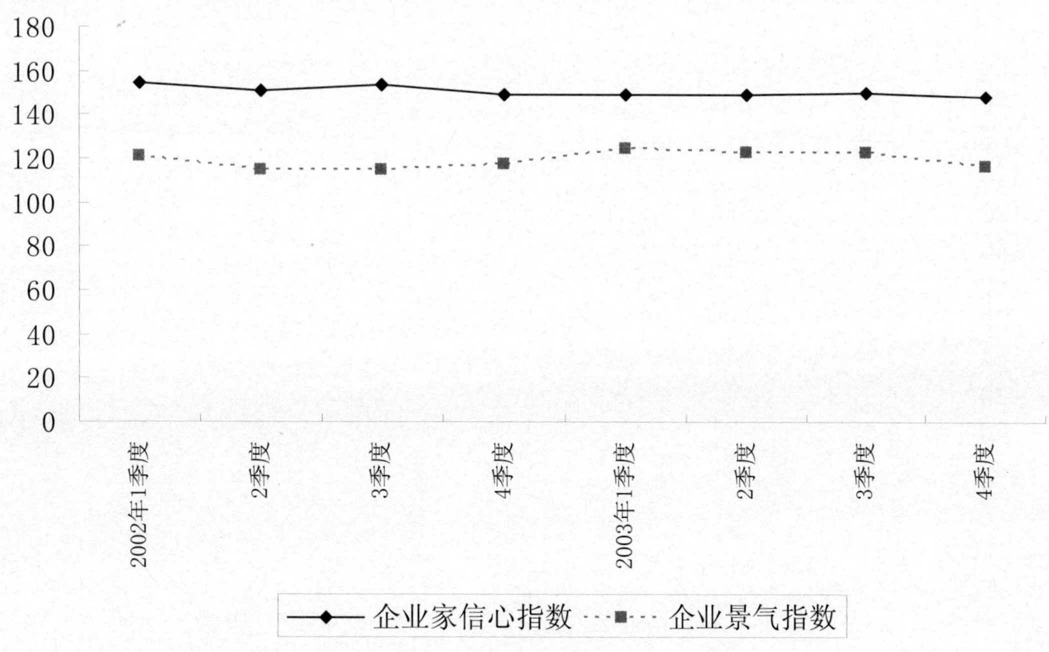

2002-2003年社会服务业景气指数走势图

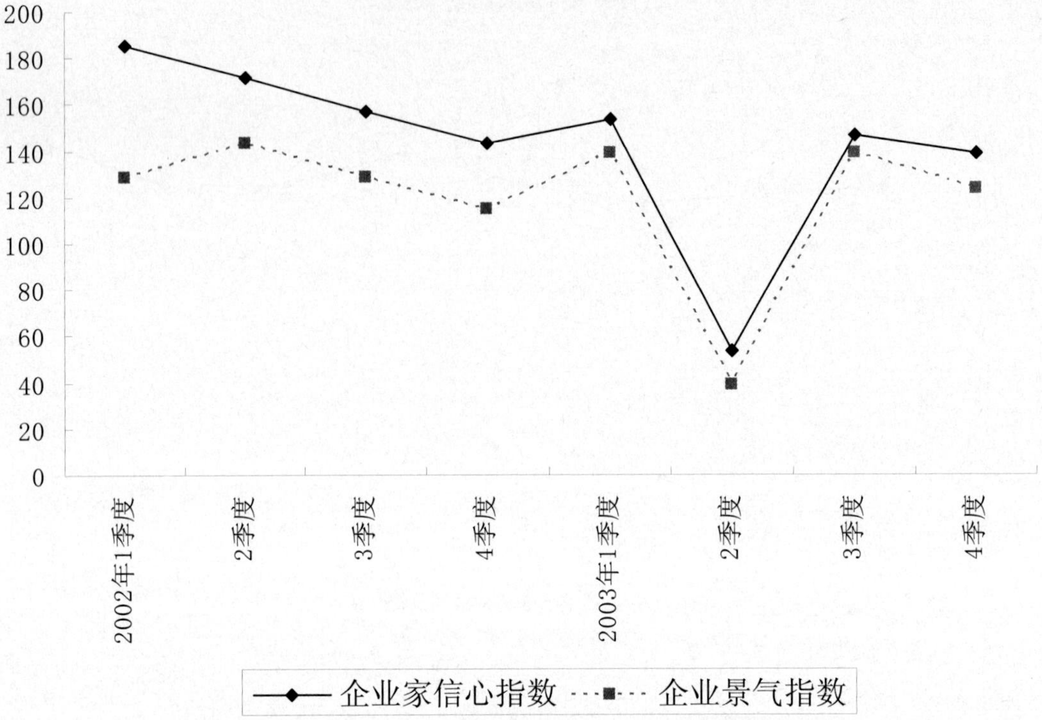

2002-2003年信息传输、计算机服务和软件业景气指数走势图

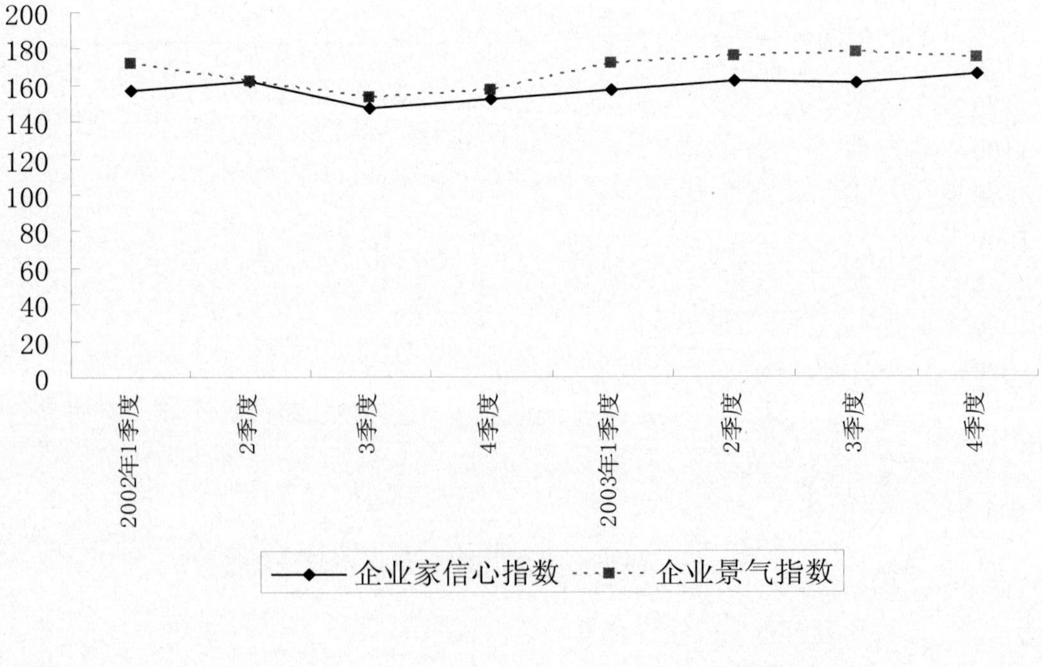

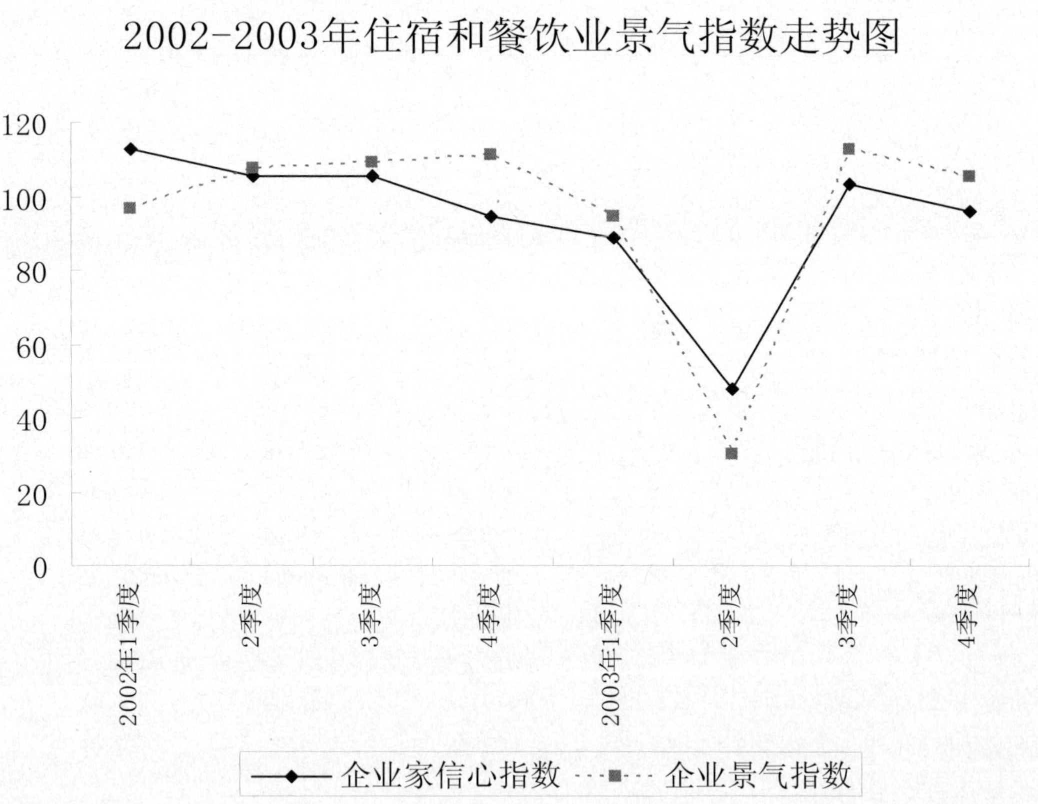
2002-2003年住宿和餐饮业景气指数走势图
120
100
80
60
40
20
0
2002年1季度
2季度
3季度
4季度
2003年1季度
2季度
3季度
4季度
企业家信心指数
企业景气指数

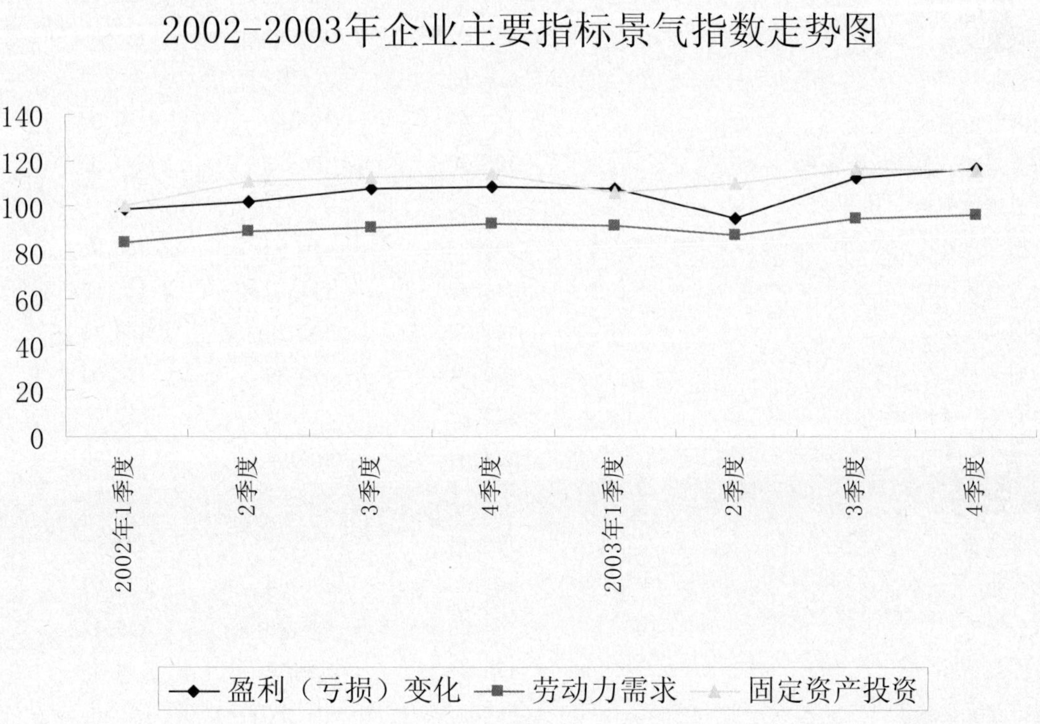
2002-2003年企业主要指标景气指数走势图
140
120
100
80
60
40
20
0
2002年1季度
2季度
3季度
4季度
2003年1季度
2季度
3季度
4季度
盈利（亏损）变化
劳动力需求
固定资产投资

企业家信心指数(2003 年)

	一季度	二季度	三季度	四季度
总 体 状 况	125.08	113.63	128.07	127.09
一、按行业门类分组				
工业	122.81	120.70	126.18	126.78
采掘业	110.59	124.94	113.33	139.33
制造业	123.42	120.01	124.42	126.16
电力、煤气及水的生产和供应业	124.55	123.18	140.00	126.71
建筑业	109.04	114.13	121.59	119.77
交通运输、仓储和邮政业	137.96	81.25	141.31	124.32
批发和零售业	117.47	106.23	106.36	119.76
房地产业	148.98	148.98	150.00	147.92
社会服务业	153.85	53.85	146.15	138.46
信息传输、计算机服务和软件业	156.98	162.07	160.51	165.69
住宿和餐饮业	89.05	47.97	103.39	96.05
二、按企业登记注册类型分组				
国有企业	116.82	101.62	120.61	121.69
集体企业	98.67	103.03	105.82	97.56
股份合作企业	131.58	101.83	127.99	122.88
联营企业 *				
有限责任公司	129.93	124.47	128.12	132.16
股份有限公司	157.02	142.87	158.88	158.61
私营企业	126.53	116.67	112.77	129.17
其它内资企业 *	100.00	100.00	100.00	133.33
外商及港、澳、台商投资企业	125.30	126.22	144.00	126.00
三、按企业规模分组				
总大型	140.23	119.92	156.95	151.52
特大型 *	111.57	111.57	111.57	111.57
大型	142.22	120.50	160.10	154.30
中小型	119.74	110.89	118.94	120.99
中型	121.82	112.04	122.19	122.04
小型	118.03	109.94	116.30	120.13
四、特殊分组				
国家重点企业	190.14	192.73	163.21	196.89
乡镇企业	121.65	130.34	139.04	135.56
上市公司	144.98	149.25	179.12	157.32
国有控股企业	123.25	109.72	124.49	125.75
五、主要行业大类分组				
采矿业				

续表1

	一季度	二季度	三季度	四季度
#煤炭开采和洗选业	102.87	120.15	105.14	134.37
石油和天然气开采业				
黑色金属矿采选业				
有色金属矿采选业	95.90	115.00	105.00	127.62
非金属矿采选业	160.00	180.00	160.00	180.00
其他采矿业＊				
制造业				
#农副食品加工业	107.50	81.63	104.44	117.24
食品制造业	142.86	128.57	115.38	107.69
饮料制造业	106.25	90.63	116.13	109.68
烟草制品业	140.00	140.00	160.00	140.00
纺织业	99.19	106.42	114.24	81.79
纺织服装、鞋、帽制造业＊	120.00	160.00	140.00	100.00
皮革、毛皮、羽毛(绒)及其制品业＊	150.00	200.00	100.00	150.00
木材加工及木、竹、藤、棕、草制品业	114.29	128.57	128.57	142.86
家具制造业				
造纸及纸制品业	150.00	123.08	141.67	116.67
印刷业和记录媒介的复制	100.00	108.33	100.00	118.18
文教体育用品制造业				
石油加工、炼焦及核燃料加工业＊	72.89	100.00	160.45	106.22
化学原料及化学制品制造业	117.65	118.15	128.52	128.65
医药制造业	163.83	157.04	147.73	166.59
化学纤维制造业	111.24	63.77	100.00	131.24
橡胶制品业＊	200.00	200.00	200.00	200.00
塑料制品业＊	150.00	100.00	116.67	116.67
非金属矿物制品业	118.34	127.24	128.87	150.36
黑色金属冶炼及压延加工业	112.50	111.89	102.30	127.30
有色金属冶炼及压延加工业	118.05	118.91	114.14	118.91
金属制品业	75.00	100.00	75.00	75.00
通用设备制造业	126.28	119.01	135.68	129.61
专用设备制造业	129.41	123.53	117.65	117.65
交通运输设备制造业	135.13	140.82	138.14	145.50
电气机械及器材制造业	150.00	140.91	131.82	140.91
通信设备、计算机及其他电子设备制造业	153.48	156.82	149.08	123.05
仪器仪表及文化、办公用机械制造业	112.50	66.18	121.32	87.50
工艺品及其他制造业	150.00	150.00	150.00	125.00
废弃资源和废旧材料回收加工业				

续表 2

	一季度	二季度	三季度	四季度
电力、燃气及水的生产和供应业				
#电力、热力的生产和供应业	133.93	132.01	148.76	130.92
燃气生产和供应业 *	133.33	133.33	133.33	166.67
水的生产和供应业	100.00	100.00	116.67	111.11
建筑业				
#房屋和土木工程建筑业	108.48	113.72	122.69	120.25
建筑安装业 *	142.20	100.00	124.46	124.46
建筑装饰业 *	100.00	133.33	100.00	100.00
其他建筑业 *	100.00	100.00	100.00	100.00
交通运输、仓储和邮政业				
#铁路运输业 *	200.00	0.00	200.00	200.00
道路运输业	150.00	74.89	146.93	125.00
城市公共交通业	140.00	100.00	140.00	140.00
水上运输业	60.00	40.00	125.00	100.00
航空运输业 *	200.00	0.00	200.00	200.00
管道运输业				
装卸搬运和其他运输服务业 *				
仓储业	100.00	83.33	83.33	66.67
邮政业	150.00	137.50	162.50	137.50
批发和零售业				
#批发业	116.66	107.00	104.38	116.39
零售业	119.31	105.01	110.58	126.54
房地产业				
社会服务业				
#租赁业	200.00	0.00	200.00	200.00
商务服务业	154.55	54.55	136.36	127.27
环境管理业				
公共设施管理业 *	100.00	100.00	200.00	200.00
居民服务业				
其他服务业				
信息传输和计算机服务及软件业				
#信息传输业	167.06	175.00	160.61	162.71
计算机服务业	116.67	100.00	160.00	180.00
软件业				
住宿和餐饮业				
#住宿业	93.47	49.72	103.97	99.71
餐饮业	62.50	37.50	100.00	75.00

企业景气指数(2003 年)

	一季度	二季度	三季度	四季度
总 体 状 况	119.55	105.13	120.58	126.66
一、按行业门类分组				
工业	116.60	118.92	119.30	129.25
采掘业	117.55	130.20	136.13	138.82
制造业	115.52	116.54	118.65	129.24
电力、煤气及水的生产和供应业	123.02	127.60	121.03	126.86
建筑业	97.23	102.64	112.49	117.84
交通运输、仓储和邮政业	140.34	60.28	128.32	136.44
批发和零售业	124.50	102.14	110.89	120.49
房地产业	124.49	122.45	122.92	116.67
社会服务业	138.46	38.46	138.46	123.08
信息传输、计算机服务和软件业	171.82	175.86	177.75	174.30
住宿和餐饮业	94.64	30.12	112.48	105.31
二、按企业登记注册类型分组				
国有企业	111.98	97.14	114.06	121.76
集体企业	86.67	93.58	101.71	103.12
股份合作企业	133.41	117.62	124.71	129.97
联营企业 *				
有限责任公司	129.95	120.70	129.79	135.70
股份有限公司	152.95	137.43	151.17	162.65
私营企业	132.65	110.42	106.38	118.75
其它内资企业 *	33.33	33.33	133.33	66.67
外商及港、澳、台商投资企业	129.41	107.84	122.00	136.00
三、按企业规模分组				
总大型	141.58	117.32	143.36	170.30
特大型 *	100.00	200.00	200.00	200.00
大型	144.47	111.59	139.42	168.24
中小型	115.39	104.73	115.47	118.94
中型	117.40	106.54	120.59	120.70
小型	113.73	103.24	111.30	117.51
四、特殊分组				
国家重点企业	174.73	123.22	145.55	191.63
乡镇企业	115.04	123.91	115.13	126.67
上市公司	148.06	138.62	155.03	172.66
国有控股企业	119.40	104.96	120.89	128.38
五、主要行业大类分组				
采矿业				

续表1

	一季度	二季度	三季度	四季度
#煤炭开采和洗选业	104.77	120.15	139.14	142.07
石油和天然气开采业				
黑色金属矿采选业				
有色金属矿采选业	113.28	125.00	125.00	124.35
非金属矿采选业	180.00	180.00	140.00	160.00
其他采矿业 *				
制造业				
#农副食品加工业	105.25	103.17	107.88	117.24
食品制造业	128.57	107.14	92.31	130.77
饮料制造业	121.88	106.25	112.90	90.32
烟草制品业	180.00	180.00	180.00	180.00
纺织业	105.28	96.38	106.93	107.22
纺织服装、鞋、帽制造业 *	140.00	140.00	120.00	100.00
皮革、毛皮、羽毛(绒)及其制品业 *	100.00	150.00	50.00	150.00
木材加工及木、竹、藤、棕、草制品业	85.71	100.00	85.71	71.43
家具制造业				
造纸及纸制品业	121.43	100.00	108.33	100.00
印刷业和记录媒介的复制	108.33	108.33	100.00	127.27
文教体育用品制造业				
石油加工、炼焦及核燃料加工业 *	39.55	106.22	100.00	160.45
化学原料及化学制品制造业	112.94	134.43	118.53	125.26
医药制造业	152.26	140.73	120.67	150.67
化学纤维制造业	113.39	69.52	105.75	130.38
橡胶制品业 *	200.00	200.00	200.00	200.00
塑料制品业 *	116.67	83.33	100.00	116.67
非金属矿物制品业	105.30	111.85	131.41	143.59
黑色金属冶炼及压延加工业	144.79	162.50	150.00	175.00
有色金属冶炼及压延加工业	118.05	118.76	114.00	142.57
金属制品业	25.00	50.00	50.00	50.00
通用设备制造业	112.93	129.01	124.90	119.60
专用设备制造业	111.76	129.41	141.18	123.53
交通运输设备制造业	107.37	98.63	105.59	132.51
电气机械及器材制造业	130.57	139.66	139.66	139.66
通信设备、计算机及其他电子设备制造业	84.52	131.82	137.84	149.68
仪器仪表及文化、办公用机械制造业	100.00	100.00	121.32	123.19
工艺品及其他制造业	150.00	125.00	150.00	125.00
废弃资源和废旧材料回收加工业				

续表 2

	一季度	二季度	三季度	四季度
电力、燃气及水的生产和供应业				
#电力、热力的生产和供应业	129.76	141.93	119.76	125.68
燃气生产和供应业＊	166.67	133.33	133.33	133.33
水的生产和供应业	100.00	88.89	127.78	127.78
建筑业				
#房屋和土木工程建筑业	95.49	101.15	111.24	116.44
建筑安装业＊	100.00	100.00	24.46	48.93
建筑装饰业＊	133.33	133.33	166.67	200.00
其他建筑业＊	100.00	100.00	200.00	100.00
交通运输、仓储和邮政业				
#铁路运输业＊	200.00	0.00	200.00	200.00
道路运输业	156.25	40.57	137.50	125.00
城市公共交通业	180.00	60.00	160.00	160.00
水上运输业	40.00	60.00	100.00	75.00
航空运输业＊	200.00	0.00	100.00	200.00
管道运输业				
装卸搬运和其他运输服务业＊				
仓储业	116.67	83.33	100.00	116.67
邮政业	125.00	125.00	112.50	150.00
批发和零售业				
#批发业	121.51	101.05	113.39	123.68
零售业	130.43	104.39	106.37	114.47
房地产业				
社会服务业				
#租赁业	200.00	0.00	200.00	200.00
商务服务业	145.45	45.45	136.36	118.18
环境管理业				
公共设施管理业＊	0.00	0.00	100.00	100.00
居民服务业				
其他服务业				
信息传输和计算机服务及软件业				
#信息传输业	181.45	187.50	177.28	177.28
计算机服务业	133.33	120.00	180.00	160.00
软件业				
住宿和餐饮业				
#住宿业	93.75	33.05	108.23	101.88
餐饮业	100.00	12.50	137.50	125.00

企业生产总量景气指数(2003 年)

	一季度	二季度	三季度	四季度
总 体 状 况	112.34	105.89	126.61	128.81
一、按行业门类分组				
工业	106.57	129.91	124.21	127.40
采掘业	91.14	171.28	130.61	140.49
制造业	106.71	121.66	115.93	126.90
电力、煤气及水的生产和供应业	118.64	159.71	166.87	128.19
建筑业	84.44	113.54	127.55	135.35
交通运输、仓储和邮政业	134.20	40.77	138.56	125.59
批发和零售业	123.10	85.83	104.26	132.11
房地产业	128.57	126.53	133.33	125.00
社会服务业	153.85	30.77	138.46	100.00
信息传输、计算机服务和软件业	163.33	127.41	156.88	168.79
住宿和餐饮业	80.12	16.07	136.36	109.26
二、按企业登记注册类型分组				
国有企业	113.68	101.81	129.82	127.44
集体企业	83.32	94.59	106.85	100.00
股份合作企业	115.79	105.26	164.98	143.93
联营企业*				
有限责任公司	114.50	125.39	120.79	133.94
股份有限公司	124.04	106.98	108.51	140.75
私营企业	112.24	122.92	125.53	122.92
其它内资企业*	33.33	133.33	33.33	100.00
外商及港、澳、台商投资企业	100.00	100.92	129.81	140.74
三、按企业规模分组				
总大型	126.27	122.37	148.43	161.59
特大型*	11.57	200.00	200.00	200.00
大型	134.23	116.98	144.84	158.92
中小型	108.70	105.33	119.42	122.07
中型	110.65	108.38	120.59	121.24
小型	107.08	102.81	118.48	122.76
四、特殊分组				
国家重点企业	166.46	91.54	74.06	151.14
乡镇企业	86.78	128.17	123.73	120.00
上市公司	138.34	108.74	135.51	162.11
国有控股企业	116.64	107.71	126.16	129.94
五、主要行业大类分组				
采矿业				

续表 1

	一季度	二季度	三季度	四季度
#煤炭开采和洗选业	76.56	175.02	137.81	152.97
石油和天然气开采业				
黑色金属矿采选业				
有色金属矿采选业	93.20	160.90	133.28	119.35
非金属矿采选业	120.00	180.00	100.00	160.00
其他采矿业 *				
制造业				
#农副食品加工业	77.61	83.66	109.81	120.24
食品制造业	114.29	107.14	69.23	107.69
饮料制造业	109.38	100.00	116.13	83.87
烟草制品业	100.00	80.00	100.00	180.00
纺织业	91.13	105.33	119.53	111.21
纺织服装、鞋、帽制造业 *	120.00	180.00	100.00	120.00
皮革、毛皮、羽毛(绒)及其制品业 *	100.00	150.00	100.00	150.00
木材加工及木、竹、藤、棕、草制品业	42.86	142.86	128.57	142.86
家具制造业				
造纸及纸制品业	121.43	100.00	141.67	83.33
印刷业和记录媒介的复制	66.67	116.67	90.91	118.18
文教体育用品制造业				
石油加工、炼焦及核燃料加工业 *	106.22	106.22	166.67	127.11
化学原料及化学制品制造业	127.61	127.29	124.74	126.43
医药制造业	137.28	148.95	101.23	132.07
化学纤维制造业	124.63	87.54	110.38	85.49
橡胶制品业 *	200.00	100.00	200.00	200.00
塑料制品业 *	100.00	50.00	100.00	100.00
非金属矿物制品业	81.65	129.68	130.72	141.07
黑色金属冶炼及压延加工业	127.08	175.00	165.41	155.21
有色金属冶炼及压延加工业	104.68	128.43	114.14	142.72
金属制品业	25.00	50.00	50.00	50.00
通用设备制造业	119.40	166.48	141.96	142.14
专用设备制造业	105.88	152.94	135.29	100.00
交通运输设备制造业	97.20	110.42	92.07	153.85
电气机械及器材制造业	144.04	145.45	163.64	143.05
通信设备、计算机及其他电子设备制造业	64.64	149.71	90.27	151.16
仪器仪表及文化、办公用机械制造业	101.81	99.95	91.18	137.50
工艺品及其他制造业	200.00	175.00	100.00	150.00
废弃资源和废旧材料回收加工业				

续表2

	一季度	二季度	三季度	四季度
电力、燃气及水的生产和供应业				
#电力、热力的生产和供应业	124.93	168.69	170.81	133.97
燃气生产和供应业*	200.00	66.67	33.33	200.00
水的生产和供应业	88.89	150.00	177.78	94.44
建筑业				
#房屋和土木工程建筑业	84.26	114.16	124.75	134.28
建筑安装业*	117.74	133.33	91.13	124.46
建筑装饰业*	33.33	100.00	200.00	166.67
其他建筑业*	200.00	100.00	200.00	100.00
交通运输、仓储和邮政业				
#铁路运输业*	200.00	0.00	200.00	200.00
道路运输业	153.07	24.89	153.07	134.43
城市公共交通业	180.00	0.00	160.00	140.00
水上运输业	60.00	20.00	125.00	50.00
航空运输业*	100.00	0.00	200.00	100.00
管道运输业				
装卸搬运和其他运输服务业*				
仓储业	116.67	116.67	116.67	116.67
邮政业	75.00	75.00	87.50	100.00
批发和零售业				
#批发业	119.67	88.34	105.14	128.41
零售业	129.82	81.00	102.55	139.28
房地产业				
社会服务业				
#租赁业	100.00	0.00	100.00	100.00
商务服务业	154.55	36.36	136.36	109.09
环境管理业				
公共设施管理业*	200.00	0.00	200.00	0.00
居民服务业				
其他服务业				
信息传输和计算机服务及软件业				
#信息传输业	170.83	137.29	156.23	166.45
计算机服务业	133.33	80.00	160.00	180.00
软件业				
住宿和餐饮业				
#住宿业	80.97	14.58	134.04	110.87
餐饮业	75.00	25.00	150.00	100.00

企业盈利(亏损)变化景气指数(2003年)

	一季度	二季度	三季度	四季度
总 体 状 况	107.79	94.52	112.62	116.86
一、按行业门类分组				
工业	98.33	109.80	109.86	121.35
采掘业	80.62	130.62	126.43	129.47
制造业	99.58	104.24	108.97	120.64
电力、煤气及水的生产和供应业	99.87	132.42	114.20	121.34
建筑业	94.69	94.94	115.41	107.17
交通运输、仓储和邮政业	134.65	40.91	113.70	114.49
批发和零售业	122.01	97.04	101.42	120.79
房地产业	118.37	118.37	127.08	114.58
社会服务业	123.08	46.15	130.77	92.31
信息传输、计算机服务和软件业	136.35	112.08	117.09	141.23
住宿和餐饮业	76.31	12.50	114.55	96.05
二、按企业登记注册类型分组				
国有企业	104.21	93.14	111.21	119.20
集体企业	88.00	92.22	104.11	104.51
股份合作企业	115.79	96.41	133.25	122.73
联营企业*				
有限责任公司	102.40	106.53	112.39	121.29
股份有限公司	141.90	109.45	114.85	142.54
私营企业	126.53	104.17	95.74	118.75
其它内资企业*	100.00	100.00	100.00	100.00
外商及港、澳、台商投资企业	89.69	76.47	124.00	110.00
三、按企业规模分组				
总大型	104.18	105.57	116.66	161.84
特大型*	111.57	111.57	200.00	200.00
大型	103.66	105.16	110.82	159.17
中小型	105.76	95.15	109.96	111.71
中型	111.46	97.64	113.94	111.32
小型	101.07	93.09	106.74	112.04
四、特殊分组				
国家重点企业	115.07	89.52	62.03	191.63
乡镇企业	95.47	115.13	104.35	128.89
上市公司	112.62	96.53	133.62	144.78
国有控股企业	106.02	95.82	110.91	120.10
五、主要行业大类分组				
采矿业				

续表 1

	一季度	二季度	三季度	四季度
#煤炭开采和洗选业	33.98	113.18	129.61	121.92
石油和天然气开采业				
黑色金属矿采选业				
有色金属矿采选业	119.75	133.44	118.20	140.82
非金属矿采选业	120.00	180.00	140.00	100.00
其他采矿业 *				
制造业				
#农副食品加工业	66.52	81.67	90.64	113.79
食品制造业	107.14	92.86	76.92	115.38
饮料制造业	112.50	84.38	119.35	80.65
烟草制品业	160.00	160.00	140.00	180.00
纺织业	85.45	78.96	115.00	93.56
纺织服装、鞋、帽制造业 *	160.00	120.00	140.00	120.00
皮革、毛皮、羽毛(绒)及其制品业 *	100.00	100.00	50.00	100.00
木材加工及木、竹、藤、棕、草制品业	42.86	85.71	157.14	128.57
家具制造业				
造纸及纸制品业	114.29	107.69	100.00	75.00
印刷业和记录媒介的复制	66.67	125.00	100.00	118.18
文教体育用品制造业				
石油加工、炼焦及核燃料加工业 *	45.77	139.55	133.33	127.11
化学原料及化学制品制造业	105.82	123.41	111.10	125.18
医药制造业	162.84	137.85	93.79	136.09
化学纤维制造业	132.53	96.30	130.48	94.25
橡胶制品业 *	200.00	200.00	200.00	200.00
塑料制品业 *	116.67	66.67	83.33	100.00
非金属矿物制品业	97.68	105.04	121.00	152.10
黑色金属冶炼及压延加工业	110.20	144.79	143.32	180.82
有色金属冶炼及压延加工业	113.37	94.95	109.24	109.24
金属制品业	50.00	50.00	50.00	50.00
通用设备制造业	124.12	125.88	127.86	109.82
专用设备制造业	94.12	105.88	111.76	123.53
交通运输设备制造业	65.45	81.13	84.82	115.31
电气机械及器材制造业	111.23	123.70	143.05	117.02
通信设备、计算机及其他电子设备制造业	36.18	125.04	141.03	147.89
仪器仪表及文化、办公用机械制造业	123.19	117.64	121.27	137.50
工艺品及其他制造业	125.00	125.00	100.00	100.00
废弃资源和废旧材料回收加工业				

续表 2

	一季度	二季度	三季度	四季度
电力、燃气及水的生产和供应业				
#电力、热力的生产和供应业	102.84	144.37	102.75	121.31
燃气生产和供应业 *	133.33	133.33	133.33	66.67
水的生产和供应业	88.89	100.00	150.00	127.78
建筑业				
#房屋和土木工程建筑业	91.98	95.12	111.93	105.66
建筑安装业 *	175.54	124.46	91.13	91.13
建筑装饰业 *	66.67	33.33	200.00	166.67
其他建筑业 *	200.00	200.00	200.00	100.00
交通运输、仓储和邮政业				
#铁路运输业 *	200.00	0.00	200.00	200.00
道路运输业	156.25	24.89	131.14	112.50
城市公共交通业	140.00	20.00	120.00	180.00
水上运输业	100.00	40.00	100.00	50.00
航空运输业 *	100.00	0.00	200.00	200.00
管道运输业				
装卸搬运和其他运输服务业 *				
仓储业	150.00	116.67	66.67	66.67
邮政业	62.50	75.00	62.50	100.00
批发和零售业				
#批发业	118.98	102.15	106.63	120.64
零售业	128.39	87.03	91.93	121.31
房地产业				
社会服务业				
#租赁业	100.00	0.00	100.00	100.00
商务服务业	127.27	45.45	145.45	100.00
环境管理业				
公共设施管理业 *	100.00	100.00	0.00	0.00
居民服务业				
其他服务业				
信息传输和计算机服务及软件业				
#信息传输业	149.61	118.77	112.32	141.48
计算机服务业	83.33	80.00	140.00	140.00
软件业				
住宿和餐饮业				
#住宿业	76.52	14.58	104.26	97.53
餐饮业	75.00	0.00	175.00	87.50

企业流动资金景气指数(2003 年)

	一季度	二季度	三季度	四季度
总 体 状 况	77.59	70.80	72.73	76.08
一、按行业门类分组				
工业	79.30	79.40	79.39	83.28
采掘业	63.28	77.45	72.49	94.66
制造业	80.29	78.73	80.10	83.11
电力、煤气及水的生产和供应业	78.09	80.96	74.78	78.32
建筑业	57.71	55.21	48.23	54.34
交通运输、仓储和邮政业	60.05	43.92	55.69	61.60
批发和零售业	86.32	77.10	81.74	83.13
房地产业	93.88	81.63	72.92	68.75
社会服务业	130.77	61.54	107.69	115.38
信息传输、计算机服务和软件业	120.17	120.87	129.32	127.76
住宿和餐饮业	64.05	33.93	57.94	60.86
二、按企业登记注册类型分组				
国有企业	69.54	63.29	66.31	69.64
集体企业	50.67	55.41	67.12	65.28
股份合作企业	100.00	96.56	107.09	85.89
联营企业 *				
有限责任公司	86.48	83.82	80.59	90.80
股份有限公司	142.23	117.07	131.20	125.96
私营企业	79.59	72.92	63.83	64.58
其它内资企业 *	33.33	66.67	0.00	66.67
外商及港、澳、台商投资企业	81.12	88.24	94.00	90.93
三、按企业规模分组				
总大型	104.19	101.53	100.64	104.22
特大型 *	100.00	100.00	100.00	100.00
大型	104.48	101.63	100.68	104.52
中小型	74.62	68.76	72.18	75.03
中型	77.66	71.20	71.39	73.92
小型	72.10	66.74	72.83	75.93
四、特殊分组				
国家重点企业	135.19	136.07	140.49	178.24
乡镇企业	80.34	82.61	86.96	102.22
上市公司	154.45	130.87	144.70	136.04
国有控股企业	77.64	71.65	74.67	78.28
五、主要行业大类分组				
采矿业				

续表 1

	一季度	二季度	三季度	四季度
#煤炭开采和洗选业	39.13	39.13	54.51	82.72
石油和天然气开采业				
黑色金属矿采选业				
有色金属矿采选业	60.90	83.28	70.25	91.72
非金属矿采选业	140.00	160.00	140.00	140.00
其他采矿业 *				
制造业				
#农副食品加工业	80.23	73.02	75.86	68.97
食品制造业	85.71	85.71	76.92	84.62
饮料制造业	93.75	71.88	93.55	87.10
烟草制品业	120.00	120.00	100.00	140.00
纺织业	77.22	69.81	62.40	55.00
纺织服装、鞋、帽制造业 *	20.00	40.00	20.00	40.00
皮革、毛皮、羽毛(绒)及其制品业 *	50.00	50.00	0.00	50.00
木材加工及木、竹、藤、棕、草制品业	85.71	71.43	71.43	42.86
家具制造业				
造纸及纸制品业	85.71	84.62	75.00	83.33
印刷业和记录媒介的复制	25.00	41.67	45.45	54.55
文教体育用品制造业				
石油加工、炼焦及核燃料加工业 *	66.67	100.00	100.00	100.00
化学原料及化学制品制造业	65.81	67.70	82.24	79.00
医药制造业	132.22	125.52	98.64	122.07
化学纤维制造业	75.37	94.51	58.28	78.28
橡胶制品业 *	100.00	100.00	100.00	100.00
塑料制品业 *	66.67	66.67	83.33	50.00
非金属矿物制品业	72.43	65.40	71.19	99.24
黑色金属冶炼及压延加工业	75.00	72.70	87.50	75.00
有色金属冶炼及压延加工业	68.05	57.00	61.76	71.29
金属制品业	50.00	25.00	25.00	25.00
通用设备制造业	54.11	46.06	56.06	46.06
专用设备制造业	70.59	70.59	76.47	64.71
交通运输设备制造业	73.75	86.74	86.20	105.61
电气机械及器材制造业	62.39	85.12	69.29	69.07
通信设备、计算机及其他电子设备制造业	120.07	90.49	139.12	97.10
仪器仪表及文化、办公用机械制造业	98.19	85.69	110.69	110.69
工艺品及其他制造业	75.00	75.00	100.00	100.00
废弃资源和废旧材料回收加工业				

续表 2

	一季度	二季度	三季度	四季度
电力、燃气及水的生产和供应业				
#电力、热力的生产和供应业	84.73	92.49	81.83	84.93
燃气生产和供应业＊	133.33	100.00	100.00	100.00
水的生产和供应业	50.00	44.44	50.00	55.56
建筑业				
#房屋和土木工程建筑业	56.23	51.86	47.42	55.23
建筑安装业＊	117.74	75.54	42.20	42.20
建筑装饰业＊	66.67	133.33	100.00	66.67
其他建筑业＊	0.00	0.00	0.00	0.00
交通运输、仓储和邮政业				
#铁路运输业＊	0.00	0.00	0.00	0.00
道路运输业	84.43	53.18	78.18	68.75
城市公共交通业	100.00	80.00	80.00	80.00
水上运输业	20.00	20.00	50.00	50.00
航空运输业＊	200.00	0.00	100.00	0.00
管道运输业				
装卸搬运和其他运输服务业＊				
仓储业	50.00	33.33	16.67	50.00
邮政业	62.50	75.00	75.00	87.50
批发和零售业				
#批发业	82.88	76.95	76.50	79.02
零售业	93.41	77.74	92.19	91.58
房地产业				
社会服务业				
#租赁业	100.00	0.00	100.00	100.00
商务服务业	136.36	72.73	109.09	118.18
环境管理业				
公共设施管理业＊	100.00	0.00	100.00	100.00
居民服务业				
其他服务业				
信息传输和计算机服务及软件业				
#信息传输业	108.55	112.71	127.10	125.21
计算机服务业	166.67	160.00	140.00	140.00
软件业				
住宿和餐饮业				
#住宿业	64.30	29.17	50.78	56.23
餐饮业	62.50	62.50	100.00	87.50

企业货款拖欠景气指数(2003 年)

	一季度	二季度	三季度	四季度
总 体 状 况	100.22	99.73	99.09	100.67
一、按行业门类分组				
工业	105.14	100.87	105.36	110.39
采掘业	99.63	82.78	91.96	108.68
制造业	109.28	104.50	107.28	110.55
电力、煤气及水的生产和供应业	82.36	83.06	96.03	107.40
建筑业	66.21	66.77	66.42	60.93
交通运输、仓储和邮政业	112.75	99.93	112.43	101.64
批发和零售业	109.54	112.20	98.65	110.34
房地产业	100.00	132.65	110.42	114.58
社会服务业	123.08	107.69	123.08	92.31
信息传输、计算机服务和软件业	103.33	103.57	100.00	98.44
住宿和餐饮业	100.00	93.10	67.27	87.29
二、按企业登记注册类型分组				
国有企业	97.99	104.36	98.14	102.56
集体企业	83.32	76.01	88.01	89.94
股份合作企业	98.02	103.65	112.35	112.35
联营企业 *				
有限责任公司	111.74	101.52	104.75	113.03
股份有限公司	120.56	119.85	108.44	116.76
私营企业	108.33	85.42	87.23	85.42
其它内资企业 *	133.33	66.67	100.00	133.33
外商及港、澳、台商投资企业	103.45	114.10	109.45	98.74
三、按企业规模分组				
总大型	93.20	126.12	118.73	116.92
特大型 *	188.43	188.43	100.00	188.43
大型	86.44	121.74	120.06	111.88
中小型	104.88	97.62	96.63	102.06
中型	108.42	102.11	95.16	104.31
小型	101.96	93.93	97.82	100.22
四、特殊分组				
国家重点企业	109.27	179.99	132.49	123.12
乡镇企业	95.65	91.21	108.61	95.56
上市公司	104.84	138.83	121.67	134.30
国有控股企业	103.03	105.44	100.58	107.08
五、主要行业大类分组				
采矿业				

续表 1

	一季度	二季度	三季度	四季度
#煤炭开采和洗选业	98.09	88.12	92.22	110.56
石油和天然气开采业				
黑色金属矿采选业				
有色金属矿采选业	87.62	73.68	84.35	112.38
非金属矿采选业	140.00	140.00	120.00	120.00
其他采矿业＊				
制造业				
#农副食品加工业	100.09	102.79	114.24	102.46
食品制造业	142.86	128.57	100.00	92.31
饮料制造业	125.00	112.50	106.45	135.48
烟草制品业	160.00	100.00	140.00	180.00
纺织业	146.78	109.10	99.91	87.84
纺织服装、鞋、帽制造业＊	80.00	100.00	120.00	120.00
皮革、毛皮、羽毛(绒)及其制品业＊	100.00	100.00	200.00	0.00
木材加工及木、竹、藤、棕、草制品业	57.14	114.29	100.00	128.57
家具制造业				
造纸及纸制品业	128.57	107.69	116.67	83.33
印刷业和记录媒介的复制	100.00	83.33	63.64	81.82
文教体育用品制造业				
石油加工、炼焦及核燃料加工业＊	45.77	133.33	154.23	193.78
化学原料及化学制品制造业	92.70	81.19	87.76	109.27
医药制造业	127.56	125.35	146.69	122.87
化学纤维制造业	136.23	136.23	100.00	100.00
橡胶制品业＊	0.00	0.00	0.00	200.00
塑料制品业＊	133.33	116.67	66.67	83.33
非金属矿物制品业	109.45	85.63	102.79	114.55
黑色金属冶炼及压延加工业	67.71	105.21	87.50	67.71
有色金属冶炼及压延加工业	118.18	80.95	114.29	114.29
金属制品业	100.00	100.00	50.00	175.00
通用设备制造业	97.05	87.65	110.98	103.51
专用设备制造业	111.76	100.00	135.29	105.88
交通运输设备制造业	100.43	100.80	98.11	104.23
电气机械及器材制造业	116.93	118.31	101.11	104.27
通信设备、计算机及其他电子设备制造业	136.81	64.46	58.84	125.46
仪器仪表及文化、办公用机械制造业	92.99	73.19	73.19	98.19
工艺品及其他制造业	100.00	100.00	150.00	75.00
废弃资源和废旧材料回收加工业				

续表 2

	一季度	二季度	三季度	四季度
电力、燃气及水的生产和供应业				
#电力、热力的生产和供应业	84.32	82.27	95.48	111.55
燃气生产和供应业 *	100.00	100.00	100.00	100.00
水的生产和供应业	76.47	77.78	94.44	94.44
建筑业				
#房屋和土木工程建筑业	64.69	62.17	60.44	57.69
建筑安装业 *	117.74	57.80	57.80	0.00
建筑装饰业 *	33.33	133.33	166.67	133.33
其他建筑业 *	200.00	200.00	200.00	200.00
交通运输、仓储和邮政业				
#铁路运输业 *	100.00	100.00	100.00	0.00
道路运输业	120.00	112.50	112.50	93.75
城市公共交通业	100.00	40.00	140.00	140.00
水上运输业	60.00	60.00	75.00	125.00
航空运输业 *	100.00	100.00	100.00	100.00
管道运输业				
装卸搬运和其他运输服务业 *				
仓储业	133.33	133.33	100.00	133.33
邮政业	112.50	100.00	114.29	112.50
批发和零售业				
#批发业	112.87	110.51	96.67	112.93
零售业	102.88	115.57	102.64	105.73
房地产业				
社会服务业				
#租赁业	200.00	0.00	200.00	200.00
商务服务业	118.18	127.27	118.18	81.82
环境管理业				
公共设施管理业 *	100.00	0.00	100.00	100.00
居民服务业				
其他服务业				
信息传输和计算机服务及软件业				
#信息传输业	104.17	108.70	100.00	106.45
计算机服务业	100.00	80.00	100.00	60.00
软件业				
住宿和餐饮业				
#住宿业	97.83	85.70	65.96	76.38
餐饮业	112.50	137.50	75.00	150.00

企业劳动力需求景气指数(2003 年)

	一季度	二季度	三季度	四季度
总 体 状 况	91.82	87.40	94.29	96.29
一、按行业门类分组				
工业	95.57	92.67	92.91	96.96
采掘业	85.41	98.58	99.72	100.00
制造业	96.41	92.25	92.39	100.76
电力、煤气及水的生产和供应业	94.77	92.03	92.03	76.41
建筑业	74.38	105.11	118.52	123.36
交通运输、仓储和邮政业	88.03	57.75	74.74	79.61
批发和零售业	89.74	78.88	76.28	84.04
房地产业	102.04	104.08	93.75	79.17
社会服务业	92.31	38.46	123.08	84.62
信息传输、计算机服务和软件业	120.17	112.08	120.87	124.31
住宿和餐饮业	92.38	24.76	92.73	96.30
二、按企业登记注册类型分组				
国有企业	84.28	78.82	83.33	83.06
集体企业	72.66	90.54	100.00	95.83
股份合作企业	121.05	87.71	103.50	98.39
联营企业 *				
有限责任公司	106.32	94.10	94.84	103.78
股份有限公司	98.10	79.45	97.19	110.80
私营企业	114.29	106.25	108.51	118.75
其它内资企业 *	133.33	66.67	100.00	66.67
外商及港、澳、台商投资企业	109.80	83.08	103.07	104.74
三、按企业规模分组				
总大型	98.42	76.65	92.09	95.05
特大型 *	100.00	11.57	11.57	100.00
大型	98.31	81.17	97.69	94.71
中小型	92.71	86.04	90.52	93.61
中型	93.25	87.17	89.54	91.94
小型	92.27	85.10	91.30	94.97
四、特殊分组				
国家重点企业	104.53	36.53	98.90	102.52
乡镇企业	106.43	100.00	97.83	113.33
上市公司	106.08	77.39	112.27	110.97
国有控股企业	89.79	79.45	85.48	87.88
五、主要行业大类分组				
采矿业				

续表 1

	一季度	二季度	三季度	四季度
#煤炭开采和洗选业	102.58	115.38	105.79	100.00
石油和天然气开采业				
黑色金属矿采选业				
有色金属矿采选业	70.90	80.90	87.62	100.00
非金属矿采选业	80.00	100.00	100.00	100.00
其他采矿业 *				
制造业				
#农副食品加工业	90.91	76.15	83.21	100.00
食品制造业	107.14	85.71	61.54	84.62
饮料制造业	96.88	87.50	96.77	83.87
烟草制品业	60.00	60.00	100.00	100.00
纺织业	119.84	93.10	102.56	89.17
纺织服装、鞋、帽制造业 *	180.00	120.00	100.00	80.00
皮革、毛皮、羽毛(绒)及其制品业 *	100.00	100.00	50.00	100.00
木材加工及木、竹、藤、棕、草制品业	57.14	85.71	85.71	71.43
家具制造业				
造纸及纸制品业	78.57	84.62	83.33	83.33
印刷业和记录媒介的复制	50.00	116.67	72.73	90.91
文教体育用品制造业				
石油加工、炼焦及核燃料加工业 *	6.22	100.00	100.00	100.00
化学原料及化学制品制造业	92.77	107.58	91.59	96.10
医药制造业	123.90	126.89	67.46	108.14
化学纤维制造业	75.01	136.23	63.77	83.77
橡胶制品业 *	100.00	200.00	200.00	200.00
塑料制品业 *	100.00	100.00	66.67	133.33
非金属矿物制品业	97.51	92.67	95.94	110.70
黑色金属冶炼及压延加工业	122.70	92.49	117.49	122.70
有色金属冶炼及压延加工业	77.14	76.05	90.33	95.10
金属制品业	75.00	50.00	75.00	25.00
通用设备制造业	112.52	136.26	111.95	118.80
专用设备制造业	105.88	123.53	117.65	94.12
交通运输设备制造业	82.97	70.14	91.77	108.92
电气机械及器材制造业	128.21	95.45	115.77	124.86
通信设备、计算机及其他电子设备制造业	45.13	86.66	133.95	120.58
仪器仪表及文化、办公用机械制造业	132.01	110.69	107.01	98.19
工艺品及其他制造业	150.00	100.00	75.00	100.00
废弃资源和废旧材料回收加工业				

续表 2

	一季度	二季度	三季度	四季度
电力、燃气及水的生产和供应业				
#电力、热力的生产和供应业	100.44	96.59	96.59	75.45
燃气生产和供应业 *	100.00	100.00	66.67	100.00
水的生产和供应业	77.78	77.78	83.33	77.78
建筑业				
#房屋和土木工程建筑业	74.33	108.63	118.59	124.94
建筑安装业 *	142.20	24.46	48.93	48.93
建筑装饰业 *	66.67	100.00	166.67	133.33
其他建筑业 *	0.00	0.00	100.00	100.00
交通运输、仓储和邮政业				
#铁路运输业 *	100.00	0.00	0.00	0.00
道路运输业	100.00	56.25	81.25	93.75
城市公共交通业	120.00	80.00	140.00	140.00
水上运输业	40.00	20.00	50.00	50.00
航空运输业 *	100.00	0.00	100.00	100.00
管道运输业				
装卸搬运和其他运输服务业 *				
仓储业	50.00	50.00	16.67	33.33
邮政业	87.50	112.50	112.50	100.00
批发和零售业				
#批发业	86.21	80.91	72.55	76.61
零售业	96.81	75.09	83.33	98.33
房地产业				
社会服务业				
#租赁业	200.00	200.00	100.00	100.00
商务服务业	81.82	27.27	127.27	90.91
环境管理业				
公共设施管理业 *	100.00	0.00	100.00	0.00
居民服务业				
其他服务业				
信息传输和计算机服务及软件业				
#信息传输业	125.21	110.43	116.88	121.05
计算机服务业	100.00	120.00	140.00	140.00
软件业				
住宿和餐饮业				
#住宿业	91.11	26.80	85.11	93.48
餐饮业	100.00	12.50	137.50	112.50

企业固定资产投资景气指数(2003年)

	一季度	二季度	三季度	四季度
总 体 状 况	106.40	109.85	116.72	115.96
一、按行业门类分组				
工业	109.69	119.91	119.80	125.52
采掘业	80.45	123.56	116.31	137.30
制造业	112.60	118.45	118.01	124.20
电力、煤气及水的生产和供应业	106.32	130.69	133.35	132.53
建筑业	91.20	97.80	101.69	98.70
交通运输、仓储和邮政业	117.99	101.54	123.70	119.45
批发和零售业	110.43	107.27	110.67	103.60
房地产业	104.08	100.00	129.17	116.67
社会服务业	107.69	92.31	107.69	100.00
信息传输、计算机服务和软件业	95.18	112.23	119.13	113.97
住宿和餐饮业	89.53	110.47	108.85	109.01
二、按企业登记注册类型分组				
国有企业	104.71	104.09	115.00	113.46
集体企业	92.33	101.35	96.92	102.78
股份合作企业	120.90	128.14	127.99	112.20
联营企业*				
有限责任公司	101.57	121.82	126.54	135.36
股份有限公司	140.55	137.71	130.02	106.78
私营企业	118.37	125.00	113.04	120.83
其它内资企业*	133.33	166.67	133.33	100.00
外商及港、澳、台商投资企业	118.56	121.76	118.93	132.93
三、按企业规模分组				
总大型	112.41	131.95	145.51	136.03
特大型*	23.13	200.00	200.00	200.00
大型	118.60	127.23	141.71	131.58
中小型	106.48	109.72	112.36	115.32
中型	105.45	107.85	115.24	116.13
小型	107.33	111.26	110.02	114.66
四、特殊分组				
国家重点企业	106.65	164.77	156.73	117.73
乡镇企业	117.39	123.82	91.30	128.89
上市公司	145.89	120.50	120.45	108.35
国有控股企业	106.68	112.52	120.08	117.72
五、主要行业大类分组				
采矿业				

续表1

	一季度	二季度	三季度	四季度
#煤炭开采和洗选业	81.10	137.80	108.42	149.08
石油和天然气开采业				
黑色金属矿采选业				
有色金属矿采选业	95.82	129.10	129.10	124.10
非金属矿采选业	60.00	60.00	100.00	140.00
其他采矿业 *				
制造业				
#农副食品加工业	106.06	88.31	93.10	110.34
食品制造业	128.57	121.43	107.69	123.08
饮料制造业	112.50	103.23	93.55	106.45
烟草制品业	180.00	140.00	100.00	160.00
纺织业	113.94	93.69	110.17	121.28
纺织服装、鞋、帽制造业 *	100.00	100.00	80.00	100.00
皮革、毛皮、羽毛(绒)及其制品业 *	150.00	100.00	100.00	100.00
木材加工及木、竹、藤、棕、草制品业	85.71	85.71	114.29	114.29
家具制造业				
造纸及纸制品业	107.69	107.69	108.33	125.00
印刷业和记录媒介的复制	108.33	100.00	90.91	109.09
文教体育用品制造业				
石油加工、炼焦及核燃料加工业 *	66.67	45.77	106.22	106.22
化学原料及化学制品制造业	117.64	115.04	123.70	131.36
医药制造业	143.81	158.15	161.32	154.12
化学纤维制造业	131.24	136.23	136.23	124.99
橡胶制品业 *	100.00	100.00	100.00	100.00
塑料制品业 *	116.67	133.33	116.67	133.33
非金属矿物制品业	99.12	108.98	101.03	129.42
黑色金属冶炼及压延加工业	129.99	162.50	162.50	175.00
有色金属冶炼及压延加工业	131.68	128.29	128.29	104.48
金属制品业	50.00	75.00	50.00	50.00
通用设备制造业	100.39	113.52	122.34	122.13
专用设备制造业	76.47	100.00	129.41	135.29
交通运输设备制造业	123.67	129.61	124.10	124.22
电气机械及器材制造业	124.92	141.94	123.76	145.45
通信设备、计算机及其他电子设备制造业	82.37	135.21	125.99	101.69
仪器仪表及文化、办公用机械制造业	148.19	137.50	110.69	101.81
工艺品及其他制造业	125.00	125.00	125.00	75.00
废弃资源和废旧材料回收加工业				

续表 2

	一季度	二季度	三季度	四季度
电力、燃气及水的生产和供应业				
#电力、热力的生产和供应业	100.04	133.31	133.11	132.02
燃气生产和供应业 *	166.67	133.33	133.33	133.33
水的生产和供应业	116.67	122.22	133.33	133.33
建筑业				
#房屋和土木工程建筑业	89.51	94.71	100.28	95.40
建筑安装业 *	142.20	100.00	100.00	124.46
建筑装饰业 *	100.00	133.33	100.00	133.33
其他建筑业 *	100.00	200.00	200.00	200.00
交通运输、仓储和邮政业				
#铁路运输业 *	200.00	100.00	200.00	200.00
道路运输业	137.50	103.07	131.25	121.82
城市公共交通业	140.00	180.00	100.00	140.00
水上运输业	40.00	60.00	100.00	75.00
航空运输业 *	100.00	0.00	200.00	0.00
管道运输业				
装卸搬运和其他运输服务业 *				
仓储业	116.67	116.67	116.67	100.00
邮政业	75.00	62.50	87.50	87.50
批发和零售业				
#批发业	107.81	105.24	112.20	97.40
零售业	115.44	111.04	107.38	115.32
房地产业				
社会服务业				
#租赁业	200.00	100.00	100.00	100.00
商务服务业	100.00	90.91	109.09	100.00
环境管理业				
公共设施管理业 *	100.00	100.00	100.00	100.00
居民服务业				
其他服务业				
信息传输和计算机服务及软件业				
#信息传输业	93.98	110.61	123.11	112.71
计算机服务业	100.00	120.00	100.00	120.00
软件业				
住宿和餐饮业				
#住宿业	87.78	114.30	114.61	112.75
餐饮业	100.00	87.50	75.00	87.50

工业设备利用率(2003 年)

单位:%

	一季度	二季度	三季度	四季度
总体状况	75.96	75.86	74.46	81.22
一、按工业行业门类分				
采矿业	80.26	83.39	83.28	83.18
#煤炭开采和洗选业	79.66	82.24	82.42	82.63
石油和天然气开采业				
黑色金属矿采选业				
有色金属矿采选业	78.15	82.84	84.33	80.28
非金属矿采选业	90.15	93.59	87.33	94.67
其他采矿业				
制造业	76.60	74.83	71.33	80.98
#农副食品加工业	74.93	71.00	76.76	74.26
食品制造业	74.46	71.40	65.66	78.51
饮料制造业	76.60	76.62	80.94	71.32
烟草制品业	86.22	78.90	80.42	81.27
纺织业	87.47	87.79	91.62	77.21
纺织服装、鞋、帽制造业	94.06	97.92	81.00	93.47
皮革、毛皮、羽毛(绒)及其制品业 *	95.08	61.05	50.00	94.47
木材加工及木、竹、藤、棕、草制品业	53.13	60.83	71.74	87.14
家具制造业				
造纸及纸制品业	73.95	83.09	83.53	74.39
印刷业和记录媒介的复制	67.77	67.57	70.43	79.66
文教体育用品制造业				
石油加工、炼焦及核燃料加工业 *	70.85	80.77	74.39	89.72
化学原料及化学制品制造业	83.13	82.93	78.06	83.61
医药制造业	88.89	89.21	75.65	89.01
化学纤维制造业	94.88	94.17	93.42	93.72
橡胶制品业 *	80.00	80.00	80.00	80.00
塑料制品业	85.67	83.57	80.96	86.10
非金属矿物制品业	80.58	86.39	87.87	89.24
黑色金属冶炼及压延加工业	80.38	80.56	83.21	84.68
有色金属冶炼及压延加工业	87.21	87.60	85.46	87.29
金属制品业	71.79	75.11	75.04	75.32
通用设备制造业	72.48	72.48	72.75	69.01

续表 1

	一季度	二季度	三季度	四季度
专用设备制造业	84.00	85.02	86.80	85.39
交通运输设备制造业	66.35	57.13	47.21	72.95
电气机械及器材制造业	86.13	85.01	90.68	92.15
通信设备、计算机及其他电子设备制造业	79.08	79.71	79.30	80.95
仪器仪表及文化、办公用机械制造业	48.17	48.38	49.65	48.20
工艺品及其他制造业	90.03	90.74	72.69	73.38
废弃资源和废旧材料回收加工业				
电力、燃气及水的生产和供应业	72.47	78.76	85.87	81.88
#电力、热力的生产和供应业	72.11	78.48	85.74	81.66
燃气生产和供应业 *	84.35	92.49	80.78	94.83
水的生产和供应业	89.96	91.81	92.71	92.03
二、按企业登记注册类型分				
国有企业	76.22	79.83	81.65	83.50
集体企业	79.48	79.52	80.34	77.56
股份合作企业	86.99	92.90	91.32	87.92
联营企业				
有限责任公司	71.87	73.18	73.41	74.74
股份有限公司	81.16	72.01	62.39	87.49
私营企业	84.31	77.92	83.06	86.44
其它内资企业 *	93.47	94.53	91.81	91.34
外商及港、澳、台商投资企业	77.10	82.68	81.90	83.27
三、按企业规模分				
总大型	74.61	74.22	72.10	80.92
特大型 *	74.66	79.97	81.73	82.62
大型	74.60	73.68	71.19	80.76
中小型	80.03	80.82	81.59	82.13
中型	80.12	80.41	81.80	81.59
小型	79.84	81.74	81.14	83.32
四、特殊分组				
国家重点企业	61.44	64.83	57.14	69.16
乡镇企业	82.12	83.41	69.73	81.55
上市公司	78.75	74.54	64.95	87.11
国有控股企业	75.36	75.09	74.09	81.11

工业主要原材料及能源购进价格景气指数(2003 年)

	一季度	二季度	三季度	四季度
总体状况	56.35	64.94	67.53	43.10
一、按工业行业门类分				
采矿业	70.85	69.30	70.60	47.72
#煤炭开采和洗选业	69.23	76.55	58.33	20.15
石油和天然气开采业				
黑色金属矿采选业				
有色金属矿采选业	60.90	55.90	80.00	63.28
非金属矿采选业	80.00	80.00	60.00	60.00
其他采矿业				
制造业	53.70	64.22	67.45	39.94
#农副食品加工业	53.81	44.09	48.28	37.39
食品制造业	71.43	71.43	84.62	30.77
饮料制造业	90.63	90.63	106.45	54.84
烟草制品业	140.00	120.00	100.00	100.00
纺织业	31.81	67.64	44.12	33.33
纺织服装、鞋、帽制造业	80.00	80.00	100.00	20.00
皮革、毛皮、羽毛(绒)及其制品业*	100.00	50.00	100.00	50.00
木材加工及木、竹、藤、棕、草制品业	57.14	42.86	114.29	57.14
家具制造业				
造纸及纸制品业	35.71	69.23	66.67	33.33
印刷业和记录媒介的复制	83.33	90.91	72.73	81.82
文教体育用品制造业				
石油加工、炼焦及核燃料加工业*	0.00	127.11	93.78	60.45
化学原料及化学制品制造业	47.89	57.62	68.50	40.09
医药制造业	113.22	66.97	101.62	76.20
化学纤维制造业	0.00	112.46	0.00	0.00
橡胶制品业*	0.00	100.00	100.00	0.00
塑料制品业	50.00	83.33	33.33	33.33
非金属矿物制品业	60.19	82.98	78.33	38.38
黑色金属冶炼及压延加工业	12.50	37.50	37.50	0.00
有色金属冶炼及压延加工业	36.50	62.05	71.43	23.95
金属制品业	75.00	100.00	25.00	0.00
通用设备制造业	20.99	40.40	46.06	20.99

续表1

	一季度	二季度	三季度	四季度
专用设备制造业	23.53	64.71	52.94	29.41
交通运输设备制造业	53.16	66.63	59.34	33.65
电气机械及器材制造业	69.56	64.66	47.86	25.14
通信设备、计算机及其他电子设备制造业	115.51	90.29	127.70	30.24
仪器仪表及文化、办公用机械制造业	51.87	98.19	119.51	85.69
工艺品及其他制造业	25.00	75.00	100.00	0.00
废弃资源和废旧材料回收加工业				
电力、燃气及水的生产和供应业	70.66	71.31	71.44	59.62
#电力、热力的生产和供应业	63.80	68.70	71.04	54.45
燃气生产和供应业*	66.67	100.00	66.67	33.33
水的生产和供应业	94.44	77.78	72.22	77.78
二、按企业登记注册类型分				
国有企业	56.67	70.10	63.56	50.75
集体企业	74.07	100.00	88.46	38.46
股份合作企业	63.64	72.73	72.73	27.27
联营企业				
有限责任公司	50.38	59.00	66.70	35.94
股份有限公司	69.96	43.96	79.14	50.75
私营企业	51.52	71.88	64.52	31.25
其它内资企业*	100.00	50.00	0.00	50.00
外商及港、澳、台商投资企业	55.32	64.92	70.27	42.24
三、按企业规模分				
总大型	25.76	30.24	54.15	36.82
特大型*	0.00	0.00	11.57	0.00
大型	28.22	33.13	58.23	40.33
中小型	63.62	73.29	70.76	44.62
中型	63.05	72.50	68.88	38.14
小型	64.06	73.91	72.22	49.60
四、特殊分组				
国家重点企业	10.93	6.81	25.65	2.01
乡镇企业	72.50	80.10	85.00	30.77
上市公司	40.21	57.63	82.22	55.64
国有控股企业	53.82	62.65	66.05	45.43

建筑业工程合同景气指数

（2003 年）

	一季度	二季度	三季度	四季度
总 体 状 况	94.11	96.82	112.92	107.83
一、主要行业大类分组				
#房屋和土木工程建筑业	96.75	96.35	111.12	107.42
建筑安装业＊	84.41	133.33	48.93	57.80
建筑装饰业＊	0.00	100.00	166.67	133.33
其他建筑业＊	200.00	100.00	200.00	100.00
二、按企业登记注册类型分				
国有企业	116.94	101.19	136.72	123.44
集体企业	73.53	91.18	90.45	91.90
股份合作企业	100.00	200.00	50.00	100.00
联营企业				
有限责任公司	112.50	125.00	112.50	100.00
股份有限公司	100.00	0.00	0.00	100.00
私营企业				
其它内资企业				
外商及港、澳、台商投资企业	0.00	0.00	200.00	100.00
三、按企业规模分				
总大型	138.71	118.55	143.08	138.27
特大型				
大型	138.71	118.55	143.08	138.27
中小型	75.00	87.50	100.00	94.55
中型	86.36	100.00	100.00	109.52
小型	67.65	79.41	100.00	85.29
四、特殊分组				
国家重点企业				
乡镇企业	80.00	120.00	140.00	80.00
上市公司				
国有控股企业	114.54	97.56	125.45	113.89

交通运输、仓储和邮政业业务收入景气指数

（2003年）

	一季度	二季度	三季度	四季度
总体状况	137.04	43.15	135.65	124.25
一、主要行业大类分组				
#铁路运输业 *	200.00	0.00	200.00	200.00
道路运输业	168.75	24.89	149.89	125.00
城市公共交通业	180.00	20.00	180.00	180.00
水上运输业	40.00	0.00	100.00	25.00
航空运输业 *	100.00	0.00	200.00	200.00
管道运输业				
装卸搬运和其他运输服务业				
仓储业	83.33	100.00	100.00	83.33
邮政业	112.50	100.00	75.00	125.00
二、按企业登记注册类型分				
国有企业	137.38	47.14	135.48	122.45
集体企业	0.00	0.00	0.00	0.00
股份合作企业				
联营企业				
有限责任公司	160.00	60.00	120.00	100.00
股份有限公司	155.44	0.00	155.79	200.00
私营企业				
其它内资企业				
外商及港、澳、台商投资企业	0.00	0.00	200.00	200.00
三、按企业规模分				
总大型	191.10	2.50	192.32	198.84
特大型				
大型	191.10	2.50	192.32	198.84
中小型	129.73	48.65	127.78	113.89
中型	131.58	47.37	138.89	105.56
小型	127.78	50.00	116.67	122.22
四、特殊分组				
国家重点企业				
乡镇企业				
上市公司	155.44	0.00	155.79	200.00
国有控股企业	141.39	42.81	140.04	128.06

批发和零售业商品销售价格景气指数

（2003年）

	一季度	二季度	三季度	四季度
总 体 状 况	105.42	86.41	95.19	109.25
一、主要行业大类分组				
#批发业	107.18	89.12	101.03	111.77
零售业	101.96	81.04	84.19	104.46
二、按企业登记注册类型分				
国有企业	106.22	89.22	96.77	107.13
集体企业	110.00	100.00	111.11	137.50
股份合作企业	66.67	66.67	66.67	100.00
联营企业				
有限责任公司	90.48	80.95	80.95	89.86
股份有限公司	125.68	65.17	101.50	147.90
私营企业	100.00	50.00	75.00	125.00
其它内资企业				
外商及港、澳、台商投资企业				
三、按企业规模分				
总大型	121.15	91.41	123.92	116.44
特大型				
大型	121.15	91.41	123.92	116.44
中小型	103.82	85.90	92.21	108.50
中型	96.30	76.54	94.94	100.00
小型	111.84	96.00	89.33	117.57
四、特殊分组				
国家重点企业				
乡镇企业				
上市公司	129.82	36.87	123.13	129.82
国有控股企业	108.17	87.29	97.46	111.84

房地产业商品房销售价格景气指数

（2003 年）

	一季度	二季度	三季度	四季度
总 体 状 况	116.33	116.33	122.92	131.25
一、主要行业大类分组				
房地产业	116.33	116.33	122.92	131.25
二、按企业登记注册类型分				
国有企业	113.04	108.70	122.73	122.73
集体企业	100.00	100.00	100.00	100.00
股份合作企业	200.00	100.00	200.00	100.00
联营企业				
有限责任公司	123.08	138.46	130.77	161.54
股份有限公司	100.00	125.00	125.00	125.00
私营企业	100.00	100.00	100.00	100.00
其它内资企业				
外商及港、澳、台商投资企业	133.33	100.00	100.00	133.33
三、按企业规模分				
总大型	200.00	200.00	200.00	200.00
特大型				
大型	200.00	200.00	200.00	200.00
中小型	114.58	114.58	121.28	129.79
中型	120.83	125.00	126.09	139.13
小型	108.33	104.17	116.67	120.83
四、特殊分组				
国家重点企业				
乡镇企业				
上市公司	150.00	200.00	150.00	150.00
国有控股企业	107.41	114.81	126.92	130.77

信息传输、计算机服务和软件业营业收入景气指数

（2003 年）

	一季度	二季度	三季度	四季度
总体状况	163.33	122.58	155.17	172.41
一、主要行业大类分组				
#信息传输业	166.67	135.61	154.17	170.83
计算机服务业	150.00	60.00	160.00	180.00
软件业				
二、按企业登记注册类型分				
国有企业	157.89	134.26	142.11	168.42
集体企业				
股份合作企业				
联营企业				
有限责任公司	140.00	150.00	175.00	175.00
股份有限公司	200.00	150.00	150.00	200.00
私营企业	200.00	0.00	200.00	200.00
其它内资企业				
外商及港、澳、台商投资企业	200.00	50.00	200.00	150.00
三、按企业规模分				
总大型	200.00	151.58	200.00	200.00
特大型				
大型	200.00	151.58	200.00	200.00
中小型	159.26	119.23	150.00	169.23
中型	166.67	146.67	160.00	153.33
小型	150.00	81.82	136.36	190.91
四、特殊分组				
国家重点企业				
乡镇企业				
上市公司	200.00	125.00	175.00	200.00
国有控股企业	166.67	135.61	154.17	170.83

住宿和餐饮业收费(服务)价格景气指数

(2003 年)

	一季度	二季度	三季度	四季度
总 体 状 况	76.79	53.57	84.94	79.63
一、主要行业大类分组				
#住宿业	75.00	52.08	84.82	84.78
餐饮业	87.50	62.50	85.71	50.00
二、按企业登记注册类型分				
国有企业	71.43	51.43	85.29	85.71
集体企业	100.00	100.00	100.00	100.00
股份合作企业	100.00	100.00	100.00	100.00
联营企业				
有限责任公司	83.33	50.00	116.67	60.00
股份有限公司				
私营企业	66.67	50.00	50.00	66.67
其它内资企业 *	100.00	0.00	0.00	0.00
外商及港、澳、台商投资企业	100.00	71.43	100.00	83.33
三、按企业规模分				
总大型	100.00	0.00	143.29	100.00
特大型				
大型	100.00	0.00	143.29	100.00
中小型	75.93	55.56	82.69	78.85
中型	84.21	57.89	89.47	73.68
小型	71.43	54.29	78.79	81.82
四、特殊分组				
国家重点企业				
乡镇企业	100.00	100.00	100.00	100.00
上市公司				
国有控股企业	71.79	48.72	89.12	82.05

社会服务业竞争能力景气指数

（2003年）

	一季度	二季度	三季度	四季度
总 体 状 况	153.85	115.38	138.46	153.85
一、主要行业大类分组				
#租赁业*	200.00	200.00	200.00	200.00
商务服务业	154.55	118.18	136.36	145.45
环境管理业				
公共设施管理业*	100.00	0.00	100.00	200.00
居民服务业				
其他服务业				
二、按企业登记注册类型分				
国有企业	120.00	80.00	80.00	140.00
集体企业	200.00	200.00	200.00	200.00
股份合作企业	100.00	100.00	150.00	150.00
联营企业				
有限责任公司	200.00	100.00	166.67	166.67
股份有限公司	200.00	200.00	200.00	150.00
私营企业				
其它内资企业				
外商及港、澳、台商投资企业				
三、按企业规模分				
总大型				
特大型				
大型				
中小型	153.85	115.38	138.46	153.85
中型	150.00	200.00	200.00	200.00
小型	154.55	100.00	127.27	145.45
四、特殊分组				
国家重点企业				
乡镇企业				
上市公司				
国有控股企业	150.00	125.00	125.00	150.00

企业景气调查简介

企业景气调查是为适应我国社会主义市场经济发展的新形势，借鉴西方国家的成功经验而建立起来的一种新的统计调查制度。它通过对样本企业的经营决策者定期进行问卷调查，并根据他们对企业经营状况及宏观经济形势的判断和预期来编制企业景气指数，由此反映企业的生产经营状况和经济运行情况，并预测未来经济发展的变化趋势，为党政领导进行宏观管理，企业家制定经营决策提供参考依据。

根据国家统计局的统一部署，江西省企业调查队自 1998 年开始，在全省范围内进行企业景气调查，目前已建立了千家企业景气调查网络体系，调查企业包括全部大型企业和部分中小型企业，涉及工业、建筑业、交通运输仓储和邮政通信业、批发和零售业、房地产业、社会服务业、信息传输计算机服务和软件业、住宿和餐饮业八大行业。本项调查为季度调查，每年进行四次，2002 年起，逢 3、6、9、12 月份进行。以一季度为例，本期是指本年度的 1 月、2 月、3 月，下期是指本年度的 4 月、5 月、6 月，上期是指上年度的 10 月、11 月、12 月，以此类推。

景气指数的计算方法

在计算景气指数过程中，对不同规模的企业，采用不同的加权方法计算。首先对大型企业依据上年销售收入进行加权（中小企业不加权），然后通过大型企业与中小型企业的样本比例再进行加权，总加权后得到景气指数。计算景气指数的基本方法是：用选择“上升”的企业比例减去选择“下降”的企业比例，所得的值即为景气指数。

宏观景气总指数的计算方法和步骤如下：

一、分别计算工业、建筑业、交通运输仓储和邮政通信业、批发和零售业、房地产业、社会服务业、信息传输计算机服务和软件业、住宿和餐饮业的景气指数；

二、计算各行业上年增加值占这些行业增加值之和的比重；

三、利用各行业的景气指数，以各行业上年增加值占这些行业增加值之和的比重为权数，计算宏观景气总指数。

主要指标解释

1. 景气指数：又称景气度，它是对企业景气调查中定性指标的量化描述，通过其上升和下降的动态变化，反映和预测经济发展的状态。其最大的特点是具有信息超前性和预测功能，可靠性较强。景气指数的数值范围为 0—200 之间，100 为景气指数的临界值；当景气指数大于 100 时，表明经济状况趋于上升或改善，处于景气状态；当景气指数小于 100 时，表明景气状况趋于下降或恶化，处于不景气状态。

2. 企业景气指数：又称企业综合生产经营景气指数，是根据企业家对本企业综合生产情况的判断与预期而编制的指数，用以反映企业的生产经营状况。

3. 企业家信心指数：又称宏观经济景气指数，是根据企业家对企业外部市场经济环境与宏观政策的认识、看法、判断与预期而编制的指数，用以综合反映企业家对宏观经济环境的感受和信心。

4、景气气候指数：是本期景气指数与下期预计景气指数的简单算术平均值，是用来判断和预计宏观经济运行状况和企业生产经营状况的重要指标。

其他说明

1、在《企业景气调查数据》表中，有部分行业大类的数据加了 * 号，表示这些行业的调查样本较少，请酌情使用。

第三章 企 业 集 团

提升企业集团竞争力 促进江西经济大发展

江西 50 家企业集团发展报告

企业集团作为以产权为纽带的企业联合体,对于打破地区、部门、所有制限制,优化产业、产权结构,优化资源配置,提高资本运营效率,尤其是提高国有资本运营效率起着至关重要的作用。江西企业集团经过十几年的发展在实现经济资源优化重组方面,开始发挥其主导作用。尤其是大型企业集团在行业内部资源重组,行业间资源整合上显示出不可替代的地位。尽管 2003 年受到“非典”的影响,江西企业集团经受住了考验,取得了令人欢欣鼓舞的成绩,首次出现销售收入过 100 亿元的大企业集团,在江西经济中的的主导地位逐步提升。同时,面对突如其来的灾难,江西企业集团也存在应急机制不健全、抵御风险能力不足等问题,尚需进一步完善和提高。

一、江西企业集团的经济地位。

江西企业集团近年来得到了快速发展,无论是企业集团数量,还是规模和质量都有提升,对整个江西经济的发展发挥着关键性作用,主要表现在:

1. 经济地位举足轻重。2003 年江西省全省实现生产总值 2830 亿元,同期江西企业集团实现的生产总值为 669 亿元,占全省生产总值的 23.6%,比去年提高了 1.6 个百分点。企业集团实现利税占全省税收总额的 15.3%。工业企业集团在岗职工占全省工业企业在岗职工总数的 42%。原煤产量占全省总产量的 83%、汽车产量占总产量的 90%,阴极铜产量占十种有色金属总产量的 86%。其他各项反映经济实力的指标均在江西省经济中占有较大的份额,主导地位毋庸质疑。

2. 优化配置促进发展。江西经济由于历史原因,经济布局、产业结构、产品结构存在一些不合理等情况,造成了重复建设、结构雷同、低水平发展的现象。90 年代初江西省开始组建企业集团,而且一年比一年的力度大,充分发挥企业集团打破区域、行业限制配置资源、整合资源的作用,改变了一些大而全、小而全的状况,江西的经济布局、产业结构、产品结构日益朝着优化方向发展,新的经济增长点不断出现。如:江西煤炭集团公司至 2003 年末整合了江西省 18 家与煤炭行业相关的企业,包括煤矿、煤矿建设、煤炭生产设备、煤炭销售公司等,集团成员分布在南昌、萍乡、宜春、新余、上饶等市。地域范围广,行业联系紧密,对江西煤炭工业和能源工业的发展起着巨大的作用。2003 年,该集团公司实现主营业务收入 26 亿元,实现利税 1.9 亿元

二、江西企业集团取得的成绩。

随着全球经济的好转,国内市场也开始复苏,产品价格开始回升,尤其是原材料价格的上涨,使大部分从事原材料生产加工的江西企业集团取得了可喜成绩。如原煤、冶金、矿产行业发展形势喜人。同时,国家扩大内需的政策也带动了一些行业的发展,如建筑、交通等行业在大规模的建设中得以壮大。2003 年江西企业集团总体发展良好,取得了一些成绩,主要表现在:

1. 企业集团实力提升,大型集团优势明显。被调查的 50 家企业集团资产总额达 996.4 亿元,比去年同期增长 12.2%,实现营业收入 676.7 亿元,比去年增长 26.8%,实现利税 33.7 亿元,增长 18.8%,利润总额 19.5 亿元,增长 55.1%,。其中江西冶金集团公司和江西铜业集团公司总资产超过 100 亿元。在 50 家企业集团中大型企业集团 17 家,占 34.0%,总资产达 596.0 亿元,占总量的 59.8%,营业收入、利税,利润分别占总量的 51.7%、48.7% 和 61.7%。由此可以看出,江西大型企业集团虽然数量少,但实力在不断增强,已成为江西经济增长的主要力量。

2. 建筑集团发展迅猛,制造集团大幅增长。随着江西经济的快速发展,政府对基础设施建设投资的力度加大,江西建筑行业这几年保持快速增长势头,据调查统计江西以建筑业作为主营行业的企业

集团2003年总资产为41亿元，比去年同期增长22.7%，营业收入比去年增长了119.3%，累计对外投资增长了113.1%，增长幅度远远超过其他行业。制造业历来是江西经济的主要增长点，制造业企业集团在2003年实力进一步增强，被调查的36家制造业企业集团2003年年末资产总计832.0亿元，比去年同期增长9.1%，工业总产值比去年增长21.6%，销售收入增长21.8%，利润总额增长57.2%，其他各项反映企业实力的指标均为增长，制造业集团实力的稳步提升，为江西经济在中部地区崛起注入了活力。

3.国有集团实力不减，主导地位依然稳固。被调查的50家企业集团中，国有绝对控股企业集团34家，占总数的68%；2003年末资产总额为881.2亿元，占88.4%，与去年同期增幅相比提高了11.1个百分点。2003年完成工业产值481.9亿元，占85.6%，比去年增长21.8%；实现营业收入582.90亿元，增长27.4%，占86.1%；实现利税29.71亿元，占88.2%；产生利润14.98亿元，增长59.9%，占76.9%；实现进出口贸易总额为4.39亿美元，其中出口额0.83亿美元，占100%。显示了江西国有绝对控股企业集团在江西企业集团中起主导作用、占主导地位，对江西企业集团乃至江西经济发展起着关键性作用，因此，国有绝对控股企业集团健康、快速、稳定地发展意义非常重大。

4.改制促进运行质量，大型集团更为明显。调查资料显示2003年企业集团净资产收益率和总资产报酬率分别为3.97%和3.15%，分别比去年提高1.38和0.39个百分点，人均产值由2002年的13.8万元/人增加到2003的18.5万元，提高34%。特别是，大型企业集团运行质量提高明显，2003年江西大型企业集团净资产收益率达4.17%，比去年上升1.94个百分点；总资产报酬率3.19%，上升0.67个百分点；总资产的使用率达到64.45%，比去年上升11.29个百分点；保值增值率达到112.06%；大型企业的财务状况较好，短期偿债能力增强，资金流动比率为102.48%，速动比率为72.3%，分别比去年上升13.4和12.7个百分点，长期债权也有保障，年末固定资产与长期负债比率为175.1%。运行质量的提高与企业集团改制的深化是分不开的。到2003年底，江西所有企业集团母公司出资人已经明确，已建立母子公司体制的有42家，占总数的84%，92%的企业集团有明确的重大事项决策程序制度，88%的拥有企业投资自主权，有86%的企业集团获得了质量体系认证，78%的企业集团建立了独立的预算管理制度，68%的企业集团建立了自己的技术研究开发中心，改制带来了效益的提高。企业集团在注重量的同时，质也有了提高，这对企业集团的长远发展有着深远的影响。

三、江西企业集团发展中存在的主要问题。

江西企业集团在融入全球经济发展中成绩显著，但也存在一些问题，主要是：

1.企业集团规模偏小。江西企业集团总体规模与经济发达地区相比还存在较大差距，50家中资产在50亿元以上的仅有6家，而5亿元以下0.5亿元以上的18家，2家为0.5亿元以下。据国家统计局企业调查总队2003年公布的中国大企业集团资料显示：2002年，江西进入全国500家企业集团的只有4家，上海、浙江、江苏、广东分别有58家、39家、56家、55家，中部地区的山西、湖北、湖南、安徽分别有10家、10家、4家、6家企业集团榜上有名。江西企业集团实力与发达地区差距较大，户均企业集团总资产为19.9亿元，户均营业收入13.5亿元，户均利润0.39亿元；而上海和浙江分别达：83.2亿元、44.7亿元、2.2亿元和16.9亿元、19.2亿元、1.02亿元。虽然户均总资产江西高于浙江，但户均利润远远低于浙江，这也在一定程度上反映了运营水平的差距。

2.技术水平影响创新。2003年江西省企业集团研究开发人员数量下降了3.5%，研发人员仅占总从业人数的2.2%，到2003年年末仍有32%的企业集团没有建立技术研究开发中心，在已建立的技术研究中心中，也只有16%满足需要，技术缺口大。从投入方面看，研究费用占营业收入的1.33%，比去年下降了0.06个百分点。科技投入的不足直接导致企业创新能力下降、削弱了企业在市场中的竞争力。2003年新产品销售收入与营业收入的比率为7.69%，与去年的8.85%相比，下降了1.16个百分点。

3.生产效率有待提高。2003年江西企业集团主营业务成本与主营业务收入的比率为83.4%，主营业务收入增长27.3%的同时，主营业务成本增长了29.2%，成本增长高出收入增长1.9个百分点。资源的使用不充足的现象普遍存在，50家企业集团的总资产使用率为66.6%，其中农业产业、采矿业、电力、燃气及水的生产供应业最低。分别为21.37%、29.59%、33.67%。反映出江西企业集团资源消耗速度高于实际增长速度，效率不高。

江西企业集团发展中存在上述问题的主要原因：一是部分企业集团“内功”不够扎实，由于江西企业集团目前的管理体制仍然不健全，一些企业集团完整的成本核算体系尚未建立，面对原材料价格上涨不能消化增加的成本，使企业增产不增收；企业的管理没有发挥其作为生产力应有的作用；企业策略上缺乏长远的发展规划和科学的方案，企业往往是“一任一策”，缺乏稳定性，不利于企业的发展；在决策时缺少全面的市场信息，面对复杂的市场形势不能做出科学合理的决策，科研队伍不够强大，产品的质量和品牌竞争受影响等等。二是部分企业集团承受政策能力差。影响最明显的就是近期国家银根紧缩和清理在建投资项目的宏观调控政策使得一些企业的资金周转困难，资金流通不畅，影响了企业的正常经营。三是部分企业集团面对外部环境变化应对能力不足。江西企业集团的发展即要面对内部的改革，还面临着外部市场的压力。“长珠闽”经济圈的形成及该地区的企业联合使部分江西企业集团压力更大；江西企业集团的融资渠道、人才状况与沿海地区企业相比，差距较大，影响了竞争力，即便是与相邻的湖南、湖北也存在不小的差距。

四、进一步发展江西企业集团的几点思考。

1.加强联合。企业集团的主要优势就是通过打破区域限制，实现产业集中，资源优化，发挥产业聚集效应。因此，江西省企业集团应该走联合之路。包括行业内部的联合、产业链上下游的联合、跨区域的联合，以实现资源、技术、市场、渠道的互补。根据有关调查资料计算：江西企业集团成员企业从事与主业相辅的企业集团净资产收益率为5.34%，成员企业从事同一行业而无关联的企业集团净资产收益率仅为0.72%；主辅相乘型企业集团在总资产报酬率及销售利润率均高于单一生产经营企业集团。提高产业集中度的方法多种多样，总体上要遵循“抓大放小”的原则，通过相互持股、兼并、收购、协议联合等途径，倡导企业集团对相关行业企业的整合。通过对企业集团统计资料的分析不难看出：大型企业集团的资产扩充能力，资产收益率，运营水平都远远高出中小型企业集团，规模优势可见一斑。要以强势企业为依托，从靠大靠强方向搞活或者做大做强企业。目前江西省很多中小企业没有活力，主要表现在规模小，零散产品多，优势品牌少，缺乏有关企业集团的整合，这些企业一旦加入到相关的省内外大型企业集团当中去，活力会很快显现出来。另外要加快组建企业集团的步伐。尤其是带有行业性质的企业集团的组建要加快。在组建时也可适当放宽些政策让一些下属企业去省外到国际上去靠大靠强。

2.搞好调控。市场经济条件下，政府不再直接参与经济活动，政府行为以宏观调控为主。为提高企业集团的竞争力，政府首先应该加强监管，江西企业集团中国有控股企业有37家，总资产占所有企业集团总量的92.6%，加强对国有企业的监督，意义重大，目前许多企业集团面临资产重组，股权变更，政府应该在整个过程中做好裁判员，在资产评估过程中保持独立性，杜绝国有资产的流失。其次是想方设法为企业集团解决资金上的难题，针对目前企业集团发展中面临的资金困难，应该对一些产品有市场前景、确有实力的企业给予支持。第三是要保证交通顺畅，降低企业集团物流成本。物流已经成为目前经济发展的血脉，物流的通畅，物流成本的缩减可以大幅降低企业经营成本，增加企业利润。从政府方面来说，消除交通不合理收费，对货车载重量“实标”，都能为企业减负增收。第四是要摆正位置、做好服务。政府在现在经济中扮演的角色就是经济的服务者和保护者。政府应该减少行政审批手续，提高办事效率；为企业集团牵线搭桥，资源优化配置；重点检查企业产品质量，监督企业运作；整顿市场秩序，保证企业集团在市场中公平参与竞争，同时要注意组建综合性协调部门，解决企业发展和市场经济中出现的“交叉性”问题。第五要狠抓政策落实。部分企业反映政府出台的优惠政策相对省外迟缓，而且有些政策到位慢，尤其是一些政策没有实际性的操作细则，使政策失去实际意义。事实证明：政府制定的政策可操作性越强越有利于企业集团的发展。第六要为企业“走出去”创造条件。企业集团的发展就在于它的扩张性和包容性，企业跨省、跨国发展涉及到对外的经济交流，政府在这方便应给予优惠政策。目前，江西大部分企业集团具备了走出江西的实力，甚至少数集团完全有能力参与国际市场的分工和竞争，政府应加以正确的引导，并给予大力的支持。

3. 深化改革。江西企业集团应该在发展中改革,在改革中发展。一方面要加强内部管理,实现决策民主化、科学化。管理的重点应该成本质量管理,成本是企业的“晴雨表”,质量是企业的“生命线”,只有将二者结合起来才能产生效应,目前江西企业集团中大部分企业没有建立科学的成本控制体系,导致资源利用不充分,效率难以提高;企业集团内部应该建立完善的“监督 - 激励”制度,提高企业管理者和企业员工的积极性,目前只有 34% 的企业集团施行了经营者年薪制,“激励”机制要加强,在有条件的企业集团可以试行 MBO 制度(即经营者持股),但必须保证是在公开透明的情况下试行,在“激励”的同时加强对企业经营者的监管,完善监督机制,在公司制企业中要发挥监事会的作用;企业集团要建立较为完整的市场信息库,提高企业的市场敏感度,为决策的科学化奠定基础;完善公司管理制度,实现决策民主化。第二方面要增强技术力量,提高创新能力。技术是企业的核心,产品科技含量的高低也决定产品价值含量的高低,江西企业集团在研究开发上的投入明显不足,并呈现下降趋势,企业应该用发展的眼光看待科研开发的重要性,引进先进设备,引进技术性人才,形成以高技术能力为核心的竞争力。有了强大的技术基础,产品才有强大的竞争能力,才能不断的开拓占领市场,实现“可持续发展”。第四方面要“想方设法”走出去。江西企业集团中的多数是资源型企业,而资源总有耗尽的一天,如何将这类企业集团做成百年老店是一个非常现实的问题。从资源型企业中“走出去”比较成功的中国有色金属建设集团的经验来看,“占领地盘”、发展深加工产业是条好的发展途径。中色集团在赞比亚投资的铜矿其原矿品位均远远高于作为亚洲第一露天矿的德兴铜矿的原矿,矿的品位高了,开采平均成本减少了,中色集团的效益也自然大幅度提高。可见控制外部资源、实施“走出去”战略、发展外向型经济是江西企业集团尤其是资源型企业集团的必由之路。第五方面融入高水平产业链,甘当“配角”。江西企业集团由于自身的条件限制,往往不能形成有自身特色的有较强竞争力的产品,在这种条件下,能够融入某个高层次产品中的一个环节也能够取得比较优势。如江西凤凰光学集团,在照相机市场竞争压力,产品销售困难的时候采取生产手机摄相头的镜片、世界名牌照相机镜片来提高企业的竞争力,依托“强硬后台”发展自己,在镜片市场中依靠品质、价格优势,站稳了脚跟,保证了企业的生存和发展,实现第二次创业。

省级被调查企业集团单位数

（2002－2003 年） 单位：个

项目	单位数	
	2002 年	2003 年
企业集团单位数	**50**	**50**
一、按集团审批部门分		
国务院	0	0
国务院主管部门	1	2
省级人民政府	12	11
省级政府主管部门	16	15
其他	21	22
二、按母公司控股情况分		
国有及国有控股	37	37
#国有绝对控股	36	34
#国有相对控股	1	3
集体绝对控股	1	0
集体相对控股	1	0
其他	11	13
三、按企业集团主营行业分		
农、林、牧、渔业	2	2
工业	39	39
#采掘业	5	2
#制造业	33	36
#电气水的生产和供应业	1	1
建筑业	3	5
交通运输、仓储和邮政业	1	1
批发和零售业	5	1
金融业	0	0
房地产业	0	1
其他	0	1
四、按母公司登记注册类型分		
国有企业	22	14
国有独资企业	8	12
其他有限责任公司	9	13
股份有限公司	6	9
中外合资企业	2	0
港澳台合资企业	1	0
其他	2	2
五、按重点企业类型分		
520 户国家重点企业	3	3
原 512 户重点企业	3	3
中央管理企业	1	0
其他	43	44

省级被调查企业集团拥有公司、企业单位数和注册资本金

（2002－2003 年）

项　　　　目	单　位	2002 年	2003 年
一、拥有所属公司、企业(即母子公司)数总计	**个**	**292**	**317**
1. 按主营行业分			
(1)农、林、牧、渔业单位数	个	14	15
(2)工业单位数	个	186	209
#采掘业	个	24	31
#制造业	个	155	168
#电气水的生产和供应业	个	7	10
(3)建筑业单位数	个	17	24
(4)交通运输、仓储和邮政业单位数	个	5	6
(5)批发和零售业单位数	个	31	32
(6)金融业单位数	个	0	0
(7)房地产业单位数	个	12	11
(8)其他行业单位数	个	27	20
2. 按登记注册类型分			
(1)国有企业	个	171	123
(2)国有独资企业	个	9	15
(3)其他有限责任公司	个	60	94
(4)股份有限公司	个	24	23
(5)中外合资企业	个	7	10
(6)港澳台合资企业	个	4	5
(7)其他	个	17	15
二、注册资本金合计	**万元**	3 364 429	3441179

省级被调查企业集团主要财务指标

（2002－2003 年）

项目	单位	2002 年	2003 年
企业集团单位数	个	**50**	**50**
#亏损企业集团数	个	11	9
资产总计	万元	9 333 602	9 964 517
固定资产原价	万元	5 394 236	5 274 370
累计折旧	万元	1 834 473	1 998 395
#本年折旧	万元	231 178	247 263
累计对外投资	万元	426 138	270 981
#本年对外投资	万元	69 585	55 807
流动资产年平均余额	万元	4 296 096	4 509 183
负债合计	万元	5 797 213	6 423 691
#流动负债	万元	4 520 438	4 937 713
年末股东（所有者）权益合计	万元	3 536 389	2 621 687
股本（实收资本）	万元	1 987 745	1 898 154
营业收入	万元	5 343 302	6 766 797
主营业务收入	万元	5 227 202	6 636 428
#主营业务成本	万元	4 263 928	5 532 772
主营业务税金及附加	万元	62 315	67 601
其他业务收入	万元	116 100	130 369
存货跌价损失和营业管理财务等费用	万元	827 626	823 784
#税金	万元	19 062	19 286
劳动待业保险费	万元	75 628	75 639
#利息支出	万元	119 744	119 273
投资收益	万元	17 386	9 975
营业外收入	万元	14 890	18 561
出口销售额	万元	217 309	361 715
新产品销售收入	万元	526 984	520 511
利润总额	万元	129 204	194 839
#亏损集团亏损额	万元	31 369	27 135
应交所得税	万元	39 360	54 099
应交增值税	万元	237 367	263 346
固定资产投资完成额	万元	517 574	629 253
研究开发费用	万元	72 055	88 023

省级被调查国有及控股企业集团主要财务指标

（2002－2003年）

项　　目	单　位	2002年	2003年
企业集团单位数	个	**37**	**37**
#亏损企业集团数	个	11	7
资产总计	万元	8 765 509	9 223 026
固定资产原价	万元	5 214 423	5 051 511
累计折旧	万元	1 941 448	1 963 744
#本年折旧	万元	223 291	239 107
累计对外投资	万元	366 680	228 207
#本年对外投资	万元	60 758	47 793
流动资产年平均余额	万元	4 296 096	4 135 049
负债合计	万元	5 797 213	5 990 728
#流动负债	万元	4 280 311	4 532 663
年末股东（所有者）权益合计	万元	3 265 092	2 345 710
股本（实收资本）	万元	1 867 639	1 763 691
营业收入	万元	4 934 753	6 028 326
主营业务收入	万元	4 820 493	5 901 666
#主营业务成本	万元	3 952 968	4 932 916
主营业务税金及附加	万元	59 103	61 886
其他业务收入	万元	114 260	126 660
存货跌价损失和营业管理财务等费用	万元	755 182	728 809
#税金	万元	18 448	17 075
劳动待业保险费	万元	74 979	73 476
#利息支出	万元	112 277	112 112
投资收益	万元	15 527	7 893
营业外收入	万元	14 723	12 419
出口销售额	万元	194 930	337 304
新产品销售收入	万元	459 364	495 596
利润总额	万元	106 965	157 414
#亏损集团亏损额	万元	31 369	26 713
应交所得税	万元	33 713	46 649
应交增值税	万元	221 106	241 157
固定资产投资完成额	万元	503 341	582 148
研究开发费用	万元	68 054	82 384

省级被调查企业集团主要财务指标年增长速度

（2002－2003年） 单位:%

项目	2002年	#国有及控股	2003年	#国有及控股
资产总计	**9.7**	**9.03**	**12.2**	**11.0**
固定资产原价	6.47	5.97	2.2	1.4
累计折旧	7.5	7.12	3.1	3.0
#本年折旧	6.72	5.13	4.6	4.9
累计对外投资	20.17	18.44	36.8	38.9
#本年对外投资	35.89	59.49	20.0	87.3
流动资产年平均余额	18.56	18.44	19.3	17.9
负债合计	10.5	10.22	14.6	12.6
#流动负债	13.34	13.44	12.8	9.7
年末股东(所有者)权益合计	8.4	7.08	7.3	6.7
股本(实收资本)	1.14	0.07	3.5	3.0
营业收入	19.35	19.95	26.8	26.7
主营业务收入	19.52	20.15	27.3	27.2
#主营业务成本	20.68	20.81	29.2	29.3
主营业务税金及附加	46.89	50.65	35.4	34.4
其他业务收入	12.05	12.19	8.3	7.0
存货跌价损失和营业管理财务等费用	-48.34	-50.42	7.5	5.3
#税金	50.9	51.26	20.4	19.9
劳动待业保险费	16.54	16.84	-7.9	-8.4
#利息支出	-3.93	-4.45	-0.5	-0.6
投资收益	22.2	38.19	28.3	28.0
营业外收入	38.29	37.97	29.7	-8.0
出口销售额	10.59	11.93	72.6	80.2
新产品销售收入	-1.88	1.83	10.2	10.2
利润总额	95.35	130.17	55.1	58.1
#应交所得税	-1.21	-3.43	32.4	35.1
应交增值税	13.8	16.73	16.3	14.1
固定资产投资完成额	52.89	58.73	18.3	14.4
研究开发费用	81.34	113.56	20.7	20.1

省级被调查企业集团主要劳动工资指标

（2002－2003年）

项　　目	单　位	2002年	2003年
一、全省企业集团			
单位数	个	50	50
从业人员年末人数	人	376 295	353 470
劳动报酬	万元	441 412	438 970
年人均劳动报酬	元/人.年	8 525	12 419
1.在岗职工年末人数	人	364 825	334 155
劳动报酬	万元	433 793	419 591
年人均劳动报酬	元/人.年	8 410	12 557
2.其他从业人员年末人数	人	11 470	19 315
劳动报酬	万元	7 619	19 379
年人均劳动报酬	元/人.年	6 643	10 033
二、国有及控股企业集团			
单位数	个	37	37
从业人员年末人数	人	358 662	332 011
劳动报酬	万元	425 005	418 320
年人均劳动报酬	元/人.年	11 850	12 600
1.在岗职工年末人数	人	347 462	313 049
劳动报酬	万元	417 454	399 130
年人均劳动报酬	元/人.年	12 015	12 750
2.其他从业人员年末人数	人	11 200	18 962
劳动报酬	万元	7 551	19 190
年人均劳动报酬	元/人.年	6 742	10 120

省级被调查企业集团主要经济效益指标

（2002－2003年）

项　　目	单 位	2002年	2003年
亏损面	%	22.00	18.00
资产负债率	%	62.11	64.47
总资产报酬率	%	2.67	3.15
资本保值增值率	%	108.40	108.10
净资产收益率	%	3.35	3.97
劳动生产率	万元/人	14.20	19.14
流动资产比率	%	46.03	45.25
成本费用利润率	%	2.54	3.07
资产利税率	%	4.60	5.28
资金利润率	%	1.67	2.50
对外投资收益率	%	24.99	17.90
总资产使用率	%	56.00	66.60
每一企业集团平均拥有			
母子公司单位数	个	6.00	6.30
注册资本金	万元/个	67 288.58	68 823.60
股本（或实收资本）	万元/个	39 755.00	37 963.00
资产	万元/个	186 672.04	199 290.34
固定资产原价	万元/个	107 884.72	105 487.40
从业人员数	人/个	7 525.90	7 069.40
研究开发费	万元/个	1 441.10	1 760.50
每一企业集团平均创造			
营业收入	万元/个	106 866.04	135 335.94
税金	万元/个	381.24	385.72
利润总额	万元/个	2 584.08	3 896.78
应交所得税	万元/个	787.20	1 081.98
应交增值税	万元/个	4 747.34	5 266.92

省级被调查企业集团改革及规范化状况

（2002－2003年）

项　　目	2002年		2003年	
	数量（个）	比重（%）	数量（个）	比重（%）
企业集团单位数	**50**	**100**	**50**	**100**
一、按是否建立母子公司体制分				
已建立	44	88	42	84.00
未建立	6	12	8	16
二、按子公司是否存在纯管理型公司分				
存在	3	6	9	18.00
不存在	47	94	51	81
三、按集团是否已执行合并会计报表制度分				
已执行	43	86	16	32.00
未执行	7	14	34	68
四、按企业集团母公司统一决策事项分				
对集团发展战略	47	94	48	96.00
对重大投融资项目	46	92	43	86.00
对涉外贸易和经济技术合作	34	68	31	62.00
对科研开发	29	58	31	62.00
对财务管理制度	44	88	40	80.00
五、按集团母公司是否已建立出资人制度分				
已明确	49	98	50	100.00
未明确	1	2	0	0
六、按集团子公司（单位）出资人是否明确分				
全部子公司出资人已明确	43	86	43	86.00
80－99%子公司出资人已明确	4	8	5	10.00
全部子公司出资人未明确	2	4	0	0.00
七、按集团母公司出资人行使主要权利分（占母公司出资人已明确企业集团）				
企业重大经营决策	40	81	43	86.00
选择企业经营者	39	79	39	78.00
收取资产收益	25	51	31	62.00
八、按集团母公司组织机构建立情况分（占母公司是公司制的企业集团）				
已成立股东会	21	80	22	64.71
已成立董事会	35	79	34	100.00
已成立监事会	21	51	27	79.41
九、按集团母公司总经理产生方式分				
董事会聘任	22	44	19	38.00

续表

项　　　　目	2002 年		2003 年	
	数量（个）	比重（%）	数量（个）	比重（%）
上级行政部门直接任命	23	46	21	42.00
国有资产授权机构指派	2	4	3	6.00
由上级行政部门提名董事会聘任	2	4	5	10.00
其他方式	1	2	2	4.00
十、按集团的有关配套政策落实情况分				
有投资自主权	40	80	44	88.00
有境外融资权	13	26	15	30.00
有对外担保权	37	74	32	64.00
有自营产品进出口权	24	48	28	56.00
有合并纳税权	18	36	16	32.00
有对外工程承包与劳动合作权	29	58	26	52.00
有外事审批权	1	2	6	12.00
建立了技术研究开发中心	27	54	34 8	68.00
成立了财务公司	7	14	15	16.00
十一、按集团母公司或子公司中是否有上市公司分（占已有上市公司的企业集团）				
有	17	34	15	30.00
#上市公司发行股票类型				
A 股	17	34	1	100.00
B 股				6.67
H 股	1	2	2	13.33
十二、按集团增加国家资本的途径分				
中央政府拨改贷划转过来的国家资本	7	14	9	18.00
地方政府拨改贷划转过来的国家资本	13	26	15	30.00
由经营性基金划转过来的国家资本	13	26	12	24.00
贷款转投资	9	18	14	28.00
债权转股权	7	14	13	26.00
十三、按组建集团后的经营状况和效果情况分				
很好	2	4	3	6.00
较好	30	60	30	60.00
一般	13	26	12	24.00
尚末见效	5	10	5	10.00
十四、按发展前景情况分				
很好	8	16	13	26.00
较好	28	56	31	62.00
一般	14	28	6	12.00

省级被调查企业集团主要经济指标

（2003年）　　单位:万元

企业集团名称	资产总额	营业收入	年末从业人数(人)
江西省冶金集团公司	1 603 689	1 465 158	51 154
江西铜业集团公司	1 376 645	1 089 504	32 912
江铃汽车集团公司	913 753	733 701	16 325
江西省煤炭集团公司	714 608	260 520	52 092
昌河飞机工业(集团)有限责任公司	701 690	441 564	9 906
江西洪都航空工业集团有限责任公司	514 356	170 103	16 737
江西省医药集团公司	422 157	334 178	27 607
江西省石化集团公司	394 727	95 555	10 666
江西省纺织集团公司	336 669	155 678	9 138
江西省电子集团公司	333 622	136 898	15 776
江西稀有稀土金属钨业集团公司	249 349	146 666	18 726
江西省建工集团	204 519	375 860	12 289
江西纸业集团公司	204 370	12 809	574
江西丰源电力(集团)有限责任公司	197 957	103 193	3 982
江西江中制药(集团)有限责任公司	181 797	115 045	4 959
江西凤凰光学仪器(集团)有限公司	125 080	67 629	4 336
江西清华泰豪科技集团有限公司	113 678	65 068	1 573
南昌水业集团有限责任公司	97 742	34 324	2 008
江西上饶信江实业集团公司	84 235	40 391	1 290
果喜实业集团有限公司	81 756	20 681	1 562
江西长运集团	81 593	28 577	1 802
汇仁集团有限公司	81 526	217 344	4 878
江西长林机械集团有限公司	71 607	11 063	2 347
江西共青鸭鸭集团	69 226	15 325	2 680
江西联合重工业集团	65 728	32 074	2 180

续表

单位:万元

企业集团名称	资产总额	营业收入	年末从业人数(人)
南昌市建筑工程集团有限公司	62 266	45 353	10 186
江西桑海集团有限公司	56 480	33 814	7 276
江西大茅山集团有限责任公司	56 016	12 142	1 460
核工业华东建设工程集团公司	51 318	65 687	3 808
江西省交通工程集团公司	51 077	40 295	3 896
南昌齐洛瓦电器集团总公司	42 831	13 319	1 020
江西洪宇建设工程集团公司	42 055	20 862	2 765
江西济民可信集团	36 634	46 035	1 053
南昌市化工集团有限责任公司	34 923	11 019	1 411
九江民生集团有限公司	32 609	8 324	80
江西正邦集团有限公司	32 336	175 587	2 000
江西九江茅山头企业集团公司	29 257	7 055	1 679
江西万年贡贡米集团有限公司	28 267	8 446	308
九江清源实业集团有限公司	28 173	14 000	1 432
江西印刷集团公司	22 465	10 133	1 175
江西省龙虎山旅游(集团)有限责任公司	21 148	1 852	300
江西中景集团有限公司	20 773	18 128	887
江西兴林森工集团有限公司	20 551	2 451	376
江西全良集团	17 052	3 577	504
江西德宇集团	15 314	17 027	400
江西万年春珍珠集团有限责任公司	11 178	4 487	469
江西崇义华森集团有限公司	10 390	8 405	683
江西煌上煌集团有限公司	10 233	17 642	782
江西洋峰实业集团	4 563	3 748	585
江西省李渡烟花集团有限公司	4 529	8 501	1 436

省级被调查企业集团按规模分组的主要指标

（2003 年）　　单位：万元

项　　目	企业集团单位数（个）	资产总计	负债合计	年末股东（所有者）权益合计	营业收入	利润总额	年末从业人数（人）
总　　计	**50**	**9 964 517**	**6 423 691**	**2 621 687**	**6 766 797**	**194 839**	**353 470**
一、按营业收入和资产总计分							
50 亿元及以上	3	3 894 087	2 316 602	1 112 083	3 288 363	119 663	100 391
10 亿元及以上	13	7 750 811	4 880 466	2 041 346	5 528 068	164 576	271 603
5 亿元及以上	18	8 517 140	5 408 140	2 238 279	6 039 351	175 784	296 864
二、按资产总计分							
100 - 500 亿元	2	2 980 334	1 872 092	805 864	2 554 662	62 086	84 066
50 - 100 亿元	4	2 844 407	1 646 490	818 450	1 605 888	80 079	95 060
5 - 50 亿元	24	3 674 495	2 621 044	821 906	2 205 649	39 145	154 999
0.5 - 5 亿元	18	456 189	281 246	169 194	388 349	12 818	17 324
0.5 亿元以下	2	9 092	2 819	6 273	12 249	711	2 021
三、按营业收入分							
100 亿元及以上	2	2 980 334	1 872 092	805 864	2 554 662	62 086	84 066
50 - 100 亿元	1	913 753	444 510	306 219	733 701	57 577	16 325
5 - 50 亿元	16	4 655 389	3 105 862	1 140 706	2 926 575	59 223	198 473
1 - 5 亿元	21	1 235 497	895 318	296 305	495 013	14 949	48 186
0.5 - 1 亿元	5	105 052	70 037	33 973	40 731	988	4 186
0.1 - 0.5 亿元	5	74 492	35 872	38 620	16 115	16	353 470
四、按利润总额分							
5 - 10 亿元	1	913 753	444 510	306 219	733 701	57 577	16 325
1 - 5 亿元	3	3 682 024	2 327 403	979 729	2 996 226	72 297	93 972
0.5 - 1 亿元	8	1 772 248	1 045 931	511 780	998 079	54 537	89 076
0.1 - 0.5 亿元	11	1 654 473	1 038 185	501 840	1 066 937	33 530	86 328
0.05 - 0.1 亿元	2	14 762	3 896	10 866	26 143	1 652	2 218
0.05 亿元以下	25	1 927 257	1 563 766	311 253	945 711	- 24 754	65 551
五、按从业人员分							
5 - 10 万人	2	2 318 297	1 507 114	703 939	1 725 678	34 244	103 246
1 - 5 万人	9	4 471 394	2 735 644	1 165 381	3 127 818	99 666	161 224
0.5 - 1 万人	3	1 094 839	769 945	212 427	631 056	6 691	26 320
0.1 - 0.5 万人	24	1 683 539	1 074 634	482 020	1 175 349	57 029	56 732
0.05 - 0.1 万人	6	267 381	270 025	- 2 644	64 309	- 3 641	4 015
0.05 万人以下	6	129 067	66 329	60 564	42 587	850	1 933

省级被调查企业集团

（2003

项　　目	单位数(个)	年末资产总计	固定资产原价	无形资产
总　　计	**50**	**9 964 517**	**5 274 370**	**418 787**
林业	1	20 551	2 715	261
渔业	1	11 178	2 470	0
煤炭开采和洗选业	1	714 608	287 593	15 691
有色金属矿采选业	1	56 016	20 585	16 601
农副食品加工业	2	42 569	16 709	1 454
食品制造业	1	28 267	7 188	0
饮料制造业	2	32 366	8 833	2 484
纺织业	1	29 257	8 675	0
皮革、毛皮、羽毛(绒)及其制品业	1	69 226	17 670	0
木材加工及木、竹、藤、棕、草制品业	1	10 390	11 443	0
造纸及纸制品业	1	204 370	69 255	0
印刷业和记录媒介的复制	1	22 465	16 993	0
石油加工、炼焦及核燃料加工业	1	394 727	262 048	1 040
化学原料及化学制品制造业	2	39 452	25 611	1 930
医药制造业	6	806 767	240 475	41 192
化学纤维制造业	1	336 669	292 869	12 126
非金属矿物制品业	1	4 563	1 579	0
黑色金属冶炼及压延加工业	1	1 603 689	934 536	195 433
有色金属冶炼及压延加工业	2	1 625 994	1 399 826	7 456
通用设备制造业	3	180 166	67 647	14 104
专用设备制造业	1	20 773	6 546	0
交通运输设备制造业	3	2 129 799	870 604	42 928
电气机械及器材制造业	2	197 913	53 827	13 619
通信设备、计算机及其他电子设备制造业	1	333 622	186 984	11 703
仪器仪表及文化、办公用机械制造业	1	125 080	48 728	5 383
工艺品及其他制造业	1	81 756	57 587	756
水的生产和供应业	1	97 742	89 737	5 551
房屋和土木工程建筑业	4	359 917	117 576	3 164
其他建筑业	1	51 318	38 300	0
城市公共交通业	1	81 593	58 495	7 868
批发业	1	197 957	38 522	17 475
房地产业	1	32 609	4 231	0
文化艺术业	1	21 148	8 513	568

分行业主要经济指标

年）

流动资产年平均余额	年末负债合计	营业收入	年末股东权益总计	利润总额	税金合计	从业人员年末人数
4 509 183	6 423 691	6 766 797	3 540 826	194 839	73 385	353 470
2 507	3 882	2 451	16 669	2	11	376
4 130	3 786	4 487	7 392	153	50	469
280 064	436 197	260 520	278 411	8 813	3 673	52 092
17 504	32 734	12 142	23 282	14	957	1 460
23 847	16 813	193 229	25 756	4 014	287	2 782
21 419	16 184	8 446	12 083	240	200	308
15 106	19 313	20 604	13 053	- 21	78	904
15 198	30 688	7 055	- 1 431	- 106	26	1 679
56 136	67 785	15 325	1 441	1	95	2 680
4 238	5 432	8 405	4 958	200	13	683
143 243	240 539	12 809	- 36 169	- 7 656		574
11 208	14 996	10 133	7 469	185	119	1 175
104 340	325 853	95 555	68 874	- 11 468	1 055	10 666
11 490	21 497	19 520	17 955	824	449	2 847
427 503	539 547	760 416	267 220	24 799	11 956	47 205
86 457	262 654	155 678	74 015	- 3 523	1 649	9 138
1 685	1 412	3 748	3 151	- 29	1	585
637 342	1 070 917	1 465 158	532 772	25 431	14 974	51 154
670 310	997 473	1 236 170	628 521	40 175	8 259	51 638
89 471	148 259	56 456	31 907	- 1 739	452	5 547
11 079	10 176	18 128	10 597	3 268	1 108	887
1 092 925	1 210 293	1 345 368	919 506	71 266	15 641	42 968
120 504	117 301	105 459	80 612	6 315	1 075	2 863
154 937	172 586	136 898	161 036	5 198	3 380	15 776
62 723	78 618	67 629	46 462	2 386	478	4 336
19 455	30 916	20 681	50 840	3 131	409	1 562
21 967	28 273	34 324	69 469	5 676	2 099	2 008
208 290	264 426	482 370	95 491	331	473	29 136
37 635	25 834	65 687	25 484	6 114	911	3 808
26 054	37 467	28 577	44 126	3 237	1 749	1 802
127 505	158 699	103 193	39 258	7 468	1 646	3 982
0	16 326	8 324	16 283	- 86		80
2 911	16 815	1 852	4 333	226	112	300

省级被调查企业集团

（2003

项 目	单 位	全 省	南昌市	上饶市
一、企业集团单位数	个	**50**	**30**	**6**
#国有及国有控股	个	37	23	4
1. 按母公司登记注册类型分	个			
国有企业	个	14	9	1
国有独资企业	个	12	8	1
其他有限责任公司	个	13	8	1
股份有限公司	个	9	4	3
中外合资企业	个	0	0	0
港澳台合资企业	个	0	0	0
其他单位数	个	2	1	0
2. 按母公司控股情况分	个			
国有绝对控股	个	34	21	4
国有相对控股	个	3	2	0
集体绝对控股	个	0	0	0
集体相对控股	个	0	0	0
其他单位数	个	13	7	2
二、拥有所属公司、企业数合计	个	317	217	25
1. 按行业分	个			
(1)农、林、牧、渔业单位数	个	15	2	7
(2)工业单位数	个	209	144	15
#采掘业	个	31	25	2
#制造业	个	168	112	12
#电气水的生产和供应业	个	10	7	1
(3)建筑业单位数	个	24	20	1
(4)交通运输、仓储和邮政业单位数	个	6	6	0
(5)信息传输、计算机服务和软件业	个	2	1	0
(6)批发零售贸易餐饮业单位数	个	32	24	1
(7)金融保险业单位数	个	0	0	0
(8)房地产业单位数	个	11	6	0
(9)其他单位数	个	18	14	1
2. 按登记类型分	个			
(1)国有企业	个	123	84	14
(2)国有独资企业	个	15	10	1
(3)其他有限责任公司	个	94	60	2
(4)股份有限公司	个	23	12	3
(5)中外合资企业	个	10	9	0
(6)港澳台合资企业	个	5	4	0
(7)其他	个	15	6	5

分地区主要经济指标

年）

景德镇市	鹰潭市	赣州市	新余市	吉安市	九江市
3	**3**	**1**	**1**	**2**	**4**
2	2	1	1	2	2
0	0	0	1	1	2
1	1	1	0	0	0
1	0	0	0	1	2
1	1	0	0	0	0
0	0	0	0	0	0
0	0	0	0	0	0
0	1	0	0	0	0
1	2	1	1	2	2
1	0	0	0	0	0
0	0	0	0	0	0
0	0	0	0	0	0
1	1	0	0	0	2
14	19	4	1	7	30
0	0	0	0	3	3
9	15	4	1	4	16
0	4	0	0	0	0
9	11	4	1	3	16
0	0	0	0	1	0
0	0	0	0	0	3
0	0	0	0	0	8
0	1	0	0	0	0
5	1	0	0	0	0
0	0	0	0	0	2
0	0	0	0	0	5
0	2	0	0	0	1
0	4	2	1	1	17
2	1	1	0	0	0
6	11	1	0	6	8
2	2	0	0	0	4
1	0	0	0	0	0
0	0	0	0	0	1
3	1	0	0	0	0

续表

项 目	单 位	全 省	南昌市	上饶市
三、主要财务指标				
资产总计	万元	9 964 517	7 158 987	321 828
固定资产原价	万元	5 274 370	3 388 171	100 323
累计折旧	万元	1 998 395	1 246 704	30 473
#本年折旧	万元	247 263	168 459	3 990
无形资产	万元		340 829	33 204
累计对外投资	万元	270 981	218 985	16 198
#本年对外投资	万元	55 807	43 223	6 478
流动资产年平均余额	万元	4 509 183	3 268 850	171 469
负债合计	万元	6 423 691	4 695 431	201 987
#流动负债	万元	4 937 713	3 615 805	171 548
年末股东(所有者)权益合计	万元	2 621 687	1 947 863	75 214
股本(实收资本)	万元	1 898 154	1 436 938	36 616
营业收入	万元	6 766 797	4 970 998	136 672
主营业务收入	万元	6 636 428	4 869 316	135 007
#主营业务成本	万元	5 532 772	4 021 572	108 175
主营业务税金及附加	万元	67 601	49 506	1 285
其他业务收入	万元	130 369	101 682	1 665
存货跌价损失和营业管理财务等费用	万元	823 784	637 668	23 958
#税金	万元	19 286	14 045	1 132
劳动待业保险费	万元	75 639	60 808	1 892
#利息支出	万元	119 273	82 546	4 032
投资收益	万元	9 975	9 874	1 026
营业外收入	万元	18 561	12 339	698
出口销售额	万元	361 715	231 380	32 214
新产品销售收入	万元	520 511	454 348	46 534
利润总额	万元	194 839	138 858	2 942
#亏损集团亏损额	万元	27 135	24 784	336
#应交所得税	万元	54 099	44 513	1 288
应交增值税	万元	263 346	209 703	2 040
固定资产投资完成额	万元	629 253	470 655	11 266
研究开发费用	万元	88 023	70 849	1 194
四、主要劳动工资指标				
从业人员年末人数	人	353 470	289 274	8 367
从业人员劳动报酬	万元	438 970	353 543	7 407
从业人员年人均劳动报酬	元/人.年	12 419	12 222	8 853

景德镇市	鹰潭市	赣州市	新余市	吉安市	九江市
737 777	1 479 549	10 390	71 607	25 114	159 265
290 740	1 416 345	11 443	28 630	4 294	34 424
97 867	597 174	5 524	9 542	1 252	9 859
11 406	61 790	607	524	45	442
18 827	8 663	0	10 982	261	6 021
7 066	24 769	0	1 866	0	2 097
200	5 906	0	0	0	0
449 234	505 441	4 238	25 400	4 192	80 359
474 823	848 906	5 432	61 264	5 294	130 554
436 431	559 014	3 722	39 670	4 623	106 900
189 308	346 512	4 958	10 343	19 820	27 669
84 260	294 136	3 828	11 907	4 025	26 444
476 719	1 112 037	8 405	11 063	6 199	44 704
473 994	1 087 941	8 400	11 063	6 123	44 584
388 154	961 521	7 450	8 620	4 527	32 753
10 768	5 297	37	35	32	641
2 725	24 096	5	0	76	120
66 585	82 437	786	4 414	1 610	6 326
735	2 674	12	206	11	471
3 907	8 119	29	346	165	373
6 646	24 612	292	470	26	649
-429	- 325	0	4	0	- 175
720	1 413	4	5	21	3 361
1 919	94 124	0	0	0	2 078
15 128	0	0	4 501	0	0
13 794	40 012	200	- 1 794	- 27	854
0	0	0	1 794	27	192
2 658	5 620	1	0	0	18
17 272	32 164	517	473	40	1 137
37 298	107 776	0	122	0	2 136
14 191	1 145	0	560	0	84
11 193	34 774	683	2 347	961	5 871
12 617	58 566	498	1 451	825	4 063
11 272	16 842	7 291	6 182	8 585	6 921

省级被调查企业集团概览
（2003年）

企业集团名称	母公司详细地址	邮政编码
昌河飞机工业（集团）有限责任公司	景德镇市珠山区朝阳路535号	333002
果喜实业集团有限公司	余江县白塔中路35号	335200
核工业华东建设工程集团公司	南昌市北京西路134号	330046
汇仁集团有限公司	南昌市迎宾中大道1189号	360121
江铃汽车集团公司	南昌市迎宾大道509号	330001
江西长林机械集团有限公司	新余市北湖西路45号	338029
江西长运集团	南昌市广场南路118号	330003
江西崇义华森集团有限公司	崇义县横水镇牛角河39号	341300
江西大茅山集团有限责任公司	上饶市德兴市花桥镇金山	334213
江西德宇集团	景德镇市瓷都大道11号	333000
江西丰源电力（集团）有限责任公司	南昌市高新技术开发区火炬大街188号	330029
江西凤凰光学仪器（集团）有限公司	上饶市光学路1号	334000
江西共青鸭鸭集团	九江市共青开放开发区	332020
江西洪都航空工业集团有限责任公司	南昌市青云谱区新溪桥	330024
江西洪宇建设工程集团公司	南昌市西湖区建设路99号	330009
江西煌上煌集团有限公司	南昌市二七南路539号	330002
江西济民可信集团	南昌市青山湖区顺外路98号	330029
江西江中制药（集团）有限责任公司	南昌高新区火炬大道888号	330077
江西九江茅山头企业集团公司	九江市经济开发区九瑞大道2号	332000
江西联合重工业集团	南昌市迎宾大道913号	330001
江西清华泰豪科技集团有限公司	南昌市高新开发区正高新大街	330029
江西全良集团	上饶县皂头镇	334116
江西桑海集团有限公司	南昌市北郊新祺周	330115
江西上饶信江实业集团公司	上饶市南环路002号	334000
江西省电子集团公司	南昌市高新技术开发区京东大道168号	330029
江西省纺织集团公司	南昌市北京东路125号	330029
江西省建工集团	南昌市北京西路176号	330046
江西省交通工程集团公司	南昌市广场南路136号	330003
江西省李渡烟花集团有限公司	南昌市进贤县李渡镇李渡大道2号	331725
江西省龙虎山旅游（集团）有限责任公司	鹰潭市贵溪龙虎山镇	335004
江西省煤炭集团公司	南昌市丁公路115号	330002
江西省石化集团公司	南昌市北京东路98号	330029
江西省冶金集团公司	南昌市北京西路118号	330046
江西省医药集团公司	南昌市北京西路104号	330046
江西铜业集团公司	贵溪市冶金大道15号	335425
江西万年春珍珠集团有限责任公司	万年县湖云塘x号	335505
江西万年贡贡米集团有限公司	上饶市万年县陈营镇六号	335500
江西稀有稀土金属钨业集团公司	南昌市北京西路118号	330046
江西兴林森工集团有限公司	吉安市安福县武功山大道18号	343200
江西洋峰实业集团	吉安市新干县城南工业区	331308
江西印刷集团公司	南昌市西湖区站前西路121号	330002
江西正邦集团有限公司	南昌市南京西路277号	330006
江西纸业集团公司	南昌市东湖区董家窑112号	330006
江西中景集团有限公司	景德镇市新厂陶阳路76号	333001
九江民生集团有限公司	九江市九龙街龙翔国际大厦十楼	332000
九江清源实业集团有限公司	九江市开发区九瑞大道99号	332000
南昌齐洛瓦电器集团总公司	南昌市市郊麦园	330008
南昌市化工集团有限责任感公司	南昌市洪都北大道302号	330077
南昌市建筑工程集团有限公司	南昌市民德路255号	330008
南昌水业集团有限责任公司	南昌市抚河路294号	330001

企业集团名词解释

1. 什么是企业集团?

企业集团是指以母子公司为主体,通过投资和生产经营协作等多种方式,由众多的企事业单位共同组成的具有多层次结构的经济联合体。

企业集团这一名词最早出现于50年代的日本,我国使用这个名词就是从日本引进的,但究竟什么是企业集团,日本学术界没有一个统一的定义,在我国,对企业集团的概念表述也没有统一。1987年12月国家体改委、国家经委联合颁发的《关于组建和发展企业集团的几点意见》对企业集团的表述是:"企业集团是为适应社会主义有计划商品经济和社会化大生产的客观需要而出现的一种具有多层次组织结构的经济组织。它的核心层是自主经营、独立核算自负盈亏、照章纳税、能够承担经济责任、具有法人资格的经济实体。"以上表述对企业集团阐述得还不够明确,主要的问题是没有说清企业集团应通过投资方式组成,并以母子公司为主体的特点,因此在1995年4月由国家计委、国家经贸委、国家体改委提出的《企业集团组建与管理暂行办法》(征求意见稿)中,补充了这方面的内容。1997年6月国家工商管理局起草的《企业集团登记管理规定》(讨论稿)除补充上述内容外,还指明了企业集团应以产权为主要联结纽带和企业集团不具有企业法人资格。

2. 企业集团具有哪些特征?

从我国组建的企业集团和国外较典型的企业集团来看,企业集团具有以下几个特征:

(1)多元的组织。企业集团不是公司那样单一的法人经济实体,它是以资本为联结纽带的多法人的联合体,本身不是企业法人,而成员单位都是独立的法人。其中母公司具有强大的经济实力和影响力,通过控股、参股对其他成员企业实行控制,此外还有一批与母公司及控股成员企业在生产技术、销售服务、配套协作等业务上有联系的协作企业,与企业集团保持着较松散的经济联合关系。

(2)较大的规模。企业集团不仅是母公司的规模大,集团整体规模也很大。在工业发达的资本主义国家,企业集团与一般企业比较,数量不多,但规模巨大,实力雄厚,都是一些以跨国、跨行业的大型控股公司为主体组成的集团。如日本的三菱、三井、住友、芙蓉、三和与第一劝业银行六大企业集团,其成员企业数约占资本金1000万日元以上的日本法人企业总数的0.04%,职工人数约占日本企业职工人数的4.05%,而总资产和净资产分别占全国法人企业的总资产和净资产的15.03%和17.35%,销售收入和利润占全国法人企业销售收入和利润的15.16%和13.71%。我国的企业集团由于原有基础较差,生产集约程度低,规模偏小,实力不强,按登记的条件,企业集团的母公司需拥有5家控股子公司,注册资本总和在1亿元以上即可申请组建企业集团。但随着我国经济体制改革的深化,国际市场竞争的激化,在国家政策引导下,一批集科、工、贸、金为一体的规模巨大的大型企业集团将形成,真正成为我国国民经济的骨干和中坚。

(3)分层次的结构。企业集团一般由4个层次的企业组成,它以一个母公司为核心,依据其与其他成员企业的不同的产权关系和生产技术、经营服务等方面的联系,可分成由全资、控股子公司组成的控股层,由有参股关系的公司组成的参股层,由较多的固定协作联系的企业组成的协作层。不同层次的成员企业与母公司的紧密程度不同,有产权关系的较紧密,没有产权关系的较松散。

(4)多样化的经营。企业集团为了提高对市场的应变能力,减少经营风险,往往不是生产一种或一类产品,而是在不同行业、不同领域内开展多样化的经营。据资料介绍,日本的六大企业集团都是在第一、二、三产业中广泛开展经营,既经营矿产原材料生产,又经营加工制造业,既经营商业服务业,又经营银行保险业。美国最大的工业公司,大部分从事多样化经营,但这些大集团、大公司的多样化经营,是以专业化或关联性行业的多样化发展为主要特点的,非关联行业涉足较少。我国的企业集团组建的历史不长,在计划经济体制下,大都是生产单一产品,在向社会主义市场经济体制转换过程中,一部分企业集团已开始向多样化经营发展,当然盲目地向无关联的行业发展是不适宜的。

(5)多种的功能。企业集团不仅具有生产产品的能力,还有强大的研究开发的能力,有自己的研究机构和技术开发中心,不断进行技术创新,不断发展和推出市场需求的新产品;企业集团有完善的销售服务网络,有很强的市场开拓、参加国内外市场竞争的能力,如日本有的企业集团形成了以综合商社为集团核心的格局;企业集团还有投融资功能,拥有集团的投资中心和融资中心。在经济发达的国家,银行资本和产业资本通过业务联系、资本参与和人事交流等途径相互渗透,金融机构逐步处于企业集团核心地位已较多见。我国现行体制下,企业集团成员中已有财务公司这种非银行金融机构,但其实力还很小,目前主要限于信贷业务、成员企业的有价证券的发行、金融租赁等,不足以承担起集团核心的职能,有待于改革深化推动"产融结合"的进程。

3. 什么是集团公司?

集团公司是企业集团中起主导作用的核心企业。它通过投资和生产经营协作等多种联结纽带,决定和影响着集团内其他成员企业。在企业集团母子公司体制中,集团公司是母公司,是居于控制地位的控股公司。集团公司对外代表企业集团。集团公司按其经营特征划分可分为资本经营型和混合经营型两类。前一种集团公司主要是从事资本经营和集团战略管理,它以价值形态经营,资本主要用于对外投资,通过对生产要素的优化配置和资产结构的动态调整等方式和手段,对成员企业的资产进行运营,目的是促进资本的最大增值;后一种集团公司不仅从事资本经营和集团战略管理,还直接从事生产经营活动,集团公司的资产有一部分是对外投资,另一部分是公司内部具体从事生产经营活动的分公司、事业部和生产工厂占有的实体性资产,混合经营型的集团公司除依靠资产运营促进资本的增值外,还通过集团熟悉领域内产品生产、服务(劳务)等达到资本增值的目的。

4. 企业集团与总公司有什么区别

企业集团和总公司都是企业经济组织,但有着很大的区别,表现在:

(1)法律地位不同。企业集团是多个企事业法人的经济联合体,本身不具备法人资格;总公司是一个经济实体,具备企业法人资格,其下属的分公司、工厂不具备法人资格。

(2)内部管理关系不同。企业集团的母公司对其他成员企业的管理关系是依据持股关系和契约关系决定,它是一种法人间的平等互利的经济关系;总公司对分公司、工厂的管理是一个企业内部的管理,是上下级的管理关系。

(3)结构层次不同。企业集团内的成员企业按其与母公司的资产关系的不同,具有多层次的结构,一般包括控股层、参股层、协作层等;总公司内的分公司、工厂与总公司是资产一体化的,因此不分层次。

第四章：企业改制与上市公司

2003年江西省重点企业建立现代企业制度跟踪监测报告

2003年全省重点企业借助良好的宏观经济环境，加快改革进程，进一步解放和发展生产力，呈现出资产增长比较快、经济效益比较好、企业活力比较强的新气象。同时，重点企业发展的困难和问题也存在。

一、重点企业发展概况

（一）重点企业分布情况

列入跟踪监测的企业共100家，从行业看，工业企业有81家，占81%；建筑业企业8家，批发零售贸易业企业4家，交通运输、仓储和邮政业企业2家、信息传输、计算机服务和软件业1家，农林牧渔业企业1家，房地产业1家，租赁和商务服务业1家，住宿和餐饮业1家.

从规模看大中型企业居多，大型企业有30家，中型企业52家，共82家，占82%；小型企业和其它类型企业分别有14家和4家。按三次产业划分，以第二产业为主，有89家，第三产业有10家，第一产业仅1家。

（二）企业资产规模扩大，质量提高

近年来，全省重点企业转换经营机制和建立现代企业制度，大大激发了企业发展活力，企业资产规模不断扩大。2003年年末，全省100家重点企业拥有资产861.4亿元，比去年同期增长12.5%，户均资产8.6亿元，比去年同期增加近1亿元。从登记类型分类看，有限责任公司资产规模扩速最快，为22.5%，其它依次为中外合资企业和港澳台企业分别增长16.8%和15%。在企业资产规模扩大的同时，资产运营质量也有不同程度的提高。2003年全省100家重点企业资产使用率为70.7%，比去年增加10个百分点。资产利税率9.2%，净资产收益率4.8%，资产报酬率为4.4%，均比去年有不同程度的提高。

（三）企业经营业绩良好，效益提高

2003年，全省100家重点企业共实现营业收入627.3亿元，比去年增长32.3%。其中，有限责任公司、港澳台企业和股份有限公司增长速度较快，分别增长41%、41%和29%。完成出口销售总额26.6亿元，比去年增长26.2%。信息传输、计算机服务和软件业出口销售增幅达38.5%。2003年100家重点企业共实现利润26.4亿元，比去年增加63%，有7家企业盈利在1亿元以上，其中江西铜业股份有限公司、萍乡钢铁有限责任公司和南昌卷烟厂实现利润位居前列。100家重点企业全年上缴税金合计64.7亿元，其中应交所得税10.5亿元，应交增值税30.4亿元，均比去年有较大幅度增加。

（四）企业现代经营意识增强，效果见好

随着全球经济一体化，市场竞争越来越激烈，如果还是沿用传统的经营方式将不可避免的被市场淘汰。只有积极吸收先进的现代化企业生产和管理理念，才能使企业立于不败之地。2003年100家重点企业一方面加大媒体宣传力度。全年广告费投入共计6.6亿元，比去年增长31.5%，其中投入较大的分别为江西江中药业股份有限公司、汇仁集团有限公司和南昌卷烟厂，分别为2.9亿、2.6亿和0.6亿元。另一方面加快推进企业信息化建设，主要是抓住互联网已成为及时、有效掌握信息的重要窗口这一趋势，加大了网络信息化建设力度。从调查问卷结果显示，在互联网上已建立自己的网站的企业有48家，占48%，企业通过自己的网站将领导成员、基本情况、产品性能、市场价格公之于众，成为宣传企业永不闭幕的展台。

二、重点企业改制进程顺利

（一）改制面已近八成

2003年，100家重点企业中已有78家企业改制为公司制企业，改制率达78%。改制为股份有限公司和其他有限责任公司的企业为63家，其中，27%的企业改制为股份有限公司，36%的企业改制为其他有限责任公司。从改制企业对改制后经营状况及效果的总体评价比较满意度看，认为“效果很好”及“效果较好”的企业所占比重达79.5%。

（二）法人治理结构基本形成

调查显示，在已改制为公司制的企业中，有57

家企业成立了股东代表大会，占已改制企业的73%，99%的企业成立了董事会；已设立了独立董事的占42%；成立了监事会的企业占83%。新"三会"成立后，能够各司其职，发挥决策、执行、监督的职能。六成以上的股东会能够决定公司大政方针、审议批准董事会、监事会的报告、选举和更换董事等重大事项。九成企业董事会能充分行使诸如公司经营计划、投资、财务和机构设置等权利。六成以上的企业董事会能够按照现代企业制度建设的要求，聘任高素质的企业家。这些企业的总经理年富力强、精力充沛，以30－50岁的年龄段的居多，占61%；近三分之二的大中型企业老总学历在大学本科以上，具备良好的复合型知识结构、丰富的工作阅历和管理经验。

（三）企业的自主经营权得到较好落实，政企职责进一步分开

2003年，全省100家重点企业中64%的总经理由董事会聘任、或由政府提名董事会聘任、或由职代会选举上级任命、或在社会公开招聘。其中在78家公司制企业中，总经理由董事会聘任、或由职代会选举产生的比例达68%。在77家成立董事会的企业中，董事长由董事会选举产生、或由股东会任命的占72.7%。

在企业中层管理人员的选用的方面政府部门干预逐步减少。2003年，70%的重点企业其中层管理人员的产生方式或由总经理自主决定，或总经理提名、董事会任命，或公开招聘，只有13%企业中层管理人员经总经理提名或由职代会选举后，还需报主管部门批准任命，尤其是企业中层管理人员由主管部门提名并决定仅占3%。

三、重点企业发展中的困难和问题

（一）企业改制力度有待进一步加大

政企分开、所有权与经营权分离是现代企业制度的重要内容和改革方向，也是政府转变职能的内在要求。从企业改制情况看，还存在不尽人意之处。部分国有重点企业改制进程缓慢。100家重点企业中仍有22家国有企业出于多方面原因，没有或刚刚开始进行现代企业制度改革，部分改制企业仍停留在只有改制计划而没有实质性行动的阶段。因此，要按照建立现代企业制度要求，加快进程，加大力度。

（二）企业负债加重，资产负债率上升

2003年，全省100家重点企业年末负债为530.1亿元，比上年增长17.7%，其中流动负债为398.5亿元，比上年增长了26.2%。资产负债率为62%，比去年提高了近3个百分点。资产负债率处在偏高的状态。特别是房地产业的资产负债率高达86%，比去年提高了15个百分点。在100家重点企业中，63%的企业资产负债率超过50%，其中有9家企业资产负债率达90%以上，有6家达到100%以上，最高的1家高达157%，处于高负债率和资不抵债的境地。

（三）企业技术创新能力有待提高

2003年100家重点企业的科研投入力度有所减弱，研究开发人员减少，技术创新能力提高缓慢。100家重点企业全年投入研究开发费用4.7亿元，仅比去年增长0.7%，占营业收入的的比重为0.8%；从事研究开发的人员为7804人，比去年同期减少81人，占全部从业人员的3%。调查问卷结果显示：企业已建立技术中心的为67%；获得新产品的途径以自主开发为主，占72%，其它如委托开发占18%，与院校科研机构联合开发的占50%，接受技术成果转让的占24%，引进技术消化和创新的占56%，其它途径占16%。100家重点企业近三年获得国内专利申请授权137项，平均每家只有1.37项，获得美国专利仅1项。

四、增强企业活力的对策及建议

（一）切实转变政府职能，营造良好的外部氛围

各级政府部门要进一步解放思想，切实转变政府职能，大力推进政企分开，进一步清理政府和部门的审批权、任免权，将企业的生产经营权和投资决策权真正交给企业。从制定政策措施等方面来引导企业改革与发展，服务于企业生产经营管理，真正做到不"越位"、不"缺位"、不"错位"。要进一步完善养老、医疗、失业保障制度，使职工老有所养，病能医治，失业时基本生活有保障。对于目前仍承担着企业办社会等社会服务功能的重点企业，各级政府部门应按照国家有关政策，逐一落实。对于目前尚未改制或改制不彻底的重点企业，政府及有关部门应帮助其找出差距、制定具体的改制措施，尽快完成这项工作。继续完善国有重点企业国有资产出资人和授权经营制度，尽快形成国有资产保值增值和监督管理的新机制。

（二）加快技术创新步伐，培育企业核心竞争力

随着市场经济的深入，企业之间的竞争呈白热化趋势。只有拥有一项或几项核心技术能力并不断创新，在同行中处于持久领先地位，形成并保持自己真正拥有的核心竞争力，才能使企业持续健康发展。这就要求企业必须在明确自身未来几年、十几年乃至几十年的发展方向的前提下，寻找自身的技术优势，然后加大人力、物力、财力投入，对其开发、改造和利用，并在此过程中不断创新。大型企业根据自身科研机构的实力，可以高薪引进一些科技人才，也可经常与科研院所、大专院校、跨国公司交流和联合，掌握新技术动态，针对企业实际情况，形成自己的技术优势。中小企业由于自身科研比较薄弱，可以组建技术联盟，形成横向和纵向联盟形式。

（三）加强企业文化建设，促进企业持续健康发展

企业的主体是人，企业的发展要遵循"以人为本"的原则，不断建设企业自身文化。综观优秀企业的文化不难体会到，企业文化能够改变原来那种从个人角度建立价值观的一盘散沙状态，把员工的个人追求与个人的价值实现与企业紧紧联系在一起，能够引导员工自觉地按照符合企业发展、符合自己价值实现的方向努力。特别是随着企业的不断发展壮大，企业间的调整、重组、强强之间的联合，由于不同企业间有着不同的文化背景，不同的历史过程，不同的地域文化、人文文化，这些不同的文化发生碰撞，如果没有好的企业文化，就难于融合好，企业就不可能实现顺畅发展。因此企业文化的建设就是要用统一的价值观来凝聚全体员工的意志，使之思想一致、步调一致，形成强大的合力，使企业不断做大做强。

撰稿：罗　凯
审核：吴兴华

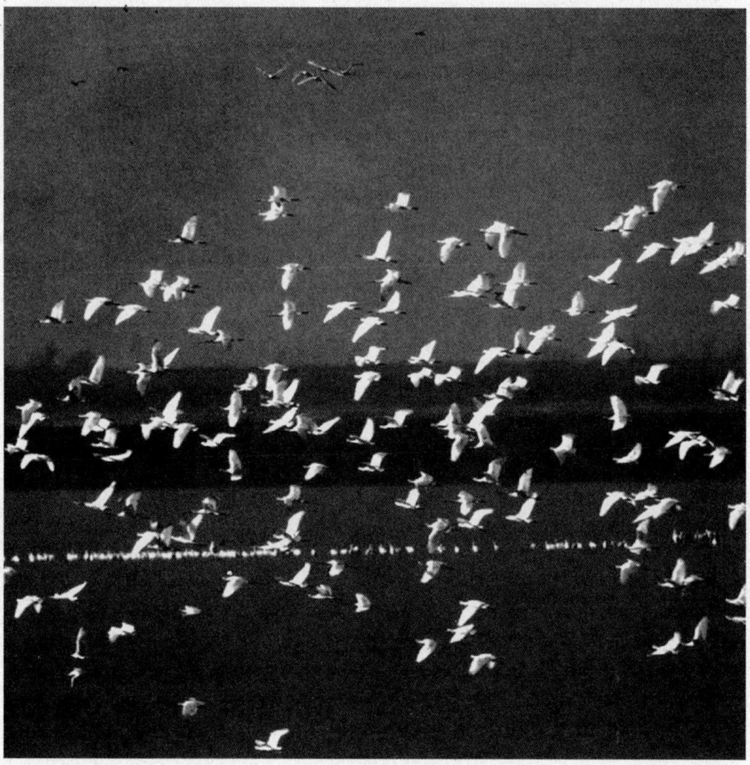

2003 年江西省

公司代码	公司简称	公司全称
550	江铃汽车	江铃汽车股份有限公司
650	九江化纤	九江化纤股份有限公司
600782	新华股份	新华金属制品股份有限公司
404	华意压缩	华意压缩机股份有限公司
403	三九生化	三九宜工生化股份有限公司
600750	江中药业	江西江中药业股份有限公司
899	赣能股份	江西赣能股份有限公司
829	赣南果业	江西赣南果业股份有限公司
600053	江西纸业	江西纸业股份有限公司
600071	凤凰光学	凤凰光学股份有限公司
789	江西水泥	江西万年青水泥股份有限公司
600228	昌九生化	江西省昌九生物化工股份有限公司
600316	洪都航空	江西洪都航空工业股份有限公司
600269	赣粤高速	江西赣粤高速公路股份有限公司
990	诚志股份	诚志股份有限公司
600363	联创光电	江西联创光电科技股份有限公司
600372	昌河股份	江西昌河汽车股份有限公司
600362	江西铜业	江西铜业股份有限公司
600373	鑫新股份	江西鑫新实业股份有限公司
600561	江西长运	江西长运股份有限公司
600397	安源实业	安源实业股份有限公司
600590	泰豪科技	泰豪科技股份有限公司
600507	长力股份	江西长力汽车弹簧股份有限公司

上市公司概况

公司办公地址	联系电话	邮政编码	上市日期
江西省南昌市迎宾大道 509 号	0791－5232888	330001	1993.12.1
江西九江市庐山区蛤蟆石	0792－8315675	332017	1996.12.10
江西省新余市铁焦路	0790－6460888	338004	1996.12.25
江西省景德镇新厂东路 28 号	0798－8470237	333001	1996.6.19
深圳市福田区联合广场 A 座 35 层	0755－82911999－3909	518026	1996.6.28
江西省南昌市福州路 347 号	0791－8515742	330077	1996.9.23
江西省南昌市高新技术开发区火炬大街 199 号	0791－8109899	330029	1997.11.26
江西省赣州市红旗大道 20 号	0797－8117157	341000	1997.12.2
江西省南昌市董家窑 112 号	0791－8632392	330006	1997.4.18
江西省上绕市光学路 1 号	0793－8259547	334000	1997.5.26
江西省南昌市高新开发区京东北大道万年青科技园	0791－8161011	330029	1997.9.23
江西省南昌市北京东路	0791－8504560	330029	1999.10.19
江西省南昌市新溪桥	0791－8467844	330024	2000.12.15
江西省南昌市洪城路 508 号方兴大厦 6 楼	0791－6532505	330025	2000.5.18
江西省南昌市庐山中大道 60 号	0791－3826898	330046	2000.7.6
江西省南昌市高新技术开发区火炬大街 125 号	0791－8161878	330029	2001.3.29
江西省景德镇市东郊	0798－8448974	330002	2001.7.6
江西省贵溪市冶金大道 15 号	0701－377735	335424	2002.1.11
江西省上饶市南环路 2 号	0793－8238282	334000	2002.3.4
江西南昌市广场南路 118 号	0791－6298107	330003	2002.7.16
江西省萍乡市昭本东路 3 号	0799－6581363	337003	2002.7.2
江西省南昌市高新技术开发区清华泰豪大厦	0791－8110590	330029	2002.7.3
江西南昌市高新技术产业开发区火炬大道 31 号	0791－8394025	330012	2003.9.30

上市公司主要经济指标

项　　目	单　位	2002 年	2003 年
上市公司单位数	个	22	23
A 股	个	22	23
B 股	个	1	1
H 股	个	1	1
上市公司股本合计	万股	824 618	839 837
#国家股	万股	109 144	121 290
#人民币普通股	万股	202 927	211 527
#境内上市外资股	万股	34 400	34 400
#境外上市外资股	万股	115 648	115 648
上市公司资产合计	万元	3 857 218	4 675 668
#固定资产合计	万元	1 875 824	2 271 272
#流动资产合计	万元	1 683 909	2 078 383
存货	万元	483 947	626 917
无形资产	万元	78 545	124 031
速动资产	万元	735 756	1 049 237
负债合计	万元	1 662 098	2 154 438
股东权益合计	万元	2 064 992	2 279 473
资本公积金	万元	1 033 190	1 064 714
主营业务收入	万元	1 974 322	2 774 633
营业成本	万元	1 512 090	2 152 140
#销售费用	万元	109 065	139 809
#管理费用	万元	174 640	194 568
#财务费用	万元	42 136	47 602
利润总额	万元	124 295	199 290
主营业务利润	万元	434 387	581 811
投资收益	万元	3 506	1 450

股份公司主要经济指标

项　　　目	单　位	2002 年	2003 年
股份有限公司单位数	个	37	37
#上市公司单位数	个	22	23
股本合计	万股	898 090	919 289
#国家股	万股	129 524	144 720
#国有法人股	万股	390 781	392 864
#人民币普通股	万股	202 927	211 527
资产总计	万元	4 337 944	4 984 036
#固定资产合计	万元	1 972 356	2 413 092
#流动资产合计	万元	1 974 422	2 212 611
存货	万元	535 909	671 061
无形资产	万元	85 458	131 372
长期投资	万元	217 569	227 294
负债合计	万元	2 009 988	2 335 055
股东权益合计	万元	2 197 586	2 391 847
资本公积金	万元	1 049 711	1 082 859
主营业务收入	万元	2 284 118	2 948 909
营业成本	万元	1 767 456	2 281 623
#销售费用	万元	112 740	149 838
#管理费用	万元	182 486	212 892
#财务费用	万元	46 100	52 506
主营业务利润	万元	467 010	617 038
利润总额	万元	144 104	211 868
净利润	万元	100 629	163 332
营业利润	万元	130 556	213 533
投资收益	万元	4 150	1 413

重点企业建立现代企业

（2003）

项　　目	单位数（个）	资本金合计	年末资产总计	无形资产	累计对外投资
总　　计	**100**	**2 070 093**	**8 614 010**	**381 930**	**307 682**
一、按控股情况分					
国有及国有控股	78	1 887 834	7 614 962	312 305	295 116
国有绝对控股	75	1 610 839	6 557 089	302 083	276 740
国有相对控股	3	276 995	1 057 873	10 222	18 376
集体控股	4	28 486	65 679	17 309	0
集体绝对控股	2	22 469	54 426	15 326	0
集体相对控股	2	6 017	11 253	1 983	0
其他	18	153 773	933 369	52 316	12 566
二、按主营行业分					
农、林、牧、渔业	1	845	20 551	261	0
工业	81	1 857 160	7 732 404	370 287	192 906
采矿业	3	51 192	197 209	22 301	887
制造业	74	1 719 029	7 200 088	347 741	192 019
电力、燃气及水的生产和供应业	4	86 939	335 107	245	0
建筑业	8	64 287	319 506	5 469	9 188
交通运输、仓储和邮政业	2	12 560	84 794	2 162	25 655
信息传输、计算机服务和软件业	1	1 000	3 538	476	456
批发和零售业	4	81 062	239 368	2 529	5 064
住宿和餐饮业	1	3 300	8 107	479	0
房地产业	1	3 000	15 402	0	827
租赁和商务服务业	1	46 879	190 340	267	73 586
三、按登记注册类型分					
国有企业	22	261 562	1 501 840	34 841	39 349
国有独资企业	11	218 088	887 759	38 508	139 125
其他有限责任公司	36	936 810	3 097 455	260 831	53 041
股份有限公司	27	342 950	1 847 985	28 751	56 904
中外合资企业	1	1 591	12 148	0	0
港澳台合资企业	3	309 092	1 266 823	18 999	19 263
四、按重点企业类型分					
520 户国家重点企业	6	161 219	933 926	12 428	111 046
原 512 户国家重点企业	4	441 623	1 456 453	14 562	85 661
省级重点企业	89	1 125 124	5 349 143	223 927	91 029
现企国家百户试点企业	1	342 127	874 488	131 013	19 946
现企省级试点企业	2	33 033	123 516	2 814	25 655
五、按企业规模分					
大型	30	1 540 490	5 939 441	273 837	251 016
中型	52	409 819	2 244 965	75 503	50 568
小型	14	106 904	374 240	31 296	5 642
其他	4	12 880	55 364	1 294	456

制度企业主要财务指标

年）

单位:万元

# 本年	流动资产年平均余额	年末负债合计	#流动负债	营业收入	主营业务收入	主营业务成本	主营业务税金及附加
70 125	**3 445 955**	**5 301 242**	**3 984 535**	**6 273 348**	**6 090 538**	**4 889 375**	**221 821**
65 073	3 080 959	4 637 151	3 386 618	5 299 721	5 118 719	4 136 844	216 203
53 573	2 800 519	4 137 885	3 153 102	4 732 012	4 554 671	3 690 892	212 551
11 500	280 440	499 266	233 516	567 709	564 048	445 952	3 652
0	34 894	37 818	34 249	20 902	20 738	17 120	183
0	34 062	33 055	30 486	12 245	12 143	9 981	51
0	832	4 763	3 763	8 657	8 595	7 139	132
5 052	330 102	626 273	563 668	952 725	951 081	735 411	5 435
0	2 507	3 882	3 363	2 451	2 375	1 336	5
56 649	3 110 424	4 779 484	3 577 460	5 665 795	5 536 590	4 395 384	211 331
50	94 603	86 283	76 010	74 787	68 673	46 099	960
56 599	2 969 802	4 441 970	3 410 360	5 468 671	5 346 899	4 259 476	209 245
0	46 019	251 231	91 090	122 337	121 018	89 809	1 126
0	213 271	237 103	221 862	274 199	271 945	241 527	8 061
13 318	32 440	46 023	43 176	39 414	37 712	26 857	1 245
0	1 987	1 569	1 421	2 501	2 501	612	75
158	50 149	146 895	83 931	234 238	232 929	218 948	906
0	0	2 820	0	4 359	4 339	2 826	100
0	15 108	13 244	8 858	2 147	2 147	1 885	98
0	20 069	70 222	44 464	48 244	0	0	0
6 999	659 806	994 361	744 715	965 408	931 548	624 754	138 789
3 969	366 550	535 598	393 321	298 993	245 287	207 877	1 745
17 796	1 125 705	1 950 647	1 670 325	2 557 005	2 527 188	2 112 621	21 651
29 811	861 999	1 187 623	802 428	1 657 292	1 601 640	1 334 716	45 363
0	10 498	10 605	10 605	9 166	9 165	7 774	0
11 550	421 397	622 408	363 141	785 484	775 710	601 633	14 273
11 993	355 439	653 784	495 386	327 372	277 326	181 238	1 783
15 627	500 137	714 242	410 598	754 174	747 530	613 655	4 358
37 259	2 281 766	3 419 784	2 608 192	4 389 619	4 267 697	3 391 119	210 271
5 246	308 613	513 432	470 359	802 183	797 985	703 363	5 409
13 318	57 173	47 364	37 719	68 783	66 897	51 806	494
46 457	2 105 317	3 561 237	2 591 784	4 447 068	4 336 863	3 667 935	66 966
22 286	1 105 745	1 459 344	1 157 480	1 485 451	1 413 877	964 576	137 996
1 382	211 193	247 983	207 793	306 659	305 648	232 103	16 530
0	23 700	32 678	27 478	34 170	34 150	24 761	329

续表

项目	其他业务收入	新产品销售收入	出口销售总额	存货跌价损失和营业管理财务费用合计	年末股东（所有者）权益合计
总计	**182 810**	**434 666**	**266 073**	**705 870**	**3 312 768**
一、按控股情况分					
国有及国有控股	181 002	427 529	229 380	569 743	2 977 811
国有绝对控股	177 341	427 529	172 585	520 299	2 419 204
国有相对控股	3 661	0	56 795	49 444	558 607
集体控股	164	1 152	1 897	3 158	27 861
集体绝对控股	102	1 152	1 071	2 337	21 371
集体相对控股	62	0	826	821	6 490
其他	1 644	5 985	34 796	132 969	307 096
二、按主营行业分					
农、林、牧、渔业	76	0	0	1 051	16 669
工业	129 205	433 943	254 162	657 042	2 952 920
采矿业	6 114	6 740	920	13 481	110 926
制造业	121 772	427 203	253 242	625 645	2 758 118
电力、燃气及水的生产和供应业	1 319	0	0	17 916	83 876
建筑业	2 254	0	0	23 892	82 403
交通运输、仓储和邮政业	1 702	0	0	1 991	38 771
信息传输、计算机服务和软件业	0	723	1 391	1 308	1 969
批发和零售业	1 309	0	10 520	16 634	92 473
住宿和餐饮业	20	0	0	0	5 287
房地产业	0	0	0	333	2 158
租赁和商务服务业	48 244	0	0	3 619	120 118
三、按登记注册类型分					
国有企业	33 860	164 730	26 097	115 894	507 479
国有独资企业	53 706	82 862	16 855	47 783	352 161
其他有限责任公司	29 817	62 449	58 974	258 446	1 146 808
股份有限公司	55 652	117 885	107 352	199 262	660 362
中外合资企业	1	0	0	1 300	1 543
港澳台合资企业	9 774	6 740	56 795	83 185	644 415
四、按重点企业类型分					
520 户国家重点企业	50 046	14 557	10 239	94 917	280 142
原 512 户国家重点企业	6 644	55 138	71 771	75 139	742 211
省级重点企业	121 922	325 174	181 692	479 297	1 929 359
现企国家百户试点企业	4 198	39 797	2 371	56 517	361 056
现企省级试点企业	1 886	0	3 043	9 531	76 152
五、按企业规模分					
大型	110 205	228 797	186 769	419 914	2 378 204
中型	71 574	204 692	73 884	235 194	785 621
小型	1 011	454	4 029	46 318	126 257
其他	20	723	1 391	4 444	22 686

单位:万元

股本(实收资本)	投资收益	营业外收入	利润总额	税金合计	固定资产投资完成额	研究开发费用
2 066 969	**7 346**	**14 123**	**264 272**	**646 551**	**589 355**	**47 218**
1 893 060	6 538	13 262	191 442	566 689	407 601	44 711
1 616 065	8 288	13 186	133 754	503 883	333 017	44 600
276 995	- 1 750	76	57 688	62 806	74 584	111
29 308	0	6	51	1 348	33 391	206
23 290	0	1	- 244	708	54	132
6 018	0	5	295	640	33 337	74
144 601	808	855	72 779	78 514	148 363	2 301
845	0	21	2	28	0	0
1 886 101	6 143	13 047	255 121	625 273	583 781	46 770
51 192	- 62	30	8 923	8 445	15 761	76
1 747 650	6 188	12 939	232 224	602 297	567 069	46 694
87 259	17	78	13 974	14 531	951	0
61 840	223	685	379	9 362	0	0
12 560	711	140	6 045	2 873	3 147	0
1 004	22	0	528	144	244	376
51 440	236	224	1 044	8 083	1 440	72
3 300	1	6	110	- 121	0	0
3 000	0	0	- 137	98	0	0
46 879	10	0	1 180	811	743	0
254 803	824	770	49 149	218 928	33 421	8 172
245 258	4 076	850	2 053	8 962	41 541	23 660
921 208	1 364	2 893	110 975	214 935	354 936	4 377
335 017	2 189	1 165	24 474	120 627	72 637	10 827
1 591	0	0	107	267	0	0
309 092	- 1 107	8 445	77 514	82 832	86 820	182
161 219	126	595	3 871	32 134	15 354	1 993
436 827	2 524	862	58 277	68 239	108 020	21 516
1 128 475	4 331	11 473	181 316	470 322	358 497	23 508
340 448	365	1 193	20 808	75 856	107 484	201
33 033	1 425	123	8 278	2 609	7 424	236
1 518 524	5 105	4 483	169 703	362 911	486 217	34 989
423 857	1 569	1 156	73 693	250 439	102 397	11 678
111 704	761	8 385	17 616	30 641	497	175
12 884	- 89	99	3 260	2 560	244	376

重点企业建立现代企业制度从业人员和劳动报酬

（2003年）

项目	从业人员（人）	#在岗职工	其他人员	研究开发人员（人）	从业人员劳动报酬（万元）	#在岗职工	其他人员	研究开发人员报酬（万元）
总计	**238 909**	**219 801**	**19 108**	**7 804**	**335 067**	**315 671**	**19 396**	**12 866**
一、按控股情况分								
国有及国有控股	208 967	190 188	18 779	7 180	298 925	279 684	19 241	11 470
国有绝对控股	195 361	176 666	18 695	7 100	270 310	251 241	19 069	11 392
国有相对控股	13 606	13 522	84	80	28 615	28 443	172	78
集体控股	3 533	3 515	18	70	2 513	2 498	15	112
集体绝对控股	1 122	1 104	18	42	1 281	1 266	15	79
集体相对控股	2 411	2 411	0	28	1 232	1 232	0	33
其他	26 409	26 098	311	554	33 629	33 489	140	1 284
二、按主营行业分								
农、林、牧、渔业	376	376	0	0	450	450	0	0
工业	193 904	186 280	7 624	7 717	272 029	266 724	5 305	12 489
采矿业	8 616	8 229	387	142	9 102	8 793	309	225
制造业	183 023	175 980	7 043	7 575	258 335	253 458	4 877	12 264
电力、燃气及水生产和供应业	2 265	2 071	194	0	4 592	4 473	119	0
建筑业	31 367	22 292	9 075	0	44 235	32 758	11 477	0
交通运输、仓储和邮政业	5 591	3 959	1 632	0	7 894	5 814	2 080	0
信息传输、计算机服务和软件业	125	125	0	84	495	495	0	368
批发和零售业	5 807	5 061	746	3	8 261	7 789	472	9
住宿和餐饮业	703	703	0	0	592	592	0	0
房地产业	280	249	31	0	293	231	62	0
租赁和商务服务业	756	756	0	0	818	818	0	0
三、按登记注册类型分								
国有企业	40 912	37 095	3 817	705	51 931	48 084	3 847	1 322
国有独资企业	30 694	30 355	339	2 405	42 719	42 446	273	3 996
其他有限责任公司	103 744	90 568	13 176	2 802	148 242	134 712	13 530	4 059
股份有限公司	39 464	37 972	1 492	1 678	52 341	51 007	1 334	3 197
中外合资企业	204	120	84	0	655	483	172	0
港澳台合资企业	23 891	23 691	200	214	39 179	38 939	240	292
四、按重点企业类型分								
520户国家重点企业	14 997	14 026	971	512	14 013	13 171	842	650
原512户国家重点企业	31 667	31 268	399	1 729	59 254	58 796	458	3 352
省级重点企业	162 493	144 755	17 738	4 716	213 005	194 909	18 096	7 237
现企国家百户试点企业	29 752	29 752	0	847	48 795	48 795	0	1 627
现企省级试点企业	3 141	3 141	0	35	4 016	4 016	0	120
五、按企业规模分								
大型	150 090	138 386	11 704	4 881	236 421	221 998	14 423	8 000
中型	75 821	69 143	6 678	2 682	85 087	80 938	4 149	4 326
小型	11 249	10 652	597	157	11 643	11 002	641	172
其他	1 749	1 620	129	84	1 916	1 733	183	368

重点企业建立现代企业制度企业主要经济效益指标

（2003 年）　　单位：%

项　　目	净资产收益率	总资产报酬率	销售利润率	资本保值增值率	劳动生产率（万元/人）	成本费用利润率	资产利税率	总资产使用率
总　　计	**4.82**	**4.37**	**4.21**	**105.15**	**26.26**	**4.72**	**9.18**	**70.71**
一、按控股情况分								
国有及国有控股	3.79	3.82	3.61	104.02	25.36	4.07	8.74	67.22
国有绝对控股	3.53	3.30	2.83	101.89	24.22	3.18	8.81	69.46
国有相对控股	4.89	7.04	10.16	114.42	41.72	11.64	8.32	53.32
集体控股	-0.22	0.50	0.24	101.83	5.92	0.25	1.86	31.57
集体绝对控股	-1.18	-0.18	-1.99	101.30	10.91	-1.98	0.76	22.31
集体相对控股	2.96	3.81	3.41	103.61	3.59	3.71	7.14	76.38
其他	15.23	9.13	7.64	117.83	36.08	8.38	13.25	101.90
二、按主营行业分								
农、林、牧、渔业	0.01	0.14	0.08	99.53	6.52	0.08	0.09	11.56
工业	5.19	4.68	4.50	103.41	29.22	5.05	9.92	71.60
采矿业	5.99	5.06	11.93	103.46	8.68	14.98	7.56	34.82
制造业	4.87	4.52	4.25	103.07	29.88	4.75	10.07	74.26
电力、燃气及水的生产和供应业	14.56	7.85	11.42	115.80	54.01	12.97	7.96	36.11
建筑业	-0.51	0.40	0.14	103.73	8.74	0.14	2.74	85.11
交通运输、仓储和邮政业	11.41	7.01	15.34	105.90	7.05	20.95	8.60	44.47
信息传输、计算机服务和软件业	23.62	15.04	21.11	104.40	20.01	27.50	17.04	70.69
批发和零售业	0.71	1.20	0.45	95.31	40.34	0.44	1.96	97.31
住宿和餐饮业	2.08	1.36	2.52	84.38	6.20	3.89	2.76	53.52
房地产业	-6.35	-0.89	-6.38	57.58	7.67	-6.18	-0.25	13.94
租赁和商务服务业	0.98	2.16	2.45	225.20	63.81	32.61	1.00	0.00
三、按登记注册类型分								
国有企业	6.00	5.09	5.09	103.97	23.60	6.64	16.23	62.03
国有独资企业	0.46	1.20	0.69	96.92	9.74	0.80	1.10	27.63
其他有限责任公司	6.22	4.89	4.34	113.23	24.65	4.68	9.07	81.59
股份有限公司	1.44	2.35	1.48	93.75	42.00	1.60	6.94	86.67
中外合资企业	6.93	3.28	1.17	107.53	44.93	1.18	3.06	75.44
港澳台合资企业	7.23	7.42	9.87	111.00	32.88	11.32	10.04	61.23
四、按重点企业类型分								
520 户国家重点企业	-1.22	2.48	1.18	102.60	21.83	1.40	2.93	29.69
原 512 户国家重点企业	3.92	5.25	7.73	99.31	23.82	8.46	6.27	51.33
省级重点企业	6.25	4.63	4.13	108.54	27.01	4.68	10.93	79.78
现企国家百户试点企业	3.67	3.35	2.59	102.38	26.96	2.74	9.95	91.25
现企省级试点企业	8.33	7.12	12.03	106.22	21.90	13.50	7.00	54.16
五、按企业规模分								
大型	4.03	4.15	3.82	106.51	29.63	4.15	7.52	73.02
中型	5.71	4.64	4.96	101.21	19.59	6.14	13.02	62.98
小型	13.19	5.77	5.74	103.84	27.26	6.33	12.54	81.67
其他	9.59	8.03	9.54	113.97	19.54	11.16	8.86	61.68

国家重点联系

（2003

项目	单位数（个）	资本金合计	年末资产总计	无形资产	累计对外投资
总计	**11**	**944 969**	**3 264 867**	**158 003**	**216 653**
一、按控股情况分					
国有及国有控股	11	944 969	3 264 867	158 003	216 653
国有绝对控股	10	678 565	2 247 941	147 790	198 277
国有相对控股	1	266 404	1 016 926	10 213	18 376
二、按主营行业分					
农、林、牧、渔业	0	0	0	0	0
工业	9	822 822	2 985 923	157 542	138 105
采矿业	0	0	0	0	0
制造业	9	822 822	2 985 923	157 542	138 105
电力、燃气及水生产和供应业	0	0	0	0	0
建筑业	0	0	0	0	0
交通运输、仓储和邮政业	0	0	0	0	0
信息传输、计算机服务和软件业	0	0	0	0	0
批发和零售业	1	75 268	88 604	194	4 962
租赁和商务服务业	1	46 879	190 340	267	73 586
三、按登记注册类型分					
国有企业	3	129 148	458 380	10 467	36 740
国有独资企业	4	156 572	612 009	4 973	135 909
其他有限责任公司	1	342 127	874 488	131 013	19 946
股份有限公司	2	50 718	303 064	1 337	5 682
中外合资企业	0	0	0	0	0
港澳台合资企业	1	266 404	1 016 926	10 213	18 376
四、按重点企业类型分					
520 户国家重点企业	6	161 219	933 926	12 428	111 046
原 512 户国家重点企业	4	441 623	1 456 453	14 562	85 661
现企国家百户试点企业	1	342 127	874 488	131 013	19 946
五、按企业规模分					
大型	8	884 509	2 891 057	156 115	210 971
中型	3	60 460	373 810	1 888	5 682
小型	0	0	0	0	0
其他	0	0	0	0	0

企业财务指标

年）　　　　单位:万元

#本年	流动资产年平均余额	年末负债合计	#流动负债	营业收入	主营业务收入	主营业务成本	主营业务税金及附加
32 866	**1 164 189**	**1 881 458**	**1 376 343**	**1 883 729**	**1 822 841**	**1 498 256**	**11 550**
32 866	1 164 189	1 881 458	1 376 343	1 883 729	1 822 841	1 498 256	11 550
21 366	897 525	1 404 537	1 155 551	1 337 980	1 280 752	1 067 391	7 971
11 500	266 664	476 921	220 792	545 749	542 089	430 865	3 579
0	0	0	0	0	0	0	0
32 708	1 115 438	1 790 621	1 311 267	1 709 685	1 697 987	1 379 174	10 828
0	0	0	0	0	0	0	0
32 708	1 115 438	1 790 621	1 311 267	1 709 685	1 697 987	1 379 174	10 828
0	0	0	0	0	0	0	0
0	0	0	0	0	0	0	0
0	0	0	0	0	0	0	0
0	0	0	0	0	0	0	0
158	28 682	20 615	20 612	125 800	124 854	119 082	722
0	20 069	70 222	44 464	48 244	0	0	0
6 469	158 798	277 174	182 801	267 891	266 829	223 354	1 691
3 969	245 263	338 678	249 981	160 510	109 012	89 819	138
5 246	308 613	513 432	470 359	802 183	797 985	703 363	5 409
5 682	184 851	275 253	252 410	107 396	106 926	50 855	733
0	0	0	0	0	0	0	0
11 500	266 664	476 921	220 792	545 749	542 089	430 865	3 579
11 993	355 439	653 784	495 386	327 372	277 326	181 238	1 783
15 627	500 137	714 242	410 598	754 174	747 530	613 655	4 358
5 246	308 613	513 432	470 359	802 183	797 985	703 363	5 409
27 184	958 935	1 554 455	1 087 610	1 746 692	1 687 490	1 421 290	10 736
5 682	205 254	327 003	288 733	137 037	135 351	76 966	814
0	0	0	0	0	0	0	0
0	0	0	0	0	0	0	0

续表

项　　目	其他业务收入	新产品销售收入	出口销售总额	存货跌价损失和营业管理财务费用合计	年末股东（所有者）权益合计
总　　计	**60 888**	**109 492**	**84 381**	**226 573**	**1 383 409**
一、按控股情况分					
国有及国有控股	60 888	109 492	84 381	226 573	1 383 409
国有绝对控股	57 228	109 492	27 586	179 978	843 404
国有相对控股	3 660	0	56 795	46 595	540 005
二、按主营行业分					
农、林、牧、渔业	0	0	0	0	0
工业	11 698	109 492	84 381	215 946	1 195 302
采矿业	0	0	0	0	0
制造业	11 698	109 492	84 381	215 946	1 195 302
电力、燃气及水生产和供应业	0	0	0	0	0
建筑业	0	0	0	0	0
交通运输、仓储和邮政业	0	0	0	0	0
信息传输、计算机服务和软件业	0	0	0	0	0
批发和零售业	946	0	0	7 008	67 989
租赁和商务服务业	48 244	0	0	3 619	120 118
三、按登记注册类型分					
国有企业	1 062	0	0	40 740	181 206
国有独资企业	51 498	69 695	15 015	29 690	273 331
其他有限责任公司	4 198	39 797	2 371	56 517	361 056
股份有限公司	470	0	10 200	53 031	27 811
中外合资企业	0	0	0	0	0
港澳台合资企业	3 660	0	56 795	46 595	540 005
四、按重点企业类型分					
520 户国家重点企业	50 046	14 557	10 239	94 917	280 142
原 512 户国家重点企业	6 644	55 138	71 771	75 139	742 211
现企国家百户试点企业	4 198	39 797	2 371	56 517	361 056
五、按企业规模分					
大型	59 202	94 935	74 142	169 007	1 336 602
中型	1 686	14 557	10 239	57 566	46 807
小型	0	0	0	0	0
其他	0	0	0	0	0

单位:万元

股本(实收资本)	投资收益	营业外收入	利润总额	税金合计	固定资产投资完成额	研究开发费用
938 494	**3 015**	**2 650**	**82 956**	**176 229**	**230 858**	**23 710**
938 494	3 015	2 650	82 956	176 229	230 858	23 710
672 090	4 765	2 575	29 191	115 807	156 274	23 599
266 404	-1 750	75	53 765	60 422	74 584	111
0	0	0	0	0	0	0
841 789	2 769	2 613	81 776	168 902	228 675	23 638
0	0	0	0	0	0	0
841 789	2 769	2 613	81 776	168 902	228 675	23 638
0	0	0	0	0	0	0
0	0	0	0	0	0	0
0	0	0	0	0	0	0
0	0	0	0	0	0	0
49 826	236	37	0	6 516	1 440	72
46 879	10	0	1 180	811	743	0
103 706	446	566	2 347	22 306	8 837	1 840
177 218	4 048	760	3 379	3 556	37 613	21 439
340 448	365	1 193	20 808	75 856	107 484	201
50 718	-94	56	2 657	14 089	2 340	119
0	0	0	0	0	0	0
266 404	-1 750	75	53 765	60 422	74 584	111
161 219	126	595	3 871	32 134	15 354	1 993
436 827	2 524	862	58 277	68 239	108 020	21 516
340 448	365	1 193	20 808	75 856	107 484	201
878 034	3 109	2 584	82 612	160 696	223 644	23 485
60 460	-94	66	344	15 533	7 214	225
0	0	0	0	0	0	0
0	0	0	0	0	0	0

国家重点联系企业

（2003

项　　目	净资产收益率	总资产报酬率	销售利润率	资本保值增值率	劳动生产率（万元/人）	成本费用利润率
总　　计	**2.81**	**3.95**	**4.40**	**100.75**	**24.65**	**4.81**
一、按控股情况分						
国有及国有控股	2.81	3.95	4.40	100.75	24.65	4.81
国有绝对控股	1.69	2.63	2.18	93.63	21.07	2.34
国有相对控股	4.57	6.86	9.85	114.33	42.27	11.26
二、按主营行业分						
农、林、牧、渔业	0.00	0.00	0.00	0.00	0.00	0.00
工业	3.17	4.18	4.78	95.88	23.30	5.13
采矿业	0.00	0.00	0.00	0.00	0.00	0.00
制造业	3.17	4.18	4.78	95.88	23.30	5.13
电力、燃气及水生产和供应业	0.00	0.00	0.00	0.00	0.00	0.00
建筑业	0.00	0.00	0.00	0.00	0.00	0.00
交通运输、仓储和邮政业	0.00	0.00	0.00	0.00	0.00	0.00
信息传输、计算机服务和软件业	0.00	0.00	0.00	0.00	0.00	0.00
批发和零售业	-0.12	0.04	0.00	93.08	55.05	0.00
租赁和商务服务业	0.98	2.16	2.45	225.20	63.81	32.61
三、按登记注册类型分						
国有企业	-0.49	2.39	0.88	96.06	30.23	0.89
国有独资企业	1.23	1.65	2.11	98.24	7.97	2.83
其他有限责任公司	3.67	3.35	2.59	102.38	26.96	2.74
股份有限公司	-5.26	2.87	2.47	34.22	22.55	2.56
中外合资企业	0.00	0.00	0.00	0.00	0.00	0.00
港澳台合资企业	4.57	6.86	9.85	114.33	42.27	11.26
四、按重点企业类型分						
520户国家重点企业	-1.22	2.48	1.18	102.60	21.83	1.40
原512户国家重点企业	3.92	5.25	7.73	99.31	23.82	8.46
现企国家百户试点企业	3.67	3.35	2.59	102.38	26.96	2.74
五、按企业规模分						
大型	3.20	4.18	4.73	105.33	25.41	5.19
中型	-8.10	2.16	0.25	44.96	17.88	0.26
小型	0.00	0.00	0.00	0.00	0.00	0.00
其他	0.00	0.00	0.00	0.00	0.00	0.00

主要经济效益指标

年）

单位:%

资产利税率	总资产使用率	流动资产比率	资金利润率	资产负债率	长期负债与资产总计比率	流动比率	速动比率	新产品销售收入与营业收入比率	研究开发费用与主营业务收入比率
6.30	**55.83**	**35.66**	**3.28**	**57.63**	**15.47**	**84.59**	**53.93**	**5.81**	**1.30**
6.30	55.83	35.66	3.28	57.63	15.47	84.59	53.93	5.81	1.30
5.46	56.97	39.93	1.80	62.48	11.08	77.67	61.12	8.18	1.84
8.16	53.31	26.22	5.96	46.90	25.19	120.78	16.26	0.00	0.02
0.00	0.00	0.00	0.00	0.00	0.00	0.00	0.00	0.00	0.00
6.74	56.87	37.36	3.38	59.97	16.05	85.07	53.13	6.40	1.39
0.00	0.00	0.00	0.00	0.00	0.00	0.00	0.00	0.00	0.00
6.74	56.87	37.36	3.38	59.97	16.05	85.07	53.13	6.40	1.39
0.00	0.00	0.00	0.00	0.00	0.00	0.00	0.00	0.00	0.00
0.00	0.00	0.00	0.00	0.00	0.00	0.00	0.00	0.00	0.00
0.00	0.00	0.00	0.00	0.00	0.00	0.00	0.00	0.00	0.00
0.00	0.00	0.00	0.00	0.00	0.00	0.00	0.00	0.00	0.00
3.02	140.91	32.37	0.00	23.27	0.00	139.15	123.71	0.00	0.06
1.00	0.00	10.54	4.58	36.89	13.53	45.14	45.14	0.00	0.00
3.68	58.21	34.64	0.66	60.47	20.59	86.87	71.54	0.00	0.69
1.08	17.81	40.08	0.94	55.34	14.49	98.11	81.30	43.42	19.67
9.95	91.25	35.29	3.26	58.71	4.93	65.61	43.30	4.96	0.03
4.01	35.28	60.99	0.98	90.82	7.54	73.23	66.82	0.00	0.11
0.00	0.00	0.00	0.00	0.00	0.00	0.00	0.00	0.00	0.00
8.16	53.31	26.22	5.96	46.90	25.19	120.78	16.26	0.00	0.02
2.93	29.69	38.06	0.61	70.00	16.96	71.75	62.36	4.45	0.72
6.27	51.33	34.34	4.66	49.04	20.85	121.81	55.93	7.31	2.88
9.95	91.25	35.29	3.26	58.71	4.93	65.61	43.30	4.96	0.03
6.73	58.37	33.17	3.78	53.77	16.15	88.17	51.36	5.44	1.39
3.00	36.21	54.91	0.10	87.48	10.24	71.09	63.58	10.62	0.17
0.00	0.00	0.00	0.00	0.00	0.00	0.00	0.00	0.00	0.00
0.00	0.00	0.00	0.00	0.00	0.00	0.00	0.00	0.00	0.00

国家重点联系企业从业人员和劳动报酬

（2003 年）

项目	从业人员（人）	#在岗职工	其他人员	研究开发人员（人）	从业人员劳动报酬（万元）	#在岗职工	其他人员	研究开发人员报酬（万元）
总计	**76 416**	**75 046**	**1 370**	**3 088**	**122 062**	**120 762**	**1 300**	**5 629**
一、按控股情况分								
国有及国有控股	76 416	75 046	1 370	3 088	122 062	120 762	1 300	5 629
国有绝对控股	63 506	62 136	1 370	3 008	95 092	93 792	1 300	5 551
国有相对控股	12 910	12 910	0	80	26 970	26 970	0	78
二、按主营行业分								
农、林、牧、渔业	0	0	0	0	0	0	0	0
工业	73 375	72 259	1 116	3 085	115 878	114 882	996	5 620
采矿业	0	0	0	0	0	0	0	0
制造业	73 375	72 259	1 116	3 085	115 878	114 882	996	5 620
电力、燃气及水生产和供应业	0	0	0	0	0	0	0	0
建筑业	0	0	0	0	0	0	0	0
交通运输、仓储和邮政业	0	0	0	0	0	0	0	0
信息传输、计算机服务和软件业	0	0	0	0	0	0	0	0
批发和零售业	2 285	2 031	254	3	5 366	5 062	304	9
租赁和商务服务业	756	756	0	0	818	818	0	0
三、按登记注册类型分								
国有企业	8 862	8 141	721	135	10 141	9 579	562	220
国有独资企业	20 130	19 985	145	1 968	30 805	30 651	154	3 606
其他有限责任公司	29 752	29 752	0	847	48 795	48 795	0	1 627
股份有限公司	4 762	4 258	504	58	5 351	4 767	584	98
中外合资企业	0	0	0	0	0	0	0	0
港澳台合资企业	12 910	12 910	0	80	26 970	26 970	0	78
四、按重点企业类型分								
520 户国家重点企业	14 997	14 026	971	512	14 013	13 171	842	650
原 512 户国家重点企业	31 667	31 268	399	1 729	59 254	58 796	458	3 352
现企国家百户试点企业	29 752	29 752	0	847	48 795	48 795	0	1 627
五、按企业规模分								
大型	68 752	67 886	866	2 708	113 642	112 926	716	5 190
中型	7 664	7 160	504	380	8 420	7 836	584	439
小型	0	0	0	0	0	0	0	0
其他	0	0	0	0	0	0	0	0

重点企业建立现代企业制度企业改革及规范化状况

（2002－2003 年）

项　　目	2002 年		2003 年	
	数　量（个）	比　重（%）	数　量（个）	比　重（%）
合　　计	**100**	**100**	**100**	**100**
一、确定为现企制度试点企业情况				
企业为现企制度试点企业	18	18	4	4.0
#试点时间 1994－1997 年	14	77.78	4	100.0
#试点时间 1997 年以后	4	22.22	0	0.0
企业为公司制企业	79	79	78	78.0
二、总经理产生方式				
主管部门任命	30	30	22	22.0
董事会聘任	49	49	52	52.0
政府提名董事会聘任	8	8	9	9.0
职代会选举上级任命	0	0	1	1.0
社会公开招聘	2	2	2	2.0
上级组织部门任命	10	10	13	13.0
其他	1	1	1	1.0
三、中层管理人员产生方式				
总经理自主决定	16	16	13	13.0
总经理提名主管部门批	11	11	12	12.0
总经理提名董事会聘任	39	39	38	38.0
主管部门提名并决定	3	3	3	3.0
职代会选举主管部门任命	1	1	1	1.0
公开招聘	16	16	19	19.0
其他	14	14	14	14.0
四、董事长产生方式				
政府部门任命	16	20.8	17	22.1
董事会选举产生	47	61	48	62.3
资产运营机构指定	5	6.5	3	3.9
股东会任命	8	10.4	8	10.4
其他	1	1.3	1	1.3
五、企业出资人情况				
有明确出资人	78	78	79	79.0
#出资人法定人数为 1 人	16	20.5	13	16.5
#法定人数为 2－－5 人	21	26.9	27	34.2
#法定人数为 5 人以上	41	52.6	39	49.4
六、企业组织机构组建情况				
成立了股东会	54	54	57	57.0
成立了董事会	77	77	77	77.0
设立独立董事	35	45.5	33	42.9
一人兼任两职	31	31	24	24.0

续表

项　　目	2002年		2003年	
	数量（个）	比重（%）	数量（个）	比重（%）
成立了监事会	63	63	65	65.0
七、股东会职权行使情况				
决定经营方针和投资计划	51	94.44	54	94.7
选举和更换董事	53	98.15	54	94.7
选举和更换监事	52	96.3	53	93.0
审议批准董事会报告	52	96.3	55	96.5
审议批准监事会报告	51	94.44	54	94.7
审议批准财务方案	52	96.3	57	100.0
审议批准利润分配方案	51	94.44	57	100.0
决定增减注册资本	51	94.44	56	98.2
决定发行债券	45	83.33	47	82.5
决定转让出资	47	87.04	50	87.7
决定公司合分等事项	49	90.74	54	94.7
修改公司章程	49	90.74	56	98.2
八、董事会职权行使情况				
召集股东会	60	77.92	65	84.4
执行股东会决议	60	77.92	63	81.8
决定经营计划和投资方案	76	98.7	76	98.7
制订财务方案	75	97.4	76	98.7
制订利润分配方案	74	96.1	76	98.7
制订注册资本增减方案	70	90.91	77	100.0
拟定公司合分等事项方案	68	88.31	75	97.4
决定内部管理机构设置	73	94.81	75	97.4
聘任公司高级管理人员	67	87.01	73	94.8
制定公司基本管理制度	75	97.4	76	98.7
九、监事会职权行使情况				
检查公司财务	62	98.41	65	100.0
对董事和经理进行监督	59	93.65	63	96.9
纠正损害公司利益行为	61	96.83	64	98.5
提议召开临时股东会	55	87.3	59	90.8
其它职权	60	98.24	63	96.9
十、企业劳动人事分配制度改革情况				
已全面实行劳动合同制度	87	87	88	88.0
已实行全员竞争上岗制度	76	76	76	76.0
仍然干部和工人身份界限	44	44	43	43.0
十、企业为上市公司				
企业为上市公司	14	14	13	13.0
A股	14	100	13	100.0
B股	0	0	0	0.0
H股	0	0	1	7.7

指标解释

一、登记注册类型：指在工商行政管理机关登记注册的具有法人资格的各类企业。其中：

（1）国有企业：指企业全部资产归国家所有，并按《中华人民共和国企业法人登记管理条例》规定登记注册的非公司制的经济组织。不包括有限责任公司中的国有独资公司。

（2）国有独资公司：指国家授权的投资机构或者国家授权的部门单独投资设立的有限责任公司。

（3）其他有限责任公司：指根据《中华人民共和国公司登记管理条例》规定登记注册，由两个以上，五十个以下的股东共同出资，每个股东以其所认缴的出资额对公司承担有限责任，公司以其全部资产对其债务承担责任的经济组织。其他有限责任公司不包括国有独资公司。

（4）股份有限公司：指根据《中华人民共和国公司登记管理条例》规定登记注册，其全部注册资本由等额股份构成并通过发行股票筹集资本，股东以其认购的股份对公司承担有限责任，公司以其全部资产对其债务承担责任的经济组织。

（5）中外合资企业：指外国企业或外国人与中国内地企业依照《中华人民共和国中外合资经营企业法》及有关法律的规定，按合同规定的比例投资设立，分享利润和分担风险的企业。

（6）港澳台合资企业：指港澳台地区投资者与内地企业依照《中华人民共和国中外合资经营企业法》及有关法律的规定，按规定的比例投资设立、分享利润和分担风险的企业。

（7）其他：指上述登记注册类型以外的其他登记注册类型企业。

二、控股情况：指按所有制性质和控股状况划分的企业情况，包括：①国有绝对控股：指在企业的全部资本中，国家资本（股本）所占比例大于50%的企业；②国有相对控股：指在企业的全部资本中，国家资本（股本）所占的比例虽未大于50%，但相对大于企业中的其他经济成分所占比例的企业；或者虽不大于其他经济成分，但根据协议规定，由国家拥有实际控制权的企业（协议控制）；③集体绝对控股：指在企业的全部资本中，集体资本（股本）所占比例大于50%的企业；④集体相对控股：指在企业的全部资本中，集体资本（股本）所占的比例虽未大于50%，但相对大于企业中的其他经济成分所占比例的企业；或者虽不大于其他经济成分，但根据协议规定，由集体拥有实际控制权的企业（协议控制）；⑤其他：指国有绝对控股、国有相对控股、集体绝对控股和集体相对控股以外的其他企业。

三、企业规模：指国家统计局2003年印发的《统计上大中小型企业划分办法（暂行）》（国统字〔2003〕17号）中划分的企业规模。该办法以法人企业或单位作为企业规模的划分对象，以从业人员数、销售额和资产总额三项指标作为划分依据，适用于统计上对工业（采矿业，制造业，电力、燃气及水的生产和供应业）、建筑业、交通运输、仓储和邮政业、批发和零售业、住宿和餐饮业的企业划分规模，没有规定划分标准的其他行业企业填报“其他”项。

四、主要财务指标

1、税金：指企业集团按规定从管理费用中支付的各种税金，包括房产税、土地使用税、车船使用税、印花税等。

2、劳动、待业保险费：指企业集团支付的劳动保险和待业保险的费用之和。

3、职工教育费：指企业集团职工教育费用之和。

4、广告费：指企业集团在商品销售过程中发生的广告费用之和。

5. 利息支出：指企业集团生产经营期间发生的利息净支出（减利息收入）。

6. 投资收益：指企业集团以各种方式对外投资所取得的收益。

7. 营业外收入：指企业集团发生的与生产经营无直接关系的各项收入。

8. 利润总额：指企业集团实现的盈亏总额，反映企业集团最终的财务成果。计算公式为：

利润总额 = 营业利润 + 补贴收入 + 投资收益 + 营业外收入 − 营业外支出。

9. 应交所得税：指企业集团本年利润应交的所得税。

10. 应交增值税：指企业集团应交纳的增值税额合计。

第五章：规模以下工业企业概况

规模以下工业抽样调查数据

指　　标	单位	1998年	1999年	2000年	2001年	2002年	2003年
总体							
工业总产值	亿元	557.26	603.92	670.78	745.44	848.46	968.26
单位数	万个	22.05	22.55	24.66	25.37	24.54	20.82
企业子总体							
工业总产值	亿元	240.76	277.80	310.56	342.90	391.82	450.56
单位数	万个	4.00	4.11	3.66	3.06	3.06	3.10
个体子总体							
工业总产值	亿元	316.50	326.12	360.22	402.54	456.64	517.70
单位数	万个	18.05	18.44	21.00	22.31	21.48	17.72

注：规模以下工业产值为现价产值，下同。

规模以下工业企业十大行业产值情况

单位：亿元

行业类别	2002年	2003年
煤炭开采和洗选业	17.44	20.00
非金属矿采选业	14.46	16.31
农副产品加工业	43.88	45.15
纺织业	15.59	13.29
木材加工及木、竹、藤、棕、草制品业	22.92	23.07
化学原料及化学制品制造业	29.54	35.82
非金属矿物制品业	72.49	90.38
金属制品业	12.58	15.72
通用设备制造业	19.08	19.10
工艺品及其他制造业	6.11	8.11

注：2002年产值按清查比重计算，2003年产值根据十大行业样本推算。

规模以下工业企业单位数及工业总产值

（2003 年）

分　　类	企业单位数(个)	工业总产值(万元)
总 计	31000	4 505 600.00
一、按登记注册类型		
国有企业		
集体企业	9 267	1 376 906.04
股份合作企业	1 876	324 680.03
联营企业	328	40 162.55
有限责任公司	581	145 203.97
股份有限公司	112	21 024.57
私营企业	17 861	2 424 703.30
其他企业	571	48 449.50
港、澳、台投资企业	305	92 023.67
外商投资企业	99	32 446.37
二、按轻重工业分		
轻工业	16 740	2 433 024.00
重工业	14 260	2 072 576.00
三、按抽样总体分		
目录企业	18 910	2 793 472.00
非目录企业	12 090	1 712 128.00
四、按工业行业分		
煤矿开采和洗选业	1 326	200 365.72
石油和天然气开采业	0	0.00
黑色金属矿采选业	53	10 702.47
有色金属矿采选业	192	39 449.93
非金属矿采选业	1 829	166 151.57
其他采矿业	3	153.26
农副产品加工业	4 030	504 660.19
食品制造业	750	102 598.38
饮料制造业	735	85 828.93
烟草制品业	1	693.60
纺织业	589	179 211.83
纺织服装、鞋、帽制造业	437	75 864.59
皮革、毛皮、羽毛(绒)及其制品业	270	40 704.45
木材加工及木、竹、藤、棕、草制品业	2 325	263 797.20
家具制造业	874	100 824.33
造纸及纸制品业	679	124 255.02

续表

分　　类	企业单位数(个)	工业总产值(万元)
印刷业和记录媒介的复制	815	133 827.81
文教体育用品制造业	428	84 869.08
石油加工、炼焦及核燃料加工业	34	6 359.41
化学原料及化学制品制造业	2 013	339 517.47
医药制造业	164	41 225.77
化学纤维制造业	19	3 506.03
橡胶制品业	143	26 866.92
塑料制品业	744	129 105.97
非金属矿物制品业	6 324	833 384.80
黑色金属冶炼及压延加工业	214	63 625.01
有色金属冶炼及压延加工业	146	32 481.05
金属制品业	822	144 798.10
通用设备制造业	1 070	219 368.56
专用设备制造业	453	81 907.85
交通运输设备制造业	887	132 477.53
电气机械及器材制造业	512	109 053.33
通信设备、计算机及其他电子设备制造业	136	23 538.98
仪器仪表及文化、办公用机械制造业	143	30 063.07
工艺品及其他制造业	623	70 214.21
废弃资源和废旧材料回收加工业	40	8 989.95
电力、热力的生产和供应业	1 004	86 480.91
燃气生产和供应业	12	1 702.45
水的生产和供应业	161	6 974.26
五、按地区分		
南昌市	6 355	1 658 511.36
景德镇市	747	105 881.60
萍乡市	2 663	428 032.00
九江市	1 723	195 993.60
新余市	1 060	137 871.36
鹰潭市	561	52 264.96
赣州市	3 283	377 118.72
吉安市	3 897	357 744.64
宜春市	4 052	424 878.08
抚州市	4 424	534 814.72
上饶市	2 235	232 488.96

注:各分类项绝对值等于总量乘以比重,比重根据2002年清查数据计算,

各地区规模以下工业企业单位数

（2003 年）

分　　类	全　省	南昌市	景德镇市	萍乡市	九江市	新余市
国有企业	0	0	0	0	0	0
集体企业	9 267	1 003	325	611	537	316
股份合作企业	1 876	507	59	177	129	19
联营企业	328	24	14	92	21	8
有限责任公司	581	261	7	7	34	30
股份有限公司	112	0	1	4	5	4
私营企业	17 861	4 265	321	1770	951	662
其他企业	571	148	2	0	4	6
港、澳、台投资企业	305	116	6	2	31	9
外商投资企业	99	31	12	0	11	6

续表

分　　类	鹰潭市	赣州市	吉安市	宜春市	抚州市	上饶市
国有企业	0	0	0	0	0	0
集体企业	134	925	1 637	1078	2 258	443
股份合作企业	13	286	96	229	184	177
联营企业	1	28	24	34	69	13
有限责任公司	9	64	34	68	27	40
股份有限公司	9	5	26	39	12	7
私营企业	346	1 916	2 016	2 389	1 699	1 526
其他企业	31	14	17	163	165	21
港、澳、台投资企业	11	40	40	41	5	4
外商投资企业	7	5	7	11	5	4

注：各分类项绝对值等于总量乘以比重，比重根据 2002 年清查数据计算，

个体工业单位数

（2003 年）

分　　类	行政区划代码	个体工业单位数(个)
一、按地区分		
南昌市	3601	36 475
景德镇市	3602	11 575
萍乡市	3603	4 368
九江市	3604	8 276
新余市	3605	6 560
鹰潭市	3606	3 632
赣州市	3607	35 888
吉安市	3608	16 312
宜春市	3609	11 662
抚州市	3610	14 985
上饶市	3611	27 467
二、按县(市、区)分		
东湖区	360102	704
西湖区	360103	339
青云谱区	360104	761
湾里区	360105	1 026
青山湖区	360111	4 005
南昌县	360121	11 469
新建县	360122	6 331
安义县	360123	1 065
进贤县	360124	10 775
昌江区	360202	2 453
珠山区	360203	1 526
浮梁县	360222	3 822
乐平市	360281	3 774
安源区	360302	699
湘东区	360313	692
莲花县	360321	1 039
上栗县	360322	436
芦溪县	360323	1 502
庐山区	360402	642
浔阳区	360403	104
九江县	360421	326
武宁县	360423	699
修水县	360424	1 093
永修县	360425	622

续表 1

分　　类	行政区划代码	个体工业单位数(个)
德安县	360426	362
星子县	360427	185
都昌县	360428	228
湖口县	360429	1 470
彭泽县	360430	654
瑞昌市	360481	1 891
渝水区	360502	4 815
分宜县	360521	1 745
月湖区	360602	454
余江县	360622	1 918
贵溪市	360681	1 260
章贡区	360702	587
赣 县	360721	3 163
信丰县	360722	4 402
大余县	360723	834
上犹县	360724	1 486
崇义县	360725	1 935
安远县	360726	672
龙南县	360727	521
定南县	360728	912
全南县	360729	1 080
宁都县	360730	3 028
于都县	360731	3 234
兴国县	360732	2 622
会昌县	360733	1 231
寻乌县	360734	859
石城县	360735	684
瑞金市	360781	2 879
南康市	360782	5 759
吉州区	360802	337
青原区	360803	738
吉安县	360821	1 271
吉水县	360822	1 864
峡江县	360823	270
新干县	360824	317
永丰县	360825	2 563
泰和县	360826	2 096

续表 2

分　　类	行政区划代码	个体工业单位数(个)
遂川县	360827	1 797
万安县	360828	1 666
安福县	360829	2 436
永新县	360830	590
井冈山市	360881	367
袁州区	360902	1 272
奉新县	360921	195
万载县	360922	2 145
上高县	360923	1 290
宜丰县	360924	664
靖安县	360925	868
铜鼓县	360926	243
丰城市	360981	2 909
樟树市	360982	1 091
高安市	360983	985
临川区	361002	2 747
南城县	361021	2 464
黎川县	361022	375
南丰县	361023	2 165
崇仁县	361024	1 064
乐安县	361025	303
宜黄县	361026	1 130
金溪县	361027	1 377
资溪县	361028	400
东乡县	361029	2 166
广昌县	361030	794
信州区	361102	2 235
上饶县	361121	3 543
广丰县	361122	1 405
玉山县	361123	1 412
铅山县	361124	2 304
横峰县	361125	1 150
弋阳县	361126	1 340
余干县	361127	2 694
波阳县	361128	2 961
万年县	361129	3 626
婺源县	361130	2 969
德兴市	361181	1 828

规模以下工业抽样调查方案简介(2003 年)

规模以下工业抽样调查是为适应市场经济发展的需要,为加快统计制度方法改革进程,促进国民经济核算日臻完善而出现的新的统计调查制度。所谓规模以下工业是指全部年产品销售收入 500 万元以下的非国有工业企业和全部个体经营工业单位。规模以下工业抽样调查,就是通过对数量大、分布广、经济总量逐年增加的这部分规模以下工业单位总体进行科学的抽样调查,以样本资料推算出规模以下工业总体估计量,以此来提高统计的抗干扰能力,提高统计数据质量。

我省从 1997 年初开始对规模以下工业进行抽样调查试点,于 1999 年初开始正式对全省规模以下工业开展以省为总体的抽样调查工作。通过不断探索和总结,逐步完善了抽样调查方法,由四个子总体变为两个子总体,数据质量也得到不断提高。目前,我省规模以下工业抽样一年开展 4 次,共有 586 个样本企业,174 个样本村。

2003 年规模以下工业抽样调查设计

一、调查总体划分

1. 规模以下工业总体划分为两个子总体,即年产品销售收入 500 万元以下的非国有工业企业(以下简称企业子总体)和全部个体经营工业单位(以下简称个体工业子总体)。

2. 以全国为总体,按照国民经济行业分类将企业子总体划分成 39 个行业大类子总体。

二、基本抽样方法

企业子总体中有企业名录的部分采用目录抽样,没有企业名录的企业和个体工业子总体采用整群抽样方法。

(一)一阶段目录抽样。用于目录企业部分。根据各省企业名录库直接抽取样本企业。

(二)一阶段整群抽样。用于个体经营工业单位和未包括在企业名录库中的非目录企业部分。在省一级直接抽取整群单位——村(居委会)作为样本,对整群样本内部的个体工业单位和非目录企业进行调查。

三、调查目标

(一)估计全国和各省规模以下工业总体、企业子总体和个体工业子总体的指标总量;

(二)在年报中,估计全国企业子总体分行业大类的指标总量。

以下说明共分五个部分,第一部分为目录企业抽样设计;第二部分为个体工业一阶段整群抽样设计;第三部分为非目录企业抽样设计;第四部分为总体总量和方差估计。一至四部分适用于年报和 1 至 5 月份调查。第五部分为 1 至 3 月份和 1 至 9 月份部分样本调查实施意见。

第一部分　目录企业抽样设计

本部分的应用范围是有名录的年产品销售收入 500 万元以下非国有工业企业,即企业子总体中的目录企业部分。

一、抽样框

目录企业抽样框的范围包括全部有名录的年产品销售收入 500 万元以下的非国有工业企业,企业的年产品销售收入以上年年末数据为准。抽样框内容应包括企业的基本属性指标和基本价值量指标。具体包括:企业名称、企业法人代码、地址、行业分类、企业登记注册类型等基本属性指标,以及工业总产值或产品销售收入等基本价值量指标。

二、样本量的确定

为了同时满足企业子总体以省为总体抽样精度的要求和以全国为总体分行业大类抽样精度的要求,由企业调查总队分别确定各省目录企业部分的最小样本量和样本的行业分布结构,分配给各省。

三、企业分层及样本量在各层之间的分配

第一，按行业大类分层。首先，将目录企业抽样框按照行业大类分成39个行业层，然后，将6个特别小的行业层合并成两个行业层，即将“化学纤维制造业”和“废弃资源和废旧材料回收加工业”合并成“其他制造业”，将“石油和天然气开采业”、“其他采矿业”、“烟草制品业”和“燃气生产和供应业”合并成“其他行业”，最终划分成35个行业层。将已确定的样本量分配到各行业层中，若出现某些小行业层没有分配到样本，就将其合并到“其他行业层”中，如果“其他行业层”中没有样本，则在该层增加2到4个样本。

第二，在行业层内部进一步分层。在完成按行业大类分层之后，如果分配给某行业层的样本量较大时，则需要在行业层内部进一步分层，以提高估计量的精度。进一步分层的限制条件是：每个最终层内至少包含4个以上样本。

在行业层内部进一步分层：

(1)按照企业规模不等概率分层。将行业层内的全部企业按企业规模——工业总产值(产品销售收入)分层。各地可灵活掌握分层数量和分层界限，一般分2到3层即可。

(2)按照规模或者其他信息进行等概率分层。在完成按行业、按规模不等概率分层后，分配给某些“行业×规模”层的样本量仍然较大，满足进一步分层条件时，可再按企业规模或者企业其他信息(如地区、企业登记注册类型等)进一步分层。此时，要求样本在这些层中等比例分配。

四、样本抽取

采用“永久随机数”方法抽取样本。首先对每个抽样框单位赋予一个随机数，即“永久随机数”，然后在每一个最终层中将企业按照“永久随机数”从小到大排队，抽取 n_h 个最小永久随机数的企业作为第 h 层的样本。

五、区分有效样本企业和无效样本企业

按照数据收集期间样本企业是否属于规模以下工业企业统计范围，将样本企业划分成有效样本企业和无效样本企业。有效样本企业是指在调查时点时仍然属于规模以下工业统计范围的样本单位，无效样本企业是指在调查时点时已经不属于规模以下工业统计范围的样本单位。

对于有效样本企业，还应进一步根据样本企业是否填报了调查表，划分成有回答有效样本企业和无回答有效样本企业。

对于无效样本企业，无论是否填报了调查表，都应将其调查指标赋值为“0”，基础权数不变，保留在数据文件中，供估计方差时使用。

为了从未填报调查表的样本企业中区分出无回答有效样本企业和无效样本企业，需进一步了解样本企业未填报调查表的原因。企业未填报调查表的原因分为：1.营业但无回答；2.撤消，包括企业法人代码变更；3、被合并；4.停产；5.转产成为非工业企业，6.已纳入规模以上工业企业统计范围。在企业未填报调查表的原因中，第1类企业属于无回答有效样本企业，第2类至第6类企业属于无效样本企业。

六、加权

1.基础权数。目录企业样本的基础权数是该样本企业被选概率的倒数。

2.权数调整。根据检查是否存在重复企业、是否存在无回答有效样本企业、是否存在合并企业和分开企业等情况对相应的样本企业的权数进行调整，得到每个样本企业的最终权数。

七、总量和方差估计

1.总量估计量：$\hat{Y}_{LE} = \sum w_i y_i$

式中：w_i 为样本企业 i 的最终权数；y_i 是样本企业 i 的指标 y 的值。

2.子域总量估计量：,$\hat{Y}_{LED} = \sum_d w_i y_i$

式中，d 为要研究的子域(如行业等)，w_i 为样本企业的最终权数；y_i 是样本企业 i 的指标 y 的值。

在实际估计总量和方差时，无论是省级还是国家级，都采用 *STATA* 软件进行。

第二部分　个体工业一阶段整群抽样设计

本部分的应用范围是全部个体经营工业单位，即个体工业子总体。

一、抽样框

个体工业一阶段整群抽样框包括全省范围内所有的村委会(居委会)(以下简称村)，既包括有个体工业单位的村，也包括没有个体工业单位的村。抽

样框的内容包括：村名称、地址代码、村内个体工业单位数和营业收入等信息，对于没有个体工业单位的村来说，个体工业单位数和营业收入为"0"。

二、划分虚拟村

为了减少调查工作量，可将具有较多个体工业单位的村，分成若干个"虚拟村"，分成多少个"虚拟村"，由现场调查时所能承担的工作量决定。各地可结合本地实际情况确定划分"虚拟村"的个体工业单位数量界限。在完成"虚拟村"划分操作之后，抽样框的组成单位就不是实际意义上的村了，为了便于区别，以下称之为初级抽样单位（简称 PSU）。

如果抽中了某个"虚拟村"作为样本，在实际调查时，应先将该"虚拟村"所在的行政村中所有的个体工业单位列出名单，按照随机原则从名单中抽出相应数量的个体工业单位作为"虚拟村"的组成单位，并对这些被选中的个体工业单位进行调查，收集调查资料。

三、确定样本量

各省根据总队分配的企业样本量和总体总量指标精度要求，计算样本量。

四、分层及样本在各层之间的分配

1、抽样框中含有规模信息的地区将全部 PSU 按照规模——个体营业收入分层。各地可灵活掌握分层数量，采用累计平方根法确定分层界限。按照规模较大层的抽样比较大的原则进行样本分配。

2、各地区可视实际情况还可按地区或区域进行分层。

五、抽取样本

采用"永久随机数"方法抽取样本。首先对抽样框中每个单位赋予一个随机数，然后在每一个最终层中将 PSU 按照随机数大小排队，抽取 n_h 个最小永久随机数的 *PSU* 作为第 h 层的样本。

六、加权

1、基础权数。样本 PSU 的基础权数是该样本 PSU 的被选概率的倒数，个体工业单位的基础权数为所在的样本 PSU 的基础权数。

2、权数调整。根据检查是否存在重复 PSU、是否存在无回答样本 PSU、是否存在无回答个体工业单位、是否存在合并 PSU 和分开 PSU 等情况，对相应的个体工业单位的权数进行调整，得到每个个体工业单位的最终权数。

七、总量和方差估计量

总量估计量为$\hat{Y}_G = \sum w_i y_i$。式中，w_i 为个体工业单位 i 的最终权数；y_i 是个体工业单位 i 的指标 y 的值。估计总量和方差采用 *STATA* 软件进行。

第三部分　非目录企业抽样设计

企业名录库中遗漏的企业和未包括的新增企业称为非目录企业。

一、抽样方法

对非目录企业采用一阶段整群抽样方法。利用个体工业一阶段整群抽样的样本，对整群样本范围内的规模以下工业企业进行核查，确认非目录企业样本，然后对其进行调查，再按照个体工业一阶段整群抽样的方法进行推算。

二、确认非目录企业样本

使用《目录企业核对表》（见参考表式）对整群样本范围内的目录企业抽样框中实际存在的企业进行核对，找出新增和被遗漏的企业。

首先，由省企业调查队提供整群样本范围内的目录企业抽样框中实际存在的企业名单，由样本村调查员根据该名单，对本村规模以下工业企业进行核对，找出新增和遗漏企业，并将名单填在《目录企业核对表》中的"建立抽样框后新增或被遗漏企业"栏。"在目录企业抽样框中但地址码不正确"一栏不填，然后，通过地市企业调查队上报到省企业调查队。

第二，由省企业调查队将调查员填报的新增和被遗漏企业与目录企业抽样框再次进行核对，剔除目录企业抽样框中已经存在的重复企业。对于核查出来的在目录企业抽样框中已经实际存在的企业，在《目录企业核对表》中"在目录企业框中但原地址码不正确"一栏上做标记。

第三，确认非目录企业样本。在样本村调查员填报的新增或被遗漏企业基础上，剔除"在目录企业框中但原地址码不正确"的企业，得到非目录企业样本。

三、加权

1、基础权数。非目录企业的基础权数等于所在样本 PSU 的基础权数。

2、权数调整。根据检查是否存在重复样本

PSU、是否存在无回答样本 PSU、是否存在无回答非目录企业、是否存在合并 PSU 和分开 PSU 等情况，对相应的非目录企业样本的权数进行调整，得到每个非目录企业样本的最终权数。

四、总量和方差估计

总量估计量为$\hat{Y}_{UE}=\sum w_i y_i$。式中，$w_i$ 为非目录企业 i 的最终权数；y_i 是非目录企业 i 的指标 y 的值。估计总量和方差都采用 *STATA* 进行。

第四部分　总体总量和方差估计

一、企业子总体总量和方差估计

1、总量估计量：

$$\hat{Y}_E=\hat{Y}_{LE}+\hat{Y}_{UE}$$

式中，$\hat{Y}_{LE}$ 表示目录企业的总量估计量，$\hat{Y}_{UE}$ 表示非目录企业的总量估计量。

2.$\hat{Y}_E$ 的方差估计量：

$$v(\hat{Y}_E)=v(\hat{Y}_{LE})+v(\hat{Y}_{UE})$$

二、规模以下工业总体总量和方差估计

1. 总量估计量：

$$\hat{Y}=\hat{Y}_E+\hat{Y}_G=\hat{Y}_{LE}+\hat{Y}_{UE}+\hat{Y}_G$$

式中，$\hat{Y}_E$ 表示企业子总体的总量估计量，$\hat{Y}_G$ 表示个体工业子总体的总量估计量，$\hat{Y}_{LE}$ 表示目录企业的总量估计量，$\hat{Y}_{UE}$ 表示非目录企业的总量估计量。

2.$\hat{Y}$ 的方差估计量

在估计规模以下工业总体总量的方差时，由于个体工业单位和非目录企业的样本是来源于同一个整群样本，因此需要将个体工业单位和非目录企业作为一个整体，用一阶段整群抽样的方差估计量公式，估计个体工业单位和非目录企业$(\hat{Y}_{UE}+\hat{Y}_G)$的方差，则$\hat{Y}$的方差估计量为：

$$v(\hat{Y})=v(\hat{Y}_{LE})+v(\hat{Y}_{UE}+\hat{Y}_G)$$

3.$\hat{Y}$ 的最大相对误差估计量

$$\hat{r}=\frac{t\sqrt{v(\hat{Y})}}{\hat{Y}}$$

式中：$t=1.96$。

估计总量和方差采用 *STATA* 进行。

第五部分　1 至 3 月份和 1 至 9 月份部分样本调查实施意见

一、样本量的确定原则

1、部分样本调查只满足以国家为总体，在 95% 的概率保证程度下工业总产值的最大相对误差控制在 10% 以内。

2、要求各省的部分样本调查目录企业样本量不少于 60 个，个体工业一阶段整群样本（村、居委会、或“虚拟村”）不少于 30 个。

二、部分样本调查样本（以下简称部分样本）的选取方法及权数确定方法

（一）部分样本的抽选方法

1. 目录企业抽样。

（1）将目录企业年报样本按规模——工业总产值（或者产品销售收入）大小排队，并将其分成 500 万元及以上、400～500 万元、300～400 万元、200～300 万元、100～200 万元、100 万元以下六层。

（2）在各层中按等比例原则缩小样本量。计算公式为：$m_h=n_h*m/n$，其中，n 为全部年报样本量，n_h 为第 h 层的年报样本量，m 为部分样本量，m_h 为第 h 层的部分样本量，其中 $m\leqslant n, m_h\leqslant n_h$。

（3）在各层年报样本中按照“永久随机数”方法抽取部分样本，即将 n_h 个年报样本按照永久随机数从小到大排队，抽取前 m_h 个企业作为该层的部分样本企业 。

2. 个体工业一阶段整群抽样

（1）在个体工业一阶段整群抽样年报样本基础上，按等比例原则在各规模层中同时缩小样本量。

（2）各层部分样本量的计算公式为：$m_h=n_h*m/n$，其中，n 为全部年报样本量，n_h 为第 h 层的年报样本量，m 为部分样本量，m_h 为第 h 层的部分样本量，其中 $m\leqslant n, m_h\leqslant n_h$。

（3）在各层年报样本中按照“永久随机数”方法抽取部分样本，即将 n_h 个年报样本按照永久随机数从小到大排队，抽取前 m_h 个样本群作为该层的部分样本群。

需要注意的是：为满足估计抽样误差的需要，部分样本在各层中不得少于 2 个。

（二）部分样本的权数

1、基础权数。部分样本的基础权数等于年报样本的基础权数与从年报样本中抽选部分样本比例倒数的乘积，用公式表示为：

$$第\ h\ 层的部分样本的基础权数 = \frac{第\ h\ 层的总体企业（单位）数}{第\ h\ 层的部分样本企业（单位）数}$$

2、最终权数。根据检查是否存在无回答样本企业，无回答样本群、无回答个体工业单位等情况，对相应的样本企业或者个体工业单位的基础权数进行调整，得到样本企业或者个体工业单位的最终权数。

三、部分样本的估算方法

部分样本调查采取比率估计方法（分层联合比估计）进行总量及其方差估计。以部分样本调查得到的指标值为研究变量 Y，以年报或1至5月份调查的指标值为辅助变量 X。

（一）企业子总体

1、估计目录企业部分的联合比估计量，再用年报或1至5月份调查的企业子总体总量估计量作为辅助变量估计部分样本调查的企业子总体总量估计量。

（1）估计目录企业部分的联合比估计量，计算公式为：

$$\hat{R}_{LE} = \frac{\hat{Y}_{st}}{\hat{X}_{st}} = \frac{\sum_{h=1}^{6}\sum_{i=1}^{m_h} w_{hi} y_{hi}}{\sum_{h=1}^{6}\sum_{i=1}^{m_h} w_{hi} x_{hi}}$$

（2）估计企业子总体总量估计量，计算公式为：

$$\hat{Y}_E = \hat{R}_{LE} * X_E$$

2、用 *Stata* 软件估计 $\hat{Y}_E$ 的方差估计量（$v(\hat{Y}_E)$）。

式中，h 代表层（1，2，…，6）；i 为样本企业编号，表示第 i 个样本企业；m_h 为第 h 层中的部分样本企业数量；$w\ hi$ 为第 h 层第 i 个样本企业的最终权数；$y\ hj$ 为第 h 层第 i 个样本企业的部分样本调查指标值；$x\ hi$ 为第 h 层第 i 个样本企业的年报或1至5月份调查指标值；X_E 为年报或1至5月份调查的企业子总体总量指标估计值。

（二）个体工业子总体

1、总量的估算方法

（1）估计个体工业子总体的联合比估计量，计算公式为：

$$\hat{R}_G = \frac{\hat{Y}_{st}}{\hat{X}_{st}} = \frac{\sum_h \sum_i \sum_j w_{hij} y_{hij}}{\sum_h \sum_i \sum_j w_{hij} x_{hij}}$$

（2）估计个体工业子总体的总量估计量，计算公式为：

$$\hat{Y}_G = \hat{R}_G * X_G$$

2、用 *Stata* 软件估计 $\hat{Y}_G$ 的方差估计量（$v(\hat{Y}_G)$）。

式中，h 代表层（1，2，…，），H 为规模层总数；i 为样本群编号（1，2，…，），表示 i 第个样本群，m_h 为第 h 层中的部分样本群数量；j 为样本群内个体工业单位编号，表示第 j 个个体工业单位；w_{hij} 为第 h 层第 i 个样本群第 j 个个体工业单位的最终权数；y_{hij} 为第 h 层第 i 个样本群第 j 个个体工业单位的部分样本调查指标值；x_{hij} 为第 h 层第 i 个样本群第 j 个个体工业单位的年报或1至5月份调查指标值；X_G 为年报或1至5月份调查的个体工业子总体总量指标估计值。

（三）规模以下工业总体

1、总量估计量

$$\hat{Y} = \hat{Y}_E + \hat{Y}_G$$

2 $\hat{Y}$ 的方差估计量为：

$$v(\hat{Y}) = v(\hat{Y}_E) + v(\hat{Y}_G)$$

3 $\hat{Y}$ 的最大相对误差估计量为：

$$\hat{r} = \frac{t\sqrt{v(\hat{Y})}}{\hat{Y}}$$

式中：$t = 1.96$。

填报说明及指标解释

一、填表说明

企业详细地址:企业单位所在县(市、区)、乡(镇、街道)、村(居委会)。

地址代码:根据第二次全国基本单位普查规定的行政区划代码填写。第二次全国基本单位普查将县以下行政区划代码共有12位阿拉伯数字,分为三段。第一段为6位数字,表示县及县以上的行政区划;第二段为3位数字,表示街道、镇和乡;第三段为3位数字,表示居民委员会或村民委员会。

企业(单位)详细名称:工商行政管理部门注册登记的名称。未经工商管理部门注册的工业企业(单位),填写主要经营活动名称。

企业法人代码:企业法人代码由八位无属性的数字和一位校验码组成,按技术监督部门颁发的代码证书上的代码填写。未领取国家统一代码或不属于国家统一代码赋码范围的企业,一律使用各级统计部门赋予的临时代码。

企业登记注册类型:按照《关于划分企业登记注册类型的规定》中的代码填写。

行业类别:根据其从事的社会经济活动性质对工业企业或个体经营工业单位进行分类。填写均按照《国民经济行业分类》(GB/T 4754－2002)的小类代码填写。主要业务活动(或主要产品)由企业或个体经营工业单位填写。行业类别代码由企业调查队根据所填的主要业务活动(或主要产品)名称对照《国民经济行业分类》(GB/T 4754－2002)填写该企业或个体经营工业单位的行业小类代码。

二、有关概念

(一)工业定义。指从事自然资源的开采,对采掘品和农产品进行加工和再加工的生产活动部门。工业的行业划分标准为国家标准《国民经济行业分类》(GB/T4754－2002)中采掘业、制造业以及电力、煤气及水的生产和供应业的分类。

工业生产活动主要包括:对自然资源的开采,如采矿、晒盐等,但不包括禽兽捕猎和水产捕捞;对农副产品的加工、再加工,如粮油加工、食品加工、缫丝、纺织、制革等;对采掘品的加工、再加工,如冶金加工、石油加工、化学加工、机械加工、木材加工等,以及电力、煤气及水的生产和供应等;对工业品的修理、翻新,如机器设备、交通运输工具的修理等,不包括属于居民服务业的日用品修理。

(二)工业企业定义。工业企业必须同时具备下列条件:有固定或相对固定的生产组织、场所、设备和从事工业生产的人员;常年从事工业生产活动,或全年开工三个月以上的季节性工业生产活动;能够同农业及其他生产行业分开核算(会计上独立核算);向当地工商行政管理部门领取了营业执照。在实际中,未经工商行政管理部门核准登记的工业企业,若符合前三个条件,也包括在企业范围内。

(三)个体经营单位:指城乡居民个人参加生产劳动,生产资料和产品或收入归个人所有的一种经济形式,包括多人合股经营仍领取个体营业执照的经营单位。以下活动不列入个体工业经营单位的统计范围:

1. 农民家庭以从事农业为主,以辅助劳力或利用农闲时间进行的一些工业生产活动或其他生产活动,如竹藤棕草编织、毛衣、手套、塑料提蓝编织、挑花、刺绣、抽纱、刷纸等,属农民家庭兼营工业。

2. 农村中的一些经营活动,如养蜂、养鸡、养鸭、养猪、养鹅、生豆芽、养磨菇、养蚕、养鱼、炕房、烘房、孵坊、采种、育苗等,不论其单位名称如何,均属相应的农业、畜牧业、林业、渔业。

3. 农村中一些从事流动性上门干活的工匠,如木匠、蔑匠、弹花、缝纫、油漆匠等,还有从事流动性的服务作业,如走街串巷、逢场赶集、赶会的屠宰户及临时性的豆制品加工等。

4. 从事生活用品修理的单位,如钟表、钢笔、自行车、衣服、鞋、帽、日用小五金、黑白铁、铝制品、缝纫机和家用电器的修理等。

5. 一些商店和饮食店以及一些小商小贩和饮食摊点,它们以商业、饮食业为主,同时也生产加工一些产品,产品直接向消费者出售。如豆腐店出售自己生产的豆腐,肉店购进活猪自己屠宰,玻璃油漆店自己加工的玻璃制品,粮店加工零售挂面、面条、面包,饮食店自产自销一些面包、糕点等。

6. 洗染、照相、裱糊、刻图章等单位。

三、指标解释

（一）全部从业人员期末数：指在报告期末在企业或个体经营单位工作，并取得劳动报酬的全部人员。包括职工、再就业的离退休人员以及在本单位中工作的其他人员。

（二）工业总产值：以货币形式表现的，工业企业或个体经营单位在报告期内生产的工业最终产品或提供工业性服务的总价值量。具体内容包括：

1. 本年生产成品价值。本年生产并在报告期内不再进行加工，经检验、包装入库的已经销售和准备销售的全部工业成品（半成品）价值合计，包括企业自制设备及提供给本企业在建工程、其他非工业部门和生活福利部门等单位使用的成品价值。生产成品价值按自备原材料生产的产品产量乘以本期不含增值税（销项税额）的产品实际销售平均单价计算，会计核算中按成本价格转帐的自制设备和成品，按成品价格计算生产成品价值。生产成品价值中不包括用订货者来料加工的成品（半成品）价值。

2. 对外加工费收入。报告期内完成的对外承做工业品加工（包括用订货者来料加工产品）的加工费收入和对外工业品修理作业所收取的加工费收入，按不含增值税（销项税额）的价格计算。对于以对外加工生产为主，对外加工费收入所占比重较大的企业，如果对外加工费收入出现跨年度支付的情况，即本年应收取的对外加工费收入没有计入本年会计科目中，而是转到下一年实际收取时，计入了下一年的会计科目，或者相反，本年对外加费收入中包括了实际应为上一年收取的加工费收入时，为保证指标计算口径的一致性，则应将对外加工费收入按实际情况调整，填报本年应收取的对外加工费收入。

3. 自制半成品在产品期未期初差额价值。报告期自制半成品和在产品期末价值减去期初价值后的差额。

调查表中的工业总产值资料若无法取得，企业用产品销售收入代替，个体经营单位用营业收入代替。

（三）产品销售收入：指企业在报告期内销售产品的销售收入和提供工业性劳务等主要经营业务取得的业务总额。

（四）营业收入：指个体经营单位在全年生产经营中通过销售产品或提供工业性劳务等取得的收入。

（五）应交税金：指企业报告期内应交纳的各种税金总和，包括产品销售税金及附加（城市维护建设税、消费税、资源税、营业税和教育费附加）、增值税、所得税、以及房产税、印花税、车船使用税和土地使用税等，根据会计损益表、“管理费用明细表”（或“管理费用”科目）以及其他会计明细表中有关项目归纳填报（注意是应交数）。

（六）上交税金：指个体经营单位报告期内交纳的各种税金总和。包括销售税金及附加（城市维护建设税、消费税、资源税、营业税和教育费附加）、增值税、所得税、以及房产税、印花税、车船使用税、土地使用税等。

（七）营业利润：指企业进行生产经营活动所实现的利润，根据会计“损益表”中“营业利润”项的本年累计数填报。计算公式为：

营业利润＝销售收入－产品销售成本－产品销售费用－产品销售税金及附加＋其他业务利润－管理费用－财务费用

（八）应付工资：指劳动者因从事生产活动从生产单位得到的各种形式的报酬。有三种基本形式：一是货币工资及收入，包括企业支付给劳动者的应付工资、薪金、奖金、各种津贴和补贴；二是实物收入，包括企业以免费或低于成本价提供给劳动者的各种物质产品和服务；三是由企业为劳动者个人支付的社会保险费，具体包括生产单位向政府和保险部门支付的劳动、待业、人身、医疗、家庭财产等保险费。

本项可根据会计资料分析归纳取得：工资指应付工资本期贷方累计发生额，福利费指应付福利费本期贷方累计发生额，保险费根据会计管理费用明细表中的劳动保险、待业保险费等取得。

（九）折旧：固定资产在使用过程由于有形或无形损耗而转移到产品成本的价值，按固定资产原值和规定的折旧率计提（算），根据会计表中“固定资产折旧”项“金额”栏取得。

（十）生产支出：指个体经营工业单位在工业生产活动中所消耗的原材料、燃料、动力、服务等费用。具体包括材料费、水电费、支付的利息、保险费、租赁费、邮电费、修理费、运输费、包装费等。

（十一）实收资本：指企业投资者实际投入的资

本(或股本),包括货币、食物、无形资产等各种形式的投入。实收资本按投入主体可分为国家资本、集体资本、法人资本、个人资本、港澳台资本和外商资本。该指标根据会计“资产负债表”中“实收资本”项的期末数填列。

(十二)国家资本:指有权代表国家投资的政府部门或机构以国有资产实际投入企业所形成的资本。该指标根据会计“实收资本”科目计算填列。

(十三)集体资本:指劳动群众集体所有的资产实际投入企业所形成的资本。该指标根据会计“实收资本”科目计算填列。

(十四)法人资本:指其他法人单位所有的资产实际投入企业所形成的资本。该指标根据会计“实收资本”科目计算填列。

(十五)个人资本:指社会个人或本企业内部职工以个人合法财产实际投入企业所形成的资本。该指标根据会计“实收资本”科目计算填列。

(十六)港澳台资本:指我国香港、澳门和台湾地区投资者所有的资产实际投入企业所形成的资本。该指标根据会计“实收资本”科目计算填列。

(十七)外商资本:指外国投资者所有的资产实际投入企业所形成的资本。该指标根据会计“实收资本”科目计算填列。

第二篇：市企博览

内容概要：

第一章：南昌市

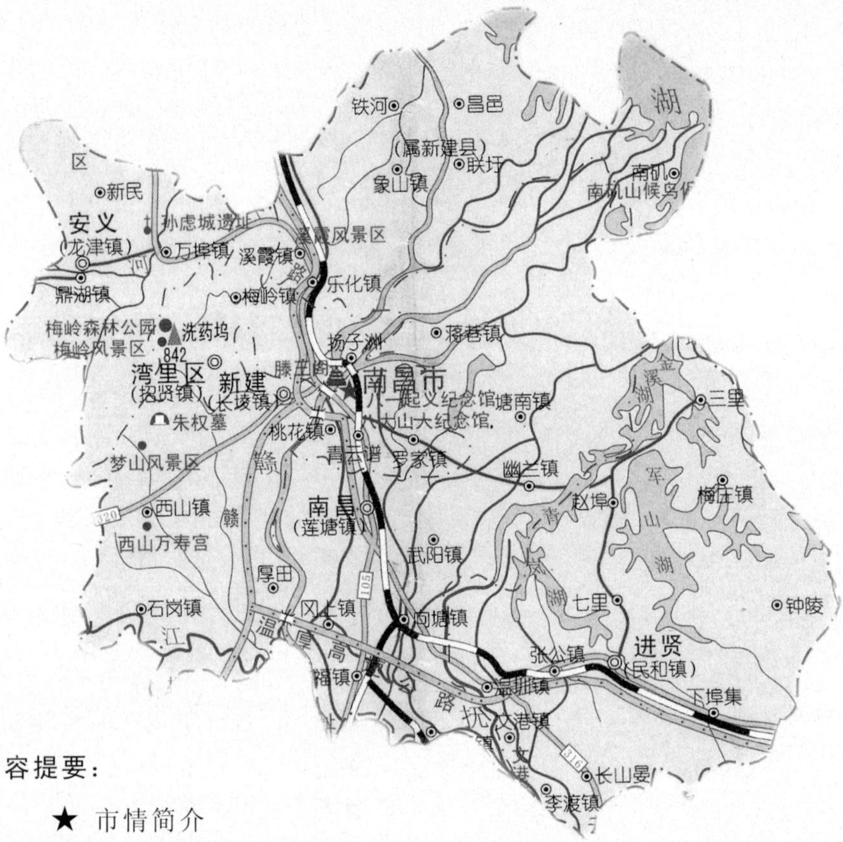

骨干企业

江铃汽车
江中制药
洪都航空
汇仁集团
南昌钢铁
诚志股份
赣能股份
联创光电

重点工业园区

南昌高新开发区
南昌经济技术开发区
南昌市民营科技园
小蓝工业园

内容提要：

★ 市情简介
★ 市长论坛
★ 支柱产业
★ 优惠政策
★ 南昌市200强企业
★ 县（市、区）简介
★ 工业强县（市、区）长专栏
★ 分县市区50强企业

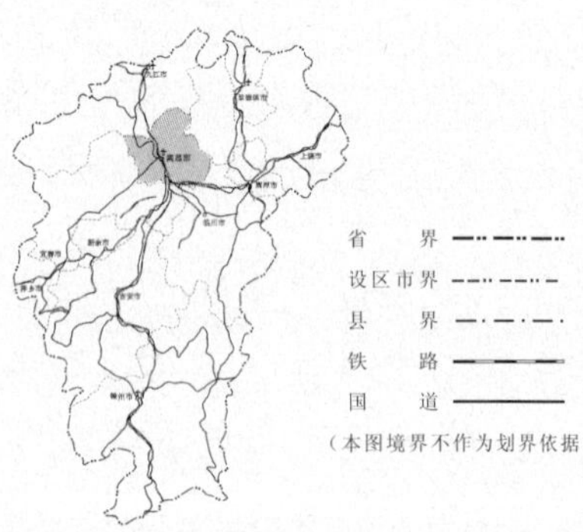

【市情简介】

南　昌　市

【城市标志】

南昌,江西省的省会,全国35个特大城市之一,自古以来就有"物华天宝、人杰地灵"的美誉。它有着2200多年的历史和深厚的文化底蕴,是国务院命名的"历史文化名域"。南昌不仅是生态环境优美的"江南水乡",还是"军旗升起的地方",是一座举世闻名的英雄城。

【区位优势】

南昌市于江西省中部偏北,处赣江、抚河尾闾,鄱阳湖滨,东连余干、东乡,南接临川、丰城,西靠高安、奉新,北与永修、都昌共鄱阳湖。全境以平原为主,东南平坦,西北丘陵起伏,南北长约11.2公里,东西宽约为107.6公里。是唯一一个与长江三角洲、珠江三角洲和闽中南地区相毗邻的省会城市,承东启西,纵贯南北。地理位置优越,交通便利。京九、浙赣、皖赣三条铁路线交汇于此,是京九线上唯一的省会城市;105、320、316国道纵贯南昌;4D级的昌北机场可达全国各大城市;水运经赣江入长江出东海。

【行政区划】

南昌市下辖南昌县、新建县、进贤县、安义县等四个县,东湖区、西湖区、青云谱区、青山湖区、湾里区等五个区,以及南昌经济技术开发区(昌北区)、南昌高新技术产业区(高新区)和红谷滩新区。全市设有109个乡、镇、街道办事处,455个居民委员会,1193个行政村。总面积7402.36平方公里,其中,城市面积617.07平方公里,2003年总人口450.77万人。

【自然资源】

南昌市自然资源丰富。全市耕地面积21.06万公顷。其中,有效灌溉面积20万公顷,占94.97%。

水资源丰富,水质优良。全市水利资源蕴藏量为7.27万千瓦,可开发的资源2.45万千瓦,占蕴藏量的33.7%。动、植物资源品种繁多。

矿产资源种类较多,分布广泛。矿藏资源主要以非金属建材矿为主,兼有燃料、矿泉水等各类矿产28种。其中有工业开采价值的8处,已发现矿点、矿化点100处,尤以建筑用沙、砖瓦粘土、饰面石材、石灰石和矿泉水等具有较好的开发前景。花岗岩、砂卵石储量巨大,开采历史悠久。

【自然环境】

南昌位于东经115°27′-116°35′,北纬28°09′-29°11′,处江西省中北部偏北,赣江、抚河下游,滨临我国第一大淡水湖——鄱阳湖。全境以平原为主,东南平坦,西北丘陵起伏。自然环境优美,山环水绕,风光绮丽,西挽西山,北望梅岭,赣江穿城而过,"城在湖中,湖在城中"。南昌是一座滨江城市、绿色城市、生态城市,有着一流的水质,一流的空气,具备建设现代花园城市的良好环境。

全市水网密布,赣江、抚河、锦江、潦河纵横境内,湖泊众多,有军山湖、金溪湖、青岚湖、瑶湖等数百个大小湖泊,市区湖泊主要有城外四湖:青山湖、艾溪湖、象湖、黄家湖(含礼步湖、蝶子湖),城内四湖:东湖、西湖、南湖、北湖。城在湖中,湖在城中,形成了江南独特的水乡美景。

南昌气候湿润温和,属亚热带季风区,雨量充沛,四季分明。年平均气温17.5℃,年降雨量1600-1800毫米,年平均相对湿度为77%。

【旅游资源】

南昌拥有众多的旅游资源和人文景观。有以江南名楼滕王阁和著名的八大山人书画纪念馆为代表的古色旅游;有以南昌八一起义纪念馆等为代表的红色旅游;有以百花洲、象湖、森林公园等为代表的绿色旅游;还有以号称绿洲中的沙漠——厚田乡、都市里的候鸟——天香园为代表的特色旅游,以南昌为旅游集散地,还可前往鄱阳湖候鸟保护区、庐山、景德镇、三清山等著名的旅游风景区观光。南昌拥有星级宾馆32家,其中五星级酒店有江西宾馆和凯莱大酒店,各类体育场馆、娱乐设施和高尔夫球场、度假村等一应俱全,为八方来客提供舒适、优雅和丰富的休闲生活。南昌风景名胜众多,旅游资源丰富,拥有文化遗址600余处,人文景观18处,自然景观26处。1986年,国务院命名南昌市为历史文化名城。全市有国家级、省级、市级的重点文物保护单位50多处。

【交通通信】

南昌地理位置优越,交通便利。市郊向塘有98股道的全国第二大货运编组站,是我国铁路交通的一个重要枢纽。水路可通赣江、抚河、锦江和鄱阳湖沿岸城镇及长江各口岸。民航已开辟了直达北京、上海、广州、深圳、香港、福州、厦门、西安、昆明、珠海、海口等30多个城市的航线。公路是105、316、320三条国道的交汇处,已开通昌九(南昌至九江)和梨温高速公路(上饶梨园至温州)二条高速公路。水路运输最大内河装载能力为1000吨,可由九江沿长江水域经上海港出海。公路全部成网,所有乡村均通公路。从南昌驱车安徽、湖北、湖南、浙江等周边省省会的距离全部在5小时左右,形成了一个以南昌为中心的"5小时经济圈"。从经济学意义上看,南昌必将成为国际和东部沿海发达地区产业梯度转移的理想地区。

邮电通讯发达,建立了国际间通讯联系,市内电话可直拨许多国家和地区,是全省电讯枢纽和华东地区邮件转口中心。2003年,全市电话交换机总容量160.36万门,长途自动交换机容量7.0万门,移动通讯网交换机容量达250万门。

市内公共交通发展迅速,供水、供电等公用基础实施完备,城市燃气率为87.4%,全市管道煤气日供应量为7.49万立方米/日。城市综合服务功能明显增强。

【经济概况】

2003年经济全面提升,全市生产总值达641.02亿元,比上年增长15.5%,全社会固定资产投资235亿元,增长67.9%,城市居民人均可支配收入7793元,增长11.0%,农民人均纯收入2808元,增长5.4%。

【工业城市】

南昌是江西省最大的工业城市,新中国的第一架飞机、第一辆轮式拖拉机、第一辆摩托车、第一枚海防导弹都在这里诞生。改革开放以来,南昌的工业经济有了高速发展,形成了飞机制造、汽车制造、冶金、机电、纺织、化工、医药等现代化工业体系,以电子信息、生物工程、新材料等为代表的新兴高新技术产业也具有一定的水平,现在正努力建设现代制造业基地,已形成了汽车、飞机、香烟、饮料、医药、光电子、输液器、视听产品等8个全国性产品生产基地,正在形成全国重要的制冷设备生产基地。

【特色农业】

南昌农业形成了优质大米、优质果品、瘦肉型猪、特种水产等"十大主导产品",是全国重要的商品粮和农副产品的生产基地,正努力建成都市型农业、绿色环保食品的生产基地。

【商贸流通】

南昌历来是南方重要的商贸流通城市,商贾云集,不仅为覆盖全省的消费品集散地,也是沿海地区商贸辐射中西部的中转枢纽。大型商业蓬勃发展,形成了"城内大商场,城郊大市场,城外大物流"的格局,城内主要有南昌百货大楼、洪城大厦、新洪客隆、北京华联(江西)、沃尔玛等大型零售商场,城外有洪城大市场、江西装潢建材大市场、南昌深圳农产品中心批发市场等大型批发市场。著名的洪城大市场是全国九大日用品中心批发市场之一。

【发展前景】

跨入新世纪,南昌迎来了新的发展机遇。市委、市政府紧紧围绕"富民强市"的目标,全力以赴做好建设"现代区域中心城市和现代文明花园英雄城市"两篇文章,利用南昌的"五大优势",紧紧抓住开放型经济发展和市场取向改革两个关键,以大力实施打造现代制造业重要基地为核心战略,狠抓工业、农业、三产、招商引资、个私民营经济五个着力点,全力打造"成本最低、回报最快、效率最高,信誉最好"的"四最"品牌,吸引了许多国际大财团、大项目前来落户。

【招商引资】

1992年,南昌被国务院批准为内陆开放城市,已与60多个国家和地区建立了经贸关系。先后与马其顿斯科普里市、墨西哥托卢卡市、日本高松市、芬兰瓦尔济考斯基市和托亚拉市结为友好城市。

1984年至2003年,全市累计批准外商投资项目1820项,吸引了来自美国、欧洲、日本、韩国、新加坡、泰国、台湾、香港、澳门等40多个国家和地区的投资。2003年实际利用外资5.8亿美元。出口市场已扩展到日本、美国等60多个国家和地区。2003年南昌地区海关出口总额10.04亿美元。

【市长论坛】

努力把南昌建设成为现代文明花园英雄城市

南昌市人民政府市长　李豆罗

南昌是一座有着2200多年古风古韵的历史文化名城，代代名人辈出，素有“物华天宝、人杰地灵”的美誉；南昌又是一座具有光荣革命传统的英雄城市。1927年，中国共产党人在这里打响了武装反抗国民党反动派的第一枪，诞生了第一支人民军队。1997年，江泽民总书记亲笔题词：“军旗升起的地方”；南昌还是一座充满无限生机和活力的城市。改革开放以来，南昌的经济建设和社会事业取得了巨大成就。综合实力显著提高，人民生活日益改善，各项事业欣欣向荣，已成为全国35个特大城市之一，被权威机构评为“京九线上最具竞争力的城市”。

近年来，南昌在江西省委、省政府的正确领导下，努力实践“三个代表”重要思想，紧紧围绕着“富民强市”这个目标，全力做好“建设现代区域经济中心城市”和“建设现代文明花园英雄城市”两篇文章。强力推进“三个率先”，即在全省率先实现工业化、率先建立符合市场经济规律的体制和机制、率先建成现代文明花园英雄城市。致力做大做强南昌。南昌，创造了“一派生机、一片商机、一方沃土”的发展环境；营造了“上下同志谋发展，左右同力干事业，异口同声创辉煌”的发展氛围；呈现了“人心思上、事业兴旺、经济提速、城市变样”的发展势头。2002年，南昌主要经济指标均保持两位数增长，增幅名列全国省会城市前茅，是我市近十三年来最快的。

现在，全市上下正奋发进取、通力协作建设现代文明花园英雄城市。在这项工作中，我们始终坚持高起点规划、高质量建设、高水平管理、高效益经营、高素质塑造，努力加快南昌做强、做大、做优、做美的步伐。

一、突出规划“龙头”地位，充分显示南昌园林城、花园城、生态城的独特魅力。

1. 拓展城市发展规模。城市规划坚持名人指点、高手过招、领导审查、市民参与。按照到2010年，城区面积达到300平方公里、人口达到300万的规模，编制城市规划。目前，南昌总体规划展示馆已经免费向市民开放，《南昌市城市总体规划(2002—2020)》正在加紧编制。

2. 完善城镇规划体系。编制好南昌市城镇体系大纲，进一步修改完善县城总体规划，有条件的县单独编制县域城镇体系规划，暂有困难的县正根据《城市规划编制办法》，在县域总体规划中充实县域城镇规划体系的相关内容，省级重点镇的总体规划也正在抓紧搞好。我市有明确要求，城市控制性规划要达到40%，红谷滩新区控制性规划达到100%。

3. 拉开城市格局，做好重要功能区规划。全市按照“一江两岸、南北双城、沿着赣江、两头延伸、内外两环、外带五大组团”的城市布局做好规划。全市重要功能区以昌南、昌北为核心区，莲塘、望城、湾里、乐化、罗家五片为卫星城市组团，就此“一核五片”编好功能规划，尤其是编制好沿江、沿湖、沿河以及八一广场等重点地段的规划。

4. 做好全市重要景区的规划。现在，我市正在着力编制和实施八大山人纪念馆周边、城市外环线、艾溪湖周边等重点建设地区的功能结构性规划及控制性规划；昌东大道、洪都大道、生米大桥等道路、桥梁的交通规划方案；青山湖大道风光带、抚河公园、青山湖体育公园、玉带河绿化景观区、后墙路仿古街等景区、道路绿化规划。

二、实行“72字”方针，改造老城区、建设新城区。

1. 我们城市建设“72字”方针是：依托一江两岸，展示都市风采，建设花园城市，塑造特色魅力，道路环通成网，建筑各具特色，绿带滨江依湖，园林城中点缀，花卉草坪绿岛，青山绿水夜景，街市繁荣文明，环境整洁优美。

2. 改造老城区。在全市老城区内，我们坚持“居民住宅原则不建，工业企业退二进三，发展商贸，繁荣三产，优化环境，市民休闲”，突出“道路维修、管线规范、功能完善、街道改造”。在昌南，拆建旧城换新颜，做到城建、防洪统一规划，道路、圩堤融为一体，环境设施综合配套，东西南北六十公里(防洪圈、外环路)。去年，我们完成了苏圃路、环湖路、广场南路、系马桩街、百花洲横街、何坊西路改造工程，进行了地王广场、胜利广场、章江路等片区的危旧低洼房改造。今年,我市又将做好52块低洼地、危旧房改造规划,完成30万平方米危旧房改造。全面整治旧城大街小巷,加快"城中村"改造进程。

3. 建设新城区。我们将围绕一江(赣江)、两河(抚河、玉带河)、八湖(城内四湖、城外四湖),凭籍"背靠西山山脉,面对浩瀚赣江,挖掘文化底蕴,做好山水文章,建筑各具特色,一派都市风光"的地理优势和建设理念,在昌北,着力新建新城新貌,重点把握:"三线"(梅岭、乌石河、赣江),启动"三片"(按生活居住区规划凤凰洲,按综合功能区打造红角洲,按中央商务区建好红谷滩),美化"三湖"(碟子湖、前湖、黄家湖),注重"三点"(高校园区、港口码头、工业园区)。同时继续建设和完善红谷新区,迅速提升新区人气。目前,红谷滩新区路网工程进展顺利,世纪花园、丰和花园、住宅小区、报业大厦、万达星城、红谷春天、南昌五中、世贸中心已全面启动,一批标志性建筑先后动工。

4. 抓好重大和重点建设项目。在全市,实施了胡惠元堤、洪都大道、高新大道、昌东大道等城市道路骨架工程;完成了朝阳洲主干道建设、青山湖清淤截污及周边美化、抚河整治换水、富大有堤、赣东大堤除险加固工程;正在实施玉带河综合治理工程;启动青山湖污水处理厂、青云水厂三期工程、人防指挥救缓中心和城市道路照明中央自动监控系统工程。加大了城市供水、供气管网改造力度;实现了新建、改建管线统一埋设下地。

5. 提升城市品位,实现"四增"目标。城市建设是城市的形,城市环境是城市的本,城市文化是城市的魂。我们正在倾情地做好豫章"襟三江而带五湖,控蛮荆而引瓯越"的山水文章,勾勒出南昌"落霞与孤鹜齐飞,秋水共长天一色"的动人画卷;同时我们还将谱写南昌人文新篇,挖掘历史文化蕴藏,体现"雄州雾列,俊彩星驰"的钟灵毓秀,弘扬伟大"八一"精神,展现"敢为人先、与时俱进"的时代风采。对全市城市建设,我们明确提出"四增"目标:一是依托江、河、湖、园林广场及景点配套建设增绿;二是围绕江河、湖泊、高楼、亭阁、桥梁、绿地增亮;三是按照"一路一色、一路一景、色彩协调、轮廓清晰"要求增色;四是健全"两级政府、三级管理、四级网络"的管理机制,立足和实现长效管理增净。

三、全方位经营城市,形成城市投入产出良性循环机制。

1. 建立经营城市新理念,高效益经营南昌,强化土地储备中心功能。现在,我们已经成立了一个中心(土地储备中心),组建了三大公司(土地经营公司、城建投资公司、市政投资公司)。正在着力盘活用好"三钱"(老祖宗的钱——城市土地资源;当代人的钱——城市基础设施;子孙后代的钱——城市无形资产)。同时,做好了土地定级估价、城市基准地价工作,建立了全市地价动态监测系统。经营性土地招标拍卖、挂牌交易工作成效显著。

2. 融通"五种资本",为花园城市建设提供资金。南昌市将充分吸收、聚集和利用外国资本、社会资本、法人资本、个人资本和国家资本这"五种资本",以筹集城建资金。我们全市正在坚持大开放主战略,营造一流发展环境,大举招商引资,让南昌经济插上腾飞的翅膀,使城市建设扬起前进的风帆。

3. 随着城市的拓展和经营土地工作的深入,我们正进一步强化土地储备中心和地产经营发展公司的职能,使之活而有序、忙而不乱。市区内所有的地块进入土地储备中心,经过加工整理后,全部按照市政府年度控制总量,有计划地推向市场,公开招标拍卖。土地招标拍卖依法保护开发商的利益。为调整产业结构,扶植城市三产,对投资工业、商业等方面的开发商,同等条件下优先鼓励和支持其竞标。

4. 对城市道路、桥梁、水厂等政府拥有的资产和股份,以市场经营理念,按照市场运作方式,积极盘活变现。通过资产和股权转换,将变现的资金用于新的城市基础设施建设,从而加快城市发展步伐。

5. 绿化营养、环卫保洁、美化亮化等市政公用事业,以及城市广告媒体、公交线路、街景冠名等,以市场运作方式拍卖使用权。通过重复利用城市无形资产,广泛吸纳和筹集资金。

我们坚信,只要我们坚持两个文明一起抓,坚持两篇文章一起做,有"敢与强手争高低,敢以功过论是非"的精神,有"对照目标,聚焦事业,贴近市民,注重实干"的作风,南昌就一定能干出实绩,再创辉煌,就一定能为江西在中部的崛起作出更大的贡献!

【支柱产业】

南昌市支柱产业

【汽车、汽车零部件及航空制造业】

以江铃集团、江西客车厂和洪都航空为代表的汽车、汽车零部件及航空制造业是南昌市重要的支柱产业,发展迅速。汽车制造业 12 家,摩托车制造企业 4 家,航空制造业 1 家。2004 年从业人员近 4 万人,实现产值 88.56 亿元,占规模以上工业的 21.34%,利税总额 11 亿元,占规模以上的 19.09%。

江铃集团是国家重点支持的 510 户大型企业集团之一,现具备 8 万辆轻型汽车的年综合生产能力,拥有汽车发动机、车身、车架、前桥等关键总成及现代化总集生产线,拥有年产 2 万辆吨铸铁的生产能力。其核心企业江铃汽车股份有限公司是中国商用汽车行业最大的企业之一,位列深交所上市公司前 50 强。"江铃"汽车是中国弛名商标,致力于制造中国最好的轻型车,目前主导产品有全顺、JMC 轻卡、"宝典"皮卡、"宝威"多功能越野车四大类产品,共 400 多个品种。"宝典"皮卡成为国内皮卡市场增长最快的车型,市场占有率称雄。轻卡在行业内排名第三,2002 年、2003 年江铃产销量连续跨越 5 万、6 万辆大关,实现利润增幅更是远大于产销增幅,成为中国汽车行业经济增长最快的企业之一。

洪都航空集团公司生产了新中国第一架飞机、第一枚海防导弹,目前其生产的教练飞机、通用飞机都是由洪都集团公司自行研制、拥有我国自主知识产权的国内独家生产的产品。其中喷气教练机和海燕螺旋桨飞机已远销亚洲、非洲和美洲等多个国家和地区,在国际市场上享有较高的知名度,一直保持着很好的国际市场销售势头。洪都航空是我国首家以明确大批出口定单的整架飞机为主营产品的高科技外向型企业。

【医药和食品制造业】

以江中、汇仁、济民可信、桑海集团、国药、制药为代表的医药制造业和以南烟、南昌亚啤、阳光乳业、英雄乳业、南昌统一、南昌娃哈哈、南昌润田为代表的食品制造业是南昌市一大支柱产业,规模大数量多。有化学原料及化学制品制造企业 39 户,医药制造业 34 户;烟草加工 1 户,饮料制造 11 户,食品加工 100 户,食品加工业 65 户。整个行业从业人员 1.65 万人,2003 年实现产值 64.88 亿元,占规模以上工业的 15.63%,利税总额 22.4 亿元,占规模以上的 38.87%。

江中集团公司生产中成药、抗生素、合成药、生物制剂、功能性食品等不同系列几十种产品。集团主导产品为:复方草珊瑚含片、江中健胃消食片、博洛克、东青胶囊、青霉素原料药及制剂系列、西夏王系列葡萄酒、江中奶粉伴侣等。作为子企业的东风制药公司是中国医药工业 50 强企业、国家火炬计划重点高新技术企业、国家药品 GMP 认证企业。公司的战略目标是成为以生产经营天然保健性中药产品为主的综合性制药企业集团;2004 年销售收入实现 30 亿元,力争进入行业十强。

食品制造业的龙头企业**南昌卷烟厂**,与共和国共成长。50 余年风雨兼程,南烟人始终坚信"功到自然成",厚积薄发,炼就了个性鲜明的南烟文化。"金圣"、"海鸟"、"庐山"、"南方"四大品牌争奇斗妍。尤以"金圣"最艳,身披国际国内金奖、国家专利、国优名烟等 40 多个荣誉花环,2002 年商标无形资产价值 41.8 亿元,跻身全国烟草品牌价值前十名。

【电子信息和家电】

以泰豪科技、联创光电、宏源数码为代表的电子通讯设备制造业和以南昌 TCL、南昌先科、三健、齐洛瓦、格林柯尔为代表的家电制造业是南昌市新兴的支柱产业。有电汽机械及器材制造业企业 41 户,其中:家电制造企业 7 户,通讯设备、计算机及其他电子设备制造业 19。整个产业从业人员 15606 人,2003 年实现产值 34.05 亿元,占规模以上工业的 8.2%,利税总额 3.25 亿元,占规模以上的 5.6%。

泰豪科技股份有限公司是江西省和清华大学"省校合作"在南昌国家高新开发区设立并发展起来的高科技企业。2002 年 7 月 3 日,公司股票在上海证券交易所挂牌上市,成为国内智能建筑电气产业领域首家上市公司。公司致力信息技术应用,积极发展自主知识产权技术产品,同时重视引进跨国公司先进的工艺技术和发挥军工企业完备的生产能力,建成了具有国际水准的泰豪(南昌)高科技工业园。

【优惠政策】

招商引资政策指南

为吸引外资，做大南昌，南昌着力打造“成本最低、回报最快、效率最高、信誉最好”的“四最”品牌，主要制定了如下优惠的安商政策。

1. 对国家鼓励外商投资企业、外商投资研究开发中心，及转让技术的外商投资项目，在投资总额内进口的自用设备，除《外商投资项目不予免税的进口商品目录》所列商品外，免征进口关税和进口环节税。

2. 属于国家鼓励类的外商投资企业在投资总额内采购国产设备，如该类设备属免税目录范围，全额退还设备增值税收并按有关规定抵免企业所得税。

3. 对符合中西地区（江西）利用外资优势产业目录的项目，在投资总额内进口国内不能生产或性能不能满足需要的自用设备及其配套的技术、配件、备件，免征进口关税和进口环节税。

4. 对外商投资企业引进属于《国家高新技术产品目录》所列的先进技术，按合同规定向境外支付的软件费，免征进口关税和进口环节税。

5. 设在南昌高新技术产业开发区内的外商投资高新技术企业，减按15%的税率征收企业所得税。

6. 在全市范围内设立的经营期在10年以上的生产性外商投资企业，从开始获利年度起，前2年免缴企业所得税，第3年至第5年减半缴纳企业所得税。

7、属国家鼓励类外商投资企业，在现行税收优惠政策执行期满后的3年内，可减按15%的税率征收企业所得税。

8. 被确认为先进技术企业的外商投资企业，在规定的减免税期满后，可延长3年减半征收企业所得税。外商投资兴办的产品出口企业，在规定的减免税期满后，当年出口产值达到总产值70%以上的，还可减半征收企业所得税，但减半后税率低于10%的，按10%的税率征收企业所得税。

9. 在南昌从事技术密集、知识密集项目，或外商投资在3000万美元以上且投资回收期长的项目；能源、交通、环保等基础设施项目，可减按15%的税率征收的税率征收企业所得税。

9. 从事农、林、和牧业的外商投资企业和设在经济不发达的边远地区的外商投资企业，在规定的减免企业所得税期满后，经申请，国家税务主管部门批准，在以后的10年内可以继续按应纳税额减征15－30%的企业所得税。

外国投资者将其从企业分得的利润，在中国境内直接再投资兴办扩建产品出口企业或先进技术企业，经营期内不少于五年的，经企业申请报税务机关批准，全部退还再投资部分已缴纳的企业所得税。

10. 外商投资企业的外国投资者，将从企业取得的利润再投资于该企业，增加注册资本，或作为资本投资开办其它外商投资企业，经营期限不少于5年的，经企业申请报税务机关批准，退还其再投资部分已缴纳所得税40%的税款。

11. 外商投资企业技术开发费比上年增长10%以上的，经税务机关批准，按技术开发费实际发生额的50%抵扣当年度的应纳税所得税。

12. 外商投资企、外商投资设立的研究开发中心、外国企业以及外籍个人从事技术转让、技术开发业务和与之相关的技术咨询、技术服务业务取得的收入，免征营业税。

13. 凡税法及其实话细则和国家统一规定免征企业所得税的，地方所得税同时给予免征，减征企业所得税，地方所得税同时给予相同幅度的减征。

外商投资兴办的先进技术企业，经营期在十年以上的，从开始获利年度起，第一年至第五年免征地方所得税，第六年至第十年减半征收地方所得税。

外商投资兴办的产品出口企业，凡当年企业出口产品产值达到当年企业产品产值70%以上的，免征地方所得税。

14. 外商投资兴办的能源、交通、港口码头、技术开发企业，经营期在十年以上的，从获利年度起，第一年至第五年免征地方所得税，第六年至第十年减半征收地方所得税。

15. 从事农业、林业、牧业、水利业和以农产品为原料的加工业的外商投资企业，经营期在十年以上的，从获利年度起，第一年至第五年免征地方所得税,第六年至第十年减半征收地方所得税。经营期在十五年以上的,从获利年度起,第一年至第五年免征地方所得税,第六年至第十五年减半征收地方所得税。

16、鼓励外方以技术、科研成果、经销和管理等要素入股、合资、合作兴办高新技术企业。外方投资的技术入股比例可放宽为35%,合作各方另有约定的,从其约定。

17、外商投资企业购买我市企业、投资新办企业,凡外资额达到该企业注册资本25%以上的,均可批准、注册为外商投资企业,享受相应政策。

外商投资企业土地使用年限和企业经营权的最高年限为:商业、旅游、娱乐业用地40年;工业用地或教育、科研、文化、卫生、体育,以及农业开发性项目用地50年;居住用地70年。

南昌市重点企业名录库

（2003年）

企业名称	通讯地址	资产总额（万元）	销售收入（万元）	员工人数（人）
江铃汽车集团公司	南昌市迎宾北大道509号	913 753	721 353	16 325
江西江铃汽车销售总公司	迎宾北大道江铃西四路3号	19 233	570 880	296
南昌钢铁有限责任公司	江西省南昌市罗家街1号	443 406	448 780	10 941
南昌卷烟厂	江西省南昌市抚生路118号	241 492	327 726	1 430
江西汇仁集团有限公司	南昌县莲塘迎宾大道1189号	81 526	217 344	4 878
江西洪都航空工业集团有限责任公司	江西省南昌市新溪桥西二路	514 356	170 103	16 737
江西省烟草公司南昌分公司	桃苑西路3号	22 731	161 670	879
诚志股份有限公司	南昌市庐山中大道60号	159 247	147 491	1 670
江西省粮油食品进出口公司	站前路200号	79 990	127 325	307
江西省针棉织品进出口公司	井冈山大道717号	24 571	124 486	162
江西省服装进出口公司	井冈山大道548号	23 731	110 576	169
中国石油化工股份公司江西南昌石油分公司	孺子路267号	17 214	100 172	920
南昌百货大楼股份有限公司	中山路1号	51 450	96 179	2 300
南昌洪城大厦股份有限公司	北京西路156号	50 453	95 746	822
江西省新华书店	八一大道102号附2号	21 782	92 848	172
江西南华医药有限公司	象山南路230号	39 984	90 255	843
江西洪都钢厂	江西省南昌市北京东路138号	56 921	88 796	2 706
江西江中医药贸易有限责任公司	福州路347号	18 445	82 851	405
江西联创光电科技股份有限公司	南昌市京东大道168号	129 354	76 435	5 177
江西江中药业股份有限公司	南昌市福州路347号	91 224	69 922	1 324
江西赣能股份有限公司	江西省南昌市火炬大街199号	150 691	58 416	1 325
南昌印钞厂	江西省南昌市岱山车路9号	68 089	56 576	1 172
江西省畜产进出口有限公司	站前路200号	18 217	56 105	101
江西江纺有限责任公司	江西省南昌市东湖区塘山镇	57 601	56 026	5 716
南昌海尔工贸有限公司	南昌庐山南大道555号	4 863	53 404	351
江西涤纶厂	江西省南昌市解放路378号	110 714	52 663	1 798
中国有色金属南昌供销公司	北京西路118号	11 527	51 074	66
江西省南昌市济民可信集团	南昌市青山湖区湖坊镇顺外路	36 634	46 035	1 053
TCL王牌电器（南昌）有限公司	南昌市火炬三路198号	8 644	44 652	10
中国有色金属进出口江西公司	北京西路118号	4 278	40 722	33
江西省交通工程集团公司	广场南路136号	51 076	40 295	2 896
南昌市黄庆仁栈华氏大药房有限公司	象山南路230号	14 886	37 385	5 731
江西南昌发电厂	江西省南昌市青山支路57号	45 210	36 117	2 122
江西泰丰轮胎有限公司	江西省南昌市西湖区上海路	32 513	35 830	816
江西思创科技产业有限公司	八一大道465号	10 049	35 405	155
江西格力空调销售有限公司	福州路268号	21 837	35 391	32
南昌统一企业有限公司	南昌市青山湖北大道388号	17 705	35 110	800
江西桑海集团有限责任公司	江西省南昌市新建县新祺周	56 480	33 814	7 276
江西新洪客隆工贸发展总公司	八一大道358号	23 236	33 516	497
江西运通汽车贸易有限公司	洪都中大道145号	6 267	33 425	53
南昌水业集团有限责任公司	南昌市沿江南路294号	97 742	32 912	2 008
江西捷德智能卡系统有限公司	江西省南昌市青山湖区	35 372	31 644	246
江西锅炉化工石油机械联合有限责任公司	南昌市迎宾大道913号	65 728	31 523	1 585
江西省机械设备进出口公司	北京西路54号	8 232	31 470	63
江西省医药保健品进出口公司	站前路200号	5 730	30 908	123
江西江铃汽车销售有限公司	迎宾北大道272号	1 718	30 475	127
江西昌九生物化工股份有限公司江氨分公司	江西省南昌市濡溪村1号	50 762	30 072	2 002
江西太平洋购物广场有限公司	中山路177号	11 087	30 053	350
江西省纺织品进出口公司	井冈山大道548号	19 513	28 947	140
江西变压器科技股份有限公司	南昌市新建县乐化镇	34 381	28 601	868

续表 1

企 业 名 称	通 讯 地 址	资产总额（万元）	销售收入（万元）	员工人数（人）
江西大众汽车销售维修服务有限公司	北京东路 399 号	5 615	28 133	158
泰豪科技股份有限公司	南昌市青山湖区高新大道	75 358	26 823	1 103
江西济民堂医药有限公司	顺外路 98 号	6 326	24 378	1 055
南昌亚洲啤酒有限公司	南昌市三店西路 183 号	29 329	22 737	1 300
江西新电汽车空调系统有限公司	南昌市迎宾北大道西二路	12 825	22 091	190
南昌 TCL 电器销售有限公司	二七北路 169 号	324	21 058	82
南昌赣新油脂有限公司	南昌市新建县长凌镇	3 045	19 860	122
江西国力汽车服务有限公司	洪都北大道 360 号	2 938	19 602	72
江西阳光乳业有限公司	江西省南昌市岱山东路 1 号	12 788	19 446	563
南昌市赣江溶剂厂	江西省南昌市扬子洲乡	10 354	19 349	200
江西国药有限责任公司	江西省南昌市解放西路 80 号	43 761	18 213	2 160
江西中基进出口有限公司	桃苑大厦二区 C 座 6 栋	4 440	17 895	33
江西煌上煌集团有限公司	江西省南昌市二七南路	10 233	17 642	782
南昌大众印染总厂	南昌市解放西路 454 号	7 615	17 505	350
江西东维汽车销售有限公司	洪城路 688 号	2 711	17 271	24
江西省投资进出口有限责任公司	福州路金昌利大厦	7 187	17 047	35
江西省汽车销售技术服务总公司	省府北二路 102 号	4 973	16 934	185
江西省瑞康医药有限责任公司	文教路 289 号	6 721	16 932	69
江西省智通汽车销售服务公司	洪都北大道 336 号	15 155	16 467	145
南昌硬质合金有限责任公司	江西省南昌市双港村 1 号	17 460	16 257	765
江西三元治金有限责任公司	北京西路 118 号	2 588	15 892	24
江西晶安高科技股份有限公司	南昌市安义县万埠镇八宝山	11 681	15 871	688
四通（江西）电机有限责任公司	南昌市井冈山大道 1028 号	42 643	13 767	1 244
南昌电缆有限责任公司	南昌市井冈山大道 516 号	7 956	13 681	381
江西省李渡烟花集团公司	进贤县李渡镇李渡街李渡大道	7 764	13 638	1 436
江西省新华书店图书音像批发中心	高新大道 88 号	6 496	13 602	271
江西沙神集团公司	进贤县温圳镇永安路 191 号	1 921	13 511	436
北京华联（江西）综合超市有限公司	上海路 19 号	11 612	13 434	450
江西省踏浪实业发展有限公司	八一大道 197 号	2 043	13 361	42
南昌齐洛瓦电器集团公司	南昌市郊区蛟桥镇麦园	42 831	13 319	1 020
江西泰豪电器城有限公司	青山南路 1 号	7 097	13 217	38
江西省邮电供应工业公司	丁公路 38 号	13 778	13 058	117
江西泓泰企业集团有限公司	南昌市高新六路 116 号	15 746	12 997	198
南昌化工集团有限责任公司	南昌市洪都北大道 302 号	34 923	12 944	1 411
江西猎豹汽车销售有限公司	洪都北大道 285 号	3 737	12 907	15
江西省盐业总公司	三经路 177 号	9 367	12 814	108
江西纸业集团有限公司	南昌市董家窑 112 号	204 370	12 809	574
江西省化工建材有限公司	八一大道 436 号	1 978	12 534	50
南昌氯碱总厂	南昌市塘山镇潘坊街	13 045	12 435	559
中国航空工业供销江西公司	北京西路 188 号	8 326	12 314	80
江西润田昌北饮料食品有限公司	市经济技术开发区庐山南大道	18 186	12 162	976
江西省燃料有限公司	八一大道 436 号 6 楼	2 322	11 943	69
南昌亨得利钟表眼镜公司	胜利路 26 号	6 673	11 607	185
江西光明英雄乳业股份有限公司	江西省南昌市蛟桥村 1 号	13 103	11 471	894
南昌广联实业有限公司	南昌经济技术开发区枫林大街	4 572	11 457	89
中国汽车工业进出口江西公司	民德路 157 号	4 017	11 354	31
江西省仙丹健康食品有限公司	南昌县莲塘小兰街居委会	8 125	11 215	325
江西福昌空调系统有限公司	南昌市迎宾北大道江铃西二路	8 442	10 923	95
南昌金泰国际贸易有限公司	沿江路桃苑大厦	3 913	10 899	34
江西赣达牧业有限公司	南昌市南莲路 389 号	3 087	10 707	184

续表 2

企 业 名 称	通 讯 地 址	资产总额（万元）	销售收入（万元）	员工人数（人）
南昌市新华书店	八一大道 272 号	5 389	10 213	412
江西印刷集团公司	南昌市十字街	22 465	10 132	1 532
江西制药有限责任公司	南昌市三径路 113 号	31 727	9 964	1 509
南昌市双实药业有限公司	南昌市湖坊镇洪都村	3 285	9 842	80
江西省建工集团公司	北京西路 176 号	9 689	9 689	2 568
南昌银志纺织服装城实业有限公司	南昌市青山湖大道 388 号	24 900	9 550	278
南昌市正大畜禽有限公司	江西省南昌市经济开发区	6 525	9 375	246
江西江氨化学工业有限公司	江西省南昌市濡溪村 1 号	17 192	9 355	534
江西三和电力股份有限公司	江西省南昌市下正街 27 号	39 945	9 323	1 062
南昌华丰针织厂	青山湖区湖坊镇彭桥工业区	562	9 307	100
江西泛亚电线电缆有限公司	江西省南昌市长征路 257 号	12 148	9 165	190
江西同济丰宇环境股份有限公司	江西省南昌市青山湖区	26 594	9 120	416
南昌市西湖区独一处海鲜城	桃苑小区	3 263	9 119	470
南昌市赣江电缆厂	南昌市青山湖区塘山镇永溪村	777	9 020	60
进贤县供电有限责任公司	进贤民和镇进贤县大道 609 号	14 534	8 941	624
江西省电力设备总厂	江西省南昌市罗家街 1 号	18 516	8 800	740
江西教育印刷有限公司	江西省南昌市新建县长凌镇	6 500	8 550	700
南昌高新技术产业开发区进出口公司	沿江中路 19 号	4 889	8 527	14
江西省粮油总公司	省府大院南一路 5 号	37 096	8 467	38
江西洪达医疗器械有限公司	进贤县民和镇 胜利路	7 800	8 440	1 500
江西省水晶宫数码科技广场有限公司	八一大道 238 号	651	8 419	95
江西省物产进出口有限公司	站前西路 200 号	1 817	8 381	36
江西宏业钢管有限责任公司	南昌市青山湖区塘山镇清湖村	3 100	8 100	150
江西省医药物资供销公司	叠山路 202 号	4 661	7 902	63
南昌铁路局南昌机械厂	南昌市工人新村一路 5 号	11 114	7 799	602
中国核工业总公司七二 0 厂	江西省南昌市兴国路 1 号	13 550	7 761	921
江西省印刷物资总公司	南昌市洪都中大道 183 号	2 296	7 752	103
中国电子进出口江西公司	民德路 155 号	4 142	7 667	25
南昌肯德基有限公司	庐山南大道 8 号 709 室	7 412	7 637	898
南昌欧亚汽车销售有限公司	阳明路 12 号	4 727	7 632	12
江西东方汽车贸易有限公司	沿江南路 137 号	2 726	7 613	38
南昌百事可乐饮料有限公司	南昌市西湖区洪城路 987 号	4 587	7 590	200
江西省煤炭工业供销公司	北京东路 23 号	3 975	7 503	44
江西江铃进出口有限责任公司	迎宾北大道 509 号	9 247	7 466	39
江西省进出口公司	站前路 200 号	20 109	7 453	130
南昌开心大药房有限公司	福州路 159 号	1 246	7 412	51
梅里亚动物保健有限公司	江西省南昌市南井北路 4 号	9 767	7 352	146
江西 3L 医用制品有限公司	江西省南昌市青山湖区	10 170	7 329	213
南昌盛兴制衣有限公司	南昌市青山湖区湖坊镇	1 511	7 248	310
南昌立健药业有限公司	南昌市庐山南大道 217 号	11 955	7 174	173
江西华安针织总厂	南昌市西湖区上海路 445 号	25 289	7 162	1 468
南昌虹桥服装有限公司	湖坊镇南京东路长春工业区	1 574	7 056	160
上海大众汽车江西销售服务有限公司	红谷新区汽车广场	2 513	7 050	62
江西省青年报社印刷厂	南昌市青山湖区塘山镇	2 686	6 980	201
南昌市洪胜铝业有限公司	南昌市井冈山大道 516 号	1 029	6 814	50
江西爱施德电讯有限公司	八一大道 212 号附 1 号	709	6 769	22
南昌紫江包装有限公司	南昌市青山湖大道 388 号	6 127	6 646	90
南昌水泥厂	南昌市蛟桥镇下罗街	4 165	6 501	326
通威股份有限公司南昌分公司	南昌市青山湖区昌东工业区	7 507	6 444	72
南昌海螺水泥有限责任公司	南昌县向塘镇开发区	12 597	6 408	94

续表3

企业名称	通讯地址	资产总额（万元）	销售收入（万元）	员工人数（人）
江西方大新型铝业有限公司	江西省南昌市火炬大街	14 392	6 351	230
南昌市市政工程开发有限公司	南京西路389号	6 342	6 342	1 730
南昌电力物资供应公司	豫食美食城15栋3楼	1 621	6 260	72
江西益康医疗器械集团有限公司	进贤县李渡镇李渡大道23号	7 972	6 243	1 128
南昌领王服装有限公司	南昌市井冈山大道164号	1 831	6 222	400
南昌东风汽车技术服务站	乡企城	2 412	6 219	30
江西化纤有限责任公司	南昌市东湖区青山南路72号	29 659	6 155	1 902
江西德成制药有限公司	南昌市青山湖区扬子洲农场	4 597	6 100	280
江西省第二建筑工程公司	建设路177号	6 031	6 031	1 293
江西雄宇实业有限公司	进贤县民和镇工业开发区	4 855	6 012	201
江西第一机床有限责任公司	南昌市井冈山大道536号	14 006	5 969	740
江西省公路桥梁工程局	象山南路22号	5 969	5 969	1 081
江西省水电工程局	南莲路138号	5 872	5 872	3 849
进贤县长山出口花炮总厂	进贤县长山镇长山街	2 413	5 870	610
南昌赣昌汽车工业贸易有限公司	洪城路438号	2 934	5 864	7
江西环珠食品有限公司	南昌县莲塘镇小兰村	1 050	5 811	122
江西省种子公司	省政府省农业厅业	4 105	5 810	23
南昌市五江保温瓶厂	江西省南昌市新建县长凌镇	5 500	5 800	900
南昌市青云谱华兴针织制衣厂	南昌市青云谱区施尧村	1 355	5 750	595
南昌市顺心食品有限公司	南昌市湖坊镇顺外村	758	5 720	78
江西省群力钢结构工程有限公司	进贤县张公镇高桥街30号	2 053	5 709	441
江西省新闻出版进出口公司	阳明路310号	2 010	5 634	26
江西消防车辆制造厂	江西省南昌市长征路639号	13 641	5 612	672
江西施乐事达电讯设备有限公司	桃苑大街8号	407	5 547	61
江西省南方汽车销售有限公司	洪城路776号	4 778	5 439	9
南昌市星光针织漂染厂	南昌市区塘山镇星光任村	790	5 420	40
江西省南昌市赣汇医疗器械厂	南昌市进贤县长山镇长山街	3 521	5 414	622
江西省新华书店电子音像发行公司	八一大道102号	828	5 401	41
江西新洪客隆莲塘实业有限公司	莲塘	6 066	5 323	308
格力特实业有限公司	江西省南昌市经济技术开发区	2 624	5 255	90
江西新华印刷厂	江西省南昌市丁公路120号	12 128	5 185	1 050
南昌凤凰数码科技有限公司	南昌市火炬大街618号	8 297	5 172	199
江西盐业包装有限公司	董家窑8号	3 080	5 143	24
江东机床厂	南昌市井冈山大道576号	17 022	5 120	877
南昌市山农制衣厂	南昌市青云谱区前万村38号	901	5 053	500
国营南昌肉类联合加工厂	南昌市井冈山大道639号	11 033	5 032	1 297
南昌凯马柴油机有限公司	南昌市经济技术开发区青岚街	24 689	4 996	1 059
南昌娃哈哈饮料有限公司	南昌市青山湖大道388号	8 716	4 957	96
南昌市洪燕铝业有限公司	南昌市区塘山镇永和村	1 742	4 900	150
南昌市中亚化工厂	南昌市瑭山镇涂黄村	931	4 868	50
南昌市第五建筑安装工程公司	永叔路10号	4 868	4 868	2 942
南昌旋耕机厂	南昌县莲塘镇五一路354号	3 177	4 783	462
南昌市再生资源总公司	胜利路148号	3 228	4 724	187
江西省华春木业装饰公司	南昌市塘山镇长巷村468号	8 166	4 700	280
南昌华大服装有限公司	南昌市塘山镇南镇村委会	1 338	4 700	150
江西金世纪新材料股份有限公司	南昌市火炬街建昌工业园	10 723	4 699	346
江西华财印务有限公司	南昌市迎宾大道316号	2 786	4 678	109
江西国燕橡胶有限公司	南昌市湖坊镇张燕村	1 577	4 650	130

【区情简介】

青山湖区

【行政区划】

南昌市青山湖区辖五镇一乡一场（湖坊镇、塘山镇、桃花镇、京东镇、罗家镇、扬子洲乡、扬子洲农场），国土面积180平方公里，户籍人口25.25万人，驻区人口41.2万人。

【经济概况】

跨入新世纪，南昌市城区面积扩大，青山湖区由郊区转变为城区，青山湖区大力推进工业化和城市化，发展现代服务业，国民经济实现了跨越式发展。2003年，区生产总值完成653873万元，比上年增长15.5%，其中：第一产业增加值完成16856万元，下降13.8%；第二产业增加值完成338910万元，增长14.3%；第三产业增加值完成298107万元，增长19.3%。产业结构进一步优化，第一、第二、第三产业占GDP比例由上年3.5:52.4:44.1调整为2.6:51.8:45.6，二产、三产增加值达637015万元，占GDP比重达97.4%，增长16.6%。财政总收入完成44578万元，增收11503万元，增长34.8%，其中，地方财政收入完成16218万元，增收4464万元，增长38.0%。全社会固定资产投资完成230470万元，比上年增长87.1%。农民人均纯收入3933元，比上年增加200元，增长5.4%。

【支柱产业】

青山湖区以现代制造业为主攻方向，以招商引资为突破，以工业园区为载体，以食品饮料、针织服装、医药化工等产业为支柱，把发展现代制造业作为加快区域经济发展的核心动力，走现代制造业强区之路，努力构筑南昌现代制造业重要基地中的基础板块、核心板块、特色板块，现代制造业的生产能力，科技含量，经济效益有了突破性的提升，基本形成针织服装、食品饮料、医药化工、印刷及纸制品、冶金建材等近30个行业、130个种类、400多个小类的工业体系，金肾宝、六味地黄丸、万氏家俱、台昌瓜子、顺心瓜子、“统一”食品、“娃哈哈”食品、“鲜徕客”食品等一批产品在国内外市场具有较强的竞争力，工业经济已成为区域经济的支柱和主要税收来源。2003年，工业企业3237个，从业人员42207人，完成工业增加值32.14亿元，占GDP的49.2%，实现利税14.71亿元。支柱产业支撑作用愈加突出。2003年，食品饮料、针织服装、医药化工三大支柱产业完成产值664010万元，占工业总产值45.7%，增长25.1%。

【工业园区】

园区工业发展迅速，已形成南昌民营科技园、昌东工业区、湖坊工业园为主，其他工业园区为辅的园区经济发展态势，园区经济成为区域经济增长极。2003年，昌东工业区驻区企业达235家，投产113家，完成工业产值7.38亿元，交纳各项税金2210万元。民营科技园入园企业达123家，投产72家，完成工业产值10.10亿元，交纳各项税金达6300万元。

【外向型经济】

随着我区招商引资的不断深入，外向型经济快速发展，统一集团、娃哈哈集团、上海银志、瑞显光电等一批大项目、大企业纷纷落户我区，外向型经济已初步实现从常规发展向跨越式发展转变。2003年合同外资15483.5万美元，比上年增长156.3%；实际利用11014万美元，比上年增长116.9%；实际利用境内资金202475万元，比上年增长152.9%；出口创汇3002万美元，比上年增长140.2%。

【区长专栏】

开拓创新　　真抓实干
全力推动全区经济和社会发展再新辉煌

南昌市青山湖区人民政府区长　熊桂金

2004年是实现我区提出的"三年迈出三大步，三年三个迈大步"奋斗目标的关键之年，机遇与挑战并存。今年政府工作总的要求是：深入贯彻党的十六届三中全会精神，全面践行"三个代表"重要思想，坚持开放带动战略，确立"二三一"产业发展方向，突出抓好招商引资、现代制造业发展和城东新区建设等重点工作，加速推进工业化、城市化进程，在新的起点上开创青山湖区改革开放和现代化建设的新局面，争做南昌做大做强的排头兵。

围绕今年政府工作的总体要求和预期目标，我们要着力抓好以下几个方面的工作：

（一）开放为先，提高招商引资工作的水平

继续把招商引资作为第一要事、作为经济工作的重中之重来抓，着力提高开放型经济发展特别是招商引资工作的水平，坚持"四个并举"，落实"四项措施"。

"四个并举"就是：大、小项目并举，突出大项目；一、二、三产业并举，突出制造业；区、乡镇、园区并举，突出主战场；引资、创汇并举，突出招商引资。

"四项措施"：一是建立灵敏高效的招商网络，强化项目跟踪。二是实施行之有效的招商办法，强化以商招商。三是落实项目协调领导责任制，强化项目推进。四是继续开展"优化投资环境服务年"活动，强化全民安商。

（二）做强工业，形成制造业为主导的产业格局

坚持"二三一"产业发展方向，以工业园区为载体，以发展制造业为重点，以食品饲料、医药化工、针织服装等产业为支柱，不断加快工业化发展步伐。一是增大总量。保持工业经济特别是现代制造业的快速发展，全区工业产值力争达到171.4亿元，占全市工业总产值的20%。二是主攻园区。按照错位发展的原则，着力推进园区的专业化、特色化，重视园区产业布局规划，促使关联产业相对聚集，形成规模效应。三是壮大支柱。重点发展食品饮料、医药化工、针织服装等三大支柱产业的专业配套项目。大力扶持南昌统一、娃哈哈、紫江包装、济民可信、三九药业、通威饲料、江西服装城、银志服装城等一批龙头骨干企业。四是扶持民营。坚持"放心、放胆、放手、放开、放宽、放活"的"六放"方针，在准入领域、优惠政策、人才引进等方面，保障民营经济平等参与市场竞争，依法保护民营企业合法权益，鼓励民营企业做大做强。

（三）发展商贸，寻求城市经济发展的突破

按照？"整合、改造、引进"的要求，以重点项目建设为龙头，实现专业批发市场发展、商业街打造和启动城东商务中心区建设的新突破。一是壮大专业批发市场；二是打造商业特色街；三是改造一批农贸市场；四是加快引进现代物流企业；五是大力发展房地产、旅游、会展、餐饮娱乐业。

（四）优化农业，拓宽农民增收的渠道

围绕"一个目标，四条渠道"，即以促进农民增收为目标，以扶龙头企业、抓订单农业、建农业基地、促劳力转移为主要渠道，大力推进都市农业的发展：一是发展壮大龙头企业；二是加快发展订单农业；三是抓紧建设农业基地；四是千方百计转移劳力；五是统筹发展城乡经济。

（五）建设城东，构筑城市次中心框架

按照城东片区的功能定位，突出道路建设、功能完善、品位提升，重点解决城市规划、建设、管理中的突出问题，加速我区由边缘城区向中心城区的转变。一是构建道路主体框架；二是不断增强城市功能；三是切实加强社区建设；四是努力提高管理水平；五是大力提升城市品味。

（六）维护稳定，营造良好的社会环境

正确处理改革、发展、稳定的关系，高度重视社会稳定工作，落实好维护稳定的各项措施，全力维护稳定的社会政治局面：一是加强社会治安综合治理；二是努力化解和妥善处理各种社会矛盾；三是认真做好群众信访工作；四是加强安全生产工作。

（七）以人为本，提升社会文明程度

坚持以人为本，做到精神文明与经济建设同部署、同落实，促进经济社会协调发展，不断提升区域文明程度：一是加强思想道德建设；二是加强民主法制建设；三是加强人才队伍建设；四大力实施“科教兴区”战略；五是积极发展社会各项事业。

(八)注重建设，塑造勤廉务实的政府形象

围绕圆满完成全年的各项任务，狠抓工作落实，强化工作创新，切实加强政府自身建设，把立党为公、执政为民真正落到实处。

在江西实现中部崛起的跑道上，我们迈出了坚实的步伐；在南昌做大做强的征途中，我们充满了必胜的信心。让我们以“三个代表”重要思想为指导，在市委、市政府和区委的正确领导下，聚精会神搞建设，一心一意谋发展，团结全区人民，调动一切积极因素，抢抓机遇，知难而进，积极完成今年的各项工作任务，为把青山湖区建设成为现代经济强区和现代都市新区而努力奋斗！

江西国药有限责任公司

江西国药有限责任公司始创于一九五五年，系由原江西国药厂于一九九四年依法改制组建的国有独资有限责任公司，现隶属于江西医药集团公司，公司法人代表：邓跃华。2003年公司为了支持南昌市花园城市建设，积极响应省政府号召，实施退城进郊“退二进三”，在南昌市小蓝工业园重新建设新厂，新厂区于2004年上半年建成投产。公司法定住所在江西省南昌市小蓝工业园区国药大道888号，联系电话：0791-5985666

公司已成为国家中药重点五十强企业和全国医药行业百强企业之一，一九九四年获中国质量管理协会“全国用户满意企业”。2002年12月公司小容量注射剂、原料药“盐酸林可霉素”、“盐酸土霉素”通过国家GMP认证。

公司现有资产总额41228万元，净资产10378万元，公司占地面积23万平方米，其中生产占地 6万平方米。公司现有西药原料药、中成药、西药制剂、食品添加剂等四大类共140余个产品品种。公司二个产品获国家质量银质奖，三个产品获部优奖，八个产品获省优奖。

公司下设六个生产车间，一个省级企业技术中心，三个全资子公司，一个中外合资控股公司（中外合资江西金水宝制药有限公司），公司现有员工总数2132人。

青山湖区重点企业名录库

（2003 年）

企 业 名 称	通 讯 地 址	资产总额（万元）	销售收入（万元）	员工人数（人）
南昌钢铁有限责任公司	江西省南昌市罗家街 1 号	443 406	448 780	10 941
诚志股份有限公司	江西南昌市庐山中大道 60 号	159 247	147 491	1 670
江西联创光电科技股份有限公司	南昌青山湖区京东大道 168 号	129 354	76 435	5 177
南昌海尔工贸有限公司	南昌庐山南大道 555 号	4 863	53 404	351
江西省南昌市济民可信集团有限公司	南昌市青山湖区湖坊镇顺外路	36 634	46 035	1 053
TCL 王牌电器(南昌)有限公司	南昌青山湖区火炬三路 198 号	8 644	44 652	10
南昌统一企业有限公司	南昌市青山湖北大道 388 号	17 705	35 110	800
江西捷德智能卡系统有限公司	江西省南昌市青山湖区	35 372	31 644	246
江西昌九生物化工股份有限公司江氨分公司	江西省南昌市濡溪村 1 号	50 762	30 072	2 002
泰豪科技股份有限公司	南昌市青山湖区高新大道	75 358	26 823	1 103
江西济民堂医药有限公司	顺外路 98 号	6 326	24 378	1 055
南昌市赣江溶剂厂	南昌市青山湖区扬子洲乡	10 354	19 349	200
江西东维汽车销售有限公司	洪城路 688 号	2 711	17 271	24
南昌硬质合金有限责任公司	江西省南昌市双港村 1 号	17 460	16 257	765
江西省新华书店图书音像批发中心	高新大道 88 号	6 496	13 602	271
南昌齐洛瓦电器集团公司	江西省南昌市郊区蛟桥镇麦园	42 831	13 319	1 020
江西泓泰企业集团有限公司	南昌青山湖区高新六路 116 号	15 746	12 997	198
江西润田昌北饮料食品有限公司	经济技术开发区庐山南大道	18 186	12 162	976
江西光明英雄乳业股份有限公司	江西省南昌市蛟桥村 1 号	13 103	11 471	894
南昌广联实业有限公司	经济技术开发区枫林大街	4 572	11 457	89
南昌市双实药业有限公司	南昌市青山湖区湖坊镇洪都村	3 285	9 842	80
南昌银志纺织服装城实业有限公司	江西南昌市青山湖大道 388 号	24 900	9 550	278
南昌市正大畜禽有限公司	江西省南昌市经济开发区	6 525	9 375	246
江西江氨化学工业有限公司	江西省南昌市濡溪村 1 号	17 192	9 355	534
南昌华丰针织厂	南昌市湖坊镇彭桥工业区	562	9 307	100
江西同济丰宇环境股份有限公司	江西省南昌市青山湖区	26 594	9 120	416
南昌市赣江电缆厂	南昌市青山湖区塘山镇永溪村	777	9 020	60
江西省电力设备总厂	江西省南昌市罗家街 1 号	18 516	8 800	740
江西宏业钢管有限责任公司	南昌市青山湖区塘山镇清湖村	3 100	8 100	150
江西 3L 医用制品有限公司	江西省南昌市青山湖区	10 170	7 329	213
南昌盛兴制衣有限公司	江西省南昌市青山湖区湖坊镇	1 511	7 248	310
南昌虹桥服装有限公司	南昌市湖坊镇长春工业区	1 574	7 056	160
江西省青年报社印刷厂	江西省南昌市青山湖区塘山镇	2 686	6 980	201
南昌紫江包装有限公司	江西南昌市青山湖大道 388 号	6 127	6 646	90
南昌水泥厂	江西省南昌市蛟桥镇下罗街	4 165	6 501	326
通威股份有限公司南昌分公司	南昌市青山湖区昌东工业区	7 507	6 444	72
江西方大新型铝业有限公司	江西省南昌市火炬大街	14 392	6 351	230
江西德成制药有限公司	南昌市青山湖区扬子洲农场	4 597	6 100	280
南昌市顺心食品有限公司	南昌市青山湖区湖坊镇顺外村	758	5 720	78
江西省南方汽车销售有限公司	洪城路 776 号	4 778	5 439	9
南昌市星光针织漂染厂	南昌青山湖区塘山镇星光任村	790	5 420	40
格力特实业有限公司	江西省南昌市经济技术开发区	2 624	5 255	90
南昌凤凰数码科技有限公司	南昌青山湖区火炬大街 618 号	8 297	5 172	199
南昌凯马柴油机有限公司	南昌市经济技术开发区青岚街	24 689	4 996	1 059
南昌娃哈哈饮料有限公司	江西南昌市青山湖大道 388 号	8 716	4 957	96
南昌市洪燕铝业有限公司	南昌市青山湖区塘山镇永和村	1 742	4 900	150
南昌市中亚化工厂	南昌市青山湖区瑭山镇涂黄村	931	4 868	50
江西省华春木业装饰公司	南昌市塘山镇长巷村 468 号	8 166	4 700	280
南昌华大服装有限公司	南昌市塘山镇南镇村委会	1 338	4 700	150
江西国燕橡胶有限公司	南昌市青山湖区湖坊镇张燕村	1 577	4 650	130

东湖区重点企业名录库

（2003 年）

企业名称	通讯地址	资产总额（万元）	销售收入（万元）	员工人数（人）
南昌百货大楼股份有限公司	中山路 1 号	51 450	96 179	2 300
江西江中医药贸易有限责任公司	福州路 347 号	18 445	82 851	405
江西江中药业股份有限公司	江西省南昌市福州路 347 号	91 224	69 922	1 324
江西赣能股份有限公司	江西省南昌市火炬大街 199 号	150 691	58 416	1 325
江西江纺有限责任公司	江西省南昌市东湖区塘山镇	57 601	56 026	5 716
江西南昌发电厂	江西省南昌市青山支路 57 号	45 210	36 117	2 122
江西思创科技产业有限公司	八一大道 465 号	10 049	35 405	155
江西格力空调销售有限公司	福州路 268 号	21 837	35 391	32
江西新洪客隆工贸发展总公司	八一大道 358 号	23 236	33 516	497
江西太平洋购物广场有限公司	中山路 177 号	11 087	30 053	350
江西大众汽车销售维修服务有限公司	北京东路 399 号	5 615	28 133	158
南昌 TCL 电器销售有限公司	二七北路 169 号	324	21 058	82
江西国力汽车服务有限公司	洪都北大道 360 号	2 938	19 602	72
江西省投资进出口有限责任公司	福州路金昌利大厦	7 187	17 047	35
江西省汽车销售技术服务总公司	省府北二路 102 号	4 973	16 934	185
江西省瑞康医药有限责任公司	文教路 289 号	6 721	16 932	69
江西省智通汽车销售服务公司	洪都北大道 336 号	15 155	16 467	145
江西泰豪电器城有限公司	青山南路 1 号	7 097	13 217	38
南昌化工集团有限责任公司	南昌市洪都北大道 302 号	34 923	12 944	1 411
江西省盐业总公司	三经路 177 号	9 367	12 814	108
江西纸业集团有限公司	南昌市东湖区董家窑 112 号	204 370	12 809	574
江西省化工建材有限公司	八一大道 436 号	1 978	12 534	50
南昌氯碱总厂	南昌市塘山镇潘坊街	13 045	12 435	559
江西省燃料有限公司	八一大道 436 号 6 楼	2 322	11 943	69
南昌亨得利钟表眼镜公司	胜利路 26 号	6 673	11 607	185
中国汽车工业进出口江西公司	民德路 157 号	4 017	11 354	31
江西制药有限责任公司	江西省南昌市三径路 113 号	31 727	9 964	1 509
江西三和电力股份有限公司	江西省南昌市下正街 27 号	39 945	9 323	1 062
江西省粮油总公司	省府大院南一路 5 号	37 096	8 467	38
江西省医药物资供销公司	叠山路 202 号	4 661	7 902	63
中国电子进出口江西公司	民德路 155 号	4 142	7 667	25
南昌欧亚汽车销售有限公司	阳明路 12 号	4 727	7 632	12
江西省煤炭工业供销公司	北京东路 23 号	3 975	7 503	44
南昌开心大药房有限公司	福州路 159 号	1 246	7 412	51
南昌市市政工程开发有限公司	南京西路 389 号	6 342	6 342	1 730
南昌电力物资供应公司	豫食美食城 15 栋 3 楼	1 621	6 260	72
江西化纤有限责任公司	南昌市东湖区青山南路 72 号	29 659	6 155	1 902
江西省种子公司	省政府省农业厅业	4 105	5 810	23
江西省新闻出版进出口公司	阳明路 310 号	2 010	5 634	26
江西盐业包装有限公司	董家窑 8 号	3 080	5 143	24
南昌市再生资源总公司	胜利路 148 号	3 228	4 724	187
江西金世纪新材料股份有限公司	南昌市火炬街建昌工业园	10 723	4 699	346
南昌市天虹商场有限公司	南京东路 168 号	3 149	4 532	615
江西省盐业总公司南昌公司	北京东路 1 号	3 067	4 487	129
南昌市新东方大酒店	滨江南路 18 号	3 360	4 454	145
江西长运石油有限公司	南昌市青山南路 29 号	752	4 421	79
江西天马空调销售网络有限公司	福州路 28 号	1 913	4 389	20
南昌色织总厂	南昌市青山湖大道 198 号	12 130	4 362	723
南昌汇理印染实业有限责任公司	南昌市青山湖区塘山镇青山路	629	4 011	112
南昌市物资金属材料有限公司	洪都北大道 409 号	1 322	3 794	57

西湖区重点企业名录库

（2003 年）

企　业　名　称	通　讯　地　址	资产总额（万元）	销售收入（万元）	员工人数（人）
南昌卷烟厂	江西省南昌市抚生路 118 号	241 492	327 726	1 430
江西省烟草公司南昌分公司	桃苑西路 3 号	22 731	161 670	879
江西省粮油食品进出口公司	站前路 200 号	79 990	127 325	307
江西省针棉织品进出口公司	井冈山大道 717 号	24 571	124 486	162
中国石油化工股份公司江西南昌石油分公司	孺子路 267 号	17 214	100 172	920
南昌洪城大厦股份有限公司	北京西路 156 号	50 453	95 746	822
江西省新华书店	八一大道 102 号附 2 号	21 782	92 848	172
江西南华医药有限公司	象山南路 230 号	39 984	90 255	843
江西洪都钢厂	江西省南昌市北京东路 138 号	56 921	88 796	2 706
江西省畜产进出口有限公司	站前路 200 号	18 217	56 105	101
江西涤纶厂	江西省南昌市解放路 378 号	110 714	52 663	1 798
中国有色金属南昌供销公司	北京西路 118 号	11 527	51 074	66
中国有色金属进出口江西公司	北京西路 118 号	4 278	40 722	33
江西省交通工程集团公司	广场南路 136 号	51 076	40 295	2 896
南昌市黄庆仁栈华氏大药房有限公司	象山南路 230 号	14 886	37 385	5 731
江西泰丰轮胎有限公司	江西省南昌市西湖区上海路	32 513	35 830	816
江西运通汽车贸易有限公司	洪都中大道 145 号	6 267	33 425	53
江西省机械设备进出口公司	北京西路 54 号	8 232	31 470	63
江西省医药保健品进出口公司	站前路 200 号	5 730	30 908	123
江西国药有限责任公司	江西省南昌市解放西路 80 号	43 761	18 213	2 160
江西中基进出口有限公司	桃苑大厦二区 C 座 6 栋	4 440	17 895	33
江西煌上煌集团有限公司	江西省南昌市二七南路	10 233	17 642	782
南昌大众印染总厂	南昌市西湖区解放西路 454 号	7 615	17 505	350
江西三元治金有限责任公司	北京西路 118 号	2 588	15 892	24
四通（江西）电机有限责任公司	南昌市井冈山大道 1028 号	42 643	13 767	1 244
北京华联（江西）综合超市有限公司	上海路 19 号	11 612	13 434	450
江西省踏浪实业发展有限公司	八一大道 197 号	2 043	13 361	42
江西省邮电供应工业公司	丁公路 38 号	13 778	13 058	117
江西猎豹汽车销售有限公司	洪都北大道 285 号	3 737	12 907	15
中国航空工业供销江西公司	北京西路 188 号	8 326	12 314	80
南昌金泰国际贸易有限公司	沿江路桃苑大厦	3 913	10 899	34
南昌市新华书店	八一大道 272 号	5 389	10 213	412
江西印刷集团公司	江西省南昌市西湖区十字街	22 465	10 132	1 532
江西省建工集团公司	北京西路 176 号	9 689	9 689	2 568
南昌市西湖区独一处海鲜城	桃苑小区	3 263	9 119	470
南昌高新技术产业开发区进出口公司	沿江中路 19 号	4 889	8 527	14
江西省水晶宫数码科技广场有限公司	八一大道 238 号	651	8 419	95
江西省物产进出口有限公司	站前西路 200 号	1 817	8 381	36
南昌铁路局南昌机械厂	南昌市工人新村一路 5 号	11 114	7 799	602
江西省印刷物资总公司	南昌市洪都中大道 183 号	2 296	7 752	103
南昌百事可乐饮料有限公司	南昌市西湖区洪城路 987 号	4 587	7 590	200
江西省进出口公司	站前路 200 号	20 109	7 453	130
江西华安针织总厂	南昌市西湖区上海路 445 号	25 289	7 162	1 468
江西爱施德电讯有限公司	八一大道 212 号附 1 号	709	6 769	22
江西省公路桥梁工程局	象山南路 22 号	5 969	5 969	1 081
南昌赣昌汽车工业贸易有限公司	洪城路 438 号	2 934	5 864	7
江西施乐事达电讯设备有限公司	桃苑大街 8 号	407	5 547	61
江西省新华书店电子音像发行公司	八一大道 102 号	828	5 401	41
江西新华印刷厂	江西省南昌市丁公路 120 号	12 128	5 185	1 050
南昌市第五建筑安装工程公司	永叔路 10 号	4 868	4 868	2 942

青云谱区重点企业名录库

(2003年)

企业名称	通讯地址	资产总额（万元）	销售收入（万元）	员工人数（人）
江铃汽车集团公司	南昌市迎宾北大道509号	913 753	721 353	16 325
江西江铃汽车销售总公司	迎宾北大道江铃西四路3号	19 233	570 880	296
江西洪都航空工业集团有限责任公司	江西省南昌市新溪桥西二路	514 356	170 103	16 737
江西省服装进出口公司	井冈山大道548号	23 731	110 576	169
南昌印钞厂	江西省南昌市岱山车路9号	68 089	56 576	1 172
南昌水业集团有限责任公司	南昌市沿江南路294号	97 742	32 912	2 008
江西锅炉化工石油机械联合有限责任公司	南昌市迎宾大道913号	65 728	31 523	1 585
江西江铃汽车销售有限公司	迎宾北大道272号	1 718	30 475	127
江西省纺织品进出口公司	井冈山大道548号	19 513	28 947	140
江西省火电建设公司	井冈山大道2号	28 229	27 072	3 466
南昌亚洲啤酒有限公司	南昌市区三店西路183号	29 329	22 737	1 300
江西新电汽车空调系统有限公司	南昌市迎宾北大道西二路	12 825	22 091	190
江西阳光乳业有限公司	南昌市青云谱区岱山东路1号	12 788	19 446	563
南昌电缆有限责任公司	青云谱区井冈山大道516号	7 956	13 681	381
江西省第一建筑有限责任公司	南昌市迎宾北大道江铃西二路	27 890	12 708	7 157
江西福昌空调系统有限公司	南昌市青云谱区南莲路389号	8 442	10 923	95
江西赣达牧业有限公司	沿江南路137号	3 087	10 707	184
江西东方汽车贸易有限公司	迎宾北大道509号	2 726	7 613	38
江西江铃进出口有限责任公司	南昌市井冈山大道516号	9 247	7 466	39
南昌市洪胜铝业有限公司	何坊西路24号	1 029	6 814	50
南昌领王服装有限公司	南昌市井冈山大道164号	1 831	6 222	400
江西省第二建筑工程公司	建设路177号	6 031	6 031	1 293
江西第一机床有限责任公司	南昌市井冈山大道536号	14 006	5 969	740
江西省水电工程局	南莲路138号	5 872	5 872	3 849
南昌市青云谱华兴针织制衣厂	江西省南昌市青云谱区施尧村	1 355	5 750	595
江东机床厂	南昌市井冈山大道576号	17 022	5 120	877
南昌市山农制衣厂	南昌市青云谱区前万村38号	901	5 053	500
国营南昌肉类联合加工厂	南昌市井冈山大道639号	11 033	5 032	1 297
江西华财印务有限公司	南昌市迎宾大道316号	2 786	4 678	109
江西东风汽车销售技术服务有限公司	迎宾大道975号	2 548	3 967	89
南昌市梅氏香香禽蛋加工厂	江西省南昌市青云谱区南莲路	694	3 957	117
江西正力机械有限责任公司	江西省南昌市青云谱区岱山	1 067	3 908	234
南昌市东方饲料厂	南昌市青云谱区迎宾大道1号	54	3 032	20
南昌通用机械有限责任公司	南昌市建设路151弄1号	12 181	2 549	691
江西红日保温容器有限公司	南昌市何坊西路90号	265	2 501	537
江西民星企业集团公司	江西省南昌市南莲路598号	31 237	2 479	620
南昌市昌荣针织内衣厂	南昌市青云谱区南莲路354号	953	2 291	100
鸿万记录纸有限公司	南昌市迎宾北大道830号	1 966	2 209	75
江西省进口汽车配件有限公司	沿江南路139号	1 762	2 084	51
南昌东劲实业有限公司	南昌市何坊东路附5号	1 117	2 070	102
江西江铃建业发展有限公司	迎宾大道509号	2 024	2 024	360
南昌市昌华针织印染厂	南昌市青云谱区黄庄自然村	964	1 935	220
南昌塑料八厂	南昌青云谱区京山北路50号	10 926	1 914	160
江西轻型汽车修理厂	江西省南昌市南莲路329号	3 289	1 911	231
江西祥和园食品有限公司	南昌市南莲路91号附2号	1 925	1 543	156
江西省第四建筑工程公司	建设路288号	1 459	1 459	753
南昌市友谊针织内衣厂	南昌市青云谱区佛塔路中段	339	1 380	166
江西省第三建筑有限责任公司	洪都南大道108号	1 282	1 282	3 655
南昌市新世纪针织内衣厂	江西省南昌市青云谱区前万村	87	1 236	300
江西有色冶金建设公司	南莲路451号	1 124	1 124	363

湾里区重点企业名录库

（2003年）

企业名称	通讯地址	资产总额（万元）	销售收入（万元）	员工人数（人）
南昌扬子橡塑总厂	南昌市湾里区招贤镇棱上	5 327	2 283	226
南昌矿山机械有限公司	南昌市湾里区盘龙路23号	1 884	2 203	94
南昌梅岭化工有限公司	江西省南昌市湾里区幸福路	543	1 908	32
南昌江中实业公司	福州路347号	1 730	1 500	50
南昌市洪州有色冶金厂	江西省南昌市湾里区磨盘山路	210	1 467	30
南昌三星化工实业有限公司	江西省南昌市湾里区太平	1 496	1 421	18
南昌凯明针织厂	江西省南昌市湾里区招贤路	453	1 411	86
南昌鑫银印务公司	江西省南昌市湾里区幸福路	358	1 369	87
南昌盛华有色金属制品厂	南昌市湾里区南堡路39号	293	1 298	10
南昌罗亭复合包装材料厂	江西省南昌市湾里区罗亭镇	492	1 293	100
南昌有色合金厂	江西省南昌市湾里区招贤路	787	1 269	26
南昌市湾里手套厂	南昌湾里区磨盘山北路46号	194	1 242	60
南昌南粤汽车板簧有限公司	南昌市湾里区南宝路3号	476	1 227	95
南昌市汽车电器厂	南昌市湾里区紫清路11号	462	1 209	95
南昌湾里罗亭五金厂	江西省南昌市湾里区罗亭镇	180	1 207	40
南昌湾里五金机械配件厂	南昌市湾里区招贤路505号	249	1 172	40
南昌翠岩食品有限公司	江西省南昌市湾里区招贤路	476	1 118	53
南昌德宝香业开发公司	江西省南昌市湾里区招贤路	257	1 086	53
南昌湾里服装手套厂	江西南昌市湾里区虎山路9号	90	1 080	24
南昌市兴旺塑料印刷包装厂	江西省南昌市湾里区南堡路	162	948	18
南昌湾里区农村供电有限责任公司	南昌市湾里区幸福路326号	1 887	932	85
南昌华洪机械厂	南昌市湾里区幸福路128号	2 180	907	139
南昌方园砂轮厂	江西南昌市湾里区梅岭镇店前	116	866	30
南昌市锅炉设备安装公司压力容器制造厂	南昌市湾里区爱国路288号	90	840	16
南昌汽缸垫厂	昌市湾里区紫清路5号	2 298	820	169
江西宏伟矿业有限公司	南昌湾里区磨盘山南路58号	1 241	800	160
南昌远东喷塑厂	南昌市湾里区虎山路9号	80	760	18
南昌光大电线电缆厂	南昌市湾里区幸福路106号	96	730	20
南昌洪湾印刷厂	江西省南昌市前进路145号	144	659	80
南昌市新华衬套厂	江西省南昌市湾里区南堡路	696	642	149
南昌伟铭实业有限公司	江西省南昌市湾里区太平乡	683	553	12
江西省华健实业有限公司	南昌市湾里区磨盘山北路3号	611	519	32
南昌市洪崖精制茶厂	江西南昌市湾里区前桶巷8号	68	498	10
南昌市绿色环保化工实业公司	南昌市湾里区余山路50号	81	495	12
罗亭机砖厂	江西省南昌市湾里区罗亭镇	56	492	30
南昌湾里东方机床附件厂	江西省南昌市湾里区招贤路	199	483	40
南昌湾里新纪元有色金属有限公司	江西省南昌市湾里区梅岭镇	181	482	30
湾里第一砖瓦厂	江西省南昌市湾里区聂城	79	480	48
湾里制药机械厂	江西省南昌市湾里区招贤路	54	480	42
南昌雅诗箱包有限公司	江西省南昌市湾里区幸福路	191	480	42
南昌市银丰包装有限公司	江西省南昌市湾里区罗亭镇	142	480	20
南昌市湾里采石场	江西省南昌市湾里区招贤路	78	467	27
江西电炉厂	南昌市湾里区幸福路248号	2 888	450	151
南昌红星杂粉总厂	江西省南昌市湾里区红星村	27	430	40
南昌市八一阀门厂	南昌湾里区磨盘山北路28号	1 296	428	177
南昌标准件厂	南昌湾里区磨盘山南路80号	2 794	420	70
南昌梅峰酱油厂	江西省南昌市湾里区幸福路	62	413	15
湾里防水建材厂	江西省南昌市湾里区竹山路	44	402	16
南昌鼓风机厂	江西省南昌市湾里区招贤路	852	392	52
湾里油脂加工厂	南昌市湾里区磨北路35号	54	388	20

南昌县重点企业名录库

（2003年）

企业名称	通讯地址	资产总额（万元）	销售收入（万元）	员工人数（人）
江西汇仁集团有限公司	南昌县迎宾中大道1189号	81 526	217 344	4 878
江西省仙丹健康食品有限公司	南昌县莲塘小兰街居委会	8 125	11 215	325
梅里亚动物保健有限公司	江西省南昌市南井北路4号	9 767	7 352	146
南昌海螺水泥有限责任公司	南昌市南昌县向塘镇开发区	12 597	6 408	94
江西环珠食品有限公司	南昌市南昌县莲塘镇小兰村	1 050	5 811	122
江西新洪客隆莲塘实业有限公司	莲塘	6 066	5 323	308
南昌旋耕机厂	南昌县莲塘镇五一路354号	3 177	4 783	462
江西洪宇建设工程集团公司	五一路331号	4 185	4 185	2 765
南昌县富煌钢结构建材有限责任公司	南昌市南昌县向塘镇高田村	3 848	4 061	320
江西省响亮实业有限公司	江西省南昌市横岗村1号	1 859	3 850	16
南昌希望饲料有限公司	南昌县莲塘横岗莲南居委会	1 088	3 552	167
江西南昌昌碧米业集团有限公司	南昌县莲塘公园路26号	4 568	3 418	45
江西省送变电建设公司	斗柏路81号	3 370	3 370	1 604
江西正邦化工有限公司	南昌县莲塘镇斗门609号	2 111	3 012	96
江西人民开关厂	南昌县莲塘迎宾大道1133号	3 345	2 893	83
江西省南昌县医药有限责任公司	向阳路313号	2 037	2 627	101
江西东永实业有限公司	南昌县莲塘镇龚南路3号	2 865	2 611	118
江西南昌制药厂	江西省南昌市向阳路311号	2 176	2 601	189
江西三鑫医疗器械有限责任公司	南昌县三江镇三江大道	6 190	2 476	782
南昌市鸿达纺织有限公司	南昌县莲塘迎宾中大道548号	1 166	2 401	303
江西省南昌县新华书店	何阳路68号	1 708	2 172	67
江西富尔康医科工业有限公司	南昌县莲塘柏岗村迎宾中大道	2 845	2 148	400
南昌旺族塑业有限公司	南昌市南昌县八一乡莲谢路	1 090	1 989	294
江西嘉业建设工程集团公司	市场北巷13号	1 885	1 885	1 780
江西昌厦建设工程集团公司	通站路10号	1 776	1 776	13 186
南昌县第八建筑工程公司	莲塘南井路1号	1 598	1 598	2 325
江西豫林水泥有限公司	南昌县莲塘镇龚南路19号	4 834	1 318	169
江西南翔化工集团	南昌市南昌县向塘通站路	1 664	1 208	120
江西武藏野生物化工有限责任公司	南昌县莲塘小兰北路1161号	9 815	980	114
南昌县第五建筑工程公司	塔城街	872	872	2 673
南昌农药厂	南昌市莲塘镇南莲路8号	8 863	773	162
江西省横岗机械施工有限公司	省良种场	733	733	84
江西天禾糖业发展有限公司	南昌县幽兰镇幽兰村	471	720	59
江西兴腾实业有限公司	南昌县莲塘迎宾大道1168号	1 387	716	42
江西金鼎食品有限公司	南昌县小兰工业园沥山村号	402	657	46
江西新源棉业手套有限公司	南昌县莲塘镇向阳路609号	383	586	50
南昌县三友纺织实业有限公司	南昌县莲塘镇向阳西路647号	727	569	50
南昌广誉砂轮制造有限公司	南昌县广福镇广福居委会	418	527	35
泰豪科技股份有限公司	小兰工业园汇仁西大道786号	1 200	510	145
南昌县农机刀具厂	南昌县向塘镇通站路居委会	410	499	64
南昌众晶制衣厂	南昌市南昌县向塘镇通站路	57	498	148
南昌县第四建筑工程公司	尤口街	490	490	897
南昌县华瑞针织服装有限公司	南昌市南昌县八一乡八一村	175	487	11
南昌县幽兰镇青岚食品厂	南昌县幽兰镇幽兰街居委会	281	486	82
南昌县武阳镇砖瓦厂	南昌市南昌县武阳镇泗洪村	95	485	70
南昌县闽大饲料厂	南昌县八一乡八一街居委会	790	481	45
南昌县丁坊酒厂	南昌市南昌县向塘镇丁坊村	45	480	58
南昌县垣云辉棉纺织品有限公司	南昌市南昌县莲塘镇王家村	244	480	130
江西力峰实业有限公司	南昌市南昌县岗上镇东坛村	256	480	18

新建县重点企业名录库

（2003 年）

企 业 名 称	通 讯 地 址	资产总额（万元）	销售收入（万元）	员工人数（人）
江西桑海集团有限责任公司	江西省南昌市新建县新祺周	56 480	33 814	7 276
江西变压器科技股份有限公司	江西省南昌市新建县乐化镇	34 381	28 601	868
江西汪氏蜜蜂有限公司	江西省南昌市新建县长凌镇	24 654	24 011	650
南昌赣新油脂有限公司	江西省南昌市新建县长凌镇	3 045	19 860	122
江西泛亚电线电缆有限公司	江西省南昌市长征路 257 号	12 148	9 165	190
江西教育印刷有限公司	西省南昌市新建县长凌镇	6 500	8 550	700
中国核工业总公司七二 0 厂	江西省南昌市兴国路 1 号	13 550	7 761	921
南昌肯德基有限公司	庐山南大道 8 号 709 室	7 412	7 637	898
南昌立健药业有限公司	南昌市庐山南大道 217 号	11 955	7 174	173
上海大众汽车江西销售服务有限公司	红谷新区汽车广场	2 513	7 050	62
南昌东风汽车技术服务站	乡企城	2 412	6 219	30
南昌市五江保温瓶厂	江西省南昌市新建县长凌镇	5 500	5 800	900
江西消防车辆制造厂	江西省南昌市长征路 639 号	13 641	5 612	672
新建县二轻工业总公司	江西省南昌市新建县长凌镇	1 624	4 629	500
江西华泰塑胶电子玩具制品有限公司	江西省南昌市新建县长凌镇	3 800	3 326	90
南昌华毅管道有限公司	江西省南昌市新建县长凌镇	3 451	2 889	400
江西华吉鞋业有限公司	江西省南昌市新建县长凌镇	1 270	2 886	290
南昌市海洋石油有限公司	江西省南昌市新建县长凌镇	690	2 745	77
新建县万寿米业公司	江西省南昌市新建县长凌镇	1 816	2 626	220
新建县食品公司	木石巷 06 号	742	2 565	155
南昌华康实业公司	江西省南昌市新建县长凌镇	710	2 400	98
江西博弈汽车销售服务有限公司	乡企城丰和路	325	2 377	31
江西长青食品工业有限公司	江西省南昌市新建县长凌镇	1 967	1 900	130
江西省维雀乳业有限公司	江西省南昌市新建县长凌镇	1 130	1 900	500
南昌新荣纺织有限公司	江西省南昌市新建县长凌镇	1 300	1 877	60
江西得宝路实业有限公司	江西省南昌市长征路 630 号	1 470	1 864	267
江西省新建县新华书店	长征路 352 号	1 118	1 854	70
南昌市洪城紧固件厂	江西省南昌市新建县长凌镇	185	1 739	54
江西金菱差速器制造有限公司	江西省南昌市新建县樵舍镇	1 443	1 625	165
南昌赣丰化工农药厂	江西省南昌市新建县长凌镇	230	1 591	49
江西省新建县医药公司	建设路 124 号	316	1 566	56
新建县建筑材料公司	江西省南昌市新建县生米镇	362	1 392	42
南昌开关厂	江西省南昌市长征路 678 号	2 443	1 273	184
南昌变压器厂	江西省南昌市新建县乐化镇	908	1 236	70
南昌东方巨龙化工实业有限公司	江西省南昌市新建县望城镇	447	1 227	37
新建县灯饰玻璃厂	江西省南昌市新建县西山镇	169	1 200	200
江西裕丰金属工艺品厂	南昌市庐山南大道 117 号	4 211	1 185	200
南昌远大动物药业有限公司	江西省南昌市新建县长凌镇	1 206	1 140	100
江西光华塑料厂	江西省南昌市长征路 556 号	1 223	1 022	441
江西杏林白马药业有限公司	江西省南昌市新建县新祺周	2 806	998	148
南昌方正包装有限公司	江西省南昌市新建县长凌镇	716	960	60
江西省国营恒湖综合垦殖场粮油管理站	江西省南昌市新建县恒湖农场	1 902	904	64
江西长征机器厂	江西省南昌市长征路 7 号	7 899	823	351
南昌名门建材有限公司	江西省南昌市新建县长凌镇	2 240	650	100
南昌华瑞油漆塑料厂	江西省南昌市新建县乐化镇	351	618	50
南昌市东升箱包有限公司	江西省南昌市新建县长凌镇	241	599	32
北郊农业开发鹌鹑养殖综合有限公司	江西省南昌市新建县长凌镇	100	502	54
新建县生米文青茶厂	江西省南昌市新建县生米镇	329	501	48
南昌市北郊建材有限公司	江西省南昌市新建县长凌镇	90	443	134
南昌桑海药品包装材料有限公司	江西省南昌市新建县新祺周	116	431	45

安义县重点企业名录库

(2003 年)

企业名称	通讯地址	资产总额(万元)	销售收入(万元)	员工人数(人)
江西晶安高科技股份有限公司	南昌市安义县万埠镇八宝山	11 681	15 871	688
江西泓泰企业集团有限公司安义分公司	南昌市安义县凤凰工业区	3 133	2 603	38
南昌市安康达粮油食品有限公司	江西省南昌市安义县石鼻镇	655	2 450	55
安义县供电有限责任公司	南昌市安义县文峰路 361 号	5 106	2 265	560
江西安达电子有限公司	南昌市安义县文峰路 388 号	1 458	2 192	170
南昌康辉贸易实业有限公司	南昌市安义县鼎湖镇联愈路	1 251	2 148	251
安义县雄鹰化工厂	南昌市安义县凤凰工业区	582	1 178	40
安义县食品公司肉类加工厂	江西省南昌市安义县龙津镇	80	850	20
江西省安义县新华书店	解放路 26 号	448	831	38
江西省安义县医药公司	解放路	548	522	39
南昌天时化工有限公司	南昌市安义县东阳镇万埠场	507	469	35
江西南方雅斯童装有限公司	南昌市安义县凤凰工业区	539	433	103
南昌市翊成化工有限公司	江西省南昌市安义县凤凰山	734	422	20
南昌异型砂轮厂	江西省南昌市安义县鼎湖镇	674	420	50
南昌市青羊林产品有限公司	南昌市安义县文峰路 428 号	716	360	25
安义县粮食局	南昌市安义县龙津镇解放大街	1 388	353	115
南昌市文峰化工厂	南昌市安义县和平路 14 号	153	280	18
安义运输贸易实业总公司	南昌安义龙津镇文峰路 82 号	1 467	231	68
安义县自来水公司	江西省南昌市安义县码头街	823	215	93
南昌市腾飞粮油有限公司	江西省南昌市安义县石鼻镇	353	182	12
安义县第五建筑工程公司	人民路 128 号	172	172	527
江西省安义县第三建筑工程有限公司	联愈街 26 号	168	168	400
安义松安林化发展有限公司	江西省南昌市安义县龙津镇	166	165	18
南昌市宇泰化工有限公司	南昌市安义县凤凰工业区	226	144	22
安义县商贸工业总公司	江西省南昌市安义县龙津镇	146	122	8
江西省安义县第二建筑工程有限责任公司	向阳路	118	118	492
江西省安义县建筑工程公司	南门路 57 号	105	105	539
安义县燃料公司	江西省南昌市安义县文峰路	261	78	52
安义县龙津小学印刷厂	江西省南昌市安义县龙津镇	19	78	11
国营万埠砂纶厂	江西省南昌市安义县万埠场	113	73	25
江西千年古村酒业有限公司	江西省南昌市安义县万埠场	119	63	20
安义县城建房地产开发有限公司	人民路	38	53	12
南昌市洪安冷轧螺纹钢厂	江西省南昌市安义县文峰路	188	51	18
国营安义县防潮纸厂	江西省南昌市安义县万埠场	252	34	9
安义县供销社汽车修理厂	江西省南昌市安义县龙津镇	26	25	14

进贤县重点企业名录库

（2003年）

企 业 名 称	通 讯 地 址	资产总额（万元）	销售收入（万元）	员工人数（人）
江西省李渡烟花集团公司	进贤县李渡镇李渡街李渡大道	7 764	13 638	1 436
江西沙神集团公司	进贤县温圳镇永安路191号	1 921	13 511	436
进贤县供电有限责任公司	民和镇进贤县大道609号	14 534	8 941	624
江西洪达医疗器械有限公司	进贤县民和镇 胜利路	7 800	8 440	1 500
江西益康医疗器械集团有限公司	进贤县李渡镇李渡大道23号	7 972	6 243	1 128
江西雄宇实业有限公司	民和镇进贤大道工业开发区	4 855	6 012	201
进贤县长山出口花炮总厂	南昌市进贤县长山镇长山街	2 413	5 870	610
江西省群力钢结构工程有限公司	进贤县张公镇高桥街30号	2 053	5 709	441
江西省南昌市赣汇医疗器械厂	进贤县长山镇长山街	3 521	5 414	622
江西茂昌实业有限公司	江西省南昌市进贤县云桥乡	3 994	4 455	125
江西特种纸业有限责任公司	进贤县民和镇西门路569号	4 943	4 274	353
上海威敌生化有限公司	进贤县民和镇工业开发区	5 254	4 074	160
进贤县医药有限责任公司	胜利路72号	1 918	3 298	189
进贤县德文笔业公司	进贤县文港镇文港街	1 360	2 686	103
江西省进贤县食品有限公司	进贤县民和镇钟陵路民主岭	2 945	2 287	155
江西锅炉厂辅机一分厂	进贤县罗溪镇张叶叶家	129	2 256	15
江西省进贤县食品有限公司	钟陵路38号	2 280	2 094	556
江西星火机械厂(国营九三四四厂)	南昌市进贤县云桥村1号	6 281	1 998	879
南昌惠利纸业包装有限公司	进贤县长山镇长山街	2 326	1 905	152
江西省进贤县新华书店	胜利路373号	1 108	1 756	60
江西消防材一厂	进贤县泉岭乡泉岭街	1 200	1 661	102
南昌市威信纺织有限公司	进贤县民和镇工业开发区	1 132	1 618	328
江西李渡酒业有限公司	江西南昌市进贤县李渡镇	2 259	1 594	251
北际医用塑胶业(南昌)有限公司	进贤县医疗科技工业区1号	1 452	1 519	192
江西进贤岚湖第二水泥有限公司	江西省南昌市进贤县池溪乡	685	1 390	36
南昌日盛裘皮革制品有限公司	江西省南昌市进贤县文港镇	846	1 319	30
南昌新世纪水泥有限公司	进贤县池溪乡枣树埠	2 125	1 304	180
江西红新医疗器械有限公司	进贤县长山乡街	2 045	1 291	418
江西省进贤县木钻厂	进贤县李渡镇李渡大道25号	426	1 248	210
江西宏舟实业有限公司	进贤县民和镇进贤大道829号	722	1 147	86
进贤县橡塑制品厂	江西省南昌市进贤县长山镇街	758	1 115	92
江西省久安铆钉厂	进贤温圳镇温圳镇环路29号	936	1 107	176
江西锦胜医疗器械有限公司	进贤李渡镇砂子岭工业开发区	1 100	1 083	160
南昌市光阳蛋业有限公司	温圳镇320国道罗家鹤堂村	696	1 000	56
进贤县消声除尘设备制造厂	南昌市进贤县七里乡七里街	1 377	986	66
江西进贤县第一建筑工程公司	胜利中路22号	982	982	1 865
江西省中成动物药业有限公司	进贤县民和镇工业开发区	742	965	126
江西省国营进贤冷轧带钢厂	昌市进贤县民和镇街	143	962	40
江西工业锅炉厂	进贤县梅庄镇进贤县大道	1 648	950	94
进贤县罗氏笔业有限公司	进贤县文港镇文港街	533	940	98
南昌利华笔业公司	进贤县文港镇文港街	445	936	90
进贤县文峰笔业	进贤县文港镇文港街	533	935	98
进贤县蓝笔业公司	进贤县文港镇文港街	485	916	95
南昌市欣业纺织品有限公司	进贤县民和镇工业开发区	789	857	171
进贤县周杰渡金厂	进贤县文港镇文港街	296	833	65
江西省进贤县供水公司	进贤县民和镇钟陵路	2 172	827	258
进贤县派利笔业公司	进贤县文港镇文港街	633	814	73
进贤县仲德笔业有限公司	进贤县文港镇文港街	508	805	70
进贤县华联制笔业公司	进贤县文港镇文港街	412	804	68
进贤县特种工艺笔业公司	进贤县文港镇文港街	398	801	70

南昌钢铁有限责任公司

Nanchang Iron & Steel Co.,Ltd

南昌钢铁有限责任公司是多元投资主体的股份公司，是全国500家最大工业企业之一。企业占地面积223万平方米，拥有总资产26.14亿元，现有职工1.1万人，具有年产铁140万吨，钢168万吨。材180万吨的综合生产能力。主要产品有Ⅱ级和Ⅲ级螺纹钢、圆钢、等边角钢、弹簧扁钢、冷热轧带钢、汽车板簧和稳定杆等。

公司领导在研究南钢发展的宏伟蓝图

南钢公司坚持“求实创新，赶超一流”的企业精神和“创新一流管理，依靠科技进步，坚持质量改进，满足用户需求”的质量方针，建立了ISO9001（2000版）标准质量管理体系，形成了“海鸥牌”建筑钢材和“长力牌”汽车弹簧两大系列品牌优势。其中“海鸥牌”螺纹钢在香港注册免检，是国家和江西省免检产品、重点保护优级产品和江西省著名商标、国家推荐使用的江西省唯一的抗洪抢险专用建筑钢材，荣获全国冶金产品实物质量“金杯奖”。“长力牌”汽车板簧系列产品被中国质量管理协会用户委员会、中国汽车工业协会市场贸易委员会列为全国首批“推荐商品”，“海鸥牌”平面弹簧扁钢获得全国冶金产品实物质量“金杯奖”。

南钢公司先后荣获全国首批“重合同、守信用”单位、江西省优秀企业、江西省质量管理先进企业、江西省质量效益先进企业、江西省文明单位和南昌市文明单位等荣誉称号。

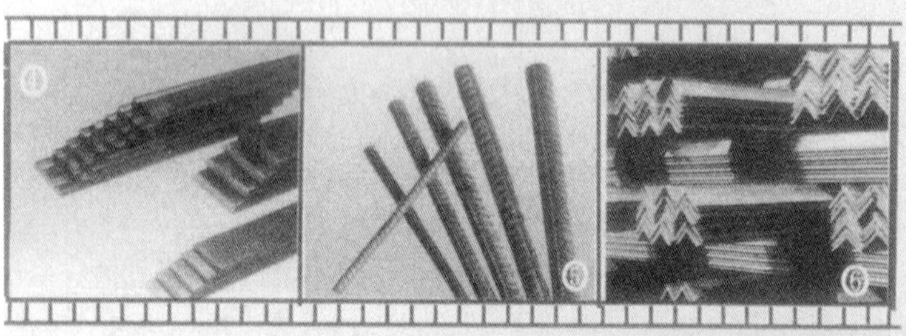

① 棒材轧机区
② 转炉高效化连铸
③ 大型烧结中和料场
④ 弹簧扁钢
⑤ 螺纹钢
⑥ 角钢

技术指标均达到国内先进水平的三座高炉

第二章：九江市

骨干企业

- 中国石化九江分公司
- 九江发电厂
- 亚东水泥
- 蓝星化工
- 九江化纤

重点工业园区

- 九江经济技术开发区
- 永修星火工业园
- 瑞昌市黄金工业园
- 共青城开放开发区

内容提要：

★ 市情简介

★ 市长论坛

★ 支柱产业

★ 优惠政策

★ 九江市200强企业

★ 县（市、区）简介

★ 工业强县（市、区）长专栏

★ 分县市区50强企业

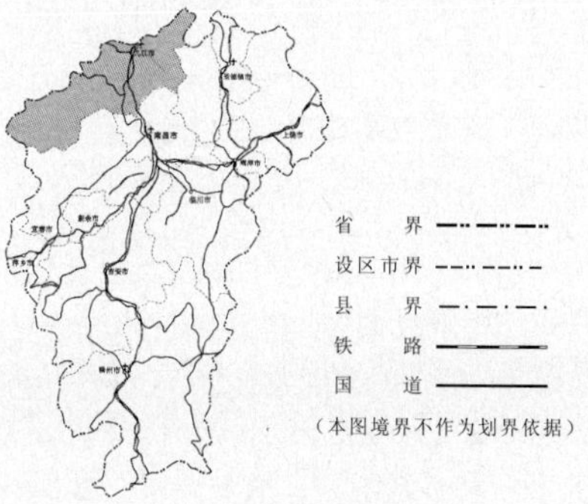

武宁县万福经济技术开发区

武宁县万福经济技术开发区是武宁县委、县人民政府为发展县域经济，强攻工业，以积极的姿态承接沿海地区的产业转移，为招商引资提供一个新的平台面创建的。开发区于2001年8月开始建设，历时两面年多，现将开发区基本情况简介如下：

一、宽松的政策、科学的规划确保开发区沿着健康、稳定的轨道持续发展。

工业园区可以通过营造局部优势环境，充分发挥其聚集效应和辐射效应，带动地区工业发展。为配合开发区的建设，武宁县委、县人民政府制订了一系列优惠，对到开发区投资的外资的外资历企业，在税收、地价、水电价等方面给予充分的优惠，在生产、经营等环给予充分的自主权，在服务上更全面到位。与此同时，县委、县政府强调规划设计，认识到开发区规划是开发展的前提和基础，科学定位，坚持高标准，合理布局、适度超前，把开发区发展与中心城市建设有机结合起来，使开发区沿着健康、稳定三角洲、闽东南经济区和长江经济三角洲的最佳福地。

二、 武宁县万福经济技术开发地处湘鄂赣经济金三角的中心。开发区对外交通四通八达，快捷便利，京九大动脉卧邻而过，316国道横惯我县腹地，仅需90分钟到南昌、九江，只需3小时就可到武汉、长沙，8小时左右就可到南沿海城市。开发区内更是道路纵横交错，自成网络，得天独厚的地理位置和日臻完善的立体交通，奠定了开发区良好的投资环境和区位优势。

三、武宁县万福经济技术开发区环境优美、气候宜人，为开发区展提供了一个良好的外部环境。开发区地处武宁县城东大门，座落在风景秀丽的万岛湖畔，依山傍水，三面环山，一面临湖。区内山水相间，青山郁翠，空气清新，绿水长流，平添许多灵气。300平方公里的一湖绿水，沉卧于境区，形成江南一大景观。独特的环境，宜人的小气候，良好的生态，使武宁县被列为全国生态示范区建设试点县。同时，我县又是全国的文明卫生城，国家文明小城镇、国家市容貌综合整治先进县，城市建设功能齐全，布局合理，市容整洁，环境优雅。县内民风纯朴、市民热情好客，有着良好的社会环境和人文环境。

四、武宁县万福经济技术开发区基础设施完善，功能齐全，为开发区发展奠定了坚实的基础。开发区规划总面积2万亩，总投资需12亿元。第一期工程于2001年9月正式开始建设。在短短的两面年里，我们投入1.5亿元，完成2.6平方公里土地的“六通一平”，完成框架道路建设10余公里，供水管道，排污设施，高压供电线路全部配套，实现区内循环开发区内设有学校、医院、商业、金融、生活综合服务区等机构，功能齐全，完全可以满足客商的生产生活的需要。

五、武宁县福经济技术开发区政策优惠、服务到位，为开发区发展提供了套科学、人情化的管理模式。为客商创造良好的投资环境。

六、走管理创新和科技创新之路，形成武宁县万福经济技术开发区的特色和核心竞争力。

开发区建设是一个新事物。在开发区创建之初，我们就在摸索管理和服务的模式。通过两年多的运转，开发区管理和服务已渐入佳境。一大批干部得到了培养，一大批企业在园区发育、壮大，更多的企业入驻使万福经济技术开发区呈现勃勃生机。经过两年多的努力，现有区内企业68家，签约资金9.2亿元，实际进资2.8亿元。其中民营科技企业已占37家，创技工贸收入9400万元。占园区工业产值的73%开发区有省级新产品8项，有9家企业与11家省级以上的科研机构建立了技术合作系，开展了技术创新活动。承担国家级火炬计划项目2项，有被省持厅评为省级民营科技园区，民营科技企业已成为区内最主要的企业祥体，中最具活动力的经济杨份。

武宁县万福经济技术开发区欢迎各界朋友前来观光、旅游、投资。

县长助理、开发区党委书记　汪会友

开发区管委会主任　　　柯传荣

【市情简介】

九　江　市

【区位优势】

九江市是一座具有2200多年历史的江南名城、国家第一批五个沿江开放城市之一，江西省的北大门和唯一的外贸港口城市；属国家一类开放口岸，出口通关机构健全。地处赣、鄂、湘、皖四省交界处，江西省北部，大京九铁路中段，长江中下游交接处南岸，是长江黄金水道沿岸十大港口城市之一。

在中国经济发展格局中，处于东部沿海开发向中西部推进的承接地带，是京九、长江两大经济开发带的交汇点。到2010年，九江将建设成为一个现代化花园式的港口旅游城市，规划建成区域面积达90平方公里，城区人口100万人，将成为长江沿岸及京九沿线综合性交通枢纽、区域性工商贸经济中心、江西进出口中转中心。

【行政区划】

全境东西长270公里，南北宽140公里，总面积18823平方公里，占江西省总面积的11.3%。其中市区规划面积118平方公里，建成区面积48.4平方公里。目前辖九县一市、二区、一局和二个开发区，179个乡镇，12个街道办事处。全市总人口为460万人，人口密度245人/平方公里。九江市是一个以汉族为主、多民族人口聚居的地区，全市共有39个民族，少数民族占总人口的0.22%。

【自然环境】

九江地理坐标为东经113°57′－116°53′，北纬28°47′－30°06′。属中亚热带向北亚热带的过渡区，年平均气温16－17°C，气候温和，四季分明，雨理充沛，日照充足。九江地形大致为东西高，中间低，由南向北倾斜，境内山地、丘陵、平原皆备；中部为鄱阳湖平原，水网交错；西部为丘陵、山区，层峦起伏；平均海拔32米，最高山峰九岭山海拔1794米，为九江之巅。

【自然资源】

矿产资源：已发现九大类矿产101种，已探明储量的有66种，列入矿产储量表中的矿产有51种。其中锑、钨储量居全省首位，黄金、铜居第二位；萤石、石灰石、石英砂、大理石、花岗石、瓷土等蕴藏丰富，开发潜力大。

森林资源：主要分布在西部九岭、幕阜山脉，面积达85.7万公顷，森林覆盖率46.3%，活立木蓄积量2538万立方米，毛竹6196万株，列为国家重点保护的珍稀树种37种，主要有南方红豆杉、樟木、杜仲、银杏、柳杉等。现有国家级森林公园三个，省级森林公园四个。

动物资源：有候鸟类115种，两栖类11种，哺乳类20种。永修县吴城镇鄱阳湖侯鸟自然保护区有越冬候鸟126种，其中白鹤840只，天鹅3000余只，占世界首位，被外国专家誉为中国的“第二长城”；彭泽县桃红岭现有梅花鹿300只以上。鱼类109种，名贵鱼类有中华鲟、鲥鱼、银鱼、虾虎鱼、彭泽鲫等，中华绒螯蟹也是特产之一。

水域资源：地表水资源136.5亿立方米，水资源总量141.8亿立方米，可开发的水力资源32.9万千瓦。长江岸线151.9公里，年流量8900亿立方米，直入长江的河流流域面积3940平方公里，万亩以上湖泊有10个，千亩以上31个，全省最大的柘林水库容量达79.2亿立方米。鄱阳湖有53%的水域在九江境内，面积近300万亩；沿湖12个县区中九江有6个。

【旅游资源】

旅游资源点多质优。九江作为全国优秀旅游城市，形成了以“中国旅游城市40佳之一”、“世界文化景观”、“世界地质公园”而驰名天下的庐山为中心，集名山（庐山、石钟山）、名江（长江）、名湖（鄱阳湖、柘林湖）、名寺（东林寺、真如寺）、名院（白鹿洞书院）、名洞（龙宫洞、狮子洞）等为一体的京九沿线最大的旅游风景区。全市有300多个景点景观，已开发景点120余处，旅游线路30多条。有国家级风景名胜区1处，省级风景名胜区8处。游客到九江，可看到“星垂平野阔，月涌大江流”的万里长江和“落霞与孤鹜齐飞，秋水共长天一色”的鄱阳湖奇观；可以看到被宋代诗人苏轼赞叹为“横看成岭侧成峰”的峻岭奇峰，被唐代诗人李白形容“飞流直下三千尺，疑是银河落九天”的九天奇瀑和清代诗人张维屏为之陶醉的“白如雪、软如绵、光如银、阔如海”的神奇云海；可以看到毛泽东吟咏过的“天生一个仙人洞，无限风光在险峰”的险峰奇洞与我国著名地质学家李四光考察过的第四纪冰川遗迹。新近引资改建的庐山天沐温泉休闲渡假村已成为人们闲情山水、荡涤胸怀的首选去处。

【交通运输】

九江交通条件十分便利,现代水陆空交通网络四通八达,千里京九铁路横贯万里长江和五百里鄱阳湖。昌北国际机场距市区仅100公里,九江机场距市区仅30公里且正在积极运作复航。铁路有京(北京)九、武(武汉)九、合(合肥)九三条铁路相交,铜(铜陵)九铁路正在建设之中;公路有昌(南昌)九、九景(景德镇)两条高速公路以及105(北京至珠海)、316(福州至兰州)国道穿境而过。水运由长江水道上通重庆,下达上海并延伸海外,是川、汉、宁、沪的重要联运枢纽。

【发展规划】

为进一步推进工业化进程,九江已确定沿长江产业带、沿鄱阳湖产业带和沿高速公路(昌九高速和九景高速)产业带,形成T型结构的产业布局。在进一步加快九江经济技术开发区、共青高新技术开发区建设的同时,开辟了九江综合工业园以及九江汽车、九江星火、九江石化三大特色工业园,为工业企业落户九江提供了良好的载体。

产业发展总体定位:将发展成为接受国际和"长珠闽"产业转移的前沿阵地,实现城市经济跨越发展的核心载体;以临港加工制造业和区域性物流中心为支柱,以高新技术为突破口的先进制造业基地;与环鄱阳湖周边城市分工协作、以鄂皖赣三省为腹地的重要经济增长极。

【宏观经济】

2003年全市国民经济保持了快速协调健康的发展态势。全市生产总值实现306.77亿元,按可比价格计算,比上年增长15.0%;人均生产总值6692元,比上年增加901元。生产总值中第一产业为51.64亿元,第二产业为147.32亿元,第三产业为107.82亿元。三次产业结构比例为16.8:48.0:35.2。

农村经济稳步发展,农业结构调整向产业升级转变。全年完成增加值51.64亿元,按可比价格计算,比上年增长6.3%。粮食播种面积为20.19万公顷,粮食总产量88.51万吨;经济作物中棉花、油料、水果、茶叶、中药材、蚕桑、花卉、苗木等已形成了一定的区域特色;鲫鱼、银鱼、青虾、河蟹、珍珠等特种水产基地超万亩。山区、湖区、城郊和"两路"沿线四大农业板块逐步形成,农业产业化发展势头强劲。

工业生产快速增长。全市规模以上工业实现增加值50.53亿元,比上年增长27.9%。石油、化工、纺织、建材、电子、电力等行业在结构调整中稳步发展,实现工业增加值占全市近90%。工业园区产业聚集效果明显。全市13个工业园区实现产品销售收入43.57亿元,实现利税4.5亿元,入园企业达358个,在建企业215个。

固定资产投资完成118.96亿元。其中:基本建设投资56.15亿元,占固定资产投资总额的47.2%。城市化建设步伐加快。以中心城区基础设施建设为重点,相继完成了近30项城建工程。

全社会消费品零售总额实现85.62亿元,比上年增长13.2%。九江粮食交易大市场、京九农副产品中心批发市场、九江生产资料中心批发市场、华东建筑装饰材料市场、九江国际汽车城等一批商贸交易市场呈规模发展态势。

城乡居民收入继续增加。据抽样调查资料显示:九江市区城镇居民人均可支配收入7058元,比上年增长12.0%,恩格尔系数40.1%,比上年下降1.2个百分点;农民人均纯收入2373元,比上年增长12.3%,恩格尔系数为46.0%,比上年下降0.3个百分点。

【招商引资】

2003年,九江市委、市政府继续把招商引资作为引领九江经济腾飞的突破口,下大力气整治投资环境,完善各项优惠政策和措施,开放型经济得到进一步拓展。本着"走出去,引进来"的工作思路,一年来,先后在温州、福州、厦门、大连、日本东京等地举力了大型的境外经贸合作洽谈会;在市内先后举办了赣台经济合作洽谈会、海外侨胞江西(九江)之行恳谈会、中国青年企业家九江经贸考察等活动。并致力于优化投资环境、规范政务管理、简化办事程序、改善服务质量、提高办事效率,吸引了世界各地外商来浔投资兴业。2003年来我市投资的国家和地区达21个。全市新批外资项目90个,比上年增长76.5%;合同外资金额2.85亿美元,实际引进外资3.28亿美元。新签内资项目1536个,比上年增长75%;合同引资181.89亿元,实际引资126.45亿元。

【市长论坛】

树立科学发展观　建设美好新九江
加速推进区域中心城市和快速发展地区建设

九江市人民政府市长　　蔡晓明

贯彻和落实中央提出的科学发展观和正确政绩观，坚持以邓小平理论和“三个代表”重要思想为指导，牢记“两个务必”，深入贯彻党的十六大精神，围绕市第八次党代会提出的九江在江西率先崛起的奋斗目标，坚持“五个统筹”，以大开放为主战略，加快工业化、城市化、农业产业化进程，主攻民营经济，壮大县域经济，增加农民收入，以人为本，关注民生，开创九江全面建设小康社会新局面。

我市国民经济和社会发展主要预期目标是：到2008年，实现GDP600亿元，财政收入60亿元，工业化率40%，城镇化率40%，城市居民人均可支配收入年均增长8%，农民人均纯收入年均增长7%，城镇人口登记失业率控制在4%以内，人口自然增长率控制在8‰以内。

通过五年的努力，基本形成经济和社会发展五个新格局：

——基本形成与“长珠闽”对接，融入经济全球化，在更大范围、更广领域、更高层次上扩大开放的格局。积极主动地从体制机制、市场发育、投资服务和基础设施等方面与“长珠闽”三个三角洲对接互动，以市场为主体配置资源，以企业为主体平等竞争，以政府为主体营造环境，使九江成为吸纳投资、集聚财富、汇集人才的全方位开放城市。民营经济、开放型经济在GDP和财政收入中所占的比重超过65%，实现历史性转变。

——基本形成以沿长江沿昌九工业带为主线，以现代制造业为支撑的新型工业化格局。沿江崛起临港工业带，沿昌九崛起工业走廊，园区崛起优势产业群。壮大石油化工、纺织服装、建材冶金、汽车制造、电子电力、食品加工六大支柱产业，形成石化、亚东、金鹰、星火、昌河、九江电厂、3T光电、713厂等一批核心企业。

——基本形成带动全市、服务全省、辐射周边的区域性中心城市格局。建设以中心城区为轴心、一市四区三个卫星镇的大九江，彰显山水个性，打造文化名城，使九江成为长江中下游独具魅力的港口旅游城市。

——基本形成重点突破、特色争先、实力进位、整体推进的县域经济发展格局。按照分类指导，优先发展的原则，引导、支持基础、区位和势头较好的县（市、区）优先发展，力争有一到两个县综合实力跻身全省十强，鼓励、帮助各县（市、区）发挥自身特色，扬优成势，单项争先，在全省乃至全国有影响、有位置。

——基本形成以人为本、关注民生、社会事业协调发展的格局。进一步完善社会保障体系，健全农村特困群众社会救助体系，建立公共突发事件应急机制，壮大教育产业，建设先进文化，统筹人与自然的和谐发展，切实解决与群众生活息息相关的实际问题，确保人民生活水平与经济发展基本同步。

今后五年，重点展开“五十（务实）崛起行动”。一是大力推进10大基础设施建设。铜九铁路、九武复线、环庐山公路、过境高速、扩改九江港、帽子山核电、西气东输、八里湖城市防洪工程、县城电网改造、病险水库除险保安。二是重点培植10个税利超亿元的支柱财源企业。九江石化、九江电厂、昌河铃木、亚东水泥、星火化工、赛得利化纤、3T光电、清华同方713厂、金沙湾钢铁、巨石九江工厂。三是精心培育10个大型市场和物流集团。京九农副产品中心批发市场、华东装饰材料市场、水产批发市场、花卉苗木市场、国际汽车城、天马建材城、南方粮食交易、果品交易、旧货交易、联盛百货。四是倾心实施10大民心工程。农民贷款干部担保工程，移民搬迁工程，扶贫帮困五助工程，就业和再就业工程，乡村道路改造工程，全民安康工程，农村中小学危房改造工程，环境保护工程，防灾减灾工程，城市弱势群体廉租房工程。五是中心城区建设10大功能性设施。体育中心、会展中心、青少年活动中心、妇幼保健中心、老年活动中心、文化艺术中心、疾病控制中心、公路客运中心、抗洪纪念馆、城市森林公园。

为了实现上述奋斗目标，必须以科学发展观指导工作，求真务实，真抓实干。2004年作为五年目标的开局之年，要着力从七个方面抓好落实：

1. 突出农民增收，壮大县域经济，统筹城乡协调发展。

按照统筹城乡社会经济发展的要求，千方百计增加农民收入。严格执行耕地保护制度，完善征用农民土地的程序和补偿机制，提高补偿标准，妥善安置失地农民；建设一批国家优质专用粮食基地，扩大沃土工程实施规模，推广优良品种和适用先进技术，提高种粮农民收入；推进产业结构调整，抓好棉花、水产、水果、药材、蚕桑、油菜等十大优质农产品基地建设，扶持山区、滨湖地区发展畜牧业、水产养殖和特色林果业；改善农民进城环境，鼓励农民从事二、三产业，拓宽增收渠道；加大投入改善农村基础设施，推进税费改革配套改革，加强监督管理，进一步减轻农民负担。鼓励、引导各县（市、区）发挥优势，创新特色，谋求跨越，在全省争名次、争地位，促进县域经济整体水平的提高。

2. 优化经济环境，主攻民营经济，提升开放型经济水平。

把市场经济的发育建立在好的环境之上，把增长提速的动力根植于民营之中，以最优的环境、最好的资源、最强的攻势，主攻民营经济，在更高层次上扩大对外开放。优化政务环境，转变政府职能，提高办事效率。深化行政审批制度改革，该取消的事项坚决取消，对确需保留的事项，简化程度，规范操作，公开透明，限时办结。发挥行政服务中心作用，敞开民资、外资进入通道。完善行政职能运行机制，健全严格的行政责任制和行政不作为、行政过错追究、行风评议等制度，坚持依法行政，切实维护投资者和纳税人的合法权益，为外商和民营业主提供顺心、顺气、顺手的创业环境。坚持内外开放并举，民资外资并重。鼓励民资积极参与国有企业的改制重组、破产兼并、嫁接改造，对民营企业在财政、税收、用地、劳动保障等方面给予支持，对骨干民营企业实行领导挂点帮扶，银行授信支持，专家科技联姻，引导其进一步扩大规模，创立品牌，转变管理方式，提升企业档次。

3. 狠抓大项目，重点建设昌九工业走廊和沿江工业带，加快工业崛起步伐。

集中力量抓大项目，为培育税利过亿元的大企业打基础。着力抓好25个投资过亿元的重大项目，大力扶持赛得利化纤、3T光电、713厂扩改、香炉山钨矿等项目，确保在年内竣工投产；加快金沙湾钢铁、昌河铃木、亚东三期、星火有机硅、汇源乳业等项目的建设进度，力争缩短工期，早日投产；对100万吨延迟焦化装置、60万吨甲醇、凤竹纺织等15个重大项目实行专人跟踪，千方百计把项目引进来。把建设昌九工业走廊和沿江工业带作为对接“长三角”、实现率先崛起的突破口，加快昌九工业走廊的建设规划修编，完成沿江工业带总体开发规划，研究制定昌九工业走廊和沿江开发的产业政策，成立专门机构，集中财力、物力、人力，形成强攻态势。

4. 完善功能，提升品位，强化管理，打造城市个性。

突出完善水、电、路等基础设施，建设10万吨水厂、八里湖污水处理厂，完成两湖引水置换工程。完成长虹大道、滨江中路、十里大道、九瑞大道街景的高标准改造。加快建设抗洪纪念馆、城市森林公园、莲花公园、滨江生态园。完善《九江城市总体规划》，编制市域城镇体系规划、历史文化名城保护规划，完成城市管网、城市园林绿地等专项规划，制止各种违法乱建行为。健全市、区、街道、社区相互衔接、合理分工和规范高效的城市管理体系。加快琵琶亭、浪井、英租界等一批古遗迹、古建筑的恢复建设，注重引绿、引山、引水进城，营造城在江边，湖在城中，山在窗前的特色环境。

5. 培育旅游热点，激活商贸物流，大力发展现代服务业。

实施《九江市旅游发展总体规划》，开展创建“中国最佳旅游城市”活动，加快庐山、柘林湖等旅游景区的经营机制改革，加大旅游集团上市工作力度，引资开发新景点，培育旅游新热点，完善旅游基础设施，努力提升旅游业的综合实力。主动融入“长三角”、“珠三角”旅游经济圈和长江、京九旅游经济带，做大境外客源市场。加快商贸企业产权制度改革，扶持大型商贸连锁企业走向社区。结合沿江开发，规划物流、港口、仓储基地，采取优惠政策，吸引外商参与大型专业批发市场建设。加快发展金融、证券、保险、中介、咨询、家政、物流配送等现代服务业。以“全国电子政务试点城市”为契机，建立以电子政务、电子商务、电子社区为基础的综合信息服务体系，构筑“数字九江”的基础框架。

6. **高度重视人才，优先发展科教，促进社会事业协调发展。**

树立人才资源是第一资源的科学人才观，大力实施人才强市战略。努力建设一支高素质的公务员、专业技术人员、经营管理者和乡土人才队伍。加大实用技术、专业技术、农民工技能培训力度。加强人才市场管理，规范和完善人才录用机制，搞好人才交流服务。优先发展科教事业。完善“以县为主”农村九年义务教育管理体制，完成16万平方米中小学危房改造，确保乡村教师工资足额发放。着手创建高中园区，加快外国语学校的开工建设。建设教育信息网，构建终身教育体系，营造学习型城市。建设以优势资源为基础的农业、水产科研基地，以骨干企业为主体的研发基地和以开发区、工业园区为依托的高新技术应用基地，大力推进科技成果商品化、产业化。突出先进文化建设，发展社会各项事业。

7. **坚持以民为先，关心群众生活，维护社会稳定。**

把关注民生、重视民意、解民所忧作为新的执政观、发展观的重要内容，倾听群众呼声，体察民间疾苦，全面启动“十大民心工程”，多办老百姓企盼的实事。大力实施就业和再就业工程，建设和规范劳动力市场，加大对下岗失业人员的援助力度，加强对大中专毕业生的就业和创业指导，规范各类企业在招工、裁员、工资分配、保险福利等方面的行为，千方百计扩大就业渠道，提供公平就业机会。完善社会保障体系和社会救助体系，让老弱病残的人有依靠、有归宿。继续巩固“两个确保”的成果，做好“三条保障线”的衔接工作，确保城镇职工基本养老金、下岗职工基本生活费按时足额发放，城镇低保对象应保尽保。进一步实施“五助工程”，扩大贫困群众和农村群众参加医疗保险的比重。建立扶贫济困基金，切实解决好贫困群众在就医、子女入学、居住等方面的基本生活问题。构筑“安全、稳定”两道防线，保障社会经济稳步发展。

【支柱产业】

九江市支柱产业

【石油化工】

石油化工是九江市工业重点支柱产业。2003年规模以上石油化工产业完成工业增加值15.7亿元,占规模以上工业增加值比重为37.61%,对规模以上工业增长的贡献率为16.7%;全年实现利税总额占规模以上工业利税总额的45.21%。

中国石油化工股份有限公司九江分公司(前身为九江炼油厂),1977年6月正式开工建设,1980年10月建成投产,1998年10月更名为“中国石化集团九江石油化工总厂”,是江西省境内唯一的大型石油化工企业。2000年3月,原九江石油化工总厂主业全部划入中国石化集团公司上市部分,改组成立中国石油化工股份有限公司九江分公司;非主业部分(存续部分)仍保留中国石化集团九江石油化工总厂名称,形成了九江石化总厂与九江分公司并存的新体制。该企业具有500万吨/年原油加工能力,30万吨/年合成氨、52万吨/年尿素和10万吨/年聚丙烯的生产能力,36万立方米原油储存能力。作为国家扶持的512家重点企业之一,连续十年跨入全国500强企业行列,2003年位居147强。企业在沿江设有6个5000T和3个3000T级泊位的自备油品码头,可直接对外轮开放。主要产品有:汽油、煤油、柴油、液化气、沥青、聚丙烯、尿素等34品种近50个牌号,其中“江海牌”尿素获得“99中国国际农业博览会”名牌产品。

蓝星化工新材料股份有限公司江西星火有机硅厂是国家重点国防化工和化工新材料生产大型企业,2000年5月,以江西星火有机硅厂为主体的蓝星化工新材料股份有限公司成功上市,加快了企业的发展步伐。该企业现已拥有7万吨/年有机硅单体、4.5万吨/年烧碱、5千吨/年甲胺等生产装置,有机硅年产量居全国第一,世界第六位,被确定为国家“火炬计划”有机硅产业基地。目前,10万吨/年有机硅单体项目正在筹建之中。

【纺织工业】

纺织工业是九江市传统支柱产业,主要包括纺织业、纺织服装业、羽绒及其制品业、化学纤维制造业四个行业。2003年规模以上纺织工业完成工业增加值7.47亿元,占规模以上工业增加值的14.78%,比上年提高2.72个百分点,占全省纺织工业的27.22%,对规模以上工业增长的贡献率达25.7%。纺织产品是我市出口创汇的主要特色产品之一,2003年纺织工业完成出口交货值4.44亿元,占规模以上工业的43.93%。

九江化纤股份有限公司、共青(鸭鸭)集团、九江海扬纺织(集团)有限公司、中外合资江西华孚纺织有限公司和赛得利(江西)化纤有限公司等企业。其中:全省最大的粘胶纤维生产企业九江化纤股份有限公司,1996年11月,由九江化学纤维厂独家发起成立,在深交所上网发行,成为九江市第一家上市公司。企业拥有浆粕、粘胶离心纺长丝、粘胶连续纺长丝、粘胶短纤维、高级全棉卫生纸等五大生产线,为年产值近4.5亿元的纺织原料生产基地。其“白鹿”牌粘胶纤维系列产品获“江西省首批名牌产品”称号。

【冶金建材】

冶金建材业是九江市“十五”规划重点扶持发展的六大支柱产业之一,2003年规模以上冶金建材产业完成工业增加值10亿元,占规模以上工业增加值的19.79%,比上年提高1.29个百分点,对规模以上工业增长的贡献率为17.1%;实现利税总额占规模以上工业利税总额的28.03%。

江西亚东水泥有限责任公司、庐山海螺水泥有限责任公司、九江有色金属冶炼厂、修水县香炉山钨业有限公司等企业。其中座落在瑞昌市境内的江西亚东水泥有限公司,1997年注册成立,是近年来引进的江西省最大的台商合资企业。该企业现已投资26亿元建成了两条水泥生产线,并全部投入生产,年生产水泥能力高达400多万吨,成为江西省水泥市场之龙头企业,九江市民营企业的排头兵。所生产的“洋房牌”各种标号水泥产品质量优良,深受市场喜爱与肯定。

【优惠政策】

九江市促进经济发展优惠政策

【外商投资】

凡在九江市内的生产性外商投资企业,减按24%税率征收企业所得税。对经营期在十年以上的,从获利年度起两年免交三年减半征收企业所得税。

国家鼓励类外商投资企业,在现行税收优惠政策执行期满后三年内,减按15%的税率征收企业所得税。

对产品出口企业在依照规定免征、减征企业所得税期满后,凡当年出口产品产值达到企业总产值70%以上的,可继续减半征收企业所得税,但减半后的税率不得低于10%。所称产品出口企业是指经省外经贸部门审定认可并颁发产品出口企业证书的外商投资企业。

外商投资兴办的先进技术企业,在规定减免企业所得税期满后,可延长三年减半缴纳企业所得税。所称先进技术企业是指经省级相关部门审定认可,并颁发先进技术企业证书的外商投资企业。

外商投资企业的国外投资者,将从企业取得利润直接再投资该企业,增加注册资本,或作为资本投资开办其他外资企业,经营期不少于五年的,经投资者申请,税务机关批准,可退还其再投资部分已缴纳所得税的40%的税款。若再投资举办、扩建产品出口企业或先进技术企业,可全部退还再投资部分已缴纳的所得税税款。

在九江市区设立的生产性外商投资企业,属技术知识密集型外商投资项目,或者外商投资在3000万美元以上,回收期长的项目,或者能源、交通、港口建设项目,报经国家税务总局批准后,可减按15%的税率缴纳企业所得税。

从事港口、码头建设的中外合资经营企业,经营期在十五年以上的,经税务机关批准,从开始获利年度起,第一年至第五年免征企业所得税,第六年至第十年减半征收企业所得税。

市区范围外的外商投资企业不予征收城市房地产税;在我市设立的外商投资企业应纳的车船使用牌照税及市区(含庐山)的外商投资企业应纳的城市房地产税,报经税务机关批准,可予以减征或免征。

凡在我市投资500万美元以上的,年纳税额超200万元人民币,以及在海内外有重要影响的,并对九江经济建设和公益事业作出贡献的外商,可授予荣誉市民称号。

对外商投资在500万美元以上的新办工业企业;从投产当年起,其所缴纳增值税额地方留成部分前三年由受益财政按50%奖给企业用于扩大再生产的固定资产投资。

外商投资企业连续三年年实际纳税额达200万元人民币以上或企业当年实际纳税额达500万元人民币以上的,受益财政另给企业法人代表按所纳税额地方所得部分的1%给予奖励。

【民营经济】

除国家法律、行政法规明确禁止的外,其它所有投资领域向民营经济开放,允许民营经济自主选择经营范围和经营方式,任何单位和个人不得设置限制“门坎”和实行行业垄断。

民营企业研究开发新产品、新技术发生的各项费用,可计入成本。企业生产发明专利产品和国家级新产品的收益,前3年增值地方留成部分所得税,新增增值税中属地方部分,由同级财政按不低于50%的比例奖励给企业。对获“全国驰名商标”的企业,当年市政府给予100万元人民币的奖励。对获得省著名商标的,市政府给予10万元奖励。

对新办的民营科技型企业,3年内免交行政性收费,3年内其税收地方留成部分的40%,由受益财政同级政府用于奖励该企业科技创新。

民营经济独资、合资、参股、控股从事各类市场建设,市、县(市、区)有权减免的相关规费一律减半征收。从2002年起,对民营经济新办的大型专业批发市场(不含现有市场转办),实行3年优惠政策,由市税务部门认定,交易额达到2-3亿元、3-5亿元、5亿元以上的当年,由受益财政同级政府分别按当年上缴税收地方留成部分的30%、40%、50%,奖给市场投资企业。

对民营经济新办的大型零售商业企业,年上缴税收总额分别达到200万元、400万元、600万元以上的,3 年内,其当年交纳的增值税超上年地方留成部分,由受益财政同级政府分别按 10%、20%、30%奖励给企业。

民营企业年纳税总额地方留成部分(含增值税、营业税、所得税,下同)合计达到 100 万元以上的,按其增速的 10% - 30%、30% - 50%、50% 以上分档,由受益财政同级政府分别按其超上年地方留成部分的 30%、40%、50% 奖励给企业。

外地来我市独资兴办或控股联办民营企业,固定资产投资额达到 500 万元以上,前两年所得税地方留成部分由同级财政全额给予奖励,后 3 年减半奖励。外地个人投资者和民营企业以高新技术成果与我市企业合作的,可通过企业资产优惠让渡,由其控股经营。外地民营企业收购、兼并我市国有、集体企业,享受本市企业改制同等政策待遇。

对外地企业总部落户本市且首期固定资产投资额在 500 万元以上的新办民营工业企业,或首期固定资产投资额在 1000 万元以上的新办民营工业企业,在其为该项目征用必要土地时,经市政府批准,可给予减免土地收益金的 30% - 60%;固定资产投资 5000 万元以上,减免幅度还可酌情提高。

【工业园区】

全市园区实行企业所得税"五免十减半"优惠政策,即入园企业自投产之日起,五年内缴纳的企业所得税地方实得部分,全额由受益地方政府作为对企业发展生产的奖励,六到十五年缴纳的企业所得税地方实得部分,减半由受益地方政府作为对企业扩大再生产的奖励。工业园内、外资企业进口设备的免税政策,加工贸易的保税政策全部执行到位,产品进出口税收退、抵、免优惠政策全部执行到位。

注册资本 500 万元人民币以上或固定资产投资 1000 万元人民币以上的工业企业,以及由省科委批准认定的高新技术企业,或生产经营省级以上新产品,并领取了省级新产品证书的企业,所缴纳的增值税地方留成部分(即增值税的 25%),自投产之日起,五年内由受益财政(下同)奖励 50% 给纳税企业。对投资超过 1000 万美元或 8000 万人民币,或月平均用工超过 1000 人,或年纳增值税超过 300 万元人民币的大型工业企业,可采取一事一议的办法,经园区管委会或市县政府批准,给予更大幅度奖励。

入园企业投资人(自然人)三年内缴纳的个人所得税地方分成部分,由受益财政逐年全部奖励给纳税人。

入园企业免征水、电增容费,用水、用电同网同价。

九江市重点企业名录库

（2003年）

企　业　名　称	通　讯　地　址	资产总额（万元）	销售收入（万元）	员工人数（人）
中国石化股份有限公司九江分公司	江西省九江市滨江路230号	421 137	762 041	2 708
九江发电厂	九江市滨江东路45号	460 272	125 049	2 703
江西省烟草公司九江分公司	江西省九江市浔阳东路238号	19 645	122 104	976
江西江州造船厂	江西省瑞昌市938信箱	38 966	104 491	1 159
中铁大桥局集团第五工程有限公司	江西省九江市白水湖街20号	50 961	91 437	3 880
江西九江供电总公司	江西省九江市长虹大道	201 663	90 952	1 326
九江石化三鑫实业总公司	九江市滨江东路236号	12 458	84 000	185
中铁四局集团第五工程有限公司	九江市长虹大道968号	62 037	69 226	3 553
江西亚东水泥有限公司	瑞昌市码头镇亚东大道6号	206 360	52 637	496
蓝星化工新材料股份有限公司	江西省永修县城扬家岭	100 813	49 409	1 309
九江华东装饰材料市场	九江市十里大道827号	5 000	48 000	1 432
中国石化江西九江石油分公司	九江市浔阳东路157号	15 983	46 587	260
九江化纤股份有限公司	九江庐山区姑塘镇蛤蟆石1号	67 938	42 992	3 314
江西九江国家粮食储备库	九江市滨江东路232号	19 493	31 000	361
江西无线电厂	九江市庐山区十里大道869号	22 634	30 731	1 574
九江白鹿化纤有限公司	九江庐山区姑塘镇蛤蟆石1号	62 014	30 410	752
江西移动通信有限责任公司九江分公司	九江市九瑞大道51号	61 995	29 646	225
中铁大桥局集团第七工程有限公司	九江市滨江东路148号	28 790	27 934	1 575
江西海扬纺织集团	九江开发区官牌夹鱼苗塘1号	37 743	26 213	4 918
中国石化江西瑞昌石油公司	瑞昌市码头镇金城路8号	7 327	24 552	361
江西柘林水电开发有限责任公司	九江市滨江路961号	137 494	23 027	1 166
九江化工厂	九江市浔阳区白水湖十一号	172 259	20 382	3 010
九江三棉印染有限责任公司	九江市浔阳区浔阳东路196号	15 996	18 013	1 744
巨石集团九江有限公司	九江市庐山区前进东路450号	33 354	17 962	2 387
江西赣北公路工程有限公司	江西省九江市三里街199号	18 279	15 951	1 245
江西共青鸭鸭集团	江西省共青开放开发区	69 226	15 299	2 680
彭泽县棉麻公司	彭泽县龙泉路	45 982	14 790	232
江西省九江市邮政局	九江市交通路12号	23 276	14 320	1 696
九江清源实业集团有限公司	九江市九瑞大延99号	28 173	14 000	1 432
九江长途汽车运输总公司	九江市庐峰南路2号	25 257	13 032	1 290
江西庐山海螺水泥有限公司	九江市庐山区海会镇高垅1号	11 830	13 028	650
江西思达电子有限公司	九江县沙河开发石门村	3 228	12 050	360
江西民生集团有限公司	九江九龙街龙翔国贸大厦十楼	4 936	11 940	136
江西省九江果品批发交易大市场有限公司	九江市九瑞大道112号	4 800	11 000	60
江西九江市丰林企业有限公司	德安县丰林镇	7 300	10 804	1 200
中国联合通信有限公司九江分公司	九江市九瑞大道联通大楼	30 799	10 648	332
江西江新造船厂	九江市湖口县双钟镇七里冲	7 910	10 249	844
江西九江茅山头企业集团公司	九江经济开发区九瑞大道6号	29 257	10 146	2 066
江西云山集团有限责任公司	江西省永修县云山周田	46 514	10 120	2 995
九江石化化工有限责任公司	九江市浔阳区滨江东路228号	3 286	10 069	10
江西制氧机厂	九江市庐山区莲花路101号	24 943	9 234	615
九江招商局道达尔石化有限公司	九江市浔阳区金鸡坡姬公庵	3 195	9 160	45
江西省修水县香炉山钨业公司	修水县港口镇	14 205	9 104	414
九江东成业装饰发展有限公司	九江市开发区长江大道338号	2 600	9 000	46
九江联盛实业集团有限公司	九江市塔岭南路9号九楼	12 661	8 739	1 580
九江有色金属冶炼厂	九江市浔阳区杨家村1号	21 753	8 705	831
九江市派拉蒙百货有限公司	浔阳路2号经贸大厦九楼	5 000	8 700	489
九江石化建筑安装工程公司	九江石化建筑安装工程公司	6 446	8 336	910
江西长江化工厂	九江庐山区前进东路1210号	18 497	8 206	1 406
江西共青城建筑有限责任公司	共青城共青大道南侧2号	6 365	8 098	938

续表 1

企业名称	通讯地址	资产总额（万元）	销售收入（万元）	员工人数（人）
江西驰耐得轮胎有限公司	德安县石桥路 170 号	3 014	8 030	650
都昌县兴昌建筑工程公司	都昌县万里大道	3 351	8 029	1 600
都昌县建筑工程总公司	东风大道 67 号	7 488	8 003	1 570
江西省彭泽县华孚棉纺有限公司	彭泽县华孚棉纺有限公司	11 977	7 897	770
九江市第三建筑工程公司	长虹大道市政府对面	9 027	7 830	1 458
都昌县阳峰建筑工程公司	九江市九莲北路 90 号	2 503	7 740	1 650
九江针织服装集团有限公司	九江市浔东路 278 号	6 431	7 485	1 620
九江市新汇通实业有限公司	九江市大中路 578 号	4 145	7 383	160
江西恒丰企业集团	江西恒丰牛头山	35 000	7 122	2 541
九江昌河汽车有限责任公司	九江市前进西路 555 号	45 514	6 841	230
江西朝阳机械厂	彭泽县龙城镇龙泉路 1 号	10 922	6 647	836
修水县供电总公司	修水县义宁镇	14 538	6 633	826
九江市第一建筑工程公司	九江市十里大道 282 号	23 681	6 318	2 937
九江(赤湖)啤酒有限公司	九江县赤湖水产场	13 824	6 164	607
江西东津发电有限责任公司	修水县义宁镇宁红大道 101 号	36 657	6 090	399
九江市财兴五金机电厂	九江市庐山区汽车工业园	4 388	6 033	885
江西回圆服饰有限公司	江西省共青城共青大道	7 000	6 000	310
九江港务管理局	九江市滨江路 37 号	37 590	5 852	1 447
江西长江药业有限公司	九江市九瑞大道 99 号	15 684	5 706	398
修水县粮食局公司	修水县义宁镇	2 814	5 668	350
九江马狮商厦百货有限公司	九江市北司南路 1 号	8 335	5 500	510
九江农工商超市有限公司	九江市滨江路 37 号北	2 883	5 500	108
九江船用机械厂	江西省瑞昌市 936 信箱	11 334	5 420	744
九江市针织内衣三厂	九江市十里大道 42 号	10 968	5 269	1 071
湖口县浔朋化工有限责任公司	湖口县双钟镇金砂湾工业园	1 162	4 996	210
九江巨能实业总公司	九江巨能实业总公司	7 569	4 970	1 050
都昌县供电局	都昌县沿湖路 14 号	11 587	4 801	392
湖口县江湖河砂有限责任公司	九江市湖口县双钟镇三里大道	2 168	4 674	210
九江信华集团建筑工程有限公司	江西省九江市庐山南路 99 号	3 469	4 620	1 012
修水县珠江矿业有限公司	修水县珠江矿业公司	3 401	4 612	494
修水县仁天矿业公司	修水县港口镇	3 401	4 612	494
九江市万时盛服装织造有限公司	九江市前进东路 998 号	1 193	4 584	367
九江仪表厂	九江市十里大道 1039 号	14 635	4 518	1 264
德安县双鹰水泥有限公司	德安县五里墩路 47 号	665	4 500	234
江西菊三七开发有限公司	都昌县万里大道工业园	5 784	4 451	320
九江汇诚纺织有限公司	九江市庐山区莲花工业园	1 823	4 418	896
江西省都昌县棉纺织厂	江西都昌县五公里	4 501	4 266	487
九江中和通信发展有限公司	九江浔阳路 16 号文化宫二楼	50	4 229	13
江西湖口县蓝天药用玻璃厂	湖口县双钟镇金砂湾工业园	3 721	4 101	343
瑞昌市供电有限责任公司	江西省瑞昌市建设路 96 号	8 797	4 054	414
永修县棉麻公司	江西省永修县	11 520	3 982	91
九江市政工程公司	九江市长虹大道 972 号	3 437	3 933	202
九江市天洋特种水产养殖有限公司	庐山区虞家河乡	2 711	3 916	36
九江精密测试技术研究所	九江市九瑞大道 33 号	10 436	3 906	484
九江市啤酒厂	江西省九江市滨江路 259 号	29 520	3 873	783
九江整流器厂	江西省九江市滨江路 40 号	10 566	3 867	312
九江市水利电力建筑公司	人民路女儿街 13 号	6 635	3 835	960
九江汇源食品饮料有限公司	九江经济技术开发区上海路	26 748	3 812	120
德安县供电有限责任公司	德安县胜利路 89 号	7 537	3 746	189
九江市丰林医用材料有限公司	德安县丰林镇	995	3 582	1 010

续表2

企业名称	通讯地址	资产总额（万元）	销售收入（万元）	员工人数（人）
都昌县邮电局	都昌县东风大道39号	10 000	3 580	142
核工业华东建设工程集团公司九江分公司	九江市59号信箱	2 231	3 559	395
中石化股份有限公司德安县石油支公司	德安县义峰路489呈	1 489	3 493	81
九江新元实业公司	九江市姑塘镇蛤蟆石1号	1 615	3 467	334
江西共青中羽制衣有限公司	江西省共青城	1 469	3 438	780
永修县虎山纸业有限公司	永修县虬津镇虎山	1 163	3 381	480
江西昌九生物化工股份有限公司赣北分公司	九江市滨江东路25号	5 068	3 380	96
九江福莱克斯有限公司	九江市前进东路1210号	4 810	3 367	62
九江市自来水公司	九江市长虹大道96号	24 169	3 347	667
中国石化江西省星子石油支公司	江西省星子县锦岗路115#	961	3 346	39
江西航海仪器厂	江西瑞昌市	6 887	3 277	408
瑞昌市兴龙麻棉纱厂	瑞昌市桂林街道办事处桂林桥	616	3 247	304
彭泽县供电有限责任公司	彭泽县龙城镇龙泉路	8 186	3 227	563
江西船用阀门厂	湖口县双钟镇南门路198号	13 886	3 205	477
九江德福电子材料有限公司	九江市十里大道花园畈97号	6 521	3 173	208
九江正大饲料有限公司	九江市开发区九瑞大道45号	3 872	3 149	42
江西共青宝山纺织有限公司	江西省共青城金纺路	4 125	3 144	500
武宁县电力总公司	武宁县新宁镇	11 534	3 130	265
九江石油化工总厂制袋厂	江西省九江市滨江东路213号	2 001	3 047	452
九江智盛纺织有限公司	九江县沙河开发区石门村	969	2 991	423
九江矿冶总公司	江西省九江市九江银河大厦	3 951	2 907	657
都昌县第五建筑有限责任公司	都昌县万里大道	2 635	2 896	1 310
彭泽县浪溪建筑工程公司	彭泽县浪溪建筑工程公司	635	2 880	180
九江达佳纺织有限公司	九江县冷水路88号	7 391	2 830	1 146
永修县供电局	江西永修西二路	6 231	2 826	302
江西爱民机械厂	德安县河东乡石桥村	10 242	2 817	544
江西汇尔油泵油嘴有限公司	江西瑞昌市赤乌中路332号	6 278	2 807	629
星子县供电有限责任公司	江西省星子县	6 471	2 784	198
江西亚华建筑工程有限公司	江西省修水县城修江路16号	935	2 781	513
永修县第一建筑工程有限公司	永修县涂埠新城大道	450	2 755	178
九江亚联环保包装有限公司	瑞昌市码头镇台资工业园内	2 414	2 726	129
九江厦港房地产实业有限公司	九江市庐山南路279号	3 700	2 700	24
九江市纯洁纺织有限公司	九江市十里大道135号	2 879	2 677	436
九江鑫山水泥有限公司	九江县沙河街镇东风村	9 492	2 651	216
都昌县食品公司肉类厂	都昌县丝瓜堰7号	26	2 651	51
九江县沙河建筑公司	九江县庐山西路212号	2 156	2 626	310
武宁县永欣建筑工程有限责任公司	武宁县豫宁大道85号	932	2 626	490
武宁县明星锑业有限公司	武宁新宁镇太婆堰六区76号	1 235	2 602	350
江西省热能工程有限公司	九江市十里大道5号	701	2 592	208
江西天骏印染有限公司	九江共青开发区富华路	1 210	2 526	150
九江宁丰泰服饰织造有限公司	武宁县万福经济技术开发区	1 200	2 520	162
修水县天成建筑工程有限责任公司	修水县城南罗桥路87号	1 849	2 518	426
九江市庐山区鑫星玻璃纤维厂	庐山砂轮石英制品厂内	894	2 488	595
修水县福昌竹木有限公司	修水县义宁镇	1 444	2 484	70
江西兴宁建筑工程有限公司	修水县城滨江路11号	1 375	2 472	421
星子县第二建筑工程有限公司	江西省星子县共华镇	1 415	2 464	650
江西盛宁建筑工程有限责任公司	修水县城修江路14号	703	2 463	458
修水县鼎立水泥有限责任公司	修水县四都镇大坪村	5 044	2 450	410
江西共青酒厂	九江市共青城新城路1号	13 826	2 449	596
彭泽县同兴建筑工程有限公司	彭泽县龙泉路358号	645	2 420	580

续表 3

企业名称	通讯地址	资产总额（万元）	销售收入（万元）	员工人数（人）
江西省九江市医药总公司	江西省九江市甘棠北路69号	6 160	2 399	142
九江其士酒店旅游有限公司	江西省九江市滨江路68号	3 221	2 368	313
都昌第二建筑工程有限公司	都昌县东风二村141号	188	2 355	730
九江鑫城纺织有限公司	德安县义峰北路388号	1 541	2 348	452
江西金浔有色工程技术有限公司	九江市滨江大道557号	1 103	2 340	210
九江世纪联盛超市有限公司	九江市大中路757号	1 287	2 284	273
江西省湖口县棉麻公司	九江市湖口县双钟镇钟山大道	14 466	2 266	194
九江市新华书店	九江市浔阳路218号	2 718	2 260	127
星子县水电建筑安装工程有限公司	江西省星子县南康镇	1 662	2 250	608
庐山区五里建筑工程公司	九湖路15#	608	2 245	486
江西欣海实业有限公司	九江市十里大道135号	3 209	2 243	428
九江市雪林制衣有限公司	十里大道135号	3 209	2 242	428
九江县第二建筑公司	九江县双瑞路275号	1 621	2 237	901
江西浔阳电子仪器厂	德安县937信箱	6 139	2 194	606
武宁县鲁溪水泥有限公司	武宁县鲁溪镇双溪村	4 166	2 182	150
江西省嘉华氟化工业有限公司	德安县河东乡石桥村	973	2 172	70
江西省鹏宇建筑工程有限责任公司	都昌县学前路8号	775	2 172	770
九江共青供电有限公司	九江共青城共青大道	2 896	2 163	171
江西华声电器总厂	九江市庐山区莲花路100号	9 479	2 143	403
江西南华医药有限公司九江分公司	九江市浔阳路338号	890	2 125	218
江西瑞昌盛达水泥有限公司	江西省瑞昌市桂林街道石山村	1 054	2 106	197
都昌县内燃机厂	都昌县东风大道169号	3 412	2 105	456
武宁县新城建筑工程有限公司	武宁县朝阳路84号	1 103	2 103	531
彭泽县房地产开发公司	彭泽县龙泉路331号	1 370	2 100	38
庐山区建筑工程公司	十里大道1482号	782	2 096	496
江西达晟纺织有限公司	德安县宝塔工业园东区	2 230	2 095	250
修水县四都大理石开发总公司	修水县四都镇	1 100	2 000	120
江西共青昌乐制衣厂	九江共青城	584	2 000	720
湖口县新源建筑工程公司	九江湖口县双钟镇洋港路	1 620	1 980	840
彭泽县水利水电建筑开发公司	彭泽县龙城镇龙泉路	1 292	1 976	481
星子县白鹿建筑工程有限公司	江西省星子县白鹿镇	1 476	1 942	510
武宁县翔鸿有色金属有限公司	武宁县万福经济技术开发区	390	1 942	145
蓝星星火化工厂化工建设工程公司	江西永修艾城扬家岭	826	1 911	356
彭泽县芙蓉农场建筑有限责任公司	彭泽县龙泉路38号	380	1 900	310
星子县旅游总公司	江西省星子县	400	1 881	12
江西新华九江印刷总厂	九江市甘棠北路84号	3 964	1 861	942
星子启龙棉纺有限公司	江西省星子县	1 524	1 860	300
湖口县油脂化学厂	湖口县双钟镇钟山大道	3 637	1 850	66
湖口县水电建筑安装公司	湖口县双钟镇三里大道	2 580	1 820	480
彭泽县远大房地产开发有限公司	彭泽远大房地产开发有限公司	450	1 800	120
九江星神汽车部件有限责任公司	江西星子县	2 295	1 798	144
都昌县水利电力建筑工程公司	都昌县西湖路6号	450	1 755	500
江西省船用阀门厂长安消防技术工程公司	湖口县双钟镇南门路198号	945	1 750	123
湖口县建筑工程公司	湖口县双钟镇三里大道	2 672	1 728	1 037
江西省都昌县新华书店	都昌县新华书店	1 037	1 727	54
江西家园陶瓷有限公司	都昌县芙蓉山工业园	4 056	1 726	120
星子县建筑工程有限公司	江西省星子县南康镇	902	1 716	465
九江环球日本鸽业有限公司	武宁县新宁镇	3 452	1 709	70
九江名门服装织造有限公司	德安县义峰路166号	1 462	1 700	680
修水县育新彩印有限公司	修水县义宁镇	725	1 685	74

【市情简介】

瑞　昌　市

【行政区划】

瑞昌，地处长江中游南岸，北倚长江与湖北武穴隔江相望，南与德安、武宁两县毗邻，东沿赤、赛两湖与九江县为邻，西与湖北阳新接壤，是长江入赣第一市。公元939年设县，1989年国务院批准撤县设市（江西省计划单列市）。土地面积1423平方公里，人口42.32万人，现辖2个街道办事处，8个镇，14个乡，共168村委会。

【自然资源】

金属矿藏富裕，有金、银、铜、铁、铝、锌等，非金属矿有煤、硫磺以及石灰岩、白云岩、大理石岩类石头约22万亩。尤其是石灰石储量大（25亿立方米）品质优，台湾远东集团亚东水泥厂和六洞山集团盛达水泥有限公司是颇具影响的石灰石开发企业。

全市森林面积30多万亩，活木蓄积量40多万立方米。苎麻、山药、猕猴桃闻名遐迩。瑞昌苎麻历史悠久，是全国优质麻生产基地。1923年获东南亚博览会金奖，目前种植面积5万余亩，原麻产量7500余吨；瑞昌山药盛唐朝列为贡品，菜药兼用，健脾、益肾、养肺，在营养绿色食品方面有广阔的开发前景；瑞昌山竹资源极为丰富，总面积14万余亩，特别是淡竹林，面积达11.4万亩，居全省之首，堪称"淡竹之乡"；"庐山香"猕猴桃多次荣获农业部金奖，具有很高的开发价值。

旅游资源独特，峨嵋溶洞群幽险奇特，被称为"江南第一洞"；青山省级森林公园最高峰932米，与庐山遥相响应，堪称姊妹山，是有名的道教圣地、休闲避暑的旅游地；1988年发掘的殷商铜岭古铜矿遗址以多项世界之最轰动考古界，被评为当年全国"十大考古发现"之一，为国家重点文物保护单位，并着手申报世界文化遗产；赤湖一碧万顷，湖天一色，是游客的水上乐园。

【交通运输】

交通运输便利。水路上通汉渝，下达沪宁；铁路南进南昌，北通武汉；公路四通八达：九界、九武两条省道与316、105国道交织贯通，瑞九、瑞沙公路与昌九、九景高速公路互联成网，公路连接起瑞昌至九江、南昌、武汉等地，长江流经码头镇境内，距昌北机场、武汉机场仅90分钟车程。

【经济概况】

2003年全市国内生产总值17.7亿元，比上年增长17.4%。全市农业总产值60857万元，比上年增长4.6%。工业在国民经济中占据半壁江山。2003年乡及乡以上工业企业完成产值156108万元，比上年增长7.8%。全市逐步建立起建材、机械、纺织、船舶、食品等主要行业，并初具规模。

全市消费品、生产资料市场货源充足，价格稳中有降。全年社会消费品零售总额68040万元，比上年增长14.4%。财政收入稳定增长，全年中央财政预算内收入6029万元，比上年增长29.7%，地方财政预算内收入11075万元，比上年增长20.1%，居民收入增长较快。全市城镇居民人均可支配收入6499元，比上年增长8.0%，农民人均纯收入2556元，增长8.7%，职工年平均9694元，比上年增长17.6%。

【基础设施】

2003年全市固定资产投资总额106660万元，比上年增长39.6%。城市建设步伐加快，投资1500万元的市民休闲广场已正式开放，成为市民休闲娱乐的好去处。城区绿化、亮化工程得到加强，城区总体规划也通过专家认证。邮电通讯条件更加便利，公用电话交换机总容量69320门，计算机互联网用户4614户，各项业务发展迅速。邮电部门业务总量2003年完成5183万元，比上年增长21.7%

【招商引资】

目前，瑞昌建有黄金和台资两个工业园。2003年我市吸引内资15亿元，外资2亿美元，工业园建设在江西省获5个单项奖。

为加大招商引资力度，我市出台了多项优惠政策，为保护外来投资人的利益，先后制订了《处理破坏经济发展环境行为的暂行办法》、《整治投资环境七不准》等措施。对政务管理工作中的许可、审批、登记、收费、认证、处罚、强制及办事程序、办事效率和投资服务等方面做出了明确规定，加大了改善投资环境力度，提高办事效率，着力于规范政务管理、简化办事程序，改善服务质量，吸引了更多的外商来我市投资兴业。

【市长专栏】

树立科学发展观 强力构建新型港口工业城市

瑞昌市人民政府市长 郑羡银

当"在中部率先崛起"成为全省上下为之奋斗的目标时,作为长江入赣第一市的瑞昌正进入一个值得浓墨重彩大笔描绘的发展新时期,明晰的思路、有力的措施,使这座新兴城市迸发出前所未有的生机与活力。在当前和今后的一段时间内,我们将紧扣"一条思路",力求"三个转变",落实"四大举措",努力把瑞昌建设成为更具竞争力新型港口工业城市。

一条思路

近年来,瑞昌市深入开展解放思想活动,内搅醒脑、外学借鉴、审视自我、寻找差距,提出了"三年打基础、五年成优势、十年进入全省经济十强"的战略目标,确立了以"工业化为核心,以招商引资为突破口,以工业园区和城市建设为载体,强力构建港口工业城市,实现超常规发展"的主导思想,并确定了十年奋斗目标:一是力争2007年财政收入过5亿元,2010年财政收入过8亿,进入全省十强;二是在扩大经济总量的同时,着力发展和培育壮大具有瑞昌特色的建材、纺织、机械、轻工、皮革、食品加工等六大产业,争取发展一个在沿长江经济带和环南京、武汉经济圈有较大影响力的支柱产业;三是实现港口工业占全市工业总量的80%以上;四是加强城市基础设施建设,基本完善配套功能设施,第三产业相对发达,作为工业城市应有的服务机构一应俱全,城市经济占市域经济的比重达到80%,城市化率高于50%,城区面积扩大到30平方公里,人口达20—25万。

三个转变

转变之一:招商引资要由量变向质变转变。坚定不移地实施以招商引资为总抓手的基本战略,切实打好"三张牌",一是打好"开放牌"。依托全省大开放氛围,加快对接"长珠闽",加强对外交流,以大开放促大招商,以大开放促大发展。二是打好"资源牌"。充分发挥便捷通达的交通资源优势、储量丰富的矿产资源优势、低成本的劳动力资源优势,吸引相关资源需求企业投资瑞昌。三是打好"港口牌"。科学合理规划开发19.5公里的长江岸线,大力建设集运输港、外贸港、客运港于一体的万吨级现代港口,促进瑞昌更快融入长江经济带,促进城市人流、物流、资金流、信息流。

转变之二:城市建设要由负债经营向动态平衡转变。按港口工业城市的定位,科学修编城市总体规划,推进城市"东进北扩西连"。对城市土地实行"饥饿式"供应,规范土地市场,实行"阳光操作"。鼓励社会资本以独资、合作、联营、参股等方式投资城市基础设施建设。进一步创新城市管理机构,将属于市场的功能归还市场,属于社会的职责归还社会。

增长方式从粗放型向集约型转变。招商引资和经营城市为突破口,促进经济快速增长,结构更加优化,质量不断提高,主要做好四篇文章:一是围绕港口资源做文章,促进港口工业经济快速增长;二是围绕工业园区做文章,促进劳动就业快速增长;三是围绕国企改制做文章,促进工业总量快速增长;四是围绕城市建设做文章,促进第三产业快速增长。

四大举措

举措之一:开放建市,对接"三区一市(长珠闽和武汉市)"

推进基础设施建设,加快交通对接。将沿江港口建设摆上突出的战略地位,尽快做好港口规划,启动港口建设,以港口为对接长珠闽、融入大武汉的"亮点"。全力支持武九铁路复线工程建设,支持沿江宁樟高速公路项目设计与建设,缩短承接武汉辐射的时空距离。加快瑞沙公路、316国道、立肇线建设,打通出入通道。积极响应和支持九江市区通往西三县铁路和高速公路立项,打通连接长珠闽的快速通道。

整合优势资源,加快产业对接。进一步解放思想,制定优惠政策,尤其对重大工业项目,要特事特办。着力打造工业园平台,促进产业向园区聚集。利用灰石资源和港口优势,着力引进大水泥项目,建成水泥生产基地。发挥国家优质棉生产基地优势,力争形成年产20万纱锭的纺织规模，培植具有地区竞争力的产业。同时，紧紧盯住大型能源项目和产业配套项目，完善产业配套功能。加大劳动力教育和培训力度，加快劳动力资源整合进度，以高素质、成本低的劳动力资源促进相关产业落户。加快建设苎麻、棉花、特种水产等优质特色农产品基地，吸引外商投资农业产业化项目。

提高软环境建设层次和水平，促进环境对接。牢固树立"以投资者为中心"理念，认真落实办事制度化、操作规范化、行为自觉化、服务亲情化的要求，做到服务大小项目一个样、园内园外一个样、外商内商一个样、新老客商一个样，严厉惩治破坏经济发展环境的人和事，力争实现帮扶零差距、服务高质量。

举措之二：做强工业园区，推进工业化进程

科学合理规划园区，实施规模建园策略。按照"整体规划、科学布局、滚动开发、分步实施"的方针，黄金工业园远景规划10平方公里，分"三区两廊"分步建设，即，湓城区、桂林区、码头区，瑞码工业走廊，瑞立（立新桥）工业走廊。

促进产业向园区聚集，实施产业建园策略。充分发挥园区平台功能，着力培植建材、纺织、皮革、机械、轻工、食品加工六大柱产业。码头区以建材、皮革为主，桂林区以麻纺总厂为基础，培育纺织特色工业小区，湓城区以机械、轻工制造业为主，其它沿"两廊"分布展开。

创新园区运作模式，实施市场建园策略。按市场运作方式推动园区建设，逐步实现园区开发建设由政府主导向"政府引导、市场主导、多元投入、滚动发展、良性循环"转变。鼓励和吸引国内外有实力的企业，通过独资、参股合作等多种方式参与开发经营园区。完善园区市场化经营、社会化管理机制，下放园区建设规划权、土地出让权、经营权、管理权、财产所有权，加快园区建设。

提高园区集约化程度，实施效益建园策略。按单位面积的投资数额、销售收入、纳税金额、就业人数、出口创汇情况，健全完善统计体系，做到规划建设一片、配套完善一片、开工投产一片，合理利用土地等资源，杜绝盲目圈地。对超时限"圈而不建，开而不发"的企业，依法收回土地转让权。确保园区主要经济指标增幅达到30%以上。到2010年，园区工业产值要达到全市工业总值的80%，上交税收达到财政收入的60%以上，提供就业岗位5万个以上。坚持经济效益、社会效益、环境效益一起抓，危及劳动者生命和人民健康的项目坚决不建，严重污染和破坏生态环境的项目坚决不建、"黄赌毒"项目坚决不建。

举措之三：提升经营水平，加速城市建设步伐

规划城市，搞好项目化运作。按港口工业城市的定位，沿"三区两廊"科学修编城市总体规划，推进城市"东进北扩西连"。充分发挥规划的调控功能，以实施规划包装项目，以运作项目带动规划实施，推进城市建设步伐。按控制性开发老城区，禁止私人建房、合作建房、集资建房的"一控三禁"要求，做好老城区控制性规划，有计划、有步骤地开发老城区，促进新老城区协调发展。

按揭城市，搞好市场化经营。实行土地政府收购储备和定期公布地价制度，规范土地市场，利用级差地租，实现城市土地价值最大化。凡可经营的公用设施，均采取市场化运作方式，通过整体出让推向市场。鼓励外地资金参与收储土地。鼓励社会资本以独资、合作、联营、参股、特许经营权等方式投资城市基础设施建设。加强城市资产的管理与监督，加大政府调控力度，逐步探索城市无形资产的经营方式，开拓城市经营空间。

美化城市，搞好社会化管理。在城市管理中强化社会职能和市场功能，对城市绿化、供水、排水、环卫等设施实行市场化运作，完善城市功能，满足城市发展需要。加大执法力度，实行有序管理，提供优美、舒适、和谐的人居环境。到2010年，人均居住面积不小于20平方米，人均公共绿地不少于10平方米，城市绿化率不小于30%，自来水普及率达到100%，污水排放有序，治污率达到70%，集中供气率达60%以上，人均道路面积不小于8平方米。

做大城市，搞好产业化发展。以产业为支撑，不断推进城市化进程。大力推进教育产业投融资本制创新，吸收社会资本发展教育产业。扶持和服务九江学院投资的新一中项目，使其尽快做大规模，做强品牌，以此带动瑞昌教育产业的更快发展。加快建设一批特色鲜明、品位高雅的标志性文化设施，完善公共文化设施布局，促进文化产业发展。合理规划城市商业网点、交通网络布局，繁荣城市第三产业。通过壮大产业支撑，推进户籍制度改革，凡在城市有固定住所、相对稳定职业、合法收入和生活来源的居民，都可登记为城镇居民户口，鼓励外来投资者和进城农民工在城市落户，推进外地居民本地化，农村居民市民化，做旺城市人气，扩张城市规模。

举措之四：改善结构，壮大市域经济实力

进一步挖掘民营经济发展潜力。除国家有特殊规定以外，所有非限制项目向民营经济开放。进入工业园的所有民营企业一律享受园区其它企业同等政策和服务待遇。对经营效益好、运行质量优、发展后劲足的企业大户予以重点保护和扶持，不断提升民营经济的规模、档次和水平。

打好国有企业改革攻坚战。按“限额标准、创造条件、成熟一个、改制一个、彻底置换、不留尾巴”的原则，三年内市属企业改制面积达到100%，对暂未改制的企业加强国有资产的责任管理，确保国有资产保值增值。

调整税源结构，扩充地方财政实力。巩固支柱税源，培育新兴税源、挖掘潜在税源、抓住一次税源，促进财政收入总量快速增长，确保2004年实现财政收入过2亿元。大力扶持地方纳税大户，确保财政总收入中，地方收入与中央和省收入同步增长，提高地方可用财力。

立足农业产业化，统筹城乡协调发展。抓好农业科技示范园建设，探索农业产业化的发展路子，增强示范幅射效应。大力发展龙头加工企业，以龙头企业为依托，走龙头带基地、企业加农户的产业化道路，促进农业增产，农民增收。鼓励农民自愿、依法、有偿转让土地承包经营权，为发展规模农业、高效农业创造更好的条件，促进城乡经济协调发展。

瑞昌市重点企业名录库

（2003 年）

企业名称	通讯地址	资产总额（万元）	销售收入（万元）	员工人数（人）
江西江州造船厂	江西省瑞昌市 938 信箱	38 966	104 491	1 159
江西亚东水泥有限公司	瑞昌市码头镇亚东大道 6 号	206 360	52 637	496
中国石化股份有限公司江西瑞昌石油公司	瑞昌市码头镇金城路 8 号	7 327	24 552	361
九江船用机械厂	江西省瑞昌市 936 信箱	11 334	5 420	744
瑞昌市供电有限责任公司	江西省瑞昌市建设路 96 号	8 797	4 054	414
江西航海仪器厂	江西瑞昌市	6 887	3 277	408
瑞昌市兴龙麻棉纱厂	瑞昌市桂林街道办事处	616	3 247	304
江西汇尔油泵油嘴有限公司	江西瑞昌市赤乌中路 332 号	6 278	2 807	629
九江亚联环保包装有限公司	瑞昌市码头镇台资工业园内	2 414	2 726	129
江西瑞昌盛达水泥有限公司	瑞昌市桂林街道石山村	1 054	2 106	197
瑞昌市江铜同兴铸造有限公司	瑞昌市白杨镇黄桥村	836	1 609	254
九江鸿泽纺织厂	瑞昌黄金工业园	2 500	1 300	160
瑞昌市造纸总公司	瑞昌市湓城街道边街 235 号	2 644	1 203	138
瑞昌市水电建筑	江西省瑞昌市湓城镇	1 754	1 058	187
江西铜业集团景祥建设有限公司	瑞昌市白杨镇	2 317	1 011	501
江西省瑞昌市瑞南建筑工程有限公司	江西省瑞昌市	650	1 000	490
瑞昌市经纬纺织品有限责任公司	瑞昌市人民北路 115 号	345	947	150
瑞昌市人民冲压有限公司	瑞昌市人民北路 138 号	662	939	96
瑞昌市自强铸造有限责任公司	瑞昌市湓城雷家林居委会	607	909	80
九江建成服装有限公司	瑞昌市九瑞路黄金工业园	223	897	200
瑞昌市砂石总公司	瑞昌市码头镇通江路 52 号	842	876	33
九江中幅采掘有限公司	码头镇新村路	1 460	857	50
江西省九江市国营赛湖纺织厂	江西省瑞昌市黄金北路	251	623	226
瑞昌市华顺纺织染整有限责任公司	瑞昌市桂林桥	300	505	68
九江市罗坑煤矿	江西省瑞昌市乐园乡	896	499	210
江西省瑞昌市矿山机械有限公司	瑞昌市码头镇	1 762	400	106
瑞昌市瑞江水泥有限责任公司	瑞昌市码头镇码头村	1 714	382	101
瑞昌市金城工业公司	瑞昌市码头镇长咀村	1 625	342	101
江西铜业集团武山铜矿鑫达实业公司	瑞昌市白杨镇黄桥村	397	341	178
瑞昌市吴家金矿	瑞昌市白杨镇黄桥村	326	324	82
瑞昌市供水公司	瑞昌市	1 293	296	121
瑞昌市华东建筑工程有限责任公司	江西省瑞昌市赤乌东路 14 号	703	210	465
瑞昌市节能材料设备厂	瑞昌市黄金北路 198 号	155	150	120
瑞昌市兴盛建筑工程有限公司	江西省瑞昌市三贤路 1 号			

九江市区(含浔阳区、庐山区、市开发区)重点企业名录库

(2003年)

企业名称	通讯地址	资产总额(万元)	销售收入(万元)	员工人数(人)
中国石化股份有限公司九江分公司	江西省九江市滨江路230号	421 137	762 041	2 708
九江发电厂	九江市滨江东路45号	460 272	125 049	2 703
江西省烟草公司九江分公司	江西省九江市浔阳东路238号	19 645	122 104	976
中铁大桥局集团第五工程有限公司	江西省九江市白水湖街20号	50 961	91 437	3 880
江西九江供电总公司	江西省九江市长虹大道	201 663	90 952	1 326
九江石化三鑫实业总公司	九江市滨江东路236号	12 458	84 000	185
中铁四局集团第五工程有限公司	九江市长虹大道968号	62 037	69 226	3 553
九江华东装饰材料市场	九江市十里大道827号	5 000	48 000	1 432
中国石化股份有限公司江西九江石油分公司	九江市浔阳东路157号	15 983	46 587	260
九江化纤股份有限公司	九江庐山区姑塘镇蛤蟆石1号	67 938	42 992	3 314
江西九江国家粮食储备库	九江市滨江东路232号	19 493	31 000	361
江西无线电厂	九江市庐山区十里大道869号	22 634	30 731	1 574
九江白鹿化纤有限公司	九江庐山区姑塘镇蛤蟆石1号	62 014	30 410	752
江西移动通信有限责任公司九江分公司	九江市九瑞大道51号	61 995	29 646	225
中铁大桥局集团第七工程有限公司	九江市滨江东路148号	28 790	27 934	1 575
江西海扬纺织集团	九江开发区官牌夹鱼苗塘1号	37 743	26 213	4 918
九江化工厂	九江市浔阳区白水湖十一号	172 259	20 382	3 010
九江三棉印染有限责任公司	九江市浔阳区浔阳东路196号	15 996	18 013	1 744
巨石集团九江有限公司	九江市庐山区前进东路450号	33 354	17 962	2 387
江西赣北公路工程有限公司	九江市三里街199号	18 279	15 951	1 245
江西省九江市邮政局	九江市交通路12号	23 276	14 320	1 696
九江清源实业集团有限公司	九江市九瑞大延99号	28 173	14 000	1 432
九江长途汽车运输总公司	九江市庐峰南路2号	25 257	13 032	1 290
江西庐山海螺水泥有限公司	江西省九江市海会镇高垅1号	11 830	13 028	650
江西民生集团有限公司	九江市龙翔国贸大厦十楼	4 936	11 940	136
江西省九江果品批发交易大市场有限公司	九江市九瑞大道112号	4 800	11 000	60
中国联合通信有限公司九江分公司	九江市九瑞大道联通大楼	30 799	10 648	332
江西九江茅山头企业集团公司	九江经济开发区九瑞大道6号	29 257	10 146	2 066
九江石化化工有限责任公司	九江市浔阳区滨江东路228号	3 286	10 069	10
江西制氧机厂	九江市庐山区莲花路101号	24 943	9 234	615
九江招商局道达尔石化有限公司	九江市浔阳区金鸡坡姬公庵	3 195	9 160	45
九江东成业装饰发展有限公司	九江市开发区长江大道338号	2 600	9 000	46
九江联盛实业集团有限公司	九江市塔岭南路9号九楼	12 661	8 739	1 580
九江有色金属冶炼厂	九江市浔阳区杨家村1号	21 753	8 705	831
九江市派拉蒙百货有限公司	浔阳路2号经贸大厦九楼	5 000	8 700	489
九江石化建筑安装工程公司	九江石化建筑安装工程公司	6 446	8 336	910
江西长江化工厂	九江庐山区前进东路1210号	18 497	8 206	1 406
九江市第三建筑工程公司	长虹大道市政府对面	9 027	7 830	1 458
九江针织服装集团有限公司	九江市浔阳区浔东路278号	6 431	7 485	1 620
九江市新汇通实业有限公司	九江市大中路578号	4 145	7 383	160
九江昌河汽车有限责任公司	九江市前进西路555号	45 514	6 841	230
九江市第一建筑工程公司	九江市十里大道282号	23 681	6 318	2 937
九江市财兴五金机电厂	九江市庐山区汽车工业园	4 388	6 033	885
九江港务管理局	九江市滨江路37号	37 590	5 852	1 447
江西长江药业有限公司	九江市九瑞大道99号	15 684	5 706	398
九江马狮商厦百货有限公司	九江市北司南路1号	8 335	5 500	510
九江农工商超市有限公司	九江市滨江路37号北	2 883	5 500	108
九江市针织内衣三厂	九江市十里大道42号	10 968	5 269	1 071
九江巨能实业总公司	九江巨能实业总公司	7 569	4 970	1 050
九江信华集团建筑工程有限公司	江西省九江市庐山南路99号	3 469	4 620	1 012

九江县重点企业名录库

（2003 年）

企业名称	通讯地址	资产总额（万元）	销售收入（万元）	员工人数（人）
江西思达电子有限公司	九江县沙河开发石门村	3 228	12 050	360
九江（赤湖）啤酒有限公司	九江县赤湖水产场	13 824	6 164	607
江智盛纺织有限公司	九江县沙河开发区石门村	969	2 991	423
九江达佳纺织有限公司	九江县冷水路 88 号	7 391	2 830	1 146
九江鑫山水泥有限公司	九江县沙河街镇东风村	9 492	2 651	216
九江县沙河建筑公司	九江县庐山西路 212 号	2 156	2 626	310
九江县第二建筑公司	九江县双瑞路 275 号	1 621	2 237	901
九江协力水泥有限公司	九江县沙河开发区天坡村	2 267	1 624	175
九江和田化工有限公司	九江县赛城湖水产场	301	1 270	85
九江兴汇源日化有限公司	九江县双瑞路 18 号	568	1 262	148
九江县新城建筑公司	九江县庐山西路 393 号	2 636	1 103	496
九江米迪服饰发展有限公司	九江县新合村爱国村	577	822	200
九江县建筑公司	九江市十里大道 21 号	340	805	792
九江县第三建筑公司	九江县城子镇彭湾村	920	702	229
江西亚晶玻璃有限公司	九江县沙河开发区天坡村	694	698	60
九江县水泥制品厂	九江县赛城湖水产场	131	696	34
九江县水利电力建筑工程公司	九江县沿河北路 50 号	256	678	241
九江县新华书店	九江县柴桑南路 5 号	320	670	31
九江江威针织有限公司	九江县沙河开发区石门村	600	569	120
九江鹏程油脂有限公司	九江县永安乡爱民村	251	501	28
九江县双龙材料公司	九江县沙河开发区石门村	150	500	38
九江东太化学有限公司	九江市浔阳区白水湖路 70 号	154	431	90
江西博莱大药厂	九江县沙河开发区石门村	1 700	391	300
九江县高新包装公司	九江县沙河开发区石门村	100	300	65
九江县自来水厂	九江县双瑞路 1 号	610	231	120
九江县泗兴纺织有限公司	九江县沙河开发区石门村	735	200	372
九江意百达电子有限公司	九江县沙河开发区石门村	3 940	38	108
九江县茂盛线材有限公司	九江县沙河开发区石门村	190	30	30

武宁县重点企业名录库

（2003 年）

企 业 名 称	通 讯 地 址	资产总额（万元）	销售收入（万元）	员工人数（人）
武宁县电力总公司	武宁县新宁镇	11 534	3 130	265
武宁县永欣建筑工程有限责任公司	武宁县豫宁大道 85 号	932	2 626	490
武宁县明星锑业有限公司	武宁新宁镇太婆堰六区 76 号	1 235	2 602	350
九江宁丰泰服饰织造有限公司	武宁县万福经济技术开发区	1 200	2 520	162
武宁县鲁溪水泥有限公司	武宁县鲁溪镇双溪村	4 166	2 182	150
武宁县新城建筑工程有限公司	武宁县朝阳路 84 号	1 103	2 103	531
武宁县翔鸿有色金属有限公司	武宁县万福经济技术开发区	390	1 942	145
九江环球日本钨业有限公司	武宁县新宁镇	3 452	1 709	70
九江民生罐头食品有限公司	武宁县新宁镇沙田村	996	1 677	200
武宁县煤矿	武宁县泉口镇风东村	2 809	1 534	253
武宁县豫宁建筑工程有限责任公司	武宁县新宁路 19 号	1 118	1 474	510
江西省海特化工有限公司	武宁县新宁镇东渡工业区	1 885	1 381	128
九江昂泰胶囊有限公司	江西省武宁县东渡工业区	3 470	1 355	180
武宁县有色金属加工厂	武宁县新宁镇	13 734	1 217	68
武宁县盘溪水电开发有限公司	武宁县石渡乡	12 623	1 058	100
江西格林化工有限公司	武宁县万福经济技术开发区	1 200	1 000	150
武宁县钨矿	武宁县新宁镇	2 217	921	41
江西省武宁新华书店	武宁县人民路 15 号	893	841	34
武宁建筑工程公司	武宁县豫宁街道人民路 6 号	3 490	825	350
江西省百货公司武宁县公司	武宁县新宁路 13 号	1 765	686	178
江西省生成卫生用品有限公司	武宁县万福经济开发区	1 747	650	110
武宁县阳光竹材制品有限责任公司	武宁县新宁镇东渡工业区	344	528	120
武宁县凯利丝业有限公司	武宁县船滩镇	1 247	477	130
江西星成电器有限责任公司	武宁县万福经济开发区	632	314	180
武宁县印刷有限公司	武宁县新宁路 20 号	403	165	74
武宁县通用机械有限公司	武宁县新宁镇	499	129	126
武宁县振兴泡沫厂	武宁县万福经济技术开发区	500	40	21
江西江宁食品有限公司	武宁县万福经济技术开发区	350	30	20
江西泰和彩印有限公司	武宁县万福经济技术开发区	300	18	84
江西盛东实业有限公司	武宁县万福经济技术开发区	350	17	15
九江天赐太阳能热水器厂	武宁县万福经济技术开发区	550	13	20
张林水泥预制构件厂	武宁县万福经济技术开发区	400	12	25
九江亚光包装服务有限公司	武宁县万福经济技术开发区	668	10	68

修水县重点企业名录库

（2003 年）

企 业 名 称	通 讯 地 址	资产总额（万元）	销售收入（万元）	员工人数（人）
江西省修水县香炉山钨业公司	修水县港口镇	14 205	9 104	414
修水县供电总公司	修水县义宁镇	14 538	6 633	826
江西东津发电有限责任公司	修水县义宁镇宁红大道 101 号	36 657	6 090	399
修水县粮食局公司	修水县义宁镇	2 814	5 668	350
修水县珠江矿业有限公司	修水县珠江矿业公司	3 401	4 612	494
修水县仁天矿业公司	修水县港口镇	3 401	4 612	494
江西亚华建筑工程有限公司	江西省修水县城修江路 16 号	935	2 781	513
修水县天成建筑工程有限责任公司	修水县城南罗桥路 87 号	1 849	2 518	426
修水县福昌竹木有限公司	修水县义宁镇	1 444	2 484	70
江西兴宁建筑工程有限公司	修水县城滨江路 11 号	1 375	2 472	421
江西盛宁建筑工程有限责任公司	修水县城修江路 14 号	703	2 463	458
修水县鼎立水泥有限责任公司	修水县四都镇大坪村	5 044	2 450	410
修水县四都大理石开发总公司	修水县四都镇	1 100	2 000	120
修水县育新彩印有限公司	修水县义宁镇	725	1 685	74
江西省修水县新华书店	修水县县城衙前街 49 号	1 273	1 589	50
修水县黄河胶合板厂	修水县黄沙镇	494	1 538	43
修水县华祥纺织有限公司	修水县	985	1 007	218
修水县涛如石材有限公司	修水县竹坪乡	700	950	230
修水县德水丝业有限公司	修水县安坪丝绸城	530	924	120
修水县南修路桥建筑有限公司	修水县城沿江路宁红宾馆内	663	898	148
修水县屠宰厂	修水县义宁镇	460	887	20
修水县征村石材公司	修水县征村乡	213	823	120
修水县五星制丝有限公司	修水县安坪丝绸城	674	810	120
江西修水星光家电销售有限公司	修水县城凤凰山路 193 号	135	803	22
修水县山口石英制品有限公司	修水县山口镇	1 200	800	82
修水县众鑫丝业有限公司	修水县义宁镇	459	800	120
修水康顺发展有限公司	修水县义宁镇	1 886	773	150
九江绿色产业发展有限公司	修水县义宁镇	409	757	715
修水县华珍平绒厂	修水县宁州工业园	500	610	132
江西龙腾实业有限公司	修水县城南高新技术开发区	1 936	545	40
修水县昌盛公司	修水县三都镇	677	540	60
修水县茶子岗电站	修水县征村乡	4 973	522	81
修水县何市五星木业公司	修水县何市镇	65	499	59
修水县山口电站	修水县山口镇	800	473	111
修水民辉化工有限公司	修水县宁州工业园	564	472	45
修水县鑫辉教学金属制品有限公司	修水县宁州工业园	482	438	55
修水县自来水公司	修水县义宁镇	1 761	339	203
江西省宁红有限责任公司	修水县义宁镇	492	303	83
修水县万顺特艺公司	修水县义宁镇	262	250	110
修水县湘竹电站	修水县义宁镇	710	237	83
修水县水电建筑安装公司	修水县义宁镇	1 445	157	183
江西修水宁达市政工程有限公司	修水县城修江路 6 号	724	130	50
修水县车联堰电站	修水县征村乡	506	127	60

永修县重点企业名录库

（2003 年）

企 业 名 称	通 讯 地 址	资产总额（万元）	销售收入（万元）	员工人数（人）
蓝星化工新材料股份有限公司	江西省永修县城扬家岭	100 813	49 409	1 309
江西柘林水电开发有限责任公司	九江市滨江路961 号	137 494	23 027	1 166
江西云山集团有限责任公司	江西省永修县云山周田	46 514	10 120	2 995
江西恒丰企业集团	江西恒丰牛头山	35 000	7 122	2 541
永修县棉麻公司	江西省永修县	11 520	3 982	91
永修县虎山纸业有限公司	永修县虬津镇虎山	1 163	3 381	480
永修县供电局	江西永修西二路	6 231	2 826	302
永修县第一建筑工程有限公司	永修县涂埠新城大道	450	2 755	178
蓝星星火化工厂化工建设工程公司	江西永修艾城扬家岭	826	1 911	356
永修县第二建筑工程公司	永修县涂埠新城	430	1 572	260
九江赣北实业公司	江西省永修县柘林	2 402	1 532	168
永修县虬津轧花厂	江西永修县	1 613	1 359	53
永修县粮食购销公司	江西永修涂埠新城大道	98	1 238	25
永修县创业机电制冷配件有限公司	江西省永修县涂埠镇新城大道	68	1 203	60
江西省永修县羽绒厂	江西永修涂埠建昌西二路	1 278	1 002	250
南京化学工业集团永发化肥有限公司	永修县涂埠新城大道38 号	596	998	62
江西永修国家粮食储备库	江西永修新城	550	923	492
仙桃市新华化工有限公司永修县星华分公司	江西永修艾城扬家岭	826	910	48
永修县新华书店	江西永修涂埠新城大道	780	875	37
永修县邮政局	江西永修涂埠新城开发区	1 520	811	70
江西水晶厂	江西永修涂埠镇	8 577	710	381
永修县五交化销售中心	江西永修涂埠老城人民路	660	680	56
江西恒丰企业集团虎头岭农贸公司	江西永修县恒丰虎头岭	30	638	11
江西云山集团水电公司	江西永修云山周田	1 811	613	51
江西云山集团建筑安装工程公司	永修云山军山	628	467	101
九江赣电物资有限公司	江西省永修县柏林镇	52	455	70
江西省永修县百货纺织品公司	江西永修涂埠新城大道65 号	218	420	21
永修县三角乡家禽养殖加工厂	江西省永修县三角乡	680	418	45
江西恒丰企业集团东风农贸公司	江西省永修县恒丰东风	58	388	10
永修县林鑫钢制品厂	江西省永修县涂埠新城	185	382	75
江西省永修县粮丰建筑工程公司	江西省永修县涂埠镇新城大道	25	322	6
江西云山集团凤凰山甲鱼福利厂	永修县云山集团凤凰山	770	317	20
永修县棉麻经贸中心	江西省永修县涂埠	1	302	5
永修供水公司	江西永修涂埠新城大道	758	292	113
江西永修县三溪桥粮管所	江西永修三溪桥扬岭山	30	288	21
江西恒丰企业集团黄金山农贸公司	江西永修恒丰黄金山	30	280	10
永修三角建材厂	江西永修三角	150	240	60
永修县水泥厂	江西永修涂埠老城	144	237	107

德安县重点企业名录库

(2003 年)

企业名称	通讯地址	资产总额(万元)	销售收入(万元)	员工人数(人)
江西共青鸭鸭(集团)有限公司	江西省共青开放开发区	69 226	15 299	2 680
江西九江市丰林企业有限公司	德安县丰林镇	7 300	10 804	1 200
江西共青城建筑有限责任公司	江西共青城共青大道南侧 2 号	6 365	8 098	938
江西驰耐得轮胎有限公司	德安县石桥路 170 号	3 014	8 030	650
江西回圆服饰有限公司	江西省共青城共青大道	7 000	6 000	310
德安县双鹰水泥有限公司	德安县五里墩路 47 号	665	4 500	234
德安县供电有限责任公司	德安县胜利路 89 号	7 537	3 746	189
九江市丰林医用材料有限公司	德安县丰林镇	995	3 582	1 010
中石化股份有限公司德安县石油支公司	德安县义峰路 489 号	1 489	3 493	81
江西共青中羽制衣有限公司	江西省共青城	1 469	3 438	780
江西共青宝山纺织有限公司	江西省共青城金纺路	4 125	3 144	500
江西爱民机械厂	德安县河东乡石桥村	10 242	2 817	544
江西天骏印染有限公司	九江共青开发区富华路	1 210	2 526	150
江西共青酒厂	九江市共青城新城路 1 号	13 826	2 449	596
九江鑫城纺织有限公司	德安县义峰北路 388 号	1 541	2 348	452
江西浔阳电子仪器厂	德安县 937 信箱	6 139	2 194	606
江西省嘉华氟化工业有限公司	德安县河东乡石桥村	973	2 172	70
九江共青供电有限公司	九江共青城共青大道	2 896	2 163	171
江西达晟纺织有限公司	德安县宝塔工业园东区	2 230	2 095	250
江西共青昌乐制衣厂	九江共青城	584	2 000	720
九江名门服装织造有限公司	德安县义峰路 166 号	1 462	1 700	680
德安县金丰纺织有限公司	德安县河东乡石桥村	989	1 598	245
江西制动器厂	德安县五里墩路 19 号	3 432	1 387	376
德安县华祥医保有限公司	德安县义峰路 217 号	409	1 066	400
江西通达电器有限公司	德安县宝塔工业园东区	1 248	985	120
德安县第一建筑公司	德安县石桥路 46 号	946	975	292
德安县第三建筑公司	德安县永兴路 15 号	839	938	350
德安县第二建筑公司	德安县石桥路	717	930	460
德安县丰林南伟医用材料厂	德安县丰林镇	672	821	130
德安县水利水电建筑工程公司	德安县东风路 182 号	759	816	120
江西开成纸业有限公司	德安县吴山乡湾村	298	775	153
江西德安锑锌矿	德安县聂桥镇宝山村	949	630	210
江西凯灵制冷离合器有限责任公司	德安县义峰路 176 号	278	600	81
德安县邮政局	德安县邮政局	1 206	556	33
江西省德安县新华书店	德安县永兴路 19 号	280	547	22
江西共青爱高服装有限公司	江西共青爱高服装有限公司	1 415	531	320
德安县牌楼复兴饲料厂	德安县宝塔工业园	184	505	62
九江联泰化工有限公司	德安县丰林镇依塘村	317	500	77
江西共青第三建筑公司	九江共青第三建筑公司	370	500	170
江西省医药公司德安县公司	德安县医药公司	308	479	42
江西新明纺织有限公司	德安县宝塔工业园	1 401	468	245
江西省盐业公司德安县公司	德安县盐业公司	437	453	34
德安县永飞矿业有限公司	德安县吴山乡红桥村	1 785	445	310
德安县付山煤矿	德安县爱民乡红岩村	779	377	120
德安县供水公司	德安县东风路 14 号	1 245	376	146
佑固风雨衣有限公司	德安县宝塔工业园东区	1 258	372	180
德安县房地产开发公司	德安县义峰路 468 号	1 080	223	35
江西共青自来水公司	江西共青自来水公司	482	213	88
中共德安县委招待所	德安县南门路 16 号	318	206	30
江西共青第四建筑工程公司	九江共青甘露镇甘露村	137	200	70

星子县重点企业名录库

（2003 年）

企 业 名 称	通 讯 地 址	资产总额（万元）	销售收入（万元）	员工人数（人）
中国石化股份有限公司江西星子石油支公司	江西省星子县锦岗路 115 号	961	3 346	39
星子县供电有限责任公司	江西省星子县	6 471	2 784	198
星子县第二建筑工程有限公司	江西省星子县共华镇	1 415	2 464	650
星子县水电建筑安装工程有限公司	江西省星子县南康镇	1 662	2 250	608
星子县白鹿建筑工程有限公司	江西省星子县白鹿镇	1 476	1 942	510
星子县旅游总公司	江西省星子县	400	1 881	12
星子启龙棉纺有限公司	江西省星子县	1 524	1 860	300
九江星神汽车部件有限责任公司	江西星子县	2 295	1 798	144
星子县建筑工程有限公司	江西省星子县南康镇	902	1 716	465
江西省星子县食品公司	江西省星子县食品公司匡庐路	546	1 206	80
九江市琛康文体用品有限公司	江西星子县横塘镇	985	1 000	100
星子县食杂果品公司	江西省星子县南康镇	240	933	18
江西盛鸿仪表机床有限公司	九江市星子县城紫阳路 351 号	1 162	864	115
江西省星子县棉麻公司	县城北门巷	3 625	820	366
江西省星子县百货公司	江西省星子县紫阳路百货公司	120	801	35
江西省星子县医药公司	九江市星子县紫阳路 48 号	300	760	46
星子县农业生产资料公司	星子县	50	650	95
江西省星子县新华书店	星子县新华书店	388	621	22
江西省五金交电化工公司星子县支公司	星子县紫阳路 58 号	60	540	73
江西省星子县凤凰石材厂	江西省星子县桂塘镇	234	467	87
江西省星子县南康商贸有限公司	江西星子县南康商贸有限公司	420	420	3
江西日顺滤清器有限公司	江西省星子县	1 200	410	30
九江磊鑫石材有限公司	江西星子县横塘镇	1 174	380	68
星子县永立门有限公司	江西省星子县	70	345	39
天沐温泉渡假村	星子县天沐温泉渡假村	5 000	300	350
九江晨光石材有限公司	星子县	230	300	40
江西江微电机有限公司	星子县柴阳路 164 号	1 026	295	74
九江华鑫被单有限公司	江西省星子县	430	237	65
星子县鞭炮烟花专营公司	江西省星子县南康镇	80	218	18
星子县自来水公司	江西省星子县南康镇	447	207	110
江西南华医药有限公司星子分公司	星子县	510	198	37
质胜建材厂	江西省星子县	220	180	92
星子县内燃机配件厂	江西省星子县苏家档乡	749	128	45
星子县供销社工业品贸易公司	江西省星子县紫阳路 238 号	180	124	47

都昌县重点企业名录库

（2003 年）

企业名称	通讯地址	资产总额（万元）	销售收入（万元）	员工人数（人）
都昌县兴昌建筑工程公司	都昌县万里大道	3 351	8 029	1 600
都昌县建筑工程总公司	都昌县东风大道 67 号	7 488	8 003	1 570
都昌县阳峰建筑工程公司	九江市九莲北路 90 号	2 503	7 740	1 650
都昌县供电局	都昌县沿湖路 14 号	11 587	4 801	392
江西菊三七开发有限公司	都昌县万里大道工业园	5 784	4 451	320
江西省都昌县棉纺织厂	江西都昌县五公里	4 501	4 266	487
都昌县邮电局	都昌县东风大道 39 号	10 000	3 580	142
都昌县第五建筑有限责任公司	都昌县万里大道	2 635	2 896	1 310
都昌县食品公司肉类厂	都昌县丝瓜堰 7 号	26	2 651	51
都昌第二建筑工程有限公司	都昌县东风二村 141 号	188	2 355	730
江西省鹏宇建筑工程有限责任公司	都昌县学前路 8 号	775	2 172	770
都昌县内燃机厂	都昌县东风大道 169 号	3 412	2 105	456
都昌县水利电力建筑工程公司	都昌县西湖路 6 号	450	1 755	500
江西省都昌县新华书店	都昌县新华书店	1 037	1 727	54
江西家园陶瓷有限公司	都昌县芙蓉山工业园	4 056	1 726	120
都昌县食品公司	都昌县西湖路	201	1 486	138
江西医药总公司都昌县分公司	都昌县解放路一号	753	1 470	127
江西纺织电机厂	都昌县东风一村 89 号	1 183	942	86
江西省都昌县制药厂	都昌县向阳三村 26 号	321	632	36
江西省都昌县铸造型砂厂	都昌县多宝乡寺前	791	632	162
江西省鸿祥古典园林建筑有限公司	都昌县东街 108 号	228	598	170
江西省新宇建筑工程有限责任公司	都昌县万里大道	1 919	511	955
江西省高新交通设施有限公司	都昌县大树瓦塘	1 926	500	22
江西省鄱湖种业有限责任公司	都昌县沿湖路	105	300	34
江西省都昌县造船厂	都昌县西湖路 4 号	1 376	299	94
都昌县饲料公司	都昌县幸福路 83 号	439	296	22
都昌县石油公司	都昌县东风大道 291 号	280	286	63
江西省芙蓉山矿泉水公司	都昌县东湖一路 15 号	467	248	23
都昌县自来水公司	都昌县西湖路 3 号	1 112	225	100
锦都大酒店有限公司	都昌县万里大道	1 070	210	78
江西都昌源业葛业有限公司	都昌县东风大道 77 号	420	201	32
都昌县饮食服务公司	都昌县东风大道	267	189	89
都昌县火腿厂	都昌县东风大道 28 号	367	143	15
都昌县良种扎花厂	都昌县蔡岭镇游家岭	678	136	34
都昌县电杆厂	都昌县东风大道 10 号	60	110	29
都昌县人民政府招待所	都昌县万里大道	980	110	45
都昌县印刷厂	都昌县解放路 35 号	330	53	20

湖口县重点企业名录库

（2003 年）

企 业 名 称	通 讯 地 址	资产总额（万元）	销售收入（万元）	员工人数（人）
江西江新造船厂	九江市湖口县双钟镇七里冲	7 910	10 249	844
湖口县浔朋化工有限责任公司	湖口县双钟镇金砂湾工业园	1 162	4 996	210
湖口县江湖河砂有限责任公司	九江市湖口县双钟镇三里大道	2 168	4 674	210
江西湖口县蓝天药用玻璃厂	九江湖口双钟镇金砂湾工业园	3 721	4 101	343
江西船用阀门厂	九江湖口双钟镇南门路 198 号	13 886	3 205	477
江西省湖口县棉麻公司	九江市湖口县双钟镇钟山大道	14 466	2 266	194
湖口县新源建筑工程公司	九江湖口县双钟镇洋港路	1 620	1 980	840
湖口县油脂化学厂	九江湖口县双钟镇钟山大道	3 637	1 850	66
湖口县水电建筑安装公司	湖口县双钟镇三里大道	2 580	1 820	480
江西省船用阀门厂长安消防技术工程公司	湖口县双钟镇南门路 198 号	945	1 750	123
湖口县建筑工程公司	九江市湖口县双钟镇三里大道	2 672	1 728	1 037
湖口县供电有限责任公司	九江市湖口县双钟镇三里大道	4 940	1 414	158
江西中建万佳燃气有限公司	九江市湖口县双钟镇洋港路	5 661	1 275	20
江西钟山药业有限责任公司	湖口县双钟镇金砂湾工业园	2 030	1 033	128
湖口县新华书店	湖口县双钟镇大中路	668	1 030	35
湖口县合昌水泥有限公司	湖口县金砂湾工业园	755	851	158
湖口县食品公司	湖口县双钟镇云亭路 2 号	368	774	25
湖口县三和啤酒有限责任公司	湖口县双钟镇云亭路	1 969	685	181
江西省盐业总公司湖口县公司	湖口县双钟镇大中路 50 号	523	633	33
九江恒升曲轴有限公司	湖口县流泗镇集镇	1 308	566	106
湖口县油脂公司	湖口县流泗镇流泗居委会	409	514	30
泛美亚高科技材料有限公司	湖口县双钟镇大岭南北港路	689	505	28
湖口县棉麻公司棉纺织厂	湖口县双钟镇钟山大道	2 611	500	230
湖口县三里金属制品有限公司	湖口县双钟镇胜利	210	420	153
湖口县雄英工具厂	湖口县双钟镇南门路	261	332	80
湖口县马影建筑材料有限公司	湖口县马影镇董埂	500	320	170
湖口县文桥工具厂	湖口县文桥文联村	50	310	26
江西九江船厂	湖口县双钟镇云亭路 112 号	1 424	285	92
湖口县文桥农机厂	湖口县文桥乡文联村	298	275	54
湖口县粮食局第二粮库	湖口县月亮山南路 30 号	1 690	269	22
湖口县自来水公司	湖口县双钟镇教育北路	1 610	262	151
江西省湖口县紫云宾馆	湖口县双钟镇大中路 17 号	380	242	127
湖口县鑫鹏实业有限公司	湖口县双钟镇三里大道	357	220	70
湖口县宏达公司	湖口县双钟镇大中路 19 号	663	215	61
湖口县锻压件厂	湖口县双钟镇南北港路	33	208	21
湖口县百事德宾馆	湖口县双钟镇鄱湖大市场	215	198	90
湖口县恒利纺织厂	湖口县双钟镇洋港路	250	190	60
湖口县汽车运输中心	湖口县三里大道	490	159	180
湖口县兴湖山庄	湖口县双钟镇钟山大道	300	120	73
湖口县矽砂矿	湖口县双钟镇金砂湾工业园	273	115	42
湖口县石钟山鞋山旅游有限公司	湖口县双钟镇登山路 22 号	50	113	163
湖口县华安船务公司	湖口县双钟镇大中路 102 号	227	90	41
九江庐山凤凰实业有限公司石钟山宾馆	湖口县双钟镇洋港路	1 010	90	70
江西省湖口县航运公司	湖口县双钟镇沿江路 46 号	207	85	35
九江富达实业有限公司	湖口县双钟镇金砂湾工业园	163	50	98
湖口县装卸运输公司	湖口县沿江路 61 号	115	24	86
湖口县左联化工有限公司	湖口县双钟镇南北港路	686	23	70

彭泽县重点企业名录库

（2003 年）

企　业　名　称	通　讯　地　址	资产总额（万元）	销售收入（万元）	员工人数（人）
彭泽县棉麻公司	彭泽县龙泉路	45 982	14 790	232
江西省彭泽县华孚棉纺有限公司	江西省彭泽县龙泉路	11 977	7 897	770
江西朝阳机械厂	彭泽县龙城镇龙泉路 1 号	10 922	6 647	836
彭泽县供电有限责任公司	彭泽县龙城镇龙泉路	8 186	3 227	563
彭泽县浪溪建筑工程公司	彭泽县浪溪建筑工程公司	635	2 880	180
彭泽县同兴建筑工程有限公司	彭泽县龙泉路 358 号	645	2 420	580
彭泽县房地产开发公司	彭泽县龙泉路 331 号	1 370	2 100	38
彭泽县水利水电建筑开发公司	彭泽县龙城镇龙泉路	1 292	1 976	481
彭泽县芙蓉农场建筑有限责任公司	彭泽县龙泉路 38 号	380	1 900	310
彭泽县远大房地产开发有限公司	彭泽远大房地产开发有限公司	450	1 800	120
江西省彭泽县建筑工程公司	彭泽县建筑工程公司	661	1 600	193
彭泽县东方建材有限公司	彭泽县东方建材有限公司	500	1 410	180
彭泽县龙升纺织有限公司	彭泽县龙城镇	410	1 400	126
江西省食品公司彭泽县公司	彭泽县马湖路 122 号	355	1 399	128
彭泽县植物油有限公司	彭泽县植物油有限公司	1 878	1 202	90
九江市特种胶业有限公司	彭泽县黄花乡特胶有限公司	780	1 070	35
江西省彭泽县新华书店	彭泽县龙城镇东风路 309 号	780	1 066	36
彭泽县振兴纺织有限公司	彭泽县芙蓉农场二团	434	1 006	260
彭泽县种子公司	彭泽县种子公司	510	980	28
彭泽县永加纺织实业有限公司	彭泽县工业园 A 区	1 100	980	100
江西省彭泽县长海精细化工有限公司	彭泽县长江精细化工有限公司	1 925	688	68
江西省石油公司彭泽县支公司	彭泽县龙城镇龙泉路 742 号	1 560	580	35
彭泽县百家福超市	彭泽县百家福超市	1 500	580	58
彭泽县诺伊尔药业有限公司	江西彭泽县芙蓉镇太公街	1 270	576	103
彭泽县化工有限公司	彭泽县上十岭沙滩路 1 号	1 322	532	102
彭泽县江鹰海运有限公司	彭泽县江鹰海运有限公司	1 000	480	18
彭泽县龙兴造纸厂	彭泽县龙城镇龙泉路	580	410	38
彭泽县砂石总公司	彭泽县砂石总公司	1 781	410	32
彭泽县东升粮种轧花厂	彭泽县东升镇郭桥村	480	320	32
江西省红光建材总厂	江西省红光建材总厂	10 276	319	558
彭泽县时氏装潢有限公司	彭泽县时氏装潢有限公司	500	310	19
江西省彭泽县汽车运输公司	彭泽县龙城镇环行南路 153 号	880	310	58
彭泽县定山制衣厂	彭泽县定山制衣厂	210	310	100
彭泽县制米厂	彭泽县龙城镇南山路	480	290	13
彭泽县华盛超市	彭泽县龙城镇东风路 319 号	700	280	30
彭泽县上十岭畜牧有限公司	彭泽县上十岭畜牧有限公司	310	280	20
彭泽县太泊湖水产养殖场	彭泽县太泊湖水产场	420	280	85
彭泽县自来水公司	彭泽县自来水公司	1 103	265	145
彭泽县国财汽车租赁有限公司	彭泽县芙蓉	200	260	8
江西省盐业总公司彭泽县公司	彭泽县龙城镇龙泉路 50 号	119	250	18
彭泽县昌华塑料包装有限公司	彭泽县昌华塑料包装有限公司	180	240	10
彭泽县银海棉纺有限公司	彭泽县龙城镇	2 060	237	85
彭泽县马当制米厂	彭泽县马当制米厂	380	220	8
彭泽县供销石油中心	彭泽县龙城镇茅店村	230	180	8
彭泽县水产养殖场	彭泽县水产养殖场	310	150	60
彭泽县龙宫洞旅游发展有限公司	彭泽龙宫洞旅游发展有限公司	780	140	23
彭泽县渊明湖宾馆	彭泽县龙城镇龙青路	800	130	50
彭泽县大丰棉纺有限公司	彭泽县大丰棉纺有限公司	780	120	80
江西省彭泽县医药公司	彭泽县医药公司	310	110	15
彭泽县蓝鸟汽车销售有限公司	彭泽县龙城镇龙泉路 699 号	580	110	8

江西海扬纺织集团有限公司

法人代表　田友海

江西海扬纺织集团有限公司是中国海扬集团下属的一家以纺织为主导产业的大型企业。集团公司地处长江中下游南岸的九江市，北临长江黄金水道，南倚庐山奇峰秀谷，其地理位置十分优越，加之光照充分，雨水充沛，棉产丰盛为集团公司纺织业的发展提供了得天独厚的有利条件。

集团公司产品质量优良，品种齐全，主要产品有：纯涤纶缝纫线系列，中长涤粘混纺系列，纯棉精梳及纯棉系列，坯布有：无梭、有梭，牛仔布系列。出口坯布在国际上曾获金银奖，产品畅销华东、华南、西南、东北等地，并出口欧美、日本、东南亚、土耳其、非洲及我国港、澳、台地区。集团公司是首批经国家经贸委、外经贸部批准享有自营进出口权企业。

江西海扬纺织集团有限公司将用创新务实，学习用心的精神打造一流的管理，生产一流的产品，开拓一流的市场，与客户共享一流的成果。

地址：江西省九江市官牌夹　　邮编：332000

电话：0792—7038373　7038383　　传真：0792—8367190

彭泽食品公司

总经理：朱彭安

彭泽食品公司是一家国有老企业，座落在县城马湖路，下属十八个乡（镇）食品站和县城肉类加工厂，主要经营生猪收购、加工、批发等业务。

计划经济时期曾荣获国家商业部表彰，一九九五年实行生猪定点屠宰管理，县城肉厂和十八个乡（镇）食品站全面实行定点屠宰，并在 2001 年，公司自筹资金新建了日屠宰生猪 200 头的机械化生猪屠宰厂，县城上市的猪肉全部集中宰杀，让老百姓吃上放心肉，取得了良好的社会效益和经济效益，连续几年获得省（市）行业管理先进单位，2003 年度国家商务部授予机械化屠宰加工优势企业。

地址：江西省彭泽县马湖路　　邮编：332700

电话：0792—5620388

江西通达电器有限公司

江西通达电器有限公司成立于一九九五年，是一家独资民营企业，地处“京九”铁路的江西庐山脚下，“昌九”高速公路北段，交通十分便捷。我公司系中国家电温控器专业生产厂家，主要生产“鹭宫”，“兰柯”，“丹佛斯”等结构形式的温度控制器，共七大系列，六十多个品种供你选择。

我公司已通过ISO9001：2000国际质量管理体系认证，CQC产品安全认证，美国UL认证和欧洲VDE认证。拥有批高素质技术人员和管理人才，先进的生产线及完善的检测设备。产品质量得到我们的客户“科龙”，“万宝”等国内众多的知名家电企业的称赞，并远销东南亚，欧美，中东等国际市场。

我们感谢所有和“通达”合作过的朋友，正是您点点滴滴的关心与支持，才有今天“通达”的发展与壮大，同时也希望结识更多新朋友。“让每一个用户满意”是通达人毕生的奋斗目标，我们每一点进步与发展都与您息息相关，真诚期待与您合作，携手共进，欢迎您对我们的产品提出宝贵意见，我们随时恭候您的光临！

董事长（兼总经理）　曾令华

电话：　0792-4668696　4668586　4668596　传真：　0792-4668589　地址：　中国江西德安宝塔工业园东区　邮编:330400

网址：http://www.da-td.com　　电子邮件：biz@da-td.com　　zlhzxy@vip.163.com

第三章：上饶市

骨干企业

凤凰光学
江西水泥
德兴铜矿
月兔集团
信江实业

重点工业园区

广丰县芦林工业园
上饶市工业园
玉山县工业园
弋阳县城南工业园

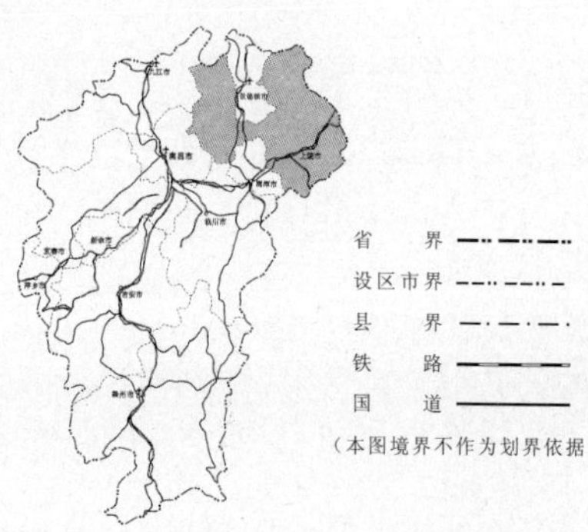

内容提要：

★ 市情简介
★ 市长论坛
★ 支柱产业
★ 优惠政策
★ 上饶市200强企业
★ 县（市、区）简介
★ 工业强县（市、区）长专栏
★ 分县市区50强企业

江西天海药业股份有限公司

新十滴水不再苦口

十滴水胶丸

十滴水是一种常用的健胃、驱风、解暑的药品，以其疗效好、价格便宜，而得到广泛应用。我公司改良生产的十滴水胶丸剂，相对于原剂型（酊水剂）有了显著优势：

1、十滴水所含的辛辣性成份在改成胶丸后被包裹在胶皮内，对口腔及食道不产生刺激易被患者接受。

2、每一丸均经过精确而均匀的分装，便于患者控制服药剂量，使用药更安全有效。

3、服用、携带、贮存及运输都很方便。

4、胶丸的标准和十滴水的标准相比，增加了药物鉴别反应（薄层色谱鉴别）和含量测定，这有利于控制药品质量，使用药更安全有效。

5、胶丸剂不含刺激性成份—乙醇，从而更适于不会饮酒的患者（如老人、妇女、儿童）服用，扩大适应范围。

6、从药剂学角度看，在乙醇作为溶剂的十滴水中，由于乙醇吸收快，不能帮助油溶性药物成份的吸收，而胶丸剂的基质植物油则可以帮助油溶性成份吸收完全从而提高疗效。

江西鹰潭阳光葛业有限公司

江西鹰潭阳光葛业有限公司创建于1999年，是中国规模最大的、装备最先进的葛制品加工销售和科研开发一体化经营的大型绿色食品生产企业。公司资产总额达1610万元，占地15000平方米，其中厂房5000平方米，现有2个有机葛生态葛基地，拥有两条全自动不锈钢葛淀粉生产线，日处理鲜葛达76吨。企业产品产销率达98%，带动周边农户15000余人，安排下岗员工就业80余人，是江西省鹰潭市龙头企业。

2000年，被列为国家综合开发精制葛粉项目、中科院红壤研究所有机食品基地、国家农业部开放粉体中心基地；2002年被列为中国光彩事业促进会推荐项目、国家科委二00二年“星火计划”、中国华夏老人节指定产品、第八届中国文化旅游节指定产品；2003年，“葛之元”牌系列产品在首届优质农产品展示展销会被评为“受消费者欢迎产品”、获北京、上海农产品展示展销优秀奖。2003年被评为“鹰潭市十强龙头企业”和“市级龙头企业”。

地址：江西余江工业开发区　　邮　编：335200
电话：0701-5882001　5881411　　传　真：0701-5882001
网址：www.yggy.net　　E-mail:yggy@yggy.net

江西万年贡贡米（集团）有限公司

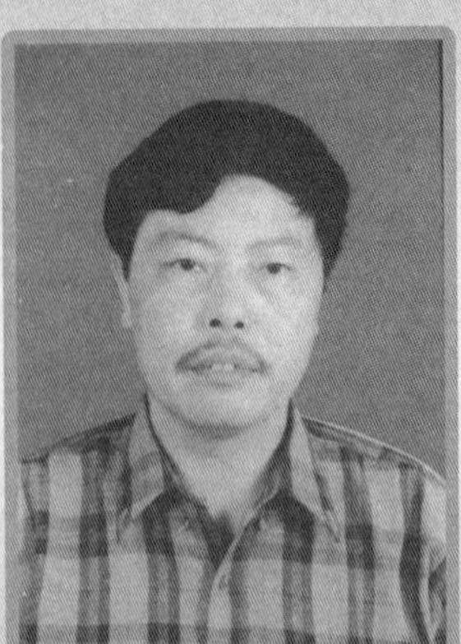

法人代表：方建炉

江西万年贡贡米（集团）有限公司座落于世界稻作起源和发祥地——江西省万年县，是集农、工、贸为一体的综合型企业，属江西省农业产业化经营百强龙头企业，公司注册资金7188万元，现有员工340余人。公司年产贡米系列产品3万余吨，2003年销售收入8100万元。科学的管理，全程无公害监控使“万年贡”牌大米荣获“江西名牌”、“国家免检”、“绿色食品”、“放心大米”等称号。产品畅销广东、深圳、福建、浙江、南昌等省市，深受顾客青睐。

地址：江西省万年县城六0中路6号　　邮编：335500
电话：0793—3838558、3833418、3834124
传真：0793—3833625、3834124

【市情简介】

上　饶　市

【区位优势】

上饶市位于江西东部，素有“八省通衢”、“豫章第一门户”的称谓，地理位置在北纬27°34′-29°34′，东经116°13′-118°29′之间，东邻浙江衢州，南连福建南平，北接安徽黄山，与中国经济最活跃的长江三角洲经济区相连，是闽浙赣皖的结合部。梨温高速公路和320、206国道，与四条省道纵横东西，贯穿南北。浙赣、皖南、横南及上饶联络线构成了铁路运输大动脉。临近百十里内有四个机场。信江、乐安河、昌江三条水系自东向西在波阳汇合注入鄱阳湖，沟通23条航道，北出长江，内河湖泊通航一千多公里。水陆空立体交叉组成快捷的交通网络，进出上饶极为方便。2000年10月经国务院批准撤地设市，全市设一区一市和十县，即信州区、德兴市和上饶县、广丰县、玉山县、铅山县、横峰县、弋阳县、余干县、波阳县、万年县、婺源县，面积22791平方公里，2003年年末人口626.77万人。

【自然环境】

上饶市具有优越的自然条件，丰富的自然资源。地理环境优越，三面环山，一面临水，河湖交错，生态环境优良。上饶属于亚热带湿润气候区，年平均气温16.7－18.2摄氏度，年降水量1600－1800毫米。光照充足，四季分明，无霜期平均达244天。地貌以中低山地、丘陵为主。全市有耕地607万亩，其中流灌面积占80.6%；水域421.69万亩，可供养殖的水面达160万亩；牧草地0.31万亩；加上气候温润，光照充足，雨量充沛，发展农牧水产得天独厚。

【资源状况】

生物资源种类繁多。据不完全统计，林木植物120科，272属，629种，其中药用植物总数达216种。野生动物有300多种。

矿产资源丰富。地下已探明的工业矿藏达70余种，铜、银、金、铌钽、磷等矿产储量在全省乃至全国都占有重要地位。其中铜储量占全国储量的16.8%，亚洲最大的铜矿德兴铜矿就在上饶境内。黄金储量占全省总储量的80%，铅、锌、磷、蛇纹石、硫铁矿等均居全省首位。另外，黑滑石、膨润土、珍珠岩、花岗岩、大理石、砚石、叶腊石、水泥灰岩等的储量也极为可观。

上饶境内江河纵横，水资源极为丰富，人均占有量3812立方米，亩均占有量4925立方米，均高于全国全省水平。

旅游资源丰富，发展前景美好。既有风光旖旎的三清山和龟峰国家级风景名胜区、鄱阳湖国家级候鸟保护区、婺源县国家级森林公园等自然景观点缀其中，又有南岩寺、三清宫、鹅湖书院、赣东北革命根据地遗址、上饶集中营等极富文化底蕴的人文景观遍布各地，构筑了上饶独特的旅游优势。

【经济基础】

工业已初步形成以有色金属、建材、食品、纺织、机械、高新技术为支柱的六大行业。德兴铜矿、永平铜矿、弋阳铜矿、上饶县铜矿、横峰钽铌矿、万年银金矿、万年砂金矿、大茅山金矿等一批大中型采矿企业的崛起，展示了采矿业、矿产品加工业广阔的发展前景。

以生产水泥、水泥制品、建筑陶瓷、石棉制品为主的建材业，产品已有十大类50余种，生产企业600多家。

机电行业已有汽车、电工电器、仪器仪表、农机、轴承、石化通用、矿山机械、食品机械等八大类。其中照相机、客车、电磁线、交联电缆、电度表等六类产品已显示出规模效益；相机、客车、轴承等产品已走出国门进入国际市场。凤凰牌照相机已是国产相机第一品牌；上饶牌客车；方圆牌圆筒漆包线被认定为江西省名牌产品，上字牌电度表为省免检产品；长风牌焊条、焊丝为全国焊条行业首批推荐产品。

依托丰富的粮油资源发展起来的食品工业更是一派兴旺。其中国家中型企业有5户，年利税过千万元的5户，过亿元的一户。月兔牌香烟、全良液牌白酒、大鄣山牌茶叶、饶州牌白酒、万年贡米、相继成为江西省名牌产品。德兴异VC钠有限公司开发的食品添加剂，产量占全国一半以上，出口量占全国的四分之三。婺源开发的有机茶，在国际市场享有盛誉，出口量占欧盟各国总销量的70%以上。

农业产业化步伐加快。围绕优质稻、生猪、肉牛、特种水产、茶叶、茶油、蚕桑、葛业、鳗鱼、果业、竹业、乌黑鸡等主导产业,兴建规模生产基地。全市种植业优质品率达80%以上。创建国家A级绿色食品9个;涌现出广丰卷烟、白银鹅、万年珍珠、贡米、婺源茶叶、荷包红鲤鱼、铅山鳗鱼、横峰葛粉、德兴茶油、波阳银鱼、余干乌黑鸡、藜蒿等大批在国内外市场上享有盛誉的名优产品。昔日的鱼米之乡,正在成为沿海大中城市优质农副产品供应基地。

【经济概况】

2003年全市实现生产总值252.75亿元,按可比价格计算,比上年增长14.1%,生产总值中三次产业比例由2002年的27.1∶33.8∶39.1调整为24.53∶36.93∶38.54。人均生产总值为4048元,比上年增加522元,增长14.8%;全社会劳动生产率8127元/人,比上年增长7.5%。全市财政总收入22.3亿元,比上年增长15.92%,其中地方财政一般预算收入完成13.71亿元,增长16.22%。全市农业总产值109.92亿元,比上年增长3.79%。工业化进程加快。全年全市完成全部工业增加值75.67亿元,按可比价格计算,比上年增长18.8%。产销衔接状况保持良好,规模以上工业企业产品销售率97.88%。工业经济效益大幅度提高。全市规模以上工业企业全年累计实现利润总额1.86亿元,比上年增长182.73%。建筑业生产发展加快,经济效益继续提高。全年全社会建筑业增加值17.7亿元,比上年增长33.2%。

全市消费品市场日益繁荣活跃。消费热点主要集中于交通、通信和住房等领域,假日消费正在成为新的亮点。全年实现社会消费品零售总额106.6亿元,增长13.0%。开放型经济取得突破。全年全市外贸进出口总额9563万美元,增长62%,其中出口8093万美元,增长64.6%,增幅比上年同期高34个百分点。

交通运输发展迅速,运输能力显著增强。网络结构进一步朝着适应市场需求的方向调整。全年完成货物周转量188110万吨公里,比上年增长0.4%。邮电通信业继续快速发展,新型通信业务不断涌现。全市邮电业务总量完成12.64亿元,比上年增长21.7%,旅游业保持较快增长。全年全市国内旅游人数258.68万人次,比上年增长19.4%。

【基础设施】

随着全市加大招商引资力度和工业化、城市化步伐的加快,投资需求已成为上饶市经济增长的主动力。全年全社会完成固定资产投资110亿元,比上年增长43.52%。基础设施建设力度加大。重点项目建设成效显著。灵罗一级公路、昌万公路、二上线、鄱乐线等建成通车,玉山、广丰梨温高速公路挂线、上广一级公路、白景线、乐江线和三清山旅游公路等重点项目进展顺利,新建油路、水泥路778.1公里,完成砂石路垫层通车338.6公里。

基本建设和更新改造投资不断加大。新建公路101.37公里,改建公路124.17公里;城市新建道路长度2.6公里,城市新增道路面积66.6万平方米,城市防洪长堤71.13公里。上饶市区、德兴、玉山、铅山、横峰等城市防洪和鄱阳湖综合治理工程顺利,一批病险水库得到除险加固,农业综合开发、农田水利基本建设取得新成效。

【投资环境】

上饶投资成本低,回报大。劳动力成本只及沿海的二分之一,且非常丰富;土地厂房成本为沿海发达地区三分之二以下,环境还更优美;水电费用普遍比沿海发达地区低三分之一以上,水电供应有保障。近年来,伴随着发达国家产业结构高级化的发展,国际资本加速向我国流动,沿海发达地区成为承接国际产业资本转移的前哨,吸引了大量的外资。

为了吸引国内外投资,上饶市出台了《中共上饶市委 上饶市人民政府关于对社会各界人士招商引资的奖励办法》、《中共上饶市委 上饶市人民政府关于招商引资若干优惠政策的意见》等一系列优惠政策及规定。为了优化环境,出台了《上饶市国家行政事业单位公职人员损害经济环境行为的行政处分暂行规定》等文件,对政务管理工作中的许可、审批、登记、收费、认证、裁决、处罚、强制及办事程度、办事效率和投资服务等方面做出了统一明确的规定,加大了改善投资环境的力度,提高办事效率,着力于规范政务管理、简化办事程序,改善服务质量,吸引了大批国内外企业和资金来上饶投资兴业。

2003年上饶市直接利用外资8580万美元,增长49%;外贸出口总额7500万美元,增长52.6%。实际引进市外资金141.3亿元,增长140.7%。

【市长论坛】

抢抓机遇　乘势而上　加快发展
加速推进区域中心城市和快速发展地区建设

上饶市人民政府市长　　刘和平

2003 年，全市上下认真贯彻党的十六届三中全会和省委十一届五次全会精神，牢固树立和落实科学发展观，经受住了“非典”冲击和旱灾影响，始终围绕“建设赣浙闽皖四省交界区域中心城市和快速发展地区”的发展定位，大力实施“掉头向东、通江达海、对接长珠闽、实现大发展”的开放战略，加速推进工业化、城市化、农业产业化进程，全市国民经济增长速度加快，运行质量提升，发展后劲增强，社会各项事业全面进步，人民群众生活水平不断提高。

一、国民经济保持快速发展的良好势头，经济结构进一步优化

2003 年，全市完成国内生产总值 252.8 亿元，增长 14.1%，其中一产增长 3.5%，二产增长 20.8%，三产增长 15%；财政总收入 22.3 亿元，增长 15.9%；全社会固定资产投资 110 亿元，增长 41.2%；社会消费品零售总额 106.6 亿元，增长 13%。

经济结构不断优化。三次产业比重由上年的 27.1∶33.8∶39.1 提升为 24.5∶36.9∶38.6。工业化进程加快，规模以上工业增加值完成 25.5 亿元，增长 27%，加快 14.5 个百分点。全市 13 个工业园区基础设施投入增长 34.7%，新增入园企业 342 家，安置就业人员 4.1 万人，实现销售收入增长 87.6%，园区企业已成为全市工业经济提速的主导力量。农业产业化经营步伐加快，建成“三水”产业、优质果业、瓜菜、畜禽、绿色食品、毛竹等六大主导产业基地 276 万亩，兴办龙头企业 1802 家，带动农户 32 万户，占全市总农户的 26%。拥有有机食品 6 个，绿色食品 35 个，总数均居全省第一位。以旅游业为重点的第三产业发展速度加快，共接待国内游客 385 万人次，海外游客 8900 人次，分别增长 20.9% 和 0.6%；实现国内旅游总收入 21.3 亿元，外汇收入 390 万美元，分别增长 16.8% 和 6.2%。金融保险、商贸流通、社区服务、中介咨询等服务业都有新的发展。

开放型经济取得突破。直接利用外资 8580 万美元，增长 49%；外贸出口总额 7500 万美元，增长 52.6%，总量居全省第三位。实际引进市外资金 141.3 亿元，增长 140.7%，其中来自长珠闽资金 97.7 亿元，占进资总额的 69.1%，“通江达海，对接长珠闽”的开放战略取得实效。

民营经济充满活力。完成增加值 80.5 亿元，增长 30.5%；民营经济纳税额占财政总收入的 34.2%，提高 7.5 个百分点；纳税过 100 万元的私营企业有 71 家，增加 39 家；全市 24 家取得进出口经营权的企业均是民营企业，民营企业出口额增长 150%。

基础设施建设力度加大。景婺常、景婺黄高速公路建设工程开始启动，灵罗一级公路、昌万公路、二上线、鄱乐线等建成通车，玉山、广丰梨温高速公路挂线、上广一级公路、白景线、乐江线和三清山旅游公路等重点项目进展顺利。通信设施建设上，固定电话用户新增 17.9 万户，总数达 71.6 万户；移动电话用户新增 15 万户，总数达 67.4 万户；宽带用户新增 2.2 万户，总数达 2.9 万户。

中心城市建设拉开框架。中心城市新建成区面积新增 5.7 平方公里，已达 23.24 平方公里；市本级完成城建投资 21 亿元，增长 47%。行政新区、上海交大上饶科技城、污水处理、信州水利枢纽等重点工程开工建设，凤凰大道江光厂区段、里弄小巷路面改造、非典住院大楼建设等城建项目基本完成，中山路、赣东北大道立面“五位一体”改造工程正加紧实施。

人民生活水平持续提高。城市居民人均可支配收入 6773 元，增长 9.6%；农民人均纯收入 2383 元，增加 156 元；城乡居民储蓄存款余额 212 亿元，增长 17.6%。劳动和社会保障事业有新进展，国有企业离退休人员养老金按时足额发放，下岗职工基本生活得到保障，城镇居民就业率达 97.6%，4 万下岗工人实现再就业。

也必须清醒地看到，上饶市经济社会发展中还存在一些困难和问题，主要是：经济结构不够优化，支柱产业还需加快培育；就业压力仍然很大，部分群众生活还比较困难；工业化水平不高，城市化进程比较滞后；农民收入增长比较缓慢，增收路子还不够宽等等。这些困难和问题，既是压力也是动力，是我们今后工作的重点，我们将以更加开放的理念、更加创新的举措，努力加以解决。

二、明确目标，完善思路，加快建设四省交界区域中心城市和快速发展地区

按照党的十六届三中全会精神，2004 年及今后一个时期工作总的指导思想是，贯彻落实科学发展观，整合优势资源，创新体制和机制，强化投资、消费、出口三大拉动力，加快产业集聚，提升环境竞争力，促进工业化与城市化互动，农业产业化与农村城镇化并举，对内搞活与对外开放同步，物质文明、精神文明和政治文明协调发展，加快建设赣浙闽皖四省交界区域中心城市和快速发展地区的进程。要突出以下几项重点工作：

（一）统筹城乡发展，推动“三农”工作实现新突破

全面建设小康社会，重点在农村，难点在农村。要以《中共中央、国务院关于促进农民增加收入若干政策的意见》文件为指针，把解决“三农”问题放在重中之重的位置。一方面要落实好中央、省委关于调动农民积极性的一系列指示精神，切实引导、调动、保护好广大农民的生产积极性。另一方面要突破传统思维，用新型工业化的思维、理念、机制和手段去抓“三农”，发展现代农业，大力促进农村经济社会的全面发展。以市场为导向，以工业化生产为手段，以农产品加工升值为目标，形成种、养、加一条龙，产、供、销系统化，合力加快农村的工业化、城镇化。按照“优质化、产业化、标准化、商品化”的要求，大力发展特色农业、生态农业和市场农业，积极扶持龙头企业、农业基地做强做大，充分发挥其辐射带动作用。进一步推进农村税费配套改革，巩固和扩大税费改革成果，确保农民负担不反弹。加大扶贫开发力度，实施好移民搬迁和扶贫重点村建设工程，切实解决好农村困难群众生产生活问题。抓住粮食等主要农产品涨价的有利时机，千方百计引导农民扩大粮食生产，确保促进粮食生产的各项政策落实到位，保证农民增产增收。在农业外部开辟和开发农民增收途径和资源，以城镇化带动农村现代化，以非农产业推动农民致富，以劳务输出增加农民收入。

（二）加快产业集聚，加速工业化进程

一是紧紧抓住工业园区建设不放松。提升工业园区效益。完善园区发展规划，明确发展方向、功能设置、产业定位，避免低水平重复建设；强化园区基础设施建设，适度超前地推进道路、供水、供电、排水、排污、通讯等配套设施建设，尽快形成比较健全的基础设施网络。注重园区招商，集聚项目，增强产业集聚效应，形成园区特色；按照国家统一部署，继续搞好土地清理整顿，严格规范园区土地运作；打破行政区划界限，加快工业企业向园区集聚，生产要素向园区靠拢，实现园区之间的联动发展。

二是壮大支柱产业。大力培育汽车及精密机械、水泥及新型建材、食品加工、纺织服装、有色金属及制品、高新技术产业等六大支柱产业，做大做强万年青水泥、凤凰光学、月兔集团、鑫新股份、全良集团、德兴黄金集团等骨干企业，着力培育信州区纺织服装和光学电子、玉山水泥和轴承、广丰烟业、上饶县酒业、德兴木竹和有色金属制品、婺源茶业、弋阳食品、万年水泥和珍珠贡米加工、鄱阳和余干的水产品加工、横峰葛业、铅山竹业和鳗业等特色经济。

（三）大力发展开放型经济，进一步提高经济外向度

充分利用上饶紧靠长三角、闽东南的良好区位条件，发挥经济成本低、生态环境好、资源丰富等比较优势，主动接轨，加大招商引资力度。以更加积极的姿态走出去，融入招商引资大潮流，坚持领导高位推动，企业和个人积极参与，明确责任主体，完善考核机制，实行压力传递，做到招商氛围更浓厚，势头更强劲。

竭力做好外资、外贸、外经“三外”工作。进一步提高利用外资水平，抓住发达国家和地区资本流动、产业延伸的机遇，更多更好地引进外资；争取上饶列为对外开放城市，抓紧上饶海关申报和建设，完善为外资企业服务的设施，提高服务水平。进一步做大外贸出口，扶持自营生产企业、三资企业发展壮大，优化出口经营主体结构，争取更多的生产企业获得进出口经营权。

（四）扩大消费需求，进一步繁荣第三产业

当前，要着眼于满足人民群众物质文化生活需要，以科学发展观培育和扩大消费需求，通过扩大消费需求推动国民经济持续稳健运行。采取措施，进

一步扩大消费需求，让消费在经济增长中发挥更大作用。

要加快旅游产业的发展，进一步扩大旅游消费需求。以规划为龙头，着力构建全市旅游“一心三圈”大格局。按照上饶旅游总体规划，以市区（茅家岭上饶集中营、东岳庙等景点）为中心，构建三清山－婺源－德兴山岳生态文化旅游圈、龟峰－葛源（闽浙皖赣革命根据地）－葛仙山－黄岗山自然生态文化旅游圈和环鄱阳湖湖泊生态文化旅游圈等三大各具特色的旅游方阵。同时，要积极主动融入长三角、泛珠三角大旅游圈，实现与旅游消费需求旺盛的发达地区的高位对接。要做好项目筛选，精心打造一批衍生资源丰富、市场开发潜力大的项目，走出去招商引资，优先扶持，重点突破。加大招商引资力度，进一步完善旅游基础设施，全面提升旅游业服务水平，加快旅游衍生产业的发展，充分释放旅游产业的能量，提高旅游业对经济发展的贡献度。

要大力发展文化产业，进一步扩大文化消费需求。抓住扩大高中招生规模和建设大学新校区两个关键，满足日益旺盛的教育消费需求。加快申报上饶学院的工作，为整合高校资源提供发展空间和体制环境。鼓励社会力量办学，特别是民办普通高中、职业教育学校，引导初中毕业生分流趋向合理。加紧体育场异地改造的筹备工作，建设体育产业发展平台。加快文化艺术中心、图书馆建设进度，推动文化艺术团体的体制和机制创新，繁荣我市文化市场。

要加快流通体制和机制创新步伐，大力推进商贸流通现代化。流通部门要加大“国退民进”力度，以改革促开放，加快物流基础设施的规划和建设，建立健全市场准入机制，加大流通领域招商引资力度，引进大型超市、连锁经营店、物流配送中心，以现代信息技术为支撑，加快流通现代化，提升流通业档次和水平。

（五）大力推进城市化进程，提升中心城市的聚集力和辐射力　按照建设赣浙闽皖四省交界区域中心城市要求，着力构建“12431”城镇体系，即构建上饶1个大城市、建设鄱阳、余干2个中等城市、发展万年、弋阳、德兴、婺源4个特色城市、培育30个中心城镇、规划建设100个中心村。坚持高起点规划，高标准建设，高效益经营，高水平管理，推动城市功能完善，提升城市品位，塑造城市新形象。

在搞好科学规划的同时，加大建设经营力度。着力在城市资源有效利用、城市资产滚动增值、城市建设资金有效投入上下功夫，以项目为载体，全面推动中心城市建设。围绕创建文明、卫生、生态城市要求，坚持以人为本，加强环境综合管理，提升城市品位，提高市民生活质量。加快城市绿化、美化、亮化、净化和管网化，力求主要道路、标志性建筑、公园、广场和入城口景观有明显变化。

（六）统筹区域发展，促进滨湖地区的新崛起

滨湖三县（鄱阳、余干、万年）土地面积占全市的34%，人口占全市的40%，粮食产量占全市的48%、全省的6.5%。因此，没有滨湖地区的崛起，就没有上饶的崛起；没有滨湖地区的小康，就没有上饶的小康。滨湖地区蕴藏着许多优势和潜力：人口多，劳动力资源丰富；区域广，水资源丰富；生态环境好，旅游资源丰富。随着昌万公路的开通，鄱余公路的建设，其区位优势日益凸显。要抓住机遇，办好大事，促进滨湖地区的崛起。要科学规划滨湖地区的发展，争取更多项目进入国家、全省的计划盘子。抓好现有重点项目的实施。加快推动黄金埠电厂的建设，加快鄱余公路的建设，加快工业园区基础设施建设，促进产业发展，延长产业链，以工业化、城市化、信息化带动滨湖地区的跨越式发展。尤其紧迫而重要的是，动员湖区人民振奋精神，抓住机遇，乘势而上，加快发展。彻底摒弃“等、靠、要”、“小富即安”的悲观思想，求新思变，善谋实干，以良好的精神状态开创滨湖地区经济社会发展的新局面。

（七）加强政风建设，提高政府工作水平

按照“行为规范、运转协调、公正透明、廉洁高效”的要求，以贯彻实施《行政许可法》为动力，全面推进依法行政，提高政府工作水平。努力转变政府职能，积极建设“有限政府”；进一步加强政务公开，积极建设“透明政府”；不断创新政府管理方式，积极建设“服务政府”；注重权利与责任的统一，积极建设“信用政府”；强化监督约束，积极建设“廉洁建设”。

上饶正处于快速增长机遇期，不进则退，慢进也退。我们面临的任务非常艰巨，担负的责任十分重大。市委、市政府有信心、有能力带领全体上饶人民，把思想和行动进一步统一到实践“三个代表”重要思想和落实科学发展观上来，把智慧和力量凝聚到发展这个第一要务上来，以赶超先进的饱满热情、团结拼搏的冲天干劲，抢抓机遇，乘势而上，加快发展，通过全体人民的努力，把上饶建设成为四省交界区域中心城市和快速发展地区。上饶的明天一定更加美好。

【支柱产业】

上饶支柱产业

有色金属工业

上饶是一座资源宝库。地下已探明的工业矿藏达70余种，特别是有色金属铜、银、金等矿产储量在全省乃至全国都占有重要地位。其中铜储量占全国储量的16.8%，亚洲最大的铜矿德兴铜矿就在上饶境内。黄金储量占全省总储量的80%，位居全国前列，伴生金已探明储量400余吨，岩金金矿探明储量80余吨，远景储量200余吨；铅、锌、磷、蛇纹石、硫铁矿等均居全省首位。矿藏资源丰富，这为我市有色金属的开采和加工的持续发展提供了资源基础。2003年全市重点有色金属企业34家，总资产51.76亿元，产品销售收入34.5亿元。

目前，上饶市已形成一批重点铜加工企业，如鑫新股份线材，弋阳有色金属冶炼厂的铜管铜棒，三源内罗纹管，横峰兴安工业园的锁业制造企业群，都具有一定的优势。随着经济的发展，对铜的深加工产品的需求还将有所增加。上饶市将抓住这一机遇，一方面将优势企业做强做大，巩固和发展现有优势企业在全国的地位；另一方面，要加快招商引资的力度，争取将上饶建成为重要的有色金属加工中心。

建筑材料工业

丰富的石灰石资源，使上饶发展水泥工业具有得天独厚的资源优势，以水泥为主的建材工业已经成为上饶重要的支柱产业。2003年全市建材工业总产值25.49亿元。近年来，我市建材工业一直以20%左右的速度发展，全市已有9个县市把建材业作为县域经济的支柱产业来抓。

我市现有水泥企业24户，生产规模为850吨。上饶的水泥产业，将以万年青、玉山水泥厂为龙头，以资产为纽带，力争到2010年，上饶能出现一个代表着上饶水泥生产水平和发展方向的、规模在年产熟料1000万吨左右的大集团，1－2个年产500万吨左右的大企业，使上饶成为浙、赣、苏、皖地区重要的水泥生产基地。

我市竹材资源丰富，发展竹胶板、竹地板、纤维板等装修装饰板材业，有得天独厚的条件，发展非常迅速。2003年销售收入为1.3亿元，预计今年销售收入可达2.23亿元。主要产地集中在德兴和婺源，拥有德畅集团、德兴金竹模板有限公司、江西绿野木业有限公司、婺源纤维板厂、婺源迈尔泰木业有限公司等大型企业。

机械工业——上饶工业快车的“轮子”

上饶机械工业以客车、光学、轴承产业为主体，汽配、发电设备等有一定基础，是我市传统的支柱产业。全市国有及规模以上机械电子工业企业38户，其中凤凰光学和上饶信江实业集团控股的鑫新股份为两家上市公司。2003年，上饶机械工业国有及规模以上企业完成销售收入12.21亿元，在全市国有及规模以上工业中所占的份额为19.6%。凤凰光学集团的凤凰牌照相机、上饶信江集团的上饶牌客车全国闻名，产品行销国内外。鑫新股份公司正积极筹建年产500辆全承载客车项目，并对外招商引资。该项目完成后，年销售收入可达4个亿。凤凰光学则带动了外围的40家中小光学企业，使上饶光学产业的不断做大做强。紧邻浙江的玉山，近年来轴承产业快速发展，目前产量占全省的83%，占全国同类产品的8%，成为了我市机械行业另一个强劲的增长点。

食品工业

上饶作为上乘富饶之地，鱼米之乡，名特优农产品不胜枚举：葛，珍珠，红芽芋，有机绿茶，鄱湖水产……。上饶拥有1630万亩山林，348万亩水域，450万亩耕地，147万亩天然草地，山郁珍奇，鱼米飘香，发展食品工业得天独厚。

据统计，2003年全市食品企业3321家，销售收入19.58亿元，规模以上食品企业36家，销售收入10.84亿元。目前我市已形成了月兔卷烟、全良液酒、大鄣山茶、上饶白眉、龟峰牌年糕、万年贡米、广丰天桂梨、余干乌黑鸡、鄱湖水产、德兴异VC钠等知名品牌。

可喜的是，绿色食品、有机食品在我市异军突起。良好的生态环境，使我市的农产品申报绿色（有机）一路绿灯。到目前为止，我市已有绿色食品52个，有机食品20个，占全省五分之一强。全市绿色食品2003年销售收入达3亿元。随着国际国内市场对食品安全性的追求，绿色有机食品将日益风行，这为我市的食品工业发展提供了广阔的空间。

纺织服装业

上饶的纺织服装工业，历史上曾有过辉煌时期。近年来虽然规模逐渐减少，但基础犹在，据资料显示，2003年全市纺织服装企业共有2213户，实现销售收入11.4亿元，基本形成了棉纺、毛纺、丝绸、麻纺、针织、服装、羽绒、化纤、纺器等比较齐全的门类。而且，以外向型为主，2003年纺织服装出口1540万美元，占全市出口总额的19%；预计今年出口额可达到6500万美元。

上饶发展纺织服装业的优势很明显：上饶丰富的劳动力资源以及劳动力的低成本（我市外出务工青年50%从事纺织服装业），非常适宜发展劳动密集型的纺织服装加工业；随着沿海产业结构的升级和地价的提高，沿海的服装加工业正在逐步失去成本优势，上饶优越的地理位置和低成本的劳动力，必将成为承接全国纺织服装行业龙头的浙江、广东、福建的产业转移的首选之地。

纺织服装生产企业聚集所产生的集聚效应对服装产业发展壮大所起到的作用不容忽视，近期内，应在交通条件较好的上、广、玉、信有意识引导纺织服装工业企业及其相关企业靠拢聚集，逐步形成配套加工、专业协作、互通信息、相互竞争的产业集群。

【优惠政策】

上饶市委、市政府关于招商引资的有关优惠政策

一、税收优惠

1. 符合以下条件的外商投资企业，除享受国家《税法》规定的“2免3减半”所得税政策外，从第6年至第10年，可由企业申请，政府批准，从地方财政收入中安排专项资金，按企业实缴所得税地方留成部分50%的标准给予资金补助：

（1）我市鼓励的新办生产性外商投资企业；

（2）投资额在500万美元以上（含500万美元）的项目；

（3）新办的高新技术项目（由省级认定）、产品出口额占当年产值70%以上的企业。

2. 从事农业产业化经营的外来投资者，在《税法》规定免征3年农业税和农业特产税到期后，继续给予其从第4年至第6年每年实缴农业税、农业特产税50%的奖励。

3. 个体私营企业年缴纳税收总额地方留成部分（含增值税、营业税、所得税）合计达100万元以上的，按10－30%、31－50%、51%以上的增速分档，三年内由受益财政同级政府分别按其超上年地方留成部分的20%、30%、40%奖励给企业。

二、用地优惠

1. 外来投资者从事第一产业开发的，可以承包国有农业用地和荒山、荒地、荒水、荒滩进行农业开发，承包期限为30年，投资合作造林的，期限可延长至50年，承包头2年，免缴承包土地租金。

2. 市外金融机构和外资银行来我市建分支机构，所购土地按基准地价的40%协议出让。

三、规费优惠

1. 外来投资者独资兴办高新技术项目，自投产之日起，三年内免交市、县（市、区）有权减免的相关行政性收费。

2. 市内外客商独资、合资兴办旅游企业、开发旅游景点和各类市场的，市、县（市、区）本级应收的相关规费，一律减半征收。

上饶市重点企业名录库

（2003 年）

企业名称	通讯地址	资产总额（万元）	销售收入（万元）	员工人数（人）
江西铜业股份有限公司德兴铜矿	德兴市德兴铜矿	351 573	174 097	6 410
江西凤凰光学仪器总厂	上饶市信州区光学路 1 号	109 507	63 822	4 315
江西水泥厂	上饶市万年县陈营镇	213 606	58 188	3 019
广丰县卷烟厂	广丰芦林工业区	48 036	57 874	2 982
江西广厦包装印刷有限公司	广丰芦林工业区	7 933	39 801	181
江西丰华彩印有限公司	广丰芦林工业区	12 174	39 684	401
江西上饶信江实业集团公司	上饶市信州区南环路 002 号	84 235	39 615	1 290
弋阳江治有色加工厂	弋阳县弋江镇双亭北路 100 号	27 981	29 199	3 395
上饶市建筑工程总公司	上饶市信州区沿河路	28 240	21 861	1 850
江西省石油公司上饶分公司	上饶市信州区上玉路 36 号	18 663	21 178	812
江西上饶县新丰铜业有限公司	上饶县枫岭头镇黄源村	3 729	19 355	45
江西省上饶路桥工程总公司	上饶市信州区丰溪路 7 号	19 719	17 239	2 210
江西第三制药厂	余干县黄埠镇	5 048	15 809	118
江西际洲建设工程有限公司	上饶市信州区带湖路 38 号	11 189	15 731	3 947
江西省鄱阳县粮油总公司	鄱阳县仓门口 23 号	110 268	15 596	2 122
江西省烟草公司上饶分公司鄱阳县营销中心	鄱阳镇大芝路 139 号	577	15 411	251
上饶市烟草公司	上饶市赣东北大道 18 号	1 619	14 828	1 401
德兴铜矿机械制造(集团)有限公司	德兴市德兴铜矿礼村	11 879	13 053	994
广丰县供电责任有限公司	广丰县永丰镇东门	23 977	12 664	1 076
弋阳县粮油购销公司	江西弋阳县志敏中大道 22 号	15 487	11 248	717
广丰县烟草公司	广丰县永丰镇西广路	800	10 729	167
余干县烟草公司	余干县玉亭镇	278	10 441	211
上饶市医药公司	上饶市信州区解放路 1－33 号	8 875	10 185	286
广丰县宏盛建业工程有限公司	广丰县永丰镇金豪大厦	4 650	10 150	1 455
广丰县月兔高级装饰板材厂	广丰芦林工业区	1 309	10 002	130
鄱阳县商业国有资产经营公司	鄱阳镇五一路 153 号	7 005	9 997	590
广丰县建工集团有限公司	广丰县永丰镇西山居	6 000	9 943	2 618
江西群力建设有限公司	广丰县永丰镇北大道头	3 425	9 820	1 120
玉山县烟草公司	玉山县三清大道	1 532	9 725	115
德兴铜矿建设有限公司	德兴市德兴铜矿	5 035	9 664	911
玉山县供电有限公司	玉山县博士路 30 号	11 756	9 572	711
上饶市水利水电建筑公司	上饶市信州区胜利路	6 070	9 036	1 537
上饶县申力贵金属冶炼公司	上饶县皂头镇象山村	2 751	8 544	20
江西万年贡贡米(集团)有限责任公司	万年县陈营镇六 O 中路 6 号	28 267	8 210	973
江西省鄱阳县第二建筑公司	鄱阳县鄱阳镇	2 577	8 157	1 692
上饶县日升建筑工程有限公司	上饶县旭日镇	500	8 100	1 010
江西丰溪建筑工程有限公司	广丰永丰南屏	620	8 002	485
江西鸡山水泥有限公司	玉山县岩瑞镇	8 253	7 726	784
江西金山金矿	德兴市花桥镇	16 961	7 649	626
江铜矿山新技术开发有限公司	德兴市德兴铜矿中区	6 159	7 365	327
上饶县宏城房地产发展有限公司	上饶县旭日镇	1 487	7 286	18
玉山县万年青水泥股份有限公司	玉山县岩瑞镇	40 040	7 225	340
德兴市百勤异 VC 钠有限公司	德兴市新岗山镇	5 186	7 224	457
上饶县供电有限公司	上饶县旭日镇南灵中路 55 号	16 867	7 149	734
上饶市惠达纺织有限公司	上饶市信州区纺织路 56 号	2 503	6 934	800
广丰月兔卫生用品有限公司	广丰芦林工业区	625	6 924	170
江西省烟草公司弋阳县分公司	江西弋阳志敏大道	525	6 797	78
铅山县供电局	铅山县河口镇	11 610	6 782	728
上饶汽运集团有限公司	上饶市信洲区中山东路	15 133	6 700	1 857
江西省烟草公司铅山县公司	铅山县城南路 24 号	720	6 591	85

续表 1

企　业　名　称	通　讯　地　址	资产总额（万元）	销售收入（万元）	员工人数（人）
广丰县第一建筑工程公司	广丰五都	640	6 430	1 186
广 丰县龙溪遂道工程有限公司	广丰县永丰镇芦林银三角	3 500	6 400	722
广丰县银鹰建设工程有限公司	广丰县洋口镇怡康西路 15 号	8 500	6 390	1 200
德兴市力航铜材线缆有限公司	德兴市泗洲镇	4 175	6 300	92
德兴市供电有限责任公司	德兴市银城镇朝阳路 4 号	9 020	6 278	740
江西铜业集团银山矿业有限责任公司	德兴市银城镇	3 644	6 234	1 355
德兴益村实业有限公司	德兴市德兴铜矿南区	5 173	6 020	1 106
上饶京宝路桥工程有限公司	上饶市信州区胜利路	7 436	6 017	679
江西万年鑫宇贵金属有限公司	万年县丰收工业园区	3 450	5 658	140
江西锦宇建设工程有限公司	鄱阳县鄱阳镇	5 299	5 589	1 588
江西和华水产有限责任公司	铅山县河口镇	2 544	5 360	163
江西万年烟草专卖局	万年县陈营镇站前路 3 号	181	5 198	75
江西省烟草公司婺源县公司	婺源县紫阳镇蚺城路 5 号	480	5 100	27
婺源县迈尔泰木业有限公司	婺源县紫阳镇大鄣山路 47 号	4 927	5 092	273
玉山县公路桥涵公司	玉山县芳泽园 300 号	1 747	5 070	538
广丰月兔化工有限公司	广丰芦林工业区	1 357	5 063	74
江西上饶县石油化工有限公司	上饶县旭日镇大桥东	17 665	4 959	86
江西德兴铜矿运输有限公司	德兴市德兴铜矿	1 110	4 902	832
江西省婺源县供电有限责任公司	婺源县紫阳镇天佑西路 29 号	11 467	4 584	640
玉山县石油公司	玉山县武安东路 131 号	2 154	4 541	94
横峰县烟草公司	横峰县岑阳镇西门垅	395	4 455	52
江西上饶县派特贵金属冶炼厂	上饶县枫岭头镇	2 183	4 397	10
江西省顺隆造纸有限责任公司	江西弋阳圭峰大道 1 号	1 974	4 389	528
江西省上饶市华澳皮革有限公司	上饶市信州区三江工业园区	3 009	4 374	236
江西景德镇鄱阳县石油分公司	鄱阳镇五一路 216 号	133	4 346	85
江西珠湖制药厂	鄱阳县珠湖农场	8 201	4 202	558
德兴市粮油购销公司	德兴市银城镇泊水路 8 号	2 776	4 150	245
广 丰县石油公司	广丰县永丰镇	1 300	4 129	80
余干县供电有限责任公司	余干县玉亭镇	14 081	4 114	380
玉山岩鹰水泥有限公司	玉山县岩瑞镇	4 008	4 073	302
玉山玉虹建筑有限公司	玉山县冰溪镇沿河路	1 800	3 945	460
玉山县三清水泥有限公司	玉山县岩瑞镇	787	3 872	200
江西上饶供电公司	上饶市信州区带湖路 33 号	18 734	3 866	898
广丰县月兔食品有限公司	广丰芦林工业区	120	3 821	156
上饶县长城化工助剂有限公司	江西上饶旭日镇黄源村	4 244	3 809	148
铅山县金钢煤矿	铅山县港东乡	2 022	3 676	445
德兴市洁美鬃业(集团)有限公司	德兴市泗洲镇潭埠村	2 921	3 655	454
婺源县高宝电石有限责任公司	婺源县中云镇	769	3 652	130
余干县食品公司	余干县玉亭镇	834	3 581	215
江西省上饶县全良液酒业有限公司	江西上饶县皂头镇	17 052	3 577	504
鄱阳县供销合作社	鄱阳镇建设路 20 号	19 398	3 527	221
怀玉山活性炭厂	玉山县城西工业区	3 807	3 505	530
余干县第一市政建筑工程公司	余干县余干县玉亭镇	563	3 482	482
江西珠湖味精厂	鄱阳县珠湖农场	2 797	3 395	143
上饶市第一建筑有限公司	上饶市信州区五三大道 85 号	5 587	3 388	585
德兴市花桥金矿有限责任公司	德兴市花桥镇黄柏洋	7 439	3 289	316
江西省德畅集团	德兴市花桥镇	7 493	3 275	580
江西仁福服装有限公司	上饶市信州区凤凰工业园区	2 656	3 234	623
广丰县第八建筑工程公司	广丰县桐畈镇	867	3 200	856
鄱阳县建筑工程公司	鄱阳县鄱阳镇	2 043	3 190	520

续表 2

企业名称	通讯地址	资产总额（万元）	销售收入（万元）	员工人数（人）
余干县物资实业有限公司	余干县白马桥乡	11 279	3 118	102
江西省广丰县对外经济贸易总公司	广丰县永丰大道	1 286	3 109	41
江西上饶羽绒厂	上饶市信州区解放路 450 号	1 947	3 023	345
弋阳县供电有限责任公司	江西弋阳志敏中大道 45 号	7 327	3 004	411
上饶市第三建筑有限公司	上饶市信州区胜利路 28 号	798	3 000	840
广丰县水利水电建设工程公司	广丰县银三角	1 577	2 994	484
铅山县玉平水泥厂	铅山县永平镇	2 330	2 951	105
江西万年供电有限责任公司	万年县陈营镇石洋东路 3 号	8 556	2 939	337
江西铭日企集团有限公司	余干县玉亭镇	5 130	2 920	320
上饶县旭日房地产开发公司	上饶县旭日镇	647	2 912	34
江西天海集团有限公司	德兴市泗洲镇金家 189	10 469	2 892	352
江西万年石油支公司	万年县陈营镇正大东街 23 号	1 700	2 878	68
德兴市雄鹰建筑企业有限公司	德兴市银城中路 277 号	1 018	2 855	648
江西万年银业有限公司	万年县石镇东关村 14 号	3 592	2 839	204
上饶县粮油公司	上饶县旭日镇	8 088	2 830	922
鄱阳县供电有限公司	鄱阳镇大芝路 30 号	16 787	2 778	172
上饶市建信实业	江西省上饶市信州区南门口	6 106	2 776	20
玉山县良益建筑工程公司	玉山县蒋军庙	2 899	2 769	332
德兴市粮油直属购销公司	德兴市银城镇	3 585	2 743	295
江西致中和酒业有限公司	广丰芦林工业区	1 676	2 718	62
江西万年祥家纺服饰有限公司	万年县丰收工业园区	826	2 716	159
江西省沙田建筑安装工程有限公司	广丰小城城安吉小区	608	2 680	703
江西玉糖糖厂	玉山县城西工业区	2 658	2 635	218
中国建筑材料工业建设总公司上饶机械厂	上饶市信州区罗桥公路 76 号	5 284	2 619	197
上饶友邦房地产开发有限公司	上饶县旭日镇	3 180	2 600	28
德兴市天峰雄狮水泥有限责任公司	德兴市香屯镇	1 967	2 587	250
江西万年春珍珠集团有限责任公司	万年县陈营镇六 O 南路 48 号	11 178	2 580	208
广丰县建筑劳务输出公司	广丰县永丰镇西广路 129 号	978	2 570	445
江西月兔包装有限公司	广丰芦林工业区	1 329	2 568	90
江西省鄱阳县医药公司	鄱阳县鄱阳镇建设路 8 号	1 020	2 503	226
江西福田实业有限公司	江西上饶旭日旭日东路 1 号	6 002	2 485	206
弋阳县富达铜材有限公司	江西弋阳东站大道 97 号	3 772	2 478	300
铅山县赛尔建筑有限公司	铅山县永平镇	2 260	2 451	350
广丰县同欣凸轮轴有限公司	广丰芦林工业区	1 742	2 441	406
德兴市中兴建筑企业有限公司	德兴市银城路 104 号	3 922	2 438	2 212
鄱阳县新华书店	鄱阳镇建设路	9 200	2 416	61
铅山县永金鑫建筑工程有限责任公司	铅山县永平镇	743	2 410	700
广丰县医药公司	广丰县永丰镇东街	1 314	2 405	91
江西汪洋蒙莱特漆业有限公司	广丰芦林工业区	234	2 380	180
江西上饶康达制药有限公司	上饶县罗桥	7 097	2 372	360
玉山县兴安建筑有限公司	玉山县将军庙小区	1 168	2 367	492
余干县玉亭镇建筑公司	余干县玉亭镇	177	2 356	300
江西省上饶县医药公司	上饶县旭日镇南灵中路 27 号	1 418	2 343	131
上饶县烟草公司	上饶县旭日镇南灵北路 21 号	252	2 342	104
江西省鄱阳县肉类联合加工厂	鄱阳镇滨洲路 53 号	1 473	2 341	428
余干县新华书店	余干县玉亭镇	558	2 298	72
江西鄱阳县万年青水泥有限公司	鄱阳县芦田乡矿山村委会	1 184	2 274	248
广丰县新华书店	广丰县永丰镇博山路	1 734	2 260	31
上饶市第二建筑有限公司	上饶市信州区胜利路 49 号	2 150	2 223	678
玉山县食品公司	玉山县冰溪南路 12 号	779	2 215	277

续表 3

企　业　名　称	通　讯　地　址	资产总额（万元）	销售收入（万元）	员工人数（人）
江西兴泰铜业有限公司	横峰县兴安工业园区	1 932	2 200	180
鄱阳县建筑桩基有限公司	鄱阳县鄱阳镇	546	2 190	136
江西亚奇实业有限公司	余干县瑞洪镇	4 185	2 185	148
江西万年青建筑安装有限公司	万年县陈营镇江泥生产区	1 182	2 180	372
上饶汽运建筑工程公司	上饶市信州区胜利路	1 621	2 164	328
江西天施康中药股份有限公司弋阳分公司	江西弋阳志敏中大道 55 号	2 329	2 163	161
铅山县石油公司	铅山县河口镇	850	2 160	79
江西万年第三建筑工程公司	万年县石镇镇	800	2 157	688
横峰县供电局	横峰县岑阳镇新建路 99 号	4 636	2 142	132
余干县建筑公司	余干县玉亭镇	299	2 120	400
横峰县石油公司	横峰县岑阳镇人民大道	31	2 112	39
上饶市天骄房地产开发有限公司	上饶市信州区龙芽亭 20 号	6 350	2 100	45
上饶市解百商厦有限公司	上饶市信州区解放路 12 号	3 717	2 098	88
上饶京宝路桥工程有限公司	上饶市水南街	1 000	2 091	679
上饶市鸿业建筑工程有限公司	上饶市信州区南门路 16 号	3 846	2 087	1 089
玉山县水电安装公司	玉山县县后山	1 043	2 069	246
江西省余干县农业化工厂	余干县瑞洪镇	2 106	2 061	65
江西万年合成米面有限公司	万年县丰收工业园区	885	2 027	160
余干县三湖泉房地产开发公司	余干县玉亭镇	1 706	2 015	12
上饶县姚坪矿产有限公司	上饶县姚坪工业园	750	2 011	47
江西铜业公司德兴铜矿自来水公司	德兴市德兴铜矿	2 050	2 008	213
建材上饶地质工程勘察处	上饶市信州区带湖路	1 232	2 005	205
江西上饶天峰水泥有限公司	上饶县旭日镇工业走廊	5 997	1 993	215
上饶县粮益建筑工程公司	上饶县旭日镇	700	1 980	560
江西万年峰水泥厂	万年县大源镇大源村	1 028	1 974	100
婺源县水利水电建筑工程有限公司	婺源水利水电建筑工程公司	1 900	1 960	378
铅山县粮油收储公司	铅山县河口镇	12 233	1 944	514
上饶县邮政局	上饶县旭日镇	2 319	1 928	122
江西同仁药业有限公司	余干县余干县黄金埠	5 118	1 928	169
鄱阳县第四建筑工程公司	鄱阳县鄱阳镇	1 150	1 928	422
铅山县天峰水泥厂	铅山县湖坊镇	1 228	1 916	200
江西万年第一建筑工程公司	万年县马家工业区	1 310	1 910	315
江西万年紫峰农机工贸有限公司	万年县丰收工业园区	780	1 886	70
横峰县铺前煤矿	横峰县岑阳镇铺前村	4 042	1 876	744
余干县康山垦殖场建筑工程分公司	余干县余干县玉亭镇	71	1 875	200
鄱阳县食品公司	鄱阳镇建设路	6 460	1 855	57
江西万年青塑胶包装制品厂	万年县陈营镇马家村	4 306	1 837	324
江西黄金玻纤厂	余干县黄埠镇	9 345	1 836	672
江西上饶吉阳水泥有限公司	上饶县石狮乡吉阳村	2 103	1 827	253
上饶赣东北印刷厂	上饶市信州区沿河东路 7 号	4 567	1 816	135
上饶市新华书店	上饶市赣东北大道 63 号	1 113	1 803	92
广丰县建筑安装工程公司	广丰县永丰镇	2 990	1 800	140
江西宏泰建筑安装有限责任公司	婺源县紫阳镇天佑西路 29 号	4 739	1 795	273
余干县黄金埠建筑公司	余干县黄埠镇	126	1 786	30
江西鄱北建筑有限公司	鄱阳县油墩街	350	1 758	321
江西省久兴建筑工程有限公司	鄱阳县鄱阳镇	1 734	1 733	329
玉山县江通碎石厂	玉山县文成六亩	2 000	1 712	100
婺源县盛发电石有限责任公司	婺源县紫阳镇小港	604	1 705	103
江西振兴建筑工程有限公司	鄱阳县田畈街镇	741	1 682	372
铅山县欣宇建筑工程有限公司	铅山县河口镇	1 065	1 680	470

【区情简介】

信 州 区

信州区位于江西省东北部信江上游，地扼赣、浙、闽三省之要冲，为地级上饶市主城区，是全市政治、经济、文化中心。辖四乡、两镇、三街道，占地339平方公里，人口36万人。

历史悠久。信州区自东汉年建安年间设县以来，已有1700多年的历史。2000年10月1日，经国务院批准撤消县级上饶市，改为信州区。这里，是明朝宰相夏言的出生地，是世界第一部《茶经》的作者、唐代"茶圣"陆羽、南宋爱国诗人辛弃疾的久居之地。

交通优越。信州区素有"豫章第一门户"、"信州之郡"的美誉，既是沿海发达地区经济腹地，又是承东启西的咽喉要地。浙赣、横南两条铁路干线在此交汇，320国道、311沪瑞高速公路贯穿全境，交通优势十分明显。

风光秀丽。信州区区内有闻名中外的上饶集中营，方圆2个小时车程内有黄山、武夷山、三清山、龙虎山、圭峰等五大国家级风景名胜区。又是全国十三座空气、水质量最好的城市之一，是一座人文、山水与生态完美合一、商贸、旅游、工业资源得天独厚的新兴城市。

资源丰富。信州区水资源丰富，信江河、丰溪河、饶北河一年四季穿流而过。矿产资源主要有磷、煤、石灰石、滑石、花岗石、大理石等。磷矿位于朝阳乡境内，矿层分布面积约25平方公里，已探明磷储量居华东六省之首。主要农产品有水稻、油菜、青丝豆、苎嘛、茶叶、红芽芋等。有野生动物5大类百余种，植物320余种。

商机无限。信州区水、电资源丰富，劳动力价格、原材料价格较低，基础设施费用低；工业基础扎实，初步形成了纺织服装、光学电子、机械制造、食品医药为主体的支柱产业，可以有效对接海内外相关产业的梯度转移。招商引资优惠政策"含金量"大，投资回报率高。尤其是随着软环境建设措施的到位，一批批客商纷纷来到信州区投资创业，规划占地62平方公里的上饶工业园区已经成为八方商贾的投资"乐园"。

2003年信州区委、区政府紧紧扭住"第一要务"，时刻牢记"两个务必"，认真践行"三个代表"，围绕"把信州区建设成为工贸一体的现代中心城区"奋斗目标和"一个依托，两个坚持，五个加大"的发展思路，大力实施"项目兴业，园区兴工，工贸兴区"的工作方略，抢抓机遇，锐意改革，开拓创新，实现了经济快速增长和社会各项事业全面进步。

国民经济增长迅速。2003年实现国内生产总值35.65亿元，增长16.7%；财政总收入1.5726亿元，全社会固定资产投资19.98亿元，增长82.23%；社会消费品零售总额23.34亿元，增长20.77%。三次产业结构从2002年的9.5∶42.2∶48.3调整为8.5∶43.1∶48.4，二、三产业有所提升。实现工业增加值13.08亿元增长23.63%。工业主导型招商引资力度进一步加大。全年引进工业项目74个，引进资金88326万元。实现农业增加值3.03亿元，增长4.48%；以工业理念谋划农业，积极培育和扶持农业企业发展，新增农业企业22家，同比增长57.89%，建成各类农业观光旅游山庄20个。城镇居民人均可支配收入6773元，农村居民人均纯收入3198元，分别增长9.56%和7.6%。

区域中心城市建设步伐加快。重点配合市里整治规划区内土地市场，协助市级凤凰工业园区、民主新区、信江防洪大堤、信州水利本枢纽和长塘路、北环路、光学路、五三大道东延段等重点工程建设。大力进行了小城镇和乡村公路建设，制定完善了沙溪、灵溪等小城镇建设规划，打造卫星城镇工作开始启动，小城镇改造升级工作架构全线拉开。

开放型经济取得新进展。引进项目144个，利用市外资金13.98亿元，增长165.13%。城区经济外向依存度达到13.54%，高于全省平均水平6.39个百分点。荣获江西省出口创汇先进单位称号。引进流通型企业56家，新增税收469.32万元。

民营经济发展充满活力。个私经济完成增加值6亿元，增长24.4%；个体工商户数达9763户，注册资金13354万元，从业人员21996人。民营企业发展到1160户，注册资金15亿元，从业人员52590人。民营经济业已成为支撑我区经济持续快速发展的主力军。

【区长论坛】

牢固树立科学发展观
努力建设工贸一体的现代新信州

信州区人民政府区长　　蔡建平

2004年信州区经济工作的总体思路是：以“三个代表”重要思想为指导，积极策应市委、市政府“把上饶建设成为赣浙闽皖四省交界区域中心城市和快速发展地区”的定位，主动融入长珠闽。以富民强区为目标，创新体制机制，坚持工贸兴区战略，强化投资、消费、出口三大拉动力；大力实施“1336”工程；统筹城乡发展，统筹经济社会发展，统筹区内发展与对外开放，统筹人与自然的和谐发展；切实加强物质文明、政治文明和精神文明建设，促进经济社会全面协调发展，努力建设工贸一体的现代化新信州。2004年经济发展的主要预期目标是：国内生产总值增长15%；财政总收入增长16%；全社会固定资产投资增长20%；社会消费品零售总额增长14%；引进市外资金力争15亿元，确保引进境外资金2000万美元；出口创汇1000万美元以上；城镇居民人均可支配收入增长8%；农民人均纯收入增加180元。人口自然增长率控制在8.1‰内，城镇登记失业率控制在2.38‰以内，城市化水平提高2.3个百分点以上。

为实现上述目标，我区将进一步贯彻落实科学发展观，做好“五个统筹”。坚持立党为公，执政为民；坚持办实事、务实效、求实绩；在经济发展中切实做到“八个统一”：

做到坚持以经济建设为中心与促进社会全面进步的统一。经济是基础，发展是第一要务，必须坚持以经济建设为中心不动摇。同时，要十分注重经济社会的协调发展，要把人民群众的受益程度，作为衡量我们工作成效的根本标准，按中央要求，形成深入了解民情、充分反映民意、广泛集中民智、切实珍惜民力的决策机制，努力把人民群众的利益维护好、实现好、发展好。

做到加快经济增长速度与提高经济发展质量的统一。2003年我区GDP增长16.7%，高于全国平均水平。为了实现发展中的追赶跨越，今后相当长的时期，我区将在质量和效益不断提高的基础之上努力争取较快的增长速度。

做到加快城市化进程与努力解决“三农”问题的统一。解决“三农”问题的根本是要大力推进城市化，关键是要统筹结合，以提高农民收入为出发点。2003年我区城镇化率达到60.7%，提高了7.6个百分点，城市化进程明显加快，有力地促进了经济社会发展。

做到加快产业结构调整升级与增加社会就业的统一。从产业发展的现状看，目前我区正进入工业化中期。必须进一步加快产业结构调整，不断推进产业结构升级。同时要把提高就业率作为经济发展的重要目标，大力扶持就业容量大产业的发展。

做到加强投资拉动与提高投资效益的统一。投资拉动是加快地方经济增长的重要措施。我区在加强投资拉动的同时将通过优化投资结构，深化投资体制改革，强化投资管理，不断提高投资效益。

做到加快经济社会发展与加强生态环境保护的统一。随着退耕还林和环境综合整治等工作的加强，我区的生态环境日益改善。我区将按照十六大报告精神，努力走出一条科技含量高、经济效益好、资源消耗低、环境污染少、人力资源得到充分发挥的新型可持续发展道路。

做到扩大对外开放与增加国内需求的统一。我区近年来大力发展开放型经济，以开放促进改革、推进发展，取得显著成效。我区将继续坚持以宽广眼光观察世界，敏锐地抓住国际国内发展变化中的有利机遇，不断拓展开放领域、扩大开放效果。同时，还将高度重视扩大内需，不断提高消费拉动的广度和力度，充分利用国际国内两个市场、两种资源。

做到经济与社会协调发展的统一。要按照物质文明、政治文明、精神文明一起抓的工作格局，在促进经济加快发展的基础上，不断推进社会主义民主法制建设，不断提高人民群众的思想道德素质和科学文化素质。

对照全年经济发展目标，我区将以开放型经济为主线，以项目建设为主抓手，加快推进“工业化、城镇化、农业产业化”进程，在以下五个方面狠抓落实：

发挥中心城区功能，大力发展商贸流通。改造升级传统市场，充分发挥中心城区区位、交通和市场优势，改造各种专业市场、综合批发市场和商贸中心，不断增强城市综合服务功能，逐步形成布局合理的市场网络体系，提高城乡居民生活质量。稳定和扩大产品销售，实现以商促农，加速建立和完善适合农村市场特点的流通体系和产品售后服务体系。配合市委、市政府“经营城市”的同时，大力探索做活“里弄小巷”改造文章，本着“统一规划、分布实施”的原则，逐步建成一批乡土文化、风味小吃、旅游购物、休闲娱乐等特色街，创造就业岗位，繁荣城区市场。

以招商引资为突破口，全方位发展开放型经济。坚定不移实施大开放主战略。突出产业招商、以商招商以及代理招商，要在与国际市场对接中寻求加快发展的最佳空间与组合，在加快与长珠闽的对接与互动中更多地主动承接沿海产业梯度转移，在创新发展环境中提高招商引资水平。逐渐形成一个“领导高位带动、上下强势联动、部门密切配合、全社会积极参与”的开放型经济新格局。千方百计抓好项目建设与管理。进一步充实和完善项目库，不断增强项目的时代性与可操作性。充分发挥代理招商点作用，加快跑部进京、跑省进厅争项目以及承接转移引项目的力度。进一步加大招商引资力度，主动做好与“两洲一区”，特别是与长三角的对接与互动，积极包装、策划、推介项目。健全引资服务平台，积极引进产业带动力强的重大外资项目和物流项目，吸引有利于主导产业开发、延伸的配套项目。竭尽全力打造经济发展环境高地。坚持信用立区。努力营造安全文明的法制环境，诚实守信的人文环境，高效快捷的办事环境以及舒适优美的人居环境。着力构筑“成本最低、回报最快、信誉做好、效率最高”的投资优势，切实增强对外开放的吸引力和竞争力。

积极调整产业结构，全力推进工业化进程。着力培育支柱产业。要加快改造传统产业步伐，大力发展高新技术产业，积极发展纺织服装、光学元件、食品医药、机械电子、仪表仪器、冶金化工、新型建材等七大主导产业，推动传统制造业向现代制造业升级。聚集资源、资本，培育名牌产品和知名企业，促进各类企业间的合作、配套，延伸产业链，形成产业群。加快经济结构战略性调整，努力形成资金密集型、技术密集型和劳动密集型产业协调发展的格局；形成主导产业更强、高新技术产业更快、传统产业优势更突出的产业新格局，促进区域经济持续快速健康发展。做大做强工业基地。通过规范和完善公司化运作机制，进一步加快三江工业基地基础设施建设步伐，加速引资硬环境建设，要将三江工业基地作为培植区域经济超常规发展的重要增长极，进一步强化对入园企业进行跟踪服务，抓紧信息化服务平台建设。

稳步推进“三农”工作，突出抓好小城镇建设。推进农业产业化经营。坚持以农民增收为核心，牢牢抓住特色、规模、品牌、效益四个环节，大力发展都市农业、生态农业；通过推进农业产业化经营，加快和农村经济结构调整步伐。通过支持龙头企业发展，以工业化带动农业化。积极推广订单农业，强化龙头企业与农户的利益联结，大幅提高农产品附加值，实现农民增收。突出重点抓好小城镇建设。坚持高起点、高标准搞好小城镇规划，积极扩大融资渠道。牢固树立城镇资本运营是促进城镇建设大发展的根本途径的观念，按照“谁投资、谁所有、谁经营、谁受益”的原则，以市场为导向，逐步把基础设施建设和公益事业推向市场，扩大对外开放；积极引进外来资金和启动民间资本共同建设城镇，促进城镇资本的优化配置，变劣势为优势，将潜在的资源转化为现实的生产力。切实提高小城镇管理水平。做到建、管同步，实行规范化管理。对城镇社会性工作积极探索市场化运作途径，充分还权于市场。强化产业兴镇。加快企业向乡镇所在地集聚；鼓励农民进镇建房置业，为小城镇聚集人气尚机。将创建文明城镇做为小城镇工作的重要抓手，促进小城镇的绿化、洁化和亮化。

创新机制体制，增强区域经济内在动力。进一步加大国有资产经营力度。加快国有经济布局的战略性调整，建立归属清晰、权责明确、保护严格、流转顺畅的现代产权制度，健全产权交易规划和监管制约，推动产权有序流动。继续加大国有资产经营力度，充分发挥国有资产使用效益。进一步拓宽民营经济发展空间。让一切创造社会财富的源泉充分涌流，积极优化民营经济发展环境。鼓励个人创业，依法保护私人财产。加快中小企业贷款担保中心运作力度，为中小企业发展创造一个良好的融资环境，引导和支持民营经济健康发展。

信州的经济和社会发展已经呈现出良好的发展态势，正以崭新的姿态站在新的起跑线上。勤劳朴实的信州人民满怀信心，正以蓬勃的朝气，全新的思路，坚实的脚步，有力的举措，全力建设工贸一体的现代新信州。

信州区重点企业名录库

（2003 年）

企 业 名 称	通 讯 地 址	资产总额（万元）	销售收入（万元）	员工人数（人）
江西凤凰光学仪器总厂	上饶市信州区光学路 1 号	109 507	63 822	4 315
江西上饶信江实业集团公司	上饶市信州区南环路 002 号	84 235	39 615	1 290
上饶市建筑工程总公司	上饶市信州区沿河路	28 240	21 861	1 850
江西省石油公司上饶分公司	上饶市信州区上玉路 36 号	18 663	21 178	812
江西省上饶路桥工程总公司	上饶市信州区丰溪路 7 号	19 719	17 239	2 210
江西际洲建设工程有限公司	上饶市信州区带湖路 38 号	11 189	15 731	3 947
上饶市烟草公司	上饶市赣东北大道 18 号	1 619	14 828	1 401
上饶市医药公司	上饶市信州区解放路 1－33 号	8 875	10 185	286
上饶市水利水电建筑公司	上饶市信州区胜利路	6 070	9 036	1 537
上饶市惠达纺织有限公司	上饶市信州区纺织路 56 号	2 503	6 934	800
上饶汽运集团有限公司	上饶市信洲区中山东路	15 133	6 700	1 857
上饶京宝路桥工程有限公司	上饶市信州区胜利路	7 436	6 017	679
江西省上饶市华澳皮革有限公司	上饶市信州区三江工业园区	3 009	4 374	236
江西上饶供电公司	上饶市信州区带湖路 33 号	18 734	3 866	898
上饶市第一建筑有限公司	上饶市信州区五三大道 85 号	5 587	3 388	585
江西仁福服装有限公司	上饶市信州区凤凰工业园区	2 656	3 234	623
江西上饶羽绒厂	上饶市信州区解放路 450 号	1 947	3 023	345
上饶市第三建筑有限公司	上饶市信州区胜利路 28 号	798	3 000	840
上饶市建信实业	上饶市信州区南门口	6 106	2 776	20
中国建筑材料工业建设总公司上饶机械厂	上饶市信州区罗桥公路 76 号	5 284	2 619	197
上饶市第二建筑有限公司	上饶市信州区胜利路 49 号	2 150	2 223	678
上饶汽运建筑工程公司	上饶市信州区胜利路	1 621	2 164	328
上饶市天骄房地产开发有限公司	上饶市信州区龙芽亭 20 号	6 350	2 100	45
上饶市解百商厦有限公司	上饶市信州区解放路 12 号	3 717	2 098	88
上饶市鸿业建筑工程有限公司	上饶市信州区南门路 16 号	3 846	2 087	1 089
建材上饶地质工程勘察处	上饶市信州区带湖路	1 232	2 005	205
上饶赣东北印刷厂	上饶市信州区沿河东路 7 号	4 567	1 816	135
上饶市新华书店	上饶市赣东北大道 63 号	1 113	1 803	92
上饶市饶电建筑工程有限公司	上饶市信州区西市街道	3 545	1 638	606
江西省赣铁建筑安装工程有限公司	上饶市信州区解放西路 416 号	1 367	1 605	596
上饶市盐业公司	上饶市信州区江西路 195 号	884	1 542	60
上饶市自来水公司	上饶市信州区中山路 075 号	3 228	1 336	261
江西上饶市上字仪表有限责任公司	上饶市信州区五三大道 38 号	9 621	1 263	169
江西省上饶市消防器材厂	上饶市信州区杨家湖 56 号	1 545	1 249	130
上饶市海德实业有限公司	上饶市信州区赣东北大道 2 号	2 578	1 200	16
上饶市福答实业有限公司	上饶信州区三清山大道 169 号	2 218	1 197	32
上饶市金星夏布厂	上饶市信州区沙溪镇五华路	369	1 194	25
上饶市忠兴夏布厂	上饶市信州区沙溪镇夏布街	295	1 193	52
上饶市桑王绢纺厂	上饶市信州区饶东路 288 号	841	1 160	128
江铃汽车实业公司上饶汽车部件制造厂	上饶市信州区里安山 32 号	1 207	1 125	183
上饶市迅美装饰有限公司	上饶市信州区龙芽亭 15 号	692	1 008	248
上饶市西市建筑工程公司	上饶市信州区解放路 115 号	700	980	125
上饶市天元金属有限公司	上饶市信州区吉阳山白岭	1 680	979	65
江西省赣东北建筑工程总公司	上饶市信州区沿河东路 16 号	3 718	960	278
上饶市第四建筑有限公司	上饶市信州区五三大道 48 号	6 333	910	312
江西三源润滑油有限公司	江西省上饶市信州区东市	1 278	831	37
上饶市索密特实业有限公司	上饶市信州区上玉路 187 号	862	830	100
上饶市沙溪建筑工程公司	信州区沙溪镇解放路 42 号	847	830	220
中国建材总公司上饶安装工程公司	上饶市信州区罗桥公路 76 号	1 201	800	317
上饶国泰商厦	上饶市信州区信江中路 2 号	1 418	767	183

【市情简介】

德 兴 市

【区位优势】

德兴市地处江西省东北边陲，上饶市北部，乐安河中上游。东接浙江省开化县，东南与江西玉山县、上饶县、横峰县及弋阳县相接，西界乐平市，北连婺源县，紧靠长三角，区位优势明显。地处北纬 28°38′06″－29°15′48″，东经 117°22′56″－118°05′48″。南北长 70 公里，东西宽 50 公里，总面积 2081.96 平方公里。

【建制历史】

德兴市历史悠久，先秦以前属扬州域。南唐昇元二年(938 年)，取“山川之宝，惟德乃兴”，改邓公场置德兴县，隶饶州。1991 年设立德兴市(县级)，2000 年改为省直辖市。2003 年辖 13 个乡镇，1 个经济开发区，90 个行政村，15 个居委会，1064 个自然村。全市年末总人口 306972 人，其中，非农业人口 109630 人，占总人口的 35.71%。

【自然条件】

德兴地处江南丘陵地带，境内山地占 44%，丘陵占 33%，低丘岗地占 23%。属中亚热带湿润季风区，气候温和，光照充足，四季分明，雨量充沛，年平均气温 18.1 摄氏度，年平均降雨量 1913.7 毫米，4－6 月为主要雨季。

【城市标志】

德兴市曾先后荣获江西省综合实力十强示范市、江西省综合实力工业经济八强县、全国百强林业县(市)、全国园林化百佳县(市)、江西省林业先进县(市)、全国科技兴林示范市、全国科技进步先进市、全国献爱心工程先进市、省级双拥模范城等荣誉称号。

【资源状况】

德兴市矿产资源十分丰富，素有“金山”、“银山”、“铜都”之美誉，是全国有色金属工业的重要基地。已探明境内金属矿藏有铜、金、银、铅、锌、钼、钨、钒、铬、铁、锰、锡、镍、镓、铟、镉等 16 余种，其中铜、金、银、铅、锌、钼、钨都有相当的储量。特别是铜储量为世所罕见，达 900 多万吨。1958 年建成的德兴铜矿，是亚洲最大的斑岩铜矿。黄金储量居江南之首，远景储量 580 吨，已探明储量达 369.4 吨。银储量 6244 吨。非金属矿有大理石、蛇纹石、硫铁矿、煤、石灰石、玉石、瓷石、水晶和萤石等，其中大理石、蛇纹石的储量最为丰富。

德兴市是全国百强林业县和全国科学兴林试点县之一，全市森林覆盖率达 72.4%，拥有林地 16.4 万亩，活立木蓄积量逾 700 万立方米，毛竹蓄积量达 2034 余万株，并初步建成了毛竹丰产林、人工杉木林、红花茶油、优质早稻和中药材五大生产基地。

德兴市水资源充足，境内有“一河四水”，水能理论蕴藏量 14.4 万千瓦，为全国农村电气化试点达标市。拥有大小水库 97 座，拥有大小水电站 25 座，年发电量 5000 万千瓦时。城乡电网密布，能充分满足生产生活需要。

旅游资源丰富，发展前景美好。境内“八山半水一分田，半分道路和庄园”。有列入省、市重点文物保护单位的三清山古建筑群、绣水塔、寿元桥等，自然景区有国家级风景名胜区，享有“江南第一仙峰”美誉的三清山、省级风景名胜区梧风洞景区、亚洲最大的露天铜矿采场，以及正在重建的江东历史名楼——聚远楼。

【经济概况】

2003 年全市实现德兴生产总值 28.42 亿元，其中，第一产业增加值 3.33 亿元，第二产业增加值 18.49 亿元，第三产业增加值 6.6 亿元。在第二产业中，工业增加值实现 16.08 亿元。三个产业占全市生产总值的比例结构为：11.72：65.06：23.22。2003 年，全市实现财政总收入 2.54 亿元。

农业生产稳步推进，全年粮食总产量 84391 吨，人均占有粮食 275 公斤，农民人均纯收入 2928 元。2003 年全市农、林、牧、渔业的比例结构为 50.2：21.04：13.36：15.4。

工业生产快速发展。全年全市完成全部工业增加值 16.08 亿元，工业经济效益明显改善，全市全部规模以上工业实现产品销售收入 27.57 亿元，实现利税总额 1.5 亿元，全年出口企业实现出口交货值 920 万美元，其中百勤异 VC 钠有限公司是全市最大的一家出口企业。

消费品市场稳步增长。全年全社会消费品零售总额达到7.17亿元，消费结构继续升级，轿车私有化加快，商品房热销，建筑材料销售活跃，城市手机向普及化迈进，各类超市、连锁店发展势头强劲。

【工业经济】

德兴市依靠山区丰富的矿藏资源及木竹资源，大力发特色经济，形成了以有色金属矿产开采与加工、制药、食品、机械制造及木竹加工等行业为主的工业体系。全市国有及规模以上工业企业达45家，拥有固定资产原值63亿元。建有一个经济开发区，一个工业园区。其中，年产值5000万元以上的工业企业达到9家。工业对财政的贡献率达到54.55%。主要产业有依托有色金属的有色金属采掘冶炼及加工业，主要企业有江西铜业股份有限公司德兴铜矿、弋阳江冶有色加工厂铅冶炼厂、江西铜业集团银山矿业有限责任公司、江西金山金矿、花桥金矿、黄柏洋金矿、渔塘股份制金矿、石碑金矿、上洛金矿、力航铜材线缆有限公司、铜海尾矿回收有限公司等；依托生态资源的农林产品加工业、生化医药业和依托石灰石资源的建材业，主要企业有江西省德畅集团、绿野木业有限公司、金竹模板有限公司、新兴木竹模板有限公司、三联工艺品厂、百勤异VC钠有限公司、江西天海集团有限公司、天峰雄狮水泥有限责任公司、黄柏石灰厂等；主要工业产品有黄金、铜制品、竹压板、异VC钠、药品、茶油、石灰、水泥等，2003年黄金产量有两吨之多，“狮牌”水泥、“维钠牌”异VC钠和“珍珠牌”药品被评为江西省著名注册商标；百勤异VC钠有限公司成为国家级农业龙头企业。

高新技术企业进一步发展。全市5家高新技术及生产高新技术产品的企业累计实现产值15581.6万元，实现增加值4754.2万元。

【工业园区】

根据山区地形特点，德兴市工业园分区域规划建设了“一园三区”，即铜都工业园、银鹿工业区、香屯工业区和泗洲工业区，规划总面积为3.9平方公里。到目前为止，全市工业园区入园企业达36个，已开工投产企业达11家，累计完成基础设施投入7700万，招商引资实际到位资金2.2亿元，实现工业产值1.58亿元，实现销售收入1.48亿元，利税总额1000万元。其中，铜都工业园位于市区外围，规划面积1.17平方公里，以农林产品加工项目为主；银鹿工业区位于市区铜都大道段两边，以有色金属加工和高新技术项目为主；香屯工业区，离市区7公里，紧靠皖赣铁路乐德支线，园区总面积1平方公里，以化工和建材项目为主；泗洲工业区地处泗洲镇，面积1平方公里。

【基础设施】

2003年是德兴市建设投资最多，城市面貌变化最快的一年。全年全社会固定资产投资完成78921万元。为提高城市品位，德兴市从1995年起全市每年投资规模都达到4亿元以上，城市基础设施步伐进一步加快。累计开发新区13094平方米，旧城改造12058平方米，已建成环城路、铜都大道、滨河大道、德兴大桥、上海路、步行街、惟德广场和新汽车站等，形成了以天然洎水河为景观的一河两岸格局。城市防洪治涝已进入三期工程，洎水河堤坝已建成，防洪功能大大提高；电力生产已并入大网，电力供应充足；电信近几年不断增加网络建设，移动用户达到46500户，城乡电话普及率达到每百人18部，互联网用户11616户，实现了村村通电话，村村通邮路；居民生活使用瓶装液化气，网点多，供应方便。房地产开发从无到有，先后开发了景园小区、玫瑰园别墅区、上海路商住楼、步行街商住楼、精品走廊等。城乡居民居住条件普遍改善，农村人均住房面积已达到28.5平方米。2003年全市共有规模以上固定资产投资项目43个，其中，工业投资项目15个，基础设施建设项目9个，公路建设项目8个，国债项目4个，房地产项目2个。

【投资环境】

德兴市在出台优惠政策方面不断加大力度，为鼓励外商投资出台了若干优惠政策，如《德兴市2004年工业企业税收单项考核奖励暂行办法》。建立了经济发展服务中心，集中办公，为引资企业办事提供便利。2003年，全市上下以招商引资为抓手，积极对接“长珠闽”，大力实施借力发展，利用外资保持了强劲的增长势头。全年实际引进项目216个，实际引进市外资金14.38亿元。实际利用国外资金770万美元。招商引资质量进一步提高，在全部项目中，工业项目171个，千万元以上项目27个。

【市长专栏】

走“兴工强市”之路 促经济健康协调发展

德兴市人民政府副市长 张跃平

近几年，德兴市牢固树立科学的发展观，围绕“构筑工业强市”的目标，走大开放、市场化和新型工业化的路子，工业经济快速发展。2003 年，全市规模以上工业（不含两矿一厂）实现总产值 8.25 亿元，同比增长 31.58%；实现增加值 2.93 亿元，增长 39.97%；完成销售收入 8.21 亿元，增长 37.16%；实现利税总额 8438 万元，增长 54.01%；产品销售率达 99%，工业对财政的贡献率为 54.55%。工业已成为我市经济发展的重要“支撑点”。为了进一步做大工业经济总量，促进全市经济发展，市政府提出 2004 年将继续坚持以优势企业为核心，以集约发展为方向，以体制创新为动力，把培育支柱产业、发展工业园区，深化企业改制结合起来，把招商重组、技术改造、加强管理结合起来，提高效益，培育后劲。具体工作思路为：

一、实施优强带动战略，培植壮大支柱产业

有支柱，才有后劲，支柱产业是地方工业经济发展的“脊梁”。今年，我市将按照“把产业结构调优，把主导产业调强，把高附加值、高利税产业调先，把优势产业调高”的要求，大力扶持优强企业，精心培育支柱产业，努力建设一批“技术先进、集中度高、关联密切、特色鲜明”的优势产业群，从而带动相关产业的发展。扶持优强企业就是重点抓好全市 30 家重点调度企业。它是我市工业经济发展的重中之重，我们将通过落实市党政班子领导挂钩帮扶制度和《德兴市 2004 年工业企业税收单项考核奖励暂行办法》等措施，将 30 家重点调度企业建成为推进工业化的“领头羊”，并力争到年底培植销售收入过亿元，利税达千万元以上的企业 4 家；销售收入过 5000 万元，利税达 500 万元以上的企业 6 家；销售收入过 1000 万元，利税达 100 万元的企业 10 家。培育支柱产业就是通过扶持一批骨干企业的发展，将有色金属加工、食品加工、生物制药、建材、化工等产业培育成为我市特色支柱型产业。重点扶持以金山金矿、矿山新技术、花桥金矿、力航铜材为龙头的有色金属产业；扶持以百勤异 VC 钠公司、航宇生物为龙头的食品加工产业；扶持以天海集团公司为龙头的生物制药产业；扶持以绿野木业、德畅集团、天峰雄狮、金竹模板为龙头的建材产业；扶持以改性沥青、中科精细、硫酸厂为龙头的化工产业。同时，加大企业技术创新，不失时机地利用信息化和先进适用技术的倍增、催化作用，对相关产业进行改造。今年重点抓好金山金矿日采选 2000 吨的扩改项目，百勤异 VC 钠公司年产 2 万吨异 VC 钠技扩改的后续工程以及天海药业、力航铜材、新兴竹板、花桥金矿、大茅山造纸厂、矿山新技术开发公司和新旗耐磨材料公司等企业的技术改造，以此提升企业技术水平。

二、加强工业园区建设，提升园区的聚集与辐射力

工业园区是推进工业化的主战场，产业对接的落脚点。我们将坚持“总体规划、分步实施、滚动发展、良性循环”的原则，举全市之力加速推进园区建设，把工业园区建成“工业发展的带动区、科技创新的实验区、改革推进的特区、城镇发展的新区、对接发达地区的前沿”。在基础建设上，着力完善基础设施和配套设施，提升品位，优化结构布局。香屯工业小区、虎头岭工业小区要进一步巩固发展，重点推进园区主干道、珍珠河滚水坝和美化绿化等工程；银鹿工业小区要扩充土地存量，加大“三通一平”工作力度，并力争到年底建成 20 - 30 幢钢结构标准厂房；九都工业小区要年底拿出规划，条件成熟时立即筹建，积极打造“道口”经济，建成德兴的“深圳”。在项目引进上，按照“因园制宜，一园一策，有进有退”的原则，将一批“环境污染少、经济效益好、科技含量高、产业带动能力强”的企业引进园区，大力清理只划地不建设、只开工不投产和污染重效益低的企业。对已签定的大项目，如重庆改性沥青、鸿祥木业、铜都服装厂、年产 3 万吨超细碳酸钙等项目要跟踪推进，促其早开工、早投产、早见效，提高项目的履约率、开工率和投产率。香屯工业小区重点引进建材、化工、冶炼产业，虎头岭工业小区重点引进医药、农副产品深加工产业，银鹿工业小区重点引进科技含量高和“两头在外”产业。在管理服务上，坚持按月对园区企业生产经营情况进行调度分析，及时发现情况，提供优质服务；加紧制定完善《关于工业园区优惠政策的若干规定》，对工业园区各项优惠政策再明确、再细化，实行“一本子对外”；进一步加强园区队伍建设，转变工作作风，优化服务质量；完善园区考评机制，加强对工业园区单位面积投入和产出的考核，推动工业园区实现质量和效益同步发展。

三、推进招商引资，大力发展开放型经济

在拉动经济发展的“三驾马车”中，投入最关键，而解决投入问题最直接、最有效、最现实的途径就是招商引资。今年，市政府把招商引资作为加快工业发展的“一号工程”，做到不松劲、不减压、再升温。首先，领导上高要求。市委、市政府班子成员每人负责一项以上重点招商项目，至少要引进一个“双五”（产值500万元，利税50万元）规模以上企业；市人大、市政协班子至少要引进若干个“双五”规模以上企业；市直单位要完成进资任务，也要有独立项目数量。招商引资是乡镇班子成员的共同任务，书记负总责，主抓招商。驻市条管单位也积极参与招商引资，有指导任务数。其次，项目上精包装。项目是经济的增长点，是外商投资的主要依托。没有好项目大项目，就很难吸引外商投资，企业也就产生不了集聚和裂变效应。围绕矿产资源转化、传统生产线的改造和扩张等方面，我们策划包装了一批具有前瞻性、可行性、盈利性、动态性的项目，如金山金矿田规模开发、黄金冶炼厂、重庆改性沥青、五氧化二钒开发、黄柏石灰厂资源综合利用、黄柏垣水电站、年产10万吨酸硫生产线和超细重质碳酸钙等项目。对于这些吸引力强、发展前景好的大项目、精品项目，我们紧跟不放，一抓到底。目前，有的已签订投资协议，有的已开工投产，成为我市新的经济增长点。再次，方式上求灵活。坚持长年招商与集中招商相结合，网上招商与会展招商相结合，专业招商与代理招商相结合，政府主导与企业主战相结合，并充分发挥浙江亲缘、地缘优势和外企协会的作用，做到亲情招商，以商招商。在“长珠闽”发达地区设立流动招商站，聘请一批招商联络员，实行委托招商、代理招商。通过这些做法，截止2004年6月底全市共签定、实施引资合同73个，其中工业项目56个，占项目总数的76%。

四、优化发展环境，提升服务水平

在要求自由流动的市场经济条件下，环境就是生产力，就是经济的综合吸引力和集聚力。工业经济要发展，必须要有一个优质的服务环境。围绕环境建设服务经济发展的要求。我市一方面，着力改善硬环境。在交通建设上，加紧筹建九德一级公路，推进横白线、皈港线、李暖线、梧枫洞旅游公路和一批乡村公路建设，破解交通“瓶颈”制约。在城市建设上，不断完善城市功能，提升城市品位，倾力建设南门新区、女儿田小区和“一河两岸”工程等建设，打造一流的城市环境。另一方面，大力优化软环境。在塑造“窗口”形象上，坚持“一厅式”办公、“一单式”收费、“一站式”审批和“一条龙”服务制度，无偿为企业提供咨询服务、信息服务，为客商代理审批办证手续。在服务制度建设上，坚持承诺兑现制，对于承诺的有关政策，一诺千金，坚决兑现。健全重点项目跟踪服务责任制、重大项目服务督查制度、定期走访企业制度和责任追究等制度，加强对重点企业和重大项目的跟踪服务，加强与企业的信息沟通，通过宏观经济政策对企业进行引导，为企业决策提供政策和法律依据。

五、创新体制机制，促进工业经济协调发展

我市企业在各项配套改革和后续改革上，尤其是在指导和规范各种所有制企业深化股份制改造上，还存在薄弱环节。必须创新体制机制，通过更加大胆、更加开放、更加灵活的举措，消除和发达地区对接互动的体制壁垒，进一步处理好政府、企业、市场三者的关系。在机制创新上。要促进企业由单一的业主制和“家族经营”向现代企业制度转变。积极引导异VC钠公司、天海集团等一批优势企业，完善公司法人治理结构，创造条件，争取尽快上市，发行企业债券或者到海外融资。其它一些暂不具备条件的企业，也要重视改进内部组织结构和管理结构，实现投资主体多元化，实现所有权与经营权分离。在科技创新上。要促进企业从劳动密集型向技术密集和劳动密集相结合转变。企业的发展史就是科技的创新史，我市一些骨干企业的发展壮大很大程度上就是依靠科技进步，各企业必须重视技术引进，增加科技含量，提高员工的知识和技能，建立学习型的组织，以提高企业的核心竞争力，实现可持续发展。在管理创新上。要促进企业经营管理从经验型向现代管理转变。企业要发展，就必须要引入现代管理模式和经营理念，探索建立高效的内部竞争机制、分配机制、激励机制，依法完善财务制度，规范企业内部运作，不断提高经营和管理水平，促进全市工业经济持续快快速度发展。

德兴市重点企业名录库

（2003 年）

企 业 名 称	通 讯 地 址	资产总额（万元）	销售收入（万元）	员工人数（人）
江西铜业股份有限公司德兴铜矿	德兴市德兴铜矿	351 573	174 097	6 410
弋阳江冶有色加工厂 308 分厂	德兴市银城镇		13 328	680
德兴铜矿机械制造(集团)有限公司	德兴市德兴铜矿礼村	11 879	13 053	994
德兴铜矿建设有限公司	德兴市德兴铜矿	5 035	9 664	911
江西金山金矿	德兴市花桥镇	16 961	7 649	626
江铜矿山新技术开发有限公司	德兴市德兴铜矿中区	6 159	7 365	327
德兴市百勤异 VC 钠有限公司	德兴市新岗山镇	5 186	7 224	457
德兴市力航铜材线缆有限公司	德兴市泗洲镇	4 175	6 300	92
德兴市供电有限责任公司	德兴市银城镇朝阳路 4 号	9 020	6 278	740
江西铜业集团银山矿业有限责任公司	德兴市银城镇	3 644	6 234	1 355
德兴益村实业有限公司	德兴市德兴铜矿南区	5 173	6 020	1 106
江西德兴铜矿运输有限公司	德兴市德兴铜矿	1 110	4 902	832
德兴市粮油购销公司	德兴市银城镇洎水路 8 号	2 776	4 150	245
德兴市洁美鬃业(集团)有限公司	德兴市泗洲镇潭埠村	2 921	3 655	454
德兴市花桥金矿有限责任公司	德兴市花桥镇黄柏洋	7 439	3 289	316
江西省德畅集团	德兴市花桥镇	7 493	3 275	580
江西天海集团有限公司	德兴市泗洲镇金家 189 号	10 469	2 892	352
德兴市雄鹰建筑企业有限公司	德兴市银城中路 277 号	1 018	2 855	648
德兴市粮油直属购销公司	德兴市银城镇	3 585	2 743	295
德兴市天峰雄狮水泥有限责任公司	德兴市香屯镇	1 967	2 587	250
德兴市中兴建筑企业有限公司	德兴市银城路 104 号	3 922	2 438	2 212
江西铜业公司德兴铜矿自来水公司	德兴市德兴铜矿	2 050	2 008	213
德兴市第一建筑有限公司	德兴市泗洲镇金家居	1 794	1 626	380
德兴市长荣天然香料厂	德兴市银城西路 151 号	1 379	1 566	33
德兴市新兴木竹模板有限公司	德兴市银城镇新营二	1 378	1 272	153
德兴市物资总公司	德兴市银城中路 238 号	507	1 219	85
德兴市维东山设备有限公司	德兴市泗洲镇	1 593	1 200	53
江西德铜泵业有限公司	德兴市香屯镇转运站	332	970	36
德兴市新华书店	德兴市银城镇朝阳路 1 号	836	839	26
德兴市大和纸业有限公司	德兴市银城南路 218 号	2 215	768	36
德兴市金竹模板有限公司	德兴市银城镇铜都大 道	431	721	135
江西铜业公司银山建设总公司	德兴市银城镇	1 277	716	523
大茅山集团有限责任公司发电公司	德兴市花桥镇金城西	4 352	654	185
德兴市发电公司	德兴市银城镇阳路 42 号	2 433	630	126
德兴市鹏辉经济贸易有限公司	德兴市朝阳路 17 号	80	575	13
德兴市黄柏石灰厂	德兴市黄柏乡胡家村	210	546	106
章玉铸造有限公司	德兴市海口镇	250	532	39
德兴市万乐轧钢厂	德兴市泗洲镇张家畈	206	494	48
德兴市渔塘股份制金矿	德兴市花桥镇石碑板	515	449	48
铜海尾矿回收有限公司	德兴市德兴铜矿	831	406	67
德兴市上洛金矿	德兴市泗洲镇	278	404	65
江西现代液压设备维修中心	德兴市德兴铜矿中区	1 178	373	41
德兴市石碑金矿	德兴市花桥镇石碑金	479	342	62
德兴市黄柏洋金矿	德兴市花桥镇	250	341	75
德兴市陈充金矿	德兴市泗洲镇	519	340	82
德兴市自来水公司	德兴市银城镇	965	248	140
江西铜业集团公司地质勘探工程公司	德兴市银城镇	611	257	43
大茅山建筑公司	德兴市花桥镇	288	236	70
德兴市三联工艺品厂	德兴市银山西路 100 号	117	233	125
江西省绿野木业有限公司	德兴市银城镇虎头岭	4 932	227	779

【县情简介】

旭日东升霞满天

上饶县开放型经济发展情况

上饶县地处通闽入浙之要冲－－赣东北，史有“八省通衢”之称，直接面临江、浙、沪、闽等沿海开放地区，是江西省对外开放的东大门，是东部发达地区产业转移的承接地、沿海的后花园和西部大开发的中转站。全县土地面积2240平方公里，其中：耕地面积36.4万亩，山地面积240.45万亩，水域面积9.28万亩，构成“七分半山分半田，一分水路和庄园”的概貌。全县总人口72万，其中农业人口67万。辖11个建制镇16个乡。是国家重点扶贫县，县城旭日镇，为江西省一等卫生城。上饶县有着渊远的人文历史、独特的区位优势、便利的交通条件、优美的自然风光、丰富的物产资源、优越的投资环境，是各方人士投资兴业的热土。

为实现省委、省政府确立的江西在中部地区快速崛起的奋斗目标，全县人民在县委、县政府的正确领导下，以党的十六届三中全会精神和“三个代表”重要思想为指导，紧紧围绕上饶市委、市政府“掉头向东，通江达海，对接长珠闽，实现大发展”开放主战略，进一步解放思想，加大招商引资力度，真抓实干，全县开放型经济工作呈现出良好的发展局面。

一、基本情况

2003年，全县共签约市外合同项目86个，合同引进资金28.77亿元，实际引进资金14.56亿元(其中争取上级资金与去年项目今年进资2.63亿元)，比上年同期分别增长225%和109.5%，占全年任务的111.7%。签约境外项目6个，签约项目资金1729.1万美元，实际进资1828.658万美元，比上年同期分别增长256%和227.13%，为年任务(671万美元)的272.5%。

二、主要做法

1. 统一思想，明确目标。年初，召开了全县招商引资誓师大会，以饶县发［2003］1号文件下发了《切实抓好2003招商引资工作的实施意见》，分配任务，每月以公告牌、简报、电视专题、通报等形式通报警示，促进进度。以“主攻浙闽，拓展沪粤，突破港台”为重点，坚持一、二、三产业联动，大、中、小项目并举，统一思想，明确任务，形成合力。

2. 措施得力，责任到位。一是进一步调整充实了县开放型经济工作领导小组，由县委、县政府的主要领导分别任第一组长和组长，实行乡镇党政领导一人主内、一人主外和县直单位、部门“一把手”全年有三分之二的时间和精力抓招商引资；二是落实了从县党政班子成员到各乡(镇)和县直经济综合管理部门确保全年分别引进一个1000万元以上工业项目进工业园区或两个500万元以上项目进农业示范园区的目标；三是确立了由县经济发展环境整治领导小组牵头组织对33个窗口单位进行二次以上形象测评的优化软环境运行方式；四是实行了“谁引进、谁负责”的首办责任制；五是在旭日工业园区实行“异地办厂、原地纳税”的政策，规范了乡镇和县直部门、单位引进项目的激励机制。

3. 高位推动，率先垂范。县四套班子领导积级参与，全力以赴，各乡镇和县直单位努力跟进，在大项目的跟踪洽谈中，由县委、政府主要领导挂钩负责。已签约进旭日工业园和农业示范园项目47个，其中：1000万元以下的项目有30个，1000万元至亿元项目有50个，过亿元项目有7个。14个县领导现已全部完成了今年的招商引资任务。

4. 创新机制，方式灵活。全面实施了“基地化招商，线型化引进”的招商战略，把重点放在东部沿海地区，主攻浙江。以浙江省温岭、玉环两市县为主要基地，绍兴、诸暨两市为辅助基地，立足基地，对接渗透，线型引进，滚动推进，寻找客源、招引项目。2003年7月份，分别在温岭、玉环两市县举办了“2003上饶县(温岭、玉环)知名企业家恳谈会”，邀请了浙江知名企业家219人，签订合同(意向)项目50个，签约资金78000万元，有15个项目已进资，7个项目已开工建设。10月8日，又与诸暨市的浙江恒久机械集团公司正式签订了投资25000万元独资兴建江西恒久链条工业园项目。同时，创新了外派定点，系统渗透的新方式，已选派60名乡镇和县直单位、部门领导干部赴确定的重点引资区域挂职跟班学习，交朋友，引项目，阔视野。此外，还采取网络、小分队、以商招商等多种形式，多渠道开展招商引资工作，至今已有55个项目来自东部沿海地区，占项目总数的73.3%。特别是，2003年上半年，针对“非典”疫情蔓延的实际，在外出招商受到一定限制的条件下，充分运用电话、传真、网络等现代通讯和媒体技术手段，保障我县对外招商引资信息的收集和发布，保持与外地客商的紧密联系，以我们优越的招商政策和上乘的服务环境吸引客商，收到了明显的招商效果。在4—5月份签约的44个项目中，通过电话、传真、网络等形式引进的项目有16个。

5. 夯实基础，策应会展。一是加大了项目的包装和推介力度，着重提高了项目的含金量和吸引力，制作出了一批质量好、科技含量高、发展前景广的好项目，并及时登录到上饶县招商网站上，吸引大批客商前来洽谈；二是通过各种媒体，积极有效地宣传上饶县、推介园区、营造氛围；三是积极参加省、市组织的各种项目推介会和经贸洽谈会等会展，宣传和推介项目，寻找投资，签订合约，落实项目，2003年参加、组织各种会议，共签订意向项目33个，正式合同项目23个，投资额达9.95亿元，落实项目18个，实际进资1.49亿元。四是建设高素质招商队伍，采取多种行之有效的方式，分期分批对现有的招商队伍进行了强化培训，让他们了解政策，掌握方法，善于公关，善于谈判，打得开工作局面。

6. 打造平台，优化环境。加大招商平台旭日工业园区的基础设施建设力度。今年以来，我县以基础设施推进为重点，以开工投资等“七率”要求为目标，整合资源，合力攻坚，全面夯实园区各项建设。一是狠抓基础设施快速推进。2003年6—9月份，对旭日工业园区内及县城的主要道路建设，组织“百日攻坚战”活动，按照“一个项目、一名领导、一支队伍、一抓到底”的机制，抽调8名县直单位一把手蹲点现场，靠前协调，狠抓进度。二是抓狠园区外部环境建设。切实保障园区失地农民利益，制定确保土地征用补偿足额到户等“七条渠道”，出台失地农民参加社保、医保和就业培训三个《暂行办法》，全面、系统、合理地解决他们的生产、生活出路，有效的维护了园区的顺利推进。三是狠抓入园企业的开工投产。坚持一手抓新项目签约引进，一手抓入园企业开工建设，扎实开展“开工投产月活动”。仅9、10两月，园区就依法收回3家企业占而不用土地250亩，规范园区用地行为，新增开工企业10家；建成投产6家，签约进园项目7个，其中亿元以上项目2个。四是积极改善和优化发展环境，通过优惠的政策、优质的服务、优良的环境吸引客商，提高环境竞争力。在全县干部队伍中开展了“我是客商，最需要什么服务”大讨论，采取换位式和上门式的服务方式，定期到企业了解新的进展动态，帮助办理证照及开工建设等有关事宜，强化了为客商服务的自觉性、主动性、积极性。对每一个落户工业园区的项目，都成立了一名副科级以上领导干部为主的3—5人服务小组，定时、定期到企业了解新的进展动态。在非典疫情期间，全县上下、从县级领导到乡镇、部门共走访、送药上门到落户企业200余家700余人次，送去防治药品价值10万余元，让投资商倍感他乡人也亲的关心爱护，融洽了感情，增强了投资者的信心。

7. 以特招商，以商招商。充分利用我县的特色区位和资源优势开展招商引资，结合实际，优化整合。县委、县政府提出了板块经济的发展思路与重点产业发展规划以及高速公路沿线八个乡镇经济发展布局的整体规划，分类指导，因企制宜，增强了磁性效应。通过真心实意地帮助在饶投资企业搞好服务，共促发展，请他们以切身的感受现身说法引荐亲朋好友来饶投资兴业，促进以商招商。

上饶县重点企业名录库

（2003年）

企业名称	通讯地址	资产总额（万元）	销售收入（万元）	员工人数（人）
江西上饶县新丰铜业有限公司	上饶县枫岭头镇黄源村	3 729	19 355	45
上饶县申力贵金属冶炼公司	上饶县皂头镇象山村	2 751	8 544	20
上饶县日升建筑工程有限公司	上饶县旭日镇	500	8 100	1 010
上饶县宏城房地产发展有限公司	上饶县旭日镇	1 487	7 286	18
上饶县供电有限公司	上饶县旭日镇南灵中路55号	16 867	7 149	734
江西上饶县石油化工有限公司	上饶县旭日镇大桥东	17 665	4 959	86
江西上饶县派特贵金属冶炼厂	上饶县枫岭头镇	2 183	4 397	10
上饶县长城化工助剂有限公司	江西上饶旭日镇黄源村	4 244	3 809	148
江西省上饶县全良液酒业有限公司	江西上饶县皂头镇	17 052	3 577	504
上饶县旭日房地产开发公司	上饶县旭日镇	647	2 912	34
上饶县粮油公司	上饶县旭日镇	8 088	2 830	922
上饶友邦房地产开发有限公司	上饶县旭日镇	3 180	2 600	28
江西福田实业有限公司	江西上饶旭日旭日东路1号	6 002	2 485	206
江西上饶康达制药有限公司	上饶县罗桥	7 097	2 372	360
江西省上饶县医药公司	上饶县旭日镇南灵中路27号	1 418	2 343	131
上饶县烟草公司	上饶县旭日镇南灵北路21号	252	2 342	104
上饶京宝路桥工程有限公司	上饶市水南街	1 000	2 091	679
上饶县姚坪矿产有限公司	上饶县姚坪工业园	750	2 011	47
江西上饶天峰水泥有限公司	上饶县旭日镇工业走廊	5 997	1 993	215
上饶县粮益建筑工程公司	上饶县旭日镇	700	1 980	560
上饶县邮政局	上饶县旭日镇	2 319	1 928	122
江西上饶吉阳水泥有限公司	上饶县石狮乡吉阳村	2 103	1 827	253
上饶饶城水泥有限公司	上饶县旭日镇	1 279	1 631	156
江西盛水实业集团有限公司	上饶县大地乡	6 400	1 600	886
上饶县新华书店	上饶县旭日镇	785	1 558	49
上饶县新安民爆器材有限公司	上饶县旭日镇	170	1 487	16
江西天日实业有限公司	上饶县旭日镇南灵中路28号	3 039	1 436	40
江西上茂生发展有限公司	上饶县旭日镇南灵北路	969	1 200	20
上饶县杰昌房地产开发有限公司	上饶县旭日镇旭日东路	1 642	1 120	9
上饶县下会坑水力发电有限公司	上饶县花厅镇前程村	13 569	1 087	49
上饶县市政工程公司	上饶县旭日镇	600	1 000	168
江西凯恩房地产有限公司	上饶县新建西路	2 922	838	16
江西奥能水电开发有限公司	上饶县旭日镇	13 481	836	100
上饶县远大水建工程公司	上饶县旭日镇	300	770	20
上饶市国图置业有限公司	上饶县旭日镇	1 611	615	18
上饶裕林金属材料厂	上饶县工业园区	1 218	610	40
江西上饶龙发矿业有限公司	上饶县田墩镇东坑	1 415	495	150
江西上饶田墩镇双源村联合煤矿	上饶县田墩镇双源村	685	455	110
江西上饶国人实业有限公司	上饶县石人乡双兔山	2 058	420	290
开元电站控制设备制造有限公司	江西上饶旭日工业园区	243	417	47
上饶县海泉绒绣工艺品厂	上饶县皂头镇	105	400	1 500
上饶华坛山综合垦殖场革坂营石矿	上饶县华坛山镇	194	391	148
江西霞光企业集团有限公司	上饶县枫岭头镇龙井湾	2 241	276	115
上饶县日中天光学有限公司	上饶县320国道	529	266	80
上饶县月亮山化工有限责任公司	上饶县旭日镇旭日工业园	3 795	254	40
上饶县三鼎实业有限公司	上饶县皂 头镇	1 636	245	120
江西华怡服装有限公司	上饶县旭日镇旭日工业园	635	219	160
上饶县教育印刷厂	上饶县旭日路17号	107	219	20
上饶县清水罐头食品有限公司	上饶县旭日工业走廊	274	213	50
江西上饶县石狮片石总厂	上饶县石狮乡	115	210	100

【县情简介】

广 丰 县

【区位优势】

广丰县地处江西省东北部，东邻浙江省江山市，南连福建省浦城县与武夷山市，西接上饶县和信州区，北毗玉山县，为赣浙闽三省交界处。县政府历驻永丰镇。除武夷山市外，县城均有公路干线与周边县、市、区相通，各乡、镇亦均有水泥公路或沥清公路与县城相连。县城距上饶市政府驻地23公里，距省会南昌273公里。

【行政区划】

全县国土面积1377.79平方公里，下辖16镇、7乡计173个村委会、45个居委会、3735个村（居）民小组。2003年，年末总户数187020户，总人口763579人，人口密度为每平方公里554.21人；耕地273891公亩，人平占有耕地0.36亩，是本省、本市有名的"人多田少"处。

【自然条件】

地处武夷山脉北段、仙霞岭以西，地势南高北低。地理坐标：北纬38°3′30″－28°37′23″，东经118°1′18″－118°29′15″，属于中亚热带季风湿润气候带。气候温和，雨量充沛，光照充足，四季公明，年平均气温18.9℃，无霜期280天，降雨量1251.6毫米，日照时数2170.3小时。境内主要河流丰溪。最高山峰铜钹山，海拔1534.6米。

【资源状况】

水资源年径流量21.62亿立方米；地下水储量1.64亿立方米；各河段水能理论蓄能量11.94万千瓦。森林资源主要有杉、松、毛竹、樟、栎、木荷、泡桐、杨、柏、苦楝等用材林和油茶、油桐、乌柏、柑桔、李、柚、板栗等经济林及杜仲、厚朴等中药材。矿产资源已开发的有铜、铁、钨、磷、白云石、黑滑石、萤石、石灰石、膨润土、煤、石煤、花岗岩、珍珠岩、粘土等，待开发的有铀、钼、镍、银、铝、锰、钴、铅等金属矿和砩石、云母、方解石、水晶、玛瑙、瓷土、硫、重晶石、矾等非金属矿。

【经济概述】

20世纪90年代以来，广丰经济发展日新月异，经济实力快速增长，发生了翻天覆地的变化，由贫困县成为全省经济强县。全县生产总值2003年达46.12亿元，比1949年的1724万元增长266倍，人均生产总值为6506元，比1949年的57元增长113.14倍；财政收入2003年为46487万元，比1949年的121万元增长383倍；从1995年起由财政吃补贴县成为财政上缴县。在经济总量中，2003年第一产业7.88亿元，占17.09%，第二产业19.65亿元，占42.61%，第三产业18.59亿元，占40.3%。经济结构日趋优化，多次被评为上饶地区创评先进县市活动第一名。

【劳务输出】

全县20万劳务输出大军走南闯北，足迹遍及20多个省、市，年收入达4－5亿元。劳务档资也不断提高，很快由挖运土方为主发展到机械作业，全县已形成了二级建筑企业3家、三级建筑企业12家、四级建筑企业20家，并形成了一批百万富翁、千万富翁，其中已有不少人把县外学到的技术、挣到的资金，带回家乡创办企业。在此同时，中共广丰县委、县人民政府多次制定优惠办法，积极开展招商引资，仅2003年，全县实际利用境外资金2000万美元，县外资金14亿元，有力地促进了县域经济的发展。

【工业经济】

自建县以来至新中国建立，广丰县的工业只有制陶、石灰、砖瓦、农具、家具、夏布、土纸等手工作坊和一些小煤窑、砖瓦窑，至1949年全县工业总产值只有9万元，不到工农业总产值的0.4%。新中国建立后，工业虽然有很大发展，但到1990年，工业总产值仍只占工农业总产值43%。1991年，广丰卷烟厂被列为国家计划内地方烟厂后，县委及时作出了"举全县之力办好广丰烟厂"的决策，对烟厂进行了两次异地技改，新建了厂房，大大提高了机械化、自动化程度，提高了科技含量，使该厂上了大台阶，并由烟厂牵头陆续办起了丰华彩印公司、卷烟材料总厂、广厦包装公司及酒业、高级装饰板材、蓄电池、卫生用品、电光源、化工等14家新的工业企业，并在此基础上，组成了月兔集团，促进了全县工业飞跃发展。全县工业总产值2003年为40.37亿元，比1949年增长44852倍。形成了包括食品、建材、采矿及加工、电力、化工、机械、造纸、饲养、医药、印刷、烟花鞭炮、轻工纺织等多种门类的工业体系，涌现了月兔集团等一批工业企业集团和骨干企业。"月兔"已成为江西省驰名品牌，峰固牌425水泥、4A膨润土矿粉、广丰牌S195凸轮轴、金鸡牌竹编动物工艺品、庐山牌雕花樟木箱等一大批工业产品获得了省优称号。工业总产值占工农业总产值的比重2002年为74.96%，2003年提高到76.94%，全县财政收入的80%以上来自工业。

【城镇建设】

随着市场经济体制的不断完善，市场化程度的不断提高，城镇建设坚持“商业化开发、商业化管理”的路子，实现了城镇面貌的巨变。从1992至2000年，县城共吸收17.6亿元商业化资金投入建设，城区面积增加到10.5平方公里，常住人口从2万增加到8.5万人。拆迁旧房32万平方米，新建和改建道路61万平方米，新建房屋230平方米，人均住房面积达20.3平方米。2002年人均绿地面积达8.02平方米，绿化复盖率35.94%。建成了占地五万多平方米的月兔广场和河滨公园及芦林工业区、水南新区、金三角小区、白鹤畈住宅区、山区住宅、裕花园占式住宅区等十多个开发小区和竹航山岭以园、水尾山风景区，新建了永丰大道商业街、丰溪路商业街和芦林大道、新鸟林街、裕丰大道等宽敞、明亮、美丽的新街道。建成了永丰大桥、水南大桥、芦洲大桥、广丰大桥等构连“一河两岸”的城区大桥。建成了广丰商城、裕丰市场、芦林大市场、南山建材市场等一批颇具规模的交易市场。1995年，全省城建现场会在广丰召开，总结推广了广丰县“规划先行，房改启动，地改聚资，多元投资，滚动发展”的城建新路子，并将其定名为“广丰模式”，向全省经济欠发达地区推广。在着力建设县城的同时，乡村建设也同步发展。各乡镇都以一条街为主，进行综合开发，配套建设，新建各类房屋500多万平方米，建成了一批整齐美观的居民新村。

【人民生活】

广丰由于历来以农为主又“田少人多”人民生活十分困苦。中华人民共和国成立后，特别是改革开放以来，随着经济飞速发展，城乡人民的生活有了明显的改善。职工年平均工资2003年为10665元，比1949年的184元增长57倍；农民人均纯收入2003年为3123元，比1978年增长30倍。2003年，农村人平住房达26.59平方米，户平用电量达200.79度，每百户有大型家具90件、电风扇159台、自行车113辆、摩托车6辆、电话(包括固定电话、移动电话、寻呼机)40部、彩电26台、黑白电视机79台、影碟机9台、收录机10台、家用计算机2台。2003年全县各项存款达232560万元，户平达12435元，人平达3046元。

【旅游资源】

因境内有天桂岩、白花岩、东岩三处胜地而别有名“三岩”。天桂岩位于排山镇排山村南侧，洞穴深遂，景观奇特，素有“江档第一洞天”之称，其岩石刻为省级文物保护单位；白花岩在岭底乡的崇山峻岭之中，岩前有奇石，岩背石窦陡悬，前人有诗誉为“兀傲东南第一峰”；东岩位于横山镇，幽藏于山林深处，岩广数十丈，气势雄伟，旧时岩前有“五溪”(双溪、桃溪、梅溪、松溪、竹溪)胜景，今五溪涓涓细流已成高峡平湖－－关里水库，为东岩抹上了时代的色彩。“三岩”之处，还有位于嵩峰乡石岩村的六石突兀、陡峭参天的“六石岩”；洋口镇境内栩栩如生的仙洞、新洞、石龙、石佛；曾为南宋诗人杨万里赞尝并题咏的社后乡以省重点寺庙灵鹫寺为中心的“灵鹫十景”；号称“天下第二丛林”的洋口镇博山寺；位于岭底乡的省级文物保护单位－－清杨文起义聚义的九仙山古城堡；岭底乡境内还有六道古关隘，高阳村高庄的古瓷窑，位于高阳的县苏维埃政府旧址和红军十八勇士壮烈牺牲的红军岩；风景秀丽多姿的军潭、七星水库、月亮湾等景观可供游人览；管村乡龙溪村以祝氏宗祠、文昌阁、水仙阁为代表的明清古建筑群和十都乡的百间大屋，不但可供游览，还对古建筑研究颇有价值；县城近年建成的占地5万多平方米的月兔广场、地跨“一可两岸”的河滨公园，有广灵寺、永和塔等景观的水尾山风景区和大片绿树成荫、果花盛开的西坛果园，也吸引着附近游客络绎不绝，流连忘返。

【发展前景】

广丰将继续坚持科教兴县、工业强县、农业稳县、三产旺县战略和依法治县；依托公路干线，发展特色经济；拓展县城中心点，以建制镇为龙头，加快基础设施和小城镇建设步伐；以旅游业为突破口，全面发展第三产业；改善投资环境，扩大对外开放，积极引进县外资金与技术；合理利用资源，注重环境保护和生态建设，走可持续发展之路，为使广丰在全省、全市保持领先地位，使广丰以繁荣、民主、文明的崭新丰采，跻身于全国百强县之列，挺立在富有革命传统的赣东北大地上。

【县长论坛】

树立科学发展观，建设美好新广丰

广丰县人民政府县长　　郑卫平

2003经济社会快速发展，综合实力全面提升，三个文明建设协调推进，改革开放和现代化建设取得较大成果。各项经济指标呈现出良好的发展态势。

国民经济保持良好发展势头。全县共实现生产总值46.12亿元，同比增长12%；工业总产值40.3亿元，增长20.52%，规模以上工业增加值6.67亿元，增长21.08%；农业总产值12.1亿元，增长6.1%，财政总收入4.648亿元，增长12%，一般预算收入2.304亿元，增长8.2%；累计完成全社会固定资产投资8.8亿元，增长51.51%；一、二、三产的比例由上年的20.06∶41.76∶38.18调整为17.09∶42.61∶40.3。全县共注册各类商标212件，工业品类别1000多个，基本形成食品、纸业、金属制造、服装、化工矿产等五大产业，初步改变了"一支烟"经济格局。调优产业结构的同时，月兔集团等一批工业企业还积极优化产品结构，广丰卷烟厂加大了创品牌力度，现已跻身全国千强工业企业行列。尤其重要的是，我们抓住了国家卷烟工业结构调整契机，经多方努力，将广丰卷烟厂成功地保留下来。

对外开放进一步扩大。招商引资取得重大突破，2003年共引进项目310个，其中境外项目6个，省外项目52个。合同引资32亿元，增长224.78%，实际进资14亿元，增长201.5%；实际引进境外资金2000万美元，比上年翻了三番，并荣获2003年度全市发展开放型经济第一名的好成绩。经济发展外向度进一步提高，外贸出口有新的突破，信和宇服饰等企业的产品销往罗马尼亚、韩国、台湾等国家和地区，与我县有外贸往来的国家和地区已达12个，外贸出口总额达420万美元，增长17%。

民营经济快速发展。民营经济的总量、质量和民营企业的规模都有较大突破，全县累计实现民营企业总产值41.32亿元，同比增长22.8%。全县现有民营企业和个体工商户14985家，比上年增加893家，累计从业人员6.1万人，比上年增加2405人。

工业园区建设高效率推进。芦林工业园区按12平方公里的规模进行了重新规划和功能分区，投入1.8亿元资金，基础设施建设基本完成，新增面积1.74平方分里，现已达到4.5平方公里的规模，集聚效应已经凸现。截止2003年底，入园企业101家，新增15家，实现工业总产值28.53亿元，销售收入26.42亿元，税金2.83亿元，园区就业人数达1.32万人，成为全省十大工业园区。

城市建设和基础设施建设力度不断加大。县城总体规划修编工作基本完成。到2003年止城市建设资金投入达2亿多元。重点工程建设逐步推进，投入1800万元的永丰大道改造工程、360万元的"一塔两岸三桥"亮化工程、1400万元的县城供水管网改造工程以及投入100多万元的县城各住宅小区、里弄小巷的水泥路面、下水道修复和路灯照明等民心工程均已完成。创建工作再上台阶，顺利通过了全国卫生县城和省级文明县城的又一轮验收，并被省政府授予"江西省园林城市"称号。

农村经济社会进一步发展。扶持培育了一批农业龙头企业，到2003年止现有一定规模的农业产业化经营组织21家，其中省级龙头企业2家，市级龙头企业2家，年产值3000万元以上的6家。加快了优质农产品基地建设，全县天桂梨基地面积达2.6万亩，养殖白耳黄鸡600万羽，三个农副产品基地被列为省级"无公害农产品基地"。争创了一批优质农产品品牌，2个农产品获得"绿色食品"证书，3个农产品品牌获得省级著名商标称号，白耳黄鸡申报原产地域保护已通过省级审核，并报国家质监总局审批。激活了农副产品流通，发展了900多名农民经纪人。此外，还积极引导农民外出务工，增加非农收入，全县外出务工人数逾20万人，年劳务收入10多亿元，农村经济进一步发展。

城乡人民群众生活继续改善。到2003年止城镇职工平均工资达1.12万元，净增1928元，农民人均纯收入达3123元，净增160万元。全县存款余额达23.26亿元，增长19.4%，年末贷款余额达17.37亿元，增长15.22%。全社会消费品零售总额达10.54亿元，增长10.93%。

但在经济生活中也存在一些困难和问题。对于这些前进中的问题，我们要高度重视，坚持用改革和发展的办法，采取综合措施，努力加以解决。

一、加快发展步伐，迅速做大县域经济总量

做大做强工业园区。坚持"政府引导、市场运作、整体规划、科学布局、滚动开发、分步建设"的原则，着力增强工业园区的产业聚集能力、就业吸纳能力、环境承载能力、要素集约能力和自主创新能力，努力提高工业园区的产业集中度和集约化经营水平。对工业园区建设要突出加强三方面的工作。一是努力实现园区管委会职能的转变。改变"以建为主"的工作模式，推行"筹资、开发、建设、招商、管理、服务"相结合的园区建管模式，既解决建园资金问题，又强化管委会服务企业的职能。二是加快芦林工业园区建设进度，充分发挥湖丰镇集铁道、国道、高速公路于一体的区位优势，大力发展道口经济。三是加大园区集约化经营力度，强化园区每平方公里的投资密度，防止企业盲目圈地，促进工业园区集约化发展。力争园区企业总数超过150家，销售收入达40亿元，税收3亿元，就业人数达2万人。

做大做强一批重点骨干企业。首先是做大做强月兔集团，抓住广丰卷烟厂正式保留的机遇，引导月兔集团强化内部管理，建立产权清晰的现代企业制度和新型运行机制；鼓励月兔集团实施品牌扩张战略，选准目标，科学论证，介入有前景的新兴产业。同时，全力将丰华彩印和广厦包装公司做大做优，由配套型企业向外拓型企业转变，推动月兔集团整体快速发展，力争月兔集团今年销售收入超过20亿元。其次要着力做大做强一批规模大、前景好的重点骨干企业，要加快台鑫钢铁、烽银钢铁、精元电脑和百万吨水泥厂的施工进度，促其早投产早见效。加快三维纸业和芦林纸厂的技改步伐，促其加快产业升级，加快熔体直纺项目的前期规划进度，力争早日开工。

做大做强乡镇经济。拓宽乡镇发展空间，不断壮大乡镇经济实力，继续实施不平衡发展战略，做大做强一批重点乡镇，力争2004年财政收入过千万元的乡镇达到3个，确保所有乡镇财政收入超过100万元，彻底改变县乡发展不平衡的局面，真正实现城乡互动发展的目标。

二、加快城建步伐，提高经营城市能力

积极策应市委、市政府建设区域中心城市、上广玉信一体化的战略定位，进一步发挥区位优势，完善城市功能，提高经营城市能力，全力提升城市化水平。一是加强城镇规划体系建设。根据建设中等山水园林城市的定位，按照到2020年县城面积26.2平方公里、人口25万的规模，尽快实施县城第三轮总体规划。二是抓好一批基础设施项目建设，按照"量力而行、尽力而为"的原则，争取办好8－10件群众受益的实事、好事。三是不断提高经营城市的能力。进一步拓宽城建投融资渠道，实现投资主体多元化，运营市场化，发展产业化。综合开发利用城市资源，进一步提高土地收益，通过加大政府对土地市场的宏观调控，充分发挥市场对土地资源的价格显化作用，力争2004年经营土地收益超过3亿元。四是努力形成城市管理长效机制。进一步理顺城市管理体制，积极探索城市管理综合执法新路。巩固全国卫生县城创建成果，将国家级文明县城和国家级园林城市列为创建目标。五是加快开发铜钹山国家森林公园、博山寺、十都王家大院等旅游资源，以旅游业的发展推动城乡经济互动和繁荣。

三、继续抓好开放型经济，努力提高招商效率和经济发展外向度

保持招商引资高强度。一是按照县乡联动、以县为主、集中和分散相结合的要求，以注重实效为原则，围绕全年招商引资任务，集中力量引进一批大项目、好项目，确保每个乡镇引进千万元以上项目至少一个，工业项目要占70%以上，高技术项目的比例要有明显提高。二是抓好去年洽谈和签约项目的落实，努力提高项目履约率、进资率和开工投产率，降低招商成本。三是强化市场化招商，减少"大兵团"出击，充分利用已经形成的各种优势，尽量缩短项目洽谈、签约和落户过程，提高以商招商和代理招商效果。四是加大产业招商力度，以我县已初步形成的五大产业为依托，使五大产业不断裂变扩张，规模效应不断增强。五是积极参加省、市组织的一系列招商活动，并适时自行组织一些针对性较强的招商活动。六是建立符合国际惯例的高标准项目库，健全项目法人制度，论证、筛选、包装、储备一批符合国家产业政策、档次高、质量好、有特色的好项目，健全项目编制、洽谈、签约、实施、服务的全程责任制。七是全民安商，兑现招商引资各项承诺，进一步强化对已落户企业的后续服务，营造全民安商的浓厚氛围，使外来投资者真正感受到温暖并获得丰厚回报。八是深入开展"环境建设年"活动，继续开展行风评议活动，严肃查处损害经济发展环境的人和事，努力把广丰建设成为亲商、安商、富商，环境最好和回报最高的地方。

【招商引资】

高歌猛进谱新章

广丰县大力发展开放型经济工作经验介绍

广丰县大力实施"工业强县"战略，在较短时间内实现了由国家贫困县到全省经济强县的跨越。近几年来，尤其是2002年以来，广丰县咬定招商引资不放松，坚定不移地走"开放型经济"的道路，充分发挥毗邻东南沿海发达地区的优势，掉头向东，借力发展，以招商引资的新成果促使县域经济上新台阶。经济社会发展呈现出速度加快、效益提升、活力增强、协调发展的良好态势，县域经济竞争力得到进一步提升，进入了新一轮快速发展阶段。

服装业已成为广丰县五大支柱产业之一。该县充分发挥丰富的劳动力优势，积极引进服装生产企业，目前全县已有20余家服装生产厂家。图为从浙江引进的信和宇服饰有限公司生产场景，该公司为出口创汇企业，产品远销阿富汗、罗马尼亚等中东、中欧国家和地区。

一、主要工作业绩

2003年以来，广丰县的招商引资工作高潮迭起，硕果累累，全县共引进项目300余个，实际进资18.3亿元，五千万元以上亿元以下项目10个，亿元以上项目11个。一批企业通过招商引资这一方式，从异地他乡移植广丰，并在这块土地上茁壮成长，成为广丰县域经济建设一道亮丽的风景线。如：

2002年，广丰县从台州引进的信和宇服饰，在一年多时间里产量、产值实现翻番，目前已成为该县服装产业的龙头企业之一，今年6月份，由该公司投资的信和宇鞋业又在广丰县洋口镇投产，拉开了信和宇公司在广丰二次创业的大幕。

2003年，从台湾引进的台鑫钢铁，以1.5亿元的投资额成为全省瞩目的外资项目，目前已投入生产。

2003年，从台湾引进的世界最大手提电脑键盘生产企业——精模电脑分厂广丰精元电脑，在芦林工业区征地200余亩，摆开了宏伟的建设战场。

2003年，从澳门引进的联晖、联鑫服饰，在全县各部门的大力协助下，迅速投入生产，仅今年上半年，两公司纳税超过600万，成为全县仅次于月兔集团的纳税大户。

……

这些项目的实施，一方面弥补了县域经济快速发展投入的不足，使经济总量迅速做大，产业档次迅速提升，产业结构逐步转变，为县域经济注入了新鲜的活力和动力；另一方面，引进了大量先进、适用技术和经营管理经验，创造了上万个就业机会，而且在县外资金和项目涌入广丰县的同时，竞争机制悄然形成，不少土生土长的民营企业家化压力为动力，果断加大投资，做大企业规模，促使民营经济不断壮大，如三维纸业、赤兔木业、华昌木业等企业，近两年来企业发展很快，下一步的发展蓝图更为宏伟，民营经济将成为广丰县域经济新的增长点。

图为广丰精元电脑有限公司生产场景。该公司为台湾上市电脑公司—精元电脑集团（全球最大的电脑键盘生产企业）广丰分公司，公司占地面积234亩，全部竣工投产后，可实现年销售收入可达1亿美元，税金过千万元，可解决就业人员7000人。

二、主要工作做法

广丰县在两年的实践工作中，边实践边摸索，探求招商引资的有效途径。两年来，以"五个抓手"推动招商引资全面提升的工作方式逐步形成。

一是抓方式，增强创造力。两年来，广丰县在工作实践中，逐渐形成了一套以网上招商、专业招商、团队招商、会展招商、代理招商、以商招商为主体的立体招商模式。一是网上招商。建立了招商引资网站，编制并在网上发布了一系列项目信息，吸引了一批客商到广丰县洽谈、投资。二是小分队招商。干部两人一组，在确定招商信息后，以小分队形式赴实地邀请客商、洽谈意向。三是会展招商。通过组织招商引资恳谈会的形式，扩大广丰县的影响力，拓展与发达地区企业家的联络渠道，获取更多的投资信息。去年以来，广丰县先后在杭州、广州、厦门、义乌、深圳、东莞等地组织洽谈会，收到了很好的效果。四是以商招商，极力探索用市场手段运作招商引资的方式。去年以来，广丰县启动了招商引资代理制，在浙江、福建、广东等沿海发达地区设立代理点，以3万元的年薪选聘了一批代理人。市场化运作使广丰县的招商成本呈现出不断下降的趋势。

二是抓项目，增强吸引力。以经济学的角度来透视招商引资，无疑，一次招商引资的过程同样是一次产品与资金相交换的过程。因此，从一定意义上来讲，项目就是招商引资的产品，交易能否成功，产品有没有吸引力至关重要。两年来，县里组织精干力量全力投入项目梳理、制作、包装、推介工作，逐渐形成了一、二、三产合理布局的项目信息库，以此吸引企业家洽谈投资。今年以来，根据广丰县经济发展的新变化和国家宏观调控的新形势，县里又及时将项目制作重点转移到为五大产业配套链接上来，由县招商局先后制作了7个项目，力争用项目来吸引五大产业上下游企业来我县投资，促使五大产业做大做强。

三是抓联络，增强亲和力。为了拉近与企业家的距离，增强亲和力，广丰县在多联络、多沟通上做足做活文章。一是每年初组织乡友恳谈会，利用春节大部分在外创业成功人士回乡之际，邀请他们与县领导共叙乡情，共谋发展，让他们感受到家乡人的热情，家乡的新变化，萌生回乡投资意愿。二是对有意向的企业家，平时以电子邮件、电话等方式保持热线沟通，同时，适时到对方所在地当面邀请、洽谈，及时促进会谈进度。三是将每次在外组织洽谈会所邀请客商名单打印成册，保持联络。

四是抓服务，增强向心力。项目落户并不是招商引资的终结，反之，一个项目打入了资金，征用了土地，开始了建设，不仅不是招商引资工作的终结，而是一个新的起点，新的开始。从项目落户，到项目投产，再到发展壮大，企业有很长的路要走，当地政府有义务与企业一路相伴，提供全程服务。因此，广丰县十分注重服务工作，强调细节决定胜败、态度决定效果，尽心尽力为企业排忧解难。如今年6月份，县里组织了“县委、县政府为企业解决问题现场办公会”，将30多位企业主和相关部门请到会场，县委、政府主要领导亲自主持，促成双方现场质问和解答，当场提出处理意见，理顺了投资者的情绪，增强了党政干部在企业主心目中的向心力。

五是抓考核，注重实效性。为了严防招商引资工作中出现数字政绩，县委、县政府赋予了县招商局对全县各单位的招商引资核查权。在每季一次的核查工作中，做到每个项目实地考查，据实认定、测评，确保招商引资的实效性。

三、主要认识和体会

一是必须发动广大干群形成招商引资合力。招商引资是一项全局性的工作，没有全县各单位、各部门的通力配合，没有全县广大干部群众的积极参与、支持，是不可能取得成效的，两年的工作已经一而再，再而三地证实了这一点。

二是必须改善服务环境，努力形成“亲商、安商、富商”的发展氛围。招商难，安商更难，一个项目落户需要长时间的跟踪，反复的洽谈，成功的机率也往往很小。但项目成功引入后的后续工作，更要求细致、主动、耐心，更要求全县广大干群对企业的关注和扶持，一个“亲商、安商、富商”的发展氛围形成，需要全局性的参与，需要有全民的认同和热情，有时还需要大家作出一定的牺牲，因此，努力形成“亲商、安商、富商”的发展氛围，是广丰县今后的工作重点，也是今后的工作难点。

三是必须走可持续发展的道路，处理好发展与保护的关系。全面、协调、可持续发展，是广丰县招商引资工作一直努力的方向，既要发展经济，努力引进项目，又要着眼全局，着眼长远，绝不能用破坏来换速度，换发展。到目前为止，广丰县没有引进一个有严重污染的企业，对环境有轻微破坏的项目，工作中严格要求做好环评工作，力求处理好发展与保护的关系。

四是必须突出重点产业，形成稳定的产业支撑。两年来，服装、食品、矿产和金属制造、造纸、IT等五个企业簇群逐渐成形，但尚没有一个形成完整的产业链条，尚没有一个具有足够辐射力、影响力的龙头企业，要实现广丰县“一支烟”产业格局的彻底转变，必须形成稳定的产业支撑，这就要求在工作中找准突破口，突出重点，有的放矢，通过有意识、有目的的招商引资工作，力争在某一个或几个产业形成产业集聚效应。

广丰县重点企业名录库

（2003年）

企业名称	通讯地址	资产总额（万元）	销售收入（万元）	员工人数（人）
广丰县卷烟厂	广丰芦林工业区	48 036	57 874	2 982
江西广厦包装印刷有限公司	广丰芦林工业区	7 933	39 801	181
江西丰华彩印有限公司	广丰芦林工业区	12 174	39 684	401
广丰县供电责任有限公司	广丰县永丰镇东门	23 977	12 664	1 076
广丰县烟草公司	广丰县永丰镇西广路	800	10 729	167
广丰县宏盛建业工程有限公司	广丰县永丰镇金豪大厦	4 650	10 150	1 455
广丰县月兔高级装饰板材厂	广丰芦林工业区	1 309	10 002	130
广丰县建工集团有限公司	广丰县永丰镇西山居	6 000	9 943	2 618
江西群力建设有限公司	广丰县永丰镇北大道头	3 425	9 820	1 120
江西丰溪建筑工程有限公司	广丰永丰南屏	620	8 002	485
广丰月兔卫生用品有限公司	广丰芦林工业区	625	6 924	170
广丰县第一建筑工程公司	广丰五都	640	6 430	1 186
广丰县龙溪遂道工程有限公司	广丰县永丰镇芦林银三角	3 500	6 400	722
广丰县银鹰建设工程有限公司	广丰县洋口镇怡康西路15号	8 500	6 390	1 200
广丰月兔化工有限公司	广丰芦林工业区	1 357	5 063	74
广丰县石油公司	广丰县永丰镇	1 300	4 129	80
广丰县月兔食品有限公司	广丰芦林工业区	120	3 821	156
广丰县第八建筑工程公司	广丰县桐畈镇	867	3 200	856
江西省广丰县对外经济贸易总公司	广丰县永丰大道	1 286	3 109	41
广丰县水利水电建设工程公司	广丰县银三角	1 577	2 994	484
江西致中和酒业有限公司	广丰芦林工业区	1 676	2 718	62
江西省沙田建筑安装工程有限公司	广丰小城城安吉小区	608	2 680	703
广丰县建筑劳务输出公司	广丰县永丰镇西广路129号	978	2 570	445
江西月兔包装有限公司	广丰芦林工业区	1 329	2 568	90
广丰县同欣凸轮轴有限公司	广丰芦林工业区	1 742	2 441	406
广丰县医药公司	广丰县永丰镇东街	1 314	2 405	91
江西汪洋蒙莱特漆业有限公司	广丰芦林工业区	234	2 380	180
广丰县新华书店	广丰县永丰镇博山路	1 734	2 260	31
广丰县建筑安装工程公司	广丰县永丰镇	2 990	1 800	140
广丰滑石发展有限公司	广丰芦林工业区	3 005	1 660	280
广丰县排山塑料编织福利厂	广丰县排山镇	1 342	1 602	103
江西广丰丰溪水电有限责任公司	广丰县永丰镇西广路	10 530	1 505	406
广丰县信和宇服装有限公司	广丰县芦林工业区	696	1 500	500
广丰县芦林纸厂	广丰芦林工业区	1 600	1 342	60
广丰县绿源乳业有限公司	广丰芦林工业区	3 194	1 152	90
江西广信药业有限公司	广丰芦林工业区	3 436	1 150	155
江西省三维纸业有限公司	广丰芦林工业区	10 316	938	68
广丰县美娇夏布厂	广丰壶峤镇	260	908	80
广丰月兔塑料印务有限公司	广丰芦林工业区	398	900	80
广丰县自来水公司	广丰县永丰镇东门	2 897	845	211
广丰县汇鑫实业有限公司	广丰芦林工业区	721	843	51
广丰县赤兔木业有限公司	广丰县芦林工业区	1 250	700	46
广丰县医疗器械厂	广丰芦林工业区	1 806	671	175
广丰县家礼夏布厂	广丰县壶桥渡头村	169	507	50
广丰自盛金属结构安装工程有限公司	广丰芦林工业区	1 097	501	90
广丰下溪月兔雨具有限公司	广丰县下溪镇	80	501	30
广丰县荣汇夏布纺织公司	广丰县洋口昆山村	537	481	156
广丰县旺达电力实业有限公司	广丰县永丰镇东关居	2 379	443	138
广丰县白云淀粉有限公司	广丰县桐畈镇	1 300	390	46
广丰县家电公司华联超市	广丰永丰镇	365	388	60

【招商引资】

着力营造新环境　赢得客商结伴来

弋阳县人民政府

近年来，弋阳县紧紧围绕“加快发展，加速崛起”的总目标，坚持“掉头向东，通‘江’达‘海’，对接长珠闽，实现大发展”的开放取向，着力营造宽松适宜的投资环境，不断增强弋阳的对外吸引力，招商引资成效显著。2003年，全县共引进项目131个，实际引进资金58953.8万元，同比增长120.2%，其中，外资174万美元，同比增长37%。今年1－8月，全县共引进项目60个，其中，亿元以上项目3个，实际引进资金84766万元，同比增长76.89%，其中，外资381万美元，同比增长165%。

把握根本，诚信招商招商引资，诚信是根本。为树立良好的诚信形象，该县从改进领导方式和转变工作作风入手，在全县范围内倡导“诚信为本、操守为重”的良好风尚，把“诚信弋阳”、“诚信政府”、“诚信单位”、“诚信个人”当作“生命工程”来打造。对企业一诺千金，做到言必信，行必果。对投资者实行一个领导挂钩，一条龙服务，一个窗口收费，采取首问负责制、限时办结制、责任包干制、跟踪服务制，在技术咨询、市场调查、证照办理、人才培训、投融资担保、法律咨询等方面提供全方位服务。同时，在县直部门大力提倡“五不可”，即不可让该办的事情在我这里耽搁，不可让该做好的工作在我这里中断，不可让不该发生的事情在我这里发生，不可让办事的人在我这里受到不礼貌的待遇，不可让弋阳的形象在我这里受到损害。党政机关及其工作人员的大局意识、服务意识不断强化，形成了全社会服务于招商引资工作的良好局面。为确保江南涤化、晨辰化纤、雪峰纳米碳酸钙等3个投资过亿元的大项目落户弋阳，该县采用“一对一”的办法，每个大项目都专门确定一名县级主要领导挂钩，负责做好跟踪服务，遇到问题及时协调解决，使这些项目得以顺利实施。

夯实基础，打造载体　良好的投资硬环境，是招商引资工作的基础。一是抓好园区建设，纳客商。按照“高起点规划、高标准建设”的要求，聘请专家对工业园区的功能布局、产业特色进行科学规划。按照“多元投入，区块推进，滚动发展”的思路，多渠道筹措资金，不断加快园区建设。近年来，园区已累计完成固定资产投入12.6亿元。形成了各具特色而又相互统一的连胜工业区、城南工业园、320国道工业带的“一园、一区、一带”工业发展布局。入园企业87户，安排就业人员4860人，产业聚集态势初步呈现。二是抓好配套建设，引客商。近年来，该县投资3亿余元，完成了周毛、弋烈、弋清、杨双、圭招等县乡公路的路面硬化，实施了乐江线二级公路的改造工程，道路交通条件明显改善。此外，全面完成了城乡电网改造，正式启动了城南22万伏变电站建设，为工业经济提供了充裕的电力保障。广电、移动等通信网络覆盖全县，信息产业发展迅速。三是抓好城市建设，安客商。立足经营城市，共投入城市建设资金2亿余元，全面改造了城区的道路、排水、绿化、亮化设施。深入开展创建文明卫生城活动，加大环境整治力度，城市面貌焕然一新。

着眼发展，完善政策　树立惠商就是惠已的理念，用足用活政策，积极吸引外商投资。一是与时俱进，制定政策。根据国家政策，结合本地实际，先后制定出台了《关于鼓励外商投资的优惠办法》、《关于鼓励到县城南工业园区投资的若干政策意见》、《关于弋阳县城南工业园区开发建设的优惠办法》、《关于进一步加快工业园区发展提高工业园区水平的实施办法》等鼓励外商投资的一系列优惠政策，在用地、厂房租用、收费、服务等方面予以优惠。二是着眼长远，用活政策。对外来投资者，在经营形式上，实行“五不限”即：投资规模不限，能办多大，就办多大，越大越好；发展速度不限，能发展多快发展多快，越快越好；经营项目不限，除国家明令禁止的行业和领域外，想干什么就干什么，越宽越好；雇工人数不限，需要多少用多少，越多越好；经营方式不限，想选择什么方式就选择什么方式，越活越好。对投资额大、贡献突出的外资企业一事一议予以优惠。

转变作风，规范执法　依法保护外商的合法权益是安商、稳商的重要保障。一是约法“三章”，整治“三乱”。要求部门执法必先守法，严格依法办事，对外来投资企业实行“零干扰”，进入企业执法检查必经县整治办批准，坚决杜绝吃、拿、卡、要行为，对破坏环境的人和事，发现一起，查处一起，决不姑息纵容，在全县上下营造了“破坏环境，人人喊打”的声势。二是深入开展行风评议活动。为净化服务环境，转变部门作风，县人大及行风评议领导小组广泛聘请行风监督员，对全县33家执法部门每年组织开展2次以上工作评议和监督，对在行风评议中连续两年排后三名的单位，属县管的，建议组织部门将主要领导进行调整，属垂直管理的，建议其上级主管部门对主要领导作相应调整。三是实行重点企业挂牌保护制。该县梳理出76家重点挂牌保护企业，对其治安案件做到随叫随到，快办快结，为外来投资企业构筑了一道安全可靠的治安网络，确保投资业主投资放心，经营安心，生活顺心。

以情待人，以商招商　近年来，该县在招商引资中注重以诚待人，以情留人，实行人性化招商。一方面，建好“客户库”，对落户弋阳的客商在生活上、亲情上给予真诚的关心和帮助，做外来投资者真正的朋友，每当逢年过节，该县都会通过举办座谈会、走访慰问等形式及时送去温暖和关怀，让外商始终有一种宾至如归的感觉，对在弋阳贡献突出的外来客商符合条件的，选举其担任政协委员、人大代表，鼓励其参政、议政，为弋阳经济建设和社会事业发展进言献策。今年，针对来自萧山的投资增势迅猛的情况，该县还专门召开了“弋阳情”萧山籍乡友座谈会，增进友谊，听取意见，引起了良好反响。另一方面，建立客源库和回访制度，重点是对曾到弋阳进行过考察的客商或在弋阳投资企业老板进行回访，征求意见，交流感情。今年，县领导多次到江、浙、沪、闽等沿海发达省、市对来弋投资的外商进行回访，广泛听取他们的意见和建议。通过回访活动，交流感情，增进友谊，进一步增强投资者的信心，也使每一个落实企业都成为了弋阳招商的“红娘”，形成了“引进一个、带来一批”的连锁反应和群体效应。今年先后引进的投资过亿元的三个项目都是以商招商的成果。

弋阳县重点企业名录库

（2003 年）

企 业 名 称	通 讯 地 址	资产总额（万元）	销售收入（万元）	员工人数（人）
弋阳江冶有色加工厂	弋阳县弋江镇双亭北路 100 号	27 981	29 199	3 395
弋阳县粮油购销公司	江西弋阳县志敏中大道 22 号	15 487	11 248	717
江西省烟草公司弋阳县分公司	江西弋阳志敏大道	525	6 797	78
江西省顺隆造纸有限责任公司	江西弋阳圭峰大道 1 号	1 974	4 389	528
弋阳县供电有限责任公司	江西弋阳志敏中大道 45 号	7 327	3 004	411
弋阳县富达铜材有限公司	江西弋阳东站大道 97 号	3 772	2 478	300
江西天施康中药股份有限公司弋阳分公司	江西弋阳志敏中大道 55 号	2 329	2 163	161
江西龟峰水泥有限责任公司	江西弋阳县东站大道 96 号	2 542	1 600	200
弋阳县弋江建筑有限责任公司	江西弋阳东站大道 34 号	683	1 382	652
江西弋阳蛇纹石矿	江西弋阳樟树墩镇	1 518	1 224	287
弋阳大鹏机械制造有限责任公司	江西弋阳南岩镇	1 500	1 210	120
弋阳江鹏建筑工程有限公司	弋阳弋江镇双这亭北路 100 号	1 029	1 114	281
弋阳县信江建筑有限公司	江西省弋阳县赵家园 18 号	833	1 008	138
江西哈迪建材有限公司	江西弋阳县旭光大道 175 号	3 542	1 005	158
弋阳县旭日铜矿业有限责任公司	江西弋阳县旭光铁沙街	1 041	991	130
弋阳县赣宏房屋建筑工程有限公司	弋阳弋江镇西街唐家巷 8 号	603	850	120
江西省弋阳县新华书店	江西省弋江镇胜利路 14 号	680	826	35
江西柏林实业有限公司	江西省弋阳县 320 国道	2 007	771	380
江西赣东北轴瓦有限责任公司	江西弋阳县弋江镇甘新村	2 170	576	298
弋阳县活性炭厂	江西弋阳三县岭乡	710	561	180
弋阳大禾食品有限责任公司	江西省弋阳圭峰大道 57 号	440	536	130
弋阳县金达实业有限公司	江西省弋阳县广场路 3 号	2 900	525	90
弋阳县龟峰明胶有限责任公司	江西弋阳旭光大道	356	500	102
弋阳县医药公司	江西省弋阳县胜利路 36 号	531	490	86
弋阳扬帆铜业有限责任公司	江西弋阳圭峰大道	1 047	466	60
弋阳榕峰香料有限公司	江西弋阳县圭峰镇汤家	465	465	29
弋阳县磷肥厂	江西弋阳县花亭垦殖场	384	464	36
弋阳县紫文食品有限责任公司	弋阳县三二 0 国道光辉村	500	450	135
江西伊尼德保温棉材料有限公司	江西省弋阳县城南工业园	1 636	416	120
弋阳县玻璃厂	江西弋阳县花亭垦殖场	122	415	46
弋阳县元苍蚊香材料有限公司	江西弋阳县弋江镇大树村委会	260	400	46
江西省弋阳县盐业公司	弋阳县弋江镇东街碧落洞天	210	310	28
弋阳县花亭石灰厂	江西省弋阳县花亭乡	31	307	24
弋阳县雪字碳酸钙有限公司	弋阳县湾里乡周店余家村	420	303	80
弋阳县方团水库工程管理局	江西弋阳港口乡东沅村	663	295	166
弋阳县教育科技器材厂	江西弋阳旭光大道 167 号	538	280	50
江西省弋阳县自来水公司	弋阳县弋江镇志敏大道 23 号	736	278	253
弋阳县恒安实业有限公司	江西省弋阳县南岩镇刘家村	408	268	103
江西正格铜业有限公司	江西省弋阳县 320 国道	825	210	30
弋阳县旭光纺器有限责任公司	江西省弋阳县旭光铁沙街	295	189	53
弋阳县旭光彩印包装厂	江西省弋阳县旭光铁沙街	107	130	28
江西省弋阳县红旗水轮泵站	江西省弋阳县南岩镇顾家村	168	125	90
弋阳县阿木装饰工程有限公司	江西省弋阳县东街福华商城	650	100	46
弋阳县民星宾馆	江西省弋阳县胜利路 31 号	140	85	36
弋阳县春辉宾馆有限公司	弋阳县广场路 78 – 89 号	180	84	14
弋阳县圭峰大酒店	江西省弋阳县胜利路 8 号	298	82	58
弋阳县诚信水利建筑工程有限公司	江西省弋江镇志敏大道 21 号	50	70	7
弋阳县三县岭纺织器材厂	江西弋阳县三县岭乡	79	47	38
江西顺达纸业有限公司	弋阳县旭光乡杨桥村委会	8 889	40	350
弋阳县刘家湾水库	江西省弋阳县三县岭乡	75	33	34

【县情简介】

鄱 阳 县

【简况】

鄱阳县位于江西省东北部，鄱阳湖东岸，“昌九景”经济区腹地。公元221年建县，始称番邑，汉时更名为鄱阳，1957年改称波阳，经国务院批准民政部于2003年12月17日批复恢复鄱阳县名。鄱阳是一个历史悠久、文化昌盛、物华天宝、人杰地灵的文明古县，是全省有名的“鱼米之乡”、“戏剧之乡”。主要旅游景点有鄱阳湖、芝山、东湖、白沙洲、长山、莲花山、瓢里山等。全县总面积4214.68平方公里，耕地总面积108万亩，山林总面积234万亩，水域总面积141万亩。总人口138万，辖14个镇、20个乡。2003年实现国内生产总值26.78亿元，较上年增长10.1%；一、二、三产比45:23:32；财政总收入1.64亿元，增长20.39%；全社会固定资产投资总额5.23亿元，增长42.5%；工业增加值完成3.4亿元，增长16.8%；工业用电量6103万度，增长16.8%；实际引进县外资金5.23亿元，增长133.52%；社会消费品零售总额8.12亿元，增长14.2%；农民年人均纯收入1426元，增长6.9%；城乡居民年末储蓄存款余额22.62亿元，增长22.58%；人口自然增长率控制在9.09%以下，下降0.96个千分点。主要农产品有粮食44.8万吨，水产品7.17万吨，肉类3.34万吨，油料3.88万吨，棉花2700吨；珠湖银鱼、东湖鲫鱼、鄱湖藜蒿、春不佬菜等堪称天然食品一绝；主要工业产品原煤、水泥、白酒、脱胎漆器、连杆、鱼钩等深受市场欢迎。

饶州湖畔商业街—饶州大道

该工程是鄱阳县第一个引进外资的投资项目，总投资1.2亿元，总建筑面积6万平方米，于2003年12月18日全面竣工。拥有冲天楼20栋，住房228套，店面378间，吸收下岗再就业人员近千人，年创税400万元以上。街道两边还进行了绿化、亮化、设置了公共娱乐、休闲、健身广场，是一条集商贸、休闲、娱乐、观光、旅游为一体的商业街。

【经济发展思路】

树立和落实科学发展观，积极实施“外接长珠闽、内接昌九景”的开放主战略，做大经济总量，优化经济结构，突出项目建设，加快“五个推进”（即：快速推进以工业园为重点的工业化进程，快速推进以鄱阳镇为中心的城市建设，快速推进以农业产业化经营为标志的农村经济全面繁荣，快速推进以劳务输出为重要途径的第三产业新跨越，快速推进以交通、水利为主的基础设施建设），促进全县经济持续、快速、协调、健康、科学发展和社会全面进步。

【农业产业化经营水平明显提高】

农业产业化走出了一条“引龙头、育基地、活流通、创品牌”的新路，做大了新安食品、鄱阳湖生态渔业等企业，引进了水产品加工、松阳林产化工、原生药业等新企业，现共有省市县各级龙头企业15家。投入资金1630万元，加强了优质稻、退耕还林、蔬菜、水产养殖、果业等基地建设。主攻了水产、中药材两个主导产业，特种水产养殖面积12.5万亩，新增5000亩；网箱3500只，新增1500只；中药材5.48万亩，新增1.8万亩。首次获得6个无公害生产基地、5个无公害绿色食品，鄱阳湖青虾品牌和鄱阳黑芝麻获绿色食品商标。规范民间流通协会20个。

【工业化进程明显加快】

一是首次建起了鄱阳湖工业园，园区规划总面积3平方公里，首期建设1平方公里，基础设施总投资5600万元，实现了“六通一平”。主要以引进延伸农副产品产业链、食品精深加工和劳动密集型产业服装、电子等行业为主，引进入园签约企业30家，开工建设20家，竣工投产企业2家，部分入园企业租厂生产，当年完成工业增加值

2000万元。二是加大力度完成了工业、粮食、供销等77家企业的改制工作，置换职工身份6467人，盘活资产1.95亿元。三是民营工业经济有新发展。兴办壮大民营工业企业77户，新增注册资本4992万元，分别增长63.79%、84.66%。全年全县工业用电量6103万度，增长16.8%；工业企业完成增加值3.4亿元，增长16.8%；工业企业实现税收1966万元，增长8.7%。

【第三产业明显壮大】

劳务输出32.1万人,增长13.68%,劳务总收入15.3亿元,增长27.5%。外资、民资、社会力量办校办医,已成为第三产业发展的热点。全年民营经济投向各个领域的资金3.5亿元,其中民办教育和民办卫生事业分别投入1800万元和2200万元。广电业务收入260万元,增长30%;电力业务收入6933万元,增长16%;金融保险业收入5035万元,增长157%;移动、电信收入7700万元,增长15.62%。个私经济已成为第三产业发展的亮点。私营企业和个体工商户已发展到10202户,注册资本3.03亿元,新增942户和1.11亿元,分别增长10.17%和57.6%。个私经济上交税金3528万元,增长26.72%。

【招商引资取得明显实效】经济发展环境不断优化,对外开放形象不断美好,加快了开放型经济的发展。全年实际引进县外资金5.23亿元,增长133.52%,其中合同引资千万元以上大项目27个,新增20个;来自长珠闽资金占实际进资总额的67.1%;来自昌九景的资金占实际进资总额的24.3%。

正在建设中的鄱阳湖农业综合开发公司

该公司由中国万向集团浙江远洋渔业有限公司投资兴建,占地面积5.8万平方米,固定资产总投资7000万元,已完成首期投资3500万元,主要产品为小龙虾系列及鱼回鱼加工,年生产能力2000吨,年产值逾亿元,产品全部出口欧盟,现已安排就业人员760人。

【城镇建设取得明显变化】

县城建设投资2.7亿元,其中市政工程投资7000万元。完成了东湖开发设计和城北新区修规;拉开了以五条支干道建设和行政中心北移为主的城北新区3.3平方公里的建设框架;美化、亮化、硬化了21公里主干道(县城内8.1公里),县城绿化率提高2个百分点;开工兴建了三大专业市场等14项重点工程,有7项工程竣工;加快了田畈街、高家岭、谢家滩等小城镇建设步伐,总投入1.3亿元。

鄱阳湖生态渔业公司饶河十里网箱长廊

该公司现已发展抗风浪网箱504只,养殖品种主要为黄颡鱼、鳜鱼等是鄱阳湖特色的地方品种,以及鲈鱼、大口鲶鱼等市场畅销品种,拥有固定资产超300万元,是一家以生态渔业养殖为主体。集营销鄱阳湖特色水产品和经营鄱阳湖休闲、旅游为一体的生产经营综合性渔业企业,是建设饶河网箱养鱼十里长廊科技示范园的主要载体,年产优质鱼类20万公斤,产值300万元,营销水产品活鲜50万公斤,营销额500万元左右,年创利税120万元,联系农户达2132户。

【基础设施明显改善】

公路建设投资1.15亿元,总里程150公里,县乡公路硬化是前三年的总和。实施了鄱阳湖二期治理、重点水库除险加固、平退圩堤以及农村人口饮水解困等工程,投资5310万元,增长25%。

【社会事业明显进步】

加快了教育"普九"进程,"义教工程"完成投资708.5万元,消除中小学校危房面积4.97万平方米;农村医疗卫生机构改革在试点的基础上逐步展开,血防工作列入了"鄱阳湖区结合经济开发综合治理血吸虫病项目",争取国家投入207.59万元;文化艺术事业繁荣,赣剧《詹天佑》荣获全国文化优秀新剧目奖;社会治安综合治理第一次实现了无重大事件等"五个零"的突破,摘掉了全省计划生育工作重点管理县和全省信访工作重点管理县两顶"帽子";有效开展了社保扩面和企业改制后职工续保工作,全县参保18775人,新增1589人,确保了5246名离退休人员养老金的及时足额发放;安置城镇失业人员就业1368人,失业保险参保17000人;纳入城市低保18025人,发放低保金1005万元;

启动了城镇职工基本医疗保险制度改革,参保10028人。

鄱阳县重点企业名录库

（2003 年）

企业名称	通讯地址	资产总额（万元）	销售收入（万元）	员工人数（人）
江西省鄱阳县粮油总公司	鄱阳县仓门口 23 号	110 268	15 596	2 122
江西省烟草公司上饶分公司鄱阳县营销中心	鄱阳镇大芝路 139 号	577	15 411	251
鄱阳县商业国有资产经营公司	鄱阳镇五一路 153 号	7 005	9 997	590
江西省鄱阳县第二建筑公司	鄱阳县鄱阳镇	2 577	8 157	1 692
江西锦宇建设工程有限公司	鄱阳县鄱阳镇	5 299	5 589	1 588
江西景德镇鄱阳县石油分公司	鄱阳镇五一路 216 号	133	4 346	85
江西珠湖制药厂	鄱阳县珠湖农场	8 201	4 202	558
鄱阳县供销合作社	鄱阳镇建设路 20 号	19 398	3 527	221
江西珠湖味精厂	鄱阳县珠湖农场	2 797	3 395	143
鄱阳县建筑工程公司	鄱阳县鄱阳镇	2 043	3 190	520
鄱阳县供电有限公司	鄱阳镇大芝路 30 号	16 787	2 778	172
江西省鄱阳县医药公司	鄱阳县鄱阳镇建设路 8 号	1 020	2 503	226
鄱阳县新华书店	鄱阳镇建设路	9 200	2 416	61
江西省鄱阳县肉类联合加工厂	鄱阳镇滨洲路 53 号	1 473	2 341	428
江西鄱阳县万年青水泥有限公司	鄱阳县芦田乡矿山村委会	1 184	2 274	248
鄱阳县建筑桩基有限公司	鄱阳县鄱阳镇	546	2 190	136
鄱阳县第四建筑工程公司	鄱阳县鄱阳镇	1 150	1 928	422
鄱阳县食品公司	鄱阳镇建设路	6 460	1 855	57
江西鄱北建筑有限公司	鄱阳县油墩街	350	1 758	321
江西省久兴建筑工程有限公司	鄱阳县鄱阳镇	1 734	1 733	329
江西振兴建筑工程有限公司	鄱阳县田畈街镇	741	1 682	372
江西饶芦建筑工程有限公司	鄱阳县芦田乡	1 378	1 446	358
江西乐丰建筑工程有限公司	鄱阳县乐丰镇	940	1 428	398
江西省百货纺织品公司波阳县公司	鄱阳镇五一路	9 930	1 400	281
鄱阳县房地产综合开发公司	鄱阳县鄱阳镇东湖大道	2 100	1 310	21
鄱阳县棉麻公司	鄱阳县滨洲路	6 771	1 214	449
江西鄱阳县莲花山矿产实业有限公司	鄱阳县田畈街镇	1 081	1 181	42
鄱阳县兴波药化厂	鄱阳县枧田街	1 623	1 038	150
江西省鄱阳县洪门口煤矿	鄱阳县芦田乡矿山村委会	1 666	1 027	689
江西省鄱阳县制米有限公司	鄱阳县鄱阳镇人民路 57 号	2 524	855	206
鄱阳县第一制米有限公司	鄱阳镇仓门口 102 号	453	829	133
江西金球市政建设工程有限公司	鄱阳县鄱阳镇	616	816	307
江西省盐业总公司鄱阳县公司	鄱阳县鄱阳镇人民路 46 号	428	735	56
鄱阳县水利电力建筑安装公司	鄱阳县鄱阳镇	1 433	688	300
江西顶峰市政工程有限公司	鄱阳县鄱阳镇	500	672	112
江西昌乐建设工程公司	鄱阳县鄱阳镇	783	418	478
鄱阳县连杆厂	鄱阳镇滨洲路 48 号	1 040	386	320
鄱阳县古县渡镇饲料有限公司	鄱阳县古县渡镇	230	364	52
鄱阳县自来水厂	鄱阳镇大桥路 45 号	1 063	343	135
江西新安食品有限公司	鄱阳镇大芝路 210 号	730	325	46
鄱阳县纱厂	鄱阳镇人民北路 58 号	186	323	346
江西鄱阳县食品公司	鄱阳镇建设路 18 号	646	312	588
鄱阳县屹立水泥制品有限公司	鄱阳镇大桥路 37 号	530	286	65
鄱阳县烟叶复烤厂	鄱阳县田畈街镇	260	263	63
鄱阳县农药厂	鄱阳县柘港乡	432	236	60
鄱阳县酒厂	鄱阳镇仓门口 99 号	1 045	200	154
鄱阳县义泰食品有限公司	鄱阳县四十里街镇	210	168	32
鄱阳县化工四厂	鄱阳县徐家山	631	153	53
江西珠湖农场包装制品总厂	鄱阳县珠湖农场	288	132	83
江西珠湖农场机电修造厂	鄱阳县珠湖农场	231	126	73

玉山县重点企业名录库

（2003 年）

企业名称	通讯地址	资产总额（万元）	销售收入（万元）	员工人数（人）
玉山县烟草公司	玉山县三清大道	1 532	9 725	115
玉山县供电有限公司	玉山县博士路 30 号	11 756	9 572	711
江西鸡山水泥有限公司	玉山县岩瑞镇	8 253	7 726	784
玉山县万年青水泥股份有限公司	玉山县岩瑞镇	40 040	7 225	340
玉山县公路桥涵公司	玉山县芳泽园 300 号	1 747	5 070	538
玉山县石油公司	玉山县武安东路 131 号	2 154	4 541	94
玉山岩鹰水泥有限公司	玉山县岩瑞镇	4 008	4 073	302
玉山玉虹建筑有限公司	玉山县冰溪镇沿河路	1 800	3 945	460
玉山县三清水泥有限公司	玉山县岩瑞镇	787	3 872	200
怀玉山活性炭厂	玉山县城西工业区	3 807	3 505	530
玉山县良益建筑工程公司	玉山县蒋军庙	2 899	2 769	332
江西玉糖糖厂	玉山县城西工业区	2 658	2 635	218
玉山县兴安建筑有限公司	玉山县将军庙小区	1 168	2 367	492
玉山县食品公司	玉山县冰溪南路 12 号	779	2 215	277
玉山县水电安装公司	玉山县县后山	1 043	2 069	246
玉山县江通碎石厂	玉山县文成六亩	2 000	1 712	100
江西省玉山县副食品公司	玉山县冰溪路 89 号	724	1 565	98
玉山县南霸米排粉厂	玉山县城西工业区	266	1 547	160
玉山县南铁玉征水泥有限公司	玉山县岩瑞镇	1 885	1 498	219
玉山县天长集团	玉山县三清大道 138 号	798	1 383	168
玉山县冰溪镇建筑工程公司	玉山县人民路 159 号	4 830	1 250	610
玉山县建筑工程公司	玉山县人民北大道	4 830	1 250	610
玉县峰力水泥有限公司	玉山县岩瑞镇	1 818	1 124	267
玉山县膨润土实业有限公司	玉山县双明镇	946	1 020	171
玉山怀玉山家电公司	玉山县人民大道 161 号	2 000	980	48
玉山县特种轴承厂	玉山县城西工业区	750	946	130
玉山县房地产开发公司	玉山县三清大道 39 号	810	760	30
玉山县矿产品经营部	玉山县临湖镇	860	700	8
玉山县星华集团	玉山县樟村镇	1 350	667	70
玉山县三清活性炭有限公司	玉山县城西工业区	619	652	60
玉山县明兴轴承厂	玉山县冰溪镇小徐	321	614	100
玉山县玉塔活性炭厂	玉山县十里山	223	561	160
玉山县炜达轻钙有限公司	玉山县岩瑞镇	550	540	116
玉山县华玉实业公司	玉山县城西工业区	650	495	27
玉山县能健轻钙有限公司	玉山县岩瑞镇	497	492	140
玉山县求实轴承厂	玉山县玉紫路 53 号	700	490	65
玉山县安定活性炭厂	玉山县双明镇	372	461	150
玉山县快刀五金厂	玉山县岩瑞镇	600	460	48
玉山县苏村石煤矿	玉山县必姆镇	600	420	40
玉山县西坑砚台工艺厂	玉山县必姆镇	420	420	115
玉山县人和轴承厂	玉山县冰溪镇	400	400	45
玉山县顺达轴承厂	玉山县冰溪镇	450	390	45
江西金鹰油墨有限公司	玉山县城西工业区	751	356	50
玉山县百货公司	玉山县冰溪路 118 号	1 298	342	17
玉山县饶电实业公司	玉山县 320 国道旁	396	336	58
玉山县喜讯饲料有限公司	玉山县城西工业区	425	321	40
玉山县第一汽车轴承厂	玉山县冰溪镇	460	320	56
玉山县北斗石材厂	玉山县童坊新街	500	310	32
玉山县自来水厂	玉山县冰溪镇	1 548	310	135
玉山县茂兴建材厂	玉山县岩瑞镇	450	290	55

铅山县重点企业名录库

（2003年）

企业名称	通讯地址	资产总额（万元）	销售收入（万元）	员工人数（人）
铅山县供电局	铅山县河口镇	11 610	6 782	728
江西省烟草公司铅山县公司	铅山县城南路24号	720	6 591	85
江西和华水产有限责任公司	铅山县河口镇	2 544	5 360	163
铅山县金钢煤矿	铅山县港东乡	2 022	3 676	445
铅山县玉平水泥厂	铅山县永平镇	2 330	2 951	105
铅山县赛尔建筑有限公司	铅山县永平镇	2 260	2 451	350
铅山县永金鑫建筑工程有限责任公司	铅山县永平镇	743	2 410	700
铅山县石油公司	铅山县河口镇	850	2 160	79
铅山县粮油收储公司	铅山县河口镇	12 233	1 944	514
铅山县天峰水泥厂	铅山县湖坊镇	1 228	1 916	200
铅山县欣宇建筑工程有限公司	铅山县河口镇	1 065	1 680	470
铅山县永盛美术工艺厂	铅山县河口镇材家村	1 498	1 547	120
铅山县兴旺煤矿	铅山县汪二镇	408	1 394	135
铅山县利和莹石有限公司	铅山县河口镇清湖村	192	1 392	30
铅山县福荣华金属制品有限公司	铅山县河口镇	500	1 200	70
铅山县七坞煤矿	铅山县港东乡	351	1 199	115
铅山县祥龙煤矿	铅山县港东乡	211	1 150	71
铅山县水电公司	铅山县河口镇	5 221	1 054	880
铅山县建筑工程公司	铅山县河口镇	1 103	1 030	256
铅山县新垅煤矿	铅山县港东乡	155	967	121
铅山县新厦建筑工程有限公司	铅山县河口镇	959	893	347
铅山县精制米厂	铅山县河口镇	252	847	39
铅山县饶坞煤矿	铅山县汪二镇	178	815	113
铅山县新安矿区供电所	铅山县汪二镇	428	550	58
铅山县五都煤矿	铅山县汪二镇	561	537	66
铅山县强龙竹木制品有限公司	铅山县黄岗山镇	80	502	78
铅山县天龙炭酸钙有限公司	铅山县稼轩乡	110	500	59
铅山县医药公司	铅山县河口镇	630	488	64
铅山县陈坊铁矿	铅山县陈坊乡	360	400	30
铅山县地利新型墙体材料厂	铅山县河口镇	300	350	100
江西港铅利丰针织服装有限公司	铅山县河口镇	153	310	500
铅山县水泥制品厂	铅山县河口镇	212	215	28
铅山县第二化工厂	铅山县河口镇	95	154	27
铅山县自来水公司	铅山县河口镇	504	137	140
铅山县永城信印刷厂	铅山县河口镇	83	75	15
铅山县饲料公司	铅山县河口镇	242	74	12
铅山县茶明莹石有限公司	铅山县太源乡	50	65	20
铅山县篁碧林场	铅山县篁碧乡	85	63	25
铅山县爱平毛竹加工厂	铅山县黄岗山镇	30	54	20
铅山县中环耐蚀铸管有限责任公司	铅山县河口镇	1 013	52	41
铅山县新华皮鞋厂	铅山县河口镇	20	52	12
铅山县龙坑水电站	铅山县黄岗山镇	650	50	15
铅山县天柱山宏盛制刷厂	铅山县天柱山乡	40	50	30
铅山县麓山食品加工厂	铅山县英将乡	30	40	10
铅山县闽山铸钢厂	铅山县石塘镇	30	35	15
铅山县景星工艺厂	铅山县武夷山镇	10	30	18
铅山县沁人野生葛粉厂	铅山县湖坊镇	20	28	18
铅山县永平西门有色铸造厂	铅山县永平镇	15	25	18
铅山县松堂竹串厂	铅山县黄岗山镇	20	25	18
铅山县根明毛竹加工厂	铅山县黄岗山镇	10	24	15

横峰县重点企业名录库

（2003 年）

企 业 名 称	通 讯 地 址	资产总额（万元）	销售收入（万元）	员工人数（人）
横峰县烟草公司	横峰县岑阳镇西门垅	395	4 455	52
江西兴泰铜业有限公司	横峰县兴安工业园区	1 932	2 200	180
横峰县供电局	横峰县岑阳镇新建路 99 号	4 636	2 142	132
横峰县石油公司	横峰县岑阳镇人民大道	31	2 112	39
横峰县铺前煤矿	横峰县岑阳镇铺前村	4 042	1 876	744
横峰县一建公司	横峰县岑阳镇解放西路一号	1 540	1 620	110
横峰县铺前水泥厂	横峰县岑阳镇铺前村	1 326	1 112	110
上饶巨龙旋窑水泥厂	横峰县岑阳镇白沙岭	900	1 039	180
江西永通药业有限公司	横峰县岑阳镇解放东路	200	1 000	40
横峰县浦丰纸业有限公司	横峰县岑阳镇西门垅	885	845	128
横峰县繁荣铜业有限公司	横峰县兴安工业园区	1 800	790	164
横峰县峰饶食品开发公司	横峰县岑阳镇白沙岭	902	720	175
江西省田园水泥制品有限公司	横峰县兴安工业园区	800	720	157
横峰县二建公司	横峰县岑阳镇解放西路	534	700	108
横峰县迪喜锰钢有限公司	横峰县兴安工业园区	150	600	31
横峰县兰子畲族煤矿二矿	横峰县姚家乡兰子村	500	540	200
横峰县城市综合开发公司	横峰县岑阳镇解放路 12 号	120	520	8
横峰县沈家垅煤矿	横峰县岑阳镇铺前村	300	415	83
横峰县新华书店	横峰县岑阳镇人民大道	289	401	30
横峰县赣东矿业有限公司	横峰县岑阳镇	70	395	30
横峰县兰子畲族煤矿	横峰县姚家乡兰子村	500	340	210
横峰县刘源坑煤矿	横峰县岑阳镇铺前村	450	303	120
横峰县岑阳房地产公司	横峰县岑阳镇解放路	120	280	18
横峰县东港服装机械有限公司	横峰县兴安工业园区	300	280	40
横峰县荣兴纺织器材有限公司	横峰县岑阳镇上窑口	350	270	68
横峰县昌明碳酸钙有限公司	横峰县岑阳镇白沙岭	385	250	55
横峰县盛翔制药有限公司	横峰县兴安工业园区	1 850	243	128
横峰县福峰复混肥有限公司	横峰县港边乡港边村	300	240	30
横峰县胜丰淀粉发展有限公司	横峰县兴安工业园区	210	240	52
横峰县长河纺织器材有限公司	横峰县岑阳镇中华路	5 291	232	141
横峰县铺前银鹰煤矿	横峰县岑阳镇铺前村	472	230	94
横峰县李度健煤矿	横峰县岑阳镇铺前	450	212	176
横峰县粮油购销公司	横峰县岑阳镇火车站	98	210	18
横峰县鸿达汽配有限公司	横峰县莲荷乡莲荷村	260	206	18
横峰县日新超市	横峰县岑阳镇红太阳	560	180	18
横峰县白沙岭液化气供应站	横峰县红桥场	120	150	7
横峰县自来水厂	横峰县岑阳镇西门垅	607	131	107
横峰县琉璃瓦厂	横峰县岑阳镇上窑口	230	130	40
横峰县铺前胜利煤矿	横峰县岑阳镇铺前村	29	123	55
横峰县兴旺煤矿	横峰县岑阳镇铺前村	28	123	57
横峰县远宏有限公司	横峰县岑阳镇塔底村	30	120	9
横峰县住宅建筑公司	横峰县岑阳镇新建路	160	120	15
横峰县恒德衬塑防腐有限公司	横峰县莲荷乡莲荷村	510	115	35
横峰县葛业公司	横峰县兴安工业园区	300	111	18
横峰县长虹纺织器材有限公司	横峰县兴安工业园区	1 039	110	40
横峰县铅锌矿	横峰县葛源镇黄山村	150	108	17
横峰县葛源建筑公司	横峰县葛源镇葛源村	80	105	8
横峰县恒祥纺织器材公司	横峰县岑阳镇兴安街	80	100	20
横峰县大众酒店	横峰县 320 国道旁	350	100	15
横峰县胜利煤矿二矿	横峰县青板乡	550	100	70

余干县重点企业名录库

（2003年）

企业名称	通讯地址	资产总额（万元）	销售收入（万元）	员工人数（人）
江西第三制药厂	余干县余干县黄埠镇	5 048	15 809	118
余干县烟草公司	余干县玉亭镇	278	10 441	211
余干县供电有限责任公司	余干县玉亭镇	14 081	4 114	380
余干县食品公司	余干县玉亭镇	834	3 581	215
余干县第一市政建筑工程公司	余干县玉亭镇	563	3 482	482
余干县物资实业有限公司	余干县白马桥乡	11 279	3 118	102
江西铭日企集团有限公司	余干县玉亭镇	5 130	2 920	320
余干县玉亭镇建筑公司	余干县玉亭镇	177	2 356	300
余干县新华书店	余干县玉亭镇	558	2 298	72
江西亚奇实业有限公司	余干县瑞洪镇	4 185	2 185	148
余干县建筑公司	余干县玉亭镇	299	2 120	400
江西省余干县农业化工厂	余干县瑞洪镇	2 106	2 061	65
余干县三湖泉房地产开发公司	余干县玉亭镇	1 706	2 015	12
江西同仁药业有限公司	余干县黄金埠	5 118	1 928	169
余干县康山垦殖场建筑工程分公司	余干县玉亭镇	71	1 875	200
江西黄金玻纤厂	余干县黄埠镇	9 345	1 836	672
余干县黄金埠建筑公司	余干县黄埠镇	126	1 786	30
余干县医药公司	余干县玉亭镇	908	1 571	165
江西永富肥业发展有限公司	余干县白马桥	1 155	1 300	75
余干县水电建筑施工公司	余干县玉亭镇	114	1 200	100
江西佳美食品有限公司	余干县瑞洪镇	4 673	998	56
余干县生资公司	余干县玉亭镇	402	900	15
余干县房产公司	余干县玉亭镇	462	806	24
余干县五一超市商贸有限公司	余干县玉亭镇	400	610	62
江西日德利制衣厂	余干县玉亭镇	502	610	18
余干县付食品公司	余干县玉亭镇	875	573	190
余干县土产公司	余干县玉亭镇	307	520	32
余干县杂品茶果公司	余干县玉亭镇	265	498	15
余干县万客隆超市	余干县玉亭镇	148	367	16
余干县禾斛岭苎麻厂	余干县禾斛岭	153	337	70
余干县百货贸易公司	余干县玉亭镇	413	239	117
余干县玉林宾语	余干县玉亭镇	481	229	54
余干县饮食服务公司	余干县玉亭镇	427	213	34
余干县商贸公司	余干县玉亭镇	151	198	21
余干县石口电力工具厂	余干县石口镇	130	150	55
余干县砖瓦厂	余干县洪家嘴乡	210	150	40
余干县自来水公司	余干县玉亭镇	381	136	170
江西余干县天助实业有限公司	余干县瑞洪镇	130	130	60
余干县禾斛岭黄麻纺织厂	余干县禾斛岭	342	107	70
余干县委宾馆	余干县玉亭镇	513	100	51
余干县梅港机砖厂	余干县梅港乡	55	60	44
余干县富湾工贸实业有限公司	余干县洪家嘴乡	1 920	60	24
江西康郎酒业有限公司	余干县玉亭镇	928	54	30
余干县黄金埠珠桥机砖厂	余干县黄埠镇	40	50	30
余干县梅溪机砖厂	余干县梅溪乡	66	40	25
余干县梅港董家店瓷土矿	余干县梅港乡	80	34	10
江西金桥药业有限公司	余干县黄埠镇	1 071	34	55
余干县五雷景峰联营瓷厂	余干县黄埠镇	630	29	30
余干县乐器有限公司	余干县玉亭镇	710	24	44
余干县禾斛岭毛纺织厂	余干县禾斛岭	4 770	22	90

婺源县重点企业名录库

（2003年）

企 业 名 称	通 讯 地 址	资产总额（万元）	销售收入（万元）	员工人数（人）
江西省烟草公司婺源县公司	婺源县紫阳镇蚺城路5号	480	5 100	27
婺源县迈尔泰木业有限公司	婺源县紫阳镇大鄣山路47号	4 927	5 092	273
江西省婺源县供电有限责任公司	婺源县紫阳镇天佑西路29号	11 467	4 584	640
婺源县高宝电石有限责任公司	婺源县中云镇	769	3 652	130
婺源县水利水电建筑工程有限公司	婺源县水利水电建筑工程公司	1 900	1 960	378
江西宏泰建筑安装有限责任公司	婺源县紫阳镇天佑西路29号	4 739	1 795	273
婺源县盛发电石有限责任公司	婺源县紫阳镇小港	604	1 705	103
婺源县建筑公司	婺源县紫阳镇星江中路5号	2 910	1 650	298
江西省婺源县医药公司	婺源县星江中路2号	1 190	1 410	121
江西省婺源县鄣公山茶叶实业有限公司	婺源县清华镇清华村	893	1 385	80
江西省婺源县大鄣山绿色食品有限公司	婺源县紫阳镇天佑路	1 321	1 338	53
婺源县江湾建筑公司	婺源县江湾镇江湾村	750	1 210	240
婺源县游山水泥有限责任公司	婺源县镇头镇镇头12号	766	1 208	156
婺源县房地产综合开发公司	婺源县紫阳镇茶乡路	1 547	1 130	20
婺源县致仁实业有限公司	婺源县星江湾	4 210	1 120	140
婺源县鄣公山水泥厂	婺源县清华镇诗春	2 834	1 085	200
江西省婺源县新华书店	婺源县天佑路新华书店	860	980	30
婺源县景顺房地产开发公司	婺源县紫阳镇茶乡路	21	910	26
佛山罗宾汉陶瓷有限公司	婺源县紫阳镇太子桥	1 434	738	113
江西天佑药业有限公司	婺源紫阳镇河西环村路15号	2 693	690	158
江西省婺源县纤维板厂	婺源紫阳星江西路18－179号	686	670	132
婺源县清华酒业有限责任公司	婺源县清华镇新街287号	795	612	43
婺源巨龙精工工具有限公司	婺源县紫阳镇武口	360	580	160
婺源县汽运总公司	婺源县紫阳镇城西	2 670	520	120
江西婺源林生实业有限公司	婺源县赋春镇新田	481	470	60
江西省婺源县新光生态食品有限公司	婺源县甲路乡胡家村	470	375	120
婺源高峰竹木业有限公司	婺源县紫阳镇汤村	820	350	69
婺源县太白钢球厂	婺源县太白镇太白村	160	320	24
江西省婺源县自来水公司	江西省婺源县文公南路55号	765	318	216
婺源县江湾大酒店	婺源县紫阳镇文博路	560	310	62
婺源县婺源宾馆	婺源县紫阳镇星江路	526	310	70
江西省婺源县紫阳桂兴摩托车配件厂	婺源县紫阳镇城南	310	290	50
婺源县明珠大酒店	婺源县紫阳镇文公南路	410	280	50
婺源县江湾林业化工厂	婺源县江湾镇栗木坑开发区	41	270	120
婺源县方正化工有限公司	婺源县许村镇许村村	172	240	30
婺源县金牛宾馆	婺源县紫阳镇文博路	123	240	61
江西省盐业总公司婺源县公司	婺源县紫阳镇城南	167	220	16
婺源县太白供水公司	婺源县太白镇程家湾村	122	220	25
婺源县友好宾馆有限公司	婺源县紫阳镇星江路	578	200	52
婺源县凯悦大酒店	婺源县紫阳镇茶乡东路	281	180	50
婺源县金都宾馆	婺源县紫阳镇文公南路	305	180	46
婺源县源发资源开发有限公司	婺源县紫阳镇汤村街	220	160	20
婺源县物资总公司	婺源县紫阳镇儒学前	724	160	13
婺源县秋口王村茶厂	婺源县秋口镇王村	112	150	27
婺源县滨江宾馆	婺源县紫阳镇天佑路	680	150	26
婺源县兴文砚台有限公司	婺源县大畈镇大畈村	110	130	13
婺源县渔潭茶厂	婺源县秋口镇渔潭村	110	130	23
婺源县渔潭鑫达茶厂	婺源县秋口镇渔潭厂	110	120	21
婺源县植物园宾馆	婺源县紫阳镇文博路	192	120	30
婺源县镇头镇鱼塘山煤矿	婺源县镇头镇镇头村	40	110	42

万年县重点企业名录库

（2003 年）

企 业 名 称	通 讯 地 址	资产总额（万元）	销售收入（万元）	员工人数（人）
江西万年青水泥股份有限公司万年水泥厂	万年县江西水泥厂	213 606	58 188	3 019
江西万年贡贡米(集团)有限责任公司	万年县陈营镇六 O 中路 6 号	28 267	8 210	973
江西万年鑫宇贵金属有限公司	万年县丰收工业园区	3 450	5 658	140
江西万年烟草专卖局	万年县陈营镇站前路 3 号	181	5 198	75
江西万年供电有限责任公司	万年县陈营镇石洋东路 3 号	8 556	2 939	337
江西万年石油支公司	万年县陈营镇正大东街 23 号	1 700	2 878	68
江西万年银业有限公司	万年县石镇东关村 14 号	3 592	2 839	204
江西万年祥家纺服饰有限公司	万年县丰收工业园区	826	2 716	159
江西万年春珍珠集团有限责任公司	万年县陈营镇六 O 南路 48 号	11 178	2 580	208
江西万年青建筑安装有限公司	万年县陈营镇江泥生产区	1 182	2 180	372
江西万年第三建筑工程公司	万年县石镇镇	800	2 157	688
江西万年合成米面有限公司	万年县丰收工业园区	885	2 027	160
江西万年峰水泥厂	万年县大源镇大源村	1 028	1 974	100
江西万年第一建筑工程公司	万年县马家工业区	1 310	1 910	315
江西万年紫峰农机工贸有限公司	万年县丰收工业园区	780	1 886	70
江西万年青塑胶包装制品厂	万年县陈营镇马家村	4 306	1 837	324
江西万年第二建筑工程公司	万年县陈营正大东街 16 号	1 301	1 250	530
江西万年宏利超细粉体有限公司	万年县丰收工业园区	525	1 228	56
江西万年江泥粉磨有限公司	万年县马家工业园区	1 127	1 208	50
江西万年五湖制米有限责任公司	万年县湖云乡	1 040	1 040	32
江西万年新华书店	万年县陈营镇六 O 南路 55 号	511	1 017	37
江西万年矿业有限公司	万年县石镇镇	3 985	893	224
江西万年皇阳贡米有限公司	万年县珠山乡南岗村	259	850	26
江西万年南方耐火材料厂	万年县马家乡铁马区	848	826	94
江西万年新艺水泥制品厂	万年县马家乡铁马区	459	527	42
江西万年自来水公司	万年县陈营镇四方岗	1 200	470	76
江西万年双龙彩瓦有限公司	万年县丰收工业园区	300	442	35
江西万年全智皮革厂	万年县丰收工业园区	222	442	55
江西万年自来水公司	万年县陈营镇四方岗	1 200	440	64
江西万年生猪屠宰厂	万年县生猪屠宰厂	450	440	24
江西万年白马煤矿	万年县湖云乡白马村	1 680	432	80
江西万年精华商城	万年陈营镇六 O 东路 129 号	260	420	32
江西万年亚细亚家电城	万年陈营镇六 O 南路 85 号	110	407	21
江西万年华泰商城	万年陈营镇六 O 东路 26 号	178	390	27
江西万年宾馆有限公司	万年陈营镇六 O 北路 112 号	1 549	367	80
江西万年开心人大药房	万年陈营镇六 O 北路 102 号	240	365	24
江西万年大世界超市	万年陈营镇石洋东路 18 号	200	360	30
江西万年城南服装店	万年陈营镇六 O 南路 21 号	90	290	32
江西万年大源矿石加工厂	万年县大源镇荷溪村	40	280	52
江西万年新大新商城	万年县陈营镇六 O 北路 14 号	250	270	22
江西万年陈营制米厂	万年县陈营镇站前路 16 号	5 163	245	76
江西万年陈营郊区红砖厂	万年县陈营镇郊区村委会	80	200	80
江西万年友谊宾馆	万年县陈营镇万民路 18 号	105	190	20
江西万年长兴宾馆	万年陈营镇公园居委会 12 号	280	160	34
江西万年苏桥细汉制米厂	万年县苏桥乡苏桥村	60	152	15
江西万年上坊机砖厂	万年县上坊乡杨家村	80	150	37
江西万年新天地超市	万年县陈营镇正大东街 10 号	70	148	28
江西万年天天食品工业有限公司	万年县珠山乡虎头岗	60	143	30
江西万年裴梅柯岭红砖厂	万年县裴梅镇柯岭村	80	140	35
江西万年策明服装厂	万年县陈营镇国泰居委会	20	139	15

第四章：宜春市

骨干企业

四特酒业
丰城矿务局
丰城发电
三九宜工
樟树粮油

重点工业园区

奉新冯田经济开发区
宜春市科技工业园
万载县工业园
上高县科技工业园

内容提要：

★ 市情简介
★ 市长论坛
★ 支柱产业
★ 优惠政策
★ 宜春市200强企业
★ 县（市、区）简介
★ 工业强县（市、区）长专栏
★ 分县市区50强企业

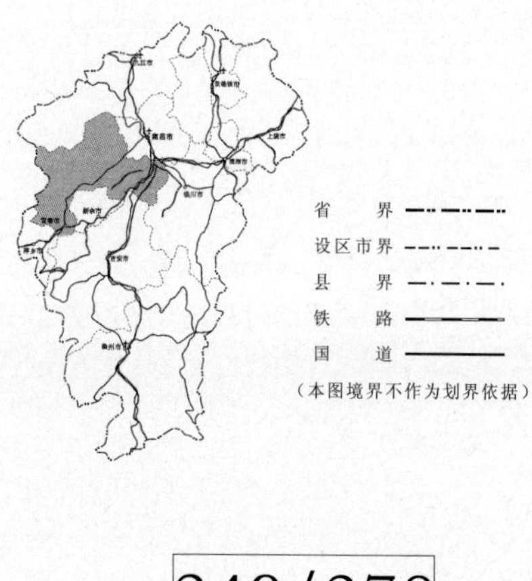

江西猕猴桃酒业股份有限公司

江西猕猴桃酒业股份有限公司是由江西硕丰实业有限公司和香港荣华集团有限公司等十三家股东共同投资组建而成的股份制公司，注册资金9010万元，系我国最大的猕猴桃产业化企业和猕猴桃酒业生产企业之一。公司位于享有“中国猕猴桃之乡”的江西省宜丰县城东开发区，厂区占地面积150000平方米，拥有2000亩优质高产猕猴桃生态园自有基地和1.2万亩无公害酿酒猕猴桃松散型基地。现有员工280人，其中具有高、中级职务的专业技术人员40多人，具有大专以上学历的员工20多人，公司现全套引进法国、意大利等国的先进工艺与设备，具备年产10000吨优质猕猴桃果酒的生产能力和自动化罐装能力。

公司重视先进科技的学习与引进，加大新产品开发力度，与国内外知名科研院所和生产企业加强技术合作，并与江南大学（原无锡轻工大学）联合成立了“江西猕猴桃生物技术开发中心”，旨在品质上精益求精，进一步拓展猕猴桃产业链。公司生产的“猴圣”HOOSUN牌猕猴桃果酒系列，已形成了：精品干酒、干酒、半干酒、半甜酒、甜酒、汽酒等六大类十多个品种。产品以高贵的品质、健康的形象、独特的风味、丰富的营养取胜市场，畅销北京、上海、深圳、香港、浙江、福建、江西等地。

2003年公司顺利通过了ISO9001、ISO14001、HACCP国际标准认证，获取得了国家绿色食品发展中心颁发的绿色食品证书，并先后荣获江西省新产品新技术一等奖、江西省名酒、农业产业化国家重点龙头企业、江西省农业产业化龙头企业等荣誉称号。

凭借中国加入世界贸易组织的东风，公司将加快技改投入，发挥猕猴桃深加工优势，致力开拓国际市场，目前，总投资1.38亿元的“万吨猕猴桃酒工业园”正在建设之中，可望于2003年年底投入生产。

公司竭诚欢迎与各界朋友合作开发和营销“猴圣”牌猕猴桃果酒产品，同时欢迎与投资商开展猕猴桃产业化的多途径合作开发。

公司地址：宜丰县城东开发区　　电　　话：0795-2905288
邮　　编：336300　　销售热线：0791-6622328　6611578

【市情简介】

宜　春　市

【区位优势】

宜春市位于江西省西北部，地处东经113°54′-116°37′，北纬27°33′-29°06′。东接南昌市、抚州市，西连萍乡市和湖南省，南邻新余市、吉安市，北与九江市交界。境内东西长约223公里，南北宽约174公里。全市属北亚热带丘陵地区，气候温和，光照充足，雨量充沛，四季分明，素有“山明水秀、土沃泉甘、其气如其春、四时咸宜”之称。市政府所在地宜春距南昌市和长沙市各约200公里。并有高速公路直达。境内京九、浙赣铁路，320、105国道和赣粤、沪瑞高速纵横交错。

【行政区划】

现辖樟树、丰城、高安三个县级市，上高、万载、宜丰、铜鼓、奉新、靖安六个县和袁州区，全市设有156个乡镇，22个街道办事处。全市土地面积18669平方公里，2003年末总人口523万。

【旅游资源】

宜春是我国第一批生态试点城市之一。境内有54处名山名胜，其中有4个国家级森林公园，3个省级自然保护区，2个省级风景名胜区，4处温泉，2个已开发的溶洞。靖安三爪仑森林公园为国家级示范公园；宜春城郊明月山风景区“不是黄山，胜似黄山”，并有堪与法国埃克斯温泉媲美的温汤温泉，常年恒温72℃，可饮可浴，水质好、日涌量大，富含硒等多种矿物质，是著名的旅游疗养胜地；铜鼓县天柱峰森林公园山峦相连，水天一色，景色迷人。

【自然资源】

宜春资源丰富。全市森林覆盖率达53.4%，活立木蓄积量3500万立方米，毛竹蓄积量3.5亿株，占全省的四分之一，是江西重点林区和全国重点毛竹产区。已探明水力资源60万千瓦，可供开发的有38万千瓦。探明的矿产有56种，其中金属类主要有钽铌、钨、铜、铅、锌等，其中被誉为江西“五朵金花”之一的钽铌储量占全国44.3%。非金属矿中，原煤储量10亿吨，居全省第一；岩盐储量超百亿吨，为江西之冠；石灰石品位之高、储量之丰，在全国罕见；大理石、花岗石、高岭土等品质优、分布广，开采价值极高。

【特色经济】

宜春市古有“农业上郡”，今有“赣中粮仓”之称，是全国重要的商品粮、油茶、优质苎麻生产基地。全市以占全省11%的耕地、12%的人口，生产了占全省17%的粮、棉、油、猪和水产。10县市区有4个登上了全国粮食、棉花、猪牛羊肉百强县排行榜。近年来，农业产业化经营步伐加快，粮油、棉麻、畜禽、木竹加工、绿色食品等产业初具规模。宜春工业发展势头强劲，形成了以机械、建材、医药、食品为支柱，以化工、矿产、轻纺等产业组成的工业体系。县域经济各具特色，樟树市被誉为“药都、酒乡、盐化城”，每年一届的全国药交会成交额达20多亿元，曾受周恩来总理和邓小平同志赞誉的国优“四特酒”饮誉四海；丰城市素有“煤海、粮仓、金丰城”之称，是江西重要的能源基地，煤炭产量占全省的五分之一，丰城电厂为江南规模最大的火力发电厂；高安市号称“瓷板王国”，全国釉面砖市场九分天下有其一；上高县天然大理石、花岗岩等建筑材料和特种水泥行销国内外市场；宜丰、铜鼓、奉新、靖安等县的木竹加工产品和绿色食品以其优良品质享有很高的声誉。

【社会工业】

宜春市科教、文化、体育等社会事业蒸蒸日上。“两基”教育提前达标；高中阶段教育规模和质量处在全省前列；宜春学院是江西省学科门类最齐全的综合性本科院校。宜春文化颇具特色，宜春版画、上高农民摄影、靖安农民诗词、铜鼓漫画被国家文化部命名为特色艺术之乡，高安采茶戏、万载傩舞、奉新农民画等在全省乃至全国也颇有影响。宜春拥有全国地市级一流的体育场馆及设施，目前拥有国家羽毛球训练基地、全国高水平田径后备人才基地、全国水上运动训练基地等国家命名的三个训练基地。1998年，宜春曾成功举办了江西省第十届运动会，尔后，每年在宜春均要举办10多项国家级体育比赛。第五届全国农民运动会将于2004年10月在宜春举行，届时，来自全国各地的运动员、训练员、裁判员以及各级官员和社会各界人士数万人将云集宜春。

【经济概况】

近年来，按照“五年再造一个新宜春”的目标和“工业富市、农业强市、农运兴市、生态美市、诚信立市、依法治市”的要求，宜春正努力实践“三个代表”重要思想，加快实施“心圈廊”发展构想。今日宜春，经济发展迅猛，社会事业繁荣，人民生活安康，综合实力日益增强。2003 年，全市实现国内生产总值 249.5 亿元，财政总收入 20.6 亿元，城镇居民人均可支配收入 6515 元，农民人均纯收入 2689 元；全年实际引进市外资金 93.2 亿元，利用境外资金 8391 万美元；全年社会固定资产投资 80 亿元。宜春正朝着江西省委书记孟建柱提出的“产业结构比较合理，县域经济实力比较雄厚，生态环境比较优雅”的赣西经济中心城市目标阔步迈进。

【发展目标】

结合宜春的实际，形成了“一心一圈两走廊”的发民布局。

“一心”：做强做大宜春中心城市，使之成为宜春经济发展最重要的增长极。做强产业基础，做大城市规模，做美人居环境。积极实施“外拓内改，三城共创”，新城建设与旧城改造同步进行，努力创建园林城、卫生城、文明城。依托两个工业园区和现有优势骨干企业，发展壮大工业经济，打造优势突出、特色明显的企业集群和产业簇群，夯实中心城市的产业基础，增强中心城市的聚集、辐射功能。

“一圈”：发展丰城、樟树、高安城镇经济圈，使之成为宜春经济的“金三角”。按照中等城市标准，扩大城市规模，完善城市功能，加快高等级公路和信息网络体系建设。根据各自优势和特点，搞好经济分工协作，加快支柱产业建设，做到优势互补、资源共享、相互促进、各具特色，建设成为全省最具特色、最具实力的城市经济圈，成为江西崛起的“排头兵”。

“两走廊”：建设 320 国道经济走廊和山区生态经济走廊，使之成为特色明、活力足的经济增长带。建设 320 国道经济走廊，突出抓好沿线工业园区、农业科技示范园区和以县城为重点的城镇建设，依托优质产业培育专业批发市场，抓好沿线优质农产品、工业原料林等基地建设，形成人流、物流、资金流、信息流的快速通道。建设山区生态经济走廊，充分挖掘和发挥山区生态资源富集、矿产资源富集、佛教禅宗文化富集等优势，加快发展特色经济和旅游产业，成为宜春经济夺目的亮点。

江西先锋机械厂

厂长：艾东民

江西先锋机械厂，系地方军工企业。1965 年 10 月建成投产，现厂址位于江西春张家山。工厂占地面积 29.5 万平方米，现有职工 1104 人，拥有固定资产净值 77万元，产品为多类型小口径炮弹。工厂拥有完善的质量管理体系，已于 2001 年 8顺利通过中国新时代质量体系认证中心的认证。先后荣获“江西省优秀企业”、“国防科技工业先进单位”等称号。班子领导提出“以人为本，制度第一，宁严勿宽，从我做起”的管理理念，积极创建学习型企业。工厂努力探求军民并举，走军民结合之路。热忱欢迎社会各界加盟，合作开发，共图发展。

厂址：江西省宜春市张家山 邮编：336000
联系电话：0795-3575066 传真：0795-3575079

先锋厂办公大楼

【市长论坛】

推进开放型经济大发展

宜春市人民政府市长 杨宪萍

近年来,宜春市坚定不移地实施大开放主战略,不断推出发展开放型经济的新思路、新举措,对外开放不断扩大,开放型经济在原有基础上取得重大突破。2003 年全年实际引进市外资金 93.2 亿元,增长 93%;实际引进境(国)外资金 8391 万美元,增长 78.5%;外贸出口 3100 万美元,增长 41.8%;对外工程技术合作完成 1040 万美元,增长 73.3%。2004 年 1—7 月,全市实际引进市外境外资金 93.94 亿元,完成年目标的 79.6%,增长 93.5%,创历史最高水平,且超过去年全年总和,增幅达 87.4%。实际利用境外资金 4942 万美元,增长 18.5%,完成省下达年目标的 54.9%。全市招商引资不仅增长速度快,而且呈现出了"三个集中"的特点:一是投资来源向"长珠闽"集中。今年来自"长珠闽"地区的项目及资金均占到了 70%。二是投入资金向大项目集中。投资 1000 万以上的项目 661 个,占项目总数的 72.3%,以往客商投资"小、散、弱"的局面正在逐步改变。三是投资项目向优势产业集中。建材、机械、医药等相同或相似的项目较多,产业关联度高,产业的集聚效应渐露端倪。

当然,我们也清醒地看到,虽然宜春开放型经济取得了重大进展,但这种进展只是在较低基数上的进展。放在全省比较,我们还存在一定的差距。为此,我们决不能因为有进步而自满自足,必须进一步统一思想,强化措施,以开放型经济统领国民经济和社会发展,以开放型经济的高速度赢得国民经济增长的高速度。

一、统一思想,认清形势,把握开放型经济大发展的有利机遇

发展开放型经济,是适应经济全球化新形势的客观要求,是充分利用国内外两个市场、两种资源的必然选择。围绕建设赣西经济中心城市的目标,加快宜春发展,仅靠我们内在的积累是远远不够的,关键是靠发展开放型经济,核心又是扩大招商引资,通过外来资本,尤其是工业资本的大量涌入,带动技术、人才、信息的大量涌入,形成加快发展的强大动力。因此,必须站在全局的高度切实增强加快发展开放型经济的紧迫感、责任感。综合分析当前的宏观经济环境和发展趋势,推进开放型经济发展,我们面临十分有利的机遇。

第一,随着全球经济一体化进程的加快,产业梯度转移的趋势不可逆转。大企业、大公司、大集团为谋求自身利益的最大化,必然把目光投向成本低、环境优、信誉好的国家和地区,以实现市场、资金、人才、技术的最佳组合。这为我们加快开放型经济发展提供了广阔空间。

第二,国家采取宏观调控的政策,对中部地区而言,既是挑战,同时也带来了新的机遇。中央的政策是区别对待,有保有压,明确了产业政策和市场准入条件,提高了门槛,使社会投资转到需要加强的行业上,由此引导东部地区的民间投资转到中部,为中部地区发展提供了机遇。

第三,中央明确提出了中部地区崛起的战略部署,在全国经济布局中注重向中部地区倾斜。近年来,在省委、省政府的正确领导下,江西进一步强化了与长江三角洲、珠江三角洲和闽东南三角区的经济技术合作,"江西现象"的集聚效应将进一步显现,这必将有利于我们发挥低成本优势,吸引外来投资,承接产业转移。

第四,发展开放型经济的内在动力进一步增强。经过近年来的实践,广大干部群众加快发展的意识更加强烈,经验更加丰富,工作能力和水平都有了新的提高。特别是第五届全国农民运动会在宜春举办,极大地增强了宜春在全国的知名度,为推进开放型经济发展创造一个良好的外部条件

二、理清思路,强化措施,找准推进开放型经济大发展的着力点

面对新的机遇,关键是事在人为,看我们的工作做的如何。为此,要着力抓好五个重要环节。

*着力在提高招商引资成效和水平上下功夫。*要立足区位优势、产业特色和人文环境,准确定位,凸现特色,走有目的、有重点、有针对性的招商之路。在积极引进劳动密集型产业和高新项目的同时,特别注重引进有利于壮大医药、机电、建材、食品、能源

等支柱产业的关联配套项目,使产业链招商成为推动我市招商引资工作的新亮点;在突出工业招商的同时,进一步加强农业产业化、商贸物流、旅游开发和社会事业招商,实现一二三产招商整体推进;在继续挖掘开长发珠闽、港澳台等地区资金和客商资源的同时,有意识地拓展东南亚、日韩等新的招商目的地,尤其要抓住与韩国尚州市友好交流的契机,争取在利用韩资上实现大突破。

*着力在壮大工业园区经济上下功夫。*工业园区是开放型经济的重要载体,也是确保经济快速发展的重要增长极。今后一段时间,要围绕"上规模、创特色、出效益"的目标,千方百计加快园区招商引资步伐,做大园区经济。园区招商引资要注重数量和质量,在项目落户、开工建设和投产见效三个方面进行强力推动。只要不是黄赌毒、不是重污染、不是高危行业的项目,都要放手大胆引进来,千方百计帮助企业解决建设中的各种问题,努力提高企业入园率、进资率和开工率。实行最严格的耕地保护制度,十分珍惜并合理利用土地,十分注重单位土地面积的投资强度、销售收入、财税收入、出口创汇和劳动就业水平,走集约化发展道路。

*着力在推进外贸出口持续健康发展上下功夫。*外贸出口水平的高低,标志着经济开放程度的高低。要落实鼓励出口的相关政策和措施,大力支持各类企业开展进出口业务,积极实施市场多元化战略,巩固发展亚洲市场,深度开发欧美、中东、非洲市场,大力开拓南美市场,形成多方位、多渠道、多元化的出口格局。加强工贸结合、农贸联合、技贸合作,推动企业申请各类认证,抓好质量和品牌建设,提高产品国际竞争力,形成新的出口增长点。进一步加强通关平台建设,抓紧海关办事机构申报,为企业营造良好的进出口环境。

*着力在经营城市上下功夫。*一个国家和地区的开放程度主要体现在城市的开放程度上。要坚持开放的理念,进一步提高经营城市的水平,完善城市基础设施建设,提升综合服务功能,做美人居环境,增强城市的吸引力、辐射力和带动力。从宜春的长远发展来看,要把加快宜春中心城市的建设,放在突出位置来抓。必须统一思想、协调行动,立足建设赣西文化、商贸、旅游休闲中心这个定位,动员各方面的力量尤其是充分调动和发挥市直部门的积极性,形成合力,大力支持宜春中心城的发展,通过整合资源,进一步做强文化、教育、体育、医疗、商贸物流和旅游产业,更好地辐射和带动全市经济的发展。同时,抓好县城和省级重点镇建设,加快城乡一体化进程。

*着力在发展民营经济上下功夫。*加快开放型经济发展,不仅要对外来的资本开放,也要重视对内部民营资本的开放,从这个意义上来讲,民营经济也属于开放型经济范畴。加快民营经济发展,从宜春的实际看,关键是克服"重外轻内"的思想,破除行业垄断和地方保护,把发展民营经济作为振兴地方经济的重要途径来抓,放开搞活,放手发展。进一步拓展民营经济发展的空间和融资渠道,支持民营企业依法向市场融资,建立和完善贷款担保机构,支持民营企业做大做强。建立发展民营经济激励机制,构建对所有企业一视同仁、内外一致的政策与管理平台,使民营经济这只"轮子"快速转动起来,与外资经济并驾齐驱。

三、统筹兼顾,优化环境,构筑开放型经济大发展的新优势

开放型经济的竞争,说到底是环境的竞争。环境就是生产力,抓发展,就是抓环境,拼发展,就是拼环境。要在环境建设上下更大的功夫,有更大的作为,不断提高环境质量和水平,展示宜春开明、开放的新形势。

下大力气创造良好的政务环境。开明的政务环境,是整个软环境的核心。外部资本进入后能不能留住,内生资本能不能加快滚动发展,我们不能在激烈的竞争中立足,关键取决于我们的政务环境。近年来,我市的政务环境建设取得了有目共睹的成绩,但我们决不能满足于已有的成绩。从各方面反映的情况看,有诺不践、有令不行、有禁不止、欺下瞒上时有发生,不负责任、得过且过、办事拖拉、效率低下在一些部门还不同程度地存在。各级政府要以转变职能为重点,以转变工作作风为手段,进一步强化服务意识,提高办事效率。力争通过3年左右的努力,在全市范围内初步形成"诚信为本、操守为重"的良好社会风尚,创造公正的司法环境、开明的政务环境、规范的市场环境以及和谐的人文环境,使宜春真正成为"拥有西部的成线、东部的理念、兼融东西部的区位优势和中部最优的环境"这样一个投资宝地。

*下大力气创造完备的硬件环境。*随着经济快速发展,我们基础设施落后的问题再次显现。抓紧新

一轮基础设施建设,是摆在我们面前的一项十分紧迫的任务。一是完善交通运输网。配合沪瑞高速公路建设,抓紧宜春中心城宜春大道、北外环路建设,加快320国道宜春段改造和县乡公路建设。二是按照扩大能力、完善电网的思路,统筹推进电源点和电网建设。重点配合做好丰城电厂二期工程扩建,抓紧洪屏抽水蓄能电站的前期工作。同时,以新建、改造13座110千伏输变电站为依托,加快县城电网改造,为形成完善的供电网络奠定基础。三是统筹兼顾防汛和抗旱、保障城市安全和美化城市环境等功能,继续加快水利设施建设。

下大力气创造稳定的社会环境。进一步做好社会保障和就业工作,继续关心困难群众的生产生活,把扶助困难群体的各项政策落到实处,为安全稳定奠定最广泛,最坚实的社会基础和群众基础。狠抓农民增收,维护农村稳定,围绕推进农业现代化、农村城镇化、农民市民化提思路、拿办法,抓住国家加大对种粮农民的政策扶持力度,粮油等农产品价格回升的机遇,积极引导农民调优粮食品种结构,提高种粮收入,并以此为契机,推进农业产业化经营,搞活农产品流通,加快农村劳动力向非农产业转移,拓宽增收渠道。深入研究改革发展进程中出现的新情况、新问题,妥善协调和处理不同群体之间的利益关系,把可能影响稳定的苗头性、动态性问题,解决在基层,化解在萌芽状态。坚持“打防结合、预防为主”的方针,全面加强社会消费品市场安综合治理。按照“目标更高、要求更严、措施更实”的要求,进一步健全安全生产长效管理机制,强化专项整治力度。

【支柱产业】

宜春市支柱产业

【机械行业】

宜春市机械行业拥有宜工、江特、华伍、风动、宜齿等一批骨干企业，产品以装载机、凿岩机、起重机械、特种电机、齿轮为主，通过自主开发和引进先进技术，企业的技术装备水平和产品质量明显提高。2003 年，全市规模以上机械工业完成工业增加值 5.8 亿元，销售收入 14.5 亿元，税金 3000 万元。

发展举措及目标：依托宜工、风动、南特等企业，引进福建龙岩工程机械（集团）有限公司收购宜春齿轮公司，重点发展大型装载机、挖掘机、路面施工机械、垃圾压缩机械、凿岩机械和农用机械，大力发展工程机械桥箱齿轮及配件。依托江特、华伍、德力西等企业，大力发展塔吊电机、变频电机、电力液压盘式制动器和全自动免维护块式制动器以及电器产品和低压电柜。依托宜春客车厂、朝日公司、特种汽车厂、丰城车灯厂、英龙橡胶、万载橡胶、江西减震器厂、宜春机械有限公司等企业，积极发展客车、农用运输车以及刹车软管、车灯、减震器、后车架、力车等汽车零部件，开发新产品，提高专业化水平。到 2008 年，全市规模以上机械工业完成工业增加值 13 亿元，销售收入 32 亿元、税金 7000 万元。

【食品行业】

依托丰富的农产品优势，宜春市的食品行业基本形成了具有区域特色的工业布局，产品以饮料酒、粮油加工、特色小食品为主。2003 年，全市规模以上食品工业完成工业增加值、销售收入、税金分别为 4.21 亿元、12.8 亿元、1.33 亿元。

发展目标：促进酒业规模化发展。重点扶持四特酒厂、七宝山酒业、瑞酒集团，力争 2008 年销售收入分别突破 10 亿元、1 亿元和 1 亿元。加快樟树森鑫啤酒实业有限公司 20 万吨啤酒项目的建设及宜春活力啤酒 5 万吨啤酒项目的达产达标。加快江西猕猴桃酒业有限公司年产万吨猕猴桃干酒项目建设。加快粮油工业发展，扩大“碧云”、“玉珠”优质米的生产能力，促进粉末油脂尽快形成万吨/年生产规模，支持青龙高科山茶油和瑞麦食品旺旺系列糕点的生产。促进特色小食品形成规模效益，引进先进技术改造冻米糖、豆腐乳、松花皮蛋、腐竹、果蔬产品、竹笋产品、森林蔬菜等食品企业，扩大市场占有率，提高经济效益。积极发展饮料业，提高江特矿泉水、润田太空水、南酸枣和百合等饮料质量和市场占有率。到 2008 年，全市规模以上食品工业完成工业增加值 9.5 亿元、销售收入 30 亿元、税金 3 亿元。

【建材行业】

宜春市建材行业产品以水泥和建筑陶瓷为主，近年通过加快改制步伐，加大招商引资力度，积极推进技术创新，建材行业已逐步发展壮大，丰城兰丰水泥集团公司、新红梅瓷厂、江西华厦水泥有限公司、高安水泥有限公司等一批改制企业成为建材行业的龙头。2003 年，全市规模以上建材工业完成工业增加值、销售收入、税金分别为 4.16 亿元、11.05 亿元、5625 亿元。

发展目标：大力开拓市场，充分发挥生产潜能，提高市场占有率。控制总量，调整结构，淘汰部分工艺落后、能耗高、污染严重的小企业。采用新技术、新工艺改造传统建材企业，发展新型建材工业，重点发展高标号水泥、特种水泥、推广大中型干法水泥和散装水泥，积极发展日产熟料 1500 吨以上的窑外分解窑，重点支持丰城兰丰水泥集团公司投资 1.8 亿元新上 2500 吨/日新型干法生产线和江西华厦水泥有限责任公司投资 3 亿元新上 1500 吨/日和 2500 吨/日新型干法回转窑生产线各一条；在建筑陶瓷业基本普及低温快烧一次成型辊道窑技术，发展高档建筑陶瓷及技术含量高的新型产品，以及高强、轻质、多功能、低能耗墙体材料，重点支持江西新红梅陶瓷总厂形成年产 300 万㎡微晶抛光砖生产线和金佛陶瓷年产 180 万㎡高档抛光砖生产线。到 2008 年，全市规模以上建材工业完成工业增加值 9 亿元、销售收入 23 亿元、税金 1.4 亿元。

【优惠政策】

宜春市人民政府关于鼓励外商投资的办法

一、投资工业领域

第一条 投资生产性企业,可通过出让、租赁等方式优先取得土地使用权,通过出让方式取得土地使用权的,其土地出让金可按成本价优惠。土地使用税按每年每平方米0.5－1元的标准征收。

第二条 投资企业经营期10年以上的,从开始获利年度起,10年之内依率征收的企业所得税地方分成部分,地方财政将前五年的100%、后五年的50%纳入地方财政建立的企业技改基金和新产品开发基金,并对该企业予以支持,用于该企业扩大规模、技术改造和新产品开发。国家规定的所得税减免年限和税率包含在上述技术资金之内。

第三条 新建的独资项目,在企业投产后征收的增值税地方分成部分,地方财政将前五年的50%纳入地方财政建立的企业技改基金和新产品开发基金,并对该企业予以支持,用于该企业扩大规模、技术改造和新产品开发。其中,对产品出口、高新技术、农产品深加工企业可在六年内予以支持。新建合资、合作的项目,合作期限10年以上的,依率征收的增值税地方分成部分,按外商投资比例,二年内纳入地方财政建立的企业技改基金和新产品开发基金,并对该企业予以支持。其中,产品出口、高新技术、农产品深加工项目支持三年。

第四条 兼并、购买我市国有、集体企业,投入资金改造并吸收原企业职工就业的,企业投产后新增的增值税地方分成部分,五年内地方财政将其50%纳入地方财政建立的企业技改基金和新产品开发基金,并对该企业予以支持,用于该企业扩大规模、技术改造和新产品开发。同时,享受第二条规定。

第五条 投资企业的城市房地产税、车船使用牌照税地方分成部分,经营期内地方财政将其50%纳入地方财政建立的企业技改基金和新产品开发基金,用于支持该企业扩大规模、技术改造和新产品开发。

第六条 投资企业的固定资产可按规定加速计提折旧。

第七条 投资工业项目涉及的地方行政性收费全部免收,属差额拨款或自收自支事业性收费,减半征收。

第八条 鼓励投资企业技术改造,凡符合国家产业政策的,其项目所需国产设备投资的40%,可从企业技术改造项目设备购置当年比前一年新增的企业所得税中抵免,抵免期为五年。

第九条 鼓励投资企业技术进步。凡企业研发新产品、新技术、新工艺所发生的开发费比上年实际增长10%以上(含10%)的,经批准,允许再按其实际发生额的50%,抵扣当年度的应纳所得税额

二、投资农业领域

第十条 投资农林牧渔业(含农产品加工企业),除了国家政策法规允许以划拨方式取得土地使用权外,还可通过出让、租赁等方式优先取得土地使用权。通过出让方式取得土地使用权的,其土地出让金按成本价收取,土地使用税纳入地方财政建立的企业技改基金和新产品开发基金,用于支持企业扩大规模、技术改造和新产品开发。

第十一条 利用"五荒"资源或在边远贫困山区从事农林牧渔业开发项目,所需集体土地经当地村集体同意,投资者可以采取租赁、承包、合资入股等方式取得土地使用权,国土部门免收报批规费。

第十二条 从事农林牧渔业开发的企业(含农产品加工企业),经营期十年以上,自有收入年度起,新增的农业税和农业特产税地方所得部分,地方财政将前十年的50%纳入地方财政建立的企业技改基金和新产品开发基金,用于支持企业扩大规模、技术改造和新产品开发。

三、投资城镇基础设施建设

第十三条 投资经营城镇基础设施项目(道路、桥梁、供水、供气、环卫设施等)。应通过出让方式取得土地使用权,在国家政策法规允许范围内的,可以通过划拨方式取得土地使用权。

第十四条 投资成本回收期在10年以上的基础设施项目用地,新增土地使用税地方所得部分,地方财政将前5年的100%纳入地方财政建立的城镇基础设施建设扶助基金对企业予以补贴,用于鼓励企业投资城镇基础设施建设。

第十五条 投资成本回收期在10年以上的基础

设施项目,在国家规定的减免税收优惠期满后,视项目收益情况,对收益低的项目,在一定时期内企业缴纳的企业所得税地方分成部分,地方财政将其中50%纳入地方财政建立的基础设施建设扶助基金,对该企业予以补贴;所缴纳的营业税视情由地方财政进行部分补贴。客商投资非盈利性公益事业项目,企业所得税地方分成部分,地方财政将前5年的50%纳入地方财政建立的基础设施建设扶助基金,并对该企业进行补贴。

第十六条 投资经营成本回收期10年以上的城镇基础设施项目,涉及的收费属地方行政性收费全部免收,属差额拨款或自收自支事业性收费减半征收。

第十七条 投资大型宾馆(三星级以上)、大型公园(1000万元以上)、旅游开发等公共设施以及社会事业项目,在建设期内,可享受第十六条规定的政策;在经营期内,其经营性营业税从营运之日起,地方财政将前四年的50%、后六年的25%纳入地方财政建立的企业扶助基金和保安基金,以支持企业提等升级和安全设施的建设。

四、配套服务

第十八条 切实保障企业的合法权益。公开税外收费项目和标准,统一按规定收费。任何部门、单位和个人不得随意到企业检查、参观;不得自立收费项目或提高收费标准;不得向企业收取或摊派不合理的费用;不得利用职权向企业索取好处;不得在办理公务中设置关卡;不得以不正当理由无偿占用企业产品和要企业承担额外任务。

第十九条 简化外商投资项目的行政审批手续。对投资项目的审批实行一个窗口的服务,并按职能部门的公开承诺限时办毕。也可以委托招商办、外经贸局、开发区管委会或"双优"办全程服务,在材料齐备的情况下,一周内办妥有关手续。

第二十条 外商按法定程序提出的用地申请(含出让、转让、预约用地、续延用地、变更用地、临时用地、过户登记等),土地管理部门和其他有关部门应在一周内办理完毕。新征用地需报省审批的,征地协议签订完毕、资料齐全,2个工作日内及时上报。

第二十一条 在我市投资的客商及其配偶、子女,客商投资企业在市外聘任的高中级管理人员和专业技术人员及其配偶、子女,可办理落户手续(只收取证件工本费),子女可就近自主选择学校就学,享受与市区居民同等待遇。

第二十二条 外商投资企业的员工及随行眷属,因商务活动需要多次出入境者,可向公安机关申请办理长期限的港澳通行征或多次往返的护照。

第二十三条 外商办理完毕相关手续,注册资金到位并经确认后,凭客商投资企业证书享受有关政策。

五、其他

第二十四条 在我市投资高科技项目、高附加值项目和创汇项目以及大型投资项目,可实行一事一议,享受特别支持。如投资者有其他特殊要求,也可采用一事一议的办法,予以解决。

第二十五条 本《办法》由宜春市"优化环境、优质服务"办公室负责解释。

本《办法》自发文之日起实施。今后如遇国家有关政策发生变化,将根据国家新的政策及时予以调整。

宜春市重点企业名录库

（2003 年）

企业名称	通讯地址	资产总额（万元）	销售收入（万元）	员工人数（人）
江西丰城发电有限责任公司	丰城市尚庄街道石上村	90 000	162 757	1 083
中国石油化工股份有限公司江西宜春分公司	袁州区泗洲寺路 18 号	7 579	66 046	870
江西四特酒业集团有限公司	樟树市药都北大道 7 号	16 410	44 134	1 630
丰城矿务局	丰城市上塘镇建设大道 145 号	24 844	37 028	12 088
江西省烟草公司宜春分公司	袁州区袁山大道中路 103 号	1 091	35 865	151
三九宜工生化股份有限公司	袁州区环城西路 1 号	21 168	34 810	1 513
药都樟树医药公司	樟树市药都路 29 号	14 465	31 449	986
江西省樟树粮油公司	樟树市药都北大道 15 号	3 584	23 463	1 005
江西药都仁和制药有限公司	樟树市药都路	6 200	22 862	138
中国石化工股份有限公司江西樟树分公司	樟树市门楼里 10 号	30	20 885	243
江西省宜春市建筑工程总公司	袁州区环城西路 168 号	5 032	20 000	1 720
江西省丰城市烟草公司	丰城市剑光东方红大街 269 号	92	18 660	56
丰城市兰丰集团公司	丰城市尚庄街北坑村	16 748	17 621	990
江西省天顺纺织品有限公司	江西省奉新县冯田工业区	361	16 755	183
江西正邦实业有限公司	樟树市大桥办事处东村	1 000	14 690	242
江西英岗岭矿务局	高安市建山镇枫林	10 537	13 399	5 363
江西盐矿有限责任公司	樟树市龙溪	38 172	12 438	1 409
江西朝日钢结构建筑工程有限公司	江西省奉新县冯田工业区	3 058	12 410	400
江西省青龙集团商厦有限公司	袁州区中山中路 168 号	4 241	12 298	936
江西济民可信药业有限公司	袁州区高士路 127 号	1 200	11 592	522
江西新洛煤电有限责任公司	丰城市洛市镇刘家村	2 418	10 635	1 981
罗宾有限公司	袁州区边山下路 200 号	19 728	10 168	252
江西海尔思药业有限公司	袁州区海尔思路 9 号	2 000	9 745	138
江西特种电机股份有限公司	袁州区东风大街 10 号	3 078	9 704	876
铜鼓县发电公司	樟树市药都路 29 号	4 303	9 111	129
江西朝日农业机械制造有限公司	铜鼓县永宁镇定江路 1 号	700	8 956	200
江西省烟草公司高安市公司	江西省奉新县冯田工业区	109	8 551	159
宜春市袁州区粮食购销公司	高安市桥北路 218 号	471	8 393	378
江西省烟草公司樟树市公司	袁州区中山中路 206 号	121	8 366	44
江西省丰硕电磁线有限公司	樟树市药都南路 49 号	850	8 235	140
药都樟树医药集团公司	江西省奉新县冯田工业区	2 125	8 135	674
江西省烟草公司万载县公司	万载县康乐镇阳乐大道	61	8 100	38
高安市粮油批发市场	高安市高安大道中段	60	7 873	32
中国石化股份有限公司江西宜春上高石油	上高县敖阳镇站前路 30 号	1 258	7 784	137
江西新华煤矿	高安市八景镇礼港	346	7 742	684
江西省宜丰县宏丰人造板有限公司	宜丰县新昌镇县城东开发区	3 300	7 700	361
中国石油化工股份有限公司高安支公司	高安市瑞州街道办事处碧落路	1 373	7 494	164
江西先锋机械厂	袁州区宜万路张家山	3 080	7 276	803
上高县粮食购销公司	上高县敖阳镇沿江路 96 号	1 050	6 838	828
江西华伍起重电器有限责任公司	丰城市剑邑大道 779 号	5 800	6 552	530
江西苎麻纺织集团有限公司	袁州区外环南路 1 号	19 417	6 299	1 974
奉新县康达木竹制品有限公司	江西省奉新县冯田工业区	580	6 130	445
高安市供电有限责任公司	高安市瑞州街道办事处瑞州路	1 000	6 100	428
上高县供电有限责任公司	上高县敖阳镇和平路 223 号	1 500	5 981	620
宜春市袁州区供电有限责任公司	袁州区秀江西路 89 号	480	5 855	647
樟树富达实业公司	樟树市吴家巷	1 425	5 694	730
丰城市供电有限责任公司	丰城市人民路	1 000	5 604	1 015
江西省上高县烟草公司	上高县敖阳镇敖山大道	79	5 477	33
江西港荣皮革有限公司	上高县工业园	1 500	5 156	68
江西省烟草公司宜丰县分公司	宜丰县新昌镇新昌中大道 8 号	62	5 067	75

续表1

企业名称	通讯地址	资产总额（万元）	销售收入（万元）	员工人数（人）
丰城市润田塑料制品公司	丰城市尚庄镇石上村	1 000	5 020	230
万载县供电有限责任公司	万载县康乐镇金三角	1 000	4 731	721
宜春第一机械厂	袁州区外环南路30号	2 045	4 684	1 166
樟树供电有限责任公司	樟树市楼门前7号	1 017	4 399	318
江西省烟草公司奉新县公司	奉新县冯川镇奉新大道167号	50	4 395	34
奉新县供电有限责任公司	奉新县冯川镇建设北路140号	1 000	4 262	486
宜春钽铌矿	袁州区新坊乡花桥村	11 020	4 084	974
宜丰县供电有限责任公司	宜丰县新昌镇耶溪大道34号	2 000	4 073	676
江西省宜春公路桥梁工程有限责任公司	袁州区五城西路25号	2 282	4 026	2 712
丰城市建筑工程公司	丰城市解放南路55号	483	4 001	1 080
江西新梅陶瓷有限公司	高安市新街镇新街居委会	1 000	4 000	450
丰城市兴丰焦化有限公司	丰城市东郊路16号	902	3 921	151
丰城市第八建筑工程有限公司	丰城市解放南路46号	600	3 903	516
江西博士达药业有限责任公司	上高县敖阳镇敖山大道	1 000	3 882	130
江西宏通实业有限公司	高安市高安大道588号	510	3 710	142
江西丰远轻钢结构有限责任公司	丰城市尚庄镇宏岗村	1 000	3 663	400
高安市水泥有限责任公司	高安市灰埠镇灰埠	770	3 603	596
宜春市袁州区生猪定点屠宰厂	袁州区环城东路178号	308	3 602	67
丰城市新华书店	丰城市中山巷14号	36	3 515	75
宜春远大化工有限公司	袁州区下浦乡徐田村	800	3 494	41
江西省石油公司丰城市公司	丰城市朝阳路1号	1 200	3 319	30
江西省烟草公司靖安公司	靖安县双溪镇石马中路	62	3 231	22
江西南方隧道工程有限公司	樟树市洋湖乡洋湖	1 500	3 208	253
江西维尔宝食品生物有限公司	高安市清高路801号	82	3 154	66
铜鼓县供电有限责任公司	铜鼓县永宁镇城南路	801	3 010	159
江西省瑞州特种建材集团有限公司	高安市独城镇独城	2 360	3 002	302
樟树市大丰饲料厂	樟树市大桥办事处东村	92	3 000	62
江西樟树冠京香料有限公司	樟树市药都北大道100号	1 000	2 982	108
江西宜春三龙实业总公司	袁州区袁山大道中路299号	866	2 948	273
江西省宜丰石花尖瓷业总公司	宜丰县石花尖乡院内	452	2 945	1 156
江西省宜春市新华书店	袁州区东风大街252号	118	2 900	90
丰城市电力住宅建筑工程有限公司	丰城市剑南街丁家村	700	2 888	382
江西樟树四特酒销售总公司	樟树市药都北大道7号	898	2 888	107
江西七宝山铁矿	上高县塔下乡建新	1 501	2 830	659
江西省奉新县碧云米业有限责任公司	奉新县冯川镇冯川中路65号	518	2 730	131
宜春市第五建筑工程公司	袁州区环城西路561号	618	2 680	326
宜春市袁州区第四建筑工程公司	袁州区潭前	610	2 672	456
南昌航天科技园樟树发展有限公司	樟树市阁山镇阁山	283	2 654	110
宜春市第三建筑工程公司	袁州区秀江西路218号	618	2 629	356
江西阳岭企业集团	铜鼓县永宁镇定江路165号	1 192	2 599	124
宜春市袁州区第三建筑工程公司	袁州区化成街办	626	2 598	230
江西上高县敖山建筑工程公司	上高县工业园	741	2 589	12
宜春市新亿汽车销售服务有限公司	袁州区袁山大道西路362号	121	2 584	34
丰城市河东矿业公司	丰城市秀市镇洲上村	120	2 534	800
上高县锦江建筑工程公司	上高县锦江镇锦南	844	2 525	361
江西七宝山酒业有限责任公司	上高县敖阳镇沿江路2号	322	2 517	165
丰城市剑南建筑工程公司	丰城市剑南路31号	600	2 515	544
江西省丰城市东方建筑工程有限公司	丰城市剑光街解放南路63号	660	2 450	788
丰城市农业开发建设工程有限公司	丰城剑光街东方红大街20号	250	2 450	526
高安市食品有限责任公司	高安市桥南路57号	600	2 445	144

续表 2

企业名称	通讯地址	资产总额（万元）	销售收入（万元）	员工人数（人）
丰城市荣塘建筑工程公司	丰城市荣塘镇荣塘村	720	2 439	324
宜春市第八建筑工程有限公司	袁州区环城西路 621 号	650	2 438	362
江西省八景煤矿	高安市八景镇西山	10 535	2 423	1 369
高安市建设实业有限责任公司	高安市凤凰二路	814	2 417	315
江西省青龙集团高新技术开发有限公司	袁州区东风大街 248 号	6 221	2 405	126
江西省东风亿利板材有限公司	奉新县东风垦殖场东风路 6 号	400	2 380	290
江西龙工齿轮有限公司	高安市胜利路 182 号	829	2 329	730
江西省宜春市土木工程总承包有限公司	袁州区宜万路 151 号	630	2 300	170
江西省高安市新华书店	高安市高安大道 633 号	151	2 273	62
宜春市袁州区建筑工程公司	袁州区中山中路 192 号	284	2 255	422
宜春市第九建筑工程有限公司	袁州区环城北路 83 号	645	2 231	570
樟树市顺达水泥有限公司	樟树市刘公庙镇滁山村	286	2 224	315
宜春信友化工有限公司	袁州区城东文笔峰	1 081	2 144	263
江西省石油公司万载县支公司	万载县康乐镇阳乐大道 88 号	74	2 117	45
江西新红梅陶瓷有限公司	高安市高安大道 231 号	1 597	2 116	403
宜春市基建工程有限公司	袁州区袁山大道中路 106 号	600	2 100	380
上高县敖阳镇建筑工程公司	上高县敖阳镇沿江路 6 号	741	2 099	368
丰城市水利水电工程建筑有限公司	丰城市沙湖路 9 号	618	2 069	382
江西上高县圳鑫水泥有限责任公司	上高县塔下乡长山	122	2 068	335
宜春市袁州区第一建筑工程公司	袁州区中山中路 10 号	647	2 061	314
江西省靖安南特工程机械有限公司	靖安县香田乡鸭婆潭街	352	2 055	226
江西阳光安全设备有限公司	樟树市永泰镇洋塘洲工业小区	1 038	2 022	79
丰城市机械施工工程公司	丰城市石祥路 86 号	800	2 010	114
丰城市第四建筑工程公司	丰城市东方红大街 598 号	339	2 000	190
奉新县恒星钢铁有限公司	江西省奉新县冯田开发区	100	1 938	250
丰城市仙岭水泥有限责任公司	丰城市曲江镇朱家村	200	1 929	282
宜春市全盛建筑工程有限公司	袁州区泗洲寺路 11 号	713	1 904	396
江西泰明(上海)橡胶轮胎有限公司	江西省奉新县冯田工业区	500	1 896	190
江西第三机床厂	上高县敖阳镇人民路 32 号	475	1 888	547
宜春市第六建筑工程公司	袁州区环城西路 902 号	700	1 880	458
江西省宜春市第二建筑工程有限责任公司	袁州区宜万路 379 号	2 068	1 880	1 401
江西省宜春市供水公司	袁州区滩下路 43 号	2 867	1 869	276
靖安县供电有限责任公司	靖安县双溪镇清华大道 48 号	1 500	1 841	501
江西特种汽车有限责任公司	袁州区灵泉街	2 000	1 833	85
江西省樟树市建筑工程公司	樟树市共和西路 78 号	602	1 811	628
丰城市秀市富玉工艺制品厂	丰城市秀市镇工业区	350	1 809	316
江西省宜春市赣中水利水电工程有限公司	袁州区水电培训中心大楼	1 000	1 797	129
江西工具有限责任公司	万载县康乐镇环城南路 86 号	1 172	1 767	675
江西上高县福鑫纺织有限公司	上高县工业园	2 064	1 764	556
靖安县安宏板材有限公司	靖安县双溪镇清华大道	105	1 758	150
江西省奉新县腾达竹业有限公司	奉新县上富镇钟山西路 18 号	54	1 731	185
上高县界埠水泥厂	上高县新界埠富港	1 500	1 720	80
江西起重机械总厂	樟树市共和东路 82 号	1 100	1 712	310
江西省樟树市第二建筑工程公司	樟树市江东路 4 号	608	1 700	708
江西赣英水泥有限责任公司	高安市建山镇建山街	1 032	1 699	185
江西省万载橡胶有限责任公司	万载县康乐镇宝塔路 2 号	400	1 658	218
高安市建筑工程公司	高安市筠泉路 158 号	192	1 658	309
上高县白水泥有限责任公司	上高县塔下乡长山	1 227	1 654	217
江西省医药集团宜春分公司	袁州区环城东路 49 号	452	1 601	105
高安市红梅陶瓷有限责任公司	高安市瑞州街道办事处连锦	1 016	1 580	240

续表 3

企业名称	通讯地址	资产总额（万元）	销售收入（万元）	员工人数（人）
江西徐山有色金属矿业有限责任公司	丰城市铁路镇浩元村	455	1 579	696
江西长青机械有限责任公司	袁州区外环南路	5 254	1 573	645
江西省棠浦煤矿	宜丰县棠浦镇枫林	1 823	1 569	1 030
江西远洋保险设备实业有限公司	樟树市鹿江凌上居委会	590	1 563	89
丰城市白土建筑工程公司	丰城市白土镇白土集镇	707	1 550	421
江西高安市瑞酒有限责任公司	高安市瑞州街道办事处连锦	118	1 543	150
高安市第二建筑工程有限责任公司	高安市朝阳路 116 号	747	1 506	286
万载县金峰进出口有限公司	万载县康乐镇金三角	500	1 500	18
江西峰华豆制品有限公司	丰城市石上村	260	1 500	200
万载县九兴竹胶板有限公司	万载县三兴镇抗桥	942	1 428	134
江西映山红饲料有限公司	上高县塔下乡长山	301	1 419	47
奉新县煌达竹业有限公司	江西省奉新县澡下镇观下村	50	1 406	93
江西新瑞景陶瓷有限公司	高安市八景镇八景居委会	1 280	1 400	665
高安市第三建筑有限责任公司	高安市桥北路 46 号	206	1 400	59
江西省奉新县紧固件集团公司	江西省奉新县宋埠镇宋埠村	300	1 385	380
江西省靖安县邓氏园林实业有限公司	靖安县水口乡水口街	80	1 379	100
高安市雅星毛绒制品有限公司	高安市桥南路 726 号	350	1 376	168
丰城市建筑开发工程公司	丰城市新城区	627	1 362	364
江西太阳陶瓷有限公司	高安市独城镇独城	1 205	1 362	172
江西省奉新化工有限公司	江西省奉新县冯田开发区	304	1 320	150
江西上高县春龙制衣厂	上高县思泉铺集镇	150	1 318	378
江西省煤矿机械厂	樟树市临江镇民主街	2 742	1 312	218
宜丰县宇安竹材人造板有限公司	宜丰县潭山镇集镇	260	1 300	130
铜鼓县林业工业公司	铜鼓县永宁镇定江东路 737 号	794	1 290	218
江西上高县中林白水泥有限责任公司	上高县塔下乡长山	270	1 289	151
万载县青叶食品有限公司	万载县鹅峰乡涂泉	600	1 287	156
江西天江材料有限公司	上高县塔下乡田北	570	1 265	18
江西省高安市医药公司	高安市桥南路 25 号	166	1 260	220
丰城市第六建筑工程公司	丰城市小港镇小港集镇	727	1 260	220
靖安县压板厂	靖安县中源乡西岭村	302	1 253	156
江西中华猕猴桃酿酒公司	江西省奉新县冯田工业区	1 200	1 249	280
铜鼓县永宁化工厂	铜鼓县永宁镇剑石路 8 号	52	1 244	42
丰城市第七建设工程有限公司	丰城市剑光街叶家井 1 号	600	1 240	430
丰城市第五建筑工程公司	丰城市袁渡镇集镇	714	1 235	192
万载县泰丰出口花炮厂	万载县马步乡新民	80	1 232	220
江西冠亿砂轮有限公司	江西省奉新县冯田工业区	197	1 220	63
铜鼓县仁和制药有限公司	铜鼓县永宁镇永宁镇城南路	314	1 220	50
铜鼓县供电有限责任公司	铜鼓县永宁镇城南路	801	1 214	302
宜春泰华科技有限公司	袁州区高士路 241 号	50	1 203	70
宜春市永安建筑工程有限公司	袁州区湖田乡岐山村	680	1 200	148
丰城市第二建筑工程公司	丰城市剑邑大道 45 号	204	1 200	546
江西宜春翔宇机械电子有限公司	袁州区外环南路	50	1 191	56
江西康美医药保健品有限公司	樟树市药都路 72 号	600	1 187	134
江西省丰城市医药公司	丰城市东方红大街 39 号	201	1 179	73
江西泰豪特种电机有限公司	高安市祥符镇工业城	1 500	1 176	246
江西朝日塑胶电缆有限公司	江西省奉新县冯田工业区	900	1 165	56
丰城市市政工程总公司	丰城市人民路 70 号	1 170	1 160	196
江西省宜丰县石花尖纸业有限责任公司	宜丰县石花尖乡黄岗洪门	750	1 130	153
江西英岗岭矿务局建筑安装工程公司	高安市建山镇枫林	2 000	1 123	132
江西省青龙集团酒店有限公司	袁州区东风大街 248 号	1 347	1 122	389

【招商引资】

安外活内 以商招商

丰城市人民政府

2003年以来，丰城市按照省委、省政府以大开放促大发展和坚持以招商引资为总抓手的总体工作思路，紧紧咬住“三年再造一个丰电、五年再建一个丰城”，“全力打造全省一流县市、奋力冲刺全国百强县市”，全面建设小康社会的奋斗目标，充分发挥优越的区位优势、丰富的能源优势、潜在的农业优势和巨大的人力优势，坚持以对外开放为主战略，以招商引资为突破口，着力推进工业化、城市化、农业产业化进程，和全省各地一样，发展开放型经济取得了重大突破。2003年度丰城市实际引进市外国内资金15.38亿元，同比增长152.46%，列宜春市第三名；实际利用外资1636万美元，同比增长348.22%，列宜春市第一名；实际出口创汇452万美元，同比增长13%，列宜春市第三名。在2004年1月召开的省开放型经济工作会议上，丰城市被评为“2003年度工业项目引进资金超5亿元县(市)先进单位”和“2003年度实际利用外资超1500万美元县(市)先进单位”。

一、安外活内，营造一流的发展环境。

优越的环境、优质的服务是对外开放、对内搞活和发展开放型经济的重要乃至关键的因素，也是丰城市能稳定原有客商，激活本地客商，增加对潜在外商吸引力的优势所在。我们在三个“零”的标准上下功夫，做到内外客商一视同仁。一是优惠政策“零”收费。在为内外客商企业办证办事简繁手续、代办手续的基础上，只收取工本费，取消治安联防、卫生防疫、过路过桥等收费项目7个。如赣江公路大桥收费处，客商车辆一律免费通行。二是优化环境“零”干扰。市招商办、发展环境整治办公室联合向市内外客商及其企业颁发“一牌两卡”，市公安局、检察院、法院等执法部门班子成员每人挂点一家企业，每个科室与一家企业结“对子”，为企业发展保驾护航，对损害客商利益，破坏发展环境的人和事，一经发现，严厉查处。同时以塑造“丰城新形象”主题学习教育活动为契机，加大了优化环境的宣传教育力度，全市上下亲商帮商蔚然成风，没有发生一起重大坑商扰商现象。三是优质服务“零”距离。对在工业园区投资的企业实行市领导挂点制，市四套班子成员包括督导员、调研员个个有担子，人人有责任，每人为一家企业开展全天候、全方位服务；对在其它地方投资的企业则实行乡镇(街道)和市直部门领导挂点制。只要客商有求助，人员半小时赶到，一天内解决问题。近一年来，共为客商及其企业解决征地、办证、水电等实际难题27个。2003年7月26日晚10时许，在梅林镇药湖投资特种养殖的浙江老板胡望春有一辆满载饲料的大货车中途抛锚，市招商办接到电话后，连夜分兵两路，5名干部赶赴现场看守货物，3名干部从城区调请修理工和接替货车，使饲料在不到两小时就如数转运到养殖场，看到我们的干部一身灰尘一身汗水，这位客商深受感动。近两年来，在丰城投资的兰丰水泥、林达房地产、梅林药湖开发等30多家客商企业增资扩产，追加注入资金2.9亿元，新上项目38个；华伍起重电器公司、天缘科技有限公司等本地民营企业不断上规模、上水平、上效益。看到这些客商安心放胆地发展，那些等待观望的客商不再犹豫徘徊，浙江人和集团、香港鸿泰投资集团、澳琪毛衫织造公司等，一笔笔资金，一个个项目云集丰城安营扎寨；丰城远大粮油机械公司、凯丰泵业公司、聚贤公司等十多家本地民营企业纷纷涌入民营企业科技园购地建厂。

二、园区开发，打造一流的发展载体。

园区是发展开放型经济的重要载体，是新一轮区域经济增长的希望所在，园区办得好不好，直接决定着一个地区开放型经济发展的规模和水平。丰城市紧紧抓住园区这一载体，充分依托优越的区位优势，发挥电厂、煤炭等丰富的能源优势，利用百万人口的巨大人力优势，大力推进园区建设。首先是高起点、高标准规划设计。专门从华中科技大学、同济大学等院校聘请专家小组多次来丰城考察论证，制定方案，精心策划。其次是大手笔、大投入开发建设。市委、市政府主要领导经常带领招商办、土管局、发计委等职能部门负责人跑北京、南昌、宜春等地，跑项目、争资金、要政策，投资2亿多元，完成了园区征用土地和“三通一平”等设施建设。通过近两年的开发建设，丰城市丰源工业城已拉开了全市大开放、大开发、大发展的框架，充分发挥了园区在开放型经济发展中的龙头作用，吸引了很多客商来丰投资。仅2003年一年，来丰城投资的三福钢铁有限公司、港源硅业有限公司、同济丰宇新型建材有限公司、真龙电源科技公司、兰丰水泥有限公司等新上亿元以上的大型项目8个，投资上千万元的新世纪大厦、丰林俊实业有限公司等新上中型项目16个。园区的开发，为丰城的开放型经济发展奠定了雄厚基础，同时也成为利用外资和自营出口的主战场。另外，丰城市还把招商引资引入新城区开发，加快新城区建设，2003年，落户新城区的引资项目9个，合同金额8.53亿元，实际进资3.41亿元。

三、创新方法，创造一流的发展水平。

招商引资是推进开放型经济发展的重要方法和途径，创新理念，创新方法又是在新形势下搞好招商引资工作的前提。丰城市在建立和健全招商引资网络体系上做文章，重点实施以商招商。首先积极调整招商引资战略，把政府引导招商和民间招商相结合，增强招商引资的活力。市四套班子、乡镇（街办）、市直各部门单位均实施“一把手”工程，2003年，四套班子成员外出招商达80多人次，乡镇（街道）和市直负责人外出招商达300多人次，民间有组织或自发招商达210多人次，在2003年全市经济工作会议上丰城市专门表彰了招商功臣13人。其次把传统招商与网上招商等相结合，拓宽招商引资的渠道。2003年投资10多万元购置设备，建立丰城招商网站，尤其在“非典”期间，网上招商、信函招商、电话招商成了“非常时期的非常战术”，取得明显成效，保持了丰城市招商引资势头不减。浙江瑞安林友水、浙江金华施国鹏等客商均在2003年5月份“非典”高发期来丰城投资新世纪大厦和杨柳湖商业广场建设。第三，把自主招商与外商联合招商、外商代理招商引资相结合。这种“以商招商”的办法，充分发挥了外商在招商引资中的独特作用，使丰城市“以商招商”成几何级数的速度递增，浙江永康客商吴龙林和兰溪赵静涧自2001年来丰城投资后，不到两年功夫，通过一带二、二传四的延伸和辐射，来自浙江永康、金华、宁波、嵊州等10多个县（市）的客商络绎不绝，目前达20多人，30多家企业。

丰城市重点企业名录库

（2003年）

企业名称	通讯地址	资产总额（万元）	销售收入（万元）	员工人数（人）
江西丰城发电有限责任公司	丰城市尚庄街道石上村	90 000	162 757	1 083
丰城矿务局	丰城市上塘镇建设大道145号	24 844	37 028	12 088
江西省丰城市烟草公司	丰城市剑光东方红大街269号	92	18 660	56
丰城市兰丰集团公司	丰城市尚庄街北坑村	16 748	17 621	990
江西新洛煤电有限责任公司	丰城市洛市镇刘家村	2 418	10 635	1 981
江西华伍起重电器有限责任公司	丰城市剑邑大道779号	5 800	6 552	530
丰城市供电有限责任公司	丰城市人民路	1 000	5 604	1 015
丰城市润田塑料制品公司	丰城市尚庄镇石上村	1 000	5 020	230
丰城市建筑工程公司	丰城市解放南路55号	483	4 001	1 080
丰城市兴丰焦化有限公司	丰城市东郊路16号	902	3 921	151
丰城市第八建筑工程有限公司	丰城市解放南路46号	600	3 903	516
江西丰远轻钢结构有限责任公司	丰城市尚庄镇宏岗村	1 000	3 663	400
丰城市新华书店	丰城市中山巷14号	36	3 515	75
江西省石油公司丰城市公司	丰城市朝阳路1号	1 200	3 319	30
丰城市电力住宅建筑工程有限公司	丰城市剑南街丁家村	700	2 888	382
丰城市河东矿业公司	丰城市秀市镇洲上村	120	2 534	800
丰城市剑南建筑工程公司	丰城市剑南路31号	600	2 515	544
江西省丰城市东方建筑工程有限公司	丰城市剑光街解放南路63号	660	2 450	788
丰城市农业开发建设工程有限公司	丰城剑光街东方红大街20号	250	2 450	526
丰城市荣塘建筑工程公司	丰城市荣塘镇荣塘村	720	2 439	324
丰城市水利水电工程建筑有限公司	丰城市沙湖路9号	618	2 069	382
丰城市机械施工工程公司	丰城市石祥路86号	800	2 010	114
丰城市第四建筑工程公司	丰城市东方红大街598号	339	2 000	190
丰城市仙岭水泥有限责任公司	丰城市曲江镇朱家村	200	1 929	282
丰城市秀市富玉工艺制品厂	丰城市秀市镇工业区	350	1 809	316
江西徐山有色金属矿业有限责任公司	丰城市铁路镇浩元村	455	1 579	696
丰城市白土建筑工程公司	丰城市白土镇白土集镇	707	1 550	421
江西峰华豆制品有限公司	丰城市石上村	260	1 500	200
丰城市建筑开发工程公司	丰城市新城区	627	1 362	364
丰城市第六建筑工程公司	丰城市小港镇小港集镇	727	1 260	220
丰城市第七建设工程有限公司	丰城市剑光街叶家井1号	600	1 240	430
丰城市第五建筑工程公司	丰城市袁渡镇集镇	714	1 235	192
丰城市第二建筑工程公司	丰城市剑邑大道45号	204	1 200	546
江西省丰城市医药公司	丰城市东方红大街39号	201	1 179	73
丰城市市政工程总公司	丰城市人民路70号	1 170	1 160	196
丰城市河洲建筑工程公司	丰城市剑邑大道	680	1 055	332
丰城市第三建筑工程公司	丰城市段潭乡段潭农贸街	806	1 019	145
丰城市河西矿业公司	丰城市上塘镇田西村	413	918	538
丰城市孙渡建筑工程公司	丰城市孙渡镇孙渡集镇	908	897	391
丰城市荣丰活性炭厂	丰城市杜市镇横岗村	710	740	160
丰城市第十建筑工程有限公司	丰城剑光街道解放南路159号	737	619	603
丰城市子龙冻米糖厂	丰城市杜市镇杜市集镇	120	576	50
丰城市拖船镇三星调料食品有限公司	丰城市拖船镇拖船村	168	507	36
丰城市供水公司	丰城市后街57号	3 200	367	120
丰城市拖船镇老实人食品有限公司	丰城市拖船镇拖船村	181	351	15
丰城市铁路钨矿	丰城市铁路镇浩元村	189	304	185
江西丰林塑业有限公司	丰城市剑邑大道234号	381	177	50
丰城市棉纺织厂	丰城市秀市镇洲上村	214	112	85
省丰城市酒厂	丰城市剑南路31号	102	40	20
丰城市印制业有限责任公司	丰城市东方红大街261号	95	20	10

【招商引资】

营造招商氛围 凝聚招商合力 改善投资环境

高安市人民政府

进入二十一世纪,面对东部大开放、西部大开发的严峻形势,高安市委、市政府积极响应省委、省政府"解放思想、扩大开放、加快发展"的号召,紧紧围绕大开放主战略和对接长珠闽、融入全球化的发展思路,把招商引资作为发展市域经济的生命线,采取一系列有效措施,着力整治和优化投资环境、大力推进多层次、宽领域、全方位的招商引资工作,全市招商引资工作呈现良好的发展态势。2001 年至 2003 年,全市共引进市外国内项目 292 个,实际引进市外资金 218407 万元,引进境外资金 987 万美元,年年超额完成了上级下达的招商引资目标任务,为促进全市国民经济持续、协调、健康发展发挥了重要作用。2002 年至 2003 年连续两年荣获江西省、宜春市招商引资工作先进县(市)。

招商引资工作促使我市经济和社会公益事业的全面发展开始向三个方面转变

推动了市域经济由农业主导型向工业主导型转变。突出产业招商,注重工业项目的引进,推动了产业的升级和经济的转型。随着这三年一批现代工业企业的持续引进,全市已逐步形成了五大工业主导产业。一是以吉尼斯陶瓷、新红梅陶瓷、新美康陶瓷、金盛陶瓷等为主体的建筑陶瓷业;二是以清华泰豪、成功科技等为主体的机电行业;三是以丰联纺织、中瑞纺织、大盛纺织、佳旺(香港)针织有限公司为主体的纺织、制衣行业;四是以江西三爱尔有限公司、江西绿太生物药业有限公司等为主体的医药、生物制品行业;五是以上海元盛食品、世威(宜春)奶业、江西维尔宝食品、高安桥腐竹等为主体的食品加工业。这些企业的引进和投产,推动了我市经济由农业主导型逐步向工业主导型过渡,由"农业大县"开始向"工业强市"迈进。

加快了企业由单一体制向多轨制转变。在企业改制中,我市把招商引资工作与企业改制紧密结合起来,对改制企业进行项目包装,积极向外推介,引进外来投资者采取租赁、购买、嫁接、改造等方式参与我市企业改革。目前,全市国有企业和乡镇企业已基本完成了转制,从而由过去的国有、集体单一所有制转变为现在的多元投资、多种所有制并存,一批破产倒闭或濒临倒闭的企业重获新生,盘活国有闲置资产达 2.7 亿元,同时安置了大量的企业下岗职工就业。如我市濒临倒闭的高安上游陶瓷有限责任公司引进广东、深圳、台湾客商联合租赁经营,成立了江西吉尼斯陶瓷有限公司,充分发挥外商技术、营销、管理等优势,先后投入技改资金 3000 多万元,并以"为江西创名牌"为雄心,以追求高品质的理念,高薪聘请了六名台湾籍技术人员,进行严格、规范、科学的管理、使得困难企业枯木逢春。短短两年时间,吉尼斯陶瓷就在中国陶瓷市场稳稳站住了脚跟,被市场公认为建筑陶瓷行业的优质产品,成为高安陶瓷企业的龙头。高安红梅陶瓷有限公司,原是高安工业的骄傲,因高度负债经营,企业管理不善,产品更新慢等多种因素影响,最终因资不抵债实施破产。为盘活有效资产,我市通过招商引资,将生产区分开拍卖给广东、南昌等地客商,联合成立了新红梅陶瓷有限公司,新公司投入资金 3500 万元进行技改,研发新产品,引进先进管理经验,使公司呈现出产销两旺的良好景象。停产一年多的江西瑞华棉纺厂也通过招商,引进浙江客商成功购买改建为江西易德纺织有限公司,该公司一方面在原地恢复生产,一方面在我市新世纪工业城购地准备分三年投资 1.5 亿元建设一个纺织园区。

促进了城市由闭塞拥挤向提质扩容转变。城市形象是一个地方对外交往的名片,为打造好这张名片,我市通过市场化操作,积极引进市外资金参与旧城改造和新城建设,拉大城市框架。近三年,共引进 3.4 亿元市外资金投入城市建设。在老城区,一片片低矮破旧的房屋被拆除,朝阳商贸城、中山商贸城、锦江外滩等一个个新的商贸休闲中心拔地而起;在新城区,一座座荒山矮坡被推平,瑞州商贸广场、汽运城等呈现一派繁荣,锦江花园、锦江园、聚富山庄等一个个花园式的生活小区争相斗艳,一条条新修的宽阔街道四通八达。随着城市生活工作环境的改善,外来投资者纷至沓来,大大加大了我市的人流、车流、物流,促进了第三产业的繁荣和活跃。据统计,去年我市各大宾馆、酒店的客房入住率平均达到90%以上,高安城正日益成为一个开放繁荣的城市。

我市的招商引资工作能够取得较为明显的成效,主要采取了以下办法和措施:

(一)转变观念,统一认识,营造浓厚的招商氛围。在全国各地竞相开展招商引资的态势下,市委、市政府审时度势,迎难而上,把招商引资作为发展市域经济的唯一出路来抓,作为经济工作的主抓手。在解放思想大讨论中,市委、市政府一方面安排市各套班子领导带队,组织部门、乡镇班子成员到沿海发达地区学习考察招商引资,一方面把全市33岁以下的年轻干部以组建招商小分队常驻外招商、挂职跟班学习、自主联系锻炼的形式到沿海发达地区锻炼1—2年,让干部们亲身体会到沿海发达地区的经济发展浪潮,感受招商引资给当地经济带来的飞跃,学习发达地区的先进理念、工作方法、管理经验。这一系列活动的开展,不仅使全市上下的思想统一到了“大开放、大招商、大发展”上,而且使干群的观念发生了明显转变。一是从“等、靠、要”,单纯依赖财政、上级、银行的钱来发展转变为依靠市场机制,以招商引资为主,多渠道、多元化筹集发展资金的观念;二是克服了只顾眼前利益,贪小利的短视观念,树立了“让小利、图大利”的长远发展观念;三是破除了“肥水不流外人田”等狭隘的地方保护观念,转变为“四海本一家”大市场经济观念,树立起“你帮我发展,我助你发财”的双赢理念。思路一变天地宽。全市上下对招商引资认识的统一、观念的转变,为我市营造了一个浓厚的招商氛围。

(二)加强领导,落实责任,凝聚招商合力。市委、市政府进一步加大了领导力度,把招商引资列入市委、市政府及各单位一把手工程,要求各级领导亲自挂帅,当好招商引资的带头人。同时,把任务层层分解,明确各乡镇、街办、各单位“一把手”为招商引资第一责任人,制定了详细的考评办法和奖惩办法,并加强督促检查,对全市招商引资情况实行一月一通报。在招商方式上,做到全民招商与专业招商、重点招商相结合,为充分合理地利用人力、物力、财力,我市在市直单位采取了捆绑式的方法招商,把市直单位划分为十个捆绑组,每组由1至2名市领导牵头负责,自筹经费,自建招商小分队,自主招商。为充分调动单位与个人的招商积极性,制定了严格的奖惩制度。2002至2003年,市政府就兑现招商引资有功人员的奖励金额达156.52万元。

(三)优化环境,优质服务,改善投资软环境。在越来越激烈的招商引资竞争中,为了能把外商引得进,留得住,我市把苦功下在改善投资软环境上。一抓建章立制。成立了整治发展环境办公室,制定了优化环境“二十不准”以及违反的处罚规定。二抓环境整治。对违反“二十不准”规定,踩了红线的,无论是何单位、何人,整治办有权根据规定“先斩后奏”。近年来,已有7名单位工作人员因侵害外商权益受到处分,其中一名单位正职因追究领导责任受通报。2名单位中层干部被撤职,2人勒令下岗,2人全市通报批评。三抓全程服务。建立了“三个一”服务制度,即每个投资100万元以上的项目有一位市领导挂帅,每家外商企业有一个部门挂点,并指定一名专人全程跟踪服务,帮助解决生产、销售过程中的各种问题。四抓形象测评。每年两次组织外商企业对公、检、法、地税、国税、交警、交通、自来水公司、电力公司等50个单位,采取无记名投票方式进行形象测评。对连续两次测评最差的,给予“黄牌”警告,通报全市;属条管单位的,则宣布为“不受欢迎单位”。通过以上措施,营造了一个“亲商、安商、富商”的良好氛围。

高安市重点企业名录库

（2003 年）

企业名称	通讯地址	资产总额（万元）	销售收入（万元）	员工人数（人）
江西英岗岭矿务局	高安市建山镇枫林	10 537	13 399	5 363
江西省烟草公司高安市公司	高安市桥北路 218 号	109	8 551	159
高安市粮油批发市场	高安市高安大道中段	60	7 873	32
江西新华煤矿	高安市八景镇礼港	346	7 742	684
中国石油化工股份有限公司高安支公司	高安市瑞州街道办事处碧落路	1 373	7 494	164
高安市供电有限责任公司	高安市瑞州街道办事处瑞州路	1 000	6 100	428
江西新梅陶瓷有限公司	高安市新街镇新街居委会	1 000	4 000	450
江西宏通实业有限公司	高安市高安大道 588 号	510	3 710	142
高安市水泥有限责任公司	高安市灰埠镇灰埠	770	3 603	596
江西维尔宝食品生物有限公司	高安市清高路 801 号	82	3 154	66
江西省瑞州特种建材集团有限公司	高安市独城镇独城	2 360	3 002	302
高安市食品有限责任公司	高安市桥南路 57 号	600	2 445	144
江西省八景煤矿	高安市八景镇西山	10 535	2 423	1 369
高安市建设实业有限责任公司	高安市凤凰二路	814	2 417	315
江西龙工齿轮有限公司	高安市胜利路 182 号	829	2 329	730
江西省高安市新华书店	高安市高安大道 633 号	151	2 273	62
江西新红梅陶瓷有限公司	高安市高安大道 231 号	1 597	2 116	403
江西赣英水泥有限责任公司	高安市建山镇建山街	1 032	1 699	185
高安市建筑工程公司	高安市筠泉路 158 号	192	1 658	309
高安市红梅陶瓷有限责任公司	高安市瑞州街道办事处连锦	1 016	1 580	240
江西高安市瑞酒有限责任公司	高安市瑞州街道办事处连锦	118	1 543	150
高安市第二建筑工程有限责任公司	高安市朝阳路 116 号	747	1 506	286
江西新瑞景陶瓷有限公司	高安市八景镇八景居委会	1 280	1 400	665
高安市第三建筑有限责任公司	高安市桥北路 46 号	206	1 400	59
高安市雅星毛绒制品有限公司	高安市处桥南路 726 号	350	1 376	168
江西太阳陶瓷有限公司	高安市独城镇独城	1 205	1 362	172
江西省高安市医药公司	高安市桥南路 25 号	166	1 260	220
江西泰豪特种电机有限公司	高安市祥符镇工业城	1 500	1 176	246
江西英岗岭矿务局建筑安装工程公司	高安市建山镇枫林	2 000	1 123	132
江西省瑞洪泵业有限公司	高安市独城镇独城	312	1 120	225
江西瑞鹏博升金属材料有限公司	高安市瑞州街道办事处	14	898	34
高安市吉尼斯陶瓷发展有限公司	高安市高安大道 800 号		871	220
江西恒兴碳素厂	高安市大城镇古楼	2 003	799	26
江西海鑫贸易公司	高安市筠阳街道办事处院背	506	765	60
高安市筠阳建筑工程有限责任公司	高安市胜利路 180 号	618	750	178
高安市瑞州建筑工程有限责任公司	高安市瑞州中路 18 号	600	700	408
高安市凤凰建筑有限责任公司	高安市瑞州街道办事处	73	690	160
高安市新州活性炭有限公司	高安市汪家圩乡燕溪	101	610	150
江西省白瑞碳酸钙有限公司	高安市太阳镇太阳镇	211	550	140
高安市泗岗煤矿	高安市田南镇新屋	95	536	396
高安市石脑镇建筑工程公司	高安市石脑镇居委会	37	530	64
江西高峰陶瓷集团公司	高安市石脑镇石脑	475	527	26
高安市亚中橡塑有限公司	高安市石脑镇石脑	126	527	50
高安市东瑞灯饰有限公司	高安市瑞州街道办事处	50	513	100
江西省高安市江上煤矿	高安市独城镇鹿江	104	505	145
江西卓林制衣有限公司	高安市瑞州中路 137 号	300	503	325
江西汽车钢板弹簧有限公司	高安市高安大道 20 号	707	488	50
高安市宏鑫建筑工程有限公司	高安市高安大道 177 号	768	434	265
高安市京飞路桥建设工程有限责任公司	高安市高安大道	300	367	62
高安市自来水公司	高安市碧落路 294 号	1 329	353	204

【招商引资】

创优环境、创新理念、坚持科学发展

万载县推进开放型经济持续快速健康发展

2003 年，万载县委、县政府以“三个代表”重要思想为指导，主动策应省委、省政府“率先在中部地区崛起”和市委、市政府“一心一圈两走廊”的经济战略决策，以经济建设为中心，主攻工业为主线，招商引资为总抓手，大力发展开放型经济，紧紧围绕“一年一大步，三年一大变，加速实现由‘花炮大县’向‘经济强县’转变”的战略目标，按照“退而有序、进而有力”的方针，积极树立科学发展观，更新招商理念，创新招商方式，招商引资工作取得历史性突破。全县全年共引进招商项目 212 年，同比增长 50.35%，引进实际到位资金 98870 万元，同比增长 152.05%；其中省际项目 167 个，同比增长 41.53%，实际进资 76645 万元，同比增长 124.02%。投资工业项目的有 158 个，占总数的 74.53%，进园工业项目 32 个，上千万元工业项目 29 个，工业项目实际到位资金 65160 万元，绝大部分项目是木竹建材、机械制造、食品加工、陶瓷制造、医药化工等产业及其产业关联的延伸和产业面的扩张。其主要做法是：

一、树环境品牌、创后发优势

牢固树立“环境是气候、客商是候鸟”的新理念，把“用硬措施治理软环境”看作招商引资方式变革的“第一要求”，以一流的环境争创后发优势，进一步提升环境的品牌效应，努力营造“成本低、回报快、信誉好”的投资创业环境。

1. 加强组织领导，打造良好的政务环境。加强优化环境的组织领导，成立了领导和办事机构对全县优化环境工作实行统一领导，统一部署和统一协调，制定了优化环境具体规定和违反规定和处罚办法。切实抓好政务公开工作，公开收费标准，公开办事程序，让外商缴明白费，办明白事，问明白人，对涉商的职能部门进行重点治理，建立首问责任制和责任追究制，建立外商投资企业座谈会制度，由外商对涉商职能部门的服务外商情况进行评议评价，对被评不合格的单位，在媒体上公开曝光。通过这些有力措施，使相关部门感到了压力，增强了自觉营造良好政务环境的紧迫感和责任心。

2. 提供“笑脸”服务，打造优质的服务环境。根据万载实际情况，制定具体措施，着力实施“四零工程”（思想领域“零误区”，优惠政策“零保留”，生产经营“零干扰”，优质服务“零缺陷”），进一步完善县办证服务中心功能，切实加强“一门式”受理，“一站式”办结工作。建立了县招商引资领导小组走访外商企业制度，定期对外商企业上门走访，及时协调解决外商在生产、生活中遇到的问题。对工业园区企业，每个企业都明确了一位副县级领导和多个服务单位的领导及工作人员。实行挂牌联系制，保证随叫随到，协助外商办好各项证照，协调各项关系，以服务助人，以效率服人，以热情感人。

3. 集中“黑脸”整治，打造稳定治安环境。集中开展了“亲商护商”整治行动，从源头上严肃查处“三乱”行为，及时斩断伸向外商的“黑手”。责成公安机关与外商投资企业建立联系员制度，指派专人负责，配齐配强工业园区警务力量，对客商反映的损害客商利益，影响经济发展环境的案件，从严、从重、从快坚决予以打击。对查出的影响经济发展和招商引资工作的人和事，发现一起查处一起，不留情面，严肃处理，并公开曝光。为投资企业发展创造一个良好稳定的周边环境。

二、创新招商方式，提升引资成果

总结过去经验，创新招商方式，变“全员招商”为“专业招商”，全县成立了 31 个招商专业小分队，每个小分队都要求做到“五有”（有任务、有队伍、有经费、有措施、有奖励），并确保常年有专业招商人员在一线开展招商引资活动。

1. 精干招商队伍。按照“主战场上用主力军”的原则，从各小分队中抽调一批能力强，素质高，懂经济的干部为专业招商人员，工作与原单位脱钩，专门从事招商引资工作，并从全县公开选拔了多批优秀青年干部充实到招商战场上，把招商引资主战场作为培养，选拨干部的一个平台。

2. 选定招商区域。把握沿海经济发达地区产业转移的走势，把目光聚集在“长珠闽”三个三角区域。重点突出苏、浙、闽、粤等地区。每个专业小分队都锁定了一个地方，租赁了固定住所，开通了固定电话，融入了当地政治、经济和社会生活的各个层，实行踪点，定点招商。

3. 提升招商能力。专业小分队招商能力的强弱是招商成败的关键，要求每个队的成员都必须做到“三通”。一是“本地通”，即要对本县的资源优势从环境有关政策等情况做到胸有成竹，如数家珍。二是“当地通”，即要对招商目的地的政治、经济、文化、风俗、企业群、老板群了如指掌，心中有数。三是“百事通”，即要对国家的大政方针、产业政策、市场、经济知识、法律法规常识及公关、谈判、签约等相关专业知识和技巧运用自如，游刃有余。

4. 注重以商招商。把客商当作招商引资的宝贵资源来开展，以外引外，以商带商，进一步提高干部群众“亲商、爱商、护商”思想觉悟，大力为外商提供跟踪问效服务，让外商亲身感受到万载的环境优、服务好、发展潜力大，从而在外不断宣传和推介万载，促进了引进一个项目，带来一帮客商的良性循环，形成了建成一个企业，兴旺一方产业的联动效应。现在，有许多客商和万载籍在外人士已经成为万载的“招商大使”。

三、主攻园区建设，筑好“巢”引好“凤”

工业园区是搞好开放型经济工作中的一个重要平台，万载县委、县政府把园区建设作为推进工业化的主阵地，举全县之力狠抓园区建设，强攻项目进园。努力增强工业园区的产业聚集能力，就业吸纳能力，自主创新能力。

1. 通过创新投入机制，着力抓好园区“六通一平”以及绿化、美化、亮化等工程，按照“政府引导、市场运作、整体规划、科学布局、滚动开发、分步建设”的原则，充分启动工业园区建设开发公司的资金配置和市场运作能力，积极鼓励本地民营企业和企业主参股参与工业园区开发，进一步完善好工业园区基础设施，为企业提供良好发展环境。

2. 以“人一之、我十之”的努力，加快项目进区步伐，要求每个招商小分队至少有一个项目进园。对正在洽谈的项目要用“铁杆磨成针”的毅力跟踪问效，促其尽早落户；对已进区的项目，要求服务单位提供无微不至的保姆式服务，促其尽早开工，尽快投产，尽快达标；对进园项目，还突出要求对单位面积的投资强度，充分发挥土地的最佳效益，提升入园项目的质量。

3. 树科学发展观，按照“引资政策优惠，环保门槛不降低，高耗低产不引进”的原则，把好进园项目准入关，对引进的入园项目有所选择，坚持理性招商，坚持可持续发展。全盘考虑园区产业布局，突出招商重点。围绕支柱产业做项目，把外来资金与本地产业要素进行科学配置，在积极引进环保型，劳动密集型产业和高新项目的同时，重点引进有利于壮大机械、建材、食品加工、医药化工等产业项目及相关配套项目，形成链式产业集群，促进产业做大做强。

4. 进一步完善园区服务体系，加强园区治安管理，确保企业安心生产经营。对园区实行封闭式和无费管理，对入园企业给予“一免、双定、三制”的待遇，即免规费、按规定时间、规定地点办完所有入园手续，实行领导挂点联系制、服务承诺制和全程帮办制。

万载县重点企业名录库

（2003 年）

企　业　名　称	通　讯　地　址	资产总额（万元）	销售收入（万元）	员工人数（人）
江西省烟草公司万载县公司	万载县康乐镇阳乐大道	61	8 100	38
万载县供电有限责任公司	万载县康乐镇金三角	1 000	4 731	721
江西省石油公司万载县支公司	万载县康乐镇阳乐大道 88 号	74	2 117	45
江西工具有限责任公司	万载县康乐镇环城南路 86 号	1 172	1 767	675
江西省万载橡胶有限责任公司	万载县康乐镇宝塔路 2 号	400	1 658	218
万载县金峰进出口有限公司	万载县康乐镇金三角	500	1 500	18
万载县九兴竹胶板有限公司	万载县三兴镇抗桥	942	1 428	134
万载县青叶食品有限公司	万载县鹅峰乡涂泉	600	1 287	156
万载县泰丰出口花炮厂	万载县马步乡新民	80	1 232	220
江西省万载县橡胶制品厂	万载县鹅峰乡田江	437	1 089	181
万载县鑫隆出口烟花制造厂	万载县高城乡严坑	200	1 084	188
江西省万载县新华书店	万载县康乐镇宝塔路 58 号	80	1 075	78
江西省万载县林业工业公司	万载县康乐镇阳乐	347	958	35
万载县第一建筑公司	万载县康乐镇沿河东路 26 号	745	950	150
江西康乐塑胶有限公司	万载县康乐镇城东	488	922	160
万载县百顺出口花炮厂	万载县潭埠镇山塘	120	875	260
江西锦江酒业有限责任公司	万载县康乐镇王家山路 69 号	546	829	31
万载县医药公司	万载县康乐镇务前	90	694	103
万载县强龙水泥有限公司	万载县康乐镇宝塔路 31 号	126	691	160
万载县潭埠镇兰天出口花炮厂	万载县潭埠镇芳林	120	690	295
江西环宇板材有限公司	万载县鹅峰乡布塘	130	665	65
万载县融城水泥厂	万载县康乐镇布城	507	663	148
万载县日杂鞭炮烟花公司	万载县康乐镇阳乐大道 75 号	26	600	2
万载县万新烟花厂	万载县潭埠镇濠田	50	598	250
万载县华泰烟花厂	万载县潭埠镇潭埠	50	580	246
万载县江西龙牙百合有限责任公司	万载县康乐镇新街	385	575	55
万载县潭埠镇源丰出口花炮厂	万载县潭埠镇潭埠	160	571	182
万载县泰溪出口花炮厂	万载县罗城镇罗城	120	502	172
万载陶瓷总厂	万载县三兴镇红旗	180	500	83
万载县长青食品有限公司	万载县康乐镇里泉	100	500	459
万载县新世纪烟花制造有限公司	万载县鹅峰乡涂泉	91	490	160
万载县鑫隆出口烟花制造三厂	万载县鹅峰乡严坑	15	490	118
万载县黄茅镇出口礼花厂有限公司	万载县黄茅镇黄茅	50	482	320
万载县食品公司	万载县康乐镇阳乐大道 31 号	102	480	43
万载县水泵有限责任公司	万载县康乐镇环城南路 2 号	598	480	169
万载县黄茅镇出口礼花厂有限公司	万载县黄茅镇黄茅	533	452	300
万载县食杂品公司	万载县康乐镇务前	48	450	10
万载县青叶食品有限公司	万载县鹅峰乡涂泉	500	450	305
万载县住宅建筑工程公司	万载县康乐镇环城北路 207 号	618	450	166
江西省万载橡胶制品有限公司	万载县康乐镇东升	50	446	160
万载县农村信用合作社联合社	万载县康乐镇环城东路 221 号	106	428	36
江西康乐塑胶有限公司	万载县康乐镇城东	138	420	180
万载县百顺出口花炮厂	万载县潭埠镇山塘	37	410	185
万载县南天进出口烟花鞭炮公司	万载县潭埠镇芳林	60	400	212
万载县黄茅镇出口花炮厂	万载县黄茅镇中罗	13	400	350
万载县汇丰烟花进出口有限公司	万载县康乐镇兴联	52	390	82
万载县赤兴乡珊瑚花炮厂	万载县赤兴乡镜山	24	384	190
万载县鹅峰乡建筑公司	万载县鹅峰乡东升	12	380	30
万载县祥龙有限责任公司	万载县康乐镇金三角	50	365	94
江西环宇板材有限公司	万载县鹅峰乡东溪	130	328	54

袁州区重点企业名录库

（2003 年）

企业名称	通讯地址	资产总额（万元）	销售收入（万元）	员工人数（人）
中国石油化工股份有限公司江西宜春分公司	袁州区泗洲寺路 18 号	7 579	66 046	870
江西省烟草公司宜春分公司	袁州区袁山大道中路 103 号	1 091	35 865	151
三九宜工生化股份有限公司	袁州区环城西路 1 号	21 168	34 810	1 513
江西省宜春市建筑工程总公司	袁州区环城西路 168 号	5 032	20 000	1 720
江西省青龙集团商厦有限公司	袁州区中山中路 168 号	4 241	12 298	936
江西济民可信药业有限公司	袁州区高士路 127 号	1 200	11 592	522
罗宾有限公司	袁州区边山下路 200 号	19 728	10 168	252
江西海尔思药业有限公司	袁州区海尔思路 9 号	2 000	9 745	138
江西特种电机股份有限公司	袁州区东风大街 10 号	3 078	9 704	876
宜春市袁州区粮食购销公司	袁州区中山中路 206 号	471	8 393	378
江西先锋机械厂	袁州区宜万路张家山	3 080	7 276	803
江西苎麻纺织集团有限公司	袁州区外环南路 1 号	19 417	6 299	1 974
宜春市袁州区供电有限责任公司	袁州区秀江西路 89 号	480	5 855	647
宜春第一机械厂	袁州区外环南路 30 号	2 045	4 684	1 166
宜春钽铌矿	袁州区新坊乡花桥村	11 020	4 084	974
江西省宜春公路桥梁工程有限责任公司	袁州区五城西路 25 号	2 282	4 026	2 712
宜春市袁州区生猪定点屠宰厂	袁州区环城东路 178 号	308	3 602	67
宜春远大化工有限公司	袁州区下浦乡徐田村	800	3 494	41
江西宜春三龙实业总公司	袁州区袁山大道中路 299 号	866	2 948	273
江西省宜春市新华书店	袁州区东风大街 252 号	118	2 900	90
宜春市第五建筑工程公司	袁州区环城西路 561 号	618	2 680	326
宜春市袁州区第四建筑工程公司	袁州区潭前	610	2 672	456
宜春市第三建筑工程公司	袁州区秀江西路 218 号	618	2 629	356
宜春市袁州区第三建筑工程公司	袁州区化成街办	626	2 598	230
宜春市新亿汽车销售服务有限公司	袁州区袁山大道西路 362 号	121	2 584	34
宜春市第八建筑工程有限公司	袁州区环城西路 621 号	650	2 438	362
江西省青龙集团高新技术开发有限公司	袁州区东风大街 248 号	6 221	2 405	126
江西省宜春市土木工程总承包有限公司	袁州区宜万路 151 号	630	2 300	170
宜春市袁州区建筑工程公司	袁州区中山中路 192 号	284	2 255	422
宜春市第九建筑工程有限公司	袁州区环城北路 83 号	645	2 231	570
宜春信友化工有限公司	袁州区城东文笔峰	1 081	2 144	263
宜春市基建工程有限公司	袁州区袁山大道中路 106 号	600	2 100	380
宜春市袁州区第一建筑工程公司	袁州区中山中路 10 号	647	2 061	314
宜春市全盛建筑工程有限公司	袁州区泗洲寺路 11 号	713	1 904	396
宜春市第六建筑工程公司	袁州区环城西路 902 号	700	1 880	458
江西省宜春市第二建筑工程有限责任公司	袁州区宜万路 379 号	2 068	1 880	1 401
江西省宜春市供水公司	袁州区滩下路 43 号	2 867	1 869	276
江西特种汽车有限责任公司	袁州区灵泉街	2 000	1 833	85
江西省宜春市赣中水利水电工程有限公司	袁州区水电培训中心大楼	1 000	1 797	129
江西省医药集团宜春分公司	袁州区环城东路 49 号	452	1 601	105
江西长青机械有限责任公司	袁州区外环南路	5 254	1 573	645
宜春泰华科技有限公司	袁州区高士路 241 号	50	1 203	70
宜春市永安建筑工程有限公司	袁州区湖田乡岐山村	680	1 200	148
江西宜春翔宇机械电子有限公司	袁州区外环南路	50	1 191	56
江西省青龙集团酒店有限公司	袁州区东风大街 248 号	1 347	1 122	389
宜春市盛源水泥有限公司	袁州区西村镇	600	1 109	115
江西宜春市腾达化工有限责任公司	袁州区芦村乡老立村	360	1 097	95
宜春工程机械配件厂	袁州区环城西路 1 号	77	1 036	428
宜春机械有限责任公司	袁州区沙陂桥路 9 号	204	922	68
宜春市宏大实业发展有限责任公司	袁州区中山东路 76 号	317	920	98

樟树市重点企业名录库

(2003 年)

企 业 名 称	通 讯 地 址	资产总额（万元）	销售收入（万元）	员工人数（人）
江西四特酒业集团有限公司	樟树市药都北大道 7 号	16 410	44 134	1 630
药都樟树医药公司	樟树市药都路 29 号	14 465	31 449	986
江西省樟树粮油公司	樟树市药都北大道 15 号	3 584	23 463	1 005
江西药都仁和制药有限公司	樟树市药都路	6 200	22 862	138
中国石化工股份有限公司江西樟树分公司	樟树市门楼里 10 号	30	20 885	243
江西正邦实业有限公司	樟树市大桥办事处东村	1 000	14 690	242
江西盐矿有限责任公司	樟树市龙溪	38 172	12 438	1 409
江西省烟草公司樟树市公司	樟树市药都路 29 号	121	9 611	44
药都樟树医药集团公司	樟树市药都南路 49 号	2 125	8 366	674
樟树富达实业公司	樟树市吴家巷	1 425	5 694	730
樟树供电有限责任公司	樟树市楼门前 7 号	1 017	4 399	318
江西南方隧道工程有限公司	樟树市洋湖乡洋湖	1 500	3 208	253
樟树市大丰饲料厂	樟树市大桥办事处东村	92	3 000	62
江西樟树冠京香料有限公司	樟树市药都北大道 100 号	1 000	2 982	108
江西樟树四特酒销售总公司	樟树市药都北大道 7 号	898	2 888	107
南昌航天科技园樟树发展有限公司	樟树市阁山镇阁山	283	2 654	110
樟树市顺达水泥有限公司	樟树市刘公庙镇滁山村	286	2 224	315
江西阳光安全设备有限公司	樟树市永泰镇洋塘洲工业小区	1 038	2 022	79
江西省樟树市建筑工程公司	樟树市共和西路 78 号	602	1 811	628
江西起重机械总厂	樟树市共和东路 82 号	1 100	1 712	310
江西省樟树市第二建筑工程公司	樟树市江东路 4 号	608	1 700	708
江西远洋保险设备实业有限公司	樟树市鹿江凌上居委会	590	1 563	89
江西省煤矿机械厂	樟树市临江镇民主街	2 742	1 312	218
江西康美医药保健品有限公司	樟树市药都路 72 号	600	1 187	134
樟树市玉福粮油食品有限公司	樟树市阁山镇合山	184	982	34
鑫泰米业有限公司	樟树市阁山镇 江西樟树市	181	964	28
江西省变色龙有限公司	樟树市张家山张家山	630	670	45
樟树市中原金属制品厂	樟树市大桥办事处东村	535	660	90
江西远大保险设备有限公司	樟树市观上镇上埠	150	547	94
樟树市宏洁药业有限公司	樟树市张家山城北	1 000	501	190
樟树市万佳保险设备公司	樟树市城北街道办事处张家山	50	500	15
樟树市五交化公司	樟树市药都大道 22 号	204	500	161
樟树市糖酒副食公司	樟树市市背街	261	500	231
樟树市鹿江建筑工程有限公司	樟树市樟树市府桥路市政府旁	120	500	145
江西省樟树市淦阳建筑工程公司	樟树市淦阳路晒谷场 6 号	608	465	37
樟树市供水公司	樟树市药都大道 136	208	462	172
江西省樟树市吴家巷建筑工程公司	樟树市药都南大道 75 号	109	400	208
樟树市第三建筑工程公司	樟树市经楼镇经楼	507	360	310
樟树市豪华建筑装璜有限公司	樟树市共和东路 81 号	105	110	36
樟树市阁山竹木开发有限公司	樟树市阁山镇阁山	135	81	148
樟树市洋湖建筑工程公司	樟树市洋湖乡武林	40	80	65
樟树市阁山造纸纸箱厂	樟树市阁山镇阁山	106	64	104
樟树市店下水力发电站	樟树市店下镇赤岗	137	20	30
江西省井冈山企业集团蜂业公司	樟树市临江镇西大街 63 号			14
樟树市阁山农工商联合公司	樟树市阁山镇阁山	18		16
樟树市博欣大厦金都大酒店	樟树市共和东路	20		25
樟树市大桥办事处燕京大酒店	樟树市药都北大道	25		20
樟树市大桥办事处渔场	樟树市火车站旁	30		2
樟树市刘公庙镇农林综合场	樟树市刘公庙镇土丘村委会	10		7
樟树市国营阁山综合垦殖场阁山分场	樟树市阁山镇阁山分场			23

奉新县重点企业名录库

（2003年）

企 业 名 称	通 讯 地 址	资产总额（万元）	销售收入（万元）	员工人数（人）
江西省天顺纺织品有限公司	江西省奉新县冯田工业区	361	16 755	183
江西朝日钢结构建筑工程有限公司	江西省奉新县冯田工业区	3 058	12 410	400
江西朝日农业机械制造有限公司	江西省奉新县冯田工业区	700	8 956	200
江西省丰硕电磁线有限公司	江西省奉新县冯田工业区	850	8 235	140
奉新县康达木竹制品有限公司	江西省奉新县冯田工业区	580	6 130	445
江西省烟草公司奉新县公司	奉新县冯川镇奉新大道167号	50	4 395	34
奉新县供电有限责任公司	奉新县冯川镇建设北路140号	1 000	4 262	486
江西省奉新县碧云米业有限责任公司	奉新县冯川镇冯川中路65号	518	2 730	131
江西省东风亿利板材有限公司	奉新县东风垦殖场东风路6号	400	2 380	290
奉新县恒星钢铁有限公司	江西省奉新县冯田开发区	100	1 938	250
江西泰明(上海)橡胶轮胎有限公司	江西省奉新县冯田工业区	500	1 896	190
江西省奉新县腾达竹业有限公司	奉新县上富镇钟山西路18号	54	1 731	185
奉新县煌达竹业有限公司	江西省奉新县澡下镇观下村	50	1 406	93
江西省奉新县紧固件集团公司	江西省奉新县宋埠镇宋埠村	300	1 385	380
江西省奉新化工有限公司	江西省奉新县冯田开发区	304	1 320	150
江西中华猕猴桃酿酒公司	江西省奉新县冯田工业区	1 200	1 249	280
江西冠亿砂轮有限公司	江西省奉新县冯田工业区	197	1 220	63
江西朝日塑胶电缆有限公司	江西省奉新县冯田工业区	900	1 165	56
江西益兴科技发展有限公司	江西省奉新县冯田工业区	120	1 108	46
江西申新碳素有限公司	奉新冯川奉新北大道214号	163	1 100	100
江西心诚药业有限公司	江西省奉新县冯田工业区	67	1 099	58
奉新县飞宇竹制品有限公司	江西省奉新县冯田工业区	220	1 091	43
江西省宜春客车厂有限公司	奉新县赤岸镇城西路1号	332	1 081	147
奉新县工艺玻璃厂	江西省奉新县罗市镇港下村	77	1 000	198
浙江中竹竹业炭业有限公司奉新分公司	江西省奉新县冯田工业区		990	36
江西环宇竹业有限公司	江西省奉新县冯田工业区	118	980	87
江西省奉新县天宇竹业公司	奉新县石溪办事处黄土村	100	902	123
江西电力设备总厂上富电杆分厂	奉新县上富镇建设西路80号	33	877	80
江西省奉新县兴发竹制品厂	奉新县上富镇建设西路78号	28	870	40
江西省奉新县食品公司	奉新县冯川镇城南路100号	112	845	37
奉新县大华玻纤有限公司	江西省奉新县冯田开发区	336	800	160
奉新县仰山水电厂	江西省奉新县仰山乡路边村	1 771	791	138
江西鑫飞来竹制品有限公司	江西省奉新县仰山乡仰山村	360	755	66
江西省奉新县新华书店	奉新县冯川镇建设北路2号	21	748	26
江西奉新万鑫磨料磨具公司	江西省奉新县冯田工业区	400	712	69
江西省奉新仰山钢铁厂	江西省奉新县冯田开发区	300	672	52
江西浦新有色金属材料有限公司	江西省奉新县冯田工业区	500	620	45
奉新县新安工艺实业有限公司	江西省奉新县澡下镇澡下村	180	600	85
江西省奉新县鸿泰纺织品实业有限公司	奉新冯川海昏路农资公司仓库	100	600	45
奉新县罗市冶炼铸造公司	江西省奉新县罗市镇港下村	45	600	55
江西省奉新县富宏竹木业有限公司	奉新县上富镇下街头35号	52	600	60
江西恒昌棉纺织印染有限公司	江西省奉新县冯田工业区	6 000	591	328
江西奉新宏盛橡胶有限公司	江西省奉新县冯田工业区	260	591	72
江西港隆砂轮厂	江西省奉新县赤田镇十五里亭	100	588	20
江西省奉新县应星化工厂	江西省奉新县宋埠镇青湖村	50	585	20
奉新县宏顺化工厂	江西省奉新县冯川镇赤角村	189	550	36
江西省东风砂轮厂	奉新东风垦殖场东风街14号	161	536	92
江西国力集团	江西省奉新县冯田工业区	1 320	530	88
奉新县金属材料制品厂	奉新县冯川镇海昏路4号		520	10
江西奉新兴鑫塑料制品有限公司	江西省奉新县冯田工业区	350	511	23

上高县重点企业名录库

（2003年）

企　业　名　称	通　讯　地　址	资产总额（万元）	销售收入（万元）	员工人数（人）
中国石化股份有限公司江西宜春上高石油	上高县敖阳镇站前路30号	1 258	7 784	137
上高县粮食购销公司	上高县敖阳镇沿江路96号	1 050	6 838	828
上高县供电有限责任公司	上高县敖阳镇和平路223号	1 500	5 981	620
江西省上高县烟草公司	上高县敖阳镇敖山大道	79	5 477	33
江西港荣皮革有限公司	上高县工业园	1 500	5 156	68
江西博士达药业有限责任公司	上高县敖阳镇敖山大道	1 000	3 882	130
江西七宝山铁矿	上高县塔下乡建新	1 501	2 830	659
江西上高县敖山建筑工程公司	上高县工业园	741	2 589	12
上高县锦江建筑工程公司	上高县锦江镇锦南	844	2 525	361
江西七宝山酒业有限责任公司	上高县敖阳镇沿江路2号	322	2 517	165
上高县敖阳镇建筑工程公司	上高县敖阳镇沿江路6号	741	2 099	368
江西上高县圳鑫水泥有限责任公司	上高县塔下乡长山	122	2 068	335
江西第三机床厂	上高县敖阳镇人民路32号	475	1 888	547
江西上高县福鑫纺织有限公司	上高县工业园	2 064	1 764	556
上高县界埠水泥厂	上高县新界埠富港	1 500	1 720	80
上高县白水泥有限责任公司	上高县塔下乡长山	1 227	1 654	217
江西映山红饲料有限公司	上高县塔下乡长山	301	1 419	47
江西上高县春龙制衣厂	上高县思泉铺集镇	150	1 318	378
江西上高县中林白水泥有限责任公司	上高县塔下乡长山	270	1 289	151
江西天江材料有限公司	上高县塔下乡田北	570	1 265	18
江西上甘山水泥厂	上高县塔下乡长山	200	980	120
江西上高县兴达玻璃制品有限公司	上高县敖阳镇站前路305号	91	851	80
江西齐进医药贸易有限公司	上高县敖阳镇敖山	256	842	39
江西上高县宏远化工有限公司	上高县工业园	508	766	26
上高县新型木制品厂	上高县敖阳镇敖山	253	766	103
江西华厦水泥有限公司	上高县塔下乡长山	1 500	738	210
江西上高县发电厂	上高县塔下乡建新	221	716	152
江西上高县香世缘林产化工有限公司	上高县工业园	400	700	418
上高县第二水泥厂	上高县翰堂镇汗堂	45	667	100
上高县上福化纤制品有限公司	上高县锦江镇锦河	460	665	90
江西专用设备厂	上高县敖阳镇站前路238号	694	638	325
江西锦峰钢结构有限公司	上高县工业园	100	620	27
江西上高县锦江水泥厂	上高县锦江镇董丰	463	591	187
江西上高县金印机械有限责任公司	上高县敖阳镇沿江路251号	694	589	151
上高县建筑工程公司	上高县敖阳镇建设路80号	75	584	388
江西上高县志成印业有限公司	上高县工业园	712	580	100
江西上高县金马木业有限公司	上高县工业园	500	547	58
江西上高县顺达化纤制品有限公司	上高县工业园	1 700	533	122
上高县化工有限公司	上高县塔下乡建新	160	530	26
江西上高县联兴制衣有限公司	上高县工业园	50	530	65
江西华杰泰矿纤科技有限公司	上高县工业园	500	529	30
上海厚生堂（江西）酒业有限公司	上高县工业园	100	526	28
江西宏光塑料叫器有限公司	上高县工业园	56	520	85
江西博泰印务有限公司	上高县敖阳镇和平路188号	95	515	50
江西金利隆橡胶履带有限公司	上高县工业园	500	514	80
上高县德光麻纺厂	上高县南港镇茶陵	60	505	102
上高县五鑫木业有限公司	上高县野市乡明星	120	502	121
上高县和丰木制品厂	上高县锦江镇新华	50	501	32
上高县泗溪粮油公司	上高县泗溪镇泗溪	111	485	38
江西国营上高县第三建筑工程公司	上高县思泉铺集镇	600	458	527

宜丰县重点企业名录库

（2003 年）

企 业 名 称	通 讯 地 址	资产总额（万元）	销售收入（万元）	员工人数（人）
江西省宜丰县宏丰人造板有限公司	宜丰县新昌镇县城东开发区	3 300	7 700	361
江西省烟草公司宜丰县分公司	宜丰县新昌镇新昌中大道 8 号	62	5 067	75
宜丰县供电有限责任公司	宜丰县新昌镇耶溪大道 34 号	2 000	4 073	676
江西省宜丰石花尖瓷业总公司	宜丰县石花尖乡院内	452	2 945	1 156
江西省棠浦煤矿	宜丰县棠浦镇枫林	1 823	1 569	1 030
宜丰县宇安竹材人造板有限公司	宜丰县潭山镇集镇	260	1 300	130
江西省宜丰县石花尖纸业有限责任公司	宜丰县石花尖乡黄岗洪门	750	1 130	153
宜丰县芳溪缝纫机台板厂	宜丰县芳溪镇集镇	27	983	208
江西黄岗山制药厂	宜丰县陈家坪	46	831	77
江西省宜丰县水泥有限公司	宜丰县新昌镇新昌东大道	115	829	110
宜丰县新庄镇新兔煤矿	宜丰县新庄镇上塘	28	820	210
宜丰县雪岭木业有限公司	宜丰县芳溪镇上屋	390	800	188
宜丰县同安矿产品开发有限公司	宜丰县同安乡同安	160	800	33
江西省宜丰县黄岗竹胶板有限责任公司	宜丰县黄岗乡黄岗工业区	200	800	108
宜丰县大华建筑公司	宜丰新昌镇新昌西大道 164 号	115	706	112
江西省宜丰县煤矿	宜丰县新庄镇上塘	48	680	226
宜丰县四春板业有限公司	宜丰县黄岗乡黄岗工业区	188	650	137
江西省宜丰县化工有限责任公司	宜丰县新昌镇县城西郊毛家坪	52	610	110
宜丰县建筑工程公司	宜丰县新昌镇城新村路 1 号	45	600	149
宜丰金佛陶瓷有限公司	宜丰县敖桥乡良岗	1 893	441	196
宜丰县九岭竹胶板有限公司	宜丰县石花尖乡黄岗集镇	358	410	68
宜丰县新昌镇奋发竹业有限公司	宜丰县桥西乡县城西基家坪	190	350	105
江西省宜丰县水电公司	宜丰县新昌镇耶溪大道 34 号	1 437	320	388
宜丰县长和铝业有限责任公司	宜丰县敖桥乡敖桥	110	300	110
江西省宜丰县澄塘煤矿	宜丰县镇澄塘镇牌楼	51	284	30
宜丰县流源建筑工程公司	宜丰敖桥乡新昌中大道 119 号	12	248	109
宜丰县自来水公司	宜丰县新昌镇东门路线 48 号	199	230	156
江西省黄岗山造纸厂	宜丰县黄岗山集镇	333	200	76
江西鼎丰玻璃有限公司	宜丰县敖桥乡流源	1 150	165	166
江西省宜丰县第二建筑工程公司	宜丰县新昌镇南门路 1 号	606	106	30
宜丰县水电建筑工程公司	宜丰县新昌镇东门路 98 号	601	100	9
江西鑫龙企业集团水电公司	宜丰县黄岗山集镇	16	90	52
江西省猕猴桃酒业有限公司	宜丰县敖桥乡敖桥	1 708	60	63
江西省第二木材加工厂	宜丰县芳溪镇庵背山	150	50	40
宜丰县森防农药销售技术咨询服务部	宜丰县新昌镇	1		2
江西省宜丰竹业开发集团	宜丰县新昌镇			14
宜丰县林业木材加工厂	宜丰县新昌镇新昌大道			18
江西省金凤竹业有限公司	宜丰县新昌镇			15
宜丰县黄檗山食品有限责任公司	宜丰县黄岗乡黄岗集镇			10
宜丰县沪欣木业有限责任公司	宜丰县黄岗乡哨前			29
宜丰县黄岗乡胶合板有限责任公司	宜丰县黄岗乡黄岗工业区			44
宜丰县黄岗乡潮溪村竹制品厂	宜丰县黄岗乡潮溪	5		33
宜丰县黄岗乡潮溪电站	宜丰县黄岗乡潮溪			2
宜丰县黄岗乡潮溪村敖头机砖厂	宜丰县黄岗乡潮溪			1
宜丰县黄岗乡潮溪村东边岸机砖厂	宜丰县黄岗乡潮溪			1
宜丰县黄岗乡潮溪村张家机砖厂	宜丰县黄岗乡潮溪			1
宜丰县黄岗乡将候凉席厂	宜丰县黄岗乡将候			67
宜丰县黄岗乡袁少华竹制品厂	宜丰县黄岗乡大门洞			8
宜丰县黄岗乡汪溪电站	宜丰县黄岗乡汪家槽			3
宜丰县黄岗乡汪家槽山下电站	宜丰县黄岗乡汪家槽			1

靖安县重点企业名录库

（2003 年）

企 业 名 称	通 讯 地 址	资产总额（万元）	销售收入（万元）	员工人数（人）
江西省烟草公司靖安公司	靖安县双溪镇石马中路	62	3 231	22
江西省靖安南特工程机械有限公司	靖安县香田乡鸭婆潭街	352	2 055	226
靖安县供电有限责任公司	靖安县双溪镇清华大道 48 号	1 500	1 841	501
靖安县安宏板材有限公司	靖安县双溪镇清华大道	105	1 758	150
江西省靖安县邓氏园林实业有限公司	靖安县水口乡水口街	80	1 379	100
靖安县压板厂	靖安县中源乡西岭村	302	1 253	156
江西省博泰化工有限公司	靖安县香田乡白露村	270	952	20
江西省靖安县人造板厂	靖安县双溪镇后港路 206 号	259	858	178
靖安县富建竹模板厂	靖安县双溪镇后港路	220	657	59
靖安县房地产建筑工程公司	靖安县双溪镇后港路	122	647	96
靖安县第一建筑公司	靖安县双溪镇后港东路 19 号	604	639	70
靖安县华利有限责任公司	靖安县高湖镇高湖村	50	600	40
靖安县周坊采育林场	靖安县宝峰镇宝峰村	11	515	13
靖安县开源电站	靖安县罗湾乡若坪村	134	515	25
靖安县出口木竹工艺厂	靖安县香田乡香田街	300	500	50
靖安县发电公司	靖安县双溪镇潦河北路 7 号	150	383	198
靖安县罗湾乡瓷土工业公司	靖安县罗湾乡楼前村	25	350	13
靖安县建筑工程公司	靖安县双溪镇环城路 68 号	610	335	83
靖安县自来水公司	靖安县双溪镇环城路	174	231	92
靖安县小湾电厂	靖安县宝峰镇毗炉村	1 215	175	143
靖安县北港采育林场	靖安县北港林场	54	124	102
靖安县大杞山采育林场	靖安县向务街	7	121	46
靖安县粮食局仁首粮油加工厂	靖安县仁首镇仁首村	22	117	36
靖安县寿观采育林场	靖安县水口村	4	99	109
靖安县高湖采育林场	靖安县高湖林场	2	97	102
靖安县三爪仑采育林场	靖安县三爪仑三林街	201	68	456
靖安县第三建筑公司	靖安县双溪镇后港路 39 号	241	62	52
靖安县烟竹采育林场	靖安县水口乡双峰街	70	62	36
江西省靖安县高湖粮油加工厂	靖安县高湖镇况钏路 83 号	48	45	31
靖安县南山采育林场	靖安县罗湾乡双溪洞	20	36	30
靖安县粮食局粮油加工厂	靖安县双溪镇东方中路 59 号	73	23	74
靖安县双溪森工经营站	靖安县双溪镇河北村	43	21	10
靖安县第二粮油加工厂	靖安县香田乡香田山上粮库	25	21	39
靖安县洲上采育林场	靖安县躁都街	5	11	17
靖安县欣荣钨矿	靖安县双溪镇双溪大道 12 号	12		2
江西省靖安佳浔氯化铵厂	靖安县双溪镇清湖南路 2 号			4
靖安钨制品厂佳浔钨业有限公司靖安分公司	靖安县双溪镇工业开发区			32
江西省靖安县春光刨花板厂	靖安县双溪镇后港路 206 号			30
靖安县建筑装饰工程公司	靖安县双溪镇后港路 17 号	20		2
靖安县人民政府招待所	靖安县双溪镇后港路 46 号			40
江西省靖安县蛇类养殖场	靖安县红岗林场			7
江西省靖安县清华粮油食品店	靖安县双溪镇后港路 15 号			26
靖安县高湖镇建筑工程队	靖安县高湖镇况钟路			5
靖安县高湖镇邓思坑发电站	靖安县高湖镇南边村	130		3
靖安县惠利工艺厂	靖安县高湖镇况钟路			12
靖安县高湖镇干观木制品厂	靖安县高湖镇下观村	8		5
靖安县高湖镇木制品厂	靖安县高湖镇岩口村	8		11
靖安县三爪仑白云度假村	靖安县三爪仑乡谢都坑			8
靖安县三爪仑森林度假山庄	靖安县三爪仑乡谢都坑			3
靖安县柏木岭山庄	靖安县三爪仑乡谢都坑			3

铜鼓县重点企业名录库

（2003 年）

企业名称	通讯地址	资产总额（万元）	销售收入（万元）	员工人数（人）
铜鼓县发电公司	铜鼓县永宁镇定江路 1 号	4 303	9 111	129
铜鼓县供电有限责任公司	铜鼓县永宁镇城南路	801	3 010	159
江西阳岭企业集团	铜鼓县永宁镇定江路 165 号	1 192	2 599	124
铜鼓县林业工业公司	铜鼓县永宁镇定江东路 737 号	794	1 290	218
铜鼓县永宁化工厂	铜鼓县永宁镇剑石路 8 号	52	1 244	42
铜鼓县仁和制药有限公司	铜鼓县永宁镇永宁镇城南路	314	1 220	50
铜鼓县供电有限责任公司	铜鼓县永宁镇城南路	801	1 214	302
铜鼓县大段农村信用合作社	铜鼓县大段镇大段村	42	1 114	7
江西济民铜鼓中药有限公司	铜鼓永宁镇定江西路 188 号	792	1 097	155
江西郑顺实业有限公司	铜鼓县永宁镇定江东路	1 000	1 000	183
铜鼓县中密度纤维板厂	铜鼓县三都镇三都工业园	574	945	92
江西昌林竹业有限公司	铜鼓县永宁镇定江西路	579	872	59
江西昌林竹业有限公司	铜鼓县永宁镇定江西路	579	860	100
铜鼓县新禧日用化工厂	铜鼓县永宁镇城南路 72 号	135	844	14
铜鼓县二源化工厂	铜鼓县永宁镇城南路 006 号	50	820	50
铜鼓县林业招待所	铜鼓县永宁镇定江东路	35	800	3
江西腾达竹木业有限公司	铜鼓县永宁镇城北路	138	777	110
铜鼓县纤维板厂	铜鼓县永宁镇定江西路	114	741	77
铜鼓县天柱峰竹模建材有限公司	铜鼓县三都镇三都工业园	140	715	50
江西欧风地板有限公司	铜鼓县永宁镇定江东路	100	677	120
铜鼓县粮食购销公司定江粮油公司	铜鼓县永宁镇环城南路	200	617	23
铜鼓县大段化工厂	铜鼓县大段镇铜鼓县大段镇	712	602	58
铜鼓县山珠人造板公司	铜鼓县三都镇三都工业园	80	549	103
威鑫制药有限公司	铜鼓县永宁镇定江东路	530	530	9
铜鼓县永宁化工厂	铜鼓县永宁镇剑石路 8 号	52	525	71
江桥竹木业公司	铜鼓县永宁镇三八路	550	521	60
烟草公司铜鼓分公司	铜鼓县永宁镇城南路	50	500	11
铜港竹木制品公司	铜鼓县永宁镇定江西路 228 号	484	493	22
铜鼓县发电公司	铜鼓县永宁镇定江路 1 号	4 303	476	267
铜鼓县大沩山林场	铜鼓县大沩山林场	92	464	72
铜鼓万福竹木业有限公司	铜鼓县永宁镇定江东路	108	457	48
江桥竹木业公司	铜鼓县永宁镇三八路	550	422	45
铜鼓县服务大楼	铜鼓县永宁镇定江东路	80	420	9
铜鼓县国林实业有限公司	铜鼓县三都镇黄田村	68	420	22
铜鼓县江林竹木业有限公司	铜鼓县永宁镇定江西路 247 号	121	404	56
铜鼓县基础工程公司	铜鼓县永宁镇沿河北路	308	401	27
铜鼓县林业公司棋坪林场	铜鼓县棋坪镇棋坪村	100	400	35
江西江欧企业集团	铜鼓县永宁镇定江西路	500	400	30
铜鼓县国林实业有限责任公司	铜鼓县三都镇三都工业区	68	400	22
铜鼓县土产公司	铜鼓县永宁镇定江路	113	394	12
铜鼓县辉煌竹材厂	铜鼓县永宁镇定江路	453	365	169
铜鼓县大段水库管理局	铜鼓县大段镇末中村	55	364	38
铜鼓县永宁建筑材料有限公司	铜鼓县三都镇三都工业园	150	357	72
铜鼓县港口木竹建材第一分厂	铜鼓县港口乡港口村	65	345	30
铜鼓县茶山林场	铜鼓县茶山林场	146	326	62
江西欧风地板有限公司	铜鼓县永宁镇定江东路	100	320	40
赣宁有色金属有限公司	铜鼓县温泉镇温泉村	100	282	30
铜鼓县排埠华辉实业有限公司	铜鼓县排埠镇排埠村	100	275	32
铜鼓县自来水公司	铜鼓县永宁镇定江西路	221	241	123
江西江欧企业集团毛竹林场	铜鼓县永宁镇温泉村	21	230	27

第五章：抚州市

骨干企业

东亚药业

华翔富奇

江铃底盘

临川建筑安装

珍视明药业

重点工业园区

抚州金巢经济开发区

东乡大富工业区

金溪县工业园

内容提要：

★ 市情简介

★ 市长论坛

★ 支柱产业

★ 优惠政策

★ 抚州市200强企业

★ 县（市、区）简介

★ 工业强县（市、区）长专栏

★ 分县市区50强企业

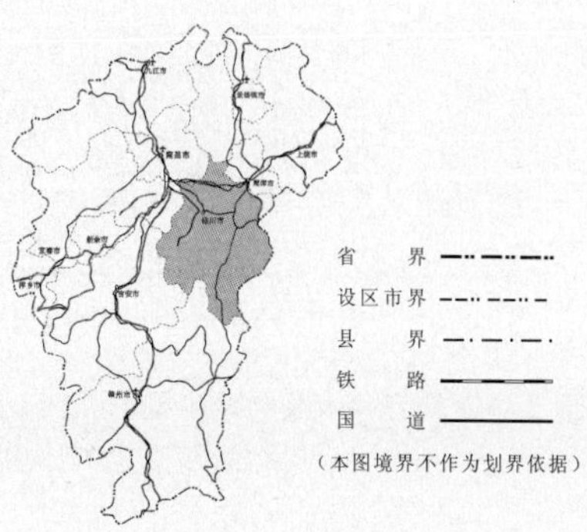

宜黄县龙华塑料制品有限责任公司

宜黄县龙华塑料制品有限公司位于县城“六里铺”工业区，法人代表罗序全，公司现有员工180余人，其中技术骨干人员23人，中级职称人员8人，公司年产值800万元，主要产品以聚丙烯、聚乙烯为原料的塑料编织袋，农用薄膜，注塑，塑料包装袋等。是江西省较大规模的塑料编织袋生产企业，龙华公司始终把诚信与质量作为生存之本，多年来，被抚州市工商局评为重合同守信用，消费者信得过单位称号，2003年通过招商引资，引来了浙江瑞安10余家塑料编织袋客商，初步建成宜黄县塑料编织城，也是江西省最大的塑料编织袋生产基地。

地址：宜黄县“六里铺”工业区

电话：0794—7608899　13907943029

传真：0794—7600717

宜黄縣信江碳化硅有限公司

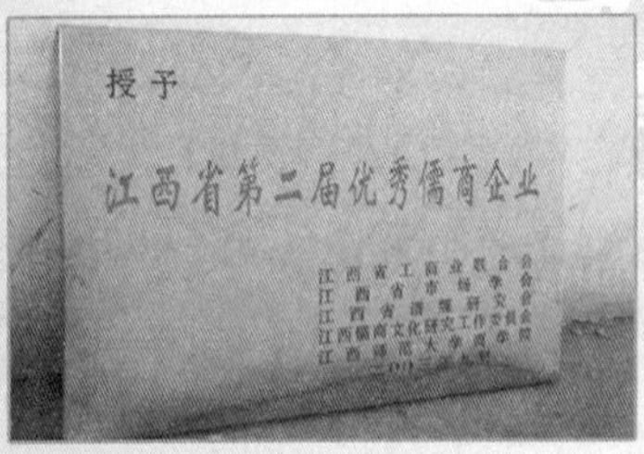

我公司是碳化硅专业生产厂家，成立于一九九八年，主要生产碳化硅块、碳化硅粒度砂、碳化硅微粉，是宜黄县政府的优秀招商引资企业。多年来，在公司法人代表邓珍荣先生的领导下，公司经济效益和社会效益都取得了令人瞩目的成绩。累计完成税收近400万元，三期技改总投资近2000万元，荣获“农业银行AAA信用企业”、“江西省第二届优秀儒商企业”、“抚州市质量管理先进单位”、“守诚信　讲合同优秀企业”、“抚州市工商局AA信用企业”等诸多荣誉。

电话：0794—7778488　7778499　　传真：0794--7778999

地址：江西省宜黄县东陂镇观音山　　邮编：344409

抚州风华实业有限公司

抚州风华实业有限公司前身系浙江省苍南铝塑工艺厂驻抚办事处，公司成立于2002年10月，属抚州团市委招商引资单位。公司下属：温州海鲜城和温州风华礼品城。

温州海鲜城：本酒店主要以浙江口味为主，兼营江西本地菜，承接喜庆婚宴同时就餐200位。

温州风华礼品城：坐落在抚州市繁华地段赣东大道100号（在温州海鲜城对面），200平方米的礼品城内陈列着时尚精典礼品，从几角钱——上千元价格不等，备有部分现货。承接纸塑包装，不干胶商标，激光防伪商标，门牌，三轮车牌，铝牌，皮革塑烫金封面，校徽及学生用品，铜字，铜牌，奖杯，台历，挂历，扑克牌，纸杯，广告伞，宾馆一次性用品等。欢迎社会各界新老朋友光临指导，看样订货。

法人代表：陈德勋

公司地址：抚州市赣东大道100号市公路局对面　　邮编：344000

电话：0794—8221432（办）　8233119（传真）　手机：13807948186　13907946868

E—mail：chendexun2008@263.net

【市情简介】

抚　州　市

【行政区划】

抚州市位于江西东部,地处东经115°35′至117°18′,北纬26°29′至28°30′之间,辖10县1区,面积1.88万平方公里,人口380万,市政府所在地临川区人口近100万。全市地形地貌以山地、丘陵为主。

【区位优势】

抚州"襟领江湖,控带闽粤",东邻福建,南接赣州达广东,西近京九铁路,北临鄱阳湖,离省会南昌仅100公里,距京九线丰城站不到80公里。鹰厦、浙赣、向乐铁路、320、316、206三条国道以及"京—福"、"沪—瑞"两条高速公路在抚州交汇通过。距南昌昌北机场仅100公里,至香港、深圳、广州、厦门、上海、宁波、北京等各大城市均有航班。抚州已成为我国东南部地区连江达海的重要区域,成为连接珠江三角洲和长江三角洲的最便捷的高速通道。随着国家西部大开发的实施,抚州承东启西的区位优势更加明显。

【文化名城】

抚州人文鼎盛,自古就有"才子之乡"、"文化之邦"的美誉,经千年岁月孕育生成的"临川文化",是赣文化的主要支脉。王安石、曾巩、汤显祖、陆象山、晏殊、晏几道等名儒巨公,是抚州历史上辈出的贤才。新中国成立后,抚州秉承光大"临川文化"崇文好学的优良传统,坚持科教兴市,成为教书育人的一块沃土,基础教育水平长期居于江西省前列,仅恢复高考至今共输送大、中专学生14万多人,其中,少年大学生224人,占全国少年大学生总量的10%以上。1984年以来,抚州市中小学生在全国和全省性数理化三科大赛中,共有2300多人次获奖。

抚州历经沧桑,旧貌换新颜。建国以来特别是改革开放20多年来,抚州市委、市政府带领全市人民抓住机遇,加快发展,固定资产投资保持较快的增长速度,基础设施建设日臻完善,综合实力明显增强。二十一世纪,抚州人民以"创文化名城,建经济强市"为战略目标,进一步深化改革,扩大开放,竭诚欢迎海内外朋友前来观光旅游,投资兴业,共创美好未来。

【自然环境】

土地资源 全市土地面积1.88万平方公里,其中耕地面积383万亩,在耕地面积中,有效灌溉面积315万亩,占82.2%;有水面面积88.74万公顷,可利用水面26.7万公顷;可开发的荒草坡33万亩,滩涂14.2万亩。

水力资源 全市水力资源蕴藏量为70.25万千瓦,可开发的资源49.1万千瓦,占蕴藏量的70%。全市水力发电站909处1043台,装机容量74370千瓦,年发电1.7万千瓦时。

森林资源 全市林地面积84万公顷,森林覆盖率61%,活立木蓄积量3000万立方米,毛竹3亿根。

矿产资源 市内矿产资源丰富,已探明的金属和非金属矿有40多种,其中瓷土储量大,品位高;铀矿储量为亚洲第一。

【旅游资源】

抚州历史悠久,人文荟萃,山奇水秀,是有待开发的江南旅游胜地,已被列入省级历史文物保护单位的有40多处,有"洞天、福地"兼而有之的麻姑山、"千古一村"的乐安流坑、王安石纪念馆、汤显祖文化艺术中心、临川的日月温泉和资溪的法水温泉,还有江南名寺金山寺、千年古刹疏山寺,在东南亚颇具影响的曹洞宗发源地曹山寺等。抚州还是一块红色的土地,毛泽东、周恩来、朱德、邓小平、陈毅、彭德怀等老一辈革命家都在抚州战斗过,东陂、黄陂战役、广昌高虎脑战斗,乐安金竹毛泽东故居,黎川闽赣省政府旧址等,都在我国革命史上留下了光辉灿烂的篇章。

【企业发展】

工业企业生产规模不断扩大,工业经济实力日益雄厚,经过50多年的发展,初步形成了食品、医药、化工、纺织、机械、建材等六大支柱行业。2003年全部工业增加值完成54.2亿元,比上年增长15.5%,占GDP比重32%,其中规模以上工业企业完成增加值19.47亿元,增长21.8%,年销售收入500万元以上工业企业近400家。尤其是一批"小巨人"工业企业的崛起,如临川酒业集团、博雅生物制药有限公司、珍视明制药有限公司、江铃汽车底盘有限公司、恒安(江西)卫生用品公司等,使全市工业实力和活力大大增强。商业贸易迅猛发展。自古以来，抚州因水陆交通便利，物产丰富，成为商贾云集之地。改革开放后，又是沿海地区商贸辐射中西部腹地重要的中转枢纽。五皇殿商城、康达商贸城是周边地区闻名的布匹集散市场；广昌的莲子、南丰的蜜桔批发市场是新兴的特色农产品专业批发市场。2003 年，社会消费品零售总额达 82.23 亿元，比上年增长 10.1%。建筑企业发展迅速。2003 年建筑业实现增加值 17.8 亿元，比上年增长 38%。全市具有资质等级的建筑企业 79 个，实现利润 3641 万元，税金 8382 万元，分别增长 13.1% 和 17.6%。

【特色农业】

农业产业化进程日益加快。抚州素有“赣抚粮仓”之称，是国家区域性商品粮基地，这里农业特色产品众多：南城银珠稻，品质精良，香软可口；南丰蜜桔古称“贡桔”，以皮薄肉嫩，汁多核少，果味香甜而驰名中外；抚州西瓜素有“冷比霜雪甘如蜜”之美誉；广昌通芯白莲，以色白、芳香味甘的特点闻名遐尔；广昌驿烟，具有色鲜、肉厚、味浓、油份充足、燃烧性强等特点，远销欧亚非；此外，金溪的藕丝糖、南城的麻姑茶、浒湾油面、疏山金桔饼、崇仁麻鸡、东乡神蛋等，齐臻其妙，在省内外均享有一定声誉。在由传统农业向现代农业发展转型中，全市农业产业化进程加快，南丰、广昌、崇仁、临川分别被农业部命名为中国蜜桔之乡、中国白莲之乡、中国麻鸡之乡、中国西瓜之乡。至 2003 年有年产值 500 万元以上龙头企业 81 家，其中昌顺公司、飞环酒业股份有限公司是全国重点扶持的龙头企业。

【交通运输】

交通运输日益发达。2003 年，全市各种运输工具完成货物运输量 1477 万吨，货物周转量 23.1 亿吨，客运量 2770 万人，旅客运输周转量 18.4 亿人公里。抚州水电供应充沛，2003 年，全市发电量 5.5 亿千瓦小时。水资源尤为丰富，自来水质量全国一流。城市综合日供水能力 35.4 万立方米。南区水厂扩建工程已经开工建设，工程完工后能全面满足人民生活和企业生产的需求。

【邮电通讯】

邮电通讯日新月异。2003 年全市邮政业务总量 11969.1 万元，通邮的乡镇和行政村达到 100%，邮政提供的业务多达 40 余种，极大地方便了用户。至 2003 年年末，抚州电话交换机总容量 45 万门，长途自动交换机容量达 1.75 万路端口，移动通讯网覆盖全市 11 个县区，180 多个乡镇，移动电话用户 58.16 悢户，比上年增长 22.7%。为了满足不同层次客户的需要，抚州电信宽带互联网除继续提供传统的速率为 56Kbps 或 128Kbps 的 163 注册帐号（电话或 ISDN），8163 上网专用电话，数据专线等窄带上网业务外，还选用高档的电信级宽带接入设备，采用 VLAN 技术，提供接入速率可达 10/100Mbps 的“极速 163ILAN”和接入速率可达 512K/IM/2Mbps 的“超线一线通”宽带上网业务。

【开发区建设】

抚州投资环境日臻完善，各类开发区稳步发展，其中省级开发区——金巢工业开发区已初具规模；截至 2003 年底，工业园区进入三期建设，已完成基础设施投资 3.1 亿元，入园企业总数 55 家，用地 8370 亩，招商签约资金 35.4 亿元。在市工业园区的引领下，各县（区）结合自身实际，也纷纷打造各自的发展平台。全市拥有工业园区 9 个，入园企业达 308 家。

【招商引资】

招商引资成绩突出。2003 年全市招商引资新签合同项目 1514 个，其中正式实施项目 1503 个，实际利用外资 5500 万美元，引进市外资金 72.8 亿元，增长 54.9%，其中：1 千万元以上投资项目 371 个，5 千万元以上项目 69 个，1 亿元以上项目 24 个。外贸出口 1400 万美元，增长 122%。全市工业园区发展势头很好，已有 300 多家工业企业落户园区，成为工业经济发展中又一增长点。

【对外开放】

近年来，抚州市紧紧围绕发展这个第一要务，以招商引资为总抓手，大力推进工业化、城市化和农业产业化进程，取得了抚州近年来最快的发展速度。为扩大对外开放，市委、市政府出重拳大力整治投资环境，先后出台了《关于进一步整治和优化招商引资软环境的意见》和《市工业园区管理及招商引资的有关规定》等文件，使得优惠政策的灵活性更大，投资合作的方式更多样。抚州将全面贯彻党的十六大和十六届三中全会精神，继续实施“一招三化”战略，大力发展开放型经济，以扎实的工作作风和顽强的拼搏精神，推进抚州经济和社会事业更快更好地发展。

【市长论坛】

树立科学发展观　建设美好新抚州

抚州市人民政府市长　谢亦新

抚州市位于江西省东南部，地阜物丰，人杰地灵，自古就有“才子之乡”、“文化之邦”的美誉。近年来，抚州坚持以科学的发展观为指导，积极实施“一招三化”战略，全市社会经济保持持续快速健康发展。2003 年，全市生产总值达到 168.4 亿元，比上年增长 12.6 %，增幅创近 6 年来的新高。

2004 年，全市经济和社会发展的总体要求是：以邓小平理论和“三个代表”重要思想为指导，认真贯彻党的十六届三中全会、中央经济工作会议和省委十一届五次全体（扩大）会议精神，树立和落实全面、协调、可持续的发展观，继续实施“一招三化”战略，重视保护环境和合理开发利用资源，着力优化经济结构，提高经济运行质量，千方百计培植财源和壮大财力；把解决“三农”问题放在突出位置，努力增加农民收入；坚持以人为本，继续推进就业再就业工程和社会保障体系建设，重视科教兴市和社会公益事业发展，注重解决与人民群众生产生活密切相关的实际问题；推进民主决策，推进依法行政，推进政务公开，求真务实，排难而进，促进全市经济持续快速健康发展和社会事业的全面进步。主要预期目标是：国内生产总值确保 188.6 亿元，增长 12%；力争 190.3 亿元，增长 13%。全社会固定资产投资达到 78 亿元，增长 30%。社会消费品零售总额达到 90.4 亿元，增长 10%。外商直接投资达到 7000 万美元，增长 27.3%；实际引进市外资金 80 亿元，增长 9.9%；出口创汇 1600 万美元，增长 14.3%。财政总收入确保 13.51 亿元，增长 12.5%，力争 14 亿元，增长 16.57%；其中地方财政收入确保 9.64 亿元，增长 10.5%，力争 10 亿元，增长 14.68%。农民人均纯收入达到 2483 元，增加 130 元，增长 5.5%。城镇居民人均可支配收入达到 7276 元，增加 476 元，增长 7%。城市化水平提高 2 个百分点；城镇登记失业率控制在 4.5% 以内；人口自然增长率控制在 8.67‰ 以内。

实现上述目标，必须“把握一条主线，打好三个硬仗，做好七项关键性工作”。

一、把握一条主线，就是把握大开放、大招商这条主线。

举全力招商引资，促进开放型经济更快更好地发展。2003 年我市招商引资取得了很大成绩，但与兄弟地市比，我们已经明显落后了，如果再不努力，过一两年就不仅是排位的落后，而是投入的落后，经济结构的落后，尤其是财力的落后。为此，全市上下必须继续坚定不移地实施“大开放、大招商”主战略，把招商引资作为牵动全局的突破口来抓，突出“七抓”，即：抓项目质量，大力引进工业（加工业）项目、农业产业化项目、具有产业导向性项目以及能大幅度增加税收和解决劳动力就业的项目；抓创新招商方式，降低招商成本，争取在引进国外、境外资金方面有较大突破；抓重点，把工业园区作为招商引资的重点载体，形成“聚焦”效应；抓服务质量，对已经引进的项目，各相关部门加强跟踪服务工作，及时帮助客商解决实际问题，促使项目尽快建成生效；抓队伍建设，培养一批能攻关、善谈判、懂经济的专业招商人员；抓优化环境，努力营造亲商、安商、富商的良好氛围；抓好外经外贸工作，引导企业优化出口商品结构，努力提高创汇能力。

二、打好三个硬仗，就是打好工业园区、重点项目和城市建设三大攻坚战。

一是打好工业园区建设攻坚战。坚持“政府引导、市场运作、整体规划、科学布局、滚动开发、分步建设”的方针，积极探索工业园区建设的市场化运作模式。重视加强项目入园管理，严把项目入园关，大力引进土地利用率高、规模较大、劳动或资金密集型的工业企业进入园区，千方百计提高工业园区投入产出率。努力完善园区配套服务功能。抓紧运作海关、商检办事机构，抓好铁路货运专线建设，为园区产业集聚提供原材料供应和产品输出等配套服务。建立园区目标考核体系，严格考核，兑现奖惩。

二是打好以公路建设为主的重点项目建设攻坚战。今年完成京福高速公路抚州段和东临一级公路建设，完成临宁线二级公路改造；加快临川特大桥和抚八线建设步伐，确保 2005 年全面竣工。力争新建、续建国省道 314 公里，建设农村公路水泥路 640

公里，提前一年实现（乡）镇100%通水泥（油）路的目标，行政村公路硬化通达率达55%以上。加快廖坊水利枢纽工程建设，完成右岸大坝及厂房混凝土浇注一期工程，完成左岸围堰与混凝土浇注30%以上，完成库区防洪工程60%以上，完成水库移民80%并争取灌区工程立项建设。尽快完成钟岭、抚北二个110KV变电站建设，满足钟岭、抚北两个园区的生产建设需要和城市发展的需要。

三是打好城市基础设施建设攻坚战。按照“先规划后建设、先地下后地上、先重点后一般、先打基础后上水平”的原则，坚持既量力而行又尽力而为，千方百计筹措资金，加快城市建设步伐。坚持高起点规划，高质量建设，高效益经营，高水平管理。巩固市容市貌整治成果，建立长效管理机制，彻底改变城市“脏、乱、差”现象。

三、做好七项关键性工作。

一是培育壮大优强企业，加速工业化进程。全面实施扶优扶强的不平衡发展战略，培育壮大一批工业优强企业，辐射和带动全市工业的跨越式发展。今年20户重点企业要求实现销售收入28.4亿元，实现利税3.4亿元，其中上交税金1.78亿元。用3年时间，发展5个以上重大产业群体，每个产业群体年销售收入达到10亿元以上。

二是推进农业产业化进程，强化农业基础，促进农民增收。重点建设好十大特色种养基地，即：以临川、南城、宜黄、金溪等县（区）为主的优质稻生产基地；南丰蜜桔基地；以广昌为主的白莲基地；以黎川为主的食用菌基地；以崇仁为主的麻鸡基地；以临川、金溪为主的黄栀子基地；以东乡为主的瘦肉型生猪基地；以东乡、金溪、乐安等县为主的蚕桑基地；以宜黄、乐安、黎川、资溪为主的速生丰产林基地；以临川、崇仁、南城为主的金银花中药材生产基地。培育壮大一批带动力强、市场空间广的龙头企业，重点扶植大亚木业、昌顺公司、天顺公司、日丰公司、煌上煌崇仁麻鸡禽业公司、南丰梦龙果业公司、东乡缫丝厂、江西苍源药业等一批加工型农业产业化龙头企业，发挥其辐射牵引作用，带动种养业规模发展。同时加强农田水利基本建设，落实好农民增收减负政策，促进农民增收和农村经济发展。

三是壮大财政实力，增强发展后劲。在培植财源税源上下功夫，做好主攻工业、扶持加工型龙头企业、以地生财和发展第三产业等各项工作，千方百计培植纳税主体，做大财政“蛋糕”。在强化财税征管上花力气。有针对性地加强对改制企业、个私企业的监控和管理，堵塞收入漏洞。对建筑、交通、运输、重点工程以及房地产行业税收，完善征管办法，防止税收流失。在调整支出结构上做文章。牢固树立过紧日子的思想，合理安排各项支出，集中力量保工资、保稳定、保重点、保各项改革措施顺利出台。理顺借款、用款和还款关系，积极筹集还债准备金，合理安排和调度资金，防范和化解财政债务风险。

四是加大跑项目、争资金力度。高度重视项目库建设，加快建设一支素质高、懂业务、能吃苦、善攻关的跑项目队伍，摸准信息申报项目，积极主动汇报项目，突出重点争取项目。今年重点争取抚州电厂、东乡到水边铁路、廖坊水库灌渠、大亚原材料基地、国家优质大型商品粮基地、黄栀子等特色产业化项目，职业技术学院、传染病院和体育中心等社会发展项目，资溪大觉山旅游开发等生态旅游项目的立项，力争项目资金比上年增长40%以上。

五是实施就业再就业工程，完善社会保障体系建设。今年新增城镇就业人员3.2万人，国企下岗职工再就业1.4万人，困难群体再就业2600人。全市养老保险征缴额达到18388万元，支付率和社会化发放率达到100%；失业保险参保人数达到19万人，征缴额达到1750万元；医疗、工伤保险参保人数达到26.5万人，征缴率达到95%。

六是全力维护社会稳定。切实做好人民群众来信来访工作，努力把矛盾化解在基层，把问题解决在萌芽状态。坚持“打防结合、预防为主”的方针，严厉打击各类刑事犯罪和经济犯罪，坚决“打黑除恶”，创造良好的社会治安环境。认真落实安全生产责任制，加强安全生产专项整治，杜绝重特大事故的发生。

七是继续大力发展社会各项事业。做大做强抚州教育这块品牌，继续把临川教育集团所属的三校建设好。积极发展文化产业，重视文物保护和发掘工作，大力发展旅游产业。推进卫生改革与发展，切实抓好体育、广播、电视事业发展。加强计划生育基础设施建设，稳定低生育水平，提高人口素质。

【支柱产业】

抚州市支柱产业

抚州市工业目前有五大支柱产业，分别是医药、机械、纺织、食品、化工。2003 年，这五大支柱产业中的规模以上企业，合计完成销售收入 36.8 亿元，增长 14.4%，实现利税 2.96 亿元，增长 41.4%，分别占全市工业的 69.3% 和 80.4%，其中机械、纺织、化工增势强劲，实现利税分别增长 73.4%、344.7%、33.8%。

【医药工业】

2003 年，全市规模以上工业企业中，医药工业企业 18 家，固定资产净值 1.60 亿元，实现销售收入 4.38 亿元，实现税金 4014 万元，利润 3587 万元，分别占全市工业的 8.2%、18.7%、23.4%。其中销售收入 5000 万元以上的企业有 3 家，分别是珍视明药业有限公司（销售收入 7900 万元、实现利税 2902 万元）、博雅生物制药有限公司（销售收入 8494 万元、实现利税 1532 万元）、江西东亚药业有限公司（销售收入 7970 万元、实现利税 677 万元）。

【食品工业】

2003 年，全市规模以上工业企业中，食品及食品加工企业 62 家，固定资产净值 2.09 亿元，实现销售收入 8.79 亿元，实现税金 1995 万元，实现利润 3402 万元，分别占全市工业的 16.5%、9.3%、22.2%。其中销售收入 5000 万元以上的企业只有临川酒业有限公司，当年实现销售收入 5665 万元，实现利税 2832 万元，其中利润 1212 万元。今年 4 月，投资 1.5 亿元年生产 20 万吨的凯丽啤酒有限公司也已正式投产。通过加大招商引资力度，积极实施名牌战略，打特色牌和绿色牌，充分发挥我市农产品资源优势，做大做强几户龙头加工企业，辐射带动全市食品工业发展，使之成为我市工业新的增长点，是今后一段时期我市食品工业发展的主要方向。

【机械工业】

抚州市机械工业特别是汽车及汽车零配件工业有不少重点企业，2003 年，全市规模以上工业企业中，机械工业企业有 35 家，固定资产净值 3.75 亿元，实现销售收入 10.40 亿元，实现税金 3905 万元，实现利润 3805 万元，分别占全市工业的 19.6%、18.2%、24.9%，其中销售收入 5000 万元以上的企业有 5 家，分别是江铃底盘有限公司（销售收入 28315 万元、实现利税 4365 万元）、富奇汽车有限公司（销售收入 18902 万元）、江西钧天机械有限公司（销售收入 3161 万元、实现利税 263 万元）、江西利群纺织机械有限公司（销售收入 7344 万元、实现利税 949 万元）、江西变电设备有限公司（销售收入 7360 万元、实现利税 490 万元）。

【化学工业】

2003 年，全市规模以上工业企业中，化学工业企业 32 家，固定资产净值 4.89 亿元，实现销售收入 8.16 亿元，实现税金 3133 万元，实现利润 2927 万元，分别占全市工业的 15.4%、14.6%、19.1%。其中销售收入 5000 万元以上的企业有 1 家，即江西添光化工有限公司（销售收入 8406 万元、实现利税 1539 万元）。此外，资溪农药厂、精细化工公司、江西日上化工公司、江西盾牌化工有限公司等企业业具有一定基础和发展前景。

【纺织工业】

2003 年，全市规模以上工业企业中，纺织工业企业 23 家，固定资产净值 3.08 亿元，实现销售收入 5.07 亿元，实现税金 2118 万元，实现利润 709 万元，分别占全市工业的 9.5%、9.9%、4.6%。其中销售收入 5000 万元以上的纺织企业 5 家，纺织工业在我市有较好的基础，特别是在市直及临川、崇仁等县区，无论是资产总量，还是职工人数，在纺织企业都占到 1/4—1/3。市直 5 户纺织印染企业（明恒公司、新维美公司、靖淞公司、环球公司、天绅化纤公司）都属于中型企业，加上崇仁苎麻纺织公司，纺织企业在全市大中型企业中占近 1/3。这些企业通过去年改制为民营客商企业后，今年生产经营状况普遍较好，不少企业有望恢复企业历史最好年景。

【优惠政策】

抚州市人民政府关于鼓励国内外客商投资的优惠办法

第一章 总 则

第一条 为了鼓励国(境)外的公司、企业和其他经济组织或个人来抚州市投资兴办合资、合作和独资企业(以下简称外资企业),以及市外企事业单位和个人来抚州市举办内联企业,促进相互间经济技术合作,共谋经济发展,根据国家有关法律、法规和政策规定,结合抚州实际,特制定本优惠办法。

第二章 税收优惠办法

第二条 外资企业的企业所得税,按应纳税的所得额计算,税率为30%;地方所得税按应纳税的所得额计算,税率为3%。

第三条 外资企业经营期在十年以上的,从开始获利年度起,第一年至第二年免缴企业所得税和地方所得税,第三年至第八年减半缴纳企业所得税和地方所得税(简称"二免六减半"),稀有和贵重金属等资源开发项目,另按国家规定计征。企业经营期不满十年的,应当补缴已免征、减征的企业所得税和地方所得税税款。

第四条 出口创汇型外资企业(当年出口产品金额达到当年企业产品产值的70%以上),在享受"二免六减半"税收优惠后,仍可继续减半缴纳企业所得税和地方所得税。

第五条 经有关部门认定为先进技术型外资企业的,在享受"二免六减半"税收优惠后,可以延长三年减半缴纳企业所得税和地方所得税。

第六条 外资企业从事农业、林业、牧业、渔业、水利、教育、文化、科技、医疗卫生、旅游开发和农副产品加工,经营期在十年以上的,在享受"二免六减半"税收优惠后,仍可延长五年减半缴纳地方所得税。企业经营期不满十年的,应当补缴已免征、减征的地方所得税税款。

第七条 外资企业的国外和境外投资者将从企业分得的利润再直接投资于该企业,增加注册资本,或者作为资本投资开办其他外商投资企业,经营期不少于五年的,经投资者申请,税务机关批准,退还其再投资部分已缴纳所得税的40%税款。若再投资举办、扩建产品出口企业或者先进技术企业,经营期不少于五年的,经向税务机关申请并核准,全部退还其再投资部分已缴纳的所得税税款。

第八条 外资企业在投资总额内采购国产设备,如该类进口设备属免税目录范围,可全额退还国产设备增值税,并按有关规定抵免企业所得税。

第九条 客商企业新开发500亩以上荒山、荒地从事农业特产品生产的,从有收入年度起免征农业特产税三年,新开发200亩以上滩涂、水面从事农业特产生产的,从有收入年度起免征农业特产税一年。

第十条 客商企业发生年度亏损,可以用下一纳税年度的所得弥补。下一纳税年度的所得不足以弥补的,可以逐年延续弥补,但最长不超过五年。

第三章 土地优惠办法

第十一条 客商企业通过出让方式取得土地使用权,可按下列规定减免市、县二级土地出让金:

(一)客商出资额在1亿元人民币以上除房地产开发外的生产性的项目,免收市、县二级土地出让金。

(二)举办出口创汇型、先进技术型企业及投资建设基础设施和公益事业,客商出资额在500万元人民币以上的,减70%;

第十二条 客商企业经批准采取租赁方式取得土地使用权的,土地使用费标准为:交通、能源、水利、教育、文化、科研、医疗卫生等基础设施和公益事业项目用地每年每平方米0.5—1元人民币;兴办非盈利的公益事业,免交土地使用费;工业、仓储每年每平方米1—3元人民币,客商企业在批准的建设期内免交土地使用费。

第十三条 客商企业租凭已停产的国有、集体企业举办工业企业,或者利用荒山、荒滩、荒水等资源从事农、林业开发,经营期在十年以上,从开业年度起五年内免交土地租金。

第四章 规费优惠办法

第十四条 凡在各专业市场从事经营活动的客商企业,每年初一次性确定交纳各种规费,逐月由市场管理部门统一征收,各职能管理部门及其它单位不得再次收费。

第十五条 优先解决客商企业在筹建和生产经营期间的水、电需求。客商企业水电规费、工商登记注册费、验资费等行政事业性收费，一律按最低标准收取。

第十六条 客商企业建设项目除服务性收费外的其他各种规费，按规定标准予以优惠（除房地产开发项目外）：独资企业减50%；合资、合作企业减30%；境外或市外资金投入额在1亿元人民币以上的生产加工型项目，免收建设项目各种规费。

第五章 其它优惠办法

第十七条 外资或内联企业所需技术、管理人员和工人，可以通过市县人才交流中心或技工交流中心在全市范围内公开招聘，也可到市外招聘，招聘人员的人事劳动关系分别由当地人才交流中心或技工交流中心代理，代理期间按规定办理职称晋升、技术等级评定、政策性调资、正常流动、继续教育、社会保险、出国政审等。

第十八条 客商企业投资者以及从市外招聘的技术、管理人员和家属可办理当地户口，其子女入学入托就近优先安排，各种收费与当地员工的子女享受同等待遇。

第十九条 对于科技含量高、投资多、规模大并对当地经济有较大促进作用的重大项目，由当地领导挂点，并根据具体情况给予特别优惠，实行特事特办。

第六章 奖励办法

第二十条 欢迎和鼓励国（境）内外、市内外人员或团体为我市引进资金、技术、人才，对中介人员或团体按本办法给予奖励。

第二十一条 对介绍引进直接投资（包括独资、合资、合作、补偿贸易）的中介人员或团体，按实际投资金额一次性给予3—5‰的奖励。属独资企业或公益项目的，奖金从招商引资奖励基金中支付；属合资、合作、补偿贸易项目的，奖金由受益单位支付。

第二十二条 对引进人才、资金来我市购买、租赁、承包国有企业并取得明显社会效益和经济效益的中介人员或团体，从引进当年开始，连续三年由同级政府按每年企业新增上缴税收的地方所得中的3%给予奖励。

第二十三条 引进高新技术、科技成果，使企业获得显著经济效益的中介人员或团体，从引进技术产生效益当年起，可连续三年由受益单位按新增利润的5—10%给予奖励。

第二十四条 引进无偿资金和捐赠款，由受益单位按引资额的5—8‰奖励中介人员或团体（工作职责范围内的公职人员除外）。

第二十五条 客商企业年上缴税收超过100万元人民币的，由同级政府按下列规定奖励企业：

（一）年上缴税收100—300万元人民币的，按地方所得部分的1%给予奖励；

（二）年上缴税收300—500万元人民币的，按地方所得部分的2%给予奖励；

（三）年上缴税收500万元人民币以上的，按地方所得部分的3%给予奖励；

第二十六条 奖励兑现办法：

（一）属于招商引资奖励基金中支付的奖金由市县招商部门审查后报同级政府批准兑现。

（二）属于受益单位支付的奖金由受益单位与中介人员或团体事先书面约定。

第七章 附 则

第二十七条 抚州市的民营企业参照本办法有关条款给予优惠。

第二十八条 本优惠办法自发布之日起实施，由抚州市招商引资中心负责解释。

抚州市人民政府关于进一步改善投资环境的若干规定

第一条 本规定适用于市外、境外、国外客商及其独资经营或与我市合资合作经营的企业。

第二条 对客商投资企业的审批实行"一条龙"服务,全部手续在市政府设立的集中办事大厅内办理。凡申报手续齐全的,各审批部门必须即收即办,直接办理;对凡须经审核或现场勘察的特殊事项,要严格按照规定承诺时限办结;对因政策因素或申报手续不完善暂不能审批的,有关人员要及时明确给予答复。

第三条 工商部门在办理企业名称登记时,经审查申报手续齐全的,必须在受理申报材料起,一个工作日内审核批准。

第四条 税务、外汇管理和银行等部门,在投资者提供必要材料后,必须分别在一个工作日内办好税务登记、外汇登记和银行开户等手续。

第五条 公安、粮食部门在客商办理常住、暂住手续时,只要手续齐全,必须即到即办。

第六条 会计师事务所、审计师事务所在收到企业验资申请后,必须即到即办。

第七条 对符合国家产业政策和地方政府发展规划,申报手续齐全的企业,城建、土管部门必须及时办理好企业规划用地和工程建设开工等手续;土管部门必须在三个工作日内办理好权限内的土地使用报批手续;供水、供电部门,必须为客商生产生活保证供水、供电。城建、土管、供水、供电等部门在为企业办理有关手续和工程施工过程中,必须严格执行国家及地方有关优惠政策,不得任意提高收费标准,变相增加收费项目。

第八条 坚决禁止并严肃查处一切对客商及其投资企业的乱检查、乱收费、乱摊派行为,除法律和国务院、省政府规定的检查外,任何部门对企业的检查都必须事先报请政府批准后方可检查,禁止擅自增加检查内容和扩大检查范围。否则,企业有权拒绝检查、并有权向招商和监察部门举报。有关部门接到举报后必须及时查处,并给客商满意的答复。

第九条 对行政事业性收费的项目和标准,实行事前审批制度。所有行政事业性规费的执收单位,在向企业收费前必须报市物价部门批准,并严格按照审批后的项目和标准向企业收费。收费时必须统一使用财政部门制发的行政事业性收费票据。对没有取得审批机关批准或不提供行政事业性收费票据的收费,企业有权拒绝交纳。被强行征收的,企业要及时举报,政府有关部门将依法进行处理。

第十条 收费单位必须于次年第一季度向市、县政府汇报上一年度向企业收费的执行情况。市、县审计、招商部门定期或不定期对向客商企业收费的单位实行专项审计并向同级政府汇报,对乱收费的单位将严格按《中华人民共和国价格违法行为处罚决定》予以查处。

第十一条 对客商投资企业的收费实行收费登记卡制度。《收费登记卡》由市政府授权市招商引资中心统一制作,向企业印发。企业交纳费用后,执收单位必须填写《收费登记卡》。市整治投资环境领导小组每年对《收费登记卡》进行一次核查。

第十二条 切实保障企业生产经营活动正常开展,确因正常检修需要停水、停电的,必须提前三天告知相关企业,对无故采取停水、停电及其他不正当行为妨碍企业正常生产、经营活动的,各有关职能部门、监察部门必须及时严肃处理,并追究当事人及其单位领导的责任;对不法分子聚众闹事或以其他形式干扰企业生产经营的,公安部门要依法从重从严打击。

第十三条 对在我市投资的客商,市政府给予颁发《客商证》,对持有《客商证》的客商及投资企业,当地政府及政法部门要列入重点联系和保护范围,切实做好安全保卫工作,防止不法分子对客商骚扰、确保客商企业的正常运转和他们的人身财产安全。未经法律程序,任何单位和人员不得擅自对客商的人身、财产采取强制性措施,不得检查客商的居留地及其投资企业。否则,客商有权拒绝并有权举报。政府职能部门必须及时查处,并追究当事人和当事人单位领导的责任。

第十四条 任何部门和人员在办理涉及客商及其投资企业的案件时,要出示证件,依法办事,秉公执法,按程序办理,不轻易查处。对于徇私枉法、以权谋私的行为,有关部门都必须坚决查处。

第十五条 客商投诉时,若有关部门无故推诿、拖延不作处理,客商可以向市整治投资环境领导小组办公室、市政府效能投诉中心或市长热线电话进行投诉,市政府将责成监察部门及时查处。

抚州市重点企业名录库

（2003年）

企　业　名　称	通　讯　地　址	资产总额（万元）	销售收入（万元）	员工人数（人）
抚州市烟草公司	抚州市大桥南路金家山1号	17 422	48 509	755
中国石油化工股份有限公司抚州分公司	江西省抚州市赣东大道112号	20 425	33 446	252
江西华翔富奇汽车有限公司	江西省抚州市西大街8号	18 709	24 955	500
江西临川建筑安装工程公司	抚州市上顿渡抚临路20号	25 266	21 671	3 056
江西抚州供电公司	江西省抚州市赣东大道78号	135 899	21 531	1 025
江西省抚州市建筑工程有限责任公司	江西省抚州市荆公路104号	26 320	20 537	4 697
江西江铃底盘股份有限公司	江西省抚州市临川大道中段	10 500	17 919	700
江西省移动通信公司抚州市分公司	江西省抚州市玉茗大道中段	14 533	14 258	489
江西省电信有限公司抚州分公司	江西省抚州市赣东大道93号	80 539	13 453	1 330
江西昌顺集团有限公司	广昌县城羊面岭工业区72号	11 625	10 056	320
南城万方建筑有限责任公司	南城县城北怡和园大门二楼	1 448	7 646	346
抚州靖淞纺织有限公司	江西省抚州市临川区赣东大道	3 555	4 919	850
江西联兴纸业有限公司	江西省崇仁县西郊路3号	6 322	4 856	254
江西省崇仁县赣东苎麻纺织有限公司	江西省崇仁县站前路22号	5 527	4 638	760
中国石化江西抚州东乡石油经营部	江西省东乡县龙山北路227号	469	4 620	64
江西天施康抚州珍视明药业分公司	江西省抚州市钟岭工业园区	9 904	4 498	880
江西省烟草公司抚州分公司东乡县营销中心	江西省东乡县烟草专卖局	460	4 442	63
江西博雅生物制药股份有限公司	抚州市临川区赣东大道161号	17 879	4 437	330
江西省威龙服装发展有限公司	江西省崇仁县工业园区	1 476	4 354	516
江西省烟草公司资溪县公司	资溪县鹤城镇繁华南路3号	4 350	4 300	20
江西变电设备有限公司	崇仁县巴山镇交通路39号	7 201	4 185	311
抚州环球纺织有限公司	江西省抚州市临川区金巢路	3 622	4 177	750
江西永惠饲料公司	抚州市临川区临川大道中段	5 067	4 071	116
江西添光化工有限责任公司	抚州市抚北镇安塘路4号	7 406	4 060	689
江西昌诺药业有限公司	江西省南城县金山口工业园区	2 400	3 992	230
江西省烟草公司抚州分公司崇仁县营销中心	江西省崇仁县府东路8号	402	3 235	48
抚州市昌盛皮革有限公司	抚州市临川区环城北路8号	1 546	3 086	180
抚州市新维美染织有限公司	抚州市临川区赣东大道188号	2 071	3 084	356
恒安（江西）卫生用品有限公司	江西省东乡县圩上镇	2 017	2 991	200
江西东亚药业有限责任公司	抚州市东乡县荆公路6号	9 905	2 968	651
江西汇联实业有限公司	江西省崇仁县工业园区	470	2 904	66
江西利群纺织机械有限公司	抚州市金巢开发区金巢中路	7 588	2 805	186
江西临川酒业有限公司	抚州市临川区临川大道19号	4 082	2 723	382
中国人寿保险股份有限公司南丰县支公司	江西省南丰县大桥路6号	5 828	2 478	9
中国人寿保险股份有限公司东乡县支公司	江西省东乡县恒安西路	279	2 400	121
金溪宏华塑胶工艺有限责任公司	江西省金溪县工业开发区	1 696	2 386	109
江西赣东纺织有限公司	江西省崇仁县巴山镇	540	2 310	36
抚州市宝嘉皮件有限公司	江西省抚州市临川区	1 219	2 301	580
抚州市临川区金岭合成纤维有限公司	抚州市临川区钟岭工业园	1 219	2 301	80
中国核工业总公司七二一矿	江西省乐安县二0一信箱	15 643	2 271	3 365
江西钧天机械有限公司	抚州市迎宾大道工业园区	15 885	2 206	327
抚州市针织厂	江西省抚州市临川区	5 057	2 150	965
东乡县红磷焦化有限责任公司	江西省东乡县	504	2 148	150
株良木制品经销有限公司	江西省南城县株食镇	810	2 100	200
江西江磷磷肥有限责任公司	江西省东乡县江磷公司	1 640	2 100	300
江西雨帆化工有限责任公司	江西省东乡县	2 209	2 070	168
江西日上化工有限责任公司	江西省黎川县	3 141	2 060	120
南城县万方建筑	江西省南城县建昌大道	12 289	2 042	407
雅思达（南丰）服饰织造有限公司	江西省南丰县彩虹路104号	1 002	2 013	620
抚州市抚北天辉实业有限公司	江西省抚州市临川区	410	1 965	80

续表 1

企 业 名 称	通 讯 地 址	资产总额（万元）	销售收入（万元）	员工人数（人）
江西飞环包装有限公司	南丰琴城镇富溪工业区 20 号	6 285	1 858	306
江西省三益服装发展有限公司	江西省崇仁县工业园区	1 294	1 818	480
中国石化江西抚州广昌石油经营部	江西省广昌县盱江镇 148 号	170	1 815	70
江西黎川县环球瓷业有限责任公司	黎川县环球瓷业有限责任公司	1 040	1 806	670
东乡县供电有限责任公司	江西省东乡县龙山北路	8 203	1 785	241
抚州市河西阳光化工	江西省抚州市临川区上顿渡镇	407	1 783	124
抚州市洋州服装厂	江西省抚州市临川区	682	1 775	140
江西黎川永华骏业有限公司	黎川县永华骏业有限公司	2 354	1 768	98
抚州医药公司	抚州市临川区羊城路 37 号	5 496	1 651	250
金山岭饮食品有限公司	南城县金山口工业园区	1 620	1 505	290
广昌县造纸厂	广昌县盱江镇沙子岭	3 684	1 432	114
江西省康舒陶瓷有限公司	黎川县康舒陶瓷有限公司	1 495	1 430	320
南丰县供电有限责任公司	南丰县琴城镇交通路 18 号	8 262	1 424	311
江西长衡机械有限公司	崇仁县人民大道	4 125	1 414	380
南城县威乐特服饰织造有限公司	南城县金山口工业园区	480	1 411	140
江西顺昌隆实业有限公司	东乡县大富工业园区	1 547	1 404	160
中国石化江西抚州崇仁县石油经营部	崇仁县人民大道	487	1 400	40
宜黄县供电有限责任公司	宜黄县凤岗镇西马路 56 号	6 576	1 384	456
江西省衡三建筑工程有限责任公司	南丰县桔都大市场内	2 496	1 325	416
赣东湘大骆驼饲料有限公司	东乡县孝岗镇环城路 65 号	414	1 313	51
抚州市汽车运输总公司	抚州市临川区赣东大道 77 号	10 429	1 252	1 980
江西省滕园实业有限公司	江西省滕园实业有限公司	1 419	1 200	245
江西省乐安县针织内衣厂	乐安县鳌溪镇沾河路 2 号	520	1 200	150
江西省东乡县缫丝总厂	江西省东乡县大富工业园区	4 200	1 200	500
江西盾牌化工有限责任公司	抚州市温泉镇红桥路 2 号	2 339	1 195	101
黎川县国家粮食储备库	黎川县东方红大道 147 号	1 681	1 143	85
江南汽车运输公司	江西省南城县县城	1 115	1 120	188
江西资溪农药厂	资溪县鹤城镇解放北路 9 号	3 068	1 066	35
江西银涛药业有限公司	抚州市上顿渡临川大道 36 号	2 724	1 060	163
江西亚珀变电设备有限公司	江西省崇仁县沙堤开发区	1 514	1 014	166
江西红星变性淀粉有限公司	江西省东乡红星南山	2 199	1 004	102
江西恒信绿色产业发展有限责任公司	江西省金溪县工业园区	2 600	1 000	106
南城县汽车运销集团公司	江西省南城县老汽车站	1 500	1 000	620
广昌县翠雷山垦殖场	广昌县苦竹新建路 58 号	6 194	982	1 100
广昌县华谊建筑工程有限公司	广昌县盱江镇解放路 24 号	1 588	982	420
江西正邦动物保健有限公司	江西省抚州市临川区	890	973	130
江西省抚州市新华书店	抚州市临川区赣东大道 2 号	1 086	965	36
江西松翔啤酒有限公司南城分公司	江西省南城东下坝路 72 路	2 100	924	110
资溪县石油公司	资溪县鹤城镇司前南路 35 号	210	920	27
崇仁县第二机械厂	江西省崇仁县相山镇	124	917	126
江西省石油公司黎川支公司	江西省黎川县	140	910	45
临川崇岗金山花炮总厂	江西省抚州市临川区崇岗乡	406	899	236
黎川县供电有限责任公司	黎川县供电有限责任公司	6 866	868	381
抚州市供水公司	抚州市临川区荆公路 106 号	7 528	846	401
江西东乡县国家粮食储备库	江西省东乡国家粮食储备库	8 506	832	142
抚州洋州铸钢厂	江西省抚州市临川区洋州镇	358	831	50
江西永胜机械厂	江西省崇仁县中山路 52 号	10 926	827	298
崇仁县供电有限责任公司	江西省崇仁县巴山镇府西路	202	816	355
江西东永淀粉化工有限公司	东乡县红星东山工业园	458	814	60
江西省广昌县供电有限责任公司	江西省广昌县供电局	6 388	802	138

续表 2

企业名称	通讯地址	资产总额（万元）	销售收入（万元）	员工人数（人）
南城县外运车队	江西省南城县县城	1 020	800	120
江西黎川县嘉顺瓷厂	江西省黎川县社苹乡	600	800	210
江西省美佳陶瓷有限公司	黎川县美佳陶瓷有限公司	969	796	350
江西省赣东钳蝎系列开发有限公司	江西省崇仁县	2 200	763	76
资溪县电力公司	资溪县鹤城镇建设路 45 号	4 850	762	211
宜黄县丰乐水泥有限公司	江西省宜黄县凤冈镇西门郊外	3 016	753	120
抚州市粮油中心库	江西省崇仁县圳背路 41 号	19 267	722	285
江西华绿农牧集团有限公司	东乡县渊山岗农业开发区	5 788	712	65
江西麻姑米粉有限公司	南城县金山口工业园区	500	707	170
南丰县丰伟建筑工程有限公司	江西省南丰县桔都大道	1 287	703	196
江西九州瓷厂	江西省黎川县九州瓷厂	858	701	103
江西丰瑞化工有限公司	南丰县琴城镇大桥路 164 号	1 848	675	56
江西和氏米业有限公司	江西省金溪县工业园	919	669	53
江西赣电互感器有限责任公司	江西省崇仁县工业小区	1 151	652	106
抚州洋州蓄电池厂	江西省抚州市临川区洋州镇	1 732	640	216
金溪县金达橡胶有限责任公司	金溪秀谷镇西大道 738 号	162	638	81
江西鑫昌华制丝有限公司	金溪县锦绣谷工业园 1 号	808	638	128
资溪县精细化工有限公司	资溪县鹤城镇下长兴	2 203	637	49
崇仁县第三机械厂	江西省崇仁县巴山镇	320	637	55
崇仁县春光竹业有限公司	江西省崇仁县巴山镇	670	630	52
南城建昌建筑公司	江西省南城县城	1 280	620	310
东乡县粮油收储公司	江西省东乡县	13 318	582	947
江西第二电焊机厂	江西省抚州市临川区	379	580	116
江西千佳米业有限公司	金溪县锦绣谷镇日马路 40 号	350	562	17
宜黄县化工厂	宜黄县凤岗镇北关村 4 号	1 067	560	240
江西省东方兽药有限公司	江西省东乡县	1 794	559	135
南城县阿颖金山药食品有限公司	南城县金山口工业园区	460	552	170
江西天顺生态农业有限公司	抚州环城南路 68 号天顺大厦	7 642	551	538
东乡县金江圣风水泥有限责任公司	江西省东乡县环城路 186 号	1 082	549	100
江西桔王药业有限公司	江西省南丰县富溪工业园区	2 470	544	146
江西玲珑胶囊有限公司	江西省南城县金山口工业园区	420	531	65
江西明生水泥有限公司	江西省崇仁县礼陂镇	1 721	521	125
江西省崇仁县新华书店	崇仁县巴山镇道南路 88 号	601	520	26
广昌县洪观建筑有限责任公司	广昌县盱江镇解放路 134 号	1 582	516	300
江西松翔啤酒有限公司	江西省广昌县解放路 100 号	1 065	510	100
南丰县长红建筑工程有限公司	江西省南丰县交通路 51 号	1 321	506	300
赣东电动工具实业有限公司	抚州市崇仁县中山大道 23 号	1 401	502	213
乐安县广信茧丝有限公司	江西省乐安县鳌溪镇	580	500	212
广昌昌晶粮食加工厂	江西省广昌县工业园区	200	500	16
江西金泰米业有限公司	江西省东乡县老虎岗	400	500	48
广昌县时来福包装有限公司	江西省广昌县羊面岭 41 号	500	500	100
临川绿磷肥公司	江西省抚州市临川区	1 407	500	102
南丰县橡塑制品厂	江西省县交通路 8 号	142	495	38
资溪县电信局	资溪县鹤城镇建设路 30 号	956	493	51
江西崇仁县粉末冶金有限公司	江西省崇仁县工业园区	468	488	38
江西东乡新华书店	江西省东乡县	993	475	36
中国人民财产保险股份有限公司南丰支公司	江西省南丰县桔都大道中段	165	474	9
宜黄县信江碳化硅有限公司	江西省宜黄县东陂村	1 670	469	90
江西澳赣辐条实业有限公司	江西省崇仁县街口路 268 号	786	465	89
南城上塘水泥有限责任公司	江西省南城县上塘镇	1 065	460	102

续表 3

企 业 名 称	通 讯 地 址	资产总额（万元）	销售收入（万元）	员工人数（人）
资溪县建筑工程公司	资溪县鹤城镇繁华南路 16 号	850	460	436
广昌县长虹化工厂	江西省广昌县工业园区	960	460	77
南城县威乐兰服饰织造有限公司	江西省南城县金山口呀业元区	400	459	107
南丰县金鑫木制工艺品厂	江西省南丰县桑田镇古城村	158	457	50
南丰县利丰化工有限责任公司	南丰县琴城镇沿江南路 24 号	834	450	90
中华山煤炭有限公司	江西省崇仁县礼陂镇	350	444	50
宜黄县大千纸业有限公司	宜黄县凤岗桥头村 105 号	1 373	442	150
南城县秋茶油厂	南城县岳口乡港口材梅眉山	486	437	65
南城县强力水泥有限责任公司	江西省南城县工塘镇	978	430	92
中国人民财产保险股份有限公司崇仁支公司	江西省崇仁县府东路 14 号	293	429	9
南城县新时造纸厂	江西省南城县岳口乡茶家边村	644	428	65
资溪县农业生产资料公司	资溪县鹤城镇建设路 17 号	273	420	8
乐安县欣荣丝绸厂	江西省乐安县鳌溪镇	1 500	420	528
江西红星药业有限公司	江西省东乡县	2 957	420	130
南城县亚凯机械厂	江西省南城县金山口工业园区	340	418	72
南丰县新华书店	江西省南丰县新建路	540	399	42
京昌工艺有限责任公司	江西省东乡县大富工业园区	475	389	180
南丰县华厦建筑工程公司	江西省南丰县桔都大道	1 386	380	720
中国人寿保险公司资溪支公司	资溪县鹤城镇建设路 20 号	520	370	38
江西省东乡县亚彩印包装有限责任公司	江西省东乡县大富工业园区	1 065	355	160
南丰县一０二九厂	江西省南丰县莱溪乡满源村	628	351	101
江西盈丰实业有限公司	江西省东乡县红星东山工业园	1 310	350	200
宜黄县种子公司	江西省宜黄县凤岗镇大南关	355	340	29
广昌县林业工业公司	江西省广昌县林业工业公司	1 086	334	322
江西省南城县新华书店	南城县建昌镇盱江大道 310 号	769	327	32
江西粮贸公司	江西省东乡县	68	320	20
黎川县移动公司	江西省黎川县	319	318	24
抚州金溪左坊永安粮食加工厂	江西省金溪县左坊镇	55	311	16
乐安县胶合板厂	江西省乐安县公溪镇黄陂村	400	310	130
临川水泥厂	江西省抚州市临川区红桥镇	486	308	102
东乡县海润矿业有限公司	江西省东乡县	518	300	60
江西建安建材工业有限公司	江西省乐安县招携镇	1 500	300	110
南城县纸箱厂	江西省南城县金山口工业园区	440	297	41
江西省戈氏水泥建材有限公司	南丰县琴城镇沿江南路 3 号	565	288	160
江西红星水电服务公司	江西省东乡县	2 239	286	92
江西世建企业有限公司	南丰琴城镇富溪工业区 22 号	476	285	43
资溪县德高竹木加工厂	江西省资溪县开发区	269	284	46
资溪县佳森工艺品厂	江西省资溪县开发区	268	281	40
黎川县百货公司	江西省黎川县	35	279	39
江西仁丰药业有限公司	抚州市工业园玉茗大道	1 971	265	142
黎川县新华书店	黎川县东方红大道 14 号	174	253	19
黎川县糖烟酒副食品公司	江西省黎川县	166	246	22
南丰县新宇建筑工程有限公司	江西省南丰县交通路 67 号	515	240	200
南丰县长红链条有限公司	江西省南丰县彩虹路 104 号	197	240	40
南丰县亚通塑料彩印厂	南丰县琴城镇彩虹路 29 号	130	214	52
黎川县建筑工程总公司	江西省黎川县东方红大道 9 号	998	211	309
宜黄县兴达金属制品厂	宜黄县凤岗镇六里铺工业园区	1 419	209	103
宜黄县百货公司	江西省宜黄县凤岗镇学前街	83	179	131
抚州市临川区第二燃料公司	江西省抚州市临川区上顿渡镇	322	158	12
临川区七里岗牡丹香料厂	江西省抚州市临川区	443	126	33

【区情简介】

临 川 区

【区位优势】

临川历史悠久,文化昌盛,位于江西省东部,抚河中游,距省会南昌市区100公里,东与金溪、东乡毗邻,西倚崇仁、丰城,南临南城、宜黄,北同进贤接壤,总面积2121平方公里。是政治家、改革家王安石及文学家汤显祖的故乡。

【行政区划】

全区辖27个乡镇(18个镇、9个乡),2个垦殖场,7个街道办事处。共435个村委会,86个居委会,3279个村小组。总人口103.65万,非农业人口28.73万,在全省各辖市所在区中,临川人口总数居第1位。人口密度为每平方公里489人。人口以汉族为主,另有蒙古族等少数民族。

【自然环境】

临川属亚热带气候,温和湿润,四季分明,年均气温在17.8摄氏度,年均降雨量1698毫米,无霜期达275天。土地资源:全区土地面积318万亩,其中耕地面积77.95万亩,人均耕地面积0.8亩,耕地面积中有效灌溉面积94%。可开发利用的山坡面积154万亩。森林资源:有林地面积98.2万亩,活立林蓄积量78.5万立方米,毛竹672万余株。森林覆盖率33.9%。矿藏资源:主要有黄金、铜、重晶石、无烟煤、优质瓷土、釉土、建筑石等。水力资源丰富,集水面10平方公里以上的河流54条,年平均流量每秒246立方米,可装机容量4.77万千瓦。

【才子之乡】

自古以来,临川文化昌盛,人杰地灵,素有"才子之乡"美誉。自宋至清,在科举考试中共录取举人1029人,进士731人,收入《中国历史名人辞典》134人。特别是宋代的晏殊与王安石,明朝的汤显祖更具盛名,晏殊开创北宋一代词风,王安石变法被列宁誉为"中国十一世纪的改革家",汤显祖以《临川四梦》而享称"东方莎士比亚"之称。近代,临川更是人才济济。有全国人大副委员长李井泉,近代物理学家饶毓泰,中国波谱学奠基人丁渝,及著名学者游国恩、萧涤非、邓从豪、吴自强、刘振群等。

临川自古文风鼎盛,教育发达,是全国知名的"教育之乡"、"才子之乡"。恢复高考以来,临川教育为国内外大中专院校输送4万多名学生,居全省县(区)之冠。遍布全国各地临川籍硕士研究生1400多名,博士研究生500多名,博士后100多名,输送全国重点大学少年班学员150多人,列全国之首。

【旅游资源】

临川名胜古迹甚多,旅游资源丰富。书圣王羲之洗墨池,位于文昌桥头文昌学校内,始建于东晋,距今1600多年;金尼园,位于抚州市第一中学内,始建于唐朝,距今1300余年;规模宏伟名列全国第三的天主教堂,位于文昌桥桥头,建于1908年;金山寺是江西省最大的佛教和朝拜圣殿,四季香客不断。已有800多年历史的文昌桥在桥梁建筑史上具有相当的价值,王祥"卧冰求鲤"为母治病,被后人修建孝义桥以彰其孝行。苏东坡誉为天下七大温泉之一的临川温泉已辟为疗养休闲的三星级渡假村,此外,王安石纪念馆、汤若士陵园、汤显祖纪念馆等人文景观,更显临川"才子之乡、文化之邦"的特色,吸引众多游客瞻仰、游览。

【支柱产业及特色产品】

工业初步形成了机械、食品、医药、化工等为主体的地方工业体系,临川贡酒、轻翔牌系列减震器、永惠饲料、银涛牌系列药品等先后评为省(市)优名牌产品。临川区工业多次被评为全省工业八强县区。农业在推进农业产业化的进程中,形成了黄栀子、西瓜、花卉、蔬菜为四大支柱的农业产业化格局,"田露"牌西瓜"安石"牌菜梗、"老农"牌葛粉、"华茂"牌蜂蜜等10余个农产品已崭露头角。临川是江南最大的黄栀子生产基地,全国四大西瓜之乡之一。天顺生态农业、华茂、安石等农业产业化龙头企业日益做大做强。

【经济概况】

2003年,临川区生产总值57亿元,比上年增长13.5%,财政总收入2.05亿元,比上年增长15.2%,镇居民人均可支配收入6800元,农民人均年纯收入2721元,全部在岗职工年平均工资8384元,分别比上年增长9.9%、4.2%、13.87%,三次产业结构为20.6:42.8:36.6.

【区长论坛】

树立科学发展观 建设美好新临川

临川区人民政府区长 徐云发

党的十六届三中全会明确提出"坚持以人为本，树立全面、协调、可持续的发展观，促进经济社会和人的全面发展"。这是我们党坚持毛泽东、邓小平、江泽民同志关于发展的重要思想，从新世纪新阶段的实际出发，适应现代化建设的需要，努力把握发展规律、丰富发展内涵、创新发展观念、开拓发展思路、破解发展难题提出来的。肩负一方发展重任的领导干部，既要进一步增强加快发展的紧迫感，更要牢固树立用科学的发展观统领发展的责任感，努力推进临川经济社会的全面发展具有重要的指导作用。

一、坚持科学，以人为本，积极探索促进经济社会全面发展的有效途径。

就临川来说，就是要在科学发展观指导下继续推进经济结构战略性调整，推动临川的全面进步。一是把"三农"问题作为重中之重，加快城镇化发展步伐，临川是个农业大区，必须坚持"多予、少取、放活"的方针，加大对农业支持力度，改善农业生产条件，发展优质高效农业，搞好农业产业化经营，把农业和农村经济增长的重点转到提高质量效益上来。二是把环境资源保护作为重要战略任务来抓。环境保护直接关系着可持续发展的能力，必须突出大气污染、水污染的防治和城区垃圾治理，重点促进水资源保护和节约，大力推进退耕还林和生态保护，提高临川环境资源保护的水平。三是大力推进新兴产业规模化。临川的轻工、旅游、文化产业和服务业都具有较强的发展潜力，必须加快发展，做大规模，拓展市场，提升比重，进而形成多元化的支柱产业。四是切实加强人才资源能力建设，大力实施人才强区战略。临川是"才子之乡"，必须着眼于人才总量的增长，人才素质的重要性和人才作用的发挥，着力建设好党政人才、专业技术人才和企业经营管理人才三支队伍，造就一大批专门人才和拔尖创新人才，调动各级组织和各方面积极性，为促进临川经济发展作贡献。

二、加强教育，正确引导，提高广大党员干部维护群众利益自觉性。

这就要求肩负一方发展重任的领导干部要积极引导好、保护好、发挥好各级组织、各个部门尤其是广大干部群众的积极性。把能否真正为群众求发展、办实事、谋利益，作为衡量干部功绩的一个重要内容，旗帜鲜明地鼓励开拓创新的人，支持真抓实干的人，重用实绩突出的人，对那些奋力拼搏、后来居上、干出事业的干部，提拔重用；不思进取、无所作为、耽误发展的干部，坚决调整；敢于坚持原则，敢于抵制错误，敢于纠正各种不正之风的干部，大胆提拔；对沽名钓誉，欺上瞒下，搞假政绩，损害人民利益的干部，严肃处理。要通过学习、教育、引导，使各级领导干部的群众观念不断增强，作风进一步转变，为群众办更多的实事、好事。

三、抓住机遇，加快发展，切实维护人民群众的根本利益。

发展是解决一切问题关键，是维护、实现、发展好人民群众利益的根本途径。临川这几年发展较快，但与发达省区仍有较大差距，千方百计把经济建设搞上去，是全区人民的迫切愿望，也是人民群众的根本利益所在。我们从这一区情出发，始终把经济建设作为加快发展的核心，进一步解放思想，更新观念，在全区各级干部群众中强调要有一种不甘落后、勇于进取、奋发有为、敢为人先、穷财政也能办大事的精神。坚决克服甘于现状、盲目乐观情绪、摒弃小打小闹、小进既满、小成既安的小农意识，坚决克服强调客观、悲观自卑和无所作为的思想，千方百计加快发展。坚持"突出特色、优势互补、密切合作、共同发展"的原则，加快与长江三角洲、珠江三角洲、闽东南经济区的对接步伐，积极参与产业分工和协作，促进体制衔接、信息共享、资产重组和资源整合。进一步提高利用外资质量与水平。以项目招商为纽带，积极引进产业劳动力强的重大外资项目，吸引有利于支柱产业开发和延伸的配套项目。继续采取以商招商、以资源资产招商，以市场招商、以产业招商、以诚招商为主的方式，有重点地开展对外招商活动。进一步提升环境品牌效应，用"五铁"精神整治环境，努力营造"成本低、回报快、信誉好"的投资和创业环境。

四、强化措施，狠抓基础，大力推进工业化、城市化进程。

为了切实推进全区经济发展，今年全区主要工作目标和工作举措是围绕“13126”工程（建设好1个园区；引进30个固定资产投资1000万元以上工业项目入园；完成12亿元招商引资任务；抓好上顿渡旧城改造、临川新城、临川新区、“五化”工程、自来水工程和梦湖工程六大重点工程项目），抓住一条主线（招商引资），突出两个重点（民营工业和城市建设），打好三个硬仗（抚北工业园区建设、上顿渡3万吨自来水工程和村级公路建设），做好“四篇”文章（“三农”文章、“社保”文章、维稳文章、党建文章）。在工业上，加快实施支柱产业发展规划，依托20户重点核心企业，集中力量做大做强食品加工业、机电制造业、医药化工业、轻纺工业和建材工业等五大支柱产业，使五大支柱产业的产值、税收占全区工业总量的90%以上。工业园区是工业化进程重要载体，在优化招商环境的同时，坚持“政府引导、市场运作、整体规划、科学布局，滚动开发、分步建设”原则，着力增强工业园区的产业聚集能力、就业吸纳能力、环境承载能力、要素集约能力、自主创新能力，把承接产业转移与强化自主创新、扩大招商引资与提高产业集中度、加强基础设施建设与提高集约经营水平统一起来，全面提升抚北工业园区建设水平。同时，多层次推进城市化进程，按照“做强产业、做大规模、做优功能、做实环境”的要求，加快上顿渡城区建设，尤其要加强城市基础设施和生态环境建设，不断改善人居环境，按照统筹城乡发展要求，加快重点镇、示范镇的建设，促进上顿渡城区与小城镇建设的协调发展。继续实行城区土地一级垄断和“饥饿疗法”，搞好土地清理整顿和整理、开发、利用；坚持实行城市建设和开发项目招标拍卖挂牌、开发、利用；坚持实行城市建设和开发项目招标拍卖挂牌出让，形成城市经营、投入、发展的良性循环。

五、强化征管，培植财源，加快区域经济发展步伐。

财政是经济工作的总开关，也是各项经济工作的落脚点，全区历来高度重视，认真抓好有关工作。一是明确职责，切实抓好组织财政收入。层层建立领导责任制，实行一级抓一级，一级对一级负责，区、乡各级主要领导者亲自挂帅，精心组织，加强协调，及时解决组织财政收入中存在的问题，确保平衡顺利入库。二是理清思路，认真分析当前形势下的财源。加强对当前财政经济形势的综合分析，及时研究和分析财政收入变化的趋势，采取相应对策，强化财税征管。坚持依法纳税、依章计征，对实现了的税收及时足额入库，对不能及时入库的，坚决加收滞纳金。继续抓好重点税种、企业行业和零散税收的征管。在农村，着力抓好集贸税收、个体工商等税收的征收，抓好私人建房税收，车辆税收的清理；在城区，重点抓好个人所得税，建筑营业税的征管，抓好改制后企业、高新技术产业、信息产业、房地产业、交通运输业税收征管，促进收入增长。四是从严控制支出。树立过紧日子的思想，从严从紧安排各项支出，大力压缩一般性开支，倾全力确保教师干部工资的发放，努力做到“五个确保”。同时加大对重点工程和国债工程管理和资金的审计。通过以上措施，努力培植财源，壮大财政实力，加快区域经济的发展步伐。

六、加强团结，维护稳定，营造加快临川发展的良好环境

一是要积极开展批评与自我批评，切实提高各级干部的自身素质，加强各级班子的团结，做到拧成一股绳，形成集中精力干事业的良好氛围。二是努力维护社会稳定：进一步加大“严打”力度，开展治安排查活动，增强对社会面的管理和控制能力，认真搞好信访接待，加强思想政治工作，关心困难群众生活，帮助贫困群众解决生产生活中的实际困难，转变作风，深入基层，密切党和政府与人民群众的关系。三是坚持求真务实精神，促进各项工作协调发展。在落实科学发展观，推进经济社会全面发展的过程中必须求真务实，努力把好事做实，把实事做好。积极营造加快发展的良好环境，为建设美好新临川而努力奋斗。

临川区重点企业名录库

（2003 年）

企 业 名 称	通 讯 地 址	资产总额（万元）	销售收入（万元）	员工人数（人）
抚州市烟草公司	抚州市文昌南路金家山 1 号	17 102	121 289	887
中国石油化工股份有限公司抚州分公司	抚州市临川区赣东大道 112 号	17 246	53 868	255
江西抚州供电公司	抚州市临川区赣东大道 78 号	131 585	42 350	1 032
江西江铃底盘股份有限公司	抚州市临川区临川大道中段	10 289	28 315	649
江西省电信有限公司抚州分公司	抚州市临川区赣东大道 93 号	77 801	23 745	4 697
江西省移动通信公司抚州市分公司	抚州市临川区玉茗大道中段	15 871	23 440	466
江西临川建筑安装工程公司	抚州市上顿渡抚临路 20 号	25 266	21 671	3 056
江西省抚州市建筑工程有限责任公司	抚州市临川区荆公路 104 号	26 320	20 537	4 697
江西华翔富奇汽车有限公司	抚州市临川区西大街 8 号	18 649	19 435	580
中国核工业总公司七二一矿	江西省乐安县二 0 一信箱	11 544	10 060	3 365
江西博雅生物制药股份有限公司	抚州市临川区赣东大道 161 号	17 312	8 494	330
江西添光化工有限责任公司	抚州市抚北镇安塘路 4 号	7 318	8 406	702
江西永惠饲料公司	抚州市临川区临川大道中段	4 218	7 916	116
抚州珍视明药业分公司	江西省抚州市钟岭工业园区	9 435	7 900	900
抚州市昌盛皮革有限公司	抚州市临川区环城北路 8 号	1 142	7 366	180
江西利群纺织机械有限公司	抚州市金巢开发区金巢中路	6 260	7 344	201
抚州靖淞纺织有限公司	江西省抚州市临川区赣东大道	3 901	6 564	850
抚州环球纺织有限公司	江西省抚州市临川区金巢路	2 748	6 067	750
江西临川酒业有限公司	抚州市临川区临川大道 19 号	6 898	5 666	408
抚州市宝嘉皮件有限公司	江西省抚州市临川区	1 164	5 394	612
抚州市洋州服装厂	江西省抚州市临川区	441	5 223	140
抚州市新维美染织有限公司	抚州市临川区赣东大道 188 号	1 919	5 183	310
江西钧天机械有限公司	抚州临川区迎宾大道工业园区	15 578	5 052	281
抚州市临川区金岭合成纤维有限公司	抚州市临川区钟岭工业园	1 464	4 933	80
临川区七里岗牡丹香料厂	江西省抚州市临川区	1 598	2 871	21
抚州市抚北天辉实业有限公司	江西省抚州市临川区	359	2 853	80
抚州医药公司	抚州市临川区羊城路 37 号	5 423	2 815	257
抚州洋州蓄电池厂	江西省抚州市临川区洋州镇	819	2 231	150
江西盾牌化工有限责任公司	抚州临川区温泉镇红桥路 2 号	2 410	2 066	101
抚州市河西阳光化工	江西省抚州市临川区上顿渡镇	516	2 055	122
抚州市汽车运输总公司	抚州市临川区赣东大道 77 号	11 892	2 039	2 000
江西银涛药业有限公司	抚州市上顿渡临川大道 36 号	2 570	1 990	163
抚州市供水公司	抚州市临川区荆公路 106 号	7 269	1 762	399
抚州市针织厂	江西省抚州市临川区	5 057	1 761	960
江西省抚州市新华书店	抚州市临川区赣东大道 2 号	1 069	1 593	93
抚州洋州铸钢厂	江西省抚州市临川区洋州镇	369	1 507	50
江西天顺生态农业有限公司	抚州环城南路 68 号天顺大厦	3 540	1 214	538
江西正邦动物保健有限公司	江西省抚州市临川区	693	985	128
临川水泥厂	江西省抚州市临川区红桥镇	2 455	980	282
江西第二电焊机厂	江西省抚州市临川区	378	970	116
江西仁丰药业有限公司	江西省抚州市工业园玉茗大道	1 819	739	142
临川绿磷肥公司	江西省抚州市临川区	1 407	650	50
临川崇岗金山花炮总厂	江西省抚州市临川区崇岗乡	367	561	185
抚州市临川区第二燃料公司	江西省抚州市临川区上顿渡镇	322	527	12
江西邦和量具有限公司	抚州市临川区梁家巷 31 号	789	492	135
江西中春机床轴承制造有限公司	抚州市临川区荆公路办事处	519	400	165
江西抚州市交通宾馆	江西省抚州市交通宾馆	246	398	101
临川染织厂	江西省抚州市临川区	1 023	365	290
江西赣东机械有限责任公司	江西省抚州市临川区	798	360	208
江西富临纸业有限公司	江西省抚州市临川区	2 169	308	142

【县情简介】

东 乡 县

【区位优势】

东乡—浙赣线上的明珠位于江西省东部,抚州北大门,地处东经116°20′至116°51′,北纬28°2′至28°30′。东邻余江县、西接临川区、进贤县,南接金溪县,北毗余干县,县境东西最宽为46.25公里,南北最长为47.7公里。面积1270平方公里,人口42.59万人。东乡毗邻鹰潭铁路樞纽、向塘机场及昌北机场,交通发达,区位优越。浙赣铁路复线,320国道及梨温高速公路构成交通大动脉,车通上海、浙江,南达广州、深圳,西进内地各省,北连昌九走廊,素有"赣东门户"之称。这里历史悠久,钟灵毓秀;物华天宝,人杰地灵,孕育了北宋杰出的政治家、改革家、文学家王安石,又是当代著名书法家舒同的家乡。

【自然环境】

东乡县属热带湿润气候区,气候温和,日照充足,雨量充沛,无霜期长,平均气温18.0°C,年平均日照时间1427.9小时,年平均雨量2180.6毫米,年无霜期为271天。

东乡县地处赣东丘陵与鄱阳湖平原的过渡地带,整个地势由东向南缓慢倾斜。主要河流有出县境的北港、小璜港、润溪港和擦边而过的南河、瑶河,分别注入抚河、信江和润溪湖。县城内动植物资源丰富、珍贵,有香果树、栓皮乐、银香、罗汉松、倒杉、野生稻;有国家一级保护动物金毛豹、苏门羚等。地下蕴藏着金、银、铜、铅、锰、铀、锌、钼、钨、煤、瓷土、重晶石等多种矿产。

【自然景观】

东乡山水秀丽,风景怡人,有着独具魅力的自然风光和人文景观。金峰岭为县境内第一高峰。王安石著有《金峰晚坐》、《再宿金峰》等脍炙人口的诗篇,并咏出了"十年再宿金峰下,身世飘零岂自知"的名句,王安石故里的上池宗祠古雅别致,是省风影名胜区重点保护单位。"龙山师水"形似九龙戏珠,座落县城附近清代名人"留言听山泉"、"洗耳听天籁"等石刻笔力遒劲,风格各异,至今犹存。书法家舒同亲笔写下"龙山师水总难忘"的佳句,为胜地增色添彩。永镇塔、进士第门楼,孝贞牌楼、洗马池、鸡公山战场遗址,临时苏维埃政府旧址等古迹也韵意犹存。舒同博物馆和正在建设中的佛岭中国书法公园,则成为一道新的亮丽的风景线。

【行政区划】

全县现辖9个镇、4个乡、4个垦殖场、即孝岗、小璜、杨桥、圩上桥、占圩、马圩、岗上积、黎圩、王桥、邓家、珀干、虎圩、瑶圩、红星、甘坑、红亮、红光。孝岗镇是全县政治、经济、文化、教育中心。

【面积与人口】

全县土地面积127000公顷,2003年末耕地面积为25509公顷,占土地面积20.09%。2003年末全县人口为42.59万人,其中非农业人口14.76万人,农业人口27.83万人,人口密度每平方公里335人,以汉族为主,少数民族有畲族,居住小璜镇内。

【支柱产业及特色产品】

农村经济已形成基地化生产,支柱产业是:生猪产业化、绿壳蛋鸡产业化、蚕桑产业化、葛产业化及商品蔬菜基地。特色的农产品有:三元杂交猪、绿壳蛋、蚕茧、葛系列产品,华绿牌绿壳蛋誉为"神蛋"被命名为"绿色产品"。工业经济增长的支柱产业是:以医药、食品工业为龙头,以饲料、建材、化工、机电、纺织、矿冶为骨干的支柱产业。主要产品有:药品、饲料、乳制品、水泥、砖瓦、石碴等。

【经济概况】

2003年全县生产总值21.85亿元,比上年增长10.2%,其中:第一产业5.27亿元,增长2.4%,第二产业10.21亿元,增长13.0%,第三产业6.37亿元,增长13.1%,三次产业结构为24.1:46.7:29.2;财政总收入14836万元,增长15%,其中地方财政收入11319万元,增长15.4%;农民人均纯收入2806元,比上年增长4.06%。

作为抚州的北大门,东乡县委、县政府注重树立新的形象,采取更优惠的政策、更高效的管理,更灵活的方式,更宽松的环境,更优良的服务,诚招中外客商。而今东乡已成为一方美丽富饶的黄金宝地,明天的东乡将更加美好、辉煌。

【县长专栏】

树立科学发展观　建设美好新东乡

东乡县人民政府县长　　魏建新

党的十六大召开以后，东乡县及时完善工作思路，按照“发展要有新思路、改革要有新突破、开放要有新局面、各项工作要有新举措”的要求，树立全面、协调、可持续的科学发展观，立足“五个统筹”，坚持“一招三化”主战略，抢抓机遇，开拓进取，扎实推进建设小康新东乡步伐。到2004年上半年，全县实现国内生产总值12.6亿元，财政总收入8805亿元，社会消费品零售总额5.5亿元，城镇居民人均可支配收入3895元，比去年同期分别增长11.7%、4.2%、10.4%、12.2%，县域经济取得新的特色和发展。

一、提升利用外资水平，多渠道加大投入，县域经济发展后劲明显增强。

近几年来，我们牢固树立大投入、大发展意识，突出解决制约经济发展投入不足的瓶颈问题，把招商引资作为牵动全局的工作来抓，不断提升招商引资水平，扩大招商引资领域，外引内联，上跑下筹，促进投入明显增加，为东乡的可持续发展增强了后劲。

1. 大胆探索和创新，实现高层次高水平招商。招商区域上，实行重点地域基地化招商，在过去主攻广东、浙江基础上，广泛对接泛珠三角区，在这些地区设立招商驻点，蹲点招商。招商方式上，始终坚持走出去、请进来战略，大力推行以商招商、委托招商、代理招商和产业招商等模式。招商队伍上，不拘一格，大力选用和引进招商人才，在全县行政事业单位机关干部范围内挑选懂业务、会招商、有经验的30名专业人才充实到招商队伍中；在外设置13个联络点（招商办事处），建立奖励办法，吸引当地人参与招商；聘请县内民营企业家作为经济顾问，为全县招商引资献计献策。招商机制上，注重完善招商工作机制、考评机制、奖励机制，充分调动人的主观能动性和积极性。

2. 加快启动民间投资，民营经济活力倍增。对本地民营经济在优惠政策上实行一视同仁，打破行业垄断，以良好的政策激励机制和宽松的发展环境，吸引外出打工创业人员利用积累的资金、技术、市场营销等各种资源回乡投资兴业，扩充了民营经济总量。上半年全县共有个体工商户8613户，增长4.2%；私营企业578户，增长14%。目前，本地人回乡创办的盈丰电子、三正科技、飘飘服饰等企业纷纷开工开产，呈现产销两旺、活力倍增的势头。

3. 充分调动主观能动性，积极跑项目争资金。我们抓住国家扶持地方、壮大产业等各方面机遇，充分利用东乡特色资源优势和医药、化工、机械、轻纺四大支柱产业优势，从调动各单位工作主动性和积极性入手，高标准制作好、包装好项目，完善项目申报方法，建立激励机制，抓好项目落实。

二、提升园区承接水平，重点培育支柱产业，工业主导地位更加突出。

近几年来，我们通过招商引资加大了企业破产转制力度，2003年底，县属国有工业企业基本退出历史的舞台。面对发展工业新的挑战，我们以科学发展观为指导，注重强化政府的政策引导、支持和服务功能，促进民营企业做大做强，扩充工业经济总量，提高经济运行质量，到2004年上半年，县属规模工业实现增加值4.3亿元，增长33.3%；一、二、三产业产值比调整为17.8:52.4:29.8，工业主导地位更加突出。

1. 高标准建好园区，打造工业承接平台。坚持可持续发展，落实国家宏观调控政策，对工业园区总体规划进行了新一轮调整，对园区闲置土地进行了全面清理，按照“成片规划、分步开发、基础先行、有序推进”的滚动发展原则，充分、合理利用园区资源。采取市场化运作手段，对园区基础设施及公用设施项目采取民办公助、公有民营、土地置换和出让“贯名权”等投资和经营形式筹措资金，不断完善园区、水、电、路、排污管网等基础设施，提升园区档次。打响“省级红星经济开发区”牌子，建立了一站式服务、全封闭管理的园区运行体制，提高了园区办事效率和服务水平。到目前园区已进企业74家，工业聚集效应初显端倪。

2. 采取超常规措施，促使支柱产业做强做大。每年从药业、化工、机电、轻纺四大支柱产业中，选择20户重点骨干企业和具有潜在优势的科技型企业，实行重点调度和扶持，及时协调解决企业在生产经营中存在的困难和问题。加大政策扶持力度，制定了鼓励重点骨干企业发展的优惠政策，对重点骨干企业如蚕宝丝绸厂、中宝机械等实施的重大技术改造、新产品开发项目，优先上报项目，争取国债或上级财政贴息支持。加大金融扶持力度，通过政府搭台、银企唱戏，加快银企互动，推动全县年纳税10万元以上的37户企业与各家商业银行签订银企合作协议，扩大信贷投入，目前多家新进招商企业获得了银行授信。

3. 大力实施名牌战略，提升产品竞争力。引导企业树立名牌意识，帮助企业搞好市场定位，鼓励工业企业争创名牌产品，加大技改投入，用先进技术改造传统产业，提升产品竞争力。通过努力，培育出一批全省知名产品，如2004年雨帆化工"雨帆"商标荣获省著名商标，中宝农机的农用装载机和挖掘机等新产品通过省技术专家组评审，填补省内空白。

4. 大力发展外向型企业，努力构筑开放型工业格局。全面落实鼓励企业出口创汇的各项政策，引导和帮助企业按照国际化标准建立质量体系并通过认证，构筑产品出口质量保证体系；引导工业企业积极参加国内外商品交易会，促使企业主动融入国际市场，开放型工业得到了初步发展。目前，京昌工艺生产的产品成功打入国际市场，蚕宝丝绸公司也获得自营出口权。

三、提升管理经营水平，争创省级园林城市，城镇化进程得到加快。

按照城建塑县的要求，以争创省级园林城市为目标，立足规划，建管并重，做好经营城市文章，着力推进城乡一体化。

1. 立足规划，提高城市品位。首先是规划好城市。我们聘请了中国城规院的专家，立足高起点、高标准对城市进行了新一轮的设计，加快编制各类详规，对交通、通讯、电力、绿地、供排水管网规划，统筹考虑，合理布局。其次建设好城市。坚持"规划一张图、审批一支笔、建设一盘棋"，严格控制城市规划区里的建设项目，把好建设项目设计关，注重特色，建设出了一批精品工程，2003年底竣工的全省、全市一流名士步行街、商贸城，为城市建筑增添新景观，张扬了城市个性。三是管理好城市。坚持依法治城，建立和完善城镇执法制度，以制度管好城市，市容市貌大为改观。

2. 创新机制，提高经营城市水平。建立了政府引导、市场运作、法人经营管理模式和良性运行机制，重点做好以地生财文章，加强土地储备，新储备5宗土地；规范城市土地经营秩序，经营性土地一律公开招拍挂，最大限度显现土地收益。制定了房产交易办法，激活房地产交易市场，引导民间资金投入到房地产开发和交易上来，房产价格较去年同期增长近20%；积极做好广告、路牌等城市无形资产经营权有偿使用拍卖工作。

3. 完善功能，提高城镇化水平。通过合理调整乡镇规划，留足了小城镇今后发展用地；加快通信、有线电视等网络以及排水、供水等建设步伐，不断完善小城镇功能；以创建乡镇农贸市场为依托，大力发展第三产业，完善户籍管理制度和土地流转制度，吸引更多的农民相对集中到小城镇务工经商居住，努力提高全县城镇化水平，促进区域协调发展。

四、提升统筹城乡发展水平，着力破解三农难题，农业产业化经营不断推进。

按照统筹城乡发展的要求，围绕农业、农村和农民三条主线，以农民增收为核心，以产业调整为动力，狠抓落实，全面推进农村经济发展，实现农业稳县目标。

1. 发挥政策导向作用，促进粮食生产稳定发展。不折不扣落实中央、省、市发展粮食各项政策措施；严格执行《基本农田保护条例》，对耕地实行最严格的保护；通过财政资金、农业综合开发、挂点开发等多渠道增加农业投入，实施好全县水库的除险加固工程，强化水利基础设施保障；全县金融机构发放农业贷款比年初净增5132万元，占全县新增贷款的61%。政策的落实到位，极大地调动了农民发展粮食生产的积极性。

2. 发挥龙头企业带动作用，促进特色产业做强做大。围绕蚕桑、生猪两大主导产业，扶持龙头企业带动产业化经营，对蚕宝丝绸公司和五家万头种猪场等龙头企业，在政策、资金、技术和信息等方面给予扶持，促其做强做大；积极抓好示范基地建设，合理规划好蚕桑经济带和生猪经济带；制定一系列优惠政策、管理制度、考核办法，促进蚕桑、生猪两大产业长足发展。

3. 发挥政府引导作用，促进农村劳动力转移。充分发挥政府的引导功能，把改变城乡二元结构作为城乡统筹发展的切入点，大力发展劳动力密集产业，吸引农村劳动力到县城从事二、三产业；统一落实城乡政策，解除各种限制政策，为农民洗脚进城解除后顾之忧；组织好劳动力技能培训，增强农村劳动技能，组织好劳务输出，促进农民有序流动和转移，全县外出务工农民有8万多人，通过外出务工人均增收510元，极大地促进了农村经济发展。

4. *发挥资源优势作用，促进开放型农业发展。*充分利用东乡山地多、水库多等资源优势，拓宽农业发展空间，积极引进水库立体开发、山地开发等农业项目，仅上半年引进的招商引资项目中，就有36个农业项目，合同资金达1.5亿元。外资对农业的投入，促进了农产品的竞争，提升了产品档次，推动了开放型农业发展。不少生猪生产大户积极按照国际化标准，大力推进生猪养殖良种化、标准化、规模化和生态园建设。东乡生猪获得了无公害绿色产品的殊荣，生猪外销率达60%以上；华绿集团生产的华绿神蛋被授予国际贸易产品护照——“原产地标记”称号。东乡野生稻的开发利用迈进了一步，用其基因培育出来的超级“傻瓜稻”也取得初步成功。

五、提升依法行政水平，建立法治政府，经济发展环境不断优化。

*一是进一步优化政务环境。*清理和削减行政审批事项，已核定行政许可主体27个，取消行政许可事项11项，清理不合理收费8项。每年都坚持政务环境评议评价制，上半年对36个单位进行认真评议，通过双评，促进政务公开全面推行，提高工作透明度。

*二是进一步优化法制环境。*大力宣传、深入贯彻实施《行政许可法》，规范行政权力。举办培训班6期，参训干部1600余人，有力地提高了机关干部依法行政水平，使广大干部能依法为客商搞好各项优质服务。严格实行执法责任制和执法过错责任制，切实做到严格执法，热情服务。

*三是进一步优化市场环境。*运用市场化手段，积极探索城市经济投融资的新途径、新办法，提高行政运行和配套资源水平。加快建立农产品的流通、运输体系等绿色通道，推动农产品出口，促进农业发展。

*四是进一步优化信用环境。*今年以来，开展了建立诚信东乡教育活动，强化社会诚信意识，培养诚实守信的价值取向和行为规范；政府坚决履行优惠政策兑诺，作好诚信表率。积极引导企业加快信用体系建设，倡导企业以诚信还贷来提高自身诚信度，全县信用环境得到了优化。

东乡县重点企业名录库

（2003 年）

企业名称	通讯地址	资产总额（万元）	销售收入（万元）	员工人数（人）
江西东亚药业有限责任公司	抚州市东乡县荆公路 6 号	10 583	10 046	912
中国石化江西抚州东乡石油经营部	江西省东乡县龙山北路 227 号	567	6 523	25
恒安（江西）卫生用品有限公司	江西省东乡县圩上镇	2 319	6 057	378
江西省烟草公司抚州分公司东乡县营销中心	江西省东乡县烟草专卖局	786	4 662	80
东乡县粮油收储公司	江西省东乡县	14 407	4 613	947
东乡县供电有限责任公司	江西省东乡县龙山北路	7 970	3 852	241
中国人寿保险股份有限公司东乡县支公司	江西省东乡县恒安西路	279	3 600	121
江西雨帆化工有限责任公司	江西省东乡县	1 692	3 348	150
东乡县红磷焦化有限责任公司	江西省东乡县	191	3 118	120
江西省东乡县缫丝总厂	江西省东乡县大富工业园区	4 300	2 500	480
赣东湘大骆驼饲料有限公司	东乡县孝岗镇环城路 65 号	352	2 450	68
江西顺昌隆实业有限公司	江西省东乡县大富工业园区	1 411	1 919	160
江西江磷磷肥有限责任公司	江西省东乡县江磷公司	1 600	1 800	300
江西东乡县国家粮食储备库	江西省东乡国家粮食储备库	8 517	1 663	142
江西华绿农牧集团有限公司	东乡县渊山岗农业开发区	5 771	1 388	48
江西红星变性淀粉有限公司	江西省东乡红星南山	1 963	1 205	107
东乡县金江圣风水泥有限责任公司	江西省东乡县环城路 186 号	1 123	1 149	100
江西省东方兽药有限公司	江西省东乡县	1 879	1 058	145
江西东乡新华书店	江西省东乡县	980	1 031	36
江西盈丰实业有限公司	省东乡县红星东山工业园	1 274	1 000	200
江西金泰米业有限公司	江西省东乡县老虎岗	360	960	40
江西红星药业有限公司	江西省东乡县	2 145	720	150
东乡县海润矿业有限公司	江西省东乡县	514	700	60
江西粮贸公司	江西省东乡县	63	670	20
江西红星水电服务公司	江西省东乡县	2 288	643	92
京昌工艺有限责任公司	江西省东乡县大富工业园区	820	620	180
江西东永淀粉化工有限公司	江西省东乡县红星东山工业园	458	600	40
江西省东乡县亚彩印包装有限责任公司	江西省东乡县大富工业园区	1 227	536	160
江西港星针织公司	江西省东乡红星	75	500	180
江西红星机械有限责任公司	江西省东乡县红星机械厂	691	500	100
江西天伦编织有限公司	江西省东乡县	280	407	30
江西宏兴钢有限公司	江西省东乡县红星东山工业园	390	300	60
江西文藻药业有限公司	江西省东乡县大富工业园区	2 780	292	59
江西中宝公司	江西省东乡县大富工业园区	2 890	270	90
东乡县建筑安装有限责任公司	江西省东乡县邓家丰岗	100	268	135
江西金鑫包装公司	江西东乡红星东山工业园	92	260	50
东乡县飞达蚊香厂	江西省东乡县大富工业园区	101	240	66
江西金泰医药包装材料有限责任公司	江西省东乡县大富工业园区	631	213	168
江西金谷包装公司	江西省东乡县	112	180	56
东乡县金路德建材有限公司	江西省东乡县	98	180	30
东乡宾馆	江西省东乡县	555	168	68
东乡县新妮针织袜厂	江西省东乡县	90	160	20
东乡县孝岗镇王家采石厂	江西省东乡县	40	80	30
东乡县孝岗镇何文平石厂	江西省东乡县	60	74	24
东乡县孝岗镇东茂石厂	江西省东乡县	30	60	25
江西美而丝瓜络有限公司	江西省东乡县大富工业园区	340	24	49
东乡县孝岗镇邓家石料厂	江西省东乡县孝岗镇	20	18	10
东乡县时进变性淀粉有限公司	江西省东乡县	110	10	10
中国建设银行东乡县支行	东乡县恒安路 65－67 号	10 164		24
东乡县电信局	江西省东乡县恒安东路 301 号	2 241		68

【县情简介】

崇　仁　县

【区位优势】

崇仁县位于江西省中部偏东，抚州西部，北纬27°25′18″至27°56′20″，东经115°49′至116°17′30″。东北接临川，东南毗宜黄，西南邻乐安，西北连丰城。素称赣东望邑，山川毓秀、物产丰腴、人杰地灵，是赣东大地上一颗璀灿的明珠。县境南北长57公里，东西宽42公里，总面积1520平方公里。地势南高北低、西高东低，由西南向东北徐徐倾斜，逐渐下降，形成一个三面环山，朝东北开口的不完整的丘陵性盆地。

【自然环境】

全县属亚热带湿润季风气候区，气候宜人，四季分明，日照充足，雨量充沛，自然条件十分优越。年平均气温17.6°C，日照时数1776小时，无霜期年平均为266天，年平均降雨量1773.6毫米。

崇仁扼据赣抚平原，交通发达，距省会南昌市铁路125公里，公路140公里；距江西省第一大机场——昌北机场128公里，毗邻京九线，与浙赣线相连的向乐铁路穿境而过，省地干线公路临八线、抚宁线、崇宜线、崇乐线、崇丰线纵横穿越县境。境地内还有大小河流140余条，总流长达910公里。便利的交通，为崇仁对外开放、对内搞活、发展横向联系和商品流通，提供了十分便利的条件。

【自然资源】

崇仁自然资源十分丰富，全县现有林地面积144万亩，活立木蓄积量153万亩，活毛竹蓄积量3968万根，森林覆盖率64%以上；矿藏资源品种繁多，现已采掘或探明有开采价值的铀、钨、锡、铜、铁、煤、瓷土、石灰石等多种矿产。

【名胜古迹】

崇仁名胜古迹颇多，加之大自然和神奇造化之功，给这块土地赋予一种浩然之气，一种旷古和时代感，“花在雾中笑，林在云中立”的罗山，素有“道教圣地”之称的相山、岩乡“珠溪八景”、“鼎沸如汤”的奇观以及冬暖夏凉的“灵岩仙洞”，水境环碧的“港河平湖”、青龙吐翠的“宝水流霞”等等，都集“风、水、气、爆”于一体，“溪、湖、峰、岩”相得益彰，以千姿百态的风采，吸引着广大来客。

【特色产品及支柱工业】

我县的土地资源丰富，全县现有耕地面积29万亩。尚可开发利用的荒山、荒坡69万亩，特别是宜农红壤荒地面积大，集中连片，是世界银行红壤开发的重点。崇仁县是国务院批准对外开放，引进外资开发红壤、全国商品粮基地、赣东南综合开发县之一。盛产果蔗、棉花、花生和西瓜，年产果蔗15.5万吨，是全省最大的果蔗基地，崇仁麻鸡以产蛋量高，耐粗饲料，觅食力和适应性强等优点驰名遐尔，属全国十大地方名鸡之一，已列入国际160多个国家的信息网络中心，年饲养量达3600万羽，属全省之最。1997年，崇仁县被国家农业部命名为“中国麻鸡之乡”。

【工业经济】

崇仁工业初具规模，机电、减震器、特色食品是工业的三大龙头产品，其中，变电设备产品市场覆盖面居全国第三；农用减震器的销售量占全国销售量的45%，居全国第一，被誉为“减震器之乡”；新开发的蝎王酒系列产品已打入国际市场。我县的化工、二轻、食品、纺织、建材、煤炭、造纸、铸造等行业不断发展壮大，并逐渐成为我县的支柱产业。

【经济概况】

在全县人民的共同努力下，经济实力不断增强，2003年我县生产总值为149849万元，比上年增长11.2%，其第一产业为50328万元、第二产业为55814万元、第三产业43707万元，分别比上年增长4.1%、15.1%、14.7%，全县财政收入10617万元，比上年增长14.4%；农民人均纯收入为2658元，比上年增长4.1%。

穿越漫长时空隧道的崇仁，正以一种跨越历史的新姿态—昌盛的工业城出现在赣东大地上，这颗昔日的明珠，已拭去沉积在身的尘埃，在宝水河畔大放异彩。

【县长专栏】

培育支柱　壮大规模
全力推进崇仁工业化进程

崇仁县人民政府县长　　饶剑明

工业化是现代社会的重要标志，是全面建设小康社会的战略选择。崇仁受“三线”建设的辐射，工业具有一定的基础，拥有6个省名牌产品，7家企业通过了ISO9000系列国际质量标准体系认证，被誉为全国“减震器之乡”。为此，崇仁县委、县政府提出“开放带动，民营突破，工业崛起，特色兴县，赶奔小康”20个字工作思路，大力实施“发展外向化、工业园区化、经济民营化、农业产业化和城乡一体化”的“五化”战略，强化工业的核心地位，工业规模扩张迅速，促进了全县经济的快速发展。

2003年，全县工业克服非典影响，主要经济指标呈现“四增一降”的强劲发展态势，规模以上工业增加值达1.89亿元，同比增长25%，销售收入5.04亿元，同比增长12%，实现税金2656.4万元，同比增长27%，工业用电3800万度，同比增长10%，亏损明显下降，经济运行质量明显提高。

支柱产业强劲发展，“板块经济”初具规模。2003年，崇仁抓住发展机遇，不断调优做大以江西联兴纸业有限公司、永胜乳化炸药、江西赣东苎麻纺织有限公司、江西变电设备总厂为代表的重点企业，将其作为承接产业转移的载体，以适合市场需求为导向，适时调整产品结构，生产出现良好发展势头：企业订单暴满，供不应求，产销两旺，效益不断攀升。2003年江西联兴纸业有限公司产值销售收入首次突破亿元大关，上交税金350万元，江变、赣麻两公司，由外商收购改制后，企业发展势头强劲。全县初步形成了机电、轻纺、食品“三大板块”经济效应：以江变、长衡、亚珀、赣电互感器、江重机床、赣东电动、澳赣辐条为代表的机电企业，2003年产值达2.5亿元，实现税金820万元；以江西赣东苎麻纺织有限公司、赣东纺织有限公司、威龙、三益、杰丰为代表纺织服装行业，2003年实现产值1.3亿元，实现税金500万元；以煌上煌麻鸡、金海药业、跃鸣食品、蝎王酒厂为代表的农业优势企业也不断发展壮大。

工业园区建设全面提速，“平台”效益日趋呈现。2003年，县工业园区建设继续坚持“无门槛引凤，高标准建区，全封闭管理，创一流园区”的建园原则，举全县之力实施“引工业项目，建工业园区”战略，继续保持良好的发展势头，工业新园区基础设施建设全面加速。已开发面积2000亩，其中新区1500亩，工业园区企业总数达到42家，2003年新入园区企业24家，其中投资上千万元的有11家，到位资金8061万元。对工业老园区全面进行了整理，平整了企业厂区内外土地，按照净化、绿化、亮化、美化的“四化”要求，改观园区面貌。

民营经济蓬勃发展，企业活力不断增强。2003年，全县民营经济通过“准入门槛，加大把持力度，优化发展环境，改进工作作风”四项措施，民营经济保持较快发展。全县私营企业超过400户，从业人员超过7000人，新开业的私营企业超过40户，从业人员超过350人。长衡机械厂一手抓民用减震器的出口，一手抓新产品高效消毒洗净机的开发，企业产销两旺，全年完成产值4917万元，实现销售收3227万元，上交税金120万元。

技改投入不断加大，企业景气指数提升。随着产业产品结构的调整，市场的开拓，崇仁不断调优做大变压器、减震器、纺纱织布、箱板纸业等产品现有规模质量、市场份额、品牌优势企业景气指数和企业信息指数不断提升。一是扩大投资规模大。联兴纸业公司在先后投入2600万元新上了2400和2800两条纸机生产线后，2003年下半年又正着手投入3000万元再上一条3600纸机生产线；二是提高技术含量。江变公司的SC11有填料浇注式干式变压器技改具有低损耗，低噪音，机械强度和电气强度强等优点，达到了国际先进水平；三是增强企业竞争力。江西赣东苎麻纺织有限公司在2002年投资1500万元新上短纺生产线后，2003年又投入720万元新增2条汽流纺生产线，增强了产品市场竞争力；四是综合效益高。联兴纸业公司的3600纸机生产线，不但可以年新增利润300万元，上交税金100万元，解决近百人的就业问题，而且还带动了本县其他产业的发展，对县域经济发展起到较大的推动作用。

崇仁县重点企业名录库

（2003年）

企业名称	通讯地址	资产总额（万元）	销售收入（万元）	员工人数（人）
江西联兴纸业有限公司	江西省崇仁县西郊路3号	6 001	8 765	220
江西变电设备有限公司	崇仁县巴山镇交通路39号	5 355	7 849	302
江西省崇仁县赣东苎麻纺织有限公司	江西省崇仁县站前路22号	4 385	7 067	695
江西省烟草公司抚州分公司崇仁县营销中心	江西省崇仁县府东路8号	379	6 300	58
江西汇联实业有限公司	江西省崇仁县工业园区	412	3 812	66
江西赣东纺织有限公司	江西省崇仁县巴山镇	520	3 502	30
江西长衡机械有限公司	江西省崇仁县人民大道	4 510	3 227	390
中石化股份有限公司抚州崇仁县石油经营部	江西省崇仁县人民大道	269	2 890	43
江西永胜机械厂	江西省崇仁县中山路52号	10 387	2 247	311
江西亚珀变电设备有限公司	江西省崇仁县沙堤开发区	1 457	1 744	170
江西省威龙服装发展有限公司	江西省崇仁县工业园区	1 013	1 692	380
崇仁县第二机械厂	江西省崇仁县相山镇	120	1 563	120
崇仁县供电有限责任公司	江西省崇仁县巴山镇府西路	199	1 503	354
江西省赣东钳蝎系列开发有限公司	江西省崇仁县	2 070	1 310	72
抚州市粮油中心库	江西省崇仁县圳背路41号	23 998	1 286	285
崇仁县第三机械厂	江西省崇仁县巴山镇	300	1 170	48
江西崇仁县粉末冶金有限公司	江西省崇仁县工业园区	323	1 107	47
崇仁县春光竹业有限公司	江西省崇仁县巴山镇	620	1 100	45
江西明生水泥有限公司	江西省崇仁县礼陂镇	1 465	932	125
中华山煤炭有限公司	江西省崇仁县礼陂镇	312	916	51
江西澳赣辐条实业有限公司	江西省崇仁县街口路268号	804	894	89
江西赣电互感器有限责任公司	江西省崇仁县工业小区	935	880	96
中国人民财产保险股份有限公司崇仁支公司	江西省崇仁县府东路14号	120	774	10
江西省崇仁县新华书店	崇仁县巴山镇道南路88号	593	770	27
江西省三益服装发展有限公司	江西省崇仁县工业园区	478	691	310
赣东电动工具实业有限公司	抚州市崇仁县中山大道23号	1 384	608	210
崇仁县麻鸡加工厂	江西省崇仁县	112	421	40
崇仁县远泰医药有限公司	崇仁县巴山镇胜利大道58号	243	381	42
崇仁县花岗岩石厂	江西省崇仁县工业园区	217	314	20
江西成功实业有限公司	江西省崇仁县	300	310	26
江西益华电力设备公司	江西省崇仁县工业园区	380	289	32
江西省盐业总公司崇仁县公司	江西省崇仁县	338	176	26
崇仁县自来水公司	江西省崇仁县巴山镇西郊路	232	135	173
江西煌上煌崇仁麻鸡禽业食品有限公司	江西省崇仁县工业园区	312	130	15
江西华森实业有限公司	江西省崇仁县工业园区	112	70	30
崇仁县河上新潮家具厂	江西省崇仁县巴山镇府东路	25	48	33
江西长胜机械厂	江西省崇仁县工业园区	312	45	25
崇仁县茂源石材厂	江西省崇仁县工业园区	11	42	8
江西三盈电瓷电器有限公司	江西省崇仁县工业园区	31	30	18
崇仁县绿宝木业有限公司	江西省崇仁县巴山镇南环路	30	27	17
江西福祺服饰有限公司	江西省崇仁县工业园区	68	18	25
崇仁县农村信用合作联社	江西省崇仁县人民大道	55 562		188
崇仁县邮政局	江西省崇仁县人民大道			48
江西省杰丰服装发展有限公司	江西省崇仁县工业园区			
抚州市汽车运输总公司崇仁公司	江西省崇仁县	940		59
中国建设银行崇仁县支行	江西省崇仁县中山路128号	8 999		22
江西省电信有限公司崇仁县分公司	江西省崇仁县胜利路17号			56
中国农业发展银行崇仁县支行	江西省崇仁县人民大道	31 513		24
崇仁县建筑公司	江西省崇仁县中山路	103		331
江西省移动通信公司崇仁县公司	江西省崇仁县巴山镇胜利路	210		112

南城县重点企业名录库
（2003年）

企业名称	通讯地址	资产总额（万元）	销售收入（万元）	员工人数（人）
江西昌诺药业有限公司	江西省南城县金山口工业园区	2 100	6 120	187
株良木制品经销有限公司	江西省南城县株食镇	810	4 410	200
南城县万方建筑	江西省南城县建昌大道	11 921	4 405	411
金山岭饮食品有限公司	江西省南城县金山口工业园区	1 620	3 245	302
江南汽车运输公司	江西省南城县县城	1 049	1 830	182
江西松翔啤酒有限公司南城分公司	江西省南城东下坝路72路	1 980	1 657	102
南城县汽车运销集团公司	江西省南城县老汽车站	2 800	1 600	600
南城县亚凯机械厂	江西省南城县金山口工业园区	340	1 550	34
南城县外运车队	江西省南城县县城	641	1 510	88
南城县威乐特服饰织造有限公司	江西省南城县金山口工业园区	480	1 463	120
南城万方建筑有限责任公司	南城县城北怡和园大门二楼	1 459	1 336	298
江西麻姑米粉有限公司	江西省南城县金山口工业园区	460	1 263	140
南城建昌建筑公司	江西省南城县城	1 200	1 080	300
南城县阿颖金山药食品有限公司	江西省南城县金山口工业园区	460	984	32
南城上塘水泥有限责任公司	江西省南城县上塘镇	1 148	920	122
江西玲珑胶囊有限公司	江西省南城县金山口工业园区	420	900	48
南城县强力水泥有限责任公司	江西省南城县工塘镇	1 042	880	103
南城县新时造纸厂	江西省南城县岳口乡茶家边村	577	684	65
南城县秋茶油厂	南城县岳口乡港口材梅眉山	448	678	76
江西省南城县新华书店	南城县建昌镇盱江大道310号	552	673	34
南城县纸箱厂	江西省南城县金山口工业园区	320	580	20
南城县威乐兰服饰织造有限公司	江西省南城县金山口工业园区	380	548	102
南城县建昌镇万年米业加工厂	江西省南城县	350	500	36
南城县三星公司	江西省建昌镇交通路万寿宫	10	50	320
南城县铭丰竹有限公司	江西省南城县金山口工业园区	470	363	52
南城县供水有限公司	江西省南城县建昌同路108号	1 356	267	228
南城盐业公司	江西省南城县体育西路35号	2 051	251	21
南城县金属玻纹管厂	江西省南城县金山口工业园区	220	248	30
南城县冯溪地板厂	南城冯溪乡敖湾村磺下小组	270	200	87
南城县安达竹制品厂	南城浔溪村下坊小组	110	140	37
南城县浔溪乡香扇厂	浔溪乡敖家湾村新村小组	340	100	105
南城县建昌镇永兴茶油厂	江西省南城县建昌镇	36	30	15
南城建昌镇昌丰竹炭厂	江西省南城县建昌镇	12	22	8
南城县雅斯美服饰织造有限公司	江西省南城县金山口工业园区			
南兴服饰织造有限公司	江西省南城县金山口工业园区			
南城县声达服饰织造有限公司	江西省南城县金山口工业园区			
南城县福祥有限公司	江西省南城县金山口工业园区			
南城锦绣线业有限公司	江西省南城县金山口工业园区			
南城县强科教用具设备厂	江西省南城县金山工业园区			
南城县雅柏针织厂	江西省南城县金山口工业园区			
南城县华佳塑业有限公司	江西省南城县沙洲镇	300		

黎川县重点企业名录库

（2003 年）

企 业 名 称	通 讯 地 址	资产总额（万元）	销售收入（万元）	员工人数（人）
江西省滕园实业有限公司	江西省滕园实业有限公司	1 175	4 443	168
江西日上化工有限责任公司	黎川县日上化工有限责任公司	2 891	3 910	212
江西黎川永华骏业有限公司	黎川县永华骏业有限公司	1 982	3 465	98
江西黎川县环球瓷业有限责任公司	黎川县环球瓷业有限责任公司	1 023	2 632	700
黎川县国家粮食储备库	黎川县东方红大道 147 号	1 681	2 001	85
黎川县供电有限责任公司	黎川县供电有限责任公司	6 972	1 977	384
江西省康舒陶瓷有限公司	黎川县康舒陶瓷有限公司	1 269	1 960	260
江西省石油公司黎川支公司	江西省黎川县	140	1 928	45
江西黎川县嘉顺瓷厂	江西省黎川县社苹乡	511	1 080	200
江西九州瓷厂	江西省黎川县九州瓷厂	838	1 000	124
江西省美佳陶瓷有限公司	黎川县美佳陶瓷有限公司	890	776	320
黎川县建筑工程总公司	江西省黎川县东方红大道 9 号	994	754	322
黎川县糖烟酒副食品公司	江西省黎川县	166	700	22
黎川县移动公司	江西省黎川县	318	622	24
黎川县百货公司	江西省黎川县	35	604	51
黎川县新华书店	黎川县东方红大道 14 号	174	561	19
江西新黎实业有限公司	黎川县东方红大道 11 号	151	320	16
黎川县城市开发公司	江西省黎川县	527	275	24
黎川县食品贸易企业集团	江西省黎川县东方红大道	49	262	127
江西黎华竹业有限公司	江西省黎川县黎华有限公司	3 074	228	70
黎川县龙头寨电业有限责任公司	黎川龙头寨电业有限责任公司	5 701	201	70
黎川县医药公司零售总店	江西省黎川县	22	182	46
黎川县装璜厂	江西省黎川县	10	152	60
黎川县供水公司	江西省黎川县供水公司	688	151	70
江西省医药公司黎川县分公司	江西省黎川县		137	224
黎川县日峰镇机砖厂	江西省黎川县	80	135	56
黎川县木器厂	江西省黎川县	52	134	68
抚州市汽车运输公司黎川县分公司	江西省黎川县	62	115	82
黎川县宏村木刷厂	江西省黎川县	200	80	34
黎川县华兴瓷厂	江西省黎川县	30	71	10
黎川县熊村针综合工艺厂	江西省黎川县	12	70	50
黎川县惠达宾馆	江西省黎川县东方红大道	100	62	20
黎川县钟壳厂	江西省黎川县	39	38	10
黎川县食品公司	江西省黎川县	26	20	55
黎川县农业机械公司	黎川县东方红大道 31 号	32	11	16

南丰县重点企业名录库

（2003 年）

企业名称	通讯地址	资产总额（万元）	销售收入（万元）	员工人数（人）
江西飞环包装有限公司	南丰琴城镇富溪工业区 20 号	6 298	5 813	272
中国人寿保险股份有限公司南丰县支公司	江西省南丰县大桥路 6 号	4 078	3 008	9
南丰县供电有限责任公司	南丰县琴城镇交通路 18 号	8 230	2 915	310
江西省衡三建筑工程有限责任公司	江西省南丰县桔都大市场内	2 496	2 465	496
南丰县丰伟建筑工程有限公司	江西省南丰县桔都大道	1 287	1 834	198
南丰县长红建筑工程有限公司	江西省南丰县交通路 51 号	1 321	1 686	208
雅思达(南丰)服饰织造有限公司	江西省南丰县彩虹路 104 号	983	1 150	450
南丰县一 0 二九厂	江西省南丰县莱溪乡满源村	615	1 099	101
江西桔王药业有限公司	江西省南丰县富溪工业园区	2 312	1 016	146
南丰县新宇建筑工程有限公司	江西省南丰县交通路 67 号	515	890	200
江西省戈氏水泥建材有限公司	南丰县琴城镇沿江南路 3 号	1 025	781	199
中国人民财产保险股份有限公司南丰支公司	江西省南丰县桔都大道中段	132	715	10
南丰县新华书店	江西省南丰县新建路	515	712	43
南丰县利丰化工有限责任公司	南丰县琴城镇沿江南路 24 号	797	702	100
江西丰瑞化工有限公司	南丰县琴城镇大桥路 164 号	1 845	702	56
南丰县金鑫木制工艺品厂	江西省南丰县桑田镇古城村	151	700	50
南丰县华厦建筑工程公司	江西省南丰县桔都大道	1 386	626	620
南丰县橡塑制品厂	江西省县交通路 8 号	168	508	38
江西世建企业有限公司	南丰琴城镇富溪工业区 22 号	426	506	76
南丰县亚通塑料彩印厂	南丰县琴城镇彩虹路 29 号	120	500	47
南丰县长红链条有限公司	江西省南丰县彩虹路 104 号	207	500	50
江西省弘业啤酒有限公司	南丰县琴城镇交通路 220 号	739	500	168
南丰县医药公司	江西省南丰县仓山路 8 路	539	412	101
南丰县平帆木材厂	江西省南丰县紫霄镇治村	350	400	40
江西桔都药业有限公司	南丰县琴城镇彩虹路 106 号	1 010	314	124
南丰县自来水公司	南丰琴城镇城北工业区 24 号	196	307	196
南丰县德丰棉纺织品工业有限公司	江西省南丰县仓山路 38 号	339	277	145
南丰县军峰竹制品厂	江西省南丰县三溪乡三溪村	120	250	36
南丰县华铃汽车配件厂	南丰琴城镇城北工业区 20 号	677	209	80
南丰县军峰饲料有限公司	江西省南丰县仓山路 22 号	319	207	15
江西省南丰县蜜桔果业有限公司	江西省南丰县交通路 210 号	5 656	158	17
南丰县艺海工艺有限公司	南丰琴城镇富溪工业区 24 号	181	154	120
江西省南丰县振宇木制品有限责任公司	南丰县紫霄镇治村村 101 号	940	110	130
南丰县长红包装用品厂	南丰县琴城镇彩虹路 104 号	18	106	8
南丰县汽车运输公司修理厂	南丰县琴城镇南丰大道 145 号	23	102	20
南丰县星达再生纸业有限公司	南丰县紫霄镇治村村 100 号	135	92	30
南丰宾馆	江西省南丰县新建路中段	310	90	50
南丰县长红纸胶厂	南丰县紫霄镇长陂 50 号	142	67	16
南丰县利达塑料制品有限公司	南丰县新建路登高山 78 号	167	66	20
南丰县粮油经营公司	江西省南丰县桔都大道	50	50	8
南丰县天诚彩印包装有限公司	江西省南丰县石子山	82	48	14
南丰县泥炉厂	南丰县琴城镇交通路 107 号	25	10	25
南丰县治湾采砂场	江西省南丰县治湾镇治湾村	12	10	6
南丰县辉煌粮食加工厂	江西省南丰县付坊付坊村	10	9	8
布谷鸟(抚州)服饰织造有限公司	江西省南丰彩虹路 104 号			
江西耐施特机电有限公司	江西省南丰县交通路石子山	800		30
南丰农业银行	江西省南丰县新建路 13 号	24 313		50
南丰工商银行	江西省南丰县仓山街 1 号	18 092		47
南丰县中国银行	江西省南丰县新建路 51 号	17 224		14
南丰县农业发展银行	南丰县琴城镇桔都大道中段	16 916		21

乐安县重点企业名录库

（2003 年）

企 业 名 称	通 讯 地 址	资产总额（万元）	销售收入（万元）	员工人数（人）
江西省乐安县针织内衣厂	乐安县鳌溪镇沾河路 2 号	520	2 900	143
乐安县广信茧丝有限公司	江西省乐安县鳌溪镇	580	1 200	212
乐安县欣荣丝绸厂	江西省乐安县鳌溪镇	1 500	800	527
江西建安建材工业有限公司	江西省乐安县招携镇	1 500	600	120
乐安县胶合板厂	江西省乐安县公溪镇黄陂村	400	560	130
江西山高制药有限公司	乐安县鳌溪镇尧家山路 180 号	1 000	500	60
乐安县家具总厂	乐安县鳌溪镇前坪路 160 号	95	300	68
江西省乐安县兽药厂	江西省乐安县鳌溪镇	120	300	65
乐安县农机厂	乐安县鳌溪镇沿前路 27 号	180	300	154
乐安县宾馆	江西省乐安县鳌溪镇烈士路	540	250	32
江西电信乐安县分公司	江西省乐安县鳌溪镇	500	200	25
乐安县林业工业公司	江西省乐安县鳌溪镇去征路	1 000	200	521
乐安县供水公司	乐安鳌溪镇尧家山战船 53 号	210	176	123
乐安县移动公司	江西省乐安县鳌溪镇	300	150	22
乐安县供电责任有限公司	乐安县鳌溪镇下街巷 28 号	800	150	376
乐安县印刷厂	乐安县鳌溪镇象山路 25 号	150	138	18
乐安县新华书店	江西省乐安县鳌溪镇	300	120	16
乐安县建筑工程公司	江西省乐安县鳌溪镇乐安大道	200	120	125
乐安县宏达工程有限公司	江西省乐安县鳌溪镇乐安大道	200	120	22
乐安县大马头垦殖场	江西省乐安县马头	300	120	26
乐安县实验林场	乐安县鳌溪镇尧家山路 25 号	1 000	120	210
乐安县戴坊采育林场	江西省乐安县戴坊街	300	120	120
江西省乐安县恒盛竹木业有限公司	江西省乐安县招携镇街上	180	110	120
乐安县联通公司	江西乐安县鳌溪镇	180	100	20
乐安县百货公司	江西省乐安县鳌溪镇	200	100	26
乐安县医药公司	江西省乐安县鳌溪镇	300	100	62
乐安县房地产开发公司	江西省乐安县鳌溪镇象山路	200	100	62
乐安县地产公司	江西省乐安县鳌溪镇乐安大道	200	100	36
乐安县招携采林场	江西省乐安县招携镇招携街	400	100	210
乐安县石陂采育林场	江西省乐安县鳌溪镇去征东路	600	100	220
乐安县东源水库	江西省乐安县南村乡东源	400	100	101
乐安县罐头食品厂	江西省乐安县鳌溪镇站前路	300	100	120
乐安县绪暨洪字蚊香制造有限公司	乐安县鳌溪镇南门工业小区	200	100	30
乐安县谷岗采育林场	江西省乐安县谷岗乡谷岗街	350	80	201
乐安县金牧水产场	江西省乐安县鳌溪镇象山路	300	80	80
乐安县轿车维修中心	乐安县鳌溪镇南门工业小区	120	80	10
乐安县种子公司	江西省乐安县鳌溪镇乐安大道	100	60	25
乐安县电影公司	江西省乐安县鳌溪镇广昌路	150	60	32
乐安县鳌溪镇建筑公司	江西省乐安县鳌溪镇象山路	100	60	35
乐安县二轻豪华建筑装潢公司	江西省乐安县鳌溪镇	100	60	22
乐安县林业汽车队	江西省乐安县鳌溪镇	200	50	82
乐安县森林苗圃	江西省乐安县鳌溪镇尧家山路	120	50	62
乐安县鳌溪镇青山大米加工厂	江西省乐安县鳌溪镇青山村	80	40	8
江西省乐安县流坑状元楼茶厂	江西省乐安县流坑村	100	30	12
乐安县水利建材预制厂	乐安县鳌溪镇前坪路 92 号	85	25	12
乐安县流坑旅游服务有限公司	江西省乐安县鳌溪镇商贸城	60	20	3
乐安县蓝天气象科技有限公司	江西省乐安县鳌溪镇乐安大道	60	20	6
乐安县委招待所	江西省乐安县鳌溪镇广场路	50	20	3
乐安县龚坊精制米厂	江西省乐安县鳌溪镇南边村	60	20	5
乐安县尧坊水电站	乐安县鳌溪镇尧家山路 200 号	180	8	15

宜黄县重点企业名录库

（2003 年）

企业名称	通讯地址	资产总额（万元）	销售收入（万元）	员工人数（人）
宜黄县供电有限责任公司	宜黄县凤岗镇西马路 56 号	6 445	2 453	457
宜黄县丰乐水泥有限公司	江西省宜黄县凤冈镇西门郊外	3 476	1 428	416
宜黄县信江碳化硅有限公司	江西省宜黄县东陂村	1 425	1 051	90
宜黄县大千纸业有限公司	宜黄县凤岗桥头村 105 号	1 264	970	130
宜黄县化工厂	宜黄县凤岗镇北关村 4 号	1 598	950	245
宜黄县百货公司	江西省宜黄县凤岗镇学前街	83	702	131
宜黄县种子公司	江西省宜黄县凤岗镇大南关	355	700	29
宜黄县兴达金属制品厂	宜黄县凤岗镇六里铺工业园区	1 574	700	103
宜黄县新华书店	江西省宜黄县学前街	6	496	27
宜黄县三宜特种化工有限公司	江西省宜黄县凤岗镇官度村	446	455	52
江西华南板材有限公司	江西省宜黄县六里埔工业园区	257	406	86
宜黄县国营钨矿	宜黄县凤岗镇河东村 89 号	1 007	323	18
宜黄县食品公司	江西省宜黄县凤岗镇西马路	134	310	89
宜黄县通顺木业有限公司	江西省宜黄县凤岗镇北关村	195	305	56
江西日兴食品有限公司	江西省宜黄县六里铺工业园区	835	274	64
宜黄县龙华塑料制品有限公司	江西省宜黄县六里铺工业园区	388	241	66
宜黄县城南加油站	宜黄县凤岗镇大南关 21 号	22	240	7
宜黄县金山加油站	江西省宜黄县凤岗镇大南关	45	240	11
宜黄县医药公司	江西省宜黄县学前街	75	186	72
宜黄县粮油批发市场	江西省宜黄县凤岗镇学前街	44	173	10
宜黄县城顺达水电有限公司	江西省宜黄县圳口乡	1 435	141	73
宜黄县自来水公司	宜黄县凤岗镇沿江路 88 号	601	126	198
宜黄县林深胶合板有限公司	江西省宜黄县凤岗镇官仓村	483	103	118
宜黄木业建筑防水模板厂	江西省宜黄县六里铺工业园区	380	80	30
宜黄县招待所	江西省宜黄县西马路	371	70	10
宜黄县星泰纸业有限公司	江西省宜黄县六里铺工业园区	307	49	120
宜黄县粮贸中心	江西省宜黄县学前街	195	7	37
宜黄县绿源米业有限公司	宜黄县凤岗镇澄源村 5 号	231		12
宜黄县福源选矿有限公司	江西省宜黄县梨溪镇			
江西华南纸业有限公司	江西省宜黄县六里铺工业园区			
江西诚鑫木业有限责任公司	江西省宜黄县黄陂镇			
江西天水实业有限公司	江西省宜黄县东陂镇			
宜黄县建筑公司	宜黄县凤岗镇西马路 104 号	245		170
宜黄县收储蓄公司	江西省宜黄县凤岗镇学前街			
宜黄县第三建筑工程公司	江西省宜黄县凤岗镇大南关	27		46
宜黄县第二建筑公司	江西省宜黄县黄陂新街	16		60
宜黄县蓝电铸造有限公司	江西省宜黄县工业园区			
宜黄县粮油经营公司	宜黄县凤岗镇南粮路 7 号	984		155

金溪县重点企业名录库

（2003 年）

企 业 名 称	通 讯 地 址	资产总额（万元）	销售收入（万元）	员工人数（人）
江西恒信绿色产业发展有限责任公司	江西省金溪县工业园区	1 600	1 650	106
金溪宏华塑胶工艺有限责任公司	江西省金溪县工业开发区	1 163	1 618	92
金溪县金达橡胶有限责任公司	金溪秀谷镇西大道 738 号	154	1 189	76
江西鑫昌华制丝有限公司	金溪县锦绣谷工业园 1 号	604	1 086	118
江西千佳米业有限公司	金溪县锦绣谷镇日马路 40 号	345	1 076	19
江西和氏米业有限公司	江西省金溪县工业园	519	979	46
抚州金溪左坊永安粮食加工厂	江西省金溪县左坊镇	57	533	16
江西金杭房地产开发有限责任公司	江西省金溪县光明电影院内	533	367	10
金溪县汇泉香料化工有限公司	江西省金溪锦绣谷工业园区	274	327	22
江西金鑫汽车配件有限公司	金溪县工业园区 3 号马路右侧	354	314	48
抚州市亿斯顿化纤服装织造有限公司	江西省金溪县春生路			
江西华宇香料化工有限公司	江西省金溪县工业园			

南城县汽车运销集团有限公司

南城县汽车运销集团有限公司座落在县城。创始于 1988 年 10 月，经有关部门政策的允许，在 2001 年 10 月由集团公司改为集团有限公司，经艰苦创业，从组建至现在，公司在县政府的大力扶持下在省、市、县有关部门和领导的关怀下，依靠党和政府的各项优惠政策，以服务为宗旨，以大流通大循环实现高效益的目标，竭尽全力搞好国内运输服务。总公司拥有综合办公楼、修理厂、桑塔纳维修中心楼房共 7 幢，占地面积 68000 平方米，建筑面积 38000 平方米，拥有十个大型加油城总占地面积 60000 平方米，培训基地 1600 平方米，大中型汽车 300 余辆，总运力达 1850 多吨，运输力量雄厚且车辆状况良好，信益可靠。公司在杭州、萧山、深圳、设有货运分支机构四个，货运量遍布全国，主要运输线路以四个货运公司为主体。公司集体现有从业人员 692 人，其中驾驶人员 400 多人，其它如销售人员、教练员、汽车修理工、油料供应人员及行政等人员 289 人，公司固定资产净值达 1.5 亿元，公司基本上形成了以春兰汽车为主流的区域汽车销售部、各种车型的汽车消费租赁、汽车修理厂、车辆改装厂、桑塔纳维修中心、驾驶员培训学校、货物运输分公司、配件供应部、大型加油站、饮食服务等综合配套服务实力。公司总营业实力达 1.4 亿元。连年被县政府评为全县纳税第一名，为我县商品流通，农业增长，财税增收，作出突出贡献。公司先后获得各种奖励和荣誉。得到各级领导重视，时任省委书记（现任中央政治局委员）吴官正同志亲临我公司视察，省、地领导多次到公司视察；得到省农业部、省政府等部门的光荣称号和奖励。

资溪县重点企业名录库

（2003 年）

企　业　名　称	通　讯　地　址	资产总额（万元）	销售收入（万元）	员工人数（人）
江西省烟草公司资溪县公司	资溪县鹤城镇繁华南路 3 号	4 350	4 300	20
江西资溪农药厂	资溪县鹤城镇解放北路 9 号	3 095	2 163	84
资溪县石油公司	资溪县鹤城镇司前南路 35 号	190	1 820	27
资溪县精细化工有限公司	江西省资溪县鹤城镇下长兴	2 071	1 543	52
资溪县电力公司	资溪县鹤城镇建设路 45 号	4 852	1 518	212
资溪县电信局	资溪县鹤城镇建设路 30 号	950	960	51
资溪县农业生产资料公司	资溪县鹤城镇建设路 17 号	270	890	8
资溪县建筑工程公司	资溪县鹤城镇繁华南路 16 号	850	870	450
资溪县德高竹木加工厂	江西省资溪县开发区	391	756	43
中国人寿保险公司资溪支公司	资溪县鹤城镇建设路 20 号	520	750	38
资溪县佳森工艺品厂	江西省资溪县开发区	363	512	41
资溪县邮政局	资溪县鹤城镇建设路 30 号	458	430	63
资溪县实林木竹制品厂	资溪县鹤城镇火车站路 34 号	350	420	36
资溪县华宇房地产开发有限公司	资溪华宇房地产开发有限公司	860	400	36
资溪县赣东铅笔厂	资溪县鹤城镇罐头州 1 号	600	397	56
资溪县马头山林场	江西省资溪县马头山林场	608	381	320
江西资溪制药厂	资溪县鹤城镇解放南路 31 号	863	350	72
资溪县新华书店	资溪县鹤城镇建设路 28 号	108	297	17
资溪县巨峰石材厂	资溪县鹤城镇司前村	70	260	16
中国人民保险公司资溪县营业部	资溪县鹤城镇建设路 20 号	410	210	15
资溪县有机食品加工厂	江西省资溪县鹤城镇西郊	300	210	90
资溪县宏盛房地产开发公司	资溪县宏盛房地产开发公司	810	200	29
资溪县福达胶合板厂	江西省资溪县乌石镇	300	169	72
资溪县天乐宾馆	资溪县鹤城镇建设路 45 号	280	160	16
资溪县腾达木制品厂	资溪县鹤城镇泸水路 61 号	180	146	28
资溪县钙塑箱厂	江西省资溪县鹤城镇开发区	692	145	38
资溪宾馆	资溪县鹤城镇建设路 37 号	520	138	46
资溪县高埠林场	江西省资溪县高埠林场	610	121	73
资溪县绿岛宾馆	江西省资溪县绿岛宾馆	360	120	25
资溪县株溪林场	江西省资溪县株溪林场	843	117	65
资溪县陈坊林场	江西省资溪县陈坊林场	110	116	113
资溪县自来水公司	资溪县鹤城镇建设路 86 号	616	111	45
资溪县石峡林场	江西省资溪县石峡林场	125	103	116
资溪县搬运公司	资溪县鹤城镇泸水路 40 号	87	81	93
资溪县食品酿造厂	资溪县鹤城镇司前路 16 号	302	78	28
资溪县盛达石材加工厂	江西省资溪县高埠镇	80	59	23
资溪县联发石材有限公司	江西省资溪县高埠镇	158	57	22
资溪县汽车站	资溪县鹤城镇解放南路 6 号	41	53	22
资溪县对外经济贸易公司	资溪县鹤城镇建设路 51 号	315	8	4
中国农业银行资溪县支行	资溪县鹤城镇建设路 59 号	860		86
资溪县农村信用合作社联合社	资溪县合鹤城镇县开发区	560		75
中国农业发展银行资溪县支行	资溪县鹤城镇建设路 62 号	336		18
中国银行资溪县支行	资溪县鹤城镇解放南路 19 号	183		22
中国工商银行抚州市分行资溪分理处	资溪县鹤城镇建设路 56 号	116		51
江西资溪科赛城镇开发公司	资溪县科赛城镇开发公司	6 000		16
资溪县青云竹地板有限公司	江西省资溪县高埠镇工业区			
资溪县尚莲矿泉水有限公司	江西省资溪县株溪林场			
资溪县新安实业有限公司	江西省资溪县工业园区			
江西资溪大觉山旅游发展有限公司	江西省资溪县	2 000		12
江西资溪狮子山生态旅游有限公司	江西省资溪县	5 000		40

广昌县重点企业名录库

（2003 年）

企业名称	通讯地址	资产总额（万元）	销售收入（万元）	员工人数（人）
江西昌顺集团有限公司	广昌县城羊面岭工业区 72 号	11 320	18 072	326
中国石化江西抚州广昌石油经营部	江西省广昌县盱江镇 148 号	109	3 802	86
广昌县翠雷山垦殖场	广昌县苦竹新建路 58 号	6 073	2 111	1 120
广昌县华谊建筑工程有限公司	广昌县盱江镇解放路 24 号	1 588	1 946	420
江西省广昌县供电有限责任公司	江西省广昌县供电局	6 250	1 701	138
广昌县造纸厂	江西省广昌县盱江镇沙子岭	3 684	1 403	121
江西松翔啤酒有限公司	江西省广昌县解放路 100 号	1 059	1 003	100
广昌昌晶粮食加工厂	江西省广昌县工业园区	200	1 000	16
广昌县林业工业公司	江西省广昌县林业工业公司	1 127	992	321
广昌县长虹化工厂	江西省广昌县工业园区	630	820	77
广昌县时来福包装有限公司	江西省广昌县羊面岭 41 号	500	800	100
广昌县洪观建筑有限责任公司	广昌县盱江镇解放路 134 号	1 582	567	180
广昌县仙云化工厂	江西省广昌县盱江镇工业区	670	469	30
广昌县翠雷山林业公司	江西省广昌县盱江镇苦竹	497	439	63
金华市精选矿业有限公司广昌分公司	江西省广昌县塘坊乡大株村	300	300	40
广昌县昌盛胶合板厂	江西省广昌县工业园区	200	266	60
广昌县鑫达印业有限公司	江西省广昌县工业园区	200	200	20
广昌县三明木制品加工厂	江西省广昌县工业园区	50	200	50
广昌县莲藕食品厂	江西省广昌县工业园区	400	200	16
广昌县粮油工业公司	江西省广昌县盱江路 27 号	221	150	33
江西省盐业总公司广昌县公司	江西省广昌县解放路 33 号	307	150	16
广昌县恒顺水泥有限公司	江西省广昌县工业园区	160	140	22
广昌县宾馆	江西省广昌县建设路 31 号	160	140	36
广昌县莲乡食品厂	江西省广昌县工业园区	200	126	15
广昌虹裕扇厂	江西省广昌县工业园区	110	126	67
广昌县云天酒业有限公司	江西省广昌县工业园区	200	100	36
广昌县莲香食品厂	江西省广昌县工业园区	140	100	12
广昌县温氏淀粉糖业有限公司	江西省广昌县工业园区	330	100	20
广昌县金泰纸业有限公司	江西省广昌县工业园区	138	100	60
广昌县市政工程公司	江西省广昌县盱江路 22 号	70	85	20
广昌县广安液化气站	江西省广昌县工业园区	70	60	9
广昌县富昌纸业有限公司	江西省广昌县工业园区	85	50	40
广昌县盱福建材厂	江西省广昌县工业园区	75	46	56
广昌县翠雷山化工厂	江西省广昌县翠雷山	44	36	10
广昌县鼎盛机械厂	江西省广昌县工业园区	70	30	22
广昌县长竹工艺厂	江西省广昌县工业园区	50	30	10
广昌辉溪石材厂	江西省广昌县工业园区	117	30	11
广昌县翠雷山垦殖场电站	江西省广昌县苦竹垦殖场电站	39	28	20
广昌阳光彩瓦有限公司	江西省广昌县工业园区	100	20	6
广昌县翠雷山工艺厂	江西省广昌县翠雷山胶合厂	41	15	18
广昌县翠雷山胶合板厂	江西省广昌县翠雷山胶合板厂	120	1	125
广昌县美怡化工科技有限公司	江西省广昌县工业园区	500		33
广昌县普天电子厂	广昌县盱江镇羊面岭工业小区			
广昌永新木业制品厂	江西省广昌县工业园区			
江西小老鼠玩具有限公司	江西省广昌县工业园区			
广昌金龙木业有限公司	江西省广昌县工业园区			
菲亚斯服饰有限公司	江西省广昌县工业园区			
广昌县誉华人造板厂	江西省广昌县工业园区	700		70
中国建设银行广昌县支行	广昌县盱江镇盱江一路二号	17 063		24
中国农业银行广昌县支行	广昌县盱江镇解放路 35 号	23 532		78

第六章：吉安市

骨干企业

华能发电

井冈路桥

井冈山卷烟

玉华水泥

燕京啤酒

江西电缆

堆花酒业

重点工业园区

吉安市高新工业园

永丰县工业园

泰和县工业园

内容提要：

★ 市情简介

★ 市长论坛

★ 支柱产业

★ 优惠政策

★ 吉安市200强企业

★ 县（市、区）简介

★ 工业强县（市、区）长专栏

★ 分县市区50强企业

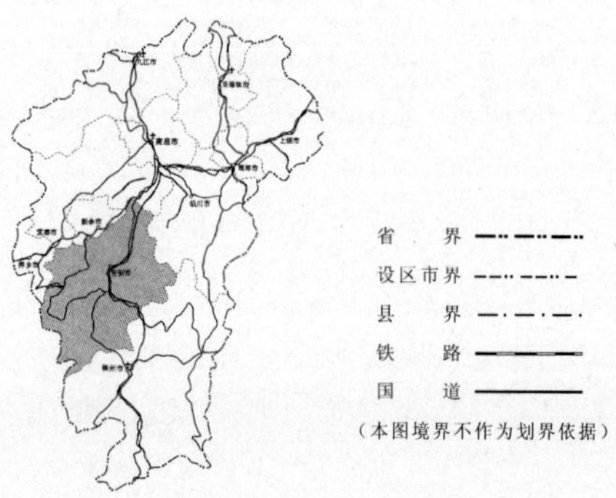

吉水縣武吉水泥有限公司

董事長：陳乾文

我公司是对原江西省武吉水泥厂进行改置与重组的企业，年生产能力为普通硅酸盐水泥8.8万吨生产线，技术力量雄厚，设备先进，原材料充沛。企业曾多次被国家、省、市、县评为“十优”等先进企业。本公司所生产的“地高”牌水泥曾获多年省免检产品，近几年，省、市抽检送样百分之百符合国家标准，已深得广大用户爱恋，2004年春又对机立窑进行技术改造，产品产质量又上了一个台阶，武吉“地高”水泥必将小康社会建筑得更加精彩。

地址：吉水县八都镇洋田村　　邮编：331603

电话：0796—3561148

新干县鑫达金属实业有限公司

新干县鑫达金属实业有限公司于2002年5月注册成立，位于新干县城北工业区，注册资金600万元，从事有色金属、贵金属冶炼加工及矿产品贸易，取得了自营进出口权。公司管理制度健全，营销网络完善，产品均按GB / T4135 - 2002标准生产，通过了ISO9001 - 2000 质量体系认证。公司计划不断加大投入，开发新项目，力争二年内年创产值4亿元。

公司宗旨：守信，互利，拼搏，发展！

董事长：王中领

地址：新干县城北工业园

电话：0796—2621276

传真：0796—2621279

DBN 江西泰和大北农饲料有限公司

江西泰和大北农饲料有限公司系北京大北农集团在江西的全资子公司。公司拥有固定资产近5000万元员工200多人，其中70%以上为专业技术人员，年预混料与饲料产销量达20万吨，其中大北农牌六合一乳猪膨化饲料、大北农特制858、猪用浓缩料、特制851乳猪膨化饲料等，更是深受广大用户喜爱。

公司目前可生产猪、鸡、鸭、鱼、奶牛四大品牌、五大系列的饲料产品共计400多个。公司正在筹建的祖代种猪场建成后，将可为用户提供集人工授精、门诊服务、种猪供应、饲料生产、品种选育、栏舍建筑、疫病防治、饲养管理、市场信息、原料配套等为一体的集成式综合服务。

大北农文化核心：科教兴农、争创一流、共同发展

我 们 的 口 号：大北农的事业是我们大家的事业

地　址：江西泰和文田工业园区　　邮　编：343707

邮　箱：thchenwg@sina.com　　法人代表：邱玉文

电　话：0796-5371923　　传　真：0796-5370003

网　址：http://www.dbn.com.cn

【市情简介】

吉　安　市

【区位优势】

吉安资源丰富，名胜荟萃，人文鼎盛，是举世闻名的革命摇篮井冈山所在地。地处江西中部偏西，位于赣江中游，地跨东经113度50分—115度56分、北纬25度58分—27度58分，东与抚州市崇仁县、乐安市毗邻，南和赣州市赣县、上犹县相连，西同湖南省桂东交界，北与宜春、新余、萍乡等接壤。吉安市总的地貌可概括为“七山半水两分田，半分道路和庄园”。赣江自南向北流经本市吉泰盆地6县2区，河段长264公里，以赣江干流为轴线，两岸地势低平，丘陵小盆地众多，构成以吉安、泰和为中心的江西最大的红岩盆地—吉泰盆地；区位优势独特，京九铁路、赣粤高速、井冈山机场以及国省道、赣江黄金水路纵横成网，构建出了与发达地区对接互动的交通平台。

【行政区划】

全市总面积25259平方公里。目前辖10县、2区和井冈山市，共有乡镇街道221个，其中有乡100个，镇111个，少数民族乡2个；8个街道办事处；38个民族村。全市总人人口为462.61万人，农业人口364.05万人，占总人口79%，非农业人口98.56万人，占总人口21%。

【自然环境】

气候属中亚热带丘陵山区季风气候，具有冬春阴冷，夏热秋燥，初夏多雨，伏秋干旱，无霜期长等气候特点，平均气温18.3度。吉安市现有土地总面积3788.8万亩。其中耕地486.6万亩，占土地面积17.5%。已知各种植物4000余种，森林覆盖率65.3%，珍稀植物有水杉、秃头杉、银杏等近百种；已知的野生动物有近千种，属国家一级保护的有华南虎、黄腹角雉、獐、黑虎、梅花鹿、白鹤、金猫等。

【自然资源】

吉安市矿产资源丰富，地下矿藏众多，主要有煤、铁、钨、锰、钾、稀土、白泥、萤石、花岗岩、大理石、粉石英等50多种。

全市河流众多，水量充盈，河流及水系以赣江为中轴，呈东西两侧不对称的树枝状分布，市内汇入赣江的大小支流28条，总流域面积2.9万平方公里，较大的支流有遂川、蜀江、孤江、禾水、泸水及乌江等；全市有小（二）型以上水库1227座，总库容达20.5亿立方米；可开发利用的水能资源为157万千瓦。矿物能源有煤炭，总储量约8000万吨，其中烟煤1600万吨左右。地热资源在遂川、井冈山、吉安、永新、吉水、安福等地有小面积分布，其中：遂川的汤湖温泉冬季水温高达80摄氏度；安福县泰山乡文家温泉水温高达70－80摄氏度，日流量900－1000吨。

【旅游资源】

吉安市旅游景点独具风姿，“红、绿、古”交相辉映，既有以“书院文化和滨江风光”闻名的白鹭洲，以“万瀑争妍”饮誉的白水仙，以高山草甸堪称一绝的武功山，以道家文化传世的玉笥山，以佛教发祥地扬名的青原山，更有以“历史红，山林好”著称，而被列为全国优秀旅游城市和全国旅游胜地四十佳之一的井冈山。此外，还有文天祥纪念馆、欧阳修纪念馆、新干商代青铜博物馆、吉州窑、西阳宫、钓源古村、美陂古街等一批展现庐陵文化特色的人文古迹。众多具有深厚文化底蕴的名胜古迹和绚丽多彩的自然风光，吸引着广大海内外游客，全市每年接待国内外游客500多万人次。

【经济概况】

2003年，全市国内生产总值206.7亿元，增长13.6%；全社会固定资产投资75亿元，增长51%；财政总收入18.2亿元，增长21.3%，城镇居民人均可支配收入6528元，农民人均纯收入2329元，分别增长7.8%和3.8%；实际利用外资和引进市外资金分别为1.02亿美元和71.39亿元，增长51.8%和60.3%。日本友利电、娃哈哈、清华同方、深圳生物谷等一大批国内外优强企业进入吉安，带动了全市国民经济的快速增长。

【市长论坛】

落实科学发展观 开创发展新局面

吉安市人民政府市长 胡长林

联系吉安的发展实际,树立和落实好科学的发展观,关键要继续做好两篇文章,正确处理四大关系,切实把握三道环节,努力开创经济社会协调发展、人与自然和谐发展的新局面。

一、克服模糊认识,继续做好两篇文章,保持快速发展的良好势头

用科学发展观指导发展,首先要全面、准确理解科学发展观的内涵和外延,牢牢把握第一要义,努力克服两种模糊认识,坚持加快发展不动摇。一是要克服"片面论"的认识。坚决防止把全面发展与加快发展对立起来,坚决避免片面理解科学发展观就是要控制速度,放慢发展。就吉安实际来说,虽然近几年发展速度逐年加快,但全市的经济总量还很小,发展水平还很低,在今后相当长的时期内,加快发展始终是我们一项最紧迫最艰巨的任务。二是要克服"无为论"的认识。彻底根除对国家加大宏观调控和治理整顿力度滋生的"难有作为"思想和消极悲观情绪。充分认识到整顿是为了规范,规范是为了更好地发展。只要我们充分利用好交通条件逐步改善、区位优势日益凸现、发展平台全面构筑的有利条件,贯彻落实好孟书记2001年4月在我市考察时的指示精神,在科学发展观的指导下攻坚克难、扬优成势,认真做好工业和旅游开发两篇文章,就一定能使吉安的各项事业发展得更快更好。

*攻坚,就是要把吉安经济最薄弱的工业搞上去,坚定不移地做好工业化这篇大文章。*一是千方百计提升工业园区的持续力。十分珍惜初具规模的工业园区,用好用活稀缺宝贵的土地资源,有选择地引进一批支柱产业项目和产业配套项目进区,年内确保引进规模以上项目300个以上。力争通过5年的努力,使进区项目累计达到2000个以上,既成功实现园区在工业经济总量上再造一个吉安的目标,又保证园区的可持续发展。二是千方百计壮大支柱产业的聚集力。抓住沿海产业梯度转移的契机,加快电子、药化、食品、建材、电力、冶金等六大支柱产业的发展,力争六大产业占全市工业比重达70%以上,努力将吉安打造成电子工业重镇和食品工业强市。三是千方百计增强优强企业的竞争力。集中全市优势资源和生产要素,加大对骨干企业技改和"20强企业"发展的扶持力度,提升全市工业产品的技术含量和市场竞争力,使优强企业成为引领产业发展、延长产业链条的领头羊。

*扬优,就是要把吉安最具优势的旅游立起来,持之以恒地做好旅游开发这篇大文章。*借助井冈山这一独有品牌,全力打造融红、绿、古为一体的大井冈旅游圈。一是把旅游规划做好。在聘请专家做好全市旅游发展总体规划的同时,全面启动县级旅游规划编制工作,促进旅游产品的科学开发和旅游业的有序发展。二是把旅游产品做优。坚持以市场化手段抓景点开发,按照"谁投资、谁开发、谁管理、谁受益"的原则,全面放活放开景区景点的使用权、经营权、冠名权,吸引大企业、大财团来我市开发一批特色景区景点和旅游商品。三是把旅游市场做大。充分利用各种形式,全方位推介吉安旅游资源,在稳固现有旅游市场的基础上,积极拓展境外和国外市场,努力把井冈山打造成国际旅游胜地。力争通过以上举措,使今后五年内游客总数达到2000万人次以上、旅游收入累计达到200亿元以上,从而把旅游业培植成吉安经济的一大主导产业。

二、坚持统筹兼顾,正确处理四大关系,促进经济社会协调发展

科学发展观的根本要求是统筹兼顾。树立和落实科学发展观,就必须在坚持以经济建设为中心的基础上,正确处理好四大关系,统筹经济社会协调发展。

*1. 正确处理当前与长远的关系。*坚持把积极进取的精神同科学求实的态度结合起来,既立足当前,又着眼长远,既尽力而为,又量力而行。落实到当前的工作中,就是要全面落实好中央的各项宏观调控政策,坚决控制部分行业的过快增长,在全市范围内彻底取缔"地条钢"生产,规范水泥行业发展。对生产能力过剩和低水平重复建设项目,一律不批建;对粗放型资源消耗和污染项目,一律不引进。坚决控制城建项目的建设规模,严格控制形象工程和

楼堂馆所建设，加大对宽马路、大广场的清理整顿，对已经清理出的超标城市道路和广场，全部责令停建，并限期整改，确保中央各项决策部署在我市得到全面贯彻落实。

2. 正确处理城市与乡村发展的关系。在吉安这样一个农业大市实践科学发展，必须把“三农”问题摆到突出位置，在加强城市规划和建设的同时，高度重视农村发展。一是大力促进粮食生产。切实抓好中央、省委一号文件和扶持粮食生产政策的落实，有效保护基本农田，充分调动农民种粮积极性，确保全市粮食播面和总产双双增长12%以上，为保障国家粮食安全作贡献。二是大力发展特色农业。继续做强草食畜禽、无公害蔬菜等特色产业，重点扶持市级以上产业化龙头企业发展，力争五年内全市龙头企业达到200家以上。三是大力推进农村城镇化。切实加强农村基础建设，改善农村发展条件，不断缩小城乡差距，努力打破城乡二元经济格局。

3. 正确处理资源开发和环境保护的关系。引入绿色GDP理念，注重发展的可持续性。一是坚决清理环境污染企业。对污染赣江的29家造纸企业进行关停治理，对实行化学制浆的4户造纸企业进行彻底关闭，坚决减少环境污染。二是抓紧建设生态工业园区。在园区发展中落实好“三个坚决不搞”和“三个同步”，加大对已进区项目的污染治理，严格控制林木资源消耗，限制小造纸和木材加工项目的引进，促进园区可持续发展。三是切实保护人居环境。大力抓好水土保持等生态工程，在中心城区积极创建省级园林城市，争创国家卫生城市，不断改善人居环境。

4. 正确处理经济与社会发展的关系。把社会发展与经济发展摆到同等重要的位置，切实做到三个并重。一是推动经济增长与扩大就业并重。坚持就业优先发展战略，实施积极的就业政策，切实扩大就业和再就业，确保城市登记失业率控制在4.5%以内。二是提高经济发展水平与社会保障水平并重。抓好养老、失业保险的扩面、征缴和清欠，健全城市低保和农村特困群众救助制度，不断提高社会保障水平，使全市人民共享改革发展的成果。三是扩大经济投入与社会事业投入并重。把更多的财力用到加快教科文卫事业发展上，着重抓好井冈山学院建设，建立健全公共卫生、疾病控制和医疗救治体系，大力发展文化体育事业，推动各项社会事业协调发展，促进经济社会全面进步。

三、树立正确政绩观，切实把握三道环节，使发展经得起历史、实践和群众的检验。

正确的政绩观与科学发展观是相辅相成、有机统一的，正确的政绩观体现了对党和人民事业的态度，科学的发展观反映了对客观规律的认识。政绩观决定了发展观，发展观又影响并能动于政绩观。要落实科学发展观，就必须进一步弘扬求真务实的作风，在全市上下树立和坚持正确的政绩观。

1. 坚持以求真的眼光看待政绩。要树立正确的政绩观，首先必须用马克思主义的立场、观点、方法去理解和把握政绩。一是要用发展的观点看政绩。创造政绩是一个过程，现任的政绩是在前任基础上取得的，同时又为后任创造政绩打下基础；作为领导干部是有任期的，而吉安的事业是无限的。这就要求我们必须既立足当前，又着眼长远，把自身的行政行为放到事业发展的全过程中去审视，让创造出的政绩经得起历史的检验。二是要用群众的观点看政绩。人民群众既是政绩的创造者，又是政绩的评判者。我们应将为人民服务作为人生的最大追求，把实现最广大人民群众的根本利益作为创造政绩的最高目的，努力创造出“保一方平安、兴一方经济、富一方百姓”的实绩。三是要用实践的观点看政绩。政绩既是在社会实践中创造出来的，同时又必须经得起实践的检验。因此，我们要坚持一切从实际出发，真抓实干，讲求实效，不图虚名、不务虚功，多想实实在在的发展之计，多谋实实在在的富民之策，多干实实在在的为民之事。

2. 坚持以务实的作风创造政绩。政绩是领导干部为党和人民踏实工作的实绩。它来不得半点虚假，只能在实际工作中踏踏实实地干出来。具体来说，就是要从以下三个方面去创造政绩。一是在解决重大疑难问题中创造政绩。当前，我们的事业正处在关键时期，发展改革面临一些难啃的硬骨头，我们要以“无畏”的胆略和魄力，想方设法解决那些深层次的矛盾，推动各项事业的发展，真正建立“排难”的政绩。二是在推进打基础、管长远的工作中创造政绩。坚持从长远的角度去分析、判断制约发展的“瓶颈”因素，从促进经济社会可持续发展的高度出发，踏实干好每一件基础性工作，真正建立“长远”的政绩。三是在为民谋实惠的行动中创造政绩。坚持人民利益高于一切，更多地关注民生、体恤民情、珍惜民力，努力维护好人民群众特别是下岗职工、失地农民、拆迁户等困难和弱势群体的切身利益，真正建立“为民”的政绩。

3. 坚持以科学的标准衡量政绩。树立正确的政绩观必须有科学的政绩考核体系作为制度保障。为此，我们从现在起，就要对干部政绩评价和政府工作目标考评办法进行改进，并在今后的工作中不断完善。一是在考核体系设置上，增加反映社会、生态和人的全面发展的指标。如在对政府工作的考核中，不仅要看 GDP、财政收入的增幅，而且要看农民增收、就业增长、社会保障、环境保护的成效。二是在经济指标设置上，增加反映经济发展质量的指标和考核分值。如考核招商引资工作，不仅要看实际进资的数量，而且要看引进项目的科技含量、环保影响力、就业带动力。三是在评价标准上，既要看数字，又不唯数字，防止出现“数字干部”和“数字政绩”。如在落实粮食生产政策时，不能只看粮食播面增长多少多少，更要在“秋后算帐”时看它给农民带来了多少收益。通过科学考核体系的建立，使广大干部正确处理好显性政绩与隐性政绩、个人政绩与集体政绩、现任政绩与前任基础的关系，努力在全市营造求实效、重实绩的良好政风。

【优惠政策】

吉安市鼓励外商投资优惠办法

（2004年2月21日修订）

第一章 总 则

第一条 为了进一步扩大开放，吸引和鼓励外商来我市投资，促进我市经济快速健康发展，根据国家有关法律、法规和省有关文件精神，结合我市实际，特制定本办法。

第二章 税收

第二条 外商投资企业的企业所得税，按应纳税的所得额计算，税率为30%；地方所得税按应纳税的所得额计算，税率为3%。

第三条 生产性外商投资企业从获利年度起，两年内免征企业所得税和地方所得税，第三年至第五年减半征收。

第四条 外商投资兴办的产品出口企业，在按照法定税率免征、减征企业所得税期满后，凡当年出口产品产值达到当年产品产值70%以上的，可依照法定的税率减半征收企业所得税、免征地方所得税。

第五条 以来料加工方式加工出口货物的企业，免征出口货物及工缴费的增值税和消费税。承接来料加工后，委托其它客商投资企业或国内企业加工再收回复出口的，免征消费税和委托加工工缴费的增值税。

第六条 外商投资兴办的先进技术企业，依照税法规定免征、减征企业所得税，期满后，仍为先进技术企业的，可以依照税法规定的。税率延长三年减半征收企业所得税。

第七条 对国家鼓励类外商投资企业，在现行的税收优惠期满后，经省级税务机关批准，可延长三年按15%的税率缴纳企业所得税。

第八条 对外商投资企业在投资总额内采购国产设备，如该类设备属免税目录范围，可全额退还国产设备增值税并按有关规定抵免企业所得税。

第九条 生产性外商投资企业的国外投资者，将从企业分得的利润直接投资于该企业，增加注册资本，或作为投资开办其它企业，经营期不少于五年的，经投资者申请，税务机关批准，可还其再投资部分已缴所得税的40%的税款。

第十条 采取核定方式征收企业所得税的企业（第三产业），在规定的幅度内，从低确定其适用的利润率。

第十一条 企业发生年度亏损的，可以用下一年度的所得弥补；下一年度的所得不足弥补的，可以逐年延续弥补，但是延续弥补期最长不得超过五年。

第十二条 对外商投资在500万美以上的新办工业企业；从投产当年起，其所缴纳税额地方留成部分前三年由受益财政全部奖给企业用于扩大再生产。

第十三条 外商在新开发的荒山、荒地上生产农业特产品的，自有收入时起免税1至3年；对在新开发的河滩、水面上生产农业特产品的，自有收入时起免税1年。

第三章 用地

第十四条 凡在我市投资兴业的外商投资企业，可以依法通过出让、转让、租赁方式取得国有土地使用权。对以出让方式取得的固有土地使用权，可以依法转让、出租、抵押、继承和作价入股与其他企业合作、合营。

第十五条 外商投资企业使用国有土地最长年限为：居住用地70年；工业、农业综合开发、教育、科技、文化、卫生、体育用地50年；商业、旅游、娱乐用地40年；综合和其它用地50年。

第十六条 外商投资企业可按国土资源部《协议出让国有土地使用权规定》，通过协议出让方式取得固有土地使用权，协议出让价格可以按国家规定的协议出让最低价确定。

第十七条 外商投资企业经批准以租赁方式取得固有土地使用权的，其土地使用费标准为：交通、能源、水利、教育、文化、科研、医疗卫生等基础设施和公益事业项目用地每年每平方米0.5－1元人民币；工业、仓储用地每年每平方米1－3元人民币；非盈利性公益事业项目用地免缴土地使用费。外商投资企业在建期间免缴土地使用费。

第十八条 对进入市高新区的外商投资企业生产性用地实行分期付款的政策，付款方式为第一年

50%,第二年30%,第三年20%,享受此项优惠的企业应符合下列条件之一:

(1) 投资规模在100万美元以上;

(2) 经省级有关部门认定,企业主导产品具有较高的高新技术含量,达到国内领先或国际先进水平;

(3) 企业投产后第一年内交纳增值税在100万元人民币以上。

第四章 收费

第十九条 凡到市高新区、县(市、区)工业园区落户的企业均享受"只收税不收费"的特别优惠。园区外生产性企业可个案优惠。

第二十条 投资1000万元人民币(外资100万美元),或年缴税金50万元人民币以上的外来投资企业,可办理一辆小轿车在辖区内免收过路、过桥费(高速公路除外)。

第五章 其它

第二十一条 外商及其亲属实行入户优惠:属非农业人口的,可迁入市内;属农业人口每投资10万元人民币可解决一个城镇户口指标。凡符合上述条件迁入人员和外商投资者从外地招聘的高级专业人才,由投资所在城镇帮助解决户口迁入和安排子女就近入托、入学不收取择校费、借读费。

第二十二条 外商投资企业的中方人员,其劳动人事关系由分别寄存在投资所在地人才交流中心或技工交流中心统一管理,在职称晋升和技术等级评定、政策性调资、正常流动、继续教育、社会保险、出国政审等方面享受当地人员同等待遇。

第二十三条 对在我市创获全国驰名商标的外商投资企业,一次性奖励60万元人民币。

第六章 附则

第二十四条 内资客商来吉安投资参照本办法适用条款施行。

第二十五条 本办法自发布之日起施行,原有规定与本办法相抵触的,以本办法为准。本办法由吉安市人民政府负责解释。

吉安市高新技术产业开发区优惠政策规定

第一章 总则

第一条 为促进吉安市高新技术产业的发展,加快建设高新技术产业开发区,制定本规定。

第二条 本规定适用于进入吉安市高新技术产业开发区(以下简称高新区)的高新技术企业和外商投资企业(统称高新区企业)。

第二章 财税政策

第三条 高新技术企业自被认定之日起,减按15%的税率征收企业所得税。

第四条 新办的高新技术企业,从投产年度起,两年内免征企业所得税。

第五条 凡进区兴办的生产性外商投资企业,经营期在10年以上的,从获利年度起,头5年享受"二免三减半"的企业所得税优惠待遇。对下列外商投资企业,还可分别享受以下税收优惠:

(一)外商投资举办先进技术企业,"二免三减半"优惠政策期满后,再延长三年减半征收企业所得税。

(二)对出口创汇型外商投资企业,凡当年出口的产品产值达到总产值70%以上的,其企业所得税在优惠政策期满后继续减半征收。

(三)外商投资者将从企业取得的利润直接再投资于该企业,增加注册资本,或者开办其他企业,经营期在5年以上的,其再投资部分已缴纳所得税额的40%和地方所得部分的30%由政府通过财政贴息或奖励给企业。对直接再投资兴办、扩建出口创汇企业或先进技术企业,其再投资部分已缴纳的所得税税款由政府通过财政贴息或奖励给企业。

第六条 高新区企业为生产出口产品而进口的原材料、元器件、零部件和配套件及生产中直接消耗的物品,免领进口许可证;海关凭出口合同及开发区管理委员会的批准文件验收并按实际加工出口量免征进口环节消费税和增值税。

第七条 直接用于高新技术产品研究、试验的进口仪器、设备、免征进口环节增值税。

第八条 高新区企业进行技术转让,以及在技术转让过程中发生的与技术转让有关的技术咨询、技术服务、技术培训的所得，年净收入在30万元以下的，暂免征收所得税；超过30万元的部分，依法缴纳所得税。

第九条 外商投资企业发生年度亏损的，可以用下一年度的所得弥补；下一年度的所得不足弥补的，可以逐年延续弥补，但是延续弥补期不得超过五年。中央或中央企业投资人占股的企业比照执行。

第三章 收费政策

第十条 高新区实行"一站式"服务和"全封闭管理"方式，并按吉府发〔2001〕14号文实行无费区管理，一律免交各种行政事业性收费。

第四章 信贷政策

第十一条 实行信贷倾斜政策，金融部门对进区企业给予积极的信贷扶持，确保园区内企业投资、生产、经营对资金的需求，支持企业发展壮大。在企业明晰土地使用权、房产权基础上，全面推行土地和建筑物抵押贷款。对科技含量高、市场潜力大的企业所需短期流动资金，由市担保公司为其提供必要的信用担保。

第十二条 开发商按园区规划要求建好标准厂房招租的，如厂房在建成验收一年后仍未租出，则由高新区管委会按厂房投资额的银行同期活期利率垫付利息，垫息期3年。

第五章 用地政策

第十三条 高新区企业所需生产型用地，按成本价实行土地出让。

第十四条 进区投资非盈利的城市基础设施建设和公益事业以及能源、交通等基础设施的，可按投资额相应以划拨方式取得国有土地使用权。依法取得的国有土地使用权可依法出让、转让、出租、抵押或作为合资、合作经营的折股投资，但不得改变土地使用性质。

第十五条 对企业生产型用地实行分期付款的政策，付款方式为第一年50%，第二年30%，第三年20%，享受此项优惠的企业应符合下列条件之一：

(1)投资规模在100万美元以上(内资1000万元人民币以上)；

(2)经省级有关部门认定，企业主导产品具有较高的高新技术含量，达到国内领先或国际先进水平；

(3)企业投产后第一年内交纳增值税在100万元人民币以上。

第十六条 对企业工业生产用地，由管委会零租用赠送"四通一平"的土地10000平方米的使用权，但不得改变土地使用性质。享受此项优惠的企业必须符合下列条件之一：

(1)固定资产投资规模在100万美元(内资1000万人民币)以上(高于100万美元的超额部分每100万美元可多赠5000平米土地使用权)。

(2)投资项目经国家有关部门认定为高新技术项目(有自主知识产权，有较高附加值，市场含量高)。

(3)企业年出口创汇达100万美元以上。

(4)企业投产后，第一年缴纳增值税在200万元人民币以上。

第十七条 对投资额大、科技含量高、附加值高的项目，上市公司，大学工业园(或产学研基地)其优惠待遇还可报管委会实行个案审批，给予更多优惠。

第六章 用电、用水政策

第十八条 凡园区内企业用电、用水价格按当地收费标准再优惠15%。

第七章 孵化企业政策

第十九条 孵化企业的科技项目可优先列入我市各项科技计划和享受专项资助，择优推荐列入省或国家的各项科技计划。

第二十条 孵化企业"毕业"后经申请并被认定为高新技术企业的，自被认定之日起，按新办高新技术企业享受优惠政策。

第二十一条 孵化企业租用创业服务中心房产进行技术孵化和软件开发，可免费获得100平方米以内的办公试验场所一年，第二年至第三年按50%的标准收取租金，第四年全额收取租金。

第八章 奖励政策

第二十二条 对积极引导市外企业落户园区或市外客商在园区投资兴业有贡献的，按照现行招商引资奖励政策执行。

第九章 附则

第二十三条 本规定由吉安市人民政府负责解释。

第二十四条 本规定自发布之日起施行。

吉安市重点企业名录库

（2003 年）

企业名称	通讯地址	资产总额（万元）	销售收入（万元）	员工人数（人）
江西省吉安市烟草专卖局	韶山中路 17 号	4 000	100 000	882
井冈山华能发电有限责任公司	江西省吉安市青原区河东镇	237 446	82 147	291
江西井冈路桥（集团）有限公司	井冈山大道 36 号	10 722	43 168	3 326
万安县水力发电厂	城郊		36 287	910
友利电电子（江西）有限公司	吉州区工业园	6 167	34 637	4 000
中国石油化工股份有限公司吉安石油分公司	井冈山大道 175 号	13 288	23 264	231
江西井冈山卷烟厂	赣中大道	18 154	19 073	871
江西泰和大北农饲料有限公司	文田村	2 582	17 120	229
新干县粮油经营公司	中山路 2 号	1 113	16 882	650
新干县鑫达金属实业有限公司	城北工业园	8 724	16 539	139
江西泰和玉华水泥有限公司	黄岗村	16 118	14 148	630
江西燕京啤酒有限责任公司	白云路 42 号	16 899	13 656	657
吉安市建筑安装工程总公司	井冈山大道 160 号	31	10 100	1 100
江西省烟草公司吉安县公司	庐陵大道 37 号	300	9 600	93
江西电缆有限责任公司	吉州区禾埠乡	1 253	7 525	319
江西井冈山纺织有限责任公司	瑶溪村	15 510	6 448	46
江西省烟草公司吉水县公司	龙华大道	50	5 573	113
江西省烟草公司安福县公司	安平路 2 号	8 900	5 550	92
江西省医药集团吉安公司	井冈山大道 99 号	691	5 303	205
泰和县供电有限责任公司	工农兵大道	6 941	5 088	236
浒坑钨矿	居委会	9 525	4 739	1 574
江西省烟草公司峡江县公司	西门路 31 号	305	4 600	34
永新县石油支公司	湘赣街	740	4 482	38
江西红声器材厂	神岗西路 100 号	9 273	4 309	1 062
吉安电力实业总公司	北门 井冈山大道 153 号	1 015	4 290	376
遂川县烟草公司	农民街 10 号	620	4 280	69
江西省飞宇电声有限公司	城南工业区	2 113	4 268	1 312
江西项氏稀贵金属有限公司	工业小区	360	4 220	125
江西省烟草公司新干分公司	滨阳路 18 号	560	4 117	66
江西庆江化工厂	三居村	3 918	4 029	495
江西天河煤矿	田家村	6 500	3 764	2 087
江西省烟草公司永丰县公司	恩江南路 9 号	254	3 735	87
江西省吉安玉华水泥有限公司	神岗北路 2 号	3 096	3 718	129
吉安市林森木业有限公司	县工业区北区	234	3 697	194
江西金顶药业有限公司	铁井社区居委会	4 003	3 530	130
江西绿盛木业有限公司	工业园区	2 315	3 460	152
江西吉安供电局	井冈山大道 153 号	3 542	3 436	736
井冈山市造纸厂	石市口分场	1 786	3 410	570
江西第二机床厂	建设街	10 641	3 380	944
永新县建筑总公司	禾川大街	3 702	3 373	80
江西堆花酒业有限责任公司	真君山 1 号	23 673	3 373	350
永新县昌达建筑工程有限公司	高川村	1 219	3 330	259
江西赣兴树脂有限公司	建化路 4 号	2 776	3 318	49
中国石化江西吉安永丰石油支公司	恩江西路 7 号	569	3 312	73
江西省新干精制盐厂	杨家村	4 553	3 255	516
江西省医药公司遂川县公司	泉江镇东路大道 17 号	652	3 222	60
中国石化股份有限公司江西吉安石油支公司	文山路 4 号	120	3 183	81
吉水县金田米业限公司	文峰镇	920	3 132	180
中国石化工股份有限公司江西吉水石油公司	龙华中大道 6 号	100	3 108	89
江西金鼎建筑有限责任公司	龙安村	3 363	2 982	310

续表1

企业名称	通讯地址	资产总额（万元）	销售收入（万元）	员工人数（人）
中国石油化工股份有限公司吉安安福分公司	宝成南路2号	3 356	2 927	38
吉安县供电局	庐陵大道		2 912	235
江西机械化工厂	安塘街	5 100	2 860	624
江西省烟草公司万安分公司	凤凰	250	2 817	35
吉安市长盛建筑工程有限公司	井冈山大道11号	589	2 812	637
江西赣中化工厂	建化路4号	998	2 803	217
万安县赣源实业有限公司	城郊	800	2 772	521
江西永丰县金丰萤石有限公司	返步桥	268	2 770	110
安福县供电有限责任公司	铁井154号		2 720	356
江西省石油公司泰和支公司	工农兵大道424号	1 607	2 707	44
江西航盛电子有限公司	工业园区	1 200	2 700	210
江西赣粤恒兴机电有限公司	城北大道	7 867	2 700	357
江西核工业瑞丰生化有限责任公司	何家	8 450	2 683	501
吉水县京九粮油加工厂	工业区	50	2 676	120
江西庐陵水泥厂	赣中大道1号	1 200	2 633	448
新干县供电有限责任公司	下甘前25号	7 027	2 598	359
江西龙天勇有色金属有限公司	工业园区	860	2 580	48
永新县新锦茧丝绸有限公司	建设街	1 528	2 561	434
永新县伟远建筑工程有限公司	湘赣街	2 734	2 489	203
江西新干洋峰集团公司	文家村	1 580	2 470	123
永新县禾水建筑工程公司	湘赣街	1 622	2 460	352
江西半边天药业有限公司	二居委会	6 092	2 450	155
天河火力发电厂	天河街		2 434	530
吉安明珠建筑工程有限责任公司	井冈山大道159号	3 186	2 420	218
吉安市第三建筑工程公司	沿江路16号	862	2 408	525
江西兴林森工集团有限公司	武功山大道18号	20 551	2 386	443
中国石化股份有限公司江西吉安峡江支公司	巴邱131号	856	2 386	106
吉安县食品公司	吉州路21号	300	2 371	25
中国石油化工股份有限公司万安石油支公司	芙蓉	600	2 319	71
江西金鑫建材有限公司	惠政路13号	4 068	2 300	370
江西联惠化工有限公司	工业园区	400	2 300	287
江西翔云服装有限公司	龙泉商贸城一区	455	2 270	596
井冈山市天行铜材有限公司	厦坪村37号	2 217	2 269	58
江西省盐业总公司吉安市公司	井冈山大道103号	1 345	2 211	65
泰和县天鹅棉纺有限公司	文田村	558	2 176	230
吉水县轻工总厂	工业区	80	2 095	585
永丰县农业生产资料公司	恩江西路	350	2 054	85
中国石油化工股份有限公司新干支公司	金川中大道85号	450	2 007	49
万安县钨钼制品有限公司	文明路	1 028	2 000	80
江西省大光山煤矿	水西村	5 000	1 976	1 698
吉安市赣吉建筑工程公司	井冈山大道165号	500	1 971	168
吉安市粮油食品厂	凤凰洲46号	173	1 940	141
吉安市白云山水利水电管理局	北坑村	9 644	1 938	685
江西三越药业有限责任公司	西路街12号	2 500	1 903	127
江西同方药业有限责任公司	坪上村	465	1 874	222
吉安市吉州区国光超市	步行街	307	1 867	102
万安县供电有限责任公司	东门路19号	2 000	1 867	310
吉安市丽人堂日化有限公司	吉福路45号	55	1 850	48
江西三笑集团遂川日化有限公司	工业园区	130	1 844	350
井冈山市电力公司	黄竹坳路58号	1 585	1 836	265

续表 2

企 业 名 称	通 讯 地 址	资产总额（万元）	销售收入（万元）	员工人数（人）
泰和县广泰化工有限公司	文田村	33	1 825	39
安福县泰昌水泥厂	安福枫田镇水西	3 800	1 800	280
江西省泰和县建筑工程总公司	工农兵大道	1 077	1 794	28
江西泰泉实业有限公司	梅林工业小区	3 064	1 792	584
江西赣江制药有限责任公司葡萄糖酸钙厂	井冈山大道 139 号	1 813	1 778	285
永丰希望饲料有限公司	水南背	560	1 759	58
永丰县安丰竹业有限公司	工业园区	300	1 730	92
江西金惠纸业有限公司	居委会	1 736	1 725	120
吉安宏盛水泥厂有限责任公司	新屋场	10 402	1 724	835
江西永丰纸业有限责任公司	东湖工业区	36	1 721	246
安福县竹胶板厂	横屋村	2 643	1 714	121
江西吉安电机制造有限责任公司	阳明西路 42 号	3 593	1 700	242
江西万德化工科技公司	上田	842	1 677	70
江西京通制药有限公司	聂家村	51	1 659	130
泰和县江村粮油公司	永江路 61 号	338	1 633	38
吉安市樟山建筑工程公司	阳明西路 31 号	431	1 615	260
吉安市经纬建筑工程公司	韶山东路 18 号	283	1 600	375
江西永德竹木制品有限公司	工业园区	900	1 588	126
江西吉安多元钟业有限公司	梅林工业小区	234	1 586	85
万安县钨钼材料有限公司	五丰村	1 800	1 560	80
江西宏盛安福水泥厂	枫林村	4 054	1 560	297
吉安县医药公司吉安县公司	井冈山大道 57 号	202	1 554	126
江西赣江制药有限责任公司	韶山西路 9 号	3 155	1 542	396
井冈山市恒华陶瓷有限责任公司	东上大富坪	735	1 539	700
吉安市农村供电有限责任公司	井冈山大道 153 号	600	1 529	168
吉安市长乐制钢有限公司	匡家村	1 178	1 526	168
江西省汽车工程塑料厂	赣中大道 9 号	120	1 489	370
江西省吉安金嘉造纸厂	石溪头	50	1 457	311
吉安雯山油脂有限公司	二七路 7 号	150	1 455	81
小龙钨业公司	小龙	1 112	1 447	288
永新县供电有限责任公司	湘赣街	7 687	1 433	325
吉安市自来水公司	长岗南路 19 号	4 370	1 432	329
永丰县第二建筑公司	傅家坝 170 号	26	1 432	405
峡江县供电有限责任公司	佩贝村		1 430	203
江西省吉安市新华书店	井冈山大道 58 号	156	1 424	61
吉水县福胜劳保用品公司	文峰镇	20	1 390	166
江西富丰纸业有限公司	工业小区	260	1 388	125
永新县环宇建筑工程有限公司	宏居村	932	1 384	331
江西省吉安市石油公司	井冈山大道 13 号	14	1 374	61
江西省新华书店	井冈山大道 77 号	335	1 344	40
江西省医药公司吉水县公司	龙华大道 341 号	30	1 325	63
安福县林化有限责任公司	寮塘村	1 665	1 324	75
江西省吉安机床厂	禾埠村	4 797	1 315	210
江西省万安县聚源发电有限责任公司	城郊	650	1 313	247
吉安县林产化工厂	房山	1 500	1 300	120
新干县兴周塑编袋厂	城北工业园	550	1 300	350
吉安铁路建筑安装工程公司	铁路单位	71	1 287	28
吉安市交通工程建设有限公司	韶山东路 21 号	1 191	1 286	219
永丰县宝绿苎麻纺织有限公司	东湖村	687	1 257	257
吉安市房屋建筑工程处	上人民路 63 号	594	1 253	843

续表 3

企业名称	通讯地址	资产总额（万元）	销售收入（万元）	员工人数（人）
吉水县金桥建筑工程公司	中文化路 116 号	60	1 230	210
吉水县八都镇板鸭有限公司	八都	60	1 225	218
永新县房屋建筑工程公司	幸福街	1 532	1 208	300
吉安县农业生产资料总公司	白云路 13 号	250	1 200	63
永丰县新飞塑料制品厂	工业小区	358	1 200	60
江西裕丰针织有限公司	工业园区	590	1 180	160
泰和县松泰林化发展有限公司	文田	150	1 180	50
井冈山龙市供电有限公司	龙市村沿江路 33 号	3 611	1 161	190
吉安市天华建筑公司	阳明西路 39 号	695	1 160	269
永丰县第一建筑公司	恩江西路 17 号	16	1 158	335
安福县社上水库管理局(安福县发电公司)	社上村		1 150	288
吉水县新都轧钢厂	兰花	50	1 148	35
江西省乌石山铁矿	太崦村	8 846	1 129	650
新干县第五建筑工程有限责任公司	金川中大道 110 号	859	1 118	386
吉水县科华水泥有限责任公司	城南工业区	30	1 103	234
吉水县洪发建筑工程公司	下文化路 6 号	50	1 100	156
江西省永丰县新华书店	恩江东路	287	1 093	19
江西广恩和制药有限公司	石桥村	600	1 082	306
吉水县建筑工程总公司	下文峰路 20 号	60	1 080	140
吉安县井冈山烟厂凤凰辅助材料厂	凤凰	80	1 065	62
江西鑫利达服装织造有限公司	工业园区	548	1 060	156
峡江县水泥厂	何君村	250	1 050	270
江西省永丰县鹰鹏水泥有限公司	岩前村	143	1 045	382
新干县淦辉医药化工有限公司	建化路 24 号	515	1 045	70
吉水县水泥厂	里塘村	60	1 023	170
吉安市装饰工程总公司	井冈山大道 56 号	3 949	1 014	180
吉安市建民实业有限责任公司	中山西路 11 号	260	1 000	90
吉安市志强力车厂	螺滩电站	160	1 000	32
吉水县城建建筑公司	龙华大道	60	1 000	725
江西省万安氯酸盐有限责任公司	城郊	1 080	1 000	214
安福县金盛纸业有限公司	凤林村	2 200	1 000	93
吉安市交通工程公司	友谊路 5 号	549	996	235
江西飞驰织造有限公司	东湖	260	989	210
江西川赣有色金属有限公司	永新县埠前镇工业开发区	200	989	128
吉安正邦畜禽有限公司	开发区	400	980	65
吉安市恒通工程有限责任公司	禾埠村	2 153	950	208
吉安县市天翔教育信息产业有限公司	工业园	120	946	58
吉安市螺滩水利水电管理局	螺滩村	3 894	930	270
江西强丰药业有限公司	水陂村	450	930	161
井冈山市泉涌建材有限公司	口前山	716	916	271
江西燕京啤酒有限责任公司第二分厂	云岗村	213	915	204
遂川县发电公司	西门 03 号	75	911	274
江西鹿迪制药有限公司	坪上村	47	911	211
吉水县金竹板业有限公司	城南工业区	30	900	60
江西泰丰纸业有限公司	工业园区	800	900	134
中国石化集团江西石油总公司吉安分公司	井冈山大道 175 号	246	893	61
吉水县武吉水泥厂	洋田村	60	890	150
遂川三林香业有限公司	工业园区 18 号	232	884	370
江西绿海油脂有限公司	贯岭	456	863	148
中国石化集团江西吉安石油化工厂	跃进路 40 号	556	846	30

【县长论坛】

开明开放 争创一流

新干县人民政府县长 刘贤清

近年来,我县按照省委、省政府"以工业为核心,以大开放为主战略"的总体工作思路,紧紧围绕"富民强县,开放兴县"的发展目标,坚持以招商引资为总抓手,对外开放、对内搞活,开放型经济取得了重大进展。2003年,我县引进内资项目80个,实际引进省外资金50646万元,同比增长23%;引进外资项目13个,实际利用外资946万美元,同比增长63%,出口创汇462.6万美元,同比增长212%。被评为"全省工业项目引进省外资金超5亿元县(市、区)先进单位"、"江西工业崛起年度贡献奖单位""全市招商引资工作综合评比先进县","全市实际利用外资总额先进单位"和"全市外贸出口先进单位"。

一、提升服务水平,营造开明开放的发展环境

优越的环境、优质的服务是对外开放,对内搞活的关键,也是我县能吸引外商、稳定内商的优势所在。在实践中,我县坚持建设与整治相结合,着力营造优良的发展环境。一是抓规范。主要是规范招商引资优惠政策和管理制度。近年,在广泛调查研究基础上,对以往招商引资的有关政策进行了全面的梳理,形成了《新干县鼓励外商投资兴业优惠办法》,从土地、税收、规费、供水、供电、房租等六个方面制定了30条优惠政策;保持了政策的规范性和连续性,为招商引资创造了开明开放的环境。同时,建立了经济发展服务中心,大力推行"三项制度";即:实行首问责任制,对外商的咨询、求助、要求等,第一个接待单位及领导为第一责任单位和责任领导,无论是否在职责范围内,都必须负责到位;实行公开承诺制度,全县所有执法纪部门都向社会作出公开服务承诺,把办事程序、时限要求、收费项目、收费标准等公之于众,实行"阳光作业",接受群众监督;实行民主评议制度,坚持每半年组织外商和基层单位对执法纪部门无记名测评1次,测评结果通报全县,并在电视台公开曝光,对每年2次测评得分均在80分以下的单位,属县直单位的对其主要领导实行组织诫勉谈话,属条管单位的领导给予黄牌警告,并通报其上级主管部门。二是抓服务。每个外商企业都有一名县领导挂点,并发放"服务联系卡",外商在我县无论遇到多大的困难,都能在挂点领导的帮助下,得到及时、有效的解决。外商进来后,从项目立项,可行性论证到企业选址、办证办照以及投产后的生产经营管理等,由项目单位作为第一责任人全程跟踪服务,进行"帮办"。同时,不定期地召开外商座谈会,征求意见和建议,即时督办落实。三是抓整治。设立了效能建设投诉中心和县长直通电话,实行全天候值班制度,畅通外商投诉渠道。对怠慢、刁难客商的人和事,给客商造成经济损失的,一经查实,从严查处。优良的环境,优质的服务,让客商增强了投资新干的信心,一拨拨客商前来参观考察,一笔笔资金,一个个项目云集新干安营扎寨,仅今年1—9月份就引进省外资金6亿元,项目103个,实际利用境外资金1282万美元,外资项目7个,特别是今年6月,我县成功引进国内500强企业之一的上海华源集团投资控股的上海华泰投资有限公司投资创办了江西华新药用植物有限公司。同时,一大批本地民营企业如华新电缆、兴周塑料、金华豪实业等企业,也纷纷涌入县工业园区购地建厂。

二、创A新招商策略,开辟招商引资的有效途径

当前,各地招商竞争正处在白热化阶段,选择一种适宜的招商方式,对于提高招商引资成功率至关重要。近年来,我县从创新招商方式入手,因时制宜,调整策略。一是开展产业招商。近年来,我县通过认真分析产业转移的趋势,结合自身实际,有重点地确定了食品、建材玻璃、生化药化、机电等产业作为主攻方向,将产业招商任务纳入年度目标考核,精心组织包装了一批招商引资"精品"项目,吸引客商投资,着力扶持这些项目做大做强,逐步形成产业优势。飞宇公司原是浙江一家机电企业,自2000年落户新干以来,我县坚持扶持壮大这一机电产业龙头,大力开展产业招商,目前,已引进与其相配套的企业15家,初步形成了一个优势产业。今年,我县依托现有服装产业,又新引进服装类企业12家,促进企业配套扩张,形成了"落户一个,带来一批"的滚雪球效益,二是开展驻点招商。在总结往年开展驻点招商的经验基础上,今年,我县着眼调整驻点布局,

增强招商引资的针对性，选择在浙江、江苏、福建、广东等地设立了20个驻外招商工作站，选派了一批综合素质高、招商能力强的年轻干部离岗驻点专抓招商引资，实现了招商阵地前移，提高了招商引资水平。三是开展以商招商。动员全县上下广交外地一些有实力、有门路、有热情的客商和朋友，实行有偿招商。同时由县财政拨出专款聘请了20名招商顾问，实行委托招商。据初步统计，全县通过以商招商引进项目占引进项目的40%。四是大力实行活动招商。每年我县都要在江浙、福建、广东等沿海发达地区举办5—6次招商活动，大力推介好项目，广交客商朋友，扩大新干知名度。特别是今年，我县进一步创新思路，采取“政府补贴，招商站运作、领导参与”的方式，鼓励各乡镇和部门单独或联合在外举办招商活动。6月10日，由我县三湖镇在浙江萧山主办的招商引资恳谈会取得了良好效果，也为我县创新招商方式开了个好头。在“走出去”招商的同时，我县积极开展“请进来”招商，4月28日在县城成功举办了招商恳谈会，签约资金达6亿多元，其中境外项目3个，引进资金达600万美元。

三、建好工业园区，构筑特色鲜明的发展平台

园区是发展开放型经济的重要载体，是新一轮县域经济增长的希望所在。园区办得好不好，直接决定着一个地方开放型经济发展的规模和水平。我县紧紧抓住园区这一载体，充分依托优越的资源和区位优势，大力推进园区建设，首先是高起点规划园区。先后聘请了南昌大学、省规划设计院专家对园区进行了科学规划，以县城为中心，在赣江以东设立北区和南区，在赣江以西赣粤高速连接线设立高新技术开发区，形成了“一园三区”的发展格局，并将城南工业区定位在发展劳动密集型、无污染的工业项目上，城北工汪园定位在发展医药、化工等轻度污染型的工业项目上，高新技术开发区发展科技含量高、轻工型的工业项目上。其次是大手笔开发园区。我们采取市场动作的方式，采取县财政先投入一点，然后带动民资、外资开发，实现了乡镇、部门和县内外客商等投资主体一齐上，形成了多元化、多渠道的投资格局。目前，园区已投入开发建设资金近2亿元，开发面积5000亩，园区基础设施和配套建设逐渐完善，大开放、大发展的园区框架已逐步拉开，为招商引资提供了一个很好的平台。仅2002年以来，来干投资的外资项目就有52个，其中千万元以上的投资项目有灵洋药业有限公司，新干无纺布有限公司，汇丰实业有限公司、逢宇电器有限公司等10个。今年1—9月份，又有33个项目落户园区，其中千万元以上项目24个，园区集聚效益日益显现。

开拓创新 思谋发展

——新干县地税局 2003 年工作

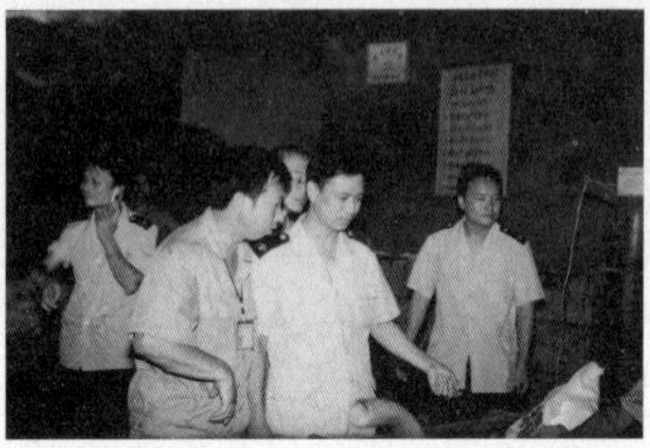

局领导深入企业了解生产经营情况

注重提高干部整体素质(图为正进行业务考试场景)

2003 年,新干县地税局全体税干进一步解放思想,创新机制,在各项工作中取得了较好成绩。

一、求真务实,全力以赴抓收入。

2003 年,我局继续强化征收管理,努力挖潜增收,收入任务与收入质量齐步提高。截止 12 月 31 日,入库税收 3537 万元,占市局计划的 106%,与去年同比增收 302.1 万元,增长 17.06%。其中个人所得税入库 758 万元,占计划的 110.67 %,与去年同比增收 176 万元,增长 30.24%。

二、深化税收征管改革。一是在城区推行征、管、查三分离新征管模式的基础上,在农村分局实行"摸清税源、建立台帐、核定税额、公平税负、重点稽查"的征管模式。二是逐步推行、推广邮寄申报、网络申报等多元化纳税申报方式。三是成立了信息化专业管理机构,充实了专业技术人员,建立了以局机关为中心的局域网。

三、创新税收宣传形式。围绕"依法诚信纳税,共建小康社会"的主题,进一步创新宣传方式:邀请常务副县长肖玉兰就税法宣传发表电视讲话;利用新闻、电台、报刊传播媒体积极宣传税法;举办了一期由企业负责人和财会人员参加的税法知识培训。

四、率先推行有奖发票和税收违法举报奖励"双奖"活动。借鉴他山之石,结合自身实际,在全市率先开展有奖发票和举报奖励"双奖"活动,有力地促进了消费者索票意识和监督举报积极性的提高,饮食业、住宿业、娱乐业等服务行业的用票量大增,截止 2003 年底,服务行业税收同比增收 25 万元。

五、强化监督、优化服务,努力提升地税形象。一是积极开展精神文明创建活动。2003 年,2 个单位获得市级"文明单位",5 个单位获县级"文明单位",5 人次被评为市局的"政务环境评议评价"等项工作的先进个人,县局税务登记执法监察获省局先进单位,在市局篮球比赛上荣获第四名。二是加强党风廉政建设。按照"立足教育,健全机制,领导带头、严肃查处"的原则,形成了一把手亲自抓、分管领导重点抓、职能部门具体抓,一级抓一级,层层抓落实的责任体系,建立了以专职纪检监察干部为主体,以兼职监察员和社会监督员为两翼的监控体系。工作经验在的当年 10 月份全省基层建设工作会议上进行了交流推广。三是进一步优化服务。建立和完善了"服务承诺"、"首问负责"、"限时服务"、"延时服务"、"假日服务"、"预约服务"、"社会监督"、"过错责任追究"、"查前告知、查中辅导、查后建制"服务型稽查等制度。

新干县重点企业名录库

（2003 年）

企 业 名 称	通 讯 地 址	资产总额（万元）	销售收入（万元）	员工人数（人）
新干县粮油经营公司	中山路 2 号	1 113	16 882	650
新干县鑫达金属实业有限公司	城北工业园	8 724	16 539	139
江西省飞宇电声有限公司	城南工业区	2 113	4 268	1 312
江西省烟草公司新干分公司	滨阳路 18 号	560	4 117	66
江西赣兴树脂有限公司	建化路 4 号	2 776	3 318	49
江西省新干精制盐厂	杨家村	4 553	3 255	516
江西赣中化工厂	建化路 4 号	998	2 803	217
新干县供电有限责任公司	下甘前 25 号	7 027	2 598	359
江西新干洋峰集团公司	文家村	1 580	2 470	123
江西金鑫建材有限公司	惠政路 13 号	4 068	2 300	370
中国石油化工股份有限公司新干支公司	金川中大道 85 号	450	2 007	49
新干县兴周塑编袋厂	城北工业园	550	1 300	350
新干县第五建筑工程有限责任公司	金川中大道 110 号	859	1 118	386
新干县淦辉医药化工有限公司	建化路 24 号	515	1 045	70
新干县福星磨米粉厂	水磨村	71	806	30
新干县第六建筑工程有限责任公司	惠政路 66 号	1 020	780	614
新干县飞宇磁材厂	城北工业园	300	780	50
新干县永发香粉有限责任公司	商贸路 45 号	15	700	36
新干县江华水泥厂	城北工业园	200	650	64
江西新干新衡萤石矿	大坑村	950	627	241
新干县华亮木业制造厂	城南工业园	300	610	59
新干县水利水电建筑工程公司	惠政路 11 号	596	601	210
新干县云威制衣厂	城南	126	588	52
新干凯特实业有限公司	金川大道 62 号	160	586	50
江西省核工业农牧发展有限公司	城南工业园	263	540	56
新干县创瑞活性碳厂	城南工业园区	55	539	39
新干县鑫林化工厂	文昌路 1 号	255	530	24
江西省新干县建筑工程公司	中山路	835	518	358
江西华新电线电缆有限公司	城南工业园	480	503	46
新干县第二建筑工程公司	善政路 1 号	193	276	99
新干县自来水公司	金川南大道 56 号	1 085	246	143
新干县公路工程建筑有限公司	川琴路 8 号	588	204	74
新干县振兴建筑装饰有限责任公司	城南村	115	50	70
新干县赣中基础工程有限公司	京惠西路 2 号	270	50	120
新干县第三建筑工程公司	车站北路 34 号	584	43	67
新干县城市建设综合开发公司	川琴路 20 号	150	5	11

【招商引资】

强化责任 硬化措施 积极开展招商引资工作

永新县人民政府

2003年,我县努力克服区位劣势和“非典”的影响,坚定不移地把招商引资工作作为总抓手,强化责任,硬化措施,扎实工作,招商引资和工业园区建设工作取得了“双赢”的效果。1－12月份,全县签约内资项目69个,合同引资超过8亿元,同比增长60%,实际进资4.5亿元,同比增长110.5%,合同引资和实际进资数分别占市下达任务的121%和132%;签约外资项目10个,合同引资810万美元,同比增长205%,实际进资656万美元,占市下达任务的168%。上千万元的项目33个,园区项目34个。

主要做法:

1. 强化目标管理。一是实行县领导招商引资工作责任制,具体任务划分为:县委、县政府主要领导和分管副书记、常务副县长,以及分管副县长,完成引资200万元以上;县人大、县政协正职领导和县委、县政府其他领导同志完成引资150万元以上;县人大、县政协副职领导同志和县法院院长、县检察院检察长完成引资100万元以上。同时,要求每位县级领导同志单独或联合完成1个以上工业企业进区。二是将招商引资工作列入各乡镇和县直单位(含两个场)年终目标考核重点内容,考核分数占重点工作目标考核分的20%。三是在广东、浙江等地设立15个招商站,站长全部由县委组织部选调的正科级后备干部担任,工作人员选配副科级后备干部,同时,制订招商工作站建设的意见,明确规定年度内引进二个以上项目,年累计实际到位资金(固定资产投入)2500万元人民币(或等量外币)以上。对完成任务好的前六名招商站给予重奖,对引资有功人员个人年度考核均定为优秀等次,由县委优先提拔使用,对完不成任务的招商站负责人必须写出书面检查,说明原因,表明打算,且招商站所有工作人员个人年度考核均定为基本称职或基本称职以下等次。

2. 严格实行主要领导和分管领导责任制。有招商引资任务单位的主要领导和分管领导,必须做到以主要精力抓招商引资,并为本单位的第一责任人。凡在6月底前未实现零的突破,9月底前未完成任务过半的,单位主要领导离岗专抓招商引资,由县委组织部与招商局具体安排实施。10月份已有2个单位的“一把手”被通知离岗招商。年终考评未完成招商引资任务的乡镇和单位,责任人只能评为基本称职,其它班子成员只能评定为称职或称职以下,单位不得评先;连续两年未完成任务的,主要领导和分管领导评定等次为不称职,其它班子成员评定等次为基本称职或以下;所有班子成员和单位干部两年内均不予提拔使用。继续完善责任保证金制度,县级领导1200元/人,干部职工300元/人。责任保证金由县财政局在个人工资中扣发,不在县财政统发工资的单位应将保证金汇入财政局指定帐户。县财政局统一将保证金汇入县招商局,县招商局开设专户,年底统一考核兑现。完成引资任务的,奖励保证金的50%;超额完成引资任务一倍以上的,奖励保证金的100%;未完成任务的,按比例扣减保证金,同时按比例扣减单位干部职工第13个月的工资或单位预算外资金。因未完成任务所扣除的保证金或预算外资金,用于弥补招商工作经费。

3. 着力改进招商引资方式方法。一是积极参与省、市组织的重大招商活动。2003年,县委、县政府主要领导亲自带队,三度南下广东、浙江、福建、香港,北上大连等省区招商,问鼎有影响力,有辐射作用的大项目、大企业、大集团,调查沿海产业转移趋向。每到一地,都邀请本县在外务工管理人员座谈,充分获取信息,竭力谋求合作。据统计,该年县级领导带队外出招商52次,召开座谈会17次。二是不拘形式地召开项目推介会。6月29日在县工业园区举办了永新旅游推介暨招商引资项目签约大会,市领导胡长林、温新华、陈志明、杨群宝、省中小企业局副局长卢耀群及部分市直单位领导和163位客商参加大会。会上共签约34个项目,签约合同资金4.3亿元。9月28日在县城广场结合电视剧《大唐歌飞》首映式,文化搭台,经济唱戏,签约项目10个,签约合同资金2.8亿元。10月16日在广东东莞市成功地举办了永新招商引资(东莞)推介会。市领导胡长林、杨群宝及招商、外经贸单位领导和来自珠江三角洲地区,港、澳、台地区的客商181人、永新籍务工人员中企业优秀管理人员100多人参加大会,会上签约项目25个,签约合同资金4亿元。三是充分发挥招商工作站的积极作用。15个招商工作站以广东、浙江、福建等沿海发达地区为重点工作方向,建立招商基地,“敲门招商”,以紧盯大企业、大集团,跟踪转移项目为中心,广泛开展招商引资工作。四是注重以落户永新客商招商,以存量资产招商,以工作职能特点招商,以单位能人招商,大大提高了招商的成功率,避免招商中的盲目性。通过已落户永新的台商陈明贵先生、蔡镇国先生成功地引进了“铭丰橡塑”、“安阳鞋业”等台资企业,通过银鑫公司催化出飞翔化工公司,通过新大泽公司衍生了新兴泽销售公司,通过富新纸业带来了南方纸业公司、锦达纸业公司。还有赣粤恒兴公司增资漆包线深加工,新锦茧丝公司增资购买自动设备等。五是出台了《关于进一步加快民营经济发展的决定》和《鼓励干部融资发展民营经济的通知》,极大地激发了县内民间资金的投资热,激活了像左奇、彭捷等县内民营企业家和私营企业主的投资热情。同时,注重产业化经营的拉动,引进绿洲园林工程公司、粮油加工及林产化工等方面的企业,突出对农业特色产业的基地建设、龙头企业扶持和市场体系培育三个重点,走出了一条以工业理念推动农业发展的新路子,使得农业资源优势和农产品加工成为农民增收的主渠道。

4. 强化帮办,优化环境。对固定资产投资在100万元以上的内引外联项目,县委、县政府统一安排1名县级领导挂点服务,帮办单位都派出得力干部全过程帮办,全方位服务,保证“保姆”式帮办。帮办单位竭尽所能,都有偿或无偿向帮办企业提供部分资金,用于项目建设,为企业办理证照手续,力促项目早进资,早开工,早投产,早回报。同时,县投诉中心加大客商投诉案件的查处力度,主动上门,加强联系,跟踪服务,及时处理典型案件。2003年,查处市场服务中心职工侵犯外商案,县公安局干警粗暴对待客商案,有效地优化投资环境。全县共受理各类投诉案件64起,结案64起,结案率达100%。同时开展不定期形象测评活动。测评结果列前三名的由县委、县政府予以通报表扬,测评结果后三名的正科级单位和副科级单位除在全县范围内予以通报批评外,单位领导还须在电视上作整改发言,限时全面整改。条管单位由县委办、县政府办负责抄送至其省、市主管部门。完善了“一门式”办证收费制度,对客商办证照实行了“一站式”审批,一个窗口办理,一条龙服务,大大提高了办事效率。

5. 严格考核督查,落实奖惩。成立招商引资工作考核小组,由分管招商引资工作的县委副书记为组长,分管招商引资的副县长为副组长,县委办、县政府办、招商局、工业园区等单位主要负责人为成员,并抽调业务骨干组成考核工作组。采取查看项目资料,实地考查等方法逐个核实,并逐月对各单位招商引资工作通报督查。对虚报项目等弄虚作假行为,一经发现,由县纪检监察部门及时严肃查处,并追究其单位领导和承办人员的具体责任。年末,由县委、县政府对经考核评定的招商引资先进单位设立单项奖,鼓励先进。

永新县重点企业名录库

（2003年）

企 业 名 称	通 讯 地 址	资产总额（万元）	销售收入（万元）	员工人数（人）
永新县石油支公司	湘赣街	740	4 482	38
江西第二机床厂	建设街	10 641	3 380	944
永新县建筑总公司	禾川大街	3 702	3 373	80
永新县昌达建筑工程有限公司	高川村	1 219	3 330	259
江西金鼎建筑有限责任公司	龙安村	3 363	2 982	310
江西赣粤恒兴机电有限公司	城北大道	7 867	2 700	143
永新县新锦茧丝绸有限公司	建设街	1 528	2 561	434
永新县伟远建筑工程有限公司	湘赣街	2 734	2 489	203
永新县禾水建筑工程公司	湘赣街	1 622	2 460	352
永新县供电有限责任公司	湘赣街	7 687	1 433	325
永新县环宇建筑工程有限公司	宏居村	932	1 384	331
永新县房屋建筑工程公司	幸福街	1 532	1 208	300
江西省乌石山铁矿	太崦村	8 846	1 129	650
江西川赣有色金属有限公司	永新县埠前镇工业开发区	200	989	128
江西兴隆建筑有限公司	草市村	808	820	122
永新县林业工业公司	湘赣街	2 292	712	98
江西省永兴纸业有限公司	袍田村	1 450	630	60
江西明雅实业有限公司	永新县禾川镇工业园区	220	610	25
永新县江丽水泥有限责任公司	工业开发区	1 273	586	180
江西海天药业有限公司	莲花坪	4 655	546	98
永新县冶金化工厂	燕溪村茅坪	300	540	105
永新县七溪岭林场	工业区	4 983	538	490
永新县缫丝厂	里田街	787	503	260
江西兴利达五金机械有限公司	永新县埠前镇工业开发区	600	502	120
永新县林产化工厂	永新县埠前镇工业开发区	750	95	22

吉州区重点企业名录库

（2003 年）

企　业　名　称	通　讯　地　址	资产总额（万元）	销售收入（万元）	员工人数（人）
江西省吉安市烟草专卖局	韶山中路 17 号	4 000	100 000	882
江西井冈路桥(集团)有限公司	井冈山大道 36 号	10 722	43 168	3 326
友利电电子(江西)有限公司	吉州区工业园	6 018	32 433	3 900
中国石油化工股份有限公司吉安石油分公司	井冈山大道 175 号	13 288	23 264	231
吉安市建筑安装工程总公司	井冈山大道 160 号	31	10 100	1 100
江西电缆有限责任公司	吉州区禾埠乡	1 253	7 525	319
江西省医药集团吉安公司	井冈山大道 99 号	691	5 303	205
江西红声器材厂	神岗西路 100 号	9 273	4 309	1 062
吉安电力实业总公司	北门 井冈山大道 153 号	1 015	4 290	376
江西省吉安玉华水泥有限公司	神岗北路 2 号	3 096	3 718	129
江西吉安供电局	井冈山大道 153 号	3 542	3 436	736
江西堆花酒业有限责任公司	真君山 1 号	23 673	3 373	350
吉安市长盛建筑工程有限公司	井冈山大道 11 号	589	2 812	637
吉安明珠建筑工程有限责任公司	井冈山大道 159 号	3 186	2 420	218
吉安市第三建筑工程公司	沿江路 16 号	862	2 408	525
江西省盐业总公司吉安市公司	井冈山大道 103 号	1 345	2 211	65
吉安市赣吉建筑工程公司	井冈山大道 165 号	500	1 971	168
吉安市粮油食品厂	凤凰洲 46 号	173	1 940	141
吉安市吉州区国光超市	步行街	307	1 867	102
吉安市丽人堂日化有限公司	吉福路 45 号	55	1 850	48
江西赣江制药有限责任公司葡萄糖酸钙厂	井冈山大道 139 号	1 813	1 778	285
江西吉安电机制造有限责任公司	阳明西路 42 号	3 593	1 700	242
吉安市樟山建筑工程公司	阳明西路 31 号	431	1 615	260
吉安市经纬建筑工程公司	韶山东路 18 号	283	1 600	375
江西赣江制药有限责任公司	韶山西路 9 号	3 155	1 542	396
吉安市农村供电有限责任公司	井冈山大道 153 号	600	1 529	168
江西省吉安金嘉造纸厂	石溪头	50	1 457	311
吉安市自来水公司	长岗南路 19 号	4 370	1 432	329
江西省吉安市新华书店	井冈山大道 58 号	156	1 424	61
江西省吉安市石油公司	井冈山大道 13 号	14	1 374	61
江西省吉安机床厂	禾埠村	4 797	1 315	210
吉安市交通工程建设有限公司	韶山东路 21 号	1 191	1 286	219
吉安市房屋建筑工程处	上人民路 63 号	594	1 253	843
吉安市天华建筑公司	阳明西路 39 号	695	1 160	269
吉安市装饰工程总公司	井冈山大道 56 号	3 949	1 014	180
吉安市建民实业有限责任公司	中山西路 11 号	260	1 000	90
吉安市交通工程公司	友谊路 5 号	549	996	235
吉安市恒通工程有限责任公司	禾埠村	2 153	950	208
中国石化集团江西石油总公司吉安分公司	井冈山大道 175 号	246	893	61
中国石化集团江西吉安石油化工厂	跃进路 40 号	556	846	30
吉安市建筑工程公司	跃进路 35 号	59	818	270
吉安市国光香料厂	北门村	10	800	10
吉安市第六建筑工程公司	阳明西路 60 号	1 495	780	600
江西吉安市航务工程处	大校场路 2 号	411	733	95
吉安市农资总公司	井冈山大道 20 号	980	717	399
吉安市粮食建筑公司	韶山东路 21 号	100	672	100
吉安市新兴塑胶有限责任公司	吉福路 45 号	465	669	34
吉安市市政工程公司	阳明西路 33 号	423	616	201
吉安市宏声线材限责任公司	神岗西路 100 号	110	600	180
吉安市甘雨亭商贸有限责任公司	下沿江路 28 号	100	600	470

青原区重点企业名录库

（2003 年）

企业名称	通讯地址	资产总额（万元）	销售收入（万元）	员工人数（人）
井冈山华能发电有限责任公司	赣江村委会	237 446	82 147	291
吉安市白云山水利水电管理局	北坑村	9 644	1 938	685
江西泰泉实业有限公司	梅林工业小区	3 064	1 792	584
江西吉安多元钟业有限公司	梅林工业小区	234	1 586	85
吉安市长乐制钢有限公司	匡家村	1 178	1 526	168
吉安铁路建筑安装工程公司	铁路单位	71	1 287	28
吉安市志强力车厂	螺滩电站	160	1 000	32
吉安市螺滩水利水电管理局	螺滩村	3 894	930	270
吉安市第五建筑公司	吉州路 6 号	138	609	351
吉安万吉电力设备制造有限公司	梅林开发区	16	568	44
吉安飞达钢铁有限公司	匡家村	117	507	47
吉安市青原区第一建筑工程公司	建新路 4 号	68	300	246
吉安市青原区富吉粮油有限公司	宋溪村	95	300	6
吉安市青原区第二建筑工程公司	美陂村	60	226	661

吉安县重点企业名录库

（2003 年）

企　业　名　称	通　讯　地　址	资产总额（万元）	销售收入（万元）	员工人数（人）
江西井冈山卷烟厂	赣中大道	18 154	19 073	871
江西燕京啤酒有限责任公司	白云路 42 号	16 899	13 656	657
江西省烟草公司吉安县公司	庐陵大道 37 号	300	9 600	93
江西天河煤矿	田家村	6 500	3 764	2 087
中国石化股份有限公司江西吉安石油支公司	文山路 4 号	120	3 183	81
吉安县供电局	庐陵大道		2 912	235
江西机械化工厂	安塘街	5 100	2 860	624
江西庐陵水泥厂	赣中大道 1 号	1 200	2 633	448
天河火力发电厂	天河街		2 434	530
吉安县食品公司	吉州路 21 号	300	2 371	25
吉安县医药公司吉安县公司	井冈山大道 57 号	202	1 554	126
江西省汽车工程塑料厂	赣中大道 9 号	120	1 489	370
吉安雯山油脂有限公司	二七路 7 号	150	1 455	81
吉安县林产化工厂	房山	1 500	1 300	120
吉安县农业生产资料总公司	白云路 13 号	250	1 200	63
吉安县井冈山烟厂凤凰辅助材料厂	凤凰	80	1 065	62
吉安正邦畜禽有限公司	开发区	400	980	65
吉安县市天翔教育信息产业有限公司	工业园	120	946	58
吉安县吉建建筑公司	君山大道	230	809	345
吉安县万宝山矿业开发公司	油田村	300	535	40
吉安县大自然药业有限公司	富川路	550	514	90
吉安县敦厚镇土方砂石公司	渡头村	80	512	72
吉安县宏远精密制造有限公司	房山	200	501	50
吉安县农资复混肥厂	105 国道旁	46	500	35
吉安县第二建筑工程公司	君山大道	180	451	385
吉安县房屋建筑安装公司	庐陵大道 8 号	650	385	24
江西省天河煤矿建筑工程队	田家村	150	312	70
吉安县庐陵建筑公司	永和	150	298	198
吉安县涅田建筑队	涅田村	45	180	40
吉安县天河镇建筑队	天河	8	178	30
吉安县五环建筑工程公司	车站街 9 号	26	140	173
吉安县吉新建筑工程公司	桐坪	20	123	45
吉安县固江镇建筑公司	吉福路	12	120	40
吉安县盘田建筑队	花桥村	8	88	55
天河火力发电厂建筑有限公司	天河街	80	58	32
天河火力发电厂机电安装有限公司	天河街	68	55	18
吉安县官田乡建筑队	官田村	12	50	30
吉安县永和锦源装饰有限公司	锦源村委	60	48	12
吉安县大冲建筑队	大冲村	15	44	40
吉安县安塘乡建筑队	安塘村	18	44	30
吉安县油田乡建筑队	油田村	15	40	107
吉安市民鑫装饰工程吸限公司	吉州路	20	35	8
吉安县梅塘乡建筑队	栗塘村	20	35	34
吉安县敦厚镇厚丰建筑施工队	厚丰村	12	19	11
吉安县公路桥梁工程建筑公司	庐陵大道 42 号	2	16	10
吉安县水利水电工程施工队	庐陵大道	160	15	49
吉安县指阳乡房屋修缮队	指阳村	5	8	6
吉安县永和南站综合服务部	陈家村	5	7	3

吉水县重点企业名录库

(2003 年)

企业名称	通讯地址	资产总额(万元)	销售收入(万元)	员工人数(人)
吉水县金田米业限公司	文峰镇	920	3 132	180
中国石化工股份有限公司江西吉水石油公司	龙华中大道 6 号	100	3 108	89
吉水县京九粮油加工厂	工业区	50	2 676	120
吉水县轻工总厂	工业区	80	2 095	585
吉水县福胜劳保用品公司	文峰镇	20	1 390	166
江西省医药公司吉水县公司	龙华大道 341 号	30	1 325	63
吉水县金桥建筑工程公司	中文化路 116 号	60	1 230	210
吉水县八都镇板鸭有限公司	八都	60	1 225	218
吉水县新都轧钢厂	兰花	50	1 148	35
吉水县科华水泥有限责任公司	城南工业区	30	1 103	234
吉水县洪发建筑工程公司	下文化路 6 号	50	1 100	156
吉水县建筑工程总公司	下文峰路 20 号	60	1 080	140
吉水县水泥厂	里塘村	60	1 023	170
吉水县城建建筑公司	龙华大道	60	1 000	725
吉水县金竹板业有限公司	城南工业区	30	900	60
吉水县武吉水泥厂	洋田村	60	890	150
吉水县兴华天然香料有限公司	城南工业区	50	828	18
吉水县宏达天然香料有限公司	城南工业区	50	801	25
吉水县水南天然香料厂	城南工业区	50	744	35
吉水县外贸皮革有限公司	吉水工业园区	60	699	450
吉水县吉兴皮革手套厂	文峰路	20	678	287
吉水县石莲煤矿	阜田镇	1 016	597	168
吉水县汇海轻工厂	下老街 3 号	50	524	205
吉水县螺田煤矿	螺田镇	591	508	153
吉水县利丰东方印刷	文峰镇	20	506	60
吉水县三剑渔具厂	文峰镇	284	504	160
吉水县吉深装璜工程公司	下文峰路	50	410	37
吉水县中旭包装有限公司	城南工业区	50	400	42
吉水县鹏远劳保用品有限公司	中文化路	30	400	154
上海联能科技井冈山实业有限公司	城南工业区	30	310	28
吉水县有机复合肥厂	城南工业区	20	300	30
吉水县水电建筑安装公司	城南	30	300	320
吉水县自来水公司	文峰镇	484	236	70
吉水县食品公司	中文峰路 61 号	30	162	172
吉水县农业生产资料公司	龙华中大道 296 号	30	160	84
吉水县副食品公司	中文峰路	10	110	96
吉水县文峰建筑工程公司	文化西路	50	110	250
吉水县五交化公司	中文化路 181 号	20	54	60

峡江县重点企业名录库

（2003年）

企 业 名 称	通 讯 地 址	资产总额（万元）	销售收入（万元）	员工人数（人）
江西省烟草公司峡江县公司	西门路31号	305	4 600	34
江西核工业瑞丰生化有限责任公司	何家	8 450	2 683	501
中国石化股份有限公司江西吉安峡江支公司	巴邱131号	856	2 386	106
峡江县供电有限责任公司	佩贝村		1 430	203
峡江县水泥厂	何君村	250	1 050	270
峡江县林业工业公司	何君村		832	626
峡江县宝林胶合板实业有限公司	佩贝村	150	793	150
江西省峡江县烟叶复烤厂	佩贝村	1 250	632	245
峡江县水边建筑工程公司	石阳街	620	550	300
峡江县群欢米厂	众村村	160	500	20
峡江县袁攀生粮食加工厂	罗田村	70	500	13
峡江县金穗粮油有限公司	农场场部	80	500	16
峡江县鸿裕手套厂	佩贝村	130	500	45
峡江县金威大米加工厂	五居委会	150	500	15
峡江县房屋建筑公司	横街路43号	653	480	26
峡江县马埠建筑公司	俐田村	185	460	160
峡江县仁和建筑装璜公司	仁和村	13	420	38
峡江县昌盛建筑工程公司	俐田村	165	317	168
峡江县罗田乡建筑有限公司	罗田村	35	300	20
峡江县金江乡建筑公司	石阳街	150	270	130
峡江县沙坊乡建筑公司	俐田村	155	250	154
江西省峡江县城建公司	四街19号	700	221	137
峡江县仁和基建队	仁和村	35	212	9
峡江县宏远建筑工程有限公司	元阳路九洲商城	79	211	98
峡江县建筑安装有限公司	巴邱北路136号	145	146	53
峡江县水边第二建筑公司	俐田村	105	80	8
鸿昌机械施工工程有限责任公司	佩贝村	300	66	27
峡江县巴邱乡基建队	安平路36号	10	60	25
峡江县电力安装经营部	百花路2号	24	36	9
江西国营金坪华侨建筑工程公司	农场场部	6	22	34
峡江县玉笥建筑有限公司	何君村	65	21	35
峡江县桐林乡建筑队	桐林村	13	20	8

永丰县重点企业名录库

（2003 年）

企 业 名 称	通 讯 地 址	资产总额（万元）	销售收入（万元）	员工人数（人）
江西项氏稀贵金属有限公司	工业小区	360	4 220	125
江西省烟草公司永丰县公司	恩江南路 9 号	254	3 735	87
江西绿盛木业有限公司	工业园区	2 315	3 460	152
中国石化江西吉安永丰石油支公司	恩江西路 7 号	569	3 312	73
江西永丰县金丰萤石有限公司	返步桥	268	2 770	110
江西航盛电子有限公司	工业园区	1 200	2 700	210
江西龙天勇有色金属有限公司	工业园区	860	2 580	48
江西联惠化工有限公司	工业园区	400	2 300	287
永丰县农业生产资料公司	恩江西路	350	2 054	85
江西同方药业有限责任公司	坪上村	465	1 874	222
永丰希望饲料有限公司	水南背	560	1 759	58
永丰县安丰竹业有限公司	工业园区	300	1 730	92
江西永丰纸业有限责任公司	东湖工业区	36	1 721	246
江西京通制药有限公司	聂家村	51	1 659	130
江西永德竹木制品有限公司	工业园区	900	1 588	126
永丰县第二建筑公司	傅家坝 170 号	26	1 432	405
江西富丰纸业有限公司	工业小区	260	1 388	125
永丰县宝绿苎麻纺织有限公司	东湖村	687	1 257	257
永丰县新飞塑料制品厂	工业小区	358	1 200	60
江西裕丰针织有限公司	工业园区	590	1 180	160
永丰县第一建筑公司	恩江西路 17 号	16	1 158	335
江西省永丰县新华书店	恩江东路	287	1 093	19
江西广恩和制药有限公司	石桥村	600	1 082	306
江西鑫利达服装织造有限公司	工业园区	548	1 060	156
江西省永丰县鹰鹏水泥有限公司	岩前村	143	1 045	382
江西飞驰织造有限公司	东湖	260	989	210
江西强丰药业有限公司	水陂村	450	930	161
江西鹿迪制药有限公司	坪上村	47	911	211
江西泰丰纸业有限公司	工业园区	800	900	134
江西绿海油脂有限公司	贯岭	456	863	148
江西永发化工有限公司	工业园区	800	800	190
永丰县金峰水泥厂	水南背	360	754	90
江西老蜂农蜂业有限公司	水南背	350	636	35
广福建材(永丰)有限公司	水南背	56	579	52
江西省永丰县竹地板厂	潭头村	62	566	56
江西永乐铜业公司	工业小区	169	510	127
江西永丰县博源实业有限公司	东湖工业区	147	500	80
江西地威药业有限公司	工业园区	222	376	80
江西省永兴针织有限公司	东湖	350	120	160
永丰县电力工程安装有限公司	恩江北路	126	66	33
永丰县自来水公司水暖安装分公司	恩江西路 8 号	45	44	16
江西省永丰县水利电力建筑安装公司	水南背	7	43	20

泰和县重点企业名录库

（2003年）

企 业 名 称	通 讯 地 址	资产总额（万元）	销售收入（万元）	员工人数（人）
江西泰和大北农饲料有限公司	文田村	2 582	17 120	229
江西泰和玉华水泥有限公司	黄岗村	16 118	14 148	630
泰和县供电有限责任公司	工农兵大道	6 941	5 088	236
江西庆江化工厂	三居村	3 918	4 029	495
江西省石油公司泰和支公司	工农兵大道424号	1 607	2 707	44
江西半边天药业有限公司	二居委会	6 092	2 450	155
泰和县天鹅棉纺有限公司	文田村	558	2 176	230
泰和县广泰化工有限公司	文田村	33	1 825	39
江西省泰和县建筑工程总公司	工农兵大道	1 077	1 794	28
江西金惠纸业有限公司	居委会	1 736	1 725	120
江西万德化工科技公司	上田	842	1 677	70
泰和县江村粮油公司	永江路61号	338	1 633	38
小龙钨业公司	小龙	1 112	1 447	288
江西省新华书店	井冈山大道77号	335	1 344	40
泰和县松泰林化发展有限公司	文田	150	1 180	50
江西经纬化工厂	苏溪村	1 016	841	281
泰和县志麟实业有限公司	文田开发区	1 719	798	827
泰和县永和实业有限公司	上田	1 672	743	287
江西百事能色织有限公司	上解放路158号	522	660	239
江西一伟针织厂	文田村	340	540	280
江西天兰植物提取有限公司	文田村	440	519	104
泰和华胜建筑工程有限公司	中山路	680	490	160
泰和县第一建筑有限公司	下解放路51号	1 305	446	120
泰和县市政建筑工程有限公司	南门村	61	80	120
泰和县建筑安装工程总公司	上解放路154号	172	70	249
泰和县城市建设工程公司	光明路	66	62	80
泰和县水电施工队	南门八一路191号	332	36	48
泰和县食品公司	一居委会	602	6	32

遂川县重点企业名录库

（2003年）

企 业 名 称	通 讯 地 址	资产总额（万元）	销售收入（万元）	员工人数（人）
遂川县烟草公司	农民街10号	620	4 280	69
吉安市林森木业有限公司	县工业区北区	234	3 697	194
江西省医药公司遂川县公司	泉江镇东路大道17号	652	3 222	60
江西翔云服装有限公司	龙泉商贸城一区	455	2 270	596
江西三越药业有限责任公司	西路街12号	2 500	1 903	127
江西三笑集团遂川日化有限公司	工业园区	130	1 844	350
江西燕京啤酒有限责任公司第二分厂	云岗村	213	915	204
遂川县发电公司	西门03号	75	911	274
遂川三林香业有限公司	工业园区18号	232	884	370
遂川县板鸭厂	堂境村	115	783	50
遂川县联盛建筑有限公司	怡园小区	354	656	179
江西省遂川粮油工业公司	水南居委会	47	615	20
遂川县珠江建筑有限公司	文献居委会16号	580	613	250
遂川县农龙钢铁有限责任公司	南村村	250	606	162
遂川县珠田板鸭厂	珠田山口村	79	523	75
遂川县草林冲水电有限责任公司	南村村	778	511	149
遂川县广达路桥有限公司	工农兵大道22号	95	388	18
江西省遂川县建筑公司	东路大道58号	69	351	254
遂川县泉江建筑公司	工农兵大道24号	125	315	154
遂川县水利水电建设公司	工农兵大道4号	311	273	112
遂川县云岭建筑有限公司	小工业品市场	87	179	187
遂川县华厦建筑有限公司	文献西门内1号	55	155	75
浦东木制工艺品有限公司	工业园区17号	345	148	50

安福县重点企业名录库

（2003 年）

企 业 名 称	通 讯 地 址	资产总额（万元）	销售收入（万元）	员工人数（人）
江西井冈山纺织有限责任公司	瑶溪村	15 510	6 448	46
江西省烟草公司安福县公司	安平路 2 号	8 900	5 550	92
浒坑钨矿	居委会	9 525	4 739	1 574
江西金顶药业有限公司	铁井社区居委会	4 003	3 530	130
中国石油化工股份有限公司江西吉安安福	宝成南路 2 号	3 356	2 927	38
安福县供电有限责任公司	铁井 154 号		2 720	356
江西兴林森工集团有限公司	武功山大道 18 号	20 551	2 386	443
江西省大光山煤矿	水西村	5 000	1 976	1 698
安福县泰昌水泥厂	安福枫田镇水西	3 800	1 800	280
吉安宏盛水泥厂有限责任公司	新屋场	10 402	1 724	835
安福县竹胶板厂	横屋村	2 643	1 714	121
江西宏盛安福水泥厂	枫林村	4 054	1 560	297
安福县林化有限责任公司	寮塘村	1 665	1 324	75
安福县社上水库管理局(安福县发电公司)	社上村		1 150	288
安福县金盛纸业有限公司	凤林村	2 200	1 000	93
安福县荣鑫选矿厂	苍坑	1 294	794	45
安福县建筑安装工程总公司	蒙岗岭 145 号	849	744	398
安福县矿产品开发公司	浒坑	894	722	71
金田乡建筑公司	楼东村	837	655	235
安福县浒坑镇胶合板厂	瓦楼村	765	636	66
安福县浒坑镇华强钨业有限责任公司	浒坑	709	552	59
江西安福山旺木业有限公司	横权村	746	516	126
江西安福电器厂	洲湖	994	506	102
江西省安福县洋陂铁矿	陂头村	612	505	25
安福县连村乡新背河西煤矿	新背村	746	500	45
安福县兴安林场	平都	600	481	38
安福县洋门建筑工程公司	洋门村	658	478	350
江西省安福县平都镇建筑公司	铁井社区	540	430	306
安福县泰吉房地产建筑公司	王家巷	280	310	8
安福县电力安装公司	武功山大道	736	273	17
安福县洲湖建筑公司	洲湖	271	210	170
安福县协成建筑装饰工程有限公司	武功山大道 38 号	230	170	106
安福县建筑基础工程处	安平路	331	65	42
江西立成防水工程有限责任公司安福分公司	武功山大道	25	10	8

井冈山市重点企业名录库

(2003年)

企业名称	通讯地址	资产总额（万元）	销售收入（万元）	员工人数（人）
井冈山市造纸厂	石市口分场	1 786	3 410	570
井冈山市天行铜材有限公司	厦坪村37号	2 217	2 269	58
井冈山市电力公司	黄竹坳路58号	1 585	1 836	265
井冈山市恒华陶瓷有限责任公司	东上大富坪	735	1 539	700
井冈山龙市供电有限公司	龙市村沿江路33号	3 611	1 161	190
井冈山市泉涌建材有限公司	口前山	716	916	271
井冈山市金鑫陶瓷有限公司	会师路98号	462	771	360
井冈山井冈冲水库管理委员会	黄竹坳路	15 828	665	170
井冈山市飞翔瓷业有限公司	沿江路	292	598	250
江西井冈山企业集团公司	罗浮林场	1 454	501	78
江西大井冈科技实业公司	口前山村16号	130	424	56
井冈山市平达陶瓷有限责任公司	会师路98号	352	388	342
井冈山第三建筑工程公司	沟边村	452	360	120
井冈山市发电有限责任公司	沿江路33号	1 261	271	176
井冈山市第二建筑公司	新市场路	22	250	102
井冈山市第一建筑工程公司	沿江路137号	1 056	230	104
井冈山市第四建筑公司	解放路11号	66	200	168
井冈山市自来水公司	桐木岭路55号	422	161	52
井冈山市厦坪建筑工程公司	厦坪	774	142	99
井冈山罗浮建筑公司	罗浮村	34	85	45
井冈山市建筑公司	红军南路	1 133	63	216
井冈山市长坪建筑公司	中烟村	56	39	16
井冈山市宁冈自来水公司	沿山路	126	33	43

第七章：赣州市

骨干企业

虔东实业
南方稀土
伟良钨业
赣南卷烟
赣南果业
江铃齿轮

重点工业园区

大余县工业园
章贡区沙河工业园
信丰县工业园

内容提要：

★ 市情简介
★ 市长论坛
★ 支柱产业
★ 优惠政策
★ 赣州市200强企业
★ 县（市、区）简介
★ 工业强县（市、区）长专栏
★ 分县市区50强企业

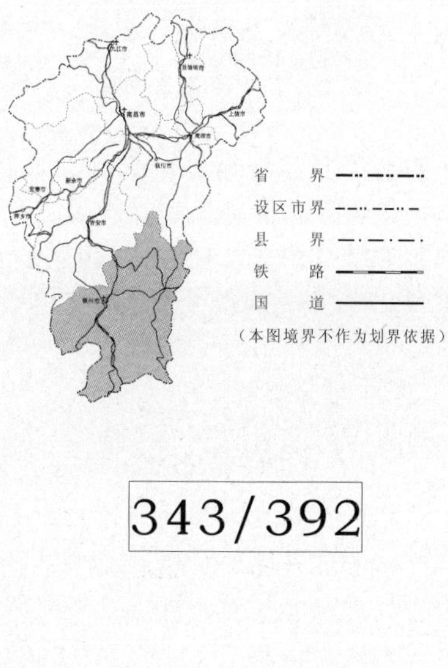

定南县南方稀土有限责任公司

总经理：张小平

定南县南方稀土有限责任公司成立于2000年，经过不断优化、技改现已发展为赣州市重点工业企业；公司地处南方离子吸附型稀土主产县，从事稀土分离加工，生产各种单一高纯稀土氧化物、氟化物及共沉物。正在建设中的项目完成后，将达到年处理离子型混合稀土氧化物3000吨。我们始终坚持“关注顾客，满足需求”的质量方针，为国内外客户服务。

公司地址：定南县城工业大道　邮编：341900
电话：0797—4280391　传真：0797—4280598
网址：www.2911.net
电子信箱：gzsdnw@2911.net

江西大吉山钨业有限公司

总经理：刘柏禄

江西大吉山钨业有限公司位于江西省最南端，总经理刘柏禄，公司现有员工1500余人，其中各类专业技术人员150人。采选能力为91.8万吨/年，目前已开采回收的矿种有：黑、白钨精矿、铋金属、钼精矿、甲级钨细泥等，钽、铌铍、钪矿体正在开发之中，发展前景美好。公司设备优良，采选工艺先进，管理严谨，产品质量稳定，生产的钨精矿曾多次被江西省及原中国有色工业总公司评为优质产品。企业坚持“团结、务实、创新、发展”的精神，始终走科学开发矿业之路，先后被江西省授予“环境保护模范企业”、“江西省分行业十强企业”、“江西省诚信建设活动先进企业”。

地址：江西省全南县大吉山镇　邮编：341801
电话（传真）：0797—2666468
E—mail:djsxingban@sohu.com

赣州华兴钨制品有限公司

赣州华兴钨制品有限公司是由江西钨业集团有限公司及下属铁山垅钨矿、荡坪钨矿、浒坑钨矿等七家国有大型钨矿山和赣州有色金属炼厂以及香港华钨有限公司共同发起投资兴建的中外合资企业，现由江钨集团控股，是该集团钨产业的核心企业。1997年10月投产，主要产品和年生产能力为：仲钨酸铵5000吨，氧化钨2600吨，钨粉1000吨，碳化钨粉600吨，偏钨酸铵400吨，钨酸钙750吨，是中国钨工业有较大影响的企业之一。公司拥有完善的试验、检测手段；装备和技术等均达到国内先进水平。现有员工253人，其中大中专以上技术人员48人。

公司于2000年通过IS09002质量保证体系认证，2003年初成功换版为IS09001：2000体系。公司拥有自营进出口权，具有国家部委确认的钨品出口供货资格。近几年获得国家钨品配额数量居全国生产企业前茅。几年来，公司以稳定的产 品质量和良好的信誉赢得国内外客户好评。先后荣获“江西省优秀企业”、“江西省质量管理先进企业”、“江西省用户满意企业”、“江西省环境保护模范企业”、“江西省设备管理先进单位”、“赣州市最佳企业”等荣誉称号。公司被江西省检验检疫局评定为“免检单位”。“华兴”牌仲钨酸铵获“江西省用户满意产品”荣誉称号。

公司将以市场为导向，以满足客户对产品的各种要求为己任，充分利用赣南宝贵的钨资源，与国内外各界携手并肩，逐步做大做强做优，“十五”期间，将年产规模扩大为仲钨酸铵10000吨，氧化钨5000吨，钨粉2000吨，碳化钨粉1000吨，并增加合金粉、钨条、硬质合金等深度加工产品，更大程度地将资源优势转化为产品优势和经济优势，努力把“华兴”建成中国钨产业一流企业，为中国钨工业的可持续发展贡献力量。

总经理：吴林浒　电话：0797—8251258　传真：0797—8254208

【市情简介】

赣　州　市

【区位优势】

赣州市位于赣江上游,江西南部,地处东经113°54′-116°38′、北纬24°29′-27°09′。东邻福建,南毗广东,西接湖南,北与本省吉安、抚州市相连。它"南抚百越,北望中洋",向有据五岭之要会、扼赣闽粤湘之要冲之说,是内地连接东南沿海的重要过渡地带。由于京九铁路的贯通,赣州还建成了以铁路、公路为主体、航空、航运为两翼的立体交通网;邮电通讯基本现代化;海关、商检、口岸等涉外机构健全。赣州不仅由一个交通闭塞、经济落后的山区,初步建设成为一个交通便利、信息便捷,有一定经济实力、日益繁荣开放的地区,而且有望成为粤闽湘赣边际的区域性中心城市。

【历史沿革】

赣州市历史悠久,远在四五千年前就有先民在此繁衍生息。秦以来历代在此设置过郡、州、路、道、府治。新中国成立后赣州和海南曾为全国仅有的两个特别行政区,后改专区、地区。1998年国务院批准撤销赣州地区,设立地级赣州市。现辖1区,15个县,代省管理2个市,与清代赣州府、南安府和宁都直隶州所辖范围相同,是江西省最大的行政区。境内人口以汉族为主,少数民族有畲族、瑶族、回族、壮族等29个。赣州是客家人聚居最多的地区,也是江西省的重点侨乡之一,客家人口占赣州人口的95%以上,华侨分布在东南亚及美国、加拿大、日本、澳大利亚等20多个国家和地区。

【自然资源】

赣州市国土总面积3.94万平方公里,占全省面积的23.6%,地貌以丘陵山地为主,兼有盆地。境内群山环绕,江河纵横密布。呈典型的亚热带湿润季风气候,无霜期长、雨量充沛、气候温和、四季分明。优越的地理环境,独特的地质构造和宜人的气候条件,使赣州成为自然资源的宝库。森林资源丰富,全市森林覆盖率74.4%,活立本蓄积量近8000万立方米,是全国十八大重点林区之一;水能资源丰富,水资源总量人均6373立方米,高于全国水平,水能理论蕴藏量216.2万千瓦,占全省31.7%;地下矿产资源丰富,现已探明的固体矿产种类达64种,尤以有色金属和稀有金属居多,素有"世界钨都"、"稀土王国"之誉。

【旅游资源】

赣州市山川秀丽、历史悠久,加上不同寻常的革命史迹,形成了独具特色的人文景观和丰富的旅游资源。这里有山青水秀的翠微峰、玉石岩、罗田岩、汉仙岩、聂都溶洞和陡水湖等自然景观,风景如画的阳岭天公园、九连山自然保护区、99座并峰武当山;有与香港一脉相连的东江源三百山;有巍然高耸的八境台、郁然孤峙的郁孤台、岩深谷幽的艺术宝库通天岩、岭南雄关梅岭以及保存完好的宋代城墙、七里古窑遗地等历史文化名胜;更有以"红色故都"瑞金为中心的近代革命史迹群落。现在全市列为全国文物保护单位17处,省级文物保护单位49处,县级文物保护单位94处。

【经济概况】

新中国成立后,经过50多年的开发建设,赣州的社会经济发生了深刻变化:工业已建立了包括冶金、电力、煤炭、化工、机械、电子、森林、建材、食品、轻工、纺织在内的地方工业体系,工业企业逾三千家,成为全国的重点有色稀土金属生产基地,江西省的制糖、造纸、人造板、卷烟、林产化工产品生产基地。农业得到长足发展,农副产品有7个县(市)被评为中国名特产之乡。

2003年,赣州市实现生产总值(GDP)345.06亿元,比上年增长12.5%。全市实现财政总收入31.04亿元,比上年增长20.6%,为1996年以来最高增速。实现农业总产值154亿元,比上年增长5.2%,全市规模以上工业企业总产值突破100亿元,达到115.41亿元,比上年增长27.3%。实现利润总额4.33亿元,增长127.5%。销售收入过亿的企业达到24户,比上年增加8户。工业园区建设进展较快,市、县两级现已建成19个工业园,其中1个省级重点工业园,1个省级乡镇示范工业园,已入园企业692户,比上年增加298户。第三产业发展良好。实现增加值131.70亿元,增长13.0%;商贸流通和旅游业迅速发展,城乡市场繁荣活跃,物价平稳,社会消费品零售总额120.14亿元,增长

10.87%。对外开放进一步扩大。全市实际利用外资4.76亿美元,增长102.85%;利用外资项目来自25个国家和地区。实际引进内资71.95亿元,增长132%。非公有制经济快速发展。区域经济协作进一步增强。不断加强与闽西、粤东、赣东南经济协作区,大京九经济带、闽粤赣边区经济技术协作区以及"红三角经济圈"等区域协作的经济技术协作。全市签约内资项目1313个,合同引资230.80亿元,同比增长127.79%;全年实际进资168.95亿元,134.84增长%,居全省第二。

【基础设施】

2003年,赣州市共完成全社会固定资产投资155.49亿元,比上年增长42.38%。城镇以上投资为139.16亿元,比上年增长67.81%。重点工程投资力度大,进展顺利。全市23个国家、省、市重点项目完成投资51.53亿元,占全部基建、更改投资的51.3%。杨梅渡大桥、梅林大桥、323国道改造等项目已基本建成。特别是赣定高速公路南康至龙南段约100公里基本建成通车,结束了赣州没有高速公路的历史,实现了历史性的重大突破。赣龙铁路、赣丰公路改造正在建设之中

【城市建设】

城市建设步伐加快,城市功能日趋完善。全市完成市政基础设施投资13.4亿元,城市建成区面积171.24平方公里。其中中心城市建成面积达到36.9平方公里,比上年增加5.59平方公里。中心城区投入城市道路交通等基础设施建设达2.9亿元,新建和改造道路12条。黄金广场、体育中心、全球通大桥、龟角尾公园相继竣工。

邮电通信业保持快速发展。全年完成业务总量18.75亿元,比上年增长17.63%。年末全市固定电话及移动电话用户数达到180万户,比上年增加34.89万户。

【发展思路】

第一、做好产业规划,提高产业竞争能力。科学确定产业发展战略,是地域综合优势转化为经济优势的关键所在。总体要求是大力发展资源导向型、市场导向型和劳动密集型产业,要着重培育支柱产业、主导产业,努力使支柱产业、主导产业的经济份额占GDP的70%以上。以工业化为核心,重点发展有色冶金、食品加工、生物制药、机电制造、新型建材、现代轻纺等。以农业产业化为基础,大力培育和壮大以脐橙为主的果业、商品蔬菜业、园艺花卉业、草食畜禽业等主导产业和龙头企业。以旅游业为重点,大力发展第三产业。

第二、做好城市规划,提高城市承载能力。顺应对接"长珠闽",融入珠三角都市圈这个大势,把赣州建设成为珠三角四小时经济圈的后花园、泛珠三角经济区的明星城市。突点抓好老城区重点地段城市建设和"三江六岸"城市设计两个重点景观设计,抓好章江新城区东、西区各7.76和12平方公里控制性详细规划等。统筹城乡发展,加快编制城乡一体化的市域总体规划,强化片区概念。

第三、做好交通规划,提高区内通畅能力。规划建设"十"字型的铁路网;规划建设"两纵两横"高速公路网;规划建设"三纵三横"干线公路网等一批重点项目。尽快迁建新机场,加密航空线路。争取到2010年,基本形成包括章贡区、赣县、于都、兴国、上犹、大余、南康、信丰在内的赣州一小时都市经济圈。

第四、做好人才规划,提高核心竞争能力。以赣州经济和社会发展提供人才支持为主题,以机制体制创新为动力,以增加人才总量和高速人才结构为主线,以高层次、高学历、高科技人才开发为龙头,以急需的工农业技术人才和经济人才为重点,以培养高素质的劳动者为目标,做好人才规划,确立人才发展优先战略,确定人才资源开发重点,调整和优化人才结构。

第五、做好科技、文化和教育规划,提高创新能力。以大中专院校和科研机构为依托,建立以企业为主体的科技创新体系;加快企业技术改造,密切企业与高校、科研院所的联系,进一步推进产、学、研合作;引进、推广先进的农业科技成果和技术;大力培育高新技术企业,扶持民营科技企业发展。以建立文化先进市为目标,提高文化对赣州经济和社会发展的贡献。

第六、做好人口、资源和环境保护规划,提高可持续发展能力。实现人与自然的协调与和谐,必须在人口、资源和环境的规划中,突出体现以人为本的新发展观以及全面、协调和可持续的发展观。

【市长论坛】

破解四个难题 实现四个突破

赣州市人民政府市长 王昭悠

面对新一轮经济快速发展的态势，善于找准主要矛盾，破解发展难题，才能掌握发展的主动权，实现发展的新突破。

(一)破解发展条件不优的难题，在加快基础设施建设上有大的突破

当前，以交通为主的基础设施建设的滞后，已成为制约赣州市经济发展的“瓶颈”，须重点破解，尽快取得新的突破。

1、突出抓好以公路为主的交通建设。交通建设是基础设施建设的重中之重，道路不畅通已成为突出问题。在配合抓好赣龙铁路的同时，将从三个层次全面展开公路建设。一是加快高速公路建设。赣粤高速公路赣定段建设将进一步强化组织施工，抢时增速，确保与南昌至赣州段今年同期开通；二是加快国省道建设。206 国道改造争取 8 月份竣工，杨梅渡大桥至高速公路连接线的建设加快速度，梅林大桥今年抓紧开通，319 线、寻乌至安远线年内确保通车。同时还要重点抓好赣丰线、323 国道赣州城区至小梅关段的改造；三是加快县乡道建设。要想方设法筹措资金，尽快完成剩下的 305 公里县乡道建设。

2. 加快推进电力建设步伐。主要是 12 条线路的建设加快施工进度，今年拉通新余至赣州 500 千伏线路，新建瑞金至潭东 220 千伏线路、潭东至信丰 220 千伏线路、潭东至龙南金塘 220 千伏线路，并于年内完工。

3. 大力加强城市基础设施建设。坚持高起点规划，水、电、路以及各种管线建设配套推进，加快以县城为主的 40 个小城镇建设，实施一批城镇绿化、美化、亮化工程，完善城镇功能，提高城镇品位。继续抓好赣州中心城区的基础设施建设，黄金广场的建设、体育广场的扩建工程上半年完工，城区道路黄金一路、二路、三路以及内环路、步行街尽快开工，中山路、廉溪路改造工程今年搞好，污水处理厂抓紧前期准备工作，年内开工。同时，加快沙河公园、水东江边工程、滨江四期工程等重点项目的建设速度。

(二)破解经济质量不高的难题，在突出工业的主导地位和优化产业结构上有大的突破

工业在注重园区建设和抓大扶强上下功夫。赣州市的经济工作必须十分重视把工业总量的做大放到主导地位，什么时候都不能忘记抓经济必须抓工业。为此，务必集中力量抓工业园区建设，集中力量抓大扶强树支柱。目前工业园区建设已有一个好的开端，关键是如何提高进园率和投产率，提高工业园区的管理和服务水平。要进一步搞好规划布局，继续扩大工业园区的规模，加强园区的基础设施建设，特别要抓好项目的进园投产。要加强管理，提高效率，建立入户企业在园区内企业就能办完所有证照的运行机制。要搞好工业园规划与城市的配套，与商业、服务业等第三产业的配套，使工业园变成小区，变成小城市。

在集中力量抓好工业园区建设的同时，要更加注重抓大扶强树支柱，重点有二：一是在放开搞活小企业的同时，紧紧盯住税利大户、发展潜力好的企业不放，制定帮扶政策，创新帮扶措施，千方百计帮助企业解决生产经营中遇到的问题，扶持优势企业尽快做大做强。今年，市里选择 40 户企业加以重点扶持，不抓住一批科技含量高、市场前景好、规模大、提供利税多的企业，壮大支柱产业就没有依托，工业发展就失去支撑。二是大力发展个私经济，全面放开竞争性市场的准入和退出，建立促进个私经济发展的激励机制，支持和帮助个私企业扩规模、升档次、上水平，加速做大做强。

农业在注重产业化上做文章。加快农业产业化经营，经营体制是前提，龙头企业是核心，规模化经营是关键。首先，创新经营体制。按照依法、自愿、有偿的原则推进土地承包经营权流转，加快培育农民经纪人队伍、行业协会、专业合作社等新经济组织，引导家家户户的农民和龙头企业形成生产、加工、销售的利益共同体，努力解决小生产与大市场之间的矛盾，按市场走势谋求农业经济的发展格局。其次，培育龙头企业。加大对加工、销售型龙头企业的扶持力度，鼓励和支持各种所有制特别是个体私营企业充当龙头，发展农产品加工业，延长农业产业链。第三，抓重点产品的规模化经营。大力推动优势农产品和特色农产品向优势产区集中，加快重点农产品的专业化生产和区域化布局，培育重点农产品产业带，形成区域发展特色。

第三产业在注重旅游、商贸和房地产业上花气力。。赣州市旅游资源丰富，要加大力度宣传赣州，把赣州的旅游业搞活，把人气搞旺，以吸引更多的资金、资本、资源流入赣州。要搞好旅游规划，加强旅游景点景区和基础设施建设，完善配套服务功能，丰富旅游文化内涵，提高旅游品味。要以农业劳动力转移为突破口，为农民进城大开绿灯，搞活商贸流通服务业。要从赣州城市化水平低，落后于全国、全省，房地产开发形势与全国有所区别的实际出发，大力发展房地产业，继续通过房地产开发聚集城市人口，加快城市化进程。同时，还要积极探索发展现代物流业和金融业。

（三）破解投入不足的难题，在招商引资和加大投入上有大的突破

撑开投入不足的瓶颈，主要靠招商引资。目前赣州市招商引资有机遇也有挑战。必须在思路、方式、配套服务等方面总结经验，寻求招商引资的更大突破。一要形成更加开放的局面。彻底冲破各种阻碍发展的思维瓶颈，树立更开明的思想。更开明才能更开放，才能有更大发展。只要有利于经济建设，就要大胆地引进；只要有利于赣州的发展，就要采取更加优惠的政策，让外商得到更大的实惠，实现“双赢”。二要运用更新的招商方式。广泛采取以商招商、专业招商、小分队招商、委托招商和代理招商等方法，创新招商方式，提高引资效益，改变过去盲目和低效率的招商方法。同时，还必须重视配套招商、盘活国有资产。三要招引更多的大企业和项目。以优势资源和骨干企业为依托，积极寻求与国内外大企业、大集团的合资合作，促进优势资源的合理有效开发，促进骨干企业规模实力增强和裂变扩张加快。重点追踪名企、名人、名院、名校，把他们的资本、技术引过来。但也不能忽视中小企业特别是劳动密集型企业，只要愿到赣州投资，我们都欢迎。四要营造更优的发展环境。对各种束缚招商引资和经济发展的做法和规定，进行全面清理，该修改的修改，该废除的坚决废除。对项目引进、建设和生产经营中遇到的问题，各相关部门要形成合力，主动上门帮助解决，搞好服务。

（四）破解机制体制不活的难题，在深化市场取向改革上有大的突破

二十多年改革的实践，就是机制体制创新的实践，机制体制活，工作效率就高，经济效益就好。一是加快国企改革。去年是改革攻坚年，今年是全面到位年。所有的国有企业都要推向社会、推向市场，从竞争性领域全面退出，实行股份制或民营化改造，今后将不存在纯国有企业。二是推进社会事业体制改革。有关部门要尽快拿出改革方案，促进事业单位改革。积极探索把教育作为一个产业来抓，大力发展民办教育，鼓励、支持社会力量以多种形式参与办学。科研单位在财政三年投入不变的情况下，全面实行改革，鼓励科技人员走出单位，服务社会。加快文化、卫生、广播电视、机关后勤的改革步伐，走向市场。三是搞好财政体制改革。财政体制改革要与事业单位改革相配套，建立公共财政框架，尽快建立和完善保工资运行机制、财政激励机制、会计委派制度、政府采购制度等项改革的方案，抓紧组织实施。四是深化投融资体制改革。建立多元化投资体制和民间投资激励机制，在激活民间资金方面多想办法、出新思路；在搞活金融、保险业方面大胆探索，勇于创新，努力尝试引进国外的金融、保险业。建立基础设施建设的良性循环机制，借鉴各地的成功经验，积极引进国际流行的 BOT 等基础设施建设方法，筹集建设资金，多建新的项目。五是完善农村税费改革。维护好农村税费改革已取得的成果，各地不再出台新的涉农收费政策，能减免的要继续减免。同时，搞好配套改革，切实减轻农民负担。

为使破除难题、谋求突破性发展的各项工作落到实处，必须加强领导，真抓实干。一要以经济建设为中心，与时俱进谋发展。牢牢把握发展这一第一要务，在全市上下进一步浓厚围绕发展来想、来议、来干的氛围，以昂扬向上、奋发有为的精神状态，敢为人先、不甘落后、争创一流。要不断强化大局意识、忧患意识和责任意识，增强加快发展的紧迫感和责任感，改进工作作风，凝心聚力做好各项工作。二要以减少行政审批为重点，切实改进政府工作。政府的行政审批只能减少，不能增加，今后一般不出台新的审批项目；确实需审批的，要加快审批速度，建立限时审批制度。各级领导干部要树立正确的人生观、权力观，不要把手中的权力看得太重，要按照江西省委孟书记“视事业重如山，看名利淡如水”的教诲，志存高远，淡泊明志，以高尚的人格魅力成就事业。要依法规范行政，坚决制止“三乱”，对“三乱”行为，发现一起，处理一起，决不姑息迁就。三要以狠抓落实为保证，扎实做好今年的各项工作。各级领导干部要求真务实、真抓实干，以实实在在的精神，制定实实在在的措施，干实实在在的事业，出实实在在的政绩。对经济发展的重要问题、重大项目，领导亲自抓，建立责任制。提倡多干少说，只干不说，干好了再说，以多出实招、多办实事、多谋民利，来赢得民心、树立威信。四要以维护社会稳定为根本，正确处理改革发展稳定的关系。没有社会的稳定，就没有经济发展。要把改革的力度、发展的速度和社会可承受的程度结合起来，关心群众生活，做好“三条保障线”工作，按时足额发放养老失业保险金，进一步抓好城镇居民“低保”工作。安全生产要全面检查，特别是“两会”期间要更加重视加强安全生产管理，狠抓安全生产责任制的落实。要强化社会治安综合治理各项措施，发现不良苗头及时处理。要正确处理人民内部矛盾，加强思想政治工作，防微杜渐，防止激化各种矛盾，把矛盾解决在基层，化解于萌芽状态。

【支柱产业】

赣州市支柱产业

【有色冶金及新材料业】

赣州的有色金属矿产资源十分丰富，在全省24种主要有色金属矿种中占20种，经过多年建设和发展，有色行业拥有78户规模以上工业企业，形成了包括矿山、冶炼、加工和地质勘探、工程勘察设计、建筑施工、科研教育等部门构成的完整产业体系，成为全市工业经济的重要支柱，是我国钨冶炼和稀土金属的重要生产基地。2003年，全市规模以上有色冶金工业实现增加值7亿元、销售收入33.4亿元、利税总额3.33亿元，分别占全市规模以上工业的23.19%、30.06%和24.74%。

稀土行业拥有1万吨以上的矿山生产能力，离子型稀土矿产品产销量均占全国同类产品的70%以上。企业规模较大的有赣州虔东稀土金属冶炼有限公司、南方稀土高技术股份有限公司、赣县红金稀土有限公司、龙南万宝稀土有限公司、定南江平稀土有限公司等。

钨行业形成了从矿产品、冶炼产品、加工产品到应用产品等较为齐全的产品系列。规模较大的企业有崇义章源钨制品有限公司、大余县伟良钨业有限公司、赣州特精钨钼业有限公司、赣县世瑞矿产品有限公司等。

钴行业产品有金属钴粉、草酸钴、氢氧化钴、氧化钴、氯化钴、硫酸钴等，年处理钴金属能力3000吨以上。规模较大的企业有赣州鸿晟冶金化工实业有限公司和赣州钴钨有限责任公司。

锡行业采矿能力3000吨金属量/年、冶炼能力4000吨/年。锡产品有锡锭、焊锡、锡粉、铅锡合金粉等。规模较大的企业有会昌金龙锡业有限公司、五矿赣州锡业有限公司。

【食品工业】

赣州市食品工业经过多年的发展，已初步形成了包括农副食品加工、食品制造、烟草加工、饮料制造四个大类、二十一个中类的工业体系，门类较全。主要产品有卷烟、酿酒、软饮料、罐头、饲料、禽肉加工、米面加工、水产加工、奶制品等，2003年，全市规模以上食品工业企业54家，实现工业增加值7.4亿元、销售收入22.09亿元、利税4.83亿元，分别占全市规模以上工业的24.51%、19.88%和35.88%。

拥有"章贡王"白酒、"赣"牌卷烟、"客家"牌卷烟、"五丰"牌系列米粉、"奥林神"脐橙及饮料、"众人"恒泰花生和"金苹果"饲料7个省名牌产品。崇义齐云山南酸枣糕、南康友家系列风味食品、会昌米粉、兴国鱼丝、大余南安板鸭和多味花生等一批特色食品在省内外享有一定声誉。规模较大的企业有赣南卷烟厂、燕京啤酒（赣州）有限责任公司、赣南果业赣州酒业分公司、瑞金市红都水产食品有限公司、江西五丰食品有限公司、江西金苹果农业发展有限公司等。

【机电制造业】

目前，全行业拥有规模以上工业企业40家，主要产品有汽车（摩托车）变速器及齿轮、成套发电设备、气体压缩机、印刷机和专用改装车等。规模较大的企业有江西江铃齿轮股份有限公司、于都江铃齿轮有限公司、赣州发电设备成套制造有限公司、江西气体压缩机有限公司等。2003年机电制造业规模以上企业实现工业增加值3.01亿元、销售收入12.31亿元、利税总额1.22亿元，分别占全市规模以上工业的9.97%、11.08%和9.06%。

汽车（摩托车）零部件行业现已具备年生产各种汽车变速器30万台套，摩托车齿轮600万件的生产能力。我市汽车变速器行业各项指标在国内同行排名中均在前10名。重点企业江西江铃齿轮股份公司和于都江铃齿轮有限公司，综合实力排名列国内同行业第7位。

发电成套设备制造行业具备年产25万KW发电设备成套制造的能力，能生产2万KW以下的中型水轮发电机组成套设备。赣州发电设备成套制造有限公司销售收入排名进入国内同行业前9位。

通用机械制造行业主导产品为气体压缩机、胶印机等。重点企业江西气体压缩机有限公司是全国压缩机行业12家重点企业之一。

【优惠政策】

赣州市鼓励外商投资若干规定

第一条 为进一步扩大开放，加快“对接长珠闽，建设新赣州”的步伐，鼓励国内外客商前来投资，推进我市经济持续、快速、健康发展，根据国家和省有关法律、法规和文件精神，结合我市实际，特制定本规定。

第二条 国内外客商（赣州市以外）在我市投资，并办理法定手续的新批项目，在执行国家、省相应政策的同时，均可执行本规定。

第三条 对招商引资项目实行“一条龙”服务，“一站式”审批，“一个窗口”收费，申办手续可委托招商引资单位代办。

第四条 对外来投资企业审批、年审实行限时办结、首办责任制和一次性告知制。

第五条 外商来赣州投资，一时达不到规定设立登记条件的，核发6个月预备期营业执照（高危、高污染项目除外）。

第六条 对连续三年无不良行为记录，且经营情况良好，商业信誉较高的外来投资企业，经企业申请，涉及部门免予年检材料审查。

第七条 实行《赣州市外来投资企业缴费明白卡》和《赣州市外来投资企业收费登记卡》制度。收费一律按标准下限收取，对生产性项目免收地方性规费，卡外收费，企业可以拒缴。

第八条 依法保护外来投资企业生产、经营、工作、生活秩序。有关职能部门确因工作需要对外来投资企业进行检查的，须经其单位法人代表批准，并报县以上人民政府备案。

第九条 到我市投资创业的国内外客商和外来投资企业的外地中层以上管理人员及技术人员，可将本人及配偶子女户口迁入本市，其子女入托、就学、就医、居住等方面享受本市居民同等待遇；有关部门还将协助企业做好员工招聘、培训、档案管理、社会保险、技术职称评定及出国人员政审等工作。

第十条 依法保护外来投资者的合法权益。对在本市投资固定资产达到1000万元以上的外来投资者发给“客商荣誉证”，有关部门对持证人提供工作生活等方面的便利。

第十一条 对投资固定资产达2000万元人民币、年纳税100万元以上的工业企业，自企业纳税达100万元年度起，其所缴纳税收的地方部分，由受益财政分别按下列情况奖励该企业用于扩大生产或技术进步：

1. 一般性生产企业按第1年50%，第2年起按上年比例每年递减10%；

2. 迁入本市的国内外知名企业，按第1－2年50%，第3年起按上年比例每年递减10%；

3. 投资本市有色冶金、食品加工、生物制药、机电制造、新型建材、现代轻纺等支柱产业的，按第1－3年50%，第4年起按上年比例每年递减10%。

第十二条 对国家授予的高新技术企业和生产国家级名牌产品（有效期内）的生产企业，自企业纳税年度起，第1年按其缴纳税收地方所得部分80%，第2年起按上年奖励比例每年递减10%由受益财政奖励该企业用于扩大生产或技术进步。

第十三条 对销售额达1000万元、年纳税50万元以上的农产品加工、销售企业，自企业纳税达50万元年度起，第1年按其缴纳税收地方所得部分80%，第2年起按上年奖励比例每年递减15%由受益财政奖励该企业用于扩大生产或技术进步。

第十四条 对符合国家产业政策，固定资产投资额达1亿元、年纳税100万元以上的非生产性企业（房地产、基础设施除外），自企业纳税达100万元年度起，所缴纳税收的地方部分，第1年按40%，第2年起按上年奖励比例每年递减10%由受益财政奖励该企业。

第十五条 生产性企业用地可通过协议出让方式获得土地使用权。其配套生活用地占生产用地面积的15%以内的，参照同一区域生产用地价格。

第十六条 对于支付土地价款数额较大的企业，经企业申请，市、县（市）人民政府批准，市、县（市）两级土地收益可以采用一次核定、分期付款的方式支付。

第十七条 一次性支付土地出让价款的，经市或县（市）政府批准，由受益财政按等额于其所缴纳的土地出让金纯收益地方所得部分的如下比例，奖励用地单位用于基础设施建设：

1. 一般生产性企业按10%；

2. 投资本市有色冶金、食品加工、生物制药、机电制造、新型建材、现代轻纺等支柱产业的按20%；

3. 国内外知名企业在本市建立研发基地和技术中心以及投资生产性企业的按30%；

4. 投资固定资产达2000万元以上的生产性企业按40%。

第十八条 凡享受优惠政策使用的土地，企业如果停办或撤销，由当地土地贮备中心参照有关政策予以收回。

第十九条 外来投资企业年缴纳税收达100万元以上的，可特批一辆小车在市管辖区内免交过桥过路费(高速公路除外)。

第二十条 列入本市重点工业项目的外来投资项目，可享受市本级技改贴息或补助资金支持，并对符合有关条件的优先申报省和国家资金扶持。

第二十一条 对投资额1亿元人民币以上的生产性项目、1.5亿元人民币以上的第三产业项目及其他对本地经济发展有重大影响的项目，经市政府同意，采用"一事一议"、"一项一策"办法办理。

第二十二条 对投资额在3亿元(3000万美元)以上或年缴纳税收达1000万元以上的投资者，授予赣州市"荣誉市民"称号。

第二十三条 对引资者的奖励按项目落户地的奖励规定执行。

第二十四条 对违反本规定有关条款的单位和个人，将追究单位主要领导和当事人的责任。

第二十五条 各县(市、区)可根据本规定，结合本地实际情况制定具体规定。

第二十六条 本规定自发布之日起实施，由市招商局负责解释。

赣州市重点企业名录库

（2003 年）

企 业 名 称	通 讯 地 址	资产总额（万元）	销售收入（万元）	员工人数（人）
中国石化江西赣州石油分公司	赣州市章贡区青年路 2 号	28 171	94 499	418
江西省烟草公司赣州分公司	赣州市章贡区青年路 46 号	10 605	72 512	121
赣南卷烟厂	江西南康蓉江办宝林路 1 号	70 592	65 360	983
江西金苹果农业发展有限公司	黄金开发区潭东镇东坑村	6 129	31 548	560
江西省赣州公路工程公司	关刀坪 12 号东外办事处	32 203	30 984	1 249
江西江铃齿轮股份有限公司	章贡区水东镇虎岗	28 891	29 429	998
赣州博达公路有限公司	关刀坪 1 号东外办事处	21 191	27 583	1 400
赣州特精钨钼业有限公司	晨光百货大楼六楼	16 647	20 653	245
赣州鸿晟冶金化工实业有限公司	章贡区水西乡龙庄上 98 号	13 113	20 502	561
赣南卷烟厂兴国卷烟分厂	兴国县潋江镇背街居委会	20 819	19 128	886
赣州虔东实业(集团)有限公司	水东镇七里村杨柏西 1 号	22 407	18 798	660
江西南方稀土高技术股份有限公司	南外办事处青年路 36 号	29 723	17 887	804
赣县世瑞矿产品有限公司	赣县茅店镇洋塘村	4 695	17 480	252
大余县伟良钨业有限公司	大余县南安镇石桥下街	16 891	16 743	118
赣州钴钨有限责任公司	章贡区东外街五龙岗 103 号	44 522	15 671	1 308
赣州铝厂	章贡区水东镇农技校对面	10 288	14 524	689
赣州江钨钨合金有限公司	赣县梅林大街	6 575	14 518	182
赣州医药集团公司	赣州市章贡区红旗大道 9 号	1 424	13 808	204
赣州华兴钨制品有限公司	章贡区水西乡马房下 58 号	10 030	13 433	256
江西宁振纸业有限公司	章贡区水西乡桑园 168 号	9 451	13 289	1 395
瑞金市红都水产食品有限公司	瑞金市沙洲坝镇金龙村	10 713	12 639	360
赣州美园畜牧有限公司	黄金开发区宋城路 98 号	5 414	12 391	180
江西省烟草公司宁都县公司	赣州宁都梅江镇环西路 132 号	730	11 435	116
赣州烟草公司信丰县营销中心	江西赣州信丰嘉定镇水东街	479	11 338	137
江西省烟草公司于都县公司	江西赣州于都贡江红旗大道	188	11 096	183
南康市烟草公司	江西省赣州市南康市蓉江镇	29 233	10 645	105
全南县百得火机制造有限责任公司	全南县金龙镇南海开发区	2 414	10 484	1 398
江西省烟草公司石城县公司	江西赣 州石城县琴江	2 684	10 297	211
崇义县章源钨制品有限公司	崇义县横水镇塔下村	19 629	10 251	1 033
江西气体压缩机有限公司	赣州南外办事处南河路 23 号	12 389	10 210	947
江西赣南海欣药业股份有限公司	赣州赣江办事处健康路 99 号	13 392	10 202	792
赣州发电设备成套制造有限公司	章贡区水东镇虎岗村	13 008	10 166	775
赣州市烟草分公司瑞金市营销中心	江西赣州瑞金象湖绵水路	567	10 119	37
江西省赣南三利饲料有限公司	章贡区水东镇七里村五组	1 986	9 972	207
信丰县绿源人造板有限公司	嘉定镇中端工业园	8 983	9 853	141
赣县红金稀土有限公司	赣县工业园	6 688	9 803	140
江西省烟草公司赣县公司	赣州赣县梅林镇菜市路 5 号	682	9 548	190
崇义县耀升工贸发展有限公司	崇义县长龙镇长龙村	11 353	9 367	1 003
赣州烟草分公司兴国县营销中心	赣州市兴国县潋江镇背街	826	9 223	36
龙南县林氏建材发展有限公司	龙南县桃江乡水西村	2 080	9 161	82
赣南果业股份有限公司赣州酒业分公司	东外办事处张家围路 36 号	6 002	8 824	268
燕京啤酒(赣州)有限责任公司	东外办事处张家围路 58 号	10 939	8 607	564
赣州市东南制钢有限公司	章贡区湖边镇湖边村	6 701	8 598	86
江西省赣南建筑工程总公司	黄屋坪路 1 号东外办事处牛岭	35 147	8 497	840
崇义县华森集团有限公司	崇义县横水镇牛角河 39 号	10 465	8 400	796
南康市供电有限责任公司	南康市蓉江办泰康中路 15 号	14 821	8 280	372
兴国县石油公司	赣州市兴国县潋江镇西街	319	8 214	105
赣州宏远建筑工程公司	赣州市红旗大道 51 号	8 275	8 038	1 200
信丰县供电有限责任公司	信丰县嘉定镇马鞍山街	11 014	7 903	694
五矿(赣州)锡业有限公司	章贡区水西乡白塔	2 564	7 701	115

续表1

企业名称	通讯地址	资产总额（万元）	销售收入（万元）	员工人数（人）
龙南县供电有限责任公司	龙南县龙南镇金水街	7 470	7 500	355
兴国县供电有限责任公司	兴国县潋江镇背街居委会	12 695	7 476	671
江西东方红实业股份有限公司	于都县禾丰镇	4 894	7 403	528
赣州有色冶金化工厂	章贡区湖边镇岗边	6 474	7 104	1 118
江西华宝实业总公司江西直流电机厂	章贡区水南镇腊长村	4 494	7 051	522
江西会昌县石磊矿业有限责任公司	会昌县筠门岭筠门岭居委会	5 574	6 874	121
赣州市第二建筑工程公司	厚德路18号赣江办事处	2 888	6 760	1 469
瑞金市金瑞发制品有限公司	瑞金市泽覃乡明星	1 674	6 712	426
龙南县新华轮毂装饰有限公司	龙南县龙南镇金塘街	621	6 701	90
江西兴国水泥厂	兴国县潋江洪门工业区	5 873	6 577	400
于都县供电有限责任公司	于都县贡江镇	12 307	6 347	841
赣州华坚国际鞋城有限公司	黄金开发区	23 644	6 291	3 700
江西东龙路桥工程有限公司	黄屋坪16号东外办事处东外	8 689	6 219	550
大余县南方钨钼制品有限公司	大余县新城镇观路村	4 754	6 071	90
赣州烟草分公司会昌县营销中心	会昌县文武坝镇水东街	469	6 043	110
赣州南方公司龙南分公司	龙南县龙南镇金都街	262	5 970	208
赣州市农机有限责任公司	赣州市章贡区和平路43号	303	5 947	42
铁山垅钨矿	于都县铁山垅镇	9 749	5 832	1 449
信丰县石油公司	江西赣州信丰嘉定镇城西路	75	5 797	84
大吉山钨矿	全南县大吉山镇人民区	13 065	5 489	2 472
赣州市永源稀土有限公司	赣县工业园	2 811	5 468	168
漂塘钨矿	大余县左拔镇漂塘村	8 265	5 385	1 486
江西省宁都县供电有限责任公司	宁都县梅江镇城南沿江路1号	13 565	5 377	837
瑞金市三九药业有限公司	瑞金市象湖镇绵水	4 010	5 280	126
中国石化股份有限公司于都支公司	江西赣州于都贡江长征大道中	269	5 146	67
赣州四平家电超市	江西省赣州市章贡区北京路	22	5 105	180
赣州市蟠龙建筑工程公司	蟠龙镇黄金机场路28号	1 236	5 033	830
大余县供电有限责任公司	大余县南安镇东山街	8 420	5 029	429
赣州八0一钨业有限公司	东外办事处五龙岗103号	1 520	4 961	76
江西省石油总公司赣县支公司	江西赣州赣县梅林赣新大道	266	4 949	83
江西赣州新阳化工实业有限公司	章贡区水东镇沿坳村	3 083	4 891	370
瑞金市供电有限责任公司	瑞金市象湖镇上阳村	13 827	4 870	669
定南县供电有限责任公司	定南县历市镇	6 444	4 853	315
赣州医药集团赣县医药公司	赣县梅林镇梅林大街50号	576	4 794	189
赣县供电有限责任公司	赣县梅林大街18号	10 376	4 638	587
赣州鑫业工艺有限公司	赣县赣新大道121号	4 577	4 575	3 722
荡坪钨矿	大余县南安镇荡坪村	10 883	4 574	1 471
赣南晨光稀土冶炼厂	上犹县黄沙村委会	898	4 563	70
崇义县烟草公司	江西省赣州市崇义县横水镇	247	4 559	54
江西宏通畜禽有限公司	信丰县嘉定镇中端工业园	1 873	4 532	146
宁都县粮食收储公司	江西赣州宁都中山路22号	1 769	4 447	422
龙南县鼎龙钢铁有限公司	龙南县龙南镇会龙村	477	4 339	253
江西金威漆包线厂有限公司	上犹县英稍村委会	3 417	4 325	128
江西省会昌金龙锡业有限公司	赣州市会昌县清溪乡密坑村	4 580	4 280	334
于都富嘉摩托齿轮有限公司	于都县贡江镇	10 946	4 269	632
江西省赣县农业生产资料公司	赣县梅林镇赣新大道43号	320	4 030	105
中石化股份瑞金支公司	江西赣州瑞金象湖绵水路	80	3 972	58
会昌县供电有限责任公司	会昌县文武坝镇北街21号	9 028	3 891	385
江西省赣州百货股份有限公司	赣州市厚德路172号	2 987	3 889	347
崇义县供电有限责任公司	崇义县横水镇西大街818号	8 111	3 852	351

续表2

企业名称	通讯地址	资产总额（万元）	销售收入（万元）	员工人数（人）
江西省兴大建筑工程实业有限公司	潋江镇背街背街居委会	886	3 826	768
瑞金市汇峰矿产品有限责任公司	瑞金市谢坊镇云龙	2 308	3 820	96
全南县小叶栋林场	全南县龙源坝镇坪山村	4 281	3 810	290
盘古山钨矿	于都县盘古山镇	12 438	3 789	1 767
江西省烟草公司上犹分公司	上犹县东山镇下西村路64号	232	3 690	56
下垄钨矿	大余县樟斗乡樟斗村	5 402	3 598	1 086
赣州希望饲料有限公司	赣县工业园	1 797	3 565	180
江西五丰食品有限公司	会昌县文武坝镇南外居委会	2 417	3 513	620
赣州市工程建设总公司	赣州市荆花园南外办事处	1 512	3 498	482
厦门德利集团赣州氯碱制造郁有限公司	章贡区水东镇虎岗村	1 001	3 493	200
江西省赣州大丰肥料有限公司	东外办事处渡口路28号	1 878	3 472	45
合隆制衣(全南)有限公司	全南县金龙镇第一工业园区	4 840	3 459	1 965
赣州正大实业有限公司	黄金开发区坪路村	2 678	3 351	125
赣州三通稀土金属有限公司	黄金开发区	1 336	3 300	26
赣州虹飞钨钼材料有限公司	解放办事处西郊路70号	4 868	3 254	238
龙南县万德精密塑料五金有限公司	龙南县里仁镇冯湾村	5 988	3 252	800
南康市石油公司	江西省赣州市南康市蓉江镇	245	3 251	80
赣州有色冶金机械厂	章贡区红旗大道146号	10 684	3 231	903
南康赤土康辉矿业有限公司	江西南康蓉江办桥口村	206	3 217	16
上犹县供电有限责任公司	上犹县水南村	9 538	3 168	342
江西东芝电子材料有限公司	章贡区水西乡马房下58号	3 258	3 162	138
大余县德钰圣诞礼品有限公司	大余县新城镇莲塘村	790	3 077	700
龙南县合成米面制品有限公司	龙南县龙南镇金都街	2 383	3 062	232
江西省赣南赣兴实业有限公司	赣州市兴国县梅窖镇梅窖	4 252	3 024	359
全南县供电有限责任公司	全南县城厢镇含江路82号	7 216	3 022	245
赣州启德广播电视交电有限公司	江西省赣州市章贡区	11	3 018	130
南康市金鸡有色金属有限公司	江西南康东山办泰康东路	1 227	2 986	48
中国石化上犹石油经营部	上犹县东山镇东门路20号	5	2 982	42
江西龙潭水电实业限公司	上八成县蛛岭村委会	23 718	2 977	128
江西省赣州市自来水公司	章贡区窑下村8号	17 275	2 965	335
赣南果业股份有限公司赣州农药分公司	章贡区水东镇虎岗	3 311	2 963	213
崇义县建筑安装有限责任公司	横水旗岭居委会	1 055	2 961	982
赣州市国光平价购物广场	省赣州市红旗大道10号	178	2 912	150
赣州医药集团于都县医药总公司	赣州于都贡江环城中路38号	232	2 908	110
兴国金莹氟业有限公司	兴国县埠头乡埠头村	1 563	2 902	58
南康市洋山铜业有限公司	江西南康潭口镇洋山村	1 965	2 897	218
赣州联盛电力器材有限公司	黄金开发区内105国道旁	1 756	2 889	195
江西华达昌食品有限公司	会昌文武坝镇红旗大道21号	1 081	2 866	200
宁都县建筑安装工程有限公司	梅江镇博生东路	8 848	2 860	862
赣州南野建筑工程有限公司	东山街道办事处泰康东路	1 575	2 858	250
大余县经伟钨业有限公司	大余县南安镇北门口街	1 187	2 804	20
信丰县中天建筑工程有限公司	加定镇	1 011	2 800	280
龙南县万宝稀土分离有限公司	龙南县龙南镇金虎村	2 361	2 795	136
赣州铁石水泥有限公司	信丰县铁石口镇建华村	824	2 718	498
赣县粮食局收储公司	赣县梅林镇新塘路15号	1 532	2 713	119
兴国县医药总公司	兴国县潋江镇西街	319	2 709	168
大余县星宇实业有限公司	大余县新城镇观路村	1 868	2 705	410
赣州晋通新材料有限公司	东外办事处川峰坳13号	1 083	2 682	90
南康市新华书店	江西省赣州市南康市蓉江镇	575	2 682	54
江西省寻乌县供电有限责任公司	寻乌县城南居委会	7 802	2 660	407

续表 3

企业名称	通讯地址	资产总额（万元）	销售收入（万元）	员工人数（人）
龙南盛业建材有限公司	龙南县龙南镇金塘街	3 327	2 651	118
中国石化赣州宁都石油支公司	宁都梅江镇城北大道 14 号	208	2 649	62
宁都县宝华水泥厂	宁都县梅江镇黄贯村黄贯小组	1 149	2 598	212
于都县建筑安装工程总公司	贡江长征中路长龙居委会	1 514	2 593	373
江西省寻乌县斗晏水力发电公司	寻乌县岳家庄居委会	21 979	2 592	120
于都县粮食收储公司	江西赣州于都贡江红旗大道	339	2 585	130
赣州医药集团宁都县医药总公司	赣州宁都梅江镇瑶江村 2 号	278	2 562	115
江西省会昌县粮油收储公司	会昌县文武坝镇南外街	715	2 555	74
赣州德盛建筑装饰工程有限公司	水南镇赣州市黄金大道 6 号	2 160	2 523	800
于都县葛坳铅锌矿	于都县葛坳乡	1 500	2 521	198
赣州市赣江建筑安装工程公司	章贡区青年路 10 号	5 240	2 514	450
龙南县工程建设总公司	龙南镇金水大道	5 358	2 500	350
上犹县三星建筑有限公司	东山镇东门路 41 号	889	2 458	487
赣州市第三建筑工程公司	东桥路 50 号赣江办事处	1 323	2 441	486
信丰嘉信建筑有限公司	加定镇	992	2 419	310
宁都县常佳建筑工程公司	梅江镇胜利中路	1 753	2 416	260
赣州湘大饲料有限公司	章贡区水东镇七里村	449	2 408	60
江西赣南祥龙建筑有限责任公司	铁山垅大岭大岭居委会	1 119	2 408	220
江西五环机器有限责任公司	黄金开发区原赣南机械厂内	939	2 394	256
江西省盐业总公司赣州市公司	赣州市章贡区横街上 2 号	610	2 392	107
安远县供电有限责任公司	安远县欣山镇九龙路 58 号	13 371	2 387	325
赣州市三江制衣有限公司	沙石镇楼梯村	2 310	2 381	600
宁都县梅江建筑工程公司	梅江镇梅江南路	1 574	2 375	247
瑞金市金都建筑工程有限公司	象湖镇红都大道居委会	1 276	2 371	292
赣县华泰建筑安装工程有限公司	梅林光彩大道城西	2 685	2 370	450
于都县威世毛织厂有限公司	于都县贡江镇	1 206	2 370	800
江西省南康市赣康矿业有限公司	江西南康潭口镇洋山村	138	2 334	29
信丰县农业生产资料公司	江西赣州信丰嘉定镇解放街	728	2 308	8
赣州市煤气公司	章贡区渡口路 7 号角	9 722	2 306	364
赣州医药集团信丰县医药总公司	江西赣州信丰嘉定镇解放街	363	2 289	123
龙南县格林庭园用品有限公司	龙南县龙南镇金都街	406	2 281	200
江西省宁都县三创鞋业有限公司	宁都县梅江镇中山大道	557	2 274	330
赣州市天星装饰工程有限公司	赣州八一四大道东外办事处	1 267	2 193	432
龙南县东海精器有限公司	龙南县龙南镇金塘街	3 510	2 153	450
赣州市第一建筑工程公司	南京路 33 号解放办事处	5 328	2 147	1 068
江西省于都县新华书店	赣州于都贡江红旗大道 30 号	819	2 144	60
赣州兴华肥料有限公司	黄金开发区舍丰路	1 622	2 143	168
于都县梓山诚鑫建筑有限公司	贡江于中一路于中居委会	664	2 122	330
江西省赣州市新华书店	赣州市文明大道 30 号	504	2 113	117
全南县粮油经营公司	全南县城厢镇车站东路 28 号	1 834	2 104	45
大余县万达工贸有限公司	大余县南安镇余西街	520	2 088	15
南康市鑫源矿业有限公司	江西南康蓉江办西华村	146	2 086	62
赣州琰星陶瓷实业有限公司	全南县南迳镇竹山下村	890	2 084	277
赣州市高桥煤矿有限公司	信丰县铁石口镇高桥村	1 561	2 064	921
上犹县黄埠塑胶五金制品厂	上犹县黄沙村委会	2 979	2 043	76
瑞金水泥有限责任公司	瑞金市沙洲坝填洁源	498	2 032	285
江西绚丽线业有限公司	龙南县龙南镇金塘街	3 855	2 028	407
龙南县江浙机械铸件厂	龙南县龙南镇金塘街	412	2 009	160
南河玻纤有限公司	上犹县南河二村委会	1 214	1 973	150
于都县江西李子园牛奶食品有限公司	于都县贡江镇	2 201	1 965	238

【区情简介】

章　贡　区

【行政区划】

章贡区位于江西省南部，是赣州政治、经济、文化、交通和信息中心，是中共赣州市委、赣州市人民政府所在地。全区总面积425.5平方公里，总人口45万，辖6镇、4个街道办事处。气候属亚热带季风湿润气候，四季分明，雨量充沛，日照充足。城区三面环水，一面临山，景色秀丽，章江和贡江在宋代古城墙下汇流成赣江，为“千里赣江第一城”。

【建制历史】

自汉高祖六年（公元前201年）设县制至今，章贡区已有两千两百多年历史。古时以来的就是沟通赣、湘、闽、粤的江南重镇，历代为郡、州、路、道、府的治所。宋、元、明、清时期，这里“商贾如云，货物如雨”，是全国36大城市和44大经济中心之一。

【旅游资源】

章贡区境内有丰富的人文和自然景观，尤其是荟萃了众多以宋代文化为特征的文物古迹，被专家誉为“宋城博物馆”。自然景观和人文景观引人入胜，有极具考古价值的“宋代四古”即古城墙、古石窟、古浮桥和古窑址。著名的国家4A级文物保护景点“江南第一石窟”——通天岩，358尊栩栩如生的摩崖造像和128品摩岩题刻让人流连忘返；名闻遐迩的八境台和郁孤台，留下了苏东坡、辛弃疾等著名诗人写下的许多脍炙人口的诗篇；宋代慈云塔、赣州文庙等84个旅游景点和230多处名胜古迹，吸引着八方游客纷至沓来，1994年被国务院命名为“国家历史文化名城”。

【经济概况】

章贡区工业经济基础较好，有冶金、机械、造纸、化工、医药、食品、电子等29个门类。近年来，章贡区大力实施强攻工业战略，工业经济持续增长，2003年区属规模以上工业企业实现产值16.1亿元。

章贡区郊区农业以发展生态农业和旅游农业为重点，先后建立了蔬菜、水果、水产、畜禽养殖等商品生产基地和无公害绿色农产品生产基地，培植一了批农产品深加工龙头企业。

章贡区商贸发达，已形成大市场、大流通格局。现有各类批发贸易市场50多个，市场总面积70多万平方米，人均占有市场面积居江西首位，市场年成交额达100多亿元，成为辐射赣、粤、闽、湘边际30多个县市的商品物资集散地。

【区位优势】

章贡区位于江西省南部，是江西省赣州市对接“长珠闽”、建设“三个基地、一个后花园”的前沿，是沿海产业转移的首选地。章贡区作为赣州市主城区，具有广阔的发展空间和庞大的消费群体，工业、农业、城市建设、商贸旅游、娱乐服务业等各个行业都蕴藏着无限商机，投资前景十分广阔。这里不仅水、电价格低廉，劳动力资源丰富，人均工资和房产价格都比沿海城市低三分二，城区良好的人居环境、低廉的投资成本、巨大的发展潜力，成为台湾、香港、澳门客商首选的投资宝地。

【基础设施】

京九铁路和建设中的赣龙铁路使章贡区成为珠江三角洲、闽南三角区的直接腹地；105、323国道和2003年底建成通车的赣粤高速公路，把南北东西交通连成一线；民航有4C级黄金机场，可与上海、北京、广州、深圳、厦门、南昌、温州等地通航；水运依托赣江可直达长江各港口；邮电通讯便捷，程控电话、数字微波、图文传真进入国际通讯网络；商检、海关、口岸等涉外机构齐全；水、电、气供应充足。

【产业和资源优】

赣南被称为“世界钨都”和“稀土王国”。章贡区工业总产值占赣州18个县市工业总产值的1/7，是全国重要的有色金属冶炼基地。赣州特精钨钼业有限公司和中美合资的虔东稀土金属冶炼公司等企业生产的稀土、钨钼产品畅销美国、韩国、加拿大、日本等50多个国家和地区。钨化工产品、钨丝、空压机、胶印机等102个国家、省（部）优工业产品拥有广阔的海内外市场。

4、高效、快速、便捷的政策环境。“你发财，我发展”已经成为章贡区人民的投资服务理念。近几年来，章贡区委、区政府强化“服务是形象”、“服务是环境”、“服务是生产力”的理念，通过招商引资大力推进城镇化和工业化进程，营造了亲商、安商、富商的优良投资环境。

【区长专栏】

求真务实 奋发有为 加快建设全市综合实力强区

章贡区人民政府区长 李光春

2004年政府工作的总体要求是：以邓小平理论和"三个代表"重要思想为指导，全面贯彻党的十六届三中全会、省委十一届五次全会和市第二次党代会精神，坚持正确的发展思路不动摇，坚持全面、协调、右持续发展观，以税收和就业为中心，以体制机制创新为动力，以大开放为主战略，进一步深化改革，扩大开放，调整结构，创优环境，全方位、深层次对接长喜气洋洋闽，实现国民经济持续快速直辖市健康发展和社会全面进步。

一、大力发展开放型经济，提高经济外向度

强势推进招商引资。一是突出产业招商，重点做好有色金属冶炼和机械装备制造类企业的配套招商，引进与之相配套的科研机构、市场营销公司和配件产品制造企业，处长产业链；积极跟进承接长珠闽地区尤其是珠海淀区三角洲产业梯度转移，引进投资额大、带动性强、产业关联高的龙头企业，达到"引进一个、带动一片、形成产业、构筑优势"的良好效果；发挥中心城区的优势，努力开展第三产业的招商，力争取得短平快的效果。二是突出大项目招商，增强韧劲和盯劲，跟紧全国民营企业200强和实力雄厚的企业集团，对有投资意向的大公司，组织专门人员蹲点招商，做到谈得拢、引得进、留得住。三是突出专业招商，加强招商引资队伍建设，重点做好招商引资一线人员的培训，提高其政策水平、谈判水平和服务水平；大胆采用实践证明一切行之有效的招商办法，切实提高招商效率。四是继续有效改善和优化投资环境，全力促进意向项目转为签约项目，动工项目转为投产项目，重点抓好水东贡江防洪堤、永通再生纸厂等重点工程项目的后结交服务工作。做好外贸易协定出口工作，确保全省先进水平。

放手发展民营经济。进一步放宽市场准入限制，允许民营进入区属各经济领域，创造需要出现的新型行业，均给予积极支持加大对民营企业的服务、扶持力度，对重点企业实行"挂牌保扩"，为中小企业提供法律帮助；继续筹建中小企业信用担保协会，解决民营企业融资难的问题；支持组建符合市场需要、动作规范的行业协会，促进民营经济健康发展。

二、树立工业优先的观念，做大做强工业经济

培育壮大支柱产业，做优做强优势企业。着力培植壮大有色金属冶炼、机电设备、轻化纺工业、生物制药、信息通讯等五大支柱产业，继续扶持鸿晟冶金、赣发集团、虔东实业、宁振纸业、江西气压等15户重点工业企业的发展壮大。重点加大机电设备制造和有色金属冶炼产业的调整与重组力度，推动装备制造企业和有色金属冶炼企业进行跨行业、跨地区、跨所有制的兼并与联合，整合资产、设备、技术和人才资源，发展成为以名牌产品为核心，主导产品优势明显的大型企业集团。扶持重点工业企业扩大技改投资，提高技术创新能力，推广和应用信息化手段进行研发、工艺设计和生产经营管理，探索符合区情的新型工业化道路。

充分利用好市委、市政府重点抓好沙河工业园建设的的有利条件，加大招商力度，积极引进科技含量较高、税收贡献较大企业入园，对符合园区产业发展规划的企业给予政策倾斜。提升园区经营管理水平，创新开发模式，实行多元投入，不断拓宽工业园区开发建设筹资渠道；加强园区功能设施和服务体系建设，完善已开发土地的水、电、路、绿化等服务机构入园工农业帮助入园企业依约形式投产；加强园区土地管理，合理开发利用土地，提高工业园用地效益。

三、增加农民收入，统筹城乡协调发展

坚持以工业理念谋划农业，大力推进农业产业化经营。重点支持农业产业化项目的开发，扶持华大实业、新明天乳业、湖边禽业等10家龙头企业发展壮大。稳步发展蔬菜生产，继续抓好水东、湖边、水西、沙石蔬菜基地建设，大力推广精细菜、反季节蔬菜和无公害蔬菜。采取有效措施帮助农民务工，使务工收优为农民增收的主要来源。

加强农村基础设施建设。从今年起，区财政连续三年安排100万元专项资金用于农田水利建设、水利工程修复、病险水库除险加固和人畜饮水工程

建设，增强农业抗御自然灾害的能力；加强农村公路的管理和养护，提高农村公路通车能力；积极实施长江防护林、生态公益林、农村沼气建设国俩项目、农业综合开发项目。加大小城镇和中心村建设力度，推进城镇化进程。

四、大力发展第三产业，推进城区服务业优化升级

一是继续实施以“双置换”为主要内容的流通企业改革，年内完成商业、供销系统企业改制工作，把商贸流通企业全面推向市场。二是支持组建各类专门营销组织，推进信息发布、市场开拓、商品输送等专业分工合作，在市场准入、商品销售、质量监督等方面全面与长珠闽对接。三是加快现代物流业发展，借助赣粤高速和京九铁路，引进物流企业，逐步形成集运输、仓储、包装、加工、本着于一体的现代物流体系。四是加快发展信息服务业，推进信息技术在行政管理、社会公共服务、企业生产经营等经济社会各个领域广泛应用，加速国民经济信息化进程。五是加快发展社会服务业。坚持以服务居民为宗旨，拓宽服务范围，为社区居民提供方便实惠的生活服务，为特殊群体提供民政福利救助服务，为就业困难人员提供再就业扶持服务，营造舒适便捷、文明和谐的人文氛围。鼓励社会力量投资兴办社区服务设施和服务网点，提高社区服务的社会化、产业化程度。六是积极跟进、服务中心城区基础设施建设，带动城区房地产业、服务业等相关产业的发展做大做强“楼宇经济”。进一步整顿和规范市场经济循序坚决打击假冒伪劣，维护消费者佥权益，实现高贸流通繁荣有序。

五、强化财税意识，壮大财政实力

一是抓好财源建设。继续培植一批效益好、贡献大的骨干企业，重点扶持工业重点企业、沙河工业园入园企业等税收大户，壮大支柱财源；引导娱乐、饮食、建筑、社区服务等第三产业发展培育新兴财源。二是深化管理改革。搞好农业特产税全面改征农业税工作，完善粮食风险基金直补种粮农民的办法；严格按照中央要求落实出口退税新机制的各项规定，足额安排出口退税指标，对镇财政负担的出口退税地方负担部分，除省市补助外，区财政给予适当补贴；推行部门脊试点。三是加强税收征管，坚持依法理财、依法治税，增强各部门、各行业协税、护税的观念；进一步健全征管制度，强化片管手段，规范税收循序加强对重点行业、重点税种税源的征管，按进度组织财政收入，确保均稀入库；取消地方出台的税收优惠政策，严厉打击各种搞、骗、逃税杜绝税收的“跑、冒、滴、漏”。四是优化支出结构。牢固树立过紧日子的意识，压缩一般性开支，重点保障政权建设、科技教育、基础设施建设、社会保障等支出。

六、做好就业与再就业工作，完善社会保障体系

实施更加积极的促进就业政策。一是进一步完善和落实政府促进就业责任制，建立健全领导干部帮扶下岗失业人员制度，完善再就业工作联度会议制度、督促检查制度和定期通报制度。二是加强街道劳动保障工作平台建设，着力完善社区就业岗位开发、“4050”人员就业帮扶和退休人员社会化管理服务的功能，加快区、街道、社区居委会三级劳动保障信息系统建设，实现信息资源共享；立足职业介绍、社区劳保医疗服务、民政救济等主区服务职能，充分挖掘社区就业潜力，吸引服务型企业进入社区，增加社区就业岗位。三是完善再就业援助制度。积极落实税费减免、小额贷款、社保补贴等再就业优惠政策，逐步建立和完善就业困难人员的政府帮扶机制；继续通过政府购买公益性岗位，促进困难群体实现再就业。在抓好劳动力市场开展党年性职业介绍的同时，定期组织开展专场招聘活动。四是大力开展劳务输出，实行劳务输出市场化动作、规模化经营和一体化服务，促进跨省、市劳务输出。

大力推进就业培训。整合社会、学校单位等职业教育资源，拓宽职业教育办学路子，强化职业教育的社会培训工能。

完善社会保障体系。进一步巩固“两个确保”，依法加强社会保险扩面征缴工作力度；进一步降低非公有制企业参与养老保险的门槛，抓好改制企业职工基本养老保险的续保工作；加快下岗职工基本生活保障向失业保险的并轨。

七、促进社会事业协调发展，维护社会稳定

大力推进社区建设。改善社区基础设施条件，整合社区资源，动员社区力量共建共享；积极向上争取社区建设国俩资金加大社区建设投入，提高居民生活质量；开展农村村落社区建设。以市场化为方向，逐步推进事业单位股份制、民营化改制，使经营性事业单位成为面向市场、自主经营、自负盈亏、自收自支的市场竞争主体。积极支持民营企业申报

省、市级民营科技企业，着力做好沙河工业园申报省级民营科技园工作，充分发挥国家可持续发展试验区的项目优势，全面贯彻落实可持续发展战略。优化教育资源布局，努力实现城乡教育均衡发展；加大对民办教育的扶持力度，促其健康发展；深化以新课程改革实验为主要内容的教育教学改革，扎实推进素质教育。坚持以正面宣传为主，充分发挥广播电视的宣传媒体作用，营造良好的舆论氛围。加大特色文件村建设力度，力争社区文化创新特色，出新成果，树新典型。

八、加强政府自身建设，努力营造良好的发展环境

围绕率先对接长珠闽，建设全市综合实力强区的目标，从政论自身建设做超，积极创建成本低，效率高，回报快，信誉好的发展环境。努力营造宽松的创业环境。建立健全有利于吸引各类人才、调动人才积极性的用人机制，激发呼类人才、调动人才积极性的用人机制，激发各类人才的创业热情，鼓励干事者，支持创业者，坚决保护创业者凭能力、技术、劳动所获得的一切佥收益。努力营造规范的法制环境。全面推进依法行政、公正执法，抓好《行政许可法》贯彻实施，加大政务公开力度，增强政府服务意识，千方百计为企业和群众排忧解难。努力营造积极向上的工作环境。深入开展政务环境评议评价活动，促进高效行政；开展创建文明机关和争当人民满意的公务员活动，加强公务员队伍教育，对机关干部进行社会主义市场经济知识的培训，提高公务员为经济建设和发展大局服务的能力。

江西三百山饮料有限责任公司

董事长：唐东升

江西三百山饮料有限责任公司，位于东江源头安远县，紧邻广东和福建二省，法人代表唐东升。公司现有员工108人，其中具有高级职称2人，中级职称9人，初级职称27人。公司年产橙类浓缩汁、橙汁、猕猴桃汁等4097吨。现有固定资产总额1950万元，年销售收入1680万元。尤其是近年来研究开发的“柚苷酶”生物制剂属国内领先水平，并被批准为江西省高新技术产品，获得了省科技厅和国家科技部“科技型中小企业创新基金”的支持。公司始终把诚信作为企业的生存之本，信誉在当地及周边有口皆碑。

地址：江西省安远县欣山镇西门路78号
邮编：342100
电话：0797—3723488
传真：0797—3732773

江西三百山饮料公司厂房一角

章贡区重点企业名录库

（2003 年）

企　业　名　称	通　讯　地　址	资产总额（万元）	销售收入（万元）	员工人数（人）
中国石化股份有限公司江西赣州石油分公司	赣州市章贡区青年路 2 号	28 171	94 499	418
江西省烟草公司赣州分公司	赣州市章贡区青年路 46 号	10 605	72 512	121
江西省赣州公路工程公司	关刀坪 12 号东外办事处	32 203	30 984	1 249
江西江铃齿轮股份有限公司	章贡区水东镇虎岗	28 891	29 429	998
赣州博达公路有限公司	关刀坪 1 号东外办事处	21 191	27 583	1 400
赣州特精钨钼业有限公司	章贡区晨光百货大楼六楼	16 647	20 653	245
赣州鸿晟冶金化工实业有限公司	章贡区水西乡龙庄上 98 号	13 113	20 502	561
赣州虔东实业（集团）有限公司	水东镇七里村杨柏西 1 号	22 407	18 798	660
江西南方稀土高技术股份有限公司	章贡区青年路 36 号	29 723	17 887	804
赣州钴钨有限责任公司	章贡区东外街五龙岗 103 号	44 522	15 671	1 308
赣州铝厂	章贡区水东镇农技校对面	10 288	14 524	689
赣州医药集团公司	赣州市章贡区红旗大道 9 号	1 424	13 808	204
赣州华兴钨制品有限公司	章贡区水西乡马房下 58 号	10 030	13 433	256
江西宁振纸业有限公司	章贡区水西乡桑园 168 号	9 451	13 289	1 395
江西气体压缩机有限公司	章贡区南河路 23 号	12 389	10 210	947
江西赣南海欣药业股份有限公司	章贡区健康路 99 号	13 392	10 202	792
赣州发电设备成套制造有限公司	章贡区水东镇虎岗村	13 008	10 166	775
江西省赣南三利饲料有限公司	章贡区水东镇七里村五组	1 986	9 972	207
赣南果业股份有限公司赣州酒业分公司	章贡区张家围路 36 号	6 002	8 824	268
燕京啤酒（赣州）有限责任公司	章贡区张家围路 58 号	10 939	8 607	564
赣州市东南制钢有限公司	章贡区湖边镇湖边村	6 701	8 598	86
江西省赣南建筑工程总公司	黄屋坪路 1 号东外办事处牛岭	35 147	8 497	840
赣州宏远建筑工程公司	赣州市红旗大道 51 号	8 275	8 038	1 200
五矿（赣州）锡业有限公司	章贡区水西乡白塔	2 564	7 701	115
赣州有色冶金化工厂	章贡区湖边镇岗边	6 474	7 104	1 118
江西华宝实业总公司江西直流电机厂	章贡区水南镇腊长村	4 494	7 051	522
赣州市第二建筑工程公司	厚德路 18 号赣江办事处	2 888	6 760	1 469
江西东龙路桥工程有限公司	黄屋坪 16 号东外办事处东外	8 689	6 219	550
赣州市农机有限责任公司	赣州市章贡区和平路 43 号	303	5 947	42
赣州四平家电超市	江西省赣州市章贡区北京路	22	5 105	180
赣州八 0 一钨业有限公司	章贡区五龙岗 103 号	1 520	4 961	76
江西赣州新阳化工实业有限公司	章贡区水东镇沿坳村	3 083	4 891	370
江西省赣州百货股份有限公司	赣州市章贡区厚德路 172 号	2 987	3 889	347
赣州市工程建设总公司	赣州市荆花园南外办事处	1 512	3 498	482
厦门德利集团赣州氯碱制造郁有限公司	章贡区水东镇虎岗村	1 001	3 493	200
江西省赣州大丰肥料有限公司	章贡区渡口路 28 号	1 878	3 472	45
赣州虹飞钨钼材料有限公司	章贡区西郊路 70 号	4 868	3 254	238
赣州有色冶金机械厂	章贡区红旗大道 146 号	10 684	3 231	903
江西东芝电子材料有限公司	章贡区水西乡马房下 58 号	3 258	3 162	138
赣州启德广播电视交电有限公司	江西省赣州市章贡区	11	3 018	130
江西省赣州市自来水公司	章贡区窑下村 8 号	17 275	2 965	335
江西赣南果业股份有限公司赣州农药分公司	章贡区水东镇虎岗	3 311	2 963	213
赣州市国光平价购物广场	赣州市章贡区红旗大道 10 号	178	2 912	150
赣州晋通新材料有限公司	章贡区川峰坳 13 号	1 083	2 682	90
赣州德盛建筑装饰工程有限公司	水南镇赣州市黄金大道 6 号	2 160	2 523	800
赣州市赣江建筑安装工程公司	章贡区青年路 10 号	5 240	2 514	450
赣州市第三建筑工程公司	东桥路 50 号	1 323	2 441	486
赣州湘大饲料有限公司	章贡区水东镇七里村	449	2 408	60
江西五环机器有限责任公司	黄金开发区原赣南机械厂	939	2 394	256
江西省盐业总公司赣州市公司	赣州市章贡区横街上 2 号	610	2 392	107

【市情简介】

南 康 市

【行政区划】

南康市位于江西南部，辖8镇11乡、1个民族乡（赤土畲族乡）和2个街道办事处（蓉江、东山），共24个居委会，294个村。总面积1844.96平方公里，其中市区面积15平方公里。总人口79.69万人。

【区位优势】

南康区位条件优越，交通十分便利，境内有105国道、323国道、赣粤高速公路、京九铁路通过，建设中的昆厦高速公路，即将开工兴建的赣韶铁路也经过南康，构成了便捷的大交通网络。

【经济概况】

2003年全市实现生产总值28.1亿元，比上年增长12%。其中，第一产业增加值8.1亿元，增长3.0%；第二产业增加值8.6亿元，增长19.3%；第三产业增加值11.4亿元，增长13.6%。规模以上工业总产值10.6亿元，增长14.0%。主要工业产品有：卷烟13.3万箱、服装881万件、家具21.5万件、钨精矿5326吨。农业总产值12.3亿元，比上年增长2.7%。主要农产品有：稻谷13.8万吨，甜柚3858吨，生猪出栏35.1万头，花生2.4万吨，蔬菜瓜果25.3万吨。实现财政总收入1.91亿元。城镇居民人均可支配收入5980元，增长6.5%；农民人均纯收入2283元，增长2.34%。

【自然资源】

主要矿产资源有钨、金和稀土。地方特产有甜柚、柑桔、脐橙、甘蔗、花生巴、腐竹、酱菜、板鸭、辣椒酱、南瓜系列食品（南瓜巴、南瓜糕、南瓜子、南瓜酱、南瓜子养生油）等。南康是中国甜柚之乡。主要旅游景点有东山公园、文峰塔、南山森林公园、大山脑旅游区、文峰、莲花山、革命烈士陵园等。

【工业化进程】

以主攻工业为核心，“招商、建园、改制”三招并举，推进工业化进程取得了新进展。招商引资全年签约资金13.64亿元，签约项目69个，实际进资7.5亿元，引进市外企业69家，其中工业项目49个，投资1000万元以上项目24个。新增个私工业企业81家，增长17.4%；个私经济纳税6520万元，增长10.7%。

把工业园建设作为主攻工业的主战场，财政直接投入资金达2000多万元，形成了龙岭工业区、东山工业区两个园区齐头并进的局面。龙岭工业区聘请同济大学专家进行总体规划累计面积为1.5万亩。已吸引华亿化工、麒麟实业、星田化工、深圳铠龙等企业落户园区。东山工业区“洼地”效应开始凸显，入园企业达64家。

进一步加大企业产权制度改革力度，年内盘活国有、集体企业闲置资产1.9亿多元。罗边电站、麻双电站、电影公司、影剧院成功完成转制，物资、供销、粮食、商业系统转制基本结束，经贸、二轻、林业、农业系统转制深入推进。

【农村经济】

大力推进农业产业化进程，加大结构调整力度，通过做优环境、生态开发、扶持规模、示范引导等措施，大力发展以生猪为主的畜牧业。生猪小区化、基地化养殖自成特色。全市建立生猪养殖小区4个，新增6个万头猪场、15个生猪二级扩繁场。三江甲鱼、龙回土鸡等特色养殖呈规模化发展。

【基础设施】

城市建设项目多，规模大，新开工18个重点项目，城市基础设施建设投入8507万元，增长53%。新建城市道路15公里，城市道路框架基本形成，城市交通进一步畅通。实施“精品”工程，投入2000余万元对主街道路面进行硬化、美化整修改造。加大了公路建设力度，狠抓了朱坊至红心、隆木至沙田水、内潮至白石等线路拓宽改造；配合搞好赣丰线、323国道改造和赣粤高速公路、厦昆高速公路建设；通村水泥公路建设完成100公里。投资逾亿元的二水厂一期工程（日供水量5万吨）竣工并投产。

【市长专栏】

坚持科学的发展观　提升工业化水平

南康市人民政府市长　张裕生

2003年,在赣州市委、市政府的正确领导下,我市大力实施工业兴市战略,主攻工业取得明显成效,全市实现工业总产值18亿元,实现工业增加值7亿元,同比分别增长25%和20.9%;实现税收3.2亿元(含赣南卷烟厂),同比增长68%。工业经济主要呈现以下四个方面的特点。

——**企业改制不断深化,结构调整力度加大**。国有集体企业改革力度、效果是近年来最大、最明显的一年。全市国有集体工业企业,包括部分水电、粮食系统工业企业,通过破产、拍卖、挂牌转让、整体租赁或分块搞活等方式进行了企业改革转制。

——**支柱产业逐步壮大,骨干企业加速发展**。全市已初步形成了以钨、锡、铋、铜冶炼为主的矿产品加工业,以粮油加工、特色小食品等为主的食品工业,以服装加工、批发为主的服装工业等六大支柱产业,六大支柱产业基本涵盖了我市工业的精华部分,38户重点骨干企业中六大产业就有32户,占84.2%;2003年,38户重点骨干企业工业总产值达10.69亿元,实现销售收入10.38亿元,实现税金5025万元。

——**技术进步步伐加快**。2003年,全市共实施技改项目14项,竣工投产7项,技改总投资额1.7亿元,同比增加额4485万元,增幅34.9%。这些项目全部达产达标,可新增产值4.99亿元,利税7660万元。

——**招商兴工取得较大进展**。2003年,我市通过招商引资,共引进工业项目53个,占引进项目的76%;签约资金9.87亿元,占签约项目资金总数的72%;实际进资4.47亿元,占引进资金总额的59%。引进项目科技含量提高。

2004年,我市工业经济发展的基本思路是:紧紧围绕全市国民经济和社会发展总目标,以经济效益为中心,以市场为导向,以结构调整为主线,以体制创新为切入点,立足现有工业存量资产,加快传统产业改组改造步伐,提升传统产业素质和竞争力;围绕进一步扩大对外开放,发展外向型工业,吸纳沿海转移产业;顺应经济发展大势,把握重点和特色,着力培育高新技术产业。全面调整行业结构、企业结构、产品结构,进一步扩大全市工业经济总量,提高工业经济整体素质,加快我市工业化进程,促进全市经济持续快速健康发展。发展目标是:全市工业总产值达到25亿元,同比增长39%;工业增加值达到9.8亿元,同比增长40%。38家骨干企业实现工业产值15亿元,同比增长40%;工业增加值5亿元,同比增长38%;实现销售收入14亿元,同比增长39%。全年骨干工业企业新增税收2000万元,达到6400万元。全市技术改造完成总投资2亿元,非国有经济比重上升到85%。

为了实现上述目标,今年要着力在以下几个方面狠下功夫。

一、坚持科学的发展观,着力培植壮大主导产业和扶持骨干企业发展

坚持科学的发展观,要转变工业发展理念,积极参与赣州一小时都市经济圈内产业的分工与合作,以产业的聚合和裂变,催生主导产业,实现工业经济总量的加速扩张,逐步把南康建设成为产业特色鲜明的加工业集聚区。通过整合要素,统一规划,逐步把家具、服装、矿产品、食品四大传统产业和精细化工、电子信息两大新型产业进一步培育成为我市的主导产业。2004年力争家具业实现销售收入7亿元,服装业6亿元,矿产品业5亿元,食品业11亿元。坚持以龙头企业带动产业发展,通过龙头企业和实施重点工业项目,发展关联度较高的配套产业。进一步加大骨干企业的扶持力度,年内力争新增纳税500万元以上企业4家。坚持以市场促产业,继续建设培育好服装、家具专业市场,积极创造条件,年内力争开工建设建材大市场、竹木大市场。强化激励机制,综合运用行政、经济等手段激发领导和部门帮企业、抓产业的积极性。以更加优惠的政策支持工业发展,集中有限的资金投向主导产业,充分利用财政、金融、税收等各种手段扶持壮大主导产业。

二、加强与长珠闽的产业对接,提高招商引资水平

立足南康的区位优势和传统产业基础,加强与长珠闽特别是珠三角地区的产业承接、跟进和配套，在对接中加快发展开放型经济。坚持专业招商为主，进一步加大招商力度，强化招商力量，细化招商目标，落实招商责任，完善招商服务，增加招商投入，提升招商水平。强攻产业招商，瞄准珠三角，围绕主导产业，重点引进既能形成产业又有利于长远发展的项目，提高引资效益。全年争资规模确保达到6000万元，力争1亿元以上。

三、加快开放型经济与内生型经济的融合，积极推进工业整体升级

经济全球化和区域经济一体化条件下，开放型经济和内生型经济已经成为构筑县域经济快速发展的两大骨架。要正确把握二者之间的关系，通过发展开放型经济，积极引进沿海发达地区的资金、技术、人才和管理经验，推动内生型经济提升发展水平；通过调整、统一各项优惠政策，进一步形成开放型经济和内生型经济相互融合、优势互补、共同发展的良好格局；通过强化“龙头”，重点扶持，加快促进产业整体升级，尽快形成支持南康经济发展的支柱产业，提升工业经济整体素质。

四、集中力量抓好工业园区建设，提高园区土地对财政收入的贡献率

进一步提高市场化运作水平，多渠道筹措资金，加快园区基础设施建设，完善服务配套体系。坚持集约发展，集中力量建设好东山工业区和龙岭工业区，形成工业走廊，成为发展开放型经济的主阵地，降低门槛，鼓励大企业、大项目特别是产业链条长、带动能力强、利税水平高的企业和项目向园区集聚，提高工业用地水平和园区产出效益。充分发挥园区“造城”功能，推进城市新区和城市基础设施建设，实现工业化与城市化联动和协调发展。

五、改进政府服务，优化经济发展环境

进一步改进和规范行政行为，积极改善制度环境、政策环境，简化行政性审批，树立我市对外开放新形象。增强政府办事透明度，提高政府机关工作效率，推动政府兑现承诺，树立政府诚信新形象。加大市场经济秩序的整治力度，严厉打击破坏市场秩序行为，打破行业垄断，消除地方保护主义，努力为内生型和外向型经济营造一个公开、公平、公正的发展环境。

南康市重点企业名录库

（2003 年）

企业名称	通讯地址	资产总额（万元）	销售收入（万元）	员工人数（人）
赣南卷烟厂	江西南康蓉江办宝林路 1 号	70 592	65 360	983
南康市烟草公司	江西省赣州市南康市蓉江镇		10 645	105
南康市供电有限责任公司	南康市蓉江办泰康中路 15 号	14 821	8 280	372
南康市石油公司	江西省赣州市南康市蓉江镇	245	3 251	80
南康赤土康辉矿业有限公司	江西南康蓉江办桥口村	206	3 217	16
南康市金鸡有色金属有限公司	江西南康东山办泰康东路	1 227	2 986	48
南康市洋山铜业有限公司	江西南康潭口镇洋山村	1 965	2 897	218
赣州南野建筑工程有限公司	东山街道办事处泰康东路	1 575	2 858	250
南康市新华书店	江西省赣州市南康市蓉江镇	575	2 682	54
江西省南康市赣康矿业有限公司	江西南康潭口镇洋山村	138	2 334	29
南康市鑫源矿业有限公司	江西南康蓉江办西华村	146	2 086	62
南康华山有色金属加工厂	江西南康蓉江办桥口村	321	1 622	42
南康市宏发矿业有限公司	江西南康蓉江办岭背居委会	1 742	1 362	81
南康市罗边电站	江西南康龙华乡新华村	8 216	1 217	106
南康市建筑总公司	东山街道办事处南水村	2 132	1 194	200
南康江西华夏金属线制品有限公司	江西南康东山办工业园	245	973	36
南康市康源矿业有限公司	江西南康蓉江办桥口村	192	933	25
南康市华鑫包装有限公司	江西南康东山办金鸡村	800	925	30
南康市塑料电器实业有限公司	江西南康东山办工业园	272	899	39
南康市三鑫建筑工程有限公司	蓉江街道办事处金赣大道	1 098	846	55
南康赣南恒宏保温建材有限公司	江西南康龙华乡新华村	148	823	20
南康市医药公司	南康市蓉江苏步东街 55 号	368	791	117
南康市金锋绣花厂	江西南康东山办金桥居委会	179	715	63
南康罗边玻纤有限公司	南康龙华乡罗边工业区	1 265	673	112
南康双南家俱厂	江西南康镜坝镇连城村	170	667	66
南康市南方变压器厂	江西南康东山办工业园	268	658	36
南康赣州萤光磁性材料厂	南康龙华乡罗边工业区	349	639	60
南康龙华乡新华铸钢厂	江西南康龙华乡新华村	76	638	22
南康市镜坝创业家俱厂	江西南康镜坝镇连城村	321	616	53
南康江西溢丰织造有限公司	江西南康东山办工业园	526	613	429
南康王三英制衣有限公司	南康蓉江办成衣市场 6103 号	431	592	76
南康和昌织造有限公司	江西南康东山办工业园	369	524	359
南康红旗电缆有限公司	江西南康东山办工业园	1 327	508	36
南康市自来水公司	江西南康市东山办金桥居委会	1 014	302	122
南康市章惠渠水利工程管理局	江西南康蓉江办桥口村	2 103	291	85
南康市水电建筑安装公司	蓉江街道办事处泰康西路 1 号	1 257	220	33
南康市麻双水力发电厂	江西南康麻双乡麻双村	326	123	56
南康市印刷厂	南康蓉江办西南环城路 18 号	523	97	65
江西省南康市南方食品有限公司	江西南康蓉江办富安巷 11 号	201	92	21
南康市美迪包装材料公司	江西南康蓉江办教育路 12 号	29	54	33
江西省南康市汽车修配厂	南康蓉江办教育路旱塘里 9 号	49	47	23

【县情简介】

信 丰 县

【县情概述】

信丰县位于南岭北麓、赣江之滨，与广东南雄接壤，是饮誉中外的“中国脐橙之乡”，是一方“人信物丰”的投资热土。

信丰，有建县1300多年的悠久历史，名胜古迹众多。有“江南第一塔”大圣寺塔、古意犹存的玉带桥、浑然天成的仙济岩、神韵绵绵的金盆山、潋滟空蒙的龙井湖；有毛泽东、周恩来、朱德等老一辈无产阶级革命家战斗、生活的光辉足迹；有项英、陈毅领导的艰苦卓绝的赣南游击战争谱写的壮丽诗篇。

信丰，饱汲天精地瑞，蕴藏着丰富的资源，煤、石灰石、中钇富铕稀土储量居赣南之首，赣南麦饭石堪称江南一枝独秀，脐橙、草菇、红瓜子等优质农副产品久负盛誉，是“中国脐橙之乡”、“中国草菇之乡”。

信丰，有“赣粤闽三省通地”、“丰亨之会”的盛名美誉，区位优势明显，交通便利，京九铁路、105国道和赣粤高速公路纵贯南北。资金、技术、人才、信息市场等方面充分享受长珠闽地区辐射。

信丰，环境优美，气候宜人。年平均气温适中，无霜期长，空气质量常年达到一级标准，是省级卫生城市和国家第一批电气化县，是第一批国家生态示范试点县之一。

【行政区划】

信丰县位于江西省赣州市南部，处北纬24°59′—25°33′，东经114°34′—115°19′之间，居贡水支流桃江中游。东邻安远，西界广东省南雄市，南连龙南、定南、全南三县，北接大余、南康、赣县，距南昌495公里，距赣州78公里，距广州376公里。全县总面积2878平方公里，辖13个镇，3个乡，260个行政村，14个居委会。全县总人口72万，县城人口13万余人。

【经济概况】

2003年信丰县生产总值（现价）26.9亿元，其中第一产业8.36亿元、第二产业11.05亿元、第三产业7.51亿元。工农业总产值25.65亿元（现价），财政总收入达到1.8118亿元，是长征路上第一个财政收入亿元县，农民人均纯收入2406元。

【文化生活】

信丰文化底蕴深厚。早在两千多年前，信丰人民就在这块土地上繁衍生息，创造了灿烂悠久的文化，骚人墨客代不乏人。明代俞溥、黄大节的文章曾传诵一时，清代黄文汾、黄文澍、黄世成被称为“三黄”，尤以黄文汾的诗文，时人评价谓“江西之隽”。信丰民间文艺丰富多采，采茶戏、信丰灯子（三角班）、古文、山歌、龙灯、狮舞、席狮、梨狮等民间文艺生动活泼、风格独特，反映了广大劳动人民的生活和理想，具有浓厚的乡土气息。

【招商优势】

信丰县除具有便利的交通、丰富的电力资源等招商优势外还有以下几个优势：一是拥有良好的服务环境。信丰是全省社会治安良好县，对来信丰投资的客商都有“绿卡”重点保护，大到企业生产，小到私人生活，都不会受到任何不必要的干扰。同时对招商项目实行了领导挂点、警企联系责任制，推行了“一站式”、“一条龙”，全天候、全过程服务。二是拥有低廉的投资成本。信丰已初步建成规模为1万亩的工业园。园区设施完善，可用土地面积广阔，地势平坦，土建工程量少。现入园企业已达107家，还可引进200家以上。在信丰工业园投资，园区水价每吨1元，劳力工资只有广东的二分之一，每平方米标准厂房建设成本只有300元左右。特别是对落户企业，县里安排专项资金免费为其培训技术熟练工，现已培训三批4000人到园区企业就业，深受企业欢迎。我们力争用3年时间，培训各类技术熟练工5万人到企业就业。三是拥有巨大的发展潜力。顺应区域经济一体化的趋势，全县上下加快实施“对接长珠闽，建设新信丰”的发展战略，主接珠三角，融入“9+2”，在观念、政策、机制、体制上主动接轨，全面跟进，率先在东莞成功举办了江西信丰（东莞）策应泛珠三角战略暨经济社会发展恳谈会，签约合同资金达6.64亿元，有效地推动了我县外向型、开放型经济的发展。到目前为止，已有大大小小600多户企业落户信丰，成为信丰发展的重要增长极。

【县长专栏】

坚持四个依托
把信丰打造成赣州南部工业经济主板块

信丰县人民政府县长 廖成铭

信丰与沿海发达地区相比，最大的差距在工业，最大的潜力在工业，最大的希望也在工业，如何策应泛珠三角经济圈战略构想，把信丰打造成赣州南部工业经济主板块。我县坚持“四个依托”：

一、依托园区办工业。我县把2004年作为园区建设年，进一步做大做强，争创“省级工业园”。按照“市场运作，效益第一，统筹协调，集约发展”的要求，大力完善工业园区开发建设有限责任公司的市场运作机制，以效益第一，“寸土寸金”的理念，严格控制园区土地，强化成本核算，广筹园区建设资金，彻底改变园区主要依靠政府投资的单一局面，提高投入产出率。力争到2007年，园区每平方公里产值15亿元以上，解决就业15万人以上。逐步凸现园区特色。按照资金集中投向工业园、项目集中引向工业园、产业集中聚向工业园、服务集中跟向工业园的思路，根据长珠闽地区产业梯度转移的规律和我县园区现有企业的特点，优化布局，合理定位，产业归类，延长链条，将工业园区划分为“建材工业城”、“食品工业城”和“针织制衣电子城”三大区，形成建材、针织制衣、电子、食品加工四大产业群。完善园区基础设施建设。通过借外力、活内力、增引力，调动各方面投资建设工业园区的积极性，今年确保完成6000万元园区基础设施投入。加快园区“三纵七横”道路硬化和供电、供水、排污等“六通一平”工程建设；完善食宿、购物、邮政、金融以及绿化、美化、亮化等配套设施建设，全面提升园区形象。力争到2007年，园区面积达1万亩，累计引进内、外资金100亿元以上，年销售收入280亿元以上，占全县工业总销售收入比重70%以上。

二、依托招商兴工业。进一步强化招商责任，继续实行领导带头示范，建立乡镇和单位主要领导外出招商定期通报制度和一周一调度、一月一通报、一季一交帐制度，让“一把手”练就第一硬的招商本领，投入第一多的招商时间。进一步创新招商方式，鼓励个人、中介组织招商引资，巩固代理招商，扩大以商招商，依托产业招商，推行网上招商，争创招商新业绩。在充分发挥我县聘请的16名招商代理员作用的基础上，有选择地在粤、浙、沪、闽等地聘请一批招商代理员；设立深圳、东莞、宁波等三个招商办事处，主攻1000万元以上的大项目，扩大代理招商成果。抽调100名干部组建建材、食品、针织制衣和农业“龙头”等产业招商队伍，在“长珠闽”地区“安营扎寨”，常年招商。抓住第十九届世客会在我县参观的有利时机，实行脐橙搭台、经贸唱戏，进一步宣传信丰、展示信丰，提高信丰的知名度，进一步突出招商重点，把招商项目放到工业项目、农业“龙头”项目、含税项目、劳动密集项目四个重点上来。围绕建材、食品、针织制衣、制药等主导产业，主攻大项目、大企业、大公司，采取重点企业吸引配套，本地企业主动配套，外来企业跟进配套，改制企业适应配套等手段，加快形成产业链。鼓励现有企业延伸裂变，增资扩股，配套发展。努力完成全年的招商任务，再创招商工作新业绩。

三、依托科技强工业。以提高科技水平为手段，以建材、针织制衣、电子、食品加工、制药五个产业为重点，壮大主导产业，确保全年完成技改投资2亿元以上。一是设立工业发展基金。用于扶持工业企业技术改造、新产品开发、新工艺、新技术引进，并鼓励企业上新项目，实行滚动使用，对企业技改项目，在县权限内的各种规费，按固定资产投资大小分别给予50%—100%优惠。二是坚持扶优扶强。对30户规模以上工业企业建立县、科级领导和单位挂点制度，从技术创新等方面为企业创造良好的外部环境，对圣塔水泥、万基水泥、恒隆酒业、绿源人造板等骨干企业实行重点帮扶，支持其进行技术改造和产品升极换代，争创省级名牌产品。三是突出抓好食品工业，提高加工水平。采取一支队伍、一笔经费、扶持一批龙头企业的办法，在继续大力扶持中侨、恒隆、兴信、天缘等食品加工企业发展的基础上，统一加工工艺，统一技术配方、统一产品包装，进一步做大做强脐橙、萝卜、红瓜子、草菇、中药材、辣椒等农副产品加工企业，不断提高产品的附加值的技术含量。四是大力开展“产学研”活动。巩固诚志药业GMP改造成果，加快万基、圣塔二期工程建设进度。进一步加强与中科院、南昌大学、中德食品研究所等高校、科研院所的联系和合作，收购、兼并我县传统工业企业，提高全县工业产品的科技含量，加速传统产业的升级换代。大力发展生物制药、电子信息等高科技、高附加值产业，提高高新技术产品产值在全县工业中的比重。确保2004年—2007年，全县工业经济主要指标年增长30%，力争40%以上，到2007年，实现工业总产值20亿元以上，税金超2亿元，占财政收入65%以上。使信丰成为江西最大的建材工业基地，赣州最大的针织制衣基地和江西南部最大的食品工业基地。

四、依托环境引工业。我县着力解决好“五大问题”：

第一，解决好体制的问题。目前，我县聘请专家，学习借鉴长珠闽地区的经济发展宝贵经验，按照赣州市十大体系建设精神，结合信丰实际，出台了我县政策法规、物流服务、金融服务、技术标准等“十大体系”建设意见，尽快实现与长珠闽地区的体制、机制上对接，以加快信丰与珠三角的对接和互动，加速珠三角地区工业企业迁入信丰。第二，解决好贷款难的问题。建立中小工业企业信用担保体系，成立由县财政和企业共同出资多元股权结构的县中小企业信用担保公司，为被评为省、市、县诚信企业和县重点企业开发高科技、高附加、高税利项目实行贷款担保服务。第三，解决好服务效率的问题。按照“高效、廉洁、诚信”原则，清理不适应工业经济发展的各项审批制度，完善办证服务大厅各项制度，简化办事程序，提高办事效率，形成“一家受理、抄告相关、联动审批、限时办结、责任追究”的审批制度；继续实行项目引进单位服务责任制，及时为企业解决一些实实在在的问题，使签约项目早开工、开工项目早投产、投产项目早得益，使项目引得进、留得住、有发展；加强对企业合法权益，尤其是对企业知识产权的保护，坚持依法打击制售假冒伪劣产品的行为；开展执法部门形象测评活动，加大社会监督力度，做到“作风行不行、群众来点评”，“效率高不高、企业来投票”，加大对破坏投资环境人和事的处罚力度，坚决制止乱收费、乱摊派、乱罚款，除安全生产、刑事侦查外，未经县委、县政府主要领导同意，不准到企业进行各种检查；加大“经济110”对企业反映问题的查处力度，一经查实，坚决追究有关人员责任。第四，解决好企业人才的问题。一方面通过“政策引人、事业招人、待遇留人、环境聚人”的办法，有计划、有针对性地引进一批大学本科生、研究生、硕士生等来信丰创业，力争每年培养引进企业高级经营管理人才和专业技术人才100名以上，为发展工业经济提供高级人才支持；另一方面，按照“政府花钱培训、农民免费学技、企业按需使用”思路，有计划、大规模地培训工业企业技术工人，力争用3年时间，把6万农民培训成至少掌握一门工业生产技术的熟练工，彻底解决工业企业“招工难”问题，为工业企业达产达标、做大工业提供技工保证。第五，解决好激励机制的问题。设立“主攻工业奖”。每年对各乡镇工业企业的销售收入、增加值、利润、税收等主要经济指标进行考评，对考核前五名的单位分别给予重奖；对完成上年纳税基数的前10名纳税大户按纳税县实得部分3‰比例奖励给企业负责人；对年出口创汇100万美元以上的企业，以企业上一年的出口创汇额为基数，给予一定比例的奖励，调动全县上下抓工业工作的积极性、主动性和创造性，形成“全面抓开放、全力引外资、全民办工业、全心搞服务”的良好局面，从而加快把信丰打造成赣州南部工业经济主板块。

信丰县重点企业名录库

（2003 年）

企 业 名 称	通 讯 地 址	资产总额（万元）	销售收入（万元）	员工人数（人）
赣州烟草公司信丰县营销中心	江西赣州信丰嘉定镇水东街	479	11 338	137
信丰县绿源人造板有限公司	嘉定镇中端工业园	8 983	9 853	141
信丰县供电有限责任公司	信丰县嘉定镇马鞍山街	11 014	7 903	694
信丰县石油公司	江西赣州信丰嘉定镇城西路	75	5 797	84
江西宏通畜禽有限公司	信丰县嘉定镇中端工业园	1 873	4 532	146
信丰县中天建筑工程有限公司	加定镇	1 011	2 800	280
赣州铁石水泥有限公司	信丰县铁石口镇建华村	824	2 718	498
信丰嘉信建筑有限公司	加定镇	992	2 419	310
信丰县农业生产资料公司	江西赣州信丰嘉定镇解放街	728	2 308	8
赣州医药集团信丰县医药总公司	江西赣州信丰嘉定镇解放街	363	2 289	123
赣州市高桥煤矿有限公司	信丰县铁石口镇高桥村	1 561	2 064	921
赣州市圣塔水泥有限公司小江分厂	信丰县小江镇莲青村	4 262	1 740	230
赣州高桥合成煤矿有限公司	信丰县铁石口镇高桥村	1 151	1 594	519
赣州智雄针织制衣有限公司	信丰县嘉定镇水东街岭下巷	863	1 360	545
信丰县粮食收储公司	江西赣州信丰嘉定镇胜利街	1 009	1 334	93
信丰县连丰水泥有限责任公司	信丰县铁石口镇建华村	3 755	1 320	185
江西诚志信丰药业有限责任公司	信丰县嘉定镇城西街	7 453	1 229	120
信丰县大阿水泥厂	信丰县大阿镇阿南村	2 470	1 210	140
信丰县白水泥厂	信丰县西牛镇丫叉桥村	2 841	1 200	180
信丰县大桥水泥厂	信丰县大桥镇青光村	3 257	1 125	115
赣州强盛陶瓷有限公司	信丰县铁石口镇高桥村	585	1 111	210
信丰县金吉化工有限公司	信丰县嘉定镇中端工业园	497	1 064	29
信丰县水泥厂	信丰县铁石口镇建华村	6 500	1 050	200
信丰县隆兴丰固水泥有限公司	信丰县嘉定镇中端工业园	1 731	975	122
江西万基水泥有限公司	信丰县嘉定镇中端工业园	11 800	768	198
信丰县新利稀土有限责任公司	信丰县嘉定镇中端工业园	674	644	65
江西金桥实业有限公司	信丰县大桥镇中段村	803	600	280
信丰中侨发展有限公司	嘉定镇站前工业园	2 007	577	70
信丰县通用机械厂	信丰县嘉定镇站前工业园	317	486	40
信丰恒隆麦饭石酒业有限公司	信丰县嘉定镇水东街水东路	2 088	423	176
信丰县华新木业刨花板厂	信丰县嘉定镇站前工业园	350	420	50
信丰县自来水公司	信丰县嘉定镇解放街上西门	1 162	413	71
赣州南方稀土矿冶有限责任公司信丰分公司	信丰县嘉定镇迎宾大道	440	394	300
信丰县正平建筑材料厂	信丰县嘉定镇水东街虎形路	500	384	45
信丰华南包装有限公司	信丰县嘉定镇中端工业园	306	228	161
信丰县宝马装饰有限公司	加定镇	73	134	30
信丰亚太不锈钢有限公司	信丰县嘉定镇中端工业园	2 707	50	60
信丰县大地装饰工程有限公司	加定镇	52	48	8
信丰逸灏建筑装饰有限公司	加定镇	61	48	7
信丰县新世界装饰有限公司	加定镇	55	42	10
信丰县日美装饰有限公司	加定镇	66	38	5
信丰今日建筑装饰有限公司	加定镇	16	36	4

【招商引资】

兴国县对外贸易经济合作局

局长:邓新华

领导班子

兴国县对外贸易经济合作局成立于1996年,办公地点设在兴国县人民政府办公楼五楼,与县对外经济技术合作办公室、县招商局三块牌子,一套人马合署办公,内设办公室、外资股、内资股,现有在职人员14人,局长邓新华(2001年——至今)。

作为全县对外贸易、利用外资、对外经济技术协作和招商引资的主管部门,兴国县对外贸易经济合作局连续三年被评为省、市先进单位。二00一年被评为"江西省经协工作先进单位"、"赣州市利用外资工作先进单位"、二00二年被评为"赣州市外经贸工作先进单位";"赣州市利用内资工作先进单位"、"赣州市招商引资先进单位";二00三年被评为"江西省利用外资、内资工作先进单位"、"赣州市利用外、内资工作先进单位"。局长邓新华同志由于工作成绩突出,连续三年被评为市先进工作者。二00一年被评为"赣州市外贸工作先进个人"、"赣州市招商引资特殊贡献奖";二00二年被评为"赣州市招商引资特殊贡献奖"、"赣州市外贸工作先进个人"、"赣州市利用内资工作先进个人";二00三年被评为"赣州市利用资工作先进个人"。

实施招商引资主战略 推动县域经济大发展

兴国县

近年来,兴国县紧紧围绕省委、省政府提出的"建设三个基地、一个后花园"和"对接长珠闽,融入全化"的战略构想,坚持科学的发展观,把招商引资作为加快县域经济发展的突破口和主战略来抓。1999年至2003年,全县共引进外内联项目816个,实际进资28.7亿元,是1998年以前总和的60倍,连续四年被评为全省、全市横向经济合作先进单位和利用外资先进单位,特别是2003年,全县共引进项目368个,实际进资17.1亿元,其中外资项目31个,实际进资5336万美元。在368个项目中,合同资金500—1000万元以上的项目80个,1000万元以上的有42个,工业企业145个,占76.6%。招商引资快速发展,有力地促进了县域经济和社会各项事业的快速发展。

兴国县招商引资长足发展,源于在招商工作中坚持了"四个不动摇":

一、坚持解放思想不动摇,创新招商思路

兴国县与许多县市相比,招商引资为具备区位优势,如何在千帆竞发的竞争态势中突破重围,抢占先机?兴国县委、县政府经过反复调查研究,坚持科学的发展观,提出了四种招商思路:一是产业招商。立足兴国现有产业优势,着力向下游深加延伸,如先后引进了浙江客商投资3000万元兴办了年产20万只火腿厂、深圳客商投资3500万元兴办了年加工500羽灰鹅的加工厂。二是资源招商。立足兴国石灰石、莹石资源优势,重点向外推介,先后引进了香港客商投资2.1亿元兴办年产1000万吨旋窑水泥生产线、浙江客商投资4.8亿元兴办年产3万吨氢氟酸生产线。三是承接互动。瞄准沿海梯度转移的劳动密集型企业进行对接互动,先后承接引进服装厂16家、玩具厂80家、电子厂6家。四是专业招商。在强化全民招商意识的同时,组建了10支专业招商队伍。同时,在沿海和港台地区聘请了17位知名人士为我县招商联络处主任,每月发给一定的补助,奖金和招商实绩挂钩,起到了很好的效果,2003年引进的80个大项目中,有47个是通过中介招商引起的。

二、坚持创优创特不动摇,打造环境磁场

近年来,在投资13.2亿元大力完善基础设施硬环境的同时,坚持一手抓建设、一手抓整治,大力创优软环境。在建立两个"中心"(服务中心,投诉中心),完善十项制度(公开服务承诺、一站式服务、首问负责、民主评议、挂钩帮扶、挂牌保护、限时办理、赶一引二、明察暗访、银企结对)的同时,提出"像当年支援红军那样支持外商",倡导广大干部当好三大"角色",即在为外商服务时当好"保姆",以与外商相处时当好"兄弟",在为外商"申冤"时当好"娘家",并提出在接待客人时优先接待外商,在安排工作时要优先安排外商服务工作。县党政主要领导每逢过年过节都要通过电话、贺卡、走访、聚餐等形式对外商进行慰问,使外商感觉到人在兴国,胜似家乡。

三、坚持示范表率不动摇,强化领导带头

一是带头承担重任。县四套班子成员把招商引资工作为已任,1999年以来,年年都坚持带团,带队招商引资;二是带头解决问题,要求每一名领导都要深入到自己挂点的招商引资企业中,帮助解决、处理困难或问题。三是带头抢抓进度。对每一个企业,从洽谈、选址到开工建设,采取倒计时方法,加班加点。为了创时间、抢进度,县四套班子的领导几乎未休过节假日、双休日。

四、坚持真抓实干不动摇,注重工作考核

一是加强工作调度。对招商引资每月调度1次,对工作滞后的单位书面通知要求责任人限期整改。二是实行长效督查。抽调人员组成督查组,及时掌握各位领导、各单位抓招商引资工作的情况。为了防止弄虚作假,改变了以前单一的年终考核为阶段和年终相结合的多层次考核,实行每月一督查评比,电视公榜,下文通报,促先鞭后。三是严格况现奖惩。坚持按照年初制定的方案奖优罚劣。

近年来,招商引资大发展为兴国县县域经济发展提供了强大动力,2003年,全县实现财政总收入1.87亿元,其中招商引资企业提供税收达3835万元,占全县税收总额的42.1%,增长额占全县财政收入增长额的60%,并且连续三年保持1000万元以上增长。具体表现在:

一、做强了工业。

几年来,兴国县紧紧围绕新型建材、矿产品精深加工、卷烟食品、制药、机电制造、现代轻纺等六大工业支柱,先后引进了投资亿元以上的江西永大金属科技有限公司、弘皇堂医疗科技有限公司、赣兴公司年产100万吨旋窑水泥生产线、浩森制厂、金莹氟业、新鸿利手套有限公司等一批投资规模大、科技含量高的工业企业;引进了投资1000万元以上的智业针织、佳美服饰、兴艺玩具、福圣玩具、金星轮胎、正安拨叉等一批劳动密集型和来料加工型中小企业,到2003年底,全县由外商创办的工业企业达560家,是解放以来总和的15倍,解决了15000多人的就业问题。全县招商引资工业企业产值达14亿元,占全县工业总产值的60.9%。

二、做优了农业。

1. 培植了龙头。外商投资农业开发的龙头企业达到64家,进资3.4亿元,有利推动了兴国县农业产业结构的调整和相关产业的发展。如引进浙江老板投资2000万元兴办了火腿加工厂后,全县生猪生产在外销市场连年紧缩的情况下,2003年出栏仍保持了近40万头的高水平。

2. 树立了示范。如台湾蔡先生在高兴镇创办的4000亩的"裕茂农业",辐射农民3000多户;武汉任老板在崇贤乡创办的3000亩的"将军果业",带动了崇贤乡种植脐橙3万多亩。

3. 提高了科技含量。如中山市高先生在我县埠头兴办的"兴达高科技水产养殖场",通过新技术把普通"四大家鱼"养殖成脆皖,价格达到普通鱼价格的3—4倍。随着一大批农业外商企业的引进,有效促进了我县农业增效、农民增收和农村经济的快速发展,2003年全县农民人均纯收入达2413元,比1998年增加487元。

三、做大了第三产业。

1. 形成了大市场。如广东客商投资的兴国贸易广场600多家店铺日营业额达300多万元，已成为赣州市河东片最大的小商品市场和辐射周边县的小商品集散地；由深圳客商开发建设的建材家具综合大市场，占地面积73亩，建有386间店面、200多套商住楼和11000平方米大型停车场，成为赣南最大一个建材综合大市场。

2. 促进了大流通。随着大批外商企业的开工投产和务工人员的增加，迅速带动了旅游、娱乐、餐饮、运输等相关产业的发展，人流、物流、信息流迅速增长，全县个私企业和从业人员年均增长20%以上，兴国火车站的平均日客流量由1999年的600人（次）增加到现在的1800人（次），客流高峰可达6000人（次），日货流量由1999年的270吨增加到现在的430吨，旅游人数由1999年的7万人（次）增加到现在的20万人次。

兴国县重点企业名录库

（2003 年）

企业名称	通讯地址	资产总额（万元）	销售收入（万元）	员工人数（人）
赣南卷烟厂兴国卷烟分厂	兴国县潋江镇背街居委会	20 819	19 128	886
赣州烟草分公司兴国县营销中心	兴国县潋江镇背街	826	9 223	36
兴国县石油公司	兴国县潋江镇西街	319	8 214	105
兴国县供电有限责任公司	兴国县潋江镇背街居委会	12 695	7 476	671
江西兴国水泥厂	兴国县潋江洪门工业区	5 873	6 577	400
江西省兴大建筑工程实业有限公司	潋江镇背街背街居委会	886	3 826	768
江西省赣南赣兴实业有限公司	兴国县梅窖镇梅窖	4 252	3 024	359
兴国金莹氟业有限公司	兴国县埠头乡埠头村	1 563	2 902	58
兴国县医药总公司	兴国县潋江镇西街	319	2 709	168
兴国县智业针织有限公司	兴国县潋江镇洪门工业区	1 712	1 878	167
兴国县兴艺玩具有限公司	兴国县潋江镇洪门工业区	3 921	1 871	1 200
兴国县中莹矿业有限公司	赣州市兴国县隆坪乡	2 590	1 632	174
兴国县交通公路桥梁工程有限公司	潋江镇西街居委会	350	1 580	210
兴国县新华书店	兴国县潋江镇背街	260	1 473	31
画眉坳钨矿	兴国县兴江乡陈也村委会	4 868	1 191	48
江西省国兴齿轮拔叉有限责任公司	兴国县潋江背街居委会	1 276	1 181	197
兴国县百业建设有限公司	潋江镇背街居委会	1 188	1 027	233
兴国弘皇堂生物医疗用品有限公司	兴国县潋江镇洪门工业区	2 447	1 022	420
兴国佳美服装有限公司	兴国县潋江镇洪门工业区	1 378	850	200
兴国县鑫昌建筑工程有限公司	兴国潋江镇凤凰大道	1 223	825	250
江西兴国县长电发展有限公司	兴国县长冈乡石燕村	4 217	720	230
兴国县永兴矿业有限公司	兴国县兴江乡南外村委会	859	668	62
兴国县赣凤食品有限公司	兴国县潋江洪门工业区	572	648	20
兴国慈兴再生橡胶有限公司	兴国县潋江镇洪门工业区	527	603	62
兴国县东方华玉氟业有限公司	兴国县潋江镇洪门工业区	1 391	575	50
兴国人和建材有限公司	兴国县潋江镇洪门工业区	952	526	32
兴国县斌杰食品有限公司	兴国县火车站工业区	586	525	45
江西海龙家俱有限公司	兴国县潋江镇洪门工业区	1 503	505	65
兴国县金龙金矿	兴国县社富乡金龙	2 011	299	256
兴国县国泰隆实业有限公司	兴国县潋江镇洪门工业区	1 992	298	78
兴国县自来水公司	兴国县潋江镇东街居委会	989	188	125
宝台造花兴国有限公司	兴国县潋江洪门工业区	177	80	130
兴国县梅窖煤矿	兴国县梅窖镇梅窖村委会	77	5	90
兴国县圣源精粉厂	兴国县火车站工业区	394	5	9

【县情简介】

全 南 县

全南建县于1903年。全县总面积1520平方公里,其中耕地面积13.4亩;辖9个乡(镇)、3个国有林场、1个企业集团,行政村86个,总人口18万;境内有14个民族,有全省唯一的瑶族行政村和三个少数民族聚居村落。全南地处江西最南锻(东经114°10′-114°52′,北纬24°34′-25°08′),与广东翁源、连平、始兴、南雄4县(市)交界,60%的边界与广东接壤,县城至广州270公里,至深圳410公里,是名副其实的"江西南大门"和建设"三个基地、一个后花园"的前沿阵地。

全南自然资源丰富,森林总面积187万亩,现有活立木蓄积量500万立方米,珍贵动植物300多种,1982年被列为南方48个重点林业县之一;河流总长765公里,可开发水力资源3.5万千瓦,现有水电装机容量2.8万千瓦;1983年被评为全国首批100个农村初级电气化达标县之一;矿产种类多,已探明有规模储量的达20余种,其中钨、稀土、瓷土、萤石等矿种储量较大,原中央企业、现省属企业大吉山钨矿以其储量大、品位高、质地优而享誉世界。

全南地处南岭北麓,属亚热带季风气候,年平均气温18.6℃、平均日照时数1690小时、平均降雨量1695mm,无霜期287天,昼夜温差大,非常适宜发展天然反季节无公害农林果产业,是全省重点蚕桑县、蔬菜县和 柑生产基地县。

近年来,全南充分依托区位优势、资源优势、生态优势和低成本优势,大力发展开放型经济,初步形成了食品工业、木竹制品加工业、钢铁建材业、茧丝绸加工业、矿产品加工业和以打火机、鞋、服装、瓷器为主的日用品工业六大区域性工业支柱产业,并形成了高山蔬菜、蚕桑、西瓜、林果四大特色农业主导产业,县域经济获得了长足的发展。2003年,完成本县生产总值9.99亿元,规模以上工业产值(现价)3.8亿元,农业总产值4.85亿元,三次产业结构调整为33.4:34.2:32.4,二产首次超过一产;财政总收入7500万元,其中地方财政收入5515万元;城镇居民可支配收入5241元,农民人均纯收入2324元;城乡居民储蓄存款余额5.53亿元;全社会固定资产投资1.85亿元;实际引进内资3.27亿元,利用外资922万美元;出口1373万美元,成为全省9个出口超千万美元的县(市、区)之一,被省政府评为全省外贸出口先进单位,其中合隆制衣(全南)有限公司、百得火机厂分别出口542万元、511万元,跻身全省28户出口500万美元以上生产企业行列。

全南县重点企业名录库

（2003 年）

企　业　名　称	通　讯　地　址	资产总额（万元）	销售收入（万元）	员工人数（人）
全南县百得火机制造有限责任公司	全南县金龙镇南海开发区	2 414	10 484	1 398
大吉山钨矿	全南县大吉山镇人民区	13 065	5 489	2 472
全南县小叶栋林场	全南县龙源坝镇坪山村	4 281	3 810	290
合隆制衣（全南）有限公司	全南县金龙镇第一工业园区	4 840	3 459	1 965
全南县供电有限责任公司	全南县城厢镇含江路 82 号	7 216	3 022	245
全南县粮油经营公司	全南县城厢镇车站东路 28 号	1 834	2 104	45
赣州琰星陶瓷实业有限公司	全南县南迳镇竹山下村	890	2 084	277
全南县新资源稀土有限责任公司	全南县城厢镇车站东路 16 号	1 268	1 804	76
全南县建筑工程总公司	城厢镇红旗街 18 号	3 537	1 497	100
全南县缫丝厂	全南县城厢镇含江路 76 号	1 218	1 383	205
全南县制丝二厂	全南县金龙镇南海开发区	695	1 275	160
江西省全南县防火刨花板厂	全南县城厢镇含江路 31 号	1 269	973	90
江西省国营八一木竹工艺制品厂	全南县陂头镇陂头居委会	903	691	240
全南县容耀毛织厂	全南县城厢镇车站东路	219	551	120
全南县酒厂	全南县城厢镇寿梅路 9 号	975	507	120
江西省全南县农机修理制造厂	全南县城厢镇车站西路	219	395	105
江西青峰制药厂	全南县陂头镇陂头居委会	621	358	80
江西隆顺人造板制品有限公司	全南县城厢镇车站西路	544	286	108
全南县煤矿	全南县城厢镇樟树村	57	182	49
江西省国营八一综合垦殖场能源供应站	全南县陂头镇陂头居委会	220	149	31
全南县自来水厂	全南县金龙镇含星村	831	126	61
全南县华兴纸品厂	全南镇城厢镇车站东路	1 306	95	10

【招商引资】

提升招商水平　加快对接步伐

于　都　县

中共余都县委副书记　杨雍谨

招商引资是经济和社会发展的生命线和主抓手。于都县紧紧扭住招商引资不放，进一步擂响战鼓、吹响号角、提升水平，加快了“对接长珠闽，融入全球化”的步伐。

一、坚持以招商引资为主战略，才能实施好对接新战略“对接长珠闽，融入全球化”的发展战略，是省委、省政府顺应区域经济一体化潮流，审时度势，做出的重大决策。对接的实质是对外开放，自觉融入经济全球化和区域经济一体化，主动参与经济发展水平垂直分工。于都县委、县政府认为，积极贯彻省委的对接战略，依托资源优势培植资源导向型、市场导向型、劳动密集型产业，建立起优势产业企业集群，实现与“长珠闽”特别是珠三角地区经济一体化，是于都加快发展的必然、唯一选择。但是看准了产业并不等于立起了产业，看到了优势并不等于拥有了优势。于都确立的主导产业中，企业规模还不大，聚集企业还不多，产业链还不长，对财政的贡献率还不高。要让我们的产业政策为人所知，要让我们的产业发展壮大，把潜在的优势化为现实的优势，把资源优势转化为产业优势，只有通过抓好招商引资，把于都的地缘优势、人缘优势、资源优势、人力资源优势和产业政策宣传出去，在更高层次、更大范围、更宽领域承接沿海资金、技术、人才输入，才能加快产业的培植，才能实现与长珠闽的对接。因此，抓好招商引资工作，始终是贯彻抓好发展这个第一要务的重要内容，始终是实施对接战略的积极方式。

二、突出重点，创新方法，不断提高招商引资工作水平

当前，于都的招商形势出现了深刻的变化：一是招商市场竞争日趋激烈，各地都在不断发掘自身的优势，优化环境，使比较地缘优势弱化；二是土地、劳力资源优势“淡出”，迫使在承接产业转移层次上有更高要求；三是全民招商、力量分散、任务均分制约了招商积极性的再次迸发，招商单位成本不断提升；四是省、市委的政策调整对改进招商引资工作质量提出了新要求。因时而动，借势而为，于都县委、县政府作出了调整招商策略、重点的决策。

1. 突出地域招商。于都是全省的招商引资工作先进县，2003 年全年共引进横联项目 82 个，实际进资 13.2 亿元，引进外资项目 10 个，实际进资 3894 万美元，是有史以来招商引资总量最多的一年。通过近年来招商引资的积累，在广东、福建、浙江的部分地区打下了较扎实的基础，来于都县的投资者更多地呈现地域性。现在沿海发达地区正面临新一轮的产业升级，很多劳动密集型企业和二次升级产业迫切需要向内地转移，这为于都的发展提供了千载难逢的机会。当前对于都来说要继续巩固和发展好的势头，进一步拓宽领域，扩大规模，实施“对接珠闽，互动温州”的招商策略，把招商引资的重点放在三个地方：一是珠江三角州地区，包括东莞、顺德、深圳、中山、珠海等地，该地区有相当一批外资企业都有外迁意向。二是江浙地区，重点是温州，该地区许多有实力的个私民营企业因不断做强做大，急需向外地扩张。三是闽东南三角洲。随着经济景气度的

上升，外资的不断涌入，已呈现产业转移和扩张的迹象。

2. 突出产业招商。于都有丰富的矿产资源、农林资源，充分发挥劳动力、土地、水电等生产要素成本低、投资回报率高的优势，大力引进发展资源导向型企业、市场导向型企业和劳动密集型企业，是十分明智的选择。在实际工作中，我们依托资源优势大力招商，培育壮大以铅锌矿、瓷土为主的矿产品深加工业，以农产品加工为主的食品工业，以脐橙、青梅为主的果业，以奶牛为主的畜牧业，以及蔬菜、畜禽等农业主导产业。虽然这些产品目前还是初级加工，产业层次比较低，但这些都是符合于都实际的产业，有利于于都的长远发展的产业。于都还有比较丰富的劳动力资源，全县在外务工人员近30万人，决定了沿海发达地区一批传统的、技术工艺比较低的企业和劳动力密集型企业是重点的选择，目前全县已有不同规模的制衣企业260多家。

3. 创新方式招商。科学的招商策略，必然要有科学的招商方式相适应。于都县积极迎接新挑战，创新招商方式，做到"四改"：改全民招商为专业招商，不再层层下达任务，将全年招商任务分解到招商引资领导小组成员单位和3个招商分队；改零星分散、盲目招商为瞄准主产业、大项目招商。对产业集群性的规模企业实行项目策划包装、跟踪服务、督查调度、表扬奖励"一条鞭"的责任体系；改低成本招商为整合资源优势招商。依托资源优势抵销低成本优势淡出的影响，投资200万元以下的项目原则上不在工业园安排土地；改直接招商为网上、委托、中介、代理招商，靠素质、实力、地源、感情来招商。

三、加强领导，改善服务，推动全县招商引资工作上新台阶招商引资工作是一项系统工程，涉及面广，关联的部门多，因此，加强招商引资的队伍建设、改善服务十分重要。

1. 组建好招商分队。发展是硬道理，招商是硬政绩。我们认为，改变全民招商的做法，并不是说招商引资的重要性下降了，而是因为招商引资的难度更大了，要求更高了，对招商引资规律把握更娴熟了。于都成立了3个招商分队，分队与驻外办合二为一，每个分队指定2名县级领导担任队长，驻外办主任任常务副队长。按照自愿报名、组织考察、择优选用的原则，在科级后备干部和副科级干部中选拔了一批年纪轻、文化程度较高、综合素质强、热爱招商事业的干部充实到招商分队。招商分队统一工作责任和制度，建立严格的考勤、奖励办法，实行季度考评、半年考评、年终考评，考评结果与工资、福利挂钩，年终在完成招商任务的队员中，评选30%的优秀队员，作为推荐干部、重用的对象。招商小分队主动结合招商重点地域的特点，产业转移的特点，认真研究招商策略和方法，打有准备之战；小分队对确定的招商重点产业、重点项目，不管是意向的、还是在谈的，都安排专人跟踪、专人过问。从而增强小分队的整体作战能力，提高招商的效率。

2. 改进服务。改进服务是招商引资工作中急待解决的薄弱环节。于都的大部分部门不直接参与招商引资，但也有不可推卸的安商责任，必须做到热情不能降、服务不能差，提倡自觉性，增强主动性，把优化发展环境、改善服务、提高服务质量的任务完成好。为此，建立了外商服务责任制度。明确乡镇和有预算外收入的单位为当然的服务单位，服务单位均成立以一把手为组长的安商服务小组，在承接服务责任后，对外商贴上服务、全程服务、代理服务。建立服务考评体系，把乡镇和单位对外商的服务工作纳入年度考评，由招商领导小组和外商服务中心进行季度考评，并定期组织外商对服务单位进行背靠背评议；优化招商环境，针对工作思路、方法、要求、效率方面存在的不适应的地方，找出与长珠闽地区的政策差距和服务差距，以实现政策对接和服务对接为目标，大力精简审批程序，提高审批效率；积极倡导"硬件不补软件补、政策不足服务补"的理念，加快办事节奏，提高工作效率，改进服务态度，健全外商投资时的一条龙服务、企业建设过程中的全方位服务、企业开工后的经常性服务，以最优质的服务来策应招商引资工作，巩固招商引资的成果。

3. 狠抓项目。项目是检验招商引资成效的关键。首先包装好项目，我们重点围绕以钨铅锌精深加工为主的矿产业，以水泥铝塑板为主的建材业，以奶牛为主的禽畜业等三大产业，采取"盯大项目，突出工业项目，拓展一三产项目"的办法，对30多个资源项目进行设计和论证，进行整合和包装，作为产业招商的重点。招商项目引进以后，及时将项目建设的任务落到相关单位头上，推行项目领导责任人制度，对项目从洽谈、签约、开工、建设到生产经营进行全过程跟踪服务，及时了解投资者的意见建议，帮助解决项目实施中存在的困难，提高项目的履约率和进资率，使项目进一个，成一个，从而提高招商引资工作的信誉度。

于都县重点企业名录库

（2003年）

企 业 名 称	通 讯 地 址	资产总额（万元）	销售收入（万元）	员工人数（人）
江西省烟草公司于都县公司	江西赣州于都贡江红旗大道	188	11 096	183
江西东方红实业股份有限公司	于都县禾丰镇	4 894	7 403	528
于都县供电有限责任公司	于都县贡江镇	12 307	6 347	841
铁山垅钨矿	于都县铁山垅镇	9 749	5 832	1 449
中国石化股份有限公司于都支公司	江西赣州于都贡江长征大道	269	5 146	67
于都富嘉摩托齿轮有限公司	于都县贡江镇	10 946	4 269	632
盘古山钨矿	于都县盘古山镇	12 438	3 789	1 767
赣州医药集团于都县医药总公司	赣州于都贡江环城中路38号	232	2 908	110
于都县建筑安装工程总公司	贡江长征中路长龙居委会	1 514	2 593	373
于都县粮食收储公司	江西赣州于都贡江红旗大道	339	2 585	130
于都县葛坳铅锌矿	于都县葛坳乡	1 500	2 521	198
江西赣南祥龙建筑有限责任公司	铁山垅大岭大岭居委会	1 119	2 408	220
于都县威世毛织厂有限公司	于都县贡江镇	1 206	2 370	800
江西省于都县新华书店	赣州于都贡江红旗大道30号	819	2 144	60
于都县梓山诚鑫建筑有限公司	贡江于中一路于中居委会	664	2 122	330
于都县江西李子园牛奶食品有限公司	于都县贡江镇	2 201	1 965	238
江西省于都县贡江建筑公司	贡江长征中路长龙居委会	2 332	1 869	620
于都县吉祥铝塑板材料有限公司	于都县银坑镇	1 365	1 772	105
于都县银矿	于都县银坑镇	3 241	1 518	180
江西省于都县高山青草奶业有限公司	于都县靖石乡黄沙村	1 198	1 345	160
于都县振利制衣有限公司	于都县贡江镇	376	1 072	160
于都县永嘉盛针织有限公司	于都县罗坳镇	456	963	450
于都县自来水公司	于都县贡江镇	1 627	873	142
于都泰鑫纸品纸业彩印厂	江西省于都县楂林工业园	443	854	63
于都县兴发包装厂	江西省于都县楂林工业园	244	785	56
赣州金星塑料配线有限公司	江西省于都县楂林工业园	511	766	60
江西浙臣水射流设备厂	江西省于都县楂林工业园	192	733	32
于都县煤矿	于都县祁禄山镇	1 069	663	198
江西宝都化学工业有限公司	江西省于都县楂林工业园	346	639	45
赣州港都卫生制品有限公司	江西省于都县楂林工业园	355	621	44
江西省于都县普达盛化工有限公司	江西省于都县楂林工业园	154	599	30
于都县酿酒饮料总厂	于都县贡江镇	495	572	116
于都县港嘉兴食品有限公司	于都县贡江镇	505	565	150
于都县水电建筑安装公司	贡江长征中路长龙居委会	250	510	98
于都县渔翁埠水电站	于都县靖石乡	6 682	489	72
于都永鑫交通工程有限公司	贡江长征大道解放居委会	445	364	176
富仕登化学工业有限公司	江西省于都县楂林工业园	769	320	65
江西省于都新澳宝鞋业有限公司	江西省于都县楂林工业园	416	300	60
江西省于都县康华医疗器械有限公司	江西省于都县楂林工业园	386	300	85
于都忠旺塑钢门窗装饰有限公司	贡江长征西路5号红卫居委会	95	240	40
于都县高陂水电站	于都县宽田乡	332	163	51
于都联发装饰工程有限公司	贡江长征大道向阳居委会	79	144	30
江西于都双龙装饰工程有限公司	贡江长征大道中段向阳居委会	78	133	22
于都县金鑫装饰工程有限公司	贡江龙脑路5号于中居委会	71	100	18
于都县下栏水库	于都县仙下乡	66	29	16
于都县山森水电站	于都县盘古山镇	144	29	17
于都宇航装饰工程有限责任公司	贡江长征大道向阳居委会	68	28	10
于都县化工厂	于都县祁禄山镇	54		
于都县安前滩钨矿	于都县祁禄山镇	330		

【县情简介】

大　余　县

中共大余县委书记　刘建平

大余县人民政府县长　严家春

大余县古称南安，位于江西省西南端，赣、粤、湘三省交汇处，居章水西源，庾岭北麓。全境东西长128公里，南北宽25公里，总面积1368平方公里。辖11个乡镇，总人口28万。

——大余，历史悠久，是沟通中原与岭南的要冲。大余秦时设关，北宋淳化元年(990年)设南安军，辖大庾、南康、上犹三县，赣南开始形成南安与虔州(赣州)并列的两个地级行政中心，元十四年(1277年)改南安军为南安路总管府，明洪武二十五年(1365年)改南安路为南安府，一直沿袭至民国初年，辖大庾、南康、上犹、崇义，是大庾、南康、上犹、崇义四县的政治、经济、文化中心。自唐朝开元年间开凿庾岭梅关古驿道后，中原的优秀文化、名优特产和外域的文明、科技在这里频繁穿越，相互交流，一度出现过"商贾如云，货物如雨，万足践履，冬无寒土"的繁荣景象，成为沟通中原与岭南的要冲，为历史上中原经广州通往日本、东南亚的"海上丝绸之路"。

——大余，人文荟萃，是"先行教化"的"儒雅之邦"。张九龄、周敦颐、苏东坡、朱熹、文天祥、戚继光、汤显祖、王阳明等许多历代名人，都曾在此活动并留下了数以千计的不朽诗篇。"大江东去几千里，庾岭南来第一州"，就是苏东坡赞誉大余的神来之笔。明代大戏曲家汤显祖在此构思写下了闻名于世的巨作《牡丹亭》。大余有过"一门四进士，叔侄两宰相"的荣光，"江西四戴"名重一时，饮誉江南。大余是革命老根据地之一，毛泽东等老一辈无产阶级革命家曾多次到大余从事革命活动。红军长征后，项英、陈毅等在梅岭一带坚持了三年艰苦卓绝的游击战，陈毅留下了气壮山河的《赣南游击词》和《梅岭三章》。

——大余，资源丰沛，是驰名中外的"世界钨都"。大余储藏有钨、钼、锡、稀土等20多种矿产资源，其中钨矿以其质量好、品位高而著称于世，有"世界钨都"之称。目前钨矿保有储量20万(金属)吨，占江西省的二分之一。大余的水利电力资源丰富，理论蕴藏量12.4万千瓦，可供开发的水利资源5.26万千瓦，目前全县总装机容量1.54万千瓦，发电量达5800万度，是全国首批农村初级电气化县。大余是江西省36个重点产材县之一，现有林地130万亩，活立木蓄积430万立方米，毛竹蓄量3000万根，森林覆盖率达76.4%。

——大余，名胜众多，是风光旖旎的旅游胜地。千古梅关、百世驿道能带给您遥远的回忆；"南枝花落，北枝始开"，腊梅独特的自然景观让您大开眼界，赞叹不已；"灵感三千界，平藏五百僧"的江南名刹——丫山灵岩寺(唐朝六祖禅宗惠能和尚曾在此驻足挂单)，情牵众多善男信女，走近空灵之境。古木参天、气息纯真的三江口原始森林、宋代嘉祐古塔、国家森林公园梅关——丫山风景区内和梅关风景区等景点，让海内外游客留连忘返。近几年，大余充分挖掘丰富的旅游资源和独特的区域文化资源，又先后建成和修复了怀古幽思的牡丹亭、再现烽火岁月的梅岭三章碑文和陈毅隐蔽处、领略西北粗犷的雅丹沙漠城、深邃的"地下迷宫"、惊险动人的章江源头第一漂、温馨舒爽的河洞温泉等新景点，韵味隽永、独具特色的风光，使大余成为赣南的旅游大县、粤港澳地区旅游休闲精美雅致的后花园。

——大余，工业基础雄厚，是江西省的工业强县之一。有20多个产品荣获国优、部优、省优称号，形成了以食品、服装、冶金等三大工业支柱产业，培育了水电、毛纺、电子、灯饰等新兴产业。食品工业中，南安板鸭、“牡丹亭”牌多味花生、美味鸡等产品蜚声大江南北、誉满海内外。制衣工业中，拥有大型制衣加工厂15家，厂房面积3.2万平方米，车位3000余个，熟练技工4000余人，产品大部分出口到欧美市场，年生产加工服装220万件，年产值2.3亿元。大余是全国最大的钨生产加工基地，年加工规模达8000吨以上。除四家省属钨矿外，有年产千吨以上的地方钨矿2家和年加工能力千吨以上的钨制品加工企业2家，钨精矿获国家银奖。其中伟良钨业公司是全国首批、全省唯一的一家拥有自营出口权的私营企业。

——大余，农业产业化发展迅速，是“中国瑞香之乡”和“南安板鸭之乡”。逐步形成了以“禽花菜果”为特色的农业支柱产业，甜玉米、巴西菇、竹荪、芦笋等新兴产业发展势头迅猛。全县花卉、肉鸭养殖及板鸭加工、商品蔬菜产值分别达1.20亿元、1.31亿元和1.32亿元，均超过粮食总产值。以金边瑞香为主的花卉种植面积5000多亩，为全国最大的金边瑞香生产基地。另外，比利时杜鹃、虎舌红、兰花、美国一品红和各种盆景，已逐步成为后续产品，正朝着“百花齐放”方向发展。以池江肉鸭养殖基地为中心，形成了500万羽肉鸭产业带，板鸭加工量突破200万只，为赣州市最大的肉鸭养殖基地；以青龙蔬菜生产基地为中心，形成了以323国道沿线乡镇为主的4万亩商品蔬菜产业带；以长坑、西山流域两个万亩橙柚基地为中心，形成了绵延数十里的10万亩橙柚带，大余正成为粤港澳的绿色食品供应的大基地。

——大余，基础设施建设日臻完善，是投资兴业的风水宝地。大余交通便利，323国道横穿县境，距京九线南康站50公里、赣州机场80公里、京广线韶关站130公里，区位优势明显。近年来，大余着力推进城市化进程，以经营城市为理念，高起点规划，高标准建设，高水平管理，制定县城总体规划和控制性详规，定位于建设江西生态城目标，通过招商造城、引农造城、挤财造城等方式，每年投入建设资金近亿元，先后完成了旧城改造、道路改造及建设、住宅小区、集贸市场建设、广场及其他公益设施建设等一大批项目。同时，大力实施绿化、亮化、美化、净化工程，扎实开展创建“诚信大余”活动，先后被评为全国综合整治市容环境优秀县、江西省县级卫生城、县城建设文明单位、城镇绿化先进单位、创建省级文明城市先进县、全省综合整治市容环境示范县和赣州市卫生城。理想的区位优势、完善的基础设施、宽松的投资环境，使大余成为外商投资兴业的热土。

【招商引资】

创新机制 诚信服务 开创招商引资工作新局面

大余县

近些年来，大余县大力实施“对接珠三角，融入粤港澳”发展战略，创新机制体制，打造诚信政府，创优发展环境营造亲商、安商的社会氛围，实施“以商招商”战略，吸引众多客商前来投资兴业，被沿海地区的客商称为“内地招商引资的一块洼地”。2001～2003年该县连续三年荣获省、市经协工作先进单位，省、市利用外资先进单位，招商引资工作名列全省、全市先进行列。2003年度该县引进千万元以上项目47个，占当年项目总数33%，进资总额9.9亿元，占年进资总额的53.8%。

一、创新机制，构造招商引资的最佳“洼地”

该县坚持走“以商招商”之路，创新招商引资机制，让已落户客商“现身说法”，降低招商成本，提高招商效果，制定“以商招商”优惠政策，取得了显著成效。

1. 强化激励机制。为充分发挥客商自身优势，鼓励客商引荐更多的外引内联企业，该县实施对在以商招商过程中的有功人员重奖政策。该县规定，凡引进固定资产实际投入4000万元(500万美元)以上、3000万元(400万美元)以上的工业企业的外商，经县项目验资和考评小组核定，一次性分别奖励2万元、1万元；每增加1000万元，嘉奖2000元。今年，该县对榄菊日用制品有限公司、龙生塑胶有限公司、佳毓鞋业有限公司引进人分别奖励人民币3.6万元、3万元和2.8万元。

2. 创优进入通道。外商介绍、引来客商，但能不能留下来，关键还是要看环境。为此，该县着力打造政务超市，把工业园管委会、外经贸局迁入工业园，把30个主要收费单位进驻行政服务中心，实行收费项目、依据、标准“三公开”，实行内联项目3个工作日办好证照、三资企业5个工作日办好批准证书与营业执照的限时办理制和服务承诺制度。客商进入以后，由牵头服务单位召集相关部门和单位，全方位地为外商提供各种优质服务，“为外商着想，为外商服务”成为了时尚。

3. 夯实保障措施。招工难是制约劳动密集型企业发展的“瓶颈”。该县急外商之所急，指定县人劳社保局、团县委、妇联、总工会为外企专职招工单位，赴广西、四川、贵州、湖南等省市定点招工。去年，该县为外企招收员工逾3600人。今年正月初九，该县举办了外引内联企业员工招聘大会，共招收员工1500名，其中为榄菊日用制品有限公司招收员工600人，解决了客商的燃眉之急，令客商十分满意。

二、诚信服务，打造招商引资的最佳平台

为达到“引进一个、稳定一个、带来一群”的效应，该县坚持实施“亲情”服务，“链式”服务，“一盘棋”服务，把诚信服务贯穿于招商引资全过程，做到既提供从项目立项到审批的前期服务，又做好项目投产以后的后期服务，着力营造客商舒心畅怀的创业环境。

1. 实施“亲情”服务。该县坚持以外商企业“完全满意”为宗旨，全方位为外商提供优质服务，使外商从心地里认定这里是创业的乐土，大余乡亲是他乡亲人。台商李宪文先生1997年在新城工业小区投资100万美元创办星宇实业有限公司后，与当地乡镇干部和村民建立了兄弟般的感情。逢年过节，百姓邀请他到家里一起度过，令李宪文先生有一种宾至如归的感觉。近两年来，李宪文先生常常以“新城观路人”自居，除热衷于当地公益事业外，还带上招商宣传资料，自己开车前往香港、东莞一带招商，并相继引进有生意往来的港商邹为民投资220万美元兴办江兴隆工艺制品有限公司、台商李进京创办丽景工艺花厂等6家企业。港商李锦龙先生在我县新世纪工业小区投资1000万美元兴办龙生塑胶有限公司后，跟踪服务人员从厂房筹建、施工、机器设备的安装、配电房的设置进行了全身心的服务，使李锦龙先生十分感动，毅然把深圳观澜的总厂整体搬迁至大余，并先后介绍6批共19人次港商到我县观光考察，目前已签订2个项目。

2. 实施“链式”服务。外资企业在兴办建设、生产、经营的过程中，必定会遇到各种各样的问题和困难，需要我们全过程的服务，随时随地帮助他们解决，这是实现“以商招商”的重要保证。为此，该县建立重点项目跟踪挂钩服务制度，并从各单位抽调240名懂经济、善管理、具有较强交际能力的人员为县外资企业的专职跟踪服务人员，对外企实施过程、环节的“链式”优质服务。凡项目引进后，跟踪服务人员脱产常驻企业，为外企提供证照办理、协调劳资关系等服务。新城镇引进的万头猪场，由于客商不懂工程预算和厂房设计，初期厂房建设进展不顺利。引进单位得知后，马上成立一个跟踪服务工作组，派出财会、城建人员前去搞好服务，使厂房按时保质竣工。

3. 实施“一盘棋”服务。该县本着“客商无小事，事事无巨细”的理念，牢固树立“全县一盘棋”的思想，形成了视服务外企为己任的生动局面。中山榄菊企业集团先后在广东仁化、南雄等地进行了投资考察，并签订了意向合同。经客商介绍并得知这一消息后，该县在县领导带领下，县国税局、外经贸局、经贸委、农业局等单位的同志赶赴南雄，硬是把董事长骆建华先生请来大余。在多方努力下，该县有关部门积极主动协助企业进行经营策划，最终使该公司投资1.2亿元落户新世纪工业城创办了江西榄菊日用制品有限公司。目前，该公司以“珍珠链”式的招商方式拉长产业链，推进产业配套，先后将投资8000万元的骏华日用制品有限公司、投资2000万元的振盛五金制品有限公司、投资2000万元的炭粉厂引进大余。

三、强化责任，营造招商引资的最佳环境

以环境招商是大余的特色。该县通过构筑“成本最低、回报最快、信誉最好、效率最高、服务最佳”的投资环境，健全环境整治机构，强化环境整治手段，加大环境的整治力度，打造政令畅通、环境优质的最佳招商平台。

1. 健全环境整治机构。该县把县优化办作为常设机构，采取明查暗访、发放《征求意见书》等形式，对发现的问题及时发出《整改通知单》，专门查处破坏投资环境的人和事，并取得了良好的效果。

2. 强化环境整治手段。针对环境整治工作中出现的新情况、新问题，该县一是坚持形象测评制度，每季组织企业法人代表对窗口服务单位测评，对排名情况在全县进行通报；二是抽调工作阅历丰富、从领导岗位上改任非领导职务的干部组建招商引资工作、环境整治工作督查组，代表县委、县政府行使督查权力，对各部门、单位服务外商，服务外企的情况随时进行督查，使各窗口单位和服务单位做到“警钟长鸣”。

3. 加大环境整治力度。环境就是生产力。该县把打造最佳招商环境作为最重要的事情来对待，对影响破坏投资环境的人和事予以坚决打击、查处。去年，该县某单位违反规定擅自对一外企进行检查。接到举报后，县优化办、督查组迅速组织了人员进行查处，并责成该单位主要领导在县办专题电视节目上做检查，引起了强烈的社会反响和震动，使破坏投资环境的现象得到杜绝，确保了县委、县政府的政令畅通

大余县招商引资工作获奖情况

1999年度

1. 省政府授予大余县政府“经协工作先进单位”，赵淑香同志“经协工作先进个人”荣誉称号。

2000年度

1. 省政府授予大余县人民政府“经协工作先进单位”，杨文光同志“利用外资先进个人”和“经协工作先进个人”荣誉称号。

2. 赣州市外经贸局授予大余县外经贸局“利用外资工作先进单位”荣誉称号。

2001年度

1. 省政府授予大余县政府“利用外资先进单位”、“经协工作先进单位”。省政府授予欧阳泉华同志“利用外资先进个人”。

2. 赣州市政府授予大余县人民政府“利用外资先进单位”、“经协工作先进单位”，大余县国税局“优质服务单位”，杨文光、曹丽英、利胜才、刘亮、曹红、温友强、刘银生等7位同志“招商引资有特殊贡献的个人”荣誉称号。

3. 赣州市外经贸局授予大余县外经贸局“利用外资先进单位”，杨小妹同志“利用外资先进工作者”。

2002年度

1. 省政府授予大余县人民政府“对外经济技术合作先进单位”、“利用外资工作先进单位”荣誉称号。

2. 赣州市委、市政府授予大余县人民政府“利用外资工作先进单位”、“利用内资工作先进单位”，大余县外经贸局“招商引资服务先进单位”，杨小妹、宋英、许燕谏、朱晓明、李伟雄等5位同志“招商引资特殊贡献奖”荣誉称号。

3. 赣州市外经贸局授予大余县外经贸局“外经

贸工作先进单位”，杨小妹同志“外经贸工作先进个人”荣誉称号。

4. 赣州市合作办授予大余县合作办“利用内资工作先进单位”，杨小妹同志“利用内资工作先进个人”，廖永善同志“利用内资工作优秀统计员”荣誉称号。

5. 赣州市委、市政府授予大余县伟良钨业有限公司“外引内联先进企业”荣誉称号。

2003 年度

1. 省政府授予大余县人民政府“实际利用外资超 1500 万美元(市、区)先进单位”、“工业项目引进省外资资金超 5 亿元(市、区)先进单位”荣誉称号。

2. 赣州市委、市政府授予大余县人民政府“利用外资工作先进单位”、“利用内资工作先进单位”，刘树明同志“招商引资重大贡献奖”，叶太才、曹红、赵来芳、李伟雄、郭远洪、黄小明、邹长东、兰应尚、李勇“市招商引资特殊贡献奖”，大余南方钨钼制品有限公司、大余伟良钨业有限公司、大余新良啤酒有限公司、大余鑫达矿产品加工厂“外引内联先进企业”。赣州市政府授予大余伟良钨业有限公司“最佳企业”，钟伟良同志“优秀经营者”。

3. 赣州市外经贸局授予大余县外经贸局“利用外资工作先进单位”、黄观生同志“利用外资统计工作先进个人”荣誉称号。

4. 赣州市合作办授予大余县合作办“利用内资工作先进单位”、杨小妹、廖永善同志“利用内资工作先进个人”荣誉称号。

大余县重点企业名录库

（2003 年）

企业名称	通讯地址	资产总额（万元）	销售收入（万元）	员工人数（人）
大余县伟良钨业有限公司	大余县南安镇石桥下街	16 891	16 743	118
大余县南方钨钼制品有限公司	大余县新城镇观路村	4 754	6 071	90
漂塘钨矿	大余县左拔镇漂塘村	8 265	5 385	1 486
大余县供电有限责任公司	大余县南安镇东山街	8 420	5 029	429
荡坪钨矿	大余县南安镇荡坪村	10 883	4 574	1 471
下垄钨矿	大余县樟斗乡樟斗村	5 402	3 598	1 086
大余县德钰圣诞礼品有限公司	大余县新城镇莲塘村	790	3 077	700
大余县经伟钨业有限公司	大余县南安镇北门口街	1 187	2 804	20
大余县星宇实业有限公司	大余县新城镇观路村	1 868	2 705	410
大余县万达工贸有限公司	大余县南安镇余西街	520	2 088	15
江西西华山钨业有限公司	大余县南安镇余西街	4 164	1 817	422
大余县兴良啤酒酿造有限责任公司	大余县池江镇池江村	896	1 583	220
大余县金大有色金属加工厂	大余县南安镇东山街	540	1 061	20
大余县华联家具有限公司	大余县吉村镇中村	553	1 045	438
大余县章江水电有限公司	大余县浮江乡杉树下村	4 253	905	248
大余县新城铜矿厂	大余县新城镇新城村	260	843	14
大余县金牌帆船食品有限公司	大余县新城镇新城村	1 040	625	140
大余县水泥厂	大余县南安镇余东街	540	609	124
大余县永兴细木工芯板厂	大余县浮江乡浮江村	2 900	600	320
大余县第二钨矿	大余县南安镇余东街	3 900	515	68
大余县牡丹亭竹制品开发公司	大余县南安镇东山街	444	509	200
大余县润致制衣有限公司	大余县南安镇新民村	1 118	501	280
大余县腾跃建设有限责任公司	南安镇南安大道 79 号余东街	1 250	495	280
大余县洪水寨钨矿	大余县浮江乡洪水寨村	169	416	156
大余县新声电器厂	大余县南安镇新民村	854	361	260
大余县日升建筑有限公司	南安镇余西街余西街	668	241	300
大余县九龙脑钨矿	大余县浮江乡洪水寨村	304	190	80
赣州邦达高科制药有限公司	大余县南安镇新珠村	1 973	175	102
大余县汽车队	大余县南安镇新民村	768	169	60
大余县生龙口钨矿	大余县浮江乡洪水寨村	139	151	67
大余县供水公司	大余县南安镇新珠村	1 418	84	54
大余县章江钨业有限公司	大余县南安镇新余村	2 062	30	38

赣县重点企业名录库

（2003 年）

企业名称	通讯地址	资产总额（万元）	销售收入（万元）	员工人数（人）
赣县世瑞矿产品有限公司	赣县茅店镇洋塘村	4 695	17 480	252
赣州江钨钨合金有限公司	赣县梅林大街	6 575	14 518	182
赣县红金稀土有限公司	赣县工业园	6 688	9 803	140
江西省烟草公司赣县公司	赣州赣县梅林镇菜市路 5 号	682	9 548	190
赣州市永源稀土有限公司	赣县工业园	2 811	5 468	168
江西省石油总公司赣县支公司	江西赣州赣县梅林赣新大道	266	4 949	83
赣州医药集团赣县医药公司	赣县梅林镇梅林大街 50 号	576	4 794	189
赣县供电有限责任公司	赣县梅林大街 18 号	10 376	4 638	587
赣州鑫业工艺有限公司	赣县赣新大道 121 号	4 577	4 575	3 722
江西省赣县农业生产资料公司	赣县梅林镇赣新大道 43 号	320	4 030	105
赣州希望饲料有限公司	赣县工业园	1 797	3 565	180
赣县粮食局收储公司	赣县梅林镇新塘路 15 号	1 532	2 713	119
赣县华泰建筑安装工程有限公司	梅林光彩大道城西	2 685	2 370	450
赣县商业综合贸易公司	赣县梅林镇光彩大道 11 号	124	1 716	21
赣县建筑安装工程总公司	梅林光彩大道城西	4 216	1 566	264
赣州菊隆高科技食品有限公司	赣县茅店镇洋塘村	1 244	1 311	73
赣县水泥厂	赣县茅店镇洋塘村	1 007	1 287	130
江西省赣县新华书店	赣县梅林镇赣县教育路	242	1 134	35
赣县建筑公司	梅林菜市路城东	2 311	1 031	369
赣县小坌煤矿	赣县韩坊乡小坌村	565	842	141
赣南新源稀土荧光材料厂	赣县红金村	2 068	777	70
赣县交通工程公司	梅林赣新大道城东	2 050	717	122
广州森仕时装<赣州>有限公司	赣县工业园	1 131	635	240
赣州动力机械厂	赣县梅林镇赣新大道 81 号	1 822	610	169
赣州佳业家俱有限公司	赣县茅店镇洋塘村	416	568	63
赣州五州纸业有限公司	赣县茅店镇洋塘村	454	454	45
赣县自来水公司	江西赣县赣新大道	1 469	355	129
赣州南方稀土矿冶有限责任公司赣县分公司	赣县梅林镇红金路附 136 号	23	197	50
赣县城建装璜有限公司	梅林光彩大道城西	927	77	30

上犹县重点企业名录库

（2003 年）

企 业 名 称	通 讯 地 址	资产总额（万元）	销售收入（万元）	员工人数（人）
赣南晨光稀土冶炼厂	上犹县黄沙村委会	898	4 563	70
江西金威漆包线厂有限公司	上犹县英稍村委会	3 417	4 325	128
江西省烟草公司上犹分公司	上犹县东山镇下西村路 64 号	232	3 690	56
上犹县供电有限责任公司	上犹县水南村	9 538	3 168	342
中国石油化工股份有限公司上犹石油经营部	上犹县东山镇东门路 20 号	5	2 982	42
江西龙潭水电实业限公司	上八成县蛛岭村委会	23 718	2 977	128
上犹县三星建筑有限公司	东山镇东门路 41 号	889	2 458	487
上犹县黄埠塑胶五金制品厂	上犹县黄沙村委会	2 979	2 043	76
南河玻纤有限公司	上犹县南河二村委会	1 214	1 973	150
赣州永通公司南河电厂	上犹县南河二村委会	19 980	1 946	239
赣富纸业有限公司	上犹县大埠镇大埠村	896	1 515	180
振雄上犹县制衣有限公司	上犹县备田村委会	686	1 451	1 200
上犹闽鑫钢铁有限公司	上犹县黄埠镇	7 564	1 254	230
上犹县犹江玻纤有限公司	上犹县陡水镇	880	1 220	128
赣州南河玻纤工业公司	上犹县南河二村委会	2 582	1 208	165
江西省上犹县建筑安装总公司	东山镇水南大道	694	1 203	250
赣南圣泰隆陶瓷纤维有限公司	上犹县黄埠镇	686	1 048	50
赣州市信达钨钼有限公司	上犹县陡水镇	815	938	59
上犹县永明机械厂	上犹县黄沙村	675	908	120
上犹县兴华汽车挡风玻璃厂	上犹县黄沙村委会	415	892	30
上犹县赣龙木竹制品有限公司	上犹县陡水居委会	640	763	94
赣州医药集团上犹医药公司	上犹县东山镇中山路 88 号	190	754	97
赣州通衢公司仙人陂电厂	上犹县英稍村委会	7 556	750	46
上犹县水泥有限公司	上犹县窑下村委会	1 405	739	330
江西赣南三丰实业总公司	陡水镇	1 209	447	85
赣州市弘玉塑料制品有限公司	上犹县陡水镇	650	338	86
上犹县粮油工业公司	上犹县一街居委会	218	330	47
上犹县启诚木业有限公司	上犹县蛛岭村委会	1 721	326	107
上犹县自来水公司	上犹县茶亭村委会	573	151	64
上犹安顺装饰工程有限公司	东山镇上水南路 1 号	118	96	28
上犹县印刷包装实业总公司	上犹县二街居委会	201	63	37
江西省赣南金刚石实业有限公司	上犹县水南村委会	923	50	15
赣州南河机电设备安装公司	东山镇南河村	155	34	12
江西虔州酿酒厂	上犹县一街居委会	418	24	20
赣州八达建筑装饰工程有限公司	东山镇上西村路	104	16	5

崇义县重点企业名录库

（2003 年）

企业名称	通讯地址	资产总额（万元）	销售收入（万元）	员工人数（人）
崇义县章源钨制品有限公司	崇义县横水镇塔下村	19 629	10 251	1 033
崇义县耀升工贸发展有限公司	崇义县长龙镇长龙村	11 353	9 367	1 003
崇义县华森集团有限公司	崇义县横水镇牛角河 39 号	10 465	8 400	796
崇义县烟草公司	江西省赣州市崇义县横水镇	247	4 559	54
崇义县供电有限责任公司	崇义县横水镇西大街 818 号	8 111	3 852	351
崇义县建筑安装有限责任公司	横水旗岭居委会	1 055	2 961	982
崇义县齐云山食品有限公司	崇义县横水镇沿江路 1 号	1 384	1 735	86
崇义县水泥有限公司	崇义县横水镇中营村	1 007	1 009	132
江西威克曼实业有限公司	崇义县横水镇中营村	1 169	919	280
崇义县青山钨锡矿有限公司	崇义县关田镇下关村	441	754	400
崇义富百乐工艺品有限公司	崇义县横水镇沿江路 114 号	778	639	226
崇义县天时碳业有限公司	崇义县横水镇牛角河 5 号	276	637	67
崇义县贵竹发展有限公司	崇义县横水镇中营村	1 960	598	160
崇义茶滩化工厂	崇义县茶滩乡茶滩村	231	539	28
崇义县精铋冶炼厂	崇义县杨眉镇杨眉寺村	431	528	40
名隆家俱崇义有限公司	崇义县横水镇鱼梁村	739	510	207
崇义县雄鹰桥水电站	崇义县思顺乡山院村	2 001	500	65
崇义县华强装璜有限公司	横水西大街西大街	172	150	34
崇义县水利电力建筑安装公司	横水西大街旗岭居委会	1 137	127	35
崇义县绿兴酵素菌实业有限公司	崇义县横水镇鱼梁村	64	21	28

安远县重点企业名录库

（2003 年）

企业名称	通讯地址	资产总额（万元）	销售收入（万元）	员工人数（人）
安远县供电有限责任公司	安远县欣山镇九龙路 58 号	13 371	2 387	325
江西山香药业有限公司	安远县欣山镇龙泉路 139 号	3 291	1 170	104
安远县三百山饮料公司	安远县欣山镇西门路 78 号	650	966	60
安远县欣山冶炼厂	安远县版石镇	2 017	937	135
江西东江源矿泉水有限责任公司	安远县三百山镇符山村	470	927	32
江西盈丰针织有限公司	欣山镇九龙工业园区 B2 – B5	252	900	250
江西安远版石溢晖工艺公司	安远县版石镇胜利路 102 号	810	537	100
安远县龙布恒发电器有限公司	安远县龙布镇龙布居委会	339	398	500
安远县欣山建筑工程公司	安远县欣山镇新溪路新溪路	1 008	380	150
安远县新帮纸品厂	安远县蔡坊乡上村村	81	326	48
安远县霞山齿轮公司	安远县欣山镇青年路 87 – 2 号	189	286	63
安远县龙布明茂灯饰厂	安远县龙布镇老圩村	88	210	70
安远县自来水公司	安远县欣山镇西门路 76 号	407	172	52
安远县康博生物科技开发有限公司	安远县欣山镇教场街 4 号	218	159	22
安远县蔡坊电站管理委员会	安远县蔡坊乡蔡坊村	7 156	144	128
安远县宏洋建筑安装工程公司	安远县欣山镇青年路青年路	98	130	28
安远县湘洲水电站	安远县版石镇湘洲村	123	70	13
安远县东风水库管理委员会	安远县凤山乡大山村	104	43	49
安远县上丁电站管理委员会	安远县车头镇上丁村	68	41	25
安远县汽车修配厂	安远县欣山镇九龙路 63 号	138	1	22

龙南县重点企业名录库

（2003 年）

企业名称	通讯地址	资产总额（万元）	销售收入（万元）	员工人数（人）
龙南县林氏建材发展有限公司	龙南县桃江乡水西村	2 080	9 161	82
龙南县供电有限责任公司	龙南县龙南镇金水街	7 470	7 500	355
龙南县新华轮毂装饰有限公司	龙南县龙南镇金塘街	621	6 701	90
赣州南方公司龙南分公司	龙南县龙南镇金都街	262	5 970	208
龙南县鼎龙钢铁有限公司	龙南县龙南镇会龙村	477	4 339	253
龙南县万德精密塑料五金有限公司	龙南县里仁镇冯湾村	5 988	3 252	800
龙南县合成米面制品有限公司	龙南县龙南镇金都街	2 383	3 062	232
龙南县万宝稀土分离有限公司	龙南县龙南镇金虎村	2 361	2 795	136
龙南盛业建材有限公司	龙南县龙南镇金塘街	3 327	2 651	118
龙南县工程建设总公司	龙南镇金水大道	5 358	2 500	350
龙南县格林庭园用品有限公司	龙南县龙南镇金都街	406	2 281	200
龙南县东海精器有限公司	龙南县龙南镇金塘街	3 510	2 153	450
江西绚丽线业有限公司	龙南县龙南镇金塘街	3 855	2 028	407
龙南县江浙机械铸件厂	龙南县龙南镇金塘街	412	2 009	160
龙南县鑫源机械铸件厂	龙南县龙南镇金都街	397	1 720	100
龙南县三和稀土分公司	龙南县龙南镇金都街	893	1 624	157
龙南县信达盈金制衣有限公司	龙南县龙南镇金塘街	658	1 602	110
龙南县恒泰实业有限公司	龙南县龙南镇金水街	3 081	1 599	360
龙南县泽绮制衣有限公司	龙南县龙南镇金塘街	692	1 543	380
龙南县环球烟具有限公司	龙南县龙南镇金塘街	1 181	1 530	325
龙南县京利有色金属有限责任公司	龙南县龙南镇金塘街	682	1 495	26
龙南县南亨铁矿	龙南县南亨乡三星村	2 607	1 381	210
龙南县缫丝厂	龙南县桃江乡水西村	1 691	1 375	267
龙南县银河建筑有限公司	龙南镇金水大道	3 209	1 325	250
龙南县宏宇工艺品公司	龙南县龙南镇金塘街	2 155	1 254	500
深圳景光(龙南)袜业有限公司	龙南县龙南镇金塘街	839	1 059	170
江西省龙南县建筑工程公司	龙南镇民主街	4 135	1 057	170
龙南县袋丽斯内衣有限公司	龙南县龙南镇金塘街	1 317	1 007	700
龙南县永升工艺品实业有限公司	龙南县龙南镇金塘街	744	960	260
龙南县粤华建材有限责任公司	龙南县龙南镇大罗村	1 425	833	110
龙南县千叶针织制品有限公司	龙南县龙南镇金水街	199	652	260
龙南县粤源水泥有限责任公司	龙南县龙南镇红杨村	756	505	88
龙南县井岗水泥厂	龙南县龙南镇井岗村	882	459	130
龙南县建盈内衣有限公司	龙南县龙南镇金塘街	779	431	420
龙南县闽发金属制品厂	龙南县龙南镇大罗村	610	420	40
龙南县宏盛磁性材料有限公司	龙南县龙南镇金塘街	395	200	70
江西省龙南县自来水公司	龙南县龙南镇金都街	1 198	184	59
龙南县富丰制衣有限公司	龙南县龙南镇金塘街	1 453	172	770
龙南县嘉盛装饰工程有限公司	龙南镇金水大道	77	80	12

定南县重点企业名录库

（2003 年）

企业名称	通讯地址	资产总额（万元）	销售收入（万元）	员工人数（人）
定南县供电有限责任公司	定南县历市镇	6 444	4 853	315
定南县南方稀土有限责任公司	定南县历市镇定南工业园	3 429	1 797	128
定南县联发钨业公司	定南县岿美山镇	1 478	1 687	265
定南县鑫发钨业公司	定南县老城镇	1 239	1 666	238
赣州南方稀土矿冶有限责任公司定南分公司	定南县历市镇	261	1 555	305
定南县建筑安装总公司	历市镇环城南路	1 088	1 486	314
江西省保利制药有限公司	定南县历市镇定南工业园	2 359	1 464	174
定南县岿美山钨矿	定南县岿美山镇	1 013	1 390	135
定南县建筑公司	历市镇建设东路	712	1 257	318
赣州长新电力有限公司	定南县天九镇	7 730	1 139	75
定南县松源化工有限责任公司	定南县历市镇定南工业园	1 224	755	55
定南县粮油工业公司	定南县历市镇	894	220	20
定南县基础工程公司	历市镇建设东路	217	160	37
定南县黄进翻装璜工程有限责任公司	历市镇龙亭路	93	151	20
定南县艺雅装饰工程有限责任公司	历市镇工业大道	102	146	34
定南县星河广告装璜有限责任公司	历市镇环城南路	90	132	30

宁都县重点企业名录库

（2003 年）

企业名称	通讯地址	资产总额（万元）	销售收入（万元）	员工人数（人）
江西省烟草公司宁都县公司	宁都梅江镇环西路 132 号	730	11 435	116
江西省宁都县供电有限责任公司	宁都县梅江镇城南沿江路 1 号	13 565	5 377	837
宁都县粮食收储公司	江西赣州宁都中山路 22 号	1 769	4 447	422
宁都县建筑安装工程有限公司	梅江镇博生东路	8 848	2 860	862
中国石化赣州宁都石油支公司	宁都梅江镇城北大道 14 号	208	2 649	62
宁都县宝华水泥厂	宁都县梅江镇黄贯村黄贯小组	1 149	2 598	212
赣州医药集团宁都县医药总公司	赣州宁都梅江镇瑶江村 2 号	278	2 562	115
宁都县常佳建筑工程公司	梅江镇胜利中路	1 753	2 416	260
宁都县梅江建筑工程公司	梅江镇梅江南路	1 574	2 375	247
江西省宁都县三创鞋业有限公司	宁都县梅江镇中山大道	557	2 274	330
江西省赣南方大饲料有限公司	宁都梅江镇新庄河东路 293 号	645	1 721	29
江西省宁都县新华书店	宁都梅江镇博生西路 21 号	1 026	1 713	43
九发(宁都)食品有限公司	宁都县梅江镇振兴南区 66 号	1 038	1 432	1 100
宁都县光大建筑工程公司	梅江镇翠微东路	1 298	1 127	142
江西省赣南惠大饲料厂	宁都县梅江镇水东村	468	1 055	40
江西宁都县昌华莹石有限公司	宁都县梅江镇水东村	835	891	128
江西省宁都县木材厂	宁都县洛口镇古上村古上小组	421	815	100
江西宝宁皮制品有限公司	宁都县梅江镇南门外 150 号	1 011	607	360
宁都县自来水厂	宁都梅江北门翠微东路 18 号	1 783	594	119
江西省宁都县金龙塑料厂	宁都县梅江镇翠岗村 239 号	557	566	218
宁都县三门滩水利发电有限公司	宁都县固村镇团溪村	3 079	560	22
江西申盛木业有限公司	宁都县梅江镇水东村林科所内	416	541	90
宁都县新市巢丝厂	宁都县梅江镇中山南路 189 号	229	541	120
宁都中矿同发萤石有限公司	宁都县洛口镇严坊村严小组	440	469	85
宁都县日高包装厂	宁都县梅江镇新庄开发区	609	366	105
江西省宁宝米制品有限公司	宁都县梅江镇城南撑坝 25 号	398	362	118
江西省华翰文具有限责任公司	宁都县梅江镇水东村林科所内	308	343	75
江西省翠江机床有限公司	宁都县梅江镇官下路 10 号	3 677	250	108
宁都县团结水电站	宁都县洛口镇员布员村布小组	275	153	107
宁都县教委赣南体育器材厂	宁都县梅江镇文乡东路 23 号	76	116	25
江西省宁都煤矿	宁都县青塘镇青塘村青塘小组	171	110	101
宁都县黄贯煤矿	宁都县梅江镇黄贯村黄贯小组	564	86	158
宁都县市政工程公司	梅江镇梅江北路	661	78	45
江西省宁都县硫磺矿	宁都县青塘镇赤水村赤水小组	2 771	74	28
宁都县高低岭水电站	宁都县赖村镇塘下村塘下小组	102	71	107
宁都县竹坑水库管理委员会	宁都县梅江镇竹坑村	125	34	66
江西省宁都县酒厂	宁都梅江新庄村河东路 98 号	339	21	7

会昌县重点企业名录库

（2003 年）

企 业 名 称	通 讯 地 址	资产总额（万元）	销售收入（万元）	员工人数（人）
赣州会昌山水泥有限公司	会昌县小密乡小密村	856	395	99
江西会昌酒厂	会昌县文武坝镇岚山路 18 号	427	129	9
会昌县供电有限责任公司	会昌县文武坝镇北街 21 号	9 028	3 891	385
江西会昌制糖厂	文武坝镇红旗大道东 22 号	7 558	1 022	551
江西九二盐矿	会昌县周田镇周田居委会	3 510	709	515
会昌县纤维板厂	会昌县文武坝镇彭迳村	811	560	112
会昌县自来水公司	会昌县文武坝镇南外居委会	389	130	60
会昌县石壁坑水库	会昌县文武坝镇小坝村	636	184	68
江西侨业制药有限公司	会昌县文武坝镇南外街 114 号	1 259	337	93
江西五丰食品有限公司	会昌县文武坝镇南外居委会	2 417	3 513	620
江西鹰鹏矿业有限公司	会昌县文武坝镇勤建村	3 378	1 667	79
江西会昌县石磊矿业有限责任公司	会昌县筠门岭筠门岭居委会	5 574	6 874	121
江西省会昌金龙锡业有限公司	会昌县清溪乡密坑村	4 580	4 280	334
江西省会昌县金马蓄电隔板厂	会昌县文武坝镇湘东村	392	707	21
江西鹰鹏化工有限公司	会昌县文武坝镇勤建村	2 292	1 652	73
会昌县裕同转鼓有限公司	会昌县文武坝镇富东村	681	565	60
江西华达昌食品有限公司	会昌文武坝镇红旗大道 21 号	1 081	2 866	200
江西中大三川水电有限公司	会昌县晓龙乡桂林村	4 420	543	25
会昌县建筑工程公司	文武坝镇	833	800	128
会昌县劳动服务建筑工程公司	文武坝镇水东居委会	600	980	147
会昌县自来水厂安装队	文武坝镇			155
会昌县昌盛装饰有限公司	文武坝镇湘江路北街居委会	75	248	60
赣州烟草分公司会昌县营销中心	会昌县文武坝镇水东街	469	6 043	110
江西省会昌县粮油收储公司	会昌县文武坝镇南外街	715	2 555	74

寻乌县重点企业名录库

（2003 年）

企 业 名 称	通 讯 地 址	资产总额（万元）	销售收入（万元）	员工人数（人）
江西省寻乌县供电有限责任公司	寻乌县城南居委会	7 802	2 660	407
江西省寻乌县斗晏水力发电公司	寻乌县岳家庄居委会	21 979	2 592	120
江西省寻乌县福旺钢铁制品厂	寻乌县石排村	679	1 780	125
江西省寻乌县恒强制衣有限公司	寻乌县岳家庄居委会	273	1 680	245
江西省寻乌县文峰铸造厂	寻乌县黄坳村	518	1 058	120
江西省寻乌县森源木业有限公司	寻乌县城南居委会	499	717	120
江西省寻乌县建筑工程公司	长宁镇岳家庄大道 18 号	1 010	717	237
寻乌县路桥工程公司	长宁镇东门路 72 号	975	550	185
江西省寻乌县新舟稀土冶炼厂	寻乌县石排村	63	409	30
江西省寻乌县自来水厂	寻乌县河东居委会	775	147	52
江西省寻乌县汽车修理厂	寻乌县河东居委会	215	39	54
赣州南方稀土矿冶有限责任公司寻乌分公司	寻乌县石排村	261	5	6

石城县重点企业名录库

（2003 年）

企 业 名 称	通 讯 地 址	资产总额（万元）	销售收入（万元）	员工人数（人）
江西省烟草公司石城县公司	江西赣 州石城县琴江	2 684	10 297	211
石城县供电有限责任公司	石城县琴江镇西华中路53 号	6 932	1 779	329
江西省石城宏达建筑工程有限责任公司	琴江镇西华中路第三居委员	1 168	1 705	150
江西石城广厦建筑工程有限公司	琴江镇西华南路第一居委员	1 329	1 580	490
江西兴业建筑工程有限公司	琴江镇梅福村梅福村	826	1 220	210
江西石城新华书店	江西赣 州石城县琴江	509	785	23
石城县粮油加工厂	石城县琴江镇西华北路障 2 号	73	587	7
石城县粮油工业饲料公司	石城琴江镇西华中路障 44 号	413	451	14
江西省烟草公司赣州分公司石城烟叶复烤厂	石城县琴江镇西华北路 130 号	1 785	416	85
石城县金源电力发展有限公司	石城县琴江镇西华北路 163 号	1 848	366	129
石城县百货公司	江西赣州石城县琴江	56	198	5
石城县自来水公司	石城县琴江镇角头街 2 号	1 636	129	90
江西省石城县横江造纸厂	石城县横江镇横市路 23 号	112	83	29
石城县粮食汽车队	石城县琴江镇西华中路 7 号	38	52	9
江西省石城县琴口灌区管理所	石城县琴江镇坝口	62	42	40

黄金区重点企业名录库

（2003 年）

企 业 名 称	通 讯 地 址	资产总额（万元）	销售收入（万元）	员工人数（人）
江西金苹果农业发展有限公司	黄金开发区潭东镇东坑村	6 129	31 548	560
赣州美园畜牧有限公司	黄金开发区宋城路 98 号	5 414	12 391	180
赣州华坚国际鞋城有限公司	黄金开发区	23 644	6 291	3 700
赣州市蟠龙建筑工程公司	蟠龙镇黄金机场路 28 号	1 236	5 033	830
赣州正大实业有限公司	黄金开发区坪路村	2 678	3 351	125
赣州三通稀土金属有限公司	黄金开发区	1 336	3 300	26
赣州联盛电力器材有限公司	黄金开发区内 105 国道旁	1 756	2 889	195
赣州兴华肥料有限公司	黄金开发区舍丰路	1 622	2 143	168
赣州市圣塔水泥有限公司	黄金开发区	759	1 596	60
江西赣南美亚塑料包装有限公司	黄金开发区潭东镇东坑村	1 192	1 341	281
赣州汇强机械制造有限公司	黄金开发区	765	960	111
江西五丰腊味食品有限公司	黄金开发区	522	918	178
赣州永乾机器有限公司	黄金开发区内 105 国道旁	323	619	79
江西省赣南中成工贸有限公司	黄金开发区	485	564	60
汇源果汁(赣南果业)有限责任公司	黄金开发区潭东镇东坑村	4 958	539	30
赣州市章江水轮泵站	黄金开发区蟠龙镇坝上村	1 316	374	109
赣州黄金开发区潭东建筑工程公司	潭东镇潭东镇东坑	59	32	10

第八章：景德镇市

骨干企业

- 昌河集团
- 华意电器
- 东风药业
- 中景集团
- 德宇集团
- 万平电子

重点工业园

- 市高新技术产业开发区
- 乐安江工业园
- 浮梁工业园

内容提要：

★ 市情简介

★ 市长论坛

★ 支柱产业

★ 优惠政策

★ 景德镇市200强企业

★ 县（市、区）简介

★ 工业强县（市、区）长专栏

★ 分县市区50强企业

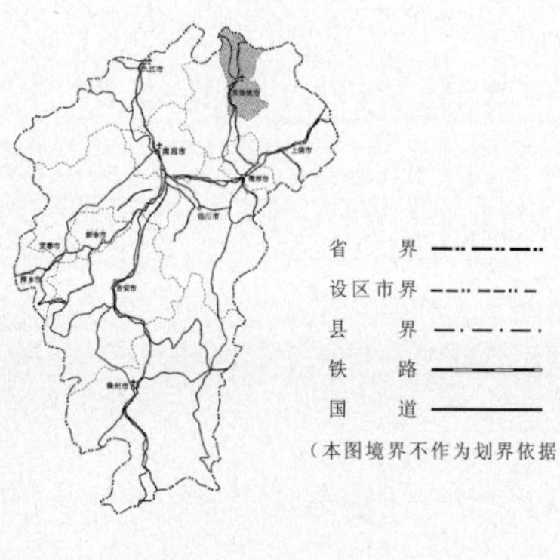

安牌

江西省著名商标

中国桃酥王

ZHONG GOU TAO SU WANG

江西食品厂是江西省食品生产重点企业之一，为江西省农业产业化龙头企业。创建于1958年，厂区面积3万多平方米，拥有固定资产1600万元，并形成年产2000吨桃酥的生产能力。企业曾先后被评为“全国商业先进企业”、“省级先进企业”等多种荣誉称号。

江西食品厂拥有的“安”牌商标为江西省著名商标。主要产品“安”牌桃酥，以其上乘的选料、科学的配方和先进的工艺而名列中国桃酥之首。“安”牌桃酥曾多次荣获商业部、省级优质产品称号，为全国食品行业名牌产品。中国食品协会领导曾亲笔题词：“江南一绝，‘安’牌桃酥”，被国内食品专家誉称“中国桃酥王”。

“安”牌桃酥在沿存传统桃酥制作的基础上，加以发展，增加了新的内涵，提高了产品的品质。在生产工艺方面，采用植物油替代动物油，改善了桃酥的风味，并率先开发一系列蔬菜类和果仁类桃酥，突破了传统桃酥的范畴，更趋于绿色健康食品。生产方式上，首创机械化生产，淘汰了落后的手工制作方式，填补了机械化生产桃酥的空白。

江西食品厂在注重产品开发的同时，狠抓质量管理，走创名牌之路。“安”牌桃酥及其“安”牌商标在广大消费者心目中，已拥有良好的信誉。“安”牌食品，立志成为中国的名牌，走向世界。

法人代表：黄树森

厂 址：江西省乐平市人民中路61号

邮 编：333300

电话：0798—6833396

传真：0798—6833396

江西食品厂

与您一起共享……

【市情简介】

景德镇市

【区位优势】

景德镇位于江西东北部，居东经 116°57′－117°42′，北纬 28°44′－29°56′，西北与安徽东至县交界，南与万年县、西与波阳县接壤，东北与安徽祁门县、东偏南与婺源县毗连。全市土地面积 5256 平方公里。2003 年末全市总人口为 148.3 万人。景德镇市立体交通格局已经形成。市内交通经纬如网；对外联系，铁路有皖赣线穿境而过，北与津浦、沪宁线相连，南与浙赣、鹰厦、京九线相接，可通往全国各地；公路网络四通八达，路网密度高于全国、全省，206 国道纵贯南北，瑶里国防公路成为一条新的对外通道，九景高速公路的开通结束了我市无高速公路的历史；内河航运逐步改善；罗家机场的通航标志着景德镇水、陆、空立体交通网络已经形成。

【建制历史】

景德镇是一座历史悠久的江南名城，汉唐以来即以盛产陶瓷而著称，宋代以后与汉口镇、佛山镇、朱仙镇并列为全国四大名镇，明清之际，发展为中外闻名的瓷都，建国后，为国务院公布的我国第一批二十四个历史文化名城之一，并被列为甲类开放城市。1949 年 4 月 29 日，景德镇获得解放，随后从浮梁县分出，置景德镇市，1960 年，浮梁县并入景德镇市，成为市郊区。1983 年 7 月，经国务院批准，上饶地区的乐平县划归景德镇市管辖，原波阳县的鲇鱼山乡和荷塘垦殖场同时划属景德镇市昌江区。1988 年 10 月，浮梁县恢复建制。1992 年 9 月，乐平县被批准撤县建市（县级市），至此，景德镇市下辖一市、一县、两区，即乐平市、浮梁县、珠山区、昌江区。

【自然环境】

景德镇是江南山城，属亚热带季风气候，温和湿润。全年光照充足，雨量充沛，四季分明。座落在黄山、怀玉山余脉与鄱阳湖平原过渡地带，地势四周高中间低，形似盆状。境内山峦起伏，东北方向为黄山余脉，群峰环峙、地势高峻；东南方向为怀玉山北坡，山岭逶迤，海拔一般为 250－400 米，最高峰五股尖海拔 1618 米。河川纵横交错，北部有源于安徽祁门县大洪山的昌江，全长 210 公里，自北向南越境而过，直注鄱阳湖；南部有发源于德兴县的乐安河，全长 240 公里，经乐平市区向北蜿蜒，最后汇入鄱阳湖。

【自然资源】

:景德镇市自然资源丰富。矿藏资源有瓷土、煤、钨、锰、铜、铝、金以及大理石、海泡石等，其中储量之丰、品质之优，首推瓷土，虽经千余年开采，仍未枯竭，就目前已探明的储量尚可开采 300 余年。山林资源有杉树、马尾松、毛竹、油茶、油桐、漆树等，并盛产山苍子、猕猴桃、橡子、杜仲、金银花、七叶一枝花等野生植物和药材。动物资源中有猴、蛇、穿山甲、相思鸟等珍禽异兽。

【经济概况】

2003 年全市实现生产总值达 140.69 亿元，比上年增长 15.6%。全市人均生产总值达 9304 元，比上年增长 14.7%。全市实现财政总收入 11.98 亿元，比上年增长 22.9%。农业产业结构日益优化，乐平蔬菜、浮梁茶叶、昌江养殖三大主导产业优势凸现，“南菜、北茶、城郊养”的产业格局初步形成。全年全市完成农业总产值达 17.56 亿元，同比增长 4.0%。工业生产稳定增长。全年全部工业企业完成工业总产值 170.6 亿元，比上年增长 10.4%，其中规模以上工业企业完成产值 112.6 亿元，增长 5.70%。

【城市建设】

景德镇市区横跨昌江东西两岸，群山环抱，山青水秀。经过 50 年的改造和建设，瓷都面貌焕然一新。有特色的新区框架基本建成，新市区形成了“生态、山水、文化”特色。豪德贸易广场、中国瓷园、国贸广场、香江中国陶瓷城等建设项目相继交付。陶瓷文化全面走上街头，昌南大道“水土宜陶”、“千年窑火”陶艺墙，金岭大道陶艺柱，迎宾路街心“神火”，里村街心花园“太平窑”城雕，石洪路、新厂路、朝阳路等瓷灯柱，营造了浓厚的瓷文化氛围，城市面貌焕然一新。2003 年景德镇市被命名为省级卫生城市，省级文明城市也通过了专家考核鉴定，军民共建第三次荣获“全国双拥模范城”称号。

【市长论坛】

树立科学发展观　建设美好新瓷都

景德镇市代市长　虞国庆

景德镇位于江西省东北部，是国务院首批公布的历史文化名城，是中外闻名的瓷都。全市土地面积5256平方公里，人口148.3万，其中市区人口50万。景德镇有1700年制瓷历史，陶瓷文化历史悠久，生态环境条件优越，旅游资源极具特色，工业经济实力雄厚，著名的昌河汽车、华意压缩机、得雨活茶等知名产品均出于此。党的十六届三中全会提出的"以人为本，全面、协调、可持续"的科学发展观是我们必须长期坚持的重要指导思想，是我们建设经济重镇、旅游都市和特色瓷都的必然选择。树立科学发展观的关键在于结合实际抓落实，使之成为推动经济发展和社会进步的强大动力。从景德镇实际出发，落实科学发展观应着力抓好以下工作：

一、以庆祝千年华诞为契机，促进开发型经济大发展

重点突破招商引资。利用千年华诞各国各界嘉宾云集的有利时机，抓住重点，进一步增强招商引资的针对性和有效性，以更积极的姿态、更务实的举措、更有效的方式，奋力实现我市招商引资新突破。一要在招商项目上突出重点。注重产业招商和实业集聚，抓好重点项目引进。二要在招商对象上突出重点。内资方面要抓住浙江等地民营企业转型的有利时机，主动对接长珠闽；外资方面要注重德、日、韩及港、台资金引进。三要在招商领域上突出重点。围绕全市主导产业和优势品牌开展招商引资，尤其是加强陶瓷工业合作。四要在招商手段上突出重点。推行以商招商、代理招商、网上招商，通过投资中介机构、市驻外联络机构、招商代理机构寻找项目、资金、产品、技术和市场的合作外商。五要在优化环境上突出重点。进一步优化投资软环境，对外商已签约项目在申报、审批、规划、建设等方面提供全方位服务，促使项目早实施、早建设、早开工、早投产、早见效，营造"成本低、回报快、信誉好、效率高"的投资创业环境。

全力推进对外贸易。进一步改善出口创汇软硬环境。加快海关建设，改善通关条件。鼓励有诚信、有实力的企业到出口较好的城市设立外贸窗口，架起沿海城市与我市的外贸桥梁。壮大外贸出口队伍，培育外贸出口新的增长点。

大力发展旅游经济。围绕吃、住、行、游、购、娱全面开展旅游工作，用好用足景德镇丰富的瓷文化、茶文化、生态文化旅游资源和城市品牌，做大做强旅游产业。着力提高旅游服务业水平，大力开展"创星"活动，加强旅游业人才培养，使我市旅游服务业整体素质再上新台阶。要整合资源，积极指导扶持县（市、区）旅游工作，深挖潜力，资源共享。理顺关系，紧密配合，建立良好协调机制。加大旅游招商引资力度，积极引导、广泛动员社会人才和社会资本进入旅游产业，力争我市旅游产业有个新飞跃。

二、以工业发展为核心，不断增强经济发展活力和实力

围绕重振瓷都雄风，狠抓陶瓷工业发展。陶瓷是景德镇的灵魂，重振瓷都雄风是历史赋予我们的重大责任。要围绕高标准建设国家陶瓷工程技术中心与新技术研发基地、陶瓷教育中心和人才培养基地、陶瓷高新技术开发区和陶瓷生产基地、陶瓷技术和艺术的国际交流中心与陶瓷生产基地等四个基地目标，抓住国际国内陶瓷资源转移重组的战略机遇，利用瓷都陶瓷品牌、资源和低成本优势，走开放发展的振兴陶瓷之路。要依托全国知名高校及研究所，重点发展高科技含量、高附加值的工业技术陶瓷，加速日用陶瓷艺术化、艺术陶瓷日用化进程，重点支持扶持10至15家民营陶瓷企业通过联合重组做大做强。不断开拓陶瓷市场搞好产品创新和市场定位，加大营销力度，提高景瓷在国内外市场占有率。切实抓好整顿和规范陶瓷市场秩序，打击假冒伪劣产品、非法展销活动，维护景德镇陶瓷声誉，为陶瓷经济发展营造健康有序的环境。

围绕做强支柱产业，狠抓大项目和核心企业。以大的项目为支撑，加强重点项目服务工作，增强工作主动性，切实帮助企业解决好项目实施的各种困难。重点支持昌河新上10万台轿车，景电公司新上2台60万千瓦机组项目，中航风能高技术公司新上1。3M风力发电机组项目，以及焦化炭黑油处理节能项目，锦溪日产2500吨新型干法水泥生产线，乐平涌山煤矿机械化技改，电化高科的热电联产项目等13个重点项目建设。抓好昌河汽车座椅、华意压缩机、焦化3#焦炉、中景多色胶印机、江维微晶玻璃等一批重点技改项目的达标。道路交通建设力争超额完成400公里农村公路建设改造，积极做好景—婺—黄（常）高速公路景德镇段和景—鹰高速公路工程建设各项协调服务。

围绕提高产业聚集，狠抓工业园区建设。坚持政府引导、市场运作、整体规划、科学布局、滚动开发、分步建设的原则，着力增强工业园区的产业聚集能力、就业吸纳能力、环境承载能力、要素集约能力、自主创新能力，全面提升工业园区建设水平。坚持科学发展观，在工业园区建设中真正做到"三个不能搞"即国家明令禁止淘汰的项目不能搞、污染环境破坏生态的项目不能搞、大量消耗资源的项目不能搞。避免出现工业园区土地利用率不高、未征先用、对农民土地补偿偏低或不到位、经营性土地使用有未按规定程序转让等问题，不断提高现有土地使用效率，加快现有入园企业建设进度，发挥建成投产企业产能优势。注重资源整合，分片推进，避免无序竞争，以利于园区快速做大规模，提升在全省园区中的位置。

三、以农民增收为目标，提升农业和农村经济发展水平

着眼我市粮食生产长远发展，进一步加快基本农田保护、高产稳产农田、配套服务保障三大体系建设，提高我市粮食生产能力。突出特色，继续推进农业结构调整。提高农产品质量和效益，凸现乐平蔬菜、浮梁茶叶、昌江养殖三大主导产业优势。以农业产业化龙头企业为"抓手"，加大扶持力度，促其做大做强，推进农业产业化进程。大力推进农业标准化生产，加快建设农产品质量标准和检验检测体系，提高农产品卫生安全质量。适应农产品供求关系新变化，用足用好各地对鲜活农产品运输上的"绿色通道"政策，大力开拓农产品市场。

大力推进林业工作。以贯彻落实中央、省、市《关于加快发展林业的决定》为契机，大力保护和培育森林资源，发展林业产业，在办好山上"绿色银行"、用好用足"绿色财富"、促进山区农民增收的同时，为我市经济和社会发展营造良好的生态环境。坚持"三个结合"，即坚持严格保护与合理利用相结合，科学经营林业资源；坚持工程建设与林权改革相结合，整体推进林业工作；坚持量的增长与质的提高相结合，着力增强林业综合效益。落实"三个保障"，即增加林业投入，为加快林业发展提供资金保障；强化依法治林，为加快林业发展提供法制保障；切实加强领导，为加快林业发展提供组织保障。

加强农业和农村基础设施建设。以项目为依托，整合财政支农资金、扶贫开发资金、农业综合开发资金、农业产业化资金，以及林业、水利上的项目资金，充分发挥项目投资效益，抓好各项农业工程项目的实施。特别要全力推进省级得雨生态园、乐平十万亩无公害蔬菜基地、浮梁茶叶科技园、景德镇良种猪繁育基地、景德镇市千亩特色苗木基地、中国有机茶良种苗木繁育基地等六项重点工程建设，使之尽快发挥集聚和示范效应，成为我市农业新的增长点和农民增收的新平台。加强农田水利、交通、通信等农业和农村基础设施建设，改善生产条件，提升农业和农村经济发展水平。

四、以城市建设为抓手，大力推进城市化进程

以加快重点工程建设为龙头，全面推进城市建设。以36项重点工程为龙头，带动三大区域建设，完善城市功能，提升城市形象。加快建设30平方公里西市区，十大公共建筑中基本建成财富大厦、景德镇中国陶瓷博物馆和全国中小学陶艺培训基地，完成紫晶宾馆主体工程建设，推进西山湖宾馆、体育中心、国际会展中心等公共设施建设和昌南湖、西山公园、生态大道、陶瓷历史文化广场建设，使之成为具有山水生态文化特色和城市设施、功能完善的新区。全面建设12平方公里的南市区，加快以景德大道为轴线的韭菜园—西瓜洲南河区域路网建设，实施白鹭大桥、文化活动中心、人民会堂和行政中心项目，初步建成依山傍水的现代区。精心建设东市区，御窑2平方公里核心区统一规划，分步实施修旧如旧工程，完成41条次干道、69条里弄巷道全面硬化和配套改造，形成功能完备、设施完善、风貌如旧、独具特色的历史文化名城文博区。

以创建"四城"为动力，科学化管理和经营城市。按照"三分建设、七分管理"要求，主动走出去，学习兄弟城市先进经验，创新管理模式，从根本上解决城市管理中的问题。要举全市之力，深入开展创建江西省园林城市、中国优秀旅游城市、国家卫生城市、全国文明城市活动。以创建"四城"为契机，建立健全城市长效管理机制，实行权责利挂钩管理办法，在城市道路管理上全面推行道路、路灯、绿化、城管四位一体综合管理市场运作模式。完善环境监测体系，加大重点流域和重点区域的污染防治，把我市城市卫生和文明建设提高到新水平。牢固树立经营城市理念，深化投融资体制改革，拓宽资金渠道，最大限度盘活城市资源。完善土地收购储备机制，对房地产市场实行适度控制政策，精心组织经营性用地"招、拍、挂"出让，规范和搞活土地二级市场。实行城市基础设施有偿使用，按照"谁投资、谁经营、谁受益"的原则，把凡是可以投入市场营运的城市基础设施使用权和经营权推向市场。

五、以发展社会事业为手段，努力提高全面协调可持续发展水平

坚持科教兴市和人才强市战略。紧紧抓住"培养、吸引、用好"三个环节，建设规模宏大、结构合理、素质较高的人才队伍，为瓷都加快发展提供强有力人才保证和智力支撑。积极推进科技改革与发展，加快科技创新体系建设，促进全社会科技资源高效配置和综合集成，提高科技创新能力，使科技成果尽快转化为现实生产力。进一步整合教育资源，加快陶瓷学院和景德镇学院新校区建设。加快推进优质高中建设工程实施，严格规范教育收费，坚决制止各类学校乱收费、多收费。继续抓好农村中小学危房改造和扶贫助学工作。加快构造全民教育、职业教育和终身教育体系。加强公共卫生建设，抓好疾病预防控制体系、突发公共卫生事件医疗救治体系、重大疫情信息网络体系和卫生执法监督体系建设。推进卫生改革，实行卫生事业投资主体多元化，鼓励社会力量办医院，加强乡村卫生设施建设，对贫困农民实行医疗救助。坚持社会效益和经济效益相统一原则，加快文化体制改革步伐，加强基层公共文化设施建设。开展群众性体育活动，加快体育中心建设，提高竞技体育水平，构建群众体育服务体系。加强计划生育基础设施建设，稳定低生育水平，提高人口素质。

【工业产品】

景德镇市特色工业产品

【陶瓷】

景德镇是中外著名的瓷都,制瓷历史悠久,文化底蕴深厚。宋景德元年(1004 年),宫廷诏令此地烧制御瓷,底款皆署"景德年制",景德镇因此而得名。自元代开始至明清历代皇帝都派员到景德镇监制宫廷用瓷,设瓷局、置御窑,创造出无数陶瓷精品,尤以青花、粉彩、玲珑、颜色釉四大名瓷著称于世。"毛泽东用瓷"、上海 APEC 用瓷及国宾馆用瓷以及各类艺术陶瓷倍受世人赞赏。景德镇瓷器享有"白如玉、薄如纸、明如镜、声如磬"的美誉。郭沫若先生曾以"中华向号瓷之国,瓷业高峰是此都"的诗句盛赞景德镇灿烂的陶瓷历史和文化,陶瓷把景德镇与世界紧密相连。

【汽车】

自 1982 年第一辆昌河牌微型车在景德镇昌河飞机工业(集团)有限公司研制成功以来,汽车工业现已成为我市经济发展的重要组成部分。近年来,为进一步巩固和提高昌河汽车品牌竞争力,昌河公司适时调整产品结构,陆续推出了"北斗星、昌河祥瑞、昌河王、爱迪尔"等新车型,在丰富电喷车型的基础上,使汽车生产系列化、广谱化,迎合了消费者心理。2003 年,昌河汽车产量达到 118721 辆,产值达 47.63 亿元,其中作为新品车型的昌河"北斗星"轿车全年累计销售达到 36873 辆,同比增长 73.3%,名列 2003 年中国汽车市场十大畅销车型的第九位。目前,昌河汽车在产品结构方面,已成功实现了由微型车向轿车的转变。

【印刷机械】

江西中景集团有限公司是国家生产印刷机械、包装装潢机械骨干企业,江西省重点企业。现已形成年产四开系列胶印机 2000 个色组的经济规模,具备生产国内先进的高新技术多色胶印机能力。2000 年 10 月通过 ISO9001 国际质量体系认证,主要出口产品通过 CE 安全认证。该公司资产总额达 2.1 亿元,拥有国际先进水平的加工设备和分析检测仪器。设有省级技术中心,具有先进水平的图形工作站和高素质科技队伍,被评为江西省高新技术企业,多色机认定为江西省高新技术产品。景德牌四开单张纸胶印机被授予全国同类产品中唯一的中国机械工业名牌产品称号和江西省名牌产品。该公司的主要产品为单张纸四开 660 和 740 系列单、双、多色胶印机,属技术密集型高附加值产品。产品质量达到国内先进水平,市场信誉良好,颇受用户信赖。

【无氟压缩机、电冰箱】

拥有我国第一条年产 100 万台无氟压缩机生产线的华意电器总公司是国家大型一档企业,总资产 18 亿多元,是我国无氟压缩机生产和出口重要基地。该公司的主导产品为无氟电冰箱和无氟压缩机、冰柜、空调器。公司拥有省级企业技术中心和雄厚的技术开发力量,产品以自主开发为主,并聘请国内外知名公司的技术专家指导产品开发。无氟冰箱获第 001 号"中国环境标志"和 CCEE 长城标志,通过了美国 UL、德国 GS、欧盟 CE、国际 CB 等国际认证,达到欧洲 A 级节能标准,连续五年被"中国消协"列为推荐商品,华意 BCD、BC 两大系列冰箱已被国家质量技术监督局评为"国家首批免检产品"。无氟压缩机被国家经贸委和国家科委评为"国家级重点新产品",并列入国家火炬计划,产品分别通过美国 UL、德国 VDE、国际 CB 等国际安全认证,并荣获国家科技进步三等奖,2000 年被中国质量管理协会评为"全国用户满意产品"。在严格的 ISO9001 质量体系保证下,高效节能的无氟系列产品畅销国内市场并远销世界五大洲 70 多个国家和地区,被外经贸部评为"重点支持和发展的名牌出口商品"。

【茶叶】

景德镇市浮梁县瑶里镇的汪湖、白塔寺、梅岭,鹅湖镇的高岭村、东埠村等都是终年云雾缭绕、山清水秀。历史上景德镇特产素有"一瓷二茶"之称,茶叶是景德镇名产之一。早在唐代,景德镇就是全国重要的茶叶集散地,诗人白居易著名诗篇《琵琶行》就有"商人重利轻别离,前月浮梁买茶去"的诗句,当时,景德镇茶叶税收占全国茶叶税收的八分之三。"浮红"茶在国际上久负盛名,曾获得 1915 年巴拿马万国博览会金质奖。近年培育和研制的名优茶"得雨活茶"、"瑶里崖玉"、"浮瑶仙芝"绿茶畅销市场。"得雨活茶"已被选为人民大会堂特供茶、国宴茶。

【优惠政策】

景德镇市关于鼓励外来投资进一步改善投资环境的若干规定

一、总 则

第一条 为了进一步改善我市投资环境,保障投资者的合法权益,鼓励境内外客商来我市投资,根据国务院和省人民政府颁布的有关政策、法规,结合本市实际,特制订本规定。

第二条 本规定适用于市外、境外、国外客商独资经营或与我市合资、合作经营的企业。

第三条 市对外经济贸易合作局为境外、国外投资项目主管部门,市经济技术合作办公室为境内投资项目主管部门,分别负责为外资和内资投资者提供政策咨询,介绍合作伙伴,受理客商投诉,协调外来投资企业与本市有关单位的关系,为外来投资者提供全方位服务。

二、投资方式和投资方向

第四条 市外、境外、国外投资者(以下简称外来投资者)可以公司、企业、个人名义来我市进行投资,投资形式可选择如下:

一)兴办独资、合资、合作经营企业;

二)开展“三来一补”及装配、租赁业务;

三)承包、租赁经营市内现有企业;

四)购买现有企业全部或部分产权或股权;

五)对基础设施项目采取BOT投资方式;

六)法律、法规允许的其它投资形式。

第五条 允许外来投资者在市内投资符合国家产业政策的任何行业。

第六条 鼓励外来投资者投资下列产业:

一)高新技术、高附加值产业,产品出口企业;

二)交通、能源、城市基础设施项目;

三)对现有企业进行嫁接改造;

四)房地产、第三产业;

五)“三高”农业项目。

三、优惠政策

第七条 外来投资企业用地的审批手续,根据用地性质,由市土地管理部门办理。外来投资企业可以通过出让、转让、租赁等方式取得国有土地使用权。投资科技研究、教育和社会福利事业的,可通过行政划拨方式取得土地使用权。

第八条 外来投资企业土地使用权期限,按批准的经营年限确定,最高使用年限为:居住用地70年;工业、教育、科技、文化、卫生、体育用地50年;商业、旅游、娱乐用地40年;综合或者其他用地50年。

第九条 对外来投资企业所需土地,视其所处的位置、开发程度和地段的等级,实行不同的地价。符合下列条件的分别给予以下地价优惠:一、对一次性投资80万美元到150万美元、150万美元到250万美元、250万美元以上项目,分别减收市本级应收土地出让金(以下简称出让金)的15%、25%和35%(用人民币进行投资的,按同期国家外汇牌价折为美元计算);二、对成片开发荒地荒山荒滩达200亩以上,并主要用于建设工业项目的,减收15-25%的出让金;三、对开发属部、省级确认的高新技术项目用地的减收25-35%的出让金;四、对从事能源、交通等基础设施建设和发展三高农业、文化教育事业项目的,减收35-45%的出让金。

第十条 对外商投资企业土地使用费收取标准,按就低不就高原则,依照景府发[1995]24号文件执行。

第十一条 外商投资企业在建设期内一律免缴土地使用费,投产后五年内按前款标准的50%缴纳,其中投资额折算人民币1000万元以上的,投产后三年内继续免缴土地使用费;对产品出口型企业(当年出口产品产值达到当年企业产品产值的70%以上)、技术先进型企业(经对外经济贸易合作部批准)前五年免缴土地使用费,五年后从低计价征收;大面积开发使用国有荒山、荒坡、水域项目,前十年免缴土地使用费,十年后从低计价征收。

第十二条 外商投资企业经营期在十年以上的,按有关规定,免征地方所得税。

第十三条 外商投资企业所得税减免办法:经营期在十年以上的生产性企业,从开始获利年度起,第一年至第二年免缴所得税,第三年至第五年减按15%的税率缴纳所得税。其中,属于出口型企业、技术先进型企业,以后年度仍可继续减按15%的税率缴纳所得税。

第十四条 外商投资者从企业分得利润,用于扩大生产、经营的，免缴个人所得税；用于在本市再投资兴办、扩建产品出口企业或技术先进企业，经营期五年以上的，经税务部门批准，减半征收企业所得税。用于公益、救济性质的捐赠可以列入成本。

第十五条 对外商投资企业的自有自用房屋，其固定资产投资方向调节税，实行零税率，并免征3年房地产税。

第十六条 市外投资者来我市开办独资、合资、合作企业，投资额达100万元人民币以上(含100万元)，企业自开始获利年度起，缴纳的所得税由各级财政第一年至第二年全额返还，第三年至第五年返还50%；缴纳的营业税，由财政部门核定增长基数，超收部分适当返还。企业对所属商业网点进行装修改造，其缴纳的投资方向调节税，由各级财政返还。

第十七条 外来投资农林牧渔开发项目的，免征农业特产税。

第十八条 对外来投资企业占用耕地征收的耕地占用税，属市本级收取的部分，由市财政全额返还。

第十九条 对外来投资企业收取的自来水增容费，给予减征30%的优惠。

第二十条 凡外来投资者在我市合资、合作或独资兴办企业，固定资产投资在10万美元或100万元人民币以上的，由开户银行出具证明，经市政府办公室核准，可办理1名城镇户口指标，免交城市增容费；每增加10万美元或100万元人民币，可增办1名城镇户口指标。

第二十一条 外来合资企业，外方投资额达200万美元或1500万人民币以上的，本市金融单位应重点支持企业的配套流动资金贷款。

四、服务

第二十二条 全市各级政府、各有关部门必须尽最大努力改善我市投资环境，千方百计为外来投资者排忧解难，提供优质服务，切实保护外来投资者的合法权益。

第二十三条 对申办外来投资企业实行一条龙服务。市利用外资办公室负责为外来投资者代办从项目洽谈、企业申报、证照领取到银行开户、海关备案、外汇登记、企业验资等所有手续，外来投资者可本着自愿原则向市利用外资办公室或市经济技术合作办公室提出申请代办事宜 。

第二十四条 对外来投资项目的审批，实行一条龙服务。由市政府分管副市长牵头，各有关部门领导参加，每两周集中一天时间定时、定点联合办公，当场审批外来投资者在市内的投资项目。

第二十五条 工商行政管理部门在办理企业名称登记和注册登记时，如申报手续齐全，必须在收到申报材料之日起，一个工作日内必须办理完毕属于审批权限内的手续。

第二十六条 税务、外汇管理部门和银行，在投资者提供必要材料后，必须分别在一个工作日内办理好税务登记、外汇登记和银行开户等手续。

第二十七条 会计师事务所、审计师事务所在收到企业验资申请后，必须在一周内安排企业验资工作，并酌情减收20%至30%的验资费用。

第二十八条 城建部门和建筑工程管理部门对符合规划法和城市总体规划要求，申报手续齐全的外来投资企业，必须分别在两个工作日内办理好企业规划用地和工程建筑开工等手续；土地管理部门对属市本级土地审批权限内的用地项目，必须在两个工作日内办理好土地使用手续；供水、供电部门，必须在办完有关手续后，分别在十个、二十个工作日内保证供水、供电。城建、土管、供水、供电等部门在为企业办理有关手续和工程施工过程中，必须严格执行国家及地方有关优惠政策，不得任意提高收费标准或变相增加收费项目。

第二十九条 对重点项目实行领导挂点联系制度。对于引进外资200万美元以上，内资2000万元以上的项目，由市政府进行调度，领导挂点联系。引进外资100万美元以上，引进内资1000万元以上项目，由县(市、区)政府或市有关部门进行调度，并确定领导挂点联系

五、保护外来投资者合法权益

第三十条 严格规范对外来投资者及其投资企业的检查行为。除法律、法规及国家统一部署的检查外，任何部门对外来投资企业的检查都必须事先报请市政府办公室批准后方可进行。有市县及各有关部门领导挂点联系的外来投资企业还须征得挂点领导的同意。否则，企业有权拒绝检查，并有权向招商主管部门和监察部门举报，有关部门受理举报后必须及时查处并将查处结果告之外来投资企业。

第三十一条 严格规范对外来投资者及其投资企业的收费行为。对行政事业性收费，除国务院、省政府及省级财政、物价部门批准的收费项目标准外，

外来投资企业有权拒绝任何形式的收费、摊派。对经营服务性收费,必须向市政府请示并向市物价部门申报收费项目和标准,经市政府同意后由市物价部门核定收费标准,核发收费许可证后方可收取。

第三十二条 对行政事业性收费实行一个窗口收费,除上级另有规定的外,所有规费一律到市财政局确定的收费点缴纳,实行专户储存、财政监督使用。

第三十三条 外来投资企业有权举报任何部门、任何形式的乱收费、乱摊派行为,招商主管部门和监察部门应设立举报电话,认真受理举报并及时查处乱收费、乱摊派行为,并将查处结果告之外来投资企业。

第三十四条 切实保障企业生产经营活动正常开展。对以非正常停水、停电及其他不正当行为妨碍企业正常生产、经营活动的,各有关职能部门和监察部门必须及时严肃查处,并追究当事人及其单位领导的责任。

第三十五条 对在我市开办的外来投资企业,各级政府及公安部门要列入重点联系和保护范围,督促、指导其做好安全保卫工作。对以各种形式严重干扰企业生产经营以及侵犯外来投资者的人身财产安全的,公安司法机关要及时采取措施予以制止,对触犯法律者要依法严肃处理。

第三十六条 执法部门及其工作人员在办理涉及外来投资者及其投资企业的案件时,必须出示有效执法证件,依法办事,秉公执法。对于循私枉法、以权谋私的行为,监察部门必须坚决查处。

六、"荣誉市民"待遇

第三十七条 对投资200万美元及2000万人民币以上,遵守我国法律,从事合法经营的外来投资者,由市人民政府授予其景德镇市"荣誉市民"称号,并颁发荣誉证书。被授予"荣誉市民"的境外投资者,在我市辖区内的生产经营及生活娱乐活动均享受市民同等待遇。

第三十八条 被授予"荣誉市民"的外来投资者,其直系亲属申请赴港、澳、台以及国外探亲、定居符合条件者,可优先报批;属华侨和港、澳、台同胞,为其提供定居等方面的便利。

第三十九条 对授予"荣誉市民"的外来投资者,实施检查、处罚或对其人身、财产采取强制性措施,均须报经授予机关同意后方可进行。

七、附则

第四十条 凡为本市争取到捐赠和援助(含实物)或为引进外来投资牵线搭桥取得实际成果者,均可获得本市有关方面给予的奖励。奖励办法另行制定。

第四十一条 本规定由市政府法制局负责解释。

第四十二条 本规定自发布之日起施行。

附件

关于对引荐来我市投资中介人的奖励办法

为了进一步扩大改革开放,加大我市招商引资力度,鼓励更多的单位和个人参与招商引资,增强招商引资意识,形成全民招商的新局面,使瓷都经济建设有一个更快的发展。经市政府研究,决定对引荐来我市独资、合资、合作并取得成功的中介人,经财政部门会同市外资办和合作办确认实际引资到位后,按比例给予重奖。凡兴办独资企业,其奖金由市财政支付(实际进资到位后先付一半奖金,运作满一年后再付一半),合资、合作企业其奖金由我方单位支付。

1. 凡引进外资100万美元以下的,按4‰予以奖励。

2. 凡引进外资100万美元以上,500万美元以下的,超100万美元以上部分按5‰予以奖励。

3. 凡引进外资500万美元以上,1000万美元以下的,超出部门按6‰予以奖励。

4. 凡引进资金1000万美元以上,超出部分按7‰奖励。

5. 凡引进国内资金,按人民币同期汇率折成美元后,照上述标准予以奖励。

6. 引进资金用于开发房地产不能享受中介费。

景德镇市重点企业名录库

（2003 年）

企业名称	通讯地址	资产总额（万元）	销售收入（万元）	员工人数（人）
昌河飞机工业（集团）有限责任公司	景德镇市朝阳路 539 号	701 690	438 839	9 906
景德镇市华意电器总公司	景德镇市新厂东路 28 号	306 964	105 130	2 350
景德镇市焦化煤气总厂	景德镇市历尧村	156 170	83 903	3 558
景德镇市发电有限责任公司	景德镇市青塘村	78 740	47 789	1 669
江西省景德镇市烟草分公司	景德镇市茶山路 2 号	12 813	41 848	154
中国石化江西景德镇石油分公司	景德镇市翠云路 18 号	12 895	32 424	189
江西景德镇供电公司	景德镇市珠山西路	48 965	29 628	598
江西省化纤化工有限责任公司	景德镇市乐平塔山	72 753	28 425	2 902
江西省东风药业股份有限公司	景德镇市乐平东风街 15 号	27 178	23 292	2 542
景德镇市中景集团	景德镇市新厂大道	20 773	18 128	887
江西德宇集团有限公司	景德镇市瓷都大道 11 号	15 314	17 027	400
江西省陶瓷出口公司	景德镇市珠山西路	23 864	16 077	76
江西景德房地产建设集团有限公司	景德镇市珠山广场北路 7 号	13 642	16 000	7 798
江西省昌南建筑有限公司	景德镇浮梁朝阳中大道 28 号	11 472	13 997	1 398
乐平矿务局	景德镇市乐平后港	31 067	13 021	4 052
江西信达电子有限公司	景德镇市瓷都大道 636 号	11 967	12 710	1 233
景德镇市昌河汽车配件制造公司	景德镇市朝阳路 539 号	12 418	12 654	1 610
景德镇市吕蒙建筑工程公司	景德镇市吕蒙	9 583	12 174	981
乐平市电化高科有限公司	景德镇市乐平市坎山村	6 000	10 671	845
景德镇普天通讯设备厂	景德镇市新厂西路	19 391	10 291	890
乐平矿务局建筑安装公司	景德镇市乐平后港	7 334	9 382	390
江西省华景建设集团有限公司	景德镇市朝阳路 40 号	9 880	9 033	1 671
乐平市锦溪水泥有限公司	景德镇乐平涌山	7 097	8 823	575
景德镇航空锻造公司	景德镇鲇鱼山鱼山村	8 514	6 324	1 473
乐平市供电局	景德镇乐平市人民中路 13 号	15 625	5 895	521
江西昌源实业有限公司	景德镇市珠山区青塘	6 003	5 434	1 126
江西江维高科微晶玉石有限责任公司	景德镇市乐平塔山	1 094	5 159	222
景德镇市华风瓷厂	景德镇市瓷都大道 47 号	4 386	5 100	350
江西昌河天海电装有限公司	景德镇市昌河芙蓉	4 198	4 999	215
景德镇市第二建筑工程公司	景德镇市沿河东路 80 号	5 080	4 888	805
江西景光电子有限公司	景德镇市浮梁县兰田村	27 758	4 516	1 322
乐平市龙腾水泥厂	景德镇市乐平涌山	3 041	4 333	312
乐平市粮食局精制粮油综合加工厂	景德镇市乐平平安北路 25 号	961	4 329	90
景德镇市百货纺织品总公司	景德镇市珠山中路 64 号	13 017	4 141	495
江西昌河远翅塑料有限公司	景德镇市昌河画眉楼	4 638	3 972	176
中国石化江西景德镇乐平石油支公司	乐平观音泉路 21 号	939	3 946	56
江西万平电子有限责任公司	景德镇市浮梁县茶培村	19 491	3 864	920
乐平市童家山工业园	景德镇乐平市洎阳路	3 060	3 755	602
乐平市乐盛化工有限公司	景德镇乐平市坎山	2 853	3 502	153
江西昌兴配件有限公司	景德镇市昌河昌盛	5 476	3 327	290
景德镇市市政工程处	景德镇市珠山东路	2 727	3 202	399
景德镇市木材厂	景德镇市黎明路 115 号	17 563	3 035	389
江西景德酒业集团	景德镇浮梁县湘湖	4 578	3 003	386
景德镇市昌江建筑工程公司	景德镇市竟成	2 829	3 000	365
江西浮南瓷土矿	景德镇市浮梁县东安村	15 974	2 916	4 362
景德镇市重阳水泥有限责任公司	景德镇市浮梁仙槎	3 348	2 854	360
景德镇市第三建筑工程公司	景德镇市中山北路 214 号	1 339	2 700	231
景德镇市为民瓷厂	景德镇市东一路 118 号	4 263	2 636	863
江西昌靖汽车内饰有限责任公司	景德镇市东郊毛家坂	1 978	2 622	150
景德镇公路工程有限公司	景德镇市瓷都大道 541 号	5 619	2 600	1 300

续表1

企业名称	通讯地址	资产总额（万元）	销售收入（万元）	员工人数（人）
乐平市洎阳建筑工程有限公司	景德镇乐平市珠海中路271号	795	2 600	920
江西景华电子有限责任公司	景德镇市朝阳路543号	22 639	2 575	1 025
江西省乐平市新华书店	景德镇乐平市	1 369	2 561	43
景德镇市三蕾瓷用化工原料总厂	景德镇市东郊陶阳路	4 900	2 539	428
赣东北供电局新星实业总公司	景德镇乐平市观音泉路13号	6 070	2 500	404
景德镇市大北农饲料有限公司	景德镇市凤凰山	347	2 397	54
景德镇市无线电元件五厂	景德镇市黎明路51号	2 892	2 302	342
乐平市翥山建筑工程公司	景德镇乐平市飞仙桥1号	2 344	2 300	360
景德镇陶瓷股份公司	景德镇市东一路118号	69 557	2 281	1 079
江西省景德镇市医药公司	景德镇市珠山中路41号	3 422	2 223	257
景德镇瓷都电力实业开发总公司	景德镇市珠山西路5号	2 380	2 200	340
乐平市金鼎水泥厂	景德镇乐平涌山	1 602	2 159	160
景德镇市竟成建筑工程公司	景德镇市竟成岭	1 661	2 137	526
乐平市屠宰站	景德镇乐平市乐平镇	232	2 124	220
江西涌龙水泥有限公司	景德镇乐平涌山	1 698	2 108	182
景德镇糖烟酒副食品总公司	景德镇珠山东路56号	2 507	2 060	324
江西华宁木业有限公司	景德镇乐平涌山	520	2 059	80
景德镇市新华书店	景德镇市新村中路1号	1 033	2 048	85
景客隆超市	景德镇市广场北路	12 813	2 008	174
江西省乐平市纺织厂	乐平市人民西路64号	870	1 993	238
乐平市粮食局面粉厂	乐平市安平路37号	1 290	1 978	126
华达购物广场有限公司	景德镇市珠山中路171号	851	1 962	260
景德镇西佳建筑工程有限公司	景德镇浮梁昌南批发市场	1 856	1 956	340
乐平市宝利金属有限公司	乐平市童家工业园	400	1 950	35
乐平市煤炭工业公司	乐平市洎阳路	1 762	1 933	42
浮梁县供电有限公司	景德镇浮梁县城北	9 593	1 880	182
景德镇市自来水公司	景德镇市新村西路19号	7 611	1 839	400
景德镇高科医药化工有限公司	景德镇市瓷都大道53号	992	1 829	60
江西斯达尔钢结构有限公司	景德镇市韭菜园	1 128	1 761	240
景德镇金诚电子实业公司	景德镇市珠山工业园	581	1 723	120
安徽来安长年医药玻璃制品公司乐平分公司	乐平市东风路	650	1 660	366
浮梁莲花金水彩印有限公司	景德镇浮梁洋湖	4 470	1 635	115
景德镇市陶瓷厂	景德镇市新厂东路91号	10 057	1 628	2 150
江西省玉风瓷厂	景德镇市新厂西路182号	1 711	1 624	177
景德镇市电瓷电器工业公司	景德镇市中华南路329号	11 660	1 619	400
江西旺顺化工有限公司	景德镇乐平塔山工业园	726	1 585	80
江西乐安江化工有限公司	景德镇乐平坎上村	4 598	1 567	88
乐平市乐峰化工有限公司	景德镇乐平坎上村	494	1 510	28
景德镇市鹏飞建陶有限公司	景德镇市瓷都大道47号	1 185	1 505	190
景德镇市人民瓷厂	景德镇市斗富弄	4 432	1 475	596
乐平市新世纪墙材公司	乐平市枫林村	1 343	1 432	120
乐平市刚强水泥厂	乐平市扬家坞	618	1 409	180
江西为民机械厂	乐平市东大街万寿宫1－1	3 024	1 406	265
景德镇市信昌建筑工程有限公司	景德镇市莲社北路7号	1 396	1 400	283
景德镇国讯通讯设备有限公司	景德镇市浮梁洪源方家村	3 947	1 355	220
浮梁县机械厂	景德镇浮梁城北	341	1 298	128
景德镇市大千陶瓷色釉公司	景德镇浮梁湘湖古田	1 770	1 269	95
景德镇市五交化总公司	景德镇市珠山东路4－6号	4 769	1 269	46
景德镇市常青家园工艺品有限公司	景德镇市东二路	414	1 240	89
景德镇市红光瓷厂	景德镇市中华南路404号	3 506	1 212	2 274

续表 2

企 业 名 称	通 讯 地 址	资产总额（万元）	销售收入（万元）	员工人数（人）
江西亚金纺织有限公司	景德镇市太白园 78 号	104	1 208	210
景德镇市曙光瓷厂	景德镇市太白园路 34 号	2 000	1 164	1 294
浮梁县洪源陶瓷集团	景德镇洪源方家	3 707	1 132	800
景德镇市江都建筑工程有限公司	景德镇市沿河西路 115 号	1 051	1 129	200
景德镇市第一塑料有限公司	景德镇市瓷都大道 53 号	8 669	1 124	490
景德镇市景意陶瓷公司	景德镇市陶瓷大道	18 807	1 100	591
景德镇市东方建筑工程有限公司	景德镇市朝阳路 40 号	2 572	1 046	386
乐平市艺玲纺织有限公司	景德镇乐平童家工业园	802	1 010	214
景德镇市景迪化工涂料厂	景德镇市前街村	952	1 000	42
乐平市第二建筑工程公司	景德镇乐平市珠海中路 30 号	1 112	977	622
浮梁县庄湾乡大背坞金矿	景德镇浮梁庄湾	2 733	976	206
景德镇朝阳建筑工程有限公司	景德镇浮梁御旧路 56 号	1 680	946	224
浮梁县万泉天然香料厂	景德镇浮梁城北	1 609	945	80
景德镇市青花文具瓷厂	景德镇市韭菜园	3 275	932	68
江西省浙赣铜铝业有限公司	乐安江工业园塔山工业区	559	920	45
景德镇市日新百货商贸有限公司	景德镇市珠山西路 6 号	162	914	42
景德镇市城建建筑工程公司	景德镇市珠山西路 28 号	1 175	907	320
浮梁县兴龙陶瓷有限公司	景德镇浮梁县三龙	552	901	180
浮梁县大舟金矿	景德镇浮梁庄湾	539	821	98
景德镇市航务工程处	景德镇市沿河西街 24 号	606	801	126
景德镇珠山电瓷电器有限公司	景德镇珠山东路 32 号	492	797	98
景德镇市华峰邮电器材厂	景德镇市浮梁湘湖	1 593	797	120
江西省乐平市第一建筑工程公司	景德镇市洎阳中路 375 号	6 020	780	241
乐平市华创实业有限公司	景德镇市乐平童家工业园	500	771	126
江西昌河景渝汽车配件有限公司	景德镇市昌河内	778	771	40
景德镇市恩冠陶瓷有限公司	景德镇市瓷都大道官庄	590	759	126
乐平市临港石灰厂	景德镇市乐平市临港	139	732	63
景德镇市东旭建筑工程有限公司	景德镇市枫树山黎明路 39 号	2 304	725	290
景德镇市真空开关厂	景德镇市浮梁县洋湖	1 114	719	103
乐平市乐意水泥有限公司	景德镇乐平童家工业园	360	688	40
乐平市福乐化工原料有限公司	乐平童家工业园 A 区 11#	850	685	65
乐平市天宇电气有限公司	景德镇乐平童家工业园	340	659	77
景德镇市雕塑瓷厂	景德镇市新厂东路	7 147	652	438
乐平市宏达建筑工程公司	景德镇乐平洪家路壹号	1 203	650	300
乐平市彩云食品有限公司	景德镇乐平童家工业园	700	646	30
乐平市金塔实业总公司	景德镇乐平坎上村	2 102	645	209
景德镇市红旗瓷厂	景德镇市沿河东路 156 号	4 206	635	273
景德镇市万能达瓷厂	景德镇市东二路 103 号	554	613	358
江西省景德镇市气门厂	景德镇乐平市观音泉路 12 号	2 805	601	383
浮梁县新梁炭业公司	景德镇浮梁县蛟潭兴溪桥	781	592	65
景德镇市红星瓷厂	景德镇市曙光路 22 号	4 068	590	1 355
江西巢野食品有限公司	景德镇乐平童家工业园	800	580	26
江西省陶瓷工业公司原料总厂	景德镇市新厂东路 77 号	3 091	577	777
景德镇市同惠电子公司	景德镇市青塘村	876	576	120
浮梁县昌江水泥有限公司	景德镇浮梁洪源方家	1 894	574	102
浮梁县朝阳机制瓦厂	景德镇市浮梁县洋湖	143	573	65
景德镇电讯器材研究所	景德镇为宇路 12 号	397	568	72
景德镇中兴瓷厂	景德镇市刘家岗	312	558	116
乐平市三乐袜厂	景德镇市乐平城乡工业园	350	553	48
景德镇市东方公路桥梁建设有限公司	景德镇市朝阳路 40 号	12 909	546	240

续表3

企 业 名 称	通 讯 地 址	资产总额（万元）	销售收入（万元）	员工人数（人）
浮梁县天惠食品有限公司	景德镇市浮梁城北	390	544	330
景德镇市竟红瓷厂	景德镇市曙光路81号	308	540	338
江西省乐平市水利水电建筑工程公司	乐平市翥山东路132号	1 227	532	442
江西顺畅酒业有限公司	乐平市人民东路工业园C区	550	521	35
江西省乐平市桃酥王有限责任公司	景德镇乐平市人民中路61号	497	521	100
景德镇市昌江区蓝天消防器材厂	景德镇市新厂	484	520	60
景德镇市竟雕瓷厂	景德镇市后街	374	516	126
江西斯达尔钢结构有限公司	景德镇市韭菜园	1 128	516	50
乐平市昌泰不锈钢型材厂	景德镇乐平市礼林村	340	512	25
江西金达地矿工程有限责任公司	景德镇市黄泥头	1 109	509	23
乐平东豪气体有限公司	景德镇乐平塔山工业园	257	503	35
景德镇市第四建筑工程公司	景德镇市朝阳路65号	769	503	131
浮梁县天宝大理石工业公司	景德镇市浮梁县鹅湖镇	741	502	78
景德镇市运吉纺织品有限公司	景德镇市昌江区	170	501	100
景德镇机电设备安装工程公司	景德镇公园路42号	140	491	213
乐平市锦宏实业有限公司	景德镇乐平童家工业园	950	491	60
乐平市银海铝制品有限责任公司	景德镇乐平市洎阳北路18号	427	491	50
景德镇市耐酸容器厂	景德镇里村街道	3 386	490	78
乐平市加金纸业有限公司	景德镇市乐平坎上村	1 280	478	89
浮梁县勒功乡九龙山茶厂	景德镇市浮梁勒功扬家坂	1 006	461	87
景德镇市华力电瓷厂	景德镇太白园街道	279	459	120
景德镇市蓄电池厂	景德镇西郊街道	287	456	27
景德镇市珠山电器开关厂		89	456	31
景德镇市林业工业公司	景德镇西郊街道	3 064	450	521
景德镇市城市建设综合开发公司	景德镇市珠山西路28号	5 681	450	409
景德镇市城防水利工程建设有限公司	景德镇市马鞍山街69号	1 170	434	198
浮梁县罗家纸箱厂	景德镇市浮梁县工业园区	155	429	35
乐平市大地油脂化工有限公司	景德镇市乐平高家	238	427	28
乐平市绿叶化工有限公司	景德镇乐平童家工业园	400	420	20
景德镇华弘陶瓷有限公司		782	403	96
景德镇市蓬昌磁性材料有限公司	景德镇市河西茅墩桥	975	392	120
景德镇市三燕电器总厂	景德镇市602所内	338	390	60
乐平市玻璃仪器厂	景德镇乐平市涌山	263	382	71
江西省东升包装有限公司	景德镇乐平市东风路	310	381	70
乐平市天泉实业有限公司	景德镇乐平童家工业园	480	345	90
江西省乐平市灯头厂	景德镇乐平市殿下村10号	183	335	103
景德镇龙飞塑料制品厂		147	332	85
景德镇利丰陶瓷有限公司		431	329	469
景德镇家具厂		799	323	108
景德镇市华意配件厂		274	320	120
景德镇市裕昌瓷厂		112	320	70
江西省陶研所海泰窑炉开发中心	景德镇市新厂西路121号	351	320	38
国营景德镇市罗家垦殖场造纸厂	景德镇市浮梁工业园区	965	317	121
江西永正制药有限公司	景德镇珠山街道	753	312	143
乐平青春玻璃有限公司	景德镇乐平童家工业园	450	310	45
乐平市乐东兽药厂	景德镇乐平市人民东路	1 728	295	90
乐平市自来水厂	景德镇乐平市人民西路	1 745	283	195
瓷都电瓷电器有限公司	景德镇瓷都大道高专小区	152	283	100
景德镇金辰通讯设备有限公司	景德镇珠山工业园	654	275	65
国有景德镇市万寿山金属模具制造厂	景德镇市蛟潭	321	267	42

昌江区重点企业名录库

(2003年)

企 业 名 称	通 讯 地 址	资产总额(万元)	销售收入(万元)	员工人数(人)
景德镇市鹏飞建陶有限公司	景德镇市瓷都大道47号	1 185	1 505	190
景德镇市景迪化工涂料厂	景德镇市前街村	952	1 000	42
景德镇市同惠电子公司	景德镇市青塘村	876	576	120
景德镇市竟红瓷厂	景德镇市曙光路81号	308	540	338
景德镇市昌江区蓝天消防器材厂	景德镇市新厂	484	520	60
景德镇市竟雕瓷厂	景德镇市后街	374	516	126
景德镇市太白园街道福利瓷厂	景德镇市昌江区	94	85	38
国营景德镇市荷塘垦殖场瓷土厂	景德镇市荷塘	38	80	67
景德镇市丽阳红砖厂	景德镇市丽阳	27	77	35
景德镇市荷塘垦殖场造纸厂	景德镇市鲇鱼山	31	73	30
景德镇市吕蒙乡古城瓷厂	景德镇市吕蒙	142	71	20
景德镇市西郊红砖厂	景德镇市园林分场	234	68	141
景德镇市荷塘茶厂	景德镇市荷塘	206	56	20
景德镇市竟成机械厂	景德镇市竟成	200	28	106
景德镇市西航特陶公司	景德镇市园林分场	397	13	30
景德镇市竟成食品加工厂	景德镇市竟成	9	6	8

珠山区重点企业名录库

(2003年)

企 业 名 称	通 讯 地 址	资产总额(万元)	销售收入(万元)	员工人数(人)
景德镇金诚电子实业公司	景德镇市珠山工业园区	581	1 723	120
景德镇市青花文具瓷厂	景德镇市韭菜园	3 275	932	68
景德镇市安达泡沫塑料制品有限公司	景德镇市珠山工业园区	1 200	800	100
珠山电瓷电器有限公司	景德镇珠山东路32号	492	797	98
景德镇市恩冠陶瓷有限公司	景德镇瓷都大道官庄	590	759	126
景德镇电讯器材研究所	景德镇为宇路12号	397	568	72
景德镇市安达科技有限公司	景德镇市珠山工业园区	366	500	67
景德镇市珠山机电设备安装工程公司	景德镇公园路42号	140	491	213
景德镇星光陶瓷有限公司	景德镇市曙光路288号	355	380	56
瓷都电磁电器有限公司	景德镇瓷都大道高专小区	152	283	100
景德镇市金辰通信设备有限公司	景德镇市珠山工业园区	654	275	65
景德镇东风陶瓷包装有限公司	景德镇夜叉坞	452	238	268
景德镇市珠山工艺仿古瓷厂	景德镇市向阳岭78号	33	222	12
景德镇珠山区东辉瓷厂	景德镇市竟成岭	27	120	40
景德镇市利民瓷厂	景德镇油榨套1号	17	99	17
景德镇珠山区创立电子厂	景德镇水星阁1号	50	90	20
景德镇市珠山区大方花纸彩瓷公司	景德镇新厂西路118号	114	85	18
景德镇市新厂红十字福利瓷厂	景德镇市东一路	60	70	16
景德镇市竟成机械设备配件厂	竟成原料厂内	17	54	18
景德镇市华赣电瓷电器厂	景德镇市西瓜洲	106	51	16
景德镇市华创酒店用品有限公司	景德镇市珠山工业园区	85	35	6
景德镇市创新瓷厂	景德镇市石狮埠	31	27	20
景德镇荣升彩印有限公司	景德镇八卦山	8	26	8
景德镇市圣达瓷厂	景德镇市八卦山2号	17	13	5

浮梁县重点企业名录库

（2003年）

企业名称	通讯地址	资产总额（万元）	销售收入（万元）	员工人数（人）
江西省昌南建筑有限公司	景德镇浮梁朝阳中大道28号	11 472	13 997	1 398
江西景光电子有限公司	景德镇市浮梁县兰田村	27 758	4 516	1 322
江西万平电子有限责任公司	景德镇市浮梁县茶培村	19 491	3 864	920
江西景德镇市木材厂	景德镇市黎明路115号	17 563	3 035	389
江西景德酒业集团	景德镇浮梁县湘湖	4 578	3 003	386
江西浮南瓷土矿	景德镇市浮梁县东安村	15 974	2 916	4 362
景德镇市重阳水泥有限责任公司	景德镇市浮梁仙槎	3 348	2 854	360
景德镇西佳建筑工程有限公司	景德镇浮梁昌南批发市场	1 856	1 956	340
浮梁县供电有限公司	景德镇浮梁县城北	9 593	1 880	182
浮梁莲花金水彩印有限公司	景德镇浮梁洋湖	4 470	1 635	115
景德镇国讯通讯设备有限公司	景德镇市浮梁洪源方家村	3 947	1 355	220
浮梁县机械厂	景德镇浮梁城北	341	1 298	128
景德镇市大千陶瓷色釉公司	景德镇浮梁湘湖古田	1 770	1 269	95
浮梁县洪源陶瓷集团	景德镇洪源方家	3 707	1 132	800
浮梁县庄湾乡大背坞金矿	景德镇浮梁庄湾	2 733	976	206
景德镇朝阳建筑工程有限公司	景德镇浮梁御旧路56号	1 680	946	224
浮梁县万泉天然香料厂	景德镇浮梁城北	1 609	945	80
浮梁县兴龙陶瓷有限公司	景德镇浮梁县三龙	552	901	180
浮梁县大舟金矿	景德镇浮梁庄湾	539	821	98
景德镇市华峰邮电器材厂	景德镇市浮梁湘湖	1 593	797	120
景德镇市真空开关厂	景德镇市浮梁县洋湖	1 114	719	103
浮梁县龙帝斯食品有限公司	景德镇市浮梁县鹅湖镇	1 035	700	83
中外合资景德镇市利发海绵有限公司	景德镇市浮梁镇	1 012	603	47
浮梁县豪华家具厂	景德镇市浮梁镇	551	601	95
浮梁县新梁炭业公司	景德镇浮梁县蛟潭兴溪桥	781	592	65
浮梁县昌江水泥有限公司	景德镇浮梁洪源方家	1 894	574	102
浮梁县朝阳机制瓦厂	景德镇市浮梁县洋湖	143	573	65
浮梁县天惠食品有限公司	景德镇市浮梁城北	390	544	330
浮梁县寿安镇窑坞煤矿	景德镇市仙槎	409	508	103
浮梁县天宝大理石工业公司	景德镇市浮梁县鹅湖镇	741	502	78
景德镇市开广活性碳有限责任公司	景德镇市经公桥镇	2 102	483	74
浮梁县勒功乡九龙山茶厂	景德镇市浮梁勒功扬家坂	1 006	461	87
浮梁县罗家纸箱厂	景德镇市浮梁县工业园区	155	429	35
国营景德镇市罗家垦殖场造纸厂	景德镇市浮梁工业园区	965	317	121
国有景德镇市万寿山金属模具制造厂	景德镇市蛟潭	321	267	42
浮梁县茶厂	景德镇市浮梁县城北	1 939	251	50
景德镇市玉泉林化工有限公司	景德镇市浮梁县湘湖	373	223	28
国营景德镇市罗家垦殖场石岭综合厂	景德镇市浮梁县工业园区	285	220	102
景德镇市景安火柴厂	景德镇市浮梁县蛟潭镇	691	192	327
浮梁县庄湾茶厂	景德镇市浮梁县庄湾	208	113	58
浮梁县罗家彩印厂	景德镇市浮梁县工业园区	177	83	35
浮梁县自来水公司	景德镇市浮梁县城北	708	83	52
景德镇市万寿山茶厂	景德镇市浮梁县蛟潭镇	215	67	21
浮梁县万寿山纸箱厂	景德镇市浮梁县蛟潭镇	179	56	30
浮梁县万寿山车木厂	景德镇市浮梁县蛟潭镇	158	32	26

乐平市重点企业名录库

（2003年）

企业名称	通讯地址	资产总额（万元）	销售收入（万元）	员工人数（人）
赣东北供电局	景德镇乐平镇	106 628	78 236	1 154
江西省化纤化工有限责任公司	景德镇市乐平塔山	72 753	28 425	2 902
江西省东风药业股份有限公司	景德镇市乐平东风街15号	27 178	23 292	2 542
乐平矿务局	景德镇市乐平后港	31 067	13 021	4 052
乐平市电化高科有限公司	景德镇市乐平市坎山村	6 000	10 671	845
乐平矿务局建筑安装公司	景德镇市乐平后港	7 334	9 382	390
乐平市锦溪水泥有限公司	景德镇乐平涌山	7 097	8 823	575
乐平市供电局	景德镇乐平市人民中路13号	15 625	5 895	521
江西江维高科微晶玉石有限责任公司	景德镇市乐平塔山	1 094	5 159	222
乐平市龙腾水泥厂	景德镇市乐平涌山	3 041	4 333	312
中国石油化工股份有限公司乐平石油支公司	乐平观音泉路21号	939	3 946	56
乐平市童家山工业园	景德镇乐平市洎阳路	3 060	3 755	602
乐平市洎阳建筑工程有限公司	景德镇乐平市珠海中路271号	795	2 600	920
江西省乐平市新华书店	景德镇乐平市	1 369	2 561	43
赣东北供电局新星实业总公司	景德镇乐平市观音泉路13号	6 070	2 500	404
乐平市翥山建筑工程公司	景德镇乐平市飞仙桥1号	2 344	2 300	360
乐平市金鼎水泥厂	景德镇乐平涌山	1 602	2 159	160
乐平市屠宰站	景德镇乐平市乐平镇	232	2 124	220
江西涌龙水泥有限公司	景德镇乐平涌山	1 698	2 108	182
江西华宁木业有限公司	景德镇乐平涌山	520	2 059	80
江西省乐平市纺织厂	乐平市人民西路64号	870	1 993	238
乐平市粮食局面粉厂	乐平市安平路37号	1 290	1 978	126
乐平市宝利金属有限公司	乐平市童家工业园	400	1 950	35
乐平市煤炭工业公司	乐平市洎阳路	1 762	1 933	42
安徽来安长年医药玻璃制品公司乐平分公司	乐平市东风路	650	1 660	366
江西旺顺化工有限公司	景德镇乐平塔山工业园	726	1 585	80
江西乐安江化工有限公司	景德镇乐平坎上村	4 598	1 567	88
乐平市乐峰化工有限公司	景德镇乐平坎上村	494	1 510	28
乐平市新世纪墙材公司	乐平市枫林村	1 343	1 432	120
乐平市刚强水泥厂	乐平市扬家坞	618	1 409	180
江西为民机械厂	乐平市东大街万寿宫1－1	3 024	1 406	265
乐平市艺玲纺织有限公司	景德镇乐平童家工业园	802	1 010	214
乐平市第二建筑工程公司	景德镇乐平市珠海中路30号	1 112	977	622
江西省浙赣铜铝业有限公司	乐安江工业园塔山工业区	559	920	45
江西省乐平市第一建筑工程公司	景德镇市洎阳中路375号	6 020	780	241
乐平市华创实业有限公司	景德镇市乐平童家工业园	500	771	126
乐平市临港石灰厂	景德镇市乐平市临港	139	732	63
乐平市乐意水泥有限公司	景德镇乐平童家工业园	360	688	40
乐平市福乐化工原料有限公司	乐平童家工业园A区11号	850	685	65
乐平市天宇电气有限公司	景德镇乐平童家工业园	340	659	77
乐平市宏达建筑工程公司	景德镇乐平洪家路1号	1 203	650	300
乐平市彩云食品有限公司	景德镇乐平童家工业园	700	646	30
乐平市金塔实业总公司	景德镇乐平坎上村	2 102	645	209
江西省景德镇市气门厂	景德镇乐平市观音泉路12号	2 805	601	383
江西巢野食品有限公司	景德镇乐平童家工业园	800	580	26
乐平市三乐袜厂	景德镇市乐平城乡工业园	350	553	48
江西省乐平市水利水电建筑工程公司	乐平县翥山东路132号	1 227	532	442
江西顺畅酒业有限公司	乐平市人民东路工业园C区	550	521	35
江西省乐平市桃酥王有限责任公司	景德镇乐平市人民中路61号	497	521	100
乐平市昌泰不锈钢型材厂	景德镇乐平市礼林村	340	512	25

乐平市蔬菜批发大市场

乐平市蔬菜批发大市场始建于1995年，是江西省建设最早，现规模最大和国家农业部在江西命名最早的全国鲜活农产品定点产地批发市场，全国菜蓝子工程信息采集点，2002年被评为“省级农业产业化龙头企业”、“省级亿元重点商品市场”和“省级文明市场”。

该市场座落在乐平市安平南路206国道旁，总投资4000余万元，占地面积140余亩，其中蔬菜交易区20000m^2，钢架大棚覆8000m^{2}停车场4000m^2，市场现有员工67人，内设市场办公室、蔬菜配销公司、市场管理部、物业管理部、财务部、市场信息中心、农药残留检测中心和公安警务区等。场内设施齐全，交易活跃，品种丰富，辐射力强。2003年市场蔬菜购销行情趋势看好，市场交易连接全国100多个县（市），大大提高了市场的“吞吐”能力，打响乐平“绿乐”品牌。全年市场交易量43.5万吨，其中本地蔬菜交易量30.45万吨，占全市同期蔬菜外销量的79%，交易额4.9亿元，常年交易品种100余个，日上市交易客户万人次，辐射全国11个省（市）100多个县市，已成为江南重要的蔬菜集散中心。

目前，该市场以体制创新为重点，切实加快企业改制进程，寻求同行强强联合，共同发展。同时，着力争取国家计委对农产品批发市场升级改造项目资金，建设无公害蔬菜生产基地，现代化交易专区、市场网站、冷库等，在不断提升市场功能档次的基础上，走蔬菜产业化经营之路，自身发展蔬菜生产、冷藏、加工、配送、运输等产业。

总经理：彭秋林

电话：0798－6222771

手机：13307980193

地址：江西省乐平市安平南路

第九章：萍乡市

骨干企业

萍乡钢铁
萍乡矿业
武冠实业
安源铝业
青峰水泥

重点工业园区

湘东工业园
芦溪科技工业园
莲花县工业园

内容提要：

★ 市情简介
★ 市长论坛
★ 支柱产业
★ 优惠政策
★ 萍乡市200强企业
★ 县（市、区）简介
★ 工业强县（市、区）长专栏
★ 分县市区50强企业

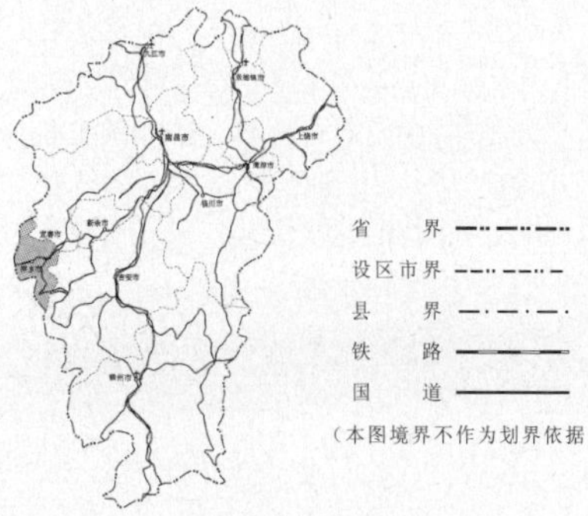

萍乡企业调查队

萍乡市统计局局长兼

企调队长：江明昆

专职副队长：曾庆炎

队领导商谈工作

企业调查队合影（左起依次为王庆喜、江明昆、曾庆炎）

萍乡企业调查队成立于2001年10月，为行政性事业单位，现有编制4名，实行“双重领导”管理体制，队长由市统计局局长兼任，并配备一名副县级专职副队长，主要职能是：

1、规模以下工业抽样调查。在全市1.7万多户规模以下工业企业和个体经营单位中抽取部分样本进行调查，为精确测算全市国内生产总值提供可靠依据。

2、企业景气调查。通过对企业负责人的问卷调查，判定宏观经济走势，进行经济监测分析。

3、专项调查。通过对企业生产经营中的热点、难点问题调查，解剖麻雀，撰写出高质量的企业调查报告，为党政领导决策服务。

4、委托调查。接受企业委托，为企业开展市场、产品等调查，为企业提供信息咨询。

萍乡企业调查队成立一年多来，在市委、市政府的正确领导下，在省企调队的亲切关怀下，各方面都取得了很大的成绩。今后，必将在党的十六大精神指引下，各项工作再上新台阶。

（背景资料） *“赣西明珠”萍乡，地处湘赣边界，罗宵山脉北端，形如火炬状，土地面积3826.99平方公里。全市设三县二区和一个经济开发区，下辖58个乡镇，5个街道办事处和7个管理处。2001年全市国内生产总值108.8亿元，财政收入8.68亿元，年末总人口177.5万人。萍乡有着光荣的革命历史和丰富的旅游资源。1922年9月爆发的安源路矿工人大罢工震撼全国，形成于1.8亿年前的天然溶洞一孽龙洞长4000多米，景观奇特，文明遐迩。萍乡已由过去的煤城变成现代化的新兴工业城市。*

地址：市政府大院内3号楼5楼　　　　邮编：337002
电话：0799－6821672

【市情简介】

萍 乡 市

【区位区划】

萍乡市位于江西省西部,地处东经113°35′-114°17′,北纬27°20′-28°0′之间,总面积3827平方公里,市中心城区面积现为35平方公里。现辖芦溪、上栗、莲花三县(经国务院批准,莲花县于1992年8月从吉安地区划归萍乡市管辖),安源、湘东二区,还有省级安源经济开发区。

【自然资源】

萍乡矿产资源丰富。主要矿产资源有煤、铁、锰、铜、钼、钨、铝、石灰石、高岭土、花岗岩、矿泉水等36种,煤炭远景储量达8.52亿吨,素有江南煤城的美誉,铁矿储量6760万吨,各种非金属矿产资源具有十分广阔的开发潜力。

【旅游资源】

萍乡的环境优美,山川锦绣,旅游资源丰富。著名的风景旅游区武功山集雄、奇、峻、秀自然风光于一身,主峰1918.24米,是江西的最高峰。杨歧山禅宗佛教文化远播海外,现存唐寺、唐塔、唐碑(韩愈撰)、文廷式墓等人文景观。地表层有大量的钟乳溶洞,其中义龙洞已开辟为旅游景点。萍乡保存下来的傩文化之丰富完整为全国所罕见。

萍乡是中国革命圣地。1922年9月在毛泽东、刘少奇、李立三领导下,成功地举行了安源路矿工人大罢工,安源成为中国工人运动发源地之一。1927年"八七"会议后,毛泽东来到安源部署和领导了秋收起义。安源路矿工人俱乐部、张家湾军事会议旧址、安源煤矿总平巷等被列为国家重点文物保护单位。由邓小平同志题名的安源路矿工人运动纪念馆位于安源煤矿附近,由江泽民同志题名的秋收起义纪念碑矗立在秋收起义广场。旅游资源除风景名胜和革命纪念地安源外,历史文化古迹有孔庙、杨歧寺、横龙寺、金山寺多年罗汉松等。万顷碧波的明月湖度假村和天堂湖度假村,也是旅游休闲的好地方。

【城市建设】

古之吴楚通衢,今之赣西明珠。改革开放以来,萍乡经济快速发展,城市建设突飞猛进。

2003年末全市公路总里程2313.4公里,形成四通八达的道路网络,交通便捷。沪瑞高速及320、319国道经过全境,浙赣铁路贯穿境内76公里。市区距湖南长沙黄花机场130公里,距省会南昌285公里。全市拥有完善的通讯设施,建成了宽带多媒体通信网。形成了城市煤气和市镇供水网络。医疗设施完善,形成了辐射面广、服务功能强的医疗保健网络。

建成了秋收起义广场,完成了萍水河治理一、二期工程,改造了绿茵广场和八一东路 、跃进路,修建了建设路、安源大道、萍安大道等城市主干道。城区面积扩展到35平方公里,城区人口增加12万。预计2005年末,中心城面积将拓展至50平方公里左右,人口力争达到50万。

【经济概况】

萍乡市是江西省重要工业城市,形成了以煤炭、机械、冶金、化工、建材、陶瓷等较为完备的工业体系,钢材、电瓷、工业瓷、烟花鞭炮等产品畅销国内外市场。目前,煤炭产量占全省的40%;钢材占全省的30%以上;化工填料产销量占全国70%;电瓷生产在全国占有重要地位,低压电瓷在全国市场占有率60%以上,电瓷出口占全省的85%,PC电瓷为全国驰名商标;建材工业发展迅速,已成为全省重要建材生产基地,水泥年生产能力为500多万吨;"安源牌"客车畅销全国。安源股份2002年7月2日隆重上市,成为我市首家上市企业。民营企业蓬勃发展,腾飞塑料总厂生产的"腾飞"塑料制品和武冠集团生产的防水材料畅销国内市场。以农产品加工为重点的食品工业发展迅速,中华杜仲茶、"天天上"、"武功山"、"月池"矿泉水等日益走俏市场。2003年全市国民经济继续保持较快增长,全市生产总值142.86亿元,同比增长18.2%。规模以上工业企业完成增加值25.30亿元,同比增长39.1%;全社会固定资产投资完成投资54.83亿元,同比增长119.9%;社会消费品零售总额47亿元,同比增长13.5%;财政总收入13.9亿元,同比增长33.5%,居民消费价格指数103.6%,同比上涨3.6%;城市居民人均可支配收入7130元,同比增长12.1%;农民人均现金收入2686元,同比增长5.0%。

【市长论坛】

统筹兼顾　扎实工作
加快萍乡率先崛起步伐

萍乡市人民政府市长　邝小平

萍乡作为赣西工业城市，近年来，牢固树立和落实科学的发展观，树立正确的政绩观，树立新目标，攀登新高峰，争当全省经济社会发展的排头兵。为完成我市在新时期加快发展的历史使命。争当全省经济社会发展排头兵。进一步加快了萍乡率先崛起步伐。

一、增强发展意识，着力提升工业经济新优势

工业经济是国民经济的支柱，更是区域经济的重要特征。我市发展工业经济历史悠久，面对市场竞争，产业体制转型的压力较大，困难比较多，矛盾比较大。近几年来我市方面下各级各部门坚定不移地把加快工业发展放在经济发展的中心位置，特别是在巩固提升传统产业，培育新兴产业和高新技术产业方面狠下功夫，近两年我市工业经济发展的速度、比重、效益始终处于全省前列，但这并不意味着我市工业经济已经具备很强的核心竞争力。我市传统工业经济的特征，即靠自然资源和廉价劳动力的特征仍然十分明显。去年，钢铁、水泥、玻璃、煤炭、鞭炮烟花产业的工业增加值占了我市工业增加值的86.1%。工业要发展，要继续保持强劲的发展势头，争创工业经济新优势，争当工业经济排头兵。要着力抓好以下四个方面：一是要进一步加大结构调整力度，提升传统产业，积极培育新兴产业，重点对钢铁、机械、医药、化工按照市场化途径实现迅速扩张、壮大企业规模，提高竞争力，把支柱产业做成优势产业。二是既抓大企业的培植，又重视中小企业的发展，实现“两手抓”。一个地方没有大企业不强，没有中小企业不富，既要培植顶天立地的大企业，又要大力发展铺天盖地的中小企业，只有这样，才能呈现工业的强大活力。要通过转变增长方式，培育特色等有效途径，壮大规模，提升质量，着力培植几个工业销售收入超10亿元的工业巨头。同时，充分发挥中小企业在创造财税、增强地区经济总量、加大经济流量、推动经济增长、扩大社会就业等方面的主要作用，形成发展中小企业的强大合力，要利用我市的产业、资源和区位特色与发展优势产业结合起来，依托技术创新和管理创新，引导水泥、电瓷、工业瓷、花炮等中小企业集中的产业联合壮大，成势发展。三是以工业园为载体，加快产业集群发展。产业集群发展是指产业在特定地域上的聚集发展，当某一特定产业企业大量聚集在某一特定地区时就会形成关联稳定、持续发展、具备竞争优势的结合体。这是我市提高工业经济竞争力的一条重要途径。要发挥工业园区的聚集效应，加快园区建设，按照整合资源、突出特色、发挥优势、合理布局的原则，着力打造好市、县工业园区。坚持统筹规划、相互协调、扬长避短、分工合作，加强产业配套和互补，重点培育一批布局集中、特色鲜明的工业基地，形成布局合理、协调发展的格局。进一步优化发展环境，完善园区服务功能，促进工业园区快速高效发展，促进经济产业化、产业园区化、园区特色化，使工业园区成为我市对外开放的新窗口、城市发展的新组团、新型工业发展的新高地。四是要特别重视体制、机制创新。既包括国有企业的体制、机制创新，也包括非公有制企业的体制、机制创新。在工业化、信息化、全球化交织的今天，仅靠传统体制、机制、自然资源和廉价劳动力形成的比较优势很难维持长久的市场竞争力。政府要给企业提供体制、机制创新的环境和良好的服务，企业要着力提高自身素质和创新技能、管理水平和对外部市场的渗透能力。

二、增强大局意识，着力推进“三农”工作的新发展

发展农村经济效益是目的，特色是途径。我市人多地少，农村经济占全市经济比重不大，但是农村工作仍是一项重要工作。尤其是在我市农村经济结构调整、农村基础设施建设、农村劳动力转移、增加农民收入等任务还比较重的情况下，要以强烈的紧迫感和责任意识，想方设法加强“三农”工作。一是加快农业产业化建设，大力发展农业产业化基地。去年我市重点抓了萍乡生态农业科技示范园和花卉苗木、中药材、良种山羊、优质稻、无公害蔬菜等一园五工程建设，效果非常明显，逐渐成为我市农村经济

的增长点。去年，产值500万元以上的龙头企业达25家，全年农业产业化产值达6.6亿元；8家省市重点龙头企业直接建立基地36个，联系农户5.3万户，带动了农业产业化基地面积新增3万亩，带动了产业化经营整体发展。下一步，我们将要重点抓好省市产业化项目的实施，要加大对规模大、效益好、带动力强、发展潜力大的龙头企业扶持力度，帮助其做大做强，提高市场占有率，培植一批有萍乡特色的优质农产品和知名企业。二是要继续抓好小城镇建设。去年，我市农民人均收入2686元，其中，来自第二、三产业的收入占农民全部现金收入的39.4%。要以小城镇为依托，大力发展中小企业，引导农民进入第二、三产业是加快农村富余劳动力转移，实现农民增收。要以创建"十强镇"为契机，增强小城镇吸纳农村人口，带动农村经济发展的能力，进而加快农村城镇化，农业产业化、农民市民化的进程。"三农"工作的落脚点是增加农民收入，实现农村经济和社会事业与农业共同发展。要继续贯彻落实好中央、省1号文件精神，发展农业、促进农民增收，拉动工业发展，加快促进城市化。

三、增强创新意识，着力努力提高城市经济竞争力

近年来，我市大力推进城镇化进程，坚持"高起点规划、高质量建设、高效益经营、高标准管理"，做大做强中心城市。目前，我市中心城区面积已达43平方公里，人口42万，城市化率达到45.6%，城市道路面积548.5万平方米，比上年增加14.3万平方米，建成区绿化覆盖率达14.31%，基本达到了"一年一变样，三年大变样"的目标。今年，我们力争中心城建成区面积达到50平方公里，人口50万（城区面积含湘东城区为58平方公里，人口59万），全市城市化率达到50%。我们认为，做大做强中心城市不是面积加人口的简单模式，而是要把中心城市作为我市经济和社会的重要载体和依托来建设，使之在经济发展中起到增长极和辐射源的作用。做强中心城市最终要体现在城市竞争力上。城市竞争力简单说就是城市创造财富的能力。与我省其他设区市相比，我市人口集中度、产业集中度和城镇化率比较高，具备"争当全省城市建设排头兵"的有利条件。我们将把做大做强中心城市的着眼点和着力点放在增强城市经济竞争力方面，因为城市经济竞争力不单是一个经济总量问题，而是一个包括文化、科技、教育、卫生、人口、环境和人们的思想道德素质水平以及政府的行政能力等许多子系统组成的大系统。要继续坚持高起点规划、高标准建设好中心城区。充分利用沪瑞高速、319、320国道、浙赣铁路所形成的城镇群、产业带，构筑城市发展框架，拓展城市发展空间，美化城市形象。按照"功能配套、适当超前"的方针，加强城市基础设施建设，完善城市功能。要坚持以市兴城、产业兴城，加快发展第三产业。大力加强各类市场建设，努力提高金融、保险、证券、物流配送、连锁代理、信息咨询、旅游等现代服务业的发展水平，尽快形成以中心城市为核心、以强势产业为纽带的城市经济圈，不断增强城市发展后劲。要坚持文化兴城，进一步提升城市文化品位。高度重视城市文化建设和文化产业的发展，保护和弘扬萍乡的历史文化传统，加强现存文化古迹的管理、修缮和维护，增强城市的文化厚重感。总之，要突出萍乡在周边城市和在全省设区市中特色城市的定位，突出萍乡大气、灵气的城市品味，突出萍乡既是老工业基地又是新型工业化发展的载体，更是吸纳各方投资的热土，打出萍乡投资环境这个品牌，突出萍乡历史的、文化层的人文特点和萍乡人昂扬向上、与时俱进的精神风貌，与周边城市错位竞争，把萍乡建设成为生态好、环境优、形象美的赣西明珠。

四、增强责任意识，着力推进全市经济社会协调发展

要始终保持"两手抓，两手都要硬"的方针，因时制宜地把科学发展观的要求贯穿于社会发展工作之中。要按照"物质文明、政治文明、精神文明"共同进步的要求，切实加强教育、文化、科技、卫生、体育等各项社会公共事业的发展。要进一步加大对社会公共事业的发展力度和投入力度，努力促进社会各项事业的不断进步。要坚持科教兴国战略，努力创建全国科技工作先进市。抓好（国家）建材行业生产力促进中心萍乡分中心的运作，尽快组建哈工大萍乡博士工作站和国家新材料产业示范基地工程技术中心等技术平台，为中小型企业发展提供技术支撑。坚持教育优先发展，不断促进各级各类教育的全面发展；建立教育网络，加快教育现代化；巩固"两基"成果，确保适龄孩子都能入学接受教育，抓紧安源学院的筹建工作。建设好一批重点文化设施，加快市博物馆新馆、中国傩文化园等重点文化工程的建设步伐。以加强公共卫生为重点，深化医疗卫生体制改革，完善突发公共卫生事业的应急机制，提高医疗救治水平，加快卫生服务体系向城市社区和乡镇覆盖。特别是要加强农村卫生医疗机构建设，逐步改善农民就医条件。积极探索农村医疗保障制度改革的好办法、好机制，逐步从根本上改变农民群众就医难、看病难等问题。

在加快发展，争当全省经济社会发展排头兵的过程中，要始终注意正确处理改革发展稳定的关系，妥善化解各类矛盾，维护社会稳定，着力做好事关人民群众切身利益的事情。重点做好就业和再就业工作、社会保障工作、安全稳定工作等。要充分发挥我市各级班子和广大干部的主观能动作用，勇于工作，勇于思考，多干事、干好事、干成事。不断增强责任意识，提高工作效率和服务水平，营造加快发展的氛围，争当全省经济社会发展排头兵。

【支柱产业】

萍乡市支柱产业

【冶金行业】

以萍钢为主。萍钢始建于1954年,1957年流出了江西省第一炉铁水,经过40多年来几代萍钢人的艰苦奋斗,逐渐从一座40立方米的小高炉发展成为一个具备年产400万吨钢、400万吨材的现代化钢铁联合企业,目前,萍钢公司拥有员工约1.3万人,各类专业技术人员近1800人,总资产39亿元,生产螺纹钢筋、高速线材、小型材三大系列多规格产品,逐渐成为全国一家规模大、品种全、质量上乘的棒、线材精品基地。自从1997年4月,随着萍钢新一届领导班子上任,萍钢迎来了快速发展的春天。萍钢公司通过"转变观念,眼睛向内,功夫下在自已身上",发扬"事在人为、志在超越"的萍钢精神,创造了"全国冶金行业罕见的奇迹"。曾荣获"全国五一劳动奖状"、"全国质量管理先进企业"、"江西省五一劳动奖状"等称号,企业通过了ISO9002质量体系认证,ISO14001环境体系认证。"博升"牌产品获国家冶金产品实物质量"金杯奖","全国用户满意产品"及"江西省用户满意产品"等多项荣誉称号,并于2001年定为江西省重点保护产品和被国家质量监督检验检疫总局评为全国质量免检产品。现在"博升"牌钢筋已形成以江西为基点,辐射到湖南、湖北、广西、广东、福建、江浙一带的庞大销售网络,同时出口到东南亚等中国周边国家,远销到美国,加拿大等国。进入新世纪,萍钢公司将继续开拓创新,快速发展,抢抓机遇,利用独具特色的企业文化和管理优势,积极进行企业投资主体多元化改革和钢铁主业再造工作,通过建立规范的现代企业制度,成为全国规模效益最好的棒、线材精品基地,为江西经济在中部地区崛起做出了突出的贡献。2003年冶金行业完成工业增加值13亿元,占规模以上工业增加值的47.1%。

【煤炭行业】

萍乡素有江西煤都的美誉。改革开放以来,萍乡注重扶持传统产业的发展,加大对煤炭行业的投入,整顿和规范行业行为,为煤炭行业的健康发展奠定的基础。2003年,全市煤炭企业年产煤654.47万吨,其中规模以上煤炭企业共11家,实现产值16.38亿元,占全市规模以上工业企业产值的19.23%,上交税收10447万元,安置就业人员22499人次。萍矿作为萍乡煤炭行业的典范,始建于1898年,已有106年矿龄,开采历史长。改革开放以来,萍矿集团充分利用国家对衰老矿井的政策,抓住煤价恢复性上涨的机会,对破产矿井实施重组,重新审视并确立了煤炭的基础产业地位,通过加大煤矿投入,积极实施补勘找煤、老区复采等,挖掘矿井潜力,有力稳定了煤炭生产。2003年萍矿集团实现产煤220.62万元吨,占全市煤炭生产的33.71%,百年老矿又重新焕发勃勃生机水泥行业一直是萍乡主打产业,是萍乡工业经济的重要组成部分,为萍乡的经济的发展作出了突出贡献。

【水泥行业】

萍乡加大对水泥行业的引导,企业自身注重技术革新,改变原来的立窑生产线,引进旋窑窑外分解炉工艺生产线,运用先进干法窑外分解技术,采用国内先进的微机控制,按GB/T17671—99(ISO法)标准进行质量控制和检测,大大地提高水泥生产的质量,拓宽了水泥销路,壮大了我市水泥企业规模,萍乡生产的"青峰"、"久久"、"日江"牌水泥远销省内外,成为萍乡工业经济的一个新的亮点。2003年,全社会共生产水泥373.58万吨,其中全市规模以上水泥企业共有24家,全年共生产近300万吨的水泥,实现产值4.6亿元。萍乡矿业集团有限责任公司水泥厂(原萍乡矿务局水泥厂)创建于1958年,本厂生产的"久久"牌水泥以质量优、色泽好且长时间不变色而享誉省内外,质量处于国内同行业先进水平,产品多次用于国家重点工程建设,企业多次被评为"江西实施标准优秀企业"。目前,我市投资近1.3亿元的萍乡正大水泥有限公司正在筹建之中,建成后,将达到年产100万吨的生产能力,必将成为萍乡水泥行业新的亮点。

【优惠政策】

萍乡市高新技术工业园招商引资优惠办法

萍府发[2001]10号

为了加快萍乡市高新技术工业园的建设和发展,鼓励客商来园区投资兴业,根据国家有关政策法规和我市实际,特制定本办法。

第一章 规费减免

第一条 对入园的生产性企业,市、县(区)所收的行政事业性收费一律免除。

第二条 投资兴办工业企业的,一律免缴供水、供气等增容费。

第二章 无偿或优惠供地

第三条 对入园区兴办工业的企业,每投资100万元固定资产,无偿划拨熟地2亩,使用期50年。

第四条 对要求购地的工业企业,允许按低于开发成本价购地,每亩价格3万元。

入园企业在取得土地使用权后,如果停办或撤销,土地由工业园管理办公室按购买价加同期银行利息予以收回,并对地面附着物酌情补偿收购。

第三章 财政扶持

第六条 市、县(区)设立工业发展基金,对入园工业企业按其对地方财政贡献额的大小,从工业发展基金中安排资金予以扶持。

第七条 对有突出贡献的工业企业,进行表彰和奖励;对有特殊贡献的企业法人代表,给予重奖。

第四章 实行封闭式管理

第八条 对入园企业由工业园管理委员会一个窗口对外,未经管理委员会批准,任何单位和个人不得进入园内企业收费、检查。

第九条 由工业管理委员会在园区设立服务中心、税收征管办和警务室(派出所),由服务中心为入园企业无偿代办工程建设和生产所需的各种手续,由警务室(派出所)负责园区治安,由税管办统一负责征税。

第五章 奖励及其他

第十条 为园区引进项目资金的,项目建成后按投资固定资产价值千分之五的比例,由政府奖励招商引资人。

第十一条 在园区的投资者,允许其配偶、子女及其他共同居住的亲属在市内居住地落户,属于农村户口的可以办理“农转非”手续,其子女入学、就业、参军等与城市居民享受同等待遇。

第六条 附则

第十二条 入园投资的工业企业可择优享受《江西省关于鼓励开发昌九工业走廊的优惠政策》和省、市其他招商引资优惠政策。

本办法由萍乡市高新技术工业园领导小组办公室负责解释,并自公布之日起实施。

萍乡市外来投资重点企业客商证实施方案

萍府办发〔2002〕25号

为进一步优化我市招商引资软环境,市人民政府决定对投资规模较大的外来企业投资商颁发客商证,切实保护外来投资者的合法权益,更好地促进我市对外开放和招商引资工作。

一、外来投资重点企业客商证发放范围

固定资产投资在300万元以上的工业项目、100万元以上的高新技术项目、300万元以上的三产项目(房地产开发项目5000万元以上)、50万元以上的农业开发项目、500万元以上的基础设施建设项目的市外投资客商。

二、外来投资重点企业客商证发放对象

外来独资企业投资额达到发证范围的企业法人代表;合资、合作企业中市外投资总额达到发证范围的投资者;在萍市外股份合作制企业投资额分别达到发证范围的各股东。

三、外来投资重点企业客商证的效用

1. 持证者在本市范围内享有优先服务权。任何单位和个人都应善待他们,注意礼仪,尊重其生活习俗。各有关部门在为其办理有关手续时,应热情周到,讲究时效,提供优质服务。

2. 各有关部门对持证者所属企业不得随意检查,对持证者的财物不得随意扣留、没收,对持证者不得随意处罚,确须检查、扣留、没收、处罚的,需经市对外开放和招商引资工作领导小组批准。

3. 各有关部门应采取有力措施对持证者所属企业周边环境进行综合治理,为企业的发展创造良好外部环境。当持证者人身安全和财产受到侵害时,有关部门必须及时采取措施并提供保护。

4. 持证者在萍工作生活用车收费标准与本市企业车辆一视同仁,有关部门对其轻微违章只纠而不得扣留和罚款。

5. 持证者对违反上述规定的单位和个人行为,可向市优化环境整治办公室举报。受理单位接到举报后务必在24小时之内进行调查,3日内将查处结果反馈给举报人,并向市对外开放和招商引资工作领导小组办公室报告。

四、外来投资重点企业客商证发放及管理办法

1. 外来投资重点企业客商证由企业所在地的县(区)、安源经济开发区、市高新技术工业园及各主管局负责向市对外开放和招商引资工作领导小组办公室申报。申报时,各有关单位必须严格按照外来投资重点企业客商证发放范围和对象进行把关,并附客商的身份证、所属企业营业执照复印件和相片(2张2寸近照)及当地招商引资主管部门投资证明书。

2. 市对外开放和招商引资工作领导小组办公室在收到申报材料后,应于3日内审核完毕,报分管招商引资工作的市政府领导批准后颁发证件。

3. 市对外开放和招商引资工作领导小组办公室每年对《外来投资重点企业客商证》验证一次,如遇投资主体变更或企业迁出本市,由发证机关及时调整或收回。

4. 持证者必须妥善保管证件,不得涂改和转借。如有遗失,登报声明作废后,申请发证机关补发。

萍乡市重点企业名录库

（2003年）

企业名称	通讯地址	资产总额（万元）	销售收入（万元）	员工人数（人）
萍乡钢铁有限责任公司	萍乡市湘东镇湘东新街	492 029	461 857	9 460
萍乡矿业集团公司	昭萍东路27号后埠街办事处	347 510	153 413	19 668
江西省萍乡市金属材料总公司	萍乡市后埠街	2 695	73 913	79
江西省烟草公司萍乡分公司	萍乡市跃进路53号	7 639	39 084	394
萍乡矿业集团建筑安装总公司	萍乡市八一街昭萍西路83号	14 057	33 650	4 658
中国石化股份有限公司江西萍乡石油分公司	萍乡市跃进北路310号	9 099	30 626	234
萍乡公路桥梁工程公司	萍乡市八一街小西门	8 703	20 360	710
江西武冠实业集团	萍乡市安源区白源街	14 717	19 235	580
江西安源铝业有限公司	萍乡市湘东区湘东姚家洲	7 297	15 924	410
江西青峰水泥有限公司	萍乡市青山镇香炉山居委会	10 399	8 610	950
萍乡市联达冶金有限公司	湘东镇湘东新街金城居委会	5 005	8 576	1 300
萍乡市益民动力有限责任公司	丹江街办事处贺家湾居委会	4 258	7 266	697
江西日江水泥制造有限公司	芦溪县芦溪镇江霞村	4 242	6 774	510
萍乡钢铁冶金建设有限公司	萍乡市湘东和平村	5 859	6 427	878
江西腾飞塑胶总厂	工业园东区	11 713	6 297	454
萍乡江发内燃机有限公司	安源路1号东大街道办事处	1 736	5 484	608
萍乡市杨梅岭水泥厂	青山镇下柳源村	4 886	4 449	511
江西省萍乡市新华书店	萍乡市八一路24号	2 559	4 395	140
萍乡市鸿基冶金建筑安装有限公司	萍钢郭公塘	3 554	3 988	700
萍乡市赣萍电力实业有限公司	萍乡市后埠街万公塘	6 244	3 778	260
萍乡市旅游客车制造有限公司	安源镇安源村	1 772	3 754	198
萍乡市新区建筑安装总公司	萍乡市建设东路	6 306	3 600	360
萍乡市化工填料公司	下埠镇潘塘村	2 780	3 342	504
莲花县供电公司	金城大道	7 744	3 307	340
萍乡市固明水泥厂	湘东镇裕升村	1 472	3 300	145
萍乡市华阳建筑安装工程有限公司	萍乡市青山镇	1 462	3 004	248
萍乡市第五建筑工程公司	萍乡市土上村	4 657	2 868	396
江西省萍乡市心连心购物超市	萍乡市公园路32号	681	2 818	672
萍乡市化工厂	丹江街办事处亭子下居委会	17 810	2 680	388
萍乡裕华大企业总公司建筑工程公司	萍乡市跃进路72号	843	2 670	612
萍乡市第三建筑安装工程有限公司	萍乡市东大小桥背	1 462	2 580	260
莲花县永安特种材料有限公司	莲花县城南	1 507	2 576	98
萍乡市珠亭山明珠水泥有限公司	芦溪县宣风镇珠亭村	1 214	2 539	285
萍乡市广萍化工厂	下埠镇西源村	3 788	2 518	252
萍乡市安源建设建筑有限公司	萍乡市八一街跃进路	266	2 388	570
萍乡市第四建筑公司	城郊管委会青坪管理处	2 100	2 374	530
芦溪县建安工程公司	萍乡市解放路居委会	1 666	2 326	796
上栗县金信出口花炮厂	金山镇普化村	713	2 315	200
萍乡裕华大企业总公司	跃进路204号	2 262	2 313	215
上栗县鸡冠山垦殖场煤矿	上栗镇杨岐金鸡	316	2 277	186
萍乡市第九建筑工程公司	萍乡市安源区山下	2 304	2 263	382
萍乡市四建公司	萍乡市安源区北桥	1 863	2 256	500
萍乡市建利达建筑工程有限公司	萍乡市滨河东路	1 593	2 254	238
江西机床厂	芦溪镇花生岭花生岭居委会	5 471	2 152	417
萍乡市安源永顺实业有限公司	安源镇安源村	980	2 100	350
萍乡市市政建设工程公司	萍乡市东大街新城路25号	1 811	2 100	265
萍乡市银厦建筑安装工程有限责任公司	萍乡市开发区	1 492	2 058	689
萍乡升华实业有限公司	安源镇张家湾村	3 100	2 000	500
莲花县水轮机厂有限公司	新建东街	1 081	1 983	152
江西大地制药有限公司	县工业园区	3 431	1 967	120

续表1

企业名称	通讯地址	资产总额（万元）	销售收入（万元）	员工人数（人）
萍乡电瓷厂	上埠镇东方红东方红居委会	4 971	1 963	540
萍乡市电瓷制造有限公司	芦溪县芦溪镇路行村	1 358	1 940	322
萍乡市建筑工程公司	萍乡市八一西路67号	5 326	1 920	112
萍乡市供水公司	新城路3号东大街办事处	8 034	1 903	499
萍乡市远洋出口玩具厂	上栗镇新群村	305	1 873	400
上栗县宏运出口花炮厂	金山镇简村	347	1 853	150
萍乡市第七建筑工程有限责任公司	萍乡市湘东区泉田乡樟里村	3 900	1 843	530
莲花县汇广源有色金属冶炼公司	神泉乡	5 550	1 841	211
萍乡市珠山华兴水泥有限公司	芦溪县宣风镇珠亭村	789	1 755	190
上栗奇星出口花炮厂	上栗镇永红村	205	1 751	120
上栗县长平永隽花炮厂	长平乡新华村	285	1 749	145
萍乡市志明水泥厂	湘东镇火星村	2 815	1 704	152
上栗县彭鑫花炮厂	金山镇简村	312	1 696	300
萍乡市安源钢结构工程有限公司	高坑镇新华村	2 076	1 660	60
芦溪县建筑工程公司	萍乡市麦园街居委会	1 570	1 650	350
萍乡市煤矸石发电有限责任公司	萍乡市五陂镇王坑居委会	549	1 650	368
萍乡市五陂煤矿	五陂镇	1 331	1 522	291
萍乡市均塘水泥厂	湘东镇裕升村	2 258	1 440	124
上栗县亿祥出口花炮厂	金山镇简村	403	1 419	260
萍乡市第五电瓷厂	芦溪县上埠镇上埠村	2 225	1 388	324
莲花县琴亭水泥有限公司	琴亭曙光村	942	1 374	195
萍乡亚洲啤酒有限公司	上栗镇平安居委会	955	1 351	172
上栗县润发出口花炮厂	上栗镇胜利村	288	1 293	160
上栗县东湖包装印刷实业有限公司	上栗镇新民村	1 540	1 276	100
莲花县隆森发电有限公司	南岭长埠村	988	1 267	150
上栗县金山建筑公司	金山镇金山村	75	1 260	414
萍乡市海螺石水泥厂	湘东镇道田村	1 148	1 260	240
萍乡市龙发实业有限公司	排上镇排上村	952	1 240	150
萍乡市阳光水泥厂	湘东镇阳干村	1 658	1 225	158
萍乡市富森百货超市	萍乡市昭萍东路1号	666	1 219	209
萍乡市阳萍出口花炮厂	鸡冠山乡芦下村	315	1 208	120
萍乡市青龙水泥厂	青山镇水口村	627	1 172	160
萍乡市泰昌水泥厂	青山镇乌石村	1 277	1 151	180
萍乡市金泰花炮厂	长平乡流江村	386	1 125	86
萍乡市桐木金坪出口花炮厂	桐木镇雅溪村	449	1 103	120
上栗县北泰出口烟花制造有限公司	上栗镇新群村	375	1 093	278
江西省安源工业陶瓷有限公司	青山镇	1 591	1 089	166
萍乡市腾飞电瓷制造有限公司	芦溪县南坑镇南坑村	1 137	1 084	165
萍乡市裕泉水泥厂	湘东镇裕升村	1 447	1 080	120
上栗县萍锋纸业有限公司	金山镇小水村	820	1 075	100
萍乡市煤气公司	白石宫2号八一街办事处	8 613	1 049	190
萍乡市中南电瓷厂	芦溪县南坑镇大岭村	790	1 033	145
莲花县昌盛水泥有限公司	升坊镇	1 110	1 029	160
莲花县纸业有限公司	琴亭曙光村	1 737	1 027	140
萍乡市百利出口花炮厂	上栗镇泉塘村	273	1 020	160
萍乡市华东出口电瓷厂	芦溪县芦溪镇新田村	1 263	1 016	238
江西心正药业有限责任公司	芦溪县芦溪镇凌云路麦园街	6 497	1 009	152
萍乡市青溪建材厂	福田镇清溪村	162	1 005	150
萍乡市环宇电瓷厂	芦溪县上埠镇鸭塘村	2 615	986	350
江西飞碟电器集团有限公司	东郊星子石东大街办事处	1 369	985	158

续表 2

企业名称	通讯地址	资产总额（万元）	销售收入（万元）	员工人数（人）
萍乡市日胜焰火制造有限公司	赤山镇幕冲村	349	982	60
萍乡市焦宝煤矿	青山镇水口水口村委会	1 747	952	569
江西高强电瓷集团有限公司	芦溪县芦溪镇新田村	1 273	887	186
萍乡市南坑高压电瓷厂	芦溪县南坑镇阪田村	1 116	875	150
萍乡市神州电瓷厂	芦溪县南坑镇工业园	750	874	125
芦溪县银河镇大富煤矿	芦溪县银河镇墨溪村	440	868	230
萍乡市桐木光明出口花炮厂	桐木镇崇德村	302	860	110
江西君发食品厂	上栗镇新民村	151	848	42
萍乡市第四电瓷厂	芦溪县南坑镇南坑村	992	845	206
萍乡市昌萍水泥厂	安源区青山镇乌石村	1 139	825	145
萍乡市青山轧钢厂	青山镇	655	824	73
萍乡市百姓大药房	萍乡市迎宾路 4 号	338	818	60
江西无专液压机械有限公司	青草冲凤凰街办事处	932	789	76
萍乡市高强电瓷制造有限公司	芦溪县上埠镇坪里村	2 106	787	165
萍乡市飞虹建筑安装公司	湘东镇樟里村	1 103	785	380
上栗县金沙出口花炮厂	上栗镇永红村	559	782	50
萍乡市葡萄水泥厂	青山镇葡萄村	766	770	220
上栗县环球出口花炮厂	上栗镇新群村	196	753	160
萍乡市湘东区三山水泥厂	麻山镇三山村	819	745	126
上栗县桐木联盛出口花炮厂	桐木镇荆坪村	198	710	200
萍乡市裕丰花炮厂	东源乡竺塘村	290	700	150
萍乡市华能电瓷有限公司	芦溪县南坑镇南坑村	774	695	168
萍乡市第二高压电瓷厂	芦溪县芦溪镇新田村	995	687	160
萍乡市志强包装有限公司	荷尧镇荷尧村	1 012	659	160
萍乡市超强水泥有限公司	五陂镇	204	650	125
芦溪县一村食品有限公司	芦溪县张佳坊乡张佳坊村	1 170	650	126
萍乡市碳酸钙实业有限公司	湘东镇道田村	1 250	649	145
萍乡市华通电瓷制造有限公司	芦溪县上埠镇坪里村	1 317	647	152
上栗县四新出口花炮厂	上栗镇渌塘村	296	639	60
萍乡市名胜矿业公司	排上镇排上村	500	630	61
上栗县金瑶出口花炮厂	金山镇筒村	194	622	150
萍乡市青城水泥厂	青山镇大城	1 547	610	131
萍乡市宝马实业有限公司	萍乡工业园东区	1 409	608	50
萍乡市光华工业填料有限公司	下埠镇光华村	1 020	600	120
萍乡市三和轻化有限公司	芦溪县南坑镇工业园	513	580	84
萍乡市凤凰开关厂	工业园东区	1 070	579	23
萍乡市长岭电瓷厂	芦溪县上埠镇鸭塘村	1 018	570	208
萍乡市飞云陶瓷实业有限公司	下埠镇木马村	2 339	570	214
萍乡市肖记电器有限公司	萍乡市跃进中路	444	569	50
萍乡南方煤机厂	广场路 106 号凤凰街办事处	558	568	81
萍乡市湘东水泥制品有限责任公司	湘东镇阳干村	1 872	557	118
萍乡市安源经贸洗煤	新街居委会	109	552	50
萍乡市铸华工贸有限公司	高坑镇新华村	406	550	110
萍乡市安源水泥厂	青山镇下柳源	482	542	270
萍乡市木马陶瓷厂	下埠镇木马村	1 357	542	225
萍乡市环球化工填料有限公司	高坑镇新华村	446	538	120
萍乡市博宏实业有限公司	湘东镇五里村	6 241	532	180
萍乡市南坑高压电瓷有限公司	芦溪县南坑镇南坑村	794	523	139
萍乡市特种建材有限公司	安源区高坑镇大陂村	665	520	98
萍乡市湾坡煤矿	芦溪县南坑镇双凤村	160	520	92

续表 3

企 业 名 称	通 讯 地 址	资产总额（万元）	销售收入（万元）	员工人数（人）
萍乡市湘东冶化工业瓷厂	下埠镇陈佳塘	967	517	130
萍乡市荷尧福利厂	荷尧镇荷尧村	637	516	134
萍乡市柳鸣水泥厂	青山镇下柳源	997	510	183
萍乡市通程汽车服务有限公司	白源街	437	510	98
萍乡市华威出口烟花制造有限公司	芦溪县宣风镇排楼村	392	510	60
江西省大富乳业有限公司	芦溪县银河镇紫溪村	1 620	509	300
莲花县钱江水泥有限公司	湖上乡五口村	1 221	508	145
江西省永泰化工有限公司	芦溪县芦溪镇新田村	1 399	508	50
芦溪县银河镇新墨煤矿	芦溪县银河镇墨溪村	133	508	235
芦溪县银河镇长冲煤矿一号井	芦溪县银河镇紫溪村	124	504	170
萍乡市青上陶瓷有限公司	下埠镇光华村	884	503	125
萍乡市恒源实业有限公司	东大街红沙坡	300	500	40
萍乡市大团结贸易有限公司	安源镇张家湾村	300	500	130
江西省弘胜置业有限公司	安源镇安源村	1 000	500	30
萍乡市益民贸易有限公司	安源镇张家湾村	400	500	230
芦溪县银河镇长冲煤矿二号井	芦溪县银河镇紫溪村	128	500	125
芦溪县出口花炮厂	芦溪县银河镇河下村	120	498	89
萍乡市兆佳煤矿	芦溪县南坑镇双凤村	110	495	83
萍乡市爱心水泥厂	湘东镇道田村	560	495	138
萍乡市时利洗煤厂	五陂镇五陂村	207	492	32
萍乡市高压电瓷厂	高坑王家源村	625	490	110
萍乡市南坑赣南高压电瓷厂	芦溪县南坑镇大岭村	90	490	120
萍乡市麻山五峰水泥厂	麻山镇麻山村	490	486	109
萍乡市特种电机厂	下山口街道新建村	539	485	75
萍乡市金属软管厂	湘东镇樟里村	620	485	140
萍乡市振华塑业有限公司	萍乡工业园东区	800	480	104
萍乡市南坑辉煌电瓷厂	芦溪县南坑镇南坑村	110	480	140
芦溪县银河镇顺发煤矿	芦溪县银河镇墨溪村	280	480	210
芦溪县银河镇周家源煤矿	芦溪县银河镇墨溪村	280	480	205
萍乡市海源煤矿	芦溪县源南乡石塘村	320	480	78
萍乡市兴球工业瓷厂	下山口街道新村村	347	480	197
萍乡市新世纪陶瓷包装材料厂	荷尧镇萍洲村	200	480	250
萍乡市狮峰水泥厂	下埠镇长春村	1 500	476	62
上栗县明星花炮厂	鸡冠山圳上村	19	475	85
萍乡市洪安洗煤厂	五陂镇	183	468	29
萍乡市玻瓷高压绝缘子有限公司	高坑镇	411	465	98
萍乡市桐木雅溪出口花炮厂	桐木镇雅溪村	170	463	140
萍乡市大红洲矿业公司	下埠镇长春村	270	463	73
上栗县华良花炮厂	金山镇小水村	260	461	320
萍乡市桐木和平出口花炮厂	桐木镇桐木街居委会	176	460	95
莲花县新华书店	新建街	20	460	21
萍乡市宏发煤矿	芦溪县源南乡垱下村	310	460	74
萍乡福林食品有限公司	八一街	500	450	63
江西省天天上矿泉水有限公司	芦溪县新泉乡陈家坊	1 124	450	160
萍乡市荷尧联和皮革厂	荷尧镇大义村	60	450	150
萍乡市华特溶剂厂	腊市镇炉前村	85	441	15
江西省银河杜仲开发有限公司	芦溪县银河镇河下村	180	437	73
芦溪县银河镇复兴煤矿	芦溪县银河镇紫溪村	187	430	92
萍乡市长城电瓷厂	芦溪县芦溪镇古城村	435	424	102
萍乡市轮胎翻新厂	丹江街丹江村	600	420	42

安源区重点企业名录库

（2003 年）

企 业 名 称	通 讯 地 址	资产总额（万元）	销售收入（万元）	员工人数（人）
江西武冠实业集团	白源街	14 717	19 235	580
萍乡市祥砾物资有限公司	城郊管委会青坪管理处	6 200	10 000	30
江西腾飞塑胶总厂	工业园东区	11 713	6 297	454
萍乡市杨梅岭水泥厂	青山镇下柳源村	4 886	4 449	511
萍乡市旅游客车制造有限公司	安源镇安源村	1 772	3 754	198
萍乡市郊区房地产公司	城郊管委会青坪管理处	400	3 100	100
萍乡市第四建筑公司	城郊管委会青坪管理处	2 100	2 374	530
萍乡市安源永顺实业有限公司	安源镇安源村	980	2 100	350
萍乡升华实业有限公司	安源镇张家湾村	3 100	2 000	500
萍乡市安源燎原贸易有限公司	安源镇安源村	1 500	1 700	300
萍乡市安源钢结构工程有限公司	高坑镇新华村	2 076	1 660	60
萍乡市五陂煤矿	五陂镇	1 331	1 522	291
萍乡市青龙水泥厂	青山镇水口村	627	1 172	160
萍乡市泰昌水泥厂	青山镇乌石村	1 277	1 151	180
江西省安源工业陶瓷有限公司	青山镇	1 591	1 089	166
萍乡市金冠发展有限公司	安源镇张家湾村	300	1 000	150
萍乡市金土地房地产开发有限公司	物资大厦三楼	700	890	80
萍乡市第九建筑公司	城郊管委会后埠管理处	1 600	860	330
萍乡市昌萍水泥厂	安源区青山镇乌石村	1 139	825	145
萍乡市青山轧钢厂	青山镇	655	824	73
萍乡市葡萄水泥厂	青山镇葡萄村	766	770	220
萍乡市昌顺工贸有限公司	安源镇张家湾村	500	700	200
萍乡市平安房地产开发有限公司	东大街办事处内	800	660	20
萍乡市金泰房地产开发有限公司	凤凰街昭萍东路	360	650	150
萍乡市超强水泥有限公司	五陂镇	204	650	125
萍乡市闽荔置业有限公司	东大街环城南路	800	610	30
萍乡市青城水泥厂	青山镇大城	1 547	610	131
萍乡市宝马实业有限公司	萍乡工业园东区	1 409	608	50
萍乡市凤鸣建筑公司	凤凰街鲁班巷	400	600	70
萍乡市凤凰开关厂	工业园东区	1 070	579	23
萍乡市安源经贸洗煤	新街居委会	109	552	50
萍乡市铸华工贸有限公司	高坑镇新华村	406	550	110
萍乡市安源水泥厂	青山镇下柳源	482	542	270
萍乡市环球化工填料有限公司	高坑镇新华村	446	538	120
萍乡市特种建材有限公司	安源区高坑镇大陂村	665	520	98
萍乡市柳鸣水泥厂	青山镇下柳源	997	510	183
萍乡市通程汽车服务有限公司	白源街	437	510	98
萍乡市恒源实业有限公司	东大街红沙坡	300	500	40
萍乡市大团结贸易有限公司	安源镇张家湾村	300	500	130
江西省弘胜置业有限公司	安源镇安源村	1 000	500	30
萍乡市益民贸易有限公司	安源镇张家湾村	400	500	230
萍乡市时利洗煤厂	五陂镇五陂村	207	492	32
萍乡市高压电瓷厂	高坑王家源村	625	490	110
萍乡市振华塑业有限公司	萍乡工业园东区	800	480	104
萍乡市洪安洗煤厂	五陂镇	183	468	29
萍乡市玻瓷高压绝缘子有限公司	高坑镇	411	465	98
萍乡福林食品有限公司	八一街	500	450	63
萍乡市轮胎翻新厂	丹江街丹江村	600	420	42
萍乡市华星人造板厂	高坑镇新华村	610	400	130
萍乡市毅力塑料制品有限责任公司	安源路	220	400	32

湘东区重点企业名录库

（2003 年）

企 业 名 称	通 讯 地 址	资产总额（万元）	销售收入（万元）	员工人数（人）
萍乡市化工填料公司	下埠镇潘塘村	2 780	3 342	504
萍乡市固明水泥厂	湘东镇裕升村	1 472	3 300	145
萍乡市广萍化工厂	下埠镇西源村	3 788	2 518	252
萍乡市志明水泥厂	湘东镇火星村	2 815	1 704	152
萍乡市均塘水泥厂	湘东镇裕升村	2 258	1 440	124
萍乡市海螺石水泥厂	湘东镇道田村	1 148	1 260	240
萍乡市龙发实业有限公司	排上镇排上村	952	1 240	150
萍乡市阳光水泥厂	湘东镇阳干村	1 658	1 225	158
萍乡市裕泉水泥厂	湘东镇裕升村	1 447	1 080	120
萍乡市湘东区煤炭公司	湘东镇樟里村	380	1 020	45
萍乡市湘东惠联超市	下山口街道新建村	247	850	120
萍乡市飞虹建筑安装公司	湘东镇樟里村	1 103	785	380
萍乡市湘东区三山水泥厂	麻山镇三山村	819	745	126
萍乡市第七建筑公司	湘东镇五里村	3 900	723	530
萍乡市湘东兴远公司	湘东镇樟里村	260	684	25
萍乡市志强包装有限公司	荷尧镇荷尧村	1 012	659	160
萍乡市碳酸钙实业有限公司	湘东镇道田村	1 250	649	145
萍乡市名胜矿业公司	排上镇排上村	500	630	61
萍乡市光华工业填料有限公司	下埠镇光华村	1 020	600	120
萍乡市第八建筑公司	下山口街道新村村	300	600	128
萍乡市飞云陶瓷实业有限公司	下埠镇木马村	2 339	570	214
萍乡市湘东水泥制品有限责任公司	湘东镇阳干村	1 872	557	118
萍乡市木马陶瓷厂	下埠镇木马村	1 357	542	225
萍乡市博宏实业有限公司	湘东镇五里村	6 241	532	180
萍乡市湘东冶化工业瓷厂	下埠镇陈佳塘	967	517	130
萍乡市荷尧福利厂	荷尧镇荷尧村	637	516	134
萍乡市青上陶瓷有限公司	下埠镇光华村	884	503	125
萍乡市爱心水泥厂	湘东镇道田村	560	495	138
萍乡市麻山五峰水泥厂	麻山镇麻山村	490	486	109
萍乡市金属软管厂	湘东镇樟里村	620	485	140
萍乡市特种电机厂	下山口街道新建村	539	485	75
萍乡市兴球工业瓷厂	下山口街道新村村	347	480	197
萍乡市新世纪陶瓷包装材料厂	荷尧镇萍洲村	200	480	250
萍乡市狮峰水泥厂	下埠镇长春村	1 500	476	62
萍乡市大红洲矿业公司	下埠镇长春村	270	463	73
萍乡市荷尧联和皮革厂	荷尧镇大义村	60	450	150
萍乡市华特溶剂厂	腊市镇炉前村	85	441	15
萍乡市富华工业瓷有限公司	湘东镇美建村	1 750	400	120
萍乡市诚通化工厂	麻山镇景星村	350	380	50
萍乡市元龙铸造有限公司	老关镇老关村	450	350	30
萍乡市恒盛电极厂	老关镇老关村	71	330	28
萍乡市湘东瓷厂	湘东镇泉塘村	330	325	121
萍乡市船形岭水泥厂	下山口街道日星村	720	300	121
萍乡市湘东窑炉设备机械厂	下山口街道日星村	120	300	37
萍乡市安源碳酸钙厂	湘东镇道田村	720	300	126
萍乡市联发煤矿	湘东镇巨源村	150	300	80
萍乡市腊市华东瓷厂	腊市镇庙岭村	200	300	86
萍乡市伟华实业有限公司	下埠镇光华村	960	297	51
萍乡市城松陶瓷有限公司	排上镇排上村	100	280	36
萍乡市石化填料厂	下埠镇杞木村	380	279	65

上栗县重点企业名录库

（2003 年）

企 业 名 称	通 讯 地 址	资产总额（万元）	销售收入（万元）	员工人数（人）
上栗县金信出口花炮厂	金山镇普化村	713	2 315	200
上栗县鸡冠山垦殖场煤矿	上栗镇杨岐金鸡	316	2 277	186
萍乡市远洋出口玩具厂	上栗镇新群村	305	1 873	400
上栗县宏运出口花炮厂	金山镇简村	347	1 853	150
上栗奇星出口花炮厂	上栗镇永红村	205	1 751	120
上栗县长平永隽花炮厂	长平乡新华村	285	1 749	145
上栗县彭鑫花炮厂	金山镇简村	312	1 696	300
上栗县亿祥出口花炮厂	金山镇简村	403	1 419	260
萍乡亚洲啤酒有限公司	上栗镇平安居委会	955	1 351	172
上栗县润发出口花炮厂	上栗镇胜利村	288	1 293	160
上栗县东湖包装印刷实业有限公司	上栗镇新民村	1 540	1 276	100
上栗县金山建筑公司	金山镇金山村	75	1 260	414
萍乡市阳萍出口花炮厂	鸡冠山乡芦下村	315	1 208	120
萍乡市金泰花炮厂	长平乡流江村	386	1 125	86
萍乡市桐木金坪出口花炮厂	桐木镇雅溪村	449	1 103	120
上栗县北泰出口烟花制造有限公司	上栗镇新群村	375	1 093	278
上栗县萍锋纸业有限公司	金山镇小水村	820	1 075	100
萍乡市百利出口花炮厂	上栗镇泉塘村	273	1 020	160
萍乡市青溪建材厂	福田镇清溪村	162	1 005	150
萍乡市日胜焰火制造有限公司	赤山镇幕冲村	349	982	60
萍乡市桐木光明出口花炮厂	桐木镇崇德村	302	860	110
江西君发食品厂	上栗镇新民村	151	848	42
上栗县金沙出口花炮厂	上栗镇永红村	559	782	50
上栗县环球出口花炮厂	上栗镇新群村	196	753	160
上栗县桐木联盛出口花炮厂	桐木镇荆坪村	198	710	200
萍乡市裕丰花炮厂	东源乡竺塘村	290	700	150
上栗县四新出口花炮厂	上栗镇渌塘村	296	639	60
上栗县金瑶出口花炮厂	金山镇简村	194	622	150
上栗县明星花炮厂	鸡冠山圳上村	19	475	85
萍乡市桐木雅溪出口花炮厂	桐木镇雅溪村	170	463	140
上栗县华良花炮厂	金山镇小水村	260	461	320
萍乡市桐木和平出口花炮厂	桐木镇桐木街居委会	176	460	95
上栗万福出口花炮厂	上栗镇龙合村	287	357	121
上栗县鸡冠山出口玩具厂	鸡冠山乡三境村	256	352	123
上栗县青松水泥厂	东源乡桃源村	1 235	349	158
上栗县东源东南出口花炮厂	东源乡石源村	450	345	80
上栗县桐木镇文顺出口花炮厂	桐木镇莲台村	50	342	120
上栗县桐木和家出口花炮厂	桐木镇楚山村	96	330	100
上栗县新湖出口玩具厂	桐木镇湖塘村	500	325	100
上栗县磊鑫采石场	福田镇太塘村	800	320	80
上栗县联金出口花炮厂	上栗镇胜利村	166	308	100
上栗县桐木东升出口花炮厂	桐木镇桐木街居委会	78	280	60
上栗县东源出口花炮厂	东源乡新益村	180	260	45
上栗县天圣花炮厂	东源乡桃源村	66	259	85
上栗县龙伟出口花炮厂	上栗镇新建村	197	246	65
上栗县金水花炮厂	金山镇金山村	24	225	120
上栗县桐木石头出口花炮厂	桐木镇石头村	5	218	50
上栗县远东出口花炮厂	上栗镇新民村	18	215	137
上栗县成贵出口花炮厂	上栗镇新群村	218	214	137
萍乡市华岭出口花炮厂	上栗镇佛岭村	205	208	78

莲花县重点企业名录库

（2003 年）

企 业 名 称	通 讯 地 址	资产总额（万元）	销售收入（万元）	员工人数（人）
莲花县供电公司	金城大道	7 744	3 307	340
莲花县永安特种材料有限公司	城南	1 507	2 576	98
莲花县水轮机厂有限公司	新建东街	1 081	1 983	152
江西大地制药有限公司	县工业园区	3 431	1 967	120
莲花县汇广源有色金属冶炼公司	神泉乡	5 550	1 841	211
莲花县琴亭水泥有限公司	琴亭曙光村	942	1 374	195
莲花县隆森发电有限公司	南岭长埠村	988	1 267	150
莲花县庄稼汉农特产品有限公司	琴亭镇	900	1 100	250
莲花县昌盛水泥有限公司	升坊镇	1 110	1 029	160
莲花县纸业有限公司	琴亭曙光村	1 737	1 027	140
莲花县兴业畜牧发展有限公司	琴亭梅洲村	1 380	700	60
莲花县顺旺养猪场	琴亭镇	560	600	33
莲花县钱江水泥有限公司	湖上乡五口村	1 221	508	145
莲花县新华书店	新建街	20	460	21
莲花宾馆	琴亭西门村	1 500	420	66
莲花县烟花材料有限责任公司	六市乡	196	393	130
莲花县永特合金有限公司	县工业园区	677	380	66
莲花县长埠煤矿	南岭长埠村	364	365	370
莲花县医药公司	琴亭西边村	29	362	58
莲花县瑞宝高温材料有限公司	县工业园区	544	356	38
莲花县兴业汽车运输公司	琴亭	520	330	52
莲花县城建水泥厂	湖上乡五口村	830	310	115
莲花县月照峰矿泉水有限公司	三板桥乡	820	310	57
莲花县华忻电子厂	琴亭镇	270	283	62
莲花县贺菲塑胶包装厂	琴亭工业园	125	270	59
莲花县六市焰材化工厂	六市乡	170	260	92
莲花县强建水泥厂	升坊镇	320	250	100
莲花县新嘉新超市	永安大道	150	250	42
莲花县闽莲选矿场	荷塘乡	160	227	40
莲花县六市铁矿	六市垭坞村	156	224	39
莲花县华盛水泥厂	坊楼罗市村	410	220	97
莲花县可思旺超市	琴亭镇	135	220	33
莲花县亚细亚肌醇有限公司	县工业园区	310	210	42
莲花县步步旺超市	解放街	120	200	30
莲花县西云山煤矿	闪石西江村	102	196	102
莲花县闽赣汽修厂	琴亭工业园	160	192	32
莲花县自来水公司	城南	121	190	65
莲花县兆莲制衣有限公司	琴亭工业园	66	182	175
莲花县天虹陶瓷色料有限公司	县工业园区	273	170	30
莲花县峙垅煤矿	坊楼镇坊楼村	210	172	68
莲花县江浙南方铅笔厂	升坊镇	190	152	47
莲花县界化垅煤业公司	神泉乡珊田村	103	150	72
莲花县莲花县奢下联营煤矿	坊楼奢下村	132	145	51
莲花县中兴木业制品有限公司	县工业园 A 区	197	143	35
莲花县莲花县玩具有限公司	琴亭工业园	60	119	256
莲花县坑莲建材公司琉璃平瓦厂	南岭长埠村	110	114	32
莲花县华宇家具有限公司	琴亭工业园	62	110	35
莲花县路口机砖厂	路口庙背村	120	101	60
莲花县新华宾馆	琴亭西门村	300	93	12
莲花县曙光电站	荷塘院背村	105	82	15

芦溪县重点企业名录库

（2003 年）

企 业 名 称	通 讯 地 址	资产总额（万元）	销售收入（万元）	员工人数（人）
江西日江水泥制造有限公司	芦溪县芦溪镇江霞村	4 242	6 774	510
萍乡市珠亭山明珠水泥有限公司	芦溪县宣风镇珠亭村	1 214	2 539	285
芦溪县建安工程公司	芦溪县宣风镇	1 606	2 182	796
萍乡市第五建筑公司	芦溪县芦溪镇丰泉村	4 657	2 150	396
萍乡市电瓷制造有限公司	芦溪县芦溪镇路行村	1 358	1 940	322
萍乡市珠山华兴水泥有限公司	芦溪县宣风镇珠亭村	789	1 755	190
萍乡市第五电瓷厂	芦溪县上埠镇上埠村	2 225	1 388	324
芦溪县建筑工程公司	芦溪县芦溪镇麦园街	1 358	1 292	350
萍乡市腾飞电瓷制造有限公司	芦溪县南坑镇南坑村	1 137	1 084	165
萍乡市中南电瓷厂	芦溪县南坑镇大岭村	790	1 033	145
萍乡市华东出口电瓷厂	芦溪县芦溪镇新田村	1 263	1 016	238
萍乡市环宇电瓷厂	芦溪县上埠镇鸭塘村	2 615	986	350
萍乡市方圆实业有限公司	芦溪县芦溪镇东阳村	744	971	120
江西高强电瓷集团有限公司	芦溪县芦溪镇新田村	1 273	887	186
萍乡市南坑高压电瓷厂	芦溪县南坑镇阪田村	1 116	875	150
萍乡市神州电瓷厂	芦溪县南坑镇工业园	750	874	15
芦溪县银河镇大富煤矿	芦溪县银河镇墨溪村	440	868	230
萍乡市第四电瓷厂	芦溪县南坑镇南坑村	992	845	206
萍乡市高强电瓷制造有限公司	芦溪县上埠镇坪里村	2 106	787	165
萍乡市华能电瓷有限公司	芦溪县南坑镇南坑村	774	695	168
萍乡市第二高压电瓷厂	芦溪县芦溪镇新田村	995	687	160
芦溪县一村食品有限公司	芦溪县张佳坊乡张佳坊村	1 170	650	126
萍乡市华通电瓷制造有限公司	芦溪县上埠镇坪里村	1 317	647	152
芦溪县出口花炮厂	芦溪县银河镇河下村	120	498	89
萍乡市三和轻化有限公司	芦溪县南坑镇工业园	513	580	8
萍乡市长岭电瓷厂	芦溪县上埠镇鸭塘村	1 018	570	208
萍乡市南坑高压电瓷有限公司	芦溪县南坑镇南坑村	794	523	139
萍乡市湾坡煤矿	芦溪县南坑镇双凤村	160	520	92
萍乡市华威出口烟花制造有限公司	芦溪县宣风镇排楼村	392	510	60
江西省大富乳业有限公司	芦溪县银河镇紫溪村	1 620	509	300
江西省永泰化工有限公司	芦溪县芦溪镇新田村	1 399	508	50
芦溪县银河镇新墨煤矿	芦溪县银河镇墨溪村	133	508	235
芦溪县银河镇长冲煤矿一号井	芦溪县银河镇紫溪村	124	504	170
芦溪县银河镇长冲煤矿二号井	芦溪县银河镇紫溪村	128	500	125
萍乡市兆佳煤矿	芦溪县南坑镇双凤村	110	495	83
萍乡市南坑赣南高压电瓷厂	芦溪县南坑镇大岭村	90	490	120
萍乡市南坑辉煌电瓷厂	芦溪县南坑镇南坑村	110	480	140
芦溪县银河镇顺发煤矿	芦溪县银河镇墨溪村	280	480	210
芦溪县银河镇周家源煤矿	芦溪县银河镇墨溪村	280	480	205
萍乡市海源煤矿	芦溪县源南乡石塘村	320	480	78
萍乡市宏发煤矿	芦溪县源南乡垱下村	310	460	74
江西省天天上矿泉水有限公司	芦溪县新泉乡陈家坊	1 124	450	160
江西省银河杜仲开发有限公司	芦溪县银河镇河下村	180	437	73
芦溪县银河镇复兴煤矿	芦溪县银河镇紫溪村	187	430	92
萍乡市长城电瓷厂	芦溪县芦溪镇古城村	435	424	102
芦溪县银河镇金龙煤矿	芦溪县银河镇紫溪村	155	420	73
芦溪县银河镇花炮厂	芦溪县银河镇河下村	51	420	70
芦溪县银河镇天柱岗煤矿	芦溪县银河镇天柱岗村	297	410	152

第十章：新余市

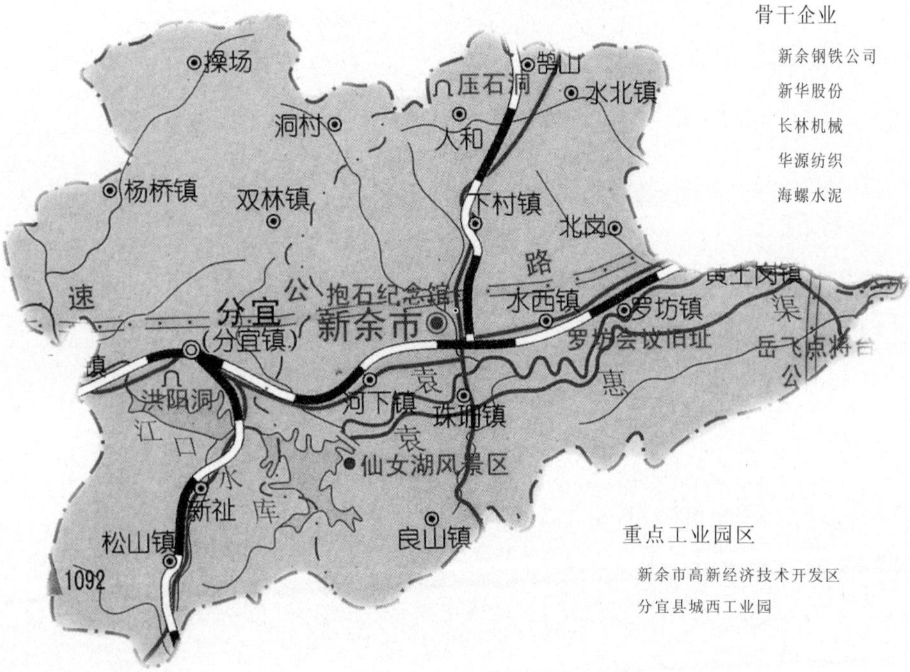

骨干企业

新余钢铁公司
新华股份
长林机械
华源纺织
海螺水泥

重点工业园区

新余市高新经济技术开发区
分宜县城西工业园

内容提要：

★ 市情简介
★ 市长论坛
★ 支柱产业
★ 优惠政策
★ 新余市200强企业
★ 县（市、区）简介
★ 工业强县（市、区）长专栏
★ 分县市区50强企业

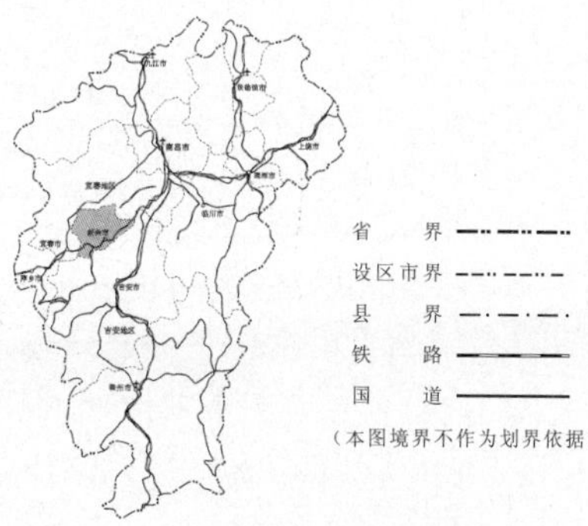

新余顺兴科技开发有限公司

徐国顺

总经理

徐国顺　男　1950 年生　湖南湘潭人
70年毕业于江西无线电工业学校
70年分配南京772厂工作
82年毕业于南京工学院自动控制专业
82年—96年南京772厂激光研究所工作从事激光、光学工业设备的研究与开发工作。

高级工程师

在国内有关专业刊物发表论文数篇，拥有3项实用新型专利权。

96年—2004年江西新余顺兴科技开发公司总经理

主持开发成功微波、激光、光动力等治疗机，并获得医疗设备生产许可证与专利证书。国内首创波长630 ± 3nm的大功率氦氖激光器(激光光动力治疗机)，激光输出功率为全国最大。
专利号：ZL02258642　填补了国内光动力治疗肿瘤空白。

激光光动力治疗机

新余顺兴科技开发有限公司是开发、研究、生产医疗器械的民营企业。已成功开发出微波、激光、射频、光动力等医疗设备。

为适应市场要求，我公司最新研发成功了SXH-4型激光光动力治疗机。该机波长：630 ± 3nm,输出功率达：700mW，为国内首创，填补国内空白。已获得注册证和国家专利。专利号0258642.3。

光动力疗法又称“光化导弹”疗法,其原理：是利用光敏剂选择性潴留在肿瘤组织中,然后用一定的功率特定波长的激光激发光敏剂,使其产生单态氧,导致癌细胞中毒、坏死,癌组织逐渐脱落或萎缩,而对正常组织无毒副作用,从而达到治疗癌症目的。

本机适用于皮肤癌、鼻咽癌、口腔癌、支气管癌、胃癌、宫颈癌、食道癌等恶性肿瘤疾病的治疗。

激光光动力治疗机经北京301医院、北京同仁医院、江西省肿瘤医院、南京金陵肿瘤医院等临床使用，有效率为83.3%。

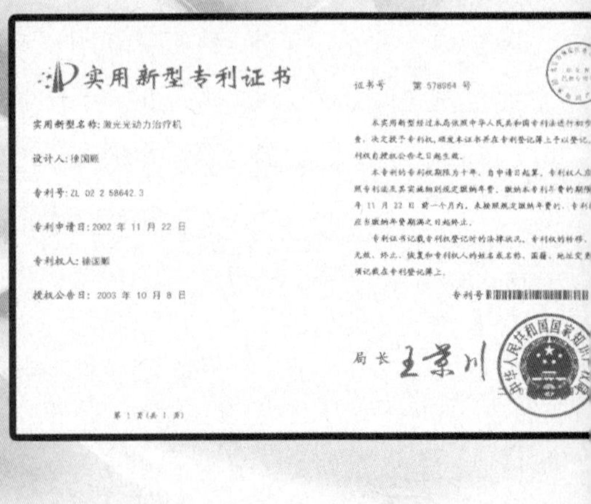

实用新型专利证书

第 578064 号

实用新型名称：激光光动力治疗机

设计人：徐国顺

专利号：ZL 02 2 58642.3

专利申请日：2002 年 11 月 22 日

专利权人：徐国顺

授权公告日：2003 年 10 月 8 日

局长 王景川

联系电话：13907906689　　公司地址：新余市竹山路43号

【市情简介】

新　余　市

【地理位置】

新余市位于江西省中部偏西，浙赣铁路西段，地处北纬27°33′~28°05′，东经114°29′~115°24′。全境东西最长处101.9公里，南北最宽处65公里，东距省会南昌市150公里。全市总面积3178平方公里。目前辖一县三区，共30个乡镇、街道办事处，432个村（居）委会。全市总人口为110.30万人，农业人口72.74万人，占总人口的66.0%，非农业人口37.56万人，占总人口的34.0%。新余市自然环境较好，袁河贯穿东西，中部属丘陵平原，南北地形高，自西向东中间低。属亚热带湿润性气候，具有四季分明、气候温和、日照充足、雨量充沛、无霜期长、严冬较短的特征。

【自然资源】

新余市现有土地总面积3178平方公里。有耕地5.49万公顷，农民人均耕地1.2亩。

生物资源种类繁多，据不完全统计，植物资源种类有254科、841属、1888种。林业用地面积17.39万公顷，占土地总面积54.89%，森林总蓄积量460.5万立方米，毛竹立竹总株数2693.9万株，森林覆盖率达53.7%，城市绿化率达到37%。

矿产资源丰富。全市已发现的矿产资源种类有32个矿种，硅灰石以600万吨储量列南方之冠、全国第二；铁矿储量占全省已探明的87%，煤储量占10%；钨储量2.1万吨（金属量）、铋储量8700吨（金属量）、伴生钼储量1.1万吨、石灰石储量7408万吨。

水资源丰富。全市水资源总量达到59.5395亿立方米，其中区域外流入25.4368亿立方米，地下水平均储量达8.79亿立方米（可供开发利用的有3.44亿立方米）；水能资源蕴藏总量为6.76万千瓦，可开发量为5.75万千瓦。

旅游资源独具特色。虎瞰山古朴典雅，魁星阁气势恢宏，洪阳洞千姿百态，抱石公园意境幽深。仙女湖，是驰名全国的城郊湖泊型国家风景名胜区，堪称江西的“千岛湖”。湖内50平方公里的水域，仪态万方；97个岛屿，形态各异；沿湖140多公里的岛屿山林，秀色可餐；古树名木、农舍村寨、响泉飞瀑，形成一幅幅天然图画。蒙山距市区35公里，主峰海拔1004米，人文景观众多，自然景观奇伟；名胜古迹有弹子岭、灵隐寺、西华寺、九龙庵、慈惠庙、万年桥、《天工开物》遗迹；书院有蒙山书院、行楼书院、楚蒙山房等；山间与山下有莲花洞、燕子洞、压石洞等；革命胜迹有：罗访会议旧址、罗访会议纪念馆、九龙山革命烈士纪念碑，还有仰天岗革命烈士陵园和爱国主义教育基地。

【区位优势】

新余独特的区位优越首先在于它位居江西的中部偏西，地处南昌与长沙之间、浙赣铁路中段，是“五纵七横”公路主骨架“七横”之一的沪瑞高速公路和连通沿海开放地区的赣粤高速公路的交汇处，是连接我国东西部地区的重要走廊，沿海经济发达地区向中西部地区梯度转移的跳板和必经之地。国内“八纵八横”铁路大动脉“八横”之一的沪昆线贯穿全境。新余距萍乡、宜春、吉安、高安、樟树、丰城六个中小城市都在100公里左右，是赣西地区重要的区域经济中心城市。

新余具有完备的联结全国各地的通讯网络和数据传输网络。新余是江西第一个开通程控电话、互联网、宽带网和政府网站的城市。已建成与全国联网的移动通信网、数据通讯网、数字汉字兼容的无线寻呼网。新余至南昌的上网中继宽带达2*2.5G，通过遍布市内的8000芯公里光纤网、宽带接入网及用户网，能实现千兆到小区、百兆到大楼，十兆到用户的高速互联网接入。

新余交通便捷，新余火车站是沪昆铁路线上主要车站之一。公路四通八达，是沪瑞和赣粤两条高速公路的交汇处，即将开工的广庆高速公路也将通过新余。新余东至上海860公里，南至广州760公里，西至长沙280公里，北至武汉490公里，距省会南昌143公里，均有高速公路直达。

【经济概况】

2003年新余市全年生产总值实现109.1亿元，人均生产总值达9922元，首次超过1000美元。其中，生产总值中第一产业为14.7亿元，第二产业为57.3亿元，第三产业为37.1亿元。占生产总值的比重分别是:第一产业 13.5%,第二产业 52.5%,第三产业 34.0%。

2003 年新余市农村经济持续稳定发展,全年粮食总产量 39.64 万吨,实现农业总产值 23.87 亿元,农民人均纯收入 2850 元,人均占有粮食 540 公斤。2003 年全市农、林、牧、渔业的比例分别为 54:10:21:12。分宜县是中国“夏布之乡”及全国商品粮生产重点县和江西麻羊养殖基地,渝水区是全国棉花重点产区、瘦肉型猪生产基地及国家秸杆氨化养牛示范基地。)

2003 年工业总产值达 150.5 亿元,全年全市国有及年销售收入 500 万元以上非国有工业企业实现工业增加值 31.3 亿元。形成了以钢铁工业为主体,机械、化工、纺织、电力、煤炭、建材和食品八大支柱工业。2004 年江西 50 强企业中,我市的新余钢铁有限责任公司、新华金属制品股份有限公司、新余发电有限责任公司 3 户企业榜上有名,其中新余钢铁有限公司列第 3 名。

【基础设施及其建设】

2003 年是新余近年来建设资金投入较大,项目实施增加较多,城市面貌变化最快的一年。全年全社会固定资产投资完成 52.0 亿元。比上年增长 33.2%,基本建设投资 12.2 亿元。比上年增长 59.2%,以基础设施为重点的基本建设和经济适用房为重点的房地产投资分别增长 59.2% 和 87.0%。多渠道争取资金成效显著,利用外资新签协议合同 24 个,实际利用外资 3715 万美元,2003 年全市增加和改造城市道路 69.5 公里、184.4 万平方米。建成了一批重要基础设施,主要有:仙女湖旅游码头、旅游公路、仙来大道“穿衣戴帽”工程、“一园二桥三路四岸五湖”建设、副食品批发市场、盛德商城等。一批重要的城市基础设施已经启动或进展顺利,主要有:上新线景观大道、天工大道南段、渝州大桥、市污水处理厂一期工程、城市防洪三期工程、村村通水泥路工程等。

城市规划、建设设计、国土管理取得新成绩。为大手笔打造居住者自豪、旅游者羡慕、投资者向往的生态园林城市,市委、市政府专门聘请了有名的城市规划设计专家对新余的山、水、湖、路、教育城、工业园进行了高标准的规划设计,并建成了城市规划展示馆,正式提出并着手组织实施“两江四岸、五个功能区”组团式城市建设总体构想,为高标准建设新余城市打下了良好基础。

与新余城区建设相比,2003 年全市 4 个县(区)的城镇建设也竞相媲美。分宜县投资数亿元完成了县城“三位一体”改造;市高新区新城区完成了以“一横四纵”为主的 12 条城市道路建设。

环境保护和生态环境建设向纵深发展。主城区的空气环境质量已有明显改观,工业废气中二氧化硫、工业粉尘、烟尘排放达标率分别为 98.8%、88.7%、78.5%。

能源交通邮电通讯对经济发展的支撑作用不断增强。2003 年货运周转量和客运周转量分别达 1601 万吨公里、1078 万人公里。全市公路通车里程达到 1645.5 公里,一个以市区为中心、区乡镇为下点,高速公路为骨架、辐射城乡、四通八达的公路网络已经形成。全年完成邮电业务总量 56765 万元,同比增长 18.2%。

【利用外资】

新余市着眼于整体形象的塑造和综合竞争力的提高,不断推进观念和机制创新,出台了《关于进一步优化投资环境的若干规定》,采取“利润倒算法”确保投资者得到理想的预期回报,外来投资 200 万美元以上的基础建设和公益项目减免 33 项缴费项目,与国家相关法律政策吻合,与国际惯例接轨;实施以一个窗口对外,一条龙服务等为主要内容的“五个一”系统工程,提供优质高效服务;积极推进行政审批制度改革,行政审批事项取消率达 64.2%;不断完善内部管理和自律机制,成立改善投资环境办公室,建立投诉中心,维护优良秩序;创新投资体制,拓宽投资领域和引资渠道;加快建立现代企业制度,培育和规范社会中介组织,完善社会保障机制等十项改革步伐,努力创造政策优惠、服务优质、秩序优良、环境优美、体制优越的小气候,开成了开放引进的“洼地效应”。2003 年,全市实际利用外资 3715 万美元,比上年增长 22.6%,实际利用国内省外资金 34.81 亿元,增长 79.8%。到 2004 年 6 月底实有外资企业 89 家,世界 500 强企业纷纷落户新余。共接待海外游客 1044 人次,旅游外汇收入 22.1 万美元。

【市长论坛】

建设区域中心城市　实现新余率先崛起

新余市人民政府市长　汪德和

根据党的十六大和省第十一次党代会精神，我们在深刻认识市情的基础上，确立了“江西崛起，新余率先”的奋斗目标。具体来说，就是到2007年，全市生产总值在2002年基础上翻一番，达到200亿元，财政总收入超过27亿元；到2015年，生产总值再翻一番，比全省提前5年率先实现全面小康社会。

比较而言，新余具有率先崛起的优势。从总体来看，新余是江西省工业化程度最高、城市化速率最快的城市之一，在新近公布的全国200个大中城市综合竞争力评价中，我市列第66位，在江西仅次于南昌。从发展后劲来看，我市涌现出一大批新的经济增长点。高新开发区是我省招商引资十佳工业园区之一，区内已聚集投产企业76户，即将开工或投产的投资过亿元的工业项目9个；近两年落户我市的上海华源、安徽海螺、南京雨润、宁波华翔、浙江商城等知名企业纷纷追加投资，发展势头均显强劲；新钢、新电等省属大型企业竞争力持续增强；旅游、民办教育、物流商贸等新兴产业方兴未艾。从工业基础来看，近3年全市规模以上工业年均增长25.3%，分别比全国和全省高5.1和6.8个百分点，已形成钢铁工业为主体，机械、纺织、电力、建材、化工、食品加工为支柱的工业体系。从区位及交通来看，新余位于南昌和长沙两个省会城市、长三角和珠三角两大经济发达区域之间，浙赣铁路横贯全市，赣粤、沪瑞高速公路穿境而过，四条省道交汇于此，境内还有四条地方铁路、三条铁路专线。从电力、土地等生产要素来看，我市电力充足，是赣西地区的供电中心；在沿海土地稀缺情况下，我市保有工业预留用地1万多亩；民办教育被教育部誉为“新余现象”，每年向社会输送大批合格技能型人才，市内一批大型国有企业拥有众多熟练技工；与沿海地区相比，新余的土地、劳动力、水、电、气等成本较低。从矿产资源来看，新余的硅灰石、铁、煤、钨等储量丰富，极具开采和深加工价值。这些比较优势，为实现新余率先崛起创造了良好条件。

着眼于扬优成势，我们确定了新余加快发展、率先崛起的基本思路，即：以邓小平理论和“三个代表”重要思想为指导，全面贯彻党的十六大和十六届三中全会精神，坚持以人为本，树立全面、协调、可持续的发展观，以扩大开放为主动力，坚定不移地推进工业化、城市化和农业产业化，把新余建设成为经济布局合理、城市功能完善、体制充满活力、产业具有优势、人居环境优雅、人民生活水平较高的现代区域中心城市。在实际工作中，我们将重点把握好以下几个方面：

——坚持开放活市，以城门广开带动财门广开

在经济全球化的今天，一个地方的经济总量和发展水平，往往并不取决于地域的大小、人口的多少，而是更多地取决于对内对外开放的深度和广度。行政区域不大、本地资本有限的新余，必须把发展开放型经济作为经济工作的生命线，以竞争性姿态抓招商引资，借助外力求发展。一是优化投资环境。我们把营造投资成本最低、回报最快、信誉最好、效率最高的投资环境作为提升招商引资竞争力的重要品牌，以开展塑造新余人新形象活动为载体，强化市民“人人代表新余形象、个个都是投资环境”的意识，努力营造亲商、安商、富商的人文环境；以开展政务环境评价活动为载体，组建政务投诉中心，加强经济环境整治，改进办证服务中心，全面优化政务环境；以建设“信用新余”为载体，整顿市场经济秩序，加快“金融信用工程”建设，创建投资、金融安全效益区，大力提升政府、企业、个人信用，加快建立良好的信用环境；以创建“平安新余”为载体，大力开展基层创安活动，加强综合治理、完善群防群控体系，营造安全稳定的治安环境。二是创新招商主体和方式。在主体创新上，积极探索专业化、市场化、社会化招商的有效途径，发展内线招商、委托招商和顾问招商，并下发专门文件，鼓励民间团体和市内外人士招商致富。在方式创新上，广泛运用推介会招商、网上招商、以商招商等方式，并探索出离岸招商的新方式，即我市高新区与香港财富集团合资开发建设财富科技园，由财富集团在美国、香港和台湾设立招商引资离岸公司，负责引进国际知名企业落户科技园。三是发挥优势、抓住重点、选准载体扩大招商。即充分发挥我市在能源、土地、劳动力、交通等方面的优势,瞄准香港、台湾、浙江等重点地区,广泛运用企业、基础设施建设、旅游资源、社会事业、商贸流通业、矿产资源等六大载体,不断提升招商引资的总量和水平。

——坚持产业强市,以经济中心支撑区域中心

在经济决定实力的今天,区域中心城市必须首先是经济中心城市,而优势产业集群则是一座城市经济实力和核心竞争力的集中体现。产业结构较为单一的新余,必须选准突破口,抓住爆发点,加速培育和壮大具有新余特色的优势产业集群和支柱产业。一是全力打造聚集产业的新平台。即:举全市之力加快高新开发区建设。广泛吸引各类资本参与开发区建设经营,形成多元投入机制。依托现有产业基础和比较优势,以骨干企业、名牌产品为龙头,发挥园区的集聚效应,加快形成集中度高、关联度大、竞争力强的支柱产业群。力争通过3至5年的努力,全部建成高新区,使之成为我市新的经济增长极、工业新城、出口基地和劳动力就业基地。二是大力激活创生产业的新力量。即:发展民营经济。全面落实对民营企业的国民待遇,让它享受和外资企业一样的优惠政策。完善中小企业担保中心职能,积极帮助民营企业解决融资问题。鼓励民营企业退城进区(工业园区),支持民营企业嫁接改造国有、集体企业,大力支持潜力大、前景好的重点民营企业靠大联强、做大做强,按照现代企业制度要求完善企业治理结构。三是做大做强现有的优势产业。依托新钢、新电、海螺、华源、华翔、福润等骨干企业,强化产业链式发展,做大做强钢铁、电力、建材、纺织、机械、食品加工等支柱产业。主动承担企业办社会职能,在融资、征地、供电等方面给予企业全力支持,使企业实现主辅分离,不断调整结构,壮大主业。四是培育壮大潜在的优势产业。按照“城内大商场、城郊大市场”的要求,以抓好投资4.5亿元的中国商贸城和投资过亿元的物流中心、小商品城、直属粮库改造等项目建设为重点,加快商贸物流业发展;按照创建中国优秀旅游城市的要求,以抓好投资13亿元的抱石名园建设、推进仙女湖整体开发为重点,着力加快旅游业发展;按照打造技能型劳务输出基地的要求,放大民办教育“新余现象”,加大扶持力度,整合教育资源,加快教育产业发展。

——坚持经营建市,以精品城市打造品牌城市

在城市化成为我国各地经济发展主推力的今天,一座城市是否环境优美、功能完善、生活舒适、经济繁荣,是它对周边地区具有影响力、吸纳力、辐射力的前提和基础,作为一座知名度不高的南方中等城市,新余必须强化精品意识,坚持高起点规划、高标准设计、高质量建设、高效能管理,努力打造独具特色和魅力的品牌城市。一是以组团式开发为抓手,加快三大功能新区建设。积极推进“一城五区、两江四岸”组团式城市开发,力争用3年的时间基本完成高新开发区、仙女湖旅游城、仙来新区等三大城市新区建设,使城市常住人口达到40万以上,城市建成区面积达到48平方公里。二是以创建国家园林城市为载体,着力塑造新余的城市特色和魅力。大力推进城市园林美化工程,切实抓好城市大环境绿化,加速推进浙赣铁路防护林、城西绿化隔离带、“两江四岸”绿化带建设。大力推进标志性文化设施建设工程,积极启动环城文化走廊建设,高标准建成新欣大道、仙来东大道、校园路、清宜公路西段等标志性城市进出口景观,着力抓好体育中心、艺术中心、仙女湖影视城等项目建设,使之成为我市永久的标志性建筑。大力推进城区主干道“穿衣戴帽”工程,争取用2—3年的时间,全面完成主城区街道“穿衣戴帽”改造,所有人行道全部铺设高档次道板,管线全部下地,街道的绿化、亮化、管线、电话亭、报亭等设施全部规范、统一、有序。三是以破解城市建设和管理难题为突破口,推动城市管理上新台阶。着力整合城市资源,强化城区调控功能。明确城市分级管理功能,坚持“区域性功能收归市里统一管理,功能性权限实行分级管理”的原则,将土地、规划、城市交通、水电气等职能统一收归市里。着力提升城市规划层级,彻底杜绝违章建筑。坚持“统一规划、连片开发、分步实施”的原则,加快城中村改造步伐,有序推进旧城整体改造开发。着力优化城市管理,加速城市公用事业发展。全面推行城市供水、供气、公交等事业单位股份制改造;按照“花钱买管理,不花钱养人”和管、保分离的原则,公开拍卖城区道路保洁权和园林、市政养护作业权;抓好城管“110”建设,坚决取缔摩托车等非营运车辆营运行为。积极组织开展创建全国社区建设先进市活动,争取用两年的时间,建立完善以社区为主体,市、街道、居委会和社区四级联动的城市管理新体制。

【支柱产业】

新余市支柱产业

新余是新兴的钢铁工业城市，因钢设市、因钢复市，钢铁工业在我市经济中有着举足轻重的地位。2003年，在我市规模以上工业企业中，黑色金属冶炼及压延加工工业工业增加值、产品销售收入分别为22.5亿元和84.9亿元，分别占全市的71.9%、73.2%。在全省钢铁工业分量也较重，2003年我市规模以上黑色金属冶炼及压延加工工业增加值、产品销售收入分别占全省的46.9%、45.0%。

新余是江西最大的钢铁生产基地，全国重点铁合金生产基地。2003年，钢产量256.7万吨，生铁产量225.2万吨，成品钢材246.8万吨，铁合金7.33万吨。钢、生铁、成品钢材、铁合金产量分别占全省的42.8%、45.4%、37.7%和100%。新余有全省最大的钢铁生产企业——新余钢铁有限责任公司，它是集矿石采选、钢铁冶炼、钢材轧制于一体，普钢 特钢兼有，运输、动力、机修等辅助设施配套齐全的国有特大型钢铁联合企业，公司还拥有新华金属制品股份有限公司（上市公司）、昆明滇新锰铁有限责任公司等20家控股参股企业。资产总值86.52亿元，固定资产原值68.06亿元，净值36.53亿元。钢产量分别列全国、世界钢铁企业钢产量的19位、92位；在2003年全国大型工业企业中排名第133位，在2003年中国500强企业排序中列第266位，在2004年江西省50强企业中排名第三。

新余主要的钢产品有普钢、特钢、铁合金、金属制品、化工制品、炭素制品等六大产品系列，100多个品种、2000多个规格。主要产品有中板、线材、热轧带肋钢筋、薄板、高炉锰铁、圆钢、钢管、钢带、钢丝、金属制品等。产品质量优良，主要产品通过结构钢ISO9000质量管理体系认证。计量检测体系通过国家认证，中心试验室通过国家实验室认可。普通碳素结构钢热轧厚钢板、低合金高强度热轧厚钢板、船体用结构钢板、Cr12型锻制圆钢和扁钢等8个产品获国家冶金产品实物质量金杯奖，热轧带肋钢筋为国家产 品质量免检产品，线材是江西省重点保护产品。在全国各地建立了数十家经销机构，产品行销全国各地，用于三峡工程等几十项国家及省重点工程，产品远销日本、越南、蒙古、哈萨克斯坦 等国家和地区。

【优惠政策】

关于进一步优化投资环境的若干规定招商引资政策指南

中共新余市委 新余市人民政府

第一条 为了进一步贯彻“积极、合理、有效利用外资”的方针,切实保护外商(指境外、国外客商,下同)投资企业及投资者的合法权益,根据有关法律法规的规定,结合我市实际,制定本规定。

第二条 除国家明令规定的特殊行业外,允许外商投资企业在我市投资任何一个领域。

第三条 建立利用外资项目库,实现与国际国内信息市场投资市场联网,为外商投资者提供便利。

第四条 对外资额100万美元以上的外商投资项目由利用外资职能部门实行全程服务。

第五条 实行“一站式”服务。招商引资服务部门接受委托,代理申办外商投资企业成立的全部手续和变更手续。审批权限内的项目,只要报批材料齐全,确保投资者在七个工作日内领到工商营业执照。

第六条 凡不涉及国家禁止、限制外商投资产业的项目,其投资总额在500万美元以下(不含500万美元),且不涉及进出口配额许可证,建设和生产经营条件能自求平衡的,可委托县(区)审批。

第七条 对国家鼓励外商投资产业的生产性项目,其投资总额500万美元以下(不含500万美元)的项目,试行登记制。

第八条 简化外资企业名称核准程序和全国组织机构赋码程序。外资项目在编制可行性报告前可先向工商部门申请核准企业名称。市技术监督局预先发给市外经贸局一批企业代码,由市外经贸局在发放外商投资批准书的同时给外商投资企业赋码。

第九条 凡法律法规和国家规定的向外商投资企业收费(行政事业性)项目,市里有权决定的,一律按规定的收费标准以供销限减半征收,有的还可酌情减免。其化收费项目一律取消。对准予收费的项目,制定《收费手册》,实行一个地点统一收取;凡未列入的项目,外商投资企业可以拒交。

第十条 对外商投资企业进行检查(含培训、评比、达标、考核等,下同),实行许可制度。检查之前由检查机关先拟定检查计划书面向同级政府利用外资领导小级提出申请,由市政府分管领导审核后报主要领导审批。未经许可,不得检查。

第十一条 严禁借检查之名向企业收取或转嫁检查费用、接受吃请或摊派人力、物力、财力、定购书刊、拉赞助以及无偿占用企业商品和物品、强行为企业提供有偿服务等干扰企业正常生产生活秩序的行为。未经法定程序,任何单位不得强行冻结或划拨、扣缴外商投资企业的款物等资产。

第十二条 对外商投资企业的年检实行联合年检制度。任何单位不得自行布置对外资企业的年检。

第十叁条 对持有新余市外商投资者俱乐部会员证的外商实行保护制度。任何部门不得随意扣留和进行住宿、车辆等检查。如遇特殊情况,应请示市政府分管领导审核并报主要领导同意后主可进行。

第十四条 对外商实行国民待遇,保护外商的合法权益。对外商公布的政策或做出的承诺,必须坚决兑现。

第十五条 对各种侵害外商投资者用企业合法权益的行为要严厉惩处。坚决打击哄抢、偷盗企业财物,滋扰、冲击企业正常生产、生活,强手揽强要工程、强行装卸车和收取保护费等违法行为,保障外商投资企业用其投资者的人身、财产安全。

第十六条 所有涉及外商投资的审批部门者要实行政务公开,通过各种渠道公开办事内容、程序、标准、时限和依据,提高服务质量,增强办事透明度。

第十七条 外商投资项目申请开工的,只要符合前置条件,建设、消防、环保、卫生、公安等部门,各自应在一个工作日内输完有关审批手续。项目工程竣工后,只要是在城网服务范围内的,供水、供电、供气、电信单位要确保十五日内实现通水(电、气、话)。

第十八条 技术监督部门对外商投资企业的产品,要优先给予产品技术认证服务,确保在企业提出申请后七个工作日内完成产品标准制定、计量认证工作以及产品质量检验认证报批手续。

第十九条 生产性外商投资企业,经营期在十年以上,从获利年度起,第一、二年免征企业所得税,第叁、四、五年减半征收企业所得税。

第二十条 优先安排外商用地。建设部门在二个工作日内完成规划论证;土地部门在受理用地申请后二个工作日内完成预审,并在四个工作日内完成征求有关部门意见的工作;用地方案经批准后,土地部门在叁个工作日内办完用地手续。

第二十一条 外商投资企业因生产需要使用我市存量土地的,实行如下优惠:

(一)总投资在50万元-100万元的按土地使用权出让金优惠10%。

(二)总投资在101万元-500万元的按土地使用权出让金优惠15%。

(三)总投资在500万元以上的按土地使用权出让金优惠30%。

第二十二条 金融单位要按照国际惯例和商业银行运行法则为外商投资企业提供配套的金融服务。在具备同等条件的前提下,外商投资企业可与市内其他企业同等享受新余市信用担保中心给予的信贷担保支持。

第二十叁条 市属国有企业利用外资嫁接改造(含合资、合作),盈利后,在获利的头五年可在税后利润总额中,对外方实行让利。生产性项目,外方投资占注册酱50%以上和出口创汇型、先进技术型企业,让利15%;不足50%的让利10%;非生产性企业让利5%。让利后各方再按出资比例进行分配。

第二十四条 外商投资者本人和随行家属,可依据国家有关规定向公安机关申请输一定期限多次出入境手续和相应期限的暂住手续。其国内亲属申请到境外、国外探亲、旅游、留学、定居的,属我市有批准权限的,相关部门在叁个工作日内为其办理好有关手续;需报省审批的,凡符合条件的从速报批。

第二十五条 外商投资者在我市实际投资每5万美元或40万元人民币,可为其一名亲友由外地迁入或农村户口转为所在地的城镇户口。凡来料加工装配年实际工缴费收入每10万美元,补偿贸易实际进资每20万美元,允许其一名大陆亲友由外地迁入或农村户口转为项目所在地的城镇户口。办理准迁落户和城镇户口只收取工本费。

第二十六条 外商投资者子女上学,凭营业执照和市政府利用外资办公室有关证明就近安排,不加收任何费用。

第二十七条 设立外资企业接待日制度和外商投诉专线电话。接到外商投诉举报后,投诉中心要在叁个工作日内将调查结果直接答复外商。有关部门在收到投诉处理卡七个工作日内做出明确答复。

第二十八条 对未按本规定履行职责的部门和单位,责令其限期改正,对滥用职权,玩忽职守造成损失的直接责任人和单位主要领导进行追究。对破坏外商投资环境的典型案例,由纪检监察机关实行案件查处通报和新闻媒体曝光。对触犯刑律的,由司法机关依法追究刑事责任。

第二十九条 对执法部门和涉及外商投资企业审批部门的服务质量,不定期地组织外商投资企业进行形象测评。

第三十条 市外投资企业比照本规定(第九条除外)执行。

第三十一条 本规定由市政府利用外资办公室负责解释,并自发布之日起实施。过去有关规定与本规定不一致的,以本规定为准。

关于进一步优化投资及经营软环境的通知

新余市人民政府

分宜县、渝水区人民政府，仙女湖风景名胜区管委会，市政府各部门，市直各单位：

为贯彻落实省人民政府《关于整治和优化投资及经营软环境的决定》(赣府发[2000]18号)精神，进一步加大我市整治和优化投资及经营软环境工作力度，保持经济持续、快速、健康发展，现就做好整治和优化投资及经营软环境工作的有关问题通知如下：

一、统一思想认识，加大整治软环境的力度

1. 各地、各部门必须增强整治和优化投资及经营软环境的紧迫感。要把优化环境作为推动全市经济发展的突破口来抓，作为一把手工程，列入各级政府的重要议事日程和工作考核内容。县、区政府必须成立由政府主要领导任组长、有关经济主管部门和行政执法部门领导为成员的改善投资环境领导小组，按照全省投资环境优化年和市委、市政府的统一部署和要求，抓好本地区的环境整治和优化的各项工作。要充分利用多种宣传媒体广泛开展宣传发动和舆论监督工作，营造整治投资环境的良好舆论氛围，推动整治工作深入开展。

2. 各地、各部门要结合学习贯彻"三个代表"的重要思想和"三讲"教育，集中开展一次整治和优化软环境的自查自纠活动。要反思过去，查找差距，做到边整改、边提高，并集中查处一批破坏投资及经营环境的典型案件。要针对自查自纠和群众举报反映出来的问题，迅速研究制定整改措施，务求取得明显成效。

3. 各地、各部门要坚决贯彻落实好国家和省出台的一系列促进经济发展的方针、政策和我市十项改革的具体措施。确保兑现鼓励外来投资的各项优惠政策，切实落实市委、市政府关于进一步优化投资环境的各项措施及规定，不得借故打折扣，更不准拖延不办。

4. 要十分重视建立和维护良好的市场经济秩序。要按照建立社会主义市场经济体制的要求，努力建设统一、开放、竞争、有序的市场体系；按照法律、法规的要求，严厉打击生产销售假冒伪劣产品等各种违法经济行为，纠正不正当竞争行为，规范各种经济活动。充分发挥各种经济成份在社会主义市场经济中的作用，在资源配置上平等对待各种所有制经济成份，为各类市场主体提供平等的竞争条件和环境。

二、坚决制止乱收费、乱罚款、乱摊派和乱检查行为

1. 坚决减轻企业的税外负担。凡国家和省政府已明令取消的收费项目还在继续收费的，要严肃查处；对经过上级财政、物价部门审批的收费项目，也要继续进行清理，该取消的坚决取消；对经清理确需保留的收费项目，标准过高的要把标准降下来，收费标准有幅度的一律从低，并向社会公布。

2. 建立、健全各项收费管理制度。对准予收费的项目，严格实行缴费登记卡和收费许可证制度。收费登记卡由物价部门向企业发放，收费单位收费时，必须按今年已经公开的收费项目、收费依据和收费办法进行，并据此建立收费明示卡，向收费对象明示。明示卡以外的项目，企业有权拒交。收费时，须使用财政部门统一印制的行政事业性收费收据，并严格实行"收缴分离"制度。

3. 严格执行国家及省、市制止"三乱"的规定，从严惩处违法违纪制造"三乱"者。坚决杜绝向执法部门下达罚款指标，利用执法行为强行搭车收费的行为。任何行政事业单位及其工作人员不得向企业摊派、索要赞助和无偿占用企业的人财物，报销各种费用；不得干预企业依法自主经营，强行要企业接受指定服务，从中牟利；不得以任何借口强制或变相实施行业垄断和地方保护，强迫在我市投资的企业和个人购买指定的设备；不得将政府部门正常的工作职能转交给中介组织开展有偿服务，或将应由企业自愿接受的咨询、检测、信息等服务变为强制性服务，强行收费；不得强迫企业参加收费性质的会议、培训、考察、检查评比、学会、协会、研究会等；不得强行向企业拉广告、强制企业订购书报刊物。凡违反上述规定的单位领导和直接责任人员，由监察部门依纪严肃查处。

4. 严格规范行政执法检查行为。任何行政执法单位进入企业执法检查必须依法进行，并向被检查企业出示有效行政执法证件，做到文明执法。同一部门不得对企业进行多级重复检查，对同一事项

各部门不得在同一年度内重复检查。一些普遍检查可改为抽查。不得违反规定向企业收检查费用，不得以检查为由无偿占用企业商品和物品。严格执行调查取证与处罚决定分开、罚款决定和罚款收缴分离的制度。执法机关对检查中发现的问题，应提出限期整改要求，依法确需处以罚款的，处罚机关要严格履行法定程序。

三、严格财经纪律，依法规范税收行为

1. 各地都要实事求是地确定财政收入水平，科学合理地安排财政预算。各地、各部门要千方百计节减开支，做到量入为出，有多少钱办多少事，避免不切实际的收入指标导致的违法、违规收税和过度收费行为的发生。

2. 严格依法治税，规范收费。各地、各部门要严格执行国家税收法规，严格依法治税，不准收过头税，不准提前收税。要严格按照法定的财税体制划分收支，不得随意更换预算收入级次和调整税种，挤占上级财政收入。对各项合理收费，要严格实行收支两条线管理，并对行政性收费的使用实行严格的监督，集中一部分财力用于缓解经常性支出的压力。

四、加强法制建设，建立良好的法治环境

1. 各级政府要进一步增强依法保护企业经营者和投资者合法权益的观念，不断改善投资和经营环境。各有关部门要结合本地、本部门实际，制定有利于保护外来投资者合法权益和有利于企业发展的政策和措施。各行政机关和法制机构，要充分运用行政手段和法律手段保证维护企业经营者和投资者合法权益的各项法规和政策的实施。各地要对当前涉及投资者和企业的经济案件进行梳理，对久拖不决的案件要查清原因，扫清障碍，从速依法查处，坚持维护投资者和企业的合法权益。

2. 加强社会治安综合治理，为广大投资者和企业营造一个安定的投资及经营的治安环境。特别要依法保障投资者及其企业的人身安全、财产安全，重点打击危及企业的刑事犯罪活动，严厉打击针对企业的敲诈勒索、强买强卖、强行承包工程、索要“保护费”等不法行为；坚决制止并妥善处理企业周边地区群众向企业无偿搭取水、电，强行索要赞助的侵害企业利益的行为。

3. 严厉惩处执法中的腐败行为。有法不依、执法不严、执法不公、越权执法等现象，是造成当前软环境问题的重要原因，必须进行专项整治。

当前要重点对下述六个方面进行整治：

一是执法部门随便关押甚至打骂企业法人代表事件；

二是一些部门和个人向企业敲诈勒索和“索拿卡要”行为；

三是涉及企业的案件，经法院判决后得不到有效执行问题，以及动辄查封企业固定资产、冻结企业银行帐户行为；

四是执法人员与流氓恶势力相勾结，侵害投资者、特别是外来投资者及企业合法权益行为；

五是利用办证、办照、年检之机，强行向投资者和企业“搭车”收费、推销产品、订购书刊行为；

六是故意刁难、报复投资者及企业，使企业遭受重大损失的事故。对上述事故，各级主管部门、监察部门和执法机关要做到有诉必查，查而必严，并依法、依纪从严惩处。

五、改进作风，优化服务，提高办事效率

1. 各级行政执法部门要切实转变作风，强化为基层、为企业、为投资者服务的意识。要加强干部队伍素质的培养，提高各级干部的经济理论、法律知识水平，对执法人员严格考核、严格资格审查。各级干部要牢固树立为企业服务的思想，正确处理管理和服务的关系，增强工作中的原则性和灵活性，多做优化环境的事，多做有利于本地经济发展的事。各级领导要深入企业，深入基层调查研究，把握工作重点和改进工作方法，主动上门为投资者、为企业服务，切实帮助企业排忧解难，维护企业的合法权益。有关行政执法部门要建立领导干部对口帮扶责任制，向企业主动宣传法律、法规和规章，督促企业规范经营，避免因违规经营而受罚受损，帮助企业规范有序地进入市场。

2. 积极推进政务公开。当前要重点抓好涉及企业和投资者的各项行政法规、政策的政务公开工作。所有涉及外来投资者和企业、个体私营业主及其法人、经济组织的办证、办照、收费、检查项目，以及办事程序、办事依据等，都应向社会及有关对象公开，提高工作透明度，自觉接受社会监督。

3. 切实转变政府职能，提高办事效率。政府各管理部门要按照精减效能、办事高效、运转协调的要求，简化办事程序，强化服务意识。各地要对外资企业实行“一站式”办公和联合年检制度，做到“一个窗口对外、一条龙服务”。对重大投资项目要实行领导跟踪服务制度和领导接待日制度，定期了解项目进展情况，及时协调解决项目报批、建设及生产经营过程中遇到的困难和问题。

六、加强领导，形成优化环境的合力

1. 各地、各部门要站在加快和促进新余经济发展的高度，增强为企业及投资者服务的意识，充分发挥职能作用，主动改进对企业的服务，积极协调处理企业发展中的问题，共同营造良好的投资及经营环境。供电、供水等与生产经营密切相关的基础行业要进一步增强服务意识，与企业加强协调与合作，提供良好的生产经营条件，不得随意停水、停电，确需停水、停电必须提前二十四小时通告，对不事先通告，随意停电、停水给企业造成损失的，要依法追究赔偿责任。金融部门要千方百计协助企业解决经营资金的困难，在资金投放上按照有关信贷政策，公平对待各种所有制经济。新闻舆论部门要积极搞好改善软环境的舆论宣传。

2. 各级政府及其各部门要建立和完善内部监督机制，把治理环境工作的着力点放在努力做好事先防范方面。上级主管部门都要认真履行对下级部门的监督职能，及时检查处理部门出现的影响投资和企业经营软环境的行为。

3. 动员社会各方面力量对投资及经营软环境状况进行监督，各级法制机构和行政监察部门以及负责投资环境整治和优化的工作机构都要设立举报投诉电话和信箱，认真受理举报和投诉。要鼓励新闻单位对软环境进行新闻舆论监督。建立企业评议行政执法部门制度，加强对行政执法部门的工作监督。对所有投诉要做到件件有着落、有回复，对一些影响较大的案件，政府领导要亲自过问，亲自抓，一抓到底，认真处理。对违规违纪的部门和单位，要责成其限时改正，并追究领导人的责任；对滥用职权、玩忽职守造成损失的直接责任人，要依纪从严查处；对“吃拿卡要”、故意刁难企业的执法人员要取消其执法资格，严重的要调离执法部门；对触犯刑律的，由司法机关依法追究其刑事责任。

4. 切实抓好投资环境优化年的各项工作，确保见实效。计划、经贸、外经、公安、消防、工商、税务、交通、建设、环境保护、土地管理、质量技术监督等部门以及电力、电信等行业要开展本部门(本系统)专项整治月活动。市整治投资环境领导小组将适时组织对县、区及市直部门整治投资环境工作进行专项检查，对自查自纠工作不认真、敷衍应付的地方和单位要责令改正，对问题较多、整改不力的要予以曝光，限期整改，对在优化投资环境中取得显著成效的部门予以表彰，对那些在整治中问题较多、整改不力的要严肃批评。

新余市重点企业名录库

（2003 年）

企业名称	通讯地址	资产总额（万元）	销售收入（万元）	员工人数（人）
新余钢铁有限责任公司	冶金路	874 488	802 183	29 752
中国人民武装警察部队水电第二总队	仙来西路	73 271	66 344	3 493
新华金属制品股份有限公司	胜利	47 828	57 199	921
江西新余发电有限责任公司	送桥	78 071	42 559	1 300
江西省新余市建筑工程总公司	团结路建筑大厦	2 359	24 603	4 002
江西省烟草公司新余分公司	劳动北路 18 号	6 728	22 674	254
江西新钢建设有限责任公司	新钢	22 365	21 263	2 060
中国石油化工股份有限公司江西新余分公司	劳动路 6 号	6 290	21 064	183
新余市良山钢管有限责任公司	良山镇周宇	4 117	17 828	678
南昌铁路第三工程有限责任公司	新余铁路地区	14 844	16 664	894
江西长林机械(集团)有限公司	北湖西路	71 607	16 385	2 568
江西分宜海螺水泥有限责任公司	湖泽镇闸洲	19 857	13 758	404
新余市永盛工贸有限公司	望城	4 684	13 164	110
渝水区粮食收购公司	城南	30 044	12 261	1 278
新余华源远东纺织有限公司	劳动北路	32 756	11 839	4 548
江西第二化肥厂	送桥	43 899	10 702	1 546
新余新钢劳动服务公司	西街 39 号	4 784	10 246	362
江西新余纺织有限责任公司	劳动北路		10 246	5 621
分宜驱动桥厂	分宜镇安仁路 42 号	6 514	10 072	618
新余市四通路桥建设有限责任公司	仙来东大道 57 号	9 218	9 873	580
赣西电力实业总公司	胜利北路 65 号	13 464	9 835	905
新余市兴达公路建设有限公司	仙来中路	660	8 100	230
分宜县双林夏布集团	双林镇双林	1 400	7 824	150
新余市渝水区农业生产资料公司	胜利北路 25 号	1 919	7 551	10
江口水电厂		5 913	7 500	384
分宜县收储公司	分宜五街	1 784	6 241	408
新余福论食品有限公司	仙来东大道	3 767	5 000	222
新余市渝水区供电有限责任公司	劳动南路 42 号	11 944	4 976	363
分宜县石油公司	分宜四街	597	4 763	45
江西省花鼓山煤矿	下村镇	18 467	4 439	2 400
新余新钢实业公司	良山镇周宇	3 581	4 005	1 770
新余市康美乐食品厂	劳动北路 15 号	3 026	3 936	350
新余新钢综合服务公司	公园南路 1 号	5 000	3 912	613
江西钢丝厂	岭泉	16 746	3 905	1 177
新余市腾达电器有限公司	劳动南路	1 256	3 838	108
分宜县供电有限责任公司	分宜镇站前路 28 号	5 414	3 555	388
新余市房屋建筑工程公司	西街	62	3 480	100
新余市新华书店	劳动南路	2 483	3 203	95
分宜煤矿电机厂	分宜镇站前路 40 号	2 290	3 107	402
新余市钢城实业公司	高新技术经济开发区	498	3 025	160
新余市沙土建筑集团有限公司	新余市仙来东大道 75 号	1 250	3 010	980
新余市渝水区棉麻公司	胜利北路 25 号	191	2 688	64
新余市赣新建筑工程公司	新余市里木塘路 3 栋 10 号	657	2 625	780
新余市包装彩印总厂	抱石大道	4 222	2 622	303
新余市赣东建筑工程公司	姚圩镇姚圩街	400	2 610	280
新余市渝水区建筑工程有限责任公司	新余市站前西路 19 号	262	2 568	238
江西恒强电力有限公司	城北办送桥	3 762	2 505	1 022
新余铁路建筑安装公司	新余铁路地区	548	2 481	45
新余市袁河建筑工程有限公司	罗坊镇罗坊街	390	2 460	280
新余市水泥厂	城南	3 901	2 357	180

续表1

企 业 名 称	通 讯 地 址	资产总额（万元）	销售收入（万元）	员工人数（人）
新余新钢耐火材料公司	良山镇西山岭六村	2 195	2 271	268
新余市水北镇建筑工程公司	新余市解放东路21号	450	2 190	580
新余市百货大楼	建设西路2号	3 519	2 168	361
新余市新钢广告装潢公司	新钢地区	2 569	2 015	85
江西江铃锻造有限公司	分宜镇府前路	3 977	2 002	354
江西电工厂	五一南路3号	14 598	2 002	702
新余市欧里水泥有限公司	欧里镇洲上	3 162	1 981	331
新余市赣中建筑工程总公司	新余市解放东路	1 260	1 952	636
新余市市政工程公司	长青南路	1 945	1 943	150
江西金新勘测工程有限公司	竹山路4号	1 432	1 901	167
新余市水利电力建筑工程有限公司	仙来中大道46号	3 959	1 887	359
新余绿洲橡朔有限公司	四街	1 541	1 856	112
分宜县食品公司	分宜二街	319	1 789	81
新余市南英建筑建材公司	新余市站前西路17栋68号	1 283	1 715	434
新余市开关厂	劳动北路132号	2 567	1 713	206
新余锻压有限责任公司	人民南路15号	3 495	1 699	298
新余市万宝建筑装修装饰有限公司	新余市劳动南路29号	26	1 676	50
新余市渝水区水西建筑工程公司	水西镇桐林村山上	107	1 630	560
新余市机械化工实业公司	劳动北路128号	1 071	1 594	110
新余市渝北建筑工程开发总公司	下村镇下简坊村	253	1 587	366
新余市百乐工贸有限公司	城北	366	1 407	39
新余新钢福利企业公司	胜利北路45号	809	1 264	104
新余市河下建筑工程有限公司	河下镇河下	688	1 246	428
新余市供水公司	抱石东大道	13 609	1 229	219
新余市淦发带钢有限公司	市高新技术开发区	1 994	1 225	110
新余新钢特殊钢有限责任公司技术开发部	良山周宇	305	1 184	107
新余市新德工业泵制造厂	五金工业区	2 353	1 149	77
新余源隆发展有限公司	城南	2 523	1 138	36
新余市赣锋锂业有限公司	河下镇	1 299	1 122	65
新余市粮油饲料公司	解放西路290号	456	1 112	37
新余市良山带钢有限责任公司	良山工业区	451	1 104	60
新余市宏达水泥制品有限公司	高新技术开发区	1 417	1 100	200
新余市渝水区珠珊镇建筑工程公司	新余市抱石大道	610	1 018	328
分宜县涛红实业有限责任公司	分宜镇府前路	69	1 009	200
新余市新亚新市场开发有限责任公司	劳动南路	930	1 003	129
新余冬冬宝纺织印染有限责任公司	通济路3号		1 000	80
新余市化工轻工公司	赣新东路90号	10	985	68
新余市旭长建筑有限公司	高新技术开发区	706	950	332
江西省新余制药厂	团结西路	2 200	933	110
新余新瑞特纺纱线有限公司	通济路	1 992	922	350
新余市兴林机械有限公司	城北	271	919	50
新余新钢防水工程公司	建设东路21号	616	909	126
新余市庆新金属制品有限公司	五金工业区	333	895	58
分宜县建筑建材总公司	分宜塘下路7号	680	890	180
分宜县石帽山水泥有限公司	湖泽镇闹州	263	888	180
县社建筑开发公司	分宜府前路	354	871	278
新余市新星线业有限公司	城北	435	865	151
分宜县医药公司	四街	740	863	45
仙女胡九龙黄田造纸厂	黄田	398	856	90
新庆余堂总店	劳动南路30号	787	853	124

续表 2

企业名称	通讯地址	资产总额（万元）	销售收入（万元）	员工人数（人）
江西省新余市供销大厦	抱石大道	1 821	850	204
分宜县山海建筑有限公司	分宜镇钤阳西路	860	835	390
分宜铁路水泥厂	分宜镇大台	519	824	112
分宜县苑坑乡林海公司	苑坑乡北坑	85	823	28
新余市久隆带钢有限公司	良山	193	823	46
江西省斌华水泥有限公司	水西镇城东开发区桐林	3 777	819	250
新余市江钢贸易总公司	周宇	1 957	814	179
新余市金兴木业有限公司	五金工业区	698	804	60
分宜县新华书店	分宜二街	605	802	27
分宜县远大电器城	分宜钤阳东路	1 320	799	56
江西省盐业总公司新余市公司	劳动北路	738	788	38
新余市韶嘉建筑装潢有限公司	长青路	1 040	776	281
分宜县建筑建材工业总公司	分宜镇塘浒巷	600	765	163
新余夏威姨贸易有限公司	劳动南路 72 号	764	761	53
新余市八达电子有限公司	五金市场	370	760	40
江西省分宜县伟业纸业有限公司	分宜镇	26	753	105
江西分电实业公司	分宜电厂	650	742	471
分宜县第三建筑公司	分宜昌山北路 127 号	311	728	359
分宜县松山矿业有限公司	松山镇下田	220	724	34
新余市新圳方园达贸易有限公司	北湖中路	788	720	40
分宜县二建公司	分宜钤山路 548 号	1 415	718	198
新余新钢民用建筑工程公司	新钢	1 114	711	224
江西一力生物企业有限公司	南英乡王年	3 010	680	110
新余市恒达炉料有限公司	周鱼	628	678	45
新余市新机机电设备有限责任公司	仙来中大道 42 号	68	670	27
新余市嘉利家具制造有限公司	五金工业区	585	660	37
新余市汇友金属制品有限公司	五金工业区	286	660	28
分宜广厦建筑公司	分宜钤山中路 497 号	371	654	365
分宜县杨桥建筑建材公司	杨桥镇杨桥路	627	650	272
分宜县新址造纸厂	新址乡白芒	550	638	98
市新瑞金属制品有限公司	挡下	207	628	28
新余华理机械铸照厂	五金工业区	405	617	58
分宜县钤阳矿业有限公司	分宜镇府前路	178	616	165
新余市凯利五金有限公司	五金工业区	285	610	34
新钢良矿服务公司	良山周宇	118	608	70
南昌铁路局新余橡胶厂	青年路	430	606	213
新余市力达机电公司	五金工业区	413	600	40
新余市煤气公司	凌上东路 13 号	2 458	598	133
新余市渝水区水泥电杆厂	胜利	354	597	187
新余市新钢贸易公司	新钢路 7 号	374	572	71
江西卫岗乳品有限公司	亚林中心	360	539	132
江西华电电力有限公司	五金工业区	1 285	539	58
江西燕京啤酒有限责任公司	分宜镇政法路	1 334	537	138
新余市五金交电化工公司	团结中路 12 号	3 410	537	235
江西新余钢铁总厂钢管厂综合开发公司	良山周宇	160	534	25
分宜县大岗山飞宇竹地板厂	大岗山乡山口	1 210	528	96
新余市洪鸭食品有限公司	高新开发区	52	510	10
市凯光橡胶有限公司	廖家	745	508	99
新余通宝工贸有限公司	五金工业区	358	504	54
新余市振滕金属制造厂	五金工业区	497	500	24

续表 3

企 业 名 称	通 讯 地 址	资产总额（万元）	销售收入（万元）	员工人数（人）
新钢松青开发公司	周宇路南	675	465	35
江西省医药集团新余公司	劳动南路 30 号	3 577	437	117
新余市新鹰贸易有限公司	胜利南路 30 号	370	428	70
分宜县西茶煤矿	凤阳乡礼堂	2 610	427	490
新余市糖酒副食品总公司	劳动南路 39 号	3 022	415	273
分宜县金龙贸易有限公司	钤山中路	213	415	140
江西恒强塑钢制品有限责任公司	珠珊镇板桥工业小区	1 208	410	40
分宜县自来水公司	分宜镇府前南路 29 号	2 751	405	72
新余市仙女湖建筑工程有限公司	赣新中路	1 003	381	501
江西治金矿山建设公司	分宜介垦	5 260	380	263
分宜县永昌建筑有限公司	分宜镇钤阳西路 68 号	450	380	180
江西江口水电厂电力实业总公司	河下镇	544	337	102
新余市建安工程有限公司	丽景新村	1 037	310	110
新余市城北建筑工程公司	新余市火车站北路	662	309	350
分宜县大岗山钨矿	大岗山大坑	299	304	190
新余市新大地电器有限公司	劳动南路	650	298	220
分宜县粮油饲料厂	分宜镇袁岭路 2 号	459	295	64
新余市金融海鲜城	劳动北路	527	287	72
分宜县建筑工程公司	分宜钤阳东路 35 号	416	224	487
新余市赣中建筑装璜公司	新余市仙来中大道 1 号	21	220	50
新余市利丰装潢工程有限公司	北湖东路	194	217	42
江西省花鼓山煤矿土建队	下村镇步桥	119	212	227
新余日报社印刷厂	北湖西路 2 号	339	207	50
新余市渝水区装璜工程公司	新余市站前西路 19 号	109	160	38
新余市城乡建设工程有限公司	仙来大道 19 号	1 121	160	60
新余前卫化工有限公司	赣新东路 18 号	880	159	300
新余市江新建筑有限责任公司	长青南路	676	152	120
新余市电子仪器厂	玉紫北路 10 号	835	150	153
新余市晨亮广告装潢工程有限公司	新余市五一路	325	150	35
新余市荣华成套装饰有限责任公司	桃园新村	125	142	74
分宜县马滩水电站	洋江乡	713	136	63
新余市海通装饰工程有限公司	胜利路	67	134	32
新余市城建房屋建筑有限公司	仙来中大道 19 号	1 978	128	170
新余市朝日钢结构工程有限公司	高新技术开发区	1 074	125	48
新余市九龙山乡工业有限责任公司	九龙山乡黄田街 30 号	168	110	61
新余市第三建筑工程公司	仙来中大道	219	105	100
新余市房屋装饰工程公司	建设西路 8 号	135	104	55
南昌铁路局分宜采石厂	分宜镇大台	219	99	106
江西中天广告装潢有限公司	仙来东大道 83 号	129	96	12
新余天翔纺织印染有限公司	通济路 3 号	350	95	146
新余市丽明广告装潢有限公司	解房西路	78	93	21
分宜县彩印包装厂	分宜镇风水南路	139	80	30
新余市房发基础工程有限责任公司	赣新中路	580	80	15
分宜县苎麻纺织厂	分宜镇水东	1 757	78	27
分宜县含岭食品有限公司	分宜镇园艺场	122	50	26
新余市良山工程安装有限公司	良山镇镇前路 6 号	38	46	18
分宜县雅山钨矿	大岗山乡江下	71	38	40
新余百货商场	赣新中路 7 号	957	34	260
新余市汽车修配厂	分宜镇安仁路子 12 号	421	29	38
分宜县印刷厂	分宜镇塘下路三号	260	17	135

渝水区重点企业名录库

（2003年）

企 业 名 称	通 讯 地 址	资产总额（万元）	销售收入（万元）	员工人数（人）
新余钢铁有限责任公司	冶金路	874 488	802 183	29 752
中国人民武装警察部队水电第二总队	仙来西路	73 271	66 344	3 493
新华金属制品股份有限公司	胜利	47 828	57 199	921
江西新余发电有限责任公司	送桥	78 071	42 559	1 300
江西省新余市建筑工程总公司	团结路建筑大厦	2 359	24 603	4 002
江西省烟草公司新余分公司	劳动北路18号	6 728	22 674	254
江西新钢建设有限责任公司	新钢	22 365	21 263	2 060
中国石油化工股份有限公司江西新余分公司	劳动路6号	6 290	21 064	183
新余市良山钢管有限责任公司	良山镇周宇	4 117	17 828	678
南昌铁路第三工程有限责任公司	新余铁路地区	14 844	16 664	894
江西长林机械（集团）有限公司	北湖西路	71 607	16 385	2 568
新余市永盛工贸有限公司	望城	4 684	13 164	110
渝水区粮食收购公司		30 044	12 261	1 278
新余华源远东纺织有限公司	劳动北路	32 756	11 839	4 548
江西第二化肥厂	送桥	43 899	10 702	1 546
新余新钢劳动服务公司	西街39号	4 784	10 246	362
江西新余纺织有限责任公司	劳动北路		10 246	5 621
新余市四通路桥建设有限责任公司	仙来东大道57号	9 218	9 873	580
赣西电力实业总公司	胜利北路65号	13 464	9 835	905
新余市兴达公路建设有限公司	仙来中路	660	8 100	230
新余市渝水区农业生产资料公司	胜利北路25号	1 919	7 551	10
江口水电厂		5 913	7 500	384
新余福论食品有限公司	仙来东大道	3 767	5 000	222
新余市渝水区供电有限责任公司	劳动南路42号	11 944	4 976	363
江西省花鼓山煤矿	下村镇下村	18 467	4 439	2 400
新余新钢实业公司	良山镇周宇	3 581	4 005	1 770
新余市康美乐食品厂	劳动北路15号	3 026	3 936	350
新余新钢综合服务公司	公园南路1号	5 000	3 912	613
江西钢丝厂	岭泉	16 746	3 905	1 177
新余市腾达电器有限公司	劳动南路	1 256	3 838	108
新余市房屋建筑工程公司	西街	62	3 480	100
新余市新华书店	劳动南路	2 483	3 203	95
新余市钢城实业公司	高新技术经济开发区	498	3 025	160
新余市沙土建筑集团有限公司	新余市仙来东大道75号	1 250	3 010	980
新余市渝水区棉麻公司	胜利北路25号	191	2 688	64
新余市赣新建筑工程公司	新余市里木塘路3栋10号	657	2 625	780
新余市包装彩印总厂	抱石大道	4 222	2 622	303
新余市赣东建筑工程公司	姚圩镇姚圩街	400	2 610	280
新余市渝水区建筑工程有限责任公司	新余市站前西路19号	262	2 568	238
江西恒强电力有限公司	城北办送桥	3 762	2 505	1 022
新余铁路建筑安装公司	新余铁路地区	548	2 481	45
新余市袁河建筑工程有限公司	罗坊镇罗坊街	390	2 460	280
新余市水泥厂	城南	3 901	2 357	180
新余新钢耐火材料公司	良山镇西山岭六村	2 195	2 271	268
新余市水北镇建筑工程公司	新余市解放东路21号	450	2 190	580
新余市百货大楼	建设西路2号	3 519	2 168	361
新余市新钢广告装潢公司	新钢地区	2 569	2 015	85
江西电工厂	五一南路3号	14 598	2 002	702
新余市欧里水泥有限公司	欧里镇洲上	3 162	1 981	331
新余市赣中建筑工程总公司	新余市解放东路	1 260	1 952	636

分宜县重点企业名录库

（2003年）

企业名称	通讯地址	资产总额（万元）	销售收入（万元）	员工人数（人）
江西分宜海螺水泥有限责任公司	湖泽镇闹洲	19 857	13 758	404
分宜驱动桥厂	分宜镇安仁路42号	6 514	10 072	618
分宜县双林夏布集团	双林镇	1 400	7 824	150
分宜县收储公司	分宜镇五街	1 784	6 241	408
分宜县石油公司	分宜镇四街	597	4 763	45
分宜县供电有限责任公司	分宜镇站前路28号	5 414	3 555	388
分宜煤矿电机厂	分宜镇站前路40号	2 290	3 107	402
江西江铃锻造有限公司	分宜镇府前路	3 977	2 002	354
新余绿洲橡朔有限公司	分宜镇四街	1 541	1 856	112
分宜县食品公司	分宜镇二街	319	1 789	81
分宜县涛红实业有限责任公司	分宜镇府前路	69	1 009	200
分宜县建筑建材总公司	分宜镇塘下路7号	680	890	180
分宜县石帽山水泥有限公司	湖泽镇闹洲	263	888	180
县社建筑开发公司	分宜镇府前路	354	871	278
分宜县医药公司	分宜镇四街	740	863	45
分宜县山海建筑有限公司	分宜镇钤阳西路	860	835	390
分宜铁路水泥厂	分宜镇大台	519	824	112
分宜县苑坑乡林海公司	苑坑乡北坑	85	823	28
分宜县新华书店	分宜镇二街	605	802	27
分宜县远大电器城	分宜镇钤阳东路	1 320	799	56
分宜县建筑建材工业总公司	分宜镇塘浒巷	600	765	163
江西省分宜县伟业纸业有限公司	分宜镇	26	753	105
江西分电实业公司	分宜电厂	650	742	471
分宜县第三建筑公司	分宜镇昌山北路127号	311	728	359
分宜县松山矿业有限公司	松山镇下田	220	724	34
分宜县二建公司	分宜镇钤山路548号	1 415	718	198
分宜广厦建筑公司	分宜镇钤山中路497号	371	654	365
分宜县杨桥建筑建材公司	杨桥镇杨桥路	627	650	272
分宜县新址造纸厂	新址乡白芒	550	638	98
分宜县钤阳矿业有限公司	分宜镇府前路	178	616	165
江西卫岗乳品有限公司	分宜镇亚林中心	360	539	132
江西燕京啤酒有限责任公司	分宜镇政法路	1 334	537	138
分宜县大岗山飞宇竹地板厂	大岗山乡山口	1 210	528	96
分宜县西茶煤矿	凤阳乡礼堂	2 610	427	490
分宜县金龙贸易有限公司	钤山中路	213	415	140
分宜县自来水公司	分宜镇府前南路29号	2 751	405	72
江西治金矿山建设公司	分宜镇介垦	5 260	380	263
分宜县永昌建筑有限公司	分宜镇钤阳西路68号	450	380	180
分宜县大岗山钨矿	大岗山大坑	299	304	190
分宜县粮油饲料厂	分宜镇袁岭路2号	459	295	64
分宜县建筑工程公司	分宜镇钤阳东路35号	416	224	487
分宜县马滩水电站	洋江乡洋江	713	136	63
南昌铁路局分宜采石厂	分宜镇大台	219	99	106
分宜县彩印包装厂	分宜镇风水南路	139	80	30
分宜县苎麻纺织厂	分宜镇水东	1 757	78	27
分宜县含岭食品有限公司	分宜镇园艺场	122	50	26
分宜县雅山钨矿	大岗山乡江下	71	38	40
新余市汽车修配厂	分宜镇安仁路子12号	421	29	38
分宜县印刷厂	分宜镇塘下路三号	260	17	135

第十一章：鹰潭市

骨干企业

- 江西铜业
- 贵溪化肥
- 果喜实业
- 三川集团
- 南方照明
- 新世纪水泥

重点工业园区

- 鹰潭市工业园
- 贵溪市工业园
- 余江县工业园

内容提要：

★ 市情简介

★ 市长论坛

★ 优惠政策

★ 鹰潭市200强企业

★ 县（市、区）简介

★ 工业强县（市、区）长专栏

★ 分县市区50强企业

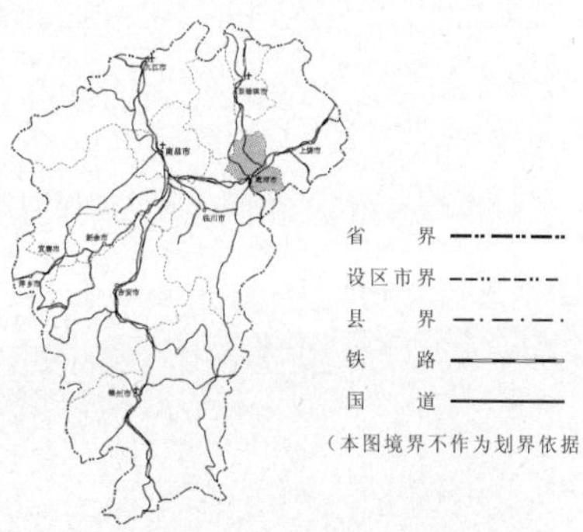

红土地上崛起的企业王国

果喜集团

AN ENTERPRISE KINGDEM EMERGING FROM THE RED SOIL GUOXI GROUP

九届全国政协委员、
江西果喜实业集团有限公司董事长、总经理
张果喜

果喜实业集团有限公司是一家多元化经营、集约化发展的民营企业集团。在国内外拥有二十多家公司，涉及工艺美术品、微型电机、化工合成材料、汽车内饰件、酒店旅游、影视 文化等行业领域，闯出了一条民营企业自立自强的发展道路。

2001年，为迎接中国加入WTO的挑战，巩固和发展壮大企业,在张果喜的带领下,果喜集团以邓小平理论和江总书记“三个代表”重要思想为指针，以“创新、发展”为主题,抓好三个重点（即巩固传统产业在国际市场的主导地位、加快新兴产业向国内同行业一流企业发展的步伐、加快高科技产品的产业化生产进程），创新经营机制、创新管理制度、创新生产技术，整合金融资源、整合人力资源，营造市场网络，夯实企业管理基础工作，抓好高科技项目的发展，提高了企业核心竞争力，使企业进入了一个新的发展时期。果喜集团坚持“厂富不忘社会忧”，积极资助社会兴办福利事业。历年来，累积捐款2000多万元资助政府兴办文化、教育、卫生、市政交通、社会福利等公益事业，并先后举办了“雕刻技工学校”、“残疾人雕刻技术培训班”，培养工艺美术人才2万多名，为社会公益事业的发展和把余江建成雕刻之乡作出了积极贡献。

由于企业发展迅猛，经济效益和社会效益显著，多年来获得各级政府和组织的嘉奖，连续18年被评为江西省优秀企业，并获得江西省有突出贡献企业、江西省出口企业利税大户，江西省先进私营企业，轻工部出口创汇先进单位、国家星火示范企业等荣誉称号。董事长、总经理张果喜自1984年以来，连续18年被评为江西省优秀厂长（经理）、三度省劳模、并先后获得全国百名优秀青年厂长（经理）、第二届全国优秀企业家、两度全国劳模、全国“五一”劳动奖章、全国首届十大杰出青年、首届中国经营大师、首届中国改革风云人物、国家级有突出贡献中青年专家、全国光彩之星等上百项省与国家级荣誉，并当选为第七届、第八届全国人大代表，第九届全国政协委员,担任了中国企业联合会副会长、中国企业家协会副会长、中国民营科技促进会副理事长，系中国企业届第一个获得“小行星”命名的企业家。

海南三亚果喜大酒店

园林式厂区

江西喜泰电机有限公司厂区

公司地址：江西省余江县城白塔中路35号
联系电话：0701—5881081传真：0701—5881156

【市情简介】

鹰　潭　市

【区位优势】

鹰潭市位于江西省东北部，信江中下游。地处北纬27°35′至28°41′，东经116°41′至117°30′之间。东部、北部分别与上饶市的弋阳、铅山和万年、余干接壤，南面、西面分别与抚州市的金溪、资溪和东乡毗邻，东南一隅与福建省光泽县相连，史称“东连江浙，南控瓯闽，扼鄱水之咽喉，阻信州之门户”。它因市区龙头山麓有一深潭，“涟漪兴其中，雄鹰翔其上”而得名。境内为中亚热带温湿季风气候，雨量充沛，光线充足，无霜期长，四季分明。年平均气温18℃，年均降雨量1750毫米，相对湿度76%。常年主导风向是东风、东北风。

【行政区划】

鹰潭早在清同治四年（1865）设镇，直至中华人民共和国成立后的1956年。1957年1月升格为县级镇，1958年4月又降格为贵溪县辖地；1960年7月再次升格为县级镇，1979年撤镇设市。1983年7月升格为省辖市，原县级鹰潭市区域改为市辖月湖区，同时辖贵溪县、余江县。1985年7月，被列为我国甲类开放城市。现下辖贵溪市、余江县、月湖区和龙虎山风景旅游区管委会。全市现有21个镇，13个乡，8个街道办事处。全市总面积3556.7平方公里，人口106.81万人。

【自然资源】

鹰潭市自然资源丰富，现已探明的有金属、非金属、特种矿、建材、宝石等五大类30多个品种。金属矿主要有金、银、铜、铅、锌、铁、稀土等，其中银、铅、锌是本市优势金属矿种。非金属矿主要有硫、硅石、瓷土、石墨、膨润土等。建材矿主要有花岗石、红石、建筑用沙、砖瓦粘土及陶土等。能源矿以铀矿为主。

【旅游资源】

距市区20公里的国家级风景名胜区——龙虎山风景旅游区，自古有“神仙所都”，“人间福地”之美誉。是我国正一派道教的发源地。其道教祖庭天师府与山东孔府并称“北孔南张”。景区共有99峰、24岩、108处自然和人文景观，旅游资源十分丰富，素以厚朴深重的道教文化，秀美奇绝的丹山碧水和千古未解的崖墓悬馆之迷而闻名于世。仙水岩是仙岩和水岩的总称。水岩怪石遍布，山水相映成趣，景点最为集中，有仙女岩、仙桃石、僧尼峰、云锦山等十大美景。仙岩又名仙人城，包括仙鼠石、凤凰桥、仙水井、仙姑庵、清浊水池、龙化池、兜率宫等十多个景点。上清宫是历代天师祀神之所。我国古典名著《水浒传》第一回“张天师祈禳瘟疫，洪太尉误走妖魔”就发生在这里。宫内伏魔殿的镇妖井就是施耐庵笔下梁山一百零八将的出处。龙虎山崖墓群被称为世界文化史上的一大奇观。这里崖墓棺木凌空、神秘莫测。墓葬距今2600余年，为春秋战国时期古越人所为。因其年代之久、数量之多、位置之险、造型之奇而举世罕见。

【交通运输】

鹰潭交通便捷，地理位置十分优越。境内320国道、311高速公路（上海——瑞丽）东西横穿，206国道南北纵贯。汽车站快客运输每日发百余趟，即日可达邻近省市各重要城市。鹰潭是华东地区的重要交通枢纽。浙赣、鹰厦、皖赣三大铁路干线在此交汇，并与京九线贯通，沟通大江南北。铁路鹰潭站是全国为数不多的特等站之一，下设鹰潭东编组站、鹰潭南货运站、鹰潭西客运站，三站呈“品”字型格局分布于市区。鹰东编组站是华东四大编组站之一，日平均编组1万余辆。鹰南货运站是一个百万吨级大型综合货运站，也是全国最大的零担集散中转站。鹰西客运站每日始发和经过客运列车110列，年发送旅客343万人次。

【城市建设】

鹰潭的城市雕塑为一座铜雕的鹰。鹰高5米，展翅8米，重8吨，基座3.25米，用黑色花岗岩装饰，东西两侧装有龙虎耳环。鹰雕躯体之大，位列全国之首，号称天下第一鹰。鹰潭的市树为樟树，市花为月季花。市区建成区面积达16平方公里，道路总长23公里，总面积108万平方米，人均道路面积8.68平方米。市区供水日综合生产能力14万吨，年供水总量2900万吨，城市自来水普及率达100%。市区液化石油气年供气总量3500吨，城市用气普及率达80%。年末实有公共汽车营运车辆47辆，年客运总量402万人次。全市拥有35KV～220KV变电站8座,全市用电量达83854万千瓦时。市区绿化面积达241.6公顷,绿化覆盖率为26.82%,人均拥有绿地面积20平方米。市区现有公园二座:鹰潭公园是解放以来建设的市区主要公园,占地7.4公顷,公园依山傍水,园内有古樟、动物园及大小型游乐设施和休闲场所;梅园公园1986年兴建,占地12.6公顷。特色宾馆有鹰潭华侨饭店是中外合资三星级旅游饭店,座落于市区繁华的站江路,环境优美,交通便捷,距铁路客运站仅500余米。饭店具有设备完善,装饰典雅的各种档次客房225间。鹰潭宾馆位于市中心,美丽的信江河畔,环境幽雅。宾馆按三星级标准建造,拥有各类客房100余间,是理想的下榻之处。

【名优特产】

鹰潭的名优特产有上清豆腐,天师板栗,贵溪灯芯糕等。上清豆腐是古镇上清的一大特色菜肴。它采用传统的手工石磨工艺,利用泸溪河畔优质天然矿泉水,以及精选优质大豆为原料,制成的豆腐具有鲜、嫩、白、爽、香、滑的鲜明特色。天师板栗是龙虎山最有名气的一大特产。这种板栗个大均匀,油光鲜亮,细润脆甜,营养丰富,为理想的果品和滋补品。贵溪灯芯糕用优质糯米和多种名贵中药精制而成。它具有活血提神,健胃顺气之功能,是江西四大名特糕点之一。

【经济概况】

改革开放以来,尤其是建市以来鹰潭的经济发展迅猛,总量不断扩大。2003年,鹰潭市国内生产总值达79.72亿元,人均国内生产总值达7491元。全市财政收入达86342万元,其中,地方财政收入为44810万元。全市财政支出为86155万元。金融机构存款余额为89.39亿元,其中城乡居民储蓄存款余额为59.88亿元。全市金融机构贷款余额为91.55亿元,金融机构现金收入为214.10亿元,现金支出为209.52亿元,收支相抵净回笼4.58亿元。全市农业总产值达217893万元。全市邮政业务总量达0.47亿元,电信等行业务量达3.19亿元,全市电话程控交换机总容量已达151745门,住宅电话用户达12.38万户,移动电话用户达19.88万户,互联网用户达36229户, IC卡公用电话1747部。全市实现社会消费品零售总额24.86亿元,人均达到2328元。全市共有商品交易市场40个,市场成交额达111630万元。市区以广场、新一佳、国贸、万福隆等大超市、大商场为依托的中心商务区建设已初具规模。九十年代以来,鹰潭结合自身实际,制定了一系列鼓励国内外客商投资的优惠办法,主要涉及减免税收、土地征用、户籍迁移等方面。2003年,鹰潭市吸收外商投资来自18个国家和地区,累计实际进资2678万美元。全市完成固定资产投资额30.89亿元,房地产开发投资总额达3.32亿元。全市商品房销售面积为25.68万平方米。

【支柱产业】

经过20余年的建设,鹰潭正建设成为我国新兴的“铜都”和能源化工基地。鹰潭的支柱工业为铜冶炼及铜加工业、火力发电业、化学肥料制造业、中药制造业、水泥制造业、工艺美术品制造业、眼镜制造、加工业、微型元件制造业和电光源制造业。江西铜业公司是集采矿、选矿、冶炼、加工为一体的国有特大型联合企业,是我国最大的铜工业生产基地和重要的硫化工原料及金银产地,也是全国重点扶持的512家企业之一。现已形成年产铜40万吨的综合生产能力,跻身世界铜行业前10位,阴极铜产量约占全国总产量的25%。2003年,江铜实现工业总产值75.79亿元,年产品销售收入106.54亿元,拥有总资产137.66亿元,创利税总额7.29亿元。江西贵溪火力发电厂是一家国有大型火力发电企业,隶属江西省电力局。该厂一期工程装有四台国产12.5万千瓦燃煤发电机组,总容量为50万千瓦时,2003年发电量达30.86亿千瓦时。目前总投资25亿元的贵溪电厂二期扩建工程正处在可行性研究报告审批阶段。

【工业园区】

鹰潭市现有工业园区3个,进园企业75家。其中市工业园区创建于2001年6月,是省级工业园区。园区位于鹰潭市西南郊3公里处,属城市规划区内,总体面积11.14平方公里,控制性详规面积4.75平方公里。园区在建设上突出自己的特色,规划上统筹兼顾,建设上同步进行,既建成工业园区,又拓宽城市发展空间,聚集特色产业。

【市长论坛】

坚持科学的发展观　加快强市富民步伐

鹰潭市人民政府市长　　胡宪

党的十六届三中全会提出的“以人为本，全面、协调、可持续”的科学发展观，是以“邓小平理论”和“三个代表重要思想”为指导，从新世纪新阶段党和国家事业发展全局出发提出的重大战略思想，对全国各地紧紧抓住并用好用足本世纪头二十年重要战略机遇期，全面建设小康社会，实现经济社会更快更好的发展具有重要指导意义。“树立科学的发展观”，当务之急就是要用科学的发展观引领我们的工作，努力把科学发展观贯彻落实到各行各业建设小康社会的实践中，贯彻落实到广大干部群众“实现江西在中部地区崛起”的具体行动中。作为江西的一个设区市，鹰潭是一个欠发达地区，要贯彻落实好科学的发展观，实现省委、省政府提出的“江西在中部地区崛起”的目标，就必须在加快发展中落实科学的发展观，既要坚持全面发展、协调发展、可持续发展，又要始终抓住经济建设这个中心不动摇，把工作重点放在“做大经济总量，加速经济崛起”上。

一、立足提升经济总量，促进鹰潭加速发展

发展是科学发展观的第一要义，离开了发展就无所谓发展观。近两年多时间以来，鹰潭正是紧抓发展第一要务，统筹兼顾发展速度、结构、质量、效益，走出了一条经济结构得到优化、经济质量得到提升的快速发展之路。无论是2002年作出的“加速鹰潭崛起，实现小市有大作为”的战略部署，还是2003年根据党的十六大和省委第十一届四次全体会议精神，结合鹰潭实际明确“加速‘对接融入’进程，努力跻身全省融入‘长珠闽’经济圈第一方阵的”的发展思路，都是科学发展观在鹰潭贯彻落实的具体体现，都是市委、市政府为迅速做大经济总量、加快鹰潭崛起所作出的重大决策。近两年多时间以来，正是在科学发展观的指引下，鹰潭国内总产值、财政总收入、地方财政收入年均分别增长16.0%、20.0 %和16.5 %，增幅在全省均排位前列，其中财政总收入占GDP比例从2001年的10.2 %提高到2003年的10.91 %，经济效益得到提升，运行质量进一步提高。三次产业比从2001年的19.1:42.0:38.9发展到2003年的15.7:47.9:36.4，第二产业所占比重明显提高，三次产业构成更趋合理。

二、立足群众安居乐业，促进城乡共同发展

科学发展观指出：“将实现最广大人民群众的根本利益作为经济社会发展的出发点和归宿点”。在统筹鹰潭城乡发展中，我们始终坚持以人为本，按照省委孟书记所说的“既要金山银山，又要绿水青山”的要求，科学搞好城乡开发和建设，不断提高市民生活质量、改善市民生活环境、提高市民生活品位，努力营造适合城乡居民生产生活的安居乐业的良好环境。

在城市发展方面，为不断满足城镇化和市民日益提高的人居环境的要求，我们坚持一手抓硬件改造与建设，一手抓软件优化与提高。兴建和改造了龙虎山大道、天洁路、五洲路、沿江大道、胜利路、湖西路、高速公路鹰东连接线等一批城市基础设施，拉开了城市框架，提高了城市承载力，为加快全市城镇化进程夯实了基础。启动了城市垃圾填埋场、城市污水处理厂、城市管道液化气工程等一批与市民生活质量息息相关的城市环保工程，努力提高城市环保质量。在发展城市的具体操作中，我们还始终紧扣科学发展观这根主线，以提高质量为城市发展的生命线，坚持科学规划、合理建设、人性化管理。按照高起点、高标准的思路，委托天津市规划设计院、南开大学城市与区域经济研究所重新修编了2002—2020年鹰潭城市总体规划，新修编的总规获得了天津市优秀设计二等奖，为实现城市全面、协调、可持续发展打下了坚实的基础。按照节约资源，合理利用城市土地的思路，在遵循城市土地利用总体规划的基础上，强化城市土地供应和出让管理，坚决控制脱离实际的宽马路、大广场建设，防止在城市建设中搞脱离实际的政绩工程、形象工程。按照创建园林城市、卫生城市、双拥模范城市、优秀旅游城市的思路，连续两年开展了“告别陋习，树立新风活动”，促进了城市市民素质的全面发展，使之不断与城市发展的要求相适应。加强城市管理，促进了城市软环境不断优化，使之不断与城市硬件发展相和谐。

在农村经济社会发展方面，高度重视增加农民收入、减轻农民负担工作，彰显民本思想、农本思想。按照中央、省委一号文件精神，加大农业投入和政策倾斜，投资改造了中璜圩堤、白塔渠农村人饮工程、县乡公路改造等涉农水利、交通基础工程。深入推进农村税费改革，农民人均负担由改革前的83.96元下降到改革后的51元。保护好、引导好、发挥好广大农民推进农业产业化的积极性，全市发展农业产业化龙头企业45家，实现销售收入6.44亿元，增长25%，带动基地面积60万亩，参与农户12万户。

三、立足转变增长方式，促进可持续发展

坚持科学发展观的核心是转变发展模式，切实把工作着力点转到调整经济结构、转变增长方式、提高增长质量和效益上来，实现全面、协调、可持续发展。因此，必须坚持速度与结构、质量、效益相统一的集约发展观，走资源节约型内涵发展式的新型工业化道路。以市场为导向，以效益为中心，以结构调整为主线，加快由粗放经营向集约经营的转变，好中求快，稳中求进，做大经济总量。深化国有集体企业改革，大力发展公有资本、非公有资本相互参股的混合所有制经济。按照“服务、联合、配套、补位”的工作思路，积极支持驻市企业加快发展。采取一厂一策的办法，通过引导企业退城进园、攀高联强、改革产权制度、实施技改等多项措施，帮助地方特色企业扬优成势，做强做大。2003年全市规模以上工业企业完成增加值同比增长29.3%，销售收入增长42.3%，利税总额增长65.2%。

按照“面向全国，立足华东，主攻周边，拓展内涵”的工作思路，千方百计拓展旅游客源市场。加大旅游投入，加快景区和景点建设，不断提高景区容量和旅游接待能力。2003年，克服非典负面影响，龙虎山景区接待国内游客76万人次，直接收入2600万元，保持了不降而略有增长的好势头。

狠抓基础设施建设，不断增强经济发展活力。206国道鹰潭段改造、梨温高速公路鹰东(含信江大桥)、贵溪、余江连接线竣工通车；农村公路、旅游公路建设加快。至2003年底，全市公路总里程达到1623.847公里，等级公路密度为每百平方公里30公里，高于全国、全省平均水平。一个干支衔接、布局合理、功能较强的公路运输网络基本形成，并逐步发挥整体效益。贵溪电厂二期2台30万千瓦机组开工建设，贵溪罗河11万、龙虎山11万变电站建成投产。这些重点工程的建设，有效改善了交通、电力条件，夯实了经济社会发展基础。

四、立足三个文明共同进步，促进社会事业全面发展

坚持科学发展观，必须正确把握中央关于“稳定政策、适度调整，深化改革、扩大开放，把握全局、解决矛盾，统筹兼顾、协调发展”的思路，珍惜和发展当前经济发展的好势头，以科学发展观统领第一要务，坚持物质文明、政治文明和精神文明整体推进。在坚持以经济建设为中心的同时，大力发展科技、教育、文化、卫生、体育和社会福利、社会公益等事业，增加就业再就业，扩大社会保障覆盖面，确保经济社会协调发展。要坚持以人为本的发展观，尊重人的权利，尊重人的劳动，尊重人的价值，尊重人的个性和创造，努力解决城乡困难群众的生产生活问题，不断提高群众的生活水平和质量，使广大人民群众从改革发展中获得更多的实惠。

一要讲民主、求团结，科学决策。要加快建立和完善重大问题集体决策制度、专家咨询制度、社会公示和社会听证制度、决策责任制。要象爱护眼睛一样爱护班子的团结，一切重大决策，都要在深入调查研究、广泛听取意见、进行充分论证的基础上，由集体讨论决定，保证政府决策符合最广大人民的根本利益和普遍意愿。

二要顾大局、抓法制，确保政令畅通。要认真贯彻落实党中央、国务院的一系列方针政策和省委、省政府的重大决策部署，切实维护中央宏观调控政策措施的统一性、权威性和有效性，努力保持全市国民经济持续快速健康协调发展。要认真贯彻落实行政许可证法，进一步提高规范性文件的质量和水平，改进行政执法行为，强化行政执法监督，切实提高依法行政水平。要正确处理局部与整体的关系，坚持局部服从整体，小局服从大局。更大程度地发挥市场对资源配置的基础性作用，增强经济的活力和效率。

三要坚持以人为本，促进人的全面发展。一是着力培养群众的创新精神和创业能力。要着眼于开发人的才智、挖掘人的潜能，努力形成与社会主义初级阶段基本经济制度相适应的思想观念和创业机制。切实尊重一切有益于群众和社会的劳动，努力提供每个人充分表现自己才干的机会，保护好、引导好、发挥好各方面加快发展的积极性。采取有效措施鼓励广大群众自主创业、兴办企业和多渠道就业，引导广大群众特别是农民融入社会化大生产和城市服务行业。二是切实提高群众的文化素质和综合素质。坚持“多予、少取、放活”的方针，努力增加群众收入，提高群众物质生活水平。加强思想道德教育，提高群众的思想道德素质；优先发展教育，建设学习型社会，普遍提高群众受教育的程度，提高群众的科学文化素质；大力发展体育、卫生等各项事业，广泛开展全民健身活动，深入开展爱国卫生运动，加强疾病预防控制体系、卫生执法监督体系和医疗救助体系的建设，加强人口与计划生育工作，提高人口素质和健康水平。三是抓紧健全各项社会保障制度。继续深化社会保障制度改革，巩固两个确保成果，扩大保险覆盖面，不断完善三条保障线制度。积极发展社会福利、社会救济、优抚安置和社会互助等社会事业，切实保障妇女、未成年人、老年人、残疾人的合法权益，动员社会力量开展扶残助残活动。以人口素质的全面提高，推动经济和社会加速发展。

【优惠政策】

鹰潭市人民政府关于鼓励国内外客商投资的优惠办法

第一条 为进一步扩大对外开放,改善投资环境,鼓励和吸引更多的国内外客商来本市投资兴业和参与经济建设,争创经济发展新优势,根据本市实际,制定本办法。

第二条 本办法适用于下述到本市投资并登记纳税的国内外客商(以下简称外来客商)及其投资兴办的企业(以下简称外来企业)。

(一)国外、境外公民、法人或其他经济组织;

(二)本市以外的公民、法人或其他经济组织;

(三)外出兴业回迁本市或利用市外资金回市投资的本市公民

第三条 外来客商投资或兴办下述国家鼓励和允许发展项目,经营期在10年以上的,从企业获利年度起,由财政给予奖励,奖励数额:第一年至第二年为其缴纳所得税(地方实得部分)的100%,第三年至第五年为其缴纳所得税(地方实得部分)的50%。

(一)工业生产性项目;

(二)旅游业开发和经营项目;

(三)交通、市政公用等基础设施项目;

(四)农、林、水、牧、渔业开发及加工项目;

(五)其他社会公益事业项目。

第四条 兴办经市、县(区)认可的农业产业化龙头企业以及高科技的农业开发项目,除享受本办法第三条的优惠外,从认定年份起3年内,财政还给予奖励,奖励数额为其缴纳农业特产税的100%。

第五条 投资信息技术、生物工程、新型材料等高新技术项目(省以上认定,下同)以及投资额在5000万元以上的国家鼓励和允许类工业生产性企业,经营期在10年以上的,除享受本办法第三条的优惠外,从认定年份起2年内,财政还给予奖励,奖励数额为其缴纳税的增值税(地方实得部分)的100%。

第六条 外来企业将取得的利润投资于该企业,增加注册资本,或者作为资本在本市投资其他国家鼓励和允许发展项目,经营期在5年以上的,第1年至第3年,由政财按其再投资部分已缴纳所得税(地方实得部分)的50%予以奖励。

第七条 外来客商按规定足额缴纳税款后,才能取得以上奖励。奖金须用于企业扩大再生产、技术改造以及在本市购置房地产。

第八条 奖金由企业申请,有关部门确认后,由受益财政同级政府按比例一次性支付。财政部门每年年初应将奖励国内外投资企业的费用单独列入预算。

第九条 除房地产开发外,外来客商建设和经营所涉及的市收取的各种行政事业性收费,一律减半征收。市政府对有关房地产开发另有规定的,从其规定。

第十条 外来客商可以通过出让、转让、租赁等多种方式取得土地使用权,通过出让方式取得土地使用权的,土地出让金按规定标准计征,可分期付款,签约后首期付款30%即可办理相关手续,待项目投产后1年内付清余款。

第十一条 外来客商投资1000万元(含1000万元)以上兴办工业生产性项目或兴办高新技术项目,由财政按基缴纳土地出让金(地方实得部分)的100%安排专项补贴;投资额在1000万元以下的工业生产性项目,按其缴纳土地出让金(地方所得部分)的50%安排补贴。补贴于次年兑现。

第十二条 外来客商参与本市企业产权制度改革,享受市政府有关企业改制的优惠政策。凡对改制企业有效资产进行收购、重组或兼并后新办的企业,符合本办法第三条有关条件的,享受本办法的优惠:接受原企业职工的,可按接收人数、安置费标准和就业期限计算,抵扣资产收购款。

第十三条 对外来企业员工及其家属户籍迁鹰,在执行本市户籍管理优惠政策(鹰府发[1999]39号和鹰府发[2000]38号)的基础上,进一步放宽条件,凡到本市投资办企业的,其企业负责人、管理人员、生产骨干及随其共同居住的直系亲属均可以迁入本市。

第十四条 外来企业引进的人才带入科研成果或专利,并使企业产生明显效益的,3年内可由企业按项目利润的10%-30%计提奖金奖励其本人,并允许企业税前列支。

第十五条 外来客商所携带的非本市牌照车辆，可在木市正常使用，需要换发本市牌照的，除车检、牌照工本费外，不附加任何费用。

第十六条 外来客商的子女，只要取得本市户口，即可办理转学手续，并在其他方面享受市民同等待遇。

第十七条 在本市年纳税500万元以上的外来企业，可按照"一企一策"的办法，给予更大的优惠。

对纳税前10名以及其他为本市经济发展作出突出贡献的外来客商，按贡献大小，由市委、市政府给予表彰、奖励并授予荣誉称号。

第十八条 国家、省有关的政策比本办法更优惠的，从其规定；到本市工业园区投资的，适用《鹰潭市工业园区招商引资优惠办法》，未涉及的有关事项，按本办法规定执行。

本办法条款中凡涉及定量考核内容的双重或多重优惠，不重复享受，但可照最优惠条款执行。

第十九条 市利用外资办公室和市经济技术合作办公室是市政府招商引资的归口管理部门。履行招商引资工作的管理、协调和服务职能，对涉及外来客商和招商引资有关问题，应会同市有关部门给予以协调解决。

第二十条 本市公民新办企业，参照本办法执行。

第二十一条 本办法由市外资办、市合作办负责解释。

第二十二条 本办法自发布之日起施行。2001年8月17日鹰潭市人民政府印发的《关于鼓励国内外客商投资优惠办法》(鹰府发[2001]29号)同时废止。

鹰潭市人民政府关于鹰潭市工业园区招商引资优惠办法

第一条 为实施"工业富市"战略，鼓励和促进中外投资者来鹰潭市工业园区投资兴办企业，尽快把园区建设成为全市培育高新技术产业的基地，对外开放的窗口，经济增长的龙头，根据有关规定，结合本市实际，制定本办法。

第二条 鹰潭市工业园区(以下简称园区)实行一区多园，统一名称，统一规划，统一政策，统一管理。

第三条 本办法适用于园区内新办并在鹰潭市登记纳税的工业企业。

第四条 园区内经营期在10年以上的工业企业，从企业获利年度起，由财政给予奖励，奖励数额：第一年至第二年为其缴纳所得税(地方实得部分)的100%，第三年至第五年为其缴纳所得税(地方实得部分)的50%。

高新技术项目(省以上认定)，除按前款规定给予奖励外，从认定年份起2年内，财政还给予奖励，奖励数额为企业缴纳的增值税(地方实得部分)的100%。

上述奖励资金由企业申请，有关部门确认后，由受益财政同级政府一次性支付，奖金须用于企业扩大再生产、技术改造以及在本市购置房地产。

第五条 园区内的土地实行统一规划、统一征用、统一供应。按照"谁投资、谁受益"的原则，鼓励多元投资、多种形式开发。市规划区内由园区管理委员会组织完成"三通一平"的用地，按每亩平均3万元的价格出让，未"三通一平"的按成本价出让；其它地区工业园用地出让价格根据地类情况和征地成本等因素确定。

第六条 在园区内兴办工业项目，其建设和生产经营涉及市收取的行政、事业性规费全部免收。其建设和经营用电，适用大工业类的电价标准。

第七条 在园区内兴办工业企业，投资者只需与市工业园区管委会签定投资项目合同，提供必要的证明资料，一切手续由管委会代办。

市政府委托管委会在园区内行使有关行政管理职能，对园区实行封闭管理，市内任何单位、团体未经市政府批准，不切手续由管委会代办。

第八条 在园区内年纳税额500万元以上的企业，可按"一企一策"的原则，享受比上述规定更加优惠的待遇。

第九条 国家、省制定的各种优惠政策比本办法更优惠的，从其规定。

第十条 本办法由鹰潭市工业园区管委会负责解释。

第十一条 本办法自发布之日起施行，2001年7月21日市政府印发的《鹰潭市工业园区招商引资优惠办法》(鹰府发[2001]23号)同时废止。

鹰潭市重点企业名录库

（2003 年）

企 业 名 称	通 讯 地 址	资产总额（万元）	销售收入（万元）	员工人数（人）
江西铜业公司	江西省贵溪市冶金大道 15 号	1 376 645	1 065 408	32 912
中石化江西鹰潭石油分公司	鹰潭市南站路 63 号	8 199	79 201	160
中国第四冶金建设公司	江西省贵溪市建设路	53 554	61 054	9 116
江西贵溪化肥有限责任公司	江西省贵溪市化工大道 1 号	136 009	56 978	2 009
江西天施康中药股份有限公司	江西省鹰潭市建设路 21 号	34 011	27 651	2 388
江西省烟草公司鹰潭分公司	市交通路 34 号	6 982	23 942	121
果喜实业集团有限公司	余江县白塔中路 35 号	81 756	20 681	1 562
江西三川集团有限公司	江西省鹰潭市工业园	10 343	11 742	866
江西南方照明有限公司	江西省贵溪市西后街	8 614	10 289	2 088
贵溪新世纪水泥有限公司	江西贵溪新世纪水泥有限公司	23 028	9 447	167
贵溪华泰铜业有限公司	贵溪市冶金大道	5 842	9 262	88
江铜贵治分公司建筑安装公司	江西贵溪冶炼厂建安公司	9 084	9 084	547
海利贵溪化工农药有限公司	江西贵溪市柏里工业园区	11 281	8 353	438
江西天施康中药股份有限公司余江分公司	余江邓埠工业区东区交通北路	10 204	8 149	416
贵溪市三元冶炼化工有限责任公司	柏里大道西侧	3 855	4 119	310
江西可生生化有限公司	余江洪湖开发区	1 514	3 900	160
江西荣嘉医疗器械实业有限公司	余江中洲 1 区 1 号	2 200	3 100	400
余江县华平建筑工程有限公司	余江县华平公司	927	2 742	340
江西华邦安康房地产开发有限公司	江西贵溪工业园区	4 000	2 533	28
鹰潭市鹰南面粉有限公司	南站平安路鹰南面粉厂	260	2 500	98
鹰潭市天天化工有限公司	鹰潭市中童工业开发区	4 311	2 213	50
中国房地产开发集团鹰潭有限公司	市胜利西路 41 号	4 623	2 208	24
贵溪市中胜粮油有限公司	贵溪市罗河工业区	1 706	1 960	30
贵溪千盛化工有限责任公司	罗河工业区	1 280	1 959	100
江西省贵溪市建雄路桥公司	贵溪市建设路中段		1 800	178
贵溪市建筑工程总公司	江西贵溪西后街 64 号	4 061	1 649	716
江西天施康中药股份有限公司贵溪分公司	贵溪市工业园区工业南大道	3 066	1 642	263
江西省鹰潭东湖五金机械有限责任公司	鹰潭市环城东路 26 号	1 200	1 400	70
贵溪宏昌交通路桥工程有限责任公司	贵溪站前路 23 号	1 343	1 358	340
贵溪市联荣房地产有限公司	贵溪市沿河路桥东	1 410	1 346	20
鹰潭市城建综合开发有限责任公司	市环城西路 35－7 号	2 463	1 331	25
鹰潭市粮丰粮油加工厂	夏埠乡林场	350	1 200	15
余江县供电有限责任公司	余江县站前北路 44 号	7 334	1 188	585
余江县晋兴建筑有限公司	余江县邓埠镇建设西路	786	1 080	423
鹰潭市生生粮油加工厂	童家镇生生米厂	150	1 000	18
鹰潭市天之然实业有限公司	童家镇天之然米厂	200	1 000	20
江西省鹰潭市供水公司	江西鹰潭胜利西路 112 号	2 829	892	259
江西竹辉竹业有限公司	鹰潭市贵溪市冶金大道中段	929	555	136
鹰潭市华丰实业有限公司	童家镇华丰公司	500	500	12
鹰潭市长春粮油加工厂	夏埠乡林场	150	500	6
余江县裕丰线材厂		500	500	50
鹰潭市大地蔬菜制品有限公司	余江县白塔西路 59 号	280	353	65
贵溪市自来水公司	贵溪市沿河路	1 490	304	165
江西省鹰潭市阳光葛业有限公司	余江工业开发区	510	254	36
贵溪市九牛滩水轮泵站	贵溪市九牛滩水轮泵站	861	248	106
贵溪雄石房地产有限公司	贵溪	3 806	245	14
鹰潭市金山佛檀雕刻有限公司	余江白塔西路 61 号	465	203	124
余江县金属冶炼制材厂		200	200	20
余江县粮食局直三库	余江县站前北路 4 号	333	194	7
江西华邦复合材料有限公司	鹰潭市贵溪市罗河工业区	1 127	180	45

续表 1

企　业　名　称	通　讯　地　址	资产总额（万元）	销售收入（万元）	员工人数（人）
余江县自来水公司	沿河南路	1 072	180	65
鹰潭市堂发光学仪器有限公司	余江县锦江镇东北街 299 号	549	157	65
江西永雄化工有限公司	江西省鹰潭市西门外路 39 号	170	130	60
余江县粮食局画桥粮库	余江县画桥镇	100	120	7
江西麒麟化工有限公司	江西省贵溪市柏里工业区	1 760	94	190
鹰潭市潭花酒业有限责任公司	鹰潭市军民路 17 号	2 079	42	68
江西省贵溪火力发电厂建筑工程公司	贵溪市雄石路 41 号	2 403		420
江西安晟化工科技有限公司	江西省余江县站前路 4 号			
余江县新兴建筑工程有限公司	余江白塔中路 12 号	811		220
江西省余江县第一建筑工程公司	余江县邓埠镇站前中路 11 号	1 716		412

【市情简介】

贵 溪 市

【行政区划】

贵溪,行政区域面积2480平方公里,54万人口,辖3个街道办事处、11个镇、7个乡、7个(垦殖、园艺)场。城市建成区面积17平方公里,远景规划面积34平方公里,城区人口12万。贵溪自唐永泰元年(公元765年)建县以来,已有1230余年的历史,古称"信之大邑"。1996年5月经国务院批准撤县设市。

【区位优势】

贵溪地理位置优势,浙赣铁路横穿东西,皖赣、鹰厦铁路纵贯南北;公路四通八达,320国道、206国道以及上海至瑞丽高速公路穿过市境;千里信江流经城区,直达鄱阳湖。

【支柱产业】

贵溪工业基础雄厚,驻有全国大型有色企业江西铜业公司,境内建成贵溪冶炼厂、发电厂、化肥厂等中央、省属重点企业。地方工业门类较为齐全,初步形成了冶金、化工、电子、建材、医药食品等五大支柱产业。

【自然资源】

贵溪自然资源丰富,土地肥沃,为全国商品粮基地县(市),南方最大早熟梨生产基地,森林覆盖率达56%,是江西重点产材县(市),境内探明的矿产资源有金、银、瓷土、石膏等20多种矿藏,其中石膏、银列华东之首。生态环境优势,青山绿水,风景优美;古文化内涵深厚,有中国南宋著名四大书院之一的象山书院遗址等。

【经济概况】

2003年,全市完成国内生产总值50.5亿元,同比增长26.3%;全市规模以上工业总产值完成85亿元,同比增长51%,财政总收入完成5.24亿元,同比增长30%,成为第一个在全省率先突破5亿元县(市);全市人均GDP及增幅,规模以上工业总产值、增幅及工业增加值,财政总收入及增幅,地方固定资产投资增幅等8项指标跃居全省县(市)第一。2004年上半年,全市完成GDP31.37亿元,同比增长43.6%(可比价),加快了30个百分点;规模以上工业总产值87亿元,同比增长59.3%,工业增加值20.17亿元,同比增长43.78%;农业总产值预计4.26亿元,增长7.5%;全市财政收入3.88亿元,增长66.88%,提前41天完成了预算的过半任务,其中地方财政收入1.36亿元,同比增长45%;实际引进内资4.2亿元,加上老项目进资,实际进资16.11亿元,增长118%,外资669万美元,增长89%。

【市长专栏】

树立科学发展观　加快贵溪经济发展

贵溪市人民政府市长　黄建平

目前，贵溪经济正处在乘势而上，高速增长的关键期，要保持经济良好发展势头，关键是牢固树立发展是硬道理，科学发展是真本领的观念，着力做好以下几方面工作。

一、坚持工业强市，实现经济快速发展

一是把服务以江铜为代表的驻市企业和壮大以工业园为载体的地方工业相结合。继续支持江铜集团扩建和贵溪电厂二期扩建工程建设，努力为其创造良好的发展环境。在他们的辐射和带动下，大力支持市属骨干工业企业做大做强，突出办好铜特色工业，努力打造一批与“铜业航母”相呼应的优势产业群，对全市20家规模以上企业进行每月一调度，切实帮助企业解决问题。重点抓好年产7000吨甲萘威等一批重点技改扩建项目投产和龙虎山啤酒公司整体搬迁工程。形成工业产值超10亿元的企业1个，超2亿元的企业2个，超1亿元的企业8个，力争市属规模以上工业新增工业产值20亿元。同时，加快工业园建设，一要抓基础设施建设。全面完成各主干道路面硬化、亮化、绿化及给排水工程；完成1200亩工业用地和200亩安置点的场地平整；启动商住、行政中心用地开发；二要抓入园项目，力争今年入园资金达7亿元，新增千万元以上企业26家，新增税收5000万元，解决就业人员8000人；三要健全服务体系，为客商提供“一站式”和“保姆式”服务；四要理顺供水、供电等体制，激活工作机制。

二是把对外招商引资和对内激活民间资本相结合。招商方面，一要整合资源。将市工业园招商办、环境投诉中心等机构全部并入招商局，集全力服务外商。二要把各部门优秀的干部和最强的力量集中到招商引资上。三要部门联动，重点推动，各有关职能部门要相互协调，积极配合，对投资上千万元以上项目实行市领导调度制、重大项目跟踪制，抓好项目的履约率、进资率、开工率。四要围绕对接“长珠闽”这一战略构想，主动接轨浙江，把浙江作为我市引进外商重点省份之一。五要形成更加强大的工作压力和招商攻势，对上半年招商引资仍未实现“零”突破的乡镇和部门单位，要求主要领导停职外出招商。

与此同时，要以激活地方民间资本为切入点，发展民营经济，提升县域经济扩张力。

发展民营经济是推进经济结构调整的必然途径和农民增收致富、城镇居民就业的新途径，也是适应新形势，做强县域经济的重要组成部分。目前我市民营经济总量占全市工业总量的比重偏低。截至2004年6月底，全市登记注册民营企业只有362户，全市民营企业工业总产值为8.41亿元，占全市工业总产值86.86亿元的9.32%。据统计，贵溪市城乡居民储蓄存款2000年为18.5亿元，增长15.21%；2001为21.4亿元，增长15.6%；2004年上半年为25.99亿元，增长17.97%。这组数字不仅表明城乡居民通过辛勤劳动，积累了一定的资金，而且每年收入多、支出少，说明挖掘民间资本很有潜力。加强招商引资，巧借外力求发展，这固然重要。但更要充分认识到蕴藏在本地民间的民资（智）民力的份量，并想方设法挖掘出来，激活它勿庸置疑，加快经济发展，活力在民营，潜力在民间，动力在民资（智），要向对待外来客商那样对待民间资本投资者，尤其是本地民间资本投资者。凡是允许外商进入的投资领域，都允许本地民间资本投入，不设禁区，不留角落；凡是给予外商的优惠政策，对本地民间资本投资者也一样坚决执行到位，用足用活；凡是给外商的各种待遇，也一视同仁给予本地民间资本投资者。鼓励民营企业投资基础设施、教育、文化、体育等领域，通过支持、引导、保护广大本地有识之士投资创业，培植民营大户，以大带小，辐射发展，促进民营经济总量的增加、个头的增大、规模的膨胀和效益的提高。

二、突出环境优化，实现经济可持续发展

一是优化人居环境。规划方面，完成新一轮贵溪市城市总体规划修编和近期建设规划编制工作；年底完成中心区控制性详规编制评审和中心区行政单位选址定点工作。城市建设方面，完成中心区水厂工程，争取10月份供水，确保城市生产生活用水；做好经济大楼、城南滨水休闲绿地扫尾、320国道沥青罩面及信江大桥维修工作；加快市一中首期扩建工程进度；启动城南、城北汽车站和城南综合批发市场建设，启动交通路、信江路改造。城市管理方面，问题仍然很多，脏、乱、差现象比较严重。如乱停乱放、乱摆摊设点、乱搭乱建；街道路面污水横流、小街小巷垃圾成堆。要进一步改革城市管理体制，改革环卫作业机制，环卫业务实行市场化运作，采取以事定费，绩效挂钩。着力加强城南休闲绿地、象山公园及市区市容市貌管理，切实抓好小街小巷环境卫生，创建文明卫生城市。

二是社会服务环境。《行政许可法》已从今年7月1日起正式实施，我们要切实按法定权限和程序行使权力，履行职责，切实加强政府自身建设。一要转换职能，建设"有限政府"。按照行政许可法的要求，切实取消政府过去实施的大量的不必要的规制，将某些必要的规制转移给行业组织和中介机构实施，从而促使政府职能转换和转移，从"全能政府"向"有限政府"转化。二要杜绝腐败，建设"透明政府"。按法律要求，公开行政许可的事项、条件、程序，不允许暗箱操作。三要取信于民，建设"诚信政府"。加快形成以道德为支撑、产权为基础、法律为保障的社会信用制度。四要高效方便，建设"服务政府"。要消除行政机关推诿、拖拉、办事效率低下的弊端，牢固树立"服务是政府的天职"、"管理就是服务"的理念。

三、以人为本，实现社会全面发展

科学发展观强调以人为本，就是坚持党的全心全意为人民服务的宗旨，就是坚持立党为公，执政为民，就是代表最广大人民的根本利益。下半年围绕以人为本，重点抓好以下工作：

加强科技成果推广应用，促进农业结构调整和企业产业优化，建立"名、优、特、新"示范基地6－8个，组织申报国家农业成果转化基金项目1－2项，争取实现零的突破，争取承担省、市科技成果推广项目3－5项。加强企业与高校、科研机构的合作，争取开发国家级新产品1－2个，省级新产品5－6个，专利申请40件，各类科技奖励8－10项，积极争创企业知名品牌。进一步调整优化教学网点，优化教育资源配置。加快一中扩建，新建教学楼力争9月份投入使用。加强学校危房改造，投资500万元，重点改造1万平方米的学校一类危房。重点抓好文博楼和文化产业中心大楼建设；建好农村有线电视网络；加强文化市场专项整治，严格实行身份证登记上网，着力建设网络监控平台。加强食品、药品监督，积极推进"两网"建设。调整优化城镇医疗卫生资源，构建新型城区卫生服务体系。努力抓好新一轮农村合作医疗工作，重点加强农村合作医疗机构建设，每乡镇成立合作医疗办公室，配备工作人员2人，其中一名财务人员由乡镇财务人员兼任，一名专职医务人员从卫生系统调剂，专职医务人员工资由市、乡两级财政各出50%。就业是民生之本，要把劳动者自主择业、市场调节就业和政府促进就业结合起来，广开就业门路，拓宽就业渠道。上半年，全市城镇新增就业3272人，占年计划的63%；下岗失业人员再就业967人，占年计划的64%；劳务输出5.6万人，占年计划的93%。下半年要加大工作力度，确保全年城镇新增就业5200人、下岗失业人员再就业1600人、劳务输出60000人。上半年发放低保5507户13147人，共发放低保金418.61万元，人均每月补差53.46元。要进一步做好"两个确保"和"三条保障线"的衔接工作，积极推进覆盖城乡的最低生活保障、失业职工基本养老保险和公共卫生体系的建设。安全生产人命关天，各级领导要牢固树立科学发展观，充分认识安全生产的极端重要性，真正把安全生产放到各项工作的重要位置抓紧抓好，抓出成效，要严格落实安全生产责任制，市各分管领导要抓好各分管的安全工作，布置、检查其他工作时一并布置、检查、落实安全生产工作；各乡镇、街道办事处、各部门领导分别对其辖区内和本部门的安全生产工作负责。当前要着力抓好化学危险品、燃气、消防、交通运输、学校、非煤矿山等安全生产工作，同时做好用电迎峰度夏工作。要加强社会治安综合治理，严厉打击各种罪犯，重视并切实抓好信访工作，尤其要认真解决初访问题，确保维护社会稳定，为经济社会发展创造良好环境。

事在人为，人贵在志，志在创业。现在贵溪的发展思路已经确定，目标已经明确，惟有扑下身子、沉下身子，深入到建设第一线，吃常人难吃之苦，受常人难受之累，做常人难做之事，以科学发展观为指导，在全市营造"实践第一，实干第一，落实第一"的良好氛围。为实现"当崛起排头兵，建一流县级市"的目标而努力奋斗。

贵溪市重点企业名录库

（2003 年）

企　业　名　称	通　讯　地　址	资产总额（万元）	销售收入（万元）	员工人数（人）
江西南方照明有限公司	江西省贵溪市西后街	8 614	10 289	2 088
贵溪新世纪水泥有限公司	江西贵溪新世纪水泥有限公司	23 028	9 447	167
贵溪华泰铜业有限公司	贵溪市冶金大道	5 842	9 262	88
江铜贵治分公司建筑安装公司	江西贵溪冶炼厂建安公司	9 084	9 084	547
海利贵溪化工农药有限公司	江西贵溪市柏里工业园区	11 281	8 353	438
贵溪市三元冶炼化工有限责任公司	柏里大道西侧	3 855	4 119	310
江西华邦安康房地产开发有限公司	江西贵溪工业园区	4 000	2 533	28
贵溪市中胜粮油有限公司	贵溪市罗河工业区	1 706	1 960	30
贵溪千盛化工有限责任公司	罗河工业区	1 280	1 959	100
江西省贵溪市建雄路桥公司	贵溪市建设路中段		1 800	178
贵溪市建筑工程总公司	江西贵溪西后街 64 号	4 061	1 649	716
江西天施康中药股份有限公司贵溪分公司	贵溪市工业园区工业南大道	3 066	1 642	263
贵溪宏昌交通路桥工程有限责任公司	贵溪站前路 23 号	1 343	1 358	340
贵溪市联荣房地产有限公司	贵溪市沿河路桥东	1 410	1 346	20
江西竹辉竹业有限公司	鹰潭市贵溪市冶金大道中段	929	555	136
贵溪市自来水公司	贵溪市沿河路	1 490	304	165
贵溪市九牛滩水轮泵站	贵溪市九牛滩水轮泵站	861	248	106
贵溪雄石房地产有限公司	江西省贵溪市	3 806	245	14
江西华邦复合材料有限公司	鹰潭市贵溪市罗河工业区	1 127	180	45
江西永雄化工有限公司	江西省鹰潭市西门外路 39 号	170	130	60
江西麒麟化工有限公司	江西省贵溪市柏里工业区	1 760	94	190
江西省贵溪火力发电厂建筑工程公司	贵溪市雄石路 41 号	2 403		420

月湖区重点企业名录库

（2003 年）

企 业 名 称	通 讯 地 址	资产总额（万元）	销售收入（万元）	员工人数（人）
中石化江西鹰潭石油分公司	鹰潭市南站路 63 号	8 199	79 201	160
江西天施康中药股份有限公司	江西省鹰潭市建设路 21 号	34 011	27 651	2 388
江西省烟草公司鹰潭分公司	市交通路 34 号	6 982	23 942	121
江西三川集团有限公司	江西省鹰潭市工业园	10 343	11 742	866
鹰潭市鹰南面粉有限公司	南站平安路鹰南面粉厂	260	2 500	98
鹰潭市天天化工有限公司	鹰潭市中童工业开发区	4 311	2 213	50
中国房地产开发集团鹰潭有限公司	市胜利西路 41 号	4 623	2 208	24
江西省鹰潭东湖五金机械有限责任公司	鹰潭市环城东路 26 号	1 200	1 400	70
鹰潭市城建综合开发有限责任公司	市环城西路 35－7 号	2 463	1 331	25
鹰潭市粮丰粮油加工厂	夏埠乡林场	350	1 200	15
鹰潭市生生粮油加工厂	童家镇生生米厂	150	1 000	18
鹰潭市天之然实业有限公司	童家镇天之然米厂	200	1 000	20
江西省鹰潭市供水公司	江西鹰潭胜利西路 112 号	2 829	892	259
鹰潭市华丰实业有限公司	童家镇华丰公司	500	500	12
鹰潭市长春粮油加工厂	夏埠乡林场	150	500	6
鹰潭市潭花酒业有限责任公司	鹰潭市军民路 17 号	2 079	42	68

余江县重点企业名录库

（2003 年）

企 业 名 称	通 讯 地 址	资产总额（万元）	销售收入（万元）	员工人数（人）
果喜实业集团有限公司	余江县白塔中路 35 号	81 756	20 681	1 562
江西天施康中药股份有限公司余江分公司	余江县邓埠工业区交通北路	10 204	8 149	416
江西可生生化有限公司	余江洪湖开发区	1 514	3 900	160
江西荣嘉医疗器械实业有限公司	余江中洲 1 区 1 号	2 200	3 100	400
余江县华平建筑工程有限公司	余江县华平公司	927	2 742	340
余江县供电有限责任公司	余江县站前北路 44 号	7 334	1 188	585
余江县晋兴建筑有限公司	余江县邓埠镇建设西路	786	1 080	423
余江县裕丰线材厂		500	500	50
鹰潭市大地蔬菜制品有限公司	余江县白塔西路 59 号	280	353	65
江西省鹰潭市阳光葛业有限公司	江西鹰潭余江工业开发区	510	254	36
鹰潭市金山佛檀雕刻有限公司	余江白塔西路 61 号	465	203	124
余江县金属冶炼制材厂		200	200	20
余江县粮食局直三库	余江县站前北路 4 号	333	194	7
余江县自来水公司	沿河南路	1 072	180	65
鹰潭市堂发光学仪器有限公司	余江县锦江镇东北街 299 号	549	157	65
余江县粮食局画桥粮库	余江县画桥镇	100	120	7
江西安晟化工科技有限公司	江西省余江县站前路 4 号			
余江县新兴建筑工程有限公司	余江白塔中路 12 号	811		220
江西省余江县第一建筑工程公司	余江县邓埠镇站前中路 11 号	1 716		412

第三篇：分析研究

内容概要：

中部六省经济社会发展能力比较研究

王建农　周绍森　彭道宾　王志国　彭地

［**社会反响**］2002 年，省委、省政府设立四个重大省级招标课题，为江西在中部地区崛起寻求智力支持。该课题在我省四个重大招标课题中列第一。并获江西省经济社会重大招标课题唯一一等奖；在 2003 年全省统计工作会议上，该分析报告受到省委副书记、常务副省长吴新雄同志的高度评价："《中部六省经济社会发展能力比较研究》获得江西省经济社会发展重大招标项目一等奖的殊荣，为省委、省政府提供了重要的决策参考。"；获 2003 年度江西省统计分析研究中标课题评比特等奖；作为《再论江西崛起》（江西人民出版社 2003 年 11 月出版）一书的核心部分；研究成果被中部六省的专家、领导广泛认可和采用；《南昌大学学报》2003 年第 3 期全文登载。

［**内容提要**］本文根据国际上相关的权威理论，结合中部地区实际，从 6 大要素、53 个方面设计出"经济社会能力评价指标体系"，对中部内陆六省六个主要年份的经济社会发展能力，分别进行了评价比较。结果表明，改革开放以来，相对于中部其他五省，江西的经济社会发展能力相对弱化，其中生产要素投入不足、产业政策科学性不强、开放水平较低、改革步子偏慢是主要原因。在此基础上，从十个方面有提出了增强发展能力的建议。

［**关键词**］社会发展　区域经济　比较 评价

地区经济社会发展能力是指一个地区在国内、国际经济大环境下，与其它地区的发展能力相比较，其创造增加值和国民财富持续增长的能力。地区经济社会发展能力是一个全新的量化概念，由系列评价指标组合而成，它既反映一个地区目前的经济实力，又能够比较准确地勾画出该地区未来的经济发展趋势。本文依据国际上权威的经济社会发展能力评价指标体系，参考中科院可持续发展指标体系，结合中部地区实际，设计了"经济社会能力评价指标体系"（包括六大要素，共 53 项指标），并运用统计上的分层加权模型，对山西、安徽、河南、湖北、湖南、江西中部内陆六省六个主要年份（1978 年、1985 年、1990 年、1995 年、2000 年和 2001 年）的经济社会发展能力，分别进行评价比较，摸清六省实情，找准江西定位，全面剖析我省经济社会发展能力存在的优势和劣势，抓住制约江西加快发展的主要矛盾，有针对性地提出增强江西经济社会发展能力的对策，力促江西在中部地区崛起。

一、中部六省经济社会发展能力整体评价与分析

利用分层加权模型，根据六省统计年鉴的数据，计算出中部六省六个主要年份的发展能力指数，如表 1。

（一）、六省综合分析

综合六个评价年份分析，湖北的经济社会发展能力最强，四年居第一位，其余两年居第二位；江西的经济社会发展能力最弱，三个主要年份居第六位，2001 年比上年回升一位居第五位。

对照全国平均水平分析，由于对原始数据进行相对化处理时，是以全国平均水平作为标准值，所以发展能力指数等于 100 代表全国水平，因而只有湖北的 1995 年、2001 年和山西的 1978 年、1990 年，其经济社会发展能力超过全国平均水平，其余都在全国平均水平之下。从起始两年对比分析，经济社会发展能力排序前移的是河南、湖北、湖南三省，分别前移一位，济社会发展能力排序后移的是山西、江西两省，其中，山西后移两位，江西后移一位；安徽保持在第六位置不动。从位次变动区间大小看，山西变动幅度较大，经济社会发展能力的稳定性和持续性较差，并且在剧烈变动中后移；湖北、湖南、安徽、江西的变动区间较小，经济社会发展能力变化比较平稳，湖北、湖南长期处于较高的位次，安徽、江西一直在低位徘徊。

（二）江西的变化分析

在六个年份中，江西经济社会发展能力指数都小于 100，表明江西的发展能力一直处于全国平均水平之下；而且 2000 年前江西经济社会发展能力指数总体上呈现下降趋势，从 1978 年第四位下降到 2000 年第六位，2001 年回升到第五位。

江西经济社会发展能力指数同第一位的差距呈现逐渐扩大的趋势。分年份分析：1978 年，江西经

济社会发展能力指数居中部六省第四位，是六个年份中名次最好的一年，主要是因为经济绩效、开放程度两方面具有比较优势，分别列六省的第三位、第二位，而政府效率、商业与金融效率、基础设施水平较低，分别列第五、第五和第六位。1985年，江西的开放程度指数仍保持在较高水平，居六省第二位，科技与人力资源指数处第四位，而经济绩效、政府效率、商业与金融效率、基础设施都处于六省最低水平，经济社会发展能力指数进入中部六省最落后水平，列第六位。1990年，江西经济绩效指数有较大回升，处于六省第三位，是经济社会发展能力指数上升到第五位的主要动力，政府效率上升到第五位，开放程度下降一位处第三位，其他三大要素位次保持不变。1995年，江西的商业与金融效率指数、基础设施发展指数较1990后都有较大幅度上升，分别处于第三和第二位，但由于开放程度下降三位，经济社会发展能力指数反而下降到第六位。2000年，江西开放程度指数处于第三位，政府效率指数处于第五位，其于四大要素都居第六位，经济社会发展水平呈全面落后的态势，经济社会发展能力指数居六省第六位。2001年，江西的经济绩效有显著提高，经济绩效指数仅落后于湖北居六省第二位，成为拉动经济社会发展能力指数的根本动力；开放程度指数落后于湖北、湖南居第三位，政府效率超过安徽居第五位，其它三方面有发展，但仍处第六位，经济社会发展能力指数略高于安徽居中部六省第五位。

二、中部六省六大要素分项评价与分析

(一)经济绩效分析

1. 六省的基本特点：综合六个评价年份分析，经济绩效指数最高的是湖北，有三个年份在全国平均水平之上，最低的是安徽，有五个年份在全国平均水平之下。从起始两年对比分析，经济绩效指数提高的是河南、湖北、湖南三省，河南、湖南分别前移两位，湖北前移一位，安徽的位次保持在第六位不变，山西经济绩效指数大幅下降，由第一位下降到第五位，江西由第三位下降到第四位。

2. 江西的变化分析：在六个年份中，江西1978年、1990年的经济绩效指数在全国平均水平之上，都排在第三位，其余四年都在全国平均水平之下。2001年，江西经济绩效指数排名第四位，比上年上升两位，并且与第二位、第三位(湖南、河南)的差距很小。从发展趋势看，江西经济绩效发展能力的变化有较大起伏，九十年代末滑入低谷，2001年存在强劲的回升。从构成经济绩效要素的10项具体指标分析，2001年江西经济绩效发展能力的回升，主要来源于人均GDP、人均总投资、工业增加值三个方面的强劲增长。

3. 对GDP有关指标的具体分析：江西GDP规模小，人均水平低，增长速度慢，是影响经济绩效指数的重要因素。在中部六省中，江西的国内生产总值规模最小，仅在九十年代后期开始超过山西，2001年江西实现国内生产总值2175.68亿元，是湖北(第一位)的38.5%。江西人均GDP水平低，长期排在中部六省的最后一位，而且与中部六省第一名的差距有扩大的趋势。

4. 对总投资有关指标的具体分析：江西全社会固定资产投资总规模长期偏小，除1980年高于安徽外，六个主要年份的排名都在最后一位，而且大大低于全国平均水平。固定资产投资规模与中部最好省份的差距不断拉大，2001年，江西全社会固定资产投资规模是660.5亿元，是河南(第一位)的40.6%，比1980年的下降了12.4个百分点。

从人均水平分析，江西人均投资水平也处于十分落后的水平，只有1980年高于安徽和河南处于第四位，其余年份都处于第六位。2001年江西人均总投资1577.9元，是湖北(第一位)的60.8%，是全国平均水平的54.1%，从六个年份平均分析，江西六年的平均人均总投资为662元，只有全国平均水平的50.3%，湖北(第一位)的57.3%，安徽(第五位)的93%。

5. 对财政状况分析：江西财政规模偏小，人均水平较低，财政收支较紧张的局面长期存在。1978年，江西财政收入的总量和人均水平在中部六省中都排名第六位，其中地方财政总收入12.22亿元，比人口规模小的山西少7.42亿元，人均水平只有山西的47.4%；2001年，江西地方财政收入132亿元，仍然排在第六位，人均财政收入315.3元，列第三位。2001年江西财政收入实现了较快增长。

6. 对工业增加值指标的分析：在中部六省中，江西是工业小省，九十年代中期以来，工业发展同其它省份的差距扩大的趋势比较明显。2001年江西工业增加值为595.55亿元，在中部六省中规模最小，比山西低184.23亿元，是安徽的一半，不及湖北的三分之一，差距比1978年大幅度拉大。江西工业

增加值占 GDP 的比重六省都排在最后一位，比重先升后降，2001 年又有小幅上升，同其他五省的差距总体上呈扩大之势。

7. 消费品市场分析：江西消费品市场规模小，人均消费水平低。2001 年，江西消费品市场零售总额为 763.3 亿元，在中部六省中仅高于山西列第五位，人均消费品零售额为 1823.5 元，只有湖北（第一位）55.2%，略高于安徽列中部六省第五位。江西人均消费品零售额水平的位次总体上呈下降的趋势，1978 年落后于山西、湖北，列第三位，2000 年下降到第六位，2001 年又回升到第五位，同第一位差距由 1978 年的 67.4 元，扩大到 2001 年的 1482.3 元。

（二）政府效率分析

1. 六省的基本特点：政府效率指数最高的是湖北，六个年份都在全国平均水平之上，最低的是安徽，有三个年份在全国平均水平之下。从起始两年对比分析，政府效率指数位次前移的是江西、湖北、湖南三省，其中湖北上升三位，山西、安徽、河南三省的位次下降，其中安徽下降四位。

2. 江西的变化分析：在六个年份中，江西的政府效率指数总体上处于落后水平，前四个评价年份处于后两名内，2000 年上升到第四位，属于六年中最好水平，2001 年又回落到第五位。从构成政府效率要素的 6 项具体指标分析，财政支出规模和中央项目占总投资的比重长期偏小是江西政府效率指数落后的主要原因。

3. 对财政支出有关指标的具体分析：江西的财政支出规模小，人均水平低，财政收入占财政支出的比例较低，政府进行宏观调控的经济实力较弱，财政政策比较积极，财政收入收支平衡的压力较大。六个主要年份中，江西财政总支出规模在中部六省中都处于第六位，是湖北的 59% －64% 之间，不及全国各省平均水平的一半。2001 年，江西财政总支出 283.7 亿元，是湖北（第二位）的 58.6%，安徽（第四位）的 70.3%，全国各省平均的 46.7%。六个主要年份中，江西财政收入占财政支出的比重都处于六省的最后两位，其中有四年排在第六位，表明江西财政实力较弱，收支平衡的压力较大。

4. 从投资的结构分析：在江西的总投资中，中央项目所占的比重偏低，是江西投资总量偏小的重要原因，这种影响在计划经济时代表现得更加突出；江西预算内资金占总投资的比重较高，一方面反映了政府在投资方面具有较高积极性，发挥了较大的作用，另一方面也反映出江西投资来源渠道狭窄，尤其是在建立和完善社会主义市场经济体制过程中，这个问题将变得更加突出。六个评价年份中，中央项目占总投资的比重总体上呈下降趋势，江西六年都处于后三位，其中有三年处于第六位。2001 年，江西中央项目占总投资的比重为 12.64%，列第六位，比湖北（第一位）低 13.78 个百分点，差距最大的是 1978 年，江西的比重是 27.9%，比安徽低 36.1 个百分点。

5. 农村经济状况分析：江西农业和农村经济发展得较好，农民收入水平长期在中部地区名列前茅，较大程度上缩小了城乡居民收入差异。六年间，江西城乡居民收入差异在六省中都是最小，除 1978 年之外，都低于全国水平，并呈现先缩小，再扩大的趋势。1978 年，江西城乡居民收入差异是 2.87，2001 年差异达到 2.47，比全国低 0.43。

（三）开放程度分析

1. 六省的基本特点：六省的开放程度水平长期较低，并远远低于全国水平。1978 年，六省开放程度指数平均值为 32.6%，2001 年平均值为 37.9%，对比前后两年，开放程度有所提高，但仍停留在全国平均水平的三分之一左右；中部六省中，开放程度最高的是湖南省，最低的是河南省；从变化过程分析，开放程度提高得较明显的是湖南、湖北和安徽三省，23 年间分别提高了 18.5.10.6 和 7.5 个百分点，河南长期停留在较低的水平，山西、江西则处于中间偏上水平。

2. 江西的变化分析：在六个年份中，江西的开放程度指数大多数年份在中部处于中间偏上水平，其中有五年处于前三名，只有 1995 年处于第六名。从发展过程分析，江西开放程度指数的位次有后移的趋势。2001 年，江西开放程度扩大，其指数为 38.54%，比 1978 年上升了 3.82 个百分点。

3. 对出口依存度有关指标的分析：江西出口规模长期偏小。在六个评价年份中，江西出口额三年列第六位，三年列第五位，2001 年，江西出口总额是 10.68 亿美元，在中部六省中列第六位，是安徽的（第一位）63.3%，远远低于全国各省的平均水平，是全国总出口额 0.39%。由于江西的 GDP 基数较低，江西的出口依存度水平相对较高，六年中有五年居前三位,出口依存度呈现先高后低的变化轨迹,1978年江西出口依存度列中部第四位,1990年、1995年上升到第一位,2000年又下降到第三位。

4. 利用外资的具体分析:江西利用外资水平不高,与中部最好的省份及全国平均水平比较,江西利用外资的差距很大。在五个评价年份中,江西有三年处于第五位,1990年江西实际利用外资0.51亿美元,列第三位,属于情况最好的年份,但只有湖南(第一位)的21.3%,全国的0.48%。2001年江西实际利用外资3.96亿美元,比湖北少7.93亿美元,只及湖北的33.3%。

5. 旅游业发展分析:江西旅游资源比较丰富,旅游业发展迅速,但同较好的省份比,发展速度仍然较慢,发展水平比较落后。2001年江西旅游创汇收入7031万美元,是1978年的77.3倍,但只有湖南(第一位)的26%,只占全国的0.4%,总量较小。2001年,中部六省中旅游外汇收入最高的是湖南,达2.7亿美元,其次是湖北(第二位)2亿美元,安徽也达1.06亿美元,而全国各省平均达到5.7亿美元。

6. 邮电通讯业发展分析:邮电通讯业收入不断增加,而且增长速度大大高于GDP的增长,邮电通讯业收入占GDP的比重不断提高。2001年,江西邮电通讯收入占GDP的比重为4.1%,比1978年提高3.2个百分点;与全国水平比较,江西呈现前高后低的特点,1978年、1985年江西的比重高于全国水平,后四年则低于全国,反映江西邮电通讯业的发展速度落后于全国平均水平。

(四)商业与金融效率分析

1. 六省的基本特点:六省的商业与金融效率长期低于全国水平,与全国平均水平的差距呈扩大的趋势。六年中,商业与金融效率指数最高的是湖北,其次是山西,最低的是安徽。产业经营能力较差,金融业发展较慢是六省商业与金融效率指数下降的主要原因。

六年中,江西的商业与金融效率指数有五年处于第六位,而且指数下降幅度超过六省平均水平。2001年,江西商业与金融效率指数为59.34%,比六省平均水平低14.49个百分点,比1978年下降17.22个百分点,列中部第六位。企业劳动生产率偏低、赢利能力差,金融业规模小、人均水平低,以及货物运输业规模小是影响江西商业与金融效率的主要原因。

2. 对第二产业相关指标的分析:江西第二产业全员劳动生产率低,工业企业获利能力弱。六个主要年份中,江西的第二产业全员劳动生产率有五年列六省的第六位,与中部较好省份的差距大幅度拉大,而且远远低于全国平均水平。2001年,江西第二产业全员劳动生产率为16331元/人,只有湖北(第一位)的35.2%。江西工业企业的获利能力一直较低,2001年,江西国有及规模以上非国有工业企业的成本费用利润率为1.42%,在中部六省中列第六位,比全国平均水平低3.9个百分点。

3. 对市场流通有关指标的分析。江西市场发展速度相对较慢,市场规模小、辐射能力弱,市场体系不发达,尤其缺乏面向全国的专业性龙头批发市场。23年来,江西全社会消费品零售总额年均增长14.5%,仅高于山西列中部六省第五位,比湖北低1.9个百分点。2001年,江西集市贸易市场数为2623个,平均每个市场年成交额为2050万元,处于较低水平。

4. 对金融有关指标的具体分析:江西金融业不发达,传统金融业实力小,新兴金融业落后。23年来,江西金融机构的信贷业务有较大发展,但发展速度和发展水平落后于中部其他五省,六年中江西金融机构贷款余额都列最后一位,人均贷款余额处于中间位置。2001年末,江西金融机构贷款余额为1881亿元,规模只有河南(第一位)的38.5%。江西的证券、期货等新兴金融业发展落后,对新兴资本市场的利用程度较低。2001年底,江西在深沪两地上市公司数达18家,与山西同处六省的最后一位,而同期湖北有53家,江西企业在股市融资的规模远远落后于中部较好的省份。

5. 对居民收入指标的具体分析:江西农民收入水平相对较高,城镇民收入长期处于中间偏下的水平。六年中,江西农民人均纯收入都列前三位,与全国平均水平大致相当,1995年江西农民人均纯收入居中部六省首位,近几年位次下降。六年中,江西城镇居民人均可支配收入有四年处于第五位,两年处于第四位,2001年江西城镇居民人均可支配收入为5506元,比1978年增加12.7倍,但比湖南(第一位)尚低1275元。

6. 对货物和旅客运输量的具体分析:在中部六省中,江西旅客运输业的位次好于货物运输业,但两者的规模都相对较小,而且近两年的位次呈现大幅下降的趋势。2001 年,江西人均货物运输量为 5.77 万吨/人,比 1978 年提高 4.29 万吨,但比同期的湖南低 1.84 万吨/人。六年中,江西人均旅客运输量指标前三年列前三位,后三年落入后三位,位次下降趋势十分明显,2001 年,江西人均旅客运输量 8.62 万人,比 1978 年增加 6.59 万人,但比同期湖南低 5.38 万人,列中部六省第六位。

（五）基础设施分析

1. 六省的基本特点:中部六省的基础设施发展能力高于全国平均水平,但优势逐步缩小。中部六省基础设施指数平均值最高的年份是 1995 年,达到 134.32%。基础设施发展能力最突出的是山西,六年中有五年保持在第一的位置。

六年中,江西基础设施指数基本上处于很落后的水平,其中有三年排名第六位,两年排名第五位。从发展过程分析,江西基础设施指数经历了逐步提高,然后较大幅度下降的过程,在中部的位次基本处于最后部分,与六省平均水平的差距不断加大。2001 年江西基础设施指数为 97.24%,低于全国水平。

2. 对城市化有关指标的具体分析:城市是基础设施建设的密集区,城市化程度的高低能够形象反映出地区基础设施水平的高低。中部六省的城市化率总体程度不高,低于全国平均水平。2001 年,江西的城市化率为 30.4%,比全国低 7.3 个百分点,但高于安徽、河南的水平。

3. 对公路和铁路有关指标的具体分析:23 年来,江西交通运输基础设施能力大幅度提高,尤其是九十年代后期,铁路、等级公路的长度有较大幅度的增加,在中部六省的位次也呈上升的趋势,但总体水平仍然很低。2001 年,江西铁路密度达到 1.36 公里/百平方公里,同 1978 年比,密度增加 0.75 倍,但只有安徽(第一位)的 84.2%。2001 年,江西的公路密度为 36.14 公里/百平方公里,公路密度比 1978 年几乎增加一倍,但与中部较好的省份比,差距仍然较大。

4. 对电话普及率指标的具体分析:后五个主要年份中,江西固定电话普及率不断提高,但在中部六省的位次下降。2001 年,江西每百人固定电话拥有量为 10.4 部,比 1985 年增长 25.4 倍;1985 年,江西固定电话百人均拥有量为 0.39 部,列中部第四位,1990 年上升到第三位,此后位次下降,2001 年列第五位。

5. 对人均发电量指标的分析:23 年来,江西人均电力生产量快速增加,但水平一直最低,低于六省平均水平和全国平均水平。2001 年,江西人均电力生产量为 516.4 度,比 1978 年增加了 2.6 倍,增长幅度高于安徽和湖南,列六省第四位。2001 年,江西人均电力生产量只有六省平均水平的 55%,比 1978 年下降了 13.5 个百分点。六省人均电力生产量始终低于全国水平。

6. 在以计算机、网络为代表的技术基础设施领域,江西的发展也已经落后,2001 年,江西城镇居民每百户计算机拥有量为 5.74 台,仅高于山西,列中部六省第五位,只有湖南(第一位)的 37.3% 和全国的 43.2%。

（六）科学技术与人力资源分析

1. 六省基本特点:六省科技与人力资源低于全国水平,与全国的差距呈先扩大后缩小的趋势。2001 年六省指数平均值达到 86.13%,但仍低于 1978 年的水平。六个年份中,只山西的 1978 年、湖北的 1995 年、2000 年、2001 年,其科技与人力资源指数高于 100%,其余都低于全国水平。中部六省中,科技与人力资源最强的是湖北,其次是山西,最弱的是安徽。对比 1978 年和 2001 年,科技与人力资源指数上升的是湖北和河南两省,其余四省都有不同程度的下降,其中山西下降的幅度最大。

2. 对教育有关指标的分析:

中高等教育的水平能够较好地反映人力资源的潜力。中部六省的中等教育能力高于全国水平,江西中等教育能力在中部处于中间偏上的位置。2001 年,江西每万人口中中等学校在校生学为 726 人,比 1978 年增加 174 人,列中部六省第三位。六省中,高等教育发展水平最好的是湖北,2001 年,湖北每万人口里高等学校在校生数 76 人,比全国平均水平多 20 人。江西的高等教育发展在六省中处于中间水平,2001 年,江西每万人口里高等学校在校生数 47 人,比 1978 年增加了 5.9 倍,但比六省平均水平少 3 人。

3. 对科技有关指标的分析:科技人才的数量、质量直接反映出科技人力资源的强弱。江西专业技术人员的总量小,在后五个主要年份,江西专业技术人员的数量有四年列中部六省的最后一位,其中,

2001年江西国有企事业单位专业技术人员数为58.24万人，列中部第六位。

江西政府对科技文化教育事业的重视程度较高，财政人均文教科卫支出水平在中部六省保持中间偏上的水平。2001年，江西财政人均文教科卫支166.2元，比1978年增加了17倍，但只有山西的74.2%，全国平均水平的63.3%，列第三位。江西科技活动经费来源渠道狭窄，企业经济实力较弱，科技活动经费总量少，人均水平低。2001年，江西科技活经费支出18.7亿元，在中部六省中总量最小。六年来，江西人均科技活动经费支出水平相对提高，但仍然属于中部最落后的水平，2001年，江西人均科技活动经费支出44.7元，只有全国平均水平的51.1%，湖北的31.3%。

在科技成果数量及科技成果较化方面，中部六省低于全国平均水平，江西又在中部地区处于落后水平，而且中部地区同全国的差距以及江西同中部平均水平的差距都在扩大。2001年，中部六省每万人专利批准量平均为0.29项，只有全国平均水平的37.8%，江西每万人专利批准量为0.24项，是中部平均水平的81.2%。2001年，中部六省技术市场成交额平均为16.44亿元，只有全国各省平均的65.1%，比重比1990年下降了18个百分点，江西技术市场成交额为6.27亿元，只有中部六省平均水平的38.1%，全国各省平均水平的24.8%，列中部第六位。

三、江西经济社会发展能力水平落后的原因分析

从1978年到2000年，江西经济社会发展能力相对落后并逐步弱化，发展的内生动力不强，外源动力不足。综合上述分析可以看到，其形成的主要原因表现为四个方面：

(一)生产要素投入不足

资金、技术、人才等生产要素投入总量小、质量低，是江西经济社会发展能力落后和逐渐弱化的直接原因。

长期以来，江西资金外部来源渠道狭窄，内部挖掘深度不够，投资不足的矛盾突出。投资是拉动经济增长的三驾马车之一，江西全社会固定资产投资总量长期偏小，除1978年略高于安徽之外，其余五个主要年份都名列中部六省的第六位。根据国民核算资料推算，1991年到2001年11年间，江西有10年出现投资负缺口，投资不足成为经济发展缓慢的重要原因。财政、金融、资本市场、外资、民间资本是我国投资的五条重要来源渠道，江西在这五个方面利用力度一直较小，利用效果低于中部六省平均水平。在国家投资领域，江西争取到的项目数量较少，中央项目占总投资的比重低于中部六省平均水平，在六个主要年份中，江西有三个年份中央项目占总投资的比重排在第六位；在金融信贷方面，六个主要年份中，江西金融机构的贷款余额规模最小，列第六位，而且金融机构的存差问题越来越严重；股票市场和债券市场是重要的新兴融资渠道，江西利用股市和债市融资的能力较弱；江西引进外资工作在中部六省处于偏落后水平，与较好省份的差距很大；江西居民收入水平低、资金积累少，民间资本启动的难度大，在引入省外资金和启动民间资金上起步晚，效果不明显。这些现象从2001年开始才有了新的转变。

科技及人力资源投入不足，是江西经济发展水平相对落后的一个重要原因。

科学技术是第一生产力，科技和人才是企业的核心竞争力。江西科技人才的数量少，不仅缺乏国际、国内一流的专家学者，而且迫切需要大量的高级经营管理人才和专业技术人才。科技经费长期投入不足也是制约江西经济整体素质提高的重要原因。2001年，江西科技活动经费有了较大的增长，但在中部六省中仍然是总量最小的，只有山西(第五位)的58.3%，研究发展活动经费占GDP的比重为0.41%，比全国低0.59个百分点。科技人员不足，科技经费投入低，导致江西科研成果少，企业产品的科技含量低，竞争力差。

江西人力资源开发中的主要问题，一是企业家人才稀缺，尤其是大企业家、民营企业家人才稀缺。二是专业技术人才和高级管理人才短缺，尤其是创新型人才短缺。2001年江西每万人口中专业技术人员数量为139人、只有全国平均的81.8%，每万人口中专利批准量只有全国平均水平的30.7%，在中部六省居第5位。三是人才流失严重。1990年前后，江西在职人员大量流入沿海地区，近几年来仍然存在高学历、高职称人才流失情况。制约人才资源开发的根本原因是经济发展与人力资源开发在市场经济条件下陷入不良循环。一方面，因为人才短缺，劳动者素质不高，使经济管理水平不高，企业创新和发展能力严重不足，企业经营陷入困境；另一方面，经济状况不好，严重削弱了吸引和留住人才的能力，从而使人才和后备人才大量流失，人才更加短缺。由于企业生存发展能力不足，大量职工下岗失业，更不可能留住人才，吸引人才。当然人力资源开发中其它一些问题，如人才观念偏差、人才开发使用机制缺陷等等也是重要原因。

（二）产业政策科学性不强

产业结构的高度化程度很大程度上反映和决定经济发展水平。江西的产业政策在较长时期内存在科学性不强的问题，全省第一产业比重过高，第二产业比重偏低的局面长期存在，影响了国民经济的快速发展。直至九十年代初期，全省仍然保持着一、二、三的重农型产业结构，未能在温饱问题解决后，及时实施加快工业化发展战略。1993 年，江西形成了以第二产业为主导的产业结构，全省三次产业的构成为 31.2∶39.1∶29.7，但以后，江西在强调农业基础地位的同时，忽视工业主导地位的巩固和强化，导致工业落后，农业产业化经营又因缺乏工业的带动力量，进展比较缓慢，第三产业的发展相对较快，结果过早地结束了以工业为主导的产业结构，催生出早产型的三、二、一结构层次。第三产业以传统的流通和服务业为主，金融、通讯和信息产业相当薄弱，现代化水平低，虚高的成分较大。

工业比重长期过低是江西产业结构存在的突出矛盾。工业负有改造经济的使命，要为整个国民经济提供先进的装备和原材料，工业是 GDP 增长的重要推动力。工业落后、工业对经济增长的贡献率低是江西发展最主要的矛盾，是发展滞后的最主要原因。江西工业问题主要表现为三个方面：

一是工业总量小，比重低，对 GDP 的贡献弱。2000 年，江西工业发展对 GDP 增长贡献率为 24.09%，比全国水平低 37 个百分点，不及湖北和河南的一半，在中部六省列最后一位；2001 年江西工业对 GDP 增长的贡献率有所提高，但仍远远低于全国和中部六省的平均水平。

二是国有工业比重偏高，非公有工业比重偏低。2000 年，江西规模以上国有控股工业实现增加值占规模以上工业增加值的比重为 79.6%，比全国高 25.3 个百分点，规模以上国有控股工业实现增加值的绝对额在中部最低，只有湖北的三分之一。2000 年，江西非公有制企业占全部企业数的 21.4%，比重在中部六省最低，实现的增加值高于湖南列第五位。2000 年，江西规模以上私营经济工业增加值为 10.14 亿元，分别为河南、湖北的 13.1% 和 21.7%。股份有限公司是现代企业制度的有效组织形式，2000 年，江西股份制企业数 199 家，占全部企业数的 5.61%，实现增加值占规模以上工业的 24.04%，低于全国 11.24% 和 26.35%，在中部地区分别列第六位和第五位。

三是工业规模不经济，产品竞争能力弱，企业效益较差。2001 年，江西规模以上工业企业的户均资产为 5887 万元，产品销售收入为 2966 万元，都比 2000 年有明显的增长，但分别只有全国的 74.5% 和 54.2%，在中部六省列第五位和第六位。全省新产品产值只占工业总产值的 9.34%，高新技术产业对工业增长的贡献率仍然较低。

（三）开放水平较低

江西小农经济的思想源远流长，封闭保守的特征比较明显，缺乏敢闯敢冒的精神，开放度方面落在了全国的后面，成为制约江西经济发展的重要原因。

一是对外贸易量小、结构层次低，出口能力弱。2001 年是江西进出口增幅最大的一年，但其总量仍在中部六省列第六位，只有安徽的 42.3%，进出口依存度为 5.8%，只有全国平均水平的 13.25%。江西出口商品的档次低，竞争力不强，年出口超过 1000 万美元的 20 余种商品中，70% 以上是农产品和矿产品加工品；出口目标市场集中在亚洲，对欧美等发达国家市场的开发力度不够；一般贸易出口较多，加工贸易发展滞后，出口受国际市场的影响较大。2001 年，江西出口总额为 10.4 亿美元，在中部六省规模最小，只有安徽的 45.3%。

二是利用外资的水平和质量较低。主要表现在外商投资项目规模小，投资产业结构不合理，外资来源渠道窄等方面。江西外资项目平均规模为 86.7 万元，低于中部水平，不及全国水平的二分之一；外商在江西的投资主要集中在房地产业和一般性制造业，投向农业、基础设施和国企的数量不多，投向高新技术产业的更少；江西 80% 的外资来源于港澳台和东南亚，欧美地区和跨国公司的投资很少。2001 年，江西实际利用外资在中部六省提前到第四位。

三是国际旅游业和对外经济合作发展落后。江西丰富的旅游资源和较低的旅游外汇收入极不相称，2001 年江西旅游创汇上升到 7031 万美元，仍只比湖南的四分之一略强；江西对外承包工程与劳务合作的业务量小,2001 年合同金额为 8398 万美元,提前到第五位,但仍仅仅是湖南的 31.1%。

四是对内开放程度不高。集中表现在引进外省资金少,本省产品的全国市场占有率低两个方面。江西引进省外资金一直低于中部六省平均水平;江西产品在全国市场占有率仅 1% 左右,在中部六省最低。

(四)改革步子偏慢

1978 年以来,江西实现了由计划经济体制向社会主义市场经济体制的转变,改革与发展取得了巨大的成就。但与中部较好省份和东部沿海地区比较,江西改革的步子偏慢、偏小,改革进行的深度和广度落后于经济社会发展的需要,各种计划经济色彩浓厚的机制和体制较大程度地存在,成为经济社会发展的障碍。

1. 所有制方面的改革力度太小。科学合理的所有制制度能够激活市场经济主体,提高经济主体的运行效率,提升国民经济的发展水平。党的十一届三中全会以来,在坚持公有制为主体的前提下,"三资"、民营、股份制等经济从无到有,从弱到强,快速发展,表现出强大的生命力,在沿海发达地区,非公有制经济的总量已经超过了公有制,成为吸纳就业、上缴税收的主体。江西所有制结构调整的步伐总体上遵循国家政策进行,调整的时间较晚,力度较小,不仅落后于沿海发达地区,而且也落后于全国水平。目前,江西的民营经济还比较幼小,未成气候,非公有制经济尚未占据重要地位,这也是造成江西经济发展相对落后的重要原因。江西经济发展的差距主要在工业,工业发展的差距主要在民营。表现在江西工业经济中,国有经济占绝对的比重,民营经济的比重及其经济增长的贡献率过低。以 2001 年为例,江西国有及规模以上非国有工业总产值中,国有及国有控股经济占 79.1%,集体经济占 7.74%,非公有制经济占 13.16%,国有经济比全国比重高 31.76 个百分点,非公有制经济则低 25.6 个百分点。在中部六省中,江西国有经济比重也是最高的,非公有制经济的比重则最低。1990 — 2000 年,江西民营工业对全省经济增长的贡献只有 4.7%,比全国及沿海省份少 10—30 个百分点。当前,江西发展和壮大民营经济存在的主要问题是:一是思想解放不彻底,发展中仍存在无形"禁区";二是非公有制经济进入市场门槛高,在市场竞争中,如在获得政府资源、信贷资源中的地位不平等,政府服务效率和服务质量还不够高;三是社会环境不够宽松,存在"红眼病"、"均贫富"现象等;四是对国有、集体企业的改制力度较小,发展民营经济、外资经济的时间较晚,措施力度较弱,致使江西国有经济体制改革慢、成分比重高,非公有制经济发展滞后,在很大程度上导致了江西经济发展水平的落后。

2. 分配制度方面的改革滞后。科学有效的分配制度能够充分调动各种生产要素的积极性,提高市场经济主体的活力。改革开放以来,我国分配制度不断发展和完善,形成了以按劳分配为主体,多种分配制度并存的制度。资本、知识参与分配的领域越来越宽,作用也越来越大。与沿海发达地区比较,江西分配制度改革落后,与江西经济社会发展的现实比较,江西分配制度改革的进程也显得滞后,分配制度改革滞后,激励机制不强,各种单位的人员人浮于事,创新、创业的动力不足,人才外流,企业活力下降,甚至破产倒闭。在引进人才方面,江西在分配措施方面虽然有一定突破,但同发达地区比较,吸引力仍然不够,高级人才的引进工作成效甚微。同时,由于分配制度对资本的重视程度不够,直接限制了"三外"资金的引入,成为我省投资增长乏力的深层原因之一。

3. 市场经济配套改革落后。市场经济体制改革是一个庞大的系统工程,在重点突破的基础上,必须全面推进才能取得成功。江西在金融改革和城市化建设两个方面的滞后比较突出。

金融是现代经济的核心,江西金融业长期存在规模小,为经济服务功能弱的问题。在融资方面,江西金融机构通过传统的信贷渠道融资的总量少,在现代金融市场上,江西通过股市和债市融资的能力也很弱,在中部六省基本上处于最后一位。在金融中介服务上,由于江西金融机构的种类少,江西金融机构提供的服务比较简单,在结算、信用担保、进出口、理财等方面的服务品种少,服务能力弱。传统金融机构的比重过高,改革进程慢,创新力度小,同时新兴金融机构的创立和引进少,是江西金融发展缓慢,金融环境落后的重要原因。

城市化水平是经济社会发展水平的重要标志,城市化与工业化能够互相促进,城市化有利于加速第三产业的发展,增加就业,扩大内需,提高居民生活质量。江西经济水平低,影响了江西城市化水平的提高；城市化水平也反过来影响到经济的发展水平。江西城市化主要存在三个方面的问题。一是城市化水平低。2001 年，江西城市化率为 30.4%，比全国低 7.3 个百分点，也低于中部六省的平均水平。全省设市城市 21 座，占全国城市数的 3.1%，居中部六省的末位。二是城市结构不合理。全省仅有南昌市人口超过 100 万，九江市接近 50 万，缺少 200 万以上的超大城市，大城市的数量低于中部其他省份。三是城市职能单一，趋同性强。城市化水平地域差异显著，仅南昌市、京九铁路北段和浙赣线西段的城镇密度和城市化水平较高。四是城市基础设施的供给水平较低。2001 年，江西城市建城区面积为 463.7 平方公里，只有湖南的 55%，城市公共汽车、公共绿地的人均拥有量也低于中部平均水平，城市规划和管理工作滞后。

四、着力提高经济社会发展能力，实现江西在中部崛起的对策

根据对江西与中部六省经济社会发展能力六大要素的对比分析，针对江西经济社会发展能力落后的原因，拟从九个方面提出对策建议。

（一）牢牢把握 21 世纪初发展机遇，坚定不移地贯彻省十一次党代会确定的战略目标

当前，从世界范围经济发展来看，有三大发展势态对加快江西发展有重大影响。一是全球经济一体化。这是以跨国公司为主体，以资本、技术、信息扩散为载体，以经济贸易秩序化为保障的全球资本重组、结构调整、产业分工和贸易自由化趋势。二是科技进步与产业化日益加快。以电子信息技术、生物技术、新材料、新能源、空间与海洋技术、环境保护技术为核心的高技术革命在过去二、三十年里突飞猛进，产业化周期日益缩短。三是 20 世纪末以来，以信息化为主导，以知识为基础的新经济时代逐渐清晰显现出来。信息化社会和知识经济时代的来临，使江西发展面临双重目标任务和双重选择。一方面，我们的工业化尚未完成；另一方面，信息化、知识化的一些产业要素又离我们越来越近。这一态势要求我们利用开放的世界条件，在加紧完成工业化的同时，不失时机地发展信息化。抓住经济全球化、知识化的机遇，加快发展高新技术产业和对传统产业改造，实现技术上的跨越，促使江西经济快速发展。

从我国经济发展格局上看，沿海省市经过 20 多年的快速发展，产业发展程度、城市化高度、工业化水平明显高于中、西部地区，已经出现了明显的产业转移、要素向外扩散的趋势。近几年来，国家实施的西部大开发，加速了这一趋势的发展。在国内经济发展格局这一重大变化态势中，江西由于紧邻沿海，旁接中部腹地，是沿海最发达的长江三角洲、珠江三角洲和闽南三角地区三大经济圈的共同腹地，东部向西部战略转移推进的过渡地带。面对着东部沿海大发展、西部大开发的态势，江西具有区位优势、生态优势、资源优势、低成本优势等后发优势，经济发展具备了一定的基础，现已呈现出强劲的发展势头。这将为江西吸引沿海技术资金、承接产业转移，带来与中西部其他地区不可比拟的发展机遇。

中部地区自古便是中国地理上的腹心和经济上的重域。江西要充分利用左右逢源的枢纽位置和区位优势，调整和完善其发展定位。一方面，江西要坚持“三个基地、一个后花园”战略，承接东部沿海地区的产业转移、技术转移；另一方面，要积极参加长江中游经济区的构建，成为武汉——长沙——南昌金三角的一个新经济增长极，在长江中游经济区的崛起中实现江西的崛起。我们认为，面对我国这一区域经济发展的新机遇，江西经济发展应当确立“东合西展，南下北上”的新定位。必须在加速经济发展进程中，咬住发展目标不放松，坚定发展战略不动摇，优化发展环境不停步，创新发展举措不懈怠，兼顾承接产业梯度推移与反梯度推移目标，培育竞争优势，力争在更大范围、更高层次上主动与沿海发达地区合作发展，实现与长江中游经济区的经济对接与联动，并积极参与西部大开发，加强与各周边省市的横向经济联合与协作，努力实现“多赢”目标，以不断拓展我省经济发展的空间，分享现代区际分工利益。

（二）集中力量建设好工业园区，坚定不移地推进工业化、城市化、农业产业化、信息化联动工程

在推进工业化过程中，既要借鉴沿海发达地区的好经验和好做法，又要尽力避免工业化过程中带来的环境污染、资源浪费等负面影响。在我省加快报进工业化的战略过程中，必须死死咬住工业园区建设不放松，综合考虑工业化与城镇化、农业产业化、信息化的关系，采取“四轮”联动方式，促进江西经济健康、持久、快速发展。

1. 集中力量抓好工业园区建设，以此作为抓手来推进工业化和城市化

首先，在工业园区建设中应围绕降低发展成本、增强聚集效应，在“两个集中”上下功夫。一是引导工厂向工业园区集中，办好工业园区，加快工业发展；二是引导人口向城市和重点城镇集中，加速农村人口城市化进程，以提高城市道路、水电、教育、卫生等公用设施的利用率，带动第三产业发展，增强城市或重点城镇的辐射力。有的地市工业园区建设可与条件较好的原省级开发区建设结合起来，在原省级开发区的基础上设立工业园区；有的地市可以根据情况集中办好示范工业园区，增强工业发展的集聚效应和规模效应。而且工业园区建设应与城市化紧密结合起来，以工业园区建设促进城市化，使其成为城市的形象工程，体制创新和科技创新的试验田。下大力气建设好工业园区，沿海地区工业转移就有了载体，就能主动承接沿海地区产业转移。

其次，在工业园区建设上，要积极创新工业园区的建设规模，提高市场化程度，努力实现工业园区建设的三个转变：一是招商主体由政府为主转变为企业为主；二是投入主体由财政为主转变为社会资金投入为主；三是工业园区建设由政府行为转变为企业行为。要加大体制创新力度，优化园区发展环境，增强园区的对外吸引力。园区管理部门必须以服务为中心，提高办事效率，精简办事程序，切实转变职能；在园区内，要制定和实施有力的优惠政策，彻底杜绝“三乱”现象，创造企业零费率营运环境；积极推进园区中介服务体系建设，提高园区的社会化服务水平，逐步形成各具特色、相互补充、协调发展的省、市、县三级工业园区体系。

第三，近期在工业园区建设中可采取四项具体措施：一是运用 BOT 方式，引进大财团、大公司来建工业园区。可以让外商经营 20 年再收回，也可以让民间资本来建园区，建成一片就出租、出售一片，让民间投资获得高回报。二是划块成片开发，以商住、贸易区的开发带动工业园的开发。三是省里集中力量抓一批高标准，高服务水准的工业园区建设，东西南北中都有示范区，其余放给市、县搞。

2. 根据江西省农副产品资源丰富、区位条件优越、劳动力资源充裕、价格便宜等情况，可考虑在建设工业园区的同时，建设一批农副产品生产调控中心，加快农业产业化

首先，农副产品生产调控中心应具备下述五个方面的功能：一是产品开发与技术推广；二是生产信息聚散；三是产品产销协调；四是资产运作与投资指导；五是产品质量控制。

其次，在农村产业化的发展进程中，目前必须采取两个对策：一是推进农村土地流转制度的改革，推进规模化、集约化经营，为农村工业化创造生产组织条件和体制条件。二是培育一批龙头企业，带动农业生产的标准贯彻，提高产业化水平，利用江西生态优势尽快形成优质农副产品出口加工基地，使江西农副产品跃进国际市场。

3. 在下大气坚定不移地推进工业化的同时，要不失时机推进信息化，走新型工业化的道路

首先，优先发展生物技术与相关产业、电子与信息产业、新材料产业等具有相对优势和江西特色的新型产业，力争以优势产业的快速成长和特色领域的重点突破，带动我省高技术产业迅速发展。

其次，积极运用先进制造技术、先进控制技术、电子信息技术、生物工程技术和节能降耗技术等一批先进成熟适用的高技术，对化工、机械、冶金、纺织、食品、建材等传统产业进行渗透和运用，以实现关键技术、工艺、设备的优化升级和产品更新换代，带动制造业全面升级。

第三，要在企业技术开发和生产营销、社会公共服务、政府行政管理等方面广泛运用数字化、网络化技术，把工业化和信息化更好地结合起来。

（三）进一步加大招商引资力度，坚定不移地实施大开放主战略

当今世界，不仅要开放，而且要大开放。大开放将对一个国家或地区的经济发展起龙头作用。江西坚定不移地实施大开放的主要思路和要求是：围绕实现江西在中部地区崛起的奋斗目标和全省推进工业化战略核心，把大开放主战略与加快江西经济发展紧密结合起来，抓住对外开放的有利时机，以积极的姿态扩大开放，应对挑战；努力做到对内开放与对外开放并重，引进国外、境外资金与引进省外资金并举，一、二、三产业全面放开，尤其以工业园区为主要载体，以大开放促进全省产业规模迅速扩张；进一步放开各类市场，放开投资领域，加快省内市场与国际市场和沿海发达地区在机制、体制和要素流通上的对接，提高省内市场的开放度；增强外贸专业公司机制、体制活力，着力培植企业自营进出口能力，提高全省外经贸出口整体实力；实施“走出去”战略，鼓励省内企业多形式、多领域参与国外市场竞争，并通

过国际市场实现资源的优化配置；立足自身特点，紧跟国际市场动态，积极调整产业结构，增强省产品对国内外市场的适应性和独特竞争力。

按照上述思路及要求，在已有的工作基础之上，我们提出以下对策：

1. 完善五种开放机制

一是资本、技术、人才的高效引进机制；二是巩固引进成果的融合机制，实现人际融合、制度融合、文化融合；三是引进成果的扩散机制，实现引进成果的放大效应；四是自我强健的创新机制，通过体制、技术和管理的创新，提高自身消化吸收功能；五是利用开放成果的整合机制，打造优势产业、优势企业、优势品牌。

2. 大胆探索多样化的招商形式与途径

在继续扩大以 BOT、项目融资等方式投资的基础上，积极推行基础设施经营权转让、引进投资资金、国外(境外)发行股票等方式融资。

3. 进一步推进与邻近沿海省市的经济技术交流与合作

首先，进一步拓宽合作领域。制定鼓励政策，推动江西与邻省的合作由以工业项目为主向一、三产业延伸，由以经济领域为主向科技、文化和社会事业领域延伸，由以引进投资为主向市场全面对接延伸，由资本性合作向人才培训、科学化管理延伸。通过“四个延伸”，尽快使江西经济融入东南沿海地区发展圈。为鼓励沿海邻省的资本、项目、人才进入江西，省里应比照沿海地区引进国外资本的做法，制定更为优惠的政策。

其次，进一步提升合作层次。省里应采取主动，把与邻省的合作提高到新的层次。一是由目前以中小企业和民营经济合作为主向大企业、大集团的合作提升。二是由低水平项目的转移向技术含量高的项目转移提升。三是产业转移由单个项目向相关产业整体转移提升。对于向我省转移的高新技术产业和整体性转移产业，其所得税征收在按国家有关政策优惠期满后，采取先征后由财政拨补返回的方式继续延伸 3 至 5 年优惠期限。

第三，进一步完善合作机制。按照市场规律，在优势互补、互惠互利的原则下，建立政府推动、企业为主的合作机制。省里主动与邻省市协商，建立两省定期协商制度，及时交换双方合作的意见和建议，协商解决存在的问题，对加强双方的合作提出进一步的要求和部署。

4. 以积极姿态参与国外市场竞争

首先，加快技术引进，促进产业成长与技术进步。要抓住世界科技进步、技术扩散加速的机遇，加快引进国外先进技术、设备，先进管理经验、管理模式。不仅要引进对我省跨越式发展有重要意义的高新产业技术；还要注重引进改造我省传统产业需要先进适用技术。要大力推广引进、消化、吸收、创新的技术引进模式。把引进技术与本省产业基础融合起来，加快江西产业成长与技术进步。

其次，积极培植产业化出口创汇农业。省里应建立农业产业化发展基金，并落实在具体品种的扶持上。其具体的拨付规模应与出口创汇直接挂钩。省财政每年应主动支持农业产业化专项拨款，也要与培植出口创汇的长效机制结合起来。

第三，鼓励、支持企业自营出口。省及各设区市财政专门切出一块资金，重点用于业绩、信誉好的企业出口业务贷款担保。同时，省财政厅从发展基金中切出一块，重点支持省属国有外贸专业公司的贷款担保。

第四，支持有条件的企业“走出去”。

5. 构建守信、高效的开放性政务环境

首先，继续清理与 WTO 规则不相符的文件和规定。在前段时间清理、废止省政府出台有关文件基础上，转向清理省里出台的地方性法规，以及市、县乃至各乡(镇)出台的与 WTO 规则相矛盾的文件、规定。

其次，重信守诺，全面保障外来投资者的合法权益。对于作出的承诺，各级政府和部门都必须严格遵守。省、市、县三级应尽快设立政务投诉中心，主要接受投资者的投诉。对反映违背承诺的投诉，迅速受理，事实一经查清，要严肃处理。

第三，建立健全执法监督机制，规范行政执法行为。

(四)努力建设区域创新体系，坚定不移地把改革创新作为发展的强动力

建立健全区域创新体系，全面推进制度创新，是欠发达地区发挥后发优势，实现跨越式发展，赶超发达地区的必由之路。区域创新体系是指企业、政府、高校、科研院所、中介机构五方面构成的创新系统。要通过制度创新、技术创新、组织创新、管理创新、市场创新和政府运作创新等六位一体的创新，把我省区域经济“激活、做大、做强、调优”。

1. 在制度创新方面，要按照“有进有退、有所为有所不为”的原则，在二、三产业中收缩国有经济战线。加快现有产业中的国有企业股份制改造，形成多元投资主体，扭转江西地方产业中国有经济比重过高的格局，增强国民经济的生机和活力。

2. 在技术创新方面，要坚持“突出重点，优化升级”的方针，加强企业技术创新的主体地位，发展高科技，实现产业化。要抓紧企业技术中心建设，逐步形成适应市场竞争需要的、有江西特色的技术创新体系与机制，努力做到技术创新促进结构调整，结构调整最终要落实到企业技术创新能力提高上。要大力采用高新技术改造传统产业，使我省有色冶金、养殖业、食品业等传统产业的技术水平产生飞跃；积极发展和形成稀土、光电子、新材料等高新技术，抢占科技制高点。

3. 在组织创新方面，坚持“抓大求强，放小求活”的方针，加强现有产业中的大企业建设。要充分发挥大型企业在资本运营、技术创新、开拓国内外市场等方面的优势，逐步实现跨地区、跨行业、跨国经营，使之成为我省参与市场竞争的龙头企业，带动我省工业经济整体竞争力的增强。同时，要重视中小企业的作用，进一步实施有江西特色的中小企业发展的政策措施，办好中小企业担保基金，完善中小企业服务体系；积极引导优势产业中的中小企业特别是科技型中小企业向“专、精、特、新”方面发展，培育为大企业提供专业化协作配套的中小企业群体，实现集团化和专业化的统一。

4. 在管理创新方面，要按照建立现代企业制度的要求，以建立和完善公司法人治理结构为核心，加快实现与市场经济全面接轨的管理体制和机制的改革创新，提高企业竞争力。要积极采用高新技术，加快信息化建设，优化企业管理系统。

5. 在市场创新方面，要按照市场经济的发展要求，完善市场制度，形成与之相适应的经济管理制度、企业组织形式和市场行为的组织规范。核心是要建立充分发挥作用的市场机制，使市场机制对江西产业发展的资源配置起基础性调节作用，减少经济运行成本。要建立完善的市场体系，建立法制化的、严密的市场规则，规范企业行为，保持市场经济运行的正常秩序。

6. 在政府运作创新方面，要进一步转变政府职能，改进管理方式，推行电子政务，提高行政效率，降低行政成本，形成行为规范、运转协调、公正透明、廉洁高效的行政管理体制。要适应市场经济体制的要求，积极发挥政府在经济发展中的调控、政策引导作用，通过制订规划、产业引导和政策扶持，加速发展我省的优势产业。要不断改进经济宏观调控工作，切实转变政变职能，提高部门的忧患意识，增强干部的公仆意识，树立“管理就是服务”的大局意识。同时，要在改进工作方法上下功夫。规范、完善政务公开制度，健全“服务中心”的运作，抓紧审批制度改革，充实政府的社会服务职能，提高政府对经济工作的领导和驾驭能力。

（五）放手发展和壮大非公有制经济，坚定不移地支持发展个体私营企业

非公有制经济是以民为本位、以民为主体的经济，发展和壮大非公有制经济，是全面建设小康社会实现富民强省的有效途径。加快发展和壮大我省民营经济的主要对策有：

1. 解放思想，破除“比例论”，放手、放胆、放心发展非公有制经济。不得对非公有制经济设任何有形或无形“禁区”，凡国家没有规定禁止的领域和投资、经营形式，都应允许非公有制经济进入。对民营经济的创业、创新活动，各级政府应采取“先放开后引导，先搞活后规范，先发展后提高”、“试一试、看一看”的做法，鼓励其放手发展。过去政府控制的垄断性行业或政府包揽经营的行业，绝大多数要由政府推行招投标制，给民营经济同等的进入机会。

2. 大力降低民营经济市场准入门槛，改善民营经济发展空间。对一般非特殊性行业，要大力降低其注册资本数量宽限缴纳期限，降低进入资格。

3. 政府对民营经济要提供优势高质服务。精心编制好两张网，一是服务网，普遍设立各种形式的便民服务中心和经济环境投诉中心，进一步规范审批程序，民营经济在批件、证照、通关、报检时，要简化手续，减少收费，提高服务质量，坚决克服“三乱”、“四难”现象。二是安全网，完善社会保障制度和各种商业保险制度，增加社会保障资金支出，为各类人员创办企业，下海经商提供保障，以形成民间创业的优良环境。

4. 要切实解决民营经济获得政府资源和信贷难的问题。政府资源、信贷资源的配置要按市场方法，坚决取消按所有制类型分配，WTO 的国民待遇原则首先要在内资企业得到实行。

5. 大力鼓励民营经济参与国有中小企业改革、改制。竞争性行业和县以下的国有中、小企业要大力退出国有经济，鼓励民营资本接收、购买、兼并国有中小企业，通过国有企业改制，快速成长一批民营企业。

6. 大力保护民营企业经营者的合法经营、合法收入、合法财产不受侵犯，坚决斩断伸向民营经济的黑手。

（六）进一步加大产业结构调整力度，下大力气培育壮大江西的支柱产业

加快江西工业发展必须以结构调整为主线，重点支持江西有优势的支柱产业发展壮大，优先培育江西有一定基础的高新技术产业成长，加快传统产业改造，促使江西工业规模、结构、素质、效益有极大提高。

1. 重点抓好"八大行业"的产品结构调整，改变产品结构与国际市场不相适应的状况

在有色金属业方面：把产品结构调整的重点放在资源加工的深度和精度上，重点做好铜冶炼工程、仲钨酸铵、氧化钨、钨酸等钨的中间产品和钨粉、碳化钨粉、钨铁钨丝、异型硬质合金、光源材料等钨深加工品，铅钪中间合金、高纯度中重稀土合金、稀土荧光粉、钽粉、钽丝、氧化钽、氧化银等。

在汽车业方面：在调整结构中，实现专业化生产、集约化经营，重点发展商务用车、家用微型车、低地板公交车、绿色环保公交车，促其形成具有国际竞争力的经济规模。

在冶金业方面：减少或淘汰利润低的大路货产品，发展本省和相邻省区市场短缺的板带材品种，逐步形成自身特色和优势的建筑用材、板带材、小口径无缝管材、钢铅管材和金属制品生产基地。

在纺织业方面：大力发展服装加工，努力扩大苎麻纺织的规模及提高深加工能力，积极开发高档面料，整顿提高棉纺，力争印染后整理水平有突破性提高，并促进化纤行业上规模。

在医药业方面：大力发展中成药，建立中药筛选中心，对我省市场前景广阔的名牌中成药产品，予以扶持，促其上规模、上档次；短期内新药开发方向，以开发移植市场前景较好的多发并常见且专利期刚过的治疗药物为主，同时，加强对制剂改革的研究工作，和对传统药品实行剂型改革研究开发。

在石化业方面：加快支农产品的结构调整，向市场短缺、有效益的产品倾斜，向精细化学品倾斜，向市场化、精细化、专用化、绿色化方向发展；农药材料工业、精细化工等都要大力进行新产品开发，进行下游产品的开发，扩大生产基地，尽快形成产业化。

在电子业方面：集中力量抓好发光二极管竣工达产；抓好软件园的建设，大力发展软件产业。充分利用江西电子原器件生产优势，逐步承接台湾、沿海地区电子计算机制造业的转移，努力形成有影响的计算机产业基地。

在轻工业方面：加强产业布局规划和政策引导，有计划、有步骤地改变以往搞地区平衡所造成的分散局面，培育一大批产业集群；对轻工行业中已有一定品牌效应和市场占有率的产品加大扶持力度，积极开展国际合作，主动引进省外、境外、国外资本，做强做大。

2. 重点支持支柱产业的发展壮大

支柱产业是国民经济中规模较大、市场成熟、增长稳定、带动作用较强，对国民经济稳定和持续增长有特殊意义的产业。21世纪初，江西支柱产业可以选择这样几个产业：以汽车、压缩机、矿山机械、电站设备、单反相机、数控车床等产品为主导的机械工业；以天然、绿色、传统特色、保健食品为主导的食品工业；以铜、钨、稀土、钽铌金属的冶炼、加工及深加工为主导的有色金属工业；以大水泥、墙地砖、饰面材料、卫生陶瓷为主导的建材工业。这几个产业在我省具有广泛的产业基础，良好的资源条件，技术进步快，主导产品市场正处在高速成长期，前景广阔，对其他产业带动作用强，增长比较稳定。要采取重点支持政策，"十五"期间通过重点扶持，上一批大项目，发展一批大集团，培养——批规模大，技术含量高，市场占有率大，有重要影响力的名牌产品，形成以大企业、大集团为中坚，以名牌产品为形象的支柱产业群，以支柱产业群为核心构造21世纪江西新型产业结构。

3. 优先培育高新技术产业成长

高新技术产业是现代产业进步的方向，是现代经济成长、结构升级的先导性产业。我省在电子信息、医药化工、有色冶金、新兴机械等行业有一批具有当代先进技术、产品有很强竞争力的骨干企业，主导产品有计算机和通信设备与器材、软件设计、生物医药、生物农药、食品添加剂、精细化工、有机化工、

稀土新材料、高性能发动机，压缩机，光学仪器等。21世纪初，要集中力量，加快发展壮大有传统优势和比较优势的高新技术产业，并加快利用高新技术改造传统产业的步伐。要突出抓好高新技术产业开发区的建设，继续在土地、建设投资、税收上给予优惠政策，进一步优化办事环境，办好创业园、孵化器，扩大和完善风险投资，吸引更多的国内外、省内外高新技术企业和投资者来园区落户。

4. 着力抓好企业集团战略，形成江西的"航空母舰"和"联合舰队"

江西工业发展的特点是以资源密集型的重工业、粗加工业为主，轻工业、精加工业十分落后，且非金属矿产资源、生物资源量大质优。根据国家产业结构调整的思路，并结合本省工业现状，主导产业与支柱产业的确定，要依据国内外市场的需求变化以及传统工业向现代工业转换的实际要求与发展趋势进行重新审视定位。省政府在"十五"期间，应从产业调整与支柱产业的培育上，着力抓好2—3家销售收入上百亿元、10—15家销售收入上50亿元的大型企业集团，形成江西的"航空母舰"和"联合舰队"，挤占拼抢市场，使江西产品在国内外市场占有一席之地。

5. 强化实施名牌推进战略，培养主导产业的核心竞争力

要充分发挥名牌产品对经济结构调整和对产业增长的重要作用，培育8—10个知名品牌。把推进名牌战略同提高我省主导产业竞争力结合起来，大力依靠名牌产品的科技含量、附加值、市场占有率，对主导产业中的所有名牌产品生产企业都要建立技术中心。要建立和完善主导产业中产品的质量保证体系，与国际标准接轨。

(七)积极发展新型第三产业，下大力气开辟新的经济增长点

加快发展第三产业有利于促进市场体系的进一步完善，开辟新的经济增长点，拓宽就业渠道，提高整个经济的运行效率。我省应当以旅游业、流通业、金融业、信息服务业等四大行业为龙头，大力发展第三产业。

1. 着力抓好旅游业的发展

旅游业是永恒的"朝阳产业"。我们要按照"一个后花园"思路来发展旅游业，把江西建设成为沿海发达地区以及全世界人民旅游休闲的后花园，使旅游业成为江西经济发展的主导产业和支柱产业。要搞好统一规划，充分运用市场化运作手段，高起点地搞好旅游景点的开发和配套设施及其他服务体系的建设，提高旅游业的经营服务水平和经济效益。同时，要加大宣传推广和营销力度，塑造特色和品牌。要充分发挥江西绿色、红色、古色旅游资源优势，以生态理念为主脉，以名山、名水、名城为支撑，形成绝特山水、红色摇篮、陶瓷艺术、佛道文化、田园生态、客赣风情等六大主题特色产品。

2. 大力发展社会化大流通

江西工业的发展和振兴，促进传统农业向现代农业的转变，实现江西经济在中部地区的崛起，需要快速、便捷、高效的现代化流通业的发展为其支持条件。流通业的发展，关键是要调整结构，优化布局，提高素质和水平，发展现代化社会化大流通，推动现代物流产业的发展。要运用现代经营方式和服务技术，对商贸流通、交通运输等传统服务业进行改造，大力发展集商流、物流、信息流于一体的大型综合市场和各类专业批发市场，积极发展配送中心、连锁经营、仓储式商场、网上销售等新型业态，并通过企业资产重组等方式，培育大型流通企业集团，提高企业竞争力。

3. 加速发展金融业

金融业是现代经济运行的核心。金融业发展滞后，资金短缺，融资机制不活，融资能力有限，是江西经济社会发展的重要瓶颈制约。要抓住和利用我国加入WTO的机遇，积极引进省外和国外金融机构到江西境内设立分支机构。同时，要大力发展和壮大地方商业银行、农村信用合作社和其他非银行金融机构。要进一步深化地方商业银行、农村信用合作社以及其他非银行金融机构的改革，创新管理体制和金融业务，提高服务水平，增强服务功能。此外，要尽快组建立足本省的综合证券公司和产权交易所以及金融租赁公司、集团财务公司、产业投资基金、证券投资基金，建立适应江西经济发展需要的金融服务体系，促进资本市场的培育和发展。

4. 积极发展信息服务业

在发展思路上，要以积极发展信息、咨询和中介服务等现代服务业为重中之重，为企业提高经营管理水平，培育和发展要素市场，积极推动社会经济生活的信息化创造良好的条件。同时，要根据城镇居民的消费需求，积极发展社区服务、文化娱乐、体育

健身、职业培训等行业。在政策上,要以降低进入门槛,放宽市场准入限制,提供政策支持和引导,规范市场行为,维护市场秩序为基点,以促进和推动信息服务业的快速健康发展。此外,还应当大力发展资本投资起点低,技术要求低,劳动力只要稍加培训就可上岗就业的社会服务业,化解就业难题。

(八)全方位改善金融环境,下大力气提高经济发展的投融资水平

党的十六大报告指出:要深化财政、税收、金融和投融资体制改革;稳步推进利率市场化改革,优化金融资源配置,加强金融监管,防范和化解金融风险,使金融更好地为经济社会发展服务。

为了提高江西经济发展的投融资水平,必须全方位改善金融环境,构建金融支持体系。一是加大信贷投入,完善银行信贷机制,促进经济快速增长。二是用好用足政策,减轻企业负担,支持企业多元化改革。提高江西企业经营水平、资本盈利能力和积累投资能力是提高投融资水平的根本办法。为此,各金融机构要采取积极措施。支持企业进行企业产权制度多元化改革,支持国有企业推进现代企业制度改制试点和"债转股"试点工作,加大呆坏帐贷款核销力度,合理减轻企业利息负担。三是拓宽融资渠道,引导民间投资,支持企业多元化融资。支持企业上市,及时提供"过桥"贷款,并着力做好上市公司后备资源的培植工作;积极利用国家开发银行贷款,重点支持电力、铁路、公路、电信、城市基础建设、基础工业、高新技术产业、市场流通、教育、农林水利等十大类项目;发展票据融资,切实降低企业票据融资门槛,引导和鼓励一些产供销关系稳定、资信优良的企业签发商业承兑汇票,促进商业信用的发展。四是积极扶持中小企业,发展民营经济。切实加大对中小企业的信贷投入;各金融机构应积极探索适合非公有制经济发展的信贷管理办法;各商业银行要有针对性地为中小企业提供电子银行、网络结算、银行承兑、票据贴现等灵活便捷的结算和融资"套餐"服务。五是完善抵押方式,建立担保体系,畅通资金融通渠道。各金融机构要进一步完善抵押方式,创新抵押品种,努力构建信用担保体系,逐步建立省、市、区(县)级担保机构、民营企业出资的商业担保机构、相互担保机构以及中小企业贷款担保等中介组织。六是加快金融创新,优化金融服务。各金融机构必须创新经营特色,努力打造一批特色产业和特色品牌;必须创新金融工具和服务品种,大力发展中间产品和金融衍生业务,为客户提供全方位服务;必须加快电子结算系统建设,利用科技创新推动金融业务创新,创新服务手段,提高服务质量。七是重视社会信用,优化信用环境。加强舆论宣传的导向作用,积极开展信用地区、信用企业、信用客户评定活动,使全省信用环境有明显的改善;尽快建立统一开放的企业和个人联合征信系统。八是扩大对外开放,引进金融机构,完善金融组织体系。

(九)大力开发人力资源,下大力气构建吸引和留住人才的优良环境

人力资源是经济发展的决定因素。加快江西发展,不仅需要大量的创新创业人才,而且需要千千万万的技术人才和管理人才。必须把人力资源开发和培养作为增强江西发展能力的最基础的战略措施。

1. 实施人才战略,优化人才环境,加快构筑人才高地。在吸引人才方面,要按照"不求所在,但求所为"的原则,实行"柔性流动"的人才政策。特别是要结合科技计划项目的实施,有针对性地加大对海外、省外拔尖人才,包括高水平人才团队的引进力度。在留住人才方面,要按照"用事业留人,用感情留人,用待遇留人"的要求,制定有效的激励政策,特别是要充分发挥科技奖励的作用,形成尊重知识、尊重人才、鼓励创新、宽容适度的社会氛围。在培育人才方面,要继续实施江西省主要学科学术带头人和技术带头人培养计划,加大尖子人才的培养和支持力度,为优秀人才创造良好的工作条件。

2. 培养造就一大批优秀企业家队伍。对国有企业和国有资本控股企业,其经营者要公开选拔、招聘、竞争上岗,使那些确有真才实学、年富力强、能把企业引向兴旺发达的优秀人才脱颖而出。要创造企业家能施展才华的宽松空间,而不是干预、限制个性发展,不求全责备。要建立有效的激励监督机制。企业经营者收入与企业发展能力、效益挂钩,推行年薪制、期权制;依法加强对企业的监督、审计、稽察。要加强社会对企业家的价值观评价与导向,鼓励企业家敢闯、敢冒。要结合大企业,大集团战略,培养一批优秀企业家。尤其是培养一批民营企业家和金融投资企业家。

3. 培养造就一大批高素质创新型人才。要深化教育体制改革,推进教育创新,全面实施素质教育。在全面、高质量地实现"双基"目标的基础上,加强职业教育和继续教育，按照现代化经济建设和社会发展的需要，调整高等教育专业结构和学历层次，加速培养高素质创新人才，训练合格的劳动后备军。科学研究和技术开发也是培养和造就优秀创新人才的重要途径。要建立优秀创新型人才的选拔使用的新机制。要确立优秀创新人才的科学评价标准，要采用多种形式、多种激励措施保证优秀人才和创新型人才脱颖而出，要为优秀创新型人才提供良好的工作条件和发挥其创新才干的机会。

4. 建立吸引管理人才和技术人才的政策支撑体系，完善企业收入分配制度，创造具有激励与约束的制度环境。目前江西吸引、利用、留住人才的政策支持不到位，不少刚取得成功的厂长、经理们被政府调到部门当官去了。“企业家队伍”和“工程技术人才队伍”难以形成竞争优势。因此，建议设立“特殊贡献企业家终身奖”、“企业工程技术人员省政府津贴”、“重大技术发明省政府特别奖”等办法，并与按劳分配和按生产要素分配结合起来，积极支持、鼓励优秀人才搞实业，建立企业管理人才和技术的政策支撑体系，培养、造就为江西经济发展创业献身的人才队伍。

（江西省统计局综合处供稿）

表1： 六个主要年份中部六省经济社会发展能力指数

指标	江西省	山西省	安徽省	河南省	湖北省	湖南省
六年平均	78.48	93.17	79.70	85.94	99.44	89.43
1978年	84.74	104.76	75.40	79.28	96.69	87.92
1985年	79.20	94.38	81.95	84.22	96.63	87.82
1990年	82.29	102.02	80.76	82.23	100.67	86.88
1995年	71.80	83.91	86.28	93.37	105.89	96.19
2000年	74.51	84.59	77.68	88.60	95.59	86.54
2001年	78.35	89.38	76.11	87.94	101.18	91.21

江西省工业园区建设给农村经济带来的连动效应与启示

王建农　邓祖龙

[社会反响]该文获2003年度国家统计局农调总队优秀分析报告二等奖,江西省统计分析研究中标课题二等奖,江西省生产力学会课题一等奖,国家统计局《调研世界》2003年第四期登载,江西省政府办公厅《调研参阅》([2003]17号)转发。

[内容提要]工业园区的蓬勃兴起,其意义不仅仅在于工业的兴替,同时也对整个经济社会产生强大的连动作用和辐射作用,因而广泛引起人们的强烈关注。本文依据调研资料,对工业园区的经济特点及其对农村经济的影响作研究。

[关键词]工业园区　农村经济　连动效应

近几年,在江西经济发展进程中,呈现了一个令人注目的新的经济热点和亮点,这就是全省各地涌现的工业园区。江西工业园区的蓬勃兴起,其意义不仅仅在于工业的兴替,同时给整个经济社会都将产生强大的连动作用和辐射作用,因而广泛引起人们的强烈关注。本文依据最近权威调查资料,对工业园区的经济特点及其对农村经济的影响作一研究。

一、江西工业园区的经济特征

跨入二十一世纪,面对世界和我国新的技术革命的蓬勃发展,江西如何迅速崛起呢?这是新一届省党政领导集体不可回避的需要慎重抉择的战略问题。是走传统的农业发展之路,还是走新型的工业化之路?显然,传统产业的经济模式和传统农业的发展模式已经很难适应当今时代要求。传统产业和模式向高技术产业的升级换代已大势所趋,刻不容缓了。

高新区是以知识、技术、人才高度集中和教育、科研、生产融为一体的新型区域,具有技术高度密集和信息高度密集的现代特征。高新区对传统产业的改造,不仅提高劳动生产效率,降低各种消耗,实现经济增长方式的转变,同时提高了信息和知识在经济增长中的贡献率,降低了自然资源与劳动要素的投入比例,促进了经济的非物质化,从而加速资源经济向知识经济形态的转变。而工业园区建设与发展则是高新技术园区的基础和前身。纵观美国硅谷和我国台湾新竹科学工业园区的发展,充分说明工业园区、高新技术区对经济的强大促进作用。

美国是建设高技术产业区的鼻祖,西海岸的加利福尼亚州圣克拉拉县的一片果园,经过斯坦福大学和一批创业者的艰苦创业,仅用了大约30年的时间,便发展为举世瞩目的高技术产业区——硅谷。几乎同时,东海岸的马萨诸塞州波士顿128号公路两侧的林地也布满了高技术公司,复苏了由于传统工业衰退而萧条的该州经济。我国台湾的新竹科学工业园区现拥有264家科技公司,年产值高达4000亿新台币,创造了68000个工作机会,吸引了大批高学历人才到园区工作,成为全球十大发展最快园区中的第一名。

两年来,江西省借鉴国内外成功经验,审时度势,将工业园区建设作为实施对外开放和主攻工业的重大举措,以此带动工业化、城市化步伐,加速发展地方经济。根据对全省工业园区的全面调查汇总,江西共有工业园区118个,其中国家级、省市级园区20个,县(市、区)级98个。工业园区具有以下七个显著特征:

1. 园区规模较大。近两年,工业园区如雨后春笋般快速兴起,遍布全省各市、县、区,其中国家级园区2个,省市级园区18个,县(市、区)级110个。这些园区,部分是二十世纪九十年代建立,近二、三年迅猛扩展;大多数是这两年新创建,园区面积纳入规划之中。昔日荒芜寂静的洲地山坡转眼间耸立着一排排厂房和一幢幢大楼。据统计,全省工业园区面积,2003年9月份为51万亩,比2002年同期26.9万亩扩大24.1万亩,增长89.6%。其中设区市管理的工业园区面积17.22万亩,比上年同时增加5.91万亩,增长52.25%;县(市、区)管理的工业园区面积为33.78万亩,增加18.24万亩,增长117.37%。大多数工业园区处在中心城市附近,交通便利,信息发达。新余市高新区是原城东经济开发区的基础上组建。2001年11月9日挂牌成立,规划面积6万亩,距市中心2公里,南邻浙赣铁路,北接沪瑞高速公路,赣粤高速公路,西接上新公路,程控电话、移动电话可与国内外各地直接通话,用户电报、图文传真广泛使用，邮政储蓄、邮政快件和国内、国际特快专递服务快捷。

2. 工业生产集中地。以工业园区建设为载体，大力推进工业化进程，从而实现“工业立省、工业强省”，以此加快县域经济和全省经济的发展，在工业园区得到充分体现。据调查统计，全省工业园区已正式投产的入园工业企业4038户，同比增加1423户。还有1498户在建工业企业，同比增加1424户。这些企业，以加工制造业为主，大多数是食品、林产品、建材加工、棉纺、冶炼、制药、五金为一体的综合工业园区。新余市开发园区现有68家工业企业落户，实现产值8.5亿元。彭泽县依托优质棉基地县这一产业和区位优势，突出棉纺主业，搞好纺纱、织布、印染、服装加工一条龙开发建设，建园3年来，规模达2337亩，实际入园企业有华孚、永嘉、抚兴、银海等6家企业，固定资产投资9000万元，年生产能力5万纱绽。

3. 招商引资集聚力。借助外力加快发展，是近几年江西省各级党政领导在市场经济中摸索出的一条成功经验。江西财力有限，仅靠自身积累发展是远远不够的，必须借助外力，招商引资，大力引进国内外的资金、技术、人才、管理和市场，为经济发展注入活力，增添后劲。而工业园区是招商引资的重要载体。今年1—9月份，全省工业园区招商实际到位资金265.64亿元，比去年同期增长1.16倍，其中省外到位资金181.12亿元，增长1.31倍，占三分之二。几乎所有的工业园区都有省外投资。宜丰县工业园区落户的企业有24家，客商已投资2.64亿元。东乡县工业园区已进入企业55家，其中投产的50家，固定资产总投入10亿。工业园区招商引资的成功着陆，有力地促进了全省建设步伐的加快，呈现出超常规、超越式发展的局面。

4. 企业家和科技人才的展示地。人是企业成功与否的最重要的因素，工业园区的建设与发展关键在于人才。我省工业园区的建成起到了筑巢引凤的巨大作用，一大批会生产、懂技术、善管理、能经营的企业家精英聚集在全省的各个工业园区。随之，一大批各种科技人才被吸引到工业园区的各个企业。工业园区成为他们的才华展示之地和建功立业的舞台。

5. 对外开放的窗口。工业园区是展现江西投资环境的窗口，是展现政府部门办事效率和企业化管理水平的窗口，是展现地方经济发展水平和经济实力的窗口，是展现企业产品质量的窗口。近一、二年纷纷而来的国内外客商在江西投资经商办企业，其中一个重要原因是透过工业园区这一窗口所看到江西的希望、潜力与前景，怀着理想与抱负来江西干一番事业，创一片天地。今年8月28—9月1日，胡锦涛总书记来江西调研时，先后到会昌、于都工业园区和南昌市的高新区、昌北工业园区视察，表示很感兴趣和满意。这正是通过工业园区展示了江西的多方面成就，起到了重要窗口作用。

6. 创新机制的试验地。机制创新包括企业身份、资本成份、管理方式、用人制度、资源配置等。我省工业园区的落成企业，在机制上各具特色，以合资、股份、个私为主体的工业企业遍布全省。

7. 财政增长的源头。工业园区的迅速发展，强有力地促进了全省经济的发展，成为财政的增长源。今年1—9月份，全省工业园区实现产品销售投入388.97亿元，比去年同期增长70.32%；实现利润总额23.1亿元，增长62.92%；上交税金18.47亿元，增长77.2%。仅奉新县今年1—9月份园区31个工业企业，实现增加值1.33亿元，比上年同期增长158%；实现税金总额3091万元，增长72%。

二、工业园区建设对农村经济的连动效应

我省蓬勃兴起的工业园区，不仅成为全省工业经济发展的一个新增长极，而且对提高农业经济与工业经济关联度，增加农村剩余劳动力就业，提升农村二、三产业结构，带动农村经济发展产生了积极作用。

1. 为农村剩余劳力提供了新的就业机会

工业园区的建设和发展在拓宽就业渠道，扩大就业规模，安排城镇失业人员再就业，转移农村剩余劳动力，维护社会稳定都起到了重要作用。据调查，至今年9月，全省工业园区共有员工45.17万人，比上年同期增加208557人，增长85.76%。在员工中，安置农民工17.3万人，增加48460人，增长38.9%，占全部员工的47.66%。其中招收本地农民工达14.29万人，增加42337人，增长42.1%，占农民工的82.58%。在安置的农民工中，县(市、区)级工业园区占多数，达到14.8万人，占85.53%。市级以上工业园区安置25035人，占14.47%。奉新县工业园区安排农民工2580人，占园区从业人员的62%，其中本县农民工2130人，占农民工的

84%。赣县工业园区47家企业就业员工达6917人,其中农民工达3860人,大多数为本地农民。

2. 为农村经济结构调整拓展了新的空间

我省工业园区的发展,不仅招收了大批农民工,妥善地解决了部分富余劳动力的出路,而且促进了农产品加工转化,加速了农村二、三产业的发展,为农村经济结构调整带来了机遇和空间:(1)一大批农产品加工企业拔地而起,全省工业园区有农业类企业667家,其中县(市、区)级工业园区中有520家,占77.96%。如峡江县工业园46个企业有17个从事农林牧业加工,峡江县烟叶复烤厂,年生产量可达4万担,按亩平23000担的生产累计算,每年农田安排种植烤烟1.8万亩;以林木材加工为三合板、夹心板、玩具等为主的宝林胶合板厂,年消耗经济木材7000方,每年可安排经济林生产200亩;以粮食加工为主的水边传统米粉厂,峡江县吉利食品加工厂、峡江酒厂、皇母娘酒厂等企业,年可加工大米制品、食用米酒的酒可转化稻谷6900多吨,大大促进了当地粮食销售,实现了粮食加工转化增值;以蔬菜加工为主的巴邱镇蒿菜深加工厂,年加工腌菜1000吨,可收购鲜菜5000吨,每年可计划利用冬闲田种植蒿菜3000亩以上,亩产值可达760元。(2)促进了种植结构的优化。一方面,由于工业园区农业加工企业的需要,当地特色农产品生产规模大幅度扩大,如南丰县工业园区的巨环干黄酒业股份有限公司和梦龙果业公司都是以南丰蜜桔为原料,促进了当地南丰蜜桔大发展,县委县政府引导农民把南丰蜜桔作为主导产业来抓。另一方面,由于工业园区新增大批员工,需要大量的食品消耗,由此带动了当地蔬菜、瓜果、畜牧家禽业的发展。(3)促进了农村餐饮业、运输业等第三产业的发展。工业园区人口聚集,流动人员增加,许多精明的农民看准时机,纷纷投资办餐饮业,搞商贸,建超市,跑运输。一大批酒店、饭馆、超市红红火火,生意兴隆,客货运输业、房屋租赁业、家电维修、美容美发业也一派兴旺。过去人迹稀少的荒地如今成为人流、物流、信息流的繁华之地,到处呈现勃勃生机。

3. 为农产品流通开辟了新的市场

我省工业园区的建设与发展,给我省农产品销售带来了以下好处:(1)工业园区每年新增大量员工,农产品消费量剧增。当地农产品能"近水快流",就近销售,赢得商机,抢占市场。乐平市、永丰县都是江西著名的蔬菜之乡,其中乐平市种植蔬菜25万亩,总产量56万吨,工业园区需求量大,农民及时供应,而且扩大了种植面积。(2)本地农产品销售有了稳定的市场,尤其是蔬菜、畜禽、水产、瓜果等新鲜农产品,过去长途运输不仅成本高,而且保鲜时间短,损耗大,现在工业园区人员为了能食用鲜活农产品,希望与附近农民建立固定的供需关系。这种供需关系,促使了当地农产品有了较为稳固的销路。(3)推动了"公司+农户"等多种形式产销组织的进步,加快农业产业化进程。以农产品为原材料的工业企业,为了确保企业生产的经营稳定,首先要保证农产品原材料供应的稳定。这种客观上存在着同农户建立"公司+农户"等形式多样的产销组织需要,必然加强工农联姻。例樟树市医药工业,大多以生产中成药和保健品为主,每年需要消耗大量的中药材原料,现在这些企业都与农民建立了稳固的产销关系。由农户过去零散种植,粗放经营逐步转向大户、能人承包,规模化、集约化生产经营,企业因此能获得原材料的稳定供应,降低生产成本,农民则免去药材销路的后顾之忧,实现双赢。

4. 为农民增收带来了直接利益

江西工业园区的建设与发展,不仅解决了部分农村富余劳动力的出路,而且增加了农民的直接与间接收益。(1)进企业的农民员工获得稳定收入。调查统计,目前进企业的农民员工17.3万人,月平均工资549元,比去年同期514元增加35元,增长6.8%。其中市级以上工业园区农民员工571元,县(市、区)级521元,相差50元。但同在工业园区工作,各企业工资标准不同,月工资高的800多元,少的300多元。(2)农民承建厂房,设施配套,修建道路等获得打工创收。工业园区的厂房基建办公设施,以及"六通一平"(通电、通水、通路、通下水道、通有线电视、通电话、平整土地)都是当地农民承接和施工,获得一定的收入。如宜丰县工业园区所在地的良岗村,仅此全年合计收入66万元,人均增收733元。(3)出租房屋创收。由于工业园区发展快,招收员工多,但住宿条件不配套或跟不上,许多员工就近租民房住宿,为当地农民创收提供了机会。如宜丰县良岗村出租房屋的农户达31户,全年仅出租民房收入28800元,户均年增收930元。(4)运输餐饮娱乐业创收。工业园区周围,运输、餐饮、娱乐业火爆,极大地推动了个体经济的发展,增加了农民的收入。(5)对工业园区销售粮食、蔬菜、家禽、猪、牛、羊肉等食品,既加快了农业的发展,优化了种植结构,农民又从中增加了收入。

5. 为改变二元结构,缩小城乡差别创造了条件

仅二、三年的建设,我们118个具有相当规模,厂房林立,整齐有序的工业园区在全省各地拔地而起,一大批工业园区已经形成小集镇雏形,并且起到了以下作用:(1)农村人口就业的吸纳地。一大批青年农民招进企业,经过短期培训,逐渐成为有一技之长的员工。这些农民洗脚上岸,思想观念与生活方式都将发生变化,已不再是从前的农民了。(2)成为农转非的场地。工业园区的建设与发展,带动了园区园外运输业、餐饮业、服务业的发展,这些行业大多为本地农民所为。往往一家餐馆、一家酒店就是全家人在经营,有的吸纳了亲戚朋友参与,一大批农村人口逐渐转为非农业人口。(3)工业园区是城乡结合部。全省各工业园区均座落在离中心城市、县城较近,交通方便的城郊。工业园区亦城亦乡,城乡结合。一个工业园区激活了一方经济。工业园区附近农业为适应市场需要,迅速进行产业结构调整;一大批被征去土地的农民安置进园区生活与工作,他们的身份与生活与工业园区紧紧连在一体,工业园区已成为他们的家园,荣辱与共,兴衰共存。

三、工业园区建设对农村经济发展带来的启示

我省工业园区建设顺应开放型经济的发展和承接沿海地区产业转移的需要,并且带动了农村经济的发展,这里给我们的启示是深刻的。归纳起来,主要有以下六点:

1. 江西农业实现新的跨越需要新思路新举措

江西工业园区的建设与发展,有效地加快了工业的发展,也有力地拉动了固定资产投资的增长,成为全省国民经济发展的一个增长极。那么,工业园区建设与发展可给农业发展借鉴的有哪些呢?首先要看到江西农业面临的现状。

这些年,江西农业稳步发展,处于一个较高的平台上,但有几点值得注意:第一,粮食和重要农产品总产量以及单产处于徘徊阶段。2002年,我省粮食总产量为1550万吨,连续三年徘徊不前,亩产324公斤,增加量不多;棉花总产量6.7万吨,亩产81.13公斤,增加量不多;油料总产量82万吨,亩产78公斤,徘徊不前;糖料总产量130.8万吨,亩产3356.5公斤;肉类总产量195万吨,缓慢增长。其它作物,如蔬菜、瓜果、药材等总产量增长较快,主要是扩大种植面积,单产仍然较低。怎样使江西农产品的总量和单产都有增长,显然,靠传统的生产方式和手段难以达到增长目的,需要新的思路。

第二,农业结构调整步履艰难。农村实行大包干责任制以来,特别随着市场经济的建立与发展,农业结构不断调整,粮食面积不断减少,经济作物不断扩大,种植业结构不断优化。近几年,虽然各地加大了结构调整的力度,也收到了较好的效果,但进展缓慢,步履艰难。主要体现在:(1)粮食作物面积调减的余地不多。2003年,全省粮食作物播面为4386.7万亩,较之2000年的4983.0万亩减少596.3万亩。作为江西这样有种粮优势的省份,粮食面积应当稳定,不应有过多的调减,粮食总产量还需增长。今后就需要采取措施提高单产,提高米质。(2)经济作物面积和蔬菜面积的调增幅度有限。2002年,全省经济作物面积3250.7万亩,蔬菜面积937.5万亩,分别比2000年减少6.9%和增长11.6%。受耕地面积逐年减少的制约,今后,扩种经济作物和蔬菜的潜力还是有的,但增幅有限。下一步,怎样才能做好这篇文章呢?

第三、农民收入增长缓慢。我省农民收入增长经过了二十世纪八十年代初的迅速增长期,九十年代初的低速增长期,九十年代末徘徊时期和近几年缓慢增长期。近几年,农民因农产量增加和价格上涨而增收的优势越来越小,出省打工的难度越来越大。今后,农民向何处去,收入从哪里增,政府和农民应该采取哪些新措施?

第四、城乡差别日益扩大。2002年,江西省城镇居民可支配收入为6335.64元,比农民人均纯收入多4001.2元,而1995年仅多1508.64元。7年间,农民人均增收1537.36元,增长51.8%,城镇居民人均增收3289.64元,增长108%,农民比城镇居民少增56.2个百分点,每年少增250.33元。城市化、工业化速度加快发展的当今,城乡差别今后可能还会加大。如何加快农村发展,尽快缩小与城市的差距,也是各级政府必须研究和解决的问题,应该采取哪些新举措呢?

新时期,需要树立以下几个理念发展农业,即:以工业化理念发展农业,以市场化运作理念发展农业,以城市化理念发展农业,以合作化理念发展农

业,以资源整合的理念发展农业,以城乡统筹的理念发展农业,以主动对接的理念发展农业。

2. 农业的发展离不开工农联动

当前,江西农业要在一个较高平台上的基础上实现新的跨越,解决"三农"问题,应当走工农联动之路,发挥江西农业资源优势,依托农业资源发展工业,依靠工业拉动农业的发展战略,实现工农协调发展。

首先,江西丰富的地力人力资源,是发展工业的理想之地,也是发展农业的需要。江西位于华东沿海经济带和长江开发开放带之间。南面以珠江三角洲为中心,北面以浦东为龙头,东面是工业发达的江、浙、闽最具活力的华东经济区,西面是资源丰富的西部地区。江西地域广阔,土地肥沃,气候适宜,雨量充沛。全省土地面积16.69万平方公里,居华东地区第一位,居中部六省第4位。平原、丘陵、山地都占有一定比例。而且生态环境好,空气质量高,森林覆盖率达59.7%,居全国第二位。地下矿产资源丰富,已探明储量的101个矿种中,有54种居全国前10位,在中部省份居前列,其中铜、钽、银等12种矿产保有储量和钨的产量居全国之首。近几年,铁路、高速公路、高等级公路的大发展、大贯通。这些为发展工业提供了广阔的天地和理想场所,是建工厂办企业的最佳之地。

据统计,目前江西省劳动力资源总计达2900万人,占总人口的69%。劳动力资源利用率为72%,尚有830万未利用,主要是分布在农村的剩余劳动力。总计约650万农村剩余劳动力中,有430万人在省外打工。江西农村劳动力素质较高,价格低廉,是发展劳动密集型产业的一个有利条件,是向企业输送劳动力的良好基地。

工业的加速发展,特别是工业园区的迅速发展,能极大地拓展农业的发展空间,促进农业升级上水平。一是土地资源得到利用,尤其是长期闲置的未开发的荒地得到利用。如南昌市开发红谷滩,在短短的几年里,那里崛起了一座与河东城区遥相呼应的现代化城市,开始出现繁荣景象,土地价格飚升,房地产热爆,当地农民受益不小。二是地下资源加快开发。随着冶金、建材、金属制品等工业的企业投产,我省地下矿产资源将得到充分开发使用。三是水资源得到合理利用。我省有得天独厚的天然淡水资源。而工业企业不能缺少用水。我省工业园区的饮用水和工业用水将大量消耗淡水,这一方面将天然水资源变成商品,另一方面要规划进一步合理调节水资源,最大限度地利用水资源。四是劳动力资源得到充分利用。农村劳动力可以抓住工业园区的发展机会,发挥自身优势,积极投入建设,争取就业谋生。

第二,我省丰富的农产品资源,是发展农产品加工业的有利条件,也是农业增效的需要。江西的粮食、猪肉自给有余,茶叶、水果不仅品质好,而且规模大,蔬菜、水产品品种繁多,是发展食品工业的重要原材料基地。江西森林覆盖率达59.7%,植被400余种,山林资源非常丰富,对发展林木加工业十分有利。江西中药材具有悠久的历史,以齐全的品种、优良的品质而驰名中外,是发展医药加工业的最佳基地。

凭借工业,我省农产品既能扩大生产规模,增加产量,实现量的增长,更重要的是农产品加工后,实现增值,许多食品加工产品达到多次增值。我省是产粮大省,每年生产稻谷在300亿斤左右。粮食转化的途径主要有酿酒、饲料、其它工业。高安市在粮食转化方面取得显著成效。该市生产的瑞酒以其价廉物美而不断提高知名度,成为白酒类中的品牌,近几年产量大幅度增长。高安市又通过发展畜牧业来转化粮食,实现了粮食、畜牧、酒业共发展,农民增效,财政增收的良性循环。

第三,加快发展农产品加工业是工业结构调整的需要,也是开辟农产品销路的需要。长期以来,江西工业一个比较突出的问题是工业内部结构不够合理,高投入、高能耗、大运转、大运量的重工业比例偏高,而投入少、低能耗、小运量的轻工业比重偏低。相对重工业,农产品加工投入少,原材料来源有保障,市场需求相对稳定,又有利于优化工业结构。泰和县在这方面做出了成效。他们以鲜菜、萝卜加工为突破口,带动常规果蔬的加工增值,以开发乌鸡酒、乌鸡丸等系列保健品为突破口,带动特种养殖加工增值,使食品工业得到长足发展,又使果蔬、乌鸡迅速发展,并且扩大了知名度,订单不断,销路不愁,带动了县域经济的发展

因此,农产品加工业是联接和传导市场对农副产品需求的重要渠道,可以促使各种农产品最大限度地走向市场,从而促使农民增收,农业增效。

3. 农业的发展要靠产业化龙头带动

目前,我省农业生产在组织管理和经营方式,存在着小而全的家庭组织管理,多而散的生产,成本高效益低,粗放经营,产品与市场脱节的现象等问题,这是农业发展进程缓慢重要原因。国内外的实践证明,农业发展到一定阶段后如果没有工业的拉动,就难以有更大的发展,难以有新的突破。当前,我省大多数初级农产品的供给已超过市场需求,每年有大量的粮食、生猪、竹木、茶叶、水果待销往省外。然而,近些年外省农业的发展在加快,我省初级农产品外销的难度越来越大。在初级农产品不能外销或转化的条件下,农业生产就要受到制约。因而需要加快对初级农产品的加工转化,通过农产品的转化来促进农业生产的发展。农业生产——加工转化——市场销售,是新时期农业发展的必由之路。“公司+农户”、“公司连基地、基地带农户”的形式,企业与广大农户结成利益共同体,既有利于加工企业建立稳定的农产品原料基地,保持生产的连续性和稳定性,减少市场风险,又能为广大农户提供稳定的农产品销路,农民可以扩大规模经营,实行集中连片生产,最终提高农产品的生产总量和经济效益。

遂川县在这方面作了有益的探索,积累了成功的经验。通过龙头企业与基地,农户签订产品购销合同,实现以销定产,发展订单农业,促进生产、销售、加工等环节紧密衔接,多层次、多环节增加农民收入。狗牯脑茶以其采制精细、工艺考究,成品嫩绿透明,香高味爽而久获盛名,成为茶叶珍品。1915年曾获美国巴拿马—太平洋国际博览会金奖。近几年,遂川县政府根据狗牯脑茶旺销行情,进一步扩大规模,茶叶面积达3万多亩,成立了狗牯脑茶业集团。集团与农户签订产销合同,由茶业集团统一收购、统一制茶、统一销售,使茶农收入、企业利润不断增加。今年以来,全省各地把大力实施农业产业化经营作为促进农业和农村经济发展的关键年,不断创新农村经营组织形式,注重培育市场经营主体,农业产业化经营组织迅速发展。1—7月份,全省109家省级从事农业产业化龙头企业拥有固定资产总值34.5亿元,比去年底新增2.36亿元;实现销售收入85.4亿元,同比增长10.83%,直接带动农户132.5万户,从事产业化经营增加收入11亿元,户均增收875元。全省农业产业化龙头企业比去年增加104个,龙头企业利用外资余额2154万美元,比去年同期增长20%。这些龙头企业辐射面广,带动力强,已成为我省农业参与市场竞争的重要力量。

4. 农业的发展要建立产业园区

我省工业园区的实践,告诉人们一个道理,发展工业走工业园区的路子,可以聚集资金,聚集人才,便于企业竞争,产品竞争,那么发展农业也可以走农业园区的路子,发挥地理优势、资源优势,形成产业规模,产品产量规模,最终形成市场规模。

上高县敖山乡接官村建设畜牧小区就是一个成功的范例。该村1998年起,鼓励和引导农民从事规模养猪,经过几年的发展,现已建成猪舍8.5万平方米,全村327户有226户年出栏生猪100头以上。预计全年小区出栏生猪4万余头,人均出栏33头,人均纯收入4500元。他们的做法是,村一级实行“五统”:一是统一规划。选择离居民居住区2公里以上的荒山、荒坡、菜园、水库边建小区,按10户村民小组分9个片,每片养猪规模控制在年出栏1万头以内。二是统一供种。选定华中农大种猪和上海种猪场的瘦肉型良种猪作为小区种猪供应点,村农贸公司与之建立长期供货关系。三是统一配方供料。四是统一防疫。五是统一销售。在经营上,家庭经营是基本的经营单位,采取“四分”的方式:一是分户建栏。在指定的地点按规定面积和标准自行修建猪舍,户与户保持相对距离。二是分户投放。专业户自行决定生产投入和调整规模。三是分户饲养,由专业户独立完成,自行负责。四是分户爱益、独立核算,自负盈亏。该村畜牧小区推进了农村种养业的分离;促进了土地承包经营权流转,加速了土地向种田能手集中;发挥了聚集功能,降低了生产成本;立足高质量上规模大流通,有利于小生产与大市场对接;增加了农业人口就业,解决了相当部分剩余劳力向何处流去,钱从哪里来的问题。

通过上高县接官村畜牧小区的成功事例,可以推广到养牛、养羊、养水产、养鸡,种粮、棉、果、药材、花卉、苗木等产品项目,各县(市、区)乡、村建立各自特色的农产品园区,形成优势,形成规模,形成品牌。

5. 农民向工业园区有序快速流向是解决二元结构的重要捷径

我省城乡二元结构主要表现在以下几方面:一是城市居民可支配收入与农民人均纯收入的差距不是在趋近而是在拉大。二是城市居民社会福利保障制度不断建立与健全,而农民几乎没有或甚少;三是城市居民下岗失业者进一步引起中央和地方各级党政领导的重视，并采取了一系列相应措施，而农村劳动力的就业问题未摆到重要议事日程；四是城市建设日新月异，基础设施不断完善，社区服务不断好转，生活环境不断优化，而农村眼前顾不上改善环境，脏乱差成为普遍现象；五是高科技、现代化汇集城市，而大多数农村依然是低下的生产力，原始的生产方式。六是城市避灾避害条件好，措施有力，而农村是各种灾害的多发之地，而且避灾避害能力弱。

城乡二无经济结构不是在短期能够解决的，需要一个长期的过程，需要各方面创造条件。近几年强劲崛起的工业园区为解决城乡二元经济结构提供了便通。农民要利用这一便通实施以下行动：第一，认识到工业园区建设为农民创业致富带来难得的机遇。第二，积极跻身于工业园区。我省工业园区处于初建起步阶段，新办企业需要大量的员工，本地符合条件的青壮年农民可以积极应试，争取录用，成为企业一员；园区搞基建、修道路，绿化、架设线路，需要大批劳务人员，全省各地农民可以积极承接。第三，借机乘势大力发展第三产业。工业园区离不开吃住行和娱乐，这一切不可能都由企业包办，当地有条件的农民应当看准时机，建餐馆、开旅店、办摊位，造娱乐园，跑运输。第四，建立粮、蔬菜、禽商品生产基地，当地农民可以主动与企业协商，签订协议合同，定时定量供应粮食、蔬菜、禽肉等农产品，成为企业的农产品商品基地。通过多条途径，让农民多方位、多领域融入工业园区，与工业园融为一体，待工业园区发展成为一个小城市或集镇时，一大批农民也就成为城镇居民了。

6. 农业发展的资金要靠市场运作多元投入

我省目前，农业是个弱质产业，农民是个弱势群体，农村是个落后地区。要改变这一状况，既要全省广大农民长期不懈的努力奋斗、艰苦创业，又需要巨额资金投入。资金投入方向主要在基础设施和公共设施建设，如桥梁、道路、用电、饮水、水利、办学、医疗、公厕；科技推广、村镇规划、环境绿化、培训扫盲、残老福利院、低收入生活保障等。按照每个行政村投入200万元测算，全省20183个行政村需要投入404亿元（不包括江河湖治理和筑堤坝的投入）。那么，这样庞大的资金投入从那里来？我省工业园区的发展为农业建设提供了可贵的经验。工业园区其运作方式是"政府主导、社会参与、多元投资、市场运作"，主要靠市场经营，政府投入份量很小。因此，农业发展的资金可以通过以下途径聚集：一是财政支撑。当前农业的基础薄弱，成本高，效益低，社会参与度低，必须依靠政府支持，财政支撑。各级财政支农的预算每年要随着财政收入的增长而增加。二是党政部门支持。各级党政部门要从"亲农、为农、富农"原则，想"三农"之所想，急"三农"之所急，力所能及地支持农业。三是银行贷款。四是以工补农。过去，工业发展初期，农业对工业作出了巨大贡献甚至牺牲，如今工业发展到一定水平，理应反哺农业。五是社会投资。利用社会力量包括亲朋好友、社会关系出钱出力。六是项目招商。各地要建立项目库，加大宣传力度，举行推介会，组织力量招商引资，互惠互利，共谋发展。

（江西省农村社会经济调查队供稿）

对经济普查数据质量控制的思考

邓盛平　曾永生

[社会反响]国家统计局内外网均登载了全文，《中国统计》2004年第7期登载后，引起各省市广泛关注并来电共同探讨有关问题。文中的部分研究成果对江西省第一次经济普查实施方案的制定起到了较好地指导作用。

[内容提要]国务院决定于2004年进行第一次全国经济普查，这是我国实施新的周期性普查制度后的首次普查，其涉及领域之广、调查范围之全是以往历次普查所不可比拟的，也没有现成的经验可供借鉴，这些客观因素决定了这次经济普查的难度将非常大，而在整个普查过程中，如何得到准确、及时、全面的普查数据，确保普查的数据质量，是决定经济普查成败与否的关键。本文对传统的普查质量控制方式进行了分析，根据经济普查的特点及其对数据质量的要求，提出在经济普查中树立全程控制与重点控制相结合的思想，并对经济普查各个环节的数据质量控制方法进行研究，以期对第一次经济普查工作提供一些借鉴和指导。

[关键词]经济普查　数据质量　控制

2003年8月11日，经国务院批准，国家统计局、国家发展和改革委员会、财政部下发了《关于调整国家普查项目和周期安排的通知》（国统字[2003]44号），决定调整国家普查项目和周期安排，将原定于2003年在全国进行的第三产业普查推迟，并与计划在2005年及2006年分别进行的工业普查、基本单位普查合并，同时将建筑业纳入普查范围，统称为经济普查。经济普查以从事第二、第三产业活动的全部法人单位、产业活动单位和个体经营户为对象，主要普查第二、三产业的发展变化情况。2003年12月2日，国务院发出了《关于开展第一次全国经济普查的通知》（国发[2003]29号），定于2004年进行第一次全国经济普查。

第一次全国经济普查是我国实施新的周期性普查制度后的首次普查，其涉及领域之广、调查范围之全是以往历次普查所不可比拟的，也没有现成的经验可供借鉴，这些客观因素决定了这次经济普查的难度将非常大，而在整个普查过程中，如何得到准确、及时、全面的普查数据，确保普查的数据质量，是决定经济普查成败与否的关键，经济普查对数据质量控制提出了更高的要求。

一、传统的普查质量控制方式及对我们的启示

在我国第一轮周期性普查制度的实施过程中，经过各级统计人员的努力探索，逐步形成了一套较为完整的质量控制体系，对我国大型普查取得成功，发挥了至关重要的作用。这套质量控制体系的基本做法是：

1. 充分利用政府职能部门的作用

过去我国政府职能部门作为行业主管部门，对行业单位的影响是非常大的，而且部门本身有着较好的统计业务基础，政府职能部门在普查中起着非常重要的作用。

2. 加强宣传动员工作

充分利用各种形式对普查进行宣传，努力动员和组织社会各界的力量，最大限度地取得普查对象的理解与配合，特别是强调个人的参与程度与责任心。

3. 加强数据审核并实施科学的抽样评估办法

在数据处理过程中通过强化数据审核，并在数据验收时实施科学的抽样评估办法，对普查的数据质量进行控制与评估。

随着我国改革开放的深入与社会主义市场经济体制的建立，政府职能弱化，经济成份日趋多样，统计工作的范围不断拓宽，统计工作的对象越来越复杂，这些变化对大型普查的质量控制产生了重大影响，许多传统的质量控制方法与现实的巨大变化不适应，然而不可否认的是这套办法的许多做法，至今仍具有重要的现实意义，我们应进行深刻分析，不能一抛了之。

1. 在经济普查中利用政府职能的侧重点要转变

在社会主义市场经济条件下，随着政府职能的转变，政府对企业的直接管理和干预大幅度减弱，由注重行政手段，转为着重于经济手段，使过去依靠政府行政职能提高企业对普查的重视程度，从而达到提高普查质量的办法不适应现实的发展与变化。在

经济普查工作中，对发挥政府行政职能部门作用的侧重点要转变，不能过于依靠通过政府职能部门对企业的强制来提高普查数据质量，重点要放在充分利用政府职能部门的行政登记资料核实搞准基本单位上，搞准普查对象是确保普查数据质量的基础。

2. 在经济普查中进一步加强宣传动员工作

改革开放以来，非国有经济快速发展，我国经济的所有制结构发生了重大变化，从过去以国有、集体经济为主的结构，变为以国有、集体、非公有制经济共存的结构，调查对象受经济利益驱动，其配合程度明显下降，个别出现抵触情绪，加大了普查的难度。这更需要我们进一步加强宣传动员工作，宣传经济普查的目的和意义，重点要宣传有关普查的法律法规，并加大宣传出台的相关普查政策，在民众中树立依法普查的观念，将过去着重以依靠调查单位及个人责任心为基础转到着重以依法普查为基础来提高普查的数据质量。

3. 在经济普查中改变传统质量控制体系注重事后控制的倾向

传统质量控制体系的一个显著特点就是质量控制的事后性，质量控制的重点放在普查数据上报之后，即数据的审核与抽样评估阶段，使得普查数据质量一旦出现问题，就容易陷入被动，比如普查数据与历年及专业资料无法有效衔接，从而制约普查数据的最终使用。在经济普查中我们要适应现代经济发展的特点，对普查质量的控制要改变这种事后性的倾向，真正达到控制数据质量的目的。

二、经济普查的特点及对数据质量的要求

第一次全国经济普查集四大普查于一体，呈现出以下二个最为显著的特点：

1. 调查的范围全

经济普查不仅包括第二、三产业的所有企业和机关事业单位，还包括个体经营户。从我省生产总值计算，普查范围涵盖了整个国民经济总量的80%以上，调查的范围非常广泛、全面。根据现有资料初步测算，全省需要调查的单位有90多万户，其中法人单位14万余户，产业活动单位20万余户，个体工商户约60万户。经济普查的这个特点决定了普查的结果所反映的经济总量基本上代表了一个地区经济的总体水平，因而必然要求普查数据总量吻合，即普查得出的总量指标以及据此计算的人均指标要与本地经济发展的实际情况相符合。

2. 涉及的领域广

经济普查涉及国民经济行业分类中除农业以外的19个行业门类、90个行业大类、378个行业中类、875个行业小类的所有经济活动，占整个国民经济行业分类的95%以上。其涉及领域之广，是以往历次普查所没有的。经济普查的这个特点决定了普查的结果不仅要总量吻合，而且要结构合理，普查最终所反映的经济结构应符合本地的情况。

同时本次经济普查将以普查数据代替2004年专业统计年报数据，这就要求普查结果与专业统计年报数据要相衔接。这些因素决定了经济普查对数据质量控制提出了更高的要求，只有把经济普查数据质量的控制放在事前，并贯穿于整个经济普查工作的全过程，才能保证普查的数据质量。

三、在经济普查中树立全程控制与重点控制相结合的思想

经济普查的特点决定了它的复杂性和艰巨性，需要耗费大量的人力、财力、物力资源，其影响是非常巨大的。这样一项重大的国情国力调查具有不可逆性，只能成功，不许失败，必须确保普查的数据质量，这就要求我们在经济普查中树立全程控制与重点控制相结合的思想，对普查的数据质量进行全面控制。

1. 在经济普查中树立全程控制的思想

所谓全程控制，就是从普查一开始，就紧紧围绕以获取高质量的普查数据为中心，把质量控制的思想，贯穿到普查工作的方方面面，真正做到事前、事中、事后都有一整套的方式方法，对数据质量进行控制。

一项普查数据的产生并不是孤立的，其质量的高低与普查的统计体制、普查的组织领导、普查的方法制度、普查数据的获取途径等是密切相关的，不应只注重数据本身。一项大型普查，如果能够令人信服地回答普查产生的体制、普查的组织保障、数据的获取途径、以及为什么要采用这样的方法获取数据，它对保证数据质量有什么意义等问题，就可以认为普查数据质量的基础是牢靠的。因此，我们在组建机构、宣传动员、人员培训、清查摸底、数据处理等各个环节，都应当根据经济普查具有的特点，制定相应的措施。比如：在组建普查机构时，应当建立怎样的机构，是到乡（街办）级为好，还是到村（居委会）级为好，要根据经济普查的具体情况确定。

统计数据质量是个难以界定、不易评估的概念，从理论上讲，高质量的普查数据就是能够准确、及时、全面地反映普查对象客观实际状况的数据。而如何才能知道统计数据准确反映了普查对象的客观实际状况呢？这只有通过对统计数据的比较与验证才能下结论。一笔统计数据，如果孤立地存在，那它就没有任何意义，什么都无法说明。只有在比较中，统计数据才有活力，只有在比较与验证中，才能对一项普查的数据进行全面地评估。因此，在经济普查中应加强数据的分析工作，分阶段及时对普查所得到的有关数据进行比较与验证，并据此对普查的数据质量进行判断以及确定普查进程能否进入下一个阶段，只有这样，普查的各个环节才能做到相互呼应和衔接，达到全面控制数据质量的目的。

2. 在经济普查中树立重点控制的思想

在经济普查中要树立全程控制的思想，并不是要我们眉毛胡子一把抓，在全程控制的同时要做好重点控制工作，做到全程控制与重点控制相结合。

所谓重点控制，就是要分析普查各个阶段的工作，从中找出重点，并对重点阶段要完成的工作和达到的目标进行重点控制。

经济普查包括工业、建筑业、第三产业和基本单位普查，其实质是在摸清各类单位的基础上，对单位进行经济指标调查，即经济普查等于基本单位普查加上单位经济指标调查。经济普查最重要的是经济活动及其成果不重不漏，这就首先需要准确、全面掌握基本单位的情况，摸清第二产业和第三产业的单位底数，包括从事第二产业和第三产业的全部法人单位、产业活动单位和个体经营户的数量，在此基础上对各单位经济活动及其成果进行调查。因此，经济普查中重点控制的对象有两点：一是在普查的单位清查阶段，要确保基本单位不重不漏，这是保证经济普查数据质量的基础；二是在普查的登记阶段，要确保如实填报各项经济指标，这是保证经济普查数据质量的关键。

四、经济普查的数据质量控制

综上所述，经济普查的数据质量控制应当是全程控制与重点控制相结合，在普查的各个阶段及时将所得到的普查结果进行比较与验证，通过数据分析发现问题，并采取有效措施解决问题，最终达到质量控制的目的。具体到普查的各个环节，都应当有相应的控制办法，中心内容应是以国民经济核算为龙头，得到一个地方经济总量和经济结构的有关历史数据和本年预期，并以此做为比较和验证普查数据质量的基础。

（一）普查准备阶段的质量控制

在经济普查的准备阶段，主要工作有建立机构、宣传动员、制定方案、普查试点、普查培训、单位清查等，这些工作没有直接涉及普查的数据质量，但我们决不能掉以轻心，必须高度关注这个时期的各项工作。

1. 建立机构。各级政府建立以政府分管领导为组长的经济普查领导机构，下设强有力的工作机构，这是搞好经济普查的组织保证，同时应着重注意二个问题：

（1）由于这次经济普查不仅包括二、三产业全部法人单位和产业活动单位，还包括个体经营户，因此我们认为宜在村（居委会）级成立经济普查小组，充分发挥村民委员会和居民委员会等基层组织的作用。

（2）明确相关部门的责任划分。经济普查在准备阶段一个很重要的工作，就是要进行单位清查，搞清单位底数，因此要明确相关部门的工作职责，特别是要明确与提供行政登记资料有关的政府职能部门的职责，真正做到各司其职，各负其责。

2. 宣传动员。经济普查宣传动员的重点应放在号召广大普查对象依法配合普查。要通过宣传普及与经济普查相关的法律、法规和普查政策，使每个普查对象都能够清楚地知道，按时、如实地填报经济普查表是单位和个人应尽的义务，虚报、瞒报、拒报、迟报、伪造、篡改普查资料均属违法行为，并将受到法律的严肃惩处；同时更要使其明白，只有密切配合普查，及时取得可靠信息，才能有利于自己正确判断行业发展和市场走势，适时做出企业的生产经营决策，以及公民个人的自主择业和消费、投资。

3. 制定方案。普查方案是普查工作的行动纲领，对整个普查具有举足轻重的影响。普查方案的制订，必须考虑基层实际，把普查方方面面工作的出发点和落脚点放在基层，立足于最大限度地方便基层操作，最大限度地减轻基层负担，最大限度地保证基层数据质量，确保普查工作顺利进行。

普查方案的一个重大问题是普查的统计原则，即“在地”、“属地”统计问题。我们认为在经济普查中应按照“法人在地”原则进行普查，即法人单位一律由划定的普查区组织普查，其下属的产业活动单位随法人单位填报普查表。不管是从单位组织管理的角度，还是从会计核算的角度来看，“法人在地”原则能确保各类单位能够提供全面、完整的核算资料，避免一些不独立核算单位在普查中无法填报普查表有关内容的情况，同时也有利于基层的操作，以保证普查的数据质量。

4. 普查试点

试点既是普查全过程的预演，又是对普查方案及普查的各项组织安排进行检验的重要阶段。试点不仅要摸索和积累经验，更重要的是发现问题，并据此对普查方案及各个环节的工作加以改进和完善。

这一阶段质量控制的重点要放在实验普查数据取得的方式是否科学与可行，普查制定的各项办法能否保证普查数据质量的可靠性。一般地，普查中存在的问题，大多都应当在试点阶段及时发现和解决，这样可以增加工作的预见性和主动性，避免普查正式实施时，各个环节出现问题，造成工作被动，影响整个工作质量。因此，对于普查试点工作的认识应当从一个整体的、全局的角度去考察，而不能仅仅局限于某一个方面。要圈定一个范围，对普查各个阶段的工作包括宣传动员、普查培训、单位清查、普查登记、数据处理、质量评估等等，进行从头到尾的全过程、全方位的试点。

5. 普查人员培训

普查人员培训的质量控制就是在认真做好普查人员选调和管理的同时，确保广大普查人员不仅能够精通各类统计标准和指标含义，而且可以熟练地掌握调查访问技巧和方法，以及数据处理和质量控制的基本要求；同时还能坚持实事求是，恪守职业道德，严格保守国家秘密和被调查者的商业秘密。

6. 单位清查

单位清查是搞好经济普查的基础，它对整个普查起着决定性的作用，一旦清查摸底工作结束，普查的大体轮廓就基本出来了，所以要切实做好这一阶段的工作，做到不重不漏，全面掌握二三产业全部法人单位和产业活动单位以及个体经营户的数量等基本情况。在这一阶段，有四个方面的工作是最为重要的：

一是省、市、县三级统计、编办、民政、税务、工商、质监及其他有关行政主管部门，按照国家有关法律法规赋予的管理权限及本次普查的分工分别向同级经济普查机构提供相关的行政登记名录资料。县级经济普查机构根据省、市两级经济普查机构反馈的行政登记资料和本级行政登记资料，结合当地2003年基本单位统计年报数据库和2003年各专业统计规模（限额）以上单位年报名单整理出本地单位名录。同时，应当对这些资料进行计算机数据处理，为后续的比较与核对做好基础性工作。

二是以现行乡、镇、街道行政建制为准设立普查区，并按社区、居（村）委会的行政建制划分普查小区，基层普查机构按照划定的普查小区，进行“地毯式”清查，对普查对象（含个体经营户）逐个进行实地登记。有条件的乡镇一级，应尽可能使用计算机进行处理，以便建立快捷、灵活的反映机制。

三是乡级将实地登记清查结果统一报送县级普查机构，县级普查机构将清查结果与整理出的单位名录进行核对（可采用计算机核对与人工核对相结合的方法），通过核对，可能会发现很多实际情况与掌握资料不符的情况，例如有关部门有资料，但实际调查无此单位等，由有关部门协助对未清查到的单位逐一进行核实，最后得到各方面都认可的基本单位名录和个体户数量等基本情况。

四是在单位清查表中设置行业产出指标，如工业设置工业总产值，建筑业设置建筑业总产值，批发零售贸易业设置销售额，个体户设置营业收入等。在确定了单位清查结果后，将这些单位按行业汇总出其产出指标，并从国民经济核算的角度进行评估。按照全省（市、县、区）增加值率的一般比例关系，初步推算出增加值数量，县（区）汇总后要与当年预计的二、三产业增加值对比，与有关部门的数据对比，从中发现问题，并针对发现的问题，及时采取补救措施。

总之，在正式普查登记启动之前，应尽早地知道普查结果的大体轮廓，以便及时发现问题，采取相应对策。对单位清查结果必须进行严密、科学、全面的评估，否则就不应该进入下一个环节去正式发表调查。

（二）普查登记阶段的质量控制

普查的登记阶段，要确保普查对象如实填报各项经济指标，这是保证经济普查数据质量的关键。在这一阶段，应当重视三方面工作：

一是加大基层宣传工作力度，将普查与执法结合起来。从我国第一轮周期性普查发展的趋势看，依法普查是一个必然的趋势，也是减轻基层负担的一个重要措施。大型普查，调查对象动辄几十万、上百万，仅靠普查人员的努力工作是远远不够的，必须得到调查对象的密切配合，才能够事半功倍。因此，在调查阶段，应当树立依法普查的观念。

二是普查员要熟练地掌握调查访问技巧和方法，能够对填表情况进行及时的监控和判断。这次经济普查包括第二、第三产业的全部法人单位和产业活动单位以及个体经营户，对个私经济的调查是此次普查的难点，由于大多数私营企业、个体户都没有健全的财务资料，并且由于存在思想顾虑和自身利益驱使，在填报营业收入等经济指标时，一般存在瞒报倾向，要搞准数据非常困难。普查员可采用盈亏保本点的方法推算营业收入，即按照当地不同行业国税、地税、工商管理费等一般缴纳标准，加上房租、水电、雇佣人员工资以及其它费用支出等计算费用支出总额，一般来说，该私营、个体单位能够正常经营，其收入起码要能支付这些费用，根据行业的一般盈利水平即可推算出其最低营业收入，计算公式如下：

营业收入 =（税金 + 工商管理费 + 房租 + 水电 + 雇佣人员工资 + 其它费用）/毛利率

这就要求普查员有较好的调查访问技巧。在调查顺序上，应先询问费用支出情况，调查对象对费用支出情况较易如实填报，根据费用情况，普查员即可大致推算其最低营业收入，当调查对象填报的营业收入明显不符时，普查员可及时指出，对填表情况进行监控和调整。

第三是要能够保证及时了解当地的填报进度情况，并且要避免制度性错误的产生。普查登记阶段是普查最繁忙的阶段，要深入到调查单位及时了解填报的进度情况及存在的问题，以便采取应对措施，这一时期，对于哪些调查对象容易出现问题，填报过程中存在那些技术性的问题，容易出现哪些错误，都应当心中有数。制度性错误是指由于对普查方法制度的理解、认识出现偏差，或者在组织、落实填报工作时由于工作失误而造成的整群性错误。这种错误往往影响较大，纠正起来很困难。因此在普查的组织实施过程中，各项措施应当制度化、规范化，避免随意性和人为错误，这样才能更好地保证填报阶段的质量。

（三）数据处理阶段的质量控制

在数据处理阶段加强数据审核是保证普查数据质量的重要手段。数据处理阶段审核改错的工作很繁重，在这一阶段要广泛应用人机结合的审核模式，即普查表经过简单的规范性检查后，尽快录入计算机，通过有经验的业务人员与计算机有机结合的审核方法，达到事半功倍的效果。在这一阶段，应重视二方面的工作：

一是经济普查的数据处理要有统一平台。经济普查涉及行业非常广泛，在统计系统各专业中除了农业专业之外，几乎全部囊括其中，而且普查的调查时间集中，同时其本身具有的特点又决定了数据处理不能采用光电录入方式，只能采用人工录入方式，这就要求数据处理要有统一平台，特别是县级数据处理要有统一平台，否则县级普查机构将耗费大量的人力在掌握计算机数据处理程序上，业务人员与计算机不能很好地结合将严重影响数据处理的进程和质量。

二是计算机审核程序应尽可能细化。计算机审核是将一些逻辑关系输入计算机，由计算机完成审核，计算机审核程序越细化，就越能减少人工审核的工作量，留出更多的时间给业务人员去判断和审核一些重大问题，如判断本地区的增加值指标趋势是否正常，又比如本地区一些较为重要的行业，其经济指标有无问题等等。

（四）数据评估阶段的质量控制。

过去，普查的数据质量评估往往只注重普查表的填报质量与录入质量，其实质量评估不应仅仅局限于此，除了普查表的填报质量与录入质量外，质量评估的内容还应包括普查方式与质量控制措施、单位清查情况、部门资料的核对等，从普查对象的特点、组织机构保证、普查人员的选调培训、数据的流程、各个环节的质量控制办法及效果、质量评估的数据结果与最终结论等方面进行全面描述。

经济普查的数据质量控制，是一项复杂而艰巨的工作。在经济普查中必须树立全程控制与重点控制相结合的思想，将质量控制工作贯穿经济普查的全过程，并尽可能采取各种方法进行数据的比较与核对。只有这样，才能确保经济普查的数据质量，圆满完成经济普查工作。

（江西省统计局普查中心供稿）

聚焦产业集群经济　优化工业园区建设

孙菊生　黄小平

［社会反响］该文获2003年度全省统计科研与统计分析课题一等奖，国家统计局内部信息网全文登载。

［内容提要］本文从产业集群的主要优势及其在经济发展中的重要作用出发，阐述了我国产业集群发展的主要类型，并从产业集群经济角度分析了我省工业园区呈现的主要特点与存在的主要问题，有针对性地提出了借鉴发达地区产业集群经济方面的成功经验、优化我省工业园区建设的六大政策建议，对发展我省产业经济，培育新的经济增长点，促进经济发展有一定的参考价值。

［关键词］产业集群　工业园区　经济增长

改革开放以来，随着市场经济的发展和地区经济竞争力的日益增强，我国产业经济发生了深刻的变化，区域经济格局发生了明显的变化，经济走在前列的东部或南部等比较发达地区，出现了在国内或国际具有较强的活力和一定竞争力的产业集群经济现象，促进了经济发展，提高了区域竞争力。研究集群经济现象，借鉴发达地区成功经验，对于发展地方产业经济，实现产业创新，优化我省工业园区建设，培育区域经济发展新的增长点，实现江西在中部地区崛起，具有一定的现实意义。

一、产业集群原理对于经济发展的重要作用得到了国际上学界、商界和政界的空前重视

（一）产业集群在经济发展中的重要作用

产业集群，又称产业区，是指一组在地理上靠近的相互联系的企业和关联的机构在特定的产业领域，由于具有共性和互补性而联系在一起的产业空间聚集现象。用产业集群对集群现象进行分析，首先出现在波特1990年《国家竞争优势》一书中。此后很多国家或地方通过根据国际经验或发达地区的先进经验，利用本地生产系统的比较优势，结合外地资源的力量，培育地方产业集群，促使本地经济结构升级换代，从而不断提高区域竞争力。产业集群具有专业化的特征。在纵横交织的行业联系中，产业集群揭示了相关产业的联系和合作，从而获得产业竞争优势的现象和机制。对产业集群的这种现象，理论上对其表现形式有两种观点，一种观点认为产业集群有两种表现形式：一是水平型产业群，即同一产业内的企业与关联度较高的其他产业的企业在空间上的集中分布；二是垂直型产业群，即相互独立的不同的产业部门之间由于存在着上下游关系而形成的集合。另外一种观点认为产业集群可以分成两种类型：一是创新型集群，其基本特征是创新、高质量、功能的灵活性和良好的工作环境；在良好的法律制度下企业间自觉地发展合作关系；在相互学习和相互合作的过程中，形成一种不断创新的循环路径。这种类型以欧洲成功的产业区为典型代表；二是低成本型集群，其参与竞争的基础是低成本。这种类型以发展中国家的中小企业聚集为代表。在许多发展中国家的城市郊区，大量的生产相似产品的中小企业在地理上相互靠近，促进区域内的专业分工，培养了一批具有实践经验和专业技能的员工，使企业及时得到本行业竞争所需要的信息，更有效率地得到供应商的服务，配套产品和配套服务更便利，更有效，而且可以以较低的价格从政府以及其他公共机构获得公共物品或服务。这些都使区域内的企业获得明显的低成本优势，从而奠定了价格竞争基础。纵观我国一些发达地区产业集群经济现象，产业集群经济在经济发展中发挥着重要的作用。

1. 带动区域内支柱产业的发展。产业集群经济的出现，使区域内的企业具有更高的生产效率和更快的创新速度，充分占据成本领先优势，不断提高产品的技术水平和质量水平，高度的社会化分工和社会协作，使中小企业不断涌现，充满生命力和活力。产业集群逐渐聚合并实现其竞争优势的过程是支柱产业充分发展和壮大的过程。

2. 促进区域经济发展，加快城市化建设。产业集群是形成城市群的基础，是提升城市及城市群竞争力的核心条件。城市化不仅仅是人口的简单集聚，更重要的是产业与各种生产要素的集聚和有效整合，并带动餐饮、交通运输、教育等第三产业的进一步繁荣与发展。

3. 为市场体系的发育提供良好的基础。产业集群现象的出现，使产业经济得到充分的发展，从而

为市场体系的发育提供了良好的物质基础，这是培养专业市场并使专业市场得以持续发展的根据所在。福建省泉州市由于产业集群经济的发展，形成了各种大规模的专业市场，如福建晋江鞋材市场，年销售额在20亿元左右，石狮布料市场，年销售额接近百亿，南安建材专业市场，年销售超过5亿元，极大地促进了市场流通，扩大了产品度，与产业集群形成良性互动。

4. 充分发挥龙头企业效应。产业集群经济的一个重要特点就是有一个处于核心地位的龙头企业，在产业链及产业集群中起主导作用，这些大企业在产品、管理、技术、管理方面的创新，在一定程度上引导了本行业产业集群的发展方向，带动了相关的中小企业发展。如福建晋江安踏鞋业进行产品配套和加工的企业就有30多家，构成了一个形式松散的"集团"，大中小企业在这一"集团"中共同协调发展。

（二）产业集群的主要优势

产业集群具有专业化和低成本特征，它揭示了相关企业及其支持性机构在空间上聚集成群，通过相互学习和相互合作，从而获得经济要素的竞争优势。归纳起来，产业集群有四个主要优势：

1. 生产成本优势。主要表现在五个方面：一是受益于公共产品。集群中的企业通过共同分享公共产品的服务，并利用地理接近性而节省了物流和信息流费用，从而降低了生产成本；二是受益于外部规模经济效益。大量的同行业的中小企业集聚在一起，通过合作 等联盟方式共同进行生产、销售和批发，大大降低了原材料进货成本和运输费用和销售费用；三是受益于专业化分工。分工有利于提高生产效率。在集聚区域内，大量的专业化企业集聚在一起，为适应市场需求，不断生产出专业化更强、质量更好的产品，大大地提高了劳动生产效率，降低了生产成本。四是受益于外在经济。由于集群内的企业有共同的产业文化背景和价值观，再加上受利益牵制，容易建立以合作与信任为基础的社会关系网络，使双方容易达成交易并履行合同，从而有效地降低了交易费用和交易成本。五是受益于劳动力市场的有效供给。集群区域的劳动力快速流动，不仅培养和拓展了劳动力的自身素质，同时，也促进了信息、思想的扩散和传播，间接地降低了培训成本和管理费用，实现了劳动力在质量和数量上的有效供给。

2. 产品差异化优势。集聚在同一区域内的同行业企业，常在价格、质量和产品差异化方面进行相互比较、评价，无形中给企业带来了竞争和压力。绩效好的企业能够从中获得良好的经济效益和社会效益，而绩效差的或平庸的企业却会因此感受到压力。激励和压力并存。为求得生存和发展，获得自生能力，集群内的企业会调整生产，适应市场需求，在提高产品质量和丰富产品的花色品种等方面不断满足顾客的需求，保持和提高市场占有率。

3. 人才优势。产业集聚不仅有利于技术、管理知识的交流，而且有利于蓝领队伍的打造与成长，促进区域内企业知识、制度和技术的创新、扩散与产品的更新换代；同时，也有利于服务业积累经验，培养专业管理人才，不断促进专业性外部服务业和配套设施的发展，实现产业结构不断完善和升级换代。

4. 市场竞争优势。集群在市场竞争方面一个很大的特点是发展特色产业，从而获得较大的市场占有率；另外，市场竞争优势还体现在讨价还价的能力上，一方面，集群内的部分配套的供应商，对群外供应商构成了替代威胁，增强了讨价还价的能力，另一方面，在群内研究机构和行业协会的帮助下，以及企业对市场需求状况的分析上形成完备的信息，进一步增强了议价能力，市场竞争优势不断增强。

正是由于以上优势，世界的财富大都在具有块状区域内的产业集群内创造。拥有美国硅谷的加利福尼亚州，其经济总量相当于各国经济总量排名的第11位。意大利每年出口的200多亿美元主要由66个集群区提供的。印度约350个集群创造了印度制造业出口额的60%。在印度农村还有大约2000个手工业集群，从事黄铜制品、纺织印染、皮革、陶器、有机制品、手工纸等产品的生产。等等。

（三）产业集群是对产业梯度转移理论提出的一个挑战

产业集群现象的出现，进一步强化了东部地区的低成本优势和创新能力，弱化了内陆地区具有的政策优势和劳动力低成本优势，从而对流行的产业梯度转移理论提出了严峻的挑战。

1. 市场经济的自发力量和竞争的加剧，使产业集群产生了巨大的力量，弱化了优惠政策效力。随着科技、交通、通讯的发展和市场经济体制的进一步完善，东部地区靠着区位优势和政策优势而集群起来的产业资本正在产生强大吸聚作用，产生了一个非常重要的"后发优势",即高度专业化的产业集群配套能力,一旦这一"后发优势"形成并趋向成熟,再转向其他地区的成本就会大大提高。同时,随着地区之间和企业之间的竞争越来越激烈,产业配套条件的重要性日渐突出,因此,产业集群的形成显著地强化了东南沿海地区的优势,弱化了内陆地区采取的优惠政策效力,从而对"产业梯度理论"提出了重要的挑战。

2. 由于要素空间的转移性逐步增强和产业集群产生的强大磁场作用,劳动力低成本优势将逐渐丧失。这主要表现在随着就业管理制度与户籍制度的进一步深化改革,劳动力市场的逐步完善和发展,劳动力流动性进一步增强,资本与劳动的结合完全可以通过劳动力的空间转移来实现,内陆地区的大量劳动力流向东部产业集群地区,特别是一些流动性强的具有较高文化和专业素质的劳动力转移更倾向于向东部产业集群地区转移,东南沿海地区可以分享内陆地区劳动力低成本优势。在低成本劳动力与产业配套条件的组合当中,由于东部产业集群的具有内陆地区无法比拟的低成本优势和技术创新能力,内陆地区明显地处于不利地位,劳动力低成本优势将逐渐丧失。

3. 以效率为原则,企业追求经济效益最大化的理念,更进一步强化了东部等地区的产业集群能力。

二、我国产业集群的主要类型

产业集群经济是传统行业和现代制造业走集约化、专业化的重要形式。目前,我国产业集群的类型主要有五种。这些产业集群在不同的背景下,走上了不同的发展道路,以不同的发展方式加入到全球价值链的竞争中。

1. 由外商投资引起的中小企业集群。例如广东东莞的劳动密集型专业镇,80 年代之初,正当港台地区的制造业面临着劳动力和土地价格上升的压力,东莞以优惠的政策、丰富而廉价的劳动力和土地资源,以及邻近港澳、连接广深的区位优势,吸引了一批外商在东莞投资创办电子类企业,特别是 20 世纪 90 年代中后期,国内外一些知名的电子企业大规模移入东莞,使东莞很快成为电子企业集群地区。目前,东莞地区成为世界上电脑资讯产品种类最齐全、电脑整机加工制造所需零部件的配套率高达 95% 的地区,美国、日本、台湾、香港等国家和地区 30 多家电脑企业都将其加工厂或采购点设在东莞。

2. 由传统产业发展起来的中小企业群集。这种产业集群主要依靠当地企业家精神和工商业传统,建立起来的特色产业区。例如浙江温州的劳动密集型专业化小城镇和全国四大纺织产销基地之一——广东佛山西樵镇。

3. 在科技实业家创业基础上出现的高科技企业集群。如北京中关村的 IT 产业群中,新企业的衍生和中小企业的发展、企业家的成长和产业文化的变迁等现象十分明显。

4. 在改制后的国有企业基础上繁衍而形成的产业集群。例如:山东的海尔、重庆的嘉陵摩托、辽宁营口的东北钢琴等集团附近,都促进了相关配套产业的繁殖、衍生和发展。

5. 由地方政府推动的中小企业产业集群。由于产业集群的特征及其在区域经济发展中的作用和意义,因此,地方政府都会支持和引导产业集群的发展,尽力解决产业集群过程中存在的困难和问题,甚至会以产业集群代表的身份从事各种活动,从而推动产业集群的不断发展和壮大。如地方政府出资建立技术服务中心,对其管辖范围内的企业提供设备的调试、安装、维修、改造和新产品的开发等服务项目;或者由地方政府出资购置关键设备,提高产业集群的技术开发能力和产品开发能力。等。

三、从产业集群经济角度看我省工业园区的主要特点与存在的主要问题

(一)工业园区的概念与特征

工业园区是指由政府或企业为实现工业发展目标而创立的特殊区位环境。第二次世界大战以来,各国制定了各种工业区域开发政策,建立了多种类型的特殊经济区域:免税区、出口加工区、自由贸易区、企业区、保税区、工业园、工业村、工业团地、科学园、技术园、研究园等。工业园是二战以后一些发达国家为发展经济、改善城市布局,所采取的一种重要的园区建设方式,在日本称为"工业园地",在香港称为"工业村",在英国,则称为"企业区"。由此可见,工业园区的类型多种多样。联合国环境规划署认为:工业园区是在一大片的土地上聚集若干工业企业的区域。它具有如下特征:开发较大面积的土地;大面积土地上有多个建筑物、工厂以及各种公共设施和娱乐设施;对常驻公司、土地利用率和建筑物类型实施限制;详细的区域规划对园区环境规定了执行标准和限制条件;为履行合同与协议、控制与适

应公司进入园区、制定园区长期发展政策与等提供必要的管理条件。

从工业园区的发展进程中可以看出,占据比较优势的工业园区具有强大的生命力。但随着交通、通讯等科学技术的迅猛发展,城市与区域经济的发展和竞争越来越激烈,许多地方利用经济磁场作用,争相把流动的生产要素吸在本地。营建工业园区的风险性正在逐步增加。因此,确定比较优势发展战略,重视推进产业的内在联系,构建产业集群的政策建议已提到重要的议事日程。

(二)我省工业园区对提升产业集群的主要优势和作用发挥不足

1. 工业园区已成为我省工业经济增长的重要支撑点,但大部分园区规模偏小,产出偏低。据统计,今年1-6月,全省工业园区实现产品销售收入231.4亿元、利润总额13.2亿元、上交税金11.3亿元,分别比去年同期增长75%、72.8%和1.1倍;园区内规模以上工业企业实现工业增加值30.1亿元、产品销售收入94.3亿元,与全省规模以上工业企业同期同类经济指标平均增速相比,分别高出16个百分点和20.4个百分点,工业园区已成为我省工业经济增长的重要支撑点。但与外省相比,我省工业园区规模偏小,全省118个工业园区,只有3个工业园区有100户以上入园企业,而浙江省有110个;全省40%左右的工业园区的入园企业在10户以下。今年上半年,全省只有8个工业园区的产品销售收入超过5亿元,为全省整个工业园区的产品销售收入贡献了56%的份额,而绝大部分工业园区产出偏低,规模经济偏小。

2. 极少数工业园区产业集群效益曙光初现,但总体上园区规划设计和产业层次较低,特色不明显,布局有待改进。如,座落在南昌昌北经济开发区内的格林科尔工业园,不仅带进了它的主业——空调,同时,还吸引了江西铜业公司在园区内建立一个与之配套的铜管生产基地。南昌高新区新近引入了一个TCL,紧随其后的是三个与之配套的厂家:铸塑、发泡塑料和包装。几年前,著名的凤凰光学将他们新兴的凤凰数码落户于南昌高新区,当时,困扰他们的一个问题,就是为他们提供相机塑料零件配套的厂家,远在深圳。如今,在有关部门的共同努力下,一家来自深圳的配套厂已决定进入高新区。到目前为止,进入南昌工业园区的产业集群,已不仅局限于一个产业,一个领域,还有产业间的延伸融合。昌北经济开发区的江西国际汽车城,不仅是一个汽车及零配件产业园区,它还向旅游、文化传播、生活休闲等第三产业领域渗透。工业园区产业集群效益曙光初现。但从全省工业园区总体来看,园区规划设计层次较低,没有和当地产业布局与城市发展建设相结合。据调查,在全省118家县级以上工业园区中,只有20家市级以上工业园区的建设多数坚持与城市发展、自然景观和环境保护相结合,而绝大多数园区尚处在“问题园区”阶段,园区内企业布局不合理,缺乏必然的产业联系,产业层次低,特色不明显。工业园区任重道远,步履艰难。

3. 引导和促进了民营经济的发展,但对政府优惠性的政策依赖较强,缺乏市场运作,园区内企业的寻租行为比较严重。据调查,2002年全省园区建设完成固定资产投资102.36亿元,其中非国有投资为73.94亿元,占固定资产投资总额的72.2%;在非国有投资总额中,民间投资额为56.26亿元,占76.1%,且投资几乎全部集中于制造业。事实证明,工业园区的建设和发展,将有利于调动民间投资积极性,引导产业向集群化方向发展。从我省绝大部分工业园区建设的过程看,大多数工业园区属政府统办模式,为了吸引投资,几乎每个工业园区都制定了一系列优惠政策,有的甚至超出国家政策允许范围,如过度压低土地价格、提供过多的税收优惠政策,等等。这种情况下,容易滋生企业的寻租行为,有的投资企业进入园区完全是为了享受优惠政策,优惠期一过,一走了之,投资短期行为比较严重;有的寄希望于长期优惠政策,对政策依赖性较强。造成这种企业寻租行为现象的原因是建设工业园区的主体定位不准,职能模糊,市场意识较弱,而“形象工程”和政绩意识却不浅;同时,市场竞争的日益加剧以及生产要素流动性的提高,尤其是资金流动性的增强,给工业园区建设带来了强大的竞争压力。这主要体现全国各地都以工业园区建设为契机,调整产业结构,提升产业层次,加大了招商引资力度,这给本来资金缺乏的地区带来了更大的压力和困难,加剧了急功近利的思想。

四、政策建议

1. 摆正位置,搞好服务。从目前的实际看,我省的工园区主要是政府主导性的。因此,政府要摆正自己的位置,在将产业集群战略融入到工业园区建设和发展过程当中，认清该做什么，如何做，督促工业园区建设进一步走向理性化、规范化和高水平化。一方面政府要把思维投向如何提高现有的经济基础和公共产品的服务水平，加大对基础设施的投入，提高工业园区的规划建设水平；另一方面要把越来越多的相关企业和机构吸引到工业园区中发展，要把干预的重点放在促进产业联系和做好市场信息服务等方面。

2. 进一步进行市场经济体制改革，逐步完善竞争的市场机制，对工业园区建设实施多元化投入，市场化运作。

3. 利用比较优势发展战略，对工业园区进行准确定位，创造条件逐步形成能够体现自己和发挥自己优势的产业集群，形成自己的特色园区和后发优势，用产业集群优势吸引本地产业界和国内外的投资者投资建厂，促进工业园区朝健康、效益和繁荣的方向发展。在这方面，中西部有些地区已经给了我们很多的启示。例如，陕西省西安市民办高等教育产业集群已初成气候，全国最大的前10名民办高校，西安就占了一半。

4. 在工业园区内要充分体现产业集群政策和对中小企业集群重要性的认识，要将工业园区和产业集群作为中小企业政策的重要载体。对中小企业的政策支持不仅体现在资金等生产要素的供给方面，更重要的是做好市场信息服务，引导他们如何抓住机会，如何选择生产特色产品，如何参与劳动分工，如何获得外部经济和集体效益等方面，使大批中小企业向专业化、社会化发展，产生较强的规模效益，并通过市场的作用，让企业逐渐成为集群的主导者。

5. 加强教育培训基地建设，帮助建立集群内部企业的学习链，培养有技能的劳动群体，加快知识在集群内的扩散，为促进产业集群的发展夯实基础。

6. 收集和处理信息。经济发展过程同时也是产业结构不断升级的过程，也是产业深化的过程。为了投资新的产业，企业必须事先对该产业进行调查和全面的了解。这就需要收集和处理有关该产业的信息。信息是一种公共产品，因此由每个企业分别进行信息收集是无效率的。而政府在这方面的介入是有效率的，其角色是牵线搭桥，提供服务，不仅可以降低信息生产的社会成本，而且可以进一步促进产业联系，目的是创造条件逐步形成能够体现和发挥具有比较优势与竞争优势的特色工业园区，形成具有规模效应的产业带和产业群，充分发挥产业的聚集效应，辐射效应对区域经济发展和结构高速的快速带动作用，提高产业竞争力，推动工业化进程，实现江西在中部地区的崛起。

（江西省统计局统计科研所供稿）

对江西与中部诸省当前经济形势的认识

彭道宾

[**社会反响**] 本文呈送省领导阅示，得到充分肯定。省直有关单位领导多次上门索要材料，交流看法。《江西内参》第13期、《当代财经》全文登载。

[**内容提要**] 十六届三中全会以来，江西牢固树立和落实科学发展观，2004年一季度，国民经济继续保持速度、结构、质量和效益协调发展的良好局面，百姓相应得到了更多的实惠。而中部诸省急起猛进，江西近年形成的发展优势相对弱化，本文围绕崛起目标，及时对今年中部六省的发展战略和发展态势进行了全面、深刻的比较分析，以找出原因，谋求对策，促进发展。

[**关键词**]科学发展　中部　经济增长

一、江西经济在科学发展观指导下加快发展

今年以来，江西树立和落实科学发展观，深化改革，扩大开放，转变增长方式，从人民群众的根本利益出发谋发展，促发展，国民经济继续在快车道上健康运行，形成了速度、结构、质量和效益协调发展的良好局面，百姓相应得到了更多的实惠。

1. **经济增长强劲稳健**。据初步测算，一季度全省生产总值662.73亿元，比上年同期增长12.2%，增幅比上年同期略高0.1个百分点，呈现出快而稳的走势。其中，第一产业105亿元，增长4.3%；第二产业282.55亿元，增长20.0%；第三产业275.18亿元，增长8.4%。第二产业仍然是经济快速增长的主动力。

2. **微观主体活力增强**。发展环境的改善，进一步激活了民间资本，各类企业更为活跃。一季度，全省非国有投资84.16亿元，比上年同期增长84.2%，占城镇以上投资的52.8%，已超过"半壁江山"。其中，民间投资达70.04亿元，增长102.9%。企业家景气指数和企业家信心指数再次发力上行，分别升到128.98点和135.3点，双双突破历史最高水平。这从微观的角度验证了我省经济正进入崭新的景气状态和坚挺的上升通道。

3. **农业生产迅速升温**。随着中央和省委、省政府扶持"三农"的一系列政策措施落实到位，以及市场价格的导向作用，全省农民生产积极性高涨，农业投入普遍增加，生产资料准备充足，春耕生产热气腾腾。据各地调查和统计分析，我省早稻种植面积将有较大幅度的增长，适应市场需求的优质稻深受农民青睐，南昌、宜春、吉安、九江等地优质早稻面积将超过90%。棉花、蚕桑、花卉、蔬菜等高效经济作物面积扩大，仅棉花种植面积就在130万亩以上，增长了3成左右；抗击禽流感阻击战取得阶段性成果，畜牧业生产恢复较快。一季度，全省肉类总产量60万吨，增长2.7%；渔业生产持续增长，全省水产品产量达41.02万吨，增长6.8%。全省农林牧渔业产值172亿元，比上年同期增长4.3%，增速加快1.2个百分点。

4. **工业经济高位运行**。一季度，我省工业延续了去年高速增长的势头，创历史同期新高。全省规模以上工业增加值123.24亿元，比上年同期增长25.8%，增速比上年末加快4.8个百分点。增幅高出全国平均水平8.1个百分点，居全国第9位。其增加值总量正好相当于去年前四个月的完成额。全省38个工业行业大类增幅在20%以上的有27个，增速在50%以上的有15个。六大支柱产业增加值82.4亿元，比上年同期增长29.9%，增速比全省平均水平快4.1个百分点。

5. **资金投入更为合理**。一季度，全省城镇以上固定资产投资159.26亿元，比上年同期增长41.8%，增幅在宏观调控中有序回落，已低于全国47.8%的增长速度。房地产投资的疆绳把握得更牢，其增速比去年一季度回落了8.5个百分点。钢材、水泥二大建材工业投资也按照国家要求，适度调低了增长速度。1－3月全省钢铁工业投资增长45.7%，水泥占重要部分的非金属矿物制品业投资增长67.3%，均低于全国增幅。由于江西正处在工业化和城市化加快发展的时期，加之前几年切实加强了基础设施建设，为工业发展和城镇建设提供了有利的基础环境，全省工业投资和城建投资分别比上年同期增长63.0%和42.1%。更为可喜的是社会事业投资突飞猛进，全省教育投资增长了1.27倍，卫生、社会保障和社会福利业投资增长了1.42倍，有力地促进了经济和社会协调发展。

6. **消费需求日益趋旺**。一季度,全省社会消费品零售总额251.38亿元,比上年同期增长12.4%,增速加快1.7个百分点,在中部地区居第2位,比上年同期上升了3位。住房、家具、汽车、通信器材等消费热点持续升温,消费结构升级继续加快,市场商品供应充裕。

7. **结构调整步伐加快**。一季度,全省三次产业比例为15.9:42.6:41.5,与上年同期相比,第一产业比重下降0.6个百分点,第二产业比重上升3.8个百分点,工业的主导地位更加突出。在农业结构中,优质稻和高效经济作物面积扩大,草食畜禽得到更大的发展,特种水产品产量大幅度增加。工业所有制结构不断改善,全省非国有工业增加值72.02亿元,占规模以上工业的58.4%,其所占比重比上年同期提高3.9个百分点。固定资产投资结构继续优化,全省非国有投资所占比重比上年同期提高12.1个百分点,投资的内在增长机制正在形成。

8. **经济运行质量更高**。一季度,全省财政总收入79.57亿元,同比增长30.0%,财政收入占生产总值的比重由上年同期的11%上升到12%,提高了1个百分点。地方一般预算收入44.46亿元,同比增长34.3%,其增速比上年同期加快18.4个百分点,在中部地区居第4位,比上年同期前移一位。地税完成28.2亿元,同比增长47.4%,增幅位居全国第一。全省工业经济效益综合指数上升到121.59%,比上年同期提高21.48个百分点,创历史最好水平。企业利润增长1.7倍。

9. **对外开放全面推进**。一季度,全省海关进出口总额6.26亿美元,比上年同期增长19.6%。其中,出口总额3.68亿美元,比上年同期增长43.4%,增速加快了18个百分点,其增长幅度居中部地区第一位,比上年同期上升3位。全省新签外资项目155项,合同金额4.18亿美元,分别比上年同期增长37.2%和3.3%;实际利用外资3.75亿美元,绝对值在中部地区居第2位。

10. **人民生活显著改善**。一季度,全省城镇居民人均可支配收入2099.28元,比上年同期增长13.8%,增长速度加快12.2个百分点,增幅上升到中部地区的首位。农民人均现金收入680元,比上年同期增长11.9%。增长速度比上年同期加快6.3个百分点,增长速度之快为多年所罕见,其增速在中部地区推进了2位。城乡居民的消费水平也水涨船高。一季度,全省城镇居民人均消费支出1396.42元,比上年同期增长10.1%;农民人均消费支出401元,比上年同期增长3.7%。3月末,全省城乡居民储蓄存款余额2260.15亿元,比上年同期增长17.8%,百姓的家底更加厚实了。

以上十大亮点表明:江西经济不仅进入了提速前进的快车道,而且经济效益也在不断提高;不仅生产总值(GDP)有较大幅度的增长,而且城乡居民收入也同步增长;不仅投资需求快速增长,而且消费需求也欣欣向荣;不仅内需得到更有效的启动,而且对外贸易也是开局良好;不仅加快了经济发展,而且统筹兼顾了各项社会事业的进步。我们有充分理由判断,全省经济正处于较佳发展状态,形势之好,为历史少有。

二、中部各兄弟省急起猛进

进入新世纪,在东部大发展的势头更加强劲,西部大开发如火如荼的形势下,中部各省纷纷从“谨防中部塌陷”的忧患意识中奋起,各显神通,加快发展。特别是温家宝总理在十届全国人大二次会议上发出“促进中部地区崛起”的号召之后,中部诸省更是跃马扬鞭,猛力冲刺。

山西省,坚持以结构调整为主线,千方百计加快发展步伐,坚定不移地深化改革、扩大开放,推进科技进步。进一步优化经济发展环境,抓好技术创新、人才机制创新、金融创新、环境创新和观念创新,实施“1311”规划,要在近几年内建成100个农业产业化项目,30个重点工业调产项目,100个高新技术产业项目和10个重点旅游风景区项目。努力实现经济运行速度和质量提高,经济的综合实力提高,人民的生活水平提高。今年一季度经济增长速度再创新高,全省生产总值585.9亿元,同比增长13.5%,是近20年的最高水平,增幅居中部首位;全省财政总收入131.8亿元,同比增长47.2%,比上年同期加快18.8个百分点,地方财政收入同比增长44.5%,增幅居中部首位;1—2月,全省规模以上工业实现利润26.8亿元,增长1.2倍,工业经济效益综合指数达到131.8%,同比提高24.1个百分点,再创历史最高水平;一季度,全省城镇以上固定资产投资75亿元,同比增长48.8%;社会消费品零售总额196.3亿元,同比增长16%,加快3.3个百分点,增幅居中部首位;出口总额5.9亿美元,增长15.5%,外商直接投资0.16亿美元;城镇居民人均可支配收入2066.1元,同比增长13.5%,增幅居中部第2位;农民人均现金收入503.2元,增长9.3%。

安徽省,在全省上下进行了以"加快发展,富民强省"为主题的思想解放大讨论,打开思想观念之窗。随后,又开展了"整治与优化经济发展环境"活动,根治固习,借力打开开放通道。在"十五"计划进程中,以增加农民收入为核心,加快农业和农村经济发展;以加速工业化为核心,大力推进产业结构优化升级和城镇化进程;进一步深化改革,扩大开放,全面优化经济发展环境;加快发展科技教育,大力开发人力资源;贯彻党的富民政策,不断提高人民生活水平。全省努力构筑"合肥经济圈"和"皖江经济带",加速融入长江三角洲,着力培育新的增长极。今年一季度,全省保持了快速健康发展的良好势头,增长步伐进一步加快,运行质量持续提高,整体经济呈现"高平台、高走势"的高开格局,稳健运行于新一轮增长的上升期。全省生产总值929.8亿元,增长12.5%,为1998年以来同期最好水平;规模以上工业增长27.5%,城镇以上固定资产投资增长67.8%,财政收入增长28.4%。城镇居民人均可支配收入增长12.7%;农民人均现金收入增长25%,均为近八年同期最高水平。其中,规模以上工业和农民人均现金收入增长速度居中部首位,城镇以上固定资产投资增长速度居中部第2位;社会消费品零售总额增长11.7%,增幅同比提高1.3个百分点,为近七年同期最好水平;全省规模以上工业实现利润52.1亿元,增长93.3%,工业经济效益综合指数高达149.5%,再创历史新高;出口总额7.3亿美元,增长18.6%;外商直接投资1亿美元,增长58.8%,增幅居中部第2位。

河南省,以发展为主题,把结构调整作为主线,把改革开放和科技进步作为动力,把提高人民生活水平作为根本出发点,坚持科教兴豫,开放带动,可持续发展战略,积极实施城市化战略,推进工业化进程,加快体制和科技创新,提高国民经济的竞争力,振兴各项社会事业,推动经济发展和社会全面进步,朝着中原崛起的战略目标奋进。

首先,是稳步发展第一产业,重点壮大第二产业,大力发展新兴服务业,用工业化理念发展农业,推动传统农业向现代农业转变;坚持走新型工业化道路,改造传统产业,培育和提升基础产业和制造业,壮大食品、有色金属、煤化工和石油化工、装备制造、轻纺等支柱产业。有选择地发展高新技术产业,努力在电子信息、生物技术、现代中药和新材料等领域实现重大突破。其次,坚持大型中心城市,中小城市和小城镇"三头并举、突出重点、协调发展"的方针,尽快形成符合省情和经济社会发展要求的城市体系和城镇化格局。第三,根据各地优势,确定不同发展速度和模式。工业基础较好,经济发展较快的地区,以工业结构调整为龙头,以新型服务业为增长点,发挥带头作用,率先实现工业化。重点发展和培育高素质企业,生产竞争力强的产品。以传统农业为主的地区,大力发展现化农业,积极推进农业工业化和农村城镇化。通过真抓实干,国民经济进入快速增长期,实现了较高的增长速度和较高的增长质量。今年一季度经济增长步伐进一步加快。全省实现生产总值1726.98亿元,比上年同期增长13.2%,增速加快1.1个百分点,为1997年以来同期最高;规模以上工业增加值增长速度达21.3%,增幅同比提高2.1个百分点,为1996年以来同期最高增长速度;工业利润39.23亿元,增长38.7%,工业经济效益综合指数127.6%,同比提高了10.7个百分点;城镇以上固定资产投资263.65亿元,比上年同期增长68.9%,比全国平均水平高21.1个百分点,增幅居中部首位;社会消费品零售总额627.27亿元,比上年同期增长12.2%,增速加快0.7个百分点;地方财政收入增长27.6%;出口总额7.8亿美元,增长25.5%,增幅居中部第二位;外商直接投资1.55亿美元,同比增长1.01倍。,增幅居中部首位;城镇居民人均可支配收入2100.66元,比上年同期增长6.7%;农民人均现金收入518.28元,同比增长7.1%。

湖北省,以历史唯物主义的群众观、科学的发展观、市场取向的改革观、适应国际竞争的开放观和社会主义法制观为指导,加快实施科教兴鄂、外向带动、区域经济协调发展、可持续发展和城镇化战略。把整治和改善环境作为加快湖北发展的根本措施,为发展生产力创造良好条件,以增加农民收入为中心,推进农业和农村经济全面发展;加快培育市场主体,推进经济结构调整;加快推进制度创新和对外开放,为社会生产力发展不断注入新的活力;努力促进科教优势向经济优势转变。逐步把湖北建设成为中国中部重要的优质农产品生产加工区、现代制造业聚集区、高新技术发展区和现代物流中心区。努力使湖北省经济社会发展走在中西部前列，成为全国重要的经济增长极之一。近年，湖北国民经济和各项社会事业得到全面发展。今年一季度主要经济指标出现加快增长的新趋势。全省实现生产总值1131. 64亿元，同比增长11. 8%，增速加快2. 3个百分点；规模以上工业增加值增长21. 7%，增幅比上年同期加快8. 8个百分点，是1998年实行新口径以来增长最快的时期；工业利润40. 19亿元，基本接近1998年全年利润总额，增长幅度达到25. 6%；1—2月工业经济效益综合指数138. 98%，同比上升了9. 58个百分点。创1995年以来历史新高；全省城镇以上固定资产投资250亿元，比上年同期增长49. 1%，增幅提高36. 5个百分点，其增长速度由上年同期处中部末位上升到第3位；全省地方一般预算收入65. 67亿元，比上年同期增长26. 8%，增速加快17. 1个百分点；出口总额6. 62亿美元，增长17. 3%；外商直接投资4. 98亿美元，增长14. 3%；全省城镇居民人均可支配收入2331元，同比增长11. 7%，增速加快5. 1个百分点；农民人均现金收入达到691元，增长15. 2%，增速加快8. 6个百分点，增幅在中部居第2位。

湖南省，坚定不移地推进工业化、农业产业化和城镇化进程，大力发展开放型经济，拓展对外开放的广度和深度，紧紧抓住当前国际资本看好中国市场和沿海地区产业梯度转移的有利机遇，坚持引进外资与内资并举，引进资金、技术、人才、智力和管理并重，利用毗邻广东的区位优势，接轨珠江三角洲，面向全球谋发展。切实落实利用外资改造国有企业，允许向外商转让上市公司国有股和法人股的政策；支持各类企业特别是资产质量和财务状况好的优势企业和基础设施项目通过与外商合资合作，尽快做强做大；按照国际标准和需求，选择和开发一批市场前景好，能激发外商投资兴趣的项目，提高招商引资的效果；积极推进现代化服务业的对外开放，力争主动，抢占商机；鼓励外商在湖南省建立研发基地，生产制造基地和区域性营运管理基地；加大引进港澳台资金，把招商引资的重点对象放在全球500强企业，国外跨国公司，外省大企业大集团和上市公司上，突出抓好重点地区、重点园区、大型企业、重点项目招商。大力改善招商引资环境，精简审批环节，缩短审批时间，形成政府推动、部门联动、企业为主、社会广泛支持的招商合力，增强对外开放能力；全省放宽非公有制经济市场准入，凡是允许外资进入的领域，都允许民营资本进入。凡是法律没有明令禁止的行业和领域，民营企业都可以经营。鼓励、支持民营企业以独资、合作、合资、联营、参股、特许经营等方式，参与国有企业改革、改组和改造，支持民营企业进入急需发展的行业和电信、金融、教育、基础设施等领域，利用各种有利因素加快发展，全省国民经济进入快速增长的新阶段。今年一季度经济呈现出速度、效益同步提高的良好态势。全省生产总值1142. 4亿元，同比增长11. 2%，是1997年以来增长最快的时期，并首次回升到两位数；规模以上工业增加值增长26. 7%，同比增长26. 7%，增速加快6. 7个百分点，突破历史同期最高纪录，在中部居第2位；工业利润30. 25亿元，增长68. 2%；工业经济效益综合指数为136. 04%，提高17. 1个百分点；地方一般预算收入70. 46亿元，增长37. 1%，分别比前4年同期高出29. 3. 20 、22. 7和18. 1个百分点，在中部居第3位；全省固定资产投资263. 26亿元，同比增长39. 1%，增速加快16. 7个百分点，创1995年以来的新高；全社会消费品零售总额499. 59亿元，同比增长12. 1%，增速加快0. 3个百分点；出口总额5. 54亿美元，增长25. 1%；外商直接投资2. 7亿美元，同比增长29. 0%；全省城镇居民人均可支配收入2586. 77元，同比增长9. 1%；农民人均现金收入828. 07元，增长14. 3%，增速加快7. 9个百分点，创1998年以来的新高，在中部居第3位，出现农民增收幅度高于城镇居民的新趋势。

三、中部比较的结论与建议

与中部各兄弟省比较，今年一季度江西经济运行质量和效益明显提高。城镇居民可支配收入和海关出口总额增长速度都已跃居中部地区首位；反映城乡居民物质生活改善状况的一个重要指标——社会消费品零售总额的增长速度推进到了中部地区第2位；农民人均现金收入和地方财政收入增长速度的位次均有不同程度的前移。这表明，江西在树立和落实科学发展观方面迅速迈出了比以往更快的步伐。但反映经济总量和增长动力的部分指标增长速度出现位次后移的情况。如江西省生产总值（GDP）增长速度低于山西（13. 5%）河南（13. 2%）和安徽（12. 5%），居第4位，比上年同期下降2位；规模以上工业增加值增长速度低于安徽（27. 5%）、湖南（26. 7%），居第3位，也比上年同期下降了2

位;实际利用外资增长速度和城镇以上固定资产投资增长速度在回落。

分析江西经济总量和增长动力部分指标增速位次后移的原因,主要有以下六个方面:

一是发展竞争日益激烈。东部大发展和西部大开发,使我国以往东快西慢的经济增长基本格局被打破,出现了东部继续一马领先,西部进入中间位置,中部相对较慢的增长态势,中部地区正处于“东西夹击”的境地。面对巨大的压力,加快发展成为中部各省的时代强音,纷纷提出了新的发展思路、发展目标和发展方略,出台了抓住机遇、迎接挑战、实施超常规发展的一系列政策措施,形成了你追我赶、奋勇争先的竞争格局。中部各省的经济增长速度都超过了预定计划,如2003年山西省生产总值增长13.2%,比其“十五”计划7.5%的年均增长速度高出5.7个百分点。今年以来,这种争先恐后的发展竞争更加激烈,中部各省生产总值增长速度都上升到了两位数,几乎处于力量均等的胶着状态,增长幅度最高的山西与增长幅度最低的湖南之间只相差2.3个百分点,而去年高低之间相差4.1个百分点,哪个省稍有松动,就会落后。

二是引进外资的难度在增加。随着经济全球化的不断推进,传统关税、配额等贸易壁垒大大削弱,而反倾销和技术性贸易壁垒等贸易保护手段在许多国家抬头,我国出口阻力不断增大,不仅会导致部分跨国公司将其加工制造从我国转移,还会影响潜在的国际资本进入。我国对出口产品的综合退税率平均下调3个百分点,一些国际知名企业由于预期利润下降,将重新在全球范围调整生产布局,以避开新增的成本负担。世界经济正在复苏,美国经济增长强劲,欧元区经济开始向好,日本经济出现回暖,美、欧、日对国际资本的吸引力重新增强,将改变资金流动格局。国内能源供应紧张,能源、原材料价格上涨,生产成本上升,将制约部分制造业资本的流入。此外我国公共安全的风险增大,也在一定程度上影响了外商投资。

三是招商引资力度相对减弱。中部各省竞争的焦点,在于招商引资,谁在招商引资方面高人一筹,谁就能率先抢滩,赢得竞争的主动权,更快地增强经济实力。如安徽省委、省政府今年把招商引资作为经济工作的重中之重,充分发挥企业主体作用,加快推进大企业大项目利用外资步伐,抓紧出台利用外资暂行办法,促进国有企业全面开展对外合资合作,把握国家实施内地与香港建立更紧密经贸关系的机遇,进一步拓展皖港经贸合作渠道。一季度全省新批外商投资企业86家,比上年同期增长32.3%;外商直接投资增长幅度居中部地区第2位。江西今年以来招商引资的资金总量、实际进资数量和增幅都有不同程度的回落。尤其是后续跟进项目以及在谈的500万美元以上的项目不多,影响了经济增长动力的加强。

四是国有工业比重过高。2003年,江西国有及国有控股工业总产值在规模以上工业的比重为66.5%,比全国高28个百分点,比广东、江苏、浙江高47.4.47和54.1个百分,在中部各省中也是最高的,国有企业工业增加值增长7.8%,比全省规模以上工业低13.2个百分点,比私营企业和外商及港澳台商投资企业低38.8和27.2个百分点。深化国有企业改革,已是加快经济发展进程中一项紧迫而又至关重要的任务。

五是大项目和交通行业带动投资增长的效应回落。一季度,全省完成投资亿元以上项目13个,与上年同期持平,投资额为33.22亿元,同比增长5.9%,在城镇以上投资中所占比重由上年同期的29.6%下降到22.1%,减少7.5个百分点。1—3月份,全省交通运输业投资28.8亿元,同比下降1.3%。其中,高速公路投资21.67亿元,下降1.9%。赣粤高速公路江西段已基本建成通车,一季度该项目仅完成投资1.62亿元,比上年同期减少13.05亿元,影响全省投资增幅11.6个百分点。

六是经济快车先行一步,顺利通关,掌握了适度调整的主动权。进入新世纪以来,全省上下以思想解放为先导,以工业化为核心,以大开放为主战略,以体制机制创新和科技创新为强动力,抢抓机遇,加快发展。在新一轮经济增长周期中,经济列车提速前进,变过去比全国慢一个节拍为快一个节拍。当全国经济运行处于拐点之时,江西经济就已先行进入上升通道,全省外商直接投资和固定资产投资增长速度连续3年居中部地区第一位,外商直接投资额由2000年的末位上升到2003年的首位,人均固定资产投资也已进入中部地区首位。全省生产总值2001年增长8.8%,2002年增长10.5%,2003年增长13%,呈逐年加快的趋势,可以说是及时抓住了机遇,乘势而上,在经济运行的一个重要关头超前通过，经济发展的内生动力和外源动力都得到显著增强。按照国家宏观经济政策的要求，适度控制部分地区的房地产投资项目以及几个投资过多行业的建设，有利于经济更为健康的发展。

根据当前经济形势，要在加快发展中实现全面协调可持续发展，建议采取以下举措：

1. **坚持加快发展不动摇**。发展是科学发展观的落脚点，是永恒的主题。牢牢抓住重要的战略机遇期，咬定发展不放松，努力加快发展，是实现江西在中部地区崛起，全面建设小康社会的头等大事。我省人均生产总值刚刚超过 800 美元，低于全国平均水平，绝不能小富即安，松劲懈怠。应清醒地看到与沿海及周边地区的差距，看到进入“经济战国”时代的激烈竞争，增强忧患意识，负重奋进。要把握好中央经济工作的基本着眼点，切实把各方面加快发展的积极性保护好、引导好、发挥好。对于经济运行中的问题，更多地靠深化改革、推进结构调整、搞好宏观调控和发挥市场机制的作用来解决，促进经济持续快速健康发展。

2. **千方百计解决“三农”问题**。实行最严格的耕地保护政策，加强土地管理和基本农田保护。鼓励和引导农民增加粮食生产，提高粮食质量，增强粮食综合生产能力。关键是要将国家和省出台的各项支持农业的政策宣传到位，将转移支付和各类支农补贴发放到位，将整顿农资市场的措施落实到位。大力发展高质、高产、高效农业及生态型农业，发展具有区域特色的优质农产品生产基地，扶持带动力较强的农产品加工企业。重点加强农村“六小”工程和农田水利建设，改善农村生产生活条件。把劳务输出作为一个大产业来抓，采取“政府资助、社会培训”的办法，开展农村务工人员职业技能培训。建立和完善农村劳务信息网络，大力发展劳务中介组织。逐步统一城乡劳动力市场，改善农村劳动力进城就业环境，维护他们的合法权益，解决其子女教育、社会保障等问题。大力发展农村二、三产业，推进乡镇企业改革和调整。鼓励外出务工人员返乡创业。

3. **妥善处理当前经济工作中的五种关系**。一是既要充分调动农民种粮的积极性，又要精心呵护来之不易的农业结构调整成果；二是既要进一步夯实农业的基础地位，又要牢牢抓住工业化这个核心不动摇；三是既要大力推进第二产业发展，又要促使第三产业协调跟上；四是既要保持经济快速增长的好势头，又要注意控制峰位，避免过高的大起；五是既要坚决遏制某些行业的盲目投资和低水平扩张，又要防止“一刀切”，避免经济大落。

4. **构建长珠闽赣大经济圈**。现代经济的竞争，已是以城市群为核心的经济圈之间的竞争。任何一个区域只要它的发展达到了一定的水平，超越了起飞阶段，都将不断积累有利因素，为进一步发展创造条件，而且会像滚雪球一样越滚越大，形成高度发达的城市群和经济圈。日本的太平洋城市带拥有全国大部分人口和经济与科技的精华。英国由伦敦向西北经伯明翰、曼彻斯特列利兹的城市带集中了全国一半以上的人口和经济实力，欧洲从荷兰的阿姆斯特丹港和鹿特丹港向南沿莱茵河，经德国鲁尔区到斯图加特的一条城市带包罗了 3000 多万人口和德国、荷兰的精华。长江三角洲、珠江三角洲和闽东南三角区目前已经形成了比较集中而且较为发达的大、中、小城市群，江西是长珠闽的共同腹地，也是联结我国这三个最富饶区域的纽带，在国家的支持下，通过长珠闽的经济渗透和江西的主动融入，走一体化发展道路，一个具有强大国际竞争力的长珠闽赣经济圈将在世界的东方崛起。

5. **着力深化国有企业改革**。加大外资和民间资本参与国有企业改制改组的力度，通过增资扩股、股权转让等多种形式，推进国有企业产权多元化，发展混合所有制经济，并使一批国有企业转制为民营企业。加快产权制度改革，逐步建立归属清晰、权责明确、保护严格、流转顺畅的现代产权制度。完善公司法人治理结构，规范公司股东会、董事会、监事会和经营管理职责，建立健全企业领导人员聘任制度，以市场方式选聘企业领导人员，着力解决董事会职责不到位，经营管理者权责失衡，监事会虚设等问题。大力推进国有大中型企业主辅分离、辅业改制和分离企业办社会职能工作，把国有企业所办的学校、医院等移交社会管理。切实做好党政机关与直接管理企业及经济实体的脱钩工作。积极探索国有资产监管和经营的有效方式，完善授权经营制度。

6. **大力推进产业结构优化升级**。坚持以市场为导向调整农业结构，提高农业的比较效益。坚持以工业化为核心，不断强化初步形成的工业主导型产业结构。在尊重市场选择的前提下，集中力量培育壮大支柱产业，打造一批销售收入过百亿的经济航母。促进第三产业加速发展,以市场化、产业化、社会化为方向,改组改造餐饮、批零贸易等传统服务业,扶持发展电讯、物流、信息等现代服务业,引导房地产业健康发展,加强和改善房地产中介服务,规范发展物业管理。充分利用绿色、红色、旅游资源优势,做大做强旅游业。

7. **坚持走新型工业化道路**。江西传统工业仍然占据主体地位,要高度重视运用高新技术改造传统工业,使之焕发青春和活力。加快推进科技含量高,资源消耗低,环境污染少,人力资源优势得到充分发挥的工业项目发展。积极利用再生资源,发展循环经济,广泛推行清洁、文明生产方式,发展生态工业和环保产业。有重点地在信息技术、新材料、生物医药等领域,选择具有自主知识产权的项目,实施高新技术产业化工程。大力促进信息产业与工业特别是制造业的融合,加快企业信息化步伐,带动全社会信息化建设。在做好清理土地、整顿工业园区工作的基础上,通过规范运作,使之更快更好地发展。坚持政府引导、市场运作,形成多元化投入机制,增强园区的产业聚集能力、就业吸纳能力、环境承载能力、要素集约能力、自主创新能力,使承接产业转移与强化自主创新相统一,扩大招商引资与提高产业集中度相统一,加强基础设施建设与提高集约经营水平相统一。通过引进龙头企业,发展配套项目,形成连锁效应,带动一批企业发展,培育壮大一个产业,使这些企业"本土化"和"基地化"。适应社会化分工和专业化协作要求,使量大面广的小企业聚集,促进强有力的"小狗"经济发展,把园区建成重要的增长极。

8. **坚定不移地加速城市化进程**。科学制定规划,突出抓好南昌市建设,做强产业,做大规模,做优功能,做美环境,使之发展成国家级中心城市,增强对全省经济的带动作用和辐射力。加快京九铁路、浙赣铁路、出省主要通道沿线城市发展,形成若干个区域城市群。城市发展坚持规划先行,修改和调整规划要严格按法定程序进行。遵循"谁投资,谁受益"的原则,推进投资行为社会化,筹资主体多元化,融资渠道多样化,引入更多的外资和社会资金参与城市建设和管理。深化户籍制度改革,实行以实际居住地登记户口的办法,鼓励农民向城镇转移。户籍制度改革要与住房、就业、医疗、教育和社会保障等制度改革结合起来,为进城农民解除后顾之忧,促使进城农民与城市社会的融合,实现农民向市民的转化,从根本上解决"三农"问题。

9. **努力拓宽就业和再就业渠道**。把扩大就业作为经济社会发展的优先目标,大力发展劳动密集型产业和中小企业;营造公平竞争的平台,大力发展非公有制经济;鼓励和支持下岗失业人员灵活就业和自主创业,重点落实好就业再就业的财政扶持、信贷支持、税费减负等政策。健全再就业援助制度,政府出资创造的公益性岗位,优先安置有就业愿望的特困人员。完善就业服务体系,强化下岗失业人员再就业培训。大力改善就业创业环境,拓宽就业再就业领域和渠道。

10. **正确引导投资方向**。加强和改善宏观调控,通过规划、产业政策和规范市场准入,抑制无序竞争和盲目发展,强化政府投资对社会投资的引导作用,扩大政府投资的乘数效应,提高投资效益。大力加强水利、电力、交通等基础设施建设,增加现代制造业、高新技术产业的投入。扶持低能耗、低物耗、环保型产业和企业发展。确立企业在经营性领域的投资主体地位,建立健全市场引导投资,企业自主决策,银行独立审贷,融资方式多样,中介服务规范,宏观调控有效的投资体制,促进经济持续发展和良性循环。

(江西省统计局)

以中心城市的腾飞带动江西经济的发展

胡水泉 徐晓林 章小彪

[**社会反响**]该文荣获2003年度江西省统计分析研究中标课题评比三等奖。《价格月刊》2003年第十期全文刊登。本课题是作为省统计局向省政府汇报全省经济形势系列分析材料之一。省发改委作为制定"十一五"计划的参考资料。《都市消费报》摘要刊登。

[**内容提要**]在分析世界经济发展的趋势与中心城市的关系、中心城市的地位和作用的基础上,以江西省中心城市在全省的社会经济权重及其功能定位、主导产业的选择为主线,提出构筑以中心城市为核心的五大城市经济圈,带动全省经济的快速发展的发展对策。

[**关键词**]中心城市 经济发展 城市经济圈

21世纪是城市的世纪,未来的中国是城市的中国。如同企业的发展必然要经过一个由小企业到大企业再到企业集团这样一个过程一样,城市发展的必然趋势也日益显现出向集团化、规模化和一体化发展的特征和趋势。中心城市是加快经济发展,推进城市化进程的"龙头"。地区间的竞争在很大程度上演变为城市实力尤其是中心城市实力的竞争。按照世界城市发展普遍规律,中心城市的现代化是城市化的先导和重点,继而呈集群发展并加速形成城市圈。因而,中心城市的发展,对一个国家或地区的发展有着重要的带动作用。

一、中心城市的地位和作用

1. 中心城市是加快经济发展,推进城市化进程的"龙头"。中心城市具有优越的区位优势,把握了经济发展的机遇,聚集了雄厚的资金和技术实力,对人才具有不可抗拒的吸纳力,在区域经济中脱颖而出,基础设施完善,产业结构优化,主导产业竞争优势明显,反过来,又会将内聚力向周边地区辐射,带动区域的农村城市化,农业工业化,从而增强区域经济实力。长江三角洲、珠江三角洲、环渤海经济圈、闽东南三角洲经济实力跃上了一个又一个新台阶,无一例外都是借力于中心城市的带动和示范作用。

2. 中心城市具有完善的综合服务功能。商贸流通是再生产的中心环节,在引导生产与消费,促进国民经济发展中的地位和作用日益重要和明显,是启动市场和促进需求的推进器。中心城市大力构筑大市场、大商贸、大流通的格局,成为区域商贸流通中心和物资集散地。另外,中心城市的交通运输服务、信息咨询服务以及娱乐休闲服务发达,能为各种经济活动和经济要素自由流动提供全面、高效、便捷的条件。

3. 中心城市是城市建设中观念创新、制度创新和机制创新的先行者。观念创新、制度创新和机制创新是城市软环境的重要内容,是城市聚集竞争优势的建立过程,是完善城市功能的新动力。中心城市能充分认识到观念创新给城市建设注入的巨大推动力,树立经营城市的新理念,善于学习、借鉴、引进国内外先进的思想和技术,高起点加快城市建设步伐,为区域经济的发展产生巨大的聚集和辐射效应。

二、江西省中心城市的经济实力

(一)江西省中心城市的经济实力

江西省的城市体系由十一个设区市和十个县级市构成,根据江西省城市结构现状,十一个设区市是各自行政区域的政治、经济、科技、文化、教育中心,2002年发展水平如下:

1. 规模扩大,经济实力增强。2002年,全省十一个设区市市区合计(以下简称市区合计)年末总人口765.39万人,比上年增加19.38万人,其中非农业人口405.45万人,比上年增加13.14万人,即增加的19.38万人中,67.8%是非农业人口。市区合计建成区面积393平方公里,比上年"长大"了28平方公里。

2002年,通过产业结构的调整,主攻工业,大力发展第三产业,加大招商引资的力度,增加基础设施建设的投入,特别是通过创建工业园(高科技园),十一个设区市市区经济实力显著增强。据统计,市区合计创造的国内生产总值达930.5亿元,比上年增长12.05%,高于全省增幅,其中:第二产业为482.2亿元,增长14.48%,第三产业为394.7亿元,增长10.93%,第二产业仍然撑起综合经济的半壁江山,第三产业增速加快。中央和地方财政预算内收入达122.6亿元,比上年增长12.27%,增速提高了5点7个百分点。全年新增固定资产130.7亿元,比上年增长23.4%。各设区市确实成为了区域社会经济发展的增长极。

2. 房地产开发再掀高潮。随着经济的发展,城市居民家庭收入的提高,市民住大房、住新房的愿望日益强烈,加之政府加大了对城市住房困难户的安置力度,大力推动安居工程的建设,2002年全省十一个设区市又继续投入大量人力、物力、财力大手笔创建花园城市,城市化进程加快,房地产开发迎来了一个难得的机遇。据统计,2002年,十一个设区市市区固定资产投资完成额中的房地产开发投资完成额达73.9亿元,比上年增长57.9%,住宅建设完成额达41.1亿元,比上年增长74.2%。本年施工住宅面积1094.2万平方米,本年竣工住宅面积467.5万平方米。商品房屋销售面积318.6万平方米,比上年增长4.5%,其中销售给个人303.1万平方米,比上年增长7.8%,个人购房比例占95.1%。商品房屋销售额达43.4亿元,比上年增长28.4%,其中销售给个人41.6亿元,比上年增长37.7%,房地产业仍然是各市拉动经济增长的支柱产业之一。

3. 招商引资工作成绩斐然。2002年,招商引资工作结出了累累硕果。据统计,十一个设区市市区当年新签项目(合同)251个,比上年增长1.1倍,当年合同外资金额81328万美元,比上年增长2倍,当年实际使用外资金额57414万美元,比上年增长1.7倍,已投产(营业)的外国和港澳台资企业达692个,比上年增加138个,在外国和港澳台资企业中的从业人员达56882人,比上年增长20.5%。"三资"企业已成为江西经济建设中日显重要的生力军。

4. 电信事业迅猛发展。2002年,江西城市电信事业实现了跳跃式发展。据统计,全省十一个设区市市区的电信业务总量达49.0亿元。本地电话用户数为185.1万户,比上年增长14.5%,年末移动电话用户数突破282万户,已超过固定电话101万户,比上年增长55.8%,国际互连网用户数达68.4万户,比上年增长71.4%。电信和网络工程的普及和完善,极大地提高了政府机关和企事业单位的办事效率,方便了人们的工作和生活。

(二)江西省中心城市在全省的经济权重

从2002年截面统计数据分析,十一个设区市在江西省的社会经济构成中具有举足轻重的地位(表1)。可以看出,十一个设区市市区土地面积只占全省的十六分之一,人口只占五分之一,而宏观经济指标基本上占到了三分之一到二分之一强。

三、江西省中心城市的功能定位及主导产业的选择

江西省的十一个设区市是各自行政区域的政治、经济、科技、文化、教育中心,但站在全省的高度,暂时并不能,也不需要个个担当起中心城市的角色,毕竟中心城市的聚集和辐射作用要超越并突破行政区域的局限,有适度的空间,中心城市的效能才能充分发挥出来。根据十一个设区市的区位条件和经济现状,我们认为目前南昌市、景德镇市、萍乡市、九江市、新余市、鹰潭市、赣州市可担当中心城市之责。

中心城市之所以称为中心城市,是由于它具有明确的功能定位和在此基础上与资源优势配套的支柱产业。

(一)中心城市的功能定位

根据江西的省情、中长期发展战略和规划、各城市的比较优势及产业分布的城市特点,各中心城市的经济功能可作如下定位:

南昌市 南昌市是江西的省会城市,全省的政治、经济、文化中心。高等学校和在校学生占全省一半左右,文化、科研机构也大部分集中在南昌市,这在全省其他城市是不可比拟的,这是这一城市的最大优势。作为省会,南昌市今后将重点搞好产业结构的调整和改造,大力发展以第三产业为主体的服务型产业,特别是加快发展面向国内国际的高层次、智力密集型的新兴服务业,着力发展高新技术产业,把南昌市建成中部地区的制造业中心。因此,南昌市的经济功能定位为:**服务型产业和制造业基地。**

九江市 九江市面临长江,背靠著名风景区庐山,市内拥有一批在全省甚至全国都有一定地位的企业,现已成为江西省的一个能源工业基地、纺织工业基地、化学工业基地,在江西北部,经济实力最强,但工业的技术层次不高,工业结构也不合理,今后应向高附加值的技术密集型方向发展。同时,由于九江市地理位置较好,交通便利,旅游业发达,具有发展服务型产业的基础和条件,因此,九江市的经济功能可以确定为:**技术密集型产业和服务型产业基地。**

赣州市 赣州市位于赣江上游,江西南部,地下矿产资源丰富,现已探明的固体矿产种类达64种,尤以有色金属和稀有金属居多,素有"世界钨都"、

"稀土王国"之誉。这里地处中亚热带南缘,呈典型的亚热带湿润季风气候,雨量充沛,气候温和,无霜期长,适合经济林,特别是脐橙、蜜桔生长。有色金属和稀土、制糖、造纸、卷烟、林产、食品等工业发达,所以赣州市的经济功能可以确定为:**有色金属、稀土和食品加工等劳动密集型产业基地。**

景德镇市 景德镇市位于江西省东北部,以生产陶瓷而闻名中外,被誉为"瓷都",已成为全国最大、最完整的陶瓷生产、出口基地和科研教育中心。除此之外,机械、电子、化学、食品等新兴产业近几年迅速崛起,已成为工业经济的主要支柱,占工业总产值的比重近60%。今后,景德镇市主要依托陶瓷、机械、电子工业的基础,面向国际市场,加快发展外向型经济,成为本省一个重要的陶瓷出口基地和轻工、电子、汽车工业基地。因此,景德镇市的经济功能确定为:**技术密集型产业基地。**

萍乡市 萍乡市位于江西省西部,地下矿藏丰富,主要有煤、铁、石灰岩等最丰富,该市是江西省的老煤炭工业基地,煤炭、钢铁、水泥、发电在全省占有举足轻重的地位。但是,这种产业结构对环境有很大的不利影响。今后,该市在稳步发展煤炭工业的基础上,应积极调整产业结构,着力发展冶金、电力、化工、建材、机电等行业,对冶金、化工、建材等基础行业将在总量控制的前提下进行改造提高,同时加大环境治理力度,使产品向深加工、高附加值、少污染方向发展。萍乡市的经济功能定位为:**能源重化工产业和技术密集型产业基地。**

新余市 新余市位于江西省中部偏西,浙赣铁路西段。矿产资源丰富,主要有:磁铁矿、赤铁矿等。钢铁工业的发展,带动了电力、煤炭、机械、化工、纺织、轻工、食品、建材等行业也蓬勃兴起,如今的新余市,已建设成为一个以钢铁工业为主体,相关行业相应发展的现代化工业城市,钢、生铁、钢材、铁合金、焦炭、尿素、油漆、工程塑料的产量占全省一半以上,其中钢、生铁、钢材的产量占全省的70%左右。因此,新余市的经济功能应确定为:**钢铁及重化工业基地。**

鹰潭市 鹰潭市位于江西省东北部,是我国最大的一个铜工业生产基地,也是我国南方最大的铁路交通枢纽之一。经过五十多年的建设,一个以有色金属冶炼为主体,电力、化工机械、纺织、医药、建材、仪表、工艺美术等行业竞相发展的工业体系基本形成。该市所辖的龙虎山旅游业发展快且还有潜力。因此,鹰潭市今后将重点开发有色金属冶炼、铁路运输、旅游三大资源,经济功能应确定为:**有色金属冶炼、交通运输、旅游业基地。**

(二)中心城市主导产业的选择

一般来说,对于一个相对独立的城市经济区域,在一定的发展阶段,其主导产业是少数几个具有较高需求收入弹性,劳动生产率增长较快,产业关联性较强,发展潜力很大,产品科技含量高,符合环境保护要求并具有一定生产规模的产业。而作为一个地方经济综合竞争力的重要表现,支撑一个地方经济发展的脊梁的支柱产业就孕育在主导产业之中。一个城市只有形成强大的产业集聚力和具有比较优势的支柱产业,才有自己的地位,也才能真正把城市做大。

区位商(专门化率)、垂直分工和水平分工理论是选择区域主导产业的重要依据。区位商(专门化率)是指某地区某部门在全国(全省)该部门的比重与该地区各部门之和占全国(全省)各部门之和比重之比。区位商越大,说明产业辐射范围越广,产业层次越高,市场潜力越大,选择作为主导产业的权数就越大,反之则越小。垂直分工是指地区内的产业分工,水平分工是地区间同一产业的部门分工或行业、产品分工,简而言之,就是产业的纵向、横向布局。根据上述理论,主要中心城市的主导产业可确定如下(限于篇幅,计算过程从略):

南昌市 电子及通信设备制造业、交通运输设备制造业、文教用品工业、金融保险业、信息咨询服务业、旅客及办公服务业、交通运输及邮电业、教育、文艺、广播、电影电视事业、科学研究和综合技术服务业。

景德镇市 汽车工业、陶瓷工业、电子及通信设备制造业、旅游业、科学研究和综合技术服务业(陶瓷和直升机研究)。

萍乡市 非金属矿物制品业(水泥)、冶金工业、水电汽热的生产供应业、电气机械及器材制造业。

九江市 石油加工业、食品工业、水电汽热的生产供应业、纺织及服装工业、旅游业、交通运输及邮电业、批发零售贸易餐饮业。

新余市 冶金(钢铁)工业、纺织及服装工业、普通机械制造业、水电汽热的生产供应业、交通运输及邮电业、批发零售贸易餐饮业、旅游业、金融保险业。

赣州市 食品工业、普通机械制造业、非金属矿物制品业(稀土)、木材加工及家具制造业、批发零售贸易餐饮业、交通运输及邮电业、科学研究和综合技术服务业(稀土)。

将中心城市的支柱产业做大做强,一个关键的工作是做好与沿海发达地区的产业对接。江西是沿海的内地,内地的前沿,是长江三角洲、珠江三角洲和闽东南三角区发展的共同腹地,具有优越的区位优势,要遵循市场经济规律,充分发挥我们的比较优势,利用好经济的差异性和互补性,找准区域分工中的产业定位,在扩大经济总量的同时,着力发展和壮大我省中心城市有特色的支柱产业。一方面,要抓住当前的大好机遇,采取更有针对性和实效性的措施,继续积极承接沿海和海外劳动密集型产业转移,主动承接沿海和海外支柱产业的扩散并努力做好配套,千方百计地吸引更多的高新技术产业落户江西,在全方位承接沿海及海外产业梯度转移过程中形成自己有特色的支柱产业。另一方面,要努力挖掘自身潜力,发挥自身优势,依托我省中心城市有竞争力的骨干企业,吸引省内外和国内外企业,通过专业化协作配套、产品延伸加工,形成技术先进、集中度高、关联密切、特色鲜明的支柱产业。

四、构筑好以中心城市为核心的五大城市经济圈,带动全省经济的快速发展

城市经济圈,是由中心城市及其经济联系非常广泛的区域组成,它不受行政区划的束缚,各级城市之间具有相互辐射作用。从江西城市和区域发展大格局来看,在未来一个相当长的时期内,只能根据江西省现有经济实力,遵循城市发展的客观规律,采取突破行政区划的局限,把工作重点放在构筑五个一级城市经济圈上。具体而言,就是要加速构筑南昌城市经济圈、九江城市经济圈、赣州城市经济圈、萍宜新城市经济圈、景上鹰城市经济圈等五大城市经济圈,运用超常规手段,沿京九铁路线和浙赣铁路线,着力培育和发展2—3个大城市、特大城市,现实可能性的城市是南昌市、九江市和赣州市,使之成为区域经济增长中心,以城市经济圈的互动来带动全省的快速发展,最终达到城市化与工业化、城市建设与经济发展相适应,推动江西省经济、社会和环境协调发展的目的。

南昌城市经济圈。其地域范围大致覆盖南昌市、南昌县、新建县、安义县、进贤县、永修县、靖安县、奉新县、高安市和丰城市。南昌市作为江西省域中心城市和核心城市、京九铁路沿线最大的中心城市和综合性交通枢纽,经济总量占到全省的1/4以上,在全省最有条件首先做大做强。南昌要按照建成现代区域经济中心城市与现代文明花园英雄城市的定位,把发展重点防在增强聚集和辐射功能上,加快现代制造业基地建设,做好产业置换,将高能耗、高污染、低附加值的产业迁出市区,加强基础设施建设,完善城市功能,提高城市现代化水平。充分发挥南昌省会城市的主导作用,以京九铁路、浙赣铁路为发展主轴线,重点发展汽车、电子、机械、食品等传统优势产业,生物制药、信息工程、新材料等高新技术产业和旅游、金融、商贸、科技教育、文化卫生等第三产业,逐渐形成全省经济增长的核心区域,带动全省经济的发展。加快南昌的发展,是全省的利益所在,也是实现江西在中部地区崛起的有效捷径。省直各部门、各单位要大力支持南昌的发展,南昌也要积极加强与省直各单位的联系和沟通,依靠省属单位的优势求得更大的发展。

九江城市经济圈。其地域范围主要包括九江市、瑞昌市、九江县、星子县、湖口县、彭泽县、都昌县、德安县、武宁县和修水县。九江市位于长江和京九铁路交汇处,是沿江开放城市和江西对外的主要口岸,区位条件极其优越,历来是赣北的中心城市,最大的优势是拥有得天独厚的长江港口资源和庐山、鄱阳湖旅游资源,其今后的发展方向是:在主动接受长江三角洲地区辐射、加强与武汉经济区协作的同时,进一步拓展对外开放的领域,与国际经济接轨。重视与南昌、景德镇的协调发展,有效增强九江市的区域竞争力,提升其在江西省的经济地位。依据这个定位,九江市的产业发展应重点放在石油化工、仪器仪表、轻工食品、纺织服装等高科技或外向型产业上,以及旅游、航运、商贸服务为主的第三产业上。

赣州城市经济圈。其地域范围主要包括赣州市、瑞金市、南康市、赣县、兴国县、宁都县、于都县、石城县、会昌县、上犹县、安远县、信丰县、寻乌县、大余县、崇义县、龙南县、全南县和定南县。赣州市位于京九铁路线上,是赣南地区的政治、经济、文化中心,也是赣、粤、闽边界地区的最大城市,城市腹地广阔,区位优势明显,辐射范围不仅包括赣南,还涉及粤北和闽西,有色金属和稀土资源丰富,脐橙、沙田柚等农副产品生长条件得天独厚，具备了成为区域中心城市的条件。今后的发展方向是：主动接受粤、闽发达地区和港澳地区的双重辐射，积极吸引粤、闽、港、澳人士前来投资，依托京九铁路，加强对整个赣南地区的辐射传导，不断壮大经济实力，完善城市功能，逐渐成为在全国有一定影响的赣、粤、闽边际地区综合性现代化大城市。依据这个定位，赣州市的产业发展应重点放在有色金属矿业、有色冶金、机械电子、"三高"特色农业和创汇农业上，以及以商贸、旅游、金融为主导的第三产业上。

萍宜新城市经济圈。其地域范围包括萍乡市、宜春市、新余市、上栗县、芦溪县、莲花县、万载县、宜丰县、上高县、铜鼓县、分宜县和峡江县。该经济区圈内有3座中等城市，规模相近，经济实力相当，萍乡市是面临资源型转型城市；宜春市腹地广阔，农业比重大；新余市第二产业突出，但辖区面积过于狭小，总之，各有千秋，互补性强，但都不完全具备中心城市的条件。从区域经济发展的要求看，培育中心城市的任务已相当迫切。若论区位条件，宜春不失为首选目标；若论经济实力、发展前景，新余也可考虑；萍乡作为赣西历史上原有的重要城市，目前仍可以发挥一定的作用。省政府应在"十五"期间，根据三市之间竞争和发展情况，择一重点，在确保公平的前提下，予以必要的引导和扶持。

景上鹰城市经济圈。其地域范围主要包括景德镇市、上饶市、鹰潭市、乐平市、德兴市、贵溪市、浮梁县、波阳县、婺源县、万年县、上饶县、广丰县、玉山县、铅山县、横峰县、弋阳县、余江县和余干县。该经济圈邻接闽浙皖，是沿海发达地区向中西部挺进的前沿阵地，区位条件较好，龙虎山、三清山、婺源等旅游资源丰富，交通便利，但实力在五大城市经济圈中最弱，关键在于缺乏主导型城市，城镇体系层次分散，难于形成合力。在目前景德镇陶瓷工业不景气、产业结构调整转型，上饶、鹰潭短期内难以培育成区域中心城市的情况下，最有效的方式是以景、上、鹰三城市各为中心，组织协调生产力布局，形成景（德镇）－乐（平）－波（阳），上（饶）－德（兴）－广（丰）、鹰（潭）－贵（溪）－弋（阳）三个多核城镇群组，组群之间优势互补、相互涵盖，形成整合优势和综合竞争力，共同构筑综合型区域中心。

（江西省城市社会经济调查队）

表1：

十一个设区市在江西省经济中的地位

指标	计量单位	全省	十一个设区市市区合计	占全省的比重（%）
土地面积	平方公里	166 973	11508	6.89
人口	万人	4 222.43	784.77	18.59
#非农业人口	万人	1 015.92	418.59	41.20
年末单位从业人员数	万人	312.06	124.47	39.89
国内生产总值	亿元	2 450.48	930.53	37.97
#第二产业	亿元	951.77	482.2	50.66
#第三产业	亿元	962.75	394.66	40.99
国有及年销售收入500万元的非国有企业工业总产值	亿元	1 180.8	684.56	57.97
财政收入	亿元	234.43	122.62	52.31
利用外资签约项目	个	591	251	42.47
利用外资签约金额	万美元	153 387	81 328	53.02
实际使用外资金额	万美元	124 725	57 414	46.03
社会消费品零售总额	亿元	832.71	355.1	42.64
邮电业务总量	亿元	120.12	53.87	44.85

加大投资力度加速推进江西工业化

——江西投资和工业化研究

金绮　涂姗华

[社会反响] 该文获2003年度江西省统计分析研究中标课题二等奖并被江西财经大学院刊采用。该文还在国家统计局2004年投资年报会议上被评为全国投资系统优秀统计分析报告一等奖,同时被推荐为华东六省一市统计学会科学研讨会交流论文。

[内容提要]本文运用H. 钱纳里的经济发展阶段划分理论和大量统计数据对江西省工业化所处阶段进行科学判断,采用SPSS统计软件对投资和工业发展进行相关分析,在充分进行省际间横向对比,剖析江西工业发展和投入的现状以及面临的基本环境的基础上,提出了加大投资,加速推进江西工业化进程的思路与对策。

[关键词] 投资　基础环境　工业化

党的十六大明确提出,我国在新世纪头20年经济建设的主要任务之一,是基本实现工业化,并郑重提出"走新型工业化道路"。这是党中央在我国进入全面建设小康社会、加快推进社会主义现代化新的发展阶段作出的重大战略决策。2001年我省召开的第十一次党代会提出:"今后5年乃至相当长的一个时期,我们必须坚持以加快工业化为核心,以大开发为主战略,以体制创新和科技创新为强动力,大力推进农业产业化和农村工业化,加快推进城市化和城市工业现代化,不失时机地推进信息化,全面提高综合竞争力,实现经济和社会可持续发展。"并提出到2010年基本实现工业化。加速推进工业化,是全面建设小康社会的重要任务,也是实现江西在中部地区崛起的重大战略举措。本文根据国内外有关经济理论和历史经验,运用大量统计数据和省际间横向对比,对我省工业化所处阶段进行判断,分析我省工业化进程中具有的优势以及面临的困难,试图从加大工业投入这一角度,对加速我省工业化进程提出一些思考。

一、工业化的内涵及我省工业化所处的发展阶段

(一)工业化的内涵

工业化是一个国家由传统农业文明向现代化工业文明转变的过程,也是生产力、经济结构、经济体制甚至社会制度发生持续的进步和变革的现代化过程。人类社会发展的历史早已证明,工业化为人类创造了辉煌的物质文明,带动了城市的迅速发展,也促使农业走向现代化。工业化是任何一个国家现代化进程的必经阶段。

工业化是一个历史范畴,在不同的历史条件下,不同国家实现工业化的标准和道路都有所不同。18世纪30年代到19世纪40年代,英国在世界上第一个基本完成工业革命,当时工业革命的动力来自蒸汽机的发明和应用,带动了纺织、冶金、机器制造、交通运输、采矿等行业的迅速发展,使社会生产进入机器大工业时代。英国因为最早实现工业化,曾经达到国民生产总值占全世界40%的顶峰;美国借鉴了英国工业化的经验,并在其基础上进行科技提升,从英属殖民地一跃而成为世界最强大的国家;日本在明治维新后大力推进工业化,成为唯一进入西方列强行列的东方国家;法、德、俄等国通过发展制造业也先后开始并基本完成了工业革命;芬兰、韩国是以信息化提升产业结构,带动工业化的;亚洲"四小龙"因工业化而迅速崛起。在我国,现代化进程已大规模展开,一些发达地区已进入工业化中期阶段,上海市以汽车、化工、纺织等高等级制造业为重点发展工业化,广东、深圳以电子产业和城市化推动工业化进程,江苏、浙江等地的经济实力也因工业发达而走在其它省、市前列。虽然各地发展工业化的道路不同,但共同的一点是,在工业投入上有超前意识,投资的力度大,这是加快工业发展的物质基础,也是工业化进程持续发展的动力所在。工业化程度较高是它们成为经济强者的坚实基础。(表1)

(二)我省工业化发展所处的阶段

衡量一个国家或一个地区的工业化进程,国际上常用的指标和方法有结构性指标和H·钱纳里提出的人均GDP指标。

H·钱纳里提出的按人均收入水平划分的工业化阶段(人均收入按1970年美元价格计算)(表2)

根据钱纳里、赛尔奎因等经济学家的实证研究，工业化过程中产业结构的演变有一定的规律性。在三次产业的产出构成中，工业化的演进使第一产业的比重下降，第二产业的比重迅速上升，并拉动第三产业的比重提高。一般来说，当第二产业的比重上升到超过第一产业时，工业化进入了中期的第一阶段（起步期）；当第一产业的比重下降到低于20%时，第二产业的比重上升到高于第三产业而在GDP中占最大比重，这时工业化进入中期的第二阶段（加速期）；当第一产业的比重进一步下降到10%左右时，第二产业的比重上升到最高水平，工业化到了后期阶段或基本实现的阶段（成熟期）。

钱纳里、赛尔奎因等经济学家的实证研究还从多数国家就业结构变动来分析工业化进程。当工业化进入初期、中期、基本实现和全面实现阶段，三次产业的就业比重各有不同（表3）。而在工业化的初期和中期阶段，第二产业就业比重的上升，主要是由工业就业拉动的。

2002年，我省人均GDP只有5829元，按现行汇率折合为705美元，大约相当于1970年的163美元；三大产业增加值比例为21.9:38.8:39.3，农业增加值占GDP的比重仍高达21.9%，第二产业增加值占国内生产总值的38.8%，其中工业增加值只占GDP的28.3%；三大产业的就业比例为45.3:22.7:32.0，农业的就业人数仍占全部就业人数的45.3%，第二产业就业人数占全部就业人数的22.7%，其中工业就业人数占18.2%（表4）。

根据以上国际通常的计算方法，从经济总值（GDP）人均水平指标来看，我省工业化尚处于准备阶段；以就业结构指标为依据，我省工业化水平可认为进入了工业化的中期第一阶段。以两者结合，综合工业产出比重和工业结构水平两个指标为辅助依据，我们判断江西工业化的进程处于工业化起步阶段，并正在加速。

二、工业投资与工业化发展的关系

投资是经济持续增长的重要因素和必要条件，在国民经济总循环中，投资活动无论从供给方还是需求方都对国民经济发展起着重要的影响作用。固定资产投资所形成和建立的生产能力，从供给上为经济发展提供物质基础；需求效应是固定资产投资促进经济增长的另一表现形式，固定资产投资活动本身就是通过消费一定的社会资源产生新的更大的社会资源的过程，同时投资作为经济运行中的先行因素，影响和带动着社会经济运行的发展变化。

我们利用SPSS统计软件对江西1991～2002年工业投资与有关指标进行相关分析，结果显示：工业投资与工业增加值呈显著的关联，相关系数达0.799，工业投资的增长与工业增加值占GDP比重的提高呈显著相关，相关系数为0.647（一般来说，相关系数在0.3～0.5之间为低度相关，0.5～0.8为显著相关，0.8～1为高度相关）。以上数据表明工业投资的变化，很大程度影响工业增加值的变化，进而影响工业在国民经济中地位和作用的变化，其变化情况可以通过"表5"中的数据详细体现。

下面我们将1991～2002年江西省全社会投资增长率、工业投资增长率和国内生产总值增长率的情况作一曲线图（图1）

从图中我们可以看出：投资周期与经济周期具有"趋同性"。图中显示出投资增长率与GDP增长率之间的上下波动几乎是同方向的。三条曲线虽不完全一致，但它们的变化趋势和波动周期却基本相同。1991～2002年，投资增幅曲线共有3个振荡周期，其中工业投资增幅曲线更为明显，每个周期约为4年，1991～1994年为一个周期，投资增长呈"凸"波浪型，1995～1999年为一个周期，这期间投资增长波动较大，投资进入萧条期，尤其是工业投资，连续2年出现负增长，2000～2002年投资呈现恢复性增长。观察同期的经济增长，呈现出与投资增长同样的周期性波动。但因为投资对经济的发展有个滞后期，所以GDP增长曲线上的峰谷及峰底出现的时间相对于投资要滞后，例如1997.1998两年工业投资下降，1998和1999年GDP增幅也分别下降。2002年工业投资增幅高达52%，预计2003年我省GDP将达到一个新的增长平台。

综上所述，扩大工业投资，是加速我省工业化进程、增强我省经济实力的有效手段。

三、我省工业发展和投入的现状及面临的基本环境

（一）我省工业发展和工业投入的现状

我省经济长期以农业为主，工业发展起步较晚，到改革开放初期的1978年，全省工业增加值只有23.16亿元，仅为当年农业增加值的64.0%，直到九十年代后期工业增加值才与农业的差距缩小，1998年，全省工业增加值为477.15亿元，比当年的农业增加值高5.9%。90年代以来,随着外向型工业的快速发展和产业结构及工业布局的加快调整,我省工业投资力度加大,工业开始迅猛发展,工业化进程显著加快,工业对国民经济增长的支撑作用进一步增强。"八五"至"九五"时期的10年里,全省工业投资年均增长速度为15.9 %,工业增加值年均增长11.2%。2002年,全省工业投资完成212.81亿元,增长速度达52.0%,全部工业增加值达693.18亿元,占当年国内生产总值的28.3%,达到了"九五"以来的最高点;增长速度为16.4%,是近5年来的最高增长率。

尽管我省工业生产取得了巨大的成就,但我们应该清醒地看到,我省的工业基础仍然比较薄弱,工业化整体水平不高,工业经济竞争力弱,大企业不多,小企业不强。其中工业投资偏低,投入不足一直是困扰和制约工业经济发展的重要因素。2002年,江西的工业投资占全社会投资的23.0%,比全国水平低7.8个百分点,而同期湖北、山西和安徽省工业投资占全社会投资的比重分别为34.0%、42.1%和25.0%。工业投入与其在经济发展中的作用不相适应。

除工业投资总量欠帐较大外,投资结构也不尽合理。

第一,高新技术产业投资规模偏小,高新技术产品较少,2002年全省城镇以上固定资产投资中,高新技术产业投资仅占2.4%,投资率为4.6%,低于集约水平5.4个百分点。电子信息、生物工程、新材料等新兴高新技术产业在我省还未形成气候。

第二,新技术和信息化改造传统产业特别是制造业程度低,技术开发投入不足。工业增长主要是依靠外延扩大再生产实现的,依靠技术进步、进行内涵改造实现增长的较少,资源效率低下。2002年全省城镇以上固定资产投资中,技术改造投资占19.9%,比集约水平低20.1个百分点。我省大中型企业开发经费支出11.13亿元,只占销售收入的1.59%,低于全国1.73%的平均水平。

第三,投资的技术含量不高。2002年全省城镇以上固定资产投资中用于设备购置的投资为139.56亿元,投资的技术含量比为19.5%,比集约水平低18.5个百分点。

第四,投资带动产业集中的力度不够,企业规模水平较低。2002年全省规模以上工业企业年平均销售收入为3717万元,仅为全国平均水平的61.6%;年销售收入10亿元以上的企业只有13家;建设项目平均投资仅为3515万元,比全国水平少近3000万元,投资平均规模只有全国平均水平的54.6%。优势产业不突出,支柱产业发育程度低。

第五,产业高度化不足,初加工与深加工结构不合理。我省初级产品的份额约为4%,高于发达省份3-5个百分点;制造业的份额约为85%,低于发达省份9-12个百分点。有色金属矿铜、钨、钽铌、稀土等多以卖精矿和粗加工产品为主;出口产品中,机电产品比重比全国低26个百分点。产品结构与市场需求结构不适应,名牌产品特别是在全国有影响的产品不多。在投资中结构中,同样存在制造业投资偏低的现象。2002年全省固定资产投资中制造业投资占20.5%,比发达省份低5-10个百分点。(表6)

(二)优势和有利条件

尽管我省的工业化发展还处在初期阶段,工业投资还不足。但是随着改革开放的深入和我国现代化建设进程的加快,尤其是我省经济发展开始进入一个跨越式加速发展时期,因此我们也拥有许多加快投资和发展的优势及有利条件。

从国际环境看,随着经济全球化步伐的进一步加快,发达国家或地区向发展中国家和地区的国际产业转移正方兴未艾,产业转移的重心也已经由原材料工业向加工工业、由初级产品工业向高附加值工业、由传统工业向新兴工业转变。我国加入WTO之后,稳定的政治局面、高速发展的国民经济和庞大的市场需求潜力,使得国内市场对外商的吸引力进一步增强,外商投资的步伐也正在进一步加快。这一良好的发展态势为我省大规模吸引外商投资,加快工业发展步伐、提升工业发展层次创造了有利的外部条件。目前,我省已经吸引了来自世界50多个国家和地区的外商,在食品制造、纺织、建材、服装及其他纤维制品制造业、交通运输设备制造业、电子及通信设备制造业、电气机械及器材制造业等30多个行业进行投资。台湾亚东水泥、日本五十铃、铃木、伊藤忠、东芝电气株式会社、印尼林氏集团、法国罗地亚、美国福特、百事可乐、加拿大嘉汉木等一批世界知名度高、规模大、科技含量高的企业纷纷进驻我省。只要我省有效抓住国际产业大转移的有利时机,进一步改善投资环境,不断加大招商引资力度,吸引更多的国际大企业、大集团到我省发展，我省的工业化水平必将跃上一个新的台阶。

从国内环境看，安定团结的政治局面，良好的宏观经济环境为我省加大工业投入、加快工业化发展步伐提供了有力的保障。适应加入 WTO 的要求，政府职能转变、投融资体制改革等各项改革的不断深化，全方位、多层次、宽领域的对外开放格局的加快形成，也为我省推进体制创新和技术创新，促进工业的跨越式发展创造了很好的机遇。西部大开发以及各项扩大内需政策的实施，同样为我省的工业发展提供了广阔的投资空间。

从省内环境看，加大我省工业投资发展步伐具有五大优势：一是区位优势。我省地处东部沿海发达地区与西部地区之间，处于大长江三角洲区域，紧邻珠江三角洲这一经济发达地区，承东启西，接北近南。二是基础设施优势。我省已经形成了纵连南北、横贯东西，水、陆、空立体发展的运输网络。南昌4D级昌北机场的建成通航，大大提升了我省航空运输能力和水平；京九铁路三分之一贯穿江西境内，南昌站成为京九线上唯一的省会城市；浙赣铁路、京九铁路、横南铁路和正在新建的赣龙铁路，已形成一个较为发达的铁路交通网；沪瑞、京福、内深（赣粤）、九景等高速公路和 105 国道、320 国道等国道主干线纵横省内外，连接着上海、云南、北京、福州、内蒙、深圳等地，“三纵四横”的高速公路主骨架将大大缩短我省与全国各地的距离。发达的陆路交通网络使我省与全国各城市紧密相连，繁忙的空中航线连通着世界各地，从而为我省工业发展提供有利的硬件支撑。

四、我省工业化道路的思路与对策

基于以上对我省工业化发展现状以及发展环境的分析，面对工业化、信息化和现代化的多重挑战，我们必须加大投资力度，利用政策导向引导资源优化配置，走出一条适合我省特色的工业化路子：即要在国家产业发展政策的指导下，坚持以信息化带动工业化，以工业化促进信息化，优先发展重点领域的高新技术产业，大力振兴制造业，加快有市场、有效益的传统产业的改造升级，造就一批市场占有率高、主业突出、具有核心竞争力的骨干企业和大型企业集团，促进中小企业向“专、精、特、新”方向发展，努力走出一条科技含量高、经济效益好、资源消耗低、环境污染少、人力资源得到充分发挥的新型工业化路子。

（一）加大工业投入，提高工业竞争力

1991～2002 年间，江西工业投资经历了从平稳增长到陷入低谷再到恢复性增长三个阶段。1991～1994 年为平稳增长阶段，这一时期工业投资年均增长 29.6%；1995～1998 年工业投资力度明显减弱，这一时期工业投资年均下降 3.9%，工业投资陷入低谷；1999～2002 年工业投资力度加大，逐步走出低谷并加速增长，年均增长 25.3%，其中 2001.2002 年平均每年增长 30.7%。同期，全社会投资年均增长分别为 35.5%、18.5% 和 15.3%，其中 2001～2002 年年均增长 27.3%。弥补“九五”投资的不足，实现以工业的崛起带动江西经济的崛起，继续保持投资的快速增长，是江西完成工业化、应对经济全球化和国内外产业竞争的要求。

从江西工业化进程还处于工业化发展的初期阶段看，工业投资需要继续保持快速增长。2002 年全省国内生产总值中工业增加值仅占 28.3%，比全国 44.4% 的水平低 16.1 个百分点。在此阶段，由于投入的技术密集程度还不高，劳动密集型产业和资金技术密集型产业共同发展，因此对工业投资的需求依然十分旺盛。另外，工业的持续稳定发展有赖于工业结构的调整升级，工业结构的调整升级则必须通过大量的新增投资来完成。从 1991～2002 年江西工业投资和国内生产总值的相关分析结果得出，两者之间的相关系数为 0.814，呈高度相关，因此要加快江西经济的发展必须加大对工业的投入。

从缩小江西与发达地区的差距这一目标来看，江西工业投资率应提高到 30% 以上。根据国内外历史经验，在确定适度投资规模时一般坚持投资稳定增长、投资优先增长、投资率适度、投资适用性等几个原则，其中投资率指标是核心指标，它实际上是投资稳定增长和优先增长的综合结果。日本、韩国、新加坡等国在经济起飞和快速发展时期的投资率基本都保持在 30% 以上，1991～2000 年江西的投资率一般在 25% 左右，2001 年达 30.4%，2002 年为 37.7%；而工业投资率“九五”时期却比“八五”时期下降，“八五”时期我省各年的工业投资率均在 29.0% 以上，而“九五”时期各年的工业投资率却分别为 25.5%、19.7%、16.3%、18.6% 和 21.7%。从总投资看，“九五”以来江西的固定资产投资率不低，但就工业投资而言投资率偏低。“八五”时期，

江西工业投资的年均增长速度为26.5%，而“九五”时期年均只增长1.1%。2001年随着工业投入的加快，工业投资率提高到23.5%，2002年达到30.7%。

“九五”期间，华东主要工业大省大力发展工业园区，优化投资软硬环境，以各项优厚的条件吸引外商投资，以政策激发民间投资热情，工业投入大大快于江西，工业增长速度远高于江西。进入“十五”以后，我省工业投资明显提速，状况明显改观，但江西省工业投资规模小、基数低，每一个百分点的增量要比发达地区少得多(表7)。

(二)引导投资积极向高新技术产业发展，增强工业综合实力和核心竞争力

在积极承接沿海发达地区产业梯度转移的同时，有重点地发展高新技术，推进高新技术产业化。在项目的选择上尤其要慎重，要以具有比较优势的产业为基础，通过技术创新、产品升级及配套延伸，培育一批具有技术含量和比较优势的高新产业群，特别是推动电子信息产业的发展，走出一条新型工业化道路。如落户昌北开发区的江西鸿源数显科技有限公司，在超高清晰、超高亮度、零辐射、零闪烁LCOS光学数字电视产业化的一些关键技术研究和制造上取得突破和进展，有着良好的发展前景。加大对清华泰豪、先锋软件、金鼎软件等一大批科技型企业的投资支持力度，积极办好高新技术开发区的软件园、大学科技园、民营科技园、留学人员创业园，把高新区和科研院所等各方面产生的高新技术成果，通过科技园区和企业孵化器的培育，加速实现产业化。同时抓好现代医药、中药现代化科技产业基地、火炬计划产业化基地，形成我省高新技术产业群体。

(三)以新技术、信息化提升改造基础较好的传统工业

江西工业过去曾经有过不少优势行业和优秀产品，如有色金属、黑色金属、电子工业、建材工业、食品工业和纺织工业等。我省的纺织工业品种齐全，毛、纺、织门类齐备，具有一定的技术、装备水平和生产能力、市场份额、品牌资源以及市场上叫得响的产品，特别是拥有一大批技术工人。目前的状况是，资源分散，装备水平和技术含量不高，形不成有效的竞争能力，省内整个行业十分困顿。曾经创造过辉煌的电子行业更是如此，不少好的产品，好的品牌几乎销声匿迹，资源应有效益发挥十分有限。江西的彩电、冰箱、收录机等属全国生产较早的产品，现在全国许多品牌的电子产品如雨后春笋般的发展壮大，而江西的电子产品却只能在夹缝中求生存。我们应整合既有资源，抓大扶小，提高行业集中度，增强企业竞争力。对资源进行合理配置，最大限度发挥资源效益，把丰富的工业资源利用起来、利用好。

要利用高新技术提升和改造传统产业，提高行业技术装备水平，利用高新技术投入和改造，使优势企业逐步发展壮大，使一批老国有企业走出困境，实现产品结构的调整和提升，我省也有许多成功的例子。萍乡矿业集团通过调整产业结构，合理利用资源，坚持“以煤为本，多业并举，全面发展”的方针，形成以煤炭及煤炭综合利用，玻璃及玻璃深加工，客车及客车空调、管道、建筑和国外工程为支柱的产业群体，企业成为煤炭战线多种经营先进单位，1997年进入全国十大扭亏为盈典型企业行列，2002年实现销售收入13.69亿元，实现利税1.42亿元；南昌卷烟厂以新技术改造传统产品，提高了产品科技含量，2002年，该厂销售收入达26.43亿元，实现利税17.36亿元。实践表明，用新技术和信息化来改造我们比较雄厚的传统产业特别是制造业，是大有可为的。

政府应加强引导、鼓励企业自身和社会资本投入高新技术产业工作，为高新技术改造传统产业建立良好机制。通过高新技术改造传统产业，提高骨干企业和主导产品的升级换代，形成新的竞争能力和发展动力。

(四)加快工业园区投资和建设，提高工业生产集中度

工业园区是发展加工工业的有效途径，要按照合理布局、集约发展的原则，以工业园区建设作为招商引资和工业集约经营的载体，尽可能将加工制造企业集中在园区发展，解决工业布局分散的问题，制定园区发展规划，明确园区的产业定位和发展方向，形成园区的产业特色和优势。比如南昌的高新技术开发区可以定位于软件开发和高新电子技术，景德镇的工业园区则应将陶瓷作为其开发与研究的重点，新余、萍乡可以定位于钢铁工业为支柱，九江可以石化、纺织和建材为基础，赣州可以发挥农产品资源优势，着力发展食品加工及相关的产业链。在开发建设管理机制和投资融资模式上，要通过合资、合

作、出让土地使用权以及贷款等多种形式，面向社会、面向市场筹集资金，充分调动社会各界参与园区投资建设的积极性。

（五）向支柱产业投资倾斜，走产业特色化之路

在日趋激烈的区域竞争和市场竞争环境下，只有抓紧培育出特色产业，形成一个或多个支柱产业，构成强大的竞争优势，才能以点带面全面推动整个经济的加快发展，在激烈的竞争中立于不败之地。支柱产业是一个地方经济综合竞争力的表现，是支撑一个地方经济发展的脊梁，一个地区要实现经济的跨越式发展和崛起，必须致力于培育和扶持具有竞争力的支柱产业。目前，我省已经将有色金属冶炼、黑色金属冶炼、交通运输设备制造、化学医药、化学原料及制造、食品加工确定为六大支柱产业，重点加以发展。但我省支柱工业的地位还不够强，投入也不够足，带动能力还比较有限。因此，必须加快我省支柱产业的培育力度，加快产业特色化发展步伐，在汽车、航空及精密制造业，特色冶金和金属制品工业，中成药和生物医药产业，电子信息和现代家电产业，食品工业，精细化工及新型建材产业六大产业上着力加大投资，推动支柱工业和特色产业的加快发展。

（六）以重点项目建设为切入点，着力培育发展大企业集团，增强企业的核心竞争能力。

大企业、大集团是区域经济综合竞争实力的直接体现者，区域竞争实力的提高也主要靠他们来实现。我们要坚持发展大企业、大集团的方针，引导资源向优势企业集中。目前，我省规模以上工业企业只有3076个，在中部各省中最少，大企业、大集团数目不多，真正有竞争实力的大型工业企业更少，难以支撑全省工业的快速发展要求。因此，要着力培育我省的大企业、大集团，加紧扶持和培育一批具有核心竞争力、对全省工业发展起支撑作用的龙头企业。要依据现有的产业基础和优势企业，通过规模优势，形成成本、效益优势。在投资方向上集中扶持电子及通讯设备制造、生物制药等高新技术产业，进一步做大、做强交通运输设备、数码相机、金属制品业、生物制药、钢材水泥等优势产业，继续促进服装、食品、文体用品等传统产业的改造和提高。争取形成几个销售收入超50亿或100亿元、一批销售收入超10亿元的大企业集团，加速把我省建成全国重要的加工制造业基地。

要进一步加大投入，实施创名牌工程，努力培育一批工业名牌产品。要积极扶持像江铃汽车、江中制药、汇仁药业、景德镇陶瓷、江西铜业、新余钢铁等优势产品的加快发展。

（七）加快中小企业发展，壮大民营企业

中小企业已成为推动地区经济发展的重要力量，在许多省份，特别是沿海的一些省份形成了不少驰名中外的民营企业集群族，如广东东莞的通讯设备制造、鞋业、服装业，顺德的家电业，福建晋江的运动鞋旅游鞋业，南安的石材业，浙江温州的皮鞋业、打火机业，乐清柳市的低压电器业，宁波的服装业等，少则数百、多则数千个厂家集聚在一起，产生兵团效应，相辅相争中打造出产品的名城、名都和名牌，饮誉国内外市场。如有“中国鞋都”之称的福建晋江，现有3000多家制鞋企业，年产鞋3亿多双，占全国旅游鞋、运动鞋总量的三分之一。我省进贤县文港的制笔业、南康县的家具业和南昌的汇仁药业等都是我省民营经济蓬勃发展的亮点。对有发展前景的中小企业，要大力予以扶持。要加快投融资体制改革，为中小企业和民营企业创造更好的投资和发展环境。

（八）加大招商引资力度，拓宽融资渠道

加快工业化进程，资本的输入和形成是关键，做好招商引资工作是加快我省工业发展的关键环节。要积极抓住我国加入WTO和国际产业大转移的有利机遇，充分依托各类工业园区为发展基础，加大园区招商、产业招商力度。招商引资要坚持向工业领域集中，向园区集中，用外来资本提升改造我们的传统产业。招商要内外并重，既重视引进外资企业，也要重视引进有实力的内资企业；融资既要争取银行贷款和外国政府贷款，更要吸引民间资本。积极支持已上市企业巩固业绩，加快企业上市融资步伐，鼓励企业发行债券，多渠道引进和吸纳资金。

注：参考资料及数据来源：

（1）《工业化和经济增长的比较研究》（H. 钱纳里等著，上海三联书店、上海人民出版社，1995年）

（2）《中国统计》（2003年第5期）

（3）《江西“九五”建设成就》、《江西省2000年人口普查资料》、《投资在产业结构调整中的重要作用初探》、《江西统计资料》有关篇目、《中国统计年鉴》、《江西统计年鉴》和有关省份统计年鉴等。

（江西省统计局固定资产投资处）

表1：　2002年我国部分省、市国内生产总值和工业增加值

区域	地区	国内生产总值（亿元）	人均国内生产总值（元）	工业增加值（亿元）	工业增加值占GDP比重（%）	人均工业增加值（元）	工业固定资产投资（亿元）
	全国	104 790.6	8 184	46 535.7	44.41	3 634	13 411.2
沿海地区	上海市	5 408.76	40 646	2 312.77	42.76	17 380	688.59
	江苏省	10 631.75	14 391	4 826.58	45.40	6 533	859.91
	浙江省	7 796.00	16 838	3 580.00	45.92	7 732	519.60
	福建省	4 682.01	13 497	1 882.55	40.21	5 427	321.51
	山东省	10 552.06	11 645	4 629.54	43.87	5 109	1 184.95
	广东省	11 769.73	15 030	5 288.53	44.93	6 753	924.49
中部六省	山西省	2 017.54	6 146	921.99	45.70	2 809	352.75
	安徽省	3 569.10	5 817	1 290.52	36.16	2 103	283.72
	江西省	2 450.48	5 829	693.18	28.29	1 649	212.81
	河南省	6 168.73	6 436	2 531.72	41.04	2 641	392.89
	湖北省	4 975.63	8 319	2 168.42	43.58	3 625	577.05
	湖南省	4 340.94	6 565	1 440.80	33.19	2 179	289.15

表2：　工业化发展阶段（按1970年美元价格计算）

时期	人均收入（经济总值）变化范围	发展阶段
1	140～280美元	初级产品生产时期（准备阶段）
2	280～560美元	工业化初期（起步期）
3	560～1120美元	工业化中期（加速期）
4	1120～2100美元	工业化成熟期（成熟期）
5	2100～3360美元	工业化发达期
6	3360～5040美元	发达经济阶段

注：表内“收入”指标为一个国家的国民经济总量指标，在本文分析时用GDP指标分析计算。

表3：

工业化时期	阶段	第一、二、三产业就业构成比（%）
初期	初期阶段	58.7:16.6:24.7
中期	第一阶段	43.6:23.4:33.0
	第二阶段	28.6:30.7:40.7
基本实现阶段		23.7:33.2:43.1
全面实现阶段		8.3:40.1:51.6

表4：　2002年江西省国内生产总值和就业结构

指 标	单位	数 值	构成(%)
1. 国内生产总值	亿元	2 450. 48	100. 0
#第一产业	亿元	535. 98	21. 9
第二产业	亿元	951. 77	38. 3
#工业	亿元	693. 18	28. 3
第三产业	亿元	962. 73	39. 3
2. 人均国内生产总值	元	5 829	—
3. 就业人数	万人	2 130. 6	100. 0
#第一产业	万人	964. 5	45. 3
第二产业	万人	483. 8	22. 7
#工业	万人	388. 8	18. 2
第三产业	万人	682. 3	32. 0

表5：　1991－2002年江西省工业投资、国内生产总值和人均国内生产总值

单位:亿元%

年 份	工业投资	增长速度	国内生产总值	增长速度	工业增加值	工业增加值占GDP的比重	人均GDP（元）
“八五”时期	360. 90	26. 5	3 892. 85	10. 4	1 121. 37	28. 8	
1991年	39. 89	17. 9	479. 37	8. 2	135. 82	28. 3	1 249
1992年	53. 11	33. 1	572. 55	14. 8	168. 14	29. 4	1 472
1993年	79. 90	50. 4	723. 04	13. 7	233. 76	32. 3	1 835
1994年	96. 87	21. 2	948. 16	8. 8	269. 16	28. 4	2 376
1995年	91. 13	－5. 9	1 169. 73	6. 8	314. 49	26. 9	2 896
“九五”时期	470. 38	1. 1	8 592. 10	9. 4	2 335. 53	27. 2	
1996年	95. 92	5. 3	1 409. 74	11. 7	375. 83	26. 7	3 452
1997年	86. 26	－10. 1	1 605. 77	12. 3	438. 98	27. 3	3 890
1998年	77. 59	－10. 1	1 719. 87	7. 1	477. 15	27. 7	4 124
1999年	93. 54	20. 6	1 853. 65	7. 8	503. 79	27. 2	4 402
2000年	117. 07	25. 2	2 003. 07	8. 0	539. 78	27. 0	4 851
“十五”前2年	352. 82	30. 6	4 626. 16	9. 6	1 288. 73	27. 9	
2001年	140. 01	19. 6	2 175. 68	8. 8	595. 55	27. 4	5 221
2002年	212. 81	52. 0	2 450. 48	10. 5	693. 18	28. 3	5 829

表六： 江西城镇以上固定资产投资的几个相对数分析指标

指标名称	2002 年	集约标准
工业投资比重(%)	29.8	—
更新改造投资比重(%)	19.9	40
投资技术含量比(%)	19.5	38
高新技术产业投资率(%)	4.6	10
制造业投资比重(%)	20.5	—

表七： 2002 年和 2003 年 1－9 月华东六省、市工业投资对比

地区	2002 年工业投资(亿元)	2002 年增长速度(%)	2002 年每个百分点增加的工业投资(亿元)	1996－2000 年年均增长速度(%)	2001－2002 年年均增长速度(%)	2003 年 1－9 月投资额(亿元)	2003 年 1－9 月增长速度(%)
全国	13 411.20	55.1	86.47	13.4	14.6	9 031.74	49.0
上海	688.59	5.8	6.51	4.1	7.1	553.63	28.4
江苏	859.91	29.9	6.62	8.6	14.7	900.25	79.4
浙江	519.60	23.2	4.22	14.6	16.8	1 419.06	58.5
安徽	283.72	56.6	1.81	2.2	16.1	270.92	72.3
福建	321.51	9.6	2.93	16.1	2.2	231.61	22.2
江西	212.81	52.0	1.40	1.1	30.7	154.62	92.0
山东	1 184.95	34.6	8.80	10.8	25.9	1 242.41	80.3

注：本表不含农村工业投资，2003 年浙江省统计口径为全社会计划总投资 500 万元以上项目。

工业化进程的“领头羊” 工业崛起的“支撑点”

——江西工业大户发展现状及分布特征

彭勇平

[社会反响] 江西省省委副书记、省长黄智权同志对该文作出如下批示:“国有大型企业在我省国民经济中发挥着重要的支柱作用。今后,要通过股份制改革,推进技术和管理创新,完善法人治理结构,进一步增强市场竞争能力,发挥更大的作用。”省委副书记、常务副省长吴新雄同志批示:“很好,抓重点企业做强做大是件重要的工作。”凌成兴副省长也作了重要批示。《江西通讯》2003 年 2-3 期全文刊登,该文获 2003 年度江西省优秀统计分析文章一等奖。

[内容提要] 我省工业在适应市场经济的进程中培植了一批规模大、实力强的骨干企业,他们依靠自身的优势,对保持和延续全省工业稳定快速增长势头起到了重要的支撑带动作用,成为全省工业规模经济的主导力量。本文在深入分析江西省工业大户的发展现状及分布特征的基础上指出,无论政府还是企业都要转变观念,坚持市场原则、坚持改革开放原则、坚持创新原则,将企业做大做强。

[关键词] 工业化 大型企业 分布 发展

做大做强优势企业,着力培育实力雄厚、竞争力强的大型企业和企业集团,是推动工业化进程的“领头羊”,是实现工业崛起的“支撑点”。近年来,我省工业在适应市场经济的进程中培植了一批规模大、实力强的骨干企业—工业销售大户,他们依靠自身的优势,对保持和延续全省工业稳定快速增长势头起到了重要的支撑带动作用,成为全省工业规模经济的主导力量。

2002 年我省销售收入在五亿元以上的工业大型优强企业共 22 家,比上年增加 4 家。其中特大型企业 3 家,大型企业 15 家,中型企业 1 家,小型企业 3 家。在这 22 家工业大户中,年销售收入在 5 亿元 -10 亿元之间的有 10 家;在 10 - 40 亿元的有 6 家;40 亿元以上的企业有 6 家,江西铜业公司位居大户榜首,销售收入达 68.39 亿元,其次是江西省电力公司(67.85 亿元)、九江石化(61.68 亿元)、江铃汽车集团公司(55.99 亿元)、新余钢铁有限责任公司(51.87 亿元)、昌河飞机工业公司(43 亿元)。工业大户发展现状及分布特征是:

支柱作用明显,发展势头良好,在工业经济发展中发挥了“领头羊”作用。 2002 年全省年销售收入五亿元以上的工业企业数仅占全部规模以上企业的 0.7%,而从其资产总量上看,22 家工业大户的资产总量为 889.59 亿元,占全部规模以上工业的 41.0%;从产出规模看,其实现工业产品销售收入 544.13 亿元,占 48.8%;从效益情况看,其实现利润和利税分别为 17.19 亿元和 70.82 亿元,分别占规模以上工业的 80.4% 和 67.3%。这些工业大户在全省工业经济中占居的地位举足轻重,是江西工业的重要支柱力量,并对全省工业的稳定健康运行发挥着必要的引导和带动作用。2002 年与 2001 年比较,这 22 家工业大户的工业产品销售收入、利润和利税分别增长 21.8%、52.3% 和 22.7%,比规模以上工业增速分别高 4.3.20.2 和 6.4 个百分点,拉动全省工业产出和效益增长 10.3 和 36.5 个百分点。工业大户在全省工业经济发展中起了先导作用,是支撑全省工业稳定快速增长的重要力量。

经济类型呈多元化分布格局,引导工业结构调整和体制改革。 近年来,随着社会主义市场经济的逐步建立,工业大户在经济类型上的分布上呈现以公有制为主体多种经济成份并举和内外资多元化发展的新特征。国有企业仍占主导地位,拥有工业大户最多,为 16 家,资产总额为 671.55 亿元,占工业大户的比重为 75.5%,实现销售收入 396.76 亿元,占 72.9%,创利税 52.85 亿元,占 74.6%。股份制企业后来居上,拥有工业大户 3 家,资产总额为 33.02 亿元,占工业大户的比重为 3.7%,实现销售收入 28.52 亿元,占 5.2%,创利税 3.95 亿元,占 5.6%。其他有限责任公司 2 家,资产总额为 120.63 亿元,占工业大户的比重为 13.6%,实现销售收入 62.86 亿元,占 11.6%,创利税 5.89 亿元,占 8.3%。外资企业 1 家,资产总额为 64.39 亿元,占全部工业大户的比重为 7.2%,实现销售收入 55.99 亿元,占 10.3 %,创利税 8.13 亿元.,占 11.5 %。

以国有企业改革为中心的体制改革取得进展，从资本金构成看，国有企业大部分已整体或部分改制为股份制公司和多元投资有限公司。其中工业大户无疑对经济体制改革起到了“加速器”和“稳定器”的作用。

六大支柱行业较为集中，在同行业中占绝对优势。从行业分布看，工业大户主要分布于电力蒸汽热水的生产和供应业（4家），拥有资产总额292.90亿元，占规模以上工业本行业资产总额的70.6%；实现销售收入89.86亿元，占本行业销售收入的70.8%；创利税9.50亿元，占本行业利税的77.6%。黑色金属冶炼及压延加工业（4家），拥有资产总额137.57亿元，实现销售收入116.75亿元，创利税12.03亿元，分别占本行业的97.8%、95.2%和97.4%。交通运输设备制造业（3家），拥有资产总额167.67亿元，；实现销售收入115.68亿元，创利税12.39亿元，分别占本行业的77.5%、82.8%和96.4%。烟草加工业（3家），拥有资产总额31.05亿元，实现销售收入38.24亿元，创利税21.4亿元，分别占本行业的90.2%、93.2%和95.8%。石油加工及炼焦业（2家），拥有资产总额54.61亿元，实现销售收入67.87亿元，创利税5.82亿元，分别占本行业的97.9%、96.8%和98.1%。有色金属冶炼及压延加工业（1家），其资产总额、销售收入和利税分别占本行业的74.2%、65.0%和75.7%。这六大行业也是我省工业的支柱行业。工业大户则是工业产业结构调整的中坚力量。

区域分布梯度分明，省会中心城市优势明显。从地区分布看，我省的工业大户发展状况地区性悬殊较大，以省会南昌市为中心，赣北、赣中和赣南呈现出明显的梯级分布。赣北地区有16家，占全省工业大户数的72.7%，实现销售收入和利税分别为429.60亿元和57.01亿元，占全省工业大户销售收入和利税的79.0%和80.5%，占本地区规模以上工业销售收入和利税的63.9%和86.8%。赣中地区有5家，占22.7%，实现销售收入和利税分别为108.51亿元和11.92亿元，占全省工业大户销售收入和利税的19.9%和16.8%，占本地区规模以上工业销售收入和利税的44.8%和56.3%。赣南地区仅1家。从数量上看，全省十一个设区市中，工业大户最多的为南昌市（9家），其次是景德镇（3家），而抚州市目前在工业大户方面尚为空白。毫无疑问，大企业、大集团是发展区域经济、树立江西工业形象的重要代表。

企业亏损率低于规模以上工业。在22家工业大户中，共有亏损企业2家，亏损面为9.1%，大大低于规模以上工业30.9%的亏损面。从亏损总额看，工业大户中亏损企业亏损额为2.39亿元，仅占全部工业亏损企业亏损额的14.6%，分布在石油加工业和电力工业。

值得注意的是，目前全省的特大型销售大户尚为数廖廖，有核心竞争力的大企业、大集团还很稀缺，如全省尚无年销售收入100亿元以上的工业企业，年销售收入在50亿元以上的企业也仅有5家，而中部省份安徽、湖北、湖南、河南、山西已分别有1—2家企业跨入了销售收入百亿元以上的行列。可见，在发展规模经济和做大做强方面，尚需付出艰辛的努力。

工业化进程的“领头羊”，工业崛起的“支撑点”。江西的振兴和崛起，很大程度上靠大企业、大集团的崛起。大企业、大集团在结构调整和行业集中度提高、工业综合竞争能力提高具有特殊作用。在加入WTO世界经济日趋一体化和市场经济日趋完善的形势下，在工业化进程中，我们迫切需要一批有核心竞争力、主业突出、素质高的大企业、大集团，构建和抢占新高地，在扶优扶强上下大力气。无论政府还是企业都要转变观念，创新工作思路和发展思路，要坚持市场原则，围绕“产品基础、企业主体”做大做强；坚持改革开放原则，通过外引内联、靠大靠强；坚持创新原则，发展思路、管理、体制、技术积极创新，与国际接轨。

（江西省统计局工交处）

江西省连锁商业发展现状及分析

徐宇林

［社会反响］该文获2003年度江西省统计分析研究中标课题三等奖，国家统计局贸易外经司年度统计分析评比二等奖。

［内容提要］自20世纪90年代以来，连锁商业在我省从无到有、从少到多、从小到大、逐步发展壮大起来。特别是近两年，在开拓市场、扩大销售、促进产销结合、规范流通秩序、满足消费需求、吸纳就业等方面，连锁商业发挥了重要作用，显示出强大的生命力及发展潜力。目前，我省处于国民经济和社会发展的重要时期，分析研究我省连锁商业发展状况，对于推进我省连锁商业的发展，改善流通结构，进一步提高流通产业的组织化程度和现代化水平，具有重要的作用和意义。

［关键词］连锁商业　流通产业　消费

自20世纪90年代以来，连锁商业在我省从无到有、从少到多、从小到大，逐步发展壮大起来。特别是近两年，在开拓市场、扩大销售、促进产销结合、规范流通秩序、满足消费需求、吸纳就业等方面，连锁商业发挥了重要作用，显示出强大的生命力和发展潜力。目前，我省处于国民经济和社会发展的重要时期，分析研究我省连锁商业发展状况，对于推进我省连锁商业的发展，改善流通结构，进一步提高流通产业的组织化程度和现代化水平，具有重要的作用和意义。

一、我省连锁商业发展现状及主要特点

市场经济的快速发展，使流通领域呈现出前所未有的新格局、新特点，原有的商业经营机制受到挑战和冲击。80年代末至90年代初国内市场疲软，销售不畅，商业企业为了生存发展，借鉴国外规模效益的经验，开始自发探索连锁经营的方式。1993年国家正式提出要把发展连锁经营作为带有方向性的一项流通体制改革进行实施。市场发展的必然与政府的强力推动使我省连锁商业逐步走到现在并形成以下主要特点：

（一）连锁经营规模扩大

到今年上半年止，全省限额以上连锁零售、餐饮企业（以下简称限额以上连锁商业企业）19家，拥有门店总数1099家（包括外埠），其中直营店1026家，加盟店73家，门店数分别比2002年底增加124家、55家、69家；从业人数13106人，同比增长11.9%；营业面积由2002年底的27万平方米增加至32.6万平方米；零售额实现98522万元，占限额以上批发零售贸易、餐饮业零售额的12.7%，比上年同期增长23.2%。

（二）省会南昌发展快于其他地区

南昌作为我省省会，得天独厚的环境优势和经济优势，使连锁商业发展速度、规模和水平要明显高于其它地区。今年上半年止，全省19家限额以上连锁商业企业，南昌市就占有15家，占全省限额以上连锁商业企业的78.9%，连锁门店数1074个，占97.7%，零售额97495.2万元，占98.9%，成为我省连锁商业发展最快的地区。

（三）连锁经营业态以超级市场、专业店为主

目前，满足人们日常生活需要、营业面积较大的超级市场和商品结构专业性较强、主营商品占经营品种90%以上的专业店成为连锁商业中的主体业态。今年上半年止，19家限额以上连锁商业企业中有8家超市，6家专业店，两者加起来的比重约占80%，成为市场中的主体业态。此外餐饮连锁发展近两年也非常迅速，19家限额以上连锁商业企业中餐饮占有4家，而专卖店在我省限额以上连锁商业企业中只有1家。

（四）市场经营主体多元化

市场经济的发展，要求多种所有制经济成份共同参与，在流通领域亦是如此。从经济类型上看，我省连锁商业企业从发展初期的以国有控股、集体零售企业为主，发展成为国有、集体、私营、股份制、外商投资、港澳台投资等多种经济共同参与发展的多元化格局。全省19家限额以上连锁商业企业中除了5家是国有及国有控股企业，其他均为非国有经济形式，非公有制企业成为市场中新的活力元素。

（五）部分企业渐趋规模，成为市场龙头

面对市场机遇，我省部分连锁商业企业结合自身特点，采取适合本企业连锁经营的方式，走出一条个性化发展的道路，并成为江西市场连锁经营的龙

头。江西黄庆仁栈华氏大药房是我省连锁经营试点较早的国有控股企业江西省医药集团公司和上海市医药股份有限公司联合注册成立的江西南华医药有限公司的子公司，是全国最早实现跨地区连锁经营的“千锁店”，到今年上半年止，它已有926家连锁直营门店，分布在全省88个市、县，是我国目前为止最大的医药零售连锁企业之一。江西煌上煌烤卤有限公司是一家经营“煌上煌”牌烤卤食品专卖的民营企业，它从最初的一家民间作坊，经过艰苦地奋斗，通过直营、联营、并购、加盟等连锁经 营方式，发展成为目前我省最大的连锁食品专卖店，到今年上半年止，它已有连锁门店81家。

（六）特许经营成为连锁经营方式的新生力量

随着直营连锁方式管理的日益规范和成熟，特许经营开始发展。走在城市的街头，随处可见“佐丹努”、“康威”、“李宁”等特许加盟店。与直营连锁不同，特许连锁必须有核心母体企业，母体企业以合同方式将商标、商号、专利技术或产品及一整套经营管理模式特许给加盟企业使用，并收取加盟费。这种新的连锁经营方式以其网络扩张迅速；市场占有率提高快；管理统一便捷；物流、资金流配置科学等特点成为市场连锁经营的生力军。

二、我省连锁商业发展的主要问题及分析

近几年，我省连锁商业企业在省内各级政府的支持和全省经济环境不断改善的前提下，充分发挥自身优势，改革创新，将我省连锁商业的发展向前推进了一大步，但发展中的问题、滞障仍有不少，突出表现在两个方面：一是企业经营规模小。到今年上半年，全省限额以上连锁商业企业平均拥有店铺数量57个，扣除“黄庆仁栈”926个门店，其他企业平均拥有店铺数量不足10个，零售额占限额以上批发零售贸易和餐饮业零售总额的比重仅为12.7%，根据国内外经验，一个连锁企业通常要发展到14家门店（平均每个门店营业面积400平方米左右）以上才能发挥规模优势，才能有投入产出效益，目前，我省连锁商业企业的规模效益尚未充分发挥。二是企业规范化水平低，现代化管理落后。目前，我省连锁商业企业统一采购、统一配送比重不高，采购、配送还停留于连锁经营初期的发展水平，有的甚至只是将原有的仓库更个名便充作自己的配送中心，大多数连锁企业还没有形成一个完善的、规范化运作的经营管理体制，信息系统建设滞后，管理的科技含量较低。此外，在零售、餐饮领域，长期以来从业人员素质相对较低，同其他行业相比，企业管理人员中大学毕业生比例一直不高，企业的服务意识和服务水平缺乏现代化的管理机制协调，这些都制约了连锁企业的发展。造成上述问题的原因，除了企业经营管理理念落后，缺乏规范化管理制度外，另外的一个影响因素是现行行政管理体制制约了连锁商业跨地区和跨行业发展，影响了连锁商业规模的扩大。这些问题需要在今后的发展过程中逐步加以解决。

中国加入WTO后，零售业作为市场化程度及开放程度最高的行业之一，必将在新世纪书写新的一页，连锁经营作为目前世界流通业先进的经营方式和组织形式，必将在流通领域扮演更为重要的角色。因此，我省商业企业如何加快发展，适应市场变化，在激烈的市场竞争中占据一席之地，已成当务之急。为此，我省商业及有关部门应从以下几个方面采取措施，积极推动我省连锁商业的进一步发展。

（一）以点带面推动连锁商业在我省其他地区纵深发展

南昌作为目前我省连锁商业发展最为活跃的地区，应积极鼓励有条件的连锁企业，利用成熟的经营管理技术和市场拓展经验，积极向我省其他地区延伸，通过兼并、联合、重组、参股控股或通过输出商标、商号和经营管理技术等方式大力发展特许经营，整合社会商业和服务业资源，把我省其他地区的企业纳入现有的连锁企业体系，减少过度竞争和资源浪费，带动这部分地区连锁商业的发展。

（二）多途径发展连锁商业

进一步加强原国有副食品公司、百货公司、粮油公司等商业化改造，通过股份合作制、承包、租赁、出售等多种方式的改革，进一步“放开搞活”，并通过发展特许经营、自由连锁等方式，加盟大型连锁企业集团，提高在社区商业竞争中的能力；对于目前运作良好的大型零售企业，实行规范的公司制改造，完善法人治理结构，建立现代企业制度，增强企业创新能力，各级政府及部门对其改革进程应给予积极引导和扶持；扩大对外开放，积极引进省外投资和外商投资，通过合资、合作等形式，在引进资金、引进先进管理经验的同时，进一步繁荣我省零售市场；鼓励多方投资主体兴办连锁企业；总之，为促进我省连锁商业的发展，应广开渠道，积极掌握信息流、资金流，多途径发展连锁经营。

（三）继续扩大连锁商业的行业范围。

目前，我省连锁商业的发展主要局限于日用百货、家用电器、服装、食品等生活消费品行业。新世纪，针对大流通、大市场概念的提出，连锁经营应进一步拓展行业范围。一是在石化、烟草、图书报刊、医药、电信等行业中，推行商品或服务的连锁商业；二是在软件开发、汽车销售、商品租赁、房地产中介、教育培训、旅游等新兴服务业中发展连锁商业；三是鼓励工业生产企业利用、整合自己的销售渠道、经营网点或与流通企业联合，发展连锁商业；四是加快餐饮业特别是中式快餐连锁店的发展，提高传统产业的整体水平。

（四）加强规划，促进业态结构的合理化和多样化。

本着“为民、便民、利民”的宗旨，继续坚持以中等收入的工薪阶层为主体顾客，以满足人民群众基本生活需求为经营目标，以大众化生活用品和“菜篮子”食品为主体商品，积极推进与人民生活密切相关的食品超市的发展，努力提高生鲜食品经营比重；要努力发展具有综合化服务功能的便利店，积极探索便利店在我省不同地区的经营发展模式；在做好规划的基础上，合理发展符合我省省情的现代大型综合超市；大力发展有特色的专业店和专卖店；推进传统百货店利用连锁商业组织形式进行改造和功能创新；有计划地控制大卖场和仓储式商店的盲目发展，在城市商业规划中依据国家有关规定对这些业态发展的地域、面积和数量进行有效控制。

（五）加强物流配送中心的建设和管理

目前，我省连锁企业的配送仍然停留在“大而全”、“小而全”的计划经济时期的经营组织方式，物流活动主要依靠企业内部组织的自我服务完成。这种自有物流形式，效率低、成本大，特别是在跨地区的连锁企业因配送成本高造成配送比例低，从而降低了连锁经营的规范化。因此，连锁企业要重视配送中心建设，根据企业的经营状况合理确定配送中心规模，提供安全可靠、高效率的配送体系。积极发展社会化的第三方物流配送中心，充分利用和整合现有物流资源，通过资产联合、重组和专业化改造等途径，打破行业界限和地区封锁，满足各类连锁企业的需要，形成社会化的高效运转的配送网络。

（六）进一步提高连锁企业的经营管理水平。

目前，我省规模较大的连锁商业企业以在原国有企业基础上改制的股份制企业居多，其次是民营企业。在企业现代化管理制度上，相对落后。因此，连锁企业应深入开展连锁商业管理理论和现代营销技术的研究，推广先进的经营理念、营销技术和管理方法；提高企业内部现代化管理水平，在完善企业时点销售系统（POS）、管理信息系统（MIS）的基础上，开发和应用客户关系管理、供应链管理、财务核算管理系统，加快连锁企业的信息化建设；按照连锁商业标准化、专业化的要求，逐步建立完善的经营管理体系和作业标准，加强对企业经济活动的计划与成本控制，不断提高管理水平和经济效益。

（江西省统计局贸易外经处）

江西非公有制经济发展现状和对策探析

张家玉 周红

[社会反响] 该文获2003年度江西省优秀统计分析文章三等奖,《江西政报》、《江西日报》全文刊登,国家统计信息网全文登载。

[内容提要] 本文通过对江西省非公有经济的演变过程以及与周边经济发达省市比较研究,分析江西省非公有经济发展的有利条件和不利因素,为进一步发展非公有经济提出了有益的思路和对策。

[关键词] 非公有制 国民经济 经济增长

改革开放以来,我国经济取得了举世瞩目的成就,尤其引人注目的是沿海地区经济取得突飞猛进的发展,其重要原因是非公有制经济的快速发展,对整个国民经济增长起到重要的拉动作用,显示出强大的生命力,成为经济增长新的亮点和生力军。和全国一样,随着各项改革的深入,我省非公有制经济的发展步伐进一步加快,所有制结构发生深刻变化,在公有制经济不断增强的同时,非公有制经济在促进经济增长、拉动社会投资、解决就业、增加税收、提高城乡居民收入等方面均显示出积极的作用,成为推动江西经济快速发展的重要力量。但与全国特别是与沿海发达省份相比,江西经济在所有制结构上还存在一定的差距。突出表现在江西非公有经济比重较低,国有经济比重过大,一定程度上制约江西经济快速发展。

非公有制经济具有较灵活的运行机制,是最容易进入竞争状态的经济形式。大力发展非公有制经济,是加快江西经济发展的必然选择,是实现江西在中部地区崛起目标的重要突破口。

一、江西所有制结构的演变特点

非公有制经济包括私营经济、个体经济、其他经济和混合所有制经济中的私营和个体成分。经过多年的改革与发展,江西所有制结构有所改善,公有制经济在国民经济中的比重有所下降,非公有制经济比重迅速上升,形成了"以公有制为主体,多种经济成分共同发展"的新格局,总体呈现以下特点:

(一)公有制经济在国民经济中的比重逐渐下降,但仍居主体地位;非公有制经济快速发展,是经济发展中充满生机和活力的重要力量。

据测算,2002年,我省国内生产总值2450.48亿元中,公有制经济实现增加值1576.66亿元,占64.3%,与1978年相比,公有制经济在国民经济中的比重下降了35.6个百分点,但仍保持其主体地位。

纵观江西非公有制经济,其发展具有起步晚、规模小、早期发展速度缓慢等特点。1978年非公有制经济增加值只占GDP的0.1%,1995年上升到11.8%,17年江西非公有制比重只上升了11.7个百分点,1997年非公有制比重为19.9%。党的十五大对所有制改革发展战略的重大调整,为非公有制经济的快速发展创造了良好的氛围,非公制经济迎来新的发展机遇。近些年来,非公有制经济在我省迅速发展,股份制经济、个体、私营经济及外资经济等非公有制经济不断发展壮大,到2002年,江西非公有制经济创造的增加值已占整个GDP的35.7%,5年上升了15.8个百分点。1997年至2002年,非公制经济的年均增长速度快于公有制经济18.1个百分点。非公有制经济已成为国民经济中不可忽视的重要力量,其发展前景充满生机和活力。(表1)

(二)三次产业中非公有制经济所占比重逐渐上升,并在一些主要行业中占据重要地位。

从所有制结构分析,江西三次产业中非公有制经济比重逐年上升。在产业结构分布上,由于非公有制经济只能在国有企业垄断以外的产业和部门存在和发展,从而决定了非公有制经济在三次产业分布上的差异。

1997年以前,我省非公有制经济主要分布在第二、三产业,1997年非公有制经济成份在三次产业中所占比重分别为16.5%、22.9%和19.8%。到2002年,三次产业非公有制经济比重分别为33.4%、36.8%、35.8%,比1997年分别上升16.9.13.9.16.0个百分点。其中,第一产业比重上升较快,创造增加值由1997年78.40亿元上升到178.79亿元,主要由于农业产业结构调整变化,牧业和渔业发展快,个体、私营成份增加,相比之下,国有经济、集体经济成份有所下降。第二产业由于长期以来我省工业的国有成份所占比重较大,导致第二产业公有制比重过高。主要进入第二产业的非公有制经济分布于传统制造业、建筑业等劳动密集型产业。在第三产业中，国有垄断性行业居多。如基础设施和基本产业部门中的铁路、民航、邮电通信、城市水电煤气等，国民经济的重要部门，如科研、教育、国防、金融保险及一些社会公益性行业主要分布在第三产业。

近几年来，非公有制经济在第三产业中发展较快，并在一些主要行业中占据重要地位，对江西经济增长和就业增加起到了重要作用。其主要集中在市场化程度较高的批发和零售贸易餐饮业、交通运输业、社会服务业、房地产业及其他服务业中。2002年全省批发和零售贸易餐饮业非公有制经济比重最高达50.3%，比1997年上升18.5个百分点，交通运输仓储及邮电通信业非公有制经济比重达39.5%，比1997年上升9.5个百分点，其他服务业尽管国有成份占比重大，但其非公有制经济所占比重也有显著提高，比1997年上升15.9个百分点，主要是房地产业及新型社会服务业比重上升较快。（表2）

（三）所有制结构日趋多元化，国民经济微观活力增强。

随着经济体制改革不断深入，国有资产管理体制改革的推进和国有企业改革的深化，许多国有中小企业（特别是县以下）相继退出或改制，集体企业比重也逐渐下降，而股份制、个私企业及外商、港澳台投资企业不断发展，形成了多种所有制形式共同发展的格局。

同时，伴随市场调节不断壮大，投资渠道、方式、领域不断放开，由单一经济成分经营的企业之间出现了一种相互竞争、相互联合、相互渗透的趋势，这种多种所有制经济并存的现实和资源配置优化要求的存在，决定了必然出现各方投入及其经营管理融为一体，根据投入比例分配权益和分担风险，资产所有权由单一变为多元的混合所有制形式，具体包括各种股份有限公司、股份合作企业、联营企业、中外合资、合作经营企业、企业集团以及各种经济联合体等，资本、劳动力等生产要素逐步向混合所有制经济聚集，不同产权相结合的混合制经济不断壮大，致使我省所有制结构日趋多元化。

当前我省非公制经济已涉足许多经济领域和社会生活的许多方面，已由过去主要从事商业、餐饮、运输等传统行业向农业、工业、建筑业、社会服务业等多种产业全面发展，特别是在第三产业，非公有制经济已延伸到中介、保险、信息、咨询、旅游、教育、医药等崭新的领域，成为经济发展的重要支撑力量。第二次基本单位普查资料显示，2001年，我省全部企业法人单位中，私营企业占36.5%，股份制企业占5.2%，外商投资企业及港澳台投资企业占1.5%；全省企业法人单位实收资本1810.81亿元，其中私营企业占10.3%，股份制企业占19.9%，外商投资企业及港澳台投资企业占8.4%。多种所有制形式的出现，不仅在数量结构上使我省经济的所有制格局多元化，更从制度属性上提高了我省所有制结构的市场化程度和经济活力。所有制结构多元化的逐渐形成，使得国民经济微观活力不断增强。

二、与中部五省及浙江、江苏所有制结构的比较差距

（一）所有制结构现状比较

1997年，江西公有制经济占国民经济的比重在中部地区最高，为80.1%，比最高的山西省还高4.6个百分点，比全国平均水平高4.3个百分点，比沿海发达地区浙江、江苏分别高出18.4.13.9个百分点。发展到2002年，江西公有制经济占国民经济比重有所下降，但在中部仍位居第二，比浙江、江苏分别高出19.1.11.3个百分点。

2002年，江西非公有制经济占国民民经济的比重在中部地区，比最高的湖南省低5.8个百分点，比山西、河南、湖北分别低3.1.4.9.1.3个百分点，仅比安徽高0.3个百分点，与浙江、江苏比，差距更大，分别低19.1.11.3个百分点。总体上看，江西非公有制经济占GDP比重近5年来有所提高，但与中部其他省份及沿海发达地区比，仍属发展滞后的省份。（表3）

（二）所有制经济内部结构分析

数据显示，江西的公有制比重高主要表现在国有经济比重过大。2002年中部六省中，规模以上国有控股工业增加值占规模以上工业增加值的比重江西为74.5%，比安徽、山西、河南、湖北、湖南分别高12.3.8.4.16.6.13.9.9.6个百分点。我们经常说江西经济落后的原因是工业的落后，由此可见，工业落后的一个重要原因是非公有制工业发展不充分。

2002年，江西规模以上私营工业企业增加值仅为35.11亿元，占规模以上工业企业增加值的9.7%，在中部地区排第四位，比山西、湖北、湖南分

别低 3.2.1.5.0.1 个百分点，比安徽、河南高 1.6.1.8 个百分点；规模以上股份制经济实现的工业增加值为 123.15 亿元，占规模以上工业企业增加值的比重为 33.9%，在中部地区仍然排在第四位，比安徽、山西、湖北分别低 10.4.8.0、5.3 个百分点，比河南、湖南高 3.6.6.0 个百分点；外商投资企业完成的增加值所占比重为 6.3%，在中部地区居第三位；港澳台商投资经济完成的增加值所占比重仅为 3.0%，在中部地区居第五位。从以上排位情况看，江西非公有制工业排位总的位置靠后，表明个体、私营、股份制经济在我省发展明显不足，对国民经济拉动力弱。

三、所有制结构差距的原因分析

江西的非公有制经济近几年比重虽有较大幅度上升，但与国家深化经济体制改革提出的所有制调整的目标相比，江西非公有制经济成分无论是在整体规模还是在社会贡献率上，都有较大的差距。分析其原因，主要是：

(一)非公有制经济总体水平低，产业档次有待升级换代。

我省非公有制经济普遍存在着“小、低、散”的特点。经营规模偏小，平均注册资本低，人员素质不高，产业没有形成链条，分布较散。据 2001 年第二次基本单位普查资料显示，江西非公有制经济企业法人单位数占江西企业法人总数的 45.3%，比公有制企业法人单位数的比重低 9.4 个百分点，仅占全国企业法人总数的 1.1%。其中，江西私营企业法人总数占江西企业法人总数的 36.5%，比全国平均水平低 7.2 个百分点，私营企业、外商投资企业、港澳台投资企业占企业法人总数的比重分别为 5.2%、0.4%和 1.1%，比全国平均水平低 4.7.1.5 和 1.6 个百分点。2001 年，江西个体工商户户均注册资金为 1.14 万元，全国为 1.41 万元，户均产值只有 1.58 万元，全国为 3 万元，私营企业户均注册资金比全国低 18 万元。

总的来说，我省非公有制经济中个体、私营经济规模小，产业优势特点不突出，正处于成长期。多数中小民间资本投入仍以粗放型为主，企业设备陈旧，技术落后，科技创新经费不足，设备购置比重较低。大部分产品以初级加工为主，科技含量普遍偏低，虽然项目不少，产品品种也不少，但名牌产品、拳头产品极少，产品市场占有率低，竞争力不强，企业抗风险能力差。企业管理制度不规范，家族式管理较普遍，管理者素质较低，缺乏科学的发展战略，盲目投资，随意决策。

(二)体制性弊端是制约非公有所制经济发展的主要因素。

首先，非公有制经济发展政策环境的局限性。主要体现在复杂繁琐的审批制度(包括重新登记、检查验收等各种制度)。从中央到地方政府，近年来都强调为非公有制经济发展创造平等的环境，但在许多具体问题上，如注册、征地、取得经营许可、进入新的行业、投资立项、兼并收购等，对非公有制经济的制约比对公有制经济的制约要大得多。

其次，非公有制经济投资领域范围的局限性。目前，国有经济、外资经济与个体私营经济在市场准入方面仍存在较大的政策差异，尽管有些产业领域国家没有明文规定不准个体、私营经济经营，但由于部门、行业和地区垄断经营的存在，个体、私营经济难以进入或充分进入，在电力、铁路、民航、环保等基础产业和基础设施领域，投资涉足最少，金融、旅游、文体、卫生等新型服务领域个体、私营投资进入困难，汽车等大型制造业领域个体、私营投资更难介入，个体、私营投资主要流向了劳动密集型与资源密集型的传统制造业领域，使得非公有制经济的产业发展空间受到一定的限制。

总体而言，与公有制经济相比，无论是在行业准入方面，还是资源获得方面，都受到程度不等的限制。虽然一些私营企业在税收、资源获得等方面被认为是得到了“超国民待遇”，但这种情况基本上只发生在少数实力较强的私营企业身上。

(三)非公有制经济中个体、私营企业直接和间接融资较困难

近几年来，我国资本市场发展较快，形成了股票、贷款、债券、基金、项目融资、财政支持六大融资方式，但这些融资渠道对个体私营经济开放度较低，特别是个体私营企业由于企业规模一般较小、实力较弱、历史不长，相对国有经济的融资机会少、规模小、比重低、品种少、成本高，远远满足不了个体、私营经济的需求。特别是在作为融资主渠道的银行贷款方面，普遍存在着贷款难、担保难等问题，投资扩张的后劲不足。

四、大力发展江西非公有制经济的思路与对策

总体上看，江西非公有制经济发展相对滞后，仍处于初级阶段。江西非公有制经济只占 GDP 的 30.0% 左右，但对江西来说，非公有制经济发展具有后发优势，具体表现在：一是优越的生态环境优势。优越的的生态环境为非公有制经济的发展提供了有利条件，可利用其发展有机农业、绿色食品和生态工业，开展农产品加工业及农业产业化经营。二是资源优势。食品、旅游、有色金属等资源丰富，对于第二、三产业发展具有明显优势。三是区位优势。江西地处珠江三角洲、长江三角洲、闽南三角洲的辐射交叉地带，承东接西。这种区位优势对江西承接这三个经济最发达地区的辐射，并为这三个经济发达地区配套服务提供了较好的地理条件。四是低成本优势。与沿海地区相比，江西不仅有劳动力成本低的优势，在土地、能源、原材料等方面的成本也低，有利于激发外商投资者的热情，对于引进外资具有巨大吸引力。

（一）进一步解放思想，更新观念，因势利导，为非公有制经济发展打开一条“绿色通道”

近两年来，我省非公有制经济的发展环境有了很大改善，省委、省政府出台了一系列政策措施，把发展个体、私营经济作为我省经济工作的战略重点，在全社会形成了一个关心支持非公有制经济发展的良好氛围。同时，要进一步解放思想，与时俱进，更新观念，不断优化政务环境，使私营企业家在思想上较早地实现从致富到创业的跨越。以活一片经济、富一方百姓，增强区域经济实力为目的，大力扶持个私经济。把企业按规模分为大企业、大集团和中小企业两类，分别制定相应措施来扶持。

努力营造多种经济成分公平竞争的市场环境，比如在市场准入等方面，进一步放宽从业限制和经营领域，首先必须保证与外商的同等待遇；在税收、工商管理等方面，应与其它经济成份一视同仁；在外贸政策方面，继续扩大非公有制经济的进出口权。为非公有制经济的发展，创造一个平等竞争的市场环境和宽松和谐的社会环境。使非公有制经济从小到大、从弱到强，实现了超常规的跨越式发展，成为促进全省国民经济发展和维护社会稳定的重要支撑力量。

（二）拓展非公有制经济的发展空间

当前，江西正处发展开放型经济的关键阶段，我们可以吸取江浙地区发展非公有制经济的实践经验，在非公有制经济的规模、水平、管理上下功夫，充分发挥江西的区位优势、比较优势和后发优势。充分利用“两种资源，两种市场”拓展江西非公有制经济在三次产业中的发展空间。

利用江西农业资源优势，培育壮大一批农业产业化基地，发展加工、流通型民营企业；立足本地资源，培育民营经济在高科技产业领域的生力军作用，如医药、生物技术新材料应用产品开发、有色稀土产品深度开发，软件产业及网络信息服务业等等；推进制造业领域的改革，重视发挥民营经济的活力，提高我省制造业的整体竞争力，鼓励民营企业加大技术改造投入，按照市场需求和科技进步的要求，积极采用新技术、新工艺、新装备，开发新产品，淘汰落后生产设备、工艺和已经没有销路、没有效益的落后产品，提高市场竞争力；拓展民营资本在服务业的投资，我国加入 WTO 后，服务业发展空间扩大，要把金融、保险、通讯、旅游、非义务教育、非基本医疗、文化娱乐和社区服务等新型服务业产业培育成民间投资新的投资热点和经济增长点。

进一步优化非公有制经济的区域布局，对南昌、赣州、上饶等民营经济发展较快的地区，充分利用当地资源，进一步扩大规模，提高经营水平，在机制体制创新上下功夫，促进产业产品升级，提高品牌效益、科技含量，做大做强。对于民营经济发展慢的地区，进一步积极扶持，鼓励和引导民营资本进入，通过股份、联营等方式吸引大量资金，扶持发展非公有制经济。科学规划好民间投资的载体建设，发挥高新区、开发区、工业园区的群体优势和集聚效益，抓好民营经济园区建设。

（三）加快国有企业战略性重组，推进混合所有制经济的发展。

从经济发达地区走过的路子可以看出，今后国家直接对企业的投资特别是对中小型国有企业的投资将逐步减少，广大中小型国有企业要想扩大规模、提高效益，就必须在寻求吸纳民间资本和外来资本上找出路，这在客观上将使众多国有企业改革逐步向混合所有制形式推进。

加快国有企业战略性重组，推进国有资产从一般竞争性领域逐步退出，转向先导性、基础性、公益性领域，带动更多社会资本在这些领域的集聚，更好地发挥国有经济的主导作用；加快国有企业的投资主体多元化调整，进行股份制改造，拓展混合所有制经济在金融、基础设施及公用事业等领域的发展。

（四）拓宽融资渠道，解除非公有制经济在发展资金上的掣肘；

首先，要完善金融服务体制，完善中小型企业金融服务体制。银行要改革信贷管理体制，适当下放贷款审批权限，减少审批环节，缩短审批时间，加快贷款审批和发放。加大对民营经济的信贷支持力度，允许符合条件的非公有制企业通过股票和债券融资。同时，拓宽非公有制企业的证券票据融资、商业票据融资、项目融资、股权融资等渠道。发展多层次信贷与担保体系，发挥城市合作银行、农村信用合作社及民营性质的银行等金融服务潜力；鼓励政府、国企、外资、民营、个人多元股权投资主体的参与，建立以企业为主体的风险投资运行机制，支持中小企业的发展。

其次，继续提高工业园区招商引资水平，并同时防止重"外"轻"内"，在吸引省外、境外资金的同时，重视挖掘当地资金潜力。充分启动民间投资，2002年末全省城乡居民储蓄存款余额达1706.63亿元，全省金融机构存贷差达到576.61亿元，说明启动民间投资具有相当潜力。

（江西省统计局国民经济核算处）

表1：主要年份所有制经济结构

单位：亿元、%

	1978年		1995年		1997年		2002年	
	增加值	比重	增加值	比重	增加值	比重	增加值	比重
GDP	87.00	100.0	1 169.73	100.0	1 605.77	100.0	2 450.48	100.0
公有制	86.92	99.9	1 032.1	88.2	1 286.46	80.1	1 576.66	64.3
非公有制	0.08	0.1	137.63	11.8	319.31	19.9	873.82	35.7

表2：江西按所有制划分的经济结构

单位：亿元%

	公有制				非公有制			
	1997年		2002年		1997年		2002年	
	增加值	比重	增加值	比重	增加值	比重	增加值	比重
GDP	1 286.46	80.1	1 576.66	64.3	319.31	19.9	873.82	35.7
第一产业	396.78	83.5	357.19	66.6	78.40	16.5	178.79	33.4
第二产业	423.15	77.1	601.28	63.2	125.69	22.9	350.49	36.8
工业	343.72	78.3	434.23	62.6	95.26	21.7	258.95	37.4
建筑业	79.43	72.3	167.05	64.6	30.43	27.7	91.54	35.4
第三产业	466.53	80.2	618.19	64.2	115.22	19.8	344.54	35.8
交通运输仓储及邮电通信业	80.79	70.0	147.38	60.5	34.62	30.0	96.23	39.5
批发和零售贸易餐饮业	85.06	68.2	106.43	49.7	39.60	31.8	107.76	50.3
其他服务业	300.68	88.0	364.38	72.1	41.00	12.0	140.55	27.9

表3：　江西与中部其他省份所有制结构的比较

单位:%

	1997年						2002年					
	江西	山西	河南	安徽	湖北	湖南	江西	山西	河南	安徽	湖北	湖南
GDP	100.0	100.0	100.0			100.0	100.0	100.0	100.0	100.0	100.0	100.0
公有制	80.1	75.5	75.0			67.8	64.3	61.2	59.4	64.6	63.0	58.5
非公有制	19.9	24.5	25.0			32.2	35.7	38.8	40.6	35.4	37.0	41.5

国有企业在社会保障制度建设中的现实责任与目标选择

游会龙　邵华　刘凡　廖超群

[社会反响] 该文获2003年度全国企调系统优秀分析报告一等奖；江西省统计科研与统计分析课题二等奖。

[内容提要] 本文在分析国有企业参与社会保障制度建设现状的基础上，明晰政府和企业的责任，为社会保障建设从企业本位向社会本位的转换寻找现实途径。

[关键词] 国有企业　政府　社会保障

一、引言

近年来，我国在社会保障制度领域取得突破性进展，形成了养老保险、下岗职工基本生活保障和城市居民最低生活保障三条保障线，对于保障国有企业职工以及广大劳动者的基本生活，保障经济体制改革的顺利进行，维护社会稳定起到了重要作用。依据公共经济学原理，社会保障是公认的公共产品，为社会成员提供社会保障最终是政府的责任，而目前我国的社会保障体系主要服务于国有企业，国有企业负有艰巨的现实责任。社会保障体系这一庞大的社会系统工程，需要企业、政府和社会各方的积极参与和配合，如何做好社会保障从企业本位向社会本位的转换，进一步明确政府和企业的责任范围，从而使国有企业轻装上阵，成为当前加快社会保障制度建设和深化国有企业改革的重要课题。本文拟在分析国有企业参与社会保障制度建设现状的基础上，寻找较佳的建设目标与途径。

二、基本理论

（一）、社会保障的内涵与外延

所谓社会保障是国家依据一定的法律和法规，采取强制手段对国民收入进行再分配，建立防范国民经济风险，即在劳动者或社会成员因年老、疾病、伤残、失业及遭受其它困难和灾害时，保障他们及其家庭的基本生活需要的社会行为、机制和制度的总称。社会保障的主要目的在于保障社会安全，调动劳动者积极性，促进国民经济可持续发展，其重要作用表现在维护社会稳定、保持社会公正、促进社会进步等方面。社会保障体系包括社会保险、社会救济、社会福利、优抚安置和社会互助等内容，各项内容的保障条件、范围、目标、水平各不相同，从在公共政策选择的角度上看，有轻重缓急的区分，应与一国或地区的生产力发展水平相适应。

社会保险是社会保障的主体，是在劳动者及其亲属因劳动者年老、疾病、工伤、失业、生育等风险引起经济损失时，给予参保人及其受益人的经济补偿和帮助。社会保险是维持参保群体基本生活需求的保障制度。按保障层次划分，它是保障参保群体的温饱线。社会保险主要包括以下五项内容：一是养老保险，即劳动者因年老丧失劳动能力时，在养老期间发给生活费，并在生活方面给以照顾；二是失业保险，即劳动者在失业期间的生活费、医疗费的给付以及转业培训、生产自救及职业介绍等保障措施；三是工伤保险，即劳动者因工负伤，暂时或永久丧失劳动能力后的工资收入补偿，也包括对因工负伤劳动者的医疗护理和生活照顾措施。四是医疗保险，即劳动者患病期间在医疗、护理方面得到的保障措施；五是生育保险，即女职工在生育期间的收入补助和保障措施。

社会救济是对社会贫困人口和临时遇到困难人口等特殊困难群体提供物质支持和扶助，以保障生存水平为目标的最低生活保障制度，属于保障困难群体的生存的保障层次。

社会福利是是为全社会成员提供生活和服务保障，不断改善和提高人民物质和精神生活水平的保障制度。社会福利可分为国家福利、地方福利、单位福利、社区福利和社团福利等，涉及教育、住房、公共卫生、环境、文体娱乐等诸多方面，属于保障社会成员享受的保障层次。

完善的社会保障机制能够使广大劳动者得到或预期能得到稳定的经济保障，使企业获得稳定的劳工队伍，使政府得以在一个稳定的社会基础上运行。而个人、企业和政府在享有完善的社会保障机制带来的种种优越性的同时，各有其应承担的社会保障责任。企业在社会保障体系中主要涉及的是社会保险和社会福利，其中又以社会保险为主，本文所讨论的主要是企业尤其是国有企业在社会保险中扮演的角色与目标。

（二）、政府、企业和社会保障

政府、企业都要为社会保障承担责任，但各自管理的范畴、服务的程度和发展的空间不同，相互难以替代，需要把握好它们的内涵和外延。政府的职责主要是针对社会保障体制的建章立制、政策扶持、部分出资、管理监督以及公共服务。社会保险、社会救济、社会福利同是社会保障体系中的一部分，但处于不同的保障层次。社会救济与社会福利，都是均为纳税人对社会的贡献，但从个人角度看，其权利与义务是不对等的，享受社会救济有限制条件，而社会成员可以同等享受社会福利，是根据社会经济发展水平和社会成员的需求而定的，除了政府之外，也提倡和鼓励社会参与。社会保险是政府带有强制性的行为，以权利与义务对等为原则，对参保人进行保险。缴费标准应根据缴费单位和个人的承受力来定，各地政府可按照中央政府制定的参保下限，根据实际情况确定标准，企业在社会保险中扮演行为主体的角色，承担着缴纳保费、人员管理等具体的责任。

三、国有企业的现实责任和面临的困境

（一）现实责任

由于目前我国的社会保障体系主要服务于国有企业，虽然有来自政府的多方支持和名义上由职工承担的个人义务，但具体的缴费和管理等主要责任仍然由大部分国有企业承担。

1. 缴费责任

按照1997年国务院《关于建立统一的企业职工基本养老保险制度的决定》，企业缴纳基本养老保险费为企业工资总额的20%（含缴纳社会统筹基金和划入职工个人账户部分）。企业为职工缴纳的医疗保险基金占工资总额的8%—10%，如果加上企业负担的失业保险费，三项合计占到工资总额的40%左右，如果再加上工伤、生育等保险费，国有企业承担的缴纳职工的各项保险金的比例超过40%。按照有关规定，职工个人应当缴纳的社会保险费，也由所在单位从其工资中代扣代缴。

2. 管理责任

多年计划体制的积淀，以及人员档案等信息不全，使得政府尚不能完全具备管理社会保障体系的技巧和能力，还有相当多的国有企业仍承担着保存职工社保缴费记录、决定社保费水平以及退休或提前退休的条件、甚至发放养老金等具体的管理责任。2003年9月劳动保障部发布的资料显示，目前全国企业退休人员社会化管理率（即实行社会化管理人数占企业退休人员总数的比率）为61.7%，其中上海市最高达95.7%，低于50%的有11个地区，其中又以广东、海南、西藏等地较低。

（二）面临的困境

1. **现行社会保障基金支付能力不足。**随着人口老龄化进程加快，以及产业结构调整，离退休人员和城镇登记失业与下岗职工数量剧增，全国职工福利保险费总额剧增，2001年达到4000亿元，与1990年的938亿元相比，年均增长17%，增速远大于同期经济增长率。不论采取现收现付制，还是部分积累制，都难以维继，财政拨款的救急措施频繁采用。1999年财政部拨付180多亿元，帮助21个市支付养老金，2000年则增拨至340亿元，对25个市进行扶持，占当年养老金总支出的17%。随着退休人员的增加，财政将面临更大的压力。

2. **企业负担重。**在计划经济条件下，社会保障以企业为单位进行，企业办社会的现象普遍存在，职工的养老保险、工伤保险、医疗保险、职工的各项福利都由企业承担，企业还要办幼儿园、学校、食堂等等。许多本应由社会负担的一些项目转嫁到企业去，加重了企业尤其是国有企业的负担。改革开放后，这种状况不利于国有企业改革，不利于不同所有制的企业在同一起跑线上进行竞争，也不利于职工在不同所有制企业之间的流动。尽管国家进行了一些改革，社会保障的社会化有了一定的进展，但很多保险项目仍然要靠企业管理。财政负担和企业负担在加大，难以实现企业的公平竞争和劳动力的自由流动。

3. **现行社会保障制度存在非公平性。**社会保障资金的征收，从世界各国的实践看，主要是国家立法，强制执行。由于有国家立法作保证，只要征收标准合理，社会保障资金的征收应该不成问题。但由于我国缺乏完备严格的法律保证，加上国有企业大面积亏损，国家财政背上了沉重的包袱，各企业之间负担轻重不一，苦乐不均，无法体现公平与效率的关系。个别企业采取种种手段逃避缴纳社保费用，如大量使用不缴保险费的外来工、临时工、试用工，或只为部分职工缴费等等，一些效益好企业也不愿意缴纳社会保险金，社会保障覆盖面较窄，企业差别和地区差别致使统筹难以实现。使基金的征收工作十分困难。企业和地区的“贫富”不均，给社会统筹带来了较大的难度。

4. **社会保障立法滞后，缺乏权威性和可操作性。**但从当前经济发展的需要看，社会保障法律化程度较低，尚不能提供充分、有效的法律支持，主要表现在以下三个方面：一是没有建立起统一的、适用范围比较大的社会保险法律制度，导致社会保障的覆盖面小，保障程度低；二是现有的社会保障法律法规缺乏较高的法律效力和必要的法律责任制度；三是社会保障的法律实施机制不健全，社会保障监督机构缺乏对欠缴社会保险费或拖欠离退休人员、失业人员保险金等行为的法律制裁措施。

5. **基金使用和管理问题困扰政府和企业。**目前维持较高的养老保险缴费率，仍收不抵支，年度财政赤字增长，养老保险基金个人账户"空帐"运行，"部分积累"没有实现。现存入银行与购买国债的社会保险基金回报率很低，保值增值困难。如果投资回报率长期低于工资增长率和通货膨胀率，保险基金积累将无法保值。失业保险的低费率难以满足失业保障需求，提高费率的途径不现实，企业和个人都难以承受。"十五"期间就业压力继续加大，为了缓解就业，采取提前退休措施，形成寅吃卯粮。据劳动保障部对10城市1997－2000年提前退休人员的典型调查，提前退休人员占当期退休人员的比重达29%，进一步加大了基金支付的压力。

6. **分散管理体制，协调难度大。**如社会保险管理业务实行部门管理为主，是一种分散的管理体制。从1984年起，我国在全民、大集体企业开始逐步恢复养老保险社会统筹。全民企业养老保险由劳动部门经办，集体企业养老保险由保险公司负责。90年代初出台的一系列文件，又规定城镇企业职工的养老保险，除煤炭、电力、银行、邮电、铁路等11个部门进行行业统筹、行业管理外，逐步由劳动部门进行统筹和管理。同时，又把劳动部门管理的自收自支单位职工和相关事业单位合同制工人的养老保险，以及机关事业单位公务员的养老保险划归人事部门管理。另外，民政部门还开展了农村养老保险的试点等等。这种管理模式导致各个部门对社会保险项目分而治之，直接的结果一是政出多门，标准不一；二是管理分散，机构重叠，成本上升、浪费严重；三是社会保险行政管理与基金管理"政事合一"，没有有效的外部监督，出现挪用、挤占、浪费基金的严重现象；三是部门利益使决策和管理互相掣肘，影响工作效率。

四、路径选择

随着市场经济的深入发展，生产方式发生着巨大变化，劳动力在地区间的流动日益加快，个人与企业、企业与国家的关系时刻发生着变化，重新认识和规范社会保障制度的作用成为个人、企业和政府的迫切需要。

（一）、现阶段政策取向

目前，有关政策的取向主要是继续完善社保体系，近期，国家劳动和社会保障部表示，政府将从六个方面继续完善社会保障体系建设。这六个方面是：1. 所有大中城市和有条件的小城市，市、区和街道社区都要建立公共职介机构。同时，要在全国100个大城市逐步通过网络实现就业信息的互联互通。2. 各地要降低门槛，简化手续，进一步明确和细化扶持下岗失业人员的优惠政策；3. 各地将出台再就业培训的经费补贴办法，为下岗失业人员提供免费再就业培训。在有条件的城市，还将建立国家创业示范基地，帮助创办小企业的下岗失业人员成功创业。4. 进一步加强失业保险工作。对于享受失业保险待遇期满而未再就业的人员，符合条件的要纳入城市低保。5. 以个体工商户和灵活就业人员为重点，鼓励他们参加社会保险。6. 国有企业下岗失业人员以临时性、季节性等灵活方式实现再就业之后，要采取措施帮助他们参加基本医疗保险。

而面对人口趋于老龄化和产业趋于小型化的长远发展趋势，应考虑深入的制度改革。首先，可以考虑提高门槛，严格规定有关享受社保的人员资格，从源头上控制总量；其次，将社会保障与就业培训结合起来，促进劳动者就业，降低对社会保障的依赖；再者，扩大统筹的地理和人员范围，在促进人员自由合理流动的同时，提高社会保障体系的抗风险能力。

（二）未来的路径选择

社会保障应是坚持低门槛、易进入、可持续的原则，将资金保障和服务保障相结合。在社会保障机制中的行为主体因对象的不同而不同，如对"低保"，政府就承担着主要责任，而对于养老保险，无论是企业和个人都会主动采取各种手段和措施加以争取和保护，部分对人才素质要求高的企业还会为揽才和留才提供丰厚的养老待遇。因此，在今后的社会保障制度的建设中，需要进一步整合政府、企业和市场等各方力量。

1. 把握好就业与社会保障的关系。以促进就业扩大社会保障的覆盖面和减少对社会保障的依赖程度。社会保障同就业既对立又统一。首先,社会保障制度是为保障劳动力市场的正常、有序、合理运行而建立的,在提高就业的效率和质量方面作用巨大。完善有效的保障制度,不仅可以缓解就业矛盾对社会的压力,还能有效地解除劳动者疾病、工伤、失业等后顾之忧,能为促进劳动力的充分流动以分散和化解就业压力,特别是能有效地解决深化改革的过程中出现的摩擦性、结构性失业,为劳动者和厂商的充分选择和合理结合创造条件。社会保障不仅是劳动力市场的"减压阀",还可以成为"缓冲区",既帮助一时无法适应激烈竞争的劳动者暂时保护起来,并帮助他们学习和调整技能重回劳动力市场。其次,就业与社会保障对立之处在于:一是,从企业的追求利润最大化的角度看,社会保障直接提高了劳动力成本,从而加快资本和技术对劳动力的替代,进而可能抑制企业对劳动力的需求。如果地区之间社会保障成本差异较大,地区间的就业压力也会不同;二是,社会保障制度对失业者的生活救助,往往会导致失业者依赖救助,而不去积极地寻找工作。截至今年9月底,全国参加失业保险人数10189万人,比上年末增加7万人,而全国领取失业保险金人数达440万人,比去年同期增加40万人,增长10%,快于失业保险人数的增长速度。如何建立促进就业,减少对失业救济的依赖程度的机制值得深入探讨。

从目前的实际情况出发,合理运用好社会保障和就业促进政策必须确定好以下几个目标:

第一,合理社会保障水平的确定。社会保障发展的程度应当和经济发展水平相适应。虽然我国社会保障占GDP比例总体上并不很高,但是增长幅度很快。按目前我国的养老、医疗、失业三项社会保险费占到工资总额的30%以上,考虑到社会保障水平的刚性和其对于劳动力市场的巨大影响,要始终把低水平作为发展我国社会保障基本原则。

第二,社会保障范围的确定。必须认真区分社会保障体系长期建设目标和战略与当前社会保障面临的突出矛盾,合理控制社会保障范围,认真精算扩大社会保障覆盖面后的长期支付能力,如为了弥补由于养老金当期发放的缺口和解决结构调整过程中国有企业下岗职工的问题,把其他企业纳入社会保障以平衡支出,虽然近期能够增加社会保障基金收入,但从长远看将加重未来的基金负担。对于解决国有企业长期形成的历史问题,宜采取一定的财政补贴的办法解决,而不宜匆匆调整社会保障制度,社会保障制度要立足于长远战略设计。

第三,过渡性社会保障的严格界定。为解决我国经济结构调整和经济体制转型时期就业的特殊矛盾,可以建立过渡型的社会保障办法,但必须严格控制对象和时段,以免将过渡性政策长期化。当前,特别要防止把下岗职工生活保障政策长期化。对于国有企业改组、改制任务初步完成、市场机制相对发达的地区,应尽快把下岗职工基本生活保障并入失业保险,结束过渡型的保障办法。必须坚持下岗职工在中心协议期满出中心,从而转变生活保障方式。据劳动保障部提供的资料,截至2003年9月底,全国国有企业下岗职工310万人,比2002年底减少100万人,今年平均每个月减少下岗职工10万人。全国进入再就业服务中心的下岗职工人数为214万人,其中213万人签订了协议。北京、天津、辽宁、上海、浙江、福建和广东7个省市已没有下岗职工,再就业服务中心已全部关闭。

第四,险种的合理确定。分清轻重缓急,应把养老、医疗、生育、失业、工伤等几项保险分项分步发展,从而降低劳动力成本,减轻厂商的投资压力。

2. 尽快扩大覆盖面,充实基金,实现账户流动。

长期以来,社会保障制度覆盖面只局限于国家机关、事业单位、国有企业和部分集体企业职工,今后,可在测算好偿付能力的前提下,进一步向集体、乡镇、私营、个体以及三资企业职工扩展,不论属于何种所有制性质和经济类型的职工都应属于社会保障的范围,拓宽社会保障覆盖面。对目前存在的账户固态化的现实,应采取以下办法加以解决:

第一,专人专户。每个就业人员从一开始就业起就应当建立自己的社会保障账户,保障基金由政府、用人单位和就业者本人按各自应承担的比例将保障金打入就业者社会保障账户,任何机构和个人都不得拖欠社会保障基金和动用社会保障基金。账户中的保障基金只能用于失业、医疗、养老保障,专款专用。

第二,因人而异。新就业人员,完全按照上述办法,从就业之日起缴纳保险费用。已就业人员应该按照一定的方式补上个人社会保障账户。国有企业就业人员，国家应该通过变现国有资产等方式对个人按工龄补齐社会保障基金，充实个人账户。

第三，充实基金。对历史上所欠的社会保障基金，政府应该通过对自己所拥有的经济资源的拍卖等方式聚集资金，还清历史欠账。

第四，实现流动。每个人的社会保障账户随自己本人的就业单位的变动而流动，每到一个新的就业单位，该就业单位都应按规定将接收的保障基金转入个人保障基金账户，同时政府及就业者本人也按规定将应由自己承担的保障基金进入个人保障基金账户。

3. 多渠道筹集资金来源，想方设法保值增值。

从长远看，还需要进一步扩大资金来源，拓宽筹资渠道，设法保值增值。过去基金筹集渠道单一的状况正在逐步转为国家、企业、个人三者合理分担转变。同时还可通过以下方式筹集和管理资金：一是逐步调整财政支出结构。随着财政收入的增加，逐年提高社会保障基金在其中的份额，确保社保基金有稳定的来源。二是通过开征社会保障税等手段，使社会保障基金获得更多稳定可靠的来源，并随着经济的发展和社会的进步，而不断地得到积累和增加；三是成立专门的基金管理机构，以社会保障基金可动用部分通过股市、债市等资本市场保值增值。

4. 加快社会保障立法步伐。应尽快建立国家社会保障法律体系，制定《社会保障法》和《社会保险法》等相关法律法规。江西省新近出台的一个地方法规《江西省劳动保障监察条例》第二十七条规定："劳动保障行政部门在对用人单位克扣或无正当理由拖欠劳动者工资、拒不交纳社会保险费及职业介绍机构骗取求职者中介服务费等案件进行调查取证过程中发现当事人有转移财产和逃匿迹象的，经报请本部门负责人批准，可以扣押其价值相当的财物"。该条例是全国首次授权劳动保障部门直接扣押财物、将财产拍卖以抵交劳动者工资、社保费的地方性法规。许多西方国家关于劳动保障方面的法律法规多达几十部，江西省这个条例出台弥补了中央立法的不足，对促进中央完善社会保障立法具有重大意义。

5. 根本出路在于大幅提高劳动生产率。社会保险中的主要项目是养老保险，无论是采用"现收现付制"、"个人积累制"或是其他的形式，实质上都涉及"代际转移"问题，在宏观经济模型中，老年人养老金的增长主要取决于两个因素：年轻一代人口的增长和劳动生产率的提高。首先，在将来年轻一代的人口增长趋缓的背景下，根本出路还在于大幅度提高劳动生产率，这就有赖于国有企业产权结构的明晰和治理结构的改善，使其在生产经营中寻求广阔的市场、生产更好的产品、实现更高的效益，由此在自身利益溯求的同时承担起这一重要的社会责任。其次，考虑我国的二元经济正不断朝一元经济即工业化方向发展，可以通过青年农民工不断流向城市和农村地区不断城市化的道路，逐步扩大企业中年轻劳动力人数，在扩大覆盖面的同时降低养老体系的赡养率。

五、结语

我国的社会保障事业发展需要承担着各种社会责任的行为主体的长期努力，需要政府调动社会各方力量，确定社会保障目标和体系后，成为社会保障体系的真正监督者、协调者和执行者，对个人、企业与政府在社会保障中的责任和义务做出更为合理的符合国际惯例的确定和划分，最终形成中国特色的社会保障制度。

（江西省企业调查队专项调查处）

环境与选择:企业生存与发展研究

游会龙　邵华　刘凡　廖超群

[社会反响]该文获2003年度江西省统计分析研究中标课题评比三等奖。

[内容提要]本文对企业面临的急剧变化的环境和动态竞争作了较为深入分析,并指出,面对危机和挑战,企业在其经济活动中必须快速、准确应对瞬息万变的各种信息并迅速作出反应,使企业在动态中整合力量,把握市场,谋求发展。并对国家和社会如何在企业生存和发展中提供一个公平、公开、公正的生存平台,创造一个良好的发展环境,提出政策建议。

[关键词]企业　生存　发展　环境

一、问题提出

国际经验表明,一国经济的繁荣和发展很大程度上取决于是否拥有一大批具有活力的企业,企业的活力除了依赖自身的资本实力和完善管理等内部因素外,还离不开良好的外部生存和发展环境。随着经济全球化趋势的发展,企业生存和竞争的游戏规则正在发生着深刻的变化,外部环境对企业竞争力的影响力与日俱增。多元化的环境因素影响,使得国与国之间的竞争不仅是企业与企业之间的竞争,而更多的是有赖于企业生存环境之间比较优势的竞争。

随着经济体制改革的深入,我国已全面进入市场经济阶段,企业时刻面临着崭新的、急剧变化的环境,市场的需要和竞争对手都在快速变化,竞争也体现为动态竞争。面对危机和挑战,企业在其经济活动中必须快速、准确应对瞬息万变的各种信息并迅速作出反应,使企业在动态中整合力量,把握市场,谋求发展。而国家和社会如何在企业生存和发展中提供一个公平、公开、公正的生存平台,创造一个良好的发展环境,成为各界关注的话题。

二、企业与生存环境

(一)什么是企业

古典和新古典经济学认为企业是一个组合各种生产要素,生产并销售各类产品或提供服务的经济组织。企业的目标是为企业资本的所有者实现利润最大化或成本最小化。这一认识的前提假设有三点,即信息完全、行为理性、交易成本为零。随着社会经济的发展,企业被注入了更多现实意义。如英国的科斯(Coase)认为企业的产生和发展是市场交易活动的内化,企业管理成本和市场交易成本的边际值相等时,企业和市场既可互相替代。从诸如合约、代理以及产权等等各种对企业的认识和定义来看,企业可以概括为是一种通过一系列合约,调动有限资源,为实现其自身利益而开展经济活动的经济组织。

企业是社会系统的。而企业在建立一系列合约、组织优先的资源、开展经济活动时,受到诸多环境因素的影响,如市场环境、技术环境、执法环境等,我们可以将其统称为企业的生长环境。

(二)企业的生长环境

企业生长环境是指企业生存和发展所处的自然和社会环境,可分为地理环境、政策制度环境以及市场技术环境等。现代社会由于信息传递技术和物流系统的快速发展,企业受地理等自然环境的限制减少,更多的是受到剧烈变化的社会环境影响,本文讨论的主要是企业生存和发展所处的社会环境,主要分为以下两类:一是政策制度环境,包括产业政策、准入制度、金融环境、税费环境、执法环境等;二是市场与技术环境,包括技术水平、市场化程度等。

(三)企业与生长环境

企业处于一个开放的社会系统中,它不断地与其所处的生长环境进行着物质、信息的交流,并发生着复杂多变的相互作用。随着全球经济一体化进程的加快,社会信息化程度的突飞猛进,市场需求瞬息万变,市场竞争残酷而激烈,企业所面临的生长环境处在不断的变化之中,企业发展状况随之起浮。企业的生长除了具有较强的适应环境的内生能力,也需要一个适宜外部环境提供良好的土壤,才能够更快更好地成长。企业作为社会经济活动的重要组成部分,其生存和发展状况与国民经济是否能保持快速稳定发展息息相关。本文拟从考察企业的生长环境出发,为改善企业生存环境,加速企业发展寻找适宜的路径。

三、现实环境

我国企业类型诸多，其生长环境中以政策、制度、社会信用、融资方式等为各方关注的焦点，我们以国有企业、民营企业为例，比较考察其生存和发展的环境。目前企业的成长环境与市场经济体制不太相适应，主要表现在市场准入、贷款融资、税赋合理、权益保障等方面。

（一）政策环境

针对企业制定的相关政策，往往是影响企业生存和发展的重要环境因素。我国经历二十多年的改革开放和现代化建设，已逐步由计划经济过渡到社会主义特色的市场经济，取得了令世人瞩目的成就。但政府主导下的企业制度，往往试图控制企业如何成长，以及发展方向，从而限制其成长空间。现在，仍有相当部分国有企业长期不景气或处于困境之中，滞后于甚至制约着整个经济的发展，正是由于国家作为企业所有者的“缺位”、“错位”造成的。而民营企业和国有企业相比差别还很大，如对创办企业的资金规模、经营范围、场地、人员等均由相关的政策规定，“门槛”的高低，直接影响企业的开办。民营企业投资创业过程中找门路、跑关系，花费大量的精力、时间和成本。有很多由政策生发的人为因素阻碍着企业的发展。有关政府机构的各种管理（如审批、检查等）和收费（如年检、培训等），分散了企业的精力，降低了企业的效率，恶化了企业的生存环境。

（二）信用环境

信用是社会交往中各方应遵守的道德规范和行为准则。市场经济是信用经济，而目前正处于转型期的我国社会，信用观念的弱化和信用体系不够健全造成了整个信用环境的恶化，表现在市场交易秩序混乱，交易规则遭到严重破坏，不正当竞争时有发生，对企业的生存和发展造成许多危害。信用环境的恶化造成投资环境恶化，资本外流，企业生产经营成本加大，抑制消费需求等恶果。近日国家工商总局称，将以“绿蓝黄黑”四种颜色对中国企业的信用等级分级，并给予不同的待遇和服务。这是一项意义深远的改革措施，对建立企业信用档案，鼓励诚信经商，创造良好的信用环境将会起积极作用。

（三）融资环境

企业获取生产和流动资金的渠道、方式、利率以及规模、期限等条件的不同，均在不同程度上影响着企业的发展。由于长期计划经济的影响和在国民经济中重要地位，国有企业的融资环境较好，国企在银行贷款、上市、发行债券等方面一直享受着政策倾斜。相对于国有企业，民营企业在成长中最关键的困难就是资金的筹措和积累。江西省企业调查队近期对全省132家民营企业的调查显示，有56.1%的企业在起步阶段遇到的最大困难就是“向银行申请启动资金”，而在企业发展过程中遇到的困难中除了“市场竞争激烈”外，列第二位的是“流动资金缺乏”。企业获取生产和流动资金的渠道、方式、利率以及规模、期限等条件的不同，均在不同程度上影响着企业的发展。

（四）法律环境

市场经济是法治经济，应当体现公平、公开、公正，各类经济实体都能享有国民待遇。一项调查表明，我国的企业管理人员中有69%认为政府相关法规是影响企业发展的障碍。由于素质不佳、监管不严等原因，具体的执法部门和人员对法律条文解释和执行随意性较强，个别部门和人员以权谋利，阻碍了企业的发展壮大。

（五）税费环境

有很大一部分企业感到税务负担太重。在现实的税制下，企业要交纳占它们净收益的33%的企业所得税。此外，产品制造企业要缴纳销售额的17%的增值税，而服务业企业则要交纳占营业额的5%的营业税。除此之外，地方政府部门还要以种种方式收取名目繁多的“费用”，如基础设施项目费、社会保险捐助费以及文化活动赞助费等，企业的税费负担成为许多企业发展的主要障碍。

四、几点思路

企业生存和发展面临的焦点就是要按照市场经济的规律和要求，消除各种经济政策和管理体制的偏见和歧视，赋予各种经济类型的企业以平等的国民待遇，创造一个公平、公开、公正的政治和经济环境，为企业提供广阔的生存和发展空间。

（一）寻找较佳的政府和企业关系

企业改革是建立社会主义市场经济体制的基础，而建立新型有效的政企关系是保证企业改革成功的关键。面对新世纪，对处于经济转型期和快速发展中的中国而言，如何实现经济的持续稳定和发展，具有极其重要的意义。企业改革是建立社会主义市场经济体制的基础，而建立新型有效的政企关系是保证企业改革成功的关键。

（二）股份制改造促进产权革命

股份制作为现代企业的一种重要的组织形式，有利于所有权和经营权的分离，有利于提高企业和资本的运作效率，同时也成为国有资本进出有关产业领域的有效方法，通过股份制的实施，使国有资本和集体资本、非公有资本共同参股形成混合所有制经济，从产权上变换企业所有者，改善国有企业的经营状况，促进企业在激烈的市场竞争中公平竞争。

（三）推进公平的市场环境

首先在目前市场体系尚不完善的情况下，政府应积极培育各类要素市场，如劳动力市场、资本市场等，通过各种调控手段，加快市场发育，为各类生产要素自由进出统一的大市场创造条件。其次制定和实施法制化的市场规则，以促进形成公平的竞争的市场经济秩序。

（四）建立健康高效的金融环境

为了提高企业的水平，采取了相应的措施来鼓励企业提高其竞争能力，其中包括了采取低利率、刺激税收、发行债券和放宽企业金融规定等手段。这些都有助于降低商业成本，鼓励资本投资。建立以市场为导向的金融体制，吸引更多的外国投资。

五、结语

在整体环境的构建上，政府的角色应是创造出适合企业发展的整体经济环境与经营环境，制订适当的法规制度及公平公正的市场游戏规则；加强金融服务及金融体系的自由化；提供咨询、产业信息及政策辅导，我们要维持政治经济环境的安定，维护金融货币政策的稳定，健全法律法规，建设一支高效、廉洁的执法队伍，为企业的成长营造一个宽松、平等、和谐的环境。有了有利于竞争和提高效率的良好环境，面对世界经济一体化的时代，坚信我们的企业必将进入快速发展的轨道。

（江西省企业调查队）

加速发展非公有制经济 早日实现江西在中部崛起

李广友 秦建华 胡钰 陈翠好 涂志强

[社会反响] 该文获2003年度江西省统计科研与统计分析课题三等奖。

[内容提要] 江西作为经济欠发达而又处于加速发展时期的省份,大力发展非公有制经济,无疑是早日实现中部崛起的一条有效途径。本文从对非公有制经济的界定入手,在对江西非公有制经济发展现状分析的基础上,提出加速我省非公有制经济发展对策意见,供有关方面参考。

[关键词] 非公有制 经济发展 中部崛起

改革开放以来,我国非公有制经济得到迅速发展。特别是党的十四届三中全会以后,随着社会主义市场经济体制的建立和不断完善,人们对发展非公有制经济的重要程度的认识进一步加深,从中央到地方各级政府,加快其发展的各项法规、政策措施纷纷出台,非公有制经济发展环境进一步优化,地位进一步提高,在国民经济的重要作用日益显现。

党的十五大报告指出:"公有制为主体,多种所有制经济共同发展,是我国社会主义初级阶段一项基本经济制度"。党的十六大报告又进一步指出,"必须毫不动摇地鼓励、支持和引导非公有制经济发展"。为了促进非公有制经济的健康发展,党的十六大报告郑重提出:"充分发挥个体、私营等非公有制经济在促进经济增长、扩大就业和活跃市场等方面的重要作用,放宽国内民间资本的市场准入领域,在投融资、税收、土地使用和对外贸易等方面采取措施,实现公平竞争。依法加强监督和管理,促进非公有制经济健康发展。完善保护私人财产的法律制度"。党的十六届三中全会作出的《关于完善社会主义市场经济体制若干问题的决定》第二条第五款规定:"大力发展和积极引导非公有制经济。个体、私营等非公有制经济是促进我国社会生产力发展的重要力量。清理和修订限制非公有制经济发展的法律法规和政策,消除体制性障碍。放宽市场准入,允许非公有资本进入法律法规未禁入的基础设施、公用事业及其他行业和领域。非公有制企业在投融资、税收、土地使用和对外贸易等方面,与其他企业享受同等待遇。支持非公有制中小企业的发展,鼓励有条件的企业做强做大。非公有制企业要依法经营,照章纳税,保障职工合法权益。改进对非公有制企业的服务和监管"。

党中央的一系列重要决定,充分体现了党在社会主义初级阶段的基本路线,体现了党的实事求是的精神,并为加速非公有制经济的发展解除了思想障碍,指明了发展方向和目标。江西作为经济欠发达而又处于加速发展时期的省份,大力发展非公有制经济,无疑是早日实现中部崛起的一条有效途径。本文从对非公有制经济的界定入手,在对江西非公有制经济发展现状分析的基础上,提出加速我省非公有制经济发展对策意见,供有关方面参考。

一、非公有制经济的范围界定

非公有制经济是相对于公有制经济而言的经济概念,即国有、集体经济以外的所有经济类型的统称。它以资产归属权为划分标准,主要包括资产归我国内地公民私人所有或归外商、港澳台商所有的经济成份。在统计分类上,非公有制经济主要形式是私营经济、个体经济、其他经济、以及混合所有制经济中的私营、个体和其他经济成份。

1. 非公有制经济与民营经济在概念上的区别。在日常经济生活中,人们经常提及大力发展民营经济,实际上人们所理解的民营经济基本上等同于非公有制经济。民营经济的概念在理论上尚未有一个权威的解释,学术界关于民营经济概念的观点有三种:一是认为民营经济包括国有民营经济、集体经济、私有经济、港澳台及外商投资经济;二是认为民营经济主要包括集体经济、私有经济;三是认为民营经济专指私营经济,即私营企业和个体工商户。很显然,无论是哪种观点,民营经济与非公有制经济在概念上是有区别的。搞清楚这种区别的现实意义在于在加快经济发展过程中,对存量资产的调整和增量资产的布局有一个基本的概念,就是如何提高民有、民营的比重。

2. 农村经济中的非公有制经济的界定。按照资产归属权划分标准,在农业这个领域,由于土地、渔场等资产属于集体所有,因此除农民家庭副业部份(如家畜饲养和捕捞、野生植物的采集,家庭手工业等)外,农业经济(即第一产业)均应归属于集体经济。农村二、三产业则按资产所有权来确定经济类型,个人所有的即非公有制经济,乡、村集体所有的即集体经济。

3. 混合所有制经济中非公有制经济的界定。以公有制为主体,多种所有制经济共同发展,是我国的基本经济制度。公有制有多种实现形式,其中股份制将成为其主要实现形式。国有资本、集体资本和非公有资本等参股的混合所有制经济,是现代企业制度的主要资产组织形式,适应生产社会化的需要,符合现代市场经济的运行要求。也在企业内部实现了公有资本和非公有资本的融合、补充和促进。混合所有制经济在经济总量中的比重将得到迅速提高。界定混合所有制经济中的非公有制经济的份额,在统计上有三种方法,一是全资法即按登记注册类型来确定;二是比例法即按出资比例来确定;三是控股法即按控股权来确定。

从科学合理的角度来看,第二种方法所得出的结果更接近于实际,但操作难度很大,根据现行统计、财务、核标制度,必须三种方法并用,经反复取舍和比较,才能得出结果。

二、江西非公有制经济发展现状

改革开放以来,江西同全国一样,非公有制经济逐步发展壮大。特别进入新世纪以后,非公有制经济发展空前活跃,增长势头强劲,已经成为推动我省经济持续高速增长的重要动力之一。

1. 非公有制经济规模不断扩大,由补充地位上升到国民经济重要组成部分的显著地位。据现有资料测算,1999 年,非公有制经济创造的增加值为 574.63 亿元,到 2002 年达到 910.68 亿元,占 GDP 的比重由 31% 上升 37.2%。3 年来,增加值的规模扩大了 58%,比重上升了 6 个百分点,增长速度达到 55.8%,比公有制经济增长速度高 37 个百分点。在全省经济总量中,已是三分天下有其一,非公有制经济真正成为国民经济的重要组成部分。

2. 非公有制经济涉足的范围不断延伸,有力地促进了产业结构的调整,加速了经济市场化改革的进程。2002 年,在全省国内生产总值中,一、二、三产业的非公有制经济增加值比重分别为 40%、46.7% 和 26.2%。在国民经济的主要行业工业、建筑业、批发零售贸易餐饮业、社会服务业中,非公有制经济占有较高的份额,起着举足轻重的作用。2002 年,非公有制工业增加值占全省工业增加值的比重为 54.2%,建筑业非公有制增加值占建筑业增加值的比重为 26.5%,餐饮业、社会服务业则分别高达 81% 和 59%。非公有制经济在这些领域的发展不仅仅是带来产业规模的扩大,更主要的是带来了市场竞争,激活了经济发展的内在机制,加速了市场化进程。

3. 非公有制经济对社会稳定、经济发展的贡献不断增大,已经成为吸纳社会劳动力的主力军,增加财政收入的重要来源。据粗略估算,2002 年,我省城镇私营企业和个体劳动者就业人数达 106.9 万人,占全省城镇就业人数的 19.3%,城镇私营企业一年就增加就业人数 9.2 万人,极大地缓解了社会就业压力。社会稳定的基本前提是比较充分的就业,而正是非公制经济的发展创造了就业机会,为社会稳定提供了基本保证。2002 年,我省个体私营经济上交的税金约 42 亿元,占同期财政收入 18.1%,为全省经济的持续发展作出了重要贡献。

4. 非公有制经济发展的质量逐步提升,企业规模、经营管理水平不断壮大和提高,产品和服务的科技含量日益增加。伴随着改革开放的进程,我省非公制经济也逐步从弱小到壮大,从幼稚到相对成熟。一批批的个体户发展为具有一定规模的私营企业或企业集团。全国知名的汇仁集团、德宇集团等私营企业的发展,就是它们成长历程中的典型范例。2002 年汇仁集团、德宇集团的主营业务收入分别为 15.38 亿元和 1.84 亿元,在当地经济中举足轻重。随着招商引资力度的加大,外来资本、新技术、新的经营管理观念大量进入江西,极大地推动了我省非公有制经济发展水平的提升。一大批已经成长起来的本土私营企业摈弃了传统的家族式管理模式,建立起了所有权与经营权分离、追求利润最大化的现代企业管理制度。外商和省外资本直接投资电子、信息、生物医药等高科技行业,迅速地提升了我省非公有制经济的结构水平。

三、江西非公有制经济发展存在的主要问题和面临的机遇

纵向比较,江西非公有制经济发展迅速,横向比较,江西差距很大,如果不迎头赶上,将落后于时代的步伐。其存在的主要问题是:

1. 非公有制经济比重仍然偏低。与南面邻省广东相比,2000 年,广东非公有制经济比重就达

49.3%,占国民经济的半壁江山,而江西到2002年才达三分之一。与东面邻省浙江相比,差距则更大。2002年,浙江省规模以上国有及集体工业销售产值为1200.88亿元,仅占规模以上工业销售产值的12.5%,而江西同口径工业销售产值为563.19亿元,占规模以上工业销售产值的48.3%,比浙江高出35个百分点。

2. 观念上落后。江西轻商重仕的文化传统由来已久,有本事的到政府当官,没有出息的干个体户,找不工作才到私营企业就业的观念在多数人中根深蒂固。在沿海省份,厅级干部下海经商已是司空见惯,而在江西,中共江西省委党校一位副校长下海,却掀起了轩然大波,当地有很多人为他感到惋惜。

3. 环境上欠佳。由于观念上的落后,认识上的偏差,导致江西非公有制经济发展环境比较差。尽管省委、省政府出台了一系列鼓励、保护非公有制经济发展的政策法规,出于局部利益和个人利益的驱逐,在一些地方和部门仍然是我行我素。个体户登记注册,存在一些县市工商部门强行收取个体协会年会费几百元至几千元不等的现象;税务部门查偷税漏税,第一目标就是私营企业和个体户,使个私企业主有被歧视的感觉,在一定程度上影响了非公有制经济的进一步发展。

4. 人员素质不高。江西非公有制经济的发展是在商业文化淡薄的基础上起步的,确实有一部分人是迫于生计才去干个体私营的。他们从根本上缺乏商品经济乃至市场经济意识,赚了一点钱就满足了,就可以摆阔潇洒了。不思进取,投机取巧,不想做强、做大的思想在相当一部分私营业主中存在。人员素质方面的欠缺导致的结果是非公有制经济管理上的落后、诚信度不高、发展壮大机遇的丧失。

存在问题并不可怕,只要我们能够正视并着重解决这些问题,正确地认识当前形势,就能够在目前非公有制经济发展的黄金时期,抓住机遇,谱写新的篇章。我们面临的机遇和有利条件主要有:

1. 社会主义市场经济体制的进一步完善,为非公有制经济发展营造了更加宽松的环境。党的十六届三中全会作出的《关于完善社会主义市场经济体制若干问题的决定》提出了明确的目标和任务。其目标是:按照统筹城乡发展、统筹区域发展、统筹经济社会发展、统筹人与自然和谐发展、统筹国内发展和对外开放的要求,更大程度地发挥市场在资源配置中的基础性作用,增强企业活力和竞争力,健全国家宏观调控,完善政府社会管理和公共服务职能,为全面建设小康社会提供强有力的体制保障。其任务是:完善公有制为主体、多种所有制经济共同发展的基本经济制度;建立有利于逐步改变城乡二元经济结构的体制;形成促进区域经济协调发展的机制;建设统一开放、竞争有序的现代市场体系;完善宏观调控体系、行政管理体制和经济法律制度;健全就业、收入分配和社会保障制度;建立促进经济社会可持续发展的机制。这个基本目标和任务既是社会主义市场经济发展的总纲,同时也为非公有制经济的健康发展提供了根本的政治、政策保证,提供了更加广阔的空间和相应的条件支持。应该说现在已经进入到非公有制经济发展的黄金时期。

2. 充裕的民间资金为非公有制经济发展提供了基础条件。2002年末,我省城乡居民储蓄存款余额为1707亿元,当年全省金融机构存贷差576亿元,形成大量的资金闲置。2002年,全省个人固定资产投资233.4亿元,仅占全社会固定资产投资25.2%。个人投资的空间和资金来源都有极大的潜力。

3. 经济发达地区的经济结构调整和产业升级,为我省非公有制经济的发展提供了难得的机遇。随着"长珠闽"经济的快速发展,他们的内在经济结构正逐步由劳动密集型、传统产业向高科技含量、高附加值、新兴产业变迁,产业向内地转移已成为一股潮流。江西的地理优势、劳动成本低,再加上不断改善的投资环境,使之成为转移的首选之地。另一方面,由于浙江、广东等省其非公制经济发展较早、较快,许多个体私营企业主已完成了资本的原始积累,这些资本需要到获利更多的地方去寻找发展机会,而江西的区位等优势也深深地吸引着这批投资者。

4. 国有经济布局的调整和国有企业改革的深化,为非公有制经济的发展提供了更加广阔的空间。一是近几年来,国有经济布局和结构随着市场经济的发展不断地优化升级,坚持有进有退、有所为有所不为的方针,国有资本正逐步退出一些不适于国有经济经营的领域,转而集中投向事关国家安全和国家经济命脉的重要行业和关键领域。国有经济战线的收缩和布局结构的调整,为非公有制经济的发展提供了更加广阔的空间。二是国有企业推进股份制、建立现代企业制度的改革，使得非公有资本能够以参股、联营、合作等各种形式进入国有经济领域，形成新的混合所有制经济，也给非公有制经济的发展带来了新的商机。

四、加速发展我省非公有制经济的几点思考

从全国来看，哪个地区非公有制经济发展得好，哪个地方的经济就繁荣。与沿海发达省份比，我省非公有制经济发展落后太远，而与中部相邻省份比，差距也不小。差距就是潜力，落后就是动力，我们要把加速发展非公制经济作为实现江西在中部崛起的实破口，推动江西整体经济的快速发展。

1. 进一步解放思想，转变观念，大力营造非公有制经济发展的文化氛围和舆论氛围。要着力改造江西的传统文化，淡化"官本位"意识，强化商业文化观念，使人们感到经商是一种责任、一种荣誉，同时也是一种好的人生道路的选择。要在宣传舆论上造势，在主要新闻媒体开辟专版、专栏多角度地宣传报道非公有制经济发展的政策、现状、成功的经验以及典型的人和事。

2. 把非公有制经济纳入全省经济发展规划，定出发展目标和任务，充分体现其国民经济重要组成部分的显著地位。要比照外省的成功经验，在发展规划中制定出非公有制经济在一定时期内要达到的比重，在各个产业领域应占有的份额。从当前情况看，非公有制经济占经济总量的比重每年应提高2个百分点左右，10年以后总的比重应达到50%以上。产业领域应重点放在制造业和第三产业，今后在这些行业的资产增量和经济增量应主要是非公有制经济。

3. 着力扩大对外开放，全方位加强招商引资，充分利用境外和省外资本来加速我省非公有制经济的发展。江西是传统的农业省份，工业资本和商业资本的积累水平偏低，民间资金可用于投资的份额也十分有限。有投入才有产出。因此必须大量地引进外来资金，才有可能实现大发展。加入WTO以后，随着经济全球化和区域化趋势的加强，国际资本向中国流动，国内资金向投资回报率高的地区流动的速率进一步加快。在这个前提下，我们一定要切实贯彻大开放这个主战略，加大招商引资力度，优化招商引资环境，提高招商引资水平，放宽招商引资领域，最大限度地让更多的外商外资来江西落户，谋求发展，获得回报。

4. 进一步转变政府职能，坚决消除体制性障碍，取消一切不利于非公有制经济发展的限制，营造出使其能够健康快速发展的优良环境。政府部门要切实转变作风，增强服务意识，提高工作效率和发展的导向水平。坚持杜绝"索、拿、卡、要"等不良现象，要把这些纳入党风廉政建设的范围，发现多少就处理多少，决不能"手软"。要放宽市场准入，激发民间投资热情，凡法律法规未禁入的行业和领域，都应向非公有资本开放。要广开融资渠道，国有商业银行要一视同仁地对待非公有制企业的贷款要求，支持建立为非公制经济服务为主的金融机构，在企业上市、发债、兼并、收购等方面，给非有制企业以支持，发展中小企业担保基金和风险投资基金。发展社会服务体系，在社会保障、法律咨询、信息共享等各个方面，为非公有制企业提供全方位的服务。

5. 强化市场意识，坚持创新精神，努力提高非公有制经济的整体素质。首先要提高人员素质。一是从政策上鼓励知识层次较高人员包括机关干部、大中专毕业生、硕士、博士生、归国留学人员去从事非公有制经济，从而整体提高人员素质；二是采取各种有效方法，促使非公有制经济人员加强自身学习，尤其是企业主，应通过经济知识、法律知识，业务知识的学习，不断丰富信息来源，树立市场第一的意识和良好的诚信形象；三是加大人才引进力度，以高薪等优惠条件吸引高层次的经营管理人员、科技人员来赣创业，展示才华。其次要提高科技水平。要大力推进大专院校、科研单位的科研与企业生产经营的结合，充分利用非公有制企业机制的优势，加快科研成果的市场转化的步伐，从而提高非公有制企业的产品档次、科技含量和经营管理水平。再次要提高产业结构水平。要积极引导非公有制企业投资方向，大力鼓励投资科技含量高、环境污染小、能耗水平低以及资源利用效率高的项目，调整不合理的产业结构，牢固树立可持续发展的观念。要鼓励非公有制企业注重资本运营，积极参与国有企业的改革和重组，拓宽投资领域。鼓励有实力的非公有制企业积极参与国际竞争，激励企业采用国际标准和国际先进标准机制，推广国际质量认证模式，通过参与国际市场竞争提高企业竞争力，增强企业总体实力，进一步带动江西整体经济发展。

（江西省企业调查队产业处）

从实力分析看江西股份有限公司

王建农　吴兴华

[社会反响]该文获2003年度江西省统计分析研究中标课题二等奖。

[内容提要] 江西在国有企业改革方面,也充分利用了股份有限公司这一独特的组织形式,进行国有企业的改制,取得较好的效果,目前已有近百家股份有限公司。本文以国家统计局江西企业调查队2001年、2002年、2003年调查的37家江西股份有限公司资料为基础作些分析,以供各级政府和社会各界了解和参考。

[关键词] 股份公司　调查　实力分析

我国股份制经济萌芽于二十世纪八十年代末九十年代初。随着我国企业经济体制改革的不断深入,股份制经济正朝气蓬勃地发展,目前已成为我国国民经济中的重要组成部分。股份有限公司作为股份制经济的一种组织形式,发挥着其重要作用。从我国《公司法》给出的定义来理解,股份有限公司是现代企业的一种组织形式和资本的组织方式,具有吸纳社会闲散资金、分散投资风险功能,在明确责权关系和优化资源配制方面有其独特的优势。在二十世纪后期我国推进国有企业改革进程中,大部分国有企业都是按照股份有限公司来改制的,按照现代企业制度的要求加快股份有限公司的发展。江西在国有企业改革方面,也充分利用了股份有限公司这一独特的组织形式,进行国有企业的改制,取得较好的效果,目前已有近百家股份有限公司。随着党的十六届三中全会提出的"大力发展混合所有制经济,实现投资主体多元化,使股份制成为公有制的重要实现形式"这一精神的贯彻落实,江西股份有限公司的发展将被更加关注。为此,本文仅以国家统计局江西企业调查队2001年、2002年、2003年调查的37家江西股份有限公司资料为基础作些分析,以供各级政府和社会各界了解和参考。

一、江西股份有限公司总体评价

2001年、2002年、2003年的5月份国家统计局江西省企业调查队在全省调查了37家股份有限公司。其中:上市公司22家(以2002年底为时限,下同),拟上市公司或其他(简称其他公司,下同)15家;从行业的分布情况看:农业1家,工业20家,交通运输业3家,金融保险业1家,高科技产业9家,社会服务业2家,其他1家。调查结果显示:37家江西股份有限公司运营状况总体发展态势良好,主要表现在:

1. 资产规模扩大,发展势头显好。2002年,37家股份有限公司资产总额为433.79亿元,比上年增加45.62亿元,增长11.7%,其中上市公司资产总额385.72亿元,比上年增长11.8%,其他公司增长11.5%。在占被调查的股份有限公司资产总额中,比重在20%及以上的有1家,在10%至20%的有1家,在10%以下的有35家,江西铜业股份有限公司比重最大达20.3%,其次是江西赣粤高速公路股份有限公司,为10.4%。

2. 主营业务收入大幅增长,利润略有盈余。2002年,37家股份有限公司实现主营业务收入197.43亿元,比上年增长21.3%,其中上市公司增长21.7%,其他公司增长18.5%。主营业务收入大幅增长的有9家,增速均在30%以上。江西江联能源环保股份有限公司、江西黑猫炭黑股份有限公司、华意压缩机股份有限公司、江西江中制药股份有限公司、诚志股份有限公司分别增长450.7%、212.1%、129.2%、88.1%、84.9%。随着主营业务收入大幅增长,主营业务利润也实现了盈余。2002年,37家股份有限公司主营业务利润为46.70亿元,比上年盈利6.38亿元,增长15.8%,其中上市公司盈利5.93亿元,其他公司盈利0.45亿元。在37家股份有限公司中有13家是盈利,江铃汽车股份有限公司、江西昌河汽车股份有限公司盈利最大,分别比上年盈利1.83亿元、0.43亿元。

3. 发展后劲逐渐增强。2002年37家股份有限公司拥有资产净值177.67亿元,比上年增长4.7%,平均每股净资产1.97元,比上年增加0.08元。其中上市公司资产净值为161.67亿元,平均每股净资产1.96元,比上年增加0.10元,其他公司每股净资产比上年增加0.06元。在22家上市公司中有14家每股净资产是比上年增加的,每股增加幅度最大的是江西长运股份有限公司、清华泰豪股份有限公司分别增加1.06元、1.01元;在15家其他公司中有6家每股净资产比上年是增加的。

二、江西股份有限公司基本实力

企业实力表现在企业运营的各个方面,有赢利能力、发展能力等。由于指标多,方法多,下面仅从统计角度对37家股份有限公司的赢利能力、发展能力、偿债能力、盈运能力、产出效率五个方面进行简要分析。

1. 盈利能力。总资产贡献率是企业管理水平和经营业绩的集中体现,是评价和考核企业盈利能力的核心指标。2002年,37家股份有限公司总资产贡献率为5.3%,比上年下降0.17个百分点,其中:上市公司下降0.2个百分点,其他公司下降0.2个百分点。37家有6家总资产贡献率比上年增加,增加幅度在0.17至6.14个百分点,江铃汽车股份有限公司、九江化纤股份有限公司总资产贡献率分别比上年增加6.4个百分点、5.16个百分点。

2. 发展能力。资本保值增值率主要是反映企业净资产的变动情况,是企业发展能力的集中体现。2002年,37家股份有限公司资本保值增值率为108.2%,上市公司为108.3%,其他公司为108.2%。37家股份有限公司有13家资本保值增值率超过平均水平。安源实业股份有限公司、清华泰豪科技股份有限公司、江西长运股份有限公司、江西鑫新股份有限公司、江西黑猫炭黑股份有限公司、江西长力汽车弹簧股份有限公司资本保值增值率在120.0%以上。

3. 偿债能力。资产负债率既能反映企业经营风险的大小,又能反映企业利用债权人提供的资金从事经营活动的能力和偿债能力。2002年,37家股份有限公司资产负债率为46.3%,比上年上升1.4个百分点。其中上市公司资产负债率为43.5%,比上年上升1.2个百分点,其他公司资产负债率为65.7%,比上年上升2.4个百分点。37家股份有限公司有12家资产负债率下降。资产负债率在30%以下的有7家,在50%以上的有17家,其中上市公司中有5家。江西纸业股份有限公司、九江大中大(集团)股份有限公司、江西省发展信托投资股份有限公司、南昌百货大楼股份有限公司资产负债率最大,分别达98.7%、93.6%、91.6%、85.0%。

4. 盈运能力。流动资产周转率是指一定时期内流动资产的周转次数,反映企业的经营状况和营运能力,尤其能反映企业的资金利用效率,反映企业再生产循环速度。2002年,37家股份有限公司流动资产周转率为119.3%,比上年增加8.8个百分点,上市公司为118.3%,比上年增加5.6个百分点,其他公司为118.9%,比上年增加9.2个百分点。江西江中制药股份有限公司、江西长力汽车弹簧股份有限公司、江铃汽车股份有限公司、江西长运股份有限公司、江西昌河汽车股份有限公司流动资产周转率比上年增加幅度最大,分别为75.5个百分点、66.9个百分点、48.8个百分点、39.0个百分点、28.7个百分点。

5. 产出效率。成本费用利润率是企业全部生产投入与实现利润的对比关系,反映投入的生产成本及费用的经济效益,及反映企业降低成本所取得的经济效益。2002年,37家股份有限公司成本费用利润率为8.1%,比上年下降1.0个百分点,其中上市公司下降1.1个百分点,其他公司下降1.0个百分点。在37家股份有限公司中有13家成本费用利润率比上年增加,其余全是下降,下降幅度最大的是江西赣粤高速股份有限公司,三九宜工生化股份有限公司。

三、江西股份有限公司综合实力

利用数理统计中的主成分分析方法对江西股份有限公司40多个指标进行筛选,选出11个指标资产总额、总资产贡献率、负债合计、资产负债率、资本保值增值率、利息支出 、每股净值 、主营业务收入、利润总额、流动资产周转率、成本费用利润率建立江西股份有限公司综合实力指数数学模型,通过计算综合实力指数来分析股份有限公司的综合实力。建立模型的步骤和指标数据略。模型如下:

2002年综合实力指数模型:

$$F_{2002} = 0.44195X_1 + 0.11935X_2 + 0.42748X_3 - 0.12692X_4 + 0.07191X_5 + 0.41752X_6 + 0.13816X_7 + 0.42203X_8 + 0.45748X_9 + 0.12695X_{10} + 0.15407X_{11}$$

其中:X_1:资产总额 X_5:资本保值增值率 X_9:利润总额

X_2:总资产贡献率 X_6:利息支出 X_{10}:流动资产周转率

X_3:负债合计 X_7:每股净值 X_{11}:成本费用利润率

X_4:资产负债率 X_8:主营业务收入

2001 年综合实力指数模型：

$$F_{2001}=0.38873X_1+0.259322X_2+0.216034X_3-0.10094X_4+0.086675X_5+0.160457X_6-0.00948X_7+0.285478X_8+0.351409X_9+0.221454X_{10}+0.240681X_{11}$$

2000 年综合实力指数模型：

$$F_{2000}=0.45496X_1-0.07504X_2+0.45029X_3+0.12503X_4+0.04020X_5+0.42194X_6+0.13609X_7+0.42455X_8+0.45541X_9-0.25267X_{10}-0.07295X_{11}$$

通过模型计算综合实力指数及位次，见表 1。

从表 1 看出，2000 年、2001 年、2002 年综合实力保持在前 5 位的是江西铜业股份有限公司、江西昌河汽车股份有限公司、江铃汽车股份有限公司。综合实力 3 年位置前移最快的是诚志股份有限公司、华意压缩股份有限公司，分别由 2000 年的第 14.11 位前移到 2002 年的第 6.5 位。位置前移 3 位以上的还有清华泰豪科技股份有限公司、安源实业股份有限公司、江西南方稀土高技术股份有限公司。

应用表 1 综合实力指数数据采用最优分割方法，对 37 家股份有限公司进行分层，见表 2。

从表 2 看出，2002 年综合实力超出上市公司平均综合实力的有 9 家，2001 年为 10 家，2000 年为 9 家。2002 年综合实力超出 37 家股份有限公司平均综合实力，弱于上市公司平均综合实力的有 12 家，2001 年为 11 家，2000 年为 12 家。其余综合实力弱于 37 家股份有限公司平均综合实力。

四、江西股份有限公司存在的问题

从 3 年调查的资料和以上分析，我们看到江西股份有限公司发展中的一些问题，值得引起重视。

问题一：股份有限公司的数量逐年减少。在 2001 年开始调查时江西股份有限公司有近百家，到 2003 年调查时仅有 50 多家。减少速度之快，原因较多，但最主要的还是运作不规范，没有按照股份有限公司有效形式运营，很多是只有名没有实。当然不排除少数企业破产或被兼并等。

问题二：在总体规模中起主导作用的企业少。3 年来股份有限公司总资产规模总量不断扩大，但速度在减缓。2002 年比 2001 年增幅减缓了 15.1 个百分点。特别是，在占 37 家股份有限公司总资产的 10% 以上的公司 2002 年只有 2 家，2001 年为 4 家，起主导作用的企业在退化。

问题三：各企业实力参差不齐。从 5 方面能力看，有 2 方面以上能力位列前面的企业少，要么是这个企业在赢利能力强点；要么是那个企业在发展能力好点。从 3 年连续看，同一企业在单方面实力保持在前位的少。从综合实力看，仅有 3—4 家企业显示了强劲，有很多企业徘徊不前，甚至有的企业还倒退较快。

问题四：企业赢利水平逐年下降，资产负债率则逐年上升。37 家股份有限公司有八成以上企业连续 3 年赢利，但实现赢利与上年比较是下降的企业是逐年增加，2002 年为 24 家，2001 年为 22 家。另外，资产负债率由下降变为上升，37 家股份有限公司由下降 8.6 个百分点变为上升 1.4 个百分点，其中上市公司由下降 9.3 个百分点变为上升 1.2 个百分点，其他公司由下降 1.5 个百分点变为上升 2.4 个百分点。

问题五：其他企业发展后劲不足。15 家其他企业，每股净资产逐年增加只有 5—6 家，而且呈减少态势。2001 年比 2000 年增加的有 13 家，2002 年比 2001 年增加的为 6 家，这不利于上市公司的培植。

问题六：能显露资本、产品、技术优势的企业不多。从走访部分股份有限公司看，大多数企业都显现资金不足、产品竞争力差、技术设备工艺落后。能够显示资本、产品、技术优势的还是一些上市公司。从 3 年的对外投资收益可以体现出来，每年都有 14—15 家上市公司是有收益的，有 5—6 家收益在 500 万元以上。

六、江西股份有限公司发展思路

江西要在中部地区崛起，股份制经济要有大的发展，股份有限公司的有效作用要凸现出来。从全国国有及规模以上非国有工业企业看江西的股份有限公司，是非常落后的，按工业产值排序，江西是在第 28 位，湖南是第 17 位，湖北是第 7 位，河南是第 12 位，山西是第 24 位，安徽是第 16 位。因此，江西股份有限公司要发展，要改变在全国落后状况，我们认为：

1. **股份有限公司数量上要有突破。**党的“十六”大和党的“十六”届三中全会都明确指出大力发展股份制经济，加快国有企业的改革。江西应从实际出发，因地制宜加快国有企业改革，能改制改造成股份有限公司的尽量改制改造成股份有限公司，在数量上要有增加，确保江西股份有限公司经济总量。

当然，在增加数量时，还要注重质量，要按照建立现代企业制度要求来建立，防止名不副实和“拉郎配”行为。

2. **面对竞争，各级政府要加大政策扶持力度，为股份有限公司创造宽松的政策环境。**实际上，我国加入WTO两年来，江西股份有限公司参与市场竞争越来越激烈，潜在影响已露端倪。因此，江西股份有限公司在融入全球经济一体化中，除自身努力外，还需要政府的大力支持和帮助，比如有些上市公司进入保税区、进入工业园区、土地征用、增配新股、出口退税等。尤其是，政府重点扶持拟上市公司，要帮助其解决企业办社会问题等，出台一些优惠政策，并狠抓落实，把每项工作都做到位，使拟上市公司如愿以偿，促进其发展。

3. **股份有限公司要敢于创新，要改变单一产业结构格局，走多元化投融资道路，实现集团化管理。**从世界500强企业的发展之路我们不难悟出：创业初期产业结构比较单一，到产品、技术、资本形成了优势后，就走出区域，跨出行业，走多元化投资、多产业的道路，甚至利用国际资本实现跨国经营，把企业做强做大。江西有许多股份有限公司有产品、技术、资本优势，但往往由于对外投资认识不到位、意识不到位、束手束脚错失了许多做强做大的机会，发挥不出自身应有的优势。这两年来，江西有了日新月异的变化，尤其是工业园区成了江西经济新的亮点，这也为江西股份有限公司发展搭起了平台，江西股份有限公司应充分利用工业园区产业聚集的特点发挥优势，把企业做强做大。同时，也要面向全国，走向世界。

4. **股份有限公司要以人为本，以主导产品、主导技术为基础，打造企业核心竞争力。**企业核心竞争力基本内涵是企业经过整合的知识与技能，包括：整合生产资料和社会资源的知识与技能；企业家个人的素质与创新能力；企业核心技术研发与应用的创新能力；企业经营者管理理念与实务的创新能力；企业管理制度设计与实施的创新能力。江西历来有物华天宝，人杰地灵之称。江西股份有限公司要紧扣时代旋律，弘扬井冈山精神，充分整合资源，以人为本，崇尚个人创造价值潜能，创建企业文化，树立企业团队精神。同时以主导产品、主导技术为基础，不断地开拓国内外市场，提高产品市场占有率，提升核心技术，打造出企业的核心竞争力。

（江西省企业调查队供稿）

表1：

企业名称	2002年		2001年		2000年	
	综合指数	位次	综合指数	位次	综合指数	位次
江西铜业股份有限公司	53.543	1	68.739	1	68.621	1
江西昌河汽车股份有限公司	32.879	2	36.406	3	16.778	4
江铃汽车股份有限公司	31.068	3	39.816	2	44.288	2
江西赣粤高速股份有限公司	22.335	4	19.557	5	19.17	3
华意压缩股份有限公司	9.660	5	8.062	12	6.823	11
诚志股份有限公司	9.556	6	7.318	14	5.929	14
三九宜工生化股份有限公司	9.218	7	11.377	7	10.07	8
江西联创光电股份有限公司	8.329	8	9.412	10	7.374	10
江西赣能股份有限公司	8.234	9	9.812	9	10.321	7
江西洪都航空工业股份有限公司	7.760	10	8.533	11	7.918	9
江西省发展信托投资股份有限公司	7.726	11	9.971	8	11.92	6
江西纸业股份有限公司	7.022	12	11.389	6	13.951	5
江西万年青水泥股份有限公司	6.339	13	7.445	13	6.178	13
安源实业股份有限公司	6.276	14	5.54	17	4.729	18

江西江中制药股份有限公司	5.390	15	30.468	4	5.675	15
南昌百货大楼股份有限公司	4.974	16				
昌九化工股份有限公司	4.644	17	5.609	16	6.449	12
九江化纤股份有限公司	4.555	18	5.862	15	5.483	16
清华泰豪科技股份有限公司	4.334	19	3.951	19	2.861	24
凤凰光学股份有限公司	4.120	20	5.442	18	4.736	17
南昌洪城大厦股份有限公司	4.089	21				
江西鑫新实业股份有限公司	3.868	22	3.51	22	3.658	19
新华金属制品股份有限公司	3.634	23	3.747	21	3.529	21
江西长力汽车弹簧股份有限公司	3.511	24	3.902	20	2.909	23
江西长运股份有限公司	2.854	25	2.255	25	1.98	25
江西三和电力股份有限公司	2.688	26	3.416	23	3.643	20
江西江铃齿轮股份有限公司	2.308	27				
江西黑猫炭黑股份有限公司	2.263	28				
江西赣南果业股份有限公司	1.810	29	3.031	24	3.035	22
江西洪城水业股份有限公司	1.727	30	2.012	27	1.001	32
江西南方稀土高技术股份有限公司	1.667	31	1.873	28	0.001	37
江西江联环保股份有限公司	1.296	32				
九江大中大(集团)股份有限公司	1.138	33				
江西博雅生物制药股份有限公司	1.136	34	1.454	30	1.55	29
井冈山旅游发展股份有限公司	0.594	35	0.799	34	0.81	33
江西金世纪新材料股份有限公司	0.525	36	0.738	35	0.796	34
赣州南河水电股份有限公司	0.225	37				

表2：

企业名称	2002年			2001年			2000年		
	最强	次之	最弱	最强	次之	最弱	最强	次之	最弱
江西铜业股份有限公司	1	0	0	1	0	0	1	0	0
江铃汽车股份有限公司	1	0	0	1	0	0	1	0	0
江西昌河汽车股份有限公司	1	0	0	1	0	0	1	0	0
江西江中制药股份有限公司	0	1	0	1	0	0	0	1	0
江西赣粤高速股份有限公司	1	0	0	1	0	0	1	0	0
江西纸业股份有限公司	0	1	0	1	0	0	1	0	0
三九宜工生化股份有限公司	1	0	0	1	0	0	1	0	0
江西省发展信托投资股份有限公司	0	1	0	1	0	0	1	0	0
江西赣能股份有限公司	1	0	0	1	0	0	1	0	0
江西联创光电股份有限公司	1	0	0	1	0	0	0	1	0
江西洪都航空工业股份有限公司	0	1	0	0	1	0	1	0	0
华意压缩股份有限公司	1	0	0	0	1	0	0	1	0
江西万年青水泥股份有限公司	0	1	0	0	1	0	0	1	0

诚志股份有限公司	1	0	0	0	1	0	0	1	0
九江化纤股份有限公司	0	1	0	0	1	0	0	1	0
昌九化工股份有限公司	0	1	0	0	1	0	0	1	0
南昌百货大楼股份有限公司	0	1	0						
安源实业股份有限公司	0	1	0	0	1	0	0	1	0
凤凰光学股份有限公司	0	1	0	0	1	0	0	1	0
南昌洪城大厦股份有限公司	0	1	0						
清华泰豪科技股份有限公司	0	1	0	0	1	0	0	0	1
江西长力汽车弹簧股份有限公司	0	0	1	0	1	0	0	0	1
新华金属制品股份有限公司	0	0	1	0	0	1	0	1	0
江西鑫新实业股份有限公司	0	0	1	0	1	0	0	1	0
江西三和电力股份有限公司	0	0	1	0	0	1	0	1	0
江西江铃齿轮股份有限公司	0	0	1						
江西黑猫炭黑股份有限公司	0	0	1						
江西赣南果业股份有限公司	0	0	1	0	0	1	0	0	1
江西长运股份有限公司	0	0	1	0	0	1	0	0	1
江西变压器科技股份有限公司	0	0	1	0	0	1	0	0	1
江西洪城水业股份有限公司	0	0	1	0	0	1	0	0	1
江西南方稀土高技术股份有限公司	0	0	1	0	0	1	0	0	1
江西江联环保股份有限公司	0	0	1						
九江大中大(集团)股份有限公司	0	0	1						
江西博雅生物制药股份有限公司	0	0	1	0	0	1	0	0	1
井冈山旅游发展股份有限公司	0	0	1	0	0	1	0	0	1
江西金世纪新材料股份有限公司	0	0	1	0	0	1	0	0	1
赣州南河水电股份有限公司	0	0	1						

注:“1”表示在此层,“0”表示不在此层。第一层综合实力最强(超出上市公司平均综合实力),第二层综合实力次之(超出37家股份有限公司平均综合实力,弱于上市公司平均综合实力),第三层综合实力最弱(弱于37家股份有限公司平均综合实力)。

南昌离现代制造业重要基地还有多远

傅勇 熊鹰

[社会反响] 该文获2003年度江西省企业调查分析课题一等奖;全省统计分析优秀文章三等奖。

[内容提要] 制造业是国民经济发展和社会发展的物质基础,是一个国家和地区综合实力的重要体现。没有强大的制造业支撑,就不可能有经济强国、经济强省、经济强市。南昌市委、市政府以前所未有的宏伟气魄,勾画出把南昌建设成为全国现代制造业重要基地的蓝图。本文试图分析说明的问题是目前南昌离建成现代制造业重要基地还有多远,南昌如何加快现代制造业重要基地步伐。

[关键词] 制造业 区域经济 基地

制造业是国民经济发展和社会发展的物质基础,是一个国家和地区综合实力的重要体现。没有强大的制造业支撑,就不可能有经济强国、经济强省、经济强市。南昌要快速提升城市综合竞争力,在全省率先实现中部崛起,最现实、最重要的途径就是加快工业特别是制造业发展,努力把南昌建设成为全国一个新的现代制造业重要基地。本文试图说明现代制造业重要基地的基本涵义,分析目前南昌离建成现代制造业重要基地还有多远,并就如何把南昌打造成为现代制造业重要基地提出几点建议。

一、现代制造业重要基地的基本涵义

我们研究南昌离现代制造业重要基地还有多远的问题,首先要搞清楚制造业、现代制造业、重要基地的基本涵义,明确南昌建设现代制造业重要基地的具体目标。

(一)什么是制造业?

工业产业中的制造业,是指对原材料(采掘业的产品和农产品)进行加工和再加工,以及对零部件、装备工业的总称。在国家最新国民经济行业分类(GB/T4754-2002)中,工业包含的三大门类中除采掘业以及电力、燃气、水的生产供应业外的所有加工、制造行业,统称为制造业。在制造业内部,既可按照行业归类划分为大、中、小类,又可按照产品的使用价值和技术、资金含量的不同划分为消费品制造业和资本品制造业、民用制造业和国防制造业、一般制造业和装备制造业。

(二)什么是现代制造业?

"现代"是一个相对概念,这里所指的"现代",并非是一般意义上的高新技术,而是指支撑"制造业基地"的竞争力与辐射力不断增强的能力。这不仅包括技术水平,还包括管理水平,尤其是创新能力。是与市场实际需求、实际扩展动态适应的先进制造业,是不断体现竞争优势的先进制造业。现代制造业应具备有三个方面的特点:一是采用了新技术、新工艺、新装备,实现了制造过程的现代化。如用高新技术生产高新技术产品、改造传统制造业,而不是用落后的设备、落后的工艺、落后的技术;二是应用信息化的手段,对生产、管理、销售的全过程采用了信息化的管理手段和信息化的管理工具。十六大提出,用信息化促进工业化,实现跨越式发展。IT产业的发展,信息产业的发展,不仅推进了经济全球化的发展,也推动了制造业本身的发展;三是采用了现代化的生产经营管理方式。没有现代化的生产组织方式,不能叫现代制造业。在此需要明确的是,高新技术,高新技术产品,高新技术产业,是三个不同的概念。我们不能说高新技术就等于现代制造业。高新技术表明了科学技术发展的水平,当高新技术转化成产品时,就是高新技术产品,当这个产品用了现代的工艺装备,用了现代化的组织方式进行生产,形成产业的时候,才能称为现代制造业。一些传统产业虽然不是生产高新技术产品,但它用了最新的材料,先进的装备,用了先进的生产组织方式,它能够用最低的生产成本、最好的质量占领市场,进行规模化生产,我们称之为现代制造业的传统产业,"汇仁制药"就是一个典型例子,该企业的大部分药产品采用的是中国传统的中药配方,但它使用了世界上先进的"三合一"中药液体灌装设备,应用了日处理量30吨的先进的中药材提取工艺,建立了纵横分立、灵活机动的营销体系,实行现代企业管理模式,"汇仁"产品已覆盖了除台湾、西藏以外的所有省份。毫无疑问"汇仁"属于现代制造业。所以现代制造业不等于是高科技产品,传统产品需要用高新技术对生产的装备、工艺流程包括新材料的使用来改造它。

(三)什么是现代制造业基地?

“基地”,是集中度的概念,现代制造业基地是反映某一部分制造业在某一地区或全国乃至在国际上拥有相当的份额和地位。它应具备以下五个方面的特点:一是产业的密集度相对较高。没有产业的密集度,就很难形成现代制造业基地,也许可以形成一个现代制造业的产品,但不能形成基地;二是区域内的产业关联度相对较高。不仅密集度高还要关联度高,没有关联度,形成不了完整的产业链,很难说现代制造业基地的形成。温州打火机能做到全世界打火机的80%,这里面产业关联度非常高,有负责材料生产的企业,有负责模具生产的单位,有生产最终产品的人,还专门负责销售部门,这就是产业关联度高;三是具备很高的扩张能力和创新功能,这里面有地域创新能力,还有整体扩散能力;四是有较大的产业规模和较高的外向度。没有一定的规模很难叫基地,没有外向度,也谈不上基地,产品自给自足称不上基地;五是具备制造业的比较优势。没有成本、效益、环境的比较优势,就没有基地的竞争力,就不可能有吸引力,产生不了集聚效应。

(四)国内外现代制造业基地的一般特点

从世界主要工业化国家和国内制造业基地发展进程看,凡是成为“世界工厂”或称“现代制造业基地”的国家,如19世纪的英国,20世纪的美国和日本,以及我国的制造业重要基地如:上海、广州、北京、天津、杭州、深圳、苏州、东莞等地,都有几个明显的特点:一是经济总体实力相对较强。主要表现是在世界或某个区域范围内GDP中所占份额较大。2001年美国GDP达10.2万亿美元,占世界的1/3。2001年日本GDP达4.5万亿美元,占世界的14%。2002年上海、广州、杭州的GDP分别为:5408.76.3001亿元、1780亿元,分别占全国国内生产总值的5.16%、2.93%、1.70%;二是市场份额相对较大。某些产品在一定区域内,以至世界市场上占有较大份额,甚至处于相对垄断地位,在市场竞争中有较大比较优势。2000年美国制成品出口为6500亿美元,占世界的14%,2001年日本贸易达4050亿美元,占世界的7%。上海、广州、杭州2002年出口贸易额达320.37亿美元、137.84亿美元、84.8亿美元,占全国比重分别为9.8%、4.2%、2.6%;三是企业竞争力强。主要产业有一批在生产能力、新产品开发能力、技术创新能力、经营管理水平等方面处于排头兵的大企业、大集团或跨国公司。2001年世界500强企业中,美国占了197家,前十名中美国占6家。2001年世界500强中,日本占了88家。2001年上海、北京和深圳引进世界500强企业分别为280家、159家、83家;四是技术领先。能够掌握和利用先进的科技手段,具有创新能力和核心竞争力;五是形成高度社会化、专业化的国内分工合作体系,重要产业具备研发、生产、营销联系紧密的产业链。如东莞的台式计算机产业链,北京、天津的手机产业链,苏州的笔记本电脑产业链的形成,为上述地区成为全国现代制造业基地奠定了坚实的基础。

(五)南昌现代制造业重要基地的基本框架。

2003年南昌市委、市府明确提出,要用3年时间把南昌建设成为生产基地型的现代制造业重要基地,再用5年时间建设成为生产基地型和创新型相结合的现代制造业重要基地。具体目标是:从2003年起,全市制造业增加值年均递增20%以上,到2005年制造业增加值达360亿元,占GDP的比重达40%以上,2010年达到900亿元,占GDP的比重达到50%以上;到2005年高新技术产业增加值占全市制造业增加值总量的30%以上,2010年达50%以上;到2005年累计新增制造业上市公司6-7家,2006年-2010年再累计新增12-13家;2003年-2005年对制造业平均年投入70亿元以上,2006年-2010年平均每年投入100亿元以上。以汽车、医药、新材料、纺织服装、电子信息和家电为支柱产业,力争到2005年,五大支柱产业占全市规模以上制造业总量的比重由目前的52.5%提高到80%。

二、南昌目前距现代制造业重要基地还存在不小的差距

对照现代制造业重要基地的基本特点和南昌的发展目标,对比分析南昌经济发展状况,特别是制造业的发展状况,目前南昌距现代制造业重要基地还有一定的差距。具体表现如下:

(一)经济总体实力不够强,制造业规模偏小。

与全国其它省会城市对比,南昌经济总量相对偏小,多数经济指标逐步滑向全国后列。2002年南昌GDP为552亿元,仅相当于广州的29.4%、杭州的31%、福州的47.6%、南京的42.6%,占全国省会总量的2.35%,在全国省会城市排名16位,仅占全国的0.54%;2002年南昌财政总收入60.8亿元,

仅相当于杭州的 23.6 %、福州的 52.4%、南京的 23.0%，占全国省会城市总量的 2.38%，仅占全国的 0.32%，在全国省会城市排名 20 位；2002 年南昌工业增加值 210 亿元，仅相当于广州的 20 %、杭州的 27.2 %、福州的 44.6%、南京的 42.0%，占全国省会城市总量的 2.49 %，仅占全国的 0.46%，在全国省会城市排名 16 位。（南昌主要指标在全国省会城市位次情况见表 1）

在中部地区，南昌经济总量处于中下游，制造业规模偏小。2002 年南昌 GDP 仅相当于长沙的 68%、郑州的 60 %、武汉的 37% ，占六个省会城市总量的 11%，排名 4 位；2002 年南昌财政总收入与合肥相当，相当于长沙的 84.7%、武汉的 30.9 %、太原的 83.8 %，占中部六个省会城市总量的 10 %，排名最后；2002 年南昌工业增加值占中部六个省会城市总量的 13.4%，排名第 4，相当于长沙的 88 %、郑州的 88.2 %、武汉的 39.3 %，而规模以上工业增加值仅占中部六个省会城市总量的 9.1%；南昌制造业占全市 GPD 比重仅为 36%，达不到全国平均 40% 的水平，在中部 6 个省会城市中规模最小，约为武汉的 27.5%、郑州的 42.1%、长沙的 66.1%、合肥的 76.6%、太原的 87.1%。目前南昌的制造业与中部其它城市相比处于劣势，与沿海发达城市相比差距更明显。（南昌主要指标在中部六个省会城市位次情况见表 2）

（二）强势企业不够多，支柱产业不够强。

近年来，南昌工业，乃至南昌经济的发展主要依靠一批强势企业支撑，但南昌强势企业数量和竞争力远不如上海、广州、杭州、福州、南京等城市，与中部区的长沙、合肥相比也存在不小差距。

2002 年南昌规模以上工业企业户数仅占全部工业的 2.5%，销售收入超过 2 亿的制造业企业仅有 22 户，其中超过 15 亿元的 5 户企业；超过 25 亿元的 3 户；超过 50 亿元的仅有江铃 1 户企业。而且，作为江西省的制造业中心城市，南昌没有一户企业销售收入过百亿元，截止 2002 年落户南昌的全国世界 500 强只有 3 户，200 强企业只有 3 户。南昌在中部的强劲竞争对手长沙强势企业比较南昌多，2002 年长沙年销售收入过 10 亿的企业有 15 户之多，其中长沙卷烟厂超过 80 亿元。

目前南昌产业发展还没有形成集群发展的局面，南昌重点发展的五大支柱产业：汽车、医药、新材料、软件、信息、家电和服装的增加值在工业中所占比重仍然不高，2002 年全市 210 亿元的工业增加值中，五大支柱产业没有一个工业增加值超过全市工业增加值总量的 10%。而南昌在中部地区的另一个强劲竞争对手合肥突出发展的汽车及工程机械、家电、化工及新型建材三大支柱产业，占全市工业增加值的比重超过 50%。

（三）产品结构层次低，知名品牌不够多。

南昌产品档次不高，技术含量低，竞争力弱是南昌制造业发展的致命弱点。“南昌制造”在市场的整体知名度和占有率都不高。南昌目前工业名牌产品不多，全国弛名商标更少，南昌还没有一个在全国市场占有率第一的产品。2002 年，南昌市制造业出口交货值占销售产值比重只有 5.3%，其中支柱产业的比重不足 5%. 2002 年南昌海关出口总额只占长沙的 71.2%，仅占合肥的 48.4%，在中部六个省会城市中排名第五，在全国省会城市中排名 16 位. 南昌五大支柱产业之一汽车制造业 2002 年销售汽车 51033 辆，仅占全国销量的 2.3%. 纺织服装产品外销主要是原料布匹及档次不高的服装，其中服装主要以来料加工，贴牌销售为主，自己的品牌很少，而且产品的附加值很低，据调查南昌某企业生产加工的一件针纺文化衫在国际市场上能卖到 10 美元，但该产品的出厂价不到 2 美元。

（四）工业投入不足，企业技术创新能力不够强。

长期以来，南昌工业投入严重不足，在“八五”和“九五”十年间市属工业技改投入只有 83.4 亿元，且有限的资金未能集中用于一些大企业、大项目。投入不足导致企业资产质量不高。2002 年全市工业投入创历史新高，也仅为 44 亿元左右，与中部其他 5 个省会城市差距甚远，与合肥、长沙相比，每年的工业投入分别少 30% 和 40% 以上。没有投入就没有产出，投入严重不足直接造成工业经济总量偏小。

从反映产业核心竞争力的高新技术产业发展看，南昌目前尚出处于起步阶段，产业规模小、技术基础薄弱。2002 年南昌市制造业完成技改投资 12.8 亿元，分别比长沙和合肥少 19.47 亿元和 3.17 亿元. 另据对南昌 142 户高新技术企业和生产高新技术产品的工业企业调查显示，2002 年，南昌市高新技术产业有 52.8% 的企业没有科技活动，其增加值仅占全市 GDP 的 4.9%，远低于制造业发达国家和地区的水平；高新技术产业共筹集科技活动经费 7.78 亿元，科技活动经费内部支出 5.51 亿元，仅占产品销售收入的 3.5%，R&D 经费支出 3.09 亿元，仅占销售收入的 1.96%。南昌高新技术产业的科技经费投入少，直接影响制造业企业技术创新能力的提高

此外，南昌缺乏一批高素质的企业家，也缺乏高级科技人才，由于社会经济欠发达，对人力资源的管理机制不活，难以留住人才，高级经营管理人才、科技人才、市场营销人才以及熟练技术工极度缺乏。南昌虽然拥有一批大中专院校，也培养了一批科技人才，但科技的整体竞争力不强，科研投入和产品研发投入很低，现有的实验设备利用率也不高。

（五）产业链不够完善，产业配套水平有待进一步提高。

南昌制造业产业链不够完善主要表现在“两头在外”，“中场经济”不强。“两头在外”中的“一头在外”是指南昌制造业产品的研究开发能力不强，拥有自主知识产权的产品技术不多，主要是依靠外地或国外的技术和研究成果加工、组装产品，近几年引进的国内大企业只是把南昌作为加工厂，研发机构主要放在外地；南昌产业链的“另一头在外”是指南昌许多本地企业的“销售环节”的管理水平不高，经营理念不新，许多产品，特别是纺织服装出口产品仅限于定单加工，主要依靠外地的公司销售。

所谓“中场经济”，是指从基础原材料生产到最终产品制造之间的元器件、零部件、配套件等中游产品的制造业，以及配套服务产业。在社会化大生产的分工体系中，“中场经济”既要依附于上下游产业，也具有其独立性。特别是对于一个系统的产业集群而言，中场经济则是不可缺少的重要组成部分。在制造业基地中的大企业，有一个为之配套的元器件、零部件生产群落是不可缺少的必要支撑和基础，在当地采购元器件、零部件，可以大大降低一系列成本，从而有效提高最终产品的市场竞争力。正因为现代产业配置最优化的这一规律性要求，一般地，凡是最终产品制造业中心或基地，总有一个规模宏大的“中场经济”伴随左右。当人们说一个地方是某种最终产品的制造中心或基地时，它同时也意味着这里是相关“中场经济”即配套产业的中心或基地。这已为国际和国内发达地区制造业发展的经验所反复证明了的。然而，南昌制造业配套水平距现代制造业基地的要求还存在一定距离，大多数本地企业习惯于做整机和最终产品，甘做小产品，占领大市场的意识不强，地区性工业专业化协作配套意识不强，能力不高，规模不大。龙头企业的另配件在本市较难找到配套厂家，没有形成围绕支柱产业、龙头企业进行专业化协作配套的氛围，制约了龙头企业对本地工业的带动作用的发挥，也在一定程度上削弱了吸引龙头企业、高端产品落户南昌的能力；此外，南昌的物流业总体规模小、效率低，服务项目少、系统化、标准化、专业化、一体化的现代物流体系远没有形成，也是南昌制造业“中场经济”不够强的重要原因。目前，南昌最大的物流企业年营业额也只有几千万元，与广东省的大型物流企业相差数十倍，与发达国家相比，更是天壤之别，这与南昌市经济发展水平很不相称。南昌物流成本较高，据不完全统计，物流费用占货品价格的比重：美国是 10%，英国是 8%，我国发达地区是 20%，南昌是 35%；南昌的物流业业务品种单一，设备老化、技术落后，缺乏专业人员，仍以储藏、仓管、小货车配送为主，而增值服务活动较少；南昌还未形成一个大的物流网络、信息化程度不高，信息不会共享，各种运输方式相互分割，难以“物尽其流”，从而影响那些市场化程度本来不高的物流企业的经营效率。“一个城市一个中心”这是物流业的基本走向，但南昌至今还没有形成这个“中心”。

（六）民营经济比重偏低，制造业发展活力有待增强

南昌市工业企业中，民营成分相对偏低，国有企业结构调整相对滞后，是制造业企业发展活力不够强的重要原因之一。与其它城市的民营经济大发展相比，南昌处于明显落后的状态，2002 年个私民营工业占全部工业的增加值仅 37%. 从规模以上工业看，个私营工业企业增加值占全市规模以上工业增加值的比重不足 30%. 与长沙、合肥相比，民营经济比重分别低 30% 和 20%，吸纳的就业人数分别低 40% 和 25 %。2002 年南昌市规模以上工业增加值中国有及控股的比重高达 77.3%，分别比长沙、合肥两市高 16.8.21.8 个百分点。

近年来，南昌在企业改制方面做了大量艰苦工作，也取得了一定的成效，但企业改制真正触及产权制度的不多，未能真正实现国有资本从一般竞争性

领域退出，企业发展内在动力和活力机制仍不完善。不少实行公司制改造的企业，未能真正按现代企业制度进行运作，企业生存发展的制衡机制仍不完善。

三、南昌具备建成现代制造业重要基地的基础和比较优势

虽然目前南昌不论在国际上还是在国内，甚至在中部地区还不是现代制造业重要基地，还有一段艰苦的路要走，但这并不能代表将来。我们还要清醒地看到南昌拥有发展制造业的基础和比较优势，具备建设现代制造业重要基地的潜力和能力。

（一）南昌具备建设现代制造业重要基地的现实基础。

南昌是一座工业为主的城市，制造业占全市工业的95%以上，新中国第一架飞机、第一辆摩托车、第一台轮式拖拉机和第一枚海防导弹都是从这里诞生。现在的南昌也是一座正在朝着新型工业化道路迅速崛起的工业城市。南昌已经具备建设现代制造业重要基地的现实基础，主要体现在三个方面：

1. **具备一定的产业基础。**南昌工业门类比较齐全，已拥有飞机、汽车、医药、新材料、机械、冶金、纺织服装、食品、化工等30多个行业，150多个中类，500多个小类。形成了五大支柱产业，即：以江铃为代表的汽车产业，以汇仁、江中、济民可信为代表的医药产业，以晶安高科、硬质合金厂为代表的新材料产业，以金庐软件园为代表的软件产业以及以LCOS、联创光电为代表的信息产业，以TCL、先科VCD、DVD为代表的家电产业，以银志服装城为代表的服装产业。有着近500家规模以上企业，制造业企业中已有10家上市公司。

尤其是近年来南昌确立的以工业化为核心，大力招商引资的发展方针，使大批国内外知名制造业企业纷纷落户南昌，构建起了“南昌造”的新军团，如：格林柯尔投资3.6亿美元兴建江西省最大的外资项目：格林柯尔－科龙工业园；山东晨鸣纸业投资70亿元在南昌打造全国具有较强劲竞争力的造纸基地；深圳方大集团投资12亿在南昌兴建新材料科技园等等。随着美国福特、台湾统一、中国普天、TCL、先科电子、LCOS数字彩电、娃哈哈、银志服装等等制造业相继落户南昌，还带动了大企业、大集团先进的技术、人才、管理理念以及为大企业配套的上、下游企业一并落户南昌，使南昌产业发展的支撑基础更加牢固。

另外，南昌拥有的以高新技术开发区、昌北经济技术开发区为龙头的13个县级以上工业园区已经具备了容纳大制造业的基础条件和优势。

2. **具备一定的产品基础。**南昌已经培育出部分市场占有率高，具有较强竞争力的工业名牌产品，其中：“江铃”、“汇仁”、“金圣”、“江中”是中国驰名商标，拥有36个江西省著名商标，48个省级名牌产品。一些行业和产品的比较优势逐步凸现。

3. **具备一定的技术基础。**近年来，南昌制造业的技术水平进步不断加快，产品的技术含量不断提高，每年都有30多个新产品列入省级以上的开发计划。2002年，大中型工业企业创办研发机构51个，已有2家企业建立了博士后工作站，形成了一批技术开发中心，其中江铃正在审报国家级技术中心。特别是清华、北大、浙大、南大科技工业园建成后，将大大提高南昌市的区域研发创新能力。

（二）南昌经济和制造业高速发展

1. **经济增长速度不断加快。**改革开放20多年来，特别是二十世纪九十年代中期以来，南昌经济在市场化进程中，加快了结构调整步伐，经济实力逐年增强。2002年，全市国内生产总值（GDP）增速达13.8%，高出全省增速3.3个百分点，高出全国5.8个百分点，在全国省会城市中增速最快，总量比1978年增长13.6倍，2003年1－9月南昌GDP总量由2002年为长沙、武汉的68.1%、36.9%提高到71.6%、37.8%；2002年，南昌财政总收入60.8亿元，增速达16%，总量比1978年增长22.8倍。2002年，南昌全社会固定资产投资137亿元，增速达41%，位居全国省会城市增速之首，总量比1978年增长111.3倍。2002年，南昌实际利用外资36733万美元，增速达187.7%，在全国省会城市中增速名列第一。2003年1－9月，全市外贸出口6.29亿美元，增长37.45%，增幅比去年同期提高54.4个百分点. 由此不难看出，南昌经济规模虽小，但发展速度加快，呈现较强的发展后劲。

2. **制造业发展加快、贡献不断增大。**2002年，南昌市工业总产值达640亿元，比1978年增长33.4倍，远高于GDP和财政收入的增长；工业增加值210亿元，增速达17.6%，增速位居全国省会城市第三位；2003年1－9月规模以上工业增加值总量由2002年为合肥、长沙、武汉的76.6%、66.1%、27.5%提高到79.25.66.6%、29.7%；制造业中大型企业户数由1992年的19户增加到2002年的36户；制造业总产值占全国的比重由1995年的0.22%，上升到2002年的0.61%。

制造业发展对南昌经济增长的贡献巨大，2002年南昌制造业增加值占GDP的比重为36.2%，对GDP的贡献率47%，制造业从业人员占全社会从业人员的比重为20.1%。

（三）具备五个明显的比较优势

国内外优势企业扩张战略的核心目标，是在全国范围内实现资源最优配置，使产品在最适合的地方研发，最适合的地方生产，最适合的地方销售，从总体上讲，中部地区将成为优势企业建立制造业基地的首选。而南昌在中部地区特别是中部省会城市中具有综合比较优势，突出表现在以下五个方面：

1. **区位优势**。南昌是唯一一个与中国最具经济活力的"长三角"、"珠三角"、"闽中南"经济区同时相毗邻的省会城市，具有紧连粤闽浙，深延港澳台的独特区位优势，水、陆、空交通十分便利。

2. **市场优势**。随着以南昌为中心的6小时市场经济圈相关基础设施和配套建设的完成使这个地区孕育着广阔的市场空间，拥有4亿5千万人口，至少具有12万亿元工业品消费潜力，为国内外投资者提供了潜力巨大的市场空间。

3. **低成本优势**。经测算分析，目前南昌与周边城市相比，在劳动力、水、电、土地等这些最基本的生产要素方面具有明显的价格优势。①劳动力成本低。2002年南昌市制造行业人均工资相当于广州二分之一，杭州五分之三，在中部六个省会城市中位居第五。劳动力成本低对于吸引"成本降低型"外来投资具有较强的比较优势；②原材料成本低。南昌自然资源丰富，初级农产品产量高，建筑材料如黄沙、水泥等价格，大大低于东部沿海地区，在中部地区也具有价格比较优势；③基础费用低。南昌工业用水、用地价格，在中部六个省会城市中最低，工业电价格仅高于太原，位居第五。与沿海发达城市相比，水价平均低25%左右，电价平均低35%—40%。

较低的基础设施建设费用，加上低成本的劳动力和原材料，使来南昌投资的企业在市场竞争中赢得价格优势，同一种产品在南昌生产要比在沿海生产降低1/3成本，比国外生产降低1/2以上成本。

4. **投资环境优势**。南昌还具有优良的投资环境优势。近年来，市委、市政府通过开展"解放思想，加快发展"一系列活动，着力打造"成本最低、回报最快、效益最高、信誉最好"的"四最"品牌，尤其是在江西省委十一届四次全会做出了"全省支持南昌做大做强做优"战略决策的鼓舞下，全市上下凝聚了空前的向心力，已形成了"人心思上，人心思变，干事业，谋发展，抓发展"的炽热氛围，经济景气度明显提升，非经济的低成本优势凸现。当前，海内外投资者看好南昌，招商引资取得了突破性进展，成果喜人，在去年全市实际利用外资增长1.9倍，实际利用内资增长70%的基础上，今年1－10月实际利用外资增长65%，实际利用内资增长1.3倍。南昌——一个吸引国内外众多投资者的"强磁场"已经形成。

5. **生态环境优势**。南昌生态环境优越，自然生态条件较好，区域生态水平、区域环境水平在中部省会城市中位居前列。环境污染程度轻，空气质量较好，城市空气质量基本达到国家一级标准；工业"三废"较少，全市工业废气排放经过净化处理的占60%，工业废水中达标排放量占60.4%，工业固体废物处置利用率占83.6%；水质较好，地表水水质达标率为91.67%；人居环境优美，全市上下按照"一江两岸，建好八湖"思路建设，"湖在城中，城在湖中"，生活环境正向沿海发达地区接轨。

（四）面临着千载难逢发展机遇

随着经济结构战略性调整的展开，我国工业化"区域落差"所蕴藏的能量加速释放，汇成一股产业梯度转移潮流。一方面由于沿海发达城市已进入工业化后期，迫于土地、劳动力等要素成本上升的压力和实现产业升级的需要，出现了"退沿进中"的明显趋势，纷纷把工业尤其是制造业向内地扩散，加速低成本扩张；另一方面随着中国加入WTO、西部大开发，掀起了新一轮外商投资高潮，国际上一些大公司、大集团纷纷把制造业的生产基地大规模向中国转移，中国正向"世界制造业基地"迈进。

而在中部地区至今尚处于群雄逐鹿的"争霸"时期，在中部地区新的极点可望形成的过程中，没有一个城市有绝对优势，也没有一个城市存在绝对的劣势，只要南昌抓住机遇，选准路子，加上苦干、巧干、实干，就有望成为类似于长江三角洲的上海和珠江三角洲的广州、深圳那样的一极，成为中部地区的"山峰"。

四、南昌如何加快建设现代制造业重要基地的

步伐

上述基础和优势是南昌建设现代制造业重要基地的有利条件，而差距则是南昌努力和发展的空间。只要南昌能够抓住国际资本和制造业资本向中国转移以及国内东部发达地区的部分产业向中西部转移的两大历史机遇，围绕建设现代制造业重要基地的总体目标，以项目为中心，企业为主体，工业园区为主战场，集群为优势，人才为支撑，效益为目标，走新型工业化道路，力争在更大范围内、更广领域和更高层次上参与国际竞争，在激烈的国内外市场上赢得“南昌制造”的份额和地位，成为全国一个新的重要的制造业基地是完全有可能的。今后南昌应注重做好以下几方面的工作：

（一）多渠道筹措资金，加大对制造业的投资密度和投资强度。

大力招商引资，突出制造业项目这个重点，提高招商引资项目中制造业项目的比重；积极向国家争取新上项目和技术改造项目的立项，争取国家债券和省技术改造贴息的支持；进一步加大促进企业上市工作力度，使更多的企业能通过证券市场融资；通过打造“信用南昌”和“信用企业”，积极争取金融单位的信贷支持，扩大制造业信贷规模；深化国企改革，盘活存量资产，整合现有制造业资源，加大国企嫁接重组力度，吸纳更多的外来制造业知名企业参股、控股和收购我市制造业企业；积极引导民间资本投向制造业。通过多种形式和各种途径筹措发展资金，加大对制造业的投资密度和投资强度，壮大南昌制造业规模。

（二）以大开放为主战略，培育具有核心竞争力的大企业、大集团。

一方面要以大开放为主战略，充分发挥南昌市场容量大的优势，进一步打响“四最”城市品牌，营造国内一流的服务环境，公正透明的法制环境，公开公平的竞争环境，成本最低的经营环境。充分利用国际、国内两种资源和两个市场。全方位、多渠道地吸引国内外大企业、大集团来昌投资发展制造业，重点引进世界500强、国内200强中的制造业企业。发挥已落户南昌的国内外知名制造业企业的影响力和带动力，“以外引内”、“以大引外”和“以优引外”，积极吸引国内外企业来昌投资创业。依靠“外来军团”提升制造业的核心竞争力

另一方面，在寄希望于“外来军团”的同时，南昌要以大开放为主战略，积极唤醒“本地军团”，培植一批核心竞争力强、主业突出、市场竞争力强、具备产业优势的制造业企业集团，打造南昌制造业的“国家队”。鼓励和支持南昌制造业企业从参与经济全球化和战略竞争的需要出发，瞄准国内外同行业中排名靠前的大企业、大集团，通过嫁接重组等方式与其结成战略联盟；鼓励和支持制造业企业凭借自身实力、整合有效资源，进行低成本扩张，尤其要提高资本运作水平，通过股份制改造，加快上市融资步伐，把产业资本与社会资本有机结合起来；鼓励和支持制造业企业开展技术创新，进行产学研对接，加快科技成果转化，采用高新技术和先进适用技术改造提升传统产业；鼓励和支持制造业企业开拓市场，培植一批在国内外市场“叫得响”的拳头产品，不断提高其在国内外市场的占有率。

（三）以工业园区为主战场，切实增强“基地”集聚效应。

切实把工业园区作为对内对外开放的主战场和制造业发展的增长极，通过做强、做大、做特、做优工业园区，增强园区承载能力。做强，就是增强工业园区的承载力，提升基础设施建设的水平，提升工业园区的竞争力。充分运用市场手段，加快园区的水、电、道路、交通、厂房、服务设施等基础设施的建设；做大，就是在开发一块成功一块良性滚动发展的基础上，要做大工业园区的规模，提供更多更好的符合客商要求的用地。在国家政策、法规允许的范围内，最大限度地降低开发区成本，构筑工业园区的竞争优势。工业园区要突出龙头企业与配套企业的协调发展，注重引进规模大、质量高的项目，引进大企业、龙头企业，迅速壮大规模；做特，就是注意产业的合理分工，做到各展所长，分工协作，形成产业的特色和集聚优势；做优，就是要优化工业园区的机制体制，优化招商引资服务体系。工业园区要真正按照精干、高效、务实的原则设置机构，建设新的机制体制，努力做到与国际惯例接轨。要进一步提高工业园区的服务水平，使客商引得进，留得住，长得大。要采取现场办公、现场解决问题等多种务实性的办法，真心实意帮促投资者尽早开工投产，不断提高园区单位面积的产出率，使工业园区成为制造业发展的重要增长极。

（四）进一步完善和延伸产业链。

首先，切实提高发展现代制造业的产业配套能

力。南昌在发展支柱产业的同时,要着力提高专业协作配套能力。按照"政府引导,市场化运作,经济杠杆撬动"的原则,围绕落户我市的重大制造业项目的整机或终端产品,以项目为中心,以企业为主体,以招商引资为主抓手,实施专业化协作配套工程,实现其所需零部件在本地配套,进一步降低企业采购成本,提高市场竞争力,并重点培植一批"小巨人"专业化协作配套企业,形成产业的集聚效应和链式化延伸,进一步提高产业集中化程度和组织化程度。在推进形式上,实行统分结合、以分为主,条块结合、以块为主,改造和引进结合、以引进为主,立足南昌,面向全国,走向世界,提高产业的配套水平。

其次,着力发展会展经济和现代物流业。充分利用省会城市的地位优势和交通"结点"的区位优势,加快构筑我市会展经济的发展平台,培育一批有品牌效应的展会和一批有专业水准、有竞争实力的展览公司,使我市会展经济迅速做大规模、打响品牌,促进制造业发展。按照"城内大商场、城郊大市场、城外大流通"的战略构想,大力发展对制造业具有极大推动力的现代物流业。要建设功能完善、布局合理、综合配套的现代物流基地,加快商贸流通业调整和经营方式转变,培育仓储、配送、流通加工、运输和信息等相互融合的现代物流业。加紧制定我市现代物流业发展规划,构筑现代物流业发展所需的基础实施平台、政策平台和信息平台,引进和培植一批大型物流企业,形成城市现代物流中心,以大物流、大流通促进大开放、大发展。

再者,在发展现代制造业的同时还要加快发展现代服务业和现代农业。现代服务业是南昌经济的主导产业,大力发展具有南昌优势的现代金融业、现代流通业、旅游会展业和信息中介服务业,有利于促进现代制造业的快速持续增长。同时也要注意到,各县区具有发展现代制造业空间和潜力,因此,农业和农村经济结构调整,传统农业向现代农业转型,农村工业化、城市化、小城镇建设,都要与南昌产业结构调整升级、产业布局优化组合紧密结合起来,共同推动城乡一体化进程,从而推动现代制造业的发展。

(五)放开手脚,积极引导个私民营企业参与制造业重要基地建设。

始终坚持放心、放胆、放手、放开、放宽、放活的"六放"方针,营造良好的发展环境,采取一系列行之有效的政策措施,引导个私民营企业参与制造业重要基地建设。鼓励个私民营经济投资兴办制造业企业,放宽准入条件,逐步取消前置性审批;鼓励个私民营企业参与国有、集体企业的产权制度改革,为其购并、租赁国有、集体制造业企业创造条件;推动多种所有制经济在产权联合,机制上对接,经营方式上取长补短,实现投资主体多元化和经营方式多样化;建立和完善中小企业信用担保体系,协调银企关系,帮助个体私营企业逐步解决融资难的问题;引导个私民营企业进行制度创新和管理创新,改变传统的粗放型经营模式,逐步建立现代企业制度和实现管理信息化。

(六)创新观念,建设一支高素质人才队伍。

打破传统式的"识才"观念,拓展全方位的"选才"视野,建立市场化的"引才"机制,激励高效率的"用才"方式,培育和造就高素质、多样化的企业人才队伍。一方面是企业经营者队伍,倡导"用一流人才,办一流企业"的理念,将培育具有创新精神的现代企业家和职业经理人放在突出位置,建立企业经营管理者人才库,形成一套科学的经营者资格认证制度和评价体系,逐步实现企业经营管理人员的职业化、市场化。通过企业改制,发现一批企业经营管理人才;另一方面是技术、管理创新人才队伍,鼓励和支持科技人员创办各种形式的科技型企业,建立智力产权制度,通过技术、知识、管理等要素参股和期权等形式,营造优秀人才引得进、留得住、用得好的政策环境,造就一支熟悉我国国情和法律法规、具有较高外语水平和丰富的专业知识、掌握 WTO 规则、了解外国有关商业法规和技术标准的复合型人才和各类专门人才队伍;再一方面是技工队伍,发展职业教育,强化技术培训,提高技工的业务能力和岗位技能,全面提高劳动者的综合素质,造就一支训练有素的技工队伍。

(南昌市企业调查队)

表1: 2002年南昌主要指标在全国省会城市位次

指标	位次
国内生产总值(GDP)	16
第一产业	15
第二产业	16
#工业	16
#规模以上工业	20
第三产业	16
财政总收入	20
全社会固定资产投资	21
社会消费品零售总额	20

表2: 2002年南昌主要指标在中部六个省会城市位次

指标	南昌		合肥	长沙	郑州	武汉	太原
	数值	位次					
国内生产总值(亿元)	552.37	4	412.4	810.9	926.8	1 493.1	432.2
第一产业	50.0	3	39.8	80.7	46.2	89.5	16.0
第二产业	270	4	206.7	337.3	453.6	660.5	214.9
# 规模以上工业	100.2	6	130.8	151.5	237.8	363.8	115
第三产业	232	4	165.9	392.9	427.0	743.1	201.3
财政总收入(亿元)	60.8	6	60.92	71.8		196.5	72.5
全社会固定资产投资(亿元)	137	6	168.6	362.6	340	570.4	147.6
社会消费品零售总额(亿元)	179.84	6	184.8	392.1	430.9	770.1	181

我省上市公司核心竞争力的分析

李广友

[文章简介]本文在深入分析我省上市公司核心竞争力现状及潜力的基础上,重点剖析了制约我省上市公司核心竞争力提升的因素,并提出要从实施战略管理计划、依靠技术创新、创造良好公司治理结构、高效经营四个方面,全面提升我省上市公司的核心竞争力。

[社会反响] 该文获2004年度江西省统计科研与统计分析中标课题,国家统计局企调总队内部信息网登载了全文。

[关键词] 上市公司、核心竞争力、战略 。

上市公司是改革开放的产物。我省的上市公司随着改革的深入而不断发展壮大,在江西经济发展中起着越来越重要的作用。据调查,截止到2003年底,江西已有23家上市公司,股票总市值达626.42亿元,占全省当年GDP总量的22.14%。这些上市公司是我省经济的窗口。在经济全球化的今天,企业的竞争实质上是核心竞争力的较量,核心竞争力已日益成为企业追求的战略目标,成为企业持续竞争优势的源泉。因此,研究我省上市公司的核心竞争力具有十分重要的现实意义。

一、我省上市公司核心竞争力的评价

核心竞争力又称核心能力,是一个综合概念,有多种定义,其一,核心竞争力是一定制度框架下,企业所拥有的基于独特知识技术积累的一种竞争能力。其二,核心竞争力是在一个组织内部经过整合了的知识和技能,是企业在经营过程中形成的,不易被竞争对手效仿的,能带来超额利润的独特能力。美国著名的管理专家普拉哈拉德(C. K. Prahalad)和哈默尔(G. . Hamel)在他们的《公司的核心竞争力》(The Core Competence of the Corporation)一文中认为:企业核心竞争力是组织中的积累性学识,尤其是关于如何协调不同的生产技能和整合多种技术的知识和技能,并据此获得超越其他竞争对手的独特能力。又有人将企业核心竞争能力总结为:核心竞争能力就是表现为某个企业所独有的。第一,偷不走,别人不可轻易模仿;第二,买不到,就像两只鞋一样是拆不开的;第三,带不走,这个技能是属于企业的,不是个人的。综合各种学术观点,笔者认为企业的核心竞争力是指企业在市场上的优势集合,包括企业的规模、技术、管理、人力、知识和文化体系等。基于此认识,对我省上市公司的核心竞争力作如下分析。

(一)我省上市公司近期经营绩效

从2000年到2003年的调查统计资料看,近三年我省上市公司经营绩效相对稳定,资金使用比较科学、合理,大多数公司业绩良好,为我省经济发展作出了较大的贡献。调查显示:截止2003年12月31日,23家上市公司资产总计为467.57亿元,比2000年增长56%;全年主营收入合计为277.46亿元,比2000年增长1.5倍,约占当年全省GDP总量的10%;实现利润总额合计为19.92亿元,相当于当年全省国有工业企业利润总数的68.9%;共缴纳税收20.18亿元,占当年全省国有工业企业纳税总额的48%。主要经营绩效可以概括为以下几个方面:

第一、资产规模迅速扩大,上市公司成长速度快。从2003年度与2000年相比较,全省上市公司由15家增加到23家,上市公司平均每家资产总量增长了22.3%,平均每年递增6.9%。其中:资产规模增长一倍以上的有10家,占43.5 %,其中有4家增长率超过二倍,赣南果业增长率达2.9倍。同时各上市公司净资产增长速度也较快,资产规模迅速扩张。其原因主要是上市公司加大了投资规模;加大了资产重组力度;新上市股及增发股份增加;上市公司开始多元化、跨行业经营;资本运营力度加强。

第二、收入快速增长,盈利能力不断提高。从近三年我省上市公司主营业务收入、利润水平来看,大部分上市公司显著增加。调查资料显示:2003年与2000年相比较,全省23家上市公司主营业务收入除江西纸业减少外,其余的都有较大幅度增长。利润总额成倍增长的有7家,约占三分之一。其中江铃汽车、赣南果业和江西铜业分别增长738.1%、499.2%和393.9%,名列前茅。

第三、偿债能力强,财务风险低。从2003年度年报情况来看,全省上市公司资产负债率只有

51%。各上市公司资产负债率超过70%的只有2家,而资产负债率在50%以下的有14家公司,占61%,最低的资产负债率仅9%。这一方面反映了我省上市公司财务风险低,偿债能力较强。但另一方面也说明我省上市公司利用财务杠杆效果不够理想。

第四、整体经济效益稳步上升。近三年来,由于受到国内宏观经济形势影响,反映我省上市公司经济效益的各项经济指标大多都稳中有升。据统计,2003年全省23家上市公司平均每股净资产2.78元,平均主营业务收入12.06亿元,平均主营业务利润2.51亿元,分别比2000年增长5.7%、123.8%、79.3%。产品销路畅通,上市公司经营业绩表现了良好的前景。

(二)我省上市公司竞争潜力的分析

近年来,我省上市公司在加大技术投入,完善内部管理机制,取得了较好的经营业绩,积累了一定的市场竞争经验,凝成了我省上市公司市场竞争潜力,为进一步提升市场竞争力打下了坚实的基础。

首先,加大了高新技术投入,创新能力不断增强。据调查了解,我省已有一部分上市公司成立了研发机构,并投入了一定的研究开发资金,新产品销售收入每年都有增加。如江西铜业是目前国内最大的综合性铜生产基地,拥有国内最大的两座露天铜矿以及国内规模最大的铜冶炼厂。该公司投资1.98亿元,引进国外先进技术设备,采用新工艺,已建成一个年产15万吨规模的铜加工项目,改变优势主要集中在产品初加工方面,产品精深加工能力滞后的状况,扩大了公司经营业务范围,提高产品的质量和品味,形成强有力的潜在竞争力。此外,各公司还正加强人员培训力度,大力吸收科技人才,增加公司发展潜力。

第二、多元化经营步伐加快,抗市场风险能力增强。如在我省,石油化学工业既是传统优势产业,也是今后具有较大发展潜力的产业之一。目前,该行业已形成了石油加工、基本化学原料工业、农用化肥工业和有机化学工业的生产格局,并拥有九江化纤、昌九生化、诚志股份等骨干企业;在汽车行业也已形成年产各类汽车25万辆的生产能力,以江铃汽车、昌河股份为中心的汽车产业优势渐已形成,借助这些公司的龙头作用,通过兼并、收购等,使石油化学工业和汽车工业成为江西省的龙头产业,增加了抗投资风险能力,为各公司确保在各自行业领先地位打下了基础。

第三、产品知名度迅速提升,出口创汇能力增强。近年来,我省上市公司产生了一批知名度较高的品牌。如华意压缩是我国最大的无氖压缩机生产基地之一,压缩机出口量占国内出口量的26%,无氟制冷技术是国家最鼓励发展的环保技术之一,其产品远销美国、欧盟、阿联酋、比利时等国家,2003年出口创汇达1400万美元。此外,江西已涌现出享誉海内外的知名农业品牌,如:婺源绿茶、泰和乌鸡、英雄和阳光乳品,也涌现出了德宇集团、金牛集团、英雄乳业等较有实力的企业。在实现农业产业化同时,将粮食、食品加工、旅游等资源进行整合,上市前景十分广阔。

第四、积极探索资产重组,努力提高资本利用效率。我省上市公司努力探索资产重组,资本利用得到很大提高,潜在竞争力增强,为上市公司参与国内、国际市场竞争积聚了力量。如三九集团将优质资产注人宜春工程,使其实现了从传统机械制造业向现代产业转型;赣南果业进行产业重组后,公司通过收购第一大股东持有的天音通信的股权,主业正由原来的农业向信息产业过渡。更值得一提的是华意压缩,投资1.4亿元,以53%股权控股浙江"加西贝拉",为江西上市公司跨省收购沿海地区企业首开先河。这次重组使华意压缩在中国的压缩机行业市场占有率达到了25%以上,成为中国最大的压缩机生产企业。

通过上述对我省上市公司竞争力的分析,可以认为,我省上市公司近年来经营状况较好,整体成长性较为乐观,已有相当一部分上市公司在同行业中具有竞争优势和较强的竞争力,已开始多元化经营,全面加入国内、国际市场竞争,并已取得了良好的开端。

二、我省上市公司核心竞争力制约因素分析

尽管我省上市公司在目前国内外市场上已经具备一定的竞争力,但仍然存在一些制约上市公司竞争力进一步提升的因素,具体地讲主要有如下几个方面:

(一)、上市公司数量偏少,整体经营规模相对较小。我省上市公司起步晚,1994年全国就有291家,而我省只有1家。通过十年的发展,到今年全省上市公司才只有23家,仅占全国的1.79%,为安徽的63.9%，湖南的59.0 %，湖北的39.7 %，浙江的34.8%。据统计，2003 年，在23家上市公司中，资产总额上100亿元的只有江铜一家，而资产总额在20亿元以上的只有5家，但资产总额在10亿元以下的就有9家。由于上市公司经营规模不大，使得部分公司在生产能力和高新技术投资及产品研发等方面投资绝对数额相对较低，甚至有个别公司无力进行投资，这将影响到上市公司未来的发展潜力，使其竞争力受到制约，同时也限制了规模经济效益的形成。另外，在2003年度中，有5家上市公司流动资产在下降，这将对上市公司盈利能力和偿债能力都会产生不利的影响。

（二）、公司缺乏成熟的发展战略，资本运营呈现出短视性。上市公司的目的是融资，融资的出发点又往往只考虑近期需要，发行股票筹资只考虑一次到位，很少考虑连续募股问题。即使是那些事实上在不断增资扩股的公司，多半也是走一步，看一步，决策往往是临时的，主要表现在：一是长期投资选择上或多或少存在"散、乱"现象，许多公司长期投资于与主营业务无关的领域；二是只顾眼前的微观利益，如捞取虚假利益、获取优惠政策等；三是为保壳而重组；四是片面追求企业资产规模扩张，忽视资本运营的质量；五是被动性扩张，上市之前只考虑拿计划，招股说明书按有关项目简单拼凑，出于大量募集资金出路压力而轻率投资。发展战略不明晰，部分上市公司募集资金投向变换较为频繁。一些上市公司战略有时脱节，在经营方面有时随波逐流，炒作上市公司概念，这些都将会制约上市公司竞争力的提升。

（三）、股权结构不尽合理，"一股独大"现象普遍。从我省上市公司股权结构看有以下特点：一是国有股东处于绝对控股地位。总体上国有股达51%，且近三年没有发生大的变化。在二十三家上市公司中，国有企业控股就有17家，占73.9%；集团控股的有3家，占13%；二是流通股比重不大，只有43%，但有上升势头，比2000年上升了3个百分点；三是第二、第三法人股比重过小，且呈下降趋势。到2003年底全省上市公司第二、第三法人股只占6.3%，比2000年下降了0.5个百分点。实证研究表明，不同的股本结构的上市公司，其资本经营的绩效也明显有差异，股权高度集中的公司经营绩效最差，而股权中度集中的公司则表现出较好的业绩水平。股权结构之所以会影响上市公司资本经营的效率，主要是因为股权安排与上市公司之间有密切的关系。理论上讲，在股权相对集中的条件下，大股东直接对企业实施监控是公司治理有效的关键所在。但在我国，国有股权占绝对控股地位，而其有效持股主体却又严重缺位，必然导致监控机制难以形成，在这种情况下，内部人控制的问题便不可避免，这必然对公司经营的绩效产生负面影响。而作为我国第二、第三大股东的法人股，在某种程度上具有介于国家股与流通股之间的特点，它既不像国有股的有效持股主体的缺位，同时由于不能上市流通，也不像流通股股东那样以追求短期利益为主要目标，而是更关注公司的中长期的经营发展，且所持股份相对较多，在监督的问题上也不会随意搭便车。理论和实践已经证明：法人股在上市公司总股本中所占的比例越高，对内部人的监控动机越强，监控效率越高，企业资本经营的绩效也越显著。因此我省上市公司应积极探讨改变股权结构不合理的问题，尤其是如何将已上市公司的集中化的股权相对分散的问题。

（四）、受制于母公司，缺乏独立性。在我省的上市公司中，绝大多数上市公司都是由原来的国有企业改制而来，因此，上市公司与母公司之间存在千丝万缕的联系，往往在人员、资产、债务、购销等方面存在诸多遗留问题。主要表现在：一是挤占资金严重。一些上市公司的母公司资产质量较差，经营难以为继，对上市公司拖累大，并且常出现挤占上市公司的资金问题，严重影响了上市公司的独立性和经营效果。调查中发现，上市公司被母公司挤占资金的现象不同程度地存在，被挤占资金在1亿元以上的有4家，占18%。原本亏损的江西纸业被控股股东江纸集团几乎掏空，挤占资金高达10.3亿元；二是大量关联交易以及高级管理人员配量上与母公司的重复。据调查，全省23家上市公司从关联方取得的收入占主营业收入的13%左右；向关联方发生的支出合计占主营业务支出近20%。上市公司应收关联方款项合计高达20亿元之多，应付关联方的款项却不到12亿元。目前，在上市公司中，法人代表两边兼任的占44%。调查中我们还发现，母公司实力很强，上市公司股权只占其资产很小比重的公司，其独立性较好，但母公司经营困难的公司，资金被母公司及其关联方占用的情况较为严重。上市公司独立性的丧失，致使公司董事会在人员任命、重大经营决策等方面不能独立履行职责，影响上市公司的健康发展。

（五）、资本经营理念异位，资产运作缺乏创新。一是由于缺乏应有的理论、相关制度的准备，上市公司对资本经营的认识不全面，在实践中存在许多误区，从而使得一些实施资本经营的上市公司不能达到预期的效果，影响了资本经营效率的提高。主要表现在：(1)认为上市公司靠发行股票筹集到的资金可无偿使用；(2)把资本经营片面理解为股票投资或金融商品买卖等资本运作行为。将筹集到的资金用于从事股票、债券的买卖或高息拆借给商业银行。这不仅违背了其筹资承诺，而且阻碍了其主营业务的发展；(3)割裂了资本经营与生产经营的内在联系，视资本经营为游离于生产经营之外的更为高级的经营形式，忽视了资本经营后的整合管理。尽管资本经营在时空上可暂时脱离生产经营而单独运作并获取一定的资本收益，但资本经营最终必须服从和服务于生产经营。因为生产经营是资本经营的起点和归宿，也是资本经营存在和效能发挥的基础。离开了生产经营，不重视对资本经营后的上市公司各种资源的整合和改善公司内部管理，一切貌似资本经营的经济行为都是没有实际意义的。因为它不能从根本上提高上市公司的发展后劲，也不能真正提高资本经营效率。二是从近几年我省上市公司资产经营与重组来看，主要采取方式是剥离不良资产，把某些具有一定发展前景的产业的资产注入到上市公司中，这实质作用仅仅将原有老亏损的国有企业通过重组、剥离使其盈利，真正地如何合理地运用资产重组，抢占市场，提高资本使用效果与效率，提高上市公司对市场环境变化反映较为迟钝、保守，因而使得一些通过上市募集的资金难以有效地使用，影响了上市公司的盈利能力的提升。

（六）、有效的激励与约束机制尚未建立，人力资源管理战略没有引起足够重视。首先，从理论上来说，上市公司相关人员的薪金报酬多少与上市公司的资本经营效率高低是成正相关的。在我省23家上市公司中，董事长或总经理的最高年报酬一般都在5万—10万元之间，最高年报酬在15万元以上的4家就有3家近年来实现利润总额增长四倍以上，名列榜首。这说明我省上市公司董事和高级管理人员的报酬多少是和上市公司资本经营效率成正相关的。因此要提高我省上市公司资本经营效率还必须建立一套有效的激励和约束机制。由于大都属于国有控股公司，董事和高级管理人员大部分是由控股股东或其上级主管部门任命的，他们的报酬大部分是采用计划经济时期的企业干部管理办法和报酬制度，只有7家上市公司采取了年薪制，没有一家采取股票期权制。缺乏有效的激励和约束机制，这多少制约了董事们和高级管理人员提高资本经营效率的积极性和主动性；其次是在我省上市公司中，许多公司尚未建成与公司发展战略相匹配的人力资源管理战略，人力资源管理工作尚未形成一个有机系统，除个别上市公司外，许多上市公司缺乏具有特色的人力资源管理思想。

（七）、产品结构相对单一，国际化经营程度较低。我省上市公司近年来虽然加大了技术投资，且投资速度在加快，但许多公司产品技术含量仍然处在较低水平，甚至个别公司还是手工化生产。有些公司技术的研发能力仍停留在技术引进及消化阶段，谈不上真正意义上的技术研发。上市公司大多数缺乏公司核心技术优势，对于构建上市公司核心技术战略，相当一部分公司缺乏足够的人力、财力，技术战略的提升对上市公司来说还是一条漫长之路。由于产品结构单一，科技含量又较低，很难融入国际化经营，在目前的我省上市公司中，除少数几家公司产品能够出口销售，或能对外投资外，相当一部分上市公司还未能进行国际化经营，更谈不上国际经营方式多元化。

三、我省上市公司核心竞争力提升的思考

基于前文对上市公司的竞争力认识，结合我省经济状况及江西上市公司自身的情况，提升我省上市公司竞争力可从以下几方面考虑：

（一）、实施战略管理计划。战略管理是核心竞争力的基础，是上市公司面对激烈竞争的市场环境，为求得长期生存和不断发展的总体谋划，它对上市公司竞争力成长具有指导作用。INTEL公司原总裁格鲁夫认为：做一个追随者是没有前途的。早早行动的公司将是影响未来工业结构，制定游戏规则的公司，只有早早行动，才有希望争取未来的胜利。早在1992年左右，格鲁夫就已经实行了看似与制造芯片无关的一系列计划。他投资于与微处理器没有多少关联的项目，但却促进了市场的发展。他解释说，如果我们不能使计算机变得更有用，将没有人需要我们在今后几年内生产出的芯片。所以我们得为自己的微处理器创造用户和用途。靠开发、投资和观念的转变使市场成长，我们就能够赚钱。1997年INTEL实行第三次战略转移，从产品的供应商转变成为世界领袖和主导潮流的公司。这个战略缘于他对企业的特点和行业特点的深刻认识。因此，上市公司要在分析外部环境和对竞争对手进行系统分析的基础上，实施战略管理计划，结合公司内部情况，立足未来，合理制定符合自身发展需要的经营战略和竞争战略。

（二）、依靠技术创新促发展。技术创新是核心竞争力的关键。现代企业制度体现的是企业资源配置的高效性，而这种高效性能否充分发挥，主要依靠核心技术和技术创新。企业在打造核心竞争力的过程中必须了解自己的核心技术是什么，对核心产品进行技术分解、归类和整合，然后集中人力、物力、财力对专有技术和关键技术进行研究、攻关、开发、改造，并进一步提高和巩固，以形成自有知识产权的核心技术。可以从如下几个方面着手：第一、加快上市公司技术研发中心建设。目前23家上市公司中，除少数几家上市公司建立较为先进的技术研发中心外，大部分上市公司的技术研发中心需要完善和注资，以使我省上市公司在核心技术方面能够迅速赶超同行，取得竞争优势；第二、积极开展校企联合。由于上市公司自身条件限制，有些上市公司科研技术力量薄弱，所以应加强与国内高校、科研院所广泛联合，吸收高校、科研院所的科研成果，迅速提升公司自身技术研发能力；第三、制定优惠政策，大力吸引高新技术人才加盟。为提升上市公司核心技术，就必须拥有一批具有高新技术研发能力的人才。因此，上市公司应加大力度培养自身学术技术带头人，着力创造良好的科研环境，使上市公司核心技术能够迅速提升。

（三）、创造良好的公司治理结构。公司治理结构是指确保公司长期战略目标和计划得以确定，确保整个管理结构能够按部就班地实现这些目标和计划的一种组织制度安排。公司治理结构还能确保整个管理机构履行维护公司的向心力和完整性，保持和提高企业声誉，对与企业发生各种社会经济联系的单位和个人承担相应的义务和责任等职能。公司治理结构亦是提升公司竞争力重要的渠道。企业搞不活和竞争力不强在很大程度上受到企业制度的束缚和制约，特别是产权不明晰、出资人不到位、法人治理结构不健全、组织和管理不对称等，使得企业无力或无暇顾及和增强自身的核心竞争力。能否培养出自己的核心竞争力，首先要看公司是否在生产、经营与管理等方面有良好的基础。从这个意义上讲，良好的公司治理结构是核心竞争力的前提。我省的企业要把强化企业管理、转变公司机制放在首位，在这个基础上努力培养自己的核心竞争力。优秀企业的成功经验告诉我们，在进行公司治理结构过程中至少应体现在权力制衡、激励和约束、协调机制三个方面。为此，我省上市公司应当考虑：首先应优化股权结构，改变"一股独大"局面，合理地考虑国有股的减持；其次，遵循国家相关政策，积极推行独立董事制度；第三、妥善处理好上市公司与母公司的关系，增强上市公司的独立性；第四、积极研究期权激励机制，适时推行股票期权激励机制；第五、优化组织结构，提升上市公司组织管理能力。

（四）、高效经营把企业做大做强。高效经营是核心竞争力的实现手段。高效经营主要体现在资本营运能力和核心营销能力两个方面。资本营运能力是上市公司技术优势转化为市场竞争优势的重要手段，通过资本营运可以使上市公司有限资本使用效率与效果迅速提高，通过资本营运可以充分发挥资本的杠杆作用，迅速扩大上市公司筹资能力及规模，为公司核心技术打下基础，同时形成上市公司强大的市场竞争优势。首先是要用新的经营理念，制定合理公司资本营运战略；其次，进一步扩大上市公司资本营运的广度和深度，积极借鉴国际优秀企业的经验，根据自身的条件，审时度势，合理地制定资本营运方案，使资本营运能力转变为市场竞争优势，促使上市公司能长期发展；最后，为了规范资本营运，应科学合理地运用国家相关政策，设立专门资本营运机构，以确保资本营运合法、有效、合理地运营。核心营销能力是上市公司在利用营销手段把技术优势转化为市场竞争优势过程中表现出来的能力。它以树立上市公司的企业形象及品牌为标志。在这方面应考虑：第一、建立健全的营销组织网络体系，树立正确的市场营销观念，设立职能完备的市场营销部门，建立完善的市场售后服务体系，为上市公司产品进入市场提供畅通无阻的市场通道；第二、全面、合理地运用产品策略、价格策略、分销策略等市场营销策略，确保上市公司产品在营销环节的竞争优势；第三、形成有效的控制与激励机制，树立品牌意识和企业形象,形成独特的竞争优势,培养忠实的消费者;第四、强化营销人员培训,提高营销队伍的素质。从而保证企业的核心能力充分发挥作用,促进企业的持续发展。

参考资料:

[1] 王明夫. 企业竞争力——上市公司兴盛之道[M]. 北京:中国财政经济出版社,2001.

[2] 温池洪. 企业如何构构建核心竞争力[J]. 企业研究,2004,[9].

[3] 普拉哈拉德(C. K. Prahalad),哈默尔(G. Hamel).《公司的核心竞争力》(The Core Competence of the Corporation)[J]. 哈佛商业评论,1990,[5/6].

[4] 李焕荣,林健. 基于知识联盟的企业核心能力培养[J]. 科研管理,2001,[5].

[5] 梁国萍. 江西省上市公司资本经营效率的研究[J]. 经济研究参考,2003,[80].

[6] 刘志彪,何金耿. 江苏上市公司资本经营研究[J]. 经济学与经济改革,2000,[6].

[7] 江西统计年鉴. (2003).

[8] 江西企业年鉴. (2003).

第四篇：工业园区

内容概要：

◉江西工业园区发展综述
◉工业园区主要经济指标
◉江西工业园区简介
- 南昌
- 九江
- 上饶
- 宜春
- 抚州
- 吉安
- 赣州
- 景德镇
- 萍乡
- 新余
- 鹰潭

工厂创建于1958年，通过ISO 9001质量体系认证
赣昌
赣昌牌电线电缆
★江西名牌产品暨省市质量信得过产品
★全国城乡电网建设与改造首批入网企业
★2002年度江西省质量管理先进企业
江西名牌产品证书
江西名牌产品
重点保护产品证书
江西省质量技术监督局
本公司专业生产的电线电缆产品
均获生产许可证或通过中国强制性产品3C认证
南昌电缆有限责任公司 NANCHANG CABLE CO., LTD.
地址：江西省南昌市井冈山大道516号(330001)
电话：0791-5201365，5215943(销售)
http://www.nc-cable.com
传真：0791-5201690

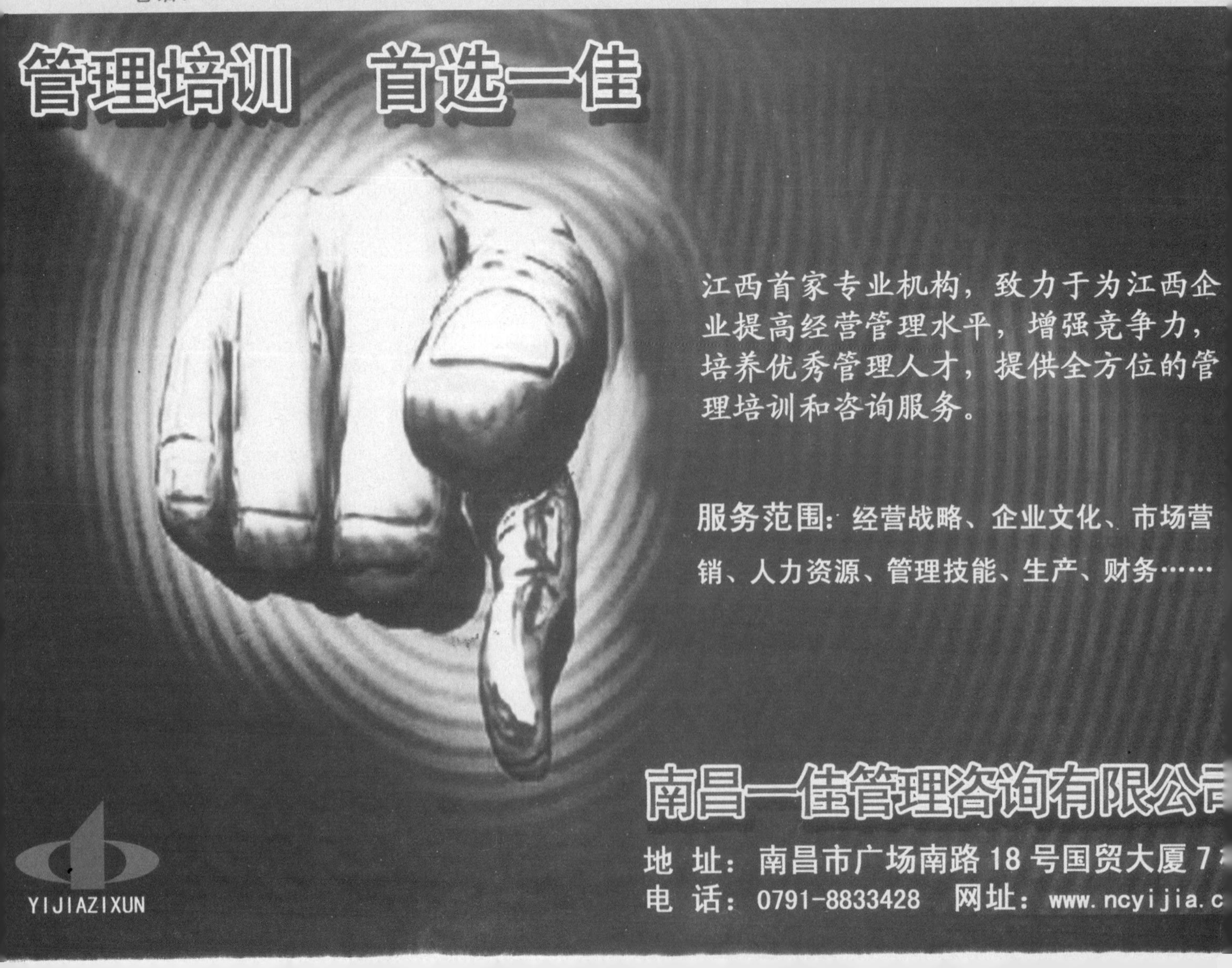

管理培训　首选一佳
江西首家专业机构，致力于为江西企业提高经营管理水平，增强竞争力，培养优秀管理人才，提供全方位的管理培训和咨询服务。
服务范围：经营战略、企业文化、市场营销、人力资源、管理技能、生产、财务……
南昌一佳管理咨询有限公
地 址：南昌市广场南路18号国贸大厦7
电 话：0791-8833428　网址：www.ncyijia.c
YIJIAZIXUN

江西工业园区发展的综述

省第十一次党代会提出了“以加快工业化为核心,以大开放为主战略,实现江西在中部地区崛起”的战略目标,明确了“以工业园区为载体,以招商引资为抓手”的工业发展的思路,在全省上下形成共识。作为发展工业经济的重要载体,江西工业园区近两年建设如雨后春笋,蓬勃发展。目前我省工业园区发展状况如何,存在哪些突出问题,如何进一步提升我省工业园区发展质量和水平,现就2003年工业园区统计资料进行分析研究,供参考。

一、江西工业园区发展现状分析

1. 工业园区区域结构分析

我省工业园区分布已由省城南昌及其他中心城市辐射到每个县(市、区)。1991年,省委、省政府批准在南昌创建高新技术产业开发区,标志着我省工业园区建设正式启动。经过十多年来的探索和发展,截止2003年底,全省共有开发区和工业园区108个,其中国家级开发区2个,省级开发区14个,县(市、区)级工业园区92个。形成了国家级、省级、县级的三级布局结构。两个国家级开发区分别建于1991年和1992年,位于省城南昌市,是我省最早建立的开发区。大多数工业园区是近三年创建的。今年上半年,通过治理整顿土地市场秩序和清理整顿开发区,目前我省工业园区保留有97个。

2003年,我省工业园区工业总产值排前几位设区市有:第一位南昌244.46亿元,第二位赣州87.86亿元,第三位上饶63.56亿元,第四位吉安58.53亿元,第五位九江57.67亿元,第六位宜春49.79亿元,其余均为十几亿元。有关专家在研究江西承接产业梯度转移问题时,根据我省的区位得出一个结论:江西承接沿海发达地区产业梯度转移的主要结点是南昌、赣州、上饶、九江、吉安。从工业园区中工业总产值的这种分布来看,与此结论较为吻合。

从工业总产值看,两个国家级开发区是全省工业园区的龙头,高新技术产业开发区107.74亿元列第一,南昌经济技术开发区65.07亿元列第二,两者合计占全省的27%。省级开发区上十亿元的有5个:上饶工业园22.6亿元、九江经济技术开发区15.5亿元、萍乡市高新园14.27亿元、共青开发区12.07亿元、新余市高新技术开发区11.22亿元。县级工业园区上十亿元的有8个:小蓝工业园28.03亿元、广丰芦林工业园23.5亿元、龙南县金塘工业园22.44亿元、民营科技园13.82亿元、兴国县工业园11.83亿元、于都县楂林工业园11.21亿元、瑞昌市黄金工业园11.06亿元、上高科技工业园11亿元。

从开发面积看,2003年我省实际开发304.5平方公里。平均每个园区开发面积为2.8平方公里,比2002年实际开发面积增加134.5平方公里,增速达79%,为迅猛扩大之势。值得注意的是用地面积需要依法加强宏观调控。

我省工业园区分布的特点和不足,一是工业园区不平衡发展。国家级、省级、县级工业园区由于起点不同,经济发展水平相差较大。与沿海发达地区相比,我省工业园区起步晚,国家级和省级工业园区数量少,但避免了沿海发达地区工业园区数量过多、过滥,浪费土地资源和污染严重的现象。二是全省工业园区建设缺乏统一的整体发展规划,没有和全省的产业布局、城市发展空间布局结合起来。单个园区建设只有基础设施建设规划,而没有产业规划。基础设施没有超前性,特别是水、电的基础配套设施建设缺少前瞻性,而且有些园区没有合理规划功能分区。高品位、有影响力和竞争力的工业园区在我省太少。

2. 工业园区产业结构分析

从轻重比看,2003年我省工业结构轻重比为1:1.95,仍然是重重轻轻的结构类型。而工业园区工业的轻重比为1:1.24,明显轻型化。

从工业园区内的行业排位看,2003年,第一位非金属矿物制品业为68.75亿元,第二位食品为65.75亿元,第三位纺织与服装49.73亿元,第四位化学原料及化学制品制造业47.36亿元,第五位医药44.02亿元,第六位通用设备制造业41.46亿元。这六大产业约占工业园区工业总产值的50%。制造业总产值比重达到97.57%,说明园区内工业主要集中在制造业领域。

从这些统计数据不难看出，我省工业园区产业结构与我省工业化所处的阶段大体相适应，这种结构类型比较符合实际，符合产业发展的规律，这是近两年来在工业园区的产业发展过程中，由市场配置资源、市场竞争和较量的结果。因此，随着这些产业的壮大，必然可以进一步改善全省的工业结构。特别是一批特色工业园区的建设，如九江汽车工业园、萍乡高新技术工业园、景德镇陶瓷工业园、武宁生态工业园、鹰潭铜工业园、赣州稀土工业园、九江有机硅工业园等，使工业园区的产业特色更鲜明，产业聚集效应更明显，将为我省工业注入更为强劲的竞争优势。

3. 工业园区投入产出效益分析

从基础设施的投入看，到2003年底，我省工业园区基础设施投入累计达130亿元。尽管近两年来全省工业园区基础设施投入增长很快，但是，参照国家对开发区基础设施投入的要求，以每平方公里1亿元的低标准计算，资金缺口为175亿元；按每平方公里1.5亿元的中标准计算，资金缺口为217亿元。可见，我省目前工业园区的基础设施还很薄弱。

从招商引资实际到位资金看，到2003年底，我省工业园区的招商引资实际到位资金达475亿元，比2002年增加315亿元，增长速度非常可观，增长196%。但每平方公里平均进资额较少，只有1.5亿元，只达到国家对开发区要求的每平方公里一般进资15亿元标准的十分之一。其中：境外资金到位17.7亿元，只占到位资金总额的3%；省外资金到位303.6亿元，占实际到位资金总额的64%。我省工业园区投资的64%来自省外，33%来自本省，境外资金甚少，对境外资金的吸引力很弱。

从工业总产值看，到2003年底，全省工业园区完成工业总产值635.5亿元，比2002年增加303.2亿元，增速达91%，呈高速增长的态势，说明工业园区内开工投产企业在迅速增加。平均每平方公里实现工业产值2亿元，平均每户企业完成工业产值1775万元。参照国家对开发区的要求最低标准是每平方公里实现产值30亿元，我省仅为最低标准的6%；我省工业园区的投入产出比也很低，参照国家对开发区的要求一般应该达到1:3甚至1:4，那么按我们现有的开发面积，工业总产值应为1425亿元，甚至到1900亿元。我们离这两个目标相差甚大，这意味着我省工业园区的工业项目技术含量偏低，产品附加价值不高，或者是有一些土地闲置，尚没有项目进入。

从企业利润总额看，2003年我省工业园区企业实现利润总额33.9亿元，比2002年增加19.6亿元，增长137%，产值利润率为5.3%，销售利润率为5.7%，高于全省工业的产值利润率0.4%，说明企业利润总额增长快，但利润率较低。

从企业亏损面和亏损额看，2003年，我省企业亏损面为11.6%，比2002年增加166户，增长65.8%。企业亏损个数增长较大。企业亏损额3.6亿元，比2002年增加1亿元，增长38%。企业亏损额呈明显上升趋势，值得警惕。

4. 工业园区对财政和社会贡献的分析

2003年，全省工业园区企业上缴税金28.9亿元，比2002年增加13亿元，同比增长81.7%。其中：应交增值税额18.7亿元，占税金总额的65%，比2002年增加7.7亿元，增加70%。说明企业税金总额增长快，但对国家财力的贡献率还很小，大多数企业还在完成资金积累的阶段。

工业园区安置就业能力进一步增强。2003年，全省市、县两级工业园区企业安置从业人员52.9万人，比2002年新增从业人员25.8万人，增长95.2%。

二、江西工业园区发展现状评价

1. 工业园区快速发展，成为全省工业经济的新引擎

近年来，我省工业园区经济强劲增长，运行速度、质量和效益全面提高，进而带动我省工业经济全面攀高。工业园区的高速成长性，使工业园区成为我省加快工业化进程的新引擎。具体表现在：

——工业园区的发展对我省工业经济贡献越来越大

2003年末，全省工业园区开工企业3579家，实现工业增加值193.9亿元，完成工业固定资产投资额185.5亿元，增长1.6倍。工业园区完成的工业增加值占全省工业增加值的22.7%，在2002年15.2%的基础上增加了7.5个百分点。目前工业园区已有的总量和发展态势，使我们对工业园区在全省工业中的地位和作用不可小视，以前那种认为我省工业园区成不了大器的观念有必要尽快转变。工业园区的发展在一定程度上推动了我省工业经济的高位运行。随着工业园区入园企业的发展壮大，我省工业经济的总量和质量将会有一个大的飞跃。

——工业园区的发展推动我省三次产业结构的优化

作为工业企业的主要载体，工业园区的快速发展，极大地推动了我省三次产业结构的优化进程。2003 年我省第二产业在三次产业中所占比例首次超过第三产业，成为我省第一大产业。三次产业的比例，由 2002 年的 21.9∶38.3∶39.8 调整到现在的 19.8∶43.4∶36.8，农业比重下降 2.1%，工业比重创记录地上升 5.1%。这标志着我省工业结构发生了历史性的转变，以农业为主导的经济结构正在加速向以工业为主导的经济结构转变，受益于产业结构调整，我省财政压力减轻。2003 年财政总收入增加值是江西历史上净增额最多的一年，占 GDP 的比重上升了一个百分点，突破了 10%。

2. 工业园区成为调整我省工业结构的主战场

国际经验表明，工业结构的不断演变和升级是工业化过程的重要特征、乃至核心特征。我省工业结构长期以来偏重于资本密集型的重工业，而农产品加工业和劳动密集型的轻工业，外向型工业发展不够。规模以上工业企业效益不高，这在很大程度上制约了我省工业经济的顺利发展。随着近年来我省工业园区经济的发展，工业结构调整步伐也不断加快。具体表现在：

——工业园区的发展提升我省经济开放度

开放是经济全球化的特征，也是欠发达地区加快发展的必然途径。因此，省委提出了“以加快工业化为核心，以大开放为主战略，实现江西在中部崛起”的战略目标。工业园区 2003 年招商到位资金中境外资金为 17.7 亿元，比去年同期 5.68 亿元，增长 211%。全省工业园区引进外资企业 346 家、实际利用外资占全省引资总额的 58.53%。工业园区 2003 年出口交货值为 52 亿元，比 2002 年增加 25 亿元，增长 92.5%，为全省出口交货值 160.4 亿元的四分之一强。工业园区开放程度的大幅度提高，开创了我省对外开放的新局面。

——工业园区使我省工业结构得到改善

《江西省“十五”工业结构调整与发展规划》的调整目标中要求，到 2005 年，工业新增产值中“园区工业”占 40% 以上。为实现这一目标，近年来，工业园区招商引资项目的规模、层次和水平都在不断提高。外资项目和内资项目的平均规模比上年提高 11.04% 和 89.7%，新引进超千万美元的外资项目 48 个，超亿元的内资项目 243 个，截止目前，已有 18 家世界 500 强、21 家国内 200 强企业入驻我省。随着一批大企业的入驻，不仅扩张了全省工业基础总量，而且改善了我省工业的行业结构和地区分布。

从所有制结构看，工业园区中私营企业工业固定资产投资占总投资的 55.42%。显然，工业园区发展，个体私营经济是主力军。工业园区抢占了全省发展的机制体制制高点，机制体制的活力是真正的后劲，工业园区具有强烈的发展后劲。

从工业行业结构看，工业园区行业结构比较优化。园区工业中排在前几位的行业，与省政府确定的六大支柱产业汽车、航空、精密制造业、特色冶金、金属制品业、电子信息和现代家电业、中成药和生物制药业、精细化工及新型建材业及食品工业，也大体吻合。随着工业园区的快速发展，工业园区对改善我省工业结构的优化作用和对全省支柱产业地位的突显作用也将越来越强。

3. 工业园区发展增强了我省工业经济发展后劲

工业园区已成为全省经济发展的重要增长极和加快工业化、城市化进程的重要载体，给我省工业经济带来了巨大的发展后劲。具体表现在：

——工业园区投资带动全省工业投资的力度增强

著名经济学家 H. 钱纳里等人根据多国平均模式的研究结果得出结论，认为工业化初始阶段“总增长的最初加速主要是投入增长较快，特别是资本积累的结果”。2002－2003 年我省工业园累计工业固定资产投资额 257.9 亿元，其中 2002 年为 72.4 亿元，2003 年为 185.5 亿元，增长 156%。工业园区工业投资的增加，带动全省工业投资力度强增。2003 年，在城镇以上固定资产投资中，工业投资完成 338.17 亿元，增长 58.9%。其中工业园区工业投资已经占全省工业投资的 54.85%。比 2002 年 34.02% 提高 20 个百分点。

——工业园区拉动工业企业效益较快增长

工业园区 2003 年的利润总额为 33.99 亿元，比

2002年增长136.32%，相当于全省规模以上工业利润总额的65.22%，有力地拉动了工业企业效益快速增长。2003年我省规模以上工业企业亏损企业数由2002年的945个下降到786个，在37个行业大类中，有32个实现盈利。全省重点培育的六大支柱产业实现利润37.47亿元，增长1倍，工业的利润总额由2002年的23.75元增长到52.11亿元，增长1.2倍，工业经济效益综合指数由2002年的96.11%上升到107.45%。工业经济效益综合指数近10年来首次突破100点大关，取得了历史性突破。

——工业园区的技术高地作用进一步凸现

全省各地按照"政府引导、市场运作、多元投入、上下联动"的方针，努力把工业园建设成体制和科技创新的试验区以及与国际接轨的前沿区。在这种政策的引导下，清华泰豪、蓝星星火化工、凤凰光学仪器公司、联创光电，捷德智能卡、先锋软件等一批高新技术企业入驻我省工业园区。凭借紧邻沿海制造业密集的长江三角洲、珠江三角洲、闽东南三角区之利，靠低成本优势和区位优势吸引沿海转移项目，我省一些中心城市尤其是南昌市，成为沿海知名企业扩大内地投资，建立面向中西部市场生产基地的首选。如格林柯尔、奥克斯、娃哈哈、统一、银志、旺旺、晨鸣等国内知名企业也落户我省工业园区。这些企业带来的先进的管理经验和技术，在推动我省工业走向外向型经济发展道路的同时，直接带动了本省工业技术进步，使我省不少企业能在较高的起点上参与市场竞争。这些高新技术企业和国内外知名企业的落户无疑将凸显工业园区技术优势，推动工业园区尤其是两个国家级开发区成为全省工业经济的技术高地。

——工业园区成为招徕民营企业、外资企业的梧桐树

工业园区凭借其封闭型、法治化的管理确保了投资者资金的安全性，同时通过产业集聚，发挥集聚效应和规模效应，降低了生产成本，提高了资金的赢利性。因此，民营企业和外资企业对工业园区情有独钟。截止2003年底，我省工业园区现有私营企业2527家，外商投资企业103家、港澳台商投资企业141家，共占工业园区全部企业数的77%。私营企业2003年总产值为258.8亿元，比2002年112.5亿增长130%，工业销售值为241.5亿元，比2002年103.8亿元增长133%。

4. 工业园区推动了城市化和城镇化水平的提高

城市化是工业化的必然结果和工业化进程的重要标志。H. 钱纳里根据世界101个国家的统计，人均GDP在500～800美元时，城市化水平为57.7～60.1%。我省2003年人均GDP已突破800美元，而城市化水平仅为34%，远低于钱纳里"发展模型"的标准。为了加速工业化进程，实现江西在中部崛起的战略目标，江西省政府在2002年7月4日印发了《江西省人民政府关于进一步加快工业园区建设，推进城市化进程的若干意见》。两年来各地围绕该意见，把工业园区建设与城市新区建设紧密结合，扩框架、成体系、上品位——工业园区加快园区基础设施建设，推动了城市功能的完善

我省各工业园根据建设发展的实际需要，按照科学合理、适度超前、特色鲜明的要求，大力推进以道路框架和水、电、气、通信、环境卫生、绿化为主的基础设施开发。至2003年底全省工业园区累计完成基础设施就投入130亿元，其中2003年当年完成投入83亿元，这有力的发挥了基础设施的先导效应，增强了园区对投资的吸引力和聚集力。同时也提高了工业园区规划水平，使之真正成为与城市对接或延伸的城市新区和集中布局的工业基地，

——工业园区对主导产业的孵育，加快了城市产业结构调整的步伐

主导产业是一个城市经济发展的脊梁骨，主导产业发展的好坏，对城市化进程的快慢有着重要的影响。工业园区作为地区经济发展的重要载体，对于培育地区主导产业，有着独一无二的先天优势。目前，全省已形成了南昌高新、昌河汽车、萍乡汽配、袁州医药、星火化工、鹰潭眼镜等一批特色工业园区。在这样良好的基础上，《江西省人民政府关于进一步加快工业园区发展提高工业区水平的若干意见》又提出"力争5年内涌现一批年销售收入100亿元以上的特色工业园区"。工业园区作为城市主导产业孵化器的作用已初露端倪。在提升城市产业结构水平的同时，大大加快了城市化进程。

——工业园区吸纳了大批农村富余劳动力，带动了人口城市化的进程

目前我省工业园区工业企业已吸纳的52.85万人中,绝大部分是当地的农民。这对农民变市民的身份转换,转移大量农村富余劳动力是一个良好的开始。随着工业园区建设步伐的加快,城市区域的扩大,必然把更多的农民转变成市民。有关部门预计,随着招商引资力度加大,沿海劳动密集型产业或劳动技术双密集型产业在一段时间内将持续向我省等内陆省转移,到2005年全省工业园区就业人数有可能达到100万人。与此同时,由于生产方式的转变,必然带来附加价值的提高,为全省经济保持持续高速增长提供潜力。

三、以科学发展观指导工业园区发展的有关建议

综上所述,全省工业园区建设取得了显著成效。工业园区已成长为全省工业经济的重要支撑,为全省的经济结构尤其是工业结构的调整起到了先导和主导作用,同时极大地推动了城市化和城镇化的进程,也必将成为全省经济社会持续发展的强劲动力。但由于我省的工业园区建设还处在起步阶段,总体上来看还存在诸多问题,也正因为还处在起步阶段,任何细微的不足都可能发展成为影响全局的大问题,因此我们必须用科学发展观的理念来分析和解决现存的诸多问题。

就目前来看,我省工业园区的建设和发展还存在以下几个主要问题:一是对建设和发展工业园区还存在一些不科学的错误认识;二是工业园区的发展定位还不够明确;三是园区的区域结构、产业结构有待进一步调整,园区的投入产出比例有待进一步提高,以维持园区发展在空间上的统一性和时间上的持续性;四是工业园区在促进城市化进程和提高对财政和社会的贡献方面也有待进一步提升;五是在管理服务方面重形式,轻实质,管理服务条款的实施不能善始善终;六是工业园区在人才的引进和利用方面存在不足;七是在土地资源利用、征地安置和水土保持方面还存在问题。另外,工业园区在资金融通、资金利用、园区规模、竞争秩序、项目质量和解决就业上还存在不足。

为了更好地解决我省工业园区存在的一些问题,促进工业园区的进一步发展,按照科学发展观的要求,提出以下对策和建议:

1. 正确认识科学发展观与建设和发展工业园区的关系,进一步认识工业园区的建设和发展在全省经济发展中的地位和作用,以科学发展观为指导,加快我省工业园区的建设和发展

联合国环境规划署(UNEP)认为,工业园区是聚集若干工业企业的区域,它的重要特征之一就是对制定园区长期发展政策与计划提供必要的管理条件。工业园区起源于二战后的西方发达国家。在战后的经济复兴和城市重建过程中,人们更加注重依靠城市规划和区域规划理论来指导城市建设,过去那种城市内部居住区和工业区混杂的现象已经不能适应现代城市的发展了。特别是高速公路和先进运输设备的发展,使适度离开居住区的工业园区发展成为可能。因此,无论从工业园区的定义特征来看,还是从建设和发展工业园区的最初目的来看,建设和发展工业园区都是为了城市和区域发展有一个更合理的规划,经济社会有一个长期持久的发展。也就是说,工业园区的建设和发展历来都是与我们现行的科学发展观相一致的。特别值得一提的是,它尤其注意城市内部居住区和工业区的协调统一,从而可以说工业园区的建设和发展尤其坚持以人为本的科学发展观理念。

我们正处在树立和落实科学发展观的伟大时期,要实现我省经济社会更快更好发展,就必须坚持以科学发展观为指导,充分发挥工业园区在工业中的先导作用,从而实现我省"以工业为主导、以大开放促大发展"的发展战略。要充分认识工业园区在全省经济社会发展中的重要作用,要把工业园区作为树立和落实科学发展观的一个重要载体,以实现工业园区的持续发展。

具体来说,工业园区的上马和开发都必须坚持科学发展观并符合省委省政府建设和发展工业园区目的和相关政策,在此基础上,进行缜密的可行性分析。要根据自身经济发展的内在要求来建设和发展工业园区,通过行政或市场等多种手段来建设和发展工业园区,使工业园区产业结构合理、功能布局趋优,从而提升市场竞争能力,既满足短期经济发展的需要,又考虑长期经济社会发展的需要。必须正确认识建设和发展工业园区的要求、条件、方法和经济社会持续发展的目的,有必要对各地方加强工业园区相关知识和政策的宣传教育。只有这样才能在加快我省工业园区的建设和发展的基础上真正贯彻落实科学发展观。

2. 工业园区要有科学的发展定位。发展定位既要立足现实，更要考虑长远

要克服“做大”的惯性思维，以避免上规模，铺摊子，只管“做大”，不管“做强”的不良现象继续在工业园区的建设和发展过程中出现；要根据自身规模和长远发展确定园区“级别”，根据当地的资源禀赋和比较优势来确定园区的发展定位，并在操作过程中长期坚持和完善正确的定位。只有基于自身自然资源与社会环境的实际优势，全盘考虑国际与国内周边的宏观环境，遵循科学发展观的要求，才能找到工业园发展的正确定位，才能实现工业园和整体经济社会的持续健康发展。

3. 工业园区要从粗放型经营转变为集约型经营

要进一步调整园区的区域结构、产业结构，提高园区的投入产出比例，以维持园区发展在空间上的统一性和时间上的持续性。

从全省来看，园区的整体发展规划必须和全省的产业布局、城市发展空间布局结合起来。合理布局区域结构，避免园区的地域“两极化”或地域“扁平化”；合理调整产业结构，做到工业主导的前提下，三次产业协调发展；大力提高投入产出比例，以充分利用土地和资金。只有这样才能发挥工业园区在调整全省经济区域结构和产业结构方面的作用，才能发挥工业园区应有的集聚、辐射和带动作用。从各县市来看，园区在地理位置选择和主业选择方面必须全盘考虑整个城市的发展规划，以避免园区建设与城市总体建设的诸多矛盾。在地理位置上对园区与居民区进行统筹安排；根据现有企业种类和分布来确定新建园区的类型和地理位置，以便充分利用原有的基础设施和配套产业，充分发挥园区的集聚和辐射带动的作用。必须遵循产品生命周期和产业周期的规律确定园区的主业方向，以便于园区的持续发展。从单个园区来看，建设要有统一规划，不仅基础设施的规划要有超前性，水电等基础配套设施更需要有前瞻性；同时要制订合理的功能分区规划。

4. 工业园区要从重优惠政策转变为重管理服务

在管理服务方面，必须完善管理服务制度，制定并贯彻执行相应的管理服务条款。一是，在用好、兑现国家和省现有的各项优惠政策的基础上，尽量为招商引资提供合情合理的方便，在审批、税收和基础设施配套方面也可以给予尽可能大的优惠。要做到服务的前后一致性，避免“重前期，轻后期”的不良做法。二是，要理顺管理体制。要把具体行政职能和具体的岗位责任人一一对应起来，以提高行政的条理性和透明度。三是，商贸、教育、娱乐等生活后勤服务要与工业园区的总体品位相匹配。不同的人的需求层次不同，我们不仅要在“招商”“富商”上下功夫，更要注重“安商”这个重要环节。只有这样，企业才能安居乐业。我们应该在软环境方面做足文章，实施美化、绿化、亮化工程，让园区“三线入地”；完善服务、商贸、教育、娱乐配套功能，使园区功能城市化，营造生活舒适、工作舒心的园林式优美环境。加强法律制度建设，花大力气建立商业信誉，熟悉并遵循游戏规则，倡导买卖双赢。既要让企业主发财，更要让企业主舒心；做到“招商”“富商”与“安商”的高度统一，保持工业园区旺盛的人气和持久发展的生命力。

5. 工业园区的发展要把人才放在各种资源的首要位置。在人才的引进和利用方面，要做到“结构合理，层次适度，岗位匹配，人尽其才”

经过几年的发展，工业园区引进了大批人才，成为支撑园区经济飞速发展的“脊梁”。但是有必要在区域分布方面进行更合理的配置；在结构层次方面进行更优化的调整；避免在人才利用方面引而不用，搞“花瓶工程”，要把引进与培养结合起来。

6. 进一步提升工业园区在促进城镇化和提高对财政和社会贡献方面的作用

要根据不同地域不同条件，分别采取各种不同的模式推进城镇化的进程，既可以采取“离土不离乡”的本土化模式，也可以采取“离土又离乡”的批量安置模式。避免形成园区“空壳化”和乡村“荒漠化”的所谓“城镇化”。工业园区在对财政和社会的贡献方面虽然有了很大的成就，但是离我们大多数人们的期望还是有差别的，跟我们周边地区的工业园区还是有差距的。我们应该进一步提高园区企业的纳税意识和社会责任感。这样也有利于园区的健康发展。

7. 要善于把中央治理整顿土地市场秩序和清

理整顿开发区作为我省加快工业园区良性发展的一次极好的发展机遇

在土地资源利用、征地安置和水土保持方面要做到既不损害被征地农民的利益,也不伤害企业的感情;既不耽误当前的经济发展,又不造成对生态的破坏。

工业用地周期长达50年,是不可替代的短缺资源,应该本着“寸土寸金”的原则充分使用。要充分考虑土地自身的价值和依附在土地上面人民的利益,充分考虑单位土地的投入产出比例,并高度重视社会与自然的和谐发展。要严格禁止把土地违规无偿划拨给投资者。在划拨土地时既要考虑园区初期政府开发建设资金的来源,又要妥当安排被征土地的农民,避免国有财产的流失和产生各种各样的腐败和不稳定因素。在安排就业方面,要优先考虑被征地农民。我们不仅在节约、集约用地的基础上,提高园区的投入产出比例,更要在统筹兼顾的前提下维持社会的安定团结和自然环境的统一协调,只有这样,我们的工业园区才能在科学发展观的指导下持续发展。

另外,我们需要进一步建立和完善资本市场,以解决工业园区在资金融通、资金利用方面的困难;通过整合、撤并等手段进一步扩大园区规模、提升园区竞争能力;最根本的是要给园区一个宽松而有秩序的外部宏观环境,充分发挥园区的内在动力和园区企业的微观活力。

江西省工业园区

（2003

园区名称	单位数	招商实际到位资金（万元）		销售收入（万元）	
		本年累计	上年累计	本年累计	上年累计
全省总计	**3 577**	**4 752 450**	**1 606 924**	**5 776 761**	**3 009 968**
市级园区以上合计	1 015	1 749 430	519 032	2 582 630	1 576 553
南昌经济技术开发区	132	306 557	184 671	559 966	275 931
高新技术产业开发区	294	124 747	92 900	1 021 147	714 047
桑海经济技术开发区	23	1 300	600	33 541	23 562
英雄经济开发区	37	400	700	30 557	33 098
景德镇高新技术产业开发区	19	84 453	20 016	56 979	40 149
萍乡市高新园	53	343 000	6 500	138 524	34 175
永修县星火工业园	8	35 190	6 800	59 052	45 630
共青开放开发区	89	72 000	0	55 141	44 736
九江市经济技术开发区本区	102	329 034	67 217	134 664	52 372
新余市高新技术开发区	69	45 860	9 500	108 985	74 711
鹰潭市工业园区	12	14 760	0	22 761	15 961
黄金区赣南工业园	61	117 017	51 243	81 586	53 130
吉安市高新技术开发区	22	92 335	25 969	33 347	23 323
宜春市经济技术开发区	7	15 000	0	21 072	19 037
抚州市金巢经济开发区钟岭工业园	7	27 643	3 628	7 310	5 327
上饶工业园	80	140 134	49 288	218 000	121 365
县级园区合计	2 562	3 003 020	1 087 892	3 194 131	1 433 415
#南昌市	299	446 698	264 676	637 017	327 711
景德镇市	77	84 959	54 291	82 585	34 395
萍乡市	37	43 763	10 010	17 265	4 604
九江市	159	427 014	43 538	186 840	87 415
新余市	14	6 636	1 180	4 188	1 960
鹰潭市	60	67 591	4 100	85 235	49 438
赣州市	539	593 639	313 917	743 714	268 889
吉安市	693	444 060	97 522	509 085	211 832
宜春市	261	581 520	156 003	403 228	164 879
抚州市	202	120 077	59 769	150 032	96 196
上饶市	221	187 063	82 886	374 942	186 097

主要经济指标

年）　　单位：万元、人

利润总额（万元）		税金总额（万元）		从业人员（人）	
本年累计	上年累计	本年累计	上年累计	本年累计	上年累计
326 449	**138 737**	**282 347**	**154 051**	**526 688**	**268 646**
115 467	71 978	122 606	84 705	185 697	133 440
- 6 752	- 2 092	14 002	11 977	20 262	17 509
80 890	60 482	49 066	40 242	58 644	47 361
- 389	- 623	2 942	1 548	3 696	2 880
1 772	123	114	48	2 020	2 206
1 285	864	5 078	3 328	4 928	2 780
12 986	3 839	9 392	3 702	13 110	5 864
1 968	2 828	3 369	2 965	2 201	1 561
726	- 214	1 943	1 579	14 459	14 730
1 385	892	4 473	3 027	17 930	16 244
3 387	3 133	3 900	2 835	5 357	4 563
963	552	744	474	1 410	905
2 617	- 179	1 982	561	11 529	4 048
1 670	1 353	8 443	6 782	5 766	1 015
1 096	1 516	1 290	1 701	1 680	1 173
459	251	370	81	735	550
11 404	- 745	15 500	3 855	21 970	10 051
210 983	66 759	159 741	69 346	340 991	135 206
41 030	17 000	30 805	14 647	33 807	18 084
5 892	975	3 232	1 173	11 759	7 469
1 095	169	1 467	193	3 707	584
20 145	4 479	11 036	5 373	24 312	6 708
530	257	437	240	732	487
4 842	2 363	4 889	3 013	7 925	4 925
54 337	11 856	31 643	10 503	95 824	37 297
24 917	11 793	23 310	10 428	71 784	24 827
27 088	4 993	21 316	6 753	46 790	11 911
11 162	4 201	6 187	3 900	13 799	8 698
19 947	8 673	25 419	13 124	30 552	14 216

江西工业园区简介

南　昌　市

南昌高新开发区

南昌高新区创建于1991年3月，1992年被国务院批准为江西省唯一的国家级高新区。高新区的发展经历了两个阶段：建区前10年，高新区主要是依托局部优化的小环境，为高新技术产业化搭建了一个较好的平台；2001年以后，特别是新一届省市领导班子换届、孟建柱书记主持省委工作以来，全省上下进一步解放思想、理清了发展思路，经济社会发生了巨大而深刻的变化。随着全省经济发展大环境的明显改善，高新区进入了快速发展时期，成为省市最具活力的新经济增长点。

2003年，全区实现技工贸总收入128亿元，增长27.7%；工业总产值107亿元，增长19.5%；利税12亿元，增长20%；出口创汇1.5亿美元，增长25%；财政总收入3.84亿元，增长34.9%，与1997年成立一级财政时相比，增长了76倍，步入了良性发展阶段。

一、园区建设

高新区由产业园区、高校园区和两个乡镇组成，区域面积231平方公里，辖区人口30万人。目前，全区基础设施建设累计投入35.8亿元，开发完成了28.22平方公里，其中产业园区22.51平方公里，高校园区5.71平方公里。区内构建了完善的路网体系，实现了“七通一平”。

近年来，高新区在省市政府的强力支持下，以大开发的气势全面拉开了基础设施建设框架。建区前10年，高新区仅开发完成3平方公里产业区。2001年至今，高新区3年开发完成了25.22平方公里，是前10年的8.4倍。仅去年就投资17亿元完成了16.62平方公里的基础设施建设，特别是产业园区和高校园区的整体开发，大大加速了南昌东部地区的城市化进程。

二、产业发展

目前，区内现有企业680家，其中高新技术企业168家，占全省总量的60%；上市公司9家，外资企业110家；产值超千万元的企业53家，超亿元的企业20家，形成了电子信息及应用软件、光机电一体化、生物医药、新材料四大支柱产业，分别占全区经济总量的33%、25%、23%和10%。

近年来，高新区实际利用外资连年翻番。2001年，全区实际利用外资1774万美元，2002年为5539万美元，2003年全区实际利用外资超过1亿美元，相当于建区前10年的总和，其中欧美和台湾地区的外资额占全区的72%，改变了过去外资以港资为主的单一格局。

近年来引进的项目有两个特点：一是投资规模大、起点高。引进的项目中，投资额超亿元的有26个，其中：超10亿元的项目有5个，5－10亿元的项目有4个。方大新材料科技园总投资为12亿元人民币，美国科勒公司高档卫浴项目总投资为7600万美元。二是项目数量多、后劲足。去年，全区有20个产业项目开工建设，17个项目建成投产。今年，全区还有24个续建项目，26个待开工项目，这批项目总投资70.6亿元，项目投产后可实现年产值115.8亿元，提供就业岗位5万个。这批项目投产后，将成为高新区的产业支撑。

三、科技创新

高新区按照“一区多园”的模式建立了一批国家级孵化器和大学科技园，主要有国家级创业服务中心、国家级留学人员创业园、国家火炬计划软件产业基地、国家级大学科技园。全区累计研制开发国家863计划、国家火炬计划等各类高新技术项目280余项，荣获国家和省市科技进步奖73项，其中日月明公司自行开发的专利产品“EBG系列自行式架桥机”和先锋软件公司的“道路交通收费网监控系统”分获国家科技进步二、三等奖。

高新区拥有一批科技含量高、市场前景好的高科技项目。联创光电的蓝色发光二极管是

国家863计划项目，被列为国家高技术产业化示范工程，最近被批准为国家半导体照明工程产业化基地；特康科技具有自主知识产权的全自动三分群血细胞分析仪，被列为国家高技术产业化示范工

程;江铜与美国耶兹公司合作生产的18微米以下高档电解铜箔,采用了世界超薄型电解铜箔最新生产技术和装备,投产后产品可填补国内空白。据科技部最新公布,在全国53个国家级高新区中,南昌高新区的技术创新增长速度排名第12位。

四、统筹发展

高新区坚持科学发展观,以发展促稳定,在稳定中求发展,促进了经济社会的全面、协调和持续发展。

一是节约耕地,保护环境,实现园区可持续发展。我区严格实行耕地保护制度,注重投资项目单位土地面积的投入产出效益;对购地后逾期未开发的项目,我们坚决收回土地,从而有效地节约了土地资源;同时,注重环境保护,严格控制污染项目进区,并利用依江临湖的地理位置进行环境建设,着力打造花园式科技新区,目前园区绿化率达35%以上。

二是挖掘潜力,提高效益,实现经济内涵式发展。我区注重挖掘投资项目的潜力,通过抓好引进项目的开工建设、在建项目的建成投产和投产项目的达产达标,带动了财税收入的增长;注重挖掘骨干企业的潜力,通过扶持企业资产重组、上市融资等方式,促进企业做大做强;注重挖掘龙头企业的潜力,通过重点企业吸引配套、本地企业主动配套、外来企业跟进配套等多种形式,大力实施专业化配套协作,壮大了支柱产业;注重挖掘特色产业的潜力,通过发展高附加值基础性材料产业,将本地矿产资源优势转化为特色产业优势,从而带动上下游产业及相关产业的集聚。

三是以工业化带动城市化,实现城乡协调发展。通过对失地农民实行公寓化安置,实现了农民向居民身份的转变;通过提供免费就业培训、推荐农民在区内企业就业或从事社会服务业,解决了失地农民的就业问题;通过集中兴建中心小学,解决了农民子女的就学问题;通过兴建村镇工业小区,并吸引客商租赁标准厂房,既使进驻企业缩短了投资建设期,又壮大了村镇集体经济,使厂房租金成为农民的一项稳定收入,实现了"双赢",从而促进了经济社会的持续、协调和全面发展。

五、发展前景

未来三年,是高新区高速发展的三年。我们的奋斗目标是:三年再造一个高新区,财政总收入力争在全省各县区和开发区中排名第一。在经济发展方面,到2006年,力争实现技工贸总收入300亿元,工业总产值250亿元,利税30亿元,出口创汇3.5亿美元,财政总收入10亿元;在园区建设方面,我们将按照"生态一流、设施一流、服务一流、效益一流"的目标,充分利用和保持自然生态环境,把南昌高新区建设成为现代科技新城区。

南昌市经济技术开发区
抓住龙头企业落户 做大做强家电产业

南昌经济技术开发区,实施大开放为主战略,工业化为核心,积极承接沿海产业梯度转移,致力打造现代制造业重要基地。通过抢抓家电龙头企业落户,带动了家电和相关产业发展,引发聚集效应。2002-2003年我们先后引进投资3.6亿美元的全省最大外资项目格林柯尔 科龙集团及投资10亿元人民币的全国第三大空调生产厂家三星奥克斯集团,并引发了像LCOS背投电视、深圳先科VCD、台湾Neso公司LCD液晶显示器等知名家电企业项目的投资,从而带动了三十多家省内外家电配套生产厂家相继落户开发区。形成了一个极具产业特色

的现代化家电产业生产基地,有力地促进了开放型经济的快速发展。2002-2003年,开发区共实际引进内资33亿元人民币,实际引进外资2.1亿美元。上述两项数据分别列中西部16家国家级开发区的第二、第四位。去年开发区财政收入达3.03亿元人民币,比2001年增长256.7%,比2002年增长147.8%。

回顾两年来的工作实践,我们的主要体会是:

一、顺利完成了从"政策招商"为先向"产业招商"为主的转移,形成了招商引资新优势、新特色有特色

才有比较优势,有比较优势,才更具竞争能力。联合国《2001年世界投资报告》指出,产业集聚优势已经超越其他因素而成为吸引外资投向的主导力量,推动"产业联系"将成为投资政策的新焦点。为此,我区把利用外资的重点,由过去的政策招商转向产业招商,形成招商引资工作一大特色,营造别人想拿也拿不走的优势。

一方面,我们重点围绕省委提出的"三个基地,

一个后花园”的发展战略，结合市委出台的《加快发展现代制造业基地建设的决定》，以家电产业为突破口，把招商引资的目光瞄准在重点地区、重点企业、重点人物。尤其是注意抓住格林柯尔 科龙集团这个家电制冷龙头企业落户，全力打造全国最大的高端空调生产基地。

另一方面，思路超前，政策引导，为配套企业经济发展奠定基础。为了使落户开发区的重大项目和现有的家电支柱产业实现本地就近配套，真正降低企业生产成本，形成产业集聚效应和链式化延伸，我区确立了“建设配套齐全，研发制造销售一体化”的发展战略，并遵循政府引导，市场运作的原则，2003年初就制定出台了《鼓励配套企业发展的相关措施》，率先大胆提出进区配套企业享受一年与主导产业一样的优惠政策。

去年上半年，我区还积极与省市经贸委等行业主管部门联合组织二十多家省内外配套企业，到区召开家电制造企业配套产品协作会，积极为他们牵线搭桥，攀亲结对。这一大批配套企业的跟进，不但为主导企业提供了便利，而且壮大了经济总量。更给南昌“配套经济”的发展带来了新的理念。

二、坚持“以人为本”和理性招商相结合，树立全面健康、协调、可持续的发展观

近两年来，我们坚持“以人为本”和理性招商相结合，加大完善综合环境的力度，增强家电优势产业的竞争力、吸引力、凝聚力。促进了园区经济全面健康、协调和可持续发展。一是真诚招商。招商引资其实就是人与人之间的一种交往，更像是一场感情投资。这其中始终贯穿的主线当属“真诚”二字，具体表现在细致入微、感人肺腑的盯劲、韧劲、钻劲上，逢年过节，一条短信、一张名片、一束鲜花、一个电话，从大事着眼，从小事入手，微小之处见真情。

二是理性招商。我们始终抱着一种与时俱进，不断超越的精神，在优惠政策逐渐减弱的今天，我们不断强化规范招商，引入符合国际惯例和市场规则的管理机制，理性招商，学规则、讲策略，克服招商过程中的“幼稚病”，也就是我们常说的热情招商，要有头脑的热情。**三、今后的工作思路和打算**

明年，我们将继续围绕家电这个支柱产业，在前延后伸方面，在推动产业联系上做好做足文章。总的要求是：明确“一个目标”，理顺“一个思路”，实现“一个突破”。

一个目标：主要经济指标“三年翻二番，五年翻三番”，到2006年力争家电工业总产值达到200亿以上，利税达到10亿，其中配套产业产值达100亿元以上。

一个思路：坚定不移地坚持以工业化为核心，以大开放为主战略，紧紧围绕家电产业和骨干企业，采取重点企业吸引配套，本地中小企业协作配套，外来企业跟配套等手段，大力实施专业化协作配套工程，迅速形成若干个有影响力、有特色的制造业生产基地。

一个突破：发挥产业集聚效应，带动跨国公司投资，力争在引进世界500强上取得实质性突破。特别是要抓住当前美、日、韩等家电制造及企业加速向外转移的机遇，积极开展面向日、韩等国家的招商。

我们将在省委、省政府、市委、市政府的正确领导下，继续以邓小平理论和“三个代表”重要思想为指导，认真学习贯彻十六大和十六届三中全会及省委十届五次全会和市委八届六次全会精神，进一步开拓进取，振奋精神，奋发有为，再创佳绩，为把南昌打造成现代制造业重要基地，为我省在中部地区的迅速崛起作出贡献。

南昌民营科技园
构筑企业发展生态环境

南昌民营科技园是南昌市青山湖区为实现二次创业，培育区域经济可持续发展的增长点，利用城郊结合的良好区位优势及南昌高新技术产业开发区的产业辐射和配套的城市公共资源而建立的一个工业园区。

南昌民营科技园创建于1996年11月，原名为南昌市郊区科技工业园区，1998年2月经江西省科委批准为省内第一家省级民营科技产业园区，规划面积为1平方公里。2001年10月，为增强南昌民营科技园招商引资承载能力，市委市政府在城市规划区域内适度扩大南昌民营科技园区域范围，使园区面积扩大到4.26平方公里。具体范围：南起城东五路，北至富大有堤，西起青山湖大道，东至高新大道。建园以来，在省委、省政府，市委、市政府的正确领导下，南昌民营科技园坚持以民营企业为主体，科技产业为导向，发展食品、医药工业为主旨，以横向、外向经济协作、创新服务体系为动力，不断探索，走出了一条“以龙头产业带动配套产业”的开放开发之路，通过引进、发展一批具有一定技术含量、市场占有率高、品牌优势强的工业企业，实现了园区经济的超常规发展。

南昌民营科技园开发建设采取“小块起步，滚动发展，多元投入，市场运作”的方式推进，南昌民营科技园建园以来，累计投入资金3.3亿元进行基础设施建设，全面完成了园区4.26平方公里规划范围的“六通一平”及部分功能建设，修建了“三纵六横”九条道路，除省市属企业、村庄用地外，园区开发建设2.24平方公里（折合3357亩）。六年来，园区依托完善的基础设施、便捷的交通条件和高效率的优质服务，吸引了众多客商前来投资创业，营造了一个良好的产业发展空间，初步形成了食品饮料，生物医药、纺织服务、机械电子、印刷包装等核心产业，经济运行态势强劲，项目几乎布满了园区建设用地，几年来园区共引进南昌统一、南昌娃哈哈、南昌银志等各类企业154家，其中，在建企业15家，投产企业126家，规模以上企业24家。根据统计年报显示，南昌民营科技园从1999年项目投产以来至2003年五年间，园区技工贸总收入增长了25倍，工业总产值增长了32倍，净利润增长了20倍，上缴税金增长了28倍，出口创汇增长了200多倍，实际引进省外、境外资金增长了70倍。经过几年来的艰辛付出和奋勇拼搏，南昌民营科技园基本实现了建园的初旨：建设成为青山湖区区域经济持续发展的主要增长板块。几年来，园区经济增长部份是全区经济增长的67%，园区也一跃成为省市最具活力最为活跃的经济增长亮点。

特别是近两年来，在省市解放思想，已开放型经济为主战场，不断优化投资环境，承接沿海产业梯度转移的大好形势下，南昌民营科技园通过自身的不懈追求，园区的经济建设得到了突飞猛进的发展。2003年，园区实现技工贸总收入16.9亿元，完成工业总产值14.37亿元，工业增加值3.8亿元，出口创汇1500万美元，实际引进省外、境外资金6亿元，上缴税金8320万元，累计安置7500人就业。

南昌民营科技园作为青山湖区二次创业的主要载体，她的建设发展，为青山湖区调整产业结构实现产业升级，实施区域经济可持续发展战略起到了积极深远的推动促进作用，成为青山湖区最具活力的重要增长板块。几年来，园区工业产值、GDP值、招商引资等各项经济指标增长幅度均名列全区前茅。去年，园区招商引资、固定资产投资、出口创汇、安置就业等经济指标增长幅度和绝对量都位列全区第一。

与此同时，通过几年来的艰苦努力，园区已经成为南昌市横向经济协作，外向经济建设的生力军和主战场。2004年1月，在省政府举办的开放型经济工作会议上，园区被评为“全省招商引资十强园区”，几年来，园区引进外资1.5亿美元，引进境内资金29亿元，引进超亿元项目7个，2003年度，园区引进瑞显光电、国际软件园等各类工业项目47个，至此，园区项目达154个。由于园区位于城郊结合部，基础设施已全面到位，并与城市管网接轨，有效推动了南昌市城东地区的城市化建设，有力提升了该地区的城市功能，给周边地区的经济建设、生活创造了良好的发展基础。

南昌市民营科技园主要企业名录

单位名称	法人代表	电话
江西鹤冠电子光源有限公司	谢升荣	8339903
南昌市光华印刷厂	张金国	8195739
江西净源水处理设备有限公司	刘蔚林	8196301
南昌铁路长喜电机有限公司	司志诚	8195590（传）
南昌万华生化制品有限公司	张万山	8196129（传）
江西瑞伦电气有限公司	王明山	8195510

南昌海利达塑料彩印有限公司	吴永春	8195503
南昌金钟汽车电子实业有限公司	钟汉山(彭主任)	8195579(总机)8196257(传)
南昌盈丰针织服装有限公司	周元春	8195743 8196211(传)
南昌意佳塑料制品有限公司	陈启明	8112898
江西地方志四方印刷厂	熊永康	8195880
南昌汇源印刷有限公司	占志刚	8295470 8195705(传)
江西赛隆纳米技术有限公司	张永辉	8195810
南昌中盛化工厂	熊秋英	8195759(传)
江西红星印刷厂	熊火保	8332198
江西科苑辐照技术开发有限公司	陈庆隆	8195641 8195647(传)
江西省农业技术推广总站	文喜贤	6238319
上海上福塑料制品有限公司南昌分厂	赖正乾	8196049(业务部)8196040
江西同驰汽车销售有限公司	刘总	8196166－8000 8196169(传)
江西帝博企业有限公司	孔洪波	8106696
江西圣丰农业高新技术有限公司	罗秋梅	8166669(传)
江西豫章新型建筑材料有限公司	聂春	8112899(传)
江西奇而特生物有限公司	孙洪昌	8115116
南昌统一企业有限公司	孟总	8196120(总机)
江西百胜门控设备有限公司	刘润根(徐主任)	8196097
南昌普洋科技有限公司	ANDY。HSU	8166911
南昌娃哈哈饮料有限公司	宗庆厉	8195890
南昌银志纺织服装城实业有限公司	罗德志	8132819
江西雅飞服装有限公司	何杰特	8133189
南昌银志泰制衣有限公司	梁焯东	8132887
江西贝尔科技产业有限公司	张海平	6490118(总机)
江西盐业包装有限公司	郭正平	8166906
江西瑞显光电科技有限公司	万俊	8166815
江西永辰实业有限公司	万多根	8196088
南昌昌帆制衣有限公司	熊毛妹	8195719
江西金玲实业有限公司	熊友林	8196093
江西三抗保健品有限公司	喻新堂	8166481(传真)
南昌进圆宾馆	邓男华	8108353(总机)
南昌进顺米粉厂	吴国强	8166357
江西金友实业有限公司	周友凉	8196240(传真)
江西昌龙票证印务有限公司	武美秋	8195668
江西五洲建材有限公司	施金典	8195503
江西商用家具有限公司	胡俊梁	8195893
江西万宝医药包装有限公司	何文辉	8166306
江西佳佳食品	彭素萍	8195619
江西宏志电子有限公司	洪伟	8166491
南昌永泰制厂	魏太辉	8196258(传真)

南昌金源包装有限公司	刘有权	8195579(传真)
南昌倍驰电子电光源有限公司	于仲伟	8196524(供应部)
江西汉毅电子有限公司	罗志明	8166335 6287161(办公室)
江西卡琳娜皮革制品有限公司	翁海强	8111381
江西星科实业有限公司	董晓华	8332581(传真)
南昌市建工集团混凝土公司	吴志斌	6795511
江西南开电气成套有限公司	商飞荣	8166927
南昌江众包装有限公司	曹传宝	8166302

小蓝工业园

小蓝工业园成立于2002年3月,园区北至东莲路,南至富山三路,东傍南高公路,西至金沙四路,规划面积18平方公里,交通便利,105、320国道交汇境内。近年来,园区从完善基础设施建设入手,从推进项目开工着力,不断扩大招商引资成果和优化投资环境,园区建设得到了长足发展。先后被授予"省级民营科技园","2002年江西工业崛起园区发展专项奖"五项前十名,全省"实际利用外资先进单位","工业项目引进省外资金先进单位"和"招商引资十强工业园区",2003年度全省工业崛起"六大指标综合先进单位"和"销售收入值第一"等荣誉称号。到目前为止,落户企业302家,其中开工143家,投产66家,各项工作势头迅猛,到处可见热火朝天的建设场景,园区建设呈现出快速发展的良好势头。

二年来,园区不断 加大投入,已初步形成起步区、金湖区、玉湖区和银湖区四大板块,基础设施建设日益完善。到目前为止,累计完成基础设施投入3.12亿元,其中完成硬化路面32.56公里,完成了雨污水管埋没38081公里,完成供水管网13.97公里,完成供电线路25.9公里,埋没通讯管线14.57公里,完成景观明渠5.4公里。使金湖区、银湖区、玉湖区三区相联,9月份将实现四区联网;邓埠变电站正常启用,自来水厂建设迅速;建成了一座装机容量630千瓦的雄溪电排站,沥山电排站建设基本建成,排水排污体系与防洪防涝体系基本建立;移沙造地面积近万亩,银湖区重大项目园建设开始启动;昔日的荒山、荒漠正变成一座工业新城。

目前,园区已经形成五大支柱产业:以汇仁制药、江西国药、江西制药等企业为龙头的医药、医器产业;以江铃专用车厢厂、江铃铸造、李尔内饰、新电空调、洪城汽配为龙头的机械汽配产业;以清华泰豪、鑫维科技为龙头的电子信息产业;以龙鹏聚酯、香港永通为龙头的轻纺服装产业;以健力宝、煌上煌为龙头的食品加工产业。随着大企业的相继落户,园区实力呈现整体提升的良好态势。

今年,小蓝工业园将狠抓工作落实,不断完善配套设施,优化投资环境,提高服务水平,提高运转效能,促进项目开工投产,确保项目开工率达80%,投产率达50%;实现到位内资13亿元,外资5000万美元,工业生产总值超40亿元,新增12亿元,新增税金5000万元,新增就业岗位5000个,力争成为客商来赣投资兴业的首选之地和江西现代制造业重要基地之一。

突出三个重点 狠抓三个转变

小蓝工业园充分发挥资源优势,广泛开展招商引资活动,不断创新招商引资举措,提高招商引资水平。今年1—7月,园区完成合同外资7496.4万美元,实际利用外资5420万美元,占全年任务的67.75%,实际利用内资10.244亿元,占年计划的78.8%,共引进外资项目13个,引进内资项目40个。

为切实提高招商引资水平,该园区围绕三个重点即突出外资项目。积极做好南昌市"退城进郊"和沿海发达地区产业的战略转移的承接。境内招商瞄准上海、浙江、广东、福建等地区,境外招商重点瞄准香港和台湾,并积极拓展韩国、日本及欧美等地区的招商。突出重大项目,围绕世界500强和国内200家重点企业及知名企业,紧盯"长珠闽"等经济发达地区的大公司、大企业开展招商引资,今年引进超亿元以上项目十个以上。突出延伸配套项目。围绕龙头企业、支柱产业，实施专业化协作配套工程，把同行业企业和产业链延伸项目引进工业园。积极促进三个转变，一是招商方式转变由传统招商向专业招商转变。按照定领导、定人员、定责任的三定原则，改变以往全民招商的方式，分工负责，以小分队直销招商、登门拜访招商等多种形式，广开门路、广交朋友、广利薄收。推行委托招商，利用落户园区外商以商招商，发挥南昌县籍在外、人才优势以情招商，利用已入园的大集团，大公司信息灵的优势构筑招商网络。二是招商重点由饥饿型招商向选择型招商的转变。改变以往凡商必招的做法，把招商重点集中在世界和国内大型重点企业，按照国外项目优于国内，省外项目优于省内的原则，大力招引规模外向度大的项目落户。三是招商引资水平由低层次向高要求转变。坚决兑现优惠政策，让利投资者，更注重营造“四最”的投资环境，突出对人的素质的要求，全面拓展招商、办事人员的知识水平，提高全体人员的服务意识，变被动服务为主动服务，实现由靠政策优惠招商向提高服务质量招商的转变。

通过这些做法，鑫维科技、香港永通、龙鹏聚酯等一批集聚效应强的项目纷纷落户园区，全省医药“八强”之中的汇仁集团、江西国药、江西制药都相继落户。

江西省银三角开放开发区

银三角开放开发区，这块镶嵌在省府南端的壤土，北依青云谱区及莲塘，南接向塘，区内所辖面积33.3平方公里，规划面积13平方公里，于九二年经江西省人民政府批准成立的省级开放开发区，享有准地市级3000万美元以下外商投资项目的审批管理权。

区内交通便捷，基础设施完善，320、316、105三条国道，在银三角立交桥交汇，京九线、浙赣线两条铁路穿境而过，围绕银三角周边的六个火车站，建有大型国家储备库四〇九库，一批仓储及专线，为区内的人流、物流提供了便捷的交通条件；优美的环境，丰富的旅游资源，是旅游、会展、休闲投资的宝地，良好的自然环境，纵横交错的排灌网络，充足的温光资源，是高效都市农业投资的最佳的选择。

本着整合资源、优化环境的原则，银三角开发区面向市场，制定了热忱招商、城市服务、富商强区、共谋发展的建区理念，构建了“一条龙”、“站式”的服务体系。因而，一批旅游、休闲、科技、观光项目进入我区，原有的饲料、农产品加工企业群体越做越旺，可以预计，随着江西在中部地区崛起步伐的加快，银三角开发区的发展步伐将更坚实有力。

遵照江西省委大开放促大开发的战略部署，银三角开发区这块热土，正张开双臂，迎接八方来客，拥抱美好未来。

江西桑海经济技术开发区

江西桑海经济技术开发位于南昌北郊新祺周，该开发区是经江西省人民政府批准建立，是江西省昌九工业走廊上的重点开发区之一。开发区自然环境十分优美，山水环抱、绿荫如盖、碧波萦回、飞鸟翩跹，繁花与高楼互映，园林共厂房相依，装点出一个美丽清新的花园城镇。

开发区交通条件便利，105国道、昌九高速公路、大京九铁路均从开发区境内通过，把桑海经济技术开发区和北京、南昌、香港更紧密地联系起来。此外，开发区的货物还可以通过距此90公里的九江口岸直达海外。空运方面，南昌有距开发区10公里的乐化国际机场，北有九江马回岭机场，形成了立体交通网络。通讯已实现了自己程控，可随时与世界各地通话。

在改革开放的大潮中，江西桑海经济技术开发区抓住机遇、转变机制，以中心城市为依托，以市场需要为目标，利用交通便利的优势走上了集约化、规模化、综合化的大工业发展之路。

江西桑海经济技术开发区占地54平方公里，职工1万余人，拥有各种门类的企业几十家，其中国家二级企业2个，省级先进企业6个。共分医药、化工、食品、羽绒服装、机械、电器、塑料制品、包装、印刷、运输、建筑等10多个行业，生产各部门类的产品800余种，其中国优产品2个，部优、省优产品20个，部分产品进入国际。全区的工业产值每年以二位数的速度递增长，形成了具有相当势力的工业群体和具有相当市场竞争能力的集团规模。目前，“桑海”正以外向型、高科技作为自己的发展方向。

江西桑海集团有限责任公司随着改革开放的不

断深入，思想更解放，机制更灵活。同时，本公司地处南昌市可享受市招商引资的各种优惠政策，加之土地价格低廉和充足的各类人才，已经宽松的投资环境，热诚欢迎社会各界朋友、港台同胞、外籍人士、境外企业来桑海作客投资、建厂，参与国有企业改制（参股或控股），谋求共同发展。

南昌市向塘开发区

一、区位优势

向塘省级开发区地处南昌市的南部，距市区仅28公里，是南昌市的南大门，扼浙、赣、闽、湘、粤铁路交通要冲，是全省最大的建制镇。

开发区规划总面积23.6平方公里，享有省级开发区的各项审批权，管理权以及相关的优惠政策。

二、交通优势

向塘是中国南方最大的交通中枢，拥有铁路路网中长江以南最大的现代化货运编组特等站和客运站。105、320、316三条国道和温厚高速公路在区内交汇。

三、资源优势

1、电力辖区内拥有110KV和35KV的变电站各1座，变压器总容量为61200KVA。

2、供水辖区还拥有3个现代化的自来水厂，日供水能力2.9万吨。

3、电信辖区程控电话装机容量已达5万门。中国电信已在向塘建有2个基站；中国联通、中国移动也在向塘各建有一座基站；中国铁通也随时可为用户提供服务。另外，向塘已接入宽带网，因特网专线可随时开通。

4、充裕的劳动力资源 向塘人口基数大，非农成份高，劳动者素质较好，劳动力市场广阔。

南昌昌东工业园

一、发展情况

南昌昌东工业区于2001年9经南昌市人民政府批准成立，是一个多元化的产业加工区，紧扣江西省委、省政府提出的“三个基地、一个后花园”和南昌市委、市政府提出的“建设七个基地”以及区委、区政府提出的“做好两篇文章，建工业强区”的战略部署，是承接沿海地区产业梯度转移，为省内外大专院校、科研院所的科技成果提供转化的基地。

昌东工业区首期规划面积为3.64平方公里，总控制性规划面积达21.5平方公里。经过仅一年的筹建，工业区的开发建设已初具；每天上门咨询、登记、洽谈的客商络绎不绝，广州、深圳、香港、加拿大等外地客商也多次前来实地考察，并且一些项目已和我区签订了意向性合同。到今年八月份为止，工业区已先后引进针纺、服装、包装、仓储、医药保健、木材加工等企业共70家，出让土地面积3000余亩，合同资金7.6亿元，实际引进资金7220万元；其中企业投资1000万元以上的14家，投资5000万元以上的6家，投资1亿元以上的有二家。这些企业的进入，为昌东工业区进一步发展奠定了坚实的基础。

二、投资环境

南昌昌东工业区之所以能够在较短的时期内发展到现在的规模，这与青山湖区区委、区政府的高度重视有着密不可分的关系，同时，也是因其拥有良好投资环境的结果。

首先，昌东工业区拥有一支高素质、高效率的管理机构，能够为入区客商提供高质的服务。青山湖区委、区政府极为得视昌东工业区的发展建设，下决心要举全区之力办好“昌东”，为此，区政府不仅在工业区设立了一支精简高效的管理机构——昌东工业区管理委员会，而且将规划、投资、土地、计划等经济管理权限都下放给工业区管委会，客商到区内来投资，从洽谈到注册、开业一系列手续均可在区内完成。园区实行封闭式管理，设立警务区（电话：8107777）和经济“110”服务，随时对企业进行跟踪保护。昌东工业区在自身服务上有其独特的优势，工业区提出“宁可自身千辛万苦，不让企业一事为难”的服务宗旨。

其次，昌东工业区具有独特的区位优势，使入区客商能够享受到全方位的便利。南昌昌东工业区地处江西省省会南昌的东郊，解放东路以南，高新大道以东，距南昌火车站仅3公里，距南昌大桥仅10公里，可直达105、320国道，交通十分便捷。据南昌市城市规划设计研究总院研究设计，解放东路改造工程近期规划路宽40米，远期规划为60米，直通景德镇专线；另外，规划设计135米宽的昌东大道也已破土动工，该路位于工业区的东侧，北连富大有堤，南接胡惠元堤，是南昌市外环路的重要组成路段，这两条道路的修建、开通将极大的方便开发区与外部的沟通连接，使来我区投资兴业的客商真正感受到“路通”才能“财通。”更为重要的是，它既独立于城区，又与城市紧密相连，既有广阔的工业用地，又与城市共享供水、供电、道路、通讯等基础设施，同时又能就近依托城市科技、管理、人才、市场、信息、资金相对集中的资源优势，享有省会城市的综合优势。

第三、昌东工业区政策优惠，使入区客商投资成本低。为了促进工业区的发展，同时实现工业区与来区投资客商“双赢”的目标，入区企业不但享有省、市有关民营企业的政策优惠，且还享有青山湖区政府制定的关于客商前来昌东工业区投资兴业的优惠政策。更为主要的是，我区还采取“政策跟着项目走”的方针，把昌东工业区营造成使入区客商“成本最低、回报最快、效率最高、信誉最好”的工业区。

第四、基础设计已全面拉开。园区内的规划道路纵横交错，主干道路宽40米，次干道30米，一般道路15—20米，预计总投资2.35亿元。目前，已建设竣工的道路有：昌东一路、昌东二路、昌东北路、昌东三路这四条路，总投资8000余万元，与此同时，幸福水渠整治工程及工业区内其他一些规划道路的建设正在建设当中。除了完备的道路网，区内电力供应充沛，供水、供电、供气、通讯等都与南昌城市管网相连接。

三、前景展望

1. 昌东工业区的建设符合南昌市城市发展总体规划，这不仅有利于推进工业化，而且可促进城市化建设；同时，因其以民营企业为主，非常适合当前省委、省政府倡导的扩大民间投资，加快我省经济发展的思路与精神。

2. 昌东工业区地处江西省会城市南昌，地理位置优越，对外联系广泛，基础条件好，各种设施齐备，非常适合承接东部经济发达地区梯度向内陆的转移。且因其定位为加工业园区，具有明显的引资优势和发展见效快的优势，对周边县市的辐射能力强，示范作用明显。

3. 昌东工业区建成后将大大改善青山湖区招商引资的基础条件，推动各地投资商来南昌市青山湖区投资创业，带动当地经济的发展，并创造出巨大的经济效益和社会效益。

4. 青山湖区区委、区政府对工业区建设高度重视，措施得力，各方面配套政策到位，使工业区建设起动快，并初步见到了成效，为工业区的发展开创了一个好局面，必将促使其稳步发展壮大。

南昌市长陵外商投资工业区

南昌市长凌外商投资工业区为省级开发区，位于南昌大桥西端，总体规划面积23.5平方公里，首期开发的3.5平方公里起步实现“水、电、路、通讯和排污”的“五通”；现有11万伏变电站一座，容量为63000千伏安，电力充足；现有水厂一座，日供量达12万吨，确保生产．生活用水．程控电话为南昌市网，数字通讯直拔世界各地。交通十分便利、发达。依托省会南昌，紧邻县城、学校、医院、金融、文化娱乐等设施配套俱全。工业区实行“一个窗口对外”、“一条龙服务”、“一站式管理”，服务功能完善，为内外客商创造良好的投资软硬环境。有来自美国、德国、加拿大、东南亚、港澳台等十几个国家和地区的国内外客商在此投资兴业。到目前为止，区内共引进县外项目77个，总投资18.3亿元，合同外资16亿元，实际进资10.9亿元。累计实现销售产值49亿元，创税收8216万元，出口创汇7553.8万美元，安排就业14130多人。策应南昌市新一轮大开放，大开发的历史机遇，工业区20平方公里新区建设已全面启动，热忱欢迎各界投资开发。

工业区规划有：北区3.5平方公里，南区20平方公里。六通一平全部到位，区内77家企业。

北区：

现有各类企业77家，初步形成了以精炼食用油、特色蜂蜜、高档米粉、罐头为主的绿色食品加工和服装加工等工业。

南区：

为满足县城经济发展和招商引资工作的需要，我们在距新建县城8公里的璜溪320国道旁选址建设工业区新区（南区），总规划面积20平方公里，力争用1－2年的时间，引导工业区南区建设成为新建县乃至南昌市的一个经济增长的新亮点。

南昌昌南工业园

南昌昌南工业园于2001年10月经是政府批准成立，一期规划面积2.2平方公里，具体位置是：东至青云谱镇万溪村,西至洪都铁路专线,南至朱桥东路,北至包佛公路。园区于2001年11月28日正式奠基,各项基础设施建设于2002年2月开始全面铺开,现各项工作进展顺利。

二00三年园区基础设施计划完成投资8000万元,工程建设目标是:园区内"三横四纵道路全部贯通投入使用,土地平整面积达2平方公里,园区内2万千伏安用电专线于二00三年五月铺设到位,包佛路拓宽改造二期规划已批准,今年上半年完成拆迁地勘、初步设计及工程招投标等前期工作,工程建设于下半年全面铺开,下半年启动园区二期工程建设。

(一)功能定位:劳动密集型产业加工区,适当发展高新技术产业,承接境内外发达地区的产业梯度转移,城市"退二进三工业项目的承接基地,驻区大中型企业配套产品加工基地,同时为省内外民营企业、加工业提供发展空间。

(二)产业定位:以传统产业为主,适当发展高新技术产业。主导产业为机械、五金机电、食品加工,并依托驻区骨干企业江铃企业的辐射效应,逐步形成汽车配件加工这一特色产业。

(三)区域布局:园区适当引导园内企业同行业相对集中布置,形成高新技术产业区、机械加工区、食品加工区、服装加工区,电子仪表区等。同时,针对部分处于起步阶段的中、小企业暂时无充足资金购买土地的情况,专门划出部分土地,建设标准厂房,成立中小企业"孵化区"。

进贤县工业开发区

进贤县古为"东南之藩蔽,闽浙之门户",今为江西"金三角",有京福、沪瑞高速公路和320、316国道及浙赣铁路穿境而过。进贤县工业开发区座落在进贤县城以西,交通便利,距省会南昌市50公里,距昌北机场70公里。园区规划坚持高标准、科学性、生态型,总规划面积20平方公里,首期开发6平方公里。区内功能齐全,布局合理,基础设施达到"五通一平"。园区背靠青岚湖,环境优美,湖光山色,空气清新,具有现代人最为理想的生产、生活福地。

进贤县工业开发区热忱欢迎海内外客商前来投资兴业,并郑重承诺:在这里投资成本最低,回报最快,效率最高,环境最好。

安义县凤凰山工业开发区

安义县是江西省会南昌市郊县,辖七镇三乡一场,面积666平方公里,人口24万。

安义县凤凰山工业开发区是安义县城的东大门,座落在凤凰山上,凤凰山因像展翅的凤凰而闻名。区位优势明显,地处昌九工业走廊,105国道纵贯区内,京九铁路、昌九高速公路擦境而过。交通十分便利,向东经105国道到京九铁路新祺周车站25公里、昌北国际机场30公里、南昌市50公里;向北经105国道到江西最大的港口九江港和国际名山庐山105公里。区内地势开阔平坦,地下土质结构坚硬,三国时著名建筑孙虑城便在其中。

开发区规划面积7平方公里,规划建设"四园一中心",即文峰工业园、前进工业园、孙虑工业园、凤凰工业园和金融服务中心。区内基础设施完善,实现"六通三化",即水、电、路、讯、排水、排污、绿化、美化、亮化,配套设施较为齐全。

九 江 市

九江市石化工业园

金鸡石化工业园以九江石化总厂是全国500强企业之一,全省唯一一家原油加工企业。现有原油加工能力500万吨,年产合成氨30万吨、尿素52万吨、聚丙烯7万吨等主要产品,为我市的龙头企业。

"十五"期间,计划投资近9亿元,主要改扩建项目有:投资1.08亿元,建设年15万吨催化重整装置,年催化重整能力达30万吨;投资2.35亿元,提高重油加工能力,建设延迟焦化装置;投资2.5亿元,提高柴油和航空油的质量,建设60万吨加氢精装置;投资6000万元,建设干气中提纯氢气生产线;投资2亿元,扩建3万吨聚丙烯装置,年产聚丙烯达到10万吨;投资2亿元,进行节能改造;投资3500万元,建设化肥造粒装置。全部工程完工并增加原油加工量后,预计新增产值15亿元,新增税收1.5亿元。

九江市综合工业园

九江综合工业园座落于庐山脚下,八里湖畔,靠邻九江县城(沙河镇)。园区规划控制面积15平方公里。周围山青水绣,环境优美,位于九江市中心城西南7公里处,南九高速公路纵贯园区。北距长江岸边仅10公里,西距京九铁路约3公里,南距九江机场约14公里,对外交通十分方便。水、电、资源亦较丰富,加之区内有多条溪流穿引,可营建良好的园区环境,园区东界与庐山山脚之间约1公里左右的生态控制带。工业园在功能布局上着眼于今后的发展,充分考虑特定位置,结合现状、地带、地形、风向等因素,在整体功能结构上、以昌九高速公路为界,其西侧主要安排居住区,其东侧安排工业区,并在双瑞路北侧两条溪水之间即工业区的中心偏北地段安排行政、综合服务区,构成园区的主中心。

园区近山不靠山,近湖不临湖,景色宜人,出入便利,是不可多得的理想园区。

九江综合工业园区竭诚为来区投资的客商提供优质的全程代理服务。

九江经济技术开发区

【概况】九江经济技术开发区(原称九江开放开发区)创办于1992年7月,是江西省首批省级开发区之一,是江西省和九江市重点开发建设的新型经济区域,是一个以工业为主、技工贸相结合、多功能的综合性开发区。现辖向阳、滨兴、七里湖三个街道办事处,共有24个居民委员会、11个村委会,行政管辖面积120平方公里,区内人口近11万。

九江经济技术开发区按"小政府、大社会"的模式,建立起精干、高效的管理机构和运行机制,区党委、管委会坚持多职能、少环节、高效率的原则,代表九江市委、市政府统一领导和管理开发区的工作。1997年,《江西省九江开放开发区管理办法》以省政府54号令发布施行,标志着开发区的管理纳入了法制化、规范化轨道。市各家银行、保险、公安、工商、税务等职能部门都在区内设立了分支机构,科、教、文、卫、工、农、商、运设施配套齐备。

2003年,是九江经济技术开发区发展进程中的关键一年,九江市委、市政府为整合工业园区资源,加快建设九江新的经济增长极,决定将原来的市综合工业园、汽车工业园、石化工业园、化纤工业园划归九江经济技术开发区统一管理,实行"一区多园,一园多制"的管理体制,开发区区域范围由原来的30.04平方公里拓展为120平方公里,新调整后的区党政领导班子从调查研究入手,理清了发展思路,明确了工作重点,着力把开发区建设成为承接境外和沿海发达地区产业转移的基地和全市新的经济增长极,加快了做大做强开发区的步伐。2003年全区实现国内生产总值12.77亿元,同比增长254%;完成全社会固定资产投资26.65亿元,同比增长637%;实现工业销售收入15.86亿元,同比增长103%;实现工业增加值4.41亿元,同比增长65%;财政收入10920万元,同比增长170%。

招商引资方面,2003年,全区招商引资合同资金74.5亿元,实际到位资金41.5亿元,新引进并开工建设的亿元以上项目6个:赛得利(江西)化纤有限公司总投资17.8亿,昌河铃木公司总投资8.26亿元,3T光电园总投资5亿元,汇源三期液态奶总投资4亿元,绿冬丝科产业园总投资2.5亿元,香港和宝皮具总投资1.2亿元。另外,清华同方、昌河金棕化工、恒通温控器、强盛玻璃、富安农用车、华拓电机、长江制服、柴桑大市场等一大批项目正在加紧建设,竣工投产后,将进一步壮大开发区的经济总量。

基础设施建设方面,在市委、市政府调整开发区区域管辖范围决定出台后,管委会斥资300余万元,完成了调整后区域的总体规划工作和各园区的规划工作。全年基础设施建设投入近2亿元,开工建设了长江南路、京九路、长城路及综合工业园的一、三、四号路等干道,修建道路总长达10794米,对综合工业园启动区的1000亩项目用地进行了平整。城区"四化"(亮化、绿化、净化、美化)工程有序向前推进:九瑞大道西段路灯进行了更新、重植了主干道行道树、完成了飞机坝大转盘整体改造,开发区市容市貌又有了新的变化。

社会事业建设方面，2003 年，全区计划生育、社区服务、社会保障、就业再就业、文卫民政等各项社会事业都有新的发展。2003 年 9 月，根据市委办公厅、市政府办公厅关于印发《九江经济技术开发区区域调整实施方案》的通知（九办字［2003］141 号）要求，新接收浔阳区、庐山区、九江县共 14 所小学、295 名教师、4589 名学生，在全区文教系统中广泛开展“爱岗敬业、争创一流”活动，取得了良好反响，多名老师和学生受到上级有关部门表彰。在关爱困难群体、帮助解决群众难点热点问题上收到了明显效果：全区为 1087 户 2918 个低保对象，按时发放了低保金 51.632 万元；春节期间，向 96 户特困家庭发放户均 400 元救济金，使特困家庭安度春节；8 月份对高考上榜的家庭贫困生发放了救济款，同时帮助 12 名失学儿童重返课堂；10 月份开展了扶贫救济日活动，募集捐款近 2 万元；通过努力，为茅山头 3000 多职工解决了困绕多年的社保问题，解决了他们的后顾之忧；建立了“九江经济技术开发区劳动力市场”，设立了向阳、滨兴、七里湖 3 个街道劳动保障事务所，新增城镇从业人员 1400 多人，安置下岗职工 189 人，安置困难群体（4050）人员 47 人；开发社区就业岗位、安置“四保”及便民服务人员 36 人，区内失业率控制在 2.6%。

【招商引资新举措】2003 年，我们一是加强了专业招商力量，通过机构改革，专门组建了招商局，面向社会选聘了工作人员，专业招商队伍的作用日益凸现。二是领导带头招商，党政班子成员拿出一大半以上的精力抓招商引资；三是始终坚持实行招商引资任务分解，目标管理，严格考核，坚决兑现奖惩，形成了全员招商的良好局面。

【经济发展环境进一步优化】通过转变作风，促进经济发展环境的进一步优化，取得明显成效。一是加强机关作风建设，不断提高办事效率和服务水平。通过强化服务意识、增强效率观念和纪律观念，切实搞好“三全”优质服务（既对进区企业全方位、全过程、全天候的服务）。二是坚决治理“三乱”，创造安商、扶商、富商的良好环境。在开发区内对企业实行“封闭式”管理，出台了执行优化经济发展环境的“六不准”，建立了经济环境投诉中心，及时受理各种投诉案件，从严从快查处各种破坏经济发展环境的人和事。三是花大力气坚持做好民主评议行风工作。区直和驻区共 13 个行政执法部门都参加了行风评议，被评单位普遍引起了重视，形成了“一把手负总责、主管领导具体负责、各部门认真落实、上下齐抓共管”的局面。同时，区内企事业单位、居民和选聘的评议代表积极参与行风评议，能认真负责地对被评单位做出评价，提出合理化的意见和建议，在全区范围内形成民主评议行风的良好氛围。

【综合工业园】位于市中心城西南 7km 处，昌九高速公路纵贯园区，北距长江岸边仅 10 公里，西距京九铁路约 3 公里，南距九江机场约 14 公里，对外交通十分方便。园区规划控制用地面积 15 平方公里，同济大学建筑学院对园区做了控制性详细规划。

【汽车工业园】汽车工业园位于昌九高速公路与市区主干道长江南路交汇处，汽车工业园的开发建设采取“政策扶持、市场动作”的模式。在入园项目上，以九江昌河汽车公司年产 10 万辆轿车项目和年产 15 万台铃木发动机项目为依托，发展汽车工业及零配件等关联产业。

【化纤工业园】九江化纤工业园位于九江市区东南，占地 35.8 公顷，以投资 2 亿美元，年产 60000 吨差别化粘胶短纤维的赛得利（江西）化纤有限公司为主体，逐步发展成为亚洲最大的粘胶纤维生产和研发基地。

【九江日本中小企业产业基地】九江日本中小企业产业基地位于昌九高速公路邹家何段以南地段，紧临汽车工业园，距市中心 3 公里，外贸码头 6 公里，九江海关 5 公里，产业基地主要吸引日本中小型企业入园，生产出口导向型、进口替代型的产品。

九江县工业园

创新方式，实现招商引资工作新突破

2003 年，我县按照省、市提出的“争先进位”、“一二三四朝前奔”的工作思路，始终坚持以招商引资为突破口，主攻工业，发展县域经济，克服“非典”影响，推出了一系列招商引资新举措，主动出击，实行全方位招商，全过程跟踪服务，不断优化投资软

硬环境,吸引众多客商来我县投资置业。

一、领导重视,形成合力。

一是成立了县招商引资领导小组,由县委书记任组长,县长、分管副县长任副组长,县直各单位、各乡(镇、场)也都成立了由一把手任组长的招商引资领导小组,形成了一把手亲自抓招商引资工作的良好氛围。二是领导带头招商。县委常委、县政府副县长、县人大、政协领导,2003 年年初在电视台向全县人民承诺:每人引进一个总投资 500 万元(其中固定资产投资 100 万元以上)的入园工业项目或总投资 1000 万元(其中固定资产投资 200 万元以上)的非入园项目。为此县委正副书记,政府正副县长,人大、政协领导纷纷赴江苏、浙江、上海、海口等地洽谈招商项目。县招商局等县直单位和各乡(镇、场)一把手也主动出击,组织小分队带着项目到广东、上海、福建等发达地区广泛招商,以全新的"亲商"观念、优良的投资环境和良好的人文环境,以真情打动客商,吸引他们来我县投资置业。在全县上下形成"咬定项目不放松"的招商氛围。

二、构筑载体,打造平台。

坚持依托工业园区为载体,上大项目,上好项目,构筑招商引资平台,形成规模效应和集聚效应。在工业园建设上,县委、县政府为加速园区基础设施建设,2003 年年初县政府向全县干部借款 500 万,其中,正县级 1500 元,副县级 1000 元,正科级 800 元,副科级 600 元,一般干部 500 元,加速了园区建设,目前,沙城工业园一、二期已平整土地 2000 亩,铺设水泥路面 1200 米,供水管道 5000 米,下水道 4000 米,架设供电主干线 12000 米,园区三通一平总投资达 3000 万元。园内规划的东园招商项目用地已趋于饱和,正组织开发沙城工业园西园。到目前,园区已签约项目 60 个,开工 40 个,建成投产 12 个,园区签约协议资金 123285 万元,实际进资 83344 万元。

三、创新方法,强化措施。

一是聘请招商顾问,以商招商。为了加大招商引资力度,以商招商。年初,县委、县政府聘请了范文斌等 18 名外商老板为我县招商顾问,以他们在我县投资成功的活事例,吸引客商。招商顾问可受县政府、乡(镇、场)或县直各单位的委托,与外商直接签定合同。二是利用网络资源,网上招商。在因特网上制作招商网页,发布招商信息,拓宽了招商领域。三是会议招商:我县先后多次组团参加省、市举办的各种洽谈、博览会,利用会议广交客商,宣传九江县,介绍我县优越的投资环境和吸引人的优惠政策,共散发项目宣传册 3000 余份,起到了良好的招商引资效果。四是重奖重惩。县政府出台招商引资工作奖励方法,县委、县政府从财政拿出专项资金,用于奖励招商引资中介人、纳税大户、招商引资先进单位。同时对去年未完成招商引资任务的单位扣发正职干部工资 300 元,副职干部工资 200 元,一般干部工资 100 元,累计扣发工资 36900 元。五是筑巢引凤。对年内不能完成引资入园任务的单位,县委办下发了[2003]13 号文件,要求其到工业园内建一栋标准厂房(面积 600m2),规定县直单位在园内建厂房必须在 2003 年 12 底前完成,有引资入园任务的乡(镇、场)必须在 2004 年 3 月底前完成,厂房建成后,视同完成单位的引资入园任务。凡在 2003 年 12 月底以前既没有完成引资入园任务,又没有建厂房的单位,严格按县党发[2003]3 号文件给予处罚。六是招商引资成效明显。2003 年,全县实现签约内资项目 107 个,签约资金 137869 万元,实际进资 130124 万元,签约资金和实际进资同比分别增长 60% 和 312.6%。签约外资项目 5 个,签约资金 2800 万美元,实际进资 1048 万美元,签约外资和实际引进外资同比分别增长 170.5% 和 1233.3%。

四、优化环境,强化服务。

一是简化办事程序,提高办事效率。进一步完善了行政服务中心和各乡(镇)办证大厅的服务功能,实行一个窗口对外,一站式收费,一条龙服务,做到 一道门办好,在承诺日办结。各职能部门和窗口单位均向社会作公开承诺本单位、本部门服务标准、办事程序、办结时间、违规处理办法,切实转变了工作作风。二是实行全面代理制。外商来我县办企业所需要的一切手续,由挂点服务单位和招商局全面代理办结。三是建立外商投诉快速反映通道,对外商反映的主要问题,县整治办迅速组织调查,搞清情况,提出解决问题的意见和建议,并督促办妥,营造了安心、安全、诚信、高效的发展环境。四是加强项目跟踪。切实加强重大项目跟踪管理,对固定资产投资 500 万元以上的项目,我县明确了跟踪领导,落实了服务单位,实行定人、定责、定任务、定时间和项目引进倒计时工作制,切实解决项目落户、筹建过程中存在的困难和问题。对技术含量高,带动效益大,符合我县产业结构升级的支柱型重大项目,我们在用好、用足国家和省、市有关政策的基础上,根据实际情况,实行特事特办,千方百计地促成在谈的项目早签约,签约的项目早开工,开工的项目早投产。对凡因跟踪服务工作不到位而造成项目流失的均要追究其单位主要领导责任。五是继续深入开展民主评议行风活动。2003 年三月份我县对去年行风评议活动后三名的留评单位进行了通报批评,倒数第一名的条管部门,已建议其上级主管部门将单位主要负责人调离,倒数第二名单位主要负责人已就地免职,倒数第三名的单位主要领导已在大会上作了表态性发言。2003 年 9 月中旬又由县整治办牵头,在全县各部门、各企业广泛开展"百企千人评机关"活动,组织全社会对行政部门的办事效率、服务质量等进行了评议和监督,并对部门工作提出了整改意见,在一定程度上起到了"敲山震虎"的作用,优化了招商引资环境。

永修星火工业园

【概况】星火工业园是一个以有机硅单体及其下游产品生产、研究和开发为主导产业的省级特色工业园和国家火炬计划有机硅材料产业基地,始创于 2000 年 6 月。它位于江西省昌九工业走廊中部的永修县境内,南抵省会南昌 48 公里,北距长江重要港口 80 公里,距昌北国际机场 30 公里。昌九高速公路、京九铁路纵贯其中,316 国道、105 国道毗邻而过。三年来,园区以发展有机硅工业为己任,有效发挥该产业的规模效益和集聚效应,加速有机硅产品的自主创新步伐和产业化进程,充分整合我国有机硅工业的整体实力和市场竞争能力,力争把园区建设成为高科技与新兴产业对接的功能示范区。园内现有包括世界 500 强企业之一的美国 Cabot 公司在内的高新技术企业 16 家,已开发有机硅下游产品 40 余种。园内现有有机硅单体生产能力 10 万吨/年,到 2005 年,园区将以 20 万吨/年生产规模跻身世界同业四强。星火工业园以其优越的地理位置、丰富的原料资源、高新的技术产业为客商带来良好的经济效益并逐渐成为外商关注的投资热土。至 2003 年,园区累计完成基础设施投入 6100 万元,2003 年当年招商引资到位资金 3.5 亿元,完成销售收入 5.9 亿元,同比增长 32.3%,实现利税 6300 万元。

【园区环评获省环保局批准】2003 年 4 月,星火工业园区域总体环境评价获江西省环保局批准,该园成为全省第二家通过环评的工业园区。星火工业园聘请的江西省环保科研所认真调查了园区空气、地表水、地下水、噪声以及生态现状,对开发过程中可能引起的环境污染和生态破坏进行了预测和分析,同时对大气、水污染物允许排放量进行研究,为工业园的开发和可持续发展提供了科学依据和方法。

【"7 扩 10"有机硅技改项目竣工】2003 年 6 月,江西星火有机硅厂"7 扩 10"有机硅单体技改工程全面竣工,投资额为 6042 万元。"7 扩 10"项目的完成大大提高了有机硅单体生产能力,同时带来了 19900 万元的新增销售收入。两项目的建成,为该厂既将动工的"十万吨"有机硅单体生产渠道新线的建设积累了经验,奠定了基础。

【园区获批国家火炬计划产业基地】2003 年 12 月,星火工业园被科技部正式批准为"国家火炬计划九江星火有机硅产业基地"。该园通过两年多的努力,产业基地申报计划是经科技部火炬中心与江西省科技厅专家认真考察和讨论并一致通过后被批准的。同时,江西星火有机硅厂、江西星火化工厂、广州吉必时科技实业有限公司永修分公司、吉林市新亚强实业有限公司江西吉星分公司等 4 家企业被认定为基地内首批骨干企业。

星火工业园重点企业名录

长途区号:0792

企业名称	地 址	资产总额	销售收入	员工人数	法人代表	联系电话
江西星火有机硅厂	星火工业园内		47710 万元	1309	郑 重	3170736
江西星火化工厂	同上		9257 万元	597	朱炼钢	3125995
广州吉必时科技实业有限公司江西星火工厂	同上	1800 万元	166 万元	35	余义贤	3170501
吉林市新亚强有限责任公司江西吉星分公司	同上	1000 万元	1054 万元	50	初亚军	3170502
卡博特蓝星化工(江西)有限公司	同上	2950 万美元	30000 万元	53	张心胜	3170568
江西华联有机硅有限公司	同上	1000 万元	2000 万元		许 峰	3170731
江西星火狮达科技有限公司	同上	1600 万元	240 万元		游孟松	3170003
江西星火化工有限公司	同上	1000 万元	1600 万元		夏文安	3170446
江西虹润化工有限公司	同上	2000 万元	2400 万元		李铁斌	3171492
江西科力实业有限公司	同上	800 万元	600 万元		李 锋	13907924399
江西嘉懿新材料有限公司	同上	100 万元	500 万元		蒋立行	3170903
江西天合化工有限公司	同上	3000 万元	800 万元		李朝鲜	13317910366
江西星火金笺实业有限公司	同上	1000 万元	1200 万元		黄浩信	3170518
江西三江精细化工有限公司	同上	800 万元	1000 万元		吴文林	13807030037
武汉市嘉恒化工有限公司九江分公司	同上	800 万元	900 万元		龚凌坤	3178620

瑞昌市黄金工业园

2001 年 4 月 24 日,省委书记孟建柱赴江西亚东水泥有限公司瑞昌制造厂视察,并兴致勃勃地与亚泥公司负责人和九江、瑞昌领导合影留念。(图中右二为时任九江市委书记刘上洋,左二为亚泥公司首席副总经理张振昆,右一为时任九江市市长刘积福,左一为瑞昌市市长郑美银)

瑞昌市黄金工业园位于瑞昌市区东部,背依金山,因此得名,寓祥瑞、昌发、财源茂盛之意;园区地处长江之滨、庐山脚下、九江近郊,交通条件得天独厚,南武铁路(京九与京广连接线)贯穿全境;水路上通重庆、下达上海并延伸海外;京九、皖赣、南武铁路在此交汇,连通京广、京沪、浙赣、广厦线;距南昌、武汉机场均 90 分钟车程,距九江机场 40 分钟车程,形成水、陆、空立体交通网络。

园区聘请南京规划院专家规划设计,总规划面积 30 平方公里,分“一园两区”,一个位于瑞昌城东与九江接壤地带,称湓城工业园区,一个位于瑞昌城北约 20 公里处的长江边上,与湖北省武穴市隔江相望,称台资工业园区。园区于 2001 年 8 月破土动工,三年时间里,园区累计完成基础设施投入 25192 万元,建成面积 4100 亩。截止 2003 年底共有入园企业 61 家,固定资产总投资 28.7 亿元,当年上交税金 4938 万元,安排就业 12720 人。

园区遵循“市场化运作,企业化管理”的模式,走多元化综合开发的路子,成立了管理委员会,市长兼任主任,常务副市长、市政协副主席任副主任,管委会下设办公室,负责园区建设的统一协调和日常管理工作。

实行市领导挂点服务制度,每个重点引资项目都有一名六套班子领导挂点帮扶,并设立了行政服务中心和经济环境投诉中心,推行“一个窗口”审批,“一站式”办证,“一条龙”服务,制定了《涉外企业服务规范》。是投资成本低、享受政策优、回报率高理想投资场所。

打造一流平台 谋求工业崛起

近年来，瑞昌市以“三年打基础，五年成优势，十年进十强”为目标，以招商引资为总抓手，以工业园区建设为载体，强力推进工业化进程。经过三年不懈的努力，黄金工业园建成面积达 273.3 公顷，累计完成基础设施投入 29192 万元，园区呈现出道路纵横，管网交错，厂房林立，机声轰鸣的繁荣景象，并成为瑞昌名副其实的融通财气、聚集人气、鼓舞士气的产业特区和经济增长极。目前已吸引入园企业 68 家，合同资金 40.8 亿元，实际到位资金 30.39 亿元。其中境外企业 15 家，总投资 23.9 亿元，千万元以上项目 39 个，5 千万元以上项目 3 个，亿元以上项目 3 个。2003 年，园区工业用电 2.2 亿千瓦时，实现工业销售收入 10.44 亿元，上缴税金 4938 万元，占当年财政收入的 29%，安排就业 12720 人。其中每平方公里实现销售收入 3.82 亿元，上缴税金 1808 万元，安排就业 4659 人。2002 年在江西省工业崛起表彰会上获全省县（市）级工业园区销售收入、纳税、安排就业、工业增加值、创汇五个单项第一名，2003 年再次夺得省工业崛起表彰会六大指标综合奖。回顾几年来园区建设历程，我市的主要做法是：

一、注重特色，打造一流安商宝地

（一）高起点规划。工业园区既是招商引资的平台，也是开发开放的前沿阵地，同时还是城市建设的新区，必须立足高起点，坚持高标准，规划先行，突出特色。我市特聘南京规划设计院专家，按照与国际接轨的标准进行科学规划，确立了“统一规划、分步实施、配套建设、滚动开发”的原则，黄金工业园远期规划面积 30 平方公里，近期开发 10 平方公里，其中湓城区 5.6 平方公里、台资区 4.4 平方公里，在布局上安排了工业区、生活区、服务区，在设计上融工业建设、城市建设、园林建设、环保建设于一体，科学的规划使黄金工业园成为气势恢宏、布局合理、功能齐全的新型工业开发区。

（二）市场化运作。按照“政府参与、政策引导、多方投入、市场运作”的思路，瑞昌市把工业园作为一个项目来经营，专门成立具有独立法人资格的城市投融资有限公司，实行公司化经营、市场化运作，筹措了工业园建设资金，有效解决了园区投资主体的问题，使园区建设初步走上了“以园建园，以园养园”的良性轨道。

（三）快速度建设。工作的力度决定建设的速度。瑞昌市专门成立工业园建设管理委员会，由市长担任主任，市委副书记、常务副市长、市政协副主席担任副主任，管委会下设一办五组（园区建设办、征地组、拆迁组、规划设计组、预算审核和资金调度组、配套服务组），管委会坚持一周一会、一事一议、特事特办，相关单位各司其职、各负其责，使园区建设一直保持着抢时间、抢进度、保质量的快速推进状态，园区面貌日日有变化，天天有新颜。

二、突出效益，建设一流富商特区

（一）引凤入巢，形成集聚效应。几年来，瑞昌市坚持实施以招商引资为总抓手的基本战略不动摇，组织 60% 的干部，集中 60% 的精力投入到招商引资主战场，引进了大批企业落户工业园，使招商引资与园区建设相得益彰，园区集聚效应日益明显。一是强化责任攻促招商。把招商引资列入党政目标考评内容，年初对市级领导、各单位、各乡镇都下达硬性任务，并将招商引资作为“一把手”工程，由“一把手”负总责、亲自抓。未完成全年招商引资任务的，第一年“一把手”离岗招商，第二年仍未完成任务，主要领导就地免职。班子成员一年内不得提拔重用。未完成任务的单位或个人一律不得评先评优。二是完善机制促招商。设立了奖励基金，出台了评选“十大功臣”的规定，对于招商引资有功人员，除给予经济奖励外，符合条件的，还给予提高政治待遇、社会地位、安排亲属工作等奖励，建立了风险金制度、工作经费预付制度、业务经费挂钩制度，将个人利益、局部利益、全局利益捆绑在一起。三是创新方式巧招商。在招商引资过程中，坚持遵循一个规律，即招商引资就推销瑞昌；明确两个定位，即地区定位和产业定位，力求事半功倍；创造三个相对优势，即在硬环境、低成本、高效率三个方面创造相对优势；做到“四管齐下”，即运用亲情招商、网上招商、小分队招商和委托招商四种方式。2004 年，在延续既有招商方式的基础上，又推行了培训劳动力招商、建厂房招商等举措，从更高层次满足外商的需求。四是及时调度抓招商。实行“一月一通报、一季一督查、半年一考核、一年一考评”制度，及时掌握引资动态，鼓励先进，鞭策后进。通过一系列举措，全市出现了领导带头招商、普通市民参与招商、打工仔牵线招商的喜人现象，创造了湖北人称之为“五千五万”的招商精神，即发动千军万马、走遍千区万厂、想尽千计万策、说尽千言万语、历尽千辛万苦。累计引进合同资金，实际到位资金，实现了全国驰名商标、上市公司、投资超亿元项目落户瑞昌的“三突破”。

（二）惠利外商，降低投资成本。一是税收优惠。企业所得税地方分享部分5年内100%奖励给企业，实行先征后奖；增值税地方分享部分10年内50%奖励给企业，实行先征后奖；城市维护建设税实行先征后奖等。二是规费优惠。从合同签订之日起，三年内，免征行政性收费，服务性收费按40%以下收取，在本市内为企业办理证照的工本费，按不高于60元的标准收取。三是用地优惠。园区土地“四通一平”后以每亩1.5万元出让，土地使用权的最高年限为50年。四是用水、用电优惠。进入工业园的企业，按市区最低水价计收水费，黄金工业园的外资企业用电，在九江市同价之前按大工业直供价收取电费。

瑞昌市党政领导和黄金工业园管委会主要领导，对园区整体规划工作实地指导。（图中中间为瑞昌市市长兼工业园管委会主任郑美银，左二为市委副书记叶心林，右二为副市长郭少雄，右一为政协副主席兼市长助理李庆生，左一为工业园管委会办公室主任胡冬生。）

（三）规范管理，提高园区效益。在园区管理中坚持做到严把四关。一是把好企业入园关，做到“三无”，即无国家明令淘汰，不符合国家产业政策的低水平重复建设项目入园；无严重破坏生态环境、危害人民健康和生命安全项目入园；无“黄、赌、毒”项目入园。二是把好入园企业用地关，按照企业投资规模、科技含量、用工多少科学、合理安排用地，严格建筑密度、容积率标准，坚决杜绝土地浪费现象。三是把好企业建设进度关。按照一月一报表、一季一督查、半年一考核、年终一考评的要求，对入园企业的履约率、进资率、开工投产率进行跟踪督查，对只签约，不动工，超时限，“圈而不建，开而不发”的企业，依法收回土地使用权，确保园区建设高效率。四是把好入园企业建筑质量关，要求入园企业的厂房建设必须做到“四个统一”、“三个到位”，即统一规划设计、统一现场放线、统一标准厂房，沿路厂房统一街景。相关单位做到现场放线到位、施工监理到位、竣工验收到位、确保入园企业的建设规划和质量符合要求。由于组织到位、标准统一、操作规范、管理严格，大大提升了园区品位，增强了园区竞争力。

三、强化服务，培植一流亲商乐土

（一）营造服务氛围。在全市上下开展“人人是环境，事事是环境”、“环境无小事”大讨论，叫响“环境就是生产力”口号，提出“谁破坏经济发展环境就砸谁的饭碗”，出台了《处理破坏经济发展环境行为的暂行办法》、《整治投资环境七不准》等规范性文件。成立了经济“110”，对破坏经济环境的人和事，做到有报必接，有接必查，查实必处，出现一次破坏环境的，当事人下岗，单位分管领导免职；出现两次的，单位主要领导免职。近年来，共查处违纪案件15起，责令下岗10人，行政处分6人。通过学习，造势加压，增强了为外商服务的自觉性。

（二）开展行风评议。服务好不好，企业说了算。市整治办每年都要组织一次以上的行风评议，由投资商对经济管理部门的工作态度、工作行为、工作作风进行民主测评，对排名前五位给予通报表彰，列倒数一、二名的单位给予黄牌警告，主要领导进行诫勉谈话。连续两次被评为倒数一、二名的单位领导要进行组织处理，是条管单位的宣布为“不受欢迎的领导”。开展行风评议以来，先后有6个单位受到黄牌警告，4名领导接受诫勉谈话。

（三）推行“三式”服务。一是设立行政服务中心，采取一个窗口对外，联合集中办公，制订限时办结制和首问责任制，为外商提供“一站式”服务。二是建立了“一牌两卡”制度，向所有入园企业颁发“重点保护牌”，向客商颁发“红卡”和“绿卡”，对挂牌企业和持卡人员未经请示不得随意检查，为客商提供“护身符式”服务；三是制定《涉外企业服务规范》，规范执法行为，明确服务标准，要求操作规范化，办事制度化，行为自觉化，服务亲情化，为客商提供“贵宾式”服务。

庐山区生态工业城

庐山区生态工业城成立于2002年7月，由于行政区划分的变动，原九江汽车工业园现已改名为庐山区生态工业城，其范围包括“一园四区”，既莲花工业小区、十里工业小区、昌河汽车制造工业区和梅山工业小区。所辖面积2895亩。

工业城的开发建设采取“政府扶持，市场动作”的模式，按照“谁投资，谁受益”原则，以生态型可持续发展为理念，科学规划，合理布局。形成了以汽车制造、光电、纺织、服装为主体的工业集聚区。

工业城已完成“五通一平”的基础设施建设，为优化工业城投资环境打下了良好的基础。到2004年9月，落户工业城的企业40余家，投产企业21家。如九江3T数字投影技术发展有限公司、佳號（江西）轻纺有限公司、九江市啄木鸟服装有限公司、江西佳华机械有限公司等大中型企业投资规模大、建设速度快，预计年底就可以投产。庐山区生态工业城已成为庐山区经济增长点。据统计2003年实现产值11464.8万元，销售收入10544.7万元，实现利税852.9万元，从业人员1900人。有效地实现了经济效益和社会效果的统一。

九江市庐山区生态工业城企业基本情况调查表

项目企业名称	计划投资总额（万元）	销售收入（万元）	职工人数（人）	法人代表	联系电话	备注
佳号（江西）轻纺公司	15000	60000	1500	丁清河	0792－8909988	在建
九江3T数字投影公司	50000	200000		沈丹	0792－8906523	在建
九江财兴五金厂	2300		1068	江训忠	0792－8905803	已投产
九江汇诚制衣公司	2000		291	王少平	0792－8906566	已投产
九江市鑫星玻纤厂	3000		561	周庐		已投产
环球科技开发公司	106		70	郭俊杰	0792－8903034	已投产
江西美庐乳业公司	4500		150	陈林	0792－2189988	已投产
九江万户纸业公司	1200	5000	160	陈琪		在建

共青城开放开发区

共青城开放开发区位于鄱阳湖畔、庐山南麓，毗邻国家级候鸟自然保护区，沿鄱阳湖湖岸线长50公里。京九铁路、昌九高速公路、105国道纵贯境内，南昌、九江机场坐落两端，水路经鄱阳湖可直抵长江。

共青城发祥于1955年上海青年志愿垦荒队创建的共青社。几十年来，共青人以“坚韧不拨、艰苦创业、崇尚科学、开拓奋进”的精神，在荒滩芜洲上建起了充满青春活力的共青城。

共青城面积200平方公里，规划城区面积70平方公里，建成区面积27平方公里，人口10万，下辖甘露、江益、金湖三镇，是昌九工业走廊一座可持续发展的新兴城市。

工业是共青城经济的支柱，主导产业包括羽绒制品、纺织印染、食品酿造、建材包装、机械制造等。共青鸭鸭集团公司是羽绒制品龙头企业，年产系列羽绒制品500万件。“鸭鸭”是中国驰名商标、中国名牌产品、中国免检产品，其商标分别在俄罗斯、英国、美国、法国、日本等80个国家注册。

1989年，鸭鸭牌羽绒服被选为国礼赠送给外国元首。2002年5月，鸭鸭集团公司通过了ISO9001质量管理体系、ISO14001环境管理体系和环境标志产品认证。

食品加工、酿造业有共青板鸭、米粮铺柑桔、圣士丹牌系列啤酒、九岭牌白酒、新纪元干红、酥糖糕点等产品，先后荣获多枚国内外金银奖章。

共青城将以庐山国际高尔夫球场、国家网球熟练中心、国际钓鱼中心和共青城茶山假日酒店为依托，带动旅游业及第三产业协调发展。

近年来，共青经济快速提升。2002年全区国民生产总值比上年增长55.7%；财政收入比上年增长28.2%，其中地方收入比上年增长30.6；农民人均纯收入2115元；职工人均收入5111元；社会固定资产投资总额1.6亿元，是上年的2.38倍；出口创汇1180万美元，占九江市的四分之一，其中共青中羽制衣有限公司出口创汇795.4万美元。在全市企业中排列第一，并被评为江西省外贸出口工作先进单位；新增民营企业38家，民营企业纳税额对财政收入贡献率达60.4%。

共青城企业名单

区号：0792

序号	企业名称	法人代表	地址	联系电话
1	江西共青鸭鸭(集团)有限公司	许海东	共青城上海路	4342750
2	江西共青羽绒制品有限公司	许海东	共青城上海路	4342750
3	江西共青羽绒厂	许海东	共青城上海路	4342750
4	江西圣士丹啤酒有限公司	王洪山	共青酒厂内	4349369
5	江西回圆服饰有限公司	邹永亮	共青地税局后面	4344557
6	江西雪斯来服饰有限公司	赵才万	共青燃料公司旁	4346757
7	江西共青乘风纺织有限公司	熊美斌	共青城金纺路	1397024841
8	江西富华印染有限公司	郭章林		
9	江西共青宝山纺织有限公司	居奏成	共青城金纺路	4342904
10	江西深傲服装有限公司	孙仁凌	共青地税局南面	13907025133
11	江西雪世界服饰有限公司	史献忠	共青南湖宾馆四楼	4347022
12	共青城永昌制衣有限公司	何方	共青鸭鸭大厦院内	4341094
13	江西共青金羽服饰有限公司	袁兴伟	共青中行分理处三楼	4341227
14	江西大嘴鸭服装有限公司	周泽生	共青大道农行大楼六楼	13970213999
15	江西共青中成服饰有限公司	丁贤忠	共青城南湖宾馆三楼	4345310
16	共青城丑小鸭服饰有限公司	罗海军	共青鸭鸭大厦院内	13907920912
17	共青城顺风纸业有限公司	熊美武	共青城双桥	
18	江西共青恒信服饰有限公司	朱月萍	共青一建公司内	4342807
19	江西共青万春服饰有限公司	赵万英	共青鸭鸭大厦院内	4341162
20	共青城华喜制衣有限公司	陈方华	共青上海路第1栋西1楼	4342461
21	共青城深昌制衣有限公司	李法流	共城闵家山鸭鸭大厦院内	13507025709
22	江西共青城富贵鸭服饰有限公司	邹进秋	共青珍珠湖小区三建公司	4341221
23	共青城明牌制衣有限公司	骆明	共青乐器厂内	4345995
24	共青城雪狐服饰有限公司	熊贻生	共青城仿吉街东边	1330003888
25	江西天骏印染有限公司	郭章林	共青开放开发区富华路	13807920665
26	江西东升包装有限公司	袁冬生	共青原机械厂北侧	4341659
27	江西冬梦服饰有限公司	苏辉龙	共青城甘露区111号	4371105
28	共青海威制衣有限公司	张四海	共青南湖大道旁	4341901
29	江西共青城世耀服饰有限公司	于勇	共青燃料公司院内	13607923566
30	共青温特来服饰有限公司	段宗祥	共青路3号	13970253117
31	江西共青雄姿服饰有限公司	蒋宗美	共青银湖区银海商城三楼	13803565029
32	江西坦尼森服饰有限公司	熊金根	共青城西湖区仿古楼	13907924928
33	江西冰雪梦服饰有限公司	董善安	共青城闵家山路	4342213
34	江西共青天元纺织有限公司	熊贻祝	共青城南湖大道西侧	13879286999

35	江西旭东服饰有限公司	罗嗣恒	共青水产有限公司边	4343666
36	江西绎新服饰有限公司	周金元	共青甘露镇园林场院内	13803557440
37	江西共青祥盛服饰有限公司	张中喜	共青城西湖区仿古楼	4345800
38	江西共青万羽春服饰有限公司	沈锦春	共青城新城路	13970213976
39	江西登峰服装有限公司	熊纲登	共青同乐集资楼后面	4348869
40	江西春蕾服饰有限公司	夏伟峰	共青城商品街 2 号	13507923978
41	江西共青北国春服饰有限公司	熊国北	共青城北峰区	4349618
42	江西俊华制衣有限公司	刘俊杰	共青北峰区粮油公司院	13576216868
43	江西省共青城万权服饰有限公司	赵万权	共青城北峰区共青路	4342986
44	江西金阳服饰有限公司	朱向阳	共青城发展大道	4341097
45	共青统百利彩印包装有限公司	曹以德	共青城发展大道	13907025368
46	江西倚顿服饰有限公司	孙世凤	共青城仿古楼 4 号	13507063339
47	江西共青飞牛实业有限公司	何伟文	共青羽毛厂内	4346088
48	江西亿明服饰有限公司	崔志勇	共青城共青路附 2 栋	4341769
49	江西共青天利制衣有限公司	易成义	共青城共青城大道	13330006777
50	共青海派制衣有限公司	程海生	共青南湖大道新村古建楼 9 号	13879232825
51	江西祥海服饰有限公司	虞玲萍	共青城南湖大道三建内	4346082
52	共青靓彩服装有限公司	邱家胜	共青燃料公司院内	13803565235
53	共青城逐豹服饰有限公司	刘爱兰	共青城北峰区新城路 14 栋 21	13979236366
54	共青城宏盛服饰有限公司	刘如宏	共青城甘露镇中心村	13970253322
55	江西共青环宇服饰有限公司	徐义勇	共青城发展大道	13807027026
56	江西俊盛服饰有限公司	盛传云	共青城发展大道	13807027298
57	江西有成制衣有限公司	鲁长江	共青城发展大道	4341502
58	共青城永捷制衣有限公司	王明山	共青城闵家山	13507923995
59	江西宏嘉服饰有限公司	陈波	共青城共青路南湖宾馆	13907022239
60	共青城华莲服装有限公司	查起华	共青城珍珠湖环湖路	13879282665
61	九江华远实业有限公司	熊美志	共青城闵家山	4359588
62	江西嘉欣制衣有限公司	梅跃	共青城南湖大道新村	13507063399
63	江西亮林服饰有限公司	程亮财	共青城南湖大道	13607923481
64	江西代代花服饰有限公司	梁家荣	共青城共青路外贸综合楼	13970205058
65	江西润杉服饰有限公司	江良平	共青城新城路	13979247125
66	江西共青犇宇服饰有限公司	牛海兵	共青城仿古街五栋 17 号	
67	共青城金源服装有限公司	罗荷枝	共青城共青大道	13907022395
68	江西奥博特服饰有限公司	黄万普	共青城甘露镇农民街	
69	共青城康宇制衣厂	彭其江	共青城江益镇	13970213877
70	江西共青羽新制衣厂	陈志兰	共青城供销社二楼	4347999
71	共青城宏大服装厂	黄绪和	共青甘露地毯厂院内	4371192
72	共青城耀华制衣厂	扶庭安	共青城耀华街	4348077
73	共青城华兴制衣厂	解秀珍	共青城民政局院内	4342542
74	共青城鸿泰制衣厂	杨大根	共青包装厂院内	4344333
75	共青星宇制衣厂	崔水金	共青机戒厂院内	4340373

76	共青城帝星服装厂	熊纲财	共青城工行分理处二楼	4340297
77	江西共青制衣厂	胡修民	共青三建公司楼下	4345029
78	共青城南湖制衣厂	冯占慧	共青邮局对面农民街	4343678
79	共青城利华服装厂	陈义英	共青城闵家山	13607923563
80	共青城盛达制衣厂	邹泉水	共青城闵家山(原中行分理处)	4359145
81	共青城杰达服装厂	邹杰	共青城江益镇	13970233806
82	江江西丽莱尔博服饰有限公司	胡修水	共青城甘露镇双桥村	4389288
83	江西共青燃料总公司	蒋阳生		
84	江西共青电力公司	熊春林	共青城共青大道	4342606
85	江西共青第三建筑公司	王桂生	共青城南湖大道	13307921823
86	江西共青第四建筑工程公司	左家明	共青城甘露镇	
87	江西共青园林场	力国庆	共青城甘露镇	13607025701
88	江西省烟草公司共青城公司	田绍森	共青城共青大道	
89	江西共青林果业有限公司	雷艳明		
90	江西共青自来水公司	王华武		
91	中央储备粮共青城直属库	熊志琦	共青城甘露镇火车旁	4371088
92	江西共青电线厂	胡发根		
93	江西共青昌顺城市建设有限公司	汪德文		
94	共青江益服装厂	熊还森	共青江益镇爱国村	
95	共青城残联制衣厂	高明朗	共青棉麻仓库	

九江县沙城工业园

1. 地理位置。

九江县处于我国东部沿海经济发达地带和中部经济发展潜力巨大的开发地区之间,是中部、东部的结合段,居华东、华中两区域之间,同时又处在以上海浦东为龙头的长江经济带和以京九铁路为依托的京九经济带的交汇处,是我省重点“昌——景——九”金三角的前沿。东倚庐山,北濒长江,境内有京九铁路、合九铁路、武九铁路、昌九高速公路,及庐山机场和长江码头,形成水、陆、空立体交通网络,区位优势得天独厚。九江县沙城工业园(九江市台商工业园)位于县城东侧,园区地势平坦,环境优美,交通便利,具有良好的发展前景和巨大的发展潜力。

2. 规划设计。

园区整体规划由上海同济大学设计,已通过专家论证。规划目标是在九江县总体规划指导下,对规划区内土地进行深化,通过制定一套完善的规划控制指标体系和控制图,保证工业区建设开发合理有序地进行,防止对土地的不适当开发,保证各项公用设施的配置,并就工业区道路交通、市政基础设施进行较深入的设计。规划原则一是符合国家、省、市的规划和建设规范标准和要求,符合九江县总体发展的要求,强调社会、经济、环境协调发展,实现可持续发展的目标;二是优化用地结构,达到用地布局、交通和市政配套的总体平衡,合理置换土地;三是合理布局工业用地,根据开发需要,灵活划分地块,并充分考虑远近期开发的可能性;四是注重区内生态保护和建设,提高园区起点,创造优美的生活、生产环境;五是充分利用现有设施,依据产业发展要求,完善基础设施建设,为园区长远发展创造条件。规划期限近期为2005年,中期为2010年,远期为2015年。规划面积4500亩,实施分期开发。

3. 管理机制。

九江县沙城工业区于2001年8月正式挂牌成立,同时增挂九江市台商工业园牌子,成立了沙城工业区管委会,两块牌子,一套人马。沙城工业区管委会是园区的管理机构,为政府派出机构,由县长兼任主任,下设沙城工业园办公室,九江世纪经济城发展有限公司,九江融成国有资产经营公司。工业园办公室负责园区基础设施建设,招商引资入园,及园区日常协调、服务、管理工作。

修水县宁州工业园

修水县宁州工业园地处修水县城郊,位于修清公路和修铜公路交界处。省道柯龙线贯穿修水全境,鄱阳湖五大水系之一的修河自西向东镶嵌其中。该园距南昌200公里,长沙238公里,武汉310公里,九江210公里,陆运、水运畅通。

修水富有矿产、水电、农业、林业、人文五大资源。县内已探明矿产类型28种,储量以钨、石英、大理石、石煤为最,其中白钨品位居亚洲第一,储量列全国第二;水资源开发量20万千瓦,县内有110KV输变电线路与华东大电网运行;全县森林面积499万亩,活立木蓄积量889.5万立方米;修水历史悠久,人文资源独特,是北宋著名诗人、书法家黄庭坚故里,清末爱国诗人陈散原和近代国学大师陈寅恪桑梓,境内黄龙山是中国佛教黄龙宗发祥地。丰富的资源,为修水宁州工业园的发展提供了无限的商机。

修水宁州工业园于2001年6月破土动工,整个园区由上海同济大学规划设计,规划总面积3200亩,按照"三区三城"布局:即芦塘工业区,吴都工业区、东村工业区、私营经济城、宁红食品工业城、安坪丝绸工业城,形成一个一枝六杈、一藤六瓜的科技工业专廊。芦塘工业区规划面积500亩,基础设施及配套工程正在建设之中,年底可全面开发到位。到目前为止,总投资近7000万元的14个企业15个项目已落户我园,其中有赣宁钨业有限公司、民辉化工有限公司、丰达精细化工有限公司、修水宁康医用器械有限公司、盈丰投资有限公司及上海荣平橡塑制品有限公司等具有较高科技含量的项目入驻园区,其投资占总投资额一半以上,预计工业产值占2/3强,年创税可达500万元。

修水宁州工业园管委会及其办公室,将以政策优惠、服务优质为各种客商打造一个全新的腾飞平台,对入驻园区的企业将提供"保姆式"的产前、产中、产后服务。我们企盼更多的有识之士到这里一展宏图,成就伟业;企盼更多的修水能人创业家乡,反哺故里。

湖口县工业园区

金砂湾工业园位于江西省湖口县城东部,紧靠长江黄金水道,与安徽、湖北隔江相望。明朝朱元璋大战鄱阳湖十八年,朱元璋军师预言家刘伯温感言此地"五百年后赛扬州"。工业园背靠砂山,属全国四大型砂基地之一,贮量达1.5万亿吨,是发展玻璃生产和机械铸造取之不尽的原料,南至彭湖公路,规划面积为6平方公里。有年吞吐量百万吨的货物卸专用码头,水运优势十分突出。供电、供水、通讯、有线电视等设施齐全。九景高速公路通车和铜九铁路的开工建设,使园区交通更为便捷。

目前工业园进园企业共21家,其中千万以上规模企业9家,投资规模超过亿元企业3家,投资达7.5亿元的江西金沙港钢铁公司正在建设之中,工业园产业规划主要为玻璃制造业、医药化工业、硅砂加工业、水运仓储业。力争2－3年园区工业总产值达到15亿元,税利1.2亿元。

投资环境:

1. 供电设施:

园区供电能力充裕,220KV变电站紧靠园区,且园区内110KV变电站正在建设。

2. 通讯、金融:

通讯设施完善,开通了国际长途直拨、图文传真、工行互联网、有线电视等,中行、工行、建行、农行等多家银行可为企业提供便利的金融服务。

3. 供水设施:

园区紧临长江,为企业的生产生活用水提供保障,日供水3万吨的金砂湾自来水厂正在建设中。

4. 交通运输:

九景高速公路纵贯湖口,建设中的铜九铁路紧靠园区。

星子县工业园区

星子县金鹿工业园区于2002年8月份动工建设,园区以现有工业基础和矿产资源及自然条件为依拓,以承接沿海发达地区产业梯度转移和整合产业群体为目标,按一园多区的格局进行总体规划,采取国有、集体、民营等多种融资形式投资园区基础设施建设。其中县本级采取经营城市的方式融资3000余万元投入金鹿综合工业园区和金鹿石材城的基础设施建设。温泉、横塘等乡镇共融资400万余元,建设石材特色工业园。以出售企业产权方式引进浙江台州私营老板投资建设银星船舶工业园区。

一园五区总规划面积4300亩,其中金鹿综合工业园区规划面积2000亩。金鹿石材城规划面积1000亩。温泉、横塘石材特色园区分别规划面积500亩。银星船舶工艺园区规划面积300亩。到目前为止,共征用土地2600亩,平整面积1600亩。园区道路硬化4.1万平方。架设电网5000余米,铺设供水管道4000余米。共投入"三通一平"建设资金5010万元。

德安县宝塔工业园

宝塔工业园位于德安县城西南部,地处昌九高速公路两侧,整体规划面积2平方公里,规划设计已由武汉设计院设计完成。分两期开发,首期开发1平方公里,实现"六通一平"。按照工业化、城市化"两个轮子一起驱动"的现代经济发展思路和高起点、高标准、着眼长远、功能齐全的规划设计要求,工业园以昌九高速公路为线,分为东、西两区,东区主要为生活、办公区,西区主要为生产区。工业园交通便利,环境优美,京九铁路依园区而过,距南昌机场60公里、九江机场25公里、九江港40公里,是客商投资创业的理想之地。

宝塔工业园依庐山,傍鄱湖,东接赣水,北襟长江,得天独厚的地理优势,便利的交通条件以及有县委、县政府举全县之力建设工业园的决心,我们有信心在不远的将来,一定把宝塔工业园建设成全市一流的县级工业园。

都昌县芙蓉工业园区

开辟一方投资沃土,打造一片创业天地,是我们的责任和追求;抢抓机遇,善占先机,是每一位成功企业家的独到眼光和明智选择。新世纪伊始,都昌县委、县政府面对新一轮发展大潮,顺应县内外有识之士的创业需求,审时度势,求新思变,以全新的理念和高效运作,创建了芙蓉山工业园。

都昌县历史悠久,人文荟萃,辖24个乡镇,74万人口,面积2725平方公里,县城居民已突破10万人。近年来,都昌经济发生了巨大的变化,工业增长势头强劲,工业在GDP中所占比重逐年增大。全县上下形成了招商引资、发展工业的良好氛围。芙蓉山工业园位于县城东北侧,总体规划面积10000亩,前期开发2000亩。开发建设仅一年时间,已初具规模。宽阔的主干道贯穿园区,基础设施建设"七通"工程已全部到位。目前已有广东、福建、浙江等18家企业落户工业园,投资额达2.4亿元,实际到位资金近1.2亿元,其中有5户企业已开工生产,涉及纺织、建材、机械电子、精细化工、农产品精深加工、新材料等行业,前景看好,形势喜人。芙蓉山工业园在短短的时间内便取得了良好的开局,呈现出强劲的发展势头,主要得益于自身的四大优势。

区位优势芙蓉山工业园紧依都昌县城,群山环抱,崛起于青山绿水之间,处南昌、九江、景德镇金三角中心地带。傍鄱湖,望庐山,瞰长江,地理位置优越,水、陆、空交通便利,距昌北、庐山国际机场均不到2小时路程,景九高速、京九铁路、长江黄金水道,均擦边而过。程控电话、移动通讯已覆盖全县,基础设施建设日臻完善。

资源优势都昌水域辽阔,是典型的江南水乡,物产丰富,山川秀美。南山、老爷庙、鄱阳湖景色绮丽,钼、钨、锗、硅砂、花岗岩储量丰富,淡水蟹、鳖、银鱼、青虾、凤尾鱼堪称水产极品,豆参、珍珠、火腿、都荆子、菊三七等名特优新产品深受消费者青睐。

政策优势(1)用地优惠:一是凡在工业园内投资兴办生产型企业,其用地可以自己购买,也可由我县进区的合作单位和乡镇购买,然后以最低优惠价租赁给外商使用;二是进园企业购买土地,只按成本核定地价,第一期每亩3万元,第二期每亩2万元。(2)财政扶持:一是从园区企业投资之日起,以购地时间为准,五年内对企业所缴纳增值税(县财政分成部分),前三年予以全额财政扶持,第四至第五年财政予以50%扶持;二是对省级以上认定的高新技术企业,对企业缴纳增值税(县财政分成部分),前三年予以全额财政扶持,第四至第五年予以70%扶持,第六至第十年予以50%扶持;三是对实际投资额超120万美元的企业,对企业缴纳增值税(县财政分成部分),前五年予以全额财政扶持,第六至第十年予以50%扶持；四是对园内生产经营期在10年以上的企业，从获利年度起，由县财政给予企业资金扶持，第一年至第五年为其缴纳企业所得税（县财政分成部分）的100%，第六年至第十年为其缴纳企业所得税（县财政分成部分）的50%；五是对产品出口性企业，当年出口产值占其企业全年总产值70%以上的；县财政按其缴纳税（县财政分成部分）的100%继续给予扶持；六是对获得省级著名商标和国家驰名商标的企业，县政府一次性奖励人民币5万元或10万元。(4)奖励措施：一是对自建厂房的进园企业，固定资产投资在200万元以上的，奖一亩土地；每增加200万元再无偿划拨一亩，并发给建设用地许可证，使用期限50年；二是对园区有显著效益的用地项目，投产第一年每上缴税金20万元，由县财政退回购地者1亩购地款；第二年以后则按每年度新增税金20万元，由县财政退回收购地者1亩购地款奖励，至奖励完全部购地款为止。(5)收费减免：一是进园企业一律免交公共设施配套费，"七通"由有关部分负责到企业大门口，企业内部由企业自行负责；二是对园区实行"无费区"管理。进园企业只收税，不收行政事业性规费及基金，只需支付电费、水费、有线电视费、电话费等经营性费用；三是对在园内购地办厂的企业，其土地使用证、建房许可证、房产证等手续办理，各部门只能收取工本费。

服务优势为健康有序地推动工业园区的开发建设，促进工业经济的发展，县委、县政府成立了工业园区管委会，对进园企业实行全方位、全天候服务。未经营管委会批准，任何部门原则上不准进园检查，不准对其车辆、人身、住地进行搜查，更不能无故查封查扣园区企业财产和帐目；进园企业需在县内审批的手续，不需企业直接办理，由工业园区管委会负责办理，对于符合投资导向和审批权限内的项目，资料齐全的情况下五个工作日内办好批准证书和营业执照，而对于限制类项目，由职能部门在15个工作日内给予协调答复。工业园管委会以"亲商、帮商、安商、富商"为已任，竭诚为投资商提供优质、方便、高效的服务。

都昌人的芙蓉山，天下人的创业乐园。这里是英雄用武之地，是载你走向成功人生的航母。我们热诚欢迎各界人士前来参观考察、投资兴业。让我们相约芙蓉山，携手工业园，共图发展，共创辉煌。

彭泽县华孚工业园

彭泽县工业园位于龙城镇北面，省际湖牛公路旁。园区总规划面积5000亩，东起华孚纺织有限公司三期工程建设用地，西至县造纸厂，南起龙城镇茅店村，北至银河化工厂。

在总体布局上依据该区域产业分工特点进行分区，东面以农副产品深加工等综合性生产基地为主进行布局。还配以居住区、公共绿化区等。园区建设将按"依托资源、依托大厂、突出特色、突出品位"的原则，重点发展棉纺、建材、化工、造纸、农副产品深加工等行业，尽快形成规模效益、集取胜效益、连片开发的经济带。

首期规划了2237亩，并投资2000万元，开发园区面积1000亩，实现"五通一平"（通水、通电、通路、通有线电视、通下水道、平整土地）。目前，江西华孚纺织有限公司、浙江永嘉纺织实业有限公司等6家企业入园建设，先后投产。

经过多渠道筹资建设，园区已初具规模。热忱欢迎中外客商来园投资置业，共谋发展。

云山经济技术开发区

江西云山集团有限责任公司是一家创建于1957年的国有独资企业集团，创业40年来，重点发展了生物制药、精细化工、食品、轻纺、造纸、机械、果业等产业，企业不断发展壮大。朱德、王震、肖克、贺龙、谭震林等中央领导先后视察，1958年国务院总理周恩来签署嘉奖令，授予云山农业社会主义建设先进单位称号。

云山集团占地面积375平方公里，地域广阔，资源丰富。林木蓄积量为100万立方米，毛竹蓄积量100万根，经济林1.8万亩，果业基地2万亩，耕地面积4万亩。

1992年经江西省人民政府批准，成立江西省云山经济技术开发区，为全省首批八大省级开发区之一。规划面积20平方公里。享有昌九工业走廊的省级优惠政策和 省政府有关厅局的授权，依法履行土管、建设、环保、物价、外资、监察的审批和管理职能。

云山开发区位于江西省永修县境内，昌九工业走廊中段，京九铁路、昌九高速公路、105、316国道与修河交错贯穿区内。开发区距南昌50公里，距昌北机场30公里，距九江60公里，距九江机场40公里，距庐山50公里，距吴城国家级鄱阳湖候鸟保护区15公里，距云居山风景区15公里，南有南昌港，北有九江港，水陆空交通十分便捷。

经过十年的建设，云山开发区累计完成投资总额4.16亿元，区内水、电、路、通讯等基础设施已基本完成，完全可以满足工业企业生产经营的一切必备条件。

近年来，外来投资者十分看好这块投资宝地，先后有美国、日本、菲律宾、台湾、香港、广东、福建、浙江、江苏、北京、上海、山西等地客商前来投资。目前区内客商投资企业32家，主要投资产业有生物医药、精细化工、保健品、食品饮料、纺织、服装、造纸、包装、文具用品、机电、建材等。进区企业不仅享受市、县优惠政策，且享受省级开发区的一系列特优政策。

云山开发区坚持落实全面、协调、可持续的科学发展观，求真务实的政绩观，以人为本的人才观。坚持"工业崛区，科技兴区，开放活区，发挥优势，突出特色，再创新高"的发展方针，以独特的区位优势，独特的招商理念，独特的优惠政策，以更解放的思想，更周到的服务，更扎实的作风，更开放的姿态，竭诚欢迎海内外朋友来云山投资兴业。

地址：江西省永修县 邮编：330306 电话：0792—3020014 传真：0792—3020014

云山开发区企业名录

单位	法人代表	电话
八达纸业	陈建华	0792－3051118
昌宁化工	胡计华	0792－3051777
众心药业	童国建	0792－3052223
荣祺食品	林素珠	0792－3052117
绿宝食品	丁张应	0792－3051984
七娃食品	潘文军	0792－3289566
恒润纺织	肖忠明	0792－3051911
松山纺器	邓纪平	0792－3120658
东之艺水晶	赵中海	0792－3020766
甲鱼场	王传树	0792－3030165
科技示范园	陈幸惠	13507020473

上 饶 市

上饶市工业园区

上饶工业园区是根据江西省上饶市委、市政府提出的"工业强市"战略，实现工业超常规发展而设立的。园区共分凤凰工业区、旭日工业区和三江工业区三大块，规划总面积为8平方公里。区内共分电子信息、生物工程、新材料、加工业、商业和公共服务设施等6个区域。按照"高起点、高标准"的原则和"投资环境优越、功能齐全、设施配套"的要求，工业园区要建成"高新技术产业化的基地、传统产业优化升级的载体、对外招商引资的窗口、民营规模企业的集聚区、工业经济的重要增长点"。

首期建设的凤凰工业区地处上饶市西大门320国道两侧，面积为2.6平方公里。水管网和供电、通讯电缆已铺设至园区，完全能满足区内企业用电、用水和通讯需要。凤凰工业园计划在两年内基本建成，今年完成园区"七通一平"等基础设施。

已有10余家企业进区落户，其中已经签约的有4家，正在洽谈的有7家。

“十五”期间，工业园区投入9.6亿元，建筑总面积120万平方米。筹资渠道一是市财政每年安排工业发展基金一千万元，重点投入工业园区建设；二是盘活老城区土地存量获得部分资金，三是通过搞好园区基础设施建设，使园区土地、税收、收费等方面优惠政策，激活内资办企业的积极性，筑巢引凤，吸纳外商入园办企业。

至“十五”期末，园区的工业总产值要达到20亿元，利税达到2亿元以上，新增就业岗位1万人。届时，工业园区将成为上饶市经济的一个重要增长点和一道亮丽的城市风景线。

工业园区管委会根据“小政府、大社会、大服务”和“高效、精简、统一、务实”的原则，提高办事效率，公开办事程序，增加工作透明度，同时，为区内企业提供物业管理。竭诚欢迎海内外有识之士到期园区内投资兴业、大展鸿图。

广丰县芦林工业园区

7月11日，省委书记孟建柱在芦林工业园区考察，就进一步落实科学发展观，促进城乡经济全面、协调、可持续发展进行调研

广丰县芦林工业园区成立于一九九六年，是根据广丰县委、县政府提出的“科教兴县、农业稳县、工业立县、三产旺县”以及“跳出卷烟求发展”，培育新的经济增长点的发展战略而设立的。园区位于县城西大门上广一级公路两旁的芦林地段，交通便利，上广一级公路，广（丰）玉（山）线，上（饶）二（渡关）线，311高速公路挂线穿区而过。2001年自江西省第十一次党代会提出了“以工业化为核心，大开放为主战略”的发展方针后，我县主动策应省委、省政府战略部署，加大了芦林工业园区建设力度，整体规划面积从4.2平方公里增至12平方公里，现已成区面积4.3平方公里，园区基础设施建设取得很大的进展，累计完成了区内路面硬化16万平方米，绿化面积12万平方米，以及给排水、排污、通讯、电力、亮化及餐厅、宿舍等生产、生活基础设施。

江西广丰县芦林工业园区现有入园企业101家，城区面积达4.3平方公里，2003年度企业实现工业产值21.65亿元，实现税金2.4亿元，利用外资1610万美元，利用内资58700万元。

目前，园区入驻企业101家，2003年园区实现工业总产值21.65亿元，实现销售收入20.09亿元，实现税金2.4亿元，实现工业增加值6.7亿元，安置就业人数13160人，每平方公里销售收入、上交税金、安置就业已分别达到4.67亿元、5581万元、3060人。园区利用外资1610万美元，实际利用内资58700万元，工业园区已经成为广丰县招商引资办工业的主要载体和工业经济快速发展的重要增长极。在全省实施“以工业的崛起加速江西崛起”战略中，芦林工业园区获得了2002年度江西崛起园区发展专项奖中工业增加值、销售收入、实现税金、安置就业前十名等殊荣。2003年又被省人民政府授予全省招商引资十强工业园区。

广丰县芦林工业园区认真贯彻“走新型工业化道路”的要求，强化产业政策导向，重视产业集聚和产业配套，重点发展以月兔集团为骨干的食品、纸业、非矿金属加工、化纤服装、IT等五大支柱产业，围绕月兔知名品牌产品大力发展加工环节和原配件、零部件产业，延伸产业链条。根据“责权统一，精干高效”的原则设立的芦林工业园区管委会，融建设、服务、管理于一体，实行服务承诺制，一条龙服务制，全面营造一个安商、亲商、富商的良好投资环境。

“商机无限藏沃土，惟待慧眼识珠来”，生机勃勃的广丰县芦林工业园区将以更好开放的胸怀，开拓的精神，开明的姿态，诚邀海内外投资者共创更加美好的未来。

构筑经济发展优质平台 实现跻身全国百强目标

一、广丰县芦林工业园区主要经验和做法

1. 领导重视，高位推动。

工业园区建设伊始，广丰县委、县政府主要领导就果断地提出“一个口号”和“两个决策”。接着省委、省政府又作出了“加快工业化进程”、“把工业园区作为招商引资的承载主体”的战略部署，使全县上下形成了“想园区、谋园区、建园区”的浓厚氛围。

2. 筹集资金，加快发展。

建设工业园区投入大，短时间内无经济效益，在建设资金严重不足的情况下，我们通过住宅地产开发等手段，解决了这个难题。同时，我县创新园区运行机制，按照“政府引导、市场运伯、多元投入、县乡联动、滚动开发”的思路，积极引导和鼓励社会力量，吸引各方面资金，以股份制、独资、联合等方式参与工业园区开发建设，实现投资主体多元化。

3. 强化管理，优质服务。

按照“责权统一，精干高效”原则设立的芦林工业园区管委会，融建设、服务、管理于一体，创新管理体制和运行机制。我们实施以人为本战略，注重管理创新，加强人力资源开发利用。

4. 优化环境，诚待客商。

我们以大力开展招商引资和扶持本地民营企业的发展壮大为重大突破口和总抓手，全务打造一流的经济发展环境。依托优越的投资环境、完善的配套设施、先进的服务理念、一流的办理效率，使工业园区声誉鹊起，美名远播，成为广大客商投资兴业的热土。

5. 打造“信用园区”，推进城市化进程。

在构建全程服务体系的基础上，我们致力建设园区的信用服务体系，紧紧瞄准打造“信用园区”的目标。工业园区的迅速发展，有力地推动了城市规模的扩大、人口的集聚、功能的完善，加速推进广丰县的城市化进程。

二、下一步发展思路、目标、措施

广丰县芦林工业园区下一步的发展思路、目标是：以邓小平理论和“三个代表”重要思想为指导，认真贯彻落实党的十六届三中全会和省委十一届五次全会精神，紧紧围绕实现广丰跻身全国百强县宏伟目标，继续大力推进工业园区建设，着力提高工业园区的产业集聚能力，创新运行机制、服务方式，完善企业入园服务，强化招商引资工作，提升园区功能，创新园区建设机制，建立适应园区发展的融资体系。推动工业园区再上一个新台阶。

1. 继续大力推进园区建设，着力提高园区产业集聚能力。芦林工业园区是广丰县工业招商、集聚、发展、壮大、提升的主要载体，不论政策怎么调整，无论遇到什么困难，我们都要毫不放松抓好园区建设，努力在前期开发、集聚企业、投入产出等方面取得新突破。

2. 创新园区运行机制、服务方式，着力提高入园企业的资金到位率、项目开工率、建成投产率。继续抓好软环境建设，加强服务体系建设，全力营造“亲商、爱商、富商”的工作氛围，树立“一切为了企业，为了企业一切”的服务理念。

3. 推进招商引资工作，提升园区功能。全面推进“筹资、开发、建设，招商、管理、服务”相结合的园区建设管模式，争取招商引资的主动权，进一步实施招大、引大、靠大战略，加强与各企业，客商的联系。

4. 新园区建设机制，建立适应园区发展的融资体系。按照市场动作方式，逐步建立起和长期、稳定的基础设施融资机制。从多渠道筹措资金，彻底改变单靠财政投入，靠财政担保建园的格局，真正按市场化动作融资解决建设资金。

回顾过去，汗水凝聚收获，展望未来，任重而道远。我们坚信，广丰县芦林工业园区在省市及有关部门的关怀指导下，在广丰县委、县政府的坚强领导下，只要我们咬住发展目标不放松，群策群力，奋发拼搏，抢抓机遇，砺志创新，就一定能为广丰县实现“全国经济百强县”宏伟目标，为江西率先在中部地区崛起作出新的更大的贡献。

由台商投资的全球最大的手提电脑生产厂家－精元电脑(江西)有限公司电脑键盘装配车间。

上饶旭日工业园区

上饶市旭日工业园区位于素有“八省通衢”美称的上饶市市区西部，南依信江河，北靠浙赣铁路复线，距上饶市中心城区2.5公里。沪瑞高速公路(上海——云南瑞丽)穿园而过并设有进出口，国防二级公路上分公路(上饶——武夷山)纵贯园区南北，320国道(上海——昆明)横贯园区东西，浙赣铁路复线、上永铁路均经过园区。园区距南昌机场2个余小时车程，距武夷山机场和衢州机场均只需1个余小时车程，公路、铁路、航空交通十分便利。

园区创园于2001年7月，一期规划10平方公里，二期规划20平方公里，由于规模大、发展态势好，建园一周年就被升格为市级工业园区，采取市名县管的运行体制，连同上饶县城一道，纳入上饶市城市建设总体规划。

园区的建设坚持高起点、高标准、立足长远、以工业为主导，集贸易、金融、商住、旅游、娱乐等多功能全方位开发于一体，遵循“政府引导、市场运作、多元投入、整体推进”的原则，以“突出产业化、突出低成本、实现大配套、实现高效率”为目标，着力提高“以机制的市场化推动工业园区建设的社会化”的运作能力，破解投融资机制、管理机制和招商机制三大难题，使园区真正成为经济发展的带动区、体制与科技创新的试验区、城市发展的新区、特事特办与特事快办的高速运作区。

“把旭日工业园区推出去，把一流的企业家请进来”，是创园的宗旨，旭日园区以团结、高效、务实、创新的创业精神，实施超常规的人力、物力、财力高强度投入。目前区内“三纵五横”的道路主骨架建设已基本完成，水、电、管网趋完善，功能性项目逐步配套，截止2003年10月31日，工业园区完成总投资15.03亿元，其中主要配套基础设施投资达3.7亿元，签约进园项目130个(其中工业项目128家)，合同资金45.4亿元，固定资产投资达1000万元的69家，投资过亿元的11家，过5亿元的4家，已建和在建厂房面积37.1万平方米，39家企业已建成投产，安排就业4500余人。初步形成了医药、化工、食品、建材、机械、电子、轻工、纺织等八大特色的工业产业，具有一定的规模效应和集聚效应。

旭日工业园区以宽松的环境、优惠的政策和一流的服务，热忱欢迎八方来客前来投资兴办！

玉山县工业园区

玉山县位于江西省东北部，闽浙赣三省交界处，是江西的东大门，素有“两江锁匙，八省通衢”之称。玉山县独具的区域位置，在21世纪国家实施东部大开放，西部大开发的重大战略中，是东部发达地区转移的承接地，沿海发达地区的后花园和西部大开发的中转站。“建好江西东大门，实现玉山快崛起”，玉山县委、县政府提出“工业兴园区”，举全县之力建设好工业园区，使之成为全县经济发展的带动区，体制和科技创新的试验区，城市发展的新区。

一、工业园区的机构职能

园区设立管委会投资开发有限公司，依据政府赋予的职能，全面负责园区的规划开发建设。管委会主要做好规划、协调，监督各项政策的落实。投资公司负责园区内土地资产运作和配套公共设施的建设经营。

二、工业园区的规划

玉山县工业园区由金山园区和岩瑞工矿区组成。按照高起点，高标准，统一规划，分步实施的要求，金山园区以320国道为中轴，向南500米，向北1200米，东至轴承小区外延，西至十里山大桥，结合城市总体规划，做好控制性详规；岩瑞建材工业园区以工矿区控制线为界，结合岩瑞集镇建设及现有企业状况做好控制性详规。

三、园区的建设情况

(一)、合理布局，行业建园

1. 坚持以城市化为载体。围绕建设生态园林式文明城市，充分考虑资源和环境的承载能力，注重城市绿化和美化，合理安排工业园区布局，科学划分功能区域。明确产业园区结构、发展规模和方向，根据自身力量和项目来确定建园规模，完善配套的基础设施和环保措施。

2. 坚持以产业优势为依托。充分利用本地区工业基础和工业园区建设经验，在园区建设模式上，我们提出和实施了“园中园”模式，在金山工业园区中建设了轴承工业园，科技工业园。

（二）、市场运作，公司化管理

资金困难是工业园区发展的瓶颈。玉山县委、县政府采用政府投入和招商引资双管齐下，对工业园区的开发建设实施市场运作、公司化管理，政府投入“三通一平”，抛砖引玉；基础配套实行“谁收益、谁投资”；出台优惠政策，“退城进区”；拓宽融资渠道。

园区建设实现两个转变，即建设投入以财政投入为主向外资投入为主转变，园区管理由政府行为向企业行为转变。

（三）、招商引资，构筑工业平台

金山园区，在去年4家企业入园的基础上今年1－5月份新增企业7家，总投资3890万元。目前园区已有企业22家，投产企业9家，批准立项7家，在建企业6家，已出让土地340亩，累计实现税金104万元，就业人数1378人。今年计划新入园企业30家。

5月9日深圳中安创业科技发展有限公司和园区管委会正式签约投资建设科技工业园，总投资额为5亿元，6月18日即开工建设。

岩瑞建材工业园，主要是在原有矿区企业的基础上进行规划。万年青项目去年3月投资玉山兴建100万吨水泥项目，已于今年5月5日一次点火成功。二期100万吨已开工建设。浙江客商投资4亿建设2条100万吨旋窑水泥项目已经完成立项批复，即将签约。到目前止，岩瑞建材工业园共有生产企业12家，新批准立项5家。

余干县马背嘴工业园区

余干县马背嘴工业园区建于1996年。位于本县白马桥乡凤凰山村。距县城4公里，距信江1公里，余干县的主要交通要道余黄公路穿区而过，省级公路昌峡线贯通后，距省城南昌市仅70公里，水陆交通十分便利。3000千伏安的高压专线纵横交错；区内30米宽主干道水泥路载重数十吨的汽车畅通无阻；500门程控电话将您与世界各地联系在一起；有线电视使您的电视画面更加清晰。园区周边山青水秀，环境优美，是客商投资的理想境地。

马背嘴工业园区占地面积1200亩。第一期开发200亩已经完成。现有入园企业13家，其中工业企业8家，第三产业5家。几年来入园企业在县委、县政府的正确领导与本县各有关部门的大力支持及优惠政策的鼓励下，成效显著，至2002年底止，固定资产投资总额5000万元，安排就业人员230个，工业总产值3600万元，工业增加值1600万元，创利税480万元。第二期开发1000亩现已按高标准，高起点设计开始启动。

上饶三江工业园区

三江工业园区是为了策应大上饶的发展格局，强化“工业立市”的经济发展战略，加强招商引资，扩大外引内联，加速发展工业经济，由上饶市人民政府2001年8月（饶府字［2001］86号批复）设立并委托信州区人民政府开发管理的一个工业生产基地，2001年9月开始建设。

三江工业园区位处上饶城区西南部，北临信江、西自南灵路、东至龙潭路以东约500米，南至南环路以南700米，总面积2.8平方公里。园区位于城市主导风下风向和城市河流下游，能合理有效利用城市环境容量，工业发展包容性强，一、二、三类工业均可发展。用地范围内地形平坦，无不良工程地质形象，建设前期基础设施投入较少。园区东靠三江新城，北临信江，隔江相望便是上饶县城，空间位置相既相对独立又与城市各功能区有机而紧密相联，基础设施配套容易，公路交通也很便捷。

三江工业园区以南环路、龙潭路，西民主南路为骨架，按“四区六组团”展开布局，一区主要安排Ⅱ类工业缰团和建设居住用地；二区主要安排高新技术、Ⅰ类工业组团和公建服务组团；三区为企业自建公寓区，依托茅家岭烈士陵园的优美环境形成企业生活居住服务组团；四区为工业园区的拆迁安置用地。根据规划，工业用地97.46公顷，占园区总面积的36.18％；居住用地36.90公顷，占总面积的13.20％；公共设施用地总面积38.35公顷，占总面积的14.24％；绿化用地面积24.46公顷，占9.15％，仓储用地8.45公顷，占3.13％；道路广场用地60.57公顷，占22.48％。园区内服务设施齐全，商贸、金融、职教、医疗、文娱、会展等服务性机构进驻，都作了专门的规划安排。根据一年多的建设实际情况，为了尽大限度地利用好现有土地资源来发展工业经济，园区管委会对规划区内建设用地计划，作了适度调整，增加了工业用地的面积，减少了一些服务性设置的用地面积。目前整个工业园区工业项目用地总面积为 2600 亩，工业用地分为四大区域，A 区为电子、信息产品项目区，B 区为医药、生化产品项目区，C 区为环保、节能产品项目区，D 区为综合项目区。三江工业园区计划基础设施投资 2.54 亿元人民币，建设期 5 年。其余综合配套设施如：会展中心、职教培训中心、批发贸易市场、商贸中心、金融保险、信托投资中心及文化娱乐中心，拟采取谁投资、谁收益原则，吸引外来及民间资本参与园区建设，园区负责整体规划控制。园区按设计规划全部建成以后，预计可年创产值 15 亿元，实现利税 1 亿元，提供就业岗位 1.5 万个，居住人口容量 18000 人，成为一个新型小城镇。

三江工业园区实行封闭式管理，由园区管委会作为对内对外的唯一窗口，具体协调企业同其它管理部门的关系，并对入园企业办理各类证照实行代理制。三江工业园区实行管理权与经营权分离，园区管委会作为政府派出机构对园区实行统一领导、统一规划和统一管理，履行征地、规划、管理、协调、服务等涉及政府职能的事项。开发总公司作为独立核算，自负盈亏、自主经营的具有独立法人资格的企业实体，以市场化运作方式承担工业园区内的道路、水电、排污、土地平整等基础设施建设以及招商引资、经营开发等项目。

婺源县工业园区

江西省婺源县，地处皖、浙、赣三省交界，，地理位置优越，自然环境优美，被誉为“中国最美的农村”。正在规划建设中的两条高速公路（由景德镇经婺源后，东与安徽黄山连接、西与浙江常山贯通）和衢九铁路，建成后将给婺源交通带来质的飞跃，婺源的交通将会十分便利。

婺源县委、县政府审时度势，扬长避短，充分利用婺源得天独厚的生态环境、地理优势，打造一个以生产、商贸、旅游观光为主要功能的经济发展平台——婺源县生态工业园。

婺源县生态工业园规划为一园二区：

1. 城南工业园区

地处县城规划区内，高速公路下口处，有较好的区位优势和硬件条件，占地面积 400 余亩，该区以婺源传统产业为主，引进高新技术和适用技术，改造传统产业，促进传统产业的升级换代。该区已在去年年底全部完成测量、规划、设计制图等前期工作。为了保证投资者的利益，我们决定在规划土地用途中区分工业用地 297 亩，商业用地 28 亩，商住用地 50 亩，以商业用地和商住用地的较高价格来确保投资开发商的效益，并以此作出了投资效益概算。

2. 城北工业园区

规划用地在县城规划区内，邻近高速公路下出口，现有 320 国道旁，交通条件十分便利，该区规划占地 2000 余亩，园区建设定位以高新技术为主，重点发展机械、电子、印刷、包装、服装等行业，目前基础设施建设的前期工作已启动。

上述二园区，热诚欢迎客商独自投资或合作投资开发建设，我们坚持“帮投资者成功，助园区发展，实现双赢”的理念，为投资者提供最优质的服务，保证投资者有较好的投资环境，实现最大的投资回报。

德兴市工业园区

德兴市工业园区是根据市委、市政府提出的“构筑工业强市”战略，实现工业超常规发展而设立，依据本市地形，分区域规划为“一园三区”。包括铜都工业园、银鹿工业区、香屯工业区和泗洲工业区。目前，规划总面积达 3.07 平方公里。按照“高起点规划、高标准建设”低成本动作的原则，力争达到“入园企业利润最大化，建园成本最低化”，运用“政府引导、市场运作、多元投入、上下联动”的手段，使工业园区成为“招商引资的载体，对外开放的窗口，经济发展的带动区”。

市铜都工业园位于银城镇虎兴岭，规划面积为 1.17 平方公里（112.27 公顷）。该园以“农产品加工项目主”目前，已有浙江航宇集团、江西天海药业股份有限公司、浙江松阳绿野木业有限公司、市汇泉人造板有限公司、新兴木竹模板有限公司、新德金属制品厂等六家企业落户园区，总投资1.76亿元，各家企业都正在着手厂房建设，不久，将形成新的生产力。

市银鹿工业区位于银城镇至泗洲镇铜都大道段两边，即今后的银九一级公路两旁，首期规划面积1100多亩，已由省煤炭设计院做好控制性详规。该区以有色金属加工和高新技术为主。目前，进入园区的企业有：浙江义乌文成经编厂，投资6000万元；浙江宁波鄞州华盛不锈钢厂，投资1.2亿元。

香屯工业区地处香屯镇，乐镇公路和香泗铁路把工业区夹在其中，交通十分便利，园区总面积约1平方公里。目前，进入区内的企业有10家，上海客商投资的宝源科技冶炼有限责任公司，重庆客商投资的新华改性沥青有限公司，浙江客商投资的醒狮门业有限责任公司、东升机械钢结构有限责任公司和南方化肥厂、志高涂料厂、长荣香料分厂、和阳水泥预制品厂，青岛电动工具有限公司、明缘化工材料有限公司、投资规模1000万元以上的有宝源金属、新华改性沥青、醒狮门业、东升钢构等，进园企业总规模投资1.2亿元。

泗洲工业区：目前，进入区内的企业有：万乐轧钢厂，用地52亩，投资280万元；双汇化肥厂，用地10亩，投资80万元。

万年县丰收工业园

万年县丰收工业园位于万年县城西侧，距县城1公里，为城市发展的新区，工业园交通便利，距南昌市184公里，距上饶市170公里，离县境内206国道15公里，至县城火车站4公里，区内锦黄公路纵贯工业园区南北，石洋西路横贯工业区中部，将工业园区划分为南北两部分。工业园水、电充足，区外珠溪河傍工业园蜿蜒而过，11万伏变电站并接三峡输华东电网。

工业园基础设施本着统一规划，分步实施，分期到位的原则，计划在五年内投资8000万元，完成园区"七通一绿一平"工程，即道路和桥梁、给水、排水、排污、供电、通讯、有线电视、绿化、平整场地。园区规划面积150公顷，首期开发300亩，已完成土地平整、通水、通电、排水等工程，现正沿锦黄公路规划建设5公里的工业走廊。园区的建成必将发挥规模效益和辐射功能，成为投资兴业的摇篮。

弋阳县城南工业园区

"弋阳县工业园区"由"两园一带"构成。"两园"即连胜工业园和城南工业园，"一带"即320国道工业带。园区总面积7760亩，已建成面积为2440亩。截止2002年，入园企业47家，投资规模达32933万元，2002年"两园一带"共上交税收560.5万元，安置职工就业1719人。

城南工业园，位于城南新区方志敏大道与320国道"T"形交结口两侧，也即311高速公路在弋阳开口处，距浙赣铁路仅4公里左右。规划总面积2200亩，分两期实施，第一期为1000亩左右。该园分工业生产和配套服务两个区域，规划区内绿化率35%以上，一期工程已完成"七通一平"等基础工作，引进固定资产投入2000万元以上项目两个。入园企业环保要求较高，主要引进食品加工、制药等无污染企业。工业园地势平坦，附近就是总投资达8000万元的赣东北贸易大市场，交通便捷，物流畅通，确是投资兴业的宝地。

连胜工业园是利用原省属企业连胜自行车厂闲置厂房、设施和设备创建的工业园区。该园距弋阳火车东站仅1公里左右，具有设施齐全、厂房建好、租赁价位低的优势。园区占地面积1440亩，有标准厂房8万平方米，学校、医院、职工宿舍等配套设施到位，水、电、汽齐全。迄今已有入园企业23家，大部分以机械加工为主。截止2002年，入园企业投资达2800万元(不含厂房和租用的设备)，2002年该园上交税收101万元，安置职工就业416人。

320国道工业带是沿320国道两旁从潭石桥头至主圭峰中屋的工业走廊，全长约10公里，规划面积4120亩。该工业带依托交通便捷和原有的一些工业基础，截止2002年已建成面积约1000亩，落户企业24家，投资达16333万元，2002年共上交税收459.5万元，安置职工就业1183人。区内建材、化工类企业较多。

横峰县兴安工业园区

横峰县兴安工业园区成立于二00一年十一月一日，园区由上海同济城市规划设计院作总体规划。总体规划面积4平方公里，基础设施建设总投资2.5亿元，共分两期建设：第一期前五年建设2.3平方公里；第二期到2010年4平方公里全部建成。园区分五个小区：一是食品与医药工业区；二是轻化纺工业区；三是有色金属加工及建材工业区；四是机械电子工业区；五是多功能服务区，计划2002年开发建设0.5平方公里。目前，园区已征用土地近1000亩，场平土石方52万方。完成“三通一平”面积580亩，完成基础设施投入1000万元。

园区已同30余家有投资意向的客商洽谈，意向投资3.9亿元，确定入园的有14家，企业总投资2.74亿元，现有4家入园企业在建，其中横峰县胜丰淀粉厂已于今年十一月中旬正式投产，经营状况很好。

铅山县工业园区

铅山县河口工业园区是根据“工业强县”、“加速形成工业主导型的经济增长格局”的战略决策，于2001年8月正式规划建设。园区位于铅山县城西信江河岸，依山傍水，风景秀丽，有乐江公路及外环公路从工业区穿过，交通十分方便，占地面积为3.17平方公里。

按照“高起点、高标准”的原则和“投资环境优越、功能齐全、设施成套”的要求建设工业区，同时对区内企业实行土地、税收、收费等方面优惠政策。目前，已有进园企业18家，合同引进资金45960万元、境外资金1260万元。实际到位资金9926万元、境外资金1426万元。有8家企业已进入生产或试产阶段，初具规模、效益显著。有10家企业正在办理入园落户手续，他们分别来自香港、上海、湖北、浙江、福建等地，主要产品有医药包装、轴承、环保化工油漆、家用空调、内衣针织品等。届时工业区将成为我县经济的一个重要增长点和一道亮丽的城市风景线。竭诚欢迎海内外有识之士到园内来投资兴业，大展鸿图。

波阳县工业园

波阳县鄱阳湖工业园地处县城鄱阳镇杨梅桥。控规面积3平方公里，现完成详细规划面积1平方公里。

宜　春　市

宜春市科技工业园

宜春市科技工业园位于市区南部外环南路两侧，是宜春市人民政府重点建设项目。规划面积10平方公里，实行分期建设、滚动开发。科技工业园按高标准规划、高水平设计、大手笔建设的思路开发，体现“工业园、绿色园”的主题，突出宜春生态城市特色，总体规划已通过国家级专家评审。中区首期1057亩平整土地基本结束，二期1572亩已在着手实施，6家企业签订入园协议。

宜春市科技工业园建设有较多的优势条件。浙赣铁路横卧东西，320、105国道和赣粤高速与即将建设的沪瑞高速公路构成了宜春市交通主框架；园区规划了四纵四横的交通网络和宽达60米的园区主干道，与环城南路相连接，货运铁路直达园区。直接配套的半边山110KV变电站和自来水主管道已建成，邮电、通讯设施完备便捷；园区绿化率达到50%以上，依山就势开发半边山公园、中心广场、园林景区。与相隔15公里的明月山国家森林公园、温汤镇温泉旅游区相呼应，构成了全国少有的生产、生活、旅游经济圈；工业园的开发使三九宜工、长青机械厂、中密度纤维板厂等6家大中型企业连成一片，组成了市内最大的加工工业密集区。

宜春市政府对开发商以及入园企业制定了《宜春市工业园招商引资优惠办法》。工业园管委会为政府派出机构，实行封闭式管理，全程式服务。

奉新冯田经济开发区简介

为了加快推进工业化、城市化进程，按照工业向园区集中的要求，奉新县在冯田设立开发区，总体规划面积12平方公里。

在县委、县政府的正确领导下，经过开发区管委会二年多的建设，开发区面貌发生了巨大变化，由最初的一片荒山发展成为拥有企业80余家、开发面积达3.4平方公里的现代化园区。园区基础设施建设已投入资金1.5亿元，共完成土方量440万方，铺设各类管、线、涵6万米；完成主干道绿化3.5万平方米，园区道路硬化19万平方米，安装路灯280盏(杆)。

开发区入园项目坚持规模、效益、科技含量并重，现已引进项目89个，合同金额34亿元，实际进资18.6亿元，开工投产项目48个，动工建设项目25个，即将动工建设项目16个。在引进项目中投资5000万元以上的项目15个，1000－5000万元的项目42个。

园区内规模较大的企业有：江西朝日集团、江西恒昌棉纺织印染有限公司、江西庆丰塑胶有限公司、江西天顺纺织公司、江西丰硕电磁线有限公司、江西康达竹制品有限公司、江西泰明橡胶轮胎有限公司、江西大华玻纤公司、江西科源锂业有限公司、江西冠亿砂轮有限公司。园区已开工投产的企业中产业集群主要为纺织服装(5家)、建材(5家)、机电(13家)、砂轮(5家)行业，园区初步成为以纺织服装、建材、机电、砂轮为主产业充满现代化气息的开发区。园区2003年工业增加值占全县工业增加值84%，税收占全县财政总收入42%。

为做好开发区的规划、管理、服务工作，确保开发区发展走上依法、健康、有序的轨道，园区内先后成立了开发区党委和管委会、设立了公安派出所、财税所、工商、建设、供电、供水、银行、电信等服务机构，使开发区初步形成了功能完善的服务体系。冯田开发区已成为奉新工业发展的重要载体，成为全县经济发展和财政增收的重要增长极。

冯田经济开发区重点企业名录

公司名称	资产总额(万元)	销售收入(万元)	员工人数(人)	法人代表	联系电话
江西朝日集团	14565	22531	730	谢雪明	0795－4605718
江西丰硕电磁线有限公司	3431	8235	350	林德根	0795－4605500
江西冠亿砂轮有限公司	1713	1220	150	易维民	0795－4605691
江西康达集团	3137	6820	651	赖学桂	0795－4605966
江西大华玻纤有限公司	3173	1792	156	孙华华	0795－4629888
江西泰明橡胶轮胎有限公司	5478	1896	150	吴仁昌	0795－4605890
江西省恒昌棉纺织印染有限公司	4786	5630	600	韦福安	0795－4605166
江西省天顺纺织有限公司	3091	16755	530	俞 勇	0795－4605792

袁州医药工业园

袁州工业园主任　汪自梅

袁州医药工业园位于宜春市北郊，紧临320国道和浙赣铁路复线，与沪瑞高速公路出口对接，距市中心2公里，园区总规划面积3平方公里，按功能划分为医药工业园、综合工业园和生活服务区。到目前为止已投入资金1.5亿元用于园内各种基础设施建设，建成11万伏、3.5万伏变电站各一座。装机容量4万千伏安；建成自来水加压站一座，日供水能力达8万吨，可满足3万人生产、生活的用水需要；园区道路纵横交错，人流、物流十分便利，亮化、绿化全部到位；建成万门程控电话，市内公交车、移动通信、宽带网、有线电视等均已入园，构建起了快捷、灵敏的信息网络。

园区建设按照高起点规划、高标准建设、高规格完善。目前，医药企业特色鲜明。已签约入园企业48家，其中已在建或建成企业31家，合同投资额21亿元，实际固定资产进资11.5亿元；其中，医药类企业达到12家，2004年园区可实现销售收入7亿元，上交税收6500万元，企业全部建成投产后可实现年销售收入20亿元，税收2亿元，安排劳动力就业1.5万人。

在开发建成过程中，袁州医药工业园初步形成了“四大优势”。一是产业聚集优势。袁州医药工业园以制药产业为主导，聚集以江西济民可信药业、江西海尔思药业、江西百神药业、江西心诚药业等一批省内外骨干制药企业为主体的支柱产业群体，带动了上下游产业链的发展，初步形成了集医药包装、中药饮片、医疗器械设备制造、药品配送中心等医药配套企业集群。二是品牌优势。2002年8月省经贸委批准袁州医药工业园为省级医药工业园，这大大地提高了园区知名度，对壮大医药产业起到了积极作用。三是低成本优势。我区具有适宜中药材种植环境，农民历来有种植中药材的传统习惯，能为医药企业提供原材料保障。且我区劳动力资源丰富，用工便宜。四是服务优势。袁州医药工业园管委会将具体负责园区建设、管理和服务工作。形成“一条龙服务，一站式办理”的管理服务模式，打造一流的服务、一流的环境、一流的管理、一流的效率，营造亲商、安商、富商的环境，建立起一套完整的科学管理制度。

袁州医药工业园将按照“壮大医药产业、完善配套功能、提升园区品牌、提供超优服务”的总体思路，按照“园区生态化、运作市场化、服务一体化”的要求，加快建设，规范管理，力争到2007年，使园区引进企业达80家，年销售收入30亿元，上交税收3亿元，安排劳动力就业1.6万人以上，真正将工业园打造成为袁州经济发展的带动区、体制和科技创新的试验区、城市发展的新区。

袁州医药工业园重点企业名录(0795)

企业名称	法人代表	联系电话	占地面积（亩）	投资规模（万元）	年销售收入（万元）
江西济民可信药业有限公司	李义海	3653222	250	15000	31000
江西海尔思药业有限公司	邱世涛	3653770	150	6500	27000
江西百神药业有限公司	傅志高	3653258	100	5000	11000
江西心诚药业有限公司	傅生平	3653818	60	3600	10000
江西特种汽车有限责任公司	杨韶光	3653902	60	4500	12000

万载县工业园区简介

江绍平
万载县人民政府副县长
万载县工业园管理委员会主任
万载县工业园区开发公司经理

县工业园区座落在康乐街道的十字布村及鹅峰乡的益连村、涂泉村等村组，距县城中心约4km，处于县城的东北角，320国道两侧。湘赣线及芳万线穿境而过，东至南昌180km，西至长沙200km，南至宜春37km，交通十分便利。

园区地形南高、北低，水流由南向北，流向龙河下游。地势相对平坦，多为山间冲击平原或丘陵，高差不大，最高118m，最低81.8m。主要地类为荒山、荒地、坡草地、旱地及水田。

园区按详规控规的原则，规划为六纵四横。根据自然地理条件及保护环境的原则，在涂泉圹附近区域规划出生活、休闲、办公及公众服务用地，能最大限度地保护涂泉圹的原始环境。依据常年风向，由东北向西南方向分别布置一、二、三类工业,可避免空气的交叉污染和环境的破坏。园区的规划已纳入城市建设总体规划中,也符合我县土地利用总体规划,是县城的一个重要组成部分,占县城规划总规模的近1/3,是县城的工业园。其承担着万载由花炮产业向食品、化工、建材、机械制造、高新技术产业为主体产业转移的重任。

园区批准规划用地410公顷,实际规划用地200公顷,现已开发用地139公顷,占实际规划用地的69.5%。在已开发面积中,道路、绿化等用地12公顷,占开发用地的9%;工业用地127公顷,占开发用地的91%。目前,根据园区企业的产业特色,整个园区已规划成食品、建材、橡胶化工、机械制造四个特色产业小区。建园两年来,园区已完成基础设施投入7000万元,引进签约资金12.08亿元,实际到位资金5.65亿元;完成厂房建筑面积14.7万平方米。目前已有入园企业48个,其中开工投产企业20个,在建企业19个;完成工业总产值4.94亿元,销售收入3.43亿元,实现税利3245万元,安排就业4976多人。

万载县工业园重点企业名录(0795)

序号	企业名称	法人代表	资产总额（万元）	销售收入（万元）	员工人数（人）	联系电话
1	江西天源绿色有限公司	辛仕明	800	3500	100	13507053567
2	江西桃园铅业有限公司	湖北荆州 关英才	1500	5000	250	8828055 13870570802 13807570808
3	江西万华科技有限公司	刘育才	1000	2400	130	13907055218
4	鑫隆圣诞礼品有限公司	韩国 巢桂北	400	1200	200	13907953333 8901188 13907054568
5	江西省万载县华大塑业有限公司	袁州区 谭绍芳	500	1200	100	13607953586
6	万载县宁康工艺品有限公司	浙江黄岩 涂水根	520	600	80	13707055266
7	江西万载千年食品有限公司	南昌 熊黎明	708	1400	468	13507054333 8913581
8	江西帮洁卫生用品有限公司	南昌 张才达	300	800	58	13879577777
9	宜万建筑陶瓷有限公司	江苏 范秋明	440	1000	50	8280078 8913206 13307057516
10	万载县青叶食品有限公司	广东 谢玉才	1248	4000	600	8913189
11	江西丰源达食品进出口有限公司	李松	500	700	100	13970571868
12	江西康乐塑胶有限公司	浙江温岭 叶日东	3200	4000	200	13807955218 8971218
13	万载县永安建材责任有限公司	铜鼓 周明	600	1500	100	8327279 13320150188
14	江西省建宇实业有限公司万载电子厂	南昌 刘建平	2000	2000	120	13807911068
15	江西东菱板业有限公司	江西奉新 熊清华	1500	2000	140	13006243700 13707056533

16	万载胶带有限公司	浙江台州 许爱飞	3000	1500	300	13907953584
17	宜春市益顺实业有限公司	易建明	600	600	100	13907953353
18	云天竹业有限公司	福建 王松茂	1500	2000	100	13307952799 13979512828
19	江西恒兴高科制硅工业有限公司	江苏 王松柏	1000	1400	50	13707054969
20	江西省万载县龙一铅笔厂	浙江开化 赖龙一	1300	3000	200	13305703109
21	江西晨光服饰有限公司	赣州 李佑銮	1000	1000	150	13507953686 13707965383
22	江西建宇实业有限公司万载机械厂	南昌 刘建平	2000	1500	160	13807911068
23	江西顺通塑业有限公司	广东番禺 邱明山	1000	1500	60	13879593890
24	万宇橡胶厂	浙江台州 孔金标	850	1000	80	135807979338
25	万载县载富实业开发有限公司	浙江丽水 吴根琳	3000	3000	120	0717－5826219 13308458377
26	利嘉精密模具有限公司	广东番禺 杨异武	500	800	120	13879527989
27	永康实业有限公司	宜春袁州区 刘美德	800	1000	200	13707955029
28	江西省宜春市金鹏医疗器械有限公司	彭民	600	500	80	13807955366
29	朝阳彩色印刷有限公司	宋朝阳	800	500	35	13879577995
30	江西汉普机器有限公司	宜春袁州区 何闽清	1000	1000	45	13320055668
31	西富辉生态工艺品实业有限公司	阿根廷 林宝辉	3000	5000	300	13507058587
32	万载维丰竹木复合板的公司	江苏苏州 周刚	3200	3000	200	13607052785
33	万载远大彩色印刷厂	刘建才	850	800	80	13707055287
34	江西省万载县弘大包装厂	袁旭鸿	600	800	60	13970532080
35	江西金伟生物制品有限公司	陈石平	500	1000	10	8823220
36	江西金源农业开发股份有限公司	北京 陈庚生	10000	30000	2000	8381710 8822223
37	江西万载福春橡塑有限公司	山东东赢 朱万福	750	300	100	13879581528
38	江西万灾晴乐化工橡塑有限公司	山东东赢 邓友民	750	300	100	13576572166
39	江西金峰纳米特硅制造有限公司	陈金生	1200	6000	128	13907953436

上高县科技工业园简介

为响应省委、省政府加速工业化的号召，上高县坚持把园区建设作为对接"长珠闽"、加速工业化进程的主战场来抓，根据"工业园区化、园区城市化"的要求，由县政府在县城规划区内规划了县科技工业园。

为了抓好科技工业园开发建设，于2001年9月正式成立了正科级常设机构"上高县科技工业园管理委员会"，随后又成立了"上高县科技工业园开发建设有限责任公司"，两块牌子，一套人马。目前，有在编在岗人员21人，全面负责园区的开发建设、招商引资和对客商的服务工作。

按照"规划立园、项目兴园、科技强园、生态美园"的思路，上高县科技工业园狠抓了开发建设。自2001年9月正式动工建设以来，通过财政借资、土地置换、滚动开发、招商引资、启动民间资金投入等多种形式筹集资金，完成了园区总体规划编制，兴建标准厂房37.8万平方米，硬化道路15公里，铺设排水管道2万米，完成土石方900万方，绿化面积8万多平方米。

以优惠政策、优美环境、优质服务，吸引县内外企业向园区集中，使科技工业园成为招商引资的重要载体和项目承接的重要基地。到2004年7月底，累计入园项目146个，签约资金51亿元，到位资金18.6亿元。投资规模1000万元以上项目135个。动工建设项目50个，已竣工投产项目43个。安置就业职工13490人。

坚持做好入园企业的跟踪服务工作，采取县领导挂点服务、引资单位成立项目工作组脱钩服务、科技工业园管委会成立企业服务中心专职服务等办法，为入园企业提供全程优质服务，将园区建设成为投资者的福地、创业者的乐园、居住者的天堂。加强园区党建工作，成立园区管委会党委，向入园企业派驻了45名党建工作指导员，组建了13个入园企业党支部，以"核心"推动"中心"，促进了园区经济的发展壮大。

通过几年的努力，上高县科技工业园取得了非常明显的成效，受到了省市领导的充分肯定和高度称赞。省委书记孟建柱、省长黄智权、省委、省政府、省人大大部分领导、市委、市政府主要领导都曾经到园区视察。荣获了省人民政府颁发2003年度江西工业崛起园区发展专项奖—— 六大指标综合先进单位和2002年度江西工业崛起园区发展专项奖—— 安置就业前十名，2003年度被评为全省十佳工业园区，2002年度全市工业园区综合排名第二，2003年度全市工业园区综合排名第一，2004年7月，园区党委荣获中共宜春市委"三项创建"先进单位—— 基层党建"百强示范点"。

上高县科技工业园管理委员会
创新发展理念　创造招商辉煌

凌成卫　党委书记　管委会主任

上高县在省市的正确领导下，在有关部门的精心指导下，主动策应市委、市政府"一心一圈两走廊"发展战略，围绕"五年翻一番、创建上高市"奋斗目标。按照"全党抓经济、全民兴个私、全力引外资、全心搞服务"要求，创新发展理念，精心谋划招商引资工作，取得了明显成效。今年1—7月，全县共引进客商投资项目96个，签约资金16.8亿元，同比增长78%，实际到位资金12.9亿元，同比增长86%。到今年7月止，科技工业园累计引进入园项目146个，签约资金51亿元，到位资金18.6亿元；已竣工投产项目43个；安置职工13490人。今年1—7月，实现工业总产值114948万元，上交税收3841.8万元。我们的主要作法是：

一、寻求突破，创新观念，全力招商

一是全力聚焦园区，在引进入园项目上求突破。将全年招商引资任务的重点放在入园项目上。规定凡需组建招商小分队的单位，入园任务按内资总任务的60%分配。2003年，全县共引进入园项目52个，实际引进资金6.5亿元。今年1—7月，全县共引进入园项目40个，签约资金10.47亿元，到位资金3.8亿元。二是充分发挥主观能动性，在招商主体上求突破。首先，发挥乡镇、部门招商引资主力军的作用。全县各乡镇、场(街道)、县直各部门2003

年招商引资目标任务均比上年增加了40—50%,促使压力变动力,全年共引进项目279个,引进资金14.8亿元,比上年增长142.3%,其次,发挥招商专业户的作用。全县2003年新增专业户6户。其次,发挥委托代理招商作用。全县共挑选出42名招商引资委托代理人,代理县乡政府招商引资,先后引进项目67个,实际引进资金1.8亿元。其中县政府招商引资委托代理人福鑫纺织有限公司董事长吴敏夫引进了巨源柏成生态园、锦江明珠大酒店等项目,合同引资1.6亿元,实际进资5000万元。三是拓宽渠道,在招商领域上求突破。除继续加大对沿海经济发达省市的招商引资力度外,加大了在香港、澳门、台湾及境外国家和地区的招商引资力度。上高县将全年引进境外资金的任务分解到了各乡镇及有招商小分队的县直单位,并在招商引资目标考核及奖励上对境外项目倾斜。上高县先后组织了香港、厦门、大连、温州等招商引资推介会,取得了可喜的效果。去年,引进了美德(江西)生物科技等境外项目9个,合同引进境外资金3650万美元,实际引进境外资金1003万美元,占全年目标任务的143.2%,引进外资创历史新高。

二、建立队伍,创新方法,专业招商

一是外派年青干部招商。在全县抽调92名35岁以下科级干部,组成四个专业队,挂职学习和自主锻炼,分赴沿海经济发达地区进行招商。今年,专业招商队共引进入园项目6个,签约资金11000万元。二是组建小分队招商。县四套班子,各乡镇场、各经济主管部门、县直设党委系统和在编30人以上的单位继续组建40支招商小分队常驻发达地区招商。三是扶持专业户招商。通过完善招商引资奖励政策,加大奖励兑现力度,在县内扶持起了一批招商引资专业户。据统计,2003年各专业小分队及招商专业户共引进项目197个,引进资金9.6亿元,占全年引进资金的65%。

三、以人为本,创优环境,诚信招商

一是放得下架子,笑脸服务亲商。坚持领导挂点和部门帮扶制度,凡固定资产投入1000万元以上的投资企业,都有一名县级领导挂点实行全程服务,挂点领导每月至少一次深入企业走访,协调解决企业的实际困难和问题。每一个客商投资企业,中介单位派出一名副科级以上干部定点服务,为客商排优解难。对华厦水泥有限公司等大项目,还专门成立了以县委、县政府主要领导为总指挥的服务协调小组,派出专人定点跟踪服务。二是舍得出票子,诚信让利客商。坚持按说的做,按承诺的办,按优惠政策兑现,按合同条款落实。对客商企业每年实行贷款贴息补助办法,累计贴息补助89.02万元;2001年以来,拿出347.2万元对全县35家客商企业进行了奖励,其中仅博士达药业有限公司两年获奖156万元。三是拉得下面子,黑脸整治安商。坚持环境管制制度。有一次,江西华杰泰矿纤科技有限公司总经理苏煜将小车停放在县城商城街王明生家楼下,影响其摩托车通行和停放,王明生朝该车引擎盖右前下方踢了数脚,使该处凹下一块,还与客商争吵,辱骂客商,强行将客商车牌扳下,并与民警撕扯。事后,给王明生治安拘留、治安罚款和全额赔偿车辆损失的处罚,客商对处理结果非常满意。

四、加深感情,创优服务,以商招商

通过召开座谈会、举办联谊会、送节日贺卡、发生日贺电等形式,开展"打一个电话、写一封问候信、发一张贺卡、送一份温暖"活动,增添上高的亲和力和吸引力,使客商对上高产生亲情感和归宿感。提升对客商的服务水平,提倡"全方位服务、全身心关注"的"保姆式"精神,倡导宁愿自己千般苦,不给客商一点愁的风尚,甘当客商勤务员、后勤兵。通过对客商的一系列服务,加深与客商的感情。充分发挥园区客商多的优势,利用客商的关系链、亲友链,通过客商的现身说法,引企入园。

五、严格考核,创新机制,务实招商

一是严格对各级领导的考核。做到公正公平,对没有完成任务的单位领导按规定进行通报、处罚。年内凡没有完成招商引资任务的单位,年终不能评为先进,并由财政按每月60元的标准扣发在职干部职工当年的菜篮子补贴。年内没有引进一个项目的单位,党政一把手不能评为优秀公务员,不能评为先进。单位工作由第一副职主持,党政一把手亲自外出招商。二是严格对专业招商队伍和小分队的考核。制定和下发了《上高县开放型经济干部培养管理工作办法》,年内凡没有完成招商任务的专业队伍,不得领取差旅补贴、福利和奖金。三是严格对进园项目的跟踪考核。凡引进园区的项目,抵了当年度中介单位的招商引资任务但年底内还没有竣工投产的,要用下年引资任务抵扣;对上年度未完成引资任务其尾欠数必须累加到下一年度。四是严格对项目认定的考核。对各类招商引资项目都制订了严格具体的认定标准。

丰城市丰源工业园

江西丰城丰源工业园是丰城市委、市政府根据区域经济发展需要，与江西丰城发电有限责任公司共同策划、共同出资、重点扶持的现代化工业园，位于丰城市西北相对独立的城市组团，紧靠江西丰城发电有限责任公司生产区两侧。其总体规划委托上海同济大学城市规划设计研究院负责设计，中期规划占地3平方公里，长期规划为10平方公里。首期开发面积750亩，投资3480万元，现已完成“六通一平”。第二期开发建设用地1500亩，已全面启动建设，现已完成“三通一平”，具备了入园建设条件。工业园的属性与功能定位：以高能耗、低污染工业为主，辅以行政办公、商业金融、信息交流、文化娱乐、居住交通等功能为一体的功能配置齐备，物质环境优美，特色鲜明的现代化新兴工业园区。鼓励发展高能耗、低污染工业如电厂粉煤灰综合利用开发工业、机械加工工业、食品精深加工工业、医疗机械、生物制品业等类型。

丰源工业园基础设施比较优越，区位特点明显，并借助良好的电厂企业形象和充足的电力、热源资源，再加上政府的配套资金儿优惠政策使得该园区具备了较成熟开发条件，它将围绕“建成丰城市招商引资的窗口，民营企业的乐土，保税免费的试验区，丰城经济发展的增长点”的总体目标，以“分期实施、滚动发展，逐步壮大”的发展思路展开各项开发建设和管理工作。日前，园区供电总容量达2.5万KVA/年，供水总容量达2万吨/日，6kg/㎡饱和蒸汽时供量达150吨，电话容量3000门，一、二期道路已形成四通八达的路网结构。

丰源工业园的优越条件，为投资客商创造了实实在在的低成本扩张优势。开园一年多来，一期近千亩土地全部征购一空，企业云聚；二期1500亩的开发建设热火朝天，境内外、市内外客商争相来工业园落户。目前，入园企业20家，引资额达2.15亿元，今年园区内企业完成值2.5亿元，实现利税4000余万元。

高安市新世纪工业城

兴建高安市新世纪工业城，是高安市委、市政府认真贯彻落实省委、省政府提出的以加快工业化为核心，实施大开放为主战略，加速高安经济发展的重大举措。新世纪工业城座落在高安市郊、位于320国道旁，距省会南昌50公里、距昌北国际机场55公里、距九江港190公里，有着十分便利的交通和突出的区位优势。工业城整体规划面积10平方公里，分三期开发，初期开发4平方公里。按照一个新兴城市的功能，高起点、高标准进行规划设计，工业城分为南、北两区，320国道以北为生产区，以南为生活区。城区道路纵横交错，三条宽60米的新世纪大道、南祥大道、象山大道和320国道成“井”字形分布，成为城区主要交通干道。水域面积达400亩的象山湖，以及面积为22500平方米的世纪广场、34000平方米的瑞州广场两个大型休闲广场将成为城区最主要的娱乐、休闲场所。工业城除规划有专用水厂、电站等基础设施外，还有别墅、住宅、教育、医疗、宾招和商业贸易等配套服务设施，目前100多亩湖滨别墅区正着手进行开发。工业城以优越的地理环境、完善的配套设施为客商打造生产、生活的理想之地。

新世纪工业城自2001年7月正式动工以来，基础设施共完成投入3000多万元，征用土地近6000亩，完成土石方总量500多万方，收回国有土地近200亩，拆迁房屋8000多平方米，埋设下水管道约7000米，硬化路面约55000平方米。新世纪大道、世纪广场的硬化、绿化、亮化等工程相继完工，目前5000多亩土地的水、电、路、邮、下水道、电信宽带、有线电视、土地平整等“七通一平”工作已基本到位，其他各种配套设施也正在加紧完善之中。

新世纪工业城优越的地理环境、完善的配套设施、优惠的招商引资政策，加上高安市委、市政府高度重视，吸引了越来越多的海内外客商前来投资兴业，截止到2002年年底，工业城已入城企业有40多家，引资总额超过11亿元，其中已开工企业27家，投资在2000万元以上的项目有9个。日前香港太嘉（环球）集团投资5亿元，占地面积3000亩的太嘉园已经启动。同时还有20多个项目正在洽谈之中。

宜春市袁州工业区

袁州工业区位于宜春市袁州区马王塘，320国道、沪瑞高速公路旁，距市区3.5公里，紧临浙赣铁路复线,交通十分便利。工业区规划总面积6平方公里,按照功能划分为医药工业园、精细化工园、配套机电工业园、生活服务区。

工业区现已开发3.5平方公里,投入资金1.5亿元,区内各种设施完善。建成了11万伏、3.5万伏变电站各一座,装机容量4万千伏安;建成自来水加压站一座,日供水能力达8万吨,可满足3万人生产、生活的水电需要。建成万门程控电话,移动通信、宽带均已入园,构建起了快捷、灵敏的信息网络。

目前已签订入园合同的企业有25家,已开工建设的14家,主要是医药企业和化工企业,合同引进资金9.6亿元,实际到位资金3.16亿元,已投产企业2家,它们是江西德胜实业有限公司和江西飓风化工有限公司,共安置就业人员260人。

医药工业园初具规模。园区开发面积已达2平方公里,6家医药企业已签订了合同,4户已正式开工建设,它们是江西济民可信药业集团、江西海尔思药业有限公司、江西百神药业有限公司、江西心诚药业有限公司,预计建成后可实现销售产值20亿元,税收达1亿元。聚集效应初步显现,2002年8月我区工业园被省经贸委批准为省级医药工业园。同时,医药包装、第三方物流、中药饮片生产等配套体系正在发育。入园企业初步实现了资源共享,并正在加紧协商如何统一供热、统一排污,共享提取车间的生产能力,统一采购设备等。

在发展思路中,我们计划再用几年时间,努力抓好教育、商居、服务等配套设施建设,进一步完善园区功能。按照"园区生态化、道路宽敞化、布局合理化、厂房标准化、运作市场化、服务一体化"的要求,逐步将其建设成特色鲜明、功能齐全、科技含量高、环境优美,在我区举足轻重的工业新区。

樟树市工业开发区

樟树市工业开发区是经樟树市委、市政府2001年8月批准建设的重点工程,开发区位于城区以北,总体规划面积3.18平方公里,首期开工建设1平方公里,以清萍公路为界以北为生产区,以南为生活区。通过一年来的艰苦努力,已取得了初步成效,开发区内的通路、通电、通水、电信、电视等基础设施正在抓紧建设,已完成基础设施建设总投资3600万元,27个单位引进25个项目正在建设之中,合同金额2.9亿元,实际进资1.1亿元。产品涉及医药、电子、机械、化工、印刷等10多个产业。2个项目签订了意向投资协议。工业开发区的指导思想是:一年打好基础,两年快速起步,三年初见成效,逐步成为经济支柱。

樟树市工业开发区具备得天独厚的交通区位优势:浙赣铁路复线、沪瑞高速公路贯穿东西,京九铁路、105国道纵穿南北,清萍、清高省级公路擦边而过,赣江河道融岸相望,是有识商家投资发财的理想之地。

预计到2005年,开发面积达3平方公里,入园区并开工企业40个,完成总投资10亿元,其中基础设施投资2亿元,企业固定资产投资8亿元,实现工业增加值26亿元,利税额8亿元,8000人就业。

为了加快工业开发区的建设,把工业开发区建成经济发展的带动区、体制和科技创新的示范区、承接沿海地区产业的转移区、城市发展的新区这一目标,我市制定了《樟树市工业开发区优惠政策》、《工业开发区用地管理办法》,实等"无费区管理,用地优惠,纳税奖励,全程服务"。通过努力,樟树市工业开发区将建成一座集工业、居住、休闲、娱乐于一体的现代化园区。

宜丰县工业园区

良岗工业园区位于宜丰县城城郊,这里交通便利,省道宜丰至上高公路穿境而过,园区东与上高县接壤,离320国道仅14公里,距省城南昌市120公里,西隔市委市政府所在地宜春80公里,整体规划面积为10平方公里,由城东工业区、良岗工业区、清水桥工业区三个部分组成,城东工业区以食品工业为主导;良岗工业区以建材工业为主导;清水桥工业区以食品工业为主导,通过建设50米工业大道,使三个工业区融为一体. 良岗工业区将建设50米工业大道与县城渊明大道相连接,可以达到承接县城、扩大县城、发展三产的目的。良岗工业园区采取高起点设计,高标准规划,科学化布局。

园区以50米工业大道为主线,呈三纵多横状,以亮化、绿化、美化为重点,通过开发建设,园区将成为集银信、商贸、保险、教、卫、研为一体的花园式、生态型的招商引资的载体,发展非公有制经济载体,沿海发达地区产业结构梯 度转移的承接基地,科技与体制创新的示范区和县城建设的新区。目前园区基础设施投入达3500万元,已实现通水、通电、通讯,基本完成了4800亩的土方平整及部分道路,下水管道的建设。

城东工业区已落户的企业有:宏丰公司、鼎丰公司、洞山酒业公司、江西猕猴桃酒业公司、昌鸿和业食品有限公司、染化公司、秀竹米业公司、长和铝业长和铝业公司、日月橡胶制品有限公司、水泥公司、骏马农用车厂、金源化工公司等12家。今年以来,县委、县政府加大了招商引资力度,工业园区新上新办企业21家,主要有金佛公司、金马公司、恒祥油脂化工公司、峰杰公司、光明瓷业总厂、林丰公司、阳光瓷厂、浙南公司、凯利公司、陈氏实业有有限公司、金坤铁艺铸造厂、穗丰公司、星鑫工艺品实业公司、建鑫工艺品厂、欣兴工艺品厂、鑫丰油脂公司、大丰瓷石公司、丰华纳瓷材料有限公司、精艺设计制造有限公司、金达橡胶制品公司、鸿泰塑钢公司等建材企业及一个投资额达600万元的荔红宫大酒店。客商企业计划总投资4.6亿元,已投25亿元。

目前县委、县政府为工业园制定了专门的优惠政策,从土地、水电等费用,从财政扶持到配套服务,有一整套的优惠政策和承诺,真正体现了"只要来宜丰,一切都宽松"的开放理念,形成了人无我有,人有我优的优良投资环境。宜丰县工业园是投资者理想的选择!

靖安县生态工业园区

靖安县工业园总体规划面积为3平方公里,分为A区和B区。其中A区位于距县城2公里的东北面,与城区紧密相连,也是规划中的新城区,该区按第三代工业园标准进行规划设计和建设。工业园A区规划面积为2平方公里,按照"整体规划、分期建设、滚动发展"的总体原则进行开发建设。A区内主干道路长2200米,宽34米;已实现通路、通水、通电、通视、通讯、排水、排污和土地平整等"七通一平"。园内还有面积为20万平方米配套的商业开发带和服务区。工业园B区位于县城东南面,为原香田工业开发区,该区新规划扩大、完善面积为1平方公里。B区现有企业16户,已集聚机械制造、节能灯系列产品、木栅栏、食品加工等优势产品。

靖安县工业园区已投入资金1600万元进行基础设施建设,开发出工业用地600余亩,完成了园区内的通路、通水、通电、通视、通讯、排水、排污等"七通"工程。有10户企业在A区内落户,其中7户企业开工建设,固定资产总投资额达2.45亿元。

靖安县工业园通过外引内联,一批经济效益高、发展潜力大、市场前景广阔的项目在园区内落户,初步有以节能灯、铜业、模具、机械制造、木竹工艺品、生物制剂、农产品加工等为支柱的工业产品和与之配套的相关产品聚集。

铜鼓县三都工业园

一、园区现完成"一通一平"面积为1000亩总规划面积为1500亩。

二、园区现分为长林工业区、长红工业区和江头工业新区。40家企业芽挚分布在踏江、长红工业区。江头新区正处于规划拓展之中,基本形成"一园三区"格局。

三、园区现完成基础设施投入1800万元。

抚 州 市

抚州市金巢经济开发区

在著名的"才子之乡"——江西省抚州市,镶嵌着一颗璀灿的明珠,这就是江西抚州金巢工业开发区(以下简称金巢开发区)。

金巢开发区位于市南端,是规划建设中的新城区。金巢开发区系江西省省级开发区,规划建设面积2.4平方公里,按区域功能分为三区两中心(工业区、高科技工业示范园区、商品房开发区、人工湖、商贸服务中心和文化娱乐中心)。

金巢开发区管委会是抚州市政府的派出单位,下设国税、地税、公安、城建、土管、工商等分局,对开发区实行封闭式管理,对投资客商实行"一条龙"优质服务。抚州金巢开发区建设有限公司负责开发区的建设与开发。

抚州市工业开发区

抚州市位于江西中部，距省会城市南昌100公里。市工业开发区是市委、市政府为策应大开放、大招商的需要，于2002年2月启动建设。园区与市区和昌厦一级公路紧密相连，西邻京福高速公路(3公里)，通过东(乡)临(川)一级公路东接沪瑞高速公路，距铁路货运专用车站－－抚州北站仅8公里，交通十分便利。园区规划土地面积9695亩，已完成"三通一平"面积近7000亩，已落户园区的企业54家，其中机械电子类企业21家、生化制药企业12家、纺织服装企业8家、轻工包装彩印企业9家、建材企业3家、其它1家。54家进园企业合同固定资产投入为227470万元，预计产值1070655万元，预计可产生税收92241万元，安排就业26668人。尚有15家正在洽谈之中。目前有16家企业即将竣工投产，至2003年底将有40家左右企业竣工投产。

抚州市工业园区实行企业准入制度，凡入园企业必须是符合国家企业政策的非高危、高污染的工业(加工业)项目，并符合下述三个条件之一方可入园。即：(1)固定资产投入在1000万元以上；(2)用工500人以上；(3)产值1亿元或税收100万元以上。入园企业按固定资产投入50万元/亩安排用地，要求进园企业厂房及附属设施用地达到60%以上。根据入园企业年实现税收情况，享受不同程度的土地优惠政策。

抚州市工业开发区实行封闭式管理，零规费，一站式办公，一条龙服务。在市里办理的各种证照仅收工本费，材料齐全的情况下，一个工作日内办毕。凡入园企业均安排1－2个市直单位(部门)进行全程跟踪服务，为客商企业提供产前、产中和产后服务。

抚州是王安石、汤显祖的故里，人杰地灵，生态环境优越，生产要素比较低廉。市委、市政府正全力打造客商企业投资安全、投资愉快的投资环境，诚信至上，以人为本。

开放、诚信的抚州工业开发区热忱欢迎海内外企业家来抚投资兴业。

抚州市临川工业园区

抚州市临川工业园区位于抚州市东南面钟岭街道办事处境内，地理位置得天独厚。该工业园区沿昌厦公路向纵深丘陵地展开，西与抚州市工业园区相连，交通十分方便，北有京福主速公路，东有沪瑞高速公路，距向东铁路仅5公里，区位优势明显，用地条件十分优越。整个工业园区总体规划3.5平方公里，首期规划面积1000亩，现有企业24家，涉及化工、轻工、纺织、机械、食品、电子等。

东乡县大富工业园区

东乡县大富工业园区位于江西省东部，抚洲市北大门，距县城0.5公里，南昌市100公里，昌北机场120公里，鹰潭市35公里，浙赣铁路复线，三二0国道，梨温高速公里，东临一级公路(在建)穿园区而过，交通十分便利，区位优势十分明显。

园区92年开始建园，园区总体规划开发面积4.6平方公里，现已开发1.7平方公里，园区基础设施完备，实现了"四通一平"，即通水，通电，通路，通讯和土地平整。园区内已兴建投入使用的110千伏变电站和日供水6万吨的第二自来水厂，可确保区内生产和生活用水、用电。

区内现已进入企业31家，企业员工2000余人，固定资产总投入已达2亿多元。2002年，完成产值2.5亿元，实现利税2000余万元，形成了以医药、化工、包装、工艺品等产业为支柱的格局。

南城县金山口工业园区

南城县金山口工业园区位于县城北郊，总体规划面积2500亩，京福高速公路、新206国道、昌厦公路交叉穿境而过，极具区位优势。一期开发面积400亩，于96年完成开发建设，有28个企业在区内落户，完成固定资产投入7600万元，其中基础设施投入525万元，形成一定规模，其中销售收入3000万以上的企业3家；1000万元以上的3家；500万元以上的企业6家，已初步形成机械、食品、制药、服装、建材、包装等产业体系。并创造出"新月"活血止痛胶囊、"麻姑银珠"米粉、"琼斯"系列冷饮、"佳淮"淮山营养粉等一批国内外颇具知名度的品牌，年创产值1.8亿元，年上交税金668万元，安置剩余劳力1236人，取得了一定的经济和社会效益。

二期开发600亩，按照高标准规划、低成本开发、高质量建设、低门槛进入的方针进行建设。于

2002年3月份破土动工,主要为实现老工业园区和新206国道的对接,以进一步提升工业园区的区位优势。目前已有14个项目在新园区落户,预计完成固定资产投入6950万元。年产值3.2亿元,上交税收收千万元,一个朝气蓬勃、蒸蒸日上的县级工业园区将崛起在赣东大地上。

抚州市抚北工业园区

抚州市抚北工业园区位于抚州市北郊,于2002年7月25日开工建设。园区规划总面积6.7平方公里,近期规划5610亩,为市级工业开发区。该园区既是抚州市万亩工业园和万亩科技园的配套园区,又具有自身特色,其性质融承接发达地区传统产业的转移和发展高新技术企业为一体,是抚州市食品、化工、机电、纺织、轻工等行业的生产基地。园区一期已开发土地1000亩,已完成了"五通一平"工程。目前正在进行二期1500亩土地的开发工程。到目前为止,园区已引进企业19家,合同资金8.6亿元,其中江苏大亚集团在园区投资5000万美元,兴办抚州大亚高档基材生产线,全部设备从德国进口,年生产能力达20万立方米,投产后年产值超过4亿元,园区招商引资已呈现良好的发展势头。

崇仁县工业园区

一、工业园区位置及面积

崇仁县工业园区(原名崇仁县工业小区)于1996年开始建设,位于崇仁县城东侧,距县城1-7公里的临八线两侧,为条带形工业小区,规划总面积为5平方公里,分A、B、C三个投资区域建设,其中A、B区为工贸区,C区为工业区。2001年县委、县政府在工业园区C区新规划了一个面积为2平方公里的工业园进行重点建设,位置在工业园区鸿泰塑料制品有限公司沿临八线向东至工业园区标准厂房南北两侧,全长889米,两侧纵深1350米不等,其中工业区位于临八线北侧,规划面积1.2平方公里,生活区位于临八线南侧,规划面积0.8平方公里。2002年3月原工业小区改为工业园区。

二、工业园区的区域布局和产业布局

(一)区域布局

1. 工业区规划布局:①A区:工贸区;②B区:工贸区;③C区:工业区。以新工业园为主体,规划布局为"四区一广场","四区"为工业起步区、一类工业区、二类工业区,远期规划发展区;"一广场"为主入口礼仪广场。

2. 生活服务区布局:生活服务区布局分为商业金融服务区、职工住宅区、客商别墅区、文化娱乐区、水上乐国无和生态公园六个功能分区。

(二)产业布局

1. 工业园区起步区是以行政管理,商贸金融、服务业为主。

2. 一类工业区位于工业园大道东侧,是以机械、机电、纺织、高新产品的行业为主。

3. 二类工业区位于工业园大道两侧,以食品加工、轻工产品的行业为主。

4. 远期规划发展区,用作工厂发展用地。

三、基础设施建设

到目前为止,工业园区已征用土地700亩,租用土地2200亩,完成厂房建筑面积59778平方米,基础设施建设基本实现了通水、通电、通路、通讯、通闭路电视、土地平整"五通一平"。修建了县城至A区2公里长,40米宽的人民大道,新规划的工业园正在进行半纵两横的水泥路和下水道的建设,已修建了400米长主干道,修建了日供水2000吨的自来水管道至工业园区C区。建有A区、C区两个10KV开关站,通讯线路延伸至C区,另外还在园区内设置了派出所、财税所、邮电所、工商所、法庭、国税分局等分支服务协调机构,开辟了县城至工业园区C区的公交专线,极大程度地方便了园区的生产生活。

四、经济建设

通过几年的建设,工业园区取得了一定的发展,1996年我县工业园区被农业部列为"全国乡镇企业东西合作示范区",96、97、98连续三年被省乡企局评为"全省先进工业小区",至2001年底,工业园区已有30家企业稳定在园区生产,实际投入资金1.3亿元,引进外资7612万元,行业涉及机械、机电、轻工、建材、食品、饮料、花卉等多个行业。

2001年,30家企业完成产值14487万元,实现销售收入13806万元,上交税金386万元,安排就业1567人,2002年1-11月份,实现销售收入15908.4万元,上交税金564.69万元,安排就业1912人,分别比上年增长62.7%、103%、22%,工业园区正在成为崇仁县域经济的重要增长点。

黎川县工业园区

我县工业园区始建于一九九六年七月，位于县城西部约1公里处，总体规划布局上依托京福高速公路，丰杉公路沿线展开，并与京福高速公路的挂线（黎川新城区大道）贯通，规划面积为3.06平方公里（约4950亩），工业园区是经济发展的重要载体，也是安排就业的主战场，建设好一流的工业园区、以园招商、以商促园，发展经济。我们的指导思想是：面抽未来、面向现代化、科学合理利用，立足实际，建设一流、高品位的工业园区，实行高效运作，高效管理。具体的做法是：采取政府搭台，部门与企业帮扶，整体规划、分步实施、滚动开发。先期开发建设1000亩，计划在今年下半年至明年初开发建设二期工程千亩工业园滚动开发建设。

第一期千亩工业园到目前为止，一个框架全面拉开，规模初步形成的颇具气势的工业园区展现在眼前，部分企业厂房已3平方公里左右，今年下半年开始启动二期千亩工业园，力争在今冬明春在园区项目投资上千万元和科技含量较高的企业达到30户左右，就业人数达到8000人以上，园区四条30米宽的水泥道路（平川一路、平川二路、平川三路、园区大道）纵横贯通，五通一平、排水和消防设施全部到位，同时，准备在园区规划出一块用地打造园区配套服务中心，如：卫生所、储蓄所、工商税务所、公安派出所、托儿所、邮政电信所、招待所、培训、娱乐等服务机构，将把园区建设成为绿化、美化、亮化、净化、生产、休闲为一体的工业乐园。

金溪县工业园区

陈树仁　工业园区主任

金溪工业园区地处316国道和206国道交汇处，县城新郊，有着十分便利的交通和区位优势。园区分为南、北两区，并设有生活服务区，园区道路纵横交错，人工湖优美秀气，周边风光赏心悦目，园区不仅是工业基地，也以其优越的地理位置、完善的配套设施成为客商生产、生活的理想之地。园区整体规划为4.5平方公里，其中第一期开发面积为2000亩，于2002年3月25日正式开工建设，历经一年时间的努力，共完成基础设施投资3000万元，“七通一平”已全部到位，已有来自浙江、广东、福建等省内外客商企业50家，引资总额达6亿元，其中已开工生产的有34家，规模以上的企业有14家，形成以机械加工、香料化工、粮食加工、丝绸纺织等四大产业为主的结构链。

如火如荼的招商势头带动了金溪相关产业的发展，许多客商纷至沓来。园区二期开发正在着手进行，二期工程总开发面积4000亩，将按高标准、高起点规划设计。并希望引进一批高新技术企业，如以丝织为主的纺织业，以优质米、茶叶为主的食品加工业，以高新精尖的微电子、光电子、软件、网络及通信器材等为主的电子业。我们热情欢迎县内外客商来金溪工业园投资、创业，共同为金溪腾飞添砖加瓦。

金溪县工业园重点企业名录

编制单位：金溪县园区办　　　　日期：2004年9月15日

企业名称	地址	资产总额	销售收入	员工人数	法人代表	联系电话
金达橡胶制品有限公司	工业园区	1200	887	81	张永座	5292922
宏华塑胶工艺有限公司	工业园区	300	3744	106	蔡雁琴	5292825
鑫昌华制丝有限公司	工业园区	600	656	132	倪建新	5293668
金盛皮革有限公司	工业园区	600	10021	210	王佰军	5293816
抚州三兴服饰有限公司	工业园区	600	3420	302	蔡汤力	13870494999

金鑫汽车配件有限公司	工业园区	600	214	44	肖承财	5290038
金麟有色金属有限公司	工业园区	600	1214	43	徐世麟	5297158
一达铝业有限公司	工业园区	600	1615	24	吴宁宁	13879461889
汇泉香料有限公司	工业园区	300	751	26	钟利民	13870439668
东方香料化厂	工业园区	500	630	35	徐国平	5294192
华宇香料化工有限公司	工业园区	1080	677	53	周振华	13907043642
和氏米业有限公司	工业园区	600	877	53	王建和	5295821
千佳米业有限公司	工业园区	300	292	17	毛水福	5292532
珊城红砖厂	工业园区	72	94	34	王光宝	5291735
恒信色素有限公司	工业园区	1080	302	70	王井宝	5296158
科盛化工有限公司	工业园区	360	324	44	刘希林	5295799
金华华侨轮胎有限公司	工业园区	360	343	56	徐金华	5299286
山友动物药业有限公司	工业园区	180	154	20	车勤珠	13707947925
江西宇安实业有限公司	工业园区	300	317	72	施福山	5299855
金瑞机械电器有限公司	工业园区	300	120	24	王志海	5298168
罗普斯金铝业有限公司	工业园区	180	72	21	赵 成	5298872
昌盛电子有限公司	工业园区	72	176	47	项明亮	5290229
骞尔工艺品有限公司	工业园区	72	77	20	曾小红	5296048
金达木业有限公司	工业园区	120	165	32	徐泉庆	5299216
光华木业有限公司	工业园区	50	161	34	冯光华	
祺星米业有限公司	工业园区	300	276	32	胡 军	5292308
华福米业有限公司	工业园区	72	171	36	王春华	5211405
鸿发精制米厂	工业园区	84	193	41	黄思开	5213646
金兴麻纺织有限公司	工业园区	120	112	24	彭玉坤	5299181
万通源实业有限公司	工业园区	120	98	24	何雷飞	5296862
江西金溪荣达工艺品厂	工业园区	168	233	36	郭良构	5216318
合 计		11552	28386	1793		

注:销售收入为2004年1-8月份累计数。

南丰县富溪工业区

南丰县富溪工业园区始建于1996年,座洛于昌厦公路边上,距县城3公里,交通十分便利。园区总规划面积4.3平方公里,其中工业区3.75平方公里,生活服务0.55平方公里,园区建有一座日供水3000吨自来水厂,专供区内企业生产、生活用水;10KV高压输电线直通厂区;程控电话已通工业园区,随时可满足用户的需要。园区一期工程已基本建成,现已落户企业16家,其中有以南丰蜜桔为原料的飞环干黄酒业股份有限公司,具有自营出口权的艺海工艺有限公司,江西桔王药业有限公司等企业。二〇〇二年,园区启动建设二期工程,规划有工业区1200亩,第三产业区200亩(两区分别紧靠昌厦公路两旁)。

工业园区成立了管理委员会。管理委员会下设办公室,负责工业区的具体日常工作和园区内企业的规划、指导、监督、协调、服务工作。

为加强富溪工业园区的管理,促进工业园区企业快速、健康发展。园区实行"一块牌子对外,一个章子生效"的全封闭管理模式,实行统一规划建设、统一项目审批、统一企业管理、统一收费等"一条龙"服务措施。

富溪工业园按照"科学合理,功能齐全"的要求进行设计,实行总体规划,分步实施,滚动发展。

南丰县富溪工业园区是本县加快工业化进程的重点工程,县委、县政府专门为园区制定了一系列有关吸引和保护投资客商的优惠政策。比如，园区企业所得税实行前三年免征，后三年减半；园区内土地按固定投资的额度分配使用。凡投资100万元以上，符合国家产业政策的企业，每投资30万元无偿提供1亩土地的使用权。

富溪工业园区作为全县的新兴工业城，将本着"平等互利，共同发展"的原则，热忱欢迎各界朋友前来兴业投资，大展鸿图。

宜黄县工业园区

宜黄县工业园区座落在县城北面1—4公里处，依宜临公路两旁，南起狮子山，北毗十里排，东靠宜黄河，地势南低北高，东窄西长。园区通过新建的六里铺大桥与河东新区衔接，融入城镇建设规划之中，成为宜黄县最具开发潜力的"黄金"地段。园区前期规划总面积2.3平方公里。由于发展速度快，趋势好，园区的范围在不断的向县城以北靠谭访一带的公路两旁延伸扩大。

——基础建设。宜黄县工业园区始建于1996年6月，基础设施建设共投资1550万元，实现了通路、通电、通讯、排洪、通水一期工程和土地平整。园区内道路网络化，有一条长3公里、宽16米的主干道和五条总长12.7公里的次干道；架有2000千伏安输电线；有防洪标准为"50年一遇"的排洪渠；园区已平整土地240亩，完成绿化面积12亩，启动了安装主干管管径250毫米的通水二期工程。

园区坚持高起点、高标准、高效益、高素质的建设要求，实现布局合理化、功能多元化、管理系统化和环境优美化。园区立足于有利于生产，方便生活，实现环保，在功能上划为4个区域，即：轻工业区、化工区、重工业区、商贸区；园区成立了管委会，设有项目审定、土地征用、规划设计、联络协调4个工作组，形成了服务优良、运转便捷的管理机制；我县制定的《关于进一步加快发展工业园区建设的意见》，规定了投资者享受的优惠政策，体现了园区良好的投资环境。

——发展现状。目前，工业园区兴办了企业36家，兴建标准厂房30幢。行业涉及食品加工、轻工、化工、建材等领域，园区企业呈现以下特点：一是投资主体多元化，其中个私企业占70%。二是招商引资项目多，区内36家企业有20家是通过引资创办的。三是规模大的企业多，投入100万元以上的企业有16家，200万元以上的企业11家。四是起点高的产品多，如预应力钢丝、竹胶板等科技含量都较高。五是木竹加工型企业多，区内共有7家木竹加工企业，其中华南板材公司、曹山公司已成为全县木竹产业的"龙头企业"。

——主要措施①加大园区基础设施建设力度。把"硬件"建好、建齐，进一步增加园区的承载能力和投资吸引力。②完善园区服务管理。一是园区优惠政策严格执行中共宜黄县委、县政府宜发[2002]7号、[2002]11号文件精神。二是建立"形象测评制度"，加强软件环境监督检查，三是对进入园区的企业实行跟踪服务。四是完善园区办组织结构，明确其职责功能。五是全面准确地了解和掌握园区运行动态，并做好运行分析工作。同时加大招商引资力度。力争通过招商引资，引进一批规模大、效益好、技术含量高，能对县域经济产生明显拉动效应的项目入园，把工业园区这块"蛋糕"不断做大。

广昌县工业园区

为创造优良的招商引资环境，县委、县政府根据省第十一次党代会上提出的"坚持依托园区办工业，努力形成规模效益和集聚效益"的精神，决定建设广昌县工业园。远景规划1万亩，第一期2000亩，目前正在建设的为1000亩，工业园区座落在盱江镇清水村彭家桥村小组屋背的昌厦公路东侧，东与老工业区相连，南与县城相接，有利于做大县城，西靠昌厦公路，东靠206国道，交通十分便利，北可向造纸厂方向发展。园区内实现"六通一平"即通水、通电、通排水、通有线电视、通讯、通路，平整土地。该园适宜于食品加工、机械、化工、纺织及软加工等工业的发展。

乐安县工业开发区

工业开发区始建于1996年6月，开发区座落在县城南门路，开发区规划面积约3.8平方公里，其中南北长约2.1公里，东西宽约1.8公里，分期分批开发，开发区基础设施分三期实施。第一期开发土地面积200亩，第二期开发土地面积300亩，第三期开发土地面积为500亩。目前，开发区第一期开发土地200亩，"七通一平"全面完成，区内已建标准厂房15栋，非标准厂房13栋。

开发区位于县城，离京九线八都站和105国道仅70公里，离向乐红江边火车站58公里，交通便利，区内基础设施完善，水费、电费、劳动力工资、厂房租金等价格低廉。欢迎各界有识之士前来投资兴办企业，您明智的选择，将会得到丰厚的回报。

资溪县城东工业园

我县工业园区规划面积200亩，坐落在县城东部，紧邻316国道和鹰厦铁路。几年来共完成基础设施投资530万元，实现了通电、通水、通讯、通路。目前园区共有企业20家，其中12家为外来投资企业；企业固定资产投入3351万元。

近年来，县委、县政府按照市委、市政府提出的“巩固、完善、发展、提高”的方针，全力抓好工业小区企业上规模、上档次、上水平，重点提高小区企业开工率，达产达标率和厂房利用率，提高经济效益。目前，区内企业形成了三大特色：一是以德辉现代办公家具有限公司、龙泰豪华家具厂为代表的家具生产业。二是以鑫昌木业公司、富林木制品厂、绿园竹地板厂为代表的木竹地板装饰业。三是以宏源塑料制品公司、县钙塑箱厂为代表的塑料制品业。

为了促进工业园区健康发展，我县对园区企业实行一系列优惠政策，积极创造宽松的投资环境，做到“政府搭台、能人唱戏、老板投资、大家发财”。

热忱欢迎有识之士前来投资办厂，洽谈业务！

吉 安 市

吉安市高新技术产业开发区

吉安市高新技术产业开发区地处江西中部的井冈山脚下，位于吉安市城南，规划总面积12.7平方公里。这里气候宜人，属亚热带季风湿润性气候，年平均降水量为1457.5mm，年平均气温为18.3℃，无霜期280—300天；交通便利，京九铁路、赣粤高速公路、105、319国道贯穿全境，距筹建的井冈山机场26km，傍区而过的赣江可直通长江。高新区距以上海为中心的长江三角洲，以广州、深圳为中心的珠江三角洲，以厦门、泉州为中心的闽南经济圈和华中工商重地武汉等发达地区只有一天路程。

区内已形成主、次、支层次分明、纵横交错的路网；日供水能力3万吨；有35KV变电站一座，110KV变电站在建设中；电信装机容量2万门，已建成中移动和中联通的转移通信信号发射塔。园内实行“封闭式”管理、“开放式”运行、“一站式”服务。

区内拟建成：生物制药工业园、电子信息工业园、生态工业园、新型材料工业园、仓储园、生态农业园、生态公园。

园区按照“一流的政策、一流的服务、一流的环境、一流的管理、一流的效率、一流的商机”和“管好政策、管好环境、管好保护、管好服务、管好基建、管好招商”的定位要求，以创建“滨江花园式现代新型工业城”为目标，主动承接全球制造业和沿海产业的梯度转移，着力发展高新技术产业。科学的规划，优越的地理位置，完善的基础设施，优惠的投资政策，配套的服务体系使之成为客商投资兴业的理想之地。

高新区居住环境不断改善、配套设施日益齐全，这里绿草茵茵、空气清新，星级宾馆、商住休闲、文化娱乐、医疗保健、入托入学等各类设施一应俱全，并提供全方位服务。园内还设有10几家商贸金融服务机构，多家信托投资中介服务机构，吉安市内现有的会计师事务所、资产评估、劳动力市场、市区人才交流中心等均较完善。吉安市建有海关、商检机构，为投资者提供满意服务。

吉安市目前已建成了以食品、医药化工、电子信息、建材、冶金、煤碳、电力、机械等到14大工业门类的工业体系，其中以医药、化工、电子、食品工业尤有较大优势。这些将为高新区的建设开展提供诸多便利条件。

永丰县工业园区

经过近几年的努力，我县工业园区建设已呈现出快速崛起的发展态势，突出表现在：一是基础设施不断完善。工业园规划建设面积10000亩，分北区和新区。目前，占地530亩的北区已基本达到了设施配套、功能完善、环境优美的标准；占地9400多亩的新区第一期2000亩开发工程正紧锣密鼓地进行，已平整土地1100多亩。今年底可初步完成供水、供电、排污、路面硬化、通讯、有线电视及亮化、绿化等前期工作。截止今年3月，一园两区累计完成基础设施投资达3800万元。由外商投资500万元兴建的“绿海宾馆”业已开张营业，外商联谊会会所也设立于此，为外商提供了一个良好的休闲娱乐场所。二是集聚效应日趋显现。基础设施的不断完善，园区环境的不断优化，吸引了一大批项目进园，不仅项氏公司、永乐铜业、绿盛木业、泰丰纸业等一批投资超千万元的企业纷纷入园，就连清华、北大等著名学府的校办高科技企业也落户园区。到目前为止，工业园共有72家企业（其中北区34家，新区38家）投产或在建，其中投资1000万元以上的有22家。今年一季度开局良好，有11个项目落户工业园，目前已投资3家，开工建设3家，合同签约进资5元。在工业园投资获得回报的民营企业增加了投资信心，纷纷自行买断原企业产权，加大投入，如浙江客商范谊良先生改变租赁方式，买断北区原赣丰化工厂，组建“永发化工有限公司”，富丰纸业、项氏公司也均上新的生产线或新项目。三是经济效益显著提高。从1999年到2001年，工业园引进的外资、工业产值、销售收入、纳税总额连续三年每年以翻1－2番的速度发展。2002年工业园完成销售收入37390万元，工业增加值11230万元，上交税收1819.51万元，同比分别增长116.3%、97.1%、131.5%。今年一季度，工业园共实现销售收入12990万元，上交税收425.6万元，同比分别增长93.6%和92.2%。其中项氏公司2001年纳税201.9万元，2002年纳税403.9万元，今年纳税预计可达800万元以上。四是对县域经济的影响日益突出。工业园的发展创造了大量的就为岗位，目前园区共吸纳下岗职工、农村剩余劳动力4556人，同比增长120%；大量农村劳动力进城务工，有力地带动了第三产业的发展，加速了城市化的进程。

吉水县文峰工业城

吉水工业城位于吉水县城南郊，北距省会南昌196公里，南至广州600公里，京九铁路、105国道、赣江傍城而过，赣粤高速公路吉水出入口距工业城13公里。工业城交通便利，物流通畅，设施完善，是全国乡镇企业东西合作示范区，省级民营科技园。

吉水工业城规划面积8.1平方公里，为集工业、居住、金融贸易、行政办公、教育卫生等为一体的综合性工业园区。计划分近、中、远三期实施，其发展目标为：至2010年，开发面积11250亩，其中工业用地5100亩，力争实现工业产值20亿元，利税1.2亿元。

吉水工业城的开发始于1997年。几年来，县委、县政府在原有老工业区的基础上，按照“统一规划、分步实施、多元投入、滚动发展”的开发模式，坚持高起点、高标准、园林式、生态型的要求，紧扣优化环境、完善设施、引进项目、强化服务四个重点，采取乡镇和部门搭台、个私业主唱戏，筑巢引凤与引凤筑巢相结合的办法，闯出了吉水工业园区建设的一条新路。工业城现已完成近期开发，正在进行中期开发，开发面积达2.6平方公里，其中工业用地1800亩，常住人口0.8万人。基础设施投入累计1.58亿元，实现了开发区域“六通一平”，并配套建设了变电站、水厂、电信、学校、医院、宾馆等公用设施。一个设施配套、功能完善、环境优美的现代化工业园区已初步形成。工业城内现有进城项目90个，其中竣工投产项目75个，在建项目15个，吸纳就业人员4200余人，初步形成了以林产化工、绿色食品、皮革劳保制品、建材、彩印包装、机械等生产为主的产业格局。2003年1－5月工业城内非公有制工业企业完成产值20353万元，实现利税2645万元。

万安县工业园

万安县工业园位于江西省中南部，中国旅游胜地井冈山东南侧，毗邻赣州市、国家重点工程万安水电站座落规划区内，距赣粤高速公路互通口5公里，距井冈山火车站、井冈山机场50公里，赣江依园而过，泉江成龙状环绕园东，风景宜人，水陆空交通十分便利，是红、绿色旅游的交汇点，更是投资兴业的黄金地。

工业园始建于1997年6月，以赣江大桥和嵩阳大桥为纸带分为东区、西区和澳洲工业城，规划总面积7.69平方公里。东区主要是利用武警水电部队撤走进遗留下的厂房和空闲地招商引资办企业。西区已开发建设2000余亩，已完成"八通一平"等基础设施投资5160万元。截止去年底，累计落户工业企业46家，合同引进区外资金4.9亿元，实际到位资金2.3亿元，2002年工业园完成工业总产值33610万元、实现利润3160万元，安排下岗职工及农村剩余劳动力就业3000余人。

近年来，万安县委、县政府把工业园区建设摆上全县经济工作的首要位置，实行"一把手"负总责，成立了强有力的工业园管理委员会，出台了一系列的优惠政策，实行了"无费区"和"封闭式"管理，工业园水、电、路和通讯等基础设施工程、实行"谁受益、谁投资"的原则，分别由政府各职能部门等资建设，并按照"统一规划、分步实施、滚动发展"的工作思路、举全县之力，建设工业园区。力促工业园区成为我县科技创新的试验区和经济发展的带动区。

泰和县经济开发区

开发区位于泰和县城北，吉安市西南部，吉泰盒地南部，地处罗霄山脉和武夷山脉之间。东南界兴国，南邻万安，西南毗遂川，西接井冈山、永新、北与东北连吉安。京九铁路105、319国道穿境而过，赣江横贯县境中部，上朔赣州，下抵九江。泰和经济开发区规划面积18.33平方公里，其中工业园区规划面积13.44平方公里，人口3.6万，按照"集成配套、功能完备、区划合理"的发展思路，划分为工业区、商贸区、社会事业区、生活区、行政办公区等五个功能区。发展目标为：建成经济增长的带动区、体制创新的试验区、城市发展的新城区，建设成为二十一世纪全县的政治、经济、文化中心，以"白凤"品牌为主导的健康产业，以"玉华"品牌为主导的建材业以及纺织、机电、纸业、旅游为支柱的、商贸发达的赣中南副中心城区。

泰和经济开发区设党工委和管委会，为县委、县政府的派出机构。开发区享有规划建设、经营开发、管理服务自主权，对辖区内的规划建设、招商引资、社会发展和社区管理事务实行统一领导和管理，并享有县经土地批租、规划建设审批权。

泰和经济开发区秉承"一切为了招商引资，一切服务招商引资，一切服从招商引资"的发展理念，建设以80米宽泰和大道为主干，以60米宽井冈山大道、40米宽文沿大道为支撑的园区路网，给排水、电力、电讯、排污、绿地等设施完备。初步形成了"三园二城"的园区格局。即文田工业园、生物谷健康产业园、乡镇工业园、高科技时装城、沿溪纸业城。其中文田工业园，规划面积10000亩，建成"三通一平"面积3200亩，引进企业24家；生物谷健康产业园是以"白凤"品牌为主导的食品工业园，占地1056亩，引进企业4家；乡镇工业园是在填平补齐乡镇工业小区的基础上发展起来的，已引进企业35家；沿溪纸业城规划面积4平方公里，已引进企业12家，主要是再生纸以及配套企业；高科技时装城占地1000亩，已引进企业1家，同时，为适应招商引资新形势，不断提升园区品位，现已规划了占地2000亩的机电园。

泰和经济开发区按照"集成配套、功能完备、区划合理"的发展思路，精心打造特色园区。集成配套，就是按照新型工业示范园的要求，连片配套开发园区，充分发挥园内企业规模、聚集、辐射和带动效应，提升开发区的区经济服务功能，形成区域集约、产业集群优势。功能完备，就是提升开发区的品位。逐步完善与园内企业生产相配套的软、硬设施和环境，竭尽全力创造投资兴业的硬环境，不遗余力营造亲商、安商、富商的软环境。同时按照市场化、社会化动作模式，建立高效透明的管理体制，努力把经济开发区建成设施完备，功能齐全、环境优美，服务一流的新型工业城区。区划合理，就是打造经济开发区的产业特色。按照"园中园"规划要求，突出"一园一主业"定位，从构建产业支柱、合理布局生产力结构的角度出发，合理利用土地资源，降低产业成本和投资成本，切实增强开发区的吸引力。

永新县工业园

永新县位于赣西边境、罗霄山脉中段，东邻江西省的吉安、泰和两县，南接井冈山、湖南省的炎陵县，西毗萍乡市的莲花县、湖南省的茶陵县，北接江西省的安福县。总面积2195平方公里，人口48万。县工业开发区地处县城北面埠前镇小屋岭（距县城7公里），规划总面积10.23平方公里。

工业开发区根据现有发展状况和将来发展趋

势，按照产业分布，基本形成“一区带二园”的格局，即：小屋岭工业开发区、茅坪重工业园、龙江包装纸业园。开发区以高新产业为主，是全县工业发展中心；茅坪重工业园以建材、冶炼等重型工业项目为主；龙江包装纸业园主要生产再生包装纸。

开发区既是工业区又是新的城区，规划实施完成以后，将与县城连为一体，区内居民人口10万左右，城市化水平85%，区内规划工业有行3.59平方公里，仓储物流用地0.55平方公里，市政用地0.23平方公里，居民用地1.6平方公里，商贸用地0.57平方公里，行政用地0.25平方公里，绿化用地1.44平方公里，路网用地2平方公里。

开发区第一期开发2001年至2007年，开发面积3.5平方公里（5250亩），计划投入基础设施资金1亿元，实现“五通一平”（通水、通电、通路、通电信广电网络、通公交车和平整土地），引进企业100家左右，企业形成固定资产投资约8亿元。开发区到2007年实现产值15亿元，税收3千万元，安排就业2万人。

工业开发第一期开发，经过一年半时间的努力，其投入基础设施建设资金4000万元，平整土地3000亩，区内“五纵二横”路网已硬化5公里，已建好一座日产5千吨自来水厂和一座3.5万伏的变电站，排水排污管网畅通。开发区按照“高起点、高标准”的建设要求，加快绿化、亮化工程建设进程，第一期绿化面积达到1万平方米，每当夜幕降临，开发区街道华灯放彩。

开发区目前引进企业24家，形成固定资产投资2.24亿元，其中固定资产投入1千万元以上的企业11家。

峡江县工业园区

工业园区地处新县城城南，是峡江县工业主要集聚区，园区地理位置优越，交通便利。105国道穿境地而过，距京九铁路峡江站仅2公里，距赣江漳口码头仅5公里，经峡江赣江大桥可直达即将通车的赣粤高速公路。

1. 总体规划

工业园区位于新县城城南，为新县城六大功能区之一，东起玉峡大道（105国道），南界工业八路、工业七路、工业一路，西至会仙路，北至梅福路。园区控制规划面积8000亩，已规划面积6000亩，分为一期2000亩和二期4000亩，三期105国道以东800米2000亩为控制区。

2. 发展现状

截止2002年底，累计投入2600万余元，基本完成一期1000亩土地的“六通一平”，形成了以三纵（玉峡大道、玉笥路、玉华路）四横（彩云路、月华路、郁木路、梅福路）为主的路网框架。目前园区落户企业已达20多家，年总产值达亿元。

3. 产业结构

按照“集中规划，合理布局”的原则，根据现状，将园区分为5个区：A区为食品、农产品加工区；B区为建材工业区；C区为机械工业区；D区为电子工业区；E区为国工业区。园区产业以食品、农产品加工业为主，兼有建材、电子、机械、轻工、药化等六大产业，力争用5－8年时间建成一个花园式、生态形现代工业园。

遂川县泉江工业园区

遂川县工业园区建设按照年初确定的“54311”工程，稳步实施，强力推进，已拓展园区面积1000亩；筹措基础设施建设资金1000万元；引进1000万元以上项目3个；推进四大基础工程建设；实现药业、林化、食品、电子、商务五龙腾飞的目标，园区品味正在不断提升。

遂川县工业园区高县城只有5公里，105国道穿园而过，充分利用这一地利优势，按照“依托县城办园区，依据园区办工业、构筑平台进项目”的发展思路，超常规建设遂川县工业园区。为了推进“54311”工程，遂川县工业园区通过走出去的方式，开拓视野，借签兴国工业园区和兄弟市县工业园区的成功做法，既筑巢引凤，又引凤筑巢，由政府筹资征地，加大基础设施投入，改善投资、建设、招商、管理机制，同时，在招商引资和项目进园区中出新招，大力营造“亲商、安商、富商”的投资环境。

安福县工业园区

安福县工业园区位于安福县东部，距县城6公里，属县城总体规划“一江两岸三桥五区”的重要一区。与吉安市、新余、萍乡、宜春相邻，交通十分便利，吉福路、安分路、万洋路、分文铁路在此交汇，距赣粤高速公路40公里，是我县主要的交通枢纽地带。

工业园总体规划面积4500亩，已开发面积3000亩。园区内"六通一平"（通水、通电、通路、通下水道、通信、通有线电视、平整厂区土地）基本完成。一座高起点、高标准、远、近期结合、布局合理，特色鲜明的工业园已初见雏形。工业园区还组建了管理委员会，为投资者从项目审批、企业设立、开工建设到竣工投产全过程实行一条龙服务。并承诺1－5个工作日内办妥全部项目开办手续。

安福县共有人口38万，全县国土面积2795平方公里，19个乡镇、6个国有林场和1个垦殖场。是国家生态建设示范县。还是国家商品材和商品粮生产基地。安福资源丰富，得天独厚的自然条件造就出特有的作物优势和地方特产优势，系列开发、系统配套工程促进工业园产业化的迅猛崛起，已初步形成建材园，食品园、科技工业园、林脂化工园，医药园等独具特色的经济支柱产业。在实施名牌战略中，江西康达集团等知名企业份至沓来。目前，已有12个项目进园，投资额达2亿余元，还有一批项目正在洽谈之中。客商看中了安福工业园是投资兴业的福祥之地，是投资最省，回报最高的理想投资之地。

安福县工业园在政府推动，市场动作，多元投入，上下联动，总体规划、分期实施，成片开发、滚动发展的指导思想下，不断进取，与时俱进。

我们愿与海内外宾朋友好合作，共创一流的工业园，共创美好的未来。

吉安县工业园

吉安县工业园是在原乡镇工业区的基础上发展起来的，于2001年8月经县政府批准，正式挂牌成立吉安县工业园管委会办公室。该园座落于县城西南角，紧傍市高新区，距省会南昌市220公里，距深圳市690公里，距吉安市中心城区10公里，距井冈山机场30公里，东临京九铁路货运站吉安南站3公里，105国道穿城而过，319国道贯穿县城西南面。西距赣粤高速公路入口处3.5公里，绕区而过的赣江可直通长江。2003年我县在市

委"做大吉安市，崛起银三角"的战略规划中被列入了吉安中心城区，吉安市中心半小时经济圈覆盖了吉安县工业园。

吉安县园区规划面积8.18平方公里，分为起步区、南区、北区、西区四个功能区。起步区、西区主要以食品、电子、服装、机械和医药等产业为主。今年我县依托食品资源丰富，生态环境优良，产业基础厚实以及生产成本低廉等优势，已着手在工业园西区再建一个"园中园"——食品工业园。该园坚持高起点、高标准、高效率的发展原则，规划面积2.1平方公里，园区实现"六通一平"。目前食品工业园已分别有吉安县贡利农副产品实业公司、江西油脂化工有限责任公司和吉安县庐陵食品实业公司三个食品企业入驻园区；北区主要安排有轻度污染的造纸、化工等产业；南区主要安排建材、服装等污染较小的加工型产业。

为适应全县经济发展提速的需要，园区于今年实施东承西进和北衔南扩的战略，以赣粤高速公路和105国道为轴心，实现与城市的互动发展和扩张。承接市高新区辐射的"两区一湖"已合理规划出生产区、生活区、服务区和休闲区，建成后的工业园区，不仅是一个工业集中的园区，还将是一个功能齐全、环境优美、设施完备的现代社区。目前，起步区基本实现了"六通一平"，商住、学校、金融、医院等服务设施配套完善，初步形成了食品、电子为主、兼教学功能的发展格局。西区"三纵三横"的路网已构成，以一湖之隔的两区路网与市高新区路网相连。良好的区位优势和便利的交通，利于园区物流的流通。园区成立以来，引进各类企业118个，投资总额94000余万元，园区食品、电子、服装、建材四大经济板块初具规模。工业园区运作方式以出售、自建租赁等多种形式进行开发建设，到目前为止厂房出租率达98%。如今吉安县工业园已成为基础设施完备、配套服务齐全的招商主载体，为吉安县发展外向型经济奠定了良好的基础。

为了能给进驻企业营造一个良好的外部环境，工业园进一步在软硬件上下功夫。坚持实行"无费区"、"封闭式"管理，园区取消收费项目149项，任何部门、单位和个人未经工业园管委会办公室批准，不得对园区内企业进行检查。园内采用"统一规划、分步实施、配套政策、优化服务、高效管理"的模式，充分依靠国家和地方政府赋予的"优中优"的优惠政策，利用市高新区的经济和社会辐射影响，逐步使吉安县工业园成为海内外投资商理想的投资场所。

吉安县工业园始终奉行"客商至上、信誉第一"

的宗旨，努力营造良好的投资环境，以简捷、规范、高效的管理，完善的设施和优良的服务与每一位投资者精诚合作，共享发展成果，热情欢迎中外投资者来工业园投资开发，创出新的辉煌！

吉安县工业园重点企业名录

企业名称	地址	资产总额	销售收入	员工人数	法人代表	联系电话
江西燕京啤酒有限公司	工业园区内	17000	14600	630	李守清	8431612
油盘矿业公司	油田镇	7000	10000	400	汪水泉	8595196
吉安娃哈哈饮料有限公司	工业园区内	3000	8000	230	邬文龙	8402628
江西庐陵水泥有限公司	工业园区内	7000	5180	390	方小英	8401337

吉安县吉州工业园

1. 发展状况

我们在建设的同时，通过招商引资，力争将吉州工业园培育成全省电子工业的生产基地，目前已引进年销售收入达45亿元的跨国公司友利电（江西）有限公司和年销售收达16亿元的上海人众有限公司进园落户，其中友利电公司投资3000万美元，上海人众公司投资1.5亿元人民币，这两家“龙头”电子企业的进园，标志着与之配套的几十个“龙身”厂家将进园发展，电子工业产业即将全面激活，为重振我区电子工业雄风奠定了坚实的基础。

2. 基础设施

园区内的基础设施建设按市政建设要求，道路宽阔、管线下地。集工业园区和城市新区为一体，合理解决了功能、交通、经济与景观之间的关系，充分体现自然风貌与现代建筑的结合，工业化与城市化的交融。首期开发1500亩，已于2002年12月初开工，预计可在2003年3月完成土石方工程，2003年6月实现“三通一平”。

3. 产业结构

吉州工业园将以电子工业为主导，其它传统工业为补充的生态式滨江工业园区。根据这一特点，吉州工业园产业结构主要由三类产业构成，一是电子信息产业，占地约5公里；二是制造加工产业，占地约4平方公里；三是造纸化工产业，占地约2.72平方公里；整个规划分三期建设，实行总体规划，分期建设，逐片开发，滚动发展。

吉安市青原区工业园

吉安市青原区是2000年吉安撤地设市新组建的县级行政区，由原吉安县、吉水县、县级吉安市部分乡镇组成，全区总人口19.1万人，有汉、畲、回等3个民族。青原区地处赣中腹地，位于东经115－115.30度，北纬26.35－37.10度，版图呈长条形。全区土地总面积914.6平方公里。

青原区自然资源十分富饶。区内年平均气温18.3摄氏度，年平均降雨量1450毫米，无霜期270天。在这种气候的影响下，境内地表水资源较丰富，主要河流有赣江、富水、垅江，其中富水河流经区内5个乡镇。目前，全区森林覆盖率为62.4%，林地面积4.99万公顷，活立林蓄积量180万立方米，生产松、杉、竹等适宜亚热带生长的树种，其中湿地面积为1公顷。茂密的森林盛产各种具物色的土产品，其中茶油、茶叶、香菇、鲜笋产量较大。山区矿产资源也较为丰富，其中煤、石灰石、花岗石、硅石、锰矿石，钨等蓄量相对较大。

目前，青原区经济尚不发达，处于起步阶段，但投资青原有着以下众多的优势：

一是交通优势。千里赣江沿境而过；105国产青原路段（青原大道）纵贯城区南北，成为全省一流的“园艺式大道”；井冈山大桥、赣江公路大桥把青原区与河西吉州区紧密相连，形成吉安城区的大环城路。

二是能源优势。落户在青原区的国家重点投资项目华能井冈山电厂以白云山电站、螺滩电站为青原区的经济发展提供了丰富的能源支持。

三是市场优势。赣中最大的商品批发集散地吉安贸易广场以及吉安火车站站前广场的相继兴建，使青原区的市场发展初具雏形。

四是外贸优势。位于青原城区内的吉安海关、商检机构，无疑为青原区加快招商引资步伐尽享近水楼台之利。

五是劳动力优势。随着青原区城市化进程的加快和体制改革的深入,大量农村剩余劳力和原企事业单位调整富余人员有待转移,劳动力成本低下。

目前,青原区正朝着"新办工业的聚集区、现代企业示范区、生态旅游的观光区、滨江花园的新城区、精兵简政的样板区、改革开放的小特区"总体构想,全面推进社会与经济各项事业发展。

赣 州 市

大余县工业园简介

大余县工业园位于"世界钨都"——江西省大余县城西南部,紧邻323国道和广东省界,是全省最靠近广东的工业园,地理位置优越,交通条件便利。园区兴建于2001年7月,由具有国家甲级资质的福州市规划设计研究院规划,下辖新世纪工业区、新华工业区两个小区,规划总面积6000亩,其中一期规划面积3200亩,分工业区、商住区及生态区等几个功能区。新世纪工业区主要以发展电子装配、服装生产、家用日化等劳动力密集型产业为主,新华工业区主要以竹木、矿产品深加工及建材制品业等资源加工型产业为主,现已形成了较为完善的产业配套体系。

大余县工业园已完成基础设施投资9440万元,建成道路总长6509米、道路面积13.8万平方米,建成各类厂房建筑面积12.7万平方米、配套附属设施建筑面积2.8万平方米,园内的供水、供电、排水、排污、通讯、闭路电视等基础设施已全部到位。

园区已引进外商企业56家,协议投资额12.2亿元,实际到位资金6.4亿元,完成工业开发面积3400亩。其中蚊香产销量居全国第一的中山榄菊日用制品有限公司及香港励佳针织有限公司、台湾合冠鞋业有限公司、印尼凯科炬金属制品有限公司等一批国内外知名企业纷纷进园落户并顺利投产。目前园区已开工投产的企业有24家,2004年上半年实现工业总产值2.8亿元,工业增加值8631万元,完成工业固定资产投资7167万元,实现销售收入2.78亿元,出口交货值1.68亿元,安排就业1.56万人。

大余县工业园建设按照"政府启动、单位推动、外商带动、个私促动、社会联动"的"五动"思路运作,出现了"基建工程高速推进,外商投资争先恐后,土地开发供不应求"的喜人局面,显示出工业园强劲的增长态势和广阔的发展前景。

投资此处,锁定财富——竭诚欢迎各界朋友和客商到大余县工业园参观考察、投资兴业!

大余县工业园区入园企业情况表

区号:0797

企业名称	投资商	厂区面积(亩)	协议投资额	联系号码
江西榄菊日用制品有限公司	广东骆建华	105.2	1.2亿元	8712906
佳毓企业股份有限公司	台湾蒋传台	94.4	1300万美元	8719957
大余励佳针织有限公司	香港徐文煊	22	1000万美元	8715328
赣州邦达高科制药有限公司	广东邱世涛	45	2500万元	8717707
大余县龙生塑胶制品有限公司	广东李锦龙	11.6	1000万美元	8722879
大余有利工艺制品有限公司	香港莫润田	25	700万美元	8715818
大余县佳盛电器厂	广东赖升勇	6.4	1600万美元	8712498
大余县启森电器有限公司	台湾张秀贞	18	500万美元	8719398

大余县鑫隆钼业有限公司	赣州邬开生	9	1500 万元	8718088
江西逸泉水科技有限公司	赣州周祖秀	30.5	1000 万元	8719118
宏利来(香港)服装有限公司	香港黄成标	8.4	4000 万元	8718286
华龙(大余)科技电子有限公司	台湾林子雄	7.6	150 万美元	8886310
大余县吉爱思复合材料有限公司	广东赖厚平	6.7	1600 万元	8714789
大余县东宏锡制品有限公司	广东饶日荣	20	500 万美元	8772988

龙南县工业园区

2000 年以来,我县紧紧抓往沿海经济发达地区产业梯度转移的战略机遇,创新发展思路和举措,把建设工业园作为推进工业化进程的主战场来抓,精心打造发展平台,着力把工业园区建设成为县域经济发展的强劲增长“板块”。到 2002 年 11 月底,我县工引进外内联企业 700 多家,其中入园企业 62 家,实际进资 4.5 亿元,其中已投产企业 27 家,在建企业 31 家,2002 年园区各企业完成销售收入 5.84 亿元,实现工业增加值 1.168 亿元,上交税收 1927 万元,安排劳动用工 7315 人。其中县工业园引进落户企业 27 家,总签约资金 6.45 亿元,实际进资 2.71 亿元,已投产试产企业 15 家,在建企业 11 家。2002 年,县工业园各企业实现工业增加产值 4515 万元,上交税收 1221 万元,安排劳动用工 3148 人。

南康市工业园

工业区位于市区东部京九铁路与 105 国道交汇三角区域,北距赣粤高速赣州互通立交 2 公里．南距市区中心 2 公里．规划面积 4000 亩．园区于 2001 年 7 月动工,到目前为止,已投入资金 6200 多万元,完成了 1800 亩的”三通一平”和 1500 亩的企业进园工作．园区累计完成挖\填土石方 180 余万方,以及 6.4 公里的主干道路基,铺设水泥路面 1680 米,已完成绿化、亮化及排水等基础设施建设,新建厂房 13 万平方米,基本完成了水、电、通讯配套建设。目前,工业区落户企业 61 家,其中已投产并出产品的 24 家,正在安装设备的 8 家,正在建设的 25 家,已落实地点正在筹建的 4 家,这些企业包含针织、家具、食品、化工、电子、服装、鞋帽、建材、包装等 10 多个类别,共计合同投资 3.8 亿元,实际进资 1.1 亿元。

前来南康中心工业区投资的客商,分布在澳大利亚以及台湾、香港、浙江、广东、福建等地区,其中投资千万元以上的工业企业有 6 家,规模较大的有澳大利亚客商投资 4000 万元的巴德士涂料、台湾客商投资 500 万美圆的华龙科技以及温州客商投资 3500 万元的南力电缆厂。

2002 年,园区企业实现销售收入 1.88 亿元。工业增加值 0.53 亿元。实现税收 674 完元,安排就业 3295 人。目前,已平整土地已基本驻满企业,从 2003 年开始,我们将新增“三通一平”面积 1500 亩,开拓思路全面高标准建设好主干道等设施,着力打造服装加工区和高档家具加工区,不适时机发展仓储物流业。届时,工业区规划面积将基本开发完,再通过 2 年的完善和提高,真正让工业区成为南康经济发展的带动区、体制和科技创新的实验区以及城市发展的新区。

兴国县工业园区

兴国工业园规划面积 1 万亩,计划分 4 年完成。2002 年以前完成一期 3700 亩开发;2003 年前完成二期开发 3300 亩,达到 7000 亩;2004 年全面建成。兴国工业园自 2001 年 5 月份开工建设以来,到目前为止,一年半左右时间,现已建成园区一期工程,面积 3700 亩,正在进行二期 3300 亩开发,年底可完成“三通一平”工作。对县域经济发展的平台作用初步显现,形成了“洼地聚集”效应。具体表现在:

1. 拉动了县域经济的快速发展。据统计,今年 1—11 月份,全县实现国内生产总值 17.5 亿元,财政总收入 1.42 亿元,同比分别增长 11% 和 20%,其中兴国工业园实现产值 6.13 亿元,上交税收 2448 万元,占新增部分的 68 % 和 54%;同时还带动了建筑业、运输业、服务业等第三产业的发展,实现三产增加值 7430 万元,同比增长 110%。

2. 加快了工业化步伐。到目前为止,工业园已引进落户企业82家,其中已开工75家(投产的有37家),正在筹建的7家。产业涉及食品、服装、电子、机械制造、建材化工、生物化工等近10个类别,并已初步形成规模和产业配套。

3. 提升了城市化水平。在开发建设中,我们坚持高起点规划、高水平设计、高标准建设、高效能管理,注重功能布局,合理规划生产区、生活区、服务区、休闲区,集工业、城建、园林、绿化于一体,目前已新修水泥路9000米,新建厂房9.8万平方米,园区绿化1.6万平方米。

4. 消化了剩余劳动力。按照规划,兴国工业园建成后,共需劳力5万人,不仅为城镇下岗职工再就业找到了出路,而且为农村剩余劳力的转移创造了条件。

5. 促进了招商引资的大发展。随着兴国工业园区"洼地效应"的发挥和知名度的提高,一大批客商纷至沓来。今年1—11月,我县共洽谈项目325个,洽谈资金34.9亿元,同比增长118%。其中签订正式合同项目271个,合同资金28.9亿元,同比增长121%,其中开工项目188个,实际进资16.7亿元,同比增长87%,其中投资1000万元以上的35个,同比增加25个。

于都县楂林工业园

于都楂林工业园位于县城规划区的贡江南岸,远景规划面积12平方公里,按照"高起点规划、高标准设计、高质量施工"的总体要求,将建成一个集制衣纺织工业、食品工业、电子工业、生物制药、建筑建材业为主、其它产业相结合,并配有学校、医院、公园等休闲服务设施、功能完备的园林式现代化工业新城,总投资达5亿元以上。楂林工业园于2001年开始动工建设,通过举全县之力,以超常规的理念、举措和力度,一期工程3100亩已开发完毕,园内水、电、道路、通讯、宽带网、有线电视均已到位,使园内通讯便捷,电力充足、厂房林立、道路宽敞、环境优美。现已引进企业48家,其中26家企业已开工建设,22家企业已正式投产。签约资金11.2亿元,实际进资4.2亿元,引进企业中投资1000万元以上的有18家,其中亿元以上的企业有1家,其建设速度被外商誉为"深圳速度",已成为于都经济增长的亮点,受到了省委书记孟建柱以及各级领导的一致肯定。2003年县党代会提出了"建设万亩工业园,再造一座于都新城,力争2007年在赣州率先基本实现工业化"的战略目标,按照"上规模、聚总量、升品位、重效益"的原则,掀起了新一轮建设高潮,二期工程3000亩正在轰轰烈烈的开发建设中,2004年底园区面积将达到10000亩,工业园建成后,进园企业将达到300家以上,实际引进资金达到20亿元以上,年产值可达20亿元以上,解决就业劳动力5万人以上。于都楂林工业园即是一个充满生机活力的工业"平台",又是一个功能配套设施齐全的新城,它将以优惠的政策、优美的投资环境、优良的招商服务,热忱欢迎海内外有识之士抓住机遇,捷足先登,在这充满希望的沃土上大展宏图,喜结硕果

上犹县黄埠工业园区

黄埠工业区始建于1997年,位于上犹县东部,范围包括黄埠镇大埠村至东山镇备田村的赣丰公路沿线和仙人陂工业小区。园区总体规划面积为2500亩,现已开发建设面积为1000亩。到目前为止,园区现有企业56家,总投资4亿元。其中投资规模较大的有加拿大客商欧阳耀权先生投资5000万元的江西金威漆包线厂,香港客商郭桂江先生投资3000万元的江西黄埠塑料五金制品厂,香港客商王雄浩先生投资1200万元的上犹振雄制衣有限公司,赣州黄平先生投资800万元的赣州晨光稀土冶炼厂,浙江俞绿军先生投资1200万元的赣富纸业有限公司等。2003年,黄埠工业区又新引进一家中型钢厂,总投资为1.2亿元,目前各项建设正加紧进行,估计到8月份可投产。2002年黄埠工业区实现工业总产值5亿元,税金240万元,安置就业3800人。

赣州市沙河工业园

赣州市沙河工业园属市级工业园和省级乡镇企业工业园,位于全国卫生城赣州市城效东南部,座落在江西省小城镇重点建设镇沙河镇境内,纳入了大赣州的统一规划,规划面积为12平方公里,目前已开发了1500亩。园区内西邻赣州火车站,东沿规划建设中的323国道新线,南接105国道,距赣州市城区2公里,离4C级赣州黄金机场6公里,区位优势十分明显。

园区内已接通日供水12万吨的市自来水供水

系统,架通110千伏和35千伏、10千伏的供电网络,3000门通讯线路及宽带网铺设到位,有线电视网络进入园区,主干道已完成水泥硬化,道路通畅。园区土地基本实现"六通一平",基础设施日趋完善。本园区周边县市劳动力资源充裕,供电、供水及劳动力价格较沿海地区低廉。

园区属生态工业园,境内已规划建设公园、广场及寺院,绿地发达30%,为赣州城市的"后花园"。周边环境风景优美,西瞰赣州全城景观,北眺佛日峰马祖岩圣地、东望杨仙岭仙境,南观峰山崆峒胜景。身临其境,犹入画卷,必旷神怡,实为地灵财旺。

沙河工业园坚持"小社会、大服务",工业园设立了管理委员会,内设办公室、规划建设部、招商部、财务部,境内设立了工商、税务、土地、规划、公安、金融、医疗、学校等机构(单位),实行"一个项目、一位领导、一班人马,服务到位,责任到人",投资审批时,代办制服务;企业建设中,全方位服务;企业投产后,经常性服务。全面采用"一个窗口对外,一条龙服务"的办事程序。工业园区实行优惠政策,根据进园项目的科技含量、规模大小、税收多少给予相应的土地价格优惠。园区内实行"零收费"。

自沙河工业园开工建设以来,前来投资的客商络绎不绝,开发势头迅猛,目前区内已有医药、彩印包装、服务加工、建材加工等企业落脚工业园。工业园的开发受到各界好评。一个设施完善、项目高档、技术先进、管理科学、规模宏大、环境优美的工业区正在这里全面崛起。

沙河工业园将以"开放、开明、高效、务实、守信、廉洁"的姿态,热忱欢迎海内外朋友、工商企业前来投资兴业,共谋发展。

赣县工业区

江西赣县工业区地处赣州市赣县茅店镇,南临贡江,北倚323国道和就九线,距赣州火车东站、赣州汽车东站仅7公里,交通运输便利,地理位置优越。工业区规划面积2000亩,计划分三期实施,目前可使用面积500亩。

赣县工业区是在原东西第三制糖厂实施政策性关闭破产的基础上,通过拍卖、转让出售破产资产而建立起来的工业区。工业区按照"因地制宜,合理布局,配套完善,环境优美"的原则进行规划。同时,县委、县政府出台了《赣县鼓励外商投资优惠办法》等一系列优惠政策。截止3月底,已引进赣州菊隆高科技食品有限公司、赣州远宏工贸有限责任公司、广州晖利食品(赣州)有限公司、赣州利华兽药厂、赣州五洲纸业有限公司、赣州雨花纸业有限公司、赣州金枫包装材料有限公司等21家企业,投资商来自广东、福建、浙江、台湾等省,产业涉及食品、造纸、纺织、医药、冶金、化工、家具、包装、农资等9个类别。合同引进资金2.8亿元,固定资产投资1.3亿元。已有16家企业投产。预计区内企业投产并达产达标后,年实现销售收入1.8亿元,上缴税收1000万元,安排就业劳动力1200多人。工业区充分利用原国有资产遗留下来的厂房及基础设施,对外招商引资,投资成本低、见效快、效益高。这一资产变现、建设工业区的做法,成为我省承接沿海经济发达地区产业转移的新亮点,为破产企业的走向探索出了一条新路,被专家、学者及新闻媒介誉为"洋塘现象"。

工业区设立了管理委员会,定员8人。本着"你赚钱我保护,你发展我铺路,你纳税我服务,你有难我帮助"的思想,管理人员经常主动到企业征求意见和建议,为申办企业和生产过程中需办理相关手续,提供快捷、高效的"一条龙"服务,使投资者来之放心、留之安心、干之舒心。热忱欢迎海内外客商前来投资兴业,大展鸿图。

全南县工业园区

1. 总体规划

全南县工业园区管理委员会在县委、县政府的大力支持下,团绕建设生态园林式文明城市的目标,合理安排工业园区布局,充分考虑资源和环境的承载能力,切实保护天然水面、自然山体,注重城市绿化和美化,坚持以产业优势为依托,着力建好工业园六大特色区。一是在老祖坑建好占地300亩以轻纺、化工为主的工业园一区;二是在南海桥头建好占地600亩以制鞋类为主的工业园二区;三是在含水桥头建好占地200亩以无污染类民营企业为主的工业园三区;四是在金龙大岗建好占地200亩以高耗能类为主的工业园四区;五是在城厢黄埠建好占地2000亩以金属资源再生类为主的工业园五区;六是建好占地200亩以竹木加类为主的工业园六区。力争实现"一园一品"、"一园一业"。

2. 目前园区发展的现状

县工业园一区于2001年4月动工兴建,开发面积200亩,仅用半年的时间建成了24栋标准厂房,建筑面积24000平方米,基础设施也相继完成,现有合隆(香港)制衣有限公司、香港裕隆有限公司等7家我引内联企业落户园区。今年,园区进一步完善了硬化、绿化、亮化、美化、排水等配套设施。目前,园区内正在兴建商务楼和综合楼,合隆公司正在着手建设能容纳5000人的宿舍楼,新入园区的功能陶瓷厂在抓紧厂房建设。

工业园二区于2002年7月动工兴建,现已完成400亩的"三通一平"工作和园区2条主要道路建设工程。现有4家投资商和开发商投资在园区内建设厂房,建筑面积83140平方米。工业园四区已初具规模,入园企业达80%,全部正常生产。工业园六区已完成首期100亩土地"三通一平"和道路、排水沟等基础设施建设,现有11家企业入园兴建厂房,其中有1家企业已经投产,预定年底首批入园企业可全部投产。

工业园三区、五区正在寻找投资商投资开发。

3. 今后园区发展趋势

工业园区要在县委、县政府的领导下,努力贯彻实施以下几项重点工作:一是招商引资工作。采取"六管齐下"抓招商,即设置专业招商;在沿海发达地区调整定点招商;突出以商招商;坚持以会招商;继续全民招商。二是在招商引资工作的同时,要进一步优化招商引资环境。三是工业园区的建设,明年要以工业园区厂房建设为龙头,壮大4大产业,完成厂房建设面积10万平方米,力争15万平方米。工业园一区、六区企业入园率要达到100%;工业园二区、四区企业入园率要超出80%;工业园三区、五区要完成"三通一平"和基础设施建设,继续加大力度招商建设厂房。

信丰工业园
抢抓机遇 加快发展

为实施主攻工业战略,信丰县委、县政府提出把信丰工业园打造成"京九沿线赣州南部信丰工业经济板块的第一载体"。建园三年来,园区累计投入基础设施建设资金11000余万元,完成"五通一平"6000余亩,建成4500余亩。累计引进入园项目117个,签约资金33.8亿元,实际进资14.3亿元。2004年1至8月份,园区企业实现产品销售收入66962万元,同比增长了26.7%;完成工业总产值71573万元,同比增长了29%;完成工业增加值14270万元,同比增长了21.70%;实现税收2745万元,同比增长了67.59%;实现就业13100人。已经初步形成了新型建材、食品加工、针织制衣、医药等四大产业格局。

信丰县委、县政府为促进信丰工业园建设的更快、更好发展及更好地为入园企业提供优质的服务,信丰县早在建园初就成立了信丰县工业园党委及管理委员会,专门负责工业园的规划与建设,该管委会拥用一支作风顽强、本领过硬又不乏创新意识的高素质的干部队伍,以全心全意为企业服务为理念,招商、安商、亲商、富商,甘当企业的"保姆"。对于工业园以后的发展,管委会将继续按照产业创特色、企业创效益,管理创水平、基建增后劲的思路,创新理念,抢抓机遇,真抓实干,开拓进取,与时俱进,把工业园的建设事业不断推向前进。

一、立足持续发展,用超前的眼光规划园区

规划是建设的龙头,要坚持把制定规划放在园区建设的首位来抓,借鉴沿海发达地区的经验,用超前的眼光,高起点、高标准、高质量地对园区进行规划布局。

首先,要按照"工业园区化,园区城市化"的要求编制园区总体规划,使工业园区建设与城镇体系建设相结合,与县城相衔接。园区的道路、供水、供电、通讯及生活配套设施、教育与技术服务等基础设施与县城基础设施在规划上同步,在建设上灌输"崇尚高科技,亲近大自然"的理念,实行水污分流,厂舍分离,按照园区生态化,道路宽敞化,布局合理化,厂房标准化的要求,做到布局合理,环境优美,功能完善,实现滚动发展,体现出较高的品位。

其次,合理定位,抓好园区产业规划,产业规划的最佳定位是块状经济。园区建设要有意识地根据产业关联度,培植企业群,发展园区产业集群,形成主导产业。要在园区内以产业链条,产业上下游为纽带,有层次,有梯度地合理配置不同类型的产业,让同类产品企业或同一产业链上的企业或专业化协作程度强的相关企业,布局相对集中,要立足于信丰的资源优势、特色比较优势及环境优势,重点规划建材工业区、针织制衣工业区、制药工业区、食品工业区、电子工业区等,大力引进创业型、科技型和就业型企业。产业规划要与园区总体规划、土地利用总体规划相衔接,促进园区的可持续发展。

二、实行多元投入,用市场的办法开发园区

开发园区，重在抓投入。我们已按照“政府启动、市场运作、多元投入、滚动发展”的思路，采取经营土地置换，环境包装提升，受益部门参与，民间资本进入，引凤投资筑巢，积极向上争取等办法筹集园区开发建设资金。

一方面，不断加大“跑部进厅”的力度，积极申报省、市级工业园，推介一批基础设施精品项目，争取国债资金及省市园区专项发展资金的支持。积极策应“泛珠三角经济圈”战略，加强与珠三角地区政府、院校、集团企业间的合作，鼓励其在工业园投资“园中园”。

另一方面，以市场为导向，以工业园开发建设公司为载体，不断创新园区的开发建设模式，实行以土地换资金，以存量换增量，做活园区土地文章，实施财政补助，土地及厂房抵押贷款，商住用地出让及级差地租收益返补等多种融资办法，积极使在县内外有一定经济实力的企业和民间资金参与园区基础设施、标准厂房建设、经营和管理工业园区，通过实行“谁投资、谁所有、谁受益”的优惠政策引导供水、供电、通讯、广电等部门建设园区管网。

三、招商、安商、亲商、富商。

项目是园区的生命。招商引资是做大园区的关键，要坚持主攻引企入园，用招商的途径做大园区。一是强化“知商观念”，要做好招商引资工作仅有理性还不够，知商才是招商引资成功的前提和基础。“知商”要知三个方面：首要知商情，既要了解客商线索，又要了解招商信息，做到有的放矢；其次知商机，既要了解本地的商机，也要了解外面的商机，发现商机及时与有关客商联系；再次知商思，通过多种途径了解客商的思想动态，了解他们在本项目和投资上的兴趣和着重点，及时调整工作思路和对策。二是实行诚信招商，以诚招商，说到做到，凡承诺的百分之百兑现，不打折扣，打造信用园区，铸造园区发展品牌。三是开展以商招商，信丰工业园现已引进企业117家，我们要通过开展优质服务，创造诚信的环境增进与客商的感情，用一流的服务感动客商，用一流的环境吸引客商，引导客商以商招商，通过客商现身说法，吸引一批投资能力强，规模大，技术含量高，产业带动性强的项目入园。四是坚持产业招商，努力抓住沿海地区产业转移的机遇，想方设法引进大公司、大企业来园区投资，争取设立生产基地，开发中心区域性总部；要注重寻找上下游粘合配套协作的相关项目，鼓励和促进园区现在大项目的延伸裂变，扩大增资和投资上下游配套项目；引进其他民营企业与大项目联姻接眷，成为其配套企业形成产业链。五是坚持标准招商，严格坚持“三要三不要“原则，做到引进企业科技含量要高，税收要大，幅射带动力要强，低档次项目不引进，高危产业项目不引进，严重污染企业不引进，确保入园项目规模和档次。

安商重于招商，信丰工业园大力优化园区环境，发扬“保姆”精神，强化跟踪服务，宁愿自己千般苦，不让客商一点愁。一是创新理念谋服务。园区机关工作人员个个都把自己作为一个服务者，强化服务意识，提高服务水平，树立企业为本的思想，明确为企业提供周到、快速全方位的服务是自己的基本职责，面对新形势新情况，思考如何对企业的生产经营、市场营销、产品开发、未来规划等深层次的问题以求为其提供更加积极有效的服务。我们的服务者不断学习，深入企业调研，真正渗透到他们的血与肉中，体会他们的甘苦，体会他们想要什么，最缺什么。做到真正地了解企业，为企业提供更加务实周到的服务。

四、探索动作模式，用开明的体制管理园区

积极探索适应园区需要的管理体制和运作机制，确立“经营园区”的理念，把市场机制引入开发建设的各个环节，提高集聚、重组和营运土地、用水、供电、通讯等各种生产要素的水平，促进资源容量和效益最大化、最优化。进一步明确园区管委会的职责、义务，加强园区规划管理、土地征用、产业布局、政策落实和协调服务，简化、规范审批程序。政府和有关部门已把园区建设作为经济工作的重点，进一步转变职能，加大授权和委托管理力度，努力使园区管理顺畅，运转高效。以工业园开发建设有限公司为载体，负责园区各项工程开发建设，严格实行工程建设招投标制和质量监理制，做到阳光操作，降低开发建设成本。

积极探索园区中小企业融资新模式。突破中小企业融资难这一瓶颈，建立良性运作机制，切实帮助企业解决资金问题，一是由管委会负责对园区内发展前景好，有一定实力的项目进行审核、筛选，然后由管委会出面召开银企协调会，介绍项目情况，鼓励银行贷款。二是建立贷款担保公司，为中小企业提供贷款担保。三是为有条件的企业争取专项扶持资金和贴息贷款。四是引入风险投资奖金，对重点项目进行投资。通过以上工作，帮助企业解除资金短缺的困扰，使企业加大投入，加快发展，从而强力推进，努力做大做强信丰工业经济板块。

树立科学的发展观，积极探索和实施可持续发展战略。在工业园建设中必须正确处理好人与自然的关系：即工业园建设与资源、生态、环境的关系，防止工业园在发展上以浪费资源、破坏环境为代价的粗放型增长方式，开创生态效益型发展之路，实现人与自然相和谐的可持续发展。要秉着“既要金山银山，也要绿水青山”的观念，抓好项目的引进把关，对那些可能带来一时的表面繁荣但终究将损害国家和人民群众根本利益，严重破坏生态环境，影响可持续发展的项目一个也不引进，从源头上把住关，要始终把合理保护开发和节约自然资源放在突出的位置，把环境保护和资源的合理开发利用作为园区规划的重要内容，尽可能提高资源利用率，用最小的资源成本，获取最大的经济和社会效益，使园区的企业在发展中实现低消耗、少污染、高效益，实现在新型工业化道路跨越上的发展，最终实现企业与园区“双赢”。

信丰县工业园部分企业简介

2004. 10. 25

企业名称	法人代表	资产总额（万元）	销售收入 04年前三季度累计（万元）	员工人数（人）	联系电话
信丰绿源人造板有限公司	周起进	9821. 1	8652. 9	142	0797 – 3337612
万基水泥有限公司	邵庆明	15533. 1	4008. 7	310	0797 – 3283201
圣塔水泥有限公司	赖泓胜	13177. 6	5817. 6	650	0797 – 3282525
亚太不锈钢有限公司	陈宗新	3053. 7	2241. 2	90	0797 – 3283222
诚志信丰药业有限公司	鞠重华	8800	1160	150	0797 – 3336569
江西宏通畜禽有限公司	黄祥春	1873. 2	4920	150	0797 – 3282996
信丰华南包装有限公司	苏苗青	537. 1	574. 8	188	0797 – 3337668
中豪针织有限公司	林联明	1000	71	320	0797 – 3337868
信丰县金吉化工有限公司	王佳有	497	128. 9	33	0797 – 3337678
丰隆制衣有限公司	曾广德	780	151	350	0797 – 3331638

定南县工业园区

定南工业园分良富工业园和城北工业园。

良富工业园座落在定南县城南端，总规划面积700亩，目前正在开发的面积有200亩。该小区主要通过外引内联、银行借贷、财政扶持、单位入股、社会投资等渠道筹资建设，现已完成投入1800多万元，建成10余栋标准厂房，建筑总面积2. 2万平方米，改建了一个占地1. 1万平方米，建筑面积6000平方米的员工生活区。目前已有12家企业落户工业小区，正式投产的有10家，年总产值可达4000多万元。其中规模较大的企业有：外商投资兴办的百成针织制品有限公司和宏源皮表带厂，年产值分别达1000万元和500万元，共有职工近1000名；县林业部门创办的木材加工贸易中心，年产值达500多万元；还有正在筹建的定南县岗岩总厂，投产后年产5万平方米板材，产值上千万元。

城北工业园为预定南县城东北角，该园区规划面积600亩，预计项目中投资4亿元人民币，以发展医药电子轻工产品为主的企业。目前，项目投资近1000万元，平整土地400亩，已落户的有江西保利制药集团有限公司等企业。

定南县工业区实行一个“窗口”服务，规定任何单位未经县委、县政府批准不得进入小区检查、收费，并在用水、用电、征地、税费等方面给予优惠。实行企业化管理，由良富工业有限责任公司负责小区的开发经营和管理。小区发展的基本思想是加大基础设施建设力度，重点引进高科技、大规模、外向型、开发型企业，吸引境内外资金、先进技术和先进的企业管理经验。在开发方式上采取“筑巢引凤”和“引凤筑巢”并举，一是公司搞好基础和配套设施建设，建好厂房地产租给企业；二是以优惠政策吸引客商在区内自建厂房投资兴业。

瑞金市工业区

瑞金市目前已规划了三个工业园区，即金龙工业园区以食品加工业为主；金沙工业园区以仓储加工业为主；绿草湖工业园以农产品加工业为主。三个业园区分别坐落在323、319、206三条国道线边上，分布在城市的东、西、北三面，距城区均不到五公里。目前金龙、金沙工业园区正在开发实施中。

瑞金市金龙工业园位于市区的西面，地处323国道、323国道与319国道连接线以及323国道与206国道连接线的交叉处，主要以食品工业、加工业企业为主。园区近期规划面积1.5平方公里，其中公共道路面积占23.6%，绿化覆盖率在30%以上，基础设施计划投资总额1.229亿元。园区道路以323国道，323国道至319国道连接线、323国道至206国道连接线为轴线，呈现方格网布置，已实现“水、电、路、通讯、有线电视”五通，并完成了排污系统建设。日供水量达1.2万吨，供电能力5万千伏安。

目前，落户园区的企业有江西红都水产有限公司、江西瑞祥食品有限公司、银沙包装公司、双龙彩印包装公司、康辉食品有限公司、东龙实业有限公司、福康食品有限公司、金鹭食品有限公司等13家企业，项目投资总额4.558亿元，实际进资1.024亿元。

瑞金市金沙工业园位于市区的东面，地处319国道和206国道交叉处，分为无污染工业、加工业及仓储工业区。该园地势平坦，交通便利，近期规划面积为0.84平方公里，日供水量为1.2万吨，供电能力为6.3万千伏安。园区主干道以319国道和206国道为主轴，按城市道路Ⅰ级标准规划设计，宽60米，次干道按三纵三横方式建设，构筑了园区便利的交通网。

目前，落户园区的企业有云河木业有限公司、科技创业园、新泰发展有限公司、闽华电池有限公司、香港大兴消防有限公司等6家企业，项目总投资2.68亿元，实际进资580万元。

宁都县工业园

宁都县工业园区位于县城东南梅江镇水东村，距离县城3－4公里，东靠昌厦一级公路，西临悠悠梅江玉带，宽度15m的梅江大桥及38m的水东大道连贯东西，将昌厦公路与319国道线自然联结起来，形成了一河二岸、东西呼应的“工”字型发展区域。

县工业园区（水东）倚东望西，南北延展，三年规划面积为2000亩，宽度26m、24m的主干道及多条12m宽的支干道将规划区间形成了纵横交错、完整有致的道路交通网络，园内“七通一平”（通水、通电、通路、通邮、通讯、通闭路电视、通排水管、平整场地）正陆续完善。目前，区内已完成征地600余亩，平整场地300余亩，政府前期投入各项建设资金1100余万元（不含梅江大桥建设投资3000万元），现有广宁即食米粉公司占地70余亩投资800万元正在施工建设。根据外业客商需要，县计委、教委、国土局、梅江镇等18个部门（乡镇）正在建设标准厂房，广东、浙江、福建等一批客商即将进园落户。

县工业园区（水东）架势已经拉开，起动效益开始显现，鼓励外商及个私企业入园建设的多项新优惠政策正陆续出台，我们将以最完善的基础设施条件、最理想的投资软环境、最优质的服务态度为县内外客商提供一切兴业发财便利，诚挚希望八方客商、四海朋友到宁都工业园来大展宏图！

安远县工业园区

园区位于县城南部的东江源大道两侧，规划面积1000亩，园区于2002年4月开始动工兴建，经过近一年建设，第一期规划500亩的征地、房屋拆迁、“五通一平”基础设施建设基本完成，园内主干道两侧的亮化、绿化工程全部到位。到目前为止，政府累计投入基础设备资金1790余万元。

石城县工业园

石城县正在设施工业强县战略，连续三年开展“主攻工业年”活动，已在县城附近206国道旁黄金地段征用2000亩土地创办工业园。

石城工业园区位于县城下游的2.5公里处，总占地面积2000亩，分四期开发。第一期的园区建设现已完成，面积为200亩，第二期于2003年建设300亩，第三期于2004年建设500亩，2005年建设1000亩。

为了促进工业园建设，县委、县政府作出了《关于搞好工业园区建设的决定》。工业园第一期工程回澜小区于2002年初开始全面动工建设，县财政投入400万作前期投资，至今小区建设已完成“五通一平”工作。已有16家企业入园建厂房，预计固定资产投入1790万元。

工业园区内土地由政府统一征用，统一规划，确定为永久性工业用地。园区内基础设施全部由政府及有关部门投资兴建，完成“五通一平”，即通路、通电、通水、通电话、通有线电视，平整土地。

除国家明令禁止、严重污染及高危产业或项目外，所有的产业都允许入园。工业园四期工程为四个工业小区，突出“一区一业”、“一区一品”或“一区多业”的特色。目前重在加工、劳动密集型、高附加值、高科技产业。

寻乌县工业园区

寻乌县地处江西省东南端，闽、粤、赣三省交汇处，是江西省的“南大门”。交通便利，距广州市505公里、京九线赣州火车站237公里。水力资源丰富，电力充沛，装机容量已达7.5万千瓦，是“中国水电大县”。稀土资源储量大，品种齐，有价元素含量高，享有“稀土王国”美称。果业发展迅猛，已被国家命名为“中国密桔之乡”、“脐橙进出口基地”。

工业园区作为我县做大做强工业的主要载体，县委、县政府在政策、资金、项目落户等方面给予倾斜支持。园区实行“无规费区”封闭式管理，任何单位和个人未经同意不得入内检查、收费。凡进驻园区落户的企业，在享受县委关于招商引资工作二十二条优惠政策的同时，实行土地及用电的优待。土地优惠：每投资50万元无偿提供土地2亩，对高新技术企业及投资500万元以上的企业，无偿提供一切生产、生活用地。电价优惠：丰水期平均电价每度0.385元，枯水期平均电价0.525（斗晏电源）、0.545元（大网电）。

工业园区交通条件优越，206国道贯穿全境，距县城仅8公里。园区总面积3660亩，其中新规划开发1160亩（包括工业用地800亩，道路、广场、绿化用地250亩，水电设施60亩，生活服务区50亩），计划总投资2615万元（基础设施部分）。市政配套设施齐全，电话、电视、供电、供水已进入园区。园区环境优雅，气候宜人，是社会各界有识之士投资兴业的好去处。

会昌县燕子窝工业园区

会昌县燕子窝工业园位于县城规划区域东3公里，距206国道2公里，于2002年3月开工建设，按照“高起点、高标准、现代化”的要求进行规划设计，规划用地面积8000亩，设食品工为园区和燕子窝工业园区，计划用三年时间完成，建成一个规模相当、设施完备、功能齐全，入园企业40家以上，固定资产投资4亿元，工业产值20亿元，年纳税1.2亿元以上的现代化工业园。园区首期开发用地面积2000亩，现正抓紧进行二期工程建设。至2003年5月，整个园区开发用地面积4000亩，园区基础设施建设投入1.5亿元；建成入区大道2公里，40米宽的园区主干道1.3公里，标准厂房1.2万平方米；形成了5万千伏安供电和2万吨日供水能力，通信、宽带网、有线电视均已到位；园区主干道延伸，南北大道、16米横道正抓紧施工建设，园区绿化、亮化、美化快速跟进，形成了南北推进、东西扩展、四通八达、环境美化的园区发展格局。目前，有赣南兴昌食品有限公司、华达昌食品有限公司、江西中矿实业有限公司、江西力菲克制药有限公司等14家企业入园，签约引进资金2.5亿元，实际到位资金4000万元，入园企业中投资1000万元以上的有2家，其中亿元以上的企业1家。上海新高潮集团已签约落户工业园，总投资1.8亿元。工业园采取市场化运作方式，形成了由政府出资征地并搞好水、电、路、通讯等配套设施，鼓励单位集资建厂房出租，外商投资兴建厂房办厂，激励个人、民间资金新建厂房等多元化投资格局。县委、县政府制订了入园企业优惠政策和招商兴工优惠措施，工业园正以建设“山水会昌，诚信会昌，小康会昌”为目标，以优惠的政策、优质的服务、优化的环境，热忱欢迎国内外各界投资者入园办厂，投资兴业。

景德镇市

景德镇高新技术产业开发区

景德镇高新区是全省首家省级高新区，地处西市区，总规划区域约40平方公里，西邻206国道与九景高速相连，公路、铁路、航空交通便利，通讯网络齐全，水、电、气供应充足。高新区范围根据规划可设立若干个工业园。

每个工业园区占地面积500－1500亩。完成园区内道路、供电、供水、排水、通讯、煤气及场地平整等基础设施建设。自行组织招商引资及工业企业入园。

每个园区建设预计需投入3500－10000万元。

随着工业园区的设立，市区内将有许多企业外迁，同时，又可吸引外商前来投资办厂。工业园内的集聚效应，将大大提高土地价值，投资者通过土地出租或出让回收投资，投资回收期短。

投资方式：承包建园、合作建园。

前期工作进展情况：已委托上海同济大学规划设计研究院进行规划设计，征地调查工作正在进行。

乐安江工业园

乐安江工业园于2003年5月由原乐平市塔山工业园和童家工业园合并组建而成，地处乐平市区东南郊，总规划面积10平方公里，已开发面积1.79平方公里，园区主要依托三大主体企业（江纤化、江电化、东风药业），以协作配套、产品延伸加工为主，侧重发展精细

化工产品，走优势互补、参与分工、梯度推进、联动发展的产业化之路，最终将其发展成为以精细化工为主体的特色工业园区。

作为乐平市非公有制经济发展的重要阵地和招商引资的重要窗口，园区从一开始便受到市委、市政府的高度重视，始终把它作为一项工作来抓。一是领导重视、部门支持，形成了发展的合力，建立健全了项目跟踪效能督查制度、全面加速加快基础设施建设，提升了园区

品位和聚集效应。二是重商爱商，抓准抓实招商引资这一工作重点，多次召开招商恳谈会，吸引客商来乐办厂兴业，并向投资商分发“红卡”、“绿卡”方便企业主生产、生活。三是守信誉、重承诺，各项优惠政策落实到位，主动上门为企业提供服务，解决困难、兑现政策，

保证了良好的信誉。四是优化环境，强化服务，履行封闭式管理工作职能。开通了经济“9110”优化环境投诉热线，及时协调处理外商投诉的困难和问题，建立机关工作人员到企业挂点服务制度、为企业全程办理各种证照，实现事项办理限时制，充分保证了工业园良好的建设秩序。现园区已初步形成化工特色产业体系，以聚乙烯醇、AC发泡剂、氯化亚砜、青霉素复合制剂等精细化工、医药化工为主，上、下游相关配套，紧密相联的产业链基本形成。园区现有企业76家，投产企业60家，投资规模已达3.6亿元，到2003年底，园区实现工业产值4.4亿元，销售收入4.2亿元，出口创汇1800万元，税收1517万元，利润3494万元，安置从业人员3548人。

为进一步加快园区建设，做大做强做特做优工业园区，努力使乐安江工业园成为乐平经济发展的增长级，园区将继续坚持统一规划、分步实施、滚动发展、良性循环的原则，坚持市场动作与政府引导相结合，坚持突出重点创特色、创水平、创效益、增后劲，进一步营造

“诚信”氛围，优质服务亲商、优良环境安商、优惠政策富商，靠大联强物优成势。将雄厚的化工基础优势用好用足，不断提高园区的产出率，2004年，园区工业产值可达11亿元，销售收入10.8亿元，税收5400万元，利润8500万元，安置就业人员5000人，远景规划到2010年，园区进园企业达200家，销售收入60亿元，税收3.6亿元，利润9亿元，真正使园区成为经济发展的带动区、体制改革和科技创新的试验区、城市发展的新区、与国际接轨的前沿区。

乐安江工业园重点企业名录

长途区号:0798

企业名称	地 址	资产总额	销售收入	员工人数	法人代表	联系电话
江西乐盛化工有限公司	塔山工业区	3000 万元	7000 万元	145	阮伟祥	6806088
江西电化高科有限公司	塔山工业区	3 亿元	22000 万元	897	刘宜云	6735668
江西电化精细化工有限公司	塔山工业区	1.5 亿元	25000 万元	505	吕克俭	6806958
江西乐安江化工有限公司	塔山工业区	5000 万元	2700 万元	90	曾道龙	6806788
江西晨航灯头有限公司	塔山工业区	5000 万元	3000 万元	200	何文健	6702888
江西电化中达化工有限公司	塔山工业区	2000 万元	5000 万元	200	吴 华	6806217
乐平市天诺光学玻璃有限公司	塔山工业区	2500 万元	1200 万元	30	徐小杨	6702318
江西彩云食品有限公司	童家工业区	1000 万元	2000 万元	30	袁美良	6216996
江西赣王酒业有限公司	童家工业区	2000 万元	3000 万元	80	倪 通	6217379
江西华创实业有限公司	童家工业区	1500 万元	1000 万元	126	华蔚亚	6217668

浮梁县工业园区

为了策应“以工业化为核心,以大开放为主战略”的决策部署,经浮梁县委、县政府批准,于 2002 年 10 月正式成立浮梁工业园区。它位于县城至景德镇市城之间,距两地 1.5KM,区域面积 27.4KM2,辖有罗家桥乡、罗家垦殖场(国有企业)、七个居委会,是一个相对独立的经济开发区和城市建设管理区,全区有 1795 户人家,总人口 8405 人,有耕地 6111.77 亩,茶园千余亩,山林万余亩。该区享有行使县级管理权限,对工业园内行政、经济及社会事业统一领导、统一规划、统一管理、统一协调。实施封闭式经营,实行特区特管,特事特办的原则。凡涉及到县级权限的,园区对外实行“园区管理、抄告相关、同步审批、限时完成”的“一站式”服务。工业园区规划控制面积 8.12KM2,近期开发 3.68KM2,园内生产总值达到 24 亿元,财政收入 1 亿元,以城市以依托,坚持“高起点规划,高效率开发,高品位建设,高效能管理,高速度发展,高效益回报”的原则,形成经济发展的带动区,体制和科技创新的试验区,县城发展的拓展区,诚挚欢迎海内外客商前来考察洽谈,投资兴区,以我们的优质服务为您实现事业的辉煌。

乐平市涌山经济开发区

乐平市涌山经济开发区位于乐平市东北部,距乐平市区 29 公里,距景德镇市区 28 公里,为乐平、浮梁、婺源三县(市)通衢,东邻红岩仙境,境内有名胜风景区翠平湖,黄乐公路纵穿南北,涌新战略公路横贯东西,交通十分便利。

涌山经济开发区于 2003 年 5 月 23 日经乐平市委、市政府批准为市级开发区。开发区区域总面积 190 平方公里,远期规划面积 18 平方公里,起步区规划面积 6 平方公里,已实现道路、供水、供电、通讯“四通一平”。开发区现有人口逾 6 万,区域内有乐平矿务局涌山煤矿、沿沟煤矿、东方红煤矿以及涌山镇区和共库管理局。现有 36 家民营企业,其中 11 家规模民营企业。民营企业以建材工业为主,水泥总规模近百万吨。2002 年开发区民营工业总产值达 3.6 亿元,上交税收 800 多万元。

涌山经济开发区坚持“高起点规划、高效益开发、高标准建设、高效能管理”的原则,采取“筑巢引凤、逐步开发、市场运作、滚动发展”的模式,努力建成“经济发展的带动区、体制和科技创新的示范区,城镇发展的新区”。近期规划到 2003 年民营工业总产值达到 5 亿元,财政总收入确保 1300 万元,力争1500万元,到2005年民营工业总产值达到10亿元,财政收入突破5000万元。

目前,涌山经济开发区基础设施建设热火朝天,民营工业更是呈现出“千帆竞发,百舸争流”的发展势头。今年全区固定资产投入将超过4亿元,动工新上和扩建工业项目12个,其中锦溪投资2亿元,于9月份正式动工兴建日产2500吨熟料干法回转窑生产线,预计明年9月份建成投产后,锦溪将年产水泥150万吨,产值近3亿元,税收近2000万元;投资1.95亿元国矿沿涌90万吨机械矿井项目已正式动工兴建,2005年建成投产后产值逾1.8亿元,税收1000余万元;新世纪墙材有限公司计划8月份投资1500万元,扩建二条生产线,年产值将达到4500万元;华宁木业有限公司计划投资1000万元,再上二条生产线,同时采取“公司+基地+农户”模式,开发5000亩速生丰产用材林,届时产值将超过4000万元,税收可达300余万元。

萍 乡 市

萍乡市湘东工业园

地理位置

湘东区工业园创建于2001年底,园区位于萍乡市的湘东区泉田乡、湘东镇辖区内。湘东区是萍乡市的工业老区,工业起步较早,工业基础较完善,区内有萍电、萍钢、萍铝等驻区国有大中型企业,区内自然资源丰富,劳动力素质较高,交通十分便利。园区紧临浙赣铁路复线和沪瑞高速公路,连接湘东城区,320国道贯穿园区之中,毗邻浙赣铁路南昌向塘至萍乡老关段最大的货站——姚家洲火车站,距长沙黄花国际机场1小时路程。

基础设施

建设工业园区是区委、区政府为发展当地经济,加快实现工业强区步伐所采取的重要举措。园区总规划面积9Km2,分商业用地和工业用地两块,园区一期工程规划面积850亩,基础设施建设计划总投资2357万元。园区成立仅一年多,基础设施建设已投资1500万元,修筑了园区道路,开通了程控电话和信息宽带网,铺设了园区专用供水管路,形成了日供5000吨的能力,架设了园区专用供电线路,35000千伏的园区变电站正在建设之中,园区的基础设施建设已全面展开。

园区的定位

湘东工业园区的发展定位是以科技进步为动力,以集约经营为手段,营造一流的投资环境,建成沿海发达地区产业梯度转移的承接地和湖南省长沙——株洲——湘潭高新技术开发区的策应地。

机构设置

工业园区是湘东的对外窗口,园区成立了湘东区工业园管理委员会,属区政府派出机构,正科级建制,全面负责园区开发建设的组织管理。为加强对园区领导,园区还成立中国共产党湘东工业园工作委员会。区位优势

园区紧临浙赣铁路复线和沪瑞高速公路,连接湘东城区,320国产贯穿园区之中,毗邻浙赣铁路南昌向塘至萍乡老关段最大的货站——挑家洲火车站,地处中国东西部交界处,可形成向沿海、向内地两个辐射面。

芦溪县科技工业园

芦溪县科技工业区位于江西省萍乡市芦溪县西北部320国道南侧,占地2100亩,紧临浙赣铁路复线,距省城南昌250KM,距湖南省会长沙150KM,区位发展条件良好。对内对外交通均十分便捷,发展潜力巨大。芦溪县科技工业区是以建材、食品加工、高新技术为主、集仓储、居住为一体的一、二类工业小区。规划有效用土地等自然资源,结合环境划分功能区,并通过完善的交通网络规划,增加城市生态环境的良性循环,发展出一个良好的可持续发展的21世纪的工业区。

芦溪县科技工业园紧靠浙赣铁路、320、319国道、沪瑞高速公路,交通便捷。拥有光缆、微波、移动、无线寻呼、信息高速公路等先进通讯手段,水、电充足,服务设施齐全,投资环境十分优越。

莲花县工业园

莲花县工业园总体规划由广东小建科建筑设计院负责修编。全园远期规划面积4平方公里,分四部分开发,现已开发东北部的1平方公里为启动区,启动区临近县城,规划并开通了一条贯通全区的迎宾道,成为连接工业园与319国道的主要纽带。本区设置了相应比例的工业用地,公用设施用地,仓储用地,绿化用地及生活用地,即是全园的中心所在,亦可作为单独一区先行建设。东南部临近过道,交通便利,于是规划设计为第二个开发区。西北部及西南部分别规划为第三、四开发区。整个园区规划原则体现了"一个宗旨"即"高起点、严标准、切实际、有特色"。而且突出"两个特点"即前瞻性和针对性。以及实行了"三个结合":一是与城市发展规划相结合;二是与当地的优势产业相结合;三是与保护生态环境相结合。另外,实现了"四个有利于":一是有利于加快工业集聚;二是有利于产业技术进步;三是有利于推进城市化建设;四是有利于节约土地资源,减少环境污染。

按照"总体规划一次完成,基础设施逐步到位,项目建设分步实施"的原则,现已建成起步"三能一平"面积1650亩。莲花县工业园区现有入园企业13家(投产4家,在建9家),合同引进资金1.27万元,实际到位资金7150万元。区内投产企业年完成工业增加值634万元,年实现销售收入2500万元,出口产品交货值411万元,实交税金101万元,园区已安排劳动就业人员210人。产业涉及生物制药、卫生用品、精细化工、机械制造等多种行业。

新 余 市

新余市高新技术经济开发区

新余市高新技术经济开发区(以下简称开发区)是在原新余市城东经济开发区的基础上组建的,于2001年11月9日正式挂牌成立并运行。开发区规划面积40.125平方公里,辖6个管理处、五金工业区、五金市场,人口2.5万。

开发区设党工委和管委会,分别为市委、市政府的派出机构(正县级),受市委、市政府委托,对辖区内的开发建设、城乡经济、招商引资、社会发展和社区管理事务实行统一领导和管理,享有一级财政和省级项目审批,利用外资权,以及市级土地批租,规划建设审批权。

开发区坚持以"工业为主、外资为主、出口加工为主"的功能定位,按照"政府主导、社会参与、多元投资、市场运作"的方式,区内已落户工业企业八十余家,初步建成高新技术工业园、绿源工业园、食品工业园、五金工业园、电器工业园、粮食工业园等特色产业园,形成了集高科技、生物制药、金属制品、建材、五金、农产品加工、商住和教育为一体的"一区多园"经济开发区。

开发区紧靠新余主城区,区内清宜公路向东与赣粤高速公路相连,已动工的沪瑞高速公路穿境而过,浙赣铁路横贯东西,年发送货物200万吨的编组站落户在开发区,新余海关和新余出入境检验检疫局也设在区内,开发区将成为整个赣西地区外向型经济中心区。

乘改革东风,伴开放脚步,开发区生逢其时。为高起点、高标准建设开发区,开发区概念性规划设计实行了国际招投标,采用"2+1"的模式由美国、澳大利亚、北京等地三家设计单位进行设计,将西方发达国家先进的规划理念同国内实际情况相结合,把开发区规划成"高新技术产业和出口加工业为主,兼顾发展传统制造业的省级高新技术经济开发区,具有优异的工作和生活环境的现代化生态新城"。

开发区基础设施完善,区内水、电、通讯等设施一应俱全,可满足不同规模企业的需要。为改善投资环境,开发区制定了一系列的政策,设有高效优质的办事服务机构,为投资者提供"一站式"服务。对进区企业一律实行"无费区"管理,对符合国家产业政策、投资额在2000万元以上、科技含量高等特殊项目可采取"一项一策"的优惠政策;对高新科技项目、出口加工和劳动密集型大项目,实行"土地零地租"的优惠政策。

籍此，新余市高新技术经济开发区热忱欢迎海内外实业家、各界人士前来参观、考察和投资，共商发展大计，共创美好明天！

分宜县东兴工业区

分宜县东兴工业园区分东西两翼，一为城东区，位于县城东郊。规划用地2平方公里，目前已开发面积436亩，总投资1712万元，完成基础设施投入712万元，2002年实现产值1100万元，上缴税收60万元，项目涉及夏布精加工、纺织、机械制造、林产化工、彩印包装等行业。二为城西区，位于县城西郊。规划总面积4平方公里，目前已完成了总体规划和控制性详规，已引进规模以上企业三家，总投资2000万元。园区内水电充足，西邻袁河、近处肖家变电站。交通便利，近靠分宜火车站，省道清宜线由东向西横穿园区，距沪瑞高速公路分宜出口处仅4公里。

新余市仙来开发区

新余市仙来区位于江西省新余市袁河南岸渝水区珠珊镇腹地，与新余市主城区的袁水园、三叠园隔江相望。该区建成之后，将成为渝水区政治、经济、文化、教育、体育中心、高科技工业和劳动密集型环保工业基地。

仙来区按照“全面规划，分步实施，核心起步，滚动发展”的思路，本着量力而行，稳步推进的原则，根据专家论证意见，将分三期规划建设。一是近期5年内规划建设3.62平方公里的核心区。二是中期在5年至10年规划建设8平方公里的拓展区。三是远期建设成总面积为12平方公里的新城区。

仙来区将全面采用“市场化运作，社会化服务，多元化投资，企业化经营”的办法，广泛开展招商引资活动，既要吸引外资，又要激活内资。通过组建城区建设投资公司和土地储备中心等措施来实施运作，多渠道筹措开发建设资金。

仙来区商机无限，前景灿烂，既是投资的宝地，又是创业的热土，更是居住的乐园。热忱欢迎社会各界有识之士前来这里投资兴业，共图发展。

新余高新技术经济开发区
创造手段　优化环境

着力营造最佳投资环境

2003年，在新余市委、市政府的高度重视和大力支持下，新余市高新技术经济开发区招商引资取得较好成绩，全年引进项目20个，实际引进境外资金1538万美元，引进省外资金7.8亿元，分别比上年增长96.2%、102.1%和23.8%。荣获全省招商引资十强工业园区称号。一些大的工业项目开始落户高新区，广东飞宇电声有限公司投资4亿元的飞宇工业园项目成功签约并开工建设，填补了新余市无高精尖电子产品的空白；投资1.6亿元，可容纳就业5000人以上的东亚鞋业有限公司也已正式奠基；新余制药、金宝电缆、粤丰不锈钢等项目纷纷落户并开工建设。该区的主要做法是：

第一、领导重视，高位推动

新余市高新技术经济开发区对一些有意来高新区投资的重点项目、重点客商，市、区主要领导做到亲自上门、亲自洽谈、亲自陪同考察，对客商提出的问题能当面解决的现场拍板，不能当面解决的限时答复，对承诺给外商的各项政策决不打折扣，增强了外商投资的信心。如在意大利投资创办了法诗图服装公司的福建彬晖集团有意在内地设立服装生产基地，得知这一消息后，市委主要领导亲自上门拜访，推介新余，对其提出的问题如实回答，该集团第一次来新余考察便与我区签订了项目协议书，并立即支付了项目定金。

在招商引资中发扬二种精神，一是拓荒牛精神。发扬拓荒牛的不怕艰难险、埋头苦干、勇往直前、敢于创新的精神。二是钉子精神。把钉的钻劲、挤劲用到招商引资上来，积极做好以商招商，与投资商成为朋友，让他介绍很多的客商到我们这里来投资。

第二、突出服务品牌，以真诚推动。

对所有落户的企业和投资商实行“全天候、全过程、全方位、全满意”的保姆式服务，从领导到基层工作人员，对客商做到项目落户前后一个样，大到项目建设过程中遇到的一些困难，小到客商的平时点滴小事，市区领导经常关心过问。对承诺给外商的政策一一到位，打造良好的政府信用。

一是做好投资商在新余投资的参谋，客观真实地提供项目落户新余的选址分析报告。针对部分企业有意向内地转移，但又对内地交通、区位、资源等方面情况不太熟悉的情况，一方面组织专人针对具体项目进行调研，真实准确地为投资商编制具体项目选址可行性分析报告；另一方面在洽谈过程中真诚主动为投资商分析在新余投资的利弊，使投资商做到心中有数，增强了客商信任度，促使项目尽快落户。在坚定不移地抓好招商引资的同时，要全力做好项目的服务工作，要通过我们优质的服务，促进签约的项目早开工，开工的项目加快施工进度，竣工的项目早日投产，投产的项目早日达标、见效。要通过我们优质的服务，办好每一家企业，一家企业就是一个活广告，一家企业成功了，就可能引来更多的企业。形成良好的带动效应。之前我们提出要为客商提供“全天候、全方位、全过程”的“保姆式”服务，现在还应该加上一条“全满意”。从签约到投产，每一个环节都离不开“三全”服务，服务到了位，才能达到客商的“全满意”。

二是加大项目帮扶力度。建立起由区党政班子成员任挂点责任领导，部门领导负责，工作人员和管理处干部任责任人的三级服务体系，并出台了《在建项目责任人考核办法》，每季度进行督促考核，年终实行奖优罚劣。在此基础上，市里还抽调了4名懂经济、能力强的县处级原国企厂长到开发区任重点项目的项目经理，从市直各单位抽调20名正科级的业务骨干到开发区任项目挂点责任人，负责项目从落户、建设到竣工投产的全过程服务。如春龙工业园项目从签订合同到正式开工仅用了一个月的时间，比预计开工时间提前了三个月。

三是利用当地市场、资源优势推动。宁波华通电器股份有限公司是国内知名的生产220KV及以上成套电力输变电设备生产厂家，市政府和高新区主要领导在上门了解到该公司有意与内地供电公司合作，拓展内地市场后，主动与赣西供电公司联系，通过双方接洽，现已初步达成合作意向，预计将在高新区投资5亿元兴建华通电器工业城。

四是在区内建立工业企业孵化区，由区五金办组织启动五金工业园，对一批市场前景好但又缺少资金的中小型工业企业，统一规划建设一批标准厂房租赁给企业。待企业发展壮大后，再在高新区重新规划选地，扩大再生产。目前，五金工业园一、二期已落户并投产的企业有40余家，正在建设的五金工业园三期已有近10户企业入驻。

五是在签订项目合同时，一律在合同中明确规定开工和竣工时间，否则，就将收回土地或减少土地供给。有效地防止了圈地或光征地不建项目的现象。目前，区内已收回三宗因项目未按约定时间开工的土地。

六是突出新城区概念和交通区位优势，促成商贸流通项目落户。按照市委、市政府提出的“城内大商场、城郊大市场”总体思路，充分利用沪瑞高速公路新余连接线在高新区和通过高速公路辐射周边及中部地区这一优势，在新余连接线以东规划了2000余亩土地用于各类专业市场建设，有针对性地瞄准一批在浙江、广东等地有成功市场建设经营管理的企业，在高新区建立二级专业市场。目前区内建成投入使用的有刚城国际家具广场，正在建设有明星国际五金商贸城、时代广场，即将开工建设的有气摩城、小商品城。

七是精心包装城市基础设施和配套设施建设项目。为完善城市综合配套能力，缓解建设资金压力，将区内道路、供水、供气等基础设施项目和学校、医院、文化娱乐等社会事业类项目精心包装，推向招商引资主战场。目前，区内有采用土地期价抵押方式实施的区内10余公里城市道路和综合管网建设项目，采用BOT方式实施的有异地新建十六中学、

异地扩建城东医院。

第三、着力营造服务项目建设的浓厚氛围

一是加强项目调度工作。区主要领导亲自挂帅，分管领导及区经济发展局具体负责全区项目的总调度，对区内项目分为一般、重点、难点三类，落实项目经理、责任人及跟踪人，实行项目分类管理，做到所有项目有人挂点，有人跟踪，对一般项目一周调度一次，重点项目二天调度一次，难点项目每天调度一次。此外，由区经济发展局牵头，每周召开一次由区

分管领导和相关部门参加项目调度会，商讨解决项目推进过程中遇到的各类问题；同时对需要市政府协调解决的问题，每月中旬由市长在高新区主持召开项目督办与优化环境协调例会，对高新开发区在发展过程中遇到的困难和问题进行研究，提出解决办法、明确责任单位及时间表，取得了明显的效果。

二是加大对区内农民的宣传教育，为项目建设营造良好的外部环境。一方面通过召开党员大会、村民大会等形式向农民宣讲国家的有关政策法规和高新区关于加快农民转移的有关措施，消除他们心中的顾虑，今年5月，市委还下派了20个由市直单

位副县级干部带队的工作组分赴开发区内各管理处，驻扎在村组里，及时了解并解决群众生产生活中的实际困难和问题。另一方面对破坏投资环境的行为加大打击力度，对一些故意组织煽动群众阻挠工程施工、强装强卸、屡教不改的人员依法进行处理。

三是调整发展思路。在瞄准沿海发达地区（特别是沿海缺电地区）需转移的企业同时，积极向台、港、欧美等地延伸，重点发展外向型经济，筹备组建离岸招商公司；继续强化项目的跟踪服务工作，为服务项目建设营造更好的氛围，继续加大对已开工建设项目的帮扶力度，跟踪、服务好企业，促使开工项目尽快竣工投产；确保飞宇工业园、春龙反光材料工业园、华源地毯、财富科技园特种车生产、新余制药、粮食工业园等企业在年底前投产，为明年我区的经济腾飞打下坚实的基础！

四是加快基础设施建设。克服了银行对开发区不放贷、资金非常紧张、持续高温干旱等困难，全面拉开道路建设的框架，集中人力、物力、财力日夜强攻在建的道路，全年完成道路建设20多公里，高新区成立两年间，基础设施建设累计投入近5亿元，沪瑞高速新余连接线、高新大道、新城大道、东兴路等一批现代化的道路陆续竣工通车，初步形成了“三横八纵”的新城区道路框架，拉开近20平方公里的开发面积，为招商引资提供了良好的条件。

鹰　潭　市

鹰潭市工业园区

鹰潭市工业园区位于鹰潭市区西南3公里处，属城市规划区内，总体规划面积10平方公里。园区按照“政府主导、社会参与、多元投资、市场运作”的模式和“统一规划、分步实施，小块起步、滚动发展、开发一片、成功一片”的要求建设。

园区内交通便捷、设施完备、管理科学、服务高效。今后，我们将以大开放为主战略，以招商引资为主抓手，以体制创新和科技创新为强动力，努力把工业园区建设成为高新技术产业的基地、对外开放的窗口、经济增长的龙头。

贵溪市工业园区

一、园区规模

江西省贵溪市工业园区是在原罗河工业区和柏里工业区的基础上组建的，规划总面积12平方公里，于2002年9月正式成立。区内设有省级民营科技园。工业园区分南园和北园，其中南园规划总面积10平方公里，已作控制性规划4平方公里；北园规划总面积2平方公里。目前工业园区已落户企业30家，其中工业企业20家，初步形成了制药、化工、建材、铜加工为龙头，食品、家俱、五金、初步形成了制药、化工、建材、铜加工为龙头，食品、家俱、五金、轻纺齐头并进的发展格局。

二、地理位置

工业园区位于贵溪市城西南320国道两侧，距市中心3公里，距浙赣铁路线贵溪站4.5公里（距规划中的浙赣铁路线货运站零公里），距皖赣铁路线贵溪站4.5公里，距鹰厦铁路线鹰潭站10公里，距沪瑞高速公路贵溪出口处6公里，距206国道10公里，距省会南昌（昌北机场）200公里。

三、资源优势

贵溪市地表、地下资源十分丰富，已探明储量的矿产资源达20多种，其中冷水银矿储量为全国之最，雷溪石膏矿储量为华东之冠，上祝瓷土矿储量、品位属全省之首，花岗岩、红石矿产等也品种繁多，储量丰富。贵溪的铜资源十分丰富，这里有全国最大的铜冶炼厂贵溪冶炼厂。贵溪旅游资源也十分丰富，开发前景十分可观。有道教发源地上清天师府和龙虎山，占卜学先祖鬼谷子隐居地鬼谷洞，南宋四大书院之一的象山学院，上山修竹山庄，白鹤湖风景区，文坊、塘湾、上清三大古镇风景区等。

余江县工业园区

余江县工业园区位于县城西郊1公里处，属县城规划区内，规划总面积为1.5平方公里。县工业园区从2001年10月份创建以来，借鉴省内外现有工业园区的成功经验，采用“统一规划、成片开发、配套政策、优化服务、自主经营、综合管理”的模式，充分利用国家和地方政府赋予的优惠政策，力争把工业园区建设成为高新技术产业的基地，对外开放的窗口，经济增长的龙头。

一、区位优势

余江县工业园区南靠浙赣铁路线，北靠320国道，东有白塔河，西至县城西大道。园区紧靠余江火车站，距鹰潭市26公里、龙虎山风景区15公里、县城1公里左右。正在建设中的311高速公路余江入口从园区穿过，沿高速公路1小时可达南昌，5小时可达上海，交通十分便利。

二、配套设施

园区规划面积850亩，规划区内道路、供电、供水、通讯、排污、有线电视和土地平整等"六通一平"基础设施工程正在建设中。

三、运营管理机构

余江县工业园区管理委员人会作为县政府的派出机构，代表县政府在园区内行使管理职能，负责园区内日常工作的管理、监督和协调，承担园区的开发和企业服务、物业管理等。

四、优惠政策

为鼓励各类工业企业进入园区，县政府制订了《余江县招商引资优惠办法》和《县工业园区招商引资优惠办法》，内容涉及税收、土地、项目审批等各个方面。园区还实行独立的封闭式管理。

五、优质服务

1. 工业园区管委会为进入园区内的企业提供"一站式"服务，投资者只需与管委会签订投资项目合同，并提供必要的证明资料，管委会可代办完成项目审批、企业申办、工商税务登记、银行开户等所有手续。

2. 管委会对园区内按税收优惠政策核准的税款数额及时返还给企业。

3. 管委会对园区内的企业进行政策、法律、法规宣传，提供咨询，处理有关投诉事项。

4. 管委会组织园区内企业之间及园区外工商业间的合作，定期发布园区内企业产品销售、原材料供求等信息，使园区内企业共享信息。

鹰潭市月湖区白露工业园

月湖工业园区位于市区西南3公里处，目前总体规划面积2000亩，自1995年园区创建以来，工业园区借鉴国内外现有工业园的成功经验，采用"统一规划，成片开发，配套政策，优化服务。自主经营，综合管理"的模式，充分利用国家和地方政府赋予的优惠政策，力争把园区建成高新技术术产业的基地，对外开放的窗口，经济增长的龙头。

目前，月湖工业园区一期工程实际征用土地面积404亩，基础设施已全部完成。三条主干道贯穿整个工业园区，10千伏电力线及φ200口径的自来水管道已铺设到园区中心，排水及排污管道已修通，并对园区道路两旁进行了绿化。二期工程计划征用土地800亩，目前已进入前期测绘、征地及制作控制性详细规划阶段，预计2003年春节期间开始基础设施建设。园区二期建设计划引进一些高新技术及环保型企业入园，使整个月湖工业园的建设上规模、上档次。

第五篇：知名企业家 知名企业

内容概要：

- ◉江西省优秀厂长(经理)风采
- ◉江西先进私营企业家
- ◉江西优秀女企业家
- ◉江西新形象楷模
- ◉江西省优秀厂长(经理)名单
- ◉高新技术企业优秀厂长(经理)名单
- ◉全国"五一劳动奖状"获得者
- ◉江西省"五一劳动奖章"获得者
- ◉各设区市优秀厂长(经理)名单
- ◉江西优秀企业名单
- ◉江西著名商标
- ◉江西名牌产品名单
- ◉重点保护产品及其生产企业名单
- ◉国家免检产品及其生产企业名单
- ◉重点税源企业
- ◉全省 A 级纳税信用企业名单
- ◉AAA 守合同重信用企业认定名单
- ◉"守合同重信用"企业名单
- ◉工商行政管理局免检企业名单
- ◉国家级青年文明号
- ◉省级青年文明号单位
- ◉加快工业发展加速工业崛起先进单位
- ◉全国"五一劳动奖状"单位
- ◉"五一劳动奖状"获得单位
- ◉优秀高新技术企业名单
- ◉江西省利税突出贡献企业名单
- ◉特级诚信企业名单
- ◉一级诚信企业名单
- ◉诚信企业名单

643/692

江西省企业联合会 江西省企业家协会

2004 年省企联年会暨表彰会现场

经江西省经贸委批准，省民政厅核准，江西省企业管理协会（成立于 1980 年 7 月）于 1999 年更名为江西省企业联合会，江西省企业家协会（成立于 1984 年，前身为江西省厂长经理工作研究会）名称不变。更名后，**江西省企业联合会、江西省企业家协会**（两会简称江西省企联）对外实行两个名称、一个理事会、一套办事机构。

江西省企联是企业、企业经营者的联合组织，由企业界和有关经济、科研、新闻工作者以及有关企业工作者团体组成。

江西省企联以邓小平建设有中国特色社会主义理论为指导，依据中华人民共和国法律和业务主管部门的要求，团结、联合社会各界，为贯彻党和国家的方针政策，沟通企业与政府，企业与企业，企业与社会间的联系，为推进企业改革与发展，提高企业经营管理水平和企业竞争力，推进企业家（企业经营者）素质建设，增强企业家（企业经营者）遵纪守法意识和依法维护企业，企业家（企业经营者）合法权益开展各项活动，并为培养一批有影响力的企业和社会主义企业家而努力。

围绕省委书记孟建柱连续三年参加省企联年会讲话，省企联组织召开厂长经理座谈会

省企联召开常务理事会

江西省优秀厂长（经理）

放宽眼界、扩大胸怀、提升水平、站高平台

江铃汽车集团公司
董事长、党委副书记

王锡高

江西万年人
1950年6月出生
中国共产党党员
双学士学位
教授级高级工程师

1967年8月始江西锅炉厂工作，期间担任多项职务，至2000年3月—2003年9月任党委书记、董事长，多次荣获部、省、市科技成果和多项国家专利证，并获国务院专家特贴和人事部颁发的国家有突出贡献中青年专家。

2003年9月—2004年2月任江铃汽车集团副董事长、党委副书记，2004年2月任江铃汽车集团公司董事长、党委副书记，1—6月份江铃共销售汽车39149辆，同比增长20.61%；完成销售收入48.18亿元，同比增长20%；上缴税金3.89亿元，同比增长17%；实现利润4.09亿元，同比增长12%，同时获得全国“五一”劳动奖状、江西省诚信建设先进企业、江西省级文明单位等诸多殊荣。企业正朝着做大做强、打造南昌现代制造业龙头的目标迈进。

四通（江西）电机有限责任公司
董事长兼总经理

刘小林

1950年出生　汉族　籍贯江西安义
中国共产党党员　　　　工程师

刘小林同志在工作中，强化经营决策，狠抓企业管理、推进技术进步、深挖内部潜力，取得了显著的成绩。公司2003年全面超额完成了全年生产经营计划，各项指标都有较大的增长。在2003年中，刘小林同志采取了加快高新产品开发、实施新的分配制度、加大技改投入、狠抓内部挖潜等四项有效措施。通过抓措施的落实，企业开发出一批科技含量高、市场前景广、经济效益好的产品，大大开拓了新的市场；新的分配制度的实施，极大地激发了员工的工作积极性，实现了多产快销，满足了市场需求；2003年企业投入了一千多万元资金进行技术改造，提高了企业的生产加工能力、增强了企业市场竞争力；同时注重了降本增效，严格物质管理等工作，节约了成本开支，取得了较好的经济效益。由于刘小林同志正确决策，真抓实干，促进了企业持续、稳定、快速、健康的发展。

济世惠民　信待天下

李义海同志于1996年3月20日开始在北京从事医药营销工作，组建注册了江西蓝天实业有限公司，2001年2月，李义海组建了集科研、生产、销售为一身的大型民营医药企业集团——江西济民可信集团有限公司。集团在李义海的带领下，在江西已先后兼并收购了江西东方制药厂、江西力可生制药有限公司和江西铜鼓制药厂等五家国有企业。2002年被国家税务总局评为全国乡镇企业纳税第69名，2003年又被列为全国医药企业销售收入第81位，全国中成药企业销售收入第12位，并先后多次获得江西省先进民营科技企业、省市先进私营企业、工业销售收入20强、工业纳税20强等荣誉称号，并跨入了全国医药企业百强行列。李义海同志也先后荣获“全国优秀乡镇企业家”、“中国优秀民营科技企业家”、“江西省优秀厂长（经理）”、市“五一” 劳动奖章等光荣称号；先后被选为政协江西省第八届委员，第九届政协常委，江西省宜春市人大代表。

江西济民可信集团有限公司
董事长、总裁

李义海

1963年出生　　江西南昌人
江西省九届政协常委
江西省宜春市人大代表　高级经济师

江西省优秀厂长（经理）

江西稀有稀土金属钨业集团公司
党组书记、总经理
江西钨业集团有限公司
总经理

史书愚

汉族
1943年出生
河南郾城人
中国共产党党员
教授级高级工程师

曾任赣州有色冶金机械厂厂长、中国有色金属工业南昌公司副经理、中国稀有稀土金属钨业集团公司党组书记、总经理，现任江西稀有稀土金属钨业集团公司党组书记、总经理，江西钨业集团有限公司总经理。任现职以来，已连续三年被授予“江西省优秀厂长（经理）”称号，集团被授予“2003年度江西工业崛起年度贡献奖”。

江西瑞金三九药业有限公司
总经理兼党委书记

郑起平

浙江桐乡人
1963年4月出生
中国共产党党员
主管药师
执业药师
本科

1997年5月，三九企业集团兼并连续3年亏损的瑞金制药厂，组建成立江西瑞金三九药业有限公司，郑起平同志受命出任总经理兼党委书记。几年来，在他的带领下，公司全体员工开拓进取，团结一心，取得了骄人的成绩，兼并当年便使企业扭亏为盈。此后，公司经济效益直线上升，上缴税金连续多年居瑞金市前列，成为瑞金市、赣州市重点骨干企业，为老区经济建设作出了突出的贡献。

由于工作业绩突出，郑起平同志先后荣获“江西省优秀厂长（经理）”、赣州市优秀经营者、赣州市十大杰出外来青年和三九集团模范企业家等称号。

以人为本、诚信经营、科学发展

2001年7月买断上高县水泥厂，成立江西华厦水泥有限公司。凭借十多年在浙江水泥生产和企业管理的技术和经验，把握江西经济发展的大好机遇，充分利用上高的石灰石资源优势，以人为本，诚信经营，以求真务实、开拓创新、科学发展的进取精神，用了三年的时间，将一个年产10万吨的小水泥厂发展到年产120万吨，以先进的新型干法旋窑水泥生产线为主，机立窑生产、矿山开采、汽车运输、塑业制造等为辅的企业集团。近年来，多次被评为宜春市“优强企业”、“先进私营企业”、“质量信得过单位”等荣誉称号，是荣获2003年度江西省60家“A级纳税信用企业”之一。他本人也荣获“江西省优秀厂长（经理）”、“上高县荣誉市民”等荣誉称号。

江西华厦建材集团　董事长
江西华厦水泥有限公司　总经理
赵渭兵　浙江兰溪人 1966年1月出生
上高县第七届政协常委　经济师

江西省优秀厂长（经理）

江西长运股份有限公司董事长、总经理

张 平　1951年11月出生　满族

黑龙江省人　中国共产党党员

工商管理硕士　高级经济师

从1984年起任原江西省汽车运输总公司南昌公司总经理，江西长运股份有限公司董事长。江西长运在其率领下，始终坚持以改革统揽全局，以创新促进发展，1993年公司改制为股份制企业，现是全国以公路客运为主业的惟一一家上市公司。公司资产总额由改制前的4629.49万元发展到现在的5.97亿元，实现利润由1992年的116万元增至2003年4900余万元。公司是“全国五一劳动奖”获奖单位。

自1992年起至今2003年，年年被评为“江西省优秀厂长（经理）”等称号。

江西金顶药业有限公司总经理

尹归园

1964年5月出生

江西安福县人

中国共产党党员

本科

会计师

1997年元月辞去安福县财政局副局长职务，出任江西金顶药业有限公司总经理。主持与领导了“金顶钻山风糖浆（降糖）”的研制工作，获得“江西省科技进步二等奖”，并获得国家专利。

1997年任江西金顶药业有限公司总经理后，就将一个濒临破产，产值不过百万元的小型药厂，经营成一个产值超亿元，年上缴国家税收超千万元的中型制药企业。由于成绩突出，先后获“江西省五一劳动奖章”、“江西省第二届优秀儒商”称号，并自2001年起连续三年评为“江西省优秀企业家”。江西金顶药业有限公司连续三年评为“江西省优秀企业”，二00三年获“江西省先进私营企业”和“讲诚信、守承诺”先进单位以及“江西省第二届优秀儒商企业”称号。

江西省赣东苎麻纺织有限公司董事长

林锦聪

福建南安人

中国共产党党员

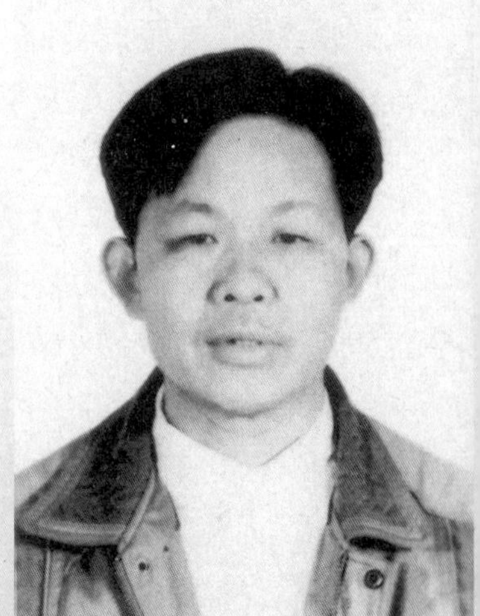

主要社会职务有：全国工商联理事，江西省企业联合会、中小企业协会副会长等职，获江西省第二届优秀儒商、省优秀企业家、省分行业十强企业优秀管理者等多项殊荣；本着“开明开放、务实求新、诚实守信、开拓实干”的办企宗旨，以人为本，通过体制创新、观念创新、制度创新，使企业连续几年实现跨跃式发展，生产的“宝棠”牌苎麻纱线产量、销售量、销售收入、市场占有率均为全省同行业第一，并同时获江西省名牌、全国用户满意产品称号，当年实现销售收入可达1.2亿元，税收600万元，出口量占40%，在他的带领下，赣麻人将在“树绿色品牌，领行业风骚”的征途上再立新功。

江西省优秀厂长（经理）

江西洪都航空工业集团有限责任公司董事长、党委书记

田　民

历任江西洪都航空工业集团有限责任公司（原洪都机械厂、南昌飞机制造公司）计划员、主任、处长、总会计师、副总经理、总经理兼党委副书记等职，2003 年起任董事长、党委书记。

1999 年，享受国务院专家特殊津贴，曾先后获得了“江西省优秀厂长（经理）”、“中航第二集团公司有突出贡献中青年专家”、“中航总公司型号研制三等功”、“第一批国防科技工业‘511 人才工程’高级管理人才”、“国防科技工业有突出贡献中青年专家”等 10 余项国家或省部级奖励。

1956 年 11 月出生　　工程硕士

河南濮阳人　　一级高级会计师

中国共产党党员

江西锦龙集团董事长　　洪永文

1967 年 3 月 30 日出生　　籍贯江西都昌

工程师

洪永文同志认真贯彻执行党的路线、方针、政策，拥护共产党的领导。带领集团全体员工，成功开发了曙光路商住楼一条街、金龙大酒店、农机大市场、马鞍山新世纪公寓、昌河“金色时代公寓”、锦龙家居大世界等房地产项目，铸造了值得信赖的锦龙品牌，在公司发展短短五年时间内，完成了累积数亿元的房地产建设，创造了数千个的劳动就业机会，解决了几百名下岗工人的就业问题，多次受到了市委、市政府的表彰。遵纪守法，依法纳税，2001 年、2002 年、2003 年三年连续荣获“全市房地产开发企业先进单位”称号，“昌江区纳税大户”称号。坚守“发展企业、回馈社会”的理念，致富思源，在发展的同时，热心捐助社会公益事业。

洪永文董事长，2002 年 10 月，被选为景德镇市青年企业家协会副会长，2002 年 11 月，被选为景德镇市房地产协会常务理事，2003 年 5 月，荣获景德镇市第三届“瓷都十大杰出青年”称号。

赵建歧同志自 2002 年 1 月任江西远洋运输公司总经理以来，面对困难，号召全体员工在当前航运形势不景气的情况下，认清形势，迎难而上，在困难中寻找机遇，从自身中挖掘潜力，积极开拓新的经营管理模式。他上任两年来，执着追求，心系职工，真抓实干，开拓创新，勇于进取，使江西远洋生产经营走上制度化、规范化的轨道，逐步做强，企业持续发展，效益逐年攀升，影响日渐扩大，为江西远洋运输事业做出了突出的贡献。2002 年公司航运主业减亏 500 万目标实现，2003 年更上一层楼，公司航运主业已]扭亏为盈，一举扭转了公司航运主业连续 7 年亏损的局面，公司航运主业打了个漂亮的翻身仗。2002 年公司被评为全省交通系统“两个文明建设先进单位”，被省经贸委评为“优秀企业”。2002—2003 年连续两年被评为全省交通系统“安全工作先进单位”。赵建歧同志获 2003 年度“江西省优秀厂长（经理）”称号。

赵建歧

江西远洋运输公司总经理

1964 年出生　　籍贯青岛

中国共产党党员　高级工程师

江西省优秀厂长（经理）

江西锅炉化工石油机械联合有限责任公司

董事长 丁杰

1962年出生　　籍贯南昌

中国共产党党员　高级工程师

丁杰同志从事经营管理工作17年，2003年10月任公司董事长，党委书记。去年以来，丁杰同志与国内外多家企业进行协商洽谈，在循环流化床技术，垃圾燃烧技术，脱硫技术等方面寻求广泛的战略合作。公司与瑞士欧特利公司合作，建立面向国内外锅炉市场的燃烧器生产基地；与上海公司合作，组建工程成套公司，争取进入中石化、中石油市场；同时与瑞士、日本多家公司、厂商进行了产品和技术合作洽谈。2003年，江联公司在丁杰董事长的带领下，经过全体员工的努力拼搏，取得了可喜的成绩，多项经济指标均超过年计划，平均比上年同期增长80%以上，创造了历史最好水平。

丁杰同志提出2004年要继续抓住发展机遇，求新思变，苦练实干，实现跨越式发展。抓好“基地”、扩大“亮点”、狠抓“重点”、主攻“难点”、占领“新点”。要以胡锦涛总书记到公司视察为契机，认真贯彻省市发展工业，实现江西在中部崛起的宏伟目标，为振兴江西制造业奋力拼搏。

2002年3月8日，万广明同志任先锋机械厂厂长。当时的先锋厂因搬迁和生产任务的锐减已到了揭不开锅的地步，企业正处在一个艰难困苦的低谷时期。他临危受命，义无反顾地来到了先锋厂。面对困境，他以自己高尚的人格，以自己的稳重、正直、吃苦精神，团结带领两级班子，正视困难和问题，不回避矛盾，而是抓住主要矛盾，从资金、产品、科研等入手，较快地打开了局面，稳定了人心，从而使企业起死回生。2003年实现利润1034万元，职工收入大幅度提高，生产、生活环境极大改善，职工队伍稳定，科研稳步推进，企业文化建设取得较大进展，各项福利事业得到加强；为企业发展注入活力，创造了条件。

万广明同志多次获得“优秀机关工作人员”称号和“江西省优秀科技管理人员”称号；2002年，获省直机关第四届“省直优秀青年”称号；江西先锋机械厂在其任职期间获2002年度“江西省优秀企业”等荣誉称号。

江西先锋机械厂厂长

万广明

1967年出生　　籍贯江西余干

中国共产党党员　硕士研究生

新余华源远东纺织有限公司

董事　总经理　刘翠军

1956年出生　籍贯黑龙江集贤

中国共产党党员　高级经济师

刘翠军同志任新余华源远东纺织有限公司董事、总经理以来，学习和实践“三个代表”重要思想，带领和团结公司全体员工围绕企业发展主题，与时俱进，开拓进取，重塑企业品牌形象，内抓企业基础管理，使企业步入了良性发展轨道。2002年中国华源对企业进行了资产重组。企业改制后，刘翠军同志带领公司班子积极投身于企业的改革和发展中，以改制为契机，果断决策，积极推进技术进步，加大技改力度，引进先进技术和先进管理经验，融入华源理念，为构筑企业一流事业平台而积极努力。刘翠军同志本人也先后获得了“中国华源集团优秀共产党员”、“全国财贸纺织行业荣誉工会积极分子”和2003年度“江西省优秀厂长（经理）”等荣誉称号。

江西省优秀厂长（经理）

崇尚创造　追求卓越

打造经济脊梁

南昌卷烟厂厂长

郑　伟

1957年出生
南昌市人
中国共产党党员
高级农艺师
博士在读

郑伟同志现任江西省烟草专卖局（公司）副总经理兼南昌卷烟厂厂长，由于业绩突出，他曾获南昌市科技进步奖、江西省科技进步、国务院颁发的特殊贡献中青年专家津贴、江西省优秀企业家、南昌市劳动模范、中国青年志愿者行动贡献奖、江西省劳动模范、第四届全省十大杰出青年企业家、全国五一劳动奖章等多项殊荣。

企业还被授予“全国五一劳动奖状”、“全国守合同重信用企业”、“中国纳税百强企业”、“江西工业崛起年度贡献奖”、“江西工业崛起十强企业”等多项殊荣。

963年出生　藉贯九江　汉族
中国共产党党员　高级工程师

江西钢丝厂　厂长　金卫平

2002年7月至今任厂长，现在是中国兵工学会烟火、火工品专业委员会委员，江西省企业家协会会员，新余市企业家协会常务理事。

金卫平同志坚持“以管理为基础，以科技进步为动力，以改革促发展，推动机制、管理、技术三个创新”，加大市场销售，加快新产品开发和技术改造，使企业的生产规模、经营管理水平迈上了一个新台阶。

金卫平同志在企业和社会上树立了良好的形象，使企业经济运行逐步规范、产出效率大幅度提高，职工收入稳步增长，各项事业蒸蒸日上，企业发展实现了新的跨越。二00四年金卫平同志被“国防科工委评为知识产权先进个人”，被评为二00三年度“江西省优秀厂长”，二00二年被评为“江西省国防系统科研先进个人”、“江西省民爆行业先进工作者”、“江西省国防科工办经济效益先进个人”。工厂被授予“江西省优秀企业”、“华东地区军械产品质量工作先进单位”。

江西华声电器总厂（国营九三〇四厂）

厂长　郭庆忠　中国共产党党员

大学本科　高级经济师

一九七二年参加工作，曾任宣传科干事、团委书记、办公室主任、副厂长，一九九八年起任江西华声电器总厂厂长。他勤奋敬业、清正廉洁，注重科技兴厂，大胆投入，并把科技创新作为促进企业发展的重中之重。在他的努力下，军品任务连年增加，且每次都顺利交付军方，以强者的气势，企业家的风范，赢得了军方的好评。二00三年销售收入比上一年增长32.5%，职工收入提高25%。他治厂的业绩得到了上级肯定，二00一年度他荣获了“江西省科技创新组织工作先进个人”荣誉称号，二00二年和二00三年荣获“江西省优秀厂长（经理）”荣誉称号，面对成绩，他没有停止追求和创新的步伐，而是继续在为企业谋求更高层次的发展。

江西省优秀厂长（经理）

江西国兴实业集团有限公司董事长兼总裁

李虞财　　中国共产党党员

1955年12月出生　　江西兴国人

工商管理硕士（MBA）

创新无限　发展永恒

1998年3月始任江西国兴实业集团有限公司董事长兼总裁。他坚持观念创新，创建并继续完善了“国兴管理模式”；坚持技术创新，在赣南率先倡导并兴建旋窑水泥生产企业；坚持资本营运，走滚动发展之路，企业以50万元为基础发展成目前固定资产逾2.5亿元的大型企业集团；坚持名牌战略，“国兴”牌、“贡江”牌水泥成为赣南水泥行业仅有的两大由省质量技术监督局认定的省名牌产品。预计2004年企业实现销售收入2.5亿元，实现利税3000万元。企业连续三年被评为“江西省优秀企业”。本人被评为“全国建材行业优秀企业家”，并多次荣获“江西省优秀厂长（经理）”等称号。

不断创新 适度超前
力争把鹰潭建成全国水表产业的集散地

在担任江西三川集团有限公司（原鹰潭市三川有限公司）主要领导的20多年里，李建林始终坚持不断创新，以创新务实的改革精神，以超前的市场竞争意识，带领广大员工艰苦奋斗，求新思变，经过多年的努力，目前已跻身全国水表行业一流企业，主导产品三川牌水表国内市场占有率第一，并拥有27项具有自主知识产权的专利，居行业之首 。

公司荣获江西省“五・一”劳动奖状，“国家免检产品”荣誉称号，被评为2000年度全国“用户满意产品”，连续两届被评为“江西省著名商标”，获江西省名牌产品，免检产品，重点保护产品等荣誉称号。李建林本人也荣获多项殊荣：1991年荣获全国“五・一”劳动奖状和“江西省劳动模范”，1994年被评为“鹰潭市首届十大杰出青年”，1998年被评为“鹰潭市十佳公仆”，1996年—2003年连续8年被评为“江西省优秀厂长（经理）”等荣誉称号。

江西三川集团有限公司

董事长　总裁　　党委书记

李建林　1956年8月出生 安徽无为人

中国共产党党员　高级经济师

江西鹰潭供电公司

总经理

杨春茂

辽宁阜新人

1959年6月25日

中国共产党党员

硕士研究生

高级经济师

他自从2003年初担任鹰潭供电公司总经理以来，不断创新思路、创新管理、创新机制。提出了“创新就是发展，服务就是效益”的企业经营理念，制定了“一年打基础见成效，二年迈大步上台阶，三年创特色达一流”的战略目标，以“基础年”、“技术管理创新”、“企业文化建设”为主题，通过开展机关作风整顿、三项制度改革、贯标、规范化管理、创一流等活动，内聚人心、外塑形象，出现了蒸蒸日上的喜人局面，截止9月19日，我公司已实现连续安全运行705天。先后荣获江西省电力公司“双文明单位”、江西省“文明单位”、江西省“五一劳动奖章”、“江西省优秀企业”等荣誉称号。

江西省优秀厂长（经理）

江西纺织集团公司总经理助理

孙文泉　福建莆田人

1946 年 7 月出生　中国共产党党员

高级工程师

创新使企业永葆青春

1994 年起历任江西化纤化工有限责任公司董事长、党委书记、总经理，集团公司总经理助理等职。期间，公司被列为国家 520 户重点国有企业，连续 9 年被评为“江西省优秀企业”，第七、八、九届“江西省文明单位”，“江西省十佳诚信企业”，中国纺织行业企业文化建设知名企业，1997 年全国同行业第一家通过 IS09001 国际质量体系论证。其本人连续 9 年被评为“江西省优秀厂长（经理）”，获得“全国纺织行业尊师重教企业经理”、“团中央星星火炬奖”等荣誉。

公司自1998年组建以来，坚持“以人为本，以质取胜，科学管理，争创一流”的经营理念。“岩鹰”牌水泥荣获“江西省著名商标”；公司全面实行“ISO质量体系认证和产品质量认证”管理，并通过国家双认证；企业先后荣获江西省“先进私营企业”、“特级纳税信誉等级企业”、“一级诚信企业”、国家工商总局公布的第三批全国“守合同、重信用企业”等荣誉称号。邓作善同志连续几年被省、市评为优秀厂长（经理）。为了把企业进一步做强做大，公司与浙江虎山集团强强联合，筹建年产300万吨新型干法水泥生产线。项目全部建成后，江西岩鹰水泥有限公司将成为一个工艺设备最现代化的大型水泥生产企业。

江西岩鹰水泥有限公司

董事长

邓作善

中国共产党党员

大专文化经济师

江西第三制药厂

厂长

刘融融

江西余干人

1948 年 9 月出生

中国共产党党员

学士学位

高级工程师

1997 年 4 月任江西第三制药厂厂长。当时江西第三制药厂是家背负了巨额债务，濒临破产的国有企业。他团结全厂职工，按照“调整产业布局，优化产品结构，盘活存量资产，变厂区为园区”的总体思路，坚持内引外联，分离重组的改革措施，在全县国有企业中率先进行改制。并按市场之需，竞开拓之力，成功地引进了江中等多家企业，注入了新的活力，企业经营红红火火，成为销售收入超亿元，税收过千万的工业经济“小巨人”。

江西省优秀厂长（经理）

南昌铁路工程（集团）有限责任公司
董事长　总经理　党委副书记
陈招团　汉族　1951年12月出生
江苏省阜宁市人　工商管理硕士　工程师

1996年陈招团担任总经理时，为使企业摆脱困境，他大胆改革创新，积极开拓进取，从企业深化改革、转换机制上大做文章，以现代企业制度和适应市场经济的要求逐步推进企业的改革和发展。经过几年的努力，全司施工生产综合产值、安全、质量、劳动生产率、人均收入及各项技术经济指标都取得优异成绩。

集团公司连续十年被评为“江西省优秀企业”。近几年来，先后荣获了“全国优秀施工企业”、“全国质量管理先进企业”、“全国质量效益型先进企业”、“全国职工道德教育建设先进单位”、“江西省用户满意企业”和“江西省先进施工企业”等荣誉称号。陈招团在1998年被江西省总工会授予“江西省职工信赖的好厂长（经理）”荣誉称号，连续五年被评为“江西省优秀厂长（经理）”，荣获“江西省质量管理优秀厂长（经理）”等光荣称号。

志者竟成

1986年6月任公司经理至今，奋斗不息，攀登不止，不断实现新的跨越：公司跻身全省农电“十强”企业和一流县供电企业，并先后荣获省级先进企业，省级文明单位和江西省“五·一”劳动奖状。

一流供电企业

修水县供电有限责任公司经理

朱武森

江西修水人
1949年5月出生
中国共产党党员
电气工程师

1954年12月出生　江西修水人
大专文化　经济师

江西修水县山口电站
站长　王忠礼

1972年参军入伍，1987年转业为国家公务员，任两届乡（镇）长。1992年调入企业，先后任职于县山口电站、茶子岗电站、湘竹电站。十几年来，潜心钻研企业管理，锐意进取，不断开拓，通过强化生产管理，挖掘生产能力，狠抓安全生产和设备技改，压缩成本，使企业效益稳步增长，资产保值增值。任期内所在企业被评为江西省地方电力优秀电站、修水工业30强、修水县优秀基层党组织、修水县文明单位。其本人2001年获县委表彰优秀共产党员，2003年度“江西省优秀厂长（经理）”。

江西省优秀厂长（经理）

中国石化集团九江石油化工总厂
党委书记

杜文如

1951年11月出生
中国共产党党员
工程师

2000年起任中国石化股份有限公司九江分公司经理，2004年任中国石化集团九江石油化工总厂党委书记。同时任中国石化股份有限公司驻九江分公司代表、九江石化协调委员会主任，第十届全国人大代表。在四年的时间里，国际市场原油价格上涨，市场竞争异常激烈情况下，他带领全厂职工克服不利因素，深化体制与机制改革，在管理上降低成本、挖潜增效，在生产上精耕细作，加大科技和技术改造的投入，努力开拓产品市场，原油加工量逐年提高，自2000年至2004年初，累计实现主营业务收入275亿元，利税17.4亿元；使九江石化得以蓬勃发展，为地方经济发展和社会发展作出了突出贡献。

中国石化股份有限公司九江分公司
经理

周　昌

1966年11月出生
中国共产党党员
工商管理硕士研究生
高级经济师

2001年起任九江石油化工总厂厂长，2004年任中国石化股份有限公司九江分公司经理。在短短的几年里，他坚持深化企业制度改革，以人为本，调动人的积极因素，使九江石化总厂保持了较强的市场竞争力和较大的社会贡献，利税总额从326万元上升到3839万元。在出任分公司经理后，通过对现有装备进行技术改造和新建一批向深度加工延伸的后续加工装置，进一步提高生产技术含量和产品质量形成更加完善配套的生产能力，使企业经济效益和质量管理水平再上一个新台阶。2004年上半年实现利税4.59亿元，利润9280万元，创造了近年来生产经营的最好水平。

中国石化集团九江石油化工总厂

徐盛龙

1966年2月出生
中国共产党党员
工商管理硕士研究生
高级政工师

2001年起任九江石油化工总厂党委副书记兼纪委书记，2004年任九江石油化工总厂厂长。他按照中央关于“深化国有企业改革”的要求，以及石化集团的工作部署，坚定不移推进改革，搞活企业。改制分流、分离办社会职能以及人事、薪酬等制度改革都取得新的突破。同时，切实加强企业内部管理，转变观念，精简机构，开拓市场，促进发展。2004年上半年主营业务收入5.87亿元，实现利税1052万元，保持了良好的发展势头。

江西省优秀厂长（经理）

江西盐矿有限责任公司党委书记、总经理

丁重明　　江西南昌人

1949年8月出生　　中国共产党党员

工程师　　政工师　　高级经济师

制盐行业的领跑人

他自1987年担任公司主要领导职务、特别是1995年党政工作“一肩挑”以来，使江西盐矿从一个年产10万吨的中型制盐企业，一跃成为全国制盐行业的龙头企业，技术装置、产品产量和质量均居全国同行业前列，为制盐行业树立了样板。他积极为企业争取国家“债转股”政策、并率先在制盐行业成功实现改制，使企业当年扭亏为盈并连续四年盈利，是我省“债转股”企业中唯一盈利企业。2005年始企业年制盐生产能力可达到80万吨。企业经营管理工作年年上台阶，经济效益逐年上升，社会贡献越来越大，企业知名度越来越高，被省委、省政府确定为全省45家重要骨干企业之一。企业连续7年被评为“江西省优秀企业”，他本人也连续7年被授予“江西省优秀厂长（经理）”等荣誉称号。

锐意改革的领头羊

1996年初，冯炎木接掌九江针织服装（集团）有限公司董事长、总经理帅印。2002年9月，企业改制为民营企业，他出任公司董事长、总经理。在他挂帅的短短几年间，企业年产值由96年4570万元扩大到8135万元，平均每年增长750万元；自营出口创汇从零开始，成为九江市出口创汇大户，年出口创汇最高达607.92万美元，连续几年名列九江市榜首；年实现利润由49万元增长到675.4万元；员工人均年收入由3360增加到7103，实现翻番；企业呈现出大发展态势，公司自1998年起，四年被江西省评为“优秀企业”称号，本公司销售收入、自营出口分别进入全国针织行业50强。冯炎木本人连续五年被江西省授予“优秀厂长经理”；2002年，他作为民营企业代表当选为江西省政协委员。

九江针织服装（集团）有限公司

董事长　冯炎木

籍贯江西九江　　1947年出生

中国共产党党员　　高级经济师

江西武冠实业集团

董事局主席、总裁

李群芳

江西萍乡人

1963年11月出生

高级工程师

经济师

工商管理硕士

务实求新　至精至诚

1994年8月创办萍乡市赣西防水材料厂，2002年企业改制为江西武冠新材料股份公司，并组建江西武冠实业集团。10年中，他按照“务实求新，至精至诚”的经营理念，抓管理、拓市场、创效益，树品牌，企业规模和经济效益以平均每年翻一番的速度快速持续健康增长，2003年，工业产值和销售收入均突破2亿元，总资产3.02亿元，综合实力居全国混凝土外加剂行业企业前茅。

江西省优秀厂长（经理）

崇义章源钨制品有限公司
董事长、总经理　黄泽兰

1955年7月9日出生
江西省政协委员
赣州市人大代表

志在高远　一鹤冲天

近年来，崇义章源钨制品有限公司以黄泽兰同志倡导的“利用资源、依靠科技、以人为本、诚信至上”为经营理念，积极开展诚信建设，努力打造诚信企业，坚持科学发展观，积极应对市场，调整战略，整合资源，大力开展钨深加工技术改造，从而延长了钨产业链，走出了一条具有“章源”特色的纵向一体化发展之路，实现了由资源型企业向深加工型企业的快速转变。公司业已成为国内集钨的采选、冶炼、制粉、深加工和贸易为一体，规模较大的民营企业，公司拥有五个高新技术产品，系“江西省高新技术企业”。

黄泽兰同志先后多次荣获省市“先进私营业主”、“优秀厂长（经理）”、“光彩事业奖章”、“省劳动模范”等荣誉称号。

公司先后多次荣获“江西省先进私营企业”、“江西省一级诚信企业”、“江西省先进民营科技企业”、“江西省优秀企业”等荣誉称号。

开拓市场求发展　　与时俱进比贡献

周祖定同志从2001年11月江西永发上海精密铸造有限公司成立起，一直担任公司总经理。在一个不到两百人的小厂，他精心策划、精心组织、大胆开拓国内外市场，大部分产品直接或间接远销到澳大利亚、新西兰、日本、美国、德国、奥地利、意大利等国家。公司在市场开拓中得到迅猛发展，2003年完成工业总产值1692万元，产品销售收入1440万元，上交税金149.1万元，实现利润145.7万元，公司净资产额由成立初的160万元，到2003年增加467万元，等于一年赚回一个厂，各项经济效益人均指标都排在全省企业前列。公司2002—2003年度连续两年荣获鹰潭市月湖区政府授予的“纳税大户”和2003年度鹰潭市优秀企业荣誉称号。周祖定同志先后荣获2003年度“鹰潭市优秀厂长（经理）”和“江西省优秀厂长（经理）”荣誉称号。2004年他带领公司以更快的速度，更高的效益，与时俱进，为振兴江西经济的发展作出更大贡献。

江西永发上海精密铸造有限公司
总经理、党支部书记　周祖定
浙江宁波人
1950年8月23日出生
中国共产党员　　工程师

景德镇市焦化煤气总厂　厂长　郝来春
1944年出生　　籍贯山西平定
中国共产党党员　　高级工程师

焦化煤气总厂，它由过去单一的炼焦制气化工企业发展到如今拥有煤化工、硅酸盐化工、精细化工、塑料加工、农资产品和第三产业的大型企业集团，其发展功不可没的当属其领头人——郝来春。

郝来春同志具有强烈的事业心和责任感，勇于开拓创新，推进科技进步，采用新技术，使经济实力显著增强，企业做大了，并朝着做强的方向稳步前进；郝来春同志勇于改革，不断提升管理水平，体制改革有新的进展，为提升企业管理水平，大胆推行ERP资源管理计划，使管理逐步现代化；郝来春同志廉洁奉公，严以律已，带领全厂干部、职工高举邓小平理论伟大旗帜，认真贯彻落实“三个代表”重要思想以及各项方针政策，法律、法规。坚持发展为第一要务，充分利用焦炭市场旺销的机遇，大干快上，生产经营取得显著成绩，为今年如期实现省政府提出的“三年翻番”的目标，奠定了坚实的基础。

江西省优秀厂长（经理）

仁和（集团）发展有限公司
董事长　总经理　**杨文龙**
1962 年出生　籍贯丰城
中药师　经济师

仁和集团是一家以医药经营为龙头，科研生产为基础，集科、工、贸于一体、产、供、销一条龙的现代医药民营企业集团。目前拥有 12 家子公司，员工 1800 余人，总资产 3.2 亿元，17 个剂型通过国家 GMP 认证，并获得国家 GSP 认证书，集团秉承“为人类健康服务”的宗旨，励精图治、锐意进取、发展迅速。先后被国家、省市各级政府授予“优秀企业”、“守合同守信用企业”、“一级纳税诚信企业”、“全国青年文明号”等荣誉称号。2003 年实现销售收入 3.18 亿元，比上年增长 126%；上缴税收 1050 万元，比上年增长 178%。今年 1—8 月份实现销售收入 2.45 亿元，上缴税收 1 仟多万元，同比增长 155% 多。董事长杨文龙先生当选为江西省政协委员，“江西省优秀企业家”、“江西省十大杰出青年创业明星”、“宜春市十大杰出青年”等。

郑元豹，中国乡镇企业研究院研究员，中国国情研究会研究员，浙江省经营管理大师、温州市人大代表，上海市嘉定区政协委员，中国乡镇企业协会理事，全国优秀乡镇企业家，中国民营企业杰出代表，江西省中小企业协会副会长，江西省优秀厂长，现任中国·人民电器集团董事长兼江西变电设备有限公司法人代表。

2001 年郑元豹同志兼任江西变电设备有限公司法人代表，几年来，主要经济指标一年一步台阶，2003 年实现销售 1 亿元，预计 2004 年实现销售 1.5 亿元，上缴税收 480 万元。几年来安置下岗失业人员 600 多人。企业先后获“江西省优秀企业”、“江西省先进科技民营企业”、“中国质量万里行诚信示范单位”等荣誉称号。

人民电器集团江西变电设备有限公司　董事长
郑元豹　汉族　1958 年 3 月出生
浙江省乐清市人　大专文化　高级经济师

江西省月兔丰华彩印有限公司总经理
吴信江　江西广丰人
中国共产党党员　1954年11月出生
大学学历　高级政工师

吴信江同志于 1996 年 5 月就任当时资产仅 135 万元、亏损额达 44 万元的彩印公司总经理。几年来，他深入基层调研，以人为本，锐利改革，迅速将丰华打铸成“航母”：年销售收入超 2 亿元、利税逾 3 千万元、企业净资产达 1.2 亿元，成为江西印刷业的龙头企业。公司先后荣获中国包装先进企业 200 强、江西省“五．一”劳动奖状、“江西省优秀企业”、“江西省文明单位”、“江西省特级纳税信誉企业”等荣誉称号。吴信江本人也在市场浪潮中体现了自身价值；先后获得“中国当代优秀包装企业家”、“江西省劳动模范”、首届“江西省印刷企业发展贡献奖”等荣誉，并连续四届被授予“江西省优秀厂长（经理）。

江西省优秀厂长（经理）

酒海蛟龙

江西临川贡酒集团董事长、总经理

杨灿龙

江西临川人
1960 年 7 月出生
中国共产党党员
硕士研究生
高级经济师
高级政工师

1994 年 2 月起任临川酒业董事长、总经理兼党委书记，仅用 10 年的时间，他把临川酒业从一个“酒不出临川，名不扬抚州”的“三无”亏损企业带向了集酿酒、化工、彩印、包装于一体的集团化公司，年销售收入近亿元，年交税金 2000 多万元。本人先后荣获全国劳动模范、全国关爱员工的优秀民营企业家等荣誉。

萍乡益民动力公司董事长、总经理

程绍辉

1953年10月出生
中国共产党党员
经济师

公司前身是萍乡市柴油机厂，改制成立六年来，程绍辉同志带领职工走靠大靠强之路，开展“二次创业”和经济技术创新。挽救了一个濒临倒闭的老国有企业，使之呈现出勃勃生机。

程绍辉以全新观念，超前思维，创造性地制定了“蓄水养鱼”、“强身健体”、“做大做强”公司发展三大战略目标。并紧紧围绕这三大目标，狠抓“产量、质量、成本、安全、行为规范”五项基础工作，坚定推行用工制度和分配制度改革、创新。实行用工制度多元化、分配制度买卖化、企业管理法制化，使人力资源和财力资源得到进一步盘活、整合。公司实现了连年 35% 的经济增长速度，取得了突出的经济效益和社会效益。6 年累计完成产值近三亿元，新增固定资产 2000 万元，上交税收 1800 多万元，职工年均收入超万元，成为萍乡市“再就业先进企业”、“国有企业失业下岗人员在就业基地”，公司走上健康发展的快车道，跨入了江西省优秀企业行列。

2003年李新林同志与领导班子成员一道，紧紧抓住国家新一轮经济大发展的机遇，团结带领全公司职工外拓市场，内抓管理，大力提高水泥产、销量，从而开创了生产经营工作的新局面。全年生产水泥40万吨，销售水泥40.5万吨，实现利税总额1517万元，分别比上年增长20.1%、24.6%和11.5%货款回笼率达100%，均创造了历史最高纪录。李新林同志积极推行企业内部改革和公司管理制度的创新工作。每年都要对已推行的改革和管理措施进行改进和完善，使之起到最好的效果。同时，又结合企业的实际，推出新的改革和管理措施。他还把提升核心竞争力作为国有企业的竞争中取胜的“法宝”。在他的亲自组织下，公司每年都挤出100多万元资金用于技术改造，使公司的技术水平和科技含量不断提高。

在李新林同志的带领下，青峰公司真正实现持续、快速、健康发展，为萍乡的水泥工业做出更大的贡献。

江西青峰水泥有限公司 董事长 **李新林**

1959年出生
籍贯萍乡
中国共产党党员
工程师

江西省优秀厂长（经理）

江西凤凰光学仪器集团有限公司
董事长

任 捷

汉 族
浙江绍兴人
1945 年 12 月 8 日出生上海
大专毕业（化工专业，懂俄语）
高级工程师

1968 年 10 月在上海照相机二厂参加工作。于 1969 年 3 月内迁到江西光学仪器总厂（凤凰光学仪器集团公司的前身），1983 年 6 月 24 日加入中国共产党。现任江西凤凰光学仪器集团有限公司董事长，十届全国人大代表。主要荣誉：1997 年、1998 年、1999 年连续三年被江西省机械工业厅评为“优秀总经理”；2000 年、2001 年、2002 年连续三年被评为“江西省优秀厂长（经理）”；2002 年被评为“新世纪首届全国机械工业优秀企业家”等荣誉称号。

汉族　1960年出生
籍贯江西乐平

江西锦溪水泥有限公司
董事长

叶青

叶青于1999年率领一班创业人马，创建了江西锦溪水泥有限公司，亲任董事长，在他的率领下，在质量与诚信构筑的轨道上平稳前进的锦溪，公司的产品质量与企业形象均获得了社会、政府和相关行业部门的充分肯定。“青溪峰”牌水泥连年在“江西市场质量信得过产品”、“江西省重点保护产品”的评选中榜上有名，2003年，“青溪峰”水泥商标喜获“江西省著名商标”、“江西名牌”称号；锦溪公司被国家农业部评定为“全国诚信守法乡镇企业”、并被省、市两级人民政府分别授于“江西省先进私营企业”、“景德镇市先进民营企业”称号；叶青本人也因业绩突出而光荣当选“江西省劳动模范”、“江西省优秀乡镇企业董事长”、“江西省质量管理先进个人”。锦溪公司已成为景德镇市民营企业同行业中的佼佼者。

打造精品网络　提供优质服务

2000 年 2 月担任中国联通新余分公司总经理，在他的带领下，新余联通的工程建设、业务发展、企业规模都实现了跨越式、超常规的发展，在全省率先实现了 G 网和 C 网乡乡通（100%）、村村通（85%）、路路通（99%）及电梯通（95%），业务收入每年保持二位数的增长。企业先后被评为“中国质量万里行诚信示范企业”、“江西省诚信维权先进单位”、“江西省用户满意服务企业”，连续二年获得“江西省优秀企业”称号，本人也连续二年被评为“新余市优秀厂长（经理）”、“江西省优秀厂长（经理）”等荣誉称号。

中国联通有限公司新余分公司总经理
陈和平　　中国共产党党员
1952年7月出生　　江苏南京人
高级工程师

江西省优秀厂长（经理）

居高声自远
---钨业新锐　志在千里

赣州华兴钨制品有限公司
董事、总经理

吴林浒

1956年9月出生
中国共产党党员
高级经济师

吴林浒同志善于组合各种企业发展要素使之发挥最佳效果，使公司在不到七年的时间里，从一个蹒跚学步的小企业成长为国内有较大影响力的钨业新锐，投资产生的回报相当于向国家上交了一个“华兴”，还给企业挣回了一个“华兴”。更为重要的是，他以成功企业家的理念、素质、视野和行为，为公司打造了以人为本、诚信经营，科学管理、技术领先，开拓创新、锐意改革，持续发展、追求卓越等先进企业理念，奠定了企业百年基业。

吴林浒同志先后多次荣获“江西省优秀厂长（经理）”、“赣州市优秀经营者”、“赣州市优秀共产党员” 等荣誉称号。

公司先后荣获“江西省优秀企业”、“江西省质量管理先进企业”、“江西省环境保护模范企业”、“江西省用户满意企业”、“赣州市最佳企业”等荣誉称号。

江西景德镇发电有限责任公司
总经理

曾名胜

江西黎川人
1955年2月出生
中国共产党党员
硕士研究生
高级工程师

点亮明珠的人

超越自我　追求卓越

他1976年来到景电，1998年担任总经理。1998年前景电这颗昌江河畔的明珠，曾一度陷入连续3年亏损的低谷，在他的带领下，景电人发扬“敬业创新、奉献报国”的景电精神，以创新求发展，向管理要效益，当年便走出亏损的阴影，并连续5年保持良好的发展势头，1998年至2003年累计实现利润 12208万元，上缴国家税金33779万元，期间公司还争取到国产首台150MW循环流化床机组的技改项目，现在又把发展的目光瞄准了2台600MW燃煤机组扩建项目，届时景电这颗明珠将更加灿烂辉煌。

昌河集体经济企业的“掌舵人”

2003年初，原任党委书记兼销售副总的陈日晁成为该公司第六任总经理，上任伊始在陈总的带领下，公司改革思路和发展战略日渐清晰，开始有重点、分步骤地付诸实施：一、精简机构、分流冗员、轻装上阵。二、调整产品结构，全面推行独立核算、自负盈亏的经营模式。三、进一步完善了经济责任制，促进了公司的发展。四、加快新产品开发进度，培植新的经济增长点。五、加强对外合资合作，提升企业综合管理水平。

在短短的一年的时间里，公司通过陈总大刀阔斧的改革和一系列创新举措，集体经济开辟了另一重天地，跳出了旧有机制的束缚。在今年公司召开的八届三次职代会上，集团公司主要领导对公司过去的一年所发生的变化给予充分的肯定，称赞集体经济的改革步子快，力度大，成效好。在昌河集团树立了改革的榜样。

昌河汽车配件制造公司总经理
陈日晁　　1955年5月出生
中国共产党党员　高级政工师

江西省优秀厂长（经理）

江西饭店总经理　　金　德
江西省金翔实业有限公司董事长
南昌市旅游饭店分会会长
1949年出生　籍贯上海
中共党员　本科学历　高级经济师

江西饭店在省政府办公厅，机管局领导下圆满完成了全省重要接待任务，受到省委，省政府领导的充分肯定，始终贯彻“以接待为中心，以经营为已任，以服务为根本”的方针，形成了特有的饭店经营管理模式，经济效益长期保持稳定，持续的增长。联合新洪客隆公司，组建金翔实业有限公司，整体改造金袁州宾馆，经营初见成效。实施业务流程等制度汇编，在我省饭店业率先推行绩效评估系统，全面实施全员劳动合同制，实现了安全无事故。大力开展培训工作，在全省旅游行业大赛中，取得优异成绩。

金德同志当选第十、第十一届南昌市东湖区人大代表。2003年被中国旅游饭店协会授于中国饭店经营管理大师，获中国伊尹奖“企业管理成就金像奖”。在金德总经理的领导下，江西饭店连续四年被评为江西省优秀（明星）旅游星级饭店，先后被授于“中华餐饮名店”、“全国绿色餐饮企业”等荣誉称号。

一个敢于创新的企业领导人

2003年，在面临着燃煤价格上涨、资金周转困难的严峻的形势，许金炳同志坚持以邓小平理论为指针，努力实践“三个代表”重要思想，带领着公司全体员工以科学的管理、用先进的技术，安全稳发满发，全面完成董事会的各项指标；以科技创新推进节能管理，降低成本，节约能耗推动企业向前发展。

在许金炳同志正确领导下，全年完成发电量18.7161亿千瓦时，同比增发5.4286亿千瓦时，创历史最高水平。完成售电收入42600万元，实现利润105万元，比上年增盈4100万元，国有资产保值增值度100.7%，全年共缴纳各种税金5400万元，全年公司安全生产实现三个一百天。

江西新余发电有限责任公司
总经理　许金炳

江西移动通信有限责任公司
新余分公司总经理　李绍清
江西分宜人　1962年9月出生
中国共产党党员
硕士研究生　　政工师

披荆斩棘开大道

自2002年9月份始任新余移动分公司总经理、党委书记，带领公司员工积极开拓市场，奋发创新，使公司荣获“中国质量万里行诚信示范单位”、“省文明行业”、“省文明单位”、“省五一劳动奖状”，连续两年被评为“省优秀企业”等诸多荣誉。他本人在2003年被评为“全省职工职业道德建设十佳标兵”、全省“五一劳动奖章”、江西省优秀厂长（经理）、新余市劳模、新余市百名党员标兵，同时，被当选为新余市六届人大代表、担任市青年企业家协会会长、市企业家协会副会长。新余移动在公司领导班子的集体带领下，各项业务得到迅猛发展，经济指标名列全省前列，2003年有效用户净增列全省第一，网络指标列全省第二，新业务发展列全省第一。

江西省优秀厂长（经理）

与时俱进求真务实　创新无止境

江西新华印刷厂
厂长、厂党委委员

余三保

江西进贤人
1953年6月21日出生
大学文化
中国共产党党员

1997年6月起任新华厂厂长，曾先后担任车间主任兼党支部书记、厂长助理、厂党委副书记、生产经营副厂长等职。上任以来，企业先后荣获南昌市文明单位、南昌市五一劳动奖状、江西省五一劳动奖状、全国五一劳动奖状、全国优秀包装企业、连续5年被评为“江西省优秀企业”等荣誉，他个人则先后获得了第八届森泽信夫印刷技术奖、南昌市“五一劳动”奖章、江西省“五一劳动奖章”等，连续5年被授予“江西省优秀厂长”等荣誉。

1994年，为了拯救濒临倒闭的南昌县建筑工程公司（江西洪宇建设工程集团公司的前身），龚炳辉同志临危受命，毅然担任了企业经理，通过一系列的改革举措，使企业业务连年翻番，企业面貌、社会信誉逐年提高，成为全省闻名的建筑施工企业，连续八年荣获“省、市先进施工企业”、“省消费者信得过企业”、“省重合同、守信用企业”。龚炳辉同志个人也获得了一系列殊荣：“全国优秀施工企业经理”、“全国优秀建筑企业经理”、“全国工程质量管理先进个人”、“江西省劳动模范”，受到了党和国家领导人的亲切接见。

江西洪宇建设工程集团公司　董事长
龚炳辉　汉族　江西省南昌县人
1949年12月11日出生　中国共产党党员
高级工程师　大学本科文化程度

958年出生　籍贯江西南昌市

江西省京昌房地产开发咨询服务公司总经理　李剑成

京昌房地产开发咨询服务公司总经理李剑成1994年创建了江西省最早的房屋中介机构。目前，京昌公司拥有江西最具权威和专业性的房地产市场研究机构与最有影响力的房地产专业培训基地，成为南昌规模最大的房地产中介知名企业，是江西唯一推行“复合中介”的房地产服务集团，是中国第一代房地产中介先行者，是中国房地产经纪百强企业。

京昌公司以“至诚至善、双赢共荣”为企业哲学，十年来执着坚守二手房中介阵地，并在南昌首家从事楼盘代理；发起成立了“南昌市房地产沙龙”；开创了房屋中介连锁经营模式，开办了南昌市第一家“房产超市”，创立了整合营销系统和房屋置换模式；创造性地提出“复合中介、互动营销”新理念，并为加强行业文化建设摇旗呐喊。

京昌公司以“资源共享、业务互动”为指导思想，推行“三位一体”（以房地产市场调研为先导，楼盘策划代理为主业，二手房中介服务为基础）的营运模式，走出了一条独具特色的“复合中介”之路，努力成为中国房地产中介最佳模式的成功探索者。

江西省优秀厂长（经理）

赣南卷烟厂厂长、党委书记

黄　平

江西宁都县人
1962 年 8 月生
大学文化
中国共产党党员

踏实、进取、激情、干劲

赣烟复兴者

1999 年 2 月调赣南卷烟厂任厂长、党委书记。近几年，企业先后荣获“江西省用户满意产品”、“江西省优秀企业”、“江西省用户满意企业”、“江西省五一劳动奖状”、“江西省优秀质量管理小组”、“江西省突出贡献奖”等称号。2002 年该厂赣牌卷烟被评为“江西名牌产品”。

求新思变　　善谋实干

一九七八年参加工作，曾历任团委书记、党办主任、厂办主任、工会主席、副厂长。二00二年十月就任江西机械化工厂厂长。他求新思变、善谋实干、开明开放、诚实守信。二00三年在他的带领下，产品产量增长 39.5%，销量增长 45%，利税增长 63%，职工收入提高了 40%。重组股份有限公司二个，技术改造资金投入 500 万元。二00四年企业被评为江西省优秀企业，他本人被评为“江西省优秀厂长”，深受广大干部职工的拥护和爱戴。

江西机械化工厂
厂长

郭光辉

1958 年 6 月出生
江西南康人
中国共产党党员
大学

江西金水宝制药有限公司
副董事长、总经理　　许　靖

1944年生于马尼拉　菲律宾华侨
毕业于马尼拉大学
江西省第九届政协委员
江西省工商联第八届执委
中国外商投资企业协会常务理事
江西经济管理干部学院兼职教授

缔造和做强金水宝

公司自 92 年成立至今，累计创造销售额达 7 亿元，上交税收近亿元，为江西省经济发展作出了重大贡献。产品连获国家级与省级十几项大奖，金水宝胶囊也被郑重地收载入 2000 年版《中华人民共和国药典》，公司在 2002 年被国家侨联评为全国科技兴业示范企业，企业被批准为高新技术企业。“金水宝”这一品牌，被国际友人来信誉为“江西的骄傲”。

12 年来，许靖考虑更多的是对社会的回报。关心生活困难的群众及文化体育、科研院校、抗洪救灾、抗非典、希望工程等，累计为社会公益事业捐资 200 余万元，为企业树立良好的形象。

许靖 2002 年获江西省政府颁发外国专家“庐山杯”奖，他是唯一的华侨企业家，亦在 2001 年和 2003 年连续评为“江西省优秀企业家”称号。

江西省优秀厂长（经理）

革旧鼎新　慎终如始

新余钢铁有限责任公司
总经理　熊小星

1957年6月出生　江西樟树人
中国共产党党员　教授级高级工程师
九届省政协委员　享受国务院政府津贴
国家有突出贡献的中青年专家

2001年12月任新钢公司总经理以来，带领广大干部员工，投身于把新钢公司做优做强做大、把新钢公司建设成中国南方建材精品基地的实践，2002年、2003年连续两年为新钢公司历史上实现经济效益最大、技改投入最多、对国家贡献最大、员工收入增加最快的年份。

江西省第四建筑工程公司　经理
宋国雄　1952年11月出生
江西余干人　中国共产党党员
本科学历　一级项目经理

自1998年起任省四建公司经理。在他及其领导班子的共同努力下，省四建公司经过近几年的发展，经济效益逐年好转，由昔日的亏损企业转变为盈利企业，职工工资能按100%足额发放，而且还增加了各项津贴、福利，企业重新焕发出盎然生机。由于他锐意进取，业绩突出，多次获得有关部门的嘉奖，连年荣膺“江西省全心全意依靠职工办企业优秀经理”、“江西省企业优秀经理”、“全国优秀工会积极分子”、“五一劳动奖章”称号，并担任了江西省南昌市建筑业协会常务理事、南昌市青云谱区第十三届人大代表等社会职务。在他的带领下，公司也荣获了“2002年度江西省优秀企业”的光荣称号。

易光明同志是我县水电战线中培养出来的一名出色干部，30年的工作生涯，几乎遍及各个工种和领导岗位的历练。1999年6月，“两改一同价”政策在我县施行，易光明同志以其较高的政治素质，广博的业务学识，以及卓著的工作业绩，被推举为南城县供电有限责任公司首任总经理。公司成立后的五年，是易光明同志实践“三个代表”重要思想、艰苦创业的五年，也是公司实力从小到大、由弱变强，大踏步前进的五年。2003年公司供电量为9411万千瓦时，是五年前的三倍。公司被国家电网公司评为“双文明单位”、“诚信服务单位”，被省公司评为一流县级供电企业、十佳县级供电企业、供电营业规范化服务示范窗口，被县政府评为县经济效益上台阶先进单位。其本人被江西省经贸委评为2002年度“优秀厂长（经理）”、“抚州市职业道德十佳标兵”，“抚州市首届优秀企业家”。面对这纷至踏来的荣誉，对事业有追求的易总经理有着坚定的信念和自己的价值观，他要依照“让政府放心，让群众满意”的标准，去做自己该做的一切。

南城县供电有限责任公司
经理　易光明

1955年出生　高级工程师
籍贯江西省南城县　中国共产党党员

江西省优秀厂长（经理）

敢立潮头搏市场　　锐意改革铸辉煌

任新华同志善抓机遇，意识超前，具有丰富的企业管理经验，自1996年担任公司总经理以来，始终坚持“办一流企业、树一流品牌、创一流产品”的发展方向，经过不断的市场开发和技术创新，使企业由一个地质队兴办的默默无闻的小厂，发展成为全国赤霉素行业的龙头企业和全球最大的赤霉素生产企业。

任新华同志已连续三年被授予“江西省优秀厂长（经理）”，先后获得“江西省全心全意依靠职工办企业的优秀厂长、经理”、“江西省用户满意活动卓越领导人”等光荣称号，成为了一个职工依赖、业内知名、用户满意的企业家。

江西核工业瑞丰生化有限责任公司　总经理

任新华　　1961年1月出生

中国共产党党员　　研究生

高级工程师

芦溪县供电有限责任公司经理　**李寿松**

江西省萍乡市人　　1955年3月出生

中国共产党党员　　政工师

脚踏实地　锐意创新
强化管理　再创辉煌

1999年萍乡市农电体制改革后担任芦溪县供电有限责任公司经理至今。在他的带领下，2003年芦溪县供电有限责任公司实现供电量1.006亿KWH，销售税金615万元，利润150万元，多种经营产值1050万元，公司被省电力公司授予省“一流县供电企业”等称号。自称非常平凡的李寿松，爱钻研，爱拼搏，目前正带领公司员工向国家电网公司一流县级供电企业迈进。

2003年3月任鹰潭市邮政局代局长，2004年4月至今任鹰潭市邮政局局长，他以其“亲和、低调、务实、完美”的工作作风，以“心有多大，市场就有多大”和“做正确的事，正确地做事”的经营理念以及“金、木、水、火、土”的人才管理理念，带领企业逐步走上良性循环发展的轨道，企业各项业务呈现新的蓬勃发展势头。

去年，鹰潭市邮政局业务收入完成4592万元，占计划100.03%，比上年增长12%，职工的收益也明显提高，职工收入比上年增长10%。该局及其下辖的贵溪局在全省邮政“建新功、创新业、比贡献”劳动竞赛中，荣获“优胜单位”的光荣称号。黄君仲本人也获得了“江西省优秀厂长（经理）”等称号。

鹰潭市邮政局　局长　**黄君仲**

江西临川人　　1967年11月出生

学士　　经济师

江西省优秀厂长（经理）

江西省电力设计院
院长

陈肖强

1959年1月出生
浙江江山人
中国共产党党员
高级工程师
浙江大学毕业

亲和　精诚　创新　进取

2000年9月任江西省电力设计院院长，带领全院推进体制、机制、技术和管理创新，以“立足江西，面向全国，走向世界”的市场定位，不断拓展工程勘测设计、咨询、监理、总承包、环保和外经等业务范围，勘测设计产值从2000年至2003年，每年增长57%，职工收入逐年提高。该院设计的丰城电厂4×300MW机组获2002年国家优秀工程设计金奖。院八年获连续四届江西省文明单位，2002年江西省优秀企业、江西省用户满意企业、江西省和全国电力行业质量效益型先进企业，2002年全国工程管理和工程总承包“双百强”。他本人获2001年、2003年度“江西省优秀厂长（经理）”等称号。

邮政独立运行以来，史湖滨同志曾任九江市邮政局副局长主持工作、江西省邮政局办公室主任等职，现担任南昌邮区中心局局长兼省邮政局网络运行处处长之职。在任职期间，史湖滨同志创造性地开展工作，创出了“实行单价结算，模拟市场运作”的成本核算体系，使生产的运行成本大幅度降低，极大地提高了网络运行机制的效率和效益。在三项制度改革方面，按照现代企业制度，进行了人事、用工分配制度的改革，并使之形成正常的运行机制，在优化作业组织方面，不断调整和优化网路结构，规范作业流程，减少中间环节，很好地支撑了邮政业务的快速发展，为江西邮政步入良性循环作出了积极的贡献。

“路漫漫其修远兮，吾将上下而求索”。他说，中心局的改革只是刚刚开始，今后要做的事情还很多，要走的路还很长，我们要不断巩固和完善所取得的成果，勇于创新，把南昌邮区中心局建设成为一个指挥管理高效，业务功能规范，生产组织科学，工作环境优美的现代化邮区中心局。

南昌邮区中心局　　局长　　史湖滨
江西省邮政局网运处处长
1955年出生　　籍贯河北
中国共产党党员　　经 济 师

江西省樟树市邮政局　　局长　熊金彪
1963年出生　　籍贯江西高安
中国共产党党员　　经济师。

熊金彪同志自任局领导以来，始终以毛泽东思想、邓小平理论为指导，认真实践江泽民总书记提出的“三个代表”，与局领导班子一道带领全局干部职工，紧紧围绕企业的经营发展，深化改革，积极开展工作，实现了扭亏，取得了令同行瞩目的显著成绩。一、上缴收入收差连续三年列全省邮政县（市）局第一名；二、邮储余额连续三年排全省邮政县（市）局第一位；三、邮储净增余额连续三年列全省县（市）局第一名；四、2001年度评为全省邮政“经济效益”十强县；五、2001年度评为“江西省优秀企业”；六、获2002—2003年度宜春市“文明单位”；七、2002年度获江西省邮政“效益杯”劳动竞赛优胜单位；八、2003年邮政代理人寿保险业务又列全省县市局第一名。并被评为全国邮政代理保险“优质服务”示范。2001年熊金彪同志被评为江西省邮政系统劳模；2002年熊金彪同志评为“江西省邮政业务技术骨干”等称号。

江西省优秀厂长（经理）

南昌水业集团有限责任公司
董事长 总经理 党委副书记
毛木金 1949年7月出生
高级工程师

改革创新 力求发展

1997年12月—2000年8月任南昌市自来水有限责任公司副董事长、总经理；2000年8月—2001年2月任南昌市自来水有限责任公司董事长；2001年2月至今任南昌水业集团有限责任公司董事长；总经理、党委副书记。他认真贯彻改革发展方针，对企业运营机制、管理体制、人事用工制度等实施重大举措；注重加强行风建设和企业文化建设，推行规范化服务和社会承诺制；注重发挥“科技”和“管理”两个车轮作用，不断推进信息化进程，使企业不断做大、做强、做优。公司已经成为集自来水生产、销售、管网安装、维修和城市污水处理为一体的国家大型企业。并成为全国唯一一家由供水企业为主发起人独立上市发行股票的企业。2003年完成销售收入2.35亿元，实现利润4553万元。

彭宗高同志1999年就任江西移动通信有限责任公司上饶分公司党委书记、总经理以来，为这个老企业新公司响亮地提出了“创新，上饶移动的魂”的口号，大胆向旧观念、旧体制宣战。他以其独特的人格魅力团结和带领公司员工在激烈的市场竞争中，开拓进取、奋勇拼搏，创下了上饶移动通信发展史上的一个个奇迹，公司移动客户数每年呈几何发展，运营收入年年高幅度增长，公司先后被评为“江西省文明单位”、“江西省优秀企业”、“江西省用户满意企业”、“江西省诚信纳税企业”等十多个荣誉称号，他本人先后荣获“优秀党务工作者”、“江西省职业道德十佳标兵”“江西省五一劳动奖章”等荣誉称号。

江西移动通信有限责任公司
上饶分公司
党委书记、总经理

彭宗高

汉 族
江西南康人
1954年5月出生
中国共产党党员
大学文化
高级经济师

南昌钢铁有限责任公司
董事长

傅民安

汉 族
籍贯江西
1956年10月出生
中国共产党党员
高级工程师

排难而进、再攀高峰

2001年12月起任南昌钢铁有限责任公司董事长。面对急剧变化的市场形势，南钢公司在以傅民安同志为首的领导班子的带领下，围绕提高企业效益这个中心，适时应变，排难而进，企业保持了健康快速发展的势头，并提前一年实现了省委、省政府提出的“三年翻番”目标。2003年完成工业总产值44.3亿元，销售收入43.87亿元，实现利税4.8亿元。同时南钢公司荣获2003年全国“重合同、守信用先进企业”和“全国质量管理小组活动优秀企业”称号。

江西省优秀厂长（经理）

江西赣西供电公司
总经理

梅太平

江西临川人
1958 年 1 月出生
中国共产党党员
硕士研究生
高级工程师

加快发展　服务客户　贡献社会

2003 年任江西赣西供电公司总经理，在他的带领下，2003 年江西赣西供电公司完成供电量 35 亿千瓦时，实现主营销售收入 11.94 亿元，上交税收 7011 万元，多项指标均创历史最优，多经产值 9835 万元，上缴税收 575 万元，实现利润 168 万元，为地方经济的发展作出了积极的贡献。2004 年，公司在巩固国家一流供电企业的基础上，提出了“三高”发展战略，即培养高素质队伍、建设高科技电网、谋求高速度发展。通过加快人才、电网和企业发展，更好地服务客户、贡献社会，使客户满意，让政府放心。

邹泉珠同志果敢决择，买断原新余市铸钢厂（破产企业）部分产权，并安置大部分下岗工人就业，拥有员工150余人。1994年，邹总创办了新余市渝水区城北冶炼厂，1998年在城北冶炼厂的基础上，经过改组，成立了新余市永盛工贸有限公司。2001年9月，公司开发的新产品——钒铁生产线投入使用，该项目填补了省内铁合金产品的一项空白。目前，正在试产的新产品，它将填补江西铁合金产品的又一项空白，具有显著的经济效益。企业还多次被市政府、工商、税务等部门评为“先进私营企业”、“纳税大户”、“诚信纳税企业”等荣誉称号，被授予“江西省2004年度诚信企业”的荣誉称号。

新余市永盛工贸有限公司总经理

邹泉珠　　汉族
1959年出生　籍贯江西新余

江西煌上煌集团有限公司
董事局主席

徐桂芬

江西南昌人
1950 年 10 月出生
民建会员
高级经济师

以形象树品牌　靠诚信求发展

煌上煌集团的前身是煌上煌实业有限公司，自 1993 年 2 月创办以来，徐桂芬历经艰辛和坎坷，将煌上煌企业由小做大，由弱做强，企业经营以跳跃式发展速度扩张，以烤卤主业为核心，兼营餐饮、饼业、房地产业的多元化经营格局已初步形成。她心系下岗职工，为政府排忧，热心公益事业，积极参加各种扶贫济困活动，捐献钱、粮、物近千万元。目前，企业已成为全国肉类食品行业 50 强之列，并多次荣获国家级、省级、市级各项荣誉表彰 30 多项，成为全国食品行业质量效益型先进单位，江西省食品工业“九五”发展十强企业，江西省就业和社会保障先进民营企业等多项殊荣，到 2010 年企业力争跻身全国民营企业 500 强。

江西省优秀厂长（经理）

一路凯歌是“银达”

1995年起任银达公司董事长、总经理，仅用10年时间由一个资产不足200万的企业扩展为拥有餐饮、食品、广告、房地产、网络文化传播、银达科技6个子公司的集团公司。资产规模迅速扩张，多元经营一路凯歌，是抚州企业的一面旗帜，近三年，集团缴纳税金达到年增38%的速度。企业被评为“江西省优秀企业”、“省先进私营企业”、“经济建设先锋”等。本人评为“省优秀企业家”、市“抚州首届十佳优秀企业家”、“光彩之星”等诸多荣誉称号。

艾银星

江西银达集团董事长　总经理

江西临川人　1957年10月出生　人大代表
工商联常委　高级工程师

江西白云企业集团有限公司
董事长　　张万洲

2003年白云企业集团拥有大小企业200多家，职工人数2000余人，拥有固定资产11412万元，自有流动资产3000余万元，实现销售收入16031万元，实现利税1806万元，白云企业集团被评为江西省乡镇一级企业和江西省乡镇明星企业。

自1990年以来，张万洲同志被评为“优秀党务工作者、优秀村党支部书记、先进工作者”、“市优秀乡镇企业厂长（经理、董事长）”、“发展经济有突出贡献先进个人”、“省优秀青年乡镇企业厂长（经理、董事长）”、“省优秀乡镇企业厂长（经理、董事长）”、“全国优秀乡镇企业厂长（经理、董事长）”、“省劳动模范”、“全国优秀乡镇企业家”等多项荣誉称号。

2003年元月起任中铁四局集团第五工程有限公司总经理。面对日趋激烈的建筑市场竞争，通过调整营销战略，创新企业管理，深化内部改革，推进技术进步，有力地促进了企业竞争力的提高。2003年公司实现营销额12.93亿元，完成营业值6.5亿元，双双创出历史新高。2004年再接再厉，上半年实现营销额7.337亿元，完成营业值6.34亿元，取得了历史同期最好成绩。并改变了公司以往单一依靠铁路市场的营销格局，广泛涉足公路、城市地铁、轻轨和国外建筑市场，相继承揽了深圳、上海、北京地铁和蒙古国公路、委内瑞拉铁路等工程项目，参与了国内多条高速公路建设，以高品质的产品赢得广泛赞誉。2003年以来，公司先后荣获“全国优秀施工企业”、“江西省五一劳动奖状”、“中国铁路工程总公司优秀企业”和“江西省文明单位”等荣誉称号。

中铁四局集团第五工程有限公司　总经理
黄万蒂　四川资中人　1958年8月出生
中国共产党党员　高级工程师

江西省优秀厂长（经理）

强化管理　锐意创新

2000年，经过多次业务剥离和分营，南昌电信在许叶茂同志带领下，一手抓传统市场的拓展，一手抓新业务的技术开发，在南电扎实推行了：一、至上而下的三项制度改革，优化了企业人力资源的配置；二、由内而外的管理体制改革，促进了企业的可持续发展，有效的改革措施为企业增添了活力，营造了现代、健康、向上的企业氛围。在他担任南昌电信分公司总经理期间成功实现了服务工作中的"三个转变"，"从被动服务向主动服务的转变"，"从传统服务向个性服务的转变"，"从模式服务向情感服务的转变"，为南昌地区信息化建设作出了巨大的贡献。

许叶茂同志连续两年被江西省企业联合会、江西省企业家协会评为优秀厂长经理，2002年度被江西省质量管理协会评为全省质量管理先进个人，2001年当选为南昌市、西湖区两级人大代表，并于2004年评选为西湖区优秀人大代表。

江西省电信有限公司南昌市分公司
总经理　党委副书记
许叶茂

浙江绍兴人　1958年2月出生
中国共产党党员　高级工程师

宜春市电信分公司总经理　党委书记
赵洪友　安徽阜阳人
1962年2月出生　中国共产党党员
高级工程师

稳健务实求发展　创新奋进写华章

赵洪友自1998年11月邮电分营后历任宜春地区电信局局长、宜春市电信分公司总经理，几年来，宜春电信历经邮电分营、电信重组、主附业分离等重大改革，不仅保持了企业稳定，而且取得了突飞猛进的发展。

赵洪友始终坚持改革创新，近年来，宜春电信在他的带领下，在改革中发展，在发展中改革，不断丰富创新内涵，强化体制、机制、技术业务和管理创新，呈现出蓬勃生机和活力。

近年来，宜春电信取得了许多荣誉：全国先进职工之家、全国妇联巾帼文明示范岗、省级文明单位、全省文明行业（与省电信公司荣誉共享），用户满意度全省第一、全市社会治安综合治理先进单位、"青年文明号"、"文明示范窗口"、"诚信单位"、"行风评议先进单位"等累累硕果，赵洪友本人也荣获二00三年度"江西省五一劳动奖章"。

2003年，工厂通过深化改革，加强管理，各项经济指标同比增长60%以上，职工收入也有较大增长。在保持企业稳定的前提下，工厂还自筹资金800万元完成了乳化炸药生产线技术改造。在创新体制方面也有重大突破，工厂住房制度改革基本完成，企业办社会职能基本剥离，企业实施政策性破产的各项准备工作已基本结束。特别是全厂职工思想观念得到根本转变，所有这些，不仅使企业各项工作上了一个大台阶，也为工厂今后的发展奠定了坚实的基础。

江西永胜机械厂厂长
陈共孙

1965年出生　籍贯江西崇仁
中国共产党党员　政工师

江西省优秀厂长（经理）

务实求卓越

江西清华泰豪科技集团有限公司
副总裁、党委书记

万晓民

汉 族
江西南昌人
1957 年 2 月出生
中国共产党党员
律 师

自 1998 年 6 月至今，任江西清华泰豪科技集团公司副总裁、党委书记、工会主席、律师部主任律师。在民营企业参与国企改制中进行了成功的探索与创新，尤其为改制后企业文化、基础制度体系建立，以及非公有制党建和工会工作开展进行了成功探索。近几年，企业先后被评为全国首批 120 家重合同守信用单位、江西省首批特级诚信企业，全国和江西省就业和社会保障先进民营企业，胡锦涛、江泽民等党和国家领导人莅临泰豪视察，对公司的发展给予了肯定。

江西无线电厂
（国营第七一三厂）
厂长、党委书记

杨志明

安徽繁昌人
1948 年 10 月出生
中国共产党党员
工商管理硕士研究生
高级经济师

1995 年起任国营第 713 厂厂长，并于 2002 年起兼任党委书记。在他的领导下，713 厂经国防科工委、电子工业部和省政府批准，于 1998 年 2 月完成了与清华同方股份有限公司的资产重组，成为其全资子公司走出了一条“713 厂发展模式”的军工国企改革之路开创了全国首例国有控股的上市公司整体兼并军工企业，寻找共同发展的探索之路。六年来，企业经济效益持续增长，整体素质显著提升。资产重组的当年就实现扭亏为盈，而后年年大幅增长。2003 年工业总产值是兼并前 1997 年的 14.23 倍，是 1998 年的 10.44 倍；2003 年销售收入是兼并前 1997 年的 8.59 倍，是 1998 年的 7.61 倍；2003 年利润是 1998 年的 15.03 倍六年来，企业先后获得了全国“五一”劳动奖状、江西省高新技术企业、国家火炬计划重点高新技术企业国家博士后科研工作站、连续五年的省市优秀企业、“质量管理先进单位”等荣誉称号，同时他本人也多次荣获“江西省优秀厂长（经理）”、“江西省劳动模范”等荣誉称号。

自强不息　锐意进取

2000 年 4 月起任景德镇市邮政局局长、党委书记。在短短几年中，他带领全局员工，使一个“求生存”的亏损企业一跃成为江西省群众性经济技术创新活动先进单位、江西省文明行业、江西省文明单位、江西省优秀企业、江西省邮政系统劳动竞赛优胜单位等，2003 年企业资产回报率和经营现金净流量居全省邮政首位，企业全面实现了良性循环。

鸿雁翱翔

景德镇市邮政局
局长

万时高

1954 年出生
江西省波阳县人
中国共产党党员
硕士研究生

江西省优秀厂长（经理）

务实创新　锐意进取

邹映明，泰豪科技副总裁，主持电机产业的推进及公司进出口市场的拓展。中国船级社长江地区委员会委员，省优秀企业家，南昌市十佳创新青年企业家、南昌市青年企业家协会会员。

1999年底组建泰豪三波电机事业部（原江西三波电机总厂主体），主持开发的各类新产品、新技术达到电机行业世界先进水平，频频获省、市科技进步奖，并得到党和国家领导人的高度评价。

为使企业更好、更快地与世界接轨，实现公司电机产业国际化战略目标，邹映明同志坚持内抓管理，外拓市场，在做好国内市场的同时，积极开拓海外市场，公司产品远销美国、东南亚和中东等市场，在与国外品牌竞争中赢得了美誉，提升了企业品牌价值。

泰豪科技股份有限公司　副总裁

电机产业事业部总经理、进出口公司执行董事

邹映明　江西瑞昌人　1963年出生　中国共产党党员　高级工程师

江西龙潭水电实业有限公司　总经理

刘国富　汉族　1979年出生　籍贯江西崇义　中国共产党党员

龙潭公司在总经理刘国富的带领下，坚持“诚信、发展、精品、高效”的经营宗旨，不断培育升华“敬业、开拓、团结、奉献”的企业精神，成功地实现了社会效益与企业效益双丰收的奋斗目标，文明建设顺利通过江西省第九届文明单位的验收，先后获得省级文明单位，省、市安全生产先进单位，省水利系统优秀企业和赣州市最佳企业荣誉称号。他本人也获得了赣州市政府授予的“赣州市突出贡献奖”。

现在，面对不断变化的新形象、新任务，公司提出了“与时俱进对接长珠闽，开拓创新建设新龙潭”的构想，全体员工，正向着新的、更高的目标奋力攀登，携手共创企业的美好明天。

在省、市、厅、局的领导下，公司新一届领导班子在王东方经理的带领下，抓好企业思想建设和作风建设，推动两个文明建设，讲政治、学理论，努力实践“三个代表”重要思想，使企业上下具有较强的凝聚力和战斗力。抓改革创新，学习和借鉴优秀企业的先进经验，探索本企业的特点，采取行之有效的经营方式，抓管理、促生产、创效益、推行项目经理责任制和落实内部经济责任制，注重安全与质量。讲诚信、重合同，创外部环境和品牌形象，坚持以市场为导向，端正经营作风、廉洁自律、努力工作。王东方同志踌躇满志，以自身的行动，全面加强规范公司内部管理和工作秩序。进一步解放思想，勇于创新，与时俱进。以表率的作用，极大地调动各方面的有利因素和广大职工干部的积极性，面对市场的挑战，为承揽更多的工程项目，谋求更大的发展，为公司可持续发展和水利经济建设作出努力。

九江市水利电力建筑公司　总经理　王东方

1964年出生　籍贯安徽

中国共产党党员　高级工程师。

江西省优秀厂长（经理）

一切让用户满意

历任鸿万记录纸有限责任公司副总经理、总经理兼党支部书记、江西波斯特实业有限责任公司副总经理等职。上任以来，企业先后荣获江西省优秀企业、连续七年被评为“先进技术型企业”、连续三年南昌市国税局“一级纳税信誉等级单位”、连续四年江西省邮政系统“经济效益优胜单位”、“先进集体”等荣誉，2001 年 9 月江西省邮政系统第一家通过 ISO9001：2000 国际标准化认证企业，他个人先后荣获“优秀共产党员”、“江西省优秀厂长（经理）”等荣誉。

江西波斯特实业有限责任公司副总经理、党委委员
鸿万记录纸有限公司总经理　　陈青海

江西南昌市人　　1952 年 3 月出生
中国共产党党员　　MBA 研究生

江西东津发电有限责任公司
总经理　　李居播

江西赣州市人　　1946年出生
中国共产党党员　　高级工程师

团结求实　　创新奉献

1998 年 3 月始任江西东津发电有限责任公司总经理。他始终坚持“以人为本、以安全生产为基础、以经济效益为中心”的管理理念，坚持以深化内部改革和技术进步为动力，加强技术培训，努力提高全员素质，不断增强企业综合实力，2003 年公司年发电量售电收入等 6 个经营考核指标创历史最高纪录。公司多年荣膺九江市财政贡献大户，连续四年被评为“省级文明单位”；2003 年还被评为“全国职工职业道德建设十佳单位”和“全国五一劳动奖状”等荣誉称号。同时他本人多次被评为“江西省全心全意依靠工人阶级办企业优秀厂长（经理）”等称号。

朱军同志自1999年开始担任公司董事长，总经理等职务，五年来，朱军同志带领江特公司，从困境中一跃而起，迅速做大做强，市场不断扩展效益不断增长。截止2003年，产品销售收入由3000万元增至1.2亿元，利润由8万元增至618万元，最高年份达到918万元。上交税金由200万元增至895万元，最高年份突破1000万元大关，企业经济效益综合指数在全国电机行业中的排序由28位跃居前10位，为国家和地方经济发展作出了巨大贡献，成为国企改革的成功典范和宜春地方工业的一面旗帜，朱军同志就是这面旗帜的举旗手。

江西特种电机股份有限公司
董事长　总经理　朱军

1964年出生　　籍贯湖南
汉族　　高级工程师

江西省优秀厂长（经理）

江西宜春供电公司总经理

谭永香

心系企业与员工　发展创新无止境

1999 年 9 月至 2004 年 2 月任江西宜春供电公司（局）总经理（局长）。四年来，宜春供电公司在他的带领下，勇于实践、积极创新、与时俱进，管理上台阶、效益上台阶、员工的积极性和责任感上台阶，先后获得了国家电力公司文明单位、江西省文明单位、江西省文明行业、江西省优秀企业等七十多项集体荣誉称号。他本人也光荣地当选为江西省第十一次党代会代表，并先后获得全国“五一劳动奖章”、江西省“五一劳动奖章”、2002、2003 年度江西省优秀厂长（经理）等近二十项荣誉称号。

奉新县人大副主任

江西省奉新县供电有限责任公司

经理、党委书记

李士滔

公司自二000年十一月成立以来，精心培植“超越自我、打造团队、恪守诚信、争创一流”的奉电精神，全力打造奉电品牌，以“始于客户需求、终于客户满意”为服务理念，取得了两个文明建设双丰收。2003年供电量达2.31亿kwh，创奉新电网历史最高水平。先后荣获江西省电力系统首届十佳县级供电企业殊荣，国电公司、省公司电力市场整顿和优质服务年活动、诚信工程先进单位以及电力行业双文明单位、宜春市文明单位和优强企业，并被奉新县委、县政府评为“优秀企业”、“企业纳税大户”、服务地方经济建设、招商引资（服务）工作、冯田经济开发区建设、重点工程建设先进单位等荣誉称号。公司客户服务中心还荣获了国家电网公司示范窗口及省电力系统“十佳文明窗口”等称号。

德兴市供电有限责任公司

经理　董明坤

1949年出生　籍贯德兴

中国共产党党员　高级工程师

1971年7月毕业于江西理工大学，现任德兴市供电有限责任公司经理，曾担任江西省水利水电管理协会常务理事、中国水利企业家协会理事，上饶市政协委员等职务。1987年8月，董明坤同志就任德兴市水电公司经理以来，他始终讲政治、讲大局，团结班子成员，紧紧依靠全体职工，大胆开拓，勇于探索，不断实践，在深化企业改革的基础上全面推行三项制度改革，以“安全、满发、多供、少损”为目标不断加强企业管理，使公司跻身“省级先进企业”行列。公司不但被省公司授予“2002年双文明单位”，而且在德兴的效能监察活动中名列前茅，在赣东北供电局“资产经营”管理考核中名列六县（市）第一。

董明坤获得较多荣誉：1992—2002年期间他曾被多次评为“江西省优秀厂长经理”、“江西省优秀企业家”、“省五一劳动奖章”、“全国五一劳动奖章”、“江西省劳动模范”，并被秤为“有特殊贡献的科技人员”，1996年起享受“国务院特殊津贴”等。

江西省优秀厂长（经理）

2003年4月，在党中央、国务院的亲切关怀下，在省委、省政府和国家局、省局（公司）的关心支持下，井冈山卷烟厂被批准上划为中央直属企业。近几年来，在刘一华厂长的带领下，井冈山卷烟厂坚持以市场为导向，以效益为中心，以结构调整为主线，以强化管理为重点，通过狠抓产品结构调整和市场开拓，狠抓管理规范和队伍建设，大力实施技术创新、机制创新、管理创新和理念创新，努力提高企业核心竞争力，企业实现了快速稳定的发展。2003年实现销售收入2.3亿元，实现利税7858万元，实现了各项经济指标三年翻一番的目标。

2000年8月，刘一华同志被选为中共吉安市委候补委员，2001年当选为省十一届党代表，2003年当选为省人大代表。

井冈山卷烟厂 厂长 刘一华

1956年12月出生 江西吉安人

中国共产党党员 大学本科学历

景德镇市重阳水泥有限责任公司 总经理

潘占辉 汉族 1972年出生 籍贯江西余干

中国共产党党员 经济师 硕士研究生

公司在潘占辉总经理率领下，内抓管理，外拓市场，严格按照ISO9001：2000标准加强质量体系管理。由于各部门的努力，公司顺利通过了ISO9001：2000产品质量监督复评及质量体系监督审核，创建了“用户链管理”模式，保证了公司机制再造后的有序高效的管理，为企业快速发展，发挥整体优势、调动各方面积极性，实现总体经济效益持续稳定增长创造了有利条件。为此，公司取得很好的经济效益和社会效益。

公司先后荣获“江西省著名商标”、“江西重点保护产品”、“江西名牌产品”、“消费者信得过单位”、“重合同守信用单位”、“江西省质量管理先进单位”、“景德镇纳税大户”等荣誉。

江西天施康中药股份有限公司

总经理

吴朝阳

江西余江人

1960年6月出生

中国共产党党员

主任中药师

本科

曾先后主持了夏天无片、针、夏天无眼药水等二十多个品种的课题研究，都被列入药典或部颁标准，其中夏天无系列等品种已成为全国独家品种；主持研制的血康口服液、肠炎宁片等品种，均获江西优秀新产品奖，并获国家专利。

由于业绩突出，吴朝阳曾先后荣获全国中药行业劳动模范、江西省医药系统劳动模范、江西省医药科技优秀管理工作者称号；被鹰潭市政府授予“专业技术人才、跨世纪科研带头人”称号；一九九八年至二00四年连续六年荣获“江西省优秀厂长（经理）”称号；享受国务院颁发的政府特殊津贴。

江西省优秀厂长（经理）

超越自我　连攀高峰

汉族　1968年6月出生
江西省崇义县人

省十届人大代表　中国钨业协会会员
江西省中小企业协会常务理事
江西耀升工贸发展有限公司
董事长　法人代表　郭耀升

江西耀升工贸发展有公司，是郭耀升同志一手将一家濒临破产的国企救活、做大、做强而发展起来的综合型企业；子公司十多家，职员二千多人，固定资产二亿多元。

公司始终坚持“以人为本、诚信发展”的企业理念，实施依靠高新科技进行高附加值深加工的战略转移，走“三高一优”的产业发展之路，集钨业采选、冶炼、加工、贸易于一体，不断拓宽国内、国际市场。主要产品有APT、钨粉、碳化钨粉、锡精矿、钼矿等，同时经营电力、药业、房产等贸易。公司是省级“优秀私营企业”。

郭耀升同志先后荣获团省委“十佳青年”、省“优秀企业家”、省“纳税大户”、全国第6届“创业之星”等众多光荣称号。

多才善谋　尽心尽力的企业当家人

中国共产党党员　大专毕业
助理工程师
江西省莲花水轮机厂有限公司
董事长　周新

周新同志自1980年进入莲花水轮机厂至2002年担任莲花水轮厂董事长兼厂长。二十多年来，凭着他对本职工作的热爱和强烈的事业心与责任感，爱厂如家，无私奉献，虚心好学，业务技术本领过硬，为水轮机的安装技术革新攻破了一道又一道难题，并自行设计了水轮机的自动调速器，解决了以往水轮机手动调速操作不便的难题。他在抓好企业内部管理的同时始终注重科技是第一生产力，是企业生存和发展的主旋力的硬道理。还积极主动地与科研院所共同研制水轮机新技术，带领科技人员，共开发研制水轮机新品种二大系列9个品种。周新同志为本厂的发展和经济效益的提高立下了汗马功劳，作出了突出的贡献，2003年销售收入新增1500万元。企业在周新同志的带领下，取得了蒸蒸日上、蓬勃发展的喜人局面，企业的未来也将更加光辉灿烂。

1962年出生　中国共产党党员
高级工程师

江西南昌济生制药厂
常务副厂长　万福根

南昌济生制药厂常务副厂长万福根同志，毕业于江西中医学院中药系，自1985年分配到济生药厂以来，历任技术科长、副厂长，一九九四年底任常务副厂长，全面主持济生药厂工作至今。面对竞争激烈的医药市场，万福根同志不断调整营销策略，完善服务体系，使企业生产经营良性循环，效益稳步提高。二00三年实现产值2.1亿元，较上年增长25%，销售收入1.67亿元，实现利税两千多万元，企业各项经济指标均居全省同行业前列。

济生药厂在万福根同志的正确决策、灵活经营下，不仅在激烈的市场竞争中站稳脚跟，并且实现销售两位数的增长。济生药厂也将继续在万福根同志强有力领导下，不断加大企业的改革力度。做大做强企业。

江西省优秀厂长（经理）

江西五丰食品有限公司总经理　郭永红
1962年11月生　江西泰和人
大专文化　高级工程师
中国共产党党员

2001年开始担任江西五丰食品有限公司总经理。她提倡精细化管理，坚持技术创新。在她的领导下，公司每年均有2-3个新产品上市，产品远销美、加、英、法等20多个国家和地区。目前公司拥有直条米粉发明工艺等30多项国家专利，拥有四大系列60多种产品，产品先后通过了ISO9001：2000质量管理体系、HACCP国际食品卫生安全控制体系认证和国家原产地标记注册认证。公司先后被评为“全国食品工业科技进步优秀企业”、“全国外商投资双优企业”、“江西省质量效益型先进企业”。2003年公司转化粮食1.6万吨，带动1.1万户农民平均每户增加收入215元，实现税利600多万元，出口创汇400万美元。

她本人先后被评为江西省“五一”劳动奖章获得者、全国食品工业优秀女企业家、全国食品工业科技进步先进科技管理工作者、全国“三八”红旗手、全省“各行百佳”妇女、“江西省优秀厂长（经理）”等，其家庭还被授予“全国文明家庭”荣誉称号。

南昌市印刷二厂厂长

熊红武

全国印刷界森泽信夫一等奖获得者，熊红武同志自参加工作起，一直从事印刷事业，四十多年的锤炼，使她变得特别成熟。从1981年主持全面工作以来，南昌市印刷二厂在厂长熊红武及其班子成员的带领下，转变思想观念，敢想敢干，同心同德、艰苦奋斗，紧紧依靠科技进步，大胆引进先进设备，强化企业基础管理，转换企业经营机制，使企业一跃成为设备先进、厂房一新、产品精湛的全国优秀包装企业。历年被省、市授予“优秀厂长”、“优秀企业家”称号。1999年被授予“全国优秀包装企业家”；2003年又连续荣获“全省优秀厂长”称号。

善谋实干　创新思变

江西省农牧渔业联合公司　经理
省农村能源环保技术开发中心主任

徐新明

汉族
江西鄱阳人
1951年3月出生
中国共产党党员
高级经济师

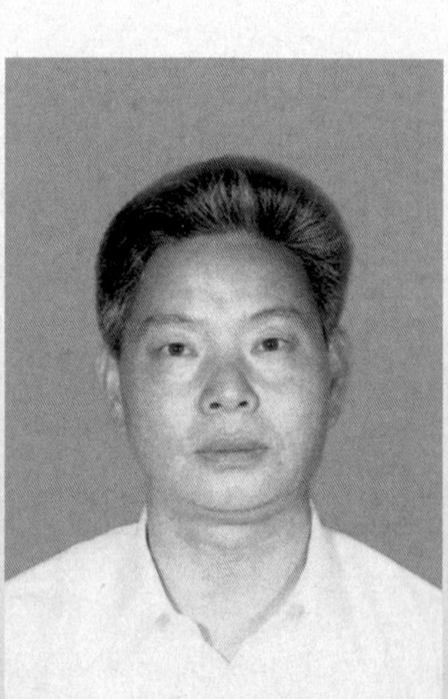

1992年11月起主持工作，突破有限资源，虚拟企业，科技创新要效益。带领员工创新沼气用户器具获13项专利，使沼气户用技术全面提升。产品成为国家级重点新产品，创业优秀、推荐产品，中国农业博览会名牌产品，遍布全国。将一个濒临破产的企业发展为全国行业的知名企业、技术创新的先行兵，江西省优秀企业。全员劳动生产率、人均税利是全国行业平均水平的多倍，经济持续健康发展。个人获“省星火科技”三等奖、“省农业科技人员突出贡献”三等奖、省优秀经理等荣誉称号。

江西省优秀厂长（经理）

余小斌同志担任月兔集团董事长、总经理、党委书记兼广丰卷烟厂厂长以来，致力于物质文明、精神文明、政治文明"同抓同硬"，使月兔集团"二次创业"步入快车道。2003年集团销售收入同比增长11.96%，利税同比增长18.15%；税前利润同比增长34.43%。班子成员空前团结，员工工作热情空前高涨。其主要工作业绩如下：一、理顺了工作思路，明晰了发展方向，制订了得力措施；二、以产权置换为突破口，大力推进企业改革工作；三、推进体制机制创新，招商引资成效显著；四、加强管理、内部挖潜、盘活存量、优化资产结构，使企业轻装上阵。

以余小斌同志为核心的月兔集团党政班子现已把企业工作方向定位于"做优卷烟主业，激活非烟产业，切入新兴产业"，提出以争取生存权为主攻方向、以提高品牌集中度为核心、以提升企业科技创新能力为目标、以产权置换为突破口、以培育新的经济增长点为目的的全方面战略，收到了"组织满意、员工满意"的喜人成效。

江西月兔企业集团有限公司
董事长　总经理　　　　余小斌
1971年出生　　　　籍贯广丰
中国共产党党员　　　工程师

江西金苹果农业发展有限公司总裁　刘贤荷
1966年出生　　　籍贯江西南康
中国共产党党员　　畜牧兽医师

江西金苹果农业发展有限公司总裁刘贤荷同志面对行业艰难的形势处惊不变，处危不乱，通过走活"质量、服务、创新"三步棋，使企业顿时进入"柳暗花明又一村"的局面，产销量连续第四年名列江西省单个企业第一。刘贤荷同志指导公司建立了一套严格的质量保障机制，一是领导重视；二是健全制度；三是加强力量；四是措施强硬；树立卖产品就是卖信誉的观念，咬定"质量"不放松。公司努力为养殖户着想，用服务感动"上帝"，确立"把服务作为金苹果的第一品牌和信誉，先卖信誉后卖产品；产品销到哪里，服务就做到哪里"的营销思路，并且夯实企业基础管理，用创新激发内部活力。2003年公司被评为"江西省名牌产品"、"江西省重点保护产品""AAA级信用企业"等。

李良彬同志，1998年毕业后分配到江西锂厂科研所工作，历任技术员、助理工程师、工程师、副所长、所长等职。1999年该厂转制为新余市赣锋锂业有限公司，任总经理。任职期间主持开发了催化剂专用金属锂、高纯金属锂，两产品均通过江西省新产品鉴定，其中催化剂专用金属锂被认定为二000年度国家级新产品。目前正在主持开新产品氢化锂，钎焊剂专用氯化锂，锂—硅（铝）合金，这些产品已经列入或正在列入江西省重点新产品项目。

李良彬同志被江西省人事厅等单位授予2000年度"江西省乡镇企业有突出贡献专业技术人员"称号，2001年被评为新余市首届"十大新型青年企业家"，荣获2002年度"新余市优秀厂长（经理）"称号。

新余赣锋锂业有限公司 总经理　　李良彬
1967年出生　　　籍贯江西丰城
工程师

江西省优秀厂长（经理）

国电华中分公司 副总理
万安水电厂 厂长
汤方辉

1954 年出生　　籍贯江西余干
中国共产党党员　高级工程师

汤方辉同志率领全厂干部员工圆满地完成了我国电力体制改革实施厂网分开的工作，使我厂始终保持了一流水电企业风貌，在江西百年一遇的旱灾的情况下，科学调度水库在确保赣江下游特别是吉安、南昌重要城市的人民生活航运用水，为我省抗旱救灾做出了贡献；在来水少的情况下力争发电无事故，全年完成发电量 9.0928 亿千瓦时；大力发展多产业，实现了氯酸钾转产氯酸钠的生产，安置了富余人员，增加了经济效益，多产业实现产值 5000 万元，上交税 600 万元。

汤方辉坚持以“三个代表”的思想统领工作，忠实履行厂长职责，全力配合支持党委工作，坚持三个文明一起抓，做到以身作则、清正廉洁、善谋实干、企业各项工作取得了丰硕成果，充满生机与活力。2000—2003 年连续三年被评为“江西省优秀企业家”，2003 年江西省“五一”劳动奖章获得者等荣誉。

陈国顺同志是一个有强烈的事业心和和责任感，勤奋学习，扎实工作，生于农村、长于农村的青年企业家。从 1996 年起，他创立了江西天顺生态农业有限公司，采用“公司 + 基地 + 农户”的经营模式，在临川、金溪、崇仁、进贤等区县建立种植基地 18 个，黄栀子种植面积达 5.6 万余亩，联结农户近 4000 户，使昔日的荒山荒坡披上了绿装，产生了显著的生态、社会及经济效益。在他的示范与带动下，抚州市近四万农户种植黄栀子 25 万余亩，使黄栀子快速成为江西红壤丘陵地上颇具区域特色的支柱产业。

陈国顺同志于 1998 年 5 月评为抚州市“十佳青年”；2002 年 9 月评为抚州市光彩事业活动积极分子，同年 10 月评为江西省光彩事业活动积极分子；2003 年公司评为江西省农业产业化龙头企业和抚州市优秀企业；4 月评为江西经济技术创新能手；2003 年 4 月获全国“五一”劳动奖章，江西省劳模，被中宣部、人事部、农业部评为“全国农村优秀人才”；2004 年被评为“江西省优秀厂长（经理）”和抚州市首届“十佳优秀企业家”等荣誉称号。

江西天顺生态农业有限公司
董事长
陈国顺

1964 年出生　籍贯江西　经济师
江西省十届人大代表
抚州市政协委员　临川区人大常委

巨石集团九江有限公司
总经理　党委书记
邵伙军

1948 年出生　籍贯江西
汉族　中国共产党党员
经济师　高级政工师

2003 年是我国发展进程中重要而非同寻常的一年，同样对巨厂集团九江有限公司来讲，也是重要的一年，不但是可圈可点成效显著的一年，是奋斗发展的一年，也是管理创新的一年，更是硕果丰登的一年。在这一年里，实现了企业上规模，产量上台阶，质量上水平，管理上档次，成本创佳绩，心顺人气旺的目标。这些成绩的取得，是与上级领导的支持、关心、指导分不开的，也与邵伙军总经理为首的领导班子率领全公司员工以人为本谋发展，抓住关键促效益的卓有成效工作实际紧密相联的。

江西省优秀厂长（经理）

江西贵溪化肥有限责任公司
总经理

黄光明

汉族
籍贯江西
中国共产党党员
研究生
高级工程师

黄光明同志自 2003 年担任贵溪化肥有限责任公司总经理以来，努力学习科学技术、市场营销和企业管理知识，完善知识结构，不断提高自己的政治理论素质和业务素质。他作为国有企业的主要负责人，本着对股东（国家）负责、对企业负责、对职工负责的原则，工作中勤勤恳恳、兢兢业业，依法经营、廉洁奉公，做到国有资产保值增值，干部职工生活水平逐步提高，企业生产经营工作中的安全、稳定，不断提高。贵化在黄光明同志的带领下，先后获得江西省优秀企业、国家“八五”化工建设先进单位、全国绿化 400 佳、全国模范职工之家、江西省文明单位、江西省质量管理先进企业等称号；他本人也先后荣获“鹰潭市十大杰出青年”、“江西省五一劳动奖章”等荣誉称号。

中德合资江西莱茵长青电梯有限公司
总经理　　刘体煌

2000 年刘体煌任江西长青机械有限责任公司董事长、总经理，兼任中德合资江西莱茵长青电梯有限公司总经理。他以强烈的事业心和责任感，认真履行好企业带头人的职责。他高瞻远瞩，带领公司把目光一致投向了德国的“莱茵”品牌。代表长青人立下军令状：如果品牌嫁接一年内打不开市场，德方可以取消我们长青电梯的“莱茵”品牌。于是他带领公司全体上下开始了市场拼搏，摸准行情，选准目标，与南昌丽华等签订了一批价值千万的电梯业务。

2003 年又跃上了一个新的台阶，在他的带领下，经过全体员工的努力，完成销售收入 3600 万元。已形成了年产各类电扶梯 500 台的生产能力。“莱茵长青”人以“产品即人品，做事即做人”的新理念，寻求新的发展，通过拼搏，使“莱茵长青”电梯达到年产 1000 台，产值、收入超 3 亿元的规模。

江铃汽车集团公司改装车总厂
厂长

黎　鹏

汉族
江西南昌人
1948 年 4 月出生
大专毕业（企业管理专业）
中国共产党党员　工程师

1968 年 7 月参加工作，1992 年 4 月加入中国共产党员。1993 年起任江铃实业公司总经理，1996 年 11 月起担任江铃汽车集团公司改装车总厂厂长兼党支部书记。任职以来的主要荣誉：个人多次荣获江铃集团公司“劳模”、“先进个人”称号，自 2000 年—2003 年连续四年被评为江西省优秀厂长；所在企业被银行评为“AA 级优良信用企业”；并多次荣获江铃集团公司“标杆单位”及“先进集体”；多次荣获所在区县“纳税大户贡献奖”；2000 年、2001 年、2002 年、2003 年连续四年被江西省机械行业管理办公室评为“江西省优秀企业”。

江西省优秀厂长（经理）

姜家坤：江西赣南海欣药业股份有限公司董事长，1943年出生，籍贯浙江，中共党员，教授级，高级工程师。

姜家坤同志任江西赣南制药厂厂长20年，2002年企业改制任江西赣南海欣药业股份有限公司董事长，以其创新的思维，睿智和果敢，团结带领着公司全体员工，以“三个代表”重要思想为指导，与时俱进，拼搏进取，实现了企业改制后经济效益快速增长，各项事业全面发展的喜人成就：现代企业制度基本建立，企业市场竞争力和核心竞争力明显提高，员工生活水平和年均收入稳步增长。2003年公司完成工业总产值48174.7万元，同比增长34.72%；实现销售收入10202.4万元，同比增长16.80%；实现利税3197.34万元，同比增长45.53%，实现净利润1600.44万元，同比增长30.79%。

黄赛成：江西鸡山水泥有限公司董事长，1961年出生，籍贯江西玉山，人大代表。

公司成立以来，董事长黄赛成大胆运用社会主义市场经济法则，严格履行公司章程，从公司和区域经济发展的实情出发。在企业内部进行了一系列的改革，废除了陈旧的管理条款，创立了新型的管理模式，企业的经营管理得到了明显改善，开创了经济效益和社会效益前所未有的新局面。2002年，鸡山水泥有限公司被江西省人民政府授予“先进私营企业”。上饶市委、市政府授予“十佳民营企业”、“工业十强企业”。2003年“鸡山”牌水泥被江西省政府授予“江西省优质产品”、“省免检产品”、“水泥行业最畅销产品”、“省重点工程推荐使用产品”，并通过ISO9001—2000国家质量体系认证，企业被省技术质量监督局授予“全省质量管理先进企业”。“鸡山”牌商标再度荣获“江西省著名商标”。产品远销闽、浙、沪等经济热点地区和许多重点工程，深受用户的好评。董事长在狠抓经济效益的同时，十分重视政治文明和精神文明建设，于2002年10月成立了玉山县第一家私营企业党总支。

涂予青：江西捷德智能卡系统有限公司总经理，女，1964年出生，汉族，民盟成员，高级工程师。

江西捷德于一九九七年五月创建，至今已运行六年之久，公司全体员工上下一心，与企业同呼吸共命运，为公司创造出一次又一次辉煌的业绩。在过去的2003年内，公司利润总额达200万美元，年销售收入由3000万美元增至4000万美元，年产量从2亿枚增至5亿枚，一流的生产能力、良好的信誉吸引了国内外越来越多客户的青睐，而这一切最终都离不开涂予青总经理认真务实的工作作风和踏实高效、人性化的管理模式。

江西捷德连续三年被江西省国税局评为“模范纳税企业”，同时因与南昌海关的诚信合作，而被其评为“A类企业”。

涂予青总经理出色的成绩不仅得到了中外投资者的赞赏，同时也得到了高新开发区领导和地方各级部门的肯定，自1998年起，她连续四年被高新区管委会授予“先进个人”称号；2000年她荣获南昌市“劳模”、高新区“经济效益贡献奖”、南昌市“五一劳动奖章”、2001年荣获江西省“人民好公仆”称号、2002年荣获“南昌高新区先进个人”称号、“南昌市‘十佳’管理者”称号等等。

胡恩和：江西气体压缩有限公司董事长兼总经理，1949年出生，籍贯南昌，中共党员，经济师。

胡恩和同志现任江西气体压缩机有限公司董事长兼总经理。2003年，在上级党政机关的领导下，他带领全体员工围绕“外扩市场、内降成本、产品创新、员工增收”的企业方针，以市场为龙头，审时度势，利用国家经济发展的大好形势，排除非典疫情的干扰，充分调动员工的积极性和创造性。实现了两项重大突破：一是工业总产值首次突破亿元大关，全年完成10034万元，比上年增长39.15%；二是销售收入首次突破亿元大关，全年完成10210万元，比上年增长38.65%。同时，公司还实现税利696万元，比上年增长30.48%；实现利润32万元，比上年增长23.6%。员工的均收入首次达12600万元，比上年增长22.28%。公司先后被评为“市优秀企业”，“省诚信纳税双十佳企业”，“省诚信纳税先进单位”等荣誉称号，并被列为全国机械行业500强，压缩机行业10强企业。

易光景：江西省煤炭集团公司总经理，男，1947年出生，籍贯江西，汉族，中共党员，教授级高级工程师。

作为省煤炭集团公司党委书记、总经理，易光景同志始终以高度的政治责任感和强烈的事业心，以对煤炭事业的满腔热情和对煤矿工人的挚爱，带领集团企业锐意改革，大胆创新，真抓实干，集团公司各项工作都取得了优异成果。在基本实现前三年的发展目标的基础上，易光景总经理又在思考着后三年的发展规划，思考着新一轮的发展目标。在他的亲自谋划下，集团公司2004—2006年改革发展的基本任务得以明确：全面完成产权制度改革，建立现代企业制度。继续做强煤炭产业，原煤产量稳定在750万吨水平，并向年产千万吨的目标进军。百万吨死亡率降到3以下，实现安全生产形势的根本稳定好转。继续发展非煤产业，基本形成良性、多元的产业结构。集团的销售收入和利税在2003年的基础再翻一番，不良资产和潜亏因素基本消化，全部企业实现扭亏为盈，经济运行进入良性循环轨道。职工人均年收入1.5万元以上，生活质量明显提高。矿区的物质文明、政治文明水平迈上新台阶。

江西省优秀厂长（经理）

郑建新：江西省新干精制盐厂厂长，1959年出生，籍贯江西新干，中共党员，政工师。

郑建新同志从1990年至今担任新干精制盐厂副厂长、厂长、党委副书记。郑建新同志带领全厂干部职工团结拼搏，扎实苦干，内强管理，外拓市场。不断创新企业技术、文化、制度和体制；牢记"两个务必"，贯彻"三个代表"。有效地克服了煤炭、电力短缺、资金紧张、市场疲软等因素给企业生产经营带来的严重困难，企业呈现强劲的发展势头，各项经济指标完成较好。全年累计完成产量12.2万吨，销量12万吨，上交税金653万元，实现利润483万元。同比分别增长18.45%、17.65%、10.59%和10.27%。企业先后荣获市、县目标考核第一名，全县纳税大户，省、市县群众性经济技术创新优胜企业等殊荣。

杨石根：江西万年青水泥股份有限公司副董事长、总经理，1952年出生，籍贯江西南昌，中共党员，高级经济师。

杨石根同志长期从事大型水泥企业的生产经营和管理工作，曾以出色的工作业绩和卓越的管理才能多次赢得上级组织和企业员工的一致好评。在省内外同行中享有较高声誉。他先后获得过上饶市优秀共产党员和职业道德十佳先进个人、全国劳动模范等荣誉称号，连续七年被省经贸委、省企联评为"江西省优秀厂长（经理）"、"江西省新形象十佳个人"。杨石根同志是一位名符其实的大型水泥企业优秀领导者。

"万年青"水泥顺利通过了ISO9000产品质量监督复评及质量体系监督审核，再次被江西省质量技术监督局评为"江西省名牌产品"，公司被评为"江西省质量管理先进企业"、"全国建材行业QC活动优秀企业"，万年水泥厂化验实减少出厂水泥变异系数QC小组荣获"2003年全国优秀质量管理小组"称号。

宋祖滨：江西移动通信有限责任公司吉安分公司总经理兼党委书记，男，1951年出生，中共党员，高级经济师。

宋祖滨同志在长期的领导岗位上，锻炼出了较强的政治素质和过硬的业务素质。1979年5月该同志被团省委、团地委授予"新长征突击手"称号，1982年以来多次被评为"先进工作者"、"优秀党员"，1993年被省邮电管理局授予"有突出贡献的科技人员"和称号，终身享受生活津贴。

1999年7月吉安地区移动通信公司成立，宋祖滨同志带领吉安移动员工，锐意改革，开拓创新，不断提升企业核心竞争能力，业务发展突飞猛进，网络品质日臻完善，一个奋发向上、团结进取、深得用户认可的吉安移动展现在人们面前。不懈努力使该公司在宋祖滨同志的带领下取得了累累硕果---2000年公司的"每天前进一步，真诚为您服务"和井冈山营业部的"三优服务"被评为省用户服务满意奖，2001年被省公司评为特殊服务贡献，2000、2001年连续两年获得江西省移动通信服务质量评比前三名。公司再次赢得了全省2003年度实施"服务与业务领先战略"劳动竞赛优胜奖，2000年至今连续四次获全省优胜单位，使公司胜利实现"四连冠"。同时，遂川县分公司也荣获该奖。公司2000年被动评为省级文明单位，同年获江西省移动通信公司经营绩效考核第一名。

徐绍芳：萍乡矿业集团有限责任公司董事长，安源股份公司董事长，第十届全国人大代表，高级经济师。

多年来，徐绍芳同志带领新一代萍矿人坚持科学的发展观，锐意改革、勇于创新，积极开创资源型企业可持续发展新路，在稳产煤炭生产同时，加快发展非煤产业的步伐，企业不断扩大，现有7对生产矿井，20家工厂公司。企业总资产34亿元。销售收入增长均在20%以上，2004年萍矿销售收入预计将突破20亿元。萍矿连续十多年被评为全国煤炭工业优秀企业和江西省优秀企业，2002年和2003年连续两年获"江西省工业崛起十强企业"荣誉称号，2003年获全国"五一劳动奖状"。徐绍芳带领萍矿成为国有大型综合性企业，江西省重要骨干企业。

韩盛龙：江西联创光电科技股份有限公司总裁，男，1958年出生，中共党员，大学文化，高级工程师，国务院特殊津贴获得者，中国电子学会高级会员、江西省上市公司协会副会长、江西省企业家协会及企业联合会副会长、江西高新技术产业协会副会长。2002年7月开始担任江西联创光电科技股份有限公司副董事长、总裁。

联创光电以韩盛龙为首的经营班子在董事会的领导下，以发展为主题，以创新为动力，以科技和质量为保证，积极探索，大胆实践，保持了持续稳定、协调发展的良好态势，企业综合实力进一步增强，各项经济指标稳步增长。

联创光电在韩盛龙的领导下，注重精神文明建设，创建独具特色的企业文化，形成了"联天下英才，创光电伟业"的企业宗旨、"以新型电子元器件为主导，专用通信和信息服务为两翼，全力开拓中国光电子产业之路"的战略思路、"以人为本、效益至上，团结忠诚，创新奉献"的企业精神，企业有较强的凝聚力，有一个高素质的、团结务实、勤奋廉洁、开拓进取、勇于创新的领导班子和一支团结和谐、拼搏向上的员工队伍。

周彦：江西联创光电科技股份有限公司线缆分公司总经理，男，1962年出生，汉族，籍贯贵溪，中共党员，高级工程师。

江西省优秀厂长（经理）

2003年，在公司总经理兼党委书记周彦同志的带领下，联创光电线缆分公司以效益为轴心，通过集约资源、对内改善流程、对外改革开放，在技术创新、体制创新、管理创新和树品牌意识、扩大产品市场份额、提升企业声誉方面，赢得职工和业界充分认同，经济效益亦大幅度增长，2003年各项经济指标再创历史新高：完成工业总产值1.89亿元；销售收入1.1亿元；货款到帐1.2亿元；实现利润1100万元；上缴税金1000万元，为吉安市利税大户，还荣获了“全省质量管理先进企业”、“江西省五一劳动奖状”和“全国信息产业系统先进集体”等称号，在社会上树立了良好的口碑。周彦同志深感肩上的责任重大，他多次坦言，已取得的成绩只能说明过去，要使企业在有限的市场空间永占一席之地，就必须进一步解放思想，更新观念，开拓进取，奋发图强，全面提升公司的核心竞争力与品牌公信力，带动企业健康快速地发展。

蔡景旺：江西旺族塑业有限公司董事长，男，1969年出生，汉族，籍贯温州。

蔡景旺曾任浙江新星塑业有限公司副董事长、樟树旺族塑业有限公司总经理、现任江西金沙科技园有限公司董事长、江西旺族塑业有限公司董事长、九江旺盛塑业有限公司董事长、厦门华特经济发展有限公司江西办事处主任、江西省青年企业家协会常务理事、江西省浙江企业联会副会长、南昌温州商会副会长、南昌县经济发展顾问，南昌县政协委员。

蔡景旺董事长自创办公司以来，以企业改革开放求发展，开拓进取、勇于创新、以求务真的工作精神，促进企业的社会效益和经济效益的提高。他曾被中国企业家协会授予“中国十大快速增长经理人”的光荣称号，蔡总在荣誉面前不自满，而是立足本职，瞄准市场再创新的业绩，为江西在中部的崛起作出新的贡献。

王定敏：江西日江水泥制造有限公司董事长，男，1947年出生，汉族，籍贯萍乡，中共党员，高级工程师。

从1979年起二十多年来，在王定敏的领导下水泥厂由一个年产水泥几千吨、资不抵债、濒临倒闭的工厂发展到拥有固定资产5000万元，生产能力近50万吨的中型水泥企业。多年来，企业先后被评为“江西省乡镇一级企业”、“江西省乡镇明星企业”、“江西省文明单位”、“江西省重合同守信用单位”、“江西省农行AAA级信用企业”、“江西省诚信企业”。王定敏同志先后获得“江西省劳动模范”、“江西省最佳乡镇企业家”、“全国农业劳动模范”、“全国优秀乡镇企业家”等光荣称号，并连续几届当选为萍乡市党代表、市人大代表、市政协委员。

该企业80年代就获得了全国乡镇水泥质量优胜单位的光荣称号，后连续评为“江西省乡镇水泥质量第一名”、“江西省优质产品”、“江西省免检产品”、“江西省著名商标”、“江西省名牌产品”，在同行业中率先通过了ISO—9002国际质量体系认证。

黎显毅：上饶市邮政局局长，男，1953年出生，籍贯南昌，汉族，中共党员，政工师。

黎显毅同志于2000年3月至今担任上饶市邮政局局长。上任伊始，上饶邮政行业[下属11个县（市）邮政局]正处于经营亏损、管理松懈、观念陈旧、设施落后、案件频发的严重状况。1999年底全市邮政行业亏损1200万元。面对困难和压力，黎显毅同志认真学习贯彻“三个代表”重要思想以及各项方针政策、法律、法规，审时度势，把握机遇，坚持改革，开拓创新，在改革中不断探索和总结出适合上饶邮政发展的新路子、新经验、新举措，使上饶邮政行业呈现勃勃生机。

2000年，上饶市邮政局荣获全省“五一劳动奖状”。2003年再次获得江西“省级文明单位”称号。2003年，黎显毅当选为第三届新世纪中国改革百名优秀人物。去年，“七一”前夕，江西电视台专程到上饶采访黎显毅，并在江西卫视《人物周刊》栏目隆重播出。

田友海：江西海扬纺织集团有限公司董事长，男，1959年出生，籍贯山东，汉族，中共党员。

田友海同志2001年7月---现在任江西海扬纺织集团总裁、江西海扬纺织集团有限公司董事长。现为山东省政协委员、青岛经济技术开发区政协常委、枣庄市政协委员、九江市浔阳区人大代表。

田友海所拥有青岛新海扬实业有限公司、山东海扬纺织有限公司、江西海扬纺织集团有限公司、青岛海都大酒店等实体。2001年被九江市委、市政府评为招商引资“投资大户”。2002年被江西省人民政府授予“全省先进私营企业”光荣称号。2002年11月，田友海在北京被中华全国工商业联合会、中国民营科技实业家协会、中国科技日报联合评为“中国优秀民营科技企业家”。2003年9月，获“中国光彩事业突出贡献奖章”，并当选为中国光彩事业促进会理事和山东省海外联谊会理事，他属下的高新技术企业青岛新海逆变电焊机有限公司曾得到中共中央总书记胡锦涛的高度评价。

王丽蓉：赣州水泵制造有限公司总经理，1950年出生，籍贯江西龙南，汉族，中国共产党党员，高级经济师。

赣州水泵制造有限公司改制将近四年，王丽蓉同志，在深化改革中振兴企业，她积极贯彻董事会决策，团结总经理层人员，卓有成效地开展工作。首先合理

江西省优秀厂长（经理）

优化新公司机构设置，精简机构，减少管理层次；其次，进行人事劳动制度改革，把传统人事劳动管理转向对人力资源开发，极大地调动了员工的生产积极性；第三，修订和健全企业内部管理制度，以规章规范员工行为，以制度管理企业，为企业建立现代企业制度，奠定了良好的基础。赣州水泵制造有限公司也于2002年评为全国泵行业36家重点企业之一；多年评为“江西省优秀企业”，王丽蓉同志获2001年度、2002年度省市“优秀厂长（经理）”称号，任赣州市十三次妇代会代表，现任赣州章贡区人大代表，章贡区一次妇代会代表。

刘延生：新余市公共汽车公司书记、经理，男，1961年出生，汉族，籍贯新余，中共党员。

刘延生同志带领公交全体干部职工团结奋斗，工作锐意开拓，企业管理创新，务真求实，完成营运生产收入959万元，比上年848万元增加111万元，增长13.08%；实现利润50万元，比上年30万元增加20万元，增长66.6%；企业资产1383万元，比上年1265万元增加118万元，增长9.3%。在取得经济效益的同时，着力打造服务品牌，把优质服务和创建品牌作为新余公交企业文化建设的突破，至2003年，公司获得三个国家级服务品牌，即：全国“青年文明号”、“巾帼文明示范岗”、“全国建设系统文明服务示范窗口”。公司连续两年获得全市“优秀企业”称号，刘延生经理同时获得全市“优秀厂长（经理）”称号，塑造了新余公交新形象。

邱新海：新余市双林恩达纺织印染有限公司总经理，1965年出生，籍贯江西分宜，高级工程师。

1997年邱新海同志通过当地政府的帮助，组建分宜县新达苎麻夏布有限公司，任公司董事长。在他的带领下，又于1998年与韩国客商合作成立中国第一家夏布深加工生产企业——新余市双林恩达纺织印染有限公司，担任公司总经理。在面对主要销售市场的金融危机时，他带领职工迎难而上，把握市场信息，勇于技术创新、团结、勤奋、开拓了企业发展的新局面。2002年扩建年产10件套夏布家用纺织品生产线；创立了企业品牌；通过ISO9001国际质量体系认证，保证了产品和服务质量，树立起企业良好的社会形象。他本人也荣获2000年度“江西省劳动模范”，2002年度科技致富典型，2002年度新余市“十大杰出青年”等多项社会荣誉。

龚立浩：江西贵溪化肥有限责任公司总经理，男，1947年出生，汉族，籍贯吉安，中共党员，高级工程师。

2003年，是贵化生产经营和企业发展取得较大成绩的一年，龚立浩同志带领公司经营班子和全体干部职工在董事会的正确领导下，以开展“管理年”活动为主线，以落实减亏增效措施为切入点，一步一个脚印，脚踏实地，求真务实，把握机遇，内抓管理，外拓市场，克服了原材料采购困难和原材料价格上涨的因素，解决了铁路运输紧张等客观难题，在困难中求生存，在拼搏中求发展，全年生产化肥38.6万吨，同比增长9.5%；累计销售化肥41.85万吨，同比增长22.4%；销售收入突破5亿元大关，达5.7亿元，同比增长26.38%；出口化肥5.3万吨，创汇近1000万美元，生产、销售、出口均创历史最高记录。磷矿粉肥装置和硫基肥装置相继建成投产，为公司今后的发展创造了有利条件。

张果喜：果喜实业集团有限公司董事长、总经理兼党委书记，男，1952年出生，籍贯余江，汉族，中共党员，高级经济师。

张果喜，现为果喜实业集团有限公司董事长、总经理、党委书记，系第十届全国政协委员。2003年被评为中国创业企业家，当选为第七届中国企业联合会、中国企业家协会副会长。

2003年，张果喜同志坚持以邓小平理论和“三个代表”重要思想为行动指南，充分利用党的十六大和十六届三中全会为非公有制经济发展创造的宽松政治环境和社会环境，带领全体员工，团结奋斗，抓好资源、产业、产品结构的整合，抓住发展重点，拓宽发展领域，提高整体素质，促进产业升级，打造企业核心竞争力，打造多元化产业平台，使企业发展再上了一个新台阶。

刘烽：江西省吉安市供水公司经理，1956年出生，籍贯万安，汉族，中共党员，高级工程师。

涛涛的赣江中游，井冈峰峦下，有一朵美丽的供水之花，它就是吉安市供水公司。随着改革开放的深入，吉安的经济和城市建设得到长足的发展，给供水事业带来一个良好的发展契机。在改革春风的沐浴下，水司人舒其抱负，励精图志，锐意进取，奋力拼搏，企业已连续多年上交利税超百万，职工的精神面貌也焕然一新，两个文明建设硕果累累，这些成绩的取得，离不开水司的好带头人---经理刘烽。

万建华：江西变压器科技股份有限公司总经理，男，1959年出生，籍贯南昌，汉族，中共党员。

二00三年是江变历史上具有里程碑意义一年。万建华总经理在银河科技总部鼎力支持下，克尽职守、开拓创新，力排众难，公司实现主要经济指标创历史最好水平，其中：完成工业不变价产值3.6118万元，比上年增长54%；完成变压器产量1183.98万KVA，增长75.9%；实现销售收入2.86亿元，增长53%；实现利润1800万元，增长181.38%；员工收入增长15%。公司在基础管理、市场营销、技术进步、技术改造等方面都取得了显著成效。

江西省优秀厂长（经理）

温显来：江西博能实业有限公司董事长兼总裁，男，1962年出生，籍贯上饶，汉族，高级经济师。

2003年，温显来同志致力于对重组后的江西鑫新实业股份有限公司机制进行改革、改组和改造。在经过充分调研论证后，他积极导入先进的管理经验，创造了一整套符合市场经济规律的企业管理制度，同时，通过内抓管理，外抓市场，不断加大产品研发和创新力度，促使鑫新股份发生了质的变化，全年实现主营业收入3.91亿元，利税2300万元，同比分别增长21%和10%。博能集团的各项工作也取得了长足的发展，2003年实现销售收入5.42亿元，向国家纳税1673万元，连续九年成为上饶市私企第一纳税大户。

在事业一步步取得成功的同时，温显来不忘回报国家、奉献社会，十年来，企业累计向国家纳税数千万元，为社会安置就业2000余人。

温显来同志为江西省人大代表、省政协常委、省工商联执行常委、省个协副会长等。

胡杰华：江西涤纶厂厂长，男，1956年出生，汉族，籍贯江西，中共党员，高级工程师。

胡杰华同志在二00三年，坚持以邓小平同志理论和“三个代表”重要思想为指导，认真贯彻落实党的十六大会议精神。团结班子成员，依靠全厂职工，坚持“聚精会神搞经营，一心一意抓发展”的工作指导方针，全面实施“第三次创业”战略。通过内抓改革和“严格、规范、细致”管理，外抓企业快速、稳步发展，使各方面工作实现了新的飞跃。在今年元月职代会上，职工代表对其民主测评称职率为100%，优秀率为87%。

彭小峥：江西分宜发电有限责任公司总经理，男，1957年出生，籍贯宜春，汉族，中共党员，高级工程师。

2003年，彭小峥同志能全面贯彻执行上级工作部署，按照年初职代会制定的“十字方针、八项任务”工作思路，与分电公司全体职工奋发进取，各项工作得到较好完成。该同志于2003年6月被中电投集团公司江西分公司聘任为安全监督与生产部经理。一年来，该同志既要主持分电公司的生产经营工作，又要负责江西分公司的安全生产工作，身担双重责任，心系两边工作。而该同志能把握工作大局，加强班子团结，依靠全员努力，在搞好分电公司各项工作的基础上，又确保了分公司系统安全形势总体平稳，生产指标良好。

李小荣：江西景德酒业集团董事长、浮梁县人大常务委员，男，1970年出生，汉族，籍贯南昌。

李小荣同志以“创新、开拓、进取、务实”的精神将一个经营副食品的小公司不断的发展壮大，成为一个拥有八家直属企业，总资产达1.8亿元，员工近700人的景德酒业集团，集团现安置下岗职工500余人，成为景市的“再就业基地”之一，企业历年来被市政府授予“全市民营企业纳税大户”、“先进企业”；省、市消协授予“诚信单位”，省政府授予“优秀企业”等光荣称号；企业还被市政府列为“十五”计划重点培植和扶持企业之一，其产品还被省、市技术监督局列为“重点保护品牌”、“免检产品”，他在发展企业的同时，还注重精神文明的建设，集团率先在2001年7月成立了，目前也是景市唯一一家民营企业党委，在2003年被中共浮梁县委授予“先进基层组织”称号，企业工会被浮梁县总工会授予“先进单位”称号，为稳定职工队伍，企业还积极为职工购买养老保险和失业保险，免除职工的后顾之忧，为稳定地方、发展经济作出了卓越的贡献。

张怡荣：江西省电力试验研究院院长，男，1955年出生，籍贯浙江，汉族，中共党员，教授级高级工程师。

张怡荣同志于2000年6月出任江西省电力试验研究院院长。上任以来，该同志能坚持正确的政治方向，认真学习邓小平理论和“三个代表”重要思想，并在实际工作中切实加以贯彻。他团结班子成员、认真研究内外部环境，正确把握企业发展方向，确立了“一个中心，三项创新”的工作思路，对我院进行了一系列改革和卓有成效的创新，在全国电力试研院（所）中具有较大的影响和知名度。

由于张怡荣同志工作出色，2002年被选为南昌市东湖区人大代表，被授予2002年“全国QC活动卓越领导人”称号，2001、2002年连续两年被评为院优秀党员和2001年省电力公司直属单位优秀党员，2001、2002年连续两年被授予“江西电力行业优秀厂长（经理）”称号。

刘坚：江西省电信有限公司景德镇市分公司总经理，男，1957年出生，籍贯萍乡，汉族，中共党员，高级经济师。

1998年，受命于邮电发展重要关键时刻的刘坚同志，凭着其独特的人格魅力和卓越的管理才能，先后主持了无线寻呼剥离、邮电分营、移动分离、主辅分离四次重大改革，使一个垄断型的国有企业摆脱观念和体制的桎梏，重焕活力，大步向全国一流的现代通信企业迈进。在他的带领下，景德镇电信持续几年业务收入增长在全省名列前茅，1998年至2003年，蝉联“江西省文明单位”、“市文明单位”；先后荣获“江西省优秀企业”、“江西省保护消费者权益先进单位”，中国电信集团“十佳营业服务窗口”等称号。同时，他本人也因政绩突出被评为2002年度“江西省优秀厂长（经理）”，瓷都“十佳优秀青年企业家”等荣誉称号。

江西省优秀厂长（经理）

李发昌：江西省医药集团公司总理，男，1949年出生，汉族，籍贯江西，中共党员，高级工程师。

李发昌同志系江西省企业家联合会、江西省企业家协会副会长。在过去的一年里，李发昌同志认真实践“三个代表”的重要思想，按照省委、省政府的工作部署，紧紧围绕加快发展这个主题，有力地推动了集团改革、发展、稳定等各项工作，取得了显著成绩。他善于学习并及时掌握党和国家的一系列方针政策，思想政治上始终和党中央保持高度一致。在抓好集团改革与经济发展的同时，他始终坚持“两手抓，两手都要硬”的方针，高度重视做好企业思想政治工作，努力维护企业的稳定，身教重于言教。作为集团公司主要领导人，李发昌同志时时处处注意发挥表率作用。在他的表率作用下，省医药集团公司机关作风不断改进，为基层服务的意识明显增强，在省直机关精神文明建设评比中被授予2001—2002年度“文明单位”荣誉称号。

陈建林：江西万平电子有限责任公司总经理，男，1953年出生，籍贯南昌，汉族，中共党员，经济师。

2003年，陈建林同志带领万平公司全体员工一手抓生产，拓市场；一手抓改制，促创新。克服了“非典”的不利影响，全年完成销售收入4583万元，上交税金408万元，资金回笼5789万元，分别比上年增长12.55%、14.61%、8.9%。一、正确处理改制过程中发展与稳定的关系，积极推进辅业改制并取得成功，使公司在未新增一分钱的前提下，实现了分块搞活，成片发展的构想。二、强化内部管理降本降耗，淡化了产品降价给企业带来的经营风险。三、积极寻求企业新的经济增长点，整合有限资源，完善了公司产品梯级开发，为企业发展奠定了基础。四、努力为职工办实事，妥善安排好职工尤其是退休职工的生活，做到企业社会保险、税收、银行利息、职工工资分文不欠，解决了职工的后顾之忧。

罗来昌：南昌鄱阳湖大酒店集团公司总经理，男，1968年出生，籍贯南昌，汉族，中共党员，高级经济师。

罗来昌，一位农家子第，一步一个脚印从一位普通员工成长为南昌鄱阳湖大酒店集团有限公司总经理。6年来，他开拓进取，诚信廉洁，悉心管理，使一个村办企业成为全省宾馆业的排头兵。

企业发展蒸蒸日上，自己也获得“市五一劳动奖章”、“省优秀厂长经理”等荣誉。面对成绩，罗来昌没有陶醉、止步不前，他又满怀豪情，向着更高的目标迈进。

张宇：南昌铁路第三工程有限责任公司总经理，男，1961年出生，汉族，籍贯浙江，中共党员，工程师。

二00三年底，公司被划归中国铁道建筑总公司管辖，作为总经理的张宇，清楚地认识到公司的现状和建总的要求还有相当大的差距，如何在一、二年的时间里，缩小差距，紧跟建总的步伐？新年伊始，他就提出“抓早抓紧抓实，做大做强做优”的发展思路。毛泽东同志曾有一句气势磅礴的诗：“可上九天揽月，可下五洋捉鳖”，说的是一种顽强拼搏的精神。期望在他敢为人先的精神带领下，南昌铁路第三工程有限责任公司能够斩关夺隘，一往无前，再塑辉煌。

陈章连：南昌铁路局局长，男，1951年出生，籍贯湖南，汉族，中共党员，高级工程师。

2003年，陈章连同志认真学习“三个代表”重要思想，努力贯彻党的十六大和十六届三中全会精神，落实铁路跨越式发展战略部署，带领全局干部职工以市场为导向，以效益为中心，以改革为动力，战胜非典疫情、洪涝灾害、持续高温带来的一系列困难，全面完成了各项经营管理目标，各项工作呈现良好发展势头。

张荣烈：江西全良集团党委书记、董事长兼总经理，男，1951年出生，汉族，籍贯上饶，中共党员，高级经济师。

张荣烈同志从一个普通工人直接走上了领导岗位，而且一当就是十九年，十九年来，他把一个濒临倒闭的小作坊式工厂发展为年创税利2000万元的江西省重点食品工业企业和全国著名酒业集团，上缴税利在上饶市排名第二。以良好的社会效益和巨大的贡献确立了一方支柱企业的牢固地位。他由于突出的贡献而享受政府特殊津贴，并荣获“专业技术拔尖人才，产品创优二等功”、“江西省优秀企业家”、江西省“五一劳动奖章”、江西省劳动模范、全国“五一”劳动奖章的荣誉称号。

姚红江：新华金属制品股份有限公司总经理，男，1960年出生，籍贯陕江，汉族，中共党员，高级工程师。

姚红江同志1982年毕业于北京科技大学，1999年获得了硕士学位，目前正在攻读博士学位。1986年参与新华公司的筹建工作并调入新华，先后担任公司生产技术部经理、副总经理兼总工程师，1995年任常务副总经理，2000年开始任公司总经理。多年来姚红江同志锐意改革，为企业的发展壮大作出了突出贡献。连续多年被评为新余市“优秀企业家”、新钢公司“优秀共产党员”等光荣称号。姚红江同志在1989年获得江西省优秀新产品个人成果奖；1990年获江西省科技进步二等奖、优秀设计一等奖、厅优秀设计奖；1994年，获得国家外国专家局“全国引进国外智力先进工

江西省优秀厂长（经理）

作者”；1999—2002年荣获“省优秀厂长（经理）”、新余市劳动模范等称号。

江小平：江西东亚药业有限责任公司董事长，男，1959年出生，籍贯东乡，汉族，中共党员，经济师。

东亚药业在董事长兼总经理江小平同志为主要领导的经营管理下，2003年我司在物质文明和精神文明建设均取得了丰硕成果。工业总产值完成21345万元，实现利税772多万元，职工年人均收入15500元，均居全省医药卫生系统前列，继续保持全国输液企业龙头地位和氨基酸输液王牌实力，成为江西省优秀“小巨人”型企业、省用户满意企业、省文明单位、省优秀企业、省质量管理优秀企业、全省依法治企先进单位等荣誉称号。

江小平继承和发扬东亚药业的优良文明传统，坚持以人为本，以诚信为基石，着力于塑造诚信企业形象。通过《东亚药业报》、《精神硕果》、《企业文化读本》等容影、文、声于一体的立体文化传媒来推介东亚文化特色，通过名牌战略、金牌质量铸造诚信品牌，通过CI战略、素质工程塑造东亚人完美形象，使东亚药业文化形成体系和特色，被认定为中国企业形象AAA级单位、质量信誉示范单位。

牛亚平：江西丰城发电有限责任公司总经理，男，1955年出生，汉族，籍贯安徽，中共党员，教授级高工。

牛亚平同志1996年4月从江西贵溪发电厂调入丰电，先后担任丰电筹建处常务副主任、丰电公司总经理等职务，主持江西省最大的火力发电企业----丰电公司的日常经营管理工作，2003年公司党委书记调离后，受董事长委托，全面主持公司行政、党委工作，当选为江西省十届人大代表。作为一名党员，牛亚平同志在公司带头认真学习邓小平理论、党的十六大精神、“三个代表”重要思想、胡锦涛总书记“七一”重要讲话、十六届三中全会精神以及全国“两会”、江西省委省政府重大决策精神等，不断提高个人政治思想理论素养。同时注重理论联系实际，将三个代表重要思想与企业发展与管理实际结合起来，在工作中以三个代表思想为指导，不断完善企业各项管理，提高企业竞争力，创造先进企业文化，寻找企业新的发展机遇和举措，推动企业向前发展，真正为广大员工谋利。

许先达：赣州发电设备成套制造有限公司董事长，男，1944年出生，籍贯赣州，汉族，中共党员，高级工程师。

1998年7月，许先达同志按照党的十五大关于公有制经济多种实现形式的要求，依据市委、市政府企业资产在有条件的企业可优先向企业班子转移的政策，在赣州市率先实施以企业技术、营销、管理骨干收购企业生产经营性资产并持股经营的产权改革，创立了赣州发电设备成套制造有限公司，成功地实施了两厂由国有向民营的改制。赣发公司创立5年，累计完成产值45274万元，销售收入39147万元，利税3588万元，员工人均收入2003年12525元较1997年5050元增长148%。2003年产值、销售收入、利税比改制前的1997年分别增长96%、124%、260%，对社会稳定做出了巨大贡献。2003年赣发公司首次实现销售收入超亿元，利税超千万元。

许先达同志1993年享受国务院特殊津贴，2000年评为赣州市拔尖人才、劳动模范，2001年获省“五一”劳动奖章，当选为省十一次党代会代表。

黄健：江西宾馆总经理兼党委书记，1957年出生，籍贯江西南昌，中共党员。

黄健同志于2002年4月临危受命调任江西宾馆总经理兼党委书记，迅速扭转江西宾馆装修改造工程举步维艰的困难，于2002年9月8日恢复营业，恢复营业一年多来，黄总审时度势，创造性地提出了“抓质量、促管理、创品牌、增效益、上五星”的经营管理方针，通过抓经营、抓管理、抓改革，江西宾馆2003年提前25天完成全年任务，宾馆国有资产保值增值近900万元，创下了江西宾馆开业以来的“三个历史新高”，即：全年营业收入创历史新高，员工人均收入创历史新高，单日营业额创历史新高。并成功晋升为江西省首家五星级饭店和江西省首家拥有中国饭店金钥匙组织会员的宾馆。

杨金槐：昌河飞机工业（集团）有限责任公司董事长兼总经理，男，1944年出生，籍贯安徽，汉族，研究员级高级工程师，中共党员。

杨金槐同志领导下的昌河飞机工业（集团）有限责任公司，多年来一直保持着健康、稳定、快速的发展势头，是江西省明星企业和工业崛起十强企业，先后荣获“全国‘五一’劳动奖状”、“全国思想政治工作先进单位”、“全国先进基层党组织”、“全国优秀企业（金马奖）”、“全国质量效益型先进企业”、“中国企业管理杰出贡献奖单位”等多项桂冠，昌河汽车商标被认定为中国驰名商标。他本人先后荣获“全国劳动模范”、“全国‘五一’劳动奖章”、“全国10名全心全意依靠职工办企业的优秀领导干部”、“中国航空企业优秀领导干部”、“国家级有突出贡献的专家”等多项殊荣，2003年初又被光荣地推选为十届全国人大代表，并获“第二届中国创业企业家”荣誉称号。

吴悦成：江南电子仪器厂厂长，男，1952年出生，籍贯高安，汉族，中共党员，研究员。

江西省优秀厂长（经理）

2003年是吴悦成同志自1994年担任我厂厂长职务以来我厂经营相当艰难的一年。上半年市场受到非典的严重冲击，下半年又遇到原材料价格上涨的影响，第三产业也因市场供求关系的变化，收入减少，面对重重困难，吴悦成同志毫不畏缩，振奋精神与厂领导努力实践“三个化表”重要思想，艰苦奋斗，迎难而上，奋力拼搏，争创效益。2003年实现工业销售产值1056万元，上缴国家税收76.8万元，创我厂历史新高；实现利润108.2万元；职工收入持续增长，再次刷新我厂纪录。产值、利润比上半年虽有年下降，但在企业经营受到多年不遇的诸多不利因素的影响下，尚能取得如此的经营效益，确实来之不易。

刘培才：江西腾飞实业集团董事长兼总经理，男，1949年出生，籍贯萍乡，汉族，中共党员，高级工程师，高级经济师。

刘培才同志于1981年自筹资金1200元起家的手工小作坊发展到现在的腾飞集团，拥有五大公司和五大生产基地，十大销售公司和办事处，1200多名员工，110多个科技人员总占地面积120727㎡，国内外先进设备230多台套，总资产1.8亿元，年创税收500万元，是国家轻工大二型民营科技企业。产品增加到20大类30多个系列2000多个花色品种。去年因在工业园兴建占地80亩的新厂搬迁安装设备时停产和非典时期影响原材料进不来、产品滞销以及新厂投产后又遇萍钢建厂挖山平地的严重灰尘污染而停产等情况下仍取得较好成绩，实现总产值8936.2万元，销售收入8697万元，利润427万元，税收400万元。在管理方面，自制订“零管理法”、“四改一加强”、“38字方针”以后，又制订了“八大发展方略”和“五富、四低、三无、二实破、一强化”的企业方针，使企业一直立于产销两旺长盛不衰的不败之地。同时，他关注社会，热心公益，助人为乐，历年来安排了六百多待业、失业和特困人员，接纳了五百多名下岗职工再就业。并先后向残疾人基金会、中小学、敬老院、幼儿园等90多名贫困学生、厂内外困难户和抗洪救灾、治理萍水河、修路筑桥等希望工程和光彩事业共捐款109万元。

刘培才荣获省光彩事业奖章并当选为省光彩事业促进会常务理事，去年，被评为“省优秀儒商企业”和“江西省一级诚信企业”。

龙国光：三九宜工生化股份有限公司总经理，男，1970年出生，籍贯宜春，汉族，中共党员，会计师。

龙国光同志多年来一直在公司领导岗位上工作，他带领整个经理班子在公司董事会的领导下，励精图治、求真务实、开拓创新，脚踏实地地开展了大量有创造性的工作，使企业的两个精神文明建设健康发展，企业经营取得了丰硕成果，公司的发展也得到了上级政府部门的肯定和较高评价。省有关主管部门授予公司“江西省优秀企业”、“全省质量管理先进企业”、“全省信息技术示范企业”等称号，产品再次被评为“江西省名牌产品”。这些成绩的取得是与公司董事会的正确决策，与龙国光同志带领的全体成员的辛勤努力是分不开的。

黄平辉：江西江铃底盘股份有限公司董事长兼总经理，男，1963年出生，籍贯临川，汉族，中共党员，高级工程师。

黄平辉同志1983年7月参加工作，2000年7月任公司董事长、总经理。在他的带领下，企业实现超常发展，竞争力显著增强。公司连续3年被评为江西省优秀企业和质量效益型先进企业。实施“靠大做强，内抓管理，外拓市场”的发展战略，逐步形成一套以人为本，以章以矩，严格考核，持续改进的管理体系，优化了企业资源配置，企业管理和产品质量不断提升。公司通过了ISO9002和QS9000质量体系认证，主导产品获“江西省用户满意产品”和“全国用户满意产品”的称号。在从事专业技术工作时以其突出的业绩先后获得国家科技成果奖，江西省科学技术进步奖，江西省优秀新产品奖等，担任领导职务以后，仍然十分重视新技术、新工艺的推广运用，身体力行。他主持开发的BJ1046E6后桥，以其高品质、中价位一举奠定了公司在北汽福田公司的配套地位。

黄平辉同志连续几年被评为“江西省优秀企业家”，“抚州优秀共产党员”，2002年荣获江西省政府特殊津贴，2003年荣获江西省五一劳动奖章。

李守清：江西燕京啤酒有限责任公司总经理，男，1947年出生，籍贯北京，汉族，中共党员，经济师。

2003年，以李守清为总经理的江燕公司领导班子提出了“整合市场资源，增强产品竞争力，提升管理水平”的公司发展方针，努力克服非典入侵、原料涨价、无序竞争等不利因素带来的困难，大力实施市场整合策略，积极调整产品结构，持续开展创新争效活动，使企业生产经营开创了新局面，全年各项经济技术指标创造了公司成立以来的最好记录。其中，啤酒产销量7.4万吨，销售收入9359万元，上交税金2225万元，实现利润657万元，分别同比增长12.1%、4.86%、6.3%、33.9%。企业连续三届获省委、省政府颁发的“全省文明单位”和国家工商总局颁发的“重合同守信用”等荣誉。

孙兵：江西省电信有限公司九江市分公司总经理，男，1960年出生，汉族，籍贯山东文登，中共党员，高级工程师。

江西省优秀厂长（经理）

孙兵同志，1982年毕业于南京邮电学院，同年在南昌电信局参加工作；历任南昌电信助理工程师、工程师、引进办主任，江西省电信公司计划建设部主任等职务。现任九江市电信分公司总经理兼党委副书记，2003年毕业于中欧工商管理学院EMBA高级经理班，获硕士学位。曾多次荣获单位先进生产者，2000年被授予为江西省重点建设项目招标投标专家，2001年被授予为“九五”江西省技术改造先进工作者；2002年被评为江西省优秀厂长（经理）称号。主要社会兼职有江西省通信学会四届五次常务理事、江西省九江市第十一届政协委员、九江市第十二届人大代表。

刘凤林：江西省九江长途汽车运输总公司总经理，男，1956年出生，籍贯黑龙江，汉族，中共党员，技师。

刘凤林同志1997年2月就任江西省九江长途汽车运输总公司总经理，他身先士卒，带头垂范，团结带领全公司广大干部职工，与时俱进，开拓创新，内抓管理，外树形象，果断地采取了一系列整治措施，使企业走出了困境，并实现了“一年一变化，一年上一个台阶”的发展目标。该企业已成为九江市的骨干企业，江西省道路运输协会和重点联系单位，已荣获部、省、市主管部门授予的各种荣誉称号四十多次。

刘凤林同志无论是在上任初期，还是在企业脱困增效后，始终坚持以身作则，模范带头，他的突出表现，已得到了省市各级主管部门的肯定，多次受到表彰。1994年、1995年、2000年获省交通厅劳模称号，1998年至2002年连续五年获市经贸委、省经贸委授予的优秀厂长（经理）称号；1997年、1998年、1999年、2001年度获市直工委优秀共产党员称号，2000年4月被九江市委、市政府授予劳动模范；2002年12月当选为九江市浔阳区人大代表；2004年2月当选为九江市人大代表。

刘一兵：江西省燃料有限公司总经理，男，1955年出生，籍贯江西，汉族，中共党员，助理经济师。

2000年初，时年45岁的刘一兵，不辜负上级组织和领导的期望，带着公司100多名职工重托，出任省燃料总公司总经理，上任后，他凭着强烈的责任心，拼命干事业的精神，带领全体员工共同创业，连续三年每年创利100多万元。他对事业的执著追求，感染和激励着每一位员工。他淡薄名利，总是强调：在我主持工作以来，如果取得了一定的成绩，这是上级正确领导和企业全体员工共同努力的结果，如果有失误，那是我工作没有做好，主要责任在我。在荣誉面前，他总是一推再推。

黎发荣：贵溪银矿矿长，男，1946年出生，籍贯兴国，汉族，中共党员，高级政工师。

黎发荣同志自2001年6月任贵溪银矿矿长以来，高举邓小平理论伟大旗帜，努力践行“三个代表”重要思想，认真贯彻执行各项方针政策、法律法规，团结带领全矿职工解放思想，开拓进取，科学决策，大胆管理，解决了采场衔接不上制约品位和矿量、选厂粗碎基础下沉影响生产等一系列难题；提出科技兴矿策略，发挥工程技术人员的积极性，依靠科技新增矿量10万余吨，延长了矿山服务年限，探找富矿4万余吨。他注重精神文明建设，任党委书记时在采掘坑口创立的共产党员文明巷道成为贵溪银矿党建活动的一面旗帜，受到鹰潭市委和原有色南昌公司的好评。

熊林根：南昌亨得利有限责任公司董事长、总经理兼总支书记，男，1944年出生，籍贯永修，汉族，中共党员，高级经济师。

熊林根同志自1984年上任以来，以人格的魅力影响和带领全体干部、职工锐意改革，严格管理，恪尽职守，无私奉献，为企业的发展做出了突出贡献，多次受到上级的嘉奖，先后被评为省、市劳模、优秀党员、全国“五一”劳动奖章、全国商业劳模、全国优秀党务工作者，连续三年评为全国劳模。他的事迹在人们中广为传颂，成为南昌人新形象的楷模。2003年公司连续第八年荣获江西省“优秀企业”称号，并先后荣获市先进职工之家，省国税特级纳税信誉等级企业，省“讲诚信、守承诺”先进单位，全国商业顾客满意企业，全国商业诚信企业，全国守合同、重信用企业，全国商业服务业抗击非典先进单位，中国优秀企业，南昌市著名品牌，中国珠宝玉石首饰行业“放心示范店”。

江西省先进私营企业家

江西翔云服装有限公司

法人代表：项曙红

江西翔云服装有限公司一九九九年兴办，主要从事出口服装的生产与销售，是江西省首家获自营进出口权的民营服装企业。拥有总资产3000多万元、员工600多人，已形成年产防寒梭织服装50万件，产值5000多万元，实现利税350万元，出口创汇400万美元的生产规模。公司技术力量雄厚，生产工艺上乘，产品信誉良好，拥有大批稳定的客户群，产品远销瑞典、美国、希腊、香港等二十几个国家和地区。公司先后被评为民营企业"贡献大户"、"一级纳税信誉单位"、"出口创汇先进单位"，2002年还被江西省人民政府授予"先进私营企业"称号，2003年被省经贸委、税务、银行等八部门联合评为省"一级诚信企业"。2004年顺利通过ISO9001：2000质量管理体系认证。

公司地处赣粤高速公路井冈山出口线与105国道交汇处，距井冈山、赣州火车站、机场50KM，交通相当便利。

公司已迈开企业集团的建设步伐，新组建了翔云生物药业有限公司和集观光旅游为一体的井冈山饭店，总投资达7000万元，年总产值可达1.3亿元以上。

公司地址：江西遂川商贸城一区　联系电话：0796—6126270 6122070　6126266　传真：0796—6122165

邮政编码：343900　E-mail：scwjs@263.net

江西省宜丰县同安矿产品开发有限公司

总经理 经济师　　张强金

江西省宜丰县同安矿产品开发有限公司是集开采、加工、销售为一体，专业生产"白晶"牌瓷土（锂瓷石）的企业，矿区面积91平方公里，瓷土储量达6000万吨，现有矿井10口，厂区面积66666.8m2。现有瓷土精加工粉末生产线三条，瓷土颗粒生产线三条，瓷土水磨精选瓷泥生产线二条，年产各种品级与规格的"白晶"牌瓷土10万吨。

江西省著名商标——"白晶"牌瓷土，广泛应用于玻璃及陶瓷行业，在玻璃中引入15%—20%的"白晶"牌瓷土可以取代氧化铝、长石、芒硝、荧石粉及部份石英砂和纯碱使用，可以降低烧成熔化温度25—50℃，提高玻璃出料率12—17%，达到节能降耗、提高产品白度和亮度、改善产品成型性能等诸多作用，广泛应用于日用瓷、建筑瓷、卫生瓷、陶瓷釉料和熔块，以及瓶罐玻璃、药用玻璃、微晶玻璃、TV玻璃等诸多领域。我公司生产的"白晶"牌瓷土内销全国，出口日本、韩国、泰国、新西兰及台湾地区。

公司地址：江西省宜丰县同安乡集镇　　邮编：336317

电话：0795—2918088　2918538　2918078　　2918886　　传真：0795--2918366

江西省鹰潭市东湖五金机械有限责任公司

我公司是具备一定生产规模和技术力量的股份制企业，有较强的产品开发能力，是昌河飞机工业集团所属昌铃汽车公司、合昌汽车公司和上海华普汽车公司定点配套厂家，主要产品包括汽车钣金冲压件、组焊件、成附件、发动机配件等四个系列产品和冷冲压模具的开发。

公司高度重视产品开发和质量管理，为顾客提供优质产品及良好的售后服务，于2002年9月通过了ISO9001:2000质量体系认证。

公司凭借先进的设备，严格的管理，精湛的技艺和高素质的员工，公司有信心、有能力为国内外客户提供优质产品及配套服务，为谋求发展，愿与国内外同行精诚合作，共创宏伟蓝图！

法人代表：邓昭炎

地址：江西省鹰潭市环城东路26号

电话：0701—6221260

传真：0701—6286381

邮编：335000

江西省先进私营企业家

江西康达竹业集团

法人代表：赖学桂

江西康达竹业集团是江西省竹产业的中型企业，其母公司是江西康达竹制品集团有限公司，地处奉新县冯田工业区，注册资金2000万元。集团现拥有江西康盛竹制品有限公司、安福康达竹制品有限公司以及湖南绥宁康达竹制品有限公司等多家实业公司，并拥有16个竹地板胚板生产基地。公司产品为“通贵”和“康盛”牌竹地板，共有7大系列300多个品种，年产能为120万平方米，产值1.1亿元。目前集团公司在全国共设50多个以及代理商，同时与美国、澳大利亚、韩国、西班牙和乌克兰等国家的贸易商建立了长期合作关系。企业生产规模及销售网络之庞大，均处于国内同行领先位置。而今，集团产品已获得国家环保总局认证中心的绿色产品认证，在竹地板业界尚属首家；同时，严格的质量管理体系也符合ISO9001国际质量管理体系标准，多次荣获 为“纳税大户”、“先进私营企业”等称号。

地址：奉新县冯田工业区　邮编：330700　电话：0795-4605266　传真：0795-4605555　网址：http://www.kondac.com

江西赣中氯碱制造有限公司

法人代表：汤忠科

江西赣中氯碱制造有限公司是一家从事氯碱生产的民营企业，成立于1999年，是在原国有企业“赣中化工厂”的基础上改制而成的。现年生产烧碱能力达3万吨，2004年公司投资2000万元在樟树市新建一个年产烧碱5万吨的新氯碱厂，目前正在安装调试阶段，年底可正式投产。公司主产品有30%烧碱、液氯、盐酸、漂白粉、三氯氢硅，产品主要销往周边省市。

公司现有员工340人，其中工程技术人员50人，技术力量雄厚，内部管理严格，通过了国家二级质监机构和二级计量机构认证，2002年被江西省人民政府授予”先进私营企业”称号，并荣获了“重合同、守信用企业”，被吉安市政府表彰为“纳税大户”和一级纳税信誉单位，全面质量管理达标企业等荣誉称号。

地址：樟树市门楼里　邮编：331208　电话：0795—8753779　传真：0795—8753779

江 西 民 生 集 团

王翔委员接受中央电视台记者采访

江西民生集团是1985年创办的，是江西省最早的私营企业，在董事长王翔的领导下，公司以“创造财富，贡献社会”企业文化为宗旨，搏击市场风云，不断进取，经过近20年的奋斗，企业规模不断扩大，已形成综合性、多功能、实业化、经营范围涉及各产业的发展格局。经中国企业评定协会评定，注册资金达1.23亿元，跻身于全国最大500家私营企业行列。

一、 立足本地，为经济发展作贡献。实践深化投资体制改革，首开民营经济成功投资建设大型基础设施之先河。公司承建的九江新火车站和龙开河防洪工程均取得良好的社会效益和经济效益．

二、 与时俱进，不断迈出新的步伐。积极参与国企产权制度改革，支持老区建设，发展县城经济，投资收购改造武宁罐头厂。

三、 热心公益，积极投身光彩事业。多年来，董事长王翔十分关注公益事业，先后向社会捐款捐物近千万元，把它作为回报社会、回报人民的重要举措。

四、 参政议政，倾情民心屡献良策。

地址：江西省九江市九龙街龙翔国贸大厦　邮编：332000　电话：0792—8223939　传真：0792—8223272
电邮：minsheng@minsheng-group.com　网址：http://www.minsheng-group.com

江西省优秀女企业家

王涛美容世纪广场
总经理　王涛

美丽天下所有善良执着勤奋的女人

王涛自92年创办王涛美容世纪广场至今，分店及连锁店已遍布全省各地。王总经理结合丰富的实践经验，博采众长、潜心研究掌握了一套全新面部全息疗法。她还荣获北京中国民营科技实业家协会、美容专家委员会评为“皮肤护理美容专家”、南昌市妇联企业家协会评定“优秀女企业家”等称号。美容世纪广场也获得中国科技美容专家协会颁布的“全国先进美容院”、“江西省首批四星级美容名店”等荣誉称号！

江西正鑫实业有限公司
总经理　何正香

1952年出生，汉族，高中文化，经济师。第一届上饶市人大代表，余干县政协委员，2003年荣获全国小城镇巾帼建功标兵。

公司创办于1993年（前身为余干县工艺伞厂）为了公司的长足发展，开发余干的陶土资源，2003年与陶都江苏宜兴实行技术合作，投资200万元组建“余干县宜鑫陶瓷有限公司”，主要产品是，琉璃瓦、花盆、花钵、陶瓷酒瓶、工艺品等陶瓷产品。

民间实业有限公司董事长：周根英

中国民间饭庄，始创于一九九四年，地处南昌市美食一条街（系马桩342号），东至八一广场，南靠中山路商业街，地理位置优越，交通便利，饭庄内外装潢古朴典雅，古色古香，门外飞檐翘角，碧墙黛瓦，透着浓郁江南水乡民风古韵。

传统饮食观追求“美味享受”，注重“饮食养生”，而民间饭庄的“瓦缸煨汤”能同时兼顾到这两方面，该汤荣获一九九七年国家专利及“爱因斯坦国际发明金奖”。在这十年来，酒店由于公司董事长周根英的严格管理，本着“积淀民间文化，锤炼赣菜精品”的宗旨已获得不少殊荣。公司董事长于二00二年被授予“全国餐饮业管理成就奖”，同时加盟店现已发展到全国13个省，35个市共46家，塑造国内著名餐饮品牌。

公司已形成了统一品牌，统一管理模式，成为餐饮产业化的一面旗帜。

南昌市新金城宾馆有限公司
董事长　魏毛妹

魏毛妹自1975年参加工作以来，先后在南昌市三建公司和郊区经委工贸集团从事行政管理工作并任经理。在国营企事业单位魏董事长多次被评为先进工作者并获得了良好的口碑。1996年，魏董事长随丈夫下海开办了晓有名气的贤湖钢管厂，并任总经理。1998年接下了当时已关停的红光宾馆，在她的精心打造下，原本亏欠的企业日趋赢利。获得成功后魏总将面积达一万八千平方米经多方经营均破产的鑫城大厦租赁下来，在经过一番装修改建后，一栋屹立在赣江畔青山路中段集旅游住宿、酒店餐饮、茶座、美容美发、健身为一体的金城宾馆，于1999年底闪亮登场，企业员工人数的日渐增长，吸纳了大量的下岗人员，至2003年8月，金城宾馆有限公司被南昌市政府授予了“下岗再就业基地”的称号。优良的服务、合理的价位深受八方来宾的好评，2001年南昌市工商局授予金城宾馆为诚信企业。

江西省优秀女企业家

新钢公司第一炼钢厂设备副厂长
江西省女企业协会常务理事
郑桂花　管理学硕士　机械工程师

1990年毕业于华中理工大学后，一直从事设备管理工作。2002年4月通过竞聘走上了生产副厂长的岗位，创新管理思路，调整生产方式，大胆引起、推行“准时制”（JIT）生产方式，针对各种的生产计划，做到“按时生产、准时交货”，从而改善了各项技经指标，在全厂1756名干部员工的努力下，全年共产钢120万吨，降低成本310万元。2003年9月至今任设备副厂长，倡导全员设备管理的理念，推行设备“预修制”，确保了设备事故为零，设备有效利用率提高了5%。先后荣获钢厂“优秀科技工作者”，新钢公司“十佳女员工”，江西省“三八”红旗手称号。

分宜华粮大酒店总经理
陈如华

下岗不落志　爱拼才能赢

（艰苦创业求生存 善谋实干求发展 致富思源作贡献）

陈如华总经理是一个因企业分流富余人员而下岗的女职工，十三年前，她从借2000元本钱起家，自己带着一名打工妹开始，经营餐饮业，以辛勤的汗水，第一的信誉，一步一个脚印，发展成为拥有固定资产300万元，安置下岗、待业职工50多名，年纳税20万元，实现年创纯利近50万元的华粮大酒店总经理。先后被评为江西省“青年企业家”、“全省各行百佳”、新余市“十佳创业标兵”，荣获省、市、县“三八红旗手”、个私企业纳税大户奖等30多个荣誉称号。回首这十多年来的下岗创新业历程，其艰辛创业经历感人，敬业精神令人钦佩。

江西武宁辉华旅游实业有限公司
董事长　张绪华

一九四八年二月二日生，中共党员。现任武宁县政协委员，县工商联副会长，武宁辉华旅游实业开发有限公司董事长。旗下拥有120床位全功能的武陵岩山庄，60床位的老年服务中心，年产商品猪4000头的猪场，总资产逾1200万元。多年来，张绪华荣获全国各民族农村妇女先进能手光荣称号；连续获得江西省三八红旗手、巾帼英豪、养猪状元、优秀企业家等项荣誉。曾参加江西省第九次妇代会和九江市妇代会。

——红苹果企业创始人
江西红苹果实业有限公司董事长
国家高级美容技师
南昌市女企业家协会副会长
南昌市政协委员
江西美发美容协会副会长
张世敏　女士

用爱心浇灌美丽　以慧心养护青春

张世敏女士是江西现代美容事业最早的创始人和奠基人之一，中国美容美学界的优秀导师。具有卓越的美容美发成就及丰富的美容企业经营管理经验，她致力于美容尖端技术的研究和开发及美容业文化艺术的提升，为江西及中国美容事业的发展做出了杰出的贡献。她在1988年创办了江西红苹果美容院，现已壮大为“香港独资江西红苹果实业有限公司”，下设大型红苹果美容院、红苹果美容美发学校、红苹果医疗美容门诊部、红苹果美容美发用品公司。从小店到企业，她奉行“高文化素质、高艺术修养、高美容技艺、高服务质量”。作为江西美容美发企业的龙头，张世敏女士要求全体员工“诚信做人、踏实做事，创新技艺、制造完美”，以“人”为本，以“德”为心，诚挚、热情、至善、至美。让美容事业真正成为一门高尚的文化艺术事业。

江西省优秀女企业家

新余华丽集团　董事长　　　　詹慧珍
赣西科技职业学院院长　（高级经济师、副教授）

詹慧珍从1986年起，走过了开服装店—培训班—办厂—办学校—办企业集团—办民办高校的创业道路。经过十多年的发展，她创造出厂校结合、产学并举的办学特色，现在的赣西科技职业学院已成为教育部备案的全日制全国统招高校。近几年来，学院接济280多名残疾学生，减免特困生学费、为烈士子女、下岗职工子女，特困生提供助学金。学院还向农村学校赠送电脑、课桌椅、扶助贫困学生，免费培训下岗职工3260名，折合资金107万元。

詹慧珍现为江西省十届人大代表，新余市六届人大常委，全国工商联会员，江西省工商联执行委员。先后多次获全国“外来务工青年良师益友”、“巾帼创业带头人”、“全国家电维修培训优秀组织工作者”和江西省“明星企业家”、“社会力量主办高校先进办学者”、“十大杰出女性”、“三八红旗手”、“九五期间助残先进个人”、“十大爱心人士”、“十佳创业杰出女性”等荣誉。学院先后数十次获国家、省、市奖励。

南昌派利笔业有限公司
董事长　胡桂香

胡桂香同志原是长塘村妇女主任，她凭借文港镇传统的“毛笔之乡”的优势，刻苦专研学会园珠笔芯的生产技术，在村子里组织进行园珠笔芯生产，并到全国各地经销毛笔，解决了部分农民的就业。1989年，她来到文港镇，对市场进行认真分析和调查，并于1998年创建了“南昌市派利笔业有限公司”，产品得到了全国同行的肯定。

“有志者，事竟成”。2003年她获得中国制笔协会“全国制笔功勋企业家”、“中国制笔王”、“科学先进工作者”称号；2004年被评为南昌市“优秀女企业家”。并获消费者协会“诚信单位”，南昌市“五好家庭”、南昌市个私民营经济小组和市妇联授予的“巾帼文明经济户”等荣誉。

新世纪逢春宾馆　总经理
泰和六合中学　理事长
刘逢春

江西省十届人大代表，泰和县民营企业家泰和六合中学理事长刘逢春，1980年高中毕业当工人后，选择了改革开放条件下经商办企业，她积极安置下岗职工，照章纳税，为地方的经济发展作出了积极贡献。

投资200万元创办了泰和县首家民办高中——泰和六合中学。拥有师生近千名，成为远近闻名的一所教学管理严谨、秩序良好、设备完善、环境优雅的民办学校。

在办学过程中，她资助有73名家庭经济困难的学生全免或减免学杂费，还为28名家庭贫困女学生组织开办了“春蕾班”。刘逢春对贫困学生倾注了真诚的情怀！

刘逢春先后多次被省、市、县授予“先进纳税大户”、“民营经济之星”、“巾帼创业示范岗”、“三八”红旗手等荣誉称号，她还当选为省十届人大代表，县政协常委、县妇联执委、县工商联副会长。

鸿顺副食品总店支部书记兼经理
龚周华

龚周华同志在担任鸿顺副食品总店支部书记兼经理了以来，工作严谨、踏实认真。为了发展项目，促进后劲，总店兴起了店兴我荣，店衰我辱的良好风气，先后创办了向荣老年活动中心，站前路“满意快餐”，并安置解决了部分下岗困难职工。作为一名党员，担任领导工作几十年，她始终把自己的人生座标放在事业上，把企业的兴衰，职工的疾苦放在心里，为之奋斗。几十年来，荣获省“有突出贡献的工人”、市“优秀党员”、“劳动模范”、“优秀女企业家”、“巾帼建功”等多项荣誉，但龚周华同志把荣誉当作上级组织对她的关心和期望，从未停留在成绩上沾沾自喜，而是不断的加强自身素质提高，认真学习刻苦钻研，为企业的发展，职工生活水平的提高，永无止境的奋斗在自己的岗位上。

江西省优秀女企业家

赣州旅游服务有限公司董事长 总经理

罗爱香

罗爱香，是赣州业内知名企业家。精于企业管理，勇于开拓创新。屡受全国妇联、国内贸易部、省总工会及市、区有关部门褒奖。是“五一”劳动奖章、“巾帼建功标兵”荣誉称号获得者。

一九八八年，顺应改革潮流的弄潮儿罗爱香，入主由三个小型集体餐饮企业整和而成的赣州市第二餐饮服务公司。自此，她带领全体员工艰苦创业，不断开拓。短短十来年，企业迅速扩张为涵括餐饮、旅游、食品多个行业的餐饮企业集团。总资产由创业的10余万元增长到数百万元。其龙头企业羊城酒家是赣州餐饮名店。因经营管理绩效彰显，被原国内贸易部指定为“全国饮食服务业信息联系企业”

景德镇花苑房地产开发有限公司总经理

陈锦华

景德镇花苑房地产开发有限公司成立于1998年10月，公司是以房地产开发、销售；物业管理、酒店经营、建材销售等为主导的有限责任公司。

陈锦华女士，是景德镇市政协委员，市昌江区政协常委，市女企业家协会常务副会长，2002年江西省首届十大创业明星之一。数年来，公司在陈总经理的带领下，与时俱进，开拓创新，取得了长足的进步，获得良好的信誉，为公司的发展提供了一个广阔的市场。

2000—2004年，公司开发建设了市政协委员培训中心大楼，与市五中联合办学，创办了市五中（二）部，开发建设了市政协危房改造工程，房地产开发面积达数万平方米，独资或合作建有学校、农贸市场、酒店和金帛源养殖有限公司等。

公司建立和健全了一套完整的、现代化的科学管理机制，公司现有员工和各类专业人才50余人，资产三千余万元。

吉安市吉信金行有限公司

总经理 **刘莉**

吉信金行的前身是“吉银金店”，规模非常小，仅有十几平方米，1998年刘莉接管以后，大胆创新，给员工以“假如我是顾客”的换位思想，搞好售前、售中、售后服务工作，更新“我们销售的是产品，传播的是珠宝文化”等经营理念。使吉信金行不断壮大。使“吉信珠宝”荣获江西省珠宝业著名品牌称号，2001年取得了《翡翠鉴定师》和《宝石鉴定师》资格，2003年获吉安市吉州区“十佳创业名星”，第五届吉安市“十大杰出青年”等光荣称号。

君红编织艺术品有限公司

董事长 **龚君红**

中国服装设计师协会会员、江西编织协会筹委会主任、西湖区政协常委、市女企业家协会副会长。

龚君红女士于1994年创办君红编织公司，现任公司董事长、总设计师。龚董事长在1993年就荣获“全国编织服装设计大赛一等奖”、“国际羊毛局最佳女装奖”；1995年被省妇联选送参加了世界妇女代表大会；1999年编织的“万里长城”壁挂又荣获了“基尼斯之最”证书。她历年都被省市工会、妇联评为“南昌市五一劳动奖章”、“巾帼标兵”、“巾帼创业带头人”、“优秀女企业家”等各种荣誉称号。

江西省优秀女企业家

彭煤：1956年8月出生，籍贯江西萍乡，中共党员，高级会计师，现任安源实业股份有限公司萍乡客车厂党委书记。

主要业绩和荣誉：萍乡客车厂是全国500强企业之一，2000年彭煤从副厂长岗位由职工直接选举当选厂长，在任厂长三年中，实现生产、销售客车3000多台，完成产值4个亿，实现销售收入4.09亿元，完成利税4千万元，职工收入连年稳步提高。三年中，研发了新产品30余种，成功地打开了北京市场和开发了17个新市场，“安源”牌客车已遍及全国20多个省市和地区，2003年首次打开了国际市场，出口孟加拉国。企业曾荣获全国重合同守信用企业、江西省质量管理先进企业等称号。她本人荣获2004年中国女企协“杰出创业女性”荣誉称号。

王晓红：1959年11月出生，籍贯江西萍乡，中共党员，高级经济师，原任中国人寿保险股份有限公司新余分公司总经理。

主要业绩和荣誉：2002年从中国人寿萍乡分公司副总经理调任中国人寿新余分公司总经理。两年来，她团结班子与时俱进，实现了业务跨越式发展，在同行业中多项工作名列全省前茅。2002年实现保费收入1.06亿元，同比增长73.3%，市场份额为83.06%，2003年保费收入达1.72亿元，同比增长62.9%，占新余全市保费总量的61%，成为新余保险行业当之无愧的领头羊，并为全市提供了1000多个就业岗位，缓解了就业压力。她本人曾荣获中国人寿全国系统优秀管理干部、萍乡市“十大杰出青年”、萍乡市优秀党员和2004年中国女企协“杰出创业女性”等荣誉称号。

万秀英：1995年2月出生，籍贯江西抚州，中共党员，高级经济师，现任江西省玉风瓷厂厂长。

主要业绩和荣誉：江西省玉风瓷厂，连续三年玉瓷经济发展一年一个台阶，在全省陶瓷行业中，创“人均产值、人均利税、产品质量、职工人均收入”四个第一，是国有陶瓷的一杆红旗。为做大做强企业，已在浮梁县工业园区购地50亩筹建了第二个玉风瓷器厂，又可解决社会就业人员300余人。企业曾荣获江西省优秀企业等称号，她本人曾荣获全国轻工工会优秀工作者、江西省“五一”劳动奖和2004年中国女企协“杰出创业女性”荣誉称号。

卢蔓薇：1963年9月出生，籍贯江西武宁，中共党员，高级工程师、执业药师，现任九江清源实业集团有限公司副总裁。

主要业绩和荣誉：1985年毕业于中国药科大学，曾在江西省医药学校任教8年，1995年从特区汕头回到家乡，参股创办九江清源实业集团有限公司，在短短8年内把集团发展成为一个拥有11家下属企业和员工1500余人的大型企业集团，其中兼并和购买6家国营企业，累计上交税收2000余万元，安置下岗职工800余人，先后向社会捐赠300余万元。企业曾荣获九江市十大纳税大户，九江市重点保护企业，江西省先进私营企业称号。她本人荣获2004年中国女企协“杰出创业女性”荣誉称号。

徐桂芬：1951年10月出生，籍贯江西南昌，民建，高级经济师，现任江西煌上煌集团有限公司董事长主席。

主要业绩和荣誉：1993年下岗后，自筹资金创办“南昌煌上煌烤禽社”经过十年努力，她所创办的企业实现了可持续跨越式发展，由当初几十人组成的烤禽社发展为现在的“江西煌上煌集团有限公司”，现有资产1.5亿元，下设7家子公司，年产烤卤食品5000余吨，产品有5大系列1000多个品种，安置解决了各类下岗待业人员3000多人，成为南昌市再就业基地。她本人曾荣获省、市“五一”劳动奖和全国、省“巾帼建功”标兵和“巾帼创业带头人”等荣誉称号。

熊红武：1948年1月出生，籍贯江西南昌，中共党员，高级经济师，现任南昌市印刷二厂厂长。

主要业绩和荣誉：熊红武自参加工作起一直从事印刷事业，从1981年主持全面工作以来，带领班子成员转变思想观念，敢想敢干，同心同德，艰苦奋斗，紧紧依靠科技进步，大胆引进先进设备，强化企业基础管理，转换企业经营机制，使企业一跃成为设备先进、厂房一新、产品精湛的省级包装印刷骨干企业。企业多次被省、市授予先进企业称号，1999年被评为全国先进包装企业，2002年又连续荣获全省先进包装企业称号。她本人曾荣获中国女企协“优秀女企业家“荣誉称号。

田月容：1965年6月出生，籍贯湖北广济，中共党员，工程师，现任江西制氧机厂副厂长兼公司总经理。

主要业绩和荣誉：在担任浔福气体公司总经理时，一手抓市场，一手抓管理，三年中销售收入、上缴利税

江西省优秀女企业家

和利润每年分别以 30%、12%和 9%左右的速度递增。2001 年调任福盛空分设备公司总经理后，她抓住机会开发新产品，销售收入达 697.8 万元，比上年增长 45.3%。2002 年在福兴压力容器暨专用车公司生产进度缓慢导致全厂形势严峻的关键时刻，田月容临危受命，在极短时间内使工厂下半年销售完成 2400 万元，是上半年的 2 倍多。2003 年她兼任整合后的新福兴公司总经理，实现销售收入 7100 万元，比上半年增长 70%。实现毛利 763.62 万元，比上年增长 73.4%。公司产品曾获国家银质奖，并多次荣获省、部优产品称号。

李碧霞：1959 年 7 月出生，籍贯江西玉山，无党派，经济师，现任江西春源绿色食品有限公司董事长。

主要业绩和荣誉：1994 年，李碧霞辞去高薪工作，回到家乡创办“玉山县精制油厂”。几年后发展成为江西春源绿色食品有限公司。几年来，公司凭借产品的质量和健康的理念占领市场，并远销海外，创利税近 280 万元，公司在国内同行业首家通过国家环保总局“OFDC”有机产品认证，荣获 98 年“江西市场优胜产品”、“中国乡镇企业名牌产品”，2001 年荣获江西省食品展销会“新纪元优秀产品”等称号，2003 年获美国“FDA”注册和中国商检局卫生注册。

赵臻：1957 年 10 月出生，籍贯河北，中共党员，政工师，现任江西富奇汽车总厂党委书记、厂长。

主要业绩和荣誉：善于企业经营管理，富有开拓创新精神，在经营销售工作中，想办法出主意，走南闯北，为富奇汽车推向全国和为富奇汽车总厂效益连年稳定提高做出了贡献。2002 年富奇税收完成近 4 万元。2003 年 8 月完成企业改制，1600 职工买断工龄，积极稳妥安置下岗人员，无一人上访，实现了企业改制和生产两不误。2003 年又在市工业园区兴建占地 1800 亩的富奇工业园，为抚州的生产和招商引资做出了新贡献。企业曾荣获全国“五一”劳动奖等荣誉称号。

乐细娇：1962 年 6 月出生，籍贯江西东乡，无党派，中级畜牧兽医，现任江西东乡东盛重猪有限公司经理。

主要业绩和荣誉：1994 年创办东盛种猪场，在生产实践中不断摸索科学养猪新法，诚信服务，经过近 10 年的发展，种猪场目前占地 60 亩，固定资产 700 万元，年产种猪 6000 多头。她本人曾荣获江西省劳动模范、全国农村妇女“双学双比”女能手等荣誉称号。曾参加中国首届成功女性大会，2003 年当选中国妇女九大代表，江西省十届人大代表，中国畜牧业协会猪业分会理事。

谌春玲：1963 年 10 月出生，籍贯江西，中教二级，现任宜春信友化工有限公司董事长。

主要业绩和荣誉：1996 年创建广东茂名宏远石化公司。2001 年 5 月收购多年亏损处于半停产状态的宜春地区化工有限公司，组建宜春信友化工有限公司，短短两年半时间，企业销售额从 2001 年 700 万元到 2002 年 1900 万元再到 2003 年 2600 万元，人均收入也从 2001 年的 4500 元到 2003 年的 9000 元。产品质量不断提高，曾荣获中国商学会、中国质量学会颁发的全国“十佳”品牌称号，中国农药工业协会“农药产品质量保证”的授信，以及中国技术监督情报协会颁发的“中国环保产品质量信得过重点保护品牌”和江西省技术监督颁发的“江西省重点保护产品”等荣誉称号，企业通过了 ISO9001 质量体系认证。

姚桂玲：1962 年出生，籍贯江西宜春，全国纺织协会理事，现任江西盛洲时装有限公司董事长。

主要业绩和荣誉：在外创业十余年，1997 年回家乡宜春创办集科研开发、设计生产、市场销售为一体的专业服装私营企业江西盛洲时装有限公司，2003 年产值 500 万元，利润 40 万元，纳税 38 万元，公司安置 110 名下岗女工就业。该公司有固定资产 800 多万元，生产规模居服装行业前列，2003 年公司被评为“中国职业装 50 强知名企业”，公司生产的“港丝利”服饰，2000 年—2001 年被评为江西省著名商标，2001 年获全国首届中小学生春秋装三等奖，全国中小学生服装一等奖，拳头产品“港丝利”防盗西裤 1999 年获中国专利局防盗专利权。

罗静婷：1964 年 2 月出生，籍贯江西吉安，无党派，现任吉安市甘雨亭商贸有限公司总经理。

主要业绩和荣誉：1993 年下岗后自筹资金随大创办甘雨亭商场，到 2003 年已发展有五家连锁店和一家食品厂，解决安置了下岗女工 500 多人，年纳税 200 多万元。自费到北京学习，不断开拓，不断更新自己的经营理念，组织员工培训学习，外出参观，丰富员工的文化生活，使 500 多名员工信心百倍地与甘雨亭建立了浓厚的伙伴协作关系。企业曾荣获省、市有关部门授予的质量信得过单位、诚信单位、文明单位等荣誉称号。

江西省优秀女企业家

祁运萍：1954年出生，汉族，大专文化，经济师。

自1996年担任萍乡市东轿厂厂长以来，在她精心打造下，该厂由亏损的小型乡镇企业发展为具有一定规模的中型企业，产值翻信，特别是1998年，她吸引外来资金投入100万余元，组成了一条产值千万元的钢冒生产线，既安排了职工再就业，也增加了职工的收入，成为萍乡市机械行业中的姣姣者，曾被评为省、市妇联“巾帼标兵”“优秀厂长”等各种荣誉称号。

邹小云：1962年3月出生，籍贯江西新干，无党派，服装设计师，现任新干县三星制衣厂厂长。

主要业绩和荣誉：1997年，邹小云创办三星制衣厂，到2003年，企业拥有固定资产3500多万元，年产值2000多万元，上缴税收90多万元，安置下岗失业人员1500多人，企业连续四年被评为全县纳税大户，成为新干县规模大、安置就业人员多、经济效益好的一家明星企业。为了帮助更多的下岗失业人员，工厂每年培训电动缝纫工200多人，全部输送到沿海经济发达地区和国外工作，三星制衣厂也成为吉安市再就业培训基地之一。

庄彩霞：1963年3月出生，籍贯江西兴国，中共党员，工程师，现任江西电信公司赣州分公司副总经理。

主要业绩和荣誉：庄彩霞被员工称为领头雁，从中专生到研究生，从搞技术到经营企业，从县局基层员工到公司的副总，每一步成长历程都付出了比别人更多的艰辛和努力。2003年她又考入上海交通大学就读NBA工商硕士学位。她本人曾荣获省市先进女职工、优秀党员等荣誉称号，公司荣获全国“巾帼文明示范岗”称号。

王三英：1963年12月出生，籍贯江西南康，无党派，现任南康市宝林大厦有限公司总经理。

主要业绩和荣誉：1996年创办“三英制衣有限公司”，2000年创办加工型“朗祺木线厂”，2002年合资创办“南康市宝林大厦有限公司”。为开创南康南康农、工、商、牧全面发展的先河，公司2003年征地500亩创办年出栏生猪5万头，果园万株的全省一流高标准生态示范园区。公司总资产达1500万元，2002—2003年纳税近百万元，公司安置500多人就业，其中女职工占90%以上。2002年企业荣获“赣州市质量信用企业”称号，她本人当选为江西省十届人大代表。

张火秀：1964年10月出生，籍贯江西乐平，无党派，美术师，现任景德镇市翼龙陶瓷（花纸）有限公司总经理。

主要业绩和荣誉：翼龙陶瓷（花纸）有限公司创办与1993年，现有员工60多人，1998年，张火秀被推选参加江西省“个协”代表大会，曾荣获全国农村妇女“双学双比”先进女能手、江西省再就业明星等荣誉称号，并当选为景德镇市第十届政协委员。

吴艳林：1956年8月出生，籍贯江西萍乡，无党派，现任江西萍乡福林食品有限公司董事长。

主要业绩和荣誉：萍乡福林食品有限公司是一个现代化园林式工厂，建筑面积6000多平方米，已安置下岗职工和待业人员186人，资产近1860万元，年产值4200万元，创利税860万元，已被列为江西省重大星火计划项目。2003年，公司顺利通过ISO9001国际质量体系认证，是萍乡市食品行业唯一获“江西名牌产品”称号的企业。

徐发红：1970年3月出生，籍贯江西余江，中共党员，高级工程师，现任江西天施康中药股份有限公司余江分公司副经理。

主要业绩和荣誉：1998年徐发红担任江西天施康中药股份有限公司余江分公司负责人以来，公司各项经济指标以年均10%以上的速度增长。公司先后被评为全国优秀中药厂、省级纳税信誉特级企业、全国百家纳税信誉等级企业荣誉称号。她本人曾荣获省“五一”劳动奖和“三八”红旗手、江西省优秀厂长（经理）等荣誉称号。同时由她主持的10个国家级项目、30多个省级项目研制出了7个国家级新药、15个国家中药保护品种。由她主持的国家高技术产业化示范工程和国家“十五”重点科技攻关项目获国债资金上千万元，项目总投资1.35亿元，建设了现代化的中药生产基地，在全国同行业中率先通过了GMP认证。

戚建萍：1964年出生，籍贯浙江诸暨，无党派，经济师，现任江西金泉铜业有限公司董事长。

主要业绩和荣誉：1983年开始创业，先后创办了鹰潭市丰华商场等4个企业。2002年在鹰潭五湖经济开发区创办江西金泉铜业有限公司，生产研制成功的300KG空心锭水平连铸炉，为国家星火项目，并荣获二项国家专利，一项国家重点产品。企业曾荣获部、省全面质量管理达标企业、鹰潭市十佳乡镇企业等称号。她本人荣获市优秀青年企业家等荣誉称号。

江西省新形象楷模

江西省萍乡市纪委常委
监察局 副局长
（正处）

宁秋云

江西人
1951 年 7 月出生
中国共产党党员
先后毕业于中国人民解放军广州机要学校
天津法学进修学院

从事纪检监察工作 16 年，共主办和参与组织查办各种类违纪违法案件 261 件（其中主办 136 件，组织查办 125 件），大要案件 185 件，涉及县（处）级领导干部 91 件，收缴违纪款 1038.8 万元，为国家、集体挽回经济损失 3780 余万元。所领导的科室历年来评为市级先进集体，其个人 1991 年被授予江西省监察系统先进个人；1994 年被授予萍乡市“十佳办案能手”称号；1996 年被授予全市纪检监察系统“有突出贡献者”称号；2000 年荣获省“劳动模范”（先进工作者）称号；多次被市纪委、监察局和市直机关工委评为优秀公务员、先进工作者、优秀党员、优秀干部；2001 年受到中纪委、监察部通报嘉奖和表彰。撰写了《运用“心理学”突破“一对一”案件浅谈》、《坚持与时俱进，正确履行行政监察职能》等多篇论文。

江西省新余一中
校党委书记
高级教师

黄余平

汉族
1962 年出生
中国共产党党员

任教高中地理 20 年，任教高三毕业班 10 年，教学成绩突出，是江西省地理学会理事、江西省首批骨干教师、省电教教材审查委员会委员、省教育学会学术骨干，荣获过江西省先进工作者（省劳模）、省新形象楷模、省优秀地理教师等称号，出席过省第十一次党代会。

在任教期间，主持的“九•五”国家子课题《运用电教媒体加强对学生的思想政治教育》等已结题验收，目前正主持开展《基于建构主义的中学环境教育》课题研究（国家教育科学“十•五”规划重点课题子课题）。主要论文（著）有《素质教育与后进生转化》发表于光明日报出版社《中国新时期人文科学优秀成果精选》获二等奖、《论地理研究性学习特点及实施策略》、《地理教学与学生创新素质培养》、《关于高中地理“活动”教学的思考》在省以上刊物发表并获奖。主编参编《新余地理》、《新高中地理掌握诀窍》等教辅读物。

信州区人民检察院
党组成员
副检察长

郑良军

1966年5月出生
中国共产党党员
大学文化

从事检察工作十七年，指挥、参与和直接查办了一大批有影响的贪污贿赂大要案，为反腐败斗争作出了积极贡献。一九九九年他亲自查办了江西省茶叶进出口公司副总经理兼上饶茶厂厂长徐久满（副县级）特大挪用公款案、贪污案；二000年，他查办了原上饶市水产场场长郑帮忠等人特大贪污案；二00一年，他又亲自查办了中国工商银行信州支行营业部出纳邹先勇特大挪用公款案，二00一年，郑良军在追捕在逃贪污贿赂犯罪嫌疑人专项行动中亲自抓获省级督捕特大挪用公款案犯两名。信州区检察院反贪局的追逃成绩在全市名列第一，受到省检察院和省公安厅的联合表彰。他本人曾荣立一次一等功，两次三等功，先后获得“江西省新形象楷模”、江西省“省级优秀检察官”、“江西省优秀青年卫士”、“江西省省级青年岗位能手”、“上饶市十大杰出青年”等多种荣誉称号，是信州区检察院一位优秀的青年检察官。

2003 年度江西省优秀厂长(经理)名单

(排名不分先后)

许先达	赣州发电设备成套制造有限公司	董事长
李虞财	江西国兴实业有限公司	董事长
刘贤荷	江西金苹果农业发展有限公司	总　裁
胡恩和	江西气体压缩机有限公司	董事长
郑起平	江西瑞金三九药业有限公司	总经理
王丽蓉	赣州水泵制造有限公司	总经理
黄会荣	燕京啤酒(赣州)有限责任公司	总经理
郭永红	江西五丰食品有限公司	总经理
刘一华	江西井冈山卷烟厂	厂　长
汤方辉	中国国电万安水力发电厂	厂　长
李守清	江西燕京啤酒有限责任公司	总经理
尹归园	江西金顶药业有限公司	总经理
杨光糯	江西吉安供电公司	总经理
刘　烽	江西省吉安市供水公司	经　理
郑建新	江西省新干精制盐厂	厂　长
谭永香	江西宜春供电公司	总经理
朱　军	江西特种电机股份有限公司	董事长
赵渭兵	江西华厦水泥有限公司	总经理
龙国光	三九宜工生化股份有限公司	总经理
杨文龙	江西省仁和(集团)发展有限公司	董事长
赵洪友	江西省电信有限公司宜春市分公司	总经理
李士滔	奉新县供电有限责任公司	经　理
黄平辉	江西江铃底盘股份有限公司	董事长
江小平	江西东亚药业有限责任公司	董事长
杨灿龙	江西临川酒业有限公司	董事长
林锦聪	江西省赣东芝麻纺织有限公司	董事长
艾银星	江西省银达房地产开发有限责任公司	董事长
陈国顺	江西天顺生态农上有限公司	董事长
郑元豹	江西变电设备有限公司	董事长
余小斌	江西月兔企业(集团)有限公司	董事长
温显来	江西博能实业集团有限公司	董事长
吴信江	江西月兔丰华彩印有限公司	董事长
董明坤	德兴市供电有限责任公司	经　理
张荣烈	江西上饶全良液酒业有限公司	董事长
黄赛成	江西鸡山水棍有限公司	董事长
邓作善	江西岩鹰水泥有限公司	董事长
刘融融	江西第三制药厂	厂　长
黎显毅	上饶市邮政局	局　长
孙　兵	江西省电信有限公司九江市分公司	总经理
刘风林	江西省九江长途汽车运输总公司	总经理
田友海	江西海扬纺织集团有限公司	董事长
朱武森	修水县供电有限责任公司	经　理
王忠礼	修水县山口电站	站　长

冯炎木	九江针织服装(集团)有限公司	董事长
李觉华	江西九江发电厂	厂　长
邵伙军	巨石集团九江有限公司	总经理
涂建民	萍乡钢铁有限责任公司	董事长
李群芳	江西武冠实业集团	总　裁
周　新	江西省莲花水轮机厂有限公司	董事长
程绍辉	萍乡益民动力有限责任公司	董事长
李新林	江西青峰水泥有限公司	董事长
王定敏	江西日江水泥制造有限公司	董事长
刘培才	江西腾飞实业集团	董事长
张果喜	果喜实业集团有限公司	董事长
李建林	江西省鹰潭市三川有限公司	总经理
龚立浩	江西贵溪化肥有限责任公司	总经理
杨春茂	江西鹰潭供电公司	总经理
周祖定	江西永发上海精密铸造有限公司	总经理
郝来春	景德镇市焦化煤气总厂	厂　长
曾名胜	景饵镇发电有限责任公司	总经理
陈日晃	景德镇市昌河汽车配件制造公司	总经理
洪永文	江西锦龙集团	董事长
李小荣	江西景德酒业集团	董事长
叶　青	江西锦溪水混有限公司	董事长
姚红江	新华金属制品股份有限公司	总经理
刘翠军	新余华源远东纺织有限公司	总经理
陈和平	中国联合通信有限公司新余分公司	总经理
许金炳	江西新余发电有限责任公司	总经理
张　宇	南昌铁路第三工程有限责任公司	总经理
李绍清	江西移动通信有限责任公司新余分公司	总经理
彭小峰	江西分宜发电有限责任公司	总经理
梅太平	江西赣西供电公司	总经理
邱新海	新余市双林恩达纺织印染有限公司	总经理
李良彬	新余市赣锋锂业有限公司	总经理
邹泉珠	新余市永盛工贸有限公司	总经理
刘延生	新余市公共汽车公司	经理
王锡高	江铃汽车集团公司	董事长
张　平	江西长运股份有限公司	董事长
熊林根	南昌亨得利钟表眼镜公司	董事长
丁　杰	江西锅炉化工石油机械联合有限责任公司	董事长
毛木金	南昌水业集团有限责任公司	董事长
熊红武	南昌市印刷二厂	厂　长
李义海	江西济民可信集团有限公司	董事长
涂予青	江西捷德智能卡系统有限公司	总经理
刘小林	四通(江西)电机有限责任公司	董事长
徐桂芬	江西煌上煌集团有限公司	董事局主席
李剑成	江西省京昌房地产开发咨询服务公司	总经理
龚炳辉	江西洪宇建设工程集团公司	董事长
万广明	江西先锋机械厂	厂　长
金卫平	江西钢丝厂	厂　长
郭庆忠	江西华声电器总厂	厂　长

陈共孙	江西永胜机械厂	厂　长
郭光辉	江西机械化工厂	厂　长
任新华	江西核工业瑞丰生化有限责任公司	总经理
李发昌	江西省医药集团公司	总经理
姜家坤	江西赣南海欣药业股份有限公司	董事长
许　靖	江西金水宝制药有限公司	总经理
吴朝阳	江西天施康中药股份有限公司	总经理
杨石根	江西万年青水泥股份有限公司	总经理
潘占辉	江西省景德镇重阳水陀有限责任公司	总经理
宋国雄	江西省第四建筑工程公司	总经理
牛亚平	江西丰城发电有限责任公司	总经理
邱水祥	江西赣州供电公司	总经理
张怡荣	江西省电力试验研究院	院　长
易光明	南城县供电有限责任公司	经　理
陈肖强	江西省电力设计院	院　长
李寿松	芦溪县供电有限责任公司	经　理
史湖滨	南昌邮区中心局	局　长
黄君仲	鹰潭市邮政局	局　长
熊金彪	樟树市邮政局	局　长
王孝槐	江西省电信有限公司	总经理
刘　坚	江西省电信有限公司景德镇市分公司	总经理
许叶茂	江西省电信有限公司南昌市分公司	总经理
彭宗高	江西移动通信有限责任公司上饶分公司	总经理
宋祖滨	江西移动通信有限责任公司吉安分公司	总经理
韩盛龙	江西联创光电科技股份有限公司	总　裁
陈　彪	江西景光电子有限公司	总经理
周　彦	江西联创光电科技股份有限公司线缆分公司	总经理
陈建林	江西万平电子有限责任公司	总经理
熊小星	江西新余钢铁有限责任公司	总经理
傅民安	南昌钢铁有限责任公司	董事长
史书愚	江西稀有稀土金属钨业集团公司	总经理
黎发荣	贵溪银矿	矿　长
吴林浒	赣州华兴钨制品有限公司	总经理
黄泽兰	崇义章源钨制品有限公司	董事长
郭耀升	江西耀升工贸发展有限公司	总经理
胡杰华	江西涤纶厂	厂　长
孙文泉	江西江维高科股份有限公司	总经理
张万洲	江西白云企业集体有限公司	总经理
罗来昌	南昌鄱阳湖大酒店集团有限公司	总经理
刘一兵	江西省燃料有限公司	总经理
易光景	江西省煤炭集团公司	总经理
徐绍芳	萍乡矿业集团有限责任公司	总经理
陈章连	南昌铁路局	局　长
陈招团	南昌铁路工程(集团)有限责任公司	董事长
黄万蒂	中铁四局集团第五工程有限公司	总经理
刘国富	江西龙潭水电实业有限公司	总经理
王东方	九江市水利电力建筑公司	总经理
丁重明	江西盐矿有限责任公司	总经理

任　捷	江西凤凰光学仪器(集团)有限公司	董事长
郑　伟	南昌卷烟厂	厂　长
黄　平	赣南卷烟厂	厂　长
赵建歧	江西远洋运输公司	总经理
余三保	江西新华印刷厂	厂　长
邹映明	江西清华泰豪科技集团有限公司	副总裁
吴悦成	江南电子仪器厂	厂　长
蔡景旺	南昌旺族塑业有限公司	董事长
黄　健	江西宾馆	总经理
金　德	江西饭店	总经理
杨金槐	昌河飞机工业(集团)有限责任公司	总经理
田　民	江西洪都航空工业集团有限责任公司	总经理
何昌明	江西铜业集团公司	总经理
杜文如	中国石化股份有限公司九江分公司	经　理
周　昌	中国石化集团九江石油化工总厂	厂　长
杨志明	江西省无线电厂	厂　长
吴祖讲	南昌市邮政局	局　长
冯幸平	江西江铃齿轮股份有限公司	董事长

（江西省经济贸易委员会　江西省企业联合会　江西省企业家协会供稿）

江西省高新技术企业优秀厂长(经理)名单

(排名不分先后)

吴方辉	江西洪都航空工业股份有限公司	总经理
黄代放	泰豪科技股份有限公司	总经理
冯幸平	江西江铃齿轮股份有限公司	董事长
陶　捷	江西日月明实业有限公司	总经理
肖　锋	江西长力汽车弹簧股份有限公司	总经理
罗方承	江西晶安高科技股份有限公司	总经理
许金发	江西东风药业股份有限公司	总经理
游建平	江西思创数码科技有限公司	董事长
周　强	江西省德兴市异 VC 钠有限公司	总经理
武立群	江西南方稀土高技术股份有限公司	总经理
彭彰彬	海利贵溪化工农药有限公司	董事长
杨晓专	江西方大新型铝业有限公司	总经理
马荣璋	江西金世纪新材料股份有限公司	董事长
孙文泉	江西江维高科股份有限公司	董事长
姜家坤	江西赣南海欣药业股份有限公司	董事长
姜　曦	江西中机科技产业有限公司	总经理
李　清	江西 3L 医用制品有限公司	董事长
杨爱明	江西食品专业油脂厂	厂　长
卓思阳	南昌先锋软件股份有限公司	总经理
黄伯麒	南昌金鼎软件开发有限公司	总经理
陈　彪	江西景光电子有限公司	总经理
曾　涌	江西联创通信有限公司	总经理
任新华	江西核工业瑞丰生化有限责任公司	总经理
练新廷	南昌百特生物高新技术有限公司	董事长
林卫东	江西汇天科技有限公司	董事长
李　清	江西新和软件有限公司	总经理
朱　军	江西特种电机股份有限公司	董事长
梁仲新	江西威金钻石工具有限公司	总经理
倪先平	中国直升机设计研究所	所长
聂景华	江西华伍起重电器有限责任公司	总经理
熊大和	赣州立环磁电设备高技术有限责任公司	总经理
杨贵成	九江精密测试技术研究所	所　长
王路克	中国船舶重工集团公司第七0七研究所九江分部	主　任
查加智	江西同济丰宇环境股份有限公司	董事长
汤苏云	萍乡佳瑞环保工程有限公司	总经理
周华荣	江西恒大高新技术实业有限公司	总经理
朱晓熔	江西科泰华软件有限公司	总经理
朱林生	江西博微新技术有限公司	总经理
罗绍华	江西金科光盘有限公司	副总经理
林　立	江西科源纺织高科技开发有限公司	董事长
郭　迅	江西科光窑炉材料有限公司	董事长

(江西省高新技术产业协会供稿)

2004 年全国"五一劳动奖章"获得者

（排名不分先后）

余立生	安义县第二中学校长
罗兴达	江西变压器科技股份公司工人
熊周勇	新建县中医院院长
刘纯广	中国石化九江石油化工总厂工会主席
屈　勇	中国电信九江分公司班长
钟小平	安远县公安局交警大队大队长
杨翠钿	女 赣州市市容环境卫生管理处班长
刘韶红	女 三九宜工生化股份有限公司工人
鲍洪昌	万载中学校长
黄东巨	中共上饶市纪律检查委员会一室主任
周绍良	江西万年青水泥股份有限公司车间主任
柯进水	上饶市总工会主席
彭佑相	吉安县人民医院院长
徐建新	江西博雅生物制药股份有限公司新产品研究室主任
曾加兴	江西省东乡缫丝总厂车间主任
赖德全	景德镇市陶瓷研究所高级工艺美术师
罗剑宇	女 分宜县中心幼儿园园长
黎勇萍	乡钢铁有限责任公司轧钢厂工人
饶伟生	江西省核工业地质局 261 队基础公司工程队队长
孔求根	江西省国家安全厅副处长
李国华	江西省邮政局局长
常庆华	中国电信鹰潭分公司领班
李文峰	江西省高等级公路管理局邹家河管理所所长
杨国华	高安市社会保险事业管理局局长

（江西省劳动竞赛委员会　江西省总工会供稿）

2004年江西省“五一劳动奖章”获得者

（排名不分先后）

刘伟东	江铃汽车集团公司发动机分厂高级工程师
肖　虹（女）	江西华源江纺有限公司工程师
唐　健	南昌钢铁有限责任公司转炉厂作业长
熊　强	南昌市出租汽车有限公司总经理
聂顺金	南昌县八一乡建材预制厂技术员
刘　军	南昌市东湖区房屋维修养护公司养护队队长
丁志华	南昌市公安局西湖分局刑侦大队大队长
朱其建	中国人民银行南昌县支行副行长
张　俐（女）	南昌市启音学校教研组长
龚政良	进贤县卫生局人保股长
高泽光	南昌市工人文化宫主任
罗淑兰（女）	江西淑兰窗帘装潢厂经理
许建军	九江市公路管理局修水分局姜桥养路队队长
郭在赤	九江啤酒有限责任公司车间主任
王员根	中铁大桥局集团第七工程有限公司副总工程师
黄建国	江西海扬纺织有限公司友信公司维修队长
吴晓明	江西东津发电有限责任公司工会主席
龚建国	九江市庐山区中学校长
张　力	九江市公安局浔阳分局庐山南路派出所副所长
柯瑞新	瑞昌市人民医院院长
胡云兴	九江市国家税务局局长
倪　志	九江船用机械厂厂长
孙伟民（女）	赣州市农村信用合作社联合社理事长
徐志刚	赣州市地方税务局局长
林伟清	赣州虔东实业（集团）有限公司工人
李兴福	宁都组合机床厂工人
雷承文	崇义县章源钨制品有限公司班长
程金山	赣州市公安局章贡分局东外派出所所长
蒋叔凯	赣州市人民医院科主任
赖大全	石城县烟草专卖局局长
陈宗炫	兴国县平川中学教师
赖叶青（女）	赣州市黄金开发区潭东镇金叶农庄总经理
刘韶红（女）	三九宜工生化股份有限公司工人
廖　昶	江西四特集团总经理
邓斌靖	安县邓氏园林实业有限公司工人
戴国良	江西宜春钽铌矿工人
朱　宇（女）	宜春中学教师
赵洪友	中国电信集团公司宜春市分公司经理
朱　军	江西特种电机股份有限公司工人
钟润洪	江西新瑞景陶瓷有限公司销售员
刘勤刚	奉新县地方税务局注册税务师
黄东巨	中共上饶市纪律检查委员会一室主任
柯进水	上饶市总工会主席

夏勤俭	上饶市城市信用社总经理
叶传林	横峰铺前煤矿生产副区长
刘友爱	万年县人民医院外科主任
潜金林	弋阳县供电有限责任公司圭峰变电站站长
齐成农	余干县环境卫生管理所所长
叶应兵	江西省核工业地质局268大队机械厂副经理
华　慧	安德兴市供电局银城供电所所长
彭佑相	吉安县人民医院院长
王淑敏(女)	吉安市总工会主席
王　道	吉安师范学校科研室主任
赵新招(女)	江西井冈路桥(集团)有限公司项目经理
黄赣攸	浒坑钨矿工人
廖振房	江西红声电子有限公司工人
龚如苟	江西省交通厅航务管理局吉安分局泰和航道段工人
吴贵岚	江西永友化工有限公司总工程师
张建荣	江西银涛药业有限公司生产部长
谢克贵	广昌县物资运输车队队长
曾加兴	东乡县缫丝总厂车间主任
周顺平	江西江铃底盘股份有限公司工会主席
花惠萍(女)	抚州市临川区第二中学教师
连　峰	福建联众集团江西纺织有限公司总经理
全跃龙	抚州市第一医院医师
王光辉	乐平市公安局城西派出所所长
余海波	浮梁县地方税务局局长
吴　跃	中国航空工业第六〇二研究所型号副总指挥
赵赛菊(女)	景德镇市第三人民医院科主任
程绍辉	萍乡益民动力有限责任公司董事长
夏洪娇(女)	萍乡市人民医院主任技师
李大萍	萍乡市芦溪县芦溪中学高级教师
姚　波	萍乡市蓝盾实业有限公司驾驶员培训中心主任
张婉玲(女)	萍乡市艺婉建材有限公司销售部经理
罗剑宇(女)	分宜县中心幼儿园园长
刘文生	国营江西钢丝厂特种设备研究所所长
李小峰	新余钢铁有限责任公司大班长
钟菊兰(女)	新余华源远东纺织有限公司挡车工
彭小峥	江西分宜发电厂厂长
吴世军	贵溪市三元冶炼化工有限责任公司总经理
刘正风	贵溪化肥有限责任公司审计室主任
黄玲香(女)	鹰潭市月湖区交通街道办事处百佳城社区主任
罗曼如(女)	江西赣西供电公司新余分公司沙土集控中心站长
吕华忠	江西上饶供电公司总经理
张海琴(女)	江西长运股份有限公司乘务员
徐贻赣	江西省地质矿产勘查开发局赣南地质调查大队副总工程师
陈国祥	南昌铁路局南昌机务段机车司机
高维生	南昌铁路局党委书记
朱少波	景德镇铁路中学校长
吴　飞	江西铜业集团公司武山铜矿经理
毛卫民	江西省第二建筑工程公司四分公司经理

宋国雄　江西省第四建筑工程公司经理
杨　波（女）　江西洪都航空工业集团有限责任公司650所101室副主任
邹喜明　江西正邦集团有限公司工厂部经理
邓耀平　中国农业银行丰城市支行行长
左长清　江西省水土保持科学研究所所长
孔　耿　江西省国家安全厅副处长
梁　喜　中国联合通讯有限公司赣州市分公司运维部主任
范　静（女）　中国电信集团公司南昌市分公司计算机网络设备维护中心负责人
江伟辉　景德镇陶瓷学院院长助理
郭福生　东华理工学院系主任
肖建军　江西省天河煤矿采三区采煤大工
谢声仪　赣州市妇幼保健院院长、副主任医师
汤方辉　江西万安水电厂厂长、高级工程师
彭宗高　江西移动通信有限责任上饶分公司党委书记、总经理、高级工程师
黄　铮　江西方兴科技有限公司总经理、高级工程师
于　果　蓝天职业技术学院院长
鲍洪昌　万载中学校长
李绍清　江西移动通信有限责任公司新余分公司总经理
钱文清（女）　景德镇市中级人民法院刑二庭庭长、二级法官
庄彩云（女）　中国工商银行赣州市章江支行卫府里分理处主任、经济师
李新星　江西省火电建设公司焊工
易志萍（女）　江西省火电建设公司焊工
马跃辉　江西洪都航空工业集团有限责任公司钳焊液压附件厂铣工
黄　群　江西洪都航空工业集团有限责任公司工装模具厂钳工
李军昌　河飞机工业（集团）有限责任公司车工

（江西省劳动竞赛委员会　江西省总工会供稿）

2003年度江西省企业信息化先进单位和个人名单

一、全省企业信息化工作先进单位(共42户)(排名不分先后)

洪都航空工业集团公司
新余钢铁有限责任公司
萍乡矿业集团有限责任公司
江西化纤化工有限责任公司
景德镇华意电器总公司
江西盐矿有限责任公司
江西省南方照明有限公司
江西燕京啤酒有限责任公司
江西气体压缩机有限公司
赣州虔东实业(集团)有限公司
江西赣南海欣药业股份有限公司
江西江铃齿轮股份有限公司
江西华伍起重电器有限责任公司
德兴市供电有限责任公司
江西省电信有限公司抚州分公司
江西长林机械(集团)有限公司
景德镇普天通信设备厂
江西汇天科技有限公司
北京用友软件股份有限公司江西分公司
江西天施康中药股份有限公司珍视明药业分公司
江西南方稀土高技术股份有限公司
昌河飞机工业(集团)有限责任公司
中国石油化工股份有限公司九江分公司
江西联创光电科技股份有限公司线缆分公司
中国核工业总公司七二〇厂
南昌钢铁有限责任公司
江西省电子集团公司
九江化纤总厂
江西省医药集团公司
江西省火电建设公司
汇仁集团有限公司
江西长运股份有限公司
江西井冈山卷烟厂
九江整流器厂
江西亚东水泥有限公司
江西特种电机股份有限公司
上饶市电信分公司
江西鑫新实业股份有限公司
江西钧天机械有限公司
景德镇开门子集团
南昌先锋软件股份有限公司
江西金鼎信息稀土有限公司

二、全省企业信息化工作先进个人(共41人)(排名不分先后)

卢廷钧	昌河飞机工业(集团)有限责任公司
蔡 智	中国石油化工股份有限责任公司九江分公司
熊 晴	中国核工业总公司七二〇厂
郑和兴	江西洪都航空工业集团有限责任公司
罗清华	新余钢铁有限责任公司
万 云	南昌钢铁有限责任公司
岑代全	萍乡矿业集团有限公司
饶士伟	江西省电子集团公司
茅江生	九江化纤总厂
周应龙	江西化纤化工有限责任公司
章坤平	江西省医药集团公司
李建中	江西南方稀土高技术股份有限公司
胡 建	汇仁集团有限公司
曾国辉	江西长运股份有限公司
温雪宇	江西燕京啤酒有限责任公司
罗余作	江西井冈山卷烟厂
朱同芳	江西气体压缩机有限公司
韦珍英	赣州虔东实业(集团)有限公司
王爱民	江西赣南海欣药业股份有限责任公司
黄连英	江西江铃齿轮股份有限公司
吴冬英	江西特种电机股份有限公司
胡 俊	江西华伍起重电器有限责任公司
吴海芬	九江整流器厂
程子文	江西亚东水泥有限公司
夏 鹏	九江针织服装(集团)有限公司
姚 新	上饶市电信分公司
董明坤	德兴市供电有限责任公司
何 岩	江西鑫新实业股份有限公司
付桂生	江西长林机械(集团)有限公司
童卫东	江西省电信有限公司抚州市分公司
万剑平	景德镇航空锻铸公司
吴金山	景德镇普天通信设备厂
邹 鸿	江西景光电子有限公司
王 抒	江西省南方照明有限公司
魏 传	江西贵溪化肥有限责任公司
陈 通	江西天施康中药股份有限公司珍视明药业分公司
袁 钢	江西联创光电科技股份有限公司线缆分公司
杨晓柏	北京用友软件股份有限公司江西分公司
史 勇	江西汇天科技有限公司
温洪波	南昌先锋软件股份有限公司
杜吉盛	江西金鼎信息稀土有限公司

九江市2003年先进单位(企业)

一、主攻工业先进单位

修水县人民政府 武宁县人民政府 德安县人民政府
彭泽县人民政府 庐山区人民政府 瑞昌市人民政府
市建材集团公司

二、工业生产先进企业

中石化九江分公司
九江发电厂
江西亚东水泥公司
蓝星星火化工厂
清华同方713厂
九江化纤股份公司
柘林水电开发公司
巨石集团九江公司
共青羽绒厂
庐山海螺水泥公司
德安丰林集团公司
江西制氧机厂
修水香炉山钨业公司
江西长江化工厂
德安驰耐得轮胎公司
江西华孚纺织公司
九江针织集团公司
九江财兴五金机电厂
九江昌河汽车公司
九江赤湖啤酒公司
湖口浔朋化工公司
江西汇尔油泵油嘴公司
武宁明星锑业公司

上饶市2003年度优秀企业名单

1. 江西月兔企业集团有限公司
2. 江西月兔丰华产业股份有限公司
3. 江西博能实业集团有限公司
4. 上饶市邮政局
5. 江西鸡山水泥有限公司
6. 江西岩鹰水泥有限公司
7. 德兴节百勤异VC钠有限公司
8. 江西金山金矿
9. 江西天海集团有限公司
10、江铜矿山新技术开发有限公司
11. 江西省德畅集团
12. 江西广厦包装印刷有限公司
13. 广丰供电有限责任公司
14. 江西省镇世堂绿色食品有限公司
15. 江西省集味堂绿色食品有限公司
16. 江西白云淀粉有限公司
17. 上饶市华澳皮革有限公司
18. 弋阳蛇纹石矿
19. 铅山县港东金钢煤矿
20. 上饶天峰水泥有限责任公司
21. 上饶吉阳水泥有限公司
22. 铅山县天峰合营水泥厂
23. 上饶县有色金属冶炼厂
24. 上饶康达制药有限公司
25. 上饶长城化工助剂有限公司
26. 上饶县供电有限责任公司
27. 婺源县盛发电石有限责任公司
28. 玉山县供电有限责任公司
29. 玉山天长集团
30. 江西万年青水泥股份有限公司玉山水泥厂
31. 江西省玉山县膨润土实业有限公司
32. 玉山县自来水公司
33. 江西峰力水泥有限公司
34. 江西省横峰铺前煤矿
35. 上饶市永利资源综合利用热电有限公司
36. 上饶市惠达纺织有限公司
37. 万年县江泥实业有限公司
38. 万年皇阳贡米实业有限公司
39. 江西省黄金玻纤厂
40. 广丰县滑石发展有限公司
41. 广丰县峰固建材有限公司
42. 铅山县新垅煤矿
43. 铅山县祥龙实业有限公司
44. 铅山县新安兴旺煤矿
45. 铅山县窑山煤矿
46. 上饶市飞鸿文化传播有限公司
47. 上饶市天元金属有限公司
48. 江西怀玉山活性炭(集团)有限公司
49. 江西省玉山县炜达轻钙有限公司
50. 玉山县特种轴承厂
51. 江西省玉山县华玉实业有限公司
52. 江西省玉山县三清碳酸钙有限责任公司
53. 余干县江民物资实业有限公司
54. 鄱阳县饶州酒厂
55. 铅山金鑫煤矿
56. 南昌铁路玉征水泥有限公司

上饶市2003年度优秀企业家名单

姓名	单位	职务
余小斌	江西月兔企业集团有限公司	董事长、总经理
温显来	江西博能实业集团有限公司	董事长、总 裁
张荣烈	江西全良集团	董事长、总经理
吴信江	江西月兔丰华产业股份有限公司	董事长
董明坤	德兴市供电有限责任公司	经 理
刘融融	江西第三制药厂	厂 长
黎显毅	上饶市邮政局	局 长
周 强	德兴节百勤异VC钠有限公司	董事长;总经理
邓作善	江西岩鹰水泥有限公司	总经理
林建华	上饶市华澳皮革有限公司	董事长、总经理
程子正	铅山县港东金钢煤矿	矿 长
董少勇	万年县银业有限公司	总经理
洪 鹏	婺源大鄣山绿色食品有恨公司	董事长、总经理
杨洪水	玉山县供电有限责任公司	经 理
李铁涌	江西横峰铺前煤矿	矿 长
卢正生	鄱阳县烟叶复烤厂	厂 长

上饶市2003年度优秀厂长(经理)名单

(排名不分先后)

姓名	企业名称
周国龙	上饶市永利资源综合利用热电有限公司
叶松良	上饶市惠达纺织有限公司
夏子水	上饶市天元金属有限公司
徐仕华	上饶县有色金属冶炼厂
夏源达	上饶康达制药有限公司
方能才	上饶长城化工助剂有限公司
楼培忠	上饶天峰水泥有限责任公司
李亦芳	广丰卷烟产品购销总公司
吴巧虹	广丰县供电有限责任公司
罗秀坤	广丰县滑石发展有限公司
柯世开	江西省镇世堂绿色食品开发有限公司
余华忠	江西省集味堂绿色食品开发有限公司
鄢杰民	江西白云淀粉有限公司
刘柒灵	广丰县旺达电力有限公司
张友荣	婺源县供电有眼责任公同
王国忠	婺源县游山水泥有限责任公司
金林生	江西婺源林生实业有限。司
徐传辉	江铜矿山新技术开发有眼公司
张裕华	德铜机械集团公司
王武航	德兴市力航铜材线缆有限公司
裴小青	德兴益村实业有限公司
詹学军	德兴市天峰雄狮水泥有眼公司
胡跃华	弋阳蛇纹石矿
孙重良	弋阳县烟草专卖局(公司)

余泽仁	江西弋阳县富达铜材有限公司
黄长林	弋阳县大鹏机械制造有眼公司
詹天福	铅山县天峰合营水泥厂
余建平	铅山县新垅煤矿
杨子良	铅山县新安兴旺煤矿
张祥火	铅山县祥龙实业有限公司
钱武标	铅山县窑山煤矿
朱宗旺	铅山县金鑫煤矿
徐　军	铅山县玉平水泥总厂
伍文光	江西省鄱阳连杆有限责侄公司
吴汉民	鄱阳县净水剂有限公司
张建生	万年县供电有限责任公司
戴生明	万年县陈营制米厂
周义水	横峰县供电有限责任公司
吴才勇	江西盛翔制药有限公司
陶撮奶	江西上饶科华旋窑水泥有限公司
黄赛成	江西鸡山水泥有限公司
胡时香	玉山天长集团出口轴承厂
周维琛	江西省玉山县膨润土实业有限公司
梁家友	江西万年青水泥股份有限公司玉山水泥厂
叶厥新	玉山县自来水公司
郑晓红	江西怀玉山活性炭（集团)有限公司
黄　炜	江西省玉山县炜达轻钙有限公司
程畅平	玉山县特种轴承厂
徐玉城	江西省玉山县华玉实业有限公司
吴义良	南昌铁路玉征水泥有限公司
官必委	江西省玉山县三清碳酸钙有限责任公司
邓高华	上饶吉阳水泥有限公司

宜春市 2003 年度优秀厂长(经理)名单

姓名	单位	职务
谭永晋	江西宜春供电公司	总经理
朱 军	江西特种电机股份有限公司	董事长
赵渭兵	江西华厦水泥有限公司	总经理
龙国光	三九宜工生化股份有限公司	总经理
杨文龙	江西省仁和(集团)发展有限公司	董事长
赵洪友	江西省电信有限公司宜春分公司	总经理
李士滔	奉新县供电有限责任公司	经理
李义海	江西济民可信集团有限公司	董事长
万广明	江西先锋机械厂	厂长
熊金彪	樟树市邮政局	局长

抚州市2003年十佳优秀企业家

姓名	企业名称	职务
杨灿龙	临川酒业有限公司	董事长、总经理
徐立新	天施康中药股份有限公司珍视明分公司	总经理
黄平辉	江铃底盘股份有限公司	董事长、总经理
刘双龙	江西添光化工有限责任公司	董事长、总经理
王迪卿	抚州供电公司	总经理
江小平	江西东亚药业有限公司	董事长、总经理
刘金水	广昌县翠雷山综合垦殖场	场长
艾银星	江西银达集团有限责任公司	董事长
王后发	江西变电设备有限公司	总经理
陈国顺	江西天顺生态农业有限公司	董事长

赣州市2003年十佳优秀企业家

（排名不分先后）

姓名	企业名称	职务
许先达	赣州发电设备成套制造有限公司	董事长
李虞才	江西省国兴实业有限公司	董事长
刘贤荷	江西金苹果农业发展有限公司	总裁
胡恩和	江西气体压缩机有限公司	董事长
郑起平	江西瑞金三九药业有限公司	总经理
王丽蓉	赣州水泵制造有限公司	总经理
黄会荣	燕京啤酒（赣州）有限责任公司	总经理
郭永红	江西五丰食品有限公司	总经理
姜家坤	江西赣南海欣药业股份有限公司	董事长
邱水祥	江西赣州供电公司	总经理
吴林浒	赣州华兴钨制品有限公司	总经理
黄泽兰	崇义章源钨制品有限公司	董事长
刘国富	江西龙潭水电实业有限公司	总经理
黄　平	赣南卷烟厂	厂长
冯幸平	江西江铃齿轮股份有限公司	董事长
郭耀升	江西耀升工贸发展有限公司	总经理

景德镇市2003年优秀厂长(经理)名单

姓名	所在单位	详细地址	邮编
扬金槐	昌河飞机工业(集团)有限公司	景德镇市朝阳路539号	333002
郝来春	景德镇市焦化煤气总厂	景德镇历尧	333000
曾名胜	景德镇发电有限责任公司	景德镇青塘	333000
孙文泉	江西江维高科股份公司	景德镇乐平市坎上	333311
陈　彪	江西景光电子有限公司	景德镇市湘湖	333405
陈建林	景德镇万平电子有限公司	景德镇茶培村	333413
叶　青	景德镇锦溪水泥有限公司	景德镇乐平涌山	333303
陈日晁	昌河汽车配件制造公司	景德镇市朝阳路539号	333002
李小荣	景德酒业集团	景德镇浮梁旧城	333400
洪永文	江西锦龙集团有限公司	景德镇市里村农机大市场四楼	333000
朱国顺	景德镇市金属回收公司	景德镇市珠山中路物质局内	333000
计森春	景德镇汽车总站	景德镇西客站内	333000
刘　坚	景德镇市电信分公司	景德镇市珠山西路	333000
王　燕	景德镇小麻雀饮食服务有限公司	景德镇莲社北路5号	333000
林浩飞	华达购物广场有限公司	景德镇珠山中路171号	333000
曹海龙	景德镇海慧集团	景德镇瓷都大道88号	333000
施新民	景德镇航空锻造公司	景德镇市鲇鱼山	333309
欧阳寿阳	景德镇市鹏飞建陶有限公司	景德镇市瓷都大道	333000
蒋细林	景德镇市景迪化工涂料厂	景德镇市竟成镇	333000
李小春	景德镇市公交公司	景德镇市朝阳路	333000
盛长平	乐平市临港镇石灰总厂	乐平市临港镇夏家石壁坞村	333326
汪观德	乐平宏大碳酸钙公司	乐平市接渡镇接渡村	333300
汪元宝	乐平市大享家具厂	乐平市童家工业园	333300
方加金	乐平加金纸业有限公司	乐平市塔山工业园	333300
周小磊	乐平洪岩风景旅游公司	乐平市洪岩镇峁山分场	333321
丁寿宝	浮梁县西湖天然食品公司	景德镇市西湖乡西湖村	333424

新余市2003年度优秀厂长(经理)名录

姓　名	所在单位	联系电话	详细地址	邮编
丁小辉	新余市市政工程公司	6443632	长青南路	338000
丁国荣	南昌局新余电务段	7022106	城南	338025
付樟清	分宜驱动桥有限责任公司	5811327	分宜镇安仁路42号	336600
刘自立	新余市汽车运输总公司	6443616	仙来大道	338000
刘延生	新余市公共汽车 公司	6448898	仙来大道	338000
刘翠军	新余华源远东纺织有限责任公司	6493686	劳动北路	338003
许金炳	江西新余发电有限责任公司	6310459－2301	送桥	338002
李兆丰	江西长林机械(集团)有限公司	6362335	北湖西路	338029
李良彬	新余市赣锋铝业有限公司	6857009	仙女湖河下镇	338013
李绍清	江西省移动公司新余分公司	6412728	仙来大道	338000
肖志贤	新余市良山钢管有限责任公司	6917883	良山镇	338013
肖启裕	江西省烟草公司新余分公司	6443017	劳动北路18号	338000
宋兴安	江西锻压厂	5887698	分宜镇	336600

沈勇生	新余市南方硅灰石实业公司	6719235	人和乡	338021
邱新海	新余市双林恩达纺织印染有限责任公司	5772538	分宜双林镇双林	336615
邹泉珠	新余市永盛工贸有限责任公司	6270176	望城岗	338001
周裔华	中石化江西新余石油分公司	6218236	劳动路6号	338025
金卫平	江西钢丝厂	6333168	仙女湖河下镇	338013
张　宇	南昌铁路局第三工程有限责任公司	7022437	新余铁路地区	338025
张绍斌	新余新钢实业公司	691501	良山镇周宇村	338013
张　勇	江西月兔水泥有限公司	6313188	仙女湖河下岭泉	338034
陈生根	新余市欧里水泥有限公司	6796100	欧里镇洲上	338017
姚红江	新余新华金属制品股份有限责任公司	6419998	胜利路	338004
倪和平	南昌铁路局新余工务段	7022115	城南	338025
梅太平	江西赣西供电公司	6251901	胜利北路	338025
彭小平	江西中天广告装潢有限公司	6459999	仙来东大道83号	338000
彭小峥	江西分宜发电有限责任公司	7038001	分宜镇	336600
熊小星	新余钢铁有限责任公司	6293811	冶金路	338000
黎传谋	江口水电厂	6850020	仙女湖河下江口村	338027

鹰潭市2003年优秀厂长(经理)名录

单位	姓名
江西铜业公司	何昌明
江西贵溪化肥有限责任公司	龚立浩
江西果喜集团	张果喜
鹰潭供电局	杨春茂
江西三川集团有限公司	李建林
海利贵溪化工农药有限公司	彭彰斌
贵溪市三元冶炼化工有限责任公司	吴世军
江西天施康中药股份有限公司	吴朝阳
江西永发上海精密铸造有限公司	周祖定
江西天施康中药股份有限公司余江分公司	徐发江
贵溪千盛化工有限责任公司	张小波
鹰潭市大地蔬菜制品有限公司	何树兴

2003年度江西省优秀企业名单

（排序不分先后）

赣州发电设备成套制造有限公司
江西国兴实业集团有限公司
江西江铃齿轮股份有限公司
赣县红金稀土有限公司
江西气体压缩机有限公司
江西燕京啤酒有限责任公司
江西金顶药业有限公司
江西省井冈山卷烟厂
江西宜春供电公司
江西特种电机股份有限公司
三九宜工生化股份有限公司
江西仁和（集团）发展有限公司
江西四特集团
罗宾有限公司
江西添光化工有限责任公司
江西抚州供电公司
中国石油化工股份有限公司江西抚州石油分公司
江西钧天机械有限公司
南城县供电有限责任公司
江西月兔企业（集团）有限公司
江西博能实业集团有限公司
江西月兔丰华彩印有限公司
江西金山金矿
江西省电信有限公司九江市分公司
国电九江发电厂
江西海扬纺织集团有限公司
修水县房地产实业开发总公司
九江市针织服装（集团）有限公司
巨石集团九江有限公司
萍乡钢铁有限责任公司
江西武冠实业集团
江西省莲花水轮机厂有限公司
江西腾飞实业集团
果喜实业集团有限公司
江西省鹰潭市三川有限公司
江西省贵溪火力发电厂
江西鹰潭供电公司
江西黑猫炭黑股份有限公司
江西电化高科有限责任公司
景德镇市金属回收有限责任公司
江西中景集团有限公司
江铃汽车股份有限公司
江西华源江纺有限公司
江西长运股份有限公司
南昌亨得利有限责任公司
江西锅炉化工石油机械联合有限公司
南昌水业集团有限责任公司
江西济民可信集团有限公司
江西捷德智能卡系统有限公司
四通（江西）电机有限责任公司
江西变压器科技股份有限公司
江西京昌房地产开发咨询服务公司
江西皇家食品有限公司
新华金属制品股份有限公司
新余华源远东纺织有限公司
中国联合通信有限公司新余分公司
新余市双林恩达纺织印染有限公司
南昌铁路第三工程有限责任公司
江西移动通信有限责任公司新余分公司
江西分宜发电有限责任公司
江西赣西供电公司
江西先锋机械厂
江西钢丝厂
江西机械化工厂
核工业华东建设工程集团公司
江西金水宝制药有限公司
江西赣南海欣药业股份有限公司
江西天施康中药股份有限公司
江西万年青水泥股份有限公司
江西省第四建筑工程公司
江西上饶供电公司
江西景德镇发电有限责任公司
江西南昌发电厂
江西省火电建设公司
江西省送变电建设公司
上高县供电有限责任公司
江西省邮政机械厂
上饶市邮政局
吉安市邮政局
江西省电信有限公司
江西省电信有限公司景德镇市分公司
江西省电信有限公司南昌市分公司
江西新余钢铁有限责任公司
南昌钢铁有限责任公司
中国有色金属进出口江西公司
崇义章源钨制品有限公司
赣州特精钨钼业有限公司
江西联创光电科技股份有限公司
江西信达电子有限公司
江西省水利水电建设总公司
江西省化工建材有限公司
江西省煤炭集团公司
萍乡矿业集团有限责任公司
江西涤纶厂
九江化纤股份有限公司
江西省公路桥梁工程局

江西远洋运输公司
江西凤凰光学仪器(集团)有限公司
南昌卷烟厂
赣南卷烟厂
江西龙华建筑装饰工程有限公司
南昌印钞厂
南昌铁路局
南昌铁路工程(集团)有限责任公司
江西盐矿有限责任公司
泰豪科技股份有限公司
江西新华印刷厂
江西饭店
江西宾馆
江西洪都航空工业集团有限责任公司
昌河飞机工业(集团)有限责任公司
江西铜业集团公司
江西无线电厂
中铁四局集团第五工程有限公司
中铁大桥局集团第五工程有限公司
江西移动通信有限责任公司上饶分公司
江西移动通信有限责任公司吉安分公司
江西南昌济生制药厂

（江西省经济贸易委员会　江西省企业联合会　江西省企业家协会供稿）

2003 年江西省著名商标

序号	商标	商标注册人	商品/服务
1	药都	江西樟树制药厂	中药、药酒
2	汇仁	江西汇仁药业有限公司	药品
3	杨济生	江西南昌济生制药厂	中成药
4	赣南	江西赣南制药厂	输液等
5	桑海	江西南昌桑海制药厂	片剂、胶囊
6	四特	江西樟树四特酒厂	酒
7	临川	江西临川酒厂	酒
8	锦江	江西锦江酒业有限责任公司	酒
9	白凤	江西生物泰和乌鸡酒业有限公司	酒
10	章贡	赣南果业股份有限公司赣州酒分公司	酒
11	龙珠阁	江西省景德酒业食品有限公司	酒
12	三叠泉	九江市啤酒厂	啤酒
13	珠泉	江西宜春活力啤酒有限公司	啤酒
14	赣星	大余县新良啤酒有限公司	啤酒
15	赣江	江西赣南啤酒厂	啤酒
16	益智	新干县营养食品厂	蒸肉粉
17	安	江西食品厂	糖果、糕点、饼干
18	康美乐	新余市康美乐食品厂	冰淇淋、冰棒
19	雅风	兴国县梦里香食品厂	瓜子等
20	宁红	江西省宁红集团公司	茶叶等
21	浮瑶仙芝	浮梁县茶厂	茶叶
22	浔阳	九江市乳品厂	奶粉
23	春丝	江西省樟树粮油公司	面条
24	仙人	江西省樟树粮油公司	食用油(菜)
25	玉珠	江西省樟树粮油公司	大米
26	大观楼	高安市腐竹厂	腐竹
27	金圣	南昌卷烟厂	卷烟
28	南方	南昌卷烟厂	卷烟
29	赣	赣南卷烟厂	卷烟
30	月兔	广丰卷烟厂	卷烟
31	茁壮	江西省樟树公司	饲料
32	支农	江西省资溪县农药厂	农药
33	白鹿	九江化学纤维厂	粘胶短纤维
34	白鹿	九江化学纤维厂	人造丝
35	草珊瑚	诚志股份有限公司	牙膏
36	月月红	诚志股份有限公司	合成洗涤剂
37	三川	鹰潭市水表厂	水表
38	TL	江西胜利器材厂	电解电容器
39	景光	江西景光电工厂	接电器、断路器
40	飞碟	江西飞碟电器集团有限公司	电风扇
41	3L	江西 3L 医用制品有限公司	医用胶带等
42	博雅	江西博雅生物制药有限公司	血液制品

43	天狮	江西天狮中药集团有限责任公司	中成药
44	龙泉	江西东亚药业有限责任公司	西药
45	美嫒春	江西广恩和制药有限公司	医用营养饮料
46	瑞丰	核工业瑞丰生化有限责任公司	赤霉素
47	江东	江西东风制药有限责任公司	抗生素原料药等
48	维纳	江西省德兴市异 VC 钠有限公司	异 VC 钠(酸)
49	珍珠	江西天海药业股份有限公司	药品
50	江中	江西江中药业有限公司	药品
51	雄岚	江西省东乡兽药有限公司	兽药
52	托特	赣州市托特酒业有限公司	保健酒
53	潭花	鹰潭市潭花酒业有限责任公司	酒
54	七宝山	江西七宝山酒业(集团)有限公司	酒
55	瑞	江西高安市瑞酒有限责任公司	酒
56	堆花	江西堆花酒业有限责任公司	酒
57	全良	江西省上饶全良液酒厂	酒
58	南昌	南昌亚洲啤酒有限公司	啤酒
59	川奇	南昌川奇保健品有限公司	糖浆、保健品
60	峰岭	九江市丰林企业集团粉丝有限公司	粉丝
61	大圣塔	信丰县果茶技术开发服务公司	柑桔类水果、脐橙
62	得雨	景德镇市得雨活茶有限公司	茶、茶叶代用品
63	狗牯脑	江西省遂川县狗牯脑茶厂	茶叶
64	崖玉	江西省浮梁县瑶里茶叶公司	茶叶、香菇
65	大鄣山	江西省婺源绿色食品开发有限公司	绿茶
66	英雄	江西英雄乳业股份有限公司	奶粉、鲜奶
67	雪莲	江西省樟树粮油公司面粉厂	面粉
68	汉仙	江西省会昌县精制米食公司	粉条、面条
69	长青	江西省粮油食品进出口公司	食品、罐头等
70	关刀	江西省赣州市肉类加工厂	肉及肉制品
71	沙地	江西省赣县沙地板鸭厂	板鸭
72	绿海	江西绿海油脂有限公司	食用油(茶)
73	中胜	贵溪市中胜粮油有限责任公司	大米、生糯粉
74	碧云	江西奉新碧云米业有限责任公司	大米
75	白云	广丰白云淀粉有限公司	红薯淀粉
76	华绿	江西华绿保健品集团有限公司	非活家禽、蛋
77	永惠	江西永惠实业有限公司	饲料
78	添光	江西添光化工有限责任公司	钛白粉
79	江维	江西化纤化工有限责任公司	电石、聚乙烯
80	庐山	江西省萍乡市碳酸钙厂	碳酸钙系列
81	红旗	江西前卫化工有限责任公司	油漆
82	昌河	昌河飞机工业(集团)有限责任公司	客货两用车
83	江铃	江铃汽车股份有限公司	汽车
84	上饶	江西省鑫新实业股份有限公司上饶客车厂	客车
85	宜工	三九宜春生化股份有限公司	装载机
86	长林图形	新余长林机械有限责任公司	自动扶梯
87	CJD 组合	景德镇印刷包装机械有限公司	胶印机
88	港丝利	江西盛洲时装有限公司	西裤

89	斗牛	南昌华思特服装实业公司	服装
90	华意	景德镇华意电器总公司	电冰箱
91	华意	景德镇华意电器总公司	压缩机(机器)
92	赣石	信丰恒隆麦饭石酒业有限公司	酒
93	三燕	景德三燕电器总厂	空调风扇、电暖器
94	上字	江西上饶市上字仪表有限责任公司	电度表
95	长风	江西省上饶市电焊条厂	焊条、焊丝
96	玉风	江西省玉风瓷厂	瓷器
97	景德镇及图形	景德镇陶瓷协会	瓷器
98	富达 FJD	南昌电池厂	干电池
99	天爽	赣州华龙实业有限公司	卫生巾
100	腾飞	江西腾飞塑料总厂	塑料制品
101	月兔	广丰月兔卫生用品有限公司	卫生巾
102	鸭鸭	江西共青鸭鸭(集团)有限公司	羽绒服装
103	奋发	江西奋发竹木有限公司	保健凉席
104	蓝珀	南昌市蓝珀笔业礼品有限公司	颜料
105	山凤	新余钢铁有限责任公司	钢材、钢丝
106	袁河	新余钢铁有限责任公司	钢铁及制品
107	方圆及图形	江西鑫新实业股份有限公司上饶线材厂	漆包圆钢
108	瑞景	江西新瑞景陶瓷有限公司	建筑陶瓷
109	太阳	江西高新陶瓷厂	建筑陶瓷
110	长江	江西瑞昌水泥压力管厂	水泥制品
111	万年青	江西万年青水泥股份有限公司	水泥
112	贡江	江西国兴实业集团有限公司	水泥
113	青峰	江西青峰水泥有限公司	水泥
114	赣江	江西赣江水泥集团有限公司	水泥
115	狮牌	德兴市天峰雄狮水泥有限责任公司	水泥
116	鸡山	江西省鸡山水泥有限公司	水泥
117	竹辉	江西竹辉竹业有限公司	竹地板
118	孔雀	南昌市朝阳酿造厂	酱油
119	凤凰	江西凤凰光学仪器(集团)有限公司	照相机
120	洪都	江西洪都航空工业集团有限责任公司	摩托车
121	绿凉	赣州嘉乐酒厂	酒
122	德宇	江西景德板鸡实业公司	板鸡、板鸭
123	烟水亭	九江啤酒有限责任公司	啤酒
124	远东	新余华源远东纺织有限公司	棉纱、线等
125	金虎	南昌电池厂	电池
126	江安	江西省上饶市消防器材厂	直流水枪等
127	南安	江西省大余县南安板鸭厂	板鸭
128	华声	江西联创光电科技股份有限公司	电话设备等
129	红叶	中国景德镇瓷厂	陶瓷、瓷器
130	TELLHOW	江西清华科技集团有限公司	智能建筑电气(发电机组等)
131	武冠	江西省武冠实业有限公司	防水剂
132	施大壮	江西贵溪化肥有限责任公司	化肥
133	井冈	江西盐矿有限责任公司	食盐
134	博升	萍乡钢铁有限责任公司	钢材等

135	海鸥	南昌钢铁有限责任公司	钢材等
136	月兔	广丰卷烟厂	厨柜、台板
137	南丰蜜桔	南丰县柑桔技术推广中心	蜜桔
138	婺荷	婺源县荷包红鲤原种场	荷包红鲤
139	昌顺	江西省广昌县昌顺公司	香茹等
140	大忙人	江西大忙人实业有限公司	腌制蔬菜
141	三雷	景德镇市三雷瓷用化工有限责任公司	贴瓷花纸等
142	洪达	江西南昌医用器材厂	一次性输液器等
143	益康	江西益康医疗器械有限公司	一次性输液器等
144	元字牌	江西心正药业有限责任公司	药品
145	凤凰	江西大自然药业有限公司	药品
146	伊康美宝	江西康美医药保健品有限公司	妇炎洁等
147	昭雅	奉丰(江西)制药有限公司	大输液
148	洞渊阁	江西金顶药业有限公司	药品、药酒
149	山峰	江西山峰日化有限公司	蚊香(片)
150	金泉	江西省鹰潭市无氧铜材厂	铜及半成品
151	金虎	江西金虎保险设备有限公司	保险柜
152	瑞洪	江西省高安市水泵厂	水泵
153	萍特	萍乡市特种电机厂	电机等
154	金鸥	江西坩埚厂	石墨坩埚
155	威力	英岗岭矿务局七〇九厂	炸药、雷管
156	华财	江西华财印务有限公司	扑克牌
157	乌金	乐平矿务局水泥厂	水泥
158	日江	江西日江水泥制造有限公司	水泥
159	方竹	江西省萍乡市志明水泥厂	水泥
160	大嘴鸭	江西大嘴鸭服装有限公司	服装
161	回圆	江西回圆服饰有限公司	服装
162	红辣椒	鹰潭铁路川驰实业有限公司	餐馆、旅馆
163	鄱湖	波阳县管驿前水产品加工厂	水产品
164	MU MA	萍乡市木马陶瓷厂	瓷砖等
165	含岭	分宜县园艺食品厂	腐乳
166	天野	江西天野食品开发有限公司	饮料
167	黄洋界	江西井冈山卷烟厂	卷烟
168	客家	赣南卷烟厂兴国卷烟分厂	卷烟
169	PL	萍乡市铝厂	电解铝
170	长城	上饶长城化工助剂有限公司	减水剂
171	赣锋	新余市赣锋锂业有限公司	金属锂氯化锂氟化锂
172	电化	江西电化有限责任公司	氯碱产品等
173	鑫森淼	景德镇市开门子农用化工有限公司	复合肥料化学肥料
174	安心	赣州华龙实业有限公司	卫生巾
175	松鼠	江西珍视明药业有限公司	滴眼液
176	仁和	江西仁和药业有限公司	药用胶囊、中成药
177	庐乐	江西省南昌市赣江医疗器械厂	一次性输液器等
178	荣嘉	江西荣嘉医疗器械实业有限公司	一次性输液器等
179	洪都	江西洪都消防设备有限公司	防火门
180	宝坤	新余市良山钢管有限责任公司	无缝钢管

181	三清	玉山天长集团	轴承(机器配件)
182	长河	江西横峰纺织器材有限责任公司	织梭
183	蜂王	江西蜂王重工有限公司	起重机
184	樟树	江西起重机械总厂	起重机
185	南方	萍乡南方煤机厂	矿山通风机械设备
186	钻工	南昌钻石工具有限公司	铰刀、磨轮
187	玉峰	江西省东风砂轮厂	砂轮
188	迅雷	江西浔阳电子仪器厂	压力式温控器、冰箱电子温控器等
189	JDS	景德镇市珠山电讯器材研究所	卡接系列分线盒等
190	三色	江西电缆有限责任公司	电缆
191	达尔奇	南昌市阳光电子电源厂	电池
192	贵雅	江西天冠电光源有限责任公司	节能灯管(灯)
193	赣玛	江西玛钢厂	管件
194	安源	安源实业股份有限公司萍乡客车厂	客车
195	飞鱼	江西连胜机械厂	自行车
196	海圣	南昌文鹰制笔礼品实业有限公司	钢笔、园珠笔
197	安源	江西高强电瓷集团有限公司	绝缘电瓷
198	PHTC	萍乡华通电瓷制造有限公司	绝缘电瓷
199	PCZ	萍乡市电瓷制造有限公司	绝缘电瓷
200	鹏花	永新县龙门皮箱厂	皮箱
201	瑞信	江西洪都消防设备有限公司	木艺门
202	万年桥	南城万年桥水泥有限公司	水泥
203	岩鹰	江西岩鹰水泥有限公司	水泥
204	齐峰	江西齐峰水泥有限公司	水泥
205	泰凤	萍乡市泰昌水泥厂	水泥
206	青溪峰	江西锦溪水泥有限公司	水泥
207	大观楼	高安市水泥有限责任公司	水泥
208	华都	江西省上高县圳鑫水泥有限责任公司	水泥
209	德畅	德兴市德畅人造板有限公司	竹胶板
210	安富	安福县竹胶板厂	胶合板、贴面板
211	哈迪	江西哈迪建材有限公司	非金属建筑材料
212	定江	江西腾达竹木业有限公司	竹木地板块
213	图	萍乡市博昌实业有限公司	家具
214	星颖	江西省宜春新颖床具有限责任公司	床垫
215	珍宝	景德镇珍宝特陶有限公司	陶瓷
216	龙珠阁	江西省陶瓷工业公司	瓷器
217	赣龙	永新县赣龙鞋业有限公司	皮鞋
218	PLOVER 及图	九江啄木鸟服装有限公司	服装
219	遂兴	遂川县板鸭协会	板鸭
220	安石	江西省临川安石菜梗公司	菜梗,腌制、干制蔬菜
221	共青	九江市共青板鸭有限公司	板鸭
222	春蕾	江西省都昌县春天食品有限公司	鱼制食物、鱼松、冰冻大虾
223	齐云山	江西齐云山食品有限公司	蜜饯
224	庐山	江西省都昌县食品公司	火腿
225	皇禽	江西煌上煌集团有限公司	非活家禽和加工过的肉

226	梁义隆	九江市清真梁义隆饼店	糕点、面包
227	上清	鹰潭市风景区上清荣胜米厂	大米
228	郎士	江西郎士食品有限公司	桃酥、蛋卷
229	老仙	江西省遂川县戴家埔茶厂	茶叶
230	春竹	江西春竹米业有限公司	大米
231	镇世堂	江西省镇世堂绿色食品开发有限公司	红薯淀粉及其制品、葛粉及其制品
232	洪胖子	宜黄县洪胖子绿色食品开发有限公司	粉丝、粉条
233	港嘉兴	赣州港嘉兴食品有限公司	饼干
234	梅山	江西神茶实业有限公司	茶叶
235	龟峰	弋阳大禾食品有限责任公司	年糕、扣肉
236	鹰南	鹰潭市鹰南面粉有限公司	自发面粉、面条
237	稻香园	南昌稻香园调味食品有限公司	调味品
238	巢汪氏	江西汪氏蜜蜂园有限公司	蜂蜜、蜂王浆、蜂花粉
239	信木	江西信木农业发展有限公司	红柚等水果、果苗
240	TTS	江西天天上矿泉水有限公司	矿泉水
241	庐山	九江市啤酒厂	啤酒
242	饶州	波阳县饶州酒厂	白酒
243	古汉	江西天欣实业发展有限公司	白酒
244	清华婺	婺源县清华酒业有限责任公司	白酒
245	李渡	江西李渡酒业有限公司	白酒
246	三清山	广丰卷烟厂	卷烟
247	庐山	庐山宾馆	饭店
248	安源	江西省萍乡市安源碳酸钙厂	轻质碳酸钙、活性碳酸钙、超细碳酸钙
249	颜桂寿	上饶市颜记炒货厂	加工过的瓜子和花生
250	皇阳	江西万年皇阳贡米实业有限公司	大米
251	虔丰	江西省赣州大丰肥料有限公司	复合肥
252	虎灵	萍乡市新安工业有限责任公司	轻瓷填料
253	江磷	江西江磷磷肥有限责任公司	磷肥
254	雨帆	江西雨帆化工有限责任公司	变性淀粉
255	江海	中国石油化工股份有限公司九江分公司	尿素、汽油、柴油、煤油
256	立兴	江西省菊三七开发有限公司	牙膏、爽肤露、健身膏
257	威化	上海威敌生化(南昌)有限公司	农药
258	日上	江西日上化工有限公司	农药
259	红芍	江西红星药业有限公司	葡萄糖
260	天佑	江西天佑药业有限公司	中成药
261	HY	江西红新医疗器械有限公司	一次性输液
262	樟树	江西清江制药厂	中成药
263	爽期	赣州港都卫生制品有限公司	卫生巾
264	依妮洁	南康市恒康实业有限公司	卫生巾
265	生成	江西生成卫生用品有限公司	卫生巾
266	圆锋角	江西省定海砂轮有限公司	磨具、砂轮
267	万圆	江西省万圆砂轮有限公司	磨具、砂轮
268	雅丽泰	江西泓泰企业集团有限公司	铝塑复合板
269	伟良、WEILANG	大余县伟良钨业有限公司	钨、钨粉、锡等

270	NTZG	江西省南特工程机械有限公司	铸钢、合金钢
271	龙池	江西宏达保安器材有限公司	保险柜、金属柜
272	AHEAD	南昌先锋软件股份有限公司	软件开发等
273	华峰	九江华鹰控制器有限公司	温度控制器等
274	灿通	广丰县中策电缆有限公司	电线、电缆
275	钢虹	新余市开关厂	配电盘(箱)
276	协力	萍乡市上栗同心出口花炮厂	烟花、爆竹
277	图	萍乡市东方实业有限公司	烟花、爆竹
278	金菱	江西金菱差速器制造有限公司	车辆差速器
279	锐驰	江西驰耐得轮胎有限公司	汽车轮胎
280	瑞州	江西汽车钢板弹簧有限公司	汽车弹簧
281	日月	江西省万载橡胶有限责任公司	橡胶制品
282	FF 奋发	萍乡市环宇电瓷厂	绝缘电瓷
283	PXHD	江西省萍乡市华东出口电瓷厂	绝缘电瓷
284	PNC	江西省萍乡市第四电瓷厂	绝缘电瓷
285	Z 及图	萍乡市中南电瓷厂	绝缘电瓷
286	国兴	江西国兴实业集团有限公司	水泥
287	荷仙	萍乡市阳光高新建材有限公司	水泥
288	玉华	江西省泰和玉华水泥有限公司	水泥
289	科华	贵溪新世纪水泥有限公司	水泥
290	柳溪及图	景德镇市重阳水泥有限责任公司	水泥
291	鼎立	修水县鼎立水泥有限责任公司	水泥
292	鹅湖山	铅山县玉平水泥总厂	水泥
293	圣塔	赣州市圣塔水泥有限公司	水泥
294	英岭	英岗岭矿务局水泥厂	水泥
295	瑞州	江西省瑞州特种建材集团有限公司	混凝土膨胀剂
296	江桥	江西铜鼓江桥竹木业有限责任公司	竹木地板
297	通贵	江西奉新康达木竹制品有限公司	竹地板
298	百仙	樟树富达实业有限公司	非金属建筑材料
299	康舒	江西省康舒陶瓷有限公司	陶瓷
300	佩思利	江西达晟实业有限公司	羽绒服装
301	康和	江西共青金羽服饰有限公司	羽绒服装
302	康彪	江西康彪鞋业有限公司	皮鞋
303	新芝安	江西省新安食品有限公司	鱼制食品等
304	一品郎	江西一品郎实业有限公司	食用果冻
305	赣曼	瑞州市红都水产食品有限公司	加工过的鱼
306	军山湖	江西省进贤县军山湖鱼蟹开发公司	水产品
307	龟峰	江西弋阳龟峰食品有限公司	猪肉食品等
308	袁州	宜春市袁州松花皮蛋厂	皮蛋
309	洪鸭	新余市洪鸭食品有限公司	皮蛋等
310	罗霄山	江西罗霄山罐头食品有限公司	罐头食品
311	天天阳光	江西阳光乳业有限公司	牛奶、牛奶饮料
312	丫玉	江西婺源源发有机资源有限公司	茶叶
313	高安桥	高安市第二腐竹厂	腐竹
314	友家	江西友家食品有限公司	花生脆米饼
315	图	新余市百乐工贸有限公司	大米

316	汇银	江西汇银米业有限公司	大米
317	吉田	江西省吉水县金田米业有限公司	大米
318	新地	江西新地实业发展公司	冰淇淋、冰棍
319	胜仙	定南县胜仙米面食品有限责任公司	面条、糕点
320	麻姑	江西麻粉米粉有限公司	米粉
321	海辉	江西铜鼓海辉食品有限公司	速冻包圆
322	宏明	萍乡市宏明食品厂	蛋糕、面包
323	图	江西汪氏蜜蜂园有限公司	蜂蜜、食用玉浆
324	集味堂	江西省集味堂绿色食品开发有限公司	蛋等农副产品调味品、茶
325	三百山	安远县果桑技术推广服务中心	脐橙、柑桔
326	塔桥	贵溪市塔桥实业有限公司	梨、柑桔
327	加大	江西省加大实业有限公司	饲料
328	赣泰	泰和县上田粮油有限公司	饲料
329	正邦	江西正邦集团有限公司	饲料
330	惠斯春	江西惠斯春酒业有限公司	酒
331	派拉蒙	九江市派拉蒙百货有限公司	推销
332	联盛	九江联盛实业有限公司	推销
333	肖记	萍乡市肖记电器有限公司	推销
334	海鸟	南昌卷烟厂	卷烟
335	庐山	南昌卷烟厂	卷烟

（江西省工商行政管理局供稿）

2003 年江西省名牌产品名称

（排名不分先后）

序号	注册商标	产品名称	企业名称
1	昌铃北斗星	轿车	江西昌河铃木汽车有限责任公司
2	全顺、江铃	汽车	江铃汽车股份有限公司
3	江铃	汽车车桥总成	江西江铃底盘股份有限公司
4	宜工	轮胎式装载机	三九宜工生化股份有限公司
5	安源	客车	安源实业股份有限公司萍乡客车厂
6	华意	无氟冰箱、压缩机	景德镇华意电器总公司
7	景德	四开胶印机	江西中景集团有限公司
8	三波、泰豪	发电机、冷热水机组	泰豪科技股份有限公司
9	春翔	旋耕机	南昌旋耕机厂
10	乐群	整流变压器	江西变压器科技股份有限公司
11	三川	水表	江西省鹰潭市三川有限公司
12	方圆	漆包圆铜线	江西鑫新实业股份有限公司上饶线材厂
13	赣昌	电线电缆	南昌电缆有限责任公司
14	三清、天蚕	轴承	玉山县天长集团
15	如意	物理发泡射频同轴电缆	江西联创光电科技股份有限公司
16	TL	铝电解电容器	江西信达电子有限公司
17	AHEAD	AHEAD 公路监控收费系统	南昌先锋软件股份有限公司
18	草珊瑚	牙膏	诚志股份有限公司草珊瑚分公司
19	月月红	加酶洗衣粉	诚志股份有限公司合成洗涤剂分公司
20	红叶	高档日用强化细瓷	景德镇陶瓷股份有限公司
21	贵雅	紧凑型电子节能灯	江西南方照明有限公司
22	腾飞	塑料制品	江西腾飞塑胶有限公司
23	蒙莱特	金银卡纸	江西广厦包装印刷有限公司
24	红日	保温瓶	南昌市红日保温容器有限公司
25	白鹿	粘胶长丝	九江化纤股份有限公司
26	远东科星	纯涤纶股线	新余市华源远东纺织有限公司
27	恩达家纺	染色夏布	新余双林恩达纺织印染有限公司
28	井竹	苎麻制品	江西苎麻纺织集团有限公司
29	江海	无铅汽油、液化气	中国石油化工股份有限公司九江分公司
30	蓝星	八甲基环四硅氧烷	蓝星化工新材料股份公司江西星火有机硅厂
31	江维	聚乙烯醇、电石	江西化纤化工有限责任公司
32	施大壮	磷酸二铵	江西贵溪化肥有限责任公司
33	瑞丰	赤霉素	江西核工业瑞丰生化有限责任公司
34	添光	钛白粉	江西添光化工有限责任公司
35	雅丽泰	铝(塑)复合板	江西泓泰企业集团有限公司
36	万年青	水泥	江西万年青水泥股份有限公司
37	洋房	水泥	江西亚东水泥有限公司
38	国兴、贡江	水泥	江西国兴集团
39	赣珠	水泥	江西赣珠水泥厂
40	柏顿	强化耐磨地板	江西宏丰人造板有限公司
41	安源	浮法玻璃	萍乡浮法玻璃厂

42	瑞景	瓷质外墙砖	瑞景陶瓷(集团)有限公司
43	朝日	塑胶 UPVC 管材	江西朝日集团
44	贵冶	阴极铜、工业硫酸	江西铜业集团公司
45	袁河	热轧中厚钢板	新余钢铁有限责任公司
46	博升	系列钢铁产品	萍乡钢铁有限责任公司
47	伟良	金属钨粉	大余县伟良钨业有限公司
48	汇仁	肾宝合剂、乌鸡白凤丸、六味地黄丸	汇仁集团有限公司
49	K	金水宝胶囊	江西金水宝制药有限公司
50	天狮	复方夏天无片	江西天施康中药股份有限公司
51	龙泉	氨基酸系列注射液	江西东亚药业有限责任公司
52	江东	青霉素	江西东风药业股份有限公司
53	孚泰	转移因子、注射用乳糖酸阿奇霉素	江西赣南海欣药业股份有限公司
54	博雅	人血白蛋白	江西博雅生物制药股份有限公司
55	洞渊阁	钻山风糖浆	江西金顶药业有限公司
56	洪达	一次性输液器	江西洪达医疗器械集团有限公司
57	伊康美宝	妇炎洁洗液	江西康美医药保健品有限公司
58	金圣、海鸟	卷烟	南昌卷烟厂
59	月兔	卷烟	广丰卷烟厂
60	赣牌	卷烟	赣南卷烟厂
61	四特	白酒	江西樟树四特酒业集团有限公司
62	临川	白酒	江西临川酒业有限公司
63	七宝山	白酒	江西七宝山酒业有限责任公司
64	章贡	白酒	江西赣南果业股份有限公司赣州酒业分公司
65	堆花	白酒	江西堆花酒业有限责任公司
66	全良	白酒	江西省上饶全良液酒业有限公司
67	南昌	啤酒	南昌亚洲啤酒有限公司
68	吉安	啤酒	江西燕京啤酒有限责任公司
69	烟水亭	啤酒	九江啤酒有限责任公司
70	英雄	奶粉	江西光明英雄乳业股份有限公司
71	美庐	奶粉	江西美庐乳业有限公司
72	天天阳光	鲜牛奶、酸牛奶	江西阳光乳业有限公司
73	润田	纯净水	江西润田天然饮料食品有限公司
74	昌顺	通芯白莲	广昌县人民政府
75	大鄣山	茶叶	江西省婺源大鄣山绿色食品有限公司
76	得雨	茶叶	江西得雨活茶股份有限公司
77	浮瑶仙芝	茶叶	浮梁县茶厂
78	鹤寿	中华杜仲茶	江西省银河杜仲开发有限公司
79	皇禽	酱鸭	江西煌上煌集团有限公司
80	井冈	食用盐	江西盐矿有限责任公司
81	春丝	面条、米粉	江西省春丝食品有限公司
82	仙人	食用油	江西省樟树粮油公司
83	碧云	大米	江西奉新碧云米业有限责任公司
84	中胜	大米	贵溪市中胜粮油有限公司
85	万年贡	大米	江西万年贡贡米(集团)有限公司

86	五丰	系列米粉	江西五丰食品有限公司
87	汪氏	蜂产品系列	江西汪氏蜜蜂园有限公司
88	滕王阁	月饼	江西乔家栅食品有限公司
89	福林嫂子	火腿烤	卤腊食品 萍乡福林食品有限公司
90	绿海	茶油	江西绿海油脂有限公司
91	润心	野茶油	青龙高科技股份有限公司
92	葛源、绿葛园	葛露、纯葛粉	横峰县葛业开发有限公司
93	琴城贡桔	南丰蜜桔	江西省南丰县蜜桔果业有限公司
94	三百山	脐橙	安远县果茶桑技术推广服务中心
95	大圣塔	脐橙	信丰县果茶技术开发服务公司
96	天顺	黄栀子干果	江西天顺生态农业有限公司
97	永丰	辣椒	永丰县蔬菜销售公司
98	国鸿	商品肥猪、鲜肉	江西国鸿实业有限公司
99	山风	崇仁麻鸡	崇仁县人民政府
100	军山湖	清水大闸蟹	江西省进贤县军山湖鱼蟹开发公司
101	彭泽鲫	鲫鱼	彭泽县人民政府
102	秀域	鳜鱼	永修县人民政府
103	婺荷	荷包红鲤	婺源县人民政府
104	正邦	饲料	江西正邦实业有限公司
105	金苹果	饲料	江西金苹果科技牧业有限公司

（江西省名牌战略推进委员会供稿）

2003 年度江西省重点保护产品及其生产企业名单

序号	企业名称	产品名称
1	江西庐陵水泥有限公司	庐水牌 P. O32.5R 水泥
2	景德镇市重阳水泥有限责任公司	柳溪牌 P. O32.5 水泥
3	兴国赣兴水泥有限公司	宝华山牌 P. O32.5、42.5 水泥
4	贵溪新世纪水泥有限公司	科华牌 P. O32.5 水泥
5	南城万年桥水泥有限公司	万年桥牌 P. O32.5、42.5 水泥
6	江西新华水泥厂	华茂牌 P. O32.5、42.5 水泥
7	江西亚东水泥有限公司	洋房牌 P. Ⅱ52.5R、P. O42.5R、P. O42.5、P. S42.5、P. O32.5R、P. O32.5、P. C32.5R、P. S32.5 水泥
8	德兴市天峰雄狮水泥有限责任公司	狮牌 P. O32.5 水泥
9	万年江泥实业水泥有限公司	万年发牌 P. O32.5、42.5 水泥
10	江西宏达水泥有限公司	威特牌 P. O32.5R 水泥
11	英岗岭矿务局水泥厂	英岭牌 P. O42.5 水泥
12	新余新钢硅铁有限责任公司	袁河牌冷轧带肋钢筋
13	江西省萍乡市南坑高压电瓷厂	SNC 牌高压线路针式瓷绝缘子、盘形悬式绝缘子、交流电气化铁道接触网用耐污棒形瓷绝缘子
14	南昌东南电缆厂	东南牌聚氯乙烯绝缘无护套电缆电线、聚氯乙烯绝缘聚氯乙烯护套电缆、聚氯乙烯绝缘软电缆电线
15	南昌电缆有限责任公司	赣昌牌聚氯乙烯绝缘聚氯乙烯护套电缆、聚氯乙烯绝缘软电缆电线、聚氯乙烯绝缘无护套电缆电线
16	南昌新华电缆有限公司	东安牌聚氯乙烯绝缘无护套电缆、聚氯乙烯绝缘聚氯乙烯护套电缆
17	江西朝日塑胶电缆有限公司	朝日牌聚氯乙烯绝缘无护套电缆电线、聚氯乙烯绝缘聚氯乙烯护套电缆
18	南昌市赣江电缆厂	昌虹牌聚氯乙烯绝缘聚氯乙烯护套电缆、聚氯乙烯绝缘无护套电缆电线、通用橡套软电缆电线
19	新华金属制品股份有限公司	牌架空裸导线
20	江西鑫新实业股份有限公司上饶线材厂	方圆牌漆包圆铜线系列
21	江西铜鼓欧风地板有限责任公司	江欧牌竹地板系列
22	江西化纤化工有限责任公司	江维牌聚乙烯醇
23	九江化纤股份有限公司	白鹿牌粘胶长丝
24	景德镇市开门子农用化工有限公司	鑫森淼牌复合肥料
25	南京化学工业(集团)公司南昌公司化肥厂	红三角牌 25% 复混肥料
26	鹰潭市亿丰磷肥有限公司	鹰磷牌钙镁磷肥
27	江西南翔化工(集团)公司	南翔牌钙镁磷肥
28	江西核工业瑞丰生化有限责任公司	瑞丰牌赤霉素原药、4% 赤霉素乳油、瑞兆丰牌井冈霉素水剂
29	宜春信友化工有限公司	信友牌 18% 杀虫双水剂
30	江西省新型家俱厂	新德型牌办公桌
31	南昌东方家俱实业有限公司	林文牌办公桌
32	赣州华龙实业有限公司	天爽牌卫生巾

33	桂林市独秀纸品有限公司南昌分公司	淑女牌卫生巾
34	江西七宝山酒业有限责任公司	七宝山牌老窖酒
35	九江啤酒有限责任公司	烟水亭牌系列啤酒
36	江西省变色龙食品有限责任公司	变色龙牌面条
37	江西龙牙百合有限责任公司	龙牙牌龙牙百合粉
38	江西美庐乳业有限公司	美庐牌婴幼儿配方乳粉
39	江西阳光乳业有限公司	天天阳光牌液态奶
40	江西新地实业发展公司	新地牌冰淇淋、雪糕、冰棒
41	江西省加大实业有限公司	加大牌、赣大牌猪配合饲料、鸡配合饲料、鸭配合饲料、鱼配合饲料和猪用浓缩饲料
42	江西金苹果农业发展有限公司	金苹果牌、华一牌猪配合饲料、鸡配合饲料、鸭配合饲料、鱼配合饲料和猪用浓缩饲料
43	南昌正大畜禽有限公司	滕王阁牌、雄狮牌、霸王牌猪配合饲料、鸡配合饲料、鸭配合饲料、鱼配合饲料和猪用浓缩饲料
44	赣州希望饲料有限责任公司	巨肥牌猪配合饲料和猪用浓缩饲料

（江西省质量技术监督局供稿）

2003 年度国家免检产品及其生产企业名单

序号	企业名称	产品名称
1	景德镇陶瓷股份有限公司	红叶饮食炊具类高档日用细瓷
2	中外合资江西宏丰人造板有限公司	强化复合木地板

（江西省质量技术监督局供稿）

2003年江西省重点税源企业名单

行号	税务登记识别码	企业名称
1	360100612411441	江铃五十铃汽车有限公司
2	360100612412401	江西泰丰轮胎有限公司
3	360100612440197	江西捷德智能卡有限公司
4	360100612446943	江铃汽车股份有限公司
5	36010061244784X	江西金水宝制药有限公司
6	36010061244928X	南昌亚洲啤酒有限公司
7	360100710937404	江西移动通信有限责任公司
8	360101014504082	江西省电力公司
9	360101158261024	江西省出版总社
10	360101158261542	江西制药有限责任公司
11	360101158261577	江西南华医药有限公司
12	360101158265404	江铃汽车销售总公司
13	360101158266212	南昌印钞厂
14	360101158306878	江西三和电力股份有限公司
15	360101158309980	江西纸业股份有限公司
16	360101158312020	江西省电力燃料有限公司
17	360101158320434	江西华源江纺有限公司
18	360101158321410	江铃汽车集团车厢内饰件厂
19	360101158321648	江西涤纶厂
20	360101158321656	江西省新华书店
21	360101158361674	南昌百货大楼股份有限公司
22	36010115836316X	南昌卷烟厂
23	360101158363338	江西南昌发电厂
24	360101158363485	江西南昌供电局
25	36010115836404X	江西洪都钢厂
26	360101158373579	南昌钢铁有限责任公司
27	360101158376593	江西省烟草公司南昌分公司
28	360101705515370	江西江中药业股份有限公司
29	360101705516816	中石化股份公司江西分公司
30	36010170559374X	昌九生物化工股份公司江氨
31	360101723915976	江西洪城水业股份有限公司
32	360101858283902	江西省卷烟销售公司
33	360105158304717	江西清华泰豪科技有限公司
34	360105158312231	江西赣能股份有限公司
35	360105705514271	江西长力弹簧股份有限公司
36	360105705544198	汇仁集团科研营销有限公司
37	360111705516074	江西英雄乳业股份有限公司
38	360111705552366	江西济民堂医药有限公司
39	360111705560868	南昌齿轮有限责任公司
40	360111716548426	南昌海尔工贸有限公司
41	360121612423338	汇仁制药有限公司
42	360121612440226	江铃李尔内饰系统有限公司

89	360681625912173	江西铜业股份有限公司
90	360681X12430120	江西铜业公司贵溪冶炼厂
91	360702158298417	江西江铃齿轮股份有限公司
92	36070216019078X	赣州供电局
93	360702612415565	江西江凯齿轮有限公司
94	360702612432410	赣州华兴钨制品有限公司
95	360702705713692	燕京啤酒(赣州)有限公司
96	360702733914344	江西赣南海欣药业股份公司
97	360702962499818	赣南果业酒业分公司
98	360723612804333	大余县伟良钨业有限公司
99	360724160441155	上犹江水力发电厂
100	360731160721165	铁山垄钨矿
101	360732705698058	赣南卷烟厂兴国卷烟分厂
102	36073270569871X	兴国卷烟销售有限责任公司
103	360782160322738	赣南卷烟厂
104	36220016096014X	江西省烟草公司宜春分公司
105	362200160963703	三九宜工生化股份有限公司
106	362200161002680	宜春钽铌矿
107	36220070573125X	江西宜春供电局
108	362202158295873	江西丰城发电有限责任公司
109	362202161047934	丰城矿务局
110	362203161129059	江西樟树四特酒销售总公司
111	362203705731946	江西樟树四特酒业有限公司
112	362203723906690	江西盐矿有限责任公司
113	362301161445000	上饶供电局
114	362301705740527	凤凰光学股份有限公司
115	36230171658390X	凤凰光学控股有限公司
116	362302X12425989	江西铜业股份公司德兴铜矿
117	36232171659019X	江西上饶全良液酒业有限公司
118	362322161537440	广丰卷烟产品购销总公司
119	362322161539993	广丰卷烟厂
120	36232261240871X	江西广厦包装印刷有限公司
121	362322612429772	江西月兔丰华产业股份公司
122	362324X12425970	江西铜业股份公司永平铜矿
123	362326705527881	弋阳江冶有色加工厂
124	362331705750581	江西万年青水泥股份有限公司
125	362400158296104	井冈山华能发电有限责任公司
126	36240016197595X	江西吉安供电局
127	362400162074803	江西井冈山卷烟厂
128	36242170576609x	江西燕京啤酒有限责任公司
129	362426002180050	江西省泰和玉华水泥有限公司
130	362428158266503	江西万安水力发电厂
131	362502162580204	江西抚州供电局
132	362502162593814	江西临川酒厂
133	362502162601933	江西临川酒类销售有限公司
134	36250261244143X	江西珍视明药业有限公司

135	362502705517894	江西江铃底盘股份有限公司
136	362502727755690	江西博雅生物制药股份公司
137	362502731946545	江西添光化工责任有限公司
138	362531158261155	江西东亚药业有限责任公司

（江西省国家税务局供稿）

2003年度全省A级纳税信用企业名单

国、地税共同征管企业(50户)(排名不分先后)

南昌卷烟厂
南昌市印钞厂
江铃五十铃汽车有限公司
江西江中医药贸易有限公司
江西长力汽车弹簧股份有限公司
江西赣能股份有限公司
江西昌河铃木汽车有限公司
江西中景集团有限公司
景德镇发电有限责任公司
安源实业股份有限公司
萍乡市钢铁有限责任公司
萍乡市日胜焰火制造有限公司
中国石油化工股份有限公司九江分公司
江西柘林水电开发有限责任公司
蓝星化工新材料股份有限公司江西星火有机硅厂
武宁县林全胶囊有限公司
九江石化华庐实业公司
江西东津发电有限责任公司
新余钢铁有限责任公司
新余市永盛工贸有限公司
新华金属制品股份有限公司
分宜海螺水泥有限责任公司
江西铜业股份有限公司
江西鹰潭供电公司
江西天施康中药股份有限公司余江分公司
赣州有色冶金化工厂
江西赣南海欣药业股份有限公司
江西江凯齿轮有限公司
江西气体压缩机有限公司
江西移动通讯有限公司赣州分公司
江西盐矿有限责任公司
江西济民可信药业有限公司
英岗岭矿务局
江西华伍起重电器有限责任公司
江西华夏水泥有限公司
宜春市供水公司
江西万年青水泥股份有限公司
江西省德兴市百勤异VC钠有限公司
江西铜业股份有限公司永平铜矿
弋阳县供电有限责任公司
江西省广丰县滑石发展有限公司
井冈山华能发电有限责任公司
江西堆花酒业有限责任公司
江西省泰和玉华水泥有限公司
江西省齐峰水泥有限责任公司
江西博雅生物制药股份有限公司
江西江铃底盘股份有限公司
江西临川酒厂
江西省黎川县环球瓷业有限责任公司
恒安(江西)卫生用品有限公司

地税单独征管企业(10户)

江西电视台
江西日报社
赣州宏远电力勘测设计院
广丰卷烟厂宜春阳光大酒店
江西省广播电视网络传输有限公司吉安市分公司
景德镇市金叶大酒店
九江市盛雅大酒楼
新余市韶嘉房地产开发有限公司
上饶宾馆
江西省广播电视网络传输有限公司抚州市分公司

(江西省国家税务局 江西省地方税务局供稿)

2003 年度全省 AAA 守合同重信用企业认定名单

1. 贵溪市三元冶炼化工有限责任公司
2. 贵溪市水利水电建筑安装工程有限公司
3. 江西省春天食品有限公司
4. 九江市清真梁义隆饼店
5. 九江市琛康文体用品有限公司
6. 江西亚东水泥有限公司
7. 九江华东装饰材料市场
8. 江西省热能工程有限公司
9. 江西驰耐得轮胎有限公司
10. 中铁大桥局集团第七工程有限公司
11. 江西回圆服饰有限公司
12. 九江市派拉蒙百货有限公司
13. 江西省宜春市第二建筑工程有限责任公司
14. 江西南方隧道工程有限公司
15. 江西日上化工有限公司
16. 兴国赣兴水泥有限公司
17. 江西联达冶金有限公司
18. 江西洪洲园林工程有限公司
19. 江西汪氏蜜蜂园有限公司
20. 江西南昌桑海制药厂
21. 江西嘉业建设工程集团公司
22. 江西龙华建筑装饰工程有限公司
23. 江西省水利岩土工程服务中心
24. 江西省金洪建设监理公司
25. 江西省粤昌装饰设计工程有限公司
26. 江西 3L 医用制品有限公司
27. 江西思创数码科技有限公司
28. 江西长力汽车弹簧股份有限公司
29. 江西省建工集团公司
30. 吉安市伟业房地产开发有限公司
31. 江西华安消防工程有限公司
32. 江西岩鹰水泥有限公司
33. 江西融城建筑装饰工程有限公司

（江西省工商行政管理局供稿）

国家工商局认定的 2003 年度“守合同重信用”企业名单

江西省第二建筑工程公司
江西省地质工程总公司
江西省勘察设计研究院
江西中昌工程咨询监理有限公司
江西诚达工程咨询监理有限公司
中铁局集团第五工程有限公司
江西省水电工程局
蓝星星火化工厂
江西仁和(集团)发展有限公司
江西高强电瓷集团有限公司
江西亚东水泥有限公司
中铁大桥局集团第七工程有限公司
江西回园服饰有限公司
江西 3L 医用制品有限公司
江西省建工集团公司
新余市长林机械有限责任公司
江西省德兴市百勤异 VC 钠有限公司
江西岩鹰水泥有限公司
中国石油化工股份有限公司九江分公司
江西远洋保险设备实业有限公司
江西万安水力发电厂
江厦水电工程公司

（江西省工商行政管理局供稿）

二00三年度江西省工商行政管理局免检企业名单

江西清华泰豪科技集团有限公司
南昌铁路天集经贸实业有限公司
江西科技房地产综合开发公司
南昌铁路工程(集团)有限责任公司
江铃汽车集团公司
中国有色金属进出口江西公司
中国汽车工业进出口江西公司
江西洪都航空工业集团有限责任公司
江西通力科技有限公司
江西省水利水电开发总公司
江西省新天鑫经济贸易开发中心
江西省汽车销售技术服务总公司
江西省经济贸易总公司
江西省邮电建设工程局
江西省经联进出口公司
江西水利规划设计院(江西土木工程勘测设计研究院)
江西省煤炭工业供销公司
江西省水利岩土工程服务中心
江西投资发展公司
凤凰光学控股有限公司
凤凰光学股份有限公司
江西凤凰光学仪器(集团)有限公司
南昌铁路第二建筑工程公司
江西科学技术出版社
江西省电力公司
江西省第一房屋建筑公司
江西省盐业总公司南昌公司
江西省交通设计院
江西省工业投资公司
南昌铁路局
江西省冶金集团公司
江西省矿山隧道建设总公司
江西人民出版社
江西晶安高科技股份有限公司
江西省广电进口汽车修理厂
井冈山旅游发展股份有限公司
核工业华东建设工程集团公司
江西省丰和营造有限公司
江西省交通工程集团公司
江西省煤矿设计院
江西省冶金集团公司产权经纪部
江西远健药业有限公司
江西绿苑环境建设工程有限公司
江西省金岛实业有限公司
泰豪软件股份有限公司
江西气龙消防工程有限公司
江西诚志医药集团有限公司
诚志股份有限公司
江西省投资房地产开发有限责任公司
江西赣基装饰工程有限公司
江西大众汽车销售维修服务有限公司
江西省投资进出口有限责任公司
江西中基进出口有限公司
泰豪科技股份有限公司
江西变压器科技股份有限公司
江西省新天鑫科技广告发展有限公司
江西远健实业发展有限公司
江西国力汽车服务有限公司
江西森田电力设备有限公司
江西中机科技产业有限公司
江西运通汽车贸易有限公司
江西昌九农科化工有限公司
江西省纺织丝绸工业进出口有限公司
江西润田天然饮料食品有限公司
江西清华泰豪三波电机有限公司
江西江中药业股份有限公司
江西润田昌北饮料食品有限公司
江西省第三建筑有限责任公司
南昌铁路新龙物资流通有限公司
江西省新华书店联合有限公司
九江市庐山区房地产开发股份有限公司
江西东方科力有限公司
江西省路桥工程有限公司
汇仁集团有限公司
江西思创科技产业有限公司
江西环艺装璜工程有限公司
江西省五鑫实业发展有限公司
江西广辰装饰工程有限公司
江西百年健康科技有限公司
江西亨达实业有限公司
江西洪都消防工程有限公司
江西华鹏实业发展有限公司
江西思创数码科技有限公司
江西贝尔科技产业有限公司
江西省家常饭饮业服务有限公司
江西卓茵景观工程有限公司

江西龙泰实业有限公司
江西盛安置业有限公司
南昌水业集团有限责任公司
江西阳光乳业有限公司
南昌通源实业总公司
江西省地质矿产勘查开发局建设工程大队
江西省水电工程局
南昌卷烟厂
江西南昌发电厂
江西洪都钢厂
江西江氨化学工业有限公司
江西南昌供电公司
南昌钢铁有限责任公司
南昌铁路局南昌机械厂
南昌铁路建筑工程有限责任公司
江西省鹰潭市三川有限公司
江西省鹰潭市建筑工程有限责任公司
鹰潭市粮贸购销有限公司
江西贵溪化肥有限公司
贵溪市南方照明有限公司
新余钢铁有限责任公司
新余市建筑工程总公司
江西省石油总公司新余公司
新余市市政工程公司
江西省华力电力有限公司
江西分宜发电有限责任公司
分宜海螺水泥有限责任公司
江西兴泰铜业有限公司
横峰县巨力机械有限公司
上饶富达果胶有限公司
江西岩鹰水泥有限公司
江西玉山炜达轻钙有限公司
江西省广丰县滑石发展有限公司
广丰县大众汽车修配有限公司
江西青苑燃料有限公司
江西四方有限公司
江西洪门煤业有限公司
波阳经济开发公司贸易部
波阳县金融用品有限公司
波阳县同兴药化有限公司
波阳县第二建筑有限公司
江西福田实业有限公司
上饶宏达建筑工程有限公司
江西龙胜集团有限公司
江西佳美食品有限公司
江西铭日企业集团有限公司
江西同仁药业有限公司
余干县四安房地产综合开发有限公司
江西德兴铜矿机械制造(集团)有限公司
江西德兴铜矿运输有限公司
江西德兴铜矿益村实业有限公司
江西德铜矿自来水公司
铅山县新世纪房地产开发有限公司
江西省新厦建筑工程有限公司
江西江铜赛尔实业有限责任公司
江西水泥厂
赣州希望集团有限公司
赣州市永源稀土有限公司
江西省赣县水泥厂
赣州医药集团赣县医药总公司
赣州远宏工贸有限责任公司
赣县红金稀土有限公司
赣州菊隆高科技食品有限公司
赣州市蟠龙建筑工程公司
江西省盐业总公司于都县公司
江西省于都县新华书店
中国银行于都支行
江西省于都县汽车站
中国农业发展银行于都县支行
江西赣州供电公司于都分公司
江西燕京啤酒有限公司
江西庐陵水泥厂
江西井冈山卷烟厂
井冈山市泉涌有限公司
井冈山市纸业有限公司
井冈山市恒华瓷业有限公司
江西省飞宇电声有限公司
中盐新干盐化有限公司
江西齐峰水泥有限公司
中国国电集团公司万安水力发电厂
江西万安氯酸盐有限公司
江西鑫源建筑安装工程有限公司
江西玉华水泥有限公司
江西省泰和县大北农饲料有限公司
八都赣中汽车运输有限公司
江西一品郎实业有限公司
江西翔云服装有限公司
江西林森木业有限公司
江西赣粤恒兴机电材料有限公司
昌河飞机工业(集团)有限责任公司
景德镇市新枫园房地产开发有限公司
景德镇开门子陶瓷化工集团有限公司

江西景德镇供电公司
景德镇市自来水公司
景德镇市昌河汽车配件制造公司
景德镇市昌宁泡沫有限责任公司
昌河飞机工业(集团)有限责任公司劳动服务公司
江西景华电子有限责任公司
江西昌源实业有限公司
江西景德镇发电有限责任公司
江西景光电子有限公司
景德镇普天通信设备厂
景德镇市第二建筑工程公司
景德镇市房屋建设开发公司
景德镇市焦化煤气总厂
江西中景集团有限公司
景德镇市瓷都房地产开发有限公司
江西金达地矿工程有限责任公司
景德镇市三蕾瓷用化工有限公司
江西海慧集团实业有限公司
江西信义房地产开发集团有限公司
江西锦龙集团有限公司
江西景德酒业食品有限公司
景德镇市东风陶瓷包装有限公司
景德镇市重阳水泥有限公司
江西生生房地产有限公司
景德镇市鹏飞建陶有限公司
景德镇市小麻雀饮食服务有限公司
乐平市赣东北新星实业总公司
江西莱茵长青电梯有限公司
江西省宜春汽车运输总公司
江西宜春三龙实业总公司
厦工机械(宜春)有限公司
宜春通达路桥建设有限公司
中国银行宜春市分行
宜春钽铌矿
江西省送变电建设公司
江西丰源电力(集团)有限责任公司
江西新洛煤电有限责任公司
江西华伍起重电器有限责任公司
江西省定海砂轮有限公司
江西飞宇竹制品有限公司
江西中华猕猴桃酿酒有限公司
江西康达竹制品集团有限公司
江西华夏水泥有限公司
江西七宝山酒业有限责任公司
江西港荣皮革有限公司
江西省诚信矿业有限公司
江西省上高县上福化纤制品有限公司
江西博士达药业有限责任公司
上高县白水泥有限责任公司
江西第三机床厂
江西省七宝山铁矿
宜丰县棠浦自来水厂
宜丰县农村信用合作社联合社
宜丰县桂族钽铌有限公司
宜丰县石花尖垦殖场官山林场
江西农业大学大港实验林场
江西鑫龙企业集团林工贸实业公司
江西省烟草公司宜春分公司宜丰营销中心
罗宾有限公司
上高瑞麦食品有限公司
九江石化物业管理有限公司
九江石化长江宾馆
九江化学纤维总厂
江西朝阳机械厂
江西海扬纺织集团有限公司
中国石油化工股份有限公司九江分公司
九江石化三鑫实业总公司
九江石化华庐实业公司
九江石化化工有限公司
九江石化建筑安装工程公司
中国石化集团九江石油化工总厂
江西省电信公司九江市分公司
江西省电信有限公司九江市分公司
中铁四局集团第五工程有限公司
中铁大桥局集团第五工程有限公司
中国石化集团江西九江石油分公司
九江昌河汽车有限公司
九江市安居(集团)有限公司
中铁大桥局集团第七工程有限公司
九江德福电子材料有限公司
中国农业发展银行九江市分行
巨石集团九江有限公司
江西制氧机厂
九江针织服装集团有限公司
九江市自来水公司
九江发电厂
中国工商银行九江市分行
江西省武宁县明星锑业有限公司
九江昂泰胶囊有限公司
江西生成卫生用品有限公司
九江有色金属冶炼厂
九江汇源食品饮料有限公司

交通银行九江市分行
江西船用阀门厂
九江长途运输有限公司
江西省九江长途汽车运输总公司
九江市公共交通集团公司
九江白鹿宾馆
江西民生集团有限公司
九江民生集团台演建筑工程有限公司
九江民生集团物业管理有限公司
九江清源实业集团有限公司
九江清源集团房地产开发有限公司
江西长厦建材有限公司
九江清源汽车销售有限公司
九江信华集团有限公司
九江信华集团建筑工程有限公司
九江信华房地产开发有限公司
九江明兴集团新龙门大酒店有限公司
九江明兴集团物资贸易有限公司
九江三和贸易有限公司
九江三和房地产开发有限公司
九江家常菜美食有限公司
九江市家常菜美食有限公司零柒玖贰大酒店
九江大明眼镜有限公司
九江市和平建筑有限公司
九江市和平房地产开发有限公司
九江联盛实业有限公司
九江联盛购物广场实业有限公司
九江世纪联盛超市购物广场
九江浔城实业有限公司
九江新长江广告发展有限公司
九江康宏实业有限公司
九江鑫旺实业有限公司
九江祥龙房地产开发有限公司
九江市新浔阳汽车销售有限公司
九江蓝天广播电视器材有限公司
萍乡市城市建设投资发展公司
萍乡矿业集团有限责任公司
萍乡钢铁有限责任公司
萍乡市钢城冶金设计有限公司
萍乡市建兴达房地产开发有限责任公司
江西省电信有限公司萍乡市分公司
江西移动通信有限责任公司萍乡分公司
江西省萍乡市新华书店
江西省烟草公司萍乡分公司
江西萍乡供电公司
江西安源铝业有限公司
江西省盐业总公司萍乡公司
中国人民财产保险股份有限公司萍乡市分公司
萍乡市升华实业有限公司
萍乡矿业集团建筑安装总公司
萍乡市安源钢结构工程有限公司
萍乡公路桥梁工程公司
萍乡市市政工程设计院有限公司
萍乡市安达生活水电气有限公司
江西长红园林有限公司
萍乡市艺婉建材有限公司
江西联达冶金有限公司
萍乡阳光气体有限公司
萍乡市鸿基冶金建筑安装有限公司
萍乡市广厦房地产开发有限公司
萍乡市广招实业有限公司
萍乡市晨曦房地产开发有限公司
萍乡市安源建材市场有限公司
萍乡市安源拍卖有限公司
萍乡市旅游汽车服务有限公司
萍乡市双联电力电器器材有限公司
江西省萍乡市利得房地产开发有限公司
萍乡裕华大企业总公司建筑工程公司
萍乡市水利水电建设有限责任公司
江西辰宇粉体制品有限责任公司
萍乡市家兴房地产开发有限公司
萍乡市恒驰汽车运输工程有限公司
萍乡市火星企业公司
江西省萍乡市世纪龙腾广告有限公司
萍乡邮政广告有限公司
萍乡市粮食购销总公司
萍乡市安源投资有限公司
萍乡市宏盛活性石灰有限公司
萍乡同济工程咨询监理有限公司
萍乡市飞虹建筑安装有限公司
江西昭通建设工程有限公司
江西省萍乡市昌盛陶瓷有限公司
江西省萍乡市亿鑫高科陶瓷有限公司
萍乡市大地房地产开发有限公司
萍乡市碳酸钙实业有限公司
江西省萍乡市安源碳酸钙厂
萍乡市千叶园林有限公司
萍乡市华特煤化工有限责任公司
江西省今创实业发展有限公司
江西省恒盛汽车销售有限公司
萍乡市龙飞房地产开发有限公司
芦溪县鑫隆建筑有限公司

江西三华置业有限公司
萍乡市华阳建筑安装工程有限责任公司
萍乡市天堂谷大酒店
萍乡市安源区农村信用合作联合社
萍乡市金土地房地产开发有限公司
江西国源投资有限公司
江西金陵电力建设有限公司
萍乡九洲液压机械有限公司
萍乡市蓝盾实业有限公司
萍乡市第六建筑工程有限公司
萍乡市汉萍实业有限公司
萍乡市华顺房地产开发有限公司
萍乡市万龙湾宾馆
萍乡市华源投资有限公司
萍乡市第八建筑工程有限责任公司
萍乡市长风汽车销售有限公司
萍乡市永安实业有限公司
萍乡市强力塑料制品有限公司
萍乡市昭萍宾馆
萍乡市亚光水电实业集团有限公司
萍乡市星光水电实业有限公司
萍乡市赣萍电力实业有限公司
萍乡市电力勘测设计有限公司
萍乡中天电力实业有限责任公司
江西省萍乡市丹江投资有限公司
萍乡市金泰房地产开发有限公司
萍乡市智恒房屋建筑开发有限公司
萍乡市房地产经营总公司
江西萍乡源达实业有限责任公司
萍乡铁路贸易服务公司
萍乡市大地园林有限公司
江西湘安混凝土有限责任公司
江西省萍乡安源宾馆
萍乡巨源煤业有限责任公司
萍乡市百乐房地产开发有限公司
江西省当代建筑装饰有限公司
萍乡市蓝天汽车贸易有限公司
萍乡市鑫翠贸易有限公司
萍乡市新安工业有限责任公司
萍乡市云路房地产开发有限公司
萍乡市化工填料有限责任公司
萍乡市金峰实业有限责任公司
萍乡市洪马彩印包装有限公司
萍乡市蓝天房地产有限责任公司
上栗县供电有限责任公司
上栗县萍锋纸业有限公司
上栗县东湖包装印刷实业有限公司
萍乡市神洲汽车贸易有限公司
萍乡市惠安房地产开发有限公司
萍乡市宏厦房地产开发有限公司
江西省煤炭综合利用设计院
萍乡市华科机械实业有限公司
萍乡市恒丰房地产开发有限公司
萍乡市鑫磊建筑有限公司
江西省武冠化学建材有限责任公司
萍乡市金信房地产开发有限公司
江西省武冠油脂食品有限责任公司
萍乡市供水公司
萍乡市广通电力有限公司
萍乡湘源实业集团有限公司
萍乡市同方环保工程有限公司
萍乡安源旅游客车制造有限公司
萍乡市郊区房地产开发有限公司
萍乡市萍雄贸易有限公司
萍乡市建设开发有限公司
萍乡市房地产综合开发公司
萍乡市建利达建筑工程有限公司
萍乡市建萍房地产开发有限责任公司
江西省矿机实业有限公司
萍乡市耐可化工设备填料有限公司
萍乡市华雅房地产有限公司
萍乡市诚信汽车贸易有限公司
萍乡市三坚建筑设备安装有限公司
萍乡市正林房地产开发有限公司
萍乡市安源建设建筑有限公司
萍乡市百利进出口有限公司
萍乡市开元环境艺术工程有限公司
江西省弘盛置业有限责任公司
萍乡市湘鑫房地产开发有限公司
萍乡市第七建筑工程有限责任公司
江西日江水泥制造有限公司
萍乡市兴电防腐有限公司
江西省大富乳业有限公司
萍乡市风霜小水电有限公司
江西省远洋出口电瓷电器制造有限公司
江西省银河杜仲开发有限公司
江西神农杜仲实业有限公司
萍乡市环宇电瓷厂
萍乡市金厦房地产开发有限公司
萍乡市第三建筑安装工程有限公司
萍乡市永昌房地产开发有限公司
萍乡市青山钢厂

萍乡市煤气公司
萍乡市第二建筑工程总公司
萍乡市建新房地产开发有限公司
萍乡市嘉福房地产开发有限公司

（江西省工商行政管理局供稿）

2003 年度江西省国家级青年文明号

1. 高安市新兴饭店(二部)
2. 赣州港嘉兴食品有限公司机关
3. 江西仁和药业集团总部机关
4. 江西天义广告艺术有限公司
5. 赣县液化气供应站
6. 江西万安县无线电学校快修部
7. 江西华龙物业有限公司
8. 江西博能房地产开发公司
9. 江西新余市李水根眼镜店

（江西省个体私营经济协会供稿）

2003 年度省级青年文明号单位

1. 修水县迅达通信公司
2. 江西亚中橡塑有限公司
3. 江西高安汽运集团振兴汽运有限公司
4. 婺源鸳鸯湖旅游开发有限公司
5. 江西兆丰物业管理有限责任公司
6. 高安市新兴饭店二部
7. 高安市畜产品有限公司
8. 高安市科教仪器厂机关
9. 江西省建设施工有限公司
10. 江西仁和集团总部机关
11. 江西金虎保险设备公司销售部
12. 丰城市个体私营经济协会上塘分会
13. 江西省佳艺装饰工程公司
14. 宜春市君安汽车发展有限公司
15. 赣州市港嘉兴食品有限公司机关
16. 赣县液化气供应站
17. 江西万安县无线电学校快修部
18. 万安县枫林乡养殖开发基地
19. 井冈山市林野大酒店
20. 江西新余市李水根眼镜店
21. 分宜县洪龙建筑装潢有限公司
22. 江西省恒盛汽车销售有限公司(原萍乡市恒盛汽车销售有限公司)
23. 南昌市和平大酒店有限公司
24. 江西华龙物业有限公司
25. 南昌市江南美术工艺社
26. 南昌市名优食品有限公司
27. 江西恒大高新技术实业有限公司
28. 南昌市洪城大市场梦达丽娇专卖店(原恒源祥经营部)
29. 江西煌上煌实业公司
30. 江西新洪客隆商场烟酒柜台
31. 江西东乡县缫丝总厂机关
32. 江西天义广告艺术有限公司
33. 抚州市华龙实业有限公司
34. 上饶县复混肥厂
35、江西博能房地产开发有限公司(原江西理想房地产开发有限公司华能公司)
36. 上饶市新华龙电器有限公司
37. 星子县小人物商店

（江西省个体私营经济协会供稿）

江西省人民政府表彰的2003年度加快工业发展加速工业崛起先进单位

一、年度贡献奖

（一）中央在赣工业企业：

南昌卷烟厂　赣南卷烟厂　中石化九江分公司　井冈山卷烟厂

（二）省工业集团公司：

省冶金集团公司　萍乡钢铁有限责任公司
省电力公司（含电厂）　江西铜业集团公司
省建材集团公司 江中制药（集团）公司　江铃汽车集团公司
省稀有稀土钨业集团公司

（三）设区市：

萍乡市　南昌市　景德镇市　赣州市
新余市　抚州市　上饶市

（四）县（市、区）：

南昌县　乐平市　赣州市章贡区　瑞昌市　南昌市青山湖区
兴国县　上高县　宜春市袁州区　泰和县　赣　县
新建县　分宜县　吉安县　修水县　贵溪市
玉山县　上饶县　信丰县　新干县　龙南县
南康市　瑞金市　湖口县　崇义县　进贤县
会昌县　金溪县　萍乡市安源区　德安县　彭泽县
永丰县　定南县　南昌市青云谱区　东乡县　武宁县
婺源县　大余县　于都县　遂川县　峡江县
南城县　安远县

二、园区发展专项奖

（一）工业园区六大指标综合先进单位：

南昌高新技术产业开发区　萍乡高新技术工业园
南昌经济技术开发区　龙南县金塘开发区
南昌市小蓝工业园　广丰县芦林工业园区
上高科技工业园　南昌民营科技园
永丰县工业园　瑞昌市黄金工业园
于都县楂林工业园　奉新县冯田经济开发区
高安新世纪工业城　赣县工业园
玉山金山工业园

（二）工业园区单项第一名：

招商引资实际到位资金第一名：萍乡高新技术工业园
销售收入第一名：南昌市小蓝工业园
上交税金、工业增加值第一名：南昌高新技术产业开发区
出口创汇第一名：瑞金市工业园
安置就业第一名：兴国县工业园

三、"江西工业十强企业"

江西铜业集团公司　新余钢铁有限责任公司
江铃汽车集团公司　南昌卷烟厂
萍乡钢铁有限责任公司　南昌钢铁有限责任公司
昌河飞机工业（集团）有限责任公司　江西月兔企业（集团）有限公司
江西汇仁集团有限公司　萍乡矿业集团有限责任公司

2004 年全国"五一劳动奖状"单位

江西省交通稽查征费局
江铃汽车集团公司
国营七一三厂
江西省火电建设公司调整试验所
婺源县信用合作联社江湾信用社
赣南卷烟厂
江西移动通信有限责任公司
江西东津发电有限责任公司
江西省丰城矿务局发电厂
江西赣南海欣药业股份有限公司针剂口服液工段

（江西省劳动竞赛委员会 江西省总工会供稿）

2004 年江西省"五一劳动奖状"获得单位

南昌市城市规划设计研究总院
中铁四局集团第五工程有限公司
江西宜春供电公司
江西机械化工厂
江西景德镇供电公司
江西移动通信有限责任公司新余分公司
江西鹰潭供电公司
江西省交通设计院
南昌铁路局客运公司
江西铜业集团江西铜业股份有限公司
南昌市地方税务局
江西气体压缩机有限公司
中国人民银行上饶市中心支行
江西添光化工有限责任公司
江西武冠实业集团
海利贵溪化工农药有限公司
江西吉安供电公司
江西省地质工程总公司
中国建设银行南昌市洪都支行
中国民航南昌空中交通管理中心区域管制室

（江西省劳动竞赛委员会 江西省总工会供稿）

江西省优秀高新技术企业名单

江西联创光电科技股份有限公司
江西洪都航空工业股份有限公司
泰豪科技股份有限公司
江西江铃齿轮股份有限公司
江西日月明实业有限公司
江西星火有机硅厂
江西长力汽车弹簧股份有限公司
江西晶安高科技股份有限公司
江西东风药业股份有限公司
江西思创数码科技有限公司
江西省德兴市异 VC 钠有限公司
江西南方稀土高技术股份有限公司
海利贵溪化工农药有限公司
江西方大新型铝业有限公司
江西金世纪新材料股份有限公司
江西江维高科股份有限公司
江西赣南海欣药业股份有限公司
江西中机科技产业有限公司
江西 3L 医用制品有限公司
江西食品专业油脂厂
南昌先锋软件股份有限公司
南昌金鼎软件开发有限公司
江西景光电子有限公司
江西联创通信有限公司
江西核工业瑞丰生化有限责任公司
南昌百特生物高新技术有限公司
江西汇天科技有限公司
江西新和软件有限公司
江西特种电机股份有限公司
江西威金钻石工具有限公司
中国直升机设计研究所
江西华伍起重电器有限责任公司

赣州立环磁电设备高技术有限责任公司
九江精密测试技术研究所
中国船舶重工集团公司第七0七研究所九江分部
江西同济丰宇环境股份有限公司
萍乡佳瑞环保工程有限公司
江西恒大高新技术实业有限公司
江西诚志生物工程有限公司
江西科泰华软件有限公司
江西博微新技术有限公司
江西金科光盘有限公司
江西科源纺织高科技开发有限公司
江西科光窑炉材料有限公司

（江西省高新技术产业协会供稿）

2003年度江西省税利突出贡献企业名单

南昌卷烟厂
萍乡钢铁有限责任公司
江西丰城发电有限责任公司
赣南卷烟厂
江铃汽车股份有限公司
江西铜业集团公司
南昌钢铁有限责任公司
广丰卷烟厂
江西新余钢铁有限责任公司
中国石化股份有限公司九江分公司
昌河飞机工业(集团)有限责任公司
南昌印钞厂

（江西省经济贸易委员会　江西省企业联合会　江西省企业家协会供稿）

江西省2004年度特级诚信企业名单

泰豪科技股份有限公司
南昌亨得利钟表眼镜公司
南昌先锋软件股份有限公司
江西阳光安全设备有限公司

（江西省中小企业诚信工程评价中心供稿）

江西省2004年度一级诚信企业名单

龙南县恒泰实业有限公司
江西日江水泥制造有限公司
江西全良酒业有限公司
江西新余工艺美术总厂
江西远洋保险设备实业有限公司
南昌市第五建筑安装工程公司
核工业鹰潭工程勘察院
赣州永盛钢材贸易有限公司
江西昌厦建设工程集团公司
江西金都保险设备有限公司
江西红星变性淀粉有限公司
江西宏达保安器材有限公司
江西景光电子有限公司
江西梦达彩色印务有限公司
上栗县金河花炮厂
江西思创数码科技有限公司
江西腾飞塑胶有限公司
江西恒大高新技术实业有限公司
玉山天长集团公司
江西武冠新材料股份有限公司
景德镇无线电元件五厂
江西金虎保险设备有限公司
江西雄宇实业有限公司
江西耀升工贸发展有限公司
江西3L医用制品有限公司
新余市良山钢管有限责任公司
核工业江西工程勘察院
贵溪三元冶炼化工有限公司
江西远大保险设备实业有限公司
赣州铝厂
贵溪市新世纪水泥有限公司
江西仁和(集团)发展有限公司
江西竹辉竹业有限公司
江西起重机械总厂
江西岩鹰水泥有限公司
江西嘉业建设工程集团公司
江西昌南建设工程集团公司
核工业鹰潭建设工程公司
江西诚志信丰药业有限责任公司
崇义章源钨制品有限公司
龙南县京利有色金属有限责任公司
江西华鹰核工电子线材有限公司
上饶市鸿业建筑工程有限公司
江西翔云服装有限公司
江西得利车轮开发有限公司

（江西省中小企业诚信工程评价中心供稿）

江西省2004年度诚信企业名单

江西昌顺集团有限公司
兴国赣兴水泥有限公司
江西白云企业集团有限公司
江西省永安特种冶金材料有限公司
江西省抚州电力器材有限公司
江西省通达汽运有限公司
江西万年青科技工业园有限责任公司
江西永丰县博源实业有限公司
南昌金桥化工有限公司
赣州希望饲料有限公司
江西贝尔科技产业有限公司
南昌县三江顺发米业有限公司
江西龙腾水泥有限公司
上饶长城化工助剂有限公司
赣州市永源稀土有限公司
江西省华东核工业工贸总公司
江西日上化工有限公司
乐平市加金纸业有限责任公司
赣州有色冶金化工厂
南昌天时化工有限公司
江西省兴赣建设监理咨询有限公司
核工业华东建设工程集团公司赣州公司
赣州市金龙水泥厂
江西旺顺化工有限公司
江西永华骏业电子科技有限公司
赣州虔东实业(集团)有限公司
新余市赣锋锂业有限公司
分宜县梅林建筑开发有限责任公司
景德镇国讯通信设备有限公司
江西兰丰水泥集团有限公司
萍乡市金泰花炮厂
江西东龙路桥工程公司
江西省衡三建筑工程有限责任公司
南昌市怡兰苑房地产开发有限公司
江西宜春腾达化工有限责任公司
江西省樟树七星实业有限公司
江西省长红建筑工程有限公司
江西省斌华水泥有限公司
新余永盛工贸有限公司
江西博士达药业有限责任公司
金溪县琅琚建筑工程公司
江西抚州华丰房地产开发有限公司
景德镇昌大饲料有限公司
江西新红梅陶瓷有限公司
樟树市康怡冷饮厂
江西上饶康达制药有限公司
永丰希望饲料有限公司
江西省银鹰建设工程有限公司
龙南县万宝稀土分离有限责任公司
江西贵竹发展有限公司
江西惠金有限公司
兴国县金莹氟业有限责任公司
新余市开关厂
萍乡市永顺陶瓷包装材料有限公司
江西中南建设工程集团公司
江西天翔科技有限责任公司
江西乐矿水泥有限责任公司
江西雨帆化工有限责任公司
贵溪千盛化工有限责任公司
瑞金市七堡水泥有限责任公司
江西瑞金三九药业有限公司
江西南丰县赣丰房地产开发有限公司
江西宜春远大化工有限公司
上犹县三星建筑有限公司
江西顺昌隆实业有限公司
南康市宏龙矿业有限公司
寻乌县斗晏水力发电有限公司
瑞金市红都水产食品有限公司
江西太阳陶瓷有限公司
江西省恒信房地产开发有限公司
江西赤兔木业有限责任公司
南昌市康辉贸易实业有限公司
江西麒麟化工有限公司
广丰县第八建筑工程公司
江西永雄化工有限公司

(江西省中小企业诚信工程评价中心供稿)

第六篇：企业产品库

内容概要：

- ◉医药行业专版
- ◉知名企业推介
- ◉南昌•企业产品名录
- ◉九江•企业产品名录
- ◉上饶•企业产品名录
- ◉宜春•企业产品名录
- ◉抚州•企业产品名录
- ◉吉安•企业产品名录
- ◉赣州•企业产品名录
- ◉景德镇•企业产品名录
- ◉萍乡•企业产品名录
- ◉新余•企业产品名录
- ◉鹰潭•企业产品名录

福建省永安林业（集团）股份有限公司

FUJIAN YONGAN FORESTRY (GROUP) JOINT STOCK CO., LTD

董事长：吴景贤

永安林业（集团）股份有限公司是全国首家以森林资源为主要经营对象的上市公司。于 1993 年 12 月创立，1996 年 12 月 6 日在深圳交易所正式挂牌上市交易。目前，公司总部设有经营管理部、财务部、产品开发部、营销策划部、办公室、审计监察室、人力资源办公室、总工办公室和董事秘书处等 4 部 4 室 1 处；下没森林经营公司、三明人造板厂、永安人造地板、永安林化厂等 4 个事业部和种苗中心，公司现有员工 2556 人。公司总资产 85728.29 万元，森林经营面积 9.38 万公顷，年生产木材 18 万立方米，年生产重纤板 4 万立方米，“永林蓝豹”地板 300 万平方米，年生产装饰板 800 万平方米，年生产甲醛 3 万吨，年生产浸渍纸 500 万平方米。经过几年的送配股、兼并和收购，公司规模迅速扩大，形成了森林培育采伐、木材加工、人造板、林产化工、生物制药、绿色食品加工及天然物提取一体化生产规模。为中国产品质量服务双达标先进企业产品通过 ISO9002 质量体系认证和中国环境标志产品认证、国家人事部批准设立的企业博士后工作站之一。多年来，经营业绩居中国林业行业前列，连续几年被全国木材采运最佳经济效益工业企业第一名，被列为福建省 36 家重点骨干企业之一。

永林蓝豹

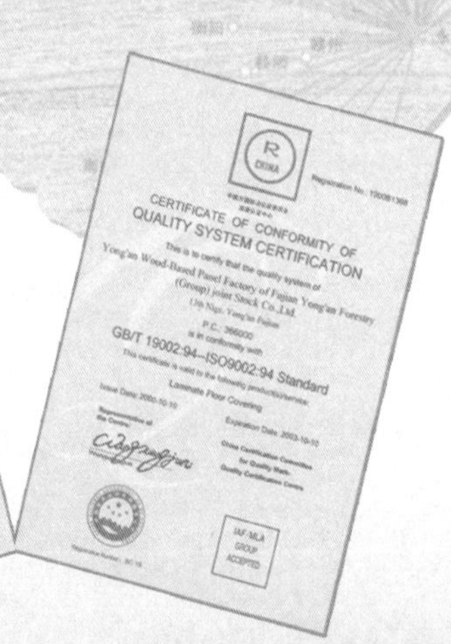

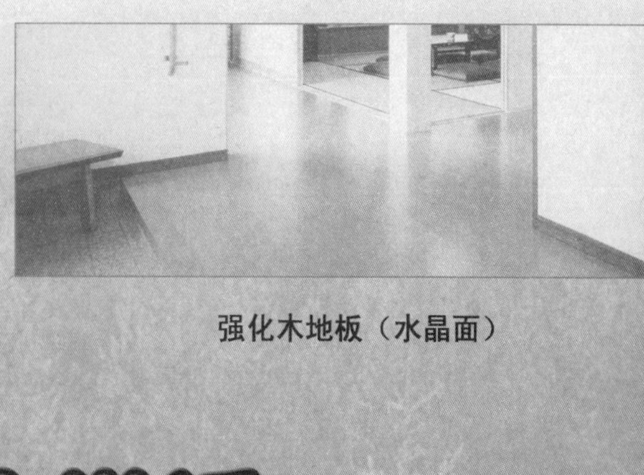

强化木地板（水晶面）

好地板自己会说话

江西省食品药品监督管理局

加强食品药品安全监管、维护人民群众健康权益

经省委、省政府批准，2000 年 9 月，成立江西省药品监督管理局；2004 年 2 月，在原省药品监督管理局基础上组建省食品药品监督管理局。全省食品药品监督管理部门在省委、省政府和国家食品药品监督管理局的正确领导下，各项工作取得显著成绩。

——努力建设高素质的监管队伍 全省药监系统以“三个代表”重要思想为指导，大力弘扬求真务实的精神，建立一支“政治过硬、业务精良、作风清正、纪律严明、行动快捷”的食品药品监管队伍。全系统副科级以上领导干部平均年龄 42 岁，大专以上学历占 97.9%；市、县药监机构公务员平均年龄 37 岁，具有大专以上学历超过 80%，专业人员比例超过 70%。省局几年对全系统 200 多名副科级以上干部进行分批集中培训，以提高领导干部的政治素质和业务水平。通过上网、上墙、登报方式，对外公开办事程序、公布办事结果，兑现办事承诺。制定了“廉政建设实施细则”，逐级签订廉政建设责任状，严格执行药监系统“三条禁令”、“十个不准”，建立内部监督制约机制。

——大力整顿和规范药品市场秩序 针对药品市场比较混乱的状况，我们大力整治药品市场，规范药品流通秩序。四年来，全省取缔药品无证经营 1796 起，查外案件 15018 件，涉及违法药品货值 4819 万元，移交司法机关处理 60 起，取缔了省内曾经出现的 6 个非法药品集贸市场。通过集中整治，药品流通领域混乱状况得到有效遏制，药品市场秩序趋于好转。维护了药品市场的稳定。同时重新制定并实施《江西省药品零售企业设置管理办法》，全面放开药品零售业，仅去年一年，全省新增零售企业 1544 家，占现有药品零售企业总数的 30%。药品市场整顿力度加大，促进了全省药品质量稳步提高。据统计，全省药品抽验合格率，1999 年为 85.0%、2000 年为 87.7%、2001 年为 90.7%、2002 年为 93.2%、2003 年为 95.85%。

——深入开展农村药品“两网”建设 由于历史原因，农村地区一直是药品监管的薄弱环节。去年，我省确定为全国农村药品监督网络和供应网络建设 4 个试点单位之一（简称“两网建设”）。全省聘任乡镇药监协管员 1870 人，村级药监信息员 8924 人，农村平均每万人口有 3.3 个协管员、信息员。全省现有乡镇药品配送站 301 个，乡镇药店 2295 家，村极药店 601 家，村级服务点 6485 个，基本消灭了无药店的空白乡镇。

——实施 GMP 认证带动全省医药工业快速发展

三年来，江西 GMP 认证工作取得可喜成果。已有 42 家企业 148 个剂型通过了认证。我省医药工业企业和技术装备水平发生了质的变化，从整体上步入现代化行列，矗立在我省各地的新建、改建的药品生产企业，成为地方经济的一大亮点。有力地促进了我省医药工业持续、快速、健康发展。

——强化服务加大扶植医药新产品开发力度

一是积极鼓励企业开发新药，支持抢仿品种，保护省产药品。2003 年我省受理新药 73 个、仿制药 142 个，分别比上年提高 55.3% 和 283.0%。受理中药保护品种 18 个，药包材产品 15 个，较上年有大幅度增长。2004 年 1—6 月受理注册申请的新药品种又超过 2003 年全年的受理量。我省先后开发出新药产品 183 个，另有 126 个产品获得国家中药保护品种证书，中药保护品种数量仅次于吉林和广东两省，在全国各省市中与辽宁省排名并列第三位。新技术运用和新产品的不断出现，形成了我省新的医药经济增长点。2003 年江西省医药工业利润总额为 3.21 亿元，其中新药和中药保护品种实现利润 2.94 亿元，占 91.2% 比重，取得了巨大的经济效益。

二是高质量地完成地方药品品种整顿。经过两年的努力，获得国家药品生产批准文号 5686 个。另有 108 个我省地方药品标准的 265 个药品批准文号、23 个中药保健药提高到国家标准并获得国家药品生产批文。

三是培育壮大优势中药产品。通过几年的发展，我省拥有 5 个单品种年销售额过亿元的品种，中成药行业的总量和效益处于全国领先位置。

——祛邪扶正树立我省医疗器械产品新形象

2000 年省药监局成立后，经过两年的努力，铲除了非法制售一次性医疗器械的“恶瘤”，合法企业扬眉吐气、热情高涨，产值连年翻番，2003 年产值达到 10 亿元。目前，南昌生产一次性注射器、输液器的 5 家医疗企业的规模、技术整体处于全国领先水平，整个医疗器械产业渐入佳境，呈现良性循环状态。

——整合资源开创食品安全监管工作新局面

新组建的省食品药品监督管理局除负责对药品研究、生产、流通、使用进行行政监督和技术监督外，还负责“食品、保健品、化妆品安全管理的综合监督、组织协调和依法组织开展对重大事故查处”的新职能，切实维护了广大人民群众饮食安全，用药安全。

（江西省食品药品监督管理局局长　吴浈）

加快科技创新　促进江西医药产业可持续快速发展

党的十六大之后，我国进入全面建设小康社会、加快推进现代化进程的新阶段。国民经济新一轮快速增长的帷幕已经拉开，在这重要的历史时期，我省医药工业正在呈现快速增长，奋力崛起的好势头，并取得了一定的成效。

省委十一届四次全委会，将中药及生物制药列入我省六大支柱产业之一，省委省政府确定了力争经过五年的努力，六大支柱产业规模以上企业销售收入达到2300亿元，年均增长26%的新目标。为了实现这一目标，医药工业年销售收入要达到200亿以上，年均增长30%以上。通过调查和研究，我们深刻地认识到，只有建立以产品创新，技术创新为核心的竞争力，企业才能发展，产值效益才能翻番，经济总量才能增大，我们的目标才能实现。

一、 国内外医药产业及新药研发现状

（一） 全球医药在创新中持续快速发展

医药产业是目前世界上发展最快的产业之一，1991年全球医药市场为2058亿美元，2002年已增至4006亿美元，年均增长速度达到8%，远高于全球经济的增长速度。

医药产业研发投入占销售收入的比例平均高达15.7%，排名各行业的第三位，研发强度将近13%，仅低于软件与IT服务行业，是一个研发密集型的行业。1998年全球新药研发投入为280亿美元，1999年增至380亿美元，2000年已经高达480亿美元以上。

（二） 我国医药工业和新药创新领域基本情况

近年来我国的医药经济增势强劲，2002年全国医药工业总产值3431亿元（90年不变价），1998—2002年均增幅达25%，医药工业销售收入为2452亿元，1998—2002年均增幅达23%，远高于国民经济8%的整体增长率，已逐步跻身成为世界医药生产大国。但是，我国在创新药物上与国际先进水平差距仍然非常显著。目前我国6000多家医药企业新药研发投入每年大约在30—40亿元之间，比不上辉瑞公司一个月的研发支出，国内研发投入最多的企业每年也不足1亿元，不到辉瑞公司1天的“开销”。

目前我国能够生产剂型50多种，化学药物制剂品种4500多个，而在美国制剂品种多达15万个，德国6万多个，日本4.4万个。

二、 江西省医药产业总体现状

江西药业发展历史悠久，至今已有1800多年历史。改革开放后，江西省现代医药工业不断发展壮大，目前已有药品生产企业133家，2003年实现医药工业总产值77.86亿元，1998—2002年年均增长率为20%。2003年增长率为34.47%。化学制药和中药工业是江西省医药产业的两大重要组成，2002年江西省化学制药和中药分别实现工业总产值22.5和29.5亿元，产品销售收入10.8和29.8亿元，利润总额0.26和2.24亿元。已逐步实现由化学制药工业向中药工业过渡，中药已经成为江西省医药产业的主要利润来源和产业增长点。

三、 江西省新药研发能力分析

（一） 江西省新药研发能资源现状

1、*科研机构*　江西省现有各类药品研发机构16家，国家级药品临床研究基地2个（其中西药基地1个，中药基地1个），拥有中药固体制剂国家工程中心和江西省药物研究所、江西省中医药研究所2所省属医药研究机构。

2、*高等院校*　江西省拥有医药类高校2所—药学学科配套比较齐全的江西中医学院和江西医学院，此外还有江西省医药学校等中等医药专业学校，为医药企业提供数量众多素质优良的研发技术人才。

3、*医药企业*　企业是研究开发的投资主体，在江西省133家药品生产企业中，有医药企业集团博士后工作站2个，国家级企业技术中心1个，省级企业技术中心5个。

（二）、江西省新药研发成果

至今江西省先后开发出新药产品183个，取得药品生产批文5686个，其中有126个产品获得中药保护品种证书。2003年江西省医药工业利润总额为3.21亿元，其中新药和中药保护品种实现利润达2.94亿元，占91.2%比重，取得了巨大的经济效益，为江西省医药经济的持续发展发挥了重要作用。

（三） 江西省新药研发差距

1、 *研发资源不足*

2、 *研发投入不足*　根据2002年中国科技统计年鉴，江西省医药工业研发筹集经费总额8447万元，虽然在中部六省中仅次于湖北省，排名第二，但仅为上海的17%，与上海、广东、北京的发达省市相比，

研发投入的差距明显。

3、 创新强度不够 全省医药企业人均科研经费投入仅为全国平均水平的70%，不足上海、北京等发达地区的一半水平，经费投入处于劣势。

4、 研发成果差距 在江西省拥有的医药品种中，高新医药技术前沿的生物制药领域，产品开发上一直处于空白状态，对急需快速发展的江西医药而言，已经成为一个重要瓶颈。

5、 省内医药科技信息服务资源欠缺 专业机构下企业对外交流少，信息来源有限。

四、 新药研发存在的主要问题

（一） 医药企业

1、 **企业规模有限，研发投入不足** 江西省133家药品生产企业中，大中型医药企业只有31家，小型企业占了近76.7%比重。

2、 产权改革起步晚，融资能力不强 江西省医药企业在股份制改造方面起步较晚，目前全省股份制医药企业25家，上市医药企业只有1家。

3、内部研发创新能力薄弱，外部依赖性很大 在1998年—2002年获得的91个新药证书中，企业独立研发的只占26个，大部分企业只能承担一般性的生产技术工作，无法开展新药的研究开发，无法形成有层次的产品梯队，因此抵御市场风险的能力相对较差。

4、缺乏系统的科研开展规划，研发效率低下

5、科技企业缺乏

（二）科研机构

1、 科研经费严重不足 目前江西省药物研究所和江西省中医药研究所两所科研单位每年的政府事业拨款总共只有200—300万元，省级课题项目经费资助少，每项不到2万元水平。

2、 人员结构急需调整 人员组成上偏重于科技人员，具有市场运作经验的管理人才比较缺乏，尤其是既懂技术、又懂管理的复合型人才非常缺乏。

3、 新药开发能力有待加强 1998—2002年江西药物研究所和江西省中医药研究所共计开发新药产品17个，平均每年3个左右，每个单位每年开发1.5个，成果产出率低。

（三）、政府对医药产业的发展缺乏配套措施

全省每年争取到的国家中药现代化专项费用为300—400万元，省里只配套投入50万，主要用于中药GAP基地建设。

五、机遇和潜力

一方面，国际医药产业加速向我国的转移，特别是在化学原料药领域；另一方面，一些企业开始由沿海发达地区向人力资源和原材料资源丰富的内地延伸和转移。这无疑是推动本地医药产业发展的难得机遇：

（一） 一批医药企业集团实力、规模不断增强

1、 新兴民营医药企业——汇仁集团 在上海张江高新技术开发区投资6000万元组建上海汇仁研发中心，目前在研项目100多项，其中中药二类16项，三类10项，化学药二类2项、三类药4项。

2、 上市医药企业——江中集团 目前已经建立起江中技术中心、北京江中药物研究所和国家中药固体制剂制造技术研究中心及博士后工作站等多层次的研发体系。并与江西中医学院、中国军事医学科学院等联合组建的高科技企业——江西本草天工科技有限责任公司。

（二） 国有企业改制后焕发新的活力

1995年以来，天施康、济民可信、樟树仁和、赣南海欣、山香药业、海尔思、博士达、等一批国有医药企业通过招商引资、股份改制重新焕发了生机和活力，这些企业体制新，机制活，重视新产品投入敢于创新，将会成为推动江西省医药产业发展的重要力量。

（三） 医药科技企业掀起新一轮高水平的投资热潮

1、 民营科技医药企业——南昌弘益科技有限公司 组建于1997年。截止2002年底，已成功开发医药产品20多项，目前在研的新药及医药保健品多达60多项（一类生物药品2项，二类化学药品18项，二类天然药品6项，三类中药2项）。

2、 高新医药科技企业——江西草本天工科技有限公司 是中药固体制剂制造国家工程研究中心的法人单位，注册资本8800万。

（四） 招商引资，医药特色工业园初具规模

目前，江西省已经建立了江西医药港、南昌小兰和袁州医药工业园三个新医药工业产业基地。

五、发展对策研究

（一） 政府

1、 加大科技投入，推动新产品、新技术研发

（1） 推进江西中药现代化，形成地方产业特色和优势。

（2） 鼓励产品、技术创新，加速化学制药工业结构调整和产业升级

2、 加快医药工业园区建设，扩大对外招商引资

3、 大力发展民营医药企业，促进国有医药企业改造

4、 重视信息，健全医药科技信息中介服务体系

（二） 企业

1、 加强企业研发体系的建设和完善

2、 加速科研人才培养，留住和引进高水平科研带头人

3、 完善科研管理，提高研发效率

4、 加快企业信息化建设

（三）科研单位

1、 开放联合，借船出海

2、 加快企业化和市场化进程

3、 突出技术优势，发挥特长

主持人：胡棠洪

成　员：刘小俊、张群、胡国健

江西省医药行业专版

江西省金辉新材料有限公司

法人代表：熊光辉　资产总额：50万元
销售总额：40万元　员工人数：10人
经营范围：胶片显影液、定影液　商标：江辉牌
产品名称：胶片冲洗套药（显影液、定影液）
电话（传真）：0791—8321630
地址：南昌市北京东路98号　邮编：330029

赣州市华康医用氧气厂

法人代表：卢致华　资产总额：120万元
销售总额：32.933万元　员工人数：26人
经营范围：医用氧气及氧气、氮气、氩气、二氧化碳等
质量标准：部颁标准　产品名称：医用氧气
电话：0797—8321056　传真：0797—8323263
地址：赣州市黄金区蟠龙镇　邮编：341003

九江石化力源特种气体公司

法人代表：朱辉　资产总额：136.37万元
销售总额：200万元　员工人数：18人
经营范围：医用氧气、特种工业气体、液氧、液氮
质量标准：国际标准　产品名称：医用氧气
电话：0792—8494664　传真：0792—8493388
地址：九江市滨江东路228号　邮编：332004

江西泰丰制药有限公司

法人代表：陈碧珊　资产总额：3500万元
销售总额：2600万元　员工人数：230人
经营范围：大容量注射剂、滴眼耳鼻剂生产销售
质量标准：GMP认证、ISO9001　产品名称：葡萄糖注射液
电话：0794—4332128　传真：0794—4332048
地址：江西省东乡县泰丰路11号邮编：331800

九江昂泰胶囊有限公司

法人代表：丁大林　资产总额：3100万元
销售总额：2500万元　员工人数：268人
经营范围：药用空心胶囊制造及销售
产品名称：药用空心胶囊　所属行业：医药
电话：0792—2761335　传真：0792—2769880
地址：江西省武宁县东渡工业区邮编：332300

江西百神药业集团

法人代表：付志高　资产总额：13190万元
销售总额：4200万元　员工人数：350人
所属行业：制药　质量标准：GMP认证
经营范围：胶囊剂、散剂、颗粒剂、口服液、糖浆剂、丸剂
电话：0791—6621585　传真：0791—6620823
地址：江西省南昌市西湖区蓼洲街62号7楼

九江华达医用材料有限公司

法人代表：沈祥演　资产总额：5000万元
销售总额：10000万元　员工人数：800人
经营范围：生产经营医用脱脂纱布、医用敷料绷带、腹部垫、手术巾、脱脂棉、棉签、无纺布制品
产品名称：各类纱布片、脱脂纱布、腹部垫
电话：0792—4357888　传真：0792—4341359
地址：江西省共青城闵家山路　邮编：332020

鹰潭市（上饶）远大气体有限公司

法人代表：祝晓　资产总额：260万元
销售总额：120万元/年　员工人数：32人
经营范围：生产销售医用氧气　产品名称：医用氧
质量标准：中国药典2000版　通过ISO9001国际质量体系认证
电话：0701—6447720　传真：0701—6447720
地址：江西省鹰潭市环城东路119号

南昌市怡鸿医疗器械有限责任公司

法人代表：张培元　资产总额：113万元
销售总额：379万元　员工人数：15人
经营范围：医疗器械批发、零售所属行业：商业流通
产品名称："阿希米"纳米银妇女外用抗菌器，镇痛泵、麻醉包等
电话：0791—7131677　传真：0791—7131655
地址：南昌市二七南路海林大厦701　邮编：330002

江西博雅生物制药股份有限公司

法人代表：洪大诚　资产总额：17879万元
销售总额：9470万元　所属行业：医药
经营范围：血液制品
质量标准：部颁标准、GMP认证　产品名称：人血白蛋白
电话：0794—8221448　传真：0794—8237323
地址：江西省抚州市赣东大道161号　邮编：344000

江西省医药行业专版

南昌威扬生化药业有限公司

法人代表：黄诗波　资产总额：781万元
销售总额：491万元　员工人数：97人
经营范围：片剂、胶囊、颗粒、牛黄原料、胰酶原料
质量标准：国际标准、GMP认证
电话：0791—8372705
地址：南昌昌东工业区二路37号 邮编：330029

江西聚仁堂药业有限公司

法人代表：胡东平　资产总额：4785万元
销售总额：610万元　员工人数：100人
经营范围：糖浆剂、口服液、口服溶液剂、煎膏剂、露剂、颗粒剂、胶囊剂
电话（传真）：0791—8196036 质量标准：GMP认证
地址：南昌市高新开发区高新大道699号

江西山香药业有限公司

法人代表：唐春山　资产总额：3600万元
销售总额：1500万元　员工人数：120人
经营范围：中西成药生产、销售
质量标准：部颁标准、GMP认证
电话：0797—3732533　传真：0797—3736092
地址：安远县欣山镇龙泉路139号
邮编：342100

江西杏林白马药业有限公司

法人代表：党百远　资产总额：3059万元
销售总额：3792万元　员工人数：150人
经营范围：片剂、颗粒剂、口服液、胶囊剂、糖浆剂等
质量标准：GMP认证　所属行业：制药
电话：0791—3066119　传真：0791—3069437
地址：南昌市北郊新祺周　邮编：330115

江西南大博仕制药有限公司

法人代表：况开鑫　员工人数：100人
所属行业：制药　经营范围：中成药
质量标准：GMP认证
电话：0791—8102758　传真：0791—8107253
地址：南昌市高新技术开发区高新大道（南昌大学科技园内）

江西九连山药业有限公司

法人代表：许强　资产总额：1638万元
销售收入：1800万元　员工人数：163人
经营范围：片剂、颗粒剂　所属行业：制药
质量标准：GMP认证
电话：0797—3520733　传真：0797—3520138
地址：江西省龙南县五里山　邮编：341700

江西康欣药业有限公司

法人代表：王斌　资产总额：3059万元
销售总额：949万元　员工人数：137人
经营范围：红霉素原料药制造　所属行业：制药
质量标准：部颁标准
电话：0797—8321055　传真：0797—8321018
地址：赣州市黄金开发区蟠龙镇
邮编：341003

江西汪氏药业有限公司

法人代表：汪伦　资产总额：4000万元
员工人数：150人　所属行业：制药
质量标准：GMP认证
经营范围：颗粒剂、片剂、糖浆剂、口服液
电话：0791—3681155　传真：0791—3681155
地址：江西新建望城　邮编：330303

江西仁丰药业有限公司

法人代表：朱应寿　资产总额：1988万元
销售收入：456万元　员工人数：146人
经营范围：生产经营片剂、丸剂
所属行业：中成药　质量标准：GMP认证
电话：0794—8223501　传真：0794—8223501
地址：江西省抚州市金巢开发区钟岭工业园
邮编：344000

江西金泰医药包装材料有限责任公司

法人代表：李波　资产总额：1600万元
员工人数：168人　所属行业：医药
经营范围：医药行业塑料包装
质量标准：部颁标准
电话：0794—4332066　传真：0794—4332222
地址：东乡县大富工业园区
邮编：331800

江西省医药行业专版

江西三九医药连锁有限公司

法人代表：解斌　资产总额：766万元
销售总额：1702万元　员工人数：116人
所属行业：医药零售　质量标准：GSP认证
经营范围：中成药、化学药制剂、抗生素、生物药品
电话：0791—6735787　传真：0791—6735839
地址：南昌市青山湖大道388号
邮编：330029

江西博士达药业有限责任公司

法人代表：吴成　资产总额：5367万元
销售总额：4412万元　员工人数：486人
经营范围：中西成药生产销售　所属行业：医药
质量标准：GMP认证
电话：0795—2511158　传真：0795—2514333
地址：江西上高镜山大道18号　邮编：336400

江西汇仁集团有限公司

法人代表：陈年代　资产总额：92905万元
销售总额：159141万元　员工人数：4642人
经营范围：中西成药、医疗器械、生物制剂、中药材种养植、加工、技术服务、销售
电话：0791—5762263　传真：0791—5761696
地址：江西省南昌市迎宾中大道1189号
邮编：330052

江西省广丰县医药公司

法人代表：郑利群　资产总额：1209.4万元
销售总额：2407.6万元　员工人数：191人
质量标准：GSP认证
经营范围：中药材、中成药、中药饮片、化学原料药、化学药制剂、抗生素、生化药品、生物制品、医疗器械、中药饮片加工、兼营保健品类
电话：0793—2652697　传真：0793—2610169
地址：江西省广丰县永丰镇191号　邮编：334600

江西省医药集团铅山公司

法人代表：吴唯志　资产总额：735万元
销售总额：898万元　员工人数：100人
所属行业：医药　质量标准：GSP认证
经营范围：中药材、成药、药品、器械
电话：0793—5334155　传真：0793—5332800
地址：江西省铅山县医药公司
邮编：334500

江西希尔康泰制药有限公司

法人代表：候小滨　所属行业：制药
经营范围：软膏剂、眼膏剂、滴眼剂、溶液剂、片剂、胶囊剂、凝胶剂、乳膏、原料药、搽剂
质量标准：国际标准
电话：0799—6679409　传真：0799—6832204
地址：萍乡市开发区工业园北区
邮编：337000

南昌市龙腾医疗器械有限公司

法人代表：贾涛
电话：0791—6733052
传真：0791—6733186
地址：中山大厦D座1010室
邮编：330008

江西青峰药业有限公司

法人代表：唐春山　资产总额：2287万元
销售收入：439万元　员工人数：190人
经营范围：生产小容量注射剂、口服液、片剂、颗粒剂、胶囊剂、散剂、化学原料药
质量标准：国际标准、部颁标准、GMP认证
电话：0797—7020096　传真：0797—7020593
地址：赣州市沙河工业园　邮编：341000

江西普众药业有限公司

法人代表：周武旺　资产总额：3000万元
销售总额：1500万元　员工人数：105人
质量标准：GMP认证
经营范围：药品生产、经营
电话：0791—5724152　传真：0791—5724607
地址：南昌市南莲路598号　邮编：330200

江西省医药公司玉山县公司

法人代表：龚智忠　资产总额：363万元
销售总额：1600万元　员工人数：121人
质量标准：GSP认证
经营范围：中药材、中成药、中药饮片、化学原料药、化学药制剂、抗生素、生化药品、生物制品
电话：0793—2461234　传真：0793—2461234
地址：玉山县冰溪镇三清大道97号
邮编：334700

江西省医药行业专版

江西省德兴市医药公司

法人代表：鄢伙根　　资产总额：1073万元
销售总额：1200万元　　员工人数：101人
质量标准：GSP认证
经营范围：中药材、中成药、中药饮片、抗生素、化学药制剂、生化药品、生物制品、化学原料药
电话：0793—7522154　　传真：0793—7521637
地址：银城中路200号　　邮编：334200

赣州医药集团全南县医药公司

法人代表：徐泽运　　资产总额：328万元
销售总额：215万元　　员工人数：36人
经营范围：中药材、中成药、中药饮片、化学原料药、抗生素、生化药品
质量标准：GSP认证
电话：0797—2632013　　传真：0797—2632013
地址：全南县城寿梅路19号　　邮编：341800

赣州医药集团大余县医药总公司

法人代表：蔡良生　　资产总额：531万元
销售总额：550万元　　员工人数：55人
经营范围：中药材、中成药、中药饮片、化学原料药、化学药制剂、抗生素等
电话：0797—8722218　　传真：0797—8715231
地址：县城建桂街建桂路43号
邮编：341500

江西省医药集团上饶公司

法人代表：孙饶鸿　　资产总额：8876万元
销售总额：10186万元　　员工人数：320人
经营范围：中药、成药、西药、器械
质量标准：GSP认证
电话：0793—8223235　　传真：0793—8223205
地址：上饶市信州区解放路2号
邮编：334000

江西瑞金三九药业有限公司

法人代表：张欣戎　　资产总额：4341万元
销售总额：5268万元　　员工人数：160人
经营范围：生产销售中成药、西药
质量标准：GMP认证
电话：0797—2505072　　传真：0797—2528999
地址：瑞金市冯屋岗88号
邮编：342500

江西昌海医药有限公司

法人代表：赵万立　　资产总额：1800万元
销售总额：2966万元　　员工人数：30人
经营范围：中成药、化学药制剂、抗生素、生物制品、生化药品、食品等
质量标准：GSP认证
电话：0791—6109947　　传真：0791—6109450
地址：南昌市解放西路68号　　邮编：330002

赣州医药集团会昌县医药总公司

法人代表：张永昌　　资产总额：1100万元
销售总额：1800万元　　员工人数：90人
经营范围：中药饮片、中成药、化学药制剂、中药材、化学原料药、抗生素、生化药品、生物制品
质量标准：GSP认证
电话：0797—5621420　　传真：0797—5621420
地址：会昌县城南外街113号　　邮编：342600

赣州医药集团公司

法人代表：肖其保　　资产总额：9167.5万元
销售总额：13807万元　　员工人数：204人
经营范围：中药材、中成药、中药饮片、化学原料药等
质量标准：GSP认证
电话：0797—8122187　　传真：0797—8129778
地址：赣州市红旗大道9号
邮编：341000

江西保利制药有限公司

法人代表：张明宝　　资产总额：2300万元
销售总额：1767万元　　员工人数：286人
经营范围：针剂、片剂、颗粒剂、丸剂、胶囊剂
质量标准：部颁标准、GMP认证
电话：0797—4291151　　传真：0797—4291151
地址：江西定南城北工业园4号
邮编：341900

江西省医药公司宜黄县公司

法人代表：肖品勇　　资产总额：260万元
销售总额：180万元　　员工人数：32人
经营范围：药品批发、零售
电话：0794—7602351　　传真：0794—7602351
地址：宜黄县凤冈镇学前街103号
邮编：344400

江西省医药行业专版

江西华太药业有限公司

法人民代表：雷华　资产总额：2258万元
销售总额：1507万元　员工人数：148人
经营范围：片剂、颗粒剂、硬胶囊剂、药品生产销售
质量标准：GMP认证
电话：0791—8377284　传真：0791—8377289
地址：南昌昌东工业区昌东二路35号
邮编：330012

江西省医药公司新干县公司

法人代表：刘永生　资产总额：284万元
销售总额：414万元　员工人数：63人
经营范围：中药材、中成药、中药饮片、化学药制剂、抗生素、化学药品、生物制品、医疗器械
电话：0796—2602352　传真：0796—2602352
地址：新干县金川镇中山路31号
邮编：331300

江西省弋阳县医药公司

法人代表：邓荣汉　资产总额：769万元
销售总额：476万元　员工人数：86人
经营范围：中药材、中成药、中药饮片、化学原料、化学药制剂、抗生素、生化药品、生物制品、医疗器械
质量标准：GSP认证
电话：0793—5882819　传真：0793—5881692
地址：江西省弋阳县胜利路36号邮编：334400

江西上饶康达制药有限公司

法人代表：夏源达　资产总额：9580万元
销售总额：6860万元　员工人数：400人
经营范围：大容量注射剂、小容量注射剂、片剂、酊剂、消毒液等
质量标准：国际标准、部颁标准、GMP认证
电话：0793—8471528　传真：0793—8471887
地址：上饶县旭日镇罗桥都队大院内
邮编：334109

江西省医药公司广昌县公司

法人代表：黄裕康　资产总额：486万元
销售总额：300万元　员工人数：38人
经营范围：中药材、药品、器械批发
质量标准：GSP认证
电话：0794—3622146　传真：0794—3622146
地址：江西广昌县建设路22号
邮编：344900

江西省医药公司万安县公司

法人代表：洪为平　资产总额：688万元
销售总额：673万元　员工人数：103人
经营范围：西药、中成药、医疗器械、中药材
质量标准：GSP认证
电话：0796—5701198　传真：0796—5701198
地址：县城五云路213号　邮编者按：343800

赣州医药集团安远县医药总公司

法人代表：李志刚　资产总额：220万元
销售总额：800万元　员工人数：80人
质量标准：GSP认证
电话：0797—3732283　传真：0797—3722979
地址：安远县欣山镇龙泉路26号
邮编：342100

江西省禹欣药业有限公司

法人代表：熊志刚　资产总额：1311万元
销售总额：1499万元　员工人数：125人
经营范围：胶囊剂、颗粒剂、糖浆剂、合剂、口服液
质量标准：GMP认证
电话：0795—8779108　传真：0795—8779108
地址：宜春市铜鼓县禹欣大道1号
邮编：336200

赣州医药集团宁都县医药总公司

法人代表：李辉生　资产总额：912万元
销售总额：2554万元　员工人数：108人
经营范围：中成药、中药饮片、化学药制剂、抗生素、生化药品
质量标准：GSP认证
电话：0797—6809858　传真：0797—6801698
地址：江西宁都县梅江镇瑶江村2号
邮编：342800

江西东亚药业有限责任公司

法人代表：江小平　资产总额：9790万元
销售总额：7671万元　员工人数：432人
经营范围：原料药、胶囊、大输液等
质量标准：GMP认证
电话：0794—4232851　传真：0794—4232851
地址：江西东乡荆公路006号
邮编：331800

江西省医药行业专版

江西南华医药有限公司

法人代表：翁锦川　资产总额：61048万元
销售总额：528637万元　员工人数：6005人
经营范围：化学药品、化学试剂、中成药、中药材、医疗器械
质量标准：GSP认证
电话：0791—6623013　传真：0791—6623013
地址：南昌市象山南路230号　邮编：330009

江西南昌制药有限公司

法人代表：黄凤林　资产总额：2176万元
销售总额：1640万元　员工人数：189人
经营范围：西药、中成药
质量标准：GMP认证
电话：0791—5775023　传真：0791—5775023
地址：小兰工业园富山大道929号
邮编：330052

江西诚志信丰药业有限责任公司

法人代表：钟寿椿　资产总额：8581万元
销售总额：1229万元　员工人数：148人
经营范围：药品制造、销售
质量标准：部颁标准、GMP认证
电话：0797—3336569　传真：0797—3336856
地址：信丰县中端工业园　邮编：341600

江西银涛药业有限公司

法人代表：张建荣
所属行业：药品生产
质量标准：GMP认证
电话：0794—8422620　传真：0794—8422709
地址：抚州市上顿渡临川大道36号
邮编：344100

江西红星药业有限公司

法人代表：向瑞昌　资产总额：3000万元
销售总额：760万元　员工人数：150人
经营范围：药品生产、销售；食品生产、销售
质量标准：GMP认证
电话：0794—4332556　传真：0794—4332862
地址：东乡县大富岗工业园区　邮编：331800

江西钟山药业有限责任公司

法人代表：张桐生　资产总额：2000万元
销售总额：1148万元　员工人数：300人
经营范围：药品制造、药品经营
质量标准：GMP认证、GSP认证
电话：0792—6327332　传真：0792—6327965
地址：江西湖口柘机工业区　邮编：332501

江西永升生化制药有限责任公司

法人代表：谢树唐　资产总额：1127万元
销售总额：147万元　员工人数：72人
经营范围：片剂、糖浆剂、口服溶液、颗粒、胶囊剂
质量标准：GMP认证
电话：0797—8378898　传真：0797—8378598
地址：江西赣州市黄金开发区　邮编：341000

江西广信药业有限公司

法人代表：郑堂华　资产总额：3711万元
销售总额：1613万元　员工人数：160人
经营范围：片剂、胶囊剂、颗粒剂、丸剂、酊剂、擦剂
质量标准：GMP认证
电话：0793—2625302　传真：0793—2625310
地址：广丰县城丰溪路72号　邮编：334600

江西省医药集团抚州公司

法人代表：胡唯真　资产总额：5496万元
销售总额：3258万元　员工人数：250人
经营范围：中药、中成药、西药、医疗器械、化学试剂
质量标准：GSP认证
电话：0794—8282465　传真：0794—8282465
地址：抚州市羊城路73号　邮编：344000

赣州医药集团公司龙南县医药总公司

法人代表：李川龙　资产总额：330万元
销售总额：264万元　员工人数：35人
经营范围：中西药、成药、医疗器材、化学试剂、保健品等
质量标准：GSP认证
电话：0797—3512001　传真：0797—3528109
地址：龙南县医药总公司　邮编：341700

江西省医药行业专版

江西省医药公司余干县公司

法人代表：刘新新　资产总额：971万元
销售总额：1517万元　员工人数：168人
经营范围：医药中、成、西、器、保健类
电话：0793—3203391　传真：0793—3214043
地址：江西余干县玉亭镇东山大街52号
邮编：335100

江西资溪制药厂

法人代表：衷建平　资产总额：1216.4万元
销售总额：1341.5万元　员工人数：69人
经营范围：中、西药品
质量标准：GMP认证
电话：0794—5790686　传真：0794—5795702
地址：资溪县解放南路31号　邮编：335300

江西创立医药有限公司

法人代表：邓凰保
经营范围：中药材；中成药；中药饮片；化学原料药；化学药制剂；抗生素；生化药品；生物制品的批发；医疗器械；保健品；日用百货的批发与零售；食品、保健食品的批发；国内贸易及生产、加工；化妆品、咨询服务
质量标准：GSP认证
电话：0791—8213472　传真：0791—8213469
地址：南昌解放西路142号　邮编：330002

江西永通药业有限责任公司

法人代表：何志华　资产总额：1800万元
销售总额：2770万元　员工人数：75人
经营范围：中药材、中成药、中药饮片、化学原料药、化学药制剂、抗生素、生化药品、生物制品、诊断药品、保健品
质量标准：GSP认证
电话：13767518768　传真：0795—7368928
地址：樟树市新中药城对面　邮编：331200

江西省医药公司余江县公司

法人代表：邓声亮　资产总额：855万元
销售总额：1588万元　员工人数：162人
经营范围：中药材、中成药、中药饮片、化学药制剂、抗生素、生化药品、生物制品、化学原料药等
质量标准：GSP认证
电话：0701—5881377　传真：0701—5881377
地址：余江县城站前中路23号
邮编：335200

江西省九江市医药总公司

法人代表：鲍志勇　资产总额：6169万元
销售总额：2399万元　员工人数：395人
经营范围：化学药品、中药材、中成药、医疗器械批发
质量标准：GSP认证
电话：0792—8225250　传真：0792—8222389
地址：九江市甘棠北路69号　邮编：332000

药都樟树医药集团公司

法人代表：郭新民　资产总额：15774万元
销售总额：31453万元　员工人数：986人
经营范围：中药材、中成药、中药饮片、化学原料药、化学药制剂、抗生素、生化药品、制药设备
质量标准：GSP认证
电话：0795—7333755　传真：0795—7332576
地址：樟树市药都南路3号　邮编：331200

江西省鄱阳县医药公司

法人代表：高日进　资产总额：1022万元
销售总额：2502万元　员工人数：222人
经营范围：中药材、中成药、中药饮片、化学原料药、化学药制剂、抗生素、生化药品、生物制品、医药器械
质量标准：GSP认证
电话：0793—6285243　传真：0793—6268929
地址：江西省鄱阳县建设路8号　邮编：333100

江西南华医药有限公司武宁县公司

法人代表：刘秋德　资产总额：160万元
销售总额：250万元　员工人数：45人
经营范围：中、西成药；化学制剂等零售
质量标准：GSP认证
电话：0792—2761194　传真：0792—2761194
地址：江西武宁县南华公司
邮编：332300

江西南华医药有限公司德安县分公司

总经理：余自祥　资产总额：109万元
销售总额：252万元　员工人数：26人
经营范围：中药饮片、中成药、化学药制剂、抗生素、医疗器械等
质量标准：GSP认证
电话：0792—4367866　传真：0792—4367866
地址：德安县永兴路11号　邮编：330400

江西省医药行业专版

江西青春康源医药有限公司分宜分公司

法人代表：刘木生　　资产总额：239万元
销售总额：152万元　　员工人数：58人
经营范围：中药材、中成药、中药饮片、化学药剂、抗生素、生物制品、生化药品
质量标准：GSP认证
电话：0790—5816799　　传真：0790—5816799
地址：分宜县分宜镇铃山东路　　邮编：336600

江西南华医药有限公司庐山公司

法人代表：陈瑞其　　资产总额：384.5万元
销售总额：510万元　　员工人数：33人
经营范围：中成药、中药饮片、化学药制剂、抗生素、生化药品
质量标准：GSP认证
电话：0792—8282463　　传真：0792—8288250
地址：江西庐山牯岭街39号　　邮编：332900

江西省医药公司吉水县公司

法人代表：赵明旺　　资产总额：1149万元
销售总额：1046万元　　员工人数：168人
经营范围：中药材、中成药、中药饮片、化学药制剂、抗生素、生化药品、生物制品、医疗器械
质量标准：GSP认证
电话：0796—3537030　　传真：0796—3537030
地址：龙华中大道66号　　邮编：331600

江西南华医药有限公司修水县分公司

法人代表：翁锦川　　资产总额：100万元
销售总额：500万元　　员工人数：89人
经营范围：中药材、中成药、中药饮片、化学原料药、化学药制剂、抗生素、生化药品、生物制品、诊断药品
质量标准：GSP认证
电话：0792—7233928　　传真：0792—7233928
地址：修水县城鹦鹉街210号　　邮编：332400

江西浮梁县医药公司

法人代表：徐希明　　资产总额：601万元
销售总额：230万元　　员工人数：48人
经营范围：中药材、中成药、中药饮片、化学制药、抗生素
质量标准：GSP认证
电话：0798—2626550　　传真：0798—2626550
地址：新昌北路51号　　邮编：333400

南城县医药公司

法人代表：沈国梁　　资产总额：673.7万元
销售总额：398万元　　员工人数：76人
经营范围：中药材、中成药、中药饮片、化学制剂、抗生素、生化药品、生物制品、化学原料药
质量标准：GSP认证
电话：0794—7253705　　传真：0794—7259315
地址：南城县建昌镇城南路　　邮编：344700

江西黄庆仁栈华氏大药房乐平市总店

法人代表：翁锦川　　资产总额：152.7万元
销售总额：172万元　　员工人数：79人
经营范围：中药饮片、中成药、化学药制剂、抗生素、生化药品
质量标准：GSP认证
电话：0798—6831820　　传真：0798—6831820
地址：乐平市洎阳北路66号　　邮编：333300

峡江县人民医院

法人代表：陈光　　资产总额：1595万元
业务总额：780万元　　员工人数：209人
先进设备：0.3T磁共振、菲利浦CT、电子胃镜、全自动生化仪、GEA00型B超、500mA、X光机
经营范围：内、外、妇、儿、传 特色专科：骨科
电话：0796—3680556　　传真：0796—3680555
地址：峡江县人民医院　　邮编：331400

江西南华医药有限公司贵溪市公司

总经理：舒国标　　资产总额：158万元
销售总额：428万元　　员工人数：57人
经营范围：中药饮片、中成药、化学药制剂、抗生素、生化、生物制品
质量标准：GSP认证
电话：0701—3799159　　传真：0701—3799059
地址：江西贵溪市信江路　　邮编：335400

江西贵溪市医药公司

法人代表：张海红　　资产总额：940.9万元
销售总额：2171万元　　员工人数：151人
经营范围：中药材、中成药、中药饮片、化学药制剂、抗生素、生化药品
质量标准：GSP认证
电话：0701—3782682　　传真：0701—3771096
地址：贵溪市信江路51号　　邮编：335400

江西省医药行业专版

江西新和药业有限公司

法人代表：郑新萍　资产总额：1187万元
销售总额：941万元　员工人数：190人
经营范围：糖浆剂、口服液、丸剂、胶囊剂、颗粒剂、茶剂、片剂、生产加工销售
质量标准：部颁标准　所属行业：医药生产
电话：0793—2570912　传真：0793—2570912
地址：江西省玉山县郊十里山　邮编：334711

江西黄庆仁栈华氏大药房有限公司庆裕堂总店

法人代表：翁锦川　资产总额：490万元
销售总额：450万元　员工人数：75人
经营范围：化学制品、中成药、生化药品、中药饮片、生化制品、医疗器械、保健品
质量标准：GSP认证
电话：0701—6283702　传真：0701—6283702
地址：鹰潭市建设路21号　邮编：335000

江西红新医疗器械有限公司

法从代表：周国明　资产总额：4518万元
销售总额：3163万元　员工人数：538人
经营范围：一次性输液器、静脉输液针、一次性无菌注射器、注射针
质量标准：部颁标准、ISO9000
电话：0791—5620886　传真：0791—5620039
地址：进贤医疗器械工业园8号　邮编：331700

江西千年健医药科技开发有限公司

法人代表：龙新华
经营范围：医药、保健产品开发
经济类型：股份制
电话：0791—6626803　传真：0791—6626803
地址：南昌市船山路　邮编：330003

江西省宜春市金鹏医疗器械有限公司

法人代表：彭民　资产总额：550万元
销售总额：400万元　员工人数：52人
经营范围：医用推车、医用病床、医用耗材
质量标准：国际标准
电话：0795—8915476 8915479 传真：0795—8915476
地址：万载县工业园B区　邮编：336100

南昌长青药用包装制品有限公司

法人代表：何黄津　资产总额：2045万元
销售总额：213万元　员工人数：129人
经营范围：生产销售药用硬质空心胶囊、明胶、骨胶、PVC、铝泊及其他药用包装制品和辅料
所属行业：药用包装行业
电话：0791—3069204　传真：0791—3061223
地址：南昌市北郊新祺周　邮编：330115

江西康卫器械设备有限公司

法人代表：朱春宏
销售总额：420万元　员工人数：15人
经营范围：医疗器械
电话：0791—6220336　传真：0791—6255990
地址：南昌象山南路257号
邮编：330009

江西南昌桑海制药厂

总经理：罗国仕　资产总额：8000万元
销售总额：1.5亿元　员工人数：800人
经营范围：中西成药
质量标准：部颁标准、GMP认证
电话：0701—3061193　传真：0701—3061193
地址：南昌市北郊新祺周　邮编：330115

江西桔王药业有限公司

法人代表：游贵德　资产总额：2470万元
销售总额：1016万元　员工人数：146人
经营范围：片剂、胶囊剂、颗粒剂、丸剂
电话：0794—3266966　传真：0794—3266889
地址：江西南丰富溪工业园　邮编：344500

江西省泰和县人民医院

法人代表：郭世铁　资产总额：3573万元
业务总额：2259万元　员工人数：350人
先进设备：西门子双层螺旋CT、核磁共振、中型CD机、CR、彩超、腹腔镜等
服务范围：医疗为主兼预防保健、教学科研、急救
特色专科：肝胆外科、心血管内科、脑外科、矫形外科、血栓病专科、疼痛门诊等专科
获得荣誉：全国文明单位、全国职工职业道德建设先进单位、江西省医药科技先进单位、物价计量信得过单位
电话：0796—5332402　传真：0796—5339531
地址：泰和县澄江镇胜利路224号　邮编：343700

江西省医药行业专版

杭州英奇医疗器械有限公司南昌办事处

总经理：董武　　所属行业：医疗设备
经营范围：放射科类大型设备等、代理销售日本日利、核磁共振、各类CT拍片机、X光机
质量标准：国际标准
电话：0791—6732518　　传真：0791—6732518

江西三鑫医疗器械集团有限公司

法人代表：彭义兴　　资产总额：6534万元
销售总额：2923万元　　员工人数：1150人
经营范围：一次性使用无菌医用器械生产、销售
质量标准：ISO9000
电话：0791—5101599　　传真：0791—5101333
地址：江西南昌三江大道　　邮编：330204

南昌临床检验试剂服务部

法人代表：谢冬安　　资产总额：49.4万元
销售总额：103.3万元　　员工人数：13人
经营范围：诊断试剂、医疗器械、医学技术服务
质量标准：部颁标准
电话：0791—6782654　　传真：0791—6782654
地址：南昌民德路413号　　邮编：330008

江西亚美医业有限公司

法人代表：卢志伟　　资产总额：72万元
销售总额：158万元　　员工人数：7人
经营范围：医疗器械
电话：0791—6706099　　传真：0791—6706099
地址：南昌市胜利路154号　　邮编：330008

余干县中医院

法人代表：刘国安　　资产总额：456万元
销售总额：393万元　　员工人数：107人
先进设备：CT机、彩超、全自动生化分析仪
服务范围：全县中西医疗、保健、防保、科研教学
特色专科：肝病、男性、糖尿病、骨关节、肾结石等
获得荣誉：全县先进党支部、市团支部优秀红旗
电话：0793—3202044　　传真：0793—3201720
地址：余干县中医院　　邮编：335100

江西省横峰县人民医院

院长：黄海平
业务总额：1038.2141万元　　员工人数：225人
先进设备：东芝螺旋亚秒CT、美国惠普彩色B超、德国狼牌腹腔镜等
获得荣誉：国家专利2项、国家成果1项、江西省科技进步奖1项
电话：0793—5780373　　传真：0793—5781605
地址：横峰县岑阳镇新建路30号　　邮编：334300

江西樟树天齐堂中药饮片有限公司

法人代表：袁小平　　资产总额：2173万元
销售总额：1538万元　　员工人数：148人
电话：0795—7376062　　传真：0795—7376062
地址：江西省樟树市福城工业园
邮编：331200

南昌金威医用制品厂

法人代表：李象兴　　资产总额：60万元
销售总额：30万元　　员工人数：20人
经营范围：生产销售医用耗材（264）
电话：0791—5631592　　传真：0791—5631592
地址：进贤县李渡镇红桥路1号
邮编：331725

江西省医药行业专版

江西金顶药业有限公司

法人代表：刘金生　资产总额：6905万元
销售总额：4611万元　员工人数：142人
经营范围：糖浆、口服液、药品制造、销售
产品名称：钻山风糖浆（降糖）
电话号码：0796—8402698
地址：吉安市高新技术产业开发区

南康药用胶囊厂

法人代表：李新民　资产总额：800万元
销售总额：283万元　员工人数：58人
经营范围：药用胶囊　产品名称：空心胶囊
电话号码：0797—6565766
地址：江西省南康市龙岭镇李家山

江西康泰科技有限公司

法人代表：付斌华
经营范围：计算机软硬件、医疗器械、企业管理咨询
服务名称：日本福田B超江西总代理
电话号码：0791—8521978
地址：南昌市文教路150号　邮编：330074

吉安市吉州气体有限公司（创建于1969年）

法定代表人：王宝珍　电话：(0796)8836979、13507969106
企业负责人：邬丁根　电话：(0796)8279527、13707068758
资产总额：800万元　药品年销售收入：60万元
主要产品：医用氧　年生产能力：11万瓶×6立方米
药品生产许可证号：赣Q20010098　员工人数：30人
地址：吉安市吉州区石溪头　邮编：343000

南昌康正德制药有限公司

法人代表：黄国雄　资产总额：1560万元
销售总额：700万元　员工人数：67人
主要产品：莲心胶囊（清心安神）、橘红冲剂（化痰止咳）、茵白肝炎冲剂（利湿退黄、保肝护肝）、风湿定胶囊（用于风湿痹痛）、小儿咳喘灵冲剂（用于儿童咳喘）、通便灵胶囊（用于习惯性便秘）
深圳营销中心：0755—82497677　南昌分部：0791—3060503
地址：南昌市北郊新祺周江夏路69号　邮编：330115

南昌百特生物高新技术有限公司

法人代表：练新廷　资产总额：3000万元
销售总额：3600万元　员工人数：118人
生产、经营范围：医疗器械
产品名称：血球、生化、电解质、血凝试剂；血球仪、生化仪、酶标仪、洗板机、尿液分析仪、电解质仪
电话：0791—8196243 8196139　传真：0791—8195392
地址：南昌市青山湖北大道388号

江西远东药业有限公司

法人代表：徐元德　资产总额：1400万元
销售总额：394万元　员工人数：81人
经营范围：糖浆剂合剂、散剂
产品名称：浓维磷糖浆"劳力生"、"女欣"养血当归糖浆"地益"麦味地黄口服液、银翘解毒合剂、肾宝糖浆、健儿清解液　电话：0701—3331737
地址：江西贵溪市罗河工业园区

江西省力菲克药业有限公司

法人代表：许友赤　资产总额：1221.9万元
销售总额：3000万元　员工人数：120人
经营范围：生产销售片剂、丸剂、散剂、糖浆剂、酊剂、口服溶液剂、合剂等剂型中西成药
主导产品：通脉降脂片、清火片、八宝惊风散
电话号码：0797—5637085　传真：0797—5637444
地址：江西省会昌县燕子窝工业园区内

南昌市旺旺医疗器械有限公司

法人代表：晁发旺　资产总额：65万
销售总额：110万　员工人数：20人
经营范围：医疗器械　所属行业：销售及售后服务
电话号码：0791—5638515　传真：0791—5638555
地址：进贤县李渡大道126号

南昌市卫康医疗器械有限公司

法人代表：晏毛毛　资产总额：220万元
销售总额：300万元　员工人数：40人
经营范围：医疗器械　商标：康晴
产品名称：一次性使用手术包、口罩、帽子、手术衣、医用纱布块、医用棉签、医用绷带、一次性使用产包
电话：0791—5602590　传真：0791—5602590
地址：南昌市进贤县长山街　邮编：331724

江西电力行业专版

江西萍乡供电公司

法人代表：黎诗义
所属行业：电力供应
电话：0799—6215858
传真：0799—6331870
地址：江西省萍乡市楚萍西路1号

江西鹰潭供电公司

法人代表：杨春茂
所属行业：电力供应
电话：0701-6448096
传真：0701-6448494
地址：江西鹰潭供电公司
邮编：335001
省级文明企业"五一"劳动奖状

江西赣西供电公司

法人代表：梅太平
所属行业：电力行业
电话：0790—6252051
地址：江西省新余市胜利北路37号
邮编：338025

江西九江供电公司

总经理：华山
所属行业：电力
电话：0792—8464913
传真：0792—8464550
地址：九江市长虹大道中段
邮编：332000

江西抚州供电公司

总经理：王迪卿
经营范围：电力供应与销售、电网建设
电话：0794—8353233
传真：0794—8353232
地址：抚州市赣东大道78号
邮编：344000

江西景德镇供电公司

总经理：熊友明
所属行业：电力
电话：0798—8566124
传真：0798—8566124
地址：景德镇市珠山西路5号
邮编：333000

江西吉安供电公司

总经理：杨光糯
所属行业：电力
电话：0796—8256017
传真：0796—8256001
地址：吉安市井冈山大道153号
邮编：343000

江西赣州供电公司

总经理：尹建明
所属行业：电力
电话：0797—8201225
传真：0797—8210375
地址：赣州市红旗大道51号
邮编：341000

江西宜春供电公司

总经理：廖中兴
所属行业：电力
电话：0795—3596000
传真：0795—3596000
地址：宜春市袁山大道299号
邮编：336000

江西上饶供电公司

总经理：张俊
所属行业：电力
电话：0793—8329096
传真：0793—8320096
地址：上饶市中山东路1号
邮编：334000

江西省电力物质有限责任公司

法人代表：江似火
经营范围：
品牌：
质量标准：
电话：0791—8511258
地址：南昌市文教路150号

江西赣东北供电公司

总经理：祝铂渝
所属行业：电力
电话：0798—6801121
传真：0798—6227964
地址：乐平市人民中路116号
邮编：333300

南丰县供电有限责任公司

法人代表：蔡小平
经营范围：县属电网、全部趸购和小水电上网电力、电量及电力安装
电话：0794—3204030
传真：0794—3203051
地址：南丰县琴城镇交通路50号
邮编：344500

寻乌县供电有限责任公司

总经理：肖建平
经营范围：电力供应、输变配电工程安装
电话：0797—3842691
传真：0797—2849918
地址：寻乌县长宁街18号
邮编：342200

龙南县供电有限责任公司

经理：唐南洋
经营范围：电力供应、电力工程设计安装等
电话：0797—3529904
传真：0797—3529904
地址：龙南县龙南镇金水大道361号
邮编：341700

瑞金市供电有限责任公司

经理：刘辅良
经营范围：电力供应、输变配电工程安装及维修
电话：0797—2328579
地址：瑞金市红都大道中山北路
邮编：342500

都昌县供电有限责任公司

法人代表： 余柳宾
经营范围：趸售电、安装
电话：0798—5235800
传真：0798—5223141
地址：江西省都昌县西湖路198号
邮编：332600

东乡县供电有限责任公司

法人代表：蔡小平
经营范围：供电、机电设备安装维修、电气材料销售
电话：0794-4227289
传真：0794-4225198
地址：江西省东乡县龙山北路
邮编：331800

安福县供电有限责任公司

法人代表：黄吉明
所属行业：电力
经营范围：供电
电话：0796-7622156
传真：0796-7628580

永修县供电有限责任公司

总经理：郝昶辉
经营范围：电力供应、电力工程设计，用电器材经销售及维修
电话：0792—3223201
传真：0791—3231206
地址：永修县新城西二路
邮编：330304

江西电力行业专版

分宜县供电有限责任公司

经理：刘庆华
经营范围：电力、电器设备安装维修，材料加工
电话：0790—5880499
传真：0790—5899129
地址：分宜县站前路28号
邮编：336600

吉安县供电有限责任公司

经理：赖家明
所属行业：电力供应
电话：0796—8442275
传真：0796—8442275
地址：吉安县城庐陵大道26号
邮编：343100

南昌县供电有限责任公司

联系人：应小平
电话：0791—5713477
传真：0791—5713477
地址：莲塘南大道1161号
邮编：330200

江西分宜发电有限责任公司

法人代表：刘渭清
所属行业：火力发电业
电话：0795—5618126
传真：0795—5618033
地址：江西省分宜县塘边
邮编：336607

于都县供电有限责任公司

经理：傅联忠
所属行业：电力
电话：0797—6434009
传真：0797—6434009
地址：于都县供电有限责任公司
邮编：342300

上犹县供电有限责任公司

法人代表：崔柏生
所属行业：电力
电话：0797—8548516
传真：0797—8548516
地址：上犹县水南大道
邮编：341200

定南县供电有限责任公司

法人代表：余霜鸿
所属行业：电力
电话：0797—4291233
传真：0797—4296717
地址：定南县城大世界路1号
邮编：341900

樟树市供电有限责任公司

经理：彭海忠
所属行业：电力
电话：0795—7332494
传真：0795—7332494
地址：樟树市楼门前七号
邮编：331200

万年县供电有限责任公司

经理：张建生
经营范围：电力供应、电力线路安装及服务
电话：0793—3832840
传真：0793—3834014
地址：万年县万洋东路3号
邮编：335500

宜丰县供电有限责任公司

法人代表：张志国
经营范围：电力供应、生产、电力线路安装及维修、输变电设备安装及维修、电气设备安装及维修
电话：0795-2765429
地址：江西省宜丰县城耶溪大道34号
邮编 :336300

江西新余发电有限责任公司

总经理：许金炳
所属行业：火力发电业
质量标准：ISO14000
电话：0790—6310459-2202
传真：0790—6310775
地址：新余市渝水区沙士乡送桥村
邮编：338002

德兴市供电有限责任公司

经理：董明坤
经营范围：供电及电力购销业务
电话：0793—7516686
传真：0793—7516686
地址：江西省德兴市朝阳路42号
邮编：334200

鄱阳县供电有限责任公司

经理：胡雄辉
经营范围：电力
电话：0793—6271013
地址：鄱阳县鄱阳镇大光芒路30号
邮编：333100

乐安县供电有限责任公司

经理：詹进标
所属行业：电力
经营范围：乐安县的电力生产、供应销售
电话：0794—6592547
传真：0794—9593888

安远县供电有限责任公司

法人代表：余霜鸿
经营范围：电力供应、输变配电工程安装及维修，电表校验等
电话：0797—3724022
传真：0797—3722365
地址：安远县欣山镇九龙路58号
邮编：342100

弋阳县供电有限责任公司

经理：周义水
经营范围：供电、线路架设、电器修理安装等
电话：0793—5826593
传真：0793—5826173
地址：江西省弋阳县志敏大道45号
邮编：334400

上栗县供电有限责任公司

经理：邓中明
经营范围：电力供应、35KV以下电力设计、安装、施工、检修、维护、经营管理县属电网、经营全部趸购小水电、上网电力、电量
电话：0799—3862918
地址：上栗县平安路
邮编：337009

遂川县供电有限责任公司

经理：彭兴
所属行业：电力
电话：0796—6311712
传真：0796—6311712
地址：遂川县泉江镇环城路21号
邮编：343900

余干县供电有限责任公司

法人代表：石锡英
经营范围：电力销售、维修、安装
电话：0793—3222887
传真：0793—3222887
地址：余干县耿桥
邮编：335100

永丰县供电有限责任公司

经理：吴芳友
经营范围：水电上网、电力销售及设计安装
电话：0796—2523791
传真：0796—2523791
地址：永丰县恩江镇
邮编：331500

江西电力行业专版

彭泽县供电有限责任公司

经理：柯咏
经营范围：电力供应、电力安装、电力维修
电话：0792—5663658
传真：0792—5664932
地址：彭泽县龙城祺龙青路
邮编：332700

资溪县供电有限责任公司

法人代表：蔡小平
经营范围：全县电力供应和水电、电力设计施工等
电话：0794—5793815
传真：0794—5793815
地址：资溪县建设路45号

会昌县供电有限责任公司

法人代表：崔柏生
所属行业：电力供应
电话：0797—5622247
传真：0797—5622247
地址：会昌县供电有限责任公司
邮编：342600

庐山区供电有限责任公司

法人代表：刘敬稷
所属行业：工业企业
电话：0792—8465168
传真：0792—8465168
地址：九江市十里大道1440号
邮编：332005

江西萍乡市湘东区农村供电有限责任公司

经理：胡源涛
经营范围：电力供应、电力设计、施工、安装检修
电话：0799—3434578
地址：江西萍乡泉湖垅
邮编：337016

南昌市光明电力设备厂

法人代表：戴玉华
电话：0791—6249264-830
地址：南昌市青山北路七里街
邮编：330039

江西柘林水电开发有限责任公司

法人代表：谭永香
经营范围：电力
品牌：
质量标准：
电话：0792—8466039
地址：九江市滨江路961号

江西天风电力设备有限公司

法人代表：刘超
经营范围：生产35KV及以下电力电缆热塑附件、热塑导管理、变压器及有关电力设备接头的绝缘护罩
电话：0791—8525799
地址：南昌市文教路150号

江西省广丰丰溪水电有限责任公司

总经理：徐小明
所属行业：水力发电业
经营范围：发电
电话：0793—2614383
传真：0793—2615886
地址：永丰镇西广路42号
邮编：334600

吉安市水利水电建筑安装有限责任公司

董事长：张国如
是吉安唯一一家二级水利水电施工总承包企业
电话：0796—8442509
传真：0796—8442509
地址：吉安县城庐陵大道
邮编：343100

江西三和电力股份有限公司

法人代表：任德清
经营范围：
品牌：
质量标准：
电话：0791—6815318
地址：南昌市下正街27号1号楼

江西省大地电力投资有限公司

法人代表：江似火
经营范围：房地产开发、建筑设计、工程施工、室内装饰、酒店餐饮、高新技术产品开发、销售等投资经营
电话：0791—7494188
地址：南昌市湖滨东路66号
省级明星企业

南昌永胜电力设备附件厂

法人代表：李寿根
经营范围：电力铁附件加工生产、自产自销
电话：0791—6249272
传真：0791—6247377
地址：南昌供电公司

南昌电气设备有限公司

法人代表：朱南阳
经营范围：电力设备
电话：0791—8637296
地址：南昌永外正街440号
邮编：330008

新建县供电局电力督察大队

法人代表：吴世红
所属行业：电力
电话：0791—3752929
传真：0791—3752929
地址：新建县供电局
邮编：330100

横峰县供电有限责任公司

经理：熊飞跃
所属行业：电力
电话：0793—5782643
传真：0793—5782643
地址：横峰县新建路148号
邮编：334300

南昌湾里区供电有限责任公司

经理：李强华
经营范围：供用电管理、电力营销
电话：0791—3762191
传真：0791—3762191
地址：南昌市湾里区幸福路326号
邮编：330004

湖口县供电有限责任公司

总经理：夏早贵
所属行业：电力
电话：0792—6722036
传真：0792—6722036
地址：湖口县供电有限责任公司
邮编：332500

南昌桑海供电有限责任公司

经理：陈新友
经营范围：电力安装、电力供应
电话：0791—3061923
传真：0791—3061566
地址：南昌市新建新县祺周西路70号
邮编：330115

信丰县供电有限责任公司

经理：谢伟康
经营范围：供电
电话：0797—3326878
传真：0797—3326878
地址：信丰县供电有限责任公司
邮编：341600

江西知名企业推介

南昌市江南齿轮厂

法人代表：胡冬生
经营范围：齿轮
品牌：齿轮
质量标准：Gcn29008.11-91
电话：0791—3809539
地址：南昌市庐山中大道下罗大厦

南昌市郊荣景针织厂

法人代表：于细荣
经营范围：针织面料
品牌：
质量标准：
电话：0791—8173882
地址：南昌市顺外路447号泰燕运输公司院内

南昌蚊香厂

法人代表：陶小平
经营范围：蚊香
品牌：
质量标准：国标
电话：0791—6472305
地址：南昌市十字街82号

南昌印钞厂实业有限责任公司

法人代表：胡夏辉
经营范围：印刷
品牌：
质量标准：
电话：0791—5273673
地址：南昌市岱山东路4号

高安市石脑建筑工程总公司

法人代表：况铁枪
经营范围：施工
品牌：
质量标准：ISO9001：2000
电话：0795—5605731
地址：高安市石脑建筑工程总公司

江西省波斯特装饰工程有限责任公司

法人代表：潘湧
经营范围：建筑装饰
品牌：
质量标准：ISO9001
电话：0791—6730765
地址：南昌抚河北路39号银源大夏三楼

南昌协力电源有限公司

法人代表：周荣亮
经营范围：电子
品牌：大力神、比尔力
质量标准：国家标准
电话：0791—8103597
地址：南昌市高新北大道

江西朝日集团

法人代表：谢雪明
经营范围：钢结构
品牌：
质量标准：ISO9001：2000
电话：0795—4605811
地址：奉新县冯田经济开发区

南昌飞燕食品有限公司

法人代表：周应平
经营范围：食品加工
品牌：
质量标准：QINFE001-2001
电话：0791—8327675
地址：南昌市郊区京东乡何兴村

高安市瑞州建筑有限责任公司

法人代表：付青
经营范围：房屋建筑总承包
质量标准：ISO9001：2000
电话：0795—5217868
传真：0795—5217868
地址：高安市桥南路常家巷46号
邮编：330800

江西省水利水电开发总公司

法人代表：沈有巨
经营范围：水利管理
品牌：
质量标准：
电话：0791—8443294
地址：南昌洪都南大道312号江水大厦11楼

南昌弹簧标准件厂

法人代表：鄢先来
经营范围：机械业
品牌：
质量标准：GB1239—89
电话：0791—3760803
地址：南昌市湾里区柴清路15号

上饶科华旋窑水泥有限公司

法人代表：赵保钧
经营范围：建材
品牌：普通硅酸盐水泥
质量标准：3天抗压强度>19Mpa
电话：0793—5793096
地址：江西上饶市横峰县白沙岭

江西长青食品工业有限公司

法人代表：邓明
经营范围：
品牌：
质量标准：
电话：0791—3700721-814
地址：南昌长崚工业大道019号

南昌市青云谱南方包装厂

法人代表：许小群
经营范围：纸包装
品牌：
质量标准：
电话：0791—5294722
地址：南昌市南莲路朱姑桥东边

江西省航务管理局港航工程处

法人代表：胡敬党
经营范围：工程
品牌：
质量标准：
电话：0791—6412031
地址：南昌市洪城路107号港航工程处

江西龙牙百合有限公司

法人代表：张小健
所属行业：食品生产
经营范围：百合淀粉生产、加工
电话：0795—8822625
地址：江西万载白水街
邮编：336100

江西省国营恒湖综合垦殖场

法人代表：徐挺生
经营范围：农垦
品牌：恒湖
质量标准：GB1354—86
电话：0791—7110474
地址：江西南昌恒湖垦殖场

南昌灵灵食品厂

法人代表：温龙福
经营范围：食品
品牌：灵灵龙
质量标准：
电话：0791—6511887
地址：南昌市桃花路636号

江西环宇电力开关厂

法人代表：黄信高
经营范围：成套设备
品牌：
质量标准：
电话：13907096189
地址：南昌市福州路307号

江西知名企业推介

国家开发银行江西省分行

经营范围：建设项目贷款的评审、咨询和担保业务；向国家基础设施、基础产业、支柱产业的大中型基本建设和技术改造等政策性项目及其配套工程发放贷款业务，与贷款项目有关的本外币企业存款和结算业务，承销有信贷关系的企业债券，办理人民币同业拆借业务，办理总行授权范围内的外汇业务。
电话：0791—6261679　　传真：0791—6262659
地址：南昌市省政府大院南一路5号省粮食局大楼14-15楼
邮编：330046

江西金钥匙质量体系认证咨询有限公司

法人代表：肖金明
经营范围：
品牌：
质量标准：
电话：0791—8515055
地址：南昌市文教路150号

江西振大机械制造科技有限公司

法人代表：陈威江
经营范围：机械制造
品牌：真空制砖机
质量标准：行标
电话：0791—3818731
地址：昌北南昌经济技术开发区枫林大道

江西开元纸业有限公司

法人代表：朱德义
经营范围：印刷加工
品牌：元升、银元升、大白鲨
质量标准：国标、行标
电话：0791—8110378
地址：南昌市高新技术产业开发区青山湖大道180-1号

江西博发信息技术有限公司

法人代表：邹爱萍
所属行业：商业
品牌：LED大屏幕显示屏
质量标准：
电话：0791—6103320
地址：南昌市站南街45号

南昌蓝天科技有限公司

法人代表：余建平
所属行业：IT
品牌：蓝天
质量标准：
电话：0791—6282080
地址：洪城广场富城阁503、504室

江西爱迪科技产业有限公司

法人代表：廖江宏
所属行业：商业
品牌：
质量标准：
电话：0791—6491717
地址：井冈山大道928号中寰广场1801

江西蓝煜管理咨询有限公司

法人代表：朱丽莉
经营范围：企业管理咨询、营销策划、信息咨询服务
品牌：
质量标准：
电话：0791—6296709
地址：市省府大院北一路1号

南昌市公共交通总公司

法人代表：王立
经营范围：城市公用
品牌：
质量标准：
电话：0791—6262561
地址：南昌市站前西路176号
王立总经理获江西省“十大”井冈之子

江西省洪都制衣公司

法人代表：汪海洲
经营范围：
品牌：
质量标准：DCEAN
电话：0791—7084668
地址：南昌市象湖路68号

江西民航置业有限公司

法人代表：周敏生
所属行业：房地产
电话：0791—7038278
传真：0791—7038278
地址：江西省南昌市十字街777号
邮编：330002
邮箱：jxmh2005@163.com

南昌通源实业总公司

法人代表：腾富连
经营范围：电力
品牌：
质量标准：
电话：0791—8641323
地址：南昌永外正街266号

南昌市久鸿调味品厂

法人代表：陶久快
经营范围：
品牌：
质量标准：
电话：0791—8670916
地址：南昌市青扬路198号

南昌强力阀门厂

法人代表：黄祖奉
经营范围：
品牌：
质量标准：
电话：0791—8670163
地址：扬子州

南昌水利设备厂

法人代表：裘名桐
经营范围：机械
品牌：
质量标准：ISO9001：2000
电话：0791—3110017
地址：江西省新建县乐化镇

南昌市华瑞塑业有限公司

法人代表：裘有明
经营范围：泡沫塑料制品
品牌：
质量标准：ISO9001-2000
电话：0791—3110498
地址：新建县乐化镇四中对面

江西省良信装璜建材有限公司

法人代表：王茜民
经营范围：建材
品牌：
质量标准：
电话：0791—6109715
地址：南昌市洛阳路158号附18—19号

江西三清山绿色食品有限公司

法人代表：黄桃仙
范围：绿色（有机）农特产品
电话：0793—2568288
传真：0793—2568288
地址：江西上饶市玉山县冰溪镇下坞亭
邮编：334700

九江新元实业公司·

法人代表：徐自林
所属行业：制造加工
品牌：
质量标准：国标
电话：0792—8315065
地址：九江市姑塘镇（九江化纤厂内）

江西知名企业推介

南昌市洪都工具厂

法人代表：程建新
经营范围：工刃具与齿轮
品牌：
质量标准：
电话/传真：0791—3209189
地址：江西省新建县樵舍镇七里岗

南昌铁路局南昌机械厂

法人代表：彭寿顺
经营范围：铁路机车车辆配件、装卸机械、印刷
质量标准：ISO9000
电话：0791—7022438
地址：南昌市工人新村一路5号

南昌华侨润滑油脂厂

法人代表：黄乐荣
荣获：诚信经营、质量承诺单位（南昌市质量技术监督局）二00三年度扶持、扶强企业
电话：0791—8638023
地址：8638023电厂南昌路8号

江西省得胜电子销售中心

法人代表：苏旭光
经营范围：各类麦克风、无线耳机、电脑数学耳机、专业功放、舞台专业音箱
电话：0791—6594386
地址：南昌洪城大市场省家电市场

江西饭店

法人代表：金德
电话：0791—8858888
传真：0791—8858899
地址：南昌市八一大道356号
邮编：330006

深圳智联科南昌分公司

法人代表：李龙成
经营范围：手机销售及维修
服务内容：科健手机售后及维修、三星手机售后及维修
质量标准：ISO9000、3C认证
电话：0791—6217264
地址：南昌八一大道长欣写字楼1107室

南昌洪都电线电缆厂

法人代表：罗军
所属行业：电线、电缆
品牌：洪都牌
质量标准：国标
电话：0791—5230767
地址：江铃东一路306号

南昌荣昌机械厂

法人代表：吴祖荣
所属行业：集体
品牌：
质量标准：荣昌
电话：0791—8458683
地址：江西省南昌市新溪桥洪都大院内

长城电器集团有限公司江西分公司

法人代表：蒋良平
经营范围：电器材料
品牌：
质量标准：3C认证
电话：0791—6226042
地址：南昌市叠山路116号

江西省乘风电讯实业有限公司

法人代表：李承峰
所属行业：通讯
销售总额：1500万元
员工人数：15人
电话：0791—6288188
地址：南昌市八一大道199号长欣写字楼8楼802室

江西省昌北米业

法人代表：黄承凤
所属行业：粮食加工业
质量标准：国标
电话：0791—3803323
地址：南昌昌北开发区中央储备粮南昌直属库米厂

珠海经济特区伟迪捷电子有限公司南昌分公司

法人代表：SAM
经济类型：外商投资
质量标准：ISO9000、ISO4000、3C认证
电话：0791—6690285
地址：南昌市沿江中路19号华财大厦A168

南昌市高明办公设备有限公司

法人代表：高春敏
所属行业：服务、商业销售
经营范围：办公自动化设备及配件、耗材、维修
电话：0791—6201901
地址：南昌市八一大道199号

南昌江红酿造厂

法人代表：刘道东
所属行业：食品制造业
经营范围：酱油、醋、料酒
产品名称：梅岭香醋
电话：0791—3814768
地址：南昌市经济技术开发区南昌江红酿造厂

江西佳都科技有限公司

法人代表：朱宝花
经营范围：办公设备、耗材、配件
电话：0791—6279535
传真：0791—6260732
地址：南昌市八一大道219号

南昌吉美乐科技有限公司

法人代表：李小红
经营范围：计算机配件、油印机、复印机、办公设备、印刷业务、电子通讯设备、五金交电批发零售
电话：0791—6360757
地址：南昌市南京西路15号

南昌娃哈哈饮料有限公司

法人代表：宗庆后
经营范围：食品、饮料的生产和销售
电话：0791—8196360
地址：南昌市青山湖大道388号（民营科技园内）

江西汪氏蜂业集团

法人代表：汪伦
经营范围：蜂产品系列、蜂保健品系列、房地产、化妆品医药蜂药
电话：0791—3706100
地址：新建县外商投资园区

南昌市宏达自动化设备有限公司

法人代表：钟勤华
经营范围：办公设备及耗材
资产总额：180万元
销售总额：230万元
电话：13807031688
地址：南昌市南京东路36号

南昌美源化工有限公司

法人代表：李光源
所属行业：化工
经营范围：卷烟、印刷胶粘剂生产及销售
电话：0791—6513819
地址：南昌市桃苑小区40号

江西知名企业推介

江西省公路桥梁工程局

法人代表：凌宏亿
所属行业：交通
经营范围：公路及附属工程施工
电话：0791—6610371
地址：南昌市象山南路22号

江西恒湖酒业有限责任公司

法人代表：杨春葆
所属行业：食品
经营范围：配制酒、口服液、保健酒
电话：0791—7110591
传真：0791—3100179
地址：南昌市北郊恒湖大道81号

江西华茂实业公司

法人代表：朱正阳
所属行业：食品
经营范围：农副产品深加工、蜂产品系列、蜂蜜饮料等
电话：0794—8561899
地址：江西省抚州市临川区华溪工业园

江西联信大市场国丰电器商行

法人代表：陈丰
经营范围：低压电器
质量标准：ISO9000、3C认证
商标：捷鹰
电话：0791—6510239
地址：南昌联信大市场

南昌铁路三力电子发展公司

法人代表：张道清
经营范围：计算机销售及维修等
电话：0791—6491351
传真：0791—6491350
地址：南昌站前路7号

南昌市进贤县石棉制品厂

法人代表：刘桂花
所属行业：建材
质量标准：GBP72-88
商标：岗湖牌
电话：0791—5663591
地址：进贤县南门路182号

新余华源远东纺织有限公司

法人代表：陈景雷
所属行业：纺织制线行业
品牌：远东
质量标准：FZ63001-92
电话：0790—6442901
地址：新余市劳动北路

南昌中油兴能有限责任公司

法人代表：罗积态
资产总额：2500万元
销售总额：23100万元
产品名称：汽油、柴油
电话：3886921
地址：南昌昌北

江西设备防腐公司

法人代表：贺远程
所属行业：施工
经营范围：防腐蚀施工
电话：0791—6416485
传真：0791—6416485
地址：南昌市沿江南路691号

南昌市轶群实业有限公司

法人代表：罗军
所属行业：化工
经营范围：化工原料、五金、机电、建筑材料
电话：0791—6629557
地址：南昌市象山南路368号

江西友家食品有限公司

法人代表：吴友稼
所属行业：食品
主要产品：月亮巴、南瓜条
电话：0797—6631543
传真：0797—6633543
地址：江西省南康市荷兰工业园1号

江西昌九生物化工股份有限公司

法人代表：肖建国
所属行业：石化
经营范围：液氨、双氧水等
质量标准：ISO9000
电话：0791—8511949
地址：南昌市洪都北大道316号

南昌迎宾家具市场有限公司

法人代表：邬明凡
经营范围：家具、五金、家用电器、装饰材料、物业管理
电话：0791—7080130
地址：南昌市迎宾北大道258号

南昌县三江顺发米业有限公司

法人代表：余国金
所属行业：粮食加工贸易
质量标准：ISO9000、绿色食品
品牌：白玉
电话：0791—5106088
地址：南昌县三江镇

南昌塑料厂

法人代表：周国光
所属行业：塑料制品
经营范围：聚氯乙烯、泡沫制品
电话：0791—8211806-8120
地址：南昌洪都中大道50号

南昌洪都电渡材料供应站

联系人：万龙军
所属行业：化工、有色金属
经营范围：有色金属、化工原料、电渡材料
电话：0791—6419750
传真：0791—8528189
地址：南昌市洪城路15号

南昌有色冶金设计研究院

法人代表：陈俊卿
经营范围：工程设计、勘察、咨询、科研、建设管理、工程承包
质量标准：ISO9000
电话：0791—6287761
地址：南昌市八一大道1号
邮编：330002

南昌迪欧家具实业有限公司

法人代表：黄寿金
所属行业：家具
经营范围：家具加工与制造
电话：0791—3897788
地址：南昌市经济技术开发区麦庐大道

江西华昌石油有限公司

法人代表：周远平
所属行业：石油化工
经营范围：生产销售石油、润滑油产品等
电话：0791—8103618
地址：南昌市青山湖大道中段

南昌市胶带厂

法人代表：张金水
所属行业：橡胶
经营范围：橡塑制品
电话：0791—8211329
地址：南昌市解放西路147号

江西知名企业推介

江西英华科技有限公司

法人代表：刘文军
经营范围：CISCO、3COM、华为、D—LINR、联想、TCL网络产品：AMP、AVAYA、TCL、IBDN、康百纳、商讯、纳克森综合布线产品江西地区总分销；承接智能大厦弱电综合布线、门禁可视对讲系统、监控系统、光缆熔接等工程。
地址：南昌市八一大道135号长运商厦A座6楼
电话：0791—6222792　6266982　6262535
E-mail：yinghuatech@163.com

江西省家电市场城东电器商行

法人代表：梁品
经营范围：电器、酿酒、传媒
品牌：城东、三角牌、威力神
质量标准：国家免检产品
电话：0791—6593959　传真：0791—6594138
地址：省家电市场24栋17-19号

江西中寰医疗设备技术服务公司

法人代表：何竞功
所属行业：医疗行业
经营范围：大型精密医疗设备的租赁、投资、销售、安装、维修
电话：0791—6491651
地址：南昌井岗山大道928号

江西开成纸业有限公司

法人代表：王泉水
经营范围：绮玉纸
主要产品：迷你型手帕、钱包纸，面巾纸（硬抽），卷筒纸（有芯、无芯），面巾纸（软抽）
电话：0792—4551013
地址：江西省德安县

江西星天星线缆有限公司

法人代表：龚建辉
质量标准：ISO9001：2000国家广电总局入围证书
电话：0791—3821168
传真：0791—3821165
地址：南昌昌北经济开发区麦庐大道128号

江西省第四建筑工程公司

法人代表：宋国雄
质量标准：ISO9001
电话：0791—6416844
传真：0791—6416844
地址：南昌市建设路288号
邮编：330002

吉安白鹭酒店集团有限公司

法人代表：周必勤
经营范围：住宿、餐饮
电话：0796—8263338
传真：0796—8263338
地址：吉安市井冈山大道85号

南昌旋耕机厂

法人代表：王圣春
电话：0791—5711269
传真：0791—5715817
地址：南昌县莲塘五一路354号
邮编：330200

江西农业大学印刷厂

法人代表：李细堂
电话：0791—3813233
地址：南昌市昌北经济技术开发区
邮编：330045

江西省医药物质供销公司

法人代表：程光和
所属行业：医药
质量标准：国家GSP认证
电话：0791—7000998
地址：南昌市叠山路202号

江西宏舟实业有限公司

法人代表：周根印
经营范围：二类压力容器的制造销售、石油化工设备、香精香料、纸箱包装的印刷
电话：0791—5690090
地址：进贤县开发区进贤大道829号

南昌天高娱乐城有限公司

法人代表：李平
所属行业：餐饮服务
品牌："天高鱼翅海鲜"
质量标准：国家"二级"酒店
电话：0791—6400677
地址：南昌市站前西路167号

南昌第二电线有限责任公司

法人代表：罗征
所属行业：机械
经营范围：电线电缆、铁盘
电话：0791—5211739
地址：南昌市井岗山大道516号

华伦天奴路邦鞋业

法人代表：黄文隆
经营范围：鞋业
电话：7086526
传真：7086526
地址：鸿顺德C区120号
邮编：330008

江西昌东包装有限公司

法人代表：吴国华
经营范围：包装装璜、印刷制品等
电话：0791—8366188
地址：南昌市昌东工业区昌东二路郭西庙对面

南昌百事可乐饮料有限公司

法人代表：陆国强
所属行业：饮料
经营范围：生产销售百事可乐、美年达、七喜等饮料
电话：0791—6597516
地址：南昌市洪城路987号

江西省交通工程集团公司

法人代表：刘仁达
所属行业：公路工程
经营范围：公路开发与经营
电话：0791—6277309
地址：南昌市广场南路136号

南昌波纹金属软管实业有限责任公司

法人代表：刘长军
经营范围：汽车配件的生产及销售
电话：0791—8202766
地址：南昌市顺外路306号（湖坊工业园区）

江西知名企业推介

江西联信大市场振林电器电线销售部

法人代表：徐振林
经营范围：电缆线
质量标准：ISO9000、3C 认证
电话：0791—2152217
地址：联信大市场 B2-17

江西省进贤县橡塑制品厂

法人代表：甘水泉
所属行业：医用包装
品牌：输液瓶胶塞
电话：0791—5602482
地址：江西省进贤县长山新居（316 国道边）

南昌市朝阳酿造厂

法人代表：邓振淡
质量标准：ISO9000
销售总额：1500 万元
员工人数：320 人
经营范围：孔雀酱油系列
地址：南昌新建县长堎开发区

南昌市中发物流运输服务有限公司

法人代表：程平
所属行业：服务
经营范围：货物托运分流
电话：0791—6509023
地址：南昌市洪城路 588 号
邮编：330009

江西恒丰企业集团电力公司

法人代表：皮合林
经营范围：供电供水、供电供水设备维修
电话：0792—3080070
地址：江西永修县恒丰牛头山
邮编：330322

江西新雷精密机械厂

法人代表：左保根
经营范围：机床附件、传感器、仪器、单板机
电话：3802184
地址：江西省南昌市 1302 信箱

江西朱港蔬菜食品厂

法人代表：罗振辉
经营范围：酱腌菜、日用品
电话：0791—3717056
传真：0791—3717352
地址：江西省新建县朱港农场

江西省中德机电成套设备有限公司

法人代表：王文演
经营范围：电气、五金等
质量标准：3C 认证
电话：0791—6735203
传真：0791—6735512
地址：南昌市象山北路 143 号

江西红谷滩汽车广场有限公司

法人代表：周筱文
经营范围：汽车市场经营、管理，汽车销售、维修装饰
电话：0791—3720789
地址：南昌市红谷滩区乡企城汽车广场

江西大忙人实业有限公司

法人代表：徐金海
经营范围：食品、保健品
电话：13317010698
传真：0701—3782693
地址：贵溪工业园区

江西消防车辆制造厂

法人代表：金宇华
产品：中吧客车、货车、消防车、SUV 车，去年销售额 8 千万
员工人数：3000 人
电话：0791—3718618　　传真：0791—3711190
地址：新建县长征西路 639 号　邮编：330100

江西第二电力设备有限公司

法人代表：陈胜山
经营范围：变压器及配件的制造、销售（国内贸易）
电话：0791—3708866
地址：南昌市长堎外商投资工业区工业园路 26 号

南昌金泉清洁管理有限公司

法人代表：熊群超
经营范围：物来保洁及各类清洁
电话：0791—6501051
地址：南昌市中山路 138 号
邮编：330002

上饶市海源电力勘测设计有限公司

法人代表：范纪江
经营范围：110KV 及其以下电力工程勘察设计
电话：0793—8329422
地址：上饶市信州区中山东路 15 号

江西省富煌钢结构建材有限责任公司

法人代表：杨俊斌
所属行业：建筑钢结构
经营范围：钢结构、网架等
电话：0791—5147639
传真：0791—5146352
地址：江西省南昌市向塘省级开发区

中国叉车公司南昌维修服务部

法人代表：郑传宝
经营范围：叉车、叉车配件、叉车修理
电话：0791—6213907
传真：0791—6204202
地址：南昌市永叔路 64 号

南昌市双球凿岩机厂

法人代表：蔡志军
所属行业：机械制造
经营范围：凿岩机及配件
电话：13907009016
传真：0791—8209315
地址：南昌市楞上后李

江西亿利通贸易有限公司

法人代表：谭礼华
经营范围：电池、电筒、小家电
电话：0791—6593923
地址：江西省家电市场 23 栋 25 号

贵州茅台镇乡巴佬酒厂

法人代表：张方利
经营范围：“乡巴佬”酒
电话：0791—8443061
传真：0791—8443061
地址：南昌市洪都南大道热心村七排二号

江西知名企业推介

南昌百世腾牧业有限公司

总经理：郑云林
所属行业：农牧
经营范围：饲料及饲料添加剂
电话：0791—3821568-8098
地址：南昌经济技术开发区青岚大道
邮编：330013

江西天宸食品有限公司

法人代表：梁冠军
所属行业：食品
电话：0791—8630993
传真：0791—8630363
地址：南昌市青山南路25号自由都大厦1410室
邮编：330000

南昌市东源蓄电池有限公司

法人代表：胡敦镜
经营范围：汽车、电动车、叉车及UPS电源铅酸，蓄电池生产
电话：0791—3682703
地址：新建县望城镇
邮编：330103

江西鸿扬家庭装饰设计工程有限公司

法人代表：陈忠平
经营范围：室内装修工程施工、设计等
电话：0791—6496191
地址：南昌市坛子口国贸广场A区501
邮编：330002

江西华昌基建工程有限公司

法人代表：周锦中
电话：0791—5201554
传真：0791—5241410
地址：南昌市三店西路198号
邮编：330001

南昌市东湖区应达机电销售部

法人代表：李珍兰
所属行业：机电
经营范围：风机、水泵
电话：0791—6263953
地址：南昌市叠山路170号
邮编：330006

江西教育旅行社

法人代表：陈巍
所属行业：旅游业
电话：0791—6496384
传真：0791—6495920
地址：南昌洪城路6号国贸广场A区1404
邮编：330002

武宁县阳光竹木制品有限责任公司

法人代表：李文光
经营范围：木竹人造板、其他木竹成品、半成品加工销售
质量标准：ISO9000
电话：0792—276154
地址：武宁县新宁镇友爱四区69号
邮编：332033

南昌市赣江电缆厂

法人代表：许祖强
经营范围：电线、电缆、橡胶制品制造、销售
质量标准：ISO9000
电话：0791—8503764
地址：南昌市文教路113号
邮编：330077

江西安石食品有限公司

法人代表：过忠华
所属行业：食品加工
经营范围：菜梗（酱腌菜）
电话：0794—8718085
地址：江西抚州临川崇岗街17号
邮编：344121

贵溪市三元冶炼化工有限责任公司

法人代表：吴世军
所属行业：化工、冶炼
质量标准：ISO9000
电话：0701—3322533
传真：0701—3322638
地址：贵溪市柏里大道西侧
邮编：335425

江西新钢建设有限责任公司

法人代表：于行海
经营范围：工业与民用建筑、机电安装、炉窑工程等
质量标准：ISO9000
电话：0790—6292614
地址：江西新余钢铁厂建设公司
邮编：338001

江西长林机械（集团）有限公司

法人代表：李兆丰
所属行业：机械制造
经营范围：电梯、挖掘机、机械加工、铸造、锻造
质量标准：ISO9000
电话：0790—6352101
地址：江西新余北湖西路45号
邮编：338029

瑞昌市人民冲压有限公司

法人代表：李雪虎
所属行业：机械行业
质量标准：QS9000
电话：0792—4227929
地址：江西省瑞昌市人民北路138号
邮编：332200

江西铜鼓县科技开发中心罐头厂

法人代表：陶振华
所属行业：罐头食品
经营范围：农副产品加工、山区土特产、罐头食品
电话：0795—8722600
地址：江西省铜鼓县环城北路175号
邮编：336200

江西宇达智能卡科技有限公司

法人代表：唐国柱
所属行业：制造业
经营范围：卡片及相关业务
质量标准：ISO9000、ISO14000
电话：0791—7120968
地址：南昌青山湖大道高新电信分局五楼
邮编：330029

江西兆丰物业管理有限责任公司

法人代表：邹建丰
经营范围：房地产开发
电话：0791—8321183
地址：南昌京东南洋花园住宅区
邮编：330029

江西省地矿局赣西地质调查大队

法人代表：王永珏
所属行业：地矿
经营范围：地质矿产勘查与开发
电话：0791—5032801
地址：江西南昌县向塘镇
邮编：330201

南昌大众制冰有限公司

法人代表：毛义民
所属行业：食品
质量标准：ISO9000
电话：0791—5274825
传真：0791—5273978
地址：南昌迎宾大道

江西康奈集团有限公司

法人代表：杨峰
经营范围：皮鞋
电话：0791—7098187
传真：0791—7098185
地址：南昌市建设路588号

江西知名企业推介

中国长城资产管理公司南昌办事处

总经理：陈敏
所属行业：金融
电话：0791—6836695
传真：0791—6836681
地址：南昌市阳明路106号
邮编：330006

南昌市郊区祥和金属材料加工厂

法人代表：万祥和
所属行业：金属加工
电话：13907913421
传真：0791—8379751
地址：南昌市青山湖区罗家集
邮编：330012

江西洪扬实业有限公司

法人代表：郭香莲
所属行业：服装
电话：0791—8295866
传真：0791—8295868
地址：南昌市湖坊工业园B区二栋
邮编：330009

江西遂川草林冲水电有限责任公司

法人代表：沈有巨
资产总额：1700万元
销售收入：500万元
员工人数：146人
电话：0796—6122088
地址：遂川县珠田乡

南昌电力开关厂

法人代表：杨雅志
所属行业：机械
质量标准：ISO9000、3C认证
电话：0791—6399737
地址：南昌市前进路326号
邮编：330003

南昌矿山机械有限公司

法人代表：李顺山
所属行业：机械制造
质量标准：ISO9000
电话：0791—3761233
地址：南昌市湾里盘龙路23号
邮编：330004

中国航空工业供销江西公司

法人代表：刘高倡
经营范围：物资供销
电话：0791—8513767
传真：0791—8511035
地址：南昌市北京西路188号
邮编：330046

江西省春蕾茶叶有限公司

法人代表：曹家风
经营范围：茶叶加工
质量标准：3C认证
电话：0791—6162426
地址：南昌市二七南路497号
邮编：330002

中国核工业总公司七二0厂

法人代表：王用泽
所属行业：其他金属加工机械制造业
电话：0791—3708910
传真：0791—3708720
地址：江西省南昌市九0一信箱
邮编：330101

江西金鼎食品有限公司

法人代表：张陆泉
所属行业：食品加工
电话：0791—5761618
传真：0791—5761218
地址：南昌市迎宾中大道1946号
邮编：330200

江西江中制药（集团）有限责任公司

法人代表：钟虹光
所属行业：医药制造
电话：0791—8520040
传真：0791—8521845
地址：南昌市福州路347号
邮编：330077

江西南昌市青山湖区春蕾食品厂

法人代表：陈宗森
经营范围：食品
电话：0791—6575015
传真：0791—6574470
地址：南昌市桃花镇十里村问淮路268号
邮编：333009

南昌金源包装有限公司

法人代表：刘有权
经营范围：纸箱制造
电话：0791—8195566
传真：0791—8195577
地址：南昌市青山湖区民营科技园工业二路1号
邮编：330029

江西省信和宇实业有限公司

法人代表：吴辉
经营范围：生产和销售服装鞋帽及金属工艺品
电话：0793—2625029
传真：0793—2625029
地址：江西广丰县芦林工业区
邮编：334600

雅飞（江西）服装有限公司

法人代表：何杰特
经营范围：服装制造、贸易、销售
电话：0791—8133189
传真：0791—8132696
地址：南昌市青山湖大道388号B—03栋
邮编：330029

南昌汇众包装有限公司

法人代表：黄群香
范围：印刷、包装、装璜
电话：0791—8166302
传真：0791—8166587
地址：南昌民营科技园工业二路五联工业区

江西春阳服饰有限公司

法人代表：付金保
所属行业：服饰
电话：0791—6526947
传真：0791—6532861
地址：洪城大市场C区13楼02号

南昌金三信电器销售有限公司

总经理：陈林荣
经营范围：电器开关、仪器仪表、机电
电话：0791—6202738
地址：南昌市叠山路16号
邮编：330003

江西星科实业有限公司

总经理：吴序玮
经营范围：复膜、纸膜批发/零售、运输等
电话：0791—8332581
地址：南昌市顺外路139号云丰花园3号店面
邮编：330029

南昌华新铝业有限公司

法人代表：李细保
所属行业：有色金属
电话：0791—3763188
传真：0791—3763188
地址：南昌湾里竹山路9号
邮编：330004

江西知名企业推荐

南昌东湖正兴清洁用品总汇

法人代表：文尉峰
经营范围：酒店客房用品、清洗机械及清洁剂等
电话：0791—6710289
传真：0791—6710273
地址：南昌市榕门路192号
邮编：330008
邮箱：jxzxqj@163.com

瓦房店轴承南昌销售中心

总经理：高群
所属行业：机械
电话：0791—6533290
传真：0791—6532529
地址：南昌洪城大市城交警停车场三号楼二号店面
邮箱：nanchang@zwz-bearing.com

江西溢辉房地产开发有限公司

法人代表：黄建国
经营范围：房地产开发及相关建筑材料的生产和销售及室内外装修
电话：0791—6700099
传真：0791—6704499
地址：南昌子固路48号福辉大厦A座1101室
邮编：330008

南昌龙力房地产综合开发有限公司

法人代表：高继胜
所属行业：房地产
电话：0791—6491161
传真：0791—6491165
地址：南昌市站前西路289号三星大厦B座16楼
邮编：330002
邮箱：nanchang@zjlander.com

北京保利龙马科技有限公司南昌办事处

法人代表：吉曜楼
经营范围：网络安全、oracle服务培训、ZBM软件总代理
地址：南昌市豫章路50号省委宿舍2402室
邮编：330006
邮箱：whq@polypegasus.com

江西中寰置业有限公司

法人代表：王苏吉
所属行业：房地产
电话：0791—6812883
传真：0791—6812384
地址：南昌市二纬路30号
邮编：33006
邮箱：zhonghuan@126.com

江西省旅游房地产有限公司

法人代表：王力
经营范围：房地产业
质量标准：IS09000
电话：0791—8525335
地址：南昌市洪都北大道湖畔豪庭清华楼2单元901室
邮编：330008

上海西部企业集团南昌地产置业有限公司

法人代表：董素铭
所属行业：房地产
电话：0791—6711105
传真：0791—6711107
地址：南昌市榕门路199号
邮编：330008

江西省地质矿产物资总公司

总经理：丁海兴
电话：0791—6162320
地址：南昌市岔道口西路7号
邮编：330002

建筑工程大队

大队长：尧在雨
电话：0791—8225324
地址：南昌市解放西路398号
邮编：330029

江西省地质工程（集团）公司国际工和部

总经理：胡德中
电话：0791—5221541
地址：南昌市迎宾大道754号
邮编：330001

江西国贸广场有限公司

法人代表：黄祖仕
所属行业：房地产
电话：0791—6420120
传真：0791—6420120
地址：南昌市洪城路6号
邮编：330002

江西省地质矿产勘查开发局

局长：周纪成
电话：0791—6106419
地址：南昌市站前路176号
邮编：330002

水文地质工程地质大队

队长：詹龙和
电话：0791—8195015
地址：南昌市罗家镇北
邮编：330012

江西省地质环境监测总站

站长：颜春
电话：8371742
地址：南昌市罗家集
邮编：330012

江西省地质工程（集团）公司

总经理：徐立平
电话：0791—6117506
地址：南昌市站前路176号
邮编：330002

江西省地质工程总公司

总经理：杨建林
电话：0791—6113919（919）
地址：南昌市站前路176号
邮编：330002

江西省地质矿产开发总公司

副总经理：黄小海
电话：0791—6114262
地址：南昌市站前西路176号
邮编：330002

江西省新大地建设监理有限公司

经理：韩周仁
电话：0791—6107121
地址：南昌市站前路176号
邮编：330002

江西省地质调查院

院长：陈祥云
电话：0791—5032160
地址：南昌县向塘赣东北路20号
邮编：330201

江南齿轮厂

法人代表：胡冬生

联系地址：南昌昌北下罗大厦
邮　　编：330013
联系电话：0791—3809539
传真：0791—3802977

江西东兴电力工贸有限公司

法人代表：张一平

地 址：罗家集
邮 编：330012
电 话：0791—8367707

江西恒达厨具设备有限公司

法人代表：陈晰

地 址：上海路橡胶厂
邮 编：330029
电 话：8336102
传 真：8337876

江西三和电力成套设备工程有限公司

法人代表：曾玉华

地 址：南昌市下正街45号
邮 编：330006
电 话：6817590

江西万强机械有限公司

法人代表：万志强

江西万强机械有限公司生产TP系列拖拉机功率输出装置总成

地 址：南昌蛟桥　邮 编：330044
电 话：3876889　传 真：3876889

南昌市蓝天贸易商行

法人代表：徐雪玲

诚信经营　　质量优秀

联系地址：洪城数码广场B座904
联系电话：0791—6288576

江西变压器科技股份有限公司

法人代表：万建华

地 址：南昌市北郊乐化
邮 编：330114
电 话：0791—3977298
传 真：0791—3110004

江西富康米粉厂

法人代表：曾东海

地 址：省团校内
邮 编：330033
电 话：3814355

江西南昌赣昌电线电缆厂

联系地址：夏冼昕

江西省通信电览厂
中外合资江西泛亚电线电览有限公司

厂长、总经理：余毅

经营范围：通信电缆、数据缆、电话线
地址：南昌市长堎镇长征东路257号
电话：0791—3751926
邮编：330100

江西金钥匙质量体系认证咨询有限公司

宏厚的实力、可靠的质量、诚挚的服务获得社会各界的认可。

地址：南昌市文教路150号附二楼
电话：0791—8515055　8518916
传真：0791—8522839　邮编：330077
网址：www.jxjys.com
E-mail: jxjys@sina.com

南昌市八一电线厂
南昌八一电缆有限公司

法人代表：罗金荣

地 址：南昌市干家前巷18号
邮 编：330003
电 话：0791—6263762
传 真：0791—6264473

南昌鼓风机厂

法人代表：符学成

经营范围：生产各种型号离心通、引风机，轴流风机

联系地址：南昌市湾里区拈贤路263号

邮　　编：330004

电话（传真）：0791—3760391

南昌市华侨润滑油脂厂

法人代表：贺苏华

荣获：诚信经营、质量承诺单位
（南昌市质量技术监督局）
二00三年度扶持、扶强企业

地　址：8638023 电厂南昌路 8 号

电　话：8638023

南昌天纬塑编实业有限公司

法人代表：万永安

经营范围：塑编机械设备及全套零配件；聚丙烯、聚乙烯、专用涂覆料、增白剂、母料（化工原料及化工助剂）；裂膜线、印刷油墨

地址：南昌市桃苑西路24号　邮编：330009

电话：0791—6506718　传真：6529086

南昌市万福实业有限公司欧亚橱柜

法人代表：桂润祥

经营范围：橱柜、家私
真诚服务、诚信永恒

地址：南昌市孺子路160号　邮编：330003

电话：13807089941　6210252　传真：6210252

南昌蚊香厂

法人代表：周小平

联系地址：南昌十字街82号

邮　　编：330002

联系电话：0791—6472305

传　　真：0791—6472673

江西南昌市西湖红兴五金经销部

主营产品：冠电系列开关、温州公牛多功能排杆、南巡灯架、声控灯头系列等

联系地址：船山路595号

联系电话：0791—6618079

南昌市西湖区鸿达紧固件供应站

法人代表：朱碎风

地　址：象山南路227号

邮　编：330009

电　话：6236903

南昌县八一润滑油脂厂

法人代表：李卫东

地　址：莲塘莲谢路中段

邮　编：330200

电　话：5740170

南昌新华电缆有限公司

法人代表：冯东安

经营范围：聚氯乙烯电线电缆、电工圆铜线，铜材加工，荣获 ISO9001：2000 国际质量管理体系认证证书，CCC 国家强制性产品认证证书，中国质量、服务信誉，AAA 级企业

地址：南昌市朝阳洲团结路 70 号

电话（传真）：0791—6592525　13707914799

南昌旋耕机厂

法人代表：刘至彬

地　址：南昌县莲塘镇五一路354号

邮　编：300200

电　话：0791—5712629

传　真：0791—6715817

上高白水泥有限责任公司

法人代表：廖有民

地　址：上高县塔下乡

邮　编：336401

电　话（传真）：2521581

上海长城开关厂江西总代理

法人代表：王乐秋

荣获：南昌市产品质检到
“产品跟踪服务”

经营：低压电器

地址：洛阳路 127 号

电话：6103097

南昌成功针织制衣有限公司

法人代表：李建玉

地 址：解放东路李巷村
邮 编：330029
电 话：0791—8210713
传 真：0791—8205804

窗帘布艺

法人代表：林雪燕

诚信经营　　质量第一

地 址：南昌市广场南路180弄
电 话：13970941881

东湖永固紧固件经营部

法人代表：林定良

经营项目：紧固件、（钢结构）大六角、自钻螺钉、抽芯铆钉、钢铁铝铆钉、圆螺母、挡圈、定做非标
联系地址：南昌市象山北路115号
邮　　编：330008
联系电话：0791—6778419
传　　真：0791—6778418

光明电力设备厂

法人代表：戴以华

地 址：南昌市青山北路七里街127号
电 话：0791—6249057　6248517
传 真：0791—8629594
邮 编：330039

海湾安全技术股份有限公司

法人代表：张忠建

地 址：站前西路289号三星大厦B座516室
邮 编：330002
电 话：0791—6491219
传 真：0791—6491306

南昌市华达物资供应站

法人代表：周存贵

经营项目：仪表、变压器、五金、建材

联系地址：南昌市象山北路186号

江西省大江南实业有限公司

法人代表：邵剑静

地 址：南昌市解放东路198号
邮 编：330029
电 话：0791—8370779
传 真：0791—8368719

南昌弹簧标准件厂

法人代表：章梨香

经营范围：生产各类机械弹簧、标准件
联系地址：南昌市湾里紫清路路17号
邮编：330004　电话：0791—3760803
传真：0791—3760647

南昌市菲尔开关厂

法人代表：夏燕芳

产品名称：电表箱、配电箱、电缆架桥
经营范围：电表箱生产、加工、销售
电力开关柜、电工器材
地址：南昌市西湖区东坛巷59号
电话：0791—6423662

广州增城潇俊祥服饰有限公司
（南昌销售部）

质量信得过产品
质量达标产品

法人代表：王 俊
电　　话：0791--6500991
地　　址：洪城大市场步行街20楼9号

湖口县食品公司

法人代表：刘中

公司主营：生猪、猪肉、牛肉及其产品的批发、零售、兼营牛、羊、禽蛋等

地　址：双钟镇云亭北路2号
邮　编：332500
联系电话：0792-6336289

江西省会昌县锰钢厂

法人代表：孙积富

经营项目：锰钢铸件、生产销售产品
球磨机衬板、破碎机牙板等易损件
联系地址：小坝工业区
邮　　编：342600
联系电话：0797—5622766

南昌开关有限公司

法人代表：卢志民

地 址：南昌市新建县长堎镇
邮 编：330100
电 话：0791—3713644 3710144
传 真：0791—3713644

南昌前进塑钢门窗厂

法人代表：钱克为

地 址：北京东路298弄-8号
电 话：13807915071
传 真：8301757

南昌市迪隆晶体厂

法人代表：吴桂福

本厂加工各种规格y 纯z棒、y精棒，以及各种规格的石英长方片、财贸片、条片、频率片等，另可加工一些特殊要求的晶片。

地 址：南昌市利字街123号 邮 编：330009
电 话：6519948 传 真：6526348

南昌铁路局南昌机械厂

南昌铁路机械厂为南昌铁路局所属专业工厂，为国家中一型企业，省二级计量单位。主要从事铁路专用器材、微型电机、螺杆式空压机制造，大中型起重设备、装卸工索具、建筑门窗、交通护栏网制造安装，内燃机车电机修理及印刷等业务，具有很强的铸造和金加工能力。一有专业技术人员120人，其中有高、中级职称40人，机械动力设备400余台。工厂通过ISO900质量认证，坚持“质量第一、用户至上”的宗旨，诚为省内外，路内外客户服务，工厂已发展成为江西铁路规模最大的工业制造企业。

法人代表：彭寿顺

地址：南昌市工人新村一路5号（铁路 村）
邮编：330002 电话：0791—7022458 传真：0791—7022458

南 昌 温 州 商 会

法人代表：吴振汉

地 址：南昌市孺子路37号1001室
邮 编：330002
电 话：0791—6239939
传 真：0791—6239939

南铁新龙采石有限公司

法人代表：刁少卿

地 址：南昌市解放西路49号
邮 编：330002
电 话：7024017

萍乡市赣西水泥有限公司

法人代表：邓宁

经营范围：普通硅酸盐水泥生产、销售、编强袋、石灰石加工

地 址：江西省萍乡市湘东镇五四村
邮 编：337016
电 话：0799—3436369
传 真：0799—3434990

瑞昌市人民冲压有限公司

法人代表：李雪虎

科学管理、精心制造，以完整的板料冲压流水线为江铃汽车（陆风系列、4JB1发动机、皮卡、全顺增压系列、碗形塞系列）；志发（集团）公司汽车发动机有限公司；保定长城内燃机制造有限公司；北汽福田；重庆庆铃和全国各大汽配市场提供满意的产品和服务。

地 址：江西省瑞昌市人民北路138号
邮 编：332200
电 话：0792—4227292
传 真：0792—4221403

江西南昌桑海制药厂

法人代表:罗国化
经营范围:中西药
品牌:桑海
质量标准:
电话号码:0791-3060708
地址:江西南昌北郊新祺周江西南昌桑海制药厂

江东机床厂

法人代表:周赣洪
经营范围:机床制造
品牌:
质量标准:
电话号码:0791-5292946
地址:南昌市井冈山大道576号

江西三鑫医疗器械集团有限公司

法人代表:彭义兴
经营范围:一次性无菌医疗器械产品
品牌:义鑫
质量标准:ISO9000
电话号码:5101599-8008
地址:江西南昌县三江镇三江大道

江西济民可信集团有限公司

法人代表:李义海
经营范围:中成药、西药批发
品牌:秀江牌
质量标准:ISO9000
电话号码:0791-8217405
地址:南昌市顺外路98号

江西桑海集团有限责任公司

法人代表:张京生
经营范围:制药、化工、普通机械、食品、电子产品、塑料制品、印刷、运输等
品牌:
质量标准:ISO90003c认证
电话号码:0791-3061612
地址:江西南昌北郊新祺周

南昌搪瓷厂

法人代表:姚平元
经营范围:搪瓷制品
品牌:红双喜
质量标准:
电话号码:0791-8315193
地址:南昌市上海路543号

江西化纤有限责任公司

法人代表:陈群
经营范围:纱布
品牌:雄狮
质量标准:3C认证
电话号码:0791-8633281
地址:南昌市青山南路72号区西化纤有限责任公司

江西省豫林水泥有限公司

法人代表:周豫林
经营范围:水泥制造销售
品牌:雯飚牌
质量标准:
电话号码:0791-5723871
地址:南昌县莲塘镇龚南路19号

江西星火机械厂

法人代表:周翔
经营范围:纺织机配件、玻璃钢球阀
品牌:
质量标准:
电话号码:0791-5692570
地址:南昌进贤县815信箱

南昌亚洲啤酒有限公司

法人代表:陈永栽
经营范围:生产销售啤酒、白酒、葡萄酒、酒精及其副产品研究开发
品牌:南昌、绿之瑰宝
质量标准:
电话号码:0791-5220083
地址:南昌三店西路183号

国营南昌肉类联合加工厂

法人代表:闫建平
经营范围:生猪屠宰、冷冻冷藏、仓储
品牌:
质量标准:
电话号码:0791-8451417
地址:南昌市井冈山大道639号

江西联创光点科技股份有限公司

法人代表:程德保
经营范围:光电子器件、继电器、光电通信线缆、通信终端与信息系统设备等
品牌:如意
质量标准:ISO9000
电话号码:0791-8161958
地址:南昌高新开发区京东大道168号

南昌华毅管道有限公司

法人代表:李明
经营范围:混凝土管及配件及售后服务
品牌:水毅
质量标准:
电话号码:0791-3701151
地址:新建县城工业大道399号

江西益康医疗器械集团有限公司

法人代表:程华亮
经营范围:医疗器械
品牌:益康
质量标准:
电话号码:0791-5638356
地址:江西省进贤县李渡大道23号

江西晶安高科技股份有限公司

法人代表:刘新国
经营范围:铅系列产品
品牌:
质量标准:ISO9000、ISO14000
电话号码:0791-3433398
地址:江西省安义县万埔镇八宝路37号

江西南昌济生制药厂

法人代表:张京生
经营范围:药品生产
品牌:济生
质量标准:
电话号码:0791-3060969
地址:江西南昌昌北郊新祺周

江西第五机床厂

法人代表:刘建新
经营范围:金属切削机床制造
品牌:
质量标准:
电话号码:0791-5213943
地址:南昌市井冈山大道536号

江西南昌供电公司

法人代表:滕富连
经营范围:
品牌:
质量标准:
电话号码:0791-6249015
地址:江西南昌叠山路383号

江西赣发农机制造有限公司

法人代表:王金保
经营范围:生产、销售机械化农机具
品牌:
质量标准:
电话号码:0791-5759911
地址:南昌县南井路197号

江铃汽车集团公司

法人代表:王锡高
经营范围:轻型货车、客车、越野车、零部件
品牌:JMC
质量标准:ISO9000、3c认证
电话号码:0791-5232888
地址:南昌市迎宾大道509号

江铃汽车集团公司车厢内饰件厂

法人代表:张仁忠
经营范围:
品牌:
质量标准:ISO9000、3c 认证
电话号码:0791-5200699
地址:江西省南昌市迎宾北大道 417 号

江西洪都高尔夫电动有限公司

法人代表:旅中太
经营范围:高能车、电动车及配件研制、生产、销售;机械,计算机软件及外围设备
品牌:洪都
质量标准:ISO9000
电话号码:0791-8467827
地址:南昌市新溪桥

南昌希望饲料有限公司

法人代表:谢洪
经营范围:饲料
品牌:
质量标准:
电话号码:0791-5702332
地址:江西省南昌县莲塘镇横岗

南昌中天电器有限责任公司

法人代表:郭更生
经营范围:电子产品及通信设备、IT 系列产品、仪器仪表、家用电器的制造
品牌:
质量标准:ISO9000、3c 认证
电话号码:0791-8115370
地址:高新区火炬三路 198 号

四通(江西)电机有限责任公司

法人代表:刘小林
经营范围:电动机、水轮机、发电机制造
品牌:江西牌
质量标准:ISO9000、
电话号码:0791-6411866
地址:江西省南昌市井冈山大道 1028 号

南昌市服装一厂

法人代表:李建华
经营范围:服装来料来样加工、经销等
品牌:
质量标准:ISO9000
电话号码:0791-6703123
地址:南昌市东湖区叠山路 478 号

江西合成非织布有限公司

法人代表:计建中
经营范围:纺粘法、聚酯长丝、无纺布
品牌:合达
质量标准:ISO9000
电话号码:0791-7063167
地址:江西省南昌市东湖区

南昌齿轮有限责任公司

法人代表:刘善波
经营范围:机械设备加工、制造、技术咨询服务、转让
品牌:金刚石牌
质量标准:ISO9000、ISO14000
电话号码:0791-3876888
地址:南昌齿轮有限公司

江西涤纶厂

法人代表:胡杰华
经营范围:涤纶业、涤纶丝绸
品牌:
质量标准:
电话号码:0791-8221706
地址:南昌市解放西路 378 号

南昌衡器总厂

法人代表:张量
经营范围:地上衡、地中衡、电子衡
品牌:鼎牌
质量标准:
电话号码:0791-
地址:南昌市福州路 307 号

江西南昌发电厂

法人代表:卞月平
经营范围:发电
品牌:
质量标准:
电话号码:0791-8823805
地址:江西省南昌市青山路 57 号

南昌辉门密封件系统有限公司

法人代表:白在林
经营范围:生产和销售汽车配件及原材料
品牌:
质量标准:ISO9000、ISO14000
电话号码:0791-3802221
地址:南昌经济技术开放区

江西制药厂

法人代表:邓跃华
经营范围:大容量注射剂,小容量注射剂、片剂、胶囊剂、颗粒剂等药品的经营
质量标准:
电话号码:5985588-8081
地址:南昌市小兰工业园汇仁西大道 758 号

南昌塑料厂

法人代表:周国光
经营范围:聚氯乙烯、泡沫制品
品牌:白帆
质量标准:
电话号码:8211806-8120
地址:南昌市洪都中大道 50 号

上福塑料制品有限公司南昌分厂

法人代表:皖正乾
经营范围:生产销售塑料板材、塑料餐具
品牌:
质量标准:
电话号码:0791-8196041
地址:青山湖大道 388 号

江西纸业股份有限公司

法人代表:宗伟民
经营范围:新闻纸
品牌:松竹
质量标准:ISO9000
电话号码:0791-8623168
地址:南昌市东湖区

江西洪都航空工业股份有限公司

法人代表:田民
经营范围:基础教练机、通用飞机设计生产及航空产品转包生产
质量标准:
电话号码:0791-8467823
地址:南昌 5001 信箱 512 分箱

南昌钢铁有限责任公司

法人代表:傅民安
经营范围:钢铁生产
品牌:海鸥牌
质量标准:ISO9000
电话号码:0791-8392344
地址:江西省南昌市青山湖区南昌钢铁有限责任公司

南昌硬质合金有限责任公司

法人代表:张寿连
经营范围:硬制合金、钨制品等进出口及三来一补业务
品牌:滕王阁
质量标准:ISO9000
电话号码:0791-3887652
地址:南昌市郊双港

江西沙神集团公司

法人代表:谢抚州
经营范围:电线电缆、钢绞线、包装制品、砂石等
品牌:沙神
质量标准:ISO9000
电话号码:0791-5548188
地址:江西进贤温镇永安路 191 号

江西昌九生物化工股份有限公司

法人代表:肖建国
经营范围:液氮、甲醇、尿素、双氧水、液体二氧化碳、过氧乙酸、氢气、氧气等
质量标准:ISO9000
电话号码:0791-8511949
地址:南昌市洪都北大道316号

南昌汽缸垫厂

法人代表:熊树根
经营范围:汽车、内燃机及各种密封垫
品牌:
质量标准:
电话号码:0791-3760604
地址:湾里紫清路5号

江西万年青水泥股份有限公司

法人代表:魏新安
经营范围:水泥、水晶、电子元器件
品牌:万年青
质量标准:ISO9000、ISO14000
电话号码:0791-8161013
地址:南昌高新区京东大道399号

南昌电池厂

法人代表:李剑
经营范围:电池
品牌:
质量标准:ISO9000
电话号码:0791-8333901
地址:南池路9号

江西恒大高新技术实业有限公司

法人代表:朱星河
经营范围:高温抗腐蚀耐磨材料
品牌:
质量标准:
电话号码:0791-8327059
地址:南京东路450号

南昌化工集团有限责任公司

法人代表:蔡立新
经营范围:化工产品制造、销售
品牌:飞船牌
质量标准:ISO9000
电话号码:8501819-317
地址:南昌市洪都北大道302号

泰丰轮胎(江西)有限公司

法人代表:马绍进
经营范围:轮胎生产、销售
品牌:
质量标准:ISO9000、3c认证
电话号码:0791-8310138
地址:南昌市青山湖南大道260号

南昌市进顺米粉厂

法人代表:吴国强
经营范围:米粉
品牌:鄱阳湖
质量标准:
电话号码:0791-8166381
地址:青山湖大道388号

北际医用塑胶业有限公司

法人代表:梅阳明
经营范围:医用手套、检查手套
品牌:北际
质量标准:ISO9000
电话号码:0791-5620980
地址:进贤县、进长公路医疗工业园区1号

南昌海螺水泥有限责任公司

法人代表:任勇
经营范围:水泥生产、销售及PVC型材销售
品牌:海螺
质量标准:
电话号码:0791-7069263
地址:南昌县向塘经济技术开发区

南昌市群众印刷厂

法人代表:李荣林
经营范围:书籍印刷
品牌:
质量标准:
电话号码:0791-8321958
地址:顺外路261号

江西江中制药集团有限责任公司

法人代表:钟虹光
经营范围:中成药、保健食品、房地产、抗生素原料药
品牌:江中
质量标准:通过GMP
电话号码:0791-8520040
地址:南昌市福州路347号

江西锅炉化工石油机械联合公司

法人代表:丁杰
经营范围:锅炉、化工设备、环保设备
品牌:
质量标准:ISO9000
电话号码:0791-5206968
地址:江西省南昌市迎宾大道913号

江西侨家埏食品有限公司

法人代表:邓爱辉
经营范围:糕点、速冻食品的生产销售
品牌:滕王阁
质量标准:ISO9000
电话号码:0791-8231854
地址:江西省南昌市青云谱区洪都南大道311号

江西光明英雄乳业股份有限公司

法人代表:席德三
经营范围:奶粉、液态奶、饲料
品牌:英雄,光明
质量标准:ISO9000
电话号码:0791-3975169
地址:江西光明英雄乳业股份有限公司

江西诚志日化有限公司

法人代表:钟寿椿
经营范围:日用化工、精细化工、牙膏
品牌:草珊瑚牌
质量标准:ISO9000
电话号码:0791-8207662
地址:解放西路226号

南昌华瑞塑业有限公司

法人代表:裘有明
经营范围:泡沫及塑料制品
品牌:
质量标准:ISO9000
电话号码:0791-3110498
地址:江西省新建县乐化镇四中对面

江西卫生材料厂

法人代表:郑晓梅
经营范围:卫生材料
品牌:百合、双鸽、英雄
质量标准:
电话号码:0791-3760426
地址:南昌市湾里区招贤路227号

南昌卷烟厂

法人代表:郑伟
经营范围:卷烟制造
品牌:
质量标准:ISO9000
电话号码:0791-6588347
地址:南昌抚生路118号

诚志股份有限公司

法人代表:荣泳霖
经营范围:医药
品牌:
质量标准:3c认证
电话号码:0791-3826885
地址:南昌经济技术开发区清华科技园华江大厦

江西激光全息图像公司

法人代表:李隽
经营范围:激光全息图像产品,生产和销售
品牌:
质量标准:
电话号码:0791－8319174
地址:南昌市北京东路107号

鸿万记录纸有限公司

法人代表:涂细保
经营范围:生产、销售记录纸及其技术服务
品牌:鸿万
质量标准:
电话号码:0791－5218691
地址:江西省南昌市迎宾北大道830号

江西省粮油机械厂

法人代表:黄学东
经营范围:粮油、饲料加工机械,食品加工机械
品牌:飞菱
质量标准:
电话号码:0791－6105220
地址:江西省南昌市洛阳路45号

南昌水业集团有限公司

法人代表:毛木金
经营范围:自来水的生产和供应
品牌:
质量标准:ISO9000
电话号码:0791－5234704
地址:江西省南昌市抚河南路294号综合计划处

南昌两江化工有限公司

法人代表:刘正光
经营范围:以酰胺磷化工产品的研究、开发及服务等
品牌:
质量标准:电话号码:0791－8335033
地址:南昌市北京东路171号

江西红日保温容器有限公司

法人代表:吴正余
经营范围:保温器皿生产,销售
品牌:红日
质量标准:ISO9000
电话号码:0791－5208566
地址:南昌市何坊西路90号

南昌铁路局南昌机械厂

法人代表:彭寿顺
经营范围:铁路机车车辆配件,装卸机械,电机维修
品牌:
质量标准:ISO9000
电话号码:0791－7021438
地址:南昌市西湖区工人新村一路5号

南昌铁路长喜电机有限公司

法人代表:彭寿顺
经营范围:电机及配件生产
品牌:
质量标准:
电话号码:0791－8195830
地址:江西省南昌市青山湖区大道388号

江西消防车辆制造厂

法人代表:金宇华
经营范围:整车及配件生产
品牌:庐山牌
质量标准:ISO9000、3c认证
电话号码:0791－3711224
地址:江西省新建县长凌镇长征路639号

国营三六零厂

法人代表:高宏伟
经营范围:c级锅炉,压力容器,人造金刚石钻头,租赁
品牌:庐山
质量标准:ISO9000
电话号码:0791－8212092
地址:南昌市4001#

南昌电容器厂

法人代表:朱立新
经营范围:电解,电热,电力
品牌:天文
质量标准:ISO9000
电话号码:0791－3760810
地址:南昌湾里招贤路573号

南昌市朝阳酿酒厂

法人代表:邓振谈
经营范围:主营酱油,兼营醋、料酒、酱类
品牌:孔雀、丰收
质量标准:ISO9000
电话号码:0791－6597684
地址:南昌市抚生路万富寺6号

南昌正大畜禽有限公司

法人代表:魏云龙
经营范围:饲料、鸡苗
品牌:滕王阁牌
质量标准:
电话号码:0791－3805035
地址:江西南昌经济技术开发区蛟桥

江西建筑材料机械厂

法人代表:徐耀勇
经营范围:水泥设备
品牌:
质量标准:
电话号码:0791－5712434
地址:南昌县莲塘镇南井路355号

南昌水文印刷厂

法人代表:张志军
经营范围:零件印刷,复印,打字,过塑
品牌:
质量标准:
电话号码:0791－6409026
地址:南昌站前西路329号

江西电炉厂

法人代表:许荣龙
经营范围:工业电炉
品牌:江西
质量标准:
电话号码:0791－3764358
地址:南昌市湾里幸福路248号

江西印刷集团公司

法人代表:熊贤祥
经营范围:包装、印刷、纸箱、加工
品牌:
质量标准:
电话号码:0179－6405864
地址:江西省南昌市西湖区站前西路121号

江西黑五类食品有限公司

法人代表:刘志剑
经营范围:食品制造。销售
品牌:南方食品
质量标准:
电话号码:0791－8101855
地址:南昌高薪开发火炬一路11号

江西金峰电子科技有限公司

法人代表:聂剑
经营范围:无线电工具;电子器件
品牌:
质量标准:ISO9000
电话号码:0791－8171735
地址:江西省南昌市42#

江西采矿机械厂

法人代表:蔡金平
经营范围:矿山工程机械,机械加工
品牌:青云
质量标准:
电话号码:0791－5211892
地址:南昌市迎宾大道755号

南昌市进贤县石棉制品厂

法人代表:刘桂花
经营范围:石棉水泥瓦,石棉制品
品牌:岚湖牌
质量标准:
电话号码:0791－5663591
地址:进贤县南门路182号

江西利得轮胎实业有限公司

法人代表:熊衍保
经营范围:轮胎加工,橡胶制品,建筑材料
品牌:
质量标准:
电话号码:0791－6572086
地址:南昌市桃花路443号

江西方向机厂

法人代表:乐建华
经营范围:汽车配件及工矿配件转向器
品牌:
质量标准:ISO9000
电话号码:0791－3977434
地址:南昌市昌北

江西泛亚电电缆有限公司

法人代表:黎开榜
经营范围:通信电缆,电话线
品牌:五洲
质量标准:ISO9001
电话号码:0791－3748152
地址:南昌市新建县长征路111号

江西南昌昌碧米业集团有限公司

法人代表:熊成
经营范围:粮食饲料加工,批发。早、中、晚水稻
品牌:昌碧牌
质量标准:
电话号码:0791－5712703
地址:南昌莲塘公园路26号

江西轻型汽车修理厂

法人代表:徐建华
经营范围:轻型汽车修理一级、汽车配件加工、汽车配件零售
品牌:
质量标准:ISO9001
电话号码:0791－5294613
地址:江西轻型汽车修理厂

南昌市调味品总公司

法人代表:徐永辉
经营范围:酱油、酱类
品牌:
质量标准:
电话号码:0791－8200274
地址:南昌市解放西路140号

江西省电力设备总厂

法人代表:张建国
经营范围:水泥电杆,电厂电站辅机,电料电器
品牌:
质量标准:
电话号码:0791－8367753
地址:南昌市罗家集

南昌江南化工厂

法人代表:胡维加
经营范围:发用类化妆品
品牌:
质量标准:ISO9000
电话号码:0791－8103574
地址:南昌青山湖大道48号

江西阳光乳业有限公司

法人代表:胡霄云
经营范围:1956乳制品、饮料、百货
品牌:天天阳光
质量标准:ISO9000
电话号码:0791－5278434
地址:南昌市岱山东路1号

江西永安铆钉有限公司

法人代表:武金和
经营范围:铆钉系列,五金制品,汽车农机配件
品牌:永安牌
质量标准:GS900
电话号码:0791－5548818
地址:进贤县温圳镇环行路

江西洪都钢厂

法人代表:钟红
经营范围:钢材
品牌:洪字牌
质量标准:ISO9001－2000
电话号码:0791－8331804
地址:南昌市北京东路138号

江西李渡烟花集团有限公司

法人代表:邓庆茂
经营范围:烟花,卫生器材,医疗器械,玻璃材料
品牌:李渡牌
质量标准:
电话号码:0791－5638313
地址:进贤县李渡镇李渡大道2号

江西新雷精密机械厂

法人代表:左保根
经营范围:机床附件、传感器、仪器
品牌:
质量标准:
电话号码:0791－3815830
地址:江西省南昌市1302信箱

江西泓泰企业集团有限公司

法人代表:陈猛
经营范围:生产销售铝塑板
品牌:雅丽泰
质量标准:ISO9000
电话号码:0791－8161999
地址:南昌高薪开发区高新六路116号

江西省供电有限公司

法人代表:蔡小平
经营范围:电力供应,线路架设,维护
品牌:
质量标准:
电话号码:0791－5663993
地址:江西南昌市进贤民和镇进贤大道609号

南昌印钞厂

法人代表:尹炳贵
经营范围:人民币印刷
品牌:
质量标准:ISO9000、OHSAS18001
电话号码:0791－5275549
地址:南昌岱山东路9号

南昌顺心食品有限公司

法人代表:闵翠龙
经营范围:食品、炒货、果品、饮料、制造、加工
品牌:
质量标准:3c认证
电话号码:0791－8174118
地址:南昌市昌峡大道3号

江西油脂化工有限公司

法人代表:蔡永建
经营范围:食用植物油加工和洗涤用品
品牌:
质量标准:
电话号码:0791－8812435
地址:南昌市青山南路278号

南昌大众印染总厂

法人代表:顾小平
经营范围:生产,销售,印染,缝纫线
品牌:白鸽牌
质量标准:
电话号码:0791－8213826
地址:南昌市解放西路454号

江西长征机械厂

法人代表:孙国庆
经营范围:金属气灌,机械制造产品
品牌:菊花
质量标准:ISO9000
电话号码:0791-3220756
地址:南昌市110#

江西华思特服装有限责任公司

法人代表:傅廷基
经营范围:生产,加工经营出口服装,皮制品
品牌:斗牛
质量标准:ISO9000
电话号码:0791-3853998
地址:南昌昌北庐山南大道553号

南昌达尔曼饰品制造有限公司

法人代表:骆尚峰
经营范围:金银珠宝、钻石加工,工艺品,包装加工
品牌:
质量标准:ISO9002
电话号码:0791-3850839
地址:南昌市庐山南大道217号

江西国药有限责任公司

法人代表:邓跃华
经营范围:化学药品原料工业
品牌:赣鹰
质量标准:GMP FOA
电话号码:0791-5985831
地址:南昌小兰工业园国药大道888号

江西摩托制动器有限公司

法人代表:葛彬昌
经营范围:摩托车刹车,教学仪器
品牌:
质量标准:ISO9000
电话号码:0791-8691483
地址:南昌市青山湖北大道

南昌迪欧家具实业有限公司

法人代表:黄寿金
经营范围:家具加工
品牌:迪欧
质量标准:ISO9000
电话号码:0791-3897788
地址:南昌经济技术开发区麦庐大道

南昌煤制品有限公司

法人代表:张耀南
经营范围:煤炭,焦煤,煤制品,润滑油,化工产品
品牌:
质量标准:
电话号码:0791-8626827
地址:南昌佘山路98号

南昌水泥压力管厂

法人代表:章明
经营范围:输水管,排气管
品牌:敢江牌
质量标准:
电话号码:0791-6511864
地址:西湖区朝阳中路79号

江西三和电力股份有限公司

法人代表:任德清
经营范围:水力发电
品牌:
质量标准:
电话号码:0791-6815318
地址:南昌市下正街27号

南昌旋耕机厂

法人代表:王圣春
经营范围:机械制造
品牌:春翔
质量标准:ISO9001,CAM
电话号码:0791-5711269
地址:南昌县莲塘五一路354号

洪都集团有限责任公司

法人代表:田民
经营范围:航空产品,摩托车,高尔夫车,电动自行车,造纸机械
品牌:
质量标准:ISO9000
电话号码:0791-8467685
地址:南昌5001#计划部

江西凯利染织有限公司

法人代表:何景德
经营范围:生产和销售各种规格的牛仔布
品牌:
质量标准:
电话号码:0791-5213244
地址:南昌迎宾大道693号

南昌市梅氏食品有限公司

法人代表:梅长霞
经营范围:蛋类加工,销售,粮油副食品,农村土特产
品牌:梅氏
质量标准:
电话号码:0791-5294896
地址:南昌市青云谱石马村朱桥

汇仁集团有限公司

法人代表:陈年代
经营范围:中成药,化学药品制剂,中药材,保健品
品牌:汇仁
质量标准:
电话号码:0791-8161983
地址:南昌市高新开发区火炬大街628号

江西造船有限责任公司

法人代表:程宗顺
经营范围:内河和沿海各种船舶的制造加工,机械加工
品牌:
质量标准:ISO9000
电话号码:0791-6513621
地址:南昌市滨江南路

南昌第一电子器材厂

法人代表:曹义忠
经营范围:电子开关,铜钉座,机械制造
品牌:
质量标准:1
电话号码:0791-3800741
地址:南昌市郊桥

江西新华印刷厂

法人代表:余三保
经营范围:书,报,印刷业
品牌:
质量标准:ISO9000
电话号码:0791-6262021
地址:江西省南昌市西湖区丁公路120号

南昌塑料八厂

法人代表:袁辉龙
经营范围:
品牌:
质量标准:
电话号码:0791-5231400
地址:南昌市青云谱京山北路50号

江西3L医用制品集团有限公司

法人代表:李清
经营范围:产销医疗器械
品牌:3L
质量标准:ISO9000、CE认证
电话号码:0791-8101088
地址:南昌高新开发区火炬大道599号

江西赣江机械厂

法人代表:朱民
经营范围:摩托车,电动自行车
品牌:金冠,全顺达
质量标准:1
电话号码:0791-8224826
地址:南昌上海路101号64#

江西红新医疗机械有限公司

法人代表:周国明
经营范围:一次性医疗用品
品牌:
质量标准:CE 认证
电话号码:0791 - 5620886
地址:进贤医疗机械工业园8#

江西仪器厂

法人代表:杨建勤
经营范围:语言电教设备,电子设备,电子仪器
品牌:
质量标准:ISO9000
电话号码:0791 - 3808085
地址:南昌市下罗大道13号

江西新华东方包装有限公司

法人代表:余三保
经营范围:瓦楞纸箱,瓦楞纸板
品牌:
质量标准:
电话号码:0791 - 8110228
地址:南昌高新开发区高新五路

南昌湾里供电有限公司

法人代表:熊冬生
经营范围:供电管理,电力营销
品牌:
质量标准:
电话号码:0791 - 3762191
地址:南昌湾里幸福路362号

江西江中医药包装厂

法人代表:邓林伟
经营范围:包装材料
品牌:
质量标准:GMP 认证
电话号码:0791 - 6531042
地址:南昌市抚生路21号

江西赣发农机制造有限公司

法人代表:王金保
经营范围:生产销售农机化机具,农机产品
品牌:
质量标准:
电话号码:0791 - 5759919
地址:南昌市南#路97号

江西省邮政机械厂

法人代表:鲁启环
经营范围:邮政通讯设备改装与维修
品牌:
质量标准:
电话号码:0791 - 3849382
地址:南昌市麦园

江西消防器材一厂

法人代表:吴国兴
经营范围:消防器材制造,销售,维修
品牌:
质量标准:ISO9000
电话号码:0791 - 5548288
地址:进贤县泉岭街302号

江西江中饮料厂

法人代表:徐修行
经营范围:饮料,食品
品牌:江中
质量标准:
电话号码:0791 - 6531042
地址:南昌抚生路21号

南昌长青药用制品有限公司

法人代表:何英津
经营范围:生产销售医药包装用品
品牌:
质量标准:
电话号码:0791 - 3069204
地址:南昌市新祺周长青药用有限公司

江西变压器科技股份有限公司

法人代表:林庆农
经营范围:变压器、电站锅炉、电缆、和 其他输电设备
品牌:乐群
质量标准:ISO9000
电话号码:0791 - 3825021
地址:南昌变压器科技股份有限公司

南昌氯碱总厂

法人代表:齐龙华
经营范围:基础化工原料制造业
品牌:洪城牌
质量标准:
电话号码:0791 - 8101483
地址:南昌市市郊潘坊

江西江中日化厂

法人代表:易敏之
经营范围:化妆品
品牌:
质量标准:
电话号码:0791 - 6514815
地址:南昌市抚生路21号

江西龙成制衣厂

法人代表:虞雍伯
经营范围:服装加工
品牌:
质量标准:
电话号码:0791 - 3715064
地址:南昌新建龙成制衣厂

江西华安针织总厂

法人代表:胡立新
经营范围:棉,化纤制品
品牌:
质量标准:
电话号码:0791 - 8331710
地址:南昌上海北路445号

江西省建工集团公司

法人代表:周衍绪
经营范围:房屋建筑
品牌:
质量标准:
电话号码:0791 - 6224205
地址:北京西路176号

江西光明英雄乳业股份有限公司

法人代表:席德三
经营范围:奶粉,液态奶,饲料
品牌:英雄,光明
质量标准:ISO9000
电话号码:0791 - 3975169
地址:江西光明英雄股份有限公司

南昌耐林自动有限公司

法人代表:张小军
经营范围:软件开发,自动化体系
品牌:
质量标准:
电话号码:0791 - 8108702
地址:南昌高新开发金庐软件海外大厦二楼

江西赣能股份有所公司

法人代表:姚迪明
经营范围:发电,节能项目开发,粉煤灰综合利用
品牌:
质量标准:
电话号码:0791 - 8102329
地址:南昌高新火炬大街199号

江西省机械施工公司

法人代表:廖长生
经营范围:建设项目的机械施工
品牌:
质量标准:
电话号码:0791 - 8333046
地址:北京东路356号

江西省建筑安装工程公司

法人代表:魏有辉
经营范围:设备安装业
品牌:
质量标准:
电话号码:0791－8326552
地址:北京东路298号

江西省工业设备安装公司

法人代表:卢根水
经营范围:线路管道设备安装
品牌:
质量标准:
电话号码:0791－8313753
地址:北京东路42号

江西省地质工程总公司

法人代表:杨建林
经营范围:建筑
品牌:
质量标准:
电话号码:0791－6114291
地址:丁公路12号

江西有色冶金建设公司

法人代表:曾祥青
经营范围:土木工程建筑业
品牌:
质量标准:
电话号码:0791－5294836
地址:南莲路451号

江西省第三建筑有限责任公司

法人代表:毛德根
经营范围:房屋建筑工程
品牌:
质量标准:
电话号码:0791－8443146
地址:洪都南大道108号

江西华昌基建工程有限公司

法人代表:王长和
经营范围:基础工程建筑公路
品牌:
质量标准:
电话号码:0791－5201554
地址:三店西路198号

江西有色工程有限公司

法人代表:崔国华
经营范围:公路工程施工
品牌:
质量标准:
电话号码:0791－6640797
地址:抚河北路253号

江西金牛建筑工程公司

法人代表:王海欣
经营范围:土木建筑
品牌:
质量标准:
电话号码:0791－3975953
地址:青岚村

江西省第二建筑工程公司

法人代表:刘守国
经营范围:房屋建筑
品牌:
质量标准:
电话号码:0791－5219764
地址:建设路177号

江西省工业民用建筑工程公司

法人代表:刘爱军
经营范围:土木工程建筑业
品牌:
质量标准:
电话号码:0791－5212680
地址:建设路177号

江西省火电建设公司

法人代表:罗建国
经营范围:电力设备安装
品牌:
质量标准:
电话号码:0791－5239755
地址:井冈山大道2号

南昌铁路第二建筑工程公司

法人代表:邱敏
经营范围:工业及民用建筑
品牌:
质量标准:
电话号码:0791－7026637
地址:铁路五村69栋

江西省龙式建筑开发集团公司

法人代表:苏建安
经营范围:工民建工程施工
品牌:
质量标准:
电话号码:0791－6264181
地址:北京西路省府大院东四路023号

江西省邮电建设工程局

法人代表:罗敬葵
经营范围:邮电工程勘察设计安装
品牌:
质量标准:
电话号码:0791－8211758
地址:解放西路139号

江西省房屋建筑装饰工程公司

法人代表:方振汉
经营范围:土木工程建筑
品牌:
质量标准:
电话号码:0791－6221406
地址:北京西路182号

省交通厅航务管理局港航工程处

法人代表:胡敬党
经营范围:中小型港口船厂内河
品牌:
质量标准:
电话号码:0791－6422401
地址:前进路49号

江西省第一建筑有限责任公司

法人代表:陈仁华
经营范围:工业与民用建筑
品牌:
质量标准:
电话号码:0791－5212515
地址:何坊西路24号

江西省第一房屋建筑公司

法人代表:曾祥云
经营范围:房屋建筑业
品牌:
质量标准:
电话号码:0791－5216954
地址:沿江南路136号

江西省第四建筑工程公司

法人代表:宋国雄
经营范围:房屋建筑
品牌:
质量标准:
电话号码:0791－6411921
地址:建设路288号

江西省建华装璜有限责任公司

法人代表:彭忠凯
经营范围:室内外装饰装横工程
品牌:
质量标准:
电话号码:0791－6490725
地址:建设路227号

江西南方建筑装璜配套公司

法人代表:粟立民
经营范围:装修装饰业
品牌:
质量标准:
电话号码:0791－6617988
地址:沿江中路98号

江西建工装潢公司

法人代表:徐锦刚
经营范围:建筑装饰装修
品牌:
质量标准:
电话号码:0791－6225535
地址:北京西路176号

江西省发达建筑工程公司

法人代表:徐海清
经营范围:土木工程建筑
品牌:
质量标准:
电话号码:0791－6117178
地址:站南路29号

江西省古典园林建设工程公司

法人代表:张绪信
经营范围:园林工程
品牌:
质量标准:
电话号码:0791－6250283
地址:省政府大院104号

省昌发预应力综合建筑工程公司

法人代表:李志群
经营范围:预应力技术开发综合
品牌:
质量标准:
电话号码:0791－6260644
地址:省政府大院67栋

省康盛广告装饰工程有限公司

法人代表:包秋胜
经营范围:建筑装饰装修
品牌:
质量标准:
电话号码:0791－8509875
地址:南京西路555号

江西省华侨建筑装饰工程总公司

法人代表:杜锋
经营范围:装修装饰业
品牌:
质量标准:
电话号码:0791－8518824
地址:北京西路513号

江西三洲装饰设计工程有限公司

法人代表:薛小平
经营范围:建筑装饰
品牌:
质量标准:
电话号码:0791－6228236
地址:省府大院北二路68号

省铁路燃气工程安装技术开发中心

法人代表:步建荣
经营范围:管道安装
品牌:
质量标准:
电话号码:0791－7024290
地址:天佑路36号

江西省建新建筑工程有限公司

法人代表:魏德福
经营范围:房屋建筑
品牌:
质量标准:
电话号码:0791－8505695
地址:南昌市文教路170号

江西医药建筑工程公司

法人代表:涂金山
经营范围:建筑施工三级
品牌:
质量标准:
电话号码:0791－8222888
地址:解放西路80号

江西省国利建筑工程有限公司

法人代表:张国仔
经营范围:房屋建筑工程
品牌:
质量标准:
电话号码:0791－6493258
地址:井冈山大道928号

江西经贸设备安装公司

法人代表:杨志平
经营范围:设备安装
品牌:
质量标准:
电话号码:0791－6807674
地址:爱国路144号

江西省丰和营造有限公司

法人代表:揭保如
经营范围:房屋建筑业
品牌:
质量标准:
电话号码:0791－3856632
地址:红谷滩丰和大道龙腾大厦2楼

江西金昌岩土工程公司

法人代表:蔡家齐
经营范围:地基基础工程施工
品牌:
质量标准:
电话号码:0791－6271319
地址:八一大道1号

江西省水利岩土工程服务中心

法人代表:朱必荣
经营范围:堤防工程施工
品牌:
质量标准:
电话号码:0791－8336534
地址:北京东路386号

江西新星建筑装饰工程公司

法人代表:张金保
经营范围:建筑装饰
品牌:
质量标准:
电话号码:0791－6351260
地址:丁公路

省美华建筑装饰工程有限公司

法人代表:汤瑞兴
经营范围:建筑装饰装修工程施工
品牌:
质量标准:
电话号码:0791－6491852
地址:井冈山大道928号901室

江西中强霓虹装饰工程公司

法人代表:李永平
经营范围:霓虹灯
品牌:
质量标准:
电话号码:0791－6371809
地址:二七北路31号

江西方兴科技有限公司

法人代表:邓保华
经营范围:高等级公路交通机电
品牌:
质量标准:
电话号码:0791－6532505
地址:洪城路508号

江西林业建筑装璜工程中心

法人代表:喻筱莲
经营范围:装饰业
品牌:
质量标准:
电话号码:0791-6251701
地址:丁公路158号2楼

省人防建筑装璜工程有限公司

法人代表:王鸿凯
经营范围:装修
品牌:
质量标准:
电话号码:0791-6213533
地址:北京西路5号

省粤昌装饰设计工程有限公司

法人代表:苏子泉
经营范围:装修装饰业
品牌:
质量标准:
电话号码:0791-8319999
地址:南京东路2号湖滨花苑三楼

江西省开明电力实业公司

法人代表:丁建
经营范围:电力设备安装
品牌:
质量标准:
电话号码:0791-6812989
地址:下正街27号

江西赣江交通设施厂

法人代表:徐立红
经营范围:安装
品牌:
质量标准:
电话号码:0791-3800355
地址:下罗

江西蓝星化工有限公司

法人代表:王志峰
经营范围:化工产品开发、销售
品牌:
质量标准:
电话号码:0791-8105206
地址:火炬大街75号

江西江铃建业发展有限公司

法人代表:肖梅英
经营范围:建筑业
品牌:
质量标准:
电话号码:0791-8461076
地址:迎宾大道509号

南昌长江建筑装饰工程公司

法人代表:李耀辉
经营范围:装饰装修
品牌:
质量标准:
电话号码:0791-8451361
地址:洪都大院

江西省基础建筑工程有限公司

法人代表:章荣根
经营范围:桩基基础工程
品牌:
质量标准:
电话号码:0791-6200464
地址:北京西路182号

省地基基础建筑工程有限公司

法人代表:吴来文
经营范围:建设基础施工
品牌:
质量标准:
电话号码:0791-2173889
地址:文教路170号

江西高新能源开发有限公司

法人代表:陈六清
经营范围:建筑装饰
品牌:
质量标准:
电话号码:0791-8111765
地址:火炬大街68号

南昌金昌装饰设计工程公司

法人代表:周小平
经营范围:建筑装饰施工
品牌:
质量标准:
电话号码:0791-6284983
地址:八一大道1号

江信国际装璜广告工程有限公司

法人代表:熊爱民
经营范围:装璜广告
品牌:
质量标准:
电话号码:0791-6304562
地址:北京西路88号

江西省交通工程集团公司

法人代表:刘仁达
经营范围:公路开发经营调整公路
品牌:
质量标准:
电话号码:0791-6277309
地址:广场南路136号

南昌道桥工程总公司

法人代表:李跃华
经营范围:市政工程
品牌:
质量标准:
电话号码:0791-6162007
地址:北京西路182号

南昌市民用建筑工程公司

法人代表:章生才
经营范围:房屋建筑业
品牌:
质量标准:
电话号码:0791-6257016
地址:八一大道135号

泰豪科技股份有限公司

法人代表:陆致成
经营范围:建筑智能化工程
品牌:
质量标准:
电话号码:0791-8112173
地址:高新开发区泰大厦五楼

江西路达工程有限公司

法人代表:饶美生
经营范围:公路工程
品牌:
质量标准:
电话号码:0791-6115052
地址:洛阳路128号

南昌市凯华建筑公司

法人代表:冯常春
经营范围:房屋建筑
品牌:
质量标准:
电话号码:0791-6532714
地址:桃苑住宅一区21A

南昌铁路装卸机械安装修配厂

法人代表:郭星明
经营范围:设备安装
品牌:
质量标准:
电话号码:0791-7028498
地址:洛阳路一号

南昌美佳丽装饰工程公司

法人代表:刘保刚
经营范围:室内外装饰装璜工程
品牌:
质量标准:
电话号码:0791－8102379
地址:南昌高新区物业片团

南昌市第二民用建筑工程公司

法人代表:王子末
经营范围:房屋建筑业
品牌:
质量标准:
电话号码:0791－6642051
地址:棉花巷39号

江西省南昌市第七建筑公司

法人代表:丁发水
经营范围:建筑安装
品牌:
质量标准:
电话号码:0791－6510151
地址:朝阳洲万福寺7号

省公路管理局交通工程公司

法人代表:饶美生
经营范围:标志牌
品牌:
质量标准:
电话号码:0791－6243591
地址:洛阳路128号

南昌铁路建筑工程公司

法人代表:刘凯
经营范围:房屋建筑
品牌:
质量标准:
电话号码:0791－6110683
地址:二七南路116号

南昌市第五建筑安装工程公司

法人代表:熊和平
经营范围:房屋建筑业
品牌:
质量标准:
电话号码:0791－6224706
地址:永叔路10号

南昌市水利电力建设公司

法人代表:杨三桂
经营范围:水利设施建设
品牌:
质量标准:
电话号码:0791－6592502
地址:上新洲101号

江西省滨江建筑工程公司

法人代表:章立
经营范围:建筑
品牌:
质量标准:
电话号码:0791－8822168
地址:爱国路216号

江西省水电工程局

法人代表:陈大清
经营范围:房屋建筑业
品牌:
质量标准:
电话号码:0791－5227217
地址:南莲路138号

南昌市第三建筑工程公司

法人代表:刘之建
经营范围:建筑工程施工
品牌:
质量标准:
电话号码:0791－6795825
地址:象山北路195号

南昌市市政建设公司

法人代表:毛顺茂
经营范围:修建道路
品牌:
质量标准:
电话号码:0791－8638039
地址:洪都北大道337号

南昌通源实业总公司

法人代表:阮先创
经营范围:110KV以下电力设备安
品牌:
质量标准:
电话号码:0791－8641011
地址:叠山路211号

南昌市劳动建筑工程公司

法人代表:黄建忠
经营范围:房屋建筑施工
品牌:
质量标准:
电话号码:0791－6839245
地址:系马桩干家后巷3号

中国南昌对外工程总公司

法人代表:赵光华
经营范围:土木工程
品牌:
质量标准:
电话号码:0791－6829166
地址:叠山路113号

南昌市第一建筑工程公司

法人代表:李佰强
经营范围:房屋建筑业
品牌:
质量标准:
电话号码:0791－6624467
地址:孺子路260号

南昌电力广告装饰工程公司

法人代表:雷迅
经营范围:室内外装修
品牌:
质量标准:
电话号码:0791－6249268
地址:叠山路316号

南昌市第八建筑工程公司

法人代表:贾荣华
经营范围:土木工程建筑(房屋)
品牌:
质量标准:
电话号码:0791－6593562
地址:西河滩

南昌市市政工程开发有限公司

法人代表:幸杰锋
经营范围:市政工程
品牌:
质量标准:
电话号码:0791－6373571
地址:南京西路389号

南昌市第二建筑工程公司

法人代表:杜小红
经营范围:土木建筑业
品牌:
质量标准:
电话号码:0791－6265767
地址:系马桩街408号

南昌昌福建筑工程公司

法人代表:赵建俊
经营范围:装饰
品牌:
质量标准:
电话号码:0791－6371611
地址:二七北路169号

南昌市昌北建筑工程公司

法人代表:涂冰武
经营范围:土石方工程
品牌:
质量标准:
电话号码:0791－3806817
地址:瀛上189号

南昌市西湖建筑工程公司

法人代表:吴华
经营范围:建筑业
品牌:
质量标准:
电话号码:0791－6263734
地址:羊子街178号

南昌市青云谱区三店建筑工程队

法人代表:胡爱珍
经营范围:土建工程
品牌:
质量标准:
电话号码:0791－6217604
地址:井岗山大道338号

南昌市青山湖区第二建筑工程公司

法人代表:万军
经营范围:房屋建筑安装维修
品牌:
质量标准:
电话号码:0791－8103276
地址:青山湖大道188号

南昌市房屋建筑综合工程公司

法人代表:刘凡村
经营范围:房屋建筑业
品牌:
质量标准:
电话号码:0791－6300119
地址:戴家路62号

南昌市西湖房建修建公司

法人代表:胡建明
经营范围:房屋建筑业
品牌:
质量标准:
电话号码:0791－6632442
地址:船山路13号

南昌市第四建筑工程公司

法人代表:章云华
经营范围:建筑
品牌:
质量标准:
电话号码:0791－5219294
地址:井冈山大道248号

南昌市第九建筑工程公司

法人代表:邓国保
经营范围:房屋建筑施工
品牌:
质量标准:
电话号码:0791－8513048
地址:新魏路11号

南昌赣电工业设备安装工程公司

法人代表:胡克助
经营范围:机电安装
品牌:
质量标准:
电话号码:0791－8232576
地址:江西省南昌市工人新村解放西路130号

西湖交通建筑装饰工程处

法人代表:张勇林
经营范围:装饰工程
品牌:
质量标准:
电话号码:0791－8201104
地址:工人新村二路10号

南昌市湾里区建筑工程公司

法人代表:刘端正
经营范围:建筑安装
品牌:
质量标准:
电话号码:0791－3760770
地址:工农路2号

南昌市第六建筑工程公司

法人代表:熊金平
经营范围:建筑业
品牌:
质量标准:
电话号码:0791－8513047
地址:南昌市文教中路102号

南昌市西湖区开利设备安装公司

法人代表:肖永平
经营范围:锅炉水利机电安装
品牌:
质量标准:
电话号码:0791－6262983
地址:大井头6号

市洪城房屋建筑工程总公司

法人代表:李士彦
经营范围:建筑维修
品牌:
质量标准:
电话号码:0791－6625267
地址:都司前90号

南昌通信工程有限责任公司

法人代表:唐国柱
经营范围:管道安装
品牌:
质量标准:
电话号码:0791－5234762
地址:迎宾大道259号

青山湖区第三建筑工程公司

法人代表:邓玉明
经营范围:房屋建筑
品牌:
质量标准:
电话号码:0791－8107818
地址:罗家集街

南昌市赣昌建筑工程公司

法人代表:喻健根
经营范围:建筑业
品牌:
质量标准:
电话号码:0791－6612479
地址:船山路322号

南昌市新航建筑工程公司

法人代表:魏元根
经营范围:建筑
品牌:
质量标准:
电话号码:0791－5243252
地址:何坊东路50号

南昌市昌北第一建筑工程公司

法人代表:吴定江
经营范围:房屋建筑
品牌:
质量标准:
电话号码:0791－3811598
地址:下罗村

青山湖区第四建筑工程公司

法人代表:王水银
经营范围:建筑业
品牌:
质量标准:
电话号码:0791－6573240
地址:抚生中路

青山湖区房屋建筑工程公司

法人代表:谢小青
经营范围:房屋建筑
品牌:
质量标准:
电话号码:0791－6362628
地址:南京西路37号

江西中恒建设集团公司

法人代表:聂志利
经营范围:房屋建筑
品牌:
质量标准:
电话号码:0791－6648385
地址:向阳路516号

南昌县第四建筑工程公司

法人代表:范根水
经营范围:房屋建筑
品牌:
质量标准:
电话号码:0791－5801018
地址:尤口街

南昌县第八建筑工程公司

法人代表:罗运真
经营范围:房屋建筑
品牌:
质量标准:
电话号码:0791－5712293
地址:莲塘南井路1号

青山湖区建筑工程联合总公司

法人代表:胡强平
经营范围:建筑
品牌:
质量标准:
电话号码:0791－8521764
地址:文教路111号

江西嘉业建设工程集团公司

法人代表:曾金保
经营范围:房屋工程建筑
品牌:
质量标准:
电话号码:0791－5712581
地址:市场北巷13号

南昌县麻丘镇建筑工程公司

法人代表:闵福泉
经营范围:房屋建筑业
品牌:
质量标准:
电话号码:0791－5952888
地址:麻丘村

南昌县第五建筑工程公司

法人代表:万木才
经营范围:建筑施工
品牌:
质量标准:
电话号码:0791－5278068
地址:塔城街

江西省赣抚平原建筑工程公司

法人代表:胡历培
经营范围:水利水电工程施工
品牌:
质量标准:
电话号码:0791－5712856
地址:通站路13号

南昌县第十建筑工程公司

法人代表:黄润苟
经营范围:房屋建筑业
品牌:
质量标准:
电话号码:0791－6212235
地址:泾口街

江西昌厦建设工程集团公司

法人代表:邓水根
经营范围:土建
品牌:
质量标准:
电话号码:0791－5036536
地址:通站路10号

南昌县第七建筑工程公司

法人代表:蔡根如
经营范围:房屋建筑业
品牌:
质量标准:
电话号码:0791－5101065
地址:大街街

南昌县第十二建筑工程公司

法人代表:高建国
经营范围:房屋建筑
品牌:
质量标准:
电话号码:0791－6420206
地址:幽兰镇

江西洪宇建设工程集团公司

法人代表:龚炳辉
经营范围:房屋建筑业
品牌:
质量标准:
电话号码:0791－5719790
地址:五一路331号

南昌县第十一建筑工程公司

法人代表:应雪根
经营范围:房屋建筑业
品牌:
质量标准:
电话号码:0791－5861033
地址:蒋巷街

江西省送变电实业公司

法人代表:余连华
经营范围:输变电工程施工
品牌:
质量标准:
电话号码:0791－5719164
地址:斗柏路081号

江西省水利水电建设总公司

法人代表:胡任保
经营范围:堤坝电站
品牌:
质量标准:
电话号码:0791－6829368
地址:沿江北路156号

南昌县塘南镇建筑工程公司

法人代表:罗文保
经营范围:房屋建筑业
品牌:
质量标准:
电话号码:0791－5831278
地址:柘林街

南昌县广阳建筑工程公司

法人代表:罗春根
经营范围:房屋建筑业
品牌:
质量标准:
电话号码:0791－8523658
地址:广福街

南昌县房屋建筑工程公司

法人代表:吴海付
经营范围:房屋建筑
品牌:
质量标准:
电话号码:0791－5711230
地址:公园路68号

江西省新建县第二建筑公司

法人代表:刘根水
经营范围:房屋建筑
品牌:
质量标准:
电话号码:0791－3752241
地址:茶山路2号

新建县通达建筑公司

法人代表:陈曾家
经营范围:工业与民用建筑
品牌:
质量标准:
电话号码:0791－3702869
地址:新建大道239号

江西进贤第三建筑工程公司

法人代表:吴金海
经营范围:土木工程
品牌:
质量标准:
电话号码:0791－5653678
地址:进贤大道11号

江西省送变电建设公司

法人代表:何友农
经营范围:输变电工程施工
品牌:
质量标准:
电话号码:0791－5990078
地址:斗柏路81号

江西赣江建筑安装公司

法人代表:黄焕生
经营范围:三级房建承包
品牌:
质量标准:
电话号码:0791－3710310
地址:前卫路012号

江西省安义县建筑工程公司

法人代表:付胜
经营范围:房屋建筑安装
品牌:
质量标准:
电话号码:0791－3422127
地址:南门路57号

江西省宏顺建筑工程公司

法人代表:樊考顺
经营范围:房屋工程建筑
品牌:
质量标准:
电话号码:0791－6109728
地址:架桥街

江西省矿山隧道建设总公司

法人代表:管恒耀
经营范围:矿山建筑业
品牌:
质量标准:
电话号码:0791－8338274
地址:北京东路23号

南昌市北郊建筑公司

法人代表:罗来志
经营范围:建筑
品牌:
质量标准:
电话号码:0791－3702928
地址:新建大道

安义县第五建筑工程公司

法人代表:王习墅
经营范围:建筑安装
品牌:
质量标准:
电话号码:0791－3422199
地址:人民路128号

进贤县第五建筑工程公司

法人代表:廖耀清
经营范围:土木工程建筑
品牌:
质量标准:
电话号码:0791－5650771
地址:大塘村

南昌汇沧工程实业有限公司

法人代表:徐烈群
经营范围:建筑安装业
品牌:
质量标准:
电话号码:0791－8313876
地址:阳阳路171号

新建县第三建筑公司

法人代表:胡协友
经营范围:民用建筑
品牌:
质量标准:
电话号码:0791－3752355
地址:立新路108号

江西省进贤县第二建筑公司

法人代表:姜苏如
经营范围:土木建筑安装
品牌:
质量标准:
电话号码:0791－5663854
地址:进贤大道433号

进贤县供销建筑工程公司

法人代表:焦自强
经营范围:建筑业
品牌:
质量标准:
电话号码:0791－5664531
地址:民和镇

江西恒发建筑工程有限公司

法人代表:万清华
经营范围:建筑施工
品牌:
质量标准:
电话号码:0791－8187737
地址:青山湖大道100号

江西省国营桑海建筑工程公司

法人代表:朱龙江
经营范围:房屋建筑
品牌:
质量标准:
电话号码:0791－3061314
地址:新琪周71号

江西进贤县第一建筑工程公司

法人代表:杨青
经营范围:房屋建筑
品牌:
质量标准:
电话号码:0791－5663046
地址:胜利中路22号

进贤县建筑装饰公司

法人代表:姜苏如
经营范围:土木建筑装饰
品牌:
质量标准:
电话号码:0791－5663883
地址:胜利中路20号

江西桥梁工程有限公司

法人代表:曾梅英
经营范围:公路桥梁
品牌:
质量标准:
电话号码:0791－6491151
地址:站前西路289号三星大厦A座1501室

南昌市克岩特种桩基工程公司

法人代表:刘堂源
经营范围:房屋建筑拓基检测
品牌:
质量标准:
电话号码:0791－6283054
地址:福州路90号

南昌新颖装饰机电消防工程公司

法人代表:黄华
经营范围:消防设备安装
品牌:
质量标准:
电话号码:0791－6397321
地址:南京西路277号

江西伟谊装饰工程有限公司

法人代表:马加宁
经营范围:建筑装饰装修
品牌:
质量标准:
电话号码:0791－8591888
地址:湖滨南路2号

江西省路桥工程有限公司

法人代表:董世敏
经营范围:公路桥梁施工
品牌:
质量标准:
电话号码:0791－6494622
地址:井岗山大道1058号

江西江联设备安装有限公司

法人代表:欧阳军
经营范围:工业设备安装
品牌:
质量标准:
电话号码:0791－5236797
地址:青云谱区迎宾大道913号

省交通厅航备管理局疏浚工程处

法人代表:黄卫
经营范围:港口航道施工
品牌:
质量标准:
电话号码:0791－6520951
地址:滨江南路1号

南昌中建机械工程有限公司

法人代表:李国建
经营范围:土石方机械施工工程
品牌:
质量标准:
电话号码:0791－8620465
地址:贤叔路4号

江西科苑建筑装璜工程有限公司

法人代表:李根木
经营范围:建筑装饰
品牌:
质量标准:
电话号码:0791－8511885
地址:文教路170号

南昌市百花洲装饰工程有限公司

法人代表:陈丽秀
经营范围:建筑装饰
品牌:
质量标准:
电话号码:0791－6399860
地址:慧园街25号

江西省公路桥梁工程局

法人代表:凌宏亿
经营范围:公路桥梁工程
品牌:
质量标准:
电话号码:0791－6628355
地址:象山南路22号

江西东方建筑装饰工程有限公司

法人代表:杨峰
经营范围:生产销售建筑装饰材料
品牌:
质量标准:
电话号码:0791－6738713
地址:腾王阁仿古街北侧91号

南昌远大建筑工程有限公司

法人代表:章荣捷
经营范围:建筑工程
品牌:
质量标准:
电话号码:0791－6771792
地址:南昌市北京东路339号

南昌市煤气公司工程处

法人代表:毕必昌
经营范围:燃气工程安装及维修
品牌:
质量标准:
电话号码:0791－8633960
地址:洪都北大道337号

新建县水电建设公司

法人代表:陈渭也
经营范围:房屋建筑
品牌:
质量标准:
电话号码:0791－3752177
地址:长征路380号

江西泰昌建筑装璜工程有限公司

法人代表:张孔劲
经营范围:装饰装璜
品牌:
质量标准:
电话号码:0791－5236198
地址:何坊西路1号

江西保安技术工程有限公司

法人代表:付大庆
经营范围:设计安装
品牌:
质量标准:
电话号码:0791－8513072
地址:洪都北大道258号

江西省第五建筑工程有限公司

法人代表:张国印
经营范围:工业与民用建筑施工
品牌:
质量标准:
电话号码:0791－6490779
地址:井岗山大道1068号

华康建筑安装装璜有限公司

法人代表:魏有辉
经营范围:承接建筑装饰工程
品牌:
质量标准:
电话号码:0791－8333600
地址:北京东路160号

江西省京赐工程有限公司

法人代表:张伦伦
经营范围:市政工程
品牌:
质量标准:
电话号码:0791－6397220
地址:南京西路277号

南昌宏腾装饰工程有限公司

法人代表:黄文辉
经营范围:建筑工程装饰
品牌:
质量标准:
电话号码:0791－6804416
地址:叠山路17号

江西永安消防工程有限公司

法人代表:何汉荣
经营范围:设备安装
品牌:
质量标准:
电话号码:0791－6362057
地址:南京西路205号

江西华强消防安技系统工程公司

法人代表:徐国强
经营范围:设备安装
品牌:
质量标准:
电话号码:0791－6492172
地址:民德路418号

江西福泰建筑装饰工程有限公司

法人代表:周建毅
经营范围:建筑装饰
品牌:
质量标准:
电话号码:0791－6162407
地址:二七南路558号

江西恒大高新技术实业有限公司

法人代表:朱星河
经营范围:其他土木工程
品牌:
质量标准:
电话号码:0791－8327059
地址:高新区

江西宏达工程实业有限公司

法人代表:陈招国
经营范围:建筑业
品牌:
质量标准:
电话号码:0791－6114745
地址:二七南路116号

江西广辰装饰工程有限公司

法人代表:吴文刚
经营范围:建筑装饰业
品牌:
质量标准:
电话号码:0791－6818323
地址:八一大道436号

江西圳昌装饰工程有限公司

法人代表:苏少彬
经营范围:装饰业
品牌:
质量标准:
电话号码:0791－6373888
地址:二七北路98号千花伴BC座三楼

南昌市华泰装饰工程有限公司

法人代表:肖锡镇
经营范围:装饰行业
品牌:
质量标准:
电话号码:0791－6370546
地址:二七南路125号

省巨能净化设备实业有限公司

法人代表:熊小平
经营范围:空调净化设备的安装
品牌:
质量标准:
电话号码:0791－6491768
地址:井岗山大道928号

江西华亨广告装饰实业有限公司

法人代表:支流
经营范围:装饰
品牌:
质量标准:
电话号码:0791－6496311
地址:洪城路2号国贸广场A区1104号

江西龙华建筑装饰工程有限公司

法人代表:邓荣华
经营范围:建筑装饰
品牌:
质量标准:
电话号码:0791－8110188
地址:火炬大街125号

江西省瑞龙建筑防水有限公司

法人代表:余国根
经营范围:建筑防水材料
品牌:
质量标准:
电话号码:0791－5801118
地址:昌东太子殿

江西省赛春江工程有限公司

法人代表:曾岚
经营范围:装修
品牌:
质量标准:
电话号码:0791－6791555
地址:邮政路2号

江西融城建筑装饰工程有限公司

法人代表:林正香
经营范围:建筑装饰工程
品牌:
质量标准:
电话号码:0791－6422288
地址:建设路284号

江西乐金工程有限公司

法人代表:沈明力
经营范围:室风内外装饰工程设计
品牌:
质量标准:
电话号码:0791－8111666
地址:火炬大街江山大厦A座六楼

江西洪安科技有限公司

法人代表:刘启纯
经营范围:消防设施安装
品牌:
质量标准:
电话号码:0791－5236760
地址:建设路20号

江西环艺装潢工程有限公司

法人代表:邓永平
经营范围:建筑装潢、装饰
品牌:
质量标准:
电话号码:0791－8295150
地址:铁路五村69栋

省艺风多媒体技术广告装潢公司

法人代表:刘星雄
经营范围:装璜广告
品牌:
质量标准:
电话号码:0791－6233022
地址:省府大院北二路66号

江西华育实业有限公司

法人代表:谢芸怀
经营范围:中央通风工程
品牌:
质量标准:
电话号码:0791－6227718
地址:象湖街16号

南昌汉普工程有限公司

法人代表:黄俊忠
经营范围:消防设备安装
品牌:
质量标准:
电话号码:0791－6521656
地址:洪城路558号

南昌汇鑫装饰工程有限公司

法人代表:陈金华
经营范围:装修
品牌:
质量标准:
电话号码:0791-8527736
地址:中山路470号

江西省华达建筑工程有限公司

法人代表:陈小玲
经营范围:房屋建筑业
品牌:
质量标准:
电话号码:0791-6524211
地址:桃苑小区稽征大院3栋5单元202室

江西景泰设计装饰工程有限公司

法人代表:陈卫红
经营范围:装饰材料批发
品牌:
质量标准:
电话号码:0791-6891056
地址:市福州路28号奥林匹克大厦17层11号

江西赣基装饰工程有限公司

法人代表:胡彬生
经营范围:装修装饰
品牌:
质量标准:
电话号码:0791-6350485
地址:文教路88号

江西安顺建筑工程有限公司

法人代表:熊来水
经营范围:工民建
品牌:
质量标准:
电话号码:0791-8174518
地址:上海路317号

江西超意装饰工程有限公司

法人代表:周建荣
经营范围:室内装饰
品牌:
质量标准:
电话号码:0791-8528620
地址:洪都北大道45号

江西省昌水建设工程有限公司

法人代表:詹龙和
经营范围:地基工程
品牌:
质量标准:
电话号码:0791-8195009
地址:罗家镇

江西申威建筑装饰工程公司

法人代表:万承润
经营范围:工业与民用建筑工程
品牌:
质量标准:
电话号码:0791-6240274
地址:爱国路134号

江西华赣消防工程有限公司

法人代表:陈国强
经营范围:安装工程
品牌:
质量标准:
电话号码:0791-2808907
地址:广场北路166号

江西气龙消防工程有限公司

法人代表:李晓霞
经营范围:消防工程施工安装
品牌:
质量标准:
电话号码:0791-8522119
地址:文教路151号

江西航科交通设施有限公司

法人代表:候笃为
经营范围:安装等交通设施
品牌:
质量标准:
电话号码:0791-5211492
地址:井冈山大道516号

江西南铁消防工程有限公司

法人代表:姜淑有
经营范围:消防工程设计安装
品牌:
质量标准:
电话号码:0791-7031808
地址:铁路五村69栋

江西鑫达净化设备有限公司

法人代表:李梅秀
经营范围:净化设备安装
品牌:
质量标准:
电话号码:0791-6891046
地址:福州路28号

江西省海员广告装璜有限公司

法人代表:吴海员
经营范围:装璜
品牌:
质量标准:
电话号码:0791-8508953
地址:北京西路188号

江西陆海建设工程有限公司

法人代表:胡仁芸
经营范围:装饰装修工程
品牌:
质量标准:
电话号码:0791-6512888
地址:洪城路香江花园5栋一层

江西高速广告装饰有限公司

法人代表:刘益民
经营范围:装修装饰
品牌:
质量标准:
电话号码:0791-6532673
地址:桃苑大厦

江西鑫达装饰工程有限公司

法人代表:赵子南
经营范围:装饰
品牌:
质量标准:
电话号码:0791-2541469
地址:井冈山大道552号

江西利达装饰工程有限公司

法人代表:龚龙彪
经营范围:装修装饰业
品牌:
质量标准:
电话号码:0791-8602077
地址:青山南路176

江西省创世纪实业有限公司

法人代表:刘建群
经营范围:消防工程安装
品牌:
质量标准:
电话号码:0791-6238298
地址:广场南路12号

江西省赣江公路工程有限公司

法人代表:徐立红
经营范围:高速公路路基一级标准
品牌:
质量标准:
电话号码:0791-3801443
地址:下罗村

江西省地质工程(集团)公司

法人代表:徐立平
经营范围:公路路基工程
品牌:
质量标准:
电话号码:0791－6108732
地址:站前路176号

南昌金银禾装饰行公司

法人代表:王智华
经营范围:装修装饰业
品牌:
质量标准:
电话号码:0791－6646658
地址:孺子路389号

省华建装饰设计工程有限公司

法人代表:杨敦智
经营范围:建筑装饰
品牌:
质量标准:
电话号码:0791－6735616
地址:象山北路125号

江西金涛工程有限公司

法人代表:胡彪斌
经营范围:房屋建筑
品牌:
质量标准:
电话号码:0791－6211336
地址:苏圃路187号

江西省水利水电基础工程有限公司

法人代表:吴晓彬
经营范围:水利工程基础工程
品牌:
质量标准:
电话号码:0791－8337004
地址:北京东路386号

南昌冶金建设有限责任公司

法人代表:陆超
经营范围:钢结构安装
品牌:
质量标准:
电话号码:0791－8390721
地址:南钢中路98号

南昌市辉煌建筑工程有限公司

法人代表:万国平
经营范围:建筑业
品牌:
质量标准:
电话号码:0791－6640607
地址:船山路78号

南昌铁路智新建筑装饰有限公司

法人代表:朱文煜
经营范围:建筑装饰装修
品牌:
质量标准:
电话号码:0791－7020247
地址:二七南路116号

江西世通工程有限公司

法人代表:陈黛萍
经营范围:消防设备安装
品牌:
质量标准:
电话号码:0791－6767965
地址:象山北路115号

江西汇天科技有限公司

法人代表:林卫东
经营范围:智能化工程
品牌:
质量标准:
电话号码:0791－8591888
地址:湖滨南路2号

南昌市人防建筑工程有限公司

法人代表:许美元
经营范围:人防基础工程
品牌:
质量标准:
电话号码:0791－6105938
地址:解放西路002号

江西祥安消防技术工程有限公司

法人代表:付明波
经营范围:消防工程
品牌:
质量标准:
电话号码:0791－6628798
地址:沿江中路27号文化大楼八楼

南昌县水利电力建筑安装工程公司

法人代表:胡善康
经营范围:水利水电施工安装
品牌:
质量标准:
电话号码:0791－5711727
地址:文卫路88号

南昌弘益建筑装饰实业有限公司

法人代表:成健兴
经营范围:装饰装修
品牌:
质量标准:
电话号码:0791－6300133
地址:中山路65号

南昌市洪燕铝业有限公司

法人代表:袁跃强
经营范围:铝及铝合金型材
品牌:
质量标准:
电话号码:0791－8103684
址:青山湖大道北段

江西省瑞和建筑装饰工程有限公司

法人代表:徐冬仁
经营范围:装修装饰
品牌:
质量标准:
电话号码:0791－6826682
地址:叠山路553号

南昌市民族园林建筑工程公司

法人代表:帅发根
经营范围:建筑业
品牌:
质量标准:
电话号码:0791－5211460
地址:井冈山大道288号

南昌市隆源防水防腐工程有限公司

法人代表:刘振德
经营范围:防水、防腐
品牌:
质量标准:
电话号码:0791－5210437
地址:解放西路

南昌通达建筑工程公司

法人代表:顾浩钦
经营范围:土建
品牌:
质量标准:
电话号码:0791－6249275
地址:叠山路211号

江西地建基础工程有限公司

法人代表:乔春明
经营范围:地基与基础工程施工
品牌:
质量标准:
电话号码:0791－8215324
地址:解放西路398号

江西省正力装饰工程有限公司

法人代表:时煌敏
经营范围:室内外装饰工程
品牌:
质量标准:
电话号码:0791－6295922
地址:南昌市北京西路69号

南昌公路桥梁工程有限公司

法人代表:涂青峰
经营范围:路面工程施工
品牌:
质量标准:
电话号码:0791－8651093
址:青山南路335号

江西省电力装潢有限责任公司

法人代表:孔庆国
经营范围:室内外装修
品牌:
质量标准:
电话号码:0791－8112906
地址:高新火炬大街68号梁万村

江西通达锅炉设备工程有限公司

法人代表:周南镜
经营范围:电力设备安装
品牌:
质量标准:
电话号码:0791－5276350
地址:迎宾中大道126号

南昌鸿泰装饰工程有限公司

法人代表:杨建斌
经营范围:室内外装饰
品牌:
质量标准:
电话号码:0791－6704294
地址:厚墙路103号

江西南大暖通空调工程有限公司

法人代表:杜海存
经营范围:暖通中央空调安装
品牌:
质量标准:
电话号码:0791－8181133
地址:南昌北京东路98号

江西省南昌航务工程处

法人代表:龚国华
经营范围:承包工程施工
品牌:
质量标准:
电话号码:0791－6832148
地址:沿江北路150号

安义县第三建筑工程有限公司

法人代表:余家平
经营范围:房屋建筑
品牌:
质量标准:
电话号码:0791－3421566
地址:联愈街26号

南昌电力安装防火有限公司

法人代表:阮先创
经营范围:承接防火工程、水电
品牌:
质量标准:
电话号码:0791－8632396
地址:永外正街440号

江西虹达智能工程有限公司

法人代表:杨虹
经营范围:建筑智能化工程
品牌:
质量标准:
电话号码:0791－8111631
地址:高新开发区火炬大街31号

江西建安消防工程有限公司

法人代表:冯爱平
经营范围:消防设备安装
品牌:
质量标准:
电话号码:0791－8511055
地址:永溪村

江西雄宇实业有限公司

法人代表:薛飞
经营范围:设备安装
品牌:
质量标准:
电话号码:0791－5696089
地址:进贤大道

南昌电力安装部

法人代表:万民
经营范围:设备安装
品牌:
质量标准:
电话号码:0791－6839968
地址:张家厂20号

市邮政建筑装饰工程有限责任公司

法人代表:刘振华
经营范围:建筑装饰装修房屋维修
品牌:
质量标准:
电话号码:0791－6774345
地址:邮政路2号

南昌市华榜租赁有限责任公司

法人代表:周学华
经营范围:其它土木工程建筑
品牌:
质量标准:
电话号码:0791－5236008
地址:京山北路51号

江西省通盛消防工程有限公司

法人代表:梁明宝
经营范围:消防工程安装
品牌:
质量标准:
电话号码:0791－8108381
地址:高新火炬大街 梁万村68号

江西希英特消防保安工程有限公司

法人代表:卢生
经营范围:消防设备工程
品牌:
质量标准:
电话号码:0791－6291175
地址:象山南路

南昌市正野装饰工程有限公司

法人代表:余期文
经营范围:室内装饰
品牌:
质量标准:
电话号码:0791－8503618
地址:天佑路3号(汽车站2楼)

省龙新建筑装饰工程有限公司

法人代表:贾炎青
经营范围:室内外装饰水电安装
品牌:
质量标准:
电话号码:0791－8525562
地址:福州路390号

江西康宁消防工程有限公司

法人代表:周飞
经营范围:消防工程施工
品牌:
质量标准:
电话号码:0791－6494490
地址:省府大院北二路053号

江西群力钢结构工程有限公司

法人代表:李堂群
经营范围:钢结构工程
品牌:
质量标准:
电话号码:0791－5535862
地址:高桥街

江西平安消防工程设备器材公司

法人代表:朱志华
经营范围:消防工程设计
品牌:
质量标准:
电话号码:0791－6792746
地址:中山路217号

南昌市房屋装饰工程处

法人代表:熊玉宝
经营范围:装修
品牌:
质量标准:
电话号码:0791－6616528
地址:永叔路151号

江西省启航建筑工程有限公司

法人代表:徐武辉
经营范围:房屋工程
品牌:
质量标准:
电话号码:0791－5654113
地址:民和路

省交通桥梁检测加固有限公司

法人代表:雷茂锦
经营范围:桥梁加固检测
品牌:
质量标准:
电话号码:0791－6243551
地址:庐山南大道142号附1号

江西省路桥隧道工程有限公司

法人代表:熊冬仔
经营范围:公路桥梁工程施工
品牌:
质量标准:
电话号码:0791－8529617
地址:南京西路555号

江西省二建劳务有限公司

法人代表:刘守国
经营范围:其它土木工程建筑
品牌:
质量标准:
电话号码:0791－8603556
地址:董家窑8号

进贤县第六建筑工程有限公司

法人代表:万国文
经营范围:建筑施工
品牌:
质量标准:
电话号码:0791－5663728
地址:站前路

江西民建装饰工程有限公司

法人代表:张小苟
经营范围:室内装饰工程
品牌:
质量标准:
电话号码:0791－6226270
地址:象山南路251号

江西赣禹工程建设有限公司

法人代表:卢星君
经营范围:堤坊工程
品牌:
质量标准:
电话号码:0791－8431167
地址:洪都南大道312号

江西科鑫实业有限公司

法人代表:饶小燕
经营范围:消防设施工程
品牌:
质量标准:
电话号码:0791－8715919
地址:八一大道111号

江西省京昌建筑工程有限公司

法人代表:范觉南
经营范围:房屋工程
品牌:
质量标准:
电话号码:0791－8516192
地址:青山南路161号

江西科立电力发展有限公司

法人代表:徐国庆
经营范围:220千伏以下的工程
品牌:
质量标准:
电话号码:0791－8601137
地址:青山路140号

安义县第二建筑工程有限责任公司

法人代表:邹木党
经营范围:建筑安装
品牌:
质量标准:
电话号码:0791－3424629
地址:向阳路

江西省天地特种建筑工程有限公司

法人代表:龚瑞兰
经营范围:预应力工程
品牌:
质量标准:
电话号码:0791－6223110
地址:象山南路107号

江西省新建县建筑工程公司

法人代表:胡金根
经营范围:建筑业
品牌:
质量标准:
电话号码:0791－3752416
地址:团结路29号

江西东方智能科技有限公司

法人代表:张建华
经营范围:综合布线
品牌:
质量标准:
电话号码:0791－8169570
地址:江山大厦B座118楼

进贤县华联建筑劳务有限公司

法人代表:邹华贵
经营范围:劳务
品牌:
质量标准:
电话号码:0791－5663725
地址:长山街

南昌市青云谱京山建筑工程队

法人代表:李茂兴
经营范围:房屋建筑
品牌:
质量标准:
电话号码:0791－5227492
地址:井冈山大道肉厂宿舍3栋1楼7号

进贤县文港建筑工程有限公司

法人代表:陈贵进
经营范围:工程建筑
品牌:
质量标准:
电话号码:0791－5581851
地址:沿河路

进贤商贸建筑工程有限公司

法人代表:万祥
经营范围:房屋建筑
品牌:
质量标准:
电话号码:0791－5663664
地址:岚湖路326号

江西洪都建筑装璜有限公司

法人代表:齐晓峰
经营范围:装璜
品牌:
质量标准:
电话号码:0791－8468890
地址:洪都大院

浮梁县供电有限公司

法人代表:胡康平
经营范围:电力供应、电力设计、施工、安装、检修、维修
品牌:
质量标准:
电话号码:0798－2626521
地址:景德镇市浮梁县城东

景德镇市第三建筑公司

法人代表:巢树林
经营范围:施工总承包
品牌:
质量标准:
电话号码:0798－8522641
地址:景德镇市中山北路214号

江西交大慧谷信息技术有限公司

法人代表:王德才
经营范围:机房装修
品牌:
质量标准:
电话号码:0791－8112377
地址:火炬大街201号

南昌众艺装饰工程有限公司

法人代表:曾剑峰
经营范围:建筑室内外装饰
品牌:
质量标准:
电话号码:0791－5728688
地址:莲塘中大道800号

江西省乐平市刚强水泥厂

法人代表:吴志刚
经营范围:水泥生产、销售
品牌:刚强
质量标准:ISO9001:2000标准
电话号码:0798－6225168
地址:景德镇乐平市后港镇扬家坞村

景德镇市无线电元件五厂

法人代表:金剑华
经营范围:射频同轴连接器、微型汽车座椅、滤波器
品牌:景菱
质量标准:ISO9001
电话号码:0798－8332851
地址:景德镇市黎明路117号

江西省横岗机械施工有限公司

法人代表:涂凤根
经营范围:土石方
品牌:
质量标准:
电话号码:0791－5704872
地址:省良种场

江西省华洪科技有限公司

法人代表:郭震环
经营范围:建筑安装
品牌:
质量标准:
电话号码:0791－6508715
地址:洪城路香江花园3栋2单元102室

江西昌源实业有限公司

法人代表:王瑶书
经营范围:电力安装修造
品牌:
质量标准:
电话号码:0798－8588175
地址:江西昌源实业有限公司

江西省景德镇市红旗瓷厂

法人代表:刘子力
经营范围:陶瓷
品牌:玉花
质量标准:ISO9000
电话号码:0798－8587824
地址:景德镇市沿河东路156号

新建县城市建设工程有限公司

法人代表:欧阳凯
经营范围:市政公用工程
品牌:
质量标准:
电话号码:0791－3755090
地址:立新路54号

江西华新建筑防水有限公司

法人代表:蔡声标
经营范围:建筑防水施工
品牌:
质量标准:
电话号码:0791－5227127
地址:南莲路138号

江西省景德镇市自来水公司

法人代表:方正宪
经营范围:自来水
品牌:
质量标准:
电话号码:0798－8582373
地址:景德镇市瓷都大道西侧

江西景德镇发电有限责任公司

法人代表:胡德成
经营范围:电力
品牌:
质量标准:
电话号码:0798－8580954
地址:景德镇市青塘

南昌旭日公路桥梁工程有限公司

法人代表:袁秋如
经营范围:公路桥梁
品牌:
质量标准:
电话号码:0791－5739685
地址:莲塘中大道539号

江西省银河建设工程公司

法人代表:胡正河
经营范围:承包建筑施工
品牌:
质量标准:
电话号码:0791－3760234
地址:招贤路462号

景德镇市人民瓷厂

法人代表:余平
经营范围:日用陶瓷
品牌:长清
质量标准:
电话号码:0798－8524498
地址:景德镇市珠山区斗富弄22号

景德镇市第一塑料总厂有限公司

法人代表:王镇林
经营范围:塑料制品、塑料粒料、氧化颜料、化工原料
品牌:龙泉
质量标准:QSO9000
电话号码:0798－8331130
地址:景德镇市瓷都大道53号

江西景德镇市光明瓷厂

法人代表:廖寿金
经营范围:日用陶瓷
品牌:
质量标准:
电话号码:0798－8589769
地址:景德镇市沿江东路166号

景德镇市红光瓷厂

法人代表:汪建中
经营范围:日用瓷、进出口业务(自营)
品牌:玩玉牌
质量标准:输美认证
电话号码:0798－8572575
地址:景德镇市中华南路404号

乐平市水利水电建筑工程公司

法人代表:程平
经营范围:小型水利水电工程及辅助生产设施的建筑、安装和基础工程施工
品牌:
质量标准:
电话号码:0798－6213280
地址:乐平翥山东路132号

景德镇市富强药业有限公司

法人代表:包建华
经营范围:生产医药中间体、经营进出口业务
品牌:
质量标准:ISO9000
电话号码:0798－8336869
地址:景德镇市瓷都大道53号

景德镇市昌大饲料有限公司

法人代表:朱诚斌
经营范围:饲料、预混料加工销售、原料销售
品牌:昌大牌、昌江牌
质量标准:
电话号码:0798－8442584
地址:景德镇市朝阳路凤凰山

乐平市乐峰化工有限公司

法人代表:徐丽珍
经营范围:三氯化磷生产及销售
品牌:
质量标准:
电话号码:0798－6806818
地址:景德镇乐平市塔山

江西万平电子有限责任公司

法人代表:钟力民
经营范围:电子产品制造、加工及进出口业务等
品牌:WP牌、万平牌
质量标准:ISO9000
电话号码:0798－2897668
地址:江西省景德镇市668信箱

江西省乐平市煤炭工业公司

法人代表:徐尚贵
经营范围:原煤
品牌:
质量标准:
电话号码:0798－6217982
地址:江西省乐平市煤炭行业管理办公室

江西景德房地产建设有限公司

法人代表:王文广
经营范围:房屋建筑、园林古建筑、窑炉建筑
品牌:
质量标准:
电话号码:0798－7028255
地址:景德镇市广场北路梨树园南苑3楼

景德镇乐平矿务局

法人代表:蒋云龙
经营范围:煤炭开采、煤炭洗选、矿山机械、建筑材料制造
品牌:
质量标准:
电话号码:0798－6561050
地址:景德镇市乐平后港

江西景德镇市供电公司

法人代表:熊有明
经营范围:电力供应
品牌:
质量标准:
电话号码:0798－8566123
地址:景德镇市珠山西路5号

景德镇市航务工程处

法人代表:高峰
经营范围:航道、港口、码头建筑
品牌:
质量标准:
电话号码:0798－8512031
地址:景德镇市沿河西路24号

景德镇市普天通信设备厂

法人代表:吴金山
经营范围:通信设备
品牌:普天
质量标准:ISO9001
电话号码:0798－8441421
地址:景德镇市新厂东路142号

景德镇市焦化煤气总厂

法人代表:郝来春
经营范围:焦炭、煤气等
品牌:
质量标准:
电话号码:0798－8399183
地址:景德镇市历尧

江西信达电子有限公司

法人代表:周昆山
经营范围:电子元件制造
品牌:TL(天乐
质量标准:ISO9000
电话号码:0798－8522021
地址:江西景德镇市瓷都大道636号

江西中景集团有限公司

法人代表:万世杰
经营范围:印刷机械、包装机械及配件
品牌:景德
质量标准:ISO9000
电话号码:0798－8446341
地址:景德镇市新厂陶阳路76号

江西省华景建设集团有限公司

法人代表:余承萱
经营范围:房屋建筑、公路桥梁、房地产开发
品牌:
质量标准:ISO9000
电话号码:0798－8212935
地址:江西省景德镇市朝阳路

景德镇市昌江建筑工程公司

法人代表:叶有青
经营范围:房屋建筑
品牌:
质量标准:
电话号码:0798－8211066
地址:景德镇市昌江区竟成镇前街65号

江西为民机械厂

法人代表:余清才
经营范围:舷外机、汽车配件、摩托车配件、玻璃钢艇
品牌:
质量标准:ISO9000、QS9000及军方认证
电话号码:0798－6832500
地址:景德镇市乐平

江西龙腾水泥有限公司

法人代表:程月文
经营范围:水泥生产、销售
品牌:龙腾虎跃
质量标准:ISO9000
电话号码:0798－6356291
地址:景德镇乐平市涌山镇下涌山村

江西涌龙水泥有限公司

法人代表:程月龙
经营范围:水泥生产销售
品牌:固仝
质量标准:ISO9000
电话号码:0798－6356162
地址:景德镇乐平市涌山镇下涌山村

景德镇陶瓷股份有限公司

法人代表:余仰贤
经营范围:陶瓷产品、高档餐具
品牌:红叶牌
质量标准:ISO9000
电话号码:0798－8441544
地址:景德镇市新厂路118号

江西电化高科有限责任公司

法人代表:刘宣云
经营范围:氯碱及氯化亚砜产品生产与销售
品牌:
质量标准:
电话号码:0798－6806400
地址:景德镇乐平市塔山工业园

江西化纤化工有限责任公司

法人代表:胡世平
经营范围:聚乙烯醇、电石、醋酸乙烯、甲醛等
品牌:
质量标准:ISO9000
电话号码:0798－6700731
地址:江西乐平江西化纤化工有限责任公司

景德镇市市政工程处

法人代表:方天亮
经营范围:市政工程建设
品牌:
质量标准:ISO9000
电话号码:0798－8224094
地址:景德镇市珠山东路15号

景德镇市窑炉建筑安装公司

法人代表:冯上选
经营范围:各式窑炉、各式窑炉配套设备及非标件
品牌:
质量标准:
电话号码:0798－8522428
地址:景德镇市石洪路

江西省浙赣铜铝业有限公司

法人代表:吴志挺
经营范围:金属冶炼加工、压延电器制造、小五金工具、洗涤用具生产销售
品牌:
质量标准:
电话号码:0798－6702206
地址:景德镇乐平工业园区

江西东风药业股份有限公司

法人代表:许金发许
经营范围:化学原药料、青霉素粉针剂、片剂、胶囊剂
品牌:江东牌
质量标准:GMP FDA 认证
电话号码:0798－6803406
地址:景德镇乐平市东风路15号

江西乐平桃酥王有限责任公司

法人代表:黄树森
经营范围:糕点、饮料、糖果制造
品牌:安牌
质量标准:
电话号码:0798－6833681
地址:景德镇乐平市人民中路61号

景德镇市昌南置业有限公司

法人代表:孙贴成
经营范围:房地产经营、物业管理
品牌:
质量标准:
电话号码:0798－8562999
地址:景德镇市迎宾大道淘金岭锦绣昌南

江西省陶研所海泰窑炉开发中心

法人代表:李猛
经营范围:陶瓷窑炉及耐火材料窑炉设计、制作、施工
品牌:
质量标准:
电话号码:0798－8490681
地址:景德镇市新厂西路121号

江西德宇集团有限公司

法人代表:刘浩元
经营范围:德宇系列产品加工销售
品牌:得雨活茶
质量标准:ISO9000
电话号码:0798－8382149
地址:景德镇市瓷都大道11号

江西金达地矿工程有限责任公司

法人代表:郭仕兴
经营范围:地基与基础工程、矿产资源勘察、工程测量
品牌:
质量标准:ISO9000
电话号码:0798－8497072
地址:景德镇市地勘四队

昌河飞机工业(集团)有限责任公司

法人代表:徐恒武
经营范围:直升机系列、微型汽车系列
品牌:
质量标准:ISO14000
电话号码:0798－8462250
地址:江西景德镇市109信箱

景德镇市酒业食品有限公司

法人代表:李小荣
经营范围:白酒、食品生产及销售
品牌:龙珠阁
质量标准:ISO9000
电话号码:0798－2666699
地址:景德镇市湘湖工业园

江西浮南瓷土矿

法人代表:赵白莲
经营范围:日用陶瓷、餐具、美术瓷、水泥
品牌:南功
质量标准:ISO9000
电话号码:0798－2664647
地址:景德镇市湘湖镇东流

景德镇市华峰邮电器材厂

法人代表:薛雁冰
经营范围:通讯设备制造、经营
品牌:HF
质量标准:ISO9000
电话号码:0798－2661599
地址:景德镇市湘湖街5号

景德镇市重阳水泥有限责任公司

法人代表:邵重阳
经营范围:水泥生产、经营
品牌:柳溪牌
质量标准:ISO9000
电话号码:0798－2751130
地址:景德镇市柳家湾

景德镇市航空锻造公司

法人代表:施新民
经营范围:锻件、铸件、汽车零配件、模具、电子、机械
品牌:景航
质量标准:ISO9000
电话号码:0798－2693165
地址:景德镇市航空锻造公司

江西江维高科微晶玉石有限公司

法人代表:胡良丰
经营范围:微晶玉石
品牌:江维牌
质量标准:
电话号码:0798－6701726
地址:景德镇乐平市塔山工业园

江西浮梁大背坞金矿

法人代表:张友书
经营范围:金矿采选
品牌:
质量标准:
电话号码:0798－2766227
地址:浮梁县庄湾乡马家村

景德镇市华意电器总公司

法人代表:符念平
经营范围:生产经营冰箱压缩机、冰箱、空调器
品牌:华意
质量标准:ISO9000
电话号码:0798－8470113
地址:景德镇市新厂东路28号

景德镇市吕蒙建筑工程有限公司

法人代表:许香山
经营范围:土木工程建筑
品牌:
质量标准:
电话号码:0798－8332332
地址:景德镇瓷都大道官庄196号

江西机床厂

法人代表:陈兴波
经营范围:
品牌:江机牌
质量标准:ISO9001
电话号码:7557266
地址:萍乡市芦溪县花生岭

乐平赣东北新星实业总公司

法人代表:祝铂渝
经营范围:电力供应、通信设备安装调试等
品牌:
质量标准:
电话号码:0798－6801415
地址:乐平赣东北新星总公司

景德镇市消防工程有限公司

法人代表:胡贵生
经营范围:承接或承包消防工程的设计、安装、调试
品牌:
质量标准:ISO9000
电话号码:0798－8211510
地址:景德镇市新村中路6号

景德镇市三蕾瓷用化工有限公司

法人代表:艾海泉
经营范围:陶瓷花纸、黄金水、颜料
品牌:三蕾
质量标准:
电话号码:0798－8443015
地址:景德镇市东郊新厂陶阳路

萍乡市印刷厂

法人代表:朱世务
经营范围:
品牌:
质量标准:
电话号码:6794608
地址:萍乡市开发区安源大道

瓷都电力实业开发总公司

法人代表:姜达平
经营范围:送变电工程安装、调试、校验、电器设备维修等
品牌:
质量标准:
电话号码:0798－8566214
地址:景德镇珠山西路5号

景德镇市东旭建筑工程有限公司

法人代表:李双喜
经营范围:房屋建筑、水电安装、塑钢门角制造
品牌:
质量标准:
电话号码:0798－8331316
地址:景德镇市黎明路39号

江西乐盛化工有限公司

法人代表:阮伟祥
经营范围:芳香胺制造、销售
品牌:
质量标准:
电话号码:0798－6806463
地址:景德镇乐平市塔山

萍乡电瓷厂

法人代表:郑运生
经营范围:
品牌:PC
质量标准:ISO9000
电话号码:7511036
地址:萍乡市上埠镇东方红居委会

景德镇市珠山电瓷电器有限公司

法人代表:何贵生
经营范围:电瓷、电器、线路金属配件、相关设备及原材料
品牌:ZSDC
质量标准:
电话号码:0798－8232345
地址:景德镇珠山东路32号

江西省景德镇市木材厂

法人代表:单人钦
经营范围:刨花板、贴面板、木制板、制材加工
品牌:丛林牌
质量标准:ISO9000
电话号码:0798－8331314
地址:景德镇市黎明路115号

景德镇市第一建筑工程公司

法人代表:徐长发
经营范围:建筑
品牌:
质量标准:ISO9000
电话号码:0798－8524702
地址:景德镇市沿江东路81号

萍乡市供水公司

法人代表:刘德辉
经营范围:
品牌:
质量标准:
电话号码:6832065
地址:东大街办事处下街居委会新城路3号

景德镇市环球地基公司

法人代表:采建华
经营范围:地基处理
品牌:
质量标准:
电话号码:0798－8207596
地址:景德镇市莲社北路96号

江西景光电子有限公司

法人代表:扬柳
经营范围:电子管
品牌:景光
质量标准:ISO9000
电话号码:0798－2665341
地址:江西省景德镇市6606信箱

萍乡南方煤机厂

法人代表:李先保
经营范围:
品牌:南方
质量标准:
电话号码:6833771
地址:萍乡市广场路106号

江西飞碟电器集团有限公司

法人代表:钱德萍
经营范围:
品牌:飞碟
质量标准:3C认证
电话号码:6812906
地址:萍乡市东大街星子石

萍乡市金万煤矿

法人代表:陈春林
经营范围:
品牌:
质量标准:
电话号码: 3370030
地址:萍乡市湘东镇江口

萍乡钢铁有限责任公司

法人代表:涂建民
经营范围:
品牌:博升
质量标准: ISO9000 ISO14000
电话号码: 3498230
地址:萍乡市湘东镇峡山口

萍乡市煤矸石发电有限责任公司

法人代表:邱炳正
经营范围:
品牌:
质量标准:
电话号码: 6311220
地址:萍乡市安源区五陂镇王坑村

萍乡市高压电瓷厂

法人代表:周凤其
经营范围:
品牌:
质量标准:
电话号码: 6379777
地址:萍乡市芦溪县南坑土家源村

江西九州液压机械有限公司

法人代表:彭奎玖
经营范围:
品牌:三 A
质量标准:
电话号码: 6799333
地址:江西省萍乡市高新技术工业园北区 007 号

萍乡矿业集团公司

法人代表:文培斌
经营范围:
品牌:
质量标准:
电话号码: 6582803
地址:后埠街柑子园(昭萍东路 27 号)

萍乡江发内燃机有限公司

法人代表:谢元藻
经营范围:
品牌:
质量标准:
电话号码: 6862500
地址:萍乡市东大街三眼井

萍乡市昌萍水泥厂

法人代表:叶竹良
经营范围:
品牌:
质量标准:
电话号码: 6381567
地址:萍乡市安源区青山镇乌石村

萍乡市焦宝煤矿

法人代表:李长琛
经营范围:
品牌:
质量标准:
电话号码: 6381642
地址:萍乡市青山镇水口

萍乡市金运电器厂

法人代表:彭玲
经营范围:
品牌:
质量标准:
电话号码: 6798123
地址:萍乡市开发区

萍乡市安源葡萄水泥厂

法人代表:贺招云
经营范围:
品牌:
质量标准:
电话号码: 6382618
地址:萍乡市安源区青山镇葡萄村

江西腾飞塑胶总厂

法人代表:刘培才
经营范围:
品牌:
质量标准:
电话号码: 6832369
地址:萍乡市安源区东大街

萍乡市联达冶金有限公司

法人代表:吴文萍
经营范围:
品牌:
质量标准:
电话号码: 3497949
地址:萍乡市湘东区湘东镇新街

萍乡市特种建筑材料有限公司

法人代表:夏声明
经营范围:
品牌:
质量标准:
电话号码: 6371168
地址:高坑镇高坑大陂村

萍乡市青龙水泥厂

法人代表:巫炳良
经营范围:
品牌:
质量标准:
电话号码: 6381003
地址:萍乡市安源区青山镇水口村

萍乡市五陂煤矿

法人代表:肖桂发
经营范围:
品牌:
质量标准:
电话号码: 6311131
地址:萍乡市安源区五陂镇

江西青峰水泥有限公司

法人代表:李新林
经营范围:
品牌:青峰
质量标准:ISO9000
电话号码: 6383812
地址:萍乡市青山镇

萍乡市车桥厂

法人代表:祁运萍
经营范围:
品牌:
质量标准:
电话号码: 7551427
地址:萍乡市芦溪县芦溪镇花生岭

萍乡市安源杨梅岭水泥厂

法人代表:邓正荣
经营范围:
品牌:
质量标准:
电话号码: 6381043
地址:萍乡市安源区青山下柳源

江西省武冠实业有限责任公司

法人代表:李群芳
经营范围:
品牌:武冠
质量标准:
电话号码: 6651187
地址:萍乡市安源区白源镇

上栗县金坪出口花炮厂

法人代表:秦斌武
经营范围:
品牌:
质量标准:
电话号码: 3651035
地址:萍乡市上栗县桐木镇雅溪村

萍乡市第五电瓷厂

法人代表:郑运祥
经营范围:
品牌:
质量标准:ISO9000
电话号码:7619856
地址:萍乡市芦溪县上埠镇上埠村

江西省莲花水轮机厂有限公司

法人代表:周新
经营范围:
品牌:
质量标准:ISO9001
电话号码: 7221100
地址:萍乡市莲花琴亭镇新建东街96号

萍乡市百利出口花炮厂

法人代表:廖佳文
经营范围:
品牌:
质量标准:
电话号码: 3661579
地址:萍乡市上栗县上栗镇泉塘村

江西日江水泥制造有限公司

法人代表:王定敏
经营范围:
品牌:
质量标准:
电话号码: 7557881
地址:芦溪镇江霞村新力埠

江西省萍乡市荷尧福利厂

法人代表:黎跃文
经营范围:
品牌:
质量标准:国家标准(萍乡市技术监督局)认证
电话号码: 3491976
地址:萍乡市湘东区荷尧镇荷尧村

江西省钱江水泥有限责任公司

法人代表:王冲
经营范围:
品牌:
质量标准:
电话号码: 7285368
地址:萍乡市莲花县湖上乡五口村

萍乡市木马陶瓷厂

法人代表:兰飞明
经营范围:
品牌:
质量标准:
电话号码: 3441390
地址:萍乡市下埠镇木马村

江西省萍乡市华能电瓷有限公司

法人代表:谢宗文
经营范围:
品牌:
质量标准:
电话号码: 7521016
地址:萍乡市芦溪县南坑镇南坑村

萍乡市碳酸钙厂

法人代表:何水
经营范围:
品牌:庐山
质量标准:ISO9001
电话号码: 3441368
地址:湘东镇稻田村

江西省永安特种冶金材料有限公司

法人代表:颜小明
经营范围:
品牌:
质量标准:
电话号码: 7222066
地址:萍乡市莲花县琴亭镇西门村

萍乡市金泰花炮厂

法人代表:刘合军
经营范围:
品牌:
质量标准:
电话号码: 3621015
地址:萍乡市上栗县长平乡流江村

江西省萍乡市第四电瓷厂

法人代表:王志山
经营范围:
品牌:
质量标准:
电话号码: 7521010
地址:萍乡市芦溪县南坑镇车湘村

萍乡市湘东冶化工业瓷厂

法人代表:吴金根
经营范围:
品牌:冶华
质量标准:ISO9000
电话号码: 3442397
地址:萍乡市下埠镇大坡村

萍乡市煤气公司

法人代表:彭建强
经营范围:
品牌:
质量标准:
电话号码: 6831357
地址:萍乡市安源区八一街罗家塘(白石宫2号)

萍乡市长岭电瓷厂

法人代表:邱雪贵
经营范围:
品牌:PCC
质量标准:ISO9000
电话号码: 7511046
地址:萍乡市上埠镇鸭塘村

江西高强电瓷集团有限公司

法人代表:陈兴惠
经营范围:
品牌:
质量标准:
电话号码: 7586999
地址:芦溪镇新田村

萍乡市化工填料有限责任公司

法人代表:张有忠
经营范围:
品牌:
质量标准:
电话号码: 3411198
地址:萍乡市湘东区下埠镇潘塘村

江西省萍乡市青上陶瓷有限公司

法人代表:黄波
经营范围:
品牌:
质量标准:ISO9002
电话号码: 3411089
地址:萍乡市下埠镇横溪村

萍乡市泰昌水泥厂

法人代表:邓绍和
经营范围:
品牌:泰凤
质量标准:ISO9001
电话号码: 6381168
地址:萍乡市青山镇大城村

上栗县润发出口花炮厂

法人代表:李忠运
经营范围:
品牌:
质量标准:
电话号码:3661718
地址:萍乡市上栗县上栗镇胜利村

江西省萍乡市青城水泥厂

法人代表:钟焕然
经营范围:
品牌:萍安
质量标准:GBI 认证
电话号码:6382588
地址:萍乡市青山镇大城村

上栗县金沙出口花炮厂

法人代表:钟志钦
经营范围:
品牌:
质量标准:
电话号码:3665658
地址:上栗镇永红村

萍乡市阳光水泥厂

法人代表:林济根
经营范围:
品牌:
质量标准:国家建材服务部认证 GB175－1999
电话号码:3493978
地址:萍乡市湘东镇阳干村

萍乡市益民动力有限责任公司

法人代表:程绍辉
经营范围:
品牌:四达
质量标准:QS9000
电话号码:6672269
地址:萍乡市丹江街贺家湾

萍乡市日胜焰花制造有限公司

法人代表:章明琪
经营范围:
品牌:
质量标准:
电话号码:
地址:赤山镇幕冲村

萍乡市安源工业陶瓷有限公司

法人代表:刘思其
经营范围:
品牌:安源牌
质量标准:ISO9000
电话号码:6383630
地址:萍乡市青山镇下柳源

萍乡市嘉鑫纺织品有限公司

法人代表:史伟南
经营范围:棉纱、纺织品
品牌:
质量标准:ISO9000ISO9000
电话号码:7678802
地址:江西省芦溪县芦溪镇工业园

萍乡市珠山华兴水泥有限责任公司

法人代表:周开建
经营范围:
品牌:珠山
质量标准:省重点保护产品
电话号码:7551886
地址:萍乡市宣风镇珠亭山

萍乡市安源经贸洗煤厂

法人代表:张中伟
经营范围:
品牌:
质量标准:
电话号码:6351108
地址:萍乡市安源新街

芦溪县银河镇大富煤矿

法人代表:何春明
经营范围:
品牌:
质量标准:
电话号码:7506568
地址:萍乡市银河镇墨溪村

萍乡市南坑高压电瓷有限公司

法人代表:苏映池
经营范围:
品牌:SNC
质量标准:ISO9000
电话号码:7521021
地址:萍乡市南坑镇村

萍乡市宝马实业有限公司

法人代表:谢建高
经营范围:
品牌:通顺
质量标准:
电话号码:6832430
地址:萍乡市东大街小桥背

江西心正药业有限责任公司

法人代表:杜维明
经营范围:
品牌:
质量标准:
电话号码:7551485
地址:萍乡市芦溪镇凌云路

萍乡市耐可化工填料有限公司

法人代表:赖永发
经营范围:
品牌:NN
质量标准:ISO9000
电话号码:6210713
地址:萍乡市开发区鹅湖管理处

萍乡市玻瓷高压绝缘子有限公司

法人代表:黄晶忠
经营范围:
品牌:
质量标准:ISO9000
电话号码:6371168
地址:萍乡市高坑王家源

江西君发食品有限公司

法人代表:王君其
经营范围:
品牌:
质量标准:
电话号码:3664788
地址:萍乡市上栗县新民村

萍乡市第二高压电瓷厂

法人代表:谢光荣
经营范围:
品牌:武功
质量标准:ISO9002
电话号码:7586479
地址:萍乡市芦溪镇新田村

萍乡市环宇电瓷厂

法人代表:刘环忠
经营范围:
品牌:
质量标准:
电话号码:7512668
地址:上埠镇鸭塘村

萍乡市华东出口电瓷厂

法人代表:谢锡荣
经营范围:
品牌:PXHD
质量标准:ISO9001
电话号码:7556698
地址:萍乡市芦溪镇新田村

萍乡市志明水泥厂

法人代表:刘志明
经营范围:
品牌:
质量标准:
电话号码:3492918
地址:湘东镇火星居委会

上栗县四新出口花炮厂

法人代表:吴文金
经营范围:
品牌:
质量标准:
电话号码:3664100
地址:上栗镇果茶村

萍乡市高强电瓷制造有限公司

法人代表:陈青青
经营范围:
品牌:安源
质量标准:ISO9002
电话号码:7551649
地址:上埠镇坪里村

上栗县彭鑫花炮厂

法人代表:陈英富
经营范围:
品牌:
质量标准:萍乡市商检局认证
电话号码:3888578
地址:萍乡市上栗县金山镇芮村

萍乡市腾飞电瓷制造有限公司

法人代表:王敬辉
经营范围:
品牌:
质量标准:
电话号码:7521788
地址:南坑镇南坑村

萍乡市铸华工贸有限责任公司

法人代表:李寿明
经营范围:
品牌:HJ
质量标准:
电话号码:6371398
地址:萍乡市高坑镇新华村

萍乡市亚洲啤酒有限公司

法人代表:陈永栽
经营范围:
品牌:萍青
质量标准:
电话号码:3666630
地址:萍乡市湘东区上埠镇平安居委会

萍乡市永顺陶瓷包装材料有限公司

法人代表:文木兰
经营范围:
品牌:
质量标准:
电话号码:6611958
地址:开发区三田登岸管理处

上栗县奇星出口花炮厂

法人代表:柳乔林
经营范围:
品牌:
质量标准:
电话号码:3661906
地址:上埠镇永红村

萍乡市永泰化工有限公司

法人代表:钱胜文
经营范围:
品牌:
质量标准:
电话号码:7586221
地址:芦溪镇新田村

萍乡市超强水泥有限公司

法人代表:姚建明
经营范围:
品牌:五猴
质量标准:ISO9001
电话号码:6681358
地址:

上栗县金信出口花炮厂

法人代表:卢元珍
经营范围:
品牌:
质量标准:
电话号码:3863168
地址:萍乡市上栗县金山镇普化村

萍乡市华威出口烟花制造有限公司

法人代表:巫光华
经营范围:
品牌:花篮
质量标准:ISO9001
电话号码:7503869
地址:萍乡市宣风镇排楼村

莲花县汇广源有色金属冶炼公司

法人代表:毛益新
经营范围:
品牌:
质量标准:委托单位是上海有色齿轮厂(化验)
电话号码:7278108
地址:萍乡市莲花县神泉乡棋盘山村

上栗县宏运出口边炮烟花厂

法人代表:毛先忠
经营范围:
品牌:
质量标准:
电话号码:3888718
地址:萍乡市上栗县金山镇芮村

上栗县北泰出口花炮厂

法人代表:荣康明
经营范围:
品牌:
质量标准:国家质检局认证
电话号码:3665581
地址:萍乡市上栗县上栗镇新群村

萍乡市华通电瓷制造有限公司

法人代表:刘明忠
经营范围:
品牌:PHTC
质量标准:ISO9001
电话号码:7519088
地址:上埠镇坪里村

莲花县供电有限责任公司

法人代表:熊志明
经营范围:
品牌:
质量标准:
电话号码:7228200
地址:萍乡市莲花县琴亭镇金城大道

上栗县亿祥出口花炮厂

法人代表:李寿亿
经营范围:
品牌:
质量标准:宜春商检局认证
电话号码:3888128
地址:萍乡市上栗县金山镇芮村

上栗县裕丰花炮厂

法人代表:丁文英
经营范围:
品牌:
质量标准:
电话号码:3635061
地址:东源乡竺塘村

上栗狮形化工有限公司清溪建材厂

法人代表:熊萍山
经营范围:
品牌:
质量标准:萍乡市技术监督局认证
电话号码:3611468
地址:萍乡市上栗县福田镇清溪村

萍乡市固明水泥厂

法人代表:周桂花
经营范围:
品牌:
质量标准:江西省农行3AAA级信用单位
电话号码:3440923
地址:萍乡市湘东镇裕升村

上栗县长平永隽花炮厂

法人代表:周敬国
经营范围:
品牌:
质量标准:
电话号码:3621509
地址:长平乡新华村

萍乡市湘东区三山水泥厂

法人代表:李建萍
经营范围:
品牌:
质量标准:
电话号码:3459266
地址:麻山镇三山村

上栗县联盛出口花炮厂

法人代表:欧阳耀帮
经营范围:
品牌:
质量标准:国家质检局认证
电话号码:3652498
地址:萍乡市上栗县桐木镇荆坪村

上栗县远洋出口玩具厂

法人代表:刘中伟
经营范围:
品牌:
质量标准:中国出入境检验检疫局认证
电话号码:3862708
地址:萍乡市上栗镇新群村

萍乡市志强包装有限公司

法人代表:文志萍
经营范围:
品牌:
质量标准:
电话号码:3491979
地址:萍乡市湘东区荷尧镇荷尧村

芦溪县银河镇长冲二号煤矿

法人代表:潘钱生
经营范围:
品牌:
质量标准:
电话号码:7501011
地址:银河镇紫溪村

萍乡市柳鸣水泥厂

法人代表:姚夫鸣
经营范围:
品牌:
质量标准:江西省技术监督局认证
电话号码:6383366
地址:萍乡市青山镇下柳源村

上栗县金瑶出口花炮厂

法人代表:叶真
经营范围:
品牌:
质量标准:中国出入境检验检疫局认证
电话号码:3888878
地址:萍乡市上栗县金山镇岗村

萍乡市南坑高压电瓷厂

法人代表:刘小兴
经营范围:
品牌:SNC
质量标准:ISO9001
电话号码:7521428
地址:萍乡市南坑镇阪田村

萍乡市珠亭山明珠水泥有限公司

法人代表:童卫昌
经营范围:
品牌:
质量标准:
电话号码:7501168
地址:萍乡市宣风镇珠亭山

萍乡市光华工业填料有限公司

法人代表:曾石生
经营范围:
品牌:
质量标准:外观设计专利国家专利局发证
电话号码:3411088
地址:萍乡下埠镇光华村

萍乡市安源水泥厂

法人代表:刘天俊
经营范围:
品牌:
质量标准:ISO9001
电话号码:6852149
地址:萍乡金山镇小水村

萍乡丰达特种陶瓷制造有限公司

法人代表:李良萍
经营范围:
品牌:
质量标准:GB5594 国家认证
电话号码:6338968
地址:开发区鹅湖管理处

上栗县阳萍出口花炮厂

法人代表:李明兰
经营范围:
品牌:达金
质量标准:国家烟花标准认证
电话号码:3802099
地址:萍乡市上栗县鸡冠山芦下村

湘东道田海螺石水泥厂

法人代表:李忠根
经营范围:
品牌:四海
质量标准:
电话号码:3440835
地址:萍乡市湘东镇道田村

莲花县琴亭水泥有限责任公司

法人代表:陈德明
经营范围:
品牌:
质量标准:
电话号码:7221032
地址:萍乡市莲花县琴水乡黄沙洲村

萍乡湘东水泥制品有限责任公司

法人代表:易许泉
经营范围:
品牌:阳干
质量标准:ISO9001
电话号码:3441851
地址:萍乡市湘东阳干村

芦溪县银河镇新墨煤矿

法人代表:刘本勤
经营范围:
品牌:
质量标准:
电话号码:7507695
地址:银河镇墨溪村

萍乡市青山轧钢厂

法人代表:袁元兆
经营范围:
品牌:
质量标准:萍乡市技术监督局认证
电话号码: 6383988
地址:萍乡市安源区青山镇下柳源村

萍乡市化工厂

法人代表:罗跃进
经营范围:
品牌:
质量标准:
电话号码: 6833031
地址:安源区

江西方圆实业有限公司

法人代表:王开怀
经营范围:工程机机械
品牌:
质量标准:ISO9000
电话号码:7678604
地址:萍乡市芦溪镇快活岭

萍乡市汇丰陶瓷有限公司

法人代表:易太明
经营范围:工业瓷
品牌:
质量标准:ISO9001;2000
电话号码: 6311968
地址:萍乡市安源区五陂镇八门祠

萍乡市均塘水泥厂

法人代表:陈良发
经营范围:
品牌:
质量标准:国家建材服务部认证 GB175 - 1999
电话号码: 3440829
地址:萍乡市湘东镇裕升村

萍乡市一帆造型材料厂

法人代表:余玉贵
经营范围:
品牌:
质量标准:
电话号码: 6680322
地址:安源区

萍乡市求是通讯器材有限公司

法人代表:裘叶勇
经营范围:
品牌:
质量标准:
电话号码: 6796867
地址:安源区

上栗县萍锋纸业有限公司

法人代表:柳堂锋
经营范围:
品牌:
质量标准:
电话号码: 3885168
地址:上栗县

萍乡市湘东裕泉水泥厂

法人代表:段德启
经营范围:
品牌:裕泉
质量标准:ISO9002
电话号码: 3440846
地址:萍乡市湘东裕升村

萍乡市飞云陶瓷实业有限公司

法人代表:兰飞云
经营范围:
品牌:
质量标准:
电话号码: 3441389
地址:湘东区

芦溪县银河镇长冲一号煤矿

法人代表:易自模
经营范围:
品牌:
质量标准:
电话号码: 7503288
地址:芦溪县银河镇

萍乡市新安工业有限公司

法人代表:李日政
经营范围:
品牌:
质量标准:
电话号码: 6338788
地址:安源区

上栗县桐木光明出口花炮厂

法人代表:黄光友
经营范围:
品牌:
质量标准:
电话号码: 3658130
地址:萍乡市桐木镇崇德村

萍乡市电瓷制造有限公司

法人代表:晏跃清
经营范围:
品牌:
质量标准:
电话号码: 7556589
地址:芦溪县

萍乡市洪安洗煤厂

法人代表:胡祥春
经营范围:
品牌:
质量标准:
电话号码: 6857421
地址:安源区

上栗东湖包装印刷实业有限总公司

法人代表:陈松平
经营范围:
品牌:
质量标准:
电话号码: 3863888
地址:上栗县

萍乡广萍化工厂

法人代表:李志锋
经营范围:
品牌:
质量标准:
电话号码: 3412518
地址:湘东区

萍乡市凤凰开关厂

法人代表:刘海初
经营范围:
品牌:
质量标准:
电话号码: 6333814
地址:开发区工业园区

萍乡市环球化工填料有限公司

法人代表:朱伟钢
经营范围:
品牌:
质量标准:
电话号码: 6371168
地址:开发区

萍乡市昌盛水泥厂

法人代表:陈德明
经营范围:
品牌:
质量标准:
电话号码: 7266689
地址:安源区

萍乡市龙发实业有限公司

法人代表:罗接发
经营范围:
品牌:
质量标准:
电话号码: 3486489
地址:湘东区

莲花花隆森发电有限公司

法人代表:林强隆
经营范围:
品牌:
质量标准:
电话号码: 7231120
地址:莲花县

萍乡市华朋贸易有限公司

法人代表:袁建国
经营范围:
品牌:
质量标准:
电话号码: 6326859
地址:安源区

萍乡市中南电瓷厂

法人代表:钟帮建
经营范围:
品牌:
质量标准:
电话号码: 7521506
地址:芦溪县

莲花县纸业有限公司

法人代表:金绪宜
经营范围:
品牌:
质量标准:
电话号码: 7221031
地址:莲花县

江西安源铝业有限公司

法人代表:张建敏
经营范围:
品牌:
质量标准:
电话号码: 3439129
地址:湘东区

江西春光实业有限公司

法人代表:刘春华
经营范围:
品牌:
质量标准:
电话号码: 6651268
地址:安源区

萍乡市三和环保陶瓷有限公司

法人代表:周夕
经营范围:
品牌:
质量标准:
电话号码: 7521001
地址:芦溪县

萍乡市旅游客车制造有限公司

法人代表:钱荣华
经营范围:
品牌:
质量标准:
电话号码: 6236929
地址:安源区

江西省大富乳业有限公司

法人代表:何春明
经营范围:
品牌:
质量标准:
电话号码: 6797260
地址:芦溪县银河镇

萍乡市博宏实业有限公司

法人代表:叶建良
经营范围:
品牌:
质量标准:
电话号码: 3436286
地址:湘东区

江西大地制药有限责任公司

法人代表:陈大弟
经营范围:
品牌:苏铁
质量标准:GMP 药品标准
电话号码:7215218
地址:江西省莲花县城南工业园区

萍乡市宝丽工装有限公司

法人代表:洪枫
经营范围:
品牌:
质量标准:
电话号码: 6796555
地址:湘东区麻山镇

萍乡通程汽车服务有限公司

法人代表:单毅
经营范围:
品牌:
质量标准:
电话号码: 6651202
地址:安源区

萍乡市振华塑钢有限公司

法人代表:尹振声
经营范围:
品牌:
质量标准:
电话号码: 6332665
地址:安源区

江西东津发电有限责任公司

法人代表:李居藩
经营范围:水力发电
品牌:
质量标准:
电话号码:0792－7056156
地址:修水县义宁镇宁红大道 101 号

萍乡市佳瑞环保工程有限公司

法人代表:汤苏云
经营范围:
品牌:
质量标准:
电话号码: 6793967
地址:湘东区

萍乡市时利洗煤厂

法人代表:彭涛
经营范围:
品牌:
质量标准:
电话号码: 6854793
地址:安源区

萍乡市博昌实业有限公司

法人代表:汤怀博
经营范围:
品牌:
质量标准:
电话号码: 6799035
地址:萍乡市环城路

修水县供电总公司

法人代表:朱武森
经营范围:电力供应
品牌:
质量标准:
电话号码:0792－7220647
地址:修水县义宁镇

修水县珠江矿业有限公司

法人代表:冯小健
经营范围:钨精矿开采
品牌:
质量标准:
电话号码:0792-7592344
地址:修水县珠江矿业公司

修水县育新彩印有限公司

法人代表:邹阳春
经营范围:印刷加工
品牌:
质量标准:
电话号码:0792-7225041
地址:修水县义宁镇

江西亚华建筑工程有限公司

法人代表:吴笑云
经营范围:房屋建筑工程施工、园林建筑设计施工
品牌:
质量标准:
电话号码:0792-7237231
地址:江西省修水县城修江路16号

江西省宁红有限责任公司

法人代表:俞旦华
经营范围:生产宁红保健茶系列
品牌:
质量标准:
电话号码:0792-7223060
地址:修水县义宁镇

修水天成建筑工程有限责任公司

法人代表:林茂安
经营范围:水利水电、房建、地基
品牌:
质量标准:
电话号码:0792-7237939
地址:修水县城南罗桥路87号

修水县黄河胶合板厂

法人代表:邱道发
经营范围:胶合板制造
品牌:
质量标准:
电话号码:0792-7908638
地址:修水县黄沙镇

修水县华珍平绒厂

法人代表:余和平
经营范围:棉布制造
品牌:
质量标准:
电话号码:0792-7260217
地址:修水县宁州工业园

修水县自来水公司

法人代表:黄崇高
经营范围:自来水生产、供应
品牌:
质量标准:
电话号码:0792-7224379
地址:修水县义宁镇

江西兴宁建筑工程有限公司

法人代表:聂云水
经营范围:房屋工程建筑
品牌:
质量标准:
电话号码:0792-7237688
地址:修水县城滨江路11号

修水县华祥纺织有限公司

法人代表:王祥毁
经营范围:纺织品
品牌:
质量标准:
电话号码:0792-7667418
地址:修水县

江西修水星光家电销售有限公司

法人代表:李振江
经营范围:家用电器零售
品牌:
质量标准:长城认证
电话号码:0792-7226000
地址:修水县城凤凰山路193号

修水县湘竹电站

法人代表:邱万里
经营范围:发电、供电
品牌:
质量标准:
电话号码:0792-7269229
地址:修水县义宁镇

修水县鼎立水泥有限责任公司

法人代表:樊孝早
经营范围:水泥生产
品牌:
质量标准:ISO9001
电话号码:0792-7811165
地址:修水县四都镇大坪村

修水县福昌竹木有限公司

法人代表:吴超杨
经营范围:竹木制品
品牌:
质量标准:
电话号码:0792-7263796
地址:修水县义宁镇

修水县茶子岗电站

法人代表:万秋根
经营范围:发电、供电
品牌:
质量标准:
电话号码:0792-7611002
地址:修水县征村乡

江西盛宁建筑工程有限责任公司

法人代表:余方亮
经营范围:房屋工程建筑
品牌:
质量标准:
电话号码:0792-7237712
地址:修水县城修江路14号

江西省修水县新华书店

法人代表:陈辉
经营范围:图书、音像制品、文化用品批零
品牌:
质量标准:
电话号码:13007293374
地址:修水县县城衙前街49号

修水康顺发展有限公司

法人代表:陈济仁
经营范围:陶瓷煲制造
品牌:
质量标准:
电话号码:0792-7269012
地址:修水县义宁镇

修水县山口电站

法人代表:王忠厚
经营范围:发电、供电
品牌:
质量标准:
电话号码:0792-7622002
地址:修水县山口镇

江西龙腾实业有限公司

法人代表:卢作贵
经营范围:生产无机陶瓷材料、医用缝合线
品牌:LT、龙腾
质量标准:
电话号码:0792-7260373
地址:修水县城南高新技术开发区

修水县水电建筑安装公司

法人代表:林茂安
经营范围:发电
品牌:
质量标准:
电话号码:0792－7263094
地址:修水县义宁镇

修水县车联堰电站

法人代表:陈先升
经营范围:水力发电
品牌:
质量标准:
电话号码:0792－7611211
地址:修水县征村乡

修水县万顺特艺公司

法人代表:万根平
经营范围:木竹工艺品加工
品牌:万顺牌
质量标准:ISO9000
电话号码:0792－7264566
地址:修水县义宁镇

修水县涛如石材有限公司

法人代表:朱三忠
经营范围:石材开采
品牌:
质量标准:
电话号码:0792－7840100
地址:修水县竹坪乡

修水县南修路桥建筑有限公司

法人代表:李南修
经营范围:公路、桥梁建设维修
品牌:
质量标准:
电话号码:13807921611
地址:修水县城沿江路宁红宾馆内

修水县四都大理石开发总公司

法人代表:刘卫华
经营范围:大理石材开采
品牌:
质量标准:ISO9000
电话号码:0792－7826008
地址:修水县四都镇

修水鑫辉教学金属制品有限公司

法人代表:王建军
经营范围:金属制品加工
品牌:鑫辉
质量标准:ISO9000
电话号码:0792－7269998
地址:修水县宁州工业园

修水县众鑫丝业有限公司

法人代表:周建国
经营范围:缫丝加工
品牌:
质量标准:
电话号码:0792－7221183
地址:修水县义宁镇

修水民辉化工有限公司

法人代表:童恢秋
经营范围:氧化石蜡皂制造
品牌:
质量标准:
电话号码:0792－7269839
地址:修水县宁州工业园

九江绿色产业发展有限公司

法人代表:江青华
经营范围:保健、饮料食品加工
品牌:
质量标准:
电话号码:0792－7221750
地址:修水县义宁镇

修水县征村石材公司

法人代表:王金秋
经营范围:石材开采
品牌:
质量标准:
电话号码:0792－7611039
地址:修水县征村乡

江西省修水县香炉山钨业公司

法人代表:张寿廉
经营范围:钨矿开采
品牌:
质量标准:
电话号码:0792－7831037
地址:修水县港口镇

修水县昌盛公司

法人代表:王忠厚
经营范围:陶瓷制品生产
品牌:昌盛
质量标准:
电话号码:0792－7811488
地址:修水县三都镇

修水县五星制丝有限公司

法人代表:孙建军
经营范围:缫丝加工
品牌:
质量标准:
电话号码:0792－7264728
地址:修水县安坪丝绸城

修水县屠宰厂

法人代表:冷平如
经营范围:畜禽屠宰
品牌:
质量标准:
电话号码:0792－7227459
地址:修水县义宁镇

修水县仁天矿业公司

法人代表:甘焰军
经营范围:开采
品牌:
质量标准:
电话号码:0792－7221183
地址:修水县港口镇

江西修水宁达市政工程有限公司

法人代表:聂炳良
经营范围:市政、公路、桥梁、管道安装施工
品牌:
质量标准:
电话号码:0792－7227113
地址:修水县城修江路6号

修水县何市五星木业公司

法人代表:张以贵
经营范围:木制家具制造
品牌:
质量标准:
电话号码:0792－7967068
地址:修水县何市镇

修水县山口石英制品有限公司

法人代表:刘永红
经营范围:非金属矿物制造
品牌:
质量标准:
电话号码:0792－7622122
地址:修水县山口镇

修水县德水丝业有限公司

法人代表:张寿望
经营范围:缫丝加工
品牌:
质量标准:
电话号码:0792－7260701
地址:修水县安坪丝绸城

修水县粮食局公司

法人代表:陈斌
经营范围:食品加工
品牌:
质量标准:
电话号码:0792－7230789
地址:修水县义宁镇

永修县棉麻公司

法人代表:高志国
经营范围:棉花购销
品牌:
质量标准:
电话号码:0792－3221113
地址:江西省永修县

永修县第二建筑工程公司

法人代表:张克芳
经营范围:房屋建筑
品牌:
质量标准:
电话号码:0792－3221000
地址:永修县涂埠新城

江西永修国家粮食储备库

法人代表:王茅勇
经营范围:粮食、食油储存
品牌:
质量标准:
电话号码:0792－3223949
地址:江西永修新城

蓝星化工新材料股份有限公司

法人代表:郑重
经营范围:化工原料生产
品牌:
质量标准:
电话号码:0792－3170002
地址:江西省永修县城扬家岭

永修县虎山纸业有限公司

法人代表:周景康
经营范围:双胶、书写、书刊纸
品牌:
质量标准:
电话号码:0792－3112345
地址:永修县虬津镇虎山

九江赣北实业公司

法人代表:徐刚安
经营范围:电力设备安装
品牌:
质量标准:
电话号码:0792－3660038
地址:江西省永修县柘林

南京化学工业集团永发化肥公司

法人代表:邹明
经营范围:复混肥生产
品牌:
质量标准:
电话号码:0792－3221292
地址:江西省永修县涂埠新城大道38号

江西柘林水电开发有限责任公司

法人代表:黄郁龙
经营范围:发电
品牌:
质量标准:
电话号码:0792－8466005
地址:九江市滨江路961号

永修县第一建筑工程有限公司

法人代表:杨细秋
经营范围:房屋建设
品牌:
质量标准:
电话号码:0792－3222738
地址:永修县涂埠新城大道

永修县粮食购销公司

法人代表:史学争
经营范围:粮油批发
品牌:
质量标准:
电话号码:0792－3222764
地址:江西永修涂埠新城大道

永修县虬津轧花厂

法人代表:李甫忠
经营范围:轧棉花
品牌:
质量标准:
电话号码:0792－3110318
地址:江西永修县

江西云山集团有限责任公司

法人代表:杨友盛
经营范围:农业
品牌:
质量标准:
电话号码:0792－3020014
地址:江西省永修县云山周田

永修县供电局

法人代表:郝旭辉
经营范围:电力供应
品牌:
质量标准:
电话号码:0792－3223201
地址:江西永修西二路

江西水晶厂

法人代表:王福泉
经营范围:人造水晶
品牌:
质量标准:
电话号码:0792－3221427
地址:江西永修涂埠镇

江西省永修县羽绒厂

法人代表:郭海平
经营范围:服装、板鸭
品牌:
质量标准:
电话号码:0792－3223588
地址:江西永修涂埠建昌西二路

江西恒丰企业集团

法人代表:陈启明
经营范围:农业
品牌:
质量标准:
电话号码:0792－3080028
地址:江西恒丰牛头山

蓝星星火化工厂化工建设工程公司

法人代表:田殿玉
经营范围:化工工程建筑
品牌:
质量标准:
电话号码:0792－3170092
地址:江西永修艾城扬家岭

仙桃新华化工公司永修分公司

法人代表:陈绍华
经营范围:有机硅中间体
品牌:
质量标准:
电话号码:0792－3170568
地址:江西永修艾城扬家岭

永修县邮政局

法人代表:查健宝
经营范围:邮政储蓄、报刊发行
品牌:
质量标准:
电话号码:0792－3223789
地址:江西永修涂埠新城开发区

永修县新华书店

法人代表:杜织波
经营范围:图书零售
品牌:
质量标准:
电话号码:0792－3223371
地址:江西永修涂埠新城大道

九江赣电物资有限公司

法人代表:徐家琦
经营范围:五金、交电、化工零售
品牌:
质量标准:
电话号码:0792－3060176
地址:江西省永修县柏林镇

永修县三角乡家禽养殖加工厂

法人代表:何泽祥
经营范围:家禽养殖加工
品牌:
质量标准:
电话号码:0792－3221536
地址:江西省永修县三角乡

永修县棉麻经贸中心

法人代表:熊龙生
经营范围:棉花购销
品牌:
质量标准:
电话号码:0792－3231421
地址:江西省永修县涂埠

永修县水泥厂

法人代表:熊亮海
经营范围:水泥制造
品牌:
质量标准:
电话号码:0792－3212341
地址:江西永修涂埠老城

江西云山集团建筑安装工程公司

法人代表:单广龙
经营范围:房屋建筑安装
品牌:
质量标准:
电话号码:0792－3050995
地址:永修云山军山

江西恒丰企业集团黄金山农贸公司

法人代表:熊式斌
经营范围:农业服务
品牌:
质量标准:
电话号码:0792－3080863
地址:江西永修恒丰黄金山

永修供水公司

法人代表:熊茂东
经营范围:水的生产
品牌:
质量标准:
电话号码:0792－3233257
地址:江西永修涂埠新城大道

永修县五交化销售中心

法人代表:郝卫东
经营范围:五金交电零售
品牌:
质量标准:
电话号码:0792－3232683
地址:江西永修涂埠老城人民路

江西省永修县百货纺织品公司

法人代表:涂克禄
经营范围:百货零售
品牌:
质量标准:
电话号码:0792－3232233
地址:江西永修涂埠新城大道65号

江西云山集团水电公司

法人代表:胡亨仁
经营范围:供电、供水
品牌:
质量标准:
电话号码:0792－3020953
地址:江西永修云山周田

江西云山集团凤凰山甲鱼福利厂

法人代表:赵永顺
经营范围:甲鱼养殖
品牌:
质量标准:
电话号码:0792－3020223
地址:永修县云山集团凤凰山

江西恒丰企业集团虎头岭农贸公司

法人代表:陈卫海
经营范围:农业服务
品牌:
质量标准:
电话号码:0792－3080028
地址:江西永修县恒丰虎头岭

永修县林鑫钢制品厂

法人代表:林敏
经营范围:防盗门
品牌:
质量标准:
电话号码:0792－3225540
地址:江西省永修县涂埠新城

江西永修县三溪桥粮管所

法人代表:易善华
经营范围:粮油购销
品牌:
质量标准:
电话号码:0792－3070026
地址:江西永修三溪桥扬岭山

永修三角建材厂

法人代表:袁双喜
经营范围:砖
品牌:
质量标准:
电话号码:0792－3224258
地址:江西永修三角

永修县创业机电制冷配件有限公司

法人代表:魏峰
经营范围:家用电器制造
品牌:
质量标准:
电话号码:0792－3223057
地址:江西省永修县涂埠镇新城大道

江西恒丰企业集团东风农贸公司

法人代表:邓苟德
经营范围:农业服务
品牌:
质量标准:
电话号码:0792－3080922
地址:江西省永修县恒丰东风

江西省永修县粮丰建筑工程公司

法人代表:彭华
经营范围:房屋建筑
品牌:
质量标准:
电话号码:0792－3222763
地址:江西省永修县涂埠镇新城大道

江西南华医药有限公司星子分公司

法人代表:帅春水
经营范围:药品零售
品牌:
质量标准:
电话号码:
地址:星子县

星子县供电有限责任公司

法人代表:程海南
经营范围:供电
品牌:
质量标准:
电话号码:0792-2661075
地址:江西省星子县

星子县水电建筑安装工程有限公司

法人代表:彭周云
经营范围:民建、水利水电
品牌:
质量标准:
电话号码:0792-2696948
地址:江西省星子县南康镇

星子县农业生产资料公司

法人代表:汤林
经营范围:农业生产资料、农列产品购销、房屋租赁
品牌:
质量标准:
电话号码:0792-2666781
地址:星子县

省五交化公司星子县支公司

法人代表:熊秋水
经营范围:五金、交电、化工
品牌:
质量标准:
电话号码:0792-2666742
地址:星子县紫阳路58号

九江星神汽车部件有限责任公司

法人代表:艾桂林
经营范围:汽车汽配件
品牌:
质量标准:
电话号码:0792-2666102
地址:江西星子县

星子县建筑工程有限公司

法人代表:程利复
经营范围:房屋建筑施工
品牌:
质量标准:
电话号码:0792-2666876
地址:江西省星子县南康镇

星子县第二建筑工程有限公司

法人代表:占俊启
经营范围:房屋建筑
品牌:
质量标准:
电话号码:0792-2621293
地址:江西省星子县共华镇

江西省星子县医药公司

法人代表:张北海
经营范围:药品、医疗器材、中药材、中成药
品牌:
质量标准:
电话号码:0792-2670155
地址:江西省九江市星子县紫阳路48号

星子启龙棉纺有限公司

法人代表:郭照启
经营范围:棉纱
品牌:
质量标准:
电话号码:0792-2670855
地址:江西省星子县

江西省星子县食品公司

法人代表:王九星
经营范围:生猪购销、调、屠宰、加工等
品牌:
质量标准:
电话号码:0792-2666871
地址:江西省星子县食品公司匡庐路

江西省星子县百货公司

法人代表:饶艺
经营范围:大小百货、针、纺、服装、家电等
品牌:
质量标准:
电话号码:0792-2666901
地址:江西省星子县百货公司(紫阳路)

江西省星子县新华书店

法人代表:缪金虎
经营范围:图书、音像制品、文化用品
品牌:
质量标准:
电话号码:0792-2670290
地址:星子县新华书店

中国石化江西星子石油支公司

法人代表:杨宝荣
经营范围:石油制品
品牌:
质量标准:
电话号码:0792-2666930
地址:江西省星子县锦岗路115#

江西省星子县棉麻公司

法人代表:熊云生
经营范围:棉花加工、批发、零售
品牌:
质量标准:
电话号码:0792-2668079
地址:县城北门巷

江西盛鸿仪表机床有限公司

法人代表:张群策
经营范围:普通车床、数控车床、仪表车床
品牌:
质量标准:GB4020
电话号码:0792-2666551
地址:江西省九江市星子县城紫阳路351号

天沐温泉渡假村

法人代表:黄平
经营范围:住宿、餐饮、游乐、渡假、
品牌:
质量标准:
电话号码:0792-2615199
地址:星子县天沐温泉渡假村

星子县白鹿建筑工程有限公司

法人代表:李泽水
经营范围:房屋建筑
品牌:
质量标准:
电话号码:0792-2666411
地址:江西省星子县白鹿镇

九江市琛康文体用品有限公司

法人代表:黄忠生
经营范围:青石加工
品牌:
质量标准:
电话号码:0792-2595058
地址:江西星子县横塘镇

星子县食杂果品公司

法人代表:熊佑亮
经营范围:商品供应
品牌:
质量标准:
电话号码:0792-2666753
地址:江西省星子县南康镇

九江晨光石材有限公司

法人代表:李森林
经营范围:石材加工、销售、石材工艺品
品牌:
质量标准:
电话号码:13607920998
地址:星子县

九江华鑫被单有限公司

法人代表:徐祖华
经营范围:床单
品牌:
质量标准:
电话号码:0792－2669036
地址:江西省星子县

星子县旅游总公司

法人代表:左敏
经营范围:旅游服务
品牌:
质量标准:
电话号码:0792－2666067
地址:江西省星子县

江西日顺滤清器有限公司

法人代表:孙华
经营范围:汽车配件
品牌:
质量标准:
电话号码:0792－2666160
地址:江西省星子县

江西朝阳机械厂

法人代表:李建华
经营范围:复合岩棉板、防火门、船用卫生单元
品牌:CYMP
质量标准:ISO9000
电话号码:0792－5663929
地址:彭泽县龙城镇龙泉路1号

星子县鞭炮烟花专营公司

法人代表:易公元
经营范围:鞭炮供应
品牌:
质量标准:
电话号码:
地址:江西省星子县南康镇

江西省星子县凤凰石材厂

法人代表:陶智峰
经营范围:青石加工
品牌:
质量标准:
电话号码:0792－2590062
地址:江西省星子县桂塘镇

星子县供销社工业品贸易公司

法人代表:刘爱忠
经营范围:五金、交电、化工、摩托车及配件建筑材料
品牌:
质量标准:
电话号码:0792－2666750
地址:江西省星子县紫阳路238号

江西省彭泽县医药公司

法人代表:孟庆军
经营范围:药品销售
品牌:
质量标准:
电话号码:0792－5663146
地址:彭泽县医药公司

江西江微电机有限公司

法人代表:胡华云
经营范围:微电机、发电机制造、销售
品牌:
质量标准:
电话号码:0792－2665005
地址:星子县柴阳路164号

星子县自来水公司

法人代表:胡春如
经营范围:自来水生产、供应
品牌:
质量标准:
电话号码:0792－2666941
地址:江西省星子县南康镇

江西星子县南康商贸有限公司

法人代表:郭建初
经营范围:百货、针纺织品、五金、交电、家用电器、文体、皮革、搪瓷制品
品牌:
质量标准:
电话号码:0792－2666208
地址:江西省星子县

彭泽县棉麻公司

法人代表:张庆华
经营范围:皮棉、棉籽批发
品牌:
质量标准:
电话号码:0792－5662476
地址:彭泽县龙泉路

星子县内燃机配件厂

法人代表:雷水林
经营范围:汽车配件
品牌:
质量标准:
电话号码:0792－2595129
地址:江西省星子县苏家档乡

质胜建材厂

法人代表:殷金官
经营范围:机制砖
品牌:
质量标准:
电话号码:0792－2669921
地址:江西省星子县

江西彭泽县华孚棉纺有限公司

法人代表:孙伟挺
经营范围:生产棉纱
品牌:
质量标准:ISO9000
电话号码:0792－5681407
地址:江西省彭泽县华孚棉纺有限公司(龙泉路)

彭泽县房地产开发公司

法人代表:王国继
经营范围:房地产开发销售
品牌:
质量标准:
电话号码:0792－5625638
地址:彭泽县龙泉路331号

星子县永立门有限公司

法人代表:黄力
经营范围:防盗门
品牌:
质量标准:
电话号码:0792－2671618
地址:江西省星子县

九江磊鑫石材有限公司

法人代表:宋云南
经营范围:青石加工
品牌:
质量标准:
电话号码:0792－2590068
地址:江西星子县横塘镇

江西省彭泽县建筑工程公司

法人代表:邹平
经营范围:房屋建筑
品牌:
质量标准:
电话号码:0792－5625349
地址:彭泽县建筑工程公司

彭泽县东升粮种轧花厂

法人代表:吴彬
经营范围:棉花加工
品牌:
质量标准:
电话号码:0792－5950005
地址:彭泽县东升镇郭桥村

彭泽县芙蓉农场建筑公司

法人代表:汤德胜
经营范围:房屋建筑
品牌:
质量标准:
电话号码:0792 - 5950133
地址:彭泽县龙泉路38号

江西省食品公司彭泽县公司

法人代表:朱彭安
经营范围:宰杀生猪、销售猪油
品牌:
质量标准:
电话号码:0792 - 5623826
地址:彭泽县马湖路122号

江西省彭泽县新华书店

法人代表:邹晓冬
经营范围:图书报刊零售
品牌:
质量标准:
电话号码:0792 - 5620136
地址:彭泽县龙城镇东风路309号

彭泽县长海精细化工有限公司

法人代表:梅清
经营范围:生产、销售食品添加剂
品牌:
质量标准:ISO9000
电话号码:0792 - 5660218
地址:彭泽县长江精细化工有限公司

彭泽县浪溪建筑工程公司

法人代表:江元福
经营范围:房屋建筑
品牌:
质量标准:
电话号码:0792 - 5661581
地址:彭泽县浪溪建筑工程公司

彭泽县东方建材有限公司

法人代表:曾燕林
经营范围:普通水泥制造
品牌:双峰
质量标准:
电话号码:0792 - 5624558
地址:彭泽县东方建材有限公司

彭泽县江鹰海运有限公司

法人代表:陈庄董
经营范围:船舶货运
品牌:
质量标准:
电话号码:0792 - 5662308
地址:彭泽县江鹰海运有限公司

彭泽县诺伊尔药业有限公司

法人代表:汪国金
经营范围:生产、销售中成药
品牌:
质量标准:ISO9000
电话号码:0792 - 5950015
地址:江西彭泽县芙蓉镇太公街

彭泽县龙宫洞旅游发展有限公司

法人代表:赵茂峰
经营范围:旅游
品牌:
质量标准:
电话号码:0792 - 5950779
地址:彭泽县龙宫洞旅游发展有限公司

彭泽县供电有限责任公司

法人代表:余柳宾
经营范围:电力供应
品牌:
质量标准:
电话号码:0792 - 5663657
地址:彭泽县龙城镇龙泉路

彭泽县国财汽车租赁有限公司

法人代表:余国财
经营范围:汽车货运
品牌:
质量标准:
电话号码:0792 - 5663152
地址:彭泽县芙蓉

九江市特种胶业有限公司

法人代表:唐义明
经营范围:生产特种胶
品牌:
质量标准:
电话号码:0792 - 5880588
地址:彭泽县黄花乡特胶有限公司

彭泽县同兴建筑工程有限公司

法人代表:邹金华
经营范围:房屋建筑
品牌:
质量标准:
电话号码:0792 - 5670689
地址:彭泽县龙泉路358号

彭泽县水利水电建筑开发公司

法人代表:占德生
经营范围:房屋建筑
品牌:
质量标准:
电话号码:0792 - 5664489
地址:彭泽县龙城镇龙泉路

江西省彭泽县汽车运输公司

法人代表:威强
经营范围:汽车客运
品牌:
质量标准:
电话号码:0792 - 5662166
地址:彭泽县龙城镇环行南路153号

彭泽县种子公司

法人代表:叶造春
经营范围:种子销售
品牌:
质量标准:
电话号码:0792 - 5625350
地址:彭泽县种子公司

江西省石油公司彭泽县支公司

法人代表:余华
经营范围:成品油批发零售
品牌:
质量标准:
电话号码:0792 - 5625699
地址:彭泽县龙城镇龙泉路742号

彭泽县时氏装潢有限公司

法人代表:时光
经营范围:建筑工程装饰
品牌:
质量标准:
电话号码:0792 - 5690160
地址:彭泽县时氏装潢有限公司

彭泽县植物油有限公司

法人代表:郑良伟
经营范围:菜籽油、棉油生产、销售
品牌:
质量标准:
电话号码:0792 - 5665021
地址:彭泽县植物油有限公司

彭泽县龙兴造纸厂

法人代表:赵显明
经营范围:机制纸
品牌:
质量标准:
电话号码:0792 - 5623415
地址:彭泽县龙城镇龙泉路

彭泽县砂石总公司

法人代表:李永胜
经营范围:采砂、销售、砂
品牌:
质量标准:
电话号码:0792 - 5625618
地址:彭泽县砂石总公司

彭泽县自来水公司

法人代表:黄金平
经营范围:自来水生产、供应
品牌:
质量标准:
电话号码:0792 - 5621257
地址:彭泽县自来水公司

彭泽县华盛超市

法人代表:陆必连
经营范围:百货零售
品牌:
质量标准:
电话号码:0792 - 5662316
地址:彭泽县龙城镇东风路319号

彭泽县渊明湖宾馆

法人代表:李力
经营范围:住宿、餐饮
品牌:
质量标准:
电话号码:0792 - 5663888
地址:彭泽县龙城镇龙青路

江西省红光建材总厂

法人代表:冯正南
经营范围:型砂采掘、机砖生产
品牌:
质量标准:
电话号码:0792 - 5950013
地址:江西省红光建材总厂

彭泽县供销石油中心

法人代表:刘平
经营范围:汽油、柴油销售
品牌:
质量标准:
电话号码:0792 - 5626615
地址:彭泽县龙城镇茅店村

江西省盐业总公司彭泽县公司

法人代表:周勇中
经营范围:食盐批发
品牌:
质量标准:
电话号码:0792 - 5660397
地址:彭泽县龙城镇龙泉路50号

彭泽县水产养殖场

法人代表:王仕彭
经营范围:淡水养殖
品牌:
质量标准:
电话号码:0792 - 5663156
地址:彭泽县水产养殖场

彭泽县昌华塑料包装有限公司

法人代表:张礼昌
经营范围:塑料制品
品牌:
质量标准:
电话号码:0792 - 5950013
地址:彭泽县昌华塑料包装有限公司

彭泽县化工有限公司

法人代表:黄伟平
经营范围:炸药生产
品牌:
质量标准:
电话号码:0792 - 5730228
地址:彭泽县上十岭沙滩路1号

彭泽县百家福超市

法人代表:李平
经营范围:食品、百货超市
品牌:
质量标准:
电话号码:0792 - 5666718
地址:彭泽县百家福超市

彭泽县银海棉纺有限公司

法人代表:张松平
经营范围:生产、销售棉纱
品牌:
质量标准:
电话号码:0792 - 5670356
地址:彭泽县龙城镇

彭泽县蓝鸟汽车销售有限公司

法人代表:周平
经营范围:摩托车销售
品牌:
质量标准:
电话号码:0792 - 5662188
地址:彭泽县龙城镇龙泉路699号

彭泽县马当制米厂

法人代表:倪建平
经营范围:大米加工
品牌:
质量标准:
电话号码:0792 - 5620853
地址:彭泽县马当制米厂

彭泽县上十岭畜牧有限公司

法人代表:曹贵匀
经营范围:瘦肉型猪生产、销售
品牌:
质量标准:
电话号码:0792 - 5730210
地址:彭泽县上十岭畜牧有限公司

彭泽县龙升纺织有限公司

法人代表:陶文武
经营范围:生产、销售棉纱
品牌:
质量标准:
电话号码:0792 - 5621045
地址:彭泽县龙城镇

彭泽县大丰棉纺有限公司

法人代表:陈国平
经营范围:纺纱
品牌:
质量标准:
电话号码:0792 - 5661858
地址:彭泽县大丰棉纺有限公司

彭泽县制米厂

法人代表:李文云
经营范围:大米加工
品牌:
质量标准:
电话号码:0792 - 5625620
地址:彭泽县龙城镇南山路

彭泽县太泊湖水产养殖场

法人代表:陆耕牛
经营范围:水产养殖
品牌:
质量标准:
电话号码:0792 - 5886051
地址:彭泽县太泊湖水产场

彭泽县振兴纺织有限公司

法人代表:欧阳宏
经营范围:生产化纤纱及销售
品牌:
质量标准:
电话号码:0792 - 5750313
地址:彭泽县芙蓉农场二团

彭泽县永加纺织实业有限公司

法人代表：邹培通
经营范围：棉纱生产、销售
品牌：
质量标准：
电话号码：0792－5668860
地址：彭泽县工业园A区

江西亚东水泥有限公司

法人代表：张才雄
经营范围：水泥、熟料
品牌：洋房牌
质量标准：ISO9000
电话号码：0792－4886990
地址：江西省瑞昌市码头镇亚东大道6号

江西航海仪器厂

法人代表：董兵
经营范围：导航仪器、全自动锅炉燃烧器
品牌：火神
质量标准：ISO9000
电话号码：0792－4201188
地址：江西瑞昌市

瑞昌市江铜同兴铸造有限公司

法人代表：吴飞
经营范围：新型贝氏体球墨铸铁磨球及耐磨材料的制造、销售
品牌：
质量标准：
电话号码：0792－4825588
地址：瑞昌市白杨镇黄桥村

彭泽县物价宾馆

法人代表：孙桥东
经营范围：用餐
品牌：
质量标准：
电话号码：0792－5662088
地址：彭泽县龙泉路

江西江州造船厂

法人代表：汪三龙
经营范围：2万吨以下海洋运输各类船舶、金属结构制品
品牌：
质量标准：ISO9000
电话号码：0792－4818222
地址：江西瑞昌市938信箱

九江亚联环保包装有限公司

法人代表：廖世雄
经营范围：编制袋、吊装袋、集装袋、包装加工
品牌：
质量标准：
电话号码：0792－4888668
地址：江西省瑞昌市码头镇台资工业园内

瑞昌市砂石总公司

法人代表：胡映绪
经营范围：土砂石开采
品牌：
质量标准：
电话号码：0792－4886308
地址：江西省瑞昌市码头镇通江路52号

彭泽县定山制衣厂

法人代表：韩桂宝
经营范围：服装加工
品牌：
质量标准：
电话号码：0792－5950018
地址：彭泽县定山制衣厂

江西汇尔油泵油嘴有限公司

法人代表：傅永华
经营范围：高压油泵总成、三对偶件、摩配另件
品牌：
质量标准：ISO9000
电话号码：0792－4222926
地址：江西瑞昌市赤乌中路332号

瑞昌市兴龙麻棉纱厂

法人代表：殷年龙
经营范围：棉、化纤、麻纺织、加工制造
品牌：
质量标准：
电话号码：0792－4986518
地址：江西省瑞昌市桂林街道办事处桂林桥

瑞昌市人民冲压有限公司

法人代表：李雪虎
经营范围：江铃汽车前后支架、左右支架、碗形塞等冲压件、焊合件生产销售
品牌：
质量标准：ISO9000、ISO9001
电话号码：0792－4226625
地址：瑞昌人民北路138号

彭泽县远大房地产开发有限公司

法人代表：高爽
经营范围：房屋建筑及销售
品牌：
质量标准：
电话号码：0792－5663166
地址：彭泽县远大房地产开发有限公司

九江船用机械厂

法人代表：倪志
经营范围：氧舱、贮罐、工业锅炉、化工炼油设备、船用空气瓶、艉液筒、船用机械
品牌：九州
质量标准：ISO9000
电话号码：0792－4860258
地址：江西瑞昌市936信箱

江西瑞昌盛达水泥有限公司

法人代表：范文彬
经营范围：水泥制造、销售
品牌：盛秀
质量标准：ISO9000
电话号码：0792－4985208
地址：江西省瑞昌市桂林街道石山村

瑞昌市经纬纺织品有限责任公司

法人代表：余泽礼
经营范围：苎麻纱、半制品、毛制品、化纤制品、布、配件、竹制品
品牌：
质量标准：
电话号码：0792－4222478
地址：瑞昌人民北路115号

中国石化江西瑞昌石油公司

法人代表：邹益民
经营范围：成品油、润滑油、脂批发、零售
品牌：
质量标准：
电话号码：0792－4886418
地址：江西省瑞昌市码头镇金城路8号

瑞昌市供电有限责任公司

法人代表：余柳宾
经营范围：电力营销
品牌：
质量标准：ISO9000
电话号码：0792－4222717
地址：江西省瑞昌市建设路96号

江西省九江市国营赛湖纺织厂

法人代表：刑毅
经营范围：生产加工纱
品牌：
质量标准：
电话号码：0792－4212317
地址：江西省瑞昌市黄金北路

九江市罗坑煤矿

法人代表：邹圣文
经营范围：烟煤和无烟煤的开采洗选
品牌：
质量标准：
电话号码：0792－4733278
地址：江西省瑞昌市乐园乡

瑞昌市吴家金矿

法人代表:刘福林
经营范围:黄金采选
品牌:
质量标准:
电话号码:0792－4825592
地址:江西省瑞昌市白杨镇黄桥村

瑞昌市水电建筑

法人代表:柯长宾
经营范围:房屋和土木工程建筑
品牌:
质量标准:
电话号码:0792－4222094
地址:江西省瑞昌市湓城镇

江铜集团景祥建设有限公司

法人代表:吴飞
经营范围:矿山工程、房屋建筑工程施工总承包
品牌:
质量标准:ISO9000
电话号码:0792－4825600
地址:瑞昌市白杨镇

瑞昌市节能材料设备厂

法人代表:刘礼孟
经营范围:水泥预制构件、砖、非金属矿物制品
品牌:
质量标准:
电话号码:0792－4211488
地址:瑞昌市黄金北路198号

江铜集团武山铜矿鑫达实业公司

法人代表:熊艳火
经营范围:建材、劳保加工、食用油
品牌:
质量标准:
电话号码:0792－4825438
地址:瑞昌市白杨镇黄桥村

瑞昌市华顺纺织染整有限公司

法人代表:陈伟
经营范围:染色加工
品牌:
质量标准:
电话号码:0792－4986022
地址:瑞昌市桂林桥

瑞昌市供水公司

法人代表:徐勋
经营范围:生产饮用水
品牌:
质量标准:生活饮用水检验规范(2001)
电话号码:0792－4222570
地址:瑞昌市

瑞昌市金城工业公司

法人代表:雷在强
经营范围:地面砖、防水材料
品牌:
质量标准:
电话号码:0792－4888544
地址:瑞昌市码头镇长咀村

瑞昌市瑞南建筑工程有限公司

法人代表:余锦义
经营范围:土建、装饰、安装
品牌:
质量标准:ISO9000
电话号码:0792－4216389
地址:江西省瑞昌市

九江鸿泽纺织厂

法人代表:曾宪英
经营范围:纺织业
品牌:
质量标准:
电话号码:0792－4205998
地址:瑞昌黄金工业园

瑞昌市瑞江水泥有限责任公司

法人代表:陈英英
经营范围:生产水泥
品牌:
质量标准:
电话号码:0792－4886425
地址:瑞昌市码头镇码头村

九江中幅采掘有限公司

法人代表:张德清
经营范围:石灰石
品牌:
质量标准:
电话号码:0792－4888112
地址:码头镇新村路

瑞昌市兴盛建筑工程有限公司

法人代表:梁先罡
经营范围:土木工程建筑
品牌:
质量标准:ISO9000
电话号码:0792－4228650
地址:江西省瑞昌市三贤路1号

九江建成服装有限公司

法人代表:苏文彩
经营范围:生产销售各式服装、服饰鞋帽、灯饰产品
品牌:
质量标准:
电话号码:0792－4205928
地址:瑞昌市九瑞路黄金工业园

瑞昌市造纸总公司

法人代表:龚恩钧
经营范围:造纸
品牌:
质量标准:
电话号码:0792－4223641
地址:瑞昌市湓城街道边街235号

庐山匡城宾馆有限责任公司

法人代表:胡小玲
经营范围:餐饮、住宿、百货零售
品牌:
质量标准:
电话号码:0792－8287788
地址:江西省九江市庐山牯岭镇窑洼路36号

瑞昌市华东建筑工程公司

法人代表:陈光华
经营范围:房屋建筑总承包
品牌:
质量标准:GB19001－2000－ISO9001
电话号码:0792－4216827
地址:江西省瑞昌市赤乌东路14号

瑞昌市矿山机械有限公司

法人代表:陈凌
经营范围:运输矿山设备、普通机械制造安装修理
品牌:昌字牌
质量标准:ISO9000
电话号码:0792－4285098
地址:瑞昌市码头镇

瑞昌市自强铸造有限责任公司

法人代表:吴自强
经营范围:铸铁件
品牌:
质量标准:
电话号码:0792－4214347
地址:瑞昌市湓城雷家林居委会

庐山中国国际旅行社

法人代表:刘玉成
经营范围:旅游服务
品牌:
质量标准:
电话号码:0792－8282482
地址:江西省九江市庐山牯岭镇河西路443号

庐山三叠泉缆车有限公司

法人代表：张泉
经营范围：缆车经营
品牌：
质量标准：
电话号码：0792－8288067
地址：江西省九江市庐山三叠泉植青路

江西省庐山云中宾馆

法人代表：王峻冰
经营范围：住宿、餐饮
品牌：
质量标准：
电话号码：0792－8282746
地址：江西省九江市庐山牯岭镇香山路537号

湖口县江湖河砂有限责任公司

法人代表：吴继新
经营范围：河砂开采
品牌：
质量标准：
电话号码：0792－6322838
地址：九江市湖口县双钟镇三里大道

湖口县油脂化学厂

法人代表：陈伟华
经营范围：食用植物油加工
品牌：
质量标准：
电话号码：0792－6321602
地址：九江湖口县双钟镇钟山大道

庐山西湖宾馆

法人代表：胡骏水
经营范围：餐饮、住宿
品牌：
质量标准：
电话号码：0792－8281466
地址：江西省九江市庐山牯岭镇大林路113号

江西省庐山自来水公司

法人代表：张铜林
经营范围：自来水生产、供应
品牌：
质量标准：
电话号码：0792－8281027
地址：江西省九江市庐山牯岭镇慧远路803号

江西湖口县蓝天药用玻璃厂

法人代表：冯白秋
经营范围：日用玻璃瓶制造
品牌：
质量标准：IS9001：2000
电话号码：0792－6327966
地址：九江湖口县双钟镇金砂湾工业园

省船用阀门厂长安消防技术工程公司

法人代表：李明
经营范围：设计、安装、开通调试、销售、维修、咨询服务
品牌：
质量标准：ISO9000
电话号码：0792－6332959
地址：九江市湖口县双钟镇南门路198号

庐山庐池宾馆

法人代表：官玲
经营范围：餐饮住宿
品牌：
质量标准：
电话号码：0792－8282229
地址：江西省九江市庐山小天池17号

中国煤矿工人庐山疗养院

法人代表：翁向群
经营范围：住宿、餐饮
品牌：
质量标准：
电话号码：0792－8282002
地址：江西省九江市庐山大林沟路1212号

江西船用阀门厂

法人代表：李明
经营范围：灭火装置、船用阀门
品牌：
质量标准：ISO9000
电话号码：0792－6332958
地址：九江市湖口县双钟镇南门路198号

湖口县建筑工程公司

法人代表：阳继忠
经营范围：房屋建筑、装修
品牌：
质量标准：
电话号码：0792－6322737
地址：九江市湖口县双钟镇三里大道

庐山建筑工程公司

法人代表：周德友
经营范围：建筑安装
品牌：
质量标准：
电话号码：0792－8281404
地址：江西省九江市庐山牯岭镇橄榄山路862号

江西江新造船厂

法人代表：陈火焰
经营范围：金属船舶制造
品牌：
质量标准：ISOP002
电话号码：0792－6320511
地址：九江市湖口县双钟镇七里冲

江西省湖口县棉麻公司

法人代表：陶晓敏
经营范围：皮棉、短绒批发销售
品牌：
质量标准：
电话号码：0792－6321405
地址：九江市湖口县双钟镇钟山大道

湖口县供电有限责任公司

法人代表：夏早贵
经营范围：农村供电
品牌：
质量标准：
电话号码：0792－6322472
地址：九江市湖口县双钟镇三里大道

庐山宾馆

法人代表：徐道文
经营范围：住宿、餐饮
品牌：
质量标准：
电话号码：0792－8282060
地址：江西省九江市庐山牯岭镇河西路446号

湖口县浔朋化工有限责任公司

法人代表：朱明亚
经营范围：氟苯、2.4一二氯氟苯、无水氢氟酸
品牌：
质量标准：
电话号码：0792－6327920
地址：九江市湖口县双钟镇金砂湾工业园

湖口县新源建筑工程公司

法人代表：秦昌敏
经营范围：房屋、公路建筑
品牌：
质量标准：
电话号码：0792－6332079
地址：九江湖口县双钟镇洋港路

江西中建万佳燃气有限公司

法人代表：孙平
经营范围：石油液化气批发
品牌：
质量标准：
电话号码：0792－6337484
地址：九江市湖口县双钟镇洋港路

江西钟山药业有限责任公司

法人代表:张桐生
经营范围:中成药制造
品牌:
质量标准:GMP 认证
电话号码:0792－6327965
地址:湖口县双钟镇金砂湾工业园

湖口县恒利纺织厂

法人代表:许大玉
经营范围:棉布、化纤布生产
品牌:
质量标准:
电话号码:0792－6335075
地址:湖口县双钟镇洋港路

湖口县鑫鹏实业有限公司

法人代表:闻友鹏
经营范围:钙塑箱、橡胶窑封圈
品牌:
质量标准:
电话号码:0792－6322456
地址:湖口县双钟镇三里大道

湖口县文桥工具厂

法人代表:张森元
经营范围:手工工具制造
品牌:
质量标准:
电话号码:0792－6561028
地址:湖口县文桥文联村

湖口县新华书店

法人代表:叶新南
经营范围:图书批发、零售
品牌:
质量标准:
电话号码:0792－6332508
地址:湖口县双钟镇大中路

湖口县棉麻公司棉纺织厂

法人代表:陶晓敏
经营范围:棉纺织
品牌:
质量标准:
电话号码:0792－6320217
地址:湖口县双钟镇钟山大道

湖口县合昌水泥有限公司

法人代表:王先亚
经营范围:水泥制造
品牌:石钟牌
质量标准:GB175－1999
电话号码:0792－6326799
地址:湖口县金砂湾工业园

湖口县文桥农机厂

法人代表:李忠武
经营范围:手工具制造
品牌:
质量标准:
电话号码:0792－6561126
地址:湖口县文桥乡文联村

湖口县矽砂矿

法人代表:宛强
经营范围:非金属矿物质采造
品牌:
质量标准:
电话号码:0792－6327929
地址:湖口县双钟镇金砂湾工业园

泛美亚高科技材料有限公司

法人代表:吴泉源
经营范围:氧氯化锆生产
品牌:
质量标准:ISO9000
电话号码:0792－6325043
地址:湖口县双钟镇大岭南北港路

九江恒升曲轴有限公司

法人代表:许文斌
经营范围:内燃机曲轴制造
品牌:石钟山牌
质量标准:
电话号码:0792－6511235
地址:湖口县流泗镇集镇

湖口县锻压件厂

法人代表:周旭元
经营范围:手工具制造
品牌:上一
质量标准:
电话号码:0792－6321692
地址:湖口县双钟镇南北港路

湖口县油脂公司

法人代表:刘永安
经营范围:食用植物加工
品牌:
质量标准:
电话号码:0792－6511218
地址:湖口县流泗镇流泗居委会

湖口县左联化工有限公司

法人代表:左哲
经营范围:制造医药化工
品牌:
质量标准:
电话号码:0792－6326558
地址:湖口县双钟镇南北港路

湖口县三里金属制品有限公司

法人代表:王美初
经营范围:金属铁构架、铁附件
品牌:
质量标准:
电话号码:0792－6328173
地址:湖口县双钟镇胜利

湖口县马影建筑材料有限公司

法人代表:李更初
经营范围:建筑用石加工
品牌:
质量标准:
电话号码:13970216396
地址:湖口县马影镇董埂

湖口县三和啤酒有限责任公司

法人代表:江日亮
经营范围:啤酒生产
品牌:
质量标准:IS09001
电话号码:0792－6332542
地址:湖口县双钟镇云亭路

九江富达实业有限公司

法人代表:沈国林
经营范围:染料制造
品牌:
质量标准:
电话号码:0792－6327347
地址:湖口县双钟镇金砂湾工业园

湖口县雄英工具厂

法人代表:尹美荣
经营范围:手工具制造
品牌:
质量标准:
电话号码:0792－6332327
地址:湖口县双钟镇南门路

江西九江船厂

法人代表:叶汉安
经营范围:金属船舶制造
品牌:
质量标准:
电话号码:0792－6332937
地址:湖口县双钟镇云亭路112 号

湖口县自来水公司

法人代表:刘锡凤
经营范围:城市自来水的生产与供应
品牌:
质量标准:
电话号码:0792－6323012
地址:湖口县双钟镇教育北路

湖口县装卸运输公司

法人代表:陈远泉
经营范围:装卸、运输、堆存
品牌:
质量标准:
电话号码:0792－6332567
地址:湖口县沿江路61号

湖口县兴湖山庄

法人代表:严慕春
经营范围:旅馆业务
品牌:
质量标准:
电话号码:0792－6324109
地址:湖口县双钟镇钟山大道

江西九江市丰林企业有限公司

法人代表:李增水
经营范围:医用敷料、粉丝
品牌:峰岭
质量标准:
电话号码:0792－4670012
地址:德安县丰林镇

湖口县水电建筑安装公司

法人代表:郭再初
经营范围:房屋、公路等建筑
品牌:
质量标准:
电话号码:13507920078
地址:湖口县双钟镇三里大道

江西省盐业总公司湖口县公司

法人代表:杨林桂
经营范围:盐批发
品牌:
质量标准:AA
电话号码:0792－6332952
地址:湖口县双钟镇大中路50号

湖口县百事德宾馆

法人代表:谢小初
经营范围:餐饮、住宿、超市
品牌:
质量标准:
电话号码:0792－6323848
地址:湖口县双钟镇鄱湖大市场

江西驰耐得轮胎有限公司

法人代表:李玉梁
经营范围:轮胎外胎
品牌:锐驰、弗亚得
质量标准:ISO9000
电话号码:0792－4367146
地址:德安县石桥路170号

湖口县华安船务公司

法人代表:屈论松
经营范围:内河、内湖货物运输
品牌:
质量标准:
电话号码:0792－6332403
地址:湖口县双钟镇大中路102号

湖口县宏达公司

法人代表:张平
经营范围:超级市场零售
品牌:
质量标准:
电话号码:0792－6339992
地址:湖口县双钟镇大中路19号

庐山凤凰实业有限公司石钟山宾馆

法人代表:巢森林
经营范围:旅馆、餐饮、酒店渡假
品牌:
质量标准:
电话号码:0792－6339911
地址:湖口县双钟镇洋港路

德安县双鹰水泥有限公司

法人代表:杨志明
经营范围:普通硅酸盐水泥
品牌:三环
质量标准:ISO9000
电话号码:0792－4369053
地址:德安县五里墩路47号

江西省湖口县航运公司

法人代表:叶长青
经营范围:长江中下游及内河货运
品牌:
质量标准:
电话号码:0792－6332274
地址:湖口县双钟镇沿江路46号

湖口县食品公司

法人代表:刘平
经营范围:生猪批发销售
品牌:
质量标准:
电话号码:0792－6336289
地址:湖口县双钟镇云亭路2号

江西省湖口县紫云宾馆

法人代表:吴军
经营范围:住宿、餐饮、付食零售
品牌:
质量标准:
电话号码:0792－6332869
地址:湖口县双钟镇大中路17号

德安县供电有限责任公司

法人代表:余柳宾
经营范围:电力供应
品牌:
质量标准:
电话号码:0792－4332610
地址:德安县胜利路89号

湖口县汽车运输中心

法人代表:郑朝辉
经营范围:公路客、货运输服务及公交车
品牌:
质量标准:
电话号码:0792－6322351
地址:湖口县三里大道

湖口县粮食局第二粮库

法人代表:王建华
经营范围:粮油储存
品牌:
质量标准:
电话号码:0792－6332652
地址:湖口县月亮山南路30号

湖口县石钟山鞋山旅游有限公司

法人代表:王奔春
经营范围:旅游投资、开发、门票、船票、
品牌:
质量标准:
电话号码:0792－6332816
地址:湖口县双钟镇登山路22号

九江市丰林医用材料有限公司

法人代表:陈剑璋
经营范围:医用纱布、敷料系列
品牌:
质量标准:美国FDA认证
电话号码:0792－4670333
地址:德安县丰林镇

江西爱民机械厂

法人代表:白峰
经营范围:工业锅炉
品牌:
质量标准:ISO9000
电话号码:0792－4580282
地址:德安县河东乡石桥村

九江联泰化工有限公司

法人代表:陈士奇
经营范围:轻质碳酸钙、活性碳酸钙
品牌:联泰
质量标准:
电话号码:0792－4611097
地址:德安县丰林镇依塘村

德安县金丰纺织有限公司

法人代表:胡安乐
经营范围:棉纱、涤棉纱
品牌:鄱河
质量标准:
电话号码:0792－4368058
地址:德安县河东乡石桥村

江西欣祥包装彩印有限公司

法人代表:朱金花
经营范围:印刷、彩印、包装
品牌:
质量标准:
电话号码:0792－4668877
地址:德安县宝塔工业园东区

九江鑫城纺织有限公司

法人代表:周燕春
经营范围:棉纱、麻灰纱、浔棉纱、织布及织布机、配件
品牌:
质量标准:
电话号码:0792－4332012
地址:德安县义峰北路388号

江西新明纺织有限公司

法人代表:叶新明
经营范围:纯棉纱、涤棉纱
品牌:
质量标准:
电话号码:0792－4668568
地址:德安县宝塔工业园

江西制动器厂

法人代表:魏昌平
经营范围:汽车制动皿、内燃机配件
品牌:同舟
质量标准:
电话号码:0792－4332549
地址:德安县五里墩路19号

九江中恒自动控制器有限公司

法人代表:魏海军
经营范围:压力温控器、电子自控制器
品牌:中恒
质量标准:
电话号码:0792－4362003
地址:德安县宝塔工业园西区

江西省嘉华氟化工业有限公司

法人代表:张主保
经营范围:氢氟酸、萤石、制冷剂
品牌:
质量标准:
电话号码:0792－4330179
地址:德安县河东乡石桥村

江西浔阳电子仪器厂

法人代表:张继泽
经营范围:电子仪器、温控皿、高合皿、报警器材
品牌:新龙、迅雷
质量标准:ISO9000
电话号码:0792－4580008
地址:德安县937信箱

德安县华祥医保有限公司

法人代表:曾祥友
经营范围:医用敷料
品牌:
质量标准:
电话号码:0792－4368288
地址:德安县义峰路217号

德安县永飞矿业有限公司

法人代表:崔桅龙
经营范围:萤石开采
品牌:庐山牌
质量标准:
电话号码:0792－4680665
地址:德安县吴山乡红桥村

德安县丰林南伟医用材料厂

法人代表:王南京
经营范围:外科用敷料
品牌:
质量标准:
电话号码:0792－4670666
地址:德安县丰林镇

江西达晟纺织有限公司

法人代表:丁进武
经营范围:棉纱
品牌:菲彩
质量标准:
电话号码:0792－4660599
地址:德安县宝塔工业园东区

江西通达电器有限公司

法人代表:曾令华
经营范围:温控器
品牌:德安通达
质量标准:ISO9000、CQC认证
电话号码:0792－4668586
地址:德安县宝塔工业园东区

江西凯灵制冷离合器有限责任公司

法人代表:胡水根
经营范围:电磁离合器
品牌:凯立
质量标准:ISO9000
电话号码:0792－4368336
地址:德安县义峰路176号

江西开成纸业有限公司

法人代表:王泉水
经营范围:日用纸制品制造
品牌:庐景、绮玉
质量标准:
电话号码:0792－4550559
地址:德安县吴山乡湾村

九江名门服装织造有限公司

法人代表:吴涛
经营范围:服装加工
品牌:
质量标准:
电话号码:0792－4332579
地址:德安县义峰路166号

德安县供水公司

法人代表:胡泽雷
经营范围:自来生产、供应
品牌:
质量标准:
电话号码:0792－4332742
地址:德安县东风路14号

德安县牌楼复兴饲料厂

法人代表:李顺意
经营范围:饲料
品牌:楼牌复兴
质量标准:
电话号码:0792－4338916
地址:德安县宝塔工业园

佑固风雨衣有限公司

法人代表:杨信辉
经营范围:风雨衣加工
品牌:
质量标准:
电话号码:0792－4668188
地址:德安县宝塔工业园东区

德安县市政工程公司

法人代表:吴光明
经营范围:建筑工程、市政设施管理、道路工程
品牌:
质量标准:
电话号码:0792－4333986
地址:德安县朝阳路2号

德安县第二建筑公司

法人代表:黄火根
经营范围:土木工程建筑
品牌:
质量标准:
电话号码:0792－4332818
地址:德安县石桥路

中石化德安县石油支公司

法人代表:扶元峰
经营范围:汽油、柴油批发零售
品牌:
质量标准:
电话号码:0792－4335327
地址:德安县义峰路489号

九江大宇生化有限公司

法人代表:许正林
经营范围:轻质碳酸钙
品牌:白鹿
质量标准:
电话号码:0792－4650799
地址:德安县林泉乡林泉村

德安县房地产开发公司

法人代表:夏有源
经营范围:商品房开发销售、装璜、水电安装
品牌:
质量标准:
电话号码:0792－4335689
地址:德安县义峰路468号

德安县邮政局

法人代表:丁国麟
经营范围:邮政业务
品牌:
质量标准:
电话号码:0792－4332119
地址:德安县邮政局

中共德安县委招待所

法人代表:刘思萌
经营范围:住宿、餐饮、文化娱乐
品牌:
质量标准:
电话号码:0792－4332617
地址:德安县南门路16号

江西德安锑锌矿

法人代表:汪光府
经营范围:锑开采、选矿
品牌:
质量标准:
电话号码:0792－4681053
地址:德安县聂桥镇宝山村

德安县水利水电建筑工程公司

法人代表:尚蓬火
经营范围:土木工程建筑、水利建筑
品牌:
质量标准:
电话号码:0792－4331819
地址:德安县东风路182号

江西省盐业公司德安县公司

法人代表:胡海军
经营范围:食盐返批发、加工
品牌:银洁
质量标准:
电话号码:0792－4333742
地址:德安县盐业公司

九江(赤湖)啤酒有限公司

法人代表:洪许泉
经营范围:啤酒生产、销售
品牌:九江啤酒、珍珠啤酒
质量标准:
电话号码:0792－6832177
地址:九江县赤湖水产场

江西利和电器有限公司

法人代表:王义春
经营范围:温控器
品牌:利和
质量标准:
电话号码:0792－4337219
地址:德安县宝塔工业园西区

德安县第三建筑公司

法人代表:黄水援
经营范围:土木工程建筑
品牌:
质量标准:
电话号码:0792－4332517
地址:德安县永兴路15号

江西省德安县新华书店

法人代表:常志斌
经营范围:图书、杂志批发零售
品牌:
质量标准:
电话号码:0792－4332217
地址:德安县永兴路19号

九江意百达电子有限公司

法人代表:王功勇
经营范围:其他通用仪器制造
品牌:
质量标准:
电话号码:0792－6825140
地址:九江县沙河开发区石门村

德安县付山煤矿

法人代表:郑利明
经营范围:煤炭开采
品牌:
质量标准:
电话号码:0792－4690009
地址:德安县爱民乡红岩村

德安县第一建筑公司

法人代表:陶鼎峥
经营范围:土木工程建筑
品牌:
质量标准:
电话号码:0792－4332905
地址:德安县石桥路46号

江西省医药公司德安县公司

法人代表:李鸿闽
经营范围:药品批发零售
品牌:
质量标准:
电话号码:0792－4332142
地址:德安县医药公司

江西思达电子有限公司

法人代表:王功勇
经营范围:电表生产
品牌:
质量标准:ISO9000
电话号码:0792－6820565
地址:九江县沙河开发石门村

九江协力水泥有限公司

法人代表:陈尚官
经营范围:水泥生产、销售
品牌:九融水泥
质量标准:
电话号码:0792－6810257
地址:九江县沙河开发区天坡村

九江江威针织有限公司

法人代表:王福军
经营范围:羊毛衫
品牌:
质量标准:
电话号码:0792－6824934
地址:九江县沙河开发区石门村

九江东太化学有限公司

法人代表:向涛涌
经营范围:洗涤剂
品牌:东泰烨
质量标准:
电话号码:0792－8585626
地址:九江市浔阳区白水湖路70号

九江米迪服饰发展有限公司

法人代表:蔡水贫
经营范围:服装
品牌:
质量标准:
电话号码:0792－6981690
地址:九江县新合村爱国村

江西博莱大药厂

法人代表:唐进波
经营范围:兽药
品牌:
质量标准:GMP认证
电话号码:0792－6893398
地址:九江县沙河开发区石门村

九江和田化工有限公司

法人代表:龚汇江
经营范围:化学农药生产
品牌:
质量标准:
电话号码:0792－6846377
地址:九江县赛城湖水产场

九江兴汇源日化有限公司

法人代表:翁云震
经营范围:蚊香
品牌:青蛙牌
质量标准:ISO9000
电话号码:0792－6819936
地址:九江县双瑞路18号

九江县泗兴纺织有限公司

法人代表:张亚洲
经营范围:棉纱
品牌:
质量标准:
电话号码:0792－6823333
地址:九江县沙河开发区石门村

九江智盛纺织有限公司

法人代表:叶汉智
经营范围:棉纱生产销售
品牌:
质量标准:
电话号码:0792－6814728
地址:九江县沙河开发区石门村

九江县茂盛线材有限公司

法人代表:徐太平
经营范围:金属加工
品牌:
质量标准:
电话号码:0792－6813340
地址:九江县沙河开发区石门村

九江县高新包装公司

法人代表:吴高炉
经营范围:制浆和造纸专用设备
品牌:
质量标准:
电话号码:0792－6826666
地址:九江县沙河开发区石门村

九江鑫山水泥有限公司

法人代表:蔡新民
经营范围:水泥生产、销售
品牌:
质量标准:
电话号码:0792－6822663
地址:九江县沙河街镇东风村

江西亚晶玻璃有限公司

法人代表:陈腊松
经营范围:民用镜
品牌:
质量标准:
电话号码:0792－6814458
地址:九江县沙河开发区天坡村

九江县双龙材料公司

法人代表:张水保
经营范围:隔热材料
品牌:
质量标准:
电话号码:0792－6825555
地址:九江县沙河开发区石门村

九江鹏程油脂有限公司

法人代表:吕龙松
经营范围:植物油生产
品牌:
质量标准:
电话号码:
地址:九江县永安乡爱民村

九江县沙河建筑公司

法人代表:欧阳华儒
经营范围:房屋建筑
品牌:
质量标准:ISO9000
电话号码:0792－6812309
地址:九江县庐山西路212号

九江县自来水厂

法人代表:张景泉
经营范围:自来水生产、供应
品牌:
质量标准:
电话号码:0792－6812450
地址:九江县双瑞路1号

九江县水泥制品厂

法人代表:李中炎
经营范围:水泥电杆
品牌:
质量标准:
电话号码:0792－6843496
地址:九江县赛城湖水产场

九江达佳纺织有限公司

法人代表:朱林
经营范围:棉纱生产销售
品牌:
质量标准:
电话号码:0792－6815298
地址:九江县冷水路88号

九江县新城建筑公司

法人代表:李建平
经营范围:房屋建筑
品牌:
质量标准:ISO9000、ISO9002
电话号码:0792－6810899
地址:九江县庐山西路393号

九江县第二建筑公司

法人代表:罗瑞林
经营范围:房屋建筑
品牌:
质量标准:
电话号码:0792－6812366
地址:九江县双瑞路275号

江西共青中羽制衣有限公司

法人代表:罗丽芳
经营范围:羽绒制品、床上用品、四季服装
品牌:
质量标准:ISO9000、ISO1400
电话号码:0792－4342994
地址:江西省共青城

江西共青煤气有限公司

法人代表:王化武
经营范围:煤气生产销售、煤气管道安装
品牌:
质量标准:
电话号码:0792－4342974
地址:江西共青煤气有限公司

江西共青第四建筑工程公司

法人代表:左森滚
经营范围:房屋建筑、施工
品牌:
质量标准:
电话号码:0792－4371267
地址:九江共青甘露镇甘露村

九江县第三建筑公司

法人代表:田宗明
经营范围:房屋建筑
品牌:
质量标准:
电话号码:0792－6831582
地址:九江县城子镇彭湾村

江西回圆服饰有限公司

法人代表:邹永亮
经营范围:四季服装、羽绒制品加工销售
品牌:回圆牌
质量标准:ISO9000、ISO14000
电话号码:0792－4357668
地址:江西共青城共青大道

江西共青酒厂

法人代表:袁兴志
经营范围:啤酒、白酒、葡萄酒
品牌:圣士丹、九岭
质量标准:
电话号码:0792－4342644
地址:九江市共青城新城路1号

江西共青第三建筑公司

法人代表:王义刚
经营范围:土木工程建筑、安装
品牌:
质量标准:
电话号码:0792－4347018
地址:九江共青第三建筑公司

九江县建筑公司

法人代表:万国安
经营范围:房屋建筑
品牌:
质量标准:
电话号码:0792－8224288
地址:九江市十里大道21号

江西天骏印染有限公司

法人代表:郭章林
经营范围:布匹印染
品牌:
质量标准:
电话号码:0792－4342640
地址:九江共青开发区富华路

江西共青修理汽车厂

法人代表:王光明
经营范围:汽车修理、汽车零配件
品牌:
质量标准:
电话号码:0792－4344279
地址:江西九江共青城

江西共青爱高服装有限公司

法人代表:杜艳平
经营范围:生产销售各式服装、羽绒制品、床上用品
品牌:
质量标准:ISO9000
电话号码:0792－4348677
地址:江西共青爱高服装有限公司

九江县水利电力建筑工程公司

法人代表:方恒应
经营范围:土木工程建筑
品牌:
质量标准:
电话号码:0792－6827299
地址:九江县沿河北路50号

江西共青宝山纺织有限公司

法人代表:郭若凤
经营范围:纺织织布
品牌:
质量标准:
电话号码:0792－4348081
地址:江西省共青城金纺路

江西共青鸭鸭(集团)有限公司

法人代表:许海东
经营范围:羽绒制品、床上用品、皮毛加工、四季服装
品牌:鸭鸭牌
质量标准:ISO9000、ISO14000
电话号码:0792－4342446
地址:江西共青开放开发区

江西共青城建筑有限责任公司

法人代表:李会锦
经营范围:房屋建筑施工总承包
品牌:
质量标准:ISO9000
电话号码:0792－4349826
地址:江西省共青城共青大道南侧2号

九江县新华书店

法人代表:孟飞
经营范围:图书零售
品牌:
质量标准:
电话号码:0792－6812063
地址:九江县柴桑南路5号

九江共青供电有限公司

法人代表:余柳宾
经营范围:下属电网、小水电
品牌:
质量标准:
电话号码:0792－4342606
地址:九江共青城共青大道

江西共青昌乐制衣厂

法人代表:邹隆生
经营范围:生产销售各类服装
品牌:
质量标准:
电话号码:0792－4341098
地址:九江共青城

江西共青自来水公司

法人代表:王化武
经营范围:自来水的生产与供应
品牌:
质量标准:
电话号码:0792－4342433
地址:江西共青自来水公司

九江环球日本钨业有限公司

法人代表:王金生
经营范围:生产销售钨
品牌:环球钨
质量标准:
电话号码:0792－2768674
地址:武宁县新宁镇

江西格林化工有限公司

法人代表:陈鹏
经营范围:广普杀菌剂
品牌:
质量标准:ISO9000
电话号码:0792－2768814
地址:武宁县万福经济技术开发区

武宁县有色金属加工厂

法人代表:易孝荣
经营范围:加工销售钨、铜等有色金属
品牌:庐山牌
质量标准:ISO9000
电话号码:0792－2780469
地址:武宁县新宁镇

九江民生罐头食品有限公司

法人代表:王翔
经营范围:罐头加工
品牌:春赐福
质量标准:ISO9000
电话号码:0792－2761584
地址:武宁县新宁镇沙田村

武宁县通用机械有限公司

法人代表:林传濂
经营范围:生产打谷机
品牌:
质量标准:
电话号码:0792－2761051
地址:武宁县新宁镇

武宁县钨矿

法人代表:程翔
经营范围:钨、铜
品牌:
质量标准:3C 认证
电话号码:0792－2766688
地址:武宁县新宁镇

武宁县煤矿

法人代表:陈宗辉
经营范围:煤炭开采、销售
品牌:
质量标准:
电话号码:0792－2888056
地址:武宁县泉口镇风东村

武宁县凯利丝业有限公司

法人代表:王云兴
经营范围:蚕丝加工
品牌:
质量标准:
电话号码:0792－2911018
地址:武宁县船滩镇

张林水泥预制构件厂

法人代表:付大林
经营范围:水泥预制构件
品牌:张林水泥构件
质量标准:
电话号码:13979201625
地址:武宁县万福经济技术开发区

武宁县鲁溪水泥有限公司

法人代表:卢位才
经营范围:水泥制造
品牌:幕阜山牌
质量标准:
电话号码:0792－2811333
地址:武宁县鲁溪镇双溪村

武宁县新城建筑工程有限公司

法人代表:曹跃进
经营范围:房屋建筑
品牌:
质量标准:
电话号码:0792－2771966
地址:武宁县朝阳路 84 号

九江宁丰泰服饰织造有限公司

法人代表:温跃进
经营范围:服装
品牌:
质量标准:
电话号码:0792－2837881
地址:武宁县万福经济技术开发区

江西盛东实业有限公司

法人代表:吴盛东
经营范围:纯净水、果汁饮料生产
品牌:凤源牌
质量标准:
电话号码:13970222771
地址:武宁县万福经济技术开发区

武宁县盘溪水电开发有限公司

法人代表:叶青松
经营范围:电力、水资源开发利用
品牌:
质量标准:
电话号码:0792－2788080
地址:武宁县石渡乡

江西省海特化工有限公司

法人代表:方子辉
经营范围:化工产品
品牌:
质量标准:ISO9000
电话号码:0792－2768814
地址:武宁县新宁镇东渡工业区

武宁县翔鸿有色金属有限公司

法人代表:程翔
经营范围:黑钨精矿
品牌:
质量标准:
电话号码:0792－2766688
地址:武宁县万福经济技术开发区

九江昂泰胶囊有限公司

法人代表:丁大林
经营范围:药用空心胶囊、机械设备制造销售
品牌:昂泰
质量标准:
电话号码:0792－2761335
地址:江西省武宁县东渡工业区

武宁县明星锑业有限公司

法人代表:吴和福
经营范围:锑矿采选、冶炼
品牌:
质量标准:ISO9000
电话号码:0792－2789474
地址:武宁县新宁镇太婆堰六区 76 号

江西省生成卫生用品有限公司

法人代表:余陈
经营范围:纸制卫生用品系列
品牌:生成
质量标准:
电话号码:0792－2837366
地址:武宁县万福经济开发区

武宁县电力总公司

法人代表:余柳彬
经营范围:电力供应
品牌:
质量标准:
电话号码:0792－2760767
地址:武宁县新宁镇

江西星成电器有限责任公司

法人代表:徐火星
经营范围:生产销售节能灯
品牌:
质量标准:
电话号码:0792-2837818
地址:武宁县万福经济开发区

九江亚光包装服务有限公司

法人代表:陈亚光
经营范围:各类包装纸箱及编织袋
品牌:
质量标准:
电话号码:0792-2837822
地址:武宁县万福经济技术开发区

江西省百货公司武宁县公司

法人代表:邓克宁
经营范围:百货、针织品、五金交电、鞋帽
品牌:
质量标准:
电话号码:0792-2761160
地址:武宁县新宁路13号

庐山区城建建筑工程有限公司

法人代表:周校东
经营范围:房屋建筑安装、建筑材料销售、室内外装潢、水电安装
品牌:
质量标准:ISO9000
电话号码:0792-8250580
地址:九江十里大道149号

江西江宁食品有限公司

法人代表:黎辉
经营范围:生产销售洗涤剂、洗手液
品牌:江雪牌
质量标准:
电话号码:0792-2837640
地址:武宁县万福经济技术开发区

江西泰和彩印有限公司

法人代表:李公伟
经营范围:包装纸箱
品牌:
质量标准:
电话号码:0792-2837571
地址:武宁县万福经济技术开发区

江西省武宁新华书店

法人代表:王时生
经营范围:图书、音像、电子出版物、文教用品等批发零售
品牌:
质量标准:
电话号码:0792-2781476
地址:武宁县人民路15号

庐山区建筑工程总公司

法人代表:李新建
经营范围:房屋建筑
品牌:
质量标准:ISO9000
电话号码:0792-8251418
地址:九江市十里大道1119号

九江天赐太阳能热水器厂

法人代表:李占武
经营范围:太阳能热水器
品牌:天赐
质量标准:
电话号码:0792-2837778
地址:武宁县万福经济技术开发区

武宁建筑工程公司

法人代表:林玉英
经营范围:房屋建筑工程
品牌:
质量标准:
电话号码:0792-2761054
地址:武宁县豫宁街道人民路6号

武宁县振兴泡沫厂

法人代表:张绪光
经营范围:泡沫包装产品
品牌:振兴泡沫包装
质量标准:
电话号码:0792-2838668
地址:武宁县万福经济技术开发区

庐山区水利水电建筑工程公司

法人代表:汪云龙
经营范围:建筑业
品牌:
质量标准:2000-ISO9001
电话号码:0792-8131033
地址:十里大道770号

武宁县印刷有限公司

法人代表:姚小胡
经营范围:书刊印刷、商标印刷
品牌:
质量标准:
电话号码:0792-2761368
地址:武宁县新宁路20号

武宁县永欣建筑工程有限责任公司

法人代表:况世满
经营范围:房屋建筑
品牌:
质量标准:
电话号码:0792-2782585
地址:武宁县豫宁大道85号

九江市财兴五金机电厂

法人代表:江训忠
经营范围:五金、水暖器材加工
品牌:
质量标准:ISO9000
电话号码:0792-8905801
地址:九江市庐山区汽车工业园

九江市庐山区食品公司

法人代表:刘剑霖
经营范围:生猪、家禽批发
品牌:
质量标准:
电话号码:0792-8252047
地址:九江市前进东路405号

武宁县阳光竹材制品有限责任公司

法人代表:李文光
经营范围:生产销售木竹人造板
品牌:艳阳玉
质量标准:ISO9000
电话号码:0792-2761541
地址:武宁县新宁镇东渡工业区

武宁县豫宁建筑工程有限责任公司

法人代表:张绪春
经营范围:房屋建筑
品牌:
质量标准:
电话号码:0792-2761515
地址:武宁县新宁路19号

九江市长虹建筑工程公司

法人代表:王映飞
经营范围:建筑、安装
品牌:
质量标准:
电话号码:0792-8177178
地址:九江市十里大道1218号

庐山区荣达制衣厂

法人代表:刘荣梅
经营范围:针织品生产加工和销售
品牌:
质量标准:ISO9000
电话号码:0792-8590019
地址:九江市九湖路3号

九江市庐山区鑫星玻璃纤维厂

法人代表:周庐
经营范围:玻璃纤维制品、玻璃钢制品、制造、销售
品牌:
质量标准:
电话号码:0792－8903586
地址:庐山砂轮石英制品厂内

九江市兴达制罐机械厂

法人代表:徐克勤
经营范围:制罐机械及配件制造
品牌:兴达
质量标准:
电话号码:0792－8271070
地址:九江市前进西路工业园

九江市万事建材总公司

法人代表:吴治安
经营范围:预制构件
品牌:
质量标准:
电话号码:0792－8251117
地址:九莲北路332#

九江福莱克斯有限公司

法人代表:朱文新
经营范围:生产电路用材料
品牌:
质量标准:ISO9000
电话号码:0792－8358899
地址:九江市前进东路1210号

九江市第七棉纺织厂

法人代表:曹俊安
经营范围:棉纺加工
品牌:
质量标准:
电话号码:0792－8251157
地址:九莲北路大洼

江西美庐乳业有限公司

法人代表:陈林
经营范围:全脂奶粉、羹糊、蜂蜜等加工
品牌:美庐
质量标准:ISO9000
电话号码:0792－8905399
地址:九江市莲花工业园

九江市庐山新华电子设备厂

法人代表:刘培应
经营范围:电子工业专用设备制造
品牌:新华电子
质量标准:
电话号码:0792－8271166
地址:九江市前进西路十里民营工业园

九江市万时盛服装织造有限公司

法人代表:刘美凤
经营范围:服装加工
品牌:
质量标准:
电话号码:0792－8582910
地址:九江市前进东路998号

九江市庐山区前进针织内衣厂

法人代表:汪贻荣
经营范围:针织服装制造
品牌:
质量标准:ISO9000
电话号码:0792－8591984
地址:九江市庐山区九湖路牯牛岭

九江市环球科技开发有限公司

法人代表:郭峻杰
经营范围:石油化工技术开发、转让及咨询服务等
品牌:
质量标准:ISO9000
电话号码:0792－8906291
地址:莲花路96号

庐山区五里建筑工程公司

法人代表:龚安政
经营范围:房屋建筑、水泥预制构件构造、室内外装潢
品牌:
质量标准:
电话号码:0792－8586213
地址:九湖路15#

九江市江南玻璃纤维有限公司

法人代表:李月忠
经营范围:玻纤布制造
品牌:世纪牌
质量标准:
电话号码:0792－5905960
地址:九莲南路新桥村

九江市庐山区华兴玻璃纤维厂

法人代表:朱晓华
经营范围:玻璃纤维制品
品牌:
质量标准:
电话号码:0792－8265539
地址:九江市庐山区刘家塘杜家畈

庐山区建筑工程公司

法人代表:罗运贵
经营范围:房屋建筑及维修
品牌:
质量标准:
电话号码:0792－8251442
地址:十里大道1482号城建环保大楼内

九江市汇诚制衣有限公司

法人代表:王少平
经营范围:服装加工制造、针纺织品
品牌:
质量标准:
电话号码:0792－8906561
地址:九江市庐山区莲花镇工业园区

九江市庐山区新港针织内衣服装厂

法人代表:周淦金
经营范围:加工制造针织内衣
品牌:
质量标准:
电话号码:0792－873364
地址:庐山区新港集镇

九江市庐山区莲花建筑工程公司

法人代表:唐从法
经营范围:建筑安装
品牌:
质量标准:
电话号码:0792－8903283
地址:九江市庐山区莲花建筑工程公司

九江市缸盖厂

法人代表:曾志勇
经营范围:汽车配件
品牌:
质量标准:
电话号码:0792－8962559
地址:九江市周岭乡

九江市新港建筑工程公司

法人代表:雷存炉
经营范围:建筑施工、安装水电、土石、装修
品牌:
质量标准:
电话号码:0792－8730219
地址:九江市庐山区新港建筑工程公司

庐山威家镇毫厘酒楼

法人代表:李良松
经营范围:餐饮
品牌:
质量标准:
电话号码:0792－8752322
地址:庐山区威家镇

九江市天洋特种水产养殖有限公司

法人代表:张德虎
经营范围:水产品养殖、销售、出口
品牌:
质量标准:
电话号码:0792－8994266
地址:庐山区虞家河乡

江西九江茅山头企业集团公司

法人代表:王友忠
经营范围:纺织,机械、电子、高贸批发、养殖
品牌:
质量标准:ISO9000
电话号码:0792－8363162
地址:九江经济开发区九瑞大道6号

江西龙腾生物高科技有限公司

法人代表:卢作贵
经营范围:生物缝合线、缝合材料的生产、销售和生物工程开发研究
品牌:龙腾牌
质量标准:ISO9000
电话号码:0792－8361638
地址:九江经济技术开发区

九江正大饲料有限公司

法人代表:梁民浔
经营范围:生产经营畜禽,水产系列全价料,浓缩料
品牌:金箭牌、浔泰牌
质量标准:ISO9000
电话号码:0792－8361379
地址:江西省九江市开发区九瑞大道45号

九江市江城建筑水电公司

法人代表:郭军
经营范围:土木工程建筑
品牌:
质量标准:
电话号码:0792－8129768
地址:九江市九莲北路

九江北方房地产开发有限公司

法人代表:梁甫千
经营范围:房地产开发、室内装饰、建筑工程咨询
品牌:
质量标准:ISO9000
电话号码:0792－8363520
地址:九江开发区九瑞大道26号建行大厅

江西省浙赣房地产开发有限公司

法人代表:李步红
经营范围:房地产开发、销售、物业管理和旅游项目
品牌:
质量标准:
电话号码:0792－8220053
地址:九江市九龙街"步红花园"

九江汇源食品饮料有限公司

法人代表:朱新礼
经营范围:果蔬汁及饮料系列食品、奶制品、果浆生产、销售
品牌:汇源
质量标准:ISO9000
电话号码:0792－8368035
地址:九江经济技术开发区

九江华东装饰材料市场

法人代表:许斌
经营范围:建筑装饰材料批零
品牌:
质量标准:
电话号码:0792－8277805
地址:九江市十里大道827号

九江源丰集装箱运输有限公司

法人代表:刘秀清
经营范围:集装箱及散件货物装卸、堆存,储运
品牌:
质量标准:货运肆级
电话号码:0792－8233035
地址:九江市北经路四支巷1号东区1号楼

九江市长江制服厂

法人代表:邱文燕
经营范围:服装制做加工销售
品牌:宝莱雅
质量标准:ISO9000
电话号码:0792－8264247
地址:江西九江市十里大道135#

九江市雪林制衣有限公司

法人代表:王秀娥
经营范围:服装生产、销售
品牌:雪林
质量标准:
电话号码:0792－8157688
地址:十里大道135号

庐山区十里大酒店

法人代表:陈美珍
经营范围:主营餐饮、兼营烟、酒、饮料零售
品牌:
质量标准:
电话号码:0792－8251284
地址:九江市前进东路

九江厦港房地产实业有限公司

法人代表:王宪榕
经营范围:开发经营房地产、建筑装修、装饰材料和设备;承包土木建筑工程
品牌:
质量标准:ISO9000
电话号码:0792－8231674
地址:九江庐山南路279号

九江精密测试技术研究所

法人代表:李树林
经营范围:精密测试设备、元器件、计量器具等
品牌:
质量标准:ISO9000
电话号码:0792－8365150
地址:江西九江市九瑞大道33号(第60号信箱)

江西海扬纺织集团

法人代表:田友海
经营范围:纺织品、服装生产、销售、纺织机械装、修
品牌:
质量标准:
电话号码:0792－7038626
地址:江西九江市开发区官牌夹鱼苗塘1号

九江沃尔得超市购物中心

法人代表:王建新
经营范围:副食、饮料、日用百货批零
品牌:
质量标准:
电话号码:0792－8275081
地址:庐山区十里赣北商城

江西移动九江分公司

法人代表:黄日高
经营范围:移动话音、数据、IP电话和多媒体业务
品牌:
质量标准:
电话号码:0792－8370908
地址:九江市九瑞大道51号

九江恒通自动控制器有限公司

法人代表:潘林生
经营范围:日用电子自动控制器生产、销售
品牌:
质量标准:ISO9000
电话号码:0792－8360111
地址:九瑞大道25号

中外合资九江帅坤服饰有限公司

法人代表:李凯
经营范围:服装、鞋帽、纺织品制造
品牌:帅坤
质量标准:
电话号码:0792－8371699
地址:九江市经济技术开发区西苑南路9号

九江昌河汽车有限责任公司

法人代表:胡海银
经营范围:汽车整车及零部件开发、制造、销售及相关业务
品牌:
质量标准:ISO9000
电话号码:0792－8271011
地址:九江前进西路555号

九江汇诚纺织有限公司

法人代表:王少平
经营范围:针纺织品、纺织原料
品牌:
质量标准:
电话号码:0792－8906561
地址:九江市庐山区莲花工业园

九江市富安农用机械制造有限公司

法人代表:王太西
经营范围:农机制造
品牌:FA
质量标准:
电话号码:0792－8367888
地址:九江开发区九瑞大道

九江信华集团建筑工程有限公司

法人代表:王华民
经营范围:建筑工程、地基与基础、装饰装修工程施工等
品牌:
质量标准:ISO9000
电话号码:0792－8129990
地址:九江庐山南路99号

九江清源实业集团有限公司

法人代表:梅清
经营范围:五金交电、建筑材料、电器产品、汽车配件等
品牌:
质量标准:
电话号码:0792－8370855
地址:九江九瑞大延99号

核工业九江工贸总公司

法人代表:章邵平
经营范围:缝纫线、棉线制造
品牌:庐峰
质量标准:
电话号码:0792－8368571
地址:九江市九瑞大道25号

九江果品批发交易大市场有限公司

法人代表:牛健生
经营范围:干鲜果品、土特产品、海产品、食油批发、保鲜、储存
品牌:
质量标准:
电话号码:0792－7031777
地址:九江九瑞大道112号

九江长虹电力建筑安装装饰工程公司

法人代表:梅珂
经营范围:房地产开发、电力基础工程、室内装饰、工程施工等
品牌:
质量标准:ISO9000
电话号码:0792－8464265
地址:九江市长虹大道中段

江西长江药业有限公司

法人代表:梅清
经营范围:医用制剂
品牌:CY
质量标准:GMP
电话号码:0792－8370398
地址:九江市九瑞大道99号

九江市九泰织布厂

法人代表:陈泽铭
经营范围:织布
品牌:
质量标准:
电话号码:0792－8338236
地址:九江市鱼苗塘路69号

九江东成业装饰发展有限公司

法人代表:张春生
经营范围:装饰工程、家具、建材销售
品牌:
质量标准:
电话号码:0792－8363698
地址:九江市开发区长江大道338号

九江浔阳建筑工程集团总公司

法人代表:虞建中
经营范围:土木工程建筑、房地产开发、水电安装
品牌:
质量标准:ISO9001
电话号码:0792－8222915
地址:九江市李家巷7号

九江鸿丰集团新鑫冷轧有限公司

法人代表:张鸿
经营范围:金属冷轧材料
品牌:鸿丰
质量标准:ISO9000
电话号码:0792－8221078
地址:九江市开发区上海路15号

九江市针织内衣三厂

法人代表:杨长锦
经营范围:针织服装加工
品牌:
质量标准:ISO9000
电话号码:0792－8224359
地址:九江市十里大道42号

九江向阳渔港大酒店

法人代表:施永定
经营范围:中晚餐
品牌:
质量标准:
电话号码:0792－7031297
地址:开发区向阳南苑一号楼

江西省热能工程有限公司

法人代表:张光亮
经营范围:消防设施工程、钢结构工程、机电工程等
品牌:
质量标准:ISO9000
电话号码:0792－8210808
地址:九江市十里大道5号

九江市纯洁纺织有限公司

法人代表:李成英
经营范围:纺织品加工制造
品牌:诚杰
质量标准:
电话号码:0792－8157666
地址:九江市十里大道135号

九江市新世纪建设发展有限公司

法人代表:吴金龙
经营范围:房地产开发、物业管理、建筑业、建筑材料销售等
品牌:
质量标准:
电话号码:0792－8221988
地址:九江市九龙街48号

九江田野实业有限公司

法人代表:但汉飞
经营范围:农副产品加工
品牌:
质量标准:
电话号码:0792－8368000
地址:九江市开发区九瑞大道18号

江西金浔有色工程技术有限公司

法人代表:何发林
经营范围:地基与基础施工、工程地质勘察
品牌:
质量标准:ISO9000
电话号码:0792－8220382
地址:九江市滨江大道557号

中国石化九江石油分公司

法人代表:刘春生
经营范围:批发零售成品油、储存
品牌:
质量标准:
电话号码:0792－8583719
地址:九江市浔阳东路157号

江西省九江市医药总公司

法人代表:鲍志勇
经营范围:化学药品、中药材、中成药化试玻仪
品牌:
质量标准:GSP认证
电话号码:0792－8225250
地址:江西省九江市甘棠北路69号

九江宾馆

法人代表:叶忠
经营范围:餐饮、住宿等
品牌:
质量标准:ISO9000
电话号码:0792－8981886
地址:江西省九江市南湖路118号

九江白鹿宾馆

法人代表:袁福华
经营范围:住宿、饮食
品牌:
质量标准:
电话号码:0792－8980668
地址:浔阳路113号

江西民生集团有限公司

法人代表:王翔
经营范围:经济项目综合开发、房地产开发经营、建筑
品牌:
质量标准:ISO9001
电话号码:0792－8223939
地址:江西省九江市浔阳区九龙街龙翔国贸大厦十楼

九江市大中大集团股份有限公司

法人代表:廖华山
经营范围:五金、交电、化工、百货、建筑材料、汽车零部件、电工器材的批发、零售、烟零售、室内装潢
品牌:
质量标准:
电话号码:0792－8221534
地址:九江市浔阳路118号

九江实华宾馆

法人代表:陈华仁
经营范围:住宿、餐饮、旅游服务
品牌:
质量标准:
电话号码:0792－8981530
地址:江西省九江市浔阳东路161号

九江中景实业有限公司中景宾馆

法人代表:李新维
经营范围:住宿、餐饮
品牌:
质量标准:
电话号码:0792－8982498
地址:九江市火车站广场西侧

九江中和通信发展有限公司

法人代表:黄江玉
经营范围:批发零售电子产品、通信设备、手机
品牌:
质量标准:3C认证
电话号码:0792－8129009
地址:九江市浔阳路16号文化宫二楼

九江市派拉蒙百货有限公司

法人代表:李强
经营范围:服装、百货、皮革制品、软件、机电产品、五交化等
品牌:
质量标准:
电话号码:0792－8136304
地址:浔阳路2号

九江市五丰宾馆

法人代表:袁纯杰
经营范围:住宿、餐饮、美发、歌舞厅、停车等
品牌:
质量标准:
电话号码:0792－8987001
地址:九江市浔阳路129号

中铁大桥局集团第五工程有限公司

法人代表:秦汉桥
经营范围:桥梁工程、钢结构工程、土坊工程
品牌:
质量标准:ISO9000
电话号码:0792－8598401
地址:江西省九江市浔阳区白水湖街20号

九江市新华书店

法人代表:王东洲
经营范围:图书、画片、报刊杂志、音像制品
品牌:
质量标准:
电话号码:0792－8989089
地址:九江市浔阳路218号

江西省九江市邮政局

法人代表:吴机群
经营范围:通信
品牌:
质量标准:
电话号码:0792－8225276
地址:九江市交通路12号

九江其士酒店旅游有限公司

法人代表:周亦卿
经营范围:住宿、酒店经营及配套服务业
品牌:
质量标准:
电话号码:0792－8233388
地址:江西省九江市滨江路68号

九江市第三建筑工程公司

法人代表:周建钢
经营范围:土木工程建筑市政公用,工程承包城市道路
品牌:
质量标准:ISO9000
电话号码:0792－7026308
地址:长虹大道市政府对面

江西省烟草公司九江分公司

法人代表:刘淳
经营范围:卷烟批发
品牌:
质量标准:
电话号码:0792－8580808
地址:江西省九江市浔阳区浔阳东路238号

九江市盛雅大酒楼

法人代表:魏凌
经营范围:餐饮兼营烟酒及其他副食
品牌:
质量标准:
电话号码:0792－8550533
地址:庾亮南路69号

核工业华东建工集团九江分公司

法人代表:曹仕强
经营范围:地基与基础、水工建筑物基础处理工程
品牌:
质量标准:
电话号码:0792－8158810
地址:九江市59号信箱

九江市住宅建设公司

法人代表:黎时泉
经营范围:土木工程建筑、市政工程施工、房地产开发
品牌:
质量标准:ISO9000
电话号码:0792－8224282
地址:江西省九江市十里大道20号

九江市第二建筑工程公司

法人代表:程青敏
经营范围:二级房屋建筑、陶瓷窑施工、建筑劳务市政场所
品牌:
质量标准:ISO9000
电话号码:0792－8224772
地址:丁官路77－79号

江西九江国家粮食储备库

法人代表:聂随萱
经营范围:粮食、食油、食用油料,大米、饲料加工,各类商品和技术进出口
品牌:
质量标准:ISO9000
电话号码:0792－8613659
地址:九江滨江东路232号

九江世纪联盛超市有限公司

法人代表:刘辉
经营范围:百货、针纺织品、鞋帽、五金交电、日用品、办公品、保健食品、报刊图书
品牌:
质量标准:
电话号码:0792－8229535
地址:九江市大中路757号

中铁四局集团第五工程有限公司

法人代表:崔宝生
经营范围:铁路、公路、市政交通、建筑
品牌:
质量标准:ISO9000
电话号码:0792－7025220
地址:九江市长虹大道968号

江西赣北公路工程有限公司

法人代表:束顺斌
经营范围:公路、桥梁施工
品牌:
质量标准:
电话号码:0792－8481755
地址:江西省九江市三里街199号

九江马狮商厦百货有限公司

法人代表:沈颂德
经营范围:食品超市、服装、鞋帽、金银珠宝、家电、五金文化用品
品牌:
质量标准:
电话号码:0792－8552252
地址:九江市北司南路1号

九江市天天大酒店有限公司

法人代表:程光南
经营范围:饮食服务、卡拉OK、酒巴等
品牌:
质量标准:
电话号码:0792－8553147
地址:九江市庾亮南路34号

九江信华大酒店

法人代表:宋振武
经营范围:餐饮
品牌:
质量标准:
电话号码:0792－8182176
地址:九江市庐山南路88号

茅山头建筑安装工程公司

法人代表:谢时
经营范围:房屋建筑(三级)线路管道安装、推土、电梯安装等
品牌:
质量标准:
电话号码:0792－8363061
地址:九瑞大道2号

九江联盛实业集团有限公司

法人代表:严永敏
经营范围:房地产开发、商品零售、室内装修
品牌:
质量标准:
电话号码:0792－8136217
地址:九江市塔岭南路9号九楼

九江招商局道达尔石化有限公司

法人代表:赵志雄
经营范围:液化气的储运、加工输配、销售
品牌:
质量标准:ISO9000
电话号码:0792－8617087
地址:九江市浔阳区金鸡坡姬公庵

九江明兴集团新龙门大酒店

法人代表:张清明
经营范围:餐饮
品牌:
质量标准:
电话号码:0792－8579711
地址:九江市长虹北路5号(白水湖公园对面)

九江市第一建筑工程公司

法人代表:罗和华
经营范围:房屋建筑、园林市政建设
品牌:
质量标准:ISO9000
电话号码:0792－8177007
地址:九江市十里大道282号

九江石化三鑫实业总公司

法人代表:朱永凯
经营范围:石油制品、原油、化工产品炼油化工及配件仪器、仪表等
品牌:
质量标准:
电话号码:0792－8492029
地址:九江滨江东路236号

九江市水利电力建筑公司

法人代表:王东方
经营范围:二级水利电力、土木建筑工程施工,输变电安装施工、室内装潢、路桥
品牌:
质量标准:ISO9002
电话号码:0792－8225423
地址:人民路女儿街13号

江西省盐业总公司九江市公司

法人代表:扬新开
经营范围:食用外、营养保健盐、各类生产用盐
品牌:
质量标准:GB5461－2000
电话号码:0792－8223972
地址:九江市十里大道469号

九江市政工程公司

法人代表:夏川
经营范围:城市通路、排水、桥梁、路灯、公路、园林施工
品牌:
质量标准:ISO9000
电话号码:0792－8268411
地址:九江市长虹大道972号

九江长途汽车运输总公司

法人代表:刘凤林
经营范围:公路客、货运,旅游运输、汽车维修、零担货运、旅游服务
品牌:
质量标准:ISO9000
电话号码:0792－8556681
地址:九江市庐峰南路2号

九江港务管理局

法人代表:刘道林
经营范围:港口客货装卸运输、货物代理收理货,集装箱运输
品牌:
质量标准:
电话号码:0792－8436026
地址:九江市滨江路37号

新太子大酒店

法人代表:帅斌
经营范围:餐饮
品牌:
质量标准:
电话号码:0792－8133080
地址:九江市浔阳路137号

江西南华医药九江分公司

法人代表:
经营范围:中成药、生物制剂、抗生素、化学制剂
品牌:
质量标准:GSP 认证
电话号码:0792-8130021
地址:九江市浔阳路 338 号

九江石化建筑安装工程公司

法人代表:赖万寿
经营范围:建筑、安装、维修、加工、技术咨询
品牌:
质量标准:ISO9000
电话号码:0792-8495049
地址:九江石化建筑安装工程公司

九江农工商超市有限公司

法人代表:曹俊卿
经营范围:日用百货、服装鞋帽、食品、副食品、土特产、烟酒、五金交电、家电
品牌:
质量标准:3C 认证、ISO9001
电话号码:0792-8116498
地址:九江市滨江路 37 号

江西长江化工厂

法人代表:朱又新
经营范围:玻璃钢制品
品牌:三球
质量标准:ISO9000
电话号码:0792-8355727
地址:江西省九江市庐山区前进东路 1210 号

中国船舶工业物资闽赣公司

法人代表:吴九英
经营范围:金属、非金属、建筑材料、燃料、化工原料、机电设备、电器、电子产品等,
品牌:
质量标准:
电话号码:0792-8221295
地址:九江市滨江路 53 号

九江金鑫化工开发有限公司

法人代表:万仕宪
经营范围:润滑油、沥青、精丙烯、聚丙烯、农药销售
品牌:
质量标准:ISO9000
电话号码:0792-8492506
地址:九江市滨江东路 228 号

九江市粮油总公司

法人代表:胡茂星
经营范围:粮油
品牌:
质量标准:
电话号码:0792-8224553
地址:九江市滨江路 577 号

九江化纤股份有限公司

法人代表:张棠华
经营范围:粘胶长丝
品牌:白鹿
质量标准:ISO9000
电话号码:0792-8311531
地址:江西省九江市庐山区姑塘镇蛤蟆石 1 号

九江市百货纺织品总公司

法人代表:潘海山
经营范围:百货、文化用品、劳保用品、针纺、交电
品牌:
质量标准:
电话号码:0792-8224581
地址:浔阳区湓浦路 27 号

九江格力空调专卖点

法人代表:法自华
经营范围:格力空调、零配件
品牌:
质量标准:3C 认证
电话号码:0792-8136306
地址:九江市大中路 698 号

中铁大桥局集团第七工程有限公司

法人代表:鄢怀斌
经营范围:桥梁工程
品牌:
质量标准:ISO9000
电话号码:0792-7028531
地址:九江市滨江东路 148 号

江西省庐山水电厂

法人代表:李焕来
经营范围:供电
品牌:
质量标准:
电话号码:0792-8892093
地址:江西省九江市庐山区石门涧 5 号

九江市赣北空调销售有限公司

法人代表:余玉成
经营范围:家用电器、空调、家电维修
品牌:
质量标准:
电话号码:0792-8584231
地址:江西省九江市浔阳东路 42 号

九江市新汇通实业有限公司

法人代表:刘有麟
经营范围:家用电器、电脑、办公自动化设备、家电安装、维修等
品牌:
质量标准:ISO9000
电话号码:0792-8112760
地址:九江市大中路 578 号

九江仪表厂

法人代表:孙志斌
经营范围:船舶导航仪表、精密仪器仪表、自控设备、电机设备
品牌:双环
质量标准:ISO9000、3C 认证
电话号码:0792-8269441
地址:九江十里街 1039 号

江西制氧机厂

法人代表:邹学文
经营范围:集装箱设计制造、压力容器
品牌:五峰牌
质量标准:3C 认证
电话号码:0792-8903650
地址:江西省九江市庐山区莲花路 101 号

九江巨能实业总公司

法人代表:杨玉强
经营范围:建筑安装
品牌:
质量标准:ISO9000
电话号码:0792-8464296
地址:九江巨能实业总公司

江西省地质工程九江分公司

法人代表:龚健
经营范围:建筑基础、地质灾害治理
品牌:
质量标准:
电话号码:0792-8110787
地址:九江市十里大道 202 号

江西无线电厂

法人代表:杨志明
经营范围:通讯设备、计算机及其外部配件
品牌:清华同方
质量标准:ISO9000
电话号码:0792-8252928
地址:江西省九江市庐山区十里大道 869 号

九江市肉类联合加工厂

法人代表:江会宣
经营范围:肉类加工
品牌:
质量标准:
电话号码:8583038
地址:江西省九江市浔阳区小校场 2 号

九江有色金属冶炼厂

法人代表:聂斌
经营范围:坦、铌、烯土制品加工
品牌:晶牌
质量标准:ISO9000
电话号码:0792－8736806
地址:江西省九江市浔阳区杨家村1号

九江三棉印染有限责任公司

法人代表:潘亚平
经营范围:印染布及进出口业务代理
品牌:
质量标准:
电话号码:0792－8582591
地址:江西省九江市浔阳区浔阳东路196号

九江汽车运输有限责任公司

法人代表:廖鑫湖
经营范围:汽车配件生产
品牌:双箭
质量标准:
电话号码:0792－8251351
地址:江西省九江市庐山区前进东路127号

九江整流器厂

法人代表:许立峰
经营范围:大容量整流器
品牌:庐山牌
质量标准:
电话号码:0792－8113038
地址:江西省九江市浔阳区滨江路40号

九江粮油机械厂

法人代表:黄银平
经营范围:粮油仓储机械制造
品牌:庐山牌
质量标准:
电话号码:0792－8360778
地址:九江经济技术开发区杭州路60号

九江化工厂

法人代表:李兴平
经营范围:氢氧化钠制造
品牌:
质量标准:
电话号码:0792－8583552
地址:江西省九江市浔阳区白水湖十一号

九江市啤酒厂

法人代表:卢仕仁
经营范围:啤酒
品牌:庐山
质量标准:
电话号码:0792－8584794
地址:江西省九江市浔阳区滨江路259号

九江矿冶总公司

法人代表:高崇峰
经营范围:铜金矿、硫铁矿
品牌:
质量标准:
电话号码:0792－8138145
地址:江西省九江市浔阳区九江银河大厦

九江发电厂

法人代表:李觉华
经营范围:火力发电
品牌:
质量标准:ISO9000
电话号码:0792－8483511
地址:九江市滨江东路45号

江西九江供电总公司

法人代表:华山
经营范围:主营电力供应、兼营电力设备安装、维修
品牌:
质量标准:ISO9000
电话号码:0792－8464346
地址:江西省九江市长虹大道

九江德福电子材料有限公司

法人代表:马德福
经营范围:电子产品
品牌:
质量标准:ISO9000
电话号码:0792－8251186
地址:江西省九江市庐山区十里大道花园畈97号

江西华声电器总厂

法人代表:郭庆忠
经营范围:电器
品牌:
质量标准:ISO9000
电话号码:0792－8903616
地址:江西省九江市庐山区莲花路100号

江西新华九江印刷总厂

法人代表:黄友苏
经营范围:印刷业务
品牌:
质量标准:
电话号码:0792－8581288
地址:江西省九江市浔阳区甘棠北路84号

九江针织服装集团有限公司

法人代表:冯炎木
经营范围:棉、化纤针织品
品牌:
质量标准:ISO9000
电话号码:0792－8582670
地址:江西省九江市浔阳区浔东路278号

九江新元实业公司

法人代表:文学枝
经营范围:人造丝及制品业
品牌:
质量标准:ISO9000
电话号码:0792－8315837
地址:江西省九江市浔阳区姑塘镇蛤蟆石1号

九江市庐山玻璃纤维厂

法人代表:王梅松
经营范围:
品牌:
质量标准:
电话号码:8892268
地址:江西省九江市庐山区石门涧4号

九江电线电缆厂

法人代表:殷才国
经营范围:电磁线、布、电线制造
品牌:庐山
质量标准:3C认证
电话号码:0792－8226471
地址:江西省九江市浔阳区人民路92号

九江市自来水公司

法人代表:郑田田
经营范围:自来水生产供应
品牌:
质量标准:
电话号码:0792－8223219
地址:江西省九江市浔阳区长虹大道96号

九江石化化工有限责任公司

法人代表:刘纯广
经营范围:聚丙烯
品牌:
质量标准:ISO9000
电话号码:0792－8492591
地址:江西省九江市浔阳区滨江东路228号

国营庐山精密铸造厂

法人代表:杨书淦
经营范围:
品牌:
质量标准:
电话号码:8752341
地址:江西省九江市庐山区威家镇北方路6号

九江石油化工总厂制袋厂

法人代表:陈敬宪
经营范围:编织袋、塑料制品
品牌:
质量标准:ISO9000
电话号码:0792－8492797
地址:江西省九江市浔阳区滨江东路213

巨石集团九江有限公司

法人代表:蒋坤源
经营范围:玻璃纤维纱
品牌:
质量标准:
电话号码:0792－8252016
地址:江西省九江市庐山区前进东路450号

中国石化九江分公司

法人代表:杜文如
经营范围:原油加工、化工化肥
品牌:江海
质量标准:ISO9000
电话号码:0792－8492073
地址:江西省九江市浔阳区滨江路230号

江西轻工机械股份有限公司

法人代表:吴泽时
经营范围:
品牌:
质量标准:
电话号码:8267168
地址:江西省九江市庐山区九江经济技术开发区十里大道1817号

九江市康宏实业有限公司

法人代表:叶华
经营范围:
品牌:
质量标准:
电话号码:8238583
地址:江西省九江市庐山区十里大道4号

九江市山水电讯设备有限公司

法人代表:肖光伟
经营范围:
品牌:
质量标准:
电话号码:8365678
地址:江西省九江市浔阳区九江经济技术开发区九瑞大道160号

九江亿万饲料科技有限公司

法人代表:黄元安
经营范围:
品牌:
质量标准:
电话号码:8631564
地址:江西省九江市浔阳区滨江东路89号

九江生物工程制品有限公司

法人代表:邹强名
经营范围:
品牌:
质量标准:
电话号码:8362223
地址:江西省九江市浔阳区九江经济技术开发区泰山路30号

九江日报印刷厂

法人代表:罗会雄
经营范围:
品牌:
质量标准:
电话号码:8583447
地址:江西省九江市浔阳区南湖支路

九江长江毛纺织有限责任公司

法人代表:罗希斌
经营范围:
品牌:白鹿
质量标准:
电话号码:8251549
地址:江西省九江市浔阳区九江经济技术开发区十里大道135号

江西庐山海螺水泥有限公司

法人代表:韩同庆
经营范围:水泥制造
品牌:“庐山”“海螺”
质量标准:ISO9000
电话号码:0792－8772231
地址:江西省九江市庐山区海会镇高垅1号

九棉一厂兴中经营部

法人代表:郑本华
经营范围:
品牌:
质量标准:
电话号码:8367538
地址:江西省九江市浔阳区九江经济技术开发区官牌夹鱼苗塘6号

江西荣华实业有限公司

法人代表:吴荣华
经营范围:
品牌:
质量标准:
电话号码:8360508
地址:江西省九江市浔阳区九江经济技术开发区九瑞路59号

江西昌九生物化工赣北分公司

法人代表:唐杰民
经营范围:
品牌:
质量标准:
电话号码:8596583
地址:江西省九江市浔阳区滨江东路25号

九江白鹿化纤有限公司

法人代表:张棠华
经营范围:粘胶短纤、卫生纸
品牌:白鹿
质量标准:ISO9000
电话号码:0792－8315131
地址:江西省九江市庐山区姑塘镇蛤蟆石1号

江西省捷克姆预应设备厂

法人代表:沈木海
经营范围:
品牌:
质量标准:
电话号码:8576298
地址:江西省九江市浔阳区白水湖路26号

江西欣海实业有限公司

法人代表:王锈娥
经营范围:
品牌:
质量标准:
电话号码:8157666
地址:江西省九江市浔阳区九江经济技术开发区十里大道135号

九江华鑫制衣厂

法人代表:顾国庆
经营范围:
品牌:
质量标准:
电话号码:8137146
地址:江西省九江市浔阳区新村大道167号

九江市食品总公司牛羊禽蛋加工厂

法人代表:马书国
经营范围:
品牌:
质量标准:
电话号码:0792－8222779
地址:江西省九江市浔阳区十里大道116号

九江天龙镀锌钢绞线有限公司

法人代表:陈南桥
经营范围:
品牌:
质量标准:
电话号码:8368260
地址:江西省九江市庐山区九江经济技术开发区九瑞路245号

九江恒泰染织厂
法人代表:刘经亮
经营范围:
品牌:
质量标准:
电话号码:8222371
地址:江西省九江市庐山区十里大道118号

九江华雄化工有限公司
法人代表:田绍雄
经营范围:
品牌:
质量标准:
电话号码:8572220
地址:江西省九江市庐山区威家镇威家村

都昌县建筑工程总公司
法人代表:邵华成
经营范围:土木建筑
品牌:
质量标准:
电话号码:0792－5223150
地址:都昌县建筑工程总公司(东风大道67号)

都昌县兴昌建筑工程公司
法人代表:江鸿平
经营范围:房屋建筑
品牌:
质量标准:
电话号码:0792－5221488
地址:都昌县万里大道

九江乳品厂
法人代表:朱同锡
经营范围:
品牌:
质量标准:
电话号码:8368484
地址:江西省九江市浔阳区九江经济技术开发区坎围里162号

九江长虹玻璃纤维厂
法人代表:陈火林
经营范围:
品牌:
标准:
电话号码:8226857
地址:江西省九江市庐山区十里街道

都昌县阳峰建筑工程公司
法人代表:江民凤
经营范围:土木建筑
品牌:
质量标准:
电话号码:0792－8264595
地址:九江市九莲北路90号

江西省鹏宇建筑工程有限公司
法人代表:曹环生
经营范围:房屋建筑
品牌:
质量标准:
电话号码:0792－8228835
地址:都昌县学前路8号

江西供水设备厂
法人代表:李飞干
经营范围:
品牌:
质量标准:
电话号码:8252382
地址:江西省九江市庐山区莲花路42号

中国联通九江分公司
法人代表:
经营范围:通信服务
品牌:
质量标准:ISO9000
电话号码:13184624014
地址:九江市九瑞大道联通大楼

都昌县水利电力建筑工程公司
法人代表:黄金如
经营范围:土木建筑
品牌:
质量标准:
电话号码:0792－5223042
地址:都昌县西湖路6号

江西省鸿祥古典园林建筑公司
法人代表:冯春生
经营范围:建筑装饰
品牌:
质量标准:
电话号码:0792－5222286
地址:都昌县东街108号

九江市庐山石油化学厂
法人代表:熊家政
经营范围:
品牌:
质量标准:
电话号码:8892226
地址:江西省九江市庐山区石门涧1号

江西省都昌县新华书店
法人代表:王贵宝
经营范围:图书杂志
品牌:
质量标准:
电话号码:0792－5223406
地址:都昌县新华书店

都昌第二建筑工程有限公司
法人代表:余建中
经营范围:土木建筑
品牌:
质量标准:
电话号码:0792－5223333
地址:都昌县东风二村141号

都昌县第五建筑有限责任公司
法人代表:占双龙
经营范围:房屋建筑
品牌:
质量标准:
电话号码:0792－5225539
地址:都昌县万里大道

庐山印刷包装厂
法人代表:万正冰
经营范围:
品牌:
质量标准:
电话号码:8903281
地址:江西省九江市庐山区莲花镇龙门沟

江西医药总公司都昌县分公司
法人代表:张俊金
经营范围:药品
品牌:
质量标准:
电话号码:0792－5223486
地址:都昌县解放路一号

江西省新宇建筑工程有限责任公司
法人代表:陈新民
经营范围:土木建筑
品牌:
质量标准:
电话号码:0792－5211607
地址:都昌县万里大道

江西省都昌县制药厂
法人代表:刘继学
经营范围:中成药
品牌:
质量标准:ISO9000
电话号码:0792－5231118
地址:都昌县向阳三村26号

都昌县自来水公司

法人代表:冯上栋
经营范围:自来水生产供应
品牌:
质量标准:ISO9000
电话号码:0792－5223747
地址:都昌县西湖路3号

江西省都昌县造船厂

法人代表:江潞
经营范围:船舶
品牌:
质量标准:3C认证
电话号码:0792－5222502
地址:都昌县西湖路4号

都昌县食品公司肉类厂

法人代表:任建平
经营范围:屠宰肉类加工
品牌:
质量标准:ISO9000
电话号码:0792－5223348
地址:都昌县丝瓜堰7号

都昌县邮电局

法人代表:王建明
经营范围:电话电信
品牌:
质量标准:
电话号码:0792－5222128
地址:都昌县东风大道39号

都昌县电杆厂

法人代表:夏朝秀
经营范围:水泥制品
品牌:
质量标准:3C认证
电话号码:0792－5229919
地址:都昌县东风大道10号

都昌县内燃机厂

法人代表:张继华
经营范围:汽车零配件
品牌:
质量标准:ISO9000
电话号码:0792－5223213
地址:都昌县东风大道169号

都昌县石油公司

法人代表:曹业明
经营范围:汽油柴油
品牌:
质量标准:
电话号码:0792－5223385
地址:都昌县东风大道291号

都昌县饮食服务公司

法人代表:冯上日
经营范围:餐饮
品牌:
质量标准:
电话号码:0792－5223224
地址:都昌县东风大道

江西纺织电机厂

法人代表:罗菊全
经营范围:电动机
品牌:
质量标准:ISO9000
电话号码:0792－5223097
地址:都昌县东风一村89号

都昌县印刷厂

法人代表:胡眉山
经营范围:印刷
品牌:
质量标准:
电话号码:0792－5226918
地址:都昌县解放路35号

都昌县食品公司

法人代表:朱训贤
经营范围:肉类食品
品牌:
质量标准:
电话号码:0792－5263483
地址:都昌县西湖路

江西省鄱湖种业有限责任公司

法人代表:徐绘华
经营范围:稻谷种子
品牌:
质量标准:
电话号码:0792－5223910
地址:都昌县沿湖路

江西省都昌县棉纺织厂

法人代表:吴朗轩
经营范围:棉纱
品牌:
质量标准:3C认证
电话号码:0792－5234025
地址:江西都昌县五公里

江西省都昌县铸造型砂厂

法人代表:徐兵
经营范围:型砂
品牌:
质量标准:3C认证
电话号码:13970225096
地址:都昌县多宝乡寺前

锦都大酒店有限公司

法人代表:张伟均
经营范围:餐饮宾馆
品牌:
质量标准:
电话号码:0792－5218866
地址:都昌县万里大道

都昌县饲料公司

法人代表:孙清华
经营范围:饲料
品牌:
质量标准:
电话号码:0792－5223183
地址:都昌县幸福路83号

江西菊三七开发有限公司

法人代表:江立新
经营范围:牙膏等系列产品
品牌:菊三七
质量标准:ISO9000
电话号码:0792－5228127
地址:都昌县万里大道工业园

都昌县供电局

法人代表:江会福
经营范围:供电
品牌:
质量标准:
电话号码:0792－5235811
地址:都昌县沿湖路14号

都昌县人民政府招待所

法人代表:巢中粱
经营范围:餐饮住宿
品牌:
质量标准:
电话号码:0792－5223310
地址:都昌县万里大道

江西家园陶瓷有限公司

法人代表:王章钱
经营范围:地板砖
品牌:
质量标准:ISO9000
电话号码:0792－5233899
地址:都昌县芙蓉山工业园

江西省芙蓉山矿泉水公司

法人代表:查文龙
经营范围:瓶(罐)装饮用水
品牌:芙蓉山
质量标准:ISO9000
电话号码:0792－5234316
地址:都昌县东湖一路15号

江西分宜发电有限责任公司

法人代表:刘渭清
经营范围:火力发电
品牌:
质量标准:
电话号码:0790－5618126
地址:江西省新余市分宜县塘边

江西三川集团有限公司

法人代表:李建林
经营范围:水表、耐蚀流量仪表、家用电器、水泵
品牌:三川牌
质量标准:ISO9000
电话号码:0701－6318008
地址:江西省鹰潭市工业园

海利贵溪化工农药有限公司

法人代表:彭彰彬
经营范围:
品牌:
质量标准:ISO9001:2000
电话号码:0701－3322979
地址:江西贵溪市柏里工业园区

都昌县良种扎花厂

法人代表:曹助福
经营范围:棉花去籽、杂
品牌:
质量标准:
电话号码:0792－5130088
地址:都昌县蔡岭镇游家岭

江西长林机械(集团)有限公司

法人代表:李兆丰
经营范围:电梯、挖掘机、机械加工、铸造、锻造
品牌:长林
质量标准:ISO9000
电话号码:0790－6352101
地址:江西新余北湖西路45号

鹰潭市天天化工有限公司

法人代表:阮善禄
经营范围:活性炭系列产品生产、销售、建材销售
品牌:黑神
质量标准:
电话号码:0701－6310787
地址:鹰潭市中童工业开发区

贵溪新世纪水泥有限公司

法人代表:赵宝钧
经营范围:425#、525#普通硅酸盐水泥
品牌:科华
质量标准:ISO9000
电话号码:0701－3332028
地址:江西贵溪新世纪水泥有限公司

都昌县火腿厂

法人代表:吕仕良
经营范围:加工火腿
品牌:庐山牌火腿
质量标准:ISO9000
电话号码:0792－5229128
地址:都昌县东风大道28号

江西新钢建设有限责任公司

法人代表:于行海
经营范围:工业与民用建筑、机电安装、炉窑工程等
品牌:
质量标准:ISO9000
电话号码:0790－6292614
地址:江西新余钢铁厂建设公司

鹰潭市长春粮油加工厂

法人代表:张标
经营范围:
品牌:
质量标准:
电话号码:0701－6311293
地址:夏埠乡林场

江西南方照明有限公司

法人代表:张社喜
经营范围:节能灯管、荧光粉
品牌:
质量标准:ISO9000
电话号码:0701－3776028
地址:江西省贵溪市西后街

江西省高新交通设施有限公司

法人代表:田松山
经营范围:安全安全护栏板
品牌:高新牌
质量标准:3C认证
电话号码:0792－5221868
地址:都昌县大树瓦塘

江西天施康中药股份有限公司

法人代表:盛洪流
经营范围:片剂、硬胶囊剂、口服液
品牌:天狮、松鼠
质量标准:GMP认证
电话号码:0701－6282763
地址:鹰潭市建设路21号

鹰潭市粮丰粮油加工厂

法人代表:江国友
经营范围:粮食加工
品牌:粮丰大米
质量标准:
电话号码:0701－6278065
地址:夏埠乡林场

贵溪市三元冶炼化工有限责任公司

法人代表:吴世军
经营范围:无机化学品、有色金属冶炼、生产、销售
品牌:红霞
质量标准:ISO9000
电话号码:
地址:柏里大道西侧

江西都昌源业葛业有限公司

法人代表:刘长峰
经营范围:
品牌:葛根
质量标准:3C认证
电话号码:0792－5223628
地址:都昌县东风大道77

鹰潭市潭花酒业有限责任公司

法人代表:刘景致
经营范围:生产和销售白酒、酱油
品牌:潭花
质量标准:国家质量标准
电话号码:0701－6221841
地址:鹰潭市军民路17号

江西省鹰潭市供水公司

法人代表:
经营范围:自来水生产和销售
品牌:
质量标准:
电话号码:0701－6221620
地址:江西鹰潭胜利西路112号

江西永雄化工有限公司

法人代表:李皓榛
经营范围:农药、医药中间体、类精细化工产品
品牌:
质量标准:ISO9000
电话号码:0701－3799252
地址:江西省鹰潭市西门外路39号

贵溪华泰铜业有限公司

法人代表:郑银松
经营范围:铜棒、铜排、异型材、铜管、有色金属制品加工、销售、电解铜销售
品牌:
质量标准:ISO9001:2000
电话号码:0701-3357898
地址:贵溪市冶金大道

江西麒麟化工有限公司

法人代表:洪华星
经营范围:精细化工产品
品牌:
质量标准:
电话号码:0701-3799252
地址:江西省贵溪市柏里工业区

鹰潭市鹰南面粉有限公司

法人代表:杨正清
经营范围:面条、大米
品牌:
质量标准:
电话号码:13807019335
地址:南站平安路鹰南面粉厂

余江县粮食局直三库

法人代表:吴云豹
经营范围:收购、储存、加工、销售粮油
品牌:画桥牌
质量标准:ISO9000
电话号码:0701-5881292
地址:余江县站前北路4号

贵溪千盛化工有限责任公司

法人代表:张小波
经营范围:有色金属、化工产品、矿产品生产、销售
品牌:
质量标准:
电话号码:0701-3339888
地址:罗河工业区

江西铜业公司

法人代表:何昌明
经营范围:有色金属矿、稀贵金属、非金属矿、有色金属及相关副产品冶炼、加工
品牌:贵冶
质量标准:ISO9000
电话号码:0701-3777070
地址:贵溪冶金大道15号

贵溪雄石房地产有限公司

法人代表:江员兴
经营范围:房地产开发、销售、建材销售等
品牌:
质量标准:
电话号码:0701-3315896
地址:贵溪富康家园雄石房地产有限公司

江西荣嘉医疗器械实业有限公司

法人代表:张欢
经营范围:生产销售一次性输液器、注射器
品牌:荣嘉
质量标准:ISO9000
电话号码:0701-5881709
地址:余江中洲1区1号

江西竹辉竹业有限公司

法人代表:付志恒
经营范围:生产销售高档竹木地板、及深加工系列产品
品牌:竹 辉
质量标准:ISO9000
电话号码:0701-3313176
地址:江西省鹰潭市贵溪市冶金大道中段

江西贵溪化肥有限责任公司

法人代表:姚祖明
经营范围:生产销售化肥产品、化工产品、农化服务等
品牌:施大壮
质量标准:ISO9000
电话号码:0701-3358888
地址:江西省贵溪市化工大道1号

余江县金属冶炼制材厂

法人代表:何超敏
经营范围:
品牌:
质量标准:
电话号码:
地址:

果喜实业集团有限公司

法人代表:张果喜
经营范围:漆器制品制造、化工业、微型电机制造、酒店旅游业等
品牌:
质量标准:ISO9000
电话号码:0701-5881082
地址:余江白塔中路35号

贵溪市自来水公司

法人代表:彭海生
经营范围:工业及居民用水、线路及管道安装
品牌:
质量标准:
电话号码:0701-3771186
地址:贵溪市沿河路

江西安晟化工科技有限公司

法人代表:王小强
经营范围:生产、销售甘氨酸系列产品
品牌:
质量标准:ISO9000
电话号码:0701-5881223
地址:江西省余江县站前路4号

余江县粮食局画桥粮库

法人代表:易发明
经营范围:粮食购销、储存、加工
品牌:
质量标准:
电话号码:0701-5851125
地址:余江县画桥镇

余江县供电有限责任公司

法人代表:晏峰
经营范围:发电、供电
品牌:
质量标准:
电话号码:0701-5881402
地址:余江县站前北路44号

贵溪市中胜粮油有限公司

法人代表:汪文胜
经营范围:加工、销售大米、毛糠米
品牌:中胜
质量标准:ISO9000
电话号码:0701-3339260
地址:贵溪市罗河工业区

中石化江西鹰潭石油分公司

法人代表:魏洪大
经营范围:
品牌:
质量标准:
电话号码:0701-6316066
地址:鹰潭市南站路63号

余江县裕丰线材厂

法人代表:何超敏
经营范围:
品牌:
质量标准:
电话号码:0701-5888000
地址:

余江县自来水公司

法人代表:王振荣
经营范围:供水、安装
品牌:
质量标准:
电话号码:0701-5881290
地址:沿河南路

鹰潭市大地蔬菜制品有限公司

法人代表:何树兴
经营范围:腌制蔬菜系列、调味品生产、销售
品牌:
质量标准:
电话号码:0701－5890598
地址:余江县白塔西路 59 号

江西江铃齿轮股份有限公司

法人代表:冯幸平
经营范围:NJ130 汽车 C524H 系列 CPC3 系列叉
品牌:
质量标准:ISO9000
电话号码:8452266
地址:章贡区水东镇虎岗

江西赣南石油化工厂

法人代表:任建平
经营范围:润滑油
品牌:
质量标准:
电话号码:8452954
地址:章贡区水东镇罗汉口

赣州有色冶金汽修厂

法人代表:张秉檜
经营范围:汽车修理 汽车改装
品牌:
质量标准:
电话号码:8222670
地址:章贡区红旗大道 85 号

鹰潭市金山佛檀雕刻有限公司

法人代表:吴和生
经营范围:生产销售木制佛檀、佛具、佛具及工艺品
品牌:
质量标准:
电话号码:0701－5894253
地址:余江白塔西路 61 号

赣南果业赣州农药分公司

法人代表:曾宪福
经营范围:化学农药制
品牌:
质量标准:
电话号码:8452077
地址:章贡区水东镇虎岗

赣州市东日食品有限公司

法人代表:吴鸿英
经营范围:各种饼干
品牌:
质量标准:
电话号码:8465585
地址:章贡区水东镇岗上村 39 号

江西省赣州市自来水公司

法人代表:胡法生
经营范围:自来水生产水管管道安
品牌:
质量标准:
电话号码:8119352
地址:章贡区窑下村 8 号

江西省鹰潭市阳光葛业有限公司

法人代表:桂振华
经营范围:葛根淀粉等
品牌:葛之元
质量标准:
电话号码:0701－5882001
地址:江西鹰潭阳光葛业有限公司余江工业开发区

江西省赣南造船厂

法人代表:张家声
经营范围:船舶修造
品牌:
质量标准:
电话号码:8461130
地址:章贡区水东镇义渡奄 40 号

江西赣州金凤纸业股份有限公司

法人代表:林英志
经营范围:机制卫生纸
品牌:
质量标准:
电话号码:8464138
地址:章贡区水东镇岗上村 32 号

赣州有色冶金化工厂

法人代表:夏发洪
经营范围:膨化硝铵炸工业大雷管工业导爆索
品牌:
质量标准:ISO9000
电话号码:8253411
地址:章贡区湖边镇岗边

江西可生生化有限公司

法人代表:胡亚平
经营范围:饮料、糕点、粮食、食品、食品添加剂
品牌:可生
质量标准:ISO9000
电话号码:0701－6272888
地址:余江洪湖开发区

赣州市煤气公司

法人代表:谭蓉江
经营范围:煤气生产供应、灶具的生产和销售
品牌:
质量标准:
电话号码:8126633
地址:章贡区渡口路 7 号角

赣州市粮油实业集团公司

法人代表:叶扬焕
经营范围:精制大米
品牌:
质量标准:
电话号码:8463020
地址:章贡区水东镇七里坝上村 4 号

赣州有色冶金机械厂

法人代表:李诗元
经营范围:矿山设备 水泥设备
品牌:
质量标准:
电话号码:8225201
地址:章贡区红旗大道 146 号

江西省赣州电力设备有限公司

法人代表:朱天生
经营范围:高压开头柜低压开头柜电容柜
品牌:
质量标准:
电话号码:8251964
地址:章贡区湖边镇宋城路 100 号

江西赣南制药厂

法人代表:姜家坤
经营范围:维生素 D2 片剂
品牌:
质量标准:
电话号码:8230240
地址:章贡区健康路 101 号

赣州有色金属冶炼厂

法人代表:谢昌发
经营范围:精铋/APT 钨粉\碳化
品牌:
质量标准:
电话号码:8251188
地址:章贡区水西乡马房下 58 号

赣州铝厂

法人代表:卿钟生
经营范围:电铝 、铝材
品牌:
质量标准:
电话号码:8463026
地址:章贡区水东镇农技校对面

赣州畜产厂

法人代表:吴齐民
经营范围:羽绒被、羽绒衣、服装
品牌:
质量标准:
电话号码:8122843
地址:章贡区栎木坑81号

赣州印刷(集团)有限公司

法人代表:温金生
经营范围:多色印刷品
品牌:
质量标准:
电话号码:8205019
地址:章贡区赣江办事处赣江路1号

赣州特精钨钼业有限公司

法人代表:栾峰
经营范围:仲钨酸铵 氧化钨
品牌:
质量标准:
电话号码:8234016
地址:章贡区赣江办事处晨光百货大楼六楼

赣州虹飞钨钼材料有限公司

法人代表:刘同高
经营范围:仲钨酸铵 钨丝钼丝
品牌:
质量标准:ISO9000
电话号码:8229093
地址:章贡区解放办事处西郊路70号

赣州创业工业集团公司

法人代表:胡淑华
经营范围:各类服装
品牌:
质量标准:
电话号码:8223704
地址:章贡区解放办事处西郊路9号

赣州虔东实业(集团)有限公司

法人代表:龚斌
经营范围:稀土金属 稀土分离
品牌:
质量标准:
电话号码:8463025
地址:章贡区水东镇七里村杨柏西1号

江西省赣南三利饲料有限公司

法人代表:朱开明
经营范围:饲料
品牌:
质量标准:
电话号码:8462989
地址:章贡区水东镇七里村五组

赣州发电设备成套制造有限公司

法人代表:许先达
经营范围:水轮发电机一般交流电
品牌:
质量标准:
电话号码:8452469
地址:章贡区水东镇虎岗村

赣州钴钨有限责任公司

法人代表:刘斌
经营范围:草酸钴 氧化钴硫酸镍
品牌:
质量标准:ISO9000
电话号码:8125656
地址:章贡区东外街五龙岗103号

江西帝皇纤维漂染有限公司

法人代表:卢汉镇
经营范围:针织漂染
品牌:
质量标准:
电话号码:8212368
地址:章贡区南外办事处塘窝里1号

赣州八0一钨业有限公司

法人代表:潘恩树
经营范围:仲钨酸铵 兰钨
品牌:
质量标准:
电话号码:8152558
地址:章贡区东外办事处五龙岗103号

赣州市东南制钢有限公司

法人代表:陈寿营
经营范围:制钢
品牌:
质量标准:
电话号码:8253266
地址:章贡区湖边镇湖边村

江西华宝实业江西直流电机厂

法人代表:万华亮
经营范围:玛钢管件 潜水电泵
品牌:
质量标准:
电话号码:8382089
地址:章贡区水南镇腊长村

赣州华兴钨制品有限公司

法人代表:史书愚
经营范围:钨钼制品冶
品牌:
质量标准:ISO9000
电话号码:8251258
地址:章贡区水西乡马房下58号

江西东芝电子材料有限公司

法人代表:原口和夫
经营范围:钨钼制品
品牌:
质量标准:
电话号码:8258372
地址:章贡区水西乡马房下58号

赣州康明织染有限公司

法人代表:王湛中
经营范围:棉麻坯布 棉麻染色布
品牌:
质量标准:
电话号码:8213968
地址:章贡区南外办事处红旗大道55号

赣州市华通企业集团公司

法人代表:刘吉华
经营范围:红砖 镁质瓦
品牌:
质量标准:
电话号码:8251160
地址:章贡区水西乡赤珠岭198号

江西省赣州大丰肥料有限公司

法人代表:肖士玮
经营范围:复合肥生产
品牌:
质量标准:
电话号码:8127120
地址:章贡区东外办事处渡口路28号

赣州湘大饲料有限公司

法人代表:陶一山
经营范围:饲料制销
品牌:
质量标准:
电话号码:8462667
地址:章贡区水东镇七里村

赣州江环汽车制造有限公司

法人代表:熊宁
经营范围:汽车农用车机械加工 驾驶培训
品牌:
质量标准:
电话号码:8251021
地址:章贡区湖边镇湖边村

厦门德利集团赣州氯碱制造有限公司

法人代表:刘德民
经营范围:烧碱 液氯 盐酸
品牌:
质量标准:
电话号码:8452658
地址:章贡区水东镇虎岗村

赣州兴利达纺织有限公司

法人代表:刘利标
经营范围:棉纺织产品的制造销售
品牌:
质量标准:
电话号码:8221641
地址:章贡区南外办事处红旗大道55号

江西富源集团有限公司

法人代表:陆经富
经营范围:红木家俱
品牌:
质量标准:
电话号码:8251368
地址:水西赤珠村228号

江西百神药业有限公司

法人代表:付志高
经营范围:丸剂 颗粒剂
品牌:
质量标准:
电话号码:8183510
地址:章贡区沙河镇五里亭

江西五环机器有限责任公司

法人代表:冯幸平
经营范围:变速器 取力器
品牌:
质量标准:
电话号码:8371591
地址:章贡区黄金开发区原赣南机械厂内

赣州水泵制造有限公司

法人代表:许先达
经营范围:工业泵
品牌:
质量标准:ISO9000
电话号码:8122707
地址:章贡区文明大道10号

鸿伟木业(赣州)有限公司

法人代表:黄长乐
经营范围:刨花板 甲醛
品牌:
质量标准:
电话号码:8452588
地址:章贡区水东镇原木材二厂内

赣州鸿茂锡业焊料有限公司

法人代表:赵茂文
经营范围:焊锡
品牌:
质量标准:
电话号码:8376203
地址:章贡区黄金开发区原赣南机械厂内

江西赣州新阳化工实业有限公司

法人代表:王锡青
经营范围:电石 乙炔炭黑
品牌:
质量标准:
电话号码:8465025
地址:章贡区水东镇沿坳村

江西宁振纸业有限公司

法人代表:宁俊
经营范围:机制纸
品牌:
质量标准:
电话号码:8251112
地址:章贡区水西乡桑园168号

江西南方稀土高技术股份有限公司

法人代表:史书愚
经营范围:稀有稀土系列产品和稀土应用系列产品
品牌:
质量标准:ISO9000
电话号码:8238636
地址:章贡区南外办事处青年路36号

江西维康药业有限公司

法人代表:刘增群
经营范围:红霉素原料
品牌:
质量标准:
电话号码:8321055
地址:章贡区蟠龙镇原二糖厂内

江西气体压缩机有限公司

法人代表:胡恩和
经营范围:气体压缩机印刷机
品牌:
质量标准:ISO9000
电话号码:8240548
地址:章贡区南外办事处南河路23号

赣州卫诚打火机制造有限公司

法人代表:邓卫诚
经营范围:
品牌:
质量标准:
电话号码:8256318
地址:章贡区湖边镇湖边村

赣州鸿晟冶金化工实业有限公司

法人代表:张剑萌
经营范围:草酸钴 炭酸钴 氢氧化钴
品牌:
质量标准:
电话号码:8256016
地址:章贡区水西乡龙庄上98号

赣州市长城照明电器有限公司

法人代表:郭白云
经营范围:灯泡
品牌:
质量标准:
电话号码:8451307
地址:章贡区水东镇罗汉口86号

燕京啤酒(赣州)有限责任公司

法人代表:李福成
经营范围:啤酒
品牌:
质量标准:
电话号码:8122789
地址:章贡区东外办事处张家围路58号

赣州晋通新材料有限公司

法人代表:徐宗义
经营范围:
品牌:
质量标准:
电话号码:8139366
地址:章贡区东外办事处川峰坳13号

赣州立环磁电设备高技术有限公司

法人代表:张炳忠
经营范围:立环脉动高磁选机配件
品牌:
质量标准:ISO9000
电话号码:8224558
地址:章贡区赣江办事处青年路36号

江西大吉汽车天线有限公司

法人代表:曾纪发
经营范围:汽车收放机
品牌:
质量标准:ISO9000
电话号码:8229364
地址:章贡区南外办事处南河路6号

江西赣南海欣药业股份有限公司

法人代表:姜家坤
经营范围:冻干粉针 输液 口服液
品牌:
质量标准:
电话号码:8226545
地址:章贡区赣江办事处健康路99号

五矿(赣州)锡业有限公司

法人代表:张寿连
经营范围:
品牌:
质量标准:
电话号码:8251478
地址:章贡区水西乡白塔

赣南果业赣州酒业分公司

法人代表:张永利
经营范围:白酒
品牌:
质量标准:
电话号码:8110193
地址:章贡区东外办事处张家围路36号

江西省赣州公路工程公司

法人代表:杨文
经营范围:公路施工
品牌:
质量标准:
电话号码:8111068
地址:关刀坪12号东外办事处关刀坪

赣州群星机械有限公司

法人代表:胡德平
经营范围:汽车变速箱
品牌:
质量标准:
电话号码:8116460
地址:章贡区东外办事处张家围

江西康欣药业有限公司

法人代表:姜家坤
经营范围:
品牌:
质量标准:
电话号码:8321055
地址:章贡区蟠龙镇二糖厂内

赣州芳英禽业有限公司

法人代表:胡庭芳
经营范围:板鸭制销
品牌:
质量标准:
电话号码:8251128
地址:章贡区湖边镇湖边村

赣州市房屋修建装饰工程公司

法人代表:沈家煜
经营范围:建筑装饰
品牌:
质量标准:
电话号码:8293600
地址:赣州市环城路82号解放办事处新赣南路

新意思(江西)实业有限公司

法人代表:劳伟光
经营范围:
品牌:
质量标准:
电话号码:8378361
地址:章贡区沙河工业园

赣州市三江制衣有限公司

法人代表:陈映吟
经营范围:
品牌:
质量标准:
电话号码:8481688
地址:沙石镇楼梯村

赣州市水利水电建筑装饰总公司

法人代表:赖有宾
经营范围:水利建筑
品牌:
质量标准:
电话号码:8120188
地址:东桥路71号赣江办事处东桥路

江西省赣州市机电建筑总公司

法人代表:赵鹭翔
经营范围:工民建施工
品牌:
质量标准:
电话号码:8223824
地址:赣州市章贡区环城路76号南外办事处下壕塘

江西赣南电子科技有限公司

法人代表:聂琦明
经营范围:汽车收放机调谐器
品牌:
质量标准:
电话号码:8126446
地址:章贡区东外办事处张家围路17号

赣州华信通信有限公司

法人代表:徐林楠
经营范围:
品牌:
质量标准:
电话号码:8255678
地址:章贡区湖边镇龙岭村

赣州市工程建设总公司

法人代表:闵建明
经营范围:建筑施工
品牌:
质量标准:
电话号码:8223676
地址:赣州市荆花园南外办事处土地庙

江西省赣南建筑工程总公司

法人代表:曾能伦
经营范围:房屋建筑业
品牌:
质量标准:
电话号码:8123450
地址:黄屋坪路1号东外办事处牛岭

江西忆源多媒体科技有限公司

法人代表:徐林楠
经营范围:
品牌:
质量标准:
电话号码:8173896
地址:章贡区沙河工业园

赣州市金大制钢厂

法人代表:陈依清
经营范围:制钢
品牌:
质量标准:
电话号码:8251223
地址:章贡区湖边镇湖边村

赣州宏远建筑工程公司

法人代表:崔文国
经营范围:建筑施工
品牌:
质量标准:
电话号码:8201209
地址:赣州市红旗大道51号南外办事处供电局

赣州市赣江建筑安装工程公司

法人代表:李仰东
经营范围:建筑工程施
品牌:
质量标准:
电话号码:8222175
地址:章贡区青年路10号赣江办事处赣江路

赣州林业工程公司

法人代表:李新生
经营范围:房屋建筑
品牌:
质量标准:
电话号码:8277648
地址:赣州市土庙上街14号南外办事处红旗村

赣州对外建筑总公司

法人代表:严为忠
经营范围:工民建
品牌:
质量标准:
电话号码:8228440
地址:赣州市东阳山路3号南外办事处东阳山

赣州市环城装饰工程有限公司

法人代表:肖华林
经营范围:建筑装饰
品牌:
质量标准:
电话号码:8116888
地址:黄屋坪路19号东外办事处牛岭

赣州恒业装饰工程有限公司

法人代表:李辉
经营范围:装修装饰
品牌:
质量标准:
电话号码:8220560
地址:赣州市环城路82号南外办事处土地庙

赣州市赣东建筑工程公司

法人代表:黄达光
经营范围:房屋建筑
品牌:
质量标准:
电话号码:8463366
地址:水东镇赣州市水东镇沿坳沿坳村

赣州市第三建筑工程公司

法人代表:肖心正
经营范围:房屋建筑业
品牌:
质量标准:
电话号码:8123319
地址:东桥路50号赣江办事处马坡岭居委会

赣州市跨世纪装饰有限公司

法人代表:肖承模
经营范围:
品牌:
质量标准:
电话号码:8278056
地址:大公路135号赣江办事处大公路

赣州市诚新实业有限公司

法人代表:朱发华
经营范围:室内外装饰
品牌:
质量标准:
电话号码:8249270
地址:厚德路22号赣江办事处厚德路

赣州市第一建筑工程公司

法人代表:钟林和
经营范围:建筑业
品牌:
质量标准:
电话号码:8353095
地址:南京路33号解放办事处南京路

赣州装饰工程公司

法人代表:雷小平
经营范围:室内装饰及
品牌:
质量标准:
电话号码:8224052
地址:赣州市文明大道154号南外办事处供电局

赣州市先丰实业有限公司

法人代表:姜福光
经营范围:建筑装修
品牌:
质量标准:
电话号码:8273826
地址:健康路52号赣江办事处健康路

赣州博达公路有限公司

法人代表:廖财生
经营范围:公路工程施
品牌:
质量标准:
电话号码:8125733
地址:关刀坪1号东外办事处关刀坪

赣州市住宅建筑工程公司

法人代表:陈伟华
经营范围:住宅建筑
品牌:
质量标准:
电话号码:8225086
地址:赣州市章贡区文清路43号赣江办事处人民巷

赣州市天星装饰工程有限公司

法人代表:胡德厚
经营范围:装修装饰
品牌:
质量标准:
电话号码:8111223
地址:赣州八一四大道东外办事处关刀坪

赣州市赣佳广告装修工程有限公司

法人代表:朱发荣
经营范围:装修装饰
品牌:
质量标准:
电话号码:8216092
地址:厚德路附39号赣江办事处厚德路

赣州恒峰装饰工程有限公司

法人代表:巫晓恒
经营范围:装饰装修
品牌:
质量标准:
电话号码:8200058
地址:环城路4号南外办事处土地庙

赣州市基础工程公司

法人代表:钟万里
经营范围:建筑基础
品牌:
质量标准:
电话号码:8135810
地址:赣州市濂溪路33号解放办事处濂溪路

赣州泰安消防设备工程有限公司

法人代表:伍志伟
经营范围:
品牌:
质量标准:
电话号码:8111223
地址:赣州红旗大道56号东外办事处东外

赣州华信装饰工程有限公司

法人代表:连育贤
经营范围:室内外装饰
品牌:
质量标准:
电话号码:8225688
地址:姚府里10号赣江办事处厚德路

赣州市富水航务工程处

法人代表:钟志华
经营范围:航通工程
品牌:
质量标准:
电话号码:8212179
地址:厚德路12号赣江办事处厚德路

赣南银兴建筑装饰工程公司

法人代表:刘吉清
经营范围:建筑工程施
品牌:
质量标准:
电话号码:8110658
地址:八一四大道21号东外办事处关刀坪

赣州新世纪装饰工程有限公司

法人代表:郭晓行
经营范围:室内装修
品牌:
质量标准:
电话号码:8113787
地址:赣州市文明大道15号南外办事处东阳山

赣州市万泉设备安装有限公司

法人代表:邓小红
经营范围:
品牌:
质量标准:
电话号码:8214663
地址:水南镇水南安居玉苑3楼5店南桥村

赣州宇田装饰工程有限公司

法人代表:雷斌
经营范围:
品牌:
质量标准:
电话号码:8177533
地址:文明大道60号南外办事处大码头

赣州市顺业建筑路桥工程公司

法人代表:廖禾辉
经营范围:房屋建筑
品牌:
质量标准:
电话号码:8136537
地址:赣州章贡区渡口路12号东外办事处东外

赣州汇丰建设工程有限公司

法人代表:毛信吉
经营范围:房屋建筑
品牌:
质量标准:
电话号码:8220316
地址:厚德路77号赣江办事处厚德路

赣州雅典装饰工程有限公司

法人代表:金晓龙
经营范围:
品牌:
质量标准:
电话号码:8246166
地址:文清路13号赣江办事处人民巷

赣州华艺装饰有限公司

法人代表:吴继华
经营范围:
品牌:
质量标准:
电话号码:8272600
地址:青年路40号南外办事处土地庙

江西赣南诚建基础工程公司

法人代表:廖红江
经营范围:机械打桩
品牌:
质量标准:
电话号码:8133752
地址:黄屋坪25号东外办事处牛岭

赣州市第二建筑工程公司

法人代表:尹为义
经营范围:房屋建筑
品牌:
质量标准:
电话号码:8224473
地址:厚德路18号赣江办事处厚德路

赣州银兴装饰工程有限公司

法人代表:刘吉清
经营范围:室内外建筑
品牌:
质量标准:
电话号码:8110278
地址:赣州市八一四大道21号东外办事处关刀坪

赣州市庚星装饰工程有限公司

法人代表:林海
经营范围:装饰装璜
品牌:
质量标准:
电话号码:8125118
地址:赣州市章贡区文明大道35号南外办事处三康庙

赣州市江厦建筑防水有限公司

法人代表:刘玉林
经营范围:
品牌:
质量标准:
电话号码:8211518
地址:文明大道66号南外办事处关刀坪

赣州市三马广告装饰工程有限公司

法人代表:张志坚
经营范围:
品牌:
质量标准:
电话号码:8233838
地址:大公路148号赣江办事处大公路

赣州国威路桥工程有限公司

法人代表:雷湘湘
经营范围:道路桥梁
品牌:
质量标准:
电话号码:7029161
地址:赣州市渡口路26号东外办事处东外

赣州德胜水力电力建筑基础公司

法人代表:张流超
经营范围:
品牌:
质量标准:
电话号码:8245285
地址:赣州市文清路91号赣江办事处洪城巷

江西东龙路桥工程有限公司

法人代表:杨水石
经营范围:公路桥梁建
品牌:
质量标准:
电话号码:8232686
地址:黄屋坪16号东外办事处东外

赣州中建装璜工程有限公司

法人代表:肖梅
经营范围:室内装饰装
品牌:
质量标准:
电话号码:8270091
地址:赣州市东阳山路7号南外办事处东阳山

赣州德盛建筑装饰工程有限公司

法人代表:黄达盛
经营范围:房屋建筑
品牌:
质量标准:
电话号码:8385968
地址:水南镇赣州市黄金大道6号南桥村

赣州秦升装饰工程有限公司

法人代表:肖志坚
经营范围:
品牌:
质量标准:
电话号码:8267208
地址:赣州市文明大道91号南外办事处三康庙

赣州立安装饰工程有限公司

法人代表:瘳斐云
经营范围:
品牌:
质量标准:
电话号码:8382758
地址:文清路 32 号赣江办事处厚德路居委会

江西省赣州百货股份有限公司

法人代表:陈贞祺
经营范围:纺织品零售百货零售
品牌:
质量标准:
电话号码:8223361
地址:江西省赣州市章贡区厚德路 172 号

江西省烟草公司赣州分公司

法人代表:罗建武
经营范围:批发卷烟
品牌:
质量标准:
电话号码:8229041
地址:江西省赣州市章贡区青年路 46 号

赣州市国光平价购物广场

法人代表:胡金根
经营范围:
品牌:
质量标准:
电话号码:8286171
地址:江西省赣州市章贡区红旗大道 10 号

赣州华信实业有限责任公司

法人代表:王海明
经营范围:
品牌:
质量标准:
电话号码:8112900
地址:赣州市滨江大道南外办事处红旗村

江西省赣州市新华书店

法人代表:唐飞文
经营范围:图书报刊零音像制品零
品牌:
质量标准:
电话号码:8227015
地址:江西省赣州市章贡区文明大道 30 号

赣州五洲实业有限公司

法人代表:刘细明
经营范围:饮食
品牌:
质量标准:
电话号码:8212589
地址:江西省赣州市章贡区青年路 42 – B

赣州四平家电超市

法人代表:李昌发
经营范围:家用电器零
品牌:
质量标准:
电话号码:8302062
地址:江西省赣州市章贡区北京路

赣州民鑫装饰广告有限公司

法人代表:叶新民
经营范围:
品牌:
质量标准:
电话号码:8245553
地址:赣州市东阳山南外办事处东阳山

赣州医药集团公司

法人代表:肖其保
经营范围:医药批发
品牌:
质量标准:
电话号码:8122187
地址:江西省赣州市章贡区红旗大道 9 号

赣州启德广播电视交电有限公司

法人代表:袁宏生
经营范围:
品牌:
质量标准:
电话号码:8211915
地址:江西省赣州市章贡区

赣州友邦大药房有限公司

法人代表:黄志宇
经营范围:
品牌:
质量标准:
电话号码:8286866
地址:江西省赣州市章贡区环城路 8 号

赣州银盛装饰工程有限公司

法人代表:幸世行
经营范围:装饰装修
品牌:
质量标准:
电话号码:8225024
地址:营角上路 1 号南外办事处东阳山

中国石化赣州石油分公司

法人代表:钟林炎
经营范围:
品牌:
质量标准:
电话号码:8212241
地址:江西省赣州市章贡区青年路 2 号

赣州市农机有限责任公司

法人代表:许先梅
经营范围:农机批发
品牌:
质量标准:
电话号码:8299956
地址:江西省赣州市章贡区和平路 43 号

赣州方园经济发展有限公司

法人代表:冯建国
经营范围:饮食 住宿
品牌:
质量标准:
电话号码:8242599
地址:江西省赣州市章贡区青年路 3 号

赣州红鑫装饰工程有限公司

法人代表:钟明锦
经营范围:
品牌:
质量标准:
电话号码:8123317
地址:赣州市八一四大道 19 号东外办事处关刀坪

江西省盐业总公司赣州市公司

法人代表:陈荣海
经营范围:盐批发
品牌:
质量标准:
电话号码:8124502
地址:江西省赣州市章贡区横街上 2 号

江西赣州坚强量贩有限公司

法人代表:陈桂妹
经营范围:
品牌:
质量标准:
电话号码:8303072
地址:江西省赣州市章贡区小华兴街 18 号

赣州华尔康大药房零售连锁公司

法人代表:钟小霞
经营范围:
品牌:
质量标准:
电话号码:8215038
地址:江西省赣州市章贡区青年路 26 号

赣县自来水公司

法人代表:彭光彩
经营范围:自来水 管道安装 管道维修
品牌:
质量标准:
电话号码:4441442
地址:江西赣县赣新大道

赣南新源稀土荧光材料厂

法人代表:廖贞尧
经营范围:稀土产品
品牌:
质量标准:ISO9000
电话号码:4443266
地址:赣县红金村

赣州南方稀土矿冶赣县分公司

法人代表:杨汉隆
经营范围:稀土开采冶炼
品牌:
质量标准:
电话号码:4447661
地址:赣县梅林镇红金路附136号

赣州市永源稀土有限公司

法人代表:蔡运源
经营范围:稀土冶练
品牌:
质量标准:
电话号码:4442473
地址:赣县工业园

赣州动力机械厂

法人代表:王淦生
经营范围:CMD - 1000A? 60K柴油机 R175柴油机
品牌:
质量标准:
电话号码:4441259
地址:赣县梅林镇赣新大道81号

赣县水泥厂

法人代表:俞开铝
经营范围:32.5级普通
品牌:
质量标准:ISO9000
电话号码:4600097
地址:赣县茅店镇洋塘村

赣县红金稀土有限公司

法人代表:庄维新
经营范围:稀土氧化物
品牌:
质量标准:
电话号码:4437272
地址:赣县工业园

赣州江钨钨合金有限公司

法人代表:钟晓云
经营范围:钨铁
品牌:
质量标准:
电话号码:4438401
地址:赣县梅林大街

赣县小坌煤 矿

法人代表:彭家强
经营范围:无烟煤
品牌:
质量标准:
电话号码:4667866
地址:赣县韩坊乡小坌村

赣州佳业家俱有限公司

法人代表:李先葫
经营范围:
品牌:
质量标准:
电话号码:4601798
地址:赣县茅店镇洋塘村

赣县世瑞矿产品有限公司

法人代表:朱世瑞
经营范围:有色金属
品牌:
质量标准:
电话号码:4442925
地址:赣县茅店镇洋塘村

赣县建筑安装工程总公司

法人代表:康光明
经营范围:房屋建筑业
品牌:
质量标准:
电话号码:4441373
地址:梅林光彩大道城西

赣州鑫业工艺有限公司

法人代表:何永川
经营范围:脂工艺品
品牌:
质量标准:
电话号码:4432998
地址:赣县赣新大道121号

赣县供电有限责任公司

法人代表:王华山
经营范围:电力
品牌:
质量标准:
电话号码:4441191
地址:赣县梅林大街18号

广州森仕时装<赣州>有限公司

法人代表:许福森
经营范围:
品牌:
质量标准:
电话号码:4437800
地址:赣县工业园

赣县建筑公司

法人代表:袁向阳
经营范围:房屋建筑业
品牌:
质量标准:
电话号码:4441438
地址:梅林菜市路城东

赣州希望饲料有限公司

法人代表:李江
经营范围:饲料
品牌:
质量标准:ISO9000
电话号码:4432215
地址:赣县工业园

赣州五州纸业有限公司

法人代表:朱利平
经营范围:箱板纸 机制纸
品牌:
质量标准:
电话号码:4601406
地址:赣县茅店镇洋塘村

赣州菊隆高科技食品有限公司

法人代表:谢瑞鸿
经营范围:
品牌:
质量标准:
电话号码:4601621
地址:赣县茅店镇洋塘村

赣县交通工程公司

法人代表:洪旭
经营范围:公路建设
品牌:
质量标准:
电话号码:4441278
地址:梅林赣新大道城东

赣县城建装璜有限公司

法人代表:肖昕
经营范围:装修装饰业
品牌:
质量标准:
电话号码:4441373
地址:梅林光彩大道城西

江西省赣县新华书店

法人代表:刘黎明
经营范围:图书报刊零
品牌:
质量标准:
电话号码:4437779
地址:江西赣州赣县梅林镇赣县教育路

信丰县大阿水泥厂

法人代表:邹为民
经营范围:水泥
品牌:大阿牌
质量标准:
电话号码:3298069
地址:信丰县大阿镇阿南村

江西诚志信丰药业有限责任公司

法人代表:钟寿椿
经营范围:中成药
品牌:
质量标准:
电话号码:3313069
地址:信丰县嘉定镇城西街

赣县圆通给排水工程安装队

法人代表:张上桃
经营范围:
品牌:
质量标准:
电话号码:4441442
地址:梅林赣新大道城东

江西省烟草公司赣县公司

法人代表:谢祖才
经营范围:烟草及其制
品牌:
质量标准:
电话号码:4442609
地址:江西赣州赣县梅林镇菜市路5号

信丰县自来水公司

法人代表:林铁生
经营范围:自来水生产与供应
品牌:
质量标准:
电话号码:3311653
地址:信丰县嘉定镇解放街上西门

信丰县白水泥厂

法人代表:黄仁珠
经营范围:水泥
品牌:玉厦
质量标准:
电话号码:3491189
地址:信丰县西牛镇丫叉桥村

赣县华泰建筑安装工程有限公司

法人代表:徐晓林
经营范围:房屋建筑业
品牌:
质量标准:
电话号码:4442242
地址:梅林光彩大道城西

赣县商业综合贸易公司

法人代表:汤翔宁
经营范围:批发家用电
品牌:
质量标准:
电话号码:4441903
地址:江西赣州赣县梅林镇光彩大道11号

赣州铁石水泥有限公司

法人代表:张俊嵩
经营范围:水泥
品牌:
质量标准:
电话号码:3202288
地址:信丰县铁石口镇建华村

信丰县水泥厂

法人代表:邱桥崽
经营范围:水泥
品牌:三铁
质量标准:
电话号码:3201615
地址:信丰县铁石口镇建华村

江西省石油总公司赣县支公司

法人代表:郭有旺
经营范围:石油批发业
品牌:
质量标准:
电话号码:4441980
地址:江西赣州赣县梅林赣新大道

江西省赣县农业生产资料公司

法人代表:肖正平
经营范围:农业生产资
品牌:
质量标准:
电话号码:4441494
地址:江西赣州赣县梅林镇赣新大道43号

赣州市圣塔水泥有限公司小江分厂

法人代表:赖泓胜
经营范围:水泥
品牌:
质量标准:
电话号码:3226739
地址:信丰县小江镇莲青村

信丰县华新木业刨花板厂

法人代表:张风岚
经营范围:刨花板
品牌:
质量标准:
电话号码:3333197
地址:信丰县嘉定镇站前工业园

赣州医药集团赣县医药公司

法人代表:谢朝院
经营范围:药品及医疗
品牌:
质量标准:
电话号码:4441688
地址:江西赣州赣县梅林镇梅林大街50号

赣县粮食局收储公司

法人代表:叶华旺
经营范围:粮油批发业
品牌:
质量标准:
电话号码:4433648
地址:江西赣州赣县梅林镇新塘路15号

信丰县大桥水泥厂

法人代表:曹志洪
经营范围:水泥
品牌:苏通
质量标准:
电话号码:3271195
地址:信丰县大桥镇青光村

赣州高桥合成煤矿有限公司

法人代表:许强
经营范围:原煤的开采、加工和销售
品牌:
质量标准:
电话号码:3201555
地址:信丰县铁石口镇高桥村

信丰县通用机械厂

法人代表:张惠峰
经营范围:农用车
品牌:
质量标准:
电话号码:3330933
地址:信丰县嘉定镇站前工业园

信丰县新利稀土有限责任公司

法人代表:刘勇
经营范围:稀土加工
品牌:
质量标准:
电话号码:3311725
地址:信丰县嘉定镇中端工业园

赣州强盛陶瓷有限公司

法人代表:黄景欣
经营范围:
品牌:
质量标准:
电话号码:3203988
地址:信丰县铁石口镇高桥村

信丰恒隆麦饭石酒业有限公司

法人代表:徐汉平
经营范围:白酒、饮料的生产销售
品牌:赣石
质量标准:ISO9000
电话号码:3366117
地址:信丰县嘉定镇水东街水东路

信丰县供电有限责任公司

法人代表:钟有连
经营范围:供电
品牌:
质量标准:
电话号码:3326718
地址:信丰县嘉定镇马鞍山街

江西金桥实业有限公司

法人代表:袁信新
经营范围:
品牌:
质量标准:
电话号码:3273018
地址:信丰县大桥镇中段村

赣州市高桥煤矿有限公司

法人代表:黄仁珠
经营范围:原煤开采、加工和销售
品牌:
质量标准:
电话号码:3209458
地址:信丰县铁石口镇高桥村

信丰华南包装有限公司

法人代表:苏苗青
经营范围:
品牌:
质量标准:
电话号码:3337866
地址:信丰县嘉定镇中端工业园

信丰县正平建筑材料厂

法人代表:涂征
经营范围:钢材
品牌:
质量标准:
电话号码:3367750
地址:信丰县嘉定镇水东街虎形路

信丰县隆兴丰固水泥有限公司

法人代表:赖泓胜
经营范围:水泥
品牌:
质量标准:
电话号码:3313756
地址:信丰县嘉定镇中端工业园

信丰县金吉化工有限公司

法人代表:王传友
经营范围:
品牌:
质量标准:
电话号码:3332039
地址:信丰县嘉定镇中端工业园

信丰亚太不锈钢有限公司

法人代表:陈宗新
经营范围:
品牌:
质量标准:
电话号码:3283258
地址:信丰县嘉定镇中端工业园

赣州智雄针织制衣有限公司

法人代表:黄祯海
经营范围:针织服装
品牌:
质量标准:
电话号码:3369388
地址:信丰县嘉定镇水东街岭下巷

信丰中侨发展有限公司

法人代表:倪子华
经营范围:
品牌:
质量标准:
电话号码:3332898
地址:嘉定镇站前工业园

江西宏通畜禽有限公司

法人代表:黄祥真
经营范围:
品牌:
质量标准:
电话号码:3282966
地址:信丰县嘉定镇中端工业园

信丰县连丰水泥有限责任公司

法人代表:谢钢武
经营范围:水泥
品牌:铁强
质量标准:
电话号码:3201191
地址:信丰县铁石口镇建华村

赣州南方稀土矿冶信丰分公司

法人代表:李明才
经营范围:氧化稀土、稀土原材料经营
品牌:
质量标准:
电话号码:3310388
地址:信丰县嘉定镇迎宾大道

信丰县绿源人造板有限公司

法人代表:徐兵
经营范围:人造板、木制品生产销售
品牌:绿源
质量标准:ISO9000
电话号码:3282612
地址:嘉定镇中端工业园

江西万基水泥有限公司

法人代表:邵庆明
经营范围:
品牌:
质量标准:
电话号码:3281098
地址:信丰县嘉定镇中端工业园

信丰县大地装饰工程有限公司

法人代表:上云
经营范围:建筑装饰业
品牌:
质量标准:
电话号码:3321555
地址:加定镇

信丰县宝马装饰有限公司

法人代表:柏初
经营范围:建筑装饰业
品牌:
质量标准:
电话号码:3312668
地址:加定镇

信丰今日建筑装饰有限公司

法人代表:杨金秋
经营范围:
品牌:
质量标准:
电话号码:3308252
地址:加定镇

信丰县粮食收储公司

法人代表:曾华光
经营范围:粮食批发零
品牌:
质量标准:
电话号码:3311374
地址:江西赣州信丰嘉定镇胜利街

大余县第二钨矿

法人代表:黄义华
经营范围:钨精矿
品牌:
质量标准:
电话号码:8722453
地址:大余县南安镇余东街

信丰县新世界装饰有限公司

法人代表:黄强
经营范围:
品牌:
质量标准:
电话号码:3332669
地址:加定镇

信丰逸灏建筑装饰有限公司

法人代表:刘新敏
经营范围:
品牌:
质量标准:
电话号码:3308818
地址:加定镇

信丰县石油公司

法人代表:王军
经营范围:成品油销售
品牌:
质量标准:
电话号码:3311508
地址:江西赣州信丰嘉定镇城西路

漂塘钨矿

法人代表:危时安
经营范围:钨精矿
品牌:
质量标准:
电话号码:8752011
地址:大余县左拔镇漂塘村

信丰县中天建筑工程有限公司

法人代表:康小平
经营范围:
品牌:
质量标准:
电话号码:3310768
地址:加定镇

赣州烟草公司信丰县营销中心

法人代表:于继成
经营范围:烟草批发业
品牌:
质量标准:
电话号码:3318769
地址:江西赣州信丰嘉定镇水东街

大余县水泥厂

法人代表:李贵生
经营范围:普通硅酸盐水泥生产和销售
品牌:金莲
质量标准:
电话号码:8722433
地址:大余县南安镇余东街

下垄钨矿

法人代表:冯阳
经营范围:钨钼采选
品牌:双龙
质量标准:
电话号码:8898000
地址:大余县樟斗乡樟斗村

信丰嘉信建筑有限公司

法人代表:谢学干
经营范围:
品牌:
质量标准:
电话号码:3316918
地址:加定镇

信丰县农业生产资料公司

法人代表:黄桂华
经营范围:农资供应
品牌:
质量标准:
电话号码:3313423
地址:江西赣州信丰嘉定镇解放街

大余县供电有限责任公司

法人代表:朱保生
经营范围:供电
品牌:
质量标准:
电话号码:8722580
地址:大余县南安镇东山街

荡坪钨矿

法人代表:赵本俊
经营范围:钨精矿
品牌:宝石牌
质量标准:
电话号码:8842301
地址:大余县南安镇荡坪村

信丰县日美装饰有限公司

法人代表:王日
经营范围:
品牌:
质量标准:
电话号码:3333508
地址:加定镇

赣州医药集团信丰县医药总公司

法人代表:俞永华
经营范围:医药商业批
品牌:
质量标准:
电话号码:3311791
地址:江西赣州信丰嘉定镇解放街

大余县南方钨钼制品有限公司

法人代表:潘恩树
经营范围:促钨酸铵
品牌:
质量标准:
电话号码:8786246
地址:大余县新城镇观路村

大余县兴良啤酒酿造有限责任公司

法人代表:许良标
经营范围:啤酒生产
品牌:
质量标准:
电话号码:8881259
地址:大余县池江镇池江村

大余县汽车队

法人代表:曾昭明
经营范围:汽车修理
品牌:
质量标准:
电话号码:8722136
地址:大余县南安镇新民村

大余县伟良钨业有限公司

法人代表:钟伟良
经营范围:钨产品加工
品牌:伟良
质量标准:ISO9000
电话号码:8728116
地址:大余县南安镇石桥下街

大余县德钰圣诞礼品有限公司

法人代表:郑人侦
经营范围:圣诞礼品
品牌:
质量标准:
电话号码:8707024
地址:大余县新城镇莲塘村

大余县牡丹亭竹制品开发公司

法人代表:白素英
经营范围:
品牌:
质量标准:
电话号码:8716788
地址:大余县南安镇东山街

赣州邦达高科制药有限公司

法人代表:钟智
经营范围:中西成药及原料药、保健品、化妆品、纯净水的生产与销售
品牌:润迪
质量标准:
电话号码:8889777
地址:大余县南安镇新珠村

大余县洪水寨钨矿

法人代表:刘堂青
经营范围:钨精矿
品牌:
质量标准:
电话号码:8803116
地址:大余县浮江乡洪水寨村

大余县华联家具有限公司

法人代表:陈天才
经营范围:木制家具
品牌:
质量标准:
电话号码:8771388
地址:大余县吉村镇中村

大余县章江钨业有限公司

法人代表:李舒春
经营范围:钨产品加工
品牌:
质量标准:
电话号码:8722529
地址:大余县南安镇新余村

大余县供水公司

法人代表:王芳聪
经营范围:供水销售
品牌:
质量标准:
电话号码:8720150
地址:大余县南安镇新珠村

大余县生龙口钨矿

法人代表:李文赣
经营范围:钨精矿
品牌:
质量标准:
电话号码:8809529
地址:大余县浮江乡洪水寨村

大余县章江水电有限公司

法人代表:赖荣胜
经营范围:水力发电
品牌:
质量标准:
电话号码:8809930
地址:大余县浮江乡杉树下村

大余县经伟钨业有限公司

法人代表:游九香
经营范围:钨、锡粒选,铜、铋、钼及其它矿产品
品牌:
质量标准:
电话号码:8720861
地址:大余县南安镇北门口街

大余县润致制衣有限公司

法人代表:邱优海
经营范围:服装及床上用品
品牌:
质量标准:
电话号码:8725762
地址:大余县南安镇新民村

大余县九龙脑钨矿

法人代表:马静波
经营范围:钨精矿
品牌:
质量标准:
电话号码:8803149
地址:大余县浮江乡洪水寨村

大余县万达工贸有限公司

法人代表:刘红一
经营范围:钨精选、建筑材料、钢材及五金销售
品牌:
质量标准:
电话号码:8700091
地址:大余县南安镇余西街

大余县新城铜矿厂

法人代表:廖君希
经营范围:
品牌:
质量标准:
电话号码:8786458
地址:大余县新城镇新城村

大余县星宇实业有限公司

法人代表:李宪文
经营范围:人造纸
品牌:
质量标准:
电话号码:8786087
地址:大余县新城镇观路村

大余县金大有色金属加工厂

法人代表:颜小金
经营范围:钨精矿
品牌:
质量标准:
电话号码:8727888
地址:大余县南安镇东山街

大余县新声电器厂

法人代表:林镜坤
经营范围:加工耳机
品牌:
质量标准:
电话号码:8716938
地址:大余县南安镇新民村

江西西华山钨业有限公司

法人代表:周基校
经营范围:
品牌:
质量标准:
电话号码:
地址:大余县南安镇余西街

大余县永兴细木工芯板厂

法人代表:谢扬初
经营范围:
品牌:
质量标准:
电话号码:8759399
地址:大余县浮江乡浮江村

上犹县永明机械厂

法人代表:曾有达
经营范围:摩托车齿轮
品牌:
质量标准:
电话号码:8542224
地址:上犹县黄沙村

赣州南河玻纤工业公司

法人代表:李晖明
经营范围:玻璃纤维布
品牌:
质量标准:ISO9000
电话号码:8543958
地址:上犹县南河二村委会

赣州通衢公司仙人陂电厂

法人代表:章世惊
经营范围:水力发电
品牌:
质量标准:
电话号码:8541003
地址:上犹县英稍村委会

大余县金牌帆船食品有限公司

法人代表:赵国正
经营范围:
品牌:
质量标准:
电话号码:8788458
地址:大余县新城镇新城村

上犹县印刷包装实业总公司

法人代表:黄伟东
经营范围:作业本
品牌:
质量标准:
电话号码:8541108
地址:上犹县二街居委会

上犹县启诚木业有限公司

法人代表:林少启
经营范围:松木胶合板竹胶合板
品牌:
质量标准:
电话号码:8561232
地址:上犹县蛛岭村委会

江西金威漆包线厂有限公司

法人代表:欧阳耀权
经营范围:漆包线的生产和销售
品牌:
质量标准:ISO9000
电话号码:8645321
地址:上犹县英稍村委会

大余县日升建筑有限公司

法人代表:何智常
经营范围:房屋工程施
品牌:
质量标准:
电话号码:8722887
地址:南安镇余西街余西街

上犹县供电有限责任公司

法人代表:尹建明
经营范围:电力供应
品牌:
质量标准:
电话号码:8548516
地址:上犹县水南村

上犹县水泥有限公司

法人代表:彭先兵
经营范围:水泥
品牌:犹江牌
质量标准:
电话号码:8651118
地址:上犹县窑下村委会

江西龙潭水电实业限公司

法人代表:叶玉忠
经营范围:水电
品牌:
质量标准:
电话号码:8561176
地址:上八成县蛛岭村委会

大余县腾跃建设有限责任公司

法人代表:诏向阳
经营范围:工矿工程
品牌:
质量标准:
电话号码:8719660
地址:南安镇南安大道 79 号余东街

赣州永通公司南河电厂

法人代表:章勤英
经营范围:水力发电
品牌:
质量标准:
电话号码:8543952
地址:上犹县南河二村委会

上犹县自来水公司

法人代表:王好学
经营范围:供水 管道安装
品牌:
质量标准:
电话号码:8541724
地址:上犹县茶亭村委会

南河玻纤有限公司

法人代表:赖华添
经营范围:玻璃纤维纱
品牌:
质量标准:ISO9000
电话号码:8543958
地址:上犹县南河二村委会

上犹县粮油工业公司

法人代表:胡益强
经营范围:大米 粮食制品
品牌:
质量标准:
电话号码:8543374
地址:上犹县一街居委会

江西省赣南金刚石实业有限公司

法人代表:黄中岳
经营范围:人造金刚石
品牌:
质量标准:
电话号码:8541971
地址:上犹县水南村委会

江西虔州酿酒厂

法人代表:林雄
经营范围:白酒
品牌:
质量标准:
电话号码:8541037
地址:上犹县一街居委会

赣南晨光稀土冶炼厂

法人代表:黄平
经营范围:金属钕
品牌:
质量标准:ISO9000
电话号码:8645180
地址:上犹县黄沙村委会

振雄上犹县制衣有限公司

法人代表:王兴超
经营范围:制衣
品牌:
质量标准:
电话号码:8542339
地址:上犹县备田村委会

赣州市弘玉塑料制品有限公司

法人代表:郭小薇
经营范围:
品牌:
质量标准:
电话号码:8599858
地址:上犹县陡水镇

江西省上犹县建筑安装总公司

法人代表:刘桥生
经营范围:房屋建筑工
品牌:
质量标准:
电话号码:8542532
地址:东山镇水南大道

赣州八达建筑装饰工程有限公司

法人代表:王兴平
经营范围:
品牌:
质量标准:
电话号码:8542796
地址:东山镇上西村路

上犹县黄埠塑胶五金制品厂

法人代表:邓小敏
经营范围:
品牌:
质量标准:
电话号码:8645242
地址:上犹县黄沙村委会

赣南圣泰隆陶瓷纤维有限公司

法人代表:林治贤
经营范围:
品牌:
质量标准:
电话号码:8520513
地址:上犹县黄埠镇

赣州南河机电设备安装公司

法人代表:周文
经营范围:设备安装
品牌:
质量标准:
电话号码:8543962
地址:东山镇南河村

赣州医药集团上犹医药公司

法人代表:陈登高
经营范围:药品 医疗器械
品牌:
质量标准:
电话号码:8542392
地址:江西赣州市上犹县东山镇中山路88号

上犹县兴华汽车挡风玻璃厂

法人代表:杨富生
经营范围:挡风玻璃
品牌:
质量标准:3C认证
电话号码:8645136
地址:上犹县黄沙村委会

上犹县赣龙木竹制品有限公司

法人代表:徐国宾
经营范围:胶合板制造
品牌:
质量标准:
电话号码:8591363
地址:上犹县陡水居委会

江西赣南三丰实业总公司

法人代表:刘凤生
经营范围:水电机电安
品牌:
质量标准:
电话号码:7025987
地址:陡水镇

江西省烟草公司上犹分公司

法人代表:杨安词
经营范围:卷烟 烟叶
品牌:
质量标准:
电话号码:8545116
地址:江西赣州市上犹县东山镇下西村路64号

赣富纸业有限公司

法人代表:俞绿军
经营范围:再生纸
品牌:
质量标准:
电话号码:8645058
地址:上犹县大埠镇大埠村

上犹县犹江玻纤有限公司

法人代表:卢伟岗
经营范围:
品牌:
质量标准:
电话号码:8591191
地址:上犹县陡水镇

上犹安顺装饰工程有限公司

法人代表:徐能耕
经营范围:室内外装饰
品牌:
质量标准:
电话号码:8542360
地址:东山镇上水南路1号

中石化上犹石油经营部

法人代表:廖理明
经营范围:
品牌:
质量标准:
电话号码:8542448
地址:江西赣州市上犹县东山镇东门路20号

赣州市信达钨钼有限公司

法人代表:任雪梅
经营范围:钨钼金属 钨钼粉
品牌:
质量标准:
电话号码:8591567
地址:上犹县陡水镇

上犹闽鑫钢铁有限公司

法人代表:陈发水
经营范围:
品牌:
质量标准:
电话号码:8575555
地址:上犹县黄埠镇

上犹县三星建筑有限公司

法人代表:李声洲
经营范围:
品牌:
质量标准:
电话号码:8541593
地址:东山镇东门路41号

江西威克曼实业有限公司

法人代表:刘显亮
经营范围:
品牌:
质量标准:
电话号码:7621988
地址:崇义县横水镇中营村

崇义县供电有限责任公司

法人代表:刘河林
经营范围:供电 发电 蓄务
品牌:
质量标准:
电话号码:7621638
地址:崇义县横水镇西大街818号

崇义县贵竹发展有限公司

法人代表:熊小洪
经营范围:竹藤棕草制
品牌:
质量标准:
电话号码:7620206
地址:崇义县横水镇中营村

崇义县水泥有限公司

法人代表:邱铨松
经营范围:水泥制造业
品牌:阳岭
质量标准:ISO9000
电话号码:7612283
地址:崇义县横水镇中营村

崇义县水利电力建筑安装公司

法人代表:郭惠忠
经营范围:建筑安装
品牌:
质量标准:
电话号码:7612057
地址:横水西大街旗岭居委会

崇义县章源钨制品有限公司

法人代表:黄泽兰
经营范围:仲钨酸铵 钨化铵
品牌:章源牌
质量标准:ISO9000
电话号码:7612666
地址:崇义县横水镇塔下村

崇义富百乐工艺品有限公司

法人代表:庄席福
经营范围:
品牌:
质量标准:
电话号码:7619565
地址:崇义县横水镇沿江路114号

名隆家俱崇义有限公司

法人代表:曾世平
经营范围:
品牌:
质量标准:
电话号码:7681730
地址:崇义县横水镇鱼梁村

崇义县华强装璜有限公司

法人代表:肖声富
经营范围:
品牌:
质量标准:
电话号码:7611855
地址:横水西大街西大街

崇义县精铋冶炼厂

法人代表:张文秋
经营范围:
品牌:
质量标准:
电话号码:7613523
地址:崇义县杨眉镇杨眉寺村

崇义县耀升工贸发展有限公司

法人代表:郭耀松
经营范围:钨精矿 铜精矿
品牌:
质量标准:
电话号码:7691095
地址:崇义县长龙镇长龙村

崇义县青山钨锡矿有限公司

法人代表:胡三华
经营范围:
品牌:
质量标准:
电话号码:7501613
地址:崇义县关田镇下关村

崇义县建筑安装有限责任公司

法人代表:李德忠
经营范围:
品牌:
质量标准:
电话号码:7618298
地址:横水旗岭居委会

崇义县华森集团有限公司

法人代表:肖国义
经营范围:中纤板、细竹胶合板 刨花板
品牌:
质量标准:ISO9000
电话号码:7620696
地址:崇义县横水镇牛角河39号

崇义县天时碳业有限公司

法人代表:张恒
经营范围:活性炭
品牌:
质量标准:
电话号码:7620130
地址:崇义县横水镇牛角河5号

崇义县雄鹰桥水电站

法人代表:钟芳名
经营范围:
品牌:
质量标准:
电话号码:7623625
地址:崇义县思顺乡山院村

崇义县烟草公司

法人代表:罗允祥
经营范围:卷烟批发
品牌:
质量标准:
电话号码:7612436
地址:江西省赣州市崇义县横水镇

崇义县齐云山食品有限公司

法人代表:刘志高
经营范围:齐云山牌南酸枣糕的生产和销售
品牌:齐云山
质量标准:
电话号码:7612384
地址:崇义县横水镇沿江路1号

崇义茶滩化工厂

法人代表:刘清
经营范围:
品牌:
质量标准:
电话号码:7630100
地址:崇义县茶滩乡茶滩村

崇义县绿兴酵素菌实业有限公司

法人代表:黎声明
经营范围:酵素菌有机
品牌:
质量标准:
电话号码:7611065
地址:崇义县横水镇鱼梁村

安远县湘洲水电站

法人代表:陈东
经营范围:
品牌:
质量标准:
电话号码:3780328
地址:安远县版石镇湘洲村

安远县汽车修配厂

法人代表:刘瑞文
经营范围:汽车修理
品牌:
质量标准:
电话号码:3732290
地址:安远县欣山镇九龙路63号

安远县东风水库管理委员会

法人代表:黄大海
经营范围:水电
品牌:
质量标准:
电话号码:3775609
地址:安远县凤山乡大山村

安远县供电有限责任公司

法人代表:钟有莲
经营范围:供电
品牌:
质量标准:
电话号码:3720048
地址:安远县欣山镇九龙路58号

安远县龙布明茂灯饰厂

法人代表:孙春茂
经营范围:制造彩灯
品牌:
质量标准:
电话号码:3760108
地址:安远县龙布镇老圩村

安远县霞山齿轮公司

法人代表:杨建安
经营范围:摩托车齿轮
品牌:
质量标准:
电话号码:3731556
地址:安远县欣山镇青年路87-2号

安远县蔡坊电站管理委员会

法人代表:谢祥万
经营范围:水电
品牌:
质量标准:
电话号码:3789212
地址:安远县蔡坊乡蔡坊村

安远县新帮纸品厂

法人代表:刘良淦
经营范围:造纸
品牌:
质量标准:
电话号码:3780830
地址:安远县蔡坊乡上村

安远县龙布恒发电器有限公司

法人代表:赖仁远
经营范围:制造彩灯
品牌:
质量标准:
电话号码:3760192
地址:安远县龙布镇龙布居委会

安远县上丁电站管理委员会

法人代表:欧阳振丰
经营范围:水电
品牌:
质量标准:
电话号码:3896155
地址:安远县车头镇上丁村

江西安远版石溢晖工艺公司

法人代表:梁才广
经营范围:金属工艺品
品牌:
质量标准:
电话号码:3780455
地址:安远县版石镇胜利路102号

安远县欣山冶炼厂

法人代表:蔡志双
经营范围:氧化钇
品牌:
质量标准:
电话号码:3721500
地址:安远县版石镇

安远县欣山建筑工程公司

法人代表:唐新民
经营范围:建筑工程
品牌:
质量标准:
电话号码:3737156
地址:安远县欣山镇新溪路新溪路

安远县三百山饮料公司

法人代表:唐东升
经营范围:果汁饮料、茶饮料
品牌:三百山牌
质量标准:
电话号码:3732773
地址:安远县欣山镇西门路78号

江西东江源矿泉水有限责任公司

法人代表:温荣华
经营范围:矿泉水
品牌:三百山牌
质量标准:
电话号码:3708211
地址:安远县三百山镇符山村

安远县康博生物科技开发有限公司

法人代表:魏福有
经营范围:中成药
品牌:
质量标准:
电话号码:3735364
地址:安远县欣山镇教场街4号

安远县宏洋建筑安装工程公司

法人代表:唐剑平
经营范围:装修装饰
品牌:
质量标准:
电话号码:3732096
地址:安远县欣山镇青年路青年路

安远县自来水公司

法人代表:肖海波
经营范围:自来水生产
品牌:
质量标准:
电话号码:3734899
地址:安远县欣山镇西门路76号

江西山香药业有限公司

法人代表:唐春山
经营范围:山香圆片
品牌:
质量标准:
电话号码:3732533
地址:安远县欣山镇龙泉路139号

江西盈丰针织有限公司

法人代表:陈知敬
经营范围:
品牌:
质量标准:
电话号码:3720883
地址:安远县欣山镇九龙工业园区B2-B5

江西省龙南县自来水公司

法人代表:黄绍丹
经营范围:自来水
品牌:
质量标准:ISO9000
电话号码:354879
地址:龙南县龙南镇金都街

龙南县供电有限责任公司

法人代表:钟有莲
经营范围:供电量 售电量
品牌:
质量标准:
电话号码:3529106
地址:龙南县龙南镇金水街

龙南县京利有色金属有限责任公司

法人代表:刘勇
经营范围:氧化铕
品牌:
质量标准:
电话号码:3556428
地址:龙南县龙南镇金塘街

龙南县缫丝厂

法人代表:孙坤堂
经营范围:白厂丝
品牌:
质量标准:
电话号码:3550421
地址:龙南县桃江乡水西村

龙南县江浙机械铸件厂

法人代表:陈长安
经营范围:铸件
品牌:
质量标准:
电话号码:3557399
地址:龙南县龙南镇金塘街

龙南县井岗水泥厂

法人代表:王家爱
经营范围:水泥
品牌:井岗牌
质量标准:
电话号码:3553258
地址:龙南县龙南镇井岗村

龙南县万德精密塑料五金有限公司

法人代表:佘德志
经营范围:打火机
品牌:
质量标准:
电话号码:3501708
地址:龙南县里仁镇冯湾村

深圳景光(龙南)袜业有限公司

法人代表:孙甫仁
经营范围:袜子
品牌:黛妮斯牌
质量标准:
电话号码:3556203
地址:龙南县龙南镇金塘街

龙南县万宝稀土分离有限公司

法人代表:林晓波
经营范围:氧化钇 氧化镝
品牌:万宝
质量标准:
电话号码:3558388
地址:龙南县龙南镇金虎村

龙南县格林庭园用品有限公司

法人代表:月德
经营范围:
品牌:
质量标准:
电话号码:3556332
地址:龙南县龙南镇金都街

龙南县新华轮毂装饰有限公司

法人代表:张先石
经营范围:小汽车轮毂
品牌:
质量标准:
电话号码:3557068
地址:龙南县龙南镇金塘街

江西绚丽线业有限公司

法人代表:涂志坚
经营范围:人造丝绣花
品牌:
质量标准:ISO9000
电话号码:3556183
地址:龙南县龙南镇金塘街

龙南县永升工艺品实业有限公司

法人代表:王玉贵
经营范围:圣旦饰品 节日礼品
品牌:
质量标准:
电话号码:3557436
地址:龙南县龙南镇金塘街

龙南县恒泰实业有限公司

法人代表:谢朗明
经营范围:无烟煤
品牌:
质量标准:
电话号码:3511666
地址:龙南县龙南镇金水街

龙南县建盈内衣有限公司

法人代表:温河有
经营范围:女性内衣
品牌:
质量标准:
电话号码:3556533
地址:龙南县龙南镇金塘街

赣州南方公司龙南分公司

法人代表:赖益民
经营范围:稀土
品牌:
质量标准:
电话号码:3541894
地址:龙南县龙南镇金都街

龙南县宏盛磁性材料有限公司

法人代表:肖鸿平
经营范围:玩具电动机
品牌:
质量标准:
电话号码:3543320
地址:龙南县龙南镇金塘街

龙南县环球烟具有限公司

法人代表:陈炳光
经营范围:打火机
品牌:
质量标准:
电话号码:3512597
地址:龙南县龙南镇金塘街

龙南县合成米面制品有限公司

法人代表:许强
经营范围:米排粉
品牌:粤霸
质量标准:
电话号码:3517933
地址:龙南县龙南镇金都街

龙南县三和稀土分公司

法人代表:杨伟标
经营范围:稀土
品牌:
质量标准:
电话号码:3514894
地址:龙南县龙南镇金都街

龙南县千叶针织制品有限公司

法人代表:胡开明
经营范围:毛织品
品牌:
质量标准:
电话号码:3526836
地址:龙南县龙南镇金水街

龙南县泽绮制衣有限公司

法人代表:曾涛
经营范围:服装
品牌:
质量标准:
电话号码:3556616
地址:龙南县龙南镇金塘街

龙南盛业建材有限公司

法人代表:陈景期
经营范围:铸件
品牌:
质量标准:
电话号码:3557334
地址:龙南县龙南镇金塘街

龙南县南亨铁矿

法人代表:巫阳真
经营范围:
品牌:
质量标准:
电话号码:3597188
地址:龙南县南亨乡三星村

龙南县嘉盛装饰工程有限公司

法人代表:廖家胜
经营范围:室内外装饰
品牌:
质量标准:
电话号码:3528418
地址:龙南镇金水大道

龙南县信达盈金制衣有限公司

法人代表:曾国仁
经营范围:服装
品牌:
质量标准:
电话号码:3557228
地址:龙南县龙南镇金塘街

龙南县闽发金属制品厂

法人代表:吴昌棋
经营范围:
品牌:
质量标准:
电话号码:3558363
地址:龙南县龙南镇大罗村

龙南县鼎龙钢铁有限公司

法人代表:欧阳昆耀
经营范围:
品牌:
质量标准:
电话号码:3557766
地址:龙南县龙南镇会龙村

龙南县工程建设总公司

法人代表:王丰峰
经营范围:土木工程建
品牌:
质量标准:
电话号码:3511989
地址:龙南镇金水大道

龙南县宏宇工艺品公司

法人代表:施义丰
经营范围:工艺品
品牌:
质量标准:
电话号码:3557648
地址:龙南县龙南镇金塘街

龙南县粤源水泥有限责任公司

法人代表:华小礼
经营范围:
品牌:
质量标准:
电话号码:3553513
地址:龙南县龙南镇红杨村

龙南县鑫源机械铸件厂

法人代表:陈松建
经营范围:铸件
品牌:
质量标准:
电话号码:3514808
地址:龙南县龙南镇金都街

龙南县银河建筑有限公司

法人代表:廖富民
经营范围:土木工程建
品牌:
质量标准:
电话号码:3513026
地址:龙南镇金水大道

龙南县东海精器有限公司

法人代表:三井寿男
经营范围:
品牌:
质量标准:
电话号码:3502188
地址:龙南县龙南镇金塘街

龙南县粤华建材有限责任公司

法人代表:黄总庭
经营范围:水泥制造
品牌:
质量标准:
电话号码:3558066
地址:龙南县龙南镇大罗村

龙南县林氏建材发展有限公司

法人代表:林建文
经营范围:金属线材
品牌:
质量标准:
电话号码:3351688
地址:龙南县桃江乡水西村

定南县供电有限责任公司

法人代表:钟有连
经营范围:电力供应
品牌:
质量标准:
电话号码:4291233
地址:定南县历市镇

龙南县袋丽斯内衣有限公司

法人代表:温河有
经营范围:内衣
品牌:
质量标准:
电话号码:3555109
地址:龙南县龙南镇金塘街

龙南县富丰制衣有限公司

法人代表:李启鸿
经营范围:
品牌:
质量标准:
电话号码:7086991
地址:龙南县龙南镇金塘街

江西省龙南县建筑工程公司

法人代表:王宪福
经营范围:土木工程建
品牌:
质量标准:
电话号码:3512517
地址:龙南镇民主街

定南县岿美山钨矿

法人代表:李国治
经营范围:钨采选业
品牌:
质量标准:
电话号码:4327022
地址:定南县岿美山镇

定南县粮油工业公司

法人代表:李细华
经营范围:面、米制品
品牌:胜仙
质量标准:
电话号码:4299395
地址:定南县历市镇

赣南稀土定南分公司

法人代表:缪福生
经营范围:稀土金属矿
品牌:
质量标准:
电话号码:4291334
地址:定南县历市镇

定南县基础工程公司

法人代表:余松洲
经营范围:
品牌:
质量标准:
电话号码:4293781
地址:历市镇建设东路

大吉山钨矿

法人代表:刘柏禄
经营范围:钨矿采选
品牌:
质量标准:
电话号码:2666468
地址:全南县大吉山镇人民区

江西省保利制药有限公司

法人代表:张宝明
经营范围:中药及中药
品牌:
质量标准:
电话号码:4291151
地址:定南县历市镇定南工业园

定南县鑫发钨业公司

法人代表:廖永平
经营范围:
品牌:
质量标准:
电话号码:4291256
地址:定南县老城镇

定南县星河广告装璜有限责任公司

法人代表:杨小平
经营范围:建筑装饰业
品牌:
质量标准:
电话号码:4282155
地址:历市镇环城南路

江西省八一综合垦殖场能源供应站

法人代表:陈树辉
经营范围:电力 自来水
品牌:
质量标准:
电话号码:2681768
地址:全南县陂头镇陂头居委会

赣州长新电力有限公司

法人代表:蔡申标
经营范围:水力发电
品牌:
质量标准:
电话号码:4340033
地址:定南县天九镇

定南县联发钨业公司

法人代表:郭小华
经营范围:
品牌:
质量标准:
电话号码:4327538
地址:定南县岿美山镇

定南黄进翻装璜工程有限责任公司

法人代表:黄进翻
经营范围:装饰装修
品牌:
质量标准:
电话号码:4293816
地址:历市镇龙亭路

全南县供电有限责任公司

法人代表:钟有连
经营范围:电力供应
品牌:
质量标准:
电话号码:2605739
地址:全南县城厢镇含江路82号

定南县南方稀土有限责任公司

法人代表:武立群
经营范围:稀土金属矿
品牌:
质量标准:
电话号码:4280391
地址:定南县历市镇定南工业园

定南县建筑公司

法人代表:余松洲
经营范围:建筑、安装
品牌:
质量标准:
电话号码:4291166
地址:历市镇建设东路

定南艺雅装饰工程有限责任公司

法人代表:曾明
经营范围:装饰装修
品牌:
质量标准:
电话号码:4290536
地址:历市镇工业大道

江西省全南县农机修理制造厂

法人代表:林春雷
经营范围:农机具制造
品牌:
质量标准:
电话号码:2632339
地址:全南县城厢镇车站西路

定南县松源化工有限责任公司

法人代表:罗志辉
经营范围:
品牌:
质量标准:
电话号码:4282244
地址:定南县历市镇定南工业园

定南县建筑安装总公司

法人代表:杨小平
经营范围:房屋工程建
品牌:
质量标准:
电话号码:4282155
地址:历市镇环城南路

江西省国营八一木竹工艺制品厂

法人代表:廖念敏
经营范围:火柴
品牌:
质量标准:
电话号码:2681768
地址:全南县陂头镇陂头居委会

全南县缫丝厂

法人代表:孙坤堂
经营范围:白厂丝
品牌:
质量标准:
电话号码:2605898
地址:全南县城厢镇含江路76号

全南县煤矿

法人代表:曾纪淦
经营范围:无烟煤
品牌:
质量标准:
电话号码:2639333
地址:全南县城厢镇樟树村

全南县制丝二厂

法人代表:孙坤堂
经营范围:大米
品牌:
质量标准:
电话号码:2605898
地址:全南县金龙镇南海开发区

全南县新资源稀土有限责任公司

法人代表:林钢
经营范围:氧化铒 氧化钇
品牌:
质量标准:
电话号码:2636888
地址:全南县城厢镇车站东路16号

全南县大吉山矿综合开发公司

法人代表:王永平
经营范围:
品牌:
质量标准:
电话号码:2666484
地址:大吉山人民区

全南县自来水厂

法人代表:袁华煌
经营范围:自来水
品牌:
质量标准:
电话号码:2605109
地址:全南县金龙镇含星村

全南县华兴纸品厂

法人代表:黄西绵
经营范围:纸袋纸
品牌:
质量标准:
电话号码:2632258
地址:全南镇城厢镇车站东路

全南县百得火机制造有限责任公司

法人代表:陈国颐
经营范围:塑料打火机
品牌:
质量标准:ISO9000
电话号码:2610143
地址:全南县金龙镇南海开发区

全南县建筑工程总公司

法人代表:陈介君
经营范围:建筑施工
品牌:
质量标准:
电话号码:2633739
地址:城厢镇红旗街18号

全南县小叶栋林场

法人代表:曾春平
经营范围:胶合板 发电及矿石
品牌:
质量标准:
电话号码:2680529
地址:全南县龙源坝镇坪山村

江西隆顺人造板制品有限公司

法人代表:陈国庭
经营范围:各种胶合板
品牌:
质量标准:
电话号码:2634792
地址:全南县城厢镇车站西路

全南县容耀毛织厂

法人代表:刘醒珍
经营范围:毛织品加工
品牌:
质量标准:
电话号码:2638206
地址:全南县城厢镇车站东路

宁都县黄贯煤矿

法人代表:谢万爱
经营范围:原煤
品牌:
质量标准:
电话号码:6901988
地址:宁都县梅江镇黄贯村黄贯小组

江西青峰制药厂

法人代表:唐春山
经营范围:中药片剂 中西药针剂
品牌:
质量标准:
电话号码:2681262
地址:全南县陂头镇陂头居委会

全南县粮油经营公司

法人代表:刘南平
经营范围:
品牌:
质量标准:
电话号码:2632314
地址:全南县城厢镇车站东路28号

赣州琰星陶瓷实业有限公司

法人代表:张振辉
经营范围:陶瓷生产及
品牌:
质量标准:
电话号码:2786286
地址:全南县南迳镇竹山下村

江西省宁都县酒厂

法人代表:严辉明
经营范围:白酒 黄酒 碳酸饮料
品牌:"水口塔"牌
质量标准:
电话号码:6900205
地址:宁都县梅江镇新庄村河东路98号

江西省全南县防火刨花板厂

法人代表:陈卫平
经营范围:刨花板
品牌:
质量标准:
电话号码:2606905
地址:全南县城厢镇含江路31号

全南县酒厂

法人代表:李强
经营范围:白酒 果露酒 黄酒
品牌:
质量标准:
电话号码:2632025
地址:全南县城厢镇寿梅路9号

合隆制衣(全南)有限公司

法人代表:李毅力
经营范围:胸围内衣裤泳衣裤睡衣
品牌:
质量标准:
电话号码:2639163
地址:全南县金龙镇第一工业园区

江西省宁都县供电有限责任公司

法人代表:钟有连
经营范围:电力供应业
品牌:
质量标准:ISO9000
电话号码:6817390
地址:宁都县梅江镇城南沿江路1号

江西省宁都县木材厂

法人代表:罗海木
经营范围:胶合板 刨花板
品牌:
质量标准:
电话号码:6961390
地址:宁都县洛口镇古上村古上小组

宁都县教委赣南体育器材厂

法人代表:袁转发
经营范围:印刷
品牌:
质量标准:
电话号码:6833434
地址:宁都县梅江镇文乡东路23号

宁都县自来水厂

法人代表:崔小荣
经营范围:自来水生产
品牌:
质量标准:
电话号码:6828616
地址:宁都县梅江镇北门翠微东路18号

江西宁都县昌华莹石有限公司

法人代表:台建军
经营范围:莹石精粉
品牌:
质量标准:
电话号码:6828253
地址:宁都县梅江镇水东村

宁都县高低岭水电站

法人代表:郭春生
经营范围:水力发电业
品牌:
质量标准:
电话号码:6947033
地址:宁都县赖村镇塘下村塘下小组

江西省宁宝米制品有限公司

法人代表:鄢朝阳
经营范围:大米粉
品牌:
质量标准:
电话号码:6832778
地址:宁都县梅江镇城南撑坝25号

江西宝宁皮制品有限公司

法人代表:陈百华
经营范围:皮制品劳保
品牌:宝宁
质量标准:
电话号码:6832891
地址:宁都县梅江镇南门外150号

九发(宁都)食品有限公司

法人代表:官支科
经营范围:糖水桔子罐
品牌:
质量标准:
电话号码:6900569
地址:宁都县梅江镇振兴南区66号

江西省宁都煤矿

法人代表:曾绍永
经营范围:原煤
品牌:
质量标准:
电话号码:6689037
地址:宁都县青塘镇青塘村青塘小组

江西省宁都县三创鞋业有限公司

法人代表:马祖良
经营范围:皮便鞋
品牌:
质量标准:
电话号码:6838938
地址:宁都县梅江镇中山大道

江西申盛木业有限公司

法人代表:胡火利
经营范围:异形胶合板
品牌:
质量标准:
电话号码:6906188
地址:宁都县梅江镇水东村林科所内

江西省华翰文具有限责任公司

法人代表:许国龙
经营范围:
品牌:
质量标准:
电话号码:6906239
地址:宁都县梅江镇水东村林科所内

江西省宁都县硫磺矿

法人代表:温金生
经营范围:硫铁矿
品牌:
质量标准:ISO9000
电话号码:6689005
地址:宁都县青塘镇赤水村赤水小组

宁都县竹坑水库管理委员会

法人代表:温进生
经营范围:水力发电业
品牌:
质量标准:
电话号码:6832049
地址:宁都县梅江镇竹坑村

江西省宁都县金龙塑料厂

法人代表:何芳文
经营范围:塑料编织袋
品牌:
质量标准:
电话号码:6833569
地址:宁都县梅江镇翠岗村239号

宁都县宝华水泥厂

法人代表:曾先忠
经营范围:普通水泥
品牌:宝华山牌
质量标准:ISO9000
电话号码:6828768
地址:宁都县梅江镇黄贯村黄贯小组

江西省赣南方大饲料有限公司

法人代表:廖方红
经营范围:配合饲料
品牌:赣大
质量标准:ISO9000
电话号码:6832990
地址:宁都县梅江镇新庄开发区河东路293号

宁都县团结水电站

法人代表:邹永强
经营范围:水利发电业
品牌:
质量标准:
电话号码:6961166
地址:宁都县洛口镇员布员村布小组

江西省赣南惠大饲料厂

法人代表:彭志坚
经营范围:混合配合饲
品牌:
质量标准:
电话号码:6832249
地址:宁都县梅江镇水东村

宁都县新市巢丝厂

法人代表:沈云奎
经营范围:
品牌:
质量标准:
电话号码:6718083
地址:宁都县梅江镇中山南路189号

宁都县三门滩水利发电有限公司

法人代表:杨四杨
经营范围:水力发电业
品牌:
质量标准:
电话号码:6623003
地址:宁都县固村镇团溪村

宁都县常佳建筑工程公司

法人代表:陈良松
经营范围:
品牌:
质量标准:
电话号码:6818726
地址:梅江镇胜利中路

江西省烟草公司宁都县公司

法人代表:曹去白
经营范围:烟草及制品
品牌:
质量标准:
电话号码:6832690
地址:江西赣州宁都梅江镇环西路132号

于都县化工厂

法人代表:曾灶发
经营范围:松香 松节油
品牌:
质量标准:
电话号码:6388304
地址:于都县祁禄山镇

宁都中矿同发莹石有限公司

法人代表:杨斌斌
经营范围:
品牌:
质量标准:
电话号码:6962866
地址:宁都县洛口镇严坊村严小组

宁都县市政工程公司

法人代表:刘跃平
经营范围:
品牌:
质量标准:
电话号码:6817757
地址:宁都县光大建筑工程公司

宁都县粮食收储公司

法人代表:李鹏程
经营范围:粮油批发
品牌:
质量标准:
电话号码:6825992
地址:江西赣州宁都中山路22号

于都县煤矿

法人代表:谢登发
经营范围:原煤
品牌:
质量标准:
电话号码:6388080
地址:于都县祁禄山镇

江西省翠江机床有限公司

法人代表:解承尧
经营范围:
品牌:
质量标准:
电话号码:6832810
地址:宁都县梅江镇官下路10号

宁都县建筑安装工程有限公司

法人代表:谢建新
经营范围:房屋建筑
品牌:
质量标准:
电话号码:6832828
地址:梅江镇博生东路

中国石化赣州宁都石油支公司

法人代表:邹德华
经营范围:石油及制品
品牌:
质量标准:
电话号码:6832827
地址:江西赣州宁都梅江镇城北大道14号

盘古山钨矿

法人代表:钟俊富
经营范围:钨精矿 铋精矿 水泥
品牌:盘山牌
质量标准:
电话号码:6297089
地址:于都县盘古山镇

宁都县日高包装厂

法人代表:周日高
经营范围:编织袋生产
品牌:
质量标准:
电话号码:6833493
地址:宁都县梅江镇新庄开发区

江西省宁都县新华书店

法人代表:谢春隆
经营范围:图书报刊零
品牌:
质量标准:
电话号码:6832240
地址:江西赣州宁都梅江镇博生西路21号

于都县自来水公司

法人代表:朱文贤
经营范围:自来水
品牌:
质量标准:
电话号码:6438746
地址:于都县贡江镇

于都县下栏水库

法人代表:赖仙发
经营范围:水力发电
品牌:
质量标准:
电话号码:6371026
地址:于都县仙下乡

宁都县梅江建筑工程公司

法人代表:魏月生
经营范围:房屋建筑
品牌:
质量标准:
电话号码:6832625
地址:梅江镇梅江南路

赣州医药集团宁都县医药总公司

法人代表:李辉生
经营范围:药品及医疗
品牌:
质量标准:
电话号码:6832280
地址:江西赣州宁都梅江镇瑶江村2号

于都县供电有限责任公司

法人代表:钟有连
经营范围:电力供应业
品牌:
质量标准:
电话号码:6438255
地址:于都县贡江镇

铁山垅钨矿

法人代表:李重贵
经营范围:钨精矿
品牌:铁山牌黑钨
质量标准:ISO9000
电话号码:6286103
地址:于都县铁山垅镇

于都县葛坳铅锌矿

法人代表:欧阳效芬
经营范围:铅锌原矿
品牌:
质量标准:
电话号码:6217116
地址:于都县葛坳乡

于都县高陂水电站

法人代表:谢敏文
经营范围:水力发电
品牌:
质量标准:
电话号码:6355032
地址:于都县宽田乡

于都县威世毛织厂有限公司

法人代表:王幼立
经营范围:针织品、毛织品的生产和销售
品牌:GAP
质量标准:
电话号码:6434062
地址:于都县贡江镇

于都县兴发包装厂

法人代表:郑欢喜
经营范围:包装袋制造、销售
品牌:
质量标准:
电话号码:6327516
地址:江西省于都县楂林工业园

于都县银矿

法人代表:邓发佳
经营范围:铅锌矿
品牌
质量标准:
电话号码:6251008
地址:于都县银坑镇

于都县山森水电站

法人代表:刘甲元
经营范围:水电
品牌:
质量标准:
电话号码:6298413
地址:于都县盘古山镇

赣州港都卫生制品有限公司

法人代表:丁金连
经营范围:
品牌:
质量标准:
电话号码:6329889
地址:江西省于都县楂林工业园

于都县永嘉盛针织有限公司

法人代表:李旭江
经营范围:针织毛衫
品牌:
质量标准:ISO9000
电话号码:6249638
地址:于都县罗坳镇

江西东方红实业股份有限公司

法人代表:李虞财
经营范围:普通水泥
品牌:
质量标准:
电话号码:6461421
地址:于都县禾丰镇

于都县渔翁埠水电站

法人代表:刘星明
经营范围:水电
品牌:
质量标准:
电话号码:6292031
地址:于都县靖石乡

于都新澳宝鞋业有限公司

法人代表:黄政魁
经营范围:
品牌:
质量标准:
电话号码:6327668
地址:江西省于都县楂林工业园

江西李子园牛奶食品有限公司

法人代表:金旭浩
经营范围:乳制品
品牌:李子园
质量标准:ISO9000
电话号码:6327598
地址:于都县贡江镇

于都县酿酒饮料总厂

法人代表:何省运
经营范围:
品牌:
质量标准:
电话号码:6433618
地址:于都县贡江镇

于都富嘉摩托齿轮有限公司

法人代表:冯幸平
经营范围:摩托车齿轮
品牌:
质量标准:ISO9000
电话号码:6432648
地址:于都县贡江镇

于都县振利制衣有限公司

法人代表:王兴超
经营范围:服装加工
品牌:
质量标准:
电话号码:6415591
地址:于都县贡江镇

富仕登化学工业有限公司

法人代表:朱希桥
经营范围:
品牌:
质量标准:
电话号码:6329677
地址:江西省于都县楂林工业园

于都县高山青草奶业有限公司

法人代表:叶彩义
经营范围:
品牌:
质量标准:
电话号码:6295118
地址:于都县靖石乡黄沙村

于都县港嘉兴食品有限公司

法人代表:李运强
经营范围:饼干、饮料、糖果
品牌:港嘉兴
质量标准:
电话号码:6432926
地址:于都县贡江镇

于都县安前滩钨矿

法人代表:刘显亮
经营范围:钨精矿
品牌:
质量标准:
电话号码:6386098
地址:于都县祁禄山镇

于都县康华医疗器械有限公司

法人代表:李信华
经营范围:
品牌:
质量标准:
电话号码:6329669
地址:江西省于都县楂林工业园

江西宝都化学工业有限公司

法人代表:王建成
经营范围:
品牌:
质量标准:
电话号码:6419198
地址:江西省于都县楂林工业园

于都泰鑫纸品纸业彩印厂

法人代表:杨文瑞
经营范围:
品牌:
质量标准:
电话号码:6329008
地址:江西省于都县楂林工业园

于都宇航装饰工程有限责任公司

法人代表:曾武章
经营范围:装饰装修
品牌:
质量标准:
电话号码:6422875
地址:贡江长征大道向阳居委会

于都永鑫交通工程有限公司

法人代表:肖卿相
经营范围:
品牌:
质量标准:
电话号码:6433178
地址:贡江长征大道解放居委会

于都县吉祥铝塑板材料有限公司

法人代表:朱五孟
经营范围:
品牌:
质量标准:
电话号码:6252887
地址:于都县银坑镇

于都县建筑安装工程总公司

法人代表:曾传铮
经营范围:
品牌:
质量标准:
电话号码:6434199
地址:贡江长征中路长龙居委会

于都忠旺塑钢门窗装饰有限公司

法人代表:邱封庆
经营范围:
品牌:
质量标准:
电话号码:6438089
地址:贡江长征西路5号红卫居委会

江西于都双龙装饰工程有限公司

法人代表:邹华
经营范围:
品牌:
质量标准:
电话号码:6436696
地址:贡江长征大道中段向阳居委会

江西浙臣水射流设备厂

法人代表:周哲军
经营范围:水射流设备生产销售
品牌:
质量标准:
电话号码:6327658
地址:江西省于都县楂林工业园

于都县水电建筑安装公司

法人代表:曾宪清
经营范围:
品牌:
质量标准:
电话号码:6411709
地址:贡江长征中路长龙居委会

于都县给排水安装公司

法人代表:朱文贤
经营范围:
品牌:
质量标准:
电话号码:6438746
地址:贡江龙脑路长龙居委会

于都县金鑫装饰工程有限公司

法人代表:童绍荣
经营范围:
品牌:
质量标准:
电话号码:6433220
地址:贡江龙脑路5号于中居委会

赣州金星塑料配线有限公司

法人代表:何国银
经营范围:
品牌:
质量标准:
电话号码:6329788
地址:江西省于都县楂林工业园

江西省于都县贡江建筑公司

法人代表:林称生
经营范围:房屋建筑
品牌:
质量标准:
电话号码:6432348
地址:贡江长征中路长龙居委会

于都联发装饰工程有限公司

法人代表:王金荣
经营范围:
品牌:
质量标准:
电话号码:6338186
地址:贡江长征大道向阳居委会

江西省于都县新华书店

法人代表:旷法焕
经营范围:图书报刊零
品牌:
质量标准:
电话号码:6411791
地址:江西赣州于都贡江红旗大道30号

于都县普达盛化工有限公司

法人代表:李宇乡
经营范围:
品牌:
质量标准:
电话号码:6329039
地址:江西省于都县楂林工业园

江西赣南祥龙建筑有限责任公司

法人代表:王远生
经营范围:房屋建筑
品牌:
质量标准:
电话号码:6286163
地址:铁山垅大岭大岭居委会

于都县梓山诚鑫建筑有限公司

法人代表:曾富生
经营范围:
品牌:
质量标准:
电话号码:6436016
地址:贡江于中一路于中居委会

江西省烟草公司于都县公司

法人代表:丁克波
经营范围:烟草批发
品牌:
质量标准:
电话号码:6433589
地址:江西赣州于都贡江红旗大道

赣州医药集团于都县医药总公司

法人代表:刘红平
经营范围:药品零售
品牌:
质量标准:
电话号码:6432403
地址:江西赣州于都贡江环城中路38号

兴国县梅窖煤矿

法人代表:谢国相
经营范围:煤炭 石灰
品牌:
质量标准:
电话号码:5237026
地址:江西省赣州市兴国县梅窖镇梅窖村委会

兴国金莹氟业有限公司

法人代表:刘延松
经营范围:莹石精选
品牌:
质量标准:
电话号码:5390878
地址:江西省赣州市兴国县埠头乡埠头村

兴国弘皇堂生物医疗用品有限公司

法人代表:黎焕忠
经营范围:
品牌:
质量标准:
电话号码:5071067
地址:江西省赣州市兴国县潋江镇洪门工业区

于都县粮食收储公司

法人代表:张良福
经营范围:粮油零售
品牌:
质量标准:
电话号码:6432489
地址:江西赣州于都贡江红旗大道

江西兴国水泥厂

法人代表:李虞财
经营范围:水泥
品牌:"国兴"牌
质量标准:ISO9000
电话号码:5340111
地址:江西省赣州市兴国县潋江洪门工业区

兴国县赣凤食品有限公司

法人代表:刘金元
经营范围:
品牌:
质量标准:
电话号码:5341028
地址:江西省赣州市兴国县潋江洪门工业区

兴国县中莹矿业有限公司

法人代表:陈法明
经营范围:莹石采选
品牌:
质量标准:
电话号码:5240007
地址:江西省赣州市兴国县隆坪乡

中国石化于都支公司

法人代表:陈敏
经营范围:
品牌:
质量标准:
电话号码:6418671
地址:江西赣州于都贡江长征大道中

兴国县自来水公司

法人代表:王昌迅
经营范围:管道安装
品牌:
质量标准:
电话号码:5317579
地址:江西省赣州市兴国县潋江镇东街居委会

赣南卷烟厂兴国卷烟分厂

法人代表:缪波
经营范围:卷烟
品牌:客家系列..东河系列
质量标准:ISO9000
电话号码:5317663
地址:江西省赣州市兴国县潋江镇背街居委会

兴国县斌杰食品有限公司

法人代表:李德海
经营范围:火腿
品牌:
质量标准:
电话号码:5309626
地址:江西省赣州市兴国县火车站工业区

兴国县金龙金矿

法人代表:彭小刚
经营范围:黄金 白银
品牌:
质量标准:
电话号码:5207066
地址:江西省赣州市兴国县社富乡金龙

宝台造花兴国有限公司

法人代表:罗梅珍
经营范围:造花
品牌:
质量标准:
电话号码:5340164
地址:江西省赣州市兴国县潋江洪门工业区

国兴齿轮拔叉有限责任公司

法人代表:李金平
经营范围:汽车配件制
品牌:
质量标准:ISO9000
电话号码:5312666
地址:江西省赣州市兴国县潋江背街居委会

兴国县永兴矿业有限公司

法人代表:刘衍其
经营范围:莹石开采
品牌:
质量标准:
电话号码:5220085
地址:江西省赣州市兴国县兴江乡南外村委会

画眉坳钨矿

法人代表:汪巧然
经营范围:钨精矿
品牌:画眉牌
质量标准:
电话号码:5283008
地址:江西省赣州市兴国县兴江乡陈也村委会

兴国县供电有限责任公司

法人代表:钟有连
经营范围:电力
品牌:
质量标准:
电话号码:5328281
地址:江西省赣州市兴国县潋江镇背街居委会

江西省赣南赣兴实业有限公司

法人代表:曾宪忠
经营范围:普通硅酸水
品牌:"赣兴"牌
质量标准:ISO9000
电话号码:5237069
地址:江西省赣州市兴国县梅窖镇梅窖

兴国县东方华玉氟业有限公司

法人代表:曹建华
经营范围:莹石精分
品牌:
质量标准:
电话号码:5341696
地址:江西省赣州市兴国县潋江镇洪门工业区

兴国慈兴再生橡胶有限公司

法人代表:范利民
经营范围:再生橡胶
品牌:慈兴
质量标准:
电话号码:5341696
地址:江西省赣州市兴国县潋江镇洪门工业区

兴国县圣源精粉厂

法人代表:朱建军
经营范围:莹石矿的 开采、加工、销售
品牌:
质量标准:
电话号码:
地址:江西省赣州市兴国县火车站工业区

兴国自来水公司给排水工程安装队

法人代表:王昌迅
经营范围:
品牌:
质量标准:
电话号码:5323165
地址:潋江镇背街居委会

兴国县石油公司

法人代表:周文胜
经营范围:汽油、煤油石油销售
品牌:
质量标准:
电话号码:5322257
地址:江西省赣州市兴国县潋江镇西街

兴国人和建材有限公司

法人代表:茅昌福
经营范围:
品牌:
质量标准:
电话号码:5340939
地址:江西省赣州市兴国县潋江镇洪门工业区

兴国县国泰隆实业有限公司

法人代表:梁春国
经营范围:钢构制品 不锈钢型材
品牌:
质量标准:
电话号码:5340537
地址:江西省赣州市兴国县潋江镇洪门工业区

兴国县百业建设有限公司

法人代表:肖正楷
经营范围:房屋建筑工
品牌:
质量标准:
电话号码:5313676
地址:潋江镇背街居委会

兴国县医药总公司

法人代表:廖传清
经营范围:中药材、中西药、器械
品牌:
质量标准:
电话号码:5322718
地址:江西省赣州市兴国县潋江镇西街

兴国县智业针织有限公司

法人代表:肖周笑
经营范围:
品牌:
质量标准:
电话号码:5341895
地址:江西省赣州市兴国县潋江镇洪门工业区

兴国佳美服装有限公司

法人代表:梁寿文
经营范围:风衣 雨衣
品牌:
质量标准:
电话号码:5341696
地址:江西省赣州市兴国县潋江镇洪门工业区

兴国交通公路桥梁工程有限公司

法人代表:赖如钦
经营范围:
品牌:
质量标准:
电话号码:5318189
地址:潋江镇西街居委会

赣州烟草分公司兴国县营销中心

法人代表:卢为铬
经营范围:卷烟 烟叶
品牌:
质量标准:
电话号码:5322145
地址:江西省赣州市兴国县潋江镇背街

江西兴国县长电发展有限公司

法人代表:胡清根
经营范围:发电
品牌:
质量标准:
电话号码:5327316
地址:江西省赣州市兴国县长冈乡石燕村

江西海龙家俱有限公司

法人代表:骆蔓
经营范围:床垫
品牌:"耐力德"."红孩儿"
质量标准:ISO9000
电话号码:5341696
地址:江西省赣州市兴国县潋江镇洪门工业区

江西兴大建筑工程实业有限公司

法人代表:刘杨泉
经营范围:
品牌:
质量标准:
电话号码:5309810
地址:潋江镇背街背街居委会

兴国县新华书店

法人代表:黄毅
经营范围:书画、杂志
品牌:
质量标准:
电话号码:5323006
地址:江西省赣州市兴国县潋江镇背街

兴国县兴艺玩具有限公司

法人代表:李振雄
经营范围:
品牌:
质量标准:
电话号码:5341035
地址:江西省赣州市兴国县潋江镇洪门工业区

兴国县水电安装工程公司

法人代表:谢信忠
经营范围:
品牌:
质量标准:
电话号码:07071772
地址:潋江镇背街居委会背街居委会

兴国县鑫昌建筑工程有限公司

法人代表:王建平
经营范围:
品牌:
质量标准:
电话号码:5322511
地址:兴国潋江镇凤凰大道背街居委会

赣州会昌山水泥有限公司

法人代表:邱天山
经营范围:水泥制造及销售
品牌:会昌山
质量标准:
电话号码:5511048
地址:江西省赣州市会昌县小密乡小密村

江西会昌酒厂

法人代表:刘连生
经营范围:白酒
品牌:会昌山
质量标准:
电话号码:5638977
地址:江西省赣州市会昌县文武坝镇岚山路18号

会昌县自来水公司

法人代表:黄友清
经营范围:
品牌:
质量标准:
电话号码:
地址:江西省赣州市会昌县文武坝镇南外居委会

会昌县石磊矿业有限责任公司

法人代表:杨赋斌
经营范围:生产销售氟石矿、氟石粉、氟化钙
品牌:
质量标准:
电话号码:5635042
地址:江西省赣州市会昌县筠门岭筠门岭居委会

江西华达昌食品有限公司

法人代表:李寿堂
经营范围:米粉
品牌:祥麟、吉麟、新米
质量标准:
电话号码:5636889
地址:江西省赣州市会昌县文武坝镇红旗大道21号

会昌县供电有限责任公司

法人代表:崔柏生
经营范围:电力供应业
品牌:
质量标准:
电话号码:5622247
地址:江西省赣州市会昌县文武坝镇北街21号

会会昌县石壁坑水库

法人代表:文来炜
经营范围:水利发电
品牌:
质量标准:
电话号码:5622201
地址:江西省赣州市会昌县文武坝镇小坝村

江西省会昌金龙锡业有限公司

法人代表:吴龙彬
经营范围:锡精矿
品牌:汉仙牌
质量标准:
电话号码:5589002
地址:江西省赣州市会昌县清溪乡密坑村

江西中大三川水电有限公司

法人代表:林建华
经营范围:电力生产供应
品牌:
质量标准:
电话号码:
地址:江西省赣州市会昌县晓龙乡桂林村

江西会昌制糖厂

法人代表:陈向东
经营范围:机制甘蔗糖糖蜜酒精
品牌:
质量标准:
电话号码:5622214
地址:江西省赣州市会昌县文武坝镇红旗大道东22号

江西侨业制药有限公司

法人代表:张卫星
经营范围:中成药加工通脉降脂片八宝惊风散
品牌:侨特
质量标准:
电话号码:5628089
地址:江西省赣州市会昌县文武坝镇南外街114号

江西省会昌县金马蓄电隔板厂

法人代表:钟文昌
经营范围:蓄电池隔板
品牌:
质量标准:
电话号码:5621333
地址:江西省赣州市会昌县文武坝镇湘东村

会昌县建筑工程公司

法人代表:刘瑞华
经营范围:房屋建筑
品牌:
质量标准:
电话号码:5630501
地址:文武坝镇

江西九二盐矿

法人代表:刘凯
经营范围:矿盐业
品牌:九二牌
质量标准:
电话号码:5605219
地址:江西省赣州市会昌县周田镇周田居委会

江西五丰食品有限公司

法人代表:郭晋清
经营范围:米粉 大米
品牌:
质量标准:ISO9000
电话号码:5625428
地址:江西省赣州市会昌县文武坝镇南外居委会

江西鹰鹏化工有限公司

法人代表:谢锦辉
经营范围:氢氟酸及氟化氢系列产品
品牌:
质量标准:
电话号码:5639862
地址:江西省赣州市会昌县文武坝镇勤建村

会昌县劳动服务建筑工程公司

法人代表:任发祥
经营范围:房屋建筑
品牌:
质量标准:
电话号码:5622638
地址:文武坝镇水东居委会

会昌县纤维板厂

法人代表:马斌
经营范围:纤维板制造
品牌:盖地
质量标准:ISO9000
电话号码:5622088
地址:江西省赣州市会昌县文武坝镇彭迳村

江西鹰鹏矿业有限公司

法人代表:李潮雄
经营范围:萤石粉加工
品牌:
质量标准:ISO9000
电话号码:5639862
地址:江西省赣州市会昌县文武坝镇勤建村

会昌县裕同转鼓有限公司

法人代表:钟翔君
经营范围:转鼓
品牌:
质量标准:
电话号码:5622881
地址:江西省赣州市会昌县文武坝镇富东村

会昌县自来水厂安装队

法人代表:黄友清
经营范围:
品牌:
质量标准:
电话号码:5622171
地址:文武坝镇

会昌县昌盛装饰有限公司

法人代表:刘林福
经营范围:装修装饰
品牌:
质量标准:
电话号码:5622426
地址:文武坝镇湘江路北街居委会

寻乌县恒强制衣有限公司

法人代表:陈伟强
经营范围:制衣
品牌:
质量标准:
电话号码:2845702
地址:寻乌县岳家庄居委会

寻乌县森源木业有限公司

法人代表:钟宝伟
经营范围:
品牌:
质量标准:
电话号码:2831228
地址:寻乌县城南居委会

江西省石城县横江造纸厂

法人代表:张运伙
经营范围:手工纸制造、闽笋
品牌:
质量标准:
电话号码:5750006
地址:江西省赣州市石城县横江镇横市路23号

赣州烟草分公司会昌县营销中心

法人代表:郭国瑞
经营范围:卷烟批发零烟叶收购调
品牌:
质量标准:
电话号码:5621279
地址:江西省赣州市会昌县文武坝镇水东街

寻乌县斗晏水力发电公司

法人代表:刘则邹
经营范围:水力发电
品牌:
质量标准:
电话号码:2840839
地址:寻乌县岳家庄居委会

江西省寻乌县福旺钢铁制品厂

法人代表:周益实
经营范围:铸造业
品牌:
质量标准:
电话号码:7812343
地址:寻乌县石排村

石城县粮油加工厂

法人代表:王尚华
经营范围:粮油加工
品牌:
质量标准:
电话号码:5712026
地址:江西省赣州市石城县琴江镇西华北路障2号

江西省会昌县粮油收储公司

法人代表:朱兆林
经营范围:粮食、食用
品牌:
质量标准:
电话号码:5622170
地址:江西省赣州市会昌县文武坝镇南外街

寻乌县供电有限责任公司

法人代表:钟有连
经营范围:供电
品牌:
质量标准:
电话号码:2842691
地址:寻乌县城南居委会

江西省寻乌县文峰铸造厂

法人代表:李永钢
经营范围:铸造业
品牌:
质量标准:
电话号码:2856189
地址:寻乌县黄坳村

石城县粮食汽车队

法人代表:顾晓刚
经营范围:汽车修理、汽车配件
品牌:
质量标准:
电话号码:5712579
地址:江西省赣州市石城县琴江镇西华中路7号

江西省寻乌县自来水厂

法人代表:陈礼元
经营范围:自来水
品牌:
质量标准:
电话号码:2841734
地址:寻乌县河东居委会

赣州南方稀土寻乌分公司

法人代表:谢锦添
经营范围:混合稀土
品牌:
质量标准:
电话号码:2880668
地址:寻乌县石排村

江西省寻乌县建筑工程公司

法人代表:张华意
经营范围:房屋工程建
品牌:
质量标准:
电话号码:2843498
地址:长宁镇岳家庄大道18号岳家庄居委会

石城县自来水公司

法人代表:黄瑞澜
经营范围:
品牌:
质量标准:
电话号码:5712211
地址:江西省赣州市石城县琴江镇角头街2号

江西省寻乌县汽车修理厂

法人代表:骆培荣
经营范围:汽车修理 汽车零配件
品牌:
质量标准:
电话号码:2842319
地址:寻乌县河东居委会

江西省寻乌县新舟稀土冶炼厂

法人代表:林德明
经营范围:稀土冶炼
品牌:
质量标准:
电话号码:2880127
地址:寻乌县石排村

寻乌县路桥工程公司

法人代表:谢扬彪
经营范围:公路建设
品牌:
质量标准:
电话号码:2842235
地址:长宁镇东门路72号河东居委会

石城县粮油工业饲料公司

法人代表:黄景琴
经营范围:饲料制造业
品牌:旺达牌
质量标准:
电话号码:5715738
地址:江西省赣州市石城县琴江镇西华中路障44号

江西省石城县琴口灌区管理所

法人代表:赖才鹿
经营范围:水力发电
品牌:
质量标准:
电话号码:5745005
地址:江西省赣州市石城县琴江镇坝口

石城宏达建筑工程有限公司

法人代表:黄建军
经营范围:房屋工程建
品牌:
质量标准:
电话号码:5717767
地址:琴江镇西华中路第三居委员

瑞金电线厂

法人代表:董建宏
经营范围:电线电缆
品牌:金字牌
质量标准:
电话号码:2501382
地址:瑞金市象湖镇竹马岗

瑞金昌华萤石有限责任公司

法人代表:童湘锋
经营范围:萤石采选
品牌:
质量标准:
电话号码:2257138
地址:瑞金市沙洲坝镇沙洲坝

省烟草赣州分公司石城烟叶复烤厂

法人代表:黄运荣
经营范围:烟叶复烤业
品牌:
质量标准:
电话号码:5719300
地址:江西省赣州市石城县琴江镇西华北路130号

石城广厦建筑工程有限公司

法人代表:赖益清
经营范围:
品牌:
质量标准:
电话号码:5712897
地址:琴江镇西华南路第一居委员

瑞金市化工机械有限责任公司

法人代表:曾繁海
经营范围:导电板
品牌:
质量标准:
电话号码:2410389
地址:瑞金市象湖镇南岗

瑞金市云河木业有限公司

法人代表:刘路河
经营范围:
品牌:
质量标准:
电话号码:2310318
地址:瑞金市泽覃乡石水

石城县供电有限责任公司

法人代表:钟有连
经营范围:电力供应业
品牌:
质量标准:
电话号码:5729032
地址:江西省赣州市石城县琴江镇西华中路53号

石城县百货公司

法人代表:赖兴华
经营范围:百货购销
品牌:
质量标准:
电话号码:5712525
地址:江西赣州石城县琴江

瑞金水泥有限责任公司

法人代表:刘彩斌
经营范围:普通水泥
品牌:堡山
质量标准:
电话号码:2250303
地址:瑞金市沙洲坝填洁源

瑞金市自来水公司

法人代表:谢志雄
经营范围:自来水
品牌:
质量标准:
电话号码:2417116
地址:瑞金市象湖镇河背街

石城县金源电力发展有限公司

法人代表:刘宏芳
经营范围:水电
品牌:
质量标准:
电话号码:5713801
地址:江西省赣州市石城县琴江镇西华北路163号

江西省烟草公司石城县公司

法人代表:赖大全
经营范围:
品牌:
质量标准:
电话号码:5702282
地址:江西赣 州石城县琴江

瑞金市龙山水库管理委员会

法人代表:李瑞平
经营范围:水力发电
品牌:
质量标准:
电话号码:2346569
地址:瑞金市壬田镇车头

瑞金市陈石水库管理委员会

法人代表:刘水生
经营范围:水力发电
品牌:
质量标准:
电话号码:2341315
地址:瑞金市壬田镇高轩

江西兴业建筑工程有限公司

法人代表:赖德香
经营范围:房屋工程建
品牌:
质量标准:
电话号码:5792250
地址:琴江镇梅福村梅福村

江西石城新华书店

法人代表:曾明
经营范围:图书购销
品牌:
质量标准:
电话号码:5700796
地址:江西赣 州石城县琴江

瑞金市和旭木业有限公司

法人代表:刘伙伙
经营范围:木制家具
品牌:
质量标准:
电话号码:2413194
地址:瑞金市象湖镇瑞明

瑞金市南华水库管理委员会

法人代表:杨振东
经营范围:水力发电
品牌:
质量标准:
电话号码:2390296
地址:瑞金市泽覃乡光辉

瑞金市日东水库管理委员会

法人代表:刘瑞荣
经营范围:水力发电
品牌:
质量标准:
电话号码:2330001
地址:瑞金市日东乡湖陂

惠诚(瑞金市)手袋有限公司

法人代表:陈国平
经营范围:
品牌:
质量标准:
电话号码:2501908
地址:瑞金市象湖镇竹岗村

瑞金市红都啤酒有限公司

法人代表:金继明
经营范围:啤酒
品牌:云石山
质量标准:
电话号码:2519191
地址:瑞金市象湖镇画龙岗

瑞金市瑞京酒业有限公司

法人代表:张清平
经营范围:酒类.饮料生产销售
品牌:瑞京
质量标准:
电话号码:2337060
地址:瑞金市泽覃乡光辉村

瑞金市红都水产食品有限公司

法人代表:林智勇
经营范围:烤鳗制品
品牌:赣曼
质量标准:
电话号码:2527677
地址:瑞金市沙洲坝镇金龙村

瑞金银泰水泥有限责任公司

法人代表:赖永兴
经营范围:
品牌:
质量标准:
电话号码:2381100
地址:瑞金市云石山乡丰垅

瑞金市瑞旭木业有限公司

法人代表:林旭武
经营范围:
品牌:
质量标准:
电话号码:2348818
地址:瑞金市沙洲坝镇沙洲坝村

瑞金市沙陇水库管理委员会

法人代表:谢春庆
经营范围:水力发电
品牌:
质量标准:
电话号码:2591004
地址:瑞金市九堡镇沙陇

瑞金市汇峰矿产品有限责任公司

法人代表:刘修生
经营范围:萤石精粉
品牌:
质量标准:
电话号码:2401300
地址:瑞金市谢坊镇云龙

瑞金市金瑞发制品有限公司

法人代表:廖北京
经营范围:假发
品牌:
质量标准:
电话号码:2390188
地址:瑞金市泽覃乡明星

浙江省浦江县矿产瑞金分公司

法人代表:张优军
经营范围:萤石精粉
品牌:
质量标准:
电话号码:2400158
地址:瑞金市谢坊镇深塘

瑞金市双龙彩印装璜公司

法人代表:宋方军
经营范围:包装装璜,其他印刷品印刷
品牌:
质量标准:
电话号码:2509456
地址:瑞金市沙洲坝镇金龙村

瑞金市三九药业有限公司

法人代表:郑起平
经营范围:九华痔疮栓
品牌:999
质量标准:
电话号码:2505071
地址:瑞金市象湖镇绵水

瑞金市冠瑞食品工业有限公司

法人代表:陈建
经营范围:机制糖 机制纸 酒精
品牌:
质量标准:
电话号码:2500777
地址:瑞金市象湖镇中山南路

瑞金市银沙包装制品有限公司

法人代表:胡泽军
经营范围:纸装,纸箱,编织袋生产销售,货物运输
品牌:
质量标准:
电话号码:2509519
地址:瑞金市沙洲坝金龙村

瑞金市建筑工程公司

法人代表:黄洁林
经营范围:建筑安装
品牌:
质量标准:
电话号码:2522182
地址:象湖镇向阳南路解放路居委会

瑞金市供电有限责任公司

法人代表:刘辅良
经营范围:电力供应
品牌:
质量标准:
电话号码:2522159
地址:瑞金市象湖镇上阳村

瑞金市金龙水泥厂

法人代表:林昌云
经营范围:普通水泥
品牌:铁霸
质量标准:
电话号码:2349108
地址:瑞金市沙洲坝镇洁源村

瑞金市瑞京纸业有限公司

法人代表:俞绿军
经营范围:
品牌:
质量标准:
电话号码:2335555
地址:瑞金市泽覃乡光辉村

瑞金市第二建筑工程公司

法人代表:程长发
经营范围:建筑安装
品牌:
质量标准:
电话号码:2257008
地址:叶坪乡云集云集村委会

瑞金市华盛工程有限公司

法人代表:廖恒彬
经营范围:房屋建筑
品牌:
质量标准:
电话号码:2417360
地址:象湖镇城南市场

瑞金市华鑫装饰工程有限公司

法人代表:华石水
经营范围:建筑装修
品牌:
质量标准:
电话号码:2518798
地址:象湖镇中山北路

赣州医药集团瑞金市医药总公司

法人代表:熊艳珍
经营范围:
品牌:
质量标准:
电话号码:2523559
地址:江西赣州瑞金象湖八一路

南康市自来水公司

法人代表:刘民山
经营范围:自来水供应
品牌:
质量标准:
电话号码:7831096
地址:江西南康市东山办金桥居委会

瑞金市恒达市政工程有限责任公司

法人代表:赖有宾
经营范围:道路桥梁
品牌:
质量标准:
电话号码:2533668
地址:象湖镇红都大道

瑞金市金都建筑工程有限公司

法人代表:刘沈春
经营范围:
品牌:
质量标准:
电话号码:2523668
地址:象湖镇红都大道红都大道居委会

赣州市烟草分公司瑞金市营销中心

法人代表:钟翔
经营范围:卷烟批发
品牌:
质量标准:
电话号码:2523608
地址:江西赣州瑞金象湖绵水路

南康市印刷厂

法人代表:徐辉南
经营范围:印刷
品牌:
质量标准:
电话号码:7812013
地址:江西南康蓉江办西南环城路 18 号

瑞金市华隆水利水电工程有限公司

法人代表:赖有宾
经营范围:水利工程
品牌:
质量标准:
电话号码:2531809
地址:象湖镇城南市场

瑞金市唐氏装璜有限公司

法人代表:唐云
经营范围:装修装饰
品牌:
质量标准:
电话号码:2525390
地址:象湖镇向阳路中段

江西省瑞金市新华书店

法人代表:段小青
经营范围:书报零售
品牌:
质量标准:
电话号码:2510397
地址:江西赣州瑞金象湖红都大道

赣南卷烟厂

法人代表:黄 平
经营范围:卷烟
品牌:
质量标准:ISO9000
电话号码:7811898
地址:江西南康蓉江办宝林路 1 号

瑞金市富丽装饰有限公司

法人代表:赖建平
经营范围:建筑装饰
品牌:
质量标准:
电话号码:2519638
地址:象湖镇向阳北路

瑞金市今日建筑装饰公司

法人代表:朱步升
经营范围:建筑装饰
品牌:
质量标准:
电话号码:2523422
地址:象湖镇八一北路八一路居委会

中石化股份瑞金支公司

法人代表:钟水平
经营范围:汽煤柴油零
品牌:
质量标准:
电话号码:2522282
地址:江西赣州瑞金象湖绵水路

江西省南康市汽车修配厂

法人代表:刘天文
经营范围:汽车修理
品牌:
质量标准:
电话号码:7812786
地址:江西南康蓉江办教育路旱塘里 9 号

瑞金市鑫业建筑工程有限责任公司

法人代表:林中霖
经营范围:房屋建筑
品牌:
质量标准:
电话号码:2532665
地址:象湖镇

瑞金市鸿鑫市政建筑工程有限公司

法人代表:钟荣生
经营范围:市政工程建
品牌:
质量标准:
电话号码:2523014
地址:象湖镇绵水路

南康市供电有限责任公司

法人代表:谢伟康
经营范围:供电
品牌:
质量标准:
电话号码:7812251
地址:江西省南康市蓉江办泰康中路 15 号

南康市南方食品有限公司

法人代表:阳士河
经营范围:酱油
品牌:
质量标准:
电话号码:7812574
地址:江西南康蓉江办富安巷 11 号

南康市宏发矿业有限公司

法人代表:廖忠凤
经营范围:矿产品加工
品牌:
质量标准:
电话号码:7803263
地址:江西南康蓉江办岭背居委会

南康市洋山铜业有限公司

法人代表:申其生
经营范围:钨精矿
品牌:
质量标准:
电话号码:7852588
地址:江西南康潭口镇洋山村

江西明星植物营养有限责任公司

法人代表:刘光标
经营范围:复合肥生产批发及零售掺混肥
品牌:
质量标准:
电话号码:7832202
地址:江西南康东山办工业园

南康赣州萤光磁性材料厂

法人代表:汤立达
经营范围:
品牌:
质量标准:
电话号码:7078581
地址:江西南康龙华乡罗边工业区

南康市美迪包装材料公司

法人代表:陈慈洗
经营范围:花生巴
品牌:
质量标准:
电话号码:7812782
地址:江西南康蓉江办教育路12号

南康市鑫源矿业有限公司

法人代表:刘光源
经营范围:钨锡精矿
品牌:
质量标准:
电话号码:7815674
地址:江西南康蓉江办西华村

南康市赣康矿业有限公司

法人代表:申鼎伶
经营范围:钨精矿
品牌:
质量标准:
电话号码:7851298
地址:江西南康潭口镇洋山村

南康华山有色金属加工厂

法人代表:何善德
经营范围:
品牌:
质量标准:
电话号码:7840129
地址:江西南康蓉江办桥口村

南康市罗边电站

法人代表:张士军
经营范围:发供电
品牌:
质量标准:
电话号码:7072216
地址:江西南康龙华乡新华村

南康赣南恒宏保温建材有限公司

法人代表:巫小恒
经营范围:建材
品牌:
质量标准:
电话号码:7078789
地址:江西南康龙华乡新华村

南康市塑料电器实业有限公司

法人代表:黎学兵
经营范围:
品牌:
质量标准:
电话号码:7833888
地址:江西南康东山办工业园

南康红旗电缆有限公司

法人代表:林建飞
经营范围:
品牌:
质量标准:
电话号码:7835648
地址:江西南康东山办工业园

南康市南方变压器厂

法人代表:钟达荣
经营范围:变压器
品牌:
质量标准:
电话号码:7816422
地址:江西南康东山办工业园

南康市章惠渠水利工程管理局

法人代表:赵湖滨
经营范围:供水 发电
品牌:
质量标准:
电话号码:7840635
地址:江西南康蓉江办桥口村

南康市华鑫包装有限公司

法人代表:肖学述
经营范围:包装纸刷
品牌:
质量标准:
电话号码:7832116
地址:江西南康东山办金鸡村

南康罗边玻纤有限公司

法人代表:刘羽清
经营范围:
品牌:
质量标准:
电话号码:7078581
地址:江西南康龙华乡罗边工业区

南康市金鸡有色金属有限公司

法人代表:刘事芳
经营范围:钨酸钠 钨精矿铋锭
品牌:
质量标准:
电话号码:7831200
地址:江西南康东山办泰康东路

南康江西华夏金属线制品有限公司

法人代表:彭顺椿
经营范围:
品牌:
质量标准:
电话号码:7832336
地址:江西南康东山办工业园

南康赤土康辉矿业有限公司

法人代表:黄学海
经营范围:
品牌:
质量标准:
电话号码:7849033
地址:江西南康蓉江办桥口村

南康江西溢丰织造有限公司

法人代表:郭满祥
经营范围:
品牌:
质量标准:
电话号码:7838336
地址:江西南康东山办工业园

南康和昌织造有限公司

法人代表:严文泳
经营范围:
品牌:
质量标准:
电话号码:7838663
地址:江西南康东山办工业园

南康市金锋绣花厂

法人代表:李林福
经营范围:绣花
品牌:
质量标准:
电话号码:7831230
地址:江西南康东山办金桥居委会

赣州南野建筑工程有限公司

法人代表:吴明华
经营范围:房屋建筑
品牌:
质量标准:
电话号码:7805900
地址:东山街道办事处泰康东路

南康市烟草公司

法人代表:李文华
经营范围:烟草批发业
品牌:
质量标准:
电话号码:7812289
地址:江西省赣州市南康市蓉江镇

南康市麻双水力发电厂

法人代表:郭光葵
经营范围:发电
品牌:
质量标准:
电话号码:7701109
地址:江西南康麻双乡麻双村

南康龙华乡新华铸钢厂

法人代表:卢渊泽
经营范围:铸钢
品牌:
质量标准:
电话号码:7078978
地址:江西南康龙华乡新华村

南康市三鑫建筑工程有限公司

法人代表:张选明
经营范围:房屋工程建
品牌:
质量标准:
电话号码:7815241
地址:蓉江街道办事处金赣大道

赣州市章江水轮泵站

法人代表:王才贵
经营范围:水利管理
品牌:
质量标准:
电话号码:8323918
地址:黄金开发区蟠龙镇坝上村

南康市镜坝创业家俱厂

法人代表:刘维平
经营范围:木制家俱
品牌:
质量标准:
电话号码:7081303
地址:江西南康镜坝镇连城村

南康王三英制衣有限公司

法人代表:王三英
经营范围:成衣加工
品牌:
质量标准:
电话号码:7816863
地址:江西南康蓉江办成衣市场6103号

南康市医药公司

法人代表:钟华
经营范围
品牌:
质量标准:
电话号码:7812219
地址:江西省赣州南康市蓉江苏步东街55号

赣州正大实业有限公司

法人代表:黄伟民
经营范围:饲料
品牌:金球牌
质量标准:
电话号码:8185188
地址:黄金开发区坪路村

南康双南家俱厂

法人代表:王福胜
经营范围:木制家俱
品牌:
质量标准:
电话号码:7081556
地址:江西南康镜坝镇连城村

南康市建筑总公司

法人代表:明经林
经营范围:房屋工程建
品牌:
质量标准:
电话号码:7841062
地址:东山街道办事处南水村

南康市新华书店

法人代表:蔡文达
经营范围:图书音像制
品牌:
质量标准:
电话号码:7838070
地址:江西省赣州市南康市蓉江镇

江西省赣南中成工贸有限公司

法人代表:杨忠凌
经营范围:金属镨 金属钕
品牌:
质量标准:ISO9000
电话号码:8371883
地址:黄金开发区

南康市康源矿业有限公司

法人代表:陈源先
经营范围:钨精矿
品牌:
质量标准:
电话号码:7840682
地址:江西南康蓉江办桥口村

南康市水电建筑安装公司

法人代表:廖肇蔚
经营范围:水电工程施
品牌:
质量标准:
电话号码:7821840
地址:蓉江街道办事处泰康西路1号

南康市石油公司

法人代表:钟爱华
经营范围:石油制品
品牌:
质量标准:
电话号码:7831666
地址:江西省赣州市南康市蓉江镇

江西赣南美亚塑料包装有限公司

法人代表:朱开椿
经营范围:
品牌:
质量标准:
电话号码:6656000
地址:黄金开发区潭东镇东坑村

江西五丰腊味食品有限公司

法人代表:郭晋清
经营范围:
品牌:立新
质量标准:
电话号码:6653698
地址:黄金开发区

赣州三通稀土金属有限公司

法人代表:周桂生
经营范围:稀土金属
品牌:
质量标准:
电话号码:8238788
地址:黄金开发区

赣州市圣塔水泥有限公司

法人代表:赖泓胜
经营范围:
品牌:
质量标准:
电话号码:8185399
地址:黄金开发区

省盐业总公司吉水县公司

法人代表:黄梅英
经营范围:食盐批发
品牌:
质量标准:
电话号码:0796-3522395
地址:吉水县文峰镇龙华大道138号

赣州汇强机械制造有限公司

法人代表:邹东标
经营范围:
品牌:
质量标准:
电话号码:8371675
地址:黄金开发区

赣州华坚国际鞋城有限公司

法人代表:张华荣
经营范围:
品牌:
质量标准:
电话号码:8376888
地址:黄金开发区

赣州市蟠龙建筑工程公司

法人代表:张绵山
经营范围:
品牌:
质量标准:
电话号码:8374021
地址:蟠龙镇黄金机场路28号蟠龙圩

江西省吉水县新华书店

法人代表:邓桃花
经营范围:国内版图书、电子出版物、文体用品
品牌:
质量标准:
电话号码:0796-3522253
地址:江西省吉水县文峰镇龙华中大道580号

汇源果汁(赣南果业)有限责任公司

法人代表:朱新礼
经营范围:汇源果汁
品牌:汇源
质量标准:ISO9000
电话号码:7852697
地址:黄金开发区潭东镇东坑村

赣州联盛电力器材有限公司

法人代表:刘享仲
经营范围:
品牌:
质量标准:ISO9000
电话号码:8201322
地址:黄金开发区内105国道旁

赣州黄金开发区潭东建筑工程公司

法人代表:陈卫权
经营范围:
品牌:
质量标准:
电话号码:6580099
地址:潭东镇潭东镇东坑

吉水县石莲煤矿

法人代表:肖文辉
经营范围:无烟煤
品牌:
质量标准:
电话号码:0796-3591005
地址:吉水县阜田镇

赣州兴华肥料有限公司

法人代表:黄庆平
经营范围:复合肥
品牌:兴农花
质量标准:
电话号码:8376181
地址:黄金开发区舍丰路

江西金苹果农业发展有限公司

法人代表:刘贤荷
经营范围:
品牌:金太阳
质量标准:
电话号码:
地址:黄金开发区潭东镇东坑村

江省吉水县白水垦殖场茶场

法人代表:伍永生
经营范围:茶叶
品牌:
质量标准:
电话号码:07963281035
地址:江西省吉水县白水镇白垦茶场

江西省吉水县螺田煤矿

法人代表:陈四多
经营范围:烟煤
品牌:
质量标准:
电话号码:0796-3310016
地址:江西省吉安市吉水县螺田镇沙吊村

赣州美园畜牧有限公司

法人代表:廖方红
经营范围:饲料
品牌:加大、赣大、美园、大汉
质量标准:
电话号码:8258822
地址:黄金开发区宋城路98号

赣州永乾机器有限公司

法人代表:温燕谦
经营范围:
品牌:
质量标准:
电话号码:8371389
地址:黄金开发区内105国道旁

吉水县水利水电建筑安装公司

法人代表:郭长民
经营范围:水利水电建筑、水电设备安装
品牌:
质量标准:
电话号码:07963512131
地址:吉水县城桥南新村54号

江西省吉水县建筑工程总公司

法人代表:郭志强
经营范围:土木工程建筑
品牌:
质量标准:
电话号码:0796-3522212
地址:吉水县城下文峰路20号

吉水县武吉水泥有限公司

法人代表:陈乾文
经营范围:普通硅酸盐水泥制造与销售
品牌:地高
质量标准:GB175－1999
电话号码:0796－3561148
地址:吉水县八都镇洋田村水泥厂

吉水县水南天然香料有限公司

法人代表:曾令贵
经营范围:香料油加工、销售、出口本企业自产产品
品牌:赣江
质量标准:ISO9000
电话号码:0796－3512224
地址:江西吉水城南工业区2号

江西庐陵水泥有限责任公司

法人代表:王立明
经营范围:水泥
品牌:
质量标准:ISO9000
电话号码:0796－8401166
地址:江西吉安县庐陵水泥有限公司

江西金业林产化工有限公司

法人代表:张振戈
经营范围:松香、松节油生产
品牌:
质量标准:ISO9000
电话号码:0796－8401503
地址:江西吉安县金林产化工公司

吉水县金竹板业有限公司

法人代表:毛根才
经营范围:生产销售竹胶合板及其他竹木制品
品牌:天喜添宝
质量标准:
电话号码:0796－3512301
地址:吉水县城工业区

江西一品郎实业有限公司

法人代表:刘一波
经营范围:生产、销售蔬菜布丁、果冻布丁系列产品
品牌:一品郎
质量标准:
电话号码:0796－3511313
地址:江西省吉水县文峰工业城

吉安娃哈哈饮料有限公司

法人代表:邬文龙
经营范围:酸奶、矿泉水
品牌:
质量标准:ISO9000
电话号码:0796－8402629
地址:江西吉安县娃哈哈饮料有限公司

江西井冈山卷烟厂辅助材料厂

法人代表:彭学文
经营范围:烟嘴棒生产
品牌:
质量标准:ISO9000
电话号码:
地址:江西井冈山卷烟厂辅助材料厂

吉水县金田米业有限公司

法人代表:李小勇
经营范围:粮食加工、批发、零售及到农村收购粮食
品牌:吉田
质量标准:
电话号码:0796－3512388
地址:江西省吉水县城南工业区

万安县东湖宾馆

法人代表:邓方平
经营范围:住宿、餐饮
品牌:
质量标准:
电话号码:0796－5707888
地址:万安县东湖宾馆

吉安县供电有限责任公司

法人代表:赖家明
经营范围:电力供应
品牌:
质量标准:
电话号码:0796－8442008
地址:江西吉安县供电有限责任公司

吉安正邦畜禽饮料有限公司

法人代表:李庆寿
经营范围:饲料生产
品牌:
质量标准:ISO9000
电话号码:0796－8401695
地址:吉安县正邦畜禽饮料有限公司

江西金林化工有限公司

法人代表:金喜明
经营范围:生产、销售林产化工产品,其它化工产品
品牌:金林牌
质量标准:
电话号码:3511988
地址:江西吉水文峰工业城

江西机械化工厂

法人代表:郭光辉
经营范围:TNT炸药、乳化炸药
品牌:
质量标准:ISO9000
电话号码:0796－8758072
地址:江西吉安县安塘乡六五八厂

吉安县油盘铁矿漳安峥嵘选矿厂

法人代表:陈福增
经营范围:铁矿采选
品牌:
质量标准:
电话号码:0796－8590692
地址:吉安县油田镇峥嵘选矿厂

吉安县自来水公司

法人代表:彭福生
经营范围:自来水生产
品牌:
质量标准:ISO9000
电话号码:0796－8434456
地址:江西省吉安县自来水公司

吉水县兴华天然香料有限公司

法人代表:张亲春
经营范围:林化产品、香料
品牌:兴华牌
质量标准:ISO9000
电话号码:07963512477
地址:江西省吉水县城南工业区

江西天河煤矿

法人代表:丁议宁
经营范围:煤炭采选
品牌:
质量标准:
电话号码:0796－8466022
地址:江西吉安县天河煤矿

江西井冈山卷烟厂

法人代表:刘一华
经营范围:卷烟制造
品牌:
质量标准:ISO9000
电话号码:0796－8401291
地址:

江西燕京啤酒有限责任公司

法人代表:李守清
经营范围:啤酒制造
品牌:
质量标准:ISO9000
电话号码:0796－8431609
地址:江西吉安县燕京啤酒有限责任公司

江西大自然药业有限公司

法人代表:李安
经营范围:板篮根、药丸、蛇酒
品牌:
质量标准:ISO9000
电话号码:0796－8432988
地址:江西吉安县大自然药业公司

江西省烟草公司吉安县分公司

法人代表:
经营范围:
品牌:
质量标准:
电话号码:0796－8446261
地址:

吉安县房建安装公司

法人代表:刘秀峰
经营范围:房屋工程建筑
品牌:
质量标准:
电话号码:0796－8442627
地址:

遂川县发电公司

法人代表:郭小刚
经营范围:水力发电
品牌:
质量标准:
电话号码:0796－6310426
地址:遂川县城西门03号

吉安县天翔教育产业公司

法人代表:朱小林
经营范围:教育信息软件
品牌:
质量标准:ISO9000
电话号码:0796－8412208
地址:

吉安县石油公司

法人代表:吴峰
经营范围:
品牌:
质量标准:
电话号码:0796－8442262
地址:

江西省吉建建筑工程有限公司

法人代表:苏光录
经营范围:房屋建筑
品牌:
质量标准:
电话号码:0796－8433133
地址:

遂川众诚纸业有限公司

法人代表:张梅生
经营范围:造纸
品牌:祥龙
质量标准:
电话号码:0796－6123599
地址:江西省吉安市遂川县泉江镇

吉安县富源煤炭经营公司

法人代表:刘志明
经营范围:煤炭
品牌:
质量标准:ISO9000
电话号码:0796－8710885
地址:吉安县安墉富源煤炭经营公司

吉安县第二建筑工程公司

法人代表:曾震天
经营范围:房屋建筑
品牌:
质量标准:
电话号码:0796－844229
地址:

江西省天河煤矿建筑工程队

法人代表:吴金山
经营范围:房屋安装
品牌:
质量标准:
电话号码:0796－8466491
地址:

江西三越药业有限责任公司

法人代表:胡敏灿
经营范围:中、西成药,保健药制造、加工、销售
品牌:
质量标准:GMP已通过
电话号码:07966234605
地址:江西省遂川县工业园区

吉安县宏远精密机械制造公司

法人代表:刘远屏
经营范围:精密铸件
品牌:
质量标准:ISO9000
电话号码:0796－8401655
地址:吉安县宏远精密机械制造有限公司

吉安县庐陵建筑工程有限建筑公司

法人代表:陈友樟
经营范围:
房屋建筑
品牌:
质量标准:
电话号码:0796－8401094
地址:

江西燕京啤酒遂川分公司

法人代表:炎兴钜
经营范围:啤酒制造
品牌:燕京
质量标准:
电话号码:0796－6322018
地址:遂川县余江镇云岗村

江西翔云服装有限公司

法人代表:项曙红
经营范围:各类服装的生产与销售
品牌:
质量标准:
电话号码:0796－6122070
地址:江西省遂川县商贸城一区

吉安县吉新建筑工程公司

法人代表:王帝会
经营范围:房屋建筑
品牌:
质量标准:
电话号码:
地址:

吉安县五环建筑工程公司

法人代表:肖佑民
经营范围:房屋建筑
品牌:
质量标准:
电话号码:0796－8753323
地址:

遂川绿洲人造板有限公司

法人代表:汪锦星
经营范围:生产、销售人造板及制品
品牌:林森牌
质量标准:ISO9000
电话号码:0796－6234085
地址:遂川工业园区

遂川县供电有限责任公司

法人代表:黄吉明
经营范围:
品牌:
质量标准:
电话号码:0796－6322412
地址:江西省吉安市遂川县泉江镇文献21号

遂川县粮油工业公司

法人代表:王珠灯
经营范围:大米
品牌:
质量标准:
电话号码:0796－6122290
地址:县城水南中渡50号

安福县荣鑫选矿厂

法人代表:杨金兰
经营范围:铁矿石采造
品牌:
质量标准:
电话号码:0796－7590540
地址:安福县赤谷乡巷坑村

江西鑫阳光制革有限公司

法人代表:曾伟院
经营范围:沙发革、汽车座垫革
品牌:
质量标准:ISO9000
电话号码:0796－7730357
地址:江西永新县湘赣北大道001号

永新县新锦茧丝有限责任公司

法人代表:高祥年
经营范围:生产、销售白厂丝、下脚料、蚕茧收购
品牌:梅花牌
质量标准:
电话号码:0796－7727360
地址:江西省吉安永新县禾川镇建设街

遂川县龙升缫丝厂

法人代表:钱美荣
经营范围:丝、绢纺原料制造
品牌:
质量标准:GB/T1798
电话号码:0796－6321042
地址:江西省遂川县城天子地3号

吉安市烟草公司

法人代表:辛焕荣
经营范围:卷烟
品牌:
质量标准:
电话号码:0796－8224929
地址:吉安市韶山中路17号

江西赣粤恒兴机材料有限公司

法人代表:刘炳义
经营范围:漆包线、机电配件、机电材料
品牌:
质量标准:ISO9000
电话号码:0796－7717333
地址:江西省永新县湘赣大道237号

江西省吉安机床厂

法人代表:王发顺
经营范围:
品牌:双机
质量标准:ISO9000
电话号码:0796－8350081
地址:江西省吉安机床厂

中国石化江西吉安分公司

法人代表:龙启逢
经营范围:汽油、煤油、柴油、润滑油
品牌:
质量标准:
电话号码:0796－8222515
地址:吉安市井冈山大道175号

江西水泥有限责任公司

法人代表:毛永彩
经营范围:水泥
品牌:江丽
质量标准:ISO9000
电话号码:0796－7751468
地址:永新县工业开发区

永新县供电有限责任公司

法人代表:黄吉明
经营范围:
品牌:
质量标准:ISO9000
电话号码:0796－7728014
地址:永新县湘赣街74号

江西省吉安市肉联厂

法人代表:曾建和
经营范围:畜禽蛋、水产品、冷冻食品、干鲜果品、蔬菜、畜、禽肉购销加工
品牌:
质量标准:
电话号码:0796－8280384
地址:吉安市北门上杭

安福县巷坑铁矿

法人代表:毛军
经营范围:铁精粉
品牌:
质量标准:
电话号码:0796－7390666
地址:赤谷乡巷坑村

江西第二机床厂

法人代表:盛益龙
经营范围:装卸机械、液压件等
品牌:
质量标准:ISO9002
电话号码:0796－7735058
地址:江西省吉安市永新县建设街10号

江西川赣有色金属有限公司

法人代表:张茂春
经营范围:矿产品加工销售
品牌:
质量标准:
电话号码:0796－7751055
地址:江西永新埠前镇茅坪工业区

安福县林化有限责任公司

法人代表:徐小毛
经营范围:松香、松节油、树脂
品牌:
质量标准:ISO9000
电话号码:0796－7308066
地址:

安福县洋陂铁矿

法人代表:张恩理
经营范围:铁矿石开采、精选
品牌:
质量标准:
电话号码:0796－7390213
地址:安福县赤谷乡陂头村

江西省乌石山铁矿

法人代表:刘芳云
经营范围:采掘铁矿石
品牌:
质量标准:
电话号码:0796－7893157
地址:永新县乌石山铁矿

江西海天药业有限公司

法人代表:王志安
经营范围:生产销售兽药、饲料添加剂、动物保健药品、饲料预混料、精细化工
品牌:
质量标准:
电话号码:0796－7854418
地址:永新高桥楼莲花坪

江西省吉安市新华书店

法人代表:黄志平
经营范围:图书、音像
品牌:
质量标准:
电话号码:0796－8222226
地址:吉安市井冈山大道58号

安福县供电有限责任公司

法人代表:黄吉明
经营范围:供电
品牌:
质量标准:
电话号码:0796－7632156
地址:安福县平都镇武功山大道

浒坑钨矿

法人代表:罗建新
经营范围: 钨精矿采选
品牌:金顶
质量标准:全面质量管理
电话号码:0796－7358282
地址:江西省吉安市安福县浒坑镇

江西液压件股份有限公司

法人代表:陈国生
经营范围:工程液压件生产、销售
品牌:金石
质量标准:ISO9001－2000
电话号码:0796－7698843
地址:江西省安福县武功山大道42号

江西电缆有限责任公司

法人代表:袁辉
经营范围:电线电缆制造、销售、机械设备制造、加工、销售
品牌:三色牌
质量标准:3C认证
电话号码:0796－8350116
地址:吉安市吉州区禾埠

江西省大光山煤矿

法人代表:唐明亮
经营范围:原煤开采、销售
品牌:
质量标准:
电话号码:0796－7690529
地址:江西省大光山煤矿

江西吉安多元钟业有限公司

法人代表:陈召如
经营范围:塑料制品
品牌:
质量标准:ISO9000
电话号码:0796－8100239
地址: 吉安市青原区青原路10号

吉安市白云山水利水电管理局

法人代表:王黎明
经营范围:水力发电、淡水动物养殖、农业灌溉、电力线路安装
品牌:
质量标准:
电话号码:0796－8631213
地址:吉安市青原区富田镇

安福县教育印刷厂

法人代表:李守元
经营范围:作业本印刷及办公用品零售
品牌:
质量标准:
电话号码:0796－7626388
地址:江西省安福县教育印刷厂

江西省宏盛玉华水泥有限公司

法人代表:王佑任
经营范围:水泥制造
品牌:宏盛
质量标准:ISO9000
电话号码:0796－761197
地址: 江西安福县枫田镇

吉安市供水公司

法人代表:刘烽
经营范围:生产生活及其他用水
品牌:
质量标准:3C认证
电话号码:0796－8222738
地址: 吉安市长岗南路19号

江西省吉安市米西宾馆

法人代表:曾晓青
经营范围:住宿、餐饮
品牌:
质量标准:
电话号码:0796－8264125
地址:江西省吉安市鹭洲东路6号

吉安明珠宾馆

法人代表:杨华南
经营范围:住宿、餐饮
品牌:
质量标准:
电话号码:0796－8256108
地址:吉安市井冈山大道153号明珠宾馆

江西省医药公司安福县公司

法人代表:刘祖耀
经营范围: 中药材、中成药等
品牌:
质量标准:GSP认证
电话号码:0796－7622332
地址: 江西安福平都武功山大道30号

江西齐峰水泥有限责任公司

法人代表:戴俊
经营范围:水泥销售
品牌:齐峰牌
质量标准:ISO9000
电话号码:0796－7664271
地址:

江西省盐业总公司吉安市公司

法人代表:佟玉坤
经营范围:食盐批发
品牌:
质量标准:
电话号码:0796－8222730
地址:江西省吉安市吉州区井冈山大道

吉安白鹭酒店有限公司

法人代表:周必勤
经营范围:餐饮、住宿、娱乐、健身
品牌:
质量标准:
电话号码:
地址:吉安市沿江路85号

安福县发电公司

法人代表:叶大盛
经营范围: 水力发电
品牌:
质量标准:
电话号码:0796－7368202
地址:

吉安市邮政局

法人代表:王武军
经营范围:邮储、报刊、集邮等
品牌:
质量标准:
电话号码:0796－8212968
地址:江西省吉安市吉州区路洲东路13号

吉安市万家房地产开发公司

法人代表:肖建忠
经营范围:二级房地产开发、销售、商品房租赁
品牌:
质量标准:ISO9000
电话号码:0796－8215003
地址:吉安市湖滨花苑B栋

吉安市第六建筑工程公司

法人代表:陶志
经营范围:房屋建筑工程施工总承包三级
品牌:
质量标准:ISO9002
电话号码:0796－8286539
地址:江西省吉安市阳明西路60号

江西金顶药业有限公司

法人代表:刘金生
经营范围:糖浆剂口服液
品牌:洞渊阁
质量标准:已通过 GMP 认证
电话号码:0796－8402698
地址:吉安市高新技术产业开发区

江西红声电子有限公司

法人代表:聂剑
经营范围:电声器件、电声仪器等产销
品牌:
质量标准:ISO9000
电话号码:0796－8391361
地址:吉安市吉州区 615 信箱

吉安市房地产综合开发有限公司

法人代表:郁金文
经营范围:房地产开发
品牌:
质量标准:
电话号码:0796－8223917
地址:吉安市交通路 8 号

井冈山市天行铜材有限公司

法人代表:应天行
经营范围:铜及铜合金管材
品牌:
质量标准:
电话号码:0796－6655576
地址:江西省井冈山市厦坪镇

江西兴林森工集团有限公司

法人代表:佘志勇
经营范围:木、竹收购销售、自产自销及其他
品牌:
质量标准:
电话号码:0796－7622689
地址:江西省安福县武功山大道 18 号

江西省安福县自来水公司

法人代表:刘文荣
经营范围:饮用水的生产及供应
品牌:
质量标准:
电话号码:0796－7626126
地址:江西省安福县自来水公司

吉安市螺滩水利水电管理局

法人代表:张金鼎
经营范围:农业灌溉、水力发电等
品牌:
质量标准:
电话号码:0796－3211063
地址:江西省吉安市青原区富滩镇

江西井冈山企业集团

法人代表:周日复
经营范围:林木种植、木竹采伐、木竹制品
品牌:
质量标准:
电话号码:0796－6613307
地址:江西省井冈山市罗源

安福县供电有限责任公司

法人代表:黄吉明
经营范围:供电
品牌:
质量标准:
电话号码:0796－7632156
地址:安福县平都镇武功山大道

江西天工物业发展有限公司

法人代表:谢悟生
经营范围:房地产开发等
品牌:
质量标准:3C 认证
电话号码:0796－8226540
地址:江西省吉安市吉州区人民广场东侧“天工楼”

泰和县江村粮油公司

法人代表:陈村元
经营范围:加工大米
品牌:江庐
质量标准:
电话号码:0796－5308091
地址:泰和县江村粮油公司

井冈山纸业有限公司

法人代表:周慕宁
经营范围:卷烟纸及纸张生产、销售
品牌:石狮牌卷烟纸
质量标准:
电话号码:0796－6610048
地址:江西省井冈山市白市口

友利电电子(江西)有限公司

法人代表:市川成
经营范围:生产、加工、销售有线和无线通讯半成品及成品
品牌:Umiden
质量标准:ISO9000
电话号码:0796－8251824
地址:吉安市吉州区工业园

安福县电力实业开发公司

法人代表:朱武莱
经营范围:城市及道路照明工程安装等
品牌:
质量标准:
电话号码:0796－7622227
地址:江西省吉安市安福县安平路 157 号

泰和县天鹅棉纺有限公司

法人代表:梁崇松
经营范围:棉纺、各类化纤纱
品牌:井冈松
质量标准:
电话号码:0796－5370581
地址:

井冈山市金鑫陶瓷有限公司

法人代表:郭金龙
经营范围:陶瓷制品
品牌:
质量标准:
电话号码:0796－6864933
地址:江西省井冈山市龙市镇会师路 98 号

江西堆花酒业有限责任公司

法人代表:姜洪涛
经营范围:酒制造、销售
品牌:堆花
质量标准:
电话号码:0796－8217299
地址:江西省吉安市真君山 1 号

江西颐亨隆艺术装饰有限公司

法人代表:罗晟
经营范围:工艺美术及室内外装饰
品牌:
质量标准:
电话号码:0796－8288331
地址:吉安市西苑小区东区 14 栋 203 室

井冈山市泉涌建材有限公司

法人代表:罗生权
经营范围:水泥制造
品牌:桐木岭
质量标准:
电话号码:0796－6670198
地址:江西省井冈山市泉涌建材有限公司

井冈山市飞翔瓷业有限责任公司

法人代表:黄志辉
经营范围:生产销售日用陶瓷
品牌:飞翔瓷业
质量标准:
电话号码:0796－6862289
地址:井冈山市龙市镇会师路

井冈山市恒华陶瓷有限责任公司

法人代表:刘永华
经营范围:日用陶瓷生产、销售
品牌:恒华牌
质量标准:ISO9000
电话号码:0796-6810528
地址:江西省井冈山市东上工业区

江西专用设备厂

法人代表:王爱民
经营范围:非标专机
品牌:
质量标准:
电话号码:2524710
地址:上高县敖阳镇站前路238号

上高县金印机械有限责任公司

法人代表:陈再生
经营范围:胶印机
品牌:
质量标准:
电话号码:2512757
地址:上高县敖阳镇沿江路251号

江西上高县发电厂

法人代表:丁孟宗
经营范围:发电量
品牌:
质量标准:
电话号码:2521642
地址:上高县塔下乡建新

井冈山市东宁红砖厂

法人代表:李海福
经营范围:红砖生产
品牌:
质量标准:
电话号码:0796-6896068
地址:

江西标准件厂

法人代表:江惠民
经营范围:标准件
品牌:
质量标准:
电话号码:2492804
地址:上高县塔下乡长山

江西上高县苎麻纺织印染厂

法人代表:黄中红
经营范围:苎麻纱
品牌:
质量标准:
电话号码:2521921
地址:上高县敖阳镇工农路

江西华厦水泥有限公司

法人代表:赵红斌
经营范围:普通硅酸盐水泥
品牌:
质量标准:
电话号码:2521559
地址:上高县塔下乡长山

井冈山市大陇草席厂

法人代表:尹仁善
经营范围:草席加工
品牌:
质量标准:
电话号码:0796-6802180
地址:

上高县新型木制品厂

法人代表:罗念才
经营范围:夹心板
品牌:
质量标准:
电话号码:2510304
地址:上高县敖阳镇敖山

上高县粮油加工厂

法人代表:李发元
经营范围:大米
品牌:
质量标准:
电话号码:2513025
地址:上高县敖阳镇青年路33号

上高县白水泥有限责任公司

法人代表:廖肖民
经营范围:白色砖酸盐水泥
品牌:
质量标准:
电话号码:2521867
地址:上高县塔下乡长山

井冈山市四星酱油酿造厂

法人代表:张小兰
经营范围:酱油酿造
品牌:
质量标准:
电话号码:0796-6671018
地址:

上高县第二水泥厂

法人代表:何秋萍
经营范围:普通硅酸盐水泥
品牌:石猫
质量标准:ISO9000
电话号码:2472059
地址:上高县翰堂镇汗堂

上高县供电有限责任公司

法人代表:廖中兴
经营范围:电力供应
品牌:
质量标准:
电话号码:2511880
地址:上高县敖阳镇和平路223号

上高县圳鑫水泥有限责任公司

法人代表:李燕
经营范围:水泥生产销售
品牌:
质量标准:
电话号码:2490068
地址:上高县塔下乡长山

井冈山市二轻家俱厂

法人代表:贺志强
经营范围:家具生产、销售
品牌:
质量标准:
电话号码:0796-6862141
地址:龙市镇城南居委会

上高县德光麻纺厂

法人代表:邹德光
经营范围:精干麻
品牌:
质量标准:
电话号码:2532056
地址:上高县南港镇茶陵

上高县饲料厂

法人代表:罗序光
经营范围:饲料
品牌:
质量标准:
电话号码:2511504
地址:上高县敖阳镇站前路300号

上高县和丰木制品厂

法人代表:吴子良
经营范围:木制品
品牌:
质量标准:
电话号码:5206026
地址:上高县锦江镇新华

上高县五鑫木业有限公司

法人代表:造予创
经营范围:细杠人造胶合板
品牌:
质量标准:
电话号码:5206428
地址:上高县野市乡明星

上高县泗溪粮油公司

法人代表:章平升
经营范围:粮油及制品
品牌:
质量标准:
电话号码:2562085
地址:上高县泗溪镇泗溪

上高县兴达玻璃制品有限公司

法人代表:石炳根
经营范围:玻璃瓶
品牌:
质量标准:
电话号码:2511836
地址:上高县敖阳镇站前路305号

江西上高县春龙制衣厂

法人代表:陈亚琴
经营范围:服装
品牌:
质量标准:
电话号码:2542148
地址:上高县思泉铺集镇

上高县徐家渡粮油公司

法人代表:付强
经营范围:大米
品牌:
质量标准:
电话号码:2572180
地址:上高县徐家渡镇塘下

江西上高县锦江水泥厂

法人代表:阮金海
经营范围:生产销售水泥
品牌:
质量标准:
电话号码:2524369
地址:上高县锦江镇董丰

上高县镜山粮油综合开发公司

法人代表:黄小贻
经营范围:大米
品牌:
质量标准:
电话号码:2511381
地址:上高县敖阳镇镜山口

上高县汗堂粮食加工厂

法人代表:熊志斌
经营范围:大米
品牌:
质量标准:
电话号码:2472231
地址:上高县翰堂镇汗堂

上高县城陂粮食购销公司

法人代表:刘小平
经营范围:大米加工
品牌:
质量标准:
电话号码:2484153
地址:上高县新界埠乡城陂

上高县中林白水泥有限责任公司

法人代表:谢里子
经营范围:普通 硅酸盐白水泥
品牌:
质量标准:
电话号码:2492197
地址:上高县塔下乡长山

江西上甘山水泥厂

法人代表:屈金伸
经营范围:水泥制造销售
品牌:
质量标准:
电话号码:2490091
地址:上高县塔下乡长山

上高县上福化纤制品有限公司

法人代表:陈水明
经营范围:制造销售化纤制品
品牌:
质量标准:
电话号码:2523046
地址:上高县锦江镇锦河

上高县蒙山粮油公司

法人代表:潘勇
经营范围:大米
品牌:
质量标准:
电话号码:2533155
地址:上高县蒙山乡水口坪

上高县界埠水泥厂

法人代表:吴新仔
经营范围:生产售出水泥
品牌:
质量标准:
电话号码:2484518
地址:上高县新界埠乡富港

上高县野市粮油加工厂

法人代表:黄建成
经营范围:大米
品牌:
质量标准:
电话号码:2462081
地址:上高县野市乡野市

江西博泰印务有限公司

法人代表:龚裕同
经营范围:彩色印刷品
品牌:
质量标准:
电话号码:2500588
地址:上高县敖阳镇和平路188号

江西省上高县思泉铺粮油公司

法人代表:李雄伟
经营范围:大米
品牌:
质量标准:
电话号码:2542011
地址:上高县思泉铺镇思泉大道100号

江西上高县诚信矿业有限公司

法人代表:付武勤
经营范围:特级水磨纳长石
品牌:
质量标准:
电话号码:2508888
地址:上高县敖阳镇敖山

上高县芦洲粮油精制厂

法人代表:张友发
经营范围:大米
品牌:
质量标准:
电话号码:2452050
地址:上高县芦洲乡新桥

江西第三机床厂

法人代表:游案龙
经营范围:刀片磨床
品牌:
质量标准:
电话号码:2519965
地址:上高县敖阳镇人民路32号

江西省汇银米业有限公司

法人代表:刘徐昌
经营范围:大米
品牌:
质量标准:
电话号码:2492998
地址:上高县塔下乡田北

上高县锦江建筑工程公司

法人代表:潘园义
经营范围:房屋建筑
品牌:
质量标准:
电话号码:2526947
地址:上高县锦江镇锦南

江西省上高县烟草公司

法人代表:甘鸿志
经营范围:卷烟
品牌:
质量标准:
电话号码:2501668
地址:上高县敖阳镇敖山大道

江西博士达药业有限责任公司

法人代表:吴成
经营范围:中药保护品种
品牌:
质量标准:
电话号码:2511158
地址:上高县敖阳镇敖山大道

江西七宝山铁矿

法人代表:吴九林
经营范围:铅金属量
品牌:
质量标准:
电话号码:2499001
地址:上高县塔下乡建新

上高县敖阳镇建筑工程公司

法人代表:宋森贵
经营范围:建筑施工
品牌:
质量标准:
电话号码:2511403
地址:上高县敖阳镇沿江路6号

中国石化江西宜春上高石油

法人代表:彭守敏
经营范围:石油制品
品牌:
质量标准:
电话号码:2511376
地址:上高县敖阳镇站前路30号

江西星宇陶瓷有限公司

法人代表:冷继华
经营范围:卫生陶瓷
品牌:
质量标准:
电话号码:2592370
地址:上高县敖山乡境山村

上高县高朋化纤制品厂

法人代表:廖海根
经营范围:化学纤维棉
品牌:
质量标准:
电话号码:2592160
地址:上高县敖山乡境山村

上高县建筑工程公司

法人代表:周文金
经营范围:土木工程
品牌:
质量标准:
电话号码:2511079
地址:上高县敖阳镇建设路80号

上高县自来水公司

法人代表:李新平
经营范围:自来水生产
品牌:
质量标准:
电话号码:2511103
地址:上高县敖阳镇青年路50号

江西齐进医药贸易有限公司

法人代表:吴成
经营范围:医药制品
品牌:
质量标准:
电话号码:2507083
地址:上高县敖阳镇敖山

江西七宝山酒业有限责任公司

法人代表:陈显兰
经营范围:老窖酒
品牌:
质量标准:
电话号码:2513783
地址:上高县敖阳镇沿江路2号

上高县塔下建筑工程有限公司

法人代表:王小林
经营范围:房屋建筑施工
品牌:
质量标准:
电话号码:2490061
地址:上高县塔下乡长山

上高县化工有限公司

法人代表:王德兴
经营范围:P-204 稀土萃取剂
品牌:
质量标准:
电话号码:2527663
地址:上高县塔下乡建新

上高县粮食购销公司

法人代表:陈状生
经营范围:粮食购销批发
品牌:
质量标准:
电话号码:2518682
地址:上高县敖阳镇沿江路96号

江西映山红饲料有限公司

法人代表:漆德文
经营范围:饲料
品牌:
质量标准:
电话号码:2522642
地址:上高县塔下乡长山

国营上高县第三建筑工程公司

法人代表:曾红根
经营范围:土木建筑
品牌:
质量标准:
电话号码:2542153
地址:上高县思泉铺镇

江西天江材料有限公司

法人代表:刘建平
经营范围:草酸
品牌:
质量标准:
电话号码:2492188
地址:上高县塔下乡田北

江西华杰泰矿纤科技有限公司

法人代表:苏昱
经营范围:硅灰石矿纤
品牌:
质量标准:
电话号码:2505503
地址:上高县工业园

江西宏光塑料叫器有限公司

法人代表:陈士勤
经营范围:各种灯具
品牌:
质量标准:
电话号码:2500000
地址:上高县工业园

江西上高县福鑫纺织有限公司

法人代表:吴敏夫
经营范围:涤棉坯布
品牌:
质量标准:
电话号码:2505268
地址:上高县工业园

江西上高县金马木业有限公司

法人代表:毛孝华
经营范围:细木板
品牌:
质量标准:
电话号码:2592988
地址:上高县工业园

省丰城市酒厂

法人代表:聂根水
经营范围:酒类生产
品牌:
质量标准:
电话号码:6422378
地址:丰城市剑南路31号

上高县香世缘林产化工有限公司

法人代表:叶关林
经营范围:松香
品牌:
质量标准:
电话号码:2505391
地址:上高县工业园

江西金利隆橡胶履带有限公司

法人代表:郑友直
经营范围:橡胶履带
品牌:
质量标准:
电话号码:2505578
地址:上高县工业园

江西港荣皮革有限公司

法人代表:鲁邦荣
经营范围:皮革
品牌:
质量标准:
电话号码:2592898
地址:上高县工业园

丰城市印制业有限责任公司

法人代表:王新民
经营范围:印刷品
品牌:
质量标准:
电话号码:6422658
地址:丰城市东方红大街261号

江西上高县志成印业有限公司

法人代表:郑思凉
经营范围:印刷品
品牌:
质量标准:
电话号码:2505588
地址:上高县工业园

江西上高县宏远化工有限公司

法人代表:洪求根
经营范围:复合稳定剂
品牌:
质量标准:
电话号码:2505356
地址:上高县工业园

江西上高县欣荣建筑工程公司

法人代表:黄子华
经营范围:房屋建筑
品牌:
质量标准:
电话号码:2509109
地址:上高县沿江路28号

丰城市供电有限责任公司

法人代表:张文富
经营范围:供用电
品牌:
质量标准:
电话号码:6424215
地址:丰城市人民路

江西锦峰钢结构有限公司

法人代表:晏三明
经营范围:建筑钢结构
品牌:
质量标准:
电话号码:2505498
地址:上高县工业园

上海厚生堂(江西)酒业有限公司

法人代表:龚晨靓
经营范围:白酒
品牌:
质量标准:
电话号码:2505169
地址:上高县工业园

江西上高县敖山建筑工程公司

法人代表:郑全林
经营范围:房屋建筑
品牌:
质量标准:
电话号码:2507288
地址:上高县工业园

徐山有色金属矿业有限责任公司

法人代表:廖绍华
经营范围:黑钨精矿
品牌:
质量标准:
电话号码:6492059
地址:丰城市铁路镇浩元村

江西上高县联兴制衣有限公司

法人代表:马赐深
经营范围:服装
品牌:
质量标准:
电话号码:2505336
地址:上高县工业园

上高县顺达化纤制品有限公司

法人代表:廖海根
经营范围:涤纶纤维
品牌:
质量标准:
电话号码:2505088
地址:上高县工业园

江西丰城发电有限责任公司

法人代表:姚迪明
经营范围:发电量
品牌:
质量标准:
电话号码:6405021
地址:丰城市尚庄街办石上村

丰城市供水公司

法人代表:熊水泉
经营范围:自来水安装、修理
品牌:
质量标准:
电话号码:6423263
地址:丰城市后街57号

丰城市兰丰集团公司

法人代表:赵静敏
经营范围:水泥制造
品牌:
质量标准:
电话号码:6241288
地址:丰城市尚庄街办北坑村

丰城市棉纺织厂

法人代表:罗兴旺
经营范围:棉纱制造
品牌:
质量标准:
电话号码:6479035
地址:丰城市秀市镇洲上村

丰城市秀市富玉工艺制品厂

法人代表:谭有辉
经营范围:玩具制造
品牌:
质量标准:
电话号码:6472360
地址:丰城市秀市镇工业区

丰城市仙岭水泥有限责任公司

法人代表:吴水根
经营范围:水泥
品牌:
质量标准:
电话号码:6523451
地址:丰城市曲江镇朱家村

丰城市河东矿业公司

法人代表:郭有顺
经营范围:原煤开采
品牌:
质量标准:
电话号码:6479032
地址:丰城市秀市镇洲上村

江西华伍起重电器有限责任公司

法人代表:聂景华
经营范围:制动器生产
品牌:
质量标准:
电话号码:6201936
地址:丰城市剑邑大道779号

丰城市荣丰活性炭厂

法人代表:王荣
经营范围:活性炭加工销售
品牌:
质量标准:
电话号码:6872035
地址:丰城市杜市镇横岗村

丰城市第二建筑工程公司

法人代表:夏良平
经营范围:土木建筑
品牌:
质量标准:
电话号码:6423141
地址:丰城市剑邑大道45号

丰城市河西矿业公司

法人代表:张爱平
经营范围:原煤开采
品牌:
质量标准:
电话号码:6215978
地址:丰城市上塘镇田西村

丰城市兴丰焦化有限公司

法人代表:张明亮
经营范围:炼焦、焦化副产品
品牌:
质量标准:
电话号码:6425218
地址:丰城市东郊路16号

丰城市子龙冻米糖厂

法人代表:徐国华
经营范围:食品加工、销售
品牌:
质量标准:
电话号码:6872108
地址:丰城市杜市镇杜市集镇

丰城市建筑工程公司

法人代表:李良成
经营范围:土木建筑
品牌:
质量标准:
电话号码:6422028
地址:丰城市解放南路55号

丰城市铁路钨矿

法人代表:陈万根
经营范围:钨矿开采
品牌:
质量标准:
电话号码:6492078
地址:丰城市铁路镇浩元村

丰城市拖船镇老实人食品有限公司

法人代表:杨青春
经营范围:食品加工
品牌:
质量标准:
电话号码:6742098
地址:丰城市拖船镇拖船村

丰城市拖船镇三星调料食品公司

法人代表:龚明泉
经营范围:食品加工
品牌:
质量标准:
电话号码:6742199
地址:丰城市拖船镇拖船村

丰城市设备安装公司

法人代表:辛祥健
经营范围:设备安装
品牌:
质量标准:
电话号码:6423245
地址:丰城市东郊路88号

丰城矿务局

法人代表:万火金
经营范围:煤炭采选
品牌:
质量标准:
电话号码:6688789
地址:丰城市上塘镇建设大道145号

江西新洛煤电有限责任公司

法人代表:孙宇辉
经营范围:原煤开采
品牌:
质量标准:
电话号码:6589501
地址:丰城市洛市镇刘家村

丰城市润田塑料制品公司

法人代表:徐浩
经营范围:塑料制品
品牌:
质量标准:
电话号码:6405771
地址:丰城市尚庄镇石上村

丰城市房屋建筑工程公司

法人代表:黄风林
经营范围:工程建筑
品牌:
质量标准:
电话号码:6423844
地址:丰城市剑邑大道225号

丰城市孙渡建筑工程公司

法人代表:邹长兴
经营范围:房屋建筑业
品牌:
质量标准:
电话号码:6401721
地址:丰城市孙渡镇孙渡集镇

丰城市第八建筑工程有限公司

法人代表:李春国
经营范围:工业与民用建筑
品牌:
质量标准:
电话号码:6409739
地址:丰城市解放南路46号

丰城市第六建筑工程公司

法人代表:李国水
经营范围:土木建筑
品牌:
质量标准:
电话号码:6452186
地址:丰城市小港集镇

丰城市第七建设工程有限公司

法人代表:邹明星
经营范围:房屋建设
品牌:
质量标准:
电话号码:6416238
地址:丰城市剑光街办叶家井1号

江西丰远轻钢结构有限责任公司

法人代表:邓勇超
经营范围:轻型钢结构件
品牌:
质量标准:
电话号码:6405561
地址:丰城市尚庄镇宏岗村

丰城市荣塘建筑工程公司

法人代表:黄小明
经营范围:房屋建筑
品牌:
质量标准:
电话号码:6803426
地址:丰城市荣塘镇荣塘村

丰城市剑南建筑工程公司

法人代表:丁业勇
经营范围:房屋建筑业
品牌:
质量标准:
电话号码:6421488
地址:丰城市剑南路31号

丰城市农业开发建设工程有限公司

法人代表:熊东林
经营范围:房屋建设
品牌:
质量标准:
电话号码:6200026
地址:丰城市剑光街办东方红大街20号

丰城市第五建筑工程公司

法人代表:谢四水
经营范围:房屋建筑
品牌:
质量标准:
电话号码:6482015
地址:丰城市袁渡镇集镇

丰城市白土建筑工程公司

法人代表:黄龙保
经营范围:房屋建筑
品牌:
质量标准:
电话号码:2354974
地址:丰城市白土镇白土集镇

丰城市水利水电工程建筑有限公司

法人代表:丁细华
经营范围:水利水电工程
品牌:
质量标准:
电话号码:6417368
地址:丰城市沙湖路9号

丰城市第十建筑工程有限公司

法人代表:周全元
经营范围:房屋建设
品牌:
质量标准:
电话号码:6286551
地址:丰城市剑光街办解放南路159号

丰城矿务局基建工程处

法人代表:聂光明
经营范围:房屋建筑
品牌:
质量标准:
电话号码:6689482
地址:丰城市上塘镇建设大道39号

丰城市河洲建筑工程公司

法人代表:丰贵根
经营范围:房屋建筑业
品牌:
质量标准:
电话号码:6215147
地址:丰城市剑邑大道

丰城市建筑开发工程公司

法人代表:邹国成
经营范围:建筑开发
品牌:
质量标准:
电话号码:6202213
地址:丰城市新城区

丰城市电力住宅建筑工程有限公司

法人代表:张国金
经营范围:房屋建设
品牌:
质量标准:
电话号码:6406844
地址:丰城市剑南街办丁家村

丰城市第四建筑工程公司

法人代表:李焕群
经营范围:土木建筑
品牌:
质量标准:
电话号码:6422835
地址:丰城市东方红大街598号

丰城市第三建筑工程公司

法人代表:吴小明
经营范围:房屋建筑、装饰装修
品牌:
质量标准:
电话号码:6832012
地址:丰城市段潭乡段潭农贸街

丰城市东方建筑工程有限公司

法人代表:吴启洪
经营范围:房屋工程建筑
品牌:
质量标准:
电话号码:6286896
地址:丰城市剑光街办解放南路63号

江西省石油公司丰城市公司

法人代表:张爱国
经营范围:石油成品油批发
品牌:
质量标准:
电话号码:6422724
地址:丰城市朝阳路1号

江西省丰城市烟草公司

法人代表:李水根
经营范围:卷烟销售
品牌:
质量标准:
电话号码:6423036
地址:丰城市剑光东方红大街

江西丰林塑业有限公司

法人代表:杨受根
经营范围:1018 号汽车灯
品牌:
质量标准:
电话号码:6422240
地址:丰城市剑邑大道 234 号

高安市金刚石陶瓷有限公司

法人代表:黄业龙
经营范围:外墙砖
品牌:
质量标准:
电话号码:5453598
地址:高安市新街镇新街居委会

江西卓林制衣有限公司

法人代表:陈卓
经营范围:服装
品牌:
质量标准:
电话号码:5250855
地址:高安市瑞州街办瑞州中路 137 号

丰城市新华书店

法人代表:徐仕华
经营范围:图书、图片销售
品牌:
质量标准:
电话号码:6422564
地址:丰城市中山巷 14 号

江西峰华豆制品有限公司

法人代表:林文祥
经营范围:腐竹
品牌:
质量标准:
电话号码:6240112
地址:丰城市石上村

江西新梅陶瓷有限公司

法人代表:廖延奉
经营范围:地砖
品牌:
质量标准:
电话号码:5452088
地址:高安市新街镇新街居委会

江西省白瑞碳酸钙有限公司

法人代表:熊尚高
经营范围:轻质碳酸钙
品牌:
质量标准:
电话号码:5382126
地址:高安市太阳镇太阳镇

江西省丰城市医药公司

法人代表:熊大新
经营范围:中西药批发
品牌:
质量标准:
电话号码:6422824
地址:丰城市东方红大街 39 号

江西省瑞州特种建材集团有限公司

法人代表:周阳花
经营范围:普通水泥
品牌:
质量标准:
电话号码:5462122
地址:高安市独城镇独城

江西泰豪特种电机有限公司

法人代表:吴明宝
经营范围:发电机
品牌:
质量标准:
电话号码:5266986
地址:高安市祥符镇工业城

江西鑫龙企业集团水电公司

法人代表:周福贵
经营范围:水力发电
品牌:
质量标准:
电话号码:2922156
地址:宜丰县集镇

丰城市市政工程总公司

法人代表:饶良辉
经营范围:土木建筑
品牌:
质量标准:
电话号码:6422639
地址:丰城市人民路 70 号

江西龙工齿轮有限公司

法人代表:李君
经营范围:齿轮
品牌:龙工
质量标准:
电话号码:5217256
地址:高安市胜利路 182 号

江西新瑞景陶瓷有限公司

法人代表:唐风梅
经营范围:陶瓷釉面砖
品牌:
质量标准:
电话号码:5485007
地址:高安市八景镇八景居委会

江西省黄岗山造纸厂

法人代表:彭正兴
经营范围:机制纸
品牌:
质量标准:
电话号码:2922165
地址:宜丰县集镇

丰城市机械施工工程公司

法人代表:曾林根
经营范围:其他土木工程
品牌:
质量标准:
电话号码:6416942
地址:丰城市石祥路 86 号

江西赣英水泥有限责任公司

法人代表:付军
经营范围:普通硅酸盐水泥
品牌:
质量标准:
电话号码:5641085
地址:高安市建山镇建山街

高安市东瑞灯饰有限公司

法人代表:杨若霜
经营范围:节日灯
品牌:
质量标准:
电话号码:5280880
地址:高安市瑞州街办瑞州办连锦桥头

江西省宜丰石花尖瓷业总公司

法人代表:陶再林
经营范围:日用瓷
品牌:
质量标准:
电话号码:2999608
地址:宜丰县石花尖乡石花尖乡院内

宜丰县自来水公司

法人代表:肖钱贵
经营范围:城市供水
品牌:
质量标准:
电话号码:2765271
地址:宜丰县新昌镇东门路线 48 号

宜丰县宏丰人造板有限公司

法人代表:翁租宏
经营范围:地板
品牌:
质量标准:
电话号码:2766310
地址:宜丰县新昌镇县城东开发区

宜丰县黄岗竹胶板有限责任公司

法人代表:李荣昌
经营范围:竹帘板
品牌:
质量标准:
电话号码:2999666
地址:宜丰县黄岗乡黄岗工业区

江西鼎丰玻璃有限公司

法人代表:郑成福
经营范围:日用玻璃制品
品牌:
质量标准:
电话号码:2780788
地址:宜丰县敖桥乡流源

宜丰县化工有限责任公司

法人代表:王继红
经营范围:镂梯炸药
品牌:
质量标准:
电话号码:2782749
地址:宜丰县新昌镇县城西郊毛家坪

宜丰县雪岭木业有限公司

法人代表:钱雪琴
经营范围:人造板
品牌:
质量标准:
电话号码:2961227
地址:宜丰县芳溪镇上屋

宜丰县长和铝业有限责任公司

法人代表:何敏华
经营范围:铝型材
品牌:
质量标准:
电话号码:2751988
地址:宜丰县敖桥乡敖桥

江西省宜丰县水泥有限公司

法人代表:付高平
经营范围:普通硅酸盐水泥
品牌:
质量标准:
电话号码:2780458
地址:宜丰县新昌镇新昌东大道

宜丰县新昌镇奋发竹业有限公司

法人代表:胡捡林
经营范围:凉席生产
品牌:
质量标准:
电话号码:2766692
地址:宜丰县桥西乡县城西基家坪

宜丰县同安矿产品开发有限公司

法人代表:张强金
经营范围:瓷土
品牌:
质量标准:
电话号码:2918088
地址:宜丰县同安乡同安

宜丰县九岭竹胶板有限公司

法人代表:陈赣湘
经营范围:竹胶板
品牌:
质量标准:
电话号码:2999999
地址:宜丰县石花尖乡黄岗集镇

宜丰县芳溪缝纫机台板厂

法人代表:王金明
经营范围:缝纫机台板
品牌:
质量标准:
电话号码:2961228
地址:宜丰县芳溪镇集镇

江西省第二木材加工厂

法人代表:赖明发
经营范围:木制家具
品牌:
质量标准:
电话号码:2961252
地址:宜丰县芳溪镇庵背山

江西省猕猴桃酒业有限公司

法人代表:郑永政
经营范围:猕猴桃果酒
品牌:
质量标准:
电话号码:2768288
地址:宜丰县敖桥乡敖桥

宜丰县四春板业有限公司

法人代表:晏春生
经营范围:竹胶板
品牌:
质量标准:
电话号码:2998188
地址:宜丰县黄岗乡黄岗工业区

宜丰县供电有限责任公司

法人代表:廖中兴
经营范围:电力供应
品牌:
质量标准:
电话号码:2765429
地址:宜丰县新昌镇耶溪大道 34 号

宜丰县宇安竹材人造板有限公司

法人代表:刘小钊
经营范围:竹胶板
品牌:
质量标准:
电话号码:2922180
地址:宜丰县潭山镇集镇

江西省宜丰县水电公司

法人代表:黄绍雷
经营范围:水力发电
品牌:
质量标准:
电话号码:2760178
地址:宜丰县新昌镇耶溪大道 34 号

宜丰县石花尖纸业有限责任公司

法人代表:胡春文
经营范围:机制纸
品牌:
质量标准:
电话号码:2999025
地址:宜丰县石花尖乡黄岗洪门

宜丰金佛陶瓷有限公司

法人代表:徐国光
经营范围:大规格高档瓷质抛光砖
品牌:
质量标准:
电话号码:2759888
地址:宜丰县敖桥良岗

宜丰县第二建筑工程公司

法人代表:漆建群
经营范围:房屋建筑
品牌:
质量标准:
电话号码:2784273
地址:宜丰县新昌镇南门路1号

江西省烟草公司宜丰县分公司

法人代表:赵道银
经营范围:卷烟批发
品牌:
质量标准:
电话号码:2765774
地址:宜丰县新昌镇新昌中大道8号

宜丰县新庄镇新兔煤矿

法人代表:黄晓华
经营范围:烟煤
品牌:
质量标准:
电话号码:2976105
地址:宜丰县新庄镇上塘

靖安县粮食局粮油加工厂

法人代表:袁昌贵
经营范围:大米
品牌:
质量标准:
电话号码:4662913
地址:靖安县双溪镇东方中路59号

宜丰县水电建筑工程公司

法人代表:张根生
经营范围:房屋建筑
品牌:
质量标准:
电话号码:2785271
地址:宜丰县新昌镇东门路98号

江西省宜丰县煤矿

法人代表:黄杨林
经营范围:煤炭开采
品牌:
质量标准:
电话号码:2976041
地址:宜丰县新庄镇上塘

靖安县周坊采育林场

法人代表:张委贤
经营范围:木材采运业
品牌:
质量标准:
电话号码:4728024
地址:靖安县宝峰镇宝峰村

靖安县三爪仑采育林场

法人代表:余华峰
经营范围:木材采运业
品牌:
质量标准:
电话号码:4765101
地址:靖安县三爪仑乡三林街

宜丰县建筑工程公司

法人代表:彭兆林
经营范围:建筑工程施工
品牌:
质量标准:
电话号码:2758858
地址:宜丰县新昌镇城新村路1号

江西省棠浦煤矿

法人代表:邹剑辉
经营范围:煤炭开采
品牌:
质量标准:
电话号码:2939188
地址:宜丰县棠浦镇枫林

靖安县北港采育林场

法人代表:熊送良
经营范围:木材采运业
品牌:
质量标准:
电话号码:4786156
地址:靖安县北港林场

靖安县粮食局仁首粮油加工厂

法人代表:涂理洪
经营范围:大米
品牌:
质量标准:
电话号码:4716190
地址:靖安县仁首镇仁首村

宜丰县大华建筑公司

法人代表:何文林
经营范围:建筑安装
品牌:
质量标准:
电话号码:2767629
地址:宜丰县新昌镇 新昌西大道164号

江西省宜丰县澄塘煤矿

法人代表:龚春明
经营范围:采煤
品牌:
质量标准:
电话号码:2907250
地址:宜丰县澄塘镇牌楼

靖安县寿观采育林场

法人代表:刘人强
经营范围:木材采运业
品牌:
质量标准:
电话号码:4731184
地址:靖安县水口村

靖安县烟竹采育林场

法人代表:马理彪
经营范围:木材采运业
品牌:
质量标准:
电话号码:4737201
地址:靖安县水口乡双峰街

宜丰县流源建筑工程公司

法人代表:彭志权
经营范围:房屋建筑
品牌:
质量标准:
电话号码:2767585
地址:宜丰县敖桥乡新昌中大道119号

江西黄岗山制药厂

法人代表:赵国平
经营范围:中成药生产
品牌:
质量标准:
电话号码:2922188
地址:宜丰县陈家坪

靖安县大杞山采育林场

法人代表:熊晓洪
经营范围:木材采运业
品牌:
质量标准:
电话号码:4799255
地址:靖安县向务街

江西省靖安县高湖粮油加工厂

法人代表:张继根
经营范围:大米
品牌:
质量标准:
电话号码:4742105
地址:靖安县高湖镇况钏路83号

靖安县高湖采育林场

法人代表:李书保
经营范围:木材采运业
品牌:
质量标准:
电话号码:4742415
地址:靖安县高湖林场

靖安县罗湾乡瓷土工业公司

法人代表:陈真华
经营范围:瓷土产品生产销售
品牌:
质量标准:
电话号码:4780518
地址:靖安县罗湾乡楼前村

靖安县南山采育林场

法人代表:陈世安
经营范围:木材采运业
品牌:
质量标准:
电话号码:4780064
地址:靖安县罗湾乡双溪洞

靖安县富建竹模板厂

法人代表:陈全福
经营范围:竹胶板生产
品牌:
质量标准:
电话号码:4663281
地址:靖安县双溪镇后港路

江西省靖安县人造板厂

法人代表:刘其栋
经营范围:胶合板
品牌:
质量标准:
电话号码:4662920
地址:靖安县双溪镇后港路206号

靖安县双溪森工经营站

法人代表:熊建国
经营范围:木材采运业
品牌:
质量标准:
电话号码:4662170
地址:靖安县双溪镇河北村

江西省博泰化工有限公司

法人代表:周全
经营范围:若宁酮
品牌:
质量标准:
电话号码:4778138
地址:靖安县香田乡白露村

靖安县安宏板材有限公司

法人代表:熊勇奇
经营范围:竹胶合板
品牌:
质量标准:
电话号码:4662148
地址:靖安县双溪镇清华大道

靖安县第二粮油加工厂

法人代表:涂伟平
经营范围:大米
品牌:
质量标准:
电话号码:4665441
地址:靖安县香田乡香田山上粮库

靖安县出口木竹工艺厂

法人代表:邓达江
经营范围:木竹工艺品
品牌:
质量标准:
电话号码:4778178
地址:靖安县香田乡香田街

靖安县发电公司

法人代表:李明才
经营范围:水力发电业
品牌:
质量标准:
电话号码:4668488
地址:靖安县双溪镇潦河北路7号

靖安县第三建筑公司

法人代表:肖云生
经营范围:建筑业
品牌:
质量标准:
电话号码:4662827
地址:靖安县双溪镇后港路39号

靖安县洲上采育林场

法人代表:张炯
经营范围:木材采运业
品牌:
质量标准:
电话号码:4751127
地址:靖安县躁都街

靖安县压板厂

法人代表:陶瑜南
经营范围:竹胶板
品牌:
质量标准:
电话号码:4783663
地址:靖安县中源乡西岭村

靖安县供电有限责任公司

法人代表:符芳茂
经营范围:供电及其他电力服务
品牌:
质量标准:
电话号码:4668006
地址:靖安县双溪镇清华大道48号

靖安县第一建筑公司

法人代表:吴强
经营范围:房屋建筑业
品牌:
质量标准:
电话号码:4662825
地址:靖安县双溪镇后港东路19号

靖安县小湾电厂

法人代表:舒信源
经营范围:水力发电业
品牌:
质量标准:
电话号码:4728119
地址:靖安县宝峰镇毗炉村

靖安县开源电站

法人代表:杨力
经营范围:水力发电业
品牌:
质量标准:
电话号码:4667157
地址:靖安县罗湾乡若坪村

靖安南特工程机械有限公司

法人代表:熊拾根
经营范围:工程机械配件
品牌:
质量标准:
电话号码:4778168
地址:靖安县香田乡鸭婆潭街

靖安县建筑工程公司

法人代表:涂源义
经营范围:房屋建筑业
品牌:
质量标准:
电话号码:4662826
地址:靖安县双溪镇环城路68号

靖安县房地产建筑工程公司

法人代表:余松
经营范围:房屋建筑业
品牌:
质量标准:
电话号码:4662379
地址:靖安县双溪镇后港路

江西工具有限责任公司

法人代表:朱泽有
经营范围:游标卡尺
品牌:
质量标准:
电话号码:8802546
地址:万载县康乐镇环城南路86号

万载县黄茅镇出口礼花厂有限公司

法人代表:陈金生
经营范围:烟花鞭炮
品牌:
质量标准:
电话号码:8862157
地址:万载县黄茅镇黄茅

江西锦江酒业有限责任公司

法人代表:刘红珊
经营范围:酒
品牌:
质量标准:
电话号码:8823796
地址:万载县康乐镇王家山路69号

江西省烟草公司靖安公司

法人代表:熊伟
经营范围:卷烟批发零售
品牌:
质量标准:
电话号码:4662310
地址:靖安县双溪镇石马中路

江西省万载县自来水公司

法人代表:何瑞强
经营范围:供水
品牌:
质量标准:
电话号码:8822320
地址:万载县康乐镇阳乐大道85号

万载县华泰烟花厂

法人代表:黄文华
经营范围:烟花鞭炮
品牌:
质量标准:
电话号码:8882486
地址:万载县潭埠镇潭埠

万载县青叶食品有限公司

法人代表:谢玉才
经营范围:果菜
品牌:
质量标准:
电话号码:8913189
地址:万载县鹅峰乡涂泉

靖安县自来水公司

法人代表:陈海柱
经营范围:城市供水
品牌:
质量标准:
电话号码:4662179
地址:靖安县双溪镇环城路

江西省万载县林业工业公司

法人代表:刘怀亮
经营范围:木材
品牌:
质量标准:
电话号码:8902358
地址:万载县康乐镇阳乐

万载县百顺出口花炮厂

法人代表:王长生
经营范围:烟花鞭炮
品牌:
质量标准:
电话号码:8888188
地址:万载县潭埠镇山塘

江西省万载县水电总公司

法人代表:陈万亚
经营范围:发电
品牌:
质量标准:
电话号码:8826656
地址:万载县康乐镇宝塔南路20号

靖安县华利有限责任公司

法人代表:漆海平
经营范围:生产用木制品业
品牌:
质量标准:
电话号码:4742178
地址:靖安县高湖镇高湖村

江西省万载县橡胶制品厂

法人代表:龙启根
经营范围:编织胶管
品牌:
质量标准:
电话号码:8913152
地址:万载县鹅峰乡田江

江西康乐塑胶有限公司

法人代表:叶日冬
经营范围:PVC管材
品牌:
质量标准:
电话号码:8971384
地址:万载县康乐镇城东

万载县供电有限责任公司

法人代表:廖中兴
经营范围:供电
品牌:
质量标准:
电话号码:8903223
地址:万载县康乐镇金三角

靖安县邓氏园林实业有限公司

法人代表:张长秀
经营范围:生产用木制品业
品牌:
质量标准:
电话号码:4731456
地址:靖安县水口乡水口街

万载县试验林场

法人代表:彭望高
经营范围:木材
品牌:
质量标准:
电话号码:8953259
地址:万载县康乐镇环城南路116号

江西省万载橡胶有限责任公司

法人代表:彭水生
经营范围:普通V带
品牌:
质量标准:
电话号码:8822522
地址:万载县康乐镇宝塔路2号

万载县泰丰出口花炮厂

法人代表:罗明发
经营范围:烟花鞭炮
品牌:
质量标准:
电话号码:8952289
地址:万载县马步乡新民

万载县万新烟花厂

法人代表:张桂香
经营范围:烟花鞭炮
品牌:
质量标准:
电话号码:8888178
地址:万载县潭埠镇濠田

万载县城市建筑工程公司

法人代表:辛集生
经营范围:公路建筑
品牌:
质量标准:
电话号码:8822043
地址:万载县康乐镇后街路119号

江西省万载县新华书店

法人代表:阳焕生
经营范围:图书
品牌:
质量标准:
电话号码:8823545
地址:万载县康乐镇宝塔路58号

万载县鑫隆出口烟花制造厂

法人代表:林勇
经营范围:烟花鞭炮
品牌:
质量标准:
电话号码:8901188
地址:万载县高城乡严坑

万载县第一建筑公司

法人代表:辛洪兴
经营范围:房屋建筑
品牌:
质量标准:
电话号码:8823621
地址:万载县康乐镇沿河东路26号

万载县康乐镇市政公司

法人代表:王黑皮
经营范围:建筑
品牌:
质量标准:
电话号码:8823327
地址:万载县康乐镇环城北路

江西省石油公司万载县支公司

法人代表:彭普选
经营范围:石油
品牌:
质量标准:
电话号码:8902278
地址:万载县康乐镇阳乐大道88号

万载县强龙水泥有限公司

法人代表:龙晓波
经营范围:水泥
品牌:
质量标准:
电话号码:8816970
地址:万载县康乐镇宝塔路31号

万载县三建公司

法人代表:龙炳亮
经营范围:建筑
品牌:
质量标准:
电话号码:8823325
地址:万载县康乐镇环城北路236号

江西省烟草公司万载县公司

法人代表:聂树根
经营范围:烟草批发
品牌:
质量标准:
电话号码:8822503
地址:万载县康乐镇阳乐大道

万载县九兴竹胶板有限公司

法人代表:谢茂昌
经营范围:胶合板
品牌:
质量标准:
电话号码:8322916
地址:万载县三兴镇抗桥

江西龙牙百合有限责任公司

法人代表:张小健
经营范围:百合粉
品牌:
质量标准:
电话号码:8822658
地址:万载县康乐镇新街

万载县鹅峰乡建筑公司

法人代表:辛北泽
经营范围:建筑
品牌:
质量标准:
电话号码:8821040
地址:万载县鹅峰乡东升

江西省万载县煤矿

法人代表:刘巧飞
经营范围:原煤开采
品牌:
质量标准:
电话号码:5204675
地址:万载县三兴镇花塘

万载县融城水泥厂

法人代表:龙湖南
经营范围:水泥
品牌:
质量标准:
电话号码:8951517
地址:万载县康乐镇布城

万载县潭埠镇兰天出口花炮厂

法人代表:张魏岱
经营范围:烟花鞭炮
品牌:
质量标准:
电话号码:8889166
地址:万载县潭埠镇芳林

万载县住宅建筑工程公司

法人代表:张水生
经营范围:房屋建筑
品牌:
质量标准:
电话号码:8823069
地址:万载县康乐镇环城北路207号

万载陶瓷总厂

法人代表:施建慰
经营范围:外墙砖
品牌:
质量标准:
电话号码:8328026
地址:万载县三兴镇红旗

江西万申机械有限现任公司

法人代表:周顺如
经营范围:HDZ－60型多功能自动装盒机
品牌:
质量标准:
电话号码:8953214
地址:万载县康乐镇环城南路152号

万载县潭埠镇源丰出口花炮厂

法人代表:谢凯
经营范围:烟花鞭炮
品牌:
质量标准:
电话号码:8883318
地址:万载县潭埠镇潭埠

万载县长青食品有限公司

法人代表:龙玉萍
经营范围:盐渍荞头
品牌:
质量标准:
电话号码:8971683
地址:万载县康乐镇里泉

江西省宜春客车厂有限公司

法人代表:邓伟达
经营范围:汽车制造业
品牌:
质量标准:
电话号码:4617688
地址:江西省奉新县赤岸镇城西路1号

江西省奉新县天宇竹业公司

法人代表:黄昌林
经营范围:竹地板半成品
品牌:
质量标准:
电话号码:4511078
地址:江西省奉新县石溪办事处黄土村

奉新县金属材料制品厂

法人代表:熊太亮
经营范围:钢丝绳
品牌:
质量标准:
电话号码:4621061
地址:江西省奉新县冯川镇海昏路4号

江西天野生物制品有限责任公司

法人代表:周包财
经营范围:南酸枣汁
品牌:
质量标准:
电话号码:8903078
地址:万载县康乐镇新街

江西省奉新县电机厂

法人代表:陈光平
经营范围:电动机
品牌:
质量标准:
电话号码:4591019
地址:江西省奉新县澡下镇澡下村

江西省奉新县国营东风电厂

法人代表:帅国富
经营范围:发电
品牌:
质量标准:
电话号码:4631363
地址:江西省奉新县东风垦殖场东风街4号

江西省奉新县紧固件集团公司

法人代表:肖龙兰
经营范围:紧线机、固件及配件
品牌:
质量标准:
电话号码:4401300
地址:江西省奉新县宋埠镇宋埠村

江西环宇板材有限公司

法人代表:万仁宽
经营范围:竹胶板
品牌:
质量标准:
电话号码:8913888
地址:万载县鹅峰乡布塘

奉新县恒星钢铁有限公司

法人代表:孙金钧
经营范围:其他建筑用金属品
品牌:
质量标准:
电话号码:4605358
地址:江西省奉新县冯田开发区

奉新县城市供水有限责任公司

法人代表:余晓斌
经营范围:自来水供应
品牌:
质量标准:
电话号码:4622059
地址:江西省奉新县冯川镇狮山大道东段58号

江西省东风亿利板材有限公司

法人代表:叶子平
经营范围:竹胶合板模板
品牌:
质量标准:
电话号码:4631312
地址:江西省奉新县东风垦殖场东风路6号

万载县泰溪出口花炮厂

法人代表:阳会平
经营范围:烟花鞭炮
品牌:
质量标准:
电话号码:8353095
地址:万载县罗城镇罗城

奉新县煌达竹业有限公司

法人代表:蔡煌远
经营范围:竹胶地板
品牌:
质量标准:
电话号码:4595198
地址:江西省奉新县澡下镇观下村

奉新县仰山水电厂

法人代表:杜勤
经营范围:水力发电
品牌:
质量标准:
电话号码:4501368
地址:江西省奉新县仰山乡路边村

江西省奉新县应星化工厂

法人代表:舒敏虎
经营范围:三氯化磷
品牌:
质量标准:
电话号码:4605846
地址:江西省奉新县宋埠镇青湖村

江西省奉新县冶城竹编工艺厂

法人代表:涂式凡
经营范围:中小学生校服
品牌:
质量标准:
电话号码:4501038
地址:江西省奉新县罗市镇冶城村113号

奉新县新安工艺实业有限公司

法人代表:徐士强
经营范围:竹胶合板
品牌:
质量标准:
电话号码:4591023
地址:江西省奉新县澡下镇澡下村

奉新县教育印刷厂

法人代表:甘勇
经营范围:中小学作业本
品牌:
质量标准:
电话号码:4622116
地址:江西省奉新县冯川镇西门街116号

江西省奉新县东风竹编厂

法人代表:付爱华
经营范围:竹编工艺品
品牌:
质量标准:
电话号码:4632666
地址:江西省奉新县东风垦殖场东风街

奉新县碧云米业有限责任公司

法人代表:闵慨章
经营范围:大米加工、批发零售
品牌:
质量标准:
电话号码:4610976
地址:江西省奉新县冯川镇冯川中路65号

江西环宇竹业有限公司

法人代表:万仁宽
经营范围:竹胶模板
品牌:
质量标准:
电话号码:4605148
地址:江西省奉新县冯田工业区

奉新县鸿泰纺织品实业有限公司

法人代表:李剑
经营范围:棉纱
品牌:
质量标准:
电话号码:4610099
地址:江西省奉新县冯川镇海昏路农资公司仓库

奉新县罗市冶炼铸造公司

法人代表:黄彩园
经营范围:钢坯
品牌:
质量标准:
电话号码:4501001
地址:江西省奉新县罗市镇港下村

奉新县大华玻纤有限公司

法人代表:王建军
经营范围:玻璃纤维纱
品牌:
质量标准:
电话号码:4611538
地址:江西省奉新县冯田开发区

奉新县工艺玻璃厂

法人代表:赵修明
经营范围:玻璃制品
品牌:
质量标准:
电话号码:4501063
地址:江西省奉新县罗市镇港下村

奉新老愚公水电股份有限公司

法人代表:孙守恩
经营范围:发电力
品牌:
质量标准:
电话号码:4591024
地址:江西省奉新县澡下镇石元桥

江西省奉新县兴发竹制品厂

法人代表:韩兴芳
经营范围:竹凉席
品牌:
质量标准:
电话号码:4631329
地址:江西省奉新县上富镇建设西路78号

江西省奉新仰山钢铁厂

法人代表:王银平
经营范围:螺纹钢
品牌:
质量标准:
电话号码:4605122
地址:江西省奉新县冯田开发区

浙江中竹竹业炭业奉新分公司

法人代表:王树东
经营范围:竹地板及竹木制品
品牌:
质量标准:
电话号码:4605227
地址:江西省奉新县冯田工业区

江西省奉新化工有限公司

法人代表:许阳柳
经营范围:化工产品
品牌:
质量标准:
电话号码:4605126
地址:江西省奉新县冯田开发区

奉新县腾达竹业有限公司

法人代表:高思源
经营范围:竹地板
品牌:
质量标准:
电话号码:4632880
地址:江西省奉新县上富镇钟山西路18号

江西港隆砂轮厂

法人代表:涂明伟
经营范围:磨具磨料
品牌:
质量标准:
电话号码:4571206
地址:江西省奉新县赤田镇十五里亭

奉新县供电有限责任公司

法人代表:陈冰
经营范围:供电
品牌:
质量标准:
电话号码:4627600
地址:江西省奉新县冯川镇建设北路140号

江西申新碳素有限公司

法人代表:李忠文
经营范围:石墨制品
品牌:
质量标准:
电话号码:4628122
地址:江西省奉新县冯川镇奉新大道北路214号

奉新县富宏竹木业有限公司

法人代表:陈喜生
经营范围:竹地板
品牌:
质量标准:
电话号码:4631946
地址:江西省奉新县上富镇下街头35号

江西鑫飞来竹制品有限公司

法人代表:麦飞
经营范围:竹地板加工
品牌:
质量标准:
电话号码:4431555
地址:江西省奉新县仰山乡仰山村

江西省东风砂轮厂

法人代表:易维华
经营范围:磨具生产、销售
品牌:
质量标准:
电话号码:4631488
地址:江西省奉新县东风垦殖场东风街14号

奉新县甘坊炼钢厂

法人代表:丁辉
经营范围:轧钢
品牌:
质量标准:
电话号码:4649011
地址:江西省奉新县甘坊镇甘坊村

江西电力设备总厂上富电杆分厂

法人代表:刘振风
经营范围:电杆
品牌:
质量标准:
电话号码:4632859
地址:江西省奉新县上富镇建设西路80号

奉新县宏顺化工厂

法人代表:胡庭荣
经营范围:三氯化磷
品牌:
质量标准:
电话号码:4601265
地址:江西省奉新县冯川镇赤角村

江西朝日农业机械制造有限公司

法人代表:林伟伟
经营范围:农用车
品牌:
质量标准:
电话号码:4605777
地址:江西省奉新县冯田工业区

江西省烟草公司奉新县公司

法人代表:帅经禄
经营范围:卷烟批发、零售
品牌:
质量标准:
电话号码:4622089
地址:江西省奉新县冯川镇奉新大道167号

奉新县会埠造纸厂

法人代表:陈可亮
经营范围:包装纸
品牌:
质量标准:
电话号码:4581288
地址:江西省奉新县会埠镇会埠村

奉新县康达木竹制品有限公司

法人代表:赖学桂
经营范围:竹胶地板
品牌:
质量标准:
电话号码:4391109
地址:江西省奉新县冯田工业区

江西朝日塑胶电缆有限公司

法人代表:梁玉德
经营范围:塑胶管
品牌:
质量标准:
电话号码:4605718
地址:江西省奉新县冯田工业区

江西省奉新县食品公司

法人代表:古景铭
经营范围:鲜肉出售
品牌:
质量标准:
电话号码:4622890
地址:江西省奉新县冯川镇城南路100号

江西省丰硕电磁线有限公司

法人代表:林德根
经营范围:电磁线
品牌:
质量标准:
电话号码:4605501
地址:江西省奉新县冯田工业区

江西朝日钢结构建筑工程有限公司

法人代表:谢雪明
经营范围:钢结构生产
品牌:
质量标准:
电话号码:4605718
地址:江西省奉新县冯田工业区

奉新县建筑工程公司

法人代表:王迪文
经营范围:建筑工程及安装
品牌:
质量标准:
电话号码:4622937
地址:江西省奉新县冯川镇冯川中路56号

江西省火化机械厂

法人代表:卢江平
经营范围:火化炉
品牌:
质量标准:
电话号码:4581107
地址:江西省奉新县会卜镇会埠村

奉新县送变电安装工程公司

法人代表:时维友
经营范围:变电安装
品牌:
质量标准:
电话号码:4627824
地址:江西省奉新县冯川镇解放路169号

奉新县飞宇竹制品有限公司

法人代表:魏绪春
经营范围:竹地板
品牌:
质量标准:
电话号码:4605690
地址:江西省奉新县冯田工业区

奉新县城市建设开发公司

法人代表:周建萍
经营范围:房地产开发、建筑安装
品牌:
质量标准:
电话号码:4622673
地址:江西省奉新县冯川镇建设北路19号

江西心诚药业有限公司

法人代表:付先平
经营范围:中成药加工业
品牌:
质量标准:
电话号码:4605215
地址:江西省奉新县冯田工业区

奉新日用食杂果品公司供销贸易中心

法人代表:何信
经营范围:商品贸易
品牌:
质量标准:
电话号码:4622927
地址:江西省奉新县冯川镇大街

江西省天顺纺织品有限公司

法人代表:沈国峰
经营范围:纺织棉布
品牌:
质量标准:
电话号码:4605792
地址:江西省奉新县冯田工业区

奉新县村镇建设发展公司

法人代表:廖作模
经营范围:建筑安装
品牌:
质量标准:
电话号码:4622789
地址:江西省奉新县冯川镇建设北路37号

江西东风花蕾电子有限公司

法人代表:廖权洪
经营范围:电子元件
品牌:
质量标准:
电话号码:4631386
地址:江西省奉新县东风垦殖场东风街3号

江西省奉新县新华书店

法人代表:熊基和
经营范围:经营图书图片
品牌:
质量标准:
电话号码:4622921
地址:江西省奉新县冯川镇建设北路2号

江西浦新有色金属材料有限公司

法人代表:沈永明
经营范围:有色金属产品生产
品牌:
质量标准:
电话号码:4605456
地址:江西省奉新县冯田工业区

江西泰明(上海)橡胶轮胎有限公司

法人代表:吴仁昌
经营范围:汽车内胎生产
品牌:
质量标准:
电话号码:4605890
地址:江西省奉新县冯田工业区

江西奉新万鑫磨料磨具公司

法人代表:熊训万
经营范围:砂轮生产
品牌:
质量标准:
电话号码:4605631
地址:江西省奉新县冯田工业区

樟树市阁山造纸纸箱厂

法人代表:黄春发
经营范围:机制纸板
品牌:
质量标准:
电话号码:7589027
地址:樟树市阁山镇阁山

奉新兴鑫塑料制品有限公司

法人代表:黄平
经营范围:炭素波纹管生产
品牌:
质量标准:
电话号码:4605721
地址:江西省奉新县冯田工业区

江西恒昌棉纺织印染有限公司

法人代表:韦福安
经营范围:纺织,织布,印染
品牌:
质量标准:
电话号码:4605166
地址:江西省奉新县冯田工业区

江西国力集团

法人代表:何如法
经营范围:收割机生产
品牌:
质量标准:
电话号码:4605917
地址:江西省奉新县冯田工业区

樟树富达实业公司

法人代表:胡清文
经营范围:塑钢建材
品牌:
质量标准:
电话号码:7372088
地址:樟树市吴家巷

江西冠亿砂轮有限公司

法人代表:易维民
经营范围:陶瓷结合剂砂轮
品牌:
质量标准:
电话号码:4605692
地址:江西省奉新县冯田工业区

江西益兴科技发展有限公司

法人代表:陈贵阳
经营范围:食用油加工
品牌:
质量标准:
电话号码:4605998
地址:江西省奉新县冯田工业区

樟树市供水公司

法人代表:陈建林
经营范围:自来水
品牌:
质量标准:
电话号码:7333414
地址:樟树市药都大道136号

樟树市阁山竹木开发有限公司

法人代表:游宇
经营范围:家俱
品牌:
质量标准:
电话号码:7589029
地址:樟树市阁山镇阁山

江西省宏丰制衣有限公司

法人代表:王伯元
经营范围:无缝针织内衣套装生产
品牌:
质量标准:
电话号码:4605838
地址:江西省奉新县冯田工业区

江西奉新宏盛橡胶有限公司

法人代表:朱先文
经营范围:橡胶管生产
品牌:
质量标准:
电话号码:4605697
地址:江西省奉新县冯田工业区

药都樟树医药集团公司

法人代表:郭新民
经营范围:大活络
品牌:
质量标准:
电话号码:7332576
地址:樟树市药都路29号

江西省樟树粮油公司

法人代表:熊吉平
经营范围:大米
品牌:
质量标准:iso9001. 2000认证
电话号码:7340821
地址:樟树市药都北大道15号

江西明星砂轮有限公司

法人代表:宋秉成
经营范围:砂轮生产
品牌:
质量标准:
电话号码:4605566
地址:江西省奉新县冯田工业区

江西中华猕猴桃酿酒公司

法人代表:李广文
经营范围:猕猴桃果酒生产
品牌:
质量标准:
电话号码:4605128
地址:江西省奉新县冯田工业区

樟树供电有限责任公司

法人代表:张文富
经营范围:供电量
品牌:
质量标准:
电话号码:7332494
地址:樟树市楼门前7号

江西省煤矿机械厂

法人代表:文春萍
经营范围:喷射机
品牌:
质量标准:
电话号码:7811088
地址:樟树市临江镇民主街

江西四特酒业集团有限公司

法人代表:廖昶
经营范围:白酒生产
品牌:四特
质量标准:iso9000
电话号码:7361532
地址:樟树市药都北大道7号

江西远洋保险设备实业有限公司

法人代表:张国方
经营范围:金属制造
品牌:
质量标准:
电话号码:7358888
地址:樟树市鹿江凌上居委会

江西樟树冠京香料有限公司

法人代表:张义根
经营范围:甲基柏木酮
品牌:
质量标准:
电话号码:7360118
地址:樟树市药都北大道100号

鑫泰米业有限公司

法人代表:李金根
经营范围:粮食加工
品牌:
质量标准:
电话号码:7589238
地址:樟树市阁山镇江西樟树市

樟树市店下水力发电站

法人代表:金远平
经营范围:电力
品牌:
质量标准:
电话号码:7871051
地址:樟树市店下镇赤岗

江西远大保险设备有限公司

法人代表:徐小华
经营范围:金库门
品牌:
质量标准:
电话号码:7861208
地址:樟树市观上镇上埠

江西正邦实业有限公司

法人代表:刘道君
经营范围:配合饲料
品牌:
质量标准:
电话号码:7340610
地址:樟树市大桥办事处东村

樟树市玉福粮油食品有限公司

法人代表:刘强
经营范围:粮食加工
品牌:
质量标准:
电话号码:7589666
地址:樟树市阁山镇合山

樟树市万佳保险设备公司

法人代表:陈雪如
经营范围:保险设备
品牌:
质量标准:
电话号码:7333450
地址:樟树市城北街办张家山

江西药都仁和制药有限公司

法人代表:杨文龙
经营范围:蛇胆川贝胶囊
品牌:
质量标准:
电话号码:7358333
地址:樟树市药都路

樟树市大丰饲料厂

法人代表:潘明管
经营范围:饲料
品牌:
质量标准:
电话号码:7340484
地址:樟树市大桥办事处东村

南昌航天科技园樟树发展有限公司

法人代表:杨秀英
经营范围:教科文具
品牌:
质量标准:
电话号码:7589029
地址:樟树市阁山镇阁山

江西康美医药保健品有限公司

法人代表:杨文龙
经营范围:妇炎洁
品牌:
质量标准:
电话号码:7358333
地址:樟树市药都路72号

樟树市中原金属制品厂

法人代表:谢益平
经营范围:不锈钢产品
品牌:
质量标准:
电话号码:7349861
地址:樟树市大桥办事处东村

江西盐矿有限责任公司

法人代表:江立学
经营范围:精制盐
品牌:
质量标准:
电话号码:7372505
地址:樟树市龙溪

樟树市宏洁药业有限公司

法人代表:洪立芝
经营范围:氨基酸口服液
品牌:
质量标准:
电话号码:7858190
地址:樟树市张家山镇城北

江西阳光安全设备有限公司

法人代表:张云仔
经营范围:密集架
品牌:
质量标准:
电话号码:7891588
地址:樟树市永泰镇洋塘洲工业小区

樟树市顺达水泥有限公司

法人代表:梅光球
经营范围:普硅水泥
品牌:
质量标准:
电话号码:7721006
地址:樟树市刘公庙镇滁山村

江西起重机械总厂

法人代表:喻连生
经营范围:单双梁起重机
品牌:樟树
质量标准:iso9000
电话号码:7332361
地址:樟树市共和东路82号

江西省变色龙有限公司

法人代表:陈金龙
经营范围:面条
品牌:
质量标准:
电话号码:7851666
地址:樟树市张家山镇张家山

江西省烟草公司樟树市公司

法人代表:黄海珍
经营范围:卷烟批发
品牌:
质量标准:
电话号码:7341669
地址:樟树市药都南路49号

樟树市糖酒副食公司

法人代表:王鹏
经营范围:粮酒副食品
品牌:
质量标准:
电话号码:7332546
地址:樟树市市背街

樟树市鹿江建筑工程有限公司

法人代表:陈晓刚
经营范围:建筑安装
品牌:
质量标准:
电话号码:7336610
地址:樟树市府桥路

高安市雅星毛绒制品有限公司

法人代表:朱仰亭
经营范围:毛绒制品
品牌:
质量标准:
电话号码:5219758
地址:高安市筠阳街办桥南路726号

药都樟树医药公司

法人代表:郭新民
经营范围:药品批发
品牌:
质量标准:
电话号码:7332576
地址:樟树市药都路29号

江西省樟树市建筑工程公司

法人代表:付国平
经营范围:房屋建筑业
品牌:
质量标准:
电话号码:7332557
地址:樟树市共和西路78号

樟树市吴家巷建筑工程公司

法人代表:杨振清
经营范围:建筑安装
品牌:
质量标准:
电话号码:7339352
地址:樟树市药都南大道75号

高安市建筑工程公司

法人代表:单金根
经营范围:土木建筑
品牌:
质量标准:
电话号码:5212249
地址:高安市筠阳街办筠泉路158号

江西樟树四特酒销售总公司

法人代表:罗二仁
经营范围:销售白酒
品牌:
质量标准:
电话号码:7333209
地址:樟树市药都北大道7号

樟树市第二建筑工程公司

法人代表:邓海宝
经营范围:房屋建筑业
品牌:
质量标准:
电话号码:7332478
地址:樟树市江东路4号

樟树市洋湖建筑工程公司

法人代表:刘小林
经营范围:建筑业
品牌:
质量标准:
电话号码:7353727
地址:樟树市洋湖乡武林

高安市第二建筑工程有限责任公司

法人代表:刘裕荣
经营范围:建筑安装
品牌:
质量标准:
电话号码:5212457
地址:高安市筠阳街办朝阳路116号

中国石化江西樟树分公司

法人代表:毛陆军
经营范围:成品油批发、零售
品牌:
质量标准:
电话号码:7851002
地址:樟树市门楼里10号

樟树市第三建筑工程公司

法人代表:杨海波
经营范围:房屋建筑
品牌:
质量标准:
电话号码:7350199
地址:樟树市经楼镇经楼

樟树市豪华建筑装璜有限公司

法人代表:杨士宁
经营范围:建筑装璜
品牌:
质量标准:
电话号码:7333101
地址:樟树市共和东路81号

高安市食品有限责任公司

法人代表:冷光明
经营范围:生猪收购批发
品牌:
质量标准:
电话号码:5212854
地址:高安市筠阳街办桥南路57号

樟树市五交化公司

法人代表:罗来亭
经营范围:商业
品牌:
质量标准:
电话号码:7333239
地址:樟树市药都大道22号

樟树市淦阳建筑工程公司

法人代表:陈荣贵
经营范围:建筑安装
品牌:
质量标准:
电话号码:7332348
地址:樟树市淦阳路晒谷场6号

江西南方隧道工程有限公司

法人代表:洪文忠
经营范围:施工、设计
品牌:
质量标准:
电话号码:7312300
地址:樟树市洋湖乡洋湖

高安市瑞房桩基有限责任公司

法人代表:程栋梁
经营范围:地基与基础
品牌:
质量标准:
电话号码:5223953
地址:高安市筠阳街办筠泉路

江西省高安市医药公司

法人代表:陈惠渠
经营范围:中成、西药、器械批发
品牌:
质量标准:
电话号码:5212980
地址:高安市筠阳街办桥南路25号

江西瑞鹏博升金属材料有限公司

法人代表:邹因龙
经营范围:冷轧钢筋
品牌:
质量标准:
电话号码:5250541
地址:高安市瑞州街办赤土板号

江西汽车钢板弹簧有限公司

法人代表:周永生
经营范围:汽车板簧
品牌:
质量标准:
电话号码:5289768
地址:高安市瑞州街办高安大道20号

高安市瑞州建筑工程有限责任公司

法人代表:左海泉
经营范围:建筑施工
品牌:
质量标准:
电话号码:5217868
地址:高安市瑞州街办瑞州中路18号

高安市房地产开发公司预制厂

法人代表:邹建安
经营范围:水泥预制构件
品牌:
质量标准:
电话号码:5212292
地址:高安市筠阳街办桥南路

高安市供电有限责任公司

法人代表:易刚谋
经营范围:电力供应
品牌:
质量标准:
电话号码:5282931
地址:高安市瑞州街办瑞州路

江西宏通实业有限公司

法人代表:黄祥真
经营范围:饲料
品牌:
质量标准:
电话号码:5282782
地址:高安市瑞州街办高安大道588号

江西省烟草公司高安市公司

法人代表:董和平
经营范围:卷烟、雪茄烟
品牌:
质量标准:
电话号码:5282030
地址:高安市瑞州街办桥北路218号

高安市住宅建筑工程有限公司

法人代表:付飞林
经营范围:建筑工程施工
品牌:
质量标准:
电话号码:5212941
地址:高安市筠阳街办胜利路

中国石化高安支公司

法人代表:黄建华
经营范围:批发、零售汽油等
品牌:
质量标准:
电话号码:5251116
地址:高安市瑞州街办碧落路

高安市第三建筑有限责任公司

法人代表:聂思基
经营范围:房屋建筑
品牌:
质量标准:
电话号码:5282149
地址:高安市瑞州街办桥北路46号

江西新红梅陶瓷有限公司

法人代表:廖延奉
经营范围:建筑陶瓷
品牌:
质量标准:
电话号码:5289666
地址:高安市瑞州街办高安大道231号

高安市广告装璜公司

法人代表:李翔
经营范围:广告装璜
品牌:
质量标准:
电话号码:5212563
地址:高安市筠阳街办筠泉路

高安市自来水公司

法人代表:易福荣
经营范围:自来水生产
品牌:
质量标准:
电话号码:5292223
地址:高安市瑞州街办碧落路294号

高安市华庆建筑工程有限公司

法人代表:胡喜龙
经营范围:房屋建筑施工
品牌:
质量标准:
电话号码:5285709
地址:高安市瑞州街办桥北路198号

高安市四维建筑防水防潮有限公司

法人代表:梁萍
经营范围:建筑防水工程施工
品牌:
质量标准:
电话号码:5282194
地址:高安市瑞州街办瑞州路15号

高安市筠阳建筑工程有限责任公司

法人代表:杨国平
经营范围:房屋建筑
品牌:
质量标准:
电话号码:5222138
地址:高安市筠阳街办胜利路180号

高安市建设实业有限责任公司

法人代表:谢海清
经营范围:建筑施工
品牌:
质量标准:
电话号码:5282540
地址:高安市瑞州街办凤凰二路

高安市宏鑫建筑工程有限公司

法人代表:左正中
经营范围:房屋建筑
品牌:
质量标准:
电话号码:5252066
地址:高安市瑞州街办高安大道177号

江西省高安市新华书店

法人代表:吴任能
经营范围:图书、杂志
品牌:
质量标准:
电话号码:5291269
地址:高安市瑞州街办高安大道633号

高安市粮油批发市场

法人代表:黄桂平
经营范围:粮油批发
品牌:
质量标准:
电话号码:5282896
地址:高安市瑞州街办高安大道中段

高安市红梅陶瓷有限责任公司

法人代表:葛德程
经营范围:瓷质外墙砖
品牌:
质量标准:
电话号码:5289712
地址:高安市瑞州街办连锦

江西英岗岭矿务局

法人代表:万仁龙
经营范围:煤炭
品牌:
质量标准:
电话号码:5642009
地址:高安市建山镇枫林

高安市石脑镇建筑工程公司

法人代表:况铁枪
经营范围:房屋建筑
品牌:
质量标准:
电话号码:5605731
地址:高安市石脑镇居委会

高安市京飞路桥建设工程公司

法人代表:邹志勇
经营范围:公路桥梁建设
品牌:
质量标准:
电话号码:5292187
地址:高安市瑞州街办高安大道

江西省八景煤矿

法人代表:朱锦良
经营范围:原煤
品牌:
质量标准:
电话号码:5483066
地址:高安市八景镇西山

江西省瑞洪泵业有限公司

法人代表:黄正春
经营范围:水泵
品牌:
质量标准:
电话号码:5462322
地址:高安市独城镇独城

高安市亚中橡塑有限公司

法人代表:罗亚中
经营范围:橡胶
品牌:
质量标准:
电话号码:5605869
地址:高安市石脑镇石脑

高安市凤凰建筑有限责任公司

法人代表:高瑞虎
经营范围:房屋建筑
品牌:
质量标准:
电话号码:5282984
地址:高安市瑞州街办高安大道

江西新华煤矿

法人代表:洪金火
经营范围:水泥
品牌:
质量标准:
电话号码:5484172
地址:高安市八景镇礼港

江西瑞阳坩埚有限公司

法人代表:吴贺英
经营范围:坩埚
品牌:
质量标准:
电话号码:5462128
地址:高安市独城镇独城

江西高峰陶瓷集团公司

法人代表:王盘根
经营范围:陶瓷
品牌:
质量标准:
电话号码:5605913
地址:高安市石脑镇石脑

高安市吉尼斯陶瓷发展有限公司

法人代表:杨大勇
经营范围:建筑陶瓷
品牌:
质量标准:
电话号码:5269599
地址:高安市瑞州街办高安大道800号

高安市水泥有限责任公司

法人代表:甘成懒
经营范围:普通硅酸盐水泥
品牌:
质量标准:
电话号码:5782372
地址:高安市灰埠镇灰埠

江西太阳陶瓷有限公司

法人代表:胡毅恒
经营范围:墙地砖
品牌:
质量标准:
电话号码:5462120
地址:高安市独城镇独城

江西恒兴碳素厂

法人代表:方子林
经营范围:碳素管材
品牌:
质量标准:
电话号码:5792529
地址:高安市大城镇古楼

江西高安市瑞酒有限责任公司

法人代表:喻华
经营范围:饮料酒
品牌:
质量标准:
电话号码:5282346
地址:高安市瑞州街办连锦

江西英岗岭矿务局建筑安装工程公司

法人代表:冷晓东
经营范围:房屋建筑
品牌:
质量标准:
电话号码:5643144
地址:高安市建山镇枫林

江西省高安市江上煤矿

法人代表:陈有家
经营范围:原煤
品牌:
质量标准:
电话号码:5462131
地址:高安市独城镇鹿江

高安市泗岗煤矿

法人代表:黄生根
经营范围:无烟煤
品牌:
质量标准:
电话号码:5422188
地址:高安市田南镇新屋

高安市粮食局食品一厂

法人代表:艾书麦
经营范围:糕点
品牌:
质量标准:
电话号码:5212564
地址:高安市瑞州街办筠泉路139号

高安市华林山垦殖场水电站

法人代表:李坤元
经营范围:水力发电
品牌:
质量标准:
电话号码:5682107
地址:高安市村前镇下观

宜春市袁州区供电有限责任公司

法人代表:熊朴勤
经营范围:供电
品牌:
质量标准:
电话号码:3217321
地址:袁州区秀江西路89号

宜春远大化工有限公司

法人代表:黄荣来
经营范围:生产650树脂
品牌:
质量标准:
电话号码:3291677
地址:袁州区下浦乡徐田村

江西海鑫贸易公司

法人代表:陈海华
经营范围:肠衣
品牌:
质量标准:
电话号码:5229637
地址:高安市筠阳街办院背

高安市华林山茶叶有限公司

法人代表:童国庆
经营范围:茶叶加工
品牌:
质量标准:
电话号码:5682136
地址:高安市华林乡下观

宜春市出口蔬菜果品厂

法人代表:李祁风
经营范围:罐头生产
品牌:
质量标准:
电话号码:3241252
地址:袁州区边山下路30号

宜春市袁州区宏发夏布厂

法人代表:钟福财
经营范围:夏布生产
品牌:
质量标准:
电话号码:3601051
地址:袁州区洪塘镇洪塘村

江西维尔宝食品生物有限公司

法人代表:杨爱明
经营范围:粉末油脂
品牌:
质量标准:
电话号码:5260925
地址:高安市筠阳街办清高路801号

高安市新州活性炭有限公司

法人代表:刘旺良
经营范围:活性炭
品牌:
质量标准:
电话号码:5762106
地址:高安市汪家圩乡燕溪

宜春市袁州区星火日用化工厂

法人代表:肖国英
经营范围:卫生间清洗剂制造
品牌:
质量标准:
电话号码:3241574
地址:袁州区边山下路35号

宜春市腾达化工有限责任公司

法人代表:赵家春
经营范围:硝酸钾制造
品牌:
质量标准:
电话号码:3150888
地址:袁州区芦村乡老立村

高安市荷岭林场石灰厂

法人代表:黄开洋
经营范围:石灰
品牌:
质量标准:
电话号码:5419591
地址:高安市荷岭乡荷岭镇

高安市相垦水泥有限公司

法人代表:叶潮举
经营范围:水泥
品牌:
质量标准:
电话号码:5499610
地址:高安市下陈乡相城垦殖场

宜春市袁州区油茶林场酱油厂

法人代表:况高生
经营范围:酱油食醋制造
品牌:
质量标准:
电话号码:3241116
地址:袁州区肖家里9号

江西省辉鹏有色金属有限公司

法人代表:彭丁根
经营范围:镁粉制造
品牌:
质量标准:
电话号码:3572425
地址:袁州区春台乡宜万路702号

高安市国营荷岭林场红砖厂

法人代表:黄开洋
经营范围:红砖
品牌:
质量标准:
电话号码:5419591
地址:高安市荷岭乡荷岭镇

高安市上游水库管理局发电站

法人代表:陈趣良
经营范围:发电
品牌:
质量标准:
电话号码:5672233
地址:高安市上游水库

江西宜春精细化工厂

法人代表:彭树成
经营范围:精茶制造
品牌:
质量标准:
电话号码:3241272
地址:袁州区天桥路10号

宜春钽铌矿

法人代表:钱国文
经营范围:钽铌精矿采选
品牌:
质量标准:
电话号码:3638071
地址:袁州区新坊乡花桥村

宜春市袁州区洪盛竹业有限公司

法人代表:刘龙生
经营范围:竹胶板制造
品牌:
质量标准:
电话号码:3530127
地址:袁州区洪江乡洪江村

国营江西省宜春砂轮厂

法人代表:孙山
经营范围:砂轮制造
品牌:
质量标准:
电话号码:3541017
地址:袁州区西村镇新街路5号

江西苎麻纺织集团有限公司

法人代表:况水古
经营范围:苎麻纱制造
品牌:
质量标准:
电话号码:3245701
地址:袁州区外环南路1号

三九宜工生化股份有限公司

法人代表:李惕安
经营范围:轮式装载机制造
品牌:
质量标准:
电话号码:3298237
地址:袁州区环城西路1号

江西特种电机股份有限公司

法人代表:朱军
经营范围:交流电动机制造
品牌:
质量标准:
电话号码:3268484
地址:袁州区东风大街10号

宜春市供气公司

法人代表:景维信
经营范围:煤气供应
品牌:
质量标准:
电话号码:3261491
地址:袁州区环城东路200号

江西长青机械有限责任公司

法人代表:刘体煌
经营范围:电扶梯制造
品牌:
质量标准:
电话号码:3246423
地址:袁州区外环南路

宜春工程机械配件厂

法人代表:梁国栋
经营范围:装载机铲斗制造
品牌:
质量标准:
电话号码:3298271
地址:袁州区环城西路1号

江西轴承厂

法人代表:何冬林
经营范围:轴承制造
品牌:
质量标准:
电话号码:3195600
地址:袁州区湖田乡湖田村

江西青龙集团高新技术开发公司

法人代表:张伯良
经营范围:山茶油
品牌:
质量标准:
电话号码:3289609
地址:袁州区东风大街248号

宜春第一机械厂

法人代表:杨伟众
经营范围:三牙轮钻头制造
品牌:
质量标准:
电话号码:3241887
地址:袁州区外环南路30号

江西大有科技有限公司

法人代表:毛先华
经营范围:非晶纳米软磁材料生产
品牌:
质量标准:
电话号码:3240118
地址:袁州区袁山大道西路17号

宜春机械有限责任公司

法人代表:袁少民
经营范围:装载机后车架制造
品牌:
质量标准:
电话号码:3221518
地址:袁州区沙陂桥路9号

罗宾有限公司

法人代表:罗新权
经营范围:中密度纤维板制造
品牌:
质量标准:
电话号码:3243433
地址:袁州区边山下路200号

江西先锋机械厂

法人代表:万广明
经营范围:军工产品
品牌:
质量标准:
电话号码:3575055
地址:袁州区宜万路张家山

宜春市袁州区生猪定点屠宰厂

法人代表:黄员生
经营范围:生猪屠宰
品牌:
质量标准:
电话号码:3273276
地址:袁州区环城东路178号

宜春翔宇机械电子有限公司

法人代表:桂家祥
经营范围:钢圈制造
品牌:
质量标准:
电话号码:3241763
地址:袁州区外环南路

江西省宜春市摩擦材料厂

法人代表:章建华
经营范围:摩擦材料制造
品牌:
质量标准:
电话号码:3241131
地址:袁州区东风大218街号

宜春日报社印刷厂

法人代表:熊旷
经营范围:报纸印刷
品牌:
质量标准:
电话号码:3225712
地址:袁州区中山中路530号

江西省宜春市肉类联合加工厂

法人代表:罗时平
经营范围:冷饮品制造
品牌:
质量标准:
电话号码:3241481
地址:袁州区泗洲寺路69号

宜春市土木工程总承包有限公司

法人代表:胡志坚
经营范围:房屋建筑
品牌:
质量标准:
电话号码:3575813
地址:袁州区宜万路151号

宜春市第三建筑工程公司

法人代表:张礼荣
经营范围:房屋建筑
品牌:
质量标准:
电话号码:3239322
地址:袁州区秀江西路218号

宜春市袁州区第三建筑工程公司

法人代表:刘寿生
经营范围:房屋建筑
品牌:
质量标准:
电话号码:3222484
地址:宜春市七主庙路59号

宜春市全盛建筑工程有限公司

法人代表:易来根
经营范围:房屋建筑
品牌:
质量标准:
电话号码:3273795
地址:袁州区泗洲寺路11号

宜春市基建工程有限公司

法人代表:龙树根
经营范围:房屋建筑
品牌:
质量标准:
电话号码:3267397
地址:袁州区袁山大道中路10号

宜春市第二建筑工程有限责任公司

法人代表:易挺
经营范围:房屋建筑
品牌:
质量标准:
电话号码:3563728
地址:袁州区宜万路379号

宜春市袁州区建筑工程公司

法人代表:颜平
经营范围:房屋建筑
品牌:
质量标准:
电话号码:7022839
地址:袁州区中山中路192号

宜春市第四建筑工程公司

法人代表:王宜武
经营范围:房屋建筑
品牌:
质量标准:
电话号码:3599391
地址:袁州区袁山大道中路10号

宜春市第五建筑工程公司

法人代表:梁花仔
经营范围:房屋建筑
品牌:
质量标准:
电话号码:3579358
地址:袁州区环城西路561号

江西省宜春市建筑工程总公司

法人代表:周海泉
经营范围:房屋建筑
品牌:
质量标准:
电话号码:3222852
地址:袁州区环城西路168号

宜春市袁州区第四建筑工程公司

法人代表:易军华
经营范围:房屋建筑
品牌:
质量标准:
电话号码:3268246
地址:袁州区潭前

宜春公路桥梁工程有限责任公司

法人代表:郑磊
经营范围:公路桥梁施工
品牌:
质量标准:
电话号码:3222777
地址:袁州区五城西路25号

宜春市永安建筑工程有限公司

法人代表:邹志强
经营范围:房屋建筑
品牌:
质量标准:
电话号码:3297908
地址:袁州区湖田乡岐山村

宜春市袁州区第二建筑工程公司

法人代表:王洪生
经营范围:房屋建筑
品牌:
质量标准:
电话号码:3297729
地址:袁州区鼓楼路302号

宜春市袁州区赣中建筑工程公司

法人代表:黎绍华
经营范围:房屋建筑
品牌:
质量标准:
电话号码:3595893
地址:袁州区秀江街袁山村柏

宜春市第八建筑工程有限公司

法人代表:袁冬根
经营范围:房屋工程建筑
品牌:
质量标准:
电话号码:3562784
地址:袁州区环城西路621号

宜春市第六建筑工程公司

法人代表:谢华财
经营范围:房屋建筑
品牌:
质量标准:
电话号码:3561885
地址:袁州区环城西路902号

宜春市袁州区第一建筑工程公司

法人代表:陈水生
经营范围:房屋建筑
品牌:
质量标准:
电话号码:3272968
地址:袁州区中山中路10号

宜春市中山建筑工程有限公司

法人代表:黄海
经营范围:房屋建筑
品牌:
质量标准:
电话号码:3584168
地址:袁州区潭前柏木头

宜春市第九建筑工程有限公司

法人代表:谢圣生
经营范围:建筑安装
品牌:
质量标准:
电话号码:3273125
地址:袁州区环城北路83号

宜春三龙广告装饰有限公司

法人代表:张勇
经营范围:室内外装饰工程
品牌:
质量标准:
电话号码:8980168
地址:袁州区袁山大道中路29号

江西省烟草公司宜春分公司

法人代表:付火祥
经营范围:卷烟批发
品牌:
质量标准:
电话号码:3274030
地址:袁州区袁山大道中路10号

江西省宜春汽车装修厂

法人代表:黄建安
经营范围:汽车修理
品牌:
质量标准:
电话号码:3236755
地址:袁州区环城南路218号

江西省青龙集团商厦有限公司

法人代表:宋伟峰
经营范围:日用百货零售
品牌:
质量标准:
电话号码:3912610
地址:袁州区中山中路168号

江西省青龙集团酒店有限公司

法人代表:宋伟峰
经营范围:正餐
品牌:
质量标准:
电话号码:3266888
地址:袁州区东风大街248号

宜春市城南机械厂

法人代表:潘根紫
经营范围:减速机制造
品牌:
质量标准:
电话号码:3241087
地址:袁州区塔下路8号

江西省宜春市木材厂

法人代表:黄桂林
经营范围:夹板门防火盗门制造
品牌:
质量标准:
电话号码:3251739
地址:袁州区站南路2号

江西省宜春市新华书店

法人代表:杨利平
经营范围:书籍画册杂志批发
品牌:
质量标准:
电话号码:3237112
地址:袁州区东风大街252号

广丰卷烟厂宜春阳光大酒店

法人代表:周尚华
经营范围:正餐
品牌:
质量标准:
电话号码:3279000
地址:袁州区袁山大道中路10号

江西济民可信药业有限公司

法人代表:李义海
经营范围:杞菊地黄口服液制造
品牌:
质量标准:
电话号码:3572550
地址:袁州区高士路127号

江西海尔思药业有限公司

法人代表:邱世涛
经营范围:抗宫炎片制造
品牌:康乃馨
质量标准:
电话号码:3653726
地址:袁州区海尔思路9号

宜春泰华科技有限公司

法人代表:陈清
经营范围:计算机及配件零售
品牌:
质量标准:
电话号码:3569999
地址:袁州区高士路241号

中国石化江西宜春分公司

法人代表:邹思庭
经营范围:成品油批发兼零售
品牌:
质量标准:
电话号码:3994586
地址:袁州区泗洲寺路18号

宜春信友化工有限公司

法人代表:谌春玲
经营范围:杀虫双水剂制造
品牌:
质量标准:
电话号码:3273097
地址:袁州区城东文笔峰

宜春市赣中水利水电工程有限公司

法人代表:杨旭
经营范围:堤坝施工
品牌:
质量标准:
电话号码:7333827
地址:袁州区水电培训中心大厦

宜春市袁州区粮食购销公司

法人代表:李绍林
经营范围:粮油批发
品牌:
质量标准:
电话号码:3272526
地址:袁州区中山中路206号

江西省医药集团宜春分公司

法人代表:吴晓明
经营范围:药品批发
品牌:
质量标准:
电话号码:3299951
地址:袁州区环城东路49号

江西省宜春市供水公司

法人代表:徐建平
经营范围:供水
品牌:
质量标准:
电话号码:3586961
地址:袁州区滩下路43号

江西宜春三龙实业总公司

法人代表:张志国
经营范围:送电线路施工
品牌:
质量标准:
电话号码:3596187
地址:袁州区袁山大道中路29号

江西特种汽车有限责任公司

法人代表:李惕安
经营范围:车厢可式卸垃圾车
品牌:
质量标准:
电话号码:3298210
地址:袁州区灵泉街

南丰县天诚彩印包装有限公司

法人代表:李万根
经营范围:纸箱加工
品牌:
质量标准:
电话号码:0794 - 3212188
地址:江西省南丰县石子山

南丰县德丰棉纺织品工业有限公司

法人代表:李秋平
经营范围:棉针织品、服装及来料加工
品牌:象阳花
质量标准:
电话号码:0794 - 3204271
地址:江西省南丰县仓山路38号

南丰县长红链条有限公司

法人代表:夏小辉
经营范围:摩托车时规内链、齿形轮制造、销售
品牌:
质量标准:ISO9000
电话号码:0794 - 3204619
地址:江西省南丰县彩虹路104号

江西省弘业啤酒有限公司

法人代表:倪于平
经营范围:啤酒
品牌:桔花、弘业、桔都
质量标准:
电话号码:0794 - 3202469
地址:江西省南丰县琴城镇交通路220号

南丰县一0二九厂

法人代表:徐永刚
经营范围:炸药生产、销售
品牌:
质量标准:
电话号码:0794 - 3263059
地址:江西省南丰县莱溪乡满源村

南丰县利丰化工有限责任公司

法人代表:廖文忠
经营范围:松香
品牌:多棱
质量标准:
电话号码:0794 - 3204656
地址:江西省南丰县琴城镇沿江南路24号

南丰县橡塑制品厂

法人代表:邹选龙
经营范围:橡胶、塑料制品
品牌:
质量标准:
电话号码:0794 - 3289258
地址:江西省县交通路8号

江西丰瑞化工有限公司

法人代表:赵师旺
经营范围:油酸、硬脂酸
品牌:
质量标准:
电话号码:0794 - 3209268
地址:江西省南丰县琴城镇大桥路164号

南丰县振宇木制品有限责任公司

法人代表:朱重都
经营范围:竹席
品牌:
质量标准:
电话号码:0794 - 3360898
地址:江西省南丰县紫霄镇洽村村101号

雅思达(南丰)服饰织造有限公司

法人代表:刘永生
经营范围:生产各式服装、针织布、化纤棉等
品牌:南丰
质量标准:
电话号码:0794 - 3203747
地址:江西省南丰县彩虹路104号

江西耐施特机电有限公司

法人代表:成黎明
经营范围:机床、汽车配件、蓄电池、五金电器制造销售
品牌:
质量标准:
电话号码:0794 - 3202258
地址:江西省南丰县交通路石子山

南丰县华铃汽车配件厂

法人代表:徐国辉
经营范围:塑料制品
品牌:青草
质量标准:QS
电话号码:0794 - 3221600
地址:江西省南丰县琴城镇城北工业区20号

南丰县星达再生纸业有限公司

法人代表:邱文星
经营范围:纸制品
品牌:
质量标准:
电话号码:0794 - 3360329
地址:江西省南丰县紫霄镇洽村村100号

布谷鸟(抚州)服饰织造有限公司

法人代表:柯建南
经营范围:各式服装
品牌:
质量标准:
电话号码:0794 - 3200395
地址:江西省南丰彩虹路104号

江西世建企业有限公司

法人代表:赵世建
经营范围:铁罐制造
品牌:
质量标准:
电话号码:
地址:江西省南丰县琴城镇富溪工业区22号

南丰县艺海工艺有限公司

法人代表:邓小亮
经营范围:树脂工艺品
品牌:
质量标准:
电话号码:0794 - 3266180
地址:江西省南丰县琴城镇富溪工业区24号

南丰县亚通塑料彩印厂

法人代表:章国庆
经营范围:塑料包装袋
品牌:
质量标准:
电话号码:0794 - 3204472
地址:江西省南丰县琴城镇彩虹路29号

南丰县自来水公司

法人代表:周建平
经营范围:供水、安装
品牌:
质量标准:
电话号码:0794 - 3220427
地址:江西省南丰县琴城镇城北工业区24号

江西省戈氏水泥建材有限公司

法人代表:戈国华
经营范围:325#普硅水泥
品牌:南丰
质量标准:ISO9000
电话号码:0794 - 3204351
地址:江西省南丰县琴城镇沿江南路3号

南丰县供电有限责任公司

法人代表:蔡小平
经营范围:供电
品牌:
质量标准:AA级
电话号码:0794 - 3206693
地址:江西省南丰县琴城镇交通路18号

南丰县金鑫木制工艺品厂

法人代表:刘金茂
经营范围:木制品
品牌:
质量标准:
电话号码:0794－3326489
地址:江西省南丰县桑田镇古城村

江西省衡三建筑工程有限责任公司

法人代表:曾应龙
经营范围:房屋工程建筑
品牌:
质量标准:
电话号码:0794－3220808
地址:江西省南丰县桔都大市场内

南丰县长红纸胶厂

法人代表:孙逢生
经营范围:纸制品
品牌:
质量标准:
电话号码:0794－3203010
地址:江西省南丰县紫霄镇长陂50号

南丰工商银行

法人代表:胡晓宝
经营范围:金融活动
品牌:
质量标准:
电话号码:0794－3202721
地址:江西省南丰县仓山街1号

江西桔都药业有限公司

法人代表:陶建明
经营范围:10ml鱼腥草针、2ml复合当归针
品牌:桔都
质量标准:GMP
电话号码:0794－3204026
地址:江西省南丰县琴城镇彩虹路106号

南丰县长红建筑工程有限公司

法人代表:吴晓晓
经营范围:房屋工程建筑
品牌:
质量标准:
电话号码:0794－3202452
地址:江西省南丰县交通路51号

南丰农业银行

法人代表:周向彪
经营范围:金融活动
品牌:
质量标准:
电话号码:0794－3205593
地址:江西省南丰县新建路13号

南丰县蜜桔果业有限公司

法人代表:赵云清
经营范围:南丰蜜桔
品牌:
质量标准:
电话号码:0794－3209967
地址:江西省南丰县交通路210号

江西飞环包装有限公司

法人代表:陈泉龙
经营范围:胶粘带、打包带、酒
品牌:飞环
质量标准:ISO9000
电话号码:0794－3266289
地址:江西省南丰县琴城镇富溪工业区20号

南丰县新宇建筑工程有限公司

法人代表:周大林
经营范围:房屋工程建筑
品牌:
质量标准:
电话号码:0794－3202208
地址:江西省南丰县交通路67号

南丰县医药公司

法人代表:万明旺
经营范围:医药经营
品牌:
质量标准:
电话号码:0794－3202330
地址:江西省南丰县仓山路8路

南丰宾馆

法人代表:周巧贵
经营范围:住宿、餐饮
品牌:
质量标准:
电话号码:0794－3202210
地址:江西省南丰县新建路中段

南丰县丰伟建筑工程有限公司

法人代表:赵国升
经营范围:房屋工程建筑
品牌:
质量标准:
电话号码:0794－3220115
地址:江西省南丰县桔都大道

江西桔王药业有限公司

法人代表:游贵德
经营范围:片剂、胶囊剂、颗粒剂、丸剂
品牌:桔王
质量标准:GMP
电话号码:0794－3266966
地址:江西省南丰县富溪工业园区

南丰县新华书店

法人代表:夏桂兰
经营范围:图书、报刊、音响
品牌:
质量标准:
电话号码:0794－3202264
地址:江西省南丰县新建路

南丰县利达塑料制品有限公司

法人代表:吴耀华
经营范围:塑料制品和办公料材
品牌:
质量标准:
电话号码:0794－3204327
地址:江西省南丰县新建路登高山78号

南丰县华厦建筑工程公司

法人代表:曾剑文
经营范围:房屋工程建筑
品牌:
质量标准:
电话号码:0794－3220888
地址:江西省南丰县桔都大道

南丰县粮油经营公司

法人代表:胡日辉
经营范围:粮油批发
品牌:
质量标准:
电话号码:
地址:江西省南丰县桔都大道

中国人民财产保险南丰支公司

法人代表:刘小平
经营范围:财产保险
品牌:
质量标准:
电话号码:0794－3221683
地址:江西省南丰县桔都大道中段

中国人寿保险南丰县支公司

法人代表:邹国建
经营范围:保险
品牌:
质量标准:
电话号码:0794－3210633
地址:江西省南丰县大桥路6号

南丰县中国银行

法人代表:付国良
经营范围:金融活动
品牌:
质量标准:
电话号码:0794－3202579
地址:江西省南丰县新建路51号

南丰县平帆木材厂

法人代表:吴郁胜
经营范围:胶合板
品牌:
质量标准:
电话号码:0794－3360021
地址:江西省南丰县紫霄镇治村

广昌县仙云化工厂

法人代表:毛仙云
经营范围:松脂、销售松香、松节油、树脂
品牌:
质量标准:
电话号码:0794－3679686
地址:江西省广昌县盱江镇工业区

江西松翔啤酒有限公司

法人代表:卓雪仙
经营范围:啤酒、矿泉水
品牌:松翔
质量标准:CB4927－91(一级)
电话号码:0794－3623999
地址:江西省广昌县解放路100号

南丰县汽车运输公司修理厂

法人代表:彭国才
经营范围:汽车修理
品牌:
质量标准:
电话号码:0794－3220716
地址:江西省南丰县琴城镇南丰大道145号

南丰县军峰竹制品厂

法人代表:马国鸿
经营范围:竹制品
品牌:
质量标准:
电话号码:0794－3311001
地址:江西省南丰县三溪乡三溪村

江西昌顺集团有限公司

法人代表:邱京望
经营范围:农副产品、其它食品、饮料、生产、加工
品牌:昌顺
质量标准:C标志认证
电话号码:0794－3622606
地址:江西省广昌县城羊面岭工业区72号

广昌县粮油工业公司

法人代表:魏国良
经营范围:大米、饲料
品牌:盱源
质量标准:企业标准
电话号码:0794－3615139
地址:江西省广昌县盱江路27号

南丰县长红包装用品厂

法人代表:曾以明
经营范围:纸箱
品牌:
质量标准:
电话号码:0794－3203010
地址:江西省南丰县琴城镇彩虹路104号

南丰县军峰饲料有限公司

法人代表:王文强
经营范围:饲料
品牌:军峰
质量标准:
电话号码:
地址:江西省南丰县仓山路22号

广昌县时来福包装有限公司

法人代表:史志平
经营范围:塑料包装生产、销售
品牌:
质量标准:
电话号码:0794－3613529
地址:江西省广昌县羊面岭41号

广昌县翠雷山垦殖场电站

法人代表:蔡汉华
经营范围:水力发电
品牌:
质量标准:企业标准
电话号码:0794－3811051
地址:江西省广昌县苦竹垦殖场电站

南丰县泥炉厂

法人代表:杜文孙
经营范围:泥炉
品牌:桂型牌
质量标准:
电话号码:0794－3202473
地址:江西省南丰县琴城镇交通路107号

南丰县治湾采砂场

法人代表:孙林仔
经营范围:采砂
品牌:
质量标准:
电话号码:0794－3380021
地址:江西省南丰县治湾镇治湾村

广昌县供电有限责任公司

法人代表:蔡平
经营范围:售电、电力安装
品牌:
质量标准:
电话号码:0794－3680500
地址:江西省广昌县供电局

广昌县翠雷山胶合板厂

法人代表:李小鹏
经营范围:胶合板、单板
品牌:
质量标准:企业标准
电话号码:0794－3811022
地址:江西省广昌县翠雷山胶合板厂

南丰县农业发展银行

法人代表:江永红
经营范围:存款、贷款、办理信贷代理等业务
品牌:
质量标准:
电话号码:0794－3221712
地址:江西省南丰县琴城镇桔都大道中段

南丰县辉煌粮食加工厂

法人代表:赵志忠
经营范围:大米加工
品牌:
质量标准:
电话号码:0794－3391070
地址:江西省南丰县付坊付坊村

广昌县造纸厂

法人代表:邱东生
经营范围:造纸
品牌:翠松牌
质量标准:企业标准
电话号码:0794－3630679
地址:江西省广昌县盱江镇沙子岭

广昌县翠雷山工艺厂

法人代表:李小鹏
经营范围:木竹制品
品牌:
质量标准:企业标准
电话号码:0794－3811022
地址:江西省广昌县翠雷山胶合厂

广昌县翠雷山垦殖场

法人代表:刘金水
经营范围:人造板、原木、电力、林化产品等
品牌:
质量标准:企业体系
电话号码:0794-3811001
地址:江西省广昌县苦竹新建路58号

广昌县鑫达印业有限公司

法人代表:王德放
经营范围:软包装印刷、销售
品牌:
质量标准:
电话号码:0794-3615888
地址:江西省广昌县工业园区

广昌县莲香食品厂

法人代表:曾小荣
经营范围:藕粉生产、销售
品牌:
质量标准:
电话号码:0794-3631013
地址:江西省广昌县工业园区

广昌县莲乡食品厂

法人代表:刘志剑
经营范围:藕粉生产销售
品牌:
质量标准:
电话号码:0794-3630858
地址:江西省广昌县工业园区

广昌县云天酒业有限公司

法人代表:何守云
经营范围:白酒、果酒饮料
品牌:莲帝、云天
质量标准:
电话号码:0794-3630233
地址:江西省广昌县工业园区

广昌县三明木制品加工厂

法人代表:徐三明
经营范围:木材加工、销售
品牌:
质量标准:
电话号码:0794-3630802
地址:江西省广昌县工业园区

广昌县长虹化工厂

法人代表:张国良
经营范围:硅胶、树脂、油墨生产
品牌:
质量标准:
电话号码:0794-3631066
地址:江西省广昌县工业园区

广昌县长竹工艺厂

法人代表:邱爱祥
经营范围:木竹加工生产、销售
品牌:
质量标准:
电话号码:
地址:江西省广昌县工业园区

广昌县美怡化工科技有限公司

法人代表:谢永华
经营范围:香料加工生产销售
品牌:
质量标准:
电话号码:0794-3631188
地址:江西省广昌县工业园区

广昌县盱福建材厂

法人代表:林吓明
经营范围:红砖
品牌:
质量标准:
电话号码:0794-3630556
地址:江西省广昌县工业园区

广昌县翠雷山化工厂

法人代表:毛汕云
经营范围:松香、松节油
品牌:
质量标准:
电话号码:0794-3811020
地址:江西省广昌县翠雷山

广昌县莲藕食品厂

法人代表:易志远
经营范围:藕粉生产销售
品牌:
质量标准:
电话号码:0794-3630108
地址:江西省广昌县工业园区

广昌县普天电子厂

法人代表:焦彩红
经营范围:电子原件、来料加工
品牌:
质量标准:
电话号码:0794-3631206
地址:江西省广昌县盱江镇羊面岭工业小区

广昌永新木业制品厂

法人代表:庄景铨
经营范围:木板等
品牌:
质量标准:
电话号码:0794-3616517
地址:江西省广昌县工业园区

广昌县恒顺水泥有限公司

法人代表:饶大成
经营范围:水泥生产、销售
品牌:飞龙
质量标准:
电话号码:0794-3630398
地址:江西省广昌县工业园区

广昌县温氏淀粉糖业有限公司

法人代表:温冬明
经营范围:葡萄糖等
品牌:
质量标准:
电话号码:0794-3630098
地址:江西省广昌县工业园区

广昌县鼎盛机械厂

法人代表:杨炳胜
经营范围:机械
品牌:
质量标准:
电话号码:0794-3630158
地址:江西省广昌县工业园区

江西小老鼠玩具有限公司

法人代表:谢相智
经营范围:玩具加工、销售
品牌:
质量标准:
电话号码:0794-3631099
地址:江西省广昌县工业园区

广昌县昌盛胶合板厂

法人代表:王高友
经营范围:胶合板生产、销售
品牌:
质量标准:
电话号码:0794-3610523
地址:江西省广昌县工业园区

广昌金龙木业有限公司

法人代表:汤其起
经营范围:木板生产、销售
品牌:
质量标准:
电话号码:
地址:江西省广昌县工业园区

广昌虹裕扇厂

法人代表:黄垂裕
经营范围:扇
品牌:
质量标准:
电话号码:0794－3630129
地址:江西省广昌县工业园区

广昌县誉华人造板厂

法人代表:虞建华
经营范围:人造板
品牌:剑华
质量标准:
电话号码:0794－3630882
地址:江西省广昌县工业园区

广昌县华谊建筑工程有限公司

法人代表:谢昌厚
经营范围:土木工程建筑
品牌:
质量标准:
电话号码:0794－3622344
地址:江西省广昌县盱江镇解放路24号

江西省盐业总公司广昌县公司

法人代表:彭敏峰
经营范围:食盐、工业用盐
品牌:
质量标准:
电话号码:0794－3622230
地址:江西省广昌县解放路33号

广昌阳光彩瓦有限公司

法人代表:赵德芳
经营范围:彩瓦生产、销售
品牌:
质量标准:
电话号码:0794－3630617
地址:江西省广昌县工业园区

广昌昌晶粮食加工厂

法人代表:李声雄
经营范围:大米生产销售
品牌:
质量标准:
电话号码:0794－3630317
地址:江西省广昌县工业园区

广昌县洪观建筑有限责任公司

法人代表:尹洪
经营范围:房屋和土木工程建筑、装饰
品牌:
质量标准:
电话号码:0794－3622331
地址:江西省广昌县盱江镇解放路134号

中国石化广昌石油经营部

法人代表:高奕林
经营范围:汽油、柴油、煤油、润滑油
品牌:
质量标准:
电话号码:0794－3622148
地址:江西省广昌县盱江镇148号

广昌县金泰纸业有限公司

法人代表:纪焕平
经营范围:造纸生产、销售
品牌:
质量标准:
电话号码:0794－3630555
地址:江西省广昌县工业园区

广昌辉溪石材厂

法人代表:王瑞辉
经营范围:石材加工销售
品牌:
质量标准:
电话号码:0794－3630172
地址:江西省广昌县工业园区

广昌县市政工程公司

法人代表:肖业勋
经营范围:市政工程、土建工程等
品牌:
质量标准:
电话号码:0794－3622964
地址:江西省广昌县盱江路22号

中国建设银行广昌县支行

法人代表:嵇伟民
经营范围:存款、贷款、办理信托代理等业务
品牌:
质量标准:
电话号码:0794－3622198
地址:江西省广昌县盱江镇盱江一路二号

广昌县富昌纸业有限公司

法人代表:张国庆
经营范围:牛皮纸、白面纸生产、销售
品牌:
质量标准:
电话号码:0794－3630910
地址:江西省广昌县工业园区

广昌县广安液化气站

法人代表:黄缓珍
经营范围:液化气销售
品牌:
质量标准:
电话号码:0794－3630048
地址:江西省广昌县工业园区

广昌县林业工业公司

法人代表:张永祥
经营范围:原木及木材制品
品牌:
质量标准:
电话号码:0794－3622448
地址:江西省广昌县林业工业公司

中国农业银行广昌县支行

法人代表:曾志明
经营范围:存款、贷款、办理信托代理业务
品牌:
质量标准:
电话号码:0794－3622468
地址:江西省广昌县盱江镇解放路35号

菲亚斯服饰有限公司

法人代表:罗小红
经营范围:服装加工
品牌:
质量标准:
电话号码:0794－3631788
地址:江西省广昌县工业园区

广昌县翠雷山林业公司

法人代表:江普正
经营范围:林业、种植、木材、毛竹等
品牌:
质量标准:企业标准
电话号码:0794－3611001
地址:江西省广昌县盱江镇苦竹

广昌县宾馆

法人代表:何丹
经营范围:住宿、饮食
品牌:
质量标准:
电话号码:0794－3622458
地址:江西省广昌县建设路31号

金华市精选矿业广昌分公司

法人代表:袁公义
经营范围:萤石矿开采加工销售
品牌:
质量标准:
电话号码:0794－3712536
地址:江西省广昌县塘坊乡大株村

江西省烟草公司资溪县公司

法人代表:熊体科
经营范围:烟草批发
品牌:
质量标准:
电话号码:0794－5793424
地址:江西省资溪县鹤城镇繁华南路3号

资溪县电信局

法人代表:邹新春
经营范围:电信
品牌:
质量标准:
电话号码:0794－5795079
地址:江西省资溪县鹤城镇建设路30号

中国人寿保险公司资溪支公司

法人代表:李正
经营范围:人寿保险
品牌:
质量标准:
电话号码:0794－5793122
地址:江西省资溪县鹤城镇建设路20号

资溪县华宇房地产开发有限公司

法人代表:李小英
经营范围:房地产开发
品牌:
质量标准:
电话号码:0794－5797912
地址:江西省资溪县华宇房地产开发有限公司

江西资溪农药厂

法人代表:黎能文
经营范围:化学农药制造
品牌:
质量标准:
电话号码:0794－5783560
地址:江西省资溪县鹤城镇解放北路9号

资溪县农业生产资料公司

法人代表:余辉
经营范围:农资批发
品牌:
质量标准:
电话号码:0794－5793512
地址:江西省资溪县鹤城镇建设路17号

资溪县农村信用合作社联合社

法人代表:陈春生
经营范围:借贷款
品牌:
质量标准:
电话号码:0794－5781621
地址:江西省资溪县合鹤城镇县开发区

资溪县赣东铅笔厂

法人代表:张伯均
经营范围:铅笔制造
品牌:
质量标准:
电话号码:0794－5792207
地址:江西省资溪县鹤城镇罐头州1号

资溪县石油公司

法人代表:王建国
经营范围:汽油柴油零售
品牌:
质量标准:
电话号码:0794－5793241
地址:江西省资溪县鹤城镇司前南路35号

资溪县建筑工程公司

法人代表:季绍芳
经营范围:房屋工程建筑
品牌:
质量标准:
电话号码:0794－5792732
地址:江西省资溪县鹤城镇繁华南路16号

资溪县佳森工艺品厂

法人代表:章伯焕
经营范围:木竹工艺品制造与销售
品牌:
质量标准:
电话号码:0794－5782666
地址:江西省资溪县开发区

资溪县马头山林场

法人代表:李旺仁
经营范围:林木车运
品牌:
质量标准:
电话号码:0794－5611105
地址:江西省资溪县马头山林场

资溪县精细化工有限公司

法人代表:樊培根
经营范围:有机化学原料制造
品牌:
质量标准:
电话号码:0794－5798826
地址:江西省资溪县鹤城镇下长兴

中国农业银行资溪县支行

法人代表:何兆粱
经营范围:银行信贷
品牌:
质量标准:
电话号码:0794－5793664
地址:江西省资溪县鹤城镇建设路59号

资溪县邮政局

法人代表:徐爱植
经营范围:邮政
品牌:
质量标准:
电话号码:0794－5786166
地址:江西省资溪县鹤城镇建设路30号

江西资溪制药厂

法人代表:衷建平
经营范围:中成药制造
品牌:
质量标准:
电话号码:0794－5793010
地址:江西省资溪县鹤城镇解放南路31号

资溪县电力公司

法人代表:章荣福
经营范围:电力供应
品牌:
质量标准:
电话号码:0794－5793815
地址:江西省资溪县鹤城镇建设路45号

资溪县德高竹木加工厂

法人代表:付祝寿
经营范围:木竹加工
品牌:
质量标准:
电话号码:0794－5792346
地址:江西省资溪县开发区

资溪县实林木竹制品厂

法人代表:林清山
经营范围:木制品加工
品牌:
质量标准:
电话号码:0794－5781639
地址:江西省资溪县鹤城镇火车站路34号

中国农业发展银行资溪县支行

法人代表:王龙辉
经营范围:银行信贷
品牌:
质量标准:
电话号码:0794－5793944
地址:江西省资溪县鹤城镇建设路62号

资溪县新华书店

法人代表:林永春
经营范围:图书发行
品牌:
质量标准:
电话号码:0794－5792464
地址:江西省资溪县鹤城镇建设路28号

资溪县石峡林场

法人代表:张裕金
经营范围:木竹采运
品牌:
质量标准:
电话号码:0794－5656026
地址:江西省资溪县石峡林场

资溪县汽车站

法人代表:刘福龙
经营范围:客车运输管理
品牌:
质量标准:
电话号码:0794－5792721
地址:江西省资溪县鹤城镇解放南路6号

资溪县新安实业有限公司

法人代表:邵秋富
经营范围:电焊条
品牌:
质量标准:
电话号码:13320183773
地址:江西省资溪县工业园区

资溪县巨峰石材厂

法人代表:艾少凡
经营范围:石材加工与销售
品牌:
质量标准:
电话号码:0794－5794389
地址:江西省资溪县鹤城镇司前村

资溪县搬运公司

法人代表:胥国胜
经营范围:搬运
品牌:
质量标准:
电话号码:0794－5792625
地址:江西省资溪县鹤城镇泸水路40号

资溪县对外经济贸易公司

法人代表:王淑琴
经营范围:粮油食品出口
品牌:
质量标准:
电话号码:0794－5792366
地址:江西省资溪县鹤城镇建设路51号

资溪大觉山旅游发展有限公司

法人代表:李启明
经营范围:旅游景区开发
品牌:
质量标准:
电话号码:0794－5796310
地址:江西省资溪县大觉山旅游发展有限公司

资溪县陈坊林场

法人代表:龙为民
经营范围:木竹采运
品牌:
质量标准:
电话号码:0794－5655105
地址:江西省资溪县陈坊林场

资溪县食品酿造厂

法人代表:黄一鸣
经营范围:白酒生产与销售
品牌:
质量标准:
电话号码:0794－5783253
地址:江西省资溪县鹤城镇司前路16号

江西资溪科赛城镇开发公司

法人代表:江喜科
经营范围:房屋开发
品牌:
质量标准:
电话号码:0794－5798528
地址:江西省资溪县科赛城镇开发公司

资溪狮子山生态旅游有限公司

法人代表:罗嘉亮
经营范围:旅游开发度假休闲
品牌:
质量标准:
电话号码:0794－5633301
地址:江西省资溪县狮子山生态旅游有限公司

资溪县自来水公司

法人代表:廖德福
经营范围:自来水生产与供应
品牌:
质量标准:
电话号码:0794－5793341
地址:江西省资溪县鹤城镇建设路86号

资溪县盛达石材加工厂

法人代表:吕和顺
经营范围:石料开采及加工
品牌:
质量标准:
电话号码:0794－5633358
地址:江西省资溪县高埠镇

资溪县青云竹地板有限公司

法人代表:张励文
经营范围:竹地板制造
品牌:
质量标准:
电话号码:13607944363
地址:江西省资溪县高埠镇工业区

宜黄县绿源米业有限公司

法人代表:邱新明
经营范围:大米
品牌:
质量标准:
电话号码:0794－7619166
地址:江西省宜黄县凤岗镇澄源村5号

中国工商银行抚州市分行资溪分理处

法人代表:饶希平
经营范围:存贷款
品牌:
质量标准:
电话号码:0794－5791912
地址:江西省资溪县鹤城镇建设路56号

资溪县联发石材有限公司

法人代表:王振峰
经营范围:石材加工
品牌:
质量标准:
电话号码:0794－5633366
地址:江西省资溪县高埠镇

资溪县尚莲矿泉水有限公司

法人代表:李复班
经营范围:矿泉水生产与销售
品牌:
质量标准:
电话号码:0794－5645168
地址:江西省资溪县株溪林场

江西华南板材有限公司

法人代表:周卫
经营范围:木制品
品牌:
质量标准:
电话号码:0794－7609438
地址:江西省宜黄县六里埔工业园区

宜黄县三宜特种化工有限公司

法人代表:林吉
经营范围:
品牌:
质量标准:
电话号码:0794－7611389
地址:江西省宜黄县凤岗镇官度村

宜黄木业建筑防水模板厂

法人代表:洪泽泻
经营范围:防水隔热板
品牌:
质量标准:
电话号码:0794－7612109
地址:江西省宜黄县六里铺工业园区

宜黄县通顺木业有限公司

法人代表:徐水庆
经营范围:胶合板\人造板
品牌:
质量标准:
电话号码:0794－7602138
地址:江西省宜黄县凤岗镇北关村

宜黄县百货公司

法人代表:王跃民
经营范围:百货零售
品牌:
质量标准:
电话号码:0794－7602705
地址:江西省宜黄县凤岗镇学前街

宜黄县信江碳化硅有限公司

法人代表:邓珍荣
经营范围:碳化硅
品牌:
质量标准:
电话号码:0794－7778999
地址:江西省宜黄县东陂村

宜黄县福源选矿有限公司

法人代表:
经营范围:铁矿石
品牌:
质量标准:
电话号码:
地址:江西省宜黄县梨溪镇

宜黄县建筑公司

法人代表:黄平波
经营范围:木工工程建筑
品牌:
质量标准:
电话号码:0794－7602613
地址:江西省宜黄县凤岗镇西马路104号

宜黄县收储蓄公司

法人代表:余英勇
经营范围:粮食批发
品牌:
质量标准:
电话号码:
地址:江西省宜黄县凤岗镇学前街

宜黄县城顺达水电有限公司

法人代表:支礼华
经营范围:水电
品牌:
质量标准:
电话号码:0794－7609098
地址:江西省宜黄县圳口乡

江西华南纸业有限公司

法人代表:孙丙校
经营范围:白板纸
品牌:
质量标准:
电话号码:0794－7606898
地址:江西省宜黄县六里铺工业园区

宜黄县新华书店

法人代表:张文
经营范围:书批发零售
品牌:
质量标准:
电话号码:0794－7602606
地址:江西省宜黄县学前街

宜黄县食品公司

法人代表:袁晓明
经营范围:食品批零
品牌:
质量标准:
电话号码:0794－7602815
地址:江西省宜黄县凤岗镇西马路

宜黄县星泰纸业有限公司

法人代表:汤立新
经营范围:纸
品牌:
质量标准:
电话号码:0794－7609800
地址:江西省宜黄县六里铺工业园区

江西诚鑫木业有限责任公司

法人代表:
经营范围:刨花板
品牌:
质量标准:
电话号码:0794－7769188
地址:江西省宜黄县黄陂镇

宜黄县医药公司

法人代表:尚品友
经营范围:药批发零售
品牌:
质量标准:
电话号码:0794－7602351
地址:江西省宜黄县学前街

宜黄县粮油批发市场

法人代表:邱效民
经营范围:粮食经营
品牌:
质量标准:
电话号码:0794－7602453
地址:江西省宜黄县凤岗镇学前街

宜黄县林深胶合板有限公司

法人代表:邓国中
经营范围:胶合板
品牌:
质量标准:
电话号码:0794－7602138
地址:江西省宜黄县凤岗镇官仓村

江西天水实业有限公司

法人代表:
经营范围:水电
品牌:
质量标准:
电话号码:
地址:江西省宜黄县东陂镇

宜黄县种子公司

法人代表:余俊平
经营范围:种子批发
品牌:
质量标准:
电话号码:0794－7602305
地址:江西省宜黄县凤岗镇大南关

宜黄县城南加油站

法人代表:黄寿生
经营范围:销售燃油
品牌:
质量标准:
电话号码:0794－7600598
地址:江西省宜黄县凤岗镇大南关21号

宜黄县金山加油站

法人代表:任乾飞
经营范围:汽油柴油销售
品牌:
质量标准:
电话号码:0794-7608718
地址:江西省宜黄县凤岗镇大南关

宜黄县蓝电铸造有限公司

法人代表:
经营范围:铸钢件
品牌:
质量标准:
电话号码:
地址:江西省宜黄县工业园区

宜黄县化工厂

法人代表:吴立新
经营范围:松油醇
品牌:
质量标准:
电话号码:0794-7602346
地址:江西省宜黄县凤岗镇北关村4号

江西日兴食品有限公司

法人代表:刘卫华
经营范围:水煮笋
品牌:
质量标准:
电话号码:0794-7612109
地址:江西省宜黄县六里铺工业园区

宜黄县粮贸中心

法人代表:江福林
经营范围:餐饮服务
品牌:
质量标准:
电话号码:0794-7614397
地址:江西省宜黄县学前街

宜黄县丰乐水泥有限公司

法人代表:付继旺
经营范围:水泥
品牌:
质量标准:
电话号码:0794-7608715
地址:江西省宜黄县凤冈镇西门郊外

宜黄县大千纸业有限公司

法人代表:何星灯
经营范围:纸浆
品牌:
质量标准:
电话号码:0794-7612721
地址:江西省宜黄县凤岗桥头村105号

江西联兴纸业有限公司

法人代表:林恩展
经营范围:生产销售各种包装纸
品牌:
质量标准:
电话号码:0794-6331396
地址:江西省崇仁县西郊路3号

宜黄县招待所

法人代表:卢志荣
经营范围:餐饮服务
品牌:
质量标准:
电话号码:0794-7602016
地址:江西省宜黄县西马路

宜黄县供电有限责任公司

法人代表:吴立秋
经营范围:供电
品牌:
质量标准:
电话号码:0794-7602504
地址:江西省宜黄县凤岗镇西马路56号

宜黄县自来水公司

法人代表:李小煌
经营范围:自来水
品牌:
质量标准:
电话号码:0794-7602763
地址:江西省宜黄县凤岗镇沿江路88号

江西变电设备有限公司

法人代表:郑元豹
经营范围:变压器
品牌:华赣
质量标准:ISO9001
电话号码:0794-6322546
地址:江西省崇仁县巴山镇交通路39号

宜黄县第三建筑工程公司

法人代表:崔宜新
经营范围:房屋建筑
品牌:
质量标准:
电话号码:0794-7601368
地址:江西省宜黄县凤岗镇大南关

宜黄县粮油经营公司

法人代表:叶国茂
经营范围:大米
品牌:
质量标准:
电话号码:0794-7604607
地址:江西省宜黄县凤岗镇南粮路7号

宜黄县兴达金属制品厂

法人代表:宁兴旺
经营范围:弹簧 钢丝
品牌:
质量标准:
电话号码:0794-7607870
地址:江西省宜黄县凤岗镇六里铺工业园区

崇仁县赣东苎麻纺织有限公司

法人代表:林锦聪
经营范围:制造加工纯苎麻及各种混纺纱及其他纺织品
品牌:
质量标准:ISO9000
电话号码:0794-6332106
地址:崇仁县站前路22号

宜黄县第二建筑公司

法人代表:邹怀贵
经营范围:房屋建筑
品牌:
质量标准:
电话号码:0794-7602158
地址:江西省宜黄县黄陂新街

宜黄县国营钨矿

法人代表:吴立茂
经营范围:工业钨
品牌:
质量标准:
电话号码:0794-7602145
地址:江西省宜黄县凤岗镇河东村89号

宜黄县龙华塑料制品有限公司

法人代表:罗序金
经营范围:塑料
品牌:
质量标准:
电话号码:
地址:江西省宜黄县六里铺工业园区

省烟草抚州分公司崇仁县营销中心

法人代表:李旭
经营范围:烟草制品
品牌:
质量标准:
电话号码:0794-6321000
地址:江西省崇仁县府东路8号

江西汇联实业有限公司

法人代表:刘道君
经营范围:饲料
品牌:
质量标准:
电话号码:0794－6366450
地址:江西省崇仁县工业园区

江西亚珀变电设备有限公司

法人代表:黄友平
经营范围:变压器
品牌:亚珀
质量标准:ISO9000
电话号码:0794－6366988
地址:江西省崇仁县沙堤开发区

抚州市粮油中心库

法人代表:罗永顺
经营范围:粮食、食油
品牌:
质量标准:ISO9000
电话号码:0794－6333724
地址:江西省崇仁县圳背路41号

江西明生水泥有限公司

法人代表:张辉明
经营范围:水泥生产
品牌:明生牌
质量标准:ISO9000
电话号码:0794－6481090
地址:江西省崇仁县礼陂镇

江西赣东纺织有限公司

法人代表:洪强
经营范围:布
品牌:
质量标准:
电话号码:0794－6331679
地址:江西省崇仁县巴山镇

江西省威龙服装发展有限公司

法人代表:吴炳辉
经营范围:服装制造、电脑绣花、化纤棉
品牌:
质量标准:
电话号码:0794－6361888
地址:江西省崇仁县工业园区

崇仁县农村信用合作联社

法人代表:李增建
经营范围:存贷款业务等
品牌:
质量标准:
电话号码:0794－6311001
地址:江西省崇仁县人民大道

中华山煤炭有限公司

法人代表:周思定
经营范围:煤炭
品牌:
质量标准:
电话号码:0794－6481785
地址:江西省崇仁县礼陂镇

江西长衡机械有限公司

法人代表:李钢华
经营范围:产销机动车辆及减震器、汽车及摩托车配件、多功能高效消毒洗净机
品牌:长衡
质量标准:ISO9000
电话号码:0794－6366643
地址:崇仁县人民大道

崇仁县第二机械厂

法人代表:游德发
经营范围:减震器
品牌:
质量标准:
电话号码:0794－6401189
地址:江西省崇仁县相山镇

崇仁县第三机械厂

法人代表:陈瑛
经营范围:农业机械
品牌:
质量标准:
电话号码:0794－6323805
地址:江西省崇仁县巴山镇

江西澳赣辐条实业有限公司

法人代表:张晓明
经营范围:生产和销售系列辐条
品牌:狮头牌
质量标准:ISO9000
电话号码:0794－6332583
地址:江西省崇仁县街口路268号

中石化崇仁县石油经营部

法人代表:王新根
经营范围:石油成品油
品牌:
质量标准:
电话号码:0794－6322305
地址:崇仁县人民大道

崇仁县供电有限责任公司

法人代表:熊学文
经营范围:电力供应
品牌:
质量标准:
电话号码:0794－6322770
地址:江西省崇仁县巴山镇府西路

江西崇仁县粉末冶金有限公司

法人代表:陈建军
经营范围:粉末冶金制品、车辆及配件、五金化工、建材、金属材料
品牌:黄洲
质量标准:
电话号码:0794－6361589
地址:崇仁县工业园区

江西赣电互感器有限责任公司

法人代表:张爱民
经营范围:互感器、高低压计量箱
品牌:赣电电气
质量标准:ISO9000
电话号码:0794－6366388
地址:江西省崇仁县工业小区

江西永胜机械厂

法人代表:陈共孙
经营范围:炸药
品牌:飞字牌
质量标准:
电话号码:0794－6339814
地址:江西省崇仁县中山路52号

江西省赣东钳蝎系列开发有限公司

法人代表:詹军文
经营范围:蝎王酒系列
品牌:
质量标准:
电话号码:
地址:江西省崇仁县

崇仁县春光竹业有限公司

法人代表:陈春生
经营范围:竹制品加工
品牌:
质量标准:
电话号码:
地址:江西省崇仁县巴山镇

中国人民财产保险崇仁支公司

法人代表:武金虎
经营范围:财产损失保险、责任保险、信用保险、意外伤害保险
品牌:
质量标准:
电话号码:0794－6311691
地址:崇仁县府东路14号

江西省崇仁县新华书店

法人代表:邹林芳
经营范围:图书发行、音像制品、办公用品、文化用品
品牌:
质量标准:
电话号码:0794-6322415
地址:江西省崇仁县巴山镇道南路88号

崇仁县花岗岩石厂

法人代表:林青山
经营范围:花岗岩加工
品牌:
质量标准:
电话号码:0794-6361728
地址:江西省崇仁县工业园区

江西煌上煌崇仁麻鸡禽业食品公司

法人代表:周松
经营范围:麻鸡加工
品牌:
质量标准:
电话号码:0794-6361999
地址:江西省崇仁县工业园区

江西三盈电瓷电器有限公司

法人代表:谢伟明
经营范围:输变电设备
品牌:
质量标准:
电话号码:0794-6361702
地址:江西省崇仁县工业园区

江西省三益服装发展有限公司

法人代表:蔡胜水
经营范围:服装制造、电脑绣花、化纤棉等
品牌:
质量标准:
电话号码:0794-6361577
地址:江西省崇仁县工业园区

江西成功实业有限公司

法人代表:刘黎孙
经营范围:减震器生产
品牌:
质量标准:
电话号码:0794-6365946
地址:江西省崇仁县

江西华森实业有限公司

法人代表:郑云昌
经营范围:胶木板生产
品牌:
质量标准:
电话号码:0794-6361918
地址:江西省崇仁县工业园区

崇仁县绿宝木业有限公司

法人代表:邓火车
经营范围:木材加工
品牌:
质量标准:
电话号码:0794-6361689
地址:江西省崇仁县巴山镇南环路

赣东电动工具实业有限公司

法人代表:邹建军
经营范围:电动工具制造及机械加工
品牌:赣东
质量标准:ISO9000
电话号码:0794-6322494
地址:江西省抚州市崇仁县中山大道23号

江西益华电力设备公司

法人代表:朱小华
经营范围:电力设备
品牌:
质量标准:
电话号码:0794-6366855
地址:江西省崇仁县工业园区

崇仁县河上新潮家具厂

法人代表:刘冬华
经营范围:家具加工
品牌:
质量标准:
电话号码:
地址:江西省崇仁县巴山镇府东路

江西福祺服饰有限公司

法人代表:涂德芳
经营范围:服装
品牌:
质量标准:
电话号码:0794-6361868
地址:崇仁县工业园区

崇仁县麻鸡加工厂

法人代表:范仁贵
经营范围:麻鸡系列加工
品牌:
质量标准:
电话号码:
地址:江西省崇仁县

江西省盐业总公司崇仁县公司

法人代表:陈茂生
经营范围:食盐批发
品牌:
质量标准:
电话号码:0794-6322329
地址:江西省崇仁县

江西长胜机械厂

法人代表:曾开云
经营范围:减震器
品牌:
质量标准:
电话号码:0794-6361939
地址:江西省崇仁县工业园区

崇仁县邮政局

法人代表:张跃云
经营范围:邮寄、函件、包裹、电子汇兑、报刊发行、邮政储蓄
品牌:
质量标准:
电话号码:0794-6365288
地址:崇仁县人民大道

崇仁县远泰医药有限公司

法人代表:罗大清
经营范围:中药材、中成药、药品、器械、保健品
品牌:
质量标准:
电话号码:0794-6322401
地址:江西崇仁县巴山镇胜利大道58号

崇仁县自来水公司

法人代表:黄冬儒
经营范围:自来水供应
品牌:
质量标准:
电话号码:0794-6330168
地址:江西省崇仁县巴山镇西郊路

崇仁县茂源石材厂

法人代表:林勇
经营范围:石材加工
品牌:
质量标准:
电话号码:0794-6361733
地址:江西省崇仁县工业园区

江西省杰丰服装发展有限公司

法人代表:黄深谋
经营范围:服装制造、电脑绣花、化纤棉等
品牌:
质量标准:
电话号码:0794-6361889
地址:江西省崇仁县工业园区

抚州市汽车运输总公司崇仁公司

法人代表:章国鑫
经营范围:汽车运输
品牌:
质量标准:
电话号码:0794－6322186
地址:江西省崇仁县

江西移动通信公司崇仁县公司

法人代表:冯理高
经营范围:移动通信
品牌:
质量标准:
电话号码:0794－6329186
地址:江西省崇仁县巴山镇胜利路

省烟草抚州分公司东乡县营销中心

法人代表:叶福建
经营范围:卷烟
品牌:
质量标准:
电话号码:0794－4232229
地址:江西省东乡县烟草专卖局

东乡县红磷焦化有限责任公司

法人代表:周正荣
经营范围:焦炭、焦油、废气发电
品牌:
质量标准:
电话号码:0794－4235948
地址:江西省东乡县

中国建设银行崇仁县支行

法人代表:刘占华
经营范围:金融服务
品牌:
质量标准:
电话号码:0794－6339063
地址:江西省崇仁县中山路128号

中国工商银行崇仁县支行

法人代表:张鲁建
经营范围:金融业务
品牌:
质量标准:
电话号码:0794－6322247
地址:江西省崇仁县工商银行

东乡县粮油收储公司

法人代表:侯小平
经营范围:稻谷油
品牌:
质量标准:
电话号码:0794－4232913
地址:江西省东乡县

江西省东乡县缫丝总厂

法人代表:曾加兴
经营范围:白长丝等
品牌:梅花
质量标准:
电话号码:0794－4332656
地址:江西省东乡县大富工业园区

江西电信崇仁县分公司

法人代表:徐小勇
经营范围:主营电信业务兼营通讯器材销售及修理
品牌:
质量标准:
电话号码:0794－6322518
地址:江西省崇仁县胜利路17号

江西东亚药业有限责任公司

法人代表:江小平
经营范围:输液制剂
品牌:龙泉
质量标准:3C认证
电话号码:0794－4237517
地址:江西省抚州市东乡县荆公路6号

东乡县供电有限责任公司

法人代表:蔡小平
经营范围:供电、机电设备安装及维修、电力材料销售
品牌:
质量标准:
电话号码:0794－4227298
地址:江西省东乡县龙山北路

赣东湘大骆驼饲料有限公司

法人代表:陶一山
经营范围:饲料
品牌:
质量标准:
电话号码:0794－4231648
地址:江西省东乡县孝岗镇环城路65号

中国农业发展银行崇仁县支行

法人代表:陈国印
经营范围:金融业务
品牌:
质量标准:
电话号码:0794－6327430
地址:江西省崇仁县人民大道

中国石化抚州东乡石油经营部

法人代表:邓剑明
经营范围:汽油柴油煤油
品牌:
质量标准:
电话号码:0794－4232818
地址:江西省东乡县龙山北路227号

中国人寿保险东乡县支公司

法人代表:
经营范围:人寿保险、健康保险等
品牌:
质量标准:
电话号码:0794－4235686
地址:江西省东乡县恒安西路

江西顺昌隆实业有限公司

法人代表:魏永华
经营范围:化工
品牌:
质量标准:
电话号码:0794－4332606
地址:江西省东乡县大富工业园区

崇仁县建筑公司

法人代表:陈利民
经营范围:建筑
品牌:
质量标准:
电话号码:0794－6332487
地址:江西省崇仁县中山路

恒安(江西)卫生用品有限公司

法人代表:施文博
经营范围:卫生用品
品牌:安乐
质量标准:ISO9000
电话号码:0794－4382392
地址:江西省东乡县圩上镇

江西雨帆化工有限责任公司

法人代表:冯绍峰
经营范围:变性淀粉
品牌:
质量标准:
电话号码:0794－4332239
地址:江西省东乡县

江西江磷磷肥有限责任公司

法人代表:吴传惠
经营范围:钙镁磷肥、复合肥、焦炭
品牌:江磷
质量标准:化工部颁标准
电话号码:0794－4238399
地址:江西省东乡县江磷公司

江西东乡县国家粮食储备库

法人代表:官赣明
经营范围:粮食收购
品牌:
质量标准:
电话号码:0794-4232001
地址:江西省东乡国家粮食储备库

江西东乡新华书店

法人代表:饶小敏
经营范围:图书文具
品牌:
质量标准:
电话号码:0794-4232425
地址:江西省东乡县

江西粮贸公司

法人代表:何伟
经营范围:粮食加工及销售
品牌:
质量标准:
电话号码:0794-4382209
地址:江西省东乡县

江西港星针织公司

法人代表:郑援朝
经营范围:成衣加工
品牌:
质量标准:
电话号码:0794-4381385
地址:江西省东乡红星

江西华绿农牧集团有限公司

法人代表:徐建生
经营范围:家禽养殖
品牌:华绿
质量标准:
电话号码:0794-4412178
地址:江西省东乡县渊山岗农业开发区

江西盈丰实业有限公司

法人代表:夏水平
经营范围:手机配件
品牌:
质量标准:
电话号码:0794-4382488
地址:江西省东乡县红星东山工业园

江西红星水电服务公司

法人代表:陈按华
经营范围:供电
品牌:
质量标准:
电话号码:0794-4382119
地址:江西省东乡县

江西红星机械有限责任公司

法人代表:华青地
经营范围:生产饲料机械
品牌:红星机械
质量标准:ISO9002
电话号码:0794-4382462
地址:江西省东乡县红星机械厂

江西红星变性淀粉有限公司

法人代表:李群龙
经营范围:淀粉系列
品牌:飞达
质量标准:
电话号码:0794-4383088
地址:江西省东乡红星南山

江西金泰米业有限公司

法人代表:刘省龙
经营范围:粮油加工及销售
品牌:省龙
质量标准:
电话号码:0794-4230496
地址:江西省东乡县老虎岗

京昌工艺有限责任公司

法人代表:刘建平
经营范围:木雕
品牌:
质量标准:
电话号码:0794-4332776
地址:江西省东乡县大富工业园区

江西天伦编织有限公司

法人代表:徐象伦
经营范围:编织品
品牌:
质量标准:
电话号码:0794-4380608
地址:江西省东乡县

东乡县金江圣风水泥有限责任公司

法人代表:方解民
经营范围:水泥及水泥制品生产销售
品牌:圣风
质量标准:
电话号码:0794-4221548
地址:江西省东乡县环城路186号

江西红星药业有限公司

法人代表:何瑞昌
经营范围:药品生产销售
品牌:红芍
质量标准:GMP
电话号码:0794-4332556
地址:江西省东乡县

江西东永淀粉化工有限公司

法人代表:彭小勇
经营范围:精细化工、淀粉
品牌:
质量标准:
电话号码:0794-4380890
地址:江西省东乡县红星东山工业园

江西宏兴钢有限公司

法人代表:苏玉祥
经营范围:钢架结构系列
品牌:
质量标准:
电话号码:0794-4380718
地址:江西省东乡县红星东山工业园

江西省东方兽药有限公司

法人代表:胡二和
经营范围:兽用药品
品牌:熊岚
质量标准:
电话号码:0794-4382423
地址:江西省东乡县

东乡县海润矿业有限公司

法人代表:王新瑜
经营范围:铅锌矿冶炼
品牌:
质量标准:
电话号码:0794-4412018
地址:江西省东乡县

东乡县亚彩印包装有限责任公司

法人代表:杨木旺
经营范围:纸箱、彩印
品牌:
质量标准:
电话号码:0794-4332158
地址:江西省东乡县大富工业园区

江西文藻药业有限公司

法人代表:江文藻
经营范围:药品
品牌:
质量标准:
电话号码:0794-4332501
地址:江西省东乡县大富工业园区

江西中宝公司

法人代表:陈永兴
经营范围:农机
品牌:
质量标准:
电话号码:
地址:江西省东乡县大富工业园区

江西金谷包装公司

法人代表:张天成
经营范围:纸箱、纸盒、印刷
品牌:
质量标准:
电话号码:0794－4334888
地址:江西省东乡县

东乡县孝岗镇王家采石厂

法人代表:王银昌
经营范围:公路建筑基础材料生产销售
品牌:
质量标准:
电话号码:
地址:江西省东乡县

东乡县时进变性淀粉有限公司

法人代表:周保华
经营范围:淀粉加工
品牌:时进
质量标准:ISO9000
电话号码:
地址:江西省东乡县

东乡县建筑安装有限责任公司

法人代表:梁学能
经营范围:建筑安装、装饰、装璜
品牌:
质量标准:
电话号码:
地址:江西省东乡县邓家丰岗

东乡县金路德建材有限公司

法人代表:王海生
经营范围:公路建筑基础材料生产销售
品牌:
质量标准:
电话号码:
地址:江西省东乡县

东乡县孝岗镇何文平石厂

法人代表:何文平
经营范围:公路建筑基础材料生产销售
品牌:
质量标准:
电话号码:
地址:江西省东乡县

东乡县电信局

法人代表:饶国华
经营范围:电信服务
品牌:
质量标准:
电话号码:0794－4233703
地址:江西省东乡县恒安东路301号

江西金鑫包装公司

法人代表:徐云莲
经营范围:塑料瓶系列
品牌:
质量标准:
电话号码:0794－4380808
地址:江西东乡红星东山工业园

东乡宾馆

法人代表:杨伟平
经营范围:住宿、饮食
品牌:
质量标准:
电话号码:0794－4233202
地址:江西省东乡县

东乡县孝岗镇东茂石厂

法人代表:冯东茂
经营范围:公路建筑基础材料生产销售
品牌:
质量标准:
电话号码:13707941645
地址:江西省东乡县

江西省乐安县针织内衣厂

法人代表:邹克瑞
经营范围:手套
品牌:
质量标准:ISO9000
电话号码:0794－652165
地址:江西省乐安县鳌溪镇沾河路2号

东乡县飞达蚊香厂

法人代表:于跃飞
经营范围:蚊乡
品牌:
质量标准:
电话号码:0794－4332226
地址:江西省东乡县大富工业园区

东乡县新妮针织袜厂

法人代表:章跃武
经营范围:生产经营高弹力丝袜
品牌:新妮
质量标准:
电话号码:0794－4228188
地址:江西省东乡县

江西美而丝瓜络有限公司

法人代表:黄文蒋
经营范围:丝瓜络产品
品牌:
质量标准:
电话号码:0794－4332331
地址:江西省东乡县大富工业园区

乐安县广信茧丝有限公司

法人代表:罗展勇
经营范围:茧丝
品牌:
质量标准:
电话号码:0794－6590237
地址:江西省乐安县鳌溪镇

江西金泰医药包装材料有限公司

法人代表:李波
经营范围:医用塑料制品
品牌:金泰
质量标准:
电话号码:0794－4332066
地址:江西省东乡县大富工业园区

中国建设银行东乡县支行

法人代表:刘怡
经营范围:金融服务
品牌:
质量标准:
电话号码:0794－4234635
地址:江西省东乡县恒安路65－67号

东乡县孝岗镇邓家石料厂

法人代表:邓润全
经营范围:石料加工
品牌:
质量标准:
电话号码:
地址:江西省东乡县孝岗镇

乐安县欣荣丝绸厂

法人代表:许萍
经营范围:白厂丝
品牌:
质量标准:
电话号码:0794－6592008
地址:江西省乐安县鳌溪镇

江西建安建材工业有限公司

法人代表:严文国
经营范围:水泥生产
品牌:点石牌
质量标准:
电话号码:0794－6732118
地址:江西省乐安县招携镇

乐安县农机厂

法人代表:占采恩
经营范围:农机制造、修理
品牌:
质量标准:ISO9000
电话号码:0794－6592465
地址:江西省乐安县鳌溪镇沿前路27号

乐安县移动公司

法人代表:徐新华
经营范围:移动通信
品牌:
质量标准:ISO9000
电话号码:0794－590659
地址:江西省乐安县鳌溪镇

乐安县宏达工程有限公司

法人代表:杨式刚
经营范围:房屋建筑
品牌:
质量标准:
电话号码:0794－6594588
地址:江西省乐安县鳌溪镇乐安大道

乐安县胶合板厂

法人代表:易爱民
经营范围:胶合板
品牌:
质量标准:
电话号码:0794－6552185
地址:江西省乐安县公溪镇黄陂村

乐安县宾馆

法人代表:黄文清
经营范围:住宿、餐饮
品牌:
质量标准:
电话号码:0794－6592068
地址:江西省乐安县鳌溪镇烈士路

乐安县供电责任有限公司

法人代表:蔡小平
经营范围:供电
品牌:
质量标准:ISO9000
电话号码:0794－6592547
地址:江西省乐安县鳌溪镇下街巷28号

乐安县大马头垦殖场

法人代表:徐友洪
经营范围:
品牌:
质量标准:
电话号码:0794－6761017
地址:江西省乐安县马头

江西山高制药有限公司

法人代表:付松山
经营范围:中成药制造
品牌:
质量标准:
电话号码:0794－6592008
地址:江西省乐安县鳌溪镇尧家山路180号

江西电信乐安县分公司

法人代表:周国富
经营范围:电信服务
品牌:
质量标准:
电话号码:0794－6592155
地址:江西省乐安县鳌溪镇

乐安县印刷厂

法人代表:丁国华
经营范围:书刊印刷
品牌:
质量标准:ISO9000
电话号码:0794－6592164
地址:江西省乐安县鳌溪镇象山路25号

乐安县实验林场

法人代表:胡宝北
经营范围:造林
品牌:
质量标准:
电话号码:0794－6592073
地址:江西省乐安县鳌溪镇尧家山路25号

乐安县家具总厂

法人代表:丁国和
经营范围:木制家具
品牌:
质量标准:
电话号码:0794－6592121
地址:江西省乐安县鳌溪镇前坪路160号

乐安县林业工业公司

法人代表:朱欣云
经营范围:造木、采伐
品牌:
质量标准:
电话号码:0794－6592452
地址:江西省乐安县鳌溪镇去征路

乐安县新华书店

法人代表:张亚玲
经营范围:图书批发、零售
品牌:
质量标准:ISO9000
电话号码:0794－6592354
地址:江西省乐安县鳌溪镇

乐安县戴坊采育林场

法人代表:童虎
经营范围:造林
品牌:
质量标准:
电话号码:0794－6631043
地址:江西省乐安县戴坊街

江西省乐安县兽药厂

法人代表:游元文
经营范围:兽用药
品牌:
质量标准:ISO9000
电话号码:0794－652254
地址:江西省乐安县鳌溪镇

乐安县供水公司

法人代表:黄玉青
经营范围:自来水生产及供应
品牌:
质量标准:ISO9000
电话号码:0794－6592406
地址:江西省乐安县鳌溪镇尧家山战船53号

乐安县建筑工程公司

法人代表:黄斯臣
经营范围:房屋建筑
品牌:
质量标准:
电话号码:0794－6592884
地址:江西省乐安县鳌溪镇乐安大道

乐安县恒盛竹木业有限公司

法人代表:徐国百
经营范围:竹胶合板
品牌:
质量标准:
电话号码:0794－6732090
地址:江西省乐安县招携镇街上

乐安县联通公司

法人代表:何国华
经营范围:移动电信
品牌:
质量标准:ISO9000
电话号码:0794-6595996
地址:江西乐安县鳌溪镇

乐安县招携采林场

法人代表:陈国水
经营范围:造林
品牌:
质量标准:
电话号码:0794-6732253
地址:江西省乐安县招携镇招携街

乐安县谷岗采育林场

法人代表:黄乐生
经营范围:造林
品牌:
质量标准:
电话号码:0794-6721002
地址:江西省乐安县谷岗乡谷岗街

乐安县鳌溪镇建筑公司

法人代表:曾发贵
经营范围:房屋建筑
品牌:
质量标准:
电话号码:0794-6591114
地址:江西省乐安县鳌溪镇象山路

乐安县百货公司

法人代表:周国华
经营范围:百货销售
品牌:
质量标准:
电话号码:0794-6592265
地址:江西省乐安县鳌溪镇

乐安县石陂采育林场

法人代表:胥贵文
经营范围:造林
品牌:
质量标准:
电话号码:0794-6592337
地址:江西省乐安县鳌溪镇去征东路

乐安县金牧水产场

法人代表:郭抚青
经营范围:水产养殖
品牌:
质量标准:
电话号码:0794-6591265
地址:江西省乐安县鳌溪镇象山路

乐安县二轻豪华建筑装潢公司

法人代表:黄龙生
经营范围:房屋建造、装修
品牌:
质量标准:
电话号码:0794-6595753
地址:江西省乐安县鳌溪镇

乐安县医药公司

法人代表:游水根
经营范围:药品批发
品牌:
质量标准:ISO9000
电话号码:0794-6592272
地址:江西省乐安县鳌溪镇

乐安县东源水库

法人代表:陈发生
经营范围:水产养殖
品牌:
质量标准:
电话号码:0794-6741018
地址:江西省乐安县南村乡东源

乐安县轿车维修中心

法人代表:朱力群
经营范围:汽车修理
品牌:
质量标准:
电话号码:0794-6594365
地址:江西省乐安县鳌溪镇南门工业小区

乐安县林业汽车队

法人代表:欧岗星
经营范围:货物运输
品牌:
质量标准:
电话号码:0794-6592636
地址:江西省乐安县鳌溪镇

乐安县房地产开发公司

法人代表:曾田祥
经营范围:房地产开发
品牌:
质量标准:
电话号码:0794-6592729
地址:江西省乐安县鳌溪镇象山路

乐安县罐头食品厂

法人代表:杨乾局
经营范围:糕点
品牌:
质量标准:
电话号码:0794-6592271
地址:江西省乐安县鳌溪镇站前路

乐安县种子公司

法人代表:徐建平
经营范围:种子销售
品牌:
质量标准:
电话号码:0794-6570294
地址:江西省乐安县鳌溪镇乐安大道

乐安县森林苗圃

法人代表:温清
经营范围:育种、育苗
品牌:
质量标准:
电话号码:0794-6592073
地址:江西省乐安县鳌溪镇尧家山路

乐安县地产公司

法人代表:曾火生
经营范围:地产开发
品牌:
质量标准:
电话号码:0794-591678
地址:江西省乐安县鳌溪镇乐安大道

乐安县绪暨洪字蚊香制造有限公司

法人代表:洪炳华
经营范围:蚊香
品牌:洪字牌
质量标准:
电话号码:0794-6594999
地址:江西省乐安县鳌溪镇南门工业小区

乐安县电影公司

法人代表:邹先伟
经营范围:放映电影
品牌:
质量标准:
电话号码:0794-592425
地址:江西省乐安县鳌溪镇广昌路

乐安县鳌溪镇青山大米加工厂

法人代表:邹仁生
经营范围:大米加工
品牌:
质量标准:
电话号码:0794-6592081
地址:江西省乐安县鳌溪镇青山村

江西省乐安县流坑状元楼茶厂

法人代表:董毛仔
经营范围:种茶、制茶
品牌:壮元楼
质量标准:
电话号码:0794－6671001
地址:江西省乐安县流坑村

乐安县龚坊精制米厂

法人代表:供文生
经营范围:大米加工
品牌:
质量标准:
电话号码:0794－6641411
地址:江西省乐安县鳌溪镇南边村

金山岭饮食品有限公司

法人代表:张琴芳
经营范围:冰棒
品牌:
质量标准:
电话号码:0794－7221241
地址:江西省南城县金山口工业园区

南城县外运车队

法人代表:曹学智
经营范围:货物运输
品牌:
质量标准:
电话号码:13907941065
地址:江西省南城县县城

乐安县水利建材预制厂

法人代表:邹晓铭
经营范围:水泥电杆
品牌:
质量标准:
电话号码:0794－6592323
地址:江西省乐安县鳌溪镇前坪路92号

乐安县尧坊水电站

法人代表:吴爱国
经营范围:发电
品牌:
质量标准:
电话号码:0794－6591069
地址:江西省乐安县鳌溪镇尧家山路200号

江南汽车运输公司

法人代表:李海勇
经营范围:货物运输
品牌:
质量标准:
电话号码:13907044349
地址:江西省南城县县城

南城县威乐特服饰织造有限公司

法人代表:陈庆文
经营范围:服装
品牌:
质量标准:
电话号码:0794－7221218
地址:江西省南城县金山口工业园区

乐安县流坑旅游服务有限公司

法人代表:黄小辉
经营范围:流坑旅游
品牌:
质量标准:
电话号码:0794－6570706
地址:江西省乐安县鳌溪镇商贸城

江西昌诺药业有限公司

法人代表:付志高
经营范围:药品
品牌:
质量标准:GMP
电话号码:0794－7252818
地址:江西省南城县金山口工业园区

江西松翔啤酒南城分公司

法人代表:卓雪仙
经营范围:生啤酒
品牌:松翔
质量标准:
电话号码:0794－7210199
地址:江西省南城东下坝路72号

南城万方建筑有限责任公司

法人代表:孙权
经营范围:建筑装饰
品牌:
质量标准:
电话号码:0794－7233299
地址:江西省南城县城北怡和园大门二楼

乐安县蓝天气象科技有限公司

法人代表:邓小明
经营范围:气象服务
品牌:
质量标准:
电话号码:0794－659012
地址:江西省乐安县鳌溪镇乐安大道

株良木制品经销有限公司

法人代表:黄冬彪
经营范围:木竹制品
品牌:
质量标准:
电话号码:0794－7276354
地址:江西省南城县株食镇

南城县汽车运销集团公司

法人代表:邱友生
经营范围:运输、营销
品牌:
质量标准:
电话号码:0794－7253480
地址:江西省南城县老汽车站

江西麻姑米粉有限公司

法人代表:熊炳生
经营范围:米粉
品牌:麻姑米粉
质量标准:
电话号码:0794－7221599
地址:江西省南城县金山口工业园区

乐安县委招待所

法人代表:邹振康
经营范围:住宿
品牌:
质量标准:
电话号码:0794－6592723
地址:江西省乐安县鳌溪镇广场路

南城县万方建筑

法人代表:蔡小平
经营范围:建筑装饰
品牌:
质量标准:
电话号码:0794－7234507
地址:江西省南城县建昌大道

南城县亚凯机械厂

法人代表:徐兴道
经营范围:印花机配件
品牌:
质量标准:
电话号码:0794－7271888
地址:江西省南城县金山口工业园区

南城建昌建筑公司

法人代表:张春旺
经营范围:建筑装饰
品牌:
质量标准:
电话号码:13707043057
地址:江西省南城县城

南城县阿颖金山药食品有限公司

法人代表:游贵颖
经营范围:食品
品牌:
质量标准:
电话号码:0794－7221198
地址:江西省南城县金山口工业园区

南城县秋茶油厂

法人代表:夏应才
经营范围:食用油
品牌:
质量标准:ISO9000
电话号码:0794－7275698
地址:江西省南城县岳口乡港口材梅眉山

南城县三星公司

法人代表:龚国华
经营范围:汽车租赁
品牌:
质量标准:
电话号码:0794－7256289
地址:江西省建昌镇交通路万寿宫

南城县冯溪地板厂

法人代表:刘高良
经营范围:竹地板、竹筷
品牌:
质量标准:
电话号码:0794－7391438
地址:江西省南城县冯溪乡敖湾村磺下小组地板厂

南城上塘水泥有限责任公司

法人代表:吴松林
经营范围:硅酸盐水泥
品牌:上塘牌
质量标准:
电话号码:0794－7331310
地址:江西省南城县上塘镇

江西省南城县新华书店

法人代表:杨和平
经营范围:图书、音像、文具
品牌:
质量标准:
电话号码:0794－7253968
地址:江西省抚州市南城县建昌镇盱江大道310号

南城县铭丰竹有限公司

法人代表:姜红民
经营范围:竹地板
品牌:
质量标准:
电话号码:0794－7221080
地址:江西省南城县金山口工业园区

南城县安达竹制品厂

法人代表:徐楚云
经营范围:竹丝、竹筷、竹地板坯
品牌:
质量标准:
电话号码:0794－7391382
地址:江西省南城县浔溪村下坊小组安达竹制品厂

江西玲珑胶囊有限公司

法人代表:袁建福
经营范围:药品
品牌:
质量标准:
电话号码:0794－7220598
地址:江西省南城县金山口工业园区

南城县纸箱厂

法人代表:林建国
经营范围:纸箱
品牌:
质量标准:ISO14000
电话号码:0794－7256148
地址:江西省南城县金山口工业园区

南城县供水有限公司

法人代表:胡火旺
经营范围:自来水、安装
品牌:
质量标准:
电话号码:0794－7251280
地址:江西省南城县建昌同路108号

南城县浔溪乡香扇厂

法人代表:黄华
经营范围:刨板
品牌:
质量标准:
电话号码:0794－7325654
地址:江西省浔溪乡敖家湾村新村小组香扇厂

南城县强力水泥有限责任公司

法人代表:李琪山
经营范围:水泥
品牌:强力牌
质量标准:
电话号码:0794－7338088
地址:江西省南城县工塘镇

南城县威乐兰服饰织造有限公司

法人代表:蔡丽青
经营范围:服装
品牌:
质量标准:
电话号码:0794－7221218
地址:江西省南城县金山口呀业元区

南城盐业公司

法人代表:吴珠哩
经营范围:食用盐及食品加工用盐生产用盐
品牌:
质量标准:
电话号码:0794－7254071
地址:江西省南城县体育西路35号

南城县建昌镇永兴茶油厂

法人代表:彭建龙
经营范围:来料加工
品牌:
质量标准:
电话号码:0794－7271975
地址:江西省南城县建昌镇

南城县新时造纸厂

法人代表:熊云清
经营范围:高中档卫生纸、餐巾纸
品牌:
质量标准:ISO9000
电话号码:0794－7272128
地址:江西省南城县岳口乡茶家边村

南城县建昌镇万年米业加工厂

法人代表:熊厂长
经营范围:大米
品牌:
质量标准:
电话号码:0794－7235656
地址:江西省南城县

南城县金属玻纹管厂

法人代表:全学林
经营范围:玻纹管系列
品牌:
质量标准:
电话号码:0794－7225678
地址:江西省南城县金山口工业园区

南城建昌镇昌丰竹炭厂

法人代表:邓贤木
经营范围:加工、销售碳
品牌:
质量标准:
电话号码:1397041265
地址:江西省南城县建昌镇

南城县雅斯美服饰织造有限公司

法人代表:伍时方
经营范围:服装
品牌:
质量标准:
电话号码:0794-7221225
地址:江西省南城县金山口工业园区

南城县强科教用具设备厂

法人代表:危建平
经营范围:课桌、办公桌、椅
品牌:
质量标准:
电话号码:0794-7221153
地址:江西省南城县金山工业园区

江西抚州供电公司

法人代表:王迪卿
经营范围:电力供应
品牌:
质量标准:
电话号码:0794-8353069
地址:江西省抚州市临川区赣东大道78号

江西移动通信抚州市分公司

法人代表:章步云
经营范围:移动通信
品牌:
质量标准:ISO9000
电话号码:0794-8225327
地址:江西省抚州市临川区玉茗大道中段

南兴服饰织造有限公司

法人代表:叶逢仪
经营范围:服装
品牌:
质量标准:
电话号码:0794-7220268
地址:江西省南城县金山口工业园区

南城县雅柏针织厂

法人代表:黄志明
经营范围:针织品
品牌:
质量标准:
电话号码:0794-7221002
地址:江西省南城县金山口工业园区

江西江铃底盘股份有限公司

法人代表:黄平辉
经营范围:JX103DS后桥总成、JFR54HD后桥总成
品牌:
质量标准:ISO9000
电话号码:0794-8222191
地址:江西省抚州市临川区临川大道中段

江西华翔富奇汽车有限公司

法人代表:周迟美
经营范围:生产组建轻型越野汽车
品牌:
质量标准:ISO9000
电话号码:0794-8223928
地址:江西省抚州市临川区西大街8号

南城县声达服饰织造有限公司

法人代表:杨福顺
经营范围:服装
品牌:
质量标准:
电话号码:0794-7221898
地址:江西省南城县金山口工业园区

南城县华佳塑业有限公司

法人代表:郑裕字
经营范围:塑料编织袋、复谷袋及塑化原料
品牌:华佳
质量标准:
电话号码:0794-7310999
地址:江西省南城县沙洲镇

抚州市建筑工程有限责任公司

法人代表:陈胜德
经营范围:房屋建筑工程、市政公用工程、消防设施工程
品牌:
质量标准:ISO9000
电话号码:0794-8284512
地址:抚州市荆公路104号

中国核工业总公司七二一矿

法人代表:吴三毛
经营范围:核原料
品牌:
质量标准:ISO9000
电话号码:0794-6555642
地址:江西省乐安县二0一信箱

南城县福祥有限公司

法人代表:李坤其
经营范围:服装
品牌:
质量标准:
电话号码:0794-7220268
地址:江西省南城县金山口工业元区

抚州市烟草公司

法人代表:叶福建
经营范围:卷烟批发、零售
品牌:
质量标准:
电话号码:0794-8216212
地址:江西省抚州市文昌桥大桥南路金家山1号

江西电信有限公司抚州分公司

法人代表:童卫东
经营范围:国内固定电话、网络与设施等
品牌:
质量标准:
电话号码:0794-8221774
地址:江西省抚州市临川区赣东大道93号

江西博雅生物制药股份有限公司

法人代表:洪大诚
经营范围:生物血液制品的生产
品牌:博雅
质量标准:GMP
电话号码:0794-8269202
地址:江西省抚州市临川区赣东大道161号

南城锦绣线业有限公司

法人代表:郑晓秋
经营范围:绣花线
品牌:
质量标准:
电话号码:0794-7221796
地址:江西省南城县金山口工业园区

中石化抚州分公司

法人代表:陈郭华
经营范围:成品油批发零售其他石油产品和化工产品
品牌:
质量标准:
电话号码:0794-8263478
地址:江西省抚州市临川区赣东大道112号

江西临川建筑安装工程公司

法人代表:邹爱昌
经营范围:房屋建筑安装工程施工
品牌:
质量标准:ISO9000
电话号码:0794-8441907
地址:江西省抚州市临川区上顿渡抚临路20号

江西添光化工有限责任公司

法人代表:刘双龙
经营范围:钛白粉、硫酸铝、硫酸、硫酸亚铁、普钙
品牌:添光
质量标准:ISO9002
电话号码:0794-8352514
地址:江西省抚州市临川区抚北镇安塘路4号

江西永惠饲料公司

法人代表:刘道君
经营范围:配合饲料、浓缩饲料
品牌:
质量标准:
电话号码:0794－8422538
地址:江西省抚州市临川区临川大道中段

抚州环球纺织有限公司

法人代表:陈根生
经营范围:纺织布
品牌:
质量标准:
电话号码:0794－8230189
地址:江西省抚州市临川区金巢路

江西钧天机械有限公司

法人代表:陈强强
经营范围:军用炊事车
品牌:
质量标准:ISO9000
电话号码:0794－8259921
地址:江西省抚州市临川区迎宾大道工业园区

抚州洋州蓄电池厂

法人代表:吴福清
经营范围:蓄电池
品牌:
质量标准:
电话号码:
地址:江西省抚州市临川区洋州镇

江西天施康抚州珍视明药业分公司

法人代表:盛洪流
经营范围:眼药水生产
品牌:
质量标准:ISO9000
电话号码:0794－8256985
地址:江西省抚州市钟岭工业园区

江西临川酒业有限公司

法人代表:杨灿龙
经营范围:酒
品牌:临川牌
质量标准:ISO9000
电话号码:0794－8421272
地址:江西省抚州市临川区临川大道19号

临川区金岭合成纤维有限公司

法人代表:王金荣
经营范围:合成纤维
品牌:
质量标准:
电话号码:0794－8269363
地址:江西省抚州市临川区钟岭工业园

江西盾牌化工有限责任公司

法人代表:杨灿龙
经营范围:农药、化肥、精细化工、化工原料
品牌:盾牌
质量标准:ISO9000
电话号码:0794－8490385
地址:江西省抚州市临川区温泉镇红桥路2号

抚州市昌盛皮革有限公司

法人代表:黄振土
经营范围:皮革制品、皮带、服装制品
品牌:
质量标准:国家检验检疫局
电话号码:0794－8283056
地址:江西省抚州市临川区环城北路8号

抚州市宝嘉皮件有限公司

法人代表:陈亦美
经营范围:各种皮革制品
品牌:
质量标准:
电话号码:
地址:江西省抚州市临川区

临川区七里岗牡丹香料厂

法人代表:廖立
经营范围:香料
品牌:
质量标准:
电话号码:
地址:江西省抚州市临川区

抚州市河西阳光化工

法人代表:王国份
经营范围:
品牌:
质量标准:
电话号码:
地址:江西省抚州市临川区上顿渡镇

江西利群纺织机械有限公司

法人代表:王文千
经营范围:生产销售纺织机械、印染机械等
品牌:华新
质量标准:ISO9000
电话号码:0794－8226356
地址:江西省抚州市临川区金巢开发区金巢中路

抚州市洋州服装厂

法人代表:袁夕如
经营范围:床上用品
品牌:
质量标准:
电话号码:0794－8269363
地址:江西省抚州市临川区

抚州市抚北天辉实业有限公司

法人代表:汤瑞辉
经营范围:铁矿粉
品牌:
质量标准:
电话号码:
地址:江西省抚州市临川区

抚州市汽车运输总公司

法人代表:罗鼎斌
经营范围:客货运输
品牌:
质量标准:
电话号码:0794－8235130
地址:江西省抚州市临川区赣东大道77号

抚州靖凇纺织有限公司

法人代表:马靖凇
经营范围:纺织品
品牌:
质量标准:
电话号码:0794－8264327
地址:江西省抚州市临川区赣东大道

抚州市新维美染织有限公司

法人代表:郭欧平
经营范围:纺织品的生产与销售、化工、机械产品
品牌:
质量标准:
电话号码:0794－8236260
地址:江西省抚州市临川区赣东大道188号

抚州医药公司

法人代表:胡唯真
经营范围:医药批发零售
品牌:
质量标准:GSP
电话号码:0794－8283116
地址:江西省抚州市临川区羊城路37号

江西银涛药业有限公司

法人代表:张建荣
经营范围:小容量注射剂、丸剂、溶液剂、硬胶囊剂等
品牌:
质量标准:GMP
电话号码:0794－8422620
地址:江西省抚州市上顿渡临川大道36号

抚州市供水公司

法人代表:戴瑜安
经营范围:自来水生产与销售
品牌:
质量标准:
电话号码:0794－8223364
地址:江西省抚州市临川区荆公路106号

江西正邦动物保健有限公司

法人代表:胡祥金
经营范围:动物营养制剂
品牌:
质量标准:
电话号码:0794－8342050
地址:江西省抚州市临川区

临川崇岗金山花炮总厂

法人代表:张瑜
经营范围:礼花、鞭炮
品牌:
质量标准:
电话号码:
地址:江西省抚州市临川区崇岗乡

临川染织厂

法人代表:李建平
经营范围:印染布
品牌:
质量标准:
电话号码:
地址:江西省抚州市临川区

抚州市针织厂

法人代表:李国根
经营范围:针织
品牌:
质量标准:
电话号码:
地址:江西省抚州市临川区

临川水泥厂

法人代表:胡吉生
经营范围:水泥
品牌:
质量标准:
电话号码:
地址:江西省抚州市临川区红桥镇

抚州市临川区第二燃料公司

法人代表:黄友龙
经营范围:煤产品批零
品牌:
质量标准:
电话号码:
地址:江西省抚州市临川区上顿渡镇

江西赣东机械有限责任公司

法人代表:万早生
经营范围:机械
品牌:
质量标准:
电话号码:
地址:江西省抚州市临川区

江西省抚州市新华书店

法人代表:章建平
经营范围:图书、读物、录音、录象制品、视频产品等
品牌:
质量标准:
电话号码:0794－8283073
地址:江西省抚州市临川区赣东大道2号

江西第二电焊机厂

法人代表:章福庆
经营范围:电焊
品牌:
质量标准:
电话号码:
地址:江西省抚州市临川区

江西邦和量具有限公司

法人代表:黄柏行
经营范围:量具
品牌:
质量标准:
电话号码:0794－8279123
地址:江西省抚州市临川区梁家巷31号

江西富临纸业有限公司

法人代表:李永潮
经营范围:涂布、白纸
品牌:
质量标准:
电话号码:0794－8638386
地址:江西省抚州市临川区

抚州洋州铸钢厂

法人代表:陈辉云
经营范围:铸钢件
品牌:
质量标准:
电话号码:
地址:江西省抚州市临川区洋州镇

江西仁丰药业有限公司

法人代表:朱应寿
经营范围:生产经营片剂、胶囊剂、丸剂
品牌:
质量标准:GMP
电话号码:0794－8221939
地址:江西省抚州市工业园玉茗大道

江西中春机床轴承制造有限公司

法人代表:陈忠琴
经营范围:轴承
品牌:
质量标准:
电话号码:
地址:江西省抚州市临川区荆公路办事处

抚州市沈鸿扬实业有限公司

法人代表:金盼
经营范围:ppc管
品牌:
质量标准:
电话号码:0794－8251228
地址:江西省抚州市临川区长岭镇

江西天顺生态农业有限公司

法人代表:陈国顺
经营范围:药业、农产品加工
品牌:
质量标准:ISO9001
电话号码:0794－8261888
地址:江西省抚州市临川区环城南路68号天顺大厦

临川绿磷肥公司

法人代表:刘多达
经营范围:绿磷肥
品牌:
质量标准:
电话号码:
地址:江西省抚州市临川区

江西抚州市交通宾馆

法人代表:郑小平
经营范围:餐饮、住宿
品牌:
质量标准:
电话号码:0794－8255988
地址:江西省抚州市交通宾馆

江西第二丝绸总厂

法人代表:陈小华
经营范围:丝绸
品牌:
质量标准:
电话号码:
地址:江西省抚州市临川区

临川上顿渡自来水公司

法人代表:金波
经营范围:自来水
品牌:
质量标准:
电话号码:
地址:江西省抚州市临川区上顿渡镇

江西恒信绿色产业发展有限公司

法人代表:王井宝
经营范围:生物制品、保健品、食品添加剂、天然色素
品牌:
质量标准:ISO9000
电话号码:0794－5296118
地址:江西省金溪县工业园区

江西和氏米业有限公司

法人代表:王建和
经营范围:粮食收购、加工、销售等
品牌:
质量标准:
电话号码:0794－5295821
地址:江西省金溪县工业园

抚州市亿斯顿化纤服装织造公司

法人代表:施楚楚
经营范围:服装
品牌:
质量标准:
电话号码:0794－5290077
地址:江西省金溪县春生路

临川复合肥有限公司

法人代表:周建平
经营范围:复合肥
品牌:
质量标准:
电话号码:
地址:江西省抚州市临川区红桥镇

金溪宏华塑胶工艺有限责任公司

法人代表:蔡雁群
经营范围:各种塑胶儿童玩具、塑胶制品、工艺品
品牌:
质量标准:ISO9000
电话号码:0794－5292825
地址:江西省金溪县工业开发区

抚州金溪左坊永安粮食加工厂

法人代表:许九胜
经营范围:大米加工
品牌:永安
质量标准:
电话号码:0794－531169
地址:江西省金溪县左坊镇

江西华宇香料化工有限公司

法人代表:周振华
经营范围:天然香料、化工香料
品牌:
质量标准:
电话号码:0794－5290156
地址:江西省金溪县工业园

抚州市减震器股份有限公司

法人代表:徐日进
经营范围:减震器
品牌:
质量标准:
电话号码:
地址:江西省抚州市临川区荆公路办事处

金溪县金达橡胶有限责任公司

法人代表:克玉林
经营范围:轮胎、再生胶
品牌:上字牌
质量标准:ISO9000
电话号码:0794－5292922
地址:江西省金溪秀谷镇西大道738号

江西金杭房地产开发有限责任公司

法人代表:王家如
经营范围:房地产开发、销售、建筑、安装
品牌:
质量标准:
电话号码:0794－5299138
地址:江西省金溪县光明电影院内

江西黎川永华骏业有限公司

法人代表:廖黎珍
经营范围:复读机生产
品牌:
质量标准:
电话号码:0794－7522779
地址:江西省黎川县永华骏业有限公司

大亚木业(江西)有限公司

法人代表:翁少斌
经营范围:林木产品的开发与生产
品牌:
质量标准:
电话号码:0794－8458726
地址:江西省抚州市临川区抚北工业园

江西鑫昌华制丝有限公司

法人代表:倪建鑫
经营范围:丝绸棉类
品牌:
质量标准:
电话号码:0794－5299958
地址:江西省金溪县锦绣谷工业园1号

金溪县汇泉香料化工有限公司

法人代表:钟利明
经营范围:桉树油、樟油等香料
品牌:
质量标准:
电话号码:0794－5299299
地址:江西省金溪锦绣谷工业园区

江西省滕园实业有限公司

法人代表:陈龙明
经营范围:犬舍生产
品牌:
质量标准:
电话号码:0794－7469699
地址:江西省滕园实业有限公司

抚州市恒祥纺织有限公司

法人代表:王金荣
经营范围:汽车配件
品牌:
质量标准:
电话号码:
地址:江西省抚州市临川区

江西千佳米业有限公司

法人代表:毛水福
经营范围:粮食收购、加工、销售及副产品加工销售
品牌:千佳
质量标准:ISO9000
电话号码:0794－5292532
地址:江西省金溪县锦绣谷镇日马路40号

江西金鑫汽车配件有限公司

法人代表:肖永财
经营范围:汽车配件、机械产品生产销售
品牌:金塔
质量标准:ISO9000
电话号码:0794－5290038
地址:江西省金溪县工业园区3号马路右侧

江西日上化工有限责任公司

法人代表:严律
经营范围:农药生产
品牌:
质量标准:
电话号码:0794－7523863
地址:江西省黎川县日上化工有限责任公司

黎川县环球瓷业有限责任公司

法人代表:徐金昌
经营范围:日用瓷生产
品牌:
质量标准:
电话号码:0794－7465410
地址:江西省黎川县环球瓷业有限责任公司

江西黎川县嘉顺瓷厂

法人代表:鄢国萍
经营范围:日用陶瓷
品牌:
质量标准:
电话号码:
地址:江西省黎川县社苹乡

黎川县移动公司

法人代表:吴建华
经营范围:天线通讯
品牌:
质量标准:
电话号码:0794－7522176
地址:江西省黎川县

黎川县食品贸易企业集团

法人代表:张建平
经营范围:粮食、食用油批发业
品牌:
质量标准:
电话号码:0794－7522932
地址:江西省黎川县东方红大道

黎川县国家粮食储备库

法人代表:胡建敏
经营范围:粮食品购批发零售
品牌:
质量标准:
电话号码:0794－7526384
地址:江西省黎川县东方红大道147号

江西九州瓷厂

法人代表:黄新华
经营范围:日用陶瓷生产
品牌:
质量标准:
电话号码:0794－7469868
地址:江西省黎川县九州瓷厂

黎川县百货公司

法人代表:陈侃
经营范围:日用百货
品牌:
质量标准:
电话号码:0794－7522714
地址:江西省黎川县

江西黎华竹业有限公司

法人代表:杨炜
经营范围:竹制品
品牌:
质量标准:
电话号码:0794－7469785
地址:江西省黎川县黎华有限公司

黎川县供电有限责任公司

法人代表:李正民
经营范围:电力供应
品牌:
质量标准:
电话号码:0794－7500678
地址:江西省黎川县供电有限责任公司

江西省美佳陶瓷有限公司

法人代表:邱小平
经营范围:日用陶瓷生产
品牌:
质量标准:
电话号码:0794－7465196
地址:江西省黎川县美佳陶瓷有限公司

黎川县新华书店

法人代表:倪霏霏
经营范围:图书批发零售
品牌:
质量标准:
电话号码:0794－7522853
地址:江西省黎川县东方红大道14号

黎川县龙头寨电业有限责任公司

法人代表:曾云青
经营范围:电力供应
品牌:
质量标准:
电话号码:0794－7540067
地址:江西省黎川县龙头寨电业有限责任公司

江西省康舒陶瓷有限公司

法人代表:陈国彬
经营范围:日用陶瓷生产
品牌:
质量标准:
电话号码:0794－746666
地址:江西省黎川县康舒陶瓷有限公司

黎川县建筑工程总公司

法人代表:谢会明
经营范围:房屋建筑
品牌:
质量标准:
电话号码:0794－7522925
地址:江西省黎川县东方红大道9号

江西新黎实业有限公司

法人代表:黄海鹰
经营范围:房地产开发
品牌:
质量标准:
电话号码:0794－7501512
地址:江西省黎川县东方红大道11号

黎川县医药公司零售总店

法人代表:陈福勇
经营范围:药品及医疗器械零售
品牌:
质量标准:
电话号码:0794－7527907
地址:江西省黎川县

江西省石油公司黎川支公司

法人代表:刘曙春
经营范围:石油制品批发业零售
品牌:
质量标准:
电话号码:0794－7522442
地址:江西省黎川县

黎川县糖烟酒副食品公司

法人代表:涂刚
经营范围:副食品
品牌:
质量标准:
电话号码:0794－7522941
地址:江西省黎川县

黎川县城市开发公司

法人代表:欧阳建
经营范围:房地产开发
品牌:
质量标准:
电话号码:0794－7501970
地址:江西省黎川县

黎川县装璜厂

法人代表:黄国利
经营范围:纸制品
品牌:
质量标准:
电话号码:0794－7522454
地址:江西省黎川县

黎川县供水公司

法人代表:张春明
经营范围:自来水生产及供应
品牌:
质量标准:
电话号码:0794－7522725
地址:江西省黎川县供水公司

黎川县宏村木刷厂

法人代表:江明祖
经营范围:木刷
品牌:
质量标准:
电话号码:
地址:江西省黎川县

黎川县食品公司

法人代表:万迪国
经营范围:肉禽零售与批发
品牌:
质量标准:
电话号码:0794－7522814
地址:江西省黎川县

上饶市第二建筑有限责任公司

法人代表:张柏宾
经营范围:房屋建筑总永包二级
品牌:
质量标准:ISO9001;200
电话号码:8300618
地址:上饶市胜利路49号

江西省医药公司黎川县分公司

法人代表:黄黎生
经营范围:药品
品牌:
质量标准:
电话号码:0794－7522742
地址:江西省黎川县

黎川县华兴瓷厂

法人代表:汤木华
经营范围:日用瓷
品牌:
质量标准:
电话号码:0794－7522066
地址:江西省黎川县

黎川县农业机械公司

法人代表:李新民
经营范围:农业机械
品牌:
质量标准:
电话号码:0794－7522103
地址:江西省黎川县东方红大道31号

上饶市第三建筑有限责任公司

法人代表:舒光虎
经营范围:土木工程建筑、水电、管道、输电线路安装
品牌:
质量标准:ISO9001
电话号码:8297002
地址:上饶市胜利路28号

黎川县日峰镇机砖厂

法人代表:朱建文
经营范围:机砖
品牌:
质量标准:
电话号码:0794－7522411
地址:江西省黎川县

黎川县熊村针综合工艺厂

法人代表:危乐兴
经营范围:木制品
品牌:
质量标准:
电话号码:0794－7580045
地址:江西省黎川县

上饶市兴达建筑工程有限公司

法人代表:杨必谣
经营范围:房屋建筑、水电安装、装潢、装饰
品牌:
质量标准:
电话号码:8226628
地址:上饶市信州区水南街198号

上饶市沙溪建筑工程公司

法人代表:李景河
经营范围:房屋建筑、水电安装
品牌:
质量标准:ISO9000
电话号码:8330316
地址:上饶市信州区沙溪解放路42号

黎川县木器厂

法人代表:陈参孙
经营范围:木制家具
品牌:
质量标准:
电话号码:0794－7522736
地址:江西省黎川县

黎川县惠达宾馆

法人代表:罗平
经营范围:住宿餐饮
品牌:
质量标准:
电话号码:0794－7521846
地址:江西省黎川县东方红大道

上饶市鸿业建筑工程有限公司

法人代表:王子能
经营范围:土木工程建筑、工业设备、水电安装
品牌:
质量标准:ISO9000
电话号码:8317037
地址:上饶市信州区南门路16号

上饶市第四建筑有限公司

法人代表:谭 涛
经营范围:房屋建筑、水电安装、园林装饰
品牌:
质量标准:ISO9000
电话号码:8222187
地址:上饶市五三到道48号

抚州市汽车运输公司黎川县分公司

法人代表:胡耀明
经营范围:公路运输
品牌:
质量标准:
电话号码:0794－7522312
地址:江西省黎川县

黎川县钟壳厂

法人代表:王凳云
经营范围:木制品
品牌:
质量标准:
电话号码:0794－7522857
地址:江西省黎川县

上饶市第一建筑有限责任公司

法人代表:严建洪
经营范围:房屋建筑、水电安装、装饰装潢、道路建筑
品牌:
质量标准:ISO9000
电话号码:8223547
地址:上饶市信州区五三到道85号

上饶市西市建筑工程公司

法人代表:疗兴铜
经营范围:土木建筑、水电安装
品牌:
质量标准:正在进行ISO9000认证工作
电话号码:8222592
地址:上饶市解放路115号

江西国昌建筑装饰有限公司

法人代表:徐江华
经营范围:室内外装饰施工、设计
品牌:
质量标准:
电话号码:8236655
地址:上饶市信州区赣东北大道008号

中国建材工业总公司上饶机械厂

法人代表:彭明德
经营范围:机械设备、建材工业设备及建筑机械制造修理安装
品牌:神舟
质量标准:
电话号码:8222172
地址:上饶罗桥公路76号

上饶成功电子信息产业园有限公司

法人代表:李野
经营范围:计算机软件硬件生产与销售、电子仪器仪表等
品牌:
质量标准:ISO9000
电话号码:8159262
地址:上饶市三江工业园区

上饶市消防设备厂

法人代表:曹中平
经营范围:消防器材制造、加工
品牌:
质量标准:
电话号码:8291636
地址:上饶市信州区南环路5号

上饶市成丰建筑工程有限公司

法人代表:陈祖光
经营范围:房屋建筑、水电安装
品牌:
质量标准:
电话号码:8250030
地址:上饶市胜利路47号

江西信江实业有限公司

法人代表:温显来
经营范围:电磁线、改造客车
品牌:方圆牌绕包线、上饶牌客车
质量标准:ISO9000
电话号码:8222468
地址:上饶市水南街369号

上饶市天元金属有限公司

法人代表:夏子水
经营范围:铅、银等有色金属及化工产品
品牌:
质量标准:
电话号码:8268918
地址:上饶市北部吉阳白岭

上饶市广通工程材料有限公司

法人代表:刘寒影
经营范围:工程材料制造
品牌:
质量标准:
电话号码:8271128
地址:上饶市凤凰工业园区西民主路

江铃集团上饶汽车部件制造厂

法人代表:颜宝生
经营范围:汽车配件
品牌:
质量标准:ISO9000
电话号码:8237562
地址:上饶市里安山路32号

上饶市自来水公司

法人代表:魏翔
经营范围:自来水生产、供应
品牌:
质量标准:
电话号码:8225537
地址:上饶市中山西路075号

江西省上饶市消防器材厂

法人代表:杨国香
经营范围:消防器材制造、维修
品牌:
质量标准:
电话号码:8152290
地址:上饶市信州区杨家湖56号

江西仁福服装有限公司

法人代表:章培煌
经营范围:生产和销售各类服装及针织产品
品牌:
质量标准:ISO9000
电话号码:8271007
地址:上饶市工业园区

上饶市惠达纺织有限公司

法人代表:叶松良
经营范围:各种纱线、承接来料加工及布匹织造等
品牌:三清牌
质量标准:ISO9000
电话号码:8293150
地址:上饶市信州区纺织路56号

江西茶叶进出口公司上饶茶厂

法人代表:张齐跃
经营范围:茶叶、农村产品购销、饲料、农业植物油、建筑材料
品牌:
质量标准:卫生质量体系
电话号码:8224064
地址:上饶市茶厂路2号

上饶市多艺服装厂

法人代表:潘大龙
经营范围:各种化纤麻棉等面料服装制造
品牌:
质量标准:
电话号码:8223144
地址:上饶市南环路12号

上饶市华澳皮革有限公司

法人代表:林迪龙
经营范围:猪、牛皮革制造
品牌:
质量标准:
电话号码:8208173
地址:上饶市信州区三江工业园区

江西上饶羽绒厂

法人代表:张炳林
经营范围:羽绒制品制造加工、羽绒加工、羽绒服装等
品牌:太阳牌、上饶牌
质量标准:
电话号码:8224497
地址:上饶市解放路450号

江西凤凰光学仪器(集团)有限公司

法人代表:任捷
经营范围:光学仪器、照相器材、影视器材等各种制造产品
品牌:凤凰牌
质量标准:ISO9000
电话号码:8260533
地址:上饶市光学路1号

上饶市名驹制衣有限公司

法人代表:林尚
经营范围:生产和销售各类服饰、服装及针织布
品牌:
质量标准:
电话号码:8227117
地址:上饶市名驹制衣有限公司

上饶市索密特实业有限公司

法人代表:林德华
经营范围:汽车配件、机械配件生产、销售、汽车销售
品牌:SWOET 索美特
质量标准:ISO9000
电话号码:8159075
地址:上饶市信州区三江工业园区C座4号

上饶市信泰焊接材料厂

法人代表:毛建华
经营范围:有色焊接材料、黑色焊接材料
品牌:长风
质量标准:
电话号码:8222003
地址:上饶市信州区水南街381号

上饶县全良液酒业有限公司

法人代表:张荣烈
经营范围:白酒生产销售
品牌:全良
质量标准:ISO9000
电话号码:8628831
地址:江西上饶县皂头

江西上饶县派特贵金属冶炼厂

法人代表:陈国平
经营范围:海绵钯生产与销售
品牌:
质量标准:
电话号码:13801702217
地址:上饶县枫岭头镇

江西上饶县天峰水泥责任公司

法人代表:楼培忠
经营范围:水泥生产和销售
品牌:天峰
质量标准:ISO9000
电话号码:13517939988
地址:上饶县旭日镇工业走廊

上饶市信达茧丝绸有限公司

法人代表:郑德森
经营范围:纺织品、鲜茧收购、加工、销售
品牌:
质量标准:
电话号码:7065096
地址:上饶市沙溪镇饶东路288号

江西上饶县新丰铜业有限公司

法人代表:徐仕华
经营范围:铜冶炼、销售
品牌:
质量标准:ISO9000
电话号码:8492088
地址:上饶县枫岭头镇村

上饶县长城化工助剂有限公司

法人代表:方能才
经营范围:减水剂生产与销售
品牌:长城
质量标准:ISO9000
电话号码:13907935497
地址:上饶县旭日镇

上饶县粮益建筑公司

法人代表:周定杰
经营范围:建筑
品牌:
质量标准:
电话号码:8445681
地址:上饶县旭日镇

上饶市兴隆夏布厂

法人代表:陈以兴
经营范围:生产加工销售夏布及麻制品
品牌:
质量标准:
电话号码:8037168
地址:上饶市信州区沙溪镇新建路33号

上饶县申力贵金属冶炼公司

法人代表:徐岳华
经营范围:白银生产和销售
品牌:
质量标准:
电话号码:13517037339
地址:上饶县皂头象山村

江西福田实业有限公司

法人代表:彭香安
经营范围:机械设备、矿产品、
品牌:
质量标准:ISO9000
电话号码:8218850
地址:上饶县旭日镇旭日东路1号

江西上饶县吉阳水泥有限公司

法人代表:邓高华
经营范围:水泥生产和销售
品牌:吉阳山
质量标准:
电话号码:13320030499
地址:上饶县石狮乡吉阳村

上饶市金星夏布厂

法人代表:祝金星
经营范围:夏布、大麻布、苎麻布生产销售
品牌:
质量标准:
电话号码:8037111
地址:上饶市信州区沙溪镇夏布街

上饶县日升建筑工程有限公司

法人代表:
经营范围:建筑工程
品牌:
质量标准:
电话号码:
地址:上饶县旭日镇

江西上饶县康达制药有限公司

法人代表:夏维达
经营范围:各种药物的生产与销售
品牌:
质量标准:
电话号码:8471528
地址:上饶县罗桥乡

上饶县饶城水泥有限公司

法人代表:严厚金
经营范围:水泥生产和销售
品牌:饶城
质量标准:ISO9000
电话号码:8472197
地址:上饶县旭日镇

上饶市忠兴夏布厂

法人代表:徐忠兴
经营范围:夏布
品牌:
质量标准:
电话号码:8037197
地址:上饶市信州区沙溪镇大桥路

上饶县供电有限公司

法人代表:张俊
经营范围:电力
品牌:
质量标准:
电话号码:8442323
地址:上饶县南灵大道中路55号

上饶县京宝路桥工程有限化司

法人代表:张宇杨
经营范围:建筑
品牌:
质量标准:
电话号码:8216791
地址:上饶市水南街

上饶县下会坑水力发电有限公司

法人代表:陈福旺
经营范围:水力发电
品牌:
质量标准:
电话号码:8690681
地址:上饶县花厅镇前程村

上饶县市政公司

法人代表:李道德
经营范围:道路建设
品牌:
质量标准:
电话号码:8442147
地址:上饶县旭日镇

上饶县田墩镇双源村联合煤矿

法人代表:杨成清
经营范围:无烟煤采取秘销售
品牌:
质量标准:
电话号码:8672592
地址:上饶县田墩镇双源村

上饶县日中天光学仪有限公司

法人代表:王东海
经营范围:光学镜头、光学镜
品牌:
质量标准:
电话号码:8466251
地址:上饶县 320 国道

江西上饶县赣东机械厂

法人代表:陈和松
经营范围:机械加工
品牌:
质量标准:
电话号码:
地址:上饶县旭日工业区

江西奥能水电开发有限公司

法人代表:吴阿金
经营范围:水电
品牌:
质量标准:
电话号码:13970351318
地址:上饶县旭日镇

上饶县开元电站控制设备制造公司

法人代表:程弋
经营范围:控制器生产与销售
品牌:
质量标准:
电话号码:8446753
地址:上饶县旭日工业区

上饶县月亮山化工有限责任公司

法人代表:苏洋
经营范围:化工
品牌:
质量标准:
电话号码:8447598
地址:上饶县旭日镇工业区

江西庆兰檩香有限公司

法人代表:孙菊芸
经营范围:楂香生产与销售
品牌:
质量标准:
电话号码:8443727
地址:上饶县旭日镇南灵北路

上饶县远大水建工程公司

法人代表:姜财发
经营范围:建筑工程
品牌:
质量标准:
电话号码:8443039
地址:上饶县旭日镇

上饶县国人实业有限公司

法人代表:z 和国寅
经营范围:骨灰盒
品牌:国人
质量标准:ISO9000
电话号码:8743118
地址:上饶县石人乡

上饶县华怡服装有限公司

法人代表:
经营范围:成衣生产与销售
品牌:
质量标准:
电话号码:
地址:上饶县旭日工业区

上饶县普罗超细纤维有限公司

法人代表:林彦甫
经营范围:生产与销售金银丝
品牌:
质量标准:
电话号码:8450993
地址:上饶县旭日镇工业区

上饶县裕林材料厂

法人代表:徐裕
经营范围:铜锭生产与销售
品牌:
质量标准:
电话号码:
地址:上饶县工业区

上饶县华坛山垦殖场革坂莹石矿

法人代表:王长炉
经营范围:莹石生产与销售
品牌:
质量标准:
电话号码:13607934973
地址:上饶县华坛山镇

上饶县教育印刷厂

法人代表:方康河
经营范围:作业本生产与销售
品牌:
质量标准:
电话号码:8442294
地址:上饶县旭日镇

江西上饶县石狮片石总厂

法人代表:陈贤军
经营范围:片石、碎石
品牌:
质量标准:
电话号码:8486538
地址:上饶县石狮乡

江西上饶县龙发矿业有限公司

法人代表:邱亨龙
经营范围:无烟煤后产与销售
品牌:
质量标准:
电话号码:8672805
地址:上饶县田墩镇

江西霞光企业集团有限公司

法人代表:桑高良
经营范围:生产与销售精铋
品牌:霞光
质量标准:
电话号码:8493288
地址:上饶县枫岭头镇

上饶县清水罐头食品有限公司

法人代表:张运高
经营范围:生产与销售水笋
品牌:
质量标准:
电话号码:8476129
地址:上饶县旭日镇工业走廊

上饶县海泉绒绣工艺品厂

法人代表:柯忠
经营范围:绒绣加工
品牌:
质量标准:
电话号码:13970306651
地址:上饶县皂头镇

江西省沙田建筑安装工程有限公司

法人代表:郑秉权
经营范围:房屋建筑、市政公用工程道路
品牌:
质量标准:
电话号码:07932621410
地址:广丰县小康城安吉小区房改大楼

江西省精元电脑有限公司

法人代表:蔡火炉
经营范围:模具.电脑.电话等
品牌:SUNRACE
质量标准:
电话号码:2635818
地址:江西省广丰县永丰镇塘溪村三官殿

江西省赤兔木业有限公司

法人代表:周继光
经营范围:贴面板.竹木制品
品牌:赤兔
质量标准:
电话号码:2620798
地址:江西省广丰县芦林工业区

江西省广丰县自来水公司

法人代表:周国荣
经营范围:自来水供应
品牌:
质量标准:
电话号码:2626255
地址:广丰县自来水公司

广丰县市政工程公司

法人代表:刘睦海
经营范围:市政公用工程
品牌:
质量标准:
电话号码:2623293
地址:广丰县永丰镇大塘村东路

江西省宏盛建业工程有限公司

法人代表:周金虎
经营范围:房屋建筑.公路.市政公用.铁路.水利水电
品牌:
质量标准:
电话号码:2651858
地址:江西省广丰县金豪大厦四楼

广丰县金鹏电子有限公司

法人代表:管君武
经营范围:计算器.电器.五金配件
品牌:
质量标准:
电话号码:2625268
地址:广丰县芦林工业区

广丰县排山塑料编织福利厂

法人代表:陈希银
经营范围:水泥包装袋
品牌:银丰
质量标准:CB9774－1996
电话号码:2918088
地址:广丰县排山塑料编织福利厂

江西省群力建设有限公司

法人代表:管群力
经营范围:房建.市政.隧道.公路.绿化园林
品牌:
质量标准:
电话号码:2652651
地址:广丰县永丰镇永丰北大道头

广丰县建筑劳务输出公司

法人代表:俞琼森
经营范围:土木工程建筑.土石方工程.市政.水利
品牌:月兔春
质量标准:
电话号码:2652641
地址:江西省广丰县丰溪路292号

江西华昌木业有限公司

法人代表:周利华
经营范围:加工销售胶合板成品及半成品
品牌:华灿
质量标准:
电话号码:2620858
地址:广丰县芦林工业区

广丰县医疗器械厂

法人代表:王哲兴
经营范围:一次性使用医疗器械
品牌:广临
质量标准:
电话号码:2655045
地址:广丰芦林工业区

广丰县建工(集团)有限公司

法人代表:俞汉光
经营范围:民用建筑.公路桥梁
品牌:
质量标准:ISO9000
电话号码:2659999
地址:江西省广丰县天桂路一号

广丰县自盛金属结构安装工程公司

法人代表:王菊英
经营范围:C型钢.彩瓦
品牌:
质量标准:
电话号码:2620270
地址:广丰县芦林工业区

广丰县月兔制衣有限公司

法人代表:任来会
经营范围:服装.床上用品制造
品牌:
质量标准:
电话号码:2625078
地址:广丰县芦林工业区

江西省致中和酒业有限公司

法人代表:田智章
经营范围:酒
品牌:致中和
质量标准:
电话号码:2638350
地址:广丰芦林工业区

广丰县银鹰建设工程有限公司

法人代表:王为银
经营范围:房屋建筑.市政、土石方工程、公路桥梁
品牌:
质量标准:
电话号码:2682226
地址:广丰县洋口镇始康路15号

江西省胜威电子有限公司

法人代表:饶晓华
经营范围:生产销售石英振荡器
品牌:
质量标准:
电话号码:13507036080
地址:江西省广丰县芦林工业区

广丰丰溪水电股份有限责任公司

法人代表:肖炜孝
经营范围:发电
品牌:
质量标准:
电话号码:2614383
地址:广丰县西广路42号

江西省信和宇实业有限公司

法人代表:吴辉
经营范围:生产和销售服装.鞋帽及金属工业品
品牌:
质量标准:
电话号码:2638367
地址:广丰县芦林工业区

广丰县芦林纸厂

法人代表:韩银水
经营范围:造纸
品牌:
质量标准:
电话号码:2620499
地址:广丰县芦林工业区

广丰县第八建筑工程公司

法人代表:王志高
经营范围:工程建筑承包
品牌:
质量标准:ISO9000
电话号码:2638538
地址:广丰县桐畈镇公路西街

江西同欣机械制造有限公司

法人代表:项位华
经营范围:冷激 油泵 摩托车凸轮轴及水泥建材机械设备
品牌:
质量标准:
电话号码:2625019
地址:广丰县芦林工业区

广丰县丰晗工艺品厂

法人代表:俞吉火
经营范围:藤.草.木编织工艺品
品牌:
质量标准:
电话号码:
地址:广丰县芦林工业区

广丰县荣汇纺织有限公司

法人代表:杨荣
经营范围:夏布.纺织品.针织品.服装.工艺品
品牌:
质量标准:
电话号码:2675297
地址:广丰县芦林工业区

广丰县第一建筑工程公司

法人代表:倪永梁
经营范围:土木建筑 市政工程式 道路桥梁
品牌:
质量标准:
电话号码:2762027
地址:广丰县永丰镇

江西绿源乳业有限公司

法人代表:周衰象
经营范围:乳及乳制品生产销售
乳牛养殖
品牌:欣阳绿源
质量标准:ISO9000
电话号码:2625518
地址:广丰县芦林工业区

广丰县家礼夏布厂

法人代表:祝家礼
经营范围:大麻布 苎麻布
品牌:
质量标准:
电话号码:8038078
地址:江西省广丰县壶峤镇渡头村

广丰县供电有限责任公司

法人代表:肖渭水
经营范围:供电.电力设备安装.修理.绝缘电线
品牌:
质量标准:
电话号码:2618264
地址:广丰县丰溪路东门头

江西省龙溪建设工程有限公司

法人代表:黄令龙
经营范围:市政公用工程遂道工程
品牌:
质量标准:
电话号码:2613832
地址:广丰县永丰镇芦林大道银三角

江西双龙环保化工矿产集团

法人代表:罗秀坤
经营范围:滑石 膨润土
品牌:坤龙
质量标准:
电话号码:2625888
地址:江西广丰芦林工业区

江西省三维纸业有限公司

法人代表:顾卫华
经营范围:纸制品制造
品牌:三维
质量标准:
电话号码:2620680
地址:江西省广丰县芦林工业区

江西月兔丰华彩印有限公司

法人代表:余小斌
经营范围:纸张印刷
品牌:
质量标准:ISO14000
电话号码:2633340
地址:广丰县芦林工业区

广丰县建筑公司

法人代表:韩水金
经营范围:建筑
品牌:
质量标准:
电话号码:2636767
地址:广丰县西广路

江西广丰月兔雨具有限公司

法人代表:余新发
经营范围:雨伞
品牌:
质量标准:
电话号码:2812030
地址:江西广丰下溪镇大坪村

广丰县汇鑫实业有限公司

法人代表:姜福有
经营范围:莹矿产品的收入.加工及销售
品牌:
质量标准:
电话号码:2625086
地址:广丰县芦林工业区

江西省蒙莱特漆业有限公司

法人代表:鲍向东
经营范围:墙漆涂料
品牌:
质量标准:
电话号码:2625189
地址:广丰县芦林工业区

江西广丰县白云淀粉有限公司

法人代表:鄢杰民
经营范围:红薯淀粉
品牌:白云
质量标准:
电话号码:2772030
地址:江西省广丰县桐畈镇

广丰月兔高级装饰板材厂

法人代表:
经营范围:家具 建筑材料
品牌:月兔厨柜
质量标准:
电话号码:2617025
地址:广丰县芦林工业区

江西省玉兔电子仪表有限公司

法人代表:叶青
经营范围:电子仪表等
品牌:
质量标准:
电话号码:2625555
地址:广丰县芦林工业区

月兔卫生用品有限公司

法人代表:蒋国山
经营范围:卫生用品
品牌:
质量标准:
电话号码:2651900
地址:广丰县芦林工业区

江西镇世堂绿色食品开发有限公司

法人代表:柯世开
经营范围:葛粉等
品牌:镇世堂
质量标准:
电话号码:2772156
地址:广丰县桐畈镇

江西丰溪建筑工程有限公司

法人代表:潘小猫
经营范围:工业与民用建筑工程施工
品牌:
质量标准:ISO9000
电话号码:2621866
地址:广丰县永丰镇南屏村

玉山县天长集团

法人代表:梁九彪
经营范围:轴承
品牌:
质量标准:ISO9000
电话号码:07932568501
地址:江西玉山三清大道138号

广丰县月兔食品有限公司

法人代表:邬椒丽
经营范围:食品
品牌:
质量标准:
电话号码:2611690
地址:广丰县

广丰县月兔化工有限公司

法人代表:余小斌
经营范围:粘合剂
品牌:月兔
质量标准:ISO9000
电话号码:2651867
地址:广丰县芦林工业区

广丰县金属制品有限公司

法人代表:徐文满
经营范围:热轧低炭钢 园盘条 销售货运
品牌:
质量标准:3C 认证
电话号码:2629198
地址:广丰县永丰镇塘石村

玉山怀玉山活性炭有限公司

法人代表:郑晓红
经营范围:活性炭
品牌:松鹤
质量标准:ISO9000
电话号码:07932571086
地址:玉山县城西工业区

广丰县月兔塑料彩印有限公司

法人代表:吕忠灵
经营范围:商标印制
品牌:
质量标准:
电话号码:2615206
地址:广丰县芦林工业区

江西广信药业有限公司

法人代表:郑唐华
经营范围:片制.胶囊等
品牌:
质量标准:CMP 认证
电话号码:2625302
地址:广丰县芦林工业区

江西鸡山水泥有限公司

法人代表:王赛成
经营范围:水泥
品牌:
质量标准:ISO9000
电话号码:07932532404
地址:江西玉山岩瑞镇

江西万年青水泥股份有限公司

法人代表:梁家友
经营范围:水泥
品牌:万年青
质量标准:ISO9000
电话号码:07932366539
地址:玉山县岩瑞镇

江西月兔包装有限公司

法人代表:林永佑
经营范围:纸类包装的生产和销售
品牌:
质量标准:
电话号码:2675228
地址:广丰县洋口镇昆山村

广丰县联晖服饰实业有限公司

法人代表:王竟鹏
经营范围:服装鞋帽及材料面料的生产及销售
品牌:
质量标准:
电话号码:2625588
地址:广丰县芦林工业区

江西玉山县星华集团

法人代表:甘连童
经营范围:台球桌
品牌:
质量标准:ISO9000
电话号码:07932482040
地址:江西玉山县樟村镇

江西玉山县明兴轴承厂

法人代表:郑忠兴
经营范围:轴承
品牌:
质量标准:ISO9000
电话号码:07932368137
地址:玉山县城西工业区

江西广厦包装印刷有限公司

法人代表:汤信江
经营范围:金.银卡纸,铝箔纸
品牌:
质量标准:
电话号码:2617075
地址:广丰县芦林工业区

广丰县美娇厦布厂

法人代表:徐美娇
经营范围:厦布
品牌:
质量标准:
电话号码:8036318
地址:广丰县壶峤镇渡头村

江西岩鹰水泥有限公司

法人代表:邓作善
经营范围:水泥
品牌:
质量标准:ISO9000
电话号码:07032532888
地址:玉山县岩瑞镇

玉山县三清活性炭有限公司

法人代表:黄吉水
经营范围:活性炭
品牌:
质量标准:ISO9000
电话号码:07932462298
地址:玉山县城西工业区

玉山县自来水公司

法人代表:叶厥 新
经营范围:自来水
品牌:
质量标准:ISO9000
电话号码:07932561111
地址:玉山县城三清大道

玉山县三清水泥有限公司

法人代表:姜贞国
经营范围:水泥制造业
品牌:三清
质量标准:ISO9000
电话号码:07932533738
地址:玉山县岩瑞镇

江西玉糖糖厂

法人代表:楼晓春
经营范围:绵白糖
品牌:干玉
质量标准:
电话号码:07932461058
地址:玉山县城甘 露园1号

玉山县公路涵桥公司

法人代表:汪泉兴
经营范围:公路.桥涵建筑
品牌:
质量标准:ISO9000
电话号码:07932462735
地址:玉山县芳泽园300号

玉山县供电有限责任公司

法人代表:杨洪水
经营范围:电力供应
品牌:
质量标准:ISO9000
电话号码:07932563028
地址:玉山县城 博士路

玉山县峰力水泥有限公司

法人代表:陈乐剑
经营范围:水泥
品牌:峰力
质量标准:ISO9000
电话号码:07932532368
地址:玉山县岩瑞镇

玉山县炜达轻钙有限公司

法人代表:黄炜
经营范围:轻钙
品牌:
质量标准:ISO9000
电话号码:07932533198
地址:玉山县岩瑞镇龙琴

玉山县建筑工程公司

法人代表:叶树炉
经营范围:建筑工程
品牌:
质量标准:
电话号码:07932552927
地址:玉山县城三清东路人民北大道

玉山县七一水电站

法人代表:杨炳标
经营范围:水力发电业
品牌:
质量标准:
电话号码:07932422923
地址:玉山县七一水库

玉山县玉塔活性炭厂

法人代表:李文明
经营范围:活性炭
品牌:
质量标准:
电话号码:07932556414
地址:玉山县城西工业区

玉山县安定活性炭有限公司

法人代表:李安帮
经营范围:活性炭
品牌:
质量标准:ISO9000
电话号码:07932428166
地址:玉山县双明镇

玉山县水电安 装公司

法人代表:蔡国荣
经营范围:建筑安装
品牌:
质量标准:
电话号码:07932553347
地址:玉山县城县后山

南铁玉征水泥有限公司

法人代表:吴议良
经营范围:水泥
品牌:
质量标准:
电话号码:07937034001
地址:玉山县岩瑞镇

玉山县金鹰油墨有限公司

法人代表:张镇河
经营范围:油墨
品牌:金菊
质量标准:ISO9000
电话号码:07932467658
地址:玉山县城西工业区

玉山县能健轻钙有限公司

法人代表:戴能明
经营范围:轻钙
品牌:白天鹅
质量标准:ISO9000
电话号码:07932536888
地址:玉山县岩瑞镇关山桥

玉山县良益建筑有限公司

法人代表:王良田
经营范围:房屋建筑
品牌:
质量标准:ISO9000
电话号码:07932550646
地址:玉山县蒋军庙

玉山县特种轴承厂

法人代表:程畅平
经营范围:轴承
品牌:
质量标准:ISO9000
电话号码:07932568501
地址:玉山县城西工业区

玉山县南霸米排粉厂

法人代表:廖显华
经营范围:米排粉
品牌:南霸
质量标准:ISO9000
电话号码:0793467658
地址:玉山县城西工业区

玉山县膨润土实业有限公司

法人代表:周维琛
经营范围:白土
品牌:
质量标准:ISO9000
电话号码:07932422380
地址:玉山县双明镇

铅山县赛尔建筑公司

法人代表:邓穗
经营范围:工业与民用建筑
品牌:
质量标准:
电话号码:5372596
地址:江西省铅山县河口镇

江西省新厦建筑工程有限公司

法人代表:王定水
经营范围:工业与民用建筑
品牌:
质量标准:
电话号码:5338286
地址:江西省铅山县河口镇

铅山县欣宇建筑工程公司

法人代表:程雄鸣
经营范围:工业与民用建筑
品牌:
质量标准:
电话号码:
地址:江西省铅山县河口镇

铅山县金刚赶煤矿

法人代表:程子正
经营范围:原煤开掘销售
品牌:
质量标准:
电话号码:
地址:江西省铅山县港车乡

江西省铅山县第二化工厂

法人代表:魏玉文
经营范围:油漆
品牌:
质量标准:
电话号码:
地址:江西省铅山县河口镇

江西省铅山利和萤石有限公司

法人代表:
经营范围:萤石开掘
品牌:
质量标准:
电话号码:
地址:铅山县太源乡

铅山县兴旺煤矿

法人代表:杨子良
经营范围:原煤采掘销售
品牌:
质量标准:
电话号码:
地址:铅山县汪二镇

铅山县供电局

法人代表:詹利民
经营范围:供电
品牌:
质量标准:
电话号码:5337107
地址:铅山县河口镇

铅山县中环耐蚀铸管有限公司

法人代表:王承禄
经营范围:铸管
品牌:
质量标准:
电话号码:
地址:江西省铅山县河口镇

铅山县永盛美术工艺厂

法人代表:廖冰清
经营范围:工艺品制造销售
品牌:
质量标准:
电话号码:
地址:江西省铅山县河口镇

铅山县祥龙煤矿

法人代表:张祥火
经营范围:原煤开采销售
品牌:
质量标准:
电话号码:
地址:江西省铅山县港车乡

江西省铅山县天峰合营水泥厂

法人代表:詹天福
经营范围:425#、525#水泥制造和销售
品牌:
质量标准:
电话号码:5108018
地址:江西省铅山县湖坊镇

铅山县精制米厂

法人代表:金禄元
经营范围:稻谷加工精制米
品牌:
质量标准:
电话号码:
地址:江西铅山县河口镇

铅山县七坞煤矿

法人代表:王细芳
经营范围:原煤采掘
品牌:
质量标准:
电话号码:
地址:铅山县汪二镇

铅山县新龙煤矿

法人代表:余建平
经营范围:原煤开掘业
品牌:
质量标准:
电话号码:13907932086
地址:江西省铅山县汪二镇

江西省铅山县玉平水泥厂

法人代表:徐军
经营范围:水泥制造销售
品牌:
质量标准:
电话号码:5362024
地址:江西省铅山县永平镇

铅山县新安矿区供电所

法人代表:陈建东
经营范围:供电
品牌:
质量标准:
电话号码:
地址:铅山县新按埠乡

铅山县永鑫建筑有限公司

法人代表:欧阳伟
经营范围:工业与民用建筑
品牌:
质量标准:
电话号码:5362075
地址:江西省铅山县永平镇

铅山县饶坞煤矿

法人代表:钱武标
经营范围:原煤开采销售
品牌:
质量标准:
电话号码:
地址:江西省铅山县港东乡

江西省和华水产有限公司

法人代表:王沧夫
经营范围:鳗鱼烤制
品牌:
质量标准:
电话号码:
地址:江西省铅山鹅湖镇

铅山县五都煤矿

法人代表:王贤柱
经营范围:原煤采掘销售
品牌:
质量标准:
电话号码:
地址:江西省铅山县新安埠乡五都煤矿

铅山县水电总公司

法人代表:李文根
经营范围:水力发电
品牌:
质量标准:
电话号码:5337516
地址:江西省铅山县河口镇

横峰县葛业开发有限公司

法人代表:包新水
经营范围:葛产品开发生产销售
品牌:葛源
质量标准:ISO9000
电话号码:5782900
地址:横峰县兴安工业园区

江西省横峰铺前煤矿

法人代表:李铁涌
经营范围:原煤开采
品牌:
质量标准:
电话号码:5746111
地址:横峰县岑阳镇铺前

弋阳县弋江建筑有限责任公司

法人代表:刘柏亭
经营范围:房屋建筑施工总承包
品牌:
质量标准:
电话号码:5882591
地址:弋阳县东站大道三十六号

铅山县建筑工程公司

法人代表:柯建清
经营范围:建筑工程
品牌:
质量标准:
电话号码:0793-5332652
地址:江西省钎铅山河口镇

江西横峰县盛翔制药有限公司

法人代表:吴才勇
经营范围:中成药生产销售
品牌:横峰
质量标准:ISO9000
电话号码:5798899
地址:横峰县兴安工业园区

横峰县铺前水泥有限公司

法人代表:方勇军
经营范围:水泥制造
品牌:母子鹿
质量标准:ISO9000
电话号码:5742718
地址:横峰县岑阳镇刘源坑村

弋阳县华阳建筑工程有限公司

法人代表:叶云彬
经营范围:建筑安装总承包
品牌:
质量标准:
电话号码:13907033758
地址:弋阳县南岩镇镇政府院内

上饶科华旋窑水泥有限公司

法人代表:赵保钧
经营范围:水泥生产销售
品牌:科华
质量标准:ISO9000
电话号码:5793038
地址:横峰县岑阳镇白沙岭

横峰县供电有限责任公司

法人代表:张俊
经营范围:电力供应
品牌:
质量标准:
电话号码:5784371
地址:横峰县岑阳镇新建路99号

江西省横峰浦丰纸业有限公司

法人代表:朱东明
经营范围:造纸
品牌:浦丰
质量标准:ISO9000
电话号码:5782087
地址:横峰县岑阳镇西门垅

弋阳县阿木装饰工程有限公司

法人代表:陈根木
经营范围:建筑室内、外装修装饰工程、广告制作、水电制作、水电安装等
品牌:
质量标准:
电话号码:5880446
地址:弋阳县东街福华商城

横峰县繁荣铜业有限公司

法人代表:陈上春
经营范围:废铜冶炼加工生产、销售
品牌:
质量标准:ISO9000
电话号码:5798538
地址:横峰县兴安工业园区

横峰县第一建筑公司

法人代表:徐克础
经营范围:房屋建筑
品牌:
质量标准:
电话号码:
地址:横峰县岑阳镇解放西路一号

江西峰饶食品开发有限公司

法人代表:良永伸一
经营范围:农副土特产品加工
品牌:
质量标准:
电话号码:5785508
地址:横峰县岑阳镇白沙岭

弋阳县信江建筑工程有限公司

法人代表:李联和
经营范围:建筑安装、装饰、装璜
品牌:
质量标准:
电话号码:13807933409
地址:弋阳县赵家园18号

江西省兴泰铜业有限公司

法人代表:刘雪飞
经营范围:废铜排加工冶炼生产销售
品牌:
质量标准:ISO9000
电话号码:5798888
地址:横峰县兴安工业园区

横峰县第二建筑公司

法人代表:任荣顺
经营范围:房屋建筑
品牌:
质量标准:
电话号码:5782442
地址:横峰县解放西路

弋阳县诚信水利建筑工程有限公司

法人代表:杨卫国
经营范围:水利建筑业
品牌:
质量标准:ISO9000
电话号码:5882375
地址:江西省弋阳县志敏大道21号(水电大楼6楼)

弋阳县赣宏房屋建筑工程有限公司

法人代表:徐连新
经营范围:房屋建筑
品牌:
质量标准:
电话号码:5882901
地址:弋江镇唐家巷8号

弋阳县春辉宾馆有限公司

法人代表:杜伟春
经营范围:住宿、餐饮
品牌:
质量标准:
电话号码:5884528
地址:弋江镇广场路78—79号

弋阳县磷肥厂

法人代表:程林胜
经营范围:复合肥生产及销售
品牌:
质量标准:
电话号码:13907033613
地址:弋阳县花亭垦殖场

弋阳县教育科技器材厂

法人代表:伊木生
经营范围:数学器材、书刊印刷、饮食、住宿
品牌:
质量标准:
电话号码:5820117
地址:弋阳县方志敏大道99号

弋阳县纺织器材有限责任公司

法人代表:唐晓乃
经营范围:木、塑纱管、塑料制品等
品牌:
质量标准:ISO9000
电话号码:5815015
地址:弋阳县旭光铁沙街

江西天施康中药弋阳分公司

法人代表:盛洪流
经营范围:研制中成药
品牌:天狮
质量标准:GM
电话号码:5824307
地址:江西省弋阳县志敏中大道55号

弋阳县旭日铜矿业有限责任公司

法人代表:俞建平
经营范围:采掘铜矿、浮选、销售铜矿精矿
品牌:
质量标准:
电话号码:5815688
地址:弋阳县旭光铁沙街

弋阳县供电有限责任公司

法人代表:张俊
经营范围:供电电器修理、安装、电力物资供应、线路架设
品牌:
质量标准:
电话号码:5826593
地址:弋阳志敏大道45号

江西柏林实业有限责任公司

法人代表:柏林
经营范围:蔬菜、水果罐头
品牌:
质量标准:
电话号码:5852120
地址:弋阳县320国道旁

弋阳县金达实业有限公司

法人代表:郑金根
经营范围:餐饮、住宿、娱乐、物业管理、建材化工、五金交电、日用百货农副食品
品牌:
质量标准:
电话号码:5908088
地址:弋阳县广场路3号

江西弋阳蛇纹石矿

法人代表:胡跃华
经营范围:蛇纹石粉矿、蛇纹石棉矿、石棉
品牌:
质量标准:
电话号码:5926043
地址:弋阳县樟树墩镇

弋阳县花亭石灰厂

法人代表:沈叶根
经营范围:石灰开采及销售
品牌:
质量标准:
电话号码:5856526
地址:弋阳县弋江镇大树村委会

弋阳县三县岭活性炭厂

法人代表:王荣
经营范围:活性炭、氯化锌
品牌:
质量标准:
电话号码:5970041
地址:弋阳县三县岭活性炭厂

弋阳县圭峰大酒店

法人代表:林江
经营范围:饮食兼营糖果糕点、烟酒、干鲜果品、饮料批发等
品牌:
质量标准:
电话号码:5906128
地址:弋阳县胜利路25号

江西赣东北轴瓦有限责任公司

法人代表:刘韶华
经营范围:轴瓦、衬套、上推垫片、工矿铜套制造、销售
品牌:
质量标准:ISO9000
电话号码:5889026
地址:江西弋阳县弋江镇甘新村

弋阳县三县岭纺织器材厂

法人代表:何阿明
经营范围:竹打棒、竹凉席拉丝
品牌:
质量标准:
电话号码:5970032
地址:弋阳县三县岭纺织器材厂

江西弋阳富达铜材有限公司

法人代表:余泽仕
经营范围:铜制水龙头及配件
品牌:
质量标准:ISO9000
电话号码:5855639
地址:弋阳县东站大道93号

弋阳县龙峰置业有限公司

法人代表:许雪峰
经营范围:住宿、餐饮、娱乐业等
品牌:
质量标准:
电话号码:5886588
地址:弋阳宾馆后山岭1号

弋阳县玻璃厂

法人代表:王家叶
经营范围:包装材料
品牌:
质量标准:
电话号码:5855206
地址:弋阳县花亭垦殖场

弋阳县龟峰明胶有限责任公司

法人代表:李明亮
经营范围:明胶、牛皮、猪皮、边角料、生物化工制造销售
品牌:
质量标准:
电话号码:5824945
地址:弋阳龟峰大道18号

弋阳县方团水库工程管理局

法人代表:顾松玉
经营范围:农田罐溉、水利发电、机电设备维修
品牌:
质量标准:
电话号码:5800053
地址:弋阳县方团水库工程管理局

弋阳县红旗水轮泵站

法人代表:余礼昌
经营范围:水力发电
品牌:
质量标准:
电话号码:5949712
地址:弋阳县红旗水轮泵站(弋阳县县南岩镇)

弋阳县榕峰香料有限公司

法人代表:刘坤萍
经营范围:香精、香料制造销售
品牌:
质量标准:
电话号码:5845258
地址:弋阳县圭峰汤家村

弋阳县元苍蚊香材料有限公司

法人代表:陈元苍
经营范围:蚊香材料
品牌:
质量标准:
电话号码:13879394059
地址:弋阳县连胜工业园

江西顺达纸业有限责任公司

法人代表:何铁伟
经营范围:高档涂布白板纸
品牌:
质量标准:
电话号码:5845487
地址:弋阳县旭光大乡杨树桥村委会

江西哈迪建材有限公司

法人代表:许光明
经营范围:新型建筑材料生产、开发和销售
品牌:哈迪
质量标准:ISO9000
电话号码:5820167
地址:弋阳县旭光大道175号

弋阳扬帆铜业有限责任公司

法人代表:祝云
经营范围:电磁线及金属制品、仿汉白玉建筑装饰
品牌:
质量标准:GB/T19001—2000—ISO9001—2000
电话号码:5824796
地址:

江西顺隆造纸有限责任公司

法人代表:吴卫平
经营范围:黄板纸、涂布白板纸、炸药卷纸
品牌:
质量标准:
电话号码:5824863
地址:弋阳县圭峰大道1号

江西有色冶加工厂

法人代表:王伟
经营范围:铜加工
品牌:
质量标准:
电话号码:
地址:弋阳县双亭北路100号

江西正格铜业有限公司

法人代表:将志民
经营范围:有色金属材料制造加工销售
品牌:
质量标准:
电话号码:5909798
地址:弋阳县南岩镇320国道旁

江西龟峰水泥有限责任公司

法人代表:徐立红
经营范围:用于建筑生产
品牌:
质量标准:ISO9000
电话号码:5882217
地址:弋阳县东站大道95号

弋阳旭光彩印包装厂

法人代表:付恩杨
经营范围:纸箱、商标
品牌:
质量标准:
电话号码:5815049
地址:弋阳旭铁沙街铁沙村委会

弋阳江冶有色加工厂

法人代表:五伟
经营范围:铜材、电铅、金、银、铋
品牌:江冶牌
质量标准:ISO9002
电话号码:5877501
地址:弋阳县双亭北路100号

弋阳县刘家湾水库

法人代表:汪军
经营范围:水利发电
品牌:
质量标准:
电话号码:5970447
地址:弋阳县刘家湾水库(弋阳县三县岭乡)

弋阳县江鹏建筑工程有限公司

法人代表:徐志仕
经营范围:房屋建筑总承包
品牌:
质量标准:
电话号码:5879089
地址:弋阳县弋江镇双亭北路

江西伊尼德保温棉材料有限公司

法人代表:单天生
经营范围:保温材料
品牌:
质量标准:ISO2000
电话号码:5909961
地址:弋阳县城南工业园

江西省弋阳县新华书店

法人代表:熊公鑫
经营范围:图书、杂志、磁带等
品牌:
质量标准:
电话号码:5882488
地址:弋阳县胜利路14号

弋阳大鹏机械制造有限责任公司

法人代表:黄长林
经营范围:制造销售服务、各种金属铸造、农机水泵制造维修
品牌:
质量标准:
电话号码:5824038
地址:弋江镇水南街21号

弋阳县中兴轮毂电镀有限公司

法人代表:常志华
经营范围:铝合金轮毂及各种五金器材生产加工、电镀抛光、销售
品牌:
质量标准:
电话号码:5875819
地址:弋阳县连胜工业园

弋阳县自来水公司

法人代表:杨明贤
经营范围:自来水供应及安装
品牌:
质量标准:
电话号码:5883579
地址:弋阳县志敏大道23号

弋阳县大禾食品有限责任公司

法人代表:肖士华
经营范围:龟峰年糕、大禾扣肉、丈母娘醉鱼
品牌:龟峰牌
质量标准:
电话号码:5825373
地址:弋阳县圭峰大道57号

弋阳县旭日铜矿业有限责任公司

法人代表:俞建平
经营范围:采掘铜矿、浮选、销售铜精矿
品牌:
质量标准:
电话号码:5815688
地址:弋阳县旭光乡铁沙街

江西铭日企业集团有限公司

法人代表:叶日民
经营范围:白厂丝、蚕茧、绢纺原料、矿泉水、服装、加油站
品牌:铭日
质量标准:ISO9000
电话号码:0793－3221966
地址:江西余干县干越大道

江西省余干县自来水公司

法人代表:姚少莲
经营范围:县城供水量
品牌:
质量标准:
电话号码:0793－3224497
地址:余干县干越大道

余干县水电建筑工程公司

法人代表:朱志远
经营范围:水利工程
品牌:
质量标准:
电话号码:0793－3203531
地址:余干县城东山大街

江西天施康中药弋阳分公司

法人代表:盛洪流
经营范围:中成药
品牌:
质量标准:GMP
电话号码:5824637
地址:江西省弋阳县志敏中大道33号

江西省黄金玻纤厂

法人代表:黄新春
经营范围:玻纤丝、布、包装材料、玻璃纤维、机械设备、化工原料
品牌:
质量标准:ISO9000
电话号码:0793－3271953
地址:余干县黄埠镇珠桥

江西省余干县禾斛岭黄麻纺织厂

法人代表:宋兵帜
经营范围:麻袋
品牌:
质量标准:
电话号码:0793－3261137
地址:余干县禾斛岭垦殖场

余干县建筑公司

法人代表:李荣生
经营范围:房屋建筑
品牌:
质量标准:
电话号码:0793－3203818
地址:余干县城小南门

余干县供电有限责任公司

法人代表:洪佑平
经营范围:全县供电量
品牌:
质量标准:
电话号码:0793－3222887
地址:余干县耿桥

江西亚奇实业有限公司

法人代表:徐祥根
经营范围:粮食、水磨糯米
品牌:
质量标准:
电话号码:0793－3465207
地址:余干县瑞洪镇

江西金桥药业有限公司

法人代表:叶汀
经营范围:药品
品牌:
质量标准:
电话号码:0793－3276038
地址:余干县黄埠镇

余干县黄埠镇建筑公司

法人代表:徐振华
经营范围:土木建筑
品牌:
质量标准:
电话号码:0793－3271596
地址:余干县黄埠镇

余干县江氏物资实业有限公司

法人代表:江小青
经营范围:钢材、建筑材料、装璜材料销售
品牌:
质量标准:ISO9001
电话号码:0793－3581755
地址:余干县马背嘴工业开发区

江西省余干县农业化工厂

法人代表:张龙
经营范围:农药
品牌:
质量标准:
电话号码:0793－3465202
地址:余干县瑞洪镇

江西第三制药厂

法人代表:刘融融
经营范围:消食片等
品牌:
质量标准:
电话号码:0793－3271107
地址:江西省余干县黄埠镇

余干县玉亭镇建筑公司

法人代表:张龙胜
经营范围:房屋建筑
品牌:
质量标准:
电话号码:0793－3203553
地址:余干县城小南门

江西省电信有限公司余干县分公司

法人代表:严国华
经营范围:电信服务
品牌:
质量标准:
电话号码:0793－3225166
地址:干越大道

江西佳美食品有限公司

法人代表:曹细道
经营范围:粮食、大米
品牌:
质量标准:
电话号码:0793－3222862
地址:余干县干越大道

康山垦殖场建筑工程公司

法人代表:石冬生
经营范围:房屋建筑
品牌:
质量标准:
电话号码:0793－3471167
地址:余干县康垦

江西乐丰建筑工程有限公司

法人代表:邓表顺
经营范围:房屋建筑
品牌:
质量标准:
电话号码:6631113
地址:鄱阳县乐丰镇

鄱阳县第四建筑工程公司

法人代表:王洪林
经营范围:房屋建筑
品牌:
质量标准:
电话号码:6285169
地址:鄱阳县鄱阳镇

江西锦宇建设工程有限公司

法人代表:江南锦
经营范围:房屋建筑
品牌:
质量标准:
电话号码:6285275
地址:鄱阳县鄱阳镇

江西鄱北建筑有限公司

法人代表:李兰水
经营范围:房屋建筑
品牌:
质量标准:
电话号码:632335300
地址:鄱阳县油墩街

江西省鄱阳县洪门口煤矿

法人代表:李少林
经营范围:煤炭
品牌:
质量标准:
电话号码:6711059
地址:江西省鄱阳县芦田乡矿山村委会

鄱阳县建筑工程公司

法人代表:雷俊
经营范围:房屋建筑
品牌:
质量标准:
电话号码:6283473
地址:鄱阳县鄱阳镇

江西昌乐建设工程公司

法人代表:吴焕才
经营范围:房屋建筑
品牌:
质量标准:
电话号码:6209019
地址:鄱阳县鄱阳镇

鄱阳县建筑桩基有限公司

法人代表:杨银贵
经营范围:房屋建筑
品牌:
质量标准:
电话号码:6262315
地址:鄱阳县鄱阳镇

江西鄱阳县万年青水泥有限公司

法人代表:虞九海
经营范围:水泥
品牌:
质量标准:
电话号码:6721103
地址:江西省波阳县芦田乡矿山村委会

鄱阳县水利电力建筑安装公司

法人代表:胡涂兵
经营范围:房屋建筑
品牌:
质量标准:
电话号码:6284404
地址:鄱阳县鄱阳镇

江西金球市政建设工程有限公司

法人代表:毛春林
经营范围:房屋建筑
品牌:
质量标准:
电话号码:6268833
地址:鄱阳县鄱阳镇

江西顶峰市政工程有限公司

法人代表:张少峰
经营范围:房屋建筑
品牌:
质量标准:
电话号码:6262367
地址:鄱阳县鄱阳镇

江西省鄱阳县制米有限公司

法人代表:赵中明
经营范围:大米
品牌:
质量标准:
电话号码:6285409
地址:江西省鄱阳县鄱阳镇人民路57号

江西省鄱阳县第二建筑公司

法人代表:刘产元
经营范围:房屋建筑
品牌:
质量标准:
电话号码:6883806
地址:鄱阳县鄱阳镇

江西饶芦建筑工程有限公司

法人代表:方地财
经营范围:房屋建筑
品牌:
质量标准:
电话号码:6721066
地址:鄱阳县芦田乡

江西鄱阳县莲花山矿产实业公司

法人代表:朱清玲
经营范围:矿产
品牌:
质量标准:
电话号码:6321299
地址:江西鄱阳县田畈街镇

鄱阳县第一制米有限公司

法人代表:李恒兴
经营范围:大米
品牌:
质量标准:
电话号码:6266122
地址:鄱阳镇仓门口102号

江西省久兴建筑工程有限公司

法人代表:高久虎
经营范围:房屋建筑
品牌:
质量标准:
电话号码:6288663
地址:鄱阳县鄱阳镇

江西振兴建筑工程有限公司

法人代表:吴清水
经营范围:房屋建筑
品牌:
质量标准:
电话号码:6890909
地址:鄱阳县田畈街镇

江西省鄱阳县肉类联合加工厂

法人代表:张成纲
经营范围:屠宰
品牌:
质量标准:
电话号码:6210635
地址:鄱阳镇滨洲路53号

鄱阳县兴波药化厂

法人代表:刘国兴
经营范围:农药
品牌:
质量标准:
电话号码:6331178
地址:鄱阳县枧田街

鄱阳县供电有限公司

法人代表:刘德奖
经营范围:水电
品牌:
质量标准:
电话号码:6271013
地址:鄱阳镇大芝路30号

江西鑫宇贵金属有限公司

法人代表:张光铜
经营范围:合金银"三废"回收提炼、加工
品牌:
质量标准:
电话号码:07933884767
地址:江西省万年县丰收工业园区

江西省万年青建筑安装有限公司

法人代表:张林根
经营范围:土木工程建筑
品牌:
质量标准:
电话号码:07933839579
地址:江西省万年县东郊江泥生产区

江西省万年青塑胶包装制品厂

法人代表:徐玉根
经营范围:塑胶编织袋
品牌:
质量标准:
电话号码:07933833542
地址:江西省万年县陈营镇马家村

江西珠湖制药厂

法人代表:张金根
经营范围:农药
品牌:
质量标准:
电话号码:6601078
地址:鄱阳县珠湖农场

江西省万年县供电有限责任公司

法人代表:石锡英
经营范围:电力销售、电力安装
品牌:
质量标准:
电话号码:07933833212
地址:江西省万年县陈营镇石洋东路3号

江西省万年县第三建筑工程公司

法人代表:戴章永
经营范围:建筑安装
品牌:
质量标准:
电话号码:07933641018
地址:江西省万年县石镇镇

万年县第二建筑工程公司

法人代表:胡文平
经营范围:土木工程
品牌:
质量标准:
电话号码:07933832545
地址:江西省万年县正大东街16号

江西珠湖味精厂

法人代表:苏中
经营范围:味精
品牌:
质量标准:
电话号码:6601007
地址:鄱阳县珠湖农场

江西省万年县银业有限公司

法人代表:何大刚
经营范围:白银、电铅
品牌:
质量标准:
电话号码:07933811041
地址:江西省万年县石镇东关村14号

江西省万年县合成米面有限公司

法人代表:许运强
经营范围:米面制品及饲料加工、销售
品牌:
质量标准:
电话号码:07933884133
地址:江西省万年县丰收工业园区

万年县宏利超细粉体有限公司

法人代表:叶红斌
经营范围:非金属矿物制品制造、销售
品牌:
质量标准:
电话号码:07933884338
地址:江西省万年丰收工业园

江西万年青水泥公司万年水泥厂

法人代表:魏新安
经营范围:水泥
品牌:
质量标准:ISO9000
电话号码:07933839497
地址:江西省万年县陈营镇

江西省万年祥家纺服饰有限公司

法人代表:宋仁开
经营范围:床上系列产品、服装制造、销售
品牌:
质量标准:
电话号码:07933884667
地址:江西省万年丰收工业园区

江西省万年峰水泥厂

法人代表:潘和松
经营范围:水泥销售
品牌:万年峰
质量标准:
电话号码:07933871203
地址:江西省万年县大源镇大源村

万年县皇阳贡米有限公司

法人代表:蔡阳厚
经营范围:大米
品牌:
质量标准:
电话号码:07933833105
地址:江西省万年县珠山南岗村

江西省万年贡贡米(集团)公司

法人代表:方建炉
经营范围:大米,稻谷
品牌:万年贡
质量标准:ISO9000
电话号码:07933833418
地址:江西省万年县陈营镇六O中路6号

江西省万年春珍珠集团公司

法人代表:李洪青
经营范围:生猪、珍珠
品牌:
质量标准:
电话号码:07933833166
地址:江西省万年县六0南路48号

万年县第一建筑工程有限公司

法人代表:蒋昌飞
经营范围:土木工程建筑
品牌:
质量标准:
电话号码:07933839849
地址:江西省万年县马家工业区

万年县五湖制米有限责任公司

法人代表:姚五令
经营范围:大米、食用油加工、销售
品牌:
质量标准:
电话号码:07933601168
地址:江西省万年县湖云乡

江西省万年县矿业有限公司

法人代表:何大刚
经营范围:贵金属采矿
品牌:
质量标准:
电话号码:07933811041
地址:江西省万年县石镇镇

德兴铜矿机械制造(集团)有限公司

法人代表:张裕新
经营范围:机电和液压设备制造.安装.备件加工.专用设备整机制造
品牌:
质量标准:ISO9000
电话号码:0793－7700180
地址:德兴市泗洲镇礼村区

德兴市供电有限责任公司

法人代表:石锡英
经营范围:供电
品牌:
质量标准:
电话号码:0793－7516447
地址:德兴市朝阳路42号

江西省德畅集团

法人代表:胡新华
经营范围:竹胶板.山棕床垫.油漆.纳米涂料
品牌:
质量标准:ISO9000
电话号码:0793－7560185
地址:德兴市花桥镇

江西省万年县南方材料厂

法人代表:蒋昌飞
经营范围:砖
品牌:
质量标准:
电话号码:07933833254
地址:江西省万年县马家乡铁马区

江西德铜建设有限公司

法人代表:刘发明
经营范围:工业与民用建筑.大型土石方工程.室内外装璜
品牌:
质量标准:ISO9000
电话号码:0793－7717444
地址:德兴铜矿

江铜集团银山矿业有限责任公司

法人代表:张胜义
经营范围:铅锌矿采选
品牌:
质量标准:
电话号码:0793－7503054
地址:德兴市银城镇

江西天海集团有限公司

法人代表:祝天才
经营范围:铸锻件、医药制造、销售化工.五金等销售
品牌:珍珠
质量标准:
电话号码:0793－7720237
地址:德兴市泗洲镇金家村189栋

江西省万年县新艺水泥制品厂

法人代表:胡长林
经营范围:水泥
品牌:
质量标准:
电话号码:07933839564
地址:江西省万年县马家乡铁马区

江铜矿山新技术开发有限公司

法人代表:蒋伯良
经营范围:润滑油.选矿药剂.矿山科研
品牌:
质量标准:
电话号码:0793－7719801
地址:德兴市泗洲镇

江西德兴益村实业有限公司

法人代表:裴小青
经营范围:玻璃钢制品.服装加工.橡胶制品.机电设备制造
品牌:益村
质量标准:ISO9000
电话号码:0793－7719460
地址:德兴泗洲镇2号桥区

德兴市雄鹰建筑企业有限公司

法人代表:潘茂泉
经营范围:工业.民用与公共建筑工程
品牌:
质量标准:
电话号码:0793－7522680
地址:德兴市银城中路277号

德兴市新兴木竹模板有限公司

法人代表:苏卫标
经营范围:木竹制品、竹压板
品牌:
质量标准:
电话号码:0793－7581206
地址:德兴市银城镇新营村大桥头

德兴市百勤异VC钠有限公司

法人代表:周强
经营范围:D－异抗坏血酸钠.D－异抗坏血酸.食品添加剂制造
品牌:维钠
质量标准:ISO9000
电话号码:0793－7790020
地址:德兴市新岗山镇

德兴市洁美鬃业(集团)有限公司

法人代表:孙洁民
经营范围:猪鬃.制刷
品牌:
质量标准:
电话号码:0793－7630188
地址:泗洲镇潭埠工业区

德兴市天峰雄狮水泥公司

法人代表:詹孝军
经营范围:水泥制造
品牌:狮牌
质量标准:ISO9002
电话号码:0793－7620905
地址:德兴市香屯镇

江西金山金矿

法人代表:王泰炜
经营范围:黄金、金精矿等
品牌:
质量标准:ISO9000
电话号码:0793－7561838
地址:德兴市花桥镇金山金矿

德兴市力航钢材线缆有限公司

法人代表:王武航
经营范围:铜材.电线.电缆等
品牌:力航
质量标准:
电话号码:0793－7727588
地址:德兴市泗洲镇

德兴市花桥金矿有限责任公司

法人代表:周新发
经营范围:黄金采选.销售
品牌:德畅
质量标准:
电话号码:0793－7562738
地址:花桥镇黄柏洋村

江西省中兴建筑企业有限公司

法人代表:李国忠
经营范围:土木工程建筑.房地产开发.水电安装
品牌:
质量标准:ISO9000
电话号码:0793－7528222
地址:德兴市银山路104号

江铜公司德兴铜矿自来水公司

法人代表:吴水生
经营范围:自来水生产. 供应
品牌:
质量标准:
电话号码:0793－7717045
地址:德兴市泗洲镇

德兴市金竹模板有限公司

法人代表:毛根才
经营范围:建筑模板. 木胶板
品牌:天宝
质量标准:
电话号码:0793－7506970
地址:德兴市银城镇铜都大道

德兴市万乐轧钢厂

法人代表:张之文
经营范围:钢材生产与销售
品牌:
质量标准:
电话号码:0793－7780888
地址:德兴市泗洲镇

江西省绿野木业有限公司

法人代表:许伟林
经营范围:人造板. 装饰板. 家具制造等
品牌:LUYE
质量标准:ISO9000
电话号码:0793－7507868
地址:德兴市铜都工业园区

江西德兴长荣天然香料厂

法人代表:彭长荣
经营范围:化工. 香料. 防蛀防霉产品. 建材. 工矿产品
品牌:长荣
质量标准:ISO9000
电话号码:0793－7512888
地址:德兴市银城镇银山西路151号

江西大茅山集团发电公司

法人代表:齐召金
经营范围:水力发电
品牌:
质量标准:
电话号码:0793－7562448
地址:德兴市花桥镇

铜海尾矿回收有限公司

法人代表:王员喜
经营范围:尾矿回收
品牌:
质量标准:
电话号码:0793－7717398
地址:德兴市铜矿中区

德兴市粮油直属购销公司

法人代表:胡富才
经营范围:粮食收购与销售
品牌:
质量标准:企业产品执行标准证书
电话号码:0793－7517550
地址:德兴市粮食局

江西维东山设备有限公司

法人代表:陆东山
经营范围:水力旋流器. 阀门
品牌:
质量标准:ISO9000
电话号码:0793－7721656
地址:德兴市泗洲镇

德兴市发电公司

法人代表:董明坤
经营范围:水力发电
品牌:
质量标准:
电话号码:0793－7516447
地址:德兴市朝阳路42号

江铜集团地质勘探工程公司

法人代表:李传明
经营范围:矿产地质调查和勘查及施工
品牌:
质量标准:
电话号码:0793－7503194
地址:德兴市银城北路74号

德兴市粮油购销公司

法人代表:徐明
经营范围:粮食收购. 储存. 销售. 调拨. 加工
品牌:
质量标准:
电话号码:0793－7518036
地址:德兴市银城镇洎水路8号

江西德铜泵业有限公司

法人代表:刘发明
经营范围:各种型号泵类产品. 废泵回收. 加工等
品牌:神霸
质量标准:
电话号码:0793－7717267
地址:德兴市泗洲镇

德兴市黄柏石灰厂

法人代表:徐光炎
经营范围:石灰石. 石灰粉
品牌:
质量标准:
电话号码:0793－7660118
地址:德兴市黄柏乡

江西大茅山集团建筑公司

法人代表:林志龙
经营范围:土木工程. 公路桥梁
品牌:
质量标准:
电话号码:0793－7560446
地址:德兴市花桥镇

江西省德兴市物资总公司

法人代表:刘海云
经营范围:金属材料. 机电产品. 化工轻工建材. 废旧金属回收等
品牌:
质量标准:
电话号码:0793－7522497
地址:德兴银城中路238号

江西大和纸业有限公司

法人代表:王志英
经营范围:生产. 销售特种纸,印刷包装用纸
品牌:钻石
质量标准:ISO9000
电话号码:0793－7506388
地址:德兴市银城南路218号

德兴市章玉铸造有限责任公司

法人代表:董章玉
经营范围:铜球制造. 石灰
品牌:
质量标准:
电话号码:0793－7730171
地址:德兴市海口镇海南大道

德兴市三联工艺品厂

法人代表:邵天敏
经营范围:层压板木质手杖. 木制工艺品
品牌:
质量标准:
电话号码:0793－7511652
地址:德兴市银山西路100号

德兴市第一建筑工程公司

法人代表:赵卫汉
经营范围:房屋. 土石方建筑施工
品牌:
质量标准:ISO2001
电话号码:0793－7720050
地址:德兴市泗洲镇金家

江西铜业公司银山建设总公司

法人代表:黄山
经营范围:工业.民用建筑,水电安装,矿山井巷
品牌:
质量标准:
电话号码:0793－7503154
地址:德兴市银城镇

江西婺源林生实业有限公司

法人代表:金林生
经营范围:精制茶
品牌:
质量标准:
电话号码:7392018
地址:婺源县赋春镇新田村

婺源巨龙精工工具有限公司

法人代表:洪钢
经营范围:木制品
品牌:
质量标准:
电话号码:7359113
地址:婺源县紫阳镇武口

婺源县鄣公山茶叶实业有限公司

法人代表:黄彤
经营范围:精制茶制造
品牌:
质量标准:
电话号码:7242016
地址:婺源县清华镇

江西省婺源县自来水公司

法人代表:汪道生
经营范围:主营:自来水,兼营:自来水配件、自来水管道安装
品牌:
质量标准:
电话号码:7363915
地址:婺源文公南路55号

婺源县紫阳桂兴摩托车配件厂

法人代表:余桂兴
经营范围:摩托车零部件
品牌:
质量标准:
电话号码:7360526
地址:婺源县紫阳镇城南

佛山罗宾汉陶瓷有限公司

法人代表:王小涛
经营范围:墙面砖
品牌:
质量标准:
电话号码:7416389
地址:婺源县紫阳镇太子桥

婺源县清华酒业有限责任公司

法人代表:程洪
经营范围:饮料酒
品牌:
质量标准:
电话号码:7242179
地址:婺源县清华镇新街287号

婺源县供电有限责任公司

法人代表:石锡英
经营范围:供电
品牌:
质量标准:
电话号码:7342960
地址:婺源县紫阳镇天佑西路29号

婺源县高宝电石有限责任公司

法人代表:倪美华
经营范围:碳化钙制造
品牌:
质量标准:
电话号码:7315288
地址:婺源县中云镇

婺源县鄣公山水泥厂

法人代表:程明阳
经营范围:水泥
品牌:
质量标准:
电话号码:7248037
地址:婺源县清华镇诗春

江西天佑药业有限公司

法人代表:邱俊生
经营范围:中成药
品牌:
质量标准:
电话号码:7363666
地址:婺源县紫阳镇河西环村路15号

江西省婺源县纤维板厂

法人代表:段接兴
经营范围:中密度纤维板
品牌:
质量标准:
电话号码:7352101
地址:婺源县紫阳镇星江西路18－179号

婺源县江湾林业化工厂

法人代表:黄欣泉
经营范围:松香、松节油、铅笔
品牌:
质量标准:
电话号码:7296188
地址:婺源县江湾镇栗木坑开发区

婺源县游山水泥有限责任公司

法人代表:王国中
经营范围:水泥
品牌:
质量标准:
电话号码:7402146
地址:婺源县镇头镇镇头村12号

婺源大鄣山绿色食品有限公司

法人代表:洪鹏
经营范围:精制有机茶
品牌:大鄣山茶
质量标准:国内有机茶认证
电话号码:7351802
地址:婺源县紫阳镇天佑路

婺源县盛发电石有限责任公司

法人代表:祝铂渝
经营范围:碳化钙制造
品牌:
质量标准:
电话号码:7357540
地址:婺源县紫阳镇小港

婺源高峰竹木业有限公司

法人代表:汪学友
经营范围:竹地板
品牌:
质量标准:
电话号码:7361819
地址:婺源县紫阳镇汤村

婺源县迈尔泰木业有限公司

法人代表:金美通
经营范围:中密度纤维板
品牌:
质量标准:
电话号码:7350593
地址:婺源县紫阳镇大鄣山路47号

婺源县常新碳酸钙有限公司

法人代表:樊木祥
经营范围:碳酸钙
品牌:
质量标准:
电话号码:7402576
地址:婺源县镇头镇镇头村

江西宏泰建筑安装有限责任公司

法人代表:张友荣
经营范围:房屋建筑、水电开发、机电设备安装
品牌:
质量标准:
电话号码:7342960
地址:江西省婺源县紫阳镇天佑西路29号

婺源县建筑公司

法人代表:王家润
经营范围:房屋建筑工程、施工总承包叁级
品牌:
质量标准:
电话号码:7351362
地址:婺源县紫阳镇星江中路5号

婺源县水利水电建筑工程有限公司

法人代表:汪三林
经营范围:房屋建筑工程、水利水电工程、市政工程
品牌:
质量标准:
电话号码:7351345
地址:婺源县水利水电建筑工程有限公司

江西朝日集团

江西朝日集团是对外招商引资落户于江西的浙江民营企业，位于江西奉新冯田经济开发区。距江西省会南昌60公里，交通便利，气候宜人，投资环境宽松。属下有“朝日钢结构”、“朝日农机”、“朝日塑胶”、“朝日电线电缆”、“朝日涂料”、“新余朝日钢业”，现在又发展了“朝日房地产”，总公司占地面积400亩赃划投资1.5亿元。2002年年底通过ISO9001/2000质量体系认证、中国质量万里行授予“质量信得过单位”。本公司正以满怀的豪情，迎着改革开放的春风，与时俱进，大步向前。

朝日钢结构：主要生产各种钢结构构件、C型钢、彩钢瓦、夹芯板、塑钢门窗、铝合金门窗，产品采用CAD辅助制造，拥有目前国内先进的工艺设备与检测手段。集设计、制作、安装于一体，技术力量雄厚。

朝日农机：专业制造拖拉机变型运输机、农用运输车及主要部件，具备本车间制造和质量控制能力，投放市场的30余种有同配置的运输机深受广大用户的青睐。是地方信得过产品，也是江西省农机局“主推产品”之一。

朝日塑胶：主要生产UPVφ16—250mm给、排水管及管件、阻燃、冷弯电工套管等产品，经江西省质检部门多次抽检合格，并获得江西建设新产品推荐证书及“信得过产品”“国家塑料制品质量监督检验中心检测合格”，并颁发了合格证书。

朝日电线电缆：主要制造各种规格的电线电缆，2001年在福建获得省质检部门网上推荐，江西市场最先获得中国质量认证中心颁发的CCC证书的品牌，2002年列入江西农网改造推荐产品。

朝日涂料：主要生产各种规格的内、外墙涂料，就2002年年底投产以来，投放市场深受广大用户的欢迎。

朝日大酒店：朝日国际大酒店位于狮山公园以北，东临建设北路，西接狮山宾馆，南面为一主体公园。占地面积1140M^2，建成筑主体高度60M，主楼16层，订位360个，裙房三层，地下一层，设地下车库。将与服装商品街和狮山公园形成集假日、购物、信宿三位一体的旅游休闲地。

朝日房地产：服装商品街由6栋5——6层和商住楼组成，拥有近80多间临街旺铺和110多套面面积从80、——160十多种户型的住宅。

机遇与挑战并存，江西朝日以“加强企业管理，提高产品质量，铸造朝日品牌，取信朝日用户”为宗旨，发挥团队精神，服务客户，回报社会。

法人代表：谢雪明　　地 址：江西奉新冯田开发区　　邮 编：330700
电 话：13879555575　　传 真：4605768

江西五丰食品有限公司

中共中央政治局委员、山东省委书记吴官正（前左一）任江西省省长期间视察公司

江西五丰食品有限公司成立于1996年，是一家生产和销售五丰牌、高富牌、汉仙牌系列米粉的中外合资企业，具备年产2万吨系列米粉的生产能力。公司生产米粉的原料来自公司的无公害水稻基地，具有安全保障。公司产品采用纯米制作，不含任何添加剂，质量上乘，风味独特，响誉海内外，80%出口到美国、加拿大、英国、法国、香港等20多个国家和地区。近年来，公司又先后在广州、深圳、上海、南昌等发达城市没立了市场部，国内市场占有率正逐步扩大。

公司力量技术雄厚，创新能力强，具备自主研发新产品和米粉专用机械设备的能力，拥有40多项国家专利，并且每年均有2—3个新产品上市，现有四大系列40多种产品。

江西省委书记孟建柱（左前一）在公司视察指导工作

公司管理科学规范，特别是在质量管理方面与国际接轨，已经通过ISO9001：2000质量管理体系认证，并在积极推行HACCP体系。

经过多年来不懈的努力，公司系列米粉总计获得了20多项省部级以上荣誉，如银光米粉（现名江西米粉）、上等沙河粉均荣获过全国食品工业科技进步优秀项目奖、江西省优秀新产品一等奖，通心米粉荣获过江西省优秀新产品一等奖、全国食品行业工业科技进步优秀新产品、“九五”江西省技术创新优秀项目奖、江西省重点保护产品、江西省卫生安全食品，五丰牌、汉仙牌米粉还先后被评为江西省名牌产品，汉仙牌银光米粉（现名江西米粉）还被推荐为全国名牌产品，在党的十五大期间，公司产品作为国内贸易部在国内选定的唯一米粉类展品，参加了“辉煌的五年——十四大以来经济建设和精神文明建设成就展”……；公司先后被评为全国食品工业科技进步优秀企业、全国外商投资双优企业、全省外商投资十大出口企业、“双优”企业奖、赣州市农业产业化龙头企业、江西省质量效益型先进企业……；江西省会昌县也因此被国务院经济研究中心命名为“中国米粉之乡”。

公司地址：江西省会昌县城南外街48号

电话号码：0797——5628628　　邮政编码：342600

传真号码：0797——5626280　　销售热线：0797——5623286

电子信箱：jxnf@jxnf.com　　网　　址：www.jxnf.com

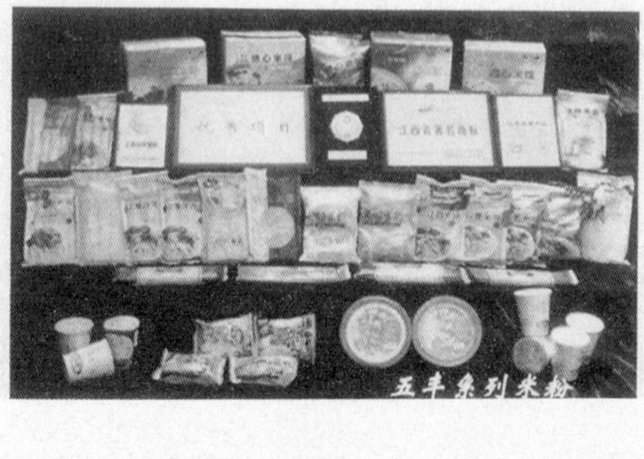

附录一：工商服务指南

内容概要：

863/882

江西省先进私营企业家

江西景德酒业集团

集团董事长：李小荣

江西景德酒业集团是景德镇市十大企业集团之一。在改革开放的大好政策指导下，经过“景酒”人的艰苦创业，顽强拼搏，以年年翻番的速度发展壮大，现已拥有景德酒业食品有限公司、景德酒业食品销售有限公司、景德镇啤酒有限公司、景德镇啤酒销售有限公司、景德镇景丰大酒店有限公司、景德镇昌江糖酒有限公司、景德调味品有限公司、景德镇小龙果业有限公司八家直属企业；员工近700人；总资产达1.8亿元；主要生产经营御窖春景德老窖、景德大曲系列优质白酒；景德、麦德小龙系列啤酒；调味品等产品，同时涉及果业和酒店业等多个领域。

集团矢志改革创新，在迅速壮大规模的过程中，不断引进高新生产技术和先进的生产设备，导入先进经营理念，在管理、用人等方面进行大胆改革，重视企业文化建设，成立了全市首家民营企业党委，组建了集团工会，使企业发展十分健康稳定，在省内外享有较高的知名度和美誉度，被景市“十五”计划列为重点培植和扶持的十大企业集团之一。省委书记孟建柱、省委副书记彭宏松等省市领导莅临集团视察，对集团的发展给予了高度评价。

地址：景德镇市瓷都大道中段533号　邮编：333000　电话：0798—8527899　8525977　传真：0798—8529399

江西齐峰水泥有限责任公司

法人代表：戴俊

齐峰公司远景

江西齐峰水泥有限责任公司是由原安福水泥厂通过“双置换”改制而成的一家私营企业，是井冈山下崛起的一颗民企新星。

公司注册资本7600万元，现已形成年产35万吨水泥能力，主要产品有：“齐峰牌”32.5级、32.5R型、42.5级、42.5R型水泥，产品采用包装和散装供应，素以“早强高、性能稳、袋重足、价格低”而闻名，深受广大用户的信赖和好评。在历年的行业检查评比中各项技术质量指标均名列前矛。企业通过了ISO9001——2000国际质量体系认证。先后荣获国家建材企管协会授予“质量、服务双达标百佳诚信企业”、“江西省先进私营企业”、“省A级纳税信用企业”等二十余项省级以上荣誉称号。

为进一步做大做强公司，加速产业结构的调整，公司正在兴建一条日产2000吨熟料新型干法水泥生产线（该项目经政府批准建设），现已完成项目投资5000多万元，项目建成投产后年可新增水泥生产能力110万吨。

地址：安福县城北　电话（传真）：0796—7664271　邮编：343200

江西锦江酒业有限责任公司

江西锦江酒业有限责任公司是一家白酒专业生产企业，拥有万吨生产能力。其生产过程以传统手工工艺为主，结合现代高新技术精心酿制，地下储藏，产品窖香浓郁，口感柔和，风味独特。主导产品锦江系列白酒是江西省最早的白酒品牌之一，“锦江”商标为江西省历届著名商标，产品行销全国二十多个省区，深受消费者青睐。

该公司从事白酒生产已有五十年历史，一直致力于为消费者提供物超所值的高品质产品，是各地经销商可靠的合作伙伴，享有较高的市场美誉度。

地址：万载县城王家路69号　电话：0795—8823218　传真：0795—8823796

江西省工业经济联合简介

江西省工业经济联合会简称江西省工经联。英文名称 Jiangxi Federation of industrial economics，缩写为 JFIE。

江西省工经联于1994年4月成立，原名称为江西省工业经济协会。1998年12月，中国工业经济联合会召开全国会员代表大会，江泽民总书记题词："办好工业经济联合会，为我国工业现代化作出新的贡献"。为适应新的形势，针对全省工业经济发展的情况，于1995年5月11日召开全省会员代表大会，正式更名为"江西省工业经济联合会"。

江西省工经联是全省工业行业协会的联合组织。以全省性工业行业协会和行业骨干企业为主要成员，同时吸收部分工业经济研究团体、大专院校、科研单位、省直有关部门及设区市政府、经贸委等部门代表、以及工业经济界知名人士联合组成。省工经联会长：钱家铭原江西省人民政府副省长

联合会现共有会员理事单位227个。其中企业会员单位133个，行业协会36个，政府有关部门、大专院校、金融单位等58个。本届理事会设常务理事115名，会长、副会长14名，高级顾问1名，顾问7名。联合会自成立以来，开展的各项工作多次得到省委、省政府领导的肯定和鼓励，并于一九九八年荣获中国工经联"全国先进工业经济协会联合奖"。

地址：江西省南昌市北京西路76号四楼
邮政编码：330046
网址：http://www.ifie.com.cn
电子邮箱：jxgjl@nckd.com
电话：0791—6231114　6300493
传真：0791—6257383

（江西省工业经济联合会供稿）

江西企业家经济学家联谊会简介

江西企业家经济学家联谊会（以下简称江西企经会）是经省民政厅批准注册的由全省著名企业家、经济学家自愿组成的非营利性社会组织，是独立的社会团体法人，其业务主管单位为江西省经济体制改革办公室。

本会的宗旨是按照国家法律法规的要求，坚持服务为本，致力于沟通省内外企业家、经济学家的合作，按照"活泼、多样、实效"的原则开展活动，促进市场经济理论与实践紧密的联系，促进经济的发展；为企业建立现代企业制度，依靠现代高新科学技术，推进江西经济发展多做实事。

本会的业务范围包括，接受地方和企业的委托，帮助调整和完善所有制结构，加快推进国有企业改革，促进民营企业的发展，为企业提供决策咨询、企业策划、制定规划、招商引资、重组资产、培训人员、交流信息、协调关系、推进联合、法律咨询、宣传报导等服务。同时，加强与国内外及港、澳、台经济理论界和企业界的交往，组织企业家、经济学家开展以经济体制改革和经济发展为主要内容的经贸合作、学术研讨、经验交流、考察、参观、访问及旅游活动。此外，还将协助有关部门保护企业家的改革成果与合法权益，联络有关部门为企业创造良好的外部环境。开展调查研究，了解企业在改革发展中出现的新情况、新问题，及时向政府反映并提出有关建议。

本会还将与有关院校和企业合作开展人才培训工作，举办知识经济讲座，组织江西企业家经济学家论坛、组织部分企业家经济学家赴台湾、韩国和欧盟有关国家考察等等。

我会现有会员200余名，在现有会员中，不仅有省政协主席钟起煌、省人大常委会副主任蒋仲平和

原副省长梁凯轩为名誉会长，原江西省经贸委副主任胡健为会长，原江西省建材局副局长万义铨为驻会副会长及各市有关领导和诸多骨干企业、主要大学的领导为副会长的有力的领导层，还有我省众多著名的企业家和经济学家，可谓人才荟萃，完全有能力在本会的业务范围内开展好“活泼、多样、实效”的活动，为企业提供服务，为推进江西经济加快发展作贡献。

热忱欢迎我省广大有意的企业和企业家及经济学家加入本会。

地址：江西省政府大院东四路23号312室
联系电话：0791—6291078
邮编：330046

（江西企业家经济学家联谊会供稿）

江西省防伪行业协会简介

江西省防伪行业协会，是2002年8月经省民政厅以赣民管字[2002]048号文批准登记成立的社团组织，主管单位为江西省质量技术监督局。本协会主要由全省从事防伪技术研究试制、开发生产、经营使用、信息咨询、技术服务的企事业单位以及关心防伪技术事业的专家、学者和社会人士组成，属非盈利性的具有独立法人资格的社会组织。

协会的主要业务范围是：宣传贯彻国家有关防伪打假的法律、法规和方针政策；开展防伪行业的调研，为政府行政主管部门对防伪技术的生产、使用，规范行业的自律行为等提出合理化建议；接受江西省质量技术监督局的委托，承办防伪技术及产品的初审、资格认可以及防伪技术产品的使用备案工作；推广防伪行业的新产品、新技术、新工艺、新材料在我省的广泛应用；对国内外防伪行业的先进技术、产品举办展览和交流，并开展防伪技术宣传、普及和培训防伪行业的技术人员的工作；兴办经济实体，依法开展经营活动并将盈利用于发展我省的防伪事业。

目前，协会与江苏南大数码科技有限公司合作，开通了数码防伪电话查询系统，查询号码为“0791－12365”，该系统由数码防伪标识和数码查询服务系统两部分组成，即利用计算机为每一件产品编制唯一的身份信息码，再运用高科技技术将该码印刷在产品的标识物上，消费者只需拨打查询电话并根据语音提示输入产品的身份码，即可辨别产品的真伪及其他相关信息。

数码防伪查询系统的正式开通，标志着我省工商企业的产（商）品又有了一道高科技的护身符，对保护我省名、优、特、新以及正规生产厂家产品的宣传具有十分重大的意义，企业只需花极小的投资，就能取得十分理想的市场回报，使自己的正宗产品避免被假冒、仿制，从而避免假冒伪劣产品给企业带来的巨大经济损失。

我们热忱欢迎省内各工商企业户拨打电话0791－8308121加入到“12365”数码防伪打假系统中来！

地址：南昌市江大南路19号锅检大楼502室
电话：0791—8308121
邮编：330029

（江西省防伪行业协会供稿）

江西省工商事务咨询服务中心
江西省商标事务所简介

江西省工商事务咨询服务中心、江西省商标事务所是1993年经国家工商行政管理总局、国家知识产权局、江西省工商行政管理局批准、授权而设立的。具有独立的法人资格，现有律师、专利代理人、商标代理人、企业注册代理人及专职美术设计师等各类人才近25余人。长期从事工商企业法律咨询和知识产权咨询服务工作，具有丰富的理论知识和实践经验。主要从事国内外企业注册登记的法律咨询代理；国内外商标注册及商标争议和权益的保护；国内外专利事务的咨询和代理，知识产权的保护；负责商标、广告的创意和设计。内部设有综合法务部、律师部、工商企业登记代理部、商标代理部、专利咨询部、商标广告设计中心等部门。已初步形成了以工商事务为基础，以保护知识产权为中心的功能全。专业性强、服务水平上层的专业机构。

江西省工商事务咨询服务中心、江西省商标事务所以其优势的人才组合现代化的办公设施，科学的管理流程，严谨的治学方法，赢得了广大企业的信赖，也赢得了港澳知识产权机构和知名经济学者的信任，并建立了广泛的合作伙伴关系。随我国加入WTO，我省经济建设步伐加快，保护知识产权的作用与意义日益突显的今天，我们愿与我省经济建设同步发展的企事业单位一道，携手共进、共谋发展。

所长：卜国强
地址：南昌市省政府大院省工商局大楼七楼702室
邮编：330046
咨询电话：0791—6350049　6350364
联系人：吴洪平 杜继娜
传真号码：0791—6350134

（江西省工商行政管理局供稿）

江西省广告咨询服务中心简介

江西省广告咨询服务中心是1998年经江西省工商行政管理局批准成立的具有独立法人资格的广告业务全方位专业服务机构。主要为社会各界提供广告法律、法规咨询和权威、全面的广告信息服务；专业从事广告设计（创意）、制作、发布、代理业务；开展广告人才培训和广告专业技术岗位资格培训工作；代办广告经营许可证等办证、审批和为广告主提供监测广告刊播事务；组织广告从业人员交流活动；专职广告审查人员运用专门知识为您提供广告发布前的审查，让您的市场营销策略畅行无忧。

江西省广告咨询服务申心以忠诚的服务树立形象，专业的服务创立品牌，现代的理念拓展业务，加强广泛的合作，为企事业单位的发展和江西经济建设服务。

主任：赖传金
地址：南昌市省政府大院省工商局大楼12楼1202室
邮编：30046
电话：0791—6350329
联系人：宋学军

（江西省工商行政管理局供稿）

江西省机械工业企业管理协会简介

江西省机械工业企业管理协会(简称省机械企协)成立于1986年8月12日。最初团体会员单位为93家。

十七年来,省机械企协坚持“面向企业、为企业和企业家服务”的宗旨,围绕政府部门和企业关心的问题开展了调查研究、咨询服务,协助政府部门制定了管理纲要和计划,在协助政府加强行业企业改革与管理方面,在反映行业共同愿望和要求,维护行业共同利益,抓好年度“三优一先”企业(个人)评选,制订《江西省机械工业企业现场管理规范》,组织申报《省级先进企业》、《国家二级企业》、国家大一、二类型企业》,转发并组织实施原机械工业部制订的《机械工业企业管理基础工作规范化实施办法》和《机械工业企业管理进步示范工程规范化实施办法》(简称“两范”)达标活动,为企业提供信息和组织交流改革与管理经验诸多方面都取得了较好的效果。多次被上级领导部门评为省级先进协会。2000年,又被国家机械工业局、中国机械工业联合会授予《全国机械工业管理进步示范企业优秀组织奖。

目前,协会已发展到团体会员单位196家,分别在机械(汽车)、国防工业、家垦、农业、教育、二轻、司法等七个部门10大行业。省机械企协将紧密依靠常务理事会及团体会员单位,不断探索、不断创新,努力完成新世纪赋予的任务,把协会工作做得更好、更出色,使政府满意,企业满意,社会满意。

地址:南昌市丁公路125号
邮编:330046
电话:0791—6217360

(江西省机械工业企业协会供稿)

江西省计量协会简介

江西省计量协会是由全省计量管理部门、计量技术机构、企事业计量机构、计量器具制造、修理企业及计量经营服务部门和计量工作者自愿结威依法登记成立的公益性、学术性、非营利性的法人社会团体。现有会员来自我省机械、电子、否化、汽车、计量器具生产企业、计量技术机构和科研机构等各行各业,是发展我省计量事业的重要社会力量,是党和政府开展计量工作的纽带和桥梁。

协会自1996年8月成立以来,在江西省民政厅和江西省质量技术监督局直接领导和支持下,协会的社会影响日益扩大,协会的组织不断发展壮大,迄今为止,协会已发展团体会员228个,个人会员795名。在各会员单位及各位理事和协会秘书处共同努力下,按照省质量技术监督局计量工作方针和部署,紧紧围绕我省经济建设这个中心,以提高产品质量和经济效益为目标,全面加强计量工作,为我省经济发展和科技进步做了大量扎实有效的工作,2001年9月由中国科协授予“全国计量测试先进会员单位”,2000年、2001年连续两年由江西省科协授予“先进省级协会”荣誉称号。

2002年10月28日,江西省计量协会第二次会员代表大会在南昌召开。会议选举产生了新一届的理事会及协会领导班子。为了适应我国加入“世贸”新形势和社会主义市场经济新体制,协会对秘书处下设机构进行了资源整合,设立了四个下设机构:

1. 检测开发工作部。面向社会、企业,开展计量检测技术与工程的研究、开发和推广服务工作。

2. 咨询培训工作部。面向社会,为企、事业单位提供计量管理与技术人员的教育培训、“GB/T19022.1-1994 idt ISO10012-1:1992 测量设备的质量保证要求”国家(国际)标准、建立和完善计量检测体系和计量认证等有关计量技术和管理的咨询、培训服务。

3. 企业工作部。对生产计量器具企业提供质量监督、计量管理与检测、市场动态等方面的信息，并开展相应的活动。

4. 商品量计量工作部。帮助定量包装商品生产、销售、企业建立商品量计量检测体系，提高计量管理水平，推介国外先进的商品量计量管理检测方法，有关商品量的计量法规的政策咨询。

协会将始终抓住"为政府服务，为企业服务"这两条主线，以会员为基础，以服务为本。面向市场，抓住"江西在中部地区崛起"和我国加入"世贸"等契机，协助政府有关部门，大力开展为企业计量服务的活动，开拓计量科技服务市场、促进我省计量产业发展，提供技术咨询服务和专业人员培训等，积极开展学术交流活动，进一步提高学术交流的质量。协会不仅要成为"面向政府，面向企业"双由服务的平台，更要成为交流新观念、新知识、新科技的重要阵地，与时俱进，加快发展，为我省计量事业和经济建设的发展做出应有的贡献。

地址：江西省政府大院西二路4号
电话：0791—6266562
传真：0791—6253504
邮编：330046

（江西省计量协会供稿）

江西省建筑机械化协会简介

江西省建筑机械化协会，英文名称：JiangXi Constrution Mechanization Association 缩写为 JXCMA，于1986年3月15日成立。

本会是一个跨学科、跨部门、跨行业、跨地区的全省性非盈利性社会组织。内设建筑机械化施工、建筑机械设备管理、建筑机械制造三个专业委员会开展活动，后根据会员增加情况和适应市场经济行业发展需要，先后又增设城建综合、设备与双钢租凭两个专业委员会。团体会员由施工、市政、建机制造、砼、行政事业等单位组成，刚成立时仅45个团体会员，经过十多年组织发展，到2001底，团体会员已达168个，其中施工企业102个，租赁企业（部门）18个，市政6个，砼5个，行政事业院校14个。个人会员达180余名。根据会员单位分布和行政隶属，全省划分为12个片，以片为单位设立工作机构（即联络处），开展地域活动和上下联络。

协会宗旨：坚持面向企业、服务基层、坚持理论与实践相结合、实事求是的原则，坚持深入实际、调查研究、典型指导、技术服务的基本方法。组织我省建筑与建设机械化科研、制造、施工、租赁、教学等单位，遵循党的路线方针和政策，坚持一个中心，两个基本点，研究建筑与建设机械化施工的理论和下政策，探讨建筑与建设机械设备管理体制改革和现代化管理，推进全省建筑业施工机械化、设备机具租赁事业发展，提高建筑施工机械化水平。

协会的业务：贯彻执行国务院设备管理《条例》和建设部设备管理《规定》、《完好标准》等有关方针、政策和规定，对会员进行业务联系和指导；组织推广国内外建筑市政机械化施工先进经验和科研成果；开展调查研究，总结交流我省建筑与市政施工企业机械化施工的建筑机械设备装备现代化管理、租赁经营、使用维修以及建机设计、制造等方面的工作经验；举办各类培训班、技术讲座、学术交流，提高各类专业人员业务水平；开展建机化施工、设备管理、建机产品流通信息等方面的咨询服务；接受政府业务主管部门的委托，参予起草、修订建机设备管理与使用规范标准、经济定额和制度、以及设备租赁价格、行业指导价协调。

按照协会宗旨和业务范围，近六年来，协会在第三届理事会（1996年始）直接领导下，在上级协会指导下，积极开展活动，例行召开年会，总结工作和研究布置下半年工作；同时进行经验交流，举办供需洽谈会，还以座谈会、工作会、调研会等形式开展专业活动。整顿与发展组织、壮大队伍、补充新鲜血液使协会朝气蓬勃，涌现了一批注重技术进步，搞好以现场为重点的设备使用安全管理，转换设备经营机制，由内向外开拓，向设备要效益，为企业增效做出一定贡献的会员单位。协会还积极配合政府开展了新技术推广，人员素质培训，体制改革调研、设备管理表彰等活动，还利用会刊进行经验交流、介绍先进典型、举办技术讲座，以及宣传有科技含量的新机具、新技术，推动施工机械化水平提高。

由于本协会属行业专业协会，开展活动力度受限，随着行业协会工作力度加强，本协会正在酝酿，改变隶属关系和协会名称，使本会在建筑业中更好发挥作用。

（江西省建筑机械化协会秘书处供稿）

江西省建筑业协会简介

江西省建筑业协会于1994年5月成立，并组成了第一届理事会；1997年8月在井冈山市召开了第二次会员代表大会，对理事会部分成员进行了调整；2002年1月22日在南昌召开了第三次会员代表大会。会议选举产生了由161人组成的省建协第二届理事会；理事会选举产生了由59人组成的常务理事会，聘请叶澄中副厅长为名誉会长，雷新修同志担任会长，副会长为周衍绪、吴昌平、邹诗耀、林万里、袁望京、隋晓明同志，秘书长由吴昌平同志兼任。

江西省建筑业协会是全省从事土木工程建筑、线路、管道设备安装、建筑装修装饰、建筑制品生产、建筑材料供应和建筑科研教育等企事业单位自愿参加组成的全省性行业非营利性社会组织。本会的宗旨是：高举邓小平理论伟大旗帜，以“三个代表”重要思想为指针，坚持党的基本路线，坚持四项基本原则，团结广大会员，以经济建设为中心，贯彻改革开放的总方针，遵守国家宪法、法律、法规和政策，遵守社会道德风尚，在建立社会主义市场经济体制中，促进会员单位适应市场经济、转换经营机制、推动技术进步、确保工程质量、提高效益、为繁荣建筑业服务，在政府和企业之间起桥梁纽带作用，协助政府主管部门推进建筑业管理，反映企业的愿望和要求，为促进建筑业成为国民经济支柱产业做出贡献。协会下设工程质量、工程安全、建筑安装、建筑材料专业委员会；南昌市、宜春市、抚州市、上饶市成立了建筑业协会，其余设区市和有关省直单位设有协会联络处，目前协会团体会员单位有五百多家。

协会按照宗旨，积极开展“双向服务”，为政府和会员单位做了大量有益的服务工作。1. 认真组织中国建筑工程鲁班奖的推荐申报工作，至今我省先后有5项工程荣获中国建筑工程鲁班奖（国家优质工程）；2. 经过协会评选申报，我省有7个施工单位经理和两个公司荣获全国优秀建筑企业经理和全国先进施工企业称号；3. 组织了多次全国工程建设优秀质量管理小组的推荐申报，10个QC小组荣获光荣称号；4. 开展了推荐申报全国建筑业企业优秀项目经理工作，先后有9名项目经理获此殊荣；5. 认真进行了2001年度的评优工作。最终全省评出77家先进施工企业、165名优秀项目经理和171项省级优良工程；6. 积极开展培训和通联工作，2003年建筑企业项目经理现继续教育培训2000人次；编辑发行“江西建筑业”刊物多期。

江西省建筑业协会今后将在协助政府部门推进建筑行业管理；促进改革与发展；推进强化企业质量管理；推广新技术、做好评优评先工作；开展职工培训，提高行业整体素质，加强建筑业的信息交流工作；扩大协会的对外交流与合作；加强协会自身建设，建立健全工作制度等方面与时俱进、开拓创新，使之真正成立双向服务、双向满意（政府与企业）的社团组织。

（江西省建筑业协会供稿）

江西省律师行业简况

律师制度是国家民主制度和法律制度的重要组成部分，它是通过国家立法及行政主管机关制定管理规章的方式确立的有关律师的性质、律师的资格和执业、律师的业务范围及权利义务、律师的法律责任等方面的内容的一项国家司法制度。

1980 年 8 月 26 日五届全国人大常委会第 15 次会议颁布了《中华人民共和国律师暂行条例》，我国律师制度得到恢复，律师队伍重新建立并逐步发展。1996 年 5 月 15 日，八届全国人大常委会第 19 次会议通过了《中华人民共和国律师法》，这部法律将十多年来律师工作改革的成果法制化，完善了我国律师制度，促进了律师事业在市场经济条件下加快发展。

依照我国法律规定，律师是指具有律师资格（或法律职业资格）并依法取得律师执业证书，为社会提供法律服务的执业人员。律师的任务和宗旨是通过自己的执业活动，维护当事人的合法权益，维护国家法律的正确实施。

国家对律师实行职业资格准入制度。根据司法部规章和《律师法》，自 1986 年至 2000 年我国实行律师资格全国统一考试制度，具有法律专业高等教育大专以上学历或其它专业本科以上学历的公民可以参加考试，考试成绩合格的，由司法部授予律师资格。自 2002 年开始，根据九届全国人大常委会第 22 次会议通过的《关于修改〈法官法〉的决定》和《关于修改〈检察官法〉的决定》规定："国家对初任法官、初任检察官和取得律师资格实行统一的司法考试制度。"法官资格、检察资格和律师资格的全国考试不再分别举行。根据最高法院、最高检察院、司法部联合颁布的《国家司法考试实施办法（试行）》的规定，符合报名条件，通过国家统一司法考试的人员，由司法部授予法律职业资格，并颁发《法律职业资格证书》。

依照《律师法》规定，律师的业务范围有七个方面：接受公民、法人和其他组织的聘请，担任法律顾问；接受民事案件、行政案件当事人的委托，担任代理人，参加诉讼；接受刑事案件犯罪嫌疑人的聘请，为其提供法律咨询，代理申诉、控告，申请取保审，接受犯罪嫌疑人、被告人的委托或者人民法院的指定，担任辩护人，接受自诉案件自诉人、公诉案件被害人或者近亲属的委托，担任代理人，参加诉讼；代理各类诉讼案件的申诉；接受当事人的委托，参加调解、仲裁活动；接受非诉讼法律事务当事人的委托，提供法律服务；解答有关法律的咨询，代写诉讼文书和有关法律事务的其他文书。

自律师制度恢复以来，尤其是改革开放以来，我省律师事业得到蓬勃发展。截止 2003 年底，全省共有律师事务所 265 家，其中国资所 116 家，合作所 20 家，合伙所 129 家；有执业律师 1910 人，其中专职律师 1785 人，兼职律师 125 人。

我省律师在法律服务过程中注重经济效果、社会效果与政治效果的有机统一，重视律师职业声誉和良好社会形象，严格遵守宪法和法律，恪守律师职业道德和执业纪律，坚持以事实为依据，以法律为准绳，自觉接受国家、社会和当事人的监督。广大律师已全面开展了各项业务活动，除刑事辩护、民事代理等传统诉讼业务外，还广泛地从事刑事诉讼提前介入方面、民告官的行政诉讼方面的业务；在非诉讼业务领域，我省律师承办了大量的涉及金融、房地产、保险、知识产权、证券、期货等业务；我省律师已积极开展为大型投资项目的洽谈、谈判、可行性论证出具法律意见书等提供"一条龙"法律服务，为政府依法行政和科学决策，尤其是招商引资措施、重大经济项目决策提供法律服务；积极为推动国有企业改革和国有经济发展，为民营企业和民营企业家，为农业和农村经济，尤其是农村土地承包工作提供及时、便捷的法律服务。仅 2003 年度，全省律师共担任法律顾问 5493 家，开展刑事辩护及代理 7073 件，民事诉讼案件代理 16951 件，经济案件代理 8651 件，行政诉讼案件 802 个，办理非诉讼法律事务 11874 件，解答法律咨询 96803 人次，代写法律事务文书 20657 件。

全省律师充分发挥了职能作用，为江西省的社会政治稳定，加快经济发展，实现江西在中部地区的崛起，提供了优质高效的法律服务和积极有效的法律保障。

地址:江西省政府大院南一路8号
电话:0791—6223517
邮编:330046

（江西省司法厅律师处供稿）

江西省企业联合会、江西省企业家协会简介

江西省企业联合会、江西省企业家协会是经江西省民政厅核准注册登记的全省性社会团体法人，两会合署中文简称为江西省企联，于1980年7月24日在南昌成立。本会由省内工业、交通、建筑、水利、电力、邮电、物资、商贸、农林、城建等国有企业、城镇集体、乡镇、三资、民营企业、财税、金融、保险业及本省各市企业联合会(企业管理协会)、各省级企业团体、大专院校经济管理专业等组成。广泛汇集了我省企业经营管理者、从事企业管理的专家、学者和在企业管理中有实际经验的人才。

江西省企业联合会是从事企业管理理论研究和信息咨询服务，推广企业管理先进经验与研究成果，培训企业管理人才，推进企业改革和发展、提高企业经营管理水平，沟通企业与政府的联系，维护企业和企业家合法权益的全省性社会团体。

江两省企业联合会成立以来，遵循“面向企业，为企业服务，为企业家服务”的宗旨，弘扬“团结、民主、务实、奉献、开拓”的精神，坚持理论与实践相结合，一切从实际出发，实是求是的原则和调查研究典型指导的工作方法。为企业和经济部门提供培训、咨询、信息、研究成果等服务；出版企业管理书刊资料，组织开展对外交流，参加中国企业家协会代表中国企业家(企业经营者)参与国际劳工组织和国际雇主组织活动，参加与政府劳动部门和工会三方组成的有关企业劳动关系协调活动；组织评选优秀企业、优秀企业家、优秀厂长(经理)，评审企业管理现代化成果、优秀论文。

目前，我会已形成有十一个市企业联合会(企业管理协会)、十五个省级企业团体、一千余家团体会员企业的全省性组织网络体系。

江西省企业联合会下设车间管理、总经济师、总会计师、企业管理现代化和企业后勤管理等工作委员会。本会的日常工作机构是:组织联络部、培训咨询部、办公室。

办公地址:南昌市省政府大院北二路100号三楼西
联系电话:6293801　6211527　6225399(兼传真)
邮政编码:330046

（江西省企业联合会、江西省企业家协会供稿）

江西省青年企业家协会简介

江西省青年企业家协会是全省性青年企业家的群众组织，是具有独立法人资格的社会团体。协会正式成立于1994年，9年来，协会为培养跨世纪的一代青年企业家队伍做了不懈的努力，正逐渐下次向成熟。现有团体会员11个(主要是各设区市青年企业家协会)，个人会员170多人，在全省范围内形成了一个上下贯通、左右联结的较大的组织网络，个人会员都是素质较高，在经营管理中有所建树，取得突出成绩的青年企业管理者。他们遍布全省各地、各行各业，从事着不同规模和国有、民营、集体等不同所有制形式企业管理工作，是我省企业界朝气蓬勃、充满希望的生力军，在我省的经济和社会发展中发劳着越来越重要的作用。

协会的宗旨是:坚持党的基本路线，按照建设社会主义市场经济体制的要求，遵守宪法、法律、法规和国家政策，遵守社会道德风尚，为促进江西企业改

革，为建立现代企业制度，为提高企业经济效益，为培养和造就新世纪的一代优秀青年企业家服务，促进江西工业化进程。

江西省青年企业家协会多年来在组织上发展壮大的同时，在工作上也不断向前拓展。协会积极开展了各种形式的经贸活动、业务咨询联络活动、评选全省杰出（优秀）青年企业家活动和维护青年企业家权益的工作，坚持不懈地开展了多渠道、多层次的培训工作，包括开办青年企业家在职研究生班，并积极开展与省外、国外多种形式的广泛交流和合作等活动。特别是2001 年以来，为响应省委解放思想的号召，江西省青年企业家协会联合有关部门先后举办了赣沪青年经贸交流，“青年　工业　现代化”高层次论坛、赣深青年企业家交流等活动，累计引进资金、实物近10 亿元，为加快我省开放步伐，促进江西在中部地区崛起作出了突出贡献，得到了省委主要领导的好评。

江西省青年企业空协会立足当前，着眼未来；立足江西，面向世界，愿同国内外有关组织和各界人士广泛交往，真诚协作。协会将一如既往，继续为提高青年经营管理人员素质，推进江西现代化建设，促进中国综合国力的提高和世界和平与发展而努力。

地址：南昌市八一大道415 号
电话：0791 —6232051
传真：0791 —6211667
邮编：330046

（江西省青年企业家协会供稿）

江西省青年乡镇企业家协会发展简况

江西省青年乡镇企业家协会是伴随着改革开放进程和青年乡镇企业家的崛起应运而生的。协会自1989 年11 月成立以来，在省委、省政府和中国青年乡镇企业家协会的亲切关怀下，在团省委和省青联的领导和帮助下，紧紧围绕服务经济、服务企业、服务青年乡镇企业家的需要，开展了一些有益的工作，为促进江西经济的发展做出了积极的努力。

一、注重人才培养，努力为会员的健康成长创造机会和条件

协会围绕团中央“跨世纪青年人才工程”的实施，着眼于当代青年乡镇企业经营管理人才的培养，重点抓住培训、表彰、宣传、举荐等工作环节，努力为会员的健康成长和脱颖而出创造机会和条件。一是采用长期与短期、国内与国外、参观考察与实用知识（技术）相结合的方式，加大了会员培训工作的力度。协会成立伊始，我们就组织了10 多名青年乡镇企业家赴俄罗斯考察；10 多年来，我们共举荐、选派参加全国一级（包括中央党校）各类培训班的青年乡镇企业家5 批次共60 余人次；依托省团校开展实用知识（技术）培训，累计办班8 次，共组织300 多人次参加学习培训；同时，我们还结合有关会议和活动，进行交流，例如每年一次的全省团农村工作会议，都邀请一批企业家参会，开展交流及现场观摩，达到培训的目的。这些工作得到了广大青年乡镇企业家的欢迎，大家一致反映，通过各级各类不同形式的培训，在思想政治素质、经营管理水平、科学文化知识等方面普遍有了新的进步和提高。二是开展评比表彰和宣传举荐活动，一方面为广大青年乡镇企业家树立了榜样，提高了社会地位，另一方面也引起了各级党政领导对青年乡镇企业家的关心和重视，优化了个人成长和企业发展的外部环境。10 多年来，经过我们的选拔、举荐、受到全国一级（部、委、办）表彰的青年乡镇企业家有200 多人次；省一级（部、委、办）表彰的160 多人次。其中，有不少表现突出、成绩显著的优秀青年乡镇企业家得到了提拔和重用：有的被选拔为乡、村一级的党政领导，有的被推荐选举为各级的人大代表、政协委员、青联委员、工商联执委等。

二、发挥协会优势，积极帮助和促进会员所在企业的发展

10 多年来，协会充分发挥联系面较广的优势，力所能及地为会员所在企业的发展做了一些实实在在的事情，一是选派了百余人次参加全国性的各类商洽会、展销会、博览会，使青年乡镇企业家们开阔

了眼界、开拓了思路、增长了才干、学到了本领；二是就会员企业普遍关心的中国加入世贸组织、宏观调控政策、外资的利用、股份合作等问题组织进行学习和座谈；三是会员企业因资金短缺出现困难，我们便牵线搭桥，以解他们的燃眉之急；四是为会员企业提供法律咨询，帮助解决各类经济纠纷，维护青年乡镇企业家的权益；五是提供政策、经济及商贸信息服务。通过协会的协调服务，帮助和促进企业的发展，解决了一些他们的实际困难和问题。

三、引导会员自学奉献社会，努力为社会发展做出贡献

服务万村行动是1995年团中央服务于党在农村工作的大局、服务于农村青年脱贫致富的重大举措，协会动员会员积极参与，以“厂村结对”、“一助一”等形式，在全省拉开了社会力量参与支持服务万村行动的序幕，通过捐赠农资、引进劳务、无偿提供技术、苗术等方式，为结对的村、户做了大量的好事和实事；许多青年乡镇企业家还积极参与和支持了希望工程、扶贫济困、文化科技传播等社会公益事业；特别是在1998年我省发生的特大洪灾中，协会发出倡议，号召青年乡镇企业家捐钱捐物向灾区人民献爱心，企业家共捐助人民币10余万元，捐助粮食、食品等折价近20万元，捐献财物共计近30万人民币，并组成慰问团慰问灾区人民，这一系列活动的开展，不仅充分展现了协会会员心系农村，奉献社会的精神风貌和时代风采，也有效地扩大了协会的影响，提高了青年乡镇企业家的社会知名度。

10多年来，协会按照既定的工作方针和工作任务，积极努力，做了一些工作，取得了一定成绩，然而，由于种种原因，协会目前所提供的服务与广大会员的要求还有较大差距，尤其是我们的服务如何与经济和社会发展的步伐，与会员及会员企业的发展要求贴俐更紧，需要我们在今后的工作中做出艰苦的努力。

地址：南昌市八一大道415号
电话：0791—6269013
邮编：330046

（江西省青年乡镇企业家协会供稿）

江西省人才流动中心简介

江西省人才流动中心（中国江西人才市场）是江西省人事厅直属的人才流动服务机构。成立19年来，在省委、政府的高度重视和亲切关怀下，在省人事厅党组的正确领导下，坚持为经济建设和社会发展服务，为用人单位服务，为人才服务的宗旨，通过不断完善社会化服务，充分发挥人才资源配置中的基础性作用和人才流动的主渠道作用，努力实现人才自主择业、单位自主择人，促进人才按社会经济发展的需要合理流动、合理配置、合理使用，累计举办600多场各种类型的人才招聘交流会，实现人才流动60多万人次，为2万多名流动人员和400多家企、事业单位提供了全面的公共人事代理服务。

江西省人才流动中心（中国江西人才市场）的主要职能有：建立和完善全省人才供求信息网络，逐步实现全国区域性、专业性人才市场的联网，收集、整理、储存、发布国内外人才供求信息；发挥市场配置人才资源作用，举办日常型、专场型、大型等各种类型的人才招聘交流活动；发展网上人才市场，利用现代网络手段举办人才招聘活动；组织开展各种形式的技术开发、技术承包、技术咨询、成果转让等人才智力服务；开展人才需求预测，举办各种人才培训活动，有效进行整体性人才资源开发；开展人才测评、高级人才猎头服务；组织开展国际间人才智力交流与合作，开展出国留学中介、出国考察培训服务，为留学回国人员就业、创业提供服务；为机关、团体、企事业单位提供借助人才派遣（租赁）服务；受组织人事部门委托，代理企、事业单位和流动人才人事档案管理、党员管理，提供职称评定、出国政审、工资调整、代缴社会保险、户口挂靠等人事服务。

本中心（市场）目前设有综合部、交流部、人事代理部、人才培训部、高级人才部、国际交流部、江西人才人事网站等7个工作业务部门，拥有一批开拓、

高效、服务、守法的高素质工作人员队伍。新办公大楼座落在南昌市二七北路千花伴购物公园,总面积4800多平方米,装修一流,环境优美,功能齐全,设备先进,办公现代化,服务智能化。我们全体工作人员承诺:竭尽全力为所有的用人单位和广大的人才提供高效、优质的服务。

地址:南昌市二七北路98号

电话:0791—6371551 6371554

网址:www. jxrencai. com

电子邮箱:jxrc@ jxrencai. com

(江西省人事厅供稿)

江西省证券中介机构现状和证券业发展状况

一、全省证券中介机构现状

截止2002年底,我省有2家专业证券公司,即江南省证券有限责任公司、国盛证券有限责任公司。有15家外地证券公司在我省设有证券营业部和证券服务部。全省共有证券营业部63个,62家证券服务部。具有证券从业资格的会计师事务所分支机构2家。有期货经纪公司1家,即江西瑞奇期货经纪有限公司;期货营业部4个,即江西瑞奇期货经纪有限公司九江营业部、上饶营业部和萍乡营业部及金瑞期货经纪有限公司南昌营业部。

二、全省证券业发展状况

1990年以来,江西证券市场从无到有,从小到大。其特点是起步晚,发展快;先有二级市场,后有一级市场。1990年,江西省第一家专业证券经营机构——江西省证券公司成立。随后,江西境内相继设立了江西省国际信托投资公司证券部,各商业银行信托证券部,君安证券公司南昌证券营业部等多家本地及外地、专营或兼营证券机构的证券营业部。随着证券市场的发展,根据我国银行与证券分业和信托与证券分业的有关规定及证券经营机构重组的变化,截止2003年底,在江西本地注册的专业证券经营机构在江西辖区设立的证券营业部有24个;证券服务部33个。世纪证券、国泰君安、华夏证券、银河证券、申银万国证券等15家外地证券公司设立的证券营业部39个,证券服务部29个。证券从业人员2000余人。江西股民开立沪深股票和基金帐户共计1123086户。2003年证券交易量为792亿元。

1993年11月,江西省第一家上市公司江铃汽车股份有限公司在深圳证券交易所成功上市,拉开了江西国有企业股份制改革和上市的序幕,1995年该公司又成功增发B股。1996年,华意压缩、宜春工程等5家企业,分别在上海、深圳证券交易所上市;1997年,江西铜业发行H股,并在香港、伦敦上市,江西纸业、赣能电力等5家企业相继上市;1998年江铃汽车再次增发B股;1999年,昌九化工成功上市;2000年赣粤高速、诚志股份和洪都航空成功上市;2001年3月和6月,联创光电和昌河汽车成功发行股票,江西铜业增发A股。2002年,鑫新股份、安源股份、泰豪科技和江西长运分别发行上市。到2003年底,全省共有上市公司23家,市价总值626亿元(不含江西铜业),通过首次发行股票、增发和配股共筹集资金124亿元。

2003年,全省有期货经纪公司1家,即江西瑞奇期货经纪有限公司。注册资本3100万元;期货营业部4个,即江西瑞奇期货经纪有限公司九江营业部、上饶营业部和萍乡营业部及金瑞期货经纪有限公司南昌营业部。

我省具有证券从业资格的会计师事务所分所有2家,分别为广东恒信德律会计师事务所江西分所和中磊会计师事务所江西分所。广东恒信德律会计师事务所拥有注册会计师28名,其中具有从事证券业务资格的注册会计师10名;注册资产评估师5名。曾先后为江西省九江化纤股份、新华股份等6家上市公司发行A股进行了财务审计;为宜春工程、东风药业等四家上市公司发行A股进行了资产评估。中磊会计师事务所拥有注册会计师38人,其中具有证券从业资格的注册会计师10人;注册评估师11人。该公司曾为江西省九江化纤、江西水泥等上市公司发行A股进行资产评估。

1994年,经江西省民政厅批准,成立了江西省证券业协会,有34家证券期货经营机构及从事证券中介业务的机构加入了协会。江西省证券业协会积极协助监督部门开展工作,推进证券业的自律管理,较好地发挥了桥梁和纽带作用。成立8年来,江西证券业协会认真贯彻党和国家的证券监管政策、法规,配合监管部门加强对证券市场的自律管理,做了大量工作。制订了《会员自律管理公约》、《证券从业人员守则》等一系列自律性文件,同时在业务培训、理论研究、对外交流、知识竞赛等方面做了大量工作。几年来,多次组织举办了健康向上的文体活动,活跃了证券从业人员的文体生活。江西省证券业协会还通过每年评选优秀从业人员及优秀论文的方式,引导从业人员不断提高思想政治素质、业务素质和服务质量,着力培育业务素质高、责任心强的证券从业队伍,为会员单位提供了优良服务。

地址:江西省政府大院南一路5号
电话:0791—6266170
邮编:330046

(中国证监会南昌特派员办事处供稿)

江西省上市公司协会简介

2001年7月,经江西省民政厅批准,成立了江西省上市公司董事会秘书协会,2002年8月改名为江西省上市公司协会。

组织宗旨:遵守宪法、法律、法规和规章,遵守社会道德风尚,加强江西上市公司、拟上市公司及相关中介机构的联系、交流与合作,促进自律管理和队伍建设,促进江西上市公司、拟上市公司及相关中介机构的规范运作,维护会员的合法权益,为促进江西证券市场的健康发展服务。

江西省上市公司协会接受中国证监会江西监管局的业务指导,参与主体为江西辖区的上市公司、拟上市公司和具有证券从业资格的中介机构。

运作情况:协会现有会员38家,2003年,协会制度了《江西省上市公司协会自律公约》,组织会员讨论了江西监管局《江西省上市公司诚信责任暂行办法》,协助证监局上市处进行了考评具体工作。协会成立以来,评选出两届优秀董秘,由协会表彰。这些措施,强化了各公司董、监事及高管人员诚信尽职意识,促进了上市公司规范运作。举办上市公司高管人员培训班和资本市场报告会,邀请国内知名人士报告或授课,协助沪深交易所进行公司董事培训。根据工作计划,安排对公司董、监事及高管人员法规、财务等方面培训。组织会员之间的交流、赴外地考察学习。协助证监局上市处做好各公司投资者关系管理工作,组织公司高管人员与投资者见面恳谈会。组织优秀论文评选。

地址:江西省政府大院南一路5号
电话:0791—6290062
邮编:330046

(中国证监会南昌特派员办事处供稿)

江西省质量检验协会简介

江西省质量检验协会是经江西省技术监督局批准成立,在江西省民政厅登记注册的具有法人资格的社会团体,于1997年4月2日正式成立。协会下设学术工作委员会、培训工作委员会、检验工作委员会、技术开发咨询工作委员会等四个工作委员会。协会日常工作由协会秘书处负责。协会现有团体会员181个，个人会员390名。协会的宗旨是：遵守宪法、法律、法规和国家有关政策，遵守社会道德风尚，团结全省质量检验机构、检验工作者、质量监督管理工作者，充分发挥他们的积极性，维护他们的合法权益，加强协作，沟通信息，开展学术理论研究，提高检验技术水平，促进产品质量提高，为我省经济建设服务。协会的主要业务范围如下：

1. 宣传贯彻国家有关质量的法律、法规、方针、政策、宣传质量检验在国民经济中的重要作用，提高全民质量意识。

2. 开展多种形式的学术交流和技术培训，不断提高质检机构和企业质检人员的业务素质和检验水平，维护质量检验工作的科学性和公正性。

3. 通过开展质量体系认证等多种形式的技术咨询和服务，帮助企业做好技术基础工作，建立健全质量体系。开展企业质量检验机构的评审，促进企业提高质量检验和质量控制水平确保和提高产品质量，提高市场竞争能力。

4. 接受江西省质量技术监督局委托，承担质量仲裁检验、质量鉴定等有关质量检验和质量监督方面的具体的技术性管理工作及其它工作。积极向政府有关部门反映情况，提出意见和建议，充分发挥桥梁、纽带和参谋、助手作用。

5. 承办企业及有关单位的新产品投产和技术成果的鉴定，开展质量评估和推广质量保险业务。利用各种媒体和手段向消费者提供质量信息，宣传和普及质量知识和消费常识，提高广大消费者的质量意识，为企业、用户和消费者服务，切实维护他们的合法权益。

6. 贯彻“规范市场、扶优治劣、引导消费、服务企业”的方针，对产品质量、服务质量以及工程质量开展多种形式的第三方的检验、鉴定和监理，以检验数据为依据，积极宣传和扶持名优精品、名优企业，打击假冒伪劣产品，充分发挥社会监督作用。

7. 组织开展质量检验技术、质量检验设备与设施及质量检验标准的研究、开发、咨询、鉴定、服务和推广应用。

8. 收集、整理、编辑质量与检验信息，提供信息服务。

9. 兴办经济实体和非法人的经营机构，依法开展经营活动。

10. 承办江西省质量技术监督局交办的其它工作。

地址：江西省南昌市北京东路171号(省分析测试心办公楼三楼)
邮编：330029
电话：0791—8336042

(江西省质量检验协会供稿)

江西省质量协会简介

江西省质量协会的前身为江西质量管理协会，成立于1980年，是中国质量协会、江西省质量技术监督局、省科协领导下的全省性质量社团组织，是省政府推动质量振兴事业的得力助手和联系广大企业及质量工作者的纽带。

长期以来，江西省质量协会得到省委、省政府及有关部门领导的关心和支持。省领导梁凯轩、朱英培、钱梓弘和省经贸委领导沈衷、唐惠民、赵志坚、涂勤华等都曾担任过省质协理事长，许多厅局领导担任过省质协的顾问、副理事长。现任秘书(法定代表人)由省质量技术监督局质量管理与论证处处长、省工业产品生产许可证办公室主任兼任。

江西省质量协会的主要业务有：

①组织开展省质量管理奖、省质量管理先进单位和先进个人的评审工作；

②组织省级用户满意企业、产品、工程、服务的评价，并择优推荐国家级用户满意奖；

③评定省级质量效益型先进企业，并择优推荐国家级质量效益型先进企业；

④指导开展QC小组活动，组织评定省级QC活

动奖，并择优推荐国家级 QC 活动奖；

⑤为企业申请生产许可证、质量论证、建立质量体系提供信息和咨询服务；

⑥普及质量管理知识，培训质量管理专业人员；

⑦总结、推广先进经验，组织开展国内外质量管理学术交流活动。

20 多年来，江西省质量协会在普及质量管理知识，培训质量管理专业人员，组织、指导质量管理小组活动，宣贯 ISO9000 族标准，为企业提供质量管理技术咨询，推动实施用户满意工程，开展产品、工程和服务质量的社会监督与用户评价工作，积极宣传、推广和总结企业在推行全面质量管理、实施名牌战略、走质量效益型发展道路的先进经验，开展学术研讨与交流，推进质量学术水平的提高等方面作出了较大贡献，受到社会各界的好评。

为适应新世纪质量形势的发展，江西省质量协会将本着"为会员创造价值、与会员共享成功"的办会理念，进一步更新质量观念，拓展工作领域，树立新的形象，更好地为企业、政府和社会提供优质服务，为进一步提高我省质量管理水平和振兴我省质量事业作出新的贡献。

地址：江西省政府大院北二路
电话：0791 — 6221429
传真：0791 — 6226333 – 2
邮编：330046

（江西省质量协会供稿）

江西省标准化协会

江西省标准化协会（简称江西省标协）是经江西省民政管理部门登记注册，具有法人资格的全省标准化工作者的学术性、公益性的群众团体，是党和政府联系标准化者的纽带和桥梁，发展标准化事业的助手。业务主管单位为江西省科协，挂靠单位为江西省质量技术监督局。

江西省标准化协会成立于 1980 年 10 月 14 日。经多次换届选举，至今已是第五届理事会。

江西省标协为适应发展社会主义市场经济的需要，促进"科技是第一生产力"的贯彻落实，积极开展标准化学术活动；普及与提高标准化科技知识；传递标准化信息；改善标准化工作者的业务素质；促进我省与省外标准化组织之间的合作与交流；共同推动标准化事业的发展，面向基层、面向企业，为加快我省社会主义现代化建设，实现我省在中部地区崛起的目标服务。

省标协征集了大量的有关标准化的论文并评选，优秀论文在"中国标准化"杂志发表，并在中国标准化协会召开的全国性学术研讨会上宣读。本会为企业进行制、修订企业标准、标准化培训服务，结合世界标准日主题向社会宣传标准的作用，提高广大群众的标准化意识；如树立"三主一家"（学术交流中渠道、科普工作主力军、对外民间科技交流主要代表和科技工作者之家）的良好形象，并以改革创新去求主动，改革创新求发展，改革创新求作为，为实践"三个代表"重要思想而不断改进。

江西省标准化协会第五届理事会领导名单
顾问：缪长凡
理事长：罗杰华
副理事长：郑伟、涂建、康剑川
秘书长、法人代表：涂建（兼）
常务副秘书长：王章清
副秘书长：余国平

地址：南昌市北京东路 171 号省分析测试中心大院内
通讯地址：南昌市北京东路 171 号二栋五楼
电话（含传真）：0791 — 8316773
邮编：330029

（江西省标准化协会供稿）

江西省消费者协会简介

江西省消费者协会是依据《消法》经省人民政府批准，于 1989 年 6 月 30 日成立的对商品和服务进行社会监督的保护消费者合法权益的法定的社会团体。

江西省消费者协会挂靠在省工商局，办事机构设在省工商局并在有关部门相应设立了卫生检验检查部、物价监督检查部、质量检验检查部、进口商品检验检查部。

江西省消费者协会的权力机构是理事会。理事由政府各有关部门、人民团体、省辖地、市级的消费者协会组织经及各有关方面消费者代表协商推举产生。理事会闭会期间，由常务理事会行使事会职权。常务理事会办事机构由秘书长、副秘书长管理协会的日常工作，并向会长负责。

《中华人民共和国消费者权益保护法》赋予消费者协会以下 7 项职能：

（1）向消费者提供消费信息和咨询服务；

（2）参与有关行政部门对商品和服务的监督、检查；

（3）就有关消费者合法权益的问题，向有关行政部门反映、查询、提出建议；

（4）受理消费者的投诉，并对投诉事项进行调查、调解；

（5）投诉事项涉及商品和服务质量问题的，可以提请鉴定部门鉴定，鉴定部门应当告知鉴定结论；

（6）就损害消费者合法权益的行为，支持受损害的消费者提起诉讼；

（7）对损害消费者合法权益行为，通过大众传播媒介予以揭露、批评。

地址：南昌市省政府大院北二路
电话：0791 — 6350069
邮编：330046

（江西省消费者协会供稿）

江西省“12315”概况

江西省工商行政管理系统“12315”消费申诉举报电话在，1999 年 7 月 28 日正式开通。

在全国工商行政管理系统属于启动早、开通快、范围广的份之一。全省 11 个设区市工商局成立了“12315”消费者举报申诉指挥中心，94 个县（区、市）工商局成立了“12315”消费者举报申诉中心，工商所成立了“12315”消费者的举报申站，初步形成了市、县（区、市）、所三级执法网络。

我省“12315”的定位：把开通“12315”申诉举报电话与健全全省消费者权益保护网络结合起来，以“12315”申诉举报电话为依托，建立一个组织健全、反应灵敏、执法有力、覆盖全省的消费者权益保护体系。其发展方向为全省工商行政管理系统以及消费者协会受理投诉、申诉、举报的主要窗口和查处经济违法章案件的指挥中心，并逐步与有关行政执法部门（如警方 110）建立联动执法体系。

二、工作职责

“12315”工作依照《消费者权益保护法》等法

律、法规、规章和工商行政管理职能，履行如下职责：

（一）受理消费者在购买、使用商品或接受服务过程中合法权益受到侵害的申诉；

（二）受理对侵害消费者权益、制售假冒伪劣商品及其他经济违法行为的举报；

（三）受理农民购买、使用直接用于农业生产的生产资料等方面的申诉、举报；

（四）调解消费者与经营者发生的消费者权益争议；

（五）查处侵害消费者与经营者发生的消费者权益争议；

（六）提供工商行政管理法律、法规和规章的咨询服务；

（江西省消费者协会供稿）

2003 年度通过年检的厅直律师事务所

名称	地址	电话	邮编
江西华邦律师事务所	南昌市福州路 28 号奥林匹克大厦 8 楼	0791－6891286	330006
江西方正律师事务所	南昌市南京西路 164 号	0791－8602224	330006
江西中山世佳律师事务所	南昌市沿江路桃苑大厦 C 座五楼	0791－6531637	330009
江西华昌律师事务所	南昌市八一大道 432 号 301 室	0791－6808340	330008
江西群毅律师事务所	南昌市省政府大院东二路 14 号	0791－6220045	330046
江西博太律师事务所	南昌市站前西路 289 号三星大厦 B 座九楼	0791－6491357	330002
江西中天律师事务所	南昌市阳明路 1 号 301 室	0791－8621316	330006
江西铁军律师事务所	南昌市象山北路 129 号（市民政局 7 楼）	0791－6734797	330008
江西中律律师事务所	南昌市福州路 28 号奥林匹克大厦二十楼	0791－6891234	330006
江西文澜律师事务所	南昌市省政府大院东二路 2 号	0791－6273837	330046
江西宏正律师事务所	南昌市省政府大院北二路 53 号	0791－6239584	330006
江西国威律师事务所	南昌市嫁妆街 55 号二楼 9 号	0791－6786565	330009
江西经炜律师事物所	南昌市广场南路 16 号广南商厦十二楼	0791－6276639	330002
江西法正律师事物所	南昌市省委党校九栋一楼西侧	0791－6303969	330003
江西京九律师事务所	南昌市永叔路 4 号四楼	0791－6252991	330003
江西华兴律师事务所	南昌市洪都北大道 255 号（社科院内）	0791－8596582	330077
江西金凤凰律师事务所	省政府大院西二路 4 号监察大楼十层	0791－6297718	330046
江西中矗律师事务所	南昌市洪都中大道 149 号	0791－8340260	330002
江西华赣律师事务所	南昌市永叔路 76 号	0791－6381431	330003
江西国风律师事务所	省政府大院南一路司法厅 8 楼	0791－6262773	330006
江西心远律师事务所	南昌市广场北路 166 号	0791－6268593	330046
江西联创律师事务所	南昌市井冈山大道 1062 号	0791－6490138	330003
江西人民律师事务所	南昌市八一大道 142 号江南饭店四楼	0791－6390205	330008
江西东方律师事务所	南昌市象山北路葡萄架 7 号 401 室	0791－6791748	330009
江西名大律师事务所	南昌市阳明路 110 号（洪都电影院 8 楼）	0791－6831926	330006

江西英华律师事务所	南昌市南京西路277号	0791－6397463	330046
江西添翼律师事物所	南昌市南京西路恒茂城市花园物华楼501室	0791－8593258	330046
江西司达律师事物所	北京西路437号(江西师大法学院内)	0791－8507334	330003
江西振宇律师事物所	南昌市后墙路口东湖房地产经营公司二楼	0791－6783092	330008
江西求正沃德律师事务所	南昌市二七北路194号	0791－8620098	330047

（江西省司法厅律师处供稿）

附录二：政策法规指南

内容概要：

关于进一步做好国有企业债权转股权工作的意见

国家经贸委 财政部 人民银行

（二00三年二月十七日）

为进一步做好国有企业债权转股权（以下简称“债转股”）工作，推进债转股企业加快建立现代企业制度，盘活不良金融资产，防范和化解金融风险，规范实施债转股企业、金融资产管理公司和有关单位的行为，依据《中华人民共和国公司法》（以下简称《公司法》）和《金融资产管理公司条例》等有关法律法规以及国务院的有关规定，现提出如下意见。

一、债转股新公司的设立

（一）经国务院批准实施债转股的企业，应当按照《公司法》等有关法律法规的规定，

建立现代企业制度。要通过制定公司章程等有关文件明确股东会、董事会、监事会和经理层的权利与义务，形成各负其责、协调运转、有效制衡的公司法人治理结构，并依法设立或变更登记为股份有限公司或有限责任公司（以下简称新公司）。

（二）新公司进行工商注册登记时不得有职工持股，原企业在此之前已存在的职工持股问题，由职工持股方案原批准单位商有关方面妥善解决。

（三）新公司设立时，要依法进行资产评估和产权登记。债转股企业的资产评估，须公开招标，通过竞争确定评估机构和收费标准。参与竞标的资产评估机构必须具备财政部规定的资质条件。债转股企业的资产评估报告，凡属中央企业的，报财政部备案；凡属地方企业的，报省级财政部门备案。净资产评估结果为负值，需要调整债转股方案的，由国家经贸委、财政部、人民银行提出解决办法，个案报国务院审定。

（四）凡已经国有企业监事会监督检查或上年度经国家审计部门全面审计，以及上年度经符资质条件的中介机构审计且出具审计报告的债转股企业，可不再重复审计。

（五）新公司的股东依法具有平等地位，利益共享、风险共担。股东之间可按自愿原则转让股权。

（六）经国务院批准实施债转股的企业，属国务院确定的580户债转股企业范围内的，从2000年4月1日起停止支付转股债务的利息；其他企业从国务院批准实施债转股之日起停止支付转股债务利息。金融资产管理公司从停息之日起按照股权比例参与原企业的利润分配，新公司设立后享有相应的股东权益。国务院另有规定的除外。

（七）新公司设立后，金融资产管理公司作为股东，依据法律和公司章程，可派员参加新公司董事会、监事会。新公司要积极探索建立符合现代企业制度要求的选人用人新机制。把组织考核推荐同引进市场机制、向社会公开招聘结合起来，把党管干部原则同董事会依法选择经营管理者，以及经营管理者依法行使用人权结合起来。

（八）新公司要严格依据《中华人民共和国会计法》、《企业财务会计报告条例》等规定，规范和完善企业财务制度，重点加强成本核算与成本管理、资金管理与财务会计报表管理。

（九）新公司要采取措施，积极稳妥地推进人事、劳动、分配制度的改革。建立管理人员竞聘上岗、能上能下的人事制度；建立职工择优录用、能进能出的用工制度；建立收入能增能减、有效激励的分配制度。

二、减轻债转股企业的负担

（十）新公司因停息而增加的利润，其所得税返还给原企业（原企业经变更登记已注销的，返还给原企业出资人，以下统称“原企业”），但只能用于购买金融资产管理公司的股权，同时相应增加原企业的国家资本金。

（十一）债转股企业将实物资产投入到新公司时，除债转股前未贴花的在新公司成立时应贴花外，免征增值税和其他相关税费。原企业持有的各种生产经营证书转入新公司时，免交各种费用。

（十二）原企业将生产经营使用的划拨土地投入到新公司，凡符合法定划拨用地范围的，可继续以划拨方式使用；不符合划拨用地范围的，可采取国家以土地使用权作价出资（入股）方式处置。由此增加的国有资本由原企业持有。原企业可免交除工本费以外的土地使用权变更登记费和手续费。

（十三）新公司在实施债转股时设立登记或变更登记中，免交企业注册登记费。

（十四）债转股企业要按照批准的债转股方案要求，剥离非经营性资产、分离办社会职能和分流富余人员，地方政府要履行相应的义务。

三、盘活不良金融资产

（十五）在金融资产管理公司与原企业签订的债转股协议和方案中，以下条款予以废止：

1. 任何形式的股权固定回报；

2. 设立监管账户；

3. 将原企业资产抵押、股权质押或要求第三方为金融资产管理公司股权退出提供担保作为债转股先决条件或附加条件的；

4. 原企业享受兼并、减员增效政策，银行应核销的利息而计入转股额的；

5. 要求原企业全部购买金融资产管理公司股权的有关条款；

6. 将固定资产折旧费用用于购买金融资产管理公司股权；

7. 金融资产管理公司在债转股时直接置换原企业出资人已上市公司的股权；

8. 凡不符合《研究债转股工作有关问题的会议纪要》（国阅［2000］16 号）等有关规定的其他内容。

（十六）新公司符合上市条件的，证监会依法受理上市申请，加快核准。金融资产管理公司转让所持上市公司国有股权，要遵守国家有关规定。

（十七）金融资产管理公司向境内外投资者协议转让股权（不含上市公司国有股权）时，其股权定价须经符合资质条件的资产评估机构进行评估，按照公正、公平、公开的原则，采取招标、拍卖等方式确定受让人和受让价格，同等条件下原企业享有优先购买权。

（十八）金融资产管理公司所持股权不能向境内外投资者协议转让的，原企业可用股权分红所得购买，购买价格参照资产评估每股净资产，由买卖双方商定。

（十九）关于金融资产管理公司股权转让、出售的最终损失处置问题，由财政部提出解决方案另行报国务院审定。

（二十）关系国计民生、国家必须控制的企业，在转让或上市时，必须经国家有关部门批准，并保证国家控股。

（二十一）关于金融资产管理公司终止时，其所持新公司剩余股权处置问题，由财政部、国家经贸委、人民银行等有关部门提出解决办法另行报国务院审定。

四、支持实施债转股企业的发展

（二十二）国务院有关部门要促进新公司的改革和发展，要依照国家产业政策，积极支持新公司搞好技术创新和促进产品升级，增强新公司的市场竞争能力。

（二十三）对于债转股企业生产经营的借款需求，凡符合条件的，有关商业银行应继续给予支持。

企业国有资产监督管理暂行条例

中华人民共和国国务院令第 378 号《企业国有资产监督管理暂行条例》已经 2003 年 5 月 13 日国务院第 8 次常务会议讨论通过，现予公布，自公布之日起施行。

总理 温家宝

2003 年 5 月 27 日

第一章 总 则

第一条 为建立适应社会主义市场经济需要的国有资产监督管理体制，进一步搞好国有企业，推动国有经济布局和结构的战略性调整，发展和壮大国有经济，实现国有资产保值增值，制定本条例。

第二条 国有及国有控股企业、国有参股企业中的国有资产的监督管理，适用本条例。

金融机构中的国有资产的监督管理，不适用本条例。

第三条 本条例所称企业国有资产，是指国家对企业各种形式的投资和投资所形成的权益，以及依法认定为国家所有的其他权益。

第四条 企业国有资产属于国家所有。国家实行由国务院和地方人民政府分别代表国家履行出资人职责，享有所有者权益，权利、义务和责任相统一，管资产和管人、管事相结合的国有资产管理体制。

第五条 国务院代表国家对关系国民经济命脉和国家安全的大型国有及国有控股、国有参股企业，重要基础设施和重要自然资源等领域的国有及国有控股、国有参股企业，履行出资人职责。国务院履行出资人职责的企业，由国务院确定、公布。

省、自治区、直辖市人民政府和设区的市、自治州级人民政府分别代表国家对由国务院履行出资人职责以外的国有及国有控股、国有参股企业，履行出资人职责。其中，省、自治区、直辖市人民政府履行出资人职责的国有及国有控股、国有参股企业，由省、自治区、直辖市人民政府确定、公布，并报国务院国有资产监督管理机构备案；其他由设区的市、自治州级人民政府履行出资人职责的国有及国有控股、国有参股企业，由设区的市、自治州级人民政府确定、公布，并报省、自治区、直辖市人民政府国有资产监督管理机构备案。

国务院，省、自治区、直辖市人民政府，设区的市、自治州级人民政府履行出资人职责的企业，以下统称所出资企业。

第六条 国务院，省、自治区、直辖市人民政府，设区的市、自治州级人民政府，分别设立国有资产监督管理机构。国有资产监督管理机构根据授权，依法履行出资人职责，依法对企业国有资产进行监督管理。

企业国有资产较少的设区的市、自治州，经省、自治区、直辖市人民政府批准，可以不单独设立国有资产监督管理机构。

第七条 各级人民政府应当严格执行国有资产管理法律、法规，坚持政府的社会公共管理职能与国有资产出资人职能分开，坚持政企分开，实行所有权与经营权分离。

国有资产监督管理机构不行使政府的社会公共管理职能，政府其他机构、部门不履行企业国有资产出资人职责。

第八条 国有资产监督管理机构应当依照本条例和其他有关法律、行政法规的规定，建立健全内部监督制度，严格执行法律、行政法规。

第九条 发生战争、严重自然灾害或者其他重大、紧急情况时，国家可以依法统一调用、处置企业国有资产。

第十条 所出资企业及其投资设立的企业，享有有关法律、行政法规规定的企业经营自主权。

国有资产监督管理机构应当支持企业依法自主经营，除履行出资人职责以外，不得干预企业的生产经营活动。

第十一条 所出资企业应当努力提高经济效益，对其经营管理的企业国有资产承担保值增值责任。

所出资企业应当接受国有资产监督管理机构依法实施的监督管理，不得损害企业国有资产所有者和其他出资人的合法权益。

第二章 国有资产监督管理机构

第十二条 国务院国有资产监督管理机构是代表国务院履行出资人职责、负责监督管理企业国有资产的直属特设机构。

省、自治区、直辖市人民政府国有资产监督管理机构，设区的市、自治州级人民政府国有资产监督管理机构是代表本级政府履行出资人职责、负责监督管理企业国有资产的直属特设机构。

上级政府国有资产监督管理机构依法对下级政府的国有资产监督管理工作进行指导和监督。

第十三条 国有资产监督管理机构的主要职责是：

（一）依照《中华人民共和国公司法》等法律、法规，对所出资企业履行出资人职责，维护所有者权益；

（二）指导推进国有及国有控股企业的改革和重组；

（三）依照规定向所出资企业派出监事会；

（四）依照法定程序对所出资企业的企业负责人进行任免、考核，并根据考核结果对其进行奖惩；

（五）通过统计、稽核等方式对企业国有资产的保值增值情况进行监管；

（六）履行出资人的其他职责和承办本级政府交办的其他事项。

国务院国有资产监督管理机构除前款规定职责外，可以制定企业国有资产监督管理的规章、制度。

第十四条 国有资产监督管理机构的主要义务是：

（一）推进国有资产合理流动和优化配置，推动国有经济布局和结构的调整；

（二）保持和提高关系国民经济命脉和国家安全领域国有经济的控制力和竞争力，提高国有经济的整体素质；

（三）探索有效的企业国有资产经营体制和方式，加强企业国有资产监督管理工作，促进企业国有资产保值增值，防止企业国有资产流失；

（四）指导和促进国有及国有控股企业建立现代企业制度，完善法人治理结构，推进管理现代化；

（五）尊重、维护国有及国有控股企业经营自主权，依法维护企业合法权益，促进企业依法经营管理，增强企业竞争力；

（六）指导和协调解决国有及国有控股企业改革与发展中的困难和问题。

第十五条 国有资产监督管理机构应当向本级政府报告企业国有资产监督管理工作、国有资产保值增值状况和其他重大事项。

第三章 企业负责人管理

第十六条 国有资产监督管理机构应当建立健全适应现代企业制度要求的企业负责人的选用机制和激励约束机制。

第十七条 国有资产监督管理机构依照有关规定，任免或者建议任免所出资企业的企业负责人：

（一）任免国有独资企业的总经理、副总经理、总会计师及其他企业负责人；

（二）任免国有独资公司的董事长、副董事长、董事，并向其提出总经理、副总经理、总会计师等的任免建议；

（三）依照公司章程，提出向国有控股的公司派出的董事、监事人选，推荐国有控股的公司的董事长、副董事长和监事会主席人选，并向其提出总经理、副总经理、总会计师人选的建议；

（四）依照公司章程，提出向国有参股的公司派出的董事、监事人选。

国务院，省、自治区、直辖市人民政府，设区的市、自治州级人民政府，对所出资企业的企业负责人的任免另有规定的，按照有关规定执行。

第十八条 国有资产监督管理机构应当建立企业负责人经营业绩考核制度，与其任命的企业负责人签订业绩合同，根据业绩合同对企业负责人进行年度考核和任期考核。

第十九条 国有资产监督管理机构应当依照有关规定，确定所出资企业中的国有独资企业、国有独资公司的企业负责人的薪酬；依据考核结果，决定其向所出资企业派出的企业负责人的奖惩。

第四章 企业重大事项管理

第二十条 国有资产监督管理机构负责指导国有及国有控股企业建立现代企业制度，审核批准其所出资企业中的国有独资企业、国有独资公司的重组、股份制改造方案和所出资企业中的国有独资公司的章程。

第二十一条 国有资产监督管理机构依照法定程序决定其所出资企业中的国有独资企业、国有独资公司的分立、合并、破产、解散、增减资本、发行公司债券等重大事项。其中，重要的国有独资企业、国有独资公司分立、合并、破产、解散的，应当由国有资产监督管理机构审核后，报本级人民政府批准。

国有资产监督管理机构依照法定程序审核、决定国防科技工业领域其所出资企业中的国有独资企业、国有独资公司的有关重大事项时，按照国家有关法律、规定执行。

第二十二条 国有资产监督管理机构依照公司法的规定,派出股东代表、董事,参加国有控股的公司、国有参股的公司的股东会、董事会。

国有控股的公司、国有参股的公司的股东会、董事会决定公司的分立、合并、破产、解散、增减资本、发行公司债券、任免企业负责人等重大事项时,国有资产监督管理机构派出的股东代表、董事,应当按照国有资产监督管理机构的指示发表意见、行使表决权。

国有资产监督管理机构派出的股东代表、董事,应当将其履行职责的有关情况及时向国有资产监督管理机构报告。

第二十三条 国有资产监督管理机构决定其所出资企业的国有股权转让。其中,转让全部国有股权或者转让部分国有股权致使国家不再拥有控股地位的,报本级人民政府批准。

第二十四条 所出资企业投资设立的重要子企业的重大事项,需由所出资企业报国有资产监督管理机构批准的,管理办法由国务院国有资产监督管理机构另行制定,报国务院批准。

第二十五条 国有资产监督管理机构依照国家有关规定组织协调所出资企业中的国有独资企业、国有独资公司的兼并破产工作,并配合有关部门做好企业下岗职工安置等工作。

第二十六条 国有资产监督管理机构依照国家有关规定拟订所出资企业收入分配制度改革的指导意见,调控所出资企业工资分配的总体水平。

第二十七条 所出资企业中的国有独资企业、国有独资公司经国务院批准,可以作为国务院规定的投资公司、控股公司,享有公司法第十二条规定的权利;可以作为国家授权投资的机构,享有公司法第二十条规定的权利。

第二十八条 国有资产监督管理机构可以对所出资企业中具备条件的国有独资企业、国有独资公司进行国有资产授权经营。

被授权的国有独资企业、国有独资公司对其全资、控股、参股企业中国家投资形成的国有资产依法进行经营、管理和监督。

第二十九条 被授权的国有独资企业、国有独资公司应当建立和完善规范的现代企业制度,并承担企业国有资产的保值增值责任。

第五章 企业国有资产管理

第三十条 国有资产监督管理机构依照国家有关规定,负责企业国有资产的产权界定、产权登记、资产评估监管、清产核资、资产统计、综合评价等基础管理工作。

国有资产监督管理机构协调其所出资企业之间的企业国有资产产权纠纷。

第三十一条 国有资产监督管理机构应当建立企业国有资产产权交易监督管理制度,加强企业国有资产产权交易的监督管理,促进企业国有资产的合理流动,防止企业国有资产流失。

第三十二条 国有资产监督管理机构对其所出资企业的企业国有资产收益依法履行出资人职责;对其所出资企业的重大投融资规划、发展战略和规划,依照国家发展规划和产业政策履行出资人职责。

第三十三条 所出资企业中的国有独资企业、国有独资公司的重大资产处置,需由国有资产监督管理机构批准的,依照有关规定执行。

第六章 企业国有资产监督

第三十四条 国务院国有资产监督管理机构代表国务院向其所出资企业中的国有独资企业、国有独资公司派出监事会。监事会的组成、职权、行为规范等,依照《国有企业监事会暂行条例》的规定执行。

地方人民政府国有资产监督管理机构代表本级人民政府向其所出资企业中的国有独资企业、国有独资公司派出监事会,参照《国有企业监事会暂行条例》的规定执行。

第三十五条 国有资产监督管理机构依法对所出资企业财务进行监督,建立和完善国有资产保值增值指标体系,维护国有资产出资人的权益。

第三十六条 国有及国有控股企业应当加强内部监督和风险控制,依照国家有关规定建立健全财务、审计、企业法律顾问和职工民主监督等制度。

第三十七条 所出资企业中的国有独资企业、国有独资公司应当按照规定定期向国有资产监督管理机构报告财务状况、生产经营状况和国有资产保值增值状况。

第七章 法律责任

第三十八条 国有资产监督管理机构不按规定任免或者建议任免所出资企业的企业负责人,或者违法干预所出资企业的生产经营活动，侵犯其合法权益，造成企业国有资产损失或者其他严重后果的，对直接负责的主管人员和其他直接责任人员依法给予行政处分；构成犯罪的，依法追究刑事责任。

第三十九条 所出资企业中的国有独资企业、国有独资公司未按照规定向国有资产监督管理机构报告财务状况、生产经营状况和国有资产保值增值状况的，予以警告；情节严重的，对直接负责的主管人员和其他直接责任人员依法给予纪律处分。

第四十条 国有及国有控股企业的企业负责人滥用职权、玩忽职守，造成企业国有资产损失的，应负赔偿责任，并对其依法给予纪律处分；构成犯罪的，依法追究刑事责任。

第四十一条 对企业国有资产损失负有责任受到撤职以上纪律处分的国有及国有控股企业的企业负责人，5 年内不得担任任何国有及国有控股企业的企业负责人；造成企业国有资产重大损失或者被判处刑罚的，终身不得担任任何国有及国有控股企业的企业负责人。

第八章　附则

第四十二条 国有及国有控股企业、国有参股企业的组织形式、组织机构、权利和义务等，依照《中华人民共和国公司法》等法律、行政法规和本条例的规定执行。

第四十三条 国有及国有控股企业、国有参股企业中中国共产党基层组织建设、社会主义精神文明建设和党风廉政建设，依照《中国共产党章程》和有关规定执行。

国有及国有控股企业、国有参股企业中工会组织依照《中华人民共和国工会法》和《中国工会章程》的有关规定执行。

第四十四条 国务院国有资产监督管理机构，省、自治区、直辖市人民政府可以依据本条例制定实施办法。

第四十五条 本条例施行前制定的有关企业国有资产监督管理的行政法规与本条例不一致的，依照本条例的规定执行。

第四十六条 政企尚未分开的单位，应当按照国务院的规定，加快改革，实现政企分开。政企分开后的企业，由国有资产监督管理机构依法履行出资人职责，依法对企业国有资产进行监督管理。

第四十七条 本条例自公布之日起施行。

关于规范国有企业改制工作的意见

国办发[2003]96

党的十五大以来,各地认真贯彻国有经济有进有退、有所为有所不为的方针,积极推进国有经济布局和结构调整,探索公有制的多种有效实现形式和国有企业改制的多种途径,取得了显著成效,积累了宝贵经验。但前一阶段国有企业改制工作中出现了一些不够规范的现象,造成国有资产的流失。国有企业改制是一项政策性很强的工作,涉及出资人、债权人、企业和职工等多方面的利益,既要积极探索,又要规范有序。为全面贯彻落实党中央关于国有经济布局结构调整和国有企业改革的精神,保证国有企业改制工作健康、有序、规范地进行,现提出以下意见:

一、健全制度,规范运作

(一)批准制度。国有企业改制应采取重组、联合、兼并、租赁、承包经营、合资、转让国有产权和股份制、股份合作制等多种形式进行。国有企业改制,包括转让国有控股、参股企业国有股权或者通过增资扩股来提高非国有股的比例等,必须制订改制方案。方案可由改制企业国有产权持有单位制订,也可由其委托中介机构或者改制企业(向本企业经营管理者转让国有产权的企业和国有参股企业除外)制订。国有企业改制方案需按照《企业国有资产监督管理暂行条例》(国务院令第378号,以下简称《条例》)和国务院国有资产监督管理委员会(以下简称国资委)的有关规定履行决定或批准程序,未经决定或批准不得实施。国有企业改制涉及财政、劳动保障等事项的,需预先报经同级人民政府有关部门审核,批准后报国有资产监督管理机构协调审批;涉及政府社会公共管理审批事项的,依照国家有关法律法规,报经政府有关部门审批;国有资产监督管理机构所出资企业改制为国有股不控股或不参股的企业(以下简称非国有的企业),改制方案需报同级人民政府批准;转让上市公司国有股权审批暂按现行规定办理,并由国资委会同证监会抓紧研究提出完善意见。

(二)清产核资。国有企业改制,必须对企业各类资产、负债进行全面认真的清查,做到账、卡、物、现金等齐全、准确、一致。要按照"谁投资、谁所有、谁受益"的原则,核实和界定国有资本金及其权益,其中国有企业借贷资金形成的净资产必须界定为国有产权。企业改制中涉及资产损失认定与处理的,必须按有关规定履行批准程序。改制企业法定代表人和财务负责人对清产核资结果的真实性、准确性负责。

(三)财务审计。国有企业改制,必须由直接持有该国有产权的单位决定聘请具备资格的会计师事务所进行财务审计。凡改制为非国有的企业,必须按照国家有关规定对企业法定代表人进行离任审计。改制企业必须按照有关规定向会计师事务所或政府审计部门提供有关财务会计资料和文件,不得妨碍其办理业务。任何人不得授意、指使、强令改制企业会计机构、会计人员提供虚假资料文件或违法办理会计事项。

(四)资产评估。国有企业改制,必须依照《国有资产评估管理办法》(国务院令第91号)聘请具备资格的资产评估事务所进行资产和土地使用权评估。国有控股企业进行资产评估,要严格履行有关法律法规规定的程序。向非国有投资者转让国有产权的,由直接持有该国有产权的单位决定聘请资产评估事务所。企业的专利权、非专利技术、商标权、商誉等无形资产必须纳入评估范围。评估结果由依照有关规定批准国有企业改制和转让国有产权的单位核准。

(五)交易管理。非上市企业国有产权转让要进入产权交易市场,不受地区、行业、出资和隶属关系的限制,并按照《企业国有产权转让管理暂行办法》的规定,公开信息,竞价转让。具体转让方式可以采取拍卖、招投标、协议转让以及国家法律法规规定的其他方式。

(六)定价管理。向非国有投资者转让国有产权的底价,或者以存量国有资产吸收非国有投资者投资时国有产权的折股价格,由依照有关规定批准国有企业改制和转让国有产权的单位决定。底价的确定主要依据资产评估的结果,同时要考虑产权交易市场的供求状况、同类资产的市场价格、职工安置、引进先进技术等因素。上市公司国有股转让价格在不低于每股净资产的基础上，参考上市公司盈利能力和市场表现合理定价。

（七）转让价款管理。转让国有产权的价款原则上应当一次结清。一次结清确有困难的，经转让和受让双方协商，并经依照有关规定批准国有企业改制和转让国有产权的单位批准，可采取分期付款的方式。分期付款时，首期付款不得低于总价款的30%，其余价款应当由受让方提供合法担保，并在首期付款之日起一年内支付完毕。转让国有产权的价款优先用于支付解除劳动合同职工的经济补偿金和移交社会保障机构管理职工的社会保险费，以及偿还拖欠职工的债务和企业欠缴的社会保险费，剩余价款按照有关规定处理。

（八）依法保护债权人利益。国有企业改制要征得债权金融机构同意，保全金融债权，依法落实金融债务，维护其他债权人的利益。要严格防止利用改制逃废金融债务，金融债务未落实的企业不得进行改制。

（九）维护职工合法权益。国有企业改制方案和国有控股企业改制为非国有的企业的方案，必须提交企业职工代表大会或职工大会审议，充分听取职工意见。其中，职工安置方案需经企业职工代表大会或职工大会审议通过后方可实施改制。改制为非国有的企业，要按照有关政策处理好改制企业与职工的劳动关系。改制企业拖欠职工的工资、医疗费和挪用的职工住房公积金以及企业欠缴的社会保险费等要按有关规定予以解决。改制后的企业要按照有关规定按时足额交纳社会保险费，及时为职工接续养老、失业、医疗、工伤、生育等各项社会保险关系。

（十）管理层收购。向本企业经营管理者转让国有产权必须严格执行国家的有关规定，以及本指导意见的各项要求，并需按照有关规定履行审批程序。向本企业经营管理者转让国有产权方案的制订，由直接持有该企业国有产权的单位负责或其委托中介机构进行，经营管理者不得参与转让国有产权的决策、财务审计、离任审计、清产核资、资产评估、底价确定等重大事项，严禁自卖自买国有产权。经营管理者筹集收购国有产权的资金，要执行《贷款通则》的有关规定，不得向包括本企业在内的国有及国有控股企业借款，不得以这些企业的国有产权或实物资产作标的物为融资提供保证、抵押、质押、贴现等。经营管理者对企业经营业绩下降负有责任的，不得参与收购本企业国有产权。

二、严格监督，追究责任

各级监察机关、国有资产监督管理机构和其他有关部门，要加强联系、密切配合，加大对国有企业改制工作的监督检查力度。通过建立重要事项通报制度和重大案件报告制度，以及设立并公布举报电话和信箱等办法，及时发现和严肃查处国有企业改制中的违纪违法案件。对国有资产监督管理机构工作人员、企业领导人员利用改制之机转移、侵占、侵吞国有资产的，隐匿资产、提供虚假会计资料造成国有资产流失的，营私舞弊、与买方串通低价转让国有产权的，严重失职、违规操作、损害国家和群众利益的，要进行认真调查处理。其中涉嫌犯罪的，依法移交司法机关处理；造成国有资产损失的，按照《条例》的规定，追究有关责任人的赔偿责任。对中介机构弄虚作假、提供虚假审计报告、故意压低评估价格等违规违法行为，要加大惩处力度；国有资产监督管理机构和国有及国有控股企业不得再聘请该中介机构及其责任人从事涉及国有及国有控股企业的中介活动。

为加快建设和完善产权交易市场体系，确保产权交易公开、公平、公正，由法制办会同国资委、财政部等有关部门研究有关产权交易市场的法规和监管制度，各地依照法律法规及有关规定，根据实际情况制订具体实施细则。

三、精心组织，加强领导

（一）全面准确理解国有经济布局和结构调整战略方针，坚持党的十六大提出的必须毫不动摇地巩固和发展公有制经济，必须毫不动摇地鼓励、支持和引导非公有制经济发展的方针。国有企业改制要坚持国有经济控制重要行业和关键领域，提高国有经济的控制力、影响力和带动力。在其他行业和领域，国有企业通过重组改制、结构调整、深化改革、转换机制，在市场竞争中实现优胜劣汰。

（二）在国有企业改制工作中，各地区要防止和纠正不顾产权市场供求状况及其对价格形成的影响作用、不计转让价格和收益，下指标、限时间、赶进度，集中成批向非国有投资者转让国有产权的做法。防止和避免人为造成买方市场、低价处置和贱卖国有资产的现象。

（三）国有企业改制要从企业实际出发，着眼于企业的发展。要建立竞争机制，充分考虑投资者搞好企业的能力，选择合格的投资者参与国有企业改制，引入资金、技术、管理、市场、人才等资源增量，推动企业制度创新、机制转换、盘活资产、扭亏脱困和增加就业，促进企业加快发展。

（四）地方各级人民政府及其国有资产监督管理机构、国有及国有控股企业，要高度重视国有企业改制工作，全面理解和正确贯彻党中央、国务院有关精神，切实负起责任，加强组织领导。要从实际出发，把握好改制工作的力度和节奏。在国有企业改制的每一个环节都要做到依法运作，规范透明，落实责任。上级国有资产监督管理机构要加强对下级国有资产监督管理机构的指导和监督，及时总结经验，发现和纠正国有企业改制工作中存在的问题，促进国有资产合理流动和重组，实现国有资产保值增值，更好地发挥国有经济的主导作用。

江西省劳动保障监察条例

《江西省劳动保障监察条例》已由江西省第十届人民代表大会常务委员会第五次会议于2003年9月26日通过，现予公布，自2003年11月1日起施行。

第一章 总则

第一条 为规范和加强劳动保障监察工作，保护劳动者的合法权益，促进经济发展和社会稳定，根据《中华人民共和国劳动法》和其他有关法律、行政法规的规定，结合本省实际，制定本条例。

第二条 在本省行政区域内，对企业、个体经济组织、民办非企业单位（以下统称用人单位）以及职业介绍机构实施劳动保障监察，适用本条例。

在本省行政区域内对与劳动者形成劳动关系的国家机关、事业组织、社会团体实施劳动保障监察，按照职责分工由有关行政部门依照本条例执行。劳动安全、卫生监察由有关行政部门按照各自职责，依照有关法律、法规的规定执行。

第三条 劳动保障监察工作遵循教育与处罚相结合，专门监察与社会监督相结合的原则。

第四条 省人民政府劳动保障行政部门负责组织、指导和协调全省劳动保障监察工作。

县级以上人民政府劳动保障行政部门按照管辖权限主管本行政区域内的劳动保障监察工作，其所属的劳动保障监察机构具体负责劳动保障监察工作。

各级公安、工商行政管理、财政、税务、审计、卫生、建设等行政部门应当在各自职责范围内，协同做好劳动保障监察工作。

第五条 各级工会依法维护劳动者的合法权益，对用人单位遵守劳动保障法律、法规、规章的情况进行监督。各级妇联应当依法参与监督。

第六条 劳动保障监察工作所需经费，列入本级财政预算，由财政拨付，专款专用。

劳动保障行政部门实施劳动保障监察，不得收取费用；收缴的罚款以及没收的违法所得，全部上缴同级财政。

第七条 任何组织和个人对违反劳动保障法律、法规、规章的行为，有权向劳动保障行政部门检举和控告。

各级劳动保障行政部门应当公布举报电话，设置举报箱，设立举报接待室。劳动保障行政部门对检举、控告应当及时调查，依法处理，并为举报人保密。

第二章 监察职责与管辖

第八条 劳动保障行政部门履行下列监察职责：

（一）宣传劳动保障法律、法规、规章，督促用人单位、职业介绍机构和劳动者贯彻执行；

（二）监督检查用人单位和职业介绍机构遵守劳动保障法律、法规、规章的情况；

（三）受理对违反劳动保障法律、法规、规章行为的检举和控告；

（四）依法处理违反劳动保障法律、法规、规章的行为；

（五）法律、法规、规章规定的其他监察职责。

第九条 劳动保障行政部门应当加强对劳动保障监察人员的培训、管理和监督。

劳动保障监察人员应当熟悉劳动保障法律、法规、规章和劳动保障业务，经考核合格，取得合法有效的执法证件后方可上岗。

第十条 劳动保障监察人员依法实施劳动保障监察时，行使下列职权：

（一）进入用人单位或者职业介绍机构了解其执行劳动保障法律、法规、规章的情况，询问有关人员，并可以记录、录音；

（二）查阅、复印有关资料；

（三）对用人单位的劳动场所或者职业介绍机构的服务场所进行检查，必要时，可以对有关场景进行录像、拍照；

（四）要求被检查单位在规定的期限内，就劳动保障监察人员询问的有关问题据实作出书面答复；

（五）制止、纠正违反劳动保障法律、法规、规章的行为；

（六）法律、法规、规章赋予的其他职权。

第十一条 劳动保障监察人员依法履行职责时，不得有下列行为：

（一）接受被检查单位的任何馈赠、报酬、福利待遇，在被检查单位报销费用；

（二）参加被检查单位安排、组织或者支付费用的宴请、娱乐、旅游、出访等活动；

（三）利用职务之便在被检查单位为自己、亲友或者他人谋取利益；

（四）妨碍被检查单位正常的生产、经营活动；

（五）泄露被检查单位的商业秘密。

第十二条 各级劳动保障行政部门按照下列管辖范围对用人单位实施劳动保障监察：

（一）省劳动保障行政部门负责中央在省和省属用人单位以及在省工商行政管理部门注册登记的各类用人单位的劳动保障监察工作；

（二）设区的市劳动保障行政部门负责市属用人单位和在市工商行政管理部门注册登记的各类用人单位的劳动保障监察工作；

（三）县（市、区）劳动保障行政部门负责县（市、区）属用人单位和在县（市、区）工商行政管理部门注册登记的各类用人单位的劳动保障监察工作。

第十三条 对职业介绍机构的劳动保障监察，由批准其设立的劳动保障行政部门负责实施。

第十四条 对管辖有争议的，报请争议双方共同的上一级劳动保障行政部门指定管辖。

第十五条 下级劳动保障行政部门对其管辖的劳动保障监察事项，认为需要上一级劳动保障行政部门查处的，可以提请上一级劳动保障行政部门查处；上级劳动保障行政部门认为必要时，可以直接查处下级劳动保障行政部门管辖的劳动保障监察事项，也可以将自己管辖的劳动保障监察事项委托下级劳动保障行政部门查处。

第三章　监察内容与方式

第十六条 对用人单位的下列违法行为，劳动保障行政部门应当依法进行查处：

（一）不依法建立或者执行单位劳动保障规章制度的；

（二）非法招用未满16周岁的未成年人的；

（三）向劳动者收取押金、保证金等费用，或者扣押劳动者证件、实物的；

（四）不依法签订劳动合同、集体合同或者违反规定解除劳动合同、集体合同的；

（五）强迫劳动者延长工作时间的；

（六）克扣或者无正当理由拖欠劳动者工资的；

（七）拒不支付或者不按标准支付劳动者延长工作时间的工资报酬和节假日加班工资报酬的；

（八）低于当地最低工资标准支付工资的；

（九）解除劳动合同后，不按劳动保障法律、法规、规章的规定给予劳动者经济补偿的；

（十）违反女职工、未成年工特殊劳动保护规定的；

（十一）违反特殊工种劳动保护规定的；

（十二）使用未取得国家职业资格证书的劳动者从事相应技术工种的；

（十三）不依法参加社会保险或者不履行社会保险缴费义务的；

（十四）违反劳动保障法律、法规、规章的其他行为。

第十七条 对职业介绍机构的下列违法行为，劳动保障行政部门应当依法进行查处：

（一）未经批准从事职业介绍活动的；

（二）超出核准的业务范围经营的；

（三）提供虚假招聘信息的；

（四）介绍求职者从事法律、法规禁止从事的职业的；

（五）为无合法证照的用人单位或者无合法身份证件的求职者进行职业介绍服务活动的；

（六）以暴力、胁迫、欺诈等方式进行职业介绍活动的；

（七）伪造、涂改、出租、出借、转让职业介绍许可证的；

（八）违反劳动保障法律、法规、规章的其他行为。

第十八条 除国家统一部署的专项检查，或者举报专查和年度检查外，劳动保障行政部门对同一用人单位或者职业介绍机构的日常巡视检查每年不得超过一次。

对有关组织、个人检举、控告的违反劳动保障法律、法规、规章的行为，劳动保障行政部门应当在经初步审查后，依照本条例的规定立案查处。

法律、法规、规章规定实行劳动保障年度检查的，劳动保障行政部门应当将年检的时间、范围、内容、要求等事先告知被检查单位。

第十九条 劳动保障行政部门没有法律、法规、规章依据或者超越职权对用人单位或者职业介绍机构进行检查的，用人单位或者职业介绍机构有权拒绝。

第二十条 对两次以上或者严重违反劳动保障

法律、法规、规章的用人单位和职业介绍机构，劳动保障行政部门可以将其违法行为向社会公告。

第二十一条 劳动保障行政部门依法实施劳动保障监察时，有关单位和个人应当予以配合，如实、按期提供有关情况、资料，不得隐瞒事实真相，不得出具伪证或者隐匿、毁灭、篡改证据，不得拒绝和阻挠检查，不得打击报复举报人员。

第二十二条 任何单位和个人不得阻挠劳动保障行政部门到用人单位或者职业介绍机构依法实施劳动保障监察。

第四章 监察程序

第二十三条 劳动保障行政部门在实施劳动保障监察时，应当有两名以上劳动保障监察人员共同进行，出示合法有效的执法证件，并告知用人单位或者职业介绍机构劳动保障监察的内容、要求和方法。

第二十四条 劳动保障监察实行回避制度。

劳动保障监察人员本人或者其近亲属与承办的案件有利害关系，可能影响案件公正处理的，应当自行申请回避。当事人有权要求其回避。

劳动保障监察人员的回避，由劳动保障监察机构负责人决定；劳动保障监察机构负责人的回避，由本级劳动保障行政部门负责人决定。

第二十五条 劳动保障监察人员对事实清楚、证据确凿、情节简单的违法行为，依法可以当场作出行政处罚决定的，应当按规定填写行政处罚决定书，并送达当事人。

劳动保障监察人员当场作出的行政处罚决定，应当在24小时内报所属劳动保障行政部门备案。

第二十六条 规定可以当场作出的行政处罚外，劳动保障行政部门对受理的检举、控告或者在监督检查过程中发现的违反劳动保障法律、法规、规章的行为，经初步审查，认为符合下列条件的，应当在7日内立案：

（一）有明确的违反劳动保障法律、法规、规章的行为人；

（二）有违反劳动保障法律、法规、规章的事实；

（三）属于本部门管辖。属于劳动争议的，应当告知当事人依法申请调解或者仲裁。

第二十七条 对已立案的案件，劳动保障行政部门应当及时组织调查取证。

劳动保障行政部门在对用人单位克扣或者无正当理由拖欠劳动者工资、拒不缴纳社会保险费及职业介绍机构骗取求职者中介服务费等案件进行调查取证过程中，发现当事人有转移财产或者逃匿迹象的，经报请本部门负责人批准，可以扣押其价值相当的财物。

第二十八条 劳动保障行政部门依照本条例第二十七条规定扣押当事人财物时，应当交付当事人扣押决定书，并附扣押财物清单。

劳动保障行政部门采取扣押措施的时限不得超过30日；情况复杂的，经本部门主要负责人批准，可以延期15日。

第二十九条 调查终结，劳动保障行政部门应当依法作出给予行政处罚或者不予行政处罚的决定。

劳动保障行政部门在作出行政处罚决定之前，应当告知当事人作出行政处罚决定的事实、理由及依据，并告知当事人依法享有的权利。符合举行听证的条件，当事人要求听证的，应当在作出行政处罚决定之前依法组织听证。

第三十条 劳动保障行政部门对违反劳动保障法律、法规、规章的行为进行处罚，应当制作行政处罚决定书，并依法送达当事人。

第三十一条 劳动保障行政部门查处违法行为，应当自立案之日起30日内结案；当事人依法要求听证或者情况复杂的，经上一级劳动保障行政部门批准可以适当延期，但延期时限最多不超过30日；省劳动保障行政部门查处违法行为需要延期的，应当经本部门主要负责人批准。

第三十二条 劳动保障行政部门在查处违法行为过程中采取扣押措施的，应当在本条例第二十八条第二款规定的时限内结案。

劳动保障行政部门在结案后，应当区分不同情形，将扣押的财物退还当事人，或者将其依法拍卖所得款项用于支付劳动者的工资报酬、经济补偿金、赔偿金及抵缴社会保险费、退还受骗的求职者。

第三十三条 劳动保障监察案件的承办人员在案件处理完毕后，应当将案件查处过程中形成的文件、资料编目立案归档。

第三十四条 对重大案件和上级委托查处的案件，劳动保障行政部门应当在结案后15日内将处理决定报送本级人民政府和上一级劳动保障行政部门备案。

本级人民政府和上一级劳动保障行政部门经审查发现劳动保障行政部门作出的行政处理决定违法

或者不当的，应当责令其限期纠正；逾期不纠正的，有权予以变更或者撤销。

第五章　法律责任

第三十五条 用人单位具有本条例第十六条所列情形之一，法律、法规对其有处罚规定的从其规定，没有处罚规定的，由劳动保障行政部门按照下列规定予以处理：

（一）向劳动者收取押金、保证金等费用的，责令退还给当事人，并按照其收取金额总数的2倍以上3倍以下处以罚款。

（二）扣押劳动者证件、实物的，责令改正，并可处以500元以上1000元以下罚款；对当事人造成损失的，依法承担赔偿责任。

（三）不依法与劳动者订立劳动合同或者违反规定解除劳动合同的，责令限期改正；逾期不改正的，对法定代表人或者主要负责人处以500元以上2000元以下罚款，并按照每涉及1名劳动者对用人单位处以100元罚款；对劳动者造成损失的，依法承担赔偿责任。

（四）用人单位未与工会和劳动者协商，强迫劳动者延长工作时间的，给予警告，责令改正，并可按照每人每超过1小时处以30元以上100元以下的罚款。

（五）有第六项至第九项行为之一的，责令限期支付劳动者工资报酬、经济补偿金；情节严重，造成损失的，可责令按照所欠劳动者工资报酬、经济补偿金总和的1倍以上5倍以下支付赔偿金。

（六）未依法履行对女职工和未成年工的保护规定，侵害其合法权益的，责令改正，并按照侵害人数每名处以用人单位1000元以上3000元以下罚款；对女职工或者未成年工造成损害的，依法承担赔偿责任。

（七）使用未取得国家职业资格证书的劳动者从事相应技术工种的，给予警告，责令限期对有关人员进行培训，取得国家职业资格证书后再上岗；用人单位逾期不改正的，按照每违规使用1名劳动者处以用人单位500元以上1000元以下罚款。

得国家职业资格证书的劳动者从事特殊工种的，除按照前项规定处罚外，对情节严重的，还可责令其停产停业整顿；造成严重后果，构成犯罪的，依法追究刑事责任。

第三十六条 职业介绍机构具有本条例第十七条第三项至第五项所列情形之一的，由劳动保障行政部门责令改正，没收违法所得，并处以1000元以上1万元以下罚款；情节严重的，吊销其职业介绍许可证，并向社会公告；对当事人造成损害的，依法承担赔偿责任。

第三十七条 用人单位、职业介绍机构违反本条例第二十一条规定的，由劳动保障行政部门予以警告；情节严重的，处以1000元以上1万元以下罚款；违反治安管理的，由公安机关依法予以处罚；构成犯罪的，依法追究刑事责任。

第三十八条 当事人对劳动保障行政部门作出的责令支付劳动者工资报酬、经济补偿、赔偿金等决定，扣押决定以及行政处罚决定不服的，可以依法申请行政复议或者提起行政诉讼。当事人在法定期限内不申请行政复议、不提起行政诉讼，又不履行决定的，劳动保障行政部门可以申请人民法院强制执行。

第三十九条 劳动保障监察人员违反本条例第十一条规定的，由其所在单位或者上级主管机关依法给予行政处分；对用人单位或者职业介绍机构造成经济损失的，依法承担赔偿责任；构成犯罪的，依法追究刑事责任。

第四十条 劳动保障行政部门因对扣押的财物保管不善，给当事人造成损失的，应当依法予以赔偿。

劳动保障行政部门违法使用扣押的财物，对直接负责的主管人员和其他直接责任人员依法给予行政处分；给当事人造成损失的，应当依法予以赔偿。

第六章　附则

第四十一条 本条例自2003年11月1日起施行。

江西省人民政府关于加快发展开放型经济的若干意见

赣府发〔2003〕 17 号

各市、县(区)人民政府,省政府各部门:

大力发展开放型经济,是实现江西在中部地区崛起的关键举措。为进一步加快我省开放型经济的发展,现提出如下意见。

一、理清思路,明确目标,奋力实现开放型经济跨越式发展

1. 发展开放型经济的指导思想。以党的十六大精神和“三个代表”重要思想为指导,紧紧围绕全面建设小康社会和江西在中部地区崛起这一目标,以创造性工作,大力突破招商引资,努力扩大外贸,积极发展外经,努力营造江西投资成本低、回报快、信誉好、效率高的新优势,力争实现开放型经济跨越式发展。

2. 发展开放型经济的思路方针。坚持对内对外并举,外资、外贸、外经并举,一、二、三业并举,高新技术产业与有市场无污染的传统产业并举,大、中、小项目并举,独资、合资、合作和嫁接改造并举。把发展开放型经济与“三个基地、一个后花园”的战略定位相结合,与推进工业化和城市化相结合,与发展农业和农村经济相结合,与经济结构战略性调整、培育高新技术产业相结合,与推进国有企业改革改组改造、转换企业经营机制相结合,与加快基础设施建设相结合,与培植税源、增加劳动就业相结合。

3. 发展开放型经济的目标任务。通过发展开放型经济,做大经济规模,切实提高全省经济外向度,增加固定资产投入,增强发展后劲,实现与国际经济基本接轨。争取 5 年内,全省开放型经济实现 GDP 总量接近或达到 2002 年全省工业经济总量水平,外贸出口年平均增幅达到 20% 以上,利用内资和外资年平均增幅达到 20% 以上,到 007 年利用内资、外资总量占全社会固定资产投资的 70% 以上。

二、扩大规模,拓宽领域,大力突破招商引资

4. 牢牢把握招商引资的基本要求。一是要把握招商引资重点,进一步拓宽利用内资和资的领域,扩大利用内资和外资的规模,提高招商引资的水平,注重招商引资的实效。二是要把握招商引资方式,坚持国内与国外相结合,走出去与请进来相结合,省与市县相结合,大团组与小分队相结合,全面招商与重点招商相结合,网上招商与会展招商相结合。突出“以特招商,以大招商,以商招商,以优招商”。三是选择海内外招商引资的最佳区域,进行重点招商,切实增强招商引资的针对性和实效性。

5. 建立“谁引进、谁受益”的招商引资激励机制。一是设区市工业园区中由县乡引进并开发的工业项目,县工业园区中由乡镇引进并开发的工业项目所缴纳的除上交中央和省以外的税收,县、乡政府按一定的比例和期限参与分成,具体的分成比例和期限由各地自行确定。二是鼓励省内大中型骨干企业经批准创办以主体企业、龙头产品为核心,以专业化协作配套、产品延伸加工为主要内容,以独资、合资、合作、嫁接改造为主要形式的特色工业小区。经省政府批准的特色工业小区内新引进的项目所缴纳的增值税 25% 部分,按前 2 年 50%、后 3 年 30% 的比例留给特色工业小区管委会。三是凡省直接引进、安排以及中央和省属企业跨市、县(区)投资新建的大中型工业企业(不含电力企业、南昌烟厂和省冶金集团所属企业)所缴纳的增值税 25% 部分,实行省与落户地分享,省分成 10 个百分点,落户地分成 15 个百分点。其他税收除上交中央和省以外,全归落户地。四是鼓励做大做强省直属工业园区,对省直属工业园区新引进的项目所缴纳的增值税 25% 部分、企业所得税地方分成部分和营业税归省级,除上交中央和省以外的其他税收归当地。增值税 25% 部分、企业所得税地方分成部分和营业税,前 5 年按 80% 的比例,后 5 年按 50% 的比例给工业园区管委会。以上政策由省财政厅制订具体实施细则。

6. 继续实行有竞争力的土地出让政策。原定 2001 年 8 月至 2004 年底市县暂免上交省级的新增建设用地有偿使用费和土地出让金 20% 部分的政策,顺延至 2007 年底。对生产性的内、外资企业,一次性支付土地收益有困难的,经批准可以按土地收益分成比例,一次核定、分期付款,或采取年租制等多种有偿方式支付。

7. 对内、外资企业加大金融支持力度。在符合贷款条件的前提下，各商业银行对内、外资企业流动资金贷款要提高办事效率，加快审贷速度，办结时间不得超过3个月。对资本金已足额到位的内、外资企业，应采取资产抵押等担保方式提供合理的固定资产贷款，对经过认证确有信用度的，应及时确定授信额度，提供信用贷款。向国家申报国债项目、财政贴息资金以及省内设立的财政技改补助和贴息资金等，不分所有制，所有企业一视同仁予以支持。鼓励内、外资企业上市和运用其它资本市场手段融资发展。

8. 进一步降低外资准入门槛。允许个人独资企业、合伙企业、自然人出资兴办中外合资、合作经营企业。允许外商以其在国内投资企业分得的利润、回收的本金认缴注册资本。外商投资企业在我省再投资的，可以注册为内资企业，若外资成份不低于注册资本25%的，经外经贸部门批准可以享受外商投资企业待遇。中外合资、合作企业的外资比例可以低于25%。商以专有技术、专利技术等技术投资入股的，最高可达注册资本的20%，经省级科技主管部门认定，可提高到35%。鼓励外商按照《中外合作办学条例》投资办学，扩大教育开放度。

9. 对外商投资企业实施优惠的税费政策。外商投资企业的固定资产折旧具体方式，经国税部门批准后，可以选择直线折旧法或递减折旧法。外商投资企业研究开发新产品、新技术、新工艺所发生的技术开发费用，不受比例限制，计入管理费在企业所得税税前扣除。技术开发费用年增长幅度在10%（含）以上的企业，可再按实际发生额的50%抵扣当年度的应纳税所得额。凡属鼓励类外商投资企业，在所得税“免二减三”优惠政策执行期满后，延长3年减按15%的税率征收企业所得税。外商投资企业在投资总额内购买的国产设备符合条件的，其购买国产设备投资的40%可从购置设备当年比前一年新增的企业所得税中抵免，如果当年新增的企业所得税额不足抵免时，未予抵免的投资额，可用以后年度所增的企业所得税税额延抵免，购买的国产设备可全额退还国产设备增值税。从事农业产业化经营的外商投资企业，按省政府有关文件规定给予农业税和农业特产税优惠。

10. 鼓励外商投资企业扩大投资。外商投资企业的国（境）外投资者，将从企业取得的利润接再投资于该企业，或作为资本投资开办其它外商投资企业，经营期不少于5年的，退还其再投资部分已缴纳所得税40%的税款。凡属生产性外商投资企业，若追加投资形成的新增注册资本额达到一定标准的，追加投资项目所取得的所得，可单独享受所得税“免二减三”的优惠。

11. 做强、做大、做特、做优工业园区。一是要进一步完善工业园区的发展规划。由省计委牵头，按照一次规划、分步实施、滚动发展，经济效益、社会效益、环境效益并重的原则，进一步完善全省工业园区的发展规划。工业园区的建设规划要纳入城市总体规划之中。每个县原则上规划一个工业园区，防止一哄而上。每个工业园区尽可能明确一至两个主导产业。鼓励和支持有条件的地方、有实力的大企业经批准建立特色工业园区。鼓励有条件的地方经准建设留学生创业园，使之成为留学生来我省创业的孵化器。二是加快推进工业园区的建设。集中力量扶持一批有实力的工业园区做强、做大、做特、做优，对符合条件的可批准为省级工业园（原财政体制不变）。工业园区基础设施建设和公用事业用地可以依法通过划拨方式供应。金融部门对工业园区基础设施建设应及时安排授信额度，贷款利率可在国家规定幅度内适当下浮。为尽快解决工业园区迅速发展与供用电不足的矛盾，电力部门应加快工业园区的输变电设施建设，建设费用按照《江西省人民政府办公厅印发加快工业园区电网建设实施意见的通知》（赣府厅发〔2003〕4号）有关要求，充分发挥省、县两级电网经营企业的投资主渠道作用，鼓励政府、企业、个人等多种投资主体，投资建设工业园区的电网项目。对工业园区的建设，各级有关部门不得强行指定设计单位、指定采购对象、指定建设队伍，要严格执行招投标法，按市场化方式运作。三是加强对工业园区的管理。由省经贸委牵头制定工业园区考核办法，加强对工业园区每平方公里内外资投入数量、销售收入、财税收入和出口创汇的考核，以形成投入产出的良性循环机制。以服务企业为中心、以招商引资为重点、以发展经济为目标，建立精干高效、开明务实的园区管理机构，由同级政府授予其园区内招商引资、规划建设、项目审批和企业管理服务等职能。工业园区内的各项收费原则上由园区管理机构代收，各项检查除有专门规定外均由园区管理机构代为行使。四是搞好工业园区经营。工业园区要按照市场化运作模式，通过独资、合资或股份制等方式，成立具有独立法人资格的园区投资开发公司，或通过引进有实力的开发商来进行开发建设、招商引资。鼓励具备条件的工业园区经营实体上市。五是不断增强工业园区的科技创新能力。

12. 夯实招商引资的基础性工作。要加强招商引资的战略研究，密切关注国内外大公司、大企业的投资和经营动态。各级政府、各有关部门和各工业园区要分层次建立招商引资项目库，并通过编制项目册、上网等方式予以公布。省级项目库的编制工作由省计委、省经贸委牵头，省有关部门配合，每年向外推出一批重点招商项目。省计委要会同省经贸委、省外经贸厅等有关部门，及时修订和完善“江西省外商投资产业指导目录”，明确招商引资的重点和方向。对利用林木、贵金属、稀土、石灰石等资源的项目，由省里集中审批，集中调控。要建立健全招商引资网络。由省外经贸厅负责，聘请外国公司驻中国的商务代表担任招商顾问或招商代理，建立海外招商网络；由省合作办负责，聘请省内外各界人士建立国内招商网络。要采取竞争上岗、优胜劣汰、招商人员报酬与招商成效挂钩的办法，搞好专业招商队伍的建设。

13. 抓好招商引资重大项目的跟踪管理。重大项目是产业聚集的核心，抓住重大项目可以带产业链中一批上下游企业的同步转移。各级政府每年要确定一批重大招商引资项目，由各级领导挂帅，实行重点跟踪、重点服务、重点督查，确保项目成功。要加强政策聚焦，对技术水平高，带动效应大，符合我省产业结构升级方向的支柱型重大项目，在用足用好国家和省现有政策的基础上，可以根据实际情况，特事特办。各地、各部门对重大项目的洽谈、签约、开工、投产情况要及时向上级政府和主管部门汇报。省外经贸厅、省合作办要分别对投资1000万美元和1亿元人民币以上项目每月一调度，及时协调解决项目在审批、建设、生产过程中出现的问题，并分期通报。

三、优化结构，提高水平，构筑“三路大军齐上”的外贸出口新格

14. 加快国有外贸企业改革步伐。突出国有外贸企业产权制度改革，依法评估国有资产，理顺国有资产管理关系，推动跨行业、跨地区、跨所有制的兼并、联合、控股、参股等资产重组，促进以资本为纽带的贸工、贸农结合，积极利用外资兴办合资外贸企业，努力实现外贸企业产权多元化。要处理好社会保障和债权、债务关系，转换国有企业职工身份，建立新型劳动关系，鼓励外贸企业经营者和业务骨干多持股，特别是要鼓励中小外贸企业经营者持大股，增强外贸企业发展的活力和动力。国有外贸企业改革中需要转让的土地可纳入全省国企改革土地公开出让计划，土地拍卖收益全部用于国有外贸企业改革。

15. 努力扩大自营生产企业、三资企业和外贸企业的出口。加速赋予更多的生产企业进出口经营权。不论所有制性质，按照进出口经营资格的登记要求，在企业申报材料齐全的条件下，省外经贸厅要在2个工作日内完成登记手续。到2005年全省新增有进出口经营权的生产企业累计达到1000家以上。要重点扶持自营生产企业、三资企业出口，优化出口经营主体结构，努力扩大出口总量；要进一步增强外贸企业竞争力，继续发挥其出口骨干作用。通过努力，在全省尽快形成自营生产出口企业、三资出口企业、外贸企业“三路大军”齐上的外贸出新格局。

16. 进一步优化出口产品结构。积极实施“科技兴贸”和“以质取胜”战略，巩固我省大米、生猪、电解铜、陶瓷等传统产品的出口，积极开拓新产品特别是高附加值产品的出口，机电产品和高新技术产品出口年增长率要保持在30%以上，努力提高我省出口产品的创汇盈利能力和市场竞争能力。要大力推动企业进行ISO9000和ISO14000系列国际质量及其它认证，我省更多的企业和产品获得国际市场“通行证”。

17. 大力发展出口加工贸易。从今年6月1日起，除商务部规定必须由省外经贸厅审批的商品外，其他商品的加工贸易业务均由各设区市外经贸主管部门负责审批。海关要选择若干家企业进行“大手册”管理试点，简化加工贸易审批、管理手续；对具备条件的企业试行加工贸易联网监管模式，可不实行银行保证金台账制度；要积极推行沿海地区加工贸易深加工结转监管模式，减少加工贸易企业往返于调入、调出地海关的时间及费用。

18. 加强出口重点企业的调度服务。省市要加强对出口重点企业的调度和服务，省外经贸厅点抓好年出口500万美元以上的生产企业、1000万美元以上的专业外贸企业出口的稳定增长。省外经贸厅对重点出口企业、重点出口产品在进出口配额使用和广交会、华交会的摊位分配上要给予倾斜;对年出口1亿美元以上的设区市,在进出口配额和广交会、华交会摊位分配时切出一块给设区市,由设区市提出分配建议,省外经贸厅统一平衡管理。

19. 加大财政扶持出口的力度。进一步扩大省级外贸出口发展基金来源,省外经贸厅厅属外贸公司和省工贸进出口公司所得税地方留成部分全额安排支出预算,列省级外贸出口发展基金。从2003年起,省财政连续3年每年再安排2000万元专项资金用于补助省级外贸出口发展基金。省级外贸出口发展基金主要用于:一是对省属出口企业出口本省产品,以企业上一年出口创汇额为基数,基数内每美元给予1.5分钱人民币贴息,其中机电产品贴息2分钱人民币;超基数部分每美元给予3分钱人民币贴息,其中机电产品贴息4分钱人民币。二是对省属企业出口退税账户托管贷款给予贴息,贴息比例为贷款基准利率的50%。三是用于中小企业出信用担保。省外贸出口发展基金的使用办法由省财政厅会同省外经贸厅制定。各设区市也要根据情况建立市级外贸出口发展基金,用于扶持本市外贸出口。

20. 加强银贸、税贸协作。按照国家有关规定,各商业银行要全面推行出口退税账户托管贷款业务,托管贷款金额为应退未退税款的70%—100%,商业银行向出口企业发放出口退税账户托管贷款后,即相应增加贷款授信额度。出口退税账户托管贷款,用于企业出口创汇,必须专款专用,不得挪作他用。税务部门要确保企业出口退税专用账户的唯一性,并及时向银反馈应退未退税额查询回。各商业银行对外贸企业有市场、有效益的出口业务所需流动资金要继续给予打包贷款、封闭贷款,并积极向二级分行延伸和推广。要加快出口退税进度外经贸主管部门对企业申报的出口退税材料要随到随稽核;国税部门对企业申报的出口退税材料即送即审。在国家退税指标下达后,在10个工作日内将指标分配下达给各设区市,一周内将退税款退给出口企业。

21. 积极实施"走出去"战略,扩大对外工程承包和劳务合作业务。积极实施"走出去"战略,鼓励和支持有条件的企业对外投资,开展境外带料加工装配业务,带动商品和劳务出口要充分利用已逐步形成规模的东亚、南亚、中东、非洲等传统市场,扩大我省有比较优势的建筑、水利、水电、农田整治、地质勘察等行业的工程承包和劳务合作;积极稳妥地开拓欧、南美和南太平洋诸国新市场,拓展承包工程和劳务合作的新领域。要建立出国劳务技能培训基地,努力提高劳务人员技能与综合素质。

四、凝聚合力,优化环境,努力形成开放型经济发展的新优势

22. 进一步完善对外开放条件。省外经贸厅要根据我省开放型经济发展状况及趋势,制定全省口岸发展规划。各地、各有关部门要多渠道筹集资金,加大口岸投资,完善口岸功能。省各有关口岸单位年内要完成南昌航空口岸对外籍飞机开放的各项设施建设及验收工作,积极开辟国际航路和航线,增开国外、境外航班。今明两年要抓紧景德镇海关、南昌经济技术开发区海关办事处的建成并开关;抓紧新余出入境检验检疫办事处的建设,争取国家批准设立龙南出入境检验检疫办事处;争取国家批准设立新余、上饶海关和龙南海关办事处并设开关;南昌市和赣州市政府要加快启动南昌大型公共保税仓库和赣州保税仓库的建设;抓紧南昌集装箱货运新码头的建设。

23. 创造高效、畅通的物流环境。大力扶持并促进公路国际集装箱运输。凡本省的国际集装箱车辆在高速公路通行的路、桥费均按三类车标准收费。省交通厅会同省财政厅、省物价局制定全省国际集装箱车辆高速公路和普通公路通行的具体优惠办法,建立公路国际集装箱运输绿色通道,确保运行畅通。各级政府要发展以配套为重点的物流中心,增强整机产品的就地配套能力,降低生产环节费用。

24. 加大对乱收费的查处力度,规范收费行为。除国家和省政府已明确规定的收费项目外,他收费行为均为乱收费。任何行政事业单位及其工作人员不得干预内、外资企业依法自主经营,不得强行要企业接受指定服务,从中牟利;不得将政府部门正常的工作职能转交给中介组织开展有偿服务,或将应由企业自愿接受的咨询、检测、信息等服务变为强制性服务,强行收费;不得强迫企业参加收费性质的会议、培训、考察、检查评比、学会、协会、研究会不得强行向企业拉广告、强制企业订购书报刊物。企业如遇到上述情况可直接向省、市、县客商投诉中心投诉举报。

25. 建立政务环境评议评价制度。从今年起,对省政府组成部门、直属机构及其他有行政管理职能的单位，每年开展一次政务环境评议评价活动。凡在评议中排在前三名的单位和主要责人，给予表彰和奖励；一年排名在最后一名的，应书面说明情况，限期整改，并给予通报批评；连续两年排在最后一名的，对主要负责人给予行政处分；连续三年排在最后一名的，主要负责人应自动辞职。评议评价的具体实施办法，由省监察厅会同有关部门另行制定，报省政府批准后实施。

26. 严格依法行政，创造良好的法制环境。任何行政事业单位及其工作人员不得以任何借口强制或变相实行行业垄断和地方保护，强迫企业和个人购买指定的设备。各行政执法机关要充分运用行政手段和法律手段依法保障投资者人身安全及其企业财产安全，公安机关要加大对敲诈勒索、强买强卖、强行承包工程、索要“保护费”等违法行为的打击力度。严格规范行政执法检查行为。同一部门的上下级不得对企业进行重复检查，对同一事项有关部门不得多头检查。强行划拨款项或查封企业银行账户必须严格依法进行。

五、加强领导，强化责任，为开放型经济发展提供有力的保证

27. 进一步加强对开放型经济工作的领导。面对全省开放型经济的新形势、新任务，各级政府要认真贯彻执行十六大精神，按照“三个代表”的要求，真正把发展作为第一要务大力推动开放型经济快速发展。开放型经济工作的成效要作为各级领导政绩考核的重要内容。各级政府主要领导要亲自抓，分管领导要全力抓，重大项目要亲自过问，重要招商信息要亲自掌握，重要外方代表来访要亲自接待，重大项目洽谈和建设过程中遇到的问题要亲自协调处理。各地、各部门应把事业心强、有开拓精神、精通业务的干部选配到开放型经济工作的第一线。要采取多种行之有效的方式，加大对开放型经济工作领导者队伍、招商引资人员队伍、工业园区管理者队伍、外向型企业经营者队伍、外贸出口人才队伍的培训，着力提高他们的整体素质。

28. 建立健全发展开放型经济工作的目标责任体系。进一步建立全方位、多领域的招商引资目标责任体系，明确分工，强化责任。今后，全省年度招商引资工作目标任务由省外经贸厅、省合作办分解下达给各设区市和省有关经济单位。省有关部门要加强各领域招商引资工作的指导和落实目标。基础设施建设、农林水、第三产业和社会事业等领域的招商引资工作由省计委牵头，省有关职能部门具体落实；工业领域的招商引资工作由省经贸委牵头，省各工业行业办、工业集团公司具体落实。省台办、省外侨办等部门应充分利用各自的优势和道，积极牵线搭桥，挖掘项目，共同推进利用外资工作。全省年度外贸出口工作目标任务由省外经贸厅分解下达给各设区市、省直有关单位。省外经贸厅、省合作办对开放型经济目标任务执行情况进行每月一调度，一季一分析，半年一小结，年终进行总结。

29. 积极开展卓有成效的招商引资宣传活动。各级政府要加大宣传力度，充分利用报纸、广播、电视、互联网、VCD、宣传画册等各种传媒，采取多种方式，有针对性地宣传江西、推介江西，有效地扩大江西在国际国内的影响。省有关部门要建立专门网站，介绍省情和政策，推介招商项目。同时，要在全省广泛深入开展加快开放型经济发展的宣传教育活动，大张旗鼓地宣传各地招商引资的先进典型，努力营造开放型经济发展的良好氛围。

30. 加大对发展开放型经济工作的奖惩力度。今后，各级财政每年安排一定的专项资金，对完成开放型经济工作年度目标任务的单位进行奖励。对先进单位的主要领导要给予荣誉为主、物质为辅的奖励。对未完成任务的单位要予以通报批评。省里的具体考核奖励办法由省外经贸厅、省合作办制定。

江西省人民政府关于进一步加强安全生产工作的决定

赣府发〔2004〕 5号

各市、县(区)人民政府,省政府各部门:

新世纪以来,我省国民经济和各项社会事业加快发展,呈现了持续快速协调健康发展的好态势。省委、省政府坚持以人为本,树立和落实全面、协调、可持续发展的科学发展观,高度重视安全生产,采取了一系列重大举措加强安全生产工作。各级党委、政府以及有关部门和单位各负其责,分兵把口,同心协力,稳步推进生产、交通和防火三大安全工作,基本保持了全省安全生产形势的总体平稳。但是,目前全省安全生产形势仍然严峻,煤矿重、特大伤亡事故时有发生,道路交通重、特大伤亡事故尚未杜绝,非煤矿山和建筑施工伤亡事故上升幅度较大;安全生产基础薄弱、投入不足,保障体系和机制不健全,监管和监察体制不完善。为了认真贯彻落实《国务院关于进一步加强安全生产工作的决定》(国发〔2004〕2号)和全国安全生产工作会议精神,切实加强我省安全生产工作,特作如下决定:

一、统一认识,明确工作目标

(一)统一认识。要充分认识《国务院关于进一步加强安全生产工作的决定》和全国安全生产工作会议的重要意义,充分认识做好安全生产工作是全面建设小康社会、统筹经济社会全面发展的重要内容,是实施可持续发展战略的组成部分,是政府履行社会管理和市场监管职能的基本任务,是企业生存发展的基本要求。全省各级政府、各部门和各单位要把思想认识统一到国务院《决定》上来,统一到全国安全生产工作会议精神上来,统一到省委、省政府"实现江西在中部地区崛起"的宏伟目标上来。认真研究并解决本地区、本部门和本单位安全生产工作中存在的问题,采取切实有力的措施,全力推进安全生产各项工作,努力开创安全生产工作新局面。

(二)指导思想。坚持以"三个代表"重要思想为指针,全面贯彻落实党的十六大和十六届三中全会精神,全面贯彻落实省委十一届五次全体(扩大)会议精神,适应全面建设小康社会的要求和完善社会主义市场经济体制的新形势,坚持以人为本、依法监管,坚持安全第一、预防为主,坚持强基固本、服务大局,坚持统筹兼顾、协调发展,把安全生产工作纳入经济社会发展的总体布局,强化各级政府对安全生产工作的统一领导。大力推进"三项建设",强化"五个重点",即:监管体制、安全法制、监管队伍建设,主体责任、安全投入、专项整治、应急救援、教育培训,为实现江西在中部地区崛起和全面建设小康社会创造安全稳定的社会环境。

(三)奋斗目标。2004年,建立较为完善的安全生产监管体系,扭转安全生产的被动局面,实现国务院安委办下达的年度控制指标,全省安全生产形势达到总体平稳;到2007年,全面建立安全生产长效机制,全省安全生产状况稳定好转,煤矿重特大事故得到有效遏制、百万吨死亡率明显下降,行政区域总人口10万人死亡率、企业职工10万人死亡率、GDP亿元死亡率、万车死亡率等指标达到全国平均水平;到2010年,基本建立全省安全生产法治秩序,全省安全生产状况明显好转,各类生产安全事故和死亡人数有较大幅度的下降,各项指标达到全国中上水平;到2020年,实现全省安全生产形势的根本好转,各项指标达到或接近全国先进水平。

二、完善政策,推进各项工作

(四)产业引导。树立科学的发展观,坚持统筹兼顾,协调发展。逐步淘汰技术落后、浪费资源和环境污染严重的工艺技术、装备及不具备安全生产条件的企业。通过兼并、联合、重组等措施,积极发展跨区域、跨行业经营的大公司、大集团和大型生产供应基地,提高有安全生产保障企业的生产能力。继续积极、稳妥、有序退出烟花爆竹行业,巩固调整成果,提升产业水平。进一步研究探索通过产业结构调整促进安全生产和经济社会协调发展的路子。抓紧研究制定2004年—2007年全省安全生产规划以及10年远景规划,把安全生产目标任务和政策措施纳入全省经济社会发展的总体布局,做到同步规划、同步实施、同步发展。

(五)健全法制。要进一步健全安全生产法制。坚决贯彻实施《中华人民共和国安全生产法》、《国务院关于特大安全事故行政责任追究的规定》和《江西省人民政府关于重大安全事故行政责任追究的规定》等法律法规。抓紧做好《江西省实施〈中华人民共和国矿山安全法〉办法》、《江西省实施〈中华人民共和国煤炭法〉办法》和《江西省烟花爆竹安全管理办法》等法规、文件的修订工作。尽快研究出台《江西省重、特大事故隐患监督管理办法》、《江西省安全生产奖励办法》等规章、文件。依法监管，严格执法，逐步将安全生产工作纳入法制化、规范化轨道。

（六）资金投入。加大政府对安全生产的投入。加强安全生产基础设施建设和支撑体系建设，加大对企业安全生产技术改造的支持力度。继续争取和用好国家长期建设国债、预算内基本建设投资，支持大中型国有煤炭企业的安全生产技术改造。2004年，省政府安排4000万元安全生产专项资金，用于国有煤矿安全技术措施经费和省级公共安全设施隐患整治及安全生产监督管理工作经费。各级政府都要重视安全生产基础设施建设资金的投入，安排必要的资金，并加强监管、专款专用。

（七）专项整治。要着力抓好煤矿、烟花爆竹、公众聚集场所消防安全、道路交通和水上交通、非煤矿山、危险化学品和民爆器材、建筑施工和燃气、锅容管特和三线交越的专项整治。加强全省重、特大事故隐患监督管理，防范重、特大事故发生。对全省重、特大事故隐患实行省、设区市两级监督管理。

（八）应急救援。加快建立全省生产安全应急救援体系。尽快制定全省综合性安全生产应急救援预案，并由省有关职能部门和经济组织分别制定矿山、烟花爆竹、危险化学品、公众聚集场所、道路交通和水上交通、工程及建筑施工、民爆器材、锅容管特等专项应急救援预案。抓紧组建全省生产安全应急救援指挥中心。充分整合现有的专业和社会的应急救援资源，建设一支反应快速、救援有力的专业化队伍。各市、县（区）政府也要逐步建立上下衔接的应急救援体系。各高危企业和大型企业都要制订应急救援预案。各地、各有关部门、各企业都要做好重大危险源的普查登记工作，强化重大危险源监控和安全预警机制。

（九）科研开发。要加强安全生产科研和技术开发工作。2004年，初步建成全省安全生产信息化工程，建立企业基本情况、重大危险源、应急救援预案、安全监管机构和人员、生产安全伤亡事故等数据库。充分利用现有安全生产教育和科研资源，加强安全生产科研工作，开发一批安全生产科技产品，推广一批安全生产新技术。

三、强化管理，落实主体责任

（十）依法加强和改进生产经营单位的安全管理。强化生产经营单位安全生产主体地位，进一步落实企业主要负责人的安全生产责任。生产经营单位要根据《中华人民共和国安全生产法》等有关法律的规定，设置安全生产机构或者配备专职（或兼职）安全生产管理人员。保证安全生产的必要投入，积极采取安全性能可靠的新技术、新工艺、新设备和新材料，不断改善安全生产条件。改进生产经营单位安全管理，特别是现场管理。积极采取职业安全健康管理体系认证、风险评估、安全评价等方法，落实各项安全防范措施，提高安全生产管理水平。所在地政府的安全生产监督管理部门要定期督查生产经营单位落实安全生产主体责任的工作。

（十一）开展安全质量标准化活动。按照国家颁布的重点行业、领域安全生产技术规范和安全生产质量工作标准，从2004年起，在全省所有工矿、商贸、交通运输、建筑施工等企业普遍开展安全质量标准化活动。企业生产流程的各环节、各岗位都要建立严格的安全生产质量责任制。生产经营活动和行为，必须符合安全生产有关法律法规和安全生产技术规范的要求。

（十二）组织安全生产技术培训。生产经营单位必须对所有从业人员进行必要的安全生产技术培训，其主要负责人和有关经营管理人员、安全生产管理人员、特种作业人员必须按照有关法律、法规的规定，接受规范的安全生产培训，经考试合格，持证上岗。省安全生产监督管理局要会同有关部门负责乡（镇）领导干部和对市、县（区）、乡（镇）安全生产监管部门负责人的安全知识培训及安全生产执法人员的培训。充分利用现有的社会培训资源，建立培训网络，加大培训力度，提高培训质量，稳定监管队伍。

（十三）建立企业提取安全费用制度。各类煤矿企业在维简费的基础上，按实际产量提取安全生产专项费用，用于改善本矿安全生产条件和隐患整改。专项费用由企业自提自用、专户储存、专款专用、政府监督。在条件成熟后，逐步建立对高危行业生产企业提取安全费用制度。

（十四）依法加大生产经营单位对伤亡事故的经济赔偿。所有生产经营单位都必须认真执行工伤保险制度，依法参加工伤保险，及时为从业人员缴纳保险费。同时,依据《中华人民共和国安全生产法》等有关法律法规,向受到生产安全事故伤害的员工或家属支付赔偿金。要依据国家规定进一步提高企业生产安全事故伤亡赔偿标准,建立企业负责人自觉保障安全投入,努力减少事故的机制。

四、完善制度,加强监督管理

(十五)加强机构队伍建设。设区市和县(市、区)都要单独设立安全生产监督管理机构。设区市、县(市、区)的机构既是同级政府的工作部门,又是同级安全生产委员会的办事机构。乡镇设专职安全生产监管员。40个产煤县(市、区)设立煤矿安全监督管理局(或行业办),原则上与安全生产监督管理局实行一个机构,两块牌子,合署办公。同时,要大力加强安全生产执法队伍的建设。

(十六)建立安全生产控制指标体系。按照国家统一规定,进一步健全完善安全生产控制指标体系,对安全生产情况实行定量控制和考核。将国家下达我省的安全生产各项控制指标逐级分解到设区市和县(市、区)及主要行业,进行跟踪检查和监督考核。检查考核情况由省安全生产监督管理局通过新闻发布会、简报等形式,每季度公布一次。

(十七)实施安全生产行政许可制度。把行政许可制度作为安全生产的一项重要内容,从源头上制止不具备安全生产条件的企业进入市场。要严格执行《安全生产许可证条例》,开办矿山企业、建筑施工企业和危险化学品、烟花爆竹、民用爆破器材生产企业必须具备法律规定的安全生产条件,依法向政府有关部门申请、办理安全生产许可证,持证生产经营。新建、改建、扩建项目的安全设施必须与主体工程同时设计、同时施工、同时投入生产和使用,对未通过"三同时"审查的建设项目,有关部门不予办理行政许可手续,企业不准开工投产。具体办法由省发改委、省经贸委、省安监局研究制定。

(十八)建立企业安全生产风险抵押金制度。按照国家规定,建立企业安全生产风险抵押金制度。依法对烟花爆竹、矿山、危险化学品、道路交通运输、建筑施工等领域从事生产经营活动的企业,收取一定数额的安全生产风险抵押金,企业生产经营期间发生生产安全事故的,转作事故抢险救灾和善后处理所需资金。

(十九)强化安全生产监管监察行政执法。全省各级安全生产监管监察机构要增强执法意识,做到严格、公正、文明执法。依法对生产经营单位安全生产情况进行监督检查,指导督促生产经营单位建立健全安全生产责任制,组织开展好企业安全评估,加强监管。对严重忽视安全生产的企业及其负责人或业主,要依法加大行政执法和经济处罚力度。要认真查处各类事故案件,做到事实清楚,证据确凿,法规应用规范,定性准确,处理恰当,程序合法。坚持"四不放过"原则,不仅要追究事故直接责任人的责任,同时要追究有关负责人的领导责任。

(二十)加强中小企业的安全生产监管。要从组织领导、工作机制和安全投入等方面入手,积极探索出一套行之有效的监管办法。从2004年开始试点,由县以上人民政府安全生产监督管理局为高危行业的中小企业选聘专业对口的注册安全主任,其职责是代表政府加强安全实地监管。具体办法由省安全生产监督管理局研究制定。

(二十一)依法严厉打击非法生产经营活动。要依照有关法规,坚决打击非法生产经营活动,严防死灰复燃。要继续坚持实行花炮"三三制",即:一个乡(镇)有3个以上行政村且一个行政村有3个以上烟花爆竹作坊的,一个县(市、区)有3个以上乡(镇)对烟花爆竹家庭作坊整顿后仍非法生产失察的,对该乡镇或该县(市、区)主要领导给予相应的行政处分。继续坚持实行煤矿"二一制",即:凡县(市、区)发现2处、乡(镇)发现1处非法生产或属"四个一律关闭"应关未关的小煤矿,对县(市、区)、乡(镇)政府主要领导人给予行政处分,导致发生重特大安全事故的要给予撤职处分,加大打击非法生产的力度。依法停产整顿的企业整顿合格复产前,要按程序严格审批。

(二十二)建立安全生产评优创先机制。按照精神鼓励和物质奖励相结合的原则,对在安全生产工作中作出突出贡献的公民、法人和其它组织,给予表彰奖励。对没有完成安全生产控制指标、事故频发的部门、单位和责任人员予以通报批评或处罚。

五、加强领导,坚持齐抓共管

(二十三)认真落实各级政府安全生产责任。市、县(区)、乡(镇)人民政府都要建立健全领导干部,特别是县乡两级领导干部安全生产责任制,把安全生产作为干部政绩考核的重要内容,逐级抓好落实。

(二十四)进一步明确各部门安全生产监管职

责。要把安全生产监管责任落实到每一个职能部门,职能交叉的,由一个部门为主、有关部门配合。1. 煤矿:江西煤矿安全监察局负责全省煤矿安全监察和日常监督管理工作;省煤炭行业办负责全省煤矿专项整治工作;省煤炭集团公司负责省属煤矿安全管理工作。2. 烟花爆竹:省安全生产监督管理局负责监督烟花爆竹生产经营单位贯彻执行安全生产法律法规的情况,负责烟花爆竹生产经营单位安全生产条件审查和生产安全许可证、销售许可证发放工作,组织查处不具备安全生产基本条件的烟花爆竹生产经营单位,组织查处烟花爆竹安全生产事故;省公安厅负责烟花爆竹运输通行证发放和烟花爆竹运输路线确定工作,管理烟花爆竹禁放工作,实施烟花爆竹厂点四邻安全距离等公共安全管理,侦查非法生产、买卖、储存、运输、邮寄烟花爆竹的刑事案件;省发展和改革委员会负责拟订烟花爆竹行业规划、产业政策和有关标准、规范;省中小企业局负责对烟花爆竹生产单位实施行业管理;省供销社负责对烟花爆竹经营企业的安全管理工作;省工商局负责对烟花爆竹生产经营活动进入市场经营秩序规范管理和监督。3. 公众聚集场所:省公安厅和省公安消防总队负责全省公众聚集场所安全监管和专项整治工作。4. 道路交通:省公安厅负责全省道路交通安全监管和专项整治工作;省交通厅负责全省道路(包括客运车站)旅客运输安全秩序和事故多发路段隐患整治工作;省农业厅负责全省拖拉机(变型机)等农业机械安全整治工作。5. 水上交通:省交通厅负责全省水上交通安全监管和专项整治工作;省农业厅负责全省渔业船舶的安全监管和安全整治工作;省水利厅负责长江河道采砂场点船舶的安全监管和安全整治工作,且牵头负责内河湖泊采砂场点船舶的安全监管和安全整治工作。6. 非煤矿山:省安全生产监督管理局负责全省非煤矿山的安全监管和专项整治工作。7. 危险化学品:省安全生产监督管理局负责全省危险化学品的安全监管和专项整治工作。8. 民爆器材:省国防科工办负责全省民爆器材的安全监管和专项整治工作。9. 工程及建筑施工:省建设厅负责全省房屋建筑安全监管和专项整治工作;省交通厅、省水利厅等部门分别负责全省相关行业工程建设的安全监管和专项整治工作。10. 燃气:省建设厅负责全省民用燃气和工业燃气的安全监管和专项整治工作。11. 锅容管特:省质量技术监督局负责全省锅容管特的安全监管和专项整治工作。12. 三线交越:省安全生产监督管理局负责全省三线交越专项整治的组织工作;省电力公司、省电信公司、省广电局、省移动公司、联通公司、网通公司、铁通公司负责三线交越的日常安全监管工作。13. 学校、幼儿园:省教育厅负责全省大、中、小学校和幼儿园的安全监管和整治工作。14. 旅游景区:省旅游局负责全省旅游景区及设施的安全监管和整治工作。15. 打火机厂:省公安厅负责全省打火机厂安全监管和整治工作。16. 各省级主管部门和省属集团公司、中央驻赣单位负责本行业、本单位和所属企业的安全监管和整治工作。

(二十五)构建全社会齐抓共管的安全生产工作格局。县以上政府每季度至少召开一次安全生产例会,研究、部署本地区的安全生产工作;帮助解决安全生产监管部门在行政执法中遇到的困难和问题。各级安全生产委员会及其办公室要积极发挥综合协调作用。安全生产综合监管、煤矿安全监察部门及其它负有安全生产监督管理职责的部门要在政府统一领导下,依照有关法律法规的规定,各负其责,密切配合,切实履行安全监管职能。各级工会、共青团、妇联组织要围绕安全生产,发挥各自优势,开展群众性安全生产活动。要充分发挥各类协会、学会、中心等中介机构和社团组织的作用,构建信息、法律、技术装备、宣传教育、培训和应急救援等安全生产支撑体系。要强化社会监督、群众监督和新闻媒体监督,丰富"安全生产月"等活动的内容,努力构建"政府统一领导、部门依法监管、企业全面负责、群众参与监督、全社会广泛支持"的安全生产工作格局。

(二十六)做好宣传和舆论引导工作。坚持正确的舆论导向,大力宣传党中央、国务院和省委、省政府安全生产方针政策、法律法规规章和加强安全生产的重大举措,宣传安全生产工作先进典型和经验;对严重忽视安全生产、导致重特大事故发生的典型事例要予以曝光。各级宣传部门和各类新闻媒体都要大力支持安全生产的宣传报导工作,定期发布安全生产公益广告。学校要加强对青少年及其家长的安全教育。通过广泛深入的宣传教育,不断增强群众依法自我保护的意识,逐步形成"关爱生命、关注安全"的良好社会氛围。

江西省人民政府关于进一步加快我省商品流通业改革与发展的意见

赣府发〔2004〕8号

各市、县(区)人民政府,省政府各部门:

为加快我省商品流通业的改革与发展,充分发挥商品流通业在国民经济中的纽带作用,促进全省经济社会全面、协调、可持续发展,实现江西在中部地区崛起,特提出如下意见:

一、充分认识加快商品流通业改革与发展的重要意义及其紧迫性

1. 加快商品流通业改革与发展是我省经济社会发展中一项重要而紧迫的任务。"十五"以来,全省商品流通行业以加快发展为主题,以深化改革为动力,流通规模明显扩大,营销方式不断创新,服务质量有所提高,为促进生产、引导消费、吸纳就业、拉动经济增长发挥了重要作用。但是,我省商品流通业规模偏小、行业结构不尽合理、现代流通方式发展不快、管理手段和技术相对落后等问题仍然存在,有些问题还十分突出。长此以往,必将严重制约和影响我省经济社会的全面、协调快速和可持续发展。对此,我们必须保持清醒的认识,切实采取措施,加快商品流通业改革与发展的步伐。

二、明确商品流通业改革与发展的总体思路和基本目标

2. 加快商品流通业改革与发展的总体思路。坚持以邓小平理论和"三个代表"重要思想为指导,牢固树立和落实科学发展观,坚持以人为本,坚持以经济建设为中心,按照"五个统筹"的要求,紧紧围绕实现江西在中部地区崛起和全面建设小康社会的战略目标,以推进传统商品流通向现代商品流通转变为主线,创新流通观念、流通体制、流通方式、流通管理,扩大商品流通总量,提升流通产业水平,创造现代流通环境,加强流通队伍建设,推动商品流通各项工作的全面发展。

3. 加快商品流通业改革与发展的基本目标。到2007年,力争全面完成全省国有商品流通企业的改制工作,逐步建立现代企业制度;力争全省连锁经营企业营业额占全社会商品零售总额的比重每年提高一个百分点以上;力争全省销售额超10亿元的商品流通企业达到10家;力争10家商品流通企业进入全国同行业百强;力争1—2家商品流通企业上市;力争全省社会消费品零售总额增长速度与全省国民经济发展速度相适应并高于全国社会消费品零售总额增长速度。

三、抓好商品流通业改革与发展的工作重点

4. 认真搞好商品流通业的发展规划。围绕商品流通业发展的总体思路、基本目标,科学合理地制订当地商品流通业发展规划。将商业网点设施建设规划纳入当地国民经济和社会发展规划及城市建设总体规划,为人民群众物质文化生活提供便利,提升城市服务功能和形象。各设区市的城区商业网点建设规划须在2004年底前完成。

5. 积极稳妥地推进国有商品流通企业改制和重组。按照《国务院办公厅转发国务院国有资产监督管理委员会关于规范国有企业改制工作意见的通知》(国办发〔2003〕96号)的要求,鼓励国有商品流通企业通过中外合资、相互参股、收购联合等形式,组建股份制企业,实现投资主体多元化,大力发展混合所有制经济。抓紧培育流通业的大公司、大集团,着力培育和发展跨行业跨区域跨所有制的现代大流通组织。在改制重组过程中,要坚持政府引导和企业自愿相结合,做到依法运作,规范透明,防止资产流失,切实维护出资人、债权人、企业和职工的合法权益。

6. 积极发展现代流通方式。把大力发展连锁经营作为推进全省现代流通方式的主攻方向,确立连锁经营在商业服务业中的主导地位。各地要尽快行动起来,抓紧确定一批重点扶持的连锁经营企业。积极推进物流配送的发展,整合现有物流资源,加快建设和改造一批功能齐全、运转高效的物流配送企业和现代物流园区。加快发展电子商务,建立商品流通业信息系统,建设商品流通的信息资源库和服务网络中心。在大中型商品流通企业中大力推广、采用电子信息和电子数据交换技术,实现电子订货、转账和票证处理自动化。在零售服务业企业中积极推广POS系统、信用卡结算和会计电算化等,提高企业运行速度。积极发展代理经销形式,建立新型工商关系。

7. 着力抓好以食品安全为重点的“三绿工程”。要继续抓好提倡绿色消费、培育绿色市场、开辟绿色通道为主要内容的“三绿工程”，努力培育一批现代农副产品批发市场和绿色零售市场。加快建立食品安全信用体系、食品安全检测体系、食品安全管理体系。重点加强蔬菜、肉品等食品检验检测体系建设，确保上市食品安全放心。加大南昌、九江、景德镇“农改超”试点工作力度，并尽快取得成效，其他有条件的城市也应积极开展“农改超”试点工作。

8. 加快发展餐饮服务业。优化餐饮业经营结构，坚持高中低档兼顾，积极开拓大众特色餐饮市场。结合城市改造，建设一批体现江西特色的风味小吃街和美食城，构筑多层次多业态的餐饮服务网络。以大众化早餐市场、快餐市场为重点，引导餐饮企业走适度规模、卫生放心、集中配送、连锁经营发展路子。加大赣菜品牌的开发力度，挖掘整理出富有江西特色的名菜、名点、名宴，不断提高赣菜在国内外的知名度。进一步改造提升沐浴、美发美容、洗染、照相、修理等传统服务业，重点扶持会展、咨询、租赁等新兴服务业。积极发展家政服务业，规范经营行为，提高服务质量，形成与社会经济发展和人民生活水平相适应的服务网络体系。

9. 大力开拓城乡市场。按照“满足即期消费需求、开发潜在消费需求、创造新的消费需求”的要求，积极组织适销对路的商品，努力满足城乡居民的消费需求。在当前尤其要注意把握农业生产、农村建设、农民增收开始出现的好形势，重点开拓农村市场。既要及时向农村供应质优价廉的生活必需品和农业生产资料，又要促进农副产品销售，帮助农民解决“买难卖难”的问题。要以培育社区商业为重点，大力开拓城市市场。加大我省名优特产品的宣传力度，千方百计扩大我省名优特产品的销售。

10. 努力提升商品流通业对外开放的水平。积极采取贸易洽谈会、招商会、商品推介会、商品展销会等各类招商形式，促进交流，增加商机，加强与省外境外商品流通领域多层次、全方位的合作，提升我省商品流通业现代化水平。支持我省商品流通企业到省外境外建立商品采购中心、产品加工基地和商品营销网络，逐步建立与国内外市场接轨的商品流通网络体系。

11. 逐步完善商品统计信息网络和市场监控体系。改进商品流通统计信息工作，加快硬件设施建设，充分利用现代科技手段，提高统计信息工作效率。加强对市场供需形势分析，提高预测的科学性，逐步建立及时反映肉、菜、糖等重要商品市场供需、产销动态、价格变动等情况的信息网络系统。加强商品市场预警预报工作，健全商品市场波动情况应急预案和应急处理责任制，构建集中领导、统一指挥、结构完整、功能齐全、反应灵敏、运转高效的应对市场异常波动的监测和调控体系。

12. 大力整顿商品流通秩序。抓紧起草制订我省商品流通的地方性法规和标准体系，规范商品流通行业管理。大力倡导“守法、诚信、公平、敬业、服务”的职业道德准则，以诚信为重点继续深入开展“百城万店无假货”等活动，树立商品流通行业的新形象。严厉查处假冒伪劣等违法犯罪行为，加大打击力度，切实保护人民群众的合法权益和生命安全。

四、进一步完善加快商品流通业改革与发展的政策措施

13. 认真落实国家扶持商品流通业的优惠政策。工商行政管理部门要简化物流和连锁企业的工商管理登记手续，对于由连锁企业总部统一办理所属门店专营、专卖商品经营许可证的，可凭连锁经营企业总部统一办理的许可批文办理所属门店注册登记。对直营连锁企业各门店，可按非法人分支机构进行注册登记。税务部门对在省内跨区域的连锁经营企业，经批准实行由总部统一缴纳增值税、企业所得税。同时省财政厅要按现行财政体制制定相应的财政利益转移办法，保证连锁经营门店所在地的财政利益在纳税地点变化后不受影响。要进一步清理对商品流通的不合理收费。由省企业减负办牵头，省财政厅、省内贸行业办、省发改委等部门参加，对全省商品流通和服务业的行政事业性收费项目以及抑制消费的政策等，进行一次全面清理并公布收费项目和标准。

14. 加大对商品流通业用地的扶持力度。中心城市在迁出或关闭市区工业企业时，在同等条件下应将土地优先用于商品流通业。列入省规划的大型物流基地内设立物流配送中心和物流企业的用地，经过土地登记和宗地地价评估认定的属于仓储用地的物流配送中心和物流企业土地，按工业用地实行有偿使用，市政基础设施配套费由当地政府按标准适当下浮。企业以原划拨土地自行改造为物流配送中心，凡未涉及产权变更、转让的，可保留划拨用地性质不变。商业、餐饮服务业、仓储运输企业改变土地用途用于房地产开发等经营性项目的，要依法进入土地交易市场，交易所得土地收益经政府批准，可部分返还企业，用于企业在郊区另行征地或安置职工。对“农改超”和生鲜超市用地给予优惠。每个新建居民住宅小区，都要以成本价提供不少于2000平方米的房屋面积用于经营生鲜超市。成本价与市场价的价差通过政府有关部门减免规费和开发商适当让利共同解决。生鲜超市用房如改变用途，则由经营者补足价差。

15. 合理调整商品流通企业的用水用电价格。对商品流通企业、餐饮服务企业、批发市场等用水用电价格，在现行商业水价电价的基础上适当下调。具体办法由省价格主管部门会同有关部门另行研究报批和下达。

16. 加大对重点商品流通业项目政策倾斜。(1)对生产冷鲜肉、分割肉等畜禽产品深加工建设的项目，应优先上报国家，争取列入国债贴息和国家补助投资项目。(2)各级财政应积极支持连锁经营、物流配送、电子商务、信息网络、示范性批发市场等重点项目的发展和“菜篮子”、“米袋子”等流通设施的改造。(3)支持省重点商品流通企业通过股票上市、发行债券等方式筹集资金，发展壮大。

17. 抓紧建立省、市两级重要商品储备制度。建立与人民群众生产、生活密切相关的重要商品储备制度，每年分别由省、市财政拿出相应资金作为储备金，重点用于猪肉、食糖等重要商品储备，为政府组织实施重要商品的市场调控提供必要的物资保证。由省发改委牵头会同省财政厅、省内贸办等有关部门提出实施意见。

国务院关于推进资本市场改革开放和稳定发展的若干意见

国发[2004]3号

二00四年一月三十一日

各省、自治区、直辖市人民政府,国务院各部委、各直属机构:

《国务院关于进一步加强证券市场宏观管理的通知》(国发〔1992〕68号)下发以来,我国资本市场发展迅速,取得了举世瞩目的成就。资本市场初具规模,市场基础设施不断改善,法律法规体系逐步健全,市场规范化程度进一步提高,已经成为社会主义市场经济体系的重要组成部分,为国有企业、金融市场改革和发展,优化资源配置,促进经济结构调整和经济发展,作出了重要贡献。为贯彻落实党的十六大和十六届三中全会精神,围绕全面建设小康社会的战略目标,积极推进资本市场改革开放和稳定发展,现提出如下意见。

一、充分认识大力发展资本市场的重要意义

大力发展资本市场是一项重要的战略任务,对我国实现本世纪头20年国民经济翻两番的战略目标具有重要意义。一是有利于完善社会主义市场经济体制,更大程度地发挥资本市场优化资源配置的功能,将社会资金有效转化为长期投资。二是有利于国有经济的结构调整和战略性改组,加快非国有经济发展。三是有利于提高直接融资比例,完善金融市场结构,提高金融市场效率,维护金融安全。

我国资本市场是伴随着经济体制改革的进程逐步发展起来的。由于建立初期改革不配套和制度设计上的局限,资本市场还存在一些深层次问题和结构性矛盾,制约了市场功能的有效发挥。这些问题是资本市场发展中遇到的问题,也只有在发展中逐步加以解决。党的十六大提出了全面建设小康社会的战略目标,十六届三中全会通过了:《中共中央关于完善社会主义市场经济体制若干问题的决定》,对资本市场发展作出了部署,为我国资本市场改革开放和稳定发展指明了方向。要认清形势,抓住机遇,转变观念,大力发展资本市场,提高直接融资比例,创造和培育良好的投资环境,充分发挥资本市场在促进资本形成、优化资源配置、推动经济结构调整、完善公司治理结构等方面的作用,为国民经济持续快速协调健康发展和全面建设小康社会作出新的贡献。

二、推进资本市场改革开放和稳定发展的指导思想和任务

推进资本市场改革开放和稳定发展的指导思想是:以邓小平理论和"三个代表"重要思想为指导,全面落实党的十六大和十六届三中全会精神,遵循"公开、公平、公正"原则和"法制、监管、自律、规范"的方针,坚持服务于国民经济全局,实现与国民经济协调发展;坚持依法治市,保护投资者特别是社会公众投资者的合法权益;坚持资本市场改革的市场化取向,充分发挥市场机制的作用;坚持改革的力度、发展的速度与市场可承受程度的统一,处理好改革、发展、稳定的关系;坚持用发展的办法解决前进中的问题,处理好加快资本市场发展与防范市场风险的关系;坚持循序渐进,不断提高对外开放水平。

推进资本市场改革开放和稳定发展的任务是:以扩大直接融资、完善现代市场体系、更大程度地发挥市场在资源配置中的基础性作用为目标,建设透明高效、结构合理、机制健全、功能完善、运行安全的资本市场。要围绕这一目标,建立有利于各类企业筹集资金、满足多种投资需求和富有效率的资本市场体系;完善以市场为主导的产品创新机制,形成价格发现和风险管理并举、股票融资与债券融资相协调的资本市场产品结构;培育诚实守信、运作规范、治理机制健全的上市公司和市场中介群体,强化市场主体约束和优胜劣汰机制;健全职责定位明确、风险控制有效、协调配合到位的市场监管体制,切实保护投资者合法权益。

三、进一步完善相关政策,促进资本市场稳定发展

资本市场的稳定发展需要相应的政策引导和支持。各部门要进一步完善相关政策,为资本市场稳定发展营造良好环境。

完善证券发行上市核准制度。健全有利于各类优质企业平等利用资本市场的机制,提高资源配置效率。

重视资本市场的投资回报。要采取切实措施,

改变部分上市公司重上市、轻转制、重筹资、轻回报的状况，提高上市公司的整体质量，为投资者提供分享经济增长成果、增加财富的机会。

鼓励合规资金入市。继续大力发展证券投资基金。支持保险资金以多种方式直接投资资本市场，逐步提高社会保障基金、企业补充养老基金、商业保险资金等投入资本市场的资金比例。要培养一批诚信、守法、专业的机构投资者，使基金管理公司和保险公司为主的机构投资者成为资本市场的主导力量。

拓宽证券公司融资渠道。继续支持符合条件的证券公司公开发行股票或发行债券筹集长期资金。完善证券公司质押贷款及进入银行间同业市场管理办法，制定证券公司收购兼并和证券承销业务贷款的审核标准，在健全风险控制机制的前提下，为证券公司使用贷款融通资金创造有利条件。稳步开展基金管理公司融资试点。

积极稳妥解决股权分置问题。规范上市公司非流通股份的转让行为，防止国有资产流失。稳步解决目前上市公司股份中尚不能上市流通股份的流通问题。在解决这一问题时要尊重市场规律，有利于市场的稳定和发展，切实保护投资者特别是公众投资者的合法权益。

完善资本市场税收政策。研究制定鼓励社会公众投资的税收政策，完善证券、期货公司的流转税和所得税征收管理办法，对具备条件的证券、期货公司实行所得税集中征管。

四、健全资本市场体系，丰富证券投资品种

建立多层次股票市场体系。在统筹考虑资本市场合理布局和功能定位的基础上，逐步建立满足不同类型企业融资需求的多层次资本市场体系，研究提出相应的证券发行上市条件并建立配套的公司选择机制。继续规范和发展主板市场，逐步改善主板市场上市公司结构。分步推进创业板市场建设，完善风险投资机制，拓展中小企业融资渠道。积极探索和完善统一监管下的股份转让制度。

积极稳妥发展债券市场。在严格控制风险的基础上，鼓励符合条件的企业通过发行公司债券筹集资金，改变债券融资发展相对滞后的状况，丰富债券市场品种，促进资本市场协调发展。制定和完善公司债券发行、交易、信息披露、信用评级等规章制度，建立健全资产抵押、信用担保等偿债保障机制。逐步建立集中监管、统一互联的债券市场。

稳步发展期货市场。在严格控制风险的前提下，逐步推出为大宗商品生产者和消费者提供发现价格和套期保值功能的商品期货品种。

建立以市场为主导的品种创新机制。研究开发与股票和债券相关的新品种及其衍生产品。加大风险较低的固定收益类证券产品的开发力度，为投资者提供储蓄替代型证券投资品种。积极探索并开发资产证券化品种。

五、进一步提高上市公司质量，推进上市公司规范运作

提高上市公司质量。上市公司的质量是证券市场投资价值的源泉。上市公司董事和高级管理人员要把股东利益最大化和不断提高盈利水平作为工作的出发点和落脚点。要进一步完善股票发行管理体制，推行证券发行上市保荐制度，支持竞争力强、运作规范、效益良好的公司发行上市，从源头上提高上市公司质量。鼓励已上市公司进行以市场为主导的、有利于公司持续发展的并购重组。进一步完善再融资政策，支持优质上市公司利用资本市场加快发展，做优做强。

规范上市公司运作。完善上市公司法人治理结构，按照现代企业制度要求，真正形成权力机构、决策机构、监督机构和经营管理者之间的制衡机制。强化董事和高管人员的诚信责任，进一步完善独立董事制度。规范控股股东行为，对损害上市公司和中小股东利益的控股股东进行责任追究。强化上市公司及其他信息披露义务人的责任，切实保证信息披露的真实性、准确性、完整性和及时性。建立健全上市公司高管人员的激励约束机制。

完善市场退出机制。要采取有效措施，结合多层次市场体系建设，进一步完善市场退出机制。在实现上市公司优胜劣汰的同时，建立对退市公司高管人员失职的责任追究机制，切实保护投资者的合法权益。

六、促进资本市场中介服务机构规范发展，提高执业水平

把证券、期货公司建设成为具有竞争力的现代金融企业。根据审慎监管原则，健全证券、期货公司的市场准入制度。督促证券、期货公司完善治理结构，规范其股东行为，强化董事会和经理人员的诚信责任。改革证券、期货客户交易结算资金管理制度，研究健全客户交易结算资金存管机制。严禁挪用客户资产，切实维护投资者合法权益。证券、期货公司要完善内控机制，加强对分支机构的集中统一管理。完善以净资本为核心的风险监控指标体系，督促证券、期货公司实施稳健的财务政策。鼓励证券、期货公司通过兼并重组、优化整合做优做强。建立健全证券、期货公司市场退出机制。

加强对其他中介服务机构的管理。规范发展证券期货投资咨询机构、证券资信评级机构，加强对会计师事务所、律师事务所和资产评估机构的管理，提高中介机构的专业化服务水平。

七、加强法制和诚信建设，提高资本市场监管水平

健全资本市场法规体系，加强诚信建设。按照大力发展资本市场的总体部署，健全有利于资本市场稳定发展和投资者权益保护的法规体系。要清理阻碍市场发展的行政法规、地方性法规、部门规章以及政策性文件，为大力发展资本市场创建良好的法制环境。要按照健全现代市场经济社会信用体系的要求，制定资本市场诚信准则，维护诚信秩序，对严重违法违规、严重失信的机构和个人坚决实施市场禁入措施。

推进依法行政，加强资本市场监管。按照深化行政审批制度改革和贯彻实施《行政许可法》的要求，提高执法人员的自身素质和执法水平。树立与时俱进的监管理念，建立健全与资本市场发展阶段相适应的监管方式，完善监管手段，提高监管效率。进一步充实监管力量，整合监管资源，培养一支政治素质和专业素质过硬的监管队伍。通过实施有效的市场监管，努力提高市场的公正性、透明度和效率，降低市场系统风险，保障市场参与者的合法权益。

发挥行业自律和舆论监督作用。要发挥证券期货交易所、登记结算公司、证券期货业协会、律师、会计师、资产评估等行业协会的自律管理作用。要引导和加强新闻媒体对证券期货市场的宣传和监督。

八、加强协调配合，防范和化解市场风险

营造良好的资本市场发展环境。资本市场的风险防范关系到国家的金融安全和国民经济的健康发展。各地区、各部门都要关心和支持资本市场的规范发展，在出台涉及资本市场的政策措施时，要充分考虑资本市场的敏感性、复杂性和特殊性，并建立信息共享、沟通便捷、职责明确的协调配合机制，为市场稳定发展创造良好的环境和条件。

共同防范和化解市场风险。各地区、各部门要切实履行《公司法》等有关法律法规规定的职责，采取有效措施防止和及时纠正发起人虚假出资、大股东或实际控制人侵占上市公司资产的行为；各地区和有关主管部门要依法加强对退市公司的管理，确保退市工作平稳顺利。对有重大经营风险必须退出资本市场或采取其他行政处置措施的证券、期货公司，地方人民政府、金融监管部门以及公安、司法等部门，要加强协调配合，按照法律法规和有关政策规定，采取积极有效措施做好风险处置工作。各地区、各部门必须建立应对资本市场突发事件的快速反应机制和防范化解风险的长效机制。

严厉打击证券期货市场违法活动。各地区要贯彻落实国务院关于整顿和规范市场经济秩序的有关精神，严格禁止本地区非法发行证券、非法设立证券期货经营机构、非法代理证券期货买卖、非法或变相设立证券期货交易场所及其他证券期货违法活动。财政、公安、审计、工商等政府部门和国有资产监督管理机构要加强协调配合，加大打击力度，维护资本市场秩序。

九、认真总结经验，积极稳妥地推进对外开放

严格履行我国加入世贸组织关于证券服务业对外开放的承诺。鼓励具备条件的境外证券机构参股证券公司和基金管理公司，继续试行合格的境外机构投资者制度。

积极利用境外资本市场。遵循市场规律和国际惯例，支持符合条件的内地企业到境外发行证券并上市。支持符合条件的内地机构和人员到境外从事与资本市场投资相关的服务业务和期货套期保值业务。认真研究合格的境内机构投资者制度。

加强交流与合作。落实与香港、澳门更紧密经贸合作安排。进一步加强与相关国际组织及境外证券监管机构的联系与合作。

大力发展资本市场是党中央、国务院从全局和战略出发作出的重要决策，各地区、各部门务必高度重视，树立全局观念，充分认识发展资本市场的重要性，坚定信心、抓住机遇、开拓创新，共同为资本市场发展创造条件，积极推动我国资本市场的改革开放和稳定发展，为实现全面建设小康社会的宏伟目标作出贡献。

弘扬井冈精神　兴我美好江西

农业银行江西分行为江西经济快速发展助力

农业银行江西省分行与时俱进，在上级行和地方党政的关心和支持下，在社会各界、广大新老客户的信任下，坚持以市场为导向，以客户为中心，以效益为目标的经营理念，深化改革，积极开拓，加大营销力度，强化内部管理，服务社会、服务民众，业务经营又迈上了一个新的台阶，存贷款规模达到924.83亿元,成为全省最大的综合性、多功能、国际化的产业银行之一。仅投向电省电力公司、江西铜业（集团）有限公司、中国电信集团江西省电信公司、中国联通江西分公司、江西凤凰光学仪器（集团）有限公司等全省 20 家知名大型客户的贷款余额达100多亿元。

中国农业银行江西省分行向江西四大公司集团授信32亿元人民币

江西经济在中部崛起，实现腾飞，农行将面临新的机遇和挑战。农行广大干部员工将进一步解放思想，弘扬井冈山精神，以百倍的信心和更加扎实的工作，抓住机遇，迎接挑战，推动农行业务经营持续快速健康发展，以高效的金融服务、有效的信贷投入，为实现江西在中部崛起发挥应有的作用。

党的十六大已经吹响了全面建设小康社会的号角，全行广大干部员工在十六大精神指导下，群策群力，锐意进取，奋力拼搏，使农行江西分行业务经营迈上新的台阶。

省农行召开全省农行 2003 年工作会议，赵智勇副省长到会并作重要讲话。

省农行与江西省建设厅举行 50 亿框架协议签字仪式

农行在寻乌召开全省信贷扶贫工作现场会

(京)新登字 041 号

图书在版编目(CIP)数据

江西企业年鉴. 2004/国家统计局江西省企业调查队编. —北京:中国统计出版社, 2004.11
ISBN 7-5037-4573-8

Ⅰ.江… Ⅱ.江… Ⅲ.企业经济—江西省—2004—年鉴 Ⅳ.F279.275.6-54

中国版本图书馆 CIP 数据核字(2004)第 116391 号

江西企业年鉴-2004

作 者/ 国家统计局江西省企业调查队
责任编辑/ 蔡启新 何勇
E-mail/ yearbook@stats.gov.cn
封面设计/ 江西省日升信息传播有限公司
设计总监/ 李俊
出版发行/ 中国统计出版社
通信地址/ 北京市西城区三里河月坛南街 75 号 中国统计出版社
邮 编/ 100826
电 话/ (010)63262295
印 刷/ 广东省佛山市明华彩色印刷有限公司
印务总监/ 李穗明
经 销/ 新华书店
开 本/ 890×1240 毫米 1/16
字 数/ 2200 千字
印 张/ 70 张
印 数/ 10000 册
版 别/ 2004 年 10 月第 1 版
版 次/ 2004 年 10 月第 1 次印刷
书 号/ ISBN 7-5037-4573-8/F·1992
定 价/ 280 元

書
送
财
富
新舊約全書
你的事业辉煌·每天从日升开始·
所有这些需要书知识的人必会在此得到救赎·
求救的商人有福了，因为他们必会在此得到解惑；
饥饿慕智的商人有福了，因为他们在此必得饱足；
江西省日升信息传播有限公司
地　址：江西省南昌市北京西路省政府大院东二路省农业厅2号楼106室
电　话：0791-6288391　传真：0791-6292275
总经理：罗朝辉　手机：13576117575